Gesund bleiben!
In jeder
Lebenslage.
W0283252
Gesund von Fuß bis Kopf: mit unserer
umfassenden Gesundheitsvorsorge.
Mehr auf wienerstaedtische.at und bei
Ihrer Beraterin/Ihrem Berater.
Ihre Sorgen möchten wir haben.
WIENER
STÄDTISCHE
VIENNA INSURANCE GROUP

VEREHRTE WEINFREUNDIN, GESCHÄTZTER WEINLIEBHABER!

Die vorliegende 24. Ausgabe unseres großen Weinjahresberichts ist prall gefüllt mit empfehlenswerten Weinen. Es wurden insgesamt 4145 verschiedene neue Weine von insgesamt 528 Weingütern aus Österreich und Südtirol aufgenommen. Die Gründe dafür, dass der Jahrgang 2020 bei vielen Winzern besonders gut gelungen ist, sind vielfältig. Aber neben dem vorteilhaften Witterungsverlauf hat auch die Pandemie ein wenig zum qualitativen Erfolg beigetragen: Durch die eingeschränkte Bewegungsfreiheit hatten die Weinbauern in diesem Jahr mehr Zeit, sich ihren Weingärten und Kelleranlagen zu widmen, und nutzten diesen Umstand durchwegs gewinnbringend, indem sie – statt Reisen zu Kunden oder Messen im In- und Ausland zu unternehmen – ihr Augenmerk uneingeschränkt den Rebstöcken und den Weinen im Keller widmen konnten. Die Produktion unseres Weinguides verlief im bereits gewohnten Homeoffice-Modus. Die Weine für die Proben wurden wie im Vorjahr mit Paketdiensten angeliefert, jeder persönliche Kontakt musste aus Sicherheitsgründen unterbleiben. Sicher per Telefon, Skype und E-Mail wurden Informationen ausgetauscht, doch nichts davon ersetzt den echten zwischenmenschlichen Kontakt. Alle Präsentationsmöglichkeiten für die neuen Weine – von den großen internationalen Messen bis hin zu den kleinen Verkostungen auf den Weingütern direkt – sind vorerst verschoben oder abgesagt worden. Mit Sommerbeginn 2021 zeichnen sich viele Erleichterungen und ein Zurück zur Normalität ab, über das sich alle freuen. Für uns, die Konsumenten, die Winzer, die Gastronomen, die Hoteliers, die Händler, ist es nun Zeit, den Reset-Knopf zu drücken. Die Weinfreunde haben dem österreichischen Wein die Treue gehalten, und so das Schlimmste zu verhindern geholfen. Aber ohne Gäste im

Peter Moser
Falstaff
Chefredakteur

Tourismus, die ebenfalls den heimischen Wein gerne genießen, waren Ausfälle bei den Umsätzen vorprogrammiert, und die Corona-Pandemie hinterließ ab dem ersten Lockdown im Jahr 2020 nicht aufholbare Verluste im heimischen Weinmarkt. Denn die Sperre der Gastronomie hatte für unsere Winzer naturgemäß böse Folgen, was den Weinabsatz betraf. Als Mitte März 2020 zum ersten Mal die Wirte für zwei lange Monate ihre Pforten schließen mussten, war dies nur der bittere Vorgeschmack auf eine dreimal so lange Pause, die vom 3. November bis in den Mai 2021 dauern sollte. Noch 2019 entfielen 58 Prozent des Weinkonsums in Österreich auf Gastronomie und Events, 2020 brach der Absatz vom Weinhandel in Richtung Gastronomiebranche um 33 Prozent ein, diese enormen Verluste konnten auch durch positive Entwicklungen in anderen Absatzkanälen nicht wettgemacht werden. Sicher, der Heimkonsum steigerte sich um 18 Prozent, fast die Hälfte der Haushalte kaufte ausschließlich Wein aus Österreich – das war der höchste Wert seit 1997. Die Zahl der Konsumenten, die Wein online bestellten, hat sich 2020 ebenfalls verdoppelt. Aber unterm Strich blieb die Bilanz tiefrot, denn

Österreichische Traditionsweingüter

1ÖTW ERSTE LAGEN®

AUF DER SUCHE NACH DER QUALITÄT IM WEIN

Nicht überall, wo Reben gepflanzt sind, wächst die gleiche Qualität heran. Es ist eine alte Weisheit unter Winzern, dass es Weinberge gibt, die – bei sorgfältiger Pflege – konstant jedes Jahr außergewöhnliche Weine hervorbringen, während woanders vielleicht nur einfach gute oder mittelmäßige Weine entstehen. Einige Parameter, die einen herausragenden Weinberg ausmachen, sind uns bekannt. Man kann sie aber nicht isoliert betrachten, denn ein karger Boden alleine etwa macht noch lange keinen großen Wein. Wesentlich ist immer das Zusammenspiel aus Bodenstruktur, Niederschlagsmenge, Luftströmungen, Exposition, Höhenlage und natürlich der Temperaturentwicklung im Laufe des Jahres und insbesondere zwischen Tag und Nacht.

Auf Basis dieser Überlegungen wurde im Jahr 1992 der Verein der Österreichischen Traditionsweingüter gegründet. Zielsetzung war, eben diese herausragenden Weinbergslagen in Österreich zu klassifizieren, um dem Konsumenten eine Orientierungshilfe in der großen Vielfalt der Weinherkünfte dieser Welt zu geben. **Lagenbuch bestellbar unter** ***www.traditionsweingueter.at***

LAGENKLASSIFIZIERUNG 2021

Kamptal | Kremstal | Traisental | Wagram | Wien | Carnuntum

Weltkulturerbe und bezaubernde Wohlfühllandschaft – das ist die Wachau

ohne Tourismus und Gastronomie sind die heimischen Winzer wortwörtlich aufgeschmissen. Einen überraschenden Lichtblick bot der Export, denn trotz der Pandemie konnte der Absatz im Ausland sowohl bei der Menge (+6,3 Prozent) wie beim Umsatz (+2,4 Prozent) leicht gesteigert werden. Der Nachbar Deutschland sorgte dabei für stattliche 46,27 Prozent des Exportumsatzes. Der Durchschnittspreis pro Liter lag bei 2,78 Euro und damit um 11 Cent unter dem Wert von 2019 – eine logische Entwicklung, da auch in den Hauptabsatzmärkten die Gastronomie monatelang geschlossen hatte und der österreichische Wein auch im Export über die preissensiblen Schienen Online-, Fach- und vor allem Lebensmitteleinzelhandel und Diskonter abgesetzt wurde. Um diesen Trend für die Zukunft weiter qualifiziert zu unterstützen, haben wir auch heuer den international geschätzen und gerne zu Rate gezogenen Falstaff Ultimate Austrian Wine Guide in englischer Sprache produziert, in dem sich 181 der besten österreichischen Weingüter präsentieren. Durch den diesjährigen Wegfall der Frühjahrsmessen und Präsentationen ist auch der Andrang zum deutschsprachigen Guide klar stärker geworden, von 79 Betrieben aus Südtirol, gleich um 16 mehr als im Vorjahr, steuerte die Falstaff-Italienredaktion unter Dr. Othmar Kiem weitere 498 empfehlenswerte Weine bei. Der klare Trend bei der diesjährigen Verkostung war einmal mehr ein Aufwärtstrend bei der Anzahl der Weine, die als biologisch, biodynamisch und vorallem als »nachhaltig« zertifiziert sind. Das ist eine Entwicklung, die beim weinkundigen Publikum sowohl im Inland wie auch in den Exportmärkten sehr positiv aufgenommen wird. An dieser Stelle möchte ich wie gewohnt allen Mitarbeitern dieser 24. Ausgabe und allen Weingütern, die ihre Weine in dieser sehr speziellen Zeit vertrauensvoll in unsere kritische Obhut gegeben haben, meinen aufrichtigen Dank aussprechen. Nur ihr Können und ihre bewundernswerte Arbeit machen diesen Guide überhaupt erst möglich. Und damit unsere Winzer auch morgen noch die bestmöglichen Weine für uns Kunden herstellen können, ist es notwendig, dass sie einen fairen Preis für ihre ausgezeichneten Produkte bekommen. Lassen wir uns also unseren Weingenuss auch in Zukunft etwas kosten.

Peter Moser

PETER MOSER
Falstaff Chefredakteur

DER GUIDE IN DER PRAXIS

Die Darstellungen der Winzer geben Ihnen eine Fülle an Informationen. Aus Platzgründen wurde mit Abkürzungen gearbeitet, die in der Folge erklärt werden. Es wurde jeweils der beste Wein jedes Betriebs beschrieben, zusätzlich jeder, der 90 Punkte oder mehr erreichte.

REBSORTEN-ABKÜRZUNGEN

Weißweinsorten

BLM	Blütenmuskateller
BO	Bouvier
CH	Chardonnay/Feinburgunder/Morillon
FU	Furmint
FV	Frühroter Veltliner/Malvasier
GM	Gelber Muskateller, Muscat-Lunel
GM6	Goldmuskateller
GO	Goldburger
GS	Grüner Sylvaner
GV	Grüner Veltliner
MS	Muscaris
MT	Müller-Thurgau/Riesling-Sylvaner
MO	Muskat-Ottonel
NB	Neuburger
PG	Pinot Gris/Grauburgunder/Ruländer
RR	Rheinriesling/Riesling
RV	Roter Veltliner
RG	Rotgipfler
SÄ	Sämling 88/Scheurebe
SB	Sauvignon Blanc, Muskat-Sylvaner
SE	Semillon
SOG	Souvignier Gris
TR	Gelber-, Roter-, Gewürztraminer
WB	Weißburgunder/Pinot Blanc
WR	Welschriesling
ZF	Zierfandler

Rotweinsorten

BB	Blauburger
BP	Blauer Portugieser
BW	Blauer Wildbacher/Schilcher
BF	Blaufränkisch
CF	Cabernet Franc
CS	Cabernet Sauvignon
ME	Merlot
PN	Pinot Noir/Blauer Burgunder
SG	Sangiovese
RÖ	Roesler
SL	St. Laurent
SY	Syrah
ZW	Blauer Zweigelt

BIO

Weine aus organisch-biologischem oder biologisch-dynamischem Anbau

ZERTIFIZIERT NACHHALTIG AUSTRIA

Das Zertifizierungsprogramm »Nachhaltig Austria« regelt in Österreichs Weinbau die Verwendung des Begriffs »Nachhaltigkeit«.

BEGRIFFSDEFINITIONEN UND WEITERE ABKÜRZUNGEN

extratrocken	bis max. 4 gr RZ/L
trocken	bis max. 9 gr RZ/L
halbtrocken	bis max. 12 gr RZ/L
lieblich	bis max. 45 gr RZ/L
süß	über 45 gr RZ/L
Barrique	zu 100 Prozent im neuen Holz ausgebaut
Teilbarrique	zum Teil im neuen Holz ausgebaut
großes Holzfass	im großen Holzfass ausgebaut
Stahltank	im Stahltank ausgebaut
AL	Auslese
BA	Beerenauslese
TBA	Trockenbeerenauslese

VERSCHLUSSSYSTEME

NK	Naturkork
KK	Kunststoffstöpsel
KR	Kronenkorken
VL	VinoLok (Glas)
DV	Drehverschluss
DIAM	Verschluss aus gepresstem Korkgranulat

BEZUGSQUELLEN

Die Winzer wurden gebeten, uns ihre wichtigsten Bezugsquellen anzugeben. Aus diesen Angaben haben wir im Anhang des Guides ein umfangreiches Vinotheken- und Bezugsquellenregister erstellt, aus dem Sie die genaue Anschrift sowie in den meisten Fällen auch Telefon, Fax, Internetadresse, gegebenenfalls E-Mail-Adresse und Öffnungszeiten entnehmen können. Selbstverständlich geben die Winzer auch gerne selbst Auskunft über die Einkaufsquelle, die für Sie die nächste ist.

PREISKATEGORIEN

Wir haben die teilnehmenden Winzer gebeten, uns die Preise für ihre Weine bekannt zu geben und haben nun die Ab-Hof-Preise für Privatkunden in Preiskategorien aufgeteilt. Nicht alle Winzer sind dieser Bitte nachgekommen, manche haben zu diesem Punkt keine Angaben gemacht. Natürlich wurden auch Weine verkostet, die sehr schwer erhältlich sind, weil sie entweder nur in kleinsten Mengen produziert wurden – ein Hauptproblem der österreichischen Weinlandschaft – oder weil es sich um »Kultweine« handelt, die von vornherein nur gegen Reservierung oder für Stammkunden erhältlich sind. Bei diesen Weinen ist die Preiskategorie in Klammern gesetzt. Da diese Weine aber in einem hohen Maß die qualitative Spitze der heimischen Produktion darstellen, wurden sie dennoch verkostet und bewertet, um ein vollständiges Bild abgeben zu können. Eine wichtige Relation besteht noch in Form des Preis-Leistungs-Verhältnisses.
Die Weine wurden ohne Ansehen ihrer Preise verkostet. Natürlich erwartet man sich von einem teureren Wein auch ein entsprechendes Punkteergebnis. Andererseits kann ein Wein, der beispielsweise gute 86 Punkte erreicht und aus der untersten Preiskategorie stammt, ein sehr erfreulicher Einkauf sein. Wie viel man schließlich bereit ist, für sein Weinvergnügen auszugeben, bestimmt jeder für sich.

€	bis	€ 5,–
€€	bis	€ 10,–
€€€	bis	€ 15,–
€€€€	bis	€ 20,–
€€€€€	bis	€ 40,–
€€€€€€	über	€ 40,–
(€€€)	limitiert/auf Reservierung oder ausverkauft	

SYMBOLIK

WEINSPEZIFISCH

- Schaumwein
- biologisch
- vegan
- fruktosearm
- schwefelarm
- histaminarm
- natural
- orange
- * DAC
- ** DAC Reserve
- *** DAC Rosé

WEITERE ANGEBOTE

- Ab-Hof-Verkauf
- Weinverkostung
- Restaurant
- Übernachtungsmöglichkeit
- Heuriger/Buschenschank
- Spirituosen aus eigener Erzeugung
- Feinkost aus eigener Erzeugung

DIE WEINBAUREGIONEN IN ÖSTERREICH

Die Anbaugebiete der Bundesländer Oberösterreich, Kärnten, Salzburg, Tirol und Vorarlberg sind in der Weinregion »Bergland« zusammengefasst.

DIE WEINBEWERTUNGEN

Die Bewertung der Weine erfolgt nach dem internationalen 100-Punkte-System, das eine sehr differenzierte und genau akzentuierte Bewertung erlaubt. Da für den Falstaff Weinguide die besten Winzer ihre besten Weine einreichen, würde dies im 20-Punkte-System eine Fülle von ident hoch bewerteten Weinen bedeuten. Das 100-Punkte-System bringt zusätzlich eine internationale Vergleichbarkeit mit sich, die auch für die Winzer selbst strategische Vorteile birgt.

100	Nicht zu übertreffen
95–99	Absolute Weltklasse
90–94	Ausgezeichneter Wein, unter den Besten des Jahrgangs
85–89	Gut bis sehr gut
( )	Fassprobenwertung

Weine mit einer Bewertung unter 85 Punkten werden nicht aufgenommen.

DAS KLASSEMENT – DIE STERNE

In diesem Buch ist jedem erwähnten Wein eine entsprechende Bewertung nach dem international in der Fachwelt gebräuchlichen 100-Punkte-System zuteilgeworden. Fassproben sind durch eine in Klammern gesetzte Bewertung erkennbar, die eine potenzielle Bewertung darstellt.
Die Benotung der Weine erfolgt in offener Verkostung, also in Einschätzung ihres Potenzials, ihres Terroirs und des Stils, den das Haus bei der Vinifikation pflegt – ein Verfahren, das speziell bei der Bewertung von Fassmustern und Jungweinen gegenüber der sogenannten »Blindprobe« von großem Vorteil ist. Daneben wurde auf einer zweiten Ebene eine Einstufung der in den Guide aufgenommenen Betriebe vorgenommen, die nicht ausschließlich im Zusammenhang mit dem aktuellen Abschneiden der Weine eines Produzenten steht. Dieser Versuch eines Klassements ist eine zutiefst subjektive Angelegenheit, dennoch folgt er Richtlinien, die ich an dieser Stelle erläutern möchte.
Seitdem der Aufschwung der heimischen Weinszene so richtig begann, also Ende der Achtzigerjahre, verkoste ich mit großer Regelmäßigkeit die Weine der führenden Betriebe, der Newcomer und solcher, die es gerne wären. Über 450 Produzenten stehen jährlich in Österreich auf dem Programm, was mittlerweile insgesamt mehr als 50.000 Einzelnotizen im Lauf der Jahre bedeutet.
Diese Degustations-Kontinuität verschafft mir einen guten und verlässlichen Überblick. Von persönlichen Präferenzen einmal ganz abgesehen – denn selbstverständlich entwickelt sich über die Zeit gegenüber manchem Winzer ein freundschaftliches Verhältnis, ja sogar Freundschaft –, gibt es aber durchaus objektivierbare Elemente, die ein Klassement erlauben. Die Fähigkeiten eines Produzenten stehen natürlich im Vordergrund, dazu kommen ein möglichst optimales, unverwechselbares Terroir, Vorzüge wie alte Rebanlagen, die richtigen Sortenklone sowie schließlich auch der Aspekt, wie regelmäßig (und das genauso in schwächeren Jahrgängen) eine überragende Qualität erzeugt werden kann. Zusammengefasst sind also Begriffe wie Talent, Terroir und Kontinuität – vielleicht auch Originalität – gefragt. Und dies gilt nicht nur für Österreich, sondern für die ganze Weinwelt.

In welchem Ausmaß dies einem Betrieb in den vergangenen Jahren gelungen ist, soll im Sterne-Klassement ausgedrückt werden. Bis zum Jahr 2006 wurden für diese Weingutsbewertung bis zu drei Sterne verwendet. Die ständig andauernde Qualitätsentwicklung hat uns gezeigt, dass dies zu Unschärfen führt, und so wurde ab der zehnten Ausgabe im Jahr 2007 das Klassement grundlegend überarbeitet und ein Fünf-Sterne-Klassement entwickelt. Dieses erstreckt sich nun in Stufen von der Aufnahme, die gleichzeitig auch Empfehlung ist, bis zu fünf Sternen für die wenigen allerbesten Erzeuger mit Weltgeltung. Es erlaubt dem Autor nun, noch besser zu differenzieren.
Ich möchte Sie speziell auf die neu (diese sind als solche gekennzeichnet) in den Guide aufgenommenen Weingüter aufmerksam machen, das sind alles Namen, die man sich für die Zukunft merken sollte.

DIE STERNE DES KLASSEMENTS UND IHRE BEDEUTUNG

★★★★★

Weingut, das immer außergewöhnliche Qualität erzeugt, was nur auf den allerbesten Terroirs des Landes möglich ist. Der Betrieb zählt zu den besten der Welt und genießt entsprechende internationale Anerkennung und Nachfrage.

★★★★

Erzeuger von konstant herausragender Qualität, ein Betrieb mit einer Bedeutung, die über die Grenzen des Landes hinausreicht. Produziert hochklassige Weine, die auch international wahrgenommen werden.

★★★

Erzeuger von sehr hoher Qualität, bringt kontinuierlich Weine hervor, die in ihrer Gattung zu den besten des Landes gezählt werden.

★★

Betrieb von nationaler Reputation, erzeugt regelmäßig sorten- und regionaltypische Weine in sehr guter Qualität.

★

Betrieb mit überregionaler Bedeutung, erzeugt regelmäßig sorten- und regionaltypische Weine in guter Qualität.

—

Ohne Stern: Empfehlenswerter Betrieb mit regionaler Bedeutung, produziert sortentypische Weine in verlässlicher Qualität.

BILLA
CORSO
WEIN
BAR
DIE HOHE KUNST
DES GENUSSES
HOHER MARKT
HOHER MARKT 12,
1010 WIEN
RINGSTRASSEN
GALERIEN
KÄRNTNER RING 9 – 13,
1010 WIEN
BILLA.AT/CORSO

SICHERER VERSAND FÜR IHRE EDLEN TROPFEN

Damit guter Wein entstehen kann, braucht es vieles: den richtigen Boden, das richtige Wetter und eine Menge Know-how. Wenn er endlich in Flaschen abgefüllt ist, verdient er den sichersten Versand in der richtigen Verpackung.

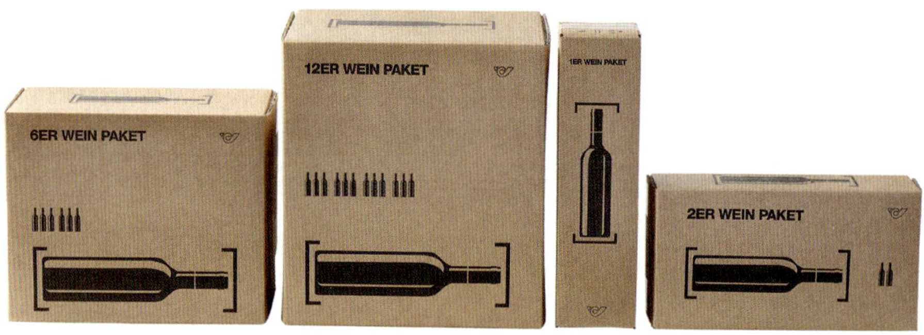

Die Herausforderung ist bekannt: Edle Tropfen sollen bruchsicher und schnell zu Ihren Kundinnen und Kunden in ganz Österreich gelangen. Dafür gibt es die ideale Lösung.

Die Österreichische Post hat in Zusammenarbeit mit dem Österreichischen Institut für Verpackungswesen das Weinpaket entwickelt. Seine durchdachte Konstruktion aus Wellpappe gewährleistet, dass es auch harte Belastungen bestens übersteht. Für Winzerinnen und Winzer sowie den Weinhandel und nicht zuletzt für anspruchsvolle Genießerinnen und Genießer bedeutet das: Im Weinpaket kommen die kostbaren Tropfen verlässlich bruchsicher an.

EIN PAKET FÜR JEDE MENGE

Das Weinpaket gibt es in verschiedenen Größen für eine, zwei, drei, sechs oder zwölf Flaschen. Natürlich lassen sich – je nach gewählter Verpackung – im Weinpaket nicht nur Weine, sondern auch Wasser, sonstige nicht gärende Flüssigkeiten und sogar Sekt (im 1er und 2er Format) sicher verschicken. Dank der zertifizierten Verpackung können Winzerinnen und Winzer darauf vertrauen, dass der Weingenuss sicher ankommt.

WEINPAKET BUSINESS UND WEINPAKET PREPAID

Das Weinpaket Business liefert die Post im Überkarton zu zehn Stück frei Haus an Winzerinnen, Winzer & andere Unternehmen, die einen Vertrag mit der Post geschlossen haben. Die befüllten Weinpakete werden dann ganz einfach als Paket Österreich oder Paket Premium Österreich versendet. Im Paket International finden Österreichs beste Weine auch den Weg ins Ausland.

Für Kundinnen und Kunden, die nur gelegentlich edle Tropfen versenden, ist das Weinpaket Prepaid ideal – für kleine Bestellungen, aber auch für köstliche Geschenke an Freunde oder Verwandte. Sie erhalten es online unter post-verpackungen.at sowie in rund 240 Weinlogistik-Post-Geschäftsstellen, speziell in den Weinbauregionen Österreichs. Die vorfrankierte Verpackung bietet Platz für drei, sechs oder zwölf Flaschen. Einfach befüllen und in jeder Post-Geschäftsstelle aufgeben.

ÖSTERREICHS KOMPETENZ FÜR ÖSTERREICHS WEINE

Mit dem Weinpaket hat die Post eine verlässliche, zertifizierte Lösung für bruchsichere Verpackung und komfortablen Versand im Portfolio. Guter Wein kommt in bester Post-Versandqualität sicher zu den Empfängerinnen und Empfängern: Das Weinpaket ist robust ausgeführt, für den Versand wird kein zusätzlicher Zerbrechlich-Zuschlag eingehoben, außerdem ist die Haftung bis zu maximal € 510,– inklusive. Auch individuelle Zusatzservices wie Nachnahme und persönliche Übergabe nur an die Empfängerin oder den Empfänger sind möglich. Guter Wein bleibt eine Frage des persönlichen Geschmacks. Für den sicheren Versand gibt es nur eine optimale Lösung.

post.at/weinpaket

ADVERTORIAL Fotos: © Österreichische Post AG

DIE TOP-WEINGÜTER

★★★★★

Weingut Paul Achs, Gols
Weingut Alzinger, Dürnstein
Weingut Bründlmayer, Langenlois
Weingut Gesellmann, Deutschkreutz
Weingut Gernot und Heike Heinrich, Gols
Weingut Franz Hirtzberger, Spitz an der Donau
Weingut Knoll, Dürnstein
Weingut Kollwentz, Großhöflein
Weinlaubenhof Kracher, Illmitz
Weingut Gerhard Markowitsch, Göttlesbrunn
Weingut Neumeister, Straden
Wein-Gut Nigl, Senftenberg
Weingut Anita und Hans Nittnaus, Gols
Weingut F. X. Pichler, Dürnstein
Weingut Rudi Pichler, Wösendorf
Weingut Pöckl, Mönchhof
Weingut Prager, Weißenkirchen/Wachau
Familienweingut Sattlerhof, Gamlitz
Weingut Tement, Ehrenhausen
Weingut Wieninger, Wien

★★★★

Weingut Allram, Straß im Straßertale
Weingut Alphart, Traiskirchen
Weingut Markus Altenburger, Jois
Weingut Kurt Angerer, Lengenfeld
Weingut Artner, Höflein
Weingut Anton Bauer, Feuersbrunn
Heribert Bayer Kellerei In Signo Leonis, Neckenmarkt
Weingut Buchegger, Droß
Domäne Wachau, Dürnstein
Weingut Johann Donabaum, Spitz an der Donau
Weingut Dürnberg, Falkenstein
Weingut Ebner-Ebenauer, Poysdorf
Weingut Eichinger, Straß im Straßertale
Weingut Feiler-Artinger, Rust

★★★★

Weingut Christian Fischer, Sooß
Weingut Frauwallner, Straden
Weingut Georg Frischengruber, Rossatz
Weinbau Karl Fritsch, Oberstockstall
Weingut Josef Fritz, Zaußenberg
Weingut Gager, Deutschkreutz
Weingut Johannes Gebeshuber, Gumpoldskirchen
Weingut Walter Glatzer, Göttlesbrunn
Weingut Schloss Gobelsburg, Gobelsburg
Weingut Philipp Grassl, Göttlesbrunn
FJ Gritsch – Mauritiushof, Spitz an der Donau
Weingut Gross, Ehrenhausen
Weingut Gschweicher, Röschitz
Weingut Silvia Heinrich, Deutschkreutz
Weingut Hiedler, Langenlois
Weingut Hirsch, Kammern
Weingut Josef & Georg Högl, Spitz an der Donau
Weingut Hofstätter, Spitz an der Donau
Weingut Markus Huber, Reichersdorf
Iby Rotweingut Bio, Horitschon
Weingut Hans Igler, Deutschkreutz
Weingut Jalits, Badersdorf
Weingut Jamek, Joching
Weingut Daniel Jaunegg, Leutschach an der Weinstraße
Weingut Johanneshof Reinisch, Tattendorf
Weingut Juris, Gols
Weingut Jurtschitsch, Langenlois
Weingut Kerschbaum, Horitschon
Weingut Kopfensteiner, Deutsch Schützen
Weingut Krispel, Hof bei Straden
Weingut Krutzler, Deutsch Schützen
Weingut Lackner-Tinnacher, Gamlitz
Weingut Lagler, Spitz
Weingut Leth, Fels am Wagram
Weingut Fred Loimer, Langenlois
Weingut Malat, Furth bei Göttweig

★★★★

Weingut Mantlerhof, Brunn im Felde/ Gedersdorf
Weingut Mayer am Pfarrplatz, Wien
Weingut Vorspannhof – Mayr, Dross
Weingut Dorli Muhr, Prellenkirchen
Weingut Muster.gamlitz, Gamlitz
Weingut Franz und Christine Netzl, Göttlesbrunn
Weingut Ludwig Neumayer, Inzersdorf ob der Traisen
Weingut Bernhard Ott, Feuersbrunn
Weingut R. & A. Pfaffl, Stetten
Weingut Pichler-Krutzler, Dürnstein
Weingut Pittnauer, Gols
Weingut Polz, Strass in der Steiermark
Weingut Prieler, Schützen am Gebirge
Weingut Familie Proidl, Senftenberg
Pur Wein-Genuss, Stixneusiedl
Weingut Rotes Haus, Wien
Weingut Erwin Sabathi, Leutschach an der Weinstraße
Weingut Hannes Sabathi, Gamlitz
Weingut Salomon Undhof, Stein an der Donau
Weingut Scheiblhofer, Andau
weingut schiefer.pur, Welgersdorf
Weingut Familie Schmelz, Joching
Weingut Josef Schmid, Stratzing
Weingut Schützenhof, Deutsch Schützen
Schwarz Wein, Andau
Weingut Setzer, Hohenwarth
Weingut Skoff Original – Walter Skoff, Gamlitz
Weingut Stadlmann, Traiskirchen
Weingut Stadt Krems, Krems
Weingut Tegernseerhof, Dürnstein
Weingut Josef Tesch, Neckenmarkt
Weingut Johann Topf, Straß im Straßertale
Weingut Ernst Triebaumer, Rust
Günter + Regina Triebaumer, Rust
Hans Tschida - Angerhof, Illmitz
Weingut Türk, Stratzing
Weingut Wellanschitz, Neckenmarkt
Weingut Wohlmuth, Kitzeck im Sausal

★★★★

Weingut Herbert Zillinger, Ebenthal
Weingut Zull, Schrattenthal

★★★

Weingut Werner Achs, Gols
Weingut Aigner, Krems
Allacher Vinum Pannonia, Gols
Martin & Anna Arndorfer, Straß im Straßertale
Weingut Atzberg, Spitz an der Donau
Weingut Familie Auer, Tattendorf
Leo Aumann, Tribuswinkel
Weingut Bannert, Obermarkersdorf
Weingut Christoph Bauer, Jetzelsdorf
Weingut Stefan Bauer, Königsbrunn am Wagram
Weinhof Bauer-Pöltl, Horitschon-Unterpetersdorf
Weingut Bayer – Erbhof, Donnerskirchen
Weingut Berger, Gedersdorf
Weingut Biegler, Gumpoldskirchen
Weingut Karl Brindlmayer, Wagram ob der Traisen
Weingut Josef & Philipp Bründlmayer, Grunddorf
Weingut Ceel, Rust
Weingut Christ, Wien
Weingut Wien Cobenzl, Wien
Weingut Zur Dankbarkeit, Podersdorf am See
Winzerhof Familie Dockner, Höbenbach
Dreisiebner Stammhaus, Sulztal a. d. Weinstraße
Weingut Ecker – Eckhof, Kirchberg am Wagram
Weinhof Hannes Edlinger, Röschitz
Weingut Josef Edlinger, Furth/Palt
Weingut Edlmoser, Wien
Weingut Josef Ehmoser, Tiefenthal
Weingut Ludwig Ehn, Langenlois
Weingut Elsnegg, Gamlitz
Weingut Esterházy, Trausdorf an der Wulka
Weingut Rudolf Fidesser, Platt
Weingut Josef Fischer, Rossatz
Weingut Meinhard Forstreiter, Krems-Hollenburg
Weingut Frank, Herrnbaumgarten
Weingut Frühwirth, Klöch
Weingut R & R Gerngross, Sausal

marzek
etiketten + packaging
Der Fels in der Brandung
Seit 1879.
Immer da. Immer stark.
WELTMEISTER 5X ETIKETTEN
ETIKETTEN FLEXIBLES FEINKARTONAGEN
DESIGN ETIKETTIERTECHNIK TT-DRUCKER
www.marzek.at +43 2252 90500

★★★

Weingut Giefing, Rust
Weingut Robert Goldenits, Tadten
Weingut Ingrid Groiss, Breitenwaida
Groszer Wein, Burg
Bio Weingut Gruber Röschitz, Röschitz
Weingut Andreas Gsellmann, Gols
Weingut Haider, Illmitz
Weingut Hajszan Neumann, Wien
Graf Hardegg, Seefeld-Kadolz
Weingut Harkamp, Leibnitz
Weingut Heinrich Hartl III, Oberwaltersdorf
Weingut Toni Hartl, Reisenberg
Weingut Herwald Hauleitner, Wagram ob der Traisen
Weingut Leo Hillinger, Jois
Weinhofmeisterei Mathias Hirtzberger, Wösendorf in der Wachau
Weingut Holzapfel, Weißenkirchen
Weingut Horvath, Gols
Weingut Markus Iro, Gols
Weingut Jäger, Weißenkirchen
Domaines Kilger, Gamlitz
Winzerhof Kiss, Jois
Weingut Stift Klosterneuburg, Klosterneuburg
Weingut Kodolitsch, Leibnitz
Weingut Kolkmann, Fels am Wagram
Weingut Leberl, Großhöflein
Weingut Andreas Lehensteiner, Weißenkirchen
Weingut Leindl, Zöbing
Weingut Leitner, Gols
Weingut Liegenfeld, Donnerskirchen
Weingut Wolfgang Maitz, Ehrenhausen a. d. Weinstraße
Weingut Masser, Leutschach
Weingut Migsich, Antau
Weingut Hermann Moser, Rohrendorf
Weingut Domäne Müller – Südsteiermark, Groß St. Florian
Weingut Domäne Müller – Weststeiermark, Groß St. Florian
Weingut Müller, Krustetten
Weingut Müller-Grossmann, Furth-Palt

★★★

Weingut Münzenrieder, Apetlon
Weingut PMC Münzenrieder, Apetlon
Weingut Nehrer, Eisenstadt
Weingut Nimmervoll, Engelmannsbrunn
Weingut Gebrüder Nittnaus, Gols
Weingut Anton Nothnagl, Spitz an der Donau
Weingut oberGuess, Leutschach
Weingut Robert Payr, Höflein
Weingut Piriwe, Traiskirchen
Weingut Familie Pitnauer, Göttlesbrunn
Weingut Pongratz, Gamlitz - Kranachberg
Weingut Prechtl, Zellerndorf
Weingut Helmut Preisinger, Gols
Weinkultur Preiß, Theyern
Rotweingut Prickler, Lutzmannsburg
Weingut Primus, Grassnitzberg-Spielfeld
Weingut Rudolf Rabl, Langenlois
Weingut Hannes Reeh, Andau
Weingut Regele, Ehrenhausen a.d.Weinstrasse
Grenzlandhof – Reumann, Deutschkreutz
Weingut Rixinger, Spitz an der Donau
Weingut Salzl – Seewinkelhof, Illmitz
Weingut Franz Sauerstingl, Fels am Wagram
Josef Scharl – Charakterweine, St. Anna am Aigen
Schiefer & Domaines Kilger, Welgersdorf
Weingut Franz Schindler, Mörbisch
Schlumberger Wein-und Sektkellerei, Wien
Weingut Horst und Georg Schmelzer, Gols
Winzerhaus Hans Schöller, Traismauer
Thomas Schwarz, Purbach
Weingut Wolfgang Seher, Platt
Weingut Heinz und Adrienne Sigl, Rossatz
Weingut Peter Skoff – Domäne Kranachberg, Gamlitz
Weingut Sommer, Donnerskirchen
Lesehof Stagård, Krems-Stein
Weingut Steininger, Langenlois
Karl Stierschneider – Kartäuserhof, Weißenkirchen
Weingut Stift Göttweig, Furth bei Göttweig
Winzerhof Stift, Röschitz

WEINVIERTEL DAC
2022
20 JAHRE
WEINVIERTEL DAC
JUBILÄUM
DER ECHTE GRÜNE VELTLINER
DAC
WEIN
VIERTEL
weinvierteldac.at

★★★

Weingut Strawanzer Donabaum, Spitz an der Donau
Weingut Strehn, Deutschkreutz
Weingut Sutter, Hohenwarth
Weingut Taferner, Göttlesbrunn
Weingut Taubenschuss, Poysdorf
Weingut Tinhof, Trausdorf
Weingut Tschermonegg, Glanz an der Weinstraße
Weingut Petra Unger, Furth-Palt
Weingut Wagentristl, Großhöflein
Weingut Familie Weber, Lutzmannsburg
Weingut Weixelbaum, Straß im Straßertale
Weingut Rainer Wess, Krems
Weingut Juliana Wieder, Neckenmarkt
Weingut Niki Windisch, Groß-Engersdorf
Weingut Winkler-Hermaden, Kapfenstein
Zantho, Andau
Weingut Alois Zimmermann, Theiß
Ewald Zweytick Wein, Ratsch an der Weinstraße

★★

A-Nobis Sektkellerei Norbert Szigeti, Zurndorf
Weingärtnerei Aichinger, Schönberg am Kamp
Weingut Am Berg – Michael Gruber, Langenlois
Weingut Amsee, Gols
Weingut Michael Auer, Höflein
Klosterkeller der Barmherzigen Brüder, Eisenstadt
Familie Bauer - Bioweingut, Großriedenthal
Weingut Josef Bauer, Feuersbrunn
Weingut Norbert Bauer, Jetzelsdorf
Weingut Benedikt, Kirchberg am Wagram
Weingut Blauensteiner, Gösing am Wagram
Weingut Böheim, Arbesthal
Weingut Branigg, Kitzeck im Sausal
Weingut Brolli-Arkadenhof, Gamlitz
Weingut Gerald und Andrea Diem, Obermarkersdorf
Weingut Robert Direder, Kirchberg am Wagram

★★

Weingut Karl Diwald, Großriedenthal
Weingut Tom Dockner, Theyern
Weingut Peter Dolle, Straß im Straßertale
Christoph Edelbauer, Langenlois
Weingut Eder, Gedersdorf
Weinhof Ehn, Engelmannsbrunn
Weingut Engel, Tieschen
Weingut Ernst, Deutschkreutz
Weingut Ernst, Großwiesendorf
Weingut Felberjörgl, Kitzeck
Weingut Felsner, Grunddorf
Weingut Grenzhof-Fiedler, Mörbisch
Weingut Leopold Figl, Wagram ob der Traisen
Weinhof Fink, Krustetten
Schilcherweingut Friedrich, Sankt Stefan ob Stainz
Weingut Fuhrgassl-Huber, Wien
Weingut Stefan Gebetsberger, Spitz an der Donau
Weingut Georgiberg, Ehrenhausen
Winzerhof Gmeiner, Seebarn
Weingut Gollenz, Tieschen
Weingut Norbert Greil, Unterstockstall
Weinhof Grill, Fels am Wagram
Weingut Thomas Gritsch, Spitz an der Donau
Weingut Anton Hagen, Krems-Rehberg
Weingut Hagn, Mailberg
Hammer Wein Rust, Rust
Weingut Hareter Thomas, Weiden am See
Weingut Heiderer-Mayer, Großweikersdorf
Weingut Herndler, Schiltern
Stiftsweingut Herzogenburg, Herzogenburg
Hirschmugl - Domaene am Seggauberg, Leibnitz
Weingut Hirtl, Poysdorf
Weingut Hofbauer-Schmidt, Hohenwarth
Weingut Wolfgang Hofer, Wien
Weingut Rudolf Hofmann, Traismauer
Weingut Andreas Holzer, Nussdorf
Weingut Johannes Holzer, Engabrunn
Weingut Armin Huber, Straß im Straßertale
Christina Hugl | Sekt & Pet-Nat, Langenlois

Schärdinger
WEINKÄSE-SPEZIALITÄT
aus Österreich!
Schärdinger
im Zweigeltgeläger gereift
Weinkäse
g'schmackig
zart-aromatisch
OHNE gen
Der Schärdinger Weinkäse ist ein Weichkäse mit Naturrinde, der mit Zweigeltgeläger gepflegt wird und dadurch seinen fruchtig, säuerlichen Geschmack und seine dunkle Rinde erhält.
Schärdinger. So schmeckt mir das Leben!
SCHAERDINGER.AT

★★

Weingut Josef Igler, Deutschkreutz
Winzer Christian Jassek, Ragelsdorf
Schilcherei® Weingut H. und L. Jöbstl, Wernersdorf bei Wies
Weingut Jordan, Pulkau
Winzerschlössl Kaiser, Eisenstadt
Bio-Weingut Kemetner, Etsdorf am Kamp
Weingut Keringer, Mönchhof
Weingut Kirchknopf, Eisenstadt
Weingut Jacqueline Klein, Andau
Respiz-Hof Kölbl, Röschitz
Kollerhof am Eichberg, Leutschach an der Weinstraße
Kraft aus Rust, Rust
Weingut Langmann, Sankt Stefan ob Stainz
Laurenz V., Wien/Zöbing
Hofkellerei des Fürsten von Liechtenstein, Wilfersdorf
Weingut Gerhard J. Lobner, Mannersdorf an der March
Weingut Mad, Oggau
Weingut Maglock-Nagel, Straß im Straßertale
Schlossweingut Malteser Ritterorden, Mailberg
Weingut Lukas Markowitsch, Göttlesbrunn
Meinrad Markowitsch, Göttlesbrunn
Weingut Martinshof, Neusiedl an der Zaya
Weingut Maurer, Röschitz
Mayer der Wein, Kirchberg am Wagram
Weingut Mazza, Weißenkirchen
Weingut »RM« Roland Minkowitsch, Mannersdorf/March
Weingut Hans Moser, Eisenstadt
Weinkellerei Lenz Moser, Rohrendorf
Weingut Andreas Muhr, Stixneusiedl
Müller Klöch, Klöch
Weingut Müller – Tassilo, Krustetten
Weingut Nastl, Langenlois
Neckenmarkt die Winzer, Neckenmarkt
Weingut Noemi, Kitzeck im Sausal
Nolz Wein, Hilpersdorf
Weingut Barbara Öhlzelt, Zöbing

★★

Weingut Oppelmayer, Göttlesbrunn
Weingut Thomas Ott, Reichersdorf
Weinhof Christian Parzer, Oberfucha-Furth
Weingut Pass, Etzmannsdorf
Weingut Gerhard Pimpel, Göttlesbrunn
Weingut Piribauer, Neudörfl
Weinhof Platzer, Tieschen
Domaine Pöttelsdorf Familymade, Pöttelsdorf
Weingut Pröglhöf, Retz-Obernalb
Weinbau Familie Reinberger, Grafenwörth
Weingut Reiterer, Wies
Weingut Repolusk, Leutschach an der Weinstraße
Weingut Retzl, Zöbing
Weingut Rosner, Langenlois
Weingut Erich Sattler, Tadten
Weingut Sattler, Jois
Weingut Schauer, Kitzeck im Sausal
Weingut Schneider, Tattendorf
Weingut Schneider, Röschitz
Schödl Family, Loidesthal
Weingut Schuckert, Poysdorf
Weingut Gernot Schuhmann, Gols
Weingut Familie Schuster, Großriedenthal
Weingut Schwarz, Schrattenberg
Weingut Schwarzböck, Hagenbrunn
Weingut Peter Schweiger, Zöbing
Weingut Georg Seiler, Rust
Landesweingut Silberberg, Leibnitz
Weingut Sonnhof, Langenlois
Weingut Bernd Stelzl, Leutschach a. d. Weinstraße
StephanO Das-Wein-Gut, Deutsch Schützen
Weingut HST – Hannes Steurer, Jois
Weingut Strauss Gamlitz, Gamlitz
Weingut Thomas Strohmaier, Pölfing-Brunn
Weingut Studeny, Obermarkersdorf
Weingut Tanzer, Krems an der Donau
Weingut Thiery-Weber, Rohrendorf
Weingut Georg Toifl, Kleinhöflein
Weinbau Tremmel, Rust
Weingut Trummer, St. Veit in der Südsteiermark

★★

Weingut Urban, Wullersdorf
Bio Weingut Urbanihof – Familie Paschinger, Fels am Wagram
Thom Wachter, Eisenberg a.d. Pinka
Weinhof Anton und Elfriede Waldschütz, Sachsendorf
Weingut Reinhard & Markus Waldschütz, Straß im Straßertale
Weingut Gerald Waltner, Engelmannsbrunn
Wandraschek Weinmanufaktur, Krems
Weingut Wannemacher, Hagenbrunn
Domaine Wolf, Gamlitz
Weingut Wurzinger Josef & Pia, Tadten
Weingut Stefan Zehetbauer, Schützen am Gebirge
Weingut Zens, Mailberg
Weingut Harald Zierer, Gumpoldskirchen
Weingut Ziniel, St. Andrä am Zicksee
Weingut Zöhrer, Krems
Weingut Zuschmann-Schöfmann, Martinsdorf

★

Weingut Alphart am Mühlbach, Traiskirchen
Gut Altenberg – NÖ Landesweingut Retz , Retz
Weingut Batthyány, Rechnitz
Bio-Weingut Bernthaler + Bernthaler, Gols
Schlossweingut Bockfliess, Stetten
Weingut Burg Taggenbrunn, St. Veit an der Glan
Weingut Daschütz, Kirchberg am Wagram
Alfred Markus Deim, Schönberg
Weingut Gerhard Deim, Schönberg am Kamp
Weingut Ecker, Grafenberg
Weingut Alexander Egermann, Illmitz
Weingut Eichberger, Eibesbrunn
Weinbau Willi Eminger, Niedersulz
Weingut Etz, Walkersdorf am Kamp
Fiona Figlmüller, Wien
Weingut Alfred Fischer, Stöttera
Fuchs - Family of Wine, Leutschach an der Weinstraße

★

Weingut Gilg, Hagenbrunn
Goldeck Wein- und Sektkellerei, Bad Vöslau
Weingut Roman Gritsch, Spitz an der Donau
Weingut Wolfgang und Sylvia Groll, Reith/Langenlois
Weingut Kögl, Ratsch an der Weinstraße
Innviadla Weinbau Wolfgang Költringer, Weilbach
Weingut Kracher und Sohm, Illmitz
Weinbau Markus Lager, Göttlesbrunn
Weingut Lassl, Sigleß
Weingut Lentsch - Pinots vom Leithaberg, Donnerskirchen
Landhaus Mayer, Wien
Weingut M. Mayer, Königsbrunn
Winzerhof Obenaus, Großriedenthal
Weingut Andreas Ott, Hagenbrunn
Weingut Pasler, Jois
Weingut Pesau, Falkenstein
Weingut Pfeifer, Sankt Anna am Aigen
Weingut Pleil, Wolkersdorf
Weinwerk Polsterer, Feuersbrunn
Winzerhof Sax, Langenlois
Schaller vom See, Podersdorf am See
Weingut Schreibeis – Keller am Gaisberg, Straß im Straßertale
Siedler Alex. Wein-Genuss-Gut, Reichersdorf
Klosterkeller Siegendorf, Siegendorf
Weingut Fabian Sloboda, Podersdorf am See
Weinhof Thomas Stopfer, Ruppersthal
Weingut Trippelgut, Feldkirchen
Weingut Unger, Halbturn
Weingut Walter Wien, Wien
Weber Bioweingut, Roseldorf
Weinerlebnis Martin Wippel, Riegersburg
Weingut Leo und Dagmar Wunderer, Oberfellabrunn
Weingut Josef Zeitlberger & Josef Zeitlberger, Großweikersdorf

EHRENTAFEL 2021

DIE BESTEN SCHAUMWEINE

96	**Bründlmayer Blanc de Blancs Extra Brut Langenlois Grosse Reserve 2014**, Weingut Bründlmayer	Seite 133
95	**Vintage 2010**, Weingut Schloss Gobelsburg	Seite 147
95	**Harkamp Solera**, Weingut Harkamp	Seite 685
95	**Blanc de Blancs Große Reserve 2014**, Weingut Malat	Seite 207
95	**Langenlois Große Reserve Blanc de Blancs Brut Nature 2016**, Weingut Fred Loimer	Seite 165
94	**Chardonnay Sekt g.U. extra brut Gedersdorfer Große Reserve 2016**, Weingut Buchegger	Seite 196
94	**Blanc de Blancs Große Reserve 2017**, Christina Hugl | Sekt & Pet-Nat	Seite 158
94	**Riesling Sekt Langenlois g.U. Große Reserve Heiligenstein 2017**, Weingut Steininger	Seite 179
93	**Cuvée 1217 extra brut 2018**, A-Nobis Sektkellerei Norbert Szigeti	Seite 576
93	**Jurtschitsch Grüner Veltliner Brut Nature Sekt g.U. Langenlois Große Reserve 2016**, Weingut Jurtschitsch	Seite 159
93	**Mathäi Große Reserve**, Weingut Stift Klosterneuburg	Seite 373
93	**Schilcher Sekt g.U. Rerserve Engelweingarten »Alte Reben«**, Weingut Reiterer	Seite 781
93	**Pet Nat brut 2020**, Weingut Schabl	Seite 389
93	**Schlumberger Pinot Noir Brut Reserve 2017**, Schlumberger Wein-und Sektkellerei	Seite 81
93	**Rosé brut ZZ**, Thomas Schwarz	Seite 532
92	**Josef Dockner Brut Große Reserve »Blanc de Blancs« - Ried Kremser Frauengrund 2015**, Winzerhof Familie Dockner	Seite 198

Pro erwähntem Betrieb ist nur der höchstbewertete Wein jedes Jahrgangs eingetragen.

dpd
Weinlogistik
25
JAHRE
dpd
Ihre edlen Tropfen sind mit uns stets sicher unterwegs.
Als Weinlogistik-Experte bieten wir Ihnen für den optimalen Versand von Wein, Sekt und Champagner sowie anderen zerbrechlichen Behältnissen die speziell entwickelte DPD Weinlogistik an. Setzen Sie beim Versand von bruchsensiblen Produkten auf unsere 25-jährige Erfahrung. So kommen Ihre edlen Tropfen am schnellsten und sichersten bei Ihren Kunden an.
dpd.at
dpd

92	**Purist Pet Nat 2020**, Weinbau Karl Fritsch	Seite 365
92	**Graf Hardegg Sekt g.U. brut Große Reserve 2015**, Graf Hardegg	Seite 427
92	**Petnat Rosé 2019**, Weingut Toni Hartl	Seite 511
92	**Decto Rosso 2018**, Hirschmugl - Domaene am Seggauberg	Seite 687
92	**Grüner Veltliner Blanc de Blancs Zero Dosage NV**, Weingut Markus Huber	Seite 277
92	**Blaufränkisch Rosé Secco trocken**, Weingut Josef Igler	Seite 558
92	**Grüner Veltliner Brut Reserve 2018**, Weingut Jordan	Seite 432
92	**DER Schilchersekt 2019**, Weingut Domäne Müller	Seite 780
92	**Brut Rose Reserve Sekt g.U.**, Weingut Regele	Seite 713
92	**Wolke für Zwei Pétillant Naturel 2020**, Weingut Salomon Undhof	Seite 221
92	**Souvignier Gris Sekt g.U. brut Reserve 2018**, Josef Scharl – Charakterweine	Seite 765
92	**Chardonnay Brut Reserve 2016**, Weingut Sternat-Lenz	Seite 731
92	**Gelber Muskateller Sekt**, Weingut Tschermonegg	Seite 737
92	**Grüner Veltliner Brut Nature Grosse Reserve 2017**, Weingut Zuschmann-Schöfmann	Seite 476
92	**Sauvignon blanc Sekt g.U. Reserve 2018**, Weingut Masser	Seite 699

DIE BESTEN WEISSWEINE

Jahrgang 2020

(99)	**Riesling Wachau DAC »Unendlich« 2020**, Weingut F. X. Pichler	Seite 327
(99)	**Grüner Veltliner Wachau DAC Ried Zwerithaler Kammergut Smaragd 2020**, Weingut Prager	Seite 333
(98)	**Riesling Kremstal DAC Ried Hochäcker 1ÖTW Privat 2020**, Wein-Gut Nigl	Seite 217
97	**Riesling Wachau DAC Ried Achleithen Smaragd 2020**, Weingut Rudi Pichler	Seite 329
(97)	**Riesling Wachau DAC Ried Loibenberg Smaragd 2020**, Weingut Alzinger	Seite 292
(97)	**Riesling Wachau DAC Reserve Ried Dürnsteiner Burg 2020**, FJ Gritsch – Mauritiushof	Seite 304
(97)	**Riesling Wachau DAC Ried Singerriedel Smaragd 2020**, Weingut Franz Hirtzberger	Seite 309
(97)	**Riesling Wachau DAC Ried Kellerberg Dürnstein 2020**, Weingut Pichler-Krutzler	Seite 331
(96)	**Riesling Kamptal DAC Ried Zöbinger Heiligenstein 1ÖTW 2020**, Weingut Bründlmayer	Seite 133
(96)	**Riesling Wachau DAC Ried Bruck Smaragd 2020**, Weingut Josef & Georg Högl	Seite 312
(96)	**Riesling Wachau DAC Ried Klaus Smaragd 2020**, Weingut Jamek	Seite 317
(96)	**Grüner Veltliner Kamptal DAC Ried Lamm 1ÖTW 2020**, Weingut Jurtschitsch	Seite 159
(96)	**Riesling Kremstal DAC Reserve Ried Steiner Kögl 1ÖTW Alte Reben 2020**, Weingut Salomon Undhof	Seite 221
(96)	**Best of Riesling Wachau DAC 2020**, Weingut Familie Schmelz	Seite 336
95	**Riesling Wachau DAC Ried Goldberg Smaragd 2020**, Weingut Georg Frischengruber	Seite 302
95	**Riesling Wachau DAC Ried Singerriedel Smaragd 2020**, Weingut Hofstätter	Seite 313
(95)	**Riesling Kamptal DAC Ried Heiligenstein 1ÖTW 2020**, Weingut Allram	Seite 127
(95)	**Riesling Wachau DAC Ried Kellerberg Smaragd 2020**, Domäne Wachau	Seite 295
(95)	**Riesling Wachau DAC Ried Setzberg Smaragd 2020**, Weingut Johann Donabaum	Seite 299
(95)	**Riesling Kamptal DAC Ried Heiligenstein 1ÖTW 2020**, Weingut Eichinger	Seite 143
(95)	**Grüner Veltliner Wachau DAC Ried Kreuzberg Smaragd 2020**, Weingut Georg Frischengruber	Seite 302

© Robert Herbst
Wachauer Herkunft, garantiert seit 823 n. Chr.
ik-wachau.at
In der Wachau sind wir beim Herkunftsschutz schon immer einen Schritt weiter. Aktuell mit dem neuen **Wachau DAC-System.** Was bleibt: die bewährten Stilistiken Steinfeder®, Federspiel® und Smaragd®. Echt Wachau, garantiert.
Riedenweine lassen Sie die *typische Wachau* erleben. Entweder als Grüner Veltliner oder Riesling. Sie bilden die Spitze der Herkunftspyramide und spiegeln Wachauer *Terroir* in seiner kleinsten Einheit wider – der Riede. Weder spürbarer Holzeinfluss noch Anreicherung sind erlaubt.
Ortsweine werden aus Trauben eines einzelnen Ortes gekeltert. Nur traditionelle Wachauer Rebsorten sind unter diesem Etikett erlaubt, spürbarer Holzeinfluss nicht.
Gebietsweine liefern die geballte Vielfalt der Wachau. Entdecken Sie zahlreiche Sorten und Weinstilistiken, die in der Wachau zu finden sind. Sie werden sehen: Die Region ist seit jeher für eine Überraschung gut.
Wo Wachau draufsteht, ist 100% Handlese drin.
823 n. Chr. wurde die Wachau erstmals urkundlich erwähnt.

(95) **Grüner Veltliner Kamptal DAC Ried Grub 1ÖTW 2020**, Weingut Schloss Gobelsburg Seite 147
(95) **Grüner Veltliner Wachau DAC Smaragd Ried Kollmütz 2020**, Weinhofmeisterei Mathias Hirtzberger Seite 310
(95) **Grüner Veltliner Traisental DAC Getzersdorfer Ried Berg 1ÖTW 2020**, Weingut Markus Huber Seite 277
(95) **Riesling Wachau DAC Ried Steinriegl Smaragd 2020**, Weingut Jäger Seite 316
(95) **Riesling Nussberg Weißer Marmor 2020**, Weingut Mayer am Pfarrplatz Seite 77
(95) **Grüner Veltliner Traisental DAC Reserve Inzersdorf Der Wein vom Stein 2020**, Weingut Ludwig Neumayer Seite 280
(95) **Grüner Veltliner Kremstal DAC Reserve Ried Kremser Frechau 1ÖTW 2020**, Weingut Josef Schmid Seite 223
(95) **Riesling Kremstal DAC Steiner Ried Schreck 2020**, Weingut Stadt Krems Seite 225
(95) **Riesling Wachau DAC Ried Achleiten Smaragd 2020**, Karl Stierschneider – Kartäuserhof Seite 339
(95) **Riesling Wachau DAC Ried Steinertal Smaragd 2020**, Weingut Tegernseerhof Seite 342
(95) **Riesling Südsteiermark DAC Ried Dr. Wunsch 2020**, Weingut Wohlmuth Seite 739
94 **Roter Veltliner Ried Steinberg 2020**, Weingut Josef Fritz Seite 367
94 **Grüner Veltliner Wachau DAC Ried Kellerberg Federspiel 2020**, Weingut Knoll Seite 319
94 **Sauvignon Blanc Südsteiermark DAC Ried Rosengarten 2020**, Weingut Kodolitsch Seite 691
94 **Sauvignon Blanc Ried Eisenstädter Steinmühle 2020**, Weingut Kollwentz Seite 518
94 **Morillon Südsteiermark DAC Ried Schusterberg 1STK 2020**, Weingut Wolfgang Maitz Seite 698
94 **Grüner Veltliner Wachau DAC Ried Setzberg Smaragd 2020**, Weingut Anton Nothnagl Seite 326
94 **Weinviertel DAC Reserve Hommage 2020**, Weingut R. & A. Pfaffl Seite 444
94 **Grüner Veltliner Reserve 2020**, Weingut Franz Sauerstingl Seite 388
94 **Riesling Ried Preussen Nussberg 2020**, Weingut Walter Wien Seite 82
94 **Riesling Ried Innere Bergen 2020**, Weingut Zull Seite 474
(94) **Grüner Veltliner Kamptal DAC Reserve Ried Schreckenstein 2020**, Weingut Kurt Angerer Seite 131
(94) **Grüner Veltliner Wachau DAC Ried Atzberg Smaragd Obere Steilterrassen 2020**, Weingut Atzberg Seite 294
(94) **Grüner Veltliner Grande Reserve 2020**, Weingut Anton Bauer Seite 348
(94) **Rotgipfler Ried Oberer Badener Weg Reserve 2020**, Weingut Biegler Seite 250
(94) **Grüner Veltliner Kremstal DAC Reserve Ried Vordernberg 1ÖTW 2020**, Weingut Buchegger Seite 196
(94) **Riesling Wachau DAC Ried Kreuzberg Smaragd 2020**, Weingut Josef Fischer Seite 300
(94) **Traminer Vulkanland Steiermark DAC Ried Stradener Rosenberg 2020**, Weingut Frauwallner Seite 751
(94) **Grüner Veltliner Ried Sauberg Tradition 2020**, Weingut Ingrid Groiss Seite 421
(94) **Grüner Veltliner Primary Rocks 2020**, Weingut Gschweicher Seite 424
(94) **Grüner Veltliner Wachau DAC Ried Achleiten Smaragd 2020**, Weingut Holzapfel Seite 315
(94) **Riesling Wachau DAC Ried Spitzer 1000Eimerberg Smaragd 2020**, Weingut Lagler Seite 321
(94) **Riesling Wachau DAC Ried Pichl Point 2020**, Weingut Andreas Lehensteiner Seite 323
(94) **Riesling Kamptal DAC Zöbinger Ried Kogelberg 1ÖTW 2020**, Weingut Leindl Seite 164
(94) **Grüner Veltliner Kremstal DAC Reserve Ried Gebling 1ÖTW Hannah 2020**, Weingut Hermann Moser Seite 212
(94) **Sauvignon Blanc Vulkanland Steiermark DAC Straden 2020**, Weingut Neumeister Seite 760
(94) **Gelber Muskateller Südsteiermark DAC Ried Krepskogel 1STK 2020**, Weingut Erwin Sabathi Seite 716
(94) **Sauvignon Blanc Südsteiermark DAC Ried Kapellenweingarten 2020**, Familienweingut Sattlerhof Seite 720
(94) **Riesling Wachau DAC Ried Kirnberg Smaragd 2020**, Weingut Heinz und Adrienne Sigl Seite 338

Anton Paar
DAS WEIN-
ANALYSEGERÄT,
AUF DAS SIE
GEWARTET HABEN:
Lyza 5000 Wine
Ergebnisse für mehr als 15 Parameter
in einem Messdurchgang
Stand-alone-Gerät mit hochauflösendem
Touchscreen
Automatisierungsoption und Messzeiten
von unter einer Minute
Kompatibel mit vorhandenen Anton Paar
Dichte- und Alkoholmessgeräten
Get in touch: www.anton-paar.com

(94) **Riesling Kamptal DAC Reserve Ried Seeberg 1ÖTW 2020**, Weingut Steininger Seite 179
(94) **Riesling Kremstal DAC Steiner Ried Pfaffenberg 1ÖTW 2020**, Weingut Stift Göttweig Seite 228
(94) **Gemischter Satz Wolferl 2020**, Weingut Thiery-Weber Seite 230
(94) **Grüner Veltliner Kremstal DAC Reserve Ried Obere Kremser Sandgrube 2020**, Weingut Türk Seite 231
(94) **Grüner Veltliner Ried Kaasgraben 2020**, Weingut Wieninger Seite 83

Jahrgang 2019

99 **Grüner Veltliner Kamptal DAC Ried Lamm 1ÖTW Kammern 2019**, Weingut Hirsch Seite 155
98 **Riesling Loibner Vinothekfüllung Smaragd 2019**, Weingut Knoll Seite 319
98 **Chardonnay Ried Katterstein 2019**, Weingut Kollwentz Seite 518
97 **Grüner Veltliner Kamptal DAC Ried Kammerner Lamm 1ÖTW 2019**, Weingut Bründlmayer Seite 133
97 **Chardonnay Südsteiermark DAC Ried Pössnitzberg Alte Reben GSTK 2019**, Weingut Erwin Sabathi Seite 716
97 **Sauvignon Blanc Südsteiermark DAC Ried Kranachberg GSTK 2019**, Familienweingut Sattlerhof Seite 720
97 **Sauvignon Blanc Südsteiermark DAC Ried Zieregg GSTK 2019**, Weingut Tement Seite 734
97 **Sauvignon Blanc Südsteiermark DAC Ried Edelschuh GSTK 2019**, Weingut Wohlmuth Seite 739
(97) **Sauvignon Blanc Vulkanland Steiermark DAC Ried Moarfeitl GSTK 2019**, Weingut Neumeister Seite 760
96 **Roter Veltliner Ried Steinberg 1ÖTW Ruppersthal Privat 2019**, Weingut Josef Fritz Seite 367
96 **Sauvignon Blanc Südsteiermark DAC Ried Welles GSTK 2019**, Weingut Lackner-Tinnacher Seite 695
96 **Chardonnay Carnuntum DAC Ried Schüttenberg Filetstück 2019**, Weingut Gerhard Markowitsch Seite 104
96 **Grüner Veltliner Ried Rosenberg 1ÖTW Feuersbrunn 2019**, Weingut Bernhard Ott Seite 384
96 **Riesling Kremstal DAC Reserve Ried Pfaffenberg Alte Reben 2019**, Weingut Pichler-Krutzler Seite 331
96 **Riesling Kremstal DAC Reserve Ried Ehrenfels 1ÖTW 2019**, Weingut Familie Proidl Seite 220
(96) **Sauvignon Blanc Südsteiermark DAC Ried Sulz 1STK 2019**, Weingut Gross Seite 682
95 **Grüner Veltliner Unfiltriert 2019**, Weingut Kurt Angerer Seite 131
95 **Weißburgunder Ried Falkenberg 1ÖTW 2019**, Weingut Christ Seite 66
95 **Roter Veltliner Ried Steinberg Große Reserve 2019**, Weingut Ecker – Eckhof Seite 359
95 **Sauvignon Blanc Vulkanland Steiermark DAC Ried Buch GSTK 2019**, Weingut Frauwallner Seite 751
95 **Grüner Veltliner Ried Schlossberg 1ÖTW Oberstockstall 2019**, Weinbau Karl Fritsch Seite 365
95 **Rotgipfler Ried Student 2019**, Weingut Johannes Gebeshuber Seite 253
95 **Grüner Veltliner Kamptal DAC Ried Lamm 1ÖTW 2019**, Weingut Schloss Gobelsburg Seite 147
95 **Riesling Kamptal DAC Reserve Ried Heiligenstein 1ÖTW 2019**, Weingut Hiedler Seite 153
95 **Grüner Veltliner Spitz Smaragd Best of Quitten2 2019**, Weingut Hofstätter Seite 313
95 **Grauburgunder Vulkanland Steiermark DAC Ried Neusetzberg 2019**, Weingut Krispel Seite 756
95 **Riesling Ried Spitzer Steinporz Smaragd 2019**, Weingut Lagler Seite 321
95 **Riesling Kremstal DAC Ried Steinbühel 1ÖTW 2019**, Weingut Malat Seite 207
95 **Roter Veltliner Ried Ungut 2019**, Weingut Mantlerhof Seite 209
95 **Wiener Gemischter Satz DAC Ried Langteufel Nussberg 1ÖTW 2019**, Weingut Mayer am Pfarrplatz Seite 77
95 **Riesling Traisental DAC Reserve Inzersdorf Der Wein vom Stein 2019**, Weingut Ludwig Neumayer Seite 280

SHOP.DOELLERER.AT
HIRSCH
DÖL
LER
ER
WEIN
HAUS
WAHRER GENUSS HAT HEIMAT.

95 **Chardonnay Südsteiermark DAC Ried Am Walts 2019**, Weingut oberGuess Seite 707
95 **Wiener Gemischter Satz DAC Ried Langteufel Nussberg 1ÖTW 2019**, Weingut Rotes Haus Seite 80
95 **Sauvignon Blanc Südsteiermark DAC Ried Kranachberg GSTK 2019**, Weingut Hannes Sabathi Seite 718
95 **Zierfandler Ried Mandel-Höh 2019**, Weingut Stadlmann Seite 261
95 **Riesling Kremstal DAC Reserve 501 2019**, Lesehof Stagård Seite 226
95 **Wiener Gemischter Satz DAC Ried Rosengartel 2019**, Weingut Wieninger Seite 83
(95) **Grüner Veltliner Smaragd R 2019**, Weingut Josef Fischer Seite 300
(95) **Chardonnay Ried Thenau 2019**, Weingut Toni Hartl Seite 511
(95) **Riesling Kamptal DAC Ried Heiligenstein 1ÖTW Zöbing 2019**, Weingut Fred Loimer Seite 165
(95) **Chardonnay Südsteiermark DAC Ried Obegg GSTK 2019**, Weingut Polz Seite 708
94 **Grüner Veltliner Kremstal DAC Reserve Ried Frechau Elitär 2019**, Weingut Aigner Seite 192
94 **Grauburgunder Reserve 2019**, Weingut Allram Seite 127
94 **Rotgipfler Ried Rodauner Top Selektion 2019**, Weingut Alphart Seite 244
94 **Chardonnay Leithaberg DAC Ried Joiser Jungenberg 2019**, Weingut Markus Altenburger Seite 504
94 **die Leidenschaft weisz 2019**, Martin & Anna Arndorfer Seite 132
94 **Roter Veltliner Ried Hochrain Reserve 2019**, Weingut Stefan Bauer Seite 352
94 **Grüner Veltliner Leithaberg DAC Ried Himmelreich 2019**, Weingut Bayer – Erbhof Seite 507
94 **Riesling Kremstal DAC Reserve Ried Leiten 2019**, Winzerhof Familie Dockner Seite 198
94 **Grüner Veltliner Endlos Grande Reserve 2019**, Weingut Dürnberg Seite 409
94 **Wiener Gemischter Satz DAC Ried Sätzen 1ÖTW 2019**, Weingut Edlmoser Seite 70
94 **Grüner Veltliner Ried Georgenberg 1ÖTW 2019**, Weingut Josef Ehmoser Seite 361
94 **Grüner Veltliner Kamptal DAC Reserve Ried Spiegel 1ÖTW Titan 2019**, Weingut Ludwig Ehn Seite 142
94 **Chardonnay Ried Steinriegel 2019**, Weingut Gesellmann Seite 552
94 **Grüner Veltliner Ried Offenberg Marmor 2019**, Weingut Thomas Gritsch Seite 307
94 **Riesling Ried Steinberg 1ÖTW 2019**, Weingut Hajszan Neumann Seite 74
94 **Weißburgunder Khalchluckhen 2019**, Weingut Harkamp Seite 685
94 **Weinviertel DAC Reserve Ried Kellerberg 2019**, Weingut Hofbauer-Schmidt Seite 430
94 **Zierfandler Ried Spiegel Monopol 2019**, Weingut Johanneshof Reinisch Seite 256
94 **Weißburgunder Ried Jungherrn Reserve 2019**, Weingut Stift Klosterneuburg Seite 373
94 **Sauvignon Blanc Südsteiermark DAC Ried Steinkogl 2019**, Kollerhof am Eichberg Seite 693
94 **Sauvignon Blanc Südsteiermark DAC Ried Schusterberg 1STK 2019**, Weingut Wolfgang Maitz Seite 698
94 **Weißburgunder Südsteiermark DAC Ried Sernauberg Privat 2019**, Weingut Masser Seite 699
94 **Pinot Gris Weststeiermark DAC Ried Burgegg Privat 2019**, Weingut Domäne Müller Seite 780
94 **Chardonnay Leithaberg DAC Ried Krainer 2019**, Weingut Nehrer Seite 526
94 **Chardonnay Leithaberg DAC Ried Joiser Bergschmallister 2019**, Weingut Anita und Hans Nittnaus Seite 608
94 **Sauvignon Blanc Südsteiermark DAC Ried Hochberg 2019**, Weingut Pongratz Seite 710
94 **Zellerndorfer Weinviertel DAC Reserve Leitstall 2019**, Weingut Prechtl Seite 449
94 **Pinot Blanc Leithaberg DAC 2019**, Weingut Prieler Seite 528
94 **Grüner Veltliner Kamptal DAC Reserve Ried Dechant Alte Reben 2019**, Weingut Rudolf Rabl Seite 170
94 **Sauvignon Blanc Südsteiermark DAC Ried Gaisriegl Alte Reben 2019**, Weingut Schauer Seite 722
94 **Sauvignon Blanc Südsteiermark DAC Ried Kranachkogl Finum 2019**, Weingut Peter Skoff – Domäne Kranachberg Seite 728
94 **Neuburger Leithaberg DAC Ried Oberberg Eisenstadt 2019**, Weingut Tinhof Seite 538
94 **Grüner Veltliner Kamptal DAC Ried Gaisberg 1ÖTW 2019**, Weingut Johann Topf Seite 181

OFYR®
THE ART OF OUTDOOR COOKING

94 **Weißburgunder Leithaberg DAC Ried Kreidestein 2019**, Weingut Wagentristl Seite 539
94 **Grauburgunder Vulkanland Steiermark DAC Ried Kapfensteiner Schlosskogel 1STK 2019**, Weingut Winkler-Hermaden Seite 768
94 **Grüner Veltliner Radikal 2019**, Weingut Herbert Zillinger Seite 473
(94) **Chardonnay Albatros 2019**, Heribert Bayer Kellerei In Signo Leonis Seite 547
(94) **Grüner Veltliner Black Edition 2019**, Weingut Ebner-Ebenauer Seite 411
(94) **Grüner Veltliner Kremstal DAC Furth bei Göttweiger Ried Hintere Point 2019**, Weingut Josef Edlinger Seite 201
(94) **Gelber Traminer Vulkanland Steiermark DAC Ried Hochwarth 2019**, Weingut Frühwirth Seite 753
(94) **Sauvignon Blanc Ried Hochgrassnitzberg 2019**, Weingut Georgiberg Seite 680
(94) **Sauvignon Blanc Vulkanland Steiermark DAC Ried Schemming Reserve 2019**, Weingut Pfeifer Seite 762
(94) **Sauvignon Blanc »Große Reserve« 2019**, Weingut F. X. Pichler Seite 327

Jahrgang 2018 und älter

99 **Sauvignon Blanc Nussberg GSTK 2015**, Weingut Gross Seite 682
98 **Sauvignon Blanc Südsteiermark DAC Ried Zieregg GSTK Karmeliten Terrassen 2018**, Weingut Tement Seite 734
(98) **Sauvignon Blanc Vulkanland Steiermark DAC Alte Reben 2018**, Weingut Neumeister Seite 760
97 **Chardonnay Südsteiermark DAC Ried Pössnitzberger Kapelle GSTK 2018**, Weingut Erwin Sabathi Seite 716
96 **Tausend Weiss 2017**, Weinbau Karl Fritsch Seite 365
96 **Sauvignon Blanc Südsteiermark DAC Ried Muri »Spiesz« 2017**, Weingut Daniel Jaunegg Seite 688
96 **Grüner Veltliner Loibner Reserve 2018**, Weingut Knoll Seite 319
96 **Sauvignon Blanc Südsteiermark DAC Ried Rosengarten T.M.S. 2018**, Weingut Kodolitsch Seite 691
96 **Sauvignon Blanc Südsteiermark DAC Ried Kranachberg GSTK Reserve 2017**, Weingut Hannes Sabathi Seite 718
96 **Sauvignon Blanc Südsteiermark DAC Ried Kranachberg GSTK 2018**, Familienweingut Sattlerhof Seite 720
(96) **Chardonnay Grand Select 2018**, Weingut Wieninger Seite 83
95 **Sauvignon Blanc Südsteiermark DAC Ried Grubthal 2018**, Weingut MUSTER.gamlitz Seite 704
95 **Sauvignon Blanc Südsteiermark DAC Ried Schlingelberg Dachstein 2018**, Weingut Masser Seite 699
95 **Sauvignon Blanc Südsteiermark DAC Ried Am Walts Reserve 2018**, Weingut oberGuess Seite 707
95 **Grüner Veltliner Wachau DAC PUR Platin 2018**, PUR Wein-Genuss Seite 118
95 **Sauvignon Blanc Südsteiermark DAC Ried Hochberg Schwalbenhimmel 2018**, Weingut Pongratz Seite 710
95 **Pinot Blanc Leithaberg DAC Ried Haidsatz 2018**, Weingut Prieler Seite 528
95 **Sauvignon Blanc Südsteiermark DAC Royal 2018**, Weingut Skoff Original – Walter Skoff Seite 726
95 **Südsteiermark DAC Ried Edelschuh 2018**, Weingut Wohlmuth Seite 739
95 **Sauvignon Blanc Südsteiermark DAC Heaven's Door interzellulär 2018**, Ewald Zweytick Wein Seite 744
95 **weisser schiefer »s« 2018**, weingut schiefer.pur Seite 493
94 **Sauvignon Blanc Südsteiermark DAC Ried Hochsulz Alte Reben 2018**, Dreisiebner Stammhaus Seite 674
94 **Riesling Smaragd Meine Welt 2018**, Weingut Georg Frischengruber Seite 302

94	**Sauvignon Blanc Vulkanland Steiermark DAC Ried Kratzer Vinothekfüllung 2018**, Weingut Frühwirth	Seite 753
94	**Sauvignon Blanc Kapellenstück 2018**, Weingut R & R Gerngross	Seite 681
94	**Chardonnay Ried Bandkräften 2018**, Hammer Wein Rust	Seite 653
94	**Chardonnay Ried Kästenbaum 2018**, Weingut Johanneshof Reinisch	Seite 256
94	**Sauvignon Blanc Ried Kranachberg Reserve 2018**, Domaines Kilger	Seite 690
94	**Grauburgunder Vulkanland Steiermark DAC Ried Hochstrandl 2018**, Weingut Krispel	Seite 756
94	**Chardonnay Vulkanland Steiermark DAC Ried Schemming Große Lage Eruption 2018**, Josef Scharl – Charakterweine	Seite 765
94	**Grüner Veltliner Stella 2018**, Weingut Heinz und Adrienne Sigl	Seite 338
94	**Sauvignon Blanc Ried Gamlitzberg Reserve 2017**, Weingut Strauss Gamlitz	Seite 732
94	**Weinviertel DAC Reserve Privat 2017**, Weingut Sutter	Seite 461
94	**Grüner Veltliner Anno Dazumal 2017**, Weingut Weixelbaum	Seite 185
94	**Traminer Profund 2018**, Weingut Herbert Zillinger	Seite 473

DIE BESTEN ROSÉWEINE

93	**Blauer Wildbacher Rosé Reserve 2015**, Domaines Kilger	Seite 690
(93)	**Schilcher Weststeiermark DAC Ried Hochgrail Reserve 2019**, Weingut Langmann	Seite 779
(93)	**Blaufränkisch Der Elefant im Porzellanladen 2020**, Weingut Strehn	Seite 564
92	**Blaufränkisch Rosé Großhöflein 2019**, Weingut Esterházy	Seite 508
92	**Rosé La Grande 2020**, Weingut R. & A. Pfaffl	Seite 444
92	**Schilcher Weststeiermark DAC Ried Aibl 2020**, Weingut Thomas Strohmaier	Seite 783
(92)	**Rosé aus der Provinz 2019**, Weingut Dürnberg	Seite 409
(92)	**Schilcher Weststeiermark DAC Ried Pirkhofberg Barrique Reserve 2019**, Schilcherweingut Friedrich	Seite 776
91	**1805 Rosé Wachau DAC Reserve 2020**, Domäne Wachau	Seite 295
91	**Rosé Cuvée 2020**, Weingut Ludwig Ehn	Seite 142
91	**Rosé Viennois 2020**, Fiona Figlmüller	Seite 71
91	**Zweigelt Rosé 2020**, Weingut Markus Huber	Seite 277
91	**Blauer Wildbacher »No 5« 2020**, Schilcherei® Weingut H. und L. Jöbstl	Seite 777
91	**Schilcher Weststeiermark DAC Ried Burgegg 2020**, Weingut Domäne Müller	Seite 780
91	**Schilcher Weststeiermark DAC Ried Engelweingarten Alte Reben 2020**, Weingut Reiterer	Seite 781
91	**Zweigelt Rose in Spanish Harlem 2020**, Ewald Zweytick Wein	Seite 744

DIE BESTEN ROTWEINE

Jahrgang 2020

(93)	**Blaufränkisch Edelgrund 2020**, Weingut Paul Achs	Seite 577
(93)	**Carnuntum DAC Ried Aubühl 1ÖTW 2020**, Weingut Michael Auer	Seite 98
(93)	**Merlot Premium 2018**, Weingut Christian Fischer	Seite 251
(93)	**Blaufränkisch Reserve Ried Gabarinza 2020**, Weingut Horvath	Seite 594
92	**Zweigelt Neusiedlersee DAC 2020**, Weingut Scheiblhofer	Seite 620
(92)	**Blauer Zweigelt Goldberg 2020**, Weingut Werner Achs	Seite 579
(92)	**Blaufränkisch Vitikult 2020**, Weingut Silvia Heinrich	Seite 554
(92)	**Blaufränkisch Joiser Dorflagen 2020**, Weingut Pasler	Seite 527
(92)	**Blaufränkisch Vitikult 2020**, Rotweingut Prickler	Seite 561
(92)	**Gols 2020**, Weingut Horst und Georg Schmelzer	Seite 623

Jahrgang 2019

(97)	**Rêve de Jeunesse 40 2019**, Weingut Pöckl	Seite 612
(96)	**Cuvée Impresario 2019**, Weingut Kerschbaum	Seite 559
(96)	**Blaufränkisch Perwolff 2019**, Weingut Krutzler	Seite 491
95	**Blaufränkisch Ried Ungerberg 2019**, Weingut Paul Achs	Seite 577
95	**Eisenberg DAC Reserve Ried Saybritz 2019**, Groszer Wein	Seite 487
95	**Meisterwerk 2019**, Weingut Markus Iro	Seite 595
(95)	**Eisenberg DAC Reserve Ried Reihburg 2019**, Weingut Kopfensteiner	Seite 489
(95)	**Pinot Noir Anning 2019**, Weingut Fred Loimer	Seite 165
(95)	**Carnuntum DAC Ried Rosenberg 1ÖTW 2019**, Weingut Gerhard Markowitsch	Seite 104
(95)	**Carnuntum DAC Ried Bärnreiser 1ÖTW Anna-Christina 2019**, Weingut Franz und Christine Netzl	Seite 110
(95)	**Titan 2019**, Weingut Josef Tesch	Seite 565
(95)	**Blaufränkisch Well Alte Reben 2019**, Weingut Wellanschitz	Seite 568
94	**Merlot 2019**, Klosterkeller der Barmherzigen Brüder	Seite 505
94	**Blaufränkisch Alte Reben 2019**, Weingut Ceel	Seite 649
94	**Carnuntum DAC Ried Bärnreiser 1ÖTW 2019**, Weingut Philipp Grassl	Seite 101
94	**Pinot Noir Ried Holzspur 2019**, Weingut Johanneshof Reinisch	Seite 256
94	**Strangers Privat 2019**, Weingut Migsich	Seite 642
94	**Schwarz Rot 2019**, Schwarz Wein	Seite 625
94	**Fam Steurer 2019**, Weingut HST – Hannes Steurer	Seite 536
(94)	**Xur 2019**, Weingut Werner Achs	Seite 579
(94)	**Blaufränkisch Carnuntum DAC Ried Kirchweingarten 1ÖTW 2019**, Weingut Artner	Seite 96
(94)	**Cabernet Sauvignon Reserve Limited Edition 2019**, Weingut Anton Bauer	Seite 348
(94)	**Cablot 2019**, Weingut Gager	Seite 551
(94)	**Opus Eximium No 32 2019**, Weingut Gesellmann	Seite 552
(94)	**Carnuntum DAC Gotinsprun 2019**, Weingut Walter Glatzer	Seite 100

(94) **Pannobile 2019**, Weingut Andreas Gsellmann Seite 589
(94) **Syrah Ried Thenau 2019**, Weingut Toni Hartl Seite 511
(94) **Eisenberg DAC Reserve Ried Szapary 2019**, Weingut Jalits Seite 488
(94) **Cabernet Sauvignon Ried Neuberg 2019**, Winzerhof Kiss Seite 516
(94) **Blaufränkisch Leithaberg DAC Ried Neusiedler Lange Ohn 2019**, Weingut Anita und Hans Nittnaus Seite 608
(94) **Blaufränkisch Carnuntum DAC Ried Spitzerberg 1ÖTW Prellenkirchen 2019**, Weingut Robert Payr Seite 113
(94) **Blaufränkisch Ried Ungerberg 2019**, Weingut Pittnauer Seite 611
(94) **The Great Bustard 2019**, Weingut Scheiblhofer Seite 620
(94) **Cabernet Sauvignon Tribun 2019**, Weingut Taferner Seite 120
93 **Rote Cuvée 2019**, Weingut Batthyány Seite 485
93 **Pinot Noir Ried Exlberg 2019**, Weinbau Karl Fritsch Seite 365
93 **Blaufränkisch Ried Ungerberg 2019**, Weingut Leitner Seite 604
93 **Cuvée Lukas 2019**, Weingut Lukas Markowitsch Seite 106
93 **Zweigelt Neusiedlersee DAC Reserve Ried Luckenwald 2019**, Weingut Gebrüder Nittnaus Seite 609
93 **Excellent Reserve 2019**, Weingut R. & A. Pfaffl Seite 444
93 **Syrah Altenberg 2019**, Weingut Gernot Schuhmann Seite 624
(93) **Carnuntum DAC Ried Stuhlwerker 1ÖTW 2019**, Weingut Böheim Seite 99
(93) **Blaufränkisch Leithaberg DAC Ried Mörbischer Goldberg 2019**, Weingut Grenzhof-Fiedler Seite 510
(93) **Merlot Ried Altenberg Reserve 2019**, Weingut Horvath Seite 594
(93) **Mittelburgenland DAC Reserve Chevalier 2019**, IBY Rotweingut Bio Seite 555
(93) **Carnuntum DAC Purple X-Treme 2019**, Meinrad Markowitsch Seite 107
(93) **Zweiglas 2019**, Weingut Münzenrieder Seite 605
(93) **Merlot 2019**, Weingut PMC Münzenrieder Seite 606
(93) **Matador 2019**, Weingut Oppelmayer Seite 112
(93) **Merlot Ried Altenberg 2019**, Weingut Helmut Preisinger Seite 614
(93) **KS Limited Edition 2019**, Weingut Karl Sattler Seite 530
(93) **Sankt Laurent Herrschaftswald 2019**, Weingut Gernot Schuhmann Seite 624
(93) **Blaufränkisch Roter Schotter 2019**, Weingut Strehn Seite 564
(93) **Blaufränkisch Ried Leiten 2019**, Weingut Niki Windisch Seite 469

Jahrgang 2018 und älter

(99) **Blaufränkisch Ried Reihburg 2017**, weingut schiefer.pur Seite 493
98 **Herzblut 2015**, Heribert Bayer Kellerei In Signo Leonis Seite 547
98 **Ried Salzberg 2017**, Weingut Gernot und Heike Heinrich Seite 592
(98) **G 2017**, Weingut Gesellmann Seite 552
97 **Blaufränkisch Ried Point 2018**, Weingut Kollwentz Seite 518
97 **Blaufränkisch Carnuntum DAC PUR Platin rot 2017**, PUR Wein-Genuss Seite 118
97 **Blaufränkisch Ried Mariental 2018**, Weingut Ernst Triebaumer Seite 659
96 **Blaufränkisch Leithaberg DAC Ried Joiser Jungenberg 2018**, Weingut Markus Altenburger Seite 504
96 **Pinot Noir Ried Kästenbaum 2018**, Weingut Johanneshof Reinisch Seite 256
96 **M1 2018**, Weingut Gerhard Markowitsch Seite 104
96 **Netzl Privat 2018**, Weingut Franz und Christine Netzl Seite 110

96	**Blaufränkisch Leithaberg DAC Ried Joiser Jungenberg 2018**, Weingut Anita und Hans Nittnaus	Seite 608
96	**Blaufränkisch Leithaberg DAC Ried Marienthal 2017**, Weingut Prieler	Seite 528
96	**Blaufränkisch Ried Oberer Wald 2017**, Günter + Regina Triebaumer	Seite 660
(96)	**Werner Achs Reserve 2018**, Weingut Werner Achs	Seite 579
(96)	**Blaufränkisch Alte Reben - Silvia Heinrich Edition 2017**, Weingut Silvia Heinrich	Seite 554
(96)	**Eisenberg DAC Reserve Diabas 2018**, Weingut Jalits	Seite 488
(96)	**Blaufränkisch Patriot 2017**, Weingut Josef Tesch	Seite 565
95	**Blaufränkisch Ried Altenberg 2018**, Weingut Paul Achs	Seite 577
95	**Pinot Noir Reserve 2018**, Weingut Familie Auer	Seite 247
95	**Syrah La Paz 2017**, Weingut Edlmoser	Seite 70
95	**Solitaire 2018**, Weingut Feiler-Artinger	Seite 650
95	**Pinot Noir P 2018**, Weinbau Karl Fritsch	Seite 365
95	**Blaufränkisch Reserve Ried Oberer Wald 2017**, Weingut Giefing	Seite 652
95	**St. Laurent Ried Goldberg 2017**, Weingut Juris	Seite 596
95	**Klangsteinwein 2017**, Winzerhof Kiss	Seite 516
95	**Blaufränkisch Ried Königsberg 2018**, Schiefer & Domaines Kilger	Seite 492
95	**Cuvée d´Or 2018**, Weingut Franz Schindler	Seite 531
95	**Blaufränkisch Eisenberg DAC Ried Saybritz 2018**, Weingut Schützenhof	Seite 495
95	**Blaufränkisch Leithaberg DAC Ried Reisbühl 2018**, Weingut Wagentristl	Seite 539
95	**Pinot Noir Grand Select 2018**, Weingut Wieninger	Seite 83
95	**Blaufränkisch Mittelburgenland DAC Reserve Ried Hochberg 2017**, Domaine Wolf	Seite 742
(95)	**massive a. [rot] 2018**, Weingut Artner	Seite 96
(95)	**Grassl Reserve 2018**, Weingut Philipp Grassl	Seite 101
(95)	**Merlot Altenberg Reserve 2017**, Weingut Pittnauer	Seite 611
(95)	**V.I.B. Very Important Bottle 2018**, Weingut Taferner	Seite 120
94	**Merlot Harterberg 2017**, Leo Aumann	Seite 248
94	**Carabus Rot 2017**, Weingut Bayer – Erbhof	Seite 507
94	**Tesoro 2017**, Weingut Esterházy	Seite 508
94	**Pinot Noir Ried Gendl 2018**, Weingut Johannes Gebeshuber	Seite 253
94	**Ried Gabarinza 2017**, Weingut Andreas Gsellmann	Seite 589
94	**Pinot Noir Ried Graf Weingartl Reserve 2018**, Weingut Heinrich Hartl III	Seite 255
94	**Massiv 2017**, Weingut Keringer	Seite 598
94	**Fat Boy 2018**, Weingut Migsich	Seite 642
94	**Blaufränkisch Carnuntum DAC Ried Spitzerberg 1ÖTW 2018**, Weingut Dorli Muhr	Seite 109
94	**Blaufränkisch Leithaberg DAC Ried Gritschenberg 2017**, Weingut Pasler	Seite 527
94	**Franz Josef Große Reserve 2016**, Weingut Familie Pitnauer	Seite 117
94	**Merlot 2018**, Grenzlandhof – Reumann	Seite 563
94	**Cabernet Franc Premium 2018**, Weingut Salzl – Seewinkelhof	Seite 617
94	**Syrah 2015**, Thomas Schwarz	Seite 532
94	**Eisenberg DAC Reserve Ried Szapary Alter Garten 2018**, Thom Wachter	Seite 498
94	**Blaufränkisch Mittelburgenland DAC Ried Bodigraben 2018**, Weingut Juliana Wieder	Seite 570
(94)	**Anton Bauer Privat 2018**, Weingut Anton Bauer	Seite 348
(94)	**Blaufränkisch Leithaberg DAC Ried Reisbühl 2018**, Weingut Kirchknopf	Seite 515
(94)	**Blaufränkisch Leithaberg DAC Ried Feurer 2018**, Weingut Nehrer	Seite 526

DIE BESTEN NATURAL UND ORANGE WINES

(94)	**Traminer 2019**, Weingut Andreas Gsellmann	Seite 589
93	**martha rouge 2020**, Martin & Anna Arndorfer	Seite 132
93	**Blaufränkisch Natur 2018**, Weinhof Bauer-Pöltl	Seite 546
93	**Welschriesling O.S. OLÉ 2019**, Weingut Feiler-Artinger	Seite 650
93	**Sauvignon Blanc Tertiär S. 2020**, Weingut Josef Fritz	Seite 367
93	**Furmint 2019**, Weingut Toni Hartl	Seite 511
93	**Traminer Textura 2019**, Weingut Pasler	Seite 527
93	**Pinot Blanc M maischevergoren2015**, StephanO Das-Wein-Gut	Seite 496
92	**Neuburger betont. 2020**, Weingut Markus Altenburger	Seite 504
92	**Materia Prima 2019**, Weinbau Karl Fritsch	Seite 365
92	**Welschriesling Solutus III 2018**, Weingut R & R Gerngross	Seite 681
92	**Heytshala weiß 2019**, Weingut Hareter Thomas	Seite 591
92	**Zeitgeist 2020**, Weinbau Markus Lager	Seite 103
92	**50:50 BMxTR 2019**, Weingut Masser	Seite 699
92	**Herrn Greanz**, Weingut Nimmervoll	Seite 382
92	**Rosé by nature 2020**, Weingut Pittnauer	Seite 611
92	**Cabernet Sauvignon Reserve 2018**, Weingut Schützenhof	Seite 495
91	**nur zweigelt 2019**, Weingut Christoph Bauer	Seite 404
91	**Urig - Roter Veltliner 2018**, Familie Bauer - Bioweingut	Seite 350
91	**Blaufränkisch Projekt Nr 7 Maceration Carbonique 2020**, Weingut Esterházy	Seite 508
91	**Sauvignon Blanc Natural 2020**, Weingut Harkamp	Seite 685
91	**Belle Naturelle 2020**, Weingut Jurtschitsch	Seite 159
91	**Grüner Veltliner Naturwerk 2018**, Weingut Kolkmann	Seite 376
91	**Gelber Muskateller Raw 2020**, Weingut Malat	Seite 207
91	**Wildrose Sauvignon Blanc 2019**, Weingut Rosner	Seite 173
91	**Rebell Naturell 2020**, Weingut Schabl	Seite 389
91	**Grüner Veltliner In Natura 2019**, Schödl Family	Seite 452
(91)	**Gülden Alte Reben 2019**, Bio-Weingut Bernthaler + Bernthaler	Seite 584
(91)	**Abartig Einfach! 2019**, Christoph Edelbauer	Seite 140
(91)	**Grüner Veltliner Metamorphosis 2020**, Weingut Markus Huber	Seite 277
(91)	**Grauburgunder Memmbemm 2020**, Kraft aus Rust	Seite 655

DIE BESTEN SÜSS- UND DESSERTWEINE

100	**Gelber Muskateller Essenz 2017**, Weingut Frauwallner	Seite 751
98	**Welschriesling TBA No. 9 2018**, Weinlaubenhof Kracher	Seite 600
97	**Riesling Trockenbeerenauslese 2015**, Weingut Schloss Gobelsburg	Seite 147
97	**Gelber Muskateller Ruster Ausbruch DAC 2018**, Günter + Regina Triebaumer	Seite 660
97	**Sämling 88 Trockenbeerenauslese Ried Lüss 2019**, Hans Tschida - Angerhof	Seite 628
96	**Or Liquide 2017**, Weingut Christ	Seite 66
96	**Gelber Muskateller Ruster Ausbruch DAC 2018**, Weingut Feiler-Artinger	Seite 650
96	**Sauvignon Blanc Beerenauslese 2017**, Weingut Gross	Seite 682
96	**Traminer TBA 2018**, Weingut Haider	Seite 590
96	**Chardonnay-Welschriesling TBA Ried Muri 2017**, Weingut Daniel Jaunegg	Seite 688
96	**Welschriesling TBA 2019**, Kollerhof am Eichberg	Seite 693
96	**Gelber Muskateller Eiswein 2019**, Wein-Gut Nigl	Seite 217
96	**Schwarz Gold 2019**, Schwarz Wein	Seite 625
(96)	**Welschriesling TBA 2018**, Weingut Haider	Seite 590
95	**Rotgipfler/Zierfandler/Riesling Beerenauslese 2019**, Weingut Familie Auer	Seite 247
95	**Gelber Muskateller Strohwein 2018**, Winzerhof Familie Dockner	Seite 198
95	**Mosaik Trockenbeerenauslese 2019**, Weingut Alexander Egermann	Seite 586
95	**Chardonnay Beerenauslese 2020**, Weingut Kollwentz	Seite 518
95	**Grünen Veltliner Ried Loiser Weg Eiswein 2018**, Weingut Vorspannhof – Mayr	Seite 210
95	**Ruster Ausbruch DAC 2017**, Weingut Ernst Triebaumer	Seite 659
95	**Gelber Muskateller Beerenauslese 2019**, Ewald Zweytick Wein	Seite 744
94	**Langenloiser Alte Reben Grüner Veltliner Auslese 2018**, Weingut Bründlmayer	Seite 133
94	**Welschriesling Trockenbeerenauslese 2019**, Weingut Zur Dankbarkeit	Seite 585
94	**Beerenauslese 2019**, Weingut Gilg	Seite 420
94	**Morillon Beerenauslese 2017**, Weingut Lackner-Tinnacher	Seite 695
94	**Spitzer Grüner Veltliner Beerenauslese**, Weingut Lagler	Seite 321
94	**Beerenauslese 2018**, Weingut Leberl	Seite 520
94	**Beerenauslese vom Gelber Muskateller 2019**, Weingut Türk	Seite 231
94	**St.Andräer Beerenauslese 2019**, Weingut Ziniel	Seite 633
(94)	**Welschriesling TBA 2018**, Weingut PMC Münzenrieder	Seite 606
(94)	**Zierfandler Traiskirchen Trockenbeerenauslese 2017**, Weingut Stadlmann	Seite 261
93	**Grüner Veltliner Ried Wöhrleiten Gold Edition Eiswein 2019**, Alfred Markus Deim	Seite 136
93	**Grüner Veltliner Eiswein 2018**, Weingut Dürnberg	Seite 409
93	**Bouvier Traube Beerenauslese 2019**, Weingut Franz Schindler	Seite 531
93	**Neuburger Beerenauslese 2018**, Weingut Tinhof	Seite 538
93	**Muskat Ottonel Beerenauslese 2018**, Weingut Wagentristl	Seite 539

Freistadt Rust, Burgenland

JAHRGANG 2020: ELEGANT UND FRUCHTIG IM JAHR DER PANDEMIE

Der Jahrgang 2020 gestaltete sich für Österreichs Winzer in vielfältiger Weise als Herausforderung. Zum einen stellte der sehr wechselhafte Witterungsverlauf die Flexibilität der Winzer ständig auf die Probe, zum anderen verlangte die Corona-Pandemie eine auf Sicherheit abzielende Adaption sämtlicher Arbeitsgänge im Weingarten wie im Keller.

Ein kaltes und trockenes Frühjahr hatte den Austrieb der Reben zunächst verzögert, ab April sorgte eine signifikant hohe Anzahl von Sonnenstunden für eine zügige Entwicklung der Reben, die gefürchteten Spätfroste blieben aus. Die Blüte war bei den meisten Sorten Mitte Juni abgeschlossen, nur punktuell gab es Einbußen durch Verrieselung. Der Sommer brachte viele heiße Tage, immer wieder unterbrochen von Niederschlägen, der Druck durch Pilzkrankheiten ließ die Winzer wachsam bleiben. Leider gab es auch während der Reifeperiode lokale Hagelereignisse, zum Beispiel im Donauraum, wobei die Wachau mit Schwerpunkt Spitz besonders hart getroffen wurde. Dank der Niederschläge nahmen die Reben und Trauben sonst im Großen und Ganzen eine weitgehend stressfreie Entwicklung. Das Finale des Weinjahres 2020 brachte für die Winzer einerseits überdurchschnittlich viele Sonnenstunden dank zahlreicher noch sehr sommerlicher Tage, was eine optimale Reife der Trauben beförderte, Ende des Monats brachte ein Kaltlufteinbruch aber auch starke Niederschläge mit sich. Man beeilte sich also schließlich, die gesunden Trauben in den Keller zu bringen. Erste Jungweinproben haben Vielversprechendes gezeigt, sowohl Weiß- wie Rotweine präsentieren sich mit guter Frucht und harmonisch, die Weißweine verfügen über eine lebendige Säurestruktur. Ähnlich wie 2019 liegt die Erntemenge mit etwa 2,3 Millionen Hektolitern leicht unter dem Durchschnitt, was angesichts der Corona-bedingten Reserven kein Problem darstellt.

DAS WEINWETTER 2020

Der Wettergott sorgte dafür, dass den heimischen Weinbauern nicht fad wurde. Nach einem trockenen Winter, der seinem Namen kaum gerecht wurde, kam es gebietsweise zu einem etwas verzögerten Austreiben der Reben. Ein sehr warmer und sonniger April beschleunigte die weitere Entwicklung nicht allzu sehr, da er von extremer Trockenheit begleitet war, die vielerorts wochenlang anhielt. Einige Frostnächte führten in ungünstigen Lagen zu Schäden, die aber insgesamt gesehen – und im Vergleich zu den Vorjahren – unerheblich waren. Im Mai fielen Niederschläge in geballter Form, und auch der Juni war sehr feucht und wechselhaft. Die Rebblüte begann zu einem normalen Zeitpunkt und verlief im Wesentlichen unproblematisch, dort und da traten vereinzelt Verrieselungen auf.

Es folgte ein Sommer, in dem einander sonnige und regnerische Phasen abwechselten. Es blieben längere Hitzewellen ebenso aus wie hohe Spitzentemperaturen. Allerdings führten die häufigen Niederschläge zu starkem Pflanzenwachstum und Krankheitsdruck. Sorgfältige Laubarbeit und eine gute Belüftung der Traubenzone waren daher wichtig, um der Ausbreitung von Pilzkrankheiten entgegenzuwirken. Bis Mitte August sah es in den Weingärten sehr gut aus. In einigen Gebieten kam es dann jedoch zu lokal begrenzten Hagelunwettern, die etwa in der Wachau, wo der Raum Spitz besonders arg betroffen war, sowie in Teilen des Kremstals und des Traisentals zu schlimmen Schäden führten. Auch einige burgenländische und steirische Weinbauorte waren betroffen.

Der September hatte ebenfalls zwei Gesichter: Einerseits verzeichnete er so viele Sonnenstunden wie ein Sommermonat und entsprechend hohe Tagestemperaturen, andererseits kam es gegen Monatsende in vielen Gebieten zu andauerndem Starkregen mit rekordverdächtigen Niederschlagsmengen. Aufgrund dieser feuchtwarmen Witterung hatten die Weinbauern alle Hände voll zu tun, um die Gesundheit der Trauben zu erhalten. Relativ niedrige Nachttemperaturen wirkten sich positiv auf die Ausbildung der Aromen und der Säurestruktur aus. Anfang September begann die allgemeine Weinlese, die sich bei recht guten Bedingungen größtenteils bis Ende Oktober zog. Nicht nur in den vom Hagel betroffenen Weinbaugebieten waren eine penible Selektion der Trauben und somit ein kostenintensiver Ernteeinsatz erforderlich.

KLASSISCHE WEISSE MIT SÄUREGERÜST

In Niederösterreich und Wien sind sehr frische und fruchtbetonte Weine entstanden, die mit etwas niedrigerem Alkoholgehalt und rassigerer Säurestruktur ausgestattet sind, als dies in den letzten Jahren der Fall war. Die Sortentypizität kommt dabei sowohl bei der Leitsorte Grüner Veltliner als auch bei den Rieslingen und der gesamten Burgunderfamilie gut zum Ausdruck. Etwas schwieriger hatten es Bukettsorten wie Muskateller oder Traminer, ihre aromatischen Vorzüge voll zur Geltung zu bringen. Sehr ansprechend sind insbesondere Weine der Klassik- bzw. Gebietsweinkategorie ausfallen, weil sie knackige Frische und klare Frucht mit belebender, reifer Säure verbinden. Exzellent ist die Performance der Weißweine der Reservekategorie, die 2020 nach penibler Auslese nur in geringerer Stückzahl möglich war. Die Rieden- und Premiumweine sind ausgestattet mit Balance, Präzision, Struktur und Standfestigkeit für eine längere Lagerung. Kennzeichnend für die 2020er-Weißweine aller Sorten des Burgenlandes ist ein ausgereiftes, harmonisches Geschmacksbild, das durch eine rassige Säurestruktur ergänzt wird, sodass man von Leithaberg & Co. einiges zu erwarten hat. Archetypisch zeigen sich in der Steiermark bereits die leichteren Weißweine der Gebietswein-Linie. Auch in der Steiermark bedeutete das regenreiche Tiefdruckgebiet im September eine gewisse Zäsur und hatte Ernteunterbrechungen zur Folge. Wer die Nerven hatte, die Weinlese erst einige Zeit nach dem Regen fortzusetzen, wurde mit wunderbar sonnigen Oktobertagen belohnt, die eine perfekte Ausreifung der Trauben ermöglichten. So konnten eben jene Riedenweine eingebracht werden, die für das hohe Renommee der steirischen Weinbaubetriebe verantwortlich sind. Besonders attraktiv und charakteristisch ist die erfolgreiche steirische Leitsorte Sauvignon Blanc ausgefallen, die naturgemäß von guter Wasserversorgung profitiert. Nach dem erwähnten Zuwarten hat auch die Burgunderfamilie ein sehr gutes Niveau erbracht, ebenso die Rieslinge im Sausal. Ähnliches gilt auch für die weststeirischen Schilcherweine, die nach einigen von hoher Reife geprägten Jahren wieder mehr typische Frische und Rasse bei schlankerer Statur in den Vordergrund stellen.

ROTWEINE MIT LEBENDIGER ELEGANZ

In den niederösterreichischen Rotweinzentren der Thermenregion und von Carnuntum freut man sich über fruchtbetonte, etwas leichtere und elegante Rotweine, wobei alle Rebsorten und Gewichtsklassen verfügbar sind; die besten Exemplare werden das Format der feinfruchtigen 2016er erreichen. Besonders vielversprechend sind neben dem Blauen Zweigelt und Blaufränkisch auch Sankt Laurent und Blauburgunder ausgefallen. Nach Abschluss der Verkostungen kann man sicher sagen, dass das Burgenland zu den Gewinnern des Jahrgangs 2020 gehört. Zum einen erreichten die starken herbstlichen Regenfälle die Weinorte am Neusiedler See gar nicht und waren auch im mittleren sowie südlichen Bereich des Eisenbergs nur abgeschwächt wirksam, zum anderen konnte es von der klimatisch bedingten früheren Traubenreife diesmal überdurchschnittlich profitieren. So war die Weinlese beispielsweise rund um den Neusiedler See schon vor dem Wetterumschwung in der zweiten Septemberhälfte erledigt. Wermutstropfen waren auch hier einige lokale Hagelschläge. Hohe Erwartungen dürfen die Weinfreunde in allen burgenländischen Appellationen jedenfalls in die Rotweinqualität legen. Wie stets in kühleren Jahren war es 2020 wichtig, den Ertrag entsprechend zu reduzieren. In den besten Fällen wurden Rotweine von kühler Eleganz und mit saftiger Frucht erzielt, die am ehesten mit jenen aus dem Jahr 2016 vergleichbar sind. Alles in allem sind also ausgewogene Blaue Zweigelt und Blaufränkisch von erstaunlicher Qualität gewachsen, aber auch die internationalen Sorten aus geeigneten Lagen können aufzeigen.

SÜSSE VERSUCHUNG SEHR LIMITIERT

Noch etwas früh kommen Prognosen betreffend Dessertweine. Jedenfalls konnten spät, aber doch sogar edelsüße Raritäten wie Ruster Ausbruch DAC und Neusiedlersee DAC gewonnen werden, wenn auch in sehr geringer Menge. Vereinzelt haben eiskalte Nächte sogar die Kelterung von Eisweinen erlaubt. Dieser ging allerdings ein enormes Geduldspiel voraus, tatsächlich war es erst am 11. und 12. Jänner 2021 so weit, dass die notwendigen Minusgrade erreicht wurden. Belohnt wurden die Winzer dafür mit sensationellen Qualitäten.

JAHRGANG 2019: DIE SERIE DER TOLLEN 9ER-JAHRGÄNGE IST PROLONGIERT

Mit dem Jahrgang 2019 hatten die Winzer ihre wahre Freude. Ein weitgehend unproblematischer Verlauf mit einem warmen, trockenen Sommer und einem tollen Herbst führte zu Spitzenqualitäten auf ganzer Linie. Dazu kamen gute Erntemengen. Wieder einmal ein toller »9er«, der den Weinliebhabern noch große Freude machen wird.

Die Erntemenge erbrachte 2019 in Österreich etwa 2,3 Millionen Hektoliter Wein, was einer Normalernte entspricht. 2019 brachte in allen Regionen Österreichs sehr gesundes und vollreifes Traubenmaterial, entstanden sind Weine mit sortentypischer Aromatik und Komplexität, aber dank der gut konservierten Säure auch mit Rückgrat, Frische und Finesse. Der Jahrgang 2019 fügt sich in die Serie der »großen« Jahrgänge mit der Zahl Neun am Ende ein.

DAS WEINWETTER 2019

Blicken wir zunächst kurz zurück zum klimatischen Verlauf des Jahres: Obwohl es ein paar Mal knapp war, sind die in jüngeren Jah-

ren immer mehr gefürchteten Spätfröste ausgeblieben. Die Blüte fand rund zwei Wochen später statt als im Vorjahr, was einen normalen Start ins Weinjahr bedeutete. Schon im Juni war es heiß, die Temperaturen kletterten über die 30°-Celsius-Marke. Das führte in der Folge zu Trockenstress, speziell im Burgenland und im Kremser Raum blieben Niederschläge aus. Die trockene und heiße Witterung war auch der Grund dafür, dass 2019 in ganz Österreich sehr gesundes Traubenmaterial zur Verfügung stand, da diese Trockenheit keinerlei Pilzkrankheiten aufkommen ließ. Die sehr hohen Temperaturen zur Blütezeit führten jedoch in manchen Gebieten und Weingärten zu einer Verrieselung der Trauben und damit zu einer Mengenreduktion. Gegen Ende Juli aufkommende, teils heftige Niederschläge sorgten im Weinbau für Entwarnung bei der Wasserversorgung, allerdings waren regional Hagelschäden zu verzeichnen. Der Sommer verlief sehr warm, aber ohne Temperaturspitzen, die Ernte begann zwar etwas früher als gewohnt, aber mit perfekt gereiften Trauben. Das ausgezeichnete Lesewetter erlaubte es den Winzern, den Zeitpunkt à la carte zu wählen, erst am Österreichischen Nationalfeiertag Ende Oktober war der wirklich prächtige Altweibersommer zu Ende, und feuchtkaltes Wetter setzte ein. Besser hätten Spätsommer und Herbst kaum verlaufen können.

WEISSWEINE MIT ELEGANZ UND FINESSE

Für sämtliche Weißweinsorten sind eine animierende Frische und ein strahlend klares Fruchtspiel prägend, zu dem sich überdies eine für ein derart warmes Jahr durchaus markante Säurestruktur gesellt. Bereits im frühen Stadium waren den Weißweinen dementsprechend eine selten anzutreffende Eleganz und Harmonie zu eigen. Die niederösterreichische Leitsorte Grüner Veltliner fiel so sortentypisch und multidimensional aus wie schon lange nicht – zur charakteristischen tabakigen Würze kamen in diesem Jahr ausgeprägte Fruchtaromen hinzu, die auch schon den leichteren Varianten viel Spannkraft und Ausdruck verliehen. Die Rieslinge sind saftig und fruchttief geraten, und dies bei durchaus rassigem Säuregerüst. Nahezu Gleiches lässt sich von den burgenländischen Appellationen behaupten, wo fest strukturierte wie aromatisch ausgereifte Weißburgunder und Chardonnays gekeltert wurden. Zudem ist der Alkoholgehalt im Vergleich zu manchen Vorjahren eher moderat. Auch die steirischen Winzer erfreuten sich an einem ausgezeichneten Weinjahr, in dem sich die Weine frühzeitig in einem perfekten Gleichgewicht befanden. Ihre gerühmten Sauvignons und Muskateller begeistern mit Fruchtreichtum, ohne in irgendeiner Weise aufdringlich oder einseitig zu erscheinen.

ROTWEINE MIT STRUKTUR UND POTENZIAL

Die Rotweine aus 2019 fielen durchwegs farbtief, ausgesprochen dicht und extraktreich aus, wobei sich auch Säure- und Tanningehalt auf einem markanten Niveau befanden. Alles in allem sind ebenso strukturierte wie standfeste Rotweine voll Tiefgang und Vielschichtigkeit entstanden, die an große Rotweinjahre à la 2011, 2015 und 2017 nahtlos anschließen. Dies gilt quer durch alle Rotweinzentren wie Rebsorten, wobei schon zu bemerken ist, dass der Klimawandel speziell Sorten wie Cabernet und Syrah entgegenkommt, die früher in Österreich manchmal nur schwer die Vollreife erreichten. Aber auch Blaufränkisch, Zweigelt und St. Laurent wurden durch hohe Reife bei völlig intaktem Gesundheitszustand naturgemäß begünstigt, sodass ausgewogene Gewächse voll Saft und Kraft entstanden.

SÜSSE MANGELWARE

Als Jahr der edelsüßen Spezialitäten konnte 2019 schon aufgrund der fehlenden Qualität nicht eingehen. Im Seewinkel durfte man sehr feine Botrytisweine erwarten, Ruster Ausbruch konnte es hingegen aufgrund massiven Vogelfraßes durch Starschwärme kaum geben. Starke Nachtfröste blieben bis auf wenige Nächte komplett aus, nur vereinzelt konnten gefrorene Trauben für Eiswein eingebracht werden. Insgesamt war also von einer mengenmäßig geringen Süßweinernte auszugehen. Man kann sich aber an einer breiten Auswahl aus vorangegangenen Jahren erfreuen, und ganz ehrlich, ein bisschen Reife tut den süßen Spezialitäten bekanntlich sehr gut. Es war also angerichtet in Österreichs Weinkellern, und schon bei den ersten Jungweinverkostungen im Frühjahr sollte sich zeigen, dass die heimischen Spitzenwinzer die Zeichen richtig interpretiert haben. Und diese zeigten natürlich eindeutig in die Richtung: 2019, ein Jahrhundertjahrgang.

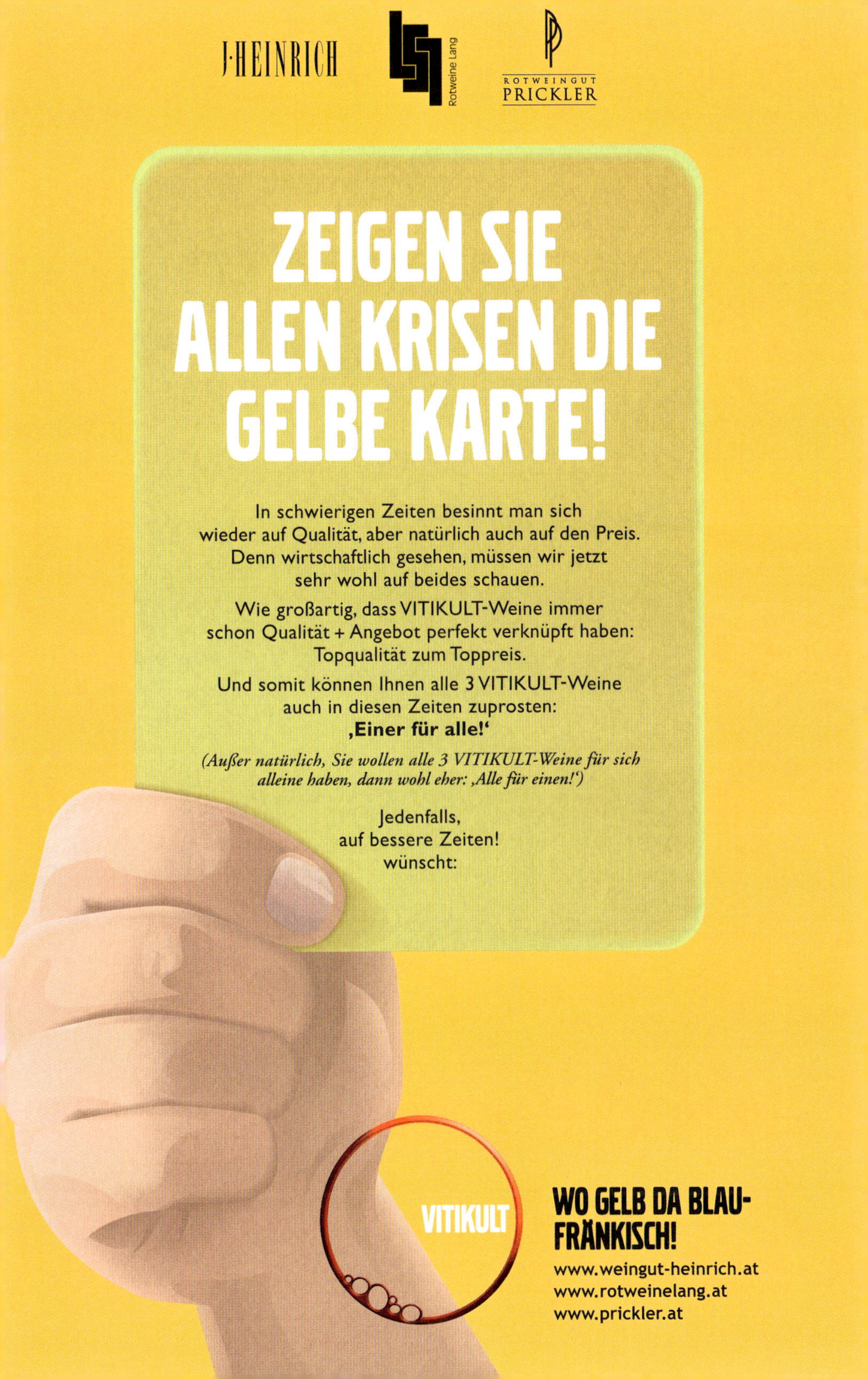

J·HEINRICH
Rotweine Lang
ROTWEINGUT PRICKLER
ZEIGEN SIE ALLEN KRISEN DIE GELBE KARTE!
In schwierigen Zeiten besinnt man sich wieder auf Qualität, aber natürlich auch auf den Preis. Denn wirtschaftlich gesehen, müssen wir jetzt sehr wohl auf beides schauen.
Wie großartig, dass VITIKULT-Weine immer schon Qualität + Angebot perfekt verknüpft haben: Topqualität zum Toppreis.
Und somit können Ihnen alle 3 VITIKULT-Weine auch in diesen Zeiten zuprosten:
‚Einer für alle!'
(Außer natürlich, Sie wollen alle 3 VITIKULT-Weine für sich alleine haben, dann wohl eher: ‚Alle für einen!')
Jedenfalls, auf bessere Zeiten! wünscht:
VITIKULT
WO GELB DA BLAU-FRÄNKISCH!
www.weingut-heinrich.at
www.rotweinelang.at
www.prickler.at

Von den Weingärten in Stammersdorf im Norden Wiens hat man einen fantastischen Blick auf die Stadt

© WSNA

WIEN

WIENER GEMISCHTER SATZ DAC

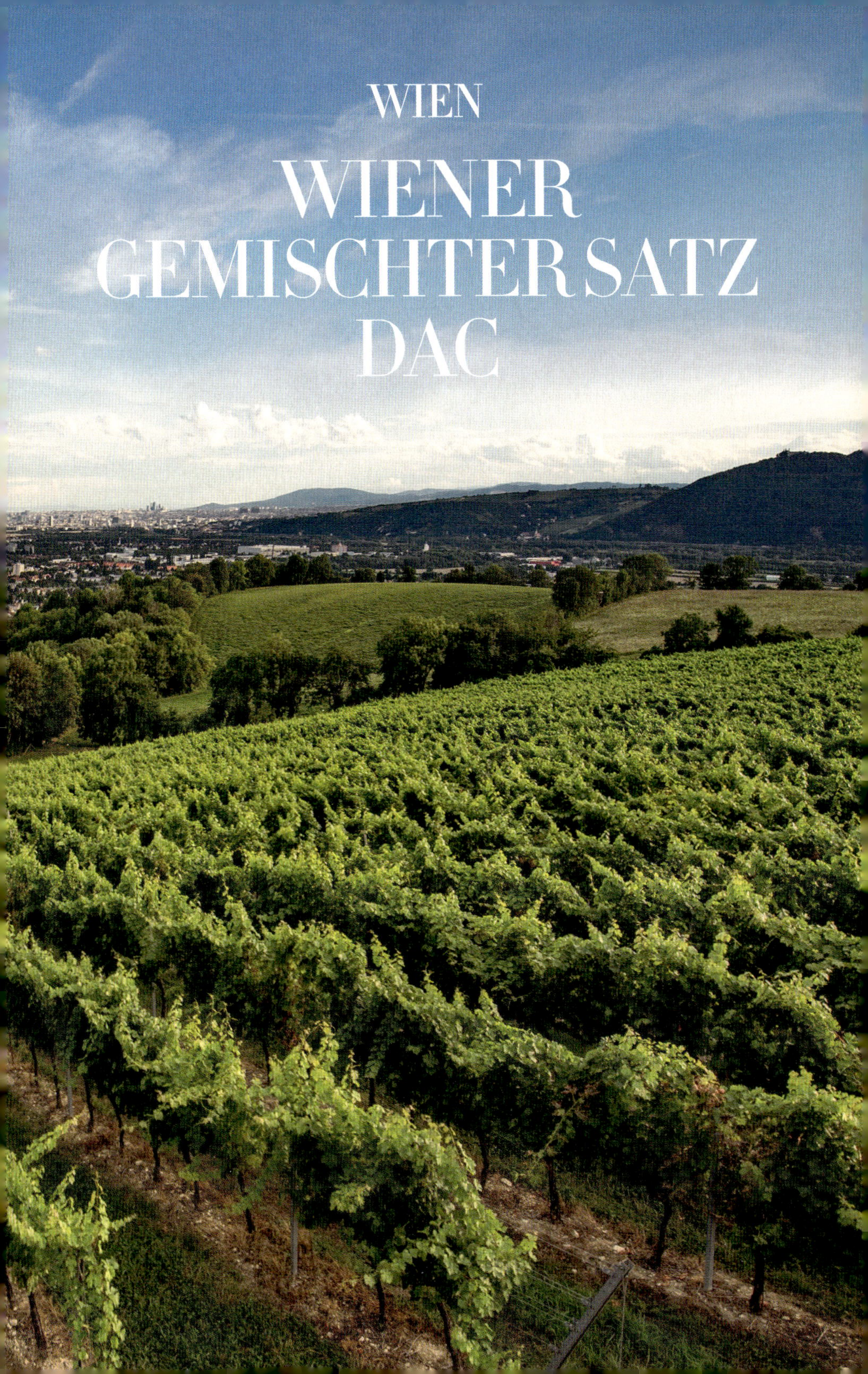

Der Maurer Kadolzberg ist eine der Toplagen im Südwesten von Wien

MODERNE TOP-WEINE UND HEURIGENTRADITION

Weinbau in der Großstadt? Oft handelt es sich dabei um Schauweingärten als Tourismusattraktion. Anders in Wien, hier sind 637 Hektar Rebfläche ein wesentlicher Wirtschaftsfaktor, sie dienen der Erhaltung des Grüngürtels und sind die Basis für hohe Weinqualität. Die Vielfalt reicht vom typischen Gemischten Satz über elegante Rieslinge und kraftvolle Weißburgunder bis zu hochwertigen Rotweinen.

Schon im späten Mittelalter standen Reben auch innerhalb der Stadtmauern von Wien bis in den heutigen ersten Bezirk. Heute liegt der Schwerpunkt des Weinbaus in den Vororten am Stadtrand: Die Lagen am Bisamberg nördlich der Donau – bewirtschaftet von Winzern aus Strebersdorf, Stammersdorf und Jedlersdorf – sind günstig für die Burgunderfamilie und rote Sorten. Im 17., 18. und vor allem 19. Gemeindebezirk mit den Stadtteilen Heiligenstadt, Nussdorf, Grinzing, Sievering und Neustift am Walde werden Riesling, Chardonnay und Weißburgunder auf den meist sehr kalkreichen Böden bevorzugt. Im Süden Wiens mit Mauer, Rodaun und Oberlaa sind Schwarzerdeböden zu finden, gut für kraftvolle Weißweine und opulente Rotweincuvées. Kaum ein Winzer verzichtet aber auf den traditionellen Gemischten Satz, bei dem im Weingarten verschiedene Rebsorten gemeinsam ausgepflanzt sind, die auch gemeinsam geerntet und zu Wein verarbeitet werden. Früher als Risikominderung bei ungleichmäßigen Erntebedingungen vorgesehen, erfreut sich diese Wiener Spezialität heute wieder großer Beliebtheit. Ebenso wiederentdeckt wurde die Top-Lage Nussberg, die junge ideenreiche Winzer aus allen Teilen der Weinstadt – auch Quereinsteiger – beinahe magisch anzieht.

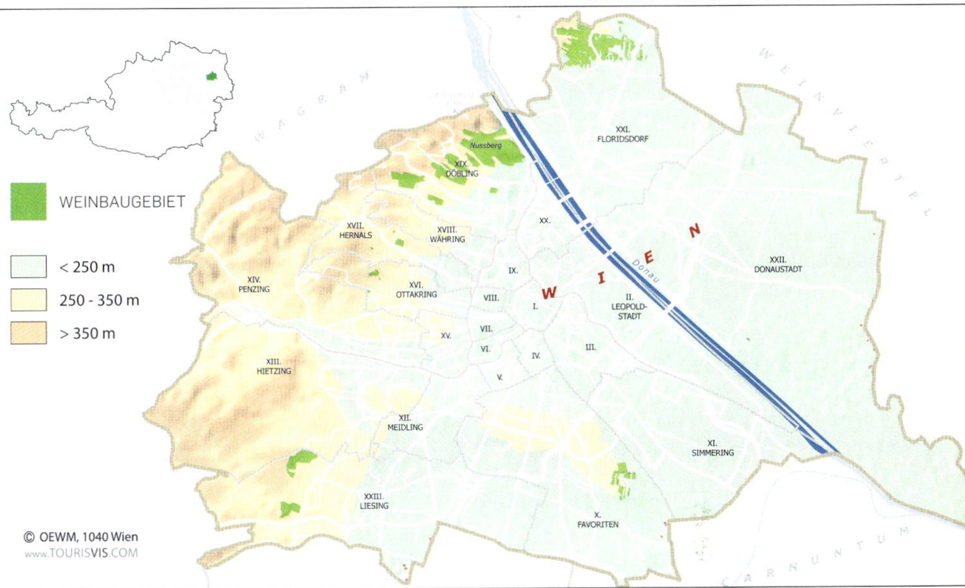

Die Anziehungskraft der Wiener Institution des Heurigen ist auch legendär. Ob durchgehend geöffnetes Lokal oder kleine versteckte Buschenschanken mitten in den Weingärten – ein wahrer Besuchermagnet sind sie alle. Dass sich die moderne Kellerarchitektur und das Equipment gut mit der Tradition alteingesessener Betriebe verknüpfen lassen, ist ebenfalls ein sympathischer Zug des Wiener Weinbaus. Die führenden Betriebe der Metropole haben sich in der Gruppe »WienWein« zusammengefunden, um gemeinsam effektiver für ihre Weine werben zu können. Die Slow-Food-Bewegung hat den Wiener Gemischten Satz bereits 2008 als erstes österreichisches Produkt mit dem »Presidio-Gütesiegel« – der höchsten möglichen Auszeichnung – prämiert. Seit dem Jahrgang 2013 trägt der Wiener Gemischte Satz die Herkunftsbezeichnung DAC. Die Trauben müssen aus einem Wiener Weingarten stammen, der mit zumindest drei weißen Qualitätsrebsorten bepflanzt ist, die gemeinsam gelesen und verarbeitet werden. Der größte Sortenanteil darf nicht höher als 50 Prozent sein, der drittgrößte Anteil muss zumindest 10 Prozent ausmachen.

WEINBAUGEBIET WIEN

Österreich gesamt:	**46.515 ha**	
Weinbaugebiet Wien:	**637 ha**	**(1 %)**

Weißweinfläche insgesamt:	**529 ha**	**(80 %)**
Grüner Veltliner:	137 ha	(22 %)
Riesling:	60 ha	(9,4 %)
Weißburgunder:	43 ha	(6,7 %)
Gemischter Satz:	178 ha	(28 %)
Chardonnay:	30 ha	(4,6 %)

Rotweinfläche insgesamt:	**108ha**	**(20 %)**
Zweigelt:	41 ha	(7 %)
Pinot Noir:	18 ha	(3 %)
Blauburger:	8 ha	(1 %)
Cabernet Sauvignon:	9 ha	(1 %)
Sankt Laurent:	8 ha	(1 %)

AUSGEWÄHLTE WEINGÜTER

★★★★★
Weingut Wieninger, Wien

★★★★
Weingut Mayer am Pfarrplatz, Wien
Weingut Rotes Haus, Wien

★★★
Weingut Christ, Wien
Weingut Wien Cobenzl, Wien
Weingut Edlmoser, Wien
Weingut Hajszan Neumann, Wien
Wein- und Sektkellerei Schlumberger, Wien

★★
Weingut Fuhrgassl-Huber, Wien
Weingut Wolfgang Hofer, Wien

★
Fiona Figlmüller, Wien
Landhaus Mayer, Wien
Weingut Walter Wien, Wien

★★★

WEINGUT CHRIST

Rainer Christ hütet ein Erbe an erstklassigen Lagen mit zum Teil sehr alten Rebstöcken. Im Jahr 2005 wurde der Betrieb um- und ausgebaut. Mit zeitgemäßer und außergewöhnlicher Architektur setzt das Weingut Christ eine beeindruckende Landmark in Jedlersdorf. Der große Reichtum an unterschiedlichsten Böden und Lagen erklärt das enorme Sortenspektrum. Ein Unikat und dabei der traditionellste Weißwein ist der Wiener Gemischte Satz. Der bunte, oft seit Generationen bestehende Rebsortenmix dieser Wiener Weißweinspezialität vermittelt auf unnachahmliche Weise die naturgegebenen Faktoren – das Terroir. Zahlreiche, auch reinsortige Spezialitäten runden das Portfolio ab. Der Stil der Christ-Weine ist von Respekt gegenüber den natürlichen Ressourcen geprägt – puristisch im Sinne von echt. Geologie und Herkunft schmeckbar zu machen ist die größte Herausforderung. Der Umgang mit den Trauben ist durch besondere Sensitivität gekennzeichnet. Händische Lese und Selektion, der Verzicht auf Schönungen, Korrekturen sowie sterile Filtrationen ergeben Weine voll Natürlichkeit und Vitalität. Rainer Christs Philosophie ist auch eine Herausforderung für die Architektur: Im Keller regiert die Gravitation – ein Christ pumpt nichts. Traubenmaterial und Most werden mithilfe der Schwerkraft transportiert. Fünf Klimazonen sorgen für ideale Reifebedingungen.

Mit dem Jahrgang 2014 hat Rainer Christ das Bioweingut Petershof am Bisamberg übernommen. Rund zwei Hektar Rebfläche sind es, welche die Riede Wiesthalen und damit das gesamte Bioweingut umfassen. Seit 30 Jahren zählt der Petershof zu den Pionieren des heimischen Bioweinbaus. Die Riede Wiesthalen ist ein historisches »Arrondissement« des Wiener Weinbaus. Blumenwiesen und Wälder säumen die hoch über der Stadt thronende Lage, eine eigene Quelle mit kleinen Wasserstellen fördert zusätzlich Artenreichtum und Biodiversität.

94 * Ried Wiesthalen 1ÖTW 2019
13,5 Vol.-%, NK, Stahltank/gebrauchte Barriques,
€€€€€ H V
Mittleres Grüngelb, Silberreflexe. Einladende frische Mangofrucht, zart nach Blütenhonig, kandierte Orangenfrucht, attraktives Bukett. Komplex, elegant, feine Extraktsüße, weiße Kernobstnuancen, feiner Säurebogen, mineralisch, fruchtig im Abgang, sehr gute Länge, sicheres Reifepotenzial.

WEINGUT CHRIST

1210 Wien, Amtsstraße 10–14
T: +43 (1) 2925152
info@weingut-christ.at
www.weingut-christ.at

Kellermeister/Kontakt: Rainer Christ
Anbauweise: Umstellung auf bio (Austria Bio Garantie)
Produktion: 120.000 Flaschen
80 % weiß, 19 % rot, 1 % süß, 25 Hektar
Vereinszugehörigkeit: J5 – Jedlersdorfer Winzer, Traditionsweingüter Österreich, WienWein
Messen: Austrian Tasting London, ProWein Düsseldorf, VieVinum, Vinexpo Hongkong, DAC-Präsentationen

In den Gabrissen, Stammersdorf

92 * Bisamberg 2020

13 Vol.-%, NK, Stahltank/gr. Holzfass, €€€€ H V

Leuchtendes helles Gelbgrün, Silberreflexe. Mit feinen Wiesenkräutern unterlegter gelber Apfel, zart nach Honigmelone, ein Hauch von Orangenzesten. Saftig, feine Tropenfrucht, etwas Ananas, frischer Säurebogen, Blütenhonig im Abgang, mineralisch unterlegt, ein vielseitiger Speisenbegleiter.

91 * Bisamberg Petershof 2020

12,5 Vol.-%, NK, Stahltank, €€€ B H V

Helles Gelbgrün, Silberreflexe. Verhalten, zart nussig unterlegte zarte Apfelfrucht, mineralischer Touch. Am Gaumen saftige, weiße Tropenfrucht, frischer Pfirsich, feiner Säurebogen, süßer Fruchtnachhall, zitroniger Touch im Finale, bereits gut antrinkbar, wird von Flaschenreife profitieren.

91 Wiener Gemischter Satz DAC 2020

12 Vol.-%, DV, Stahltank, €€ H V

Helles Gelbgrün, Silberreflexe. Frischer weißer Apfel, mit einem Hauch von Limetten und Wiesenkräutern unterlegt, einladendes Bukett. Saftig, leichtfüßig und frisch, weißes Kernobst, zitronige Mineralik, salzig und schwungvoll im Abgang.

92 Gemischter Satz Kraut & Rüben 2018

13 Vol.-%, NK, Stahltank, €€€€ H S V

Leuchtendes klares Orangegold, Silberreflexe. Würziges Bukett, ein Hauch von Karotten und Küchengemüse, mit reifer Tropenfrucht unterlegt, dazu florale Aspekte, vielschichtiges Bukett. Saftig, frisch, feine Nuancen von Dörrobst, lebendiger Säurebogen, feiner Gerbstoff, mineralisch, ein klassischer Natural Wine, zart nach Blutorangen im Nachhall.

95 Weißburgunder Ried Falkenberg 1ÖTW 2019

13,5 Vol.-%, NK, kleines Holzfass, €€€€€ H V

Mittleres Grüngelb, Silberreflexe. Zarte Birnenfrucht, ein Hauch von gelber Tropenfrucht, Nuancen von Blütenhonig und Mandarinenzesten, attraktives Bukett. Saftig, feine gelbe Kernobstnuancen, extraktsüße Textur, finessenreicher Säurebogen, salziger Touch im Abgang, sehr gute Länge, sicheres Reifepotenzial, ein wunderbar balancierter Sortenvertreter.

92 Weißburgunder Der Vollmondwein 2020

13 Vol.-%, DV, Stahltank/großes Holzfass, €€€ H V

Helles Gelbgrün, Silberreflexe. Zart kräuterwürzig unterlegte frische weiße Birnenfrucht, zart nach Mandarinen, Mango im Hintergrund. Saftig, fruchtige Süße, ein Hauch von frischer Ananas, bleibt gut haften, bereits entwickelt und gut antrinkbar.

93 Grüner Veltliner Ried Gabrissen X 2020

13 Vol.-%, DV, Stahltank, €€€€ H V

Helles Gelbgrün, Silberreflexe. Zart nach Wiesenkräutern, ein Hauch von gelbem Apfel, zart nach Marille, mit etwas Orangenzesten unterlegt. Stoffig, komplex, reife Apfelfrucht, feine Süße, finessenreicher Säurebogen, salzig-mineralisch unterlegt, sehr gute Länge, bereits antrinkbar, verfügt über Entwicklungspotenzial.

90 Grüner Veltliner Bruch 2020

12,5 Vol.-%, DV, Stahltank, €€ H V

Helles Gelbgrün, Silberreflexe. Zart floral, ein Hauch von Zitronen, Nuancen von Granny-Smith-Apfel, feine tabakige Würze. Mittlerer Körper, feinfruchtig, lebendiger Säurekern, mineralisch und anhaftend, bereits gut antrinkbar.

* Wiener Gemischter Satz DAC

93 Riesling Ried Zwerchbreiteln 2020
13 Vol.-%, DV, Stahltank, €€€€€ Ⓗ Ⓥ
Mittleres Gelbgrün, Silberreflexe. Feine gelbe Steinobstnuancen, nach Pfirsich und Marille, ein Hauch von frischem Ingwer, mineralische Noten, noch etwas zurückhaltend. Saftig, gute Komplexität, gut integrierte Fruchtsüße, fast cremig, angenehmer Säurebogen, saliner Touch im Abgang, bleibt haften, gelbe Tropenfrucht im Nachhall.

91 Gelber Muskateller 2020
11 Vol.-%, DV, Stahltank, €€€ Ⓗ Ⓥ
Helles Gelbgold, Silberreflexe. Feiner Rosenduft, weißer Pfirsich, ein Hauch von Muskatnuss und Mandarinen im Hintergrund, mit Luft etwas Holunderblüten. Saftig, tropische Fruchtexotik, zart nach Maracuja, frischer Säurebogen, mineralisch und anhaftend, toller Sommerwein.

96 Or Liquide 2017
9 Vol.-%, NK, Stahltank, €€€€ Ⓗ Ⓥ
Leuchtendes Goldgelb, Kupferreflexe. Feine gelbe Tropenfrucht, reife Mango, Nuancen von Maracuja, Noten von Marillen, feine honigunterlegte Botrytiswürze, dazu ein Hauch von Vanille. Saftig-süße Steinobstnuancen, brillanter Säurebogen, rassiger Stil, der den mächtigen Zuckerrest sehr gut puffert, wirkt ungemein jugendlich, Reifepotenzial für Jahrzehnte garantiert.

★★★

WEINGUT WIEN COBENZL

Wien ist einmalig: Die Stadt beherbergt das einzige Weinbaugebiet der Welt, das zur Gänze innerhalb der Grenzen einer Großstadt liegt und dank einzigartiger Wein- und Heurigentradition die Atmosphäre der Stadt mitprägt. Das Weingut Wien Cobenzl zählt zu den bedeutendsten Wiener Weinbaubetrieben und ist seit über 110 Jahren im Besitz der Stadt Wien. Hier werden unter der Leitung von Thomas Podsednik von rund 60 Hektar Weingärten in Grinzing, am Nussberg und am Bisamberg herausragende Qualitätsweine gekeltert. Das einzigartige Mikroklima mit pannonischem Einfluss und die Nähe zur Donau sind die idealen Voraussetzungen für feinfruchtige, mineralische Weine. Die Rieden mit klingenden Namen wie Ried Pfeffer, Ried Seidenhaus und Ried Bellevue (»Schöne Aussicht«) zählen seit jeher zu den besten der Stadt. Entsprechend der Größe und der Vielfalt an Lagen und Rebsorten wird ein breites Angebot an Qualitätsweinen angeboten: Die »Classic«-Weine sind bewusst etwas leichter, mit anregender Frucht und als unkomplizierte Speisenbegleiter konzipiert. Die Lagenweine und die »ÖTW Erste Lage«-Weine faszinieren durch ihre Komplexität, Finesse und das herkunftstypische Terroir. Das Weingut der Stadt Wien hat als eines der ersten heimischen Weingüter die renommierte Auszeichnung »Nachhaltig Austria« erlangt. Die einzelnen Nachhaltigkeitsmaßnahmen reichen von der Traubenproduktion über die Arbeit im Weingarten bis hin zur umweltfreundlichen Stromerzeugung aus Sonnenenergie. Seit August 2020 ist das Weingut Wien Cobenzl in Bio-Umstellung. Somit werden Weine, die ab 2023 gekeltert werden, Bio-zertifiziert sein.

91 Ⓢ Wien Sekt g.U. Gemischter Satz Brut Reserve 2017
13 Vol.-%, NK, Flaschengärung, €€€€€
Leuchtendes Goldgelb, Silberreflexe, sehr zartes Mousseux. Frische gelbe Tropenfrucht, zart nach Biskuit und Limetten, floraler Touch. Saftig, gelbe Birnen, frisch strukturiert, zart nach Nougat im Finish, zitroniger Nachhall.

93 * Ried Steinberg 1ÖTW Grinzing 2019
14 Vol.-%, NK, Stahltank, €€€€€ Ⓥ
Mittleres Gelbgrün, Silberreflexe. Zart nach Blütenhonig und gelber Tropenfrucht, ein Hauch von Ananas, kandierte Mandarinenzesten, einladendes Bukett. Stoffig, ausgewogen, reifes Kernobst, feiner Säurebogen, mineralisch-salzig im Nachhall, sehr gute Länge, sicheres Entwicklungspotenzial.

91 * Ried Reisenberg Grinzing 2020
13,5 Vol.-%, DV, Stahltank, €€€
Helles Gelbgrün, Silberreflexe. Zart nach Birne und Mango, mit einem Hauch von Wiesenkräutern und Orangenzesten unterlegt. Saftig, weißer Apfel, elegant, frisch strukturiert, zarte Fruchtsüße im Abgang, vielseitig einsetzbar.

93 Riesling Ried Preussen- Nussberg 1ÖTW 2019
13 Vol.-%, NK, großes Holzfass, €€€€€
Mittleres Grüngelb, Silberreflexe. Zart nach Orangenzesten, feine gelbe Pfirsichfrucht, mineralischer Touch, mit Nuancen von Maracuja unterlegt. Mittlerer Körper, weiße

WEINGUT WIEN COBENZL

1190 Wien; Am Cobenzl 96
T: +43 (1) 3205805
office@weingutcobenzl.at
www.weingutcobenzl.at

Kellermeister: Ing. Georg Königsbauer
Kontakt: Ing. Thomas Podsednik
Anbauweise: Umstellung auf bio (Bio Austria)
Produktion: 400.000 Flaschen
1 % Schaumwein, 80 % weiß, 4 % rosé, 15 % rot, 60 Hektar
Zertifiziert: Nachhaltig Austria
Vereinszugehörigkeit: Traditionsweingüter Österreich, WienWein
Messen: Foodex Japan, Igeho Basel, ProWein Düsseldorf, VieVinum, DAC-Präsentationen

Thomas Podsednik

Steinobstnoten, finessenreich strukturiert, zarte Fruchtsüße, salziger Nachhall, sicheres Entwicklungspotenzial.

93 Weißburgunder Ried Seidenhaus 1ÖTW Grinzing 2019

13,5 Vol.-%, NK, Barrique, €€€€€
Mittleres Goldgelb, Silberreflexe. Zart kräuterwürzig unterlegte reife gelbe Frucht, nach Birne und Mango, zart nussig, kandierte Mandarinenzesten. Saftig, elegant, seidige Textur, feiner Säurebogen, mineralisch und gut anhaftend, ein facettenreicher Speisenbegleiter.

92 Weißburgunder Ried Reisenberg Grinzing 2018

13 Vol.-%, DV, Stahltank, €€€ Ⓥ
Leuchtendes Grüngelb, Silberreflexe. Zart mit Biskuit unterlegte gelbe Tropenfrucht, ein Hauch von Ananas und Mango, mit kandierten Mandarinenzesten unterlegt. Saftig, elegant, der Restzucker ist gut eingebunden, feines Säuregerüst, gelbe Frucht auch im Abgang, gut entwickelt, bleibt haften.

(91) Weißburgunder Ried Reisenberg Grinzing 2020

13,5 Vol.-%, DV, Stahltank, €€€ Ⓥ
Mittleres Grüngelb, Silberreflexe. Mit einem Hauch von Limetten unterlegte frische Birnenfrucht, zart nach Honigmelone. Mittlere Komplexität, weißes Kernobst, frischer Säurebogen, nussiger Anklang, zitroniger Touch im Nachhall.

(89) Weißburgunder Grinzing 2020

13 Vol.-%, DV, Edelstahl, €€

(92) Grüner Veltliner Ried Pfeffer 2020

13,5 Vol.-%, DV, Teilbarrique/Stahltank, €€€
Mittleres Gelbgrün, Silberreflexe. Frische Orangenzesten, zart nach gelbem Apfel und Quitte, Nuancen von Blütenhonig. Mittlerer Körper, feinwürzig unterlegte weiße Frucht, frisch strukturiert, pfeffriger Touch im Abgang, vielseitig einsetzbar.

(89) Grüner Veltliner Grinzing 2020

13,5 Vol.-%, DV, Edelstahl, €€ Ⓥ

88 Grüner Veltliner Bisamberg 2020

13 Vol.-%, DV, Edelstahl, €€

91 Pinot Noir Ried Bellevue Sievering 2017

13,5 Vol.-%, NK, Barrique, €€€€
Mittleres Kramingranat, Ockerreflexe, breite Randaufhellung. Zart kräuterwürzig unterlegte dunkle Waldbeerenfrucht, ein Hauch von Lakritze, zart nach Mandarinenzesten. Mittlere Komplexität, rotbeeriger Touch, wirkt etwas schlank, zarte Säurestruktur, salzig, bereits gut entwickelt und antrinkbar.

90 Zweigelt Ried Hofbreiten- Bisamberg 2017

13,5 Vol.-%, DV, Barrique, €€€ Ⓥ
Kräftiges Karmingranat, violette Reflexe, breitere Ockerrandaufhellung. Zarte Johannisbeere, etwas rote Beerenfrucht, ein Hauch von Wiesenkräutern, Tabaknuancen klingen an. Mittlerer Körper, saftig, Dörrobst im Abgang, schokoladiger Touch, rote Kirschen im Finish, stoffiger Nachhall.

★★★

WEINGUT EDLMOSER

In Mauer, an den südlichen Ausläufern des Wienerwalds gelegen, kann das Wiener Traditionshaus Edlmoser auf eine sehr lange Familiengeschichte blicken, die bis ins Jahr 1374 zurückreicht. Dabei prägten immer schon die Erfahrungen von Generationen, der Wunsch nach Wertigkeit und Nachhaltigkeit sowie ein kompromissloser Qualitätsanspruch das Denken und Handeln, und auch heute orientieren sich Viktoria und Michael Edlmoser wie selbstverständlich daran.
Das pannonische Klima mit gut verteilten Niederschlägen und vielen Sonnenstunden, dazu frische, kühle Luft aus dem Wald und unterschiedlichste Böden bieten ideale Voraussetzungen für vielschichtige, tiefgründige Weine mit faszinierender Mineralik und Würzigkeit. Eine zentrale Rolle spielt dabei etwa der Muschelkalkboden auf Dolomit am Maurerberg, mit den 1 ÖTW Lagen Ried Sätzen und Ried Himmel, ein Ablagerungskonglomerat von Korallen, Algen, Schnecken und Muscheln. Am Kadolzberg hingegen entstand durch die Senkung des Wiener Beckens lehmiger Flyschsandsteinboden perfekt für die Entwicklung von Aroma und Charakter.

WEINGUT EDLMOSER
1230 Wien
Maurer-Lange-Gasse 123
T: +43 (1) 8898680
office@edlmoser.com
www.edlmoser.com

Kellermeister/Kontakt:
Michael Edlmoser
Anbauweise: Umstellung auf bio
Produktion: 5 % Schaumwein, 70 % weiß, 10 % rosé, 15 % rot, 15 + 70 Hektar
Vereinszugehörigkeit: Traditionsweingüter Österreich, WienWein
Messen: ProWein Düsseldorf, VieVinum

Alte autochthone und internationale Rebsorten fühlen sich dabei auf den Lagen des Weinguts gleichermaßen wohl und werden mit viel Gefühl für ein ökologisches Gleichgewicht durch das Jahr begleitet. Die Weine als Zusammenspiel von Natur und Winzer sollen schlussendlich den Jahrgang und die Lage widerspiegeln – und sonst nichts.

94 * Ried Sätzen 1ÖTW 2019
14 Vol.-%, DV, 500-l-Fass/großes Holzfass, €€€€€
Leuchtendes mittleres Grüngelb, Silberreflexe. Mit einem Hauch von Wiesenkräutern unterlegte gelbe Tropenfrucht, Nuancen von Papaya und Mango, zart nach Marille und Blütenhonig. Saftig, komplex, gelbe Fruchtnuancen, gut integrierte Säure, kraftvoll und gut anhaftend, zart nach Feige, gute Länge, sicheres Entwicklungspotenzial.

93 * Ried Himmel 1ÖTW 2019
14 Vol.-%, Stahltank/großes Holzfass, €€€€€
Helles Grüngelb, Silberreflexe. Reife gelbe Tropenfrucht, ein Hauch von Mango und Blütenhonig, mit Mandarinenzesten unterlegt. Mittlerer Körper, weiße Fruchtnuancen, rassige Säurestruktur, mineralisch-zitronig im Abgang, ein lebendiger Speisenbegleiter, versteckt seine Muskeln hinter Rasse und Frucht.

92 * Maurerberg 2020
13 Vol.-%, Stahltank, €€€€
Helles Gelbgrün, Silberreflexe. Etwas verhalten, feine gelbe Tropenfrucht, ein Hauch von Ananas und Papaya, feine Nuancen von Orangenzesten. Mittlere Komplexität, zart nach weißer Birne, feinfruchtige Süße, elegant und leichtfüßig, vielseitig einsetzbar.

89 Wiener Gemischter Satz DAC 2020
12,5 Vol.-%, Stahltank, €€€

93 Riesling Ried Sätzen Maurerberg 1ÖTW Kalkstein 2019
13,5 Vol.-%, Stahltank/großes Holzfass, €€€€€
Helles Grüngelb, Silberreflexe. Zart nach frischem Pfirsich und reifer Tropenfrucht, mit floralen Nuancen unterlegt, mineralischer Touch. Saftig, elegant, weißer Weingartenpfirsich, finessenreich strukturiert, bleibt gut haften, ein Hauch von Ananas im Abgang, zitronig-salziger Rückgeschmack.

92 Sauvignon Blanc Ried Kadoltzberg 2020
15 Vol.-%, großes Holzfass, €€€€€ V
Helles Grüngelb, Silberreflexe. Feine Nuancen von Passionsfrucht, Feigen und gelber Stachelbeere, mit zartem Blütenhonig unterlegt. Saftig, kraftvoll, feine gelbe Fruchtnuancen, lebendiger Säurebogen, mineralisch, bleibt haften, zitronige Nuancen im Finish, ein stoffiger Speisenbegleiter.

90 Rosé de Vienne 2020 PN/ZW
13 Vol.-%, Stahltank/großes Holzfass, €€€€ V
Helles Lachsrosa, Silberreflexe. Zart nach weißem Pfirsich und roten Waldbeeren, floraler Touch. Zart nach Apfel und frischen Zwetschken, dezente Fruchtsüße, dezente Säure, mineralisch und zugänglich, auch als Speisenbegleiter gut einsetzbar.

95 Syrah La Paz 2017
14 Vol.-%, Barrique, €€€€€€
Dunkles Rubingranat, violette Reflexe, zarte Ockerrandaufhellung. Intensive schwarze Beerenfrucht, Cassis, mit einem Hauch von Edelholz und Eukalyptus unterlegt, rauchige Mineralik, Mandarinenzesten, ausdrucksstarkes Bukett. Komplex, stoffig, reife dunkle Beerenfrucht, feste, tragende Tannine, gute Frische, Preiselbeeren im Abgang, bleibt sehr gut haften, sicheres Potenzial, bereits antrinkbar.

93 Pinot Noir Kalkstein 2017
13 Vol.-%, €€€
Kräftiges Karmingranat, violette Reflexe, breitere Ockerrandaufhellung. Zarte Edelholznuancen, ein Hauch von Gewürznelken, rotes Waldbeerenkonfit, einladendes Bukett. Saftig, rote Kirschen, feine Extraktsüße, seidige Tannine, mineralisch-salzig im Abgang, gutes Reifepotenzial.

93 Vertigo 2017 CS/ME
14 Vol.-%, Barrique, €€€€€
Dunkles Rubingranat, violette Reflexe, breitere Ockerrandaufhellung. Schwarze Waldbeeren, ein Hauch von Herzkirschen, mit feiner Edelholzwürze unterlegt, ein Hauch von Nougat und Tabak. Saftig, komplex, feine Extraktsüße, reife Kirschen, feine Tannine, frische Struktur, mineralisch-salzig, bleibt gut haften, kraftvoller Speisenbegleiter.

92 St. Laurent Erbstueck 2018
13,5 Vol.-%, Barrique, €€€€
Dunkles Karmingranat, Ockerreflexe, breitere Randaufhellung. Zart nach Bourbonvanille, rauchig unterlegte Brombeerfrucht, zart nach Himbeeren und Lakritze, einladendes Bukett. Saftig, rotbeerige Textur, frisch strukturiert, mineralisch-salzig, feines Nougat im Nachhall, gutes Reifepotenzial.

★

FIONA FIGLMÜLLER

Weinliebhaberin und Sommelière Fiona Figlmüller hatte schon lange den Traum, eigene Weine zu kreieren, Weine, in die sie ihre ganze Begeisterung stecken kann, die ihren Geschmack zum Ausdruck bringen und ihre Handschrift tragen – Weine, die für eine moderne, dynamische Form des Weinmachens und Genießens stehen. Ihr Ziel sind unkomplizierte, aber dennoch hochwertige Weine für Genießer, die Spaß machen und auf ihre Art einzigartig sind. Ohne eigenes Weingut, dafür unabhängig von Tradition und Vorgabe, soll der jeweilige Wein dort produziert werden, wo es für die Idee von Geschmack und Charakter am besten ist. Jeder Wein wird so zum maßgeschneiderten Unikat.
Für die bestmögliche Umsetzung und Vollendung der Weine arbeitet Fiona mit ausgesuchten Önologen und Winzern mit viel Erfahrung zusammen und begleitet mit Sorgfalt und Hingabe jeden Schritt der Weinentstehung – von der Auswahl der Trauben über den Reifungsprozess bis hin zum Abfüllen und Etikettieren. Jede Entscheidung trifft sie dabei mit besonderem Augenmerk auf hohe Qualität.
Mit dem Herzstück der Linie »Rosé Viennois« wollte Fiona einen hochwertigen heimischen Rosé schaffen, wie sie ihn selbst am liebsten trinkt und wie es ihn in Österreich viel zu selten gibt: blassrosa, knochentrocken und elegant wie ein Südfranzose, jedoch mit »Wiener Finesse«. Die Vinifizierung erfolgte auch dieses Mal wieder gemeinsam mit dem bekannten Wiener Winzer Fritz Wieninger. Die per Hand gelesenen Zweigelt-, Cabernet-Franc- und Merlot-Trauben stammen allesamt aus Weingärten des Wiener Bisambergs. Nur der direkt und sanft gepresste

* Wiener Gemischter Satz DAC

Zweigelt

FIONA FIGLMÜLLER
1190 Wien
Grinzinger Straße 55
office@fiona-figlmueller.at
www.fiona-figlmueller.at

Kellermeister/Kontakt:
Fiona Figlmüller
Messen: ProWein Düsseldorf, VieVinum

erstgewonnene Traubensaft wurde verwendet, um so jene eleganten und delikaten Aromen zu gewinnen, die diesen Wein auszeichnen. Die einzelnen Chargen wurden separat bei niedriger Temperatur im Stahltank vergoren und ausgebaut und anschließend zu dieser streng limitierten Cuvée komponiert.

91 **Rosé Viennois 2020 ZW/CF/ME**
12 Vol.-%, NK, Stahltank, €€€
Helles Lachsrosa, Silberreflexe. Zart nach Erdbeeren und eingelegten Kirschen, ein Hauch von Orangenblüten, einladendes Bukett. Mittlerer Körper, weißer Apfel, frisch und mineralisch, rotbeerige Nuancen im Abgang, bietet leichtfüßigen Sommergenuss.

★★

WEINGUT FUHRGASSL-HUBER

Das traditionelle Fundament des Weinguts stammt von Ernst Huber, der mit seiner Frau Gerti in den 1970er-Jahren gleichzeitig auch das Konzept des Wiener Heurigen neu interpretierte: Mit seinen vielfältig angelegten Räumlichkeiten und dem prächtigen Gastgarten entwickelte sich der »Fuhrgassl-Huber« zu einem Markenzeichen für die typische »Wiener Geselligkeit« – so autochthon wie der Wiener Wein selbst. Die Weine reichen vom klassisch-leichten Gebietswein bis hin zu tiefgründigen Lagenweinen, die von den besten Weingärten Wiens stammen. Dabei stellt der Ort Neustift am Walde die wichtigste Herkunft dar.
Seit 2014 ist das Weingut Fuhrgassl-Huber Mitglied der »WienWein«-Gruppe sowie seit 2018 auch der »Traditionsweingüter Österreich« und stellt mit dem Jahrgang 2017 drei 1ÖTW-Lagenweine: Grüner Veltliner Ried Gollin, Weißburgunder Ried Schenkenberg und Riesling Ried Preussen. Der im Winter 2020 verstorbene Ernst Huber kannte jeden Zentimeter der Wiener Weinberge und pflanzte viele der Rebstöcke vor über 30 Jahren mit eigenen Händen aus. Nun führt sein Enkel Thomas Huber mit knapp 30 Jahren das Weingut alleine. Aufgewachsen im Weingarten, an der Seite seines Großvaters gilt seine besondere Leidenschaft dem Ausbau von alten Rebsorten wie Neuburger, Traminer oder Rotem Muskateller. Derzeit sind von den insgesamt 37 Hektar Anbaufläche 14 für den Wiener Gemischten Satz DAC reserviert. Mit der Ried

Mitterberg stellte das Weingut bereits fünfmal den Wiener Landessieger und mit dem Gemischten Satz mehrere Male den Vertreter von Wien im »SALON Österreich Wein«.
Die nächsten Qualitätsschritte wird das Weingut Fuhrgassl-Huber mit der Erweiterung der Herkunftsweine setzen, um die besonderen Rieden in Neustift und Nussberg sowie die 1ÖTW Lagen am Nussberg und in Grinzing noch intensiver herauszuarbeiten.

93 * Ried Gollin 1ÖTW 2019
13,5 Vol.-%, DV, Stahltank, €€€€€
Mittleres Goldgelb, Silberreflexe. Einladende gelbe Tropenfrucht, zart nach Ananas, ein Hauch von Pfirsich, mit frischen Orangenzesten unterlegt. Mittlerer Körper, frischer Apfel, lebendiger Säurebogen, angenehme Fruchtsüße im Nachhall, bleibt haften, verfügt über Reifepotenzial.

91 * Ried Mitterberg 2019
13 Vol.-%, DV, Stahltank, €€
Helles Goldgelb, Silberreflexe. Zarte Wiesenkräuter, ein Hauch von Apfel, nussiger Touch, ein Hauch von Mandeln, mineralischer Anklang. Saftig, feine Tropenfruchtanklänge, gut eingebundene Säurestruktur, zitronige Nuancen, ein vielseitiger Speisenbegleiter.

93 Riesling Ried Obere Schoß Nussberg Muschelkalk 2019
13,5 Vol.-%, DV, Stahltank, €€€
Helles Grüngelb, Silberreflexe. Kandierte Orangenzesten, reife gelbe Tropenfrucht, Noten von Mango, feine Nuancen von Blütenhonig. Kraftvoll und stoffig, weißer Pfirsich, frisch strukturiert, mineralisch-salzig, Limetten im Abgang, bleibt sehr gut haften, ein facettenreicher Speisenbegleiter.

93 Riesling Ried Preussen 1ÖTW 2019
13 Vol.-%, DV, Stahltank, €€€€
Helles Goldgelb, Silberreflexe. Mit einem Hauch von frischen Limettenzesten unterlegte gelbe Tropenfrucht, zart nach Mango, Minze und Maracuja, floraler Touch. Saftig, straffe Textur, weiße Frucht, finessenreicher Säurebogen, zarter Blütenhonig im Abgang, bereits gut abgerundet und zugänglich.

91 Neuburger Neustift am Walde 2019
13 Vol.-%, DV, Stahltank, €€
Helles Grüngelb, Silberreflexe. Mit Orangenzesten unterlegte gelbe Birnenfrucht, ein Hauch von Feigen und etwas Blütenhonig. Mittlerer Körper, weißes Kernobst, gut integrierte zarte Fruchtsüße, mineralisch-zitronig im Abgang, verfügt über gute Frische.

90 Roter Muskateller Neustift am Walde 2020
12,5 Vol.-%, DV, Stahltank, €€€
Helles Gelbgrün, Silberreflexe. Feine, traubig unterlegte Muskatnote, gelbe Tropenfrucht, ein Hauch von Pfirsich und Ananas. Saftig, elegant, feine Fruchtsüße, gut integrierte Säurestruktur, mineralisch, zitroniger Touch im Abgang, bereits gut antrinkbar.

WEINGUT FUHRGASSL-HUBER
1190 Wien
Neustift am Wald 68
T: +43 (1) 4401405
weingut@fuhrgassl-huber.at
www.fuhrgassl-huber.at

Kellermeister: Thomas Huber
Kontakt: Natascha Maria Quester
Produktion: 270.000 Flaschen
80 % weiß, 20 % rot, 37 Hektar
Vereinszugehörigkeit:
Traditionsweingüter Österreich, WienWein
Messen: ProWein Düsseldorf, VieVinum, DAC-Präsentationen

Thomas Huber

* Wiener Gemischter Satz DAC

Nussberg

WEINGUT HAJSZAN NEUMANN
1190 Wien
Grinzinger Straße 86
T: +43 (1) 2901012
weingut@hajszanneumann.com
www.hajszanneumann.com

Kellermeister: Luis Teixeira
Kontakt: Fritz Wieninger
Anbauweise: Biodynamisch (respekt)
Produktion: 67.000 Flaschen
80 % weiß, 20 % rot, 20 Hektar
Vereinszugehörigkeit:
Premium Estates of Austria, Traditionsweingüter Österreich, WienWein, Weinbauverband Wien
Messen: ProWein Düsseldorf, VieVinum

★★★

WEINGUT HAJSZAN NEUMANN

Das Weingut Hajszan Neumann liegt in Grinzing am Fuße des Nussbergs, der wohl traditionsreichsten Weingegend Wiens. Mit viel Leidenschaft werden hier nach biodynamischen Richtlinien edle Weine erzeugt. Fritz Wieninger, der Pionier des Qualitätsweins in Wien, hat das Weingut im Jahr 2014 übernommen und konzentriert sich auf den Wiener Gemischten Satz sowie auf Riesling und Grünen Veltliner. Die Weingärten, die mehrheitlich dem Stararchitekten Heinz Neumann gehören, befinden sich in den besten Wiener Lagen, wobei der Nussberg eine zentrale Rolle spielt. Die mineralischen Muschelkalk- und Kalksteinverwitterungsböden verleihen dem Wein viel Ausdruck.

Das Fundament der hohen Qualität ist der biodynamische Weinbau: Bereits seit dem Jahr 2006 arbeitet das Weingut nach diesen Richtlinien. Dabei steht das Ökosystem Weinberg mit all seinen Facetten im Mittelpunkt, und die Rebstöcke genießen viel Handarbeit. Durch das aktivierte Bodenleben sind sie robust und tragen gesunde Trauben. Auch im Weinkeller wird schonend und reduziert gearbeitet. All das schmeckt man in den lebendigen Weinen von Hajszan Neumann: Jeder verfügt über eine charakteristische Seele, die sich aus dem natürlichen Aroma der Traube und dem Terroir entwickelt. Noch einen Schritt weiter geht Fritz Wieninger mit seiner »Natural«-Linie. Diese auf der Schale vergorenen Weine zeichnen sich durch komplette Zurückhaltung im Keller aus und werden ohne jegliche Eingriffe vinifiziert und ungefiltert in Flaschen gefüllt.

Seit März 2016 betreibt der deutsche Spitzenkoch Juan Amador das »Restaurant Amador« auf dem Weingut. Der Wahlwiener erkochte den dritten Michelin-Stern, und so darf sich Wien erstmals in der Geschichte des »Guide Michelin« über ein Restaurant mit der Höchstbewertung freuen.

(93) * Ried Weisleiten 2020
13 Vol.-%, DV, Stahltank, €€€€ B
Leuchtendes mittleres Gelbgrün, Silberreflexe. Zart nach Marille und Blutorangen, Noten von reifer Mango, feine Wiesenkräuter, mit kandierten Orangenzesten unterlegt. Straff, weißes Kernobst, finessenreich strukturiert, betont mineralisch, saliner Nachhall, gutes Reifepotenzial.

(92) * Nussberg 2020
13 Vol.-%, DV, Stahltank, €€€ Ⓑ
Mittleres Gelbgrün, Silberreflexe. Zart nach Orangenzesten, mit gelber Tropenfrucht unterlegt, ein Hauch von Melisse und Rosmarin, dunkle Mineralik. Komplex, frische Birnenfrucht, feine Fruchtsüße, lebendig strukturiert, zitronig-salziger Nachhall.

92 Gemischter Satz Natural Wine 2020
13,5 Vol.-%, DIAM, Amphore, €€€€€ Ⓑ ⓘ
Zart wolkiges Orangegelb, Silberreflexe. Zart nach Rosen und frischen Mandarinen, weiße Tropenfrucht, floraler Touch. Saftig, elegant, feine Extraktsüße, straffe Mineralik, steiniger Touch, gelbe Frucht im Abgang, bleibt haften, ein würziger Speisenbegleiter.

94 Riesling Ried Steinberg 1ÖTW 2020
13,5 Vol.-%, DIAM, Stahltank, €€€€€ Ⓑ
Helles Goldgelb, Silberreflexe. Mit zarten Wiesenkräutern unterlegte Grapefruitzesten, etwas weiße Tropenfrucht, mineralische Anklänge. Komplex, engmaschig, finessenreiche Säurestruktur, salzig, Pfirsichnoten im Abgang, lange anhaltend, dunkle Mineralität, zarte Extraktsüße, sicheres Entwicklungspotenzial.

(92) Riesling Nussberg 2020
13 Vol.-%, DV, Stahltank, €€€ Ⓑ
Mittleres Gelbgrün, Silberreflexe. Feine weiße Tropenfrucht, mit einem Hauch von Maracuja und Pfirsich unterlegt, Orangenzesten klingen an. Saftig, feiner gelber Fruchttouch, zart nach Apfel, lebendig strukturiert, mineralischer Nachhall, bereits gut antrinkbar.

(93) Grüner Veltliner Ried Steinberg 1ÖTW 2020
13 Vol.-%, DIAM, Stahltank, €€€€
Mittleres Gelbgrün, Silberreflexe. Zart kräuterwürzig unterlegte gelbe Tropenfruchtnuancen, ein Hauch von Mango und Blütenhonig, einladendes Bukett. Stoffig, weißer Apfel, frisch strukturiert, mineralisch-zitronig im Abgang, bleibt gut haften, sicheres Entwicklungspotenzial.

92 Grüner Veltliner Nussberg 2020
12,5 Vol.-%, DV, Stahltank, €€€ Ⓑ Ⓥ
Mittleres Gelbgrün, Silberreflexe. Mit einem Hauch von Limetten unterlegte weiße Apfelfrucht, mineralisch, frisches Bukett. Saftig, mittlere Komplexität, frisches Kernobst, rassig strukturiert, salzige Mineralik im Abgang.

91 Grüner Veltliner Natural Wine 2020
12,5 Vol.-%, DIAM, Edelstahl, €€€€ Ⓑ ⓘ
Zart wolkiges leuchtendes Goldgelb. Rauchig unterlegte Kräuterwürze, weißer Apfel, tabakige Nuancen. Straff, mittlerer Körper, frisch strukturiert, salzige Textur, feiner Gerbstoff, staubtrockener Stil.

93 Weißburgunder Ried Gollin 1ÖTW 2020
13,5 Vol.-%, DV, großes Holzfass, €€€€€ Ⓑ
2019: Helles Goldgelb, Silberreflexe. Mit einem zarten Ananastouch unterlegte Birnen, zart nach kandierten Mandarinenzesten, mineralischer Anklang. Saftig, komplex, gut integrierter Säurebogen, feine gelbe Fruchtnuancen, rund und balanciert, bleibt gut haften, vielseitig einsetzbar, ein eleganter Speisenbegleiter.

93 Traminer Natural Wine 2020
14 Vol.-%, DIAM, Amphore, €€€€€ Ⓑ ⓘ
Zart wolkig unterlegtes mittleres Orangegelb, Silberreflexe. Rauchig-kräuterwürzig unterlegte Marillenfrucht, kandierte Orangenzesten, etwas Blütenhonig. Straff, floral unterlegte Pfirsichfrucht, straffer Gerbstoff, mineralisch und anhaftend, sicheres Reifepotenzial, Blutorangen im Nachhall.

91 Muskateller Natural Wine 2020
12,5 Vol.-%, DIAM, Amphore, €€€€€ Ⓑ ⓘ
Wolkiges Orangegelb mit Kupferreflexen. Ein Hauch von frisch geschnittenen Champignons, mit einem floralen Touch unterlegt, etwas Muskatnuss im Hintergrund. Straff, weißer Pfirsich, ein Hauch von Grapefruitzesten, salziger Nachhall, etwas Rosenöl im Rückgeschmack.

92 Zweigelt Nussberg 2018
13,5 Vol.-%, DV, 500-l-Fass, €€€ Ⓑ
Kräftiges Karmingranat, violette Reflexe, zarte Randaufhellung. Rauchig-kräuterwürzig unterlegte Nuancen von dunklen Kirschen und Zwetschken, tabakiger Touch. Saftig, elegant, feine Fruchtsüße, finessenreicher Säurebogen, salziger Touch im Abgang, bleibt gut haften.

92 Zweigelt Natural Wine 2019
13,5 Vol.-%, DIAM, Beton, €€€€ Ⓑ ⓘ
Leuchtendes dunkles Rubingranat, violette Reflexe, breitere Randaufhellung. Rauchig-nussig unterlegte schwarze Waldbeeren, reduktive Nuancen, tabakiger Anklang, etwas Wacholder. Rote Kirschen, ein Touch von frischen Preiselbeeren, lebendig strukturiert, zitronig-mineralisch im Abgang, anregender Stil.

*** Wiener Gemischter Satz DAC**

Wolfgang Hofer

WEINGUT WOLFGANG HOFER
1230 Wien
Maurer-Lange-Gasse 29
T: +43 (1) 8887380
vinohofer@aon.at
www.vino-hofer.at

Kellermeister: Wolfgang Hofer
Kontakt: Wolfgang und Christina Hofer
Produktion: 70 % weiß, 30 % rot, 6 Hektar
Vereinszugehörigkeit: TOP-Heurige, Wiener Heurige

★★

WEINGUT WOLFGANG HOFER

Der Name Hofer wird in Mauer schon seit vielen Jahren mit einer kleinen, aber feinen Heurigenadresse verbunden. Seit 2011 führen Christina und Wolfgang den aufstrebenden Betrieb und sind ein Mitgliedsbetrieb der »Wiener Top Heurigen«. Im Sortiment wird zwischen den drei Linien »Frisch und Fruchtig«, »Charakterweine« und »Lagenweine« unterschieden. Die Weißweine werden im Edelstahltank und im großen Holzfass, die Rotweine im großen Holzfass und in Barriques ausgebaut. Bei den Rotweinsorten liegt das Hauptaugenmerk auf Zweigelt, Cabernet Sauvignon und St. Laurent – sie zeigen das Potenzial der südlichen Wiener Lagen. Der Weinkeller der Familie befindet sich in Gumpoldskirchen in der Thermenregion, wo die gesamte Verarbeitung von der Ernte bis zur Füllung stattfindet.
Beim Heurigen wird viel Wert auf regionale und frische Produkte gelegt, so wie auch in den Weingärten sehr naturnah gearbeitet wird. Der Leitspruch des Hauses: »Wer Tradition und Gemütlichkeit sucht, ist bei uns richtig.« Man darf gespannt sein, womit dieser aufstrebende und schon mehrfach ausgezeichnete Wiener Betrieb in Zukunft noch aufwarten wird.

89 Lilly Rosecco 2020 CS/ZW
12 Vol.-%, NK, Stahltank, €€ Ⓥ

92 * Ried Kadolzberg 2020
14 Vol.-%, DV, großes Holzfass/Stahltank, €€ Ⓥ
Helles Goldgelb, Silberreflexe. Frische Mangonote, etwas Birne, mit einem Hauch von Limettenzesten unterlegt. Mittlerer Körper, weißes Kernobst, zart nach Honigmelone, gut integrierte Säurestruktur, zarter Blütenhonig im Abgang, bleibt haften, verfügt über Reifepotenzial.

91 * Maurerberg 2020
13,5 Vol.-%, DV, Stahltank, €€ Ⓥ
Helles Goldgelb, Silberreflexe. Frische weiße Tropenfrucht, ein Hauch von Apfel, zarte florale Nuancen, einladendes Bukett. Saftig, weißes Kernobst, frisch strukturiert, fruchtige Süße im Abgang, vielseitig einsetzbar.

92 Grauburgunder Herr Hofer Reserve 2020
14,5 Vol.-%, DV, großes Holzfass/gebrauchte Barriques, €€€ Ⓥ
Helles Goldgelb, Messingreflexe. Zarte Mandarinenzesten,

frische Birne, ein Hauch von Walnuss, einladendes Bukett. Stoffige süße Textur, ein Hauch von Kletzen, Nuancen von Feigen im Abgang, bleibt haften, sicheres Reifepotenzial.

91 Grüner Veltliner Ried Kadolzberg 2020
13,5 Vol.-%, DV, Stahltank/großes Holzfass, €€ V
Helles Gelbgrün, Silberreflexe. Zarte gelbe Apfelfrucht, ein Hauch von Mango, unterlegt mit Wiesenkräutern, Nuancen von Orangenzesten. Mittlerer Körper, fruchtige Süße, feiner Säurebogen, reife gelbe Frucht im Abgang, etwas Honig im Nachhall.

92 Syrah Grande Reserve 2018
14 Vol.-%, DV, Barrique, €€€ V
Dunkles Rubingranat, opaker Kern, violette Reflexe, zarte Ockerrandaufhellung. Gewürzig unterlegte schwarze Beerenfrucht, reife Kirschen, feines Nougat, etwas Nelken. Saftig, frische Beerenfrucht, reife Tannine, frisch strukturiert, süße Kirschen im Nachhall, vielseitig einsetzbar.

★★★★

WEINGUT MAYER AM PFARRPLATZ

Das traditionsreiche Weingut keltert seit 1683 in Döbling und Grinzing besten Wiener Wein. Das romantische Vorstadthaus am Pfarrplatz gilt als Synonym für Weinqualität und Wiener Heurigenkultur. Hier hat Ludwig van Beethoven im Jahr 1817 gewohnt. Während seiner Zeit in Heiligenstadt arbeitete er an seinem größten Werk, der 9. Symphonie. Die Weine des Guts stammen von den besten Rieden Wiens: dem Nussberg und der Alsegger Riede. Sie repräsentieren durch ihre elegante Fruchtaromatik, Balance und Mineralik den Charakter der Wiener Spitzenlagen. Der traditionelle Wiener Gemischte Satz ist der Klassiker im vielfältigen Sortiment: Er wird auf Basis von Grünem Veltliner, Riesling sowie Rotgipfler und Zierfandler, die gemeinsam gelesen und verarbeitet werden, gekeltert. Beim Riesling arbeitet man die feinen Geschmacksnuancen des Nussbergs und der Alsegger Riede heraus. Grüner Veltliner, Sauvignon Blanc und Gelber Muskateller runden das Weißweinprogramm ab. Als Rotwein offeriert das Weingut Mayer am Pfarrplatz einen eleganten Blauen Burgunder.

95 * Ried Langteufel Nussberg 1ÖTW 2019
13,5 Vol.-%, DV, Stahltank, €€€€€
Helles Gelbgrün, Silberreflexe. Frische Orangenzesten,

© Herbert Lehmann

WEINGUT MAYER AM PFARRPLATZ
1190 Wien, Pfarrplatz 2
T: +43 (1) 3360197
office@pfarrplatz.at
www.pfarrplatz.at

Kellermeister: Dr. Dragos Pavelescu
Kontakt: Gerhard J. Lobner und Paul Kiefer
Produktion: 90 % weiß, 8 % rot, 2 % süß, 61 Hektar
Zertifiziert: Nachhaltig Austria
Vereinszugehörigkeit: Traditionsweingüter Österreich, WienWein
Messen: Austrian Tasting London, VieVinum, DAC-Präsentationen

Ried Preussen, Nussberg

* Wiener Gemischter Satz DAC

ein Hauch von Mango und Papaya, zarter Blütenhonig, einladendes Bukett. Komplex, saftig, gelbe Tropenfrucht, zart nach Honigmelone, finessenreiches Säurekleid, zitronig-salzig im Abgang, zeigt große Länge, sicheres Reifepotenzial.

93 * Ried Preussen Nussberg 1ÖTW 2019
13,5 Vol.-%, DV, Stahltank, €€€€€
Helles Gelbgrün, Silberreflexe. Feine gelbe Tropenfruchtnuancen, zart nach Wiesenkräutern, ein Hauch von Pfirsich, mit Limettenzesten unterlegt. Saftig, kräftig, angenehme Apfelfrucht, finessenreiche Säurestruktur, salziger Nachhall, gutes Reifepotenzial.

92 * Nussberg 2020
13,5 Vol.-%, DV, Stahltank, €€€€
Helles Goldgelb, Silberreflexe. Frische Apfelnote, ein Hauch von Mango und Orangenzesten, zart tabakig. Mittlerer Körper, angenehmer Kernobsttouch, lebendiger Säurebogen, salziger Touch, bleibt gut haften, ein vielseitiger Speisenwein, zitroniger Nachhall.

90 Wiener Gemischter Satz DAC 2020
12,5 Vol.-%, DV, Stahltank, €€€
Helles Gelbgrün, Silberreflexe. Nuancen von Birne, zarte Wiesenkräuter, frische Orangenzesten, zitroniger Touch. Mittlerer Körper, weißer Apfel, frisch strukturiert, zitroniger Anklang im Finale.

(95) Riesling Nussberg Weißer Marmor 2020
13 Vol.-%, DV, Stahltank, €€€€€
Mittleres Grüngelb, Silberreflexe. Zart nach reifer gelber Tropenfrucht wie Maracuja und Mango, florale Nuancen, ein Hauch von Limetten. Straff, engmaschig und fein ziseliert, lebendig strukturiert, salzig und gut anhaftend, tänzelt am Gaumen, gute Länge, sicheres Entwicklungspotenzial.

94 Riesling Ried Preussen-Nussberg 1ÖTW 2019
13 Vol.-%, DV, Stahltank, €€€€€
Helles Gelbgrün, Silberreflexe. Feine weiße Pfirsichnuancen, ein Hauch von Mandarinenzesten, floraler Touch, mineralisch unterlegt. Elegant, feine Steinobstnoten, weißer Apfel, feine Säurestruktur, saliner Touch, wirkt relativ leichtfüßig, bereits zugänglich, gutes Entwicklungspotenzial.

(93) Riesling Nussberg 2020
13,5 Vol.-%, DV, Stahltank, €€€€
Helles Gelbgrün, Silberreflexe. Feine Nuancen von Maracuja und Ananas, ein Hauch von Blütenhonig und Mandarinenzesten, floraler Touch. Stoffig, weiße Fruchtnuancen, finessenreich strukturiert, salzige Mineralik, zitroniger Touch, bleibt gut haften, verfügt über Reifepotenzial.

91 Riesling Ried Alsegg Hernals 2020
13 Vol.-%, DV, Stahltank, €€€
Helles Gelbgrün, Silberreflexe. Feine Pfirsichfrucht, floraler Touch, mit Limetten unterlegt. Saftig, feine Steinobstnuancen, frischer Säurebogen, mineralisch und zart salzig, ein lebendiger Sommerwein.

92 Sauvignon Blanc 2020
13,5 Vol.-%, DV, Stahltank, €€€
Helles Gelbgrün, Silberreflexe. Frische Kräuterwürze, ein Hauch von Paprikaschoten, gelbe Stachelbeeren, zart nach Guaven. Saftig, feine Fruchtsüße, lebendig, finessenreich strukturiert, Grapefruitzesten im Nachhall, ein stoffiger Speisenbegleiter.

(92) Sauvignon Blanc Hernals 2020
13 Vol.-%, DV, Stahltank, €€€€
Helles Gelbgrün, Silberreflexe. Nuancen von Guave und Passionsfrucht, gelber Apfel, florale Noten, mit Grapefruitzesten unterlegt. Saftig, feine gelbe Tropenfrucht, finessenreich unterlegt, mineralisch-salzig, weißer Pfirsich im Finale, gutes Entwicklungspotenzial.

91 Gelber Muskateller 2020
12,5 Vol.-%, DV, Stahltank, €€€
Sehr helles Gelbgrün, Silberreflexe. Zart nach Muskatnuss und Ingwer, frische weiße Tropenfrucht, traubig unterlegt. Mittlerer Körper, zart nach Pfirsich und Litschi, lebendige Säurestruktur, zitronig-mineralischer Nachhall, feiner Sommerwein.

90 Grüner Veltliner Grinzing 2020
13,5 Vol.-%, DV, Stahltank, €€€
Helles Grüngelb, Silberreflexe. Zart mit Orangenzesten unterlegte gelbe Apfelfrucht, ein Hauch von Blütenhonig, etwas Birne, einladendes Bukett. Mittlerer Körper, weiße Steinobstnuancen, dezente Säurestruktur, ein Hauch von Birne im Nachhall, zitroniger Touch.

90 Pinot Noir Nussberg 2018
13,5 Vol.-%, DV, gebrauchte Barriques, €€€€
Mittleres Karmingranat, Ockerreflexe, breite Randaufhellung. Rauchig-kräuterwürziges Kirschkonfit, tabakige Nuancen, schwarze Beeren im Hintergrund. Mittlerer Körper, süße Frucht, feine Tannine, dunkle Mineralik im Abgang, etwas Karamell im Nachhall.

LANDHAUS MAYER
1190 Wien
Eroicagasse 4
T: +43 (1) 3360197
office@landhausmayer.at
www.landhausmayer.at

Kellermeister: Gerhard J. Lobner und Dr. Dragos Pavelescu
Kontakt: Gerhard J. Lobner
Produktion: 90 % weiß, 10 % rot

Grüner Veltliner

★

LANDHAUS MAYER

Das Landhaus Mayer ist mit niederösterreichischen Weinhauern, die seit Generationen Top-Lagen mit viel Leidenschaft bewirtschaften, eine besondere Kooperation eingegangen: Gemeinsam mit den Winzern entscheidet der Produktionsleiter Gerhard J. Lobner, welche Schritte in den Weingärten zu setzen sind: Vom Rebschnitt über die Laubarbeit bis hin zum optimalen Lesezeitpunkt werden die Rebstöcke begleitet. »Es ist unbeschreiblich, auf welches Potenzial man in diesen Gebieten zurückgreifen kann«, zeigt sich Lobner begeistert. Viele dieser Spitzenlagen sind aufgrund des Strukturwandels extrem gefährdet, aufgegeben zu werden. Dieser Entwicklung will das Landhaus Mayer gegensteuern, indem es gemeinsam mit ansässigen Winzern aussichtsreiche Perspektiven erarbeitet.

90 Grüner Veltliner 2020
12,5 Vol.-%, DV, Stahltank, €€
Helles Gelbgrün, Silberreflexe. Frische Wiesenkräuter, ein Hauch von Mango und Kernobst, Limetten. Mittlerer Körper, weißer Apfel, frisch strukturiert, zitroniger Touch, mineralischer Anklang, ein Hauch von Mandarinen im Nachhall.

90 Gelber Muskateller 2020
12,5 Vol.-%, DV, Stahltank, €€
Helles Gelbgrün, Silberreflexe. Zart nach Muskatnuss, weißer Pfirsich und Holunderblüten, mit Limettenzesten unterlegt. Straff, engmaschig, feine Birnenfrucht, frischer Säurebogen, mineralisch-zitroniger Nachhall.

90 Riesling 2020
13 Vol.-%, DV, Stahltank, €€
Helles Gelbgrün, Silberreflexe. Frischer weißer Pfirsich, zitroniger Touch, mit einem Hauch von Ananas unterlegt. Mittlerer Körper, weißer Apfel, finessenreich strukturiert, Limetten im Abgang, lebendiger Speisenbegleiter.

88 Rosé 2020
12 Vol.-%, DV, Stahltank, €€

* Wiener Gemischter Satz DAC

★★★★

WEINGUT ROTES HAUS

Das Weingut »Rotes Haus« pflegt seit 2001 rund neun Hektar Weingärten in der berühmtesten Wiener Weinlage, dem Nussberg. Im Herzen dieses einzigartigen Weingartens liegt in romantischer Lage das »Rote Haus am Nussberg«. Unter dem Motto »Qualität statt Quantität« repräsentieren die Nussberg-Weine den außergewöhnlichen Charakter dieser besten Wiener Riede. Das einzigartige Terroir und das Mikroklima bilden die Grundlage für die Eleganz und burgundische Stilistik der Weine.
In den Weingärten des »Roten Hauses« dominieren Burgundersorten. Hier wachsen Chardonnay, Grauburgunder, Weißburgunder, Neuburger und Traminer gemeinsam in einem Weingarten und bilden so die Grundlage für die Wiener Gemischten Sätze DAC. Reinsortig ausgebaut runden Chardonnay und Grüner Veltliner das Sortiment ab.

95 * Ried Langteufel Nussberg 1ÖTW 2019
14 Vol.-%, NK, großes Holzfass, €€€€€
Helles Goldgelb, Silberreflexe. Feine gelbe Tropenfruchtnuancen, zart nach Mango und Blütenhonig, mineralischer Touch, facettenreiches, einladendes Bukett. Kräftig, engmaschig, feine Apfelfrucht, mineralisch und frisch, wirkt relativ leichtfüßig dank des präzisen Säurebogens, sehr gute Länge, sicheres Entwicklungspotenzial.

94 * Ried Preussen Nussberg 1ÖTW 2019
13 Vol.-%, NK, großes Holzfass, €€€€€
Helles Goldgelb, Silberreflexe. Zart nach Honigmelone, ein Hauch von frischer Quitte, zart nach Orangenzesten. Saftig, elegant, feine Fruchtsüße, seidige Textur, finessenreich strukturiert, mineralisch und anhaftend, zitroniger Touch, gute Länge, sicheres Reifepotenzial.

92 * Nussberg 2020
13,5 Vol.-%, DV, großes Holzfass, €€€
Helles Gelbgrün, Silberreflexe. Floraler Touch, feine weiße Tropenfruchtanklänge, zart nach Birne, frischer gelber Apfel. Mittlerer Körper, saftig und elegant, feiner Säurebogen, bereits gut antrinkbar, vielseitig einsetzbar.

91 Wiener Gemischter Satz DAC 2020
12,5 Vol.-%, DV, Stahltank, €€€
Helles Gelbgrün, Silberreflexe. Zart nach Büten, ein Hauch von weißer Tropenfrucht, Nuancen von Orangenzesten, noch zurückhaltend. Mittlerer Körper, saftige Apfelfrucht, frisch strukturiert, feiner Zitrustouch im Abgang, bereits gut antrinkbar.

Weingut Rotes Haus

WEINGUT ROTES HAUS
1190 Wien
Pfarrplatz 2
T: +43 (1) 3360197
office@pfarrplatz.at
www.rotes-haus.at

Kellermeister:
Dr. Dragos Pavelescu
Kontakt: Gerhard J. Lobner und Paul Kiefer
Produktion: 95 % weiß, 5 % rot, 9 Hektar
Zertifiziert: Nachhaltig Austria
Vereinszugehörigkeit: Traditionsweingüter Österreich, WienWein
Messen: ProWein Düsseldorf, VieVinum

93 Chardonnay Nussberg 2019
14 Vol.-%, DV, Barrique, €€€€€
Mittleres Grüngelb, Silberreflexe. Zart nussig-röstig unterlegte feine gelbe Tropenfrucht, zart nach Pfirsich und Ananas, ein Hauch von Karamell, einladendes Bukett. Komplex, saftig, elegant, feine Fruchtsüße, zart nach Marille, finessenreiche Säurestruktur, mineralisch-salzig im Abgang, bleibt haften, zitroniger Nachhall.

92 Grüner Veltliner Nussberg 2020
13 Vol.-%, DV, großes Holzfass, €€€
Helles Gelbgrün, Silberreflexe. Zart würzig, Nuancen von Wiesenkräutern, mit etwas Mango und Honigmelone unterlegt, tabakiger Anklang. Komplex, saftige Apfelfrucht, frisch strukturiert, Noten von Birne im Abgang, mineralischer Nachhall.

★★★

SCHLUMBERGER WEIN- UND SEKTKELLEREI

Schlumberger ist Österreichs traditionsreichste Sektkellerei. Bereits seit 1842 stellt die Kellerei österreichischen Qualitätssekt nach der Méthode traditionnelle her. Schlumberger legt Wert darauf, bei den Konsumenten ein Bewusstsein für die Verwendungsvielfalt, die regionale Herstellung sowie die hohen Qualitätsstandards des österreichischen Sekts zu schaffen und die besondere Eignung von Sekt als Speisenbegleiter zu betonen. Passend dazu schenkt Schlumberger seine Produkte zur besseren Entfaltung des Geschmacks im Weinglas aus.
Mit der Qualitätspyramide für österreichischen Sekt wurde das Qualitätsniveau noch einmal deutlich angehoben und durch die Auslobung auf den Flaschen für den Konsumenten einfach, verständlich und transparent dargestellt. Damit hat das Traditionshaus Schlumberger sein gesamtes Sortiment in die drei Qualitätsstufen »Klassik«, »Reserve« und »Große Reserve« unterteilt.
Die Große Reserve Chardonnay Brut bildet die Spitze der österreichischen Sektpyramide und ist eine Hommage an den Gründer Robert Alwin Schlumberger. Die Auswahl bester österreichischer Qualitätstrauben garantiert einen Qualitätsschaumwein auf höchstem internationalem Niveau.

93 ❸ Schlumberger Pinot Noir Brut Reserve 2017
12 Vol.-%, NK, Flaschengärung, €€€€€
Helles Altrosa, Messingreflexe. Zart nach eingelegten Kirschen, mit einem Hauch von Pfirsich unterlegt, Nuancen von frischen Orangenzesten und Biskuit. Elegant, angenehme Fruchtsüße, reife gelbe Tropenfrucht, seidige Säurestruktur, mineralisch, zarter Karamelltouch im Abgang, ausgewogen, vielseitig einsetzbarer Speisenbegleiter.

91 ❸ Schlumberger Rosé Brut Klassik 2019 ZW/PN/SL
12 Vol.-%, NK, Flaschengärung, €€€
Helles Lachsrosa, Silberreflexe, feines Mousseux. Zart nach Himbeeren und roten Kirschen, blumiger Touch, mit feinem Erdbeerkonfit unterlegt. Mittlerer Körper, zart nach Birnen, feiner Säurebogen, ausgewogen und mineralisch, bereits gut entwickelt.

SCHLUMBERGER WEIN- UND SEKTKELLEREI
1190 Wien
Heiligenstädter Straße 41–43
T: +43 (1) 3682258
services@schlumberger.at
www.schlumberger.at

Kellermeister/Kontakt:
Herbert Jagersberger
Messen: VieVinum

92 **Schlumberger Grüner Veltliner Brut Klassik 2019**
12 Vol.-%, NK, Flaschengärung, €€€
Helles Goldgelb, Silberreflexe, anhaltendes zartes Mousseux. Mit einem Hauch von frischen Limetten unterlegte weiße Apfelfrucht, floraler Touch, einladendes Bukett. Saftig, elegant, fruchtige Süße, lebendige Säurestruktur, mineralisch im Abgang, ein Hauch von Granny Smith im Nachhall, animierender Stil.

92 **Schlumberger Sparkling Brut Klassik 2018 WR/WB/CH**
12 Vol.-%, NK, Stahltank, €€€
Helles Grüngelb, Silberreflexe. Feines, anhaltendes Mousseux. Attraktive gelbe Tropenfrucht, Nuancen von Papaya und Mango, ein Hauch von Mandarinenzesten und Guaven. Saftig, elegant, süße Fruchtnuancen, lebendiger Säurebogen, mineralischer Nachhall, vielseitig einsetzbar.

WEINGUT WALTER WIEN

BIO

Norbert Walter ist gebürtiger Tiroler und in einem landwirtschaftlichen Betrieb in Galtür aufgewachsen. Später zog es ihn immer wieder auf verschiedene Almen in der italienischen Schweiz und in Tirol, wo er insgesamt acht Sommer lang der Käseproduktion nachging. Seit 1989 lebt und arbeitet er in Wien. Auch hier hat er seinen Bezug zur Landwirtschaft nicht verloren. Wien als Großstadt mit eigenem Garten-, Wein-, Obst- und Ackerbau faszinierte ihn von Anfang an. So reifte in ihm schon bald der Wunsch, auch in Wien einer landwirtschaftlichen Tätigkeit nachzugehen, und dieser Traum sollte nach und nach in Erfüllung gehen.

2004 begann Norbert Walter, Rieden am Nussberg, in Sievering und in Oberlaa zu pachten, und schon ein Jahr darauf konnte er mit großer Freude seinen »Erstling«, einen Wiener Riesling, präsentieren. Die Sortenvielfalt wächst seitdem beständig: Sein »www« (Weingut Walter Wien) umfasst heute neben Riesling auch Grünen Veltliner, Gemischten Satz, Chardonnay, Zweigelt und sogar Blaufränkisch.
Die Qualität seiner Weine liegt Norbert Walter besonders am Herzen: Naturnaher Weinbau, behutsame Pflege der Weinstöcke und äußerste Sorgfalt bei der Ernte sind die Voraussetzung für ausgezeichnete Tropfen. Seit 2015 ist das Wein-

WEINGUT WALTER WIEN
1210 Wien
Untere Jungenberggasse 7
T: +43 (664) 1903469
office@weingut-walter-wien.at
www.weingut-walter-wien.at

Kellermeister: Fritz Wieninger
Kontakt: Norbert Walter
Anbauweise: Zertifiziert Biologisch
Produktion: 12.000 Flaschen
80 % weiß, 20 % rot, 4 Hektar
Messen: ProWein Düsseldorf, VieVinum

gut biozertifiziert. Am Bisamberg fand Norbert Walter 2008 einen idyllischen Weingarten mit Weinkeller. Mit viel Engagement und Liebe zum Detail konnte er hier, inmitten der Weingärten, einen ruhigen Platz der Gemütlichkeit für seine Gäste schaffen.

92 * Ried Hackenberg 2020
13 Vol.-%, DV, Stahltank, €€€€ B V
Helles Grüngelb, Silberreflexe. Kandierte Orangenzesten, feine gelbe Tropenfrucht, ein Hauch von Mango und Ananas, Blütenhonig. Saftig, zarte weiße Tropenfrucht, finessenreicher Säurebogen, salzige Mineralik, ein lebendiger Speisenbegleiter.

92 * Ried Schmerbern 2020
13 Vol.-%, DV, Stahltank, €€€€ B
Helles Goldgelb, Silberreflexe. Feiner Hauch von Golden-Delicious-Apfel, Nuancen von gelber Tropenfrucht, zart nach Orangenzesten, mit feinem Blütenhonig unterlegt. Saftig, weiße Frucht, frischer Säurebogen, Limetten im Abgang, salziger Touch, wirkt leichtfüßig, vielseitig einsetzbar.

90 Wiener Gemischter Satz DAC 2020
12,5 Vol.-%, DV, Stahltank, €€€ B V
Helles Grüngelb, Silberreflexe. Frische gelbe Apfelfrucht, etwas Mango, zarte Kräuterwürze, ein Hauch von Orangenzesten. Mittlerer Körper, weiße Fruchtnuancen, feiner Säurebogen, mineralisch und gut anhaftend, ein schwungvoller, leichtfüßiger Speisenbegleiter.

94 Riesling Ried Preussen Nussberg 2020
12,5 Vol.-%, DV, Stahltank, €€€€€ B V
Mittleres Gelb, Silberreflexe. Intensive gelbe Tropenfrucht, ein Hauch von Safran, Limetten- und Mandarinenzesten, attraktives Bukett. Saftig, elegant, feine Steinobstnuancen, süßer Touch, feiner Säurebogen, Blütenhonig und Marillen im Abgang, gute Länge, sicheres Reifepotenzial.

91 Zweigelt Ried Gernen Z 2018
13 Vol.-%, DV, Barrique, €€€
Kräftiges Rubingranat, violette Reflexe, zarte Randaufhellung. Zart kräuterwürzig unterlegte schwarze Kirschfrucht, reife Zwetschken, tabakige Nuancen. Saftig, dunkle Beerenfrucht, feine Tannine, gute Frische, rotbeeriger Nachhall, vielseitig einsetzbar, Kirschen im Rückgeschmack.

91 Blaufränkisch Ried Jungenberg 2018
13,5 Vol.-%, NK, Barrique, €€€€
Kräftiges Rubingranat, violette Reflexe, zarte Randaufhellung. Zart tabakig unterlegte Brombeerfrucht, Nuancen von Herzkirschen, mit kandierten Orangenzesten unterlegt. Saftig, rote Kirschen, feine, gut integrierte Tannine, angenehme Beerenfrucht im Abgang, bereits gut entwickelt.

★★★★★

WEINGUT WIENINGER

BIO

Wer in Wien einen solchen Namen trägt, ist verpflichtet, das Beste zu geben. Und diesem Auftrag kommt Fritz Wieninger schon seit vielen Jahren gewissenhaft nach: Hier hat sich aus einem traditionsreichen Heurigenbetrieb heraus ein qualitätsorientiertes Top-Weingut entwickelt. Seit einigen Jahren verarbeitet Wieninger Trauben von beiden Seiten des Donauflusses. Mit den berühmten und besten Lagen am Wiener Nussberg verfügt der dynamische Winzer über ausgezeichnetes Traubenmaterial, und er versteht es, dies in eine umfangreiche Palette von Spitzenweinen zu übersetzen.
In Österreich ist Wieninger für seine barriquegereiften Chardonnays und Pinot Noirs aus der Spitzenserie »Grand Select« berühmt, sein cassiswürziger Bordeaux-Blend (Cabernet/Merlot) »Danubis Grand Select« verdient ebenso Beachtung. Eine besondere Spezialität ist der traditionsreiche Wiener Gemischte Satz. Für diesen authentischen Terroirwein stehen die Reben verschiedener Sorten bunt gemischt im Weingarten und bringen ihre spezifischen Charaktereigenschaften ein. Seit dem Jahrgang 2013 wird er außerdem mit dem Prädikat DAC geadelt.
Der exportorientierte Betrieb hat als einziges Wiener Weingut eine österreichweite Akzeptanz in der Top-Gastronomie gefunden. Längst ist Wieninger in Sachen Qualitätswein die klare Nummer eins der Metropole, 40 Prozent der Produktion werden in 31 Länder auf drei Kontinenten exportiert. Der Anteil in der Wiener

* Wiener Gemischter Satz DAC

Gastronomie ist in den vergangenen Jahren ebenfalls stark gestiegen. Um den Wiener Spitzenwein noch populärer zu machen, hat sich der Winzer mit den Weingütern Christ, Edlmoser, Cobenzl, Mayer am Pfarrplatz sowie Fuhrgassl-Huber zur Gruppe »WienWein« zusammengetan. Mit dem Jahrgang 2017 sind auch erstmals zwölf Wiener Lagen vom Verein »Traditionsweingüter Österreich« als »Erste Lagen« klassifiziert worden, von denen vier vom Weingut Wieninger bewirtschaftet werden.

91 ❺ Cuvée Katharina Rosé Sekt g.U PN/ZW
Deg. 02/2021, 13 Vol.-%, NK, Stahltank, €€€€
Mittleres Lachsrosa, Silberreflexe, lebendiges feines Mousseux. Attraktives rotes Beerenkonfit, floraler Touch, ein Hauch von Erdbeeren und Limetten. Feine Fruchtsüße, lebendig strukturiert, eingelegte Kirschen im Nachhall, vielseitig einsetzbar.

95 * Ried Rosengartel 2019
14 Vol.-%, VL, großes Holzfass, €€€€€ Ⓑ
Mittleres Gelbgrün. Feiner Apfelduft, zart kräuterig, ein Hauch von Marille im Hintergrund, etwas zurückhaltend, Blütenhonig klingt an. Gute Komplexität, saftig, gut eingebundene Säurestruktur, extraktsüß nach Pfirsich, engmaschig, mineralischer Nachhall, vielschichtiger Speisenbegleiter mit Potenzial.

94 * Ried Ulm Nussberg 1ÖTW 2019
14 Vol.-%, VL, Stahltank/gr. Holzfass, €€€€€ Ⓑ
Mittleres Grüngelb. Gelbe Tropenfrucht, unterlegt mit etwas Holzwürze, ein Hauch von Mango, zart nach Wiesenkräutern, Passionsfrucht. Mittlerer Körper, saftig, gut eingebundene Säurestruktur, straff, facettenreiches Finish, Birne im Nachhall, eleganter Speisenbegleiter mit Entwicklungspotenzial.

(93) * Bisamberg 2020
13,5 Vol.-%, VL, Stahltank, €€€€ Ⓑ
Helles Gelbgrün, Silberreflexe. Feine weiße Tropenfrucht, floraler Touch, etwas Kokos, Nuancen von frischer Birne. Saftig, feine Fruchtsüße, gelber Apfel, frisch strukturiert, mineralisch-zitronig im Abgang, bleibt haften, zart nach Feigen im Rückgeschmack.

93 * Ried Falkenberg 1ÖTW Jeunes Restaurateurs 2020
13,5 Vol.-%, VL, Stahltank, €€€€€ Ⓑ
Mittleres Gelbgrün. Mit zartem Blütenhonig unterlegte gelbe Tropenfrucht, zart nach Papaya, etwas Guave, zarte Orangenzesten. Frisches Bukett, saftig, mineralisch, gut eingebundene Säurestruktur, weißes Steinobst, straffes Finish, wird von Flaschenreife profitieren.

(92) Wiener Gemischter Satz DAC 2020
12,5 Vol.-%, DV, Stahltank, €€€ Ⓑ
Helles Grüngelb, Silberreflexe. Feine Nuancen von frischer Birne, etwas Mango, dezente Kräuterwürze, ein Hauch von Orangenzesten. Saftig, elegant, reife gelbe Fruchtnuancen, frisch strukturiert, zitronig-mineralisch, bleibt gut haften, vielseitig einsetzbar.

(96) Chardonnay Grand Select 2018
13,5 Vol.-%, DIAM, Barrique, €€€€€€ Ⓑ
Mittleres Gelbgrün, Silberreflexe. Feine Holzwürze, ein Hauch von Karamell, Noten von Mango und Quitte, nussige Aromen, facettenreiches Bukett. Komplex, engmaschig, gut integrierter Säurebogen, mineralisch, rund und samtig, Papaya im Abgang, lange anhaltend, präzises Finish, sicheres Reifepotenzial.

(93) Chardonnay Select 2018
13 Vol.-%, VL, Teilbarrique, €€€€€ Ⓑ
Mittleres Grüngelb. Mit einem Hauch von Lanolin unterlegte reife Apfelfrucht, zarter Ananastouch, etwas Kokos, Orangenzesten klingen an. Saftig, komplex, eleganter Säurebogen, gute Frische, zart cremig, weißes Nougat im Abgang, gelbes Steinobst im Nachhall, vielseitig einsetzbar, burgundischer Stil.

(91) Wiener Chardonnay 2020
13 Vol.-%, DV, Stahltank, €€€ Ⓑ
Helles Gelbgrün, Silberreflexe. Nuancen von weißen Blüten, zart nach Pfirsich und frischem Apfel, mit einem Hauch von Wiesenkräutern unterlegt. Mittlere Komplexität, feine cremige Textur, ein Hauch von Nougat im Abgang, bereits gut entwickelt.

95 Riesling Ried Rosengartel 1ÖTW 2019
13,5 Vol.-%, DIAM, Stahltank, €€€€€ Ⓑ
Mittleres Gelbgrün, Silberreflexe. Feiner Weingartenpfirsich, Mango, zart nach Blütenhonig, kandierte Orangenzesten. Engmaschig, komplex, salzig, facettenreiche Säurestruktur, mineralisch, Kernobst im Abgang, extraktsüßes, attraktives Finish, hohes Entwicklungspotenzial.

94 Riesling Ried Preussen 1ÖTW 2019
13,5 Vol.-%, DIAM, Stahltank, €€€€€ Ⓑ
Helles Gelbgrün, Silberreflexe. Feine Wiesenkräuter, feinwürzig, weißes Steinobst, unterlegt mit Blütenhonig, zarte Minznoten, facettenreiches Bukett. Komplex, saftig, feine Struktur, etwas zurückhaltend, Apfeltouch im Abgang, mineralisch im Nachhall, sicheres Entwicklungspotenzial.

(93) Riesling Nussberg 2020
13,5 Vol.-%, VL, Stahltank, €€€€ Ⓑ
Helles Gelbgrün, Silberreflexe. Zart floral unterlegte reife Tropenfrucht, nach Mango und Maracuja, ein Hauch von

WEINGUT WIENINGER

1210 Wien, Stammersdorfer Straße 31
T: +43 (1) 2901012
weingut@wieninger.at
www.wieninger.at

Kellermeister: Luis Teixeira
Kontakt: Fritz Wieninger
Anbauweise: Biodynamisch (respekt)
Produktion: 300.000 Flaschen
67 % weiß, 2 % rosé, 30 % rot, 1 % süß, 55 Hektar
Vereinszugehörigkeit: Premium Estates of Austria, Traditionsweingüter Österreich, Tu Felix Austria, WienWein, Weinbauverband Wien
Messen: ProWein Düsseldorf, VieVinum, Summa Margreid

In den Falkenbergen

Mandarinenzesten, einladendes Bukett. Saftig, kraftvoll und elegant, feine gelbe Frucht, gut integrierter Säurebogen, mineralisch und anhaftend, gute Länge, hat Potenzial.

(91) Wiener Riesling 2020
13,5 Vol.-%, DV, Stahltank, €€€ B
Helles Gelbgrün, Silberreflexe. Zart nach Ananas, frischer weißer Pfirsichtouch, florale Nuancen. Saftig, elegant, gelbe Tropenfrucht, lebendig, dunkle Mineralik im Abgang, bleibt haften, Orangen im Nachhall.

(94) Grüner Veltliner Ried Kaasgraben 2020
13 Vol.-%, VL, Stahltank, €€€€€ B
Leuchtendes helles Gelbgrün, Silberreflexe. Frische Orangenzesten, weiße Apfelfrucht, ein Hauch von Mango und Wiesenkräutern, mit Mandarinen unterlegt. Saftig, gute Komplexität, weiße Frucht, frische Struktur, bleibt haften, frische Apfelfrucht im Nachhall, sicheres Reifepotenzial.

94 Grüner Veltliner Ried Preussen 1ÖTW 2019
13,5 Vol.-%, DIAM, Stahltank, €€€€€ B
Mittleres Grüngelb, Silberreflexe. Zarte Birnenfrucht, unterlegt mit Wiesenkräutern, ein Hauch von Tropenfrucht, feinwürzig, dunkle Mineralik, Blütenhonig klingt an. Straff, elegant, komplexe Säurestruktur, Zitrustouch, Apfelnuancen im Abgang, facettenreicher Speisenbegleiter.

(92) Grüner Veltliner Ried Herrnholz 2020
13 Vol.-%, VL, Stahltank, €€€ B
Helles Gelbgrün, Silberreflexe. Tabakig-würzig unterlegte weiße Kernobstnuancen, zart nach Ananas, frische Orangenzesten. Stoffig, frischer Apfel, feine Fruchtsüße, lebendig strukturiert, salziger Nachhall, ein facettenreicher Speisenbegleiter.

(92) Grüner Veltliner Nussberg 2020
13,5 Vol.-%, VL, Stahltank, €€€ B
Leuchtendes Gelbgrün, Silberreflexe. Zart tabakig unterlegte weiße Apfelfrucht, ein Hauch von Mango, frische Wiesenkräuter im Hintergrund. Saftig, elegant, reife gelbe Apfelfrucht, feiner Säurebogen, mineralisch und anhaftend, zitronig im Nachhall, gutes Potenzial.

(90) Wiener Grüner Veltliner 2020
12,5 Vol.-%, DV, Stahltank, €€€ B
Helles Gelbgrün, Silberreflexe. Frische Apfelfrucht, ein Hauch von Mango, mit zarten Wiesenkräutern unterlegt. Mittlerer Körper, zart nach gelber Birne, feine Säurestruktur, bereits entwickelt, ein unkomplizierter Speisenbegleiter.

(90) Wiener Muskateller 2020
12,5 Vol.-%, DV, Stahltank, €€€ B
Helles Gelbgrün, Silberreflexe. Noch etwas zurückhaltend, zart nach Holunderblüten und Limetten. Mittlerer Körper, weiße Tropenfrucht, feine Fruchtsüße im Abgang, bietet unkompliziertes Trinkvergnügen.

(95) Merlot Grand Select 2018
14 Vol.-%, DIAM, Barrique, €€€€€ B
Dunkles Rubingranat, violette Reflexe, zarte Ockerrandaufhellung. Rauchig-würzig unterlegte schwarze Waldbeeren, dunkle Herzkirschen, mit feinen Edelholznoten unterlegt. Saftig, elegant, seidige Textur, extraktsüß und

* Wiener Gemischter Satz DAC

gut anhaftend, feine, reife Tannine, zart nussiger Touch im Nachhall, gute Frucht im Rückgeschmack, hat Potenzial und Klasse.

95 Pinot Noir Grand Select 2018
13,5 Vol.-%, DIAM, Barrique, €€€€€€ B
Mittleres Rubingranat, violette Reflexe, breitere Randaufhellung. Zarte Kräuternoten, rote Kirschfrucht, etwas Beerenkonfit, mit zarter Edelholzwürze unterlegt, Mandarinenzesten klingen an, noch scheu. Komplex, elegant, facettenreiche, frische Struktur, gut eingebundenes Tannin, Herzkirschen im Abgang, feinwürzig im Nachhall, sicheres Entwicklungspotenzial.

93 Pinot Noir Select 2018
13,5 Vol.-%,VL, gebrauchte Barriques, €€€€€ B
Kräftiges Karmingranat, violette Reflexe, breitere Randaufhellung. Einladendes Bukett, reife Kirschfrucht, etwas Wiesenkräuter, ein Hauch von frischen Feigen, Orangenzesten klingen an. Komplex, saftig, engmaschig, feine Tanninstruktur, lebendig, mineralisch, rote Waldbeerenfrucht im Abgang, lange anhaltend, bereits gut antrinkbar.

(94) Danubis Grand Select 2018 CS/ME/ZW
14 Vol.-%, DIAM, Barrique, €€€€€ B
Dunkles Rubingranat, opaker Kern, violette Reflexe, zarte Ockerrandaufhellung. Attraktive Edelholzwürze, feines Brombeerkonfit, etwas Cassis, tabakig, mit einem Hauch von Nougat unterlegt. Saftig, reife Kirschen, elegant, frisch strukturiert, feine Tannine, bleibt gut haften, Herzkirschen im Nachhall, ein facettenreicher Begleiter bei Tisch.

(92) Wiener Trilogie 2018 ZW/CS/ME
13,5 Vol.-%, DV, Barrique, €€€ B
Kräftiges Rubingranat, violette Reflexe, zarte Randaufhellung. Zart tabakig unterlegte schwarze Beerenfrucht, Nuancen von Cassis und Lakritze, feine Kräuterwürze. Mittlere Komplexität, Brombeertouch, feine Tannine, mineralisch und frisch, zartes Nougat im Nachhall, vielseitig einsetzbar.

(93) St. Laurent Grand Select 2018
13 Vol.-%, NK, Barrique, €€€€€ B
Dunkles Rubingranat, tiefer Kern, violette Reflexe, breitere Randaufhellung. Tabakig-kräuterwürzig unterlegte schwarze Herzkirschfrucht, frische Zwetschken, Nuancen von Lakritze, kandierte Orangenzesten. Stoffig, dunkle Waldbeeren, gut integrierte, tragende Tannine, mineralisch, salzig im Nachhall, wird von Flaschenreife profitieren.

PLATZ FÜR IHRE WEINNOTIZEN

ULRICH ETIKETTEN IHR PARTNER FÜR WEINETIKETTEN, INVESTIERT IN DIE ZUKUNFT

Ulrich, das österreichische Traditionsunternehmen am Etikettenmarkt macht sich fit für die Zukunft.

Es freut uns Ihnen mitteilen zu dürfen, dass unser Unternehmen Ende 2022 auf unseren top modernen neuen Standort nach Höbersdorf, Bezirk Korneuburg in Niederösterreich übersiedeln wird.Wir erweitern mit einer massgeschneiderten Fabrik unseren Firmensitz auf knapp 60.000 m² und investieren in Österreich. Innovation ist für uns wichtig. Wir erweitern unseren Maschinenpark um Ihnen höchste Qualität garantieren zu können. Vielfältige Veredelungsmöglichkeiten, wie Heißfolienprägungen, Relieflacke und Hochprägungen werden dadurch perfektioniert. Zudem steht Ihnen ein junges innovatives Team zur Verfügung, um Ihren Etikettenwunsch bestmöglich umzusetzen. Kurze Lieferzeiten sind uns wichtig. Wer kennt es nicht, der Fülltermin naht und das Etikettenlager ist leer. Wir arbeiten ständig an unseren Abläufen, um für Sie »DER« flexible Etikettenpartner zu sein. Gerne bieten wir Ihnen neben Etiketten auch Transferdrucker, Transferbänder und Etikettenspender an. Ihr alter Drucker funktioniert nicht mehr? Kontaktieren Sie uns für ein Service Ihres Druckers. Unser professionelles Serviceteam kümmert sich in Kürze darum. Wir bedanken uns bei unseren Kunden für Ihre Treue und freuen uns viele neue Projekte mit Ihnen umsetzen zu dürfen,

Ihr Florian Ulrich.

KONTAKT VERKAUF WEINETIKETTEN
Maximilian Rohner
M.: Maximilian.rohner@ulrich.at
T.: +43 (0) 664 8236264

ulrich.at

Fotos: Beigestellt

ADVERTORIAL

© WSNA

NIEDER-ÖSTERREICH

GROSSES WEINLAND AN DER DONAU

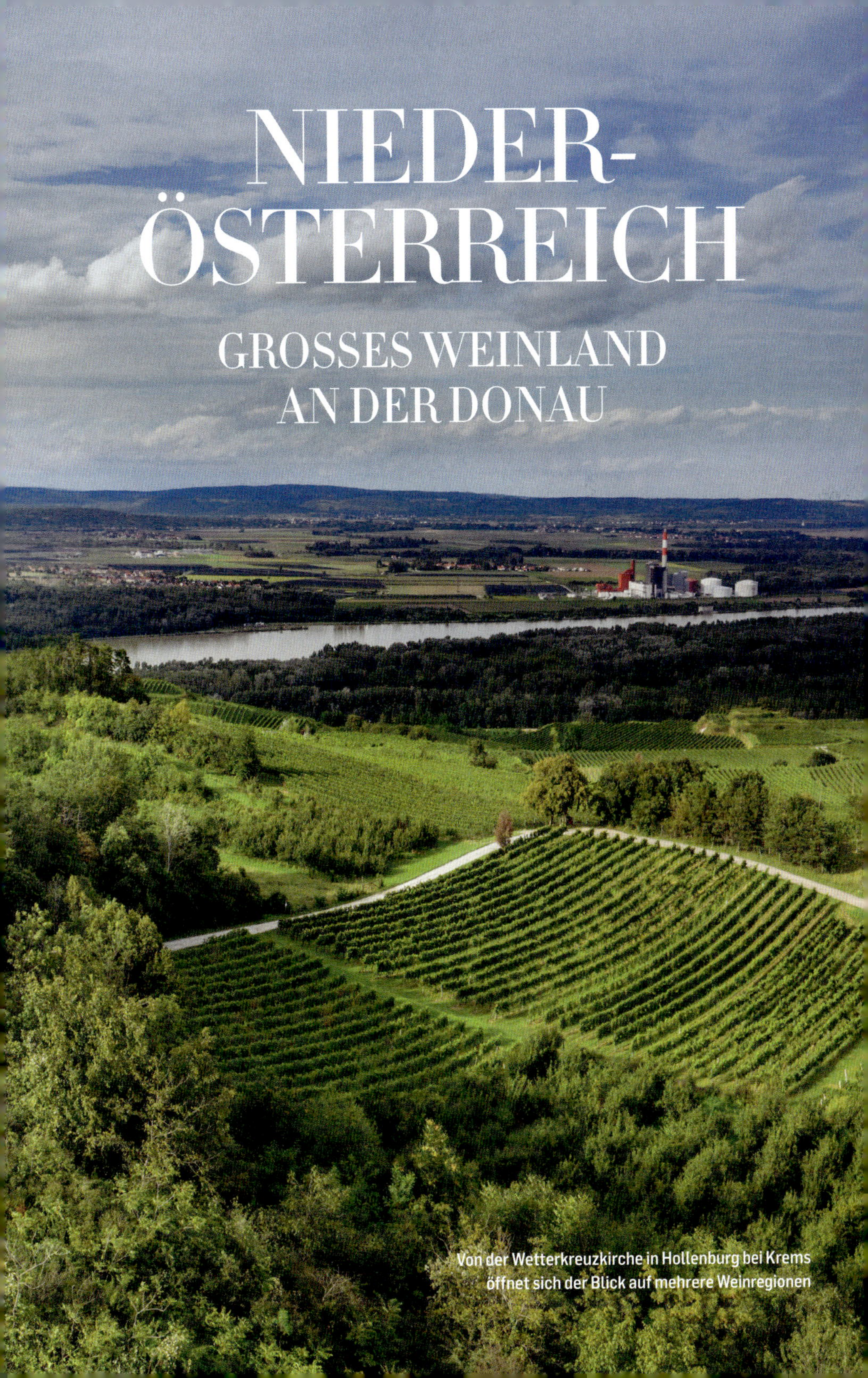

Von der Wetterkreuzkirche in Hollenburg bei Krems öffnet sich der Blick auf mehrere Weinregionen

Die Kellergasse am Galgenberg in Wildendürnbach ist eine der schönsten im Weinviertel

VIELFALT HAT EINEN NAMEN

Niederösterreich ist Österreichs größtes Qualitätsweinbaugebiet. Unter seinem Namen vereint sich ein reichhaltiges Potenzial von Weinherkünften und Weinstilen heimischer Weinraritäten, aber auch internationaler Rebsorten. Die acht in Niederösterreich beheimateten spezifischen Weinbaugebiete Wachau, Kremstal, Kamptal, Traisental, Wagram, Weinviertel, Thermenregion und Carnuntum lassen sich grob in drei Klimaräume einteilen: das Weinviertel im Norden, den Donauraum westlich und das pannonische Niederösterreich im Süden und Osten von Wien.

Das große Weinviertel sorgte 2003 für positive Schlagzeilen, als es sich entschloss, nur noch seinen Paradewein, den pfeffrigen Grünen Veltliner, unter dem Namen Weinviertel zu vermarkten. Seitdem garantiert die Bezeichnung »Weinviertel DAC« auf dem Etikett pfeffrig-würzige, frische Veltliner im Glas. Die vielfältige Sortenpalette von frischen Weißweinen, fruchtigen Rotweinen und sogar Süßweinspezialitäten aus dem Weinviertel findet man unter der Herkunftsbezeichnung »Niederösterreich«. Entlang der Donau von Melk bis Klosterneuburg und ihren Nebenflüssen Krems, Traisen und Kamp entdeckt man herrliche Weinorte, aufgefädelt wie an einer Perlenkette. Hier hat sich neben dem Grünen Veltliner auch der Riesling als Flaggschiff positioniert. Diese beiden Rebsorten finden im Kremstal DAC, Kamptal DAC, Traisental DAC und nun auch im Wachau DAC ihre typischen Ausprägungen. Die steilen Urgesteinslagen der Wachau gehen im östlichen Teil des benachbarten Kremstals in Lössterrassen über, die den Weincharakter auch am Wagram prägen.

Südlich von Krems, also auch im Traisental, dominiert Konglomeratboden mit zahlreichen Kalkinseln. Im Kamptal verleihen vorwiegend Urgesteinsböden den Weinen unverkennbaren Charakter. Spezialitäten wie Roter Veltliner, Weißburgunder, Chardonnay, aber auch elegante Rotweine aus diesen Teilen Niederösterreichs runden das Bild ab.
Im pannonischen Niederösterreich südlich und östlich von Wien wachsen einige der herausragendsten Rotweine Österreichs, wobei in Carnuntum der Zweigelt und der Blaufränkisch, in der Thermenregion der Sankt Laurent und Blauer Burgunder den Ton angeben. Und überall finden sich Spezialitäten, wie Zierfandler und Rotgipfler um Gumpoldskirchen, aber auch edelsüße Raritäten sowie moderne rote Cuvées. Niederösterreich, das ist die Vielfalt aus dem weiten Land der großen Weine.

WEINBAUGEBIET NIEDERÖSTERREICH

Österreich gesamt:	**46.752 ha**
Weinbaugebiet Niederösterreich:	**28.145 ha (60 %)**
SPEZIFISCHE WEINBAUGEBIETE:	
Carnuntum DAC	906 ha
Kamptal DAC	3907 ha
Kremstal DAC	2368 ha
Thermenregion	2181 ha
Traisental DAC	815 ha
Wachau DAC	1344 ha
Wagram	2720 ha
Weinviertel DAC	13.858 ha

Weißweinfläche insgesamt:	**21.205 ha**	**(75 %)**
Grüner Veltliner:	12.920 ha	(46 %)
Riesling:	1730 ha	(6 %)
Müller-Thurgau:	1231 ha	(4 %)
Welschriesling:	1312 ha	(5 %)
Weißburgunder:	867 ha	(3 %)
Rotweinfläche insgesamt:	**6941 ha**	**(25 %)**
Zweigelt:	3521 ha	(13 %)
Blauer Portugieser:	1246 ha	(4 %)
Blauburger:	604 ha	(2 %)
St. Laurent:	342 ha	(1 %)
Pinot Noir:	293 ha	(1 %)

NIEDERÖSTERREICH

CARNUNTUM DAC

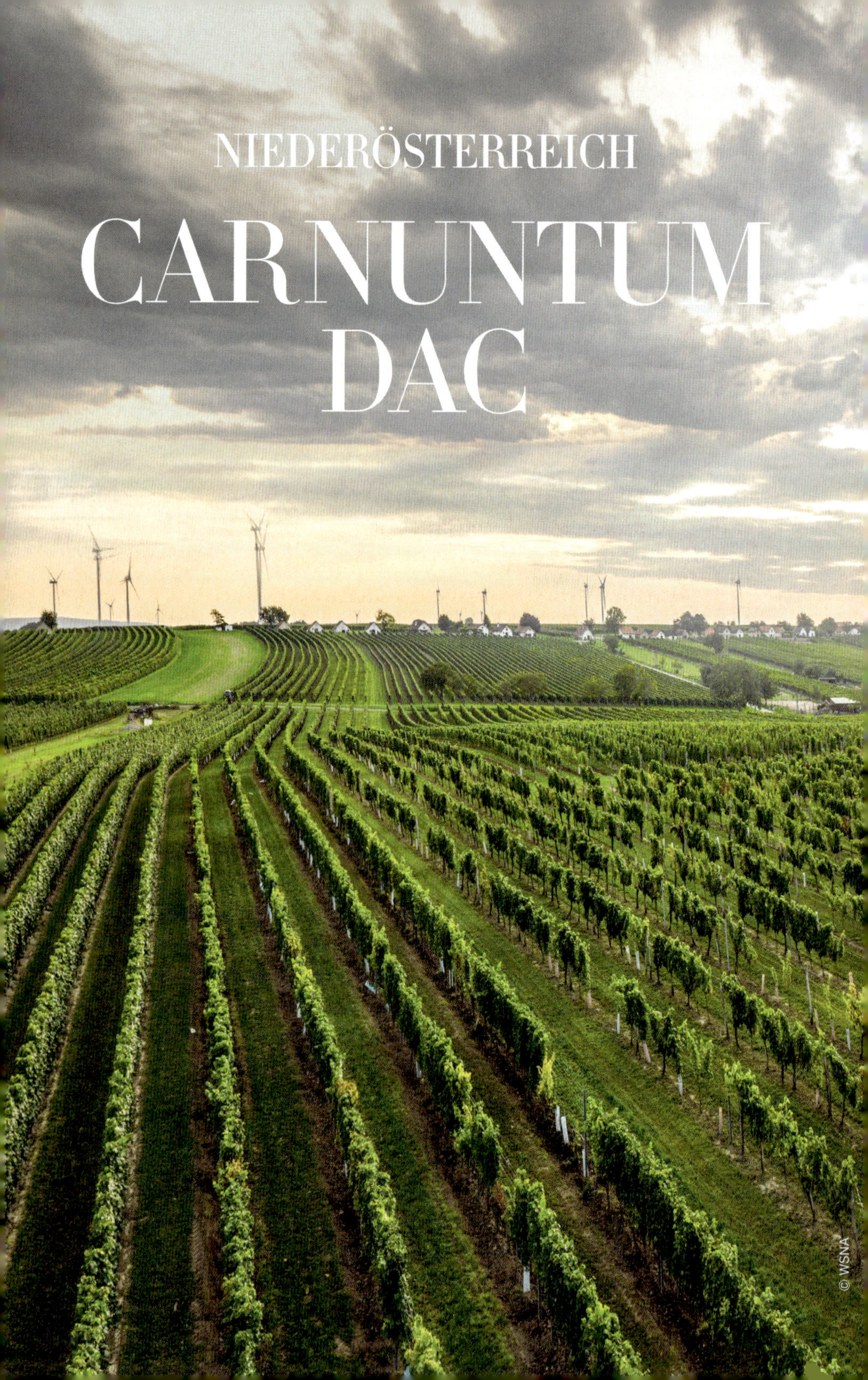

© WSNA

Ein Rebenmeer erstreckt sich von Arbesthal über Göttlesbrunn bis nach Höflein mit der Kirche St. Ulrich aus dem 14. Jahrhundert

Auch in Carnuntum findet man dort und da Kellergassen

HISTORISCHE STÄTTEN, ELEGANTE ROTWEINE

Archäologen liefern Zeugnisse der römischen Kultur aus dem geschichtsträchtigen Boden von Carnuntum. Doch ebenso erstaunlich sind die »Bodenschätze« von den rund 910 Hektar Rebfläche, allen voran regionaltypische Rotweine. Als »Rubin Carnuntum« mit dem Symbol des Heidentors am Etikett verstärken sie die Identität des Gebiets und unterliegen nun auch der DAC-Pyramide.

Das Weinbaugebiet Carnuntum erstreckt sich östlich von Wien bis an die Grenze zur Slowakei. Die Weingärten dehnen sich südlich der Donau über drei Hügellandschaften aus: das Leithagebirge, das Arbesthaler Hügelland und die Hainburger Berge. Steinige, schwere Böden mit Lehm und Löss, Sand und Schotter bieten besonders den Rotweinsorten beste Bedingungen. An der Spitze steht die heimische Leitsorte Blauer Zweigelt, als Jungwein mit der Zusatzbezeichnung Rubin Carnuntum, flankiert von St. Laurent und Pinot Noir sowie den internationalen Sorten wie Cabernet Sauvignon, Merlot und Syrah. Eine Renaissance erlebt der Blaufränkisch, der in der Region um Prellenkirchen, speziell am Spitzerberg, ideale Bedingungen vorfindet wie kaum sonst wo in Niederösterreich. Das pannonische Klima mit seinen heißen Sommern und kalten Wintern, die Nähe der Donau und auch der auf die Temperatur ausgleichend wirkende Neusiedler See lassen die blauen Trauben voll ausreifen. Dieses natürliche Potenzial wusste die junge Winzergeneration zu nutzen und führte das Gebiet innerhalb kurzer Zeit an die Spitze: mit harmonischen Rotweinen, die Frucht und Eleganz vereinen. Modern in der Stilistik, aber eigenständig und der Herkunft verpflichtet. Bei alldem soll nicht vergessen werden, dass sich auch Weißweine – speziell Grüner Veltliner, jüngst vermehrt Sauvignon Blanc und die Burgundersorten – hier durch Struktur und Kraft auszeichnen. Ab sofort

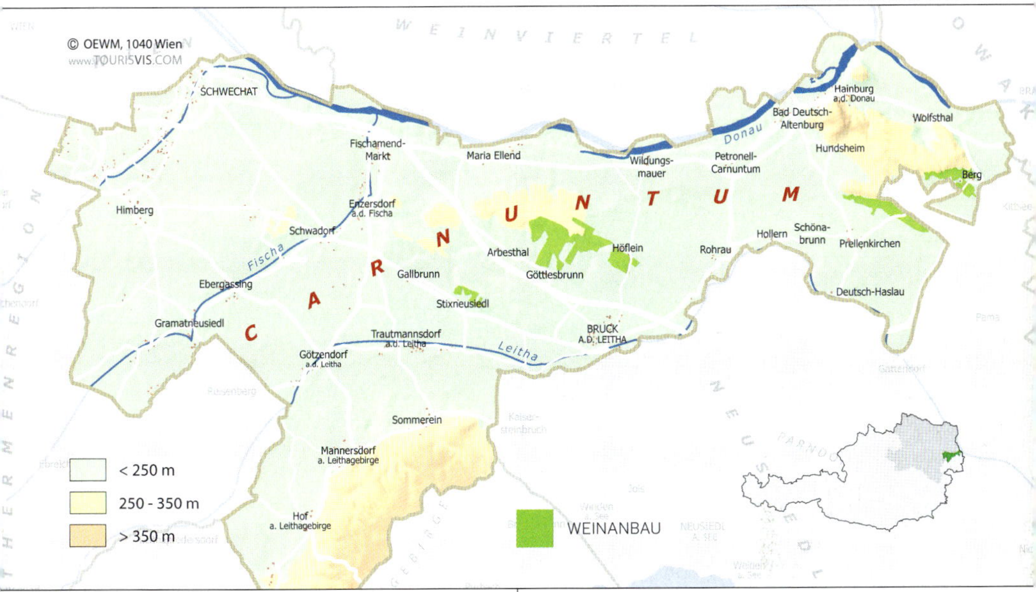

unterliegen die Sorten Zweigelt und Blaufränkisch sowie von diesen beiden Sorten geprägte Cuvées ebenso der DAC-Pyramide Gebiets-, Orts- und Riedenwein wie die weißen Sorten Chardonnay, Weißburgunder und Grüner Veltliner. Besucher der glanzvoll renovierten Barockschlösser im nahen Marchfeld, des Archäologieparks Carnuntum, des Nationalparks Donau-Auen und nicht zuletzt das Einzugsgebiet der slowakischen Hauptstadt Bratislava eröffnen zahlreiche Chancen für die Winzer, die Vorzüge der Carnuntum-Weine vorzustellen. Weinorte wie Göttlesbrunn, Höflein, Arbesthal, Stixneusiedl oder Prellenkirchen bieten gemütliche Heurige und waren von jeher Anziehungspunkte für Ausflügler, vor allem durch die Nähe zu Wien. Außerdem nimmt die Gastronomie immer mehr Aufschwung. Und dort sind gebietstypische Weine die klare Nummer eins auf den Weinkarten, passen sie doch hervorragend zur regionalen Küche.

AUSGEWÄHLTE WEINGÜTER

★★★★★

Weingut Gerhard Markowitsch, Göttlesbrunn

★★★★

Weingut Artner, Höflein
Weingut Walter Glatzer, Göttlesbrunn
Weingut Philipp Grassl, Göttlesbrunn
Weingut Dorli Muhr, Prellenkirchen
Weingut Franz und Christine Netzl, Göttlesbrunn
PUR Wein-Genuss, Stixneusiedl

★★★

Weingut Payr, Höflein
Weingut Familie Pitnauer, Göttlesbrunn
Weingut Taferner, Göttlesbrunn

★★

Weingut Michael Auer, Höflein
Gut Böheim, Arbesthal
Weingut Lukas Markowitsch, Göttlesbrunn
Weingut Meinrad Markowitsch, Göttlesbrunn
Weingut Andreas Muhr, Stixneusiedl
Weingut Oppelmayer, Göttlesbrunn
Weingut Gerhard Pimpel, Göttlesbrunn

★

Weinbau Markus Lager, Göttlesbrunn

Peter, Hannes und Christoph Artner

WEINGUT ARTNER
2465 Höflein
Dorfstraße 93
T: +43 (2162) 63142
weingut@artner.co.at
www.artner.co.at

Kellermeister: Peter Artner
Kontakt: Hannes u. Christoph Artner
Anbauweise: Umstellung auf bio
Produktion: 40 % weiß, 60 % rot, 40 Hektar
Vereinszugehörigkeit: Die Rubin Carnuntum Weingüter, Traditionsweingüter Österreich
Messen: Austrian Tasting London, ÖGW Zürich, ProWein Düsseldorf, London Wine Fair, VieVinum, DAC-Präsentationen, Hong Kong International Wine & Spirits Fair

★★★★

WEINGUT ARTNER

Die Geschichte des Weinguts Artner reicht bis ins Jahr 1650 zurück. Schon die Vorfahren erkannten das Potenzial der Region für den Weinbau. In dem ehemals gemischten landwirtschaftlichen Betrieb hat die Familie seit den 1980er-Jahren den Fokus immer mehr auf die Produktion von Weinen mit Authentizität und Charakter gelegt. Höflein liegt im Weinbaugebiet Carnuntum, das sich östlich von Wien und südlich der Donau bis zur slowakischen Grenze erstreckt. Kräftige Löss- und karge Kalkböden sowie das pannonische Klima mit dem kühlenden Einfluss der Donau bieten ideale Voraussetzungen für die hier wachsenden Weinreben.

Seit der Betrieb im Jahr 2018 in den Kreis der österreichischen Traditionsweingüter aufgenommen wurde, steht das Thema Herkunft bei der Arbeit im Weingarten noch mehr im Fokus. Die Mitglieder des Vereins »Traditionsweingüter Österreich« sehen es als ihre Verpflichtung, die Charakteristika ihrer Gegend, ihrer Böden, ihres Klimas, ihrer Sorten und ihrer Keller in den Weinen zum Ausdruck zu bringen.

Hannes Artner, der das Weingut von seinem Vater übernommen hat und als kreativer Pionier den Betrieb schon in jungen Jahren qualitativ ausgerichtet hat, sein Sohn Peter, der als Kellermeister sein gesamtes Wissen und seine Leidenschaft für die Weine einbringt, sowie Hannes' Bruder Christoph, der für den internationalen Vertrieb und zu Hause für das Büro verantwortlich ist: Sie alle ziehen gemeinsam an einem Strang, denn die Artners sind eben eine Familie, die sich durch Zusammenhalt, harte Arbeit, Weitergabe von Wissen sowie das Erlernen von Neuem auszeichnet – und letztlich auch durch den Glauben daran, dass es sich lohnt, niemals vom eigenen Qualitätsanspruch abzurücken. Inzwischen werden 40 Hektar Weingärten bewirtschaftet, und ab dem Jahrgang 2021 wird das Weingut Artner als biologischer Betrieb zertifiziert sein.

93 Chardonnay * massive a. [weiß] 2019
14 Vol.-%, NK, gebrauchte Barriques, €€€€€
Leuchtendes mittleres Goldgelb, Silberreflexe. Helles Nougat, feine gelbe Tropenfrucht, Anklänge von Papaya und Mango, einladendes Bukett. Stoffig, weiße Fruchtnuancen, nach Pfirsich, frisch strukturiert, mineralisch-zitronig, bleibt gut haften, bereits zugänglich, ein Hauch von Honigmelone im Nachhall.

90 Chardonnay * 2020
13 Vol.-%, DV, Stahltank, €€
Helles Gelbgrün, Silberreflexe. Zart floral, ein Hauch von Wiesenkräutern, weiße Fruchtexotik, zart nach Limette. Straff, weißer Apfel, rassige Struktur, zitroniger Touch, lebendiger sommerlicher Stil.

(91) Grüner Veltliner * Ried Kirchberg 2020
13,5 Vol.-%, DV, gebrauchte Barriques, €€€
Leuchtendes Gelbgrün, Silberreflexe. Feine Kräuterwürze, ein Hauch von Ananas und Mango, zart nach Mandarinenzesten. Saftig, feine Fruchtsüße, finessenreich strukturiert, mineralisch und gut anhaftend, ein stoffiger Begleiter bei Tisch.

(94) Blaufränkisch * Ried Kirchweingarten 1ÖTW 2019
13,5 Vol.-%, NK, Barrique, €€€€€
Tiefdunkles Rubingranat, violette Reflexe, zarte Ockerrandaufhellung. Feine Nuancen von reifen Herzkirschen, zartes Brombeerkonfit, ein Hauch von Nougat und Orangenzesten. Saftig, elegant, feine Extraktsüße, reife Tannine, schokoladiger Touch im Nachhall, ein vielseitiger Speisenbegleiter.

(93) * Ried Aubühl 1ÖTW 2019 ZW/BF
13,5 Vol.-%, NK, Barrique, €€€€€
Tiefdunkles Rubingranat, violette Reflexe, zarte Randaufhellung. Reife Zwetschken, feine Holzwürze, mit dunklen Beeren unterlegt, kandierte Orangenzesten im Hintergrund. Komplex, reife rote Kirschen, feine Tannine, mineralisch-salzig im Abgang, wird von Flaschenreife profitieren.

(93) * Amarok 2019 ZW/BF/SY
14 Vol.-%, NK, Barrique, €€€€€
Tiefdunkles Rubingranat, opaker Kern, violette Reflexe, zarte Randaufhellung. Zarte Edelholznuancen, ein Hauch von Lakritze, mit kandierten Veilchen unterlegt. Saftig, extraktsüß, schwarze Kirschen, feine Tannine, schokoladig im Abgang, bereits gut antrinkbar und vielseitig einsetzbar.

(91) * Höflein 2019 ZW/BF/ME
13,5 Vol.-%, NK, gebrauchte Barriques, €€€
Tiefdunkles Rubingranat, violette Reflexe, zarte Randaufhellung. Tabakig unterlegte Brombeernuancen, schwarze Kirschen, feine Kräuterwürze. Mittlerer Körper, rote Kirschen, feine Tannine, zartes Nougat im Nachhall.

(95) massive a. [rot] 2018 SY/ZW/BF
14,5 Vol.-%, NK, Barrique, €€€€€€
Dunkles Rubingranat, opaker Kern, violette Reflexe, zarte Randaufhellung. Zart nach Lakritze und Nougat, feine

Zweigelt

Edelholzwürze, mit Brombeerkonfit unterlegt, einladendes Bukett. Saftig, extraktsüß, reife Herzkirschen, feine Tannine, stoffig im Abgang, feiner Schokotouch, zitronige Nuancen im Finale, bereits antrinkbar, mit sicherem Potenzial ausgestattet.

(93) Zweigelt * Ried Steinäcker 1ÖTW 2019
13,5 Vol.-%, NK, Barrique, €€€€€
Tiefdunkles Rubingranat, opaker Kern, violette Reflexe, zarte Randaufhellung. Zarte Edelholzwürze, schwarze Waldbeeren, reife Zwetschken, tabakige Nuancen. Saftig, straffe Textur, reife Kirschen, feine Tannine, mineralisch und frisch, bleibt haften, ein facettenreicher Speisenbegleiter.

(90) Zweigelt * Rubin Carnuntum 2020
13,5 Vol.-%, NK, gebrauchte Barriques, €€€
Tiefdunkles Rubingranat, opaker Kern, violette Reflexe, zarte Randaufhellung. Würzig unterlegtes schwarzes Waldbeerenkonfit, Nuancen von Kirschen. Mittlerer Körper, rotbeeriger Touch, mineralisch-salzig im Abgang, frische Stilistik.

(93) Syrah and ever 2019
13,5 Vol.-%, NK, Barrique, €€€€€
Dunkles Rubingranat, violette Reflexe, zarte Ockerrandaufhellung. Zart nach Vanille und Edelholz, reife rote Waldbeeren, Anklänge von Feigen und Orangenzesten. Saftig, elegant, ein Hauch von Nougat, reife, gut integrierte Tannine, mineralischer Nachhall, gute Länge, sicheres Reifepotenzial.

* Carnuntum DAC

Michael und Carina Auer

WEINGUT MICHAEL AUER
2465 Höflein
Hoher Weg
T: +43 (699) 11608281
office@weingut-auer.com
www.weingut-auer.com

Kellermeister/Kontakt:
Michael Auer
Produktion: 106.000 Flaschen
30 % weiß, 7 % rosé, 62 % rot,
1 % süß, 12 + 3 Hektar
Vereinszugehörigkeit:
Traditionsweingüter Österreich, Die Rubin Carnuntum Weingüter
Messen: ProWein Düsseldorf, VieVinum, DAC-Präsentationen

★★

WEINGUT MICHAEL AUER

»Authentisch muss er sein, die Besonderheiten der Rebsorte und des Gebietes widerspiegeln, Rückgrat besitzen, aber auch Trinkfluss – stimmig, ausgewogen, harmonisch.« So beschreibt Michael Auer seine Vorstellung von einem idealtypischen Wein aus Carnuntum – und er scheint den richtigen Weg zu diesem Ziel eingeschlagen zu haben: Von den klassischen Gebietsweinen über Ortsweine bis hin zu hochwertigen Weinen aus Einzellagen präsentieren die Auer-Weine stets deutlich und klar ihre Herkunft und das außergewöhnliche Terroir, auf dem sie wachsen. Dabei ist der Blaufränkisch Michael Auers persönlicher Favorit: »Die feine Tanninstruktur macht diesen Rotwein richtig groß«, erklärt der junge Winzer.
Ein Weingut quasi von den Grundmauern weg neu aufzubauen, bringt große Möglichkeiten mit sich, aber auch Herausforderungen. Aus diesem Grund wird hier jeder Schritt genauestens durchdacht und auf seine Stärken und Schwächen geprüft – ein Vorgehen, das zu einer außergewöhnlich konsistenten Weinqualität geführt hat.
Seit dem Beginn seiner Winzerkarriere widmet sich Michael Auer mit viel Fingerspitzengefühl dem hochsensiblen Prestigethema »Einzellagen«. Mit seiner »Ried Aubühl« ist ihm auf Anhieb eine Cuvée gelungen, die das Potenzial hat, es bis an die Spitze Österreichs zu schaffen.
Bei der Arbeit im Weingarten und im Weinkeller verfolgt Michael Auer gleichermaßen klare Linien: Seine Weine entstehen zwar im Einklang mit der Natur, aber durchaus nicht zufällig. Die Ernte verläuft zur Gänze handverlesen. Im Keller gilt die Devise des »kontrollierten Nichtstuns«: Maximal 20 Tage liegen die Weine auf der Maische. Seit etlichen Jahren setzt der Winzer dabei auf Ganztraubengärung, da der interzelluläre Prozess die Weine besonders weich und harmonisch macht. Michael Auer ist kein Jungwinzer mehr, der viel ausprobiert oder erst seinen Weg finden muss. Er weiß exakt, was er will und wie er seine Ziele erreicht. Genau diese Vision und Beständigkeit spürt und schmeckt man in seinen Weinen.

90 Chardonnay * 2020
13 Vol.-%, DV, Stahltank/großes Holzfass, €€
Helles Gelbgrün, Silberreflexe. Zart nach frischem Apfel, mit Birne unterlegt, zart nach Orangenzesten, Mittlerer

Körper, dezente Fruchtsüße, nach Mango, lebendig strukturiert, bereits gut entwickelt und zugänglich.

88 Rosé 2020 ZW/PN
12,5 Vol.-%, DV, Stahltank, €€

(93) * Ried Aubühl 1ÖTW 2020 BF/CS/SL
13,5 Vol.-%, NK, Barrique, €€€€€
Dunkles Rubingranat, opaker Kern, violette Reflexe, zarte Randaufhellung. Feine Edelholzwürze, Nuancen von Cassis und schwarzen Waldbeeren, etwas Kardamom, attraktives Bukett. Saftig, elegant, reife Kirschen, gut integrierte Tannine, salzig und anhaftend, verfügt über gutes Reifepotenzial, Nougat im Nachhall.

(90) Zweigelt * Rubin Carnuntum 2020
13,5 Vol.-%, DV, gebrauchte Barriques, €€€
Dunkles Rubingranat, opaker Kern, violette Reflexe, zarte Randaufhellung. Frische Zwetschken, Brombeerkonfit klingt an, dezente Kräuterwürze. Fruchtig, Nuancen von Heidelbeeren, gute Frische, zarte Fruchtsüße im Abgang, mineralischer Nachhall.

(90) Blaufränkisch * 2020
13,5 Vol.-%, DV, 500-l-Fass, €€€
Dunkles Rubingranat, opaker Kern, violette Reflexe, zarte Randaufhellung. Zart nach Dörrzwetschken, reife Herzkirschen, kandierte Orangenzesten. Mittlerer Körper, dunkle Beeren, reife Tannine, frisch und mineralisch, ein würziger Speisenbegleiter.

(92) Syrah 2020
13,5 Vol.-%, NK, Barrique, €€€€€
Dunkles Rubingranat, opaker Kern, violette Reflexe, breitere Ockerrandaufhellung. Würzig, schwarze Beeren, ein Hauch von Oliven und Vanille, mit dezenter Kräuterwürze unterlegt. Saftig, reife Kirschen, präsente Tannine, dezenter Schokoanklang, wird von Flaschenreife profitieren.

★★

WEINGUT BÖHEIM

Das Vater-Tochter-Gespann Johann und Stefanie Böheim aus Arbesthal sorgt im Weinbaugebiet Carnuntum für Aufsehen. Es trifft hier Tradition auf Moderne: »In unserem Gespann aus zwei Generationen bilden wir eine Einheit, aber keine Einheit, die von vornherein perfekt und reibungslos abläuft, denn erst durch unsere jeweiligen Eigenarten geben wir den Weinen Charakter und bieten uns gegenseitig einen sicheren Boden, um Neues auszuprobieren. Wir ergänzen uns in Wissen und Experimentierfreude sowie in Tradition und frischem Wind. So verleihen wir unseren Weinen ihre ganz eigene Handschrift«, erklärt Johann Böheim.

(92) Weißburgunder * Reserve Ried Stixbergen 2020
14 Vol.-%, DV, Barrique, €€€€
Helles Gelbgrün, Silberreflexe. Nuancen von Granny-Smith-Apfel, zart nach weißen Blüten und Limetten, ein Hauch von Maracuja im Hintergrund. Saftig, zart nach Pfirsich, reife Ananas, frischer Säurebogen, elegant und anhaftend, zarte Fruchtsüße im Abgang, gutes Entwicklungspotenzial.

91 Chardonnay * 2020
13,5 Vol.-%, DV, Edelstahl, €€
Helles Gelbgrün, Silberreflexe. Mit einem Hauch von Zitronen unterlegte Nuancen von Weinbergpfirsich, ein Hauch von Marille und Wiesenkräutern. Leichtfüßig, weißer Apfel,

WEINGUT BÖHEIM
2464 Arbesthal
Hauptstraße 38
T: +43 (2162) 8859
wein@gut-boeheim.at
www.gut-boeheim.at

Kellermeister/Kontakt: Johann und Stefanie Böheim
Produktion: 49 % weiß, 50 % rot, 1 % süß, 20 Hektar
Vereinszugehörigkeit: Die Rubin Carnuntum Weingüter, Traditionsweingüter Österreich
Zertifiziert: Nachhaltig Austria
Messen: ProWein Düsseldorf, VieVinum

* Carnuntum DAC

finessenreich strukturiert, mineralisch-salzig im Abgang, vielseitig einsetzbar.

(93) * Ried Stuhlwerker 1ÖTW 2019 ZW/SY/ME/BF
14 Vol.-%, NK, Barrique, €€€€€
Tiefdunkles Rubingranat, opaker Kern, violette Reflexe, zarte Randaufhellung. Zart würzig-pfeffriger Touch, schwarze Waldbeeren, feine Zwetschken, mineralisch, ein Hauch von Edelholz im Hintergrund. Saftig, reife Kirschen, Nuancen von Zwetschken, feine Extraktsüße, gut integrierte Tannine, mineralisch, gute Länge, sicheres Reifepotenzial.

(92) Blaufränkisch * Reserve 2019
14 Vol.-%, DV, Barrique, €€€€
Tiefdunkles Rubingranat, violette Reflexe, zarte Randaufhellung. Feine Kräuterwürze, dunkle Beerenfrucht, etwas Brombeeren und Nougat, mit frischen Orangenzesten unterlegt. Saftig, reife rote Kirschen, gut integrierte Tannine, lebendiger Stil, bleibt haften, verfügt über Entwicklungspotenzial.

(90) Zweigelt * Rubin Carnuntum 2020
13,5 Vol.-%, DV, großes Holzfass, €€€
Tiefdunkles Rubingranat, opaker Kern, violette Reflexe, zarte Randaufhellung. Frische schwarze Waldbeeren, dunkle Kirschen, zarte Kräuterwürze. Mittlerer Körper, rote Kirschen, frischer Säurebogen, mineralisch, bietet unkompliziertes Trinkvergnügen.

(92) Merlot Reserve 2019
14 Vol.-%, DV, Barrique, €€€€
Tiefdunkles Rubingranat, violette Reflexe, zarte Randaufhellung. Schwarze Waldbeeren, etwas Herzkirschen, reife Zwetschken, ein Hauch von Nougat. Mittlere Komplexität, feine Fruchtsüße, reife Tannine, schokoladige Nuancen, mineralisch und anhaftend, bereits gut antrinkbar.

★★★★

WEINGUT WALTER GLATZER

BIO

In jede Flasche Wein lässt Familie Glatzer ihre Liebe zum Handwerk einfließen. Auf insgesamt 50 Hektar Weinbaufläche gedeihen rote und weiße Trauben, deren Charakter von der Natur und dem Witterungsverlauf geprägt sind. Mit dem Jahrgang 2018 wurden erstmals Weine mit Bio-Zertifikat auf den Markt gebracht.
Die Weißweine werden fruchtig-mineralisch ausgebaut und haben eine dem Jahrgang angepasste Typizität. Alle Rotweine, die rund 65 Prozent der Rebflächen ausmachen, werden parzellengenau in Stahltanks oder Holzgärständern auf der Maische vergoren und anschließend in Barriques und großen Holzfässern bis zu 15 Monate lang ausgebaut. Neu im Programm sind ein Göttlesbrunner Ortswein vom Blaufränkisch und eine Weißwein-Cuvée mit der Bezeichnung »Göttlesbrunn Weiß«. Als Vorreiter der Ortsweine in Carnuntum gilt die Cuvée »Gotinsprun«, die schon seit 1992 von Walter Glatzer gekeltert wird. Der St. Laurent Altenberg wurde aufgrund der neuen DAC-Regeln in St. Laurent Alte Reben umbenannt und ist so der Nachfolger des Falstaff-Siegerweins der Rotweinprämierung 2018.

Seit 2019 ist das Weingut Glatzer Mitglied der »Österreichischen Traditionsweingüter«. Die 1ÖTW-Lagenweine sind der Zweigelt Ried Haidacker, die Cuvée Ried Rosenberg und der Blaufränkisch Ried Bärnreiser.

(92) Chardonnay * Ried Kräften Göttlesbrunn 2020
13 Vol.-%, DV, Teilbarrique/Stahltank, €€€ B H V
Helles Gelbgrün, Silberreflexe. Zart nach Wiesenkräutern, ein Hauch von Golden-Delicious-Apfel, feiner Mangotouch, mit Mandarinenzesten unterlegt. Saftig, weiße Tropenfrucht, ein Hauch von Pfirsich, frisch strukturiert, anhaftend und mineralisch, gute Länge, ein vielseitiger Speisenbegleiter.

(91) * Göttlesbrunn Weiß 2020 WB/CH/GV/SB
13 Vol.-%, DV, Stahltank/Teilbarrique, €€€ B H
Helles Gelbgrün, Silberreflexe. Frischer weißer Apfel, ein Hauch von Limetten, mineralischer Nachhall. Mittlerer Körper, feine Nuancen von Granny-Smith-Apfel, frisch strukturiert, mineralischer Abgang, bleibt haften, ein leichtfüßiger Speisenbegleiter mit guter Länge.

(94) * Gotinsprun 2019 BF/ZW/ME/SY
14 Vol.-%, NK, Barrique, €€€€ H
Dunkles Rubingranat, violette Reflexe, zarte Randaufhellung. Attraktives dunkles Waldbeerenkonfit, reife Kirschen, Nuancen von Brombeeren, mit Orangenzesten unterlegt, einladen-

des Bukett. Saftig, elegant, extraktsüße Textur, feine, tragende Tannine, frische Herzkirschen im Abgang, fruchtiger, bereits zugänglicher Stil, ein facettenreicher Speisenbegleiter.

(94) * Ried Rosenberg 1ÖTW Göttlesbrunn 2019 BF/ME/ZW
14 Vol.-%, NK, 500-l-Fass, €€€€€ Ⓑ Ⓗ
Dunkles Rubingranat, violette Reflexe, zarte Randaufhellung. Reife süße Herzkirschen, feine Nuancen von Zwetschken, angenehmer Edelholztouch, attraktiv mit Heidelbeeren unterlegtes Bukett. Saftig, komplex, reife Brombeeren, feine, tragende Tannine, frisch strukturiert, reife Kirschen im Nachhall ausgewogen, ein facettenreicher Speisenbegleiter.

(93) Zweigelt * Ried Haidacker 1ÖTW 2019
13,5 Vol.-%, NK, Barrique, €€€€€ Ⓑ Ⓗ
Dunkles Rubingranat, violette Reflexe, zarte Randaufhellung. Feines schwarzes Waldbeerenkonfit, reife Herzkirschen, Nuancen von Nougat und Edelholzwürze. Elegant, saftig, extraktsüße Textur, reife Zwetschken, gut integrierte Tannine, anhaftend und bereits gut antrinkbar, ein facettenreicher Speisenbegleiter.

(93) Blaufränkisch * Ried Bärnreiser 1ÖTW 2019
14 Vol.-%, NK, Barrique, €€€€€ Ⓑ Ⓗ
Dunkles Rubingranat, violette Reflexe, zarte Randaufhellung. Schwarze Waldbeeren, dunkle Herzkirschen, ein Hauch von Cassis, etwas Nougat, zarte Edelholzwürze. Saftig, reife Zwetschken, Gewürznelken, reife Tannine, frischer Säurebogen, mineralischer Nachhall, Brombeerkonfit im Rückgeschmack.

WEINGUT WALTER GLATZER
2464 Göttlesbrunn
Rosenbergstraße 5
T: +43 (2162) 8486
info@weingutglatzer.at
www.weingutglatzer.at

Kellermeister/Kontakt: Walter Glatzer
Anbauweise: Zertifiziert Biologisch
Produktion: 250.000 Flaschen
30 % weiß, 5 % rosé, 65 % rot,
35 + 15 Hektar
Vereinszugehörigkeit: Die Rubin Carnuntum Weingüter, Traditionsweingüter Österreich
Messen: ProWein Düsseldorf, VieVinum, DAC-Präsentationen

(92) St. Laurent Alte Reben 2019
13 Vol.-%, NK, Barrique, €€€€ Ⓑ Ⓗ
Kräftiges Rubingranat, violette Reflexe, dezente Ockerrandaufhellung. Zarte Kräuterwürze, rotes Waldbeerenkonfit, feine florale Nuancen, ein Hauch von Mandarinenzesten. Mittlere Komplexität, eingelegte Kirschen, frisch strukturiert, lebendiger Stil, zarte Kräuterwürze im Abgang, bereits zugänglich.

★★★★

WEINGUT PHILIPP GRASSL

Das Weingut Grassl ist mit 27 Hektar Eigenfläche relativ klein, aber fein und überschaubar. Die Grassls mögen die klare Linie. Ihr Konzept: Schwerpunkt bei den Rotweinen, klares Sortiment, puristisch im Auftritt nach außen, funktioneller Keller, Etiketten ohne Schnickschnack, keine Modeweine. Was zählt, ist die Qualität.
Das Haus Grassl erzeugt im besten Sinne des Wortes »erdverbundene« Weine, dies aber auf internationalem Qualitätsniveau: Die heimischen Sorten Zweigelt, Blaufränkisch und St. Laurent sind die wichtigsten, sie sind zu mindestens 50 Prozent auch in allen Cuvées enthalten. Cabernet, Merlot und Syrah sollen die vorhandenen Stärken des Zweigelts lediglich besser zur Geltung bringen. Statt wie früher 3.500 stehen heute in den Weingärten 5.000 bis 6.500 Stöcke pro Hektar. Im Keller arbeitet man penibel ohne Intervention und behandelt die Trauben so schonend wie möglich, um deren hohe Qualität dann auch in die Flasche zu bekommen. Weißweine und klassische Rotweine werden im Edelstahltank oder in großen Holzfässern vergoren und gereift. Die Premiumrotweine werden in Holzgärständern – teilweise mit den Naturhefen aus dem Weingarten – vergoren, der Maischekuchen wird händisch untergetaucht. Die Premiumrotweine, die Cuvées »Bärnreiser« und »Neuberg«, sowie der

* Carnuntum DAC

Göttlesbrunner Altenberg

WEINGUT PHILIPP GRASSL
2464 Göttlesbrunn
Am Graben 4–6
T: +43 (2162) 8483
office@weingut-grassl.com
www.weingut-grassl.com

Kellermeister/Kontakt: Philipp Grassl
Anbauweise: Umstellung auf bio
Produktion: 150.000 Flaschen
25 % weiß, 75 % rot, 27 + 10 Hektar
Zertifiziert: Nachhaltig Austria
Vereinszugehörigkeit: Die Rubin Carnuntum Weingüter, Traditionsweingüter Österreich
Messen: ProWein Düsseldorf, VieVinum

St. Laurent reifen in französischen Barriques. Ein Großteil der Fässer wird jährlich erneuert, um die dunklen Fruchtaromen durch die Struktur des Holzes zu stützen. Die Holznote ist nicht überbetont, sondern begleitet und verfeinert den Ausbau bis zur Abfüllung.
80 Prozent der Produktion sind Rotweine, die Hälfte davon macht die Leitsorte Zweigelt aus. 25 Prozent entfallen auf Pinot Noir und St. Laurent, eine Tradition und Besonderheit des Weinguts. Die restlichen 25 Prozent verteilen sich auf Blaufränkisch, Merlot und andere internationale Rebsorten.
Philipp Grassl wurde 2018 zum »Falstaff Winzer des Jahres« gekürt, und auch bei der Falstaff-Rotweinprämierung steht er immer wieder auf der Siegerbühne. Im letzten Herbst endlich ganz oben!

93 Chardonnay * Ried Rothenberg Göttlesbrunn 2019
13,5 Vol.-%, NK, 500-l-Fass, €€€€
Mittleres Goldgelb, Silberreflexe. Zart mit Vanille und Karamell unterlegte reife gelbe Tropenfrucht, Anklänge von Mango und Blütenhonig. Saftig, kraftvoll, reife gelbe Birnenfrucht, feine Holzwürze, salziger Nachhall, bleibt haften, Nougat im Finish.

93 Welschriesling Alte Reben weiss 2019
13,5 Vol.-%, NK, 500-l-Fass, €€€€
Mittleres Gelbgrün, Silberreflexe. Zart mit Grapefruitzesten unterlegte gelbe Tropenfruchtnuancen, zart nach Wiesenkräutern, etwas Mango und Papaya. Saftig, kraftvoll und elegant, fruchtige Süße, cremige Textur, feiner Blütenhonig, mineralisch unterlegt, bleibt gut haften, ein stoffiger Speisenbegleiter.

94 * Ried Bärnreiser 1ÖTW 2019 ZW/BF/ME
14 Vol.-%, NK, kleines Holzfass, €€€€€
Tiefdunkles Rubingranat, violette Reflexe, zarte Ockerrandaufhellung. Feine süße Gewürznuancen, ein Hauch von Vanille, mit schwarzen Kirschen und Brombeeren unterlegt, feine Edelholzwürze im Hintergrund. Saftig, elegant, zart nach Cassis, feine Tannine, frisch im Abgang, mineralisch-salzig, wirkt relativ leichtfüßig, sehr gute Länge, verfügt über Reifepotenzial.

92 * Ried Neuberg Göttlesbrunn 2019 ZW/BF/ME
13,5 Vol.-%, NK, Barrique/500-l-Fass, €€€
Tiefdunkles Rubingranat, opaker Kern, violette Reflexe, zarte Randaufhellung. Schwarze Beerenfrucht, zart nach Lakritze, würzige Nuancen. Saftig, reife Zwetschken, reife Tannine, frisch strukturiert, bleibt haften, etwas Nougat im Nachhall.

(95) Grassl Reserve 2018 ME/BF
14,5 Vol.-%, NK, Barrique, €€€€€€
Dunkles Rubingranat, violette Reflexe, zarte Ockerrandaufhellung. Ein Hauch von Zedernholz, tabakige Würze, schwarze Beeren, Nuancen von Cassis und Lakritze, mineralisch unterlegt, feine Orangenzesten im Hintergrund. Komplex, stoffig, rote Herzkirschen, feine Tannine, salzige Nuancen im Abgang, bereits ausgewogen, gutes Reifpotenzial.

93 Zweigelt * Ried Schüttenberg Göttlesbrunn 1ÖTW
13,5 Vol.-%, NK, Barrique/500-l-Fass, €€€€€
Tiefdunkles Rubingranat, opaker Kern, violette Reflexe, zarte Randaufhellung. Attraktives Bukett nach Edelholz, reife schwarze Beeren, nach Brombeeren und Cassis, zart nach Nougat und Tabak. Komplex, saftig, reife Kirschen, feine Tannine, frisch und mineralisch, sehr gut balanciert, ein toller Begleiter bei Tisch.

90 Blaufränkisch * Prellenkirchen 2019
13 Vol.-%, NK, 500-l-Fass, €€€
Dunkles Rubingranat, violette Reflexe, dezente Randaufhellung. Reife schwarze Herzkirschen, frisches Brombeerkonfit, floraler Touch. Mittlerer Körper, rotbeeriger Touch, präsente, gut integrierte Tannine, frisch und mineralisch, ein würziger Begleiter bei Tisch.

93 Pinot Noir Reserve 2019
13,7 Vol.-%, gebr. Barriques/großes Holzfass, €€€€
Kräftiges Rubingranat, violette Reflexe, breitere Ockerrandaufhellung. Frische rote Waldbeeren, ein Hauch von Herzkirschen, zart florale Nuancen, feine Kräuterwürze im Hintergrund. Saftig, elegant, feine Fruchtsüße, reife Tannine, frisch strukturiert, bleibt haften, ein zugänglicher Speisenbegleiter mit weiterem Reifepotenzial.

92 Sankt Laurent Alte Reben 2019
13,5 Vol.-%, NK, Barrique/500-l-Fass, €€€€€
Kräftiges Rubingranat, violette Reflexe, zarte Randaufhellung. Zart nach Vanille und Karamell, mit roten Kirschen unterlegt, ein Hauch von Nougat. Saftig, rotbeeriger Touch am Gaumen, süße Frucht, zart nach Preiselbeeren, mineralisch-salzig im Nachhall, vielseitig einsetzbar.

WEINBAU MARKUS LAGER

Das Weingut Lager liegt in Göttlesbrunn, inmitten von Carnuntum, und die Familie bewirtschaftet etwas mehr als acht Hektar, wovon rund 55 Prozent auf Weißwein und 45 Prozent auf Rotwein entfallen.

In den Weingärten achtet man sehr auf eine ausgewogene und pflanzengerechte Bewirtschaftung. Aus diesem Grund hat man sich 2019 auch dazu entschlossen, den Betrieb auf biologische Bewirtschaftung umzustellen. Dieser Gedanke spiegelt sich natürlich auch in den Weinen wider. Die Weißweine werden zum Teil klassisch ausgebaut, um die Frische und Fruchtigkeit zu erhalten, aber auch im Holz, um ihre Tiefe und Eleganz hervorzuheben.

Den Rotweinen gibt Familie Lager die Zeit, die sie brauchen, um zu reifen. Sie werden im großen Holz sowie in Barriquefässern bis zu 14 Monate lang gelagert. Dabei achten sie darauf, den Charakter des Weins zu erhalten und ihn nicht vom Holz dominiert werden zu lassen.

In der gemütlichen Buschenschank, die bereits seit 1990 dem Weinbaubetrieb angeschlossen ist, werden hochwertige Weine kredenzt, und man verwöhnt die Gäste mit regionalen und saisonalen Spezialitäten.

92 Weißburgunder * Reserve 2019
13,5 Vol.-%, DV, gebrauchte Barriques, €€
Mittleres Gelbgrün, Silberreflexe. Frische Birnenfrucht, mit gelber Tropenfrucht unterlegt, ein Hauch von Blütenhonig, etwas Vanille. Saftig, straff und elegant, frisch angelegt, feine weiße Frucht im Abgang, zart nussiger Nachhall,

WEINBAU MARKUS LAGER
2464 Göttlesbrunn
Kirchenstraße 33/1
T: +43 (2162) 8452
markus@markuslager.at
www.markuslager.at

Kellermeister/Kontakt: Markus Lager
Anbauweise: Umstellung auf bio
Produktion: 1 % Schaumwein, 50 % weiß, 1 % rosé, 47 % rot, 1 % süß, 8.5 Hektar
Vereinszugehörigkeit: Die Rubin Carnuntum Weingüter

* Carnuntum DAC

gute Länge, ein feinwürziger Speisenbegleiter.

91 Weißburgunder * 2020
13,5 Vol.-%, DV, Teilbarrique, €€
Helles Gelbgrün, Silberreflexe. Zarte weiße Birnenfrucht, nussiger Touch, zarte Wiesenkräuter, ein Hauch von Limettenzesten. Mittlere Komplexität, frischer Golden-Delicious-Apfel, feiner Säurebogen, mineralisch-zitronig, ein vielseitiger Speisenbegleiter.

89 Grüner Veltliner * Privat 2019
13,5 Vol.-%, DV, 500-l-Fass, €€

89 Sauvignon blanc 2020
12,5 Vol.-%, DV, Edelstahl, €€

92 Zeitgeist 2020 GV/SB
12 Vol.-%, NK, Edelstahl, €€€€
Wolkiges helles Goldgelb, Silberreflexe. Rauchig, kräuterwürzig unterlegte weiße Apfelfrucht, Limettenzesten. Mineralisch, nussig, engmaschig, feine gelbe Fruchtnuancen, lebendig, weißer Pfirsich, röstige Nougataromen im Nachhall, ein stoffiger Speisenbegleiter der anderen Art.

91 Zweigelt * Rubin Carnuntum 2019
13,5 Vol.-%, DV, gebrauchte Barriques, €€
Dunkles Rubingranat, violette Reflexe, zarte Ockerrandaufhellung. Rotbeerige Nuancen, frische Zwetschken, mit zartem Brombeerkonfit unterlegt, kandierte Orangenzesten. Saftig, reife Kirschen, feine Extraktsüße, feine Tannine, mineralisch und gut anhaftend, ein vielseitiger Speisenbegleiter.

★★★★★

WEINGUT GERHARD MARKOWITSCH

Das Weingut Markowitsch hat in sehr kurzer Zeit den Sprung in die österreichische Weinelite geschafft. Nur durch kompromissloses Qualitätsstreben konnte dieses Ziel erreicht werden, das 1999 vom Falstaff-Magazin mit der Auszeichnung »Winzer des Jahres« gekrönt wurde.
Bei den Rotweinen dominieren Zweigelt, Blaufränkisch und Pinot Noir, bei den Weißweinen Grüner Veltliner, Chardonnay und Weißburgunder. Um der internationalen Nachfrage nach Top-Weinen nachzukommen, werden zusätzlich noch 40 Hektar Trauben von Vertragswinzern nach streng kontrollierten Richtlinien veredelt.
Um den Herausforderungen des modernen Weinbaus mit seinem enorm gewachsenen Know-how gerecht werden zu können, hat die Familie Markowitsch im Jahr 2001 eines der modernsten Kellereigebäude Österreichs errichtet. Ziel von Gerhard Markowitsch ist es, das Terroir von Carnuntum in seinen Weinen schmeckbar zu machen. Das bedeutet für ihn einen verstärkten Einsatz autochthoner Rebsorten wie Zweigelt, aber auch die Verwendung von internationalen Sorten, um so ein klares Profil in der weiten Weinwelt zu entwickeln.
Mit dem M1 des Jahrgangs 2004 gewann Gerhard Markowitsch bei der Falstaff-Rotweinprämierung 2007 die prestigeträchtige »Erste Bank Reserve Trophy«, 2012 belegte er mit dem Rosenberg 2010 den zweiten Gesamtrang. Im Herbst 2015 gewann Gerhard Markowitsch mit dem M1 des Jahrgangs 2012 erneut die »Erste Bank Reserve Trophy«, und im November 2017 wurde er mit der Cuvée Rosenberg zweiter Falstaff-Sieger. 2019 schließlich holte er mit der Cuvée Ried Rosenberg 2017 den begehrten Sieg der Falstaff-Rotweinprämierung nach Niederösterreich und im Vorjahr wieder den 2. Platz. Eine Konstanz, die ihresgleichen sucht!

96 Chardonnay * Ried Schüttenberg Filetstück 2019
13,5 Vol.-%, NK, Barrique, €€€€€€
Helles Grüngelb, Silberreflexe. Zarte reduktive Nuancen, weißer Pfirsich, Orangenblüten, mineralisch, zart nach Vanille, facettenreiches Bukett. Straff, engmaschig, feine gelbe Tropenfrucht, finessenreiche Säurestruktur, salziger Touch, bleibt lange haften, bleibt stets leichtfüßig und pikant, ein neuer Star am heimischen Chardonnay-Himmel.

94 Chardonnay * Ried Schüttenberg 2019
13,5 Vol.-%, NK, Eichenfass, €€€€€
Mittleres Grüngelb, Silberreflexe. Zarte Holzwürze, ein Hauch von Quitten und gelbem Apfel, Nuancen von Vanille, feine gelbe Tropenfrucht. Stoffig, elegant, zart nach Honigmelone, feiner Säurekern, mineralisch-salzig unterlegt, bereits gut entwickelt und antrinkbar, verfügt über gutes Reifepotenzial.

WEINGUT GERHARD MARKOWITSCH

2464 Göttlesbrunn, Pfarrgasse 6
T: +43 (2162) 8222
weingut@markowitsch.at
www.markowitsch.at

Kellermeister: Gerhard Markowitsch
Kontakt: Christine und Gerhard Markowitsch
Produktion: 25 % weiß, 75 % rot, 79 Hektar
Zertifiziert: Nachhaltig Austria
Vereinszugehörigkeit: Die Rubin Carnuntum Weingüter, Traditionsweingüter Österreich, Tu Felix Austria
Messen: ProWein Düsseldorf, VieVinum

Kellergasse Prellenkirchen

92 Weißburgunder * Prellenkirchen 2019
13,5 Vol.-%, DV, 500-l-Fass, €€€€
Helles Grüngelb, Silberreflexe. Zartes Bukett, ein Hauch von frischer Birne, etwas gelber Apfel, kandierte Orangenzesten, Nuancen von Vanille. Saftig, elegant, feine Fruchtsüße, ausgewogen, weißer Apfel, zart salzig im Nachhall.

91 * Göttlesbrunn Weiss 2019 CH/WB
13 Vol.-%, DV, großes Holzfass, €€€
Helles Grüngelb, Silberreflexe. Zart nussig unterlegte feine gelbe Birnenfrucht, ein Hauch von Mango und Röstaromen. Saftig, elegant, zart nach Honigmelone, feine, gut integrierte Säure, Ananasfrucht im Abgang, harmonisch und vielseitig einsetzbar.

(95) * Ried Rosenberg 1ÖTW 2019 ZW/ME/BF
14 Vol.-%, NK, Barrique, €€€€€
Tiefdunkles Rubingranat, opaker Kern, violette Reflexe, zarte Randaufhellung. Feine Kräuterwürze, reife Zwetschken, eingelegte Kirschen, tabakige Nuancen, schokoladig unterlegt. Saftig, extraktsüß, reife Kirschen, gute Frische, tragende Tannine, zart holzwürzig im Abgang, mineralischer Nachhall, facettenreicher Speisenbegleiter.

96 M1 2018 ME/BF
14,5 Vol.-%, NK, Barrique/500-l-Fass, €€€€€€
Tiefdunkles Rubingranat, opaker Kern, violette Reflexe, zarte Randaufhellung. Mit feiner Edelholznote unterlegte schwarze Waldbeerenfrucht, zart nach Cassis und Brombeerkonfit, Gewürze, ein Hauch von Nougat und kandierten Orangenzesten. Kraftvoll und saftig, reife Kirschen, feine Holzwürze, die gut integriert ist, zart nach Lakritze im Abgang, tolle Länge, sicheres Reifepotenzial für viele Jahre.

(93) Zweigelt * Ried Kirchweingarten 1ÖTW 2019
13,5 Vol.-%, NK, 500-l-Fass, €€€€€
Tiefdunkles Rubingranat, opaker Kern, violette Reflexe, zarte Randaufhellung. Zarte Kräuterwürze, schwarze Kirschen, ein Hauch von Beeren, mit etwas Nougat unterlegt. Saftig, reife Herzkirschen, rotbeeriger Touch, feine Fruchtsüße, runde Tannine, mineralisch und frisch im Nachhall, feiner Schokotouch im Finale.

(94) Pinot Noir Reserve 2019
13,5 Vol.-%, NK, Barrique/500-l-Fass, €€€€€
Mittleres Rubingranat, violette Reflexe, breitere Ockerrandaufhellung. Feines dunkles Waldbeerenkonfit, ein Hauch von schwarzen Kirschen, kandierte Orangenzesten, feine tabakige Würze. Komplex, saftig, süße Kirschen, gut integrierte reife Tannine, mineralisch, schokoladiger Touch, bleibt gut haften, salzig im Nachhall, würziger Rückgeschmack.

* Carnuntum DAC

★★

WEINGUT LUKAS MARKOWITSCH

Das Brüderpaar Lukas und Johann Markowitsch steht als erfolgreiches Beispiel für den österreichischen Rotwein. Aufgrund des großartigen Potenzials des Göttlesbrunner Zweigelts wird dieser reinsortig und als Cuvée gekeltert. Darüber hinaus möchte man das Potenzial der Rebsorten Blaufränkisch, Merlot und Chardonnay herausarbeiten. Die Ried Haidacker ist ein idealer Standort für den Zweigelt. In diesem für diese Sorte hervorragenden Boden (schottriger Lehm) wurzeln fünfzigjährige Reben. Das Ergebnis dieser Symbiose sind kraftvolle, füllige Vertreter der Sorte. Eines der ersten Beispiele für die enorme Qualität dieses Weingartens ist der bemerkenswerte Bundessieger »Zweigelt Haidacker 2000«. Seit dem Millennium ist dieser Wein immer im Vorderfeld diverser Bewertungen zu finden: So wurde er etwa Sortensieger bei der Falstaff-Rotweinprämierung, was die Kontinuität und höchste Qualität dieses Zweigelts belegt. Angespornt von den zahlreichen Erfolgen vinifiziert Lukas Markowitsch gemeinsam mit seinem Bruder noch eine Vielzahl an weiteren Weinen. Geringerer Neuholzanteil und individuellere Mazerationszeiten für eine ideale Fruchtausprägung sind nur einige wegweisende Weiterentwicklungen bei der Kellerarbeit. Ziel ist es, die Einzigartigkeit der Toprieden, kombiniert mit dem Rebsortencharakter, noch akzentuierter herauszuarbeiten. Die Basis bilden gut gepflegte alten Reben in den Göttlesbrunner Toplagen, aus denen herkunftstypische Weine gekeltert werden, die mit ihrer Finesse, Trinkfreudigkeit und Lagerfähigkeit überzeugen und auf festlichen Tafeln mit erlesenen Speisen ein besonderes Genusserlebnis vermitteln.

91 Chardonnay * Ried Rosenberg 2019
14 Vol.-%, NK, Barrique, €€€
Mittleres Goldgelb, Silberreflexe. Zart nach Karamell, frische gelbe Birnenfrucht, weißes Nougat klingt an. Weißer Apfel, cremige Textur, dezenter Säurebogen, kraftvoll, wieder dezent nach Karamell, bleibt haften, ein stoffiger Speisenwein.

92 Blaufränkisch * Ried Altenberg 2019
13,5 Vol.-%, NK, gebrauchte Barriques, €€€€
Kräftiges Rubingranat, violette Reflexe, dezente Ockerrandaufhellung. Reife Herzkirschen, schokoladiger Anklang, zart nach Feigen, mit dezenter Holzwürze unterlegt. Komplex, feines Nougat auch am Gaumen, reife Tannine, gute Frische, mineralisch-salziger Nachhall, ein kräftiger Speisenbegleiter.

Johann und Lukas Markowitsch

WEINGUT LUKAS MARKOWITSCH
2464 Göttlesbrunn
Kiragstettn 1
T: +43 (2162) 8226
weingut@lukas-markowitsch.com
www.lukas-markowitsch.com

Kellermeister/Kontakt: Lukas Markowitsch
Produktion: 160.000 Flaschen
30 % weiß, 70 % rot, 15 Hektar
Zertifiziert: Nachhaltig Austria
Vereinszugehörigkeit: Die Rubin Carnuntum Weingüter, Traditionsweingüter Österreich
Messen: Weinmesse Innsbruck

92 Zweigelt * Ried Haidacker 1ÖTW 2019
13,5 Vol.-%, NK, Barrique, €€€€€
Dunkles Rubingranat, violette Reflexe, zarte Ockerrandaufhellung. Einladende Brombeerfrucht, mit reifen Zwetschken unterlegt, zarte Kräuterwürze, kandierte Orangenzesten im Hintergrund. Saftige Kirschen, gute Frische, präsente Tannine, mineralischer Nachhall, würzig, bleibt haften, mit Reifepotenzial ausgestattet.

91 Zweigelt * Rubin Carnuntum 2019
13,5 Vol.-%, NK, gebrauchte Barriques, €€€
Dunkles Rubingranat, violette Reflexe, zarte Ockerrandaufhellung. Zart kräuterwürzig, reife Zwetschken, ein Hauch von Nougat, einladendes Bukett. Saftig, kräftig, reife Herzkirschen, zart nach Vanille, bleibt gut haften, ein feinwürziger Speisenbegleiter.

93 Cuvée Lukas 2019 ME/ZW
14,5 Vol.-%, NK, Barrique, €€€€€
Dunkles Rubingranat, violette Reflexe, zarte Randaufhellung. Frische Orangenzesten, dunkle Waldbeerenfrucht, reife Kirschen, mit etwas Vanille unterlegt, einladendes Bukett. Kraftvoll, elegant, reife Kirschen, zartes Nougat, kräftige Tannine, schokoladiger Nachhall, braucht noch einige Zeit der Flaschenreife.

91 Merlot 2019
13 Vol.-%, NK, gebrauchte Barriques, €€€€
Dunkles Rubingranat, violette Reflexe, zarte Randaufhellung. Zarte Edelholzwürze, Nuancen von reifen Kirschen, ein Hauch von Lakritze, schokoladig unterlegt. Saftig, feiner Nougattouch, reife Zwetschken, präsente, noch etwas fordernde Tannine, kräuterwürzig im Abgang, bleibt haften, wird von Flaschenreife profitieren.

★★

MEINRAD MARKOWITSCH

Im Herzen von Carnuntum, im namhaften Winzerort Göttlesbrunn, liegt das Weingut Meinrad Markowitsch.
Weine wie der »Purple X-TREME« oder der Grüne Veltliner stammen aus den 13 Hektar Weingartenfläche, die sorgfältig und mit Liebe zum Detail gepflegt und bewirtschaftet werden. Die Trauben werden in Großkisten geerntet und durch loses Gefälle behutsam verarbeitet. So entstehen mit viel Feingefühl tolle Rot- und Weißweine.
Hinter dem »Purple«-Outfit das Weinguts steckt eine sehr junge Tradition, gepaart mit zukunftsorientiertem Denken und dem Zusammenhalt der gesamten Familie.

91 Grüner Veltliner * Ried Haidacker 2020
13,5 Vol.-%, DV, 500-l-Fass, €€€
Helles Grüngelb, Silberreflexe. Mit einem Hauch von Zitrus unterlegte frische Apfelfrucht, feine Wiesenkräuter, Mandarinenschalen im Hintergrund. Mittlerer Körper, weißer Apfel, frisch und lebendig strukturiert, wirkt salzig und leichtfüßig, ein ausgewogener Speisenbegleiter.

89 Grüner Veltliner * 2020
12,5 Vol.-%, DV, Stahltank, €€

90 Chardonnay * 2020
13 Vol.-%, DV, Edelstahl, €€
Helles Grüngelb, Silberreflexe. Feine gelbe Apfelfrucht, zart nach Mango, ein Hauch von kandierten Orangenzesten. Saftig, elegant, Nuancen von Ananas und Honigmelone, frischer Säurebogen, Limetten im Abgang, lebendig-exotischer Stil.

MEINRAD MARKOWITSCH
2464 Göttlesbrunn
Am Graben 18
T: +43 (2162) 8925
meinrad@markowitsch.com
www.markowitsch.com

Kellermeister/Kontakt:
Meinrad Markowitsch jun.
Produktion: 40 % weiß, 20 % rosé, 40 % rot, 13 Hektar
Vereinszugehörigkeit: Die Rubin Carnuntum Weingüter
Messen: VieVinum, Vinobile Montfort

* Carnuntum DAC

90 Riesling 2020
13 Vol.-%, DV, Stahltank, €€
Helles Gelbgrün, Silberreflexe. Feine Fruchtexotik, nach Maracuja, zart nach Limetten, ein Hauch von weißem Pfirsich. Mittlerer Körper, weißer Apfel, frisch strukturiert, zitronig-salziger Nachhall, lebendiger Sommerwein.

(93) * Purple X-Treme 2019 ZW/BF/ME
14,5 Vol.-%, NK, Barrique, €€€€
Dunkles Rubingranat, violette Reflexe, zarte Ockerrandaufhellung. Angenehme Edelholzwürze, zart nach Nougat, mit dunkler Beerenfrucht unterlegt, einladendes Bukett. Saftig, reife Kirschen, zarte Extraktsüße, gut integrierte, präsente Tannine, im Abgang noch etwas fordernd, wird von Flaschenreife profitieren.

(92) Blaufränkisch *Ried Haidacker 2019
14 Vol.-%, NK, Barrique, €€€€
Dunkles Rubingranat, violette Reflexe, zarte Randaufhellung. Zart nach Vanille und schwarzen Kirschen, mit dunklem Waldbeerenkonfit unterlegt, kandierte Orangenzesten. Saftig, elegant, reife Kirschen, gut integrierte Tannine, mineralisch und gut anhaftend, verfügt über Entwicklungspotenzial.

★★

WEINGUT ANDREAS MUHR

BIO

Stixneusiedl ist ein kleiner, romantischer Weinbauort in der Region Carnuntum. Das Arbesthaler Hügelland bietet eine optimale Grundlage für reichhaltige Rotweine und frisch-fruchtige Weißweine. Stixneusiedl bedeutet für Andreas Muhr Heimat – dort sind seine Wurzeln. Energie tankt er in den Weingärten. Er beschreibt sich als bodenständig und naturverbunden. Sein Ziel ist es, die Familiengeschichte weiterzuschreiben.
Die Weine, die er auf moderne Weise mit Fachwissen und viel Herz produziert, sollen seine Handschrift tragen und die Geschichte am Leben erhalten. Der Weinkeller wurde in den 1890er-Jahren erbaut und von Andreas Muhrs Großvater in den 1960er-Jahren restauriert und erweitert. Viele Familienerinnerungen stecken in dem alten Keller, einige Jahre lang lag das alte Gewölbe sozusagen trocken. Im Herbst 2010 fand die erste Lese des jungen Winzers statt, und der Duft des Weines erweckte den Keller wieder zu neuem Leben.
Andreas Muhr beschreitet konsequent den Weg eines kleinen, aber feinen Weinguts. Nach seiner Maxime, glockenklare Weine mit eindeutiger Herkunftstypizität zu erzeugen, hat er in den vergangenen Jahren eine klare Weinstilistik entwickelt, die sehr gut die Balance zwischen Tradition und Moderne hält. Das Sortiment ist übersichtlich strukturiert: mit Grünem Veltliner und Chardonnay sowie mit der Carnuntum-Leitsorte Zweigelt, alle aus Top-Lagen in Stixneusiedl.

WEINGUT ANDREAS MUHR
2463 Stixneusiedl
Hauptstraße 7
T: +43 (699) 11463502
office@amuhr.at
www.amuhr.at

Kellermeister/Kontakt: Andreas Muhr
Anbauweise: Zertifiziert Biologisch
Produktion: 45 % weiß, 55 % rot, 4 Hektar

(92) Grüner Veltliner * Ried Rosslissen 2020
14 Vol.-%, DV, 500-l-Fass, €€
Leuchtendes mittleres Gelbgrün, Silberreflexe. Zart kräuterwürzig unterlegte Nuancen von Mango und Marille, einladendes Bukett. Saftig, reifer Apfel, kräftige Textur, feiner Säurebogen extraktsüßer Nachhall, feine Pfefferwürze im Abgang, bleibt haften, stoffiger Begleiter bei Tisch.

91 Chardonnay * Ried Gaisberg 2020
13,5 Vol.-%, DV, gebrauchte Barriques, €€
Mittleres Goldgelb, Silberreflexe. Zarte gelbe Tropenfrucht, ein Hauch von Ananas und Papaya, mineralischer Anklang, zart nach Limetten. Mittlere Komplexität, weißer Apfel, frisch strukturiert, feine Fruchtsüße im Nachhall, salziges Finish, vielseitig einsetzbar.

(92) Zweigelt * Ried Stixbergen 2019
14 Vol.-%, NK, Barrique, €€€€
Tiefdunkles Rubingranat, opaker Kern, violette Reflexe, zarte Randaufhellung. Zart nach Vanille und Gewürzen, reife Kirschen, ein Hauch von Cassis, attraktives Bukett. Saftig, elegant, feiner Edelholztouch, rotbeerige Nuancen im Abgang, mineralisch und frisch, ein vielseitiger Speisenbegleiter.

(90) Zweigelt * 2020
13,5 Vol.-%, NK, 500-l-Fass, €€
Tiefdunkles Rubingranat, violette Reflexe, zarte Randaufhellung. Frische Zwetschken, mit Brombeerkonfit unterlegt, ein Hauch von schwarzen Kirschen, einladendes Bukett. Saftige Kirschen, rotbeerig, feine Tannine, mineralisch-salzig im Abgang, bereits gut antrinkbar.

★★★★

WEINGUT DORLI MUHR

BIO

Das Herz des Weinguts stellt eine kleine Weingarten-Parzelle auf der Ried Roterd dar: 0,17 Hektar, die Dorli Muhrs Großmutter Katharina im Jahr 1918 als Hochzeitsgeschenk erhielt. 1996 revitalisierte Dorli Muhr diese Parzelle, und seither ist das Projekt ständig gewachsen. Mittlerweile bearbeitet Dorli Muhr über 12 Hektar Rebfläche auf dem Spitzerberg, und zwar in biologischer Wirtschaftsweise. Die Erträge sind sehr gering: Von den zwölf Hektar Fläche erzeugt Dorli Muhr nur etwa 40.000 Flaschen, davon rund 85 Prozent reinsortigen Blaufränkisch. Die Weine sind sehr konzentriert und doch sehr leichtfüßig und elegant dank der Kalkböden. Dorli Muhrs Weine sind außerdem bekannt für ihre seidige Dichte und erstaunliche Länge.
Etwa ein Viertel der Produktion wird in Österreich verkauft, Exportmärkte sind die USA, Großbritannien, Irland, Belgien, Holland, Portugal, Dänemark, Norwegen, Schweden, Finnland, Polen, Russland, Deutschland, die Schweiz, Thailand und Australien. Seit dem Jahrgang 2018 sind die Weine bio-zertifziert. Im Jahr 2004 gründete Dorli Muhr eine Gruppe von qualitätsorientierten Winzern, die gemeinsam Kriterien für die Verwendung der Herkunft »Spitzerberg« festlegten und seither einander in der Herstellung besonders feiner Blaufränkisch unterstützen. Auf diese Weise konnte man in den vergangenen Jahren die Aufmerksamkeit der nationalen und internationalen Weinexperten erregen. Nicht zuletzt dank dieser Initiative wurde der Spitzerberg vom Verein »Traditionsweingüter Österreich« zur Ersten Lage ernannt. Das Weingut beschäftigt derzeit fünf Mitarbeiter. Für die Vinifizierung ist der gebürtige Eisenberger Lukas Brandstätter verantwortlich, der die wertvollen Trauben behutsam zu eleganten Weinen verarbeitet.

WEINGUT DORLI MUHR
2472 Prellenkirchen
Kirchengasse 24
T: +43 (664) 1804039
dorli@dorlimuhr.at
www.dorlimuhr.at

Kellermeister/Kontakt: Dorli Muhr
Anbauweise: Zertifiziert Biologisch (Austria Bio Garantie)
Produktion: 40.000 Flaschen
3 % weiß, 1 % rosé, 96 % rot,
12 + 1 Hektar
Vereinszugehörigkeit: Die Rubin Carnuntum Weingüter, Traditionsweingüter Österreich
Messen: ProWein Düsseldorf, VieVinum, MondoVino, Summa Margreid

* Carnuntum DAC

94 Blaufränkisch * Ried Spitzerberg 1ÖTW 2018
13 Vol.-%, NK, kleines Holzfass, €€€€€€
Kräftiges Rubingranat, violette Reflexe, breitere Ockerrandaufhellung. Tabakig-kräuterwürzig unterlegtes rotes Waldbeerenkonfit, Nuancen von Herzkirschen, zart nach Bergamotte, blättriger Touch. Saftig, feine Fruchtsüße, elegante Textur, reife, gut eingebaute Tannine, frisch strukturiert, mineralisch-zitronig im Abgang, feinfruchtiger Nachhall, gutes Entwicklungspotenzial.

93 Blaufränkisch * Ried Roterd 2018
13 Vol.-%, NK, großes Holzfass, €€€€€€
Dunkles Rubingranat, violette Reflexe, zarte Ockerrandaufhellung. Zart blättrig unterlegte dunkle Beerenfrucht, schwarze Kirschen, zart nach Lakritze, tabakige Nuancen, Noten von Orangenzesten. Mittlere Komplexität, feine Extraktsüße, rotbeerige Nuancen, gut integrierte, reife Tannine, feine Mineralik im Abgang, ein balancierter Speisenbegleiter, bereits gut entwickelt.

93 Blaufränkisch * Ried Kobeln Liebkind 2018
13 Vol.-%, NK, großes Holzfass, €€€€€€
Kräftiges Rubingranat, violette Reflexe, zarte Ockerrandaufhellung. Verhalten, Nuancen von Zwetschken und Herzkirschen, ein Hauch von Lakritze, mineralischer Touch. Stoffig, engmaschig, feine Kirschfrucht, runde, gut integrierte Tannine, gute Frische, ausgewogen, salzige Mineralik im Abgang, insgesamt noch scheu, wird von Flaschenreife profitieren.

92 Blaufränkisch * Prellenkirchen Samt&Seide 2018
13 Vol.-%, NK, großes Holzfass, €€€€
Dunkles Rubingranat, violette Reflexe, zarte Ockerrandaufhellung. Zart rauchig unterlegte reife Herzkirschen, Nuancen von Zwetschken, floraler Touch, mineralisch. Mittlere Komplexität, frische Kirschen, gut integrierte Tannine, salzig im Abgang, bereits gut entwickelt und vielseitig einsetzbar.

94 Syrah 2018
13 Vol.-%, NK, großes Holzfass, €€€€€€
Kräftiges Rubingranat, violette Reflexe, zarte Ockerrandaufhellung. Dunkle Mineralik, schwarze Beerenfrucht, zart nach Lakritze und Kräutern, mit kandierten Mandarinenzesten unterlegt. Saftig, straffe Textur, reife rote Kirschen, feine Tannine, mineralisch-salzig im Nachhall, extraktsüßer Abgang, gutes Reifepotenzial.

★★★★

WEINGUT FRANZ UND CHRISTINE NETZL

BIO

Christina Netzl und ihre Eltern Franz und Christine Netzl sind ein eingespieltes Team. Gemeinsam vinifizieren sie charakterstarke, finessenreiche und vor allem tiefgründige Weine aus den familieneigenen Weingärten rund um Göttlesbrunn, im Herzen des Weinbaugebietes Carnuntum.
Das Familienweingut entstand um 1860 aus einem gemischten landwirtschaftlichen Betrieb. Stetiges Streben nach höchster Qualität sowohl im Weingarten als auch im Keller prägen die letzten Generationen und ließen das Weingut zu seinen heutigen 30 Hektar Rebfläche heranwachsen. Persönliches Ziel der Winzerfamilie als Mitglied der »Österreichischen Traditionsweingüter« ist es, die Einzigartigkeit und Typizitäten der einzelnen Rebsorten mit Fokus auf ihre Herkunft herauszuarbeiten. Vor allem die Charakteristika der Einzellagen rücken dabei immer mehr in den Vordergrund. Grundlage dafür sind natürlich die Reben und daher die Bewirtschaftung der Weingärten nach biologischen Richtlinien. Gemeinsam wird stundenlang in Weingarten und Keller getüftelt. Während Franz seine Erfahrung, sein Wissen und die Tradition einbringt, sorgt Christina für neue Ideen und Innovationen – kurz gesagt: Sie ergänzen sich perfekt, und genau diese Kombination bildet die unverwechselbare Grundlage der Netzl-Weine. Der Zweigelt ist und bleibt der absolute King unter den Sorten, denn er fühlt sich unter den klimatischen Gegebenheiten Carnuntums und auf dessen Böden sehr wohl. Als Basis nahezu aller Weine fasziniert der Zweigelt vor allem durch seine unglaubliche Bandbreite, denn vom klassisch-fruchtigen bis hin zum würzig-raffinierten Glas Wein steckt alles in dieser Traube. Und so bildet er als la-

WEINGUT FRANZ UND CHRISTINE NETZL
2464 Göttlesbrunn
Rosenbergstraße 17
T: +43 (2162) 8236
weingut@netzl.com
www.netzl.com

Kellermeister: Christina Artner-Netzl & Franz Netzl
Kontakt: Christina Artner-Netzl, Franz & Christine Netzl
Anbauweise: Zertifiziert Biologisch
Produktion: 200.000 Flaschen
35 % weiß, 65 % rot, 30 Hektar
Vereinszugehörigkeit: Die Rubin Carnuntum Weingüter, Traditionsweingüter Österreich
Messen: ProWein Düsseldorf, VieVinum

Christina Artner-Netzl

genreiner Zweigelt von der Ried Haidacker 1ÖTW und als wichtigster Teil in der Top-Cuvée Anna-Christina von der Ried Bärnreiser 1ÖTW die Spitze im Sortiment.
Genau in diese Richtung geht es weiter, denn die alten Zweigelt-Weingärten bringen jedes Jahr höchste Qualitäten und somit großes Potenzial für die Zukunft – autochthon, urtypisch und einfach genial!

(92) Grüner Veltliner * Ried Rothenberg 2020
13,5 Vol.-%, NK, 500-l-Fass, €€€
Mittleres Gelbgrün, Silberreflexe. Frischer Golden-Delicious-Apfel, ein Hauch von Wiesenkräutern, tabakige Nuancen. Kraftvoll, reife Birne, gut integrierter Säurebogen, salziger Touch im Abgang, ein würziger Speisenbegleiter.

(92) Weißburgunder * Ried Altenberg 2020
13,5 Vol.-%, NK, 500-l-Fass, €€€
Helles Goldgelb, Silberreflexe. Zarte Kräuterwürze, Nuancen von gelber Tropenfrucht, zart nach Marille und Mango. Mittlere Komplexität, weiße Birnenfrucht, frischer Säurebogen, Limetten im Nachhall, zart salziger Touch, wird von Flaschenreife profitieren.

(90) Chardonnay * 2020
13,5 Vol.-%, DV, Stahltank, €€
Helles Gelbgrün, Silberreflexe. Frische Wiesenkräuter, ein Hauch von Birne, floraler Touch. Mittlerer Körper, weißer Apfel, frisch strukturiert, mineralisch-zitroniger Touch, bietet unkompliziertes Trinkvergnügen.

(89) * Göttlesbrunn weiß 2020 CH/GV/SB
13,5 Vol.-%, DV, Stahltank, €€€

(95) * Ried Bärnreiser 1ÖTW Anna-Christina 2019 ZW/ME/CS
14 Vol.-%, NK, Barrique, €€€€€
Dunkles Rubingranat, violette Reflexe, zarte Ockerrandaufhellung. Feiner Edelholztouch, zart nach schwarzen Beeren und Lakritze, mit einem feinen Cassistouch unterlegt, süße Gewürze klingen an. Stoffig, elegant, feine Extraktsüße, reife Kirschen, seidige, tragende Tannine, mineralisch und anhaftend, salziger Nachhall, gutes Zukunftspotenzial.

(91) * Göttlesbrunn Edles Tal 2019 ZW/ME/SY
14 Vol.-%, NK, gebrauchte Barriques, €€€
Tiefdunkles Rubingranat, violette Reflexe, zarte Randaufhellung. Etwas zurückhaltend, dunkle Beerenfrucht, etwas Kardamom, feine Kräuterwürze. Saftig, frische Kirschen, runde Tannine, lebendiger Säurebogen, zitroniger Touch im Abgang, vielseitiger Speisenbegleiter.

96 Netzl Privat 2018 ME/CS/ZW
14,5 Vol.-%, NK, Barrique, €€€€€€
Tiefdunkles Rubingranat, violette Reflexe, zarte Randaufhellung. Feine Holzwürze, rotbeerige Nuancen, ein Hauch von Cassis, reife Kirschen, dezente Kräuterwürze, braucht einiges an Luft, um sich zu öffnen. Stoffig, feine Extraktsüße, reife Tannine, gute Frische, zeigt eine sehr gute Länge, bereits antrinkbar, großes Zukunftspotenzial für viele Jahre.

(93) Zweigelt * Ried Haidacker 1ÖTW 2019
13,5 Vol.-%, NK, 500-l-Fass, €€€€€
Dunkles Rubingranat, violette Reflexe, zarte Ockerrandaufhellung. Eingelegte Kirschen, feines Waldbeerenkonfit, tabakige Nuancen, zarte Kräuterwürze im Hintergrund, kandierte Orangenzesten. Saftig, rotbeerige Nuancen, gut integriertes, aber dennoch präsentes Tannin, mineralisch-salziger Nachhall, bleibt haften, wird von Reife profitieren.

(90) Zweigelt * Rubin Carnuntum 2020
13,5 Vol.-%, NK, gebrauchte Barriques, €€€
Tiefdunkles Rubingranat, violette Reflexe, zarte Randaufhellung. Kräuterwürzig unterlegtes Waldbeerenkonfit, frische Kirschen, tabakige Nuancen. Saftig, mittlere Komplexität, rotbeerige Nuancen, frisch strukturiert, mineralisch-salzig im Nachhall.

(94) Merlot 2019
14,5 Vol.-%, NK, gebrauchte Barriques, €€€€
Tiefdunkles Rubingranat, violette Reflexe, zarte Randaufhellung. Nuancen von Brombeeren, ein Hauch von Nougat und Feigen, süße Gewürze, einladendes Bukett. Saftig und komplex, kraftvoll, würzige Textur, präsente Tannine, schokoladig im Abgang, ein stoffiger Speisenbegleiter mit Reifepotenzial.

(93) Syrah 2019
14,5 Vol.-%, NK, gebrauchte Barriques, €€€€
Tiefdunkles Rubingranat, opaker Kern, violette Reflexe, zarte Randaufhellung. Zarte Edelholzwürze, Nuancen von Vanille, reife schwarze Kirschen, noch etwas scheues Bukett. Mittlere Komplexität, dunkle Beerenfrucht, reife Tannine, frisch strukturiert, ein Hauch von Nougat im Abgang, bereits gut antrinkbar, verfügt über Reifepotenzial.

(92) Cabernet Sauvignon 2019
14 Vol.-%, NK, Barrique, €€€€
Kräftiges Rubingranat, violette Reflexe, zarte Randaufhellung. Zart tabakig, nach Cassis und schwarzen Waldbeeren, ein Hauch von Edelholz, mit kandierten Orangenzesten unterlegt. Saftig, rotbeerige Textur, frisch strukturiert, mineralisch-salzig im Abgang, lebendiger Stil.

★★

WEINGUT OPPELMAYER

Seit 1638, also seit elf Generationen, säumt nun bereits der Weinbau den Lebensweg der Familie Oppelmayer. Puristisch, klassisch und gleichzeitig sehr vielseitig – so präsentiert sich Franz Oppelmayer, Winzer aus Göttlesbrunn in Carnuntum. Vererbte Leidenschaft zum Wein und geerdete Naturverbundenheit lassen ihn mit viel Geschick die Tradition sehr erfolgreich fortsetzen.
Die vielschichtigen, fruchtbetonten Weißweine, wie etwa das Flaggschiff des Hauses, der Sauvignon Blanc Schüttenberg, zählen zu den besten des Landes. Es ist fast die Leidenschaft eines Parfümeurs, mit der der Winzer die Duftnoten der Trauben in die Flaschen bannt. Auch die Rotweine, wie der Rubin Carnuntum, der Zweigelt Haidacker oder die Top-Cuvée »Matador« zeichnen Fülle, Samtigkeit und Frucht aus. Wenn Franz Oppelmayer – der auch die Etiketten seiner Weine selbst malt – von seinen Weinen spricht, bekommt man einfach Lust, sie zu genießen.

(92) Weißburgunder * Ried Haidacker 1ÖTW Göttlesbrunn Reserve 2020
13,5 Vol.-%, DV, Teilbarrique, €€€€ H
Mittleres Goldgelb, Silberreflexe. Feine gelbe Tropenfrucht, ein Hauch von Nashi-Birnen, zart floral, mit Mandarinenzesten unterlegt. Saftig, elegant, feine Apfelfrucht, finessenreicher Säurebogen, mineralisch und gut anhaftend, sicheres Reifepotenzial.

(90) Sauvignon Blanc Reserve 2020
13 Vol.-%, DV, Teilbarrique, €€€€
Helles Gelbgrün, Silberreflexe. Feine Nuancen von Stachelbeeren und Guaven, mit feinem Blütenhonig unterlegt. Saftig, mittlerer Körper, zart nach Gewürznelken, Pfirsichfrucht im Abgang, ein vielseitiger Speisenbegleiter.

(91) Zweigelt * Ried Haidacker 1ÖTW Göttlesbrunn 2019
13,5 Vol.-%, NK, Barrique, €€€€ H
Kräftiges Rubingranat, violette Reflexe, dezente Randaufhellung. Reife Zwetschken, schwarze Kirschen, mit zarter Kräuterwürze unterlegt. Saftig, dunkle Frucht, wirkt recht kraftvoll, präsente Tannine, etwas Nougat im Abgang, ein gut gereifter Speisenbegleiter.

WEINGUT OPPELMAYER
2464 Göttlesbrunn
Kirchenstraße 9
T: +43 (2162) 8237
weingut@oppelmayer.at
www.oppelmayer.at

Kellermeister/Kontakt: Franz Oppelmayer
Produktion: 60 % weiß, 40 % rot, 12 Hektar
Zertifiziert: Nachhaltig Austria
Vereinszugehörigkeit: Die Rubin Carnuntum Weingüter, Traditionsweingüter Österreich
Messen: ProWein Düsseldorf, VieVinum

Franz Oppelmayer

(93) Matador 2019 ZW/ME/CS
13,5 Vol.-%, NK, Barrique, €€€€€
Tiefdunkles Rubingranat, violette Reflexe, dezente Randaufhellung. Reife schwarze Kirschen, etwas Cassis, dezente Edelholznuancen, schokoladig unterlegt. Saftig, dunkelbeerig, extraktsüß, reife Tannine, Nougat im Abgang, gute Länge, ein stoffiger Speisenwein, der bereits zugänglich wirkt.

(92) Merlot Mythos Reserve 2019
14 Vol.-%, NK, Barrique, €€€€€
Dunkles Rubingranat, violette Reflexe, dezente Randaufhellung. Zarte Edelholzwürze, Nuancen von Vanille und dunklen Beeren, mit frischen Herzkirschen unterlegt. Mittlere Komplexität, frische Kirschfrucht, präsente Tannine, etwas Nougat im Nachhall, mineralischer Rückgeschmack, wird von Flaschenreife profitieren.

★★★

WEINGUT ROBERT PAYR

BIO

Das Weingut Payr liegt in Höflein im Weinbaugebiet Carnuntum südöstlich von Wien zwischen Donau und Neusiedler See. Es wird in fünfter Generation von Robert Payr geführt und hat sich der handwerklichen Herstellung von authentischen und regionaltypischen Weinen verschrieben. Bewirtschaftet werden heute zwölf Hektar Weingärten rund um Höflein und Prellenkirchen. Seit 2018 ist das Weingut Mitglied der »Traditionsweingüter Österreich«. Der Weinbau geht in der Familie nachweislich bis ins 18. Jahrhundert zurück. Davon zeugt ein alter Weinkeller aus dem Jahr 1772, der heute noch im Familienbesitz ist. Robert Payr verbindet traditionelles Handwerk mit zeitgeistigem Engagement und entwickelt Weine, deren Geschmack auf den Erfahrungen und der Leidenschaft von nunmehr fünf starken Winzerpersönlichkeiten gründet. Mit Sorgfalt entwickelt er heute das Erbe seiner Vorfahren weiter und beschreitet stets auch eigene Wege. Neben der Ertragsreduktion in den Weingärten und der Umstellung auf biologischen Weinbau richtet er seinen Fokus vor allem auf die Lagen. So hat er neue Weingärten dazugekauft, bereits bestehende völlig neu ausgerichtet und manchen Böden eine Erholungspause gegönnt. In intensiver Auseinandersetzung mit der Rebe, dem Boden und dem Klima setzt der erfahrene Winzer auf die Raffinesse der Natur und arbeitet Wein

Robert Payr

WEINGUT ROBERT PAYR
2465 Höflein, Dorfstraße 18
T: +43 (2162) 62356
robert@weingut-payr.at
www.weingut-payr.at

Kellermeister/Kontakt: Robert Payr
Anbauweise: Zertifiziert Biologisch (Bio Austria)
Produktion: 80.000 Flaschen
1 % Schaumwein, 25 % weiß,
1 % rosé, 72 % rot, 1 % süß, 12 Hektar
Zertifiziert: Nachhaltig Austria
Vereinszugehörigkeit: Die Rubin Carnuntum Weingüter, Traditionsweingüter Österreich
Messen: ProWein Düsseldorf, VieVinum

für Wein die ureigene Geschmacksstruktur der einzelnen Lagen behutsam heraus.
Rast- und ruhelos – im positiven Sinne – könnte man Robert Payr beschreiben. Offiziell ist das Weingut seit 2015 »Nachhaltig Austria«- und seit 2020 Bio-zertifiziert. Die Trauben aus den eigenen Weingärten werden händisch geerntet, selektioniert und von der Frucht über die Kerne bis hin zum Stiel verarbeitetet. Die Weine von Robert Payr sind starke Charaktere, die ihre eigene Geschichte erzählen. Sie sind strukturiert und würzig und werden für ihre Engmaschigkeit und ihr hohes Lagerpotenzial international geschätzt.

(93) Grüner Veltliner * Ried Rothenberg Höflein 2020
13,5 Vol.-%, DV, Stahltank, €€€€ B
Helles Gelbgrün, Silberreflexe. Feine gelbe Apfelfrucht, unterlegt mit Mango und Ananas, frische Wiesenkräuter, ein Hauch von Grapefruitzesten. Saftig, kraftvoll, reife Birnenfrucht, feine Säurestruktur, reife süße Nuancen im Abgang, würzig und gut anhaftend, Blütenhonig im Nachhall, sicheres Reifepotenzial.

90 Grüner Veltliner * Löss 2020
12,5 Vol.-%, DV, Stahltank, €€ B
Helles Gelbgrün, Silberreflexe. Zart nach frischen Orangenzesten, ein Hauch von gelbem Apfel, feiner floraler Touch. Mittlerer Körper, dezente Birnenfrucht, elegante Textur, dezenter Säurebogen, bietet unkompliziertes Trinkvergnügen.

(92) Chardonnay * Ried Kirchberg Höflein 2020
13,5 Vol.-%, DV, Stahltank, €€€€€ B
Helles Goldgelb, Silberreflexe. Zarte Nuancen von Orangenzesten, gelbe Tropenfrucht, mineralischer Touch, mit kräuterwürzigen Noten unterlegt. Mittlerer Körper, reife gelbe Pfirsichfrucht, frischer Säurebogen, salzig-mineralisch im Abgang, dezente Süße im Rückgeschmack.

90 Chardonnay * Lehm 2020
13 Vol.-%, DV, Stahltank, €€ B
Helles Gelbgrün, Silberreflexe. Frischer Golden-Delicious-Apfel, kandierte Orangenzesten, feiner Blütenhonig. Saftig, feine Fruchtsüße, zart nach Honigmelone, feine Säurestruktur, dezenter Blütenhonig im Abgang, ein eleganter Alltagswein.

91 Sauvignon Blanc 2020
13,5 Vol.-%, DV, Stahltank, €€€ B
Helles Gelbgrün, Silberreflexe. Zart mit Grapefruit unterlegte weiße Pfirsichnuancen, ein Hauch von Holunderblüten. Saftig, gelbe Stachelbeeren, etwas Mango, süße Frucht, frischer Säurebogen, bleibt haften, feine Cassisnote im Nachhall, gute Länge.

(94) Blaufränkisch * Ried Spitzerberg 1ÖTW Prellenkirchen 2019
13,5 Vol.-%, NK, kleines Holzfass, €€€€€
Tiefdunkles Rubingranat, opaker Kern, violette Reflexe, zarte Randaufhellung. Florale Nuancen, ein Hauch von Hibiskus, rote Herzkirschen, zart nach Roten Johannisbeeren, mineralischer Touch. Stoffig, lebendige rote Frucht, feine Tannine, angenehme Extraktsüße, sehr gute Länge,

salziger Nachhall, sicheres Reifepotenzial für viele Jahre.

(93) Zweigelt * Ried Steinäcker 1ÖTW Höflein 2019
13,5 Vol.-%, NK, kleines Holzfass, €€€€€
Tiefdunkles Rubingranat, opaker Kern, violette Reflexe, zarte Randaufhellung. Noch etwas zurückhaltend, tabakiger Touch, schwarze Kirschen, mit Brombeeren unterlegt, frische Zwetschken, Noten von Kräutern. Kraftvoll, komplex, wieder dunkle Herzkirschen, frisch strukturiert, tragende Tannine, mineralischer Nachhall, noch jung, zeigt Länge, sicheres Potenzial.

(90) Zweigelt * Rubin Carnuntum 2020
13,5 Vol.-%, NK, kleines Holzfass, €€€ B
Tiefdunkles Rubingranat, opaker Kern, violette Reflexe, zarte Randaufhellung. Zart pfeffrig-würzig unterlegte schwarze Waldbeeren, ein Hauch von Kardamom, frische Orangenzesten. Mittlere Komplexität, dunkle Kirschen, gut integrierte Tannine, salzig-mineralisch im Abgang.

(93) * Ried Bühl Höflein 2019 ZW/BF/ME
13,5 Vol.-%, NK, kleines Holzfass, €€€€€ V
Tiefdunkles Rubingranat, opaker Kern, violette Reflexe, zarte Randaufhellung. Zart nach Lakritze, schwarze Herzkirschen, ein Hauch von Cassis, dezente Kräuterwürze, mit kandierten Orangenzesten unterlegt. Saftig, süße Beerenfrucht, feine Tannine, mineralisch und straff, bleibt gut haften, salziger Touch im Rückgeschmack, verfügt über Reifepotenzial.

(92) * Höflein Matthäus 2019 ZW/BF/ME
13,5 Vol.-%, DV, kleines Holzfass, €€€€
Tiefdunkles Rubingranat, opaker Kern, violette Reflexe, zarte Randaufhellung. Feines Nougat, gewürziger Touch, schwarze Waldbeerenfrucht, mineralisch, ein Hauch von Orangenzesten. Saftig, gute Komplexität, reife Zwetschken, straffe Tannine, die noch etwas fordernd sind, bleibt haften, schokoladiger Rückgeschmack, wird von Flaschenreife profitieren.

(92) * Höflein Granat 2019 ZW/CS
13,5 Vol.-%, NK, kleines Holzfass, €€€€
Tiefdunkles Rubingranat, opaker Kern, violette Reflexe, zarte Randaufhellung. Reife Zwetschken, Brombeeren, schwarze Kirschen, feine Holzwürze, tabakige Nuancen. Mittlerer Körper, kirschige Frucht, frische Textur, gut integrierte Tannine, zarter Schokoanklang, feine Cassisnote im Rückgeschmack.

(89) * Cuvée Carnuntum Selection 2020 ZW/BF
13,5 Vol.-%, DV, Stahltank, €€ B

★★

WEINGUT GERHARD PIMPEL

Winzer zu sein bedeutet für Gerhard Pimpel Liebe zur Natur, aber auch Rebstöcke und Trauben zu schätzen, zu beobachten und zu pflegen sowie ein Gespür für die Seele des Weins zu haben. Er versteht die Kunst, ein auf lebendigem Boden gewachsenes Naturprodukt von der Traube bis zum Wein zu begleiten. Pimpel kreiert dichte und zugleich elegante Weine mit Harmonie und Finesse. Man gewinnt hier den Eindruck, dass er jeden einzelnen Rebstock persönlich kennt. Mit den Lagen Rosenberg, Schüttenberg und Bärnreiser zählen die Rieden von Gerhard Pimpel zu den besten im gesamten Weinbaugebiet. Gerhard Pimpel ist ein ruhiger Winzer, der seine eigenen Wege geht – geradlinig und zielstrebig begleitet er die Arbeit der Natur. »Das Zusammenspiel von Boden, Sorte und Unterlagsrebe muss man beachten«, sagt er. Aufgrund dieser Erfahrung ist es ihm möglich, autochthone, terroirbezogene Weine zu keltern.
Beim »Optime«, lateinisch für »Unser Bester«, verschmelzen Boden, Klima, Trauben und Holz optimal – und so gilt: Ergo bibamus Optime.
Das Weinbaugebiet Carnuntum ist jene Region Niederösterreichs, die sich östlich von Wien und gleichzeitig südlich der Donau erstreckt. Kräftige Löss- und karge Kalkböden sowie das kontinental-pannonische Mikroklima mit den kühlen Einflüssen der Donau bieten ideale Voraussetzungen für attraktive Rotweine, die Frucht und Eleganz vereinen. Die Weine sind modern in der Stilistik, aber eigenständig und der Herkunft verpflichtet.

* Carnuntum DAC

Gerhard Pimpel

WEINGUT GERHARD PIMPEL
2464 Göttlesbrunn
Kirchenstraße 19
T: +43 (664) 4636650
weingut@gerhardpimpel.at
www.gerhardpimpel.at

Kellermeister/Kontakt:
Gerhard Pimpel
Produktion: 30 % weiß, 70 % rot, 13 Hektar
Vereinszugehörigkeit: Die Rubin Carnuntum Weingüter, Traditionsweingüter Österreich, DIE Winzer Göttlesbrunn
Messen: VieVinum

(92) Chardonnay * Ried Rosenberg 2020
13,5 Vol.-%, NK, Barrique, €€€€
Helles Gelbgrün, Silberreflexe. Frische gelbe Birnenfrucht, feiner Touch von Papaya und Mango, zart nach Wiesenkräutern. Mittlerer Körper, feine Apfelfrucht, frisch strukturiert, salzige Mineralik, bleibt haften, feiner nussiger Touch im Abgang, bereits gut antrinkbar.

93 * Ried Rosenberg 1ÖTW 2017 ZW/ME
14,5 Vol.-%, NK, Barrique, €€€€
Dunkles Rubingranat, violette Reflexe, breitere Ockerrandaufhellung. Zart blättrig unterlegte Nuancen von Brombeeren und Cassis, ein Hauch von Zwetschken dazu frische Orangenzesten. Gute Komplexität, mineralisch, dezente Extraktsüße, Dörrzwetschken, gut integrierte Tannine, feiner Schokoladentouch im Abgang, ein versatiler Begleiter bei Tisch.

92 Zweigelt * Ried Bärnreiser 1ÖTW 2017
14,5 Vol.-%, NK, Barrique, €€€€
Dunkles Rubingranat, violette Reflexe, zarte Randaufhellung. Zarte Zwetschkenfrucht, feine Wiesenkräuter, ein Hauch von Nougat, etwas Quitte, kandierte Orangenzesten. Saftig, komplex, gut integrierte Tannine, Fruchtsüße nach Dörrobst, Holzwürze im Nachhall, sicheres Potenzial.

91 * Selektion Göttlesbrunn 2017
13,5 Vol.-%, NK, Barrique, €€€
Dunkles Rubingranat, violette Reflexe, zarte Randaufhellung. Mit etwas Kräuterwürze unterlegte reife Zwetschken, ein Hauch von Brombeeren, dezente Holznuancen, Orangenzesten. Mittlere Komplexität, feine Struktur, würzige Tannine, Cassis im Nachhall, zartes Nougat, ein ausgewogener Speisenbegleiter.

90 Zweigelt * Rubin Carnuntum 2018
13,5 Vol.-%, DV, gebrauchte Barriques, €€
Dunkles Rubingranat, violette Reflexe, zarte Randaufhellung. Zart nach Gewürzen und dunkler Beerenfrucht, etwas Holzwürze, Nougat klingt an. Mittlerer Körper, feine Struktur, extraktsüß, Vanilletouch, Brombeeren im Finish, Nougat im Nachhall, vielseitig einsetzbar.

93 Merlot Optime 2017
14,5 Vol.-%, NK, Barrique, €€€€
Kräftiges Rubingranat, violette Reflexe, breitere Ockerrandaufhellung. Feine Edelholznuancen, reife rote Kirschen, zart nach Lakritze, tabakige Noten, zarte Kräuterwürze. Saftiger Körper, reife rote Kirschen, dezente Süße, straffe Tannine, feine Röstaromen, ein Hauch von Milchkaramell im Abgang, frisch strukturiert und mineralisch, bleibt haften, ein vielseitiger Speisenbegleiter.

★★★

WEINGUT FAMILIE PITNAUER

Für die Vinifizierung der Top-Weine aus dem Hause Pitnauer werden nur von Hand geerntete Trauben höchster Qualität aus Weingärten in bester Lage genutzt. Im Jahr 1986 lebten 27 Brutpaare eines bunten Zugvogels mit besonders melodischem Gesang in Göttlesbrunn. Ornithologen und Journalisten kamen angereist, um diesen seltenen Gast zu studieren. Das Vorkommen des exotischen Vogels mit dem Namen »Bienenfresser« (Merops apiaster) in den Göttlesbrunner Weinrieden wurde zum Anlass genommen, den besten Zweigelt des Hauses nach ihm zu benennen. Schon damals wollte man damit auf die besonderen Böden (die Nistplätze sind in Erdhöhlen von Löss-Steilwänden) und auf das ideale Klima (der Bienenfresser ist ein wärmeliebender afrikanischer Zugvogel) hinweisen. So wurde dieser farbenprächtige Vogel zum Wappentier des Zweigelt-Engagements von Hans und Edith Pitnauer. Auf den selbst bewirtschafteten 22 Hektar wird auf Insektizide und Herbizide gänzlich verzichtet. Die Weinreben werden mit Erfahrung, Leidenschaft und viel Liebe zur Natur gepflegt. Dadurch erwachsen dem Gut aus den Weingärten um Göttlesbrunn Jahr für Jahr ausgezeichnete und sehr vielfältige Weine. Über 50 Prozent der Gesamtfläche sind mit Zweigelt bepflanzt. Merlot, Syrah, Cabernet Sauvignon und Cabernet Franc machen den Rest der Rotweinfläche aus und sind die Basis für viele beliebte Lagen- und Jahrgangsrotweine. Besonders diese werden wegen ihres Entwicklungspotenzials und ihrer guten Lagerfähigkeit sehr geschätzt. Die Weißweinlagen sind mit Grünem Veltliner, Sauvignon Blanc und Gelbem Muskateller bepflanzt. Das kleine, aber feine Weißweinsortiment hält ebenfalls einige Überraschungen bereit. Für den Rebschitt, die Grünarbeit und die Traubenernte sind Edith und Sohn Johannes verantwortlich. Die hochwertige Vinifikation der wertvollen Trauben teilt sich Johannes mit Vater Hans. Nach telefonischer Voranmeldung beim Familienweingut sind Besucher in der Weinbergstraße jederzeit herzlich willkommen.

89 Grüner Veltliner * Classic 2020
12,5 Vol.-%, DV, Edelstahl, €€

91 Gelber Muskateller Selektion 2020
12,5 Vol.-%, DV, Edelstahl, €€
Mittleres Gelbgrün, Silberreflexe. Nuancen von Muskatnuss und Holunderblüten, mit einem Maracujatouch unterlegt,

WEINGUT FAMILIE PITNAUER
2464 Göttlesbrunn
Weinbergstraße 4-6
T: +43 (2162) 8249
weingut@pitnauer.com
www.pitnauer.com

Kellermeister/Kontakt:
Johannes Pitnauer
Produktion: 20 % weiß, 80 % rot, 22 Hektar
Vereinszugehörigkeit: Die Rubin Carnuntum Weingüter, Traditionsweingüter Österreich, DIE Winzer Göttlesbrunn
Messen: ProWein Düsseldorf, VieVinum, DAC-Präsentationen

Rieden bei Göttlesbrunn

* Carnuntum DAC

einladendes Bukett. Saftig, weiße Tropenfrucht, frisch strukturiert, dezente Süße im Abgang, würziger Nachhall.

93 Zweigelt * Reserve Ried Bärnreiser 1ÖTW 2018
14 Vol.-%, NK, gebrauchte Barriques, €€€€€
Dunkles Rubingranat, violette Reflexe, zarte Ockerrandaufhellung. Zart kräuterwürzig unterlegtes feines Brombeerkonfit, Kirschen, ein Hauch von Orangenzesten, einladendes Bukett. Saftig, elegant, frisch strukturiert, gut integrierte, tragende Tannine, etwas Nougat im Abgang, mineralischer Nachhall, bereits sehr gut antrinkbar.

92 Zweigelt * Reserve Ried Haidacker 1ÖTW 2018
14 Vol.-%, NK, gebrauchte Barriques, €€€€€
Dunkles Rubingranat, violette Reflexe, zarte Randaufhellung. Feine Edelholzwürze, dunkle Waldbeeren, schwarze Kirschen, zarte tabakige Nuancen, einladendes Bukett. Saftig, elegant, feine dunkle Beerenfrucht, runde Tannine, harmonisch, bereits gut antrinkbar, vielseitiger Speisenbegleiter mit Entwicklungspotenzial.

(90) * Carnuntum Rot 2019 ZW/SY
13 Vol.-%, DV, gebrauchte Barriques, €€
Dunkles Rubingranat, violette Reflexe, zarte Randaufhellung. Mit zarter Holzwürze unterlegte dunkle Beerenfrucht, würziges Bukett, einladend. Mittlere Komplexität, frische Zwetschken, schwarze Kirschen, frisch strukturiert, mineralisch im Abgang.

94 Franz Josef Große Reserve 2016 ZW/CS
14 Vol.-%, NK, gebrauchte Barriques, €€€€€
Dunkles Rubingranat, violette Reflexe, zarte Randaufhellung. Feine Tabaknuancen, zartes dunkles Waldbeerenkonfit, feine Nuancen von Lakritze, Räuchernoten, würziges Bukett, kandierte Orangenzesten. Saftig, straff, gut eingebundene Tannine, leichtfüßig, reife Zwetschken im Abgang, Holznoten im Nachhall, etwas Vanille und Gewürznelken, guter Speisenbegleiter mit Potenzial.

(93) Syrah Pegasos Große Reserve 2018 SY/ZW/ME
15 Vol.-%, NK, gebrauchte Barriques/Barrique, €€€€
V
Tiefdunkles Rubingranat, violette Reflexe, zarte Randaufhellung. Mit einem Hauch von schwarzen Oliven unterlegtes Brombeerkonfit, gewürzige Nuancen, kandierte Mandarinenzesten, etwas Nougat. Saftig, reife Herzkirschen, elegant, feine Tannine, frisch strukturiert, bleibt gut haften, verfügt über Reifepotenzial.

93 Merlot Quo Vadis Große Reserve 2018
14 Vol.-%, NK, gebrauchte Barriques, €€€€
Dunkles Rubingranat, violette Reflexe, zarte Ockerrandaufhellung. Tabakig unterlegte Edelholznuancen, würzig unterlegte schwarze Herzkirschen, zart nach Lakritze, einladende Nase. Saftig, elegant, feine Extraktsüße, seidige Tannine, bleibt gut haften, sicheres Reifepotenzial, ein vielseitiger Speisenbegleiter.

★★★★

PUR WEIN-GENUSS

Home of Pur ist kein Weingut im herkömmlichen Sinn. Pur steht für das Teamwork zweier zielstrebiger Weinenthusiasten. Zwei Qualitätsverrückte aus völlig unterschiedlichen Welten haben sich zusammengetan, um ihre Expertise für ein gemeinsames Ziel einzusetzen: den besten Wein zu machen – ohne Wenn und Aber.
Bereits vor einigen Jahren schickten sich Johannes Trapl und Christian Klingler an, die Weinszene mit einem unverwechselbaren exklusiven Rotwein vom Spitzerberg in Carnuntum zu bereichern. Inzwischen wurde das feine Rotweinsortiment um eine Serie eleganter Weißweine aus der Wachau erweitert, die aus einer tollen Terrassenlage bei Rossatz stammen. Geringe Erträge sowie Bewirtschaftung der Rebflächen nach biologischen und biodynamischen Prinzipien ergeben Trauben für Weine, die in sich ruhen. Auf den Markt kommen die exklusiven Tropfen in Flaschen, für deren Ausstattung Walter de Silva, der Autodesigner des 20. Jahrhunderts, verantwortlich zeichnet. Die klare Linie in der Verpackung ist ein Spiegel der Weine selbst, deren Stil eine unverwechselbare, präzise Sprache spricht.

95 Grüner Veltliner Wachau DAC PUR Platin 2018
13 Vol.-%, NK, Stahltank, €€€€€€
Mittleres Gelbgrün, Silberreflexe. Feine süße gelbe Tropenfruchtaromen, dezente Kräuterwürze, facettenreiche, kühle Aromatik, zart nach reifer Ringlotte, feiner Blütenhonig, einladendes Bukett. Elegant, feine weiße Apfelfrucht, fi-

PUR WEIN-GENUSS

2463 Stixneusiedl
Hauptstrasse 16
T: +43 (2169) 2404
www.purgenuss.at

Kellermeister/Kontakt:
Johannes Trapl
Anbauweise: Umstellung auf bio

Grüner Veltliner

nessenreicher Säurebogen, zitronig-salzig, pikant, mineralischer, straffer Grüner-Veltliner-Stil, ungemein trinkfreudig, aber auch mit großem Reifepotenzial ausgestattet.

94 Grüner Veltliner Wachau DAC PUR Gold 2018
13,5 Vol.-%, NK, Stahltank, €€€€€
Mittleres Gelbgrün, Silberreflexe. Reife Apfelfrucht, Noten von Quitten, kandierte Orangenzesten, feiner Blütenhonig. Komplex, saftig, reife Kernobstnoten, feiner Säurebogen, zarte Gerbstoffwürze, mineralisch, gut anhaltend, dezente Extraktsüße im Abgang, Marillenkonfit, gute Länge, sehr balanciert, gutes Reifepotenzial.

92 Grüner Veltliner Wachau DAC PUR Silver 2018
12,5 Vol.-%, NK, Stahltank, €€€
Mittleres Grüngelb, Silberreflexe. Zarte Nuancen von Marille, mineralisch, ein Hauch von Orangenzesten, etwas Wiesenkräuter. Leichtfüßig, zart nach weißem Apfel, feine extraktsüße Textur, mineralisch-salzig, zitronige Nuancen, ein finessenreicher Speisenbegleiter.

94 Riesling Wachau DAC PUR Platin 2018
13 Vol.-%, NK, Stahltank, €€€€€€
Mittleres Grüngelb, Silberreflexe. Frischer weißer Weingartenpfirsich, zart nach Mandarinenzesten, ein Hauch von Blütenhonig. Saftig, elegant, feine gelbe Fruchtsüße, die sehr gut eingebunden ist, gut integrierte Säurestruktur, süße Ananasfrucht im Nachhall, mineralischer Touch im Hintergrund, wird von längerer Flaschenreife profitieren, verfügt bereits jetzt über sehr gut Länge, sicheres Potenzial.

97 Blaufränkisch * PUR Platin rot 2017
13 Vol.-%, NK, Holzfass, €€€€€€
Dunkles Rubingranat, violette Reflexe, zarte Ockerrandaufhellung. Nuancen von frischen schwarzen Waldbeeren, zart unterlegt mit Velours und Tabak, ein Hauch von Preiselbeeren und kandierten Orangen, feine Mineralik im Hintergrund. Saftig, elegant, rund und harmonisch, reife Tannine, sehr gute Frische, salzige Komponente, feine balsamische Nuancen, ungemeine Konzentration und Länge.

95 * PUR Gold rot 2018 BF/SY
13,5 Vol.-%, NK, Holzfass, €€€€€€
Dunkles Rubingranat, violette Reflexe, zarte Ockerrandaufhellung. Feine Gewürznuancen, etwas Kardamom, schwarze Kirschen, Lakritze, ein Hauch von Feigen, attraktive Frucht. Stoffig, rote Kirschen, frisch strukturiert, salzige Mineralik, feine Extraktsüße, zarter nussiger Touch im Abgang, ein bereits zugänglicher, finessenreicher Speisenbegleiter.

94 * PUR Silver rot 2018 ZW/BF
12,5 Vol.-%, NK, Holzfass, €€€€€
Dunkles Rubingranat, violette Reflexe, zarter Ockerrand. Nuancen von kandierten Orangenzesten, schwarze Kirschen, feines Brombeerkonfit, angenehme Kräuterwürze klingt an. Komplex, mittlerer Körper, reife Herzkirschen, feine Extraktsüße, reife Tannine, zarter Nougat im Abgang, elegant und anhaftend, bietet leichtfüßigen Rotweingenuss.

* Carnuntum DAC

★★★

WEINGUT TAFERNER

Im Herzen Carnuntums, wo Weine mit unverwechselbarer Handschrift entstehen, liegt das traditionsreiche Weingut Taferner. Franz und seine Tochter Karoline Taferner produzieren erstklassige Weine, die durch ihren eigenständigen Charakter überzeugen. Gemeinsam werden 25 Hektar Weingärten auf den sonnigen Südhängen des Arbesthaler Hügellandes bewirtschaftet. Schwere Böden mit Lehm und Löss, Sand und Schotter bieten den kräftigen ausdrucksvollen Rotweinen und den eleganten, vollmundigen Weißweinen die besten Bedingungen. Im Weingarten wird Wert auf verantwortungsvolle schonende und nachhaltige Arbeit im Einklang mit der Natur gelegt. Wer Rotweine mit enormer Dichte, Tannin und gleichzeitig deftigem Schmelz sucht oder einen der besten Gelben Muskateller des Landes verkosten möchte, ist auf dem Weingut Taferner absolut richtig.

(91) * Göttlesbrunn Weiß 2020 CH/WB/GV
13 Vol.-%, DV, Stahltank/500-l-Fass, €€€
Helles Gelbgrün, Silberreflexe. Zart nach frischer Birne, ein Hauch von Mango, mit Nuancen von Orangenzesten unterlegt. Kräftig, feine gelbe Frucht, zarte Süße, gut integrierte Säurestruktur, ein Hauch von Karamell im Abgang, bereits gut antrinkbar.

(91) Weißburgunder * Ried Altenberg 2020
14 Vol.-%, NK, Stahltank/500-l-Fass, €€€€
Leuchtendes helles Goldgelb mit Kupferreflexen. Reife Dörrbirnenfrucht, ein Hauch von Blütenhonig, tabakige Nuancen. Zart oxidativer Körper, Nuancen von Kletzen, gute Dichte, süße Birnenfrucht, bleibt haften, ein kraftvoller, individueller Speisenbegleiter.

(91) Chardonnay * Ried Schüttenberg 2020
14 Vol.-%, NK, großes Holzfass, €€€€€ V
Mittleres Goldgelb, Silberreflexe. Feine Kräuterwürze, feine gelbe Tropenfrucht, nach Mango und Papaya, zart nach Blütenhonig, ein Hauch von Biskuit. Kraftvoll, reifes Kernobst, nussig-würzige Nuancen, dezente Süße im Abgang, Nougat im Rückgeschmack, Holzaromen im Nachhall.

(93) Zweigelt * Ried Bärnreiser 1ÖTW 2019
14 Vol.-%, NK, 500-l-Fass, €€€€€
Dunkles Rubingranat, opaker Kern, violette Reflexe, zarte Randaufhellung. Ein Hauch von Gewürznelken und Vanille, frische schwarze Kirschfrucht, zart nach Zwetschken, mit feinen Holznuancen unterlegt. Saftig, nach Waldbeeren

Franz und Karoline Taferner

WEINGUT TAFERNER
2464 Göttlesbrunn
Pfarrgasse 2
T: +43 (2162) 8465
weingut@tafi.at
www.tafi.at

Kellermeister/Kontakt: Franz und Karoline Taferner
Anbauweise: Umstellung auf bio
Produktion: 40 % weiß, 60 % rot, 25 Hektar
Zertifiziert: Nachhaltig Austria
Vereinszugehörigkeit: Die Rubin Carnuntum Weingüter, Traditionsweingüter Österreich, DIE Winzer Göttlesbrunn
Messen: ProWein Düsseldorf, VieVinum

und frischen Kirschen, gut integrierte Tannine, lebendige Struktur, feine Fruchtsüße und etwas Nougat im Abgang, bereits gut entwickelt.

(91) Zweigelt * Rubin Carnuntum 2020
13 Vol.-%, DV, gebrauchte Barriques, €€€
Dunkles Rubingranat, violette Reflexe, zarte Randaufhellung. Zart rauchige Kräuterwürze, dunkles Waldbeerenkonfit, Nuancen von Brombeeren und Lakritze. Saftig, elegant, reife Kirschfrucht, feine Tannine, frisch strukturiert, bleibt haften, vielseitig einsetzbar.

(93) * Ried Haidacker 1ÖTW Excalibur 2019 ZW/ME/CS
14 Vol.-%, NK, Barrique, €€€€€
Dunkles Rubingranat, violette Reflexe, zarte Randaufhellung. Nuancen von dunklen Waldbeeren, mit einem Hauch von Cassis unterlegt, angenehmer Edelholztouch, kandierte Mandarinenzesten im Hintergrund. Mittlerer Körper, rotbeeriger Touch, straffe, gut tragende Tannine, reife Zwetschken im Nachhall, etwas Nougat im Finale.

90 * Cuvée 2020 ZW/BF
13 Vol.-%, DV, Stahltank/gebrauchte Barriques, €€
Dunkles Rubingranat, violette Reflexe, zarte Randaufhellung. Mit feinem Nougat unterlegte Nuancen von Brombeeren und reifen Zwetschken, kandierte Orangenzesten. Mittlerer Körper, frische Kirschen, lebendiger Säurebogen, mineralisch-zitronig, ein balancierter, zugänglicher Speisenbegleiter.

(95) V.I.B. Very Important Bottle 2018 ME/CS
14 Vol.-%, NK, Barrique, €€€€€€
Dunkles Rubingranat, opaker Kern, violette Reflexe, zarte Randaufhellung. Intensive schwarze Waldbeeren, Brombeeren und Cassis im Hintergrund, angenehme Edelholzwürze, facettenreiches Bukett. Stoffig, schwarze Kirschen, Johannisbeeren, reife Tannine, schokoladiger Touch, mineralisch-salzig im Abgang, sehr gute Länge, sicheres Reifepotenzial.

(94) Cabernet Sauvignon Tribun 2019
14 Vol.-%, NK, Barrique, €€€€€
Dunkles Rubingranat, violette Reflexe, zarte Ockerrandaufhellung. Einladende Röstaromen, schwarze Beeren, ein Hauch von Cassis und Karamell, zart mit Lakritze unterlegt. Saftig, komplex, feine Brombeernuancen, feste Tannine, schokoladiger Touch im Abgang, zeigt Würze und Länge, sicheres Reifepotenzial.

PLATZ FÜR IHRE
WEINNOTIZEN

NIEDERÖSTERREICH

KAMPTAL DAC

© WSNA

Der Heiligenstein ist wohl
die berühmteste Landmarke im Kamptal

Am Gaisberg wachsen sowohl Riesling wie Grüner Veltliner bestens

GRÜNER VELTLINER KAMPTAL DAC UND RIESLING KAMPTAL DAC AUS MILLIONEN JAHRE JUNGEN BÖDEN

Namensgeber der Region ist der Kampfluss, und Langenlois hat als Stadt die größte Rebfläche. Mit 3907 Hektar ist das Kamptal auch eines der größeren Weinbaugebiete des Landes.

Kultur und Tourismus haben einen großen Stellenwert im Kamptal, was durch Heurige und Vinotheken noch verstärkt wird. Mit dem Heiligenstein hat das Kamptal eine der markantesten Lagen Österreichs mit einem ganz besonderen Boden: einem Wüstensandstein mit vulkanischen Bestandteilen aus der 270 Millionen Jahre alten Perm-Zeit. Auf den steilen Terrassen am Südhang wachsen hauptsächlich Rieslingtrauben, die kraftvolle, langlebige Weine hervorbringen. Zur Donau hin verändern sich die Böden, hier sind auf Löss- und Lehmterrassen gute Voraussetzungen für eine Vielfalt an Weintypen gegeben. Neben dem Grünen Veltliner spielen die Burgunderfamilie sowie der Blaue Zweigelt ihre Stärken aus. Klimatisch macht sich im Kamptal die Dynamik zwischen dem heißen pannonischen Becken und der nördlich angrenzenden kühlen Region Waldviertel bemerkbar. Die beiden Hauptrebsorten Grüner Veltliner und Riesling definieren seit 2008 den Kamptal DAC. Das anfänglich zweistufige Bezeichnungssystem erfährt gerade einen Wandel. Die neue Gliederung, die seit dem Jahrgang 2017 für alle Winzer gilt, legt größeres Gewicht auf die Herkunft, deshalb unterscheidet man nun zwischen Gebietsweinen, also Kamptal DAC, Ortsweinen, die den jeweiligen Ortsnamen als Zusatz tragen, und den Lagenweinen, der Spitze der Pyramide. Diese Weine sind leicht zu erkennen, weil vor der jeweiligen Lage das Wort »Ried« stehen muss, und in den meisten Fällen findet

man auch zusätzlich eine Ortsangabe. Bei den Lagenweinen ist weiterhin der Begriff »Reserve« erlaubt; es wird aber sicher weniger solche Weine geben, die früher mit dieser Bezeichnung auf dem Markt gehandelt wurden. Wenn »Reserve« auf dem Etikett steht, darf der Wein nämlich frühestens im September erscheinen. Einige Winzer verzichten daher gänzlich auf den Begriff, bringen ihre Weine allerdings auch erst zu diesem späteren Zeitpunkt auf den Markt. Eine Attraktion für Weintouristen ist das Loisium, ein futuristisches Besucher- und Seminarhotelzentrum mit Vinothek und mystischen Weinerlebnissen. Das ganze Ensemble ist ein Symbol für die Symbiose aus Tradition und Innovation. Das Ursinhaus ist die zweite empfehlenswerte Adresse auf der Suche nach Kamptaler Weinen. Neben Langenlois, Gobelsburg, Straß im Straßertale, Kammern und Zöbing sind noch zahlreiche kleinere Weinorte von Bedeutung.

AUSGEWÄHLTE WEINGÜTER

>

★★★★★

Weingut Bründlmayer, Langenlois

★★★★

Weingut Allram, Straß im Straßertale
Weingut Kurt Angerer, Lengenfeld
Weingut Birgit Eichinger, Straß im Straßertale
Weingut Schloss Gobelsburg, Gobelsburg
Weingut Hiedler, Langenlois
Weingut Hirsch, Kammern
Weingut Jurtschitsch, Langenlois
Weingut Fred Loimer, Langenlois
Weingut Johann Topf, Straß im Straßertale

★★★

Martin & Anna Arndorfer, Straß im Straßertale
Weingut Ludwig Ehn, Langenlois
Weingut Leindl, Zöbing
Weingut Rudolf Rabl, Langenlois
Weingut Steininger, Langenlois
Weingut Weixelbaum, Straß im Straßertale

★★

Weingärtnerei Aichinger, Schönberg am Kamp
Weingut Am Berg – Ludwig und Michael Gruber, Langenlois
Weingut Gerhard Deim, Schönberg

< AUSGEWÄHLTE WEINGÜTER

★★

Weingut Peter Dolle, Straß im Straßertale
Christoph Edelbauer, Langenlois
Weingut Herndler, Schiltern
Weingut Johannes Holzer, Engabrunn
Weingut Armin Huber, Straß im Straßertale
Christina Hugl Sekt & Pet-Nat, Langenlois
Bio-Weingut Kemetner, Etsdorf am Kamp
Laurenz V., Zöbing
Weingut Maglock-Nagel, Straß im Straßertale
Weingut Christian Nastl, Langenlois
Weingut Barbara Öhlzelt, Zöbing
Weingut Retzl, Zöbing
Weingut Rosner, Langenlois
Weingut Peter Schweiger, Zöbing
Weingut Sonnhof, Langenlois
Weingut Waldschütz, Straß im Straßertale

★

Alfred Markus Deim, Schönberg
Weingut Etz, Walkersdorf am Kamp
Weingut Wolfgang und Sylvia Groll, Reith/Langenlois
Winzerhof Sax, Langenlois
Weingut Schreibeis – Keller am Gaisberg, Straß im Straßertale

—

Weingut Fichtenbauer-Mold, Langenlois
Weingut Robert Herbst, Langenlois
Weingut Reinhard Topf, Straß im Straßertale

★★

WEINGÄRTNEREI AICHINGER

Kamptaler Trauben sind etwas Besonderes – ihre robuste Beschaffenheit erzählt von wechselhaften klimatischen Bedingungen: Starke Tageserwärmung und kühle nächtliche Fallwinde aus dem nahen Waldviertel kreieren eine besonders intensive Frucht. Auf Löss- und Urgesteinsterrassen wachsen Grüner Veltliner, Riesling, Sauvignon Blanc, Gemischter Satz, Weißburgunder, Roter Traminer, Zweigelt, Cabernet Sauvignon und Merlot.
Familie Aichinger bewirtschaftet ihre zwölf Hektar Rebflächen mit größter Sorgfalt und viel Liebe, um das Beste aus jedem Jahrgang herauszuholen. Schon die Generation davor hat die Weingärten naturnah bewirtschaftet und größtes Augenmerk auf Bodenschonung, Bodengesundung und Humusaufbau gelegt. Nun freut man sich sehr, dass das Weingut auch »Nachhaltig Austria«-zertifiziert ist.
Beim Besuch der Weinstube kann man die gesamte Palette kennenlernen, genießen und sich auch gleich von Susanne Zimmermann kulinarisch verwöhnen lassen.

(92) Grüner Veltliner ** Ried Kalvarienberg 2020
13,5 Vol.-%, DV, Stahltank, €€€
Mittleres Gelbgrün, Silberreflexe. Zart tabakig, Nuancen von Ananas und Mango, frische Orangenzesten. Straff, komplex, engmaschiger Stil, zart nach Apfel, lebendig strukturiert, salziger Nachhall, gutes Entwicklungspotenzial.

(91) Grüner Veltliner ** Ried Renner 2020
13 Vol.-%, DV, Stahltank, €€€
Helles Grüngelb, Silberreflexe. Zarte Kräuterwürze, weiße Kernobstnuancen, ein Hauch von Orangenzesten, mineralischer Touch. Mittlerer Körper, frischer Apfel, lebendig strukturiert, bleibt haften, ein feinwürziger Stil.

(92) Riesling ** Ried Rosenberg 2020
13 Vol.-%, DV, Stahltank, €€€€
Helles Gelbgrün, Silberreflexe. Frische gelbe Tropenfrucht, ein Hauch von Mango und Ananas, mineralischer Touch, zart nach Limettenzesten. Straff, weißer Pfirsich, zart nach Litschi, rassig strukturiert, salziger Touch, feine Fruchtsüße im Abgang, zitroniger Rückgeschmack.

91 Riesling * Schönberg Terrassen 2020
12,5 Vol.-%, DV, Stahltank, €€
Helles Gelbgrün, Silberreflexe. Frische weiße Pfirsichfrucht, ein Hauch von Blüten und Maracuja, mit Limetten-

WEINGÄRTNEREI AICHINGER
3562 Schönberg am Kamp
Hauptstraße 15
T: +43 (2733) 8237
kamptal@wein-aichinger.at
www.wein-aichinger.at

Kellermeister/Kontakt: Maximilian Aichinger
Produktion: 85 % weiß, 15 % rot, 12 Hektar
Zertifiziert: Nachhaltig Austria
Messen: Vinobile Feldkirch, Weinmesse Innsbruck

Maximilian Aichinger

zesten unterlegt. Saftig, weiße Tropenfrucht, frischer Säurebogen, ein Hauch von Blütenhonig im Nachhall.

(91) Weissburgunder Oberalbing 2020
13 Vol.-%, DV, großes Holzfass, €€€
Helles Gelbgrün, Silberreflexe. Frische weiße Birnenfrucht, zart nach Mango, ein Hauch von Babybanane und Anis. Saftig, mittlere Komplexität, weißer Apfel, angenehme Säurestruktur, bleibt haften, ein vielseitiger Speisenbegleiter.

(89) Roter Traminer 2020
13 Vol.-%, DV, Stahltank, €€

★★★★

WEINGUT ALLRAM

Das Traditionsweingut Allram der Familie Haas-Allram liegt im Herzen des Weinbaugebietes Kamptal, im Weinort Straß im Straßertale. Seit 2015 leitet mit Sohn Lorenz Haas-Allram die nächste Generation die Geschicke im Familienbetrieb. Dabei schöpft der junge Winzer aus einem enormen Potenzial, denn spricht man von Allram, so kommt man an Lagen wie Gaisberg, Renner und Heiligenstein nicht vorbei. Die 1,5 Hektar große Anlage am Heiligenstein wurde nach 30-jähriger Brache im Jahr 1998 rekultiviert und ist heute die Grundlage für einen absoluten Ausnahme-Riesling.
Ziel der Winzerfamilie ist es, Weine zu keltern, die eine Geschichte erzählen – eine Geschichte der Weinberge, in denen sie ihren Ursprung finden und die Menschen, die sie prägen. So wird den erstklassigen Lagen und dem Kamptal maximaler Ausdruck verliehen. Erreicht wird dies durch lebendige Böden, eine bunte Fauna und Flora in den Weinbergen sowie minimale Eingriffe in den Reifungsprozess der Weine und Mut zu Neuem. Und so bestechen die Weine der Haas-Allrams durch Präzision und enorme Länge.
Sein Können hat Lorenz Haas-Allram bereits mit zahlreichen nationalen und internationalen Auszeichnungen eindrucksvoll unter Beweis gestellt. Bisheriges Highlight seiner jungen Winzerkarriere ist mit Sicherheit die begehrte »White Wine Trophy« der »International Wine Challenge« in London, die er mit dem Riesling Ried Gaisberg 1 ÖTW 2016 zum ersten Mal nach Österreich holte. Eine renovierte Jugendstilvilla mitten im Ort, die vom Weingut zu Fuß

Lorenz und Michaela Haas-Allram

WEINGUT ALLRAM

3491 Straß im Straßertale
Herrengasse 3
T: +43 (2735) 2232
weingut@allram.at
www.allram.at

Kellermeister/Kontakt: Lorenz Haas-Allram
Anbauweise: Umstellung auf bio
Produktion: 85 % weiß, 5 % rosé, 5 % rot, 5 % süß, 30 Hektar
Zertifiziert: Nachhaltig Austria
Vereinszugehörigkeit: Traditionsweingüter Österreich
Messen: Austrian Tasting London, ProWein Düsseldorf, London Wine Fair, VieVinum, MondoVino

gut erreichbar ist, steht den Kunden und Weinfreunden als Gästehaus zur Verfügung.

(95) Riesling * Ried Heiligenstein 1ÖTW 2020
13 Vol.-%, DV, Stahltank, €€€€€
Helles Gelbgrün, Silberreflexe. Mit Nuancen von Orangenzesten unterlegte gelbe Pfirsichfrucht, Anklänge von Ananas und Papaya, attraktive florale Noten. Komplex, saftig, straffe Textur, weißer Apfel, finessenreich strukturiert, feinziseliert und lange anhaftend, wirkt leichtfüßig, sehr gutes Reifepotenzial.

(94) Riesling * Ried Gaisberg 1ÖTW 2020
13 Vol.-%, DV, Stahltank, €€€€€
Helles Gelbgrün, Silberreflexe. Einladende gelbe Tropenfrucht, reife Maracuja, feine gelbe Pfirsichfrucht, mineralischer Touch. Saftig, frische weiße Fruchtnuancen, finessenreich strukturiert, salzig-zitronig im Abgang, bleibt haften, sicheres Entwicklungspotenzial.

92 Riesling * Strass 2020
12,5 Vol.-%, DV, Stahltank, €€€
Helles Gelbgrün, Silberreflexe. Mit einem Hauch von Muskat unterlegte weiße Pfirsichfrucht, attraktives Bukett. Saftig, elegant, zarte gelbe Tropenfrucht, finessenreicher Säurebogen, präzise und frisch, toller leichtfüßiger Sommerwein.

(95) Grüner Veltliner * Ried Gaisberg 1ÖTW 2020
13,5 Vol.-%, NK, großes Holzfass, €€€€€
Leuchtendes Grüngelb, Silberreflexe. Zart nach Mandarinenzesten, reife Marille, ein Hauch von Mango, mit einem Blütenhonigtouch unterlegt. Komplex, straff und elegant, weißes Kernobst, finessenreicher Säurebogen, feine Salzigkeit im Abgang, besitzt gute Länge und sicheres Reifepotenzial.

(94) Grüner Veltliner * Ried Renner 1ÖTW 2020
13 Vol.-%, NK, großes Holzfass, €€€€
Leuchtendes Gelbgrün, Silberreflexe. Zart nach Ananas und Papaya, ein Hauch von frischen Orangenzesten, einladendes fruchtiges Bukett. Stoffig, weißer Apfel, frische Struktur, mineralisch, zitroniger Touch im Abgang, eleganter Speisenbegleiter.

(93) Grüner Veltliner * Ried Rosengartl 2020
13,5 Vol.-%, NK, großes Holzfass, €€€€
Leuchtendes helles Gelbgrün, Silberreflexe. Mit frischen Orangenzesten unterlegte gelbe Tropenfrucht, feine Nuancen von Mango und Ananas, floraler Touch. Saftig, elegant, feine Fruchtsüße, frischer Säurebogen, mineralisch-salzig im Abgang, zarter Blütenhonig im Nachhall, sehr guter Sortencharakter, sicheres Potenzial.

92 Grüner Veltliner * Herzstück 2020
12,5 Vol.-%, DV, Stahltank, €€€
Helles Goldgelb, Silberreflexe. Zarte gelbe Tropenfrucht, Nuancen von Mango und Ananas, feiner Blütenhonig, ein Hauch von Orangenzesten. Stoffig, weiße Apfelfrucht, feiner Touch von Honigmelone, frisch strukturiert, bleibt haften, ein facettenreicher Speisenbegleiter.

92 Grüner Veltliner * Alte Reben 2020
13 Vol.-%, DV, Stahltank, €€€
Helles Gelbgrün, Silberreflexe. Zart nussig unterlegte Würze von Wiesenkräutern, feine gelbe Apfelfrucht, ein Hauch

von Mandarinenzesten. Stoffig, frische weiße Kernobstnuancen, feine Fruchtsüße, finessenreich strukturiert, bleibt haften, gute Länge, verfügt über Reifepotenzial.

91 Grüner Veltliner * Ried Hasel 2020
12,5 Vol.-%, DV, Stahltank, €€ V
Helles Gelbgrün, Silberreflexe. Zart tabakig, Nuancen von Wiesenkräutern, mit frischem gelbem Apfel unterlegt. Saftig, gute Komplexität und Würze, frisch strukturiert, zart nach Birne im Abgang, feine Süße im Finish, bereits gut entwickelt.

90 Grüner Veltliner * Strass 2020
12,5 Vol.-%, DV, Stahltank, €€ V
Helles Gelbgrün, Silberreflexe. Zart nach frischer Birne und Mango, zarter Blütenhonig, einladendes Bukett. Saftig, weißes Kernobst, etwas Melone, frischer Säurebogen, bietet unkompliziertes Trinkvergnügen.

94 Grauburgunder Reserve 2019
14 Vol.-%, NK, Barrique, €€€€€ S V
Mittleres Goldgelb, Messingreflexe. Feine Röstaromen, zart nach Haselnuss und gelbem Steinobst, ein Hauch von Bourbonvanille. Kraftvoll, zeigt feine Süße, cremige Textur, angenehmer Säurebogen, ein Hauch von Nougat, sehr gute Länge, ein Wein, der neben Kraft auch viel Finesse besitzt, gute Zukunft.

92 Chardonnay Ried Wechselberg 2020
13 Vol.-%, DV, Barrique/Stahltank, €€€€ V
Helles Goldgelb, Silberreflexe. Zart nussig unterlegte gelbe Birnenfrucht, ein Hauch von Apfel und Mango, zart nach Wiesenkräutern. Mittlerer Körper, weiße Frucht, frisch strukturiert, feine Fruchtsüße im Abgang, mineralisch, ein feiner Speisenbegleiter.

Grüner Veltliner

91 Weißburgunder Papageno 2020
13 Vol.-%, DV, Stahltank, €€€ V
Helles Goldgelb, Silberreflexe. Zart nach gelber Birne, ein Hauch von Blütenhonig und kandierten Orangenzesten, etwas Karamell. Mittlerer Körper, feine weiße Fruchtnoten, gute Frische, zitroniger Touch im Abgang, wird mit Flaschenreife zulegen.

★★

WEINGUT AM BERG MICHAEL GRUBER

Die Region von Langenlois ist seit historischen Zeiten Territorium großer Winzer. Seit einigen Jahren darf auch Michael Gruber in deren Fußstapfen treten. Weinbau ist für ihn nicht nur Lebensinhalt, sondern auch Leidenschaft. Das Konzept der Familie Gruber lässt sich in ein paar Schlagworten zusammenfassen: Regionalität & Authentizität kombiniert mit alten Reben und vergessenen Lagen. Das »Weingut am Berg« befindet sich im Ort Mittelberg am Rande des Kamptals, umgeben von den Lagen Kellerberg und Loiserberg. Es entwickeln sich hier auf engstem Raum unterschiedliche Mikroklimata, die für eine optimale Terroir-Vielfalt sorgen und somit ideale Voraussetzungen bieten. Neben den allgegenwärtigen Veltlinern und Rieslingen setzen die Grubers auf die Vielfalt des Kamptals und die Bandbreite, die sie hier vorfinden. So entstehen Weine mit Charakter und mit ihrer persönlichen Handschrift. Urgestein, Überbleibsel der Böhmischen Masse, spielt hier oben, 200 Höhenmeter über Langenlois, eine elementare Rolle. Geprägt ist die

Michael Gruber

WEINGUT AM BERG – MICHAEL GRUBER
3550 Langenlois
Mittelberg 41
T: +43 (2734) 2965
office@weingut-am-berg.at
www.weingut-am-berg.at

Kellermeister/Kontakt:
Michael Gruber
Produktion: 80 % weiß, 15 % rot, 5 % süß, 15 Hektar
Messen: VieVinum

Gegend von Gneis und urzeitlichem Löss. Dem wenig bekannten Kellerberg stehen Lagen zur Seite, die in keiner Verkostung großer Kamptaler Weine fehlen, allen voran der Käferberg, die Ried Steinhaus und der Loiserberg.

(92) Riesling **
Ried Langenloiser Steinhaus 2020
13,5 Vol.-%, DV, Teilbarrique, €€€
Leuchtendes Gelbgrün, Silberreflexe. Feine Tabakwürze, etwas nach Mango, ein Hauch von Marille, dunkle Mineralik, Orangenzesten. Saftig, elegant, straff, feine Säurestruktur, weiße Tropenfrucht, salzig, guter Speisenbegleiter.

(93) Grüner Veltliner **
Ried Langenloiser Käferberg 2020
13,5 Vol.-%, DV, großes Holzfass, €€€€
Leuchtendes Gelbgrün, Silberreflexe. Zart nach Blütenhonig und Karamell, etwas Papaya, ein Hauch von Tropenfrucht, Wiesenkräuter klingen an. Saftig, elegant, facettenreiche Säurestruktur, mineralisch, elegant, extraktsüß nach Ananas im Abgang, bleibt gut haften, sicheres Potenzial.

(92) Grüner Veltliner **
Ried Langenloiser Steinhaus 2020
13,5 Vol.-%, DV, Teilbarrique, €€€
Mittleres Grüngelb, Silberreflexe. Zart nach frischer Birne, ein Hauch von Papaya, dezente Würze von Wiesenkräutern, ein Hauch von Orangenzesten. Mittlere Komplexität, weißes Kernobst, frischer Säurebogen, feiner Apfeltouch, zitroniger Anklang, mineralischer Nachhall.

91 Grüner Veltliner *
Ried Mittelberger Kellerberg 2020
12,5 Vol.-%, DV, Stahltank, €€
Helles Grüngelb, Silberreflexe. Zart nach Orangenzesten, mit frischer gelber Apfelfrucht unterlegt, ein Hauch von Orangenzesten. Saftig, elegant, feine Fruchtsüße, frischer Säurebogen, weiße Frucht im Nachhall, mineralisch-zitroniger Rückgeschmack.

89 Grüner Veltliner *
Ried Langenloiser Loiserberg 2020
12,5 Vol.-%, DV, Stahltank, €€

92 Burgunder Reserve Ried Langenloiser Loiserberg 2018 PG/CH/WB
13,5 Vol.-%, DV, Barrique, €€€€
Leuchtendes Gelbgrün, Silberreflexe. Zarter Vanilletouch, etwas nach Mango, zart nach Williamsbirne, floraler Touch. Saftig, elegant, engmaschig, zarte Würze, etwas nach Melisse, Papaya im Abgang, bleibt gut haften, vielseitiger Speisenbegleiter.

★★★★

WEINGUT KURT ANGERER

Kurt Angerer, bodenständig und weltoffen zugleich, ist einer aus der jungen Winzergeneration, der sich dem Grünen Veltliner verschrieben hat. Nicht, dass er ausschließlich die wichtigste Sorte Österreichs keltern würde, aber er ist bestrebt, ihre Vielfalt zum Ausdruck zu bringen. Dabei entstehen Weine, die ihre mineralischen Strukturen und unterschiedlichen Standorte auszudrücken vermögen. Urgesteinsböden, tiefgründige Lössböden und Kies erlauben eigenständige Weine mit Namen, die auf ihre Herkunft Bezug nehmen: Sie heißen »Kies«, »Spies«, »Loam«, »Granit« oder »Eichenstaude«.
Bereits seit 170 Jahren betreibt die Familie Angerer in den Rieden des beschaulichen Winzerortes Lengenfeld Weinbau, der heutige Inhaber bewirtschaftet 39 Hektar. Hier entstehen Weine von großer Individualität, mit denen sich der zu den Newcomern zählende Kurt Angerer bereits in das Spitzenfeld der Kamptaler Winzer katapultiert hat und die ihm zahlreiche internationale Auszeichnungen eingebracht haben. Mit seinem herausragenden Syrah Red Granite holte Kurt Angerer 2019 bei der Falstaff-Rotweinprämierung den Sieg in der »Reserve Trophy«.

(94) Grüner Veltliner ** Ried Schreckenstein 2020
13,5 Vol.-%, NK, Stahltank, €€€€€
Mittleres Gelbgrün, Silberreflexe. Feine Kräuternoten, etwas nach Apfel, Tabakwürze, ein Hauch von Orangenschalen. Gute Komplexität, saftig, straff, gut eingebundener Säurebogen, mineralisch, vielschichtiger Speisenbegleiter, kraftvolles Finish, gutes Potenzial.

(93) Grüner Veltliner * Eichenstaude 2020
13,5 Vol.-%, DV, großes Holzfass/Stahltank, €€€€
Mittleres Gelbgrün. Feiner Duft nach Tropenfrucht, zart nach reifem Apfel, ein Hauch von Wiesenkräutern, Guave klingt an. Saftig, komplex, engmaschig, balancierte Säurestruktur, mineralisch, weißes Kernobst im Abgang, stoffiger Speisenbegleiter.

(92) Grüner Veltliner * Spies 2020
13,5 Vol.-%, DV, Stahltank, €€€€
Mittleres Gelbgrün, Silberreflexe. Feine Apfelfrucht, etwas nach Papaya, mit Blütenhonig unterlegte Orangenzesten, einladendes, würziges Bukett. Saftig, komplex, elegant, feinmaschige Säurestruktur, mineralisch, weiße Tropenfrucht im Abgang, guter Speisenbegleiter.

(92) Grüner Veltliner * Loam 2020
13,5 Vol.-%, DV, großes Holzfass/Stahltank, €€€€
Mittleres Gelbgrün, Silberreflexe. Etwas dunkle Mineralik, zart nach Mango, ein Hauch von Kräutern, feiner Melissentouch. Saftig, guter Säurebogen, engmaschig, extraktsüß nach Ananas, bleibt gut haften, guter Speisenbegleiter.

95 Grüner Veltliner Unfiltriert 2019
13,5 Vol.-%, NK, Barrique, €€€€€
Leuchtendes Gelbgrün, Silberreflexe. Einladender Duft nach Blütenhonig, etwas nach Ananas und Mango, ein Hauch von Orangenzesten, kandierte Früchte, attraktives Bukett. Saftig, gute Komplexität, elegant, facettenreiche Säurestruktur, zart nussig, Karamell im Abgang, Tropenfrucht im Nachhall, vielseitiger Speisenbegleiter mit Potenzial.

90 Grüner Veltliner Kies 2020
13 Vol.-%, DV, Stahltank, €€
Helles Gelbgrün, Silberreflexe. Zart nach Apfelfrucht und Kräutern, etwas Melisse, floraler Touch. Saftig, elegant, feine Struktur, Pfirsichtouch, leichtfüßig, Zitrus im Finish, ein Hauch von Birnen im Nachhall, bereits gut antrinkbar.

WEINGUT KURT ANGERER
3552 Lengenfeld
Annagasse 101
T: +43 (676) 4306901
kurt.angerer@aon.at
www.kurt-angerer.at

Kellermeister/Kontakt:
Kurt Angerer
Produktion: 60 % weiß, 40 % rot, 39 Hektar
Messen: Austrian Tasting London, ÖGW Zürich, ProWein Düsseldorf, Vinexpo Bordeaux

* Kamptal DAC ** Kamptal DAC Reserve

★★★

MARTIN & ANNA ARNDORFER

BIO

Wein ist aus Sicht von Martin und Anna Arndorfer ein Handwerk, das auch Freiraum für Kreativität, Sensibilität und jede Menge Persönlichkeit lässt. Sie stellten sich die Aufgabe, Weine zu produzieren, »die Handwerk, Herkunft und Leidenschaft vereinen und in der großen Weinwelt Neugierde wecken und Freude bereiten«.
Die Weingärten, in denen Martin und Anna Arndorfer ihre eigenen Visionen zu Wein machen können, liegen rund um Straß im Straßertale – darunter Parzellen in Top-Lagen wie Gaisberg, Offenberg, Wechselberg, Wechselberg-Spiegel, Hasel, Stangl, Merschein, Hölle und Brunngasse. Die lebendigen, mineralischen Böden geben ihren Reben den nötigen Lebensraum, um saftige, fruchtkonzentrierte Trauben entstehen zu lassen. Um diesen ursprünglichen Geschmack der Traube und der Lage zu bewahren, verzichten die beiden auf jegliche Eingriffe im Keller, sodass der pure, saftige Charakter transportiert wird.
Das Ergebnis ist zum einen in den Charakterweinen wie »Strasser Weinberge« oder »die Leidenschaft« schmeckbar und zum anderen in der Serie der Naturweine. Bei den Naturweinen vergärt der Saft mit der Schale, wodurch der saftige Geschmack der Traube noch intensiver im Wein wiederzukennen ist. Dabei genießen die Arndorfers den Freiraum und die grenzenlose Vielfalt ihrer Weingärten, wodurch ausdrucksstarke Kombinationen wie »rosa marie«, »anina verde« oder »martha rouge« entstehen, die voller Überraschungen stecken. Der Trinkfluss und die Bekömmlichkeit haben in all ihren Weinen einen hohen Stellenwert. Die Aufmerksamkeit für viele Details in ihrer Arbeit ist spürbar und schafft in Summe einen Gesamtauftritt, der beeindruckt, inspiriert und vor allem viel Freude bereitet.

MARTIN & ANNA ARNDORFER
3491 Straß im Straßertale
Weinbergweg 16
T: +43 (2735) 2254
info@ma-arndorfer.at
www.ma-arndorfer.at

Kellermeister: Martin Arndorfer
Kontakt: Martin u. Anna Arndorfer
Anbauweise: Zertifiziert Biologisch
Produktion: 85 % weiß, 15 % rot, 20 Hektar
Messen: VieVinum, The Real Wine Fair London

92 Riesling * Strasser Weinberge 2019
13 Vol.-%, DV, großes Holzfass, €€€
Mittleres Goldgelb, Silberreflexe. Zart nach Maracuja und Litschi, zarter Blütenhonigtouch, kandierte Limettenzesten. Mittlerer Körper, weiße Tropenfrucht, frischer Säurebogen, leichtfüßig und gut anhaftend, zarte Süße im Nachhall.

94 die Leidenschaft weisz 2019 GV/CH/NB
13,5 Vol.-%, NK, Barrique, €€€€€
Leuchtendes Goldgelb, Silberreflexe. Mit Orangenzesten unterlegte reife Noten von Birnen, zart nach Quitten, feiner Blütenhonig, Limettenzesten. Straff, engmaschig, feine gelbe Apfelfrucht, angenehme Säurestruktur, mineralisch und gut anhaftend, zeigt Länge, sicheres Reifepotenzial.

94 Gemischter Satz Terrassen 1958 2019
12,5 Vol.-%, NK, Teilbarrique, €€€€€
Mittleres, zart wolkiges Goldgelb, Silberreflexe. Reife Birne, ein Hauch von Karamell, entwickeltes Bukett. Saftig, engmaschig, am Gaumen sehr frisch, weißer Apfel, feine Struktur, zarter Honigtouch im Abgang, gute Länge, ein facettenreicher, leichtfüßiger Speisenbegleiter.

92 Vereinter Schatz weiss 2020 GV/RR
12,5 Vol.-%, DV, großes Holzfass, €€ B
Mittleres Goldgelb, Silberreflexe. Mit einem Hauch von Gewürznelken unterlegte feine gelbe Fruchtanklänge, Noten von Birne und Mango, einladendes Bukett. Mittlerer Körper, feine weiße Frucht, finessenreiche Säurestruktur, pikant und animierend, macht Lust auf ein zweites Glas.

93 Roter Veltliner Terrassen 1979 2019
12 Vol.-%, NK, Teilbarrique, €€€€€
Mittleres, zart wolkiges Goldgelb, Silberreflexe. Mandarinenzesten, ein Hauch von Gewürznelken, feine gelbe Tropenfruchtaromen, mit zartem Blütenhonig unterlegt. Saftig, elegant, gelber Pfirsich, dezente Säurestruktur, süßer Nachhall, bereits gut antrinkbar.

92 Grüner Veltliner Strasser Weinberge 2019
13 Vol.-%, DV, großes Holzfass, €€€
Mittleres Goldgelb, Silberreflexe. Zart nach Mandarinenzesten, feine gelbe Apfelfrucht, dezente Fruchtsüße, floraler Touch. Mittlere Komplexität, weiße Fruchtnuancen, feiner Säurebogen, zarter Blütenhonig, zitroniger Nachhall.

92 Grüner Veltliner anina verde 2020
11,5 Vol.-%, NK, Teilbarrique, €€€€
Zart getrübtes Orangegelb. Floral unterlegte getrocknete Orangenzesten, zarte Kräuterwürze, mit Tropenfrucht unterlegt, kalkiger Touch. Schlank, feine Gerbstoffnuancen, frisch strukturiert, weißer Pfirsich, zart nussiger Touch im Abgang, bereits gut antrinkbar.

92 Neuburger Strasser Weinberge 2019
12,5 Vol.-%, DV, Teilbarrique, €€€€
Mittleres Goldgelb, Silberreflexe. Reife Birnenfrucht, ein Hauch von Nougat, kandierte Orangen, zart nach Karamell, einladendes Bukett. Straff, mineralisch, weißer Apfel, finessenreich strukturiert, zart nussig-zitronig im Nachhall, ein facettenreicher Speisenbegleiter.

90 Zweigelt rosa marie 2020
12 Vol.-%, NK, Teilbarrique, €€€€
Kräftiges, zart getrübtes Lachsrosa, Orangereflexe. Rauchig-kräuterwürzig, eingelegte Kirschen, ein Hauch von Dörrpflaumen, insgesamt etwas verhalten. Schlank, rotbeerig, frisch strukturiert, salziger Nachhall, individuelle Stilistik, die eher am Gaumen überzeugt.

93 Zweigelt martha rouge 2020
11 Vol.-%, NK, Teilbarrique, €€€€
Kräftiges Rubingranat, violette Reflexe, dezente Randaufhellung. Floral unterlegte Fruchtnote von eingelegten Kirschen, kandierte Veilchen, ein Hauch von Nordrhône, attraktives Bukett. Lebendig, frisch und knackig, zart nach Himbeeren, animierender Stil, mineralisch und anhaftend, bietet leichtfüßiges Rotweinvergnügen auf hohem Niveau.

91 Vereinter Schatz rot 2020 ZW/PN
11 Vol.-%, DV, Teilbarrique, €€
Kräftiges Rubingranat, violette Reflexe, dezente Randaufhellung. Zart nach frischen Kirschen, etwas Erdbeerkonfitüre, süße Gewürze klingen an. Frisch, leichtfüßig, mineralisch, verfügt über Energie und gute Frische, ein leichtfüßiger Rotwein für die heißen Sommertage.

★★★★★

WEINGUT BRÜNDLMAYER

BIO

Im Hause Bründlmayer ist vieles beeindruckend: die Menschen, die Güte der hier in Langenlois erzeugten Weine und schließlich das freundliche und bescheidene Wesen des Mannes, der seit 1980 für den Erfolg dieses Paradeunternehmens sorgt. Nahezu jeder Wein – vom leichtesten Grünen Veltliner über den Rotwein bis hin zum Sekt – hat das Potenzial, Jahrgangsbester seiner Kategorie zu sein.
Die Weingärten sind größtenteils in Terrassen angelegt und werden seit 2015 biologisch-organisch bewirtschaftet. Rund ein Viertel der Rebanlagen wird in sogenannter »Lyra-Erziehung« kultiviert. Wichtigste Rebsorte des Weinguts ist und bleibt der Grüne Veltliner: Von leichten Gebietsweinen bis hin zu komplexen und nachhaltigen Lagenweinen reicht das Spektrum. Die Riesling-Trauben wachsen auf den kargen Gesteinsböden wie etwa auf der Riede Steinmassl. Die historisch älteste und sicher auch berühmteste Lage ist der Zöbinger Heiligenstein, dessen Boden aus der 270 Millionen Jahre zurückliegenden Perm-Zeit stammt. Dieser Wüstensandstein mit vulkanischen Bestandteilen schafft die Voraussetzung für das Wachstum herausragender Weine. Die feinsten Früchte reifen hoch oben auf dem Berg in einem in sich geschlossenen Naturschutzgebiet.
Wichtigste Rebsorte des Weinguts ist und bleibt der Grüne Veltliner: Von angenehmen leichten Qualitäts- und Kabinettweinen bis hin zu komplexen und nachhaltigen Spätlesen reicht das Spektrum. Die Riesling-Trauben wachsen auf den kargen Gesteinsböden in den Rieden Stein-

Langenlois

WEINGUT BRÜNDLMAYER
3550 Langenlois, Zwettler Straße 23
T: +43 (2734) 21720, www.bruendlmayer.at
weingut@bruendlmayer.at
Kellermeister: Christopher Forst
Kontakt: Willi Bründlmayer, Andreas Wickhoff, Thomas Klinger
Anbauweise: Bio Austria
Produktion: 600.000 Flaschen
15 % Schaumwein, 59 % weiß, 10 % rosé, 15 % rot, 1 % süß, 90 Hektar
Zertifiziert: Nachhaltig Austria
Vereinszugehörigkeit: Traditionsweingüter Österreich
Messen: Austrian Tasting London, Foodex Japan, Millésime Bio, ProWein Düsseldorf, VieVinum, Vinexpo Bordeaux, véritable St.Martin, Summa Margreid

massl und Heiligenstein, die daraus gewonnenen Weine können ein geradezu biblisches Alter erreichen. Als Spezialitäten des Hauses gelten ferner der Chardonnay und die Burgundersorten (Pinot Noir, Grau- und Weißburgunder). Auch wenn die Rotweine mehr durch Finesse als durch Kraft glänzen, ist es für Willi Bründlmayer ein besonderes Vergnügen, in diesem klimatischen Grenzgebiet schöne, bekömmliche Rotweine mit markanter Persönlichkeit heranzuziehen. Vor allem sein Pinot Noir erregte jüngst auch international Aufmerksamkeit. Eine Klasse für sich ist der »Bründlmayer Brut«, der nach klassischer Gärung etwa drei Jahre auf der Hefe gelagert, dann per Hand gerüttelt und im Keller degorgiert wird. Im Vinotheksarchiv lagern seit 1947 die jeweils wertvollsten Jahrgänge. Bei intensiven internen Verkostungen aus dem Archiv der Vinothek lernt man vieles über Lagen, Jahrgangscharakter und Ausbaustil.
Mit einem Exportanteil von 30 Prozent ist der Familienbetrieb auch international sehr erfolgreich. Fünfmal in Folge erhielt das Weingut die Auszeichnung »Winery of the year« des amerikanischen »Wine & Spirits Magazine«, und die britische »Financial Times« nennt Bründlmayer ein »Leuchtfeuer des österreichischen Weinbaus«.
Alle aktuellen Weine können im Heurigenhof Bründlmayer, einem Renaissancebau aus dem 16. Jahrhundert, auch glasweise verkostet werden.

96 ❸ Bründlmayer Blanc de Blancs Extra Brut Langenlois Grosse Reserve 2014
12 Vol.-%, NK, Flaschengärung, €€€€€€ Ⓥ
Helles Goldgelb, Silberreflexe, feines, gut anhaltendes Mousseux. Mit einem Hauch von Biskuit unterlegte feine gelbe Apfelfrucht, ein Hauch von Honigmelone, zarte Wiesenkräuter, Nuancen von Mandarinenzesten. Stoffig, feine weiße Kernobstnuancen, finessenreich und frisch, gute Komplexität, straffer Abgang, wirkt sehr jugendlich, zeigt Länge, verfügt über sicheres weiteres Entwicklungspotenzial, jedem Top-Champagner ebenbürtig.

95 ❸ Brut Nature Blanc de Blancs Langenlois Große Reserve 2017
12,5 Vol.-%, NK, Flaschengärung, €€€€€€ Ⓥ
Mittleres Goldgelb, Silberreflexe, lebendiges, feinperliges Mousseux. Attraktive gelbe Fruchtnuancen nach Golden Delicious und Mango, weiße Beeren, Wiesenkräuter, mineralischer Touch. Straff, engmaschig, weiße Apfelfrucht, lebendige Struktur, ein Hauch von Birne, nussiger Touch im Abgang, gute Länge, reduktiv-flintige Nuancen, Limetten im Nachhall, sicheres Reifepotenzial.

94 ❸ Bründlmayer Blanc de Noirs Extra Brut Langenlois Grosse Reserve 2015
12 Vol.-%, NK, Flaschengärung, €€€€€€ Ⓥ
Helles Goldgelb, Silberreflexe, feinperliges, anhaltendes Mousseux. Zarte Nuancen von gelben Pflaumen und Ringlotten, ein Hauch von Papaya, zarte Kräuterwürze, ein Hauch von frischen Mandeln. Stoffig, weiße Birnenfrucht, lebendiger Säurebogen, salzig und straff im Abgang, nussiger Touch im Nachhall, ein vielseitiger Speisenbegleiter.

97 Grüner Veltliner * Ried Kammerner Lamm 1ÖTW 2019
13 Vol.-%, NK, Holzfass/Barrique, €€€€€€ B V
Mittleres Gelbgrün, Silberreflexe. Frische Kräuternoten, etwas schwarzer Pfeffer, weißer Apfel, zart rauchig, zart nach Ringlotte, frische Orangenzesten. Saftig, straff, gute Komplexität, leichtfüßig, weißes Kernobst, mit Zitrus unterlegt, filigran, lebendiger Säurebogen, mineralisch-salzig, feinfruchtig im Abgang, sicheres Potenzial, guter Speisenbegleiter.

95 Grüner Veltliner * Ried Langenloiser Spiegel 1ÖTW Vincent 2019
13,5 Vol.-%, NK, Holzfass/Barrique, €€€€€ B V
Mittleres Gelbgrün, Silberreflexe. Zart rauchig-tabakig unterlegte reife gelbe Apfelfrucht, nussiger Anklang, kandierte Mandarinenzesten im Hintergrund. Saftig, elegant, feine Tropenfrucht, finessenreich strukturiert, mineralisch-salzig im Abgang, gelber Pfirsich im Nachhall, zitroniger Touch, sicheres Reifepotenzial.

95 Grüner Veltliner * Ried Langenloiser Käferberg 1ÖTW 2019
13,5 Vol.-%, NK, Holzfass/Barrique, €€€€€ B V
Mittleres Grüngelb, Silberreflexe. Kräuterwürzig, zart nussig unterlegte gelbe Apfelfrucht, tabakiger Touch, kandierte Orangenzesten klingen an. Stoffig, gelbe und weiße Tropenfruchtnuancen, finessenreicher Säurebogen, mineralisch und anhaftend, verfügt über gute Frische und Länge, ein Hauch von Marille im Rückgeschmack.

(94) Grüner Veltliner * Langenloiser Alte Reben 2020
13 Vol.-%, NK, großes Holzfass, €€€€€ V
Leuchtendes Goldgelb, Silberreflexe. Reife gelbe Frucht, etwas nach Mango, ein Hauch von Blütenhonig, feiner Birnentouch. Komplex, saftig, straff, balancierte Säurestruktur, engmaschig, bleibt gut haften, Zitrus im Nachhall, vielseitiger Speisenbegleiter mit Entwicklungspotenzial.

(93) Grüner Veltliner * Ried Loiserberg 1ÖTW Langenlois 2020
12,5 Vol.-%, NK, Stahltank/gr. Holzfass, €€€ B V
Mittleres Gelbgrün, Silberreflexe. Reife gelbe Tropenfrucht, ein Hauch von Orangenzesten, zart nach Papaya, einladendes Bukett. Saftig, elegant, feine Struktur, extraktsüß nach weißem Steinobst, frisch und engmaschig, bleibt gut haften, vielseitiger Speisenbegleiter mit Potenzial.

(92) Grüner Veltliner * Ried Berg Vogelsang 2020
12,5 Vol.-%, DV, Stahltank, €€€ V
Helles Gelbgrün, Silberreflexe. Zarte Tropenfrucht, etwas nach Maracuja, feiner Blütenhonig, Wiesenkräuter klingen an. Saftig, elegant, feine Säurestruktur, mineralisch-salzig, Apfelfrucht im Abgang, leichtfüßiger Speisenbegleiter.

91 Grüner Veltliner * Terrassen 2020
12 Vol.-%, DV, Stahltank, €€€ B V
Helles Gelbgrün, Silberreflexe. Feines gelbes Kernobst, ein Hauch von Wiesenkräutern, zart nach Orangenzesten. Saftig, elegant, feine Säurestruktur, extraktsüß nach Papaya, bleibt gut haften, guter Speisenbegleiter.

89 Grüner Veltliner L + T (leicht & trocken) 2020
11 Vol.-%, DV, Stahltank, €€ B V

(96) Riesling * Ried Zöbinger Heiligenstein 1ÖTW 2020
12,5 Vol.-%, NK, Stahltank, €€€€€ B V
Leuchtendes helles Grüngelb. Dezenter Duft nach gelbem Steinobst, etwas nach Wiesenkräutern, mit Blütenhonig unterlegte Orangenzesten. Gute Komplexität, lebendige Säurestruktur, mineralisch, zart nach Minze, feine weiße Pfirsichfrucht, bleibt gut haften, vielseitig einsetzbar, gutes Potenzial.

(94) Riesling * Langenloiser Ried Steinmassl 1ÖTW 2020
12,5 Vol.-%, NK, Stahltank, €€€€ B V
Mittleres Gelbgrün, Silberreflexe. Einladendes Bukett nach kandierter Grapefruit und Marille, ein Hauch von Kräuterwürze. Komplex, saftig, elegant, feiner Säurebogen, etwas Maracuja im Abgang, engmaschiges Finish, wird von Flaschenreife profitieren.

92 Riesling * Terrassen 2020
12,5 Vol.-%, DV, Stahltank, €€€ B V
Helles Gelbgrün, Silberreflexe. Mit zarten Zitrusnuancen unterlegter Pfirsich, ein Hauch von Melisse, frisches Bukett. Saftig, lebendige Säurestruktur, mineralisch-salzig, zitroniger Abgang, bereits gut antrinkbar.

95 Chardonnay Reserve 2019
13,5 Vol.-%, NK, kleines Holzfass, €€€€€ B V
Mittleres Gelbgrün, Silberreflexe. Mit zart nussigen Nuancen unterlegte reife Apfelnoten, etwas nach Mango, Wiesenkräuter und dunkle Mineralik klingen an. Saftig, straff, gut eingebundene Säurestruktur, cremig, weißes Nougat, Tropenfrucht im Abgang, sicheres Potenzial.

93 Ried Spiegel Grau- und Weißburgunder 2018 PG/WB
12,5 Vol.-%, DV, großes Holzfass, €€€€ V
Helles Gelbgrün, Silberreflexe. Mit feiner Holzwürze unterlegte reife Apfelfrucht, ein Hauch von Maracuja, Orangenzesten, würziges Bukett. Saftig, elegant, feine Säurestruktur, cremig, einladendes Bukett, Maracujatouch im Abgang, guter Speisenbegleiter.

*** Kamptal DAC ** Kamptal DAC Reserve**

93 Pinot Noir Reserve 2017
13 Vol.-%, NK, Barrique, €€€€€ V
Mittleres Rubingranat, violette Reflexe, breitere Randaufhellung. Feine Kräuter-Tabak-Würze, etwas nach rote Kirschfrucht, zarte Clementinenzesten, frisches Bukett. Komplex, saftig, elegant, gut eingebundene Säurestruktur, zartes Tannin, leichtfüßig nach roter Waldbeerenfrucht, mineralischer Nachhall, sicheres Potenzial.

92 Zweigelt Reserve 2017
13 Vol.-%, NK, gebrauchte Barriques, €€€€€ V
Dunkles Rubingranat, opaker Kern, violette Reflexe zarte Randaufhellung. Feine Edelholznote, ein Hauch von dunkler Waldbeerenfrucht, zarte Brombeernoten, kandierte Orangenzesten. Komplex, saftig, zartes Tannin, elegant, reife Kirschfrucht, bleibt gut haften, mineralischer Rückgeschmack, gutes Potenzial.

91 Zweigelt 2018
12,5 Vol.-%, DV, großes Holzfass, €€€ B V
Dunkles Rubingranat, violette Reflexe, dezente Randaufhellung. Zart rauchig-pfeffrig unterlegte schwarze Waldbeerenfrucht, Nuancen von Brombeeren und Zwetschken. Mittlerer Körper, reife Kirschen, mineralisch und frisch, feinwürzig im Abgang, vielseitig einsetzbar.

94 Grüner Veltliner Langenloiser Alte Reben Auslese 2018
10 Vol.-%, NK, Stahltank/Holzfass, €€€€ V
Leuchtendes mittleres Goldgelb, Silberreflexe. Mit frischen Orangenzesten unterlegte reife Mangofrucht, zart nach Litschi, ein Hauch von Blütenhonig, mit Limetten unterlegt. Saftig, fein eingewobene Süße, reife Marillenfrucht, finessenreich strukturiert, bleibt gut haften, mineralisch unterlegtes Finale, gute Frische, sicheres Reifepotenzial.

★

ALFRED MARKUS DEIM

Das traditionelle Weingut der Familie Deim wurde erstmals im Jahr 1772 erwähnt und hat somit weitreichende historische Wurzeln. Der Betrieb wird seit jeher als Familienbetrieb geführt, zudem arbeiten zurzeit drei Generationen mit Freude im Betrieb. Der junge Weinbau- und Kellermeister Markus Deim ist seit seiner frühen Jugend im Weingut involviert. In Übersee sammelte er umfangreiche Erfahrungen, die er bereits im gelungenen Chefwein und der Premiumlinie »Goldedition« umsetzen konnte. In dieser präsentieren sich die edelsten Weine für ein unvergessliches Geschmackserlebnis, darunter befinden sich unter anderem ein starker Grüner Veltliner sowie ein Riesling, aber auch ein Eiswein, der heutzutage eine echte Rarität unter den Weinen darstellt. Insgesamt weist das Weingut eine sehr breite Weinpalette auf und bietet zum Beispiel auch Pinot Blanc, Chardonnay, Rivaner, Malvasier, Sauvignon Blanc, Gelber Muskateller, Gemischter Satz sowie Zweigelt und Pinot Noir.
Den Weingärten, die den Grundstein für hervorragende Weine bilden, werden sehr viel Liebe und Aufmerksamkeit geschenkt. Sie befinden sich im Naturpark Kamptal und im UNESCO-Weltkulturerbe Wachau. Auf dem Gut, das sich einem betont umweltfreundlichen Weinbau verschrieben hat, werden alle Trauben per Hand gelesen. Gemäß den nach-

ALFRED MARKUS DEIM

3562 Schönberg
Mollandser Straße 14
T: +43 (664) 3502312
weinbau@deim.info
www.deim.info

Kellermeister/Kontakt: Alfred Markus Deim
Produktion: 76 % weiß, 23 % rot, 1 % süß, 20 Hektar

Julia und Markus Deim

haltigen Grundsätzen des Weinguts wird der Wein überwiegend in großen Eichenholzfässern vergoren und dort bis zur Flaschenreife gelagert. Eine erlebnisreiche Kellerführung durch den romantischen Gewölbekeller ist ein einzigartiges Erlebnis. Danach können die Weine in einem gemütlichen Zirbenstüberl nach Herzenslust mit Genuss verkostet werden. Der Betrieb der Familie Deim weist auch weiterhin eines der besten Preis-Leistungs-Verhältnisse auf, das wir bisher fanden.

88 Frizzante Rose Pink Cat 2020
12 Vol.-%, DV, Stahltank, €€

92 Grüner Veltliner * Ried Irbling Chefwein 2020
13,5 Vol.-%, DV, großes Holzfass, €€
Helles Goldgelb, Silberreflexe. Zarte Wiesenkräuter, ein Hauch von gelbem Apfel und Quitte, feine tabakige Würze. Saftig, reifer weißer Apfel, feine Säurestruktur, mineralisch und anhaftend, zitroniger Touch im Nachhall, gutes Reifepotenzial.

91 Grüner Veltliner * Goldene Kellerkatz 2020
13,5 Vol.-%, DV, großes Holzfass, €€
Helles Goldgelb, Silberreflexe. Zarte gelbe Tropenfruchtnoten nach Ananas und Mango, mit Nuancen von Orangenzesten unterlegt. Komplex, weiße Frucht am Gaumen, frisch strukturiert, mineralisch im Nachhall, bereits gut antrinkbar.

89 Grüner Veltliner * Terrassen 2020
13 Vol.-%, DV, großes Holzfass, €€

91 Riesling * Ried Ogratzthal Bergwein 2020
13,5 Vol.-%, DV, großes Holzfass, €€
Mittleres Gelbgrün, Silberreflexe. Zart nach Mandarinenzesten, gelbe Tropenfrucht, etwas Pfirsich und Blütenhonig. Saftig, fruchtsüße Textur, angenehmer Säurebogen, bleibt haften, bereits gut entwickelt.

93 Grüner Veltliner Ried Wöhrleiten Gold Edition Eiswein 2019
13 Vol.-%, NK, Stahltank, €€€€
Mittleres Gelbgrün, Silberreflexe. Feiner Honigtouch, süße Tropenfrucht, helles Nougat, einladendes Bukett. Süße, reife Marillenfrucht, feiner Säurebogen, gut integrierter Restzucker, zart nussiger Touch im Finale, bleibt gut haften.

★★

WEINGUT GERHARD DEIM

Schönberg am Kamp, gelegen in einem Talkessel am nördlichen Ende des Kamptals, zeichnet sich durch ein Kleinklima mit heißen Tagen und besonders kühlen Nächten aus. Hier fokussiert sich das Weingut Gerhard Deim auf die Stärken der Region: Grüner Veltliner und Riesling. Das Fundament des Weinguts wird durch generationenübergreifende Zusammenarbeit und die damit verbundene Kombination aus altbewährten Methoden und jugendlicher Experimentierfreudigkeit gelegt. Alt und Jung verbindet das Streben nach kompromisslos hoher Qualität, und diese beginnt sowohl bei Rieden- und Reserve-Weinen als auch bei Orts- und Gebietsweinen mit der Hege und Pflege eines jeden einzelnen Rebstocks.Schönberger Ortsweine sind geprägt von Frische, Eleganz und Trinkfluss. In ihnen spiegeln sich die unterschiedlichsten Bodenformationen und das durch die Kessellage des Ortes charakterisierte Mikroklima wider. In der Ried Irbling wächst Riesling auf den Ausläufern der Waldviertler Gneis-Schiefer-Platte, Grüner Veltliner am Kalvarienberg steht auf Verwitterungsboden aus Silikatgestein mit einer dünnen Auflage verschwemmten Lösslehms, und in der Ried Bernthal wachsen die Reben auf meterdicken Löss- Lehm-Terrassen. Ein Teil der Rieden-Weine reift bis zur nächsten Ernte in 500-Liter-Fässern – eine ideale Größe, die ein ausgewogenes Verhältnis zwischen natürlichem Sauerstoffeintrag und gleichzeitigem nicht zu großem Holzeinfluss garantiert. Die vielen kleinen Terrassen und Parzellen in den Rieden können aufgrund der Fassgröße Jahr für Jahr getrennt vinifiziert und so in ihrer Entwicklung bis zur Abfüllung optimal begleitet werden.

(93) Grüner Veltliner * Ried Kalvarienberg 2020
13,5 Vol.-%, NK, 500-l-Fass, €€€€
Mittleres Gelbgrün, Silberreflexe. Zart rauchig, ein Hauch von Kümmel, Golden-Delicious-Apfel, würziges Bukett. Saftig, reife gelbe Frucht, nach Mango und Banane, gut eingebundener Säurebogen, mineralisch, feine salzige Nuancen im Abgang, ein stoffiger Speisenbegleiter.

92 Grüner Veltliner * Schönberg 2020
12,5 Vol.-%, DV, großes Holzfass/Stahltank, €€
Helles Gelbgrün, Silberreflexe. Zart nach Mandarinenzesten, weißer Apfel, ein Hauch von Mango und Wiesenkräutern. Saftig, elegant, feine Kernobstnuancen, frischer Säurebogen, mineralisch-zitronig im Nachhall, bleibt gut haften.

Gerhard jun. und Gerhard sen. Deim

WEINGUT GERHARD DEIM
3562 Schönberg am Kamp
Kalvarienberg 8
T: +43 (2733) 8763
wein@deim.at
www.gerharddeim.at

Kellermeister/Kontakt:
Gerhard Deim
Produktion: 10 % Schaumwein, 85 % weiß, 5 % rot, 14 Hektar
Messen: VieVinum, Vinobile Feldkirch, Weinmesse Innsbruck

(92) Grüner Veltliner * Ried Schönberger Bernthal 2020
13 Vol.-%, NK, 500-l-Fass/großes Holzfass, €€€
Mittleres Gelbgrün, Silberreflexe. Feine Gewürznuancen, ein Hauch von Tabak und Anis, gelbe Apfelfrucht, frische Orangenzesten. Saftig, gelbe Frucht, zart nach Marille, dezente Säure, fruchtsüßer Nachhall, bereits zugänglich.

90 Grüner Veltliner * 2020
12,5 Vol.-%, DV, Stahltank, €€
Helles Goldgelb, Silberreflexe. Frischer gelber Apfel, ein Hauch von Honigmelone, Nuancen von Orangenzesten. Mittlerer Körper, weiße Kernobstnuancen, frisch strukturiert, vielseitig einsetzbar.

(93) Riesling * Schönberger Ried Irbling 2020
13 Vol.-%, NK, 500-l-Fass/Stahltank, €€€
Helles Gelbgrün, Silberreflexe. Frische Mandarinenzesten, gelbe Tropenfrucht, ein Hauch von Maracuja, Limettenzesten klingen an. Saftig, gute Komplexität, weiße Apfelfrucht, finessenreich strukturiert, ein Hauch von Blütenhonig, zeigt Länge und Reifepotenzial.

92 Riesling * Schönberg 2020
12,5 Vol.-%, DV, Stahltank, €€
Helles Gelbgrün, Silberreflexe. Floral, Nuancen von weißem Weingartenpfirsich, zitroniger Touch. Mittlerer Körper, feines Steinobst, finessenreich strukturiert, dezente Fruchtsüße, mineralisch-salzig im Abgang, vielseitig einsetzbar.

★★

WEINGUT PETER DOLLE

Gute Weine gibt es viele – »Dolle Weine« nur von Winzerlegende Peter Dolle aus Straß. Das alte Stammhaus des Weinguts Dolle befindet sich in der niederösterreichischen Gemeinde Straß im Weinbaugebiet Kamptal, 60 Kilometer westlich von Wien gelegen. Auf einer Weinbaufläche von 35 Hektar werden vom Winzer Peter Dolle senior die Weißweinsorten Riesling, Grüner Veltliner, Grauburgunder, Weißburgunder und Chardonnay sowie die Rotweinsorten Zweigelt, St. Laurent, Cabernet Sauvignon, Merlot und Pinot Noir vinifiziert. Mit bis zu 80 Jahre alten Weißweinstöcken am berühmten Zöbinger Heiligenstein und am angrenzenden Straßer Gaisberg besitzt das Weingut Dolle exklusivste Erste Lagen, wo vor allem die Grünen Veltliner und Rieslinge Jahr für Jahr zu bemerkenswerter Qualität und Finesse heranreifen.
Peter Dolles Erfahrung spiegelt sich eindrucksvoll in höchster Weinqualität wider, prämiert mit Hunderten von Auszeichnungen und der Ernennung zum österreichischen »Winzer des Jahres« 1991. Mit seinem jungen Team, seinem Schwiegersohn und leitenden Kellermeister Dariusz Srodulski und einigen anderen für den Betrieb wichtigen jungen Mitarbeitern ist das Weingut für die Zukunft strategisch sehr gut aufgestellt.
Besucher und Interessierte sind auf dem Weingut Dolle immer herzlich willkommen – sei es zu einer Verkostung aktueller Weine oder aus der bis ins Jahr 1962 zurückreichenden Vinothek des Hauses, zu einer Kellerführung mit Peter Dolle persönlich oder zu einer »Dolle Jause« im hauseigenen Restaurant oder im wunderschönen Innenhof des Weinguts.

(92) Grüner Veltliner * Ried Gaisberg 1ÖTW 2020
13 Vol.-%, DV, Stahltank, €€€€
Helles Gelbgrün, Silberreflexe. Frisches gelbes Kernobst, zart nach Mango, floraler Touch, mineralisch un-

WEINGUT PETER DOLLE
3491 Straß im Straßertale
Herrengasse 2
T: +43 (2735) 2326
weingut@dolle.at
www.dolle.at

Kellermeister: Peter Dolle und Dariusz Srodulski
Kontakt: Peter Dolle
Produktion: 70 % weiß, 30 % rot, 35 Hektar
Vereinszugehörigkeit: Traditionsweingüter Österreich
Messen: ProWein Düsseldorf, Vin Austria

* Kamptal DAC ** Kamptal DAC Reserve

terlegt. Saftig, elegant, mineralisch-salzige Textur, feiner Säurebogen, bleibt gut haften, verfügt über Entwicklungspotenzial.

(90) Grüner Veltliner * Ried Rosengartl 2020
13 Vol.-%, DV, Stahltank, €€€
Helles Gelbgrün, Silberreflexe. Zart nach Wiesenkräutern, tabakig unterlegte weiße Apfelfrucht, ein Hauch von Ananas. Leichtfüßig, zart nach Honigmelone, frisch strukturiert, bietet unkompliziertes Trinkvergnügen.

(92) Riesling * Ried Gaisberg 1ÖTW 2020
13,5 Vol.-%, DV, Stahltank, €€€€
Helles Grüngelb, Silberreflexe. Intensive weiße Tropenfruchtaromen, ein Hauch von Maracuja und Litschi, floraler Touch. Mittlere Komplexität, weißer Pfirsich, frisch strukturiert, dezente Fruchtsüße im Abgang, elegant und bereits gut antrinkbar.

91 Grauburgunder Symbiose 2018
14,5 Vol.-%, DV, Barrique, €€€€
Helles Goldgelb, Silberreflexe. Kandierte Mandarinenzesten, zart nach Birne, ein Hauch von Dörrobst, einladendes Bukett. Saftig, cremig, zart nach Karamell, weiße Birnenfrucht im Finale, ein Hauch von Röstaromen im Nachhall.

(92) Cuvée Annee 2016 /CS/ME
13,5 Vol.-%, NK, Barrique, €€€€
Kräftiges Rubingranat, violette Reflexe, zarte Ockerrandaufhellung. Nuancen von Dörrfeigen, ein Hauch von Vanille, mit schwarzer Waldbeerenfrucht unterlegt, kandierte Orangenzesten klingen an. Saftig, reife Kirschfrucht, gut integrierte Tannine, schokoladiger Touch im Nachhall, ein facettenreicher Speisenbegleiter mit nussigem Rückgeschmack.

(91) Zweigelt Reserve 2017
13 Vol.-%, NK, Barrique, €€€
Kräftiges Rubingranat, violette Reflexe, zarte Ockerrandaufhellung. Reife Zwetschken, mit Brombeerkonfit unterlegt, zarte Edelholzwürze im Hintergrund. Saftig, feines Nougat, reife Kirschen, gut integrierte Tannine, bleibt haften, würziger Nachhall, ein vielseitiger Speisenbegleiter.

★★

CHRISTOPH EDELBAUER

BIO

Bei Winzer Christoph Edelbauer in Langenlois steht alles im Einklang mit der Natur und mit dem Kamptal: Weingut, Arbeit und Wein. Er weiß, was er will, liebt die Herausforderung und geht seinen Weg geradlinig und konsequent. Den ersten Jahrgang kelterte Christoph Edelbauer im Jahr 2003. Heute bearbeitet der Winzer zwölf Hektar Weingärten und verarbeitet die Trauben auf seinem 2013 fertiggestellten, architektonisch anspruchsvollen Weingut mitten in den Langenloiser Reben. »Nachhaltiges Denken und Handeln sind tief in mir verwurzelt. Deshalb ist es mir wichtig, dass unser Weingut eine überschaubare Größe bewahrt. Nur so kann ich mich mit meiner Überzeugung dem gesamten Prozess der Vinifizierung widmen«, erklärt Edelbauer, der konsequent auf den bewussten Einsatz von Ressourcen achtet. Seine Weingärten bewirtschaftet er biologisch-organisch, seinen Neubau ließ er nach Grundsätzen der Energieeffizienz errichten, und die Klimatisierung seines Kellers erfolgt über umweltschonende Erdluftkollektoren. Reduziert und umso einprägsamer ist auch das Design der Edelbauer-Ausstattung: Direkter

CHRISTOPH EDELBAUER
3550 Langenlois
Im Neuberg, Kremser Straße 86
T: +43 (676) 7734811
info@weingut-edelbauer.at
www.weingut-edelbauer.at

Kellermeister/Kontakt:
Christoph Edelbauer
Anbauweise: Zertifiziert Biologisch (Bio Austria)
Produktion: 10 % Schaumwein, 50 % weiß, 38 % rot, 2 % süß, 12 Hektar
Messen: Millésime Bio, ProWein Düsseldorf, VieVinum, MondoVino

Weingut Edelbauer

Siebdruck auf die Flaschen ersetzt die Etiketten, die Kartons sind minimalistisch bedruckt, Visitenkarten und Briefpapier auf Naturpapier produziert – ein Gesamtkonzept für Reduktion auf ganzer Linie.
Christoph Edelbauers Weine bestechen durch Schlichtheit, sie sind schnörkellos, entspannt und gleichzeitig spannend – das gilt für das gesamte Sortiment, wobei Grüner Veltliner, Riesling und Pinot Noir seine Aushängeschilder sind. Als Winzer ist er konsequent, in seinem Schaffen setzt er auf Reduktion, das Wesentliche ist und bleibt das Kamptal: Christoph Edelbauer schickt sich an zu zeigen, was das neue Kamptal ausmacht.

93 Grüner Veltliner ** 2018
14 Vol.-%, NK, Stahltank, €€€
Mittleres Gelbgrün, Silberreflexe. Feine Mangonoten, etwas nach Holzwürze, ein Hauch von weißem Nougat, Orangenblüten klingen an. Komplex, saftig, elegant, balancierte Säurestruktur, zart cremig, reife Tropenfrucht im Abgang, extraktsüßes Finish, nussiger Nachhall, vielseitig einsetzbar, gutes Entwicklungspotenzial.

92 Grüner Veltliner ** Ried Neuberg 2017
13,5 Vol.-%, NK, Stahltank, €€€€
Leuchtendes Goldgelb, Silberreflexe. Feine Mangonoten, mit Blütenhonig unterlegt, etwas Karamell, zart nach Wiesenkräutern. Saftig, gute Komplexität, kraftvoll, fruchtsüß nach Ananas, Röstaromen klingen an, guter Speisenbegleiter mit Entwicklungspotenzial.

91 Grüner Veltliner * Langenlois 2020
12,5 Vol.-%, DV, Stahltank, €€
Helles Gelbgrün, Silberreflexe. Feine Kräuterwürze, etwas nach Maracuja, zart pfeffrig, ein Hauch von Blütenhonig, Melissentouch. Saftig, elegant, leichtfüßig, gelbe Apfelfrucht, zart nach Birnen im Nachhall, bereits gut antrinkbar.

93 Riesling ** 2018
13 Vol.-%, NK, Stahltank, €€€€
Mittleres Gelbgrün, Silberreflexe. Einladender Duft nach Guave und Papaya, ein Hauch von Blütenhonig, mit Wiesenkräutern und weißem Nougat unterlegt. Saftig, elegant, feine Struktur, etwas nach reifer Ananas, zart nussig, komplex, bleibt gut haften, vielschichtiger Speisenbegleiter.

91 Riesling * Langenlois 2020
12,5 Vol.-%, DV, Stahltank, €€€
Mittleres Gelbgrün, Silberreflexe. Feine Kräuternoten, etwas nach Pfirsich, zarter Blütenhonig, zitronig, mineralischer Touch. Frische und lebendige Struktur, mineralisch, Limettenzesten, engmaschig, weiße Obstnuancen, bereits gut antrinkbar.

(91) Abartig Einfach! 2019 GM/TR
12,5 Vol.-%, NK, 500-l-Fass, €€€€
Leuchtendes Bernstein, Goldreflexe. Einladender Duft nach Eibisch und Blütenhonig, etwas nach Gewürznelken, ein Hauch von Salbei. Mittlerer Körper, feine, gut integrierte Gerbstoffe, zart nach Bratapfel, würzig, guter Speisenbegleiter.

* Kamptal DAC ** Kamptal DAC Reserve

Michaela und Ludwig Ehn

WEINGUT LUDWIG EHN
3550 Langenlois
Bahnstraße 3
T: +43 (2734) 2236
weingut.ehn@ehnwein.at
www.ehnwein.at

Kellermeister: Ludwig Ehn
Kontakt: Michaela Ehn
Produktion: 70.000 Flaschen
95 % weiß, 5 % rot, 15 Hektar
Vereinszugehörigkeit:
Traditionsweingüter Österreich,
11 Frauen und ihre Weine
Messen: ProWein Düsseldorf,
VieVinum

★★★

WEINGUT LUDWIG EHN

Auf dem Weingut von Ludwig und Michaela Ehn gibt die Natur den Ton an. Die Geschwister bewirtschaften 15 Hektar der besten Langenloiser Rieden mit großer Leidenschaft fürs Handwerk und nach ökologischen Prinzipien. »So naturnah wie möglich, so flexibel wie nötig«, lautet das Credo von Ludwig Ehn, der den 1859 gegründeten Familienbetrieb mit seiner Schwester in fünfter Generation führt. Um mit gesunden Böden und Weinstöcken die idealen Voraussetzungen für beste Trauben zu schaffen, setzt die Weinmanufaktur auf nützlingsschonende Schädlingsbekämpfung und verzichtet selbstverständlich auf den Einsatz von Insektiziden und Herbiziden, vermeidet Plastik und minimiert Traktorfahrten und Emissionen.

Das Kamptaler Klima und die spezielle Bodenstruktur ebnen den Weg für die unverkennbare Frische und Würze der Ehn-Weine. Die Bandbreite unterschiedlicher Spitzenlagen wie der Rieden Panzaun, Spiegel und Heiligenstein bildet den Grundstock für die Sortenvielfalt. Neben den Leitsorten Riesling und Grüner Veltliner, die als Kamptal DAC abgefüllt werden, hat sich das Weingut den Aromasorten Sauvignon Blanc und Muskateller sowie dem traditionellen Gemischten Satz und dem urösterreichischen Neuburger verschrieben.

Kamptaler Weine zum »Aus-der-Reihe-Trinken« gibt es auf dem Weingut Ehn. Mit Wein ist es wie mit Musik, finden die Naturfreunde und Kulturliebhaber Ludwig und Michaela Ehn: Eintönigkeit ist langweilig. Sie schätzen die Vielfalt im Weingarten und im Glas und legen bei der handwerklichen Pflege der einzelnen Rieden sowie bei der Vinifizierung großen Wert auf Individualität. »Durch kontrollierte Vergärung und behutsame Ausbau- und Reifephasen in Edelstahl oder Holz gelingt es uns, den Charakter jeder Sorte und Lage möglichst unverfälscht zu erhalten«, so der Winzer. Die ausdrucksstarken und ausgewogenen Weine mit hoher Trinkfreudigkeit, für die der Name Ehn steht, geben ihm recht.

94 Riesling **
Ried Zöbinger Heiligenstein 1ÖTW 2019
14,5 Vol.-%, DV, Stahltank, €€€€
Helles Gelbgrün, Silberreflexe. Mit einem Hauch von Orangenzesten unterlegte weiße Pfirsichfrucht, frischer Apfel, zart nach Limettenzesten, floraler Touch. Saftig, elegant,

feine Steinobstnuancen, frisch strukturiert, mineralisch-zitronig im Abgang, saftige Tropenfrucht im Nachhall, bereits gut antrinkbar.

91 Riesling * Langenlois Urgestein 2020
12,5 Vol.-%, DV, Stahltank, €€
Helles Gelbgrün, Silberreflexe. Zarte weiße Pfirsichfrucht, einladendes feines Bukett, florale Nuancen, mit einem Hauch von Mandarinenzesten unterlegt. Saftig, weißer Apfel, finessenreicher Säurebogen, mineralisch-salzig im Abgang, vielseitig einsetzbar.

94 Grüner Veltliner ** Ried Spiegel 1ÖTW Titan 2019
15,5 Vol.-%, DV, Teilbarrique, €€€€€
Helles Gelbgrün, Silberreflexe. Feine Kräuterwürze, florale Nuancen, weißes Kernobst, zart nach Papaya, Clementinenzesten, einladendes Bukett. Komplex, saftig, kraftvoll, feine Säurestruktur, feinwürzig, zart nach Nashi-Birnen, bleibt sehr gut haften, sicheres Potenzial, bereits gut antrinkbar.

(92) Grüner Veltliner ** Ried Neuberg 2020
13,5 Vol.-%, DV, Stahltank, €€€
Helles Gelbgrün, Silberreflexe. Zart nach Mango und Papaya, tabakige Nuancen, mit dunkler Mineralik unterlegt. Mittlere Komplexität, feine Birnenfrucht, etwas Honigmelone, dezenter Säurebogen, fruchtig im Abgang, bleibt gut haften.

91 Grüner Veltliner * Ried Panzaun 2020
12,5 Vol.-%, DV, Stahltank, €€
Helles Gelbgrün, Silberreflexe. Frischer gelber Apfel, ein Hauch von Wiesenkräutern, mit einem feinen Limettentouch unterlegt. Mittlerer Körper, frisch strukturiert, leichtfüßig, ein Hauch von Birnen im Nachhall, ein feiner Sommerwein.

92 Chardonnay 2020
14 Vol.-%, DV, Teilbarrique, €€
Helles Grüngelb, Silberreflexe. Frischer gelber Golden-Delicious-Apfel, zarter Blütenhonig, Nuancen von Orangenzesten. Saftig, elegant, feine Noten von reifer Honigmelone, angenehmer Säurebogen, mineralisch unterlegt im Abgang, feine Fruchtsüße im Nachhall.

92 Sauvignon Blanc 2020
13 Vol.-%, DV, Stahltank, €€€
Helles Gelbgrün, Silberreflexe. Feine Nuancen von weißem Pfirsich und Holunderblüten, zarte nach Guaven, mineralischer Touch, ein Hauch von Grapefruitzesten. Straff, engmaschig, zart nach Litschi, frisch strukturiert, zitronig-mineralisch im Nachhall.

91 Gemischter Satz Ried Panzaun 2020
12,5 Vol.-%, DV, Stahltank, €€€
Helles Gelbgrün, Silberreflexe. Etwas verhalten, frische Kräuterwürze, feine Kernobstnuancen, zitroniger Touch. Straff, engmaschig, frisch strukturiert, knackiger Stil, Limetten im Abgang, ein lebendiger Speisenbegleiter.

91 Rosé Cuvée 2020 ZW/PN/CS/SY
12,5 Vol.-%, DV, Stahltank, €€
Helles Lachsrosa, Silberreflexe. Mit Limettenzesten unterlegte rote Waldbeeren, mit frischem weißem Apfel unterlegt. Straff, saftiges Steinobst knackig strukturiert, bleibt haften, mineralisch-zitronig, macht Lust auf ein zweites Glas.

★★★★

WEINGUT EICHINGER

Was von außen wie ein kleines Herrenhaus aussieht, ist in Wahrheit ein großes »Frauenhaus« sowie die Wirkungsstätte von Birgit Eichinger und ihrer Tochter Gloria. Hinter dem Wein steht der Mensch, der ihn mit der Natur erschaffen hat: Birgit Eichinger ist Winzerin mit großer Behutsamkeit, Konsequenz sowie Gespür und gleichzeitig tief verwurzelt in ihrer Heimat, dem Kamptal. Sie ist Inbegriff für hocheleganten und charakterstarke Weine. »Weiterentwicklung, nicht Stillstand, Individualität statt Mainstream«, lautet ihr Credo. Alle Weine tragen unverwechselbar die Handschrift der Winzerinnen und die ihrer Geburtsstätte, des Kamptals.
Erfolg braucht Raum. Daher ist der Betrieb seit seiner Gründung im Jahr 1992 auf heute 16 Hektar gewachsen – und das in den besten Kamptaler Rieden. So konnten auch Terrassen am Gaisberg rekultiviert werden. Dieses ehrgeizige Projekt umfasst mehr als drei Hektar bestes Rebland. Bereits 2012 wurde dort von eigenen Selektionen Grüner Veltliner ausge-

Birgit und Gloria Eichinger

WEINGUT EICHINGER
3491 Straß im Straßertale
Langenloiser Straße 365
T: +43 (2735) 5648
office@weingut-eichinger.at
www.weingut-eichinger.at

Kellermeister: Birgit und Gloria Eichinger
Kontakt: Gloria Eichinger
Produktion: 100.000 Flaschen
100 % weiß, 16 Hektar
Zertifiziert: Nachhaltig Austria
Vereinszugehörigkeit: Traditionsweingüter Österreich
Messen: Austrian Tasting London, ProWein Düsseldorf, VieVinum

pflanzt. Neu in der Riege ihrer namhaften Lagen ist die Ried Grub, die seit 2016 ebenfalls mit Grünem Veltliner bestockt ist.
Mehr als 50 Prozent der Gesamtproduktion werden exportiert, woran die zahlreichen internationalen Auszeichnungen nicht ganz unschuldig gewesen sein dürften. Aber auch in Österreich sind die Eichiner-Weine beliebt und von kaum einer Weinkarte wegzudenken. Als Mitglied der »Österreichischen Traditionsweingüter« ist dem Winzerinnen-Duo natürlich auch die Klassifizierung der Ersten Lagen im Donauraum ein wichtiges Anliegen. Denn nicht überall, wo Reben gepflanzt werden, wächst die gleiche Qualität heran. Dieser Suche fühlt man sich im Hause Eichinger verpflichtet.

(95) Riesling * Ried Heiligenstein 1ÖTW 2020
13 Vol.-%, NK, Stahltank, €€€€€ V
Mittleres Gelbgrün, Silberreflexe. Feine gelbe Tropenfrucht, ein Hauch von Marille und Mango, dezenter Blütenhonig, mit kandierten Orangenzesten unterlegt, floraler Touch. Saftig, weiße Tropenfrucht, zarte Süße, lebendiger Säurebogen, salziger Touch, weißer Pfirsich im Nachhall, zeigt Länge, sicheres Reifepotenzial.

(94) Riesling * Ried Gaisberg 1ÖTW 2020
13 Vol.-%, NK, Stahltank, €€€€€ V
Mittleres Gelbgrün, Silberreflexe. Feiner Blütenhonig, zart nach Pfirsich und Mango, ein Hauch von Orangenzesten, mineralisch unterlegt. Saftig, feine Fruchtsüße, ein Hauch von Maracuja, straff strukturiert, salzig-mineralischer Touch im Nachhall, gutes Reifepotenzial.

90 Riesling * Strass 2020
12,5 Vol.-%, DV, Stahltank, €€ V
Helles Gelbgrün, Silberreflexe. Zart nach frischem weißem Pfirsich, mineralischer Touch, ein Hauch von Blüten. Mittlerer Körper, weiße Tropenfrucht, frischer Säurebogen, mineralisch-zitronig im Abgang, leichtfüßig und bereits zugänglich.

(94) Grüner Veltliner * Ried Lamm 1ÖTW 2020
13,5 Vol.-%, NK, Teilbarrique, €€€€€ V
Mittleres Gelbgrün, Silberreflexe. Mit frischen Wiesenkräutern unterlegte gelbe Birnenfrucht, ein Hauch von Mango und Papaya, Mandarinenzesten, zart nach Blütenhonig. Saftig, elegant, feine Nuancen von Marille, frisch strukturiert, wirkt lebendig und relativ leichtfüßig, ein sehr ausgewogener Speisenbegleiter.

(93) Grüner Veltliner * Ried Gaisberg 1ÖTW 2020
13,5 Vol.-%, NK, großes Holzfass, €€€€ V
Leuchtendes mittleres Gelbgrün, Silberreflexe. Frischer Apfel, ein Hauch von gelber Birne, zarter Blütenhonig, einladendes Bukett. Saftig, elegant, feine Fruchtsüße, finessenreicher Säurebogen, mineralisch-salzig im Abgang, balancierter Stil, sicheres Reifepotenzial.

91 Grüner Veltliner * Ried Hasel 2020
12,5 Vol.-%, DV, Stahltank, €€ V
Mittleres Gelbgrün, Silberreflexe. Zart nach Anis, feinwürzig unterlegte gelbe Birnenfrucht, Nuancen von Wiesenkräu-

tern. Saftig, reife gelbe Apfelfrucht, frisch strukturiert, mineralisch, ein vielseitiger, zugänglicher Speisenbegleiter.

91 Grüner Veltliner * Ried Wechselberg 2020
12,5 Vol.-%, DV, Stahltank, €€€ Ⓥ
Mittleres Gelbgrün, Silberreflexe. Kandierte Orangenzesten, tabakig-würzig unterlegte gelbe Kernobstnuancen, etwas Mango. Mittlerer Körper, weißer Apfel, frische Struktur, zitronig im Abgang, ein schlanker Begleiter bei Tisch.

90 Grüner Veltliner * Strass 2020
12 Vol.-%, DV, Stahltank, €€ Ⓥ
Helles Gelbgrün, Silberreflexe. Frischer gelber Apfel, zart nach Ananas, ein Hauch von Orangen, fruchtiges Bukett. Leichtfüßig, zart nach Birne, frisch strukturiert, bleibt haften, bietet unkompliziertes Trinkvergnügen.

(92) Chardonnay Ried Gaisberg 2020
13 Vol.-%, DV, Holzfass, €€€ Ⓥ
Helles Grüngelb, Silberreflexe. Feine reife gelbe Tropenfrucht, florale Nuancen, ein Hauch von Orangenzesten, mit zarter Holzwürze unterlegt. Mittlerer Körper, weiße Birnenfrucht, frischer Säurebogen, zitronig-apfelig im Abgang, vielseitig einsetzbar.

91 Roter Veltliner Ried Stangl 2020
12,5 Vol.-%, DV, Stahltank, €€€ Ⓥ
Mittleres Gelbgrün, Silberreflexe. Ein Hauch von Orangenzesten, feiner gelber Apfel, etwas Mango, zart nach Wiesenkräutern. Saftig, feine Fruchtsüße nach Honigmelone, elegant, feiner Säurebogen, Nuancen von Birne und Zitrone im Abgang, bereits gut antrinkbar, gutes Entwicklungspotenzial.

★

WEINGUT ETZ

Seit der Gründung im Jahr 1898 ist die vierte Generation auf dem Weingut Etz heute besonders bemüht, das moderne und traditionsreiche Weingut bestmöglich zu führen. Durch mehrere Praktika in Europa und Übersee, wie zum Beispiel in Kalifornien, Argentinien und Australien, hat Franz Etz junior wichtige Erfahrungen und Skills im Weinmachen gesammelt. Er ist gleichermaßen für die Vinifikation wie für die Pflege der rund 43 Hektar eigener Weingartenfläche verantwortlich. Die Weingärten des Betriebs liegen verteilt auf verschiedenen bekannten Rieden des Kamptals zwischen der Weinstadt Langenlois und der Gemeinde Grafenegg. Der Gaisberg ist die Herkunft der Rieslinge. Der Strasser Wechselberg, der Offenberg und das Hasel, das Karl, der Kammerner Hund und die Grub sowie Bleckenweg und Galgenberg sind Ursprung der Grünen Veltliner. Letzterer ist zudem Hauptsorte und Eckpfeiler des Betriebs und nimmt einen Flächenanteil von über 65 Prozent ein.
Das geschmackliche Spektrum der Weine beginnt mit den leichten und fruchtigen Varianten und reicht bis zu würzig-pfeffrigen Lagenweinen, die zu ihrem Ausbau eine bis zu zwölf Monate lange Lagerung auf der Feinhefe erhalten. Die Rieslinge als zweitwichtigste Weißweinsorte des Kamptals werden wie Sauvignon Blanc, Chardonnay und Pinot Blanc lagenrein abgefüllt. Bei der Vinifizierung wird stets darauf geachtet, nur in dem Maße einzugreifen, wie dies auch unbedingt notwendig ist. So wird auf jede Bewegung des Weins bis zur Füllung verzichtet, damit dieser das gesamte Potenzial frei und vollständig entfalten kann. Erfolge bei internationalen Verkostungen und Bewertungen bestätigen, dass dies der richtige Weg ist.

WEINGUT ETZ
3492 Walkersdorf am Kamp
Hauptstraße 27
T: +43 (2735) 2473
office@etzwine.at
www.etzwine.at

Kellermeister/Kontakt:
Franz Etz
Produktion: 75 % weiß, 25 % rot, 43 Hektar
Messen: ProWein Düsseldorf

91 Riesling * 2020
12,5 Vol.-%, DV, Stahltank, €€€
Helles Gelbgrün, Silberreflexe. Mit zarten Grapefruitzesten unterlegtes weißes Steinobst, etwas nach Tabak, feine Wiesenkräuter. Saftig, frische Struktur, Lemongrass im Abgang, salzig, lebendiger Speisenbegleiter, bereits gut antrinkbar.

91 Grüner Veltliner ** Ried Karl 2019
13,5 Vol.-%, DV, Stahltank, €€€
Leuchtendes Gelbgrün, Silberreflexe. Dezenter Duft nach Maracuja, etwas Wiesenkräuter, würzige Nuancen, kraftvolles Bukett. Saftig, stoffig, gut eingebundene Säurestruktur, Tropenfrucht im Abgang, extraktsüßer Nachhall, guter Speisenbegleiter.

90 Grüner Veltliner * 2020
12,5 Vol.-%, DV, Stahltank, €€
Mittleres Gelbgrün, Silberreflexe. Feine Kräuternoten, ein Hauch von Papaya und Blütenhonig, zart nach Melisse. Mittlerer Körper, extraktsüß, saftig, feiner Säurebogen, Apfelfrucht im Abgang, bereits gut antrinkbar.

(91) Weißburgunder Ried Galgenberg 2020
13,5 Vol.-%, DV, Stahltank, €€
Helles Gelbgrün, Silberreflexe. Zart nach Blütenhonig, etwas nach Kräutern, ein Hauch von Williambirne, zart nach Quitte und Kumquats. Extraktsüß, elegant, balancierter Säurebogen, etwas nach Maracuja im Abgang, zitroniger Touch im Nachhall, guter Speisenbegleiter.

(90) Chardonnay Ried Bleckenweg Strass 2020
13 Vol.-%, DV, Stahltank, €€
Mittleres Gelbgrün, Silberreflexe. Etwas nach Maracuja, ein Hauch von Tropenfrucht, mit Blütenhonig und Karamell unterlegt. Mittlerer Körper, feine Würze, Mangotouch, gut eingebundener Säurebogen, bereits gut antrinkbar.

(89) Sauvignon Blanc Ried Bleckenweg Strass 2020
12 Vol.-%, DV, Stahltank, €€

WEINGUT FICHTENBAUER-MOLD

Gegründet wurde der Familienbetrieb Fichtenbauer-Mold im Herzen der Weinmetropole Langenlois bereits im Jahr 1936. Schon damals lieferten das Wechselspiel des pannonischen Klimas am Fuße des Kamps und die einzigartige Vielfalt der Böden die Basis für Weine, die sich authentisch, finessenreich und ausgewogen präsentieren. Dass es für die Produktion hochwertiger Weine allerdings mehr braucht als die klimatischen und geologischen Besonderheiten, die das Kamptal zum Glück bietet, ist für die Familie selbstverständlich.
Die Liebe und das Feingefühl, die sorgfältige Arbeit unter Berücksichtigung der natürlichen Ressourcen haben ihre Qualitätsphilosophie seit jeher geprägt – und darauf sind die Winzer stolz. Indem dabei die Werte von gestern mit den Anforderungen von heute verbunden werden, setzt man zugleich nachhaltige Maßstäbe für die Zukunft. Mit Herz und Verstand begleitet man hier den Wein »vom Rebstock bis zur Flasche« und versucht dabei, Jahr für Jahr das Beste zu geben, um die Leidenschaft und Faszination, die man für den Weinbau hat, spür-, schmeck- und erlebbar zu machen. Das große Ziel ist, Weine mit Stil und Charakter zu keltern, die sich ebenso sortentypisch wie charakterstark präsentieren – Weine, die nicht nur überzeugen, sondern begeistern.

(91) Grüner Veltliner ** Ried Dechant 2020
14 Vol.-%, DV, kleines Holzfass, €€€
Leuchtendes mittleres Gelbgrün, Silberreflexe. Zart rauchig-kräuterwürzig unterlegte gelbe Fruchtnuancen, tabakige Noten, kandierte Orangenzesten. Kraftvoll, saftig, würzige Textur, dezente Säurestruktur, feine Fruchtsüße, reife Marille im Nachhall, verfügt über Reifepotenzial.

90 Grüner Veltliner * Ried Panzaun 2020
12,5 Vol.-%, DV, Stahltank, €€
Helles Goldgelb, Silberreflexe. Zart nach gelbem Apfel, ein Hauch von Mango, zart floral, frische Orangenzesten. Mittlerer Körper, weiße Frucht, dezenter Säurebogen, zart nach Wiesenkräutern im Abgang, bietet unkomplizierten Trinkspaß.

88 Grüner Veltliner * Klassik 2020
12,6 Vol.-%, DV, Stahltank, €€

WEINGUT FICHTENBAUER-MOLD
3550 Langenlois
Rosenhügelweg 12
T: +43 (2734) 3714
weingut@fichtenbauer-mold.at
www.fichtenbauer-mold.at

Kellermeister/Kontakt: Helmut Mold
Anbauweise: Umstellung auf bio
Produktion: 19 Hektar
Zertifiziert: Nachhaltig Austria
Messen: ProWein Düsseldorf, Weinmesse Innsbruck, Vinexpo New York

Petra, Helmut, Erwin und Christa Mold mit Lilly

(89) Riesling * Klassik 2020
12 Vol.-%, DV, Stahltank, €€

90 Weißer Burgunder 2020
12,5 Vol.-%, DV, Stahltank, €€
Helles Goldgelb, Silberreflexe. Mit einem Hauch von Biskuit unterlegte Birnenfrucht, zart nach Orangenzesten und Blütenhonig. Mittlerer Körper, weiße Apfelfrucht, feiner Säurebogen, zitroniger Touch im Nachhall.

89 Cuvée Rosé 2020 ZW/CS/SL
11,5 Vol.-%, DV, Stahltank, €€

★★★★

WEINGUT SCHLOSS GOBELSBURG

Schloss Gobelsburg ist das älteste Weingut der Donauregion Kamptal und kann auf eine dokumentierte Weinbaugeschichte bis zurück ins 12. Jahrhundert blicken. 2021 feiert Schloss Gobelsburg seinen 850. Jahrgang der altehrwürdigen Domaine. Zisterzienser-Mönche des Stiftes Zwettl erhielten ihre ersten Weingärten im Jahre 1171 und haben über die letzten 850 Jahre den Weinbau in Österreich nachhaltig geprägt.
Über die Jahrhunderte haben die Mönche Weingärten in den allerbesten Lagen Österreichs bewirtschaftet. Heute konzentriert sich das Weingut auf die typischen Herkunftsweine der Donau-Appellationen in den drei Kategorien Gebiets-, Orts- und Riedenwein – darunter weltbekannte Namen wie Ried Heiligenstein oder Ried Lamm. Nachhaltiger Weinbau war immer schon eine Herzensangelegenheit. So werden die Weingärten vom Rebschnitt bis zu den Laubarbeiten mit Umsicht und Bedacht gepflegt. Im Herbst, wenn sich die Blätter im Oktober und November schon golden färben, werden die Trauben per Hand in kleine Kisten gelesen und sorgfältig in den Keller gebracht und dort weiter sortiert.
Einfachheit und Strenge ist ein Leitmotiv der Zisterzienser, das den Weg zu großen Weinen weist. Der Faktor Zeit ist heutzutage ein rares Gut geworden. Den Gobelsburger Weinen wird allerdings der Luxus gegönnt, sich in aller Ruhe in den kühlen Kellern entfalten zu können.
Neben den typischen Appellations-Weinen werden in den Kellern von Schloss Gobelsburg noch andere Weinspezialitäten gekeltert. Das

»Dynamic Cellar Concept« im Schloss Gobelsburg mit Fässern auf Rädern

WEINGUT SCHLOSS GOBELSBURG

3550 Gobelsburg
Schlossstraße 16
T: +43 (2734) 2422
schloss@gobelsburg.at
www.gobelsburg.at

Kellermeister/Kontakt: Michael Moosbrugger
Produktion: 10 % Schaumwein, 70 % weiß, 20 % rot, 85 Hektar
Zertifiziert: Nachhaltig Austria
Vereinszugehörigkeit: Traditionsweingüter Österreich
Messen: ProWein Düsseldorf, VieVinum, Vinexpo, véritable St. Martin, Summa Margreid

Weingut gilt als Spezialist für österreichischen Qualitätsschaumwein sowie für »Cool Climate«-Rotweine, basierend auf der Pinot-Familie (Pinot Noir, St. Laurent & Zweigelt). Eine kleine, aber feine Spezialität sind die Süßweine aus Gobelsburg. Hier werden Prädikate in allen Ebenen und auch regelmäßig Eiswein gekeltert. Bekannt ist das Weingut auch für seine Beschäftigung mit historischer Weinbereitung, die in den Weinen namens »Tradition« zum Ausdruck kommt.

95 Vintage 2010 GV/PN/RR
12 Vol.-%, NK, Holzfass, €€€€€€
Helles Gelbgrün, Silberreflexe, sehr feines, anhaltendes Mousseux. Floral unterlegte Nuancen von weißem Pfirsich und exotischen Früchten, ein Hauch von Biskuit, mit Limettenzesten unterlegt, einladendes, frisches Bukett. Straff, engmaschig, betont mineralisch und präzise, feine Fruchtsüße von reifem gelbem Apfel, bleibt lange haften, zitronig-salzig im Nachhall, zeigt großes weiteres Potenzial. (deg. 21/09/20)

94 Blanc de Blancs GV/WR/CH
12 Vol.-%, NK, Holzfass, €€€€€
Helles Grüngelb, Silberreflexe, lebendiges, anhaltendes Mousseux. Ein Hauch von gelbem Kernobst, zart nach Golden-Delicious-Apfel, kandierte Mandarinenzesten, feiner Blütenhonig, Noten von Nougat. Saftig, weißer Apfel, feiner Säurebogen, finessenreich und sehr gut anhaftend, ein toller Speisenbegleiter mit sicherem Reifepotenzial.

93 Brut Rosé SL/ZW/PN
11,5 Vol.-%, NK, Holzfass, €€€€€
Helles Altrosa mit Kupferreflexen, sehr zartes, anhaltendes Mousseux. Nuancen von rotem Waldbeerenkonfit, ein Hauch von Preiselbeeren und eingelegten Kirschen, florale Noten. Mittlerer Körper, weiße Birnenfrucht, finessenreicher Säurebogen, charmante Fruchtsüße im Abgang, salzig-mineralischer Nachhall, bereits gut antrinkbar.

(95) Grüner Veltliner * Ried Grub 1ÖTW 2020
13,5 Vol.-%, NK, großes Holzfass, €€€€€
Leuchtendes mittleres Grüngelb, Silberreflexe. Zart nach Wiesenkräutern, feine gelbe Fruchtnuancen, reife Mango und etwas Marille, mit zartem Blütenhonig unterlegt. Komplex, saftig, gelber Apfel, frische Säurestruktur, mineralisch und gut anhaftend, zarte Fruchtsüße im Abgang, verfügt über Länge und sicheres Reifepotenzial.

95 Grüner Veltliner * Ried Lamm 1ÖTW 2019
13,5 Vol.-%, NK, großes Holzfass, €€€€€
Mittleres Gelbgrün, Silberreflexe. Zart kräuterwürzig unterlegte gelbe Apfelfrucht, verhalten, Nuancen von Babybanane, Mango und Papaya, mit dezenten Orangenzesten unterlegt. Komplex, mineralisch, fruchtsüße Textur, dezenter Säurebogen, reife Marillen im Abgang, opulenter Stil, süßer Nachhall, gutes Reifepotenzial.

(94) Grüner Veltliner * Ried Renner 1ÖTW 2020
13,5 Vol.-%, NK, großes Holzfass, €€€€€
Mittleres Goldgelb, Silberreflexe. Nuancen von reifer Marille, zart nach Mango, mit einem dezenten Anklang von Blütenhonig unterlegt, kandierte Orangenzesten im Hinter-

grund. Saftig, elegant, feine Fruchtsüße, ein Hauch von gelbem Pfirsich und Ananas, opulenterer Stil, bereits gut entwickelt.

(92) Grüner Veltliner * Ried Steinsetz 2020

12,5 Vol.-%, NK, großes Holzfass, €€ V

Leuchtendes Gelbgrün, Silberreflexe. Frische Wiesenkräuterwürze, weißer Apfel, ein Hauch von Orangenzesten, einladendes Bukett. Saftig, elegant, frisches Kernobst, lebendiger Säurebogen, zitroniger Touch im Nachhall, animierender Stil.

92 Grüner Veltliner * Langenlois 2020

12,5 Vol.-%, NK, großes Holzfass, €€€ V

Helles Gelbgrün, Silberreflexe. Zart verhaltene Würze, ein Hauch von Orangenzesten, gelbe Apfelfrucht, Nuancen von Mango, tabakiger Touch. Saftig, weißes Kernobst, zart nach Ringlotte, frisch strukturiert, mineralisch-zitronig im Abgang, ein lebendiger Speisenbegleiter.

95 Riesling * Ried Heiligenstein 1ÖTW 2019

13 Vol.-%, NK, großes Holzfass, €€€€€ V

Helles Gelbgrün, Silberreflexe. Attraktive gelbe Tropenfrucht, Nuancen von Ananas, Mango und Orangenzesten, ein Hauch von Blütenhonig, zitronig-mineralisch unterlegt. Saftig und straff, weißer Pfirsich, finessenreicher Säurebogen, salziger Touch, wirkt leichtfüßig und sehr gut anhaftend, sicheres Entwicklungspotenzial.

(94) Riesling * Ried Gaisberg 1ÖTW 2020

13 Vol.-%, NK, großes Holzfass, €€€€€ V

Mittleres Grüngelb, Silberreflexe. Feine Nuancen von Blütenhonig und Ananas, kandierte Grapefruitzesten, facettenreiches Bukett. Saftig, elegant, weißer Weingartenpfirsich, finessenreicher Säurebogen, feine Fruchtsüße im Abgang, bleibt haften, gutes Reifepotenzial.

92 Riesling * Zöbing 2020

12,5 Vol.-%, NK, großes Holzfass, €€€ V

Leuchtendes Gelbgrün, Silberreflexe. Intensive Tropenfrucht, zart nach Mango und Maracuja, ein Hauch von Blütenhonig, attraktives Bukett. Straff, engmaschig, gelbe Fruchtnuancen, frischer Säurebogen, mineralisch-zitronig im Abgang, macht Lust auf ein zweites Glas.

(95) Tradition Heritage 10 years GV/RR

13 Vol.-%, NK, großes Holzfass, €€€€€€ V

Mittleres Grüngelb, Goldreflexe. Feine Kräuterwürze, tabakig, Nuancen von kandierten Orangenzesten, mit reifer gelber Frucht unterlegt, zarter Blütenhonig klingt an. Saftig, elegant, feinwürzig unterlegter Mangotouch, gut integrierte Säurestruktur, dunkle Mineralik im Abgang, sehr gute Länge, etwas Ananas, extraktsüßer Nachhall, ein ausgereifter Speisenbegleiter mit eigenständigem Charakter.

(94) Tradition Heritage 3 years GV/RR

13 Vol.-%, NK, großes Holzfass, €€€€€ V

Mittleres Gelbgrün, Silberreflexe. Nuancen von feiner gelber Tropenfrucht, dazu Quitte und gelber Apfel, feiner Blütenhonig, gut entwickeltes Bukett. Komplex, dunkle Mineralik, feine Säurestruktur, honigtönige Textur, feine nussige Aromen, zarte Kräuterwürze im Abgang, individueller Stil, gute Länge, ein stoffiger Speisenbegleiter.

93 Tradition Heritage 50 years RR/GV/GS/MO/WR/

12,5 Vol.-%, NK, großes Holzfass, €€€€€€ V

Leuchtendes mittleres Goldgelb, Silberreflexe. Zarte gelbe Tropenfrucht, ein Hauch von Marille und Nougat, zart mit Mango und Ananas unterlegt, insgesamt etwas zurückhaltend. Mittlerer Körper, zarte gelbe Apfelfrucht, dezenter Säurebogen, feine Mineralik, zitroniger Touch im Nachhall, dezente Süße im Rückgeschmack, bietet harmonisches, leichtfüßiges Trinkvergnügen.

97 Riesling Trockenbeerenauslese 2015

7,5 Vol.-%, NK, kleines Holzfass, €€€€€ V

Leuchtendes mittleres Goldgelb, Silberreflexe. Mit einem Hauch von Zimt und Gewürznelken unterlegte reife gelbe Pfirsichfrucht, zart nach Mango und Maracuja, florale Nuancen, zarter Honig, hochattraktives Bukett. Saftig, elegant, cremige Textur, feine Gewürznuancen auch am Gaumen, seidig und anhaftend, feine gelbe Frucht, süßer Nachhall, leichtfüßig und lange, sicheres Reifepotenzial.

94 Grüner Veltliner Eiswein 2018

9,5 Vol.-%, NK, Holzfass, €€€€€ V

Mittleres Goldgelb, Silberreflexe. Kandierte Mandarinenzesten, süße gelbe Tropenfruchtnuancen, zarter Honigtouch, ein Hauch von Nougat. Saftig, elegant, Nuancen von Marillenmarmelade, feiner Säurebogen, fruchtige Süße im Abgang, bleibt gut haften, verfügt über Entwicklungspotenzial.

★

WEINGUT WOLFGANG UND SYLVIA GROLL

Seit 1880 befasst sich die Familie Groll mit Weinbau. Der Familienbetrieb bewirtschaftet eine Weingartenfläche von elf Hektar in den besten Lagen wie Hiesberg, Seeberg, Kogelberg oder Hoheneck. Wolfgang Groll führt heute das Unternehmen gemeinsam mit seiner Frau Sylvia. Das Weingut befindet sich nur wenige Minuten von Langenlois entfernt in Reith, in einem lang gezogenen Tal westlich von Zöbing, wo der Weinbau schon immer Tradition hatte. Die Rebkulturen gedeihen auf Lehm- und Urgesteinsböden, die das ganze Jahr über begrünt sind.

Groll-Wein ist immer Chefsache! Kellermeister Wolfgang Groll, der Hüter des Groll-Weinwissens, ist ausschließlich persönlich für seine Weinkreationen verantwortlich und überlässt dabei nichts dem Zufall. Mit größter Sorgfalt verwandelt er seine Trauben in frische, sortentypische und oft prämierte Weißweine und kräftige Rotweine. Bei den Weißweinen werden Grüner Veltliner, Riesling, Welschriesling, Chardonnay, Rivaner und Muskateller ausgebaut. Das Rotweinsortiment besteht hauptsächlich aus Zweigelt. Neben der intensiven Beschäftigung mit dem Rohprodukt wird auf modernste Kellertechnik gesetzt, denn Groll-Wein will stets weiterentwickelt werden.

Durch Kontinuität hat es das Weingut Groll immer wieder geschafft, Prämierungen für seine Weine zu erlangen. Die wichtigsten Erfolge der letzten Jahre waren zahlreiche Auszeichnungen beim »SALON Österreich Wein« sowie einige Langenloiser »Champion«-Weine. Wichtigstes Exportland des aufstrebenden Weinguts ist Deutschland.

WEINGUT WOLFGANG UND SYLVIA GROLL
3553 Reith/Langenlois
Reith 59
T: +43 (2734) 8522
info@weingut-groll.at
www.weingut-groll.at

Kellermeister: Wolfgang Groll
Kontakt: Wolfgang und Sylvia Groll
Produktion: 76 % weiß, 24 % rot, 11 Hektar
Zertifiziert: Nachhaltig Austria
Messen: Veltlinertag im Museumsquartier, DAC-Präsentationen

92 Riesling * Ried Langenloiser Seeberg 2020
13,5 Vol.-%, DV, Stahltank, €€
Helles Goldgelb, Silberreflexe. Feine Nuancen von weißem Weingartenpfirsich, floraler Touch, mit kandierten Mandarinenzesten unterlegt. Saftig, feine gelbe Tropenfrucht, finessenreiche Säurestruktur, Steinobst auch im Nachhall, mineralisch-zitronig im Rückgeschmack, ein frischer Speisenbegleiter.

91 Grüner Veltliner * Ried Zöbinger Kogelberg 2020
13,5 Vol.-%, DV, Stahltank, €€
Helles Goldgelb, Silberreflexe. Zart kräuterwürzig unterlegte gelbe Apfelfrucht, ein Hauch von Anis, mit kandierten Orangenzesten unterlegt. Mittlere Komplexität, feine Birnenfrucht, dezenter Säurebogen, weiße Tropenfrucht im Nachhall, ein ausgewogener Speisenbegleiter.

91 Grüner Veltliner ** Ried Langenloiser Käferberg 2019
14 Vol.-%, DV, Teilbarrique, €€€
Mittleres Gelbgrün, Silberreflexe. Mit einem foralen Touch unterlegte reife Tropenfrucht, zart nach Papaya, reife Ringlotten, etwas Vanille, Wiesenkräuter klingen an. Mittlerer Körper, kraftvoll, saftig, feine Fruchtsüße, Mangonoten im Abgang, fruchtiger Speisenbegleiter, bereits gut entwickelt.

90 Grüner Veltliner * Vom Stein 2020
12,9 Vol.-%, DV, Stahltank, €€
Helles Grüngelb, Silberreflexe. Feine gelbe Apfelfrucht, ein Hauch von Mango und Ananas, zarter Blütenhonig. Elegant, Nuancen von gelbem Kernobst, frisch und ausge-

wogen, zarte Fruchtsüße im Nachhall.

90 Chardonnay Selektion 2020
13,5 Vol.-%, DV, Stahltank, €€
Helles Goldgelb, Silberreflexe. Reifer gelber Apfel, Nuancen von Mango, floraler Touch. Saftig, weiße Birne, lebendiger Säurebogen, mineralisch-zitronig, dezente Fruchtsüße im Rückgeschmack, fruchtiger Speisenbegleiter.

88 Zweigelt Reserve 2018
13,5 Vol.-%, DV, kleines Holzfass, €€

WEINGUT ROBERT HERBST

NEU BIO

Seit 2016 machen Christina Hugl und Robert Herbst gemeinsame Sache. Christina ist bekannt für ihre Pét-Nats und Sekte nach traditioneller Methode. Als Pendant zum Sprudel widmet sich Robert Herbst Kamptaler Stillweinen. Als Erstlingswerke gibt es seit 2020 einen Gebietswein und zwei Ortsweine – natürlich aus Langenlois, dem Lebensmittelpunkt von Robert Herbst und Christina Hugl. Denn rund um Langenlois liegen auch die biologisch bewirtschafteten Weingärten. Ihr Motto: Wenn Landwirtschaft, dann zusammen mit der Natur und im Einklang mit der Umwelt. Und so ist eine Kreislaufwirtschaft das Ziel, und die eigenen Schafe helfen ihnen da beim Mähen und mit ihrem »Dünger«.
Die »Herbst«-lichen Weine zeichnen sich durch fruchtige Eleganz aus, wie beim »Langenlois«; komplexe Mineralik mit Karamellnoten findet man beim »Langenlois Reserve«. Das entdeckt man schon beim ersten Hineinriechen ins Glas! Die Langenloiser Böden bieten eine gute Mischung aus Löss an der Oberfläche und Urgesteinsverwitterungsböden in der Tiefe. Dadurch ergibt sich auch die Vielschichtigkeit des Grünen Veltliners, dessen Wurzeln bis 20 Meter in die Tiefe reichen und ihn universell einsetzbar und zum perfekten Speisenbegleiter machen. Für die österreichische und internationale Küche, aber auch solitär getrunken macht er immer eine gute Figur!

91 Grüner Veltliner * Langenlois 2020
12,5 Vol.-%, DV, Stahltank, €€ B
Helles Gelbgrün, Silberreflexe. Mit einem Hauch von Limettenzesten unterlegter Golden-Delicious-Apfel, zarte Wiesenkräuter, Nuancen von Orangenschalen. Stoffig, reife Marillenfrucht, finessenreicher Säurebogen, dunkle Mineralik, saliner Nachhall, bleibt haften, bereits antrinkbar, ein vielseitiger Speisenbegleiter.

91 Grüner Veltliner ** Langenlois 2019
14 Vol.-%, DV, Stahltank, €€€
Mittleres Goldgelb, Silberreflexe. Ein Hauch von Karamell, feiner Blütenhonig, reife gelbe Steinobstnuancen, ein Hauch von Tropenfrüchten, weißes Nougat im Hintergrund. Saftig, reife Birnenfrucht, feiner Mangotouch, dezenter Säurebogen, feinwürziger Nachhall, Apfel im Rückgeschmack, verfügt über Entwicklungspotenzial.

90 Grüner Veltliner * 2020
12,5 Vol.-%, DV, Stahltank, €€ B
Helles Grüngelb, Silberreflexe. Mit einem Hauch von Kräuterwürze unterlegte gelbe Apfelfrucht, tabakige Nuancen. Saftig, feine Mangonote, frisch strukturiert, zarte Fruchtsüße im Abgang, salziger Touch im Rückgeschmack.

WEINGUT ROBERT HERBST
3550 Langenlois
Gartenzeile 1
T: +43 (664) 4306643
wein@robertherbst.at
www.robertherbst.at

Kellermeister/Kontakt:
Robert Herbst
Anbauweise: Zertifiziert Biologisch
Produktion: 1.600 Flaschen
100 % weiß, 2.5 Hektar

* Kamptal DAC ** Kamptal DAC Reserve

★★

WEINGUT HERNDLER

Das Weingut Herndler liegt im Herzen des Kamptals, im Gartendorf Schiltern, etwa sechs Kilometer nördlich von Langenlois. Es besteht seit dem Jahr 1889. Ursprünglich wurde es als gemischter Betrieb geführt, der Weinbau spielte zunächst eine untergeordnete Rolle. Im Lauf der Zeit hat sich daraus jedoch ein reiner Weinbaubetrieb entwickelt. Drei Generationen leben und arbeiten miteinander, dabei geben Tradition und Moderne einander die Hand. Hoch über dem Kamp produziert die Familie auf einer Weinbaufläche von etwa 14,5 Hektar die Klassiker des Kamptals: Grünen Veltliner und Riesling – fruchtig, spritzig, mineralisch.
Das Zusammenspiel von Boden und Klima ist im Kamptal besonders fein und vielfältig. Das trockene, heiße pannonische Klima und die rauen, kühlen Lüfte des Waldviertels locken im Wechselspiel zwischen hohen Tages- und niedrigen Nachttemperaturen die feinsten Aromen in den Weintrauben hervor. Die Reben tanken tagsüber Sonne, nachts atmen sie durch und nehmen die würzige Aromatik des Bodens auf, was dem Wein seine einzigartige Fruchtigkeit verleiht. Wein machen bedeutet für die Winzerfamilie entstehen lassen – von der Traube bis zur fertigen Flasche. Jedes Jahr ist anders, jedes Jahr ist spannend. Das Beste aus dem Naturprodukt Wein herauszuholen ist immer wieder eine faszinierende Herausforderung. Als Winzer verstehen sie sich gleichermaßen als erfahrene Handwerker wie auch als Partner der Natur, für die es die Weingärten nachhaltig zu bewirtschaften gilt. Viel Handarbeit im Weingarten und schonende Verarbeitung im Keller geben den Weinen ihre persönliche Handschrift. Freude und Genuss, Traditionelles und Neues spiegeln sich in den Weinen wider.

WEINGUT HERNDLER
3553 Schiltern
Karglstraße 1
T: +43 (2734) 8283
info@weingut-herndler.at
www.weingut-herndler.at

Kellermeister: Thomas Herndler
Kontakt: Alexandra Herndler
Produktion: 70 % weiß, 30 % rot, 14.5 Hektar

91 Riesling * Strass Ried Gautscher 2020
13 Vol.-%, DV, Stahltank, €€
Mittleres Gelbgrün, Silberreflexe. Feinwürzig, etwas nach Maracuja, kandierte Mandarinenzesten, zart nach Physalis, etwas nach weißem Steinobst. Saftig, fruchtsüß, mineralisch, wirkt leichtfüßig, Papaya im Abgang, Tropenfrucht bleibt lang haften, guter Speisenbegleiter.

91 Grüner Veltliner * Blumenwiese 2020
13,5 Vol.-%, DV, Stahltank, €€
Helles Gelbgrün, Silberreflexe. Mit Kräuternoten unterlegte reife Apfelfrucht, zart pfeffrig, ein Hauch von Blutorangenzesten, Maracuja. Saftig elegant, feine Struktur, etwas nach Tropenfrucht im Abgang, mineralisch im Nachhall, bleibt gut haften, stoffiger Speisenbegleiter.

91 Grüner Veltliner * Ried Käferberg 2020
13,5 Vol.-%, DV, Stahltank, €€
Mittleres Gelbgrün, Silberreflexe. Zarte Tabakwürze, etwas nach Blütenhonig, feine Birnenfrucht, frischer Melissentouch. Saftig, engmaschig, fruchtsüß nach Mango, Gewürznuancen im Nachhall, vielseitig einsetzbar.

90 Grüner Veltliner * Alte Reben 2020
13 Vol.-%, DV, Stahltank, €€
Helles Gelbgrün, Silberreflexe. Zart nach Wiesenkräutern, ein Hauch von Apfel, feine Noten von Guaven, ein Touch von Kumquats. Mittlerer Körper, saftig, extraktsüß, floraler Touch, gelbes Kernobst im Abgang, bereits gut antrinkbar.

89 Gemischter Satz 2020
12 Vol.-%, DV, Stahltank, €€

89 Rotburger Reserve 2019
13,5 Vol.-%, DV, gebrauchte Barriques, €€

WEINGUT HIEDLER
3550 Langenlois
Am Rosenhügel 13
T: +43 (2734) 2468
office@hiedler.at
www.hiedler.at

Kellermeister: Ludwig Hiedler
Kontakt: Dietmar Hiedler
Produktion: 225.000 Flaschen
95 % weiß, 5 % rot, 30 Hektar
Zertifiziert: Nachhaltig Austria
Vereinszugehörigkeit:
Traditionsweingüter Österreich
Messen: ProWein Düsseldorf

Dietmar, Ludwig sen. und Ludwig jun. Hiedler

★★★★

WEINGUT HIEDLER

Das 1856 gegründete Weingut Hiedler gehört zu den traditionsreichen Häusern in Langenlois. Schon 1906 wurde das Gut durch das Erzherzogtum Österreich unter der Enns für seine Weinqualität geehrt. Diesen Anspruch trieb die Familie über Jahrzehnte immer weiter an die Spitze. Schließlich bescherten Ludwig Hiedler und seine aus Barcelona stammende Frau María Ángeles dem Weingut internationale Aufmerksamkeit und etablierten es als fixe Größe im Kamptal und in Österreich. In fünfter Generation lenken heute die beiden Brüder Ludwig jun. und Dietmar Seite an Seite mit Ludwig sen. die Geschicke des Betriebes, der sich konsequent weiterentwickelt.
Die Familie kultiviert teils uralte Weingärten, verstreut über einige der bedeutendsten Weinbergslagen des Kamptals. Mit konsequenter händischer Rebstockpflege, gut überlegtem Begrünungs- und Kompostmanagement und dem jahrzehntelangen Verzicht auf Herbizide und Insektizide fördert man eine aktive Bodenbiologie und sorgt dabei für eine lebendige und vielfältige Weingartenlandschaft. Es sind gesunde und wertvolle Trauben, die hier heranreifen und so das starke Fundament von sehr persönlichen Weinen bilden. Auch im Keller wird handwerklich und traditionell gearbeitet. Die Familie lässt ihren Weinen viel Zeit. Man begegnet allen Prozessen mit Geduld und dem über die Generationen gesammelten Erfahrungswissen. Die Weine dürfen besonders lange auf der Feinhefe reifen, in großen Akazienfässern, Edelstahltanks und manchmal auch in kleinen Eichenfässern. Ein biologischer Säureabbau darf auf natürliche Weise (spontan) vorkommen und wird nicht unterbunden. All das eröffnet den Weinen eine einzigartige Dimension von Textur und Tiefe. Dieser Philosophie – verkörpert durch die in Stein gemeißelte Eule vor dem historischen Weinkeller (und auf dem Etikett) – bleibt die Familie stets verbunden.

95 Riesling ** Ried Heiligenstein 1ÖTW 2019
13,5 Vol.-%, DIAM, Stahltank, €€€€€ V
Helles Gelbgrün, Silberreflexe. Mit Nuancen von Mandarinenzesten unterlegte feine gelbe Tropenfrucht, ein Hauch von Weingartenpfirsich, mineralisch, zarter Blütenhonig. Saftig, elegant, feine Fruchtsüße, angenehmer Säurebogen, gute Komplexität und Länge, reifer gelber Pfirsich im Nachhall, bereits antrinkbar.

94 Riesling ** Ried Gaisberg 1ÖTW 2019
13,5 Vol.-%, DIAM, Stahltank, €€€€€ V
Helles Gelbgrün, Silberreflexe. Mit einem Hauch von Blütenhonig unterlegte gelbe Steinobstfrucht, ein Hauch von Nashi-Birnen, zarter Marillentouch, einladendes Bukett. Saftig, gute Komplexität, angenehme Extraktsüße, feine Säurebalance, elegant und gut anhaftend, feine Mineralik, ausgewogen und vielseitig einsetzbar, verfügt über Reifepotenzial.

(94) Riesling ** Maximum 2019
13,5 Vol.-%, DIAM, Stahltank, €€€€€ V
Mittleres Goldgelb, Silberreflexe. Feine weiße Blütennuancen, frische Tropenfrucht, ein Hauch von Pfirsich und Maracuja, attraktives Bukett. Saftig, feine weiße Tropenfrucht, finessenreicher Säurebogen, dezente Fruchtsüße im Nachhall, elegant und lange anhaftend, ein gut entwickelter Speisenbegleiter.

93 Riesling ** Ried Kogelberg 1ÖTW 2019
13,5 Vol.-%, DIAM, Stahltank, €€€€€ V
Helles Grüngelb, Silberreflexe. Feine Nuancen von gelber Pfirsichfrucht, ein Hauch von Mango, etwas Blütenhonig, Orangenzesten, einladendes Bukett. Saftig, elegant, feine Fruchtsüße, frisches Steinobst, lebendige Säurestruktur, mineralischer Touch, ausgewogen und gut anhaftend, ein animierender Speisenbegleiter.

92 Riesling * Langenlois Urgestein 2020
12,5 Vol.-%, DV, Stahltank, €€€ V
Helles Goldgelb, Silberreflexe. Zarte Blütenaromen, ein Hauch von frischer Marille, Nuancen von Orangenzesten, feine Süße klingt an. Saftiger reifer Weingartenpfirsich, lebendiger Säurebogen, fruchtiger Nachhall, mineralisch und gut anhaftend.

94 Grüner Veltliner ** Ried Kittmannsberg 1ÖTW 2019
13,5 Vol.-%, DIAM, großes Holzfass/Stahltank, €€€€€ V
Helles Goldgelb, Silberreflexe. Mit feiner Tabakwürze unterlegte gelbe Tropenfrucht, zart nach Golden-Delicious-Apfel, Blütenhonig im Hintergrund. Saftig, elegant, feine Säurestruktur, mineralisch, filigran, Apfeltouch auch im Abgang, guter Speisenbegleiter.

94 Grüner Veltliner ** Ried Schenkenbichl 1ÖTW 2019
13,5 Vol.-%, DIAM, großes Holzfass, €€€€€ V
Mittleres Gelbgrün. Reife Birnenfrucht, etwas weißes Steinobst, ein Hauch von Wiesenkräutern, Melisse klingt an, mit Orangenzesten unterlegt. Gute Komplexität, saftig, straff, extraktsüß nach gelbem Kernobst, bereits antrinkbar, guter Speisenbegleiter.

(94) Grüner Veltliner ** Maximum 2019
14 Vol.-%, DIAM, großes Holzfass, €€€€€ V
Mittleres Grüngelb, Silberreflexe. Zart nach Quitten, weiße Kernobstnuancen, frische Wiesenkräuter, feiner Blütenhonig, tabakige Nuancen. Komplex, reife Marille, feine Fruchtsüße, dezenter Säurebogen, ein Hauch von Karamell im Abgang, ein stoffiger, bereits gut entwickelter Speisenbegleiter mit würzigem Ausklang.

91 Grüner Veltliner * Langenlois Tonmineral 2020
12,5 Vol.-%, DV, Stahltank, €€ V
Helles Goldgelb, Silberreflexe. Zart nach Ananas und Mango, ein Hauch von Marille, feine Wiesenkräuter, mineralischer Touch. Saftig, elegant, angenehme Fruchtsüße, feiner Säurebogen, ein Hauch von Süße im Abgang, bereits gut antrinkbar und vielseitig einsetzbar.

92 Weißburgunder Langenlois 2020
12,5 Vol.-%, DV, Stahltank/großes Holzfass, €€€ V
Mittleres Goldgelb, Silberreflexe. Zart nach gelber Birne und Blütenhonig, mit einem Hauch von Mandarinenzesten unterlegt, Ananas im Hintergrund. Saftig, elegant und ausgewogen, frische Säure, mineralisch unterlegte Frucht im Abgang, Blütenhonig im Rückgeschmack.

92 Pinot Noir Reserve 2017
13 Vol.-%, NK, Barrique/großes Holzfass, €€€€€ V
Mittleres Karmingranat, Ockerreflexe, breite Randaufhellung. Zart mit Nougatkaramell unterlegte eingelegte Kirschfrucht, zartes Waldbeerenkonfit, kräuterwürzige Nuancen. Mittlere Komplexität, feine Kirschnuancen, zart nach Erdbeeren, dezente Tannine, mineralischer Nachhall, salziger Rückgeschmack.

★★★★

WEINGUT HIRSCH

BIO

Auf einem 500 Jahre alten Zehenthof in Kammern im Kamptal widmet sich die Familie Hirsch mit ganzer Leidenschaft ihren Weinen der Sorten Grüner Veltliner und Riesling aus besten Lagen. In den biodynamisch bewirtschafteten Weingärten entstehen Weine mit Eigensinn, in denen sich die Kraft der Region widerspiegelt – Weine mit Leichtigkeit, Spannung und Vitalität. Wenn man vom Verkostungsraum des Weinguts in die Ferne blickt, genießt man eine wunderschöne Landschaft: Der Blick geht über Weingärten und Obstbäume bis zu den markanten Erhebungen, auf denen die Toplagen Lamm, Gaisberg, Grub, Renner und Heiligenstein zu finden sind.

99 Grüner Veltliner * Ried Lamm 1ÖTW Kammern 2019
13,5 Vol.-%, DV, Stahltank, €€€€€
Mittleres Grüngelb, Silberreflexe, weißes Kernobst, unterlegt mit kandierten Limettenzesten, etwas nach Maracuja und Mango, zart pfeffrig, mit frischen Wiesenkräutern unterlegt. Saftig, mineralisch, feine Extraktsüße, dezente Note nach Weingartenpfirsich, frisch strukturiert, dunkle Mineralik im Abgang, engmaschiges Finish, sicheres Entwicklungspotenzial, ein Musterbeispiel für dieses Terroir.

96 Grüner Veltliner * Ried Grub 1ÖTW Kammern 2019
13,5 Vol.-%, DV, Stahltank, €€€€€ B
Mittleres Gelbgrün, Silberreflexe. Mineralisch unterlegte Kräuter und weißer Apfel, ein Hauch von Melisse, engmaschiges Bukett. Komplex, saftig, straff, facettenreiche Säurestruktur, extraktsüß nach Birnen, Steinobsttouch im Nachhall, lange anhaltend, vielschichtig, salzig im Finish, gutes Potenzial.

95 Grüner Veltliner * Ried Gaisberg 1ÖTW Kammern 2019
13 Vol.-%, DV, Stahltank, €€€€€ B
Mittleres Goldgelb. Zart nach Gewürzen und reifem rotem Apfel, ein Hauch von Birnen, zart nach Mandarinenzesten, tabakige Noten. Straff, gute Komplexität, mineralisch, feine Tropenfruchtnoten, reifer Apfel und etwas Birne im Nachhall, lange anhaltend, sicheres Reifepotenzial, bereits gut entwickelt.

94 Grüner Veltliner * Ried Renner 1ÖTW Kammern 2019
13 Vol.-%, DV, Stahltank, €€€€€
Mittleres Goldgelb. Feine Wiesenkräuter, etwas nach Mango und Ananas, ein Hauch von Tabak, Noten von Quitte, seidiges Bukett. Saftig, komplex, dezenter Säurebogen, Quitte auch im Abgang, mineralisch, bleibt gut haften, vielseitiger Speisenbegleiter mit Potenzial, mineralischer Rückgeschmack.

91 Grüner Veltliner * Hirschvergnügen 2020
12 Vol.-%, DV, Stahltank, €€
Helles Gelbgrün, Silberreflexe. Feine Kräuterwürze, gelbe Apfelfrucht, etwas nach Papaya. Mittlerer Körper, saftig, frische Struktur, mineralisch, weißes Kernobst, bereits gut antrinkbar.

91 Grüner Veltliner * Kammern 2020
12,5 Vol.-%, DV, Stahltank, €€€
Helles Grüngelb, Silberreflexe. Zarte Kräuterwürze, ein Hauch von frischer Birne, mit gelbem Apfel unterlegt, mineralischer Touch. Straff, elegant, weißes Kernobst, feines Säurespiel, salziger Touch, zitroniger Nachhall.

WEINGUT HIRSCH
3493 Kammern
Hauptstraße 76
T: +43 (2735) 2460
info@weingut-hirsch.at
www.weingut-hirsch.at

Kellermeister/Kontakt: Johannes Hirsch
Anbauweise: Biodynamisch (respekt)
Produktion: 100 % weiß, 30 Hektar
Vereinszugehörigkeit: Traditionsweingüter Österreich
Messen: ProWein Düsseldorf, VieVinum

* Kamptal DAC ** Kamptal DAC Reserve

97 Riesling * Ried Zöbinger Heiligenstein 1ÖTW 2019
13 Vol.-%, DV, Stahltank, €€€€€
Mittleres Grüngelb, Silberreflexe. Zarter Blütenhonig, gelbe Tropenfruchtanklänge, zarte florale Nuancen, Melisse, Limetten, facettenreiches, einladendes Bukett. Komplex, saftig, feine Mango-Pfirsich-Frucht, gut integrierter, straffer Säurebogen, finessenreich und anhaftend, salziger Touch im Abgang, zeigt sehr gute Länge, sicheres Potenzial, bereits gut antrinkbar.

95 Riesling * Ried Zöbinger Gaisberg 1ÖTW 2019
13 Vol.-%, DV, Stahltank, €€€€€
Mittleres Gelbgrün, Silberreflexe. Zarte gelbe Tropenfrucht, feine Wiesenkräuter, ein Hauch von Pfirsich und Mango, mineralischer Touch, ein Hauch von Mandarinenzesten. Saftig, elegant, feine Pfirsichfrucht, seidige Textur, ein Hauch von Ananas, mineralisch, feiner Säurebogen im Abgang, salzig im Nachhall, zeigt gute Länge, großes Reifepotenzial.

90 Riesling * Zöbing 2020
12 Vol.-%, DV, Stahltank, €€€
Helles Gelbgrün, Silberreflexe. Zart nach weißem Pfirsich und Ananas, florale Nuancen, etwas Maracuja und Limetten im Hintergrund. Mittlerer Körper, weiße Tropenfrucht, rassige Struktur, salzig-zitronig im Abgang, bietet unkomplizierten Trinkspaß.

★★

WEINGUT JOHANNES HOLZER

Johannes Holzer bewirtschaftet in den besten Lagen der Region zehn Hektar Weingärten. Rund 50 Prozent seiner Weingärten befinden sich in der oft prämierten Top-Lage Engabrunner Stein. Die verschiedenen Bodentypen – vom Urgestein über Schotter bis hin zu tiefgründigem Löss – bieten ideale Bedingungen für hohe Qualität und große Sortenvielfalt. Neben den Sortenklassikern Grüner Veltliner und Riesling gedeihen auch Frühroter Veltliner, Chardonnay, Sauvignon Blanc, Gelber Muskateller, Zweigelt und St. Laurent zu sehr fruchtbetonten und vielschichtigen Weinen. Die Hauptsorte des Weinguts, der Grüne Veltliner, wird in vier Ausbaustufen gekeltert – vom Kamptal DAC von der Riede Karl und der mittelkräftigen »Alten Rebe« von über 45 Jahre alten Weinstöcken über den Lagenwein aus der Top-Riede Engabrunner Stein bis hin zur vielfach ausgezeichneten »Ganztraube vom Stein«. Qualitätsorientiertes Arbeiten im Weingarten auf Basis einer streng kontrollierten Bewirtschaftung mit freiwilligem Verzicht auf Insektizide und Herbizide – seit April 2021 ist sein Betrieb auch »Nachhaltig Austria«-zertifiziert –, strikte Traubenselektion durch Handlese und eine schonende Traubenverarbeitung mit modernster Kellertechnologie haben für Johannes Holzer höchste Priorität. Prämierungen wie »AWC Gold«, die Auszeichnung zum Kreis der Besten und die Aufnahme in den »SALON Österreich Wein« sowie NÖ-Landessiege und AWC-Sortensiege, aber auch der Sieg bei der »Kamptal Trophy« unterstreichen die hohe Qualität seiner Weine.

WEINGUT JOHANNES HOLZER
3492 Engabrunn
Am Anger 8, oder Hauptstraße 47
T: +43 (2735) 2093
holzerwein@aon.at
www.holzerwein.at

Kellermeister/Kontakt:
Johannes Holzer
Produktion: 50.000 Flaschen
4 % Schaumwein, 85 % weiß,
5 % rosé, 5 % rot, 1 % süß,
10 + 2 Hektar
Zertifiziert: Nachhaltig Austria
Vereinszugehörigkeit: Kamptal Klassik
Messen: ÖGW Zürich

92 Grüner Veltliner * Ried Engabrunner Stein 2020
13,5 Vol.-%, DV, Stahltank, €€€
Helles Goldgelb, Silberreflexe. Zart nach Marille und gelbem Apfel, feine Wiesenkräuter, ein Hauch von Orangenzesten. Saftig, feinwürzig, gute Komplexität, reife Birnen-

frucht, frisch strukturiert, zitroniger Touch im Abgang, mineralischer Nachhall, vielseitig einsetzbar.

(92) Grüner Veltliner ** Ried Engabrunner Stein Ganztraube vom Stein 2020
13,5 Vol.-%, DV, Stahltank, €€€
Mittleres Grüngelb, Silberreflexe. Frische Orangenzesten, feine gelbe Tropenfrucht, nach Mango und Papaya, ein Hauch von Blütenhonig, attraktives Bukett. Saftig, elegant, feine Fruchtsüße, dezenter Säurebogen, feine Mineralik, bereits gut antrinkbar, seidiger Speisenbegleiter.

90 Grüner Veltliner * Engabrunn Alte Rebe 2020
13 Vol.-%, DV, Stahltank, €€
Mittleres Grüngelb, Silberreflexe. Mit feinem Limettentouch unterlegte frische Apfelfrucht, floraler Touch. Saftig, elegant, feine gelbe Frucht, dezente Süße, gut integrierte Säurestruktur, etwas Blütenhonig im Nachhall.

(91) Riesling ** Ried Engabrunner Stein 2020
13,5 Vol.-%, DV, Stahltank, €€€
Mittleres Grüngelb, Silberreflexe. Zart tabakig, ein Hauch von Wiesenkräutern, frische Orangenzesten. Mittlerer Körper, feine Fruchtsüße, dezenter Säurebogen, mineralisch, Nuancen von Marille und Honig im Nachhall, bereits gut entwickelt.

90 Riesling * Engabrunn Alte Rebe 2020
12,5 Vol.-%, DV, Stahltank, €€€
Mittleres Goldgelb, Silberreflexe. Feine Steinobstnuancen, frischer Pfirsich, ein Hauch von Ananas und Maracuja, mit einem zitronigen Touch unterlegt. Saftig, elegant, feine cremige Textur, frischer Säurebogen, Ananas im Nachhall, bietet unkompliziertes Trinkvergnügen.

★★

WEINGUT ARMIN HUBER

BIO

Die Weinbautradition der Winzerfamilie Huber im historischen Springerhof reicht bis ins Jahr 1459 zurück. Im denkmalgeschützten Anwesen befindet sich eines der ältesten und renommiertesten Weingüter des Kamptals. Das Traditionsweingut bewirtschaftet 15 Hektar Weingärten in besten Lagen: Heiligenstein, Gaißberg und Wechselberg, wo hervorragende Rieslinge gedeihen, sowie Hasel und Brunngasse mit würzig-pfeffrigen Veltlinern, die die Zeit bekommen, die sie zum Reifen brauchen. Fruchtiger, leichter Grüner Veltliner, Sauvignon Blanc und Gelber Muskateller sowie der »Gleichgepresste«, der als idealer Sommerwein zu genießen ist, bieten immer wieder große Trinkfreude.
Armin Huber, der den elterlichen Betrieb 2012 übernommen hat, vinifiziert mit großer Leidenschaft und umweltbewusster Nachhaltigkeit. In einer Balance zwischen Tradition und moderner Technik begleitet er seine Weine behutsam und naturnah durch den gesamten Entstehungsprozess. Seine Bemühungen werden immer wieder mit Auszeichnungen belohnt. Sämtliche Weine, auch so manche Rarität, kann man in gemütlicher Atmosphäre jederzeit unverbindlich verkosten.

92 Grüner Veltliner * Ried Gaisberg 2019
14 Vol.-%, DV, Eichenfass/Stahltank, €€€€€
Helles Gelbgrün, Silberreflexe. Feine Wiesenkräuter, ein Hauch von weißem Kernobst, etwas Maracuja, Zitrusnuancen. Mittlere Komplexität, saftig, balancierter Säurebogen,

WEINGUT ARMIN HUBER
3491 Straß im Straßertale
Marktplatz 16
T: +43 (2735) 2303
info@huberwein.at
www.huberwein.at

Kellermeister/Kontakt:
Armin Huber
Anbauweise: Zertifiziert Biologisch
Produktion: 98 % weiß, 2 % rot, 15 Hektar
Messen: BioFach Nürnberg, Gast Klagenfurt

Mandarinen, extraktsüß, weiße Fruchtnuancen im Abgang, bleibt gut haften, vielseitiger Speisenbegleiter.

91 Grüner Veltliner * Ried Brunngasse 2019
13 Vol.-%, DV, Stahltank/Eichenfass, €€ Ⓑ
Mittleres Gelbgrün, Silberreflexe. Einladender Duft nach gelber Tropenfrucht, etwas nach Mandarinenzesten, Guave, ein Hauch von Blütenhonig. Mittlerer Körper, saftig, engmaschig, lebendige Säurestruktur, mineralisch, weißes Steinobst im Abgang, bereits gut antrinkbar.

89 Grüner Veltliner * Ried Hasel 2020
12,5 Vol.-%, DV, Stahltank, €€ Ⓑ

92 Riesling * Ried Heiligenstein 2019
13,5 Vol.-%, DV, Stahltank/Eichenfass, €€€ Ⓑ
Mittleres Gelbgrün, Silberreflexe. Zarte gelbe Tropenfrucht, ein Hauch von Marille, Nuancen von Kokos, Blütenhonig unterlegt. Saftig, elegant, gelbe Tropenfrucht, kraftvoll, integrierter Säurebogen, feine Fruchtsüße im Abgang, individueller Stil, bereits gut antrinkbar.

91 Riesling * Ried Gaisberg 2020
12,5 Vol.-%, DV, Stahltank, €€ Ⓑ
Helles Gelbgrün, Silberreflexe. Dezente Fruchtnuancen nach Ananas und weißem Pfirsich, etwas Limettenzesten, ein Hauch von Wiesenkräutern und Blütenhonig. Saftig, elegant, feine Struktur, salzig, zart nach weißem Steinobst, Minze im Nachhall, frischer Speisenbegleiter.

89 Sauvignon Blanc Ried Gautscher 2020
12 Vol.-%, DV, Stahltank, €€ Ⓑ

★★

CHRISTINA HUGL | SEKT & PET-NAT

BIO

Warum machen wir nicht einfach alles anders? Worte, vor denen alle Eltern erschaudern, wenn die Kinder plötzlich doch auf die Idee kommen und selber Wein machen wollen, obwohl das eigentlich nie der Plan war. Aber wie sagt man so schön: Unverhofft kommt oft. Anstatt nur einmal ein bisschen was auszuprobieren, werden jetzt schon knapp 10.000 Flaschen Sekt & Pet-Nat produziert. Um wirklich den eigenen Stil zu finden und alles ausprobieren zu können, was man wollte, begaben sich Christina und Robert auf die Suche nach einem geeigneten Keller und wurden in Mollands im Kamptal fündig, wo sie sich seit mittlerweile vier Jahren den Weinkeller mit ihrem Freund Peter Luf teilen. Wer verkosten möchte, darf ins schöne Langenlois kommen, wo man im wunderschönen alten Winzerhof bei einem Glaserl Sprudel bestens entspannen kann.

CHRISTINA HUGL
SEKT & PET-NAT
3550 Langenlois
Gartenzeile 1
T: +43 (650) 7427151
info@christinahugl.at
www.christinahugl.at

Kellermeister/Kontakt: Christina Hugl
Anbauweise: Zertifiziert Biologisch
Produktion: 13.300 Flaschen
100 % Schaumwein, 2.2 + 1 Hektar
Vereinszugehörigkeit: Junge Wilde Winzer
Messen: VieVinum

94 Blanc de Blancs Große Reserve 2017
12,5 Vol.-%, NK, Flaschengärung/Teilbarrique, €€€€€
Helles Gelbgrün, Silberreflexe, feines, anhaltendes Mousseux. Noten von Limetten und gerösteten Haselnüssen, mit weißem Pfirsich unterlegt, floraler Touch, sehr einladendes Bukett. Straff, engmaschig, präzise weiße Apfelfrucht, straffer Säurebogen, mineralisch-salzig im Abgang, bleibt gut haften, ein trockener Chardonnay-Stil, Speisenbegleiter par excellence, sicheres Reifepotenzial.

91 Chardonnay Pet-Nat 2019
11 Vol.-%, NK, Flaschengärung, €€€€ Ⓑ
Zart trübes helles Gründgelb, Silberreflexe, feine Perlage.

Frische gelbe Birne, zarte Wiesenkräuter, ein Hauch von Zitronenmelisse, mit weißer Tropenfrucht unterlegt. Straff, frisches Kernobst, lebendiger Säurebogen, mineralisch-zitroniger Touch, weißer Apfel im Abgang, animierender Stil.

92 ❸ Blanc de Blancs Reserve 2018 GV/WR
12 Vol.-%, NK, Flaschengärung, €€€€€
Leuchtendes mittleres Gelbgrün, Silberreflexe, feines Mousseux. Einladende Nuancen nach frischer gelber Tropenfrucht, zart nach Ananas und Mango, ein Hauch von Kräutern, Biskuit und Blütenhonig. Saftig, cremige Textur, zart nach Karamell, frisch, seidige Apfelfrucht, weißes Nougat, vielseitig einsetzbar.

91 ❸ Grüner Veltliner Klassik 2018
12 Vol.-%, NK, Flaschengärung, €€€€
Helles Grüngelb, Silberreflexe, feines, gut anhaltendes Mousseux. Blumiges Bukett, frisches weißes Kernobst, ein Hauch von feuchten Tannennadeln, würziges, einladendes Bukett. Schlank und leichtfüßig, Nuancen von Granny-Smith-Apfel, frischer Säurebogen, animierender Speisenbegleiter.

(88) ❸ Golden Pet-Nat 2020
11 Vol.-%, NK, Flaschengärung, €€€€

(90) ❸ Purple Rain Limited 2019
11,5 Vol.-%, NK, Flaschengärung, €€€€€
Helles Lachsrosa, Pinkrosareflexe, dezente Perlage. Zarte Waldbeeren, Nuancen von roten Kirschen, ein Hauch von Birnen, zart nach Rosenblüten. Schlank und frisch, weißer Apfel, lebendige Säurestruktur, mineralisch-salzig, floraler Abgang, feiner, zart prickelnder Sommerspaß.

★★★★

WEINGUT JURTSCHITSCH

BIO

Das Traditionsweingut der Familie Jurtschitsch mit seinem Lesehof aus dem 16. Jahrhundert und dem 700 Jahre alten Naturkeller zählt zu Österreichs schönsten Weingütern. Alwin und Stefanie Jurtschitsch kümmern sich mit viel Liebe und Gefühl um ihre Reben und Weine. Aus Überzeugung und Naturverbundenheit entschlossen sie sich 2006, das Weingut auf kontrollierte organisch-biologische Wirtschaftsweise umzustellen. Es ist eine Selbstverständlichkeit, dass mit der Umstellung ihrer Weinberge auch ein Umdenken in der Weinbereitung einhergeht. Die Lagenweine werden mit weinbergeigenen Hefen im großen Holzfass vergoren. Die alten Kellergewölbe, die 2016 revitalisiert wurden, bieten optimale Reifevoraussetzungen für die Weine aus den »Filetstücken« der großen Lagen im Kamptal: Zöbinger Heiligenstein, Loiserberg, Dechant, Schenkenbichl, Käferberg, Lamm und Tanzer. Kaum ein anderes österreichisches Weingut schafft es, mit solcher Zuverlässigkeit beste Qualität über die gesamte Angebotspalette zu bieten. Auch bei Rot- und Süßweinen wurden über die Jahre Meilensteine für die Region gesetzt. Bestätigung findet die kompromisslose Qualitätsarbeit durch zahlreiche wiederkehrende nationale und internationale Auszeichnungen. Der »GrüVe®« gilt als Bestseller in Gastronomie und Fachhandel. Dieser jugendlich-leichte Grüne Veltliner mit seinem Etikett von Christian Ludwig Attersee hat dabei im In- und Ausland viele Weinmoden und Modeweine überdauert.

93 ❸ Jurtschitsch Grüner Veltliner Brut Nature Sekt g.U. Langenlois Große Reserve 2016
12 Vol.-%, NK, großes Holzfass, €€€€€ Ⓑ
Helles Gelbgrün, Silberreflexe, lebendiges Mousseux. Mit einem Hauch von Blütenhonig unterlegte Pfirsichfrucht, floraler Touch, ein Hauch von Limetten. Rassig, grüner Apfel, zitronig-salzige Mineralik, lebendiger Stil, animierend und facettenreich.

92 ❸ Brut Rosé ZW/PN/SL
Deg. 09/2020, 12 Vol.-%, NK, großes Holzfass, €€€€€
Helles Lachsrosa, zarte Pinkreflexe, feines, anhaltendes Mousseux. Ein Hauch von eingelegten Kirschen, rote Waldbeeren, Nuancen von Mandarinenzesten und Walnuss. Mittlerer Körper, frischer Pfirsich, lebendiger zitroniger Touch im Abgang, mineralischer Nachhall, vielseitig einsetzbar.

(96) Riesling * Ried Heiligenstein 1ÖTW Alte Reben 2020
13 Vol.-%, DV, großes Holzfass, €€€€€ Ⓑ
Mittleres Gelbgrün, Silberreflexe. Attraktive reife gelbe

Stefanie und Alwin Jurtschitsch

WEINGUT JURTSCHITSCH
3550 Langenlois
Rudolfstraße 39
T: +43 (2734) 2116
weingut@jurtschitsch.com
www.jurtschitsch.com

Kellermeister:
Stefanie Jurtschitsch
Kontakt: Alwin Jurtschitsch
Anbauweise: Zertifiziert Biologisch
Produktion: 74 % weiß, 25 % rot, 1 % süß, 60 Hektar
Zertifiziert: Nachhaltig Austria
Vereinszugehörigkeit:
Traditionsweingüter Österreich
Messen: Millésime Bio, ProWein Düsseldorf, VieVinum

Fruchtnuancen nach Ananas und Pfirsich, mit einem Hauch von Marille unterlegt, mineralischer Touch. Straff, engmaschig, zart nach Blütenhonig, weißer Apfel, lebendig und gut anhaftend, zitronige Nuancen im Finale, sollte einige Jahre heranreifen dürfen.

(94) Riesling * Ried Heiligenstein 1ÖTW 2020
13 Vol.-%, DV, großes Holzfass, €€€€€ Ⓑ
Mittleres Gelbgrün, Silberreflexe. Feine gelbe Tropenfrucht, frische Ananas und Maracuja, zart nach Pfirsich und Blütenhonig, facettenreiches Bukett. Straff, engmaschig, weiße Apfelfrucht, rassige Säurestruktur, Limettenzesten im Abgang, pikantes Finish, salziger Rückgeschmack.

(93) Riesling * Ried Loiserberg 1ÖTW 2020
13 Vol.-%, DV, großes Holzfass, €€€€€ Ⓑ
Helles Gelbgrün, Silberreflexe. Mit frischen Orangenzesten unterlegte Pfirsichfrucht, zart blumig unterlegt. Saftig, weiße Fruchtnuancen, frischer Säurebogen, zitronig-mineralisch, wirkt schlank und lebendig, Limetten im Nachhall.

92 Riesling * Langenlois 2020
12,5 Vol.-%, DV, Stahltank, €€€ Ⓑ
Mittleres Gelbgrün, Silberreflexe. Feine gelbe Tropenfrucht, Blütenhonig klingt an, zart nach Papaya, floraler Touch. Elegant, stoffig, weißer Pfirsich, frischer Säurebogen, mineralisch-zitronig, zeigt gute Länge, bereits zugänglich, bietet leichtfüßiges Trinkvergnügen.

(96) Grüner Veltliner * Ried Lamm 1ÖTW 2020
13 Vol.-%, DV, großes Holzfass, €€€€€ Ⓑ
Mittleres Gelbgrün, Silberreflexe. Zart kräuterwürzig, tabakig unterlegte gelbe Fruchtnuancen von Ananas und Mango, feiner Blütenhonig, mit Orangenzesten unterlegt. Elegant, stoffig, feine Fruchtsüße, reifer gelber Apfel, finessenreicher Säurebogen, zarter Blütenhonig im Abgang, sehr gute Länge, sicheres Reifepotenzial.

(95) Grüner Veltliner * Ried Käferberg 1ÖTW 2020
13 Vol.-%, DV, großes Holzfass, €€€€€ Ⓑ
Mittleres Gelbgrün, Silberreflexe. Feine gelbe Tropenfrucht, zart nach Blütenhonig, reifer Marillenanklang, zart mit Mandarinenzesten unterlegt. Saftig, feine gelbe Tropenfrucht, mit frischer Säure unterlegt, salzig-mineralisch, fast rieslinghaft im Abgang, ein straffer Begleiter bei Tisch, sicheres Entwicklungspotenzial.

(94) Grüner Veltliner * Ried Dechant 1ÖTW 2020
13 Vol.-%, DV, großes Holzfass, €€€€€ Ⓑ
Mittleres Gelbgrün, Silberreflexe. Feine Nuancen von Wiesenkräutern, weißer Apfel, mit etwas Honigmelone unterlegt, Noten von Mandarinenzesten. Saftig, feine Fruchtsüße, ein Hauch von Marille, feiner Säurebogen, gute Länge, sehr gutes Entwicklungspotenzial.

(94) Grüner Veltliner * Ried Schenkenbichl 1ÖTW 2020
13 Vol.-%, DV, großes Holzfass, €€€€€ Ⓑ
Mittleres Gelbgrün, Silberreflexe. Rauchig-würzig, gelbe Birnenfrucht, zart nach Mango und Papaya, kandierte Orangenzesten. Komplex, stoffig und elegant, frisches Säuregerüst, weiße Frucht im Nachhall, mineralisch, etwas Blütenhonig im Abgang, ein saftiger Speisenbegleiter.

92 Grüner Veltliner * Langenlois 2020
12,5 Vol.-%, DV, Stahltank, €€€ B
Helles Gelbgrün, Silberreflexe. Zarte Nuancen von reifer Birne, ein Hauch von Blütenhonig, mit frischer Mango unterlegt. Saftig, elegant, weiße Kernobstnuancen, feiner Säurebogen, fruchtsüßer Abgang, mineralischer Nachhall, gutes Entwicklungspotenzial.

(92) Grüner Veltliner * Ried Loiserberg 1ÖTW 2020
13 Vol.-%, DV, großes Holzfass, €€€€ B
Mittleres Gelbgrün, Silberreflexe. Zart rauchig-würzig unterlegte Wiesenkräuter, zart nach Orangenzesten, weißem Apfel und Limetten. Mittlerer Körper, saftiges Kernobst, frisch strukturiert, mineralisch, trockene Stilistik, wird von Flaschenreife profitieren.

91 Grüner Veltliner * Löss 2020
12,5 Vol.-%, DV, Stahltank, €€ B
Helles Gelbgrün, Silberreflexe. Zart mit Wiesenkräutern unterlegte gelbe Apfelfrucht, ein Hauch von Orangenzesten, etwas Melone. Saftig, elegant, angenehme Fruchtsüße, feiner Säurebogen, ausgewogen, bereits zugänglich.

90 Grüner Veltliner * Stein 2020
12,5 Vol.-%, DV, Stahltank, €€€ B
Helles Gelbgrün, Silberreflexe. Zart rauchig-mineralisch unterlegte weiße Apfelnote, dezente Reduktionsnuancen. Mittlerer Körper, gelbe Tropenfrucht, frisch, zitronig im Abgang, schlanke Stilistik.

Heiligenstein

91 Grüner Veltliner Belle Naturelle 2020
12,5 Vol.-%, DV, großes Holzfass, €€€ B
Wolkiges helles Orangegold, Messingreflexe. Nuancen von Kräutern und Apfelschalen, zart nach Kletzen, tabakige Note. Saftig, gelbe Kernobstnuancen, feiner Säurebogen, salzig-mineralisch im Abgang, bereits gut antrinkbar.

★★

BIO-WEINGUT KEMETNER

BIO

Das Weingut der Familie Kemetner liegt in Etsdorf, unweit des bekannten Schlosses und Kulturzentrums Grafenegg im südlichen Teil des Kamptals und im Zentrum von Niederösterreich. Schon 1641 wird Nikolaus Kemetner am Stammhaus genannt, sein Sohn Johannes wird 1666 ausdrücklich als »Vinitor in Etsdorff« bezeichnet. Vor Kurzem hat ein Heimatforscher das Winzersiegel der Familie Kemetner wiederentdeckt. Es befindet sich auf Marktrichterrechnungen von 1741 bis 1744, unterfertigt und gesiegelt von Johannes Kemetner, Ratsherr in Etsdorf. Das Siegel zeigt ein Herz mit drei daraus wachsenden Blumen sowie die Buchstaben »J. K.« und ziert das neue Etikett der Familie Kemetner.
In zwölfter Generation führt nun Simon Kemetner den Betrieb weiter und wird natürlich noch tatkräftig von seinem Vater Leopold unterstützt. Heute bewirtschaftet die Familie eine Fläche von neun Hektar Weingärten, wobei der Grüne Veltliner mit fast 60 Prozent den Hauptanteil stellt. Weiters sind 20 Prozent Riesling und 10 Prozent Zweigelt im Programm. Den Rest bilden Rivaner, Chardonnay, Blauburgunder, Sauvignon Blanc, Roter Muskateller und Cabernet Sauvignon. Mit den Etsdorfer Rieden Wohra und Karl verfügen die Kemetners über echte Top-La-

* Kamptal DAC ** Kamptal DAC Reserve

Nikolaus, Julia und Simon Kemetner

BIO-WEINGUT KEMETNER
3492 Etsdorf am Kamp
Obere Marktstraße 2
T: +43 (660) 4626818
weingut@kemetner.at
www.kemetner.at

Kellermeister/Kontakt:
Simon Kemetner
Anbauweise: Zertifiziert Biologisch (Austria Bio Garantie)
Produktion: 85 % weiß, 5 % rosé, 10 % rot, 9 Hektar
Vereinszugehörigkeit:
Weinstraße Kamptal
Messen: ProWein Düsseldorf, Vinobile Feldkirch

gen als Basis für bestes Traubengut. Dieses wird ohne Aufbesserung zu feinen, bekömmlichen und langlebigen Weinen vergoren. Seit 2008 werden die Weingärten biologisch bewirtschaftet.

(93) Grüner Veltliner * Ried Karl Alte Reben 2020
13 Vol.-%, NK, großes Holzfass, €€€
Leuchtendes mittleres Gelbgold, Silberreflexe. Feine Wiesenkräuter, Orangenzesten, ein Hauch von Marille und gelbem Apfel, zarte tabakige Nuancen, mineralischer Touch. Kraftvoll, saftig, feine Birnenfrucht, elegant, angenehmer Säurebogen, mineralisch-salzig unterlegt, fruchtige Süße nach Mango im Nachhall, gutes Reifepotenzial.

(92) Grüner Veltliner * Ried Karl 2020
13 Vol.-%, DV, Stahltank, €€€
Mittleres Grüngelb, Silberreflexe. Frischer Hauch von Golden-Delicious-Apfel, zart nach Birne und Mandarinenzesten. Komplex, feinwürzig, weißes Kernobst, lebendiger Säurebogen, zart nach Babybanane im Abgang, mineralisch und anhaftend, gutes Reifepotenzial.

(90) Grüner Veltliner * Grafenegg 2020
12,5 Vol.-%, DV, Stahltank, €€
Helles Gelbgrün, Silberreflexe. Feine frische Kernobstnuancen, ein Hauch von Birne und Mango, einladendes Bukett. Straff, engmaschig, weißer Apfel, frischer Säurebogen, knackiger Speisenbegleiter.

(93) Riesling * Ried Karl 2020
13 Vol.-%, NK, großes Holzfass, €€€
Leuchtendes mittleres Gelbgrün, Silberreflexe. Frischer Pfirsich, ein Hauch von Mango und Maracuja, frische Orangenzesten, einladendes Bukett. Saftig, elegant, mit gelber Apfelfrucht unterlegt, finessenreich und mineralisch, salziger Nachhall, zitroniger Rückgeschmack, ein frischer Speisenbegleiter mit Reifepotenzial.

(91) Riesling * Ried Wohra 2020
12,5 Vol.-%, DV, Stahltank, €€
Helles Gelbgrün, Silberreflexe. Mit einem Hauch von Limettenzesten unterlegte frische Steinobstnuancen, zart nach Maracuja, mineralischer Touch. Mittlerer Körper, frisch strukturiert, zitronig-mineralisch im Abgang, ein knackiger Speisenbegleiter.

(91) Pinot Noir Ried Oberhasel 2018
13 Vol.-%, NK, gebrauchte Barriques, €€€€
Kräftiges Karmingranat, Ockerreflexe, breite Randaufhellung. Rauchig-kräuterwürzig unterlegtes rotes Waldbeerenkonfit, präsente Holzwürze, mit Kirschen unterlegt. Mittlerer Körper, rote Frucht, präsente Holzwürze, mineralischer Abgang, zartes Karamell, bereits zugänglich.

★★

LAURENZ V.

LAURENZ V. produziert ausschließlich Grünen Veltliner – fruchtbetont, elegant, vielschichtig und mit animierendem Trinkfluss. Für den zeitgemäßen »Twist« sorgen neben dem sehr trinkfreundlichen Weinstil auch klingende Namen: Der »Charming« Grüner Veltliner ist das Flaggschiff von LAURENZ V. (Kamptal Reserve), der »Friendly« Grüner Veltliner der Klassiker aus dem Kamptal und mit »Singing« und »Forbidden« werden Weine für den täglichen Trinkspaß gekeltert. In den besten Jahren wird »L5«, eine Selektion von alten Reben, in Barrique-Fässern ausgebaut und im Keller auf der Flasche gelagert. Das Weingut zeigt die weinstilistische Spannbreite des Grünen Veltliners, wobei der ganzen Geschmacksvielfalt der Rebsorte Rechnung getragen wird.

»In der Weinbranche hat jeder seine Geschichte. Unsere ist die, dass wir etwas dazu beitragen, den Grünen Veltliner international bekannter zu machen« – so verbunden ist man bei LAURENZ V. mit der österreichischen Paraderebsorte. Erklärtes Ziel ist es, den Grünen Veltliner international unter den besten Weißweinen der Welt zu etablieren. LAURENZ V. exportiert heute weltweit, ist auf allen Kontinenten vertreten und steht für elegante, ausbalancierte und vielschichtige Weine, die dem Credo des Weinguts Rechnung tragen sollen: »Strictly Grüner & Sheer Drinking Pleasure«.

LAURENZ V.
1070 Wien/Zöbing
Mariahilfer Straße 32
T: +43 (1) 5224791
info@laurenzfive.com
www.laurenzfive.com

Kellermeister: Peter Schweiger
Kontakt: Dieter Hübler
Produktion: 100 % weiß, 80 Hektar
Zertifiziert: Nachhaltig Austria
Messen: Austrian Tasting London, Merano WineFestival, ProWein Düsseldorf, London Wine Fair, The Shanghai International Wine & Spirits Expo, VieVinum, Vinexpo Bordeaux, Vinexpo Hongkong, Vinexpo Shanghai, ProWine China, ProWine Asia, MondoVino, Hong Kong International Wine & Spirits Fair

(92) Grüner Veltliner ** Charming by Laurenz V. 2020
13,5 Vol.-%, DV, Stahltank, €€€€
Helles Gelbgrün, Silberreflexe. Ein Hauch von Mandarinenzesten, gelber Apfel, etwas Blütenhonig, einladendes Bukett. Stoffig, frisch strukturiert, etwas Mango und Papaya im Kern, mineralisch, saliner Anklang, bleibt haften, verfügt über Reifepotenzial.

(91) Grüner Veltliner * Friendly by Laurenz V. 2020
13 Vol.-%, DV, Stahltank, €€€
Helles Gelbgrün, Silberreflexe. Nuancen von Golden-Delicious-Apfel, mit frischen Orangenzesten unterlegt, feine tabakige Noten. Straff, weißes Kernobst, rassiger Säurekern, zarte Kräuterwürze im Abgang, Limetten im Nachhall, knackiger Speisenwein.

90 Grüner Veltliner * Singing by Laurenz V. 2020
12,5 Vol.-%, DV, Stahltank, €€
Helles Gelbgrün, Silberreflexe. Zart nach Wiesenkräutern, frische weiße Birnenfrucht, ein Hauch von Limettenzesten. Mittlerer Körper, frischer Apfel, lebendige Säurestruktur, mineralisch-salzig im Abgang, zitroniger Nachhall.

89 Grüner Veltliner Forbidden by Laurenz V. 2020
10 Vol.-%, DV, Stahltank, €€ V

* Kamptal DAC ** Kamptal DAC Reserve

★★★

WEINGUT LEINDL

Das Weingut Leindl in Zöbing im Kamptal ist ein junger, dynamischer Betrieb. Während seiner zwanzigjährigen Tätigkeit als Önologe in Forschung, Lehre und Beratung wuchs Georg Leindls Wunsch, eigene Weine zu vinifizieren, den er mit der Gründung des Weinguts im Jahr 2013 in die Tat umsetzte.
Das Hauptaugenmerk liegt auf Grünem Veltliner und Riesling, in besonders guten Jahrgängen wird auch ein Wein der Rebsorte Viognier gefüllt. Die Weingärten liegen im Kamptal, entsprechend sind die Weine vom Terroir der Lagen Eichelberg, Heiligenstein, Irbling, Kogelberg und Seeberg geprägt. Die Böden verleihen den Weinen ihre Mineralik und Frische.

(94) Riesling * Zöbinger Ried Kogelberg 1ÖTW 2020
13,5 Vol.-%, NK, Stahltank, €€€€
Helles Gelbgrün, Silberreflexe. Einladendes Bukett nach gelber Tropenfrucht, zart nach Ananas, ein Hauch von Orangenzesten. Saftig, elegant, frische Struktur, mineralisch-salzig, facettenreiches Bukett, vielseitig einsetzbar.

WEINGUT LEINDL
3561 Zöbing
Am Wechselberg 12
T: +43 (676) 5082313
info@weingutleindl.at
www.weingutleindl.at

Kellermeister/Kontakt:
Georg Leindl
Produktion: 8 Hektar
Vereinszugehörigkeit:
Traditionsweingüter Österreich
Messen: VieVinum, Vinobile Feldkirch

(94) Riesling * Zöbinger Ried Heiligenstein 1ÖTW 2020
13 Vol.-%, NK, Stahltank, €€€€€
Helles Gelbgrün, Silberreflexe. Feines Steinobst, ein Hauch von Wiesenkräutern, zart nach Limettenzesten, frisches Bukett. Saftig, elegant, feine Struktur, Zitrustouch im Abgang, mineralisch, würzig im Nachhall, bleibt gut haften, vielschichtiger Speisenbegleiter.

92 Riesling * Stieferner Ried Irbling 2020
13,5 Vol.-%, DV, Stahltank, €€€
Helles Gelbgrün, Silberreflexe. Feine Kräuternoten, etwas kandierte Zitruszesten, ein Hauch von frischem Steinobst, floraler Touch. Mittlerer Körper, saftig, frische Struktur, mineralisch, Pfirsichnoten, bereits gut antrinkbar.

(93) Grüner Veltliner * Ried Seeberg 1ÖTW 2020
13 Vol.-%, NK, Eichenfass, €€€€€
Helles Gelbgrün, Silberreflexe. Etwas Kräuterwürze, ein Hauch von Maracuja, zart nach weißem Pfirsich, würziges Bukett. Straff, elegant, feine Struktur, mineralisch, engmaschig, salzig, guter Speisenbegleiter.

92 Grüner Veltliner * Ried Eichelberg 2020
13 Vol.-%, DV, Stahltank, €€€
Mittleres Gelbgrün, Silberreflexe. Reife gelbe Tropenfrucht, ein Hauch von Blütenhonig, zart nach Orangenschalen, facettenreiches Bukett. Saftig, elegant, feine Säurestruktur, mineralisch, weißer Apfel im Abgang, guter Speisenbegleiter.

91 Grüner Veltliner * Langenlois 2020
12,5 Vol.-%, DV, Stahltank, €€
Helles Gelbgrün, Silberreflexe. Feine Kräuterwürze, gelbe Apfelfrucht, etwas nach Papaya. Mittlerer Körper, saftig, frische Struktur, mineralisch, weißes Kernobst, bereits gut antrinkbar.

(93) Viognier 2019
14 Vol.-%, NK, Barrique, €€€€€
Helles Gelbgrün, Silberreflexe. Feine Tabakwürze, etwas nach gelber Tropenfrucht, zart nach Babybanane, Brioche klingt an. Saftig, elegant, kraftvoll, gute Komplexität, einladendes Bukett, Mangotouch im Abgang, lang anhaltendes Finish.

★★★★

WEINGUT FRED LOIMER

BIO

Authentische Weine sind immer geprägt von ihrem Ursprung – und sie erzählen eine Geschichte. Fred Loimers Weine erzählen von Herkunft, von der Kraft der Natur und dem respektvollen Umgang mit Boden, Pflanzen, Tier und Mensch. Das eigene Ideal ist, das Weingut als »geschlossenen Betriebsorganismus« zu verstehen, der möglichst alle Elemente der landwirtschaftlichen Produktion selbst hervorbringt.
Rudolf Steiner, Vater der biologisch-dynamischen Landwirtschaft, nannte dieses Ideal »Hofindividualität«. Das Ergebnis ist Herkunft pur: individuelle, von ihrem Entstehungsort geprägte Weine, entstanden im Rhythmus der Natur, mit Geduld, Präzision und minimaler Einflussnahme, eigenständig, manchmal kontroversiell – und immer wahrhaftig.

(95) ❸ Langenlois Große Reserve Blanc de Blancs Brut Nature 2016 CH/WB/PG
12 Vol.-%, DIAM, Stahltank, €€€€€ Ⓑ
Mittleres Gelbgrün, Silberreflexe, zartes Mousseux. Feine Wiesenkräuter, ein Hauch von Maracuja, etwas Blütenhonig, Gewürznuancen, attraktives Bukett. Saftig, straff, engmaschig, zart nach Birne, extraktsüß, feine Mineralik im Abgang, vielschichtiger Speisenbegleiter.

(94) ❸ Gumpoldskirchen Große Reserve Blanc de Noirs 2016
12 Vol.-%, DIAM, Stahltank, €€€€€ Ⓑ
Leuchtendes Gelbgrün, Silberreflexe, zart moussierend. Etwas nach Orangenzesten und gelbem Kernobst, ein Hauch von Biskuit, zart nach Pflaumen, einladendes Bukett. Saftig, elegant, lebendige Säurestruktur, mineralisch-salzig, feinwürzig im Abgang, Quitte im Nachhall, gutes Potenzial.

93 ❷ Extra Brut Reserve ZW/PN/CH/GV
Deg. 07/2020, 12 Vol.-%, DIAM, Stahltank, €€€€€ Ⓑ
Mittleres Gelbgrün, Silberreflexe, zartes Mousseux. Feiner Blütenhonig, etwas nach Maracuja, ein Hauch von Melisse, einladendes Bukett nach Apfel. Saftig, straff, elegant, facettenreiche Säurestruktur, mineralisch-salzig, Kräuternoten, Apfeltouch im Abgang, Brioche im Nachhall, vielseitiger Speisenbegleiter.

92 ❷ Brut Rosé Reserve ZW/PN/SL
Deg. 12/2020, 12 Vol.-%, DIAM, Stahltank, €€€€€ Ⓑ
Mittleres Lachsrosa, Silberreflexe, feines Mousseux. Zarte

© Andreas Hofer

WEINGUT FRED LOIMER
3550 Langenlois
Haindorfer Vögerlweg 23
T: +43 (2734) 2239
weingut@loimer.at
www.loimer.at

Kellermeister/Kontakt: Fred Loimer
Anbauweise: Biodynamisch (respekt)
Produktion: 500.000 Flaschen
15 % Schaumwein, 80 % weiß, 5 % rot, 80 Hektar
Zertifiziert: Nachhaltig Austria
Vereinszugehörigkeit: Traditionsweingüter Österreich
Messen: Millésime Bio, ProWein Düsseldorf, VieVinum

Fred Loimer

Tabakwürze, etwas rotbeerige Nuancen, ein Hauch von reifem Pfirsich, nussiger Touch. Saftig, elegant, feine Säurestruktur, straff, feiner Karamelltouch, salzig, Erdbeernoten im Abgang, guter Speisenbegleiter.

(95) Riesling * Ried Heiligenstein 1ÖTW Zöbing 2019
12,5 Vol.-%, NK, Stahltank/gr. Holzfass, €€€€€€ B
Mittleres Gelbgrün, Silberreflexe. Mit kandierten Orangenzesten unterlegte frische Pfirsichfrucht, zart nach Mango, ein Hauch von Maracuja und Blüten, einladendes Bukett. Saftig, feine weiße Tropenfruchtnuancen, finessenreich strukturiert, salzige Mineralik, leichtfüßig und trinkanimierend, gute Länge, verfügt über Reifepotenzial.

(94) Riesling * Ried Steinmassl 1ÖTW Langenlois 2019
13 Vol.-%, NK, Stahltank, €€€€€ B
Leuchtendes mittleres Gelbgrün, Silberreflexe. Ein Hauch von Marillenkonfitüre, zart nach Orangenschalen, feiner Blütenhonig im Hintergrund. Saftig, elegant, weiße Fruchtnuancen, feiner Säurebogen, salzig-zitroniger Touch im Abgang, bereits gut entwickelt und antrinkbar.

(94) Riesling * Ried Seeberg 1ÖTW Langenlois 2019
12,5 Vol.-%, NK, Eichenfass, €€€€€ B
Leuchtendes mittleres Gelbgrün, Silberreflexe. Reife Mango, gelber Pfirsich, zart nach Mandarinenzesten, etwas Honig klingt an. Saftig, elegant, feine Pfirsichfrucht, lebendiger Säurebogen, mineralisch, Limetten im Abgang, tänzelt leichtfüßig am Gaumen, ein pikanter Speisenbegleiter.

(93) Riesling * Ried Loiserberg 1ÖTW 2020
13 Vol.-%, DV, Stahltank, €€€€ B
Mittleres Grüngelb, Silberreflexe. Frische Steinobstnuancen nach reifem Pfirsich, ein Hauch von Papaya und Maracuja, mit kandierten Orangenzesten unterlegt. Saftig, weiße Apfelfrucht, frische, finessenreiche Säurestruktur, mineralisch und gut anhaftend, zitroniger Nachhall.

(92) Riesling * Langenlois 2020
12 Vol.-%, DV, Stahltank, €€€€ B
Helles Grüngelb, Silberreflexe. Feine Steinobstnuancen, ein Hauch von Blütenhonig, zarter Mandarinentouch. Saftig, elegant, zarte weiße Fruchtnuancen, frisch strukturiert, zitronig-salzig im Abgang, ein pikanter, leichtfüßiger Speisenbegleiter.

(94) Grüner Veltliner * Ried Käferberg 1ÖTW Langenlois 2019
13 Vol.-%, NK, Eichenfass/Stahltank, €€€€€ B
Leuchtendes mittleres Gelbgrün, Silberreflexe. Frische Orangenzesten, reife Marille, zart nach Mango, feiner Blütenhonig, tabakige Würze. Mittlerer Körper, weißer Apfel, frische Säurestruktur, feine Tropenfrucht im Abgang, balanciert, leichtfüßig, bereits gut antrinkbar.

(93) Grüner Veltliner * Ried Loiserberg 1ÖTW 2020
12,5 Vol.-%, DV, Eichenfass, €€€€ B
Leuchtendes Gelbgrün, Silberreflexe. Reife gelbe Tropenfrucht, Nuancen von Mango und Ananas, zart mit Wiesenkräutern unterlegt, mineralischer Touch. Komplex, stoffig, feine Fruchtsüße, gut integrierter Säurebogen, saliner Touch im Abgang, elegant und vielseitig einsetzbar.

(92) Grüner Veltliner * Langenlois 2020
12,5 Vol.-%, DV, Stahltank, €€€ B
Helles Gelbgrün, Silberreflexe. Feine gelbe Tropenfrucht, ein Hauch von Marille und Mango, zart nach Blütenhonig und Orangenzesten. Saftig, zart nach Apfel und Pfirsich, feiner Säurebogen, mineralisch-zitroniger Touch im Abgang.

(95) Pinot Noir Anning 2019
13 Vol.-%, NK, Eichenfass, €€€€€€ B
Kräftiges Rubingranat, Ockerreflexe, dezente Randaufhellung. Tabakig-kräuterwürzig unterlegte schwarze Waldbeerenfrucht, Nuancen von Gewürzen, Orangenzesten. Saftig, elegant, reife Kirschen, finessenreicher Säurebogen, mineralisch-salzig im Abgang, guter Druck im Nachhall, sicheres Reifepotenzial.

(94) Pinot Noir Langenlois Dechant 2019
13 Vol.-%, NK, Eichenfass, €€€€€ B
Mittleres Karmingranat, Ockerreflexe, breitere Randaufhellung. Mit einem Hauch von Kräutern unterlegte frische Herzkirschfrucht, zart nach Zwetschken, kandierte Orangenzesten. Saftig, elegant, feine Fruchtsüße, seidige Tannine, bleibt gut haften, mineralischer Nachhall, gutes Reifepotenzial.

★★

WEINGUT MAGLOCK-NAGEL

Das Weingut Maglock-Nagel liegt mitten im Straßertal zwischen den bekannten Lagen Wechselberg und Gaisberg. Auf 13 Hektar Rebfläche reifen besonders klassische Sorten wie Grüner Veltliner, Riesling, Frühroter Veltliner, Weißburgunder, Zweigelt und St. Laurent. Kellermeister Franz Maglock ist bestrebt, die Vorzüge jedes Jahrgangs zu optimieren, was bedeutet, dass die Witterungsverhältnisse in der Weingartenpflege Beachtung finden müssen. Sehr viel Wert wird auf eine gut abgestimmte Laubarbeit gelegt, um physiologisch reife Trauben zu erhalten. Das Weingut setzt nach wie vor auf Handlese, die es ermöglicht, bestimmte Lagen in zwei Durchgängen zu ernten. Somit kann der Philosophie von mittelgewichtigen, fruchtbetonten Sorten bis hin zu kräftigen, gehaltvollen Lagenweinen nachgekommen werden.
Bestätigt wird die Arbeit immer wieder durch gute Bewertungen und Auszeichnungen wie etwa beim »SALON Österreich Wein«. Beständige Qualität und ein exzellentes Preis-Leistungs-Verhältnis sind gute Gründe für einen Besuch, um die Weine in angenehmer Atmosphäre zu verkosten.

92 Riesling * Ried Gaisberg 2020
13 Vol.-%, DV, Stahltank, €€
Mittleres Grüngelb, Silberreflexe. Frische Mandarinenzesten, gelbe Tropenfrucht, Nuancen von Pfirsich, ein Hauch von Ananas, etwas Blütenhonig. Saftig, elegant, feine Pfirsichfrucht, frisch strukturiert, mineralisch unterlegt, deutliche Fruchtsüße im Abgang, bereits gut entwickelt.

92 Grüner Veltliner * Ried Gaisberg 2020
13,5 Vol.-%, DV, Stahltank, €€
Helles Goldgelb, Silberreflexe. Zart tabakig, feinwürzig unterlegte Kernobstnuancen, etwas Anis und Kreuzkümmel, ein Hauch von Mandarinenzesten. Saftig, weiße Frucht, feine Süße, gut integrierte Säurestruktur, Honigmelone im Nachhall, gutes Entwicklungspotenzial.

92 Grüner Veltliner ** Ried Gaisberg 2019
14,5 Vol.-%, DV, Holzfass, €€€€
Leuchtendes Goldgelb, Silberreflexe. Feiner Duft nach Ananas und Marille, ein Hauch von Blütenhonig, mit Wiesenkräutern würzig unterlegt, floraler Touch. Mittlere Komplexität, saftig, balancierte Säurestruktur, mineralischer Abgang, gelbe Apfelfrucht im Nachhall, vielseitiger Speisenbegleiter.

91 Grüner Veltliner * Ried Rosengartl 2020
13 Vol.-%, DV, Stahltank, €€
Helles Goldgelb, Silberreflexe. Mit feinen Orangenzesten unterlegte gelbe Apfelfrucht, zart nach Birnen, Nuancen von Blütenhonig. Mittlerer Körper, feine Fruchtsüße, zart nach Honigmelone, gut integrierter Säurebogen, bleibt haften, bereits gut antrinkbar.

90 Grüner Veltliner * Ried Wechselberg 2020
13 Vol.-%, DV, Stahltank, €€
Helles Goldgelb, Silberreflexe. Zart nach frischer Marille, ein Hauch von Apfel, Nuancen von Orangenzesten. Mittlere Komplexität, weißer Apfel, frischer Säurebogen, salzig-mineralisch unterlegter Abgang, ein feiner Speisenbegleiter.

WEINGUT MAGLOCK-NAGEL
3491 Straß im Straßertale
Talstraße 116
T: +43 (2735) 2648
info@maglock-nagel.at
www.maglock-nagel.at

Kellermeister: Franz Maglock
Kontakt: Roswitha Maglock-Nagel und Franz Maglock
Produktion: 80 % weiß, 20 % rot, 13 Hektar

★★

WEINGUT NASTL

Wer beim Nastl-Heurigen sitzt und die mächtige, rund 150 Jahre alte Holzpresse betrachtet, der erkennt sofort: Weinbau hat in diesem Familienbetrieb Tradition – wobei die Betonung immer auf dem Wort »Familie« lag und liegt. Heute ist es Christian Nastl, der die Verantwortung über das Familiengut über hat. Gemeinam mit Renate und Günter Nastl sowie den beiden Geschwistern Alexander und Petra wird die Weinbaugeschichte der Familie weitergeschrieben. So reifen im unverwechselbaren Kleinklima des Kamptals exzellente Nastl-Weine heran. Ob »VelKam« (VELtliner aus dem KAMptal), wie die leicht-fruchtigen Regionsvertreter heißen, oder die Ortsweine von Veltliner und Riesling oder die außerordentlichen Veltliner von den Einzelrieden Kittmannsberg und Steinmassl: Für jeden Anlass gibt es den passenden Begleiter.

»Genuss auf allen Ebenen«, so lautet das Motto der Winzerfamilie. Im Keller ist das durchaus wörtlich gemeint, denn die Kellerarbeit spielt sich bei den Nastls auf drei Ebenen ab: Ebene eins betritt man durch den traditionellen Kellereingang in der Kellergasse Kühsteingraben. Sie umfasst den Lagerraum mit Edelstahltanks und Verbindungsgängen in den rund 300 Jahre alten Holzfasskeller mit Vinothek. Auf Ebene zwei versieht die sanft arbeitende pneumatische Presse ihren Dienst. Die Traubenübernahme findet auf der über die Bergzufahrt erreichbaren Ebene drei statt, sämtliche Arbeitsschritte werden durch den freien Fall bewältigt. Von hier aus hat man auch einen wunderbaren Ausblick über die besten Rieden von Langenlois wie Loiserberg, Steinhaus, Steinmassl oder Heiligenstein.

Veltliner, Riesling und Zweigelt im Reservebereich gehören zur Kategorie, die hausintern als »Gigant« bezeichnet wird. Es sind Weine von besonderer Ausdruckskraft und ausgeprägtem Volumen. Sie entstehen nur in Jahren, in denen die Voraussetzungen für perfektes Traubenmaterial gegeben ist, und sind geprägt von einer vollen Struktur aus Extrakt, Säure und Zucker sowie einem langen Abgang. Die Reserven sind eine wertvolle Anlage für viele Jahre Genuss. Mit jedem weiteren Jahr überraschen sie mit neuen Geschmackskomponenten.

WEINGUT NASTL
3550 Langenlois
Gartenzeile 17
T: +43 (2734) 2903
office@nastl.at
www.nastl.at

Kellermeister/Kontakt: Christian Nastl
Produktion: 75 % weiß, 2 % rosé, 21 % rot, 2 % süß, 13 Hektar
Zertifiziert: Nachhaltig Austria
Vereinszugehörigkeit: Weinstraße Kamptal
Messen: Austrian Tasting London, ProWein Düsseldorf, DAC-Präsentationen

93 Riesling * Ried Steinmassl Gigant 2020
13 Vol.-%, DV, Stahltank, €€€€
Helles Gelbgrün, Silberreflexe. Feine weiße Tropenfrucht, ein Hauch von Mango und Pfirsich, angenehmer Blütenhonig. Saftig, elegant, weiße Steinobstnuancen, finessenreicher Säurebogen, fruchtige Süße im Abgang, bleibt gut haften, verfügt über Länge, gutes Entwicklungspotenzial.

92 Riesling 10-10-10 2020
10,5 Vol.-%, DV, Stahltank, €€€
Sehr helles Gelbgrün, Silberreflexe. Feine Nuancen von Ananas, weiße Tropenfrucht, ein Hauch von Weingartenpfirsich, floraler Touch. Mittlerer Körper, frischer Säurebogen, feine Süße im Abgang, zitroniger Touch im Rückgeschmack.

92 Grüner Veltliner * Ried Kittmannsberg 2020
13 Vol.-%, DV, Stahltank, €€€
Helles Gelbgrün, Silberreflexe. Feine Kräuterwürze, zart nach frischem Apfel, ein Hauch von Orangenzesten, mineralischer Anklang. Saftig, elegant, feine Fruchtsüße, mineralischer Touch, zarter Blütenhonig im Abgang, zitroniger Touch im Rückgeschmack.

92 Grüner Veltliner ** Ried Liss Gigant 2019
13,5 Vol.-%, DV, gebrauchte Barriques, €€€€
Leuchtendes mittleres Gelbgrün, Silberreflexe. Mit feinem Blütenhonig unterlegter floraler Touch, zart nach Birne, etwas Melone klingt an. Mittlere Komplexität, saftig, feine Säurestruktur, Tropenfruchttouch im Abgang, cremiger, zart würzig unterlegter Nachhall, stimmiger Speisenbegleiter.

90 Grüner Veltliner * Ried Steinmassl 2020
13,5 Vol.-%, DV, Stahltank, €€€
Helles Gelbgrün, Silberreflexe. Zarte Wiesenkräuter, weißer Apfel, ein Hauch von Limetten. Mittlerer Körper, weiße Birne, frisch strukturiert, mineralisch, bereits gut antrinkbar.

90 Zweigelt Ried Ladner Gigant Reserve 2017
13,5 Vol.-%, DV, gebrauchte Barriques, €€€€
Mittleres Rubingranat, violette Reflexe, breiter Wasserrand. Feine Tabakwürze, etwas nach Brombeeren, zart nach Balsamico, frisches Bukett. Mittlere Komplexität, saftig, elegant, feine Säurestruktur, gut eingebundene Tannine, rote Fruchtnoten im Abgang, guter Speisenbegleiter.

★★

WEINGUT BARBARA ÖHLZELT

Barbara Öhlzelt vinifizierte ihren ersten Jahrgang 2004 und hat sich seither sehr erfolgreich etabliert. Sie produziert ausschließlich Weißweine mit Schwerpunkt auf Grünem Veltliner und Riesling. Ihr Mann, Vollblutgastronom Karl Schwillinsky, steht ihr dabei tatkräftig zur Seite. Gemeinsam haben sie im Jahr 2007 ihren »Kamptal Verjus« aus der Taufe gehoben und diesem Produkt zu einer wahren Renaissance verholfen. Doch zurück zum Wein: Handarbeit ist für Barbara Öhlzelt im Weingarten ein großes Thema. Die Reben des Riesling Kogelberg sind 65 Jahre alt und werden komplett von Hand – also ohne Einsatz eines Traktors oder schwerer Maschinen – bearbeitet. Die Weinpalette gliedert sich in drei Teile: die Leichtweinlinie »Kitz«, die DACs mit Gebiets- und Ortsweinen »Zöbinger« sowie ausgesuchte kräftigere Lagenweine aus Toplagen wie Lamm, Heiligenstein und Kogelberg. Seit Dezember 2014 bereichert der »Barbara Öhlzelt Brut« das Sortiment, ein sehr eleganter, leichter Jahrgangssekt aus Pinot Blanc und Chardonnay. Mit dem Erfolgsautor Daniel Glattauer produziert sie »Gut gegen Nordwind«, einen Gemischten Satz aus den Sorten

WEINGUT BARBARA ÖHLZELT
3561 Zöbing
Eichelbergstraße 32
T: +43 (2734) 4857
barbara@weinberggeiss.at
www.weinberggeiss.at

Kellermeister/Kontakt:
Barbara Öhlzelt
Produktion: 5 % Schaumwein, 100 % weiß, 6 Hektar
Vereinszugehörigkeit:
Traditionsweingüter Österreich
Messen: VieVinum

Barbara Öhlzelt

Grüner und Roter Veltliner, Weißburgunder und Sylvaner, der am Wagram heranreift.

(93) Grüner Veltliner ** Ried Lamm 1ÖTW 2020
13,5 Vol.-%, DV, Holzfass, €€€€€
Mittleres Grüngelb, Silberreflexe. Mit feinen Wiesenkräutern unterlegte gelbe Steinobstnuancen, reife Marillen klingen an, ein Hauch von Blütenhonig, kandierte Mandarinenzesten. Saftig, elegant, seidige Textur, feiner Säurebogen, mineralisch im Abgang, gute Länge, vielversprechendes Potenzial.

89 Zöbinger Grüner Veltliner * 2020
12,5 Vol.-%, DV, großes Holzfass, €€

(92) Riesling ** Ried Heiligenstein 1ÖTW 2019
13,5 Vol.-%, DV, Stahltank, €€€€
Helles Gelbgrün, Silberreflexe. Mit kandierten Mandarinenzesten unterlegte gelbe Steinobstnuancen, zart nach Ringlotte, ein Hauch von Blütenhonig. Mittlere Komplexität, feine Fruchtsüße, zart nach Karamell, dezenter Säurebogen, mineralisch, reife Ananas im Nachhall, bereits gut antrinkbar.

(92) Riesling ** Ried Kogelberg 1ÖTW 2020
13,5 Vol.-%, DV, Stahltank, €€€€
Helles Grüngelb, Silberreflexe. Frische Steinobstnuancen, ein Hauch von Weingartenpfirsich, mit weißer Tropenfrucht unterlegt, einladendes Bukett mit floralem Touch. Saftig, feine gelbe Tropenfrucht, mineralisch-frisch im Abgang, ein lebendiger Speisenbegleiter mit gutem Reifepotenzial.

90 Zöbinger Riesling * 2020
12,5 Vol.-%, DV, Stahltank, €€
Helles Gelbgrün, Silberreflexe. Zart nach Weingartenpfirsich, floraler Touch, einladender Blütenhonig. Saftig, mittlerer Körper, weißer Pfirsich, feine Säurestruktur, dezente Fruchtsüße, ein unkomplizierter, leichtfüßiger Speisenbegleiter.

90 Gemischter Satz Gut gegen Nordwind 2020
13 Vol.-%, DV, Stahltank, €€€
Helles Goldgelb, Silberreflexe. Zarte Kräuterwürze, weißer Kernobsttouch, ein Hauch von Birne und Orangenzesten. Mittlerer Körper, fruchtig und mit guter Frische ausgestattet, angenehme Fruchtsüße im Abgang, bereits gut antrinkbar.

★★★

WEINGUT RUDOLF RABL

Rudi Rabl freut sich über die traditionsreiche Geschichte seines Familienweingutes, die bis 1750 zurückreicht. Ursprünglich als gemischte Landwirtschaft geführt, hat sich der Familienbetrieb auf 80 Hektar zu einem Weingut entwickelt, das in den besten Kamptaler Rieden Weingärten pflegt. Mit Johanna und Tobias ist die nächste Generation schon in der Winzer- und Önologenausbildung. Die Liebe zur Natur und zu den Trauben, die ökologische Weingartenarbeit mit Kräuterpflanzen sowie das Wissen um die fachgerechte Verarbeitung sorgen für ausgezeichnete Qualitäten der verschiedenen Weinsorten. Im Keller wird Moderne mit traditionellen Werten verbunden. Ökologie ist ein wichtiger Faktor, deshalb ist das Weingut seit 2015 »Nachhaltig Austria«-zertifiziert. Zu den wichtigsten Auszeichnungen der letzten Jahre zählt zweifellos die Kür zum »White Wine Maker of the Year 2019« bei der IWSC in London. Weitere Erfolge sind die beiden Decanter-Trophys »Winner Grüner Veltliner Dechant Alte Reben« und »Winner Riesling Ried Steinhaus Rote Erde« sowie die Landessiege 2017 in den Kategorien Riesling und Sauvignon Blanc. Das Weingut ist mit seinen Weinen außerdem laufend im »SALON Österreich Wein« vertreten. Und schließlich wurde der Betrieb als »Weingut des Jahres – Langenlois Champion« im Kamptal ausgezeichnet.

94 Grüner Veltliner ** Ried Dechant Alte Reben 2019
13,5 Vol.-%, DV, großes Holzfass, €€€€
Leuchtendes Goldgelb, Silberreflexe. Reife Ananasfrucht, etwas nach Blütenhonig, zart nach Guave, einladendes Bukett, mit Orangenzesten unterlegt. Saftig, kraftvoll, eleganter Säurebogen, Marillentouch im Abgang, fruchtsüßes Finish, guter Speisenbegleiter, sicheres Reifepotenzial.

(93) Grüner Veltliner ** Ried Käferberg Alte Reben 2019
13,5 Vol.-%, DV, großes Holzfass, €€€€
Helles Goldgelb. Feiner Blütenhonig, etwas nach reifer Tropenfrucht und kandierten Kumquats, Papaya klingt an, etwas Marille. Gute Komplexität, stoffig, feine Struktur, mineralisch, im Abgang Steinobst mit mineralisch-salzigen Nuancen, bereits gut antrinkbar.

WEINGUT RUDOLF RABL
3550 Langenlois
Weraingraben 10
T: +43 (2734) 2303
office@weingut-rabl.at
www.weingut-rabl.at

Kellermeister/Kontakt:
Rudolf Rabl
Produktion: 68 % weiß, 30 % rot, 2 % süß, 80 Hektar
Zertifiziert: Nachhaltig Austria
Vereinszugehörigkeit:
Weinstraße Kamptal
Messen: ProWein Düsseldorf, VieVinum

93 Grüner Veltliner ** Ried Loiserberg Alte Reben 2019
13,5 Vol.-%, DV, großes Holzfass, €€€€
Leuchtendes Goldgelb, Silberreflexe. Intensiver Duft nach Mango und kandierten Orangenzesten, getrocknete Marillen, Blütenhonig klingt an. Saftig, feine Fruchtsüße, komplex, elegant, feine Säurestruktur, mineralisch-salzig, gelber Apfel im Abgang, guter Speisenbegleiter mit Potenzial, bereits gut entwickelt.

92 Grüner Veltliner * Ried Spiegel 2020
13 Vol.-%, DV, Stahltank, €€€
Mittleres Grüngelb, Silberreflexe. Feine gelbe Birnenfrucht, ein Hauch von frischen Quitten, zarter Blütenhonig, mit kandierten Orangenzesten unterlegt. Mittlerer Körper, frisches Kernobst, lebendiger Säurebogen, zitroniger Touch im Abgang, ein vielseitiger Speisenbegleiter.

91 Grüner Veltliner * Ried Kittmansberg 2020
13 Vol.-%, DV, Stahltank, €€€
Helles Gelbgrün, Silberreflexe. Ein Hauch von Mandarinenzesten, feine gelbe Tropenfrucht, tabakige Würze im Hintergrund. Mittlerer Körper, weißer Apfel, frisch strukturiert, mineralisch-zitronig im Abgang, bereits gut zugänglich, vielseitiger Speisenwein.

90 Grüner Veltliner * Langenlois 2020
12,5 Vol.-%, DV, Stahltank, €€
Helles Gelbgrün, Silberreflexe. Zarte gelbe Apfelfrucht, zart nach Wiesenkräutern, ein Hauch von Blütenhonig. Mittlerer Körper, feine Birnenfrucht, dezenter Säurebogen, zarte Fruchtsüße, feinwürzig im Abgang.

90 Grüner Veltliner * Vinum Optimum 2020
13 Vol.-%, KK, Stahltank, €€
Helles Grüngelb, Silberreflexe. Zart nach Honigmelone, frischer gelber Apfel, etwas Orangenzesten. Mittlere Komplexität, Nuancen von Birnen, dezenter Säurebogen, ausgewogen, feine Süße im Nachhall, bereits gut antrinkbar.

90 Grüner Veltliner * Ried Panzaun 2020
13 Vol.-%, DV, Stahltank, €€€
Helles Gelbgrün, Silberreflexe. Zart mit Blütenhonig unterlegte Kernobstnuancen, etwas Mango, feine Wiesenkräuter im Hintergrund. Mittlerer Körper, feine Fruchtsüße, etwas Melone, dezenter Säurebogen, mineralischer Nachhall, bereits gut entwickelt und antrinkbar.

89 Grüner Veltliner * Terrassen 2020
12,5 Vol.-%, DV, Stahltank, €€

94 Riesling ** Ried Steinhaus Rote Erde 2019
13,5 Vol.-%, DV, Stahltank, €€€€
Helles Gelbgold, Silberreflexe. Florale Nuancen, zarte weiße Pfirsichfrucht, ein Hauch von Mango und Orangenzesten, feiner Blütenhonig. Straff, elegant, feine gelbe Tropenfrucht, mineralisch-rassiger Säurebogen, weißer Apfel im Abgang, ein finessenreicher und ausgewogener Speisenbegleiter mit Reifepotenzial.

93 Riesling ** Ried Schenkenbichl Alte Reben 2019
13,5 Vol.-%, DV, großes Holzfass, €€€€
Helles Gelbgold, Silberreflexe. Frische Mandarinenzesten, ein Hauch von Pfirsich, Papaya, feiner Blütenhonig, Orangen, attraktives Bukett. Saftig, elegant, weiße Steinobstnuancen, finessenreiche Säurestruktur, mineralisch und ausgewogen im Abgang, gute Länge, ein vielseitiger Speisenbegleiter.

92 Riesling * Steinberg 2020
13 Vol.-%, DV, Stahltank, €€€
Mittleres Grüngelb, Silberreflexe. Feine gelbe Tropenfrucht, ein Hauch von Marille, floraler Touch, einladendes Bukett. Stoffig, weißes Steinobst, frisch strukturiert, feine Fruchtsüße im Abgang, zarter Limettentouch im Nachhall, ausgewogener, eleganter Speisenbegleiter.

91 Riesling * Langenlois 2020
12,5 Vol.-%, DV, Stahltank, €€
Helles Gelbgrün, Silberreflexe. Zart floral unterlegte gelbe Steinobstnuancen, ein Hauch von kandierten Orangenzesten, etwas Honig. Mittlerer Körper, weißer Pfirsich, frisch strukturiert, zitronig im Nachhall, gut entwickelt, bereits antrinkbar.

89 Riesling * Terrassen 2020
12,5 Vol.-%, DV, Stahltank, €€

★★

WEINGUT RETZL

Paul Retzl tritt in die Fußstapfen seines Vaters Erwin und führt nun den Zöbinger Traditionsbetrieb. Schon in den vergangenen Jahren verantwortete der Junior die Vinifizierung der Weine. Im Retzl'schen Weinkeller am Fuß des Zöbinger Heiligensteins reifen im renovierten Kellergewölbe regionaltypische Weißweine heran, und in der Vinothek schlummern einige der ältesten Flaschen Österreichs – die Weine reichen bis zum Jahr 1903 zurück. Mit große Freude bewirtschaftet der Winzer die familieneigenen Weingärten in den besten Lagen des Kamptals: Neben den Rieden Zöbinger Kogelberg, Zöbinger Pfaffenberg und Kammerner Lamm ist man besonders stolz auf die Paradelage Zöbinger Heiligenstein.
Bei den beiden Leitsorten Grüner Veltliner und Riesling kommt der Geschmack des Kamptals am besten zur Geltung. Der Grüne Veltliner wird sowohl als leichter, frischer Grüner Veltliner Kamptal DAC Zöbing sowie als gehaltvoller Grüner Veltliner Kamptal DAC Zöbinger Heiligenstein mit leichter Restsüße ausgebaut. Doch auch der Riesling hat, geprägt durch die Vorfahren, bei Paul Retzl einen hohen Stellenwert. Neben dem Riesling Kamptal DAC Zöbinger Pfaffenberg schätzen Weinkenner den Riesling »Bergjuwel®« Kamptal DAC Zöbinger Heiligenstein, der vom mineralischen Terroir der besonderen Lage profitiert. Mit den Sauvignon-Blanc-Reben, die Vater Erwin Retzl bereits vor 30 Jahren auf den sonnigen Hängen des Zöbinger Heiligensteins auspflanzte, entwickelte sich das Herzensprojekt zu einem weiteren Qualitätsstandbein des Betriebes: Stets reift der Sauvignon Blanc zu ausgezeichneten Prädikatsweinen heran. Nicht so bekannt ist das weitere Weinangebot des Betriebs: Das interessante Sortiment umfasst Chardonnay, Müller Thurgau, Roter Traminer, Weißburgunder, Welschriesling sowie Zweigelt. Ein Besuch des sehenswerten Weinkellers am Zöbinger Heiligenstein im malerischen Kamptal lohnt sich jedenfalls.

93 Grüner Veltliner **
Ried Kammerner Lamm 2019
14 Vol.-%, NK, Stahltank/gebrauchte Barriques, €€€
Leuchtendes Goldgelb, Silberreflexe. Kandierte Orangenzesten, reife gelbe Apfelfrucht, angenehme Gewürznuancen, mineralischer Anklang. Kraftvoll, reife Birne, dunkler Terroirtouch, zarte Süße im Abgang, ein stoffiger Speisenbegleiter mit salzigem Nachhall.

WEINGUT RETZL
3561 Zöbing
Heiligensteinstraße 9
T: +43 (2734) 2251
weingut@retzl.cc
www.retzl.cc

Kellermeister/Kontakt:
Paul Retzl
Produktion: 100.000 Flaschen
1 % Schaumwein, 79 % weiß,
1 % rosé, 18 % rot, 1 % süß, 20 Hektar
Zertifiziert: Nachhaltig Austria
Messen: Weinmesse Innsbruck

92 Grüner Veltliner * Ried Zöbinger Heiligenstein 2020
13 Vol.-%, DV, Stahltank, €€
Helles Gelbgold, Silberreflexe. Feine Nuancen von Ananas, ein Hauch von Anis, zarte Kräuterwürze, mit Mandarinenzesten unterlegt. Mittlere Komplexität, feine weiße Apfelfrucht, frisch strukturiert, feine Fruchtsüße im Abgang, ein saftiger Speisenbegleiter mit Reifepotenzial.

90 Grüner Veltliner * Zöbing 2020
12,5 Vol.-%, DV, Stahltank, €€
Helles Grüngelb, Silberreflexe. Frischer gelber Apfel, ein Hauch von Mango, Nuancen von Orangenzesten. Mittlerer Körper, feiner Kernobsttouch, frisch strukturiert, mineralisch-zitronig im Abgang, bereits gut antrinkbar.

92 Riesling * Zöbing Terrassen 2020
13 Vol.-%, DV, Stahltank, €€
Helles Grüngelb, Silberreflexe. Feine gelbe Tropenfrucht, zart nach Maracuja, ein Hauch von Blütenhonig, zart mit Mandarinen unterlegt. Saftig, straffer Körper, reife weiße Frucht, rassige Struktur, feiner Blütenhonig, bleibt haften, gutes Zukunftspotenzial.

91 Riesling * Ried Zöbinger Pfaffenberg 2020
12,5 Vol.-%, DV, Stahltank, €€
Helles Gelbgrün, Silberreflexe. Feiner weißer Weingartenpfirsich klingt an, zart nach Papaya, ein Hauch von Limetten. Mittlerer Körper, straff, grüner Apfel, lebendiger Säurebogen, zitroniger Nachhall, salziger Rückgeschmack, bereits gut antrinkbar.

91 Weißburgunder Ried Zöbinger Heiligenstein Reserve 2019
13,5 Vol.-%, DV, Stahltank/gebrauchte Barriques, €€
Helles Gelbgrün, Silberreflexe. Ein Hauch von Walnuss und Birne, kandierte Mandarinenzesten, etwas Biskuit. Saftig, fruchtige Süße, cremige Textur, gelbe Frucht im Abgang, etwas Blütenhonig im Nachhall, gutes Entwicklungspotenzial.

★★

WEINGUT ROSNER

BIO

Die langjährige Erfahrung der Familie Rosner, die ausgezeichneten Böden von Langenlois und zahlreiche etablierte Rebsorten zeichnen das familiäre Weingut aus. Für die Winzerfamilie ist es eine Selbstverständlichkeit, im Einklang mit der Natur zu wirtschaften, deshalb war die Zertifizierung als organisch-biologischer Betrieb vor über zehn Jahren keine Challenge, sondern vielmehr unumgänglich.
Angetrieben von der Neugier werden alle Weingärten separat verarbeitet und in kleinen Tanks und Fässern einzeln ausgebaut. Die Weine sind lebendig, authentisch und kontrastreich. Sie sind ein Abbild der Region, welche die Winzerfamilie unverfälscht in die Flasche bringen möchte.

90 ❸ Zweigelt Rosé Ancestral 2019
11 Vol.-%, NK, Flaschengärung, €€€€ Ⓑ
Helles Lachsrosa, Silberreflexe, sehr lebhafte Perlage. Rauchig-kräuterwürzig unterlegtes rotes Waldbeerenkonfit, dunkle Mineralik, ein Hauch von Kirsche. Leichtfüßig, weißer Apfel, intensive Kohlensäure, zitroniger Touch, ein Hauch von Dörrfeigen im Nachhall.

93 Grüner Veltliner ** Ried Spiegel Langenlois 2019
13,5 Vol.-%, NK, großes Holzfass, €€€€ Ⓑ
Leuchtendes mittleres Goldgelb, Silberreflexe. Mit einem Hauch von Biskuit unterlegter Marillentouch, frische Orangenzesten, einladender Duft. Saftig, cremige Textur, gelbe Tropenfrucht, feiner Honigtouch im Nachhall, zeigt gute Länge, feines Karamell, bereits zugänglich.

92 Grüner Veltliner * Ried Langenloiser Kittmannsberg 2019
13 Vol.-%, NK, Stahltank/großes Holzfass, €€€ Ⓑ
Helles Goldgelb, Silberreflexe. Frische Mangonoten, ein Hauch von Golden Delicious, feiner Blütenhonig, einladendes Bukett. Saftig, elegant, frische weiße Kernobstnuancen, frisch strukturiert, salzig im Abgang, bleibt haften, Ananas im Rückgeschmack.

91 Riesling * Ried Hasel Langenlois 2019
13 Vol.-%, NK, großes Holzfass/Stahltank, €€€€ Ⓑ
Helles Goldgelb, Silberreflexe. Mit Mandarinenzesten unterlegte Ananasfrucht, ein Hauch von Maracuja, Limetten, floraler Touch. Mittlere Komplexität, weißer Pfirsich, feine Fruchtsüße, eher dezente Säure, Honig im Rückgeschmack.

Stefan, Renate und Norbert Rosner

WEINGUT ROSNER
3550 Langenlois
Großer Buriweg 29
T: +43 (2734) 4152
office@rosnerwein.at
www.rosnerwein.at

Kellermeister/Kontakt: Stefan Rosner
Anbauweise: Zertifiziert Biologisch (Austria Bio Garantie)
Produktion: 3 % Schaumwein, 70 % weiß, 5 % rosé, 22 % rot, 17 Hektar
Vereinszugehörigkeit: Austria Bio Garantie
Messen: Millésime Bio, VieVinum

92 Chardonnay Zeitlos 2019
13 Vol.-%, NK, gebrauchte Barriques, €€€ B
Helles Gelbgold, Silberreflexe. Zart nach Vanille und kandierten Orangenzesten, Nuancen von frischer Mango, ein Hauch von Holzwürze. Mittlere Komplexität, weiße Birnenfrucht, cremige Textur, feiner Säurebogen, zarter Blütenhonig im Nachhall.

91 Sauvignon Blanc Wildrose 2019
13 Vol.-%, NK, kleines Holzfass, €€€ B I
Zart wolkiges Gelb, Silberreflexe. Nuancen von weißer Tropenfrucht, frische rosa Grapefruit klingt an, mineralischer Touch. Saftig, feine Gerbstoffnote, gelbe Frucht, frischer Säurebogen, salziger Nachhall, feinwürziger Speisenbegleiter.

★

WINZERHOF SAX

NEU

Bereits seit 1660 schreibt die Familie Sax Winzergeschichte. Unter dem Begriff »Vinifizierung« verstehen die Zwillingsbrüder Sax die Leidenschaft, sortenreine, jahrgangs- und gebietstypische Weine zu keltern, die das Klima und den Boden des Kamptals zur Geltung bringen. Ein hohes Maß an Sonnenstunden und kühle Nächte sorgen hier für hochgradige und fruchtintensive Weine. Zu den besten Rieden des Hauses zählen Steinhaus, Steinmassl, Schenkenbichl, Spiegel und Panzaun, die auch zu den renommierten Rieden des Kamptals gehören.
Das Bestreben ist es, bereits beim Rebschnitt ertragsregulierende Maßnahmen zu treffen, die den unterschiedlichen Sorten angepasst werden. Neueste ökologische Erkenntnisse bilden das Fundament der Weingartenarbeit. Das Hauptaugenmerk liegt traditionell auf Grünem Veltliner und Riesling. Aufgrund unterschiedlicher Geschmacksideale werden dem Kunden inzwischen fünf Ausbauvarianten des Grünen Veltliners angeboten: Vom leichten Grünen Veltliner »Luftikus« bis hin zum Grünen Veltliner »Panzaun« bieten die Sax-Zwillinge für jeden Gaumen den passenden Geschmack. Mit einer eigenen Linie stellt sich bereits die jüngste Winzergeneration dem internationalen Wettbewerb. Das Ziel der Jungen ist es, aus dem reifsten Traubengut der Burgunderreihe Weine zu keltern, die durch ihren Charme international für Aufsehen sorgen. Hinter dem prägnanten Namen

»Saxess« verbergen sich diese Weine, die vor allem durch ihre angemessene Reifung in kleinen Holzfässern und durch sanfte nussige und cremige Aromen sehr ausgewogen und elegant erscheinen.

93 Riesling ** Ried Käferberg 2019
13,5 Vol.-%, DV, Stahltank, €€€
Mittleres Gelbgrün, Silberreflexe. Zarte gelbe Tropenfrucht, Nuancen von Papaya und Mango, frischer Apfel, ein Hauch von Honig, mineralischer Touch. Saftig, angenehme Fruchtsüße, ein Hauch von Marille, feiner, gut integrierter Säurebogen, zart nach Ananas im Abgang, bleibt haften, ein facettenreicher Speisenbegleiter mit weiterem Potenzial.

92 Riesling ** Ried Steinmassl 2019
13,5 Vol.-%, DV, Stahltank, €€
Helles Gelbgrün, Silberreflexe. Mit einem Hauch von Limetten unterlegte weiße Pfirsichnuancen, frischer Apfel, floraler Touch. Mittlere Komplexität, zart nach Mango und Ananas, lebendige Säurestruktur, feine Fruchtsüße im Abgang, bereits gut antrinkbar, ein vielseitiger Speisenbegleiter.

91 Riesling ** Ried Loiserberg 2019
13,5 Vol.-%, DV, Stahltank, €€€
Helles Gelbgrün, Silberreflexe. Feine weiße Tropenfruchtaromen, ein Hauch von Blütenhonig und kandierten Orangenzesten. Mittlerer Körper, feine gelbe Fruchtanklänge, frischer Säurebogen, zitroniger Touch, bleibt haften, verfügt über Reifepotenzial.

90 Grüner Veltliner * Zwillingslauser 2020
12,5 Vol.-%, DV, Stahltank, €€
Helles Grüngelb, Silberreflexe. Zart floral unterlegte weiße Birnenfrucht, ein Hauch von Blütenhonig. Mitterer Körper, feine Apfelfrucht, gut integrierter Säurebogen, mineralisch-zitronig im Nachhall.

91 Chardonnay 2019
13,5 Vol.-%, DV, Stahltank, €€
Helles Gelbgrün, Silberreflexe. Feine gelbe Tropenfrucht, zart nach Mango, ein Hauch von frischem gelbem Apfel, zarte Kräuterwürze, mit kandierten Orangenzesten unterlegt. Saftig, elegant, feine Fruchtsüße, finessenreiche Säurestruktur, ausgewogen und gut anhaftend, bereits gut entwickelt.

90 Weissburgunder 2019
13,5 Vol.-%, DV, Stahltank, €€
Mittleres Grüngelb, Silberreflexe. Fruchtiges Bukett nach Kernobst, zart nach Limettenzesten, mineralischer Touch. Saftig, feine Fruchtsüße, gut integrierte Säurestruktur, etwas Marillenkonfitüre im Abgang, bietet unkompliziertes Trinkvergnügen.

WINZERHOF SAX
3550 Langenlois
Walterstraße 16
T: +43 (2734) 2349
winzerhof-sax@gmx.at
www.winzersax.at

Kellermeister: Rudolf Sax
Kontakt: Michael Sax
Produktion: 240.000 Flaschen
80 % weiß, 10 % rosé, 10 % rot,
30 Hektar
Messen: Gast Klagenfurt, ProWein Düsseldorf, VieVinum

Michael und Rudolf jun. Sax

Edwin Schreibeis, Eva Schreibeis und Kathrin Weywar

WEINGUT SCHREIBEIS – KELLER AM GAISBERG
3491 Straß im Straßertale
Josef-Schuh-Straße 344
T: +43 (2735) 5823
office@weingut-schreibeis.at
www.weingut-schreibeis.at

Kellermeister: Edwin Schreibeis
Kontakt: Eduard und Renate Schreibeis
Produktion: 80 % weiß, 19 % rot, 1 % süß, 20 Hektar
Vereinszugehörigkeit: Weinstraße Kamptal
Messen: ProWein Düsseldorf

★

WEINGUT SCHREIBEIS KELLER AM GAISBERG

Das Weingut Schreibeis befindet sich in der Einfahrt des malerischen Örtchens Straß im Straßertale, direkt am Fuße des Gaisbergs. Die Weiterentwicklung des Familienbetriebs ist das höchste Ziel von Juniorchef Edwin, der dort seit dem Jahrgang 2017 für die Vinifikation verantwortlich ist. Er ist bestrebt, den Charakter von Sorte und Lage in seinen Weinen zu vereinen, und versteht es perfekt, den Spirit jahrelanger Tradition mit seinem Fachwissen und seiner Kreativität zu fusionieren. Sein Repertoire an Erfahrungen konnte sich der Jungunternehmer unter anderem in einem renommierten biodynamischen Weingut und während eines Praktikums in Neuseeland aneignen.Grüner Veltliner und Riesling sind mit einem Anteil von 60 Prozent die Hauptsorten. Diese reichen von frisch-fruchtigen Terrassenweinen bis zu den kräftigen Lagenweinen vom Gaisberg und Offenberg. Auch der Weißburgunder ist Tradition im Hause Schreibeis. Die mittelschweren Böden der Strasser Rieden Gautscher und Stangl und das Klima des Kamptals lassen Weißburgundertrauben reifen, die inspirierenden Spielraum für neue Ideen bieten. Die Vielfalt erstreckt sich vom klassischen Stahltankausbau, über Ausbau in kleinen Holzfässern bis hin zur Maischegärung. Die warmen Sommer der letzten Jahre haben vor allem die Qualität der Rotweine geprägt. Den klassischen Zweigelt, die Zweigelt-Reserve und die neu kreierte Cuvée sollten sich Rotweinfans nicht entgehen lassen. Lust auf mehr? Die Weine können auf dem Weingut in der Gaisbergkellergasse verkostet und vor Ort erworben werden.

(92) Grüner Veltliner **
Ried Strasser Offenberg 2019
14 Vol.-%, DV, Teilbarrique, €€€€
Leuchtendes mittleres Gelbgrün, Silberreflexe. Tabakig unterlegte gelbe Tropenfrucht, zart nach reifem Apfel, ein Hauch von Quitte, kandierte Orangenzesten. Kraftvoll, opulenter Stil, dezenter Blütenhonig, dezente Säurestruktur, wirkt etwas weitmaschig, kräuterwürziger Nachhall, karamellig im Rückgeschmack.

(91) Grüner Veltliner **
Ried Strasser Gaisberg 2020
13,5 Vol.-%, DV, Stahltank, €€€
Helles Gelbgrün, Silberreflexe. Zarte Wiesenkräuter, weiße

Tropenfrucht, Nuancen von Melone, ein Hauch von Orangenzesten. Mittlerer Körper, reife Apfelfrucht, gut integrierter Säurebogen, dezente Fruchtsüße im Abgang, kraftvoller Speisenwein.

89 Grüner Veltliner * Ried Strasser Hasel 2020
12,5 Vol.-%, DV, Stahltank, €€

91 Riesling * Ried Strasser Gaisberg 2020
13 Vol.-%, DV, Stahltank, €€€
Helles Gelbgrün, Silberreflexe. Frische Marillen, floraler Touch, ein Hauch von Blütenhonig, Nuancen von Pfirsich. Mittlere Komplexität, weiße Steinobstnuancen, feiner Säurebogen, salzig-mineralisch im Nachhall, bereits zugänglich.

92 Weißburgunder Next Generation 2018
14,5 Vol.-%, DV, gebrauchte Barriques, €€€
Mittleres Grüngelb, Silberreflexe. Reife gelbe Tropenfrucht, feiner Honigtouch, exotisch-intensives Bukett. Kraftvoll, cremig, deutliche Fruchtsüße im Nachhall, zartes Karamell im Rückgeschmack, etwas Nougat, opulenter Stil.

91 Zweigelt Reserve 2018
13,5 Vol.-%, DV, gebrauchte Barriques, €€
Kräftiges Rubingranat, zarte Ockerreflexe, breitere Randaufhellung. Frische rote Kirschen, ein Hauch von Waldbeeren, mit kandierten Orangenzesten unterlegt. Saftig, feine Fruchtsüße, elegant, frisch strukturiert, runde Tannine, mineralischer Nachhall, vielseitig einsetzbar.

★★

WEINGUT PETER SCHWEIGER

Das Weingut Schweiger liegt in der Ortschaft Zöbing, inmitten des Kamptals. Peter Schweiger und sein Sohn Peter legen besonders großen Wert auf umweltfreundlichen und nachhaltigen Weinbau. Beide Generationen zollen dem Boden und der Natur besonderen Respekt. Um große Weine zu keltern, sind für sie zwei Dinge entscheidend: die spezielle Wertschätzung der Natur und die umsichtige Behandlung der Rebstöcke. Dieses Bewusstsein zieht sich durch ihr gesamtes Dasein als Winzer und ist schlussendlich in den hervorragenden Weinen zu schmecken.
Die ausschließlich von Hand gelesenen und selektierten Trauben stammen aus den großen Lagen des Kamptals: Zöbinger Heiligenstein, Kogelberg, Gaisberg und Lamm. Die Etiketten der Weine tragen die Philosophie des Betriebes nach außen: Der Kompass verkörpert die Verbundenheit mit der Region. Die Uhr steht für die Intention, den Weinen ausreichend Zeit zum Reifen zu geben. Und so kommen frühestens im April (»IV«) die ersten Weine des vergangenen Jahres auf den Markt.
Die große Liebe gilt dem Grünen Veltliner, der zu acht unterschiedlichen Weinen vinifiziert wird: von leicht und fruchtig über gehaltvoll und mineralisch bis hin zu kräftig und würzig, ausgebaut im Barrique. Peter Schweiger junior, Jahrgang 1996, der seit 2013 nicht nur handwerklich, sondern auch mit neuen Ideen und vollem Tatendrang kräftig mitarbeitet, kreiert mit seiner eigenen Linie »96«, die ausschließlich er selbst vinifiziert, besonders anspruchsvolle Weine.

93 Grüner Veltliner ** Ried Kammerner Lamm 2019
14 Vol.-%, DV, Stahltank, €€€€€
Helles Goldgelb, Silberreflexe. Zart nach frischer gelber Tropenfrucht, ein Hauch von Mango, zarter Blütenhonig, mit Orangenzesten unterlegt. Mittlerer Körper, weißer Ap-

WEINGUT PETER SCHWEIGER
3561 Zöbing
Im Grübl 25
T: +43 (664) 2104748
office@schweiger-wein.at
www.schweiger-wein.at

Kellermeister: Peter Schweiger jun.
Kontakt: Peter Schweiger
Produktion: 1 % Schaumwein, 95 % weiß, 1 % rosé, 3 % rot, 18 Hektar
Zertifiziert: Nachhaltig Austria
Messen: ProWein Düsseldorf, VieVinum, DAC-Präsentationen

fel, frisch strukturiert, salzig im Nachhall, zeigt gute Länge, sicheres Entwicklungspotenzial.

92 Grüner Veltliner ** Ried Heiligenstein 2019
13,5 Vol.-%, DV, Stahltank, €€€€
Mittleres Gelbgrün, Silberreflexe. Mit feinem Blütenhonig unterlegtes weißes Steinobst, zart nach kandierten Orangenzesten, Guaven klingen an. Saftig, komplex, straffe Struktur, engmaschig, Apfeltouch im Abgang, mineralischer Nachhall, vielseitig einsetzbar, bereits gut entwickelt.

91 Grüner Veltliner ** Ried Gaisberg 2019
13 Vol.-%, DV, Stahltank, €€€€
Helles Gelbgrün, Silberreflexe. Frische Orangenzesten, gelber Apfel, Nuancen von Mango, ein Hauch von Wiesenkräutern, Nuancen von Blütenhonig. Mittlere Komplexität, zart nach Melone, dezenter Säurebogen, zitronig-salzig im Abgang, bereits gut antrinkbar.

90 Grüner Veltliner * Ried Kogelberg 2020
13 Vol.-%, DV, Stahltank, €€
Helles Goldgelb, Silberreflexe. Frische weiße Apfelfrucht, ein Hauch von Papaya, zart nach Mandarinenzesten. Mittlerer Körper, feine Würze, frischer Säurebogen, mineralisch-salziger Nachhall, zitroniger Touch im Abgang.

89 Grüner Veltliner * Zöbing 2020
12,5 Vol.-%, DV, Stahltank, €€

92 Riesling ** Ried Kogelberg 2019
13,5 Vol.-%, DV, Stahltank, €€€€
Helles Goldgelb, Silberreflexe. Mandarinenzesten, gelber Pfirsich, etwas Mango und Blütenhonig. Mittlerer Körper, weißer Pfirsich, frisch strukturiert, dezente Fruchtsüße im Abgang, Orangen im Nachhall, salziger Rückgeschmack.

★★

WEINGUT SONNHOF

Der Name Sonnhof ist seit Generationen mit der Familie Jurtschitsch in Langenlois verbunden. Im Zuge des Generationswechsels entwickelte sich aus der Marke Sonnhof ein eigenständiges Weingut. Durch den respektvollen Umgang mit der Natur und die enge Zusammenarbeit mit ausgewählten Weinbauern wird zur Erhaltung der kleinstrukturierten Kulturlandschaft beigetragen. Und so entstehen aus vielen kleinen Weingartenparzellen auf dem Sonnhof authentische Sorten-, Orts- und Lagenweine aus den versteckten Ecken des Kamptals.

WEINGUT SONNHOF
3550 Langenlois
Franziskaner Platz 1
T: +43 (2734) 2116
info@weingut-sonnhof.at
www.weingut-sonnhof.at

Kellermeister/Kontakt:
Wolfgang Hewarth,
Alwin Jurtschitsch
Produktion: 75 % weiß, 24 % rot, 1 % süß

92 Grüner Veltliner * Schönberg 2020
12,5 Vol.-%, DV, Stahltank, €€€ B
Helles Gelbgrün, Silberreflexe. Zart nach frischer Birne, ein Hauch von Honigmelone, mit Nuancen von Orangenzesten unterlegt. Mittlere Komplexität, saftige Apfelfrucht, frisch und gut anhaftend, verfügt über gute Länge, vielseitig einsetzbar.

91 Grüner Veltliner * Langenlois 2020
12,5 Vol.-%, DV, Stahltank, €€€ B
Helles Goldgelb, Silberreflexe. Frische Apfel-Mango-Nuancen, zarte tabakige Würze, mineralischer Touch. Saftig, ausgewogen, feiner Kernobsttouch, frisch und gut entwickelt, macht Lust auf ein zweites Glas.

90 Grüner Veltliner 2020
12,5 Vol.-%, DV, Stahltank, €€ B
Helles Goldgelb, Silberreflexe. Nuancen von frischem Golden-Delicious-Apfel, ein Hauch von Wiesenkräutern. Mittlerer Körper, weiße Birnenfrucht, feiner Säurebogen, mine-

ralisch, zarter Blütenhonig im Nachhall, vielseitig einsetzbar.

90 Riesling * Urgestein 2020
12,5 Vol.-%, DV, Edelstahl, €€ Ⓑ
Helles Gelbgrün, Silberreflexe. Feine weiße Tropenfrucht, zart mit Weingartenpfirsich unterlegt, florale Nuancen. Saftig, straff, weißer Apfel, knackige Säurestruktur, zitronig im Abgang, ein frischer Sommerwein.

89 Zweigelt Reserve 2018
13 Vol.-%, NK, großes Holzfass, €€€€

88 Zweigelt 2018
12,5 Vol.-%, DV, großes Holzfass, €€

★★★

WEINGUT STEININGER

Die Familie Steininger hat mit der sorten- und jahrgangsreinen Versektung der typischen Kamptaler Rebsorten eine eigene österreichische Sektphilosophie gefunden. Bei der klassischen Linie beruht das Erfolgsgeheimnis auf zwei Faktoren: einerseits auf der hohen Qualität der Sektgrundweine, die sich klar, fruchtbetont und duftig präsentieren, und andererseits auf der behutsamen zweiten Gärung in der Flasche. Beides zusammen bringt den Charakter der jeweiligen Sorte und das Geschmacksbild des Grundweines perfekt zur Geltung. Bei den Lagensekten Riesling Ried Heiligenstein, Weißburgunder Ried Panzaun und Grüner Veltliner Ried Steinhaus werden Sorte und Terroir in den Vordergrund gestellt.
Auch bei den Stillweinen setzt die Familie Steininger auf höchste Qualität. Der Fokus liegt auf Grünem Veltliner und Riesling. Jeder Rebstock nimmt die Eindrücke der Natur auf und gibt dem Wein seine Persönlichkeit. Familie Steininger setzt auf die Philosophie, Weine zu machen, welche die Frucht und den Charakter der Traube zeigen. Die Aromen präsentieren sich klar und ausdrucksstark, und das in einer eigene Stilistik, die das kühle Klima des Kamptals und die Böden wunderbar widerspiegelt. Die wichtigsten Lagen des Weinguts sind Ried Loisium, Ried Lamm, Ried

WEINGUT STEININGER
3550 Langenlois
Walterstraße 2
T: +43 (2734) 2372
office@weingut-steininger.at
www.weingut-steininger.at

Kellermeister: Peter und Karl Steininger
Kontakt: Eva und Brigitta Steininger
Produktion: 80 % weiß, 19 % rot, 1 % süß, 55 Hektar
Zertifiziert: Nachhaltig Austria
Vereinszugehörigkeit: Traditionsweingüter Österreich
Messen: ProWein Düsseldorf, VieVinum

Karl, Eva, Brigitta und Peter Steininger

Kittmannsberg, Ried Kogelberg, Ried Steinhaus und Ried Seeberg.

94 ⓔ Riesling Sekt Langenlois g.U. Große Reserve Heiligenstein 2017
13,5 Vol.-%, NK, Flaschengärung, €€€€€ ⓥ
Mittleres Gelbgrün, Silberreflexe, feines, anhaltendes Mousseux. Frische gelbe Tropenfrucht, Nuancen von Mango und Maracuja, etwas Jasmin und Limetten, attraktives Bukett. Saftig, weiße Tropenfrucht, lebendiger Säurebogen, mit etwas Biskuit unterlegte Pfirsichnuancen im Abgang, gute Länge, verfügt über weiteres Reifepotenzial.

92 ⓔ Riesling Sekt g.U. brut Reserve 2018
13,5 Vol.-%, NK, Flaschengärung, €€€€ ⓥ
Mittleres Gelbgrün, Silberreflexe. Feine weiße Pfirsichnuancen, ein Hauch von Litschi und Maracuja, attraktives Bukett. Straff, engmaschig, Weingartenpfirsich, frisch strukturiert, präsente Süße von Honig und Marille im Abgang.

92 ⓔ Riesling Elementar Sekt
13 Vol.-%, NK, Flaschengärung, €€€€€ ⓥ
Leuchtendes Goldgelb, Silberreflexe, feines Mousseux. Reife Riesling-Aromen, ein Hauch von Dörrmarille, feinwürzige Nuancen, zart mit Limettenzesten unterlegt. Komplex, reife Birnenfrucht, feines Säurekleid, dezente Süße im Abgang, mineralisch, gelbe Tropenfrucht im Nachhall, individueller Charakter.

(94) ⓔ Weißburgunder Sekt Langenlois g.U. Große Reserve Panzaun 2016
13,5 Vol.-%, NK, Flaschengärung, €€€€€ ⓥ
Leuchtendes mittleres Goldgelb, zartes Mousseux. Feine gelbe Birnenfrucht, ein Hauch von Backwerk und Nougat, mit Mandarinenzesten unterlegt, einladendes Bukett. Saftig, gute Komplexität, reife Mangofrucht, feiner Säurebogen, süße Fruchtnuancen im Abgang, gute Länge, verfügt über Reifepotenzial.

93 ⓔ Weißburgunder Elementar Sekt
Deg. 02/21, 13,5 Vol.-%, NK, Flaschengärung, €€€€€ ⓥ
Leuchtendes mittleres Goldgelb, Silberreflexe. Feiner Honigtouch, reife Quittenfrucht, zart nach Haselnuss, kandierte Mandarinenzesten. Saftig, elegant, feine gelbe Apfelfrucht, gut integrierter Säurebogen, mineralisch und anhaftend, ein facettenreicher Speisenbegleiter.

93 ⓔ Chardonnay Sekt g.U. Brut Reserve 2018
13,5 Vol.-%, NK, Flaschengärung, €€€€ ⓥ
Helles Gelbgrün, Silberreflexe, feines Mousseux. Mit einem Hauch von Biskuit unterlegte Mangofrucht, zart nach Babyananas und Blütenhonig, nussiger Touch, einladendes Bukett. Kraftvoll, saftiger Apfel, helles Karamell, frisch strukturiert, besitzt gute Länge, vielseitig einsetzbar.

93 ⓔ Grüner Veltliner Sekt Langenlois g.U. brut Große Reserve Steinhaus 2016
13,5 Vol.-%, NK, Flaschengärung, €€€€€ ⓥ
Helles Goldgelb, Silberreflexe, feines Mousseux. Floral unterlegte weiße Apfelfrucht, ein Hauch von kandierten Limetten. Gute Komplexität, frisches Kernobst, feine Fruchtsüße, seidige Textur, angenehmer Säurebogen, bleibt gut haften, zart nussig im Nachhall, vielseitig einsetzbar.

92 ⓔ Muskateller Sekt 2019
13,5 Vol.-%, KK, Flaschengärung, €€€€ ⓥ
Helles Gelbgrün, Silberreflexe, sehr zartes Mousseux. Nuancen von Holunderblüten, weißer Pfirsich, ein Hauch von Muskatnuss. Saftig, gelbe Tropenfrucht, feine Fruchtsüße, lebendig strukturiert, würzig-salziger Nachhall.

92 ⓔ Cabernet Sauvignon Rosé Sekt 2019
13,5 Vol.-%, NK, Flaschengärung, €€€€ ⓥ
Helles Lachsrosa mit Kupfertouch, Silberreflexe, zartes Mousseux. Nuancen von Hagebuttenmarmelade, etwas Rhabarber, eingelegte Kirschen, feiner Blütenhonig. Saftig, zart nach Himbeeren und Erdbeerkonfitüre, feiner Säurebogen, frischer Nachhall.

(94) Riesling ** Ried Seeberg 1ÖTW 2020
13,5 Vol.-%, DV, Stahltank, €€€€ ⓥ
Helles Gelbgrün, Silberreflexe. Mandarinenzesten, feine gelbe Tropenfrucht, ein Hauch von Maracuja, einladendes Bukett. Saftig, gute Komplexität, feine Fruchtsüße, die von einer lebendigen Säure gut gekontert wird, bleibt haften, zugänglich, mit Reifepotenzial ausgestattet.

(92) Riesling ** Ried Steinhaus 1ÖTW 2020
13,5 Vol.-%, DV, Stahltank, €€€€ ⓥ
Sehr helles Gelbgrün, Silberreflexe. Verhalten, zart nach weißem Pfirsich und Tropenfrüchten, florale Nuancen. Mittlerer Körper, grüner Apfel, frischer Säurebogen, salziger Nachhall, wirkt relativ leichtfüßig, Limetten im Rückgeschmack.

(93) Grüner Veltliner ** Ried Kittmannsberg 1ÖTW 2020
13,5 Vol.-%, DV, Stahltank, €€€€ ⓥ
Helles Gelbgrün, Silberreflexe. Zart nach Mandarinenzeste, ein Hauch von Mango, feiner Blütenhonig. Saftig, elegant, weiße Frucht, nach Apfel und Melone, angenehme Säurestruktur, bleibt haften, feine Fruchtsüße im Nachhall, verfügt über Reifepotenzial.

(93) Grüner Veltliner ** Ried Kogelberg 1ÖTW Terrassen 2020
13,5 Vol.-%, DV, kleines Holzfass, €€€€€ ⓥ
Helles Gelbgrün, Silberreflexe. Zart nach Wiesenkräutern, ein Hauch von Tropenfrüchten, Ananastouch. Mittlere Komplexität, feine Melonenfrucht, dezente Säurestruktur,

angenehme Mineralik, ein Hauch von Honig im Finish, ein ausgewogener Begleiter bei Tisch.

(93) Grüner Veltliner ** Ried Lamm 1ÖTW 2020
13,5 Vol.-%, DV, kleines Holzfass, €€€€€ V
Mittleres Gelbgrün, Silberreflexe. Zart floral unterlegte feine gelbe Apfelfrucht, zart nach Mango und Marille, ein Hauch von frischen Orangenzesten, einladendes Bukett. Mittlerer Körper, feine Süße, dezenter Säurebogen, etwas zerfließend im Abgang, ein Hauch von Honig, ein vielseitiger, bereits entwickelter Speisenwein.

(92) Grüner Veltliner ** Grand Grü 2020
13,5 Vol.-%, DV, großes Holzfass, €€€€ V
Helles Gelbgrün, Silberreflexe. Frische gelbe Apfelfrucht, etwas Mango und Orangenzesten, einladende Würze. Kräftig, mittlere Komplexität, zart nach Marille, dezente Fruchtsüße im Abgang, zugänglich, bereits gut einsetzbar.

90 Grüner Veltliner ** Ried Loisium 2020
13,5 Vol.-%, DV, Stahltank, €€ V
Helles Gelbgrün, Silberreflexe. Mit zarten Wiesenkräutern unterlegte frische weiße Apfelnote, ein Hauch von Orangenzesten. Mittlere Komplexität, dezente Kernobstnuancen, etwas Honigmelone, mineralisch, mittlere Länge.

89 Grüner Veltliner * 2020
12,5 Vol.-%, DV, Stahltank, €€ V

(91) Weißburgunder 2020
13,5 Vol.-%, DV, Stahltank, €€ V
Helles Gelbgrün, Silberreflexe. Verhalten, feine Birnenfrucht, zart kräuterwürzig-nussig unterlegt. Mittlerer Körper, weißes Kernobst, dezente Fruchtsüße, gut integrierte Säurestruktur, mineralisch im Abgang, wird von Flaschenreife profitieren.

★★★★

WEINGUT JOHANN TOPF

Im südlichen Kamptal, am Fuß des Gaisbergs, findet man im malerischen Ort Straß im Straßertale das Traditionsweingut der Familie Topf. Dort, wo seit fünf Generationen Wissen und Leidenschaft stetig weitergegeben werden, entstehen Weine von einzigartiger Handschrift und Machart. Hans Topf und seine Frau Magdalena arbeiten zusammen mit ihren Söhnen Hans-Peter und Maximilian im Einklang mit Mensch und Natur.
Die Tradition zu wahren, das erlernte Handwerk weiterzugeben und viel Sorgfalt in den Weinbergen sind hier tägliche Praxis. Nur aufgrund der Beschaffenheit von Klima und Böden in den einzelnen Lagen ist es möglich, jedem der Weine einen Ausdruck von Herkunft zu geben. Das große Potenzial und der Stolz der Winzer liegen auf den Ersten Lagen Offenberg, Gaisberg, Wechselberg Spiegel und Heiligenstein. Die Weine aus diesen speziellen Lagen zeigen die Einzigartigkeit und Unverwechselbarkeit des Kamptaler Terroirs auf.

94 Grüner Veltliner * Ried Gaisberg 1ÖTW 2019
14 Vol.-%, DV, Stahltank, €€€€€
Leuchtendes Goldgelb, Silberreflexe. Feiner Blütenhonig, ein Hauch von Kräutern, reife gelbe Apfelfrucht, Maracuja klingt an. Saftig, straff, extraktsüß, gut eingebundene Säurestruktur, leichtfüßig, gelbes Steinobst im Abgang, würziger Nachhall, sicheres Potenzial.

93 Grüner Veltliner ** Ried Offenberg 1ÖTW Strass im Strassertal 2019
14 Vol.-%, DV, Stahltank, €€€€€
Mittleres Goldgelb, Silberreflexe. Zart nussig, etwas Biskuit, reife gelbe Kernobstnuancen, dunkle Mineralik, feine Würze. Komplex, feine Fruchtsüße, reife Marille, zartes Nougat, besitzt gute Länge, ein kraftvoller Speisenbegleiter mit weiterem Reifepotenzial.

91 Grüner Veltliner * Ried Wechselberg 2020
13 Vol.-%, DV, Stahltank, €€€
Helles Gelbgrün, Silberreflexe. Zart rauchig-kräuterwürzig, Nuancen von Birnen, tabakiger Anklang. Mittlerer Körper, weiße Apfelfrucht, frisch strukturiert, mineralisch-zitronig im Abgang, ein lebendiger Speisenbegleiter.

90 Grüner Veltliner * Strass im Strassertal 2020
12,5 Vol.-%, DV, Edelstahl, €€
Helles Gelbgrün, Silberreflexe. Zarte Nuancen von Mango und Papaya, ein Hauch von Blütenhonig, tabakige Note. Mittlerer Körper, weißer Apfel, frisch strukturiert, zitronig-mineralisch im Abgang, ein lebendiger Speisenbegleiter.

Hans Peter, Maximilian und Hans Topf

WEINGUT JOHANN TOPF

3491 Straß im Straßertale, Talstr. 162
T: +43 (2735) 2491
office@weingut-topf.at
www.weingut-topf.at

Kellermeister: Maximilian und Hans Topf
Kontakt: Familie Topf
Anbauweise: Umstellung auf bio (Bio Austria)
Produktion: 250.000 Flaschen
10 % Schaumwein, 70 % weiß, 20 % rot, 50 Hektar
Zertifiziert: Nachhaltig Austria
Vereinszugehörigkeit: Traditionsweingüter Österreich
Messen: Alles für den Gast Salzburg, Austrian Tasting London, ProWein Düsseldorf, VieVinum, Vinitaly, Wein & Genuss Festival Sylt, DAC-Präsentationen

93 Riesling * Ried Wechselberg Spiegel 1ÖTW 2019
13,5 Vol.-%, DV, Stahltank, €€€€€
Mittleres Goldgelb, Silberreflexe. Kandierte Mandarinenzesten, gelbe Tropenfrucht, frische Mango, zart nach Ananas, mineralischer Anklang, floraler Touch. Saftig, reifer Pfirsich, feine Säurestruktur, gut integrierter Säurebogen, elegant und bereits gut herangereift, vielseitig einsetzbar.

93 Riesling * Ried Heiligenstein M 1ÖTW 2019
13,5 Vol.-%, DV, großes Holzfass/Stahltank, €€€€€
Mittleres Grüngelb, Silberreflexe. Zart nach Mandarinenzesten, feine gelbe Tropenfrucht, Noten von Pfirsich und Blütenhonig, mineralisch unterlegt. Saftig, opulenter Stil, reife Frucht, dezenter Honig, zarte Säurestruktur, wirkt etwas weitmaschig, Süße im Nachhall, bereits weit entwickelt.

(92) Riesling * Ried Wechselberg 2020
13 Vol.-%, DV, Stahltank, €€€
Mittleres Gelbgrün, Silberreflexe. Blumig, weiße Pfirsichfrucht, ein Hauch von Limette, Anklänge von Maracuja im Hintergrund. Saftig, straff, weißer Apfel, rassiger Säurebogen, mineralisch-salzig im Abgang, zitroniger Nachhall.

92 Riesling * Ried Zöbinger Heiligenstein 1ÖTW 2019
13,5 Vol.-%, DV, Stahltank, €€€€€
Mittleres Goldgelb, Silberreflexe. Feine reife Pfirsichfrucht, Nuancen von Mango, ein Hauch von Limetten, mineralischer Touch. Mittlerer Körper, feine Fruchtsüße, dezenter Säurebogen, ein Hauch von Marillen und Honig im Abgang, bereits gut antrinkbar.

91 Riesling * Strass im Strassertal 2020
12,5 Vol.-%, DV, Stahltank, €€
Helles Gelbgrün, Silberreflexe. Frische gelbe Pfirsichfrucht, etwas Mango, floraler Touch, einladendes Bukett. Mittlerer Körper, grüner Apfel, frisch strukturiert, salzig-zitronig im Abgang, sommerlicher Stil.

92 Sauvignon Blanc Ried Hasel 2016
13,5 Vol.-%, DV, Barrique, €€€€€
Mittleres Goldgelb, Silberreflexe. Ein Hauch von Nougat, reife gelbe Tropenfrucht, mit Stachelbeeren unterlegt, etwas Cassis und Karamell. Saftige weiße Tropenfrucht, feine Süße, elegant und ausgewogen, ein gut gereifter Begleiter bei Tisch.

92 Chardonnay Ried Hasel 2018
14,5 Vol.-%, DV, Eichenfass/Stahltank, €€€€€
Mittleres Goldgelb, Silberreflexe. Mit feinem hellem Nougat unterlegte reife gelbe Apfelfrucht, zart nach Marille und reifer Birne, dezente Holzwürze. Saftig, elegant, cremige Textur, feine Süße, gelbe Tropenfrucht im Abgang, zitroniger Touch im Finale.

WEINGUT REINHARD TOPF

NEU

Die Zielsetzung von Reinhard Topf ist eindeutig: Weine mit unverwechselbarer Handschrift zu kreieren und die Ressourcen des Kamptals bestmöglich und nachhaltig zu nutzen. Seit 2015 prägt der junge Winzer, Jahrgang 1992, das Geschehen im Familienbetrieb mit jugendlichem Feuer, Drang zur Innovation und unglaublichem Ehrgeiz. Durch viel Feingefühl bei der Arbeit mit Natur und Boden wird in den besten Lagen des Weinortes Straß im Straßertale der Grundstein für großartigen Wein gelegt. Wer die Weine kennt, wird bestätigen: Reinhard Topf hat nicht nur Freude an seiner Arbeit, sondern schafft es auch, die liebevolle Hingabe zu seinen Rebstöcken eindrucksvoll ins Glas zu bringen.

Das Sortiment reicht von klassisch und leicht bis hin zu reif und kräftig. Unverschnörkelt, feinfruchtig und mit viel Eleganz imponieren die Weine. Der Spaß beim Trinken steht dabei an oberster Stelle. Auch wer Vielschichtigkeit und Komplexität sucht, ist bei dem engagierten Winzer goldrichtig. Der Grüne Veltliner Reserve Ried Gaisberg – eines der Flaggschiffe des Betriebes – lässt die Herzen der Weinliebhaber höherschlagen und sorgt für endlosen Gesprächsstoff. Dem kargen Terroir des Wechselberges, geprägt von Glimmerschiefer und Urgestein, verdankt die Weißburgunder Reserve imposanten Tiefgang und Struktur. Uneingeschränkte Hingabe genießt auch der Riesling in den Lagen Gaisberg und Wechselberg: Schon früh entwickelte sich eine besondere Liebe zu dieser Rebsorte. Mittlerweile zählt er zu den Aushängeschildern des Weingutes und überzeugt durch unverkennbare Steinobstnoten, Feingliedrigkeit und perfekt balancierte Säure. Aufgrund der Begeisterung dafür, neue Wege rund um den Wein zu betreten, wird 2021 eine neue Weinlinie vorgestellt: »Triebwerk« – pur, ungeschönt und unfiltriert.

92 Grüner Veltliner ** Ried Gaisberg 2019
14 Vol.-%, DV, Teilbarrique, €€€
Leuchtendes Gelbgrün, Silberreflexe. Feine Tabakwürze, Blütenhonig, Tropenfruchtnuancen, kandierte Orangenzesten. Saftig, elegant, mineralisch, dezente Säurestruktur, reifes Steinobst, engmaschiger Speisenbegleiter.

WEINGUT REINHARD TOPF
3491 Strass im Strassertale
Langenloiser Straße 213
T: +43 (664) 3747156
weingut@reinhardtopf.at
www.reinhardtopf.at

Kellermeister/Kontakt:
Reinhard Topf
Produktion: 90 % weiß, 10 % rot, 8 Hektar
Vereinszugehörigkeit:
Weinstraße Kamptal
Messen: VieVinum

(92) Grüner Veltliner ** Ried Gaisberg 2020
13,5 Vol.-%, DV, gebrauchte Barriques, €€€
Mittleres Gelbgrün, Silberreflexe. Reife Apfelfrucht, etwas nach Orangenzesten, Papaya klingt an, Gewürznuancen, einladendes Bukett. Komplex, saftig, elegant, feine Säurestruktur, weißes Kernobst, leichtfüßig im Abgang, bleibt gut haften, vielseitig einsetzbar.

89 Grüner Veltliner * Ried Hasel 2020
12,5 Vol.-%, DV, Stahltank, €€

91 Riesling * Ried Gaisberg 2020
12,5 Vol.-%, DV, Stahltank, €€
Helles Gelbgrün, Silberreflexe. Floraler Touch, etwas nach Mandarinenzesten, reife Mangofrucht, weißer Pfirsich klingt an, attraktives Bukett. Saftig, elegant, facettenreiche Säurestruktur, extraktsüß, mineralisch, Steinobst im Abgang, guter Speisenbegleiter.

(91) Weißburgunder Ried Wechselberg Reserve 2020
13,5 Vol.-%, DV, Teilbarrique, €€€
Helles Gelbgrün, Silberreflexe. Feine Würze, ein Hauch von Birnen, zart nach Orangenzesten, florale Nuancen, Kräutertouch. Saftig, straff, elegant, feine Struktur, zart nach Maracuja, extraktsüß im Abgang, leichtfüßiges Finish, guter Speisenbegleiter.

88 Chardonnay Selektion 2020
12 Vol.-%, DV, Stahltank, €€

★★

WEINGUT REINHARD & MARKUS WALDSCHÜTZ

Seit 1871 betreibt die Familie Waldschütz ihren Betrieb in Elsarn im Straßertal. Seit 1994 lenkt der gelernte Weinbau- und Kellermeister Reinhard Waldschütz die Geschicke des Weinguts mit dem Ziel, naturnahe, fruchtig-frische und für die Gegend geschmackstypische Weine zu kreieren. Das Straßertal ist eine äußerst reizvolle Landschaft auf einer Seehöhe von 208 bis 360 Metern, viele bekannte Rieden sind hier zu finden. Auch die Lagen des Weinguts von Reinhard und Martina Waldschütz befinden sich in Straßer Spitzenrieden wie Wechselberg oder Gaisberg. Sie bilden die Basis für Trauben von bester Qualität, die dann behutsam und schonend zu feinen Weinen verarbeitet werden. Das zeigt sich quer durch alle Rebsorten, insbesondere bei Grünem Veltliner, Riesling und Sauvignon Blanc.
Seit 2012 hilft Sohn Markus auf dem Weingut tatkräftig mit. Durch seine internationalen Praktika in Kalifornien und Neuseeland legt er einen neuen Grundstein für die kontinuierliche Fortführung des sehr hohen Betriebsstandards.

93 Riesling ** Ried Gaisberg 2018
13,5 Vol.-%, NK, großes Holzfass/Stahltank, €€€€€
Leuchtendes Gelbgrün, Silberreflexe. Feiner Marillentouch, etwas nach Orangenzesten, ein Hauch von Blütenhonig, feiner Quittentouch. Saftig, elegant, gut eingebundene Säurestruktur, facettenreich, mineralisch, weißes Steinobst, druckvolles Finale, guter Speisenbegleiter mit weiterem Potenzial.

92 Riesling * Straß Venesse 2020
12,5 Vol.-%, DV, Stahltank, €€
Helles Grüngelb, Silberreflexe. Feine Nuancen von Ananas und gelbem Pfirsich, ein Hauch von Maracuja, mineralischer Touch. Am Gaumen saftig, feine Tropenfrucht, finessenreicher Säurebogen, zitronig-salziger Touch im Abgang, vielseitig einsetzbar.

92 Grüner Veltliner * Strass »Aturo« 2020
13 Vol.-%, DV, Stahltank, €€€
Helles Grüngelb, Silberreflexe. Floral unterlegte weiße Apfelfrucht, ein Hauch von frischen Wiesenkräutern, zart nach Mandarinenzesten. Saftig, elegant, feiner Mangotouch, finessenreicher Säurekern, harmonisch und gut anhaftend, bereits gut antrinkbar.

92 Grüner Veltliner ** Ried Rosengartl 2019
13 Vol.-%, NK, großes Holzfass, €€€€€
Mittleres Grüngelb, Silberreflexe. Zarte Kräuterwürze, ein Hauch von Marille, etwas Mango, mit einem Hauch von Orangenzesten unterlegt. Saftig, elegant, feine Fruchtsüße, dezenter Säurebogen, harmonisch, bleibt gut haften, ein gut entwickelter Speisenbegleiter.

WEINGUT REINHARD & MARKUS WALDSCHÜTZ

3491 Straß im Straßertale
Elsarn 3
T: +43 (2735) 79457
kontakt@weingut-waldschuetz.at
www.weingut-waldschuetz.at

Kellermeister: Markus Waldschütz
Kontakt: Reinhard und Martina Waldschütz
Produktion: 86 % weiß, 14 % rot, 35 Hektar
Zertifiziert: Nachhaltig Austria
Messen: ProWein Düsseldorf

Markus Waldschütz

91 Grüner Veltliner * Ried Stangl 2020
12,5 Vol.-%, DV, Stahltank, €€
Helles Gelbgrün, Silberreflexe. Zarte gelbe Apfelfrucht, ein Hauch von Mango und Blütenhonig, mit Zitruszesten unterlegt. Mittlerer Körper, frisches Kernobst, lebendig strukturiert, mineralisch-salzig im Abgang, anregender Speisenbegleiter.

92 Weißburgunder Große Reserve 2018
14 Vol.-%, NK, 500-l-Fass, €€€€€
Leuchtendes Gelbgrün, Silberreflexe. Feine Holzwürze, etwas nach Ananas und Birnen, mit Blütenhonig unterlegt, reife Quitten. Saftig, kraftvoll, gute Komplexität, elegant, facettenreiche Säurestruktur, bleibt gut haften, zart cremig, reifes Steinobst im Abgang, gutes Potenzial.

★★★

WEINGUT WEIXELBAUM

Im lebhaften Zwiegespräch mit der Natur, ganzheitlich und persönlich – so leben und lieben wir den Wein, so betreiben wir unser Familienweingut in Strass bereits in dritter Generation. Das ganze Jahr über leiten und begleiten uns die wahren Werte im Weingarten, im Keller und im Winzerleben.« Die Leidenschaft, mit der die Arbeit verrichtet wird, findet ihren Ausdruck im erklärten Ziel von Heinz Weixelbaum: Weine zu produzieren, die er selbst zu trinken liebt, und anderen dabei zuzusehen, wie sie sich daran erfreuen. Wahre Werte bedeuten nicht Stillstand, sondern behutsame Weiterentwicklung. Die Vergangenheit gibt Rückendeckung, Bodenhaftung und wertvolle Schätze für die Vinothek. In die Zukunft schaut man gemeinsam mit den Kindern Theresa und Pauli, die beim »Familienrat« im Weingarten bereits mitreden, welche Rebsorten ausgepflanzt werden.
Auf 25 Hektar Rebfläche im Weinbaugebiet Kamptal hegt und pflegt die leidenschaftliche Winzerfamilie 100.000 Rebstöcke. Der Schwerpunkt liegt auf Weißwein, abgerundet durch ein kleines, aber feines Sortiment in Rot. Der Erfolg des Betriebes beruht auf ganzheitlichen ökologischen Grundsätzen sowie auf der Bewahrung traditioneller Werte. Gastfreundschaft, gute Laune und bodenständiges Herzblut fließen durch die Adern des Weinguts. Wenn der Wein davon erzählt, dann macht genau das die Familie zufrieden. Wenn der Wein Menschen Freude schenkt, ist die Familie glücklich. »Dann wird unser Be-

* Kamptal DAC ** Kamptal DAC Reserve

Weißburgunder

WEINGUT WEIXELBAUM

3491 Straß im Straßertale
Weinbergweg 196
T: +43 (2735) 2269
weixelbaum@invinoweix.at
invinoweix.at

Kellermeister: Heinz Weixelbaum
Kontakt: Heinz und Gabi Weixelbaum
Anbauweise: Umstellung auf bio
Produktion: 90 % weiß, 4 % rosé, 5 % rot, 1 % süß, 25 Hektar
Messen: ProWein Düsseldorf

ruf ebenso zum Lebenselixier wie ein guter Tropfen Wein.«

93 Grüner Veltliner ** Ried Gaisberg 1ÖTW Wahre Werte 2019
14 Vol.-%, DV, großes Holzfass, €€€€ H V
Leuchtendes Gelbgrün. Zart nach Birnen und Blütenhonig, etwas nach Gewürzen, etwas Melone klingt an. Saftig, stoffig, gut integrierter Säurebogen, fruchtsüß nach Tropenfrucht, zarte Würze im Nachhall, balancierter Speisenbegleiter.

90 Grüner Veltliner * Ried Stangl 2020
12,5 Vol.-%, DV, Stahltank, €€ H V
Helles Grüngelb, Silberreflexe. Zart tabakig-würzig unterlegte gelbe Apfelfrucht, einladendes Bukett. Mittlerer Körper, frische Birne, lebendige Säurestruktur, ein Hauch von Blütenhonig, bereits gut antrinkbar.

94 Grüner Veltliner Anno Dazumal 2017
13,5 Vol.-%, NK, 500-l-Fass, €€€€€ V
Leuchtendes Gelbgrün, Silberreflexe. Frische Wiesenkräuter, ein Hauch von Zitronenmelisse und Verbene, weiße Apfelfrucht, floraler Touch, attraktives Bukett. Kraftvoll, reife Mangofrucht, lebendiger Säurebogen, feine Extraktsüße im Abgang, bleibt haften, mineralischer Nachhall, sicheres weiteres Entwicklungspotenzial.

93 Riesling ** Ried Gaisberg Wahre Werte 2019
13 Vol.-%, DV, großes Holzfass, €€€€ H V
Leuchtendes Gelbgrün, Silberreflexe. Floral unterlegter intensiver Maracujatouch, ein Hauch von Limettenzesten, feiner Blütenhonig. Saftig, elegant, weißer Weingartenpfirsich, finessenreicher Säurebogen, mineralisch-zitronig im Abgang, ein ausgewogener Speisenbegleiter mit Entwicklungspotenzial.

94 Sauvignon Blanc Anno Dazumal 2016
14 Vol.-%, NK, 500-l-Fass, €€€€€ V
Leuchtendes mittleres Goldgelb, Silberreflexe. Feiner Blütenhonig, reife Nuancen von Guaven und Passionsfrucht, zart nach Quitten, dezente Kräuterwürze klingt an. Saftig, weiße Fruchtnuancen, lebendiger, gut integrierter Säurebogen, ein Hauch von Minze und Limette, salziger Nachhall, gute Länge, ein eleganter Speisenbegleiter.

92 Sauvignon Blanc Wahre Werte 2020
13,5 Vol.-%, DV, großes Holzfass, €€€ V
Helles Grüngelb, Silberreflexe. Ein Hauch von Grapefruit, Nuancen von Passionsfrucht und gelben Stachelbeeren, ein Hauch von Blütenhonig. Saftig, weiße Tropenfrucht, frisch strukturiert, wirkt leichtfüßig, Limetten im Abgang, zitronig-mineralischer Nachhall.

91 Weißburgunder Wahre Werte 2019
13,5 Vol.-%, DV, Stahltank/großes Holzfass, €€€ V
Helles Goldgelb, Silberreflexe. Mit feinem Karamell unterlegte Nuancen von reifen Quitten, mit gelber Birne unterlegt, ein Hauch von frischem Biskuit. Komplex, saftig, fruchtige Süße, cremige Textur, zarter Honigtouch im Nachhall.

Freude am Fahren
BMW
THE i4
bmw.at/i4
Symbolfoto
BMW i4: 250 kW (340 PS) bis 400 kW (544 PS), Kraftstoffverbrauch 0,0 l/100 km,
CO_2-Emission 0,0 g CO_2/km, Stromverbrauch von 16,0 kWh bis 24,0 kWh/100 km.
Vorläufig: gemessen nach dem WLTP-Testzyklus.

NIEDERÖSTERREICH

KREMSTAL DAC

In Rohrendorf bei Krems kann man sehr gut den vorherrschenden Lössboden betrachten

HOCHKULTUR DES WEINES

Könnten Weingärten reden, stünden im Kremstal spannende Diskussionen auf dem Programm. Schließlich verteilt sich die 2368 Hektar große Rebfläche auf unterschiedliche Zonen: die pittoresken Zwillingsstädte Krems und Stein, die östlicher gelegenen Gebiete und die kleinen Weinorte südlich der Donau rund um Stift Göttweig. Verbindende Elemente sind Grüner Veltliner und Riesling als Repräsentanten für das Gebiet – seit dem Jahrgang 2007 unter der Bezeichnung »Kremstal DAC« – und die Botschaft Kunst und Kultur.

In der alten (Wein-)Kulturstadt Krems und ihrer Zwillingsstadt Stein ist der Weinbezug überall spürbar. Sie werden ihrer Stellung als Imageträger der österreichischen Weinkultur seit langer Zeit gerecht: historisch gesehen mit alten Lesehöfen und Zeugnissen der großen Weinbautradition, aus heutiger Sicht mit jungen, erfolgreichen Winzern sowie einer innovativen Genossenschaft und einer modernen Weinbauschule. Geologisch verwandt mit der westlich angrenzenden Wachau, herrschen im Stadtgebiet und der engeren Umgebung Urgesteinsverwitterungsböden vor, stellvertretend genannt sei die bekannte Lage Steiner Pfaffenberg mit einem eleganten, mineralischen Weintyp. Sehr eigenständige Weine kommen auch aus Senftenberg und den umliegenden kleinen Weinorten, die sich entlang des Flüsschens Krems erstrecken. Ganz anders gelagert sind die Rebflächen im Osten der Stadt als Herkunft von runderen, fülligeren Weinen.

Die gewaltigen Lössterrassen in den Weinorten Rohrendorf – wo die Wiege des weit über die Grenzen hinaus bekannten Weinbaupioniers Prof. Dr. h. c. Lenz Moser stand – und Gedersdorf verleihen der Landschaft einen ganz besonderen Reiz. Südlich der Donau liegen Furth-Palt, Krustetten, Höbenbach, Hollenburg, Ober- und Tiefenfucha, überragt vom weithin sichtbaren Stift

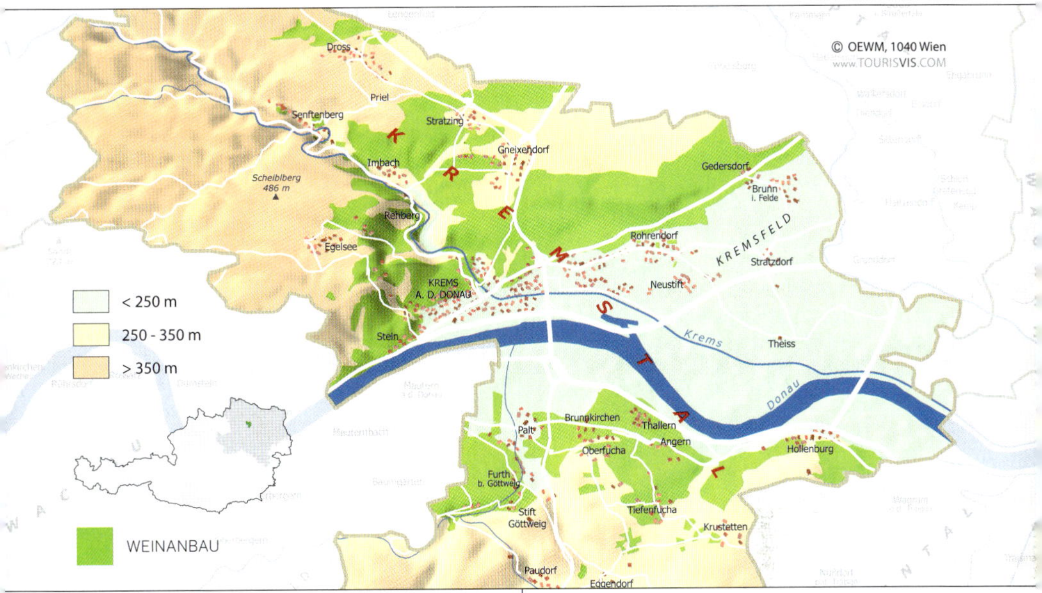

Göttweig. In diesem Teil des Weinbaugebiets tragen auch viele Heurigenbetriebe dazu bei, den urtümlichen und bodenständigen Charakter zu bewahren. Ähnlich wie in den benachbarten Weinbaugebieten Wachau und Kamptal kommt auch im Kremstal das klimatische Spannungsfeld stark zur Geltung: Kühle Einflüsse aus dem nahen Waldviertel treffen auf warme, trockene aus der Pannonischen Tiefebene im Osten. Das tief eingeschnittene Donautal ist dabei durch die temperaturregulierende Wirkung der großen Wasserfläche begünstigt. Saftige, finessenreiche Weißweine, vor allem Grüner Veltliner und Riesling, in kleinerem Ausmaß aber auch dichte, ausdrucksstarke Rotweine prägen das Gebiet, dessen Winzerinnen und Winzer sich durch großes Lagenbewusstsein auszeichnen – als Möglichkeit, die Vielfalt im Kleinen zu verwirklichen.

Die dreistufige DAC-Gliederung ist ähnlich der des Kamptals, Abweichungen gibt es lediglich beim Zeitpunkt des möglichen Erstverkaufsdatums.

AUSGEWÄHLTE WEINGÜTER

>

★★★★★

Wein-Gut Nigl, Senftenberg

★★★★

Weingut Buchegger, Droß
Weingut Malat, Furth bei Göttweig
Weingut Mantlerhof, Gedersdorf/Brunn im Felde
Weingut Vorspannhof – Mayr, Droß
Weingut Familie Proidl, Senftenberg
Weingut Salomon Undhof, Stein an der Donau
Weingut Josef Schmid, Stratzing
Weingut Stadt Krems, Krems

★★★★

Weingut Türk, Stratzing

★★★

Weingut Aigner, Krems
Weingut Berger, Gedersdorf
Weingut Josef & Philipp Bründlmayer, Grunddorf
Winzerhof Familie Dockner, Höbenbach
Weingut Josef Edlinger, Furth-Palt
Weingut Meinhard Forstreiter, Krems-Hollenburg

< AUSGEWÄHLTE WEINGÜTER

★★★
Weingut Hermann Moser, Rohrendorf
Weingut Müller, Krustetten
Weingut Müller-Grossmann, Furth-Palt
Lesehof Stagård, Krems-Stein
Weingut Stift Göttweig, Furth bei Göttweig
Weingut Thiery-Weber, Rohrendorf
Weingut Petra Unger, Furth-Palt
Weingut Rainer Wess, Krems
Weingut Alois Zimmermann, Theiß

★★
Weingut Eder, Gedersdorf
Weingut Felsner, Grunddorf
Weinhof Fink, Krustetten
Weingut Anton Hagen, Krems-Rehberg
Weinkellerei Lenz Moser, Rohrendorf

★★
Weinhof Christian Parzer, Oberfucha-Furth
Weingut Tanzer, Krems an der Donau
Wandraschek Weinmanufaktur, Krems
Weingut Zöhrer, Krems

★★★

WEINGUT AIGNER

Wolfgang Aigner wurde das Weinmachen in die Wiege gelegt. Der Sohn eines Winzers übernahm bereits mit 21 Jahren das elterliche Weingut in Krems. Von Anfang an arbeitete Aigner konsequent daran, das Potenzial seiner hervorragenden Lagen auszuschöpfen. Denn dort, im Terroir von Sandgrube und Weinzierlberg, liegt die Stärke des Weinguts, das heute auf rund 16 Hektar einige der interessantesten Weißweine der Kremser Region produziert.
Die Rebstöcke wurden zum überwiegenden Teil vor 40 Jahren vom Großvater ausgepflanzt. Der Schwerpunkt liegt auf den Sorten Grüner Veltliner und Riesling. Die Weine haben ein unverkennbares Profil: Sie sind gehaltvoll, aber nicht schwer, wirken frisch und verfügen über markante Würze und kraftvolles Bukett. Aigner baut seine Weine lagerfähig aus. Die Reserven sind noch nach 20 Jahren frisch, zeigen klare Frucht und vielschichtige Tertiäraromen.

94 Grüner Veltliner ** Ried Frechau Elitär 2019
14,5 Vol.-%, DV, großes Holzfass/Stahltank, €€€€€
Mittleres Grüngelb. Mit frischen Orangenschalen unterlegtes gelbes Kernobst, zart nach Melisse, lebendiges Bukett. Komplex, saftig, feine Struktur, würzig-mineralisch, Mangotouch im Abgang, salziger Nachhall, kraftvoller Speisenbegleiter mit Potenzial.

93 Grüner Veltliner ** Ried Obere Sandgrube Privat 2019
14,5 Vol.-%, DV, großes Holzfass/Stahltank, €€€
Mittleres Gelbgrün, Silberreflexe. Feine Kräuternoten, etwas nach Maracuja, reifer Apfel, zart nach Blütenhonig, würziges Bukett. Saftig, elegant, kraftvoll, balancierte Säurestruktur, zart cremig, kandierte Orangenzesten, dunkles Finish, guter Speisenbegleiter.

91 Grüner Veltliner * Krems Sandgrube 2020
12,5 Vol.-%, DV, Stahltank, €€
Helles Gelbgrün, Silberreflexe. Mit feiner tabakiger Note unterlegte gelbe Tropenfruchtanklänge, zart nach Birne und frischen Orangenzesten. Saftig, straff, feine Mangonuancen, gut integrierte Säurestruktur, ausgewogen und gut anhaftend, bereits antrinkbar.

90 Grüner Veltliner * Weinzurl 2020
12 Vol.-%, DV, Stahltank, €€
Helles Gelbgrün, Silberreflexe. Zart tabakig-kräuterwürzig unterlegte frische Melonenfrucht, etwas Mango klingt an. Saftig, weißes Kernobst, gut integrierte Säurestruktur, fruch-

WEINGUT AIGNER
3500 Krems
Weinzierl 53
T: +43 (2732) 84558
info@aigner-wein.at
www.aigner-wein.at

Kellermeister/Kontakt:
Wolfgang Aigner
Produktion: 97 % weiß, 3 % rot,
16 Hektar
Vereinszugehörigkeit:
Original Kremser Wein
Messen: Austrian Tasting London,
VieVinum

Wolfgang Aigner

tig im Abgang, bietet unkompliziertes Trinkvergnügen.

91 Riesling * Ried Weinzierlberg 2020
12,5 Vol.-%, DV, Stahltank, €€
Mittleres Gelbgrün, Silberreflexe. Kandierte Orangenzesten, gelber Pfirsich, mit reifer Ananas unterlegt, ein Hauch von Blütenhonig. Saftig, deutliche fruchtige Süße, lebendiger Säurebogen, bleibt haften, zitronige Rasse im Abgang, wird von Flaschenreife profitieren.

90 Muskateller 2020
12 Vol.-%, DV, Stahltank, €€
Helles Gelbgrün, Silberreflexe. Weißes Steinobst, zart nach Wiesenkräutern, ein Hauch von weißen Rosen, frisches Bukett. Mittlerer Körper, saftig, feine Säurestruktur, mineralisch-salzig, etwas nach Zitrus im Abgang, bereits gut antrinkbar.

90 Sauvignon Blanc 2020
12 Vol.-%, DV, Stahltank, €€
Helles Gelbgrün, Silberreflexe. Zart nach Kräutern, etwas nach grünem Apfel, ein Hauch von Kumquats, etwas nach weißer Tropenfrucht.

89 Chardonnay 2020
12,5 Vol.-%, DV, Stahltank, €€

★★★

WEINGUT BERGER

Ein Familienbetrieb mit Tradition ist das Weingut Berger in Gedersdorf bei Krems. Insbesondere die Sorten Grüner Veltliner, Riesling, Gelber Muskateller und Blauer Zweigelt bilden seine Grundpfeiler. Das Weinbaugebiet Kremstal wird vor allem durch den gebietstypischen Löss geprägt. Dieser verleiht den Weinen eine tiefe Frucht und herrliche Eleganz.
Die Weingärten der Familie Berger werden nach den neuesten ökologischen Richtlinien bearbeitet und gepflegt. Weißweine werden temperaturkontrolliert vergoren und im Edelstahltank gelagert. Der Ausbau der Rotweine erfolgt im traditionellen Holzfass.
Im Gästehaus kann man natürlich nicht nur übernachten, auch der gesamte Ab-Hof-Verkauf findet dort statt. Bei einer geplanten Übernachtung in den topausgestatteten, klimatisierten Zimmern wird um rechtzeitige Reservierung gebeten. Seit 2017 ist das Weingut zertifiziert für Nachhaltigkeit nach »FAIR'N GREEN«.

* Kremstal DAC ** Kremstal DAC Reserve

Grüner Veltliner

WEINGUT BERGER

3494 Gedersdorf
Weinbergstraße 2
T: +43 (2735) 8234
office@weingut-berger.com
www.weingut-berger.com

Kellermeister/Kontakt: Erich Berger
Produktion: 5 % Schaumwein, 85 % weiß, 2 % rosé, 8 % rot, 25 Hektar
Vereinszugehörigkeit: Losgelöst(s)t
Messen: ProWein Düsseldorf

90 ❶ Weißburgunder Naked Pinot Pétillant Naturel Brut NatureHelles
Deg. 03/2021, 11,5 Vol.-%, NK, Flaschengärung, €€€€
Helles Gelb, Silberreflexe, feine Perlage. Sehr zartes Bukett nach weißem Apfel, ein Hauch von frischer Birne, mit etwas Walnuss unterlegt. Mittlerer Körper, grüner Apfel, rassige Säurestruktur, zitronig-nussig im Nachhall, lebendiger Sommerspaß.

89 ❶ Zweigelt Berose Frizzante 2020
11 Vol.-%, DV, Stahltank, €€

(93) Grüner Veltliner * Gedersdorfer Ried Moosburgerin 2020
13,5 Vol.-%, DV, Holzfass, €€€€
Mittleres Gelbgrün, Silberreflexe. Feine Kernobstnuancen, ein Hauch von Marille, zart nach gelber Birne, dezenter Blütenhonig. Saftig, elegant, zart nach Honigmelone, gut integrierter Säurebogen, mineralisch und gut anhaftend, ein stoffiger Speisenbegleiter mit gutem Reifepotenzial.

(92) Grüner Veltliner * Optimis terrae 2020
13,5 Vol.-%, DV, Stahltank, €€€€
Helles Goldgelb, Silberreflexe. Frischer Apfel, feine Nuancen von reifer Mango, ein Hauch von Wiesenkräutern, mit zartem Blütenhonig unterlegt. Saftig, elegant, feine gelbe Tropenfrucht, finessenreicher Säurebogen, gute Balance, bereits gut antrinkbar.

89 Grüner Veltliner * Lössterrassen 2020
12,5 Vol.-%, DV, Stahltank, €€

(91) Riesling * Gedersdorfer Ried Spiegel 2020
12,5 Vol.-%, DV, Stahltank, €€
Helles Gelbgrün, Silberreflexe. Zarte gelbe Pfirsichfrucht, ein Hauch von Ananas, frische Orangenzesten. Saftig, feine gelbe Tropenfrucht, frisch strukturiert, mineralisch-salzig im Abgang, Limetten im Nachhall.

91 Gelber Muskateller 2020
11,5 Vol.-%, DV, Stahltank, €€
Helles Gelbgrün, Silberreflexe. Frische Nuancen von Holunderblüten und weißer Pfirsichfrucht, zart nach Muskatnuss. Mittlerer Körper, weißer Apfel, frischer Säurebogen, zitronig und mineralisch im Nachhall, feiner Sommerwein.

(91) Chardonnay Ried Zehetnerin 2020
13 Vol.-%, DV, Stahltank, €€
Helles Grüngelb, Silberreflexe. Reife gelbe Frucht, nach Golden-Delicious-Apfel, etwas Birne, Nuancen von Orangenschalen. Stoffig, elegant, saftiges Kernobst, zart nach Honigmelone, frisch strukturiert, vielseitig einsetzbar, gutes Entwicklungspotenzial.

★★★

WEINGUT JOSEF & PHILIPP BRÜNDLMAYER

Leidenschaft und Liebe zum Handwerk sind immer noch die besten Voraussetzungen für Qualität. Das gilt ganz besonders für die Herstellung von Produkten, die der Mensch genießen soll und darf – wie zum Beispiel Wein. Philipp Bründlmayer trägt diese Leidenschaft und Liebe in seiner DNA. Seine Weine sind folglich Stoff für Glückseligkeit: sortentypisch, pur, geradlinig und von unverkennbarer Herkunft. In Grunddorf, im letzten Winkel des Kamptals, lagern und reifen sie in Stahltanks und großen Holzfässern. Ihren Ursprung haben sie jedoch auf den mächtigen Lössterrassen von Gedersdorf und Rohrendorf und tragen somit die Herkunftsbezeichnung Kremstal. Ein schöner Flecken Erde, geschaffen für den Weinbau. Hier herrschen klimatische Bedingungen, die für Aromabildung und Charakter des Weines essenziell sind.

Neben Wissen, Handwerk und Klima ist die Beschaffenheit des Bodens ein maßgeblicher Faktor für die Entstehung von großen Weinen. Im Kremstal bilden Löss und Konglomerat das ideale Terroir für die typisch trockenen Weine, für die das Weinland Österreich so geschätzt wird. Philipp und Josef Bründlmayer betreiben Weinbau mit Bodenhaftung und Verständnis für Tradition. Die Lagen, die das Weingut bewirtschaftet, könnten nicht besser zu dieser Philosophie passen: Sie sind widerspenstig, unwegsam und wollen von Hand bearbeitet werden. Aber sie sind auch – wenn man sie lässt und ihnen richtig begegnet – ein idealer Platz für jene Sorten, für die diese Region so bekannt und beliebt ist.

Bei Philipp Bründlmayer dürfen Weine ungeschminkt zeigen, wo sie aufgewachsen sind – ohne Schnickschnack und doppelten Boden. Auf 25 Hektar bewirtschaftet sein Weingut über 100 verschiedene Weingärten mit unterschiedlichsten Mikroklimas. Er bringt nicht nur Weine in die Flasche, die ausgesprochen eindeutige Vertreter ihrer Art sind, sondern auch seine unmissverständliche Handschrift tragen. Mit nicht mehr als einem Gramm Restzucker sind alle Weine besonders trocken und damit Botschafter ihrer Region – Kremstal pur.

WEINGUT JOSEF & PHILIPP BRÜNDLMAYER
3485 Grunddorf
Ortsring 44
T: +43 (2735) 5112
office@jpbm.at
www.philipp-bruendlmayer.at

Kellermeister/Kontakt: Philipp Bründlmayer
Produktion: 90 % weiß, 8 % rosé, 2 % rot, 25 Hektar
Vereinszugehörigkeit: Losgelöst(s)t, Kremstal DAC
Messen: ProWein Düsseldorf, VieVinum, Vinexpo

Josef und Philipp Bründlmayer

(93) Grüner Veltliner * Credo 2020
13,5 Vol.-%, NK, gebrauchte Barriques/500-l-Fass/Stahltank/Barrique, €€€€€€
Helles Gelbgrün. Feine Kräuternoten, etwas nach gelbem Apfel, zart nach Orangenzesten, würziges Bukett. Feine Säurestruktur, mineralisch, saftig, zart nach Mango, salziger Touch im Abgang, guter Speisenbegleiter.

(92) Grüner Veltliner * Ried Moosburgerin Gedersdorf 2020
13,5 Vol.-%, NK, Stahltank/500-l-Fass, €€€€€
Mittleres Gelbgrün, Silberreflexe. Feine Maracujanoten, etwas nach Bergamotte, ein Hauch von Melisse, mit Tropenfrucht unterlegt. Mittlerer Körper, feiner Säurebogen, etwas weitmaschig, mineralisch, dezente Fruchtnuancen, bereits gut antrinkbar.

(92) Grüner Veltliner * Ried Vordernberg Gedersdorf 2020
13,5 Vol.-%, NK, Stahltank/500-l-Fass, €€€€€
Mittleres Gelbgrün, Silberreflexe. Feiner Blütenhonig, etwas nach Kernobst, zarte Wiesenkräuter, etwas nach Quitte. Mittlerer Körper, feine Struktur, mineralisch, gut eingebundene Säurestruktur, gelbe Apfelfrucht im Abgang, wirkt leichtfüßig, bereits gut antrinkbar.

(93) Riesling * Ried Moosburgerin Gedersdorf 2020
13,5 Vol.-%, NK, Stahltank, €€€€€
Helles Gelbgrün, Silberreflexe. Feine Tabakwürze, ein Hauch von Blütenhonig, etwas Pfirsich, frisches Bukett. Saftig, elegant, feine Säurestruktur, mineralisch-salzig, zitroniger Touch, bleibt gut haften, vielseitig einsetzbar.

(91) Riesling * Ried Steingraben Gedersdorf 2020
13,5 Vol.-%, NK, Stahltank, €€€€€
Helles Gelbgrün, Silberreflexe. Feine Orangenzesten, etwas nach Steinobst, ein Hauch von Marille, einladendes Bukett. Feine Säurestruktur, mineralisch-salzig, kräuterwürzig, Maracuja im Abgang, guter Speisenbegleiter.

(91) Neuburger Ried Vordernberg 2020
13,5 Vol.-%, NK, 500-l-Fass/Stahltank, €€€
Helles Gelbgrün, Silberreflexe. Zart nach Birnenfrucht, etwas nach Orangenzesten, Wiesenkräuter, mit Papaya unterlegt. Straff, elegant, mineralisch-salzig, gut eingebundener Säurebogen, etwas nach gelber Tropenfrucht, bleibt gut haften.

(90) Weißburgunder Reserve 2020
13,5 Vol.-%, NK, Stahltank/500-l-Fass, €€€
Helles Gelbgrün, Silberreflexe. Feine Maracujanote, etwas Tabakwürze, ein Hauch von Melisse, zart nach Mandarinenzesten. Saftig, feine Säurestruktur, mineralisch, weißes Steinobst im Abgang, Birnentouch im Nachhall, bereits gut antrinkbar.

★★★★

WEINGUT BUCHEGGER

Im Vorspannhof Dross legt Winzerin Silke Mayr mit dem Weingut Buchegger den Fokus auf Vielfalt und höchste Qualität. Ganz im Osten des Weinbaugebiets Kremstal, in Gedersdorf, gedeihen die Buchegger-Weine. Das Zusammenspiel von Boden und Klima ist von ganz besonderer Finesse und Vielfalt und bringt außergewöhnliche Weine mit Eleganz und Mineralik hervor.
Im Traditionsweingut Buchegger sind Terroir und Herkunft von größter Bedeutung, und die Erhaltung eines humusreichen Bodens ist stets oberstes Gebot. Nur die besten Lagen machen die besten Trauben, und nur das feinste Gespür erzeugt den besten Wein. Silke Mayr und ihr engagiertes Team mit Kellermeister Michael Nastl investieren eine Extraportion Arbeit, wo es nötig und sinnvoll ist: »Und wir lassen der Natur ihren Lauf, wo sie Zeit zur Entfaltung braucht.« Das Wissen, was gut ist, begleitet Buchegger-Weine von der Rebe bis ins Glas.

94 ❺ Chardonnay Sekt g.U. extra brut Gedersdorfer Große Reserve 2016
12 Vol.-%, NK, Barrique, €€€€€
Leuchtendes Goldgelb, Silberreflexe, feines, anhaltendes Mousseux. Reife Tropenfrucht, unterlegt mit etwas Wiesenkräutern, Mangonoten, dezente Briochenoten, Blütenhonig und Orangen klingen an. Saftig, elegant, straff, engmaschig, feine Würze im Abgang, mineralisch mit gelber Tropenfrucht im Nachhall, weißes Nougat im Rückgeschmack, vielseitig einsetzbar, mit viel Potenzial ausgestattet.

(94) Grüner Veltliner ** Ried Vordernberg 1ÖTW 2020
13 Vol.-%, DV, großes Holzfass, €€€€€
Leuchtendes helles Gelbgrün, Silberreflexe. Reifer gelber Golden-Delicious-Apfel, zart nach Papaya, ein Hauch von Marille und Blütenhonig. Saftig, elegant, pfeffrige Würze, weißer Apfel, lebendige Struktur, mineralisch-salzig im Abgang, gutes Reifepotenzial.

93 Grüner Veltliner * Ried Pfarrweingarten Gedersdorf 2020
13,5 Vol.-%, DV, Stahltank, €€€
Helles Gelbgrün, Silberreflexe. Zarte gelbe Tropenfruchtanklänge, Nuancen von Mango und Papaya, ein Hauch von Limettenzesten, einladendes Bukett. Mittlere Komplexität, weiße Apfelfrucht, lebendiger Säurebogen, mineralischer Nachhall, ein vielseitiger Speisenbegleiter.

93 Grüner Veltliner * Gedersdorf Leopold 2020
13 Vol.-%, DV, großes Holzfass, €€€€
Mittleres Gelbgrün, Silberreflexe. Zarte Nuancen von gelbem Apfel und Quitten, tabakiger Anklang, mit Orangenzesten unterlegt. Straff, frisches weißes Kernobst, feine Säurestruktur, ein Hauch von Melone im Abgang, gute Frische, wirkt leichtfüßig, bereits gut antrinkbar.

(93) Grüner Veltliner ** Ried Moosburgerin 1ÖTW 2020
13 Vol.-%, DV, Stahltank, €€€€€
Helles Gelbgrün, Silberreflexe. Zart nach Gute-Louise-Birne, etwas Mango, mit feinen Wiesenkräutern unterlegt, Mandarinenzesten. Würzig, reife weiße Apfelfrucht, feine Säurestruktur, dunkle Mineralik, tabakige Nuancen im Nachhall, ausgewogen, verfügt über gutes Entwicklungspotenzial.

92 Grüner Veltliner Kamptal DAC Ried Geppling 2020
12,5 Vol.-%, DV, Stahltank, €€
Helles Gelbgrün, Silberreflexe. Zart nussig unterlegte feine gelbe Tropenfrucht, reife Mango, ein Hauch von Mandarinenzesten und Blütenhonig. Mittlere Komplexität, weiße Kernobstnote, frischer Säurekern, zarte Fruchtsüße im Abgang, ein vielseitiger Speisenbegleiter.

(94) Riesling ** Ried Moosburgerin 1ÖTW 2020
13 Vol.-%, DV, Stahltank, €€€€€
Helles Gelbgrün, Silberreflexe. Feine Nuancen von Weingartenpfirsich und Tropenfrucht, mit Noten von Maracuja unterlegt, kandierte Mandarinenzesten. Saftig, elegant, weiße Steinobstnuancen, feiner Säurebogen, zarte Süße im Finale, gutes Reifepotenzial.

WEINGUT BUCHEGGER

3552 Droß
Droß 300
T: +43 (2719) 30056
weingut@buchegger.at
www.buchegger.at

Kellermeister: Michael Nastl
Kontakt: Silke Mayr
Produktion: 90 % weiß, 10 % rot, 11 Hektar
Vereinszugehörigkeit: Traditionsweingüter Österreich

(93) Riesling ** Ried Vordernberg 1ÖTW 2020
13 Vol.-%, DV, Stahltank, €€€€
Helles Gelbgrün, Silberreflexe. Zart gewürzig unterlegt weiße Tropenfrucht, ein Hauch von Ingwer und Limette, einladendes Bukett. Straff, engmaschig, weißer Pfirsich, rassige Struktur, zitronig-mineralisch, ein lebendiger Speisenbegleiter.

92 Riesling * Ried Tiefenthal 2020
12,5 Vol.-%, DV, Stahltank, €€€
Helles Gelbgrün, Silberreflexe. Frische Orangenzesten, feine gelbe Tropenfrucht, Zitronenmelisse, mineralischer Touch. Saftig, elegant, reife Tropenfrucht, finessenreicher Säurebogen, gut eingebundene Süße, bleibt sehr gut haften, verfügt über Reifepotenzial.

92 Roter Veltliner Ried Tiefenthal 2020
13 Vol.-%, DV, Stahltank, €€€
Helles Gelbgrün, Silberreflexe. Zart nach Biskuit und frischer Birne, ein Hauch von Ananas, kandierte Orangenzesten. Saftig, reife gelbe Apfelfrucht, frischer Säurebogen, mineralisch-zitronig, vielseitig einsetzbar.

* Kremstal DAC ** Kremstal DAC Reserve

Sepp und Josef Dockner

WINZERHOF FAMILIE DOCKNER
3508 Höbenbach
Ortsstraße 30
T: +43 (2736) 7262
winzerhof@dockner.at
www.dockner.at/

Kellermeister: Josef Dockner jun.
Kontakt: Josef Dockner sen.
Produktion: 70 % weiß, 29 % rot, 1 % süß, 80+70 Hektar
Zertifiziert: Nachhaltig Austria
Vereinszugehörigkeit: Vinum Circa Montem
Messen: ProWein Düsseldorf, VieVinum

★★★

WINZERHOF FAMILIE DOCKNER

Mit dem aktuellen Jahrgang ist Familie Dockner aus Höbenbach im südlichen Kremstal sehr zufrieden. In den letzten Jahren konnten sie sich über zahlreiche Erfolge freuen. Inzwischen werden Weine von gut 80 Hektar Eigengrund und 70 Hektar Vertragsflächen vermarktet. Der Grüne Veltliner ist die Hauptsorte des Betriebs, aber auch beim Riesling verstehen die Dockners ihr Handwerk ausgezeichnet. Die Weine aus diesen beiden Sorten werden eingeteilt in Gebietsweine, Ortsweine und Riedenweine. Dass Vater Sepp, der für Weingärten und Vermarktung zuständig ist, und sein Sohn Josef, Kellermeister des Hauses, auch exzellente Rotweine anbieten können, ist nicht ganz neu – und das in einer Region, in der Rotweine nicht unbedingt zu den Paradeweinen zählen. Vor allem mit der Cuveé »Sacra« konnten die beiden schon zum wiederholten Mal zeigen, dass auch im Kremstal rote Spitzenweine möglich sind.
Ein weiteres Projekt der engagierten Familie ist die Erzeugung von eigenem, handgerütteltem Winzersekt, der ganz traditionell mittels Flaschengärung erzeugt wird. Hierfür wurden mehrere alte Keller in der Kellergasse am Kremser Frauengrund restauriert und zur neuen Sektmanufaktur umgebaut, die 2014 eröffnet wurde. Es werden Sekte von allen drei Qualitätsstufen der österreichischen Sektpyramide angeboten: Klassik, Reserve und Große Reserve. Im Jahr 2017 wurde der neue JOE-Keller in Höbenbach eröffnet, eine neue Produktionsstätte, die zu den modernsten Kellern Österreichs zählt. Führungen ab 20 Personen sind gegen Anmeldung jederzeit möglich.

92 Josef Dockner Brut Große Reserve Ried Kremser Frauengrund »Blanc de Blancs« 2015 CH/WB/PG
13 Vol.-%, NK, großes Holzfass, €€€€€
Mittleres Gelbgrün, Silberreflexe, feines Mousseux. Zart nach Blütenhonig, etwas nach Ananas, ein Hauch von Gewürzen, gute Fruchtaromatik. Gute Komplexität, feine Maracujanoten, etwas Orangenschalen im Abgang, feine Säurestruktur, bleibt gut haften, vielseitig einsetzbar.

90 Josef Dockner Brut Klassik CH/WB
Deg. 11/2020, 12 Vol.-%, NK, Edelstahl, €€€
Helles Gelbgrün, Silberreflexe, zartes Mousseux. Tabakwürze, etwas nach Apfelfrucht, ein Hauch von Zitruszesten, dunkle Mineralik. Mittlerer Körper, feine Struktur,

dunkle Fruchtnoten, etwas nach Papaya im Abgang, frischer Schaumwein.

94 Riesling ** Ried Leiten 2019
13 Vol.-%, DV, Stahltank, €€€€
Leuchtendes Gelbgrün, Silberreflexe. Feine Kräuternoten, dunkle Mineralik, weißes Steinobst, Papaya, ein Hauch von Ananas, feines Bukett. Gute Komplexität, extraktsüß, gut eingebundene Säurestruktur, mineralisch, Mangonoten im Abgang, bleibt gut haften, vielseitig einsetzbar.

(93) Riesling * Ried Rosengarten Tiefenfucha 2020
13 Vol.-%, DV, Stahltank, €€€
Mittleres Gelbgrün, Silberreflexe. Dunkle Tabakwürze, weißes Steinobst, ein Hauch von Kräutern, Clementinenzesten. Saftig, elegant, salzig-mineralisch, Weingartenpfirsich im Abgang, bereits gut antrinkbar, vielschichtiger Speisenbegleiter.

92 Riesling * Ried Gottschelle Furth 2020
12,5 Vol.-%, DV, Stahltank, €€€
Mittleres Gelbgrün, Silberreflexe. Mit feinem Blütenhonig unterlegte kandierte Orangenzesten, frische Mango, einladendes Bukett. Saftig, elegant, reife Ananas, finessenreiche Struktur, mineralisch-salziger Touch, zitroniger Touch, zeigt gute Länge, vielseitiger Speisenbegleiter.

94 Grüner Veltliner ** Ried Leiten Tiefenfucha 2019
13,5 Vol.-%, DV, großes Holzfass, €€€€
Leuchtendes Gelbgrün, Silberreflexe. Feiner Blütenhonig, etwas Mango, ein Hauch von Papaya, zart nach Wiesenkräutern, einladendes Bukett. Gute Komplexität, saftig, straff, facettenreiche Säurestruktur, Tropenfrucht auch im Abgang, fruchtsüß im Nachhall, guter Speisenbegleiter mit Potenzial.

(92) Grüner Veltliner Wachau DAC Reserve Alte Reben 2020
13 Vol.-%, DV, Edelstahl, €€
Mittleres Gelbgrün, Silberreflexe. Einladendes Bukett nach Papaya, etwas nach kandierten Zitruszesten, Golden-Delicious-Apfelfrucht, Wiesenkräuter. Saftig, elegant, balancierte Säurestruktur, Mangonoten, salzig, Melisse, bleibt gut haften, guter Speisenbegleiter.

(92) Grüner Veltliner * Ried Lusthausberg Hollenburg 2020
13,5 Vol.-%, DV, Edelstahl, €€€
Helles Gelbgrün, Silberreflexe. Feine kandierte Orangenzesten, etwas nach Papaya, Gewürznoten, reife Tropenfrucht. Gute Komplexität, saftig, elegant, facettenreiche Säurestruktur, gelbe Apfelfrucht im Abgang, extraktsüß im Nachhall, guter Speisenbegleiter.

91 Grüner Veltliner * Ried Oberfeld Furth 2020
13 Vol.-%, DV, Edelstahl, €€
Mittleres Gelbgrün, Silberreflexe. Feine Kräuterwürze, zart nach kandierten Grapefruitzesten, etwas Mango und Papaya, Nuancen von Blütenhonig. Saftig, elegant, dezente Extraktsüße, gut integrierter Säurebogen, gelbe Apfelfrucht im Nachhall.

91 Grüner Veltliner * Ried Gottschelle Furth bei Göttweig 2020
13 Vol.-%, DV, Edelstahl, €€€
Mittleres Gelbgrün, Silberreflexe. Ein Hauch von Anis, frische Birne, etwas Ananas, zart nach Blütenhonig. Mittlere Komplexität, weißes Kernobst, dezente Süße, angenehmer Säurebogen, zart nach Honigmelone im Abgang, ein vielseitiger Speisenbegleiter.

90 Grüner Veltliner * Ried Frauengrund Krems 2020
12,5 Vol.-%, DV, Edelstahl, €€
Helles Gelbgrün, Silberreflexe. Feine gelbe Tropenfrucht, etwas Papaya und Mango, zarte Kräuterwürze, Orangenzesten. Saftig, feine gelbe Frucht, frisch strukturiert, feine Süße im Abgang, mineralisch und anhaftend, ein vielseitiger Speisenbegleiter.

90 Grüner Veltliner Reserve JOE 2019
13 Vol.-%, DV, großes Holzfass, €€
Mittleres Gelbgrün, Silberreflexe. Zart nach Tropenfrucht, kandierte Blutorangenzesten, Kernobstnoten, etwas Papaya. Mittlerer Körper, feine Säurestruktur, engmaschig, leichtfüßig, weißes Kernobst, bereits gut antrinkbar.

93 Sacra Grande Reserve 2017 CS/ME/ZW
13,5 Vol.-%, NK, Barrique, €€€€€
Dunkles Rubingranat, violette Reflexe, zarte Randaufhellung. Mit feiner Tabaknote unterlegte dunkle Waldbeeren, schwarze Kirschen, reife Pflaumen, etwas Vanille und Kardamom klingen an. Saftig, elegant, feine Struktur, zarte, süße Tanninstruktur, Cassis klingt an, Holzwürze im Nachhall, guter Speisenbegleiter, verfügt über Reifepotenzial.

91 Sacra 2018 CS/ME/ZW
13,5 Vol.-%, NK, Barrique, €€€€€
Dunkles Rubingranat, violette Reflexe, zarte Randaufhellung. Mit feiner Tabakwürze unterlegte dunkle Beerenfrucht, zart nach Brombeeren, floraler Touch, Holznuancen, etwas Vanille. Saftig, feine Struktur, mineralisch, Johannisbeeren im Abgang, zarte Tannine im Nachhall, etwas Nougat, würziger Speisenbegleiter.

90 Sankt Laurent Reserve 2018
13 Vol.-%, DV, €€
Mittleres Rubingranat, violette Reflexe, breitere Randauf-

hellung. Rauchig-würzig unterlegte rote Waldbeerenfrucht, zarte animalische Nuancen, ein Hauch von Lakritze. Straff, kräuterwürzig unterlegte rote Kirschfrucht, gut eingebundene Tannine, etwas Nougat im Abgang.

89 Zweigelt Reserve Joe 2018
13 Vol.-%, DV, Barrique, €€

95 Gelber Muskateller Strohwein 2018
10 Vol.-%, DV, Stahltank, €€€€€
Leuchtendes Gelbgold, Silberreflexe. Zart nach Muskatnuss und Blütenhonig, ein Hauch von Holunderkonzentrat, reife Pfirsichfrucht und etwas Litschi, attraktives, präzises Bukett. Saftig, elegant, feine traubige Frucht, lebendig strukturiert, der Restzucker ist dank der Säure sehr gut integriert, ein delikates Trinkdessert mit einigem Reifepotenzial.

92 Grauburgunder Beerenauslese 2018
13,5 Vol.-%, DV, Barrique, €€€€€
Leuchtendes Goldgelb, Silberreflexe. Feines Nougat, ein Hauch von Dörrobst, reife Birnenfrucht, mit Honig und Orangenzesten unterlegt. Mittlere Komplexität, reife weiße Fruchtnoten, feiner Säurebogen, dezente Süße im Abgang, stilistisch eher eine kräftige Auslese, verfügt über Reifepotenzial.

★★

WEINGUT EDER

Einzigartig, dynamisch, elegant und regional – damit sind das Weingut und seine Weine optimal beschrieben. Seit 1849 wird von Familie Eder in Gedersdorf, einem Ort im östlichen Kremstal, Weinbau betrieben. Der Großteil der Weingärten befindet sich auf den mächtigen Lössterrassen von Gedersdorf. Diese bieten die perfekten Bedingungen für ausdrucksstarken Grünen Veltliner und Riesling. Das 17 Hektar große Weingut wird von dem Geschwisterpaar Martin und Marina mit Unterstützung der gesamten Familie geführt. Martin, Winzer aus Leidenschaft, führt seit 2013 den Familienbetrieb in siebter Generation. Marina, die kreative Ader und Martins rechte Hand, stieg 2017 in das Weingut ein. So unterschiedlich ihre Charaktere sind, so vielseitig sind auch die Weine – vom klassischen würzigen Grünen Veltliner bis zum kräftigen, ausdrucksstarken Zweigelt im Holz. Trotz neuer Dynamik bleibt das Weingut auch zukünftig seinem Motto treu: »Familie, Erfahrung, Innovation und Tradition führen zum Erfolg.«

WEINGUT EDER
3494 Gedersdorf
Weinbergstrasse 66
T: +43 (676) 3467333
office@weinguteder.at
www.weinguteder.at

Kellermeister: Martin Eder
Kontakt: Martin Eder und Marina Eder
Produktion: 2 % Schaumwein, 80 % weiß, 2 % rosé, 15 % rot, 1 % süß, 17 Hektar
Zertifiziert: Nachhaltig Austria
Messen: VieVinum

93 Grüner Veltliner * Ried Spiegel 2019
14 Vol.-%, DV, Stahltank, €€
Mittleres Gelbgrün, Silberreflexe. Reife gelbe Tropenfrucht, ein Hauch von Blütenhonig, Nuancen von Mango, mit kandierten Orangenzesten unterlegt. Saftig, elegant, feine Fruchtsüße, dezenter Säurebogen, ein stoffiger Speisenbegleiter, zart nach Marille im Nachhall, salziger Rückgeschmack.

92 Grüner Veltliner * Ried Gernlissen 2020
12,5 Vol.-%, DV, Stahltank, €€
Helles Gelbgrün, Silberreflexe. Nuancen von frischer Ananas, etwas Mango und Blütenhonig, ein Hauch von Orangenzesten. Komplex, saftig, feine reife Frucht im Kern, lebendig strukturiert, zeigt gute Länge, bereits gut entwickelt, sicheres Reifepotenzial.

92 Grüner Veltliner ** Martin 2019
15 Vol.-%, DV, großes Holzfass, €€€€
Mittleres Gelbgrün, Silberreflexe. Nuancen von reifer Birne, zarte nussige Aromen, mit einem Hauch von Blütenhonig unterlegt. Kraftvoll, saftig, reifer Apfel, zart blättrige Würze, dezente Süße im Abgang, bleibt gut haften, ein entwickelter Begleiter bei Tisch.

91 Grüner Veltliner * Lössterrassen 2020
12 Vol.-%, DV, Stahltank, €€
Helles Gelbgrün, Silberreflexe. Feiner Blütenhonig, frische gelbe Apfelfrucht, ein Hauch von Mango, ein Hauch von Bienenwachs. Saftig, reife weiße Kernobstnoten, frischer Säurebogen, mineralisch-zitronig im Abgang, ein eleganter Speisenbegleiter.

91 Riesling * Ried Reisenthal 2020
13 Vol.-%, DV, Stahltank, €€
Helles Gelbgrün, Silberreflexe. Zart nach weißem Pfirsich, florale Nuancen, ein Hauch von Ananas. Mittlerer Körper, weißes Steinobst, finessenreiche Säurestruktur, salzig-zitroniger Nachhall, schwungvoller Stil, facettenreicher Speisenbegleiter.

89 Zweigelt Rosé 2020
11,5 Vol.-%, DV, Stahltank, €€

★★★

WEINGUT JOSEF EDLINGER

Auf dem Weingut von Josef Edlinger wird auf Nachhaltigkeit großer Wert gelegt. Darum hat Familie Edlinger beschlossen, sich 2014 als eines der ersten Weingüter zertifizieren zu lassen. Josef Edlinger ist akribisch, wenn es um die Auslese bei der Ernte geht. »Wir haben sowohl alte Weingärten aus Familienbesitz als auch ein paar dazugepachtete Filetstücke, da liegt es nahe, aus besonders selektiertem Material besondere Weine zu machen.« Heute wachsen auf Edlingers Rebflächen vornehmlich Riesling- und Veltliner-Trauben – jene beiden Sorten, denen sein Hauptaugenmerk gilt und die mit einem Anteil von rund 70 Prozent vertreten sind. »Wir haben für beide Sorten ideale Rieden: Löss- und Lehmböden für den Grünen Veltliner, Schotter und Urgesteinslagen für unsere Rieslinge.« Trotz dieser Dominanz darf nicht unerwähnt bleiben, dass es, nebst anderen Sorten, auch Sauvignon Blanc, Chardonnay und Pinot Noir in die Edlinger'schen Weingärten geschafft haben und oft großartige Ergebnisse liefern. Die

WEINGUT JOSEF EDLINGER
3511 Furth/Palt
Lindengasse 22
T: +43 (2732) 77622
j.edlinger@a1.net
www.edlingerwein.at

Kellermeister: Josef Edlinger
Kontakt: Gabriele und Josef Edlinger
Produktion: 75 % weiß, 25 % rot, 20 Hektar
Zertifiziert: Nachhaltig Austria
Vereinszugehörigkeit: Vinum Circa Montem
Messen: Vinobile Feldkirch

Josef und Paul Edlinger

Edlingers in Palt sind ein echter Familienbetrieb. Josef Edlinger zeichnet für die Weingarten- und Kellerarbeit verantwortlich, unterstützt von Sohn Paul und seiner Gattin Gabriele, die sich ebenso um administrative Belange, aber auch um Marketing und Export kümmert. Fünf gemütliche Zimmer im Winzerhof stehen für Gäste zur Verfügung.

(94) Grüner Veltliner * Furth bei Göttweig Ried Hintere Point 2019
13,5 Vol.-%, DV, großes Holzfass, €€€
Leuchtendes Gelbgrün. Reife Tropenfrucht, ein Hauch von Blütenhonig, Ananas klingt an, zart nach Mandarinenzesten, attraktives Bukett. Saftig, elegant, gute Komplexität, etwas nach Mango, Extraktsüße, bleibt sehr gut haften, sicheres Entwicklungspotenzial.

(93) Grüner Veltliner * Furth bei Göttweig Optimas 2020
14 Vol.-%, DV, Stahltank, €€€
Mittleres Gelbgrün, Silberreflexe. Zarte Kräuternoten, etwas weißes Kernobst, ein Hauch von Grapefruit, Guave klingt an. Saftig, elegant, komplex, balancierter Säurebogen, weiße Tropenfrucht, feinwürziger Abgang, bleibt gut haften, vielseitig einsetzbar.

(92) Grüner Veltliner * Furth bei Göttweig Ried Steinpoint 2020
13 Vol.-%, DV, Stahltank, €€
Helles Gelbgrün, Silberreflexe. Feine Tabakwürze, etwas nach gelber Apfelfrucht, ein Hauch von Mango, Wiesenkräuter klingen an. Saftig, elegant, feine Säurestruktur, extraktsüß nach Papaya, bleibt gut haften, unkomplizierter Speisenbegleiter.

(91) Grüner Veltliner Wachau DAC Ried Silberbichl 2020
13,5 Vol.-%, DV, Stahltank, €€
Helles Gelbgrün, Silberreflexe. Mit Blütenhonig unterlegte weiße Tropenfrucht, ein Hauch von Gewürzen, einladendes Bukett. Saftig, elegant, gut integrierter Säurebogen, etwas Maracuja im Abgang, salzig im Nachhall, guter Speisenbegleiter.

(92) Riesling Wachau DAC Ried Silberbichl 2020
13,5 Vol.-%, DV, Stahltank, €€€
Helles Gelbgrün, Silberreflexe. Zart nach weißer Frucht, unterlegt mit Zitruszesten, ein Hauch von Weingartenpfirsich, Kräutertouch. Saftig, straff, facettenreiche Säurestruktur, extraktsüß, Maracuja im Abgang, salziger Nachhall, vielseitiger Speisenbegleiter.

(91) Riesling * Furth bei Göttweig Ried Neuberg 2020
13 Vol.-%, DV, Stahltank, €€
Leuchtendes Gelbgrün, Silberreflexe. Feines Bukett nach Papaya, zart nach Marille, Wiesenkräuter klingen an, mit Mandarinenzesten unterlegt. Saftig, straff, feine Säurestruktur, mineralisch-salzig, weißes Steinobst, bleibt gut haften.

★★

WEINGUT FELSNER

Manfred Felsner bewirtschaftet mithilfe seiner Familie 16 Hektar beste Weinberglagen in Gedersdorf und Rohrendorf. Sein Fokus lässt sich mit drei Begriffen beschreiben: Gebietstypizität, Sortencharakter, Terroir. Seitdem der damals junge Winzer 1990 den Betrieb übernahm, legt er besonderen Wert darauf, den Fruchttypus des Kremstals zum Ausdruck zu bringen und gleichzeitig den Charakter der jeweiligen Sorte herauszuarbeiten. Das Fundament bildet eine Selektion von alten Rebstöcken, die zur Veredelung bei Neuanlagen herangezogen werden. Manfred Felsner ist ein kompromissloser Verfechter des Terroirgedankens sowie des naturnahen Weinbaus.

Das größte Ziel des Veltliner-Spezialisten liegt in der Herausarbeitung der vielen verschiedenen Spielarten dieser urtypisch österreichischen Sorte. Auf seinen exponierten Terrassenweingärten mit eiszeitlichen Löss- oder kalkreichen Konglomeratböden gedeiht Grüner Veltliner ganz hervorragend.Der milde pannonische Einfluss aus dem Osten und die kühlen Winde aus dem Waldviertel geben den Weinen ihre Würzigkeit und Finesse. Vom duftigen Grünen Veltliner Ried Moosburgerin über den vollmundigen Grünen Veltliner Ried Vordernberg und den mineralischen Grünen Veltliner Ried Gebling bis hin zum komplexen Grünen Veltliner Alte Reben ist jeder Wein eine eigene Persönlichkeit.

WEINGUT FELSNER
3485 Grunddorf
Ortsring 61
T: +43 (2735) 5122
office@weingut-felsner.at
www.weingut-felsner.at

Kellermeister/Kontakt:
Manfred Felsner
Produktion: 68 % weiß, 30 % rot, 2 % süß, 16 Hektar
Messen: ProWein Düsseldorf

(92) Riesling * Gedersdorf »Weisser Stein« 2020
12,5 Vol.-%, DV, Stahltank, €€
Helles Gelbgrün, Silberreflexe. Frische Tropenfrucht, Nuancen von Maracuja, weißer Pfirsich, zart nach Limettenzesten. Saftig, feine Fruchtsüße, frisch strukturiert, weißer Apfel im Abgang, Nuancen von Honig im Nachhall, bereits gut antrinkbar.

(92) Riesling * Ried Gebling 2020
12,5 Vol.-%, DV, Stahltank, €€€
Leuchtendes helles Gelbgrün, Silberreflexe. Zunächst etwas verhalten, feine gelbe Fruchtnuancen, kandierte Orangenzesten, floraler Touch, einladendes Bukett. Saftige Ananas, gelber Pfirsich, finessenreich strukturiert, fruchtsüßer Abgang, Honig im Nachhall, zitroniger Touch im Rückgeschmack.

(92) Grüner Veltliner ** Ried Schnabel Alte Reben 2020
13 Vol.-%, DV, Stahltank, €€€
Mittleres Grüngelb, Silberreflexe. Reife Tropenfrucht, Nuancen von Mango und Ananas, kandierte Orangenzesten, feiner Honigtouch. Saftig, gute Komplexität und Würze, süße Birnenfrucht, dezente Säurestruktur, gute Länge, bereits zugänglich.

89 Grüner Veltliner * Ried Moosburgerin 2020
12,5 Vol.-%, DV, Stahltank, €€

(91) Neuburger Ried Reisenthal 2019
13 Vol.-%, DV, Stahltank, €€
Helles Gelbgrün, Silberreflexe. Zart mit Mandarinenzesten unterlegte frische Birnenfrucht, ein Hauch von Quitten und Blütenhonig. Saftig, dezente Fruchtsüße, reifer gelber Apfel, gut integrierte Säurestruktur, Blütenhonig auch im Abgang, zart nussiger Rückgeschmack.

89 Rosé 2020 ZW/SL
12 Vol.-%, DV, Stahltank, €€

★★

WEINHOF FINK

Im Wein- und Heurigenort Krustetten, auf einer Anhöhe zum Tor der Wachau mit herrlichem Rundblick auf Krems und das Benediktinerstift Göttweig gelegen, bewirtschaftet der Familienbetrieb 42 Hektar Rebflächen und sechs Hektar Obstgärten. Winzer Christoph Fink, selbst begeistert von der Fruchtigkeit, Würzigkeit und Frische des aktuellen Jahrgangs, stellt wieder eine sehr gelungene Palette vor.
Bei der Weinerzeugung legt die Familie besonderen Wert auf sortentypische, fruchtige Weißweine sowie gehaltvolle Rotweine und strebt stets nach bester Qualität. Die Rieden des Betriebs befinden sich großteils auf den Hanglagen am Fuße des Göttweiger Bergs und in bekannten Rieden des Kremstals wie Wetterkreuzberg, Oberfeld, Gottschelle, Frauengrund und Neubergen. Die Böden weisen in diesen Top-Lagen verschiedene Charaktere auf, die sich in den Weinen widerspiegeln. Das Sortiment des Weinhofs umfasst großteils Grüne Veltliner und Rieslinge, die in den verschiedensten Ausbaustufen erhältlich sind. Abgerundet wird das Weinangebot durch Chardonnay, Sauvignon Blanc, Gelben Muskateller und Roten Veltliner (das besondere Liebkind unseres Jungwinzers) sowie Zweigelt, Cabernet Sauvignon und Pinot Noir bei den Rotweinen. Der Weinhof Fink produziert auch Edelobst, das direkt vermarktet, aber auch zu delikaten Edelbränden

* Kremstal DAC   ** Kremstal DAC Reserve

WEINHOF FINK
3508 Krustetten
Hollenburger Straße 2
T: +43 (2739) 2544
wein@weinhof-fink.at
www.weinhof-fink.at

Kellermeister/Kontakt:
Ing. Christoph Fink
Produktion: 80 % weiß, 20 % rot, 42 Hektar
Vereinszugehörigkeit:
Vinum Circa Montem
Messen: ProWein Düsseldorf, VieVinum

weiterverarbeitet wird. Besucher können sich beim traditionellen Heurigen oder bei kommentierten Weinverkostungen, Weinriedenwanderungen und Kellerführungen selbst von der Qualität der Produkte überzeugen.

90 Grüner Veltliner * Alte Weingärten 2020
13 Vol.-%, DV, Stahltank, €€
Helles Gelbgrün, Silberreflexe. Zart nach Granny-Smith-Apfel, feine Wiesenkräuter, mit Orangenzesten unterlegt. Saftig, gelber Apfel und Mango, dezente Fruchtsüße, lebendiger Säurebogen, mineralisch-zitroniger Touch im Nachhall, Honigmelone im Rückgeschmack.

92 Grüner Veltliner Ried Gottschelle DBV das Beste vom Veltliner 2019
14 Vol.-%, DV, großes Holzfass, €€€
Helles Gelbgrün, Silberreflexe. Mit zarten Wiesenkräutern unterlegte reife Kernobstnuancen, ein Hauch von Quitten und Birnen, kandierte Orangenzesten. Elegant, feine Fruchtsüße, zartes Säurespiel, etwas weitmaschig und mit Honignuancen im Nachhall, bereits weit entwickelt.

91 Grüner Veltliner Ried Eichbühel Reserve 2019
13,5 Vol.-%, DV, großes Holzfass, €€
Helles Gelbgrün, Silberreflexe. Reife gelbe Tropenfrucht, Nuancen von Papaya, ein Hauch von Rhabarber, zart nach Quittengelée, dezente Kräuterwürze im Hintergrund. Saftig, elegant, süße Frucht, nach Mango und Banane, zeigt gute Länge, tropische Fruchtnuancen im Nachhall, bereits entwickelt, etwas atypisches Sortenbild.

89 Riesling * Wetterkreuz 2020
12,5 Vol.-%, DV, Stahltank, €€

92 Neuburger Ried Krustettener Eichbühel 2019
13,5 Vol.-%, DV, großes Holzfass, €€€
Helles Gelbgrün, Silberreflexe. Reife weiße Tropenfrucht, zarter Blütenhonig, ein Hauch von Ananas, einladende Frucht. Saftig, weiße Birnenfrucht, frisch strukturiert, zarte Honigsüße im Abgang, reife Mango im Nachhall, zeigt gute Länge, klassischer halbtrockener Stil.

90 Roter Veltliner Riedenselektion 2020
12,5 Vol.-%, DV, Stahltank, €€
Sehr helles Gelbgrün, Silberreflexe. Zarte Aromatik von weißen Blüten, ein Hauch von Quitte und Birne, Limettenzesten im Hintergrund. Mittlerer Körper, weißer Apfel, schlanke Textur, frisch strukturiert, mineralisch, bereits zugänglich, ein unkomplizierter Sommerwein.

WEINGUT MEINHARD FORSTREITER

Wie kaum einem zweiten Weingut im niederösterreichischen Kremstal gelingt es dem Weingut Forstreiter, Tradition und Innovationsfreude zu verbinden. So besitzt das Weingut mit dem Tabor die österreichweit älteste Riede mit unveredelten Grüner-Veltliner-Reben und mit ihrem seit Jahrzehnten organisch gewachsenen Weinkeller eine der modernsten Weinproduktionsstätten in der Region. Das in Hollenburg, dem südöstlichsten Stadtteil der Weißwein-Hauptstadt Krems, liegende Weingut ist seit 1868 in Familienbesitz und wird, obwohl im Laufe der letzten Jahrzehnte von 28 auf 54 Hektar gewachsen, vom jetzigen Winzer Meinhard Forstreiter noch immer als Familienbetrieb in enger Verbindung mit der Natur geführt.
Hauptsorte ist der Grüne Veltliner, daneben werden aber auch Riesling, Sauvignon Blanc, Gelber Muskateller sowie Rotweine aus Zweigelt und St. Laurent gekeltert, die erfolgreich in 17 verschiedene Länder exportiert werden. »Wir sind stolz, das Zertifikat ›Nachhaltig produzierter Wein aus Österreich‹ seit 2019 zu tragen und freuen uns, einen ökologischen, ökonomischen und sozialen Beitrag leisten zu können.« Die Weine werden von Privatkunden und Gastronomie gleichermaßen geschätzt, und auf den persönlichen Kontakt mit den Kunden wird hier größter Wert gelegt.

93 Grüner Veltliner ** Ried Kreuzberg Hollenburg Das weiße Mammut 2019
14 Vol.-%, NK, Barrique, €€€€€
Helles Goldgelb, Silberreflexe. Einladende gelbe Tropenfruchtanklänge, kandierte Orangenzesten, mit einem Hauch von Honigmelone unterlegt. Feine nussige Komponente, reife Birnenfrucht, dezenter Säurebogen, ein Hauch von Nougat im Nachhall, ein kraftvoller Speisenbegleiter.

93 Grüner Veltliner ** Ried Tabor 2019
14,5 Vol.-%, NK, Stahltank, €€€€€
Mittleres Gelbgrün, Silberreflexe. Mit einem Hauch von kandierten Orangenzesten unterlegte gelbe Apfelfrucht, etwas Mango, tabakige Nuancen, reife Ananas im Hintergrund. Komplex, kraftvoll, weiße Apfelnuancen, feiner Säurebogen, mineralisch und anhaftend, zarter Blütenhonig im Nachhall.

92 Grüner Veltliner * Ried Kremser Kogl 2020
12,5 Vol.-%, DV, Stahltank, €€
Helles Gelbgrün, Silberreflexe. Feiner Anklang von Golden-Delicious-Apfel, etwas Mango, zart nach Blütenhonig und Orangenzesten. Straff, elegant, feine Frucht, lebendiger Säurebogen, Marillentouch im Abgang, gute Länge, ein saftiger Speisenbegleiter.

92 Grüner Veltliner * Ried Schiefer 2019
14 Vol.-%, DV, Stahltank, €€€
Helles Grüngelb, Silberreflexe. Feine gelbe Tropenfrucht, Nuancen von Mango, floraler Touch, mit Limettenzesten unterlegt. Saftig, elegante Textur, frischer gelber Apfel, Golden-Delicious-Touch, feine Säure, mineralisch im Nachhall, vielseitig einsetzbar.

90 Grüner Veltliner * Kalk & Stein 2020
13 Vol.-%, DV, Stahltank, €€
Helles Gelbgrün, Silberreflexe. Nuancen von frischen Orangenzesten, gelber Apfel, ein Hauch von reifen Stachelbeeren. Mittlere Komplexität, etwas Birne, dezenter

WEINGUT MEINHARD FORSTREITER
3506 Krems-Hollenburg
Hollenburger Kirchengasse 7
T: +43 (2739) 2296
weingut@forstreiter.at
www.forstreiter.at

Kellermeister: Meinhard und Daniel Forstreiter
Kontakt: Meinhard Forstreiter
Produktion: 80 % weiß, 19 % rot, 1 % süß, 54 Hektar
Zertifiziert: Nachhaltig Austria
Messen: ProWein Düsseldorf, VieVinum, Vinexpo

* Kremstal DAC ** Kremstal DAC Reserve

Säurebogen, wirkt im Abgang etwas opulent, reife Apfelfrucht im Nachhall.

91 Grüner Veltliner Ried Rosengarten 2020
12 Vol.-%, DV, Stahltank, €€ V
Helles Gelbgrün, Silberreflexe. Zart nach Anis, frische weiße Apfelfrucht, ein Hauch von Limetten. Straff, knackig, feine Birnenfrucht, mineralisch und anhaftend, ein vielseitiger Speisenbegleiter.

92 Riesling ** Ried Schiefer 2019
13 Vol.-%, DV, Stahltank, €€€ V
Helles Gelbgrün, Silberreflexe. Zart nach kandierten Orangenzesten, feine gelbe Tropenfrucht, ein Hauch von Maracuja und Blütenhonig, mineralischer Touch. Saftig, elegant, feine Fruchtsüße, angenehmer, frischer Säurebogen, ein Hauch von Süße im Finale, gutes Reifepotenzial, zeigt Länge.

91 Riesling * Schotter 2020
12,5 Vol.-%, DV, Stahltank, €€ V
Helles Gelbgrün, Silberreflexe. Mit frischen Limettenzesten unterlegte weiße Pfirsichfrucht, zart nach Wiesenkräutern, mineralischer Touch. Saftig, elegant, gut eingebundene Fruchtsüße, frisch strukturiert, ein herzhafter Speisenbegleiter.

★★

WEINGUT ANTON HAGEN

Seit mehr als 200 Jahren befindet sich der in Krems-Rehberg gelegene Betrieb im Besitz der Familie Hagen, die sich immer mehr zum absoluten Veltliner-Spezialisten mausert. Anton Hagen betreut gemeinsam mit Sohn Lukas die Weingärten und ist der Kellermeister, seine Gattin Ulrike ist für Verkauf und Vermarktung verantwortlich. Von den rund 15 Hektar Rebflächen werden hauptsächlich Weißweine, aber auch etwas Rotwein vinifiziert.

WEINGUT ANTON HAGEN
3503 Krems-Rehberg
Seilerweg 45
T: +43 (664) 1131691
info@weingut-hagen.at
www.weingut-hagen.at

Kellermeister: Anton Hagen
Kontakt: Ulrike und Anton Hagen
Produktion: 90 % weiß, 10 % rot, 16 Hektar
Vereinszugehörigkeit: Kremstaler Convent, Original Kremser Wein
Messen: Vinobile Feldkirch

Das Kleinklima des nahe gelegenen Donautals sowie die herbe, sauerstoffreiche Luft des Waldviertels begünstigen die Würze und Finesse der Weine. Dank kurzem, qualitätsförderndem Rebschnitt, sorgfältiger Laubarbeit, umweltbewusster Weingartenarbeit und schonender Traubenkelterung erzielt man hier Spitzenqualität. Anton Hagen zählt zu den verlässlichen Produzenten im Raum Krems und erzeugt hervorragende Weine aus Grünem Veltliner, Riesling, Chardonnay, Weißburgunder, Rivaner und Zweigelt. Der Grüne Veltliner – zwei Drittel der Weingartenfläche sind damit bepflanzt – gedeiht größtenteils auf Löss, ein kleiner Teil auf Schotterboden. Aus 45- bis 75-jährigen Weingärten hat Anton Hagen jenen Veltlinertyp selektioniert, der sich in Krems am wohlsten fühlt. Auf den kalkreicheren Lössterrassen sind Weißburgunder- und Chardonnay-Reben gepflanzt. Die besten und sonnigsten Urgesteinsterrassen sind ideal für Riesling-Reben, sie wachsen in den Rieden Kremsleithen, Weinzierlberg und Altenburg.

(93) Grüner Veltliner ** Ried Kremser Holzgasse Alte Reben 2020
13,5 Vol.-%, DV, Stahltank, €€€
Leuchtendes Goldgelb, Silberreflexe. Feine Tabakwürze, etwas nach Papaya, gelbe Apfelfrucht, Wiesenkräuter, zart nach Mandarinenzesten. Saftig, komplex, kraftvoll, weiße Tropenfrucht, engmaschige Struktur, bleibt gut haften, vielseitig einsetzbar.

91 Grüner Veltliner * Ried Rehberger Goldberg 2020
13 Vol.-%, DV, Stahltank, €€
Mittleres Gelbgrün, Silberreflexe. Zart nach Blütenhonig und reifer Apfelfrucht, ein Hauch von Guave, kandierte Orangenzesten. Saftig, elegant, feine Säurestruktur, zart salzig, etwas nach Apfel, Grapefruitzesten, bereits gut antrinkbar.

91 Grüner Veltliner * Ried Kremser Holzgasse 2020
13 Vol.-%, DV, Stahltank, €€
Mittleres Gelbgrün, Silberreflexe. Etwas Maracujanoten, zart nach Blütenhonig, ein Hauch von Ananas, zart nach Orangenzesten, einladendes Bukett. Saftig, elegant, feine Struktur, weiße Apfelfrucht im Abgang, salziger Nachhall, guter Speisenbegleiter.

92 Riesling * Ried Kremser Altenburg 2020
13 Vol.-%, DV, Stahltank, €€€
Helles Gelbgrün, Silberreflexe. Einladendes Bukett nach Ananas und Marille, mit etwas Blütenhonig unterlegte Orangenzesten, feinwürzig. Saftig, elegant, feine Extraktsüße, mit Grapefruitzesten unterlegt, salzig, bleibt gut haften, vielseitig einsetzbar.

90 Riesling * Ried Kremser Weinzierlberg 2020
13 Vol.-%, DV, Stahltank, €€
Helles Gelbgrün, Silberreflexe. Frische Kräuterwürze und Limettentouch, ein Hauch von weißem Pfirsich, etwas Quitte. Saftig, elegant, gut integrierte Säurestruktur, salzig, frisches Bukett, weißes Kernobst im Abgang, guter Speisenbegleiter.

89 Chardonnay 2020
13,5 Vol.-%, DV, Stahltank, €€

★★★★

WEINGUT MALAT

Das Weingut Malat gehört zu jenen besonderen Betrieben, die in allen Bereichen Spitzenprodukte erzeugen: Weiß, Rot, Sekt und Süß – und das ausschließlich aus den Trauben der eigenen Weingärten. Seit 2008 leitet Michael Malat den 1722 gegründeten Familienbetrieb in Furth bei Göttweig und verwirklicht hier seinen eigenen Weinstil. »Ich will Weine machen, die man gerne trinkt und nicht nur verkostet, und bei jedem von ihnen soll meine persönliche Handschrift erkennbar sein: Eleganz, Finesse und Trinkfluss!«
Michael Malat verfolgt einen Weinstil, den bereits sein Vater Gerald verfolgte, der Weinbaupionier des Kremstals, der das Weingut mit seinem visionären Schaffen an die Spitze brachte. »Die Vielfalt unseres Sortiments spiegelt einerseits die lange Tradition, aber andererseits auch das Potenzial unserer Weinbauregion wider«, freut sich Michael Malat über die großartigen Möglichkeiten, die er als Winzer im Kremstal vorfindet. Auf die vielerorts übliche Bewässerung der Rebstöcke verzichtet er ganz bewusst: »Sie würde den Charakter der Rieden verändern. Nur wenn die Reben gezwungen sind, tief zu wurzeln, um an Wasser und Mineralstoffe zu gelangen, kommt der Lagencharakter im Wein vollkommen authentisch zum Ausdruck.« Spontanvergärung für alle Lagenweine und der komplette Verzicht auf Botrytistrauben sorgen darüber hinaus für ein präzises, wiedererkennbares Profil aller Weine. Diese präsentieren sich klar und trans-

WEINGUT MALAT
3511 Furth bei Göttweig
Hafnerstraße 12
T: +43 (2732) 82934
weingut@malat.at
www.malat.at

Kellermeister/Kontakt: Michael Malat
Produktion: 10 % Schaumwein, 74 % weiß, 5 % rosé, 10 % rot, 1 % süß, 45 Hektar
Zertifiziert: Nachhaltig Austria
Vereinszugehörigkeit: Traditionsweingüter Österreich
Messen: ProWein Düsseldorf, VieVinum

parent, sortentypisch und animierend, finessenreich, vielschichtig und authentisch, aber nie üppig oder opulent.
Die Malats verstehen es, die gesamte Klaviatur von leichten Weißweinen bis hin zu komplexen Rotweinen perfekt zu bespielen. Jedes Jahr darf man sich auf Spitzenweine aus diesem Haus freuen.
Seit 1976 werden außerdem Österreichs erste Winzersekte, Malat Brut und Malat Brut Rosé, nach der traditionellen Methode erzeugt. Sortentypische edelsüße Weine komplettieren die Produktpalette – auch diese zählen stets zu den besten im Land. Im Weingut Malat gilt Perfektion als Leitmotiv, und das seit vielen Generationen.

95 ❸ Blanc de Blancs Große Reserve 2014
12,5 Vol.-%, NK, Flaschengärung, €€€€€€
Helles Goldgelb, feines, gut anhaltendes Mousseux. Feine gelbe Tropenfrucht, Nuancen von Pfirsich und Ananas, ein Hauch von Limetten und Biskuit. Saftig, feine Extraktsüße, angenehme nussige Aromatik, saliner Touch im Abgang, finessenreich und gut anhaftend, wirkt dabei leichtfüßig, vielseitig einsetzbar.

93 ❸ Brut Rosé Reserve 2016
12 Vol.-%, NK, Flaschengärung, €€€€€
Helles Lachsrosa, Kupferreflexe, anhaltendes Mousseux. Zarte rote Kirschfrucht, etwas nach Brioche, ein Hauch von Quitte, Orangenschalen klingen an. Saftig, elegant, facettenreiche Säurestruktur, mineralisch-salzig, mit feinen Kokosnoten unterlegter reifer Apfel, saftiger Speisenbegleiter mit Potenzial.

95 Riesling * Ried Steinbühel 1ÖTW 2019
13 Vol.-%, NK, großes Holzfass, €€€€€
Helles Gelbgrün, Silberreflexe. Feiner Mandarinentouch, ein Hauch von weißem Pfirsich, etwas Safran, attraktives Bukett. Saftig, gute Komplexität, angenehme Extraktsüße, zart nach Ananas, finessenreich strukturiert, mineralisch-salzig im Abgang, sehr gute Länge, sicheres Reifepotenzial.

94 Grüner Veltliner * Ried Gottschelle 1ÖTW 2019
13,5 Vol.-%, NK, Holzfass, €€€€€
Helles Grüngelb, Silberreflexe. Feine gelbe Tropenfrucht, zart nach Ananas, Ringlotte, ein Hauch von Blütenhonig, zarte Wiesenkräuterwürze. Saftig, elegant, feine Extraktsüße, gut integriertes Säurespiel, besitzt Balance und Länge, ein nuancierter Speisenbegleiter mit Reifepotenzial.

93 Chardonnay Ried Hochrain 2019
13,5 Vol.-%, NK, Barrique, €€€€€
Mittleres Grüngelb, Silberreflexe. Feine Holzwürze, zart nach Vanille, mit angenehmem Pfirsichtouch unterlegt. Saftig, elegant, feine Fruchtsüße, reifer gelber Pfirsich, feiner Säurebogen, etwas Biskuit und Zitrone im Nachhall, vielseitig einsetzbar.

92 Pinot Gris Ried Zistel 2019
14 Vol.-%, NK, kleines Holzfass, €€€€€
Mittleres Gelbgold, Silberreflexe. Kräuterwürzig unterlegte reife gelbe Birnenfrucht, florale Nuancen nach Margeriten, kandierte Mandarinenzesten. Saftig, süße Textur, nussiger Touch, Honig im Abgang, ein stoffiger Speisenwein mit feinem Karamelltouch im Finale.

91 Pinot Blanc Ried Am Zaum 2020
12,5 Vol.-%, DV, großes Holzfass, €€€
Helles Gelbgrün, Silberreflexe. Zart nach Walnuss, frische Wiesenkräuter, ein Hauch von Kamille, mit gelber Birnenfrucht unterlegt. Mittlerer Körper, feine Fruchtsüße, weißer Apfel, frische Säurestruktur, bleibt gut haften, ein leichtfüßiger Speisenbegleiter.

91 Gelber Muskateller Raw 2020
10 Vol.-%, DV, Holzfass, €€€ ⓘ ⓘ
Helles wolkiges Gelb, Silberreflexe. Kandierte Orangenzesten, reife gelbe Tropenfrucht, ein Hauch von Muskatnuss, etwas Holunderblüten. Straff, engmaschig, weiße Fruchtnuancen, feiner Säurebogen, zart nussig im Abgang, zitroniger Touch im Nachhall, animierende Stilistik.

90 Cabernet Sauvignon Furth Rosé 2020
11,5 Vol.-%, DV, Edelstahl, €€
Helles Lachsrosa, Orangereflexe. Frische rote Kirschen, Nuancen von Apfel, ein Hauch von Limetten, einladendes Bukett. Leichtfüßig, frisch und knackig, zitronig und lebendig strukturiert, ein animierender Sommerwein.

(90) Pinot Noir Furth 2019
12,5 Vol.-%, DV, Holzfass, €€€
Mittleres Karmingranat, violette Reflexe, breitere Ockerrandaufhellung. Zart kräuterwürzig unterlegte eingelegte Herzkirschen, kandierte Orangenzesten, feiner Lakritztouch. Saftig, mittlerer Körper, rotbeeriger Touch, frisch strukturiert, rote Kirschen und etwas Zitrone im Nachhall.

★★★★

WEINGUT MANTLERHOF

BIO

Nähert man sich dem Weingut Mantlerhof, so öffnet sich in der Ortsmitte von Brunn im Felde der Blick auf einen lieblichen Teich. An dessen Westseite befindet sich ein imposanter Hof mit frühklassizistischer Fassade. Der Mantlerhof geht zurück auf das Stift Admont, das den stattlichen Wirtschaftshof bis Mitte des 16. Jahrhunderts besaß. Vor 200 Jahren wurde dieses Gut von der Familie Mantler erworben. Eines kommt einem sofort in den Sinn: Solidität und Beständigkeit. Beim Blick auf das Etikett wiederholt sich dieser Eindruck. Jedoch: Dass hier keine verstockten Konservativen am Werk sind, merkt man spätestens beim persönlichen Kontakt. Margit und Sepp Mantler sowie ihre drei Kinder bewirtschaften nicht nur Weingärten, sondern betreiben auch Ackerbau. Beide Betriebszweige wurden ab 2003 schrittweise auf biologische Bewirtschaftung umgestellt und sind inzwischen zertifiziert.

Auf den beeindruckenden Terrassen aus Löss, dessen hellgelbe Wände weithin nach Süden leuchten, kultivieren die Mantlers die klassischen Weißweine der Region: Grünen Veltliner und Riesling in Kremstal-DAC-Stilistik und großer Lagenvielfalt. Eine besondere Spezialität des Mantlerhofs ist jedoch die Pflege der Weißweinrebe Roter Veltliner. Von hier stammen deren beeindruckendste Vertreter. In geringerem Ausmaß, aber mit der gleichen Passion werden noch Chardonnay, Gelber Muskateller und Neuburger ausgebaut. Letzterer wurde deshalb gepflanzt, weil ein Vorfahre der geborenen Wachauerin Margit Mantler-Ferstl ein Geburtshelfer dieser Sorte war.

Die besten Lagen, von denen die Weine des Guts in die Flasche kommen, sind Spiegel (Grüner Veltliner), Wieland (Riesling), Steingraben (Riesling) und Mosburgerin (Grüner Veltliner). Alle sind Erste Lagen nach der Klassifizierung der »Traditionsweingüter Österreich« von 2010. Der eiszeitliche Löss mit seinem hohen Luft- und Kalkgehalt prägt den Grundcharakter der Weine, auch der leichten: saftig, körperbetont, nachhaltig. Die Weine des Mantlerhofs sind ausgesprochen deutlich in der Sortencharakteristik und haben sich den Ruf besonderer Lagerfähigkeit erworben. Obwohl der Hauptanteil der Weine trocken ist, gibt es eine breite Palette von edelsüßen Weinen mit großer Jahrgangstiefe. Die Sammlung alter Flaschen aus eigener Produktion beginnt mit 1947. Den Schwerpunkt der Vermarktung bilden Fachhandel und Gastronomie, der Exportanteil beträgt 45 Prozent.

94 Riesling * Ried Steingraben 1ÖTW 2019
13,5 Vol.-%, DV, Stahltank, €€€€€ B V
Helles Gelbgrün, Silberreflexe. Feine gelbe Pfirsichfrucht, Nuancen von Mango, frische Orangenzesten, mineralischer Touch. Saftig, reife Tropenfrucht, finessenreich strukturiert, zarte Fruchtsüße, reife Marillen im Abgang, Blütenhonig im Nachhall, gute Länge, sicheres Reifepotenzial, stoffiger halbtrockener Stil.

94 Riesling * Ried Wieland 1ÖTW 2019
13 Vol.-%, NK, Stahltank, €€€€€ B V
Helles Grüngelb, Silberreflexe. Feine Tropenfrucht, ein Hauch von reifer Ananas, etwas Mango, feiner Blütenhonig, Mandarinenzesten, mineralischer Touch. Saftig, elegant, weiße Steinobstnuancen, finessenreich strukturiert, dezente Süße, salzig im Abgang, gute Länge, sicheres Reifepotenzial.

WEINGUT MANTLERHOF
3494 Brunn im Felde/ Gedersdorf
Hauptstraße 50
T: +43 (2735) 8248
weingut@mantlerhof.com
www.mantlerhof.com

Kellermeister: Josef Mantler
Kontakt: Margid Mantler
Anbauweise: Zertifiziert Biologisch (Austria Bio Garantie)
Produktion: 98 % weiß, 2 % süß, 15 Hektar
Vereinszugehörigkeit: Traditionsweingüter Österreich
Messen: Austrian Tasting London, Millésime Bio, ProWein Düsseldorf, VieVinum

93 Grüner Veltliner * Ried Moosburgerin 1ÖTW 2019
13 Vol.-%, DV, Stahltank, €€€€ V
Helles Goldgelb, Silberreflexe. Frische Wiesenkräuter, weiße Apfelfrucht, ein Hauch von Blüten und Orangenzesten. Mittlere Komplexität, gelber Apfel, feine Säurestruktur, zitroniger Touch im Abgang, harmonisch und bereits gut entwickelt.

93 Grüner Veltliner * Ried Spiegel 1ÖTW 2019
14 Vol.-%, NK, Stahltank, €€€€€ B V
Helles Grüngelb, Silberreflexe. Zart tabakig unterlegte gelbe Apfelfrucht, ein Hauch von Mango, mineralischer Touch. Kraftvoll, stoffig, feine weiße Birnenfrucht, gut integrierter Säurebogen, Kernobst auch im Nachhall, ein facettenreicher Begleiter bei Tisch, sicheres Reifepotenzial.

95 Roter Veltliner Ried Ungut 2019
13 Vol.-%, NK, gebrauchtes Barriques, €€€€€ V
Helles Goldgelb, Silberreflexe. Feine weiße Kernobstnuancen, Anklänge von frischer Birne, etwas Apfel, florale Nuancen, kandierte Mandarinenzesten. Straff, engmaschig, seidige Textur, zart nach Mango, finessenreich strukturiert, saliner Touch im Abgang, elegant und zugleich pikant, sehr präziser Sortenausdruck in nahezu staubtrockener Ausführung.

94 Roter Veltliner Ried Reisenthal Selection 2019
14 Vol.-%, NK, Stahltank, €€€€€ V
Mittleres Grüngelb, Silberreflexe. Einladende frische Quitten, mit gelben Tropenfruchtnuancen unterlegt, ein Hauch von Wiesenkräutern und Blütenhonig. Komplex, saftig, ein Hauch von Botrytiswürze, feine Fruchtsüße, dezente Säurestruktur, mineralisch-salzig im Abgang, elegante Stilistik mit Reifepotenzial.

92 Roter Veltliner Ried Reisenthal 2020
13 Vol.-%, NK, Stahltank, €€€€ B V
Mittleres Gelbgrün, Silberreflexe. Zart kräuterwürzig unterlegte feine gelbe Birnenfrucht, ein Hauch von Blütenhonig, zart nach Banane. Straff, weiße Apfelfrucht, frisch strukturiert, zitronig-salzig, lebendiger Speisenbegleiter mit Entwicklungspotenzial.

92 Neuburger Hommage 2020
13 Vol.-%, DV, Stahltank, €€€ B V
Helles Grüngelb, Silberreflexe. Zarte Nuancen von frischer Birne, ein Hauch von Honigmelone, mit frischen Mandarinenzesten unterlegt. Mittlerer Körper, weißes Kernobst, feine Fruchtsüße, zart nach Pfirsich, angenehme Säurestruktur, elegant und ausgewogen.

★★★★

WEINGUT VORSPANNHOF – MAYR

Seit über 500 Jahren ist der Vorspannhof Mayr in Droß eine Institution. Zuerst als Pferdewechselstation, dann als Gasthof und seit drei Generationen als eines der Top-Weingüter der Region. Im Vorspannhof kommt zusammen, was das Kremstal ausmacht: ein respektvoller Umgang mit der Natur und den Rieden, Wertschätzung für die Menschen und das richtige Gespür fürs Weinmachen.
Das Weingut wird von Silke Mayr geführt, die mit ihrem engagierten Team und Kellermeister Michael Nastl an der Spitze 14 Hektar Weingärten kultiviert, darunter bekannte Lagen wie Kremser Gebling, Marthal und Kremsleithen.
Im hochmodernen Keller des 500 Jahre alten Gutshofes werden finessenreiche, herkunftstypische Weine vinifiziert. Vorspannhof-Weine tragen möglichst viel von dem in sich, was die jeweiligen Sorten und Lagen ausmacht. Seit 2020 ist das Weingut Mitglied bei den Österreichischen Traditionsweingütern.

93 Riesling * Ried Kremsleithen 2020
12,5 Vol.-%, DV, Stahltank, €€€
Mittleres Gelbgrün, silberfarbene Reflexe. Attraktives Bukett nach Weingartenpfirsich, Maracuja und Melisse, mit Limettenzesten unterlegt. Saftig, elegant, weiße Fruchtnuancen, angenehme Säurestruktur, mineralisch im Abgang, salziger Nachhall, komplex und anhaftend, zeigt Länge und Reifepotenzial.

(93) Riesling ** Ried Kremser Marthal 2020
13 Vol.-%, DV, Stahltank, €€€€
Helles Gelbgrün, Silberreflexe. Frischer weißer Weingartenpfirsich, etwas Maracuja, ein Hauch von Limette, mineralischer Touch. Straff, weißer Apfel, finessenreicher Säurebogen, feine Fruchtsüße im Abgang, zitronig-mineralischer Nachhall, sicheres Reifepotenzial.

WEINGUT VORSPANNHOF – MAYR

3552 Dross
Herrngasse 48
T: +43 (2719) 30056
vorspannhof-mayr@aon.at
www.vorspannhof.at

Kellermeister: Michael Nastl
Kontakt: Silke Mayr
Produktion: 90 % weiß, 10 % rot, 14 Hektar
Vereinszugehörigkeit: Traditionsweingüter Österreich

(93) Grüner Veltliner ** Ried Kremser Gebling 1ÖTW 2020

13 Vol.-%, DV, Stahltank, €€€€

Leuchtendes helles Gelbgrün, Silberreflexe. Zart nach Wiesenkräutern, frische Ananas, ein Hauch von Litschi, reife Marille, mineralischer Touch. Saftig, elegant, frischer Säurebogen, zart nach Steinobst, salziger Touch im Rückgeschmack.

92 Grüner Veltliner * Ried Loiser Weg 2020

13 Vol.-%, DV, Stahltank, €€

Helles Gelbgrün, Silberreflexe. Zart nach Wiesenkräutern und gelbem Apfel, ein Hauch von Birne, frische Orangenzesten. Saftig, elegant, angenehme Fruchtsüße, feiner, harmonischer Säurebogen, stoffig und mineralisch im Abgang, Limettentouch im Nachhall.

90 Grüner Veltliner * Krems Point 2020

12,5 Vol.-%, DV, Stahltank, €€

Helles Gelbgrün, silberfarbene Reflexe. Zarte Nuancen von frischem Apfel, ein Hauch von Mango und Orangenzesten. Straff, grüner Apfel, frischer Säurebogen, mineralisch-zitronig, salziger Touch im Abgang, lebendiger Speisenbegleiter.

(93) Gemischter Satz Ried Kremser Gebling 2020

13 Vol.-%, DV, Teilbarrique, €€€

Mittleres Gelbgrün, Silberreflexe. Tabakig-kräuterwürzig unterlegte gelbe Apfelfrucht, reife Ananas, Nuancen von Orangenzesten. Saftig, feine Kernobstnuancen, gut integrierte Säurestruktur, mineralisch-salzig im Nachhall, zitronig im Rückgeschmack, pikanter Stil.

90 Gelber Muskateller 2020

12 Vol.-%, DV, Stahltank, €€

Helles Gelbgrün, Silberreflexe. Mit einem Hauch von Holunderblüten unterlegte weiße Pfirsichfrucht, zart nach Muskatnuss. Leichtfüßig, grüner Apfel, rassig strukturiert, Limetten im Nachhall, sommerlicher, knackiger Stil.

90 Sauvignon Blanc 2020

13 Vol.-%, DV, Stahltank, €€

Helles Gelbgrün, Silberreflexe. Blumig unterlegte weiße Apfelfrucht, ein Hauch von Stachelbeeren, Limettenzesten. Straff, frisch strukturiert, mineralisch-zitronig im Abgang, knackiger, leichtfüßig wirkender Stil, feine Süße im Finish.

95 Grünen VeltlinerRied Loiser Weg Eiswein 2018

10,5 Vol.-%, DV, gebrauchtes Barriques, €€€€

Leuchtendes Goldgelb, Silberreflexe. Feiner Honig, intensive reife gelbe Tropenfrucht, ein Hauch von Litschi und Maracuja, einladendes Bukett. Saftig, reife Marillenfrucht, frischer Säurebogen, süßer Nachhall, präzise und mit Länge ausgestattet, bereits gut antrinkbar.

* Kremstal DAC ** Kremstal DAC Reserve

★★★

WEINGUT HERMANN MOSER

Mit über 20 Hektar Rebfläche in besten Lagen in Rohrendorf haben Martin und Carmen Moser ein optimales Fundament für ihre breit gefächerte Palette an erstklassigen Weinen gelegt. Der Winzer Martin Moser stellt schon seit einigen Jahren als Kellermeister mit sehr kompletten Weiß- und Rotweinen eine erstaunliche Konstanz unter Beweis und hat im Kreis der »Traditionsweingüter Österreich« eine führende Rolle übernommen. Sein besonderes Augenmerk gilt dem Grünen Veltliner, der sich auf den Lössböden der Region sehr wohlfühlt. Der großzügige Verkostungsraum, dessen Glasfront einen Blick auf die Rohrendorfer Weinberge freigibt, bildet ein attraktives Ambiente für vinophile sowie kulinarische Veranstaltungen und kann für diverse Festlichkeiten angemietet werden. Martin Moser exportiert hauptsächlich in die USA und nach Kanada, ist aber mit seinen Weinen auch in Holland, Dänemark, Deutschland, Großbritannien sowie in Hongkong erfolgreich.

(94) Grüner Veltliner ** Ried Gebling 1ÖTW Hannah 2020
14 Vol.-%, DV, großes Holzfass, €€€€€
Mittleres Goldgelb, Silberreflexe. Feine Wiesenkräuter, ein Hauch von Marille und Mango, zart nach kandierten Orangenzesten und Blütenhonig. Kraftvoll, stoffig, weiße Kernobstnuancen, dezente Fruchtsüße, gut integrierter Säurebogen, mineralisch, bleibt gut haften, gutes Entwicklungspotenzial.

93 Grüner Veltliner * Rohrendorf Kaiserstiege 2020
12,5 Vol.-%, DV, Stahltank, €€€
Helles Gelbgrün, Silberreflexe. Duftig, frisches Steinobst, ein Hauch von gelber Ringlotte, floraler Touch. Komplex, saftig, reifer gelber Apfel, feine Säurestruktur, mineralisch-zitronige Nuancen im Abgang, angenehme Würze nach Anis, elegant und gut anhaftend, verfügt über Entwicklungspotenzial, tolles Preis-Leistungs-Verhältnis.

(93) Grüner Veltliner ** Ried Gebling 1ÖTW Der Löss 2020
13,5 Vol.-%, DV, Stahltank, €€€€€
Helles Goldgelb, Silberreflexe. Feine gelbe Tropenfruchtnuancen, zart nach Marille und Honigmelone, mit etwas Blütenhonig unterlegt. Saftig, reifer Apfel, feine Fruchtsüße, gut integrierter Säurebogen, weißer Pfeffer, mineralisch-salzig im Abgang, ein komplexer Speisenbegleiter mit Reifepotenzial.

Martin Moser

WEINGUT HERMANN MOSER
3495 Rohrendorf
Bahnstraße 36
T: +43 (2732) 83841
office@moser-hermann.at
www.moser-hermann.at

Kellermeister: Martin Moser
Kontakt: Martin und Carmen Moser
Produktion: 9 % Schaumwein, 70 % weiß, 15 % rosé, 5 % rot, 1 % süß, 16 Hektar
Vereinszugehörigkeit: Traditionsweingüter Österreich
Messen: VieVinum, DAC-Präsentationen

91 Grüner Veltliner * Rohrendorf Karmeliter 2020
12 Vol.-%, DV, Stahltank, €€
Helles Gelbgrün, Silberreflexe. Feine weiße Tropenfrucht, zart nach Babybanane, einladende Frucht, frische Orangenzesten. Saftig, elegant, fruchtige Süße im Kern, rassige Struktur, reife Ananas im Abgang, bleibt gut haften, ein stoffiger Speisenbegleiter.

90 Grüner Veltliner * per due 2020
11,5 Vol.-%, DV, Stahltank, €€
Mittleres Gelbgrün, Silberreflexe. Zart nach Orangenzesten und Ananas, mit feinem Blütenhonig unterlegt, frische Wiesenkräuter im Hintergrund. Saftig, stoffig, reife Honigmelone, dezenter Säurebogen, mineralisch im Abgang, bereits gut entwickelt.

(93) Riesling ** Ried Rohrendorfer Gebling 1ÖTW Kellerterrassen 2020
13,5 Vol.-%, DV, Stahltank, €€€€€
Helles Gelbgrün, Silberreflexe. Frische gelbe Tropenfrucht, Nuancen von Ananas und Maracuja, Noten von Mandarinenzesten, einladendes Bukett. Saftig, weißer Pfirsich, frisch strukturiert, feine Fruchtsüße im Abgang, zitronig-mineralisch im Nachhall, bereits gut entwickelt.

92 Riesling * Rohrendorf Kaiserstiege 2020
12,5 Vol.-%, DV, Stahltank, €€€
Helles Gelbgrün, silberfarbene Reflexe. Zart floral unterlegte weiße Pfirsichnuancen, Limettenzesten, feiner Maracujatouch im Hintergrund. Saftig, fruchtiger Süßekern, finessenreiche Struktur, bleibt gut haften, salzig-zitronige Nuancen, ein eleganter Speisenbegleiter.

90 Gelber Muskateller 2020
11,5 Vol.-%, DV, Stahltank, €€
Helles Grüngelb, Silberreflexe. Feine Blütenaromen, ein Hauch von weißem Steinobst, Limettenzesten, dezentes Bukett. Saftig, feine gelbe Tropenfrucht, zart nach Ananas, frisch strukturiert, fruchtige Süße im Abgang.

★★

WEINKELLEREI LENZ MOSER

Die Weine von Lenz Moser sind international gesehen ein wichtiges Aushängeschild für die österreichische Weinszene. Die Weinkellerei, die ihren Sitz in Rohrendorf bei Krems hat, ist nicht nur Marktführer in Sachen Qualitätswein aus Österreich, sondern war und ist stets auch innovativ. Unter anderem wurde hier bereits 1984 der Drehverschluss eingesetzt, seit 2008 findet man diesen auf fast allen Weinen von Lenz Moser. »Small is beautiful.« Dieser Satz trifft auch auf die Weinkellerei Lenz Moser zu, bringt doch eine Vielzahl von Winzern, die zusammen die rund 2.700 Hektar Weingärten betreuen, die Trauben im Herbst in kleinen Chargen in die Kellerei. Um sicherzugehen, dass nur gesunde und perfekt gereifte Trauben angeliefert werden, hält das vom Chefönologen Michael Rethaller geführte Team engen Kontakt zu den Weinbauern und steht ihnen das ganze Jahr über beratend zur Seite. Neben der ausgezeichneten Qualität der Produkte aller Weinlinien und der Gewissheit, dass sie mit größter Sorgfalt entstanden sind, ist es auch das äußerst moderate Preisniveau aller Weine, das von den Konsumenten geschätzt wird. Auch seitens anerkannter Expertenjurys finden die Lenz-Moser-Weine im In- und Ausland gebührende Anerkennung.

91 Grüner Veltliner * Rohrendorf 2020
12,5 Vol.-%, DV, Stahltank, €€
Helles Gelbgrün, Silberreflexe. Zarte Nuancen von gelbem Apfel und einem Hauch von Honigmelone, mit etwas Blütenhonig unterlegt. Mittlerer Körper, saftig, runde Textur, frischer, animierender Säurebogen, bleibt haften, ein vielseitiger Speisenbegleiter.

90 Grüner Veltliner Lenz Moser Prestige 2020
12,5 Vol.-%, DV, Stahltank, €€
Helles Goldgelb, Silberreflexe. Zart nach Wiesenkräutern, ein Hauch von gelbem Apfel, feine tabakige Würze. Saftig, elegant, zart nach Honigmelone, frischer Säurebogen, mineralisch-zitronig im Abgang, Blütenhonig im Nachhall.

89 Grüner Veltliner Lenz Moser Selection 2020
12 Vol.-%, DV, Stahltank, €€

90 Pinot Gris Lenz Moser Prestige 2020
13 Vol.-%, DV, Edelstahl, €€
Helles Goldgelb, Silberreflexe. Nuancen von Birnen, etwas

* Kremstal DAC ** Kremstal DAC Reserve

WEINKELLEREI LENZ MOSER
3495 Rohrendorf
Lenz-Moser-Straße 1
T: +43 (2732) 85541
marketing@lenzmoser.at
www.lenzmoser.at

Kellermeister: Michael Rethaller
Kontakt: Christoph Bierbaum
Produktion: 55 % weiß, 44 % rot, 1 % süß
Messen: Anuga, ProWein Düsseldorf, VieVinum, Vinexpo

Mango, zart nach Blütenhonig und Mandarinenzesten. Mittlere Komplexität, gelber Apfel, feine Säurestruktur, fruchtiger Nachhall, ein balancierter Speisenbegleiter.

92 Lenz Moser Noah 2017 ZW/CS/ME
13,5 Vol.-%, DV, großes Holzfass, €€€€
Dunkles Rubingranat, violette Reflexe, zarte Randaufhellung. Schokoladiger Touch, unterlegt mit dunklem Beerenkonfit, kandierte Orangenzesten, ein Hauch von Holzwürze, etwas nach Veilchen. Saftig, mittlere Komplexität, straff, feine Tanninstruktur, Herzkirschfrucht im Abgang, guter Speisenbegleiter.

89 Blauer Zweigelt Lenz Moser Prestige Reserve 2019
13 Vol.-%, DV, Teilbarrique, €€

★★★

WEINGUT MÜLLER

Mitten im malerisch gelegenen Weinort Krustetten im südlichen Kremstal befindet sich das Weingut der Familie Müller. Es wurde 1270 erstmals urkundlich als Lesehof in den Göttweiger Stiftsarchiven erwähnt und wird seit 1936 von den Müllers als Familienbetrieb geführt.
Der Weinbau am Göttweiger Berg hat eine lange Tradition, die von der Familie Müller schon in dritter und vierter Generation geschätzt und gepflegt wird. Mit 0,7 Hektar Rebfläche startete Großvater Leopold den Weinbau, mittlerweile wurde die Fläche von den Müllers auf 120 Hektar erweitert. Stefan pflegt mit viel Liebe und Leidenschaft die Weingärten, während Leopold von der Traubenübernahme bis zur Abfüllung die Verantwortung trägt. Ihre Philosophie ist es, im Einklang mit der Natur zu arbeiten und die vielfältigen Gegebenheiten rund um den Göttweiger Berg gezielt zu nutzen, um das Beste aus jeder Riede herauszuarbeiten. Leopold und Stefan Müller sind sich einig: »Unsere Landschaft schenkt uns eine ungemeine Bodenvielfalt – vom tiefgründigen Löss über Verwitterungskonglomerat bis hin zu kargen Urgesteinsböden – und einzigartige klimatische Voraussetzungen für hochqualitative Trauben und charaktervolle Weine! Wir fühlen uns verpflichtet, unsere Landschaft auch für die nächsten Generationen lebenswert zu erhalten, und versuchen, unser Weingut so ressourcenschonend wie möglich zu führen.« Durch ihre Zielstrebigkeit konnten die

strengen Kriterien der »Nachhaltig Austria«-Zertifizierung erreicht werden. Die Weine können in der Vinothek auf dem Weingut oder beim Top-Heurigen, der viermal jährlich geöffnet hat, verkostet werden und sind auch bei vielen Händlern erhältlich.

93 Grüner Veltliner ** Ried Eichbühel 2019
13,5 Vol.-%, NK, gr. Holzfass/gebr. Barriques, €€€€
Helles Goldgelb, Silberreflexe. Zunächst noch etwas zurückhaltend, feine Apfelfrucht, Nuancen von Mango und Ananas, feiner Blütenhonig, kandierte Orangenzesten. Komplex, saftig, Nuancen von Honigmelone, ausgewogen, bereits harmonisch, fruchtige Süße im Abgang, vielseitig einsetzbar.

92 Grüner Veltliner * Ried Kremser Kogl 2020
12,5 Vol.-%, DV, Stahltank, €€
Mittleres Gelbgrün, Silberreflexe. Reifer gelber Apfel, zart nach Melone, frische Orangenzesten, etwas Blütenhonig. Saftig, elegant, zart nach Ananas, lebendiger Kern, dunkler mineralischer Touch, feine Würze im Nachhall, zeigt Länge, gutes Entwicklungspotenzial.

92 Grüner Veltliner * Ried Neuberg 2020
13 Vol.-%, DV, Stahltank, €€
Mittleres Grüngelb, Silberreflexe. Frische Orangenzesten, feine gelbe Tropenfrucht, zart nach Banane und Blütenhonig, etwas Limette. Stoffig, extraktsüßer Kern, feine Nuancen von Marille, frisch strukturiert, bleibt gut haften, verfügt über Entwicklungspotenzial.

(92) Grüner Veltliner * Ried Further Gottschelle 2020
13,5 Vol.-%, DV, großes Holzfass/Stahltank, €€€
Helles Grüngelb, Silberreflexe. Mit zarten Wiesenkräutern unterlegte gelbe Apfelfrucht, feine tabakige Nuancen, zart nach Orangenzesten, einladendes Bukett. Stoffig, elegant, feine Nuancen von gelber Birne, feines Säurespiel, zeigt gute Länge, bereits gut antrinkbar.

91 Grüner Veltliner * Ried Kremser Frauengrund 2020
12,5 Vol.-%, DV, Stahltank, €€
Helles Gelbgrün, Silberreflexe. Attraktive gelbe Frucht, Apfel, Mango, Orangenzesten und feiner Blütenhonig. Saftig, eleganter straffer Stil, weißes Kernobst, frisch strukturiert, mineralisch im Abgang, zart tabakig im Nachhall.

90 Grüner Veltliner * Göttweiger Berg 2020
12 Vol.-%, DV, Stahltank, €€
Helles Gelbgrün, Silberreflexe. Mit einem Hauch von Mandarinen unterlegte gelbe Apfelfrucht, zart nach Mango, frische Wiesenkräuter im Hintergrund. Saftig, leichtfüßig, gelbe Frucht am Gaumen, feiner Säurebogen, harmonisch und bereits gut entwickelt.

93 Riesling ** Ried Hollenburger Goldberg 2019
13,5 Vol.-%, NK, gebr. Barriques/großes Holzfass, €€€€
Mittleres Grüngelb, Silberreflexe. Zarte weiße Pfirsichfrucht, ein Hauch von Blüten, dezent nach Ananas und Mandarinenzesten. Saftig, feine Fruchtsüße, gelbe Tropenfrucht, finessenreicher Säurebogen, bleibt haften, verfügt über Entwicklungspotenzial.

© Chris Laistler

WEINGUT MÜLLER
3508 Krustetten
Hollenburger Straße 12
T: +43 (2739) 2691
info@weingutmueller.at
www.weingutmueller.at

Kellermeister: Leopold Müller
Kontakt: Leopold und Stefan Müller
Produktion: 1 % Schaumwein, 80 % weiß, 1 % rosé, 17 % rot, 1 % süß, 120 Hektar
Zertifiziert: Nachhaltig Austria
Vereinszugehörigkeit: Vinum Circa Montem
Messen: ProWein Düsseldorf, VieVinum, Vinexpo

Familie Müller

(92) Riesling * Ried Leiten 2020
13,5 Vol.-%, DV, großes Holzfass/Stahltank, €€€
Helles Grüngelb, Silberreflexe. Mit einem Hauch von Orangenzesten unterlegte gelbe Pfirsichnote, etwas Blütenhonig. Saftig, gute Komplexität, reife gelbe Tropenfrucht, zart nach Maracuja, frischer Säurebogen, salziger Touch im Abgang, zitroniger Nachhall.

91 Riesling * Ried Further Silberbichl 2020
13 Vol.-%, DV, Stahltank, €€
Helles Gelbgrün, Silberreflexe. Frische Mandarinenzesten, gelber Pfirsich, ein Hauch von Maracuja, mit Limetten unterlegt. Mittlere Komplexität, vermittelt am Gaumen eine cremige Textur, feine Honigsüße im Abgang, bereits entwickelt, vielseitig einsetzbarer Speisenbegleiter.

90 Riesling * Göttweiger Berg 2020
12,5 Vol.-%, DV, Stahltank, €€
Helles Gelbgrün, Silberreflexe. Zart nach gelbem Pfirsich, ein Hauch von Blütenhonig, Limettenzesten im Hintergrund. Saftig, fruchtige Süße am Gaumen, lebendig strukturiert, gelbe Tropenfrucht im Nachhall, vielseitig einsetzbar.

90 Chardonnay Reserve Ried Fuchaberg 2019
13,5 Vol.-%, DV, großes Holzfass, €€€
Mittleres Grüngelb, Silberreflexe. Fruchtig, exotische gelbe Nuancen nach Guaven, zart nach Ananas und Blütenhonig. Mittlerer Körper, zarte Fruchtsüße, elegant und ausgewogen, Honignuancen auch im Abgang, ein vielseitiger Speisenbegleiter.

89 Sauvignon Blanc Göttweiger Berg 2020
12 Vol.-%, DV, Stahltank, €€

89 Zweigelt Reserve 2019
13,5 Vol.-%, DV, gebrauchte Barriques, €€€

★★★

WEINGUT MÜLLER-GROSSMANN

Am Fuße des Göttweiger Bergs im niederösterreichischen Weinbaugebiet Kremstal bewirtschaftet das Weingut Müller-Grossmann zehn Hektar Weingärten. Oberstes Ziel ist das Schaffen von Genuss – naturnah und hochwertig. Die Wurzeln hierfür liegen in den Rebstöcken des Weingartens, der schonend und unter Berücksichtigung von Klima, Boden und Lage bearbeitet wird. Feinschliff erhalten die Weine im Keller und erlangen so ihre Individualität – durch die Handschrift der Winzer. Grüner Veltliner und Riesling stehen im Fokus, es werden aber auch charaktervolle Burgunder, aromatische Sorten sowie drei Schaumweine vinifiziert.

WEINGUT MÜLLER-GROSSMANN
3511 Furth-Palt
Lindengasse 25
T: +43 (2732) 83146
office@mueller-grossmann.at
www.mueller-grossmann.at

Kellermeister/Kontakt:
Marlies Hanke
Produktion: 5 % Schaumwein, 90 % weiß, 5 % rosé, 10 Hektar
Zertifiziert: Nachhaltig Austria
Vereinszugehörigkeit:
11 Frauen und ihre Weine
Messen: ProWein Düsseldorf, VieVinum, DAC-Präsentationen

91 MG Blanc de Blancs Große Reserve 2016
13 Vol.-%, NK, gebr. Barriques/Edelstahl, €€€€€
Helles Gelbgrün, Silberreflexe, sehr feine Perlage. Ein Hauch von Birne und reifem Apfel, ein Hauch von Biskuit und Wiesenkräutern, feinwürziges Bukett. Kraftvoll, feiner Karamelltouch, nussig unterlegte Mangonote, feines Backwerk im Abgang, ein mineralischer Speisenbegleiter.

90 MG Brut Rosé Reserve 2017
12 Vol.-%, NK, Edelstahl, €€€€
Helles Lachsrosa, zarte Orangereflexe, feines Mousseux. Rotes Waldbeerenkonfit, Nuancen von Erdbeeren und eingelegten Kirschen, zart mit Biskuit unterlegt. Straff, etwas Marzipan und rotes Konfit, frisch strukturiert, dunkle Mineralik, würziger Nachhall.

(93) Riesling ** Ried Steinbühel 1ÖTW 2020
13 Vol.-%, NK, Granitfass, €€€€€
Leuchtendes Goldgelb, Silberreflexe. Zart nach Marille und Grapefruit, Blütenhonig, unterlegt mit Wiesenkräutern, reife Quitten klingen an. Saftig, elegant, feine Struktur, frisch und lebendig, gut eingebundener Säurebogen, guter Speisenbegleiter, sicheres Potenzial.

91 Riesling * Furth 2020
12 Vol.-%, DV, Stahltank, €€
Helles Grüngelb, Silberreflexe. Zart floral unterlegte gelbe Tropenfrucht, zart nach Ananas und Limetten, einladendes Bukett. Zarte Pfirsich-Marillen-Frucht, rassige Struktur, zitronig-salzig, lebendiger und leichtfüßiger Sommerwein.

(93) Grüner Veltliner ** Ried Silberbichl 1ÖTW 2020
13 Vol.-%, NK, gebrauchte Barriques, €€€€
Leuchtendes Gelbgrün, Silberreflexe. Feine Mangonoten, etwas nach Zitruszesten, dunkle Mineralik, Tropenfrucht klingt an. Saftig, elegant, feinwürzig, weißes Kernobst im Abgang, Maracuja im Nachhall, bereits gut antrinkbar.

(92) Grüner Veltliner * Ried Höhlgraben Alte Reben 2020
13 Vol.-%, DV, Stahltank, €€€
Mittleres Gelbgrün, Silberreflexe. Zart nach Papaya und kandierten Orangenzesten, Tabakwürze, ein Hauch von gelbem Apfel. Saftig, straff, extraktsüß, gut eingebundene Säurestruktur, Mangotouch im Abgang, bleibt gut haften.

90 Grüner Veltliner * Furth 2020
12 Vol.-%, DV, Stahltank, €€
Mittleres Gelbgrün, Silberreflexe. Feine Tabakwürze, ein Hauch von gelber Tropenfrucht, zart nach Apfelfrucht, Wiesenkräuter, frisches Bukett. Saftig, elegant, feine Struktur, mineralisch, cremig, würziger Nachhall, bereits gut antrinkbar.

★★★★★

WEIN-GUT NIGL

Das Weingut Nigl liegt am Ortseingang von Senftenberg am Fuße des Burgbergs. Der Betrieb verfügt heute über 30 Hektar Weingärten, die auf die Premiumlagen des Kremstals verteilt sind. Die wichtigsten heißen Pellingen, bestockt mit Riesling und Grünem Veltliner, sowie Hochäcker, der mit Riesling bepflanzt ist. Die Rebflächen befinden sich bei Senftenberg, bei Rehberg und in Kremser Rieden. Die besten Weine der Nigl'schen Palette tragen den Namen »Privat«. Das Traubengut für die beiden »Privat«-Füllungen stammt aus alten Weingärten im Senftenberger Pellingen. Auf kargen Urgesteinsböden bringen die 40 Jahre alten Rebstöcke zwar nur einen sehr geringen Ertrag, dafür aber umso höhere Qualität: Jahr für Jahr entstehen hier zwei große, lagerfähige Weine von bestechender Konzentration und Mineralik. Stuart Pigott sagt über Martin Nigls Weine: »Vom kleinsten Wein bis zu diesen hohen Spitzen sind Nigls Weißweine kristallklar und extrem präzise in Duft und Geschmack. Hier vereinen sich fast unanständiger Reiz und große Eleganz; einfach genial!« Dieser Aussage kann man nur widerspruchslos beipflichten. Familie Nigl betreibt in Senftenberg übrigens auch ein Restaurant und ein kleines Hotel, das einen angenehmen Aufenthalt im Kremstal garantiert.

(95) Grüner Veltliner * Ried Pellingen 1ÖTW Privat 2020
13,5 Vol.-%, DV, großes Holzfass, €€€€€
Mittleres Grüngelb, Silberreflexe. Einladendes Bukett nach gelber Tropenfrucht, zart nach Birnen, Blütenhonig, facettenreich. Gute Komplexität, saftig, straff, feine Extraktsüße nach Papaya, frische Säurestruktur, bleibt gut haften.

(95) Grüner Veltliner * Ried Kirchenberg Herzstück 2020
13,5 Vol.-%, NK, großes Holzfass, €€€€€
Helles Gelbgrün, Silberreflexe. Feine Tabakwürze, etwas nach kandierten Orangenzesten, Wiesenkräuter, reife Apfelfrucht. Gute Komplexität, feine Kräuternoten, weißes Kernobst, dunkle Mineralik, bleibt gut haften, vielschichtiger Speisenbegleiter.

93 Grüner Veltliner * Ried Zwetl 2020
13 Vol.-%, DV, Stahltank, €€€€€
Mittleres Gelbgrün, Silberreflexe. Zart nach Maracuja, etwas Blütenhonig, ein Hauch von Orangenzesten. Feine Säurestruktur, zart nach Kernobst, frische Kräuternoten, engmaschiges Bukett.

92 Grüner Veltliner * Piri 2020
12,5 Vol.-%, DV, Stahltank, €€€
Helles Gelbgrün, Silberreflexe. Mit frischen Wiesenkräu-

Ruine Senftenberg

WEIN-GUT NIGL
3541 Senftenberg
Kirchenberg 1
T: +43 (2719) 2609
info@weingutnigl.at
www.weingutnigl.at

Kellermeister/Kontakt:
Martin Nigl
Produktion: 90 % weiß, 9 % rot, 1 % süß, 30 Hektar
Vereinszugehörigkeit:
Traditionsweingüter Österreich
Messen: ProWein Düsseldorf, VieVinum

tern unterlegte reife Mangonote, ein Hauch von Apfel, tabakige Nuancen. Saftig, elegant, gelbe Fruchtnoten, feiner Säurebogen, salzig-mineralisch, bereits gut antrinkbar, vielseitig einsetzbar.

92 Grüner Veltliner * Alte Reben 2020
13 Vol.-%, DV, Stahltank, €€€€
Helles Gelbgrün. Zart nach gelbem Kernobst, ein Hauch von Maracuja, Zitrusnuancen, frisches Bukett. Feine Säurestruktur, mineralisch, zart nach Golden-Delicious-Apfelfrucht, lebendiger Abgang, guter Speisenbegleiter.

89 Grüner Veltliner 2020
11,5 Vol.-%, DV, Stahltank, €€

(98) Riesling * Ried Hochäcker 1ÖTW Privat 2020
13 Vol.-%, DV, großes Holzfass, €€€€€
Helles Gelbgrün, Silberreflexe. Reife Pfirsichnuancen, zart nach Mango, ein Hauch von Melisse, Blütenhonig klingt an, einladendes Bukett. Saftig, straff, engmaschig, feine Säurestruktur, mineralisch, extraktsüß, bleibt sehr gut haften, vielschichtiger Speisenbegleiter mit gutem Reifepotenzial.

(94) Riesling * Rehberger Ried Goldberg 2020
13 Vol.-%, NK, großes Holzfass, €€€€€
Helles Gelbgrün, Silberreflexe. Feine Wiesenkräuter, zart nach Marille, ein Hauch von Limettenzesten, dunkle Mineralik. Komplex, engmaschig, zart nach Karamell, ein Hauch von reifer Ananas, bleibt gut haften, guter Speisenbegleiter.

93 Riesling * Piri 2020
13 Vol.-%, DV, Stahltank, €€€€
Helles Gelbgrün, Silberreflexe. Dunkle Mineralik, zart nach rotem Apfel, ein Hauch von Papaya, mit Wiesenkräutern unterlegt. Mittlerer Körper, saftig, engmaschig, zart nach Zitrus und weißem Steinobst, bleibt gut haften, vielseitig einsetzbar.

90 Gelber Muskateller 2020
11,5 Vol.-%, DV, Stahltank, €€€
Helles Gelbgrün, Silberreflexe. Feine Zitrusnoten, ein Hauch von Holunder, floraler Touch, einladendes Bukett. Saftig, frische Struktur, mineralisch, weißes Steinobst, bleibt gut haften, frisches Bukett.

90 Sauvignon Blanc 2020
13 Vol.-%, DV, Stahltank, €€€€
Helles Gelbgrün, Silberreflexe. feine Cassisnoten, etwas nach Limettenzesten, dunkle Mineralik, Gewürznuancen. Mittlerer Körper, feine Säurestruktur, Apfeltouch, Stachelbeernoten im Abgang, bereits gut antrinkbar.

(90) Pinot Noir 2018
13,5 Vol.-%, DV, Barrique, €€€€
Mittleres Karmingranat, Ockerreflexe, breite Randaufhellung. Zart tabakig-kräuterwürzig unterlegtes rotes Waldbeerenkonfit, eingelegte Kirschfrucht, dunkle Mineralik. Mittlerer Körper, Brombeertouch, frisch strukturiert, feine Tannine, etwas Nougat, mineralischer Nachhall.

96 Gelber Muskateller Eiswein 2019
10,5 Vol.-%, DV, Stahltank, €€€€€ H
Leuchtendes Goldgelb, Silberreflexe. Feine Nuancen von Muskatnuss und frischem Ingwer, Noten von Holunderblüten und Litschi, hochattraktives Bukett. Straff, weiße Tropenfrucht, lebendig, finessenreich strukturiert, mineralisch-zitronig, zarter Honigtouch im Nachhall, feiner Dessertwein.

★★

WEINHOF CHRISTIAN PARZER

Seit 1843 befindet sich der Weinhof Parzer im Familienbesitz und wird heute von Christian Parzer und seiner Frau Andrea gemeinsam geführt. Das Anwesen liegt in Oberfucha im südlichen Kremstal, inmitten der reizvollen Landschaft am Fuß des Göttweiger Bergs. Die verschiedenen Böden und die besondere Lage ergeben hier ein Terroir, das sortentypische Weine entstehen lässt. Christian Parzer legt sein Hauptaugenmerk auf die Vinifizierung eleganter Weine, die sowohl über Klarheit, Struktur und Finesse verfügen als auch die Charakteristik der Lage und des Jahrgangs unverfälscht widerspiegeln. Grundvoraussetzungen dafür sind einige der besten Rieden wie Sprinzenberg, Richtern oder Gaisberg! Auch die Wachauer Marille, eine weithin bekannte Spezialität, wird in der hauseigenen Brennerei zu hochwertigem Edelbrand destilliert.
Verkosten kann man alles am besten direkt auf dem Weinhof oder im Gästehaus der Familie, das in herrlicher Ruhelage inmitten von Wein- und Obstgärten liegt. Brigitte Parzer bemüht sich voller Freude um das Wohl der Urlaubsgäste. Ein Ort zum Wohl- und »Weinfühlen«.

(92) Grüner Veltliner Ried Richtern 2020
13,5 Vol.-%, DV, 500-l-Fass, €€
Helles Gelbgrün, Silberreflexe. Feine Tabakwürze, etwas Orangenzesten, etwas Maracuja klingt an, mit Wiesenkräutern unterlegt. Saftig, mittlere Komplexität, frische Zitrusnuancen, leichtfüßig, etwas Granny-Smith-Apfelfrucht im Nachhall, guter Speisenbegleiter.

92 Grüner Veltliner Grosse Selektion 2019
14,5 Vol.-%, DV, 500-l-Fass, €€€
Mittleres Gelbgrün, Silberreflexe. Feine Holzwürze, etwas nach Haselnuss, Ananas, unterlegt mit Blütenhonig, Passionsfrucht klingt an. Kraftvoll, komplex, feine Struktur, gut integrierter Säurebogen, würziger Abgang, extraktsüß nach Birnen im Nachhall, stoffiger Speisenbegleiter.

90 Grüner Veltliner Ried Gaisberg 2020
13 Vol.-%, DV, Stahltank, €€
Helles Gelbgrün, Silberreflexe. Mit feinem Kräutertouch unterlegte weiße Apfelfrucht, zart nach Guave, etwas Limettenzesten. Saftig, elegant, feine Struktur, leichtfüßig, Quitte klingt an, mineralisches Finish, bereits gut antrinkbar.

89 Grüner Veltliner Ried Sprinzenberg 2020
12,5 Vol.-%, DV, Stahltank, €€

91 Riesling vom Urgestein 2020
12,5 Vol.-%, DV, Stahltank, €€
Helles Gelbgrün, Silberreflexe. Zart nach Kräutern und weißer Tropenfrucht, etwas nach Passionsfrucht, ein Hauch von Grapefruitzesten. Saftig, lebendige Säurestruktur, mineralisch-salzig, Maracuja im Abgang, bleibt gut haften, frischer Speisenbegleiter.

87 Zweigelt Herzstück 2018
14 Vol.-%, DV, 500-l-Fass, €€

WEINHOF CHRISTIAN PARZER
3511 Oberfucha-Furth
Ortsstraße 9
T: +43 (2739) 2414
office@weinhof-parzer.at
www.weinhof-parzer.at

Kellermeister/Kontakt:
Christian Parzer
Produktion: 3 % Schaumwein, 75 % weiß, 5 % rosé, 17 % rot, 7 Hektar
Vereinszugehörigkeit:
Vinum Circa Montem

★★★★

WEINGUT FAMILIE PROIDL

Das Familienweingut Proidl agiert zwischen Tradition und Moderne. 1650 aus dem Bremer Raum zugewandert, betreibt die Familie seit 1738 in Senftenberg, das nördlich von Krems und, wenn man so will, am Beginn des Kremstals liegt, Weinbau. Es verbindet die Weinbauregion der Wachau mit der für das Waldviertel typischen, durch Wald und Fels gegliederten Landschaft tief eingeschnittener Flusstäler. Durch die lange Verwurzelung entstand bei Familie Proidl viel Wissen im Umgang mit den örtlichen Steillagen. Sie beobachten akribisch die Natur und sind »Wein-Bauern« mit Leib und Seele. Im Spannungsfeld zwischen der Erfahrung von Generationen und ihrer Neugier allem Wissenswerten gegenüber entsteht eine sinnvolle lebendige Tradition. Die Proidls verstehen sich als Handwerker, als Bergweinbauern mit Vergangenheit und Gegenwart – aber auch auf einem steilen Weg in die Zukunft!
Im Keller herrscht Minimalismus. Durch die hochmineralischen Böden Senftenbergs und die naturnahe Bearbeitung der Weingärten braucht man nach Patrick Proidls Überzeugung im Keller nur mehr wenig einzugreifen. Die wichtigsten Behandlungsmittel sind dabei Geduld, Verkostung und Beobachtung. Statt Fässer und Tanks zu belästigen, gibt Familie Proidl den Weinen die Zeit, die sie brauchen, um sich selbst zu finden. Bei Weinen vom Weingut Proidl dauert die »Weinwerdung« daher nicht zwei bis drei Wochen, sondern drei bis zwölf Monate. So entstehen lagerfähige Weine ohne Ablaufdatum – das verstehen die Proidls unter Nachhaltigkeit.

96 Riesling ** Ried Ehrenfels 1ÖTW 2019
13,5 Vol.-%, DV, Stahltank/großes Holzfass, €€€€€
Helles Gelbgrün, Silberreflexe. Mit einem Hauch von Safran unterlegte weiße Steinobstnuancen, ein Hauch von Weingartenpfirsich, Limettenzesten, kühles Bukett. Straff, feine Pfirsichfrucht, lebendig strukturiert, salin, finessenreich, wie ein erfrischendes Gebirgsbächlein.

95 Riesling ** Ried Pfeningberg 1ÖTW 2019
12,5 Vol.-%, DV, Stahltank/großes Holzfass, €€€€€
Helles Gelbgrün, Silberreflexe. Frische Tropenfruchtanklänge, ein Hauch von Maracuja, etwas Litschi und Blütenhonig, mineralisch, attraktives Bukett. Straff, frisch strukturiert, weißer Pfirsich, zitronig-salzig im Abgang, leichtfüßiger, trinkanimierender Stil, gutes Reifepotenzial.

(93) Riesling * Senftenberg Alte Reben 2020
13 Vol.-%, DV, großes Holzfass, €€€
Helles Gelbgrün, Silberreflexe. Feine Kräuterwürze, weißer Pfirsich, mineralisch, etwas Limette, noch etwas verhalten. Komplex, straff, grüner Apfel, frischer Säurebogen, mineralisch-zitronig im Nachhall, verfügt über Länge, sicheres Reifepotenzial.

(92) Riesling * Senftenberg Steilheit 2020
12,5 Vol.-%, DV, Stahltank, €€€
Mittleres Gelbgrün, Silberreflexe. Floral, frische Limetten, mit weißer Tropenfrucht unterlegt, ein Hauch von Maracuja, einladendes Bukett. Saftig, elegant, finessenreich strukturiert, mineralisch-salzig im Nachhall, zeigt gute Länge, ein finessenreicher Speisenbegleiter.

95 Riesling »Proidl spricht Deutsch« 2019
8 Vol.-%, DV, Stahltank, €€€€€
Helles Goldgelb, Silberreflexe. Weiße Blüten, frisches Steinobst, ein Hauch von Safran, verführerisches Bukett. Stoffig, reife weiße Tropenfrucht, rassiges Säuregerüst, mineralisch und gut anhaftend, zitroniger Touch im Finale, elegant und mit guter Länge ausgestattet, süßer Nachhall, sicheres Reifepotenzial.

94 Riesling Senftenberg Generation X 2019
13,5 Vol.-%, DV, 500-l-Fass, €€€€€€
Mittleres Goldgelb, Silberreflexe. Mit feiner Kräuterwürze unterlegte reife Marillenfrucht, ein Hauch von Mango und Maracuja im Hintergrund, kandierte Mandarinenzesten. Saftig, elegant, süße Pfirsichfrucht, feiner Säurebogen, süßer Nachhall, ein Hauch von Dörrfrüchten im Rückgeschmack, gute Länge, verfügt über Reifepotenzial.

94 Grüner Veltliner ** Ried Ehrenfels 1ÖTW 2019
14 Vol.-%, DV, Stahltank/großes Holzfass, €€€€€
Helles Gelbgrün, Silberreflexe. Zarte Nuancen von gelber Tropenfrucht, ein Hauch von Marille, dezente Noten von Wiesenkräutern, etwas Ananas, einladendes Bukett. Komplex, feine weiße Fruchtanklänge, gute Frische, zarte Extraktsüße im Abgang, elegant und bereits gut antrinkbar.

93 Grüner Veltliner * Senftenberg Grande Reserve Holzhammer51 2019
14,5 Vol.-%, DV, großes Holzfass, €€€€€
Helles Goldgelb, Silberreflexe. Zart tabakig unterlegte reife gelbe Tropenfrucht, Nuancen von Mango, kandierte Orangenzesten, feiner Blütenhonig. Saftig, dezente Würze, weiße Fruchtnuancen, dezenter Säurebogen, süße Frucht und etwas Blütenhonig im Abgang, zarte Mineralik im Nachhall, wird von Flaschenreife profitieren.

(92) Grüner Veltliner * Senftenberg Rameln 2020
12,5 Vol.-%, DV, Stahltank, €€
Mittleres Gelbgrün, Silberreflexe. Feine reife Tropenfrucht, Nuancen von Mango, gelber Apfel, zart nach Orangenzesten. Saftig, elegant, feine Süße im Kern, Anklänge von Ananas, cremiger Stil mit mineralischem Nachhall, bereits gut entwickelt.

(92) Grüner Veltliner * Ried Hausberg Senftenberg 2020
13 Vol.-%, DV, Stahltank/großes Holzfass, €€€
Mittleres Gelbgrün, Silberreflexe. Zart nach Orangen, feine gelbe Tropenfrucht, dezenter Blütenhonig, Limettenzesten im Hintergrund. Saftig, elegant, stoffige Textur, gut integrierte Säure, gute Länge, ein harmonischer Speisenbegleiter.

94 Grüner Veltliner Generation X 2019
14,5 Vol.-%, DV, 500-l-Fass, €€€€€
Mittleres Goldgelb, Silberreflexe. Feinwürzig-nussig unterlegte reife Kernobstnuancen, ein Hauch von Blütenhonig, tabakiger Anklang. Saftig, kraftvoll, reife weiße und gelbe Tropenfrucht, zart nach Kokoskaramell, feine Säurestruktur, Nuancen von weißem Nougat, individuelle Stilistik, ein stoffiger Speisenbegleiter.

WEINGUT FAMILIE PROIDL
3541 Senftenberg
Oberer Markt 5
T: +43 (2719) 2458
weingut@proidl.com
www.proidl.com

Kellermeister/Kontakt:
Patrick und Franz Proidl
Produktion: 90.000 Flaschen
90 % weiß, 5 % rot, 5 % süß,
23.5 Hektar
Zertifiziert: Nachhaltig Austria
Vereinszugehörigkeit:
Traditionsweingüter Österreich
Messen: VieVinum

(92) Chardonnay Senftenberg Generation X 2019
14 Vol.-%, DV, 500-l-Fass, €€€€€
Helles Goldgelb, Silberreflexe. Zart karamellig unterlegte reife gelbe Fruchtnuancen, ein Hauch von Honig und Vanille. Stoffig, cremige Textur, süße Birnenfrucht, dezente Säurestruktur, süße Frucht im Abgang, Nougat im Nachhall, individuelle Stilistik, die ein wenig an Kalifornien in den frühen Neunzigerjahren erinnert.

★★★★

WEINGUT SALOMON UNDHOF

Salomon Undhof ist ein Aushängeschild österreichischer Weingeschichte und eines der ältesten privaten Weingüter des Landes. Hier werden seit 230 Jahren Weißweine aus einigen der besten Grand-Cru-Lagen entlang der Donau gewonnen, darunter so bekannte Weingärten wie »Ried Steiner Kögl«, »Ried Pfaffenberg«, »Ried Wachtberg« oder »Ried Lindberg«. Der Ruhm des Weingutes wurde in den frühen 1930er-Jahren mit einer der ersten Weingutsfüllungen in Österreich begründet. Durch Bertold Salomon steht das Weingut heute vor allem für exzellente trockene Rieslinge und Grüne Veltliner – langlebige, elegante Weine, für die das Haus berühmt ist. Mehr als die Hälfte der 30 Hektar Weingärten ist mit Riesling, der Rest mit Grünem Veltliner und einem kleinen Teil Gelbem Traminer bepflanzt. Die ehemals kirchlichen Weinbergterrassen von Salomon Undhof liegen im westlichsten Teil des Kremstales, wo die Böden hauptsächlich aus Urgestein bestehen. In Stein an der Donau decken sich das Weinbaugebiet Kremstal und das Weltkulturerbe Wachau. Der Name der alten Weinstadt Stein hat seine Wurzeln in der Dominanz der Urgesteinsböden auf den Steinterras-

* Kremstal DAC ** Kremstal DAC Reserve

Fanny Marie, Bertold, Bert Michael und Gertrud Salomon (v. l. n. r.)

WEINGUT SALOMON UNDHOF
3500 Stein an der Donau
Undstraße 10
T: +43 (2732) 83226
office@salomonwines.com
www.salomonwein.at

Kellermeister: Bert Michael Salomon
Kontakt: Fanny Marie und Bert Michael Salomon, Dr. Bertold und Mag. Gertrud Salomon
Produktion: 140.000 Flaschen
100 % weiß, 30 Hektar
Zertifiziert: Nachhaltig Austria
Vereinszugehörigkeit:
Traditionsweingüter Österreich
Messen: ProWein Düsseldorf, VieVinum, Summa Margreid

sen. Kontrolliert integrierte Weingartenbewirtschaftung und der Verzicht auf Herbizide halten diese Weingärten in gesunder Balance. Diese werden nun in bereits neunter Generation von den Geschwistern Bert und Fanny Marie bearbeitet. Nach fünfzehn Jahren mit jeweils zwei Weinernten (in Österreich und Australien) geben die Eltern Bertold und Gertrud die Verantwortung an die nächste Generation weiter und konzentrieren sich nun auf die hochklassigen Rotweine ihres australischen »Salomon Estate« in Finniss River und das Joint Venture »Salomon & Andrew« in Neuseeland.

92 Riesling Wolke für Zwei Pétillant Naturel 2020
12 Vol.-%, KR, Flaschengärung, €€€€
Zart wolkiges Grüngelb, Silberreflexe, sehr feine Kohlensäure. Frische weiße Frucht nach Apfel und Pfirsich, florale Nuancen, ein Hauch von frischen Wiesenkräutern. Mittlerer Körper, frischer Golden Delicious, lebendig strukturiert, seidig am Gaumen, pikant im Nachhall, zitroniger Rückgeschmack.

(96) Riesling ** Ried Steiner Kögl 1ÖTW Alte Reben 2020
13 Vol.-%, NK/DV, Stahltank, €€€€€€
Helles Goldgelb, Silberreflexe. Attraktive reife gelbe Tropenfruchtanklänge, zart nach Mango und Pfirsich, ein Hauch von Orangenzesten und Blütenhonig, mineralisch unterlegt. Komplex, saftig, seidige Textur, angenehme Fruchtsüße, feine Säurestruktur, salziger Touch im Abgang, harmonisch und anhaftend, sicheres Reifepotenzial.

(95) Riesling * Ried Pfaffenberg 1ÖTW Alte Reben 2020
13 Vol.-%, NK/DV, Stahltank, €€€€€
Helles Goldgelb, Silberreflexe. Mit einem Touch von Mandarinenzesten unterlegte weiße Weingartenpfirsichnote, ein Hauch von Limetten, einladendes Bukett. Stoffig, weiße Frucht am Gaumen, lebendiges Säurespiel, Pfirsichtouch im Abgang, elegant und mit Länge ausgestattet, leichtfüßiger Stil, sicheres Entwicklungspotenzial.

(93) Riesling * Ried Kögl 1ÖTW 2020
12,5 Vol.-%, DV, Stahltank, €€€€
Helles Gelbgrün, Silberreflexe. Feine gelbe Tropenfrucht, Nuancen von Pfirsich, Noten von Blütenhonig, einladendes Bukett. Saftig, elegant, feine Fruchtsüße, weißer Apfel, finessenreich strukturiert, mineralisch und gut anhaftend, harmonischer Speisenbegleiter.

92 Riesling * Stein a. d. Donau 2020
12,5 Vol.-%, DV, Stahltank, €€€
Helles Gelbgrün, Silberreflexe. Noch etwas scheu, feine Steinobstnuancen, ein Hauch von Limetten, mit etwas Maracuja unterlegt. Mittlerer Körper, reife Ananas, feine Süße im Kern, mineralisch strukturiert, dezenter Blütenhonig im Abgang, gute Länge, verfügt über Reifepotenzial.

(95) Grüner Veltliner * Ried Lindberg 1ÖTW Alte Reben 2020
14 Vol.-%, NK/DV, Stahltank, €€€€€
Helles Gelbgrün, Silberreflexe. Frische Orangenzesten, gelbe Apfelfrucht, zart nach Papaya, mit feiner tabakiger Würze unterlegt, einladendes Bukett. Komplex, engma-

schig, reife Apfelfrucht auch am Gaumen, feine Struktur, mineralisch-salzig unterlegt im Abgang, sehr gute Länge, bereits antrinkbar, sicheres Reifepotenzial.

(94) Grüner Veltliner * Ried Goldberg Alte Reben 2020

14 Vol.-%, NK, Stahltank/großes Holzfass, €€€€€

Helles Gelbgrün, Silberreflexe. Mit einem zarten Touch von Wiesenkräutern unterlegte weiße Fruchtnuancen, frisches Kernobst, zarte Noten von Orangenzesten. Saftig, elegant, ein Hauch von Mango, gut integrierte Säurestruktur, feiner Blütenhonig, Anklänge von Marille im Nachhall, gutes Entwicklungspotenzial.

(93) Grüner Veltliner * Ried Wachtberg 1ÖTW 2020

13 Vol.-%, DV, Stahltank, €€€€

Helles Gelbgrün, Silberreflexe. Zart tabakig unterlegte gelbe Apfelfrucht, ein Hauch von Ananas und Mango, einladendes, fruchtbetontes Bukett. Mittlere Komplexität, weiße Fruchtnuancen, frisch strukturiert, feine Süße im Abgang, bleibt haften, ein seidiger Speisenwein.

92 Grüner Veltliner * Krems a.d. Donau Wieden 2020

12,5 Vol.-%, DV, Stahltank, €€€

Helles Gelbgrün, Silberreflexe. Einladende weiße Tropenfrucht, ein Hauch von Wiesenkräutern, Anklänge von Birne. Saftig, elegant, reife Honigmelone. Stoffig, mineralisch, frischer Säurebogen, salziger Touch im Abgang, bleibt haften, guter Speisenbegleiter.

(91) Gelber Traminer 2020

11 Vol.-%, DV, Stahltank, €€€

Sehr helles Goldgelb, Silberreflexe. Zarter Hauch von Marshmallows, mit einem Hauch von Maracuja und Pfirsich unterlegt, Noten von Rosenblättern. Schlank, zarte weiße Apfelfrucht, dezente Säurestruktur, ein sehr leichtfüßiger, trockener Speisenbegleiter, auch als sommerlicher Aperitif sehr gut einsetzbar.

★★★★

WEINGUT JOSEF SCHMID

Seit über 150 Jahren befindet sich das Weingut Schmid in Stratzing, einem kleinen Dorf auf einem Hochplateau zwischen Krems und Langenlois, in Familienbesitz, seit 1991 leitet Josef Schmid die Geschicke des feinen Guts. Mit viel Engagement und Idealismus bewirtschaftet er seine Weingärten und vinifiziert Weine, die sich lebendig, kraftvoll, aber mitunter auch sehr elegant präsentieren.

Die Weingärten befinden sich zum Großteil in Stratzing, auf Bergterrassen bei Senftenberg im Kremstal sowie rund um die Stadt Krems. Damit verfügt Josef Schmid über sehr unterschiedliche Terroirs. Lössböden und mineralische Urgesteinsweingärten ermöglichen ihm, eine breite Palette an Weißweintrauben – allen voran Riesling und Grüner Veltliner – an idealen Standorten zu ernten. Für den Winzer sind seine Top-Lagen der größte Schatz, und er ist fest davon überzeugt, dass nur auf besonders guten Böden Reben wachsen können, die sich in den Weinen widerspiegeln und brillieren. Sein Weg und seine Erfolge, die durch zahlreiche Auszeichnungen belegt sind, geben ihm recht.

Im Jahr 2004 wurde ein neuer Kellerzubau fertiggestellt, der eine äußerst behutsame Vinifizierung zulässt. Pumpen haben hier längst ausgedient, und zumindest im Keller hat Schmid die gewünschte Temperatur selbst im Griff. Die angesichts der Qualität erstaunlich preiswerten Weine werden nicht nur von Kritikern gelobt, sondern sind auch auf vielen Weinkarten in der gesamten Top-Gastronomie Österreichs zu finden.

(95) Grüner Veltliner ** Ried Kremser Frechau 1ÖTW 2020

14 Vol.-%, NK, großes Holzfass, €€€€€

Helles Grüngelb, Silberreflexe. Mit einem Hauch von Wiesenkräutern unterlegte feine gelbe Fruchtnuancen, zart nach Mango und Apfel, tabakige Noten, einladendes Bukett. Straff, komplex, feine Fruchtsüße, weißes Kernobst, finessenreich strukturiert, pfeffrig, ein Hauch von Ingwer im Abgang, sehr gute Länge, bereits antrinkbar, großes Zukunftspotenzial.

(94) Grüner Veltliner ** Ried Kremser Gebling 1ÖTW 2020

13,5 Vol.-%, DV, Stahltank, €€€€

Helles Grüngelb, Silberreflexe. Zart gewürzig unterlegt mit

Riesling

WEINGUT JOSEF SCHMID
3552 Stratzing
Obere Hauptstraße 38
T: +43 (2719) 8288
weingut@j-schmid.at
www.j-schmid.at

Kellermeister: Josef Schmid
Kontakt: Josef und Irene Schmid
Produktion: 120.000 Flaschen
90 % weiß, 10 % rot, 20 Hektar
Vereinszugehörigkeit:
Traditionsweingüter Österreich
Messen: VieVinum

Nuancen von Anis, feine gelbe Tropenfrucht, Mango, frische Orangenschalen, einladendes Bukett. Saftig, gute Komplexität, weißer Apfel, etwas Honigmelone, frisch strukturiert, zarte Fruchtsüße im Abgang, gutes Zukunftspotenzial.

93 Grüner Veltliner * Pfarrweingarten 2020
12,5 Vol.-%, DV, Stahltank, €€
Helles Goldgelb, Silberreflexe. Zarte gelbe Tropenfrucht, frische Mango und Honigmelone, mineralisch, ein Hauch von Limetten und Wiesenkräuter. Saftig, engmaschig, gute Komplexität, weißer Apfel, frisch strukturiert, fruchtiger Abgang, elegant und anhaftend, vielseitiger Speisenwein, sicheres Reifepotenzial.

(93) Grüner Veltliner ** Alte Reben 2020
13,5 Vol.-%, DV, Stahltank, €€€
Helles Grüngelb, Silberreflexe. Feine Nuancen von frischer gelber Birne, zart nach Mango und Mandarinenzesten, mineralischer Touch. Saftig, elegant, zart nach Ananas, feine Fruchtsüße, lebendiger Säurebogen, salzig-zitronig im Nachhall, ein facettenreicher Speisenbegleiter.

91 Grüner Veltliner * Kremser Löss 2020
12,5 Vol.-%, DV, Stahltank, €€
Helles Gelbgrün, Silberreflexe. Feinwürzig, frische Birnenfrucht, gelber Apfel, tabakige Nuancen, zart nach Blutorangen. Gute Komplexität, weiße Frucht, feiner Säurebogen, mineralisch, bleibt gut haften, ein eleganter Begleiter bei Tisch, gut antrinkbar.

(94) Riesling ** Ried Stratzinger Sunogeln 1ÖTW 2020
13,5 Vol.-%, DV, Stahltank, €€€€
Helles Grüngelb, Silberreflexe. Frischer Weingartenpfirsich, weiße Tropenfruchtnuancen, ein Hauch von Grapefruit, mineralischer Touch. Saftig, straff und engmaschig, lebendige Säurestruktur, mineralisch-salzig, Limetten im Nachhall, ein frischer Speisenbegleiter, ausgestattet mit Länge, gutes Entwicklungspotenzial.

92 Riesling * vom Urgestein 2020
12,5 Vol.-%, DV, Stahltank, €€
Helles Gelbgrün, Silberreflexe. Zart rauchig unterlegte frische weiße Tropenfrucht, Nuancen von Weingartenpfirsich und Limetten. Straff, engmaschig, lebendig strukturiert, sehr animierender Stil, zitroniger Nachhall, ein toller leichtfüßiger Sommerwein.

90 Gelber Muskateller Ried Galgenberg 2020
12,5 Vol.-%, DV, Stahltank, €€
Helles Goldgelb, Silberreflexe. Zart nach Muskatnuss, ein Hauch von Maracuja, traubiger Fruchttouch, einladendes Bukett nach Holunderblüten. Saftig, elegant, weißer Pfirsich, frisch strukturiert, Limetten im Nachhall, vielseitig einsetzbarer Sommerwein.

89 Sauvignon Blanc Stratzing 2020
12,5 Vol.-%, DV, Stahltank, €€

89 Rosé 2020 ZW/CS
12 Vol.-%, DV, Stahltank, €€

★★★★

WEINGUT STADT KREMS

Im Stadtzentrum von Krems an der Donau lebt seit 1452 ein besonderer Teil der österreichischen Weinkultur – das Weingut Stadt Krems. Historisch entstand es aus zwei Quellen: einerseits aus den Besitzungen der sogenannten »Bürgerspitalstiftung« – der Babenberger Herzog Leopold VI. gründete im Jahr 1210 ein Bürgerspital in Krems und vermachte diesem bedeutende Schenkungen, darunter auch Weingärten –, andererseits aus großzügigen Legaten des kaiserlichen Burggrafen zu Krems, Ulrich von Dachsberg, der schon 1452 die Stadt mit Weingärten beschenkte. Somit zählt das Weingut Stadt Krems mit mehr als 550 Jahren Geschichte zu den ältesten Weinproduzenten Österreichs und auch Europas.
Seit 2003 wird das Weingut von Fritz Miesbauer geführt, der gemeinsam mit einem jungen, ambitionierten Team aus dem grundsätzlich sympathischen, aber etwas erstarrten Weingut einen Musterbetrieb entwickelte. 2020 erhielt Fritz Miesbauer dafür von Falstaff den Titel »Winzer des Jahres«. Als Mitglied der Österreichischen Traditionsweingüter (ÖTW) steht man in der Gunst, die bedeutendsten Rieden Österreichs zu pflegen. Unter den 42 Hektar Weingartenfläche, die innerhalb der Stadtgrenzen liegen, befinden sich historische Lagen wie die Riede Weinzierlberg, die Riede Schreck, die Riede Wachtberg und die Riede Grillenparz.
Mit Akribie, Gefühl und der nötigen entspannten Zugangsweise werden diese historischen Rieden in Stein und Krems kultiviert. So entstehen individuelle und charaktervolle Weine. Nur durch behutsame Verarbeitung der Trauben und minimalistischen Weinausbau können die Einzigartigkeiten der Rieden festgehalten werden. Vom kalkhaltigen Schotter-Konglomerat in der Riede Grillenparz, dem geschieferten Amphibolit der Riede Schreck und den Lössterrassen über den Gneis der Riede Wachtberg bis hin zum kargen Schotter- und Gneis-Untergrund der Riede Weinzierlberg: Die Rieden sind sehr vielfältig.

(95) Riesling * Steiner Ried Schreck 2020
13,5 Vol.-%, NK, Edelstahl, €€€€€
Mittleres Grüngelb, Silberreflexe. Feine gelbe Tropenfruchtnuancen, ein Hauch von Ananas und Maracuja, mit zarter Mineralik unterlegt, florale Nuancen, ein Hauch von frischen Orangenzesten. Komplex, saftig, dabei engmaschig, zart nach Marille, frischer Säurebogen, salzig-mineralisch im Abgang, sehr gute Länge, großes Reifepotenzial.

(94) Riesling * Steiner Ried Grillenparz 1ÖTW 2020
13,5 Vol.-%, NK, Edelstahl, €€€€€
Mittleres Grüngelb, Silberreflexe. Zart nach Mandarinenzesten, feine gelbe Tropenfrucht, Nuancen von Pfirsich und Blütenhonig. Komplex, engmaschig, weiße Frucht, straffe Säurestruktur, mineralisch und gut anhaftend, noch sehr jugendlich, zeigt bereits Länge, sicheres Reifepotenzial.

(93) Riesling * Stein Schieferterrassen 2020
13 Vol.-%, DV, Edelstahl, €€€
Helles Gelbgrün, Silberreflexe. Weiße Blüten, frischer Weingartenpfirsich, Limetten klingen an, mineralisch unterlegt. Saftig, engmaschig, feiner Touch von Honig, angenehmer Säurebogen, reife gelbe Tropenfrucht im Nachhall, salzig im Finish, gutes Potenzial.

WEINGUT STADT KREMS
3500 Krems
Stadtgraben 11
T: +43 (2732) 801441
office@weingutstadtkrems.at
www.weingutstadtkrems.at

Kellermeister: Fritz Miesbauer und Peter Rethaller
Kontakt: Fritz Miesbauer
Produktion: 100 % weiß, 40 Hektar
Zertifiziert: Nachhaltig Austria
Vereinszugehörigkeit: Traditionsweingüter Österreich
Messen: Austrian Tasting London, ProWein Düsseldorf, VieVinum, Vinexpo

92 Riesling * Steinterrassen 2020
12,5 Vol.-%, DV, Edelstahl, €€
Helles Gelbgrün, Silberreflexe. Zunächst etwas zurückhaltend, dann feine weiße Tropenfruchtnoten, zitroniger Touch, mineralischer Anklang. Saftig, elegant, feine Pfirsichfrucht, angenehme frische Säurestruktur, bleibt gut haften, ein vielseitig einsetzbarer Speisenbegleiter.

(94) Grüner Veltliner * Kremser Ried Wachtberg 1ÖTW 2020
13,5 Vol.-%, NK, großes Holzfass, €€€€€
Mittleres Gelbgrün, Silberreflexe. Frische Kräuterwürze, ein Hauch von gelber Tropenfrucht, Nuancen von Mango, zart nach Grapefruit, attraktives Bukett. Saftig, weiße Apfelfrucht, feiner Melonentouch, angenehme Säurestruktur, weißer Pfeffer, würziger Nachhall, sehr gute Länge und sicheres Entwicklungspotenzial.

93 Grüner Veltliner * Kremser Ried Weinzierlberg 2020
12,5 Vol.-%, DV, Edelstahl, €€€
Helles Gelbgrün, Silberreflexe. Zart tabakig-kräuterwürzig unterlegte frische Birnenfrucht, etwas Honigmelone, ein Hauch von Ananas, einladendes Bukett. Saftig, elegant, feine Fruchtsüße im Kern, finessenreich strukturiert, mineralisch im Abgang, bereits gut entwickelt, sicheres Reifepotenzial.

92 Grüner Veltliner * Krems 2020
12,5 Vol.-%, DV, Edelstahl, €€
Helles Gelbgrün, Silberreflexe. Feine Nuancen von Kamille, gelber Apfeltouch, würziges Bukett, zart nach Limettenzesten. Mittlere Komplexität, feine weiße Frucht, straff und knackig, zitronig-salzige Textur, bleibt haften, ein facettenreicher Speisenbegleiter.

(92) Grüner Veltliner * Stein 2020
13 Vol.-%, DV, Edelstahl, €€€
Helles Gelbgrün, Silberreflexe. Zart nach frischen Orangenzesten, gelbe Tropenfrucht klingt an, ein Hauch von Blütenhonig, mineralischer Touch. Komplex, saftig, elegante Textur, zarte Fruchtsüße, gut integrierte Säurestruktur, feine Marillenfrucht im Nachhall.

91 Grüner Veltliner * 2020
12,5 Vol.-%, DV, Edelstahl, €€
Helles Gelbgrün, Silberreflexe. Mit einem Hauch von Kräutern unterlegte weiße Apfelfrucht, zart nach Mango, Nuancen von Orangenzesten. Saftig, elegant, feine Fruchtsüße im Kern, finessenreich strukturiert, salzige Mineralik, ein vielseitiger Speisenbegleiter.

90 Grüner Veltliner Lössterrassen 2020
12,5 Vol.-%, DV, Edelstahl, €€
Helles Gelbgrün, Silberreflexe. Zarte gelbe Apfelfrucht, ein Hauch von Wiesenkräutern, tabakige Nuancen. Mittlerer Körper, weiße Birnenfrucht, etwas Honigmelone, würzig-salziger Nachhall, bietet unkompliziertes Trinkvergnügen.

★★★

LESEHOF STAGÅRD

BIO

Es war das Jahr 2008, in dem sich beim Lesehof Stagård alles änderte – für Urban Stagård sowieso, aber auch für seine Frau Dominique, mit der er gemeinsam den Lesehof betreibt. Sie übernahmen damals das Weingut von seinen Eltern und krempelten es vom ersten Tag an komplett um. Anders als die Generationen davor wollten sie Weine machen, die nicht nur den Durst stillen, sondern auch von ihnen, ihren Ideen und ihren Reben und Rieden erzählen. Sie stellten sofort auf biologische Bewirtschaftung um und definierten Ziele, die es in langsamen Schritten zu erreichen galt. Sie wollten mutige, spannende und authentische Weine keltern, Weine, für die Evolution und Tradition zwei Seiten derselben Medaille sind, Weine, die Spaß machen, und andere, die fordern. Und sie wollten Riesling.

Die Affinität von Riesling für karge, steinige Böden, späte Reife und die damit verbundene langsame Entwicklung der Aromen sind die natürlichen Grundvoraussetzungen, die sich hier, im westlichen Kremstal finden. Und auch die Tatsache, dass sich im Riesling unterschiedlichste Säuren aufbauen und für niedrige pH-Werte sorgen, ist in Zeiten meteorologischer Rekorde kein Nachteil. Die ganze Bandbreite und die Vielfalt der Sorte versuchen die beiden in mittlerweile 14 Versionen offenzulegen: Der »urban.R« dient dem Einstieg, der »Rock 'n' Riesling« ist die federleichte Referenz an deutsche Herangehensweisen, das »Handwerk« die ausgewogene und solide Brücke hin zu den Einzellageninterpretationen, von denen es mittlerweile neun gibt – Stagårds ganz persönliche Versuche, dem Kremstal und seinen Facetten auf die Spur zu kommen. Ihr neuestes Projekt ist die Vinothek in Stein, das »Wein.Cabinet«.

95 Riesling ** 501 2019
12,5 Vol.-%, NK, großes Holzfass, €€€€€ V
Leuchtendes, zart wolkiges mittleres Goldgelb, Silberreflexe. Intensive gelbe Tropenfrucht, florale Nuancen, zarter Blütenhonig, attraktives Bukett. Saftig, elegant, weiße Frucht, feiner Säurebogen, mineralisch-zitronig, sehr leichtfüßig, fein ziselierter Riesling-Stil, delikat und mit Länge ausgestattet.

94 Riesling ** Steinzeug 2019
12,5 Vol.-%, NK, Steinzeug, €€€€€ V
Mittleres Goldgelb, Silberreflexe. Zarte gelbe Tropenfrucht, ein Hauch von Mango, Nuancen von Pfirsich, ein Hauch von Limettenzesten, mineralischer Touch. Saftig, feine Fruchtsüße, komplex, gut integrierte Säure, feiner Blütenhonig, elegant und anhaftend, bereits sehr gut antrinkbar, sicheres Entwicklungspotenzial.

93 Riesling * Ried Steiner Schreck 2019
12,5 Vol.-%, NK, Stahltank, €€€€€ V
Helles Goldgelb, Silberreflexe. Zart nach Blütenhonig und kandierten Orangenzesten, ein Hauch von gelber Tropenfrucht, mineralischer Touch. Saftig, elegant, gelber Pfirsich, dezenter Säurebogen, salzig unterlegt, bleibt haften, feine Fruchtsüße im Nachhall.

93 Riesling * Ried Braunsdorfer 2019
12,5 Vol.-%, NK, Stahltank, €€€€€ V
Mittleres Goldgelb, Silberreflexe. Zart floral unterlegte Pfirsichfrucht, ein Hauch von Orangenblüten, einladendes Bukett. Saftig, gute Komplexität, reife Ananasfrucht, feine Säurestruktur, mineralisch und gut anhaftend, verfügt über Potenzial, bereits zugänglich.

(92) Riesling * Handwerk 2020
12,5 Vol.-%, DV, Stahltank, €€€ V
Helles Gelbgrün, Silberreflexe. Frischer Weingartenpfirsich, floraler Touch, ein Hauch von Mandarinenzesten, mineralischer Anklang. Saftig, ausgewogen, elegante Stilistik, finessenreich strukturiert, mineralisch und gut anhaftend, sicheres Entwicklungspotenzial.

92 Riesling * Ried Goldberg 2019
12,5 Vol.-%, NK, Stahltank, €€€€€ V
Leuchtendes mittleres Goldgelb, Silberreflexe. Feine weiße Tropenfrucht, ein Hauch von Maracuja im Hintergrund,

LESEHOF STAGÅRD

3500 Krems-Stein
Hintere Fahrstraße 3
T: +43 (660) 1917066
office@stagard.at
www.stagard.at

Kellermeister: Urban T. Stagård
Kontakt: Dominique A. Stagård
Anbauweise: Zertifiziert Biologisch (Bio Austria, Demeter)
Produktion: 173.000 Flaschen
95 % weiß, 5 % rot, 17 Hektar
Messen: Millésime Bio, ProWein Düsseldorf, VieVinum

zarter Blütenhonig klingt an. Stoffig, reife gelbe Pfirsichfrucht, frischer Säurebogen, ausgewogen und anhaftend, zarte Süße im Abgang, vielseitig einsetzbar.

92 Riesling * Ried Gaisberg 2019
12,5 Vol.-%, NK, Stahltank, €€€€€ B V
Mittleres Goldgelb, Silberreflexe. Kandierte Orangenzesten, gelbe Tropenfrucht, ein Hauch von Marille, rauchige Mineralik. Straff, engmaschig, weißer Pfirsich, dezenter Säurebogen, zitronige Nuancen, bleibt haften, ein vielseitiger Speisenbegleiter.

(91) Grüner Veltliner * Handwerk 2020
12,5 Vol.-%, DV, Edelstahl, €€€ V
Helles Gelbgrün, Silberreflexe. Zart nach Mango und gelbem Apfel, zart mit Wiesenkräutern unterlegt. Mittlerer Körper, weißes Kernobst, feine Fruchtsüße, gut integrierte Säurestruktur, zarter Honig im Finish, saftiger Speisenbegleiter.

90 Grüner Veltliner Medusa Naturalwine NV
12,5 Vol.-%, DV, großes Holzfass, €€€ B O V
Wolkiges Goldgelb. Frische Birnenfrucht, floraler Touch, ein Hauch von Kräutern, Nuancen von gelbem Apfel. Leichtfüßig, fruchtig, lebendige Säurestruktur, zart salzig im Abgang, ein alternativer Veltliner-Stil.

★★★

WEINGUT STIFT GÖTTWEIG

Das Stift Göttweig betreibt seit über 900 Jahren Weinbau. 2006 übernahm Fritz Miesbauer die Geschäfte und brachte das Weingut so richtig auf Vordermann und in die oberste Liga der österreichischen Produzenten. Das prächtige Benediktinerstift liegt gegenüber der Weinstadt Krems, am Südufer der Donau, ganz oben auf dem Gipfel des Göttweiger Bergs. Die Anlage, die nach Plänen des bekannten Architekten Johann Lukas von Hildebrandt erbaut wurde, ist weit über die Grenzen Österreichs hinaus bekannt. Imperial ist außerdem die imposante barocke Kaiserstiege mit ihrem herrlichen Deckenfresko von Paul Troger, das in Form einer Miniaturausgabe für die Kapsel jeder Flasche dieses wiederbelebten Weinguts verwendet wird. Schon 1083 ließen sich hier die Benediktiner nieder, und bereits im 16. Jahrhundert waren die Weine des Stifts für ihre Qualität bekannt und dadurch in den österreichischen Adelshäusern sowie bei den kaiserlichen Truppen gerne gesehen.
Heute weht in der Person von Fritz Miesbauer ein frischer Wind durch die dicken Mauern. 26 Hektar bester Lagen am Göttweiger Berg gehören zum Weingut. Besonders stolz ist Miesbauer auf die »Ersten Lagen« Gottschelle, Silberbichl und Pfaffenberg. Das Weingut ist Mitglied der »Traditionsweingüter Österreich«, besitzt es doch einige über 1000 Jahre alte Weinberglagen. Das kompromisslose Qualitätsstreben Miesbauers wird regelmäßig von der Fachwelt honoriert, und auch Falstaff kürte ihn 2020 zum »Falstaff-Winzer des Jahres«.

(93) Grüner Veltliner * Further Ried Gottschelle 1ÖTW 2020
13,5 Vol.-%, NK, großes Holzfass, €€€€€
Helles Gelbgrün, Silberreflexe. Frische Tropenfruchtanklänge, floraler Touch, zart nach weißem Kernobst, einladendes Bukett. Komplex, engmaschig, mineralisch-salzige Textur, präsente Frische, zitronig im Nachhall, sehr jugendlich, wird von Flaschenreife profitieren.

92 Grüner Veltliner * Furth 2020
12,5 Vol.-%, DV, Edelstahl, €€€
Helles Gelbgrün, Silberreflexe. Frischer gelber Apfel, ein Hauch von gelber Ringlotte, zarte tabakige Würze. Saftig, fruchtiger Kern, zart nach Birne, feiner Säurebogen, elegant und anhaftend, ein facettenreicher Speisenwein.

Ried Silberbichl

WEINGUT STIFT GÖTTWEIG
3511 Furth bei Göttweig
Göttweig 1
T: +43 (2732) 801440
office@weingutstiftgoettweig.at
www.weingutstiftgoettweig.at

Kellermeister: Fritz Miesbauer und Peter Rethaller
Kontakt: Fritz Miesbauer und Franz-Josef Gansberger
Produktion: 90 % weiß, 10 % rot, 26 Hektar
Zertifiziert: Nachhaltig Austria
Vereinszugehörigkeit: Traditionsweingüter Österreich
Messen: ProWein Düsseldorf, VieVinum, Vinexpo

90 Grüner Veltliner Messwein 2020
12 Vol.-%, DV, Edelstahl, €€
Helles Gelbgrün, Silberreflexe. Mit einem Hauch von Wiesenkräutern unterlegte Noten von Mango und Melone, tabakige Nuancen. Schlank, weißer Apfel, rassig strukturiert, mineralisch-zitronig im Abgang, lebendiger Speisenbegleiter.

(94) Riesling * Steiner Ried Pfaffenberg 1ÖTW 2020
13 Vol.-%, NK, Edelstahl, €€€€€
Leuchtendes mittleres Gelbgrün, Silberreflexe. Kandierte Mandarinenzesten, gelber Pfirsich, ein Hauch von Papaya, Nuancen von Blütenhonig. Saftig, elegant, zarte Extraktsüße, gut integrierter Säurebogen, dunkle Mineralik im Abgang, bleibt haften, sicheres Entwicklungspotenzial.

(93) Riesling * Further Ried Silberbichl 1ÖTW 2020
13 Vol.-%, NK, Edelstahl, €€€€€
Helles Gelbgrün, Silberreflexe. Zart nach Ananas und Maracuja, ein Hauch von Blütenhonig, mit weißen Blüten unterlegt. Engmaschig, weißer Pfirsich, rassige Säurestruktur, salzig im Abgang, Limetten im Nachhall, frischer, animierender Stil.

92 Riesling * Furth 2020
12,5 Vol.-%, DV, Edelstahl, €€€
Helles Gelbgrün, Silberreflexe. Zarte Nuancen von frischer Tropenfrucht, Anklänge von Maracuja, weißer Pfirsich, ein Hauch von Blütenhonig. Saftig, elegant, sehr gut balanciert, frisch und mit guter Länge ausgestattet, ein facettenreicher Speisenwein.

★★

WEINGUT TANZER

Bischof Altmann von Passau schenkte 1083 den Ort »Talarin samt Weingärten« dem Stift Göttweig. Heute ist Thallern in Krems-Süd die Heimat der Familie Tanzer. Das Weingut umfasst elf Hektar Weingärten, die sich in den Kremser Rieden Herrentrost, Frauengrund, Steinhagen und Schwerer Zapfen befinden. Im Kremstal werden hauptsächlich Grüner Veltliner und Riesling kultiviert, doch man findet im Sortiment des Hauses auch Gelben Muskateller, Weißburgunder und Chardonnay sowie preisgekrönte Rotweine.
Das Aushängeschild der Familie ist der »TOP-Heurige«, der im Frühjahr neu eingerichtet wurde. Das Speisenangebot beschränkt sich nicht alleine auf die traditionelle Hauerjause, man kann sich auch auf saisonale Spezialitäten aus Danielas Kräuterküche freuen. Als Digestif gibt es Edelbrände von Marille, Williams Christbirne und Apfel, also aus jenen Früchten, die ebenfalls aus eigener Produktion stammen.
Die Erfolge der vergangenen Jahre geben Franz Tanzer recht: mehrmalig im »SALON Österreich Wein«, elffacher »Kremser Weinstadtsieger«, »profil-DAC-Sieger« – und eine der wichtigsten Auszeichnungen war die Krönung zum »Ö1-Wein-Sieger«. Der Ökogedanke setzt sich auch bei den Tanzers fest. Seit dem Jahr 2016 verzichtet man auf Insektizide im Sinne der »AMA«. Ein Besuch auf dem Weingut Tanzer lohnt sich, man wird herzlichst empfangen.

92 Grüner Veltliner ** Talarin 2019
14 Vol.-%, DV, Barrique, €€€
Mittleres Gelbgrün, Silberreflexe. Zarte Nuancen von Karamell und Blütenhonig, reife Marillenfrucht klingt an, ein Hauch von Quitten. Saftig, feine Kräuterwürze, weiße Apfelfrucht, feiner Säurebogen, zarter Honig-

WEINGUT TANZER
3506 Krems an der Donau
Thallerner Hauptstraße 1
T: +43 (2739) 2208
wein@tanzer.at
www.tanzer.at

Kellermeister/Kontakt:
Franz Tanzer jun.
Produktion: 47.000 Flaschen
3 % Schaumwein, 80 % weiß,
5 % rosé, 10 % rot, 2 % süß, 11 Hektar
Vereinszugehörigkeit:
Original Kremser Wein

touch im Abgang, wirkt etwas weitmaschig, bereits gut entwickelt.

91 Grüner Veltliner * Ried Goldbühel Krustetten 2020
13,5 Vol.-%, DV, großes Holzfass/Stahltank, €€
Mittleres Goldgelb, Silberreflexe. Nuancen von reifen Marillen, mit gelbem Apfel unterlegt, kandierte Orangenzesten klingen an. Mittlere Komplexität, weißes Kernobst, frisch strukturiert, mineralisch, salziger Nachhall, gute Länge, ein facettenreicher Speisenbegleiter.

90 Grüner Veltliner * Ried Kremser Frauengrund 2020
12,5 Vol.-%, DV, Stahltank, €€
Helles Gelbgrün, Silberreflexe. Feine gelbe Tropenfrucht, ein Hauch von Orangenzesten, zart nach Blütenhonig. Mittlerer Körper, feine Mangofrucht, feiner Säurebogen, ausgewogen, fruchtiger Stil, ein lebendiger Speisenbegleiter.

92 Riesling * Ried Kremser Schweren Zapfen 2020
13,5 Vol.-%, DV, Stahltank, €€€
Mittleres Goldgelb, Silberreflexe. Exotische Tropenfruchtnuancen, Anklänge von Maracuja und weißem Pfirsich, mineralisch, ein Hauch von Limetten und Blütenhonig. Saftig, weiße Fruchtnuancen, frischer Säurebogen, dezente Süße im Abgang, Limetten im Nachhall, gute Länge, verfügt über Reifepotenzial.

90 Riesling * Kremser Ried Steinhagen 2020
12,5 Vol.-%, DV, Stahltank, €€
Mittleres Goldgelb, Silberreflexe. Einladende gelbe Tropenfrucht, zart nach Ananas und Mango, floraler Tuch, mit reifer Pfirsichfrucht unterlegt. Mittlerer Körper, weißer Apfel, finessenreiche Säurestruktur, mineralisch-zitronig im Abgang, macht Lust auf ein zweites Glas.

91 Cabernet Sauvignon Reserve Legrand 2016
13,5 Vol.-%, NK, gebrauchtes Barriques, €€€€
Kräftiges Rubingranat, zarte Ockerreflexe, dezente Randaufhellung. Feine Edelholzwürze, Nuancen von Brombeerkonfit und Cassis, dezente tabakige Noten, einladendes Bukett. Saftig, mittlere Komplexität, reife Zwetschkenfrucht, feine Säurestruktur, rotbeeriger Nachhall, salziger Touch im Abgang, ein mineralisch-frischer Speisenbegleiter.

★★★

WEINGUT THIERY-WEBER

Die meisten Kremstaler Weingüter werden als Familienbetrieb geführt – aber kaum irgendwo ist die Familie wohl so umfassend in den Betrieb integriert wie auf dem Weingut Thiery-Weber. Seit Generationen ist die Familie so tief in ihrem Heimatort Rohrendorf verwurzelt wie die Rebstöcke in den mächtigen Lössterrassen, auf denen im Kremstal Grüne Veltliner und Rieslinge von Weltformat gedeihen. Und Generationen sind es auch, die noch heute im Weingut mitarbeiten: Erich und Maria Weber haben das Weingut 1986 von Marias Vater Karl Thiery, der ebenso wie Gattin Eveline im Betrieb immer noch Hand anlegt, mit damals zwei Hektar Rebfläche übernommen. Unterstützung kommt seit dem Jahr 2005 von Neffe Artur Toifl, der nun seine in Übersee und zuletzt in Langenlois bei Fred Loimer gesammelten Erfahrungen mit einbringt. »Wir sehen uns als Familienbetrieb und wollen es auch bleiben«, erklärt Artur Toifl, »nicht zuletzt deshalb, weil sich die Aufteilung der Arbeit als ideal herausgestellt hat: Jeder macht im Betrieb genau das, was ihm am meisten Spaß macht. Da sich die einzelnen Neigungen perfekt ergänzen, gelingt es uns, charaktervolle Weine zu produzieren.« Erst vor Kurzem hat das Weingut den traditionellen Gemischten Satz wiederentdeckt: Das »Wolferl« 2011 – nach der in Österreich gebräuchlichen Bezeichnung für die bei der Lese übersehenen Weintrauben im Weingarten benannt – wurde 2013 von Falstaff sogar in die Top 100 der Weißweine Österreichs aufgenommen. »Wir wollen Weine abseits des Mainstreams machen, so handwerklich wie möglich gefertigt – und von denen man gerne noch ein zweites Glas trinkt«, so das hochgesteckte Ziel.

(94) Grüner Veltliner ** Ried Lindobel Artur Toifl 2020
13 Vol.-%, NK, 500-l-Fass, €€€€
Helles Goldgelb, Silberreflexe. Zart mit Orangenzesten unterlegte frische gelbe Kernobstnuancen von Apfel und Birne, feine tabakige Würze, attraktives Bukett. Saftig, wei-

ße Tropenfrucht, frisch strukturiert, mineralisch-zitronig im Nachhall, bleibt haften, sehr gute Frische, finessenreicher Begleiter bei Tisch.

WEINGUT THIERY-WEBER
3495 Rohrendorf, Melkerstraße 1
T: +43 (2732) 84467
office@thiery-weber.at
www.thiery-weber.at

Kellermeister: Erich Weber, Artur Toifl
Kontakt: Maria Weber, Artur Toifl
Anbauweise: Umstellung auf bio (Austria Bio Garantie)
Produktion: 70 % weiß, 29 % rot, 1 % süß, 20 Hektar
Vereinszugehörigkeit: Traditionsweingüter Österreich, Losgelöst(s)t
Messen: ProWein Düsseldorf, VieVinum

(93) Grüner Veltliner ** Ried Gebling 1ÖTW 2020
13,5 Vol.-%, NK, großes Holzfass/Stahltank, €€€€
Mittleres Gelbgrün, Silberreflexe. Zart würzig unterlegte reife gelbe Apfelfrucht, ein Hauch von Anis, feine Tropenfrucht, mit Ananas und Mango unterlegt. Saftig, kraftvoll, elegant, zart nach Marille, frisch strukturiert, Blütenhonig im Abgang, gute Länge, harmonischer Speisenbegleiter.

(93) Riesling ** Ried Gebling 1ÖTW 2020
13,5 Vol.-%, NK, Stahltank, €€€€
Leuchtendes mittleres Gelbgold, Silberreflexe. Frische Pfirsichfrucht, mit einem Hauch von Marille und Ananas unterlegt, zart nach Mandarinenzesten und Blütenhonig, einladendes Bukett. Saftig, frische Ananas, lebendig strukturiert, mineralisch-zitroniger Nachhall, sicheres Reifepotenzial.

92 Riesling ** 2019
13 Vol.-%, DV, Stahltank, €€€
Helles Goldgelb, Silberreflexe. Mit einem Hauch von Grapefruitzesten unterlegte weiße Tropenfrucht, mineralisch, Nuancen von Weingartenpfirsich. Mittlerer Körper, zart nach Ringlotten, frisch strukturiert, zitronig-mineralisch im Abgang, feine Süße im Nachhall, bereits gut antrinkbar.

(94) Gemischter Satz Wolferl 2020
13,5 Vol.-%, NK, 500-l-Fass/Stahltank, €€€€
Mittleres Goldgelb, Silberreflexe. Ein Hauch von Mandarinenzesten, feine gelbe Tropenfrucht, Noten von Blütenhonig, einladendes Bukett. Saftig, etwas Pfirsich und Ananas, lebendiger Säurebogen, straff und mineralisch im Abgang, zart salziger Nachhall, sehr balanciert und mit Reifepotenzial ausgestattet.

92 Cabernet Sauvignon Grande Reserve 2018
14 Vol.-%, NK, Barrique, €€€€
Tiefdunkles Rubingranat, opaker Kern, violette Reflexe. Zarte Ockerrandaufhellung. Feine Nuancen von Nougat und Cassis, mit Brombeerkonfit unterlegt, tabakige Nuancen. Komplex, saftig, schwarze Kirschen, ein Hauch von Vanille, schokoladiger Nachhall, mineralisch, gutes Reifepotenzial.

★★★★

WEINGUT TÜRK

Das Weingut Türk liegt westlich von Wien im idyllischen Weinort Stratzing im Kremstal, etwa sechs Kilometer nördlich von Krems. Die Wurzeln des renommierten Familienbetriebs reichen bis zum Beginn des 18. Jahrhunderts zurück. Der heutige Betriebsstandort wurde 1836 erworben und von Generation zu Generation ausgebaut. Das Hauptaugenmerk gilt den autochthonen Sorten, wobei der Grüne Veltliner einen Anteil von 75 Prozent einnimmt. Ziel der Winzerfamilie ist es, durch eine schonende Vinifikation und einen Ausbau, der das Terroir und den regionaltypischen Charakter hervorhebt, finessenreiche, dichte und lebendige Weine zu formen, die das Kremstal mit seinen Böden und Kleinklimata widerspiegeln. Ein besonderer Geheimtipp sind die oftmals international ausgezeichneten Süßweine. Der Eiswein vom Grünen Veltliner präsentiert sich erwartungsgemäß ansprechend.

(92) Riesling * Kremser Weinberge 2020
12,5 Vol.-%, DV, Stahltank, €€€
Mittleres Grüngelb, Silberreflexe. Reife gelbe Tropenfrucht, zart nach Blütenhonig und Papaya, ein Hauch von

Familie Türk

WEINGUT TÜRK
3552 Stratzing
Kirchengasse 16
T: +43 (2719) 28460
info@weinguttuerk.at
www.weinguttuerk.at

Kellermeister/Kontakt:
Franz Türk
Produktion: 90 % weiß, 5 % rot, 5 % süß, 18 Hektar
Vereinszugehörigkeit:
Traditionsweingüter Österreich
Messen: ProWein Düsseldorf, VieVinum

Nougatkaramell. Saftig, cremige Textur, gelbe Frucht im Kern, feiner Säurebogen, mineralisch, zitroniger Hauch im Nachhall, elegant und ausgewogen.

(94) Grüner Veltliner ** Ried Obere Kremser Sandgrube 2020
13,5 Vol.-%, DV, Stahltank, €€€€
Mittleres Grüngelb, Silberreflexe. Zart kräuterwürzig unterlegte reife gelbe Frucht nach Golden-Delicious-Apfel und Marille, feine tabakige Nuancen, einladendes Bukett. Saftig, elegant, weiße Frucht, feiner Säurebogen, harmonisch und gut anhaftend, ein facettenreicher Speisenbegleiter.

92 Grüner Veltliner * Kremser Weinberge 2020
12,5 Vol.-%, DV, Edelstahl, €€€
Mittleres Grüngelb, Silberreflexe. Zart tabakig-würzig unterlegte reife gelbe Apfelfrucht, zart nach Mango, Orangenzesten, zarte florale Aspekte, einladendes Bukett. Saftig, reife Marille, finessenreicher Säurebogen, bleibt gut haften, salzig-zitronig im Abgang, ein facettenreicher Speisenbegleiter.

91 Kremser Grüner Veltliner * vom Urgestein 2020
12,5 Vol.-%, DV, Stahltank, €€€
Mittleres Gelbgrün, Silberreflexe. Ein Hauch von frischer gelber Tropenfrucht, feiner Mangotouch, etwas Ananas und Blütenhonig. Saftig, weiße Frucht, gut integrierter Säurebogen, mineralisch, zeigt gute Frische, ein lebendiger Speisenbegleiter.

93 Chardonnay Barrique 2019
14 Vol.-%, DV, Barrique, €€€€
Leuchtendes Gelbgrün, Silberreflexe. Feinwürzig unterlegte reife Fruchtnuancen nach Mango und Papaya, ein Hauch von Holzwürze und weißem Nougat, attraktives Bukett. Kraftvoll saftig, feine Fruchtsüße, ein Hauch von Karamell und Marille im Nachhall, elegant und gut anhaftend, ein stoffiger Speisenbegleiter.

94 Beerenauslese vom Gelber Muskateller 2019
11,5 Vol.-%, DV, Stahltank, €€€€
Helles Goldgelb, Silberreflexe. Feiner Honig, reifer gelber Pfirsich, zart nach Maracuja, ein Hauch von Muskatnuss. Süße Textur, weiße Fruchtnuancen, etwas Litschi, rassiger Säurebogen, honigsüßer Nachhall, gutes Reifepotenzial

★★★

WEINGUT PETRA UNGER

Petra Ungers Weine erzählen von Herzblut und liebevoller Handarbeit. Die elf Hektar Weingärten liegen zu beiden Seiten des Donaustroms am Tor zur Wachau. Auf den steilen Urgesteinsterrassen der Rieden Gaisberg und Hinters Kirchl speichern regionstypische Natursteinmauern die Tageswärme für elegante, mineralische Rieslinge. Von hier reicht der Blick über die Donau bis zu den sonnendurchfluteten Rieden Gottschelle und Oberfeld, die sich am Fuße des Stifts Göttweig erstrecken. Petra Unger möchte den ganzen Charakter der Region im Glas zur Entfaltung bringen. Dazu geben ihr die regulierende Kraft der Donau, kühle Fallwinde und wärmende pannonische Einflüsse einen besonderen klimatischen Rahmen – ideale Voraussetzungen für ihre frischen Weißweine, aber auch für elegante Rotweine. Als Mitglied der »Traditionsweingüter Österreich« ist Petra Unger stolz darauf, dass ihre vielfach ausgezeichneten Weine als Hinweis auf »Erste Lagen« das Prädikat »1 ÖTW« tragen dürfen. Auch in der Vereinigung »11 Frauen und ihre Weine« blickt sie über den Rand ihres Glases hinaus. 2010 begann sie eine Kooperation mit ihrem Winzerkollegen Josef Edlinger, um betriebliche Synergien zu nutzen. Für das Weinmachen bleibt jedoch jeder selbst verantwortlich und damit für die eigene unverwechselbare Handschrift. Ihre Weine versendet Petra Unger in viele Länder der Welt.

(93) Riesling ** Furth bei Göttweig Ried Gaisberg 1ÖTW 2020
13,5 Vol.-%, DV, Stahltank, €€€€
Mittleres Grüngelb, Silberreflexe. Gelbe Tropenfrucht, nach Mango und Ananas, feiner Blütenhonig, mit einem floralen Touch unterlegt, einladendes Bukett. Saftig, weiße Pfirsichfrucht, lebendiger Säurebogen, mineralisch-zitronig, animierender und leichtfüßiger Stil, wird von Flaschenreife profitieren.

(92) Riesling * Furth bei Göttweig Ried Steinleithen 2020
13 Vol.-%, DV, Stahltank, €€€
Mittleres Grüngelb, Silberreflexe. Reifer Pfirsich, ein Hauch von Safran, Nuancen von frischem Ingwer, feiner Blütenhonig. Weiße Tropenfrucht, zart nach Litschi, finessenreiche, knackige Säurestruktur, zitronig, etwas Honig im Finish.

(93) Grüner Veltliner ** Furth bei Göttweig Ried Oberfeld 1ÖTW 2020
14 Vol.-%, DV, Stahltank, €€€€
Helles Grüngelb, Silberreflexe. Zart nach Anis, reife gelbe Tropenfrucht, feiner Hauch von Apfel und Mango, mineralisch unterlegt, Nuancen von Limetten. Komplex, saftig, reife Ananas, mineralischer Kern, feiner Säurebogen, zarte Fruchtsüße im Finish, Marillen im Rückgeschmack.

(92) Grüner Veltliner * Furth bei Göttweig Ried Hintere Point 2020
13 Vol.-%, DV, Stahltank, €€
Helles Grüngelb, Silberreflexe. Zart gewürzig unterlegte reife Mangofrucht, zart nach Marille, ein Hauch von Wiesenkräutern. Saftig, elegant, feine Fruchtsüße, reifer Apfel, feines Säurespiel, ausgewogener Speisenwein.

(92) Grüner Veltliner ** Furth bei Göttweig Ried Gottschelle 1ÖTW 2020
13,5 Vol.-%, DV, Stahltank, €€€€
Helles Grüngelb, Silberreflexe. Zart floral unterlegte gelbe Apfelfrucht, ein Hauch von Ananas, frische Orangenzesten, Noten von Blütenhonig. Stoffig, feine Kräuterwürze, weiße Kernobstnuancen, feiner Säurebogen, bleibt haften, bereits gut antrinkbar.

WEINGUT PETRA UNGER
3511 Furth-Palt, Lindengasse 22
T: +43 (676) 848622822
office@ungerwein.at
www.ungerwein.at

Kellermeister/Kontakt:
Petra Unger
Produktion: 75 % weiß, 20 % rot, 5 % süß, 11 Hektar
Zertifiziert: Nachhaltig Austria
Vereinszugehörigkeit:
Traditionsweingüter Österreich, 11 Frauen und ihre Weine
Messen: Austrian Tasting London, ProWein Düsseldorf, VieVinum, DAC-Präsentationen

* Kremstal DAC ** Kremstal DAC Reserve

★★

WANDRASCHEK WEINMANUFAKTUR

Seit 1970 ist Krems die neue Heimat von Conny und Wolfgang Wandraschek. Beruflich waren sie in der Architektur tätig, entdeckten jedoch bald die Liebe zum Wein. Im Hausweingarten wird die Lieblingssorte Cabernet Sauvignon ausgepflanzt. »Ein Fass für mich und meine Freunde«, so der Tenor von Wolfgang Wandraschek. Der Inhalt des Fasses wird schließlich der erste »Falstaff Sortensieger«, drei weitere Erstplatzierungen (1999, 2005 und 2014) folgen. So der Beginn einer Leidenschaft, die mittlerweile auch Sohn Gregor erfasst hat.
Die Weinmanufaktur ist nun ein Familienbetrieb mit knapp zwei Hektar – Tendenz steigend. Viele sprechen hier bereits vom »kleinen Stück Bordeaux im Kremstal«, denn die Weinmanufaktur Wandraschek ist ein feines Boutiqueweingut auf höchstem Niveau. Die Rotweine lagern zwei Jahre in französischen Barriquefässern, damit sie harmonisch, stabil und klar werden. Gregor, seit Kurzem alleine verantwortlich für das Weingut, und Vater Wolfgang sehen sich als kreative Handwerker. Mit überwiegender Handarbeit versuchen sie, der Vollkommenheit großer Rotweine möglichst nahe zu kommen. Aber es gibt noch mehr: Neben hochwertigen Rotweinen wird seit Neuestem auch Weißwein in ebenso hoher Qualität aus Toplagen wie dem Steiner Kögl vinifiziert.
Conny Wandraschek ist gemeinsam mit Gregor für Marketing und Verkauf zuständig und veranstaltet auch gerne stilvolle Wein-Events und private Verkostungen auf dem Weingut.

89 Riesling ** Ried Windleithen 2019
13,5 Vol.-%, NK, Stahltank, €€€

93 Cabernet Sauvignon Grand Reserve 2018
14,5 Vol.-%, NK, Barrique, €€€€€
Dunkles Rubingranat, violette Reflexe, breitere Ockerrandaufhellung. Feine Brombeernoten, etwas nach Cassis, zarte Edelholznoten, mineralisch, Vanilletouch, einladendes Bukett. Komplex, saftig, reife Kirschen, etwas Pflaumen, Nougat im Abgang, gut integrierte Tannine, mineralisch, sicheres Potenzial, facettenreicher Begleiter bei Tisch.

92 Pinot Noir 2018
14 Vol.-%, NK, Barrique, €€€€
Mittleres Karmingranat, breitere Randaufhellung. Feine Brombeernoten, etwas Vanille, einladendes rotes Waldbeerenkonfit, Gewürznuancen, Kardamom klingt an. Mittlere Komplexität, saftig, kraftvoll, samtige Tannine, reife

Weingärten vor Krems

WANDRASCHEK WEINMANUFAKTUR
3500 Krems
Landersdorfer Straße 61
T: +43 (2732) 83645
www.wandraschek.at

Kellermeister/Kontakt:
Gregor Wandraschek
Produktion: 12.000 Flaschen
5 % Schaumwein, 15 % weiß,
5 % rosé, 75 % rot, 1.5+0.3 Hektar

Zwetschken, bleibt gut haften, würziger Nachhall, guter Speisenbegleiter, bereits entwickelt.

91 Cuvée 2018 CS/ME/ZW
14,5 Vol.-%, NK, Barrique, €€€
Kräftiges Karmingranat, Ockerreflexe, breitere Randaufhellung. Zart tabakig unterlegte Nuancen von dunklen Waldbeeren, ein Hauch von Edelholz, mit Lakritze und Kräutern unterlegt. Mittlerer Körper, feine Fruchtsüße, reife Herzkirschen, gut integrierte Tannine, zartes Nougat im Nachhall.

91 Syrah 2018
14,5 Vol.-%, NK, Barrique, €€€€€
Kräftiges Rubingranat, violette Reflexe, breite Ockerrandaufhellung. Frische rote Herzkirschen, angenehme Gewürznuancen, tabakig, Orangenzesten im Hintergrund. Mittlerer Körper, rotes Waldbeerenkonfit, feine, reife Tannine, etwas Nougat im Abgang, Süße im Nachhall, rund und vielseitig einsetzbar.

90 Merlot 2018
14,5 Vol.-%, NK, Barrique, €€€€€
Kräftiges Rubingranat, violette Reflexe, breitere Ockerrandaufhellung. Zart tabakig unterlegtes Erdbeerkonfit, reife Zwetschken, ein Hauch von Vanille, feine Edelholzwürze. Mittlerer Körper, rotbeerige, dezente Tannine, wirkt etwas weitmaschig im Abgang, karamelliger Touch, bietet unkompliziertes Trinkvergnügen.

★★★

WEINGUT RAINER WESS

„Meine selbst produzierte Flasche Wein auf den zu Tisch stellen, die nicht nur meine Handschrift, sondern auf dem Etikett auch meinen Namen trägt, und das Ganze im Kreis meiner Freunde und meiner Familie“, das war seit Kindertagen der Traum von Rainer Wess. Diesen Traum konnte sich Wess im Jahr 2003 mit der Gründung seines Weinguts in einem gemieteten Keller in der Unterloibner Kellergasse erfüllen. Wein gemacht wurde aus zugekauften Trauben aus den besten Lagen der Umgebung. Der Keller wurde jedoch bald zu klein, und so übersiedelte man mit dem Jahrgang 2010 in die Kremser Sandgrube, und zwar in einen leer stehenden Keller des Stifts Wilhering. Eine moderne, schonende und energiesparende Traubenübernahme wurde dem alten Gebäude hinzugefügt.
Heute bewirtschaftet das Weingut Rainer Wess, Mitglied des Vereins Traditionsweingüter Österreich, rund 15 Hektar Rebfläche. Auf dem Weingut arbeiten mit Rainer, Christina und David nun bereits zwei Generationen, die gemeinsam stets das Ziel verfolgen, die Lagen so unverfälscht, ungekünstelt und pur in die Flasche zu bringen wie nur möglich.

92 Riesling ** Alte Reben 2019
12,5 Vol.-%, DV, Stahltank, €€€€ (V)
Helles Goldgelb, Silberreflexe. Zarte gelbe Tropenfrucht, floral unterlegter Pfirsichtouch, ein Hauch von Mandarinenzesten, einladendes Bukett. Gute Komplexität, weißes Steinobst, finessenreiche Säurestruktur, Pfirsich im Nachhall, Ananas im Rückgeschmack.

91 Riesling * 2020
12,5 Vol.-%, DV, Stahltank, €€€ (V)
Helles Goldgelb, Silberreflexe. Zart nach Ananas und Maracuja, florale Nuancen, ein Hauch von Limette, einladendes Bukett. Saftig, fruchtsüße Textur, dezente Säurestruktur, gelber Pfirsich im Nachhall, bereits gut antrinkbar.

WEINGUT RAINER WESS
3500 Krems, Sandgrube 24
T: +43 (2732) 72389
info@weingut-wess.at
www.weingut-wess.at

Kellermeister: Rainer und Christina Wess
Kontakt: Rainer Wess
Anbauweise: Umstellung auf bio
Produktion: 75.000 Flaschen
90 % weiß, 5 % rot, 5 % süß,
15+0.5 Hektar
Zertifiziert: Nachhaltig Austria
Vereinszugehörigkeit:
Traditionsweingüter Österreich
Messen: Austrian Tasting London, ProWein Düsseldorf, VieVinum, Vinexpo, Vinexpo Explorer

* Kremstal DAC ** Kremstal DAC Reserve

93 Riesling Ried Loibner Loibenberg 2019
13 Vol.-%, NK, Stahltank, €€€€€ V
Mittleres Goldgelb, Silberreflexe. Floral unterlegte weiße Tropenfrucht, ein Hauch von Ananas, zarter Blütenhonig. Saftig, weißer Pfirsich, feiner Säurebogen, lebendig strukturiert, mineralisch-salziger Nachhall, gutes Reifepotenzial.

92 Grüner Veltliner ** Alte Reben 2019
12,5 Vol.-%, DV, großes Holzfass, €€€ V
Mittleres Goldgelb, Silberreflexe. Zart nach Orangenzesten, dezenter Blütenhonig, feine Marillenfrucht, ein Hauch von gelbem Apfel. Mittlere Komplexität, feine weiße Frucht, finessenreiche Struktur, dezente Süße im Nachhall, mineralischer Rückgeschmack.

91 Grüner Veltliner * Ried Sandgrube 2020
12,5 Vol.-%, DV, Stahltank, €€ V
Helles Goldgelb, Silberreflexe. Ein Hauch von Anis, feine gelbe Tropenfrucht, zart nach Grapefruit, floraler Touch. Mittlerer Körper, saftig, zart nach Ananas, feine Säurestruktur, dezenter Blütenhonig im Nachhall.

90 Grüner Veltliner * 2020
12,5 Vol.-%, DV, Stahltank, €€ V
Helles Grüngelb, Silberreflexe. Tabakig unterlegte gelbe Apfelfrucht, ein Hauch von Marille, weißer Pfeffer. Mittlerer Körper, weiße Apfelfrucht, gute Frische, mineralisch-salzig im Abgang, zitroniger Nachhall.

★★★

WEINGUT ALOIS ZIMMERMANN

Das Weingut von Alois Zimmermann junior befindet sich im charmanten Weinort Theiß nördlich des Donaustroms, unweit der Weinstadt Krems. 2007 hat er es offiziell von seinen Eltern Alois senior und Edeltraud übernommen. Mit den Augen von Visionären haben es die beiden zu seiner heutigen Größe aufgebaut. Dass er ebenfalls Winzer werden wollte, stand für den Sohn außer Zweifel: Die Arbeiten im Weingarten, das Begleiten des Weins im Keller, bis das Werk eines Jahres zu einem erlebbaren Genuss reift – das ist ein Prozess, der ihn schon immer faszinierte. Die Rebpflege ist für ihn dabei von zentraler Bedeutung, weshalb er auch eindeutig häufiger im Weingarten anzutreffen ist als im Büro. Bevor Alois Zimmermann im Familienbetrieb loslegte, zog es ihn noch in die Ferne, wo er den Weinbau aus anderen Perspektiven erforschte. Die Essenz dieser Erfahrung ist für ihn die Konzentration auf die eigenen Stärken.

Alois Zimmermann, Jürgen Klob und Watson

WEINGUT ALOIS ZIMMERMANN
3494 Theiß, Obere Hauptstraße 20
T: +43 (2735) 8209
office@weingut-zimmermann.at
www.weingut-zimmermann.at

Kellermeister: Alois Zimmermann
Kontakt: Alois Zimmermann jun. und Jürgen Klob
Produktion: 90.000 Flaschen
100 % weiß, 11.5 Hektar
Zertifiziert: Nachhaltig Austria
Vereinszugehörigkeit:
Losgelöst(s)t, Weinstraße Kremstal
Messen: ProWein Düsseldorf, VieVinum, Vinobile Feldkirch, Vinobile Montfort, DAC-Präsentationen

93 Grüner Veltliner ** Ried Rosshimmel 2019
14,5 Vol.-%, DV, Stahltank, €€€ V
Mittleres Grüngelb, Silberreflexe. Zart gewürzig unterlegte reife gelbe Apfelfrucht, ein Hauch von Quitten, feiner Blütenhonig, ein Hauch von Anis. Kraftvoll, saftig, reife Marillenfrucht, feine Säurestruktur, mineralisch, bleibt haften, ein stoffiger Speisenbegleiter.

92 Grüner Veltliner * Ried Sandgrube 2020
12,5 Vol.-%, DV, Stahltank, €€ V
Helles Gelbgrün, Silberreflexe. Mit frischen Wiesenkräutern unterlegte gelbe Apfelfrucht, zarte tabakige Würze, attraktives Bukett. Elegant, frische Mango, lebendige Säurestruktur, mineralisch und gut anhaftend, verfügt über Reifepotenzial.

92 Grüner Veltliner ** Ried Kremser Gebling 2019
13,5 Vol.-%, DV, Stahltank, €€€ V
Mittleres Grüngelb, Silberreflexe. Mit zarter Kräuterwürze unterlegte feine gelbe Tropenfrucht nach Ananas und Mango, mineralischer Touch, feine Nuancen von Orangenzesten. Saftig, elegant, feine Extraktsüße, gut integrierte Säurestruktur, feiner Blütenhonig, Marillentouch im Nachhall.

91 Grüner Veltliner * Ried Gernlüssen 2020
12 Vol.-%, DV, Stahltank, €€ V
Helles Gelbgrün, Silberreflexe. Frische Mango, ein Hauch von Marille, zart nach Orangenzesten. Straff, elegant, feine Birnenfrucht, gut integrierte Säurestruktur, zitronig-mineralischer Touch im Nachhall, ein leichtfüßiger Speisenbegleiter, gut zugänglich.

90 Grüner Veltliner * 2020
12,5 Vol.-%, DV, Stahltank, €€ V
Helles Gelbgrün, Silberreflexe. Zarte weiße Tropenfrucht, ein Hauch von Melone, Nuancen von frischen Wiesenkräutern und Limetten. Saftig, feine Apfelfrucht, frischer Säurebogen, trinkfreudiger, sommerlicher Typ mit fruchtigem Nachhall.

92 Riesling ** Ried Kremser Krax´n 2019
13,5 Vol.-%, DV, Stahltank, €€€ V
Helles Grüngelb, Silberreflexe. Zarte Marillenkonfitüre, gelber Pfirsich, ein Hauch von frischen Orangenzesten, Nuancen von Blütenhonig. Mittlere Komplexität, dezente Fruchtsüße, dezenter Säurebogen, reife Mango, bereits gut gereift, vielseitig einsetzbar.

91 Riesling * Ried Kapuzinerberg 2020
12,5 Vol.-%, DV, Stahltank, €€€ V
Helles Gelbgrün, Silberreflexe. Feine gelbe Tropenfrucht, ein Hauch von Zitruszesten, mit frischen Kräutern unterlegt. Straff, engmaschig, elegante Textur, lebendiger Säurebogen, mineralisch und gut anhaftend, bereits sehr gut antrinkbar.

90 Riesling * Ried Rosshimmel 2020
12,5 Vol.-%, DV, Stahltank, €€ V
Helles Gelbgrün, Silberreflexe. Mit frischen Kräutern unterlegte weiße Pfirsichfrucht, rauchig-mineralisch, facettenreiches Bukett. Stoffig, zarte Fruchtsüße, lebendiger Säurebogen, ausgewogen und bereits zugänglich.

★★

WEINGUT ZÖHRER

Die Wurzeln des Weinguts und der Familie Zöhrer reichen 750 Jahre bis in die Zeit der Babenberger zurück. Albrecht I. (1255–1308) belehnte 20 seiner treuesten Gefolgsleute, die Lehnherren von Krems-Weinzierl, mit Ackerland, Wäldern, Obst- und Weingärten in und um Weinzierl, das heute ein Stadtteil von Krems ist. Die Familie Zöhrer gehörte damals dazu und ist heute das letzte international aktive Weingut der Lehnherren von Krems-Weinzierl. Tradition und das Wissen von Generationen wurden Anton Zöhrer somit in die Wiege gelegt. Konsequent wird daran gearbeitet, das Potenzial der großen Lagen, die zu den bedeutendsten des Kremstals zählen, auszuschöpfen. Denn dort, im Terroir der Rieden, liegt die Stärke des Weinguts Zöhrer. Die Rebstöcke wurden großteils vom Großvater und vom Vater vor 40 bis 100 und mehr Jahren ausgepflanzt. Der Schwerpunkt liegt auf den Sorten Grüner Veltliner und Riesling. Die Weine haben ein unverkennbares Profil, sind von ihrer Herkunft geprägt und erfreuen sich internationaler Wertschätzung.

(93) Grüner Veltliner ** Urknall 2020
13 Vol.-%, DV, kleines Holzfass, €€€€€
Mittleres Goldgelb, Silberreflexe. Feine gelbe Fruchtnuancen nach Golden-Delicious-Apfel und frischer Birne, dezente

Mauterner Brücke bei Krems

WEINGUT ZÖHRER

3500 Krems, Sandgrube 1
T: +43 (2732) 83191
weingut@zoehrer.at
www.zoehrer.at

Kellermeister/Kontakt:
Toni Zöhrer
Produktion: 10 % Schaumwein, 65 % weiß, 15 % rosé, 10 % rot
Vereinszugehörigkeit:
Original Kremser Wein
Messen: Forum Vini München, ProWein Düsseldorf, Veltlinertag im Museumsquartier, VieVinum, Vinobile Feldkirch, DAC-Präsentationen, Vinexpo New York

Mangonote, mit Anklängen von Blütenhonig unterlegt. Saftig, elegant, fruchtige Süße, feiner Säurebogen, salzig-mineralisch im Abgang, zart nach Marille im Rückgeschmack, bleibt gut haften, balancierter Speisenbegleiter mit zitronigem Finale.

(92) Grüner Veltliner * Kremser Ried Kapuzinerberg 2020
13,5 Vol.-%, DV, großes Holzfass, €€€€
Helles Grüngelb, Silberreflexe. Zart mit Orangenzesten unterlegte Golden-Delicious-Frucht, ein Hauch von Wiesenkräutern, tabakige Nuancen. Saftig, elegant, seidige Textur, feine, gut integrierte Marillenfrucht, dezenter Säurebogen, ausgewogen und anhaftend, vielversprechendes Reifepotenzial.

(92) Grüner Veltliner * Kremser Ried Wachtberg 2020
13,5 Vol.-%, DV, Edelstahl, €€€€
Mittleres Gelbgrün, Silberreflexe. Etwas scheu, zart nach Wiesenkräutern, weiße Apfelfrucht, mineralischer Touch. Mittlerer Körper, feiner Kernobsttouch, harmonisches Säurespiel, feine salzige Nuancen, extraktsüßer Nachhall, gutes Entwicklungspotenzial.

(92) Grüner Veltliner * Kremser Ried Thurnerberg 2020
13,5 Vol.-%, DV, kleines Holzfass, €€€€
Mittleres Gelbgrün, Silberreflexe. Feiner Hauch von Orangenzesten, mit frischer Honigmelone unterlegt, dezente Süße im Bukett. Stoffig, zarter Karamelltouch, reife Marillennoten, zartes Säuregerüst, feiner Blütenhonig im Nachhall, eleganter Speisenbegleiter.

(92) Grüner Veltliner * Ried Kremser Frechau 2020
14 Vol.-%, DV, großes Holzfass, €€€€
Mittleres Gelbgrün, Silberreflexe. Zarte Nuancen nach Honigmelone und frischer Mango, ein Hauch von Wiesenkräutern, einladendes Bukett. Saftig , seidige Textur, zart nach Marille, feine, gut integrierte Säurestruktur, elegant und gut anhaftend, verfügt über Reifepotenzial.

92 Riesling * Ried Weinzierlberg 2020
13 Vol.-%, DV, €€€€
Helles Gelbgrün, silberfarbene Reflexe. Zarte florale Nuancen, ein Hauch von gelber Tropenfrucht, etwas Mango und Ananas, einladendes Bukett. Saftig, gute Komplexität, gut eingebundene Fruchtsüße, feiner Säurebogen, etwas Blütenhonig im Nachhall, gutes Reifepotenzial.

In der Thermenregion südlich von Wien bei Pfaffstätten
findet man die autochthonen Sorten Zierfandler und Rotgipfler

NIEDERÖSTERREICH

THERMEN-REGION

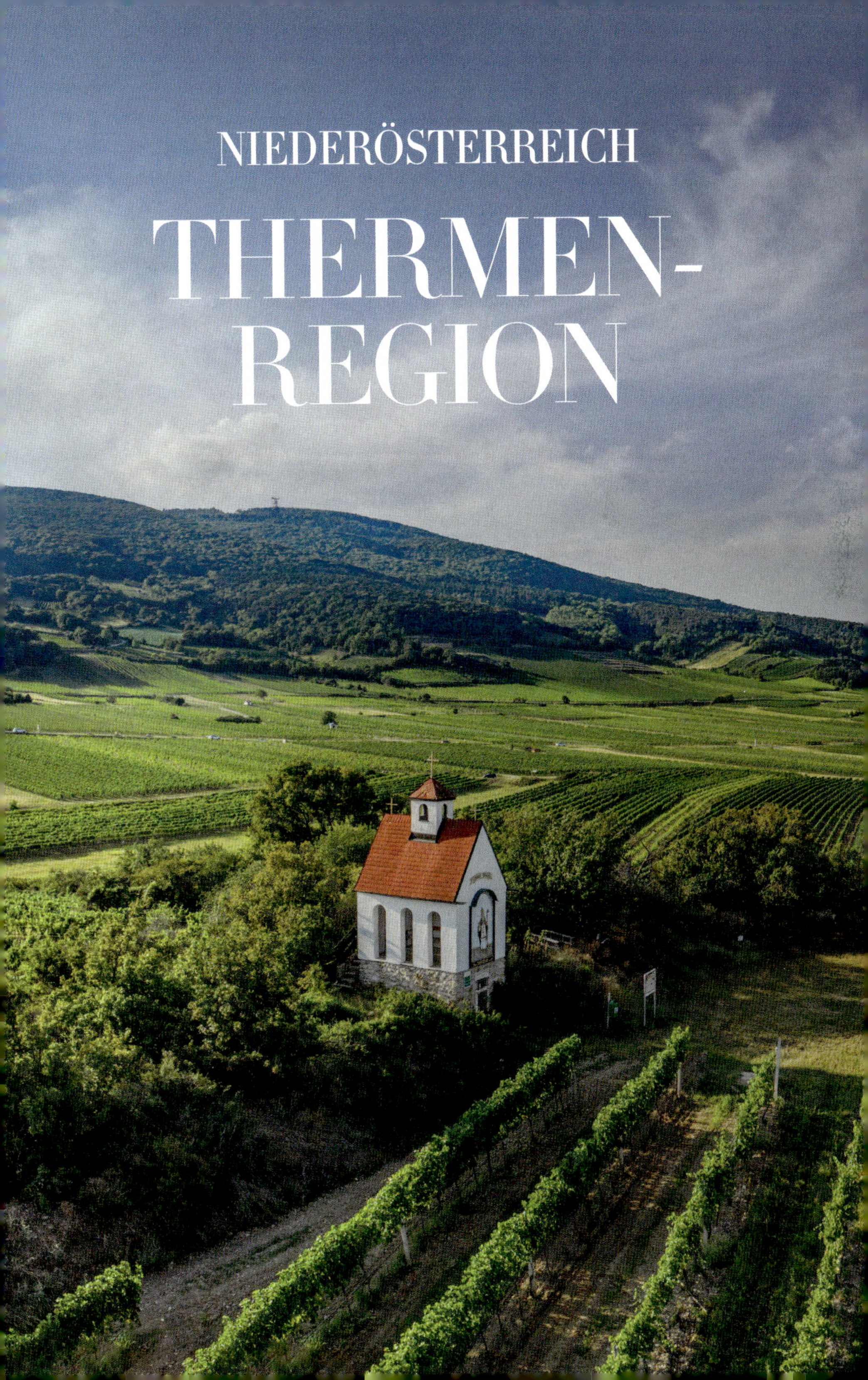

Der Lausturm bei Sooß wurde 1892 nach der überstandenen Reblausplage von Robert Schlumberger errichtet

GEBIET MIT GESCHICHTE, WEINE MIT ZUKUNFT

Die Thermenregion entstand 1985 durch die Zusammenlegung der früheren Weinbaugebiete Gumpoldskirchen und Bad Vöslau, blickt aber auf eine sehr lange Geschichte zurück. 2181 Hektar Reben lehnen sich an die Ausläufer des Wienerwalds, vom Stadtrand Wiens bis südlich des Kurortes Baden. Autochthone Rebsorten wie Zierfandler und Rotgipfler sind die Spezialität des Gebiets, beim Rotwein dominieren St. Laurent und Pinot Noir.

Schon vor mehr als 2000 Jahren wurden in der klimatisch begünstigten Region südlich von Wien Weinreben kultiviert. Römische Legionäre, die in Carnuntum und Vindobona stationiert waren, brachten Weinstöcke aus ihrer Heimat und Kenntnisse über die Weinerzeugung nach Pannonien. Der Name »Thermenregion« verweist auf die schwefelhaltigen heißen Quellen von Aquae (Baden).

Die Weinreben profitieren vom pannonischen Klimaeinfluss mit heißen Sommern und trockenen Herbsten sowie 1800 Sonnenstunden im Jahr. Ständige Luftbewegung lässt im Herbst die Trauben nach Tau oder Regen rasch abtrocknen. Bei der geologischen Vielfalt überwiegen relativ schwere Böden wie lehmige Tone, sandige Lehme und Braunerde mit hohem Muschelkalkgehalt. Der darunterliegende Verwitterungsschutt und tiefreichende Schichten von Schwemmland helfen bei Entwässerung und Durchwärmung. Im Steinfeld im Südosten der Region bieten eher steinige, karge Schotterböden den Rotweinsorten ausgezeichnete Bedingungen. Hausrecht haben die gebietstypischen – sonst kaum zu findenden – weißen Rebsorten Zierfandler (Synonym: Spätrot) und Rotgipfler, die als Cuvée die legendäre Weinehe Spätrot-Rotgipfler eingehen. Zur traditionellen Sortenvielfalt gehören aber auch der früher als Vöslauer bezeichnete Blaue Portugieser oder der Neuburger, ebenso

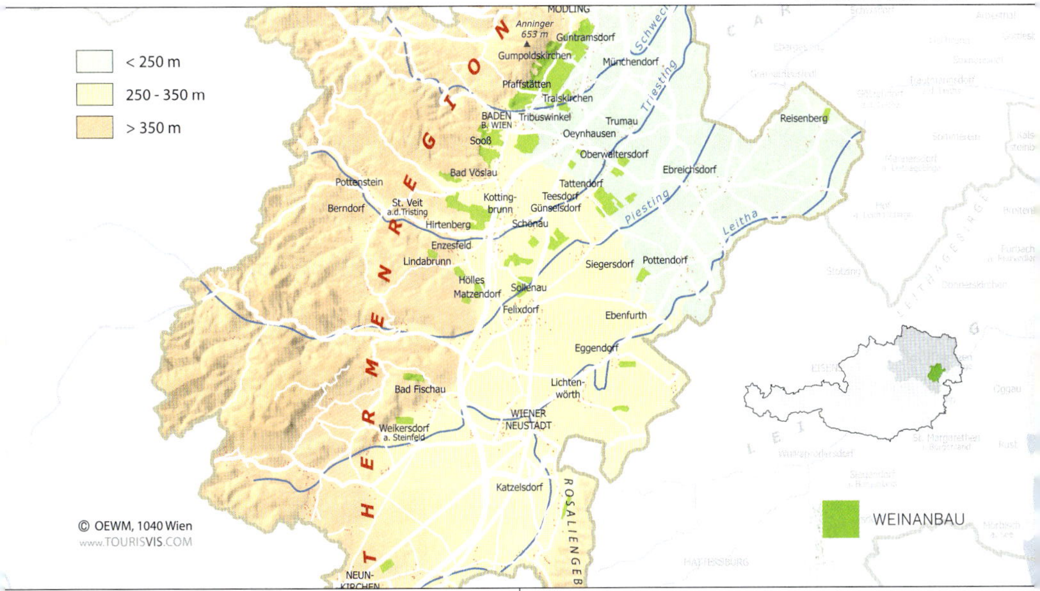

moderne Weine aus der Burgunderfamilie, St. Laurent und Zweigelt, aber auch Merlot und Cabernet Sauvignon. Rotweinzentren sind Bad Vöslau, Sooß, Tattendorf und Teesdorf, die klassischen Weißweine kommen aus Perchtoldsdorf, Gumpoldskirchen, Pfaffstätten, Baden, Guntramsdorf und Traiskirchen.

Natur und Kultur ermöglichen ein abwechslungsreiches Freizeitprogramm: von einem Besuch des wieder erblühten Freiguts Thallern des Zisterzienserstiftes Heiligenkreuz, eines der ältesten Weingüter Österreichs, über die Kultur- und Kurstadt Baden mit Theater, Operette, Wellness oder Traubenkur bis zu Ausflügen entlang der Weinstraße oder Wanderungen durch die Weinberge entlang der Wiener Hochquellwasserleitung. Das Wasser zum Wein als exzellenter Speisenbegleiter kommt dann auch in der Gastronomie zu seinem Recht.

AUSGEWÄHLTE WEINGÜTER

★★★★

Weingut Alphart, Traiskirchen
Weingut Christian Fischer, Sooß
Weingut Johannes Gebeshuber, Gumpoldskirchen
Weingut Johanneshof Reinisch, Tattendorf
Weingut Stadlmann, Traiskirchen

★★★

Weingut Familie Auer, Tattendorf
Leo Aumann, Tribuswinkel
Weingut Biegler, Gumpoldskirchen
Weingut Heinrich Hartl III, Oberwaltersdorf
Weingut Piriwe, Traiskirchen
Weingut Schneider, Tattendorf

★★

Weingut Harald Zierer, Gumpoldskirchen

★

Weingut Alphart am Mühlbach, Traiskirchen
Goldeck Wein- und Sektkellerei, Bad Vöslau

Kapelle am Kreuzweg, Thallern

WEINGUT ALPHART
2514 Traiskirchen
Wiener Straße 46
T: +43 (2252) 52328
weingut@alphart.com
www.alphart.com

Kellermeister/Kontakt:
Florian Alphart
Anbauweise: Umstellung auf bio (Bio Austria)
Produktion: 200.000 Flaschen
80 % weiß, 18 % rot, 2 % süß,
30 Hektar
Vereinszugehörigkeit:
Thermenwinzer
Messen: Austrian Tasting London, ProWein Düsseldorf, VieVinum

★★★★

WEINGUT ALPHART

Das Weingut Alphart in Traiskirchen in der Thermenregion steht für höchste Weinqualität. Der Familienbetrieb kann auf eine mehr als 250-jährige Tradition zurückblicken. Etwa 30 Hektar Muschelkalkboden in Eigenbesitz sind mit Reben bestockt, die mit größter Sorgfalt gepflegt werden. Die Eckpfeiler für eigenständige Weine sind ein respektvoller Umgang mit der Natur, die individuelle Pflege jedes Rebstocks, konsequente Ertragsreduktion, penible selektive Handlese zum perfekten Lesezeitpunkt sowie schonendste Verarbeitung. Nur so ist es möglich, die feine Eleganz und klare Frucht der Trauben in den Weinen wiederzufinden.

Vor allem dem Rotgipfler und dem Chardonnay in jeweils mehreren Ausbauarten schenken die Alpharts viel Aufmerksamkeit. Diese beide Sorten reifen in den burgundischen Lagen Rodauner, Teigelsteiner, Satzing und Goldlacke zu ganz besonderen Gewächsen heran. Auch die altösterreichische Sorte Neuburger ist im Hause Alphart mit der Einzellage Hausberg ein wichtiger Fixpunkt im Sortiment. Die eleganten Rotweine sollte man ebenfalls nicht außer Acht lassen. Hier setzt man auf saftige Cuvées aus Zweigelt und Pinot Noir sowie auf die kräftige Paarung aus fleischigem Merlot und reifem Cabernet Sauvignon in der Cuvée »Alpha«. Der reinsortige Pinot Noir ist eine ganz besondere Leidenschaft der Winzerfamilie und begeistert als klassisch-fruchtige Variante ebenso wie als Reserve mit eleganter Struktur und zarter Rotbeerigkeit.

Sechsmal im Jahr ist bei den Alpharts »ausg'steckt«. Der Heurige dient als Plattform zur Kommunikation und zur Präsentation der eigenen Weine. Hier wird Tradition fortgeführt, Weinkultur in angenehmer Atmosphäre gepflegt und auf Qualität der regionalen Grundprodukte in der Küche Wert gelegt. Geboten werden Heurigenklassiker wie Aufstriche und Salate sowie modernisierte Familienrezepte der klassischen Hausmannskost.

94 Rotgipfler Ried Rodauner Top Selektion 2019
14 Vol.-%, DV, Teilbarrique, €€€€€
Leuchtendes helles Goldgelb, Silberreflexe. Zart kräuterwürzig unterlegte frische gelbe Birnenfrucht, zartes Nougat im Hintergrund, ein Hauch von kandierten Orangenzesten. Straff, weiße Tropenfrucht, saftig, feine Fruchtsüße, frischer Säurebogen, mineralisch-zitroniger Touch im Abgang, ein Hauch von Blütenhonig im Nachhall, sicheres Reifepotenzial.

92 Rotgipfler Ried Rodauner 2019
13,5 Vol.-%, DV, großes Holzfass, €€€
Mittleres Grüngelb, Silberreflexe. Zart kräuterwürzig unterlegte gelbe Tropenfruchtaromen, nach Papaya und Mango, ein Hauch von Birnen und Blütenhonig. Stoffig, elegant, seidige Textur, gelbe Fruchtnuancen, feiner Säurebogen, Nuancen von Apfel im Abgang, bereits entwickelt, ein komplexer Begleiter bei Tisch.

90 Rotgipfler vom Berg 2020
13 Vol.-%, DV, Edelstahl, €€
Helles Goldgelb, Silberreflexe. Attraktive gelbe Tropenfrucht, frische gelber Birne, zart nach Mango, ein Hauch von Blütenhonig. Leichtfüßig, weißer Apfel, kalkige Mineralik, zarte Süße im Finish, bietet unkomplizierte Trinkfreude.

94 Chardonnay Privat 2019
14 Vol.-%, DV, Barrique, €€€€€
Leuchtendes mittleres Goldgelb, Silberreflexe. Feine Holznuancen, mit zarter gelber Tropenfrucht unterlegt, ein Hauch von Biskuit und Limetten, einladendes Bukett. Saftig, weiße Pfirsichfrucht, kraftvoll und gut anhaftend, süße Textur, finessenreiche Struktur, mineralisch, zeigt gute Länge, sicheres Reifepotenzial.

92 Chardonnay Ried Tagelsteiner 2019
13,5 Vol.-%, DV, gebrauchte Barriques, €€€€
Leuchtendes Goldgelb, Silberreflexe. Feine gelbe Tropenfrucht, Mango und Papaya, kandierte Mandarinenzesten, zart floral unterlegt, feine Holzwürze. Saftig, weiße Frucht, feine Textur, lebendig strukturiert, zartes Karamell im Abgang, reife Ananas im Rückgeschmack, ein vielseitiger Speisenbegleiter.

92 Chardonnay Reserve 2019
14 Vol.-%, DV, Teilbarrique, €€€€€
Leuchtendes mittleres Goldgelb, Silberreflexe. Zarte Nuancen von Vanille, gelbe Tropenfrucht, ein Hauch von Limettenzesten, feiner weißer Nougattouch. Saftig, weißer Pfirsich, gute Frische, dezente Holzwürze, karamelliger Touch im Nachhall, bereits gut antrinkbar.

89 Chardonnay vom Berg 2020
13 Vol.-%, DV, Edelstahl, €€

90 Neuburger Ried Hausberg 2020
12,5 Vol.-%, DV, Edelstahl, €€
Helles Gelbgrün, Silberreflexe. Zart nach weißer Birne, ein Hauch von Mango und Grapefruitzesten, tabakig unterlegt. Mittlerer Körper, weißer Apfel, frische Säurestruktur, zitronig-mineralisch im Abgang, salziger Nachhall.

91 Pinot Noir Reserve 2019
13,5 Vol.-%, DV, Teilbarrique, €€€€€
Dunkles Karmingranat, violette Reflexe, zarte Ockerrandaufhellung. Tabakig, mit feiner Kräuterwürze unterlegt, schwarze Kirschfrucht, Brombeernuancen, ein Hauch von Edelholz und Nougat. Mittlerer Körper, rotbeerig, frische Kirschen, straffes, noch etwas forderndes Tannin, salziger Nachhall, wird von Flaschenreife profitieren.

90 Pinot Noir vom Berg 2019
12,5 Vol.-%, DV, gebrauchte Barriques, €€€
Dunkles Karmingranat, violette Reflexe, zarte Ockerrandaufhellung. Feine Nuancen von Brombeeren und eingelegten Kirschen, ein Hauch von Lakritze, Mandarinenzesten. Mittlerer Körper, rotbeerige Textur, feine Tannine, mineralischer Nachhall, Kirschen im Rückgeschmack.

★

WEINGUT ALPHART AM MÜHLBACH

Das Weingut Alphart am Mühlbach in Traiskirchen ist ein traditioneller Familienbetrieb im Herzen der Thermenregion. Die Weine von Winzer Lorenz Alphart haben einen modernen, geradlinigen Stil und sind von raffinierter Würze, von Aromenspiel und Mineralik geprägt.
Der Fokus liegt klar auf den autochthonen Sorten Rotgipfler und Zierfandler sowie auf Chardonnay und Pinot Noir. Lorenz Alphart vinifiziert Weine ausschließlich von handverlesenen, perfekt gewachsenen Trauben. Die Herkunft spielt dabei eine entscheidende Rolle, alle Weine werden von den besten Lagen in Traiskirchen, Gumpoldskirchen und Pfaffstätten gekeltert.
Als Pionier der Thermenregion hat Lorenz Alphart bereits sehr früh auf ein klar verständliches Herkunftssystem mit Gebiets-, Orts- und Riedenweinen gesetzt. An der Spitze steht ganz klar der Top-Rotgipfler von der bekannten Ried »Mandelhöh«, einer der besten Rieden der Region an den Ausläufern des Anningers mit seinen kargen Muschelkalkböden – für

Zierfandler

WEINGUT
ALPHART AM MÜHLBACH

2514 Traiskirchen
Wassergasse 9
T: +43 (2252) 52292
info@alphart.at
www.alphart.at

Kellermeister/Kontakt: Lorenz Alphart
Produktion: 70 % weiß, 25 % rot, 5 % süß, 9 Hektar
Messen: ProWein Düsseldorf, VieVinum

den Winzer ein Wein, der mit Vielschichtigkeit und burgundischer Finesse besticht. Auch in seiner neuen Ried »Pressweingarten« steht diese Sortenrarität – die Weine dieser Lagen zählen mittlerweile zu den spannendsten der Region.
Das Weingut hat sich innerhalb der letzten zehn Jahren als »Rising Star« am österreichischen Weinhimmel etabliert – klares Verdienst von Lorenz Alphart, der mit seinem Querdenken, seiner Akribie und seinem guten Gespür für Boden und Rebsorten immer für eine Überraschung gut ist.

93 Rotgipfler Reserve 2019

14 Vol.-%, DV, kleines Holzfass, €€€€
Helles Grüngelb, Silberreflexe. Zarter Blütenhonig, Nuancen von frischer Mango und Zuckermelone, einladendes Bukett. Saftig, komplex, feine gelbe Frucht, feiner Säurebogen, zart nach Birne im Abgang, gute Länge, guter Speisenbegleiter.

(92) Rotgipfler Ried Mandelhöh 2020

13 Vol.-%, DV, großes Holzfass, €€€
Helles Gelbgrün, Silberreflexe. Einladende gelbe Tropenfrucht, Nuancen von Mango, weißer Pfirsich, ein Hauch von Mandarinenzesten. Saftig, elegant, zarte Fruchtsüße, weißer Apfel, frisch strukturiert, mineralisch und anhaftend, verfügt über gute Länge und Reifepotenzial.

(91) Rotgipfler Ried Pressweingarten 2020

13,5 Vol.-%, DV, großes Holzfass, €€€
Helles Gelbgrün, Silberreflexe. Ein Hauch von Golden-Delicious-Apfel, zart nach Birne, frische Orangenzesten. Dezent kräuterwürzig unterlegte weiße Kernobstnuancen, frisch strukturiert, zitronig im Abgang, schlanker Stil, bereits gut antrinkbar.

(92) Chardonnay Ried Ruffenbrunn 2020

13 Vol.-%, DV, großes Holzfass, €€€
Helles Gelbgrün, Silberreflexe. Feine frische Apfelfrucht, mit weißer Birne unterlegt, floraler Touch, mineralischer Anklang. Mittlere Komplexität, frischer Touch von Granny-Smith-Apfel, frischer Säurebogen, salziger Nachhall, ein lebendiger Speisenbegleiter.

92 Chardonnay Reserve 2019

13,5 Vol.-%, DV, kleines Holzfass, €€€€
Leuchtendes Gelbgrün, Silberreflexe. Feine Kräuterwürze, ein Hauch von Vanille, mit feiner gelber Tropenfrucht unterlegt. Saftig, weißer Pfirsich, frisch strukturiert, mineralisch-zitronig, bleibt gut haften, Limetten im Nachhall, finessenreicher burgundischer Stil.

(91) Zierfandler Ried Otzler 2020

13 Vol.-%, DV, großes Holzfass, €€€
Helles Gelbgrün, Silberreflexe. Feine gelbe Tropenfrucht, ein Hauch von Ananas, zart nach Mango, ein Hauch von Limetten. Mittlerer Körper, weißes Kernobst, feine Säurestruktur, salzig-mineralisch im Finale, ein leichtfüßiger Speisenwein.

★★★

WEINGUT FAMILIE AUER

BIO

Das Weingut Familie Auer ist ein Traditionsbetrieb, der durch Qualität, Nachhaltigkeit und Innovation seit Jahren Weine mit Charakter und persönlicher Handschrift hervorbringt, welche die ganze Leidenschaft der Familie für Natur und Weinbau widerspiegeln. »Von, für und mit der Natur« – so das Motto der Auers. Deshalb bewirtschaftet das Weingut seine 22 Hektar Weingartenfläche nach biologischen Gesichtspunkten, denn Nachhaltigkeit und der Erhalt des Erbes für die nächsten Generationen ist dem Familienbetrieb sehr wichtig. 45 Prozent der Rebfläche sind den Burgundersorten Pinot Noir und St. Laurent, den Leitsorten des Bio-Betriebs, gewidmet.
Sowohl Hanglagen als auch weite Ebenen prägen das Terroir der Weine und geben ihnen ihren unverwechselbaren Charakter. In der Ebene findet man Kalkschotterböden, die besonders durchlässig sind; die Feuchtigkeit nach starken Regenfällen wird rasch abgeleitet. Bei Sonneneinstrahlung erwärmen sich die Böden beträchtlich. St. Laurent und Pinot Noir fühlen sich besonders auf den kargen, steinigen Böden wohl. In den Hanglagen findet man schwere Böden, wie lehmiger Ton, sandiger Lehm und Braunerde mit einem hohen Anteil an Muschelkalk, der durch Reste von Muscheln und Schnecken entstanden ist. Das bildet die perfekte Grundlage für die autochthonen Sorten Rotgipfler und Zierfandler sowie für die weißen Burgundersorten.
Auch beim Heurigen spiegelt sich die Philosophie der Familie Auer wider: Hier erlebt man eine hohe Glaskultur für jeden edlen Tropfen, ein stilvolles Ambiente in allen Räumlichkeiten, große Gastfreundlichkeit durch familiäre Betreuung sowie saisonale und regionale Schmankerl als Gaumenfreude bei jedem Besuch.

91 Chardonnay 2020
14 Vol.-%, DV, gebrauchte Barriques, €€ Ⓑ
Helles Goldgelb, Silberreflexe. Nuancen von Orangenblüten, frischer Golden-Delicious-Apfel, feine gelbe Tropenfrucht. Mittlere Komplexität, feine Fruchtsüße, frisch strukturiert, zart nach Ananas, mineralisch-zitronig im Abgang, ein vielseitiger Speisenbegleiter.

90 Rotgipfler 2020
13 Vol.-%, DV, Stahltank, €€ Ⓑ
Helles Goldgelb, Silberreflexe. Mit einem Hauch von Blütenhonig unterlegte frische Birnenfrucht, zart nach Mango, einladendes Bukett. Mittlere Komplexität, weiße Tropenfrucht, feine Süße, elegant, bleibt gut haften, bereits gut antrinkbar.

95 Pinot Noir Reserve 2018
13,5 Vol.-%, NK, Barrique, €€€€€
Kräftiges Rubingranat, violette Reflexe, breitere Ockerrandaufhellung. Zart nach Hibiskus, ein Hauch von Vanille, etwas nach Kardamom, Gewürznelken, Pflaumentouch, ätherischer Touch. Saftig, komplex, straff, finessenreiche Säurestruktur, extraktsüß nach Kirschen, mineralisch-salzig im Abgang, zarter Gerbstoff im Nachhall, spannender Speisenbegleiter.

93 Cabernet Sauvignon Merlot Reserve 2018
13,5 Vol.-%, NK, Barrique, €€€€€ Ⓑ
Dunkles Rubingranat, violette Reflexe, zarte Ockerrandaufhellung. Zarte Holzwürze, mit Brombeernoten unterlegt, zart nach Lakritze, frische Kräuternuancen, zart nach Dille. Saftig, elegant, feine Struktur, mineralisch, gute Komplexität, schwarze Beerenfrucht, extraktsüßer Nachhall, guter Speisenbegleiter, bereits gut antrinkbar.

WEINGUT FAMILIE AUER
2523 Tattendorf
Pottendorfer Straße 14
T: +43 (2253) 81251
office@weingutauer.at
www.weingutauer.at

Kellermeister: Leopold Auer
Kontakt: Leopold und Helga Auer
Anbauweise: Zertifiziert Biologisch (Austria Bio Garantie)
Produktion: 30 % weiß, 70 % rot, 22 Hektar
Vereinszugehörigkeit: Die Burgundermacher
Messen: ProWein Düsseldorf, VieVinum

93 Sankt Laurent Reserve 2018
13 Vol.-%, NK, Barrique, €€€€€
Kräftiges Rubingranat, violette Reflexe, breitere Randaufhellung. Feine Holzwürze, etwas nach Bourbonvanille, floraler Touch, reife Zwetschken, mit einem Hauch von Minze unterlegte Orangenzesten. Saftig, straff, engmaschig, frische Struktur, mineralisch, rote Kirschen im Abgang, bereits gut antrinkbar, eleganter, finessenreicher Speisenbegleiter.

95 Rotgipfler/Zierfandler/Riesling Beerenauslese 2019 RG/ZF/RR
9 Vol.-%, DV, Stahltank, €€€ B
Leuchtendes Goldgelb, Silberreflexe. Feiner Honigtouch, ein Hauch von Quittengelée, zart nach Mandarinenzesten, ein Hauch von Nougat klingt an. Saftig, elegant, gut integrierte fruchtige Süße, feiner Säurebogen, präzise und lange anhaftend, verfügt über großes Reifepotenzial.

★★★

LEO AUMANN

Der Name Leo Aumann steht für Qualität auf höchstem Niveau. Die charaktervollen und terroirtypischen Weine sind der Inbegriff von wahrem Genuss aus der Thermenregion. Von Tribuswinkel aus erstrecken sich die Weingärten des Weinguts in alle Himmelsrichtungen. Damit kann Leo Aumann aus dem Vollen schöpfen, denn die vielfältigen geologischen Gegebenheiten innerhalb der Thermenregion sorgen für facettenreiche Weine. Die Hanglagen am Rande des Wienerwaldes bieten idealtypische Voraussetzungen für großartige Weine, Burgundersorten wie Chardonnay, Pinot Noir oder St. Laurent, aber auch Rotgipfler und Zierfandler entwickeln sich hier prächtig. Und der Harterberg mit seinen sandigen Lehmböden bringt hervorragende Qualitäten hervor, besonders bei Merlot und Zweigelt.

93 Zierfandler Ried Hofbreite Gumpoldskirchen 2020
13,5 Vol.-%, DV, 500-l-Fass/Stahltank, €€€ V
Mittleres Goldgelb, Silberreflexe. Feine Birnenfrucht, ein Hauch von reifen Quitten, zart nach Blütenhonig und Mandarinenzesten. Stoffig, feine weiße Pfirsichfrucht, finessenreich, salziger Touch, Nuancen von Limetten im Nachhall, ein komplexer, frischer Speisenbegleiter.

93 Rotgipfler Ried Rodauner Traiskirchen 2020
14 Vol.-%, DV, 500-l-Fass/Stahltank, €€€ V
Helles Goldgelb, Silberreflexe. Feine Nuancen von Orangenzesten, zarte gelbe Tropenfrucht, dezenter floraler Touch, einladendes Bukett. Kraftvoll, saftige Birnenfrucht, frisch strukturiert, gelber Apfel im Abgang, mineralisch und straff, zarte Fruchtsüße im Nachhall, zeigt Länge und Reifepotenzial.

93 Rotgipfler Ried Wiege 2018
14,5 Vol.-%, DV, Stahltank/500-l-Fass, €€€ V
Mittleres Goldgelb, Silberreflexe. Zart tabakig unterlegte gelbe Apfelfrucht, feine Kräuterwürze, zart nach Mango und Papaya, frische Orangenzesten. Komplex, feine Extraktsüße, zart nach Blütenhonig, dezente Säurestruktur, reife gelbe Frucht im Nachhall, gutes Entwicklungspotenzial.

92 Rotgipfler Ried Flamming 2020
14 Vol.-%, DV, Stahltank, €€ V
Helles Goldgelb, Silberreflexe. Feine Birnenfrucht, ein Hauch von Babybanane, etwas Mango, frische Orangenzesten. Saftig, komplex, feiner Blütenhonig, frische Säurestruktur, mineralisch-zitroniger Touch, bleibt haften, ein vielseitiger Speisenbegleiter.

92 Bernstein 2015 GV/CH
14 Vol.-%, DV, 500-l-Fass/Stahltank, €€€€ V
Leuchtendes Goldgelb, Orangereflexe. Rauchig, nussig, kandierte Orangenzesten, dezente Honignuancen, etwas Rosmarin im Hintergrund. Straff, feiner Gerbstoffschleier, feine Birnenfrucht, ein Hauch von Vanille, salzige Mineralik, ein facettenreicher trockener Speisenbegleiter.

92 Chardonnay Reserve 2019
14 Vol.-%, DV, 500-l-Fass, €€€ H V
Mittleres Goldgelb, Silberreflexe. Zart nach Karamell und reifer Tropenfrucht, Nuancen von Vanille, reife Apfelfrucht. Mittlere Komplexität, feine gelbe Birnenfrucht, frisch strukturiert, mineralischer Abgang, zitroniger Touch im Rückgeschmack.

90 Chardonnay Badener Berg 2020
13,5 Vol.-%, DV, 500-l-Fass/Stahltank, €€ V
Helles Goldgelb, Silberreflexe. Zart nach gelber Tropen-

LEO AUMANN
2512 Tribuswinkel
Oberwaltersdorfer Straße 105
T: +43 (2252) 80502
weingut@aumann.at
www.aumann.at

Kellermeister/Kontakt: Leo Aumann
Produktion: 3 % Schaumwein, 40 % weiß, 55 % rot, 2 % süß, 45 Hektar
Vereinszugehörigkeit: Thermenwinzer
Messen: ProWein Düsseldorf, VieVinum

Römerberg bei Baden

frucht, Nuancen von Ananas und Pfirsich, ein Hauch von Blütenhonig. Mittlerer Körper, zart nach Apfel, feine Säurestruktur, dezente Süße im Abgang, bietet unkompliziertes Trinkvergnügen.

89 Gemischter Satz 2020
12 Vol.-%, DV, Stahltank, €€ Ⓥ

88 Grüner Veltliner 2020
12,5 Vol.-%, DV, Stahltank, €€ Ⓥ

94 Merlot Harterberg 2017
14,5 Vol.-%, NK/DIAM, Barrique, €€€€€ Ⓥ
Tiefdunkles Rubingranat, opaker Kern, violette Reflexe, zarte Randaufhellung. Deutliche Röstaromen, etwas Nougat, dunkles Waldbeerenkonfit, reife Herzkirschen. Komplex, saftig, feine Fruchtsüße, präsente, tragende Tannine, würziger Nachhall, etwas Schokolade und schwarze Beeren im Rückgeschmack, zeigt gute Länge.

91 Merlot Reserve 2019
14,5 Vol.-%, DV, Barrique, €€€ Ⓥ
Dunkles Rubingranat, violette Reflexe, zarter Ockerrand. Tabakig, zarte Kräuterwürze, schwarze Beerenfrucht, ein Hauch von Zedernholz. Mittlerer Körper, reife Herzkirschen, frisch strukturiert, reife Zwetschken im Abgang, mineralischer Nachhall.

(93) Harterberg CS-M-ZW 2018 ME/CS/ZW
14,5 Vol.-%, NK/DIAM, Barrique, €€€€€ Ⓥ
Dunkles Rubingranat, opaker Kern, violette Reflexe, zarte Randaufhellung. Dunkles Beerenkonfit, etwas Zwetschken, ein Hauch von Karamell, floraler Touch, tabakige Nuancen. Saftig, elegant, feine Struktur, kraftvoll, gut eingebundene Tannine, Tabakwürze, Kirschfrucht, mineralisch im Nachhall, gutes Potenzial.

93 Badener Berg 2017 ME/SL
14,5 Vol.-%, NK/DIAM, Barrique, €€€€€ Ⓥ
Tiefdunkles Rubingranat, opaker Kern, violette Reflexe, zarte Randaufhellung. Feine Holzwürze, reife Kirschfrucht, zartes Nougat, tabakige Aromen, reife Kirschen. Komplex, engmaschig, schwarze Beerenfrucht, präsente, straffe Tannine, mineralischer Abgang, salzige Nuancen im Rückgeschmack, Kirschen im Nachhall. Sehr jugendlich, braucht noch Zeit.

92 Sankt Laurent Ried Ronald Pfaffstätten 2017
13,5 Vol.-%, NK/DIAM, 500-l-Fass, €€€€
Tiefdunkles Rubingranat, opaker Kern, violette Reflexe, zarte Randaufhellung. Feine Kräuter- und Röstaromatik, etwas nach dunklem Waldbeerenkonfit, ein Hauch von Nougat, kandierte Orangenzesten. Kraftvoll, straff, präsente, balancierte Tanninstruktur, mineralisch, schwarze Beerenfrucht, guter Speisenbegleiter.

91 Sankt Laurent Reserve 2019
13,5 Vol.-%, DV, Barrique, €€€
Kräftiges Rubingranat, dunkler Kern, breitere Randaufhellung. Zart kräuterwürzig unterlegte reife Zwetschken, tabakig, etwas Nougat, kandierte Orangenzesten. Saftig, frische Kirschen, lebendige Struktur, rotbeerige Nuancen, bereits gut antrinkbar.

(92) Zweigelt Ried Oberkirchen Gainfarn 2019
14,5 Vol.-%, NK/DIAM, 500-l-Fass, €€€€€ V
Dunkles Rubingranat, violette Reflexe, zarte Randaufhellung. Frische Herzkirschen, Brombeerkonfit, tabakig, feine Kräuterwürze, ein Hauch von Orangenzesten. Saftig, elegant, kirschige Nuancen, feine Tannine, mineralisch-salzig im Abgang, ein stoffiger Speisenbegleiter.

91 Zweigelt CS Reserve 2019
14 Vol.-%, DV, Barrique/500-l-Fass, €€ V
Tiefdunkles Rubingranat, opaker Kern, violette Reflexe, zarte Randaufhellung. Feine schwarze Beerenfrucht, reife Zwetschken, ein Hauch von Nougat, tabakiger Touch. Komplex, feine Kirschfrucht, feine Tannine, frisch strukturiert, mineralisch-salzig, zitroniger Nachhall.

(90) Pinot Noir Reserve 2019
13,5 Vol.-%, DV, Barrique, €€
Mittleres Karmingranat, Ockerreflexe, breite Randaufhellung. Zart floral unterlegtes rotes Waldbeerenkonfit, eingelegte Kirschen, zart nach Orangenzesten. Schlank, rotbeerig, frischer Säurebogen, zart vegetal im Abgang, mittlere Länge.

★★★

WEINGUT BIEGLER

Das Weingut Biegler bewirtschaftet zehn Hektar Weingärten in der Thermenregion. Diese liegen an den bevorzugten Lagen an den Südosthängen des Hausberges Anninger. Klimatisch begünstigt durch die warmen Fallwinde und die Wärme speichernden kalkhaltigen Böden sowie geschützt durch den Berg reifen hier die Trauben zu besonderen Gewächsen heran. Der Betriebssitz, ein romantisches Hauerhaus im Ortszentrum, beherbergt die gesamte Produktionsstätte. Hier treffen sich Weinbegeisterte aus der ganzen Welt mit Othmar Biegler, um seine einzigartigen Weine zu verkosten. Mit ganzem Herzen ist der Winzer Gumpoldskirchner, er wurde hier 1962 geboren. Zwar führte ihn seine Ausbildung nach Klosterneuburg und nach Deutschland, aber im Grunde genommen war es klar: Das wunderschöne Familienweingut in Gumpoldskirchen sollte seine Handschrift tragen.

Man muss nicht gut, sondern besser sein, um etwas zu erreichen – überhaupt, um den Ruf zu haben, ein Spitzenwinzer zu sein. Othmar Biegler verfolgt seine Ziele unbeirrt, inspiriert sowie engagiert – und zudem auch noch ungeheuer erfolgreich. Dabei schwimmen die von ihm gemachten Weine nicht immer im Mainstream mit oder folgen gar aktuellen Modetrends. Sie haben alle ihren eigenen Charakter: glasklar, elegant, sortenbetont und blitzsauber. »Das Wichtigste passiert im Weingarten ohne mein Zutun. Ich kann nur unterstützen und dafür sorgen, dass die Weinstöcke die besten Bedingungen vorfinden. Die Trauben bleiben bis zum allerletzten Zeitpunkt auf dem Stock, werden nur selektiv von Hand gelesen und schnell und sauber verarbeitet.« Das ist alles, behauptet der Gumpoldskirchner bescheiden.

WEINGUT BIEGLER
2352 Gumpoldskirchen
Wiener Straße 16–18
T: +43 (2252) 62196
weingut.biegler@kabsi.at
www.weingut-biegler.at

Kellermeister/Kontakt: Othmar Biegler
Produktion: 40.000 Flaschen
3 % Schaumwein, 75 % weiß, 3 % rosé, 15 % rot, 4 % süß, 10 Hektar
Vereinszugehörigkeit: Thermenwinzer, Weinforum Thermenregion
Messen: ProWein Düsseldorf, VieVinum, Weintage im Museumsquartier

(94) Rotgipfler Ried Oberer Badener Weg Reserve 2020
13,5 Vol.-%, DV, gebrauchte Barriques, €€€€ V
Leuchtendes Goldgelb, Silberreflexe. Feine frische Birnenfrucht, etwas Mango, zart nach Babybanane, einladendes

Bukett. Komplex, stoffig, elegante Textur, feiner Säurebogen, zart nach Gewürznelken und gelber Tropenfrucht, bleibt haften, verfügt über großes Zukunftspotenzial.

91 Rotgipfler Ried Brindlbach 2020
13,5 Vol.-%, DV, Stahltank, €€€ V
Helles Gelbgold, Silberreflexe. Zart mit Wiesenkräutern unterlegte gelbe Apfelfrucht, tabakige Nuancen, dunkle Mineralik. Mittlerer Körper, weiße Birnenfrucht, dezente Säurestruktur, salzig, feiner Blütenhonig im Nachhall.

92 Zierfandler Ried Badener Weg 2020
13 Vol.-%, DV, Stahltank, €€€ V
Helles Goldgelb, Silberreflexe. Mit einem Hauch von Mandarinen unterlegte frische Birnenfrucht, ein Hauch von Blütenhonig. Saftig, elegant, zart nach Quitten, feiner Säurebogen, mineralisch, zitroniger Touch, dezente Fruchtsüße im Nachhall.

91 Riesling Ried Grimmling 2020
13 Vol.-%, DV, Stahltank, €€€ V
Helles Goldgelb, Silberreflexe. Zart nach Ananas, mit rauchiger Mineralik unterlegt, feiner Blütenhonig im Hintergrund. Saftig, weiße Tropenfrucht, frischer Säurebogen, zart nach Maracuja, feiner Honig im Nachhall, bereits gut antrinkbar.

89 Sauvignon Blanc Ried Hübler 2020
13,5 Vol.-%, DV, Stahltank, €€ V

93 Rotgipfler Ried Oberer Badener Weg Spätlese 2019
13,5 Vol.-%, DV, Stahltank, €€€ V
Helles Goldgelb, Silberreflexe. Kandierte Orangenzesten, feine gelbe Birnenfrucht, dezent nach Blütenhonig, weiße Tropenfrucht im Hintergrund. Saftig, elegant, reife Mangofrucht, feine Säurestruktur, ein Hauch von Honig im Abgang, präsente Süße im Nachhall, sicheres Reifepotenzial.

★★★★

WEINGUT CHRISTIAN FISCHER

BIO

Christian Fischer zählt zu den erfolgreichsten Rotweinpionieren der Thermenregion. Er hat bereits früh begonnen, durch die Einbeziehung international anerkannter Rotweinsorten wie Pinot Noir, Cabernet und Merlot das zweifellos vorhandene Potenzial von Sooß zu nutzen. Das Resultat sind gehaltvolle, vielschichtige Rotweine, die sich durch eine harmonische Tanninstruktur und feinwürzige Frucht auszeichnen. Das Weingut Fischer, das heute 85 Prozent der rund 17 Hektar Rebfläche mit roten Sorten bestockt hat, zeigt, welche Möglichkeiten in den sanften Abhängen des beschaulichen Weinortes mit ihren warmen, lehmig-tonigen Böden stecken. Seit 2013 ist das Weingut außerdem biozertifiziert. »Irgendwann kommt der Moment, da möchte man der Natur etwas zurückgeben«, beschreibt Christian Fischer, warum er seine Weinproduktion auf »bio« umstellte.
Das Weingut Fischer ist insbesondere Garant für erstklassige Rotweine: Der Zweigelt Gradenthal, der im Barrique gereifte Pinot Noir und die Weine der »100 cases«-Linie zählen stets zu den besten Rotweinen Österreichs und haben schon eine Vielzahl von Auszeichnungen eingeheimst.

(90) Rotgipfler Classic 2020
12,5 Vol.-%, DV, €€
Helles Grüngelb, Silberreflexe. Frische Wiesenkräuter, gelbe Birnenfrucht, etwas Papaya, zart mit Mandarinenzesten unterlegt. Mittlerer Körper, zart nussig unterlegter Apfel, feine Frucht, dezente Süße im Abgang, Biskuit im Nachhall.

(93) Merlot Premium 2018
14 Vol.-%, NK, gebrauchte Barriques, €€€€€ B V
Kräftiges Rubingranat, violette Reflexe, zarte Randaufhellung. Feine Edelholzwürze, schwarze Beerenfrucht, dunkle Kirschen, tabakige Nuancen, kandierte Orangenzesten. Saftig, elegant, schokoladiger Touch, reife, süße Tannine, bleibt sehr gut haften, feines Nougat auch im Abgang, gutes Reifepotenzial.

(93) Zweigelt Ried Gradenthal 2018
13,5 Vol.-%, NK, gebrauchte Barriques, €€€€€ B V
Kräftiges Karmingranat, Ockerreflexe, breitere Randaufhellung. Zart animalisch unterlegte reife Kirschfrucht, rote Waldbeeren klingen an, kandierte Mandarinenzesten. Saftig, zart nach Himbeerkonfit, dezente Süße, feine Tannine, bleibt gut haften, Orangen im Nachhall, gutes Reifepotenzial.

92 Zweigelt Ferabam Premium 2018
13 Vol.-%, NK, Teilbarrique, €€€ B V
Tiefdunkles Rubingranat, opaker Kern, violette Reflexe,

Sooßer Lausturm

WEINGUT CHRISTIAN FISCHER

2504 Sooß
Hauptstraße 33
T: +43 (699) 17387130
office@weingut-fischer.at
www.weingut-fischer.com

Kellermeister/Kontakt: Christian Fischer
Anbauweise: Zertifiziert Biologisch
Produktion: 80.000 Flaschen
15 % weiß, 85 % rot, 17 Hektar
Vereinszugehörigkeit: Thermenwinzer
Messen: VieVinum

zarte Randaufhellung. Zart nach Lakritze, schwarzen Beeren und dezenter Kräuterwürze, mit kandierten Orangenzesten unterlegt. Saftig, elegant, reife Zwetschken, feine Tannine, angenehme Süße im Abgang, sehr gute Länge und Würze, ein stoffiger Speisenbegleiter.

(90) Zweigelt Classic 2019

12,5 Vol.-%, DV, großes Holzfass, €€ B V

Tiefdunkles Rubingranat, opaker Kern, violette Reflexe, zarte Randaufhellung. Schwarze Beeren, dunkle Kirschen, feine Kräuterwürze, ein Hauch von Dörrobst klingt an. Saftig, gute Komplexität, dunkles Nougat, mineralisch im Abgang,Ranciotouch im Rückgeschmack.

(93) Pinot Noir Premium 2018

13,5 Vol.-%, NK, gebrauchte Barriques, €€€€€ V

Kräftiges Rubingranat, violette Reflexe, zarte Randaufhellung. Dezente Edelholzwürze, feiner vegetal-tabakiger Touch, schwarze Kirschen, ein Hauch von Lakritze. Saftig, feine Fruchtsüße, gut integrierte Tannine, etwas Nougat im Abgang, mineralischer Nachhall, verfügt über Reifepotenzial.

(90) Pinot Noir Classic 2019

13 Vol.-%, DV, großes Holzfass, €€ V

Kräftiges Karmingranat, Ockerreflexe, dezente Randaufhellung. Frische rote Kirschen, ein Hauch von Veilchen und etwas Lakritze. Mittlerer Körper, Rote Johannisbeeren, rassige Struktur, Limetten im Nachhall, lebendiger Speisenbegleiter.

(92) Blaufränkisch Premium 2018

13,5 Vol.-%, NK, gebrauchte Barriques, €€€€€ B V

Kräftiges Rubingranat, violette Reflexe, zarte Randaufhellung. Reife Zwetschken, Brombeeren und dunkle Kirschen, mit tabakiger Würze unterlegt. Saftige Herzkirschen, feine Fruchtsüße, gut integrierte Tannine, mineralisch im Abgang, zart nussiger Nachhall, ein würziger Speisenbegleiter.

92 Vom Muschelkalk Reserve 2018 CF/CS/ZW

13 Vol.-%, NK, gebrauchte Barriques, €€€ V

Kräftiges Rubingranat, Ockerreflexe, dezente Randaufhellung. Tabakig-kräuterwürzig unterlegte schwarze Beerenfrucht, Nuancen von Brombeeren, frische Orangenzesten. Mittlerer Körper, dunkle Kirschen, präsente Tannine, etwas Nougat, wird von Flaschenreife profitieren.

91 Querbeet Rot 2018 ZW/CS/ME

13 Vol.-%, DV, großes Holzfass, €€ B V

Tiefdunkles Rubingranat, opaker Kern, violette Reflexe, zarte Randaufhellung. Zart nussig unterlegte schwarze Kirschfrucht, tabakige Nuancen. Mittlere Komplexität, rotbeeriger Touch, feine Tannine, salzige Mineralik, bleibt gut haften, ein vielseitiger Speisenbegleiter.

★★★★

WEINGUT JOHANNES GEBESHUBER

BIO

Johannes Gebeshuber vinifiziert vielschichtige, finessenreiche und elegante Weine und stützt sich dabei auf die regionaltypischen Sorten der Thermenregion. Einzigartig macht ihn der Ansatz, seine Weißweine ausschließlich aus den Rebsorten Zierfandler und Rotgipfler zu keltern. Bei den Rotweinen fokussiert er sich auf Pinot Noir und St. Laurent. Gelassenheit gehört für Johannes Gebeshuber zu den wesentlichsten Ingredienzien im Zuge der Weinbereitung. So reifen seine Weine in diesem behaglichen Klima Jahrgang für Jahrgang langsam und ganz von selbst zu bemerkenswerten, charaktervollen Persönlichkeiten heran, die wirklich viel zu erzählen haben. Dass auf dem Weingut Gebeshuber biologisch gearbeitet wird, versteht sich dabei von selbst. Das Sortiment ist aufgeteilt in zwei Linien: In »gebeshuber gumpoldskirchen« ergeben kerngesunde, vollreife Trauben aus vom Muschelkalk dominierten Parzellen in und rund um Gumpoldskirchen zwei perfekt gereifte Speisenbegleiter in Weiß und Rot, die Niveau und Trinkfreude in seltener Harmonie bieten. In »gebeshuber riede« werden die schönsten Trauben des Jahres aus den besten Einzellagen Modler (Zierfandler), Laim (Rotgipfler), Glas (Sankt Laurent) und Viereck (Pinot Noir) verarbeitet. Behutsam im kleinen und großen Holz gereift, stellen die Riedenweine die qualitative Speerspitze des Hauses dar.

95 Rotgipfler Ried Student 2019

14 Vol.-%, DV, 500-l-Fass, €€€€€ B

Mittleres Grüngelb, Silberreflexe. Mineralisch unterlegte Nuancen von gelbem Pfirsich und reifer Marille, zarter Blütenhonig, ein Hauch von Holz und Vanille. Stoffig, reife weiße Apfelfrucht, etwas Honigmelone, frisch strukturiert, mineralisch und anhaftend, sehr gute Länge, salziger Nachhall, feine Fruchtsüße im Abgang, Potenzial für viele Jahre.

93 Rotgipfler Ried Laim 2019

14 Vol.-%, DV, 500-l-Fass, €€€€€ B

Mittleres Grüngelb, Silberreflexe. Feine Nuancen von reifen Quitten und Birnen, mit Orangenzesten und zarter Kräuterwürze unterlegt, einladendes Bukett. Komplex, saftig, feine Fruchtsüße, gut integrierter Säurebogen, extraktsüßer Abgang, ein Hauch von Nougat, zeigt Länge, bereits gut antrinkbar.

94 Zierfandler Ried Wiege 2019

14,5 Vol.-%, DV, 500-l-Fass, €€€€€ B

Mittleres Gelbgrün, Silberreflexe. Zart rauchig-tabakig unterlegte Nuancen von gelber Tropenfrucht, ein Hauch von Birne und Papaya, noch etwas verhalten. Saftig und komplex, süße weiße Fruchtnoten, mineralisch-salzig im Abgang, besitzt gute Länge und Charakter, gutes Entwicklungspotenzial.

92 Zierfandler Ried Modler 2019

13,5 Vol.-%, DV, 500-l-Fass, €€€€€ B

Helles Gelbgrün, Silberreflexe. Zarte gelbe Tropenfrucht, ein Hauch von Wiesenkräutern, zart nach Pfirsich und Orangenzesten. Komplex, saftig, reife gelbe Apfelfrucht, etwas Mango, mit feinen Holznuancen unterlegt, bleibt gut haften, dezente Süße im Nachhall, gutes Potenzial.

89 querfeldein weiß 2020 RG/ZF/TR/RR

12 Vol.-%, DV, Edelstahl, €€ B

94 Pinot Noir Ried Gendl 2018

13 Vol.-%, DV, 500-l-Fass, €€€€€ B

Kräftiges Karmingranat, violette Reflexe, breitere Randaufhellung. Feines rotes Waldbeerenkonfit, ein Hauch von Orangenmarmelade, kandierte Orangenzesten, einladen-

WEINGUT JOHANNES GEBESHUBER
2352 Gumpoldskirchen
Jubiläumsstraße 43
T: +43 (2252) 61164
office@weingut-gebeshuber.at
www.weingut-gebeshuber.at
Kellermeister/Kontakt: Johannes Gebeshuber
Anbauweise: Biodynamisch (Demeter)
Produktion: 147.000 Flaschen
5 % Schaumwein, 60 % weiß, 5 % rosé, 25 % rot, 5 % süß,
30 Hektar
Vereinszugehörigkeit: Thermenwinzer
Messen: ProWein Düsseldorf, VieVinum, ProWine Asia

des Bukett. Mittlere Komplexität, dunkle Beeren, schwarze Kirschen, würzige Tannine, feines Nougat im Abgang, salziger Touch im Nachhall, ein facettenreicher Begleiter bei Tisch, sehr gutes Reifepotenzial.

93 Pinot Noir Ried Viereck 2018
13 Vol.-%, DV, 500-l-Fass, €€€€€ B
Kräftiges Karmingranat, violette Reflexe, breitere Randaufhellung. Mit einem Hauch von Vanille unterlegtes rotes Waldbeerenkonfit, eingelegte Kirschen, kandierte Veilchen, einladendes Bukett. Mittlerer Körper, zart nach Erdbeerkonfit, feine reife Tannine, zarter Nougat im Abgang, mineralisch und anhaftend, bereits gut antrinkbar.

93 Sankt Laurent Ried Glas 2018
13 Vol.-%, DV, 500-l-Fass, €€€€€ B
Kräftiges Rubingranat, violette Reflexe, breitere Randaufhellung. Nuancen von Brombeeren und Lakritze, mit feinem Cassis unterlegt, dezente Kräuterwürze. Saftig, reife Herzkirschen, feine Tannine, gute Frische, elegant und anhaftend, Brombeeren im Nachhall, ein vielseitiger, bereits zugänglicher Speisenbegleiter.

92 Sankt Laurent Ried Satzing 2018
12,5 Vol.-%, DV, 500-l-Fass, €€€€€ B
Kräftiges Rubingranat, violette Reflexe, dezente Ockerrandaufhellung. Tabakig-kräuterwürzig unterlegtes rotes Waldbeerenkonfit, eingelegte Kirschen, kandierte Orangenzesten. Mittlerer Körper, feine rote Kirschen, gut integrierte Tannine, mineralisch-salziger Abgang, ein vielseitiger Speisenbegleiter.

★

GOLDECK – WEIN- UND SEKTKELLEREI

Die Wurzeln der Marke »Goldeck« reichen bis ins Jahr 1859 zurück, als sie als erste österreichische Weinmarke registriert wurde. Doch bereits 1842 begann der Gründer von Goldeck, Robert Alwin Schlumberger, in Österreich Schaumweine von höchster Qualität herzustellen. In Bad Vöslau, im Süden Wiens, erwarb er erste eigene Weinberge. Ausschlaggebend für seine Wahl war der kalkige Boden, der ihn an die Kreideböden der Champagne erinnerte. Nach der Riede Goldeggen benannte er sein Weingut »Goldeck«, Namensgeber für seinen Sekt. Damit wurde die Erfolgsgeschichte begründet. Sichtbares Zeichen für diesen Erfolg war die Erhebung des Firmengründers in den erblichen Adelsstand als »Edler von Goldeck«. Ein weiterer historischer Höhepunkt, der die Verbundenheit der Marke »Goldeck« zu Österreich unter Beweis stellt: Am 15. Mai 1955 wurde anlässlich der Unterzeichnung des Österreichischen Staatsvertrages mit Sparkling Goldeck Extradry auf die wiedergewonnene Freiheit des Landes angestoßen. Goldeck steht für reinsortige Sektqualität aus Österreich, daher wird für die »Edle von Goldeck« ausschließlich bester Grüner Veltliner eines Jahrgangs verwendet. Den Sekt kann man übrigens nur in der Gastronomie genießen.

**GOLDECK
WEIN- UND SEKTKELLEREI**
2540 Bad Vöslau
Hans-Haderer-Gasse 8
T: +43 (1) 368 22 58
office@goldeck.at
www.goldeck.at

Kellermeister/Kontakt:
Herbert Jagersberger

91 Grüner Veltliner Goldeck Die Edle Klassik Brut 2019
12 Vol.-%, NK, Flaschengärung, €€€
Helles Goldgelb, Silberreflexe, feines, lebendiges Mousseux. Nuancen von Wiesenkräutern, frischer Golden-Delicious-Apfel, floral, zart nach Limetten. Mittlere Komplexität, süße Birnenfrucht, frisch strukturiert, reifes Kernobst im Abgang, feiner Blütenhonig im Nachhall.

★★★

WEINGUT HEINRICH HARTL III

In mittlerweile siebenter Generation bestimmt der Weinbau das Leben der Familie Heinrich Hartl. Die Rieden, denen sehr viel Zeit, Liebe und Aufmerksamkeit geschenkt werden, liegen hauptsächlich im Steinfeld in und um Oberwaltersdorf. Heinrich Hartl III ist allerdings zu einem begeisterten Liebhaber der in der Thermenregion autochthonen Sorten Rotgipfler und Zierfandler geworden, weshalb Anbauflächen in den berühmten Lagen von Gumpoldskirchen, Traiskirchen und Pfaffstätten dazugekommen sind. 2017 wurde Heinrich Hartl auch zum Obmann des »Weinforums Thermenregion« gewählt. In dieser Funktion ist er sehr bemüht, die Thermenregion wieder unter die Top-Anbaugebiete Österreichs zu führen. Während seiner Lehrjahre im In- und Ausland entwickelte Hartl eine Leidenschaft für die roten Burgunder Pinot Noir und St. Laurent, beides Sorten, die neben Rotgipfler und Zierfandler besonders gut das Potenzial und die Vielschichtigkeit des Terroirs der Region aufzeigen.

Das Weingut hat sich einer Kombination aus kompromisslosem Qualitätsdenken und umfangreichem Know-how gepaart mit viel Fein- und Fingerspitzengefühl verschrieben, was man selbst den Weinen im Mittelsegment schon anmerkt. Außerdem ist es Gründungsmitglied der renommierten Vereinigung »Die Burgundermacher«. Der engagierte Winzer zeigte in den vergangenen Jahren immer wieder eindrucksvoll, welch großes Leistungsvermögen in diesem einzigartigen Weinbaugebiet steckt. Zuletzt konnten bei der »International Wine Challenge« und den »Decanter World Wine Awards« Preise für nahezu alle eingereichten Weine abgeholt werden. Auch im »SALON Österreich Wein« ist man immer wieder präsent, zuletzt mit drei Siegen (St. Laurent und zweimal Pinot Noir) in Serie. Deshalb möchte Heinrich Hartl auch in Zukunft die Entwicklungsmöglichkeiten der Region und des österreichischen Weines aufzeigen und dessen Standing international ausbauen.

92 Rotgipfler 2018
13 Vol.-%, DV, Stahltank/gebrauchte Barriques, €€€
Mittleres Gelbgrün, Silberreflexe. Feine gelbe Tropenfrucht, zart nach Mango und Papaya, ein Hauch von Blütenhonig und Limetten. Saftig, frische Birnenfrucht, weißes Kernobst, frisch strukturiert, mineralisch-zitronig im Nachhall, gutes Reifepotenzial.

91 Traminer 2020
13 Vol.-%, DV, Stahltank, €€
Helles Gelbgrün, Silberreflexe. Zart floral, ein Hauch von Rosenblättern, Nuancen von Ananas und Pfirsich, einladendes, feines Bukett. Mittlere Komplexität, feine Fruchtsüße, ein Hauch von Honig, feiner Säurebogen, gelbe Tropenfrucht im Nachhall, zart nach Karamell im Rückgeschmack.

94 Pinot Noir Ried Graf Weingartl Reserve 2018
13,5 Vol.-%, NK/DV, Barrique/gebrauchte Barriques, €€€€€
Kräftiges Karmingranat, Ockerreflexe, breite Randaufhellung. Einladendes Bukett nach Veilchen und Hibiskus, mit Himbeerbrand und roten Kirschen unterlegt, feine Nuancen von Nougat. Saftig, seidige Textur, feine Fruchtsüße, gut integrierte Tannine, mineralisch und gut anhaftend, rotbeeriger Nachhall, ein facettenreicher Speisenbegleiter.

WEINGUT HEINRICH HARTL III
2522 Oberwaltersdorf
Trumauer Straße 24
T: +43 (2253) 6289
office@weingut-hartl.at
www.weingut-hartl.at

Kellermeister/Kontakt: Heinrich Hartl III
Anbauweise: Umstellung auf bio (Bio Austria)
Produktion: 5 % Schaumwein, 43 % weiß, 2 % rosé, 50 % rot, 14 + 2 Hektar
Zertifiziert: Nachhaltig Austria
Vereinszugehörigkeit: Die Burgundermacher
Messen: VieVinum

93 Pinot Noir Reserve 2018
13,5 Vol.-%, NK/DV, Barrique/gebrauchte Barriques, €€€€
Mittleres Karmingranat, Ockerreflexe, breite Randaufhellung. Einladendes rotes Waldbeerenkonfit, florale Nuancen, Noten von Veilchen und Himbeeren. Saftig, mittlerer Körper, rotbeerig, seidige Textur, feine Fruchtsüße, zart nach Erdbeeren im Abgang, delikater Speisenbegleiter.

93 Sankt Laurent Reserve 2018
12,5 Vol.-%, NK/DV, Barrique, €€€€
Kräftiges Kramingranat, Ockerreflexe, dezente Randaufhellung. Zart kräuterwürzig unterlegte Brombeerfrucht, ein Hauch von Lakritze und Mandarinenzesten, Nuancen von Karamell. Mittlerer Körper, rotbeeriger Touch, zarte Tannine, frisch strukturiert, mineralisch-zitronig im Nachhall, ein eleganter, leichtfüßiger Speisenbegleiter.

92 Cabernet Sauvignon 2019
13,5 Vol.-%, NK/DV, Barrique, €€€
Dunkles Rubingranat, violette Reflexe, dezente Ockerrandaufhellung. Feinwürzig unterlegtes Cassis und Brombeerkonfit, tabakige Nuancen. Feine Nuancen von Cassis und schwarzen Kirschen, ein Hauch von Nougat, zarte Holzwürze. Saftig, Herzkirschen, feine Fruchtsüße, elegant und harmonisch, ein vielseitiger Speisenbegleiter.

★★★★

WEINGUT JOHANNESHOF REINISCH

BIO

Die Familie Reinisch betreibt in vierter Generation Weinbau und bewirtschaftet Weingärten in den wertvollsten Lagen rund um die traditionsreichen Weinbauorte Tattendorf und Gumpoldskirchen. Die besondere Qualität der Schwemmland-Braunerde-Böden liegt in ihrer großen Durchlässigkeit, die eine rasche Erwärmung gewährleistet und somit den Reifeprozess der Trauben eminent begünstigt. Der hohe Kalkanteil bringt eine ausgeprägte Mineralik in die Weine und macht die Rieden des Johanneshofs Reinisch besonders geeignet für die Kultivierung von Reben der Burgunderfamilie.
Pinot Noir, St. Laurent und Chardonnay bilden den Sortenschwerpunkt im Angebot des Weinguts. Auf geeignetem Terroir im nahen Ort Gumpoldskirchen werden außerdem Rotgipfler und Zierfandler kultiviert, deren Ausbau bei Bewahrung des schönen Sortencharakters ebenso prägnant erfolgt wie jener sämtlicher anderer Weine aus dem renommierten Betrieb.
Den kleinklimatischen Bedingungen entsprechend sind etwa 60 Prozent der Weine aus dem Johanneshof Reinisch Rotweine, 40 Prozent entfallen auf Weiß- und Süßweine. Die Maxime ist ganz entschieden die persönliche Zuwendung der Winzer zum Wein. Die Brüder Johannes, Christian und Michael Reinisch bewirtschaften die Weingärten unter Einsatz von Nützlingen und variantenreicher Begrünung nach biologischen Richtlinien.

91 ❸ Brut Reserve Rosé 2018 PN/SL
12 Vol.-%, NK, Stahl, €€€€ Ⓑ
Kräftiges Lachsrosa, Orangereflexe, feines Mousseux. Rote Waldbeeren, frische Kirschen, weiße Tropenfrucht, ein Hauch von Limetten. Saftig, weißer Apfel, rotbeeriges Konfit, zarte Süße im Abgang, mineralisch-zitroniger Nachhall.

94 Zierfandler Ried Spiegel Monopol 2019
14 Vol.-%, NK, großes Holzfass/Amphore, €€€€ Ⓑ
Mittleres Goldgelb, Silberreflexe. Zarte Röstaromen, nussiger Touch, mit weißer Tropenfrucht unterlegt, zart nach Mandarinenzesten, feine reduktive Nuancen. Kraftvoll, gelbe Apfelfrucht, frischer Säurebogen, zitronig-salzig, mineralischer Nachhall, weiße Frucht im Abgang, ein finessenreicher Speisenbegleiter.

94 Chardonnay Ried Kästenbaum 2018
14 Vol.-%, NK, Barrique, €€€€€€ Ⓑ
Mittleres Grüngelb, Silberreflexe. Zart nach Vanille, ein Hauch von gelber Tropenfrucht, Nuancen von Mango, ein Hauch von Orangenzesten, dezente Kräuterwürze. Saftig, elegant, feine weiße Pfirsichfrucht, finessenreich strukturiert, dezente Extraktsüße, ausgewogen und gut anhaftend, sicheres Reifepotenzial.

93 Chardonnay Ried Lores 2019
14 Vol.-%, NK, Barrique, €€€€ Ⓑ
Leuchtendes Goldgelb, Silberreflexe. Zart nussig unterlegte gelbe Tropenfrucht, kandierte Orangenzesten, Haselnusstouch, etwas Nougat. Saftig, elegant, feiner Mangotouch, finessenreiche Säurestruktur, extraktsüß im Abgang, mineralisch-salzig im Nachhall, gutes Reifepotenzial.

WEINGUT JOHANNESHOF REINISCH

2523 Tattendorf
Im Weingarten 1
T: +43 (2253) 81423
office@j-r.at
www.j-r.at

Kellermeister/Kontakt: Familie Reinisch
Anbauweise: Zertifiziert Biologisch
Produktion: 200.000 Flaschen
37 % weiß, 60 % rot, 3 % süß,
40 Hektar
Vereinszugehörigkeit: Thermenwinzer
Messen: ProWein Düsseldorf, VieVinum

Triebe des Rotgipflers

90 Chardonnay 2020
13 Vol.-%, DV, Stahltank/gebrauchte Barriques, €€ B
Helles Goldgelb, Silberreflexe. Zarter Blütenhonig, ein Hauch von gelbem Apfel, Nuancen von Orangenzesten. Mittlerer Körper, zart nach Birnen, frischer Säurebogen, dezente Fruchtsüße, zitroniger Nachhall.

93 Rotgipfler Ried Satzing 2019
14 Vol.-%, NK, großes Holzfass/Amphore, €€€€ B
Leuchtendes Goldgelb, Silberreflexe. Zart nach Butterscotch, frische gelbe Tropenfrucht, etwas Mango, zart nach Vanille, weißes Nougat. Komplex, elegant, feine Extraktsüße, feine Säurestruktur, fruchtiger Nachhall, vielseitig einsetzbar.

91 Rotgipfler 2020
13 Vol.-%, DV, Stahltank/großes Holzfass, €€ B
Helles Grüngelb, Silberreflexe. Feine gelbe Tropenfrucht, ein Hauch von frischer Birne, zart nach Orangenzesten. Mittlerer Körper, weiße Kernobstnuancen, dezenter Säurebogen, mineralisch-salzig im Abgang, bleibt haften, ein leichtfüßiger Speisenbegleiter.

90 Gumpoldskirchner Tradition 2020 ZF/RG
13 Vol.-%, DV, Stahltank/großes Holzfass, €€ B
Helles Goldgelb, Silberreflexe. Mit einem Hauch von Minze und Grapefruit unterlegte gelbe Fruchtnuancen, zart tabakige Würze. Saftig, feine Fruchtsüße, zart nach Banane, feiner Säurebogen, reife Birne im Nachhall, stoffiger Speisenbegleiter.

90 Dialog 2020 SB/CH
12,5 Vol.-%, DV, Stahltank/großes Holzfass, €€ B
Helles Gelbgrün, Silberreflexe. Zart floral unterlegte weiße Apfelfrucht, ein Hauch von Grapefruitzesten, Limetten klingen an. Straff, engmaschig, feine weiße Pfirsichfrucht, dezente Süße im Abgang, ausgewogener Speisenbegleiter.

89 First 2020 SB/CB
12 Vol.-%, DV, Edelstahl, €€ B

96 Pinot Noir Ried Kästenbaum 2018
13,5 Vol.-%, NK, gr. Holzfass/kl. Holzfass, €€€€€€ B
Mittleres Karmingranat, violette Reflexe, dezente Ockerrandaufhellung. Feine Edelholznuancen, gewürzig unterlegter Vanilletouch, rotbeerige Frucht, ein Hauch von Karamell. Saftig, elegant, reife Waldbeerenfrucht, seidiger Stil, feine Säurestruktur, harmonisch und gut anhaftend, zarte Herzkirschfrucht im Nachhall, sehr gute Länge, ein finessenreicher Speisenbegleiter.

94 Pinot Noir Ried Holzspur 2019
13,5 Vol.-%, NK, Barrique/gebr. Barriques, €€€€€ B
Mittleres Karmingranat, violette Reflexe, dezente Ockerrandaufhellung. Zart floral unterlegte feine rote Waldbeerenfrucht, ein Hauch von Hibiskus und Jasmin, zart nach Preiselbeeren, einladendes Bukett. Saftig, kraftvoll und extraktsüß, feine Tannine, ein Hauch von Nougat und süßen Brombeeren im Abgang, gute Länge, ein stoffiger Speisenbegleiter.

93 Pinot Noir Grillenhügel 2019
13 Vol.-%, NK, gebr. Barriques/Barrique, €€€€ B
Kräftiges Karmingranat, violette Reflexe, dezente Ockerrandaufhellung. Zart floral unterlegtes rotes Waldbeerenkonfit, eingelegte Kirschen und Himbeeren, ein Hauch von Orangenzesten. Mittlerer Körper, feine Erdbeerfrucht, zarte, gut integrierte Tannine, rotbeerig im Nachhall, mineralisch und gut anhaftend, zitronig-salziger Abgang.

90 Pinot Noir 2019
12,5 Vol.-%, DV, großes Holzfass, €€ B
Kräftiges Karmingranat, violette Reflexe, dezente Ockerrandaufhellung. Zart kräuterwürzig unterlegtes rotes Waldbeerenkonfit, kandierte Orangenzesten. Rotbeerige Textur, zart nach Preiselbeeren, frisch strukturiert, zitroniger Touch im Nachhall, bereits gut antrinkbar.

94 St. Laurent Ried Holzspur 2019
13 Vol.-%, NK, Barrique, €€€€€
Kräftiges Rubingranat, violette Reflexe, dezente Ockerrandaufhellung. Rauchig-kräuterwürzig unterlegte schwarze Herzkirschfrucht, feines Brombeerkonfit, zart nach Edelholz. Saftig, feine Extraktsüße, reife Zwetschken und Kirschen, seidige Tannine, salzig im Nachhall, bleibt haften, großes Zukunftspotenzial.

93 Sankt Laurent Ried Frauenfeld 2019
13 Vol.-%, NK, Barrique, €€€€
Kräftiges Rubingranat, violette Reflexe, dezente Ockerrandaufhellung. Zart nussig unterlegtes Brombeerkonfit, ein Hauch von Cassis und Lakritze im Hintergrund, zart nach Limettenzesten, floraler Touch. Mittlerer Körper, reife Kirschen, feine Extraktsüße, frisch strukturiert, salzig im Abgang, gute Länge, verfügt über Entwicklungspotenzial.

91 Sankt Laurent Sommelier Edition 2018
13 Vol.-%, DV, gebrauchte Barriques, €€€
Kräftiges Rubingranat, violette Reflexe, dezente Ockerrandaufhellung. Rauchig-kräuterwürzig unterlegte dunkle Beerenfrucht, zart nach Lakritze, würziges Bukett. Mittlerer Körper, rotbeerige Nuancen, frisch strukturiert, mineralischer Touch im Abgang, zart nach Zwetschken im Rückgeschmack.

90 Sankt Laurent 2019
12,5 Vol.-%, DV, großes Holzfass/gebr. Barriques, €€
Kräftiges Rubingranat, violette Reflexe, dezente Ockerrandaufhellung. Kandierte Veilchen, dunkles Waldbeerenkonfit, zart nach Feigen, mit Mandarinenzesten unterlegt. Mittlerer Körper, feine Kirschfrucht, runde Tannine, mineralisch im Abgang, bereits gut antrinkbar.

93 Ried Steingarten 2018 SL/PN
13 Vol.-%, NK, Barrique, €€€€€
Kräftiges Rubingranat, violette Reflexe, dezente Randaufhellung. Feine Edelholzwürze, Nuancen von Gewürznelken, mit roten Kirschen unterlegt, frische Orangenzesten klingen an. Saftig, elegant, feine Beerenfrucht, reife Tannine, frisch strukturiert, mineralisch und anhaftend, ein facettenreicher Speisenbegleiter.

92 Cabernet Sauvignon - Merlot Reserve 2019 ME/CS
13,5 Vol.-%, NK, Barrique, €€€€
Dunkles Rubingranat, violette Reflexe, dezente Randaufhellung. Brombeerkonfit, unterlegt mit Kräuterwürze und feinem Edelholztouch, ein Hauch von reifen Feigen im Hintergrund, zart animalisch. Frisch, reife dunkle Beeren, reife, präsente Tannine, die im Abgang noch etwas sperrig wirken, mineralisch, zeigt Länge, wird von Flaschenreife profitieren.

90 Alter Rebstock 2019 SL/BF/ZW
13 Vol.-%, DV, großes Holzfass, €€ B
Dunkles Rubingranat, violette Reflexe, dezente Randaufhellung. Zart nach Cassis und Brombeeren, feine Kräuterwürze, frische Mandarinenzesten. Am Gaumen rotbeerige Nuancen, frische Kirschen, dezente Tannine, frischer Säurebogen, mineralisch, vielseitig einsetzbar.

92 Zweigelt Ried Frauenfeld 2019
13,5 Vol.-%, NK, Barrique, €€€ B
Dunkles Rubingranat, violette Reflexe, dezente Randaufhellung. Tabakig-kräuterwürzig unterlegte reife Zwetschken, ein Hauch von schwarzen Kirschen, zart nach Kardamom. Stoffig, reife dunkle Beerenfrucht, runde Tannine, schokoladiger Touch im Abgang, ein vielseitiger Speisenbegleiter.

89 Zweigelt 2019
13 Vol.-%, DV, großes Holzfass, €€ B

★★★

WEINGUT PIRIWE

Die konsequente Weingartenarbeit erlaubt es »Pepi« Piriwe, ausdrucksstarke Weine zu keltern. Aus der Tradition der Thermenregion pflegt er eine Vielzahl von Rebsorten und bietet verschiedene, für den Weinliebhaber leicht nachvollziehbare Weinlinien an, die die jeweiligen Interpretationen erklären. Von »fruchtig & leicht« über »bewährt & klassisch« bis hin zu »elegant & rot« reicht das Angebot des Winzers. Diese große Auswahl an Weinen kann auch in der hauseigenen Vinothek jeden Freitag und Samstag eingekauft werden.
Seinen Schwerpunkt legt Piriwe auf Chardonnay, Rotgipfler und Zierfandler im Weißweinbereich und Pinot Noir sowie Cuvées beim Rotwein. Um die höchstmögliche Qualität beim Pinot Noir zu keltern, hat er mit seinem Fassbinder begonnen, Fässer aus Wienerwaldeiche zu verwenden. Seine individuelle Pinot-Noir-Interpretation nennt er »PI«. Dieser ausgezeichnete Pinot Noir wurde bis jetzt nur in wenigen Jahren, wie 2009, 2012, 2014, 2015 und 2018, angeboten.
Seit den 1990er-Jahren ist Pepi Piriwe auch für seine hochklassigen Prädikatsweine aus Rotgipfler und Zierfandler bekannt, sie werden geschätzt und wurden schon vielfach ausgezeichnet. Der Betrieb ist in Umstellung auf Bio-Bewirtschaftung, weshalb man es jetzt schon wagt, Orange Wines und schwefelarme Weine, wie »ansa«, »zwara«, »dreia« und »viera«, zu vinifizieren. Gemeinsam stecken Piriwe und seine Frau Jana fünf- bis sechsmal pro Jahr ihren Heurigen aus und bieten so Weinliebhabern die Möglichkeit, diese regionalen Spezialitäten zu verkosten.

93 Zierfandler Sinfonie 2018
14,5 Vol.-%, NK, 500-l-Fass, €€€€€
Mittleres Gelbgold, Silberreflexe. Attraktive Nuancen von Quittengelée, roter Rhabarber, gelbe Tropenfrucht und Blütenhonig, ein Hauch von Kletzen im Hintergrund. Saftig, elegant, weiße Birnenfrucht, feine Säurestruktur, dunkle Mineralik, sortentypische Aromatik, getrocknete Marillen im Nachhall.

92 Rotgipfler Ried Rasslerin Selektion 2019
14 Vol.-%, NK, 500-l-Fass, €€€€€
Leuchtendes mittleres Gelbgrün, Silberreflexe. Kandierte Orangenzesten, feine gelbe Tropenfrucht, ein Hauch von Honigmelone, einladendes Bukett. Komplex, saftig, feine Nuancen von Mango und Apfel, finessenreicher Säurebogen, bleibt haften, zeigt Länge, gutes Entwicklungspotenzial.

90 Rotgipfler Ouvertüre 2020
13,5 Vol.-%, DV, Stahltank, €€
Helles Gelbgrün, Silberreflexe. Verhalten, zarte gelbe Fruchtnuancen, ein Hauch von Apfel und Birne, mit frischen Orangenzesten unterlegt. Mittlere Komplexität, weiße Frucht, dezent nach Melone, feine Säure, ausgewogen und bereits gut antrinkbar.

(91) Chardonnay Ried Bründlbach Selektion 2019
14 Vol.-%, NK, 500-l-Fass, €€€€€
Leuchtendes mittleres Gelbgrün, Silberreflexe. Nuancen von Golden-Delicious-Apfel, ein Hauch von Wiesenkräutern, feine tabakige Noten. Mittlerer Körper, feiner Blütenhonig, reife Birnenfrucht, mineralisch im Abgang, feinwürziger Speisenbegleiter.

90 Chardonnay Ouvertüre 2020
13 Vol.-%, DV, Stahltank, €€
Helles Grüngelb, Silberreflexe. Feine reife Tropenfruchtnuancen, Mandarinenzesten und Blütenhonig, zart nussig unterlegt. Mittlerer Körper, weiße Birnenfrucht, frisch strukturiert, zitronig-mineralisch, bietet unkomplizierten Trinkspaß.

WEINGUT PIRIWE
2514 Traiskirchen
Wiener Straße 34
T: +43 (2252) 55988
weingut@piriwe.at
www.piriwe.at

Kellermeister/Kontakt:
Josef Piriwe
Anbauweise: Umstellung auf bio
Produktion: 50.000 Flaschen
60 % weiß, 30 % rot, 10 % süß,
14 Hektar
Messen: VieVinum

★★★

WEINGUT SCHNEIDER

BIO

Das Bioweingut Schneider konzentriert sich insbesondere auf die Sorten der Burgunderfamilie: den internationalen Pinot Noir und den autochthonen St. Laurent. Diese Spezialisierung ist in erster Linie auf die hervorragenden Anbaubedingungen, die sich aus dem perfekten Zusammenspiel von kontinentalem Klima und Kalkschotterböden ergeben, aber auch auf die Erfahrung und Leidenschaft der einzelnen Winzer zurückzuführen. Dass die Burgunderweine bereits internationales Format haben, beweisen Spitzenplätze bei renommierten Verkostungen. So holte sich Georg Schneider mit dem Pinot Noir Reserve 2009 den Sortensieg bei der Falstaff-Rotweinprämierung 2011.
Gepflegte Gastlichkeit und vorbildliche Gastfreundschaft stehen im Restaurant »Rebhof Schneider« im Vordergrund. Unmittelbar neben dem Weingut angesiedelt, bietet es die Möglichkeit, die regionale Küche kennenzulernen. Bei kulinarischen Köstlichkeiten kann man es sich einfach bei einem guten Glas Wein gemütlich machen. Ziel der Familie Schneider ist es, dass sich ihre Gäste wohlfühlen.

WEINGUT SCHNEIDER
2523 Tattendorf
Badner Straße 3
T: +43 (2253) 81020
office@weingut-schneider.co.at
www.weingut-schneider.co.at

Kellermeister/Kontakt: Georg Schneider
Anbauweise: Zertifiziert Biologisch (Austria Bio Garantie)
Produktion: 40 % weiß, 57 % rot, 3 % süß, 16 Hektar
Vereinszugehörigkeit: Die Burgundermacher
Messen: Millésime Bio, ProWein Düsseldorf, VieVinum, VLbile Feldkirch

92 Rotgipfler Ried Pfaffstättner Tagelsteiner 2020
13,5 Vol.-%, DV, großes Holzfass, €€€ B V
Helles Goldgelb, Silberreflexe. Dezente Kräuterwürze, ein Hauch von frischer Birne, tabakige Nuancen, mineralischer Anklang. Saftig, feiner weißer Apfel, frischer Säurebogen, salziger Touch, dezente Süße im Abgang, ein Hauch von Ananas im Rückgeschmack.

90 Rotgipfler 2020
13 Vol.-%, DV, Stahltank, €€
Helles Grüngelb, Silberreflexe. Mit einem Hauch von Orangenzesten unterlegte Noten von Birne und Mango, Nuancen von frischen Wiesenkräutern. Saftig, weiße Frucht, feine Süße, angenehmer Säurebogen, harmonisch und bereits gut antrinkbar.

89 Weißburgunder 2020
13,5 Vol.-%, DV, Teilbarrique, €€

93 Pinot Noir Reserve 2018
13,5 Vol.-%, NK, kleines Holzfass, €€€€€ B V
Kräftiges Rubingranat, violette Reflexe, breitere Randaufhellung. Frische Weichselnote, unterlegt mit Gewürznelken, zart nach Pfeffer, ein Hauch von schwarzer Frucht, tabakig. Mittlere Komplexität, feine Säurestruktur, mineralisch, gut eingebundene Tannine, saftig, salzige röstige Holzwürze im Abgang, rotes Beerenkonfit im Nachhall, guter Speisenbegleiter.

92 Pinot Noir Ried Pfaffstättner Tagelsteiner 2019
13 Vol.-%, DV, kleines Holzfass, €€€ B V
Kräftiges Karmingranat, violette Reflexe, zarte Ockerrandaufhellung. Zartes Waldbeerenkonfit, rote Kirschen, attraktives Bukett, unterlegt mit kandierten Mandarinenzesten. Saftig, leichtfüßig und elegant, feiner Säurebogen, ein Hauch von reifen Kirschen im Nachhall.

91 Pinot Noir 2019
13 Vol.-%, DV, großes Holzfass, €€ B
Mittleres Karmingranat, violette Reflexe, zarte Ockerrandaufhellung. Reife dunkle Beerenfrucht, zart nach kandierten Veilchen, ein Hauch von Lakritze. Mittlere Komplexität, eingelegte rote Kirschen, frisch strukturiert, reife Zwetschken im Nachhall, mineralischer Rückgeschmack.

92 Cuvée Noir Reserve 2018 CS/ME/SL/PN
13,5 Vol.-%, NK, kleines Holzfass, €€€ B
Dunkles Rubingranat, violette Reflexe, zarte Ockerrandaufhellung. Dezente dunkle Beerenfrucht, etwas Orangenzesten, zarte Holzwürze, mit Nougat, Brombeeren und Lakritze unterlegt. Mittlere Komplexität, kraftvoll, würzig, gut integrierte Tannine, Beerenkonfit im Abgang, tabakig im Nachhall, guter saftiger Speisenbegleiter.

(92) St. Laurent Ried Tattendorfer Frauenfeld 2019
12,5 Vol.-%, DV, kleines Holzfass, €€€ B
Dunkles Rubingranat, violette Reflexe, zarte Ockerrandaufhellung. Feine Kräuterwürze, ein Hauch von Roten Johannisbeeren, etwas Brombeeren, mit kandierte Orangenzesten unterlegt. Saftig, ein Hauch von Himbeeren, rote Kirschen, gut integrierte, würzige Tannine, pfeffriger Touch im Abgang, wird von Flaschenreife profitieren.

91 St. Laurent 2018
12,5 Vol.-%, DV, großes Holzfass, €€ B V
Dunkles Rubingranat, violette Reflexe, zarte Randaufhellung. Zart kräuterwürzig unterlegte reife Zwetschkenfrucht, ein Hauch von Brombeerkonfit, feiner Nougattouch. Mittlerer Körper, schwarze Kirschen, feine Tannine, zarte Fruchtsüße, salzig-mineralisch, bereits antrinkbar.

★★★★

WEINGUT STADLMANN

BIO

Bereits 1780 stand das Haus Stadlmann im Zeichen des Weinbaus. Über acht Generationen hinweg wurde das Weinwissen sukzessive vermehrt und weitergegeben. Kaum jemand hat sich derart intensiv mit den einzigartigen Gegebenheiten und den ursprünglichen Rebsorten der Thermenregion auseinandergesetzt wie Bernhard Stadlmann. Er hat seine profunde akademische Ausbildung durch zahlreiche Praktika im Ausland vertieft und geht heute mit viel Erfahrung und einem besonderen Feingefühl für die wertvollsten Lagen in der Region vor.
An den Hängen des Anningers pflegt Stadlmann souverän überwiegend alte Rebstöcke, tief verwurzelt im Muschelkalk. Im Keller nimmt er sich bewusst zurück und lässt dem Wein ausreichend Zeit, um zu reifen. So werden mit präzisem handwerklichem Geschick kontinuierlich authentische Weine vinifiziert,

WEINGUT STADLMANN
2514 Traiskirchen
Wiener Straße 41
T: +43 (2252) 52343
kontakt@stadlmann-wein.at
www.stadlmann-wein.at

Kellermeister/Kontakt: Bernhard Stadlmann
Anbauweise: Zertifiziert Biologisch
Produktion: 85 % weiß, 13 % rot, 2 % süß, 20 Hektar
Zertifiziert: Nachhaltig Austria
Vereinszugehörigkeit: Thermenwinzer
Messen: ProWein Düsseldorf, VieVinum

Weinwanderweg Traiskirchen

die über ein enormes Lagerpotenzial verfügen. Die Komplexität und Dichte der Zierfandler und Rotgipfler aus dem Hause Stadlmann sind unvergleichlich. Der Betrieb hat sich schon immer diesen regionaltypischen Rebsorten in all ihren Spielarten verschrieben, aber auch Weißburgunder, Grüner Veltliner sowie St. Laurent und Pinot Noir reifen in großen Holzfässern der Perfektion entgegen. Johann Stadlmann ist Vorsitzender des regionalen Weinkomitees und wurde 1994 zum »Falstaff Winzer des Jahres« gekürt.

95 Zierfandler Ried Mandel-Höh 2019
13,5 Vol.-%, NK, großes Holzfass, €€€€€
Mittleres Goldgelb, Silberreflexe. Feine Nuancen von Steinobst, zart nach Mango und Apfel, feiner Blütenhonig, ein Hauch von Orangenzesten. Komplex, saftig, zart nussig unterlegte Apfelfrucht, feiner Säurebogen, feine Fruchtsüße im Abgang, mineralisch und gut anhaftend, wird von Flaschenreife profitieren.

92 Zierfandler Anning 2020
12,5 Vol.-%, DV, großes Holzfass, €€€ B
Helles Goldgelb, Silberreflexe. Zart nach Honig, frische Birnenfrucht, ein Hauch von kandierten Orangenzesten. Mittlerer Körper, weißer Apfel, feine Säurestruktur, mineralisch-zitronig im Abgang, vielseitig einsetzbar.

92 Zierfandler Ried Igeln 2019
13,5 Vol.-%, NK, großes Holzfass, €€€€ B
Leuchtendes Goldgelb, Silberreflexe. Zart nach Marzipan, gelbe Tropenfrucht, ein Hauch von Marille, mit zarten Wiesenkräutern unterlegt. Mittlere Komplexität, seidige Textur, dezente Säurestruktur, weiße Apfelfrucht, mineralisch, salziger Touch im Abgang.

94 Rotgipfler Ried Tagelsteiner 2019
14 Vol.-%, NK, großes Holzfass, €€€€€ B
Helles Goldgelb, Silberreflexe. Feiner Blütenhonig, zart nach Quitten, frische gelbe Apfelfrucht, attraktives Bukett. Saftig, feine Fruchtsüße, elegant und frisch strukturiert, mineralisch-salzig im Abgang, zeigt sehr gute Länge, gutes Reifepotenzial.

92 Rotgipfler Anning 2020
12,5 Vol.-%, DV, großes Holzfass, €€€ B
Helles Grüngelb, Silberreflexe. Feine frische Birnenfrucht, ein Hauch von Mango, Nuancen von Mandarinenzesten. Saftig, elegant, weißes Kernobst, feine Säurestruktur, salziger Touch, ein lebendiger Speisenbegleiter.

(94) Zierfandler Traiskirchen Trockenbeerenauslese 2017
9 Vol.-%, NK, Holzfass, €€€€€€ B
Leuchtendes kräftiges Goldgelb, Silberreflexe. Feine Botrytiswürze, Dörrobstnuancen, gelbe Tropenfrucht, kandierte Orangenzesten. Komplex, gut eingebundene Süße, frischer Säurebogen, mineralisch-salzig im Abgang, Marillentouch im Nachhall, sicheres Reifepotenzial.

(92) Zierfandler Traiskirchen Eiswein 2018
9 Vol.-%, NK, Holzfass, €€€€€€ B
Leuchtendes kräftiges Goldgelb, Silberreflexe. Mit feiner Kräuterwürze unterlegte zarte Dörrfeigen, kandierte Mandarinenzesten und Honig. Saftig, mittlere Komplexität, reife Birnenfrucht, dezente Säurestruktur, reife Marillen im Abgang, Orangenzesten im Nachhall.

★★

WEINGUT HARALD ZIERER

Das Weingut Zierer hat in Gumpoldskirchen tiefe historische Wurzeln und wurde erstmals im Jahre 1790 erwähnt. Harald Zierer, Absolvent der HBLA Klosterneuburg, ist seit 1990 für die Vinifikation verantwortlich, wobei das Weingut nach wie vor noch von der gesamten Familie bewirtschaftet wird.
Es werden drei Arten des Weinausbaus verfolgt: die klassische Linie »Klassik«, bei der die Weine im Stahltank ausgebaut werden, die Linie »Tradition«, wofür die Weine im großen Holzfass reifen, und die »Reserve«-Linie, für die der Ausbau in kleinen französischen Holzfässern erfolgt. Außerdem ist Harald Zierer für seine Süßweine bekannt, die entweder klassisch oder im Barrique ausgebaut werden. Auf dem Weingut wird traditionellerweise hohes Augenmerk auf die typischen autochthonen Gumpoldskirchner Sorten Zierfandler und Rotgipfler gelegt, die sowohl reinsortig wie auch als Cuvée angeboten werden. Neben diesen beiden Hauptsorten bleibt allerdings genug Platz für andere Weißweinsorten wie

WEINGUT HARALD ZIERER

2352 Gumpoldskirchen
Badener Straße 36
T: +43 (2252) 607302
zierer@weingut-zierer.at
www.weingut-zierer.at

Kellermeister/Kontakt:
Harald Zierer
Produktion: 50.000 Flaschen
80 % weiß, 10 % rot, 10 % süß,
13 Hektar
Messen: VieVinum

Blick aufs Schloss Gumpoldskirchen

Riesling, Chardonnay, Welschriesling und Weißburgunder. Seit einigen Jahren wird auch erfolgreich die Rotweinproduktion erweitert. Neben dem österreichischen Klassiker Zweigelt bietet das Weingut auch Syrah, Merlot und Pinot Noir.
Um dem Anspruch perfekter Weinqualität gerecht zu werden, wurde neben dem Weingut in Gumpoldskirchen Ende des Jahres 2009 mit einem Zubau der Kellerei begonnen (Presshaus, Flaschenlager, Fasskeller sowie ein moderner Weinverkostungsraum), der kurz vor der Ernte 2010 fertiggestellt wurde. Da in den letzten Jahren die direkte Vermarktung immer wichtiger und zeitaufwendiger wurde, hat sich die Familie Zierer dazu entschlossen, einen Heurigenbetrieb in der Kurstadt Baden zu betreiben. Hier werden natürlich sämtliche Weine des Weinguts glasweise angeboten, des Weiteren gibt es warme und kalte Spezialitäten vom Buffet.

92 Zierfandler Ried Gumpoldskirchner Rasslerin Reserve 2019
13,5 Vol.-%, VL, großes Holzfass, €€€
Mittleres Gelbgrün, Silberreflexe. Mit frischen Wiesenkräutern unterlegte gelbe Tropenfruchtnuancen, zart nach Mango, ein Hauch von Grapefruitzesten, mit feinem Blütenhonig unterlegt. Saftig, elegant, reifer gelber Pfirsich, feine Säurestruktur, süße Fruchtnuancen im Abgang, ausgewogen und bereits gut antrinkbar.

90 Zierfandler Ried Gumpoldskirchner Rasslerin Reserve 2017
14 Vol.-%, VL, großes Holzfass
Mittleres Gelbgrün, Silberreflexe. Kräuterwürzig-nussig unterlegte reife gelbe Tropenfrucht, kandierte Orangenzesten, zarter Blütenhonig. Mittlere Komplexität, weißer Fruchttouch nach Pfirsich, wirkt etwas weitmaschig, dezenter Säurebogen, bereits entwickelt.

92 Rotgipfler Ried Rodauner Reserve 2017
13,5 Vol.-%, VL, großes Holzfass, €€€
Mittleres Grüngelb, Silberreflexe. Zart nach gelbem Pfirsich, reifer Birne und Blütenhonig, zarte Kräuterwürze klingt an, kandierte Orangenzesten. Komplex, saftig, feine Apfelfrucht, dezenter Säurebogen, harmonisch und gut anhaftend, zart nach Honig im Nachhall, bereits gut entwickelt.

(89) Riesling Ried Gumpoldskirchner Satzing 2020
13,5 Vol.-%, VL, großes Holzfass, €€

88 Chardonnay Classic 2020
12,5 Vol.-%, VL, Holzfass

89 Pinot Noir 2017
13,5 Vol.-%, NK, Barrique, €€€

Das Traisental, hier bei Wagram ob der Traisen,
ist ein spannendes Gebiet für Grünen Veltliner und Riesling

NIEDERÖSTERREICH

TRAISENTAL DAC

Nussdorf ob der Traisen und Umgebung sind ein attraktives Ausflugsziel

WEINE MIT RÜCKGRAT UND FINESSE

Das jüngste Weinbaugebiet Österreichs – es besteht in dieser Form erst seit 1995 – ist mit 815 Hektar Rebfläche auch eines der kleinsten des Landes, aber in einer Beziehung ganz groß: Hier führt der Grüne Veltliner das Regiment. Fixpunkte in den kleinen Weinorten sind bodenständige Buschenschanken, Ausflüge in die Geschichte gewähren Traismauer oder Herzogenburg.

Seit dem Jahrgang 2006 kommen typische fruchtige und würzige Grüne Veltliner sowie kernig-mineralische Rieslinge unter der Bezeichnung »Traisental DAC« auf den Markt, die der Gliederung der Kremstal-DAC-Weine entspricht. In keinem anderen österreichischen Weinbaugebiet hat der Grüne Veltliner einen derart dominanten Flächenanteil: Mit 63 Prozent belegt das Traisental unangefochten Platz eins. Doch auch der Riesling gilt als Spezialität des Traisentals. Die Reben stehen überwiegend auf – oft winzigen – Terrassen mit trockenen, schottrigen, sehr kalkreichen Böden. Sie verleihen den Weinen ein sehr eigenständiges Profil mit kräftigem Körper und festem Rückgrat. Die Mineralik ist auch Geschmacksträger, stützt die Säurestruktur und fördert somit die Langlebigkeit der Weine. Besondere Klimafaktoren – pannonische Einflüsse und gleichzeitig Kaltluft aus dem Alpenvorland bringen warme Tage und kühle Nächte – sorgen für eine sehr feine Aromatik und würzige Finesse. Die nahe Donau kann auch hier ihre temperaturausgleichende Rolle voll ausspielen.

Das Traisental ist aber auch ein attraktives Ausflugsziel für Weinliebhaber, Wanderer, Radfahrer und Kulturinteressierte. Uralte Weintradition – noch weit vor der Weinkultur der Römer in der Region da-

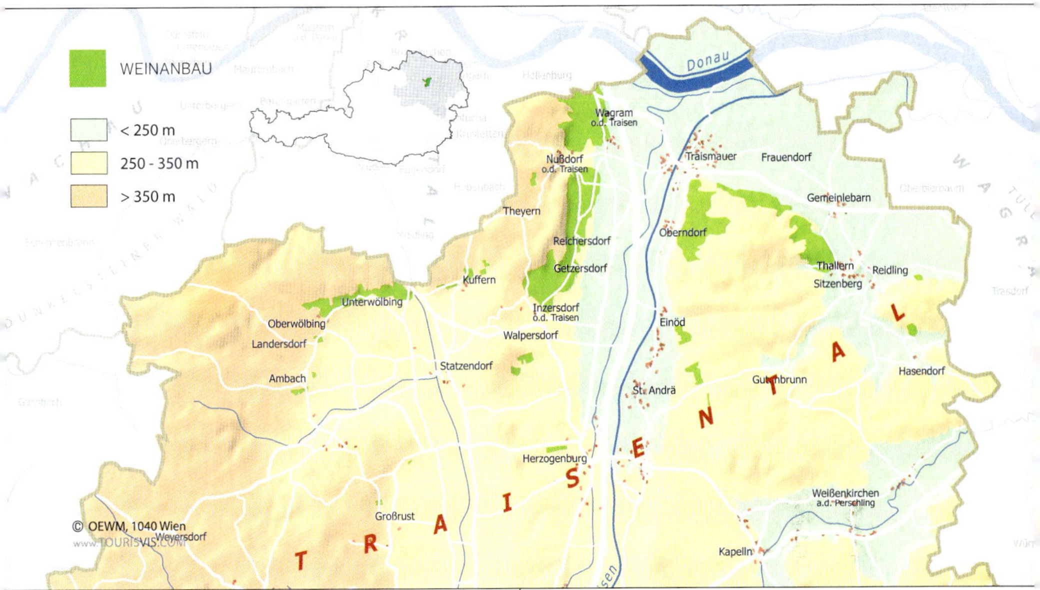

tiert – bestätigen Funde von Traubenkernen aus der frühen Bronzezeit. Ein modernes Kulturprogramm in großer Vielfalt bietet die nahe gelegene niederösterreichische Landeshauptstadt St. Pölten.
Von diesem südlichsten Punkt des Weinbaugebiets eröffnen sich viele Wege nach Westen und Osten: von Statzendorf, Unter- und Oberwölbling über Nussdorf, Reichersdorf, Getzersdorf bis nach Inzersdorf und Herzogenburg mit seinem herrlichen Stift. Verbindendes Element ist die Weinkultur, die von den Winzerfamilien in den zahlreichen Buschenschankbetrieben auf sympathische und genussvolle Weise vermittelt wird. Man ist sich der Bedeutung von Grünem Veltliner und Riesling als Botschafter der Region sehr bewusst. Sie leisten einen wesentlichen Beitrag, den unverwechselbaren Weinstil noch bekannter zu machen – persönliche Nuancen bringen die dazu servierten bodenständigen kulinarischen Köstlichkeiten. Man sollte aber nicht versäumen, auch andere Sortenspezialitäten in Weiß und Rot zu verkosten.

AUSGEWÄHLTE WEINGÜTER

★★★★

Weingut Markus Huber, Reichersdorf
Weingut Ludwig Neumayer, Inzersdorf ob der Traisen

★★★

Weingut Karl Brindlmayer, Wagram ob der Traisen
Weingut Herwald Hauleitner, Wagram ob der Traisen
Weinkultur Preiß, Theyern
Winzerhaus Hans Schöller, Traismauer

★★

Weingut Tom Dockner, Theyern
Weingut Leopold Figl, Wagram ob der Traisen
Stiftsweingut Herzogenburg, Herzogenburg
Weingut Rudolf Hofmann, Traismauer
Weingut Andreas Holzer, Nussdorf ob der Traisen
Nolz Wein, Hilpersdorf
Weingut Thomas Ott, Reichersdorf

★

Siedler Alex. Wein-Genuss-Gut, Reichersdorf

Karl Brindlmayer

WEINGUT KARL BRINDLMAYER
3133 Wagram ob der Traisen
Wachaustraße 23
T: +43 (2783) 598
wein@brindlmayer.at
www.brindlmayer.at

Kellermeister/Kontakt: Karl Brindlmayer
Produktion: 1 % Schaumwein, 82 % weiß, 6 % rosé, 10 % rot, 1 % süß, 13 Hektar
Zertifiziert: Nachhaltig Austria
Vereinszugehörigkeit: Vereinigung Traisentaler Weingärtner, Regio Tragisana
Messen: Veltlinertag im Museumsquartier, VieVinum, DAC-Präsentationen

★★★

WEINGUT KARL BRINDLMAYER

Geradliniger Herkunftscharakter, spielerisch-animierender Facettenreichtum«, ist Karl Brindlmayer IV. vom herausfordernden Jahrgang 2020 begeistert, der zugleich sein erster ist, dem er im gesamten Winzerjahr vorstand. In sechster Generation im Weingut verwurzelt, ist er schon seit Jahren eine treibende Kraft. Die Familie ist seit 1833 auf dem 1557 erstmals urkundlich erwähnten Hof ansässig und sieht die Zertifizierung »Nachhaltig Austria« als Lebensidee. Nicht zuletzt entstehen die Weine in Erzeugerabfüllung weiterhin ressourcenschonend im alten hofeigenen Weinkeller.

Der Jungwinzer beweist, dass Exzellenz auch abseits von vorgegebenen Wegen erreicht werden kann. Wie alle Reserve-Weine soll die Traditionsmarke »Brigos« gemäß der altkeltischen Wortbedeutung Mächtigkeit verkörpern, aber auch nicht vorlaut sein. Nach langer Reifephase als »Große Reserve« wird die Spannung zwischen Kraft und Expressivität harmonisch gelöst. Über Jahrzehnte bauten Karls Eltern eine vielfältige Linie gebiets- und sortentypischer Klassiker sowie unverwechselbarer Lagenweine wie »Rosengarten«, »Sonnleithen« und »Bergen« auf. Neben Donaueinfluss und mikroklimatischen Feinheiten sind diese Terrassenweingärten von tiefgründigem Löss bis hin zu Konglomerat mit Sandstein und Mergel geprägt, während auf der Ostseite der Traisen kühlere Hügellagen einen frischen Weincharakter transportieren. Mit diesen sinnlichen Wurzeln soll jeder Wein das begeisterte Winzerhandwerk auch für ein breites Publikum spürbar machen. Das gelingt dem nunmehrigen Betriebsführer, der der Familienmarke mittlerweile mehr als eine lediglich nationale Bekanntheit verliehen hat, sehr gut, denn das eine oder andere Gläschen Brindlmayer-Wein hat schon am »Grote Markt« von Antwerpen oder auf einem Business-Class-Flug nach Montreal die Sinne verzaubert. Erklärtes Ziel sind Jahr für Jahr unverkennbare und zugleich zugängliche Weine mit Herkunftscharakter, die Charme versprühen und für sich sprechen. Die Winzerfamilie blickt auf viele Auszeichnungen zurück, während die aktuellen Erfolge für eine erfolgreiche Weiterführung der »Next Generation« sprechen.

93 Grüner Veltliner * Ried Sonnleithen Alte Reben 2020
13 Vol.-%, DV, Stahltank, €€ V
Mittleres Gelbgrün, Silberreflexe. Frische Orangenzesten, ein

Hauch von Marille, feiner Blütenhonig, mit Orangenzesten unterlegt. Saftig, elegant, gute Komplexität, ein Hauch von Anis, bleibt gut haften, verfügt über weiteres Reifepotenzial.

93 Grüner Veltliner ** Ried Bergen 2019
13,5 Vol.-%, DV, Stahltank, €€€ Ⓥ
Helles Grüngelb, Silberreflexe. Reife gelbe Apfelfrucht, Nuancen von Honigmelone, frische Orangenzesten, einladendes Bukett. Saftig, feine Fruchtsüße, Golden-Delicious-Apfel, dezenter Säurebogen, balanciert und gut anhaftend, ein feinwürziger Speisenbegleiter mit salzigem Nachhall.

92 Grüner Veltliner * Ried Rosengarten 2020
12,5 Vol.-%, DV, Stahltank, €€ Ⓥ
Helles Gelbgrün, Silberreflexe. Floral, zart mit Limettennoten unterlegte weiße Apfelfrucht, zartwürzig-tabakige Nuancen. Komplex, saftig, elegant und ausgewogen, feine, animierende Säurestruktur, fruchtiger Nachhall, bereits gut antrinkbar.

(91) Riesling * Parapluiberg 2020
12,5 Vol.-%, DV, Stahltank, €€ Ⓥ
Mittleres Gelbgrün, Silberreflexe. Mit einem Hauch von Mandarinenzesten unterlegte weiße Pfirsichfrucht, Nuancen von Blütenhonig, mineralischer Touch. Mittlerer Körper, gelbe Tropenfruchtaromen, rassiger Säurebogen, finessenreich, zitronig-salziger Abgang, macht Lust auf ein zweites Glas.

90 Chardonnay 2020
13 Vol.-%, DV, Stahltank, €€ Ⓥ
Helles Grüngelb, Silberreflexe. Zarte Birnennuancen, ein Hauch von Quitten, zarter Blütenhonig, einladendes Bukett. Mittlere Komplexität, frisches Kernobst, lebendige Säurestruktur, harmonisch, ein vielseitiger Speisenbegleiter.

Grüner Veltliner

90 Zweigelt Reserve Ried Eichberg 2018
13,5 Vol.-%, NK/DV, gebr. Barriques/Barrique, €€ Ⓥ
Kräftiges Rubingranat, violette Reflexe, breitere Ockerrandaufhellung. Feinwürzig, eingelegte Kirschen, etwas Brombeerkonfit, mit Kardamom und Gewürznelken unterlegt. Mittlere Komplexität, rote Fruchtnuancen, lebendig strukturiert, ein leichtfüßiger Speisenbegleiter.

★★

WEINGUT TOM DOCKNER

Wenn Steine und Geröll aus der Traisen auf ausgewaschenen Kalk treffen, dann braucht es ein paar Jahrtausende, bis sich Konglomerat bildet – ein trockener Begriff für etwas, das großartige Veltliner hervorbringt. Tom Dockners Weinreben wachsen auf diesen uralten, eiszeitlich geprägten Böden, auf denen sich so einiges an wertvollen Bausteinen, sprich Sedimenten, angesammelt hat. Diese wiederum verleihen seinen Grünen Veltlinern aus dem Traisental ihr unverwechselbares Geschmacksbild: mineralisch, vielschichtig, ausdrucksstark und dennoch nicht zu ausladend. »Konglomerat« nennt sich dieser einzigartige Zusammenschluss aus vielen Tausenden Jahren Geröll, Schotter, Kalk, Wind und Wetter. Seine einzigartigen Weinrieden heißen Theyerner Berg, Pletzengraben und Hochschopf. Seit 2019 sind die zwei letztgenannten Rieden als »Erste Lagen 1 ÖTW« klassifiziert, und seither ist das Weingut Mitglied der »Österreichischen Traditionsweingüter«. Grüner Veltliner und Riesling sind sicher die bekanntesten Sorten des Traisentals und zu Recht auch die Paradeweine von Tom Dockner, aber auch Traminer und Pinot Noir begeistern immer wieder aufs Neue. Nachhaltigkeit und naturnahe Bewirtschaftung der Weingärten sind dem Traisentaler Winzer sehr wichtig. Kellerar-

* Traisental DAC ** Traisental DAC Reserve

Ahrenberg Eichberg

WEINGUT TOM DOCKNER

3134 Theyern
Traminerweg 3
T: +43 (2783) 7278
weingut@docknertom.at
www.docknertom.at

Kellermeister/Kontakt: Thomas Dockner
Produktion: 90 % weiß, 10 % rot, 20 Hektar
Zertifiziert: Nachhaltig Austria
Vereinszugehörigkeit: Traditionsweingüter Österreich
Messen: VieVinum

beit heißt für Tom Dockner, die Qualität und den Charakter der Trauben aus dem Weingarten ohne Verluste in die Flasche zu bringen. Daher sind penible Sauberkeit und schonende Verarbeitung hier selbstverständlich. Kosten lassen sich diese einzigartigen Weine am besten dort, wo sie heranreifen: im lichtdurchfluteten Verkostungsraum mitten im Traisental. Hier kann man selbst dem einzigartigen Charakter der Landschaft, der Menschen, der Natur und dieser Weine auf den Grund gehen.

(93) Grüner Veltliner * Ried Pletzengraben 1ÖTW 2020

13 Vol.-%, DV, großes Holzfass, €€€€ V

Helles Grüngelb, Silberreflexe. Feine frische Birnenfrucht, ein zarter Hauch von Wiesenkräutern, ein Hauch von gelbem Apfel und Orangenzesten. Komplex, kraftvoll, feine Fruchtsüße, reife Ananas, mineralisch, gute Frische, bleibt haften, Blütenhonig im Nachhall, gutes Entwicklungspotenzial.

92 Grüner Veltliner * Ried Theyerner Berg 2020

12,5 Vol.-%, DV, Stahltank, €€ V

Helles Gelbgrün, Silberreflexe. Attraktive gelbe Tropenfrucht, ein Hauch von Mango, weißer Apfel, ein Hauch von Limette. Mittlere Komplexität, weiße Frucht, zart nach Banane, finessenreiche Struktur, zitronig-mineralisch im Abgang.

92 Grüner Veltliner * Nussdorf 2020

12,5 Vol.-%, DV, Stahltank, €€€ V

Mittleres Gelbgrün, Silberreflexe. Frische weiße Tropenfrucht, ein Hauch von Melone, zart nach Papaya, dezenter Blütenhonig, Mandarinenzesten. Saftig, elegante Textur, ein Hauch von frischer Ananas, lebendige Säurestruktur, mineralisch-zitronig im Abgang, gutes Entwicklungspotenzial.

93 Riesling * Ried Pletzengraben 1ÖTW 2019

13,5 Vol.-%, DV, Stahltank, €€€€ V

Helles Grüngelb, Silberreflexe. Zart nach weißer Tropenfrucht, ein Hauch von Limetten, floraler Touch, zart nach frischem Ingwer. Saftig, weißer Pfirsich, dezente Fruchtsüße, lebendiger Säurebogen, mineralisch-zitroniger Anklang, bleibt gut haften, schwungvoller Stil.

90 Riesling * Parapluiberg 2020

12,5 Vol.-%, DV, Stahltank, €€ V

Mittleres Gelbgrün, Silberreflexe. Feine gelbe Fruchtnuancen, ein Hauch von Pfirsich und Mango, mit dezentem Blütenhonig unterlegt. Saftig, reife Apfelfrucht, frischer Säurebogen, zitronig im Abgang, bleibt haften, ein facettenreicher Speisenbegleiter.

(90) Traminer Ried Pletzengraben Konglomerat 2020

13,5 Vol.-%, DV, Stahltank, €€€€ V

Mittleres Gelbgrün, Silberreflexe. Feiner Rosenduft, ein Hauch von Marshmallows, ein Hauch von Grapefruitzesten, intensives Bukett. Saftig, reife Tropenfrucht, zart nach Honig, dezentes Säurespiel, süßer Nachhall, wirkt etwas weitmaschig, wird von Flaschenreife profitieren.

★★

WEINGUT LEOPOLD FIGL

Der Familienbetrieb Figl bewirtschaftet seit 1960 Weingärten im unteren Traisental. Die Weingärten befinden sich im Umkreis von Wagram ob der Traisen und wachsen auf Lössböden, wobei Konglomerat das Muttergestein bildet. Der Klosterneuburger Absolvent Leopold Figl war von 2001 bis 2013 Kellermeister im Weingut Stadt Krems und hat danach das smarte Weingut seiner Eltern übernommen, worauf der Fokus auf die gebietstypischen Sorten Grüner Veltliner und Riesling gelegt wurde.
Leopold Figl ist bekannt für fruchtige, aber auch würzige Weine mit einer gut balancierten Säure, die man wunderbar trinken kann. Ein eigens vinifizierter »Blanc de Blancs«-Sekt aus Chardonnay-Trauben nach der traditionellen Methode krönt sein Sortiment. Die Top-Rieden des Weinguts sind Setzen, Sonnleithen und Rosengarten. Durch die gezielte Planung eines modernen Weinkellers wurden perfekte Bedingungen zur schonenden und sauberen Verarbeitung der Trauben geschaffen. Die besondere Pflege der Weingärten und das Bestimmen des optimalen Lesezeitpunktes sind wesentliche Bestandteile einer Produktion qualitativ hochwertiger Weine.

91 ❸ Blanc de Blancs Brut Reserve Vintage 2017
12,5 Vol.-%, NK, Flaschengärung, €€€
Helles Gelbgrün, anhaltendes zartes Mousseux. Feine gelbe Tropenfrucht, zart nach Apfel und Mango, floraler Touch, mit Limettenzesten unterlegt. Gute Komplexität, gelbe Tropenfrucht, reifer Pfirsich, frisch strukturiert, Ananas und Honig im Abgang.

92 Grüner Veltliner ** Ried Sonnleithen 2019
13,5 Vol.-%, DV, Stahltank, €€
Helles Gelbgrün, Silberreflexe. Feine Wiesenkräuter, ein Hauch von Ananas und Marille, mineralisch unterlegt, ein Hauch von Orangenzesten. Komplex, saftig, reifes gelbes Kernobst, feiner Säurekern, dezente Fruchtsüße im Abgang, Blütenhonig im Rückgeschmack, verfügt über Reifepotenzial.

92 Grüner Veltliner ** Ried Rosengarten 2019
14 Vol.-%, DV, Stahltank, €€€
Helles Grüngelb, Silberreflexe. Zart tabakig, reife gelbe Tropenfrucht, Nuancen von Golden-Delicious-Apfel, ein Hauch von Mandarinen und Blütenhonig. Stoffig, fruchtsüße Textur, gut integrierter Säurekern, dunkle Mineralik im Abgang, würziger Nachhall, gutes Entwicklungspotenzial.

WEINGUT LEOPOLD FIGL
3133 Wagram ob der Traisen
Ziegelofengasse 2
T: +43 (660) 1981035
office@weingut-figl.at
www.weingut-figl.at

Kellermeister/Kontakt:
Leopold Figl
Produktion: 2 % Schaumwein, 90 % weiß, 5 % rosé, 3 % rot, 12 Hektar
Vereinszugehörigkeit: Vereinigung Traisentaler Weingärtner

Verena und Leopold Figl

90 Grüner Veltliner * Ried Setzen 2020
13 Vol.-%, DV, Stahltank, €€
Mittleres Gelbgrün, Silberreflexe. Reife gelbe Apfelfrucht, zart nach Mango, zitroniger Touch. Saftig, eleganter Körper, feine Fruchtsüße, dezente Melone im Abgang, bereits gut entwickelt, ein vielseitiger Speisenbegleiter.

89 Grüner Veltliner * Vom Löss 2020
12 Vol.-%, DV, Stahltank, €€

89 Gelber Muskateller 2020
12 Vol.-%, DV, Stahltank, €€

★★★

WEINGUT HERWALD HAULEITNER

Herwald und Raphaela Hauleitner bewirtschaften ihre Weingärten in Wagram ob der Traisen nahe Traismauer. Der Familienbetrieb besteht seit 1932 und wird mit dem Leitsatz »Trinken ist ein Bedürfnis, Genießen eine Kunst« geführt. Ziel ist es, puristische Weine mit viel Frucht und Schmelz für den Alltag zu erzeugen. Laufend kommen neue Vertriebspartner im In- und Ausland dazu und erfreuen sich an den filigranen Produkten. Die ausschließlich handverlesenen Weine des sympathischen und freundlichen Winzerpaares sind geprägt vom Terroir und auf den Herkunftscharakter fokussiert (Traisental DAC und Traisental DAC Reserve).
Es gibt im Traisental die Terroirtypen Löss, Konglomerat und den etwas schwereren lehmigeren Tonboden auf Oncophora (Muschelkalk). Vor allem die dominierenden Sorten wie Grüner Veltliner und Riesling sowie Gelber Muskateller aus der Riede Bergen sind die Steckenpferde des Jungwinzerpaares. Klare und authentische Weine zu keltern hat oberste Priorität, Mineralik und Sortenfrucht stehen im Vordergrund. Der vorherrschende tiefgründige und kalkhaltige Lössboden, vor allem in der Top-Lage Sonnleithen, garantiert volle Frucht, Harmonie und Trinkvergnügen. Drei weitere Lagenveltliner stehen im Fokus: zum einen der Grüne Veltliner »Rosengarten«, der – auf kühlem Lössboden mit größerer Nähe zum Konglomerat gewachsen – eine sehr feine und filigrane Veltlinerwürze zeigt, zum anderen der Grüne Veltliner »Venusberg«, der auf schwerem und tonigem Boden

Herwald und Raphaela Hauleitner

WEINGUT HERWALD HAULEITNER
3133 Wagram ob der Traisen
Weinkeller im Flohbergweg
T: +43 (676) 9519813
traisental@weingut-hauleitner.at
www.hauleitner.at

Kellermeister/Kontakt: Herwald Hauleitner
Produktion: 90 % weiß, 10 % rot, 9 Hektar
Vereinszugehörigkeit: Vereinigung Traisentaler Weingärtner

eine sehr cremige Dichte und Mineralik präsentiert, und schließlich der Grüne Veltliner »Parapluiberg«. Weiters gibt es einen Riesling »Spontan« aus der Lage Sonnleithen, natürlich vergoren ohne Zusatz von Hefe, und einen kräftigen, cremigen Sekt vom Grünen Veltliner Blanc de Blancs mit zwölfmonatiger Lagerung. Das Weingut war »Falstaff Grüner Veltliner Grand Prix«-Sieger 2009 und »Falstaff Traisental DAC Cup«-Sieger 2016, 2018 sowie Doppelsieger 2019 und 2021.

90 ❺ Grünen Veltliner Sekt Blanc de Blancs extra brut 2017
14 Vol.-%, NK, Stahltank, €€€
Mittleres Goldgelb, Silberreflexe, feines, anhaltendes Mousseux. Zart nach gelbem Apfel, mit einem Hauch von Birne unterlegt, Noten von Mandarinenzesten, feiner nussiger Touch. Sehr kraftvoll, feinwürzige Kernobstnuancen, gut integrierte Säure, mineralischer Nachhall, vielleicht eine Spur zu kräftig.

88 ❺ Frizzante Rosé C.M.S.Z. CS/ME/SY/ZW
12,5 Vol.-%, DV, Stahltank, €€

93 Grüner Veltliner * Ried Rosengarten 2020
13 Vol.-%, DV, Stahltank, €€
Mittleres Gelbgrün, Silberreflexe. Mit zarten Wiesenkräutern unterlegte gelbe Tropenfruchtanklänge, Nuancen von Mango und Honigmelone, zarte Orangenzesten, einladendes Bukett. Saftig, gute Komplexität, ein Hauch von Marille, frischer Säurebogen, fruchtiger Süßetouch im Abgang, gute Länge, tolles Preis-Leistungs-Verhältnis.

92 Grüner Veltliner * Venusberg 2020
13 Vol.-%, DV, Stahltank, €€
Helles Gelbgrün, Silberreflexe. Frischer Golden-Delicious-Apfel, zart pfeffrig-tabakig unterlegt, Nuancen von Orangenzesten, facettenreiches Bukett. Straff, weißer Apfel, frische Struktur, mineralisch im Abgang, ein saftiger, lebendiger Sortenvertreter.

92 Grüner Veltliner * Parapluiberg 2020
13 Vol.-%, DV, Stahltank, €€
Helles Grüngelb, Silberreflexe. Kandierte Orangenzesten, reife Mangofrucht, ein Hauch von Blütenhonig. Saftig, elegant, feine Fruchtsüße in der Textur, Anklänge von Honigmelone im Nachhall, bereits gut entwickelt, verfügt über Reifepotenzial.

90 Grüner Veltliner * Wagramer Terrassen 2020
12,5 Vol.-%, DV, Stahltank, €€
Helles Gelbgrün, Silberreflexe. Zart kräuterwürzig, Nuancen von reifen Stachelbeeren, Grapefruitzesten. Straff, Nuancen von Guaven, feine Fruchtsüße, Weiße Johannisbeeren und Blütenhonig im Nachhall.

90 Grüner Veltliner * Ried Sonnleithen 2020
13 Vol.-%, DV, Stahltank, €€
Helles Gelbgrün, Silberreflexe. Zart nussig unterlegte feine Birnenfrucht, frische Wiesenkräuter, ein Hauch von Orangenzesten. Mittlerer Körper, zart nach Marille, etwas weitmaschig, angenehme Säurestruktur, Blütenhonig im Nachhall.

90 Riesling * Ried Sonnleithen Spontan 2020
13 Vol.-%, DV, Stahltank, €€
Helles Gelbgrün, Silberreflexe. Feine Nuancen von frischer Ananas, weiße Pfirsichfrucht, zart nach Orangenzesten. Mittlere Komplexität, nach Birne und Melone, zart kräuterwürzig, dunkle Mineralik im Abgang, salziger Nachhall, verfügt über Reifepotenzial.

91 Weisser Burgunder Ried Setzen 2020
13,5 Vol.-%, DV, Stahltank, €€
Helles Gelbgrün, Silberreflexe. Mit frischen Wiesenkräutern unterlegte weiße Birnenfrucht, ein Hauch von Orangenzesten. Mittlere Komplexität, feine Apfelfrucht, finessenreich strukturiert, salzig-zitronig im Abgang, wirkt relativ leichtfüßig, ein vielseitiger Speisenbegleiter.

90 Gelber Muskateller Ried Bergen 2020
12,5 Vol.-%, DV, Stahltank, €€
Helles Gelbgrün, Silberreflexe. Florale Nuancen nach Rosen und Holunderblüten, mit zarter gelber Tropenfrucht unterlegt. Mittlerer Körper, weißer Pfirsich, dezente Säurestruktur, traubiger Abgang, salzig, Muskatnuss im Nachhall.

87 Rosé C.M.S.Z. 2020 ZW/CS/ME/SY
12,5 Vol.-%, DV, Stahltank, €€

88 Dämon C.M.S.Z. 2017 CS/ME/SY/ZW
14 Vol.-%, DV, Stahltank, €€

* Traisental DAC ** Traisental DAC Reserve

Stift Herzogenburg

STIFTSWEINGUT HERZOGENBURG
3130 Herzogenburg
Wielandsthal 1
T: +43 (664) 2501066
www.stiftsweingut-herzogenburg.com

Kellermeister: Josef Baumgartner
Kontakt: Dr. Hans-Jörg Schelling
Produktion: 80.000 Flaschen
5 % Schaumwein, 90 % weiß,
5 % rosé, 12 Hektar
Vereinszugehörigkeit: Vereinigung Traisentaler Weingärtner, Regio Tragisana

★★

STIFTSWEINGUT HERZOGENBURG

Bereits seit 4.000 Jahren wird auf dem Gebiet zwischen Donau und Wienerwald Wein angebaut – eine uralte Tradition, die Familie Schelling mit dem Stiftsweingut Herzogenburg seit 2009 fortsetzt. Den lange gehegten Wunsch, ein eigenes Weingut zu betreiben, konnte sich Unternehmer und Politiker Hans Jörg Schelling nach einem eher zufälligen Gespräch mit Prälat Maximilian Fürnsinn erfüllen. Von Beginn an wirkt auch Tochter Julia Schelling im Weingut mit. Das Stiftsweingut Herzogenburg mit dem Weinschlössl in Wielandsthal liegt mitten im niederösterreichischen Traisental und verfügt über einen der größten unterirdischen und wahrscheinlich ältesten Weinkeller des Tales, den »Johannes Keller« von Jakob Prandtauer. Dieser wurde von Familie Schelling komplett saniert und modernisiert, zudem wurden mehrere Hektar Weinreben neu ausgepflanzt und die bestehenden Weingärten generalüberholt. Bei sämtlichen Veränderungen im Stiftsweingut Herzogenburg waren alle Beteiligten stets bemüht, die Tradition mit dem Zeitgeist zu verbinden und die Philosophie »Tradition neu erlebt« in die Tat umzusetzen. Besonders stolz ist man daher auch auf die reaktivierte Baumpresse aus dem 19. Jahrhundert. Die sehr kalkhaltigen Böden der Terrassen verleihen den Weinen (unter anderem Grüner Veltliner, Riesling, Neuburger, Gelber Muskateller, Sauvignon Blanc, Burgunder-Cuvée, Rosé) ein eigenständiges Profil mit kräftigem Körper und festem Rückgrat. Zahlreiche Auszeichnungen und die Klassifizierung als Sterneweingut durch die »AWC Vienna« bestätigen den Anspruch der Familie, außerordentliche Weine zu produzieren.

92 Grüner Veltliner * Ried Pfarrweingarten 2020
12,5 Vol.-%, DV, Stahltank, €€
Mittleres Gelbgrün, Silberreflexe. Mit einem Hauch von Gewürzen unterlegte feine gelbe Apfelfrucht, zart nach Ananas, frische Mango, mit Orangenzesten unterlegt. Stoffig, gute Komplexität, etwas Marille, frisch, gut anhaftend, dezente Süße im Nachhall, ein saftiger. lebendiger Essensbegleiter mit Reifepotenzial.

91 Grüner Veltliner * Classic 2020
12 Vol.-%, DV, Stahltank, €€
Helles Gelbgrün, Silberreflexe. Zart floral unterlegte weiße Tropenfrucht, ein Hauch von Kräuterwürze, Nuan-

cen von Mandarinenzesten, einladendes Bukett. Saftig, straff, frisches Kernobst, rassiger Säurebogen, lebendiger Stil, bereits gut antrinkbar.

90 Grüner Veltliner * Messwein 2020
11,5 Vol.-%, DV, Stahltank, €€
Helles Gelbgrün, Silberreflexe. Feine gelbe Tropenfrucht, zart nach Mango, ein Hauch von Blütenhonig und Wiesenkräutern. Saftig, weißer Apfel, frischer Säurebogen, mineralisch-zitronig im Abgang, fruchtiger Nachhall, leichtfüßiger Speisenbegleiter, feiner Sommerwein.

92 Grüner Veltliner Reserve Selectio 2020
13,5 Vol.-%, DV, Stahltank/großes Holzfass, €€€
Helles Grüngelb, Silberreflexe. Mit einem Hauch von Wiesenkräutern unterlegte gelbe Apfelfrucht, Nuancen von Mango, zarter Touch von Orangenzesten. Komplex, stoffig, feine Fruchtsüße, angenehmes Säurespiel, mineralischer Touch im Abgang, gutes Entwicklungspotenzial.

91 Riesling * 2020
12,5 Vol.-%, DV, Stahltank, €€
Mittleres Gelbgrün, Silberreflexe. Feine gelbe Tropenfrucht, zart nach Papaya und Mango, mit Mandarinen-Grapefruitzesten unterlegt, ein Hauch von Blütenhonig. Saftig, elegant, feine weiße Apfelfrucht, frische Struktur, salzig-zitronig, lebendiger Stil, animierender Speisenbegleiter.

90 Sauvignon Blanc 2020
12,5 Vol.-%, DV, Stahltank, €€
Helles Gelbgrün, Silberreflexe. Zart nach Grapefruitzesten, weiße Tropenfrucht, Nuancen von grünem Apfel, floraler Touch. Mittlerer Körper, weiße Apfelfrucht, lebendige Säurestruktur, zitronig-mineralischer Nachhall.

★★

WEINGUT RUDOLF HOFMANN

BIO

Rudi Hofmann ist Autodidakt mit einem hohen Maß an ökologischer Verantwortung. Sein Credo »Zukunft entsteht in der Ried Fuchsenrand« ist Konzept. In Forschungsprojekten mit nationalen und internationalen Partnern versucht er, Antworten auf Fragen zu Nachhaltigkeit und Klimawandel zu finden. In einem neuen Zertifizierungsprojekt kommt Rudi Hofmann seinem Ziel, Nachhaltigkeit objektiv beurteilbar zu machen, sehr nahe. 90 Prozent der Rebflächen sind mit Weißweinrebsorten bepflanzt (50 Prozent Grüner Veltliner, 20 Prozent Riesling, 20 Prozent Sauvignon Blanc, Muskateller, Chardonnay).

Die beiden Hauptsorten Grüner Veltliner und Riesling werden als Traisental DAC vermarktet, sein »CMS« ergänzt als frecher Sommerwein das Sortiment. Die Lagen Fuchsenrand und Kogelberg sind die Herzstücke des Weinguts. Während in der Ried Fuchsenrand mit ihren Muschelkalk- und Lössböden die Veltliner zur Hochform auflaufen, beheimatet die Ried Kogelberg mit ihren kargen Konglomerat- und Schotterböden vor allem den Riesling.

Die Klassikweine liefern klare Sortentypizität, erlangen früh ihre Trinkreife und sind die Allrounder unter den Speisenbegleitern. Die Kraft der Reserven und die Feinheit der Lagenweine spiegeln das spezielle Terroir des Traisentals mit seinen kalkhaltigen Böden wider, es verleiht ihnen Eigenständigkeit und Reifungspotenzial.

WEINGUT RUDOLF HOFMANN
3133 Traismauer
Oberndorfer Straße 41
T: +43 (676) 3133566
office@weingut-hofmann.at
www.weingut-hofmann.at

Kellermeister/Kontakt: Rudolf Hofmann
Anbauweise: Zertifiziert Biologisch (Bio Austria)
Produktion: 90 % weiß, 10 % rot, 14.5 + 8 Hektar
Zertifiziert: Nachhaltig Austria
Messen: VieVinum, DAC-Präsentationen

92 Grüner Veltliner ** Ried Fuchsenrand 2019
13,5 Vol.-%, DV, Stahltank, €€€€
Mittleres Gelbgrün, Silberreflexe. Frische Kräuterwürze, ein Hauch von gelber Tropenfrucht, Nuancen von Papaya, zarter Blütenhonig, kandierte Orangenzesten. Saftig, feine Fruchtsüße, kraftvoll, opulenter Stil, feiner Säurekern, reife Apfelfrucht im Abgang, bereits gut entwickelt.

91 Grüner Veltliner * Oberndorf 2020
12,5 Vol.-%, DV, Stahltank, €€ Ⓑ
Helles Gelbgrün, Silberreflexe. Frische Orangenzesten, gelber Apfel, feiner Blütenhonig, einladendes Bukett. Saftig, reife Kernobstnuancen, frisch strukturiert, mineralisch-salzig, ein Hauch von Birne im Nachhall, gutes Entwicklungspotenzial.

91 Grüner Veltliner * Organic 2020
13 Vol.-%, DV, Stahltank, €€ Ⓑ Ⓥ
Helles Gelbgrün, Silberreflexe. Einladende Nuancen von Ananas, zart nach Steinobst, feine Wiesenkräuter, ein Hauch von Orangenzesten. Mittlerer Körper, frische Melonenfrucht, lebendig strukturiert, zitronig-salzig, dezente Süße im Nachhall.

90 Riesling * Oberndorf 2020
12,5 Vol.-%, DV, Stahltank, €€ Ⓑ Ⓥ
Helles Gelbgrün, Silberreflexe. Frische weiße Beerenfrucht, ein Hauch von Blüten und Pfirsich, mit Limettenzesten unterlegt. Mittlerer Körper, feine Fruchtsüße, etwas Mango, feiner Säurebogen, Blütenhonig im Nachhall.

91 Sauvignon Blanc 2020
12,5 Vol.-%, DV, Stahltank, €€ Ⓑ Ⓥ
Helles Gelbgrün, Silberreflexe. Feine weiße Tropenfrucht, zart nach Cassis und frischen Kräutern, mit Limetten unterlegt. Saftig, elegant, ein Hauch von Litschi, fruchtige Süße, lebendig strukturiert, mineralisch-zitronig im Nachhall, bereits gut antrinkbar.

89 CMS 2020 GM/SB/CH
11,5 Vol.-%, DV, Stahltank, €€ Ⓑ Ⓥ

★★

WEINGUT ANDREAS HOLZER

Das Weingut Holzer zählt zu den besten Adressen dieser Gegend. Das Konglomeratgestein der Region reflektiert sich in den Weinen durch eine klare Mineralik und Vielschichtigkeit. Der natürliche Umgang mit den Weingärten sowie gute Lagen sind Garanten für einzigartigen Geschmack. Das Besondere an diesem Familienunternehmen ist, dass bei der Qualität der Weine in Generationen gedacht wird.
Die Konzentration auf das Wesentliche – naturnahe Bewirtschaftung, hohe Laubwände, Ertragsreduktion und ein optimal gewählter Erntezeitpunkt – schafft in Verbindung mit modernster Kellertechnik beste Voraussetzungen für fruchtbetonte Weißweine und gehaltvolle Rotweine. Zahlreiche Auszeichnungen sind die Belohnung für die intensive Auseinandersetzung mit der Materie Weinbau. Mehrere Landes- und Gebietssieger, ein Bundessieger sowie die Silbermedaille bei der »International Wine Challenge« in London zeugen vom hohen Qualitätsstandard der Holzer-Weine.

92 Riesling * Privat 2020
13 Vol.-%, DV, Stahltank, €€
Helles Gelbgrün, Silberreflexe. Mit Mandarinenzesten unterlegte frische Tropenfruchtanklänge, nach Ananas, etwas Mango und Blütenhonig. Saftig, elegant, gute Komplexität, weißer Pfirsich, frisch strukturiert, mineralisch und gut anhaftend, salziger Nachhall, gutes Reifepotenzial.

92 Grüner Veltliner * Alte Reben 2020
13,5 Vol.-%, DV, großes Holzfass, €€
Helles Gelbgrün, Silberreflexe. Feine Nuancen von Papaya und weißem Apfel, mit zarten frischen Wiesenkräutern unterlegt, mineralischer Touch. Mittlere Komplexität, feiner Apfeltouch, salziger Nachhall, noch etwas unterentwickelt, wird von Flaschenreife profitieren.

(92) Grüner Veltliner ** Ried Spiegeln 2020
13,5 Vol.-%, DV, großes Holzfass, €€€
Helles Gelbgrün, Silberreflexe. Zart nach Blütenhonig, frischer gelber Apfel, etwas Mango, ein Hauch von Orangenzesten, einladendes Bukett. Komplex, saftig, feine Fruchtsüße, gut integrierte Säurestruktur, mineralisch-salzig im Abgang, gute Länge.

WEINGUT ANDREAS HOLZER

3134 Nussdorf
Neusiedler Straße 54
T: +43 (2783) 8426
wein@weingutholzer.at
www.weingutholzer.at

Kellermeister/Kontakt: Alfred und Andreas Holzer
Produktion: 85 % weiß, 5 % rosé, 10 % rot, 18 Hektar
Messen: VieVinum

Nussdorf ob der Traisen

91 Grüner Veltliner * 2020
12,5 Vol.-%, DV, Stahltank, €€
Helles Gelbgrün, Silberreflexe. Mit frischen Orangenzesten unterlegte gelbe Mangofrucht, ein Hauch von Blütenhonig. Saftig, elegant, frischer Apfel, feines Säurespiel, süffiger Stil, macht Lust auf ein zweites Glas.

90 Grüner Veltliner Steinbühl 2020
12,5 Vol.-%, DV, Stahltank, €€
Helles Gelbgrün, Silberreflexe. Mit Wiesenkräutern unterlegter weißer Apfel, frische Orangenzesten, einladendes Bukett. Saftig, weiße Frucht, lebendiger Säurebogen, frisch und pikant, ein animierender Sommerwein.

89 Gemischter Satz 2020
12,5 Vol.-%, DV, Stahltank, €€

★★★★

WEINGUT MARKUS HUBER

BIO

Markus Huber hat es in nur wenigen Jahren geschafft, sich mit seinen Weinen als Leitbetrieb des Traisentals zu etablieren. Das Anliegen des Winzers und Obmanns der Traisentaler Winzer ist es, einerseits individuelle, charaktervolle Weine zu erzeugen und andererseits einen Beitrag zu leisten, um das Traisental mit seinen einzigartigen kalkreichen Konglomeratböden bekannter zu machen. Markus Huber vinifiziert Weine mit glockenklarer Stilistik, terroirbetonter Mineralik und Sortentypizität.
Hauptsorte ist ganz klar der Grüne Veltliner. Dieser wird in vier verschiedenen Stilistiken angeboten. Abhängig vom jeweiligen Bodentyp und dem Potenzial der Trauben wird der Wein entweder im Stahltank oder im großen Holzfass ausgebaut. Zweitwichtigste Sorte ist der Riesling, gefolgt von den Sorten Weißburgunder, Sauvignon Blanc und Gelber Muskateller.
»Salon«-Auserwählter 2003, Landessieger, viermaliger »Falstaff Grüner Veltliner Grand Prix«-Sieger, Goldmedaille auf der »London International Wine and Spirit Competition« und Auszeichnung als »Best White Wine Producer«, herausragende Kritiken in österreichischen Fachmedien, eine Nominierung für die Aus-

Markus Huber

WEINGUT MARKUS HUBER

3134 Reichersdorf
Weinriedenweg 13
T: +43 (2783) 82999
office@weingut-huber.at
www.weingut-huber.at

Kellermeister: Markus und Michael Huber
Kontakt: Markus Huber
Anbauweise: Zertifiziert Biologisch
Produktion: 1 % Schaumwein, 94 % weiß, 2 % rosé, 2 % rot, 1 % süß, 50 Hektar
Zertifiziert: Nachhaltig Austria
Vereinszugehörigkeit: Traditionsweingüter Österreich
Messen: ProWein Düsseldorf

zeichnung »Newcomer des Jahres« im Falstaff-Magazin und schließlich die Bezeichnung »Wunderkind« im englischen »Decanter«: Markus Huber scheint bereits auf dem richtigen Weg zu sein. Auch bei der Qualitätssicherung des Produkts geht Markus Huber geradlinig seinen Weg: Seit 2007 ist das Weingut IFS- und BRC-zertifiziert. Kompromissloses Arbeiten zugunsten höchster Qualität ist die oberste Prämisse von Markus Huber. »Jedes Jahr noch ein klein wenig an der Qualitätsschraube zu drehen, das ist mein Ansporn«, so der Winzer. Seit 2020 sind sämtliche Weingärten organisch-biologisch zertifiziert. Das Weingut ist Mitglied im Verein der »Traditionsweingüter Österreich«. 2015 wurde Markus Huber vom Falstaff-Magazin zum »Winzer des Jahres« gekürt.

92 Grüner Veltliner Blanc de Blancs Zero Dosage NV

Deg. 03/2021, 12 Vol.-%, NK, Stahltank, €€€€ B
Mittleres Grüngelb, Silberreflexe, sehr feinperliges Mousseux. Zarte gelbe Frucht nach reifer Quitte und gelbem Apfel, weiße Blüten, Limettenzesten, frisches, attraktives Bukett. Saftig, weiße Pfirsichfrucht, lebendiger, animierender Säurebogen, mineralischer Abgang, feine gelbe Tropenfrucht im Nachhall, vielseitig einsetzbar.

(95) Grüner Veltliner * Getzersdorfer Ried Berg 1ÖTW 2020

13,6 Vol.-%, NK, großes Holzfass, €€€€€ B V
Mittleres Grüngelb, Silberreflexe. Zart tabakig unterlegte reife gelbe Fruchtnuancen, Noten von Mango, Golden Delicious, floraler Touch, ein Hauch von kandierten Orangenzesten. Stoffig, weiße Pfirsichnuancen, zart nach Apfel, feiner Säurebogen, seidige Textur, salzig und anhaftend, wirkt relativ leichtfüßig, gute Länge, ein facettenreicher Speisenbegleiter mit Reifepotenzial.

(94) Grüner Veltliner * Inzersdorfer Ried Zwirch 1ÖTW 2020

13,3 Vol.-%, DV, großes Holzfass, €€€€€ B V
Mittleres Grüngelb, Silberreflexe. Frische Mandarinenzesten, mit feiner gelber Tropenfrucht unterlegt, ein Hauch von Ananas, attraktives Bukett. Saftig, feine Fruchtsüße, gut integrierter Säurebogen, saline Mineralik, engmaschig und gut anhaftend, ein eleganter Speisenbegleiter mit Länge, Finesse und Reifepotenzial.

93 Nussdorfer Grüner Veltliner * Obere Steigen 2020

12,5 Vol.-%, DV, Stahltank, €€€ B V
Mittleres Grüngelb, Silberreflexe. Zart nach Wiesenkräutern, feine gelbe Tropenfrucht, etwas Mango und Papaya, ein Hauch von Orangenzesten. Saftig, komplex und elegant, gelbe Apfelfrucht, mineralisch und straff, ein Hauch von Limetten, anregender Speisenbegleiter, gutes Potenzial.

(92) Grüner Veltliner * Reichersdorfer Ried Alte Setzen 1ÖTW 2020

13 Vol.-%, DV, großes Holzfass, €€€€ B V
Leuchtendes mittleres Gelbgrün, Silberreflexe. Verhalten, ein Hauch von frischen Marillen, mit gelber Apfelfrucht unterlegt, Nuancen von Orangenzesten.

Saftig, gute Komplexität, zart nach Birne, feiner Säurebogen, stoffig, dezente Fruchtsüße im Nachhall, facettenreicher Speisenwein.

91 Grüner Veltliner * Nussdorf 2020
12,6 Vol.-%, DV, Stahltank, €€ B V
Helles Goldgelb, Silberreflexe. Dezente Kräuterwürze, ein Hauch von gelbem Apfel, zart nach Mango und Blütenhonig. Mittlerer Körper, zart nach weißem Pfirsich, frisch strukturiert, gut integrierter Säurebogen, eine Fruchtsüße, mineralischer Nachhall, leichtfüßiger, vielseitiger Speisenbegleiter.

91 Grüner Veltliner * Rosenweg 2020
12 Vol.-%, DV, Stahltank, €€ B V
Mittleres Gelbgrün, Silberreflexe. Mit einem Hauch von Blütenhonig unterlegte gelbe Fruchtnuancen, zart nach Mango, etwas Babybanane, einladendes Bukett. Stoffig, feine fruchtige Süße, lebendig strukturiert, gelber Apfel im Abgang, mineralisch, herzhafter Stil.

91 Grüner Veltliner * Parapluiberg 2020
12,5 Vol.-%, DV, Stahltank, €€€ B
Mittleres Gelbgrün, Silberreflexe. Feine weiße Birnenfrucht, zart nach Ringlotte, ein Hauch von Blütenhonig, floraler Touch. Mittlerer Körper, frischer Apfel, feiner Säurebogen, mineralisch im Abgang, ein leichtfüßiger Speisenwein.

90 Grüner Veltliner * Terrassen 2020
12,5 Vol.-%, DV, Stahltank, €€ B V
Mittleres Gelbgrün, Silberreflexe. Floral unterlegte feine gelbe Tropenfrucht, Nuancen von frischem Apfel, feine Noten von Orangenzesten. Ausgewogen, reife Birnenfrucht, angenehme, eher milde Säurestruktur, bereits entwickelt, ein vielseitiger Speisenbegleiter.

(91) Grüner Veltliner Metamorphosis 2020
12,6 Vol.-%, NK, Beton, €€€€ B V !
Helles Goldgelb, Silberreflexe. Florale Nuancen, ein Hauch von Holunder und Akazienblüten, mit weißer Frucht unterlegt, einladendes Bukett. Wirkt schlank, feine Birnenfrucht, dezenter Säurebogen, mineralisch, zitronige Nuancen im Abgang, ein Hauch von Maracuja im Nachhall, insgesamt leichtfüßig, aber auch etwas weitmaschiger Stil.

90 Grüner Veltliner Vision 2020
12,5 Vol.-%, DV, Stahltank, €€ V
Helles Gelbgrün, Silberreflexe. Ein Hauch von Orangenzesten, zarter Apfeltouch, frische Noten von Blütenhonig. Mittlerer Körper, frisches Kernobst, gut integrierte Säurestruktur, zarter saliner Touch, bereits gut entwickelt.

(94) Riesling * Inzersdorfer Ried Rothenbart 1ÖTW 2020
12,9 Vol.-%, DV, Stahltank, €€€€€ B V
Mittleres Gelbgrün, Silberreflexe. Zarte Noten von reifer gelber Frucht, Nuancen von Pfirsich, Apfel, etwas Ananas, ein Hauch von floralen Noten. Mittlere Komplexität, frische weiße Apfelfrucht, lebendiger Säurebogen, animierend, salziger Touch, pikanter, leichtfüßig wirkender Stil, verfügt über Länge und Entwicklungspotenzial.

(94) Riesling * Getzersdorfer Ried Berg 1ÖTW 2020
13,1 Vol.-%, NK, Stahltank, €€€€€ B V
Mittleres Grüngelb, Silberreflexe. Zart floral, Nuancen von Maracuja, weiße Tropenfruchtnoten, noch etwas verhalten, ein Hauch von Mandarinenzesten. Saftig, gute Komplexität, dabei leichtfüßig, frischer Säurebogen, salzig-zitroniger Nachhall, wird von Flaschenreife profitieren.

92 Riesling * Getzersdorf Engelsberg 2020
12,5 Vol.-%, DV, Stahltank, €€€ B V
Mittleres Gelbgrün, Silberreflexe. Feine gelbe Tropenfrucht, ein Hauch von Papaya und Maracuja, kandierte Orangenzesten, feine Wiesenkräuter im Hintergrund. Saftig, elegant, frischer, rassiger Säurebogen, weiße Frucht und Orangentouch im Abgang, vielseitig einsetzbar.

92 Riesling * Parapluiberg 2020
12,5 Vol.-%, DV, Stahltank, €€€ B
Helles Gelbgrün, Silberreflexe. Zart nach weißer Pfirsichfrucht, ein Hauch von Mandarinenzesten und Blütenhonig. Straff, weißer Apfel, lebendig strukturiert, mineralisch und gut anhaftend, Limetten im Abgang, salzig und anregend.

91 Nussdorfer Riesling * 2020
12,5 Vol.-%, DV, Stahltank, €€ B V
Helles Gelbgrün, Silberreflexe. Feine gelbe Tropenfrucht, zart nach Mango und Maracuja, floraler Touch nach Orangenblüten. Mittlerer Körper, weißer Apfel, finessenreiche Säurestruktur, zitronig-salzig im Abgang, bereits gut antrinkbar.

91 Riesling Terrassen 2020
12,5 Vol.-%, DV, Stahltank, €€ B
Helles Gelbgrün, Silberreflexe. Mit einem Hauch von Orangen unterlegte gelbe Tropenfrucht, Nuancen von Ananas und Mango. Mittlerer Körper, weiße Frucht, rassiger Säurebogen, Limetten, salziger Nachhall, vielseitig einsetzbar.

92 Gelber Muskateller Parapluiberg 2020
12 Vol.-%, DV, Stahltank, €€€ B
Helles Goldgelb, Silberreflexe. Feine Nuancen von Muskatnuss und Holunderblüten, mit weißem Pfirsich und Litschi unterlegt, zartwürzig-traubiges Bukett. Mittlere Komplexität,

feine Fruchtsüße nach Ananas, angenehmer Säurebogen, zarter Blütenhonig, Limettentouch im Abgang, salziger Nachhall.

90 Gelber Muskateller 2020
11,8 Vol.-%, DV, Stahltank, €€ B V
Helles Grüngelb, Silberreflexe. Feine gelbe Tropenfrucht, zart nach Ananas und Mango, ein Hauch von Holunderblüten, mit Limettenzesten unterlegt. Saftig, ein Hauch von Pfirsich, feiner Säurebogen, Blütenhonig, mineralisch-salzig im Nachhall, ein vielseitiger Sommerwein.

92 Weißburgunder Rosenweg 2020
13 Vol.-%, DV, großes Holzfass/Stahltank, €€€ B V
Mittleres Gelbgrün, Silberreflexe. Frische gelbe Birnenfrucht, ein Hauch von Akazienhonig, einladendes Bukett. Saftig, gelber Apfel, elegant und anhaftend, feine mineralische Nuancen, dezent unterlegte Säurestruktur, ausgewogen, verfügt über gutes Entwicklungspotenzial.

90 Chardonnay 2020
13 Vol.-%, DV, Stahltank, €€ B V
Mittleres Gelbgrün, Silberreflexe. Feine gelbe Tropenfrucht, ein Hauch von frischen Quitten, floral unterlegt. Mittlerer Körper, zarte gelbe Birnenfrucht, dezente Säurestruktur, feine Mineralik, bereits entwickelt.

89 Sauvignon Blanc 2020
12,7 Vol.-%, DV, Stahltank, €€ B V

91 Zweigelt Rosé 2020
12,1 Vol.-%, DV, Stahltank, €€ B
Helles Lachsrosa, Silberreflexe. Mit einem Hauch von Biskuit unterlegtes rotes Beerenkonfit, zart nach Pfirsich, florale Nuancen. Leichtfüßig, nach Erdbeeren und eingelegten roten Kirschen, feiner Säurebogen, zitronig, leichtfüßiger, schwungvoller Stil, salziger Nachhall.

(91) Pinot Noir 2020
12,9 Vol.-%, NK, 500-l-Fass, €€€ B V
Helles Karmingranat, violette Reflexe, breiter Wasserrand. Feinwürzig unterlegtes einladendes rotes Waldbeerenkonfit mit Nuancen von Himbeeren und roten Kirschen, zart nussiger Touch. Saftig, rotbeerig und frisch, lebendig strukturiert, zitronig-salzig im Abgang, bietet animierendes Trinkvergnügen.

★★★★

WEINGUT LUDWIG NEUMAYER

Ludwig Neumayer, seit Jahrzehnten der vinologische Leitstern des Traisentals, hat sich ausschließlich der Produktion von Weißwein verschrieben. Auf magerem, steinigem Kalkterroir entstehen Weine von außerordentlicher Finesse. Grüner Veltliner und Riesling sind die wichtigsten Sorten. Aber auch konzentrierte Weißburgunder und Sauvignon Blanc erhalten regelmäßig Höchstbewertungen. Die Spitzengewächse tragen den Namen »Der Wein vom Stein«. Sie stammen von den höchstgelegenen und steinigsten Weingärten in den Inzersdorfer Rieden – von Neumayers Stein eben. Daneben wachsen Lagenweine wie »Zwirch«, »Rothenbart« und «Rafasetzen«. Zudem werden herausragende Solitärweine unter dem Label »Ikon« gekeltert.
Ziel von Ludwig Neumayer ist es, einen unverwechselbaren Stil darzustellen, dichte Weine, die zugleich viel Frische besitzen. Die helle Farbe, die für die Neumayer-Weine sehr typisch ist, entsteht nicht etwa durch mangelnde Reife der Trauben, sondern rührt von den speziellen Böden her. Ein weiteres Plus der Weine ist eine ausgeprägte Säurestruktur. Restzucker wird nur toleriert, wenn er wirklich passt. Zudem verzichtet Neumayer bei der Weinbereitung gänzlich auf den Einsatz von tierischem Eiweiß.
Längst sind die anspruchsvollen Weine von der österreichischen und internationalen Top-Gastronomie entdeckt worden. So konnte sich Ludwig Neumayer bereits über Listungen auf Weinkarten freuen, von denen andere Winzer nur träumen können, so zum Beispiel im Dreisternetempel »Astrance« oder im »Plaza Athénée« von Alain Ducasse.

(95) Grüner Veltliner ** Inzersdorf Der Wein vom Stein 2020
13,5 Vol.-%, DV, Stahltank, €€€€€
Helles Goldgelb, Silberreflexe. Ein Hauch von Mandarinenzesten, gelbe Tropenfrucht, zarte florale Nuancen, mit frischer Kräuterwürze unterlegt. Komplex, saftig, reife Marille und feine Mango, zartes Säurespiel, salzig-zitronig, feinziselierter Stil, sicheres Zukunftspotenzial.

WEINGUT LUDWIG NEUMAYER

3131 Inzersdorf ob der Traisen
Dorfstraße 37
T: +43 (2782) 81110
neumayer@weinvomstein.at
www.weinvomstein.at

Kellermeister/Kontakt: Ludwig Neumayer
Produktion: 100 % weiß, 14.5 Hektar
Messen: ProWein Düsseldorf
Vereinszugehörigkeit: Traditionsweingüter Österreich

Ludwig Neumayer

(94) Grüner Veltliner ** Ried Rothenbart 1ÖTW Inzersdorf 2020
13,2 Vol.-%, DV, Stahltank, €€€€€
Helles Gelbgrün, Silberreflexe. Nuancen von frischem gelbem Apfel, ein Hauch von Quitten, tabakige Nuancen, frische Orangenzesten. Saftig, elegant, zart nach Honigmelone, feiner Säurebogen, mineralisch und lange anhaftend, zart salzig im Finale, sicheres Reifepotenzial für Jahre.

93 Grüner Veltliner * Inzersdorf Zwiri 2020
13 Vol.-%, DV, Stahltank, €€€
Helles Goldgelb, Silberreflexe. Feine Nuancen von gelber Birne, etwas Mango, ein Hauch von Blütenhonig und kandierten Orangenzesten. Saftig, ein Hauch von Marille, gelber Apfel, feine, gut integrierte Säurestruktur, dezente Fruchtsüße im Abgang, gute Länge, ein finessenreicher Speisenbegleiter.

(93) Grüner Veltliner ** Ried Zwirch 1ÖTW Inzersdorf 2020
13,5 Vol.-%, DV, Stahltank, €€€€€
Helles Goldgelb, Silberreflexe. Frische Kräuterwürze, ein Hauch von Orangenzesten, zart mit gelbem Apfel unterlegt, tabakige Nuancen. Saftig, weiße Fruchtnuancen, gut eingewobene Säurestruktur, mineralisch-salzig im Abgang, ein eleganter, leichtfüßig wirkender Speisenbegleiter mit gutem Reifepotenzial.

(92) Grüner Veltliner * Ried Rafasetzen 2020
12,5 Vol.-%, DV, Stahltank, €€€ V
Helles Gelbgrün, Silberreflexe. Dezente Nuancen von Wiesenkräutern, frischer weißer Apfel, ein Hauch von Orangenzesten, tabakige Nuancen. Mittlerer Körper, apfelige Frucht, dezenter Säurebogen, salzig-mineralischer Nachhall, feinwürziger Speisenbegleiter.

91 Schieflage Grüner Veltliner * Inzersdorf 2020
13 Vol.-%, DV, Stahltank, €€€
Helles Gelbgrün, Silberreflexe. Feine gelbe Tropenfruchtnuancen, ein Hauch von Mango, frischer Apfel, zart nach Mandarinenzesten. Mittlerer Körper, weiße Melonenfrucht, frisch strukturiert, zitroniger Touch im Abgang.

95 Riesling ** Inzersdorf Der Wein vom Stein 2019
13 Vol.-%, DV, Stahltank, €€€€€
Helles Gelbgrün, Silberreflexe. Feine, floral gehöhte weiße Fruchtnuancen, frische Limetten, facettenreiches Bukett. Saftig und elegant, stoffige gelbe Fruchtnoten, finessenreicher Säurebogen, im Abgang präsente Süße, die gut integriert ist, verfügt über großes Zukunftspotenzial, schon jetzt zugänglich.

94 Riesling ** Ried Rothenbart 1ÖTW Inzersdorf 2019
13 Vol.-%, DV, Stahltank, €€€€€
Helles Gelbgrün, Silberreflexe. Feine Tropenfruchtaromen, zart nach Babyananas und Maracuja, floraler Touch, attraktives Bukett. Mittlere Komplexität, weißer Weingartenpfirsich, finessenreich strukturiert, lebendig und mineralisch. zitroniger Touch im Abgang, ein präziser Speisenbegleiter.

92 Riesling * Inzersdorf Grillenbart 2019
12,5 Vol.-%, DV, Stahltank, €€€€
Helles Gelbgrün, Silberreflexe. Feine gelbe Steinobstnote, zart nach Ananas und Mango, ein Hauch von Orangenzesten. Saftig, mittlere Komplexität, frischer Weingartenpfirsich, frisch strukturiert, zitroniger Touch, bleibt haften, fruchtsüßer Nachhall, gutes Reifepotenzial.

93 Riesling Ried Himmelreich Inzersdorf 2019
10,5 Vol.-%, DV, Stahltank, €€€€€
Helles Gelbgrün, Silberreflexe. Mit frischen Limettenzesten unterlegte Pfirsichfrucht, floraler Touch, attraktives Bukett mit Maracujatouch. Saftig, präsente Süße, gut eingebundenes Säurespiel, gelbe Tropenfrucht und etwas Honig im Nachhall, fruchtsüßer Abgang, wird von Flaschenreife profitieren.

94 Sauvignon Blanc Inzersdorf Der Wein vom Stein 2019
14 Vol.-%, DV, Stahltank, €€€€€
Helles Gelbgrün, Silberreflexe. Reife gelbe Stachelbeeren, etwas Mango, Nuancen von Blüten und Blütenhonig, mit zartem Cassis unterlegt, vielschichtiges Bukett. Saftig, engmaschig, mineralisch, feiner Säurebogen, weiße Frucht im Abgang, gute Länge, sicheres Reifepotenzial.

91 Sauvignon Blanc Inzersdorf Giess 2019
13 Vol.-%, DV, Stahltank, €€€€
Sehr helles Gelbgrün, Silberreflexe. Intensive dropsige Frucht nach Litschi und Blütenhonig. Saftig, reife weiße Tropenfrucht, frischer Säurebogen, mineralisch-zitronig im Nachhall, sehr fruchtbetonter Stil.

★★

NOLZ WEIN

Gemäß dem Grundsatz »Weine produzieren, mit denen wir uns identifizieren können, uns selbst und unsere Produkte ständig weiterentwickeln und mit dem bestmöglichen Service und der besten Beratung an unsere Kunden bringen« hat sich in den vergangenen Jahren auf dem Winzerhof Nolz einiges getan. Tradition, gepaart mit innovativen Ideen, kompromissloses Qualitätsdenken und ein Gefühl für den richtigen Zeitpunkt sind die Eckpfeiler des Erfolgs des jungen Traisentaler Winzers. Der Betrieb zählt sicherlich zu jenen, die viel zum Imagegewinn des kleinen Weinbaugebiets beizutragen imstande sind. Ein Besuch des Heurigen in der Kellergasse am Eichberg ist jederzeit einen Abstecher wert.

NOLZ WEIN
3133 Hilpersdorf
Eichberger Kellergasse
T: +43 (664) 73534223
office@nolzwein.at
www.nolzwein.at

Kellermeister/Kontakt:
Josef Nolz
Produktion: 3 % Schaumwein, 85 % weiß, 1 % rosé, 10 % rot, 1 % süß, 8 Hektar
Vereinszugehörigkeit: Vereinigung Traisentaler Weingärtner

91 Gelber Muskateller Sekt 2019
12 Vol.-%, NK, Flaschengärung, €€
Helles Gelbgrün, Silberreflexe. Frische weiße Tropenfrucht, ein Hauch von Pfirsich, mit Holunderblüten und Limettenzesten unterlegt. Saftig, gelbe Mangonoten, fruchtige Süße, feine Säurestruktur, ein Hauch von Honigmelone im Nachhall.

92 Grüner Veltliner * Ried Silberboden Ahrenberg 2020
13 Vol.-%, DV, Stahltank, €€
Helles Gelbgrün, silberfarbene Reflexe. Zart floral unterlegte frische Orangenzesten, gelbe Apfelfrucht, etwas Mango, einladendes Bukett. Saftig, komplex, feine reife Frucht, feiner Säurebogen, elegant und mit Länge ausgestattet, mineralisch unterlegter Abgang, gelber Apfel im Nachhall, sicheres Reifepotenzial.

91 Grüner Veltliner * Traismauer Venusberg 2020
12,5 Vol.-%, DV, Stahltank, €€
Helles Gelbgrün, Silberreflexe. Frische Orangenzesten, gelbe Tropenfrucht nach Mango, zarte florale Nuancen.

Saftig, straff, weißer Apfel, lebendig strukturiert, harmonisch, gut anhaftend, mineralisch-salzig, vielseitig einsetzbar.

88 Grüner Veltliner * Hühnerkropf 2020
12 Vol.-%, DV, großes Holzfass, €€

(90) Riesling * 2020
13 Vol.-%, DV, Stahltank/großes Holzfass, €€
Sehr helles Gelbgrün, Silberreflexe. Zart nach grünem Apfel, feiner Pfirsichtouch, ein Hauch von Limetten, floraler Touch. Straff, frische weiße Frucht, rassige Säurestruktur, mineralisch, Limetten im Nachhall, leichtfüßiger Sommerwein.

88 Sauvignon Blanc 2020
12,5 Vol.-%, DV, Stahltank, €€

★★

WEINGUT THOMAS OTT

Im Herzen des Traisentals, das auf eine jahrtausendealte Weintradition zurückblicken kann, befindet sich das Familienweingut von Thomas Ott. Für ihn hat Weinbau viel mit Harmonie und Ausgleich zu tun. Ziel ist es, die Weingärten in ihrer natürlichen Balance zu erhalten, sodass nur sehr wenige Eingriffe nötig sind. Die Weine profitieren auch vom speziellen Mikroklima des Traisentals. Für Wärme und Sonne sorgen pannonische Einflüsse, atlantische Strömungen bringen kühle Luft, die für die Ausbildung der Aromen eine wichtige Rolle spielt. Auf den teils winzigen Terrassenweingärten wachsen hauptsächlich Grüner Veltliner und Riesling. Der sehr kalkhaltige Boden fördert die Mineralik und macht die Weine unverwechselbar. Tipp: Besuchen Sie den Winzer auch vor Ort beim Heurigen. Neben den passenden Weinen werden hausgemachte Spezialitäten serviert.

92 Grüner Veltliner * Ried Mitterweg 2020
12,5 Vol.-%, DV, Stahltank, €€
Helles Gelbgrün, Silberreflexe. Ein Hauch von Wiesenkräutern, mit frischem Golden-Delicious-Apfel unterlegt. Mittlere Komplexität, feine Birnenfrucht, frisch strukturiert, salziger Touch, bleibt gut haften, ein facettenreicher, frischer Speisenbegleiter.

(92) Grüner Veltliner ** Ried Alte Setzen Reichersdorf 2020
13 Vol.-%, DV, 500-l-Fass, €€€
Leuchtendes helles Gelbgrün, Silberreflexe. Nuancen von frischer Birne, mit einem Hauch von Marillen unterlegt, feiner Blütenhonig und Orangenzesten im Hintergrund. Saftig, elegant, feine gelbe Tropenfrucht, gut integriertes Säurespiel, mineralisch und gut anhaftend, bereits gut entwickelt, vielversprechendes Potenzial.

90 Grüner Veltliner * Flins 2020
12 Vol.-%, DV, Stahltank, €€
Helles Gelbgrün, Silberreflexe. Zart nach Babybanane, ein Hauch von Hefe, Anklänge von Mandarinenzesten. Saftig, angenehme Fruchtsüße, frischer Säurebogen, mineralischer Abgang, ein leichtfüßiger Speisenbegleiter.

(91) Riesling * Ried Spiegeln 2020
12,5 Vol.-%, DV, Stahltank, €€
Helles Gelbgrün, Silberreflexe. Feine gelbe Frucht, nach Pfirsich und Ananas, ein Hauch von Blüten, einladendes Bukett. Mittlerer Körper, frische weiße Frucht, lebendiger Säurebogen, mineralisch-zitronig, animierender Stil, macht Lust auf ein zweites Glas.

WEINGUT THOMAS OTT
3134 Reichersdorf
Obere Ortsstraße 37
T: +43 (664) 5271508
weingut.ott@aon.at
www.ott-traisental.at

Kellermeister/Kontakt:
Thomas Ott
Produktion: 90 % weiß, 10 % rot
Vereinszugehörigkeit: Vereinigung Traisentaler Weingärtner

* Traisental DAC ** Traisental DAC Reserve

90 Riesling * Parapluiberg 2020
12 Vol.-%, DV, Stahltank, €€
Mittleres Gelbgrün, Silberreflexe. Feiner Blütenhonig, reife gelbe Tropenfrucht, zart nach Maracuja, ein Hauch von Mandarinenzesten. Saftig, elegant, feine Fruchtsüße im Kern, harmonisch, bereits gut entwickelt und antrinkbar.

89 Gemischter Satz Alte Reben 2020
12 Vol.-%, DV, Stahltank, €€

★★★

WEINKULTUR PREISS

Das Weingut Weinkultur Preiß kann auf eine mehr als 100-jährige Geschichte zurückblicken. Die Familie erwarb das Gut in Theyern 1913, und damals war es noch ein gemischter landwirtschaftlicher Betrieb. Heute konzentriert man sich auf vielseitigen Wein- und Obstbau. Mit Erfahrung und kompromisslosem Willen möchte die Winzerfamilie aus hervorragenden Trauben große Weine keltern. Bewirtschaftet werden zwölf Hektar Wein- und rund elf Hektar Obstkulturen rund um den kleinen idyllischen Ort Theyern, den ältesten Teil der Gemeinde Nussdorf ob der Traisen. Die Rebflächen, meist kleine Terrassen, stehen auf einem Muttergestein aus eiszeitlichen Konglomeratablagerungen mit teilweise mächtigen Lössanwehungen. Diese Böden und der hohe Kalkgehalt prägen die einzigartige Stilistik der Weine: Es entstehen komplexe, unverkennbar mineralische Weine mit Rückgrat, Finesse und Authentizität. Das Konglomerat in den Böden ist über 16 Millionen Jahre alt und setzt sich aus kalkalpinen Geröllen zusammen. Darin findet man unter anderem Mikrofossilien, sogenannte »Kammerlinge«, das sind kleine, einzellige Meeresbewohner. Sie zieren auch das Etikett auf den Weinflaschen.
Mittelhohe Erziehung, hohe Laubwand, hohe Stockanzahl und konsequente Ertragsreduktion sind weitere Säulen des Qualitätsanbaus. Bei den Rebsorten dominiert der Grüne Veltliner mit über 60 Prozent, Riesling und Zweigelt folgen mit je zehn Prozent, aber auch Spezialitäten wie Chardonnay und Gelber Muskateller gehören zum Sortiment. Möglichst viel von Frucht und Geschmack der Traube soll bei der Vinifizierung im Keller erhalten bleiben und Terroir und Liebe des Winzers im Wein wi-

Friedrich und Viktoria Preiß

WEINKULTUR PREISS
3134 Theyern
Ringgasse 4
T: +43 (2783) 6731
wine@kulturpreiss.at
www.weinkulturpreiss.at

Kellermeister/Kontakt:
Friedrich und Viktoria Preiß
Produktion: 90 % weiß, 10 % rot, 12 Hektar
Vereinszugehörigkeit: Vereinigung Traisentaler Weingärtner
Messen: VieVinum

derspiegeln. Die wichtigsten Lagen der Familie Preiß sind Brunndoppel, Berg, Hochschopf, Rosengarten, Pletzengraben und Gaisruck.

93 Grüner Veltliner * Ried Berg 2019
14 Vol.-%, DV, Stahltank, €€€€€
Mittleres Gelbgrün, Silberreflexe. Feine Tropenfruchtnuancen nach Ananas und Mango, ein Hauch von Quitten und Blütenhonig. Kraftvoll, saftig, feine Fruchtsüße, gut integrierter Säurebogen, reife gelbe Nuancen im Abgang, bereits entwickelt, ein stoffiger Begleiter bei Tisch.

92 Grüner Veltliner * Ried Hochschopf 2020
13 Vol.-%, DV, Stahltank, €€€
Helles Gelbgrün, Silberreflexe. Zart nach Nougat und Karamell, reife gelbe Tropenfrucht, ein Hauch von Mandarinenzesten. Mittlere Komplexität, reife gelbe Tropenfrucht, feiner Säurebogen, zitroniger Touch im Nachhall, lebendig, ein facettenreicher Speisenbegleiter.

92 Grüner Veltliner * Ried Rosengarten 2020
13 Vol.-%, DV, Stahltank, €€€
Mittleres Gelbgrün, Silberreflexe. Feine Tropenfrucht, Anklänge von Papaya und Mango, zarte Kräuterwürze, kandierte Orangenzesten. Saftig, seidig, zarte Nuancen eines biologischen Säureabbaus, ein Hauch von Karamell, harmonischer Stil, zart nach Marillen im Nachhall, ruhiger Speisenbegleiter.

92 Grüner Veltliner ** Ried Brunndoppel 2019
14 Vol.-%, DV, Stahltank, €€€€
Mittleres Goldgelb, Silberreflexe. Zart nach Blütenhonig und Quittengelee, Nuancen von gelber Birne, kandierte Orangenzesten. Saftig, Marillen, karamelliger Touch vom biologischen Säureabbau, kraftvolle Stilistik, etwas Nougat im Nachhall, individuell, dezente Süße im Rückgeschmack.

91 Grüner Veltliner * Kammerling 2020
12,5 Vol.-%, DV, Stahltank, €€
Mittleres Gelbgrün, Silberreflexe. Zart rauchig unterlegte Kräuterwürze, gelbe Apfelfrucht, etwas Mango, Orangenzesten. Saftig, rund und elegant, frisch strukturiert, mineralisch-salzig im Abgang, ein lebendiger Speisenbegleiter.

92 Riesling * Ried Pletzengraben 2020
13 Vol.-%, DV, Stahltank, €€€
Mittleres Gelbgrün, Silberreflexe. Reifer Orangentouch, Noten von Mango und Ananas, feiner Blütenhonig. Saftig, reife Fruchtnoten, feine Fruchtsüße, lebendiger Säurebogen, mineralisch-salzig im Abgang, gutes Entwicklungspotenzial.

Riesling

91 Riesling * Kammerling 2020
12,5 Vol.-%, DV, Stahltank, €€
Helles Gelbgrün, Silberreflexe. Frische weiße Tropenfrucht, zart nach Weingartenpfirsich, ein Hauch von Mango, einladendes Bukett. Saftig, Ananasfrucht, weiße Birne, lebendiger Säurebogen, mineralisch, zitronig im Abgang, anregend und leichtfüßig.

92 Chardonnay Ried Brunndoppel 2020
13,5 Vol.-%, DV, Stahltank, €€€
Helles Goldgelb, Silberreflexe. Nuancen von Pfirsich, feine gelbe Apfelfrucht, zart nach Orangenzesten, ein Hauch von Blütenhonig im Hintergrund, weiße Blüten. Saftig, weißes Kernobst, frisch strukturiert, feiner Zitrustouch, bleibt gut haften, eleganter Speisenwein.

91 Gelber Muskateller Kammerling 2020
12,5 Vol.-%, DV, Stahltank, €€
Helles Goldgelb, Silberreflexe. Traubiges Bukett, feine Holunderblüten, Muskatnuss, zart nach Maracuja, attraktiv. Saftig, leichtfüßig, weißer Apfel, frischer Säurebogen, salzig, Limetten im Nachhall.

89 Sauvignon Blanc Kammerling 2020
12 Vol.-%, DV, Stahltank, €€

89 Zweigelt Kammerling 2018
14 Vol.-%, DV, gebrauchte Barriques, €€

★★★

WINZERHAUS HANS SCHÖLLER

Ein kleines Dorf südlich der Donau mit großen Ambitionen: Das Winzerhaus Schöller befindet sich im idyllischen Wagram ob der Traisen im Weinbaugebiet Traisental und wird als Familienbetrieb bereits in dritter Generation geführt – ein Ort, wo langjährige Winzertradition und innovative Ideen Hand in Hand gehen und eigenständige Weine mit Charakter und Herkunftstypizität entstehen.
Das Weingut verbindet langjährige Winzertradition mit modernen Akzenten. Dabei steht neben den hohen Ansprüchen an die Qualität vor allem die Verbundenheit mit der Region im Vordergrund. Ein Wein erzählt uns immer eine Geschichte und verrät uns die unverwechselbaren Spuren seines Standortes. Herkunft ist also »kostbar«, und deshalb ist das Credo der Schöllers ganz klar: Authentische Weine aus einer authentischen Region. Und dann wäre da noch Johann Schöller, Winzer aus Leidenschaft mit leichtem Hang zur Detailverliebtheit.

93 Riesling * Ried Sonnleithen 2020
13 Vol.-%, DV, Stahltank, €€
Mittleres Grüngelb, Silberreflexe. Nuancen von frischer reifer Birne, zart nach Ananas und Papaya, mit etwas Marille unterlegt, einladendes Bukett. Saftig, elegant, feine Textur, gute Frische, bleibt sehr gut haften, ein finessenreicher Sortenvertreter mit gutem Reifepotenzial.

93 Grüner Veltliner ** Nadine 2018
14,5 Vol.-%, DV, 500-l-Fass, €€€
Mittleres Gelbgrün, Silberreflexe. Kräuterwürzig unterlegte Ananas, feiner gelber Apfel, tabakig-mineralischer Anklang, kandierte Orangenzesten. Saftig, komplex, feine Fruchtsüße, gut integrierte Tannine, kraftvoller Abgang, mineralisch-salzig im Rückgeschmack, sicheres Reifepotenzial.

92 Grüner Veltliner * Ried Sonnleithen 2020
13 Vol.-%, DV, großes Holzfass, €€
Helles Gelbgrün, Silberreflexe. Zart nach Wiesenkräutern, ein Hauch von frischem Apfel, etwas Mango, Nuancen von Blütenhonig. Saftig, elegant, extraktreich, angenehm integrierte Säurestruktur, bleibt haften, Kernobstnoten im Nachhall, sicheres Reifepotenzial.

92 Grüner Veltliner ** Ried Cagran 2019
14 Vol.-%, DV, Stahltank, €€€
Helles Gelbgrün, Silberreflexe. Zart tabakig unterlegte feine gelbe Tropenfrucht, Nuancen von Papaya und Mango, ein Hauch von Blütenhonig, Orangenzesten. Kraftvoll, würzig, weißer Apfel, feiner Säurebogen, weißes Kernobst, pfeffriger Touch im Abgang, zeigt Länge, sicheres Reifepotenzial.

91 Grüner Veltliner * Ried Rosengarten 2020
13 Vol.-%, DV, Stahltank, €€
Helles Gelbgrün, Silberreflexe. Zart kräuterwürzig unterlegte gelbe Tropenfrucht, Anklänge von Mango, ein Hauch von Gewürzen. Saftig, gute Komplexität, Nuancen von Birne, feiner Säurebogen, bleibt haften, vielseitig einsetzbar.

90 Merlot Barrique 2018
13,5 Vol.-%, DV, Barrique, €€€
Kräftiges Rubingranat, violette Reflexe, breitere Ockerrandaufhellung. Zart nach Mandarinenzesten und eingelegten Kirschen, dezente Kräuterwürze. Feine Fruchtsüße, reife Kirschen am Gaumen, gut integrierte Tannine, mineralisch, zart nach Nougat und Beeren im Abgang, bereits gut antrinkbar.

WINZERHAUS HANS SCHÖLLER
3133 Traismauer
Wagramer Straße 10
T: +43 (2783) 535
winzerhaus@weinschoeller.at
www.weinschoeller.at

Kellermeister/Kontakt:
Johann Schöller
Produktion: 66.600 Flaschen
3 % Schaumwein, 82 % weiß, 2 % rosé, 13 % rot, 11 Hektar

★

SIEDLER ALEX. WEIN-GENUSS-GUT

Der junge Önologe Alexander Siedler führt mit seiner Frau Manuela und seinen nach wie vor auf dem Weingut tatkräftig mitwirkenden Eltern den Betrieb bereits in fünfter Generation. Das Weingut liegt im feinen Winzerort Reichersdorf, hier befinden sich auch die gesamten Weingärten des Betriebs. Das Hauptaugenmerk liegt auf Weißwein, wobei sich neben den Traisental-DAC-Sorten Grüner Veltliner und Riesling auch Weißburgunder, Rivaner, Frühroter Veltliner, Gelber Muskateller und Sauvignon Blanc im Sortiment finden. Ergänzt wird die Palette um einige Rotweine, vornehmlich Zweigelt und etwas Merlot – teilweise auch im Barrique ausgebaut. Intensive Kontrollen und Beobachtungen der Anlagen in Hinblick auf die Vorgaben des Jahrgangs und der Natur machen es möglich, die Kapazitäten von Qualität und Individualität voll auszuschöpfen. »Hohe Reife des Lesematerials kann nicht erzwungen, sondern ausschließlich gewonnen werden.« Dass aus dieser Erkenntnis auch Abstriche bei der Quantität folgen, ist dem Betriebsleiter und Kellermeister natürlich bewusst. Traditionelle Produktionsmethoden werden genauso wie innovative Technologien zugunsten der Qualitätserhaltung miteinander verbunden, denn Alexander Siedler ist stets bestrebt, Weine mit Profil und Individualität zu vinifizieren.

92 Grüner Veltliner * Ried Buchhammer 2020
13 Vol.-%, DV, Stahltank, €€
Helles Gelbgrün, Silberreflexe. Mit einem Hauch von Mandarinenzesten unterlegte feine gelbe Apfelfrucht, ein Hauch von Marille, zart nach Blütenhonig. Saftig, elegant, etwas nach Honigmelone. Saftig, fruchtige Süße, lebendig strukturiert, bereits gut antrinkbar.

(91) Grüner Veltliner ** Ried Alte Setzen 2020
13,5 Vol.-%, DV, gebrauchte Barriques/Stahltank, €€€
Helles Grüngelb, Silberreflexe. Zarte Kräuterwürze, frische gelbe Tropenfrucht, Nuancen von Ananas und Papaya, ein Hauch von Blütenhonig und Orangenzesten. Saftig, feinwürzig, frische Birnen, lebendiger Säurebogen, zitronig-mineralisch im Abgang, ein vielseitiger Speisenbegleiter.

91 Grüner Veltliner * Tradition 2020
12,5 Vol.-%, DV, Stahltank, €€
Helles Gelbgrün, Silberreflexe. Zart tabakig-kräuterwürzig unterlegte gelbe Apfelfrucht, Nuancen von Mango. Saftig, weißes Kernobst, frisch strukturiert, zitronig-salzig im Nachhall, trinkfreudiger Stil.

90 Riesling * Reichersdorfer Ried Alte Setzen 2020
12,5 Vol.-%, DV, Stahltank, €€
Mittleres Gelbgrün, Silberreflexe. Einladende frische Ananasfrucht, ein Hauch von Wiesenkräutern, Limettenzesten, mineralischer Touch. Mittlerer Körper, dezente Fruchtsüße, frisch strukturiert, zarter Honiganklang im Abgang, bereits zugänglich.

90 Chardonnay - Barrique, einfach so... 2017
13,5 Vol.-%, NK, Barrique, €€€
Wolkiges Goldgelb, Silberreflexe. Ein Hauch von Oxidation, Mandarinenzesten, reife Birnenfrucht, dezente Holzwürze, etwas Vanille. Zart nach Kokos, gelbe Tropenfrucht, reifer Pfirsich, mineralisch, bleibt haften, zart nach Nougat im Abgang, ein balancierter, individueller Naturwein.

88 Weißburgunder Parapluiberg 2020
12 Vol.-%, DV, Stahltank, €€

SIEDLER ALEX. WEIN-GENUSS-GUT
3134 Reichersdorf
Obere Ortsstraße 25
T: +43 (699) 11 73 41 10
office@weingut-siedler.at
www.weingut-siedler.at

Kellermeister/Kontakt: Alexander Siedler
Produktion: 90 % weiß, 8 % rot, 2 % süß
Messen: VieVinum
Vereinszugehörigkeit: Vereinigung Traisentaler Weingärtner

Von der Burgruine Hinterhaus im Vordergrund blickt man zur berühmten Spitzer Ried Singerriedel, die fantastische Rieslinge liefert

NIEDERÖSTERREICH

WACHAU DAC

Blick von der Dürnsteiner Ried Kaiserberg auf die Donauschleife bei Rossatz

STEILE TERRASSEN, NOBLE LOGEN FÜR DIE REBEN

Weltkulturerbe und bezaubernde Wohlfühllandschaft – das ist die Wachau. Auf 1344 Hektar, teils auf steilen Terrassen, stehen hauptsächlich Grüner Veltliner und Riesling. Die Weinkategorien »Steinfeder«, »Federspiel« und »Smaragd« stehen für die Naturbelassenheit der Wachauer Weine, die ab dem Jahrgang 2020 auch DAC-Status haben.

Die Entstehungsgeschichte eines der faszinierendsten Weinbaugebiete Österreichs ist spannend: In der Nacheiszeit setzten sich im Windschatten der Berge Staubböden ab, daraus wurden einerseits die heutigen Lössböden, andererseits die steil abfallenden Hänge aus Gföhler Gneis. Auch die Donau trug ihren Teil bei, indem sie Sand, Schotter und Schwemmlösse in den ebenen Rieden ablagerte. Diese Geologie in Verbindung mit den vom Menschen als »Landschaftspfleger« geschaffenen Terrassen zur Bewirtschaftung der besten Steillagen zeichnen das markante Bild der Wachau. Spannungsreich ist auch das Klima, denn hier treffen zwei starke Einflüsse aufeinander – nicht frontal, sondern eng verzahnt: das westlich-atlantische und das östlich-pannonische Klima. Je nach Hanglage, Exposition, Geländeformation sowie durch die Wärme speichernden Mauern und Felsen werden Kleinstklimazonen wirksam. Die heißen, trockenen Sommer und die strengen Winter werden durch die große Wasserfläche der Donau ausgeglichen. Die kühlen Fallwinde aus dem nördlichen Waldviertel sorgen speziell in den Monaten vor der Ernte für große Schwankungen zwischen Tag- und Nachttemperaturen. Vom kühleren Spitzer Graben bis zum wärmeren Loibenberg entstehen in diesem Zusammenspiel die vielschichtigen Aromen der Trauben.

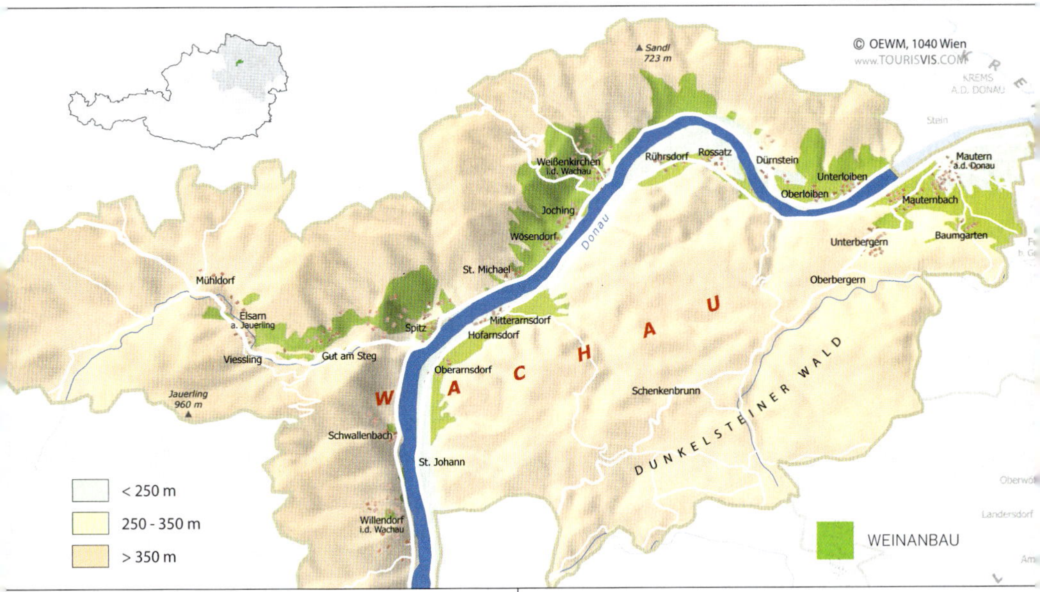

Dies wird in den Weinen als kühle Frucht mit teilweise exotischen Anklängen spürbar: von der schlanken Steinfeder über das elegante Federspiel bis zum noblen Smaragd, definiert vom unverzichtbar gewordenen Schutzverband »Vinea Wachau«.
Und nochmals spannend wird es, im historischen Ambiente der Weinorte auf die Suche nach weinkulinarischen Adressen zu gehen. Top-Winzer und Spitzengastronomen sind in der Wachau geradezu auf Schritt und Tritt zu finden, von Spitz über Weißenkirchen, Wösendorf und Joching bis Dürnstein und Loiben – wobei der eine oder andere Seitensprung ans rechte Donauufer zu empfehlen ist. Selbstverständlich kann man in der Wachau auch zahlreiche Heurige besuchen. Neben dem Herrscherpaar Riesling und Veltliner, die es ab 2020 als Wachau DAC Gebiets-, Orts- und Riedenwein gibt, garantieren auch Weißburgunder, Neuburger, Muskateller oder Sauvignon Blanc exzellente Geschmackserlebnisse als Gebiets- und Ortsweine.

AUSGEWÄHLTE WEINGÜTER >

*★★★★★

Weingut Alzinger, Unterloiben
Weingut Franz Hirtzberger, Spitz an der Donau
Weingut Knoll, Unterloiben
Weingut F. X. Pichler, Oberloiben
Weingut Rudi Pichler, Wösendorf
Weingut Prager, Weißenkirchen

★★★★

Domäne Wachau, Dürnstein
Weingut Johann Donabaum, Spitz an der Donau
Weingut Georg Frischengruber, Rossatz
FJ Gritsch – Mauritiushof, Spitz an der Donau
Weingut Högl, Spitz an der Donau

★★★★

Weingut Hofstätter, Spitz an der Donau
Weingut Jamek, Joching
Weingut Lagler, Spitz an der Donau
Weingut Pichler-Krutzler, Oberloiben
Weingut Familie Schmelz, Joching
Weingut Tegernseerhof, Unterloiben

★★★

Weingut Atzberg, Spitz an der Donau
Weingut Josef Fischer, Rossatz
Weinhofmeisterei Mathias Hirtzberger, Wösendorf in der Wachau
Weingut Holzapfel, Weißenkirchen

* **Wachau DAC**

<

AUSGEWÄHLTE WEINGÜTER

★★★
Weingut Jäger, Weißenkirchen
Weingut Andreas Lehensteiner, Weißenkirchen
Weingut Anton Nothnagl, Spitz an der Donau
Weingut Rixinger, Spitz an der Donau
Weingut Heinz und Adrienne Sigl, Rossatz
Karl Stierschneider – Kartäuserhof, Weißenkirchen
Weingut Strawanzer Donabaum, Spitz an der Donau

★★
Weingut Stefan Gebetsberger, Spitz an der Donau
Weingut Thomas Gritsch, Spitz an der Donau
Weingut Mazza, Weißenkirchen
Weingut Müller – Tassilo, Krustetten

★
Weingut Roman Gritsch, Spitz an der Donau

★★★★★

WEINGUT ALZINGER

Seit 1983 zählt das Weingut Alzinger zu den Fixsternen am Wachauer Winzerhimmel. Leo Alzinger erzeugt in seinen Loibner und Dürnsteiner Top-Lagen Grünen Veltliner und Riesling. Bei meiner heurigen Verkostung lagen wie gewohnt die Paradelagen Loibenberg und Steinertal an der Spitze, die durch Präzision und Strahlkraft beeindrucken. Alzingers langlebige Weine verdienen die ungeteilte Aufmerksamkeit der Weinfreunde, denn hier ist zum wiederholten Mal eine absolute Top-Palette gelungen. Es ist egal, ob man sich zum Riesling oder zum Grünen Veltliner hinwendet: Man wird bei der großen Auswahl unter Garantie fündig.
Sollte man die Gelegenheit haben, etwas reifere Weine dieses Hauses zu verkosten, dann wird man erst die ganze Pracht der Weine kennenlernen. Gerade Alzingers Weine sind in ihrer Jugend oft zurückhaltender, entwickeln aber immer eine starke Persönlichkeit. Will man also den Charakter eines Spitzenveltliners näher ergründen, dann sollte man einen gereiften Alzinger-Wein dekantieren, ihm etwas Zeit gönnen – und dann staunen.
Anlässlich des Wettbewerbs »Vorbildliches Bauen in Niederösterreich« erklärte eine renommierte Jury 2017 die Neukonzeption des Weingutsgebäudes zu einem der Siegerprojekte. Besonders hervorgehoben wurde von der Jury, dass das neue Weingut »für eine nachahmenswerte bauliche Weiterentwicklung des Weltkulturerbegebiets Wachau« steht.

(97) Riesling * Ried Loibenberg Smaragd 2020
13 Vol.-%, NK, großes Holzfass, €€€€€
Leuchtendes Gelbgrün, Silberreflexe. Mineralisch, mit Limetten unterlegte gelbe Tropenfrucht, zart nach Orangenzesten, ein Hauch von Maracuja. Stoffig, komplex, engmaschig, finessenreich strukturiert, weiße Pfirsichfrucht im Abgang, salzig und lang, großes Zukunftspotenzial.

(97) Riesling * Ried Steinertal Smaragd 2020
13 Vol.-%, NK, großes Holzfass, €€€€€
Helles Gelbgrün, Silberreflexe. Feine gelbe Tropenfrucht, ein Hauch von Ananas, Mango und Pfirsich, feiner Blütenhonig, Orangenzesten im Hintergrund. Saftig, feine Fruchtsüße, weiße Frucht, lebendiger Säurebogen, mineralisch-zitronig im Nachhall, Limetten im Rückgeschmack, salzig und mit großer Länge ausgestattet.

WEINGUT ALZINGER

3601 Dürnstein
Unterloiben 11
T: +43 (2732) 77900
weingut@alzinger.at
www.alzinger.at

Kellermeister/Kontakt:
Leo Alzinger
Produktion: 100 % weiß, 12 Hektar
Vereinszugehörigkeit:
Vinea Wachau
Messen: ProWein Düsseldorf, VieVinum

Stift und Ruine Dürnstein

(95) Riesling * Ried Hollerin Smaragd 2020
13 Vol.-%, NK, großes Holzfass, €€€€
Helles Goldgelb, Silberreflexe. Blumig, weiße Blüten von Holunder, feine Pfirsichfrucht, zarter Limettentouch. Saftig, elegant und straff, präziser Stil, finessenreiche Struktur, zarte Fruchtsüße im Abgang, mineralisch und lange anhaftend, etwas Mango im Nachhall, sicheres Reifepotenzial.

(94) Riesling * Ried Liebenberg Smaragd 2020
13 Vol.-%, NK, großes Holzfass, €€€€
Helles Goldgelb, Silberreflexe. Frischer Weingartenpfirsich, ein Hauch von Ananas und Maracuja, floraler Touch, mit Limettenzesten unterlegt. Saftig, straffe Textur, sehr rassig, mineralisch, weiße Frucht, zitronig im Nachhall, salziger Rückgeschmack, bereits gut entwickelt.

(94) Riesling * Ried Höhereck Smaragd 2020
13 Vol.-%, NK, großes Holzfass, €€€€€
Helles Gelbgrün, Silberreflexe. Feine Tropenfrucht nach Maracuja und Ananas, etwas Blütenhonig, einladendes Bukett. Komplex, feine Fruchtsüße, ein Hauch von Minze, elegant, frischer Säurebogen, mineralisch-zitronig, weißer Pfirsich im Nachhall, gute Länge, sicheres Entwicklungspotenzial.

92 Riesling * Dürnstein Federspiel 2020
12 Vol.-%, DV, großes Holzfass, €€€
Helles Goldgelb, Silberreflexe. Frische gelbe Pfirsichfrucht, ein Hauch von Blütenhonig, Nuancen von Orangenzesten, ein Hauch von Holunderblüten. Leichtfüßig, weiße Tropenfrucht, frisch und rassig, zitroniger Touch im Abgang, lebendiger Speisenbegleiter.

(96) Grüner Veltliner * Ried Steinertal Smaragd 2020
13 Vol.-%, NK, großes Holzfass, €€€€€
Leuchtendes helles Gelbgrün, Silberreflexe. Zart nach Ananas und frischer Marille, zart nach Blütenhonig, kandierte Orangenzesten. Stoffig, elegant, feine Fruchtsüße, finessenreiche Struktur, zitronig-salzig im Abgang, gute Länge, lebendiger Stil, mineralisch und lagerfähig.

(95) Grüner Veltliner * Ried Loibenberg Smaragd 2020
13 Vol.-%, NK, großes Holzfass, €€€€€
Helles Goldgelb, Silberreflexe. Zart tabakig unterlegte gelbe Fruchtnuancen nach Apfel und Mango, Orangenzesten im Hintergrund, feinwürziges Bukett. Komplex, saftig, frisches Kernobst, straffe Textur, frische Struktur, ein Hauch von Birne im Abgang, dunkle Mineralik im Nachhall.

(94) Grüner Veltliner * Ried Liebenberg Smaragd 2020
13 Vol.-%, NK, großes Holzfass, €€€€
Helles Gelbgrün, Silberreflexe. Feine, einladende Apfelfrucht, zart nach Ringlotte, ein Hauch von Blütenhonig, zart nach Mandarinenzesten. Saftig, elegant, ein Hauch von Birne, feine Säurestruktur, zitronig im Abgang, bereits gut entwickelt, gute Länge, mineralischer Nachhall.

93 Grüner Veltliner * Ried Mühlpoint Federspiel 2020
12 Vol.-%, DV, Stahltank, €€€
Helles Grüngelb, Silberreflexe. Zart tabakig, feiner Apfeltouch, etwas Mango, Nuancen von Wiesenkräutern, ein

* Wachau DAC

Hauch von Blütenhonig. Stoffig, gelbe Tropenfruchtnoten, finessenreicher Säurebogen, auch am Gaumen etwas Mango, elegant und mit guter Länge ausgestattet.

92 Grüner Veltliner * Ried Hochstrasser Federspiel 2020
12 Vol.-%, DV, Stahltank, €€€
Helles Gelbgrün, Silberreflexe. Frische Nuancen von gelber Frucht, etwas Mango und Papaya, mineralisch unterlegt. Mittlere Komplexität, zarte Birnenfrucht, frischer Säurebogen, bleibt haften, lebendig, vielseitig einsetzbar.

91 Grüner Veltliner * Dürnstein Federspiel 2020
12 Vol.-%, DV, Stahltank, €€
Helles Gelbgrün, Silberreflexe. Frische Nuancen von Golden-Delicious-Apfel, etwas Mango, ein Hauch von Wiesenkräutern. Mittlerer Körper, weiße Kernobstnote, frisch strukturiert, mineralisch-zitronig, leichtfüßiges Trinkvergnügen.

★★★

WEINGUT ATZBERG

Auf dem Atzberg hat man 700 Jahre lang Weinbau betrieben. In den 1950er-Jahren machte man damit Schluss – es schien nicht mehr wirtschaftlich, diesen überaus steilen Berg zu bewirtschaften. Das Potenzial der Lage erkannten viele, doch alle scheuten den Kräfteeinsatz und das kostspielige Risiko, diesen Berg mit 75 Prozent Hangneigung zu rekultivieren. 2008 wurde die 50-jährige Pause beendet, und Franz Josef Gritsch brachte gemeinsam mit zwei Projektpartnern die Reben auf den Atzberg zurück. Der extrem steile Atzberg bringt Grüne Veltliner hervor, die mit ihrer »Wachauer Seele« zutiefst beeindrucken. Sie stellen eine Verbindung zwischen spektakulärer Veltlinerwürze und dunklen, schieferigen Anklängen des Wachauer Terroirs her. Die Ergebnisse zeigen, dass sich die Mühe, die es kostete, diesem hervorragenden Weinberg wieder neues Leben einzuhauchen, mit Sicherheit gelohnt hat.

WEINGUT ATZBERG
3620 Spitz an der Donau
Kirchenplatz 13
T: +43 (1) 3360197
office@atzberg.at
www.atzberg.at

Kellermeister/Kontakt: Franz-Josef Gritsch
Produktion: 2 Hektar
Vereinszugehörigkeit: Vinea Wachau
Messen: ProWein Düsseldorf, VieVinum

(94) Grüner Veltliner * Ried Atzberg Smaragd Obere Steilterrassen 2020
14 Vol.-%, NK, großes Holzfass, €€€€€€
Mittleres Gelbgrün, Silberreflexe. Feine Wiesenkräuter, gelbe Kernobstnuancen, tabakige Würze, Noten von frischer Birne, einladendes Bukett. Komplex, stoffig, reifer gelber Apfel, feine Säurestruktur, dunkle Mineralik, zarter Blütenhonig im Abgang, gutes Entwicklungspotenzial.

(93) Grüner Veltliner * Ried Atzberg Smaragd Steilterrassen 2020
13 Vol.-%, DV, Stahltank, €€€€€
Helles Gelbgrün, Silberreflexe. Nuancen von reifer Marille, mit gelber Apfelfrucht unterlegt, zart nach Orangenzesten. Saftig, extraktsüße Textur, ein Hauch von Birne und Honigmelone, feine Säurestruktur, elegant und anhaftend, bereits gut antrinkbar.

★★★★

DOMÄNE WACHAU

Die Domäne Wachau hat sich mit einer Vielfalt an herkunftstypischen Wachauer Weinen unter der Leitung von Roman Horvath MW und Heinz Frischengruber zu einem der bedeutendsten Weingüter Österreichs entwickelt. Weltberühmte Rieden wie Achleiten, Kellerberg und Singerriedel stehen nur stellvertretend für die Fülle an Top-Lagen, die die Domäne Wachau vinifiziert.
Eine entscheidende Relevanz in der Gesamtheit der Domäne Wachau kommt der Arbeit der Winzerfamilien zu. Oft seit Generationen in den steilen Terrassen der Wachau tätig, kennen sie die Besonderheiten jeder Parzelle. In detailverliebter Handarbeit und mit enormer Erfahrung sorgen sie in den Weingärten für ein ökologisches Gleichgewicht, fördern die Arten- und Pflanzenvielfalt und setzen zunehmend auf biologische Bewirtschaftung. Minimalismus auf höchstem handwerklichem Niveau, das ist die Devise im Rahmen der Weinwerdung. Tradition und Innovation sind dabei zwei Seiten derselben Medaille. Neben der Produktion ausdrucksstarker Rieden-Weine geht man mit der Backstage-Serie neue und besonders alte Wege. Der rote Faden bleibt dabei stets, Herkunft, Jahrgang und Sorte präzise herauszuarbeiten.
Von einer internationalen Jury wurde die Domäne Wachau zu einem der World's Best Vineyards gekürt (Nr. 1 in Europa & Nr. 3 weltweit), sie ist somit eine Top-Destination für Weinliebhaber aus aller Welt. Das qualitätsorientierte Veranstaltungsprogramm umfasst Rieden-Wanderungen, Weingutsführungen, einen Kellerschlössel-Heurigen und einzigartige Kulinarien. Wachau-Besucher kommen zudem in der Vinothek am Weingut und im Shop 11A in der Dürnsteiner Altstadt auf ihre Kosten.

(95) Riesling * Ried Singerriedel Smaragd 2020
12,5 Vol.-%, NK, Stahltank, €€€€€ V
Helles Grüngelb, Silberreflexe. Ein Hauch von frischem Weingartenpfirsich und Maracuja, zarter Blütenhonig, etwas Ananas, mineralisch unterlegt. Straff, engmaschig, weiße Steinobstnuancen, finessenreiche, knackige Säurestruktur, zitronig-salzig im Nachhall, bietet ein leichtfüßiges, strahlendes Rieslingerlebnis.

(95) Riesling * Ried Kellerberg Smaragd 2020
13 Vol.-%, NK, Stahltank/großes Holzfass, €€€€€ V
Helles Grüngelb, Silberreflexe. Einladende gelbe Tropenfrucht, Nuancen von Pfirsich und Mango, etwas Blütenhonig, kandierte Orangenzesten, facettenreiches Bukett. Stoffig, weiße Frucht, feine Extraktsüße, lebendiges Säurekleid, sehr gut balanciert, leichtfüßig, mineralisch und lange anhaftend, großes Zukunftspotenzial.

(94) Riesling * Ried Achleiten Smaragd 2020
13 Vol.-%, NK, Stahltank/großes Holzfass, €€€€€ V
Helles Grüngelb, Silberreflexe. Feine Nuancen von frischer Tropenfrucht, zart nach Maracuja und Mango, mineralisch-zitronige Noten, ein Hauch von Orangenzesten. Saftig, feine weiße Frucht, zarter Blütenhonig, frischer Säurebogen, wirkt leichtfüßig, gut anhaftend, zart salzig im Finish, sehr gutes Reifepotenzial.

93 Riesling * Ried 1000-Eimer-Berg Federspiel 2020
12,5 Vol.-%, DV, Stahltank, €€€ V
Helles Gelbgrün, Silberreflexe. Dunkle Mineralik, feine gelbe Tropenfrucht, zart nach Mango, ein Hauch von Ananas und Blütenhonig. Saftig, elegant, gute Komplexität, finessenreicher Säurebogen, straff und anhaftend, salzige Mineralik, ein facettenreicher Sortenvertreter.

93 Riesling * Smaragd Terrassen 2020
13 Vol.-%, DV, Stahltank, €€€€ V
Helles Grüngelb, Silberreflexe. Attraktive gelbe Tropenfrucht, Nuancen von Ananas und Maracuja, mit gelbem Pfirsich unterlegt, mineralischer Anklang. Saftig, straffe Textur, weiße Fruchtnuancen, lebendiger Säurebogen, feine Fruchtsüße im Abgang, elegant und bereits zugänglich, vielseitig einsetzbar.

(93) Riesling * Ried Loibenberg Smaragd 2020
13 Vol.-%, NK, Stahltank/großes Holzfass, €€€€€ V
Helles Gelbgrün, Silberreflexe. Noch etwas scheu, ein Hauch von Weingartenpfirsich und Ananas, Nuancen von Limetten, mit einem mineralischen Touch unterlegt. Straff, weißes Steinobst, feine Fruchtsüße, rassiger Säurebogen, salzig im Abgang, wird von Flaschenreife profitieren.

92 Riesling * Ried Loibenberg Federspiel 2020
12,5 Vol.-%, DV, Stahltank, €€€ V
Helles Gelbgrün, Silberreflexe. Dunkle Würze, Orangentouch, kandierte Limettenzesten, mineralisch, zart nussig.

* Wachau DAC

Riesling

DOMÄNE WACHAU

3601 Dürnstein
Dürnstein 107
T: +43 (2711) 371
office@domaene-wachau.at
www.domaene-wachau.at

Kellermeister:
Heinz Frischengruber
Kontakt: Roman Horvath MW
Produktion: 2.500.000 Flaschen
90 % weiß, 4 % rosé, 5 % rot,
1 % süß, 450 Hektar
Zertifiziert: Nachhaltig Austria
Vereinszugehörigkeit:
Vinea Wachau
Messen: ProWein Düsseldorf,
VieVinum

Saftig, ein Hauch von Mandarinen und gelbem Pfirsich, rassiger Säurebogen, etwas Blütenhonig im Abgang, wird von etwas Flaschenreife profitieren, ideal ab dem Herbst 2021.

92 Riesling * Ried Steinriegl Federspiel 2020

12,5 Vol.-%, DV, Stahltank, €€€ V

Helles Gelbgrün, Silberreflexe. Frische weiße Fruchtnuancen, ein Hauch von Weingartenpfirsich, ein Hauch von Limette, mineralischer Touch. Mittlerer Körper, lebendige Struktur, weiße Frucht im Abgang, bereits gut antrinkbar, sommerlicher Speisenwein.

92 Riesling * Ried Bruck Federspiel 2020

12,5 Vol.-%, DV, Stahltank, €€€ V

Helles Gelbgrün, Silberreflexe. Zarte Tropenfrucht, ein Hauch von frischer Ananas und Maracuja, mit einem feinen Marillentouch unterlegt. Mittlerer Körper, feine Apfelfrucht, frischer Säurebogen, rassig-mineralischer Stil, saliner Nachhall, gute Länge, verfügt über Entwicklungspotenzial.

92 Riesling * Smaragd Classic 2020

13 Vol.-%, DV, Stahltank, €€€ V

Helles Grüngelb, Silberreflexe. Einladende Nuancen von frischem Weingartenpfirsich, ein Hauch von Maracuja und Blütenhonig. Knackiger Stil, weiße Frucht, rassiger Säurebogen, Limetten im Abgang, salziger Nachhall, mineralischer Rückgeschmack.

92 Riesling * Weissenkirchen Smaragd 2020

13 Vol.-%, DV, Stahltank, €€€€ V

Mittleres Grüngelb, Silberreflexe. Orangentouch, feiner Blütenhonig, ein Hauch von Zitronenmelisse und Minze. Saftig, weißer Pfirsich, lebendiger Säurebogen, zitroniger Touch, feine salzige Nuancen im Abgang, bereits entwickelt und gut antrinkbar. .

91 Riesling * Dürnstein Federspiel 2020

12 Vol.-%, DV, Stahltank, €€€ V

Helles Gelbgrün, Silberreflexe. Zarte weiße Tropenfrucht, ein Hauch von Pfirsich, Orangenzesten, mineralischer Touch. Seidig, mittlerer Körper, frisch strukturiert, weiße Steinobstnuancen, bereits gut entwickelt, Maracujatouch im Nachhall.

90 Riesling * Weissenkirchen Federspiel 2020

12 Vol.-%, DV, Stahltank, €€€ V

Helles Gelbgrün, Silberreflexe. Ein Hauch von Limette und grünem Apfel, ein Hauch von frischer Marille, floraler Touch. Mittlerer Körper, zart nach Weingartenpfirsich, lebendig strukturiert, salzig-zitronig im Abgang, schwungvoller Sommerwein.

(95) Grüner Veltliner * Ried Achleiten Smaragd 2020

13,5 Vol.-%, NK, Stahltank/gr. Holzfass, €€€€€ V

Helles Grüngelb, Silberreflexe. Zart rauchig-mineralisch unterlegte gelbe Kernobstnuancen, ein Hauch von Ringlotte und Mango im Hintergrund, feine tabakige Würze, zart nach frischen Orangenzesten. Komplex, saftig, feine weiße Melonenfrucht, finessenreich strukturiert, salzig-zitronig im Abgang, bereits antrinkbar, mit großem Potenzial für die Zukunft ausgestattet.

(94) Grüner Veltliner * Ried Kellerberg Smaragd 2020

13 Vol.-%, NK, Stahltank/großes Holzfass, €€€€€ V
Helles Grüngelb, Silberreflexe. Mit frischen Kräutern und Mandarinenzesten unterlegte Apfelfrucht, mineralischer Touch, zart nach Mango. Elegant, weiße Fruchtanklänge, wirkt leichtfüßig und frisch strukturiert, bleibt gut haften, zarte Extraktsüße im Abgang, sicheres Entwicklungspotenzial.

93 Grüner Veltliner * Ried Kollmitz Federspiel 2020

12,5 Vol.-%, DV, Stahltank, €€€ V
Helles Gelbgrün, Silberreflexe. Feine gelbe Tropenfrucht, ein Hauch von Marille und Mango, zart mit frischen Wiesenkräutern unterlegt. Saftig, nach Golden-Delicious-Apfel, feine Säurestruktur, sehr gute Balance, mineralisch, angenehme Frische im Nachhall, animierende Stilistik.

93 Grüner Veltliner * Smaragd Terrassen 2020

13 Vol.-%, DV, Stahltank, €€€€ V
Helles Goldgelb, Silberreflexe. Feine gelbe Tropenfruchtnuancen, ein Hauch von Mango, Marille, etwas Blütenhonig, einladendes fruchtiges Bukett. Mittlerer Körper, straff, weißer Pfirsich, frisch strukturiert, mineralisch-zitronig im Abgang, salziger Touch im Nachhall, gutes Entwicklungspotenzial.

93 Grüner Veltliner * Dürnstein Smaragd 2020

13 Vol.-%, DV, Stahltank/großes Holzfass, €€€€ V
Helles Goldgelb, Silberreflexe. Feinwürzig unterlegte Mangonote, ein Hauch von Anis und Mandarinenzesten, mit Nuancen von Limetten unterlegt, mineralisches Bukett. Mittlerer Körper, weißer Apfel, rassige Struktur, salziger Touch im Abgang, ein facettenreicher Speisenbegleiter mit Schwung und guter Länge.

(93) Grüner Veltliner * Ried Kirnberg Smaragd 2020

13 Vol.-%, NK, großes Holzfass/Stahltank, €€€€€ V
Helles Grüngelb, Silberreflexe. Nuancen von frischem Golden-Delicious-Apfel, ein Hauch von Papaya, zart nach Mandarinenzesten, kühles Bukett. Saftig, weißes Kernobst, ein Hauch von Melone, feiner Säurebogen, mineralisch, ein Hauch von Orange im Nachhall, vielseitig einsetzbar.

(93) Grüner Veltliner * Ried Axpoint Smaragd 2020

13 Vol.-%, NK, Stahltank/großes Holzfass, €€€€€ V
Mittleres Grüngelb, Silberreflexe. Mit Wiesenkräutern unterlegte feine gelbe Birnenfrucht, etwas Mango, tabakige Nuancen, mit frischen Orangenzesten unterlegt. Mittlere Komplexität, weißer Apfel, frischer Säurebogen, mineralisch-salzig im Abgang, zeigt gute Länge, ein finessenreicher Speisenbegleiter.

92 Grüner Veltliner * Smaragd Classic 2020

13 Vol.-%, DV, Stahltank/großes Holzfass, €€€ V
Helles Goldgelb, Silberreflexe. Zarte Nuancen von frischem gelbem Apfel, ein Hauch von Mango, etwas Wiesenkräuter, mit Limettenzesten unterlegt. Saftig, elegant, weißes Kernobst, frisch strukturiert, lebendiger Stil, salziger Nachhall, verfügt über Länge.

92 Grüner Veltliner * Ried Kaiserberg Federspiel 2020

12,5 Vol.-%, DV, Stahltank, €€€ V
Helles Gelbgrün, Silberreflexe. Zarte Nuancen von Honigmelone, frische Orangenzesten, mit gelbem Apfeltouch unterlegt. Saftig, feine Fruchtsüße im Kern, Nuancen von Mango, frisch strukturiert, Anklänge von Marillen im Abgang, ein stoffiger Speisenbegleiter.

92 Grüner Veltliner * Ried Loibenberg Federspiel 2020

12,5 Vol.-%, DV, Stahltank, €€€ V
Helles Gelbgrün, Silberreflexe. Feinwürzig-tabakig unterlegte Nuancen von Ananas, zart nach Mandarinen und etwas Blütenhonig, einladendes Bukett. Straff, engmaschig, reifer gelber Apfel, finessenreich, salziger Touch im Abgang, vielseitig einsetzbar, gutes Entwicklungspotenzial.

92 Grüner Veltliner * Ried Kreuzberg Federspiel 2020

12,5 Vol.-%, DV, Stahltank, €€€ V
Helles Gelbgrün, Silberreflexe. Frischer gelber Apfel, zart nach Papaya, feine Kräuterwürze, mineralischer Touch. Saftig, elegant, finessenreicher Säurebogen, salziger Anklang im Abgang, feine Kernobstnuancen, bereits gut antrinkbar, ein leichtfüßiger Speisenbegleiter.

92 Grüner Veltliner * Ried Liebenberg Federspiel 2020

12,5 Vol.-%, DV, Stahltank, €€€ V
Helles Gelbgrün, Silberreflexe. Zart kräuterwürzig-mineralisch unterlegte feine gelbe Fruchtnuancen, ein Hauch von Mandarinenzesten, zarter Blütenhonig. Saftig, elegant, dezente reife Apfelfrucht, feiner Säurebogen, ausgewogener Speisenbegleiter.

92 Grüner Veltliner * Himmelstiege Smaragd 2020

13 Vol.-%, DV, Stahltank/großes Holzfass, €€€ V
Helles Grüngelb, Silberreflexe. Gelbe Fruchtnuancen, zart nach Marille und Ananas, mit einem Hauch von Kräuterwürze unterlegt, tabakige Noten. Straff, engmaschig, weißer Apfel, lebendiger Säurebogen, zitroniger Touch, mineralischer, trockener Abgang, ein vielseitiger Begleiter bei Tisch.

* Wachau DAC

92 Grüner Veltliner * Weissenkirchen Smaragd 2020
13 Vol.-%, DV, Stahltank, €€€€ V
Helles Grüngelb, Silberreflexe. Feine Nuancen von Marille und Mango, zart nach Wiesenkräutern und Blütenhonig, mit einem Hauch von Orangenzesten unterlegt. Mittlerer Körper, weißer Apfel, frisch strukturiert, salzig im Abgang, ein harmonischer Speisenbegleiter.

91 Grüner Veltliner * Dürnstein Federspiel 2020
12 Vol.-%, DV, Stahltank, €€ V
Helles Gelbgrün, Silberreflexe. Frische Wiesenkräuter, weißer Apfel, mit einem Hauch von Mango unterlegt, zitronige Nuancen. Mittlerer Körper, feine Birnenfrucht, zart nach Marille, frischer Strukturbogen, mineralisch und gut anhaftend, ein facettenreicher Speisenbegleiter.

91 Grüner Veltliner * Ried Pichlpoint Federspiel 2020
12,5 Vol.-%, DV, Stahltank, €€€ V
Helles Gelbgrün, Silberreflexe. Etwas zurückhaltend, ein Hauch von Ananas, zarte gelbe Fruchtnuancen, mit tabakiger Würze unterlegt. Mittlerer Körper, weiße Apfelfrucht, feine Säurestruktur, bereits gut entwickelt, vielseitig einsetzbar.

90 Grüner Veltliner * Weissenkirchen Federspiel 2020
12 Vol.-%, DV, Stahltank, €€ V
Helles Gelbgrün, Silberreflexe. Mit einem Hauch von Zitrone unterlegter weißer Apfel, Nuancen von frischer Melone, mineralischer Touch. Saftig, elegant, feines Kernobst, frisch strukturiert, Limetten im Abgang, trinkfreudiger, vielseitiger Stil.

93 Grüner Veltliner Steinwerk Spitzer Graben 2019
13 Vol.-%, NK, Granitfass, €€€€ V
Leuchtendes Grüngelb, Silberreflexe. Zarte gelbe Tropenfrucht, ein Hauch von Mango und Blütenhonig, mit frischen Orangenzesten unterlegt. Straff, engmaschig, weißer Pfirsich, frischer Säurebogen, mineralisch-salzig im Abgang, wirkt leichtfüßig, fast rieslinghaft, verfügt über gute Länge.

92 Gemischter Satz * Smaragd Uralt-Reben 2020
13 Vol.-%, NK, großes Holzfass, €€€€€ V
Mittleres Grüngelb, Silberreflexe. Zart nach frischer gelber Birne, ein Hauch von Quitte, mit kandierten Orangenzesten unterlegt. Mittlerer Körper, weißer Apfel, angenehme Frische, zart nach Marille im Abgang, feine Mineralik, bereits harmonisch, vielseitig einsetzbar.

91 Neuburger * Spitzer Graben Federspiel 2020
12 Vol.-%, DV, Stahltank/großes Holzfass, €€€ V
Helles Gelbgrün, Silberreflexe. Frische Walnuss, ein Hauch von Birne und Limetten, dezente Kräuterwürze, mineralischer Touch. Saftiger Apfel, finessenreich strukturiert, leichtfüßiger Stil, zitroniger Anklang, ein lebendiger Speisenbegleiter.

91 Chardonnay * Federspiel Terrassen 2020
12 Vol.-%, DV, Stahltank, €€ V
Helles Gelbgrün, Silberreflexe. Frischer Golden-Delicious-Apfel, zart nach Mandarinenzesten, mineralische Nuancen. Elegant, feine gelbe Frucht nach Mango, lebendiges Säuregerüst, ausgewogen, appetitlicher Speisenbegleiter.

(91) Chardonnay Reserve 2019
13 Vol.-%, NK, kleines Holzfass, €€€€€ V
Mittleres Grüngelb, Silberreflexe. Einladende Nuancen von Bourbonvanille, reife Quitten, mit gelbem Apfel unterlegt, ein Hauch von Butterscotch. Mittlerer Körper, weiße Fruchtnuancen, ein Hauch von Karamell, saliner Nachhall, hält am Gaumen nicht ganz, was das Bukett verspricht.

90 Roter Traminer * Reserve 2020
13 Vol.-%, NK, großes Holzfass/Stahltank, €€€€€ V
Helles Grüngelb, Silberreflexe. Zarte Nuancen von Rosenöl, ein Hauch von Marshmallows, mit gelber Tropenfrucht unterlegt, feines Bukett. Mittlerer Körper, gelbe Apfelfrucht, lebendig strukturiert, zitroniger Touch im Nachhall, bereits zugänglich.

89 Weißburgunder * Federspiel Terrassen 2020
12 Vol.-%, DV, Stahltank, €€ V

91 * 1805 Rosé Reserve 2020 PN/ZW
13 Vol.-%, DV, kleines Holzfass, €€€ V
Kräftiges Lachsrot mit Kupferreflexen. Zart rauchig-kräuterwürzig unterlegte rote Beerenfrucht, eingelegte Kirschen, feine tabakige Nuancen. Mittlerer Körper, weißes Kernobst, feiner Säurebogen, kirschig im Abgang, mineralischer Rückgeschmack, trockene Stilistik.

90 * Rosé Federspiel Terrassen 2020
12 Vol.-%, DV, Stahltank, €€ V
Helles Lachsrosa, Goldreflexe. Intensive rotbeerige Nuancen, floraler Touch, individuelles Bukett. Leichtfüßig, seidige Textur, rotbeeriger Kern, zart nach Kirschen im Abgang, sommerlicher Stil.

WEINGUT JOHANN DONABAUM
3620 Spitz an der Donau
Laaben 15
T: +43 (2713) 2488
info@weingut-donabaum.at
www.weingut-donabaum.at

Kellermeister/Kontakt:
Johann Donabaum jun.
Produktion: 70.000 Flaschen
100 % weiß, 8 Hektar
Vereinszugehörigkeit:
Vinea Wachau
Messen: VieVinum

Johann Donabaum

★★★★

WEINGUT JOHANN DONABAUM

Das Weingut Johann Donabaum zählt zu den aufstrebenden Gütern der Wachau. Der Junior wird tatkräftig von seinen Eltern bei der Bearbeitung der arbeitsintensiven Berg- und Terrassenlagen unterstützt. Die Lagenweine des Hauses – Riesling Offenberg und Setzberg sowie Grüner Veltliner Spitzer Point – findet man auf den bestsortierten Weinkarten des Landes. Auch die rare Traube Neuburger wird gepflegt, der Smaragd aus der Lage Spitzer Biern zählt zu den herausragenden Vertretern dieser Sorte. Über eine kleine Brücke im Spitzer Graben führt der Weg zum geschichtsträchtigen, aus dem 16. Jahrhundert stammenden Anwesen. Ein konsequenter Arbeitseinsatz der ganzen Familie ist die Grundlage für optimales Traubengut, die Basis für hochqualitative Weine, die durch Boden, Klima und die Handschrift des Winzers geprägt sind.
Den bisher größten Erfolg erzielte das Gut 2009 beim »Decanter World Wine Award« in London, dem größten Weinwettbewerb der Welt: Der Riesling Smaragd Setzberg 2007 gewann die internationale Rieslingtrophäe und wurde damit zum besten Riesling über zehn Pfund gekürt.

(95) Riesling * Ried Setzberg Smaragd 2020
13,5 Vol.-%, DV, Stahltank, €€€€€ H
Mittleres Gelbgrün, Silberreflexe. Feine gelbe Pfirsichnuancen, unterlegt mit Ananas und Mango, zarter Blütenhonig, florale Aspekte, einladendes Bukett. Saftig, elegant, feine weiße Kernobstnuancen, frischer Säurebogen, bleibt sehr gut haften, gutes Reifepotenzial, ein facettenreicher Speisenbegleiter.

(94) Riesling * Ried Offenberg Smaragd 2020
13,5 Vol.-%, DV, Stahltank, €€€€€ H V
Mittleres Gelbgrün, Silberreflexe. Zarte gelbe Tropenfruchtanklänge, ein Hauch von Mango und Maracuja, zart nach Mandarinenzesten und Blütenhonig. Saftig, weiße Steinobstnuancen, frischer Säurebogen, Limetten im Abgang, feine salzige Textur, ein frischer Speisenbegleiter mit Entwicklungspotenzial.

93 Weissenkirchner Riesling * Smaragd 2020
13 Vol.-%, DV, Stahltank, €€€ H
Helles Gelbgrün, Silberreflexe. Mit frischen Wiesenkräutern feinwürzig unterlegte weiße Fruchtnuancen, ein Hauch von Weingartenpfirsich, Nuancen von Orangenschalen. Mittlere Komplexität, weißer Apfel, frisch strukturiert, mineralisch-zitronig im Nachhall, vielseitig einsetzbar.

* Wachau DAC

(94) Grüner Veltliner * Ried Spitzer Point Smaragd 2020
13,5 Vol.-%, DV, kleines Holzfass/Stahltank, €€€€€
Mittleres Grüngelb, Silberreflexe. Zart floral, mit einem Hauch von Zitronenverbene unterlegte frische Kernobstnuancen, frische Mandarinenzesten, mineralischer Touch. Komplex, engmaschig, Golden-Delicious-Apfel, mineralisch, zart nach Walnuss im Abgang, gute Länge, sicheres Reifepotenzial.

93 Grüner Veltliner * Ried Spitzer Zornberg Smaragd 2020
13 Vol.-%, DV, Stahltank, €€€€ H
Mittleres Grüngelb, Silberreflexe. Feine Kräuterwürze, tabakig unterlegter Touch von Mango und Ananas, ein Hauch von Blütenhonig, einladendes Bukett. Saftig, gelber Apfel, frisch strukturiert, mineralisch-zitronig im Nachhall, bereits gut entwickelt.

(93) Grüner Veltliner * Ried Wösendorfer Kirchweg Smaragd 2020
13,5 Vol.-%, DV, gr. Holzfass/Stahltank, €€€€€ H
Mittleres Grüngelb, Silberreflexe. Zurückhaltend, dezent nach Wiesenkräutern, gelbe Apfelfrucht, frische Orangenzesten, ein Hauch von Birne im Hintergrund. Komplex, dezente Kernobstnuancen, etwas Honigmelone, dezenter Säurebogen, wirkt bereits gut entwickelt und zugänglich.

★★★

WEINGUT JOSEF FISCHER

Tradition und Moderne werden auf dem 1898 erstmals urkundlich erwähnten Weingut Josef Fischer großgeschrieben. Seit 2010 bewirtschaftet Junior Josef »Joe« Fischer nach Abschluss der Weinbauschule Klosterneuburg und zahlreichen Auslandserfahrungen in Deutschland, Australien, Neuseeland und Südafrika nun die rund 11,5 Hektar in Eigenregie und in fünfter Generation. Mit Sitz in Rossatz am südlichen Donauufer konzentriert sich Joe Fischer ausschließlich auf Weißwein, der größte Teil ist Grüner Veltliner mit 70 Prozent, gefolgt von 25 Prozent Riesling und 5 Prozent Gelbem Muskateller. Die Weingärten, die sich von Rossatzbach (mit Blick auf Dürnstein) bis ins westliche Rührsdorf erstrecken, reichen stilistisch von mächtigen, tiefgründigen Rieden, wie Steiger und Frauenweingärten, bis hin zu sehr kargen Urgesteinsböden mit enormer Mineralik, wie am Kirnberg, Kreuzberg und Zanzl. Im Keller verarbeitet Joe Fischer absolut gesundes Traubenmaterial. Spontanvergärung und möglichst langer Kontakt mit der Feinhefe sind Voraussetzung für präzise, elegant-fruchtige, aber auch mineralische und konzentrierte Weine mit gutem Reifepotenzial. Auch der Name Fischer ist Programm. Josef Fischer senior, auch liebevoll »Huchen-Pepi« genannt, züchtet schon seit den 1980er-Jahren im hauseigenen Garten die vom Aussterben bedrohten Huchen. Das Konzept der Nachhaltigkeit gilt aber nicht nur für seine Fischzucht, auch im Weingarten und Keller profitiert man von seiner jahrelangen Erfahrung.

(94) Grüner Veltliner * Rossatz Privat Smaragd 2020
13 Vol.-%, DV, großes Holzfass, €€€€€
Leuchtendes Goldgelb, Silberreflexe. Zart gewürzig unterlegte reife gelbe Fruchtnoten, süße Mango, Nuancen von Golden Delicious und Honig, kandierte Orangenzesten. Stoffig, elegant, reife Frucht, feiner Säurebogen, ausgewogen und anhaftend, zarte Fruchtsüße im Nachhall, ein saftiger Begleiter bei Tisch.

(93) Grüner Veltliner * Rossatz Ried Kreuzberg Smaragd 2020
13 Vol.-%, DV, Stahltank, €€€€
Leuchtendes mittleres Grüngelb, Silberreflexe. Mit einem Hauch von Blütenhonig unterlegte gelbe Tropenfrucht, zart nach Mango und Papaya, einladendes Bukett. Saftig, cremige Textur, zarter Säurebogen, karamelliger Touch im Nachhall, reife Marillen im Rückgeschmack, bereits zugänglich.

(93) Grüner Veltliner * Rossatz Ried Frauenweingärten Smaragd 2020
13,5 Vol.-%, DV, Stahltank, €€€€
Mittleres Gelbgrün, Silberreflexe. Feinwürzig unterlegte Nuancen von Golden-Delicious-Apfel, zart nach Ananas und Orangenzesten. Saftig, elegant, zarte Fruchtsüße, gut integrierte Säure, ein Hauch von Honigmelone, bleibt haften, ein stoffiger Speisenbegleiter.

91 Grüner Veltliner * Rossatz Ried Steiger Federspiel 2020
12,5 Vol.-%, DV, Stahltank, €€
Mittleres Gelbgrün, Silberreflexe. Orangenzesten, gelber Apfel, etwas Melone, ein Hauch von Blütenhonig. Mittlerer

WEINGUT JOSEF FISCHER

3602 Rossatz
Rossatz 58
T: +43 (2714) 58017
office@huchenfischer.at
www.huchenfischer.at

Kellermeister/Kontakt:
Josef Fischer jun.
Anbauweise: Umstellung auf bio
Produktion: 100 % weiß, 11.5 Hektar
Zertifiziert: Nachhaltig Austria
Vereinszugehörigkeit:
Vinea Wachau
Messen: ProWein Düsseldorf, VieVinum

Josef Fischer und Katja Pflogsch

Körper, dezente Fruchtsüße, reife Birnenfrucht, dezente Säurestruktur, Anklänge von frischer Banane im Nachhall.

91 Grüner Veltliner * Rossatz Ried Zanzl Federspiel 2020
12,5 Vol.-%, DV, Stahltank, €€
Mittleres Gelbgrün, Silberreflexe. Zarte Kräuterwürze, feine gelbe Tropenfrucht, ein Hauch von Mango und Marille, mit etwas Blütenhonig unterlegt. Saftig, elegant, zart nach Honigmelone, feiner Säurebogen, dezente Fruchtsüße im Nachhall, ein stoffiger Speisenwein.

90 Grüner Veltliner * Rossatz Federspiel 2020
12,5 Vol.-%, DV, Stahltank, €€
Helles Gelbgrün, Silberreflexe. Feine gelbe Apfelfrucht, zart nach Ananas, ein Hauch von Orangenzesten. Mittlerer Körper, feine Birnenfrucht, frisch strukturiert, zarter Blütenhonig im Nachhall.

(95) Grüner Veltliner Smaragd R 2019
13,5 Vol.-%, NK, großes Holzfass, €€€€€
Leuchtendes mittleres Goldgelb, Silberreflexe. Attraktive weiße Tropenfruchtanklänge, ein Hauch von gelben Ringlotten und frischen Marillen, florale Nuancen. Komplex, saftig, reife Fruchtnuancen, feine Süße, gut integrierter Säurebogen, zeigt sehr gute Länge, mineralisch unterlegter Abgang, komplexer Speisenbegleiter mit sicherem Reifepotenzial.

(94) Riesling * Ried Kreuzberg Smaragd 2020
13 Vol.-%, DV, Stahltank, €€€€
Helles Gelbgrün, Silberreflexe. Ein Hauch von dunkler Mineralik, reife Steinobstnuancen, zart nach Mango und Blütenhonig, Orangenzesten klingen an. Straff, engmaschig, zarte Fruchtsüße, weiße Tropenfrucht, lebendige Struktur, zeigt eine gute Frische und Länge, verfügt über sicheres Reifepotenzial.

(94) Riesling * Ried Kirnberg Smaragd 2020
13 Vol.-%, DV, Stahltank, €€€€
Helles Gelbgrün, Silberreflexe. Attraktive weiße Tropenfrucht, Anklänge von Weingartenpfirsich, mit einem Hauch von Ananas unterlegt, einladendes Bukett. Saftig, weiße Frucht, rassiger Säurebogen, frischer trockener Stil, salzig-zitronig im Nachhall, gutes Reifepotenzial.

(93) Riesling * Ried Steiger Smaragd 2020
13 Vol.-%, DV, Stahltank, €€€
Helles Gelbgrün, Silberreflexe. Zart nach Ananas und Maracuja, feine Blütenaromen, tropenfruchtiges Bukett. Mittlerer Körper, weiße Frucht, rassiger Säurebogen, mineralisch-zitroniger Abgang, Limette im Nachhall, ein straffer Speisenbegleiter.

(91) Riesling * Ried Kirnberg Federspiel 2020
12 Vol.-%, DV, Stahltank, €€
Helles Gelbgrün, Silberreflexe. Frische gelbe Tropenfrucht, ein Hauch von Ananas und Maracuja, floraler Touch, ein Hauch von Limetten. Mittlerer Körper, weiße Pfirsichfrucht, frisch strukturiert, mineralisch-zitroniger Touch, ein lebendiger Speisenbegleiter.

(89) Riesling * Ried Steiger Federspiel 2020
12 Vol.-%, DV, Stahltank, €€

* Wachau DAC

★★★★

WEINGUT GEORG FRISCHENGRUBER

Das Weingut Frischengruber liegt im Herzen der Wachau in Rossatz. Bewirtschaftet werden 13 Hektar Weingärten, die sich rund um Rossatz erstrecken. Die Rieden Kreuzberg und Zanzl sind besonders hervorzuheben. Die Ried Kreuzberg begeistert mit einer frischen und mineralischen Note, die den Wein außergewöhnlich macht. Die Ried Zanzl hingegen bietet dichte, komplexe und kraftvolle Töne, die man schmeckt.
Im Hause Frischengruber wird hauptsächlich auf Grünen Veltliner und Riesling gesetzt. Von diesen Sorten werden auch die typischen Wachauer Federspiele und Smaragde gekeltert, wobei hier nur höchste Qualität zählt. So wird der Grundstein eines ausgezeichneten Weines bereits im Weingarten gelegt. Unmengen gibt es davon freilich nicht: Die Weine wachsen in der Wachau, und da hat alles seine (natürlichen) Grenzen. Als Mitglied der »Vinea Wachau« bringt man auch nur Trauben in die Flasche, die hier groß geworden sind. Seit 150 Jahren erzeugt die Fischengrubers nun schon Wein. Sie begleitet ihn, noch bevor er auf der Welt ist, sie sehen ihn wachsen und erziehen ihn. Sie schützen ihn nach besten Kräften: vor zu viel Sonne, vor starkem Regen oder zu wenig davon. Sie sind auch mit dabei, wenn der Gereifte von zu Hause auszieht, seinen Weg geht und am Ende erzählt, woher er kommt: aus dem Weingut Frischengruber in der wunderschönen Wachau.

WEINGUT GEORG FRISCHENGRUBER
3602 Rossatz
Rührsdorf 19
T: +43 (2714) 6354
wein@frischengruber.at
www.frischengruber.at

Kellermeister/Kontakt:
Georg Frischengruber
Anbauweise: Umstellung auf bio (Bio Austria)
Produktion: 100 % weiß, 13 Hektar
Vereinszugehörigkeit:
Vinea Wachau
Messen: ProWein Düsseldorf, VieVinum

95 Riesling * Ried Goldberg Smaragd 2020
13 Vol.-%, DV, Stahltank, €€€€€ V
Helles Goldgelb, Silberreflexe. Zart nach frischen Orangenzesten, feine gelbe Tropenfrucht, Nuancen von Pfirsich, einladendes Bukett. Komplex, saftig, zart nach Marille, lebendiger Säurebogen, gut anhaftend, zeigt Länge, sicheres Entwicklungspotenzial.

(94) Riesling * Ried Kirnberg Smaragd 2020
13 Vol.-%, DV, Stahltank, €€€€
Helles Goldgelb, Silberreflexe. Feine Nuancen von Mango, zart nach Ananas und Blütenhonig, mit Noten von frischen Limettenzesten unterlegt. Saftig, elegant, feiner Weingartenpfirsich, finessenreicher Säurebogen, zitronig-mineralisch, gute Länge, sicheres Reifepotenzial.

94 Riesling Smaragd Meine Welt 2018
13 Vol.-%, NK, Holzfass, €€€€€
Leuchtendes mittleres Goldgelb, Silberreflexe. Zarte Nuancen von Mandarinenzesten, Ingwer und Safran, mit dezentem Blütenhonig und Steinobstnoten unterlegt. Saftig, reife Ananas, feine Fruchtsüße, dezenter Säurebogen, ein Hauch von Orangenzesten im Nachhall, bereits gut entwickelt.

(95) Grüner Veltliner * Ried Kreuzberg Smaragd 2020
13,5 Vol.-%, NK, Holzfass, €€€€€
Helles Goldgelb, Silberreflexe. Orangenzesten, feine gelbe Tropenfrucht, nach Mango und Papaya, mit dezenter Kräuterwürze unterlegt. Saftig, engmaschig und elegant, reifer gelber Apfel, finessenreich strukturiert, saliner Touch im Abgang, sehr gute Länge, sicheres Reifepotenzial.

(94) Meine Welt Grüner Veltliner * Smaragd 2020
13,5 Vol.-%, NK, 500-l-Fass, €€€€€
Mittleres Grüngelb, Silberreflexe. Tabakig-würzig unterlegte reife Tropenfrucht, Nuancen von Ananas, etwas Marille, dunkle Mineralik. Komplex, weiße Kernobstnuancen,

feiner Säurebogen, salzig, gute Länge, mineralisch im Rückgeschmack, wird von Flaschenreife profitieren.

(93) Grüner Veltliner * Ried Kirnberg Smaragd 2020
13,5 Vol.-%, DV, großes Holzfass, €€€€
Mittleres Gelbgrün, Silberreflexe. Frische Nuancen von Golden-Delicious-Apfel, ein Hauch von Mango und Orangenzesten. Mittlerer Körper, weiße Frucht, frisch strukturiert, mineralisch-salzig im Abgang, würziger Nachhall.

(93) Grüner Veltliner * Ried Zanzl Smaragd 2020
13,5 Vol.-%, DV, Stahltank/Holzfass, €€€€
Mittleres Gelbgrün, Silberreflexe. Einladende Nuancen von Wiesenkräutern und Marille, mit feinem Blütenhonig unterlegt. Mittlere Komplexität, weiße Birnenfrucht, dezente Fruchtsüße, gut integrierter Säurebogen, mineralisch im Abgang, bereits gut antrinkbar.

92 Grüner Veltliner * Ried Frauenweingärten Federspiel 2020
12,5 Vol.-%, DV, Stahltank, €€
Helles Grüngelb, Silberreflexe. Zart floral unterlegte gelbe Tropenfruchtaromen, ein Hauch von Limettenzesten, mineralischer Anklang. Saftig, elegante Textur, feine Fruchtsüße im Kern, angenehme Frische, salziger Nachhall, bleibt gut haften.

91 Grüner Veltliner * Ried Steiger Federspiel 2020
12,5 Vol.-%, DV, Stahltank, €€
Helles Grüngelb, Silberreflexe. Zart nach frischer Birne und etwas Papaya, etwas scheu, Nuancen von Orangenzesten. Mittlerer Körper, weißer Apfel, lebendiger Säurebogen, zart salzige Mineralik, bereits gut antrinkbar.

(93) Weißburgunder * Smaragd Meine Welt 2020
14 Vol.-%, NK, 500-l-Fass, €€€€€
Kräftiges Goldgelb, Silberreflexe. Reife Birnenfrucht, ein Hauch von Dörrobst, reife Quitten, zart mit Wiesenkräutern und Walnuss unterlegt. Saftig, dezente Fruchtsüße, gelber Pfirsich, dezenter Säurebogen, opulent-kraftvoller Stil, nussig im Abgang, individuell.

★★

WEINGUT STEFAN GEBETSBERGER

Im Zentrum von Spitz, am Fuße des 1000-Eimerbergs, befindet sich das Weingut der Familie Gebetsberger, die bereits 1859 urkundlich als Hauergeschlecht erwähnt wurde. Man konnte also stets auf viel überliefertes Wissen zurückgreifen und dieses durch neue Ideen erweitern.
Die Weingärten liegen in den besten Lagen von Spitz. Am 1000-Eimerberg gedeihen die Sorten Riesling und Neuburger. Die Top-Lagen für Grünen Veltliner sind Steinporz und Setzberg. Ebenfalls am Setzberg wächst der Chardonnay. Den Weißburgunder findet man am Burgberg, der Rückseite des 1000-Eimerbergs.
Im Jahr 2000 hat Stefan Gebetsberger die Leitung des Betriebs übernommen. Inzwischen wird er bereits von seinem älteren Sohn bei der Arbeit unterstützt. Sein Ziel ist es, das durch Handlese gewonnene, gesunde Traubenmaterial möglichst schonend zur bestmöglichen Qualität heranreifen zu lassen. Seine klaren, sortentypischen, trinkanimierenden Weine bestätigen die Richtigkeit seines Tuns.

91 Weißburgunder * Spitz Terrassen 2020
12,5 Vol.-%, DV, Stahltank, €€
Helles Gelbgrün, Silberreflexe. Zart nussig unterlegte weiße Apfelfrucht, frische Orangenzesten, mit Noten von Birnen unterlegt. Mittlerer Körper, fruchtige Süße, elegant und ausgewogen, feiner Säurebogen, mineralisch im Abgang, bereits gut zugänglich.

91 Neuburger * Spitz Terrassen 2020
12,5 Vol.-%, DV, Stahltank, €€
Helles Gelbgrün, Silberreflexe. Zarte Kräuterwürze, weiße Birnenfrucht, rauchige Mineralik, zitroniger Touch. Mittlere Komplexität, weißes Kernobst, feiner Säurebogen, harmonisch und bereits gut entwickelt.

90 Grüner Veltliner * Federspiel Terrassen 2020
12 Vol.-%, DV, Stahltank, €€
Helles Gelbgrün, Silberreflexe. Zart nach frischem gelbem Apfel, ein Hauch von Melone, dezente Kräuterwürze, Orangenzesten. Mittlerer Körper, elegant und ausgewogen, feiner Säurebogen, frisches Kernobst im Abgang, leichtfüßig, zitroniger Nachhall.

Donauschleife bei Rossatz

WEINGUT STEFAN GEBETSBERGER

3620 Spitz an der Donau
Hauptstraße 34
T: +43 (2713) 2096
wein@weingut-gebetsberger.at
www.weingut-gebetsberger.at

Kellermeister/Kontakt:
Stefan Gebetsberger
Produktion: 100 % weiß, 5 Hektar
Vereinszugehörigkeit:
Vinea Wachau
Messen: VieVinum

90 Grüner Veltliner * Ried Steinporz Spitz Federspiel 2020
12,5 Vol.-%, DV, Stahltank, €€
Helles Gelbgrün, Silberreflexe. Frischer gelber Apfel, zart nach Mango, dezente Kräuterwürze, ein Hauch von Blütenhonig. Mittlerer Körper, feine Fruchtsüße, dezente Säurestruktur, ausgewogener Speisenbegleiter.

92 Riesling * Ried 1000-Eimerberg Smaragd 2020
13,5 Vol.-%, DV, Stahltank, €€€
Helles Gelbgrün, Silberreflexe. Feine gelbe Tropenfrucht, zart nach Maracuja und Ananas, floraler Touch, ein Hauch von Limetten. Saftig, weiße Tropenfrucht, lebendig strukturiert, feine Fruchtsüße nach reifem weißem Pfirsich, etwas Honig im Nachhall, gut entwickelt.

89 Riesling * Ried 1000-Eimerberg Spitz Federspiel 2020
12,5 Vol.-%, DV, Stahltank, €€

★★★★

FJ GRITSCH – MAURITIUSHOF

Ime Arbeit auf dem Weingut Gritsch ist ein Pendeln zwischen zwei Welten: Hier der Mauritiushof am Spitzer Kirchenplatz mit rund 800-jähriger Geschichte, ein Stückchen weiter der kalmuck-Keller mit modernster Technik. Franz-Josef Gritsch verkörpert bereits die siebente Generation der Familie, die in Spitz an der Donau Weinbau betreibt. Und es ist selbstverständlich, dass hier Tradition, alte Werte und überliefertes Wissen eine große Rolle spielen. Klar ist aber auch, dass mit Tradition allein Spitzenqualität von heute nicht zu schaffen ist. Deshalb ist auf dem Weingut Gritsch immer alles in Bewegung: In den vergangenen Jahren wurde der aus dem 13. Jahrhundert stammende Gewölbekeller des alten Lesehofs zu einem klassischen und blitzsauberen Vinothekskeller umgebaut und erneuert. Auch unzählige Steinterrassen hat Franz-Josef Gritsch in den vergangenen Jahren rekultiviert und mit Reben bestockt – allen voran die Ried Kalkofen im Spitzer Graben, eine besonders herausfordernde Lage, da sie im Grenzbereich des möglichen Weinbauklimas liegt. Von diesen extrem steilen Urgesteinsterrassen stammen Weine, die sich durch Kühle und Eleganz auszeichnen. Eine besondere Erwähnung verdient der Burgweingarten in Dürnstein, der dem dynamischen Winzer seit vielen Jahren anvertraut ist. Dieser Weingarten ist in mehrfacher Hinsicht bemerkenswert: Es ist der letzte große Weingarten innerhalb der historischen Stadtmauer von Dürnstein. Die hoch aufragenden Steinterrassen lassen eine maschinelle Bearbeitung nicht zu – alles dort setzt pure Handarbeit voraus. Aber der hohe Arbeitseinsatz für die »Dürnsteiner Burg« lohnt sich: Das Ergebnis ist ein großartiger Riesling, vielfältig strukturiert und tiefgründig.

(97) Riesling ** Ried Dürnsteiner Burg 2020
13,5 Vol.-%, NK, großes Holzfass, €€€€€€
Mittleres Grüngelb, Silberreflexe. Ein Hauch von frischen Orangenzesten, Weingartenpfirsich, etwas Mango und Mandarinenzesten, ein Hauch von Blütenhonig im Hintergrund. Komplex, engmaschig, feine weiße Pfirsichfrucht, finessenreicher Säurebogen, salziger Touch im Abgang, sehr präzise und lange anhaftend, sicheres Reifepotenzial.

(96) Riesling * Ried Kalkofen Smaragd 2020
13,5 Vol.-%, NK, großes Holzfass, €€€€€
Leuchtendes Grüngelb, Silberreflexe. Feine gelbe Tropenfruchtnuancen, gelber Pfirsich, Nuancen von Mandarinenzesten und feinem Blütenhonig, mineralisch unterlegt. Komplex, stoffig, reifer weißer Pfirsich, etwas Melone, feiner Säurebogen, langer süßer Nachhall, sehr gutes Reifepotenzial.

(95) Riesling * Ried 1000-Eimerberg Smaragd 2020
13,5 Vol.-%, NK, großes Holzfass, €€€€€
Leuchtendes mittleres Grüngelb, Silberreflexe. Feine Tropenfruchtnuancen, ein Hauch von Maracuja, Mango, frischem Pfirsich und Blütenhonig. Saftig, gute Komplexität, frische Ananas, frischer Säurebogen, mineralisch-zitronig im Abgang, elegant und anhaftend, sicheres Reifepotenzial.

(94) Riesling * Ried Setzberg Smaragd 2020
13 Vol.-%, DV, großes Holzfass, €€€€
Mittleres Grüngelb, Silberreflexe. Reife Ananas, gelbe Pfirsichfrucht, ein Hauch von Tropenfrucht wie Mango und Maracuja im Hintergrund, zart nach Mandarinenzesten. Saftig, weiße Frucht, rassige Säurestruktur, zitronig-salzig im Abgang, straff und gut anhaftend, sicheres Reifepotenzial.

93 Riesling * Ried 1000-Eimerberg Federspiel 2020
12,5 Vol.-%, DV, Stahltank, €€€
Helles Grüngelb, Silberreflexe. Feine gelbe Tropenfrucht, ein Hauch von Pfirsich, Orangenzesten und Blütenhonig. Saftig,

FJ GRITSCH – MAURITIUSHOF
3620 Spitz an der Donau
Kirchenplatz 13
T: +43 (2713) 24 50
office@gritsch.at
www.gritsch.at

Kellermeister: Franz-Josef Gritsch
Kontakt: Franz-Josef Gritsch
Produktion: 15 Hektar
Vereinszugehörigkeit:
Vinea Wachau
Messen: Austrian Tasting London, ProWein Düsseldorf, VieVinum

elegant, zart nach Mango, dezente Fruchtsüße, lebendige Säurestruktur, ein Hauch von Marille im Abgang, mineralischer Nachhall, gute Länge, sicheres Reifepotenzial.

(94) Grüner Veltliner * Ried Hochrain Smaragd 2020
13,5 Vol.-%, NK, großes Holzfass, €€€€€
Leuchtendes mittleres Grüngelb, Silberreflexe. Frische Orangenzesten, reife gelbe Apfelfrucht, etwas Mango, ein Hauch von Ananas, feiner Blütenhonig. Mittlere Komplexität, gelbe Tropenfrucht, frisch strukturiert, mineralisch-zitronig im Abgang, wirkt leichtfüßig, ein universeller Speisenbegleiter.

(94) Grüner Veltliner * Ried Loibenberg Smaragd 2020
14 Vol.-%, NK, großes Holzfass, €€€€€
Leuchtendes mittleres Grüngelb, Silberreflexe. Feine Nuancen von Ananas und Mango, mit frischen Orangenzesten und dezentem Blütenhonig unterlegt, fruchtiges Bukett. Saftig, reife Birnenfrucht, feiner Säurebogen, elegant und gut anhaftend, dezente Süße im Nachhall, gutes Entwicklungspotenzial.

93 Grüner Veltliner * Ried Klaus Federspiel 2020
12,5 Vol.-%, DV, Stahltank, €€€€
Mittleres Gelbgrün, Silberreflexe. Frische Orangenzesten, feinwürzig unterlegte gelbe Tropenfrucht, ein Hauch von Mango, mineralischer Anklang. Komplex, saftig, feine Fruchtsüße am Gaumen, finessenreicher Säurebogen, Honigmelone im Nachhall, gute Länge, sicheres Reifepotenzial.

(93) Grüner Veltliner * Wösendorf Federspiel 2020
13,5 Vol.-%, DV, großes Holzfass, €€€€
Mittleres Gelbgrün, Silberreflexe. Nuancen von Honigmelone, feine gelbe Apfelfrucht, zart nach Blütenhonig, ein Hauch von Orangenzesten. Saftig, elegant, feine Fruchtsüße, gut integrierte Säurestruktur, frische Birnen im Abgang, ein stoffiger Speisenwein.

92 Grüner Veltliner * Kirchpoint Federspiel 2020
12,5 Vol.-%, DV, Stahltank, €€
Mittleres Grüngelb, Silberreflexe. Zarte Nuancen von Ananas und Mango, frische Orangenzesten, ein Hauch von Blütenhonig, dezente Kräuterwürze. Stoffig, süße Textur, reifer gelber Apfel, frisch strukturiert, etwas Blütenhonig im Nachhall, vielseitiger Speisenbegleiter.

92 Grüner Veltliner * Ried Axpoint Federspiel 2020
12,5 Vol.-%, DV, Stahltank, €€€
Mittleres Gelbgrün, Silberreflexe. Ein Hauch von Wiesenkräutern, zart nach Honigmelone, etwas Marille, mineralisch, dezente Kräuterwürze, Mandarinenzesten im Hintergrund. Saftig, elegant, feine Fruchtsüße, ausgewogen, feines Säurespiel, Ananas im Abgang, zarte Gewürznuancen im Rückgeschmack.

91 Grüner Veltliner * Federspiel kalmuck 2020
12,5 Vol.-%, DV, Stahltank, €€
Helles Grüngelb, Silberreflexe. Frischer Golden-Delicious-Apfel, ein Hauch von Mango, zarte Wiesenkräuter, tabakige Nuancen. Mittlerer Körper, weißes Kernobst, frisch strukturiert, zitronig-mineralisch im Nachhall, lebendiger Speisenbegleiter.

92 Gelber Muskateller * Spitz Federspiel 2020
12 Vol.-%, DV, Stahltank, €€€
Sehr helles Gelbgrün, Silberreflexe. Traubig, feine Tropenfrucht, ein Hauch von Muskatnuss, floraler Touch, attraktive Würze. Saftig, elegant, angenehme Fruchtsüße, finessenreicher Säurebogen, wieder traubig im Nachhall, lebendiger Sommerwein.

★

WEINGUT ROMAN GRITSCH

Das Weingut Roman Gritsch liegt am Setzberg und ist umgeben von Weingärten mit idyllischem Ausblick, sowohl auf die Ruine Hinterhaus wie auch auf eine der berühmtesten Lagen des Ortes, die Ried Tausendeimerberg.
Urgesteinsböden, Lehm- und Lössböden, Gneis- und Paragneis sowie Sedimentablagerungen sind die Grundzutaten für die tägliche Arbeit des Familienbetriebs. So entfalten die regionaltypischen Weinsorten wie Grüner Veltliner, Riesling, Neuburger und Muskateller erst dann ihre Facetten richtig, wenn man ihnen die entsprechende Bodenstruktur bietet und ihre natürliche physiologische Entwicklung unterstützt. Dieser Grundsatz gilt für jede Tätigkeit der Winzerfamilie, und so finden die Weine ihre Stilistik in einem perfekten Zusammenspiel zwischen Natur und Winzer. Herrlich kräftige Smaragde und fruchtige Federspiele laden zum Verkosten und Genießen ein.

93 Grüner Veltliner Ried Setzberg Smaragd 2019
14,5 Vol.-%, NK, Stahltank, €€€
Mittleres Gelbgrün, Silberreflexe. Reife gelbe Tropenfrucht, etwas Papaya und Mango, ein Hauch von Orangenzesten und Blütenhonig. Saftig, gute Komplexität, nach Ananas und Marille, feine Säurestruktur, Blütenhonig im Nachhall, gut entwickelter Speisenbegleiter.

91 Grüner Veltliner * Ried Setzberg Spitz Federspiel 2020
12,5 Vol.-%, DV, Stahltank, €€
Helles Gelbgrün, Silberreflexe. Zart nach gelbem Apfel, ein Hauch von frischer Papaya, tabakige Noten, Nuancen von Orangenzesten. Mittlerer Körper, weiße Frucht, gute Frische, mineralisch im Abgang, zitroniger Nachhall.

90 Grüner Veltliner * Federspiel 2020
12,5 Vol.-%, DV, Stahltank, €€
Helles Gelbgrün, Silberreflexe. Zarte Nuancen von frischer Ananas, ein Hauch von Mango und Blütenhonig. Mittlerer Körper, gelber Apfel, frische Struktur, zitroniger Touch, ein leichtfüßiger Speisenbegleiter.

WEINGUT ROMAN GRITSCH
3620 Spitz an der Donau
Radlbach 11
T: +43 (2713) 2208
wein@romangritsch.at
romangritsch.at

Kellermeister/Kontakt:
Roman Gritsch
Produktion: 2 % Schaumwein, 95 % weiß, 2 % rosé, 1 % rot, 7 Hektar
Vereinszugehörigkeit:
Vinea Wachau

Roman Gritsch

93 Grüner Veltliner Ried Setzberg Smaragd 2015
14 Vol.-%, DV, Stahltank, €€€
Mittleres Gelbgold, Silberreflexe. Mit einem Hauch von Botrytiswürze und Honig unterlegte reife gelbe Tropenfrucht, tabakiger Anklang, zart nussiger Touch. Saftig, feine Fruchtsüße, etwas weitmaschig am Gaumen, Marillenkonfit im Abgang, ein entwickelter Sortenvertreter.

91 Riesling * Ried 1000-Eimerberg Federspiel 2020
12 Vol.-%, DV, Stahltank, €€
Helles Grüngelb, Silberreflexe. Mit frischen Orangenzesten unterlegte weiße Pfirsichfrucht, etwas Mango, mineralischer Touch. Saftig, gelbe Tropenfrucht, rassige Säurestruktur, salzig-zitroniger Anklang im Abgang, lebendiger Speisenbegleiter, feiner Sommerwein.

90 Riesling * Federspiel 2020
12 Vol.-%, DV, Stahltank, €€
Helles Gelbgrün, Silberreflexe. Zart floral unterlegte Nuancen von weißem Pfirsich und frischem Apfel. Leichtfüßig, zart nach Steinobst, lebendiger Säurebogen, salzig-zitronig, frischer Sommerwein.

★★

WEINGUT THOMAS GRITSCH

Präzision und Handwerk aus dem Spitzer Graben in der Wachau zu bieten – das ist das Anliegen von Winzer Thomas Gritsch. Dort, wo sich der Spitzer Graben langsam verengt und immer höher, kühler und steiniger wird, steht sein Weingut. Es bildet quasi die Pforte zu den steilsten Lagen der Wachau – dem Trenning beispielsweise, mit über 500 Metern Seehöhe die höchste Riede der Wachau, dem Zornberg, der Bruck, der Spitzer Point oder dem Setzberg –, deren Böden beste Bedingungen für große Veltliner und Rieslinge bieten. Diese beiden Protagonisten der Wachau spielen die Hauptrolle, wobei es Thomas Gritsch vor allem um eine elegante und lebendige Interpretation der Weine geht, denn Mineralik, Sortentypizität und feine Aromatik sind ihm sehr wichtig. Biodiversität in den Weingärten ist in Zukunft ein Muss.
Der weithin berühmte Heurige, in dem es auch Muskateller, Weißburgunder und Rosé gibt, wird gemeinsam mit seiner Frau Britta Gritsch

* Wachau DAC

Thomas Gritsch

WEINGUT THOMAS GRITSCH
3620 Spitz an der Donau
Laaben, Haidgasse 1
T: +43 (676) 5371274
info@weingut-gritsch.at
www.weingut-gritsch.at

Kellermeister: Thomas Gritsch
Kontakt: Thomas u. Britta Gritsch
Produktion: 90 % weiß, 10 % rosé, 7.5 Hektar
Vereinszugehörigkeit: TOP-Heurige, Vinea Wachau
Messen: VieVinum

geführt. Sie legen größten Wert auf beste regionale Produkte, die sie zu hausgemachten typischen Wachauer Köstlichkeiten verarbeiten. Die Ausstecktermine im Sommer 2021 sind 8. bis 25. Juli und 9. bis 19. September.

93 Grüner Veltliner * Ried Spitzer Point Smaragd 2020
13,5 Vol.-%, DV, Stahltank, €€€
Helles Gelbgrün, Silberreflexe. Zart nach Honigmelone, Nuancen von gelbem Apfel, ein Hauch von Orangenzesten. Mittlere Komplexität, feine Fruchtsüße, angenehmer Säurebogen, elegant und anhaftend, gute Frische im Abgang, verfügt über Reifepotenzial.

92 Grüner Veltliner * Ried Bruck Federspiel 2020
12 Vol.-%, DV, Stahltank, €€
Helles Gelbgrün, Silberreflexe. Feine Nuancen von Papaya und Mango, mit dezentem Bananentouch unterlegt, zart Mineralik. Mittlere Komplexität, weiße Frucht, finessenreiche Säurestruktur, dezente Süße im Nachhall, salzig im Abgang, ein finessenreicher Speisenbegleiter.

91 Grüner Veltliner * Ried Zornberg Federspiel 2020
12 Vol.-%, DV, Stahltank, €€
Helles Gelbgrün, Silberreflexe. Frische Birnenfrucht, etwas Mango und Papaya, mit einem Hauch von Wiesenkräutern unterlegt. Mittlerer Körper, weißer Apfel, frische Säurestruktur, mineralisch-zitronig im Nachhall, ein saftiger Begleiter bei Tisch.

94 Grüner Veltliner Ried Offenberg Marmor 2019
15 Vol.-%, NK, 500-l-Fass, €€€€€
Mittleres Goldgelb, Silberreflexe. Kandierte Orangenzesten, feine Nuancen von Marillen und Blütenhonig, dunkle Mineralik, facettenreiches Bukett. Saftig, komplex, extraktsüße Textur, feine Säurestruktur, bleibt sehr gut haften, ein vielseitiger Speisenbegleiter mit Länge und Reifepotenzial.

92 Weißburgunder * Spitzer Graben Smaragd 2020
13,5 Vol.-%, DV, Stahltank, €€€
Helles Gelbgrün, Silberreflexe. Zart floral unterlegte frische Birnenfrucht, ein Hauch von Babybanane, dezente Kräuterwürze. Mittlere Komplexität, süßes Kernobst, gut eingebaute Säurestruktur, weißer Apfel im Nachhall, bereits gut entwickelt.

92 Riesling * Ried Setzberg Smaragd 2020
13 Vol.-%, DV, Stahltank, €€€€
Helles Gelbgrün, Silberreflexe. Feinwürzig unterlegte weiße Pfirsichfrucht, ein Hauch von Mandarinenzesten, mineralischer Touch, zart nach Wiesenkräutern. Straff, weißer Apfel, lebendiger Säurebogen, mineralisch-zitronig im Abgang, ein lebendiger Speisenwein.

★★★★★

WEINGUT FRANZ HIRTZBERGER

Die Familie Hirtzberger aus Spitz bewirtschaftet einige der besten Lagen der gesamten Wachau. Berühmt sind die Terrassenlagen wie Singerriedel, die sich direkt hinter dem uralten, malerischen Winzerhaus erhebt und einen legendären Riesling hervorbringt. Aber auch die Riede Hochrain ist in Sachen Riesling eine fixe Größe im Kanon der österreichischen Grands Crus. Was Singerriedel für den Riesling, das ist Honivogl für den Grünen Veltliner.
Franz Hirtzberger senior und sein Sohn Franz junior ergänzen sich im Weingarten perfekt, da sitzt jeder Handgriff. Dies drückt sich in der gesamten Weinpalette aus. Im Weinkeller trägt mittlerweile Franz junior die Verantwortung – nicht ohne sich in den entscheidenden Details mit seinem Vater abzustimmen. Auch hier spürt man bei den Weinen die Harmonie dieser Zusammenarbeit.

(97) Riesling * Ried Singerriedel Smaragd 2020
13 Vol.-%, NK, Stahltank/großes Holzfass, €€€€€€
Mittleres Gelbgrün, Silberreflexe. Feine Fruchtexotik, einladende Nuancen von Maracuja und weißem Pfirsich, florale Anklänge, feine Mineralik, ein Hauch von Blütenhonig. Saftig, elegant, zart nach Mango, finessenreicher Säurebogen, lebendig und mineralisch, zarte Fruchtsüße im Abgang, sehr gute Länge, sicheres Reifepotenzial.

(95) Riesling * Steinterrassen Smaragd 2020
13 Vol.-%, NK, Stahltank/großes Holzfass, €€€€€
Helles Grüngelb, Silberreflexe. Zarte gelbe Tropenfrucht, ein Hauch von Maracuja, Nuancen von Mandarinen, floraler Touch, attraktives Bukett. Straff, engmaschig, weiße Frucht, rassiger Säurebogen, zitronig-salzig im Abgang, wirkt leichtfüßig, bleibt haften, wird von Flaschenreife profitieren.

93 Riesling * Steinterrassen Federspiel 2020
12,5 Vol.-%, NK, Stahltank/großes Holzfass, €€€€
Leuchtendes Gelbgrün, Silberreflexe. Frische Nuancen von weißem Weingartenpfirsich, zarter Blütenhonig, mit Limettenzesten unterlegt. Mittlerer Körper, weiße Tropenfrucht, frischer Säurebogen, mineralisch, zitroniger Touch, animierender, pikanter Stil.

(95) Grüner Veltliner * Smaragd Rotes Tor 2020
13,5 Vol.-%, NK, Stahltank/großes Holzfass, €€€€€
Mittleres Gelbgrün, Silberreflexe. Zart nussig-tabakig unterlegte Kernobstnuancen, ein Hauch von gelbem Pfirsich und Marille, zarte kandierte Orangenzesten, mineralischer

WEINGUT FRANZ HIRTZBERGER
3620 Spitz an der Donau
Kremser Straße 8
T: +43 (2713) 2209
weingut@hirtzberger.com
www.hirtzberger.com

Kellermeister: Franz Hirtzberger
Kontakt: Irmgard Hirtzberger
Produktion: 200.000 Flaschen
99 % weiß, 1 % süß, 25 Hektar
Vereinszugehörigkeit:
Vinea Wachau
Messen: ProWein Düsseldorf, VieVinum, MondoVino

Rieden bei Spitz

* Wachau DAC

Anklang. Komplex, kraftvoll, feine weiße Fruchtnuancen, gut integrierte Säurestruktur, dunkle Mineralik, salzig und anhaftend, sicheres Reifepotenzial.

(94) Grüner Veltliner * Ried Kirchweg Smaragd 2020
13 Vol.-%, NK, Stahltank/großes Holzfass, €€€€€
Helles Gelbgrün, Silberreflexe. Feine gelbe Tropenfrucht, unterlegt mit zarter Kräuterwürze, im Hintergrund Marille und Mango, tabakige Nuancen. Mittlere Komplexität, feinfruchtige Textur, lebendig strukturiert, ein Hauch von Birne, saliner Touch im Abgang, frisch, insgesamt noch etwas zurückhaltend.

93 Grüner Veltliner * Federspiel Rotes Tor 2020
12,5 Vol.-%, NK, Stahltank/großes Holzfass, €€€€
Helles Gelbgrün, Silberreflexe. Mit einem Hauch von Limetten und weißen Blüten unterlegte frische Apfelnote, zart nach Wiesenkräutern, tabakiger Anklang. Gute Komplexität, weiße Birne, frischer Säurebogen, salzige Mineralik, bleibt haften, ein feinwürziger Speisenbegleiter.

92 Grüner Veltliner * Spitz Steinfeder 2020
11,5 Vol.-%, NK, Stahltank, €€€
Helles Gelbgrün, Silberreflexe. Feine gelbe Apfelfrucht, zart nach Honigmelone, zart nach Blütenhonig und Orangenzesten. Leuchtfüßig, reife Kernobstnote, zart nach Marille, feiner Säurebogen, mineralisch, bleibt gut haften, ein facettenreicher, sommerlicher Speisenbegleiter.

(94) Chardonnay * Smaragd 2020
13,5 Vol.-%, NK, Stahltank/großes Holzfass, €€€€€
Helles Gelbgrün, Silberreflexe. Mit einem Hauch von Blütenhonig unterlegte Apfelfrucht, Nuancen von Honigmelone, zart nach Mandarinenzesten. Saftig, seidige Textur, elegant und feinfruchtig, finessenreich strukturiert, mineralisch und druckvoll im Abgang, gute Länge, feine Pfirsichfrucht im Rückgeschmack.

(93) Weißburgunder * Smaragd 2020
13,5 Vol.-%, NK, Stahltank/großes Holzfass, €€€€€
Helles Gelbgrün, Silberreflexe. Mit einem Hauch von Walnuss unterlegte frische weiße Birnennote, zarte Wiesenkräuter, Nuancen von Apfel. Saftig, feine Kernobstnote, angenehme Säure, bleibt gut haften, feiner Zitrustouch im Abgang, gutes Entwicklungspotenzial.

★★★

WEINHOFMEISTEREI MATHIAS HIRTZBERGER

Mathias Hirtzberger hat in Wösendorf mit seiner »Weinhofmeisterei« erfolgreich ein neues Kapitel in der Geschichte der renommierten Winzerfamilie aufgeschlagen. Ein paar Kilometer vom elterlichen Spitzer Weingut entfernt ist manches ähnlich, aber doch vieles anders. Das zeigen bereits seine sogenannten Wappenweine (»Stab«, »Treu«, »Greif« und »Zier«), Ortsweine, deren Namen auf die lange Historie der Weinhofmeisterei von St. Florian und auf die klimatische und geologische Vielfalt der Gemeindelagen verweisen.Noch spezifischer wird es in seinen vier Einzellagensmaragden, die sich paritätisch aus zwei Veltlinern und zwei Rieslingen zusammensetzen. Am Hangfuß gelegen ist der Kollmütz die Basis für einen sehr komplexen und mineralischen Grünen Veltliner, der seinen Kontrapunkt in einem zweiten dunkelfruchtigen Veltliner vom lössgeprägten Weingarten Spitaler findet. Noch deutlichere Gegensätze zeigen sich zwischen dem Riesling Bach, einer steilen und heißen Terrassenlage, und dem Riesling Kollmitz, einer hoch gelegenen, kargen Paragneis-Verwitterungs-Riede – wobei überall die gleiche Devise gilt: durch akribisches Beobachten im Weingarten, nachhaltige Bodenpflege und gezielte Handarbeit die Charakteristika der Sorte zu betonen und dabei doch die subtilen Stimmen herauszuarbeiten, die jeden einzelnen Weingarten unverwechselbar machen. Durch selektive Handlese und schonendste Verarbeitung im Keller werden diese feinen Nuancen bewahrt und lassen sich auf beeindruckende Weise im Wein erschmecken. Probieren kann man die Weine im neu errichteten Weingut in Wösendorf.

WEINHOFMEISTEREI MATHIAS HIRTZBERGER

3610 Wösendorf in der Wachau
Hauptstraße 142
T: +43 (2715) 22 955
buero@weinhofmeisterei.at
www.weinhofmeisterei.at

Kellermeister: Mathias Hirtzberger
Kontakt: Hanna und Mathias Hirtzberger
Produktion: 100 % weiß, 8 Hektar
Vereinszugehörigkeit: Vinea Wachau
Messen: Austrian Tasting London, ProWein Düsseldorf, VieVinum, MondoVino

Die Weinhofmeisterei

(95) Grüner Veltliner * Ried Kollmütz Smaragd 2020
13,5 Vol.-%, NK, Stahltank/gr. Holzfass, €€€€€ V
Mittleres Gelbgrün. Maracuja, feine Orangenzesten, Papaya, reife Tropenfrucht, einladendes Bukett. Saftig, engmaschig, gute Komplexität, mineralisch-salzig, Mangonoten, etwas Zitrus, vielschichtiger Speisenbegleiter, gutes Entwicklungspotenzial.

(94) Grüner Veltliner * Spitaler Smaragd 2020
13,5 Vol.-%, NK, Stahltank/gr. Holzfass, €€€€€ V
Mittleres Gelbgrün, Silberreflexe. Mit feinem Blütenhonig unterlegtes gelbes Kernobst, ein Hauch von Ananas, zarte Würze klingt an. Saftig, gute Komplexität, kraftvoll, feine Säurestruktur, zart nach Steinobst im Abgang, bleibt gut haften, vielseitiger Speisenbegleiter mit Potenzial.

(93) Grüner Veltliner * Greif Smaragd 2020
13 Vol.-%, NK, Stahltank/großes Holzfass, €€€€ V
Helles Gelbgrün, Silberreflexe. Würziger Sortenvertreter, zart nach Tropenfrucht, etwas Grapefruit und Guave, Maracuja klingt an. Saftig, gut eingebundene Säurestruktur, leicht salzig, extraktsüßes Finish, Papaya im Nachhall, bleibt sehr gut haften.

92 Grüner Veltliner * Treu Federspiel 2020
12,5 Vol.-%, NK, Stahltank/großes Holzfass, €€€ V
Helles Gelbgrün, Silberreflexe. Feine gelbe Tropenfrucht, Nuancen von Ananas und Mango, ein Hauch von Blütenhonig, attraktives Bukett. Saftig, feine Fruchtsüße, zart nach Banane, angenehmer Säurebogen, Blütenhonig auch im Abgang.

90 Grüner Veltliner * Stab Steinfeder 2020
11,5 Vol.-%, NK, Stahltank, €€ V
Helles Gelbgrün, Silberreflexe. Feine Kräuterwürze, etwas nach Maracuja, floraler Touch. Saftig, leichtfüßig, feiner Säurebogen, weiße Apfelfrucht, bereits antrinkbar.

(94) Riesling * Ried Bach Smaragd 2020
13 Vol.-%, NK, Stahltank, €€€€€ V
Helles Gelbgrün, Silberreflexe. Feine Kräuternuancen, etwas nach Blütenhonig, zarter Marillentouch, reife Quitte klingt an. Saftig, elegant, etwas würziger Abgang, extraktsüß im Nachhall, vielseitig einsetzbar.

(94) Riesling * Ried Kollmitz Smaragd 2020
13,5 Vol.-%, NK, Stahltank, €€€€€ V
Mittleres Gelbgrün, Silberreflexe. Zart nach Ananas, etwas nach Holunder und weißem Pfirsich, Zitrusnuancen klingen an. Gute Komplexität, elegant, mineralisch, frische Struktur, engmaschiger Abgang mit Noten von Steinobst, bleibt gut haften, gutes Reifepotenzial.

(92) Riesling * Zier Federspiel 2020
12,5 Vol.-%, NK, Stahltank, €€€ V
Helles Gelbgrün, Silberreflexe. Zarte Zitrusnoten, mineralische Anklänge, weißes Steinobst, lebendiges Bukett. Saftig, straff, engmaschige Säurestruktur, Pfirsichtouch im Abgang, guter Speisenbegleiter.

★★★★

WEINGUT JOSEF & GEORG HÖGL

Authentizität, Nachhaltigkeit und Typizität sind nicht nur Schlagwörter, sondern Prinzipien, nach denen Josef Högl und Sohn Georg ihre Weine in Spitz an der Donau in der Wachau keltern. Die Besonderheit der Weine liefert der Spitzer Graben, ein Seitental des Donautals und zugleich der westlichste und höchstgelegene Teil der Wachau, der sich vom Waldviertel bis nach Spitz zieht. Der Spitzer Graben besticht nicht nur durch die Steilheit der schroffen und steinigen Lagen, sondern auch durch die Eigenwilligkeit des kälteren und unwirtlichen Klimas.

Die rund zehn Hektar Weinberge des Weinguts Högl sind durchgängig Terrassen, die von Trockensteinmauern geprägt sind. Alleine die Ried Schön umfasst 57 Terrassen, verteilt über 130 Höhenmeter. Hauptsächlich bauen die Herren Högl die Rebsorten Grüner Veltliner und Riesling aus. Während sich die Lage Schön durch den kräftigen Glimmerschieferboden hervorragend für Grünen Veltliner mit Tiefgang und Mineralik eignet, wird auf den steilen Steinterrassen der Ried Bruck, in der Granodioritgneis vorherrscht, Riesling angebaut. Josef und Georg Högl verfolgen die Philosophie, dass sich Trauben, Boden, Glimmerschiefer und Gneis sowie die Lage und der Charakter, der sich durch das Terroir entwickelt, im fertigen Wein widerspiegeln sollen. Durch das Praktizieren eines konsequenten naturnahen Weinbaus und das Zusammenspiel von Innovation und Tradition entstehen präzise und vielschichtige Weine höchster Qualität. Die Basis für greifbare Weine schafft reinstes Lesegut, das durch mehrmalige Handlese erzielt wird. Die Smaragde des Weinguts Högl sind tiefe, komplexe und langlebige Weine aus alten Reben.

Als Mitglied der »Vinea Wachau Nobilis Districtus« verpflichten sich die Högls dem strengen Qualitätskodex dieser Vereinigung, die Herkunft, Originalität und Charakter der einzelnen Wachauer Orte und Lagen betont.

WEINGUT
JOSEF & GEORG HÖGL
3620 Spitz an der Donau
Viessling 31
T: +43 (2713) 8458
office@weingut-hoegl.at
www.weingut-hoegl.at

Kellermeister: Josef & Georg Högl
Kontakt: Georg Högl
Produktion: 80.000 Flaschen
100 % weiß, 9.5 Hektar
Vereinszugehörigkeit:
Vinea Wachau
Messen: Austrian Tasting London, VieVinum

(96) Riesling * Ried Bruck Smaragd 2020
13,5 Vol.-%, NK, Stahltank, €€€€€
Helles Grüngelb, Silberreflexe. Feine gelbe Fruchtnuancen, ein Hauch von Ananas und Maracuja, floraler Touch, zart nach Limettenzesten, mineralischer Anklang. Straff, engmaschig, weißer Pfirsich, finessenreicher Säurebogen, ein Hauch von Limette im Abgang, sicheres Entwicklungspotenzial.

(95) Riesling * Vision Smaragd 2020
13,5 Vol.-%, NK, Stahltank, €€€€€
Helles Grüngelb, Silberreflexe. Zart floral unterlegte weiße Weingartenpfirsichfrucht, ein Hauch von frischem Apfel, Nuancen von Orangenzesten, mineralischer Touch. Stoffig, kompakt, weiße Tropenfrucht, finessenreicher Säurebogen, bleibt haften, salziger Touch im Abgang, harmonisch und vielseitig einsetzbar.

92 Riesling * Ried Bruck Federspiel 2020
12,5 Vol.-%, DV, Stahltank, €€€
Helles Gelbgrün, Silberreflexe. Feine Nuancen von frischen Orangenzesten, frische gelbe Fruchtnuancen, ein Hauch von Mango, zarter Blütenhonig. Saftig, elegant, frischer weißer Apfel, finessenreiche Struktur, zitroniger Touch, salziger Nachhall.

(94) Grüner Veltliner * Ried Schön Smaragd 2020
13,5 Vol.-%, NK, Stahltank, €€€€€
Helles Grüngelb, Silberreflexe. Zarte Nuancen von Kräuterwürze, gelber Apfel, ein Hauch von Orangenzesten. Saftig, gelbe Tropenfrucht, zart nach Marille, feiner Säurebogen, komplex, mineralisch und gut anhaftend, feine

salzige Nuancen im Abgang, zeigt gute Länge, sicheres Reifepotenzial.

93 Grüner Veltliner * Ried Schön Federspiel 2020
12,5 Vol.-%, DV, Stahltank, €€€
Mittleres Gelbgrün, Silberreflexe. Zart tabakige Nuancen, Noten von Ananas und gelber Ringlotte, ein Hauch von Blütenhonig im Hintergrund. Saftig, elegant, zart nach Honigmelone, feine Säurestruktur, mineralisch und gut anhaftend, sicheres Reifepotenzial.

(93) Grüner Veltliner * Ried Kaiserberg Smaragd 2020
13,5 Vol.-%, NK, Stahltank, €€€€€
Helles Gelbgrün, Silberreflexe. Nuancen von Golden-Delicious-Apfel, florale Nuancen, ein Hauch von Zitronenverbene. Saftig, runde Textur, reife Honigmelone, dezente Säurestruktur, feine Fruchtsüße im Abgang, ein Hauch von Banane im Nachhall, ein balancierter Speisenbegleiter.

93 Chardonnay Reserve 2019
14 Vol.-%, NK, 500-l-Fass, €€€€€
Helles Grüngelb, Silberreflexe. Feine exotische Fruchtnuancen, ein Hauch von Mango und Ananas, ein Hauch von Ingwer, Limettenzesten, mineralischer Touch. Saftig, weiße Apfelfrucht, frisch strukturiert, mineralisch, ein Hauch von Birne im Abgang, bereits gut entwickelt, lebendige Stilistik.

88 Frühroter Veltliner freigeist 2018
14 Vol.-%, NK, 500-l-Fass, €€€€€

★★★★

WEINGUT HOFSTÄTTER

Herkunft prägt, das gilt für unsere Weine genauso wie für uns«, so das Motto der Familie Hofstätter, die in Spitz, im Herzen der Wachau, lebt und arbeitet. Als traditioneller Familienbetrieb mit viel Hausverstand und Herz findet man die Balance zwischen traditionellem Weinbau und moderner Kellertechnik, zwischen Ursprünglichkeit und Internationalität. Die Leidenschaft für guten Wein treibt die Hofstätters an. Und aus Respekt vor der Natur geht man besonders sorgfältig mit den Weingärten um. Sie sind das kostbarste Gut: Wurzel und Zukunft des Betriebes zugleich.
Einmal im Jahr steigt man vom Traktor run¬ter, legt die Arbeitshandschuhe weg und schnappt sich Schürze und Tablett: Dann verwandeln sich Hof und Terrasse für zehn Tage in ein gemütliches Heurigenlokal.

WEINGUT HOFSTÄTTER
3620 Spitz an der Donau
Quitten 2
T: +43 (664) 5260674
office@weingut-hofstaetter.at
www.weingut-hofstaetter.at

Kellermeister/Kontakt:
Wolfgang Hofstätter
Produktion: 46.700 Flaschen
5 % Schaumwein, 95 % weiß,
8.5 Hektar
Vereinszugehörigkeit:
Vinea Wachau
Messen: VieVinum

Petra Schöberl und Wolfgang Hofstätter

* Wachau DAC

Der Wein, die Marillen, die Donau, der Tausendeimerberg: Es gibt so vieles, das dem schönen Spitz seinen Charakter verleiht. Die Quitten, diese aromatischen Früchte des gleichlautenden Baumes, haben damit nichts zu tun – auch wenn sich mancher fragen mag, wie sie in die Adresse des Weinguts kommen. Dem Buch »Flurnamen erzählen« von Elisabeth Arnberger entnimmt man: »Quitten« ist ein uralter Begriff für eine Wegscheid, ein Zusammentreffen zweier Wege. An so einer Weggabelung steht der Hof, und hier erwartet den Weinliebhaber die Familie Hofstätter mit Wachauer Weinen.

95 Riesling * Ried Singerriedel Smaragd 2020
13 Vol.-%, DV, Stahltank, €€€€ V
Helles Gelbgrün, Silberreflexe. Zart nach Mandarinenzesten, reifer weißer Weingartenpfirsich, ein Hauch von Maracuja, facettenreiches Bukett, mineralisch unterlegt. Saftig, gute Komplexität, weißes Steinobst, finessenreiche Struktur, feine Fruchtsüße im Abgang, zeigt Länge und Potenzial, bereits sehr verführerisch.

94 Riesling * Ried 1000-Eimerberg Smaragd 2020
13,5 Vol.-%, DV, Stahltank, €€€€ V
Helles Gelbgrün, Silberreflexe. Feine gelbe Tropenfrucht, zart nach Ananas und Mango, ein Hauch von Blütenhonig, zart nach Mandarinenzesten. Saftig, elegant, feine gelbe Pfirsichfrucht, gut integrierte Säure, mineralisch-zitronig im Abgang, bleibt haften, sicheres Entwicklungspotenzial.

92 Riesling * Federspiel Hofi 2020
12,5 Vol.-%, DV, Stahltank, €€ V
Mittleres Gelbgrün, Silberreflexe. Zart nach Mandarinen, gelbe Frucht nach Mango und Papaya, mineralisch unterlegt, Blütenhonig und Limettenzesten. Saftig, elegant, reife gelbe Pfirsichfrucht, straffer Säurebogen, saliner Nachhall, gut antrinkbar.

93 Grüner Veltliner * Ried Harzenleiten Smaragd 2020
13,5 Vol.-%, DV, Stahltank, €€€€ V
Helles Gelbgrün, Silberreflexe. Zarte gelbe Tropenfrucht, ein Hauch von Mango und Marille, Orangenzesten klingen an, mineralischer Touch. saftig, gute Komplexität, weiße Steinobstnuancen, etwas Ananas, feiner Säurebogen, bereits gut entwickelt und antrinkbar.

92 Spitzer Grüner Veltliner * Federspiel 2020
12,5 Vol.-%, DV, Stahltank, €€ V
Helles Gelbgrün, Silberreflexe. Zart floral, ein Hauch von Wiesenkräutern, zitroniger Touch, weißer Apfel und etwas Melone im Hintergrund. Mittlerer Körper, feine Fruchtsüße am Gaumen, dezente Birnenfrucht, mineralisch im Abgang, gut balancierter Speisenbegleiter.

91 Grüner Veltliner * Federspiel Hofi 2020
12,5 Vol.-%, DV, Stahltank, €€ V
Helles Gelbgrün, Silberreflexe. Feine Nuancen von gelbem Apfel, zart nach Mango, ein Hauch von Limettenzesten, tabakige Noten. Mittlerer Körper, zart nach Banane, feine Fruchtsüße, gut integrierte Säurestruktur, zitronig-mineralisch im Abgang.

91 Grüner Veltliner * Spitz GrünWeiß 2020
12,5 Vol.-%, DV, Stahltank, €€€ V
Helles Gelbgrün, Silberreflexe. Zart nach Birne und gelbem Apfel, floraler Touch, einladend fruchtiges Bukett. Mittlere Komplexität, süße Birnenfrucht, frisch strukturiert, bleibt gut haften, ein vielseitiger, leichtfüßiger Speisenbegleiter.

90 Grüner Veltliner * Spitz Steinfeder 2020
11,5 Vol.-%, DV, Stahltank, €€
Helles Gelbgrün, Silberreflexe. Zart mit Anis unterlegte frische Apfelfrucht, einladende Würze nach Wiesenkräutern. Leichtfüßig, feine weiße Kernobstnote, frisch strukturiert, mineralisch-zitronig im Abgang, bietet unkomplizierten Trinkspaß.

95 Grüner Veltliner Spitz Smaragd Best of Quitten2 2019
14,5 Vol.-%, NK, Stahltank, €€€€€ V
Mittleres Gelbgrün, Silberreflexe. Einladende Pfirsichfrucht, ein Hauch von Ananas und Maracuja, Nuancen von Blütenhonig, mit kandierten Mandarinenzesten unterlegt. Saftig, süße Tropenfrucht, zart nach Honig, feine Säurestruktur, gelbe Fruchtnuancen im Abgang, gute Länge, sicheres Reifepotenzial, ein stoffiger Speisenbegleiter.

92 Weißburgunder * Spitz 2020
12,5 Vol.-%, DV, Stahltank, €€ V
Helles Gelbgrün, Silberreflexe. Zart nach Mandarinenzesten und frischer Birne, ein Hauch von Blütenhonig, einladendes Bukett. Mittlere Komplexität, feine Fruchtsüße, dezenter Säurebogen, mineralisch im Abgang, ein gut entwickelter, vielseitiger Speisenwein.

91 Neuburger * Spitz 2020
12,5 Vol.-%, DV, Stahltank, €€€ V
Helles Gelbgrün, Silberreflexe. Zart nussig, feine Wiesenkräuter, weiße Kernobstnoten, mit Orangenzesten unterlegt. Saftig, frische Birne, gut integrierte Säure, mineralisch und anhaftend, zarte Süße im Nachhall, ein vielseitiger Speisenbegleiter.

★★★

WEINGUT HOLZAPFEL

Das Weingut Holzapfel hat seinen Sitz in einem ehemaligen Lesehof, einem vor 700 Jahren von den St. Pöltner Chorherren errichteten und von Jakob Prandtauer barockisierten Baujuwel. Als die Weingärten der Wachau noch zum Großteil in kirchlicher Hand waren und den umliegenden Klöstern gehörten, war der Lesehof das Zentrum für die Kelterung der Weintrauben und für die Administration des Weinverkaufs vor Ort. Heute werden insgesamt 14 Hektar Rebfläche mit ausschließlich traditionellen Arbeitsmethoden bewirtschaftet. Darunter finden sich hervorragende Lagen wie Achleiten, Vorderseiber, Weitenberg, Klaus und Kollmitz. Auf steinigen, mineralhaltigen, aber auch kalkhaltigen, schieferdurchsetzten Böden gedeihen Trauben erster Klasse. Aber nicht nur die besonderen Lagen und das Achten auf geringe Erträge sind verantwortlich für die Einzigartigkeit dieser Trauben. Die durch das spezielle Klima bedingten Temperaturschwankungen und die unterschiedlichen Höhenlagen der Weingärten bewirken eine Säure, die für Frische und Eleganz sorgt. Karl Holzapfel strebt die Erzeugung von klaren, fruchtig-feinen, charaktervoll-lebendigen Weinen für den täglichen Genuss sowie von trocken-kompakten Smaragdweinen mit komplexem Aromenspiel und großem Potenzial an. Nach der Gärung bleibt der Wein in Kontakt mit der Feinhefe. So entstehen unverwechselbare Weine mit Stil, klarer, delikater Frucht und bester Balance zwischen Mineralik und Frische. Durch die individuelle Art des Vinifizierens entwickeln sich Weine von besonderer Identität für vielerlei Trinkanlässe. Das Sortiment umfasst die Qualitätskategorien Steinfeder, Federspiel und Smaragd in den Sorten Grüner Veltliner, Riesling und Weißburgunder. Die Selektion »Hippolyt« beeindruckt durch besondere Cremigkeit, Eleganz und Finesse.

(94) Grüner Veltliner * Ried Achleiten Smaragd 2020

13,5 Vol.-%, DV, Stahltank, €€€€€ V

Mittleres Gelbgrün, Silberreflexe. Zart kräuterwürzig unterlegte frische gelbe Apfelnote nach Golden Delicious, ein Hauch von Orangenzesten, mineralisch unterlegt. Straff, saftig, feine Fruchtsüße, frisch strukturiert, etwas Honigmelone im Abgang, bleibt haften, ein vielseitiger Speisenbegleiter mit Entwicklungspotenzial.

(93) Grüner Veltliner * Joching Ried Kollmitz Smaragd 2020

13,5 Vol.-%, DV, Stahltank, €€€€€ V

Mittleres Gelbgrün, Silberreflexe. Feine Nuancen von frischem Apfel, ein Hauch von Birne, mit kandierten Orangenzesten unterlegt. Mittlere Komplexität, weißes Kernobst, feine Struktur, mineralischer Anklang im Abgang, ein harmonischer Speisenbegleiter mit zitronigem Nachhall.

92 Grüner Veltliner * Ried Achleiten Weissenkirchen Federspiel 2020

12,5 Vol.-%, DV, Stahltank, €€€ V

Helles Gelbgrün, Silberreflexe. Zart nach Ringlotte, gelber Apfel, ein Hauch von Mango, feine Kräuterwürze klingt an. Saftig, elegant, feiner Birnenfruchttouch, angenehmer Säurebogen, ein Hauch von Blütenhonig, ein ausgewogener Speisenbegleiter, bereits gut entwickelt.

91 Grüner Veltliner * Joching Federspiel Zehenthof 2020

12,5 Vol.-%, DV, €€€ V

Helles Gelbgrün, Silberreflexe. Feine Kräuterwürze, etwas Anis, gelber Apfel, dezente tabakige Nuancen. Mittlerer Kör-

WEINGUT HOLZAPFEL
3610 Weißenkirchen
Prandtauerplatz 36
T: +43 (2715) 2310
weingut@holzapfel.at
www.holzapfel.at

Kellermeister/Kontakt: Karl Holzapfel
Produktion: 95 % weiß, 5 % rot, 14 Hektar
Vereinszugehörigkeit: Vinea Wachau
Messen: VieVinum

per, Nuancen von Birne, gut integrierte Säurestruktur, feine Fruchtsüße im Abgang, ein vielseitiger Speisenbegleiter.

(94) Riesling * Ried Vorderseiber Smaragd 2020
13,5 Vol.-%, DV, Stahltank, €€€€€ V
Helles Gelbgrün, Silberreflexe. Frische Weingartenpfirsichnoten, mineralisch unterlegt, feine Würze nach Limettenzesten. Saftig, elegant, reife gelbe Fruchtnuancen, gut integrierte Säurestruktur, feiner Ananastouch im Abgang, noch etwas zurückhaltend, wird von Flaschenreife profitieren.

92 Riesling * Joching Federspiel Zehenthof 2020
12,5 Vol.-%, DV, Stahltank, €€€ V
Helles Gelbgrün, Silberreflexe. Floraler Touch, frischer weißer Weingartenpfirsich, zitronige Nuancen. Saftig, elegant, etwas Mango, feiner Säurebogen, gute Komplexität, mineralisch im Abgang, zeigt gute Länge, ein stoffiger Speisenbegleiter mit Entwicklungspotenzial.

★★★

WEINGUT JÄGER

Das Weingut Jäger liegt im idyllischen Weinort Weißenkirchen und befindet sich seit Generationen im Familienbesitz. Das Jägerhaus mit seiner klassizistischen Fassade stammt aus dem Jahre 1838 und steht unter Denkmalschutz. Die mit viel Liebe kultivierten und nachhaltig gepflegten Weingärten liegen in den besten Lagen rund um Weißenkirchen. Jeder Weingarten wird abgestimmt auf Sorte, Lage und Boden individuell bewirtschaftet. Durch die schonende Verarbeitung bei der Ernte und der Weinbereitung bleiben die natürlichen Aromen der sortenrein verarbeiteten Trauben erhalten. Die Weine werden in den drei für die »Vinea Wachau« gültigen Qualitätsstufen »Steinfeder«, »Federspiel« und »Smaragd« in Edelstahltanks ausgebaut. So entwickeln sich jahrgangstypische, dem Sortencharakter entsprechende Weine voll Zartheit, Bukettdichte und fruchtiger Eleganz. Roman Jägers Weine stehen exemplarisch für eine Fruchtpräzision und Lebendigkeit, die man in ihrer Konsequenz und Klarheit sonst nur schwer findet. Zum einen geht es ihm darum, seinen Sorten alles an Aromen und Typizität abzuringen, zum anderen aber auch darum, die spezifischen Terroirnoten seiner Einzellagen authentisch im Wein auszudrücken. Die Betonung liegt auf den Nuancen, und so finden sich immer wieder feine Unterschiede zwischen seinen Weinen aus der Riede Klaus, Achleiten, Vorderseiber oder Steinriegl. Den Smaragden und Federspielen, für die er in der Zwischenzeit berühmt ist, schenkt Roman Jäger dabei die gleiche Aufmerksamkeit. Vinifiziert wird in einem kühlen Tonnengewölbe in Edelstahltanks, um aus den Weinen – dazu zählen auch Sauvignon Blanc und Muskateller – auch noch die filigransten Fruchtnoten hervorzuholen.
Einmal im Jahr findet im Jägerhaus ein Heuriger statt, der den klassischen Rahmen sprengt und durch eine Vielzahl ausgesuchter kulinarischer Delikatessen beeindruckt.

WEINGUT JÄGER
3610 Weißenkirchen
Kremser Straße 1
T: +43 (2715) 2535
jaeger@weingut-jaeger.at
www.weingut-jaeger.at

Kellermeister/Kontakt:
Roman Jäger
Produktion: 2 % Schaumwein, 98 % weiß, 9 Hektar
Vereinszugehörigkeit:
Vinea Wachau
Messen: VieVinum

(95) Riesling * Ried Steinriegl Smaragd 2020
13,5 Vol.-%, NK, Stahltank, €€€€€
Helles Goldgelb, Silberreflexe. Feine Tropenfrucht, ein Hauch von Ananas, Weingartenpfirsich, florale Nuancen, facettenreiches Bukett. Stoffig, elegant, feine Fruchtsüße, angenehm integrierter Säurebogen, mineralisch und lange anhaftend, fruchtiger Nachhall, verfügt über sicheres Reifepotenzial.

(94) Riesling * Ried Achleiten Smaragd 2020
13,5 Vol.-%, NK, Stahltank, €€€€€
Helles Grüngelb, Silberreflexe. Etwas zurückhaltend, ein Hauch von Blütenhonig, reife Steinobstnuancen, kandierte Orangenzesten, reife Marillenfrucht im Hintergrund. Straff, engmaschig, salzige Mineralik, weiße Pfirsichfrucht und ein Hauch von Limetten im Nachhall, ein eleganter Begleiter bei Tisch.

(93) Grüner Veltliner * Ried Achleiten Smaragd 2020
14 Vol.-%, NK, Stahltank, €€€€€
Mittleres Grüngelb, Silberreflexe. Reife Honigmelone, zart nach Marille, mineralische Nuancen im Hintergrund, kandierte Orangenzesten klingen an. Saftig, gute Komplexität, stoffige gelbe Fruchtnuancen von reifer Birne, bleibt gut haften, fruchtige Süße im Nachhall, wird von Flaschenreife profitieren.

90 Grüner Veltliner * Selection 2020
12,5 Vol.-%, DV, Stahltank, €€€
Helles Goldgelb, Silberreflexe. Zarte Kräuterwürze, reifer gelber Apfel, etwas Mango, Noten von Blütenhonig und Orangenzesten. Mittlerer Körper, feine Fruchtsüße, ein Hauch von Birne, dezente Säurestruktur, bereits entwickelt, vielseitig einsetzbar.

92 Gelber Muskateller * 2020
12,5 Vol.-%, DV, Stahltank, €€€
Helles Grüngelb, Silberreflexe. Zart traubig, ein Hauch von Holunderblüten, weißer Apfel, rauchige Würze. Saftig, zarte Fruchtsüße, Pfirsich und Limette, mineralisch im Abgang, ein knackiger Sommerwein, vielseitig einsetzbar.

92 Sauvignon Blanc * 2020
12,5 Vol.-%, DV, Stahltank, €€€
Helles Grüngelb, Silberreflexe. Noten von reifen gelben Stachelbeeren, etwas Papaya, ein Hauch von eingelegten Paprikaschoten, zitroniger Touch. Saftig, mittlere Komplexität, weiße Fruchtnuancen, etwas Pfirsich und Melone, elegant und gut anhaftend.

★★★★

WEINGUT JAMEK

Josef Jamek – ein Name, der wie kein anderer für die Kulturlandschaft Wachau und die Renaissance der österreichischen Weinkultur steht. Schon in den 1950er-Jahren prägte er mit seinen naturbelassenen trockenen Weinen den Typus des Wachauer Weißweins und stand mit seinen Ideen Pate für die Gründung der »Vinea Wachau«, des Schutzverbandes der Weine dieser herrlichen Landschaft.
Das Weingut zählt mit einer Rebfläche von 25 Hektar zu den ansehnlichsten Privatbesitzungen und bewirtschaftet Weingärten in den allerbesten Urgesteinsterrassenlagen. Die Riede Klaus, ein Synonym für Jamek'sche Weinkultur, liegt in einer Steillage mit über hundert Steinterrassen. Hier entsteht seit Jahrzehnten Jameks Vorbild für den Wachauer Riesling. Bereits seit 1959 füllt die Familie Jamek dieses Weinjuwel, das als Parabel auf das große Lebenswerk von Josef Jamek gelten darf. Ebenso sind die Urgesteinsterrassen der Rieden Achleiten und Liebenberg für hochkarätige und vom Terroir der Wachau geprägte Grüne Veltliner bekannt. Die Lagen Hochrain und Zweikreuzgarten in Wösendorf werden in einer schon über 40 Jahre andauernden Kooperation mit dem Benediktinerstift Melk bewirtschaftet. Hier wachsen Weißburgunder und Grüner Veltliner von höchster Qualität.
Die Tradition des Weinguts wird seit 2012 von Jameks Enkeltochter Julia Jamek und ihrem Ehemann Herwig fortgeführt. Beide sind ausgebildete Mediziner und garantieren somit für die Bekömmlichkeit der Weine. Verkostet werden die Weine am besten im gutseigenen Restaurant, das von Johannes Altmann, einem weiteren Enkel von Josef und Edeltraud Jamek, geleitet wird. In der gediegenen Atmosphäre des über 100 Jahre alten Hauses mit einzigartigem Gastgarten kann man exzellente regionale Küche und die Weine glasweise genießen – das macht den Besuch im Hause Jamek-Altmann zu einem unvergleichlichen Erlebnis für jeden Wachaubesucher.

(96) Riesling * Ried Klaus Smaragd 2020
14 Vol.-%, NK, großes Holzfass, €€€€€€ V
Mittleres Grüngelb, Silberreflexe. Attraktive gelbe Tropenfrucht, Nuancen von Mango und Pfirsich, ein Hauch von Limettenzesten, mineralischer Touch. Komplex, saftig, weißes Steinobst, finessenreiche Säurestruktur, salzig und gut anhaftend, gelbe Frucht im Nachhall, sicheres Reifepotenzial.

WEINGUT JAMEK
3610 Joching
Josef-Jamek-Straße 45
T: +43 (2715) 2235
info@weingut-jamek.at
www.weingut-jamek.at

Kellermeister: Volker Mader
Kontakt: Dr. Herwig Jamek
Produktion: 3 % Schaumwein, 90 % weiß, 3 % rosé, 3 % rot, 1 % süß, 25 Hektar
Vereinszugehörigkeit: Vinea Wachau
Messen: ProWein Düsseldorf, VieVinum

(95) Riesling * Dürnsteiner Freiheit Smaragd 2020
14 Vol.-%, NK, großes Holzfass, €€€€€ V
Mittleres Goldgelb, Silberreflexe. Mit floralen Nuancen unterlegter frischer Weingartenpfirsich, Tropenfrucht nach Maracuja im Hintergrund, ein Hauch von Limettenzesten. Straff, elegant, weiße Frucht, rassiges Säurespiel, mineralisch-salzig, Pfirsich im Abgang, zeigt Länge, sicheres Reifepotenzial.

94 Riesling * Ried Klaus 2020
13 Vol.-%, NK, großes Holzfass, €€€€€
Helles Goldgelb, Silberreflexe. Feine gelbe Pfirsichfrucht, ein Hauch von Ananas und Blütenhonig, einladendes Bukett, zart mit kandierten Orangenzesten unterlegt. Saftig, feine weiße Fruchtnuancen, frischer Säurebogen, salzige Mineralik, wirkt leichtfüßig, bleibt gut haften, ein balancierter Speisenbegleiter.

94 Riesling * Ried Pichl Smaragd 2020
13,5 Vol.-%, DV, großes Holzfass, €€€€€
Helles Grüngelb, Silberreflexe. Feine gelbe Tropenfrucht, zart nach Mango, ein Hauch von Papaya, zarter Blütenhonig, gelber Pfirsich im Hintergrund. Mittlere Komplexität, weißer Apfel, finessenreicher Säurebogen, ein Hauch von Limetten im Abgang, salziger Touch im Rückgeschmack.

(94) Grüner Veltliner * Ried Achleiten Smaragd 2020
14 Vol.-%, NK, großes Holzfass, €€€€€ V
Mittleres Grüngelb, Silberreflexe. Zart nach Orangenzesten, feine gelbe Fruchtexotik, Anklänge von Mango und Papaya, ein Hauch von Limetten, mineralischer Anklang. Komplex, stoffig, reife Birnenfrucht, feiner Säurebogen, fruchtige Süße im Abgang, zeigt gute Länge, verfügt über sicheres Reifepotenzial.

(93) Grüner Veltliner * Ried Liebenberg Smaragd 2020
13,5 Vol.-%, NK, großes Holzfass, €€€€€ V
Mittleres Grüngelb, Silberreflexe. Mit frischen Wiesenkräutern unterlegte weiße Apfelfrucht, ein Hauch von Limetten, mineralischer Touch. Saftig, feine Fruchtsüße, Nuancen von Ananas, frischer Säurekern, zart nach Blütenhonig im Abgang, harmonisch, bereits gut entwickelt, ein vielseitiger Speisenbegleiter.

92 Grüner Veltliner * Ried Achleiten Federspiel 2020
12,5 Vol.-%, DV, großes Holzfass, €€€€
Mittleres Gelbgrün, Silberreflexe. Feinwürzig unterlegte gelbe Apfelfrucht, etwas Mango, ein Hauch von Orangenzesten, feiner Blütenhonig. Komplex, saftig, eher opulenter Stil, dezenter Säurebogen, reife gelbe Tropenfrucht im Abgang, zarte Mineralik im Nachhall.

(93) Wösendorfer Weißburgunder * Smaragd 2020
13,5 Vol.-%, NK, großes Holzfass, €€€€€ V
Helles Goldgelb, Silberreflexe. Mit einem Hauch von kandierten Orangenzesten unterlegte gelbe Birnenfrucht, ein Hauch von Blütenhonig. Saftig, gute Komplexität, süße gelbe Tropenfrucht, gut integrierter Säurebogen, mineralischer Touch, zitronig, etwas Honigmelone im Nachhall.

★★★★★

WEINGUT KNOLL

Das Weingut Knoll hat in den vergangenen Jahrzehnten so viele Kultweine hervorgebracht, dass man alleine mit diesen Verkostungsnotizen ein ganzes Buch füllen könnte. Auch das Etikett mit dem heiligen Urban hat Kultstatus und wurde in den vergangenen Jahrzehnten zum Glück nicht verändert. Auf dem Weingut selbst hat sich allerdings viel getan: 2014 wurde der Neubau des Weinguts eröffnet, in dem nun Kunden und Gäste empfangen werden. Emmerich und Monika Knoll führen das Weingut gemeinsam mit ihren Söhnen Emmerich junior, der seit 2012 auch Obmann der »Vinea Wachau« ist, und August.
Bewirtschaftet werden rund 18 Hektar, von denen gut ein Drittel aus Terrassenweingärten besteht. Grüner Veltliner (45 Prozent) wächst in den Rieden Kreutles, Trum, Loibenberg und Schütt, Riesling (45 Prozent) in den Rieden Loibenberg, Kellerberg, Pfaffenberg und Schütt. Aus beiden Sorten wird – sofern es der Jahrgang zulässt – auch die Vinothekfüllung gemacht, eine Selektion der reifsten Trauben verschiedener Lagen. Ergänzt wird das Sortiment durch Weine aus den Sorten Gelber Muskateller, Chardonnay, Gelber Traminer und Blauburgunder. In Jahren mit schöner Botrytis stehen zudem auch edelsüße Weine von der Auslese bis zur Trockenbeerenauslese auf dem Programm. Eine positive Praxis im Hause Knoll: Die Smaragde und Prädikatsweine werden erst ab September ausgeliefert, damit sie den Sommer über im kühlen Keller heranreifen können. Knoll-Weine gelten als Spätstarter (was in Wahrheit unzutreffend ist) und als sehr langlebig (was völlig zutreffend ist).

94 Grüner Veltliner * Ried Kellerberg Federspiel 2020
12,5 Vol.-%, NK, Stahltank, €€€€€
Helles Gelbgrün, Silberreflexe. Etwas Maracuja und Pfirsich, ein Hauch von Quitte, mit Kräuterwürze unterlegt, einladendes Bukett. Saftig, straff, gute Komplexität, engmaschig, gelbes Kernobst nach Golden Delicious, salzig, extraktsüß im Finish, vielschichtiger Speisenbegleiter.

92 Grüner Veltliner * Ried Kreutles Federspiel 2020
12,5 Vol.-%, NK, Stahltank, €€€€
Helles Gelbgrün, Silberreflexe. Zarte Wiesenkräuter, ein Hauch von frischen Marillen und gelbem Apfel, zart nach Blütenhonig. Saftig, elegant und ausgewogen, ein Hauch von Mango, gut integrierter Säurebogen, bleibt gut haften, ein vielseitiger Speisenbegleiter.

92 Grüner Veltliner * Ried Trum Federspiel 2020
12 Vol.-%, NK, Stahltank, €€€€
Mittleres Gelbgrün, Silberreflexe. Zarte gelbe Tropenfrucht, ein Hauch von Mango und Limetten, mineralisch unterlegt, facettenreiches Bukett. Stoffig, elegant, gute Komplexität, zart nach Ananas, feiner Säurebogen, harmonischer Speisenbegleiter mit Reifepotenzial.

91 Grüner Veltliner * Loiben Federspiel 2020
12 Vol.-%, NK, Stahltank, €€€
Helles Gelbgrün, Silberreflexe. Feine Wiesenkräuter, etwas nach gelbem Kernobst, ein Hauch von Mandarinenzesten, Maracuja klingt an. Saftig, leichtfüßig, balancierte Säurestruktur, zarte Birnenfrucht im Abgang, bereits gut antrinkbar.

90 Grüner Veltliner * Loiben Steinfeder 2020
11 Vol.-%, NK, Stahltank, €€€
Helles Gelbgrün, Silberreflexe. Zart nach Wiesenkräutern und gelbem Apfel, etwas Guave, einladendes Bukett. Mittlerer Körper, saftig, feine Säurestruktur, weißes Kernobst im Abgang, unkompliziert antrinkbar.

97 Loibner Grüner Veltliner Vinothekfüllung Smaragd 2019
14,5 Vol.-%, NK, großes Holzfass, €€€€€€
Leuchtendes mittleres Grüngelb. Dezenter Blütenhonig, unterlegt mit Wiesenkräutern, zart würzig, gelbe Tropenfrucht klingt an, etwas Ananas. Komplex, saftig, extraktsüß, feine Mangonoten, kraftvoll, balancierte Säurestruktur, dunkler Nachhall, vielseitiger Speisenbegleiter mit Entwicklungspotenzial.

96 Grüner Veltliner Ried Schütt Smaragd 2019
13,5 Vol.-%, NK, großes Holzfass, €€€€€
Mittleres Gelbgrün, Silberreflexe. Mit dunkler Mineralik unterlegtes reifes Kernobst, zart nach Quitte, ein Hauch von Blutorangenzesten, Kräuterwürze klingt an. Saftig, gute Komplexität, engmaschig, facettenreiche Säurestruktur,

* Wachau DAC

WEINGUT KNOLL

3601 Dürnstein
Unterloiben 132
T: +43 (2732) 79355
weingut@knoll.at
www.knoll.at

Kellermeister: Emmerich Knoll
Kontakt: Familie Knoll
Produktion: 98 % weiß, 1 % rot, 1 % süß, 18 Hektar
Vereinszugehörigkeit: Vinea Wachau
Messen: ProWein Düsseldorf, VieVinum

mineralisch, Papaya im Abgang, vielschichtiger Speisenbegleiter mit Potenzial.

96 Grüner Veltliner Loibner Reserve 2018
14,5 Vol.-%, NK, großes Holzfass, €€€€€€
Leuchtendes Goldgelb, Silberreflexe. Feine Tabakwürze, etwas nach Blütenhonig, ein Hauch von Karamell, Honigmelone und Quitte klingen an. Gute Komplexität, saftig, fruchtsüß nach Mango, mineralisch-salzig, Honigtouch im Nachhall, sicheres Entwicklungspotenzial.

95 Grüner Veltliner Ried Loibenberg Smaragd 2019
14 Vol.-%, NK, großes Holzfass, €€€€€
Helles Gelbgrün, Silberreflexe. Einladendes Bukett nach gelber Tropenfrucht, ein Hauch von Papaya, etwas nach kandierten Orangenzesten. Saftig, straff, engmaschig, balancierte Säurestruktur, extraktsüß nach Mango, etwas Zitrus im Nachhall, kraftvoller Speisenbegleiter.

94 Grüner Veltliner Ried Kreutles Smaragd 2019
13,5 Vol.-%, NK, großes Holzfass, €€€€€
Mittleres Gelbgrün, Silberreflexe. Zarte Tabakwürze, etwas gelbe Apfelfrucht, ein Hauch von Blütenhonig, dunkle Mineralik. Saftig, kraftvoll, elegant, feine, balancierte Säurestruktur, engmaschig, extraktsüß nach Tropenfrucht, bleibt gut haften, vielschichtiger Speisenbegleiter mit Potenzial.

92 Riesling * Loiben Federspiel 2020
12,5 Vol.-%, NK, großes Holzfass, €€€€
Helles Gelbgrün, Silberreflexe. Feine Kräuterwürze, etwas nach Pfirsich, dunkle Aromatik, frische Grapefruitzesten. Saftig, frische Säurestruktur, mineralisch-salzig, Zitrusnoten, lebendiger Speisenbegleiter.

92 Riesling * Ried Loibenberg Federspiel 2020
12,5 Vol.-%, NK, Stahltank, €€€€
Helles Gelbgrün, Silberreflexe. Feine gelbe Tropenfruchtnuancen, ein Hauch von Mango und Blütenhonig, mineralisch unterlegt, ein Hauch von Mandarinenzesten im Hintergrund. Leichtfüßig, weiße Frucht, finessenreicher Säurebogen, zitronig-salzig im Nachhall, toller Sommerwein.

98 Riesling Loibner Vinothekfüllung Smaragd 2019
14 Vol.-%, NK, großes Holzfass, €€€€€€
Leuchtendes Gelbgrün, Silberreflexe. Feine Gewürznoten, etwas nach Marille, Ananas klingt an, mit kandierten Orangenzesten unterlegt. Komplex, extraktsüß nach Mango, Mandarinenzesten, lebendiger Säurebogen, vielschichtig, bleibt sehr gut haften, facettenreicher Speisenbegleiter mit Potenzial.

97 Riesling Ried Schütt Smaragd 2019
13,5 Vol.-%, NK, großes Holzfass, €€€€€€
Mittleres Gelbgrün, Silberreflexe. Einladendes Bukett nach Weingartenpfirsich, unterlegt mit Grapefruitzesten, etwas nach Guave, Wiesenkräuter klingen an. Komplex, straff, facettenreich, gut integrierter Säurebogen, weißes Steinobst im Abgang, engmaschiger Speisenbegleiter mit sicherem Entwicklungspotenzial.

95 Riesling Ried Kellerberg Smaragd 2019
13,5 Vol.-%, NK, großes Holzfass, €€€€€
Mittleres Gelbgrün, Silberreflexe. Dezenter Duft nach Pfirsich, ein Hauch von Blütenhonig, dunkle Mineralik, Maracuja klingt an. Komplex, saftig, straff, facettenreicher Säurebogen, salzig im Abgang, weißes Steinobst im Nachhall, gutes Potenzial.

95 Riesling Ried Pfaffenberg Selection 2019
14 Vol.-%, NK, großes Holzfass, €€€€€
Helles Gelbgrün, Silberreflexe. Feiner Blütenhonig, etwas nach Papaya, zart nach gelbem Steinobst, kandierte Orangenzesten, einladendes Bukett. Saftig, gute Komplexität, straff, fruchtsüß nach Marille, feine Würze im Nachhall, bleibt gut haften, vielseitiger Speisenbegleiter.

94 Riesling Ried Loibenberg Smaragd 2019
13,5 Vol.-%, NK, großes Holzfass, €€€€€
Mittleres Gelbgrün, Silberreflexe. Feine Gewürznoten, etwas nach Marille, ein Hauch von Wiesenkräutern, Blütenhonig, unterlegt mit Orangenzesten. Gute Komplexität, saftig, balancierte Säurestruktur, leichtfüßig wirkend, gelbe Tropenfrucht im Abgang, guter Speisenbegleiter.

93 Loibner Riesling Smaragd 2019
13,5 Vol.-%, NK, großes Holzfass, €€€€€
Mittleres Gelbgrün, Silberreflexe. Feine Kräuterwürze, ein Hauch von Blütenhonig, weißes Steinobst, frisches Bukett. Saftig, elegant, feine Säurestruktur, mineralisch, engmaschig, guter Speisenbegleiter.

92 Riesling Ried Pfaffenberg 2020
12,5 Vol.-%, NK, Stahltank, €€€€
Helles Gelbgrün, Silberreflexe. Zarte Orangenzesten, gelbe Tropenfrucht, Noten von Pfirsich und Mango, ein Hauch von Orangenzesten. Mittlerer Körper, feine Fruchtsüße, finessenreiche Säurestruktur, bleibt gut haften, gute Länge, gutes Entwicklungspotenzial.

90 Gelber Muskateller * Loiben Federspiel 2020
12,5 Vol.-%, NK, Stahltank, €€€
Helles Gelbgrün, Silberreflexe. Zarte Tabakwürze, etwas nach Muskat, ein Hauch von dunkler Mineralik, Kräutertouch klingt an. Mittlerer Körper, feine Struktur, salzig, weiße Tropenfrucht, bereits gut antrinkbar.

93 Gelber Muskateller Loibner Smaragd 2019
13,5 Vol.-%, NK, großes Holzfass, €€€€€
Helles Gelbgrün, Silberreflexe. Mit dezenter Kräuternote unterlegte Holunderblüte und weiße Birnenfrucht, zart nach Limettenzesten. Straff, elegant, lebendige Säurestruktur, mineralisch, Zitrusnuancen im Abgang, bleibt gut haften, vielseitig einsetzbar.

93 Gelber Traminer Loibner Smaragd 2019
14 Vol.-%, NK, großes Holzfass, €€€€€
Helles Gelbgrün, Silberreflexe. Etwas Guave, unterlegt mit Gewürznoten, ein Hauch von Melisse, Grapefruit und Eibisch klingen an. Saftig, elegant, feine Struktur, frisch und lebendig, Limettentouch im Abgang, weißes Steinobst im Nachhall, bereits gut antrinkbar.

92 Chardonnay Loibner Smaragd 2019
14 Vol.-%, NK, großes Holzfass, €€€€€
Mittleres Gelbgrün, Silberreflexe. Einladendes Bukett nach gelber Tropenfrucht, zart nach Blütenhonig, etwas nach Karamell. Saftig, elegant, feine Struktur, gut eingebundener Säurebogen, Apfeltouch im Abgang, salzig im Nachhall, bereits gut antrinkbar.

89 Rosé * Federspiel 2020
12 Vol.-%, NK, Stahltank, €€€

★★★★

WEINGUT LAGLER

Das Weingut Lagler liegt in der malerischen Gemeinde Spitz an der Donau, im Herzen der Wachau. Die Wurzeln des Weinbetriebes der Familie Lagler gehen bis auf das Jahr 1789 zurück. Der Betrieb ist ein Ensemble aus Weingut mit der integrierten wein.kost.bar und dem 4-Sterne-Hotel Garni Weinberghof, welches seit 2018 von Katharina Lagler geführt wird.Im Jahr 2021 wurde der Frühstücksraum des Hotels vergrößert und neu designt. Dieser bietet nun auch auswertigen Gästen die Möglichkeit, das mittlerweile legendäre Frühstücksbuffet der Familie Lagler zu genießen. Auch für kleinere Seminare und andere Veranstaltungen bieten sich die neuen Räumlichkeiten an. Schon seit 2003 ist Karl Lagler junior Kellermeister des Weinguts. Sein Ziel ist es, »den Geschmack der Traube und der Lage im Wein wiederzufinden«. Innovation, Tradition, Naturnähe und Nachhaltigkeit sind die wesentlichen Eckpfeiler der Familie Lagler. Intensive Weingartenpflege, Ausdünnung der Trauben sowie späte und selektive Handlese (für keine bis kaum Botrytis) liefern Trauben, aus denen wunderbar fruchtige und authentische Weine entstehen. Die Veltliner stammen aus den Toplagen »Burgberg« für Federspiel sowie »Steinporz« und »Axpoint« für Smaragd. Die Riesling-Smaragde vom Tausendeimerberg und Steinporz liefern sich jedes Jahr ein spannendes Duell um die Publikumsgunst. Bei der »Elisabeth«-Selection finden Weinliebhaber eine dichte, üppige Veltliner-Essenz mit exotischer Fruchtaromatik und hervorragendem Alterungspotenzial. Wer die Weine verkosten will, kann das täglich ohne Voranmeldung in Spitz im Weingut Lagler.

(94) Riesling * Ried Spitzer 1000Eimerberg Smaragd 2020
13,5 Vol.-%, DV, Holzfass, €€€€€
Helles Goldgelb, Silberreflexe. Feine gelbe Pfirsich-

* Wachau DAC

WEINGUT LAGLER

3620 Spitz
Am Hinterweg 17
T: +43 (2713) 2939
info@weingut-lagler.at
www.laglers.at

Kellermeister/Kontakt:
Karl Lagler
Produktion: 107.000 Flaschen
2 % Schaumwein, 80 % weiß,
5 % rosé, 10 % rot, 3 % süß,
13.5 + 0,5 Hektar
Vereinszugehörigkeit:
Vinea Wachau
Messen: ProWein Düsseldorf,
VieVinum, DAC-Präsentationen

frucht, Nuancen von Marille und Mango, mineralischer Touch, zart nach kandierten Orangenzesten. Saftig, weißes Steinobst, lebendig strukturiert, Limetten im Abgang, feiner Blütenhonig im Rückgeschmack, gute Länge, sicheres Reifepotenzial.

92 Riesling * Ried Spitzer Setzberg Federspiel 2020
12 Vol.-%, DV, Stahltank, €€€
Helles Gelbgrün, silberfarbene Reflexe. Zarte gelbe Tropenfrucht, feine Anklänge von Ananas, ein Hauch von Mandarinenzesten, einladendes Bukett. Mittlerer Körper, weiße Frucht, frische Säurestruktur, zitronig-mineralisch, bleibt gut haften, animierender Speisenbegleiter.

95 Riesling Ried Spitzer Steinporz Smaragd 2019
13,5 Vol.-%, NK/DV, großes Holzfass, €€€€€
Mittleres Grüngelb, Silberreflexe. Feine gelbe Tropenfrucht, reifer Pfirsich, ein zarter Hauch von Maracuja, floral, kandierte Mandarinenzesten. Kraftvoll und saftig, feine Fruchtsüße, gut integrierter Säurebogen, zart nach Marille im Abgang, mineralisch und anhaftend, bereits sehr entwickelt und gut antrinkbar, sicheres weiteres Reifepotenzial.

94 Sauvignon Blanc * Ried Hartberg Smaragd 2019
14 Vol.-%, NK/DV, Stahltank, €€€€
Helles Gelbgrün, Silberreflexe. Zart rauchig, kräuterwürzig unterlegter Cassistouch, frische Grapefruitzesten, würziges Bukett. Saftig, weiße Tropenfrucht, Paprikaschoten, frisch strukturiert, mineralisch-zitronig unterlegt im Abgang, gute Länge, sicheres Entwicklungspotenzial.

92 Grüner Veltliner * Ried Burgberg Federspiel 2020
12 Vol.-%, DV, Stahltank, €€
Helles Gelbgrün, Silberreflexe. Mit einem Hauch von Mandarinenzesten unterlegte feine gelbe Apfelfrucht, etwas Mango, einladendes Bukett. Saftig, feine Kernobstnuancen, frisch strukturiert, zitronig-mineralisch im Abgang, trinkfreudiger, eher schlankerer Stil.

90 Grüner Veltliner * Spitz 2020
12 Vol.-%, DV, Stahltank, €€
Helles Gelbgrün, Silberreflexe. Zart nach frischem gelbem Apfel, ein Hauch von Ananas, Nuancen von Mandarinenzesten. Leichtfüßig, grüner Apfel, frisch strukturiert, salzig im Abgang, bietet unkomplizierten Trinkspaß.

94 Grüner Veltliner Ried Steinporz Smaragd 2019
14 Vol.-%, NK/DV, großes Holzfass, €€€€
Leuchtendes Gelbgrün, Silberreflexe. Feine gelbe Tropenfrucht, zart nach Mango und Blütenhonig, mit Wiesenkräutern unterlegt, ein Hauch von Kletzen, einladendes Bukett. Komplex, saftig, fruchtige Süße, lebendiger Säurebogen, zarter Honigtouch im Nachhall, gute Länge, bereits gut antrinkbar.

93 Grüner Veltliner Ried Axpoint Smaragd 2019
13,5 Vol.-%, DV, Stahltank, €€€
Leuchtendes Gelbgrün, Silberreflexe. Zarte Tropenfrucht, etwas Rhabarber, ein Hauch von Limetten und reifer Marille. Saftig, elegant, feine Fruchtsüße, gut integrierte Säurestruktur, mineralisch, feiner Blütenhonig im Nachhall, bereits gut entwickelter Speisenbegleiter.

92 Neuburger * Spitzer Ried 1000Eimerberg Smaragd 2019
13,5 Vol.-%, NK/DV, Holzfass, €€€€
Mittleres Goldgelb, Silberreflexe. Mit Wiesenkräutern unterlegte reife Birnenfrucht, ein Hauch von frischen Quitten, kandierte Orangenzesten. Kraftvoll, würzig unterlegte reife gelbe Kernobstnuancen, dezenter Säurebogen, mineralisch im Abgang, zart blättriger Nachhall.

94 Spitzer Grüner Veltliner Beerenauslese
9,5 Vol.-%, DV, Stahltank, €€
Leuchtendes Gelbgold, Messingreflexe. Feine Botrytiswürze, kandierte Orangenzesten, ein Hauch von Honig und hellem Nougat. Stoffig, süße Textur, feiner Feigentouch, elegant und ausgewogen, mineralisch-zitroniger Touch im Finish, Marillenkonfit im Nachhall, balancierter Stil, unglaubliches Preis-Leistungs-Verhältnis.

★★★

WEINGUT ANDREAS LEHENSTEINER

Andreas Lehensteiner keltert besonders frische, sortentypische und finessenreiche Weine, hauptsächlich aus den Sorten Grüner Veltliner und Riesling. Ein besonderer Wein ist der Veltliner von der Riede Achleiten, der mit seiner ureigenen Würze und Komplexität zu den Ikonen der heimischen Weißweine gerechnet werden muss und zu Recht Grand-Cru-Status genießt. Ein besonderes Trinkvergnügen bereiten die Veltliner aus der Riede Hinterkirchen. Seit dem Jahrgang 2015 beschäftigt sich das Weingut wieder mit traditionellen Vinifikationsmethoden. So wurde der Chardonnay im neuen Holz und ein Riesling im Granitsteinfass ausgebaut. Für Übernachtungen auf dem Weingut stehen Zimmer mit Frühstück und geräumige Ferienwohnungen bereit.

(94) Riesling * Ried Pichl Point 2020

13 Vol.-%, DV, Stahltank, €€€

Mittleres Gelbgrün, Silberreflexe. Zart floral unterlegte reife Steinobstnuancen, feine Pfirsichfrucht, ein Hauch von Blütenhonig und Maracuja, einladendes Bukett. Saftig, elegant, zarte Fruchtsüße, lebendiger Säurebogen, mineralisch-zitroniger Touch im Abgang, ausgewogen und gut anhaftend, ein facettenreicher Speisenbegleiter.

92 Riesling * Weissenkirchen Federspiel 2020

12 Vol.-%, DV, Stahltank, €€

Helles Gelbgrün, Silberreflexe. Feine weiße Pfirsichfrucht, floraler Touch, ein Hauch von Tropenfrucht, mineralischer Touch. Mittlerer Körper, weißer Apfel, frische Säurestruktur, mineralisch-zitronig, macht Lust auf ein zweites Glas.

(94) Grüner Veltliner * Ried Achleiten Smaragd 2020

13 Vol.-%, DV, Stahltank, €€€

Mittleres Gelbgrün, Silberreflexe. Feine Nuancen von Marillen, zart nach Orangenzesten, feine gelbe Birnenfrucht, einladendes Bukett. Saftig, elegant, reife gelbe Frucht, feine Säurestruktur, ein komplexer Speisenbegleiter mit guter Länge und sicherem Entwicklungspotenzial.

92 Grüner Veltliner * Ried Hinterkirchen Federspiel 2020

12,5 Vol.-%, DV, Stahltank, €€

Helles Gelbgrün, silberfarbene Reflexe. Frische Wiesenkräuter, zarte gelbe Tropenfrucht, Anklänge von Mango, einladendes Bukett. Mittlerer Körper, weißer Apfel, frisch strukturiert, mineralisch-zitroniger Touch im Abgang, facettenreich und gut anhaltend.

91 Grüner Veltliner * Weissenkirchen Federspiel Terrassen 2020

12,5 Vol.-%, DV, Stahltank, €€

Helles Gelbgrün, silberfarbene Reflexe. Frische Mango, ein Hauch von Marille, mit Nuancen von Mandarinenzesten und Blütenhonig unterlegt. Saftig, elegant, feinfruchtige Textur, angenehmer Säurebogen, mineralisch-zitronig, ein leichtfüßiger Speisenbegleiter.

92 Sauvignon Blanc * Weissenkirchen 2020

13,5 Vol.-%, DV, Stahltank, €€

Helles Gelbgrün, Silberreflexe. Attraktives Bukett nach weißem Apfel, Stachelbeeren, ein Hauch von Guaven und Grapefruitzesten, mineralisch unterlegt. Saftig, feine Fruchtsüße, zart nach Litschi, lebendig strukturiert, bleibt gut haften, Limetten im Nachhall, gut antrinkbar.

WEINGUT ANDREAS LEHENSTEINER
3610 Weißenkirchen
Kremser Straße 7
T: +43 (2715) 2284
info@lehensteiner-wachau.at
www.lehensteiner-wachau.at

Kellermeister/Kontakt:
Andreas Lehensteiner
Produktion: 93 % weiß, 7 % rot, 9 Hektar
Vereinszugehörigkeit:
Vinea Wachau
Messen: VieVinum

* Wachau DAC

★★

WEINGUT MAZZA

Ilse Mazzas Tochter Christine hat mit Ende 2016 den Betrieb übernommen, nun führen die Mazza-Frauen das Weingut gemeinsam. So arbeiten sie Hand in Hand im Weingarten, im Keller und selbstverständlich auch beim Heurigen. Mensch, Natur, Handwerk und Kultur in Einklang zu bringen, ist die Philosophie der zwei Winzerinnen. Ihre duftigen, fruchtigen und harmonisch-eleganten Weine reflektieren diese herrliche Lebenseinstellung.
Zu den wichtigsten Sorten zählen Grüner Veltliner und Riesling, erweitert wird das Angebot noch um die Sorten Gelber Muskateller, Chardonnay und Zweigelt.
Die Weingärten werden mit größter Rücksichtnahme auf die Böden und Reben gepflegt, die Trauben sorgfältig von Hand geerntet und von den Winzerinnen mit großem Können und »G'spür«, wie sie zu sagen pflegen, schonend gekeltert – nach traditioneller Art, aber durch moderne Kellertechnik optimiert.

93 Grüner Veltliner * Ried Weitenberg Smaragd 2020
13 Vol.-%, DV, Stahltank, €€€ V
Mittleres Goldgelb, Silberreflexe. Tabakig-kräuterwürzig unterlegte Nuancen von reifen Ringlotten, rauchige Mineralik. Saftig, straff, feine gelbe Tropenfrucht, feiner Säurebogen, ein Hauch von Gewürznelken, salziger Nachhall, gutes Reifepotenzial.

90 Grüner Veltliner * Ried Hinter der Burg Federspiel 2020
12,5 Vol.-%, DV, Stahltank, €€ V
Helles Gelbgrün, Silberreflexe. Mit einem Hauch von Orangen unterlegte gelbe Apfelfrucht, einladendes Bukett. Mittlerer Körper. Weißes Kernobst, frisch strukturiert, mineralisch-zitroniger Nachhall.

90 Christines Grüner Veltliner * Weißenkirchen Federspiel 2020
12,5 Vol.-%, DV, Stahltank, €€ V
Mittleres Gelbgrün, Silberreflexe. Zart tabakig unterlegte weiße Apfelfrucht, ein Hauch von Wiesenkräutern, dezenter Melonentouch. Saftig, feine Fruchtsüße, gut integrierte Säurestruktur, reife Mango im Abgang, vielseitig einsetzbar.

93 Riesling * Ried Achleiten Smaragd 2020
13 Vol.-%, DV, Stahltank, €€€€ V
Mittleres Gelbgrün, Silberreflexe. Zart floral unterlegter feiner Pfirsich, ein Hauch von Blütenhonig, einladendes Bukett. Stoffig, nach Ananas, feine gelbe Steinobstnuancen, frisch strukturiert, salzig-mineralisch im Abgang, Limetten im Nachhall, gute Länge, sicheres Entwicklungspotenzial.

90 Riesling * Querkopf 2020
12 Vol.-%, DV, Stahltank, €€ V
Leuchtendes Goldgelb, Silberreflexe. Zart nach Mandarinenzesten, feine gelbe Tropenfrucht, etwas Mango, Limetten im Hintergrund. Straff, weißer Pfirsich, finessenreiche Säurestruktur, mineralisch-zitroniger Touch, salziger Nachhall, ein frischer Speisenbegleiter.

90 Gelber Muskateller * Weißenkirchen 2020
12 Vol.-%, DV, Stahltank, €€ V
Helles Gelbgrün, Silberreflexe. Zart traubig, ein Hauch von Muskatnuss, etwas Pfirsich und Grapefruitzesten. Saftig, ein Hauch von Fruchtsüße, frisch strukturiert, würziger Nachhall, Blütenhonig im Rückgeschmack.

WEINGUT MAZZA
3610 Weißenkirchen
Auf der Burg 124
T: +43 (2715) 2300
weingut@mazza.at
www.mazza.at

Kellermeister/Kontakt: Christine Mazza
Produktion: 15.000 Flaschen
85 % weiß, 15 % rot, 3 Hektar
Vereinszugehörigkeit: Vinea Wachau
Messen: VieVinum

★★

WEINGUT MÜLLER – TASSILO

Die Brüder Stefan und Leopold Müller aus Krustetten führen neben ihrem Weingut im Kremstal eine Wachauer Weinlinie: »Tassilo«. Diese Weine stammen von zwölf Hektar Top-Lagen in der Wachau, die von dem Brüderpaar sehr sorgfältig gepflegt und bewirtschaftet werden. Die Rebflächen kommen aus dem Besitz des Stiftes Kremsmünster, das 777 nach Christus von Bayernherzog Tassilo III. gegründet wurde und seit dem Jahr 893 Reben in der Wachau pflegt. Die damals sorgfältig angelegten Weingärten bestechen auch heute noch durch ihre besonders guten Bodeneigenschaften und hervorragenden Lagen mit idealen klimatischen Verhältnisse. Vor allem die kargen Urgesteinsböden der tausendjährigen Rieden Süßenberg, Alte Point und Leukuschberg verleihen den Weinen eine charakteristische Mineralik und Vielschichtigkeit.
Das kostbarste Stück der Kunstsammlung des Stiftes, der legendäre Tassilokelch, wurde in das Etikett als Symbol für die Wachauer Weine eingebaut.

93 Riesling * Ried Süßenberg Reserve 2020
13,5 Vol.-%, DV, Stahltank/großes Holzfass, €€€
Helles Goldgelb, Silberreflexe. Frische gelbe Tropenfrucht, nach Ananas und Maracuja, mit weißem Weingartenpfirsich und Mandarinenzesten unterlegt. Saftig, weiße Fruchtnuancen, lebendiger Säurebogen, mineralisch-salzig im Abgang, Limetten im Nachhall, gutes Entwicklungspotenzial.

92 Grüner Veltliner * Ried Süßenberg Reserve 2020
13,5 Vol.-%, DV, Stahltank/großes Holzfass, €€€
Mittleres Gelbgrün, Silberreflexe. Reifer Golden-Delicious-Apfel, etwas Tropenfrucht, nach Mango, zart nach Blütenhonig, mit kandierten Orangenzesten unterlegt. Mittlere Komplexität, weißes Kernobst, frisch strukturiert, mineralisch-zitronig im Abgang, bereits gut entwickelt.

91 Grüner Veltliner * Ried Leukuschberg 2020
13 Vol.-%, DV, Stahltank, €€
Helles Goldgelb, Silberreflexe. Frische Orangenzesten, ein Hauch von Gewürzen, Nuancen von gelber Tropenfrucht, zart nach Anis. Saftig, weißer Apfel, feiner Säurebogen, dezente Fruchtsüße im Abgang, ein ausgewogener Speisenbegleiter.

90 Grüner Veltliner * Ried Alte Point 2020
12,5 Vol.-%, DV, Stahltank, €€
Helles Gelbgrün, Silberreflexe. Mit einem Hauch von Orangenzesten unterlegte frische Apfelfrucht, mineralischer Touch. Leichtfüßig, zart nach weißem Kernobst, feine Fruchtsüße, gut integrierter Säurebogen, mineralisch, bietet unkompliziertes Trinkvergnügen.

89 Grüner Veltliner * Steinmauer 2020
12 Vol.-%, DV, Stahltank, €€

90 Pinot Noir Reserve Ried Süßenberg 2019
13,5 Vol.-%, DV, gebrauchte Barriques/kleines Holzfass, €€€€
Kräftiges Karmingranat, Ockerreflexe, dezente Randaufhellung. Dezente dunkle Waldbeerenfrucht, ein Hauch von Edelholz und Kräuterwürze, noch zurückhaltend. Mittlere Komplexität, reife Kirschen, dezenter Säurebogen, schokoladig-mineralisch im Nachhall, feine Erdbeerfrucht im Rückgeschmack.

WEINGUT MÜLLER – TASSILO
3508 Krustetten
Hollenburger Straße 12
T: +43 (2739) 2691
info@weingutmueller.at
www.weingutmueller.at

Kellermeister: Leopold Müller
Kontakt: Leopold u. Stefan Müller
Produktion: 90 % weiß, 10 % rot, 12 Hektar
Zertifiziert: Nachhaltig Austria
Messen: ProWein Düsseldorf, VieVinum, Vinexpo

* Wachau DAC

★★★

WEINGUT ANTON NOTHNAGL

Das Weingut der Familie Nothnagl, der Rondellenhof, liegt im malerischen Ortsviertel Radlbach in Spitz an der Donau. Seit 1872 ist er im Besitz der Familie. Anton Nothnagl arbeitet seit der Absolvierung der Weinbauschule Krems im Betrieb und übernahm 1997 dessen Leitung.
Die Weingärten liegen in den besten Rieden von Spitz und umfassen eine Rebfläche von zehn Hektar, aufgeteilt auf die Rieden Setzberg, Steinporz, Burgberg, Hartberg, Axpoint, Spitzer Graben und Pluris. Angebaut werden die Rebsorten Riesling, Grüner Veltliner, Chardonnay, Weißburgunder, Sauvignon Blanc und Gelber Muskateller. Die Arbeit in Presshaus und Keller, die im Jahr 2001 aufwendig renoviert wurden, stellt eine ideale Mischung aus überlieferten Traditionen und modernster Technik dar.
Die Neugestaltung seiner Etiketten und der gesamten Marke »Nothnagl« in Form eines betont großen »N« unterstreicht die neue Qualitätsphilosophie des Hauses. Seither finden sich Nothnagl-Weine auf den Weinkarten vieler renommierter Restaurants in Österreich.
Alle Weine des Hauses werden mit Schraubverschluss angeboten. Der Weinstil von Anton Nothnagl – duftige, elegante Federspiel-Weine sowie besonders saftige und fruchtkonzentrierte Smaragde – und die Kontinuität der Weinbereitung haben in den vergangenen Jahren zu einer regen Nachfrage nach seinen Weinen geführt.

WEINGUT ANTON NOTHNAGL
3620 Spitz an der Donau
Radlbach 7
T: +43 (2713) 2612
weingut@nothnagl.at
www.nothnagl.at

Kellermeister/Kontakt:
Anton Nothnagl
Produktion: 60.000 Flaschen
100 % weiß, 10 Hektar
Vereinszugehörigkeit:
Vinea Wachau

94 Grüner Veltliner * Ried Setzberg Smaragd 2020
13,5 Vol.-%, DV, Stahltank, €€€
Mittleres Gelbgrün, Silberreflexe. Attraktive Nuancen nach Golden-Delicious-Apfel, ein Hauch von Mango, zart nach Orangenzesten, mit Blütenhonig unterlegt. Gute Komplexität, zart nach Birne und Marille, feine Säurestruktur, mineralischer Touch, zeigt gute Länge, sicheres Entwicklungspotenzial.

93 Grüner Veltliner * Smaragd 2020
13 Vol.-%, DV, Stahltank, €€€
Helles Gelbgrün, Silberreflexe. Ein Hauch von weißem Apfel, etwas Limette, sehr verhaltenes Bukett. Saftig, reife Apfelfrucht, gut integrierte Säurestruktur, bleibt haften, Blütenhonig im Nachhall, bereits zugänglich, ein stoffiger Speisenbegleiter.

92 Spitzer Grüner Veltliner * Ried Steinporz Federspiel 2020
12 Vol.-%, DV, Stahltank, €€
Helles Gelbgrün, Silberreflexe. Frische Wiesenkräuter, zarte tabakige Würze, mit weißer Apfelfrucht unterlegt, ein Hauch von Mango und Orangenzesten im Hintergrund. Saftig, feine Fruchtsüße, elegant, frisch strukturiert und gut anhaftend, ein stoffiger Speisenbegleiter.

90 Grüner Veltliner * Federspiel 2020
12 Vol.-%, DV, Stahltank, €€
Helles Gelbgrün, Silberreflexe. Zarte Kräuterwürze, weißer Apfel, etwas Mango, tabakiger Touch. Mittlerer Körper, feines Kernobst, angenehmer Säurebogen, mineralisch, ein Hauch von Blütenhonig im Abgang, vielseitig einsetzbar, gut entwickelt.

92 Riesling * Federspiel 2020
12 Vol.-%, DV, Stahltank, €€
Helles Gelbgrün, Silberreflexe. Frischer Weingartenpfirsich, ein Hauch von Maracuja und Limette, mineralisch unterlegt. Saftig, elegant, weiße Fruchtnuancen, finessenreicher Säurebogen, zitronig-salzig im Abgang, ein lebendiger Sommerwein.

91 Weißburgunder * Spitz Smaragd 2020
13 Vol.-%, DV, Stahltank, €€€
Helles Gelbgrün, Silberreflexe. Zarte weiße Birnenfrucht, ein Hauch von Blütenhonig, mit Nuancen von Mandarinenzesten unterlegt. Mittlerer Körper, süße weiße Kernobstfrucht, dezenter Säurebogen, fruchtiger Nachhall, bereits gut antrinkbar.

90 Sauvignon Blanc * Spitz Federspiel 2020
12 Vol.-%, DV, Stahltank, €€
Helles Gelbgrün, Silberreflexe. Dezente frische Wiesenkräuter, ein Hauch von gelber Tropenfrucht, Nuancen von Guaven und Mango, etwas Blütenhonig. Mittlere Komplexität, weiße Birnenfrucht, frisch strukturiert, Apfel im Abgang, saftiger Speisenbegleiter, weniger ausgeprägter Sortencharakter.

90 Gelber Muskateller * Spitz 2020
12 Vol.-%, DV, Stahltank, €€
Helles Gelbgrün, Silberreflexe. Feine Nuancen von Muskatnuss und Holunderblüten, mit weißem Pfirsich und etwas Maracuja unterlegt. Schlank, saftig-traubige Fruchtsüße, lebendig strukturiert, bleibt haften, ein leichtfüßiger Sommerwein für laue Abende.

★★★★★

WEINGUT F. X. PICHLER

Das Weingut F.X. Pichler in Oberloiben zählt bereits seit Jahrzehnten zu den Fixsternen am österreichischen Weinhimmel. Senior Franz Xaver Pichler gebührt das Verdienst, dem Betrieb eine unverwechselbare stilistische Linie gegeben zu haben, die heute von seinem Sohn Lucas, der gemeinsam mit seiner Frau Johanna das Weingut leitet, um weitere spannende Facetten bereichert wird.

Wenn man von Pichlers Rieslingen und Grünen Veltlinern spricht, dann auch von den berühmtesten Lagen in Loiben und Dürnstein, die sich im Osten vom Steinertal über den Loibenberg, den Kellerberg bis zum im Westen gelegenen Liebenberg erstrecken. Im Hause Pichler ist es immer das erklärte Ziel, Weine zu keltern, die ein getreues Abbild des Jahres, des Bodens und des speziellen Mikroklimas der Wachau sind. Die feinen Nuancen der jeweiligen Lage sollen in ihrer vielschichtigen Einzigartigkeit spürbar und schmeckbar sein. So gestaltet sich eine Verkostung der Weinserie stets als ein »Hochamt der Reife«. Die Weine überzeugen unabhängig von der Kategorie durch ihre präzise Durchgestaltung – alles, was hier auf die Flasche kommt, ist auch exakt so gewollt. Wer sich an der Beurteilung dieser »Weinwerke« versucht, sollte immer den Faktor Zeit im Kopf haben, denn die substanzreichen Smaragde brauchen nun einmal sieben, acht Jahre, um sich zu entfalten, die großen Weine des Hauses der Kategorie »M« oder »Unendlich« noch um einiges länger.

Lucas Pichler verfügt seit 2009 in einem sehenswerten neuen Kellergebäude mitten in den Weingärten zwischen Dürnstein und Oberloiben über den Platz, den er braucht, um seine Ideen zu verwirklichen. Ab Jahrgang 2016 gibt es im Hause F.X. Pichler einige Veränderungen bei den Bezeichnungen der Weine. So wird seither kein Riesling Smaragd Oberhauser und kein Grüner Veltliner Urgesteinsterrassen mehr gemacht, auch das Federspiel Frauenweingärten wurde gestrichen und in das Loibner Federspiel integriert.

(99) Riesling * »Unendlich« 2020
15 Vol.-%, NK, großes Holzfass, €€€€€€ Ⓥ
Mittleres Gelbgrün, Silberreflexe. Zarter Blütenhonig, Mandarinenzesten, zart nach Mango, reifer gelber Pfirsich, etwas Ananas und Maracuja, ein facettenreiches jugendliches Bukett. Saftig, süße weiße Steinobstnuancen, frischer Säurebogen, mineralisch-salzige Noten im Abgang, noch etwas Babyspeck, es fehlt noch die im Namen des Weines versprochene ultimative Länge, wird von Flaschenreife profitieren, sicheres Entwicklungspotenzial.

(98) Riesling * Ried Kellerberg 2020
13,5 Vol.-%, NK, großes Holzfass, €€€€€ Ⓥ
Helles Gelbgrün, Silberreflexe. Feine gelbe Fruchtexotik, nach Mango und Maracuja, florale Facetten, ein Hauch von Mandarinenzesten, mineralischer Touch. Straff, stoffig, weiße Frucht, finessenreiche Säurestruktur, engmaschig, mineralisch-salzig im Nachhall, balanciert, verführerische Fruchtsüße im Abgang, zitroniger Touch, salzig im Nachhall, bietet delikat-leichtfüßiges Riesling-Vergnügen.

Blick auf Dürnstein

WEINGUT F. X. PICHLER

3601 Dürnstein
Oberloiben 57
T: +43 (2732) 85375
weingut@fx-pichler.at
www.fx-pichler.at

Kellermeister: Lucas Pichler
Kontakt: Johanna Pichler
Produktion: 100 % weiß, 20 Hektar
Messen: ProWein Düsseldorf, VieVinum

(96) Riesling * Ried Steinertal 2020
13 Vol.-%, NK, großes Holzfass, €€€€€ V
Helles Gelbgrün, Silberreflexe. Feiner Blütenhonig, gelbe Tropenfrucht, reifer Pfirsich, etwas Ananas und Maracuja, floraler Touch, attraktives Bukett. Saftig, engmaschig und elegant, weiße Fruchtnuancen, frisch strukturiert, zitronig-salzig im Nachhall, bleibt haften, bereits gut entwickelt.

(96) Riesling * Ried Loibenberg 2020
13,5 Vol.-%, NK, großes Holzfass, €€€€€ V
Helles Gelbgrün, Silberreflexe. Feine weiße Blüten, weißer Pfirsich, Nuancen von Maracuja, zart nach Limetten, verführerisches Bukett. Saftig, zeigt gute Komplexität, wieder nach reifem Weingartenpfirsich, feiner Säurebogen, seidig, leichtfüßig und mineralisch im Abgang, bereits gut entwickelt und lange anhaftend, sicheres Reifepotenzial.

(93) Riesling * Ried Burgstall 2020
13 Vol.-%, DV, Stahltank, €€€€ V
Helles Gelbgrün, Silberreflexe. Blumig unterlegte Nuancen von Tropenfrucht wie Ananas und Maracuja, zart nach Blütenhonig, einladendes Bukett. Saftig, weißer Weingartenpfirsich, elegant und frisch strukturiert, mineralisch-salzig im Nachhall, ein vielseitig einsetzbarer Speisenbegleiter.

(97) Grüner Veltliner * Ried Kellerberg 2020
13,5 Vol.-%, NK, großes Holzfass, €€€€€€ V
Leuchtendes mittleres Gelbgrün, Silberreflexe. Nuancen von frischem weißem Apfel, ein Hauch von Wildkräutern, zarte Nuancen von Mango und Mandarinenzesten, mineralische Noten. Komplex, saftig, elegant und gut balanciert, frischer Säurebogen, facettenreicher Abgang mit salzigem Touch, sehr gute Länge, ein Hauch von Ananas im Nachhall, pikanter Stil.

(96) Grüner Veltliner * Ried Liebenberg 2020
13,5 Vol.-%, NK, großes Holzfass, €€€€€ V
Mittleres Gelbgrün, Silberreflexe. Frische Noten von Orangen- und Mandarinenzesten, ein Hauch von gelber Tropenfrucht, Anklänge von Papaya und Mango, mineralisch unterlegt. Saftig, ausgewogen, zart pfeffriger Touch, dezente Fruchtsüße, seidige Textur, feiner Säurebogen, elegant und anhaftend, zarte Kräuterwürze im Nachhall, zeigt Länge und Potenzial.

(95) Grüner Veltliner * Ried Loibenberg 2020
13,5 Vol.-%, NK, großes Holzfass, €€€€€ V
Mittleres Gelbgrün, Silberreflexe. Dunkle Mineralik, feine Kräuterwürze, Nuancen von gelber Frucht, Anklänge von Marille und Mango, mit feinem Blütenhonig unterlegt. Komplex, stoffig, feine weiße Birnenfrucht, finessenreich strukturiert, salziger Touch im Abgang, bereits gut entwickelt, ein facettenreicher Begleiter bei Tisch, gutes Reifepotenzial.

(94) Grüner Veltliner * Ried Steinertal 2020
13 Vol.-%, NK, großes Holzfass, €€€€€ V
Helles Gelbgrün, Silberreflexe. Zart tabakig, frische Kräuterwürze, feine Apfelfrucht, mit etwas Walnuss und Orangenschalen unterlegt. Stoffig, feine Marillenfrucht, dezente Süße, gut integrierter Säurebogen, mineralisch und anhaftend, ein feinwürziger Speisenbegleiter, verfügt über Länge und Entwicklungspotenzial.

93 Grüner Veltliner * Ried Frauenweingarten 2020
13 Vol.-%, NK, großes Holzfass, €€€
Helles Gelbgrün, Silberreflexe. Frischer gelber Apfel, feine Wiesenkräuter, unterlegt mit Mango, einladendes Bukett. Mittlere Komplexität, feine Fruchtsüße, frische Birnen, zarte Säurestruktur, ein Hauch von Honigmelone im Nachhall, gute Länge, vielseitiger Speisenbegleiter.

93 Grüner Veltliner * Ried Klostersatz 2020
12 Vol.-%, DV, Stahltank, €€€€ V
Helles Gelbgrün, Silberreflexe. Zart floral nach frischem Apfel, zart nach Honigmelone und Mango, mit Nuancen von Wiesenkräutern unterlegt. Saftig, feinwürzig unterlegte Birnenfrucht, finessenreich strukturiert, weißer Apfel, zitronig-mineralischer Abgang, bereits gut antrinkbar.

93 Dürnsteiner Grüner Veltliner * 2020
13 Vol.-%, DV, Stahltank, €€€€€ V
Helles Gelbgrün, Silberreflexe. Frische Orangenzesten, ein Hauch von weißer Tropenfrucht, zart nach Pfirsich, florale Nuancen, attraktives Bukett. Mittlere Komplexität, feine Fruchtsüße in der Textur, dezente Säurestruktur, seidig und bereits gut entwickelt, Nuancen von Blütenhonig im Nachhall.

92 Loibner Grüner Veltliner * 2020
12 Vol.-%, DV, Stahltank, €€€€ V
Helles Gelbgrün, Silberreflexe. Zart nach Wiesenkräutern, frischer gelber Apfel, mit einem Hauch von Birnenfrucht unterlegt. Mittlerer Körper, saftige Kernobstfrucht, angenehmer Säurebogen, leichtfüßig, mineralisch, ein Hauch von Marille und Orangen im Abgang.

94 Dürnsteiner Gelber Muskateller * 2020
13,5 Vol.-%, DV, Stahltank, €€€€€ V
Helles Gelbgrün, Silberreflexe. Intensives Bukett, traubige Frucht, frische Muskatnuss und Holunderblüten klingen an, Nuancen von Ingwer im Hintergrund. Saftig, gelbe Tropenfrucht, finessenreich strukturiert, seidige Mineralik, Limetten im Nachhall, bleibt gut haften, klassischer Sortenausdruck.

(94) Sauvignon Blanc »Große Reserve« 2019
14 Vol.-%, NK, Tonneaux Fass, €€€€€€ V
Mittleres Gelbgrün, Silberreflexe. Zart nach reifen gelben Stachelbeeren, ein Hauch von Guaven, zart mit Limettenzesten gehöht, facettenreiches Bukett. Saftig, gute Komplexität, gelbe Tropenfrucht, feine Säurestruktur, helles Nougat, bleibt gut haften, feinwürzige Nuancen im Nachhall, sicheres Reifepotenzial.

★★★★★

WEINGUT RUDI PICHLER

Rudi Pichler zählt zu den arrivierten Spitzenerzeugern der Wachau. In seinen Lagen, die über Joching, Wösendorf, Weißenkirchen und Mautern verstreut sind, erzeugt er charaktervolle Weißweine aus einer – gemessen an der Betriebsgröße – erstaunlich großen Sortenpalette. Neben Grünem Veltliner und Riesling kultiviert Rudi Pichler Weißburgunder und den meist voluminösen Roten Veltliner.
Der Winzer versteht es, den Weinen in jeder Kategorie sehr viel Sortencharakter einzuhauchen. Sein Federspiel vom Grünen Veltliner ist unter Kennern immer ein Favorit, der trinkanimierenden Stil mit klassischem Wachauer Sortenausdruck verbindet. Bei den großen Smaragden gelingt es Rudi Pichler und der nächsten Generation, Theresa und Rudi junior, das Terroir wunderschön herauszuarbeiten. Diese kräftigen Weine entwickeln auch erst nach einigen Jahren ihre volle Pracht. Rudi Pichler setzt punktuell auf entsprechende Maischestandzeiten, die Gärdauer, die in vergangenen Jahren eher länger angesetzt wurde, ist nun wieder kürzer geworden, weil das dem angestrebten Stil besser entgegenkommt. Das Resultat sind nuancierte Spitzenweine von sehr individueller Prägung.
Nicht nur vom Standpunkt der Architektur aus sehenswert ist das moderne Weingut, das 2004 feierlich eröffnet wurde. Es bietet dem engagierten Winzer nun den Raum, seine bemerkenswerten Weine unter optimalen Bedingungen zu keltern. Rudi Pichlers charaktervolle neue Serie ist durch eine ungemein mineralische Strahlkraft, Straffheit und Tiefe in der Aromatik gekennzeichnet, die unterschiedlichen Terroirs sind auf das Präziseste entfaltet. Es ist eine Freude, sich diese Weine zu erschließen, allen voran die herausragenden Grünen Veltliner und der Riesling Ach-

* Wachau DAC

Rudi, Theresa und Rudi Pichler jun.

WEINGUT RUDI PICHLER
3610 Wösendorf
Marienfeldweg 122
T: +43 (2715) 2267
weingut@rudipichler.at
www.rudipichler.at

Kellermeister: Rudi Pichler und Rudi Pichler jun.
Kontakt: Rudi und Theresa Pichler
Produktion: 100 % weiß, 15 Hektar
Vereinszugehörigkeit: Vinea Wachau, Tu Felix Austria
Messen: ProWein Düsseldorf, VieVinum

leithen. Die Falstaff-Redaktion wählte Rudi Pichler zum »Winzer des Jahres 2010«.

97 Riesling * Ried Achleithen Smaragd 2020
13 Vol.-%, NK, Stahltank, €€€€€€
Mittleres Grüngelb, Silberreflexe. Feinwürzig unterlegte reife gelbe Tropenfrucht, ein Hauch von Mandarinen, Pfirsich und Ananas, ein exotischer Früchtekorb, facettenreich und einladend. Stoffig, komplex, weiße Fruchtnuancen, reife, gut integrierte Säure, mineralisch-salzig im Abgang, sehr gute Länge, sicheres Entwicklungspotenzial.

96 Riesling * Ried Hochrain Smaragd 2020
13 Vol.-%, NK, Stahltank, €€€€€
Helles Grüngelb, Silberreflexe. Zart nach Maracuja, florale Nuancen, mit weißer Tropenfrucht unterlegt, kandierte Orangenzesten im Hintergrund. Saftig, komplex, engmaschig, weißer Pfirsich klingt an, rassiger Säurebogen, betont mineralisch und frisch, sehr trinkanimierend, gute Länge, sicheres Reifepotenzial.

94 Riesling * Smaragd Terrassen 2020
12,5 Vol.-%, NK, Stahltank, €€€€
Helles Grüngelb, Silberreflexe. Feine weiße Tropenfrucht, florale Nuancen, frischer Weingartenpfirsich, einladendes Bukett. Saftig, elegant, ein Hauch von Maracuja, frisch strukturiert, salzig-zitronig im Nachhall, leichtfüßiger, animierender Stil, bereits gut antrinkbar.

94 Riesling * Ried Kirchweg Smaragd 2020
13 Vol.-%, NK, Stahltank, €€€€€
Helles Grüngelb, Silberreflexe. Einladende gelbe Tropenfrucht nach Papaya und Mango, zart nach Blütenhonig, Nuancen von Mandarinenzesten. Saftig und elegant, weiße Frucht, Weingartenpfirsich, lebendiger Säurebogen, Limetten, salziger Nachhall, bleibt haften, ein facettenreicher Speisenbegleiter.

92 Riesling * Federspiel 2020
12 Vol.-%, NK, Stahltank, €€€
Helles Grüngelb, Silberreflexe. Mit einem Hauch von Mandarinen unterlegte weiße Pfirsichfrucht, zart floral, mineralischer Touch. Straff, engmaschig, rassig strukturiert, Limetten, salzige Textur, sehr trinkanimierend, toller, leichtfüßiger Sommerwein.

96 Grüner Veltliner * Ried Achleithen Smaragd 2020
13 Vol.-%, NK, Stahltank, €€€€€€
Helles Grüngelb, Silberreflexe. Zarte Noten von Honigmelone, gelbem Apfel und etwas Mango, ein Hauch von Wiesenkräutern, mit Orangenzesten unterlegt. Saftig, gute Komplexität, weißes Kernobst, finessenreicher Säurebogen, straff und anhaftend, zeigt sehr gute Länge, sicheres Entwicklungspotenzial.

94 Grüner Veltliner * Ried Hochrain Smaragd 2020
13 Vol.-%, NK, Stahltank, €€€€€
Helles Grüngelb, Silberreflexe. Mit feinen Nuancen von Orangenzesten unterlegte gelbe Apfelfrucht, feine Kräuterwürze, tabakiger Anklang. Saftig, feine Noten von Marille, angenehmer Säurebogen, pikante Mineralik, zitroniger Touch im Finale, bleibt haften, gutes Reifepotenzial.

94 Grüner Veltliner * Ried Kollmütz Smaragd 2020
13 Vol.-%, NK, Stahltank, €€€€€
Helles Gelbgrün, Silberreflexe. Frische Birnenfrucht, zart nussig unterlegt, ein Hauch von weißem Apfel, Mandarinenzesten klingen an. Saftig, gute Komplexität, frischer Golden Delicious, feine Säurestruktur, mineralisch-salzig im Finish, ein facettenreicher Speisenbegleiter.

93 Grüner Veltliner * Smaragd Terrassen 2020
13 Vol.-%, NK, Stahltank, €€€€
Helles Gelbgrün, Silberreflexe. Tabakige Nuancen, feine Kräuterwürze, gelber Apfel, mineralisch unterlegt, ein Hauch von Orangenzesten. Saftig, elegant, feine Fruchtsüße, gut integrierter Säurebogen, Orangen und etwas Marille im Nachhall, salziger Rückgeschmack.

92 Grüner Veltliner * Federspiel 2020
12 Vol.-%, NK, Stahltank, €€€
Helles Grüngelb, Silberreflexe. Frische Kräuterwürze, Noten von gelbem Apfel und frischer Mango, tabakiger Touch. Saftig, würziger Touch, reife Kernobstfrucht, gut integrierte Säurestruktur, mineralisch und gut anhaftend, zitronig-salziger Touch, bleibt gut haften.

93 Weißburgunder * Smaragd Terrassen 2020
13 Vol.-%, NK, Stahltank, €€€€
Helles Gelbgrün, Silberreflexe. Zart rauchig-nussig unterlegte weiße Apfelfrucht, Anklänge von frischen Nüssen, etwas Blütenhonig im Hintergrund. Saftig, elegant, feiner Kernobsttouch, frischer Säurebogen, mineralisch, etwas Limette im Nachhall, ein ausgewogener Speisenbegleiter.

★★★★

WEINGUT PICHLER-KRUTZLER

Elisabeth Pichler-Krutzler und Erich Krutzler sind mit Wein aufgewachsen und haben jahrelang in ihren elterlichen Betrieben maßgeblich mitgearbeitet – sie in der Wachau, er im Südburgenland. Der Weinbau ist ihnen also sozusagen in die Wiege gelegt worden. So war die logische, fast naturgemäße Folge ihrer Heirat ein eigenes Weingut. Im Jahr 2007 begann man mit mageren 10.000 Flaschen, heute entstehen auf etwa 14 Hektar Rebfläche Jahr für Jahr an die 15 verschiedene Weine aus berühmten Rieden wie Supperin, Loibenberg, Kellerberg oder Pfaffenberg.
In der einzigartigen Natur- und Kulturlandschaft Wachau bringen diese Lagen – nachhaltig und mit Respekt vor der Natur bewirtschaftet – Weine hervor, die ihrer besonderen Herkunft in jeder Hinsicht gerecht werden: nichts für den schnellen Genuss, sondern Aufmerksamkeit und Passion einfordernd.
Im Keller wird so wenig eingegriffen wie nur irgend möglich, denn es wird zugelassen und nicht gemacht. Am Ende sollen Weine mit Seele und Charakter stehen, die so authentisch sind, wie es die Natur bestimmt, und die keinem populären Mainstream hinterherlaufen. Pichler-Krutzler-Weine sind pur, unverfälscht und kompromisslos. Sie werden parzellenrein gelesen und verarbeitet. Da auf Aufbesserung, Wasser- oder Saftentzug, jegliche Schönung und Zusätze verzichtet wird, zeigen sich alle Weine vollkommen ungeschminkt und authentisch. Hochwertige Handarbeit ohne modische Tendenzen eben.

(97) Riesling * Ried Kellerberg Dürnstein 2020
13,5 Vol.-%, NK, Stahltank, €€€€€€
Helles Gelbgrün, Silberreflexe. Mit Orangenzesten unter-

WEINGUT PICHLER-KRUTZLER
3601 Dürnstein
Oberloiben 16
T: +43 (2732) 71806
office@pichler-krutzler.at
www.pichler-krutzler.at

Kellermeister: Erich Krutzler
Kontakt: Elisabeth Pichler-Krutzler
Anbauweise: Umstellung auf bio
Produktion: 100 % weiß, 14 Hektar
Messen: Austrian Tasting London, ProWein Düsseldorf, VieVinum

* Wachau DAC

legte gelbe Tropenfrucht, ein Hauch von Maracuja und Mandarinen, zarter Blütenhonig, sehr facettenreiches Bukett. Komplex, saftig, feine weiße Frucht, finessenreiches Säurespiel, mineralisch und lange anhaftend, Limetten im Nachhall, Potenzial für Jahrzehnte.

96 Riesling Kremstal DAC Reserve Ried Pfaffenberg Alte Reben 2019

13 Vol.-%, NK, Holzfass, €€€€€€

Sehr helles Gelbgrün, Silberreflexe. Mandarinenzesten, weißer Weingartenpfirsich, floraler Touch, mineralisch, ein Hauch von Blütenhonig im Hintergrund. Saftig, reifer Pfirsich, gut integrierter Zuckerrest, feiner Säurebogen, gute Länge, ein Hauch von Salzigkeit, delikat und lang, große Perspektive.

(95) Riesling * Ried Loibenberg 2020

13,5 Vol.-%, NK, Stahltank, €€€€€

Helles Gelbgrün, Silberreflexe. Zart nach Mandarinenzesten, würzige Mineralik, gelbe Steinobstnoten, floraler Touch, facettenreiches Bukett. Straff, saftig, wirkt relativ leichtfüßig, rassig-salziger Säurebogen, Limetten im Abgang, noch etwas unterentwickelt, wird von Flaschenreife profitieren.

94 Riesling * In der Wand 2020

13 Vol.-%, DV, Stahltank, €€€€€

Helles Gelbgrün, Silberreflexe. Feine Nuancen von Blütenhonig und weißer Tropenfrucht, mit Limettenzesten unterlegt, mineralischer Touch. Saftig, elegant, zarte gelbe Fruchtaromen, Noten von Pfirsich, lebendig strukturiert, dezente Süße, die perfekt gekontert wird, salziger Nachhall, sehr animierender Speisenbegleiter mit sicherem Potenzial.

92 Riesling Kremstal DAC Ried Pfaffenberg 2020

12,5 Vol.-%, DV, Stahltank, €€€€

Sehr helles Gelbgrün, Silberreflexe. Frische Steinobstnuancen, ein Hauch von Tropenfrucht, zart nach Maracuja, dezenter Grapefruittouch. Straff, mineralisch-salzig unterlegte weiße Apfelfrucht, Limetten im Abgang, sehr rassiger Stil.

91 Riesling * Loiben 2020

12 Vol.-%, DV, Stahltank, €€€

Sehr helles Gelbgrün, Silberreflexe. Zarte Pfirsichfrucht, ein Hauch von Blüten und Limetten, eher dezentes Bukett. Schlank, saftig, weiße Tropenfrucht, rassiger Säurebogen, zitronig-salzig, knackiger Sommerwein.

(96) Grüner Veltliner * Ried Kellerberg 2020

13 Vol.-%, NK, großes Holzfass, €€€€€€

Helles Gelbgrün, Silberreflexe. Zart nach Mandarinenzesten, feine gelbe Fruchtnuancen, ein Hauch von Honigmelone, etwas Blütenhonig, noch zurückhaltend. Saftig, elegant, feine gelbe Steinobstnuancen, nach Marille, frischer Säurebogen, zart nach Apfel im Abgang, subtile Mineralik, balanciert und lange anhaftend, ein ausgewogener Speisenbegleiter.

96 Grüner Veltliner Kremstal DAC Reserve Ried Pfaffenberg Alte Reben 2019

14,5 Vol.-%, NK, Holzfass, €€€€€€

Mittleres Gelbgrün, Silberreflexe. Zarte Kräuterwürze, mit dunkler Mineralik unterlegte gelbe Apfelfrucht, Nuancen von Ananas und Papaya, tabakige Würze, etwas verschlossen. Komplex und kraftvoll, saftige Apfelfrucht, ein Hauch von Zuckermelone, feine Säurestruktur, salziger Nachhall, bezeugt die typische Opulenz des Jahrgangs, gutes weiteres Reifepotenzial.

(95) Grüner Veltliner * Ried Loibenberg 2020

13,5 Vol.-%, NK, großes Holzfass, €€€€€

Leuchtendes helles Gelbgrün, Silberreflexe. Attraktive gelbe Tropenfruchtanklänge, feine Nuancen von Papaya und Mango, zart nach Marille und Blütenhonig, mineralischer Touch. Komplex, stoffig, Nuancen von frischer Ananas, finessenreich strukturiert, mineralisch-salzig im Abgang, zeigt sehr gute Länge, sicheres Entwicklungspotenzial.

(94) Grüner Veltliner * Ried Supperin 2020

13 Vol.-%, NK, großes Holzfass, €€€€€

Leuchtendes helles Gelbgrün, Silberreflexe. Frische Kräuterwürze, feine gelbe Fruchtnuancen von Mango und Golden-Delicious-Apfel, Noten von kandierten Orangenzesten, würziges Bukett. Saftige weiße Tropenfrucht, zart cremige Textur, dezenter Säurebogen, ein Hauch von Karamell und Birne, mineralischer Nachhall, gutes Reifepotenzial.

92 Grüner Veltliner * Ried Klostersatz Loiben 2020

12,5 Vol.-%, DV, großes Holzfass/Stahltank, €€€

Helles Gelbgrün, Silberreflexe. Zart tabakig unterlegte Noten von Granny-Smith-Apfel, mit Nuancen von Mandarinenzesten unterlegt, mineralischer Touch. Saftig, Nuancen von frischer Birne, lebendig strukturiert, ein Hauch von Blütenhonig, salziger Nachhall, bereits gut entwickelt.

91 Grüner Veltliner * Dürnstein 2020

12 Vol.-%, DV, Stahltank, €€€

Helles Gelbgrün, Silberreflexe. Feine weiße Apfelfrucht, ein Hauch von Mango, Nuancen von frischen Wiesenkräutern. Saftig, zart nach Kernobst, lebendig strukturiert, mineralisch-zitronig im Abgang, ein leichtfüßiger, zartwürziger Speisenbegleiter.

★★★★★

WEINGUT PRAGER

»Vom Stein zum Wein«, lautet die Devise von Toni Bodenstein. Seine Ambition liegt im Ausloten des Qualitätspotenzials der einzelnen Lagen. Das Ziel: individuelle, archetypische Weine ins Glas zu bringen, die den einzigartigen Charakter ihrer Herkunft in sich tragen. Der als »Terroirist der Wachau« bekannte Winzer und Obmann des »Regionalen Weinkomitees Wachau« steht für eine komplexe Philosophie: Geschichte und Zukunft, Nachhaltigkeit und Naturbelassenheit. So erfolgen die Arbeiten in Weinberg und Keller traditionell, gepaart mit der notwendigen Innovation, stets im Streben und auf der Suche nach dem qualitativ Bestmöglichen. Naturverbundenheit und Inspiration werden in authentischen Weinen lebendig – als Ergebnis eines ganzheitlichen Konzepts mit nachhaltigem Handeln. Aus Respekt vor der Natur, Wertschätzung des Lebensraums und Verantwortung gegenüber kommenden Generationen entstehen Weine, die Eleganz und Finesse mit Ausdruck und Kraft vereinen, Weine, die zeigen, dass die großen Gewächse der Wachau zu den besten der Welt gehören.

Zahlreiche internationale Auszeichnungen bestätigen die Arbeit und die Philosophie von Ilse und Toni Bodenstein, die gemeinsam eines der renommiertesten Weingüter Österreichs führen. Mit dem Jahrgang 2019 werden Ideen und Zielsetzungen der nächsten Generation integriert sein: Sohn Robert Bodenstein, dessen Masterarbeit dem Terroir der Ried Achleiten gewidmet ist, wird mehr Verantwortung übernehmen. Auch er ist fasziniert und ebenso gefordert von der vielschichtigen Einzigartigkeit des Wachauer Terroirs.

Die großen Lagen des Weinguts liegen teils in Weißenkirchen (Steinriegl, Zwerithaler, Klaus und Achleiten) sowie in Dürnstein (Kaiserberg und Liebenberg). Beachtung verdient auch der Riesling »Wachstum Bodenstein«, der seine filigrane Finesse einer extremen Höhenlage (460 Meter) verdankt. Beim Grünen Veltliner ist es die »Stockkultur« in der Achleiten, wo ein uralter Rebbestand einen konzentrierten, mineralischen Wein liefert, in den man sich vertiefen kann. Ein besonders charaktervoller Grüner Veltliner stammt aus den ältesten Reben des Weinguts im Kammergut

WEINGUT PRAGER
3610 Weißenkirchen/Wachau
Wachaustraße 48
T: +43 2715 2248
prager@weissenkirchen.at
www.weingutprager.at

Kellermeister: Toni Bodenstein
Kontakt: Ilse Bodenstein, Robert Bodenstein und Sophie-Helen Hinterhölzl
Produktion: 100 % weiß, 18.5 Hektar
Vereinszugehörigkeit: Vinea Wachau
Messen: VieVinum

Weingut Prager

(Ried Zwerithaler). Zusammen sind es 18 Hektar Weingärten, die größtenteils in extremer Terrassenlage bewirtschaftet werden. In diesem einzigartigen Landstrich namens Wachau Winzer sein zu dürfen bedeutet für die Familie Bodenstein gleichermaßen Vermächtnis wie Herausforderung.

(99) Grüner Veltliner * Ried Zwerithaler Kammergut Smaragd 2020
13,5 Vol.-%, NK, Stahltank, €€€€€€
Mittleres Grüngelb, Silberreflexe. Frische Orangenzesten, ein Hauch von Wiesenkräutern, gelber Apfel, zart mit Mango unterlegt, dunkle Mineralik, tabakige Nuancen. Saftig, komplex, feine Fruchtsüße, weißer Apfel, finessenreicher Säurebogen, mineralisch-salzig im Nachhall zeigt große Länge, sicheres Entwicklungspotenzial für Jahrzehnte.

(96) Grüner Veltliner * Ried Achleiten Smaragd 2020
13 Vol.-%, NK, Stahltank, €€€€€
Helles Grüngelb, Silberreflexe. Mit einem Hauch von Wiesenkräuterwürze unterlegte frische Apfelfrucht, tabakige Nuancen, frische Orangenzesten. Stoffig, weißes Kernobst, lebendiger Säurebogen, salzige Mineralik, extraktsüße Nuancen nach Marille im Abgang, große Länge, sicheres Potenzial.

(96) Grüner Veltliner * Ried Achleiten Stockkultur Smaragd 2020
13 Vol.-%, NK, Stahltank, €€€€€
Mittleres Grüngelb, Silberreflexe. Dunkle, tabakig unterlegte Mineralik, würziges Bukett, frischer Apfel, etwas Mango, zart nussiger Touch. Kraftvoll, saftig, feiner Gerbstoffschleier, feiner Säurebogen, etwas Birne im Nachhall, noch etwas verkapselt, wird von Flaschenreife profitieren.

(96) Grüner Veltliner * Weißenkirchen Wachstum Bodenstein Smaragd 2020
13 Vol.-%, NK, Stahltank, €€€€€
Helles Grüngelb, Silberreflexe. Zart nach Wiesenkräutern, Nuancen von frischer Marille und gelbem Apfel, tabakige Würze, mit einem Hauch von kandierten Orangenzesten unterlegt. Kraftvoll, reifes gelbes Kernobst, dezente Fruchtsüße, gut integrierter Säurebogen, feiner Blütenhonig im Abgang, bleibt lange haften, wird von Flaschenreife profitieren.

93 Grüner Veltliner * Ried Hinter der Burg Federspiel 2020
12,5 Vol.-%, DV, Stahltank, €€€€
Helles Gelbgrün, Silberreflexe. Zart kräuterwürzig unterlegte frische Apfelfrucht, tabakige Nuancen, facettenreiches, mineralisches Bukett. Komplex, engmaschig, weiße Frucht am Gaumen, straffes Säurespiel, zitronig-salziger Nachhall, gute Länge, sicheres Reifepotenzial.

97 Riesling * Wachstum Bodenstein Smaragd 2020
13 Vol.-%, NK, Stahltank, €€€€€
Helles Grüngelb, Silberreflexe. Frischer weißer Weingartenpfirsich, rauchig-mineralisch und mit einem Hauch von Ringlotte unterlegt, zart nach Mandarinenzesten. Straff, elegant, weißes Steinobst, finessenreich strukturiert, salzig-zitronig im Abgang, zeigt tolle Länge, großes Zukunftsversprechen.

(96) Riesling * Ried Klaus Smaragd 2020
13 Vol.-%, NK, Stahltank, €€€€€
Helles Gelbgrün, Silberreflexe. Feinwürzig-mineralisch unterlegte reife weiße Pfirsichfrucht, ein Hauch von Blütenhonig und Limetten, einladendes Bukett. Komplex, saftig, feine Tropenfruchtnuancen, finessenreicher Säurebogen, zitronig-salzig im Abgang, mineralischer Nachhall, sehr gute Länge, sicheres Reifepotenzial.

(95) Riesling * Ried Achleiten Smaragd 2020
13 Vol.-%, NK, Stahltank, €€€€€
Helles Gelbgrün, Silberreflexe. Mineralisch unterlegte gelbe Steinobstnuancen, Noten von Pfirsich und Mango, ein Hauch von Mandarinenzesten, mineralischer Touch. Saftig, elegant, weiße Frucht, finessenreiche Säurestruktur, zitronig-salzig im Abgang, sicheres Reifepotenzial.

93 Riesling * Ried Steinriegl Federspiel 2020
12,5 Vol.-%, DV, Stahltank, €€€€
Helles Grüngelb, Silberreflexe. Feine gelbe Frucht, Nuancen von Pfirsich und Mango, zarte Nuancen von Orangenzesten, mineralisch unterlegt. Saftig, elegant, Nuancen von Ananas, frische Säurestruktur, bleibt gut haften, mineralisch, dezente salzige Nuancen im Nachhall, sehr gutes weiteres Reifepotenzial, ein straffer Speisenbegleiter.

★★★

WEINGUT RIXINGER

Rund sechs Hektar bewirtschaftet das Weingut Rixinger zwischen Spitz und Gut am Steg, wo sich auch das Weingut der Familie befindet. Seit über hundert Jahren gibt es den Hof, die Terrassen in der Ried Kalkofen und am Zornberg sind sogar schon länger im Besitz der Familie. Die Rebstöcke wurzeln dabei zum einen rund um das Gut herum, gegenüber dem Weingut erheben sich zum anderen majestätisch der Kalkofen und der Zornberg sowie im Hintergrund, dort, wo der Graben bereits in die Donauwachau ausläuft, der Singerriedel – allesamt Lagen, die zu den spektakulärsten der Wachau gehören: Steil, steinig und stets in Handarbeit gelesen, sind sie fast immer mit Grünem Veltliner, Riesling und Neuburger bestockt. Diese drei Rebsorten bilden seit Jahrzehnten das Fundament der Weine des Spitzer Grabens. Veltliner und Riesling dominieren mit ihrer dunklen Würze, ihrer Präzision und glasklaren Frucht, doch den Rixingers ist speziell der Neuburger Anliegen und Pflicht zugleich: Tief in der Tradition des Grabens verankert, liefert gerade er beeindruckende Qualitäten, wenn man sich nur ausreichend mit ihm beschäftigt und seine Eigenheiten kennt und pflegt. Muskateller, Weißburgunder und Gewürztraminer runden das Spektrum der Rebsorten ab.

93 Riesling * Ried Singerriedel Smaragd 2020
13,5 Vol.-%, NK, kleines Holzfass, €€€€
Mittleres Gelbgrün, Silberreflexe. Zarte gelbe Tropenfrucht, Nuancen von Pfirsich, floraler Hauch, Limettenzesten, ein wenig scheu. Mittlere Komplexität, grüner Apfel, rassig strukturiert, feinziselierte Textur, fruchtige Süße im Abgang, ein finessenreicher Speisenbegleiter.

91 Riesling * Ried Kalkofen Federspiel 2020
12 Vol.-%, DV, Stahltank, €€
Helles Goldgelb, Silberreflexe. Zarte weiße Tropenfrucht, ein Hauch von Maracuja, floraler Touch, ein Hauch von Grapefruitzesten. Leichtfüßiger Körper, frischer weißer Pfirsich, frisch strukturiert, salzig-zitronig im Nachhall.

93 Grüner Veltliner * Ried Singerriedel Smaragd 2020
13 Vol.-%, NK, Stahltank, €€€€€
Mittleres Gelbgrün, Silberreflexe. Mit frischen Orangenzesten unterlegter Hauch von Marille, zart nach gelbem Apfel, Nuancen von Blütenhonig. Mittlere Komplexität, weißes Kernobst, frischer Säurebogen, mineralisch-zitronig im Nachhall, vielseitiger Speisenbegleiter.

91 Grüner Veltliner * Ried Zornberg Spitz Federspiel 2020
12 Vol.-%, DV, Stahltank, €€
Mittleres Gelbgrün, Silberreflexe. Feine Nuancen von Ananas und Mango, zart nach Blütenhonig, einladendes Bukett. Mittlerer Körper, weiße Tropenfrucht, zart nach Birne, feine Säurestruktur, ausgewogener Speisenbegleiter.

92 Weißburgunder * 2020
13 Vol.-%, DV, Stahltank, €€€
Helles Gelbgrün, Silberreflexe. Zart nach gelber Birne, ein Hauch von Mango, feine Wiesenkräuter klingen an. Saftig, reife Kernobstnuancen, lebendig strukturiert, Honigtouch im Abgang, süße Frucht im Nachhall.

91 Gelber Muskateller * 2020
12,5 Vol.-%, DV, Stahltank, €€
Helles Gelbgrün, Silberreflexe. Feine Nuancen von Holunderblüten und Muskatnuss, zart traubig, mit weißer Frucht unterlegt. Leichtfüßig, fruchtige Süße, lebendiger Säurebogen, mineralisch, zitronige Nuancen im Nachhall.

WEINGUT RIXINGER
3620 Spitz an der Donau
Gut am Steg 8
T: +43 (2713) 2304
weingut@rixinger.at
www.rixinger.at

Kellermeister/Kontakt:
Friedrich Rixinger
Produktion: 26.700 Flaschen
100 % weiß, 6 Hektar
Vereinszugehörigkeit:
Marivino, Vinea Wachau
Messen: VieVinum

* Wachau DAC

★★★★

WEINGUT FAMILIE SCHMELZ

Im Herzen der Wachau, in Joching, befindet sich das Familienweingut Schmelz. Geführt wird das Weingut von Thomas Schmelz und seiner Frau Bianca, doch auch Thomas' Bruder Florian leistet in vielen Bereichen eine fantastische Arbeit, beispielsweise im Weingarten und im Keller. Unterstützt wird die junge Generation tatkräftig von Monika und Johann Schmelz, die den Betrieb 2018 übergeben haben.
Die Rebfläche verteilt sich von Wösendorf bis Unterloiben (8 km). Dadurch sind die Weine von verschiedenen Böden und Klimafaktoren geprägt. Grüner Veltliner ist die Hauptsorte, gefolgt vom Riesling. Vervollständigt wird das Sortiment durch Gelben Muskateller, Sauvignon Blanc und Weißburgunder. Liebevolle Arbeit in den Weingärten und eine sorgfältige Ernte sind die Basis für ein gesundes Traubenmaterial, das im Keller schonend mit moderner Technik verarbeitet wird. Es entstehen unverwechselbare trinkfreudige Weine mit dem gewissen Fruchtschmelz.
Die Weine der Familie Schmelz, die Gründungsmitglied des Gebietschutzverbandes »Vinea Wachau« ist, werden bei zahlreichen internationalen und nationalen Verkostungen ausgezeichnet. 2005 wurde Johann Schmelz von Falstaff zum »Winzer des Jahres« gewählt. Weinverkostungen sind in modernem Ambiente mit traumhaftem Ausblick in die Weingärten möglich.

(96) Best of Riesling * 2020
13,5 Vol.-%, DV, Stahltank, €€€€€
Mittleres Gelbgrün, Silberreflexe. Feine Orangenzesten, etwas nach Papaya, Marillenfrucht, floraler Touch, etwas Blütenhonig. Gute Komplexität, fruchtsüß, gut eingebundener Säurebogen, Karamell, einladendes Bukett nach gelbem Steinobst, vielschichtiger Speisenbegleiter mit Potenzial.

(94) Riesling * Ried Steinriegl Weißenkirchen Smaragd 2020
13,5 Vol.-%, DV, Stahltank, €€€€€
Helles Gelbgrün, Silberreflexe. Dunkle Tabakwürze, etwas nach weißem Steinobst, frisches Bukett, Limettenzesten, einladend. Salzig, gute Komplexität, saftig, feine Kräuterwürze, Apfelfrucht im Abgang, bleibt gut haften, vielseitiger Speisenbegleiter.

(94) Riesling * Ried Höhereck Smaragd Dürnsteiner Freiheit 2020
13,5 Vol.-%, DV, Stahltank, €€€€€
Mittleres Gelbgrün, Silberreflexe. Feiner Blütenhonig, etwas nach kandierten Grapefruitzesten, weiße Fruchtnoten, Maracuja, lebendiges Bukett. Gute Komplexität, saftig, elegant, feine Struktur, mineralisch-salzig, feine Tropenfrucht, bleibt gut haften, vielschichtiger Speisenbegleiter.

93 Riesling * Federspiel Stein am Rain 2020
12,5 Vol.-%, DV, Stahltank, €€€
Helles Gelbgrün, Silberreflexe. Feine weiße Pfirsichfrucht, mit angenehmen Nuancen von Tropenfrüchten unterlegt, zarter Blütenhonig. Saftig, elegant, reife Steinobstnoten, finessenreicher Säurebogen, zeigt gute Länge, bereits zugänglich, macht Lust auf mehr, Entwicklungspotenzial garantiert.

(95) Best of Grüner Veltliner * Smaragd 2020
13,5 Vol.-%, DV, Stahltank, €€€€€
Mittleres Gelbgrün, Silberreflexe. Etwas nach Tabakwürze, ein Hauch von Tropenfrucht, kandierte Mandarinenzesten, dunkle Mineralik. Gute Komplexität, saftig, straff, kraftvoll, salzig, bleibt gut haften, vielseitig einsetzbarer Speisenbegleiter mit Potenzial.

(94) Grüner Veltliner * Ried Pichl Point Smaragd 2020
13,5 Vol.-%, DV, Stahltank, €€€€
Mittleres Gelbgrün, Silberreflexe. Feine Orangenzesten, etwas nach Papaya, Wiesenkräuter, floraler Touch, einladendes Bukett. Gute Komplexität, saftig, straffe Struktur, Mango im Abgang, Tabakwürze im Nachhall, guter Speisenbegleiter.

(94) Grüner Veltliner * Ried Steinertal Loiben Smaragd 2020
13,5 Vol.-%, DV, Edelstahl, €€€€
Mittleres Gelbgrün, Silberreflexe. Zart nach Tropenfrucht, etwas Orangenzesten, ein Hauch von Mango, reife Kernobstfrucht im Abgang. Gute Komplexität, saftig, würzig, extraktsüß nach Papaya, bleibt gut haften, vielschichtiger Speisenbegleiter.

(93) Grüner Veltliner * Ried Loibenberg Loiben Smaragd 2020
13 Vol.-%, DV, Stahltank, €€€€
Helles Gelbgrün, Silberreflexe. Feine Apfelfrucht, zart

WEINGUT FAMILIE SCHMELZ

3610 Joching
Joching 14
T: +43 (2715) 2435
info@schmelzweine.at
www.schmelzweine.at

Kellermeister/Kontakt: Thomas Schmelz
Produktion: 100 % weiß, 12 Hektar
Vereinszugehörigkeit: Vinea Wachau
Messen: ProWein Düsseldorf, VieVinum

Thomas Schmelz

nach Kräuterwürze, etwas nach weißer Tropenfrucht, Melisse, feines Bukett. Saftig, elegant, feine Säurestruktur, Papaya, straffe Textur, kraftvoll, guter Speisenbegleiter.

92 Grüner Veltliner * Ried Pichl Point Federspiel 2020

12,5 Vol.-%, DV, Stahltank, €€
Helles Gelbgrün, Silberreflexe. Feinwürzig unterlegte frische gelbe Apfelfrucht, ein Hauch von Honigmelone, zart nach Orangenzesten, einladendes Bukett. Mittlere Komplexität, feine Süße, zart nach Papaya und Mango, frischer Säurebogen, gut anhaftend, ein facettenreicher Speisenwein.

92 Grüner Veltliner * Ried Klaus Federspiel 2020

12,5 Vol.-%, DV, Stahltank, €€
Helles Gelbgrün, Silberreflexe. Mineralisch unterlegte feine gelbe Tropenfrucht, ein Hauch von Kräuterwürze, Nuancen von Orangenzesten und Ananas. Saftig, elegant, weißer Fruchttouch am Gaumen, feine Säurestruktur, harmonisch, saliner Touch im Nachhall, gutes Entwicklungspotenzial.

91 Wösendorfer Grüner Veltliner * Federspiel Tom 2020

12,5 Vol.-%, DV, Stahltank, €€
Helles Gelbgrün, silberfarbene Reflexe. Zarte gelbe Tropenfrucht, Nuancen von Ringlotten, dezente Kräuterwürze, ein Hauch von Orangenzesten. Mittlerer Körper, straff, weißer Apfel, feiner Säurebogen, zart salzige Mineralik im Abgang, bereits gut entwickelt.

91 Loibner Grüner Veltliner * Federspiel 2020

12,5 Vol.-%, DV, Stahltank, €€
Helles Gelbgrün, Silberreflexe. Fruchtiges Bukett, ein Hauch von frischer Banane, etwas Papaya, zart nach Orangenzesten und Blütenhonig. Saftig, feine Fruchtsüße, angenehmer Säurebogen, mineralisch und frisch, bleibt haften, zart nach Ananas im Rückgeschmack, ein vielseitiger Speisenbegleiter.

90 Grüner Veltliner * Ried Steinwand Joching Federspiel 2020

12,5 Vol.-%, DV, Stahltank, €€
Helles Grüngelb, Silberreflexe. Mit einem Hauch von Wiesenkräutern feinwürzig unterlegte gelbe Apfelfrucht, zart nach Mango. Mittlerer Körper, gelbes Kernobst, gut integrierter Säurebogen, mineralischer Touch, zarter Blütenhonig im Rückgeschmack.

90 Sauvignon Blanc * Joching 2020

12,5 Vol.-%, DV, Stahltank, €€
Helles Gelbgrün, Silberreflexe. Zart nach Paprika, etwas nach Kumquats, feine Apfelfrucht, ein Hauch von Cassis. Mittlerer Körper, balancierte Säurestruktur, Maracuja klingt an, salzig, bereits gut antrinkbar.

90 Gelber Muskateller * Joching Federspiel 2020

12,5 Vol.-%, DV, Stahltank, €€€
Helles Gelbgrün, Silberreflexe. Feine Kräuterwürze, unterlegt mit Zitrus, ein Hauch von weißem Pfirsich, Rosenblüten klingen an, frisches Bukett. Mittlerer Körper, feine Säurestruktur, zart nach weißem Kernobst, frisch und fruchtig, mineralisch, bereits gut antrinkbar.

* Wachau DAC

★★★

WEINGUT HEINZ UND ADRIENNE SIGL

Mitten in den Weinbergen von Rossatz liegt das Weingut Sigl, von wo sich ein Ausblick auf das wunderschöne Donautal von Dürnstein bis Krems erstreckt. Bei einer Weinverkostung in modernem Ambiente können Weinliebhaber sowohl die hervorragenden Weine als auch die traumhafte Kulisse genießen.
Seit 2018 befindet sich der Betrieb in Umstellung auf biologischen Weinbau. Nach 3-jähriger Umstellungsfrist sind die Weine ab dem Jahrgang 2021 biozertifiziert. Kreativität und viel Gefühl, gepaart mit einer fundierten Ausbildung und moderner Weintechnologie bilden die perfekte Grundlage für die hochwertigen Weine, die unter anderem aus den Rieden Himmelreich, Frauenweingarten und Kirnberg stammen.
Auf rund acht Hektar zählt neben den Sortenklassikern Grüner Veltliner und Riesling auch Gelber Muskateller zu den Leitsorten des Betriebs. Die besonderen Klimaverhältnisse in der Wachau, die vorausschauende qualitätsorientierte Arbeit im Weingarten, der richtige physiologische Reifezeitpunkt und die schonende Verarbeitung bilden die Basis für den unverwechselbaren Charakter der Weine. Kein Jahr gleicht dem anderen, und so ist es eine echte Herausforderung, dem Kunden konsequent die reintönigen und fruchttiefen Spitzenprodukte zu bieten. Das heißt aber auch, mit viel Liebe und Können die sortentypischen Merkmale der Trauben zu optimieren.

WEINGUT HEINZ UND ADRIENNE SIGL
3602 Rossatz
Rossatz 175
T: +43 (2714) 6302
wein@weingut-sigl.at
www.weingut-sigl.at

Kellermeister: Heinz Sigl
Kontakt: Heinz und Adrienne Sigl
Anbauweise: Umstellung auf bio
Produktion: 95 % weiß, 3 % rosé, 2 % rot, 8 Hektar
Vereinszugehörigkeit: Vinea Wachau
Messen: VieVinum

(94) Riesling * Ried Kirnberg Smaragd 2020
13,5 Vol.-%, DV, Stahltank, €€€€
Helles Gelbgrün, Silberreflexe. Attraktive gelbe Tropenfrucht, nach Ananas und Mango, ein Hauch von Blütenhonig, zart nach Mandarinenzesten. Straff, engmaschig, weißer Pfirsich, lebendige Säurestruktur, mineralisch-salzig im Abgang, zeigt gute Länge, sicheres Reifepotenzial.

92 Riesling * Ried Kirnberg Federspiel 2020
12,5 Vol.-%, DV, Stahltank, €€
Mittleres Gelbgrün, Silberreflexe. Zart nach Mandarinenzesten, gelbe Tropenfrucht nach Mango und reifer Maracuja, feiner Blütenhonig. Stoffig, elegant, feine Fruchtsüße, angenehme Säurestruktur, Ananas im Abgang, komplexer, gut anhaftender Stil, zeigt gute Länge.

93 Grüner Veltliner * Ried Himmelreich Smaragd 2020
13,5 Vol.-%, DV, Stahltank, €€€
Helles Gelbgrün, Silberreflexe. Zart gewürzig unterlegte gelbe Frucht nach Mango und Apfel, Orangenzesten klingen an. Saftig, elegant, feine Fruchtsüße, gut integrierter Säurebogen, feiner Blütenhonig im Abgang, gutes Entwicklungspotenzial.

92 Grüner Veltliner * Ried Frauenweingärten Federspiel 2020
12,5 Vol.-%, DV, Stahltank, €€
Mittleres Gelbgrün, Silberreflexe. Feine Nuancen von Honigmelone und Quitte, frischer gelber Apfel, ein Hauch von Kräuterwürze. Saftig, feine Fruchtsüße, reife Marille, feiner Säurebogen, komplex, Blütenhonig im Abgang, gute Länge, verfügt über Reifepotenzial.

93 Grüner Veltliner Ried Kirnberg Smaragd 2019
14,5 Vol.-%, DV, Stahltank, €€€€
Mittleres Goldgelb, Silberreflexe. Feine Nuancen von gelbem Apfel und reifen Quitten, zart nach Honig, Mandarinenzesten. Kraftvoll und opulent, extraktsüße Textur, dezenter Säurekern, süßer Nachhall, wirkt bereits entwickelt, vielseitig einsetzbar.

94 Grüner Veltliner Stella 2018
14,5 Vol.-%, DV, gebr.auchtes Barriques, €€€€€
Mittleres Goldgelb, Silberreflexe. Zart rauchig, frische Orangenzesten, angenehme weiße Tropenfruchtnuancen, floraler Touch, facettenreiches Bukett. Saftig, gute Komplexität, reife Marillen, feiner Säurebogen, mineralisch und lange anhaftend, sehr gutes Entwicklungspotenzial.

★★★

KARL STIERSCHNEIDER KARTÄUSERHOF

Der Geist der Familie Stierschneider fließt seit 1862 in den Kartäuserhof, der 1380 als Lesehof der Kartause Aggsbach erbaut wurde. Mit Wissen um die Magie aus Generationen wurden der Hof sowie das Weingut sorgfältig restauriert und bis zur heutigen Größe von circa 9,5 Hektar ausgebaut. Mit Tradition und einem Schuss Instinkt hat sich die Familie Stierschneider für einen sanften Weg in eine spannende Zukunft entschieden. Immer neue Ideen umzusetzen, um das Wertvolle – den Boden als Grundlage für Einzigartigkeit und die Natur als Lebensraum für die nachfolgenden Generationen – zu erhalten, ist ihr Credo. Zahlreiche nationale und internationale Auszeichnungen bestärken die Stierschneiders darin, ihren Weg der kompromisslosen Qualitätsproduktion konsequent weiterzugehen. Die Weingärten des Kartäuserhofs befinden sich in südlich exponierten Terrassenlagen. Zu den bekanntesten zählen die Ried Achleiten, die Ried Klaus und die Ried Steinriegl, ergänzt durch die Eigenmarke »Kirchensteig«.

(95) Riesling * Ried Achleiten Smaragd 2020
13,5 Vol.-%, DV, Stahltank, €€€€€
Mittleres Grüngelb, Silberreflexe. Attraktive Pfirsichan-

KARL STIERSCHNEIDER KARTÄUSERHOF
3610 Weißenkirchen
Kremser Straße 6
T: +43 (2715) 2374
karl@stierschneider.at
www.stierschneider.at

Kellermeister/Kontakt:
Karl und Jakob Stierschneider
Produktion: 3 % Schaumwein, 90 % weiß, 5 % rosé, 2 % rot, 9.5 Hektar
Vereinszugehörigkeit:
Vinea Wachau

Karl und Jakob Stierschneider

klänge, zart nach Mango und Maracuja, ein Hauch von Mandarinenzesten und Blütenhonig. Straff, kernig, weißer Apfel, finessenreicher Säurebogen, mineralisch-zitronig im Abgang, sehr gute Länge, großes Zukunftspotenzial.

93 Riesling * Ried Steinriegl Federspiel Alte Reben 2020
12,5 Vol.-%, DV, Stahltank, €€€
Mittleres Gelbgrün, Silberreflexe. Mit frischen Orangenzesten unterlegte reife gelbe Tropenfrucht, ein Hauch von Ananas und Blütenhonig, mineralischer Touch. Saftig, gute Komplexität, feine Fruchtsüße, finessenreicher Säurebogen, salziger Touch, reife Marillen im Nachhall, gutes Potenzial.

93 Grüner Veltliner * Ried Achleiten Federspiel 2020
12,5 Vol.-%, DV, Stahltank, €€€
Helles Gelbgrün, Silberreflexe. Frische Ananas, ein Hauch von Ringlotten, mineralisch unterlegtes Bukett, zart nach Mandarinenzesten. Straff, engmaschig, weißer Apfel, lebendige Säurestruktur, mineralisch-zitronig unterlegte Kernobstnuancen, gute Länge, ein stoffiger Speisenbegleiter.

92 Grüner Veltliner * Ried Klaus Federspiel 2020
12,5 Vol.-%, DV, Stahltank, €€€
Helles Goldgelb, Silberreflexe. Zart kräuterwürzig unterlegte Nuancen von Honigmelone und Ananas, zart nach Orangenzesten, mit Noten von Blütenhonig unterlegt. Saftig, reifer gelber Apfel, feine Fruchtsüße, gut integrierte Säurestruktur, ausgewogen und bereits sehr gut antrinkbar, ein balancierter Speisenwein.

(90) Grüner Veltliner * Weißenkirchen Smaragd Novemberlese 2020
14 Vol.-%, DV, Stahltank, €€€€€
Helles Gelbgrün, Silberreflexe. Feine Nuancen von Wiesenkräutern, ein Hauch von weißem Apfel, tabakiger Anklang, gelbe Tropenfrucht im Hintergrund. Saftig, elegante Textur, feine Extraktsüße, gut integrierte Säure, feiner Ananastouch im Abgang, gute Länge, sicheres Reifepotenzial.

90 Sauvignon Blanc * Weißenkirchen 2020
12,5 Vol.-%, DV, Stahltank, €€€
Helles Gelbgold, Silberreflexe. Noch etwas scheu, feine Kräuterwürze, ein Hauch von Blüten, Nuancen von Stachelbeeren, zarte Mandarinenzesten. Mittlerer Körper, weiße Kernobstnoten, frisch strukturiert, zitroniger Touch im Nachhall.

★★★

WEINGUT STRAWANZER DONABAUM

Das Weingut Strawanzer vormals Donabaum »In der Spitz« von Martin Donabaum verfügt über ein recht umfangreiches Sortiment. Beharrlich wird an der Optimierung der Weinqualität gearbeitet. Mehrmalige Lesedurchgänge, freiwillige Mengenbegrenzung und konsequentes Ausdünnen führten zu einer derart deutlichen Qualitätssteigerung, dass Martin Donabaum heute zu den Spitzenwinzern der Region zählt. Die Weingärten nehmen eine Rebfläche von rund sechs Hektar ein, die zu 80 Prozent in den sonnigen Steinterrassen rund um Spitz liegen. Diese unterliegen den strengen Qualitätskontrollen der »Vinea Wachau«. Mitglieder dürfen ausschließlich Weine aus der Wachau führen, die weder aufgebessert noch verändert werden.
Beim Heurigen »Strawanzer«, so der Name der schicken Buschenschank, besteht die Möglichkeit, sich nicht nur von den Wachauer Klassikern, sondern auch vom jungen Sauvignon Blanc und Gelben Muskateller zu überzeugen. Zu erwähnen sind ebenso Chardonnay und Weißburgunder. Seit einiger Zeit wird auch Sekt nach traditioneller Methode erzeugt.
Den Sonnenuntergang kann man im Garten inmitten der Weingärten hinter dem Setzberg erleben, jener Riede, wo der größte Teil der familieneigenen Reben gepflanzt ist. Sollte man Lust und Laune verspüren, länger zu bleiben, ist man im Boutiquehotel »Weinspitz« oder im traditionellen Stammhaus bestens aufgehoben. Das »Weinspitz« wartet mit großzügigen Suiten auf, allesamt mit einzigartigem Blick über die Wachauer Steinterrassen. Ein beheizter Infinitypool und ein Wellnessbungalow sind die Highlights des Hotels.

WEINGUT STRAWANZER DONABAUM

3620 Spitz a. d. Donau
In der Spitz 3
T: +43 (2713) 2644
weingut@donabaum.at
www.donabaum.at

Kellermeister: Martin Donabaum
Kontakt: Martin und Alexandra Donabaum
Produktion: 30.000 Flaschen
10 % Schaumwein, 75 % weiß, 8 % rosé, 5 % rot, 2 % süß, 6 Hektar
Vereinszugehörigkeit:
Vinea Wachau
Messen: Alles für den Gast Salzburg, VieVinum, Vinobile Feldkirch/ Montfort, Weinmesse Innsbruck

Spitz an der Donau

(93) Riesling * Ried Offenberg Smaragd 2020
13 Vol.-%, DV, Stahltank, €€€€

Helles Gelbgrün, Silberreflexe. Gelber Pfirsich, ein Hauch von reifer Tropenfrucht, einladendes, mineralisch unterlegtes Bukett. Schlank, weißer Weingartenpfirsich, lebendiger Säurebogen, Honigtouch im Nachhall, fruchtsüßes Finale.

93 Riesling Ried 1000-Eimerberg 2019
14 Vol.-%, DV, Stahltank, €€€€€

Helles Goldgelb, Silberreflexe. Zart floral unterlegte weiße Tropenfrucht, Nuancen von Pfirsich und Ananas, noch etwas zurückhaltendes Bukett. Stoffig, feiner Honig, reife Steinobstnuancen, mittlerer Strukturbogen, Blütenhonig im Abgang, wird von Flaschenreife profitieren.

(92) Chardonnay * 2020
13 Vol.-%, DV, Stahltank, €€€€

Helles Gelbgrün, Silberreflexe. Nuancen von frischem Golden-Delicious-Apfel, zart nach Birne und Orangenzesten. Mittlere Komplexität, weiße Frucht, mit feiner Süße unterlegt, die von einer frischen Säure gut gekontert wird, Blütenhonig im Abgang, gutes Entwicklungspotenzial.

(92) Sauvignon Blanc * 2020
13 Vol.-%, DV, Stahltank, €€€€

Helles Gelbgrün, Silberreflexe. Verhalten, ein Hauch von Wiesenkräutern, Nuancen von Pfirsich und Limette. Saftige weiße Tropenfrucht, ein Hauch von Stachelbeeren, elegante Textur, feiner Säurebogen, mineralisch-zitroniger Nachhall, ein facettenreicher Speisenbegleiter.

(92) Grüner Veltliner * Spitz Smaragd 2020
13,5 Vol.-%, DV, Stahltank, €€€€

Mittleres Gelbgrün, Silberreflexe. Frischer gelber Apfel, zart nach Mango, mit dezenter Kräuterwürze unterlegt, Nuancen von Orangenzesten. Mittlerer Körper, reife Apfelfrucht, feiner Säurebogen, zart nach Marille, mineralisch-salzig im Finale, eleganter Speisenbegleiter.

(89) Grüner Veltliner * Federspiel 2020
12 Vol.-%, DV, Stahltank, €€€

93 Grüner Veltliner Ried 1000-Eimerberg Smaragd 2019
15 Vol.-%, DV, Stahltank, €€€€€

Leuchtendes helles Gelbgrün, Silberreflexe. Zart nach gelber Tropenfrucht, etwas Mango und Mandarinenzesten, mit einem Hauch von Blütenhonig unterlegt. Feine Fruchtsüße, ein Hauch von Marille, frisch strukturiert, mineralisch im Nachhall, bleibt haften, gutes Zukunftspotenzial.

93 Weißburgunder Stoff Auslese 2018
15,5 Vol.-%, DV, Stahltank, €€€€€

Leuchtendes Goldgelb, Silberreflexe. Mit einem Hauch von Dörrfeigen und Kletzen unterlegter Honigtouch, feine Botrytiswürze, gelbe Tropenfrucht klingt an. Stoffig, elegant, süße Textur, gute Balance, mineralisch im Abgang, Dörrzwetschken im Nachhall, sicheres Reifepotenzial.

* Wachau DAC

★★★★

WEINGUT TEGERNSEERHOF

Die Geschichte des Tegernseerhofs reicht über 1000 Jahre zurück, in jene Zeit, als Kaiser Heinrich II. dem Benediktinerkloster Tegernsee »zwei Huben Land« in der Wachau schenkte. Im Jahr 1176 wurde darauf der Tegernseerhof errichtet, benannt nach seinem Eigentümer. Heute, viele Jahrhunderte später, ist der Tegernseerhof bereits in sechster Generation im Besitz der Familie Mittelbach. Sein Name ist erhalten geblieben, ebenso das uralte Wissen über Wein, das von Generation zu Generation weitergegeben wurde. Die Weingärten des Tegernseerhofs erstrecken sich über die besten Lagen der Wachau. Sie sind geprägt von steilen Terrassen aus massivem Urgestein, die optimal von den Winden und der Sonne umspielt werden. Das Ergebnis: eine unglaubliche Dichte an Aromen, die sich in den Smaragden des Weinguts auf unterschiedlichste Weise zu erkennen geben. Ob Grüner Veltliner oder Riesling: Jeder Wein hat seine eigene Persönlichkeit, jeder seinen eigenen Charakter.

(95) Riesling * Ried Steinertal Smaragd 2020
13 Vol.-%, DV, Stahltank, €€€€€
Mittleres Gelbgrün, Silberreflexe. Zart mineralisch unterlegte weiße Tropenfrucht, ein Hauch von Weingartenpfirsich, Nuancen von Limettenzesten, attraktives Bukett. Saftig, elegant, gelber Pfirsich, feiner Säurebogen, der gut integriert ist, verfügt über Länge, sicheres Reifepotenzial.

(95) Riesling * Ried Kellerberg Smaragd 2020
13 Vol.-%, DV, Stahltank, €€€€€
Mittleres Gelbgrün, Silberreflexe. Feine Weingartenpfirsichnote, ein Hauch von weißem Apfel, Mandarinenzesten, mineralischer Touch. Elegant, ausgewogen, gelbe Tropenfrucht klingt an, dezenter Säurebogen, süße Frucht im Abgang, bereits entwickelt, ein facettenreicher Speisenbegleiter.

(94) Riesling * Ried Loibenberg Smaragd 2020
13 Vol.-%, DV, Stahltank, €€€€€
Mittleres Gelbgrün, Silberreflexe. Floral unterlegte gelbe Tropenfrucht, ein Hauch von Mango und Maracuja, einladendes Bukett. Saftig, elegant, fruchtsüße Textur, feiner Säurebogen, zarter Blütenhonig, Nuancen von Ananas im Abgang, gute Länge, sicheres Reifepotenzial.

(93) Riesling * Smaragd Bergdistel 2020
13 Vol.-%, DV, Stahltank, €€€€€
Mittleres Gelbgrün, Silberreflexe. Reife gelbe Pfirsichfrucht, mit einem Hauch von Maracuja unterlegt, frische

Riesling

WEINGUT TEGERNSEERHOF
3601 Dürnstein
Unterloiben 12
T: +43 (2732) 85362
office@tegernseerhof.at
www.tegernseerhof.at

Kellermeister/Kontakt:
Martin Mittelbach
Produktion: 88 % weiß, 10 % rot, 2 % süß, 28 Hektar
Vereinszugehörigkeit:
Vinea Wachau
Messen: ProWein Düsseldorf, VieVinum

Ananas klingt an. Mittlerer Körper, weißer Apfel, frische Säurestruktur, mineralisch-zitroniger Touch, leichtfüßiger Stil, bereits gut antrinkbar.

(94) Gemischter Satz * Smaragd 2020
13 Vol.-%, DV, Stahltank, €€€€€
Mittleres Gelbgrün, Silberreflexe. Feine Kräuterwürze, zarte gelbe Tropenfrucht, nach Mango, ein Hauch von Marille und Orangenzesten. Mittlerer Körper, mineralisch und straff, frisch strukturiert, weißes Kernobst im Nachhall, bleibt gut haften, salzige Nuancen im Rückgeschmack, gutes Reifepotenzial.

(94) Grüner Veltliner * Ried Loibenberg Loiben Smaragd 2020
13 Vol.-%, DV, Stahltank, €€€€€
Mittleres Gelbgrün, Silberreflexe. Frische Mandarinenzesten, weiße Tropenfruchtanklänge, mit einem Hauch von Blütenhonig unterlegt. Saftig, elegant, reife gelbe Fruchtnuancen, dezenter Säurebogen, etwas Marille im Nachhall, bereits zugänglich, ein vielseitiger Speisenbegleiter, gutes Entwicklungspotenzial.

(94) Grüner Veltliner * Ried Schütt Dürnstein Smaragd 2020
13 Vol.-%, DV, Stahltank, €€€€€
Mittleres Gelbgrün, Silberreflexe. Zart nach gelber Tropenfrucht, ein Hauch von Ananas und Papaya, mit frischer Marille unterlegt, ein Hauch von Mandarinenzesten. Stoffig, wirkt kraftvoll, feine Fruchtsüße, angenehmer Säurebogen, Blütenhonig im Nachhall, wird von Flaschenreife profitieren.

(94) Grüner Veltliner * Ried Höhereck Dürnstein Smaragd 2020
13,5 Vol.-%, DV, Stahltank, €€€€€
Mittleres Gelbgrün, Silberreflexe. Feine reife Tropenfruchtnuancen, ein Hauch von Mango, Golden-Delicious-Apfel, zarte Wiesenkräuter und Blütenhonig. Saftig, reife Ananas, süße Textur, dezenter Säurebogen, opulenter Stil, fruchtiger Nachhall, gutes Entwicklungspotenzial.

93 Grüner Veltliner * Ried Kreutles Loiben Federspiel 2020
12,5 Vol.-%, DV, Stahltank, €€€
Mittleres Gelbgrün, Silberreflexe. Frische Mango, zart nach Wiesenkräutern, mit einem Hauch von gelbem Apfel unterlegt. Saftig, gute Komplexität und Würze, finessenreiche Säurestruktur, mineralisch-salzig im Abgang, zeigt gute Länge, ein facettenreicher Speisenbegleiter mit Reifepotenzial.

(93) Grüner Veltliner * Smaragd Bergdistel 2020
13 Vol.-%, DV, Stahltank, €€€€€
Mittleres Gelbgrün, Silberreflexe. Zart rauchig-kräuterwürzig unterlegte feine Kernobstnuancen, ein Hauch von

Dürnstein

Ringlotte, tabakiger Anklang. Saftig, reife Birne, zart cremiger Körper, gut integrierte Säurebogen, Blütenhonig im Nachhall, ein stoffiger Speisenbegleiter.

92 Grüner Veltliner * Dürnstein Federspiel 2020
12,5 Vol.-%, DV, Stahltank, €€€
Helles Gelbgrün, Silberreflexe. Feine Steinobstnuancen, Noten von Marille und gelbem Apfel, ein Hauch von Wiesenkräutern im Hintergrund. Straff, elegant, feine Frucht, finessenreiche Säurestruktur, zart nach frischer Mango im Abgang, gute Länge, vielseitiger Speisenwein.

92 Grüner Veltliner * Ried Superin Dürnstein Federspiel 2020
12,5 Vol.-%, DV, Stahltank, €€€
Helles Gelbgrün, Silberreflexe. Zarte weiße Birnenfrucht, ein Hauch von Papaya und Blütenhonig, mit Orangenzesten unterlegt. Mittlerer Körper, feine Kernobstnuancen, gut integrierter Säurebogen, salziger Nachhall, bereits gut antrinkbar.

*** Wachau DAC**

Die Ried Hammergraben ist nur eine
der großartigen Lagen für Grünen Veltliner

NIEDERÖSTERREICH
WAGRAM

Die 2019 eröffnete Stupa zwischen Grafenwörth und Feuersbrunn ist ein Symbol des Friedens

GRÜNER VELTLINER HAT LUST AUF LÖSS

Wagram, seit 2007 der offizielle Name dieses Weinbaugebiets, bezeichnet eine mächtige Geländestufe, die sich am linken Donauufer flussabwärts von Krems auf 30 Kilometern Länge bis zur Stadtgrenze Wiens erstreckt.

Rund 2720 Hektar Rebfläche verteilen sich in diesem Weinbaugebiet auf zwei ganz unterschiedliche Zonen. Nördlich der Donau erstreckt sich von der Mündung des Kamps in die Donau der eigentliche Wagram, eine markante Geländestufe. Die restliche Weingartenfläche ist in der südlich der Donau gelegenen Großlage Klosterneuburg und kleinen Weinorten im Tullnerfeld zu finden.

Der Wagram selbst kann in seiner geologischen und klimatischen Einheitlichkeit als idealtypisches Weinbaugebiet bezeichnet werden. Der Boden – eine Lössanwehung an den Ufern des Urmeeres, die ein einzigartiges Landschaftsbild formt – ist reich an Fossilien und Mineralien. Er verleiht den Weinen nachweislich eine ganz eigenständige Charakteristik. Der Einfluss des pannonischen Klimas mit sehr warmen Sonnentagen steht im Wechselspiel mit den kühlen Nächten. Die Kombination ergibt Weine von betonter Fruchtigkeit, Eleganz und Schmelz. Dieses Terroir kommt vor allem in der Hauptsorte des Gebiets, dem Grünen Veltliner, vollendet zum Ausdruck. Auch der autochthone Rote Veltliner, der übrigens nicht mit dem Grünen Veltliner verwandt ist, gedeiht unter diesen Bedingungen hervorragend, und immer mehr Winzer haben diese aromatische Sorte inzwischen ausgepflanzt und in ihrem Sortiment.

Gehaltvolle Rotweine – vorwiegend aus Blauem Zweigelt und Blauburgunder – sind in den führenden Weingütern ebenso anzutreffen wie Süßweine. Speziell Eisweine

werden am Wagram in besonderer Qualität gekeltert. Die Qualitätssteigerung in den letzten Jahren hat den Wagram dem Status eines Geheimtipps enthoben. Orte wie Feuersbrunn, Fels, Kirchberg oder Großriedenthal haben sich längst als Adressen engagierter Betriebe etabliert.

Die auch historisch gesehen wichtige Weinstadt Klosterneuburg deckt ein weites weinbauliches Spektrum ab: Hier befinden sich beschauliche Heurige ebenso wie traditionsreiche Betriebe von stattlicher Größe, Sektkellereien und eine Institution von besonderem Wert: die Höhere Bundeslehranstalt für Wein- und Obstbau, die erste Weinbauschule der Welt – gegründet 1860 – und heute renommierte Ausbildungsstätte des österreichischen Winzernachwuchses, der die Erfolgsgeschichte des österreichischen Weins weiterhin sichern soll.

AUSGEWÄHLTE WEINGÜTER

>

★★★★

Weingut Anton Bauer, Feuersbrunn
Weinbau Karl Fritsch, Oberstockstall
Weingut Josef Fritz, Zaußenberg
Weingut Leth, Fels am Wagram
Weingut Bernhard Ott, Feuersbrunn

★★★

Weingut Stefan Bauer, Königsbrunn am Wagram
Weingut Ecker – Eckhof, Kirchberg am Wagram
Weingut Josef Ehmoser, Tiefenthal
Weingut Stift Klosterneuburg, Klosterneuburg
Weingut Kolkmann, Fels am Wagram

★★★

Weingut Nimmervoll, Engelmannsbrunn
Weingut Franz Sauerstingl, Fels am Wagram

★★

Familie Bauer – Bioweingut, Großriedenthal
Weingut Josef Bauer, Feuersbrunn
Weingut Benedikt, Kirchberg am Wagram
Weingut Leopold Blauensteiner, Gösing am Wagram
Weingut Robert Direder, Kirchberg am Wagram
Weingut Karl Diwald, Großriedenthal
Weinhof Ehn, Engelmannsbrunn
Weingut Ernst, Großwiesendorf

<

AUSGEWÄHLTE WEINGÜTER

★★

Winzerhof Gmeiner, Seebarn
Weingut Norbert Greil, Unterstockstall
Weinhof Grill, Fels am Wagram
Weingut Heiderer-Mayer, Großweikersdorf
Mayer der Wein, Kirchberg am Wagram
Weinbau Familie Reinberger, Grafenwörth
Weingut Herbert Schabl, Königsbrunn am Wagram
Weingut Familie Schuster, Großriedenthal
BIO Weingut Urbanihof – Familie Paschinger, Fels am Wagram
Weinhof Waldschütz, Sachsendorf
Weingut Gerald Waltner, Engelmannsbrunn

★

Weingut Daschütz, Kirchberg am Wagram
Weingut M. Mayer, Königsbrunn
Winzerhof Obenaus, Großriedenthal
Weingut Polsterer, Feuersbrunn
Weinhof Thomas Stopfer, Ruppersthal
Weingut Josef Zeitlberger & Josef Zeitlberger, Großweikersdorf

★★★★

WEINGUT ANTON BAUER

Wenn er etwas anpackt, dann richtig. 1992 übernahm der Wagramer Anton Bauer das elterliche Weingut mit gerade einmal 3,2 Hektar Rebfläche, heute bewirtschaftet der Qualitätsfanatiker rund 30 Hektar Weingärten in Feuersbrunn. Sein Handwerk lernte er an der Weinbauschule Krems, bei einem Praktikum im Burgund – einer Weinregion, für die er eine besondere Leidenschaft hegt – und vier Jahre lang als Önologe auf einem renommierten niederösterreichischen Weingut. Danach fühlte sich Anton Bauer bereit für das »Abenteuer Winzerdasein« und geht seither seinen Weg geradlinig und mit Freude. Es ist die Kombination aus tief verwurzelt und offen für Neues, aus traditionell und experimentell, die Anton Bauer ausmacht. Von Anfang an dachte und handelte der Winzer visionär. So setzte er neben den Wagramer Klassikern wie Grünem und Rotem Veltliner oder Riesling schon früh auf Rotweine – ein mutiger Schritt, der von vielen skeptisch beäugt wurde. Doch Anton Bauer folgte seiner Überzeugung, und heute gehören sein Pinot Noir, sein Cabernet Sauvignon und seine legendäre »Cuvée Legendär« zu den Top-Rotweinen des Landes. Mit seinen sorten- und regionaltypischen Weißweinen spielt er in der gleichen Liga. Rosenberg, Spiegel, Kirchthal und Stiegl heißen seine besten Lagen, aus denen er Jahr für Jahr glasklare Weine mit Tiefgang keltert. Anton Bauer legt großen Wert auf Genauigkeit, eine nützlingsschonende integrierte Traubenproduktion und den maßvollen Einsatz von Pflanzenschutzmitteln. Ein gesunder, mit Humus angereicherter Boden bildet die Basis für die tief wurzelnden Rebstöcke. Sommerschnitt und Traubenreduktion sind weitere Grundlagen für reifes Lesegut von bester Qualität. Das physiologisch reife Traubenmaterial wird so schonend wie möglich verarbeitet, 100%ige Handlese ist selbstverständlich.

(94) Grüner Veltliner Grande Reserve 2020
13,5 Vol.-%, NK, Stahltank/ großes Holzfass, €€€€€
Helles Gelbgrün, Silberreflexe. Feine Nuancen von Mango und Golden-Delicious-Apfel, ein Hauch von Wiesenkräutern, frische Orangenzesten. Komplex, saftig, reife gelbe Birne, kraftvoll, gut integrierter Säurebogen, feiner Blütenhonig im Abgang, zeigt Länge, ein stoffiger und würziger Begleiter bei Tisch.

(93) Grüner Veltliner Private Selection 2020
14 Vol.-%, NK, Beton, €€€€€
Helles Gelbgrün, Silberreflexe. Mit einem Hauch von Oran-

WEINGUT ANTON BAUER

3483 Feuersbrunn
Neufang 42
T: +43 (2738) 2556
office@antonbauer.at
www.antonbauer.at

Kellermeister/Kontakt:
Anton Bauer
Produktion: 54 % weiß, 45 % rot, 1 % süß, 35 Hektar
Messen: ProWein Düsseldorf, VieVinum

Anton Bauer

genzesten unterlegte Mangofrucht, etwas Papaya und Ananas, floraler Touch. Kraftvoll, feinwürzige gelbe Kernobstaromen, gut integrierter Säurebogen, dezente Süße im Abgang, Blütenhonig im Nachhall.

93 Chardonnay Reserve 2019

13,5 Vol.-%, NK, 500-l-Fass/gebrauchte Barriques, €€€€€
Leuchtendes Gelbgrün, Silberreflexe. Zart nach kandierten Orangenzesten, gelber Apfel, feine Holzwürze, ein Hauch von Vanille. Stoffig, elegant, süße gelbe Tropenfrucht, feiner Säurebogen, mineralisch und gut anhaftend, zeigt Länge, nussiger Nachhall, bereits gut entwickelt, sicheres Reifepotenzial.

93 Riesling Private Selection 2017

14 Vol.-%, DV, Edelstahl/Beton, €€€€€
Helles Gelbgrün, Silberreflexe. Zarte Reifenuancen, ein Hauch von Safran, Mandarinenzesten, floraler Touch, mit Limetten unterlegt. Kraftvoll, feine gelbe Tropenfrucht, dezenter Säurebogen, im Abgang Ananas und zart nach Blütenhonig, gereifte Stilistik.

(92) Riesling Alte Rebe 2020

13,5 Vol.-%, DV, Edelstahl/Beton, €€€€€
Helles Gelbgrün, Silberreflexe. Floral unterlegte intensive Tropenfrucht, einladender Maracujatouch, zart nach Limette. Saftig, elegant, weiße Pfirsichfrucht, finessenreiche Säurestruktur, mineralisch-zitronig im Abgang, vielseitig einsetzbar.

91 Pinot Blanc Ried Kirchthal 2019

14 Vol.-%, NK, Beton/Barrique, €€€€€
Helles Gelbgrün, Silberreflexe. Mit einem Hauch von Karamell unterlegte gelbe Birnenfrucht, zart nach Nougat und kandierten Orangenzesten. Mittlere Komplexität, weiße Apfelfrucht, cremige Textur, dezenter Säurebogen, bereits gut entwickelt.

(94) Pinot Noir Private Selection 2018

14 Vol.-%, NK, Barrique/Beton, €€€€€€ Ⓗ
Kräftiges Rubingranat, tiefer Kern, zarte Ockerreflexe, dezente Randaufhellung. Zart rauchig unterlegter Nougattouch, rotes Waldbeerenkonfit, zart nach kandierten Veilchen. Saftig, elegant, erinnert an Côte-Rôtie, feine Tannine, angenehme Extraktsüße im Finale, bereits zugänglich, feiner, stoffiger Speisenwein.

(92) Pinot Noir Reserve Limited Edition 2019

14 Vol.-%, NK, Barrique, €€€€€ Ⓗ
Kräftiges Karmingranat, violette Reflexe, dezente Ockerrandaufhellung. Feine Nuancen von roten Waldbeeren, ein Hauch von Erdbeerkonfit und Mandarinenzesten. Mittlerer Körper, rotbeeriger Touch, frisch strukturiert, feine Tannine, mineralisch im Abgang, würziger Rückgeschmack.

(94) Cabernet Sauvignon Reserve Limited Edition 2019

14 Vol.-%, NK, Barrique, €€€€€ Ⓗ
Tiefdunkles Rubingranat, opaker Kern, dezente Randaufhellung. Feine Holzwürze, unterlegt mit Cassis und Lakritze, floraler Touch, tabakige Nuancen. Saftig, kraftvoll, feine Extraktsüße, süße Früchte, feine Tannine, lebendig und lange anhaftend, mineralisch im Nachhall, großes Reifepotenzial.

(94) Anton Bauer Privat 2018 CS/ME
14 Vol.-%, NK, Barrique, €€€€€€ Ⓗ
Dunkles Rubingranat, opaker Kern, dezente Randaufhellung. Tabakig-kräuterwürzig unterlegte Nuancen von schwarzen Waldbeeren, nach Brombeeren, ein Hauch von Lakritze. Komplex, kraftvoll, süße Textur, reife, präsente Tannine, etwas Nougat im Abgang, gute Länge, salziger Nachhall, verfügt über Zukunftspotenzial.

(93) Merlot Reserve Limited Edition 2019
14 Vol.-%, NK, Barrique, €€€€€ Ⓗ
Dunkles Rubingranat, opaker Kern, dezente Ockerrandaufhellung. Zart rauchig-würzig unterlegte Nuancen von Cassis und Lakritze, feine Edelholzwürze. Saftig, reife Kirschen, gut integrierte, reife Tannine, frisch und gut anhaftend, feines Nougat im Abgang, bereits gut antrinkbar.

(93) Blaufränkisch Reserve Limited Edition 2019
14 Vol.-%, NK, Barrique, €€€€€ Ⓗ
Tiefdunkles Rubingranat, opaker Kern, dezente Randaufhellung. Schwarze Kirschen, Brombeerkonfit, zarte florale Nuancen, ein Hauch von Mandarinenzesten. Saftig, frische Kirschen, feine Tannine, lebendig strukturiert, süße Beeren im Abgang, bleibt haften, ein stoffiger Speisenbegleiter.

★★

FAMILIE BAUER - BIOWEINGUT

BIO

Familie Bauer setzt auf Rot: Im Betrieb nimmt der Grüne Veltliner zwar mit 45 Prozent den größten Teil der Rebfläche ein, da sich der Wagram aber auch ideal für den Roten Veltliner eignet (roter Tertiärschotter und mächtige Lössformationen), wird dieser Sorte immer mehr Beachtung geschenkt. Aufgrund der Wagramer Bodenarten konnten die verschiedenen Rebsorten ideal auf den passenden Standort abgestimmt werden. Die Burgundersorten pflanzte man auf einem kalkhaltigen Lössboden, und auf sandig-schottrigem Lössboden gedeihen Rieslinge. Der Grüne Veltliner steht auf mächtigen Lössböden und auf rotem Schotter. In vier Varianten gibt es diese Sorte in der Flasche, dabei ist der Eiswein noch nicht mitgerechnet.
Besonderes Augenmerk legt das Weingut Bauer auf den biologisch-organischen Anbau. Für die intensiven Bemühungen in diese Richtung wurde der Betrieb schon früh mit einem Um-

Familie Bauer: Eva Maria, Josef, Laurenz, Johanna, Maria Anna und Josef sen.

FAMILIE BAUER - BIOWEINGUT
3471 Großriedenthal
Hauptstraße 68
T: +43 (2279) 7204
info@familiebauer.at
www.familiebauer.at

Kellermeister/Kontakt:
Josef Bauer
Anbauweise: Zertifiziert Biologisch (Austria Bio Garantie)
Produktion: 72 % weiß, 25 % rot, 3 % süß, 28 Hektar
Vereinszugehörigkeit:
Weingüter Wagram
Messen: ProWein Düsseldorf, VieVinum, Vinobile Montfort

weltpreis ausgezeichnet. Unbedingt zu erwähnen ist eine besondere Rarität: der Blaue Burgunder Eiswein – ein Must-have von der Familie Bauer.

92 Grüner Veltliner Ried Hinterberg 2019
13,5 Vol.-%, DV, Teilbarrique, €€€ B
Leuchtendes Gelbgrün, Silberreflexe. Feine Apfelnuancen, ein Hauch von Blütenhonig, Wiesenkräuter, Mandarinenzesten. Mittlerer Körper, feine Säurestruktur, mineralisch, zarte Papayanoten, dunkle Mineralik, feine Tabaknoten, guter Speisenbegleiter.

90 Grüner Veltliner Ried Goldberg 2020
13 Vol.-%, DV, Stahltank, €€ B
Mittleres Gelbgrün, Silberreflexe. Zarte Wiesenkräuter, ein Hauch von Papaya, Pfirsichtouch, Orangenzesten klingen an. Saftig, elegant, feine Säurestruktur, mineralisch-salzig, feine Kräuternuancen, weiße Apfelfrucht, bereits gut antrinkbar.

92 Weißburgunder Ried Eisenhut Reserve 2019
13,5 Vol.-%, DV, Teilbarrique, €€€ B
Mittleres Gelbgrün, Silberreflexe. Feiner Blütenhonig, etwas nach Williamsbirne, ein Hauch von Passionsfrucht. Saftig, elegant, feine Säurestruktur, mineralisch, extraktsüß nach weißem Pfirsich, bereits gut antrinkbar.

92 Roter Veltliner Ried Hinterberg 2019
14 Vol.-%, DV, Teilbarrique, €€€
Mittleres Grüngelb, Silberreflexe. Kräuterwürzig unterlegte Nuancen von Quittengelee, ein Hauch von weißen Mandeln, kandierte Orangenzesten. Saftig, weiße Tropenfrucht, feiner Säurebogen, mineralisch, dezente Fruchtsüße im Nachhall, zeigt Länge, sicheres Reifepotenzial.

91 Roter Veltliner Urig 2018
13,5 Vol.-%, NK, Eichenfass, €€€€€ O
Trübes Lachsrosa mit Orangereflexen. Etwas nach Eibisch, feine Haselnussnuancen, ein Hauch von Marzipan, Kardamom, Passionsfrucht. Mittlerer Körper, saftig, elegant, feine Säurestruktur, Maracuja im Abgang, salziger Nachhall, bereits gut antrinkbar.

90 Roter Veltliner Wagram Terrassen 2020
12 Vol.-%, DV, Stahltank, €€
Mittleres Gelbgrün, Silberreflexe. Zart nach Wiesenkräutern, zart hefig unterlegte Ananasfrucht, frische Mango, Nuancen von Orangenzesten. Mittelgewichtig, grüner Apfel, frisch strukturiert, mineralisch-zitronig im Abgang, gelbe Birne im Nachhall.

★★

WEINGUT JOSEF BAUER

Bereits in vierter Generation bewirtschaften Joe und Christine Bauer dreizehn Hektar Weingärten in den Rieden am Hengstberg in Feuersbrunn. Mit dem Jahrgang 2017 brachte sich die fünfte Generation Florian in den Betrieb ein, die neue Weinlinie »Saphir« trägt seine Handschrift. Die ausgepflanzten Rebsorten des Weinguts Bauer bestehen aus 50 Prozent Grünem Veltliner, 20 Prozent Riesling, 5 Prozent Weißburgunder und Chardonnay, 5 Prozent Rotem Veltliner, 10 Prozent Zweigelt und 5 Prozent Cabernet Sauvignon.
Das Hauptaugenmerk des Weinguts liegt vor allem auf der Fruchtigkeit der Weißweine. Die schonende Handlese mit anschließendem Traubentransport in Kisten, die Ganztraubenpressung und die temperaturgesteuerte Gärung im Stahltank sind Voraussetzung für viel Frucht und jede Menge Trinkspaß. Die Rotweine werden nach der ersten und zweiten Gärung sowohl in großen Holzfässern als auch in Barriques ausgebaut. Die Arbeit im Weingarten wird vor allem auf optimales Wassermanagement ausgelegt. Eher offener Boden während der Vegetation, niedrige Erziehungsformen und Ertragsreduktion speziell in extrem trockenen Jahren sind hierbei sehr wichtige Faktoren.
Auch im Bereich des Pflanzenschutzes trachtet das Weingut Josef Bauer in erster Linie danach, die natürliche Widerstandskraft der Reben und Nützlinge so weit zu forcieren, dass chemische Behandlungen nurmehr zur Qualitätssicherung Verwendung finden und auf ein Mindestmaß reduziert werden können.

92 Weißburgunder Weisser Saphir 2019
14 Vol.-%, DV, Barrique/Amphore, €€€€ V
Helles Goldgelb, Silberreflexe. Einladende reife Birnenfrucht, zart mit Walnuss unterlegt, zarter Blütenhonig klingt an, einladendes Bukett. Saftig, fruchtsüße Textur, dezenter Säurebogen, Honig im Nachhall, zugänglicher Stil, bereits gut einsetzbar.

WEINGUT JOSEF BAUER
3483 Feuersbrunn
Neufang 52
T: +43 (2738) 2309
weingut@josefbauer.at
www.josefbauer.at

Kellermeister: Florian Bauer
Kontakt: Josef Bauer
Produktion: 80.000 Flaschen
85 % weiß, 5 % rosé, 10 % rot,
13 Hektar
Vereinszugehörigkeit:
Weingüter Wagram
Messen: VieVinum, Weintage im Museumsquartier

(92) Grüner Veltliner Ried Rosenberg 2020
13,5 Vol.-%, DV, Edelstahl/Amphore, €€€ V
Mittleres Gelbgrün, Silberreflexe. Zarte Kräuterwürze, gelber Apfel, etwas Mango, ein Hauch von Anis, zart nach Mandarinenzesten. Mittlerer Körper, feine Apfelfrucht, ein Hauch von Fruchtsüße, finessenreich strukturiert, saliner Touch, Limette im Finish, ein vielseitiger Speisenbegleiter.

91 Grüner Veltliner Katharina 2020
12,5 Vol.-%, DV, Stahltank, €€ V
Helles Gelbgrün, Silberreflexe. Feine Apfelfrucht, ein Hauch von Honigmelone, zarte tabakige Würze. Stoffig, mittlerer Körper, feine Kernobstnuancen, lebendig strukturiert, bleibt haften, vielseitig einsetzbar, feine zitronig-mineralische Nuancen im Nachhall.

(91) Grüner Veltliner Reserve Ried Spiegel Alte Reben 2020
13,5 Vol.-%, DV, Edelstahl/gebrauchte Barriques, €€€ V
Helles Goldgelb, Silberreflexe. Zarte gelbe Tropenfrucht, nach Ananas und Mango, ein Hauch von Wiesenkräutern, frische Orangenzesten. Mittlere Komplexität, weiße Apfelfrucht, frisch strukturiert, zitronig und gut anhaftend, zarte Mineralik im Finish.

91 Sauvignon Blanc Feuersbrunn 2020
13,5 Vol.-%, DV, Stahltank, €€ V
Helles Goldgelb, Silberreflexe. Zartwürzig unterlegte Nuancen von frischen Guaven, gelbe Stachelbeeren, ein Hauch von Grapefruitzesten. Saftig, Anklänge von Ananas und Maracuja, frischer Säurebogen, stoffig, salziger Nachhall, ein vielseitiger Begleiter bei Tisch.

90 Riesling Feuersbrunn 2020
13 Vol.-%, DV, Stahltank, €€ V
Helles Gelbgrün, Silberreflexe. Feine weiße Tropenfrucht, zart mit Weingartenpfirsich unterlegt, ein Hauch von Limetten. Saftig, elegant, weißer Apfel, feine Fruchtsüße, lebendig unterlegt, mineralischer Touch, bereits gut antrinkbar.

★★★

WEINGUT STEFAN BAUER

Stefan und Karin Bauer haben Vergangenheit und Zukunft mit Fantasie vereint – bei jedem ihrer Weine und in der Architektur des Weinguts. Sie vertrauen auf die naturgegebenen Vorzüge der regionltypischen Sorten und versuchen, durch den Ausbau eine unaufdringliche klassische Stilistik zu erreichen, wovon die Leitsorten Grüner und Roter Veltliner in besonderem Maße profitieren. Der Rote Veltliner, die Diva unter den Veltlinern, erfährt auf dem Weingut eine besondere Zuneigung, die klassische Variante ebenso wie die Reserve, die von Ausbau und Lagerung im Akazienfass besonders profitiert.
Die berührende Geradlinigkeit und der völlige Verzicht auf modische Allüren zeichnen den Winzer und seine Weine aus. »Ich laufe keinen kurzlebigen Trends nach«, so Stefan Bauer. Als Verbeugung vor dem Weitblick der Großeltern Josef und Mathilde Hutzler taufte Stefan Bauer seinen besten Grünen Veltliner »Hutzler«, geerntet von den ältesten und besten Rebstöcken in den Weingärten rund um Königsbrunn. Der »Hutzler« ist ein vielschichtiger Veltliner, balanciert und doch jugendlich; seine reife und komplexe Frucht entwickelt die

WEINGUT STEFAN BAUER

3465 Königsbrunn am Wagram
Rathausplatz 19
T: +43 (2278) 2771
stefan@weingutbauer.at
www.weingutbauer.at

Kellermeister/Kontakt:
Stefan Bauer
Produktion: 95 % weiß, 1 % rosé, 4 % rot, 12 Hektar
Vereinszugehörigkeit:
Wagramer Selektion
Messen: ProWein Düsseldorf, VieVinum

Grüner Veltliner

ganze harmonische Kraft der Wagramer Lössböden. Die Basis der Grüner-Veltliner-Serie bildet der »Wagram«, es folgen die beiden Lagenveltliner Ried Bromberg und Ried Steinagrund, sowie als gereifte Variante der »Hutzler«, der immer erst ab Herbst erhältlich ist.

94 Roter Veltliner Ried Hochrain Reserve 2019

14,5 Vol.-%, DV, Stahltank/Holzfass, €€€€€
Mittleres Gelbgrün, Silberreflexe. Reife gelbe Pfirsichfrucht, einladender Touch von Maracuja und Papaya, feiner Blütenhonig, zarte Nuancen von Grapefruitzesten. Saftig, komplex, gelbe Tropenfrucht, gut integrierte Süße, feiner Säurebogen, mineralisch, zarter Honig im Nachhall, zeigt gute Balance und Länge, großes Reifepotenzial, toller Sortenvertreter.

92 Roter Veltliner Wagram 2020

13 Vol.-%, DV, Stahltank, €€
Helles Gelbgrün, Silberreflexe. Feine gelbe Birnenfrucht, ein Hauch von Feigen, einladendes, reifes Bukett. Stoffig, gelbe Tropenfrucht, zart nach Ananas, angenehmer Säurebogen, feiner Blütenhonig, zitroniger Touch im Abgang, gutes Reifepotenzial.

93 Grüner Veltliner Hutzler Reserve 2019

14,5 Vol.-%, DV, großes Holzfass/Stahltank, €€€€€
Mittleres Grüngelb, Silberreflexe. Reife Tropenfrucht, Papaya und Mango klingen an, zarter Blütenhonig, Marillen im Hintergrund, zart nach Quitten, einladendes Bukett. Saftig, elegant, mineralische Textur, dezenter Säurebogen, salziger Touch, bleibt haften, gut entwickelt, ein stoffiger Speisenbegleiter.

92 Grüner Veltliner Ried Steinagrund 2019

13,5 Vol.-%, DV, Holzfass/Stahltank, €€€
Leuchtendes mittleres Grüngelb, Silberreflexe. Feine Nuancen von gelber Tropenfrucht. Zart nach Ananas und frischer Mango, mit Mandarinenzesten unterlegt. Saftig, elegant, zart nach Marille, feiner Säurebogen, fruchtig im Nachhall, bereits gut entwickelt und mit Reifepotenzial ausgestattet.

91 Grüner Veltliner Ried Bromberg 2020

13 Vol.-%, DV, Stahltank, €€
Helles Gelbgrün, Silberreflexe. Frische Nuancen von Golden-Delicious-Apfel und Mango, ein Hauch von Marille, mit Orangenzesten unterlegt. Saftig, elegant, feine Fruchtsüße, frischer Säurebogen, mineralisch-zitronig, vielseitig einsetzbar.

91 Weißburgunder 2020

14 Vol.-%, DV, Stahltank, €€
Helles Gelbgrün, Silberreflexe. Mit zarten Wiesenkräutern unterlegtes weißes Kernobst, ein Hauch von frischer Birne, Orangenzesten klingen an. Kraftvoll, saftig, dezente Fruchtsüße, zarter Säurebogen, weiße Tropenfrucht im Nachhall, bereits gut antrinkbar.

Wolfgang und Kristina Benedikt

WEINGUT BENEDIKT
3470 Kirchberg am Wagram
Mallon 26
T: +43 (676) 63 62 490
office@benedikt.cc
www.benedikt.cc

Kellermeister/Kontakt:
Ing. Wolfgang Benedikt
Produktion: 10+10 Hektar
Vereinszugehörigkeit:
Wagramer Selektion
Messen: VieVinum

★★

WEINGUT BENEDIKT

Wolfgang Benedikt gehört zur dynamischen und innovativen Winzergeneration am Wagram. Seine Weine bestechen durch eine blitzsaubere und fruchtbetonte Stilistik mit Tiefgang. Der Winzer ist Mitglied der »Wagramer Selektion« und bemüht sich in verschiedensten Funktionen, die Entwicklung der Region voranzutreiben und ihre Zukunft aktiv mitzugestalten. Er führt gemeinsam mit seiner Frau Kristina in der Marktgemeinde Kirchberg am Wagram einen Traditionsbetrieb (Weinbau seit 1776) mit modernem Weinverständnis. Den Grundstein dafür haben seine Eltern Johann und Irmgard Benedikt bereits vor fünf Jahrzehnten gelegt. Seitdem haben sie das Weingut stetig weiterentwickelt und den Anforderungen eines modernen und nachhaltigen Qualitätsweinbaues angepasst. Vor allem im Spitzensegment sind eine klare Handschrift und dieses rigorose Qualitätsdenken erkennbar.

Das vorrangige Ziel des Winzers ist es, sich auf die Leitsorte der Region zu besinnen: den Grünen Veltliner. Diesem widmet er sich in fünf verschiedenen Ausbaustufen, wobei die kräftigen Lagenveltliner »Ried Schafflerberg« und »Ried Goldberg« die Spitze darstellen – Verkostungserfolge inklusive. Ebenso können zuletzt neu die Reserven vom Grünen Veltliner Ried Goldberg und vom Chardonnay, beide im Barrique ausgebaut, überzeugen. Beim Rotwein spielt gebietstypisch der Zweigelt die Hauptrolle. Neben dem klassischen Zweigelt versteht es Wolfgang Benedikt auch immer wieder, mit seiner Merlot-Zweigelt-Cuvée »Spartacus« zu beeindrucken.

93 Grüner Veltliner Ried Goldberg Reserve 2019
14 Vol.-%, VL, Barrique, €€€
Mittleres Goldgelb, Silberreflexe. Mit Orangenzesten unterlegter Marillentouch, ein Hauch von Blütenhonig, attraktives Bukett. Saftig, reife Marille, angenehmer Säurebogen, zitronig-mineralisch unterlegte feine Fruchtsüße, gute Länge, wird von weiterer Flaschenreife profitieren.

92 Grüner Veltliner Ried Goldberg 2020
14 Vol.-%, DV, großes Holzfass, €€€
Helles Goldgelb, Silberreflexe. Feine Nuancen von gelber Tropenfrucht, mit feiner Kräuterwürze unterlegt, ein Hauch von frischer Quitte. Saftig, engmaschig, feine weiße Apfelfrucht, angenehmer Säurebogen, gute Länge, mineralischer Nachhall, bereits gut entwickelt.

91 Grüner Veltliner Ried Schafflerberg 2020
13,5 Vol.-%, DV, großes Holzfass, €€
Helles Goldgelb, Silberreflexe. Mit feinen Wiesenkräutern unterlegter Blütenhonig, zart nach Marille, einladendes Bukett. Saftig, gute Komplexität, cremiger Körper, zarter Blütenhonig, seidig und gut anhaftend, ein ausgewogener Speisenwein, gutes weiteres Entwicklungspotenzial.

92 Chardonnay Lieblich 2018
14,5 Vol.-%, DV, großes Holzfass, €€€
Leuchtendes kräftiges Goldgelb, Silberreflexe. Feine Dörrobstnuancen, ein Hauch von Kletzen, mit süßer gelber Tropenfrucht unterlegt, kandierte Mandarinenzesten. Stoffig, gut eingebundene Honigsüße, seidig und elegant, bleibt gut haften, stilistisch eher eine süße Auslese, gutes Reifepotenzial.

89 Chardonnay 2020
13,5 Vol.-%, DV, großes Holzfass, €€

89 Riesling 2020
13,5 Vol.-%, DV, Stahltank, €€

★★

WEINGUT BLAUENSTEINER

Das Weingut Blauensteiner liegt im Weinort Gösing, eingebettet in einer Mulde mitten am Wagram. Große Aufmerksamkeit wird dem Grünen Veltliner mit rund der Hälfte der Anbaufläche geschenkt. Derzeit werden vom leichten Sommerwein »Wilbling« über »Essenthal« und den gehaltvollen »Fumberg« bis hin zum »Fumberg Privat« insgesamt vier Lagenweine vom Grünen Veltliner angeboten. Die zweite Hälfte der Betriebsfläche teilen sich Roter Veltliner, Sauvignon Blanc, Chardonnay, Riesling, Gelber Muskateller sowie Zweigelt. Der Rotweinanteil beträgt etwa 15 Prozent.
Der gelbe Lössboden besitzt ein überaus hohes Wasserhaltevermögen und sorgt für die Vielschichtigkeit des Aromas der Weine. Trockene, heiße Sommer sind vorherrschend. Die relative Abkühlung während der Nachtstunden an den Hängen des Wagrams – vor allem hier in der Höhenlage von Gösing – verleiht dem Wein Fruchtigkeit und eine subtile Aromatik. Zu den besten Rieden, welche die Familie Blauensteiner bewirtschaftet, zählen Essenthal, Fumberg, Gmirk und Wilbling. Das Weingut Blauensteiner ist Gründungsmitglied der »Weingüter Wagram«.

92 Grüner Veltliner Ried Fumberg 2020
14 Vol.-%, DV, Edelstahl, €€€
Mittleres Goldgelb, Silberreflexe. Zarte gelbe Tropenfrucht, ein Hauch von Marille, feine tabakige Würze, mit Nuancen von Honig unterlegt. Saftig, stoffig, elegante Textur, zarte Säurestruktur, süßer Nachhall, bleibt hängen, gute Länge, sicheres Entwicklungspotenzial.

91 Grüner Veltliner Ried Essenthal 2020
13,5 Vol.-%, DV, Edelstahl, €€
Helles Goldgelb, Silberreflexe. Etwas verhaltenes Bukett, Nuancen von Wiesenkräutern, zarte Apfelnote, ein Hauch von Blütenhonig. Saftig, gelbe Frucht, feiner Säurebogen, zitronig unterlegt im Abgang, bleibt haften, bereits gut antrinkbar.

89 Grüner Veltliner Ried Wilbling 2020
12,5 Vol.-%, DV, Edelstahl, €€

WEINGUT BLAUENSTEINER
3482 Gösing am Wagram
Obere Zeile 12
T: +43 (2738) 2116
leopold@blauensteiner.com
www.blauensteiner.com

Kellermeister/Kontakt: Leopold Blauensteiner
Produktion: 85 % weiß, 2 % rosé, 12 % rot, 1 % süß, 8 Hektar
Vereinszugehörigkeit: Weingüter Wagram
Messen: ProWein Düsseldorf

91 Roter Veltliner Ried Fumberg 2020
13,5 Vol.-%, DV, Edelstahl, €€
Helles Grüngelb, Silberreflexe. Frische Nuancen von gelber Birne, ein Hauch von Babybanane, etwas Mango, einladendes Bukett. Saftig, elegant, fast cremige Textur, mineralisch und gut anhaftend, feine Extraktsüße im Abgang, ein Speisenbegleiter mit Schmelz.

90 Chardonnay Ferrara 2020
13,5 Vol.-%, DV, Edelstahl, €€
Helles Goldgelb, Silberreflexe. Ein Hauch von Orangenzesten, gelbe Apfelfrucht, floral unterlegte Nuancen von Blütenhonig. Saftig, elegant, weißes Kernobst, frisch strukturiert, bleibt haften, mineralischer Nachhall, ein vielseitiger Speisenbegleiter.

89 Red Touch 2020 SY/ZW/BB
12,5 Vol.-%, DV, Edelstahl, €€

★

WEINGUT DASCHÜTZ

Der Betrieb der Familie Daschütz wird schon seit mehr als 200 Jahren als Familienbetrieb geführt. Das Hauptaugenmerk ist darauf gerichtet, regional- und terroirtypische Weine mit persönlicher Handschrift und einem gewissen internationalen Touch zu produzieren. Dabei werden natürlich wichtige ökologische und ökonomische Grundsätze berücksichtigt. Der Grundstein für beste Weinqualität wird bereits im Weingarten gelegt. Nützlingsschonende integrierte Traubenproduktion sowie Sorgfalt und Genauigkeit sind ein absolutes Muss. Durch Rebschnitt und Ertragsreduktion erreicht die Familie Daschütz die angestrebte Vollreife der Trauben. Nach der händischen Ernte in mehreren Durchgängen – faules Traubenmaterial wird ausgelesen – werden diese schonend gepresst und mittels moderner Kellertechnik weiterverarbeitet. Hygiene und Sorgfalt sind hier die wichtigsten Faktoren. Leichte, fruchtige Weißweine werden im Stahltank ausgebaut, kräftigere Vertreter in Eichen- oder Akazienholzfässern. Einige Rotweine erhalten durch die Vergärung oder Lagerung in Eichenholzfässern (Barriques) zusätzliche Fülle und Komplexität. Hierbei ist wie bei fast allen Dingen im Leben die Zeit ein wesentlicher Faktor. Familie Daschütz ist überzeugt: »Man sollte den Weinen die nötige Zeit zum Reifen und Entfalten geben, dann wird das Ergebnis umso hochwertiger und harmonischer.«

WEINGUT DASCHÜTZ
3470 Kirchberg am Wagram
Mitterstockstall 38
T: +43 (2279) 2443
weingut@daschuetz.at
www.daschuetz.at

Kellermeister/Kontakt:
Christoph Daschütz
Produktion: 80 % weiß, 5 % rosé, 15 % rot, 10 Hektar

91 Grüner Veltliner Ried Bromberg 2020
12,5 Vol.-%, DV, Stahltank, €€
Helles Gelbgrün, Silberreflexe. Frische Orangenzesten, zarte Apfelfrucht, ein Hauch von Mango, floraler Touch. Saftig, frischer Apfel, finessenreicher Säurebogen, zitronig-salziger Nachhall, leichtfüßig und gut anhaftend, ein facettenreicher Sommerwein.

91 Grüner Veltliner Ried Schloßberg 2019
14,5 Vol.-%, DV, großes Holzfass, €€
Leuchtendes helles Gelbgrün, Silberreflexe. Mit Wiesenkräutern unterlegte frische Ananas und Mangofrucht, einladendes Bukett. Komplex, saftig und kraftvoll, feinwürzig, mit dezentem Blütenhonig unterlegt, bleibt haften, ein konzentrierter Speisenwein mit Reifepotenzial.

90 Grüner Veltliner Classic 2020
12,5 Vol.-%, DV, Stahltank, €€
Helles Gelbgrün, Silberreflexe. Feine weiße Apfelfrucht,

zarte Kräuterwürze, einladendes Bukett. Saftig, leichtfüßige Textur, gute Frische, zart nach Kernobst, zitroniger Touch im Abgang, mineralischer Nachhall, bietet unkomplizierten Trinkspaß.

91 Roter Veltliner 2020
13,5 Vol.-%, DV, Stahltank, €€
Mittleres Goldgelb, Silberreflexe. Reife gelbe Tropenfrucht, zart nach Kletzen, kandierte Mandarinenzesten. Mittlere Komplexität, weiße Birnenfrucht, frisch strukturiert, dezente Süße im Abgang, bereits gut entwickelt.

91 Weißburgunder 2020
13 Vol.-%, DV, Stahltank, €€
Helles Gelbgrün, Silberreflexe. Zarte Nuancen von Kernobst und Honigmelone, etwas Limetten, zurückhaltendes Bukett. Mittlerer Körper, weißer Apfel, angenehme Frische, seidige Textur, mineralisch-zitronig im Nachhall, ein versatiler Speisenwein.

89 Riesling 2020
12,5 Vol.-%, DV, Stahltank, €€

★★

WEINGUT ROBERT DIREDER

Demut, Dankbarkeit und Traditionsbewusstsein, das sind die Fundamente des Schaffens als Winzer und auch die von Robert Direder: Demut vor dem unerschöpflichen Reichtum der Natur, den es zu bewahren gilt, Dankbarkeit für die Geschenke, die die nimmermüde Erde Jahr für Jahr spendet, Traditionsbewusstsein im Sinne der Pflege des Erbes und des Handwerks. Der Lohn für diese Konsequenz sind langlebige und charaktervolle Weine.
Robert Direders besonderes Anliegen ist es, den »Spannungsbogen« eines Weines und des Jahrgangs herauszuarbeiten, zu betonen, ihn langlebig zu gestalten. Deshalb hat er sich auch entschlossen, seinen Weinen mehr Zeit zur Reife zu geben. Heuer wurde aus diesem Grund ein Teil seiner Weine im gefüllten Zustand nochmals verkostet und bewertet. Im Weingarten setzen die Direders auf extensive Bewirtschaftung des Bodens und schonende Pflege der Rebstöcke. Sie werden im besten Sinne erzogen, ohne mit Nachdruck Leistung zu fordern, und man überlässt hier dem Weingarten eine gewisse Form der »Eigenverantwortung« und greift nur dort ein, wo es unbedingt notwendig ist. Die natürliche Wechselwirkung von Löss und Rebe kann man als Winzer nicht verbessern, es kann aber darauf geachtet werden, dass sie nicht gestört wird. Im Keller begleitet der junge Kellermeister mit Vorsicht und Zurückhaltung seine Weine und vermeidet übermäßige Eingriffe. Im Übrigen verlässt er sich auf seine Intuition. Diese Zurückhaltung wird mit besonders feinfruchtigen, feingliedrigen und runden Weinen belohnt. Familie Direder schätzt Eigenständigkeit und erfreut sich am Authentischen. Und sie blühen auf, wenn Hervorragendes gelingt! Das Resultat dieser Begeisterung: Weine mit Charakter, die fordern, aber niemals überfordern.

92 Weißburgunder Ried Steinberg 2019
13,5 Vol.-%, DV, Stahltank/500-l-Fass, €€€
Helles Goldgelb, Silberreflexe. Zarte gelbe Tropenfrucht, dezent mit Wiesenkräutern unterlegt, nussiger Touch, Orangenzesten. Saftig, gelber Apfel, dezente Fruchtsüße, gut integrierte Säurestruktur, feine salzige Nuancen im Abgang, ein stoffiger Begleiter bei Tisch.

WEINGUT ROBERT DIREDER
3470 Kirchberg am Wagram
Mitterstockstall 1a
T: +43 (664) 4322236
weingut@direder.at
www.direder.at

Kellermeister/Kontakt:
Robert Direder
Produktion: 90 % weiß, 10 % rot,
14 Hektar
Vereinszugehörigkeit:
Wagramer Selektion
Messen: ProWein Düsseldorf,
VieVinum, Vinobile Feldkirch

92 Grüner Veltliner Ried Schlossberg 2019
14 Vol.-%, DV, Stahltank/500-l-Fass, €€€
Mittleres Grüngelb, Silberreflexe. Reife Quitten, gelber Apfel, zart nach kandierten Orangenzesten, nussiger Touch. Kraftvoll, gelbes Kernobst, feiner Blütenhonig, gut integrierte Säure, dunkle Mineralik, bleibt haften, ein stoffiger Speisenbegleiter.

(92) Grüner Veltliner Ried Schlossberg Alte Reben 2019
14 Vol.-%, DV, 500-l-Fass, €€€€
Leuchtendes mittleres Grüngelb, Silberreflexe. Feine Orangenzesten, gelbe Tropenfrucht, etwas Mango, Wiesenkräuter und Mandarinen im Hintergrund. Stoffig, kraftvoll, süße gelbe Frucht, mineralisch, würziger Nachhall, wird von weiterer Flaschenreife profitieren.

90 Grüner Veltliner Ried Bromberg 2020
13 Vol.-%, DV, Stahltank, €€
Helles Gelbgrün, Silberreflexe. Mit Wiesenkräutern unterlegte weiße Apfelfrucht, Nuancen von Honigmelone, tabakiger Anklang. Mittlerer Körper, feine Birnenfrucht, frischer Säurebogen, mineralisch-zitronig, gut antrinkbar.

89 Grüner Veltliner Wagram 2020
12,5 Vol.-%, DV, Stahltank, €€

92 Roter Veltliner Ried Mordthal 2019
14 Vol.-%, DV, 500-l-Fass/Stahltank, €€€
Helles Goldgelb, Silberreflexe. Frische Kräuterwürze, gelbe Birnenfrucht, etwas Mango, Orangenzesten, mineralischer Touch. Stoffig und komplex, extraktsüße Textur, gut integrierter Säurebogen, feiner Blütenhonig im Abgang, bleibt gut haften, mineralische Nuancen im Finish, gutes Reifepotenzial.

★★

WEINGUT KARL DIWALD

Im Winzerhof aus dem 17. Jahrhundert betreibt Familie Diwald in sechster Generation Weinbau auf einer Fläche von zwölf Hektar. Die geologisch unterschiedlichen Toplagen Goldberg, Eisenhut und Hinterberg (von mächtigem kalkhaltigem Löss bis zu rotem Schotter) bieten die besten Voraussetzungen, um charaktervolle Weine zu keltern.
Die Hauptsorte ist der Grüne Veltliner, ausgebaut von leicht-fruchtig bis hin zur kräftigen Reserve. Riesling, Roter Veltliner, Gelber Muskateller, Chardonnay und Frühroter Veltliner ergänzen das Weißweinangebot. Bei den Rotweinsorten dominiert der Zweigelt mit etwas Merlot und Cabernet Sauvignon. Kurzer Rebschnitt, dem Wetter angepasste Laubarbeit und selektionierte Lese von Hand bringen vollreifes Lesegut in den Weinkeller. Aufgrund der darauffolgenden schonenden Behandlung des Leseguts entstehen dort mit der Zeit fruchtige, elegante und vollmundige Weißweine und kräftige, vielschichtige Rotwein von höchster Qualität. Der Winzersekt Diwald Brut und die Schaumweine (Chardonnay, Rosé vom Zweigelt) vervollständigen das Programm.

93 Grüner Veltliner Reserve Ried Goldberg 2017
13,2 Vol.-%, DV, großes Holzfass, €€€
Helles Goldgelb, Silberreflexe. Zarte Honignuancen, feines Marillenkonfit, kandierte Orangenzesten, reife Ananas im Hintergrund. Saftig, elegant, weiße Fruchtnuancen, seidige Säurestruktur, feine Süße im Abgang, gut balanciert, ein perfekt gereifter Speisenbegleiter.

92 Grüner Veltliner Ried Eisenhut 2020
13,2 Vol.-%, DV, Edelstahl, €€
Helles Grüngelb, Silberreflexe. Ein Hauch von Wiesenkräutern, zart nach Honigmelone, Nuancen von Mango, etwas zurückhaltendes Bukett. Saftig, feine Fruchtsüße, reifer gelber Apfel, feine Säurestruktur, Blütenhonig im Abgang, gute Länge, sicheres Entwicklungspotenzial.

91 Grüner Veltliner Riad'nthoi 2020
12,7 Vol.-%, DV, großes Holzfass, €€
Helles Grüngelb, Silberreflexe. Einladende gelbe Tropenfrucht, Nuancen von Ananas und Papaya, ein Hauch von Blütenhonig, mit Orangenzesten unterlegt. Saftig, mittlere Komplexität, gelber Apfel, gute Frische, bleibt haften, zarter Zitrustouch im Nachhall.

92 Chardonnay 2018
13,3 Vol.-%, DV, Teilbarrique, €€
Helles Goldgelb, Silberreflexe. Zarte Holzwürze, ein Hauch von Vanille, gelbe Tropenfruchtanklänge. Saftig, cremige Textur, zart nach Bratapfel und Ananas, seidiger, gut anhaftender Stil, vielseitig einsetzbar und mit weiterem Reifepotenzial ausgestattet.

WEINGUT KARL DIWALD
3471 Großriedenthal
Großriedenthal 33
T: +43 (2279) 7218
weinbau.karl.diwald@aon.at
www.weinbau-karl-diwald.at

Kellermeister/Kontakt:
Karl Diwald
Produktion: 80 % weiß, 20 % rot,
11.5 Hektar

Geländestufe bei Großriedenthal

(91) Riesling 2020
13 Vol.-%, DV, Edelstahl, €€
Helles Goldgelb, Silberreflexe. Frische weiße Tropenfrucht, ein Hauch von Blüten und Limetten, mineralischer Touch. Saftig, grüner Apfel, rassige Säurestruktur, dezente Fruchtsüße im Abgang, zitronig-mineralisch im Nachhall, bereits antrinkbar.

(91) Terra Rubra 2019 ZW/ME/CS
13,5 Vol.-%, NK, Barrique, €€€
Dunkles Rubingranat, violette Reflexe, zarte Randaufhellung. Mit einem Hauch von Nougat und Gewürzen unterlegte dunkle Beerenfrucht, zart nach Lakritze, einladendes Bukett. Saftig, schokoladig, etwas Gewürznelken, samtige Tannine, Mokkaröstaromen, bereits gut antrinkbar.

★★★

WEINGUT ECKER – ECKHOF

Das Weingut Ecker – Eckhof, gelegen im Herzen von Niederösterreich, in Mitterstockstall, Gemeinde Kirchberg am Wagram, ist ein Familienbetrieb in dritter Generation, wobei die Familie Ecker bereits seit über 400 Jahren in der Weinbranche tätig ist. Der Betrieb liegt im schönen Weinbaugebiet Wagram, auf jener tiefen Lössschicht, die sich nördlich der Donau etwa 20 Kilometer – zwischen Krems und Stockerau – nach Osten erstreckt. Das klimatische Profil dieser Region bietet beste Voraussetzungen für die Sorten Grüner und Roter Veltliner. Derzeit wird auf dem Weingut eine Eigenfläche von 24 Hektar bewirtschaftet.
Bernhard Ecker produziert zu 80 Prozent Weißwein aus heimischen Sorten. Der Grüner Veltliner, der in fünf verschiedenen Varianten angeboten wird, sowie der Rote Veltliner sind die wichtigsten Sorten des umfangreichen Weinsortiments. Der national und international mehrfach ausgezeichnete Betrieb ist seit Jahren fixer Bestandteil der heimischen Winzerszene. Auch im Ausland erfreuen sich Ecker-Weine immer größerer Beliebtheit. Ecker steht für konstante Spitzenqualität ohne Kompromisse. Die Weine, die von Weinkennern Jahr für Jahr geschätzt werden, zeichnen sich vor allem durch Klarheit, Finesse und Langlebigkeit aus.
Ein gemütlicher Heuriger verwöhnt die Gäste mit vielen traditionellen Gerichten der Region und dem dazu passenden Glas Wein oder Sekt. Des Weiteren steht ein moderner

Alexandra und Bernhard Ecker

WEINGUT ECKER – ECKHOF
3470 Kirchberg am Wagram
Mitterstockstall 25
T: +43 (2279) 2440
weingut@eckhof.at
www.eckhof.at

Kellermeister/Kontakt:
Bernhard Ecker
Anbauweise: Umstellung auf bio
Produktion: 80 % weiß, 20 % rot, 24 Hektar
Vereinszugehörigkeit:
Wagramer Selektion
Messen: ProWein Düsseldorf, VieVinum

Verkostungsraum zur Verfügung, in dem nach kurzer telefonischer Voranmeldung in aller Ruhe das gesamte Sortiment probiert werden kann.

95 Roter Veltliner Ried Steinberg Große Reserve 2019
13,5 Vol.-%, NK, großes Holzfass, €€€€€
Helles Grüngelb, Silberreflexe. Feine gelbe Tropenfruchtnuancen, ein Hauch von Papaya und Honigmelone, zart nach Mango, mit einem Hauch von frischen Orangenzesten unterlegt, floraler Touch, sehr facettenreiches Bukett. Komplex, saftig und elegant, dabei keine Spur von Üppigkeit, angenehme Fruchtnuancen, sehr ausgewogen, kühle Stilistik, bleibt lange haften, sicheres Reifepotenzial.

(93) Roter Veltliner Ried Steinberg 2020
14 Vol.-%, DV, großes Holzfass, €€€€
Helles Goldgelb, Silberreflexe. Zart nach gerösteter Ananas und frischen Quitten, mit gelber Apfelfrucht und kandierten Mandarinenzesten unterlegt. Saftig, kräftig, reife gelbe Tropenfrucht, frisch strukturiert, zarter Blütenhonig im Abgang, gute Länge, sicheres Entwicklungspotenzial.

91 Roter Veltliner Wagram 2020
12,5 Vol.-%, DV, Stahltank, €€
Helles Grüngelb, Silberreflexe. Mit einem Hauch von frischen Wiesenkräutern unterlegte Nuancen von gelber Birne, zart nach Babybanane. Mittlerer Körper, grüner Apfel, frische Struktur, feine zitronige Nuancen, salziger Touch im Abgang, ein eleganter, animierender Speisenbegleiter.

(93) Grüner Veltliner Ried Mordthal 2020
13,5 Vol.-%, DV, großes Holzfass, €€€€
Mittleres Gelbgrün, Silberreflexe. Frische Birnen, ein Hauch von Wiesenkräutern, etwas weiße Tropenfrucht, frische Orangenzesten. Kräftig, gelber Apfel, dezente Fruchtsüße, gut integrierte Säure, mineralisch unterlegte Birnenfrucht im Abgang, wird von Reife profitieren.

92 Grüner Veltliner Ried Schlossberg 2020
12,5 Vol.-%, DV, Stahltank, €€
Helles Gelbgrün, Silberreflexe. Zart nach Ananas und Mango, ein Hauch von Blütenhonig und Mandarinenzesten. Saftig, feine Fruchtsüße, zart nach Marille, frischer Säurebogen, weißer Apfel, zitronig im Nachhall, verfügt über Entwicklungspotenzial.

91 Grüner Veltliner Ried Steinberg 2020
12,5 Vol.-%, DV, Stahltank, €€
Helles Grüngelb, Silberreflexe. Tabakig unterlegte weiße Kernobstnuancen, etwas Mango, frische Orangenzesten. Mittlerer Körper, weiße Birnen, frisch strukturiert, zitronig-mineralisch im Abgang, vielseitig einsetzbar.

90 Grüner Veltliner Kirchberg 2020
12,5 Vol.-%, DV, Stahltank, €€
Helles Gelbgrün, Silberreflexe. Zart nussig unterlegte gelbe Apfelfrucht, ein Hauch von Wiesenkräutern, frische Orangenzesten. Mittlerer Körper, weiße Frucht, lebendig strukturiert, zart nach Melone im Nachhall.

93 Grauburgunder Ried Schlossberg 2019
13,5 Vol.-%, DV, 500-l-Fass, €€€€
Mittleres Goldgelb, Silberreflexe. Feine gelbe Tropenfrucht, Nuancen von Papaya und Mango, mit einem Hauch von Blütenhonig unterlegt. Saftig, elegant, reife Birnenfrucht, feine Holzwürze, saftig und anhaftend, verfügt über gute Länge, ein stoffiger, bereits gut antrinkbarer Speisenbegleiter.

91 Riesling Wagram 2020
13 Vol.-%, DV, Stahltank, €€
Helles Gelbgrün, Silberreflexe. Zart nach Blütenhonig und gelbem Pfirsich, florale Nuancen. Mittlerer Körper, deutliche Fruchtsüße, Anklänge von Ananas, lebendig strukturiert, harmonisch, weiße Steinobstnuancen im Nachhall, bereits gut antrinkbar.

91 Weißburgunder Ried Schlossberg 2020
13 Vol.-%, DV, Stahltank, €€
Mittleres Grüngelb, Silberreflexe. Zart nach frischen Orangenzesten, ein Hauch von Anis und Wiesenkräutern, mit gelber Birnenfrucht unterlegt. Saftig, elegant, gelbe Tropenfrucht, frisch und zugänglich, süßer Nachhall.

92 Pinot Noir Reserve Edition Alexandra 2018
14,5 Vol.-%, NK, 500-l-Fass, €€€€€
Kräftiges Karmingranat, Ockerreflexe, breite Randaufhellung. Mit zarter Kräuterwürze unterlegte rote Waldbeerenfrucht, ein Hauch von Johannisbeeren und Mandarinenzesten, tabakige Nuancen. Saftig, feine Extraktsüße, Brombeerkonfit, bleibt gut haften, zarte Dörrobstnuancen im Nachhall, Feigentouch im Rückgeschmack, ein stoffiger Speisenbegleiter.

Kirchberg am Wagram

★★★

WEINGUT JOSEF EHMOSER

Josef und Martina Ehmoser bewirtschaften mit viel Leidenschaft erstklassige Rieden im östlichen Teil des Wagrams, eines markanten Höhenzugs aus Löss. Eine naturnahe Arbeitsweise, seit Generationen gelebte Nachhaltigkeit und ein bedingungsloser Qualitätsanspruch bilden dabei die Leitlinien. Als Mitglied bei den Österreichischen Traditionsweingütern vertraut das Weingut seinen Vorfahren und konzentriert sich auf traditionelle Weine – gewachsen im Einklang mit Boden, Klima und Sorte.
Jede Flasche ist etwas Typisches und Ursprüngliches vom Wagram – ein Unikat, geradlinig mit Aussage und Ausstrahlung. Das Sortiment präsentiert sich ausdrucksstark und umfassend.
Die Hauptsorte ist der Grüne Veltliner, der auf den charakteristischen Lössböden hervorragend gedeiht und von klassisch-würzig über kraftvoll-elegant bis hin zu den beiden ÖTW-Erste-Lage-Weinen Ried Georgenberg und Ried Hohenberg gekeltert wird. Das Herzblut der Ehmosers hängt aber auch am vielschichtigen Weißburgunder. Dass auch Riesling in reinen Lösslagen eine herrliche Pikanz entwickelt, beweist Josef Ehmoser überzeugend. Die im großen Holzfass ausgebauten Rotweine Zweigelt und St. Laurent geben sich ebenfalls finessenreich und elegant.
Im Weingarten nimmt die Handarbeit einen hohen Stellenwert ein, und so wird ausschließlich händisch geerntet. Im Keller lässt Josef Ehmoser seinen Weinen Zeit, ihre eigene Persönlichkeit zu entwickeln. Er unterstützt stets das Potenzial seiner Weine und betont deren Eigenheit, ohne sie jedoch auf vorgeschriebene Wege zu zwingen. Die Kraft der Natur

Martina und Josef Ehmoser

WEINGUT JOSEF EHMOSER
3701 Tiefenthal
Tiefenthal 9
T: +43 (2955) 70442
office@weingut-ehmoser.at
www.weingut-ehmoser.at

Kellermeister: Josef Ehmoser
Kontakt: Josef und Martina Ehmoser
Produktion: 80 % weiß, 20 % rot, 17 Hektar
Zertifiziert: Nachhaltig Austria
Vereinszugehörigkeit: Traditionsweingüter Österreich
Messen: ProWein Düsseldorf, VieVinum

bleibt so zur Gänze erhalten. Und das schmeckt man – auch noch Jahre später. International sind die regionaltypischen Weine des Weinguts Josef Ehmoser äußerst geschätzt.

94 Grüner Veltliner Ried Georgenberg 1ÖTW 2019
14 Vol.-%, NK, großes Holzfass, €€€€€
Mittleres Gelbgrün, Silberreflexe. Zart nach Kräutern und Melisse, etwas gelber Apfel, ein Hauch von Papaya, pfeffriger Touch. Saftig, elegant, feine Struktur, mineralisch, würzig, reifes Kernobst im Abgang, engmaschig, kraftvoller Speisenbegleiter.

93 Grüner Veltliner Ried Hohenberg 1ÖTW 2019
13,5 Vol.-%, NK, großes Holzfass, €€€€
Mittleres Gelbgrün, Silberreflexe. Tabakwürze, etwas nach Kumquats und Melone, ein Hauch von Maracuja, Wiesenkräuter klingen an. Saftig, komplex, straff, zart nach Ananas, gut eingebundene Säurestruktur, mineralisch, guter Speisenbegleiter.

89 Grüner Veltliner Wagram Terrassen 2020
12 Vol.-%, DV, Stahltank, €€

92 Riesling Grossweikersdorf Vom gelben Löss 2020
12,5 Vol.-%, DV, Stahltank, €€€
Helles Gelbgrün, Silberreflexe. Intensiver Duft nach Pfirsich, unterlegt mit Blütenhonig, zarte florale Nuancen, Clementinenzesten. Feine Säurestruktur, etwas nach Maracuja, ein Hauch von Melisse, frisch und lebendig, bereits gut antrinkbar.

92 Gemischter Satz Unter der Burg 2019
13,5 Vol.-%, NK, großes Holzfass/Beton, €€€€
Mittleres Gelbgrün, Silberreflexe. Intensiver Duft nach Ananas und Wiesenkräutern, zart nach eingelegtem Pfirsich, Blütenhonig. Mittlerer Körper, saftig, kraftvoll, balancierter Säurebogen, extraktsüß nach Marillen, bleibt gut haften, stoffiger Speisenbegleiter.

(91) Weißburgunder Grossweikersdorf Vom gelben Löss 2020
13 Vol.-%, DV, großes Holzfass, €€€
Mittleres Gelbgrün. Feiner Duft nach gelbem Kernobst, ein Hauch von Papaya, etwas Orangenzesten, Blütenhonig klingt an. Saftig, elegant, feine Birnenfrucht, etwas nach Karamell im Abgang, gut eingebundener Säurebogen, kraftvolles Finish.

88 Zweigelt Rosé 2020
12 Vol.-%, DV, Stahltank, €€

(92) Gelber Muskateller Spätlese 2020
8 Vol.-%, DV, Stahltank, €€€
Helles Gelbgrün, Silberreflexe. Zarte Muskatnuancen, feine weiße Pfirsichfrucht, ein Hauch von Litschi und Holunderblüten. Saftige weiße Tropenfrucht, feiner Säurebogen, fruchtige Süße im Abgang, eleganter Stil, gutes Reifepotenzial.

★★

WEINHOF EHN

Der Wagram bietet mit seinen vielseitigen Plateaus und Hanglagen die idealen Voraussetzungen für Gerhard Ehn, um in bewusster Auseinandersetzung mit der Natur hochwertige Weine zu produzieren. 2003 übernahm der junge Winzer den Familienbetrieb und modernisierte ihn Schritt für Schritt, bis hin zum Kellerneubau. Auch die Etiketten wurden auf eine schlichte, aber aussagekräftige Linie geändert. Durch das Ausnutzen des vorhandenen Gefälles gelingt es dem Weingut, von der Traube bis zum fertigen Wein in der Flasche mit teilweise nur drei Pumpvorgängen das Auslangen zu finden. Je nach Sorte und Jahrgang werden die Weine im Stahltank, im großen Holzfass oder teilweise im Barrique ausgebaut. Das Hauptaugenmerk des Winzers liegt auf dem Grünen Veltliner. Durch vier verschiedene Ausbauvarianten ist es hier gelungen, vom leichten, spritzigen Sommerwein »Swing« bis hin zum gehaltvollen Top-Veltliner »Mordthal« eine Reihe qualitativ hochwertiger Weine zu keltern, bei denen für jeden Geschmack etwas dabei ist. Die Sorten Weißburgunder, Chardonnay, Riesling, Frühroter Veltliner und Gelber Muskateller runden das Angebot bei den Weißweinen ab. Beim Rotwein wird der Zweigelt sowohl klassisch als auch im Barrique ausgebaut. Ziel des aufstrebenden Betriebs ist es, mit moderner Kellertechnik und viel Naturbewusstsein hervorragende Weine zu produzieren, die einfach Freude am Genuss bereiten.

93 Grüner Veltliner Gehnius Große Reserve 2019
14 Vol.-%, DV, gebrauchte Barriques, €€€€
Leuchtendes Gelbgrün, Silberreflexe. Einladendes Bukett nach Blütenhonig, etwas nach Karamell, Mangotouch, florale Nuancen. Saftig, straff, elegant, gut eingebundene Säurestruktur, fruchtsüß, Papaya, tabakiges Finish, guter Speisenbegleiter.

92 Grüner Veltliner Ried Mordthal 2020
13,5 Vol.-%, DV, großes Holzfass, €€
Mittleres Gelbgrün, Silberreflexe. Feiner Blütenhonig, ein Hauch von gelber Tropenfrucht, zart nach Wiesenkräuter, Mangonoten. Mittlerer Körper, saftig, extraktsüß, salzig, einladendes Bukett, Maracuja im Nachhall, guter Speisenbegleiter.

90 Grüner Veltliner Ried Satz 2020
13 Vol.-%, DV, Edelstahl, €€
Helles Gelbgrün, Silberreflexe. Reife Kräuterwürze, feine Tabaknoten, ein Hauch von gelber Apfelfrucht, mit Blütenhonig unterlegt. Mittlerer Körper, feine Struktur, leichtfüßig, bereits gut antrinkbar.

WEINHOF EHN
3470 Engelmannsbrunn
Kapellenberg 47
T: +43 (2279) 27377
office@weinhofehn.at
www.weinhofehn.at

Kellermeister/Kontakt: Gerhard Ehn
Produktion: 2 % Schaumwein, 85 % weiß, 3 % rosé, 10 % rot, 10 Hektar
Vereinszugehörigkeit: Wagramer Selektion
Messen: Weinmesse Innsbruck

Gerhard Ehn

89 Grüner Veltliner Ried Hochrain 2020
12,5 Vol.-%, DV, Edelstahl, €€

90 Weißburgunder Wagram 2020
14 Vol.-%, DV, Edelstahl, €€
Helles Gelbgrün, Silberreflexe. Frische Struktur, zarte Kräuterwürze, etwas nach weißem Steinobst, Zitrusnoten. Mittlerer Körper, feine Säurestruktur, kraftvoll, Birnentouch im Abgang, salziger Nachhall, bereits gut antrinkbar.

89 Chardonnay Wagram 2020
13,5 Vol.-%, DV, 500-l-Fass, €€

★★

WEINGUT ERNST

Harald Ernst ist für Weininteressierte schon länger kein Unbekannter mehr. Aber nicht nur durch seine vielen »SALON«-Siege, »SALON«-Weine und Landessiege, sondern auch durch andere nationale und internationale Auszeichnungen ist man auf den Winzer aufmerksam geworden. Die wichtigste Sorte, wie könnte es am Wagram anders sein, ist für den Betrieb Grüner Veltliner, den es in mehreren Ausbaustufen gibt. Aber auch seine Rieslinge und Weißburgunder konnten schon große Auszeichnungen und exzellente Verkostungsergebnisse verbuchen. Seit einigen Jahren wird Roter Veltliner ausgebaut. Und auch mit dieser Sorte wurden bereits große internationale Erfolge erzielt. Es wird bei der Bewirtschaftung der Rebanlagen großer Wert auf Nachhaltigkeit gelegt. Der Boden ist das Kapital, das für die nächsten Generationen gesund, vital und vor allem belebt erhalten werden muss. Der Artenvielfalt in der Pflanzen- und Tierwelt und der Mannigfaltigkeit der Bodenorganismen wird große Aufmerksamkeit geschenkt. Daher versucht man, mit vielen verschiedenen Pflanzen und Kräutern im Weingarten Leben in und über den Boden zu bringen. Denn nur auf gesunden und lebendigen Böden in Kombination mit einem Verständnis des Menschen für die Natur und die Reben werden sich diese wohlfühlen und auf Dauer hohe Traubenqualitäten hervorbringen können. Der Winzer ist bemüht, ein großes Blatt-Frucht-Verhältnis zu erreichen, das durch eine hohe Laubwand und starkes Ausdünnen erzielt wird.Die Lese erfolgt stets in mehreren Durchgängen und immer zu 100 Prozent von Hand. Im gemütlichen, freundlichen Verkostungsraum kann man gegen Voranmeldung die Weine probieren.

WEINGUT ERNST
3701 Großwiesendorf
Großwiesendorf 34
T: +43 (2955) 70325
weingut.ernst@aon.at
www.weingut-ernst.at

Kellermeister/Kontakt:
Harald Ernst
Produktion: 90 % weiß, 10 % rot, 14 Hektar

(93) Grüner Veltliner Ried Steinberg Reserve 2020
14 Vol.-%, DV, großes Holzfass, €€€
Mittleres Grüngelb, Silberreflexe. Frische Quitten, gelber Apfel, mit einem Hauch von Mandarinenzesten und Blütenhonig unterlegt. Stoffig, reife Frucht, süße Textur, dezenter Säurebogen, mineralischer Hintergrund, sehr balanciert, zeigt Länge, gutes Entwicklungspotenzial.

92 Grüner Veltliner Ried Hohenberg 2020
13 Vol.-%, DV, Stahltank, €€
Helles Gelbgrün, Silberreflexe. Zart tabakig unterlegte Nuancen von Birne und Mango, feine Kräuterwürze, ein Hauch von Orangenzesten. Komplex, saftig, frischer weißer Apfel, zart nach Honigmelone, feiner Säurebogen, süßer Nachhall, gute Länge, vielseitig einsetzbar.

90 Grüner Veltliner Classic 2020
12,5 Vol.-%, DV, Stahltank, €€
Helles Gelbgrün, Silberreflexe. Ein Hauch von reifem gel-

bem Apfel, zart nach Ringlotten, Limetten, mineralischer Touch. Mittlerer Körper, weißer Apfel, frische Säurestruktur, zitroniger Touch im Abgang, salziger Nachhall.

92 Riesling Ried Steinberg 2020
12,5 Vol.-%, DV, Stahltank, €€
Helles Grüngelb, Silberreflexe. Einladende weiße Tropenfrucht, ein Hauch von Weingartenpfirsich, zart nach Maracuja. Saftig, gute Komplexität, süße Steinobstnuancen, frischer Säurebogen, mineralisch-zitronig im Abgang, bereits gut entwickelt, macht Lust auf ein zweites Glas.

91 Weißburgunder Ried In Sätzen 2020
13,5 Vol.-%, DV, Stahltank, €€
Mittleres Gelbgrün, Silberreflexe. Feine Noten von reifer Birne, zart nach Mango und Ananas, kandierte Orangenzesten, zart nussiger Anklang. Stoffig, mittlerer Körper, feine Fruchtsüße, angenehm strukturiert, zitroniger Touch, gute Länge, weißer Pfirsich im Nachhall.

90 Gelber Muskateller 2020
12,5 Vol.-%, DV, Stahltank, €€
Helles Gelbgrün, Silberreflexe. Zarte Nuancen von Holunderblüten, feiner Pfirsichtouch, ein Hauch von Muskatnuss. Saftig, dezente Fruchtsüße, zart nach Maracuja, dezenter Säurebogen, mineralisch, ein Hauch von Limetten, salziger Touch im Abgang.

★★★★

WEINBAU KARL FRITSCH

BIO

Wein zu machen bedeutet für Karl Fritsch, Tradition auf ein positives Fundament für neues Handeln in der Gegenwart zu heben, denn erst aufgrund traditioneller Erfahrungen und Werte, die mit Inspirationen der Gegenwart gepaart werden, kann Kulturgut bewahrt und können neue Werte geschaffen werden.

Auf einer Fläche von 25 Hektar werden rund zwei Drittel Weißwein mit Schwerpunkt Grüner Veltliner und Riesling und ein Drittel Rotwein erzeugt. Der Wagram bietet in der Symbiose aus Klima und Boden speziell dem Grünen Veltliner hervorragende Bedingungen. Sucht man nach den Kernkompetenzen des Weinberghofs, dann testet man am besten den Grünen Veltliner, der hier sowohl als leichter Sommerwein als auch in Form von subtilen Lagenweinen wie »Steinberg« und »Schlossberg« angeboten wird. Bei den Rotweinen zählt die Cuvée »Foggathal« zu den bekanntesten und besten Österreichs, aber auch der saftige Pinot Noir hat einen exzellenten Ruf.

Kopf des Weinberghofs ist Weinmacher Karl Fritsch. Er hat unter den Winzern der Region Wagram aufgrund seiner Innovationen und seiner Umsetzungskraft einen sehr guten Ruf – das beweisen sowohl die wachsende Zahl seiner Kunden als auch die Prämierungen der Weine. Bei Karl Fritsch stehen seit der Umstellung auf Biodynamie im Jänner 2006 die Natur und ihre Ressourcen im Vordergrund seiner Arbeit, denn für ihn ist es nicht nur eine Verpflichtung, sondern auch ein Privileg, mit der Natur zu arbeiten. Ende 2007 wurde das Weingut Karl Fritsch in den Kreis der »Traditionsweingüter Österreich« aufgenommen, was seine wichtige Rolle im Wagramgebiet unterstreicht.

WEINBAU KARL FRITSCH
3470 Oberstockstall
Schlossbergstraße 9
T: +43 (2279) 5037
info@fritsch.cc
www.fritsch.cc

Kellermeister/Kontakt: Karl Fritsch
Anbauweise: Biodynamisch (respekt)
Produktion: 75 % weiß, 25 % rot, 25 Hektar
Vereinszugehörigkeit: Traditionsweingüter Österreich
Messen: FHA Singapore, Millésime Bio, ProWein Düsseldorf, VieVinum

92 Purist Pet Nat 2020 RR/GM
11,5 Vol.-%, NK, Stahltank, €€€€ V
Mittleres Gelbgrün, Silberreflexe, zarte Trübung. Etwas nach Brioche und Blütenhonig, ein Hauch von Maracuja, Lemongrass, grüner Apfel, frisches Bukett. Saftig, elegant, feine Säurestruktur, mineralisch-salzig, engmaschig, weißes Kernobst im Abgang, bleibt gut haften.

96 Tausend Weiss 2017 CH/WB
12,5 Vol.-%, NK, 500-l-Fass, €€€€€€ V
Helles Gelbgrün, Silberreflexe. Feiner Blütenhonig, einladendes Bukett nach reifer Tropenfrucht, zart nach Kamille, Orangenzesten. Gute Komplexität, saftig, straff, facettenreiche Säurestruktur, mineralisch-salzig, engmaschige gelbe Fruchtnuancen, Mangotouch, bleibt sehr gut haften, sicheres Entwicklungspotenzial.

95 Grüner Veltliner Ried Schlossberg 1ÖTW Oberstockstall 2019
13 Vol.-%, NK, gr. Holzfass/Stahltank, €€€€€ B V
Mittleres Gelbgrün, Silberreflexe. Feine Gewürznuancen, etwas Birnenfrucht, ein Hauch von Kräutern, Tabaknoten. Saftig, elegant, facettenreiche Säurestruktur, etwas nach Maracuja, Tropenfrucht klingt an, Fruchtsüße im Abgang, bleibt sehr gut haften, vielseitiger Speisenbegleiter mit Potenzial.

93 Grüner Veltliner Ried Steinberg Ruppersthal 2020
12,5 Vol.-%, DV, Stahltank, €€€ B V
Mittleres Gelbgrün, Silberreflexe. Feine Mandarinenzesten, etwas nach reifem Kernobst, ein Hauch von Papaya, Lemonenzesten klingen an. Gute Komplexität, feine Tropenfrucht, leichtfüßig, mineralisch im Abgang, bleibt gut haften, vielschichtig und elegant.

92 Grüner Veltliner Kirchberg 2020
12,5 Vol.-%, DV, Stahltank, €€€ V
Mittleres Gelbgrün, Silberreflexe. Feine Kräuternoten, ein Hauch von Maracuja, etwas Apfel, zart nach Kumquats. Saftig, elegant, gut integrierte Säurestruktur, leichtfüßig, weißer Pfirsichtouch, bleibt sehr gut haften.

91 Grüner Veltliner Wagram 2020
12 Vol.-%, DV, Stahltank, €€ V
Helles Gelbgrün, Silberreflexe. Reife Apfelfrucht, etwas nach frischen Kräutern, ein Hauch von Papaya, Clementinenzesten. Saftig, elegant, feine Struktur, mineralisch, gut eingebundene Säurestruktur, bleibt gut haften, bereits gut antrinkbar.

94 Riesling Ried Mordthal 1ÖTW 2019
12,5 Vol.-%, NK, großes Holzfass, €€€€ B V
Mittleres Gelbgrün, Silberreflexe. Dezenter Duft nach Pfirsich, etwas Blütenhonig, ein Hauch von Melisse, etwas nach Mango. Saftig, komplex, einladendes Bukett, gelbe Tropenfrucht, Honigmelone im Abgang, bleibt gut haften, vielschichtiger Speisenbegleiter mit Potenzial.

91 Riesling Wagram 2020
12,5 Vol.-%, DV, Stahltank, €€€ V
Mittleres Gelbgrün, Silberreflexe. Feine Kräuternoten, ein Hauch von Blütenhonig, weißes Steinobst, zitroniger Touch, attraktives Bukett. Saftig, mineralisch-salzig, etwas nach Melisse, leichtfüßig, Kumquats und Pfirsichnoten im Abgang.

93 Roter Veltliner Ried Steinberg 1ÖTW 2019
13 Vol.-%, DV, großes Holzfass, €€€€ B V
Helles Gelbgrün, Silberreflexe. Ein Hauch von Ananas, zart nach Maracuja, dezente Kräuterwürze, mit Mandarinenzesten unterlegt. Saftig, weiße Tropenfrucht, frisch und elegant, lebendige Struktur, Nuancen von Pfirsich im Abgang, mineralisch und gut anhaftend, zarte Extraktsüße im Nachhall.

92 Materia Prima 2019 TR/GV
11 Vol.-%, NK, Beton, €€€€€ S V
Leuchtendes Goldgelb, Orangereflexe. Feine Kräuternoten, ein Hauch von Pfirsich, dunkle Mineralik, Sternanis, Mandarinenzesten, etwas nach Heu. Saftig, elegant, feine Struktur, zart nach weißer Tropenfrucht, etwas nach Rhabarber, Gerbstoff im Nachhall, vielseitig einsetzbar.

90 Zweigelt Wagram Rosé 2020
11,5 Vol.-%, DV, Stahltank, €€ B V
Helles Lachsrosa, Silberreflexe. Zarte Noten von frischen Wiesenkräutern, rote Kirschen, dezente Nuancen von roten Waldbeeren, ein Hauch von Pfirsich. Mittlerer Körper, weißer Apfel, gut integrierte Säurestruktur, salziger Nachhall, bietet leichtfüßigen Trinkspaß.

95 Pinot Noir P 2018
13 Vol.-%, NK, 500-l-Fass, €€€€€ B V
Kräftiges Karmingranat, Ockerreflexe, breitere Randaufhellung. Reife rote Kirschfrucht, zart nach Waldbeeren, feine Edelholznuancen, zarte Gewürznoten, facettenreiches Bukett. Saftig, straff und engmaschig, feine Struktur, runde Tannine, schokoladigerRanciotouch im Abgang, salziges Finish, sehr gute Länge, hat Klasse.

93 Pinot Noir Ried Exlberg 2019
12,5 Vol.-%, NK, 500-l-Fass, €€€ B V
Mittleres Karmingranat, Ockerreflexe, breitere Randaufhellung. Feinwürzig unterlegte dunkle Waldbeerenfrucht, floraler Touch, zart nach Orangenmarmelade. Saftig, elegant, rotbeerige Textur, feine Tannine, gute Frische, seidige Textur, bleibt gut haften, süße Frucht im Abgang, bereits gut entwickelt.

WEINGUT JOSEF FRITZ
3701 Zaußenberg
Ortsstraße 3
T: +43 (2278) 2515
office@weingut-fritz.at
www.weingut-fritz.at

Kellermeister: Josef Fritz
Kontakt: Josef und Irene Fritz
Produktion: 5 % Schaumwein, 85 % weiß, 10 % rot, 15 Hektar
Zertifiziert: Nachhaltig Austria
Vereinszugehörigkeit: Weingüter Wagram, Traditionsweingüter Österreich
Messen: ÖGW Zürich, ProWein Düsseldorf, VieVinum

Josef Fritz

★★★★

WEINGUT JOSEF FRITZ

Seit 2003 führen Irene und Josef Fritz das Weingut Fritz in Zaußenberg bei Königsbrunn am Wagram, heute mit insgesamt 15 Hektar Rebfläche. Seit 2020 ist das Weingut auch Mitglied der Österreichischen Traditionsweingüter. Die Lagen Mordthal, Himmelreich, Steinberg und Schlossberg mit Böden aus Löss, Tertiärschotter und Sandstein bieten den Rebsorten Roter und Grüner Veltliner, Roter Traminer, Weißburgunder und Riesling sowie Blauer Zweigelt und St. Laurent gemeinsam mit dem milden Klima der Region beste Voraussetzungen.
Ökologisches Gleichgewicht ist das Um und Auf in ihren Weingärten, damit der Facettenreichtum einer möglichst unberührten Natur für die Zukunft erhalten bleibt. Aus diesem Grund beschränken sie sich auf minimalen Pflanzenschutz im Rahmen des Kontrollierten Integrierten Weinbaus. Wein versteht man hier als Summe von Mensch, Natur und Kulturlandschaft Weingarten. Nur absolut reifes und sauberes Traubenmaterial kommt hier in den Keller. Dies bedingt eine rigorose Selektion im Weingarten und schonende Lese von Hand. Die Weißweine werden zur Erhaltung ihres frischen und fruchtigen Aromas sauber und kühl in Edelstahltanks vergoren und nach dem ersten Abstich im klimatisch idealen, in den Löss gebauten Keller gelagert. Die leichteren Weine lagern bis zur Flaschenfüllung in Edelstahltanks, die Lagenweine in Holzfässern.
Seit 2019 besteht das Restaurant »Josefs Himmelreich«, benannt nach einer Zaußenberger Weinlage und gleichermaßen auch nach Winzer und Koch. Letzterer, Josef Kellner (Koch und Pächter von »Josefs Himmelreich«), sorgt dafür, dass seine Gäste »gut und ehrlich essen«.

96 Roter Veltliner Ried Steinberg 1ÖTW Ruppersthal Privat 2019
14 Vol.-%, NK, Teilbarrique, €€€€€
Leuchtendes Goldgelb, Silberreflexe. Ein Hauch von Haselnuss, kandierte Orangenzesten, zart nach Quitte und Kamille, mit gelber Tropenfrucht unterlegt, Nuancen von frischem Biskuit. Saftig, reife Mango, elegant und von feiner Fruchtsüße bestimmt, die keinerlei Opulenz vermittelt, mineralisch im Kern, seidig und lange anhaftend, unverwechselbare Sortencharakteristik, sicheres weiteres Reifepotenzial, perfekt entwickelt.

94 Roter Veltliner Ried Steinberg 2020
13 Vol.-%, DV, großes Holzfass, €€€
Helles Gelbgrün, Silberreflexe. Feine Gewürznuancen, etwas weißes Kernobst, ein Hauch von Melisse, Quitte klingt an. Komplex, saftig, lebendige Säurestruktur, Tropenfrucht im Abgang, salziger Nachhall, vielschichtiger Speisenbegleiter.

94 Roter Veltliner Ried Mordthal 1ÖTW 2019
13,5 Vol.-%, NK,DV, Stahltank/Teilbarrique, €€€€
Helles Grüngelb, Silberreflexe. Feines Biskuit, ein Hauch von Marille und Papaya, frische Orangenzesten, öffnet sich gut mit Luft. Stoffig und rund, reife gelbe Tropenfruchtnuancen, ein Hauch von Mango, elegant und ausgewogen, feine Säure, fruchtig im Nachhall, bereits sehr gut antrinkbar. Ein seidiger, balancierter Sortenvertreter.

91 Roter Veltliner Wagram Terrassen 2020
12,5 Vol.-%, DV, Stahltank, €€
Helles Gelbgrün, Silberreflexe. Feine Wiesenkräuter, etwas nach Papaya, zart nach Orangenzesten, Birnentouch. Saftig, straff, frische, lebendige Säurestruktur, mineralisch, weiße Pfirsichfrucht im Abgang, bleibt gut haften.

93 Grüner Veltliner Ried Schlossberg 1ÖTW 2019
13,5 Vol.-%, NK, großes Holzfass, €€€€
Mittleres Gelbgrün, Silberreflexe. Etwas nach Ananas, ein Hauch von Kräuterwürze, kandierte Orangenzesten, reife Apfelfrucht klingt an. Saftig, straff, extraktsüß nach Mango, balancierte Säurestruktur, mineralisch, bleibt gut haften, vielschichtiger Speisenbegleiter mit Potenzial.

92 Grüner Veltliner Ried Himmelreich 2020
13 Vol.-%, DV, Stahltank, €€
Mittleres Gelbgrün, Silberreflexe. Feiner Blütenhonig, etwas gelbe Apfelfrucht, zarte Tabakwürze, Tropenfrucht klingt an. Saftig, elegant, gut integrierter Säurebogen, weißes Kernobst, mineralisch, guter Speisenbegleiter.

(93) Weißburgunder Wagram Große Reserve 2019
13,5 Vol.-%, NK, großes Holzfass, €€€€
Leuchtendes Goldgelb. Zarte Holzwürze, etwas nach Birnen und reifer Tropenfrucht, ein Hauch von Marille, nussige Nuancen, attraktives Bukett. Saftig, cremig, elegant und straff, zart nach reifem Apfel im Abgang, mineralischer Nachhall, vielseitiger Speisenbegleiter.

93 Roter Traminer Wagram Große Reserve 2019
14 Vol.-%, NK, Teilbarrique, €€€€
Leuchtendes Gelbgrün. Einladendes Bukett nach Birnen, etwas nach kandierten Mandarinenzesten, mit Litschi und einem floralen Touch unterlegt, Quitte klingt an. Gute Komplexität, saftig, fruchtsüß nach Tropenfrucht, Karamell, feine Holzwürze im Abgang, engmaschiger Speisenbegleiter.

92 Roter Traminer Tertiär T. 2020
13 Vol.-%, NK, 500-l-Fass, €€€€
Helles Gelbgrün, Silberreflexe, feine Trübung. Zarte florale Nuancen, etwas nach Kräutern, ein Hauch von Melisse, Gewürznelken und Zitrus klingen an. Saftig, elegant, straff, feine Säurestruktur, mineralisch-salzig, weißes Kernobst im Abgang, engmaschiges Finish, guter Speisenbegleiter.

92 Chardonnay Wagram Große Reserve 2019
13,5 Vol.-%, NK, Teilbarrique, €€€€
Helles Gelbgrün, Silberreflexe. Feine Wiesenkräuter, etwas nach Karamell, gelbe Tropenfrucht, zart nach Hibiskus und Ananas. Saftig, straff, gut integrierte Säurestruktur, feine Holznuancen im Abgang, reifes Kernobst im Nachhall, kraftvoller Speisenbegleiter.

93 Sauvignon Blanc Tertiär S. 2020
12 Vol.-%, NK, 500-l-Fass, €€€€
Helles Gelbgrün, Silberreflexe. Feine Wiesenkräuter, zart nach Grapefruitzesten, etwas grüner Paprika, frisches Bukett. Saftig, frische, lebendige Säurestruktur, Zitrus im Abgang, leichtfüßig, bleibt gut haften, vielschichtiger Speisenbegleiter.

★★

WINZERHOF GMEINER

Der Winzerhof Gmeiner liegt in Seebarn am Wagram, rund fünf Kilometer von Schloss Grafenegg entfernt. Die Weingärten verteilen sich entlang des Wagrams. Der Sortenspiegel des erfolgreichen Winzers Christian Gmeiner besteht in etwa zur Hälfte aus Weißweinsorten wie Grüner Veltliner, Riesling, Chardonnay, Sauvignon Blanc und Muskateller, die andere Hälfte machen Rotweinsorten wie Zweigelt, Cabernet Sauvignon, Shiraz, Pinot Noir und Roesler aus. Im Sortiment ist auch eine Rotweincuvée namens »Capirah«, die für 15 Monate im Kastanienholz ausgebaut wird.
Zahlreiche Auszeichnungen bestätigen, dass der Winzer, der Jahr für Jahr gute Serien sowohl mit seinen Weiß- als auch mit seinen Rotweinen vorlegt, auf dem richtigen Weg ist. Immer wieder wagt er sich an neue Projekte oder Ausbaustufen heran, wie zum Beispiel beim Cabernet Sauvignon Grande Reserve, dem Zweigelt No. 1 oder dem Zweigelt Goldberg Jahrgang 2000 mit über 20-jähriger Fasslagerung, beim Chardonnay, der 15 Jahre im Holz lagerte, oder bei Perligem wie dem Frizzante vom Cabernet Sauvignon in Rosé und Weiß vom Welschriesling. Alle Weine kann man auch beim Heurigen verkosten.

92 Grüner Veltliner Ried Eisenhut gmeiner3 2020
13,5 Vol.-%, DV, Stahltank, €€
Helles Gelbgrün, Silberreflexe. Feine Nuancen von frischer Tropenfrucht, ein Hauch von Ananas, weißer Pfirsichtouch, ein Hauch von Mandarinenzesten. Saftig, feine gelbe Apfelfrucht, lebendig strukturiert, fruchtsüßer Nachhall, gute Länge, gutes Reifepotenzial.

91 Grüner Veltliner Ried Wora gmeiner2 2020
12,5 Vol.-%, DV, Edelstahl, €€
Helles Gelbgrün, Silberreflexe. Zart nach Mandarinenzesten, feine gelbe Apfelfrucht, ein Hauch von Birne, dezente tabakige Nuancen. Mittlerer Körper, feine Nuancen von Honigmelone, finessenreiche Struktur, zitroniger Touch, feine Fruchtsüße im Nachhall.

90 Grüner Veltliner Trio gmeiner1 2020
12 Vol.-%, DV, Stahltank, €€
Helles Gelbgrün, Silberreflexe. Zarte gelbe Apfelfrucht, Nuancen von Mango, einladendes, feinfruchtiges Bukett. Leichtfüßig, zarte Kernobstnuancen, frische Struktur, mineralisch-zitroniger Touch, ein unkomplizierter Speisenbegleiter.

92 Riesling Kogl Limited Edition 2020
13 Vol.-%, DV, Stahltank, €€
Helles Gelbgrün, Silberreflexe. Zart floral unterlegte Nuancen von weißem Weingartenpfirsich, ein Hauch von Limetten. Mittlerer Körper, frische weiße Tropenfrucht, finessenreich strukturiert, mineralisch-zitronig im Nachhall, bleibt haften, ein balancierter Speisenbegleiter.

91 Gelber Muskateller Ried Wora 2020
12 Vol.-%, DV, Stahltank, €€
Helles Gelbgrün, Silberreflexe. Intensive Holunderblüten, zart nach Maracuja und Muskatnuss. Saftig, elegant, zarte Pfirsichfrucht. Leichtfüßig, feine Fruchtsüße, angenehmer Säurebogen, mineralisch, Steinobst im Nachhall, macht Lust auf ein zweites Glas.

89 Sauvignon Blanc Limited Edition 2020
12 Vol.-%, DV, Stahltank, €€

WINZERHOF GMEINER
3484 Seebarn
Hauptstraße 65
T: +43 (664) 4858891
office@gmeiner-weine.at
www.gmeiner-weine.at

Kellermeister/Kontakt:
Christian Gmeiner
Produktion: 55 % weiß, 6 % rosé, 37 % rot, 2 % süß, 7.5 Hektar
Messen: Vinobile Feldkirch

Blick auf Kirchberg am Wagram

WEINGUT NORBERT GREIL
3465 Unterstockstall
Alte Weinstraße 4
T: +43 (2279) 2139
office@weingut-greil.at
www.weingut-greil.at

Kellermeister/Kontakt:
Norbert Greil
Produktion: 60 % weiß, 40 % rot, 8 Hektar
Vereinszugehörigkeit:
Wagramer Selektion
Messen: Weinmesse Innsbruck

★★

WEINGUT NORBERT GREIL

Leidenschaft ist die Motivation für Weinliebhaber, die zu lustvollem Genuss, zu Faszination und zu Sehnsucht nach einem Weinerlebnis führt – ein Eckpfeiler auf dem Weingut Greil, das im schönen Weindorf Unterstockstall bei Kirchberg am Wagram seit 1778 als Familienbetrieb geführt wird.
Davor hieß das Weingut Klosterhof (Zehenthof) und gehörte zum Kloster St. Andrä an der Traisen. Deren Mönche begründeten das Anwesen im Mittelalter, im Nachbarock wurde dem Gut sein heutiges Antlitz verpasst. Drei überlebensgroße Terracottastatuen, die Göttinnen für Obst-, Weinbau und Landwirtschaft, kamen aus der Toscana nach Unterstockstall. Eine davon ziert heute, im 21. Jahrhundert, das Weinetikett der Familie Greil.

92 Inspiration 2018 WB/CH
14,5 Vol.-%, DV, Barrique, €€€
Leuchtendes mittleres Grüngelb, Silberreflexe. Reife gelbe Pfirsichnuancen, zart nach Marille und Gewürznelken, mit einem Honigtouch unterlegt. Saftig, sehr kraftvoll, zartes Nougat, etwas Karamell, mineralisch und anhaftend, Röstaromen im Nachhall, ein stoffiger Speisenbegleiter.

92 Grüner Veltliner Reserve Ried Schlossberg Große Reserve2019
14,5 Vol.-%, DV, kleines Holzfass, €€
Leuchtendes Goldgelb, Silberreflexe. Kandierte Orangenzesten, mit einem feinen Ananastouch unterlegt, ein Hauch von Marille, etwas zurückhaltend. Stoffig, kräftig, reife gelbe Apfelfrucht, dezenter Säurebogen, mineralisch, bleibt haften, wirkt noch nicht völlig entwickelt, unbedingt vor dem Genuss dekantieren.

92 Grüner Veltliner Terra Aurie Große Reserve 2018
14,5 Vol.-%, DV, Barrique, €€€€
Leuchtendes mittleres Goldgelb, Silberreflexe. Zart nach Gewürzen, gelbe Tropenfruchtanklänge, kandierte Orangenzesten, ein Hauch von Nelken. Kräftig, reife Marille, süße Frucht, dezenter Säurebogen, zeigt gute Länge, feiner Honigtouch im Abgang, opulenter halbtrockener Stil.

91 Weißburgunder Ried Schlossberg 2020
13,5 Vol.-%, DV, Stahltank, €€
Helles Goldgelb, Silberreflexe. Feine gelbe Tropenfrucht, Nuancen von Ananas und Mango, zart nach Blütenhonig, einladendes Bukett. Kraftvoll, saftig, gelbe Frucht, feine Säure, mineralisch-zitronig unterlegt, etwas Blütenhonig im Abgang, gutes Reifepotenzial.

91 Roter Traminer Ried Rainthal Reserve 2020
13,5 Vol.-%, DV, Stahltank, €€€
Helles Goldgelb, Silberreflexe. Zarter Rosenduft, eher dezentes Bukett, nach feinen Marshmallows und Gewürzen, Honig im Hintergrund. Wirkt erstaunlich schlank, weißes Kernobst, zarte Säurestruktur, bleibt haften, bereits gut entwickelt.

89 Chardonnay Ried Schlossberg 2020
13,5 Vol.-%, DV, Stahltank, €€

★★

WEINHOF GRILL

Der Weinhof Grill beschäftigt sich sehr intensiv mit dem Grünen Veltliner, der am Wagram hervorragende Bedingungen vorfindet. Die Palette reicht vom leichten, fruchtigen bis hin zum kräftigen, gereiften Wein. Ein ganz besonderes Augenmerk legt die Winzerin Gudrun Grill-Gnauer auf den Roten Veltliner: Die alte, fast in Vergessenheit geratene Sorte wird Jahr für Jahr in einer hohen Qualität erzeugt. Aber auch Rieslinge erlangen auf den tiefgründigen Lössböden ihr volles Aroma mit einer sehr ausgewogenen Säure. Weißburgunder und Chardonnay finden in der Cuvée »Emilia« ihre Bestimmung.
Die Philosophie von Gudrun Grill-Gnauer ist es, Weine zu erzeugen, die einfach und unkompliziert zu trinken sind und Freude bereiten, aber auch Weine, die über Kraft und Finesse verfügen und für eine längere Lagerung geeignet sind.

(92) Cuvée Emilia 2020 WB/CH
13,5 Vol.-%, DV, €€
Helles Grüngelb, Silberreflexe. Mit einem Hauch von Limettenzesten und Wiesenkräutern unterlegte weiße Tropenfrucht, mineralischer Touch. Saftig, elegant, feine Fruchtsüße nach Ananas, dezenter Säurebogen, bleibt haften, ein ausgewogener Speisenbegleiter mit Frucht und Potenzial.

92 Roter Veltliner 2020
13 Vol.-%, DV, Edelstahl, €€
Helles Grüngelb, Silberreflexe. Feine Nuancen von reifer Tropenfrucht, zart nach Ananas und Papaya, ein Hauch von Blütenhonig und Orangenzesten. Komplex, weiße Frucht nach Apfel, frisch strukturiert, bleibt gut haften, ein straffer Speisenbegleiter mit Reifepotenzial, ein Hauch von Grapefruit im Nachhall.

WEINHOF GRILL
3481 Fels am Wagram
Untere Marktstraße 19
T: +43 (2738) 2239
gudrun.grill@aon.at
www.weinhof-grill.com

Kellermeister/Kontakt: Gudrun Grill-Gnauer
Anbauweise: Umstellung auf bio
Produktion: 70 % weiß, 29 % rot, 1 % süß, 10 Hektar
Vereinszugehörigkeit: Weingüter Wagram
Messen: ProWein Düsseldorf, VieVinum, Vinobile Feldkirch, Vinobile Montfort

Gudrun Grill-Gnauer

92 Roter Veltliner Ried Fumberg Reserve 2019
14 Vol.-%, DV, Stahltank, €€€
Mittleres Grüngelb, Silberreflexe. Zart nach Banane und frischen Orangenzesten, mit einem Hauch von Mango unterlegt, dezenter Blütenhonig im Hintergrund. Saftig, ein Hauch von Karamell, gelber Pfirsich, feines weißes Nougat im Abgang, bereits gut entwickelt, Marillenkonfit im Rückgeschmack.

92 Grüner Veltliner Runa 2019
14 Vol.-%, DV, Edelstahl, €€€
Mittleres Grüngelb, Silberreflexe. Mit zartem Blütenhonig unterlegte reife gelbe Tropenfrucht, Noten von Ananas und Mango, ein Hauch von Karamell. Saftig, cremig-seidige Textur, feines helles Nougat, ein stoffiger, vielseitig einsetzbarer Speisenbegleiter.

91 Grüner Veltliner Ried Scheiben Selektion 2020
13 Vol.-%, DV, Edelstahl, €€
Helles Grüngelb, Silberreflexe. Frischer weißer Apfel, mit einem Hauch von Birne und Orangenzesten unterlegt. Saftig, mittlere Komplexität, feine Fruchtsüße, zart nach Mango, Blütenhonig im Abgang, bereits gut antrinkbar.

89 Grüner Veltliner Ried Scheiben 2020
13 Vol.-%, DV, Stahltank, €€

★★

WEINGUT HEIDERER-MAYER

Immer im Einklang mit der Natur, im Streben, höchste Qualität vom Rebstock in die Flasche zu bringen – das ist das Motto des Familienbetriebs Gabriele und Helmut Mayer. Das klassifizierte Weingut der »Wagramer Selektion« bewirtschaftet mehr als 30 Hektar in Baumgarten am Wagram.
Die südlich abfallenden Lössterrassen sind prädestiniert für Weißweine, allen voran für Grüne Veltliner. Auch fruchtbetonte Chardonnays und finessenreiche Rieslinge überzeugen mit ihrer klaren Struktur. Die besondere Liebe aber gehört dem Rotwein, wofür die Trauben in geschützten Kessellagen mit geeigneten Böden exzellent gedeihen. Neben den Sortenschwerpunkten Zweigelt und St. Laurent wird auch ein Cabernet Sauvignon vinifiziert. Das Hauptaugenmerk wird auf fruchtige, kräftige Rotweine mit samtigem Tannin und schöner Farbintensität gelegt. Die im Barriquefass gereifte Rotweincuvée namens »Le-

Reinhard und Stefan Mayer

WEINGUT HEIDERER-MAYER
3701 Großweikersdorf
Baumgarten am Wagram 25
T: +43 (2955) 70368
office@heiderer-mayer.at
www.heiderer-mayer.at

Kellermeister: Reinhard Mayer
Kontakt: Stefan Mayer
Produktion: 56 % weiß, 44 % rot, 30 Hektar
Vereinszugehörigkeit: Wagramer Selektion
Messen: Alles für den Gast Salzburg

gat« soll die Mitgliedschaft bei der »Europäischen Weinritterschaft« bekunden. Mit dem Burgunder-Frizzante »Esprit« wird das vielseitige Angebot ergänzt. Bei einer Verkostung im gemütlichen Koststüberl kann man nicht nur den Lebenslauf der Weine kennenlernen, sondern sich auch vom Trinkspaß und dem sehr guten Preis-Leistungs-Verhältnis überzeugen.

(92) Grüner Veltliner Ried Silberberg 2020
13,5 Vol.-%, DV, Stahltank/kleines Holzfass, €€
Mittleres Gelbgrün, Silberreflexe. Zarte Kräuterwürze, Nuancen von Honigmelone, zart nach Orangenzesten. Komplex, saftig, süßer Fruchtkern, dezente Säurestruktur, feiner Honigtouch im Nachhall, opulenter Stil.

91 Grüner Veltliner Wagramer Selektion 2020
12,5 Vol.-%, DV, Edelstahl, €€
Helles Gelbgrün, Silberreflexe. Zart nach gelbem Apfel, ein Hauch von Marille und Blütenhonig, einladendes Bukett. Mittlerer Körper, saftig, weiße Kernobstnuancen, frisch strukturiert, ein lebendiger Speisenbegleiter.

(92) Roter Veltliner Ried Steinberg 2020
13,5 Vol.-%, DV, Stahltank/kleines Holzfass, €€€
Helles Goldgelb, Silberreflexe. Zart nach reifer gelber Birne, unterlegt mit Nuancen von Nougat und Karamell, ein Hauch von Feigen. Saftig, gute Komplexität, zarte Fruchtsüße, feiner Säurebogen, ein Hauch von Dörrobst im Nachhall, ein eleganter Speisenbegleiter.

(89) Chardonnay Wagramer Selektion 2020
12,5 Vol.-%, DV, Edelstahl/kleines Holzfass, €€

89 Sauvignon Blanc Wagramer Selektion 2020
12,5 Vol.-%, DV, Stahltank, €€

89 Legat Barrique 2018 ZW/CS/RÖ
13,5 Vol.-%, DV, Barrique/gebrauchte Barriques, €€

★★★

WEINGUT STIFT KLOSTERNEUBURG

Seit seiner Gründung im Jahr 1114 betreibt das Stift Klosterneuburg Weinbau und ist damit das älteste und eines der renommiertesten Weingüter Österreichs. Die Weingärten befinden sich in ausgewählten Lagen von Klosterneuburg, Wien, Gumpoldskirchen und Tattendorf. Während in Klosterneuburg die Rebsorten Grüner Veltliner, Riesling und Sauvignon Blanc kultiviert werden, stehen auf den Wiener Lagen im Kahlenbergerdorf und am Nussberg der Wiener Gemischte Satz sowie die Burgundersorten im Vordergrund. In den Weingärten von Gumpoldskirchen werden die autochthonen Spezialitäten Zierfandler und Rotgipfler gepflegt, und in Tattendorf reifen die berühmten Rotweine des Weinguts, allen voran der St. Laurent, der hier auf einer Fläche von 40 Hektar steht – damit ist die Riede Stiftsbreite der größte St.-Laurent-Weingarten der Welt. Daneben werden auch Zweigelt, Blaufränkisch, Cabernet Sauvignon und Merlot kultiviert. Eine Klasse für sich sind die flaschenvergorenen Sekte des Hauses, allen voran die »Mathäi Große Reserve«. Als erstes klimaneutrales Weingut Österreichs ist das Weingut Stift Klosterneuburg auch Vorreiter in Sachen Nachhaltigkeit und Klimaschutz.
Das Weinangebot des Weinguts gliedert sich in zwei Linien: Die Ortsweine sind von der Stilistik her fruchtbetonte Weine, welche die Typizität ihres Herkunftsortes widerspiegeln. Die Lagenweine stammen aus den besten Weingärten und sind einzigartige, konzentrierte, langlebige Weine aus physiologisch hochreifen Trauben. Die Weine können in der täglich geöffneten Vinothek des Stifts verkostet werden. Ein besonderes Highlight für kulturinteressierte Weinfreunde ist eine Führung durch die historischen Kelleranlagen, die sich bis zu fünf Etagen tief unterhalb des Stifts Klosterneuburg erstrecken.

93 ❺ Mathäi Große Reserve
Deg. 03/2021, 12,5 Vol.-%, NK, Flaschengärung, €€€€€
Mittleres Goldgelb, Silberreflexe, feines, anhaltendes Mousseux. Etwas Biskuit, weiße Blüten, feiner Pfirsichtouch, ein Hauch von frischer Mango, nussiger Touch, einladendes Bukett. Straff, weiße Apfelfrucht, lebendig strukturiert, mineralisch-zitronig, feinziselierte Aromatik, ein Hauch von Fruchtsüße im Nachhall, gute Länge, vielseitig einsetzbar.

92 ❸ Mathäi Reserve brut
Deg. 04/2021, 12,5 Vol.-%, NK, Flaschengärung, €€€€
Mittleres Goldgelb, Silberreflexe, lebendiges Mousseux. Zarte Kräuterwürze, nussiger Touch, feine Birnenfruchtnuancen, ein Hauch von Mango, mit Grapefruitzesten unterlegt. Gute Komplexität, weiße Kernobstfrucht, feine Süße, frische Säure, gelbe Tropenfrucht im Abgang, bleibt gut haften, vielseitig einsetzbar.

92 ❸ Grüner Veltliner Reserve brut
Deg. 12/2020, 12,5 Vol.-%, NK, Flaschengärung, €€€€
Mittleres Grüngelb, Silberreflexe, lebendiges Mousseux. Mit Mandarinenzesten unterlegte gelbe Apfelfrucht, ein Hauch von Biskuit, zart nach Limettenzesten. Mittlerer Körper, weißer Apfel, mit feiner Fruchtsüße unterlegt, lebendig strukturiert, etwas Honig, zitronig-würziger Nachhall.

94 Weißburgunder Ried Jungherrn Reserve 2019
13 Vol.-%, NK, kleines Holzfass, €€€€€
Leuchtendes Grüngelb, Silberreflexe. Zartes Nougat, reife gelbe Tropenfrucht, mit einem Hauch von Bourbonvanille unterlegt, attraktives Bukett. Saftig, kraftvoll, helles Karamell, finessenreicher Säurebogen, gelbe Birne, weißes Nougat, zeigt sehr gute Länge, verfügt über sicheres Reifepotenzial.

(92) Weißburgunder Ried Jungherrn 2020
13,5 Vol.-%, DV, großes Holzfass/Stahltank, €€€
Leuchtendes Gelbgrün, Silberreflexe. Frische gelbe Fruchtexotik, floraler Touch, ein Hauch von reifer Mango, noch etwas zurückhaltend. Saftig, elegant, weißes Kernobst, frisch strukturiert, feine Fruchtsüße im Abgang, Blütenhonig im Rückgeschmack, salziger Nachhall.

89 Weissburgunder » Pastell « 2020
13 Vol.-%, DV, Stahltank, €€

(93) Rotgipfler Ried Satzing Große Reserve 2019
14,5 Vol.-%, NK, 500-l-Fass, €€€€€
Leuchtendes mittleres Grüngelb, Silberreflexe. Mit feiner Holzwürze unterlegte reife Tropenfrucht, frische gelbe Ringlotten, ein Hauch von Nougat. Saftig, elegant, süße Steinobstanklänge, feines Karamell, kraftvoll und gut anhaftend, gut integrierte Holzwürze, gute Länge, mit Zukunftspotenzial ausgestattet.

92 Wiener Gemischter Satz DAC Ried Weisleiten 2020
13,5 Vol.-%, DV, großes Holzfass/Stahltank, €€€€
Leuchtendes Gelbgrün, Silberreflexe. Zart nach frischer Mango, ein Hauch von Birne und Orangenzesten, mit etwas Blütenhonig unterlegt. Saftig, gelber Apfel, feine Fruchtsüße, gut integrierter Säurebogen, feine Säurestruktur, mineralisch-salzig, etwas Blütenhonig im Nachhall.

90 Wiener Gemischter Satz DAC 2020
12,5 Vol.-%, DV, Stahltank, €€
Helles Grüngelb, Silberreflexe. Mit frischen Orangenzesten unterlegte gelbe Apfelnote, etwas Birne, dezente Kräuterwürze. Mittlerer Körper, weißes Kernobst, finessenreich strukturiert, mineralisch, bleibt gut haften, zitronig im Abgang, lebendiger Speisenbegleiter.

92 Grüner Veltliner Ried Steinriegel Reserve 2019
14 Vol.-%, NK, kleines Holzfass, €€€€
Leuchtendes Grüngelb, Silberreflexe. Zart nach Blütenhonig und reifem gelbem Golden-Delicious-Apfel, etwas Marille, einladendes, gut gereiftes Bukett. Komplex, stoffig, weiße Frucht, zart nach Kokos, angenehme Frische, mineralisch und gut anhaftend, zeigt Länge, feiner Birnentouch im Nachhall, verfügt über Reifepotenzial.

(91) Grüner Veltliner Ried Hengsberg Klosterneuburg 2020
13 Vol.-%, DV, großes Holzfass/Stahltank, €€€
Mittleres Gelbgrün, Silberreflexe. Zarte Kräuterwürze, Nuancen von Ananas, ein Hauch von gelbem Apfel, etwas Marille und Orangenzesten. Saftig, würzig unterlegte weiße Frucht, finessenreicher Säurebogen, saliner Touch, zitronig im Abgang, ein pikanter Speisenbegleiter.

90 Grüner Veltliner Klosterneuburg 2020
12 Vol.-%, DV, Stahltank, €€
Helles Gelbgrün, Silberreflexe. Zarte gelbe Apfelfrucht, ein Hauch von Mango, dezente Wiesenkräuter. Mittlere Komplexität, zart nach weißer Birne, frisch strukturiert, zitronig unterlegter Nachhall, ein lebendiger Speisenbegleiter.

88 Grüner Veltliner » Pastell « 2020
12 Vol.-%, DV, Stahltank, €€

90 Muskateller Wien 2020
12 Vol.-%, DV, Stahltank, €€
Sehr helles Gelbgrün, Silberreflexe. Zarte Nuancen von Holunderblüten, ein Hauch von Litschi, etwas Maracuja klingt an. Leichtfüßig, feine weiße Tropenfrucht, frischer Säurebogen, Limetten im Abgang, salziger Nachhall.

90 Sauvignon Blanc Klosterneuburg 2020
12 Vol.-%, DV, Stahltank, €€
Helles Gelbgrün, Silberreflexe. Rauchig-würzig unterlegte Stachelbeerfrucht, zart nach Paprikaschoten, mit Grapefruitzesten unterlegt. Schlank, weiße Tropenfrucht, zart grasiger Stil, Limetten im Nachhall, Litschi im Rückgeschmack, würziger Sommerwein.

WEINGUT STIFT KLOSTERNEUBURG

3400 Klosterneuburg
Stiftsplatz 1
T: +43 (2243) 411
weingut@stift-klosterneuburg.at
www.stift-klosterneuburg.at

Kellermeister: Günther Gottfried
Kontakt: Dr. Wolfgang Hamm
Produktion: 45 % weiß, 55 % rot, 108 Hektar
Zertifiziert: Nachhaltig Austria
Messen: ProWein Düsseldorf, VieVinum

Stift Klosterneuburg

90 Zierfandler Rotgipfler 2020 ZF/RG
13,5 Vol.-%, DV, Stahltank, €€
Helles Gelbgrün, Silberreflexe. Verhalten, zart nach Wiesenkräutern, weißer Apfel, rauchige Mineralik. Mittlerer Körper, gelbe Birnenfrucht, dezenter Säurebogen salziger Touch im Abgang, Honig und Marille im Nachhall, wird von Flaschenreife profitieren.

89 Spätrot-Rotgipfler » Pastell « 2020 RG/ZF
13 Vol.-%, DV, Stahltank, €€

89 Riesling Klosterneuburg 2020
12,5 Vol.-%, DV, Stahltank, €€

88 Riesling » Pastell « 2020
12,5 Vol.-%, DV, Stahltank, €€

93 Sankt Laurent Reserve Ried Stiftsbreite Tattendorf 2018
13,5 Vol.-%, NK, kleines Holzfass, €€€€€
Kräftiges Rubingranat, violette Reflexe, zarte Ockerrandaufhellung. Zarte Röstaromatik, mit einem Hauch von Nougat unterlegtes dunkles Beerenkonfit, zart nach kandierten Veilchen, leicht tabakig, einladendes Bukett. Komplex, saftig, straff, facettenreiche Struktur, gute Frische, mineralisch, süße schwarze Herzkirschen im Abgang, spannender Speisenbegleiter mit Potenzial.

(91) Sankt Laurent Ried Stiftsbreite Ausstich 2019
13 Vol.-%, NK, großes Holzfass, €€€
Dunkles Rubingranat, violette Reflexe, zarte Ockerrandaufhellung. Reife schwarze Kirschen, dunkle Waldbeeren, kandierte Mandarinenzesten, zarter floraler Touch. Mittlerer Körper, rotbeerige Nuancen, feine Tannine, mineralisch-salzig im Abgang, harmonisch und bereits gut antrinkbar, Brombeeren im Nachhall.

89 Sankt Laurent » Pastell « 2019
12,5 Vol.-%, DV, großes Holzfass, €€

92 Chorus Tattendorf 2018 CS/ME/CF
13,5 Vol.-%, NK, kleines Holzfass, €€€€€
Dunkles Rubingranat, violette Reflexe, zarte Randaufhellung. Zart nach Brombeeren, etwas nach Orangenzesten, ein Hauch von Lakritze und reifer Quitte, feine Tabaknuancen. Mittlere Komplexität, saftig, straff, zartes Tannin, Nougat im Abgang, feine Kräuterwürze, schwarze Kirschen im Nachhall, guter Speisenbegleiter.

90 Zweigelt Tattendorf 2019
13,5 Vol.-%, DV, großes Holzfass, €€
Kräftiges Rubingranat, violette Reflexe, zarte Ockerrandaufhellung. Reife Zwetschken, Nuancen von eingelegten Kirschen, kandierte Orangenzesten. Mittlerer Körper, feine Fruchtsüße, rund und harmonisch, zarter Schokotouch im Nachhall, bereits gut antrinkbar.

89 Zweigelt » Pastell « 2020
13 Vol.-%, DV, großes Holzfass, €€

Familie Kolkman: Horst, Isabel, Andrea, Lisa-Marie, Eva, Horst jun., Horst sen., Marianne sen., Sandra, Gerhard und Marianne

WEINGUT KOLKMANN
3481 Fels am Wagram
Kremserstraße 53
T: +43 (2738) 2436
office@kolkmann.at
www.kolkmann.at

Kellermeister: Daniel Schön
Kontakt: Horst und Gerhard Kolkmann
Anbauweise: Umstellung auf bio
Produktion: 60 % weiß, 39 % rot, 1 % süß, 45 Hektar
Zertifiziert: Nachhaltig Austria
Vereinszugehörigkeit: Wagramer Selektion
Messen: ProWein Düsseldorf, VieVinum, Weintage im Museumsquartier

★★★

WEINGUT KOLKMANN

Das Weingut Kolkmann ist ein richtiges Großfamilien-Weingut, denn hier leben und arbeiten vier Generationen. Das Zusammenspiel der individuellen Persönlichkeiten und der Zusammenhalt in der Familie sind maßgebliche Faktoren für den Erfolg des Familienweingutes. Die Werte Bodenständigkeit, Vertrauen und Zuverlässigkeit finden sich in den Weinen wieder.
Bewirtschaftet wird eine Fläche von 45 Hektar Weingärten in Fels am Wagram. Die Lagen mit fruchtbarem Lössboden gehören zu den besten der Region und bringen den Geschmack des Wagrams direkt ins Glas. Das Weingut Kolkmann ist »Nachhaltig Austria«-zertifiziert und befindet sich in Umstellung auf organisch-biologische Bewirtschaftung, womit die Zukunftsfähigkeit für die nächste Generation gefestigt ist. Die Winzer Horst, Gerhard und Horst jun. Kolkmann arbeiten unermüdlich daran, das natürliche Gleichgewicht in den Weingärten zu erhalten und noch lebendigere und tiefgründigere Weine zu kreieren. Die Herzen der drei Winzer schlagen für den Grünen und Roten Veltliner. Diese Weine stehen für den Wagram wie keine anderen. Familie Kolkmann bewahrt sich aber auch die Liebe zu anderen Sorten und kultiviert und pflegt diese mit der gleichen Sorgfalt wie die Veltliner. Denn auf dem Weingut wird Vielfalt und Buntheit gelebt – ganz wie in einer richtigen Großfamilie eben! Der jüngste und wohl auch spannendste Spross im Sortiment der Familie Kolkmann ist der Grüne Veltliner »Naturwerk«, auf ihn ist Horst Kolkmann jun. besonders stolz: Frei nach dem Motto »Der kreativste Künstler ist die Natur« ist dieser Wein im wahrsten Sinne des Wortes ein Werk der Natur, denn er ist völlig naturbelassen. Er wurde spontan vergoren und hat sehr viel Zeit auf der Hefe verbringen dürfen, um seine volle Spannung und seine nervige Ader zum Ausdruck zu bringen.
Auf dem Weingut können die Weine mit herrlichem Ausblick auf die Wagramer Landschaft verkostet und gekauft werden. Das großzügige Ambiente des Degustationsgebäudes, die Möglichkeit, sämtliche Weine zu verkosten, und die persönliche Beratung sind das Um und Auf auf dem Familienweingut. Die Kunden und Besucher sollen sich hier rundum wohl und gut beraten fühlen.

93 Grüner Veltliner Reserve Ried Brunnthal 2019

14 Vol.-%, DV, 500-l-Fass, €€€€

Mittleres Gelbgrün, Silberreflexe. Zart floral unterlegte reife weiße Apfelfrucht, ein Hauch von Blütenhonig, Nuancen von Mandarinenzesten. Saftig, komplex, feiner Karamelltouch, reife gelbe Fruchtnuancen, kraftvolles Finish, zart nach Nougat, gutes Entwicklungspotenzial.

92 Grüner Veltliner Ried Scheiben 2019

13,5 Vol.-%, DV, großes Holzfass, €€€

Helles Goldgelb, Silberreflexe. Feine gelbe Tropenfruchtanklänge, zart nach Quitte und Birne, kandierte Orangenzesten. Komplex, weißer Apfel, zart nach Gewürznelken, gute Frische, saftig, reife Birnenfrucht im Nachhall, mineralischer Rückgeschmack.

91 Grüner Veltliner Ried Brunnthal 2020

13,5 Vol.-%, DV, Stahltank, €€€ H

Helles Gelbgrün, Silberreflexe. Feine Nuancen von Orangenzesten, gelbe Tropenfrucht, etwas Mango und Wiesenkräuter. Mittlerer Körper, weißes Kernobst, feiner Säurebogen, zart nach Melone im Abgang, ein vielseitiger Speisenbegleiter.

91 Grüner Veltliner Naturwerk 2018

13 Vol.-%, NK, 500-l-Fass, €€€€€ I

Mittleres Goldgelb, Orangereflexe. Kandierte Orangenzesten, reife Quitten, etwas Kräuterwürze und Nougat. Kräftig, feine Dörrobstnuancen, mittlere Komplexität, dunkle Würze, Honig im Nachhall, nussiger Rückgeschmack, individueller Stil.

89 Grüner Veltliner Lössmann 2020

12,5 Vol.-%, DV, Stahltank, €€ H

92 Roter Veltliner Ried Scheiben Reserve 2019

13,5 Vol.-%, DV, 500-l-Fass, €€€€

Mittleres Goldgelb, Silberreflexe. Feinwürzig unterlegte Birnenfrucht, zart nussige Aromen, ein Hauch von Curry im Hintergrund, braucht Luft, um sich zu öffnen. Stoffig, straffe Textur, weiße Tropenfrucht, feiner Mango-Vanille-Touch, etwas helles Nougat im Abgang, gute Länge, wird von weiterer Flaschenreife profitieren.

90 Roter Veltliner Ried Scheiben 2020

13 Vol.-%, DV, Stahltank, €€ H

Helles Gelbgrün, Silberreflexe. Frische Honigmelone, ein Hauch von Banane, fruchtiges, einladendes Bukett. Saftig, elegant, Nuancen von Pfirsich und Mango, angenehmer Säurebogen, mineralisch im Abgang, bleibt haften, vielseitig einsetzbar.

Hammergraben

91 Weißburgunder Ried Brunnthal 2020

13,5 Vol.-%, DV, Stahltank, €€ H

Helles Goldgelb, Silberreflexe. Zarte weiße Birnenfrucht, ein Hauch von Mango, unterlegt mit feinen Wiesenkräutern. Saftig, gelber Apfel, zarte Fruchtsüße, gut integrierter Säurebogen, feine Mineralik, ausgewogen, bleibt haften, bereits gut antrinkbar.

89 Riesling Ried Fumberg 2020

13,5 Vol.-%, DV, Stahltank, €€ H

89 Burgunder vom Löss 2020 CH/WB

13,5 Vol.-%, DV, Stahltank, €€ H

91 Pinot Noir Reserve Ried Lösswand 2018

14 Vol.-%, DV, 500-l-Fass, €€€€

Mittleres Rubingranat, violette Reflexe, breitere Ockerrandaufhellung. Floraler Touch, reife Kirschfrucht, etwas Holzwürze, Dörrpflaumen, Orangenschalen. Saftig, straff, feine Kräuterwürze, Brombeeren im Abgang, kraftvoll, nussiger, süßer Nachhall, bereits gut entwickelt.

★★★★

WEINGUT LETH

Das Weingut der Familie Leth in Fels liegt direkt an den Lössterrassen des Wagrams. Der Löss prägt maßgeblich den Charakter der Weine und verleiht dem Grünen Veltliner eine großartige Würze, Dichte und Harmonie. Es ist daher auch kein Zufall, dass mehr als die Hälfte der stattlichen 52 Hektar Rebfläche dieser Sorte gewidmet ist. Von den nach Süden ausgerichteten Terrassenlagen werden fünf verschiedene Grüne Veltliner gekeltert. Herausragend sind dabei die beiden Lagenweine von Brunnthal und Scheiben, die als Erste Lagen der »Traditionsweingüter Österreich« klassifiziert sind. Es ist nicht eine plakative Primärfrucht, die bei diesen Weinen im Vordergrund steht, sondern die Vielschichtigkeit der Aromatik, feine Mineralik und ein ausgezeichnetes Potenzial für lange Flaschenreife. Dass die Veltliner aus dem Weingut Leth zu den besten im Land zählen, beweisen eindrucksvoll erste Plätze beim »Falstaff Grüner Veltliner Grand Prix« wie auch beim »SALON Österreich Wein«. Neben dem Grünen Veltliner liegt ein weiterer Schwerpunkt des Weinguts auf der Wagramer Traditionssorte Roter Veltliner. Mit einer äußerst gelungenen Kombination aus Fruchtschmelz und Saftigkeit zeigt er das Qualitätspotenzial der immer beliebter werdenden Spezialität auf, die in drei Varianten vinifiziert wird.

Der Wagram ist mit Sicherheit als eine Weißweingegend zu bezeichnen, im Weingut Leth trifft man aber auch auf eine geballte Rotweinkompetenz. Zweigelt, Pinot Noir und St. Laurent zeigen, wie gut diese Sorten in einer kühleren Klimazone gedeihen. Wie ausgezeichnet Kellermeister Franz Leth junior damit umgehen kann, beweist er mit dem »Gigama«, einem Ausnahme-Zweigelt, der ihm bereits den Sortensieg bei der Falstaff-Rotweinprämierung einbrachte.

Mit 2019 hat sich auf dem Weingut vieles verändert: Umfangreiche Investitionen in ein neues Presshaus, in einen neuen Holzfasskeller sowie in die gesamte Betriebsinfrastruktur bieten nun optimale Voraussetzungen, um am eigenständigen Charakter der Weine weiter zu feilen. Dazu beitragen soll auch die Umstellung auf Bio-Weinbau, die nahezu abgeschlossen ist und mit der Ernte 2021 den

Franz Leth und Franz Leth jun.

WEINGUT LETH
3481 Fels am Wagram
Kirchengasse 6
T: +43 (2738) 2240
office@weingut-leth.at
www.weingut-leth.at

Kellermeister: Franz Leth
Kontakt: Franz und Erich Leth
Anbauweise: Umstellung auf bio
Produktion: 1 % Schaumwein, 80 % weiß, 1 % rosé, 18 % rot, 52 Hektar
Zertifiziert: Nachhaltig Austria
Vereinszugehörigkeit: Traditionsweingüter Österreich, Weingüter Wagram
Messen: Austrian Tasting London, ÖGW Zürich, Prodexpo Moskau, ProWein Düsseldorf, VieVinum, Vinexpo

ersten Bio-zertifizierten Jahrgang erbringen wird.

90 ⓑ Zweigelt My Dear! Pet.Nat
12 Vol.-%, NK, Flaschengärung, €€€
Zartes Lachsrosa, Silberreflexe, feines Mousseux. Ein Hauch von Pfirsich und roten Waldbeeren, etwas Banane, einladendes Bukett. Lebendig, frisch strukturiert, rote Kirschen im Abgang, ein leichtfüßiger, sommerlicher Trinkspaß.

93 Felser Weißburgunder Reserve 2020
13,5 Vol.-%, DV, großes Holzfass, €€€€
Helles Goldgelb, Silberreflexe. Feine Nuancen von Mango und Ananas, zarter Blütenhonig, einladendes Bukett, ein Hauch von Biskuit im Hintergrund. Saftig, gute Komplexität, reife gelbe Birne, feine Säurestruktur, mineralisch unterlegt, bleibt gut haften, ein vielseitiger Speisenbegleiter.

(93) Felser Chardonnay Grande Reserve 2019
13 Vol.-%, NK,DV, Barrique, €€€€
Helles Goldgelb, Silberreflexe. Zart nach Vanille, frischer gelber Apfel, etwas Mango, feiner Blütenhonig, frische Orangenzesten. Kraftvoll, weiße Frucht, frische Birnen, finessenreich strukturiert, helles Nougat im Abgang, gute Länge, ein stoffiger Speisenbegleiter.

92 Riesling Ried Schillingsberg 2020
13 Vol.-%, DV, Stahltank/großes Holzfass, €€€€
Helles Gelbgrün, Silberreflexe. Zart floral unterlegte zarte Pfirsichfrucht, ein Hauch von Maracuja, einladendes Bukett. Saftig, weiße Tropenfrucht, lebendiger Säurebogen, feine Fruchtsüße im Abgang, mineralisch und anhaftend, bereits gut antrinkbar.

92 Roter Veltliner Ried Fumberg 2020
13 Vol.-%, DV, großes Holzfass, €€€€
Mittleres Goldgelb, Silberreflexe. Feine Nuancen von gelber Birne, zarter Blütenhonig, kandierte Orangenzesten, einladendes Bukett. Mittlere Komplexität, weißes Kernobst, frisch strukturiert, zitronig-mineralisch im Abgang, ein lebendiger Speisenbegleiter, Apfelfrucht im Nachhall.

92 Simply Wow! 200 United 2020
13,5 Vol.-%, DV, großes Holzfass, €€€€
Helles Goldgelb, Silberreflexe. Zart nach Wiesenkräutern, ein Hauch von weißer Birne, tabakige Nuancen, zart nach Mandarinenzesten. Mittlerer Körper, weiße Apfelfrucht, frisch strukturiert, mineralisch-zitroniger Touch im Abgang, feine Fruchtsüße im Nachhall, gutes Reifepotenzial.

Fels am Wagram

93 Grüner Veltliner Gigama Grande Reserve 2018
13,5 Vol.-%, DV, gebrauchte Barriques/großes Holzfass, €€€€€
Mittleres Goldgelb, Silberreflexe. Reife Marille, ein Hauch von frischen Quitten, zarter Blütenhonig, mit Orangenzesten unterlegt. Saftig, elegant, feine Fruchtsüße, Nuancen von Pfirsich, feiner Säurebogen, zart karamellig im Abgang, bleibt haften, ein komplexer, gut gereifter Speisenbegleiter.

91 Grüner Veltliner Ried Schafflerberg 2020
12,5 Vol.-%, DV, Stahltank, €€€
Helles Gelbgrün, Silberreflexe. Frische gelbe Birne, ein Hauch von Mango, einladendes Bukett, Orangenzesten. Mittlerer Körper, weißer Apfel, frische Säurestruktur, zitronig-mineralischer Nachhall.

91 Grüner Veltliner Ried Steinagrund 2020
12,5 Vol.-%, DV, Stahltank, €€€
Helles Gelbgrün, Silberreflexe. Zart nach Wiesenkräutern, weißes Kernobst, mit einem Hauch von Mandarinenzesten unterlegt, mineralischer Touch. Saftig, weißer Apfel, frisch strukturiert, lebendiger Stil, zitroniger Nachhall, macht Lust auf ein zweites Glas.

Andreas Wieland

MAYER DER WEIN
3470 Kirchberg am Wagram
Mitterstockstall 6
T: +43 (2279) 292 50
office@mayer-wein.at
www.mayer-wein.at

Kellermeister: Peter A. Dolle
Kontakt: Andreas Wieland
Anbauweise: Umstellung auf bio (Bio Austria)
Produktion: 80 % weiß, 10 % rosé, 10 % rot, 8 Hektar
Messen: ProWein Düsseldorf, VieVinum

★★

MAYER DER WEIN

Puristische Weine aus einem traditionsreichen Haus am Wagram, das mit frischem Elan in die Zukunft blickt: So lässt sich in kurzen Worten die Philosophie beschreiben, die auf dem Weingut Mayer den Ton angibt. Schon in der knappen Formulierung »Mayer – der Wein«, mit der das schlanke, aber facettenreiche Ensemble aus sechs der beliebtesten Rebsorten ausgeschildert wird, schwingt Geradlinigkeit und Minimalismus mit. Dahinter steht die Überzeugung, ausschließlich tief in der Region Wagram verwurzelte Weine nach biologischen Prinzipien zu erzeugen, und zwar zum besten Preis-Leistungs-Verhältnis.
Mayer-Weine leben von der Leidenschaft für das Authentische, das Schnörkellose, das Ungeschminkte. Das Wörtchen »Ursprung«, das auf den Etiketten zu finden ist, drückt aus, was als Trend in aller Munde ist: ein nachhaltiger Umgang mit den Ressourcen, der in natürlich ausbalancierten, fein orchestrierten Weinen seine Vollendung findet. Kein Wunder, dass Mayer-Weine bei Genießern und Gastronomen gleichermaßen immer mehr Anklang finden.

(90) Grüner Veltliner Amadeus Weiß 2020
13 Vol.-%, DV, großes Holzfass, €€€
Helles Grüngelb, Silberreflexe. Zart rauchig-kräuterwürzig unterlegte weiße Apfelfrucht, tabakige Nuancen. Mittlerer Körper, weißes Kernobst, dezente Süße, lebendig strukturiert, mineralisch im Abgang, ein Hauch von Marillen im Nachhall, gut entwickelt.

89 Grüner Veltliner Ursprung 2020
12,5 Vol.-%, DV, Stahltank, €€

90 Roter Veltliner Ursprung 2020
12,5 Vol.-%, DV, Stahltank, €€
Helles Grüngelb, Silberreflexe. Mit einem Hauch von Orangenzesten unterlegter Birnentouch, florale Nuancen, zart nach Marille. Mittlerer Körper, weiße Apfelfrucht, frisch strukturiert, zitronig-mineralisch im Abgang, ein lebendiger Speisenbegleiter.

89 Gelber Muskateller Ursprung 2020
12,5 Vol.-%, DV, Stahltank, €€

88 Riesling Ursprung 2020
12,5 Vol.-%, DV, Stahltank, €€

88 Zweigelt Rosé Symphonie 2020
12 Vol.-%, DV, Stahltank, €€

★

WEINGUT M. MAYER

Das Weingut und der Heurige Mayer werden als Familienbetrieb von Matthias und Jasmin Mayer mittlerweile in dritter Generation geführt. Im Weinort Königsbrunn am Wagram gelegen, gedeihen auf den für dieses Gebiet typischen Lössböden die mit Leidenschaft und Geduld gekelterten Weine. Auf den Rebflächen sind Grüner und Roter Veltliner, Riesling, Gelber Muskateller sowie die Rotweinsorten Zweigelt und St. Laurent ausgepflanzt. Da der Rhythmus des Weins das Leben der Winzer bestimmt, legt man hier allergrößten Wert auf Qualität, Stil und Service. Naturnahe Bewirtschaftung, ertragsbegrenzter Ausbau und akribische Weingartenarbeit bescheren der Familie schon seit Jahren zufriedene Weinkunden. Das Heurigenlokal, das in einer der schönsten Kellergassen Niederösterreichs liegt, lockt im Sommer mit einem großen Gastgarten. Und da zu einem edlen Wein auch eine köstliche Jause gehört, erfreut ein Angebot hausgemachter Speisen den deftigen, den anspruchsvollen, aber auch den vegetarischen Gaumen.

92 Grüner Veltliner Ried Mordthal Reserve 2019
13,5 Vol.-%, DV, großes Holzfass, €€€
Mittleres Gelbgrün, Silberreflexe. Reife gelbe Tropenfrucht, Nuancen von Papaya und Ananas, feiner Blütenhonig, entwickeltes Bukett. Kraftvoll, süße Fruchtnuancen, dezenter Säurebogen, vollreife Marille im Abgang, gute Länge, ein stoffiger Begleiter bei Tisch.

90 Grüner Veltliner Ried Bromberg 2020
13 Vol.-%, DV, Stahltank, €€
Helles Gelbgrün, Silberreflexe. Tabakig, zart nach Wiesenkräutern, gelbe Fruchtnuancen, frischer Apfel, etwas Mango, mit Orangenschalen unterlegt. Mittlerer Körper, weiße Frucht, feiner Säurebogen, salzig-mineralisch im Abgang, vielseitig einsetzbar.

89 Grüner Veltliner Stoamasl® 2020
12 Vol.-%, DV, Stahltank, €€

92 Roter Veltliner Ried Steinberg 2020
13 Vol.-%, DV, Stahltank, €€
Helles Gelbgrün, Silberreflexe. Zart kräuterwürzig unterlegte Birnenfrucht, ein Hauch von Orangenzesten, Nuancen von gelbem Apfel im Hintergrund. Mittlerer Körper, weiße Kernobstnuancen, frisch strukturiert, bleibt haften, zitroniger Touch im Finale, gute Länge, bereits zugänglich.

89 Gemischter Satz 2020
12,5 Vol.-%, DV, Stahltank, €€

(89) Riesling 2020
12 Vol.-%, DV, Stahltank, €€

WEINGUT M. MAYER
3465 Königsbrunn
Kremser Straße 19
T: +43 (676) 88234442
weingut@m-mayer.at
www.m-mayer.at

Kellermeister/Kontakt:
Matthias Mayer
Produktion: 9 Hektar
Vereinszugehörigkeit:
Wagramer Selektion
Messen: Weinmesse Innsbruck

WEINGUT NIMMERVOLL
3470 Engelmannsbrunn
Steingassl 30
T: +43 (676) 9503682
office@nimmervoll.cc
www.nimmervoll.cc

Kellermeister: Gregor Nimmervoll
Kontakt: Claudia Nimmervoll
Produktion: 80 % weiß, 15 % rosé, 1 % rot, 4 % süß, 14+2 Hektar
Vereinszugehörigkeit: Weinstraße Wagram
Messen: ProWein Düsseldorf, VieVinum, Weinmesse München

★★★

WEINGUT NIMMERVOLL

Mit den Weinen des Jahrgangs 2020 beweist das Weingut Nimmervoll aus Engelmannsbrunn, dass es mit den unterschiedlichsten Witterungsbedingungen gut umzugehen weiß. Nach den hochreifen Vorgängern und den optimal ausgewogenen 2019ern präsentieren sich die ersten Kostproben des aktuellen Jahres mit viel Frische und einer etwas kühleren Aromatik als zuvor. »Wir haben, so denke ich, den Spagat zwischen dem Ausdruck des Wetters in der Reifezeit und der typischen Nimmervoll-Stilistik geschafft«, gibt sich Gregor Nimmervoll zufrieden. Er geht davon aus, dass sich auch die kräftigen Tropfen sehr vorteilhaft entwickeln werden. »Deshalb haben wir auch wieder Weine für die ›Engilmar‹-Linie, die es nur aus den besten Jahren gibt, vinifiziert.« Bis diese auf die Flasche kommen, wird aber noch einige Zeit vergehen. Generell feilt Gregor Nimmervoll laufend am Feinschliff seines Weinstils. Das Weingut entwickelt sich immer mehr zu einem Burgunder-Spezialisten, wobei damit nicht nur der Weißburgunder per se, sondern auch das Geschmacksprofil des Grünen oder Roten Veltliners gemeint ist. Zur absoluten Elite hat sich der Betrieb auch beim Traminer entwickelt, wie die Auszeichnungen der vergangenen Jahre eindrucksvoll bestätigen.

93 Grüner Veltliner Ried Schafflerberg 2020
14,5 Vol.-%, DV, großes Holzfass, €€€
Leuchtendes helles Gelbgrün, Silberreflexe. Zart nach Marille, frischer gelber Apfel, ein Hauch von Orangenzesten. Saftig, elegant, gut integrierte Fruchtsüße, feines Säurespiel, gelbe Frucht im Nachhall zart nach Ananas, bleibt haften, ein komplexer Speisenbegleiter.

91 Grüner Veltliner Wagramlöss 2020
12,5 Vol.-%, DV, Stahltank, €€
Helles Gelbgrün, Silberreflexe. Frischer gelber Apfel, einladende Fruchtsüße, zart nach Mango und Birne. Mittlere Komplexität, weiße Frucht, frisch strukturiert, elegant und gut anhaftend, vielseitig einsetzbar.

93 Traminer Ried Fuxberg 2019
14 Vol.-%, DV, 500-l-Fass, €€€€
Mittleres Gelbgrün, Silberreflexe. Florales Bukett nach Rosen und Hibiskus, ein Hauch von Eibischteig, einladendes, sortentypisches Bukett. Saftig, rund und harmonisch, süße Textur, elegant und gut anhaftend, Marshmallows im Abgang, wird von Flaschenreife profitieren.

91 Traminer Wagramlöss 2020
13,5 Vol.-%, DV, 500-l-Fass, €€€
Helles Gelbgrün, Silberreflexe. Feiner Hauch von Rosenöl, mit gelber Tropenfrucht unterlegt, zart nach Eibischteig, florale Nuancen. Mittlerer Körper, zart nach Litschi und Pfirsich, dezenter Säurebogen, eleganter, harmonisch, fruchtbetonter Stil, bereits gut antrinkbar.

93 Roter Veltliner Ried Eisenhut 2020
13,5 Vol.-%, DV, 500-l-Fass, €€€
Helles Gelbgrün, Silberreflexe. Feine Kräuterwürze, etwas zurückhaltend, ein Hauch von Birne, frische Quitten, zart nach kandierten Mandarinenzesten. Mittlerer Körper, feine Marillenfrucht, gelber Pfirsich, feine Säurestruktur, bleibt gut hängen, fruchtige Süße im Nachhall, Ananas im Rückgeschmack.

93 Weißburgunder Ried Mittersteig 2020
13,5 Vol.-%, DV, Stahltank, €€€
Helles Gelbgrün, Silberreflexe. Zarte gelbe Tropenfrucht, ein Hauch von Ananas und Mango, Mandarinenzesten, dezente Süße. Mittlere Komplexität, frische weiße Birnenfrucht, lebendiger Säurebogen, zitronig unterlegte Mineralik, Blütenhonig im Nachhall, gute Länge, bereits gut antrinkbar.

91 Riesling Wagramschotter 2020
13 Vol.-%, DV, Stahltank, €€€
Helles Gelbgrün, Silberreflexe. Zart mit Maracuja unterlegte gelbe Pfirsichnuancen, ein Hauch von Mandarinenzesten und Blütenhonig. Saftig, frische Ananas, süße Textur, lebendiger Säurebogen, sehr gut balanciert, Limetten im Nachhall, macht Lust auf ein zweites Glas.

92 Herrn Greanz GV/RM O
13,5 Vol.-%, NK, gebrauchte Barriques, €€€€
Leuchtendes, zart getrübtes Orangegelb. Frische Marillenfrucht, zart kräuterwürzig unterlegte Mandarinenzesten, facettenreiches Bukett mit Dörrobstaspekten. Straffer, trockener Stil, gelbe Fruchtnuancen, mineralisch, bleibt gut haften, Marillen auch im Nachhall, entstanden in Kooperation mit Franz Leth.

★

WINZERHOF OBENAUS

Der Winzerhof liegt im Ortszentrum von Großriedenthal im Weinbaugebiet Wagram. Umgeben von einzigartiger Flora und Fauna befinden sich die Rebflächen der Jungwinzerin in den Rieden Eisenhut, Hinterberg und Spielberg. In Symbiose aus Lage, Witterung und kompromisslosem Qualitätsstreben entstehen Jahr für Jahr Weine mit besonderer Handschrift, denn seit Oktober 2017 liegt der Betrieb in weiblichen Händen. Behutsam hat Luisa die Weinstilistik in den letzten Jahren mit ihrer Handschrift versehen: fruchtig, finessenreich und fokussiert auf Sorte und Herkunft.
Die neue Gliederung des Sortiments ist Ausdruck ihrer Weinphilosophie: traditionell mit jugendlicher Frische und unterstützt vom langjährigen Wissen ihrer Eltern Maria und Franz. Zusätzlich findet man auf dem Winzerhof auch noch zwei liebevoll eingerichtete Genießerzimmer – benannt nach den Rebsorten Riesling und Zweigelt. Unter dem Motto »Schlafen, wo der Wein wächst« lässt sich der Weingenuss mit allen Sinnen erleben.

92 Riesling Ried Spielberg 2020
12,5 Vol.-%, DV, Stahltank, €€
Mittleres Gelbgrün, Silberreflexe. Attraktiver Blütenhonig, frischer Pfirsich, ein Hauch von Maracuja, floraler Anklang, einladendes Bukett. Saftig, elegant und ausgewogen, feine Fruchtsüße, finessenreicher Säurebogen, mineralisch, ein Hauch von Honig und Marille im Finale, macht Lust auf mehr.

91 Grüner Veltliner Ried Hinterberg 2020
13 Vol.-%, DV, Stahltank, €€
Helles Gelbgrün, Silberreflexe. Mit einem Hauch von Wiesenkräutern unterlegte weiße Apfelfrucht, zart nach Honigmelone, einladendes Bukett. Saftig, feines Kernobst, frische Säurestruktur, pikantes Finish, zitronige Nuancen im Abgang, ein eleganter Speisenbegleiter.

90 Grüner Veltliner Ried Eisenhut 2020
12,5 Vol.-%, DV, Stahltank, €€
Helles Gelbgrün, Silberreflexe. Frischer Granny-Smith-Apfel, zarte Wiesenkräuter, Nuancen von Orangenzesten, tabakiger Anklang. Weißer Apfel, straffe Textur, frischer Säurebogen, zitroniger Nachhall, bietet unkomplizierten Trinkspaß.

89 Grüner Veltliner Wagram 2020
12 Vol.-%, DV, Stahltank, €€

Luisa Obenaus

WINZERHOF OBENAUS
3471 Großriedenthal
Hauptstraße 53
T: +43 (664) 9288455
info@winzerhof-obenaus.at
www.winzerhof-obenaus.at

Kellermeister/Kontakt:
Luisa Obenaus
Produktion: 92 % weiß, 8 % rot, 13 Hektar

91 Roter Veltliner Ried Hinterberg 2020
12,5 Vol.-%, DV, Stahltank, €€
Helles Gelbgold, Silberreflexe. Zarte Nuancen von reifer gelber Tropenfrucht, ein Hauch von Mango und Papaya, kandierte Orangenzesten, etwas Blütenhonig. Saftig, frisches Kernobst, lebendiger Säurebogen, fruchtige Süße im Abgang, sehr gut balanciert, vielseitig einsetzbar.

90 Chardonnay 2020
12,5 Vol.-%, DV, Stahltank, €€
Helles Goldgelb, Silberreflexe. Feine gelbe Apfelfrucht, ein Hauch von Wiesenkräutern, Mandarinenzesten klingen an. Mittlerer Körper, weiße Frucht, lebendig strukturiert, mineralisch, feine Fruchtsüße, salzig-zitronig im Finale, ein animierender Speisenbegleiter.

★★★★

WEINGUT BERNHARD OTT

BIO

Will man Terroir, also das, was den Wein und seinen Geschmack grundlegend prägt, muss man auf Interventionen verzichten. Das ist vor allem Vertrauenssache: In das eigene Potential und darin, dass sich die Natur auch aus eigener Kraft entwickeln kann, wenn man sie nur lässt. Davon ist Bernhard Ott überzeugt. Mit dem Umstieg auf die Biodynamie im Jahr 2006 hat sich der Wagramer Winzer voll und ganz dem Rhythmus der Natur angepasst: kompromisslos und offen für das, was der jeweilige Jahrgang für ihn bereithält.
Seit Bernhard Ott das elterliche Weingut Anfang der 1990er Jahre übernommen hat, setzt er fast ausschließlich auf Grünen Veltliner. Der tiefgründige Löss am Wagram und im Kamptal bekommen der Rebsorte besonders gut. Bei der Bewirtschaftung der Weingärten nach den Prinzipien der Biodynamie erfolgt vieles von Hand: Die Weinlese, das Rühren der biodynamischen Präparate, die Herstellung von biologischem Kompost. Man setzt auf eine intensive Begrünung, schonende Bodenbearbeitung mit leichten Maschinen und eine spontane Gärung durch Hefen, die von Natur aus in den Weingärten vorhanden sind. Vieles an der Art, mit der Bernhard Ott heute seinen Wein macht, erinnert an seine Vorfahren. Im Keller benutzt er längst handbetriebene Trauben-

mühlen und eine Korbpresse und mazeriert die Trauben mit Stiel. Die Spontangärung sowie die Lagerung auf der Vollhefe erfolgen in großen Holzfässern. Sie sind Otts größte Hommage an die Tradition, die er mit Respekt vor der Vergangenheit, aber mit dem Wissen von heute in die Zukunft trägt. Für eigenständige Weine, die mehr denn je für kompromisslose Qualität und einen unverwechselbaren Geschmack stehen.
Das Weingut Ott ist Mitglied bei respekt-BIODYN und den Österreichischen Traditionsweingütern sowie Partner der JRE Jeunes Restaurateurs Österreichs.

94 Grüner Veltliner Kamptal DAC Ried Stein 1ÖTW Engabrunn 2019
13 Vol.-%, DV, großes Holzfass, €€€€€
Helles Gelbgrün, Silberreflexe. Zart floral unterlegte weiße Kernobstnuancen, zart nussiger Touch, etwas Mango, Orangenzesten und Blütenhonig klingen an. Saftig, komplex, frischer Säurebogen, lebendig und zitronig, wirkt schlank und leichtfüßig, ein finessenreicher Speisenbegleiter.

96 Grüner Veltliner Ried Rosenberg 1ÖTW Feuersbrunn 2019
13,5 Vol.-%, DV, großes Holzfass, €€€€€
Mittleres Gelbgrün, Silberreflexe. Frische Orangenzesten, ein Hauch von reifem Apfel, zart nach Ananas, feine florale Nuancen, sehr einladendes Bukett. Saftig, elegant, feine Fruchtsüße, gut integrierter Säurebogen, ausgewogen und lange anhaftend, ein stoffiger Speisenbegleiter mit Würze und Potenzial.

94 Grüner Veltliner Ried Kirchthal Feuersbrunn Edition JRE 2019
13,5 Vol.-%, DV, großes Holzfass, €€€€€
Helles Gelbgrün, Silberreflexe. Zarte Wiesenkräuter, weißer Apfel, zitroniger Touch, kandierte Orangenzesten, mit etwas Blütenhonig unterlegt. Saftig, elegant, gelbe Frucht, feiner Säurebogen, angenehme Süße im Abgang, ein Hauch von Marille im Rückgeschmack, mineralisch-salzig im Nachhall, ein facettenreicher Speisenbegleiter.

94 Grüner Veltliner Ried Spiegel 1ÖTW Feuersbrunn Wagram 2019
13 Vol.-%, DV, großes Holzfass, €€€€€
Helles Gelbgrün, Silberreflexe. Mit einem Hauch von Anis und Kümmel unterlegte feine gelbe Tropenfrucht, zart nach Mandarinenzesten, Nuancen von Blütenhonig. Komplex, saftig, feiner Hauch von Marille, elegant und sehr lange anhaftend, zarte Süße im Abgang, sehr gutes Entwicklungspotenzial.

WEINGUT BERNHARD OTT
3483 Feuersbrunn
Neufang 36
T: +43 (2738) 2257
bernhard@ott.at
www.ott.at

Kellermeister: Günter Weisböck
Kontakt: Bernhard Ott
Anbauweise: Biodynamisch (respekt)
Produktion: 100 % weiß
Vereinszugehörigkeit: Traditionsweingüter Österreich
Messen: ProWein Düsseldorf, VieVinum

93 Grüner Veltliner DER OTT® 2019
13,5 Vol.-%, DV, großes Holzfass, €€€€€
Leuchtendes helles Gelbgrün, Silberreflexe. Zart rauchig-tabakig unterlegte weiße Apfelfrucht, ein Hauch von Limettenzesten, floraler Touch, einladendes Bukett. Saftig, feine Tropenfrucht, frischer Säurebogen, mineralisch-salzig im Abgang, fruchtsüßer Nachhall, bereits gut entwickelt.

92 Grüner Veltliner Fass 4® 2020
12,5 Vol.-%, DV, Stahltank/großes Holzfass, €€€
Helles Gelbgrün, Silberreflexe. Zart nach Apfel, Mango und Honigmelone, ein Hauch von Mandarinenzesten, tabakige Nuancen. Stoffig, seidige Textur, feine Fruchtsüße, gut integrierter Säurebogen, Nuancen von Birnen im Abgang, besitzt gute Länge.

91 Grüner Veltliner Am Berg® 2020
12 Vol.-%, DV, gr. Holzfass/Stahltank, €€€
Helles Gelbgrün, Silberreflexe. Feine weiße Apfelfrucht, ein Hauch von Limettenzesten, zarte tabakige Nuancen. Mittlerer Körper, weißes Kernobst, frische Struktur, zitronig-mineralisch im Abgang, feine Fruchtsüße im Nachhall, bietet leichtfüßiges Trinkvergnügen.

90 Cuvée Spectrum 2020 GV/SB/MT/CH/TR/WR//RR/GM/NB/RV
12 Vol.-%, DV, großes Holzfass, €€€
Helles Gelbgrün, Silberreflexe. Zart nach Kräutern, weißer Apfel, ein Hauch von Mango, feine florale Nuancen. Saftig, weiße Birnenfrucht, zarte Säurestruktur, feiner Blütenhonig, Melonennote im Abgang, vielseitig einsetzbar.

★

WEINWERK POLSTERER

Der Familienbetrieb Weinwerk Polsterer bearbeitet eine Fläche von 25 Hektar und hat sich ganz einer Bewirtschaftung im Einklang mit der Natur verschrieben. In der Gemeinde Feuersbrunn, die als erster Ort Niederösterreichs mit dem Landes-Umweltschutzpreis ausgezeichnet wurde, ist das fast schon Pflicht. Die Böden bestehen aus Löss sowie Sand- und Schotterlagen.
Andreas Polsterer keltert eine breite Sortenpalette, die von Grünem Veltliner über Welschriesling, Riesling, Chardonnay und die lokale Spezialität Roter Veltliner bis hin zu Rotweinsorten reicht. Um die Fruchtigkeit der Produkte zu unterstreichen, wird schonend gepresst und bei Bedarf während der Gärung gekühlt. Die Weißweine werden in Edelstahl-, die Rotweine in Holzfässern ausgebaut.

89 ❸ Frizzante vom Roten Veltliner
11,5 Vol.-%, DV, Stahltank, €€

(91) Roter Veltliner Premium 2020
12,5 Vol.-%, DV, Stahltank, €€
Helles Goldgelb, Silberreflexe. Frische Kräuterwürze, weißer Kernobsttouch, zart nach Ananas, florale Nuancen. Saftig, elegant, zarte Fruchtsüße, gut integrierter Säurebogen, ein Hauch von Blütenhonig im Abgang, zart nach Karamell im Nachhall.

(90) Roter Veltliner Roter Graben 2020
12,5 Vol.-%, DV, Stahltank, €€
Helles Goldgelb, Silberreflexe. Feine Fruchtsüße, reife Birne, etwas Mango, einladendes Bukett. Leichtfüßig, weißer Apfel, frisch strukturiert, Limette im Abgang, salziger Nachhall, lebendiger Stil.

(90) Grüner Veltliner Ried Rosenberg
13,5 Vol.-%, DV, Stahltank, €€
Helles Goldgelb, Silberreflexe. Zarte Wiesenkräuter, weiße Apfelfrucht, tabakige Nuancen, mit einem Hauch von Orangenzesten unterlegt. Mittlerer Körper, frische Birne, lebendig strukturiert, mineralisch-zitronig, Kernobst im Nachhall, bereits gut entwickelt.

(88) Grüner Veltliner Kabinett Upupa 2020
12,5 Vol.-%, DV, Stahltank, €€

(89) Riesling Ried Rosenberg 2020
13 Vol.-%, DV, Stahltank, €€

Kellergasse bei Engelmannsbrunn

WEINWERK POLSTERER
3483 Feuersbrunn
Neufang 9
T: +43 (664) 8459197
office@weinwerkwagram.at
www.weinwerkwagram.at

Kellermeister: Andreas Polsterer, Jakob Polsterer
Kontakt: Jakob Polsterer
Produktion: 200.000 Flaschen
5 % Schaumwein, 60 % weiß, 5 % rosé, 30 % rot, 25+2 Hektar
Messen: Dornbirner Frühjahrs- und Herbstmesse

★★

WEINBAU FAMILIE REINBERGER

Unweit der Donau, wo sich die Felder gemächlich dem Wagram zuneigen, liegen die Weingärten der Familie Reinberger. Flugsandablagerungen der älteren Eiszeit bilden hier die Grundlage für den Weinbau. Diese mächtigen Lössanwehungen mit ihrem hohen Kalkgehalt und ihrer guten Wasserspeicherkapazität zeichnen den Boden aus und fördern das Wachstum und die Reife der Trauben, die in den sonnigen Hanglagen des Wagrams gedeihen. Das Kleinklima ist von den Ausläufern des warmen pannonischen Klimas im Wechselspiel mit kühlerer Luft aus dem Waldviertel bestimmt.
Hier bringt der Grüne Veltliner seine Würzigkeit, Rasse und Pikanz voll zur Geltung und wird deshalb auch auf mehr als der Hälfte der über neun Hektar Rebfläche kultiviert. Mit Überzeugung behält man aber auch die »Altösterreicher« Roter und Frühroter Veltliner im Programm, an denen man die frische Frucht und zarte Eleganz besonders schätzt. Riesling, Chardonnay und Zweigelt runden die Sortenpalette ab.
Der Wein entsteht mit seiner Eigenart und Vielfalt bereits im Weingarten, jedes Bemühen im Keller kann nur ein Bewahren jener Kraft sein, die die Natur in Form von hochqualitativen Trauben liefert. Das Hauptaugenmerk des Familienbetriebs liegt in der Weißweinbereitung, wobei traditionelle und moderne Kellertechnik in Einklang gebracht werden. Jedoch ist ein Höchstgrad an Fruchtigkeit und Eleganz noch nicht alles: Eigenständigkeit, bedingt durch Boden und Klima, und die Fantasie des Winzers zeichnen große Weine mit Seele und Charakter aus. Zahlreiche nationale und internationale Auszeichnungen bestätigen die Arbeit der dynamischen Winzerfamilie und zeugen von der Qualität der Weine.

92 Grüner Veltliner Ried Felser Dorner Reserve 2019
13,5 Vol.-%, DV, großes Holzfass, €€€
Mittleres Goldgelb, Silberreflexe. Zarte Apfelfrucht, mit einem Hauch von gelber Tropenfrucht unterlegt, Nuancen von Wiesenkräutern und Marille, einladendes Bukett. Saftig, elegant, weiße Kernobstnuancen, feiner Säurebogen, mineralisch im Nachhall, bleibt haften, vielseitiger Essensbegleiter.

90 Grüner Veltliner Rose Grün 2020
13,5 Vol.-%, DV, Stahltank, €€
Mittleres Grüngelb, Silberreflexe. Zarte Wiesenkräuter, mit einem Hauch von Mango und Apfel unterlegt, zart nach Orangenzesten. Mittlerer Körper, weißes Kernobst, frisch strukturiert, balanciert, zitronig-mineralischer Nachhall.

88 Grüner Veltliner Ried Feuersbrunner Brenner 2020
12,5 Vol.-%, DV, Stahltank, €€

92 Roter Veltliner Ried Gösinger Fumberg Reserve 2019
13,5 Vol.-%, DV, 500-l-Fass, €€€
Helles Goldgelb, Silberreflexe. Etwas verhalten, zarte gelbe Tropenfruchtanklänge, ein Hauch von Blütenhonig und Biskuit. Kernig, gute Komplexität, weißer Apfel, mineralischer Kern, zart nach gelber Birne im Abgang, verfügt über weiteres Reifepotenzial.

91 Roter Veltliner Feuersbrunn Lössterrassen 2020
14 Vol.-%, DV, großes Holzfass, €€
Mittleres Grüngelb, Silberreflexe. Zart tabakig unterlegte Birnenfrucht, ein Hauch von Blütenhonig und Mandarinenzesten. Kraftvoll, feine gelbe Fruchtnuancen, dezenter

WEINBAU FAMILIE REINBERGER
3484 Grafenwörth
Kremser Straße 10
T: +43 (2738) 2795
weinbau@reinberger.at
www.reinberger.at

Kellermeister/Kontakt: Ing. Alfred Reinberger
Produktion: 1 % Schaumwein, 89 % weiß, 1 % rosé, 8 % rot, 1 % süß, 10 Hektar
Vereinszugehörigkeit: Weingüter Wagram
Messen: ProWein Düsseldorf, Vinobile Feldkirch, Vinobile Montfort

Säurebogen, ein Hauch von Fruchtsüße im Abgang, gut entwickelt und zugänglich.

90 Roter Veltliner Wagram 2020
12,5 Vol.-%, DV, Stahltank, €€
Mittleres Grüngelb, Silberreflexe. Mit frischen Wiesenkräutern unterlegte feine Birnenfrucht, etwas Mango, ein Hauch von Orangenzesten. Mittlerer Körper, frische Steinobstnuancen, frisch strukturiert, salziger Touch im Nachhall, vielseitig einsetzbar.

★★★

WEINGUT FRANZ SAUERSTINGL

»All you need is Löss« ist der Leitspruch des Weinguts Sauerstingl. Der Familienbetrieb befindet sich in Fels am Wagram und bewirtschaftet rund zwölf Hektar Rebfläche. Franz Sauerstingl junior ist für die Vinifikation der Weine verantwortlich, der Fokus liegt auf dem Grünen Veltliner. Dieser wird in vier verschiedenen Varianten angeboten: »LÖSS I«, »LÖSS II«, »LÖSS III« und »LÖSS IV«. Diese Bezeichnungen vereinen die geologischen Gegebenheiten am Wagram mit der Klassifizierung der Veltliner von leicht-fruchtig-unkompliziert (LÖSS I und LÖSS II) bis gehaltvoll-reif-ausdrucksstark (LÖSS III und LÖSS IV).
Die Weingärten liegen rund um Fels und reichen von der Wagramkante (lockere Schotterböden mit Lössauflage) bis knapp unter den Hengstberg, der mit 360 Metern Seehöhe die höchste Erhebung des Wagrams ist. Dort befinden sich die wichtigsten Lagen der Familie: Scheiben und Brunnthal. Beide Rieden zeichnen sich durch besonders tiefgründige Lössböden aus und sind mit bis zu 40 Jahre alten Reben bestockt. Zusätzlich vinifiziert man folgende Weißweine: Riesling, Weißburgunder sowie den regional sehr bedeutenden Roten Veltliner. Beim Rotwein setzt man auf Zweigelt sowie auf die Cuvée »Dark Red Löss«.
Dass Franz Sauerstingl junior mit der Umsetzung seines anspruchsvollen Qualitätskonzepts auf dem richtigen Weg ist, bestätigt neben einer Vielzahl zufriedener Kunden auch die Aufnahme des Weinguts in renommierte Weinführer. Zahlreiche Auszeichnungen sowie die mehrmalige Aufnahme in den »SALON Österreich Wein« mit den Sorten Grüner Veltliner und Roter Veltliner spiegeln das Level der Weine wider.

WEINGUT FRANZ SAUERSTINGL
3481 Fels am Wagram
Parkstraße 11
T: +43 (2738) 3435
franz@sauerstingl.at
www.sauerstingl.at

Kellermeister/Kontakt:
Franz Sauerstingl
Produktion: 89 % weiß, 11 % rot, 12.5 Hektar
Vereinszugehörigkeit:
Wagramer Selektion
Messen: ProWein Düsseldorf

94 Grüner Veltliner Reserve 2020
14 Vol.-%, DV, kleines Holzfass, €€€€
Mittleres Gelbgrün, Silberreflexe. Weiße Fruchtexotik, ein Hauch von reifen Quitten, frischer Apfel, Limettenzesten. Komplex, straffe Textur, weiße Fruchtnuancen, lebendiger Säurebogen, kraftvoll und mineralisch im Abgang, zitronige Nuancen, gute Länge, wird von Flaschenreife profitieren.

93 Grüner Veltliner Ried Brunnthal Löss IV 2020
13,5 Vol.-%, DV, großes Holzfass/Stahltank, €€€
Mittleres Gelbgrün, Silberreflexe. Frische Orangenzesten, feine gelbe Tropenfrucht, ein Hauch von Mango, mineralischer Touch, noch etwas zurückhaltend. Saftig, elegant, zarte Fruchtsüße, reife gelbe Birnenfrucht, mineralisch-salzig unterlegt, verfügt über gute Länge, sicheres Reifepotenzial.

92 Grüner Veltliner Ried Scheiben Löss III 2020
13,5 Vol.-%, DV, Stahltank, €€
Helles Gelbgrün, Silberreflexe. Nuancen von reifem Golden-Delicious-Apfel, zart nach Papaya, etwas Mango, mit tabakiger Würze unterlegt. Komplex und kraftvoll, weißer Apfel, straffe Säure, salziger Touch, ein staubtrockener Speisenbegleiter mit würzigem Nachhall.

90 Grüner Veltliner Löss II 2020
12,5 Vol.-%, DV, Stahltank, €€
Helles Grüngelb, Silberreflexe. Frische gelbe Tropenfrucht, zart nach Ananas und Mango, mit Nuancen von Wiesenkräutern unterlegt. Mittlerer Körper, gelber Apfel, feiner Säurebogen, zitronig im Nachhall, ein lebendiger Speisenbegleiter.

93 Roter Veltliner Reserve 2020
13,5 Vol.-%, DV, Stahltank, €€€
Leuchtendes mittleres Grüngelb, Silberreflexe. Mit einem Hauch von Blütenhonig unterlegte reife Birnenfrucht, kandierte Orangenzesten, einladendes Bukett. Kraftvoll, cremige Textur, zart nach Karamell, weißes Kernobst im Abgang, mineralisch-salziger Nachhall, gutes Entwicklungspotenzial.

90 Roter Veltliner Wagram 2020
12,5 Vol.-%, DV, Stahltank, €€
Helles Gelbgrün, Silberreflexe. Ein Hauch von Weingartenpfirsich, Nuancen von Honigmelone und Mandarinenzesten. Saftig, leichtfüßig, Anklänge von grünem Apfel, lebendig strukturiert, ein jugendlicher, schwungvoller Speisenbegleiter.

★★

WEINGUT HERBERT SCHABL

BIO

Das Weingut Schabl ist ein Familienbetrieb, dessen Weingärten sich in die sanften Hügellandschaften an den Südhängen des Wagrams einbetten. 1891 gelangte der Hof in den Besitz der Familie. Seither wird er stets weiterentwickelt und von den Eltern an die Kinder vererbt.
Momentan arbeiten Romana und Herbert Schabl, die das Weingut die vergangenen Jahre geprägt haben, mit Sohn Paul und seiner Partnerin Elena zusammen. Die beiden, als fünfte Generation und Zukunft, steuern großes Talent und viel önologisches Gespür bei. Die Weingärten bewirtschaftet Familie Schabl biologisch, denn Weinmachen sieht man hier als ein Handwerk an, das neben kreativem Schaffen auch die Verantwortung für die Natur und den Menschen beinhaltet. So entstehen Weine voll Seele, Herzblut und mit wohltuendem Gebietscharakter.

93 ❸ Pet Nat brut 2020 RR/RV
12 Vol.-%, KR, Flaschengärung, €€€€ B V
Zart wolkig unterlegtes helles Gelbgrün, Silberreflexe, feine Perlage. Attraktive weiße Tropenfrucht, Nuancen von Weingartenpfirsich, ein Hauch von frischen Litschis, mit Limettenzesten unterlegt. Straff, saftige Frucht, ein Hauch von Maracuja, lebendiges Säuregerüst, perfekt ausgewogen, stoffiger Steinobsttouch, mineralisch und lange, überzeugender Stil.

93 Grüner Veltliner Ried Mordthal 2020
13,5 Vol.-%, DV, großes Holzfass, €€€ B V
Helles Gelbgrün, Silberreflexe. Mit feiner Kräuterwürze wie Zitronenmelisse unterlegte gelbe Apfelfrucht, zart nach Mango, einladendes Bukett. Komplex, elegant, feine weiße Fruchtnuancen, dezente Süße, finessenreiche Säurestruktur, mineralisch und anhaftend, ein facettenreicher Speisenbegleiter mit Entwicklungspotenzial.

WEINGUT HERBERT SCHABL
3465 Königsbrunn am Wagram
Kremser Straße 13
T: +43 (2278) 2287
office@weingut-schabl.at
www.weingut-schabl.at

Kellermeister: Herbert Schabl
Kontakt: Paul Schabl
Anbauweise: Zertifiziert Biologisch
Produktion: 5 % Schaumwein, 85 % weiß, 5 % rosé, 5 % rot
Vereinszugehörigkeit: Slow Food Presidio
Messen: VieVinum

92 Grüner Veltliner Ried Mordthal Reserve 2019
13,5 Vol.-%, NK, 500-l-Fass, €€€€ B V
Mittleres Gelbgrün, Silberreflexe. Kandierte Orangenzesten, gelbes Kernobst, zart nach Honigmelone, einladendes Bukett. Saftig, deutliche Fruchtsüße, reife Marille, dezenter Säurebogen, mineralisch-salzig unterlegt, opulenter Stil, wird von weiterer Flaschenreife profitieren.

93 Roter Veltliner Reserve Ried Hochrain Slow Food Presidio 2019
13,5 Vol.-%, NK, 500-l-Fass, €€€€ B V
Helles Goldgelb, Silberreflexe. Mit feinem Blütenhonig unterlegte frische Orangenzesten, zart nach Marille und Papaya, florale Nuancen, öffnet sich gut mit etwas Luft. Saftig, elegant, frischer Pfirsich, angenehme Extraktsüße, straffer Kern, feiner Honigtouch im Finale, wird von weiterer Flaschenreife profitieren.

91 Roter Veltliner Ried Hochrain Slow Food Presidio 2019
13 Vol.-%, DV, Stahltank, €€€ V
Mittleres Grüngelb, Silberreflexe. Zart nach Orangenzesten, ein Hauch von reifer Mango und Marille, gewürziger Touch, mit zartem Blütenhonig unterlegt. Saftig, reifes Steinobst, Nuancen von Pfirsich und etwas Ananas, mineralisch, gute Frische, saliner Touch im Abgang, bereits gut entwickelt, ein leichtfüßiger Speisenbegleiter.

91 Riesling Rebell Naturell 2020
11,5 Vol.-%, NK, Edelstahl, €€€€€ B V O
Mittleres Orangegold, Silberreflexe. Zart nach Kamille und Melisse, ein Hauch von Dörrobst, zart nach Marillenfrucht, Nuancen von Orangenzesten, zurückhaltendes Bukett. Leichtfüßig, feinwürzige Gerbstoffnuancen, mineralisch, rassiger Säurebogen, lebendiger Stil, zitronig-salziger Nachhall, ein trockener Speisenbegleiter.

★★

WEINGUT FAMILIE SCHUSTER

BIO

»Lust auf Löss« – so lautet die Devise im Weingut der Familie Schuster, einem echten Familienbetrieb aus Großriedenthal. Seit 1772 beschäftigt man sich hier mit Weinbau. Der Betrieb wird von Karl und Helga Schuster geführt, die Vinifikation liegt in den Händen von Kellermeister Thomas Schuster. Nach Praktika im In- und Ausland sowie einem Studium an der Fachhochschule Eisenstadt bringt er nun seine Ideen ein. Die Naturverbundenheit wird mit dem Marienkäfer auf dem Etikett hervorgehoben, der Betrieb ist seit dem Jahrgang 2016 biologisch zertifiziert.
Die Leitsorten des Weinguts sind regionaltypisch Grüner Veltliner und vor allem Roter Veltliner. Beeindruckend präsentieren sich auch Riesling sowie Pinot Noir von der Einzellage Eisenhut. Die stilistische Weinlinie geht eindeutig in Richtung ausdrucksstarke und elegante Weine, die das Potenzial der Sorten und Lagen widerspiegeln. Besonders die prämierten Weine aus den Einzellagen Eisenhut, Altweingarten, Diebstein und Goldberg zeigen, was in den Rieden von Großriedenthal steckt. Ein besonderes Anliegen ist den Schusters die autochthone Rebsorte Roter Veltliner. Das Verständnis für diese Sorte wurde mit dem »SALON«-Sieger unter Beweis gestellt. Im Jahr 2014 konnte sich der Betrieb in die Ehrenliste des »SALON Österreich Wein« eintragen – innerhalb von fünf Jahren war das Weingut viermal darin vertreten. Thomas Schuster wurde außerdem als

WEINGUT FAMILIE SCHUSTER

3471 Großriedenthal
Hauptstraße 61
T: +43 (2279) 7203
office@weingut-schuster.at
www.weingut-schuster.at

Kellermeister/Kontakt:
Thomas Schuster
Anbauweise: Zertifiziert Biologisch
Produktion: 85 % weiß, 15 % rot, 12 Hektar
Vereinszugehörigkeit:
Weingüter Wagram
Messen: ProWein Düsseldorf, VieVinum

Thomas Schuster

Finalist der »Schlossquadrat Jungwinzertrophy« ausgewählt.
In den vergangenen Jahren wurde der Betrieb durch eine neue Produktionsstätte inklusive eines modernen Kostraums erweitert. Gästezimmer, um die sich Helga Schuster kümmert, stehen zur Verfügung und laden zu einem Ausflug in die vielfältige Region Wagram ein.

93 Grüner Veltliner Gutsreserve 2018

14 Vol.-%, NK, 500-l-Fass, €€€€€ Ⓑ
Leuchtendes helles Grüngelb, Silberreflexe. Zarte gelbe Fruchtexotik, mit einem Hauch von Orangenzesten unterlegt, dezente Würze von Wiesenkräutern. Saftig, süße Frucht, ein Hauch von Melisse, cremige Textur, Blütenhonig im Abgang, reifes Steinobst im Nachhall, bleibt haften, ein stoffiger Speisenbegleiter mit einem Touch von Opulenz.

92 Grüner Veltliner Ried Eisenhut 2019

14 Vol.-%, DV, 500-l-Fass, €€€€ Ⓑ
Mittleres Grüngelb, Silberreflexe. Gelbe Tropenfrucht, Nuancen von Mango und Ananas, feiner Blütenhonig, mit Mandarinenzesten unterlegt. Kraftvoll, saftig, fruchtige Süße, mit dezenter Säurestruktur unterlegt, opulenter, ausgereifter Stil, dezent salzig im Abgang, dekantieren empfohlen.

91 Grüner Veltliner Grossriedenthal Alte Reben 2020

13 Vol.-%, DV, Stahltank, €€
Mittleres Gelbgrün, Silberreflexe. Frische Wiesenkräuter, Nuancen von Golden Delicious-Apfel, Orangenzesten, würziges Bukett. Mittlerer Körper, weiße Kernobstnoten, feine Säurestruktur, mineralisch-zitroniger Nachhall, bereits gut entwickelt.

92 Roter Veltliner Ried Berg Eisenhut 2019

13,5 Vol.-%, DV, 500-l-Fass, €€€€ Ⓑ
Mittleres Gelbgrün, Silberreflexe. Zart mit Biskuit unterlegte gelbe Tropenfrucht, ein Hauch von Mango und Mandarine, etwas karamelliger Blütenhonig, kandierte Orangenzesten. Saftig, elegant, süße reife Fruchtnuancen, gelber Pfirsich, ausgewogen und gut anhaftend, ein stoffiger, bereits zugänglicher Speisenbegleiter.

90 Roter Veltliner Ried Altweingarten 2020

13 Vol.-%, DV, Stahltank, €€ Ⓑ
Helles Grüngelb, Silberreflexe. Nuancen von frischer Ananas, ein Hauch von gelber Tropenfrucht, zart nach Limetten und Wiesenkräutern. Saftig, frisch strukturiert, feine Fruchtsüße, lebendiger Stil, reife Marille im Nachhall, bereits gut antrinkbar, ein schwungvoller Speisenwein.

92 Pinot Noir Ried Eisenhut Reserve 2018

14 Vol.-%, DV, gebrauchte Barriques, €€€€ Ⓑ
Kräftiges Karmingranat, Ockerreflexe, breitere Randaufhellung. Zart rauchig-würzig unterlegte dunkle Waldbeerenfrucht, ein Hauch von Zwetschken, mit Orangenzesten unterlegt. Kraftvoll, eingelegte Kirschen, Gewürznelken, etwas Nougat im Abgang, ein stoffiger Speisenbegleiter.

★

WEINHOF THOMAS STOPFER

Der Weinbau ist in der Familie Stopfer seit Generationen verankert. Für Thomas Stopfer bedeutet er mehr als nur gute alte Tradition. Wein vereint seine Liebe und Verbundenheit zur Natur mit der Freude am Genießen. Oberstes Ziel des Winzers ist es daher, die Qualität der übers Jahr behutsam gereiften Trauben in jede einzelne Flasche zu bringen.
Im Sortiment finden sich die fruchtig-pfeffrigen Grünen Veltliner »Classic«, der »Steinberg« – kräftig, würzig und mineralisch – sowie die »Reserve« für Liebhaber gereifter Weine. Die Sortenvielfalt reicht von Rosé-Weinen über Roten Veltliner und Riesling bis hin zu Gelbem Muskateller. Bei den Rotweinen setzt man auf die Sorten Zweigelt und Cabernet Sauvignon als Partner in den Cuvées, die zum größten Teil in Barrique-Fässern ausgebaut werden.
Wer die Stille sucht und gerne in der Natur seine Seele baumeln lässt, der wird den Wagram lieben. Genießen steht bei den Stopfers im Vordergrund, sei es kulinarisch, kulturell oder spirituell – gerne begleitet von einem guten Achterl Wein.

WEINHOF THOMAS STOPFER
3701 Ruppersthal
Ruppersthal 41
T: +43 (676) 6661188
office@weinhof-stopfer.at
www.weinhof-stopfer.at

Kellermeister/Kontakt:
Thomas Stopfer
Produktion: 80 % weiß, 20 % rot, 8+2 Hektar
Messen: ProWein Düsseldorf, Vinobile Feldkirch, Weinmesse München

92 Grüner Veltliner Ried Steinberg Privat 2019
14 Vol.-%, DV, 500-l-Fass, €€€
Leuchtendes mittleres Grüngelb, Silberreflexe. Zart tabakige Kräuterwürze, reifes gelbes Kernobst, ein Hauch von Marille und kandierten Orangenzesten, etwas Vanille. Sehr kraftvoll, cremige Textur, opulent, süße Fruchtnuancen nach Birne, bleibt haften, feine Röstaromen im Nachhall, gut ausgereifter Speisenbegleiter.

(91) Grüner Veltliner Ried Steinberg 2020
13,5 Vol.-%, DV, Stahltank, €€€
Helles Grüngelb, Silberreflexe. Reife gelbe Tropenfrucht, frischer gelber Apfel, kandierte Orangenzesten, einladendes Bukett. Kräftig, gute Komplexität, saftige Textur, zarte Fruchtsüße, feiner Säurebogen, bleibt haften, zeigt gute Länge.

90 Grüner Veltliner Vom Löss 2020
12,5 Vol.-%, DV, Stahltank, €€
Helles Gelbgrün, Silberreflexe. Mit frischen Wiesenkräutern unterlegte gelbe Kernobstnuancen, ein Hauch von Ringlotte, zart nach Birne. Saftig, elegant, weißer Apfel, gute Frische, ausgewogener Speisenwein.

91 Roter Veltliner Vom Löss 2020
12,5 Vol.-%, DV, Stahltank, €€
Mittleres Gelbgrün, Silberreflexe. Zarte Nuancen von frischer Birne, nussig unterlegt, feine Kräuterwürze. Saftig, feine gelbe Tropenfrucht, lebendig strukturiert, mineralisch-zitronig, dezente Fruchtsüße im Abgang, bereits antrinkbar.

89 Gelber Muskateller 2020
12 Vol.-%, DV, Stahltank, €€

90 Zweigelt Reserve Ried Mordthal 2019
14 Vol.-%, DV, Barrique, €€€
Kräftiges Rubingranat, violette Reflexe, zarte Randaufhellung. Frische Waldbeeren, ein Hauch von Himbeeren und Brombeeren, zart tabakige Nuancen. Saftig, Noten von Zwetschken und Lakritze, feine Fruchtsüße im Abgang, ausgewogen, bereits gut antrinkbar.

BIO WEINGUT URBANIHOF – FAMILIE PASCHINGER
3481 Fels am Wagram
St.-Urban-Straße 3
T: +43 (2738) 234412
weingut@urbanihof.at
www.urbanihof.at

Kellermeister/Kontakt: Dipl.-HLFL-Ing. Franz Paschinger
Anbauweise: Zertifiziert Biologisch (Bio Austria)
Produktion: 80 % weiß, 20 % rot, 38 Hektar
Vereinszugehörigkeit: Wagramer Selektion
Messen: ProWein Düsseldorf, VieVinum

Familie Paschinger

★★

BIO WEINGUT URBANIHOF

FAMILIE PASCHINGER BIO

Das Weingut Urbanihof in Fels am Wagram wird nun bereits seit über 400 Jahren als Familienbetrieb geführt und von einer Generation an die nächste weitergegeben. »Jeden Tag befassen wir uns aufs Neue mit Qualität und Nachhaltigkeit und arbeiten daran, unseren Kunden nur das Beste zu bieten, ohne dabei Abstriche machen zu müssen.« Seit 2016 ist das Weingut bio-organisch zertifiziert. Die Weingärten sind dicht bestockt, sodass eine gesunde Konkurrenz unter den Pflanzen herrscht, und die Quantität wird bewusst so niedrig wie möglich gehalten. Es ist der Winzerfamilie seit jeher ein großes Anliegen, den nachfolgenden Generationen einen gesunden Boden zu hinterlassen – und genau darauf wird heute mehr denn je geachtet.

92 Grüner Veltliner Ried Dorner Grande Reserve 2018
13 Vol.-%, NK, Barrique, €€€€€ B
Mittleres Goldgelb, Silberreflexe. Mit einem Hauch von Blütenhonig unterlegte reife gelbe Tropenfrucht, Nuancen von Papaya und Birne, tabakige Würze. Stoffig, ein Hauch von Nougat, reife gelbe Apfelfrucht, dezenter Säurebogen, bleibt haften, ein ausgewogener Speisenbegleiter mit weiterem Potenzial.

91 Grüner Veltliner Ried Dorner »1598« 2019
13 Vol.-%, DV, Teilbarrique, €€€€ B
Leuchtendes Gelbgrün, Silberreflexe. Mit Wiesenkräutern unterlegte weiße Tropenfrucht, florale Nuancen, ein Hauch von Limetten. Mittlere Komplexität, Nuancen von reifer Mango, dezenter Säurebogen, bereits zugänglich, vielseitig einsetzbar.

89 Grüner Veltliner 4U 2020
12 Vol.-%, DV, Stahltank, €€ B

90 Weißburgunder Barrique 2019
13 Vol.-%, DV, Barrique, €€
Helles Goldgelb, Silberreflexe. Helles Nougatkaramell, gelbe Birnenfrucht, zarter Blütenhonig und etwas Vanille. Saftig, cremige Textur, zarte Röstaromen, süßer Nachhall, gelbe Banane im Rückgeschmack.

90 Roter Veltliner Ried Dorner 2019
13 Vol.-%, DV, kleines Holzfass, €€ B
Mittleres Gelbgrün, Silberreflexe. Zarte gelbe Tropenfrucht, frische Mangonuancen, ein Hauch von Orangenschalen. Saftig, elegant, seidige Textur, dezenter Säurebogen, süße Frucht im Nachhall, bereits gut antrinkbar.

★★

WEINHOF ANTON UND ELFRIEDE WALDSCHÜTZ

Was Erde und Natur beginnen, wird auf dem Weinhof Waldschütz mit größter Sorgfalt vollendet. Dabei vertraut die Familie auf das Wissen der Generationen aus 150 Jahren Weinbau und auf ihr Fingerspitzengefühl. Die 18 Hektar Weingärten befinden sich auf vorwiegend sonnenverwöhnten Hängen in den bekannten Weinbaugebieten Wagram und Kamptal. Auf Urgestein, sandigen Lehm- und Löss-Schotter-Böden sowie auf tiefgründigen Lehm-Löss-Böden wachsen dort fruchtbetonte, elegante Weine. Im Umgang mit den Weinstöcken wird auf die optimale Pflege der Reben und die Erhaltung gesunder, lebendiger Böden Wert gelegt.
Auch wenn jeder Jahrgang seine Eigenheiten hat, bleibt die Weinstilistik der Familie Waldschütz unverkennbar. Die sortenreinen Weine der Linien »Hof«, »Gebiet« und »Ort« sind klassisch ausgebaut und entfalten sich besonders fein und gebietstypisch. Vor allem Weine mit Riedenbezeichnungen wie Brunnthal, Anzenthal und Goldberg mit ihrer geradlinigen Stilistik und eleganten Frucht machen ihrer Herkunft alle Ehre. Bei der Serie »Winzer« erkennt man die Leidenschaft, mit der hier gearbeitet wird.
Viermal im Jahr betreibt die ganze Familie zudem einen eigenen Heurigen in Obernholz im Kamptal, wo die Weine umgeben von Rebstöcken zu heurigentypischen Speisen und hausgemachten Mehlspeisen serviert werden. Verkostung und Kauf der Weine sind am besten nach telefonischer Voranmeldung auf dem Weinhof in Sachsendorf am Wagram sowie beim »TOP-Heurigen« in Obernholz möglich.

90 Riesling Kamptal DAC Strass im Strassertal 2020
12,5 Vol.-%, DV, Stahltank, €€€
Helles Gelbgrün, Silberreflexe. Frischer weißer Pfirsich, ein Hauch von Maracuja, zarte Limettenzesten, floraler Touch. Mittlerer Körper, weißer Apfel, rassige Säurestruktur, zitroniger Nachhall, lebendiger Speisenbegleiter.

93 Riesling Ried Anzenthal 2019
13,5 Vol.-%, DV, Stahltank, €€€€
Mittleres Grüngelb, Silberreflexe. Mit einem Hauch von Li-

Ralph Waldschütz

WEINHOF ANTON UND ELFRIEDE WALDSCHÜTZ
3474 Sachsendorf, Sachsendorf 17
T: +43 (664) 3874076
wein@waldschuetz.at
www.waldschuetz.at

Kellermeister: Ralph Waldschütz
Kontakt: Anton und Elfriede Waldschütz
Produktion: 1 % Schaumwein, 70 % weiß, 7 % rosé, 21 % rot, 1 % süß, 18+10 Hektar
Zertifiziert: Nachhaltig Austria
Vereinszugehörigkeit: Wagramer Selektion
Messen: Austrian Tasting London, Igeho Basel, ProWein Düsseldorf, London Wine Fair, VieVinum, Vinobile Feldkirch, DAC-Präsentationen

mettenzesten unterlegte gelbe Pfirsichfrucht, dezent nach Mango und Blütenhonig. Saftig, elegant, feine Fruchtsüße, angenehmer Säurebogen, mineralisch und gut anhaftend, zitronig-salziger Nachhall, gutes Entwicklungspotenzial.

92 Grüner Veltliner Ried Brunnthal 1ÖTW 2019
14,5 Vol.-%, NK, Teilbarrique/Stahltank, €€€€€
Helles Gelbgrün, Silberreflexe. Zart nach reifer Quitte, gelber Apfel, dezent nussiger Touch, ein Hauch von Mandarinenzesten, verhaltenes Bukett. Saftig, zartes Karamell, reife Marille, feiner Säurebogen, ein Hauch von Nougat im Nachhall, ein stoffiger Begleiter bei Tisch.

90 Grüner Veltliner Fels am Wagram 2020
13,5 Vol.-%, DV, Stahltank, €€€
Helles Gelbgrün, Silberreflexe. Zart nach gelber Birne, ein Hauch von Mango, etwas verhaltenes Bukett, ein Hauch von Blütenhonig. Mittlere Komplexität, frischer Apfel, lebendig strukturiert, zart nach Ananas im Abgang, zitroniger Touch im Nachhall.

(91) Roter Veltliner Ried Goldberg 2020
13,5 Vol.-%, DV, Stahltank/gebrauchte Barriques, €€€€
Helles Grüngelb, Silberreflexe. Feine gelbe Tropenfrucht, zart nach Ananas und Birne, ein Hauch von Wiesenkräutern, mineralischer Touch. Mittlere Komplexität, Nuancen von frischer Mango, lebendig strukturiert, zitronig-salzig im Nachhall.

Kellergasse Wora

90 Roter Veltliner von den Wagramer Terrassen 2020
13 Vol.-%, DV, Stahltank, €€€
Helles Gelbgrün, Silberreflexe. Zart nach frischen Quitten, ein Hauch von Feigen und Blütenhonig, mit kandierten Orangenzesten unterlegt. Mittlerer Körper, frische weiße Birnenfrucht, lebendig strukturiert, mineralisch, zitroniger Touch, anregender Speisenbegleiter.

★★

WEINGUT GERALD WALTNER

Im Jahr 2003 übernahm Gerald Waltner, der in kurzer Zeit den Sprung an die Spitze der Wagramer Winzer geschafft hat, die Verantwortung im elterlichen Weingut in Engelmannsbrunn. Mithilfe seiner Familie bewirtschaftet er heute über elf Hektar der besten Weinrieden in Engelmannsbrunn und Gösing. Er ist aufgrund seiner Verbundenheit mit der Natur bestrebt, Nachhaltigkeit und Umweltschutz zu pflegen und zu fördern, und beschreibt sich als bodenständig und naturverbunden, aber trotzdem mit modernem Stil. »Es fasziniert mich, dem Wein meine eigene Sprache zu verleihen – meine Sprache des Duftes, meine Sprache des Gaumens, meine Handschrift. Ich möchte Technik und Erfahrung kombinieren, um das Produkt zu schaffen, das meinen Charakter widerspiegelt. Ich nutze die Frische und Freiheit meiner Gedanken als Motivation für Weinkreationen, die fordern«, so Gerald Waltner. Seine größte Aufmerksamkeit gilt dem Grünen Veltliner, der am Wagram mit seinem einzigartigen Terroir wohl beste Voraussetzungen vorfindet.
Zahlreiche Auszeichnungen, wie »SALON«-Sieger, Landessieger, »Vineus Newcomer Award« und die Aufnahme in verschiedene Weinguides in den letzten Jahren bestätigen die Arbeit des Winzers und zeugen von der Qualität seiner Weine. Auffallend ist auch der sehr hohe Exportanteil der Walt-

Gerald und Theresa Waltner

WEINGUT GERALD WALTNER
3470 Engelmannsbrunn
Am Berg 18
T: +43 (2279) 2471
info@weingutwaltner.at
www.weingutwaltner.at

Kellermeister/Kontakt:
Gerald Waltner
Produktion: 80 % weiß, 5 % rosé, 15 % rot, 11 Hektar
Messen: ProWein Düsseldorf

ner-Weine. Neben dem Verkauf in Österreich werden bereits über 65 Prozent der Produktion nach Deutschland, Belgien, Irland, Italien, in die Schweiz und die Niederlande exportiert.

93 Grüner Veltliner Ried Dorner 2020
13,5 Vol.-%, DV, Stahltank, €€€
Helles Gelbgrün, Silberreflexe. Attraktive Kräuterwürze, gelbe Apfelfrucht, ein Hauch von Birne und Mango, tabakiger Anklang. Kraftvoll und saftig, mit fruchtiger Süße unterlegt, finessenreicher Säurebogen, bleibt lange haften, gutes Zukunftspotenzial.

93 Grüner Veltliner Ried Dorner Reserve 2019
14 Vol.-%, DV, Stahltank, €€€€
Mittleres Grüngelb, Silberreflexe. Mit frischen Orangenzesten unterlegte gelbe Tropenfrucht, Nuancen von Mango und Papaya, zarter Blütenhonig, einladendes Bukett. Saftig, cremige Textur, kraftvoll, reife gelbe Frucht, dezenter Säurebogen, kräuterwürzig und salzig im Finish, ein vielseitiger Speisenbegleiter mit fruchtsüßem Nachhall.

91 Grüner Veltliner Ried Steinberz 2020
13 Vol.-%, DV, Stahltank, €€
Helles Gelbgrün, Silberreflexe. Zart rauchig-tabakig unterlegte weiße Apfelfrucht, ein Hauch von frischer gelber Tropenfrucht, mineralische Würze. Komplex, straff, engmaschiger Stil, zart nach Mango, frisch strukturiert, bleibt gut haften, ein vielseitiger Speisenbegleiter.

90 Grüner Veltliner Ried Hochrain 2020
12,5 Vol.-%, DV, Stahltank, €€
Helles Gelbgrün, Silberreflexe. Mit einem Hauch von Orangenzesten unterlegte Noten von Golden-Delicious-Apfel, feine Wiesenkräuter. Mittlerer Körper, weißes Kernobst, rassiger Säurebogen, mineralisch-zitronig im Abgang, lebendiger Sommerwein.

(92) Weißburgunder Ried Mittersteig Reserve 2020
14 Vol.-%, DV, Stahltank, €€€
Mittleres Grüngelb, Silberreflexe. Zart nach weißem Nougat, reife Birnenfrucht, ein Hauch von Kletzen und Mandeln. Kraftvoll, saftig-cremige Textur, gut integrierte Süße, dezenter Säurebogen, ein Hauch von Honig und Mandeln auch im Abgang, gutes weiteres Entwicklungspotenzial.

(91) Riesling 2020
13 Vol.-%, DV, Stahltank, €€
Helles Gelbgrün, Silberreflexe. Feine Nuancen von Weingartenpfirsich und Limetten, gelbe Fruchtnoten, ein Hauch von Blütenhonig. Stoffig, süße Fruchtaspekte, rassige Säurestruktur, mineralisch-zitronig im Abgang, bleibt gut haften, zarter Blütenhonig im Nachhall.

★

WEINGUT JOSEF ZEITLBERGER & JOSEF ZEITLBERGER

Wenn man sich einen Platz an der Spitze der österreichischen, aber auch internationalen Weinwelt erobern möchte, ist die konsequente Qualitätsproduktion Voraussetzung, davon ist die Familie Zeitlberger überzeugt.
Derzeit werden rund vierzehn Hektar Weingartenfläche bewirtschaftet. Dem Urgedanken der traditionellen Weißweinproduktion in diesem Gebiet zum Trotz hat sich Familie Zeitlberger auf die Produktion hochwertiger Rotweine spezialisiert. Basis ist die Ried Himmelreich, eine Lage, die aufgrund ihrer Bodenbeschaffenheit, der Sonneneinstrahlung und der luftigen Südlage beste Voraussetzungen für die Herstellung qualitativer Weine bietet. Hier gedeiht der Blaue Zweigelt ganz vorzüglich. Selbstverständlich kommt dabei die Weißweinlinie nicht zu kurz: Zeitlberger & Zeitlberger bieten auch den regionaltypischen Grünen Veltliner sowie etwas Riesling, Chardonnay und Gelben Muskateller.

WEINGUT JOSEF ZEITLBERGER & JOSEF ZEITLBERGER
3701 Großweikersdorf
Tiefenthal 4
T: +43 (2955) 70369
office@zeitlberger.at
www.zeitlberger.at

Kellermeister/Kontakt:
Josef Zeitlberger
Produktion: 50 % weiß, 50 % rot, 14 Hektar
Messen: ProWein Düsseldorf

92 Grüner Veltliner Ried Trausatz 2020
13,5 Vol.-%, DV, Stahltank, €€€
Leuchtendes mittleres Gelbgrün, Silberreflexe. Zart nach Ananas und Mango, feiner gelber Apfel, zart nach Mandarinenzesten, tabakiger Touch. Straff, engmaschig, mineralische Textur, weiße Frucht, frischer Säurebogen, Limetten im Nachhall, animierender Speisenbegleiter.

91 Grüner Veltliner Ried Hohenberg 2020
13 Vol.-%, DV, Stahltank, €€
Helles Goldgelb, Silberreflexe. Frische Orangenzesten, Nuancen von Golden-Delicious-Apfel, zart nach Ananas und Mango. Komplex, saftige Kernobstnuancen, frisch strukturiert, feines Säuregerüst, dezente Fruchtsüße, bleibt haften, vielseitig einsetzbar.

89 Gelber Muskateller 2020
12 Vol.-%, DV, Stahltank, €€

89 Sauvignon Blanc 2020
12,5 Vol.-%, DV, Stahltank, €€

91 Blauer Zweigelt Reserve Ried Himmelreich 2018
14 Vol.-%, DV, Barrique, €€€€
Kräftiges Rubingranat, violette Reflexe, zarte Ockerrandaufhellung. Zart nach Nougat und Vanille, dunkle Beeren, reife Zwetschken. Saftig, wieder dunkle Beeren, feine Holzwürze, etwas Kokos, mineralisch, Kirschen im Nachhall, dezente Röstaromen im Rückgeschmack.

89 Sankt Laurent 2019
13 Vol.-%, DV, 500-l-Fass, €€

NIEDERÖSTERREICH

WEINVIERTEL DAC

Die Burgruine Falkenstein befindet sich nahe der tschechischen Grenze ganz im Norden der größten Weinregion Österreichs, des Weinviertels

Die Wehrkirche von Zellerndorf mit ihrem gotischen Karner steht mitten in den Weingärten

WEITES VELTLINERLAND MIT NEUEM PROFIL

Das Weinviertel ist ein vielfältiges, offenes und einladendes Land. Weingärten auf sanften Hügeln wechseln sich ab mit im Wind wogenden Kornfeldern. Außergewöhnliche Kulturdenkmäler und verträumte Kellergassen prägen die weite Landschaft.

Mehr als 13.858 Hektar sind hier mit Reben bepflanzt. Ungefähr die Hälfte der Weingärten birgt das wahre Erfolgsrezept des Weinviertels in sich: Grünen Veltliner, namentlich bezeichnet in der gebietstypischen Ausprägung als »Weinviertel DAC«. Von der Donau im Süden bis zur tschechischen Grenze im Norden, vom Manhartsberg im Westen bis zur slowakischen Grenze im Osten erstreckt sich das mächtige Weinbaugebiet. Wichtigste Rebsorte ist der Grüne Veltliner, der als wahrer Sortenstar auf rund 8500 Hektar Rebfläche fest verwurzelt ist. Dazu kommen sein fruchtbetontes Bukett und die frische Säure. Dieser spezifische Weincharakter findet seit 2002 in der ersten kontrollierten Herkunftsbezeichnung (DAC) in Österreich seinen Ausdruck. Damit wurde der »Weinviertel DAC« zum Vorreiter des neuen österreichischen Herkunftsmarketings.

In der Gegend um die Weinstadt Wolkersdorf wächst neben dem Grünen Veltliner auch der Weißburgunder. Eine weitere Weißweinsorte, der Riesling, ist an den Hängen des Bisambergs zu Hause. Bei Mannersdorf an der March herrschen bei pannonischem Klimaeinfluss beste Bedingungen für Rieslinge, Burgunder und Traminer. Die Winzer im nordöstlichen Teil des Weinviertels um Poysdorf keltern vor allem Welschriesling und Grünen Veltliner. An der Nordgrenze ist Falkenstein ein Fixpunkt für fruchtbetonte Weißweine. Im Westen des Weinviertels zwischen Retz und Röschitz warten Grüne Veltliner und Rieslinge mit mineralischer Finesse und tiefer Würze auf. Das Retzer Land ist eine »Klimainsel«

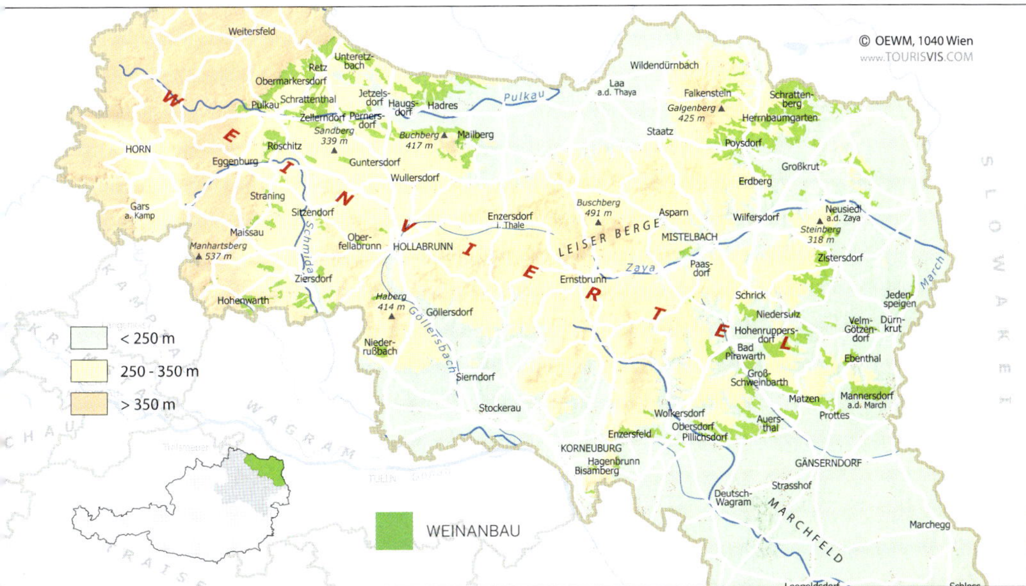

mit glühend heißen und trockenen Sommern sowie sehr kalten Wintern. Die Sonnenscheindauer ist hier eine der längsten in ganz Österreich, und das wirkt sich aus: Die Weine sind konzentrierter, kräftiger und körperreicher. Die Rotweininsel Haugsdorf ist aufgrund des trockenen Klimas prädestiniert für fruchtige, gehaltvolle Zweigelt und Blaue Portugieser.

AUSGEWÄHLTE WEINGÜTER

>

★★★★

Weingut Dürnberg, Falkenstein
Weingut Ebner-Ebenauer, Poysdorf
Weingut Gschweicher, Röschitz
Weingut R. & A. Pfaffl, Stetten
Weingut Setzer, Hohenwarth
Weingut Herbert Zillinger, Ebenthal
Weingut Zull, Schrattenthal

★★★

Weingut Bannert, Obermarkersdorf
Weingut Christoph Bauer, Jetzelsdorf
Weinhof Hannes Edlinger, Röschitz
Weingut Rudolf Fidesser, Platt
Weingut Frank, Herrnbaumgarten
Weingut Ingrid Groiss, Breitenwaida
Weingut Gruber Röschitz, Röschitz
Graf Hardegg, Seefeld-Kadolz
Respiz-Hof Kölbl, Röschitz
Weingut Prechtl, Zellerndorf
Weingut Wolfgang Seher, Platt
Winzerhof Stift, Röschitz

★★★

Weingut Sutter, Hohenwarth
Weingut Taubenschuss, Poysdorf
Weingut Niki Windisch, Groß-Engersdorf

★★

Weingut Norbert Bauer, Jetzelsdorf
Weingut Gerald und Andrea Diem, Obermarkersdorf
Weingut Hagn, Mailberg
Weingut Hirtl, Poysdorf
Weingut Hofbauer-Schmidt, Hohenwarth
Winzer Christian Jassek, Ragelsdorf
Weingut Jordan, Pulkau
Hofkellerei des Fürsten von Liechtenstein, Wilfersdorf
Weingut Gerhard J. Lobner, Mannersdorf a. d. March
Schlossweingut Malteser Ritterorden, Mailberg
Weingut Martinshof, Neusiedl an der Zaya
Weingut Maurer, Röschitz
Weingut »RM« Roland Minkowitsch, Mannersdorf a. d. March
Weingut Pass, Etzmannsdorf

< AUSGEWÄHLTE WEINGÜTER

★★

Weingut Pröglhöf, Retz-Obernalb
Weingut Schneider, Röschitz
Schödl Family, Loidesthal
Weingut Schuckert, Poysdorf
Weingut Schwarz, Schrattenberg
Weingut Schwarzböck, Hagenbrunn
Weingut Studeny, Obermarkersdorf
Weingut Georg Toifl, Kleinhöflein
Weingut Urban, Wullersdorf
Weingut Wannemacher, Hagenbrunn
Weingut Zens, Mailberg
Weingut Zuschmann-Schöfmann, Martinsdorf

★

Gut Altenberg – NÖ Landesweingut Retz, Retz
Schlossweingut Bockfliess, Stetten
Weingut Ecker, Grafenberg
Weingut Eichberger, Eibesbrunn
Weinbau Willi Eminger, Niedersulz
Weingut Gilg, Hagenbrunn
Weingut Andreas Ott, Hagenbrunn
Weingut Pesau, Falkenstein
Weingut Pleil, Wolkersdorf
Weber Bioweingut, Roseldorf
Weingut Leo und Dagmar Wunderer, Oberfellabrunn

—

Weingut Hahn, Hohenruppersdorf

★

GUT ALTENBERG NÖ LANDESWEINGUT RETZ

Das Landesweingut Gut Altenberg liegt in Retz, der bekannten Weinstadt im nordwestlichen Niederösterreich, direkt an der tschechischen Grenze. Die Weingärten befinden sich in den besten Retzer Rieden Altenberg und Züngel an den Ausläufern des Manhartsbergs. Sie liegen in geschützter Südlage und profitieren einerseits vom mineralreichen, durchlässigen Urgesteinsboden sowie andererseits von einem besonders sonnenreichen, pannonisch beeinflussten Klima.
Die reifen, gesunden Trauben werden schonend verarbeitet und je nach Weintyp ausgebaut. Bei den Weißweinen wird vor allem auf Fruchtigkeit und Frische Wert gelegt. Die Rotweine werden generell in großen Holzfässern ausgebaut, bei St. Laurent, Cabernet Sauvignon, Merlot und Pinot Noir erfolgt der Ausbau zum Teil auch in Barriques.
Dank der hohen Qualität der Produkte darf sich das Landesweingut immer wieder über Auszeichnungen freuen, die die Leistungen des Musterbetriebs unterstreichen. Im Jahr 2019 wurde die Gewürztraminer Auslese 2018 beim »SALON Österreich Wein« zum Bundessieger gekürt. 2012 wurde der Betrieb vom »Regionalen Weinkomitee Weinviertel« zertifiziert. Das Weingut verfügt über ein Winzerhaus mitten in den Weinbergen, das sich für herrliche Feste und Events anbietet.

91 Weinviertel DAC Reserve 2019
13,5 Vol.-%, DV, gebrauchte Barriques, €€€
Mittleres Gelbgrün, Silberreflexe. Zarter Duft nach Granny Smith, unterlegt mit Wiesenkräutern und Lemongrass, ein Hauch von Orangenzesten, Maracuja klingt an. Saftig, gut eingebundene Säurestruktur, Maracujatouch, dezente Würze, kraftvolles Finish, guter Speisenbegleiter.

90 Grüner Veltliner * 2020
12,5 Vol.-%, DV, Stahltank, €€
Helles Gelbgrün. Feine Wiesenkräuter, ein Hauch von Papaya, zart nach Pfirsich, pfeffrige Würze. Saftig, mittlerer Körper, feine Würze im Abgang, weiße Apfelfrucht im Nachhall, bereits gut antrinkbar.

89 Grüner Veltliner Klassik 2020
12,5 Vol.-%, DV, Stahltank, €€

88 Grüner Veltliner leicht und trocken 2020
11,5 Vol.-%, DV, Stahltank, €€

GUT ALTENBERG
NÖ LANDESWEINGUT RETZ
2070 Retz
Seeweg 2
T: +43 (2942) 2202
lwg.retz@diefachschule.at
www.diefachschule.at

Kellermeister/Kontakt:
Leopold Wurst
Produktion: 60 % weiß, 35 % rot, 5 % süß, 11 Hektar
Messen: VieVinum

Weinstadt Retz

90 Gelber Muskateller 2020
12 Vol.-%, DV, Stahltank, €€
Helles Gelbgrün, Silberreflexe. Feine Kräuternoten, zart nach weißem Steinobst, etwas Melisse, Wacholderblüten, Muskat klingt an. Saftig, elegant, feine Säurestruktur, frisch und lebendig, zitroniger Nachhall, unkompliziertes Trinkvergnügen.

89 Sauvignon blanc 2020
12,5 Vol.-%, DV, Stahltank, €€

★★★

WEINGUT BANNERT

Das Weingut Bannert ist ein international prämierter Traditionsbetrieb und wird bereits in sechster Generation geführt – Weinwirtschaft und Kulturerbe seit 1856. Schon im Jahr 1926 war das Weingut unter dem Vorfahren Rudolf Bauer vom Staat zu einer Beispielkellerei des Landes ernannt worden. Und auch heute ist das Weingut Bannert ein Vorzeigebetrieb auf dem modernsten Stand der Technik. Mittlerweile findet man die Weine fast weltweit, und auch in Österreich schmücken sie zahlreiche Weinkarten. Doch der Betrieb ist nicht nur als Vertreter höchster Weinqualität bekannt. Das romantische Weingut mit seiner idyllischen Lage ist ein Geheimtipp für Feste aller Art, vor allem für Hochzeiten.

91 * Ried Geyern 2020
12,5 Vol.-%, DV, Stahltank, €€ H V
Helles Gelbgrün, Silberreflexe. Feine weiße Birnenfrucht, mit frischen Wiesenkräutern unterlegt, Nuancen von Mandarinenzesten. Mittlerer Körper, weiße Fruchtnuancen, finessenreiche Säurestruktur, zitroniger Touch im Abgang, animierender Stil, zeigt gute Frucht und Länge.

92 Grüner Veltliner Alte Reben 2019
13,5 Vol.-%, DV, großes Holzfass, €€ H V
Helles Gelbgrün, Silberreflexe. Zart nach Honigmelone, etwas Mango, frische Orangenzesten, einladendes Bukett. Komplex, ausgewogen, feines weißes Kernobst, finessenreich strukturiert, elegant und anhaftend, dezente Extraktsüße im Abgang, lebendiger Speisenbegleiter.

89 Grüner Veltliner Classic 2020
12 Vol.-%, DV, Stahltank, €€ H V

92 Riesling Sündlasberg vom Urgestein 2020
12,5 Vol.-%, DV, Stahltank, €€ H V
Helles Gelbgrün, Silberreflexe. Frischer weißer Pfirsich, ein

WEINGUT BANNERT
2073 Obermarkersdorf
Obermarkersdorf 198
T: +43 (2942) 8337
office@weingutbannert.com
www.weingutbannert.com

Kellermeister: Manfred Bannert
Kontakt: Manfred und Nici Bannert
Produktion: 70 % weiß, 30 % rot, 45+10 Hektar
Messen: ProWein Düsseldorf, VieVinum, DAC-Präsentationen

Hauch von Mango und Limetten, floraler Touch, einladende Mineralik. Stoffig, komplex, feines Steinobst, finessenreiche Struktur, zart nach Ananas im Nachhall, salziger Rückgeschmack, macht Lust auf ein zweites Glas. Tolles Preis-Leistungs-Verhältnis.

91 Weißer Burgunder Ried Sündlasberg Reserve 2019

14 Vol.-%, DV, großes Holzfass, €€

Mittleres Grüngelb, Silberreflexe. Feine gelbe Birnenfrucht, ein Hauch von reifen Quitten, zart nach Mango, feiner Blütenhonig. Stoffig, weißer Pfirsich, frische Struktur, zart nach Honigmelone, zitronig-mineralisch, ein lebendiger Speisenbegleiter.

93 Cuvée Schatzberg Grande Reserve 2017 CS/ME/ZW

14,5 Vol.-%, NK, Barrique, €€€€€

Fast schwarzes Rubingranat, opaker Kern, violette Reflexe, zarte Randaufhellung. Ein Hauch von Bourbonvanille, Nuancen von Cassis, schwarzes Waldbeerenkonfit, mit einem Hauch von Lakritze unterlegt. Saftig, elegant, dunkle Beerenfrucht, reife Tannine, schokoladig-würziger Abgang, bleibt haften, sicheres weiteres Reifepotenzial.

91 St. Laurent Reserve Kreuzberg 2017

14 Vol.-%, DV, gebrauchte Barriques, €€

Dunkles Rubingranat, violette Reflexe, zarte Randaufhellung. Zarte Kräuternoten, etwas nach Ribiseln, dunkle Beerenfrucht, mit Lakritze unterlegt. Saftig, mittlerer Körper, feine Fruchtsüße, Kirschtouch, leichtfüßig, zarte Röstnoten im Nachhall, guter Speisenbegleiter.

91 Blauer Zweigelt Rosenhügel Reserve 2017

13,5 Vol.-%, DV, Barrique/gebr. Barriques, €€€

Tiefdunkles Rubingranat, opaker Kern, violette Reflexe, zarte Randaufhellung. Reife Kirschfrucht, Brombeeren, zart nach Cassis, Kräuternoten, etwas Kardamom. Saftig, feine Struktur, tragendes Tannin, Holzwürze, dunkle Waldbeeren im Abgang, schokoladig, guter Speisenbegleiter.

★★★

WEINGUT CHRISTOPH BAUER

BIO

Das Weingut Christoph Bauer steht für handwerkliche Weine mit klarem Sorten- und Jahrgangscharakter. Bewusstes Arbeiten im Weingarten ist dabei Voraussetzung: Seit 2015 bewirtschaftet die Familie ihre Weingärten organisch-biologisch. Reife Trauben und schonende Verarbeitung sind die Basis für die Weine von Christoph Bauer. Der Winzer überzeugt seit Jahren mit charakteristischen Weiß- und Rotweinen. Dass beides auf hohem Niveau möglich ist, liegt an den einzigartigen Rieden der Winzerfamilie: Jetzelsdorf bei Haugsdorf bietet einerseits sehr gute Lagen und Böden für Weißweine sowie andererseits warme Kessellagen, in denen rote Sorten optimal heranreifen.

90 Grüner Veltliner * 2020

12 Vol.-%, DV, Stahltank, €€

Mittleres Gelbgrün, Silberreflexe. Feine Gewürznuancen, ein Hauch von Papaya, zart nach reifer Tropenfrucht, kandierte Orangenzesten klingen an. Saftig, engmaschig, balancierte Säurestruktur, weiße Apfelfrucht im Abgang, bereits gut zugänglich.

92 Grüner Veltliner Spezial 2020

12,5 Vol.-%, DV, Stahltank, €€

Mittleres Gelbgrün, Silberreflexe. Reife Tropenfrucht, zart

nach Melisse, Blütenhonig klingt an, mit reifer Ringlotte und Guave unterlegt. Saftig, straff, balancierter Säurebogen, weiße Frucht, feinwürzig im Abgang, salziger Nachhall, gutes Entwicklungspotenzial.

91 Grauburgunder 2020
12,5 Vol.-%, DV, Stahltank, €€ V
Helles Gelbgrün, Silberreflexe. Feine Tabakwürze, etwas nach Pfirsich, floraler Touch, Mandarinenzesten klingen an. Komplex, saftig, extraktsüß nach Birnen, bleibt gut haften, gut eingebundener Säurebogen, mineralischer Nachhall, vielseitiger Speisenbegleiter.

(93) Zweigelt Privat 2018
13,5 Vol.-%, NK, Barrique, €€€€€ B V
Tiefdunkles Rubingranat, opaker Kern, violette Reflexe, zarte Randaufhellung. Floral unterlegte schwarze Waldbeeren, ein Hauch von Preiselbeeren und dunklen Kirschen, einladendes Bukett. Saftig, fruchtsüß und elegant, runde, gut integrierte Tannine, bleibt haften, feine Mineralik im Nachhall, gute Länge, vielseitig einsetzbar.

91 nur zweigelt 2019
13,5 Vol.-%, DV, gebr. Barriques, €€€€€ B S V I
Dunkles Rubingranat, violette Reflexe, zarte Randaufhellung. Zart floral unterlegte dunkle Waldbeerenfrucht, rauchige Würze, tabakige Nuancen. Saftig, reife Kirschfrucht, elegant und frisch strukturiert, mineralisch im Abgang, fruchtiger Nachhall.

WEINGUT CHRISTOPH BAUER
2053 Jetzelsdorf
Jetzelsdorf 49
T: +43 (2944) 2304
office@bauerwein.at
www.bauerwein.at

Kellermeister/Kontakt:
Christoph Bauer
Anbauweise: Zertifiziert Biologisch (Austria Bio Garantie)
Produktion: 60 % weiß, 40 % rot, 20 Hektar
Vereinszugehörigkeit:
Nordwein Österreich
Messen: Millésime Bio, VieVinum

90 Roter Schatz 2018 CS/ME
14,5 Vol.-%, DV, Barrique, €€€ B V
Dunkles Rubingranat, violette Reflexe, zarte Ockerrandaufhellung. Feine rote Beerenfrucht, ein Hauch von Wiesenkräutern, Walderdbeeren, kandierte Clementinenzesten. Mittlere Komplexität, saftig, gut integrierte Tannine, Dörrzwetschkentouch im Abgang, bereits gut antrinkbar.

★★

WEINGUT NORBERT BAUER

BIO

Das Weingut Norbert Bauer liefert mit seinen Weinen die zeitgemäße Interpretation einer langen Tradition, die auf tiefem Respekt vor dem Gleichgewicht der Natur und auf einer klaren Linie von naturnahem Weinbau mit Wissen, Erfahrung und Gespür basiert. 2021 feiert das Weingut sein 300-jähriges Jubiläum. Seit 1721 besteht der Familienbetrieb in Jetzelsdorf im Weinviertel und wird bereits in 13. Generation bewirtschaftet.
Die Trauben kommen aus mehr als 100 Einzellagen, die auf rund 90 Hektar im Pulkautal bewirtschaftet werden. Norbert und Gisela Bauer führen das Weingut gemeinsam mit ihrem Sohn, dem Jungwinzer Willy. Traditionelles Handwerk und die Liebe zum Detail in Verbindung mit moderner Technik lassen die Ideen von Vater und Sohn reifen und die edlen Tropfen jener außergewöhnlichen Weinlinie entstehen, die das Weingut ausmacht. Neben Grünem Veltliner, Riesling und Chardonnay gehört das Weingut Norbert Bauer mit Zweigelt, Blaufränkisch und Cabernet Sauvignon zu den Rotweinspezialisten im Pulkautal. Die Weinviertler Rotweininsel Jetzelsdorf-Haugsdorf ist reich an Licht, Wärme und fruchtbarem Löss. Hier gedeihen die außergewöhnlichen Rotweine an den Hängen des Schatzbergs und der Ried Bergsatz. Die Weißweine bevorzugen ausgeprägtes Lehm-Schotter-Terroir und Urgestein. Sie rei-

Gisela, Wilfried und Norbert Bauer

WEINGUT NORBERT BAUER
2053 Jetzelsdorf
Jetzelsdorf 180
T: +43 (2944) 2565
office@bauer-wein.com
www.bauer-wein.com

Kellermeister: Norbert und Wilfried Bauer, Markus Glanz
Kontakt: Norbert und Gisela Bauer
Anbauweise: Zertifiziert Biologisch
Produktion: 60 % weiß, 40 % rot
Vereinszugehörigkeit: Premium Weingüter Weinviertel, Weinstraße Weinviertel, Weinviertel DAC
Messen: WEINmesse Berlin

fen in den Lagen Haidberg, Diermannsee/Kellerberg und Parapluiberg.
Bis zur optimalen Reife ruhen die Weine in den weitläufigen Sandkellern. Das Winzer-Duo Norbert und Willy Bauer vertraut dabei auf den Faktor Zeit und greift in den Ausbau der Weine nur sehr zurückhaltend ein.
Genussmenschen, die die Balance von Natur und Winzer mögen, fühlen sich hier perfekt aufgehoben. Eintauchen in die besondere Stimmung der Landschaft und die schöpferische Energie, die man hier auf dem Weingut überall spürt – das kennzeichnet eine perfekte Auszeit. Man fühlt sich wohl in den fünf liebevoll ausgestatteten Zimmern, die von Künstlern der Region mitgestaltet wurden, und nimmt noch einen guten Schluck der edlen Tropfen in der Genießersuite zu sich, bevor der Tag zu Ende geht.

92 Grüner Veltliner ** vom Retzer Stein 2018
12,5 Vol.-%, DV, Stahltank, €€€
Leuchtendes Goldgelb, Silberreflexe. Feiner Blütenhonig, kandierte Orangenzesten, ein Hauch von Marillen, einladendes Bukett. Saftig, elegant, reife Tropenfrucht, frisch strukturiert, mineralisch-salzig im Abgang, bleibt gut haften, verfügt über Entwicklungspotenzial.

91 Grüner Veltliner * Alte Rebe 2020
12,5 Vol.-%, DV, Stahltank, €€€
Helles Goldgelb, Silberreflexe. Frische gelbe Tropenfrucht, Nuancen von Ananas und Papaya, floraler Touch. Saftig, gelbes Steinobst, feine Fruchtsüße, lebendiger Säurebogen, mineralisch und gut anhaftend, ein facettenreicher Speisenbegleiter.

89 Riesling Ried Diermannsee 2020
12 Vol.-%, DV, Stahltank, €€

89 Mischsatz vom Alten Weingarten 2020
12 Vol.-%, DV, Stahltank, €€

90 Rotweincuvée Schatzberg 2017 CS/ZW/BF/SL/ME
13,5 Vol.-%, NK, Barrique, €€€
Dunkles Rubingranat, violette Reflexe, dezente Ockerrandaufhellung. Rauchig-nussig unterlegte dunkle Beerenfrucht, schwarze Kirschen, mit einem Hauch von Dörrzwetschken unterlegt. Saftig, reife Kirschen, feine Fruchtsüße, gut integrierte Tannine, schokoladiger Touch im Abgang, bereits gut entwickelt.

89 Zweigelt Ried Schatzberg Reserve 2016
13,5 Vol.-%, NK, Barrique/kleines Holzfass, €€€

★

SCHLOSSWEINGUT BOCKFLIESS

Hinter den Toren des Schlossweinguts Bockfliess gibt es einiges zu entdecken: Den Schlosskeller zieren zwei große, 300 Jahre alte barocke Weinpressen, deren Erscheinungsbild spannende Geschichten vom mittelalterlichen Kriegsgeschehen erzählt. Rund um das Anwesen breiten sich die Weingärten der Ried Hochfeld auf mächtigem Lössboden aus. Mit Blick auf das südliche Marchfeld profitieren die Trauben vom pannonischen Klima. Vom Norden her werden die Rebberge durch den mächtigen Hochleithenwald vor kalten Winden geschützt – unglaubliche Voraussetzungen also für die Produktion der hier ansässigen Rebsorten. Frisch-fruchtige Weißweine, aber auch ganz große Rotweine bringen die Weingärten des Schlossweinguts Bockfliess hervor.
Vielleicht haben gerade die historische Vergangenheit und die perfekten Gegebenheiten den Winzer Roman Josef Pfaffl dazu inspiriert, hier regionaltypische Weinviertler Weine von höchster Güte zu kreieren. Den »majestätischen« Charakter und den historischen Hintergrund des Schlosses möchten der Winzer und die Familie Pfaffl bewahren, es wird daher viel Wert auf Qualität und unverkennbaren Genuss gelegt. So sind ihre Weine gut behütete Schätze.

91 Riesling Kies 2020
13,5 Vol.-%, DV, Stahltank, €€ V
Helles Gelbgrün, Silberreflexe. Feine Kräuternoten, weißes Steinobst, etwas nach Anis, Blütenhonig klingt an. Saftig, engmaschig, dezente Säurestruktur, balanciert, Tropenfrucht im Finish, kraftvoller Speisenbegleiter.

91 Grüner Veltliner Vom Löss 2020
12,5 Vol.-%, DV, Stahltank, €€ V
Mittleres Gelbgrün, Silberreflexe. Zarte Apfelfrucht, unterlegt mit Tabakwürze, zart nach Wiesenkräutern, frisches Bukett. Mittlerer Körper, straff, gut integrierter Säurebogen, etwas nach Maracuja, stoffiges Finish, bereits gut antrinkbar.

90 Gemischter Satz 2020
12,5 Vol.-%, DV, Stahltank, €€ V
Mittleres Gelbgrün, Silberreflexe. Zarte Wiesenkräuter, etwas nach Apfel, ein Hauch von Melisse, Williamsbirne und Zitrus klingen an. Mittlerer Körper, dezenter Säurebogen, extraktsüß nach weißem Kernobst, unkompliziert antrinkbar.

90 Muskateller 2020
13 Vol.-%, DV, Stahltank, €€ V
Helles Gelbgrün, Silberreflexe. Feine Kräuternoten, etwas nach Muskatnuss, zart nach Quitte, Grapefruitnuancen. Mittlerer Körper, zarte Extraktsüße nach Pfirsich, gut eingebundener Säurebogen, feinwürziger Nachhall, gutes Trinkanimo.

89 Chardonnay 2020
14 Vol.-%, DV, Stahltank, €€ V

88 Rosé 2020 ZW/SL
12 Vol.-%, DV, Stahltank, €€ V

SCHLOSSWEINGUT BOCKFLIESS
2100 Stetten
Schulgasse 21
T: +43 (2262) 67 34 23
wine@schlossweingutbockfliess.at
www.schlossweingutbockfliess.at

Kellermeister: Roman Josef Pfaffl
Kontakt: Heidemarie Fischer
Produktion: 115 Hektar

Gerald und Andrea Diem

WEINGUT
GERALD UND ANDREA DIEM
2073 Obermarkersdorf
Obermarkersdorf 87
T: +43 (2942) 8208
office@diem-weine.at
www.diem-weine.at

Kellermeister: Gerald Diem
Kontakt: Gerald und Andrea Diem
Anbauweise: Zertifiziert Biologisch
Produktion: 80 % weiß, 20 % rot, 28 Hektar
Vereinszugehörigkeit: Weingüter Retzer Land
Messen: Dornbirner Frühjahrs- und Herbstmesse, ProWein Düsseldorf, Vinobile Montfort, DAC-Präsentationen

★★

WEINGUT GERALD UND ANDREA DIEM

BIO

Seit 1848 sind die Mitglieder der Familie Diem aus Obermarkersdorf bei Retz als innovative Winzer der Weinkultur verbunden. Im Jahr 2000 haben Gerald und Andrea Diem in fünfter Generation das traditionelle Familienunternehmen übernommen. Die Passion für den Weinbau wurde bei Gerald schon in frühester Jugend geweckt. Nach der Handelsakademie absolvierte er den Weinmanagementlehrgang in Krems, schließlich erweiterte er seine Kenntnisse in Anbau, Pflege und Kellertechnik während eines sechsmonatigen Praxisaufenthalts auf Château Haut-Chatain in Lalande-de-Pomerol in Bordeaux.

Die Diems vinifizieren im nördlichsten Weinbaugebiet Österreichs sortentypische würzige Veltliner auf den kalkarmen Urgesteins- und Molasseböden der Böhmischen Masse. Die sehr vielfältige Bodenbeschaffenheit erlaubt es außerdem, ein breites Spektrum anderer Rebsorten wie Chardonnay, Riesling, Gelber Muskateller, Sauvignon Blanc und einige andere Sorten mehr zu kultivieren.

Seit dem Jahrgang 2018 ist das Weingut biozertifiziert. Ein großer Schritt, denn »bio« bedeutet umzudenken, noch mehr auf die Natur zu hören und diese zu antizipieren, um schlussendlich Weine zu ernten, die noch intensiver die Sorte und den Boden ausdrücken.

92 Grüner Veltliner * Ried Nußberg 2020
13 Vol.-%, DV, Stahltank, €€ B H
Mittleres Gelbgrün, Silberreflexe. Dezente Kräuternoten, zart nach Birne, dunkle Mineralik, tabakig, Papayatouch. Saftig, gute Komplexität, engmaschig, dunkle Würze, gut integrierter Säurebogen, mineralisch, Granny-Smith-Apfel im Abgang, bleibt gut haften, gutes Entwicklungspotenzial.

91 Grüner Veltliner * Obermarkersdorfer 2020
12 Vol.-%, DV, Stahltank, €€ H
Helles Gelbgrün, Silberreflexe. Frische Kräuternoten, zart nach Maracuja, ein Hauch von Limettenzesten, lebendiges Bukett. Saftig, feine Struktur, mineralisch-salzig, kräuterwürzig, weißes Kernobst im Abgang, stoffiger Speisenbegleiter.

90 Grüner Veltliner Greener 2020
11,5 Vol.-%, DV, Stahltank, €€ B
Helles Gelbgrün, Silberreflexe. Feine Kräuternoten, etwas nach weißer Apfelfrucht, Mandarinenzesten, Kardamom. Saftig, elegant, feine Struktur, mineralisch, etwas nach Apfelfrucht, bereits gut antrinkbar.

91 Sauvignon Blanc Ried Rosenhügel 2020
12,5 Vol.-%, DV, Stahltank, €€ B
Leuchtendes Gelbgrün, Silberreflexe. Feine Tabakwürze, etwas nach Cassis, ein Hauch von Kernobst, Guave, Zitrusnuancen klingen an. Saftig, engmaschig, zart nach Kräuterwürze, balancierter Säurebogen, Stachelbeeren im Nachhall, vielseitiger Speisenbegleiter.

90 Weißer Burgunder Ried Nußberg 2020
13 Vol.-%, DV, Stahltank, €€ B
Mittleres Gelbgrün, Silberreflexe. Zarte Kräuternoten, etwas nach Birne, reife Tropenfrucht, nach Drachenfrucht, etwas Melisse. Saftig, elegant, frisch und fruchtig, gelbes Kernobst im Abgang, bereits gut antrinkbar.

89 Gemischter Satz 2020
12 Vol.-%, DV, Stahltank, €€ H

★★★★

WEINGUT DÜRNBERG

Sucht man – im schönsten Sinne des Begriffs – nach einem absolut typischen Vertreter des Weinviertels, so wird man zweifellos auf das Weingut Dürnberg stoßen, dessen Weine alle Tugenden verkörpern, die der anspruchsvolle Weinliebhaber in aller Welt mit österreichischem Wein an sich verbindet: glasklare Frucht, elegante Frische, feinen Sortenausdruck und vor allem Leichtfüßigkeit mit mineralischer Prägung.
Christoph Körner, der das Weingut vor mehr als 20 Jahren gründete, verzichtet in seinen Weinen ganz bewusst auf pappige Üppigkeit und legt den Fokus stattdessen auf Frische und Eleganz. Respektvolle Bewirtschaftung der kalkgeprägten Weinlagen und behutsame Betreuung im Keller führen zu einem authentischen Charakter. Darüber hinaus lässt er den Weinen alle Zeit der Welt, um sich zu entwickeln, daher sind schon die »Klassik«-Weine anspruchsvolle Zeitgenossen, ohne jedoch anstrengend zu sein. Die Einzellagenweine wie »Kirchberg« oder »Rabenstein« stammen von alten Reben und dürfen ein Jahr länger im großen Holzfass heranreifen, um noch mehr Ausdruck zu entwickeln.
Durch den Einstieg von Dr. Georg Klein, einem langjährigen Freund von Christoph Körner, ist das Weingut Dürnberg nun auch in der Betreuung der Kunden und Geschäftspartner in aller Welt noch dynamischer geworden. Das Trio Klein/Marchesani/Körner hat die Zukunft eines der vielversprechendsten österreichischen Weingüter fest in der Hand und managt es ebenso professionell wie mit freundschaftlicher Gelassenheit. Aus Falkenstein wird man deshalb auch weiterhin so manche Erfolgsmeldung und News vernehmen. Ein Besuch der neu gebauten Kellerei und der charmanten Buschenschank »Schmitt'n« im malerischen Falkenstein ist ein lohnender Zeitvertreib für alle Kenner und Genießer.

93 ** Ried Rabenstein 2019
13,5 Vol.-%, NK, großes Holzfass, €€€€€ V
Kräftiges Goldgelb, Silberreflexe. Zart tabakig unterlegter Nougattouch, reifer Apfel, etwas Honig, kandierte Orangenzesten. Straff, engmaschig, feiner Holzkuss, dezenter Säurebogen, etwas Marille im Abgang, bleibt haften, ein gut herangereifter Speisenwein mit weiterem Reifepotenzial.

92 Grüner Veltliner * Alte Reben 2020
12,5 Vol.-%, DV, Stahltank, €€€ V
Helles Grüngelb, Silberreflexe. Feine Fruchtsüße, reife Papaya, Nuancen von Ananas, kandierte Orangenzesten, feine tabakige Würze. Saftig, weiße Kernobstnuancen, frischer Säurebogen, bleibt gut haften, elegant und balanciert, ein facettenreicher Begleiter bei Tisch.

(91) ** Tradition 2020
13,5 Vol.-%, DV, Stahltank/großes Holzfass, €€€ V
Mittleres Grüngelb, Silberreflexe. Zart nach Orangenzesten und Honigmelone, feiner Blütenhonig, mit einem Hauch von Wiesenkräutern unterlegt. Mittlerer Körper, zart nach weißer Birne, frische Säurestruktur, ein Hauch von grünem Apfel, zitroniger Nachhall.

* Weinviertel DAC ** Weinviertel DAC Reserve

Christoph Körner, Matthias Marchesani und Georg Klein

WEINGUT DÜRNBERG
2162 Falkenstein
Neuer Weg 284
T: +43 (2554) 85355
weingut@duernberg.at
www.duernberg.at

Kellermeister: Christoph Körner, Michael Preyer
Kontakt: Matthias Marchesani
Produktion: 90 % weiß, 10 % rot, 58 Hektar
Zertifiziert: Nachhaltig Austria
Messen: Austrian Tasting London, ProWein Düsseldorf, VieVinum, DAC-Präsentationen

90 Grüner Veltliner * Falkenstein 2020
12,5 Vol.-%, DV, Edelstahl, €€ V
Helles Grüngelb, Silberreflexe. Zart nach Wiesenkräutern, frischer gelber Apfel, ein Hauch von Mango und Mandarinenzesten. Mittlerer Körper, fruchtige Textur, zart nach Melone, frischer Säurebogen, ein vielseitiger Speisenbegleiter.

94 Grüner Veltliner Endlos Grande Reserve 2019
14 Vol.-%, NK, 500-l-Fass, €€€€€ V
Leuchtendes Goldgelb, Messingreflexe. Zart nussig unterlegte reife gelbe Tropenfrucht, zart nach Papaya und Mango, ein Hauch von Blütenhonig, Marillenkonfit, rauchige Würze. Kraftvoll, saftig, feine gelbe Apfelfrucht, feiner Säurebogen, zarte Süße im Abgang, mineralisch-zitroniger Nachhall, verfügt über gutes Zukunftspotenzial.

89 Grüner Veltliner Grüner 2020
11,5 Vol.-%, DV, Stahltank, €€ V

93 Grauburgunder Reserve 2019
14 Vol.-%, NK, 500-l-Fass, €€€€ V
Helles Goldgelb, Kupferreflexe. Kandierte Orangenzesten, ein Hauch von reifen Birnen, zart nach Kletzen, Noten von Blütenhonig. Saftig, cremige Textur, rund und mit süßer Frucht ausgestattet, leichtfüßig wirkend, feiner Zitrustouch und etwas Nougat im Finish, ein facettenreicher Speisenbegleiter.

92 Ortolan Cuvée Prestige Reserve 2019 CH/WB/PG
13,5 Vol.-%, NK, 500-l-Fass, €€€€ V
Helles Goldgelb, Silberreflexe. Feine Kräuterwürze, gelbe Kernobstnuancen, zart nussiger Touch, mineralisch und facettenreich. Saftig, weiße Frucht, frisch strukturiert, salzig und zitronig im Abgang, ein schwungvoller Speisenbegleiter, wird von Flaschenreife profitieren.

89 Falko 2020 GM/WR/SB
11,5 Vol.-%, DV, Stahltank, €€ V

(92) Weißburgunder Falkenstein Reserve 2020
13 Vol.-%, DV, großes Holzfass/Stahltank, €€€ V
Helles Goldgelb, Silberreflexe. Zarte gelbe Tropenfrucht, ein Hauch von Honigmelone, zitronige Nuancen, feines Bukett nach getrockneten Wiesenkräutern. Mittlere Komplexität, weiße Apfelfrucht, finessenreich strukturiert, Limetten im Abgang, feiner Sortenvertreter.

92 Traminer Elementum 2019
13,5 Vol.-%, NK, Edelstahl, €€€€ V
Helles Orangegelb, Silberreflexe. Nuancen von Orangenmarmelade, Rosenessenz, frischer Ingwer, würziges Bukett. Straff, engmaschig, feine Gerbstoffnuancen, mineralisch und frisch, bleibt gut haften, salziger Rückgeschmack, trocken im Nachhall, nach Marille und Quitte.

90 Riesling Falkenstein 2020
12,5 Vol.-%, DV, Edelstahl, €€€ V
Helles Grüngelb, Silberreflexe. Feiner Pfirsichtouch, ein Hauch von Blütenhonig, frische Mandarinenzesten im Hintergrund. Mittlerer Körper, weißer Apfel, frisch und lebendig, feine Fruchtsüße im Nachhall, macht Lust auf ein zweites Glas.

89 Chardonnay Falkenstein 2020
13 Vol.-%, DV, großes Holzfass/Stahltank, €€€ V

(92) Rosé aus der Provinz 2019 PN/ME/CS
13 Vol.-%, DV, 500-l-Fass, €€€€ Ⓥ
Mittleres Lachsrosa, Orangereflexe. Zarte Kräuterwürze, feines rotes Waldbeerenkonfit, Nuancen von frischem Apfel, mineralischer Anklang. Komplex, engmaschig, ein Hauch von roten Kirschen, feine Holzstütze, zitronig-salzig im Abgang, besitzt Länge, ein seriöser Speisenbegleiter.

90 Zweigelt Blanc de Noir 2020
12 Vol.-%, DV, Stahltank, €€ Ⓥ
Helles Goldgelb mit zarten Rosareflexen. Feine frische Birnenfrucht, zart nach Ringlotte, floraler Touch. Mittlerer Körper, zart würzig unterlegte gelbe Tropenfrucht, frisch und gut anhaftend, salziger Nachhall, leichtfüßiger Terrassenwein.

91 Merlot Elementum 2019
14,5 Vol.-%, NK, 500-l-Fass, €€€€ Ⓥ
Kräftiges Karmingranat, Ockerreflexe, breitere Randaufhellung. Mit rauchiger Kräuterwürze unterlegte reife Kirschfrucht, zart nach Orangenzesten, mineralischer Touch. Saftig, rotes Beerenkonfit, eingelegte Kirschen, frisch strukturiert, feine Tannine, salziger Nachhall, bereits gut entwickelt.

91 Pinot Noir Ried Kirchberg Grande Reserve 2017
13,5 Vol.-%, NK, Barrique, €€€€€ Ⓥ
Recht helles Karmingranat, Ockerreflexe, breite Randaufhellung. Zartes Karamell, ein Hauch von Vanille, mit rotbeerigen Fruchtnuancen unterlegt, tabakige Nuancen. Saftig, rote Kirschen, gut integrierte Holzwürze, zart selchige Nuancen im Abgang, kalkige Mineralik im Nachhall, individueller Stil, lebendiger Speisenbegleiter.

88 Tradition St. Laurent-Zweigelt 2018 SL/ZW
13 Vol.-%, DV, großes Holzfass, €€€ Ⓥ

93 Grüner Veltliner Eiswein 2018
11 Vol.-%, NK, Edelstahl, €€€€€ Ⓥ
Helles Grüngelb, Silberreflexe. Feine Kräuterwürze, reife gelbe Tropenfrucht, etwas Blütenhonig, kandierte Orangenzesten im Hintergrund. Mittlere Komplexität, feine Fruchtsüße, reife Birnenfrucht, zartes Säurespiel, harmonisch, bereits zugänglich, Ananas und Pfirsich im Nachhall.

★★★★

WEINGUT EBNER-EBENAUER

BIO

Im Jahr 2007 legten Marion Ebner und Manfred Ebenauer den Grundstein für ihr gemeinsames Schaffen. Erst haben sie geheiratet, dann wurden Marions »Negociant«-Weinhaus und Manfreds Weingut zusammengelegt und schlussendlich die Weinmacherkapazitäten der beiden gebündelt. Das Herzstück des Sortiments bilden ausschließlich Einzellagenweine, die aus den Trauben von mindestens 30 Jahre alten Rebstöcken gekeltert werden. Die ältesten (Grüner Veltliner, Weißburgunder, Riesling, St. Laurent) sind zwischen 50 und 72 Jahre alt und werden als solche auch auf dem Etikett betitelt.

Bereits seit dem Jahrgang 2016 sind alle Weingärten in biologischer Bewirtschaftung, und nun wird auf Biodynamie umgestellt. Für die beiden war es an der Zeit, die Stilistik erneut zu schärfen, und so präsentiert sich das gesamte Sortiment noch feiner, mineralischer, mit noch tieferer Würze und Spannung am Gaumen – Attribute, die auch auf die international anerkannten Jahrgangssekte ohne Dosage zutreffen.

Geerntet wird auf dem 20 Hektar umfassenden Weingut ausschließlich händisch, selektioniert wird direkt im Weingarten in 25-Kilogramm-Kisten. Im Keller wird auf große Technik verzichtet, dem Wein wird die Zeit zugestanden, die er benötigt. Der Großteil der Weine bekommt Maischestandzeit, wird spontan und ohne Temperaturkontrolle im Holzfass oder Stahltank vergoren und anschließend auf der Feinhefe gelagert. So sieht sich Manfred Ebner-Ebenauer nicht als Weinmacher, sondern als Weinbegleiter: »Unsere Weine sind unbeeinflusst und brauchen Zeit, um sich zu entwickeln, sie sind keine Blender, wirken nachhaltig und sind langlebig. Die Natur schreibt das Drehbuch unserer Weine, wir führen Regie!«

(94) Grüner Veltliner Black Edition 2019
13,5 Vol.-%, NK, Barrique/gebr. Barriques, €€€€€ Ⓑ Ⓥ
Helles Grüngelb, Silberreflexe. Zarte gelbe Tropenfrucht, ein Hauch von Ananas und Mango, noch etwas scheues Bu-

Poysdorf

WEINGUT EBNER-EBENAUER

2170 Poysdorf
Laaer Straße 3-5
T: +43 (2552) 2653
office@ebner-ebenauer.at
www.ebner-ebenauer.at

Kellermeister: Manfred Ebner-Ebenauer
Kontakt: Marion Ebner-Ebenauer
Anbauweise: Zertifiziert Biologisch (Bio Austria)
Produktion: 80 % weiß, 20 % rot, 20 Hektar
Messen: Millésime Bio, ProWein Düsseldorf, VieVinum

kett, reife Marillen im Hintergrund. Saftig, komplex, cremige Textur, gut integrierte Säurestruktur, zarter Blütenhonig im Nachhall, gute Länge, wird von weiterer Flaschenreife profitieren.

(93) Grüner Veltliner Ried Sauberg 2020
13,3 Vol.-%, DV, Stahltank/gebr. Barriques, €€€€ B V
Helles Grüngelb, Silberreflexe. Zart tabakig unterlegte Nuancen von frischem Granny-Smith-Apfel, ein Hauch von Wiesenkräutern. Komplex, saftig, feine Süße, lebendig strukturiert, kraftvoll, zart pfeffrig im Abgang, bleibt haften, ein stoffiger Speisenbegleiter.

(93) Grüner Veltliner Alte Reben 2020
12,6 Vol.-%, DV, gebr. Barriques/Stahltank, €€€€€ B V
Helles Gelbgrün, Silberreflexe. Zart nach Mandarinenzesten, gelber Apfel, feine Kräuterwürze, dunkle Mineralik. Mittlerer Körper, komplex, salzige Mineralik, feiner Säurebogen, zitronig, mit einem Hauch von Birne unterlegt, bereits zugänglich und gut entwickelt.

(91) Grüner Veltliner Ried Bürsting 2020
13,1 Vol.-%, DV, Stahltank/gebr. Barriques, €€€€ B V
Helles Gelbgrün, Silberreflexe. Zarte Wiesenkräuter, weißes Kernobst, florale Nuancen, Mandarinenzesten. Saftig, weiße Birnenfrucht, angenehme Fruchtsüße, feiner Säurebogen, mineralisch und anhaftend, ein vielseitiger Speisenbegleiter.

(94) Chardonnay Black Edition 2019
13,1 Vol.-%, NK, Barrique/gebr. Barriques, €€€€€ V
Mittleres Grüngelb, Silberreflexe. Zart floral unterlegte reife gelbe Tropenfrucht, Ananas und Mango klingen an, zarter Blütenhonig, dezente Holzwürze. Saftig, elegant, feines Vanillekaramell, gelber Apfel, cremige Textur, zarter Säurebogen, bleibt gut haften, vielversprechendes Potenzial.

(93) Riesling Alte Reben 2020
13,4 Vol.-%, DV, Stahltank, €€€€€ B V
Helles Gelbgrün, Silberreflexe. Feine Pfirsichnuancen, ein Hauch von Mango und Limettenzesten, floraler Touch. Saftig, frisch strukturiert, weißer Apfel, feine Fruchtsüße im Abgang, zeigt gute Länge, ein attraktiver Speisenbegleiter.

(92) Weißburgunder Alte Reben 2020
13,5 Vol.-%, DV, 500-l-Fass, €€€€€ B V
Helles Gelbgrün, Silberreflexe. Zart nach weißer Birne und Pfirsich, ein Hauch von frischen Orangenzesten, Nuancen von Blütenhonig. Mittlere Komplexität, weißer Apfel, gute Frische, zitronige Nuancen, bereits gut entwickelt, fruchtsüßer Nachhall.

(93) Pinot Noir Black Edition 2017
13,5 Vol.-%, NK, Barrique/gebr. Barriques, €€€€€ V
Mittleres Rubingranat, violette Reflexe, breitere Randaufhellung. Zarte Kräuterwürze, unterlegt mit Erdbeerfrucht, ein Hauch von Mandarinenzesten, tabakig, etwas Nougat. Gute Komplexität, saftig, gut eingebundene Säurestruktur, zeigt gute Frische, süßes Tannin, rotes Beerenkonfit im Abgang, bleibt gut haften, vielseitig einsetzbar.

★

WEINGUT ECKER

Der Betrieb der Familie Ecker liegt im westlichen Teil des Weinviertels, in der Nähe von Eggenburg und Röschitz. Die Eckers versuchen, die Qualität ihrer Produkte im Weingarten zu optimieren, deshalb werden die Anlagen mit selektioniertem und ausgesuchtem Rebmaterial eng bepflanzt, darüber hinaus setzt man auf eine hohe Laubwand und eine geringe Stockhöhe. Die Rieden Kogeln und Sätzen befinden sich in den besten Lagen auf Lehm- und Lössböden. Im Keller wird eine fruchtige, sortentypische Weinlinie unter kontrollierter Gärung angestrebt.Im Hause Ecker werden drei Linien angeboten: Klassik- und Lagenweine sowie die Reservelinie für Barriqueweine. Die Rotweine werden stets im kleinen Holzfass ausgebaut. Der Betrieb füllt ausschließlich Bouteillenweine ab, für die man bereits zahlreiche Auszeichnungen entgegennehmen konnte. Außerdem steht ein historisches Kellerstüberl für Weinverkostungen gegen telefonische Anmeldung zur Verfügung.

91 Grüner Veltliner ** 2018
14 Vol.-%, DV, Teilbarrique, €€€
Mittleres Gelbgrün, Silberreflexe. Feine Tabakwürze, reife Tropenfrucht, weißes Nougat, Kräuternoten, Kardamom klingt an. Mittlerer Körper, saftig, feine Säurestruktur, würzig, fruchtsüß, Papaya im Nachhall, Holzwürze im Rückgeschmack, bereits gut antrinkbar.

(89) Grüner Veltliner * Alte Reben 2020
12,5 Vol.-%, DV, Stahltank, €€

90 Grüner Veltliner Reserve Ried Sätzen 2019
14 Vol.-%, DV, Stahltank/Teilbarrique, €€€
Helles Gelbgrün, Silberreflexe. Reife Tropenfrucht, zart nach Ananas und Honigmelone, Wiesenkräuter, kandierte Orangenzesten. Mittlerer Körper, kraftvoll, saftig, feine Tabaknoten, balancierter Säurebogen, stoffiges Finish, bereits gut antrinkbar.

90 Riesling Ried Kogeln 2019
13 Vol.-%, DV, Stahltank, €€
Helles Gelbgrün, Silberreflexe. Feine Kräuternoten, etwas nach kandierten Limettenzesten, zart nach Minze, weißer Pfirsich. Saftig, gut eingebundene Säurestruktur, mineralisch-salzig, zitroniger Abgang, leichtfüßiges Finish, unkompliziertes Trinkanimo.

90 Sauvignon Blanc Ried Kogeln 2020
12,5 Vol.-%, DV, Stahltank, €€
Helles Gelbgrün. Feine Johannisbeernote, unterlegt mit Kräutern, etwas nach Brennnesseln, frisches Sauvignon-Bukett.

WEINGUT ECKER
3730 Grafenberg
Grafenberg 11
T: +43 (2984) 3465
office@weingut-ecker.com
www.weingut-ecker.com

Kellermeister: Josef Ecker
Kontakt: Florian Ecker
Produktion: 80 % weiß, 20 % rot, 2 Hektar

Familie Ecker

* Weinviertel DAC ** Weinviertel DAC Reserve

Dezenter Säurebogen, frisch und fruchtig, etwas nach weißem Kernobst, Limetten im Nachhall, bereits gut antrinkbar.

91 Kogelstein rot 2018 ME/CS
14 Vol.-%, DV, Barrique, €€€€
Tiefdunkles Rubingranat, violette Reflexe, schwarzer Kern, zarte Randaufhellung. Reife Brombeeren, etwas Holzwürze, eingelegte Zwetschken, Orangenzesten und Vanille. Saftig, kraftvoll, gut eingebundene Tannine, Johannisbeeren, Gewürznoten im Abgang, feines Nougat im Finish, bleibt gut haften, vielseitig einsetzbar.

★★★

WEINHOF HANNES EDLINGER

Wenn der Grüne Veltliner zur Familie gehört, dann wächst er nicht nur in den Weingärten, sondern er »wohnt« hier, und zwar gerne, denn schließlich bietet der Röschitzer Weinhof Edlinger genau das, was der typische Österreicher unter den Weinen am meisten mag: Böden aus Urgestein und Löss, kalte Waldviertler Nächte, warme Weinviertler Tage – und die kundigen Hände von Hannes Edlinger, der mit dem Wissen von Generationen von Veltliner-Machern ans Werk geht. Sieben Veltliner-Persönlichkeiten finden sich auf der feinen Weinkarte: vom frech-fruchtigen »Emma« bis zur »Weinviertler Reserve GV extrem«, ein Statement aus Kräuterwürze und Tropenfrüchten. Sie sind in guter Gesellschaft mit herrlichen Rieslingen und anderen ausdrucksstarken Weißweinen wie Gelbem Muskateller und Chardonnay, allesamt aus Röschitzer Toplagen.

Als Besucher spürt man sofort die familiäre Energie auf dem schönen, typischen Weinviertler Weinhof der Edlingers, der unter Kennern gerne »Oase« genannt wird – ein Ort, an dem Einzigartiges entsteht, in einem liebevoll gepflegten Ambiente aus Stein, Wasser, Blumen und stilvollen Rosenkugeln aus der Werkstatt von Birgit Edlinger. Drei schöne und komfortable Zimmer sind ein zusätzlicher Grund zum Bleiben.

Die Kraft der Natur nutzt die Veltliner-Familie auch, um unter »Einfach Edl« Hochprozentiges, Marmeladen, Chutneys und andere Köstlichkeiten zu produzieren. Der Weinhof von Hannes und Birgit Edlinger ist auf alle Fälle eine Reise wert.

Hannes und Birgit Edlinger

WEINHOF HANNES EDLINGER
3743 Röschitz
Granitzstr. 15
T: +43 (664) 45 23 124
office@edlinger-wein.at
www.edlinger-wein.at

Kellermeister/Kontakt:
Hannes Edlinger
Produktion: 95 % weiß, 5 % rot, 12 Hektar
Messen: VieVinum, DAC-Präsentationen

93 Grüner Veltliner * Ried Galgenberg 2020
13 Vol.-%, DV, Edelstahl, €€
Helles Grüngelb, Silberreflexe. Mit frischen Wiesenkräutern unterlegte weiße Apfelfrucht, zarte Nuancen von Honigmelone, ein Hauch von Orangenzesten. Saftig, elegant, weiße Birnenfrucht, finessenreich strukturiert, mineralisch-zitronig im Abgang, sicheres Reifepotenzial.

93 Weinviertel DAC Reserve 2019
14 Vol.-%, DV, gebrauchte Barriques, €€€
Mittleres Gelbgrün, Silberreflexe. Einladende gelbe Tropenfrucht, nach Mango und Papaya, zarter Blütenhonig, mit einem Hauch von Wiesenkräutern und Orangenzesten unterlegt. Saftig, ein Hauch von Honigmelone, dezente Fruchtsüße im Nachhall, bleibt haften, ein facettenreicher Speisenbegleiter.

92 Grüner Veltliner * Ried Hundspoint 2020
12,5 Vol.-%, DV, Edelstahl, €€
Mittleres Gelbgrün, Silberreflexe. Zarte gelbe Tropenfrucht, ein Hauch von Ananas und Papaya, feiner Blütenhonig, zart mit Marille unterlegt. Stoffig, elegant, reife weiße Frucht, zart nach Birne, feiner Säurebogen, bleibt gut haften, bereits gut antrinkbar, gutes Entwicklungspotenzial, Preis-Leistungs-Hit.

91 Grüner Veltliner granit pur 2020
12,5 Vol.-%, DV, Stahltank, €€
Helles Gelbgrün, Silberreflexe. Feine gelbe Apfelfrucht, zart nach Mango, ein Hauch von Wiesenkräutern, mineralischer Touch. Saftig, gute Komplexität, weiße Kernobstnuancen, frisch strukturiert, zarte Fruchtsüße im Abgang, ein vielseitiger Speisenbegleiter.

92 Riesling Mathäa 2019
14 Vol.-%, DV, Holzfass, €€
Helles Gelbgrün, Silberreflexe. Reife gelbe Pfirsichfrucht, ein Hauch von Maracuja, feiner Blütenhonig, zart nach Mandarinenzesten. Saftig, feine Nuancen von Ananas, frisch strukturiert, weißer Pfirsich, Limetten im Nachhall, ein lebendiger Speisenbegleiter.

Grüner Veltliner

91 Chardonnay vom Stein 2020
13 Vol.-%, DV, Edelstahl, €€
Helles Gelbgrün, Silberreflexe. Intensive gelbe Tropenfrucht, ein Hauch von Banane und Orangenzesten. Am Gaumen weißer Pfirsich und Apfel, frisch strukturiert, zitronig-salzig im Abgang, lebendiger Begleiter bei Tisch, bereits gut antrinkbar.

WEINGUT EICHBERGER

Das Familienweingut Eichberger liegt rund zehn Kilometer nördlich von Wien, am Rande des Marchfeldes und des Weinviertler Hügellands. Mit größtem Respekt gegenüber der Natur werden hier die Weingärten, die sich im Umkreis von fünf Kilometern befinden, nachhaltig und naturnah bewirtschaftet. Bodengesundheit sowie der Verzicht auf Herbizide und Insektizide sind Familie Eichberger ein großes Anliegen.

Gebietsbedingt gibt hier der Grüne Veltliner den Ton an, der in seiner unglaublichen Charaktervielfalt in sieben verschiedenen Spielarten – vom angenehm leichten bis hin zum komplexen Lagenveltliner – mit gebietstypischen Feinheiten, Charme und Raffinesse vinifiziert wird. Gelber Muskateller, Welschriesling, Riesling und Chardonnay, Zweigelt, Blauburger und St. Laurent ergänzen das Weinsortiment.

Gotthard, Doris, Julia und Marcus Eichberger

WEINGUT EICHBERGER
2203 Eibesbrunn
Großebersdorfer Straße 12
T: +43 (2245) 2476
office@weinguteichberger.at
www.weinguteichberger.at

Kellermeister/Kontakt:
Gotthard Eichberger
Produktion: 80 % weiß, 5 % rosé, 15 % rot, 20 Hektar
Vereinszugehörigkeit:
So schmeckt NÖ, Weinstraße Südliches Weinviertel
Messen: VieVinum, DAC-Präsentationen, Weintage Südliche Weinstraße

Die Leidenschaft des Winzers und das Engagement für den Wein fließen auch geschmacklich in jedes seiner Produkte ein und spiegeln die unverwechselbare Handschrift von Gotthard Eichberger in seinen präzisen Weinen wider. Beständigkeit in der Qualität und die unermüdliche Suche nach Verbesserung prägen das Handwerk der Winzerfamilie. Zahlreiche Prämierungen der letzten Jahre wie Landessieger und »SALON«-Weine bestätigen ihr Tun und Denken. Genuss hat viele Seiten, daher nimmt man auch heuer wieder am äußerst beliebten »Tafeln im Weinviertel« teil, wo Weinviertler Spitzenköche und Winzer Gäste direkt im Weingarten verwöhnen.

92 Weinviertel DAC Reserve 2019
14 Vol.-%, DV, Edelstahl, €€€
Helles Gelbgrün, Silberreflexe. Einladendes Bukett nach Mandarinenzesten und reifer Tropenfrucht, etwas nach Apfel, ein Hauch von Anis. Saftig, gute Komplexität, fruchtsüß nach Ananas, zart nach Honig im Nachhall, bleibt gut haften, vielseitiger Speisenbegleiter.

90 * Ried Kirchthal 2020
12,5 Vol.-%, DV, Edelstahl, €€
Helles Gelbgrün, Silberreflexe. Feine Wiesenkräuter, weißer Apfel, zart nach Limetten, frisches Bukett. Saftig, engmaschig, zart nach Tabakwürze, Kernobst auch im Abgang, bereits gut antrinkbar.

91 Grüner Veltliner Ried Hundspoint 2020
13,5 Vol.-%, DV, Edelstahl, €€
Helles Gelbgrün, Silberreflexe. Feine Kräuternoten, etwas nach Maracuja, ein Hauch von Guave, Orangenschalen klingen an. Saftig, elegant, extraktsüß nach Mango, frisches Finish, bereits gut antrinkbar.

91 Chardonnay Ich bin Ich 2019
13,5 Vol.-%, DIAM, Barrique, €€€€€
Mittleres Gelbgrün, Silberreflexe. Feiner Vanilletouch, etwas Honigmelone und Passionsfrucht, mit Holzwürze unterlegt, Orangenschalen. Mittlerer Körper, feine Struktur, leichtfüßig, zart cremig, Pfirsichtouch, Melisse im Nachhall, guter Speisenbegleiter.

91 Grande Cuvée Reserve 2018 ZW/CS
13,5 Vol.-%, DIAM, Barrique, €€€
Dunkles Rubingranat, violette Reflexe, zarte Randaufhellung. Mit etwas Tabakwürze unterlegte dunkle Beerenfrucht, zart nach Cassis, Lakritze klingt an, ein Hauch von Nougat. Mittlerer Körper, fruchtsüß, zart nach Zwetschken, Röstaromen, nussige Nuancen, bereits gut antrinkbar, kraftvoller Speisenbegleiter.

90 St. Laurent 2018
13,5 Vol.-%, DIAM, Barrique, €€€
Kräftiges Rubingranat, violette Reflexe, breitere Randaufhellung. Zarte Kräuternoten, etwas nach Cayennepfeffer, zarte Pflaumenfrucht, Gewürznuancen, feines Nougat. Saftig, straff, mittlerer Körper, Holzwürze, reife Feigen und Vanille klingen an, guter Speisenbegleiter.

★

WEINBAU WILLI EMINGER

Qualitativ hochwertige Weine, die ein hohes Maß an Trinkvergnügen bieten: Dafür ist die Weinhauerfamilie Eminger bekannt. Geführt wird dieser Familienbetrieb von Ing. Wilhelm Eminger und seiner Frau Miriam. Aus dem ehemals gemischten Betrieb entwickelte sich in den letzten zwanzig Jahren ein Leitbetrieb der Region. Ertragsbegrenzung und intensive Pflege der Rebflächen sowie schonende Traubenverarbeitung und Vergärung bei optimalen Bedingungen sind hier die qualitative Basis. Eine im Jahr 2001 neu erbaute Kellerei, die sich die Schwerkraft zunutze macht, erleichtert das Erreichen der angestrebten Ziele.
Ein großes Sortiment lädt zum Degustieren ein: Der Grüne Veltliner ist hier natürlich die Hauptsorte und nimmt mehr als ein Drittel der Rebflächen ein, aber auch Riesling, Sauvignon Blanc, Muskateller, Welschriesling, Pinot Blanc und Rivaner werden mit Erfolg gekeltert. Einen guten Namen hat sich Familie Eminger auch aufgrund ihrer Rotweine gemacht, die ein Drittel der Gesamtproduktion einnehmen. Besonders für den Zweigelt, den es klassisch, aber auch im Barrique ausgebaut gibt, erhielt der Betrieb schon gute Bewertungen.

91 Grüner Veltliner * Ried Baumleiten Simon 2019
13,5 Vol.-%, NK, gebrauchte Barriques, €€€
Leuchtendes Grüngelb, Silberreflexe. Mit frischen Wiesenkräutern unterlegte Noten von Ananas und Mango, zart nach Mandarinenzesten. Saftig, weißes Kernobst, frisch strukturiert, dezente Fruchtsüße im Abgang, ein vielseitiger Speisenbegleiter.

90 Grüner Veltliner * Ried Niedersulzer Steinbergen Exklusiv 2020
13 Vol.-%, DV, Stahltank, €€
Leuchtendes Gelbgrün, Silberreflexe. Tabakig, feine Kräuterwürze, weiße Apfelfrucht, mit einem Hauch von Orangenzesten unterlegt. Mittlerer Körper, frischer Granny-Smith-Apfel, frischer Säurebogen, Mango im Nachhall, bereits gut antrinkbar.

88 Grüner Veltliner * Sulzer 2020
12,5 Vol.-%, DV, Stahltank, €€

90 Gelber Muskateller 2020
12,5 Vol.-%, DV, Stahltank, €€
Helles Gelbgrün, Silberreflexe. Feine Noten von Muskatnuss, zart nach Litschi und Holunderblüten, mit weißem Pfirsich unterlegt. Mittlerer Körper, saftig, feine Fruchtsüße, lebendig strukturiert, mineralischer Nachhall.

89 Gemischter Satz 2020
12,5 Vol.-%, DV, Stahltank, €€

89 Sauvignon Blanc Exklusiv 2020
13,3 Vol.-%, DV, Stahltank, €€

WEINBAU WILLI EMINGER
2224 Niedersulz
Niedersulz 90–91
T: +43 (664) 1218691
weinbau@willi-eminger.at
www.weinbau.willi-eminger.at

Kellermeister/Kontakt:
Ing. Wilhelm Eminger
Produktion: 70.000 Flaschen
2 % Schaumwein, 65 % weiß,
3 % rosé, 30 % rot, 13 Hektar
Messen: Weinmesse Innsbruck

★★★

WEINGUT RUDOLF FIDESSER

BIO

Der im westlichen Weinviertel gelegene Familienbetrieb bewirtschaftet sein Weingut nach biologisch-dynamischen Anbaumethoden. Gleichzeitig arbeitet Norbert Fidesser – ein ursprünglicher Winzer mit Leib und Seele – mit einer großen Bandbreite an Böden und Lagen, um authentische und regionaltypische, aber dennoch individuelle Weine zu produzieren. Norbert und Gerda Fidesser beschreiben dies mit der »Konzentration auf das Wesentliche«.
Die Weine sollen Böden und Klima sprechen lassen, daher ist es für die leidenschaftlichen Winzer wichtig, viel Zeit im Weingarten zu verbringen und »auf die Trauben und die Natur zu hören«. Die »Demeter«-Zertifizierung des Betriebs in der kleinen Weinbaugemeinde Platt südlich von Retz ist da nur die logische Folge. Das Resultat dieser ehrlichen Arbeit der Familie Fidesser ist ein hochwertiges Sortiment von großer Vielfalt.

(93) Weißer Traminer Ried Höhweingarten 2020
14,5 Vol.-%, NK, Stahltank, €€€ B V
Helles Goldgelb, Messingreflexe. Nuancen von Marshmallows und Feigen, mit getrockneten Marillen und Rosenblüten unterlegt. Saftig, gute Komplexität, weißes Nougat, mineralisch-salzig unterlegt, trockenes Finale, bleibt gut haften, ein spannender Speisenbegleiter.

(93) Weißer Traminer Ried Sandberg 2020
14 Vol.-%, NK, Stahltank, €€€ B V
Helles Goldgelb, Messingreflexe. Zarte Kräuterwürze, getrocknete Banane, weißes Nougat, ein Hauch von Rosolio, weiße Apfelfrucht im Hintergrund. Stoffig, elegant, gut eingebundene Süße, balanciert und mineralisch im Abgang, bereits gut antrinkbar, verfügt über Entwicklungspotenzial.

(92) Grüner Veltliner Retzer Holzapfeln 2020
13 Vol.-%, NK, Stahltank, €€€ B V
Zart wolkiges helles Grüngelb, Silberreflexe. Feine gelbe Fruchtnuancen, zart nach Mango und Apfel, dezente Kräuterwürze, ein Hauch von Orangenzesten. Saftige Birnenfrucht, cremige Textur, salziger Touch, nussige Würze im Abgang, zitroniger Nachhall, ein facettenreicher Speisenbegleiter.

(92) Grüner Veltliner Ried Kapellenberg 2020
12,5 Vol.-%, NK, Stahltank, €€€ B V
Mittleres Grüngelb, Silberreflexe. Frische Orangenzesten, kräuterwürzig unterlegte weiße Tropenfrucht, mineralischer Touch, floraler Anklang. Saftig, elegant, feine Apfelfrucht, gut integrierter Säurebogen, salzig-mineralisch, gute Länge, vielseitig einsetzbar.

(91) Sauvignon Blanc Ried Sandberg 2020
12,5 Vol.-%, NK, Stahltank, €€€ B V
Helles Gelbgrün, Silberreflexe. Zarte Grapefruitzesten, weiße Fruchtnuancen, etwas Passionsfrucht klingt an, blumiger Touch. Schlank, straff, weißer Pfirsich, rassiger Säurebogen, salzig-zitronig im Abgang, sommerlicher Stil, auch als Aperitif einsetzbar.

(92) Pinot Noir Ried Kapellenberg 2019
12,5 Vol.-%, NK, großes Holzfass, €€€ V
Kräftiges Karmingranat, Ockerreflexe, breitere Randaufhellung. Mit Vanille und Nougat unterlegtes reifes dunkles Waldbeerenkonfit, Nuancen von Zwetschken, kandierte Orangenzesten. Saftig, fruchtsüße Textur, runde Tannine, feiner Schokotouch im Abgang, eingelegte Kirschen im Nachhall, bereits gut antrinkbar.

WEINGUT RUDOLF FIDESSER
2051 Platt
Platt 39
T: +43 (2945) 2592
weingut@fidesser.at
www.fidesser.at

Kellermeister/Kontakt: Norbert Fidesser
Anbauweise: Biodynamisch (Bio Austria, Demeter)
Produktion: 75 % weiß, 25 % rot, 15 Hektar
Vereinszugehörigkeit: Premium Weingüter Weinviertel, Tu Felix Austria
Messen: ProWein Düsseldorf, VieVinum

★★★

WEINGUT FRANK

Das Weingut Frank liegt in Herrnbaumgarten im nordöstlichen Weinviertel und steht für handwerkliche Grüne Veltliner, die trotz Kraft und Tiefgang niemals opulent wirken. Besonders hervorzuheben sind die Veltliner von den Lagen Johannesbergen und Hoher Weg. Daneben werden auch fruchtige, trinkanimierende Weine, wie der Grüne Veltliner Weinviertel DAC vinifiziert. Die Mineralik der kalkreichen Lössböden bringt hervorragende Rieslinge hervor. Der Weißburgunder aus der Nordlage Adamsbergen sowie eine hervorragende Rotwein-Cuvée aus der kargen, sandigen Lage Hannbuch runden das Programm ab. Die Finesse der Weine ist dem kühlen Klima zuzuschreiben. Auf diesem Weingut hat man erkannt, dass die Zukunft den gebietsgeprägten, eleganten Weinen gehört.

90 Grüner Veltliner * 2020
12,5 Vol.-%, DV, Stahltank, €€
Helles Gelbgrün, Silberreflexe. Feine gelbe Apfelfrucht, etwas nach Kräutern, pfeffrige Note, würziger Touch. Saftig, frisch und elegant, lebendiger Säurebogen, weiße Apfelfrucht im Abgang, salziger Nachhall, bereits gut antrinkbar.

(92) Grüner Veltliner Ried Johannesbergen 2020
13 Vol.-%, DV, Stahltank, €€€
Helles Gelbgrün, Silberreflexe. Feinwürzig, etwas nach Maracuja, zart nach Papaya, Quitte klingt an, mit Orangenzesten unterlegt. Saftig, elegant, gut integrierte Säurestruktur, feine Fruchtsüße nach Pfirsich, mineralisch im Nachhall, guter Speisenbegleiter.

93 Riesling Reserve Ried Krainholz Alte Reben 2019
13,5 Vol.-%, DV, Stahltank, €€€€
Helles Gelbgrün, Silberreflexe. Zart nach Bergamotte und weißem Steinobst, ein Hauch von Maracuja, Gewürznoten klingen an. Gute Komplexität, engmaschig, facettenreiche Säurestruktur, fruchtsüß im Abgang, mineralisch, Marille im Nachhall, vielseitiger Speisenbegleiter.

91 Riesling Herrnbaumgarten 2020
12,5 Vol.-%, DV, Stahltank, €€
Helles Gelbgrün. Mit dunkler Mineralik unterlegter Blütenhonig, zart nach Weingartenpfirsich, ein Hauch von Wiesenkräutern. Frisch, lebendiger Säurebogen, leichtfüßig, bleibt gut haften, frisches Steinobst im Abgang, zitroniger Touch im Finish, saftiger Speisenbegleiter.

93 Weißburgunder Ried Adamsbergen 2019
13,5 Vol.-%, NK, 500-l-Fass, €€€€
Mittleres Gelbgrün. Feine Tabakwürze, etwas nach Orangenzesten, reife Tropenfrucht, zart nach Ananas, Blütenhonig klingt an. Saftig, komplex, feine Extraktsüße nach Passionsfrucht, Birnentouch im Abgang, gut eingebundener Säurebogen, vielseitig einsetzbar.

91 Cuvée Ried Hannbuch 2019 ME/CS
13 Vol.-%, NK, Barrique/500-l-Fass, €€€€
Kräftiges Rubingranat, violette Reflexe, breitere Ockerrandaufhellung. Kräuterwürzig, zart nach grünen Oliven, dunkle Kirschen, kandierte Mandarinenzesten. Saftig, feine Erdbeerkonfitüre, gut integrierte Tannine, feine Fruchtsüße und zartes Nougat im Nachhall, bereits gut antrinkbar.

WEINGUT FRANK
2171 Herrnbaumgarten
Kellergasse 5
T: +43 (2555) 2300
frank@weingutfrank.at
www.weingutfrank.at

Kellermeister/Kontakt: Harald Frank
Produktion: 75 % weiß, 5 % rosé, 20 % rot, 23 Hektar
Vereinszugehörigkeit: Weinstraße Weinviertel, Weinviertel DAC
Messen: ProWein Düsseldorf, VieVinum, DAC-Präsentationen

* Weinviertel DAC ** Weinviertel DAC Reserve

Weingut Gilg

WEINGUT GILG
2102 Hagenbrunn
Schlossgasse 33
T: +43 (2262) 672781
weingut@gilg.at
www.weingut-gilg.at

Kellermeister/Kontakt:
Ing. Stefan Gilg
Produktion: 5 % Schaumwein, 70 % weiß, 5 % rosé, 18 % rot, 2 % süß, 10 Hektar
Messen: VieVinum, DAC-Präsentationen

★

WEINGUT GILG

Das Weingut Gilg befindet sich in Hagenbrunn vor den Toren Wiens. Bewirtschaftet werden rund zehn Hektar Rebfläche an den Südhängen des Bisambergs. 75 Prozent der Weingärten sind mit Weißweinsorten bepflanzt, wobei das Hauptaugenmerk auf Grünem Veltliner, Riesling sowie Sauvignon Blanc liegt. Neu im Sortiment hat man einen Gelben Traminer, die Lieblingssorte von Jungwinzer Stefan Gilg. Die Rotweinflächen teilen sich die Sorten Zweigelt, Merlot und Cabernet Sauvignon. Mit dem Jahrgang 2019 gibt es zum ersten Mal auch zwei Süßweine. Besonders stolz ist man auf den Welschriesling Eiswein aus der Riede Hofmauer – den ersten jemals in Hagenbrunn gekelterten Eiswein. Im neu gebauten Weinkeller auf der Hagenbrunner Hauptstraße kann Familie Gilg seit der Ernte 2017 auf modernste Kellertechnik vertrauen. Seit April 2018 ist auch der neue Verkaufsraum in Betrieb, Verkostung und Verkauf jeden Freitag von 13-18 Uhr. Im Heurigenlokal in der Schlossgasse 33 bieten die Gilgs ein traditionelles heurigentypisches Buffet, saisonale Schmankerln und vegetarische Speisen sowie hausgemachte Mehlspeisen an. Alle Weine kann man dort auch glasweise bestellen.

90 Hochzeitssekt Katharina & Stefan
12,5 Vol.-%, NK, Flaschengärung, €€€
Mittleres Gelbgrün, Silberreflexe, feines, anhaltendes Mousseux. Frische weiße Fruchtkomponenten, etwas Maracuja, zarter Blütenhonig, mit Limetten unterlegt. Mittlerer Körper, süße Frucht, feine Würze, nach Muskatnuss, zitronig unterlegte Süße im Nachhal.

(91) ** Ried Tagnern 2020
14 Vol.-%, DV, großes Holzfass, €€
Helles Gelbgrün, Silberreflexe. Dezente Kräuterwürze, Nuancen von weißer Apfelfrucht, zart tabakig unterlegt. Kraftvoll, mittlere Komplexität, zart nach Ananas, frischer Säurebogen, saliner Nachhall, wirkt relativ leichtfüßig, feinwürziger Abgang.

92 Gelber Traminer 2020
14 Vol.-%, DV, Edelstahl, €€
Helles Gelbgrün, Silberreflexe. Zarte Nuancen von Rosenblättern, weiße Tropenfrucht, ein Hauch von Eibischteig, feines Bukett. Saftig, fruchtige Süße, reife Birne, mineralischer Kern, gut balanciert, zarter Blütenhonig und florale Noten im Nachhall, gutes Reifepotenzial.

91 Riesling Ried Aichleiten 2020
13 Vol.-%, DV, großes Holzfass/Edelstahl, €€
Helles Gelbgrün, Silberreflexe. Frische weiße Tropen-

frucht, florale Nuancen, ein Hauch von Maracuja, einladendes Bukett. Saftig, straffe Textur, frischer Säurebogen, weißer Pfirsich im Nachhall, fruchtsüßer Abgang, gute Länge, sicheres Reifepotenzial.

(92) Cuvée Reserve 2019 ME/CS
14 Vol.-%, DV, Barrique/gebrauchte Barriques, €€€
Tiefdunkles Rubingranat, violette Reflexe, zarte Randaufhellung. Mit einem Hauch von Nougat unterlegte schwarze Waldbeerenfrucht, dunkle Kirschen, dezente Kräuterwürze. Saftig, süße Brombeeren, feine Tannine, schokoladiger Touch im Abgang, bleibt haften, ein Hauch von Karamell im Nachhall.

94 Beerenauslese 2019 CH/WR
9 Vol.-%, DV, Edelstahl, €€€
Leuchtendes Goldgelb, Silberreflexe. Reifer Pfirsich, feine Tropenfrucht, ein Hauch von Honig und Botrytiswürze. Saftig, Marillenkonfitüre, feiner Säurebogen, mineralisch unterlegte Süße, zitronig im Finish, bereits zugänglich, balancierter Stil.

★★★

WEINGUT INGRID GROISS

BIO

Ingrid Groiss definiert sich selbst mit diesen drei Begriffen: Leidenschaft, Gefühl und Zielstrebigkeit. Seit 2010 führt sie den Familienbetrieb ihrer Eltern weiter – mit Bravour, wie man sieht.
Angefangen hat die junge Weinviertler Winzerin mit klassischen, sortentypischen Weinen, die ihre Persönlichkeit, den Ausdruck der Region und deren Lagen widerspiegeln. Ihrer Linie ist sie bis heute treu geblieben. Ihr ist es ein besonderes Anliegen, naturnahe und individuelle Weine mit Herkunftsprofil und Sortencharakteristik zu produzieren. Ihre persönliche Handschrift unterstreicht und hebt die biologische Bewirtschaftung der Weingärten hervor. In den letzten Jahren hat sie sich durch ihre Konstanz auch international einen Namen gemacht, und ihre Weine werden von vielen Sommeliers sehr geschätzt. Den bisher größten Erfolg hat sie mit ihrem Gemischten Satz, der sowohl alte Traditionen als auch moderne Weinproduktion verbindet und für jeden Konsumenten ein Genuss ist. Ein weiteres Augenmerk richtet Ingrid Groiss auf die Rebsorte Grüner Veltliner. Hier zeigen die weingutseigenen Einzellagen ausdrucksstark die markanten bodentypischen Besonderheiten der mineralischen Urgesteins-, Konglomerat- und vom Urmeer geprägten Kalkböden. Für die junge Winzerin steht die Arbeit im Einklang mit der Natur an erster Stelle. Ihr Markenzeichen, der Feldhase, symbolisiert den behutsamen Umgang mit dem Habitat Weingarten und die Verbundenheit mit dem Weingartenleben. Die besonderen Lagen rund um Breitenwaida und Fahndorf und die alten Rebstöcke kommen ihr und ihrer Philosophie sehr entgegen. 2016 erfolgte die Umstellung auf biologische Bewirtschaftung – ein für sie essenzieller Schritt, das Profil der Weine noch weiter zu perfektionieren. Neben der händischen Weinlese bilden perfektes Traubenmaterial und den Weinen, im Keller Zeit für eine gelungene Entwicklung zu geben, die weiteren Eckpfeiler.
An Wochenenden führt die Familie Groiss in Breitenwaida in der Nähe von Hollabrunn einen ausgezeichneten Heurigenbetrieb, wo man auch die Weine der aufstrebenden Kellermeisterin kennenlernen kann. Groiss ist auf alle Fälle ein Name, den man sich für die Zukunft merken sollte.

WEINGUT INGRID GROISS
2014 Breitenwaida
Tullnerstraße 472
T: +43 (676) 3927703
info@ingrid-groiss.at
www.ingrid-groiss.at

Kellermeister/Kontakt:
Ingrid Groiss
Anbauweise: Zertifiziert Biologisch
Produktion: 90 % weiß, 10 % rosé, 18 Hektar
Messen: ProWein Düsseldorf, VieVinum, DAC-Präsentationen

(93) ** Ried In der Schablau 2020
13,5 Vol.-%, DV, großes Holzfass, €€€€ B
Helles Goldgelb, Silberreflexe. Zart nach Anis und Kreuzkümmel, mit gelber Apfelfrucht und Mango unterlegt, zart nach Blütenhonig, einladendes Bukett. Saftig, weiße Kernobstnuancen, eleganter Körper, fruchtsüße Textur, bleibt gut haften, ausgewogen und mit gutem Zukunftspotenzial ausgestattet.

91 * Braitenpuechtorff 2020
12,5 Vol.-%, DV, Stahltank, €€€ B
Helles Gelbgrün, Silberreflexe. Zart mit Ananas und Mango unterlegte Wiesenkräuterwürze, tabakiger Touch. Stoffig, saftige weiße Apfelfrucht, frisch strukturiert, gut anhaftend, ein lebendiger Speisenbegleiter.

(94) Grüner Veltliner Ried Sauberg Tradition 2020
13,5 Vol.-%, NK, 500-l-Fass, €€€€€ B
Helles Goldgelb, Silberreflexe. Zarte Gewürznuancen, ein Hauch von Holz, reife gelbe Apfelfrucht, zarter Touch von Orangenzesten, einladendes Bukett. Stoffig, feine Fruchtsüße, elegant und ausgewogen, feiner Säurebogen, Marille im Abgang, gute Länge, sicheres Reifepotenzial.

(93) Grüner Veltliner Ried Pankraz Reserve 2020
13,5 Vol.-%, NK, 500-l-Fass, €€€€€ B
Helles Goldgelb, Silberreflexe. Nuancen von frischer Mango und Quitte, mit zarten Wiesenkräutern unterlegt, zarter Hauch von Blütenhonig. Stoffig, saftige weiße Kernobstfrucht, frisch strukturiert, mineralisch-salzig im Abgang, Limetten im Nachhall, ein saftiger Begleiter bei Tisch.

(93) Riesling Reserve Ried Auf der Henne 2020
13 Vol.-%, NK, großes Holzfass, €€€€€ B
Helles Gelbgrün, Silberreflexe. Intensive florale Nuancen, Limetten und weiße Tropenfrucht, facettenreiches Bukett. Saftig, gute Komplexität, weiße Tropenfrucht, frisch strukturiert, besitzt gute Länge, feine Fruchtsüße im Abgang, sicheres Reifepotenzial.

92 Riesling Braitenpuechtorff 2020
12,5 Vol.-%, DV, Stahltank, €€€ B
Helles Gelbgrün, Silberreflexe. Mit einem Hauch von Limetten unterlegte Pfirsichfrucht, zart nach Mandarinenzesten. Saftig, fruchtige Süße, straffer Säurebogen, mineralisch-zitronig im Finale, bleibt haften, bereits gut antrinkbar.

90 Gemischter Satz Braitenpuechtorff 2020
12,5 Vol.-%, DV, Stahltank, €€ B
Helles Gelbgrün, Silberreflexe. Zart nach gelber Birne, dezente Kräuterwürze, frische Orangenzesten. Mittlere Komplexität, feine Apfelfrucht, frisch strukturiert, mineralisch-zitronig im Nachhall.

★★★

BIO WEINGUT GRUBER RÖSCHITZ

BIO

Zusammen erreichen wir mehr!« Wir, das sind Maria, Ewald und Christian, die an einem Strang ziehen, sich die Arbeit teilen und ein gemeinsames Ziel verfolgen: authentische Weine in ihrer Heimat Röschitz zu keltern. Schon ihr Großvater wusste, dass am Rande des Weinviertels, in und um Röschitz, die besten Bedingungen für qualitätsbewussten Weinbau gegeben sind: großartige Urgesteins-, Granit- und Lössböden sowie ein kühles kontinentales Klima mit wenig Niederschlag. Die Eigenheiten der Böden versuchen die Geschwister den Weinen mitzugeben, sei es im würzigen Klassiker Grüner Veltliner, beim mineralischen Riesling oder den kühlen, fruchtbetonten Rotweinen wie Sankt Laurent und Pinot Noir. Die Lagencharakteristik liegt ihnen genauso am Herzen wie die Trinkfreude, die die Gruber-Weine vermitteln sollen.

Maria, Ewald und Christian Gruber bearbeiten die vielen Parzellen ihres Weinguts seit einigen Jahren biologisch-organisch. Das tun sie aus Überzeugung! Sie lassen der Natur freien Lauf, fördern die Selbstheilungskräfte der Reben und bewahren dabei die wertvollste Ressource – den Boden ihrer Heimat! Dadurch hat sich etwas geändert: Die Trauben werden früher reif, bilden weniger Zucker und Alkohol, benötigen weniger Schwefel und sorgen so für frische, langlebige und geradlinige Weine – Weine, wie die Geschwister sie lieben.
Die »Weingeister«, die ihre Etiketten schmücken, sind das Ergebnis einer konsequent verfolgten Strategie, immer am Zahn der Zeit zu agieren und die Sprache des Weines nach außen zu tragen sowie mit und nicht gegen die Natur zu arbeiten. Es sind Mikroorganismen, die natürliche Schädlingsbekämpfung betreiben, Mineralstoffe auf-

spalten und die Gärung anregen. Die biologische Bearbeitung bietet ihnen beste Bedingungen, dafür helfen sie den Grubers, gesunde Trauben zu ernten und unverwechselbare Weine zu keltern.

91 Sekt Cuvée g.U. Reserve 2018 GV/RR
12,5 Vol.-%, NK, Edelstahl, €€€€
Helles Goldgelb, feine Silberreflexe, zartes Mousseux. Zarte gelbe Apfelfrucht, Wiesenkräuter, ein Hauch von Passionsfrucht, feiner Blütenhonig. Saftig, elegant, feine Struktur, cremig, im Abgang extraktsüß nach Papaya, nussiges Finish, guter Speisenbegleiter.

93 ** Ried Mühlberg 2019
13 Vol.-%, DV, großes Holzfass, €€€€
Mittleres Gelbgrün, Silberreflexe. Feine Holzwürze, etwas nach gelber Tropenfrucht, zart nach Blütenhonig, ein Hauch von Wiesenkräutern. Saftig, elegant, feine Struktur, kraftvoll, reife Apfelfrucht im Abgang, guter Speisenbegleiter.

92 Grüner Veltliner * Ried Hundspoint 2020
13 Vol.-%, DV, Edelstahl, €€
Helles Goldgelb, Silberreflexe. Feiner Blütenhonig, etwas nach Golden Delicious, zart nach Papaya, Gewürznoten klingen an. Saftig, straff, feine Struktur, zart nach Tropenfrucht, mineralisch, bereits gut antrinkbar.

92 Grüner Veltliner * Ried Reipersberg 2020
12,5 Vol.-%, DV, Edelstahl, €€
Leuchtendes Gelbgold, Silberreflexe. Mit feiner Tabakwürze unterlegte Maracuja, ein Hauch von Honigmelone, Kräutertouch. Saftig, engmaschig, frische Struktur, lebendiger Abgang, nach weißem Steinobst, würziges Finish.

90 Grüner Veltliner * Klassik 2020
12,5 Vol.-%, DV, Stahltank, €€
Helles Gelbgrün, Silberreflexe. Feine Kräuterwürze, etwas nach Orangenzesten, gelbes Kernobst klingt an, mit frischen Gräsern unterlegt. Feine Säurestruktur, elegant, leichtfüßig, weiße Fruchtnuancen klingen an, bereits gut antrinkbar.

90 Grüner Veltliner * 2020
12,5 Vol.-%, DV, Stahltank, €€
Mittleres Gelbgrün, Silberreflexe. Etwas nach Blütenhonig, ein Hauch von Papaya, zart nach Ananas, Wiesenkräutertouch. Mittlerer Körper, saftig, frisch und strukturiert, gelbes Kernobst im Abgang, unkomplizierter Speisenbegleiter.

92 Riesling Ried Königsberg 2019
12,5 Vol.-%, DV, Stahltank, €€€
Mittleres Gelbgrün, Silberreflexe. Etwas Mango, ein Hauch von Blütenhonig, dunkle Mineralik, reifes Steinobst. Straff, elegant, feine Struktur, lebendiger Säurebogen, leichtfüßig im Abgang, nach Steinobst, guter Speisenbegleiter.

BIO WEINGUT GRUBER RÖSCHITZ

3743 Röschitz, Winzerstraße 46
T: +43 (2984) 2765
office@gruber-roeschitz.at
www.gruber-roeschitz.at
Kellermeister: Ewald Gruber
Kontakt: Maria Wegscheider
Anbauweise: Zertifiziert Biologisch (Austria Bio Garantie)
Produktion: 70 % weiß, 30 % rot
Zertifiziert: Nachhaltig Austria
Vereinszugehörigkeit: Nordwein Österreich
Messen: Austrian Tasting London, Forum Vini München, Millésime Bio, Prodexpo Moskau, ProWein Düsseldorf, London Wine Fair, The Shanghai Wine & Spirits Expo, VieVinum, Vinexpo Bordeaux, Vinitaly, DAC-Präsentationen, Hong Kong Wine & Spirits Fair

91 Riesling 2020
12,5 Vol.-%, DV, Stahltank, €€
Mittleres Gelbgrün, Silberreflexe. Feine Papayanoten, zart nach Zitruszesten, weißes Steinobst, Melisse klingt an. Saftig, elegant, fruchtsüß, zart nach Limetten und Quitte, frisches Finish.

90 St. Laurent Rosé 2020
12,5 Vol.-%, DV, Stahltank, €€
Zartes Lachsrosa, Pinkreflexe. Etwas nach Himbeeren und Grapefruitzesten, ein Hauch von Papaya, feines Bukett. Mittlerer Körper, feine Struktur, würzig, Kirschfrucht im Abgang, salziger Nachhall, bereits gut antrinkbar.

92 Cuvée Royale 2017 ZW/ME
13,5 Vol.-%, NK, Barrique, €€€€
Kräftiges Rubingranat, violette Reflexe, zarte Randaufhellung. Kräuterwürzig unterlegte schwarze Beerenfrucht, tabakige Nuancen, Brombeerkonfit, floraler Touch, ein Hauch von Nougat. Saftig, elegant, reife Kirschen, feine Tannine, frisch strukturiert, schokoladiger Touch im Abgang, ein stoffiger Speisenbegleiter.

92 St. Laurent Black Vintage 2017
12,5 Vol.-%, NK, 500-l-Fass, €€€€€
Kräftiges Rubingranat, violette Reflexe, breitere Ockerrandaufhellung. Tabakig-kräuterwürzig unterlegte Brombeerfrucht, zart nach Nougat und Velours. Saftig, rotbeerig, frische Kirschen, feine Tannine, lebendig strukturiert, zitroniger Touch im Nachhall, animierender Speisenbegleiter.

* Weinviertel DAC ** Weinviertel DAC Reserve

★★★★

WEINGUT GSCHWEICHER

Lebendiger Boden, alte Rebstöcke, außergewöhnlicher Wein – dafür steht der Name Gschweicher aus Röschitz. Das Weingut der Familie Gschweicher verfolgt seinen eigenen Stil und eine klare Linie mit Präzision und Sortentypizität.
Seit jeher ist das Weingut ein Weißweinbetrieb, spezialisiert auf Grünen Veltliner und verschiedene Aromasorten in unterschiedlichen Ausbaustufen. Der »Weinviertel Plus«-Leitbetrieb erzeugt aber auch Riesling in drei Charakteren. Ohne großen technischen Aufwand werden mit den Gegebenheiten der Lagen und den unterschiedlichen Reifezuständen die verschiedenen Ausbaustufen komponiert. Ein lebendiger Boden ist das wichtigste Fundament für den Stil der Weine. Drei Viertel der Grüner-Veltliner-Rebstöcke sind über 50 Jahre alt. Premiumwein des Hauses ist der kräftige, mineralische »Primary Rocks«, ein Grüner Veltliner aus Trauben von knapp 90-jährigen Reben, die auf kargem Urgesteinsboden rund um Röschitz heranwachsen.

(94) ** Ried Kellerberg 2020
13,5 Vol.-%, DV, großes Holzfass, €€€ Ⓗ
Mittleres Goldgelb, Silberreflexe. Einladendes Bukett nach reifer Tropenfrucht, etwas nach Ananas, mit zartem Blütenhonig unterlegt, nussige Aromatik klingt an. Saftig, fruchtsüß, komplex, kraftvoll, feine Tabaknuance, Honigmelone im Abgang, guter Speisenbegleiter mit sicherem Entwicklungspotenzial.

90 * GrooVee 2020
12,5 Vol.-%, DV, Stahltank, €€ Ⓗ
Helles Gelbgrün, Silberreflexe. Feine Gewürznoten, zart nach Apfel, Guave klingt an. Mittlerer Körper, etwas nach Papaya, feinwürzig, engmaschig, unkomplizierter Speisenbegleiter.

(94) Grüner Veltliner Primary Rocks 2020
13,5 Vol.-%, DV, großes Holzfass, €€€€ Ⓗ
Mittleres Gelbgrün, Silberreflexe. Etwas nach Mangonoten, ein Hauch von gelbem Apfel, zart nach Gewürznoten und Bergwiesenkräutern. Saftig, komplex, elegant, balancierter Säurebogen, saftig, elegant, facettenreicher Abgang nach Kernobst, gutes Entwicklungspotenzial.

93 Grüner Veltliner Ried Königsberg 2020
13 Vol.-%, DV, großes Holzfass/Stahltank, €€ Ⓗ
Mittleres Gelbgrün, Silberreflexe. Zarte Kräuternoten, etwas nach Quitte, ein Hauch von Maracuja, kandierte Orangenzesten. Saftig, elegant, gute Komplexität, einladendes Bukett, zart nach Golden Delicious, bleibt sehr gut haften, gutes Potenzial.

92 Grüner Veltliner Ried Galgenberg 2020
13 Vol.-%, DV, Stahltank, €€ Ⓗ
Mittleres Gelbgrün, Silberreflexe. Zarter Blütenhonig, etwas nach Wiesenkräutern, Tropenfruchtnoten, unterlegt mit Melisse. Saftig, straff, Zitrustouch, weiße Apfelfrucht im Abgang, gut integrierter Säurebogen, vielseitig einsetzbar.

90 Grüner Veltliner Urkristall 2020
11,5 Vol.-%, DV, Stahltank, €€ Ⓗ
Helles Gelbgrün, Silberreflexe. Zart nach gelbem Apfel, etwas nach Maracuja, dezente Clementinenzesten, attraktives Bukett. Saftig, elegant, feine Säurestruktur, mineralisch, leichtfüßig, weißes Kernobst im Abgang, bereits gut antrinkbar.

92 Riesling Ried Reipersberg Urgestein 2020
12,5 Vol.-%, DV, Stahltank, €€ Ⓗ
Helles Gelbgrün, Silberreflexe. Mit zarten Kräuternoten unterlegte Pfirsichfrucht, ein Hauch von Quittengelee, zart

WEINGUT GSCHWEICHER
3743 Röschitz
Winzerstraße 29
T: +43 (2984) 3800
office@gschweicher.at
www.gschweicher.at

Kellermeister/Kontakt:
Bernhard Gschweicher
Produktion: 100 % weiß, 15 Hektar
Vereinszugehörigkeit:
Weingüter Retzer Land
Messen: ProWein Düsseldorf, VieVinum

nach Orangenzesten, frische Würze. Saftig, elegant, frische Struktur, mineralisch-salzig, gut eingebundener Säurebogen, weißes Steinobst im Nachhall, vielseitig einsetzbar.

92 Riesling Ried Mühlberg Reserve 2019
13 Vol.-%, DV, Stahltank, €€€€ H
Mittleres Gelbgrün, Silberreflexe. Etwas nach Mango und Marille, unterlegt mit Blütenhonig, ein Hauch von Limettenzesten, Babyananas klingt an. Gute Komplexität, saftig, feine Säurestruktur, kraftvoll, würzig, gelbe Fruchtnuancen im Abgang, bleibt gut haften, fruchtsüßer Speisenbegleiter.

91 Sauvignon Blanc Ried Reipersberg 2020
12,5 Vol.-%, DV, Stahltank, €€ H
Helles Gelbgrün, Silberreflexe. Zart nach gelben Paprikaschoten, etwas nach Kräutern, fein nach Cassis. Straff, elegant, feine Struktur, feinwürzig, extraktsüß nach reifer Stachelbeere, bleibt gut haften, vielschichtiger Sortenvertreter.

★★

WEINGUT HAGN

Mehr als 300 Jahre Erfahrung hat die Familie Hagn bereits im Weinbau. Frischen Wind bringen die Juniorchefs Leo und Wolfgang ein. Nachhaltigkeit und Zukunftsorientierung sind ihnen ein besonderes Anliegen. Das beweisen die kürzlich erfolgte Zertifizierung für die Verarbeitung von Biotrauben, die hauseigene Fotovoltaikanlage und die E-Tankstelle für Gäste des »Weindomizils«, des Restaurants der Hagns mit Gästezimmern und fantastischem Fernblick über das »Mailberg Valley«.
Die Weine gehören zu den besten des Weinviertels. Zahlreiche Auszeichnungen holt das Weingut Hagn jedes Jahr nach Mailberg, und das für Weißweine, Rotweine und ebenso für den Betrieb an sich. »Wir wollen mit unseren Weinen ein unvergleichliches und gleichzeitig rundum nachhaltiges Genusserlebnis bieten. Mit einem wachen Blick nach vorne können wir das kontinuierlich garantieren«, so die beiden Cousins.

(92) ** Green Hunter 2020
13,6 Vol.-%, DV, kleines Holzfass, €€€ B
Leuchtendes Gelbgold, Grünreflexe. Zarte Minznoten, etwas nach Blütenhonig, Wiesenkräuter, reife Apfelfrucht, weiße Tropenfrucht. Gute Komplexität, saftig, kraftvoll,

WEINGUT HAGN
2024 Mailberg
Hauptstraße 154
T: +43 (2943) 2256
info@hagn-weingut.at
www.hagn-weingut.at

Kellermeister: Leo Hagn
Kontakt: Wolfgang Hagn
Produktion: 80 % weiß, 20 % rot, 50 Hektar
Vereinszugehörigkeit: Mailberg Valley
Messen: Alles für den Gast Salzburg, VieVinum, DAC-Präsentationen

etwas mineralisch, Mango im Abgang, gutes Entwicklungspotenzial.

91 Grüner Veltliner Ried Antlasbergen 2020
13 Vol.-%, DV, Stahltank, €€
Leuchtendes Gelbgrün, Silberreflexe. Dezente Kräuternoten, etwas nach reifem Apfel, zart nach Grapefruitzesten, Melisse. Saftig, elegant, extraktsüß, kraftvoll, gelber Apfeltouch im Abgang, bleibt gut haften, unkomplizierter Speisenbegleiter.

91 Grüner Veltliner Ried Hundschupfen 2020
13 Vol.-%, DV, Stahltank, €€
Mittleres Gelbgrün, Silberreflexe. Feine Kräuternoten, etwas nach Blütenhonig, zart nach Tropenfrucht, Babyananas klingt an. Mittlerer Körper, rund und balanciert, dezenter Säurebogen, frisches Finish nach Golden Delicious, vielseitig einsetzbar.

90 Riesling classic 2020
13 Vol.-%, DV, Stahltank, €€
Leuchtendes Gelbgrün, Silberreflexe. Dezente weiße Steinobstfrucht, etwas nach Wiesenkräutern, zart nach Tabak, zitroniger Touch. Mittlere Komplexität, straff, lebendige Säurestruktur, Mandarinentouch, weiße Apfelfrucht im Nachhall, guter Speisenbegleiter.

90 Roter Traminer Charmeur 2020
14 Vol.-%, DV, Stahltank, €€
Mittleres Gelbgrün, Silberreflexe. Feiner Eibischtouch, unterlegt mit Blütenhonig, zart nach Waldkräutern, kandierte Orangenzesten. Fruchtsüß, feiner Säurebogen, Melonentouch im Abgang, bereits gut antrinkbar, fruchtiges Trinkanimo.

89 Sauvignon Blanc 2020
12,5 Vol.-%, DV, Stahltank, €€

WEINGUT HAHN

Mit Liebe und Leidenschaft: »Wenn der Beruf zugleich Hobby ist, dann ist die Arbeit mit der Natur die schönste Herausforderung. Liebe und Leidenschaft zum Wein können mit jedem Schluck ausgedrückt werden.« So lautet das Betriebsmotto. Das traditionsreiche Weingut Hahn ist seit 1638 im Familienbesitz und wird von Paul Hahn geführt. Aus rund 20 Hektar Rebfläche werden die edlen Tropfen national und international erfolgreich vermarktet. Die naturnahe, streng qualitätsorientierte Traubenverarbeitung kombiniert mit moderner Kellertechnologie ergibt duftige, spritzige Weißweine und fruchtige, volle Rotweine. Verschiedenste Auszeichnungen sind der Lohn für Feingefühl und permanente Qualitätsorientierung – unter anderem zehnmal »SALON«, fünfmal »Weinviertel Champion«, »Lecher Festwein« sowie 2019 Bundessieger im »SALON Österreich Wein«.

WEINGUT HAHN
2223 Hohenruppersdorf
Marktplatz 13
T: +43 (2574) 8296
verkauf@weinguthahn.at
www.weinguthahn.at

Kellermeister/Kontakt:
Paul Hahn
Produktion: 5 % Schaumwein, 60 % weiß, 35 % rot, 20 Hektar
Messen: Forum Vini München, VieVinum, Weinmesse Innsbruck, WeinMüchen

91 Grüner Veltliner * Große Reserve 2019
13,5 Vol.-%, DV, 500-l-Fass, €€€€€
Helles Goldgelb, Silberreflexe. Zart mit frischen Wiesenkräutern unterlegte feine Fruchtexotik, Nuancen von Ananas und Mango, ein Hauch von Blütenhonig, einladendes Bukett. Saftig, gelbes Kernobst, dezente Fruchtsüße, gut integrierter Säurebogen, harmonisch und anhaftend, ein eleganter Speisenwein.

90 * Ried Gaisrupp 2020
13 Vol.-%, DV, Stahltank, €€
Helles Gelbgrün, Silberreflexe. Zarte gelbe Tropenfrucht, ein Hauch von Ananas und Limette, Nuancen von Mandari-

nenzesten. Mittlerer Körper, frischer Apfel, lebendig strukturiert, zitroniger Touch im Abgang, bereits gut antrinkbar.

91 Pinot Blanc Exklusiv 2019
13,5 Vol.-%, NK, 500-l-Fass, €€€
Mittleres Gelbgrün, Silberreflexe. Zart nach Kräutern, nussiger Touch, feine weiße Kernobstnuancen, ein Hauch von Mandarinenzesten, etwas zurückhaltend. Saftig, elegant, cremige Textur, reife Birnenfrucht, mineralisch-salzig unterlegt, etwas Nougat im Nachhall, verfügt über weiteres Reifepotenzial.

89 Pinot Blanc 2020
13 Vol.-%, DV, Stahltank, €€

89 Riesling 2020
13 Vol.-%, DV, Stahltank, €€

91 Pinot Noir Exklusiv 2017
14 Vol.-%, NK, 500-l-Fass, €€€€€
Kräftiges Karmingranat, violette Reflexe, breite Ockerrandaufhellung. Mit feiner Edelholzwürze unterlegtes rotes Waldbeerenkonfit, ein Hauch von Nougat, Orangenzesten klingen an. Am Gaumen süße Feigen, zart nach Dörrfeigen, samtige Tannine, gute Frische, schokoladig-nussig im Abgang, Korinthen im Rückgeschmack, ein kraftvoller Speisenbegleiter.

★★★

GRAF HARDEGG

BIO

Das 30 Hektar große Weingut Graf Hardegg ist Teil des namhaften Guts Hardegg im nördlichen Weinviertel an der Pulkau. Für den Eigentümer Dipl.-Ing. Maximilian Hardegg steht die Schaffung eines hochwertigen Ökosystems in einer renaturierten Kulturlandschaft im Mittelpunkt seines Tuns. Dieser ganzheitliche Ansatz unter dem Motto »gelebte Artenvielfalt« und wird auch auf dem gutseigenen Weingut spürbar. Durch Kompost aus der betriebsinternen Kreislaufwirtschaft und Grünschnitt aus den landwirtschaftlichen Blühflächen sind die kargen Sand-Rohgesteins-Böden mit hohem Kalkanteil voller Leben und stärken so die Rebstöcke. In den Weingärten finden sich unzählige Feldvögel, Insekten und andere Nützlinge – sogar Wildbienen. Es wachsen Wildkräuter und Leguminosen. Seit 2006 wird kontrolliert organisch-biologisch bewirtschaftet.Die Weinkeller und Rieden liegen in unmittelbarer Umgebung

GRAF HARDEGG
2062 Seefeld-Kadolz
Großkadolz 1
T: +43 (2943) 2203
office@guthardegg.at
www.grafhardegg.at

Kellermeister: Andreas Gruber
Kontakt: DI Maximilian Hardegg und Andreas Gruber
Anbauweise: Zertifiziert Biologisch
Produktion: 65 % weiß, 33 % rot, 2 % süß, 30 Hektar
Messen: VieVinum

Maximilian Hardegg

von Schloss Seefeld, dem Wohnsitz der Familie Hardegg. Herzstück ist der barocke Hofkeller aus dem Jahr 1640 mit seinen beeindruckenden Gewölben und verzweigten Kellergängen, die Aufschluss über die jahrhundertelange gräfliche Weinbautradition geben. Aufgrund des perfekten »Kellerklimas« wird der Hofkeller heute für die Reifung von Spitzengewächsen genutzt und beherbergt die hauseigene Sektmanufaktur.
Der Pioniergeist und der Einsatz von Maximilian Hardegg und seinem Team haben sich bewährt, zählt doch das Weingut mit seiner exklusiven Produktpalette seit Jahren zu den heimischen Spitzenbetrieben und Vorreitern. Boden, Weingartenarbeit und Klima finden hier zusammen. Speziell das stark kontinental geprägte Klima mit wenig Niederschlag, heißen Tagen, aber kühlen Spätsommernächten ermöglicht es, Weine mit viel Eleganz, Finesse und feinem Säurerückgrat zu keltern.

92 Graf Hardegg Sekt g.U. brut Große Reserve 2015 CH/PN
Deg. 12/2020, 12,5 Vol.-%, NK, Barrique/Flaschengärung, €€€€ B
Helles Goldgelb, Silberreflexe, feines Mousseux. Mit zarter Briochenote unterlegter gelber Apfel, zart nach Kräutern, etwas Papaya, Orangenzesten. Saftig, elegant, frische Säurestruktur, samtige Textur, frisches Kernobst im Abgang, salzig im Nachhall, zart nach Walnuss im Rückgeschmack, guter Speisenbegleiter.

91 Graf Hardegg Sekt g.U. rosé brut Große Reserve 2016 PN/ZW
12,5 Vol.-%, NK, Teilbarrique, €€€€
Helles Lachsrosa mit Kupferreflexen, zartes Mousseux. Frische Walderdbeeren, rote Kirschen, florale Nuancen, ein Hauch von Pfirsich im Hintergrund. Mittlere Komplexität, weißer Apfel, frisch strukturiert, zitroniger Nachhall, unkomplizierter Stil.

(93) Riesling Ried Steinbügel 2020
13,5 Vol.-%, DV, großes Holzfass, €€€€€ B
Mittleres Goldgelb, Silberreflexe. Reife gelbe Tropenfrucht, ein Hauch von Marille, Nuancen von Pfirsich, zart nach Limettenzesten, ein Hauch von Safran und Ingwer. Saftige Pfirsichfrucht, reife Ananas, frisch strukturiert, mineralisch-zitroniger Nachhall, zeigt gute Länge, sicheres Reifepotenzial.

(92) Riesling vom Schloss 2020
13,5 Vol.-%, DV, großes Holzfass, €€€ B
Helles Gelbgrün, Silberreflexe. Zart nach Ananas und Pfirsich, floraler Touch, ein Hauch von Blütenhonig, zart nach Mandarinenzesten. Saftig, elegant, straffe Struktur, feine weiße Apfelfrucht, frisch, salzig-mineralischer Abgang, gutes Reifepotenzial.

92 Riesling Spätlese 2019
11,5 Vol.-%, DV, großes Holzfass, €€€ B
Mittleres Grüngelb, Silberreflexe. Süße Steinobstnuancen, blumiges Bukett, ein Hauch von Maracuja, einladender Duft. Saftig, elegant, gut eingebundene Süße, feiner Säurebogen, weißer Pfirsich im Abgang, gute Länge, sicheres Entwicklungspotenzial.

93 V - Viognier 2019
14 Vol.-%, DV, Barrique, €€€€€
Mittleres Goldgelb, Silberreflexe. Zart nach Blütenhonig, ein Hauch von reifer Birne, zart nach Kletzen und Feigen, mit gelber Tropenfrucht unterlegt. Straff, engmaschig, kraftvoller trockener Stil, dezente Säurestruktur, mineralisch, ein Hauch von Limette, wirkt noch sehr jugendlich, feiner Honigtouch im Nachhall, sicheres Reifepotenzial.

(92) Grüner Veltliner vom Schloss 2020
13,5 Vol.-%, DV, großes Holzfass, €€€ B
Mittleres Grüngelb, Silberreflexe. Feine gelbe Birnenfrucht, ein Hauch von Mango und Blütenhonig, zart nach kandierten Orangenzesten. Komplex und saftig, weiße Apfelfrucht, finessenreiche Struktur, mineralisch, lebendiger Speisenbegleiter mit Reifepotenzial.

92 Grüner Veltliner Ried Steinbügel 2019
13,5 Vol.-%, DV, großes Holzfass, €€€€ B
Leuchtendes mittleres Goldgelb, Silberreflexe. Zart nach Blütenhonig, gelbe Tropenfrucht, etwas Pfirsich, kandierte Orangenzesten. Saftig, elegant, reife gelbe Apfelfrucht, dezenter Säurebogen, mineralisch und anhaftend, ein gut gereifter Speisenbegleiter.

90 Grüner Veltliner vom Gut 2020
13 Vol.-%, DV, Stahltank, €€ B
Helles Grüngelb, Silberreflexe. Zarte Wiesenkräuter, ein Hauch von frischem Apfel, floraler Touch, zart nach Orangenzesten. Mittlerer Körper, weißes Kernobst, frisch strukturiert, mineralisch-salzig, zitroniger Touch im Nachhall.

90 Pinot Noir vom Schloss 2018
13 Vol.-%, DV, großes Holzfass, €€€ B
Helles Karmingranat, rubinrote Reflexe, breite Randaufhellung. Eingelegte rote Kirschen, feines Waldbeerenkonfit, mineralischer Touch. Mittlere Komplexität, frisch strukturiert, feine Tannine, salziger Nachhall, rotbeeriger Rückgeschmack, ein lebendiger Speisenbegleiter.

★★

WEINGUT HIRTL

Wenn es in den letzten Jahren um die Spitzenplatzierungen bei nationalen und internationalen Weinevents ging, tauchte der Name des Weinguts Hirtl aus Poysdorf immer wieder ganz vorne auf. Zu verdanken ist das nicht nur dem konsequenten Qualitätsstreben des niederösterreichischen Traditionsbetriebs, sondern vor allem dem natürlichen Zugang zur Weinproduktion, den sich Andrea und Martin Hirtl seit ihrer Betriebsübernahme im Jahr 2001 bewahrt haben.
Der persönliche Kontakt und Austausch mit den Kunden steht dabei ebenso im Vordergrund wie der Respekt vor den natürlichen Ressourcen einer einzigartigen Weinregion. Die geologischen und klimatischen Besonderheiten des Weinviertels werden mit Know-how, Erfahrung und viel Gespür kombiniert und eins zu eins in die Flasche gebracht. Die Qualität zieht sich dementsprechend durch den gesamten Sortenspiegel, der zahlreiche prämierte Vertreter aufzuweisen hat.
Insgesamt steht das Weingut Hirtl für fruchtig-spritzige Weißweine, legendäre Rotweine und ausgezeichnete Prädikatsweine, von denen man sich gerne ein Glas nachschenkt und – was in Zeiten wie diesen besonders wichtig ist – die nicht nur kostbar, sondern auch leistbar sind.

91 Grüner Veltliner * Ried Kirchberg 2020
12,5 Vol.-%, DV, Stahltank, €€
Helles Gelbgrün, Silberreflexe. Mit feinen Kräutern unterlegter Blütenhonig, etwas nach reifer Apfelfrucht, zart nach Guave, Kumquats klingen an. Saftig, elegant, feine Struktur, extraktsüß nach Mango, bleibt gut haften, vielseitiger Speisenbegleiter.

91 Grüner Veltliner * Ried Waldberg 2020
12,5 Vol.-%, DV, Stahltank, €€
Helles Gelbgrün, Silberreflexe. Einladendes Bukett nach reifem Apfel, zart nach Blütenhonig, etwas Gewürznuancen. Saftig, engmaschig, zarte Extraktsüße nach Mango, dunkle Mineralik im Abgang, lange anhaftend, guter Speisenbegleiter.

90 Grüner Veltliner * Franz 2020
12,5 Vol.-%, DV, Stahltank, €€
Helles Gelbgrün, Silberreflexe. Reifes Kernobst, zart nach Birnen, ein Hauch von Wiesenkräuter, etwas nach Fenchel. Saftig, kraftvoll, feine Struktur, würzig, etwas Pfirsich, stoffiger Speisenbegleiter.

90 Grüner Veltliner Ried Bürsting 2020
12,5 Vol.-%, DV, Stahltank, €€
Helles Gelbgrün, Silberreflexe. Reife Apfelfrucht, zart nach Orangenzesten, etwas nach Maracuja, Melisse klingt an. Straff, frisch strukturiert, etwas nach Guave, zart blättrig, leichtfüßig, vielseitig einsetzbar.

90 Weißburgunder Exklusiv 2020
12,5 Vol.-%, DV, Stahltank, €€
Helles Gelbgrün, Silberreflexe. Feine Tropenfrucht, zart nach Birne, etwas Orangenzesten, Blütenhonig klingt an. Saftig, elegant, feine Struktur, feinwürzig, extraktsüß nach Birne auch im Abgang, bereits gut antrinkbar.

88 Riesling Selection 2019
13,5 Vol.-%, DV, Stahltank, €€€

WEINGUT HIRTL
2170 Poysdorf
Brunngasse 72
T: +43 (2552) 2182
office@weingut-hirtl.at
www.weingut-hirtl.at

Kellermeister: Martin Hirtl
Kontakt: Andrea Hirtl
Produktion: 75 % weiß, 25 % rot, 25 Hektar
Messen: ÖGW Zürich, ProWein Düsseldorf, VieVinum, Weinmesse München, DAC-Präsentationen, WeinMüchen

Petra, Leopold und Johannes Hofbauer-Schmidt

WEINGUT HOFBAUER-SCHMIDT
3472 Hohenwarth
Hauptstraße 54
T: +43 (2957) 221
weingut@hofbauer-schmidt.at
www.hofbauer-schmidt.at

Kellermeister: Leopold und Ing. Johannes Hofbauer-Schmidt
Kontakt: Petra, Leopold und Ing. Johannes Hofbauer-Schmidt
Produktion: 95 % weiß, 5 % rot, 15+10 Hektar
Zertifiziert: Nachhaltig Austria
Messen: VieVinum, DAC-Präsentationen

★★

WEINGUT HOFBAUER-SCHMIDT

Gemeinsam arbeiten, entscheiden, lachen – dafür stehen Petra, Leopold und Johannes. Ihre gemeinsame Leidenschaft gehört dem Weingut in Hohenwarth im »Dreiländereck« von Kamptal, Wagram und Weinviertel, einem Familienbetrieb, wo die Leidenschaft Wein bereits seit acht Generationen gelebt wird. Alle Entscheidungen in Weingarten und Keller selbst zu treffen gibt der Familie die Möglichkeit, ihre Weine so zu gestalten, wie es ihren Qualitätsansprüchen entspricht. Petra und Leopold prägten das Weingut in den letzten 30 Jahren. Sie erweiterten die Rebfläche, bauten ein neues Presshaus und erarbeiteten sich eine anspruchsvolle, spannende Weinstilistik. Seit 2016 sorgt ihr Sohn Johannes Hofbauer-Schmidt – nach abgeschlossener Weinbauausbildung an der Weinbauschule Klosterneuburg und einem Wirtschaftsstudium – für neuen Drive. Die enge Zusammenarbeit der Generationen ist für das Weingut ein großer Vorteil, denn der Mix aus langjähriger Erfahrung und jungen Ideen ist ausgezeichnet.
Die Leitsorten sind Grüner Veltliner aus den Einzellagen Hochstrass, Kronberg und Kellerberg sowie die autochthone Sortenrarität Roter Veltliner, die einen besonders hohen Stellenwert hat. 2017 setzte sich das Weingut gegen die starke Konkurrenz durch und gewann mit der internationalen Rebsorte Sauvignon Blanc die Bundesmeisterschaft des österreichischen Weines. Die Liebe zum Sauvignon brachte Johannes vom Praktikum in Neuseeland mit, das er in Marlborough auf dem Weingut von Welt-Kameramann Michael Seresin absolvierte. 2018 holte er den Titel »VINEUS Newcomer Winzer des Jahres« nach Hause und ist somit einer der erfolgreichsten Jungwinzer Österreichs.

94 ** Ried Kellerberg 2019
13,5 Vol.-%, NK, Teilbarrique, €€€
Mittleres Gelbgrün, Silberreflexe. Feiner Blütenhonig, etwas nach Mango und Pfirsich, ein Hauch von Karamell, Röstaromen klingen an. Saftig, komplex, fruchtsüß nach eingelegten Marillen, frisches Finish, Holzwürze im Nachhall, guter Speisenbegleiter mit Potenzial.

(91) ** Alte Reben 2020
13,5 Vol.-%, DV, großes Holzfass, €€€
Leuchtendes Gelbgrün, Silberreflexe. Feiner Blütenhonig, etwas nach Maracuja, zart nach Passionsfrucht, etwas Anis, frisches Bukett. Saftig, straff, elegant, gut eingebundener Säurebogen, etwas nach Pfirsich im Abgang, salziger Nachhall, gutes Potenzial.

89 * Ried Hochstrass 2020
12,5 Vol.-%, DV, Stahltank, €€

(92) Roter Veltliner Alte Reben 2020
13,5 Vol.-%, DV, Stahltank/500-l-Fass, €€€
Mittleres Gelbgrün, Silberreflexe. Feine Tropenfrucht, etwas nach Kräutern, zart nach Mango und Melisse, etwas kandierte Orangenzesten. Saftig, elegant, extraktsüß nach Birne, ein Hauch von Grapefruit, leichtfüßig wirkend, facettenreicher Speisenbegleiter mit Potenzial.

90 Sauvignon Blanc Ried Mühlweg 2020
12,5 Vol.-%, DV, Stahltank, €€
Helles Gelbgrün, Silberreflexe. Feine Cassisnoten, etwas nach weißer Tropenfrucht, Waldkräuter, ein Hauch von Grapefruitzesten. Mittlerer Körper, saftig, straff, feine Säurestruktur, mineralisch, zitroniger Abgang, lange anhaltend.

89 Grüner Sylvaner Ried End des Berges 2020
13 Vol.-%, DV, Stahltank, €€

★★

WINZER CHRISTIAN JASSEK

»Wein zu machen ist für mich eine Sache, die in Summe einfach irrsinnig Spaß macht«, so Christian Jassek. »Es ist Beruf und Berufung, immer eine Herausforderung, Arbeit in, mit und für die Natur – mit Spaß, Freude und Erfolg. Für mich ein Lebensgefühl. Es gibt jährlich etwas Neues, nie sind die Abläufe gleich, immer musst du am Drücker sein – wenn möglich, schon einen Schritt voraus, um zwei Wochen später zu merken, dass zwei Schritte weiter hinten besser gewesen wären. Kein Rezept, nur die Idee im Kopf, nach vielen Schweißperlen das Ergebnis im Glas und dann noch der Aha-Effekt beim Verkosten – einfach darum! Regionales als Grundlage, als Basis, um darauf aufzubauen. Internationales als Draufgabe – Weiß als Vorgabe und Rot als Passion. Wenn es das Jahr erlaubt, Süß als Zugabe. Die Natur dient als Grundlage, sie gibt vor. Erhalten, veredeln, umsetzen – Weine erzeugen, die Charakter haben, mit wenig Schnick und noch weniger Schnack. Dem Motto folgend: Guten Wein zu machen ist eine Fertigkeit, feinen Wein zu machen ist eine Kunst.« Dieser Aussage kann man sich nur anschließen.

(90) Weinviertel DAC 2020
13 Vol.-%, DV, Edelstahl, €€
Helles Gelbgrün, Silberreflexe. Zarte Wiesenkräuter, ein Hauch von Granny-Smith-Apfel, etwas Limettenzesten, mineralischer Touch. Mittlerer Körper, feine Fruchtsüße, frischer Säurebogen, bleibt haften, ein vielseitiger Speisenbegleiter.

92 Weißburgunder Ried Schatzberg Cru Reserve 2018
14 Vol.-%, DV, Barrique/kleines Holzfass, €€€
Helles Gelbgrün, Silberreflexe. Kandierte Orangenzesten, feine Birnenfrucht, ein Hauch von weißer Tropenfrucht, zart nussiger Touch, einladendes Bukett. Saftig, feine Fruchtsüße, ein Hauch von Kletzen, dezenter Säurebogen, bleibt gut haften, gelber Fruchtnachhall, sicheres Reifepotenzial.

89 Welschriesling 2020
12 Vol.-%, DV, Edelstahl, €€

89 Sauvignon Blanc 2020
13 Vol.-%, DV, Edelstahl, €€

WINZER CHRISTIAN JASSEK
2053 Ragelsdorf
Ragelsdorf 16
T: +43 (664) 4650798
office@winzer-jassek.at
www.winzer-jassek.at

Kellermeister/Kontakt:
Christian Jassek
Produktion: 33.333 Flaschen
55 % weiß, 43 % rot, 2 % süß,
10 Hektar

(92) Merlot Große Reserve Solera 2014
14,5 Vol.-%, NK, kleines Holzfass, €€€€€€
Kräftiges Karmingranat, Ockerreflexe, breitere Randaufhellung. Zartwürzig unterlegte Kokosnuancen, ein Hauch von Vanille, schwarze Kirschen, etwas Nougat, facettenreiches Bukett. Saftig, rotbeerig, angenehme Holzwürze, vanillig-nussig im Abgang, individueller, vielschichtiger Speisenbegleiter.

90 Blauer Portugieser 2018
12,5 Vol.-%, DV, Stahltank, €€
Kräftiges Rubingranat, violette Reflexe, breitere Randaufhellung. Zart kräuterwürzig unterlegte reife Zwetschkenfrucht, tabakige Nuancen. Saftig, elegant, reife Kirschfrucht, gute Frische, salzig im Abgang, rotbeeriger Nachhall, bietet leichtfüßiges Rotweinvergnügen.

★★

WEINGUT JORDAN

Dort, wo die Böhmische Masse des Waldviertels auf die Molassezone des Weinviertels trifft, an den Ausläufern des Manhartsbergs, liegt die alte Weinbaustadt Pulkau. Nur einen Steinwurf davon entfernt, in der kleinen Ortschaft Groß-Reipersdorf, befindet sich das Weingut Jordan. Seit 1858 wird hier Weinbautradition großgeschrieben, und seit 2010 führt Simone Hiller-Jordan das Weingut – gemeinsam mit ihrem Partner Hannes sowie mit tatkräftiger Unterstützung ihrer Eltern.
Winzerin zu sein bedeutet für Simone Hiller-Jordan, die Faszination der Natur einzufangen und die besten Qualitäten, die die Natur zulässt, in den Keller zu bringen. Die vorherrschenden Böden aus Urgestein sowie Lehm und Löss, gepaart mit dem Aufeinandertreffen der rauen Waldviertler Winde und dem pannonischen Klima des Weinviertels, schaffen die besten Voraussetzungen für ihre ausdrucksstarken Weine. Im von Weißwein dominierten Weinviertel bilden die Pulkauer Lagen, insbesondere die Ried Haselparz, eine Rotweininsel. Daraus ergibt sich auch die Rotweinaffinität des Weinguts Jordan. Besonders die alten österreichischen Sorten Zweigelt und St. Laurent haben es Simone Hiller-Jordan angetan. Frei nach dem Motto »Weingüter entstehen nicht von heute auf morgen, sie werden von Generationen zu dem gemacht, was sie heute sind« nutzt die junge Winzerin die Erkenntnisse der vorangegangenen Generationen, kombiniert diese mit ihren eigenen Erfahrungen und lässt sich ganz bewusst auf die Natur ein, um mit viel Liebe und Leidenschaft Weine zu keltern, die Lust auf mehr machen.

WEINGUT JORDAN
3741 Pulkau
Groß-Reipersdorf 12
T: +43 (2946) 2464
office@weingut-jordan.at
www.weingut-jordan.at

Kellermeister/Kontakt:
Ing. Simone Hiller-Jordan
Produktion: 50 % weiß, 50 % rot, 12 Hektar
Vereinszugehörigkeit:
Weingüter Retzer Land
Messen: ProWein Düsseldorf, VieVinum, Vinobile Feldkirch, DAC-Präsentationen

92 ❶ Grüner Veltliner Brut Reserve 2018
12,5 Vol.-%, NK, Flaschengärung, €€€€ Ⓥ
Helles Gelbgrün, Silberreflexe, zartes Mousseux. Nuancen von frischen Litschis, weiße Tropenfrucht, ein Hauch von Wiesenkräutern, Limettentouch. Straff, engmaschig, zart nach weißem Pfirsich, frischer Säurebogen, zitronig-salzig im Nachhall, ein lebendiger Speisenbegleiter.

91 ❶ Riesling Brut Große Reserve 2016
13 Vol.-%, NK, Flaschengärung, €€€€€ Ⓥ
Leuchtendes mittleres Goldgelb, Silberreflexe, zartes Mousseux. Feiner Blütenhonig, ein Hauch von gelber Stachelbeere, Ananas und frischen Quitten, Mandarinenzesten. Mineralisch unterlegte Süße, gelbe Frucht nach Marille, lebendig strukturiert, zeigt gute Länge, reife Aromatik, ein Hauch von Dörrobst im Nachhall.

92 ** Ried Reipersberg Alte Reben 2019
13,5 Vol.-%, DV, Holzfass, €€€€
Mittleres Gelbgrün, Silberreflexe. Etwas Tabakwürze, ein

Hauch von Papaya, zart nach frischem Gras, weißer Pfeffer klingt an. Kraftvoll, feine Säurestruktur, extraktsüß, etwas nach Steinobst, bereits gut antrinkbar.

93 Grüner Veltliner Reserve Steinzeit 2019
13,5 Vol.-%, NK, Granitfass, €€€€€ V
Mittleres Gelbgrün, Silberreflexe. Etwas Maracuja, ein Hauch von gelbem Apfel, zart nach Wiesenkräutern, mit Blütenhonig unterlegt. Saftig, elegant, feine Säurestruktur, kraftvoll nach Kernobst, mineralisch, bleibt gut haften, vielseitiger Speisenbegleiter.

93 Zweigelt Reserve 42 2016
13,5 Vol.-%, NK, Barrique, €€€€€ V
Dunkles Rubingranat, opaker Kern, violette Reflexe, zarte Randaufhellung. Feiner Brombeertouch, etwas nach Orangenzesten, ein Hauch von Gewürzen, Bergamotte, mit reifen Kirschen unterlegt. Mittlere Komplexität, feine Struktur, extraktsüß, reifes Beerenkonfit, kraftvoll, zartes Nougat, bleibt gut haften, sicheres Reifepotenzial.

90 Zweigelt Rubin Reserve 2018
13,5 Vol.-%, NK, Barrique, €€€ V
Kräftiges Rubingranat, violette Reflexe, breitere Randaufhellung. Frische Orangenzesten, rotes Waldbeerenkonfit, zarte tabakige Würze, mineralischer Touch. Mittlerer Körper, reife Zwetschkenfrucht, gut integrierte Tannine, Erdbeertouch im Abgang, schokoladiger Nachhall, bereits gut antrinkbar.

★★★

RESPIZ-HOF KÖLBL

An den Ausläufern des Manhartsberges im nordwestlichen Weinviertel liegt Röschitz, erstmals urkundlich erwähnt im Jahre 1198 unter dem Namen »Respiz« (Rebspitz). Die Familie Kölbl ist seit 1660 dort ansässig, und seit damals gehört der Weinbau zur Familientradition. 1998 wurde der Betrieb von Johannes Kölbl übernommen und trägt seit dieser Zeit den Namen »Respiz-Hof«. Hauptsorte ist traditionellerweise der Grüne Veltliner. Auf dem verwitterten Granitmassiv und den fruchtbaren, Flugsandablagerungen (Lössboden) gedeihen fruchtige und mineralische Weine. Im Keller wird das Traubenmaterial schonend verarbeitet. Das Ergebnis der Bemühungen sind elegante, fruchtig-duftige Weine. Mit Liebe und Sorgfalt keltert die Familie Kölbl Weine gemäß ihrem Motto »Qualität ist nie Zufall, sondern das Zusammenwirken von Natur und Mensch«. Mit dem Weinviertel DAC Himmelreich 2013 er-

© Reinhard Podolsky

RESPIZ-HOF KÖLBL
3743 Röschitz
Winzerstraße 5
T: +43 (2984) 2779
weingut@respiz-hof.at
www.respiz-hof.at

Kellermeister: Johannes Kölbl
Kontakt: Margit und Johannes Kölbl
Produktion: 90 % weiß, 10 % rot, 15 Hektar
Vereinszugehörigkeit: Weinstraße Weinviertel
Messen: DAC-Präsentationen

Familie Kölbl

reichte Johannes Kölbl den zweiten Platz beim »Falstaff Grüner Veltliner Grand Prix«, und mit dem Weinviertel DAC Reipersberg 2015 wurde er zum Landessieger gekürt.

92 * Ried Himmelreich 2020
13 Vol.-%, DV, Stahltank, €€
Mittleres Gelbgrün, Silberreflexe. Tabakig-würzig unterlegte gelbe Apfelfrucht, zart nach Mango, ein Hauch von Orangenzesten, einladendes Bukett. Saftig, frischer weißer Apfel, lebendiger Säurebogen, mineralisch-zitroniger Touch, animierender Speisenbegleiter.

91 * Ried Reipersberg 2020
12,5 Vol.-%, DV, Stahltank, €€
Mittleres Gelbgrün, Silberreflexe. Zart nach Orangenzesten und frischem Apfel, tabakige Nuancen, mineralischer Anklang. Mittlerer Körper, weiße Frucht, frisch strukturiert, zitronige Nuancen, ein feiner, leichtfüßiger Speisenwein.

92 Grüner Veltliner vom Urgestein Reserve 2019
13,5 Vol.-%, DV, Stahltank, €€€
Helles Goldgelb, Silberreflexe. Zart gewürzig unterlegte reife gelbe Tropenfruchtaromen, ein Hauch von Babybanane, Orangenzesten klingen an. Saftig, seidige Textur, dezente Fruchtsüße, dezenter Säurebogen, bereits entwickelt und gut antrinkbar, dezente Honigsüße im Nachhall, wirkt dennoch etwas weitmaschig.

93 Riesling vom Urgestein Reserve 2018
13,5 Vol.-%, DV, Stahltank, €€€
Helles Gelbgrün, Silberreflexe. Zart nach kandierten Mandarinenzesten, reife Marillen, ein Hauch von Kamille, zart nach Ingwer, facettenreiches, einladendes Bukett. Saftig, elegant, gelbe Tropenfrucht, frischer Säurebogen, mineralisch, etwas Blütenhonig im Nachhall, ein komplexer Sortenvertreter voll Frische und Reifepotenzial.

92 Weißburgunder Ried Hundspoint 2020
13 Vol.-%, DV, Stahltank, €€
Helles Goldgelb, Silberreflexe. Zart nussig unterlegte frische weiße Birnenfrucht, zart nach Wiesenkräutern, etwas zurückhaltendes Bukett. Mittlerer Körper, weißer Apfel, gute Frische, balanciert, bleibt haften, ein eleganter Begleiter bei Tisch.

91 Gelber Muskateller 2020
12 Vol.-%, DV, Stahltank, €€
Helles Gelbgrün, Silberreflexe. Zart traubig unterlegte Nuancen von Muskatnuss, ein Hauch von Holunderblüten, einladendes Bukett. Saftig und leichtfüßig, finessenreicher Säurebogen, mineralisch-zitronig, ein toller Sommerwein und pikanter Aperitif.

★★

HOFKELLEREI DES FÜRSTEN VON LIECHTENSTEIN

Seit Jahrhunderten ist der Name der Familie Liechtenstein untrennbar mit dem Weinbau im nördlichen Weinviertel verbunden. Heute engagiert sich Prinzessin Marie gemeinsam mit dem innovativen und erfahrenen Team um Stefan Tscheppe und Josef Stumvoll in der Hofkellerei.

Die Weine der Hofkellerei stehen in enger Beziehung zu den besonderen Rieden, wie Karlsberg und Johannesbergen, und der einmaligen Kultur der Familie. Frische, Präzision, Authentizität und Inspiration prägen die Arbeit von den Rieden bis zu den fertig gereiften Weinen. In den jahrhundertealten Kellergewölben rei-

HOFKELLEREI DES FÜRSTEN VON LIECHTENSTEIN

2193 Wilfersdorf
Brünnerstraße 8
T: +43 2573 221927
wein@hofkellerei.at
www.hofkellerei.com
Kellermeister: Josef Stumvoll
Kontakt: Stefan Tscheppe
Produktion: 160.000 Flaschen
5 % Schaumwein, 60 % weiß,
5 % rosé, 30 % rot, 35 Hektar
Vereinszugehörigkeit:
Premium Weingüter Weinviertel
Messen: ProWein Düsseldorf, VieVinum, Vinobile Feldkirch, Weintage im Museumsquartier, DAC-Präsentationen

Weingutsleiter Stefan Tscheppe und Prinzessin Marie von und zu Liechtenstein

fen Grüner Veltliner, Riesling, Zweigelt und Merlot in kleinen Chargen geruhsam zu Weinen mit feiner Struktur, ausgeprägter Jahrgangscharakteristik und Ausdruck heran.
Im Herzen der Produktion, in Wilfersdorf, führen die Wege den Besucher durch das neue Presshaus in die Kellergewölbe, wo in der Vinothek Jahrgänge ab 1957 gelagert werden. Im modernen Empfangssaal kann man die Weine gemeinsam mit lokaler Kulinarik genießen.
In der neu gestalteten Hofkellerei im Gartenpalais, der Vinothek und Bar in der Fürstengasse im 9. Wiener Bezirk, im prachtvollen Park des Gartenpalais, werden die Weine gemeinsam mit lokalen Spezialitäten zur Verkostung und zum Verkauf angeboten.

92 Grüner Veltliner Reserve Ried Karlsberg 2019
14 Vol.-%, DV, Stahl/Tonneaux Fass, €€€
Mittleres Goldgelb, Silberreflexe. Reife gelbe Apfelfrucht, etwas Mango und Papaya, mit kandierten Orangenzesten unterlegt. Kraftvoll, saftige gelbe Birnenfrucht, kräuterwürzig unterlegt, mineralisch und anhaftend, tabakige Nuancen im Nachhall, ein komplexer Speisenbegleiter.

92 Riesling Reserve Ried Karlsberg Privat 2019
13,5 Vol.-%, NK, Tonneaux Fass, €€€€€
Mittleres Goldgelb, Silberreflexe. Zarter Blütenhonig, Nuancen von reifer gelber Frucht, Noten von Pfirsich, Orangenzesten klingen an, ein Hauch von Limetten. Saftig, feine Kräuterwürze, ein Hauch von Zitronenmelisse, lebendig strukturiert, salziger Touch im Abgang, bleibt haften, ein facettenreicher Speisenbegleiter.

91 Riesling Reserve Ried Karlsberg 2019
13,5 Vol.-%, DV, Tonneaux Fass/Stahltank, €€€€
Mittleres Goldgelb, Silberreflexe. Frische Orangenzesten, reife gelbe Pfirsichfrucht, etwas Mango, mineralisch unterlegt. Stoffig, Noten von gelbem Apfel und Papaya, feine Säurestruktur, etwas Blütenhonig im Abgang, gutes Entwicklungspotenzial.

89 Zweigelt Rosé 2020
12 Vol.-%, DV, Stahltank, €€

91 Profundo Zweigelt 2017
13 Vol.-%, NK, Barrique, €€€
Dunkles Rubingranat, violette Reflexe, zarte Randaufhellung. Dunkles Beerenkonfit, zarte Nougatnoten, ein Hauch von Brombeeren und Kirschen, kandierte Orangenschalen. Saftig, straff, reife Kirschfrucht, gut eingebundene Tannine, mineralisch und elegant im Abgang, guter Speisenbegleiter.

89 Veramo Cuvée 2019 ZW/ME
13 Vol.-%, DV, großes Holzfass, €€

★★

WEINGUT GERHARD J. LOBNER

»Der perfekte Wein schmeckt nicht einfach nur gut, er erzählt eine Geschichte«, ist Winzer Gerhard J. Lobner überzeugt. Der erfolgreiche Weingutsleiter der Wiener Weingüter »Mayer am Pfarrplatz« und »Rotes Haus« ist seit dem Jahrgang 2014 auch für die Geschicke des Familienweinguts in Mannersdorf an der March verantwortlich.

Auf zehn Hektar Rebfläche wird hier der Fokus auf Grünen Veltliner und Riesling gelegt, wobei Riesling Lobner besonders am Herzen liegt und seine große Leidenschaft ist. Riesling findet an der March auf den in Terrassen angelegten Weinbergen ideale Bedingungen und lässt hier Weine entstehen, die einen ausdrucksstarken Charakter besitzen. Der Weinviertel DAC ist geprägt von Würze, Saftigkeit und Mineralik. Lobner beschäftigt sich unter anderem auch mit dem im Weinviertel ebenso typischen, aber unterschätzten Welschriesling. Diese Rebsorte wird hier vollreif geerntet und als kräftiger, vielschichtiger und eleganter Wein abgefüllt.

»Die Möglichkeit, einerseits ein Weingut wie ›Mayer am Pfarrplatz‹ zu leiten und gestalten zu können, andererseits in dem kleinen Familienbetrieb dem Handwerk des Winzers nachzugehen, ist eine große Herausforderung, aber macht mich sehr glücklich«, so Gerhard J. Lobner.

90 * Mannersdorf 2020
13 Vol.-%, DV, Stahltank, €€
Helles Gelbgrün, Silberreflexe. Mit zarten Wiesenkräutern unterlegte weiße Apfelfrucht, dezente nussige Note, ein Hauch von Orangenzesten. Mittlerer Körper, dezente Fruchtsüße, gut integrierter Säurebogen, würziger Nachhall, salziger Abgang.

89 Weinviertel DAC 2020
12,5 Vol.-%, DV, Stahltank, €€

92 Grüner Veltliner Ried Rochusberg 2020
13 Vol.-%, DV, Stahltank, €€€
Helles Gelbgrün, Silberreflexe. Zarte Nuancen von Golden-Delicious-Apfel, ein Hauch von Mango, frische Orangenzesten. Saftig, feine Nuancen von Kernobst, frischer Säurebogen, mineralisch-salzig im Abgang, Ananas im Rückgeschmack.

92 Riesling Ried Gelsenberg Unterm Kirschbaum 2020
11,5 Vol.-%, DV, Stahltank, €€€€
Helles Grüngelb, Silberreflexe. Attraktives Bukett, floraler

Familie Lobner

WEINGUT GERHARD J. LOBNER
2261 Mannersdorf an der March
Hauptstraße 62
T: +43 (664) 4635085
gerhard@weingut-lobner.at
www.weingut-lobner.at

Kellermeister: Gerhard J. Lobner
Kontakt: Gerhard J. Lobner, Benita Sophie Lobner
Produktion: 90 % weiß, 10 % rot, 10 Hektar
Zertifiziert: Nachhaltig Austria

Touch, ein Hauch von Weingartenpfirsich und Maracuja. Saftig, weiße Fruchtnuancen, zarte Fruchtsüße, frisch strukturiert, Ananas und Blütenhonig im Abgang, gutes Entwicklungspotenzial.

91 Riesling Ried Gelsenberg 2020
13,5 Vol.-%, DV, Stahltank, €€€
Helles Gelbgrün, Silberreflexe. Zarte weiße Pfirsichfrucht, ein Hauch von Limettenzesten, mineralischer Touch. Mittlerer Körper, weiße Tropenfrucht, rassiger Säurebogen, zitroniger Touch, salziger Anklang im Abgang, bereits gut antrinkbar.

89 Riesling An der March 2020
13 Vol.-%, DV, Stahltank, €€

★★

SCHLOSSWEINGUT MALTESER RITTERORDEN

Seit nahezu 900 Jahren lautet der Leitsatz des Souveränen Malteser Ritterordens »Optimus quisque«, was so viel wie »Einfach das Beste« bedeutet. Seit 1969 bewirtschaftet die Weinkellerei Lenz Moser das Schlossweingut. Seither wurde der Rebenbestand in den rund 50 Hektar Weingärten in den besten Lagen Mailbergs erneuert, sodass heute die typischen Österreicher wie Grüner Veltliner und Blauer Zweigelt dominieren. Daneben finden aber auch Chardonnay, Cabernet Sauvignon, Merlot und Blauer Burgunder ideale Bedingungen vor.
Viele Pionierleistungen haben im Mailberger Traditionsweingut ihren Ursprung, wie zum Beispiel der Ausbau von Rotweinen im Barrique, der biologische Säureabbau oder die kontrollierte gekühlte Vergärung. Seit 2012 gibt es mit dem Schlosshotel »Mailberg« ein noch besseres Angebot. Das Hotel und der benachbarte Pfarrhof bieten Platz für neun großzügige Doppelzimmer und zwölf elegante Suiten. Von den Zimmern reicht der Blick hinaus in den Schlossgarten und über die Weinberge von Mailberg bis hin zu den Nachbarorten des Weinviertels.

90 Grüner Veltliner * 2020
12,5 Vol.-%, DV, Stahltank, €€
Helles Gelbgrün, Silberreflexe. Florale Nuancen, frische Apfelfrucht, ein Hauch von Mango, einladendes Bukett. Mittlerer Körper, feines Kernobst, frisch strukturiert, mineralisch, zarte Fruchtsüße im Abgang, macht Lust auf ein zweites Glas.

92 Grüner Veltliner Reserve 2018
14 Vol.-%, DV, Stahltank, €€€€
Mittleres Gelbgrün, Silberreflexe. Zart tabakig-kräuterwürzig unterlegte gelbe Tropenfruchtanklänge nach Papaya und Mango, kandierte Orangenzesten. Saftig, elegant, extraktsüße Textur, seidige Säurestruktur, feine Mineralik im Abgang, gut entwickelter Speisenbegleiter mit weiterer Zukunft.

91 Grüner Veltliner Ried Hundschupfen 2020
13 Vol.-%, DV, Stahltank, €€
Helles Grüngelb, Silberreflexe. Mit Limettenzesten unterlegte frische Apfelnote, ein Hauch von gelben Ringlotten, Mandarinen klingen an. Saftig, elegant, Nuancen von Golden Delicious, frischer Säurebogen, bleibt haften, vielseitig einsetzbar.

SCHLOSSWEINGUT MALTESER RITTERORDEN
2024 Mailberg
Schaflerhof 199
T: +43 (2732) 85541
office@lenzmoser.at
www.lenzmoser.at

Kellermeister:
Ing. Michael Rethaller
Kontakt: Christoph Bierbaum
Produktion: 56 % weiß, 44 % rot, 43 Hektar
Messen: Alles für den Gast Salzburg, Anuga, ProWein Düsseldorf, VieVinum

91 Merlot 2018
14 Vol.-%, NK, Barrique, €€€
Dunkles Rubingranat, violette Reflexe, zarte Randaufhellung. Mit zarter Holzwürze unterlegtes Brombeerkonfit, schwarze Herzkirschen, kandierte Orangenzesten. Saftig, elegant und harmonisch, feine Tannine, zartes Nougat, bereits gut antrinkbar, ein vielseitiger Speisenbegleiter.

91 Kommende Mailberg 2018 CS/ME
14 Vol.-%, NK, Barrique, €€€
Tiefdunkles Rubingranat, violette Reflexe, schwarzer Kern, zarte Randaufhellung. Feine Holzwürze, Kardamom, dunkle Kirschfrucht, zart nach Sternanis, kandierte Orangenzesten. Kraftvoll, elegant, feine Säurestruktur, Vanilletouch, gut integrierte Tannine, Cassis im Nachhall, guter Speisenbegleiter.

88 Blauer Zweigelt 2018
13 Vol.-%, DV, großes Holzfass, €€

★★

WEINGUT MARTINSHOF

Die Zeit der Kraftlackel ist vorbei. Weniger Alkohol, dafür mehr Charakter: Solche Weine bevorzugt man heute. Für das Weingut Martinshof passt das perfekt. Genau darin liegen nämlich dort die Stärken. Man macht die leichten Weine, die mit vollerem Duft und reiferem Geschmack daherkommen. Ecken und Kanten sind ausdrücklich erwünscht. Es lebe der Eigensinn! Schon der Urgroßvater hat Weißburgunderreben ausgepflanzt. Die Sorte brachte damals leider zu wenig Ertrag und musste wieder verschwinden. Die Familie Martin bringt den Burgunder wieder ins Spiel und setzt auf den »Österreichischen Burgunder«, weil man hier an seine Qualitäten glaubt.
Mittlerweile bewirtschaftet das Weingut 16 Hektar in den besten Lagen von St. Ulrich: Hausberg, Sonnberg und Galgenberg. Dazu kommt noch der Weingarten von Hermann Nitsch, dem Nachbarn, der sich ebenfalls in der Region pudelwohl fühlt. Man möchte dezidiert besondere Kunden ansprechen – Individualisten eben, mit dem typischen Hang zum Burgunder. Natürlich wissen diese Genießer, dass burgundische Weine kompliziert und mitunter auch kapriziös sind. Aber was sich im Kopf oft gar nicht ausgeht, das ergibt einen tieferen Sinn, wenn das Herz mitspricht – und plötzlich passt's. Seit Kurzem gibt es auch einen Wermut in der Steingutflasche.

WEINGUT MARTINSHOF
2183 Neusiedl an der Zaya
Hauptstraße 28
T: +43 (664) 3567360
weingut@martinshof.at
www.martinshof.at

Kellermeister/Kontakt:
Michael Martin
Produktion: 70 % weiß, 30 % rot, 16 Hektar
Messen: ProWein Düsseldorf, DAC-Präsentationen

91 Weißburgunder Reserve 2017
13 Vol.-%, NK, Stahltank, €€€€
Leuchtendes Goldgelb, Silberreflexe. Feine Kräuterwürze, reife Tropenfrucht, zart nach Ananas, ein Hauch von Mandarinenzesten, floraler Touch. Mittlerer Körper, lebendige Säurestruktur, engmaschig, fruchtsüß nach Pfirsich, weiße Birne im Nachhall, lebendiger Speisenbegleiter.

90 Grauburgunder 2020
11,5 Vol.-%, DV, Stahltank, €€
Helles Goldgelb, Silberreflexe. Zart nussig unterlegte feine gelbe Birnenfrucht, ein Hauch von Ananas, zarte florale Nuancen. Mittlerer Körper, weißes Kernobst, feine Fruchtsüße, ausgewogen, bleibt haften, bereits gut antrinkbar und vielseitig einsetzbar.

90 Grüner Veltliner Reserve 2018
13 Vol.-%, NK, Stahltank, €€€€
Leuchtendes Goldgelb, Silberreflexe. Intensiver Duft nach Blütenhonig und reifer Tropenfrucht, floraler Touch, kandierte Orangenzesten. Kraftvoll, fruchtige Süße, elegante Textur, gut eingebundene Säurestruktur, Mangonoten im Abgang, entwickelter Stil.

89 Veltliner Friends 2020
12,5 Vol.-%, DV, Stahltank, €€

90 Pinot Noir Galgenberg 2015
13 Vol.-%, NK, Barrique, €€€€
Kräftiges Rubingranat, violette Reflexe, breitere Randaufhellung. Feine Holzwürze, einlegte Kirschen, ein Hauch von Orangenzesten. Mittlerer Körper, feine Tanninstruktur, fruchtsüß, Kräuterwürze im Abgang, Zitrustouch im Nachhall, bereits gut antrinkbar.

89 Friends 2016 PN/CS/ZW
13 Vol.-%, NK, großes Holzfass, €€€€

★★

WEINGUT MAURER

Das Weinviertel ist Heimat, Wein die Berufung. Die Familie Maurer aus Röschitz ist mit Leib und Seele mit dem Weinviertel verwurzelt. Leo Maurer führt das fort, was Vater Alfred sowie Generationen von Winzern zuvor als Vision verfolgt haben: unverkennbare mineralische und authentische Weine mit großem Lagerpotenzial zu keltern. Der Grüne Veltliner bietet dem Weißweinfreund die Möglichkeit, aus dem Vollen zu schöpfen: In vier Kategorien gibt es neben den großen Klassikern Weinviertel DAC, Grüner Veltliner »Urkristall« und Grüner Veltliner Stoitzenberg auch den Grünen Veltliner »MLM«, der national wie international stets Höchstbewertungen erzielt. Die Ried Hiataberg mit ihrem kalkhaltigen Boden ist die Basis für feinfruchtige Chardonnays und Pinot Blancs. Die Ried Stoitzenberg mit ihrem Urgesteinsverwitterungsboden bietet den idealen Standort für elegante Rieslinge. Weiters ergänzen Gelber Muskateller und Zweigelt das Sortiment. Auszeichnungen wie Landessieger oder »Ö1-Wein des Jahres«, Falstaff-Empfehlungen und »SALON«-Nominierungen bestätigen die hohe Qualität der Weine.

89 Weinviertel DAC 2020
12,5 Vol.-%, DV, Stahltank, €€

93 Grüner Veltliner Ried Himmelreich MLM 2020
13 Vol.-%, DV, Stahltank, €€€
Helles Gelbgrün, Silberreflexe. Zarte weiße Tropenfrucht, ein Hauch von Birne und Honigmelone, dezente Kräuterwürze, mineralischer Touch. Saftig, elegant, angenehme fruchtige Süße, feiner Säurebogen, verfügt über Frische und Länge, sicheres Reifepotenzial.

92 Grüner Veltliner Ried Stoitzenberg 2020
12,5 Vol.-%, DV, Stahltank, €€
Helles Gelbgrün, Silberreflexe. Zart nach Mandarinenzesten, ein Hauch von weißer Birne, Noten von Wiesenkräutern, einladendes Bukett. Mittlerer Körper, frische weiße Apfelfrucht, lebendig strukturiert, ein Hauch von Granny Smith, ein facettenreicher Speisenbegleiter.

90 Grüner Veltliner Urkristall 2020
12,5 Vol.-%, DV, Stahltank, €€
Sehr helles Gelbgrün, Silberreflexe. Frische Wiesenkräuter,

WEINGUT MAURER
3743 Röschitz
Winzerstraße 19
T: +43 (676) 3583807
www.maurerwein.at

Kellermeister/Kontakt:
Leo Maurer
Produktion: 90 % weiß, 8 % rot, 2 % süß, 12 Hektar
Messen: ProWein Düsseldorf

ein Hauch von gelbem Apfel, zart nach Orangenzesten, mineralischer Touch. Mittlere Komplexität, weißes Kernobst, feiner Säurebogen, salziger Touch, zitroniger Abgang.

90 Pinot Blanc Ried Hiataberg 2020
13,5 Vol.-%, DV, Stahltank, €€
Helles Gelbgrün, Silberreflexe. Nuancen von Gute-Luise-Birne, leicht nussiger Kräutertouch, zart mit Blütenhonig unterlegt. Saftig, feine gelbe Frucht, dezenter Säurebogen, feine Süße im Nachhall, vielseitig einsetzbar.

90 Chardonnay Ried Hiataberg 2020
13 Vol.-%, DV, Stahltank, €€
Sehr helles Gelbgrün, Silberreflexe. Ein Hauch von Limetten, etwas weißer Apfel, zarte Wiesenkräuter, noch etwas zurückhaltend. Mittlerer Körper, feine Fruchtsüße, zart nach Mango, frisch strukturiert, Blütenhonig im Abgang, zitroniger Touch im Nachhall.

★★

WEINGUT »RM« ROLAND MINKOWITSCH

Familie Minkowitsch ist seit 1620 in Mannersdorf an der March beheimatet. Das Weingut ist eines der letzten weltweit, das die gesamte Produktion mit einer Baumpresse (Jahrgang 1820) verarbeitet. Die Trauben werden zu 100 Prozent handverlesen geerntet. Die schonende und langsame Pressung mit gleichbleibend niedrigem Druck garantiert höchste Weinqualität. Es werden einzigartige, sehr charaktervolle Weine gekeltert. Zugänge, Blick- und Herangehensweisen werden immer wieder adaptiert, um stets eine noch höhere Qualität zu ermöglichen. Es werden Technologien genutzt, die mehrere Jahrhunderte alt sind. Altes wird nämlich nicht abgelöst, wenn das Neue nicht besser ist. Erkenntnisse aus vielen Generationen werden wie Schätze bewahrt und aufgehoben.
Schätze widersetzen sich Trends; sie bleiben zeitlos wertvoll – so wie die Weine des Weinguts Roland Minkowitsch. Die Tradition einer reichhaltigen Erfahrung und der Mut zu Entscheidungen lassen einzigartige Raritäten entstehen. Nur Weine, in denen das traditionelle Weingut das Beste seiner Arbeit verwirklicht sieht, werden an die Kunden weitergegeben.

WEINGUT »RM«
ROLAND MINKOWITSCH
2261 Mannersdorf/March
Kirchengasse 64
T: +43 (2283) 3639
weingut@roland-minkowitsch.at
www.roland-minkowitsch.at

Kellermeister: Martin Minkowitsch
Kontakt: Martin und Blandine Minkowitsch
Produktion: 5 % Schaumwein, 92 % weiß, 3 % süß, 13 Hektar
Vereinszugehörigkeit: Premium Weingüter Weinviertel
Messen: VieVinum

90 Grüner Veltliner * 2020
12 Vol.-%, DV, Edelstahl, €€
Helles Gelbgrün, Silberreflexe. Zarte Kräuterwürze, etwas nach Ringlotten, ein Hauch von Limetten, feiner Maracujatouch. Saftig, feine Säurestruktur, weißer Apfel im Abgang, frisch und leichtfüßig, bleibt gut haften.

(91) Grüner Veltliner rochus 2020
13 Vol.-%, DV, großes Holzfass/Edelstahl, €€
Mittleres Gelbgrün, Silberreflexe. Feiner Blütenhonig, reife Apfelfrucht, zart nach Kräutern, etwas nach Mango. Saftig, straff, dezenter Säurebogen, leichtfüßig wirkende Extraktsüße nach Maracuja, lebendiges Finish, vielseitig einsetzbar.

(92) Gewürztraminer Premium 2020
13,5 Vol.-%, DV, Edelstahl, €€€
Leuchtendes Gelbgrün, Silberreflexe. Reife Tropenfrucht, zart nach Litschi, ein Hauch von Mandarinenzesten, Blütenhonig klingt an, floraler Touch. Saftig, elegant, straff, dunkle Mineralik, kraftvoll, reife Ananas, bleibt gut haften, vielseitig einsetzbar.

(92) Riesling Ried Lange Lissen de vite 2020
13 Vol.-%, DV, Edelstahl, €€€
Mittleres Gelbgrün, Silberreflexe. Zart nach Blütenhonig, etwas nach Ananas, ein Hauch von Melone, Orangenzesten klingen an, mit dunkler Mineralik unterlegt. Straff, engmaschig, zartwürzig, balancierte Säurestruktur, weißes Steinobst im Abgang, facettenreicher Speisenbegleiter.

90 Gelber Muskateller 2020
12 Vol.-%, DV, Edelstahl, €€
Helles Gelbgrün, Silberreflexe. Feine Wiesenkräuter, etwas nach Apfelfrucht, zart nach Muskatnuss und Guave. Mittlerer Körper, gut integrierter Säurebogen, salzig, weißes Steinobst im Abgang, bereits gut antrinkbar.

(90) Chardonnay Premium 2020
13,1 Vol.-%, DV, Edelstahl, €€
Mittleres Gelbgrün, Silberreflexe. Feine Tabakwürze, etwas nach Orangenzesten, ein Hauch von Tropenfrucht, Papaya klingt an. Mittlere Komplexität, Mangonoten, gut eingebundener Säurebogen, kraftvoll, bleibt gut haften.

★

WEINGUT ANDREAS OTT

Der Heurigen und das Weingut Andreas Ott liegen im bekannten Heurigenort Hagenbrunn im südlichen Weinviertel. Die zehn Hektar große Rebfläche wird auf der niederösterreichischen und auf der Wiener Seite des Bisambergs bewirtschaftet. Dem Winzer Andreas Ott ist es ein Anliegen, im Einklang mit der Natur hochwertige Weine mit Substanz und Charakter zu erzeugen.
Natürlich liegt das Hauptaugenmerk beim Weißwein und hier insbesondere beim Grünen Veltliner, schließlich ist man hier im Weinviertel zu Hause. Doch immerhin fast ein Drittel der bewirtschafteten Fläche ist für Rotwein reserviert. Selektive Handlese in mehreren Erntedurchgängen ist ebenso Standard wie der schonende Ausbau in traditionellen großen Holzfässern.
Am besten kombiniert man den Weineinkauf mit einem Heurigenbesuch. Hier kann man die Top-Qualitätsweine sowie das umfangreiche Heurigenbuffet perfekt genießen.

92 ** Ried Sätzen 2019
13,5 Vol.-%, DV, Holzfass, €€€
Helles Gelbgrün, Silberreflexe. Feine gelbe Tropenfrucht, ein Hauch von Ananas und Mango, etwas Biskuit, nussiger

WEINGUT ANDREAS OTT
2102 Hagenbrunn
Schlossgasse 9
T: +43 (2262) 672120
office@andreasott.at
www.andreasott.at

Kellermeister/Kontakt:
Andreas Ott
Produktion: 70 % weiß, 30 % rot,
10 Hektar

Weingut Andreas Ott

Anklang. Saftig, elegant, reife Birnen, feine Fruchtsüße, dezenter Säurebogen, ein Hauch von Nougat im Abgang, gute Länge, ein vielseitiger Speisenbegleiter.

90 Grüner Veltliner * Ried Aichleiten 2020
12,5 Vol.-%, DV, Stahltank, €€
Helles Goldgelb, Silberreflexe. Feine gelbe Tropenfruchtnuancen, zart nach Mango und Blütenhonig, einladendes Bukett. Mittlerer Körper, zart nach Birnen, dezente Kräuterwürze, feine Säurestruktur, bleibt gut haften, angenehme Apfelfrucht im Nachhall.

90 Sauvignon Blanc 2020
13 Vol.-%, DV, Stahltank, €€
Helles Goldgelb, Silberreflexe. Rauchig-kräuterwürzig, zart nach Cassis und Stachelbeeren, Nuancen von Grapefruitzesten. Mittlerer Körper, Weiße Johannisbeeren, rassige Säurestruktur, salzig-zitronig im Abgang, ein schwungvoller, würziger Sommerwein.

89 Gemischter Satz 2020
12,5 Vol.-%, DV, Stahltank, €€

92 Cuvée Reserve 2018 ZW/ME/SL
13 Vol.-%, DV, Barrique, €€€€
Kräftiges Rubingranat, violette Reflexe, zarte Randaufhellung. Etwas Brombeeren, zart nach Tabak, dunkle Beerenfrucht, Cassis, Räuchertouch. Saftig, elegant, feine Tannine, schwarze Kirschen, etwas Holzwürze, rotbeeriger Nachhall, bleibt gut haften, vielseitig einsetzbar.

90 Merlot Reserve 2019
14 Vol.-%, DV, Barrique, €€€
Dunkles Rubingranat, violette Reflexe, zarte Ockerrandaufhellung. Schwarzes Waldbeerenkonfit, ein Hauch von Herzkirschen, etwas Nougat, einladendes Bukett. Mittlere Komplexität, schokoladiger Touch, reife Zwetschken, feine Tannine, mineralisch-pfeffriger Nachhall, zart nach Karamell im Finale.

★★

WEINGUT PASS

Gerald Pass führt in vierter Generation das Weingut Pass in Etzmannsdorf im westlichen Weinviertel. Es sind die Begeisterung und die Faszination für das Kulturgut Wein, die tagtäglich sein Schaffen begleiten. Die Einzigartigkeit der Weine liegt im besonderen Zusammenspiel von Natur und Handwerk.
Die vom Manhartsberg geprägten Urgesteinsböden aus verwittertem Granit und Gneis verleihen den Weinen Mineralik und Tiefgang. Mit jahrzehntelanger Erfahrung, modernem Wissen und vor allem mit Liebe zur Natur und zum Detail bringt der Winzer den Geschmack der Traube in die Flasche. Die Natur mit all ihren Besonderheiten ist der Taktgeber der Pass-Weine. Qualität liegt im Detail. Nur wer es schafft, den natürlichen Kreislauf der Weinrebe mit Gefühl, Intuition und Verständnis zu begleiten, kann besten Geschmack garantieren. Die Erwartungen, die Zufriedenheit und die Freude der Kunden des Weinguts stehen für die Familie Pass hierbei im Mittelpunkt und motivieren sie Jahr für Jahr aufs Neue.

WEINGUT PASS
3722 Etzmannsdorf
Etzmannsdorf 11
T: +43 (2984) 3381
office@weingut-pass.at
www.weingut-pass.at

Kellermeister/Kontakt:
Gerald Pass
Produktion: 1 % Schaumwein, 90 % weiß, 1 % rosé, 8 % rot, 8.5 Hektar
Messen: VieVinum, DAC-Präsentationen

92 Grüner Veltliner ** Ried Hinterberg 2019
14 Vol.-%, DV, 500-l-Fass, €€€
Mittleres Gelbgrün, Silberreflexe. Zarter Blütenhonig, kandierte Orangenzesten, feine gelbe Fruchtnuancen. Komplex, kraftvoll, feine Apfelnote, dezenter Säurebogen, Nuancen von Birne, dezente Süße, salzig unterlegter Abgang, gute Länge, ein stoffiger Speisenbegleiter.

90 Grüner Veltliner * Alte Rebe 2020
13 Vol.-%, DV, Stahltank, €€
Helles Gelbgrün, Silberreflexe. Mit zarten Wiesenkräutern unterlegte gelbe Tropenfrucht, ein Hauch von Mango und Ananas, einladendes Bukett. Mittlerer Körper, weißer Apfel, feines Säuregerüst, zitroniger Touch im Abgang, ein ausgewogener Speisenbegleiter.

93 Grüner Veltliner Privat Reserve 2019
14 Vol.-%, VL, großes Holzfass, €€€€
Mittleres Gelbgrün, Silberreflexe. Feine reife Apfelfrucht, zart nach Ananas und Mango, mit etwas Orangenzesten unterlegt, ein Hauch von Blütenhonig. Komplex, saftig, süße Frucht, ein Hauch von Marille, gut integrierter Säurebogen, mineralisch und anhaftend, ein kraftvoller Speisenwein mit guter Zukunftsprognose.

91 Grüner Veltliner Ried Sätzen 2020
13 Vol.-%, DV, Stahltank, €€
Helles Gelbgrün, Silberreflexe. Etwas zurückhaltend, feine weiße Apfelfrucht, ein Hauch von Limette. Mittlerer Körper, feine Birnennuancen, frisch strukturiert, zart salzig, zitroniger Nachhall, wirkt leichtfüßig und bereits gut zugänglich, ein feiner Speisenwein.

89 Grüner Veltliner Ried Steinperz 2020
12,5 Vol.-%, DV, Stahltank, €€

91 Weißburgunder Reserve vom Lehm 2019
13,5 Vol.-%, DV, 500-l-Fass, €€€
Helles Gelbgrün, Silberreflexe. Zart nussig-kräuterwürzig unterlegtes weißes Kernobst, frische Birnen, ein Hauch von Orangenzesten, einladendes Bukett. Saftig, mittlerer Körper, dezente Fruchtsüße, gut integrierter Säurebogen, gelber Apfel im Abgang, bereits entwickelt, facettenreicher Speisenbegleiter.

WEINGUT PESAU

Die Brüder Andreas und Georg Pesau führen gemeinsam das Weingut mit einer mehr als 300-jährigen Tradition. Vor 400 Jahren wurde der Name Pesau erstmals in Zusammenhang mit Wein und Falkenstein erwähnt. Die Weingärten der Familie liegen auf den Hügeln rund um den historischen Weinort. Dieser bietet beste geologische und naturräumliche Voraussetzungen für den Weinbau: Einzigartige Böden, geprägt von Muschelkalk und entstanden vor rund 17 Millionen Jahren, schaffen seit Jahrhunderten die Grundlage für mineralische Weine. Die bewaldete Hügelkette um Falkenstein bietet den Reben nicht nur Schutz vor rauen Nord- und Westwinden, sondern auch ein ausgewogenes Mikroklima, das dazu beiträgt, die für Falkenstein typischen eleganten Weine reifen zu lassen. Im Weinberg ist man um ein nachhaltiges, stabiles und ökologisches Gleichgewicht bemüht. Um dieses zu erreichen, bedient man sich eines modernen Begrünungsmanagements nach ökologischen Gesichtspunkten und eines ausgewogenen Einsatzes von Nützlingen. Im Keller rücken Gefühl, Erfahrung und Zeit in den Vordergrund. Der Charakter der Weine spiegelt Boden, Jahrgang und Rebsorte wider. Die Handschrift des Winzers ist dabei ausschlaggebend: Sie ist gekennzeichnet durch einen sensiblen Umgang mit der Natur und schonenden Einsatz von Ressourcen.

90 * Falkenstein 2020
12,5 Vol.-%, DV, Stahltank, €€
Helles Gelbgrün, Silberreflexe. Zarte Kräuterwürze, ein Hauch von grünem Apfel und Mandarinenzesten. Mittlerer Körper, weiße Kernobstnuancen, finessenreiche Struktur, zitroniger Touch im Abgang, mineralischer Nachhall.

(92) Grüner Veltliner Unter Brüdern 2019
14 Vol.-%, NK, Barrique, €€€€€
Mittleres Grüngelb, Silberreflexe. Zart nach Biskuit und Vanille, feine Kräuterwürze, reife gelbe Fruchtnuancen, ein Hauch von Birne und weißem Nougat. Komplex, saftig, gelbe Frucht, ausgewogen, feiner Säurekern, reife Mango und etwas Blütenhonig im Abgang, gute Länge, verfügt über Reifepotenzial.

(91) Grüner Veltliner Ried Ekartsberg 2020
13,5 Vol.-%, VL, großes Holzfass, €€€
Helles Goldgelb, Silberreflexe. Zarte Nuancen von frischer gelber Tropenfrucht, ein Hauch von Ananas und Mango, mit dezenter Kräuterwürze unterlegt. Mittlerer Körper, weiße Kernobstnuancen, feiner Säurebogen, salziger Touch, Limetten im Rückgeschmack.

Georg und Andreas Pesau

WEINGUT PESAU
2162 Falkenstein
Wiagasse 253
T: +43 (2554) 6705
office@pesau.at
www.pesau.at

Kellermeister: Andreas Pesau
Kontakt: Georg Pesau
Anbauweise: Umstellung auf bio (Austria Bio Garantie)
Produktion: 80.000 Flaschen
1 % Schaumwein, 95 % weiß, 4 % rot, 15 Hektar

89 Grüner Veltliner Falkenstein 2020
12,5 Vol.-%, DV, Stahltank, €€

(91) Riesling Ried Rosenberg 2020
13 Vol.-%, VL, großes Holzfass, €€€
Helles Grüngelb, Silberreflexe. Feine gelbe Tropenfruchtnuancen, ein Hauch von Pfirsich und Maracuja, mineralischer Anklang, zart nach Limetten. Saftig, elegant, zart süße exotische Frucht, rassiger Säurebogen, feiner saliner Nachhall, bleibt gut haften, ein lebendiger, frischer Speisenbegleiter.

90 Riesling Falkenstein 2020
12,5 Vol.-%, DV, Stahltank, €€
Helles Gelbgrün, Silberreflexe. Feine Nuancen von Mandarinen, ein Hauch von Pfirsich und Blütenhonig, mineralischer Touch. Straff, engmaschig, weiße Apfelfrucht, zitroniger Anklang im Nachhall, salziger Touch..

★★★★

WEINGUT R. & A. PFAFFL

Als Roman Pfaffl im Jahr 1996 den Titel »Falstaff Winzer des Jahres« verliehen bekam, wurde ein Traum für ihn wahr, den er gar nicht zu träumen gewagt hatte. In knapp 20 Jahren hatte er mithilfe seiner Frau Adelheid aus einem landwirtschaftlichen Betrieb mit 0,75 Hektar Weinbau ein 20 Hektar großes Weingut mit großen Ambitionen geschaffen. Weitere 20 Jahre folgten, in denen auch schon die nächste Generation kräftig mitwirkte – ein Zusammenspiel, das offensichtlich funktioniert: Das US-amerikanische Magazin »Wine Enthusiast« kürte das Weingut zur »European Winery of the Year 2016«. Zum ersten Mal ging dieser begehrte Titel damit nach Österreich.

Seit etwa 40 Jahren stehen die Pfaffls also für hochwertigen Grünen Veltliner, Riesling, Chardonnay, Zweigelt und St. Laurent. Die mittlerweile 110 Hektar Weingärten des Guts sind im südlichen Weinviertel über zehn verschiedene Gemeinden verstreut und reichen sogar bis nach Wien. Diese Verteilung bringt eine Vielfalt an Böden und Kleinklimazonen mit sich, die Roman Josef Pfaffl gekonnt zu nutzen weiß. Er versteht es, die Charakteristika der einzelnen Lagen herauszuarbeiten und seine Weine in den unterschiedlichsten Spielarten von leicht und verspielt bis dicht und kräftig zu präsentieren. Selbstverständlich gilt dies besonders für die Paradesorte Grüner Veltliner, die gar in sechs

Varianten ausgebaut wird. Aber auch bei den Rotweinen ist das Weingut sehr stark unterwegs. »Einige unserer Weingärten profitieren von den milden pannonischen Einflüssen, die es über das Marchfeld bis zu uns schaffen«, meint Roman Josef Pfaffl dazu nicht ohne Ehrgeiz, denn die Roten sind ihm besonders ans Herz gewachsen.

88 ❶ Secco blanc trocken RR/GM/GV
12,5 Vol.-%, DV, Stahltank, €€ Ⓥ

87 ❶ Secco rosé trocken SL/ZW
12,5 Vol.-%, DV, Stahltank, €€ Ⓥ

94 ** Hommage 2020
14 Vol.-%, DIAM, großes Holzfass, €€€€€ Ⓥ
Leuchtendes mittleres Grüngelb, Silberreflexe. Zart tabakig unterlegte reife gelbe Apfelfrucht, feine Kräuterwürze, mit Mango und Birnennoten unterlegt, frische Orangenzesten im Hintergrund. Saftig, elegant, feine Fruchtsüße, gut integrierte Säurestruktur, seidige Textur, mineralischer Abgang, zart salzig im Rückgeschmack, zeigt Länge, gutes Reifepotenzial.

93 ** Hund 2020
14 Vol.-%, DV, Stahltank/großes Holzfass, €€€ Ⓥ
Helles Grüngelb, Silberreflexe. Kräuterwürzig, kandierte Orangenzesten, gelbe Kernobstnoten, ein Hauch von Blütenhonig im Hintergrund. Saftig, zarte Tropenfrucht, Nuancen von Mango, angenehme Säurestruktur, elegant, bleibt haften, süßes Fruchtfinale, ein ausgewogener Speisenbegleiter.

93 ** max. 2020
14,5 Vol.-%, DV, Stahltank/großes Holzfass, €€€€ Ⓥ
Helles Grüngelb, Silberreflexe. Mit einem Hauch von Gewürzen wie Anis und zartem Kümmel unterlegte gelbe Apfelfrucht, kandierte Orangenzesten klingen an. Komplex, saftig, feine Noten von Mango und Honigmelone, elegant, gut eingebundenes Säurespiel, bleibt gut haften, seidige Textur im Abgang, gutes Reifepotenzial.

93 ** Golden 2020
14,5 Vol.-%, DIAM, großes Holzfass, €€€€€ Ⓥ
Leuchtendes mittleres Goldgelb, Silberreflexe. Frische Orangenzesten, ein Hauch von Kräutern, gelbe Birne, etwas Mango, mit rauchig-tabakige Würze unterlegt. Kraftvoll, reife Papaya, feine Süße, dezenter Säurebogen, stoffiger Abgang, salzige Nuancen, gutes Entwicklungspotenzial.

92 * Haid 2020
13 Vol.-%, DV, Stahltank, €€ Ⓥ
Helles Grüngelb, Silberreflexe. Zart mit Wiesenkräutern unterlegte Nuancen von Birne und Mango, feine tabakige Würze. Saftig, feine Fruchtsüße, gut integrierter Säurebogen, elegant, mit feiner Mineralik unterlegt, vielseitig einsetzbar.

92 * Lössdiamant 2020
13 Vol.-%, DV, Stahltank, €€€ Ⓥ
Helles Goldgelb, Silberreflexe. Zart kräuterwürzig unterlegte gelbe Apfelfrucht, tabakige Nuancen, ein Hauch von Orangenzesten. Saftig, weißes Kernobst, frischer Säurebogen, zart nach Marille im Abgang, salziger Touch, ein vielseitiger Speisenbegleiter.

90 * Selection 2020
13 Vol.-%, DV, Stahltank, €€ Ⓥ
Helles Grüngelb, Silberreflexe. Frische weiße Tropenfrucht, unterlegt mit einem Hauch von Honigmelone und Mango, zart nach Wiesenkräutern und Limetten. Saftig, elegant, gelbe Birne, frischer Säurebogen, Golden Delicious im Nachhall, vielseitig einsetzbar.

90 * Zeisen 2020
13 Vol.-%, DV, Stahltank, €€ Ⓥ
Helles Gelbgrün, Silberreflexe. Zart floral unterlegte gelbe Apfelfrucht nach Golden Delicious, ein Hauch von Mango und Wiesenkräutern. Saftig, elegant, weiße Fruchtnoten, frischer Säurebogen, mineralisch, zitronig im Finale, unkomplizierter Stil.

89 Grüner Veltliner vom Haus 2020
12,5 Vol.-%, DV, Stahltank, €€ Ⓥ

(93) Chardonnay Reserve Vision 2020
14,5 Vol.-%, DIAM, Barrique, €€€€€ Ⓥ
Leuchtendes kräftiges Goldgelb. Zart nach Karamell und Nougat, mit reifer Marille und gelbem Pfirsich unterlegt, ein Hauch von Kirschen und Bourbonvanille. Kraftvoll, feine Fruchtsüße, gelbe Tropenfrucht, dezenter Säureschleier, feine Mineralik, reifer gelber Apfel im Abgang, ein facettenreicher, individueller Stil.

91 Chardonnay Exklusiv 2020
14,5 Vol.-%, DV, Stahltank/Barrique, €€€ Ⓥ
Mittleres Gelbgrün, Silberreflexe. Zart nach Anis und Vanille, gelber Pfirsich klingt an, mit feiner Tropenfrucht unterlegt. Saftig, süßer Holzkuss, elegant und seidig, ein Hauch von Nougat, bereits gut entwickelt, ein stoffiger Speisenwein.

90 Chardonnay Reserve Tribun 2020
14 Vol.-%, DIAM, Barrique/gebrauchte Barriques, €€ Ⓥ
Leuchtendes mittleres Goldgelb. Mit Vanille unterlegte reife Mangonote, zart nach Mandarinenzesten. Saftig, elegant, ein Hauch von Babybanane, feiner Säurekern,

zitronig-salziger Touch im Abgang, ein Hauch von Karamell im Finale.

92 Riesling Reserve Passion 2020
14 Vol.-%, DIAM, großes Holzfass, €€€€€ V
Mittleres Grüngelb, Silberreflexe. Weißer Weingartenpfirsich, ein Hauch von Maracuja, zart nach Muskat, mit einem floralen Touch unterlegt. Saftig, elegant, weiße Fruchtnuancen, ein Hauch von Litschi, feine Säurestruktur, feine gelbe Pfirsichfrucht im Abgang, bietet unkompliziertes Trinkvergnügen.

91 Riesling Sonne 2020
14 Vol.-%, DV, Stahltank, €€€ V
Helles Grüngelb, Silberreflexe. Ein Hauch von Maracuja, gelbe Tropenfrucht, etwas Mango und Blütenhonig. Saftig, weißer Pfirsich, feiner Säurebogen, dezente Süße im Abgang, zitronige Nuancen im Nachhall, stoffiger Stil.

90 Riesling Selection 2020
14 Vol.-%, DV, Stahltank, €€ V
Helles Gelbgrün, Silberreflexe. Feine frische Steinobstnuancen, ein Hauch von Pfirsich, Nuancen von Limetten und Maracuja. Mittlerer Körper, präsente Fruchtsüße, lebendiger Säurebogen, zitroniger Touch im Nachhall, bereits entwickelt.

89 Riesling Reserve Aurelius 2020
14 Vol.-%, DIAM, großes Holzfass, €€ V

91 Grauburgunder La Vita 2020
14 Vol.-%, DV, Stahltank/gebrauchte Barriques, €€ V
Helles Grüngelb, Silberreflexe. Mit einem Hauch von frischen Wiesenkräutern unterlegte Birnenfrucht, zart nach Orangenzesten. Saftig, weiße Kernobstfrucht, zart nussig, frisch strukturiert, dezente Würze im Abgang, bereits gut entwickelt.

91 Sauvignon Blanc Terroir 2020
13,5 Vol.-%, DV, Stahltank, €€€ V
Helles Grüngelb, Silberreflexe. Zartes Bukett, ein Hauch von reifen Stachelbeeren, Nuancen von gelber Tropenfrucht, Noten von Grapefruit. Kräftig, wieder gelbe Fruchtnuancen, finessenreich strukturiert, zitronig-salzig im Abgang, bereits gut entwickelt.

90 Wien.1 2020 RR/GV/WB
12,5 Vol.-%, DV, Stahltank, €€ V
Helles Gelbgrün, Silberreflexe. Zarte gelbe Birnenfrucht, Nuancen von Blütenhonig, ein Hauch von Orangenzesten. Mittlerer Körper, etwas Honigmelone und Apfel, frisch strukturiert, zitronig-mineralisch, vielseitig und leichtfüßig.

89 Ganz Zart 2020 GV/SB/GM
9,5 Vol.-%, DV, Stahltank, €€ V

88 Junior 2020 GM/SB
11,5 Vol.-%, DV, Stahltank, €€ V

90 Muskateller Sand 2020
13,5 Vol.-%, DV, Stahltank, €€ V
Helles Goldgelb, Silberreflexe. Zart nach Muskatnuss, traubige Frucht, Holunderblüten im Hintergrund, Nuancen von Limette. Saftig, mittlere Komplexität, weißer Pfirsich, angenehme Säure, floraler Abgang, dezente Süße im Rückgeschmack.

90 Weißburgunder Nuss 2020
14,5 Vol.-%, DV, Stahltank/gebr. Barriques, €€€ V
Mittleres Grüngelb, Silberreflexe. Reife Birnenfrucht nach Guter Louise, mit floralen Nuancen unterlegt. Mittlere Komplexität, etwas Vanille, süße Frucht, Anklänge von reifer Banane, seidige Textur, verfügt über Länge, individuelles Aromenbild.

89 Gemischter Satz Harmony 2020
12,5 Vol.-%, DV, Stahltank, €€ V

92 Rosé La Grande 2020 SL/ZW
14,5 Vol.-%, DIAM, großes Holzfass, €€€ V
Mittleres Altrosa, Silberreflexe. Frisches rotes Waldbeerenkonfit, ein Hauch von roten Kirschen und Limetten, weißes Nougat im Hintergrund. Saftig, sehr kraftvoll, weiße Tropenfrucht, frischer Säurebogen, zarte Holzwürze, mineralisch und anhaftend, ein feinwürziger Speisenbegleiter.

90 Rosé Hasen 2020 ZW/SL
12,5 Vol.-%, DV, Stahltank, €€ V
Leuchtendes Lachsrosa, Silberreflexe. Zartes rotes Waldbeerenkonfit, frische Kirschen, mit feinen Wiesenkräutern und Limettenzesten unterlegt. Mittlerer Körper, feine Fruchtsüße, lebendig strukturiert, zitroniger Touch im Finish, vielseitig einsetzbar.

89 Ganz Zart Rosé 2020 ZW/SL/RÖ
9,5 Vol.-%, DV, Stahltank, €€ V

93 Excellent Reserve 2019 ZW/CS/ME
14 Vol.-%, DIAM, gebr. Barriques/Barrique, €€€€ V
Dunkles Rubingranat, opaker Kern, violette Reflexe, zarte Randaufhellung. Feine Edelholznuancen, schwarze Waldbeerenfrucht, ein Hauch von Herzkirschen, Vanille und Kardamom. Saftig, dunkles Konfit, feine, seidige Textur, reife Tannine, mineralisch-salzig im Abgang, verfügt über Reifepotenzial.

93 Heidrom Grand Reserve 2018 ME/CS
14 Vol.-%, DIAM, Barrique, €€€€€ V
Tiefdunkles Rubingranat, opaker Kern, violette Reflexe, zarte Ockerrandaufhellung. Schwarze Herzkirschen, mit

WEINGUT R. & A. PFAFFL
2100 Stetten
Schulgasse 21
T: +43 (2262) 673423
wein@pfaffl.at
www.pfaffl.at

Kellermeister: Roman Josef Pfaffl
Kontakt: Familie Pfaffl
Produktion: 65 % weiß, 35 % rot, 110 Hektar
Zertifiziert: Nachhaltig Austria
Vereinszugehörigkeit: Premium Weingüter Weinviertel
Messen: ProWein Düsseldorf, VieVinum

etwas Cassis und Lakritze unterlegt, ein Hauch von Tabak und Nougat klingt an. Saftig, elegant, frische Kirschfrucht, zart nach Pflaumen, gut integrierte Tannine, würziger Nachhall, gutes Reifepotenzial.

90 Privat 2019 SL/ME
14 Vol.-%, DIAM, Barrique, €€€
Kräftiges Rubingranat, violette Reflexe, breitere Ockerrandaufhellung. Etwas scheu, rotbeerige Nuancen, ein Hauch von Vanille und Nougat, zart nach Kirschen. Mittlerer Körper, feine Beerenfrucht, zarte Tannine, ein Hauch von Schokolade, bietet unkomplizierten Trinkspaß.

88 Wien.2 2020 ZW/PN
13 Vol.-%, DV, gebrauchte Barriques/Stahltank, €€

92 St. Laurent Reserve Alten 2019
14 Vol.-%, DIAM, gebr. Barriques/Barrique, €€€€€
Kräftiges Rubingranat, zarte Ockerreflexe, breitere Randaufhellung. Ein Hauch von Bourbonvanille, schwarze Herzkirschen, ein Hauch von Tabak und Lakritze. Saftig, mittlere Komplexität, dezente Fruchtsüße nach Zwetschken, reife Tannine, ein Hauch von Schoko im Nachhall.

90 St. Laurent Wald 2020
13,5 Vol.-%, DV, Stahltank/gebr. Barriques, €€
Kräftiges Rubingranat, Ockerreflexe, breitere Randaufhellung. Feine Holzwürze, mit Vanille unterlegte Herzkirschen, tabakig, einladendes Bukett. Mittlerer Körper, saftig nach Brombeeren, eingelegte Kirschen, gut integrierte runde Tannine, mineralischer Touch, bereits gut entwickelt.

88 St. Laurent Granat 2020
13,5 Vol.-%, DV, Barrique, €€

92 Zweigelt Reserve 2019
14 Vol.-%, DIAM, Barrique/gebr. Barriques, €€€€€
Tiefdunkles Rubingranat, opaker Kern, violette Reflexe, zarte Randaufhellung. Reife dunkle Beeren, frische Brombeeren und Herzkirschen, feine Kräuterwürze, zarter Edelholztouch. Saftig, mittlere Komplexität, feine Fruchtsüße, gute Frische, gut integrierte Tannine, etwas Nougat im Nachhall, bereits gut antrinkbar.

89 Zweigelt Selection 2020
13 Vol.-%, DV, gebrauchte Barriques, €€

89 Zweigelt Sandstein 2020
13 Vol.-%, DV, gebrauchte Barriques/Stahltank, €€

88 Zweigelt Reserve Herakles 2019
14 Vol.-%, DIAM, Barrique/gebr. Barriques, €€€

87 Zweigelt vom Haus 2020
13 Vol.-%, DV, Stahltank/gebr. Barriques, €€

92 Pinot Noir Reserve 2019
14 Vol.-%, DIAM, Barrique, €€€€€
Kräftiges Karmingranat, Ockerreflexe, breiterer Ockerrand. Zart mit Vanille unterlegte rote Herzkirschen, frische Zwetschken, ein Hauch von Orangenzesten. Saftig, elegant, feine Fruchtsüße, frisch strukturiert, runde Tannine, etwas Nougat im Nachhall zugänglich, ein vielseitiger Speisenbegleiter.

★

WEINGUT PLEIL

In der Familie Pleil wird seit Generationen Weinbau betrieben. So absolvierte auch Christian Pleil die Weinbauschule in Klosterneuburg. Dass der Wein seine Berufung sein würde, war für ihn immer klar. Und so sammelte er bei Praktika in Deutschland, Kalifornien, Südafrika und Australien Erfahrung und Wissen, bevor er das elterliche Weingut in Wolkersdorf übernahm.
Der Grüne Veltliner genießt den Status der Lieblingssorte: Rund 40 Prozent der Rebfläche sind damit bepflanzt. Ebenfalls wichtige Weißweinsorten sind Chardonnay und Riesling, bei den Rotweinen dominiert der Zweigelt. Die Weißweine werden in Tanks mit gekühlter Gärung ausgebaut, um die Fruchtigkeit und den Sortencharakter zu erhalten. Die Rotweine werden mit biologischem Säureabbau im Holzfass ausgebaut und teilweise auch im »Barrique« gelagert.
Christian Pleil forciert einen glockenklaren und erfrischenden Weinstil – vom leichten Einstiegswein bis zur komplexen Reserve. Wichtig ist ihm, ein Maximum an authentischer Sorten- und Herkunftscharakteristik in die Flasche zu füllen. Wie das gelingt? »Alles zum richtigen Zeitpunkt machen«, meint der Winzer in seiner unkonventionellen Art.

WEINGUT PLEIL
2120 Wolkersdorf
Adlergasse 32
T: +43 (2245) 2407
weingut@pleil.at
www.pleil.at

Kellermeister/Kontakt:
Ing. Christian Pleil
Produktion: 100.000 Flaschen
75 % weiß, 25 % rot, 18 Hektar
Zertifiziert: Nachhaltig Austria
Vereinszugehörigkeit:
Premium Weingüter Weinviertel
Messen: ProWein Düsseldorf, VieVinum, DAC-Präsentationen, Vinexpo New York

(91) Weinviertel DAC Reserve 2020
13,5 Vol.-%, DV, Stahltank, €€€
Helles Gelbgrün, Silberreflexe. Zart tabakig, Nuancen von frischer Ananas und Mango, mit Wiesenkräutern unterlegt. Mittlerer Körper, dezente Fruchtsüße, angenehmer Säurebogen, etwas Birnenfrucht im Abgang, würziger Nachhall.

90 Grüner Veltliner * Ried Sonnleiten 2020
13 Vol.-%, DV, Stahltank, €€
Helles Gelbgrün, Silberreflexe. Frische Wiesenkräuter, floraler Touch, ein Hauch von Granny-Smith-Apfel. Mittlerer Körper, straffe Textur, weißes Kernobst, frischer Säurebogen, saliner Nachhall, bereits gut entwickelt.

89 * Klassik 2020
12 Vol.-%, DV, Stahltank, €€

90 Gemischter Satz Ried Wienerfeld 2020
12,5 Vol.-%, DV, Stahltank, €€
Helles Gelbgrün, Silberreflexe. Mit einem Hauch von Limetten unterlegte weiße Apfelfrucht, florale Nuancen, einladender Duft. Saftig, gut balanciert, frisches Kernobst, angenehme Säurerasse, salziger Touch im Abgang, macht Lust auf ein zweites Glas.

89 Sauvignon Blanc 2020
12 Vol.-%, DV, Stahltank, €€

88 Blütenmuskateller 2020
12,5 Vol.-%, DV, Stahltank, €€

★★★

WEINGUT PRECHTL

Das Weingut Prechtl liegt in Zellerndorf im Retzer Land und hat sich vor allem auf die Rebsorte Grüner Veltliner spezialisiert. Die Hälfte davon wird mittlerweile in zehn Länder exportiert. Der Winzer Dipl.-Ing. Franz Prechtl legt größten Wert auf naturnahen Weinbau. Zur Düngung wird Stiermist verwendet, und auf Herbizide wird gänzlich verzichtet. Kühle Nächte und heiße Tage sorgen für das Aroma, die Kraft und die Eleganz im Wein. Blattarbeit von Mai bis August, konsequente Traubenreduktion, händische Weintraubenernte mit zehn Helfern und Weinverarbeitung im freien Gefälle in der neuen Kellerei sind nur ein paar Punkte, die hier erwähnt werden müssen.
Die Weinakademikerin Petra Prechtl verwöhnt im alten Bauernhaus mit wunderbarem Innenhof ihre Gäste mit Schmankerln der Region und Selbstgebackenem. Außerdem kann man einzigartige Accessoires und Deko im Shabby-Chic-Style erwerben. Die neue Kellerei mit Vinothek und Barriquekeller kann ebenso besichtigt werden. Weinkauf und Verkostungen sind von Montag bis Freitag gegen Voranmeldung möglich. Im neu umgebauten Sommerladen & Café direkt auf dem Weingut wird jeden Samstag von 10 bis 19 Uhr ein herrliches Frühstück, handgerührte Eiscreme und allerlei Pikantes serviert.

94 Zellerndorfer ** Leitstall 2019
14,5 Vol.-%, DV, großes Holzfass, €€€
Mittleres Goldgelb, Silberreflexe. Reife gelbe Tropenfrucht, Nuancen von Birne und Marille, zart nussig, kandierte Orangenzesten, facettenreiches Bukett. Saftig, elegant, feine Fruchtsüße, ein Hauch von Karamell, reife Ananas, mineralisch unterlegt, zeigt gute Länge, sicheres Reifepotenzial.

93 ** Ried Äußere Bergen 2019
13 Vol.-%, DV, Stahltank, €€€
Mittleres Goldgelb, Silberreflexe. Mit einem Hauch von Nougat unterlegte reife gelbe Tropenfrucht, zart nach Türkischem Honig, feine tabakige Nuancen, einladendes Bukett. Saftig, gute Komplexität, feines Karamell, dezente Fruchtsüße im Abgang, opulenter Stil, guter Speisenbegleiter mit Reifepotenzial.

91 * Ried Längen 2020
13 Vol.-%, DV, Stahltank, €€
Helles Gelbgrün, Silberreflexe. Zart tabakig-kräuterwürzig unterlegte Apfelfrucht, kandierte Orangenzesten. Saftig, rund und mit angenehmer Fruchtsüße ausgestattet, dunkle Mineralik, feinwürziger Speisenbegleiter.

91 * Ried Altenberg 2020
13 Vol.-%, DV, Stahltank, €€
Helles Goldgelb, Silberreflexe. Etwas zurückhaltend, ein Hauch von Zitronenmelisse, weißer Apfel, Nuancen von Blütenhonig. Mittlere Komplexität, feine weiße Kernobstnuancen, feiner Säurebogen, mineralisch, vielseitig einsetzbar.

92 Grauburgunder Reserve 2020
13 Vol.-%, DV, Holzfass, €€€
Mittleres Grüngelb, Silberreflexe. Frische gelbe Birnenfrucht, ein Hauch von Mango, zart nach Blütenhonig, Nuancen von Orangenzesten. Mittlere Komplexität, weißer Apfel, gute Frische, mineralischer Abgang, bleibt haften, vielseitig einsetzbar.

89 Rosé Symphonie 2020 SL/ZW/BF
12 Vol.-%, DV, Stahltank, €€

WEINGUT PRECHTL
2051 Zellerndorf, Zellerndorf 12
T: +43 (2945) 2297
weingut@prechtl.at
www.prechtl.at

Kellermeister: Franz Prechtl
Kontakt: Franz und Petra Prechtl
Produktion: 90 % weiß, 10 % rot, 17+5 Hektar
Vereinszugehörigkeit: Weinstraße Weinviertel, Premium Weingüter Weinviertel, Nordwein Österreich, Weingüter Retzer Land
Messen: Austrian Tasting London, Merano WineFestival, ProWein Düsseldorf, VieVinum, DAC-Präsentationen, MondoVino

* Weinviertel DAC ** Weinviertel DAC Reserve

★★

WEINGUT PRÖGLHÖF

Alles begann 1771. Fast 250 Jahre später werden rund 50.000 Reben mit viel Liebe und Respekt gegenüber der Natur familiär von den Pröglhöfs bewirtschaftet. Das Handwerk des Winzers Markus wird mit Bedacht und Feingefühl ausgeführt. Kontinuierliche Weiterbildung und Förderung der Vielfalt in der Natur sind ihm dabei sehr wichtig. So sollen fruchtbare Böden und vitale Rebstöcke für die nächste Generation erhalten bleiben.
Der Stolz, in Österreich Wein anzubauen, schlägt sich auch in der Sortenwahl nieder: Man setzt auf autochthone Rebsorten wie Grünen Veltliner und Blauen Zweigelt. Arbeit im Einklang mit der Natur spielt eine zentrale Rolle, wie z. B. minimaler Einsatz von Pflanzenschutzmitteln, genügend Raum für die Reben sowie Bodenverbesserung über Begrünungsvarianten. Durch gezielte Laubarbeit und Ertragsreduktion wird es den Rebstöcken ermöglicht, optimale Ergebnisse zu liefern. Die schonend gelesenen und gepressten Trauben werden im Keller schließlich temperaturgeführt vergoren. Das Ziel sind gut »begleitete« Weine mit viel Charakter und großem Potenzial. Seit der Ernte 2019 werden die Weingärten offiziell biologisch bewirtschaftet.

93 Grüner Veltliner * Große Reserve 2019
14 Vol.-%, NK, Tonneaux Fass, €€€€ V
Leuchtendes Goldgelb, Silberreflexe. Einladendes Bukett nach Mango und Ananas, etwas nach Blütenhonig, Wiesenkräuter, unterlegt mit einem Vanilletouch. Saftig, gute Komplexität, balancierte Säurestruktur, kraftvoll, Pfirsichtouch im Abgang, würziger Nachhall, weißes Nougat, gutes Entwicklungspotenzial.

90 Grüner Veltliner * vom Quarzsand 2020
12,5 Vol.-%, DV, Stahltank, €€ V
Helles Gelbgrün, Silberreflexe. Feine Wiesenkräuter, etwas nach Golden-Delicious-Apfelfrucht, zart nach Orangenzesten. Mittlerer Körper, balancierte Säurestruktur, weiße Tropenfrucht, würzig, frisches Finish, bereits gut antrinkbar, klassischer Sortenvertreter.

92 Grüner Veltliner Ried Obermarkersdorfer Speisern 2019
14 Vol.-%, DV, Stahltank, €€ V
Leuchtendes Gelbgrün, Silberreflexe. Dezente Röstaromen, etwas nach reifer Tropenfrucht, zart nach Honigmelone, kandierte Orangenzesten. Gute Komplexität, saftig, feine Struktur, mineralisch, straff, Mangonoten im Abgang, vielschichtiger Speisenbegleiter.

Retzer Windmühle

WEINGUT PRÖGLHÖF
2070 Retz-Obernalb, Brunnwinkl 11
T: +43 (2942) 2174
office@proeglhoef-weine.at
www.proeglhoef-weine.at

Kellermeister: Markus Pröglhöf
Kontakt: Marianne und Markus Pröglhöf
Anbauweise: Umstellung auf bio (Austria Bio Garantie)
Produktion: 70 % weiß, 1 % rosé, 29 % rot, 12 Hektar
Vereinszugehörigkeit: Nordwein Österreich, Weingüter Retzer Land
Messen: ProWein Düsseldorf, VieVinum, WEINmesse Berlin, DAC-Präsentationen, WeinMüchen, WeinBerlin

91 Tegel & Mergel 2019 WB/CH/GV
13,5 Vol.-%, DV, Stahltank/500-l-Fass, €€ V
Mittleres Gelbgrün, Silberreflexe. Zart nach gelbem Steinobst, zart nach Quitte, frische Orangenzesten, Gewürznuancen klingen an. Saftig, elegant, gut integrierte Säurestruktur, rund und balanciert, Maracujatouch im Abgang, tabakig im Nachhall, guter Speisenbegleiter.

91 Naliub Reserve 2018 ZW/ME/CS
13,5 Vol.-%, NK, Barrique, €€€ V
Kräftiges Rubingranat, violette Reflexe, breitere Ockerrandaufhellung. Reife Herzkirschen, feines Nougat, mit zarter Kräuterwürze unterlegt. Saftig, elegant, reife Zwetschken, gut integrierte Tannine, feines Nougat, bereits gut antrinkbar, mineralischer Nachhall.

★★

WEINGUT SCHNEIDER

Gerald Schneider legt bei der Vinifikation höchsten Wert auf elegante, feingliedrige Weine mit klarer Frucht und Finessenreichtum. Die Trinkfreude soll dabei aber nie verloren gehen. Der Weinort Röschitz, im westlichen Weinviertel an den Ausläufern des Manhartsberges gelegen, bietet mit einer Mischung aus Löss und Urgestein beste Böden für außergewöhnliche Weißweine.
Besonders der Grüne Veltliner erreicht bei kühlen Nächten und heißen Sommertagen in den renommierten Lagen von Röschitz wie Galgenberg und Königsberg höchste Qualität und unverkennbaren Geschmack, weshalb er für das Weingut die mit Abstand wichtigste Sorte darstellt und in sechs verschiedenen Ausbaustufen angeboten wird. Aber auch Riesling, Chardonnay und Weißburgunder reifen hier beständig zu Top-Qualitäten heran. Ein sensibler Umgang der Familie Schneider mit den natürlichen Gegebenheiten der einzelnen Rieden bringt von Jahr zu Jahr das jeweils typische Terroir vom Rebstock bis ins Glas.

88 Grüner Veltliner * Classic 2020
12,5 Vol.-%, DV, Stahltank, €€

92 Grüner Veltliner Ried Königsberg 2020
13,5 Vol.-%, DV, Stahltank, €€
Mittleres Gelbgrün, Silberreflexe. Reifes Kernobst, etwas nach Papaya, zart nach Orangenzesten, feinwürzig unterlegt. Saftig, feine Struktur, mineralisch-salzig, reifer Apfel im Abgang, bleibt gut haften, stoffiger Speisenbegleiter mit Potenzial.

92 Grüner Veltliner Alte Reben 2020
13,5 Vol.-%, DV, Stahltank, €€
Mittleres Gelbgrün, Silberreflexe. Zartes weißes Nougat, ein Hauch von gelber Tropenfrucht, etwas Gewürznuancen, Melone klingt an. Saftig, gut integrierte Struktur, wirkt leichtfüßig, weißes Kernobst, bereits gut antrinkbar.

90 Grüner Veltliner Ried Galgenberg 2020
13 Vol.-%, DV, Stahltank, €€
Helles Gelbgrün, Silberreflexe. Feine Wiesenkräuter, etwas nach Apfelfrucht, ein Hauch von Zitrus, Kardamom klingt an. Saftig, elegant, feine Struktur, extraktsüß, etwas weitmaschig, Apfelfrucht im Abgang, bereits gut antrinkbar.

90 Weißburgunder 2020
13 Vol.-%, DV, Stahltank, €€
Helles Gelbgrün, Silberreflexe. Feine Birnenfrucht, etwas nach Maracuja, zart nach Melisse, frisches Bukett. Straff, extraktsüß, gelbes Kernobst im Abgang, lebendiger Säurebogen, bereits gut antrinkbar.

89 Chardonnay 2020
13 Vol.-%, DV, großes Holzfass, €€

WEINGUT SCHNEIDER
3743 Röschitz
Granitz 9
T: +43 (664) 1701974
weingutschneider@aon.at
www.weingutschneider.at

Kellermeister/Kontakt:
Gerald Schneider
Produktion: 100 % weiß, 9 Hektar
Messen: Vinobile Feldkirch, Weinmesse Innsbruck

* Weinviertel DAC ** Weinviertel DAC Reserve

SCHÖDL FAMILY
2225 Loidesthal
Loidesthaler Hauptstraße 76
T: +43 (664) 4677886
mail@weingutschoedl.at
www.schoedlfamily.at

Kellermeister/Kontakt:
Mathias Schödl
Anbauweise: Zertifiziert Biologisch
Produktion: 10 % Schaumwein, 60 % weiß, 10 % rosé, 20 % rot
Zertifiziert: Nachhaltig Austria
Vereinszugehörigkeit:
Wine Growing Characters
Messen: Alles für den Gast Salzburg, Austrian Tasting London, VieVinum

★★

SCHÖDL FAMILY

BIO

»Three of a kind«, das sind Mathias, Viktoria und Leonhard vom Weingut Schödl, drei Geschwister mit Herz und Liebe zum Wein, die es sich zum Ziel gesetzt haben, pures Winzerhandwerk in die Flasche zu bringen – selbstverständlich im Einklang mit der Natur, weshalb das Weingut auch auf biologische Produktion umgestellt wurde. Praktika führten die Geschwister davor zu Weingütern in Neuseeland, Südafrika, New York und Kalifornien, die sich auch der biologischen oder biodynamischen Bewirtschaftung verschrieben haben – Reisen, die prägend waren, daher auch ihr Zugang: »Ehrliche Handarbeit ist die Devise, pur und unverfälscht die Maxime!«

91 In Natura PetNaturel RR/GV/WB
11,5 Vol.-%, NK, Flaschengärung, €€€€
Zart getrübtes leuchtendes Gelbgold, Silberreflexe, feine Perlage. Frische Birnenfrucht, ein Hauch von Mango, zart nach Orangenzesten. Saftig, elegant, weißer Apfel, gute Frische, mineralisch-zitronig, sowohl als Aperitif wie auch als Speisenbegleiter geeignet.

(92) Grüner Veltliner Reserve Ried In den Kreuthern 2020
13 Vol.-%, NK, großes Holzfass, €€€€
Zart wolkiges Gelbgrün, Silberreflexe. Frischer weißer Apfel, Wiesenkräuter, ein Hauch von Orangenschalen. Mittlere Komplexität, feine Birnenfrucht, zart nach Ringlotte, feiner Säurebogen, frisch und mineralisch, bleibt haften, ein facettenreicher Speisenbegleiter.

91 Grüner Veltliner In Natura 2019
12 Vol.-%, NK, Holzfass, €€€
Wolkiges Grüngelb, Silberreflexe. Frische Birnenfrucht, ein Hauch von Mango und Orangenzesten, zarte Nuancen von Wiesenkräutern, einladendes Bukett. Stoffig, weißer Apfel, gute Frische, salziger Touch, zitronig, Kernobst im Nachhall, vielseitiger Speisenbegleiter.

89 Grüner Veltliner Blumenthal 2020
12,5 Vol.-%, DV, Stahltank, €€

92 Sankt Laurent In den Kreuthern Alte Reben 2019
13 Vol.-%, NK, 500-l-Fass, €€€€
Dunkles Rubingranat, violette Reflexe, zarte Randaufhellung. Zart nach Nougat und Kräuterwürze, Brombeerkonfit, Weichseln und schwarze Kirschen, frische Orangenzes-

ten. Saftig, reife Zwetschken, mineralisch-nussig, salziger Abgang, ein würziger Speisenbegleiter.

91 Sankt Laurent In Natura 2019
12 Vol.-%, NK, Holzfass, €€€
Dunkles Rubingranat, violette Reflexe, zarte Randaufhellung. Schwarze Kirschen, ein Hauch von Kräutern und Brombeeren, zart nach Vanille und Orangenzesten. Mittlerer Körper, rotbeeriger Touch, ein Hauch von Preiselbeeren, mineralisch-zitroniger Anklang, frischer, animierender Stil, Limetten im Nachhall.

★★

WEINGUT SCHUCKERT

Im aufstrebenden Weinviertel gehört das Weingut Rainer Schuckert zu den ambitioniertesten Weingütern. Gute Weine hat man in diesem Familienbetrieb mit seinen 20 Hektar Rebfläche immer schon erzeugt. Doch die Aufmerksamkeit der Weinkenner aus dem In- und Ausland wendete sich erst vor ein paar Jahren der Gegend um Poysdorf zu, was für den entdeckungsfreudigen Weintrinker den Vorteil hat, im wahrsten Wortsinn ausgezeichnete Weine zu vernünftigen Preisen zu bekommen – zum Beispiel den Grünen Veltliner, dem im Weingut Schuckert wie im ganzen Weinviertel eine besondere Rolle zukommt. Schuckerts Arbeit mit der Paradesorte der Gegend zeigt, welche Vielfalt sich aus der alten österreichischen Rebe herausholen lässt.

90 * Classic 2020
12,5 Vol.-%, DV, Edelstahl, €€
Helles Gelbgrün, Silberreflexe. Mit einem Hauch von frischen Wiesenkräutern unterlegter grüner Apfel, zitronige Nuancen. Leichtfüßig, weiße Fruchtnuancen, frischer Säurebogen, mineralisch im Abgang, vielseitiger, animierender Speisenbegleiter.

(92) Grüner Veltliner Ried Hermannschachern Novemberlese 2020
13,5 Vol.-%, DV, Stahltank, €€€
Mittleres Gelbgrün, Silberreflexe. Feinwürzig unterlegte feine gelbe Tropenfrucht, ein Hauch von Mango und Papaya, frische Orangenzesten, mineralischer Anklang. Saftig, zart nach Birne, gut integrierte Säurestruktur, salziger Touch im Abgang, bleibt haften, ein facettenreicher Speisenbegleiter.

91 Grüner Veltliner Ried Nestelbächer 2020
12,5 Vol.-%, DV, Stahltank, €€
Mittleres Gelbgrün, Silberreflexe. Zart floral gehöhtes Bukett nach frischem gelbem Apfel, ein Hauch von Limetten. Mittlere Komplexität, feines Kernobst, angenehmer Säurebogen, dezente Fruchtsüße, mineralisch und anhaftend, gutes Entwicklungspotenzial.

91 Chardonnay 2020
13 Vol.-%, DV, Stahltank, €€
Helles Gelbgrün, Silberreflexe. Mit einem Hauch von Mandarinenzesten unterlegte gelbe Apfelfrucht, ein Hauch von Wiesenkräutern. Mittlerer Körper, feine Steinobstfrucht, dezente Süße, angenehme Säure, ausgewogen, vielseitig einsetzbar, bereits gut antrinkbar.

90 Gelber Muskateller Ried Steinberg 2020
12,5 Vol.-%, DV, Stahltank, €€
Helles Gelbgrün, Silberreflexe. Zart floral unterlegte weiße Pfirsichfrucht, Nuancen von Limetten und Holunderblüten, ein Hauch von Muskatnuss. Mittlerer Körper, elegant, frisches Steinobst, zart nach Ananas im Abgang, ein ausgewogener, feinduftiger Stil.

89 Zweigelt Exklusiv 2017
13,5 Vol.-%, DV, Holzfass, €€

WEINGUT SCHUCKERT
2170 Poysdorf
Wilhelmsdorfer Straße 40
T: +43 (2552) 2389
weingut@schuckert.com
www.schuckert.com

Kellermeister/Kontakt:
Rainer Schuckert
Produktion: 72 % weiß, 25 % rot, 3 % süß, 20 Hektar
Messen: ProWein Düsseldorf, DAC-Präsentationen

★★

WEINGUT SCHWARZ

BIO

Wo einst der Eiserne Vorhang Europa teilte, herrscht heute grenzüberschreitender Tourismus. Hier in Schrattenberg – der bedeutendsten Rotweinanbaugemeinde im östlichen Weinviertel – wird von Familie Schwarz seit Generationen Wein gemacht. Im Mittelpunkt des Handelns stehen die organisch-biologische Bewirtschaftung der Weingärten sowie die behutsame Begleitung der Weine im Keller. So entstehen Jahr für Jahr sehr eigenständige Kostbarkeiten in allen Kategorien: rot, weiß, rosé, süß und prickelnd. Bei einem persönlichen Besuch auf dem Weingut der Familie Schwarz erfahren Weininteressierte alle Details zur Philosophie des Hauses. Tipp: Man sollte genügend Zeit einplanen, denn das Portfolio ist umfangreich und die Region kulturell wie historisch spannend.

91 Riesling Selection 2019
13,5 Vol.-%, DV, großes Holzfass, €€€ B V
Helles Goldgelb, Silberreflexe. Feine gelbe Tropenfrucht nach Mango und Maracuja, floraler Touch, frischer Pfirsich, mit Limettenzesten unterlegt. Saftig, mittlere Komplexität, weiße Frucht, frischer Säurebogen, mineralisch, dezenter Honigtouch im Nachhall.

89 Rosé 2020 ZW/SL/SY/CS/BP
12 Vol.-%, DV, Stahltank, €€ B V

92 Cabernet Sauvignon Premium 2017
13 Vol.-%, VL, gebrauchte Barriques, €€€€€ B V
Dunkles Rubingranat, opaker Kern, violette Reflexe, zarte Randaufhellung. Zarter Holz-Vanille-Touch, ein Hauch von Cassis, Brombeeren, dunkles Dörrobst. Saftig, straff, gute Säurestruktur, gut eingebundene Tannine, Tabakwürze, Brombeernuancen im Abgang, kraftvoller Speisenbegleiter, weiteres Reifepotenzial.

91 Zweigelt Premium 2017
13 Vol.-%, DIAM, gebrauchte Barriques, €€€€€ B V
Dunkles Rubingranat, violette Reflexe, zarte Randaufhellung. Feine Pflaumenfrucht, etwas nach eingelegten Kirschen, floraler Touch, Kokos und Nougat klingen an. Mittlerer Körper, ein Hauch von Tabak, gut eingebundenes Tannin, zarte Röstaromen, Brombeertouch im Abgang, guter, frischer Speisenbegleiter.

90 Tradition 2018 BF/SL/ZW
13 Vol.-%, DV, großes Holzfass, €€€ B V
Kräftiges Rubingranat, violette Reflexe, dezente Ockerrandaufhellung. Reife Zwetschken, eingelegte Kirschen, Nuancen von Waldbeeren, tabakig unterlegt. Mittlerer Körper, rotbeerig, präsente, gut integrierte Tannine, würzig und frisch, salziger Nachhall.

90 Pinot Noir Premium 2018
13 Vol.-%, VL, gebrauchte Barriques, €€€€€ B V
Mittleres Karmingranat, Ockerreflexe, breite Randaufhellung. Zart nach Lakritze, schwarze Waldbeeren, floraler Touch, angenehme Kräuterwürze. Mittlere Komplexität, rote Konfitüre, präsente Tannine, mineralisch im Abgang, würziger Nachhall.

WEINGUT SCHWARZ
2172 Schrattenberg
Kleine Zeile 8
T: +43 (2555) 2544
office@schwarzwines.com
www.schwarzwines.com

Kellermeister/Kontakt: Familie Schwarz
Anbauweise: Zertifiziert Biologisch
Produktion: 2 % Schaumwein, 22 % weiß, 3 % rosé, 72 % rot, 1 % süß, 23.5 Hektar
Vereinszugehörigkeit: Weinstraße Weinviertel, Weinviertel DAC
Messen: Weinmesse Salzburg

★★

WEINGUT SCHWARZBÖCK

Leidenschaft für Wein und für den Weinbau, dafür sind Rudi und Anita Schwarzböck ständig in Bewegung. Die beiden erzeugen präzise wie auch authentische Weine, die das Terroir des südlichen Weinviertels perfekt widerspiegeln. Ihre Weiß-, Rot- und Süßweine sowie der nach der traditionellen Methode erzeugte Sekt präsentieren sich elegant, ausdrucksstark und trinkfreudig. Das Logo, der springende Bock, visualisiert nicht nur den Familiennamen, sondern steht für die Agilität und Zukunftsorientiertheit des Betriebs. Auf den Hängen des Bisambergs werden Grüner Veltliner, Riesling und Zweigelt kultiviert. Beachtlich ist dabei die Sortenvielfalt des Weinguts. Die Böden sind sehr unterschiedlich: Flyschgestein (Schichten von Sandstein und tonigem Mergel), Löss, Schotter und Sand wechseln sich ab. Der pannonische Klimaeinfluss sorgt für eine gute Ausreifung der Trauben und für harmonische Säure in den Weine. Den Lagenweinen wird dabei Zeit gegeben. Die Weißweine werden im Stahltank oder im großen Holzfass ausgebaut, die Rotweine reifen in großen Holzfässern und in Barriques. Es sind langlebige Weine, die nach einigen Jahren Flaschenreife zur Hochform auflaufen.

92 ** Ried Aichleiten 2019
13,5 Vol.-%, DV, Holzfass, €€€
Leuchtendes Gelbgrün, Silberreflexe. Einladender Duft nach gelber Tropenfrucht, kandierter Apfel, zart nach Blütenhonig, etwas Orangenzesten. Saftig, elegant, lebendige Säurestruktur, fruchtsüß nach Mango, Honigtouch im Nachhall, gutes Potenzial.

89 * Hagenbrunn 2020
12,5 Vol.-%, DV, Stahltank, €€

93 Riesling Reserve Ried Aichleiten 2019
13,5 Vol.-%, DV, Holzfass, €€€
Mittleres Gelbgrün, Silberreflexe. Dunkle Mineralik, etwas nach Kräutern, zartes gelbes Steinobst, ein Hauch von Melisse. Saftig, straff, fruchtsüß nach Marille, gut integrierter Säurebogen, mineralischer Nachhall, bereits gut antrinkbar, kraftvoller Speisenbegleiter.

91 Weißburgunder Stützenhofner Ried Hohe Ried 2020
13,5 Vol.-%, DV, Stahl, €€€
Mittleres Gelbgrün, Silberreflexe. Feine Mangonoten, etwas nach Birnen, ein Hauch von Blütenhonig, floraler Touch. Saftig, straff, facettenreiche Säurestruktur, mineralisch-salzig, feinwürzig, Papaya im Nachhall, vielseitig einsetzbar.

WEINGUT SCHWARZBÖCK
2102 Hagenbrunn
Hauptstraße 56–58
T: +43 (2262) 672740
weingut@schwarzboeck.at
www.schwarzboeck.at
Kellermeister: Rudolf Schwarzböck
Kontakt: Anita Schwarzböck
Anbauweise: Umstellung auf bio (Austria Bio Garantie)
Produktion: 2 % Schaumwein, 80 % weiß, 2 % rosé, 15 % rot, 1 % süß, 23 Hektar
Vereinszugehörigkeit: Premium Weingüter Weinviertel
Messen: Austrian Tasting London, ÖGW Zürich, ProWein Düsseldorf, VieVinum, DAC-Präsentationen

Anita und Rudi Schwarzböck

* Weinviertel DAC ** Weinviertel DAC Reserve

91 Grauburgunder Ried Aichleiten Reserve 2019
13,5 Vol.-%, DV, Barrique, €€€
Leuchtendes Goldgelb, Messingreflexe. Dezente Tabakwürze, etwas nach Kräutern, Räuchertouch, weiße Steinobstfrucht, Orangenzesten. Saftig, straff, balancierter Säurebogen, mineralisch, rund und elegant, stoffiger Speisenbegleiter.

90 Zweigelt Reserve Stammersdorfer Ried Braschen 2018
13,5 Vol.-%, DV, Barrique, €€€
Tiefdunkles Rubingranat, opaker Kern, violette Reflexe, zarte Randaufhellung. Zart rauchig-würzig unterlegte reife Zwetschkenfrucht, ein Hauch von Asphalt, schwarze Beeren und Tabak. Mittlerer Körper, reife Kirschen, gut integrierte Tannine, ausgewogen, bereits zugänglich.

★★★

WEINGUT WOLFGANG SEHER

Das Weingut Seher wird seit 2001 von Wolfgang Seher geleitet. Die Anbaufläche im Umfang von 18 Hektar ist mit den Weißweinsorten Grüner Veltliner, Riesling, Sauvignon Blanc, Weißburgunder, Gelber Muskateller sowie den Rotweinsorten Zweigelt, Pinot Noir, Barbera, Merlot und Cabernet Sauvignon bestockt; der Schwerpunkt liegt dabei auf dem Grünen Veltliner.
Etwa zwei Drittel der Weingärten liegen in Platt. Hier befinden sich auch die wichtigsten Lagen: Kapellenberg, Sandberg, Faustberg und Kirchleithen. Sieben weitere Top-Lagen des Weinguts befinden sich in Obermarkersdorf und heißen Feuerberg, Nussberg, Rosenhügel, Geyern, Triftberg, Hochberg und Hangenstein.

WEINGUT WOLFGANG SEHER
2051 Platt
Platt 28
T: +43 (2945) 27138
office@weingutseher.at
www.weingutseher.at

Kellermeister/Kontakt:
Wolfgang Seher
Produktion: 9 % Schaumwein, 70 % weiß, 20 % rot, 1 % süß, 18+0.5 Hektar
Vereinszugehörigkeit:
Nordwein Österreich
Messen: ProWein Düsseldorf

93 Grüner Veltliner ** Ried Feuerberg 2019
14 Vol.-%, DV, 500-l-Fass, €€€€
Mittleres Gelbgrün, Silberreflexe. Floral unterlegte gelbe Tropenfruchtnoten, nach Ananas, dazu gelber Pfirsich, ein Hauch von frischen Orangenzesten. Kraftvoll, komplex, ausgewogenes Spiel von Fruchtsüße und Säure, mineralisch-salzig unterlegt, verfügt über Länge, gutes weiteres Entwicklungspotenzial.

92 Grüner Veltliner ** Ried Platter Kapellenberg 2019
14 Vol.-%, DV, 500-l-Fass, €€€€
Helles Gelbgrün, Silberreflexe. Zarte Nuancen von Orangenzesten, frisches Kernobst, mit etwas Mango unterlegt. Saftige gelbe Tropenfrucht am Gaumen, elegante Textur, feines Säurespiel, Nuancen von weißer Birne, feiner Honigtouch im Abgang, vielseitige einsetzbar.

91 Grüner Veltliner * Ried Obermarkersorfer Nussberg 2020
12,5 Vol.-%, DV, Stahltank, €€
Helles Gelbgrün, Silberreflexe. Nuancen von Golden-Delicious-Apfel, ein Hauch von Mandarinenzesten, feiner Blütenhonig, einladender Duft. Mittlerer Körper, feiner Ananastouch, gut integrierte Säurestruktur, dezente Fruchtsüße im Abgang, ein facettenreicher Speisenbegleiter.

90 Grüner Veltliner * Ried Platter Sandberg 2020
12,5 Vol.-%, DV, Stahltank, €€
Helles Gelbgrün, Silberreflexe. Frischer weißer Apfel, floraler Touch, Nuancen von Mango, einladendes Bukett. Mittlere Komplexität, saftig und ausgewogen, feine Säurestruktur, mineralisch-zitronig im Abgang.

89 Grüner Veltliner * Platt 28 2020
12 Vol.-%, DV, Stahltank, €€

92 Sauvignon Blanc Silt 2020
13 Vol.-%, DV, Stahltank, €€
Helles Grüngelb, Silberreflexe. Einladende Fruchtexotik, Anklänge von Guaven und Passionsfrucht, zarte Grapefruitnuancen, einladendes Bukett. Straff, gelbe Stachelbeeren, frische Säurestruktur, mineralisch-salzig im Abgang, bereits gut entwickelt.

92 Sauvignon Blanc Ried Platter Faustberg 2019
14 Vol.-%, DV, 500-l-Fass, €€€€
Mittleres Gelbgrün, Silberreflexe. Zarte gelbe Frucht, ein Hauch von Passionsfrucht, Nuancen von Holunderblüten, kandierte Grapefruitzesten, facettenreich. Saftig, Weiße Johannisbeeren, dezente Fruchtsüße, feine Säurestruktur, elegant und anhaftend, ausgewogener Speisenbegleiter.

89 Weißer Burgunder Mergel 2020
12,5 Vol.-%, DV, Stahltank, €€

89 Riesling Tonstein 2020
12,5 Vol.-%, DV, Stahltank, €€

92 Pinot Noir Ried Platter Ausserm Holz 2017
13,5 Vol.-%, DV, Barrique, €€€€
Mittleres Karmingranat, Ockerreflexe, breite Randaufhellung. Feine Nuancen von Gewürznelken und Kardamom, rotes Waldbeerenkonfit, kandierte Mandarinenzesten, attraktives Bukett. Saftig, samtig, feine rote Frucht, reife, gut eingebundene Tannine, Erdbeeren im Nachhall, ein balancierter Speisenbegleiter.

91 Zweigelt Ried Obermarkersdorfer Hangenstein 2017
14 Vol.-%, DV, Barrique, €€€€
Dunkles Rubingranat, violette Reflexe, dezenter Wasserrand. Zarte Röstaromen, etwas Nougat, dunkles Beerenkonfit, ein Hauch von Zwetschken, tabakiger Touch. Saftig, feine Fruchtsüße, gut eingebundene Tannine, gute Frische, bereits gut antrinkbar und entwickelt.

91 Riesling Ausstich 2019
12,5 Vol.-%, DV, Stahltank, €€€€
Leuchtendes Gelbgold, Silberreflexe. Gelbe Tropenfrucht, Nuancen von Pfirsich und Ananas, mit dezentem Blütenhonig unterlegt. Saftig, reife Fruchtnuancen, süße Textur, feiner Säurebogen, Marille im Abgang, Honig im Nachhall, gutes Reifepotenzial.

★★★★

WEINGUT SETZER

Seit 1705 ist das Weingut im Familienbesitz und wird mit Stolz und großem Verantwortungsgefühl von Generation zu Generation weitergegeben. Waren es bis vor Kurzem Hans und Ulrike Setzer, die die Geschicke des Weinguts leiteten, so werden sie heute bereits von ihren Kindern Marie-Theres und Eugen unterstützt. Beide sind bereits im Weinbau ausgebildet und ebenso mit Leidenschaft dabei.
Hohenwarth am Manhartsberg, am Rande des westlichen Weinviertels, ist aufgrund seiner Lage besonders für Grünen und Roten Veltliner prädestiniert. Diese beiden Rebsorten bilden das Herzstück des Weinguts und werden sowohl im leichten Segment wie auch als gehaltvolle Lagenweine ausgebaut. Die Flaggschiffe des Hauses sind Weinviertel DAC Reserve „8000“ und Roter Veltliner Ried Kreimelberg. Aufgrund der Höhenlage des Ortes Hohenwarth auf fast 400 Metern bilden die Temperaturunterschiede zwischen Tag und Nacht ein ausgeprägtes Fruchtaroma der Trauben. Die alten Rebstöcke wiederum versorgen die Trauben mit Mineralik aus den Tiefen der Braunerdeböden (mit Schotter im Untergrund) und gewährleisten auch in Trockenperioden eine perfekte Wasserversorgung. Rebstöcke mit mehr als 60 Jahren sind in den Weingärten der Setzers keine Seltenheit.
Der Setzer in Pink verströmt als fruchtig-leichter Rosé Nizza-Flair, angelehnt an die Roséweine der Provence, nur etwas leichter im Alkohol – ideal zu Meeresfrüchten oder Nudelgerichten. Setzer-Weine sind seit vielen Jahren weltweit erfolgreich. Zu finden sind sie in der Topgastronomie von San Francisco im Westen bis Shanghai im Osten. Auch in Australien oder auf Urlaubsinseln wie den Malediven schätzt man Setzer-Weine. Edle Tropfen heranreifen zu lassen, das

Weingut Setzer

WEINGUT SETZER
3472 Hohenwarth
Hauptstrasse 64
T: +43 (2957) 228
setzer@weingut-setzer.at
www.weingut-setzer.at

Kellermeister/Kontakt:
Hans Setzer
Produktion: 85 % weiß, 15 % rot,
30+15 Hektar
Zertifiziert: Nachhaltig Austria
Vereinszugehörigkeit:
Premium Weingüter Weinviertel
Messen: ProWein Düsseldorf, VieVinum, DAC-Präsentationen, MondoVino

liebt das Weingut Setzer, eine »Insel der Seligen« mitten im bedeutendsten Weinbaugebiet Österreichs. Hier vereint sich die niederösterreichische Lebensfreude mit der Leidenschaft für Genuss und dem Streben nach Perfektion – eine Mischung, die offenbar nur das Feinste hervorbringt.

(94) * Ried Laa Große Reserve 2019
14 Vol.-%, NK, Barrique, €€€€€
Helles Goldgelb, Silberreflexe. Feine frische Tropenfrucht, ein Hauch von Mango und Apfel, zart nach Blütenhonig, dezente Kräuterwürze, mineralischer Anklang. Komplex, stoffig, elegant, saftige weiße Frucht, dunkle Mineralik im Abgang, zart nussig, braucht noch etwas Zeit, wird von Flaschenreife profitieren.

(93) ** Ried Kirchengarten 2020
13,5 Vol.-%, NK, Stahltank, €€€€
Helles Goldgelb, Silberreflexe. Frische gelbe Birnennote, reife Mango, zart nach Mandarinenzesten, einladendes Bukett. Komplex, saftig, elegante Textur, feine Apfelfrucht, dezente Säurestruktur, Melone im Abgang, bleibt gut haften, mineralischer Nachhall, ein pikanter Begleiter bei Tisch.

(93) ** Ried Laa »8000« 2020
13 Vol.-%, NK, Stahltank, €€€€€
Helles Goldgelb, Silberreflexe. Zart nach Marille und frischem gelbem Apfel, einladendes Bukett, zart nach Mandarinenzesten und Blütenhonig. Saftig, frische Kernobstnuancen, gut integrierter Säurebogen, feine Fruchtsüße im Abgang, gute Länge, sicheres Entwicklungspotenzial.

(91) ** Ried Kronberg 2020
13 Vol.-%, NK, Stahltank, €€€
Helles Gelbgrün, Silberreflexe. Feine gelbe Tropenfrucht, Nuancen von Ananas und Mango, frische Limettenzesten. Saftig, gelber Apfel, frischer Säurebogen, zarte Fruchtsüße im Abgang, Blütenhonig im Nachhall, ein vielseitiger Speisenbegleiter.

90 * Ausstich 2020
12 Vol.-%, DV, Stahltank, €€
Helles Gelbgrün, Silberreflexe. Frische Honigmelone, florale Nuancen, ein Hauch von Orangenschalen. Saftig, weiße Birnenfrucht, leichtfüßig, frisch strukturiert, zitroniger Touch, ein Hauch von Golden Delicious im Nachhall.

(92) Roter Veltliner Ried Kreimelberg 2020
13 Vol.-%, NK, Stahltank, €€€€
Helles Goldgelb, Silberreflexe. Etwas zurückhaltend, zart nach Blütenhonig, reife gelbe Birne, Noten von Ananas, kandierte Orangenzesten. Mittlere Komplexität, weiße Kernobstnoten, feiner Säurebogen, zart nach Mandeln und Nüssen, bleibt haften, gutes Entwicklungspotenzial.

★★★

WINZERHOF STIFT

Der Winzerhof der Familie Stift liegt in Röschitz, südlich der Weinstadt Retz. Franz Stift nutzt die besonderen klimatischen und geologischen Gegebenheiten rund um Röschitz geschickt, um Weine mit prägnantem Charakter zu keltern. So wird jeder Weingarten als eigenes Individuum betrachtet, und mit Umsicht und Sorgfalt werden die Trauben zur Reife geführt. Im Einklang mit der Natur und durch einfühlsame Arbeit im Keller entstehen finessenreiche, ausdrucksvolle und sortentypische Weine.
Urgesteinsinseln zwischen Lösshängen bringen markante Mineralik und fruchtige Fülle in die Weine, für jede Rebsorte finden sich an den Abhängen des Manhartsberges ideale Bedingungen.
Neben der Leitsorte Grüner Veltliner, den es in mannigfaltiger Auslegung und Abstufung gibt, werden hier auch sehr erfolgreich Riesling, Sauvignon Blanc, Gelber Muskateller, Chardonnay und ein Rosé vom Cabernet Sauvignon vinifiziert. Diese Weine zeigen Klarheit, Brillanz und Ausdrucksstärke und spiegeln das Weinviertel auf das Schönste wider. Bestätigt wird dies durch zahlreiche Auszeichnungen. Neben den bekannten Weinen »Tante Mitzi«, »Methusalem« und natürlich dem Riesling vom Urgestein wurde das Sortiment um zwei verschiedene Frizzanteweine erweitert: »Franzis Frizzi Muskateller« und »Franzis Frizzi Rosé«. Eine Degustation auf dem Winzerhof Stift, der ein nettes mediterranes Flair ausstrahlt, wird durch sein Ambiente zu einem wahren Erlebnis. Großer Beliebtheit erfreuen sich die Jazzabende, die alljährlich auf dem Weingut stattfinden.

93 Grüner Veltliner ** Maximos 2019
14 Vol.-%, DV, Stahltank, €€€
Mittleres Gelbgrün, Silberreflexe. Zart tabakig unterlegte reife gelbe Apfelfrucht, zart nach Marille, frische Orangenzesten. Kraftvoll, saftige Textur, seidig, dezente Säurestruktur, gelbe Tropenfrucht im Abgang, mineralisch-salzig im Nachhall, gutes weiteres Entwicklungspotenzial.

90 Grüner Veltliner * vom Urgestein 2020
13 Vol.-%, DV, Stahltank, €€
Helles Gelbgrün, Silberreflexe. Zarte Nuancen von Wiesenkräutern, dunkle Mineralik, frisches Kernobst, ein Hauch von Orangenzesten. Mittlerer Körper, weißer Apfel, feiner Säurebogen, bleibt gut haften, bereits entwickelt.

© Martin Lifka Photography

WINZERHOF STIFT
3743 Röschitz
Lange Zeile 6
T: +43 (2984) 31 44
office@winzerhof-stift.at
www.winzerhof-stift.at

Kellermeister: Franz Stift
Kontakt: Franz und Regina Stift
Produktion: 90 % weiß, 5 % rosé, 5 % rot
Zertifiziert: Nachhaltig Austria
Vereinszugehörigkeit: Weingüter Retzer Land
Messen: DAC-Präsentationen, MondoVino

Franz-Joseph, Regina und Franz Stift

92 Grüner Veltliner Ried Galgenberg 2020
13 Vol.-%, DV, Stahltank, €€
Helles Gelbgrün, Silberreflexe. Zarte weiße Tropenfruchtnuancen, mit einem Hauch von frischem Apfel unterlegt, zitronige Nuancen, mineralischer Touch. Mittlerer Köper, frisch strukturiert, zart nach Mango, salzige Nuancen, ausgewogen, vielseitig einsetzbar, gutes Reifepotenzial.

92 Grüner Veltliner Methusalem 2020
13 Vol.-%, DV, Stahltank, €€
Helles Gelbgrün, Silberreflexe. Noten von Honigmelone, feiner Blütenhonig klingt an, reifer Apfel, ein Hauch von kandierten Orangenzesten. Komplex, saftig und elegant, mit feiner Fruchtsüße unterlegt, zarter Säurebogen, der gut eingebunden ist, lange anhaftend, ein stoffiger Speisenbegleiter.

93 Riesling Lampelschweif 2020
12,5 Vol.-%, DV, Stahltank, €€€
Mittleres Gelbgrün, Silberreflexe. Kandierte Mandarinenzesten, gelbe Tropenfrucht, Marillen und Blütenhonig, einladendes Bukett. Saftig, deutliche Fruchtsüße, reifer gelber Pfirsich, finessenreiche Säurestruktur, mineralisch-zitroniger Touch im Abgang, sehr gute Länge, balancierte halbtrockene Stilistik, mit sicherem Reifepotenzial ausgestattet.

92 Riesling vom Urgestein 2020
13 Vol.-%, DV, Stahltank, €€
Helles Gelbgrün, Silberreflexe. Zart rauchig-mineralisch unterlegte gelbe Tropenfrucht, ein Hauch von reifem Steinobst, zart nach Safran, einladendes Bukett. Saftig, feine Fruchtsüße, nach weißem Pfirsich, lebendiger Säurebogen, zitronig im Nachhall, gute Länge, verfügt über Potenzial.

90 Sauvignon Blanc 2020
12,5 Vol.-%, DV, Stahltank, €€
Helles Gelbgrün, Silberreflexe. Zarte weiße Tropenfruchtnuancen, floraler Touch, ein Hauch von Blütenhonig. Schlank, frische Stachelbeeren, rassiger Säurebogen, mineralisch-salzig, Grapefruittouch im Nachhall, lebendiger Sommerwein.

★★

WEINGUT STUDENY

Als Familienbetrieb in dritter Generation bewirtschaftet Herbert Studeny seine 16 Hektar Weingärten nachhaltig erfolgreich und sorgt seit vielen Jahren bei Verkostungen immer wieder für Furore. Das Retzer Land im Weinviertel mit seiner Weinstadt Retz ist das nördlichste Weinbaugebiet Österreichs und bekannt für seine charaktervollen, würzigen Grünen Veltliner.
Der wohl wichtigste Charaktergeber der Region ist der Manhartsberg, der das höher liegende Waldviertel vom tiefer gelegenen Weinviertel trennt. Diesem Bergrücken verdanken die Winzer hohe Temperaturunterschiede zwischen Tag und Nacht sowie die Waldviertler Fallwinde – eine Besonderheit, die lebendige und aromatische Weine hervorbringt.
Als eines der ersten Weingüter in dieser Region hat das Weingut Studeny den Sauvignon Blanc etabliert, der sich durch eine ganz besondere Feingliedrigkeit und Finesse auszeichnet. Nicht nur im Weingarten beweist Herbert Studeny sein feines Gespür für Top-Weine. Mittels behutsam eingesetzter Kellertechnik und der langen Reifung auf der Feinhefe zaubert er feingliedrige, komplexe Spitzenweine mit hoher Lagerfähigkeit. Ab dem Jahrgang 2020 werden alle weißen Lagenweine spontan vergoren.
2011 wurde ein schöner und sehr zeitgemäßer Degustationsraum angebaut, der für den Ab-Hof-Verkauf und für Verkostungen ganz besonders gerne besucht wird.

89 Grüner Veltliner * Obermarkersdorf 2020
12,1 Vol.-%, DV, Stahltank, €€

92 Grüner Veltliner Ried Atschbach 2020
13,1 Vol.-%, DV, großes Holzfass/Stahltank, €€
Helles Gelbgrün, Silberreflexe. Mit einem Hauch von frischen Orangenzesten unterlegte Apfelfrucht, dazu etwas Mango und Birne, mineralischer Touch. Saftig, elegant, frisches Kernobst, angenehmer Säurebogen, mineralisch-salzig im Abgang, bleibt haften, ein facettenreicher Speisenbegleiter.

92 Riesling Ried Triftberg Urgestein 2020
12,5 Vol.-%, DV, Stahltank, €€
Helles Gelbgrün, Silberreflexe. Zarte weiße Steinobstnu-

WEINGUT STUDENY
2073 Obermarkersdorf
Obermarkersdorf 174
T: +43 (2942) 8252
office@studeny.at
www.studeny.at

Kellermeister/Kontakt: Herbert Studeny
Produktion: 75 % weiß, 20 % rot, 5 % süß, 16 Hektar
Vereinszugehörigkeit: Weinviertel DAC, Weingüter Retzer Land, Nordwein Österreich, Weinstraße Weinviertel
Messen: VieVinum, Vinobile Feldkirch, DAC-Präsentationen

Gertrude Greilinger und Herbert Studeny

ancen, frische Limettenzesten, mineralischer Touch, einladendes Bukett. Saftig, gelbe Tropenfrucht, Nuancen von reifem Pfirsich, frisch strukturiert, süßer Abgang, salziger Nachhall, balancierter halbtrockener Stil, gutes Zukunftspotenzial.

88 Riesling Obermarkersdorf 2020
12 Vol.-%, DV, Stahltank, €€

92 Weißburgunder Ried Nussberg 2020
13,4 Vol.-%, DV, Stahltank/großes Holzfass, €€
Helles Gelbgrün, Silberreflexe. Frische Orangenzesten, mit Walnuss unterlegte weiße Birnenfrucht, mineralisch, dezente Kräuterwürze. Mittlere Komplexität, saftige weiße Frucht, feiner Säurebogen, saliner Touch, zeigt gute Länge, dezente Süße im Nachhall, verfügt über Reifepotenzial.

91 Sauvignon Blanc Ried Sündlasberg 2020
12,6 Vol.-%, DV, Stahltank, €€
Helles Gelbgrün, Silberreflexe. Feine Kräuterwürze, weiße Pfirsichnuancen, ein Hauch von Stachelbeeren, zart nach Holunderblüten und Grapefruitzesten. Mittlerer Körper, reife Tropenfrucht, feine Fruchtsüße, lebendig strukturiert, Ananas im Nachhall, bereits gut antrinkbar.

★★★

WEINGUT SUTTER

Doris und Leopold Sutter führen ihr traditionsreiches Weingut in Hohenwarth im südwestlichen Weinviertel, wo das Kamptal an den Wagram grenzt, bereits in zehnter Generation. Die Weine des Großvaters August standen früher auf den besten Weinkarten des Landes. Nun gibt es neuen Schwung im Betrieb, und es wird sicher nicht lange dauern, bis man das Weingut Sutter wieder in den besten Restaurants findet. So stark wie die Mauern des Weinguts, das 1671 errichtet und liebevoll restauriert wurde, präsentiert sich auch das Sortiment der Sutters. Der Fokus liegt ganz klar auf dem Grünen Veltliner, den es in sechs Spielarten gibt: Der Weinviertel DAC ist ein klassischer Gebietswein, dazu gesellen sich Lagenweine und ein Grüner Veltliner Alte Reben. Auf Kies, Sand, Ton und kalkreichem Schotter der Ur-Donau wurzeln ihre Rebstöcke und sorgen für mineralische, eigenständige Weine, die ihre Herkunft zeigen. Drei Rote Veltliner, eine rare Sorte, die nur von wenigen Winzern gepflegt wird, und ein

Doris und Leopold Sutter

WEINGUT SUTTER

3472 Hohenwarth
Weinviertler Straße 6
T: +43 (2957) 200
office@weingut-sutter.at
www.weingut-sutter.at

Kellermeister: Leopold Sutter
Kontakt: Doris Sutter
Produktion: 20 Hektar
Zertifiziert: Nachhaltig Austria
Messen: ProWein Düsseldorf, VieVinum, Vinexpo, DAC-Präsentationen

Frühroter Veltliner sorgen ebenfalls für die vielen Gesichter, die ein Veltliner haben kann.

94 ** Privat 2017
13,5 Vol.-%, DV, großes Holzfass, €€€€€ V
Mittleres Gelbgrün, Silberreflexe. Mit weißen Blüten unterlegte frische Tropenfrucht, nach Ananas und Mango, etwas Honig und Limette. Komplex, saftig, cremige Textur, feines Säurespiel, geröstete Ananas klingt an, ein Hauch von Nougat im Abgang, gute Länge, ein stoffiger, bereits gut entwickelter Speisenbegleiter.

(92) * Alte Reben 2020
13 Vol.-%, DV, Stahltank, €€€ V
Helles Gelbgrün, Silberreflexe. Mit einem Hauch von Limetten unterlegte frische Apfelnuancen, floraler Touch. Saftig, elegant, feine Fruchtsüße, lebendig strukturiert, bleibt gut haften, mineralisch, zeigt gutes Reifepotenzial.

(92) ** Ried Kellerberg 2020
13 Vol.-%, DV, großes Holzfass/Stahltank, €€€€ V
Helles Gelbgrün, Silberreflexe. Zarte Nuancen von frischer Honigmelone, ein Hauch von Birne, Noten von Blütenhonig und Ananas. Saftig, gute Komplexität, weiße Frucht, feine Säurestruktur, süßer Nachhall, bereits gut antrinkbar, ein vielseitiger Speisenbegleiter.

90 * Klassik 2020
12,5 Vol.-%, DV, Stahltank, €€ V
Helles Gelbgrün, Silberreflexe. Frische Mango, weißer Apfel, zart nach Wiesenkräutern. Mittlerer Körper, weißes Kernobst, frischer Säurebogen, zitronig-lebendig im Abgang.

93 Roter Veltliner Privat 2017
13 Vol.-%, DV, großes Holzfass/Stahltank, €€€€€ V
Leuchtendes mittleres Gelbgrün, Silberreflexe. Zart nussige Aromen, reife gelbe Tropenfrucht, ein Hauch von Maracuja und Litschi, facettenreiches Bukett. Mit feiner Kräuterwürze unterlegte weiße Apfelfrucht, frischer Säurebogen, etwas Nougatkaramell im Abgang, ein gut entwickelter Begleiter bei Tisch.

(91) Roter Veltliner Alte Reben 2020
13 Vol.-%, DV, großes Holzfass/Stahltank, €€€ V
Helles Goldgelb, Silberreflexe. Zarte Birnenfrucht, etwas Blütenhonig, florale Nuancen, ein Hauch von Kräuterwürze im Hintergrund. Mittlere Komplexität, weißer Apfel, frisch strukturiert, zitronig-mineralisch im Nachhall, bereits zugänglich.

★★★

WEINGUT TAUBENSCHUSS

Das Weingut Taubenschuss ist ein Monolith in der Weinviertler Weinlandschaft und besteht bereits seit 1670. Heute wird der Betrieb von Markus und Thomas Taubenschuss geführt – unter tatkräftiger Mithilfe der Eltern Monika und Helmut, die immer noch aktiv in den Bereichen Produktion und Marketing mitwirken. Die Vorfahren haben sich die besten Lagen rund um die Weinstadt Poysdorf gesichert, der Fokus liegt auf den gebietstypischen Sorten Grüner Veltliner und Weißburgunder. Bereits 1941 wurde mit der Abfüllung in Bouteillen begonnen, aber dies ist nur ein Grund für die Pionierstellung dieser Weinviertler Winzerdynastie. Damals wie heute findet die Ernte traditionell ausschließlich per Hand statt. Oberstes Credo ist naturnaher, nachhaltiger Weinbau, wobei man bewusst auf den Einsatz von Pestiziden, Herbiziden, Insektiziden und Handelsdüngern verzichtet und stattdessen auf eigene Kompostproduktion zur organischen Düngung der Weingärten setzt. Auch nachhaltige Weingartenbeweidung mithilfe von speziellen Schafen wird seit einigen Jahren erfolgreich betrieben und sorgt so langfristig für weniger maschinellen Einsatz im Weinberg. Momentan befindet sich das Weingut in der Umstellungsphase zur Bio-Zertifizierung. Der historische Winzerhof mit einer Ausstellung von Kunstskulpturen sowie regelmäßig stattfindenden Bilderausstellungen nationaler und internationaler Künstler ist ein häufiger Treffpunkt für Weinfreunde und Kunstliebhaber.

93 ** Ried Neidharden 2019
13 Vol.-%, DV, Edelstahl/großes Holzfass, €€€
Leuchtendes Goldgelb, Silberreflexe. Feine Tropenfrucht, zart nach Guave, etwas nach Orangenzesten, mit Honigmelone unterlegt. Saftig, straff, engmaschige Säurestruktur, mineralisch, gelbe Apfelfrucht im Abgang, bleibt gut haften, guter Speisenbegleiter mit Potenzial.

91 Grüner Veltliner * Ried Weißer Berg 2020
12 Vol.-%, DV, Stahltank, €€
Mittleres Gelbgrün, Silberreflexe. Zart nach Blütenhonig, etwas nach Gewürzen, reife Apfelfrucht klingt an, mit Kräutern unterlegt. Saftig, straff, feine Struktur, mineralisch-salzig, weißes Kernobst im Nachhall, stoffiger Speisenbegleiter.

90 * Classic 2020
12 Vol.-%, DV, Stahltank, €€
Mittleres Gelbgrün, Silberreflexe. Feine Apfelfrucht, zart

WEINGUT TAUBENSCHUSS
2170 Poysdorf
Körnergasse 2
T: +43 (676) 3566901
weingut@taubenschuss.at
www.taubenschuss.at

Kellermeister: Helmut und Markus Taubenschuss
Kontakt: Monika und Thomas Taubenschuss
Anbauweise: Umstellung auf bio
Produktion: 100 % weiß, 22 Hektar
Vereinszugehörigkeit: Premium Weingüter Weinviertel
Messen: Merano WineFestival, ProWein Düsseldorf, VieVinum, Vinitaly

Pestsäule am Weißen Berg bei Poysdorf

nach Wiesenkräutern, ein Hauch von Maracuja, frische Lemonenzesten. Saftig, gut eingebundene Säurestruktur, feinwürzig, etwas nach Pfirsich, bereits gut antrinkbar.

(91) Grüner Veltliner Ried Hermannschachern 2020
13 Vol.-%, DV, Stahltank, €€€
Leuchtendes Gelbgrün, Silberreflexe. Feiner Duft nach gelber Tropenfrucht, unterlegt mit Wiesenkräutern, zart nach Papaya und reifen Feigen. Saftig, straff, balancierter Säurebogen, etwas nach Maracuja, unkomplizierter Speisenbegleiter.

92 Weißburgunder Ried Weißer Berg Selection 2017
13,5 Vol.-%, NK, großes Holzfass, €€€€€
Leuchtendes Goldgelb, Grünreflexe. Reife Mangonoten, etwas nach reifem Pfirsich, kandierte Orangenzesten, floral und nach Karamell. Saftig, straff, gut integrierter Säurebogen, mineralisch, Maracuja im Abgang, bleibt gut haften, facettenreicher Speisenbegleiter.

(90) Weißburgunder Ried Weißer Berg Classic 2020
12,5 Vol.-%, DV, Stahltank, €€
Mittleres Gelbgrün, Silberreflexe. Einladender Duft nach Williamsbirne, zart nach Quitte, Melisse klingt an, kandierte Mandarinenzesten. Mittlerer Körper, balancierte Struktur, zitronig, feine Würze, weißes Kernobst im Abgang, unkomplizierter Speisenbegleiter.

★★

WEINGUT GEORG TOIFL

Georg Toifl ist ein Winzer, der an Winzerhandwerk und Innovation einiges vorlegen kann. Er macht nicht nur erstklassige Weine, sondern er versucht auch, sich mit allen Aspekten der natürlichen Gegebenheiten auseinanderzusetzen und diese in seine Idee vom Wein einfließen zu lassen. So änderte der Winzer nach der Betriebsübernahme 2010 zu allererst die Etiketten und definierte dazu seine eigene Weinlinie in den Serien »G«, »GEO« und »GE.ORG«. Kurz gesagt: Je länger der Name, umso schwerer und komplexer die Weine.
»G« steht für die feine Klassik: trocken, fruchtig und typisch für das Weinviertel. »GEO« ist die geologische und geografische Interpretation der Region: vielschichtig, elegant und mit Reifepotenzial ausgestattet. »GE.ORG« ist seine Vision: hochkarätige Einzellagen mit strengster Ertragsreduktion, konsequent selektioniert und mit höchstmöglicher physiologischer Traubenreife. »Da geht nichts drüber«, so Georg Toifl. Durch diese Qualitätspyramide werden der Vinifikationsstil und die Betriebsphilosophie erkennbar, dazu kommen noch sein Fokus auf die Burgundersorten und die Liebe zum Holzausbau.
Derzeit befindet sich das Weingut in Umstellung auf biologisch-organischen Weinbau. Mit dem Jahrgang 2022 werden die ersten Bio-Trauben geerntet. Ab Juni dieses Jahres wird auch die neue Produktions- und Veranstaltungslocation eröffnet, die bei einem Besuch im Retzer Land nicht verpasst werden sollte.

91 Grüner Veltliner ** Ried Wolfsthal Ge.org 2020
13,5 Vol.-%, NK, großes Holzfass, €€€
Noch zart trübes mittleres Goldgelb. Rauchig-kräuterwürzig unterlegter Kernobsttouch, reife gelbe Tropenfrucht wie Papaya und Mango, dazu kandierte Orangenzesten. Saftig, weißer Apfel, frische Säurestruktur, reife Marille im Abgang, bleibt haften, salzig-zitroniger Nachhall.

89 * Geo 2020
12 Vol.-%, Stahltank, €€

90 Grüner Veltliner Wanted 2020
13 Vol.-%, Stahltank, €€€
Helles Goldgelb, Silberreflexe. Zart nach Marille und frischer Birne, mit feinen Wiesenkräutern unterlegt, noch etwas zurückhaltender Duft. Mittlerer Körper, feine gelbe Frucht, dezente Säurestruktur, mild und harmonisch, feine Mineralik im Nachhall.

92 Grauburgunder Ried Schatzberg Ge.org 2020
14 Vol.-%, NK, kleines Holzfass, €€€€
Helles Kupfergelb, Silberreflexe. Reduktive Nuancen, nach Schießpulver und feuchten Steinen, mit einem zarten An-

WEINGUT GEORG TOIFL
2074 Kleinhöflein
Dreiquantenweg
T: +43 (676) 6142074
mail@georgtoifl.wine
www.georgtoifl.wine,

Kellermeister/Kontakt: Georg Toifl
Produktion: 80.000 Flaschen
70 % weiß, 30 % rot, 12 Hektar
Messen: ProWein Düsseldorf, VieVinum, DAC-Präsentationen, Vinexpo Explorer

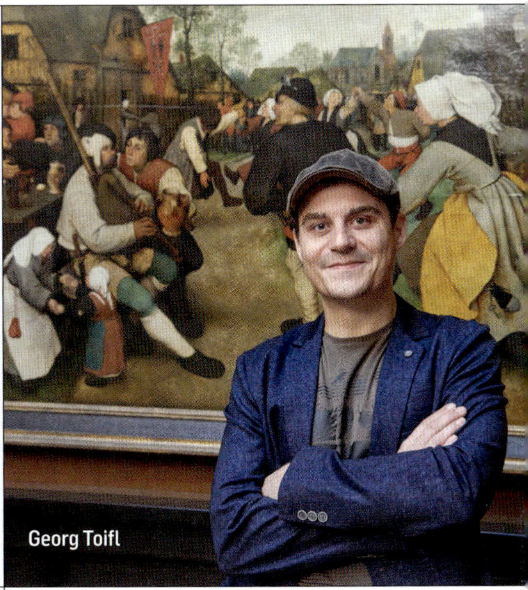
Georg Toifl

klang von Kletzen unterlegt, kräuterwürziges Bukett. Komplex, straff, weiße Birnenfrucht, feine Fruchtsüße, engmaschiger Stil, zart nach kandierten Mandarinen im Nachhall, wird von Flaschenreife profitieren.

(91) Weißburgunder Ried Seeleiten Ge.org 2020
13,5 Vol.-%, NK, großes Holzfass, €€€
Helles Gelbgrün, Silberreflexe. Stark reduktiv, würziges Bukett, Nuancen von frischer weißer Birne, ein Hauch von Wiesenkräutern. Stoffig, weißes Kernobst, dezenter Säurebogen, betont mineralisch-kalkig im Abgang, ein Hauch von Apfel im Nachhall, individueller Stil.

89 Gemischter Satz Geo 2019
13,5 Vol.-%, DV, Stahltank, €€

★★

WEINGUT URBAN

Als Andreas Urban im Jahr 2002 den elterlichen Betrieb übernahm, hatte er eine klare Vorstellung, wie seine Weine schmecken sollten, nämlich auf alle Fälle auf der höchsten Qualitätsstufe, die ein Jahrgang zulässt. Jede Sorte soll unverfälscht (sortentypisch) in die Flasche gelangen. Auf 22 Hektar Rebfläche werden die Sorten Grüner Veltliner, Riesling, Gelber Muskateller, Sauvignon Blanc, Roter Traminer, Rivaner, Roesler, Pinot Noir, Zweigelt und Merlot gekeltert. Die Reben gedeihen auf fruchtbaren Braunerde-Lehm-Böden in Schalladorf, Immendorf und Oberstinkenbrunn, Katastralgemeinden in der Großlage Retzer Weinberge, zehn Kilometer nördlich von Hollabrunn.

Die Qualität der Weine hängt nicht nur vom Terroir, sondern auch von der Pflanzengesundheit, der händischen Arbeit und nicht zuletzt vom Gefühl des Winzers ab. Daher gilt: »Jeder Wein spiegelt den Winzer wider.« Bei der Arbeit in den Weingärten und im Keller hält sich Andreas Urban streng an das Motto »Nicht zu viel und nicht zu wenig«. Bei der Verarbeitung der Trauben verbindet er neueste Erkenntnisse mit modernster Technologie und altem Know-how.

Die Weißweine werden zum Großteil reduktiv in Edelstahltanks ausgebaut und stehen je nach Sorte und Ausbauart zwischen November nach der Lese und spätestens bis Mai des darauffolgenden Jahres für die Kunden zum

WEINGUT URBAN
2041 Wullersdorf
Parkgasse 34a
T: +43 (2951) 8354
office@weingut-urban.at
www.weingut-urban.at

Kellermeister/Kontakt:
Andreas Urban
Produktion: 80 % weiß, 20 % rot, 22 Hektar

Kauf bereit. Die Rotweine werden teilweise in Barriques und in großen Holzfässern vinifiziert. Dass Andreas Urban auf dem richtigen Weg ist, bestätigen ihm seine Erfolge.

89 Grüner Veltliner * 2020
12,5 Vol.-%, DV, Stahltank, €€

91 Grüner Veltliner Alte Reben 2020
13,5 Vol.-%, DV, Stahltank, €€
Mittleres Gelbgrün, Silberreflexe. Feine Tabakwürze, etwas nach Mango, ein Hauch von Blütenhonig, reifer Apfel, kraftvolles Bukett. Mittlere Komplexität, saftig, elegant, feine Struktur, salzig, helle Tropenfrucht, bleibt gut haften, individueller Speisenbegleiter.

90 Grüner Veltliner Ried Zeiselbergen 2020
13,5 Vol.-%, DV, Stahltank, €€
Mittleres Gelbgrün. Feiner Blütenhonig, reife Apfelfrucht, zart nach Ananas, Tabak-Kräuter-Würze klingt an. Saftig, wirkt leichtfüßig, nach Pfirsich, gut eingebundene Säurestruktur, würziger Nachhall, stoffiger Speisenbegleiter.

91 Sauvignon Blanc Ried Leitenberg 2020
13,5 Vol.-%, NK, Stahltank, €€€
Helles Gelbgrün, Silberreflexe. Reife Stachelbeeren, etwas nach Wiesenkräutern, zart nach gelbem Paprika und Brennnesseln. Saftig, elegant, weißes Kernobst, lebendiger Säurebogen, etwas nach Maracuja im Abgang, bleibt gut haften.

90 Sauvignon Blanc 2020
12,5 Vol.-%, DV, Stahltank, €€
Helles Gelbgrün, Silberreflexe. Zart nach Kräutern und Guave, etwas Melisse, Cassis klingt an. Dezente Säurestruktur, engmaschig, feine weiße Fruchtnoten im Abgang, Wiesenkräutertouch im Nachhall, bereits gut antrinkbar.

90 Weißburgunder 2020
13,5 Vol.-%, DV, Stahltank, €€
Leuchtendes Goldgelb, Silberreflexe. Einladendes Bukett nach reifer Williamsbirne, etwas nach Blütenhonig, kandierte Orangenzesten, floraler Touch. Saftig, elegant, feine Würze, weiße Tropenfrucht im Abgang, tabakiger Nachhall, stoffiger Speisenbegleiter.

★★

WEINGUT WANNEMACHER

Nur einen Katzensprung von der Wiener Innenstadt entfernt liegt das Weingut Wannemacher im idyllischen Ort Hagenbrunn. Dort betreiben Elisabeth und Josef Wannemacher sehr engagiert und dynamisch ein Weingut und einen Heurigen. Josef Wannemacher versteht es, Weine mit absoluter Klarheit und Sortentypizität zu vinifizieren. Auch in schwierigen Jahren schafft er es, mit Feingefühl und Kompetenz eine beeindruckende Weinpalette zu präsentieren. Besonderes Augenmerk – wie könnte es im Weinviertel auch anders sein – wird auf den Grünen Veltliner und den Riesling gelegt. Beide Sorten werden in mehreren Spielarten ausgebaut. Natürlich darf auch ein Gemischter Satz nicht fehlen. Der Gemischte Satz ist besonders fruchtig und herrlich trinkfreudig. Sehr sortentypisch sind auch der Gelbe Muskateller, der Chardonnay und der Sauvignon Blanc. Sicherlich ein Highlight ist der Traminer – diese alte Rebsorte wird von den Wannemachers seit jeher gepflegt. Der Blaue Zweigelt wird ebenso wie der St. Laurent ganz

WEINGUT WANNEMACHER
2102 Hagenbrunn
Hauptstraße 41
T: +43 (2262) 672795
wein@weingut-wannemacher.at
weingut-wannemacher.at

Kellermeister/Kontakt:
Josef Wannemacher
Produktion: 75 % weiß, 25 % rot,
10 Hektar

Josef Wannemacher

klassisch in gebrauchten Barriquefässern ausgebaut, die »Erfüllung« (Cabernet Sauvignon, St. Laurent, Merlot und Zweigelt) hingegen wird in neuen Barriquefässern gelagert.
Zu verkosten gibt es die Weine natürlich alle auch beim Heurigen der Familie Wannemacher, der mit einem umfangreichen Buffet mit saisonalen und traditionellen Gerichten und hausgemachten Mehlspeisen überzeugt. Im Sommer bietet der wunderschöne, große Innenhof den idealen Rahmen für gemütliche und genussreiche Stunden.

92 Riesling Exclusive 2020
12,5 Vol.-%, DV, Edelstahl, €€
Helles Gelbgrün, Silberreflexe. Feiner Ananastouch, etwas nach Quitten, zart nach Wiesenkräutern, mit Blütenhonig unterlegt. Saftig, elegant, facettenreiche Säurestruktur, fruchtsüß nach Pfirsich, bleibt gut haften, lebendiger Speisenbegleiter.

90 Riesling Ried Hölle 2020
12,5 Vol.-%, DV, Stahltank, €€
Helles Gelbgrün, Silberreflexe. Feine Wiesenkräuter, etwas nach Melisse, weiße Pfirsichfrucht, Papaya klingt an. Saftig, straff, lebendige Säurestruktur, Orangenzesten, Steinobstnoten im Abgang, bereits gut antrinkbar.

91 Gemischter Satz 2020
13 Vol.-%, DV, Edelstahl, €€
Helles Gelbgrün, Silberreflexe. Feine Kräuternoten, etwas nach weißem Apfel, zart pfeffrig, ein Hauch von Kumquats. Mittlerer Körper, feine Säurestruktur, engmaschig, extraktsüß, kraftvoll, bleibt gut haften, Mango im Nachhall, guter Speisenbegleiter.

91 Traminer 2020
14 Vol.-%, DV, Edelstahl, €€
Mittleres Gelbgrün, Silberreflexe. Einladender Duft nach Eibisch und Blütenhonig, etwas nach Papaya, zart nach Kräutern, floraler Touch. Saftig, extraktsüß, salzig, Papaya im Abgang, Melone im Nachhall, bleibt gut haften.

90 Grüner Veltliner Ried Hofmauer 2020
13 Vol.-%, DV, Stahltank, €€
Mittleres Gelbgrün, Silberreflexe. Zart nach Wiesenkräutern, etwas weiße Tropenfrucht, feine Orangenzesten, würziger Touch. Saftig, elegant, leichtfüßig, feine Säurestruktur, Apfelfrucht im Abgang, mineralisches Finish, bereits gut antrinkbar.

89 Chardonnay Ried Leutl 2020
13 Vol.-%, DV, Stahltank, €€

Bioweingut Weber

WEBER BIOWEINGUT
3714 Roseldorf
Roseldorf 30
T: +43 (676) 7166606
info@biowein-weber.at
www.biowein-weber.at

Kellermeister/Kontakt: Andreas Weber
Anbauweise: Zertifiziert Biologisch (Austria Bio Garantie)
Produktion: 80 % weiß, 19 % rot, 1 % süß, 10+1 Hektar
Messen: ProWein Düsseldorf, VieVinum, DAC-Präsentationen, Bio Österreich

★

WEBER BIOWEINGUT

BIO

Das Bioweingut der Familie Weber liegt in Roseldorf im westlichen Weinviertel an den Südhängen des Schmidatales. Auf den Lagen Schlossberg, Sandberg, Mitterberg, Hiessbeet und Berg baut man seit dem Jahr 2000 nach strengen biologischen Richtlinien an – das ergibt eigenständige, sortenreine Weine. Das Hauptaugenmerk liegt dabei auf den regionaltypischen Sorten Grüner Veltliner, Welschriesling, Sauvignon Blanc und Zweigelt.
Im Keller wird so schonend wie möglich gearbeitet, deshalb verzichtet man zur Gänze auf den Einsatz von Pumpen und nutzt für jegliche Arbeitsschritte die natürliche Schwerkraft aus. Durch gezielte oxidative Mostverarbeitung und Gärung kann der Schwefeleinsatz ebenfalls auf ein Minimum reduziert werden. Das Ergebnis sind Jahr für Jahr bekömmliche Weine mit ausgeprägter terroirbezogener Stilistik.
»Die Natur ist unsere Lebensgrundlage«, so das Motto der engagierten Winzerfamilie. Das Ökosystem Weingarten in seinem natürlichen Gleichgewicht zu erhalten hat für die Webers höchste Priorität. Denn nur ein gesunder Boden garantiert für erstklassigen Wein. Bei Pflanzenschutz und Schädlingsbekämpfung setzt man auf natürliche Methoden. Besondere Pflanzen und Nützlinge helfen, die Bodenfruchtbarkeit zu bewahren.

91 Grüner Veltliner * Klassik 2020

12,4 Vol.-%, Stahltank, €€ B H V
Helles Gelbgrün, Silberreflexe. Zarte gelbe Apfelnote, ein Hauch von Mango, zitronig-mineralischer Touch. Straff, engmaschig, weißes Kernobst, finessenreicher Säurebogen, balanciert und gut anhaftend, Limetten im Nachhall, bereits gut antrinkbar.

92 Grüner Veltliner Keltenwein Sandberg 2020

12,5 Vol.-%, DV, Stahltank, €€ B H V
Helles Grüngelb, Silberreflexe. Feine Kräuterwürze, tabakig unterlegte gelbe Tropenfrucht, ein Hauch von Ananas und Mango, würziges Bukett. Saftig, weiße Fruchtnuancen, frischer Säurebogen, mineralisch-salzig unterlegt, Noten von Ananas, bleibt gut haften, lebendig und vielseitig einsetzbar.

90 Blütenmuskateller 2020

12,5 Vol.-%, DV, Stahltank, €€ H V
Sehr helles Grüngelb, Silberreflexe. Zarte florale Nuancen,

etwas Muskatnuss und Limettenzesten. Saftige weiße Tropenfrucht, ein Hauch von eingelegten Litschis, fruchtsüßer Körper, mineralischer Nachhall, feinwürziger Abgang.

89 Sauvignon Blanc 2020
11,5 Vol.-%, DV, Stahltank, €€ B H V

88 Zweigelt Rosé 2020
11 Vol.-%, DV, Stahltank, €€ H V

89 Zweigelt Eiche 2018
13,5 Vol.-%, DV, Barrique, €€ B H V

★★★

WEINGUT NIKI WINDISCH

Weinbauer aus Leidenschaft, Qualitätsfanatiker, Querdenker, Arbeitstier: Besser kann man Niki Windisch, zu Hause im südlichen Weinviertel, nicht beschreiben. Er sieht Weinbau als »Handwerk wie jedes andere«. Den Unterschied, der dazu führt, dass er unverwechselbare eigenständige Weine mit viel Charakter, Tiefgang und Gebietstypizität erzeugt, machen seine Liebe zum Beruf, sein Engagement und das nötige Gespür für seine Weingärten und Trauben.
Neben unkomplizierten Weißweinen wie etwa Weinviertel DAC, Gelber Muskateller, Welschriesling oder Chardonnay werden sehr charaktervolle Lagenweißweine (Hofweingärten, Satzen, Holzberg und Hundspoint) und vor allem für das Weinviertel außerordentliche Rotweine gekeltert. Mit dem Merlot Sandwühler war Niki Windisch schon zweimal Zweiter und einmal Sortensieger bei der Falstaff-Rotweinprämierung, mit dem Blaufränkisch Leiten 2015 Zweitbester in der Kategorie Blaufränkisch und zugleich »3. Falstaff-Sieger«. Auch zahlreiche Top-Platzierungen bei anderen heimischen Medien mit weiteren Weinen unterstreichen die hohe Qualität seines Sortiments.
Sechs- bis siebenmal im Jahr ist im »TOP-Heurigen« ausgesteckt: Gemeinsam mit seinem Team konzipiert der Winzer regionale Speisen, abgestimmt auf die eigenen Weine, die es natürlich alle zum Verkosten und auch glasweise zum Genießen gibt.

(92) ** Ried Sonnleithen 2020
13,5 Vol.-%, DV, großes Holzfass, €€€
Mittleres Gelbgrün, Silberreflexe. Feine Kräuternoten, ein

WEINGUT NIKI WINDISCH
2212 Groß-Engersdorf
Kurze Zeile 66
T: +43 (699) 12867471
niki@weingut-windisch.at
www.weingut-windisch.at

Kellermeister/Kontakt:
Niki Windisch
Produktion: 45.000 Flaschen
5 % Schaumwein, 58 % weiß,
5 % rosé, 30 % rot, 2 % süß,
11.5 Hektar
Vereinszugehörigkeit:
Weinstraße Südliches Weinviertel,
TOP-Heurige

Niki Windisch

Hauch von Papaya, feine Orangenzesten, floraler Touch. Saftig, straff, feine Säurestruktur, mineralisch, weißes Kernobst, vielseitig einsetzbar.

90 * Großengersdorf 2020
12,5 Vol.-%, DV, Stahltank, €€
Mittleres Gelbgrün, Silberreflexe. Feine Tabakwürze, etwas nach gelbem Apfel, ein Hauch von Pfirsich, Kräuternoten. Mittlerer Körper, feine weiße Steinobstnoten, etwas salzig, Maracuja, frisches Bukett.

(92) Grüner Veltliner Ried Hofweingärten 2020
13,5 Vol.-%, DV, Stahltank, €€
Leuchtendes Gelbgrün, Silberreflexe. Etwas nach Papaya, feine Limettenzesten, ein Hauch von Wiesenkräutern, tabakige Nuancen. Saftig, elegant, extraktsüß nach Marillen, bleibt gut haften, kraftvoller Speisenbegleiter.

(93) Riesling Ried Aggsthal 2020
13,5 Vol.-%, DV, Stahltank, €€
Helles Gelbgrün, Silberreflexe. Feine Tabakwürze, ein Hauch von Maracuja, Orangenzesten, floraler Touch. Saftig, frische Struktur, gute Mineralik, salzig, feine Kräuternoten, lebendige Säurestruktur, Apfelfrucht im Abgang, bereits gut antrinkbar.

93 Gelber Muskateller Ried Satzen Privat 2020
12,5 Vol.-%, DV, gebrauchte Barriques, €€€
Helles Gelbgrün, Silberreflexe. Feine Gewürznoten, weiße Rosen, ein Hauch von Holunder, zart pfeffrig, Stachelbeere. Gute Komplexität, saftig, elegant, feine Säurestruktur, mineralisch, weißer Pfirsich im Abgang, salzig im Nachhall, vielschichtiger Speisenbegleiter.

90 Gelber Muskateller 2020
11,5 Vol.-%, DV, Stahltank, €€
Helles Gelbgrün, Silberreflexe. Zarte Wiesenkräuter, etwas nach Maracuja, zart nach weißen Rosen, Muskatnussnoten klingen an. Mittlerer Körper, saftig, elegant, feine Säurestruktur, leichtfüßig, Apfeltouch im Abgang, zarter Gerbstoff im Nachhall, guter Speisenbegleiter.

(93) Blaufränkisch Ried Leiten 2019
13,5 Vol.-%, DV, Barrique/500-l-Fass, €€€€
Tiefdunkles Rubingranat, opaker Kern, violette Reflexe, zarte Randaufhellung. Rauchige Holzwürze, etwas Kakao und Vanille, dunkle Waldbeeren, schwarzer Tee, mit Brombeerkonfit unterlegt. Saftig, elegant, reife Kirschen, feine Struktur, reife Tannine, dunkle Beerenfrucht im Abgang, salziger Nachhall, gutes Potenzial.

(93) Merlot Sandwühler 2019
14,5 Vol.-%, DV, Barrique, €€€€€
Tiefdunkles Rubingranat, opaker Kern, violette Reflexe, zarte Randaufhellung. Frische rote Beeren, Brombeerkonfit, zart nach Edelholz, mit kandierten Orangenzesten unterlegt. Saftig, gute Fruchtsüße, reife Pflaumen, runde Tannine, frisch und zugänglich, seidige Textur, ein vielseitiger Speisenbegleiter.

(92) Anaconda 2019 ZW/BF/ME
13,5 Vol.-%, DV, Barrique, €€€
Tiefdunkles Rubingranat, opaker Kern, violette Reflexe, zarte Randaufhellung. Zart tabakig unterlegte schwarze Beerenfrucht, kräuterwürzige Nuancen, Cassis und Orangenzesten klingen an. Saftig, süße Beeren, Lakritze, gute Frische, runde Tannine, bleibt haften, salzige Nuancen im Rückgeschmack.

★

WEINGUT LEO UND DAGMAR WUNDERER

Das Weingut von Leo und Dagmar Wunderer befindet sich in Oberfellabrunn im Herzen des westlichen Weinviertels, 30 Minuten nordwestlich von Wien und vier Kilometer von Hollabrunn entfernt. Die Erfahrungen des Weinanbaus reichen hier bis ins 18. Jahrhundert zurück. Moderne Erkenntnisse wurden getreu dem Motto »Tradition verbindet Moderne« mit altem Wissen verknüpft. Wenn sich die Berechtigung des »Neuen« mit dem »Alten« im Einklang befindet, dann sprechen die Wunderers von Harmonie.
Die Weißweine werden kontrolliert, gekühlt und in Stahltanks vergoren. Der Erntezeitpunkt wird nach der physiologischen Reife bestimmt. So entstehen harmonische, fruchtbetonte, lagerfähige Weine. Die Rotweine werden nach altbewährter Methode vergoren. Vor Jahren wurden die »Woman«-Wei-

WEINGUT
LEO UND DAGMAR WUNDERER
2020 Oberfellabrunn
Oberfellabrunn 7
T: +43 (676) 7074467
leo.wunderer@aon.at
www.wein-leo-dagmar-wunderer.at

Kellermeister/Kontakt:
Leo Wunderer
Produktion: 7 Hektar
Messen: DAC-Präsentationen

Dagmar und Leo Wunderer

ne ins Leben gerufen – mit der Idee, eine Weinlinie für die Frau umzusetzen. In dieser Linie gibt es drei Weine: »White Woman«, »Pink Woman« und »Red Woman«, die als patentrechtliche Wortmarken geschützt wurden. 2020 wurde das Weingut mit Zweigelt Limited Grande Reserve 2015 zum Bundessieger gekürt.

92 Grüner Veltliner * Große Reserve 2019
14 Vol.-%, DV, 500-l-Fass, €€€€€
Leuchtendes Goldgelb, Silberreflexe. Einladendes Bukett nach reifer Tropenfrucht, zart nach Karamell, etwas nach Blütenhonig, ein Hauch von Mango. Saftig, mittlere Komplexität, balancierter Säurebogen, Ananas im Abgang, feinwürziges Finish, eleganter Speisenbegleiter mit Potenzial.

90 Grüner Veltliner * Ried Greuberg 2020
12 Vol.-%, DV, Stahltank, €€
Helles Gelbgrün. Dezent nach Wiesenkräutern, ein Hauch von gelbem Apfel, zart nach Melisse, frisches Bukett. Feine Struktur, etwas weitmaschig, zart nach weißem Kernobst, ebenfalls würzig im Nachhall, unkompliziertes Trinkvergnügen.

90 Grüner Veltliner * Ried Altenberg 2020
12,5 Vol.-%, DV, Edelstahl, €€
Helles Gelbgrün, Silberreflexe. Zart nach Birnen und Blütenhonig, etwas nach Guave, Kumquats klingen an. Saftig, straff, feine Textur, gut integrierter Säurebogen, würzig, dunkle Mineralik, bereits gut antrinkbar.

(91) Grüner Veltliner Alte Rebe 2020
12,5 Vol.-%, DV, Stahltank, €€
Helles Gelbgrün, Silberreflexe. Reife Apfelfrucht, zart nach Kardamom, ein Hauch von Orangenschalen, feinwürzig. Saftig, elegant, feine Gewürznuancen, weiße Apfelfrucht im Abgang, salziges Finish, kraftvoller Speisenbegleiter.

92 Altenberg Limited Grande Reserve 2016 CS/BB/ZW
14 Vol.-%, DV, 500-l-Fass, €€€€
Kräftiges Karmingranat, violette Reflexe, breitere Randaufhellung. Mit roten Kirschen unterlegter Schokoanklang, kandierte Mandarinenzesten, zart nach Bourbonvanille. Saftig, kräftig, Noten von Cassis, reife, gut tragende Tannine, extraktsüßer Abgang, bleibt haften, ein stoffiger Speisenbegleiter mit weiterem Reifepotenzial.

91 Zweigelt Limited Grande Reserve 2017
14,5 Vol.-%, DV, 500-l-Fass, €€€€
Kräftiges Karmingranat, violette Reflexe, breitere Ockerrandaufhellung. Zart nach Vanille und Gewürznelken, mit roten Herzkirschen unterlegt, würziges Bukett. Saftig, rotbeerige Textur, feine Tannine, kraftvoller Abgang, Nougat im Rückgeschmack.

Michael und Markus Zens

WEINGUT ZENS
2024 Mailberg
Holzgasse 66
T: +43 (660) 5322843
office@weingutzens.at
www.weingutzens.at

Kellermeister: Josef Zens
Kontakt: Josef und Michael Zens
Produktion: 100 % weiß, 7 Hektar
Vereinszugehörigkeit: Mailberg Valley
Messen: VieVinum, Weintage im Museumsquartier

★★

WEINGUT ZENS

Josef Zens hat entscheidend dazu beigetragen, dass der kleine Weinbauort Mailberg etwas besser bekannt ist als der Großteil der Weinviertler Weinorte. Als Obmann hat er die Gründung der Qualitätsvereinigung »Mailberg Valley« vorangetrieben, die sich zum Ziel gesetzt hat, das gute Potenzial des Mailberger Kessels mit seinem speziellen Mikroklima einem breiteren Publikum vorzustellen. Die Bewirtschaftung erfolgt nach ökologischen Grundsätzen.
Die Mailberger Böden sind sehr kalkhaltig, mit lehmigen Sanden und Löss bedeckt und tragen zur Individualität der Weine in Form von Frische, Würze und kräftiger, gehaltvoller Struktur bei. Auch in der Kellerwirtschaft wird streng auf Qualität geachtet. Vergärung im Tank und sortenspezifischer Ausbau im Stahltank oder großen Holzfass sind Tradition im Betrieb.
Josef Zens erzeugt vielschichtige Weißweine, unter denen der trockene Traminer immer eine interessante Stellung einnimmt. Seine kräftigen, als langlebig bekannten Produkte entwickeln sich sehr gut mit zunehmender Flaschenreife. Der Eigenständigkeit jedes Jahrganges wird hohe Bedeutung beigemessen. Mit den besonderen Jahrgängen 2015, 2017 und 2018 wurden neben den traditionellen Reserveweinen auch mächtige »Große Reserven« ausgebaut. Beim 2019er und 2020er liegt der Fokus auf fruchtigen und konzentrierten DAC- und Reserveweinen.
Eine einladende Ferienwohnung mit der Bezeichnung »Hundschupfen 314« steht Weinfreunden und Gästen jederzeit zur Verfügung.

(91) Grüner Veltliner * Mailberger Bündnis 2020
13 Vol.-%, DV, Stahltank, €€
Helles Gelbgrün, Silberreflexe. Frische weiße Apfelfrucht, zart nach Ananas, weiße Blüten, ein Hauch von Mandarinenzesten. Saftig, feinwürzig, elegante Textur, frischer Säurebogen, weißes Kernobst im Nachhall, ein balancierter Speisenbegleiter.

(92) Grüner Veltliner Ried Hundschupfen Reserve 2020
13,5 Vol.-%, DV, Stahltank/großes Holzfass, €€
Mittleres Goldgelb, Silberreflexe. Feine Kräuterwürze, frisches Kernobst, zart nach Birne, kandierte Orangenzesten. Saftig, komplex, weiße Apfelfrucht, frisch strukturiert, mineralisch und gut anhaftend, verfügt über Entwicklungspotenzial.

(92) Chardonnay Ried Antlasbergen Reserve 2020
13,5 Vol.-%, DV, Stahltank/großes Holzfass, €€
Helles Gelbgrün, Silberreflexe. Feine gelbe Tropenfrucht, ein Hauch von Ananas und Mango, zarte Birnenfrucht, Anklänge von Biskuit. Saftig, elegant, gelbe Apfelfrucht, finessenreicher Säurebogen, dezente Fruchtsüße im Abgang, gute Länge, zitroniger Touch, sicheres Entwicklungspotenzial.

(92) Weißburgunder Ried Antlasbergen Reserve 2020
13 Vol.-%, DV, Stahltank, €€
Helles Grüngelb, Silberreflexe. Ein Hauch von frischer Ananas, zart nach Wiesenkräutern, feiner Touch von Orangenzesten, einladendes Bukett. Komplex, stoffig, frische Birnenfrucht, lebendig strukturiert, bleibt gut haften, ein vielseitiger Speisenbegleiter mit Zukunftspotenzial.

(91) Riesling Ried Hundschupfen Reserve 2020
13 Vol.-%, DV, Stahltank, €€
Leuchtendes mittleres Goldgelb, Silberreflexe. Mit feinem Blütenhonig unterlegte gelbe Pfirsichfrucht, mit einem Hauch von Ananas und Maracuja unterlegt, einladendes Bukett. Saftig, weiße Frucht, elegant und mit feiner Säure ausgestattet, zitronig-mineralisch im Abgang, ein facettenreicher Speisenbegleiter.

89 Gelber Muskateller Ried Antlasbergen 2020
12 Vol.-%, DV, Stahltank, €€

★★★★

WEINGUT HERBERT ZILLINGER

BIO

Niemand macht im Weinviertel Weine wie er. Denn das, was Herbert Zillinger im Weinberg und im Keller kreiert, entspricht so gar nicht den Konventionen seiner Region. Still, aber unbeirrbar geht er seinen Weg. Beim Weinmachen folgt er am liebsten seinem Bauchgefühl und will die Individualität seiner Weingärten möglichst authentisch in den Weinen ausdrücken. Er beobachtet, schaut genau hin und geht akribisch auf die Natur ein.
Der Lohn für sein eigenwilliges Denken und Handeln sind Weine, die so authentisch sind wie der Winzer selbst – Unikate, die auch international immer mehr Liebhaber finden. Selbst eine der wichtigsten Weinkritikerinnen der Welt, Jancis Robinson, zeigt sich begeistert: »Herbert Zillingers Weißweine sind herausragend gut.« Das Weingut Herbert und Carmen Zillinger liegt in Ebenthal, etwa 70 Kilometer nordöstlich von Wien. In den letzten zehn Jahren hat das Winzerpaar das Gut im südlichen Weinviertel ausgebaut und auf 16 Hektar erweitert. Herzstück sind Lagen in Ebenthal und im südlichen Nachbarort Ollersdorf mit höchst unterschiedlichem Terroir.
Herbert Zillinger ist heute einer der Paradewinzer des Weinviertels und gleichzeitig biodynamischer Pionier der Region. Seit 2016 ist das Weingut Mitglied der renommierten Winzergruppe »respekt-BIODYN«.

94 Grüner Veltliner Radikal 2019
13 Vol.-%, DV, großes Holzfass, €€€€€ (B)
Leuchtendes Gelbgrün, Silberreflexe. Einladende Kräuterwürze, frische gelbe Birnenfrucht, zart nach Ringlotten und kandierten Mandarinenzesten, rauchige Mineralik. Saftig, reife Papaya und Mango, frischer Apfel, finessenreich strukturiert, mineralisch-salziger Nachhall, ein kompakter Speisenbegleiter, ausgestattet mit Würze und Länge.

WEINGUT HERBERT ZILLINGER
2251 Ebenthal
Hauptstraße 17
T: +43 (2538) 85395
office@radikal.bio
www.radikal.bio

Kellermeister: Herbert Zillinger
Kontakt: Herbert und Carmen Zillinger
Anbauweise: Biodynamisch (respekt)
Produktion: 95 % weiß, 5 % rosé, 16 Hektar
Messen: ProWein Düsseldorf, VieVinum

93 Grüner Veltliner Ried Weintal 2019
12,5 Vol.-%, DV, großes Holzfass, €€€€ B
Helles Gelbgrün, Silberreflexe. Mit einem Hauch von Walnuss unterlegte weiße Kernobstnoten, frische Orangenzesten, Marille im Hintergrund. Saftig, zarte gelbe Tropenfrucht, finessenreicher Säurebogen, elegant und anhaftend, zart nussig im Nachhall, zeigt Balance und Länge.

93 Grüner Veltliner Kalkvogel 2019
13 Vol.-%, DV, Holzfass, €€€€€ B
Mittleres Gelbgrün, Silberreflexe. Ein Hauch von Orangenkonzentrat, gelbes Kernobst, zart nach Wiesenkräutern und Blütenhonig, dunkle Mineralik. Saftig, gute Komplexität, feine Birnenfrucht, dezenter Säurebogen, zarte Fruchtsüße im Abgang, bereits entwickelt und gut antrinkbar, ein facettenreicher Speisenbegleiter.

91 Grüner Veltliner Horizont 2020
12 Vol.-%, DV, Holzfass/Stahltank, €€€ B
Zart wolkiges mittleres Gelbgrün, Silberreflexe. Feine Wiesenkräuter, weißer Apfel, ein Hauch von Birne, tabakige Nuancen. Straff, mineralisch, weißes Kernobst, zitronig-salzig im Abgang, ein leichtfüßiger, würziger Speisenbegleiter.

94 Traminer Profund 2018
13 Vol.-%, DV, großes Holzfass, €€€€€ B
Leuchtendes Grüngelb, Silberreflexe. Reife gelbe Tropenfrucht, unterlegt mit einem Hauch von Rosenöl, Nuancen von weißem Pfirsich und etwas Jasmin. Mittlerer Körper, weißer Apfel, finessenreiche Struktur, mineralisch-zitronig im Abgang, kalkig-trockener Rückgeschmack, ein facettenreicher Speisenbegleiter mit sicherem Entwicklungspotenzial, sehr präzise Stilistik.

92 Chardonnay Horizont 2020
12 Vol.-%, DV, Stahltank/Holzfass, €€€ B
Sehr helles Gelbgrün, Silberreflexe. Zart rauchig-kräuterwürzig unterlegte gelbe Tropenfrucht, nach Mango und Birne, ein Hauch von Biskuit und Mandarinenzesten. Feinwürzig, mit einem Hauch von Gerbstoff unterlegte weiße Apfelfrucht, feiner Säurebogen, mineralisch-salziger Nachhall.

★★★★

WEINGUT ZULL

Egal, wohin man schaut: Überall sind malerische Weinberge, die sich kilometerweit aneinanderschmiegen – das ist das Weinviertel. Mitten in dieser Idylle und unweit der tschechischen Grenze liegt Schrattenthal, die kleinste Weinstadt Österreichs. Und dort findet man das Weingut Zull, das mit 19 Hektar Lagen zwar nicht wirklich groß ist, aber große Weine erzeugt. Alles an diesem Weingut ist Familie. Anfang der 1980er-Jahre, Werner Zull wollte gerade sein Studium beginnen, verunglückte sein Bruder tödlich. Die Familie hielt in dieser schweren Zeit zusammen, und Werner Zull tauschte das Studium gegen die Arbeit im Weinberg. Seit damals wird auf dem Weingut Zull Qualitätswein erzeugt und – das war neu – in Flaschen abgefüllt. Mittlerweile ist das kleine Weingut längst bekannt und für seine Weine berühmt. Das liegt zum einen am besonderen Mikroklima der Gegend: Hitze und Sonne verhelfen den Trauben zu einer optimalen Reifung, der nahe gelegene Manhartsberg hält kalte Winde aus dem benachbarten Waldviertel ab. Zum anderen holen die tief verankerten Wurzeln der Weinstöcke das Beste aus dem Boden heraus. Und nicht zuletzt trägt die naturnahe Arbeitsweise der Zulls ein Übriges zu den unverkennbaren eleganten und gleichzeitig vielschichtigen Weinen bei: Statt großer Gesten und übertriebenem Technologieeinsatz besinnt man sich auf Fingerspitzengefühl, Ausdauer und viel Geduld mit Mut zum Experiment. Sohn Phillip führt das fort, was Vater Werner schon immer als Vision verfolgt hat: charaktervolle Weine mit Brillanz und großem Lagerpotenzial zu produzieren – wie etwa den Grünen Veltliner »Äußere Bergen«, den Riesling »Innere Bergen« oder den gesuchten Pinot Noir.

90 ❸ Ancestrale Rosé 2020 PN/ZW
10,5 Vol.-%, DV, Stahltank, €€€
Helles Lachsrosa, Silberreflexe, feine Perlage. Etwas Kräuterwürze, ein Hauch von Mandarinenzesten, etwas nach Passionsfrucht, rote Waldbeerenfrucht. Saftig, elegant, feine Säurestruktur, fruchtsüß nach Kirschen, floraler Sommerwein.

(93) ** Ried Schrattenthaler Äußere Bergen 2020
13,5 Vol.-%, DV, großes Holzfass, €€€€
Mittleres Gelbgrün, Silberreflexe. Einladendes Bukett nach reifer Tropenfrucht, ein Hauch von Passionsfrucht, dunkle Mineralik, Wiesenkräuter. Saftig, stoffig, feine Tabakwürze,

WEINGUT ZULL

2073 Schrattenthal
Schrattenthal 9
T: +43 (2946) 8217
office@zull.at, www.zull.at

Kellermeister/Kontakt: Phillip Zull
Produktion: 5 % Schaumwein, 69 % weiß, 10 % rosé, 15 % rot, 1 % süß, 19 Hektar
Zertifiziert: Nachhaltig Austria
Vereinszugehörigkeit: Premium Weingüter Weinviertel
Messen: Austrian Tasting London, ProWein Düsseldorf, VieVinum, DAC-Präsentationen

Weingärten im Retzerland

Apfelfrucht im Abgang, gut eingebundener Säurebogen, guter Speisenbegleiter.

91 Grüner Veltliner * 2020
12,5 Vol.-%, DV, Stahltank, €€
Helles Gelbgrün, Silberreflexe. Zart nach Wiesenkräutern, etwas nach Apfelfrucht, ein Hauch von Melisse, feinwürzig, sortentypisches Bukett. Mittlerer Körper, saftig, feine Struktur, kraftvoll, zart nach Honigmelone, pfeffriger Nachhall, gutes Potenzial.

88 Grüner Veltliner Lust & Laune 2020
11,5 Vol.-%, DV, Stahltank, €€

94 Riesling Ried Innere Bergen 2020
13 Vol.-%, DV, €€€
Helles Gelbgrün, Silberreflexe. Feine Kräuternoten, etwas nach weißem Steinobst, ein Hauch von Blutorangenzesten, attraktives Bukett. Saftig, elegant, gute Komplexität, salzig, Pfirsichnoten im Abgang, bleibt gut haften, straffes Finish, extraktsüßer Nachhall, gutes Potenzial.

91 Chardonnay Ried Kalvarienberg 2019
14 Vol.-%, DV, Barrique/Stahltank, €€€
Leuchtendes Gelbgrün, Silberreflexe. Feine Holzwürze, etwas nach Karamell, mit Röstaromen unterlegte gelbe Tropenfrucht. Mittlerer Körper, saftig, elegant, feine Struktur, Mango, leichtfüßig, schokoladiger Rückgeschmack, würziger Nachhall, bereits gut antrinkbar.

(90) Weites Land 2020 CH/WR/RR/GM
12,5 Vol.-%, DV, Stahltank, €€
Helles Gelbgrün, Silberreflexe. Etwas Wiesenkräuter, zart nach gelber Tropenfrucht, ein Hauch von Orangenschalen, floraler Touch. Saftig, elegant, feine Struktur, engmaschig, weißes Steinobst im Abgang, salziger Nachhall, bereits gut antrinkbar.

89 Lust & Laune Rosé 2020 CS/PN/ZW
12 Vol.-%, DV, Stahltank, €€

92 Pinot Noir 2018
13,5 Vol.-%, DV, Barrique, €€€€
Mittleres Rubingranat, violette Reflexe, breitere Randaufhellung. Einladendes Waldbeerenbukett, florale Nuancen, mit einem Hauch von Nougatkaramell unterlegt. Saftig, elegant, reife Kirschfrucht, feine Tannine, angenehme Frische, mineralischer Nachhall, ein ausgewogener Speisenbegleiter.

91 Schrattenthal 9 2018 ZW/ME/CS
13,5 Vol.-%, DV, Barrique, €€€€
Dunkles Rubingranat, violette Reflexe, zarte Randaufhellung. Zart nussig unterlegte dunkle Waldbeerenfrucht, feine Würze, ein Hauch von reifen Zwetschken. Mittlerer Körper, reife Kirschen, feine Tannine, zart nach Nougat, bereits zugänglich.

90 Zweigelt 2019
13 Vol.-%, DV, Barrique/Amphore, €€
Kräftiges Rubingranat, violette Reflexe, dezente Ockerrandaufhellung. Frische rote Kirschen, ein Hauch von Waldbeeren, zarte tabakige Würze. Mittlere Komplexität, etwas Himbeeren, frisch strukturiert, mineralisch-zitronig im Nachhall, lebendiger Stil.

★★

WEINGUT ZUSCHMANN-SCHÖFMANN

BIO

Else Zuschmann und Peter Schöfmann führen seit dem Jahr 2000 mit viel Engagement ein Weingut mit Genießerappartements sowie eine Greißlerei mit regionalen Produkten in Martinsdorf im Weinviertel, nur 20 Minuten nördlich der Wiener Stadtgrenze. Das Paar bewirtschaftet 17 Hektar Weingärten biologisch, die Weine sind ab dem Jahrgang 2015 auch biozertifiziert.
Wie in dieser Gegend üblich, steht der Grüne Veltliner mit rund 60 Prozent der Gesamtproduktion im Zentrum ihres Schaffens. Die beiden beweisen aber auch kein minder gutes Händchen bei der Vinifizierung ihrer Rotweine und haben neben dem Zweigelt auch eher weiter südlich verortete Konsorten wie St. Laurent und Pinot Noir im Programm.
Mit dem Jahrgang 2012 schufen Else und Peter eine neue Gliederung ihrer Weine. Gemäß ihrem Geschmacksbild werden die Weine als Paar in drei Lebensphasen eingeteilt, und die Etiketten stellen das Paar im jeweiligen Alter bildlich dar. So zählen zur frisch-fröhlichen Kollektion der »Ersten Freude« zwei unkomplizierte reinsortige Weißweine sowie ein Rosé. Fünf mittelgewichtige Weißweine und zwei milde Rotweine sind unter »Mitten im Leben« zusammengefasst. Die kräftigsten Weine des Hauses nennen sich »Lauf der Zeit«. Sie bestehen aus zwei gehaltvollen Weißweinen sowie zwei vollmundigen Rotweinen.
Das neueste Standbein ist die Sekterzeugung. Man vinifiziert flaschenvergorene Sekte nach traditioneller Art – Flaschenlagerung auf der Feinhefe für mindestens 18 Monate ist die Vorgabe. Diese Methode wird auch »sur lie« (französisch für »auf der Hefe«) genannt.

92 ❸ Grüner Veltliner Brut Nature Grosse Reserve 2017
12 Vol.-%, NK, Flaschengärung, €€€€€ Ⓑ
Leuchtendes Grüngelb, Silberreflexe, anhaltendes zartes Mousseux. Reife gelbe Apfelfrucht, ein Hauch von Biskuit und Wiesenkräutern, feiner nussiger Anklang. Mittlerer Körper, weißes Kernobst, zart nach reifer Ananas, frisch

Weingärten bei Hohenruppersdorf

WEINGUT ZUSCHMANN-SCHÖFMANN
2223 Martinsdorf
Winzerstraße 52
T: +43 (2574) 8428
office@zuschmann.at
www.zuschmann.at

Kellermeister: Peter Schöfmann
Kontakt: Else Zuschmann-Schöfmann
Anbauweise: Zertifiziert Biologisch (Austria Bio Garantie)
Produktion: 70 % weiß, 30 % rot, 17 Hektar
Messen: ProWein Düsseldorf

strukturiert, mineralisch-zitronig im Nachhall, gute Länge, vielseitig einsetzbar.

91 ❺ Grüner Veltiner Klassik brut 2018
12,5 Vol.-%, NK, Flaschengärung, €€€€ Ⓑ
Mittleres Grüngelb, Silberreflexe, lebendiges Mousseux. Mit kandierten Mandarinenzesten unterlegte gelbe Tropenfruchtnuancen, etwas Mango, ein Hauch von Blütenhonig. Mittlerer Körper, weißer Pfirsich, frisch strukturiert, salzig-zitronig, dezente Fruchtsüße im Nachhall.

92 ❺ Riesling Extra Brut 2016 Grosse Reserve
12 Vol.-%, NK, Flaschengärung, €€€€€ Ⓑ
Helles Grüngelb, Silberreflexe, anhaltendes zartes Mousseux. Feinwürzig unterlegte Apfelfrucht, ein Hauch von Orangenzesten und Wiesenkräutern, mineralischer Anklang. Saftig, gelbe Tropenfrucht, zart nach Maracuja, dezente Fruchtsüße, feiner Säurebogen, elegant und gut anhaftend, ein facettenreicher Speisenbegleiter mit Reifepotenzial.

92 ❺ Rosé Brut Reserve 2017 PN/ZW
11,5 Vol.-%, NK, Flaschengärung, €€€€€ Ⓑ
Helles Lachsrosa, Silberreflexe, sehr feine Perlage. Floral unterlegtes rotes Waldbeerenkonfit, eingelegte Kirschen, mineralischer Touch, ein Hauch von Limetten und roten Ribiseln. Saftig, weißer Apfel, straffe Textur, gut integrierte Säurestruktur, salziger Abgang, animierende Stilistik, rotbeeriger Touch, ein toller Aperitif.

93 Weisser Burgunder Selektion 2018
13 Vol.-%, NK, 500-l-Fass, €€€€€
Leuchtendes Goldgelb, Silberreflexe. Ein Hauch von kandierten Mandarinenzesten, reifer Mangotouch, etwas zurückhaltendes Bukett, ein Hauch von Blütenhonig. Straff, weiße Birnenfrucht, zart nach hellem Nougat, mineralisch-zitronig im Abgang, karamelliger Nachhall, gute Länge, ein facettenreicher Speisenbegleiter mit nussigem Finish.

91 Grüner Veltliner Löss 2019
13 Vol.-%, DV, 500-l-Fass, €€€ Ⓑ
Helles Goldgelb, Silberreflexe. Feine gelbe Tropenfruchtnuancen, ein Hauch von Marillenkonfit und Orangenzesten. Komplex, saftig, feine weiße Fruchtnuancen, frisch strukturiert, salzig im Abgang, ein lebendiger Speisenwein.

PLATZ FÜR IHRE
WEINNOTIZEN

Klein Tschater in der Region Eisenberg besticht mit malerischen Kellerstöckeln und tollen Blaufränkisch-Weinen

BURGENLAND

BESTE VORAUSSETZUNGEN FÜR GROSSE WEISS-, ROT- UND SÜSSWEINE

Im Nordosten des Burgenlands bei Andau dominiert der Rotwein

WEINTRILOGIE AUS DEM LAND DER SONNE

Unter dem Einfluss des pannonischen Klimas wachsen auf insgesamt 13.100 Hektar Rebfläche im östlichsten Bundesland elegante Weißweine, die körperreichsten Rotweine Österreichs und Süßweine von Weltruf. Dabei gibt es bei den natürlichen Voraussetzungen nicht zu unterschätzende Unterschiede.

Ganz im Süden des Burgenlandes beispielsweise bietet der Eisenberg mit seinem speziellen Boden und einem etwas kühleren Klima optimale Voraussetzungen für elegante, feingliedrige und charaktervolle Blaufränkische, die von feinster Mineralik getragen werden. Auf den schwereren Lehmböden des Mittelburgenlands, aber auch nördlich des Rosaliagebirges wachsen ebenfalls Blaufränkisch-Trauben, die Weine mit besonderer Fruchttiefe und Länge hervorbringen. Am Leithaberg, westlich des Neusiedler Sees, kann dazu eine ausgeprägte Mineralnote kommen. In den letzten Jahren erreichten auch Weine aus internationalen Rebsorten und Cuvées höchste Anerkennung. Das Leithagebirge mit seinen Kalk- und Schieferböden ist außerdem ein einzigartiges Terroir für komplexe Weißweine, vor allem Weißburgunder und Chardonnay, aber auch Grünen Veltliner. Feine Prädikatsweine wie der legendäre »Ruster Ausbruch« komplettieren die Dreifaltigkeit der burgenländischen Weinkompetenz. Östlich des Neusiedler Sees dominiert der Blaue Zweigelt mit kraftvollen, saftigen Rotweinen, auch wenn Blaufränkisch und St. Laurent ebenfalls hervorragende Ergebnisse liefern.

Der Seewinkel im südlichen Teil mit seinem speziellen Mikroklima zählt zu den wenigen

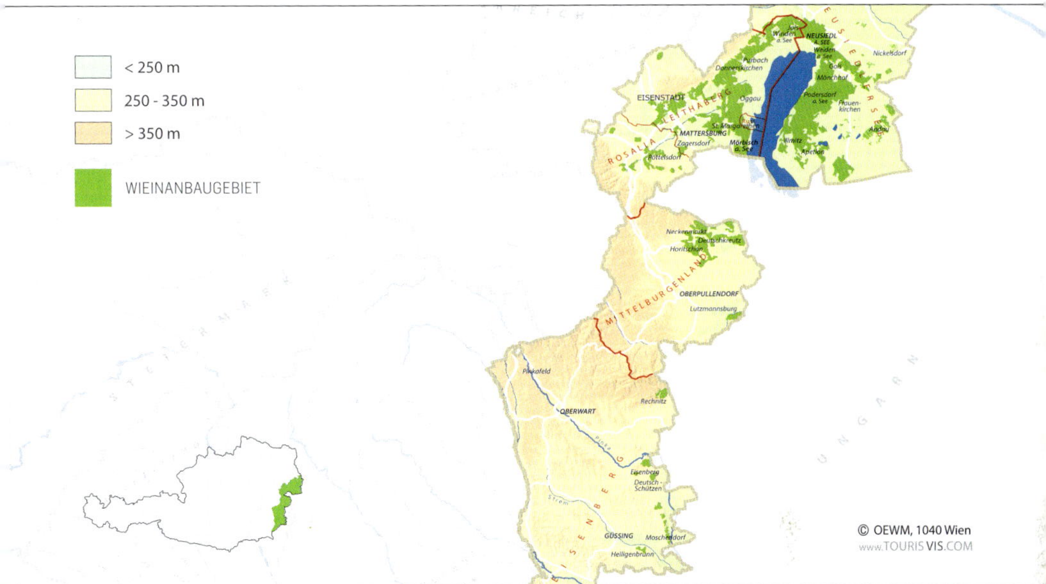

großen Süßweinhochburgen der Welt. Hier begünstigt die hohe Luftfeuchtigkeit aufgrund der zahlreichen »Zicklacken« im Herbst die Bildung der Edelfäule (Botrytis cinerea). Somit können hier regelmäßig große Beeren- und Trockenbeerenauslesen gewonnen werden. Die große Bodendiversität lässt eine ebenso vielfältige Rebsortenpalette gedeihen. Neben einigen anderen Sorten wie Chardonnay, Scheurebe, Muskat Ottonel oder Traminer erreicht in dieser Form besonders der Welschriesling höchstes Qualitätsniveau, ob mit oder ohne Einsatz von Holz.

Mit Ruster Ausbruch DAC und der Eingliederung der Stadt mit den trockenen Weinen bei Leithaberg DAC sowie mit Neusiedlersee DAC auch für Prädikatsweine werden nun im gesamten Burgenland DAC-Weine vinifiziert.

WEINBAUGEBIET BURGENLAND

Österreich gesamt:	**46.752 ha**	
Weinbaugebiet Burgenland:	**13.100 ha**	**(28 %)**

SPEZIFISCHE WEINBAUGEBIETE:

Leithaberg DAC	3097 ha
Eisenberg DAC	515 ha
Mittelburgenland DAC	2104 ha
Neusiedlersee DAC	6675 ha
Rosalia DAC	297ha
Ruster Ausbruch DAC	410 ha

Weißweinfläche insgesamt:	**5818 ha**	**(44 %)**
Grüner Veltliner:	1365 ha	(10 %)
Welschriesling:	1255 ha	(10 %)
Chardonnay:	656 ha	(5 %)
Weißburgunder:	510 ha	(4 %)
Müller-Thurgau:	300 ha	(2 %)

Rotweinfläche insgesamt:	**7282 ha**	**(56 %)**
Blaufränkisch:	2843 ha	(22 %)
Zweigelt:	2513 ha	(19 %)
St. Laurent:	368 ha	(3 %)
Merlot:	435 ha	(3 %)
Cabernet Sauvignon:	365 ha	(3 %)

Die idyllischen Kellerstöckel am Tschaterberg befinden sich direkt neben den Weingärten und können teilweise auch gemietet werden

BURGENLAND

EISENBERG DAC

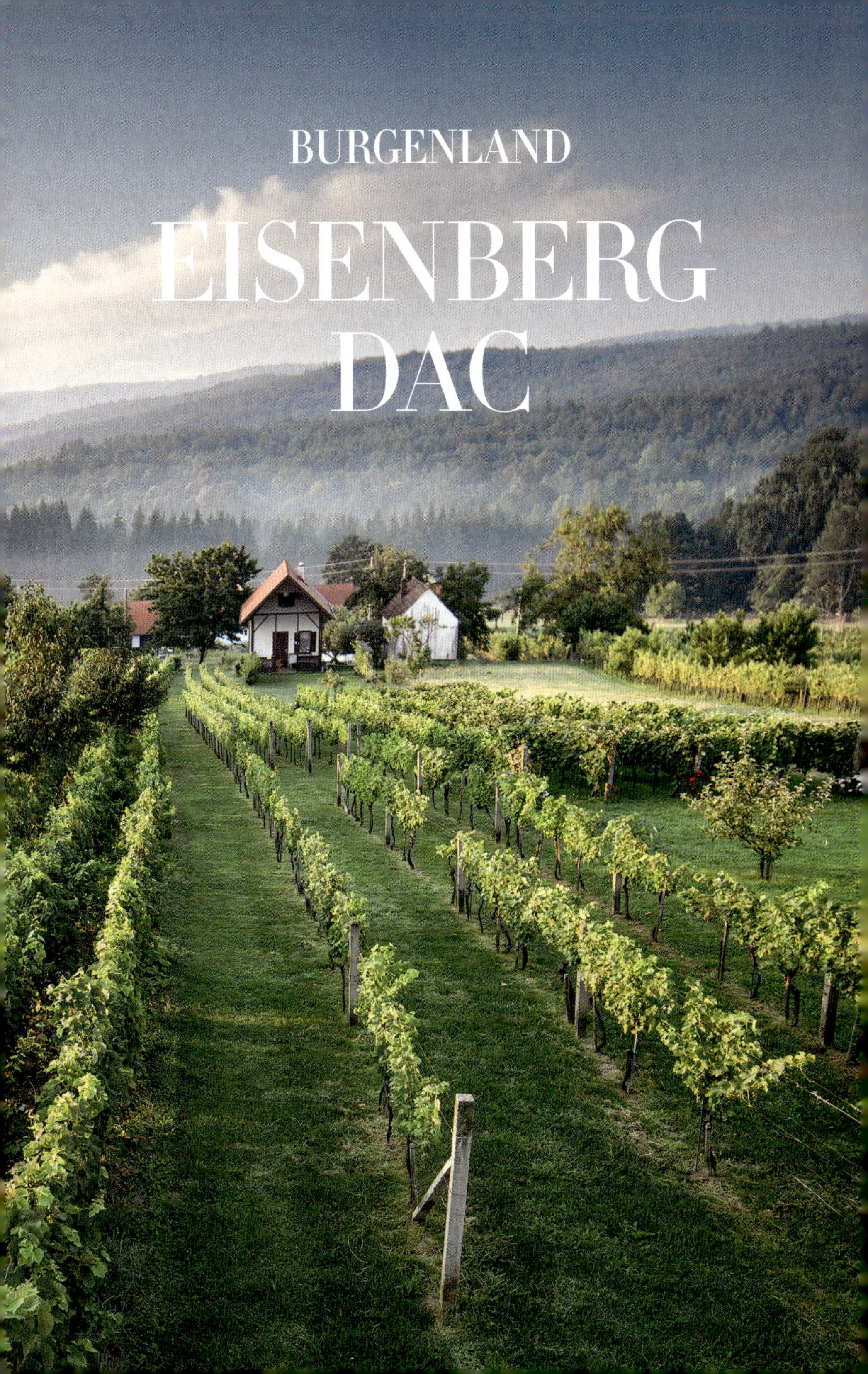

IDYLLISCHE LANDSCHAFT FEURIGE BLAUFRÄNKISCHE

Das idyllische Südburgenland ist die ursprünglichste Weinlandschaft des Burgenlands und erstreckt sich von Rechnitz im Norden bis nahe Güssing im Süden. Im Norden herrschen Urgesteinsböden vor, weiter südlich überwiegen mittelschwere Lehmböden, die zum Teil einen hohen Eisengehalt aufweisen. Die Rebfläche beträgt insgesamt etwa 515 Hektar.

Vor allem der Eisenberg hat große historische Bedeutung und fungiert zusammen mit dem Deutsch-Schützener Weinberg als weinbaulicher Mittelpunkt des Gebiets. Die klassischen Rotweine des Südburgenlands sind von der Sorte Blaufränkisch und werden seit dem Jahrgang 2009 unter der Bezeichnung »Eisenberg DAC« (»Eisenberg DAC Reserve« seit dem Produktionsjahrgang 2008) vermarktet.

Neben den klassisch-fruchtigen Sortenvertretern zählen die dichten Reserven zu Österreichs großen gebietstypischen Rotweinen. Sie sind von einer ganz besonderen mineralischen Würze geprägt. Rund um Rechnitz im Norden und Moschendorf im Süden entstehen außerdem besonders fruchtige und spritzige Welschrieslinge und Weißburgunder. Auch am Csaterberg nahe Kohfidisch und entlang der Pinkataler Weinstraße vom Wintener über den Kulmer und Gaaser Weinberg werden in schöner idyllischer Umgebung mit vielen Kellerstöckeln sehr elegante Weine gekeltert.

Die schöne Umgebung lädt überdies zu erholsamen Spaziergängen und Radtouren ein. Um Heiligenbrunn und Moschendorf im äußersten Süden begegnet man dem »Uhudler«, einer besonderen Weinspezialität, die aus Direktträger-Hybriden gekeltert wird und mit ihrem Duft nach wilden Erdbeeren viele Liebhaber gefunden hat.

AUSGEWÄHLTE WEINGÜTER

★★★★
Weingut Jalits, Badersdorf
Weingut Kopfensteiner, Deutsch Schützen
Weingut Krutzler, Deutsch Schützen
weingut schiefer.pur, Welgersdorf
Weingut Schützenhof, Deutsch Schützen

★★★
Groszer Wein, Burg

★★★
Schiefer & Domaines Kilger, Welgersdorf

★★
StephanO Das-Wein-Gut, Deutsch Schützen
Thom Wachter, Eisenberg a. d. Pinka

★
Weingut Batthyány, Rechnitz

★

WEINGUT BATTHYÁNY

BIO

Die 400 Jahre alte Familientradition von Graf Ivan Batthyány und seiner Frau, Gräfin Carolin Batthyány, wurde im Jahr 2015 wiederbelebt. Ihr kleines Boutique-Weingut zeichnet sich heute durch eine aufwendige, selektive Produktion von Weinen auf kleinem Terrain und durch stark reduzierten Mengenertrag aus. Unter der Ägide von Rudolf Krizan wurden Reben auf Streuobstwiesen ausgesetzt, die 30 Jahre lang nicht bearbeitet wurden und deren Böden vor Kraft strotzten. Das Mikroklima und die mineralischen Böden ergeben einen eigenen Weintyp. Die Lage »Rindler« wurde bereits um 1700 von den Vorfahren des heutigen Besitzers bebaut und geschätzt. Davon zeugt die noch heute in situ vorzufindende »Weinbergkapelle«, die damals von Àdám II. Graf Batthyány erbaut wurde. In dieser Zeit scheint es zahllose Unwetter gegeben zu haben, die oftmals die Ernte zerstörten. Um seine Lieb-

Blick auf Rechnitz

WEINGUT BATTHYÁNY
7471 Rechnitz
Waldgebiet 636
T: +43 (3363) 79201
wein@weingut-batthyany.at
www.weingut-batthyany.at

Kellermeister/Kontakt:
Ing. Rudolf Krizan
Anbauweise: Biodynamisch
Produktion: 3.5 Hektar

lingsweine zu schützen, baute der Graf diese Kapelle, die den Wetterheiligen gewidmet wurde. Derzeit verfügt das Weingut über dreieinhalb Hektar Rebfläche, wovon zweieinhalb Hektar mit Chardonnay und Sauvignon Blanc sowie ein Hektar mit Blaufränkisch und Merlot bepflanzt sind. Das südburgenländische Klima ist geprägt durch seine einzigartige geografische Lage – Österreich liegt auf demselben Breitengrad wie das Burgund. Die Weinberge rund um Rechnitz bestehen aus tiefgründigen Urgesteins-Verwitterungsböden mit einer Lehm-Humus-Schicht. Die Weingärten sind von kleiner Fläche, dazwischen findet man zahlreiche alte Obst- und Maronenbäume. Diese sehr alte Anbaustruktur beherbergt stark gefährdete Insekten wie zum Beispiel die Holzbiene, die größte heimische Bienenart. Sie findet in den Weinbergen den perfekten Lebensraum. Daher hat sich die Familie ein großes Ziel gesetzt und bewirtschaftet ihre Weingärten ökologisch, um moderne Spitzenweine im Einklang mit der Natur zu erzeugen.

92 Weiße Cuvée 2019 SB/CH
13,5 Vol.-%, DV, großes Holzfass, €€€
Leuchtendes Goldgelb, Silberreflexe. Feine Kräuternoten, etwas nach Edelholz, ein Hauch von kandierten Orangenzesten, zart nach Tropenfrucht und reifer Stachelbeere. Saftig, elegant, feine Struktur, mineralisch, gut integrierter Säurebogen, feinwürzig, Maracuja im Nachhall, guter Speisenbegleiter.

90 Bellalou 2020 SB/CH
13 Vol.-%, DV, Stahltank, €€
Helles Gelbgrün, Silberreflexe. Frische Wiesenkräuter, etwas nach Cassis, zart nach weißem Steinobst, Quitte klingt an. Mittlerer Körper, feine Säurestruktur, mineralisch, weißes Kernobst im Abgang, salziger Nachhall, unkomplizierter Speisenbegleiter.

90 Pinot Noir Rosé 2020
12,5 Vol.-%, DV, Stahltank, €€€
Helles Lachsrosa, Silberreflexe. Feine Kräuternoten, reife Tropenfrucht, etwas nach Honigmelone, kandierte Orangenzesten. Mittlerer Körper, saftig, balancierte Säurestruktur, zart nach roter Beerenfrucht im Abgang, bereits gut antrinkbar.

91 Blaufränkisch * 2019
14 Vol.-%, NK, großes Holzfass, €€€
Dunkles Rubingranat, violette Reflexe, zarter Wasserrand. Feine Kräuterwürze, etwas nach schwarzer Kirschfrucht, Orangenzesten, Brombeeren klingen an. Saftig, straff, gut eingebundene Tannine, mineralisch, zart nach dunkler Waldbeerenfrucht, Tabaknoten im Abgang, bereits gut antrinkbar.

93 Rote Cuvée 2019 BF/ME
14,5 Vol.-%, NK, Barrique, €€€€
Dunkles Rubingranat, violette Reflexe, zarter Wasserrand. Rotes Waldbeerenkonfit, etwas nach Zwetschken, ein Hauch von Cassis, mit Lakritze unterlegt, floraler Touch. Saftig, elegant, feine Säurestruktur, etwas nach Brombeeren im Abgang, salzig, gut integrierte Tannine, extraktsüß im Abgang, würziges Finish.

★★★

GROSZER WEIN

»Groszer Wein« hat es sich zum Ziel gesetzt, den Eisenberg im Südburgenland mit seinem einmaligen Terroir in Flaschen zu füllen und somit Weine zu vinifizieren, die das Aroma ihrer Herkunft in sich tragen – Weine für moderne, aufgeschlossene Weinliebhaber.
Die Lagen Saybritz, Szapary, Hummergraben, Königsberg, Kroatische Ried, also Weinberge, in denen »Groszer Wein« reift, lesen sich wie das »Who's who« der besten Rebhänge am Eisenberg. Es sind besondere Lagen mit einem speziellen Mikroklima und einer genialen Bodenstruktur, die unter einer dünnen Humusschicht Schiefer mit Eiseneinschlüssen und Lehm enthält. Auf diesen Filetstücken des Eisenbergs wachsen alte Rebstöcke, die ihre Wurzeln tief in den Boden graben.
2015 sind auch einige Top-Lagen vom benachbarten Csaterberg hinzugekommen. Der Csaterberg steht für Weißweine mit einzigartigem Terroir, das von Schiefer und Süßwasser-Opalen geprägt ist.
Seit 2019 kreieren Markus Bach und der Önologe Edgar Brutler die Weine. Zusätzlich zum klassischen Sortiment gibt es mit dem Jahrgang 2020 eine zweite Linie: Natural Wine – eine finessenreiche Neuinterpretation des Eisenbergs. Die Lagen sind das größte Kapital und liefern die Grundlage für wahrhaft unverwechselbare Herkunftsweine, die das »Groszer Wein«-Duo mit unverkrampfter Lässigkeit in die Flasche bringt.

91 Erdödy 2020 WR/CH
11,5 Vol.-%, NK, Amphore/500-l-Fass, €€€€
Zart getrübtes helles Gelbgrün, Silberreflexe. Zart hefig unterlegte weiße Kernobstnuancen, ein Hauch von Tropenfrucht und Limetten, floraler Touch. Straff, engmaschig, grüner Apfel, salzig und leichtfüßig, bietet lebendigen Trinkspaß.

89 Gemischter Satz 2020
11,5 Vol.-%, DV, großes Holzfass/Edelstahl, €€

89 Müller Thurgau 2020
11,5 Vol.-%, NK, großes Holzfass, €€€€

89 Welschriesling 2020
11,5 Vol.-%, NK, Beton/großes Holzfass, €€€€

89 Blaufränkisch Rosé Eros 2020
11,5 Vol.-%, NK, großes Holzfass, €€€

95 ** Ried Saybritz 2019
13,5 Vol.-%, NK, 500-l-Fass, €€€€€
Kräftiges Rubingranat, violette Reflexe, zarte Ockerrandaufhellung. Feine Nuancen von reifen Herzkirschen, ein Hauch von Nougat, dezente Mineralik, einladendes Bukett. Komplex, saftig, reife Brombeeren und Kirschen, seidige Tannine, feine saline Textur im Abgang, nahtloser Stil, verfügt über Länge und Potenzial, wird von Flaschenreife noch weiter profitieren.

92 Blaufränkisch * 2019
12,5 Vol.-%, DV, großes Holzfass, €€
Dunkles Rubingranat, violette Reflexe, zarte Ockerrandaufhellung. Etwas verhalten, dunkle Kirschen, ein Hauch von Zwetschken, mineralischer Touch, mit einem Hauch von Orangenzesten unterlegt. Saftig, frische Herzkirschen, gut integrierte Tannine, salziger Abgang, bleibt gut haften, ein lebendiger Begleiter bei Tisch.

90 Blaufränkisch 2020
11,5 Vol.-%, NK, großes Holzfass, €€€€
Kräftiges Rubingranat, violette Reflexe, zarte Wasserrandaufhellung. Frisches rotes Waldbeerenkonfit, zarte tabaki-

GROSZER WEIN
7473 Burg
Burg 95
T: +43 (664) 3863777
kanzlei@groszerwein.at
www.groszerwein.at

Kellermeister: Edgar Brutler
Kontakt: Markus Bach
Anbauweise: Umstellung auf bio
Produktion: 100.000 Flaschen
20 % weiß, 80 % rot, 21 Hektar
Vereinszugehörigkeit:
Eisenberg DAC
Messen: ProWein Düsseldorf

* Eisenberg DAC ** Eisenberg DAC Reserve

ge Nuancen, kräuterwürziges, offenes Bukett. Leichtfüßig, rote Kirschen, zart nach Weichseln, frisch strukturiert, trinkanimierender, leichtfüßiger Stil, bietet schwungvolles Trinkvergnügen, ein sommerlicher Rotweinstil.

91 Rotburger 2019
12,5 Vol.-%, NK, 500-l-Fass/großes Holzfass, €€€
Dunkles Rubingranat, violette Reflexe, zarte Ockerrandaufhellung. Zart kräuterwürzig unterlegte reife Zwetschkenfrucht, Nuancen von Brombeeren, dunkle Mineralik. Saftig, rote Kirschen, feine, gut integrierte Tannine, salzig-zitronig im Abgang, vielseitig einsetzbar.

90 Rote Küvee 2019 BF/ZW/CS
13 Vol.-%, DV, 500-l-Fass/großes Holzfass, €€ V
Kräftiges Rubingranat, violette Reflexe, zarte Ockerrandaufhellung. Feinwürzig unterlegte dunkle Waldbeerenfrucht, Nuancen von Brombeeren, ein Hauch von Herzkirschen. Mittlerer Körper, rote Kirschen, zarte Tannine, salzig-mineralisch im Abgang, versatiler Speisenbegleiter.

★★★★

WEINGUT JALITS

Der Eisenberg ist für Mathias Jalits etwas Besonderes, ein Gebiet mit unvergleichlichen Vorzügen und Eigenschaften. Und genau so sollen seine Weine schmecken. »Man soll den Eisenberg am Gaumen haben, wenn man unsere Weine trinkt«, lautet das Credo des Südburgenländers. Sandiger, toniger, schwerer Lehm und der nach Südosten offene Kessel, der eisige Nordwinde abhält, sorgen für ideale Bedingungen und für das Gedeihen eines kraftvollen, mineralischen Blaufränkisch, der Hauptsorte des Weinguts. Auch Cabernet Sauvignon, Pinot Noir, Merlot und Zweigelt sowie eine geringe Menge an Welschriesling wachsen auf den Hängen des Eisenbergs.

In fünfter Generation widmet sich die Familie nun schon dem Weinbau. 2001 hat Mathias Jalits die Betriebsführung übernommen, und seither vergrößert er stetig die Anbaufläche mit Fokus auf Qualität und Regionalität. Auf gewagte Experimente lässt er sich dabei nicht ein, weder im Weingarten noch im Keller: »Die Bodenständigkeit der Region soll sich in meinen Weinen widerspiegeln. So bin ich, so ist das Südburgenland, so sollen unsere Weine sein.« Dass Mathias Jalits mit seiner Philosophie richtig liegt, zeigen die ausgezeichneten Falstaff-Bewertungen. Man darf gespannt sein, welche edlen Tropfen in den kommenden Jahren noch zu verkosten sein werden.

WEINGUT JALITS
7512 Badersdorf
Untere Dorfstraße 16
T: +43 (664) 3303827
office@jalits.at
www.jalits.at

Kellermeister/Kontakt: Mathias Jalits
Produktion: 20 % weiß, 80 % rot, 16 Hektar
Vereinszugehörigkeit: Eisenberg DAC
Messen: Alimentaria, ProWein Düsseldorf, VieVinum

92 Weißburgunder Kalk- und Schiefer 2019
13,5 Vol.-%, NK, gebrauchte Barriques, €€€€
Helles Gelbgrün, Silberreflexe. Feine Tropenfruchtnoten, etwas nach gelbem Kernobst, mit Wiesenkräutern unterlegt, zart nach Blütenhonig. Saftig, elegant, mittlere Komplexität, bleibt gut haften, Melonentouch im Abgang, salziger Nachhall, guter Speisenbegleiter.

(96) ** Diabas 2018
14 Vol.-%, NK, gebrauchte Barriques, €€€€€ V
Tiefdunkles Rubingranat, violette Reflexe, zarte Randaufhellung. Etwas nach Lakritze und Brombeeren, feine Zartbitterschokolade, ein Hauch von Kardamom, mit Holz-Tabak-Würze unterlegt. Saftig, elegant, reife dunkle Waldbeerenfrucht, engmaschig, extraktsüß nach Johannisbeeren im Abgang, vielschichtiger Speisenbegleiter.

(94) ** Ried Szapary 2019
13,5 Vol.-%, NK, gebrauchte Barriques, €€€ V
Tiefdunkles Rubingranat, violette Reflexe, zarte Randaufhellung. Einladendes Bukett nach Zwetschken und reifen Kirschen, zart nach Nougat, ein Hauch von Wiesenkräutern. Saftig, elegant, feine Struktur, mineralisch-salzig, etwas nach Brombeeren, Walderdbeeren im Abgang, bleibt sehr gut haften, vielseitiger Speisenbegleiter.

(94) ** Ried Fasching 2019
13,5 Vol.-%, NK, gebrauchte Barriques, €€€€€ V
Dunkles Rubingranat, violette Reflexe, schwarzer Kern, zarte Randaufhellung. Etwas nach Brombeeren und kandierten Veilchen, ein Hauch von Holzwürze, zart nach Vanille und frischen Orangenzesten. Saftig, gute Komplexität, gut eingebundene Tannine, kraftvoll, schwarze Fruchtnuancen im Abgang, tabakiger Nachhall, vielseitig einsetzbar, gutes Potenzial.

93 Merlot Reserve 2018
14 Vol.-%, NK, Barrique, €€€€€
Dunkles Rubingranat, opaker Kern, violette Reflexe, zarter Wasserrand. Feine Tabak-Holz-Würze, etwas reife Herzkirschen, ein Hauch von Zwetschke, feiner Nougattouch. Gute Komplexität, saftig, präsente, feine Tanninstruktur, mineralisch, rote Waldbeerenfrucht, bleibt gut haften, vielseitiger Speisenbegleiter.

(92) Cuvée Kontur 2019 BF/CS/ME
14 Vol.-%, NK, Teilbarrique, €€€€
Tiefdunkles Rubingranat, violette Reflexe, zarte Randaufhellung. Etwas nach Veilchen und Brombeeren, zart nach Cassis, Gewürznelken und balsamische Noten klingen an. Saftig, straff, extraktsüß, zart nach Vanille, gut eingebundene Tannine, Brombeertouch im Abgang, bleibt sehr gut haften, verfügt über Reifepotenzial.

92 Cabernet Sauvignon Reserve 2018
14 Vol.-%, NK, Barrique, €€€€€
Dunkles Rubingranat, violette Reflexe, zarter Wasserrand. Zarte Edelholznuancen, schwarze Herzkirschfrucht, ein Hauch von Lakritze, etwas Waldbeerenkonfit, Orangenzesten klingen an. Saftig, straff, gute Komplexität, kraftvoll, präsentes Tannin, Lakritze und Schokolade im Nachhall, würziger Speisenbegleiter.

90 Pinot Noir Ried Szapary 2018
13 Vol.-%, NK, gebrauchte Barriques, €€€
Kräftiges Rubingranat, violette Reflexe. Etwas nach Tabakwürze, ein Hauch von Kirschen, zart nach Gewürzen, Pflaumentouch. Saftig, straff, feine Kräuternoten, ein Hauch von Brombeeren, kraftvoll, gut integrierte Tannine, würzig, feiner Rückgeschmack.

★★★★

WEINGUT KOPFENSTEINER

Das Weingut der Familie Kopfensteiner liegt im Weinbaugebiet »Weinidylle Südburgenland« nahe der ungarischen Grenze, wird von Astrid und Thomas Kopfensteiner in dritter Generation geführt und wurde bis vor einigen Jahren noch im Nebenerwerb betrieben. In den 1990er-Jahren wurde die Weinanbaufläche stetig vergrößert, zurzeit werden etwa 16 Hektar Weingärten in Deutsch Schützen und am Eisenberg bearbeitet. Der Sortenspiegel reicht von Welschriesling über Weißburgunder, Zweigelt und Blaufränkisch bis hin zu Cabernet Sauvignon und Merlot. Das Hauptaugenmerk gilt dabei dem Blaufränkisch, der auch die Leitsorte im Südburgenland ist und in diesem Gebiet am besten gedeiht. Dabei haben die Kopfensteiners kompromissloses Qualitätsdenken und gewissenhaftes Arbeiten für ein gebietstypisches Endprodukt zur obersten Prämisse erkoren.

Aushängeschilder des Betriebs sind die Blaufränkisch-Weine von den Lagen am Eisenberg und sicher auch die Cuvée »Border«, ein Wein, der in seiner Jugend schon beeindruckt, sein großes Format aber mit ein paar Jahren Reife noch besser zeigt. Die Weingärten werden mit höchster Sorgsamkeit und großer Liebe gepflegt. Exaktes Ausdünnen und Entblättern sind neben Klima und Boden die Garanten für reifes und perfektes Traubenmaterial. »Nur Trauben, die physiologisch reif und frei von grünen Tanninen sind, werden zu Qualitätsweinen verarbeitet – nicht durch übermotivierten Arbeitseinsatz und schon gar nicht durch die sogenannten ›neuen Kellertechnologien‹«, so die Kopfensteiners einstimmig.

92 Saybritz weiss 2019 WB/GV
13 Vol.-%, NK, 500-l-Fass, €€€€
Mittleres Grüngelb, Silberreflexe. Zarte Kräuterwürze, wei-

* Eisenberg DAC ** Eisenberg DAC Reserve

Blaufränkisch

WEINGUT KOPFENSTEINER

7474 Deutsch Schützen
Untere Hauptstraße 31
T: +43 (3365) 2236
weingut@kopfensteiner.at
www.kopfensteiner.at

Kellermeister: Thomas Kopfensteiner
Kontakt: Astrid Kopfensteiner
Produktion: 5 % Schaumwein, 10 % weiß, 5 % rosé, 80 % rot, 16 Hektar
Messen: Wein Burgenland Präsentationen

ße Fruchtnuancen, ein Hauch von Birne, floraler Touch, mineralisch unterlegt. Saftig, ein Hauch von weißem Apfel und Akazienhonig, elegant und ausgewogen, salziger Nachhall, vielseitig einsetzbar.

(95) ** Ried Reihburg 2019

13,5 Vol.-%, NK, Barrique, €€€€€
Dunkles Rubingranat, opaker Kern, violette Reflexe, dezente Randaufhellung. Einladendes dunkles Beerenkonfit, frische Kirschen, feine Nuancen von Orangenzesten und etwas Nougat, ein Hauch von Kräuterwürze im Hintergrund. Komplex, saftig, feine Fruchtsüße, elegant, tragende seidige Tannine, mineralisch und lange anhaftend, verfügt über sicheres Reifepotenzial.

(94) ** Ried Saybritz 2019

13,5 Vol.-%, NK, großes Holzfass, €€€€€
Dunkles Rubingranat, opaker Kern, violette Reflexe, dezente Randaufhellung. Zart floral mit Nuancen von Veilchen, schwarze Herzkirschen, zart nach Johannisbeeren, einladendes Bukett. Saftig, seidige Textur, feine Extraktsüße, reife Herzkirschen, mineralisch und lange anhaftend, wirkt leichtfüßig, ein finessenreicher Speisenbegleiter mit Reifepotenzial.

(93) ** Ried Szapary 2019

13,5 Vol.-%, NK, großes Holzfass, €€€€€
Dunkles Rubingranat, violette Reflexe, dezente Randaufhellung. Nuancen von Brombeeren, schwarze Herzkirschen, ein Hauch von Orangenzesten, facettenreiches Bukett. Saftig, elegant, frische Kirschen am Gaumen, dezente Fruchtsüße, feine, ausgereifte Tannine, mineralisch im Abgang, bleibt haften, gutes Entwicklungspotenzial.

(92) ** Deutsch Schützen 2019

13,5 Vol.-%, NK, 500-l-Fass, €€€
Tiefdunkles Rubingranat, opaker Kern, violette Reflexe, dezente Randaufhellung. Tabakig-kräuterwürzig unterlegte schwarze Waldbeerenfrucht, ein Hauch von Kirschen, zartes Nougat. Mittlere Komplexität, rote Kirschen, feine Tannine, salzig-zitronig im Abgang, ein lebendiger Speisenbegleiter.

(90) Eisenberg DAC 2019

13 Vol.-%, DV, großes Holzfass, €€
Dunkles Rubingranat, violette Reflexe, dezente Ockerrandaufhellung. Schwarze Waldbeeren, dunkle Kirschen, ein Hauch von Lakritze, zart blättrige Würze. Mittlerer Körper, rotbeerige Textur, zarte Tannine, frischer Säurebogen, zitroniger Nachhall.

(94) Border 2019 BF/ME/CS

13,5 Vol.-%, NK, Barrique, €€€€€
Dunkles Rubingranat, opaker Kern, violette Reflexe, dezente Randaufhellung. Feine Edelholzwürze, zarte Nuancen von dunklen Beeren, zarter floraler Touch, ein Hauch von Nougat. Saftig, elegant, feine Extraktsüße, feine, gut integrierte Tannine, reife Herzkirschen im Abgang, mineralischer Nachhall, gute Länge, sicheres Reifepotenzial.

★★★★

WEINGUT KRUTZLER

Das Weingut Krutzler wird mittlerweile in fünfter Generation geführt. Bereits 1966 hat man die ersten Qualitätsweine abgefüllt, und bis heute sieht man sich nur dem Besten verpflichtet. So arbeitet der Familienbetrieb auf etwa 13 Hektar Rebflächen rund um Deutsch Schützen und den Eisenberg traditionell fast ausschließlich mit Rotweinen. Hier steht vor allem einer im Mittelpunkt: der Blaufränkisch. Nicht Modeweine ohne Ecken und Kanten, sondern die Stilistik der Sorte, die klimatischen Besonderheiten und das prägende Terroir stehen in der Krutzler'schen Weinmacherphilosophie an erster Stelle. Die Rebflächen befinden sich alle in einer nach Südsüdosten ausgerichteten Kessellage, die von Wald umgeben ist. In diesem Kleinklima finden sich mineralische, eisenhaltige Lehm- und Schieferböden. Das Terroir, niedrige Erträge und eine lange Vegetationsperiode bringen Weine mit Eigenständigkeit und Charakter.
Allerbeste Rieden in Deutsch Schützen und am nahen Eisenberg sind die Grundlage für den Eisenberg DAC Reserve; mindestens 25 Jahre alte Reben und extralange Fasslagerung sind die Basis für diesen kräftig-würzigen, mineralischen Charakterwein. Aus sorgfältiger Selektion der jeweils besten Blaufränkischtrauben des Jahrgangs wird der Blaufränkisch »Perwolff«, das renommierte Flaggschiff des Hauses, in Eichenfässern ausgebaut. Dieser sehr aufwendig verarbeitete, extrem lagerfähige Spitzenwein von Weltruf hat seinen Namen nach einer alten Bezeichnung für Deutsch Schützen. Mit zunehmender Flaschenreife erfreut er den Gaumen mit Geschmeidigkeit und Eleganz.

93 Welschriesling Ried Ratschen 2019
13 Vol.-%, NK, Barrique, €€€€€
Helles Gelbgrün, Silberreflexe. Feine Holzwürze, etwas nach Ananas, zarte Noten von weißem Nougat, Mandarinenzesten klingen an. Saftig, elegant, gute Komplexität, straff, weiße Apfelfrucht im Abgang, kraftvoll, etwas nach Tropenfrucht, nussiges Finish, guter Speisenbegleiter.

(93) Eisenberg DAC Reserve 2019
13,5 Vol.-%, NK, gebr. Barriques/500-l-Fass, €€€€
Dunkles Rubingranat, violette Reflexe, zarter Wasserrand. Engmaschiger Duft nach Weichseln und dunklem Waldbeerenkonfit, ein Hauch von Kamille, etwas nach Orangenzesten, einladendes Bukett. Saftig, straff, feine Struktur, mineralisch-salzig, Kirschfrucht im Abgang, Holzwürze im Nachhall, vielseitiger Speisenbegleiter.

92 * Spätfüllung 2017
13,5 Vol.-%, DIAM, großes Holzfass, €€€
Dunkles Rubingranat, violette Reflexe, zarter Wasserrand. Feine Kirschfrucht, Wiesenkräuter, etwas nach Feigen, tabakige Würze, Orangenschalen. Saftig, elegant, feiner Zwetschkentouch, etwas nach Brombeeren, mittlerer Körper, feines Tannin, guter Speisenbegleiter.

(96) Blaufränkisch Perwolff 2019
13,5 Vol.-%, NK, 500-l-Fass, €€€€€€
Dunkles Rubingranat, opaker Kern, violette Reflexe, zarte Randaufhellung. Feine Gewürznuancen, ein Hauch von Bergamotte, Lakritze und Brombeeren, vielschichtiges Bukett. Saftig, gute Komplexität, straff, extraktsüß nach Waldbeerenfrucht, etwas nach Heidelbeeren im Nachhall, feine Holzwürze im Rückgeschmack, gutes Potenzial.

WEINGUT KRUTZLER
7474 Deutsch Schützen
Winzerstraße 68
T: +43 (3365) 21868
weingut@krutzler.at
www.krutzler.at

Kellermeister/Kontakt:
Reinhold Krutzler
Produktion: 5 % weiß, 95 % rot,
13 Hektar
Zertifiziert: Nachhaltig Austria
Vereinszugehörigkeit:
Renommierte Weingüter
Burgenland
Messen: ProWein Düsseldorf,
VieVinum

* Eisenberg DAC ** Eisenberg DAC Reserve

(95) Merlot 2019
13,5 Vol.-%, NK, Barrique, €€€€€
Tiefdunkles Rubingranat, violette Reflexe, opaker Kern, zarte Randaufhellung. Dunkles Waldbeerenkonfit, etwas nach Lakritze, ein Hauch von Holzwürze, etwas nach Brombeeren, mit Röstaromatik unterlegt. Saftig, straff, feine Tanninstruktur, extraktsüß nach Johannisbeeren, Vanilletouch im Nachhall, würziger Rückgeschmack, gutes Entwicklungspotenzial.

(94) Alter Weingarten Ried Weinberg 2019 BF/ZW
13,5 Vol.-%, NK, 500-l-Fass, €€€€€
Dunkles Rubingranat, violette Reflexe, zarter Wasserrand. Feine Kräuternoten, ein Hauch von reifen Kirschen, floraler Touch, Lakritze klingt an, mit einem Brombeertouch unterlegt. Saftig, elegant, gute Komplexität, frische Struktur, samtige Tannine, reife Kirschfrucht im Abgang, vielseitiger Speisenbegleiter mit Potenzial.

★★★

SCHIEFER & DOMAINES KILGER

Der Südburgenländer Uwe Schiefer ist weit über Österreichs Grenzen hinaus als einer der besten Rotweinmacher des Landes bekannt. Mit seinen eigenständigen Blaufränkisch vom Eisenberg wurde er zum Aushängeschild der Region. Sie zählen – wie mittlerweile auch seine Weißweine – weltweit zu den begehrtesten Weinen Österreichs.
Nun hat Uwe Schiefer einen wesentlichen Schritt getan, der ihn gelassen und optimistisch in die Zukunft blicken lässt. Der Münchner Hans Kilger, mit Domaines Kilger seit vier Jahren Eigentümer eines Weingutes mit Weinbergen in der Süd- und Weststeiermark, hat dem genialen Rotweinwinzer eine Zusammenarbeit vorgeschlagen. Uwe Schiefer und Hans Kilger sind jetzt Partner der neu gegründeten Schiefer & Domaines Kilger GmbH & Co KG, die zwei Weinlinien lanciert: einerseits die klassischen Uwe-Schiefer-Weine vom Eisenberg und von Lutzmannsburg, andererseits die Rotweine der Marke Schiefer & Domaines Kilger.
»An meinen Weinen wird sich nichts ändern«, so Uwe Schiefer, »außer, dass ich noch kompromissloser auf die Qualität achten und den Weinen mehr Zeit zur Entwicklung geben kann, ohne auf wirtschaftliche Einschränkungen achten zu müssen.« Auch Hans Kilger ist sehr glücklich über die Partnerschaft: »Ich habe Uwe Schiefer und seine Weine immer bewundert. Dass er nun als Önologe auch für meine eigene Weinlinie verantwortlich zeichnet, ist ein Herzenswunsch, der in Erfüllung geht.«

SCHIEFER & DOMAINES KILGER
7503 Welgersdorf, Welgersdorf 3
T: +43 (664) 5219047
office@weinbau-schiefer.at
www.weinbau-schiefer.at

Kellermeister: Uwe Schiefer
Kontakt: Uwe Schiefer, Mark Matisovits
Anbauweise: Umstellung auf bio
Produktion: 10 % weiß, 90 % rot, 25 Hektar
Vereinszugehörigkeit: Leithaberg DAC, Eisenberg DAC
Messen: ProWein Düsseldorf, VieVinum

93 Weißburgunder »s« 2019
13 Vol.-%, NK, großes Holzfass, €€€€€
Helles Gelbgrün, Silberreflexe. Zart kräuterwürzig unterlegte feine weiße Kernobstnote, zart nach Limettenzesten, mineralischer Touch. Straff, engmaschig, zarte Fruchtsüße, ein Hauch von Melone, feiner nussiger Touch im Abgang, bleibt gut haften, zeigt Länge, zitronig im Nachhall, insgesamt noch wenig entwickelt, hat Luft nach oben.

95 Cuvée Private Reserve 2017 BF/ME
14 Vol.-%, NK, großes Holzfass/Barrique, €€€€€€
Tiefdunkles Rubingranat, violette Reflexe, zarte Randaufhellung. Dunkles Waldbeerenkonfit, zart nach reifen Pflaumen, ein Hauch von Nougat, kandierte Orangenzesten, unterlegt mit Holzwürze. Saftig, elegant, lebendige Struktur, zarte Tannine, extraktsüß nach Herzkirschen, Mandarinentouch, helles Karamell, gutes Potenzial.

93 Cuvée Johann Lafer Selection 2018 BF/ME/ZW
13 Vol.-%, NK, kleines Holzfass, €€€€
Kräftiges Rubingranat, violette Reflexe, breitere Ockerrandaufhellung. Zarte Nuancen von etwas Nougat und dunklem Waldbeerenkonfit, reife Kirschen, kandierte Orangenzesten. Elegant, fruchtsüße Textur, eingelegte Kirschen, feine Tannine, mineralischer Nachhall, ein Hauch von Schokolade im Rückgeschmack.

95 Blaufränkisch Ried Königsberg 2018
13 Vol.-%, NK, großes Holzfass, €€€€€
Kräftiges Rubingranat, violette Reflexe, breitere Ockerrandaufhellung. Kräuterwürzig unterlegte reife rote Herzkirschen, feiner animalischer Touch, tabakige Nuancen, ein Hauch von Preiselbeeren. Komplex, saftige Kirschfrucht, feine reife Tannine, frisch strukturiert, mineralisch-salzig im Abgang, bereits gut entwickelt, ein straffer Speisenbegleiter mit Reifepotenzial.

92 Blaufränkisch Burgenland 2018
12,5 Vol.-%, DV, großes Holzfass, €€€€
Dunkles Rubingranat, violette Reflexe, dezenter Ockerrand. Frische schwarze Kirschfrucht, zart nach Preiselbeeren, mineralisch unterlegtes, einladendes Bukett. Saftig, elegant, feine Brombeer-Kirsch-Frucht, feine Tannine, gute Frische, extraktsüßer Abgang, ein facettenreicher Speisenbegleiter.

★★★★

WEINGUT SCHIEFER.PUR

Less is more« ist die Philosophie, der sich Uwe Schiefer von Anfang an verschrieben hat. Im Weingarten und bei der Vinifizierung wird so gut wie keine Technik eingesetzt, um den Charakter des Terroirs und der Sorte herauszustreichen. »Der Wein definiert sich ausnahmslos im Weingarten selbst«, so Uwe Schiefer, der damit zu den absoluten Vorreitern einer feingliedrigen und puren Blaufränkisch-Stilistik zählt. Schiefer rekultiviert uralte Steillagen am Eisenberg, aber auch gebietstypische Weißweinlagen am Tschaterberg und in Markt Neuhodis, wo er besonders mit dem Welschriesling neue Geschmacksqualitäten erschließt.
Flaggschiff ist der extrem lagerfähige »Blaufränkisch Reihburg«, der aus bis zu 80-jährigen Reben selektioniert und in großen Holzfässern ausgebaut wird. René Gabriel hat im Juni 2020 den Jahrgang 2011 mit 20 von 20

WEINGUT SCHIEFER.PUR
7503 Welgersdorf, Welgersdorf 3
T: +43 (664) 5219047
office@weinbau-schiefer.at
www.weinbau-schiefer.at

Kellermeister: Uwe Schiefer
Kontakt: Uwe Schiefer, Mark Matisovits
Anbauweise: Umstellung auf bio
Produktion: 10 % weiß, 90 % rot, 25 Hektar
Vereinszugehörigkeit: Leithaberg DAC, Eisenberg DAC
Messen: Austrian Tasting London, FHA Singapore, ProWein Düsseldorf, VieVinum, DAC-Präsentationen, ProWine Asia, Wein Burgenland Präsentationen

Uwe Schiefer

Punkten bewertet und somit die Höchstpunktezahl vergeben! Weitere Topweine sind unter anderem »Blaufränkisch Ried Szapary«, »Blaufränkisch vom blauen Schiefer« oder »Blaufränkisch Lutzmannsburg v.v.«.
Neben den namhaften südburgenländischen Lagen bearbeitet der umtriebige Winzer auch einige Toplagen in Lutzmannsburg im Mittelburgenland und in der Region Leithaberg. Generell soll aber in Zukunft das Wein-Portfolio gestrafft werden, der neue Topwein wird in Zukunft der »Eisenberg« sein, eine Assemblage der besten Parzellen, besten Lagen und ältesten Trauben. Keine Geringeren als Bartolo Mascarello oder Jean-Louis Chave werden da als Vorbilder genannt.

95 weisser schiefer »s« 2018 WR/WB
13,5 Vol.-%, NK, großes Holzfass, €€€€€
Helles Grüngelb, Silberreflexe. Reduktiv-nussiger Touch, nach feuchten Steinen, ein Hauch von Schießpulver, mit weißer Tropenfrucht unterlegt, eine Art Austro-Coche-Dury im Bukett. Saftig, würzig und elegant, Granny Smith und Nussöl am Gaumen, bleibt lange haften, dunkles Nougat im Nachhall, sehr speziell, aber auch sehr gut.

(92) Welschriesling weisser schiefer 2019
12 Vol.-%, DV, großes Holzfass, €€€
Helles Gelbgrün, Silberreflexe. Feiner Sur-lie-Touch, zart nussig unterlegte weiße Apfelfrucht, zart nach Wiesenkräutern und Quitte, facettenreiches Bukett. Straff, engmaschig, zart nach Feuerstein, frisch strukturiert, zitronig, dezenter Rancio-Touch, leichtfüßig, vielseitiger Speisenbegleiter.

(99) Blaufränkisch Ried Reihburg 2017
13,5 Vol.-%, NK, großes Holzfass, €€€€€€
Dunkles Rubingranat, violette Reflexe, dezente Ockerrandaufhellung. Würzig-tabakig unterlegte suggestive schwarze Beerenfrucht, feine ätherische Nuancen, kräuterwürziger Anklang, dunkle Mineralik, facettenreiches Bukett. Komplex, stoffig, reife Herzkirschen, feine Extraktsüße, perfekte tragende Tannine, mineralisch und fruchtig zugleich, bleibt sehr lange haften, salziger Nachhall, nahezu perfekter Ausdruck des unverwechselbaren Terroir-Charakters dieses Grand Cru.

95 Blaufränkisch lutzmannsburg v.v. 2018
13,5 Vol.-%, NK, großes Holzfass, €€€€€€
Dunkles Rubingranat, violette Reflexe, dezente Ockerrandaufhellung. Attraktives Bukett, nach schwarzen Waldbeeren und Amarenakirschen, zart floral, ein Hauch von Hibiskus, einladendes Bukett. Saftig, rotbeerig, frische Kirschen, seidige Tannine, mineralisch-salzig im Abgang, pikanter Stil, bleibt sehr gut haften, rote Früchte im Nachhall, sicheres Entwicklungspotenzial.

(95) Blaufränkisch Ried Königsberg Alte Weingärten 2018
13 Vol.-%, NK, großes Holzfass, €€€€€€
Dunkles Rubingranat, violette Reflexe, breitere Ockerrandaufhellung. Frische schwarze Waldbeeren, ein Hauch von kandierten Veilchen, dunkle Herzkirschen, mineralischer Anklang. Saftig, elegant, seidige Textur, zarte Extraktsüße, feine Tannine, ein Hauch von Nougat im Abgang, besitzt sehr gute Länge, ein ausgewogener, seidiger Speisenbegleiter, sicheres Reifepotenzial.

(93) Blaufränkisch Ried Königsberg 2018
13 Vol.-%, NK, großes Holzfass, €€€€
Kräftiges Rubingranat, violette Reflexe, breitere Ockerrandaufhellung. Zart tabakig unterlegte Nuancen von frischen schwarzen Kirschen, ganz zart animalisch, dunkle Mineralik. Saftig, feine Fruchtsüße, reife Kirschen, zarte Tannine, frisch strukturiert, bleibt gut haften, nussiger Touch im Abgang, bereits gut antrinkbar.

94 Merlot »m« 2018
14 Vol.-%, NK, Barrique, €€€€€
Dunkles Rubingranat, violette Reflexe, zarte Randaufhellung. Feine Edelholznuancen, ein Hauch von Nougat, schwarze Frucht nach Brombeeren und Kirschen, wirkt noch etwas zurückhaltend. Saftig, komplex, feine Extraktsüße, reife Herzkirschen, straffe, tragende Tannine, Schokoanklang im Abgang, ein kraftvoller Begleiter bei Tisch, gute Frische im Nachhall.

★★★★

WEINGUT SCHÜTZENHOF

BIO

In den über 200 Jahren seines Bestehens hat das Weingut Schützenhof die Entwicklung des Südburgenlandes hin zu einer der führenden und interessantesten Weinregionen Österreichs entscheidend mitgeprägt. Schon in den 1950er-Jahren füllte man – als einer der ersten Betriebe der Gegend – Weine in Flaschen. Zwei Generationen später fühlen sich Markus und Kristina Faulhammer der Pionierarbeit ihrer Vorfahren immer noch verpflichtet.
Um den Wert der Böden und Rebanlagen für ihre Nachkommen nachhaltig zu schützen und um den unverfälschten Charakter ihrer Heimat in den Wein zu bekommen, setzten die jungen Winzer zuerst auf biologischen Weinbau und in einem weiteren Schritt auf die Biodynamie. Derzeit befindet man sich in Umstellung auf Demeter. Der damit verbundene konsequent handwerkliche Weg soll den eigenständigen Geschmack der Böden des Südburgenlandes mit ihrer markanten Mineralik unterstützen und als Vehikel zu schmeckbar höherer Qualität sämtlicher Weine dienen.

Das Sortiment setzt sich aus vollends naturbelassenen, ungeschönten, tiefgründigen Weiß- und Rotweinen zusammen, alle mit fester Struktur und nachvollziehbarem Fokus auf Tradition und Purismus, wobei es nie an Trinkfluss fehlen darf. Ein paar weitere Ideen wie der knochentrockene und herb duftende »Wermutstropfen« oder der erfrischend sprudelnde Pétillant Naturel »Biotop« runden das Sortiment ab – eine Vielzahl frisch gepflanzter Apfelbäume soll künftig als Grundlage für Cidre dienen. Neben dem architektonisch interessanten Weingut und den malerischen Weingärten verfügt man über ein paar liebevoll eingerichtete Gästezimmer, die es Weinfreunden ermöglichen, die Weine des Schützenhofs genauer zu erkunden.

88 ❸ Pet Nat Randale 2020
9 Vol.-%, KR, Flaschengärung, €€€€ Ⓥ

90 Funkelbunt WR/WB/GV
11,5 Vol.-%, DV, Stahltank, €€ ⓘ
Mittleres Goldgelb, Silberreflexe. Zarte Kräuterwürze, gelbes Kernobst, ein Hauch von Mandarinenzesten. Mittlerer

WEINGUT SCHÜTZENHOF
7474 Deutsch Schützen, Winzerstraße 41
T: +43 (664) 1099333
office@weingut-schuetzenhof.at
www.weingut-schuetzenhof.at

Kellermeister: Markus Faulhammer
Kontakt: Kristina und Markus Faulhammer
Anbauweise: Zertifiziert Biologisch (Bio Austria)
Produktion: 10 % Schaumwein, 15 % weiß, 5 % rosé, 70 % rot, 8.5 Hektar
Vereinszugehörigkeit: Eisenberg DAC, Weinidylle Südburgenland
Messen: ProWein Düsseldorf, VieVinum, DAC-Präsentationen

Markus und Kristina Faulhammer

Körper, saftig, feine weiße Tropenfrucht, frisch strukturiert, zart nussig, Ananas im Nachhall, lebendiger Sommerwein.

(89) Blaufränkisch RetRosé 2020
11 Vol.-%, NK, Stahltank, €€

95 Blaufränkisch * Ried Saybritz 2018
14 Vol.-%, NK, 500-l-Fass, €€€€€€
Tiefdunkles Rubingranat, opaker Kern, violette Reflexe, zarte Ockerrandaufhellung. Feinwürzig unterlegtes schwarzes Waldbeerenkonfit, Brombeeren, kandierte Orangenzesten, tabakig unterlegt. Komplex, reife Herzkirschen, reife, gut integrierte Tannine, frisch strukturiert, mineralisch-salzig im Nachhall, ein facettenreicher Speisenbegleiter mit Zukunftspotenzial.

94 Blaufränkisch * Ried Szapary 2018
14 Vol.-%, NK, 500-l-Fass, €€€€€
Tiefdunkles Rubingranat, opaker Kern, violette Reflexe, zarte Randaufhellung. Kräuterwürzig, zart nach Liebstöckel, schwarze Beeren, dunkle Mineralik, dezente Reduktionsnoten. Saftig, reife Zwetschken, feine Tannine, gute Frische, ein Hauch von Nougat, mineralischer Nachhall, wird von Flaschenreife profitieren.

(93) Blaufränkisch * Ried Fasching 2018
13,5 Vol.-%, NK, 500-l-Fass, €€€€€
Tiefdunkles Rubingranat, opaker Kern, violette Reflexe, zarte Randaufhellung. Feine Kräuterwürze, dunkle Waldbeeren, schwarze Herzkirschen, kandierte Orangenzesten. Saftig, feine nussige Aromen, dunkle Kirschen, reife Tannine, mineralisch, dunkles Nougat im Nachhall, bleibt haften, gutes Reifepotenzial.

92 Cabernet Sauvignon Reserve 2018
14 Vol.-%, NK, Eichenfass, €€€€€
Dunkles Rubingranat, opaker Kern, violette Reflexe, zarte Randaufhellung. Intensive Kräuterwürze, mit Cassis und Brombeeren unterlegt, nussiger Touch, zart animalisch, dunkle Mineralik. Saftig, schokoladig, reife Zwetschken, präsente, würzige Tannine, mineralischer Nachhall, individueller Stil mit Kraft und Länge.

90 Rotburger Róka 2020
10 Vol.-%, NK, Stahltank, €€€
Zart wolkiges helles Rot mit Silberreflexen. Intensiver »Fox-Ton« nach frischen Walderdbeeren, floraler Touch, zart gewürzig unterlegt. Leichtfüßig und frisch, schlanke Textur, rassig-zitronig, rotbeerig mit zitronigem Nachhall, eine moderne Uhudler-Variante, gut gekühlt ein vergnüglicher Aperitif, sehr präzise ausgeführt.

★★

STEPHANO DAS-WEIN-GUT

In den sieben Hektar Weingärten im Südburgenland setzt Stephan Oberpfalzer sorgfältig und behutsam einen gezielten Schnitt nach dem anderen: Stock für Stock, ohne den sofortigen Ertrag im Kopf zu haben, hat er das Ziel im Blick, die Gesundheit und die ausgewogene und langsame Entwicklung seiner Weingärten zu sichern. Moderne Weingartenbewirtschaftung, die es ermöglicht, gesunde, selektionierte Rebstöcke zu schaffen, ist nicht nur Ehrensache, sondern die Grundlage für naturnahen Weinbau und eine möglichst schonende Verarbeitung der besten Trauben. Die alte Philosophie der Weingartenarbeit, die den alten Reben hohen Wert zuschreibt und so die Qualität des Ertrags erhöht, vertritt er bis ins kleinste Detail. Die konsequente Fortführung dieser Arbeitsweise auch bei der Vinifizierung führt dazu, dass die Weine des Weinguts StephanO die Sortentypizität und das Terroir des Südburgenlands auf sehr hohem Niveau widerspiegeln.

Entsprechend dem hohen Qualitätsanspruch bei der Weinbereitung werden ausschließlich Weine von Rebsorten produziert, die am besten mit den klimatischen Bedingungen und Bodenformationen des Südburgenlands zurechtkommen, allen voran natürlich Blaufränkisch. »trinculo«, »gonzalo« und »prospero«, benannt nach Figuren aus dem Stück »Der Sturm« von William Shakespeare, sind hier die Flaggschiffe, sie werden flankiert von »StephanO rot«, dem Herzstück des Winzers, einer Cuvée aus den typischen Rebsorten des Bordeaux-Gebiets. Seit 2017 wird auch eine eigenständige »Orangewine-Linie« produziert. Diese Weine werden – wie alle anderen Weine auch – spontan im offenen Holzbottich vergoren und dann mit besonderer Sorg-

STEPHANO DAS-WEIN-GUT

7474 Deutsch Schützen, Unterer Weinweg 11
T: +43 (664) 2636939
office@stephano.at, www.stephano.at

Kellermeister/Kontakt:
Dr. Stephan Oberpfalzer
Produktion: 24.000 Flaschen
30 % weiß, 10 % rosé, 60 % rot, 7+1 Hektar
Zertifiziert: Nachhaltig Austria
Vereinszugehörigkeit:
Leithaberg DAC, Weinidylle Südburgenland, Eisenberg DAC
Messen: ProWein Düsseldorf, VieVinum, Vinobile Feldkirch, Vinobile Montfort, DAC-Präsentationen, Wein Burgenland Präsentationen

Ried Fasching

falt unfiltriert abgefüllt. Seit dem Jahrgang 2017 ist der Betrieb nun auch offiziell mit dem »Nachhaltig Austria«-Gütesiegel ausgezeichnet.

93 Grüner Veltliner Leithaberg DAC juno Betonei 2017

14,5 Vol.-%, DV, Beton/Barrique, €€€€

Leuchtendes Goldgelb, Silberreflexe. Rauchige Kräuterwürze, zart nach Orangenzesten, reife gelbe Tropenfrucht, ein Hauch von Blütenhonig, dezente Röstaromen von Haselnuss. Saftig, elegant, feine Fruchtsüße, reife Ananas und Mango, feiner Säurebogen, gut anhaftend, salzig und kraftvoll, Honigtouch im Abgang, bereits zugänglich, individueller Stil.

93 Pinot Blanc M maischevergoren2015

13,5 Vol.-%, NK, 500-l-Fass, €€€€€

Kräftiges, zart wolkiges leuchtendes Orangegold. Mineralisch unterlegte Nuancen von vollreifen Marillen, zart tabakig, Wiesenkräuter klingen an, ein Hauch von gelber Birne im Hintergrund. Straff, angenehmer Gerbstoffschleier, weißer Apfel, gute Frische, gut anhaftend, salzig im Nachhall, kein Wein für Anfänger im Alternativweinbereich.

92 stephano weiss 2017 WB/GV/WR

13,5 Vol.-%, NK, 500-l-Fass, €€€€

Kräftiges Goldgelb, Silberreflexe. Feine Kräuterwürze, zart nussig unterlegte gelbe Tropenfrucht, reife Quitten, mineralischer Touch. Saftig, gute Komplexität, feine Fruchtsüße, gelber Pfirsich, kraftvoll und gut anhaftend, würziger Nachhall, ein facettenreicher Speisenbegleiter.

93 ** Ried Fasching 2017

14 Vol.-%, NK, 500-l-Fass, €€€€€

Dunkles Rubingranat, opaker Kern, violette Reflexe, zarte Randaufhellung. Reife dunkle Beerenfrucht, ein Hauch von Zwetschken, feine tabakige Nuancen, zart nach Nougat und Kokos. Saftig, reife Herzkirschen, feine Tannine, frischer Säurebogen, mineralisch-salzig, zitroniger Touch, ein lebendiger Speisenbegleiter mit Entwicklungspotenzial und guter Länge.

(93) ** Ried Weinberg 2017

14 Vol.-%, NK, 500-l-Fass, €€€€€

Tiefdunkles Rubingranat, opaker Kern, violette Reflexe, zarte Ockerrandaufhellung. Zart floral unterlegte schwarze Kirschfrucht, kandierte Veilchen, attraktives Bukett. Saftig, rotbeerig, zart nach Himbeeren, angenehme Fruchtsüße, feine Tannine, lebendige Textur, salziger Nachhall, bleibt haften, vielversprechendes Potenzial.

(90) Blaufränkisch * trinculo 2018

14 Vol.-%, NK, 500-l-Fass, €€

Dunkles Rubingranat, violette Reflexe, zarte Ockerrandaufhellung. Zart floral unterlegte frische Brombeerfrucht, ein Hauch von Weichseln und dunklen Kirschen im Hintergrund. Saftig, mittlerer Körper, feine Brombeerfrucht, feine Tannine, mineralisch-salziger Nachhall, ein unkomplizierter Speisenbegleiter.

★★

THOM WACHTER

Der Wein offenbart, was der Boden hergibt«, weiß Thom Wachter. Und wer seine edlen Tropfen kostet, versteht spätestens dann, was der erfahrene Winzer wirklich damit meint. In seinem Weinkeller am Fuße des Eisenbergs blickt man beim Verkosten auf ein besonderes Terroir für große Weine, denn nirgendwo sonst findet man unterschiedliche Schieferböden in Kombination mit einer dünnen Lehmauflage. »Deshalb sind seine Blaufränkischen so speziell und einzigartig im Geschmack«, ist Falstaff von der Qualität seiner Weine überzeugt. Thom Wachter hat früh erkannt, wie er seinen Weinen Biss und Charakter verleiht: »Single Vineyard Wines« sind »Königsberg«, »Fasching«, »Szapary«, »Saybritz«, »Alter Garten« (der Weingarten wurde laut Weinbaukataster 1936 gepflanzt und ist somit der älteste am Eisenberg). Das wahre Potenzial dieser Weine steckt in den tief im Boden verwurzelten Rebstöcken.
Eine traditionelle Vinifikation und der Verzicht auf Hefen, traditionelle Gärung im offenen Bottich und Lagerung im großen Holzfass unterstreichen die Eleganz der Weine mit Frucht und Würzigkeit. Erst wenn man den Boden spürt und die Natur als wichtigen Mitarbeiter des Weinbaus wahrnimmt, kann erstklassiger Wein gewonnen werden. Verdeutlicht wird diese Verbundenheit zwischen Boden, Natur und Mensch auch durch den markanten Arbeitsschuh des Großvaters auf dem Etikett.
Passend dazu lautet Thoms Leitspruch: »Meine Weine vom Eisenberg hinterlassen Spuren!« Und das tun sie nicht nur am Gaumen – die süffigen, trinkfreudigen Weine voller Eleganz und Fruchtigkeit bleiben wahrlich im Gedächtnis.

(91) Weißburgunder Königsburg 2020
13 Vol.-%, DV, 500-l-Fass, €€ H V
Helles Gelbgrün, Silberreflexe. Zarte weiße Kernobstnuancen, ein Hauch von Melone, Nuancen von Wiesenkräutern. Saftig, frische Birnenfrucht, angenehmer Säurebogen, mineralisch-salziger Touch im Abgang, zeigt gute Länge, Mango im Nachhall.

94 ** Ried Szapary Alter Garten 2018
13,5 Vol.-%, NK, 500-l-Fass, €€€€€ H V
Dunkles Rubingranat, violette Reflexe, zarte Ockerrandaufhellung. Frische Brombeeren, ein Hauch von Cassis, blumige

Weinblick am Eisenberg

THOM WACHTER
7474 Eisenberg a.d.Pinka
Winzerweg 3
T: +43 (664) 4622843
office@thomwachter.at
www.thomwachter.at

Kellermeister/Kontakt:
Thom Wachter
Produktion: 30 % weiß, 70 % rot,
3.5+4 Hektar
Vereinszugehörigkeit:
Südburgenland –
Ein Stück vom Paradies
Messen: ProWein Düsseldorf,
VieVinum, DAC-Präsentationen,
Wein Burgenland Präsentationen

Nuancen, zart nach Mandarinenzesten. Komplex, saftig, reife Kirschen, dezente Extraktsüße, feine Tannine, salzige Mineralik, bleibt lange haften, sicheres Reifepotenzial.

93 ** Ried Fasching 2018
13,5 Vol.-%, NK, 500-l-Fass, €€€€€ H V
Dunkles Rubingranat, violette Reflexe, zarte Ockerrandaufhellung. Zart floral unterlegte schwarze Kirschfrucht, feine Nuancen von Brombeeren, ein Hauch von Veilchen. Stoffig, frische Waldbeeren, feine Tannine, lebendig strukturiert, wirkt leichtfüßig und mineralisch, zitronig-salzig im Abgang, vielseitig einsetzbar.

93 ** Ried Königsberg 2018
13,5 Vol.-%, NK, 500-l-Fass, €€€€€ H V
Dunkles Rubingranat, violette Reflexe, zarte Ockerrandaufhellung. Zart tabakig unterlegte schwarze Waldbeeren, dunkle Mineralik, noch etwas scheu. Mittlere Komplexität, schwarze Kirschen, feine reife Tannine, betont salzig im Abgang, wirkt noch unterentwickelt, wird von Flaschenreife profitieren.

91 ** fasszwölf 2018
13 Vol.-%, DIAM, 500-l-Fass, €€€ H V
Kräftiges Rubingranat, violette Reflexe, zarte Ockerrandaufhellung. Zart rauchig-kräuterwürzig unterlegte rote Herzkirschen, mineralischer Touch. Saftig, rote Waldbeeren, feine Tannine, gute Frische, lebendiger, bereits zugänglicher Stil.

89 Eisenberg DAC 2019
12,5 Vol.-%, DV, großes Holzfass, €€ H V

PLATZ FÜR IHRE WEINNOTIZEN

Bei Schützen am Gebirge wachsen auf den sanften Ausläufern des Leithagebirges vornehmlich Blaufränkisch-Trauben in bester Qualität

BURGENLAND

LEITHABERG DAC

Von der Bergkirche in Donnerskirchen hat man einen guten Blick über die Weingärten der Region und den Neusiedler See

FULMINANTE QUALITÄT BEI WEISS, ROT UND SÜSS

Am Leithagebirge sind die Allrounder zu Hause. Kaum ein anderes Weinbaugebiet erlaubt eine solche Vielfalt an Weintypen wie die rund 3100 Hektar am Westufer des Neusiedler Sees. Hier entstehen auch die weißen und roten Weine mit der Herkunft Leithaberg DAC.

Die trockenen Weine sind geprägt von den mineralischen Böden am Leithagebirge, wo zwischen kalkreichen Schichten immer wieder auch Urgesteinsinseln durchbrechen. Die besonders gebietstypischen Weine werden unter der Bezeichnung »Leithaberg DAC« vermarktet. Das gesetzlich definierte Produktionsgebiet für den Leithaberg DAC umfasst den politischen Bezirk Eisenstadt Umgebung, die Freistadt Eisenstadt und die politischen Gemeinden Jois und Winden. Weißwein mit der Herkunftsangabe Leithaberg DAC darf aus den Sorten Weißburgunder, Chardonnay, Neuburger oder Grüner Veltliner erzeugt werden. Zugelassen sind auch Cuvées aus diesen Sorten. Der rote Leithaberg DAC stammt aus der in der Region dominierenden Sorte Blaufränkisch, wobei ein Verschnitt mit insgesamt maximal 15 Prozent Zweigelt, St. Laurent oder Pinot Noir möglich ist. Die Leithaberg DACs sind immer mineralisch und nicht übertrieben kräftig.

Daneben wird im Gebiet westlich des Neusiedler Sees eine große Vielfalt anderer Rebsorten und Stile gepflegt, die meist unter der Bezeichnung »Burgenland« vermarktet werden. Das Gebiet mit vielen leistungsfähigen Weingütern ist auch ein weintouristisches Mekka. (Wein-)Kultur als Rahmenprogramm bieten unter anderen die Landeshauptstadt Eisenstadt mit dem Schloss Esterházy, Mörbisch mit den Seefestspielen, Sankt Margarethen mit den Musikfestspielen im Römersteinbruch, die Weinakademie in Rust oder die Genussakademie in Donnerskirchen.

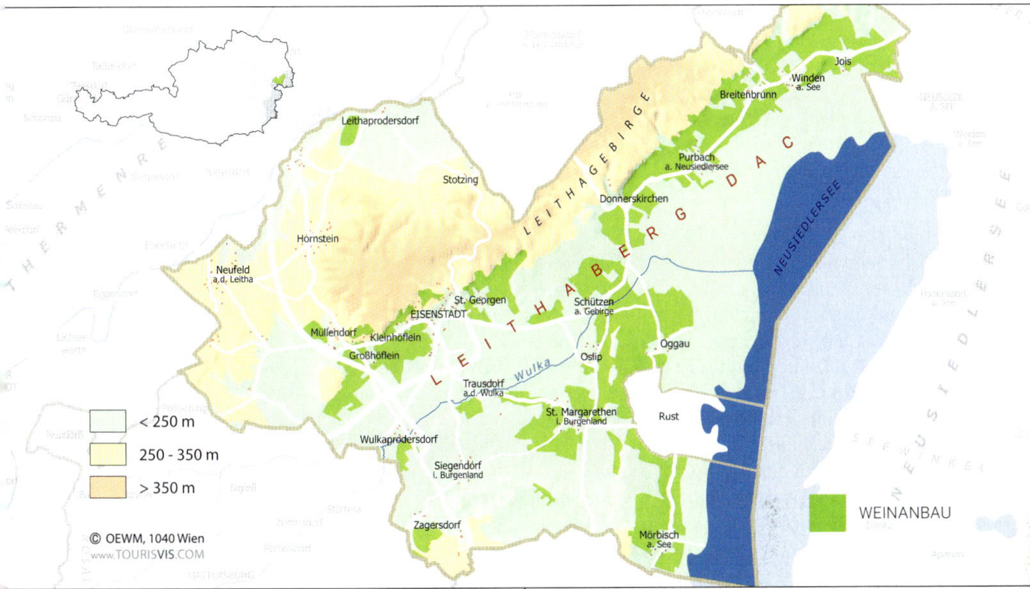

AUSGEWÄHLTE WEINGÜTER

★★★★★

Weingut Kollwentz, Großhöflein

★★★★

Weingut Markus Altenburger, Jois
Weingut Prieler, Schützen am Gebirge

★★★

Weingut Bayer – Erbhof, Donnerskirchen
Weingut Esterházy, Trausdorf an der Wulka
Weingut Toni Hartl, Reisenberg
Weingut Leo Hillinger, Jois
Winzerhof Kiss, Jois
Weingut Leberl, Großhöflein
Weingut Liegenfeld, Donnerskirchen
Weingut Nehrer, Eisenstadt
Weingut Franz Schindler, Mörbisch
Thomas Schwarz, Purbach
Weingut Sommer, Donnerskirchen
Weingut Tinhof, Trausdorf
Weingut Wagentristl, Großhöflein

★★

Klosterkeller der Barmherzigen Brüder, Eisenstadt
Weingut Grenzhof-Fiedler, Mörbisch
Winzerschlössl Kaiser, Eisenstadt
Weingut Kirchknopf, Eisenstadt

★★

Weingut Mad, Oggau
Weingut Hans Moser, Eisenstadt
Weingut Sattler, Jois
Weingut HST – Hannes Steurer, Jois
Weingut Stefan Zehetbauer, Schützen am Gebirge

★

Weingut Lentsch – Pinots vom Leithaberg, Donnerskirchen
Weingut Pasler, Jois
Klosterkeller Siegendorf, Siegendorf

★★★★

WEINGUT MARKUS ALTENBURGER

BIO

Mit viel persönlichem Einsatz und Gefühl hat Markus Altenburger das Weingut innerhalb weniger Jahre zu einem international anerkannten und einem der spannendsten Betriebe am Leithaberg gemacht. Ein klarer Fokus auf interventionsarme Vinifikation in Kombination mit Trauben von den typischen Schiefer- und Leithakalkböden in Jois macht seinen Stil unverwechselbar.
Die Paraderotweine des Weinguts bestehen aus Blaufränkisch: Die puristischen Lagenweine von alten Reben in den Rieden Jungenberg und Gritschenberg werden nur in den besten Jahrgängen und in geringen Mengen erzeugt. Für den perfekten Einstieg sorgt der trinkfreudige Blaufränkisch vom Kalk. Die Riedencuvée »Markus Altenburger rot« zeigt den künftigen Stil an.
In Sachen Weißwein befassen sich die Altenburgers in erster Linie mit Chardonnay, Grünem Veltliner und Neuburger. Ausgebaut werden eine leichtfüßige Variante von Kalkböden – bezeichnenderweise mit dem Namen »Chardonnay vom Kalk« – und eine komplexe Lagenversion aus der schieferdominierten Riede Jungenberg. Die Liebe zu selten gewordenen Rebsorten drückt sich etwa im »Neuburger betont« aus – ein Wortspiel, da der Ausbau des Weines betont zurückhaltend und in eiförmigen Betontanks erfolgt. Seit vier Jahren werden auch ein lagenreiner Grüner Veltliner von der kalkreichen Ried Ladisberg und eine mehrheitlich maischevergorene Cuvée aus heimischen Rebsorten – »Markus Altenburger weiß« – erfolgreich vinifiziert.

94 Chardonnay * Ried Joiser Jungenberg 2019
12,5 Vol.-%, NK, Beton/großes Holzfass, €€€€€ B
Mittleres Grüngelb, Goldreflexe. Zart rauchig-kräuterwürzig unterlegte Pfirsichfrucht, ein Hauch von Ananas, mineralisch, Nuancen von Feuerstein. Komplex, saftig, feiner Haselnussschleier, frisch strukturiert, salziger Nachhall, individueller Charakter, gute Länge, Nougat im Finish, sicheres Reifepotenzial.

93 Chardonnay vom Kalk 2020
12 Vol.-%, DIAM, Beton/großes Holzfass, €€€
Wolkiges Gelbgrün, Silberreflexe. Intensive Kräuterwürze, nussiger Touch, frische Orangenzesten, mit weißer Pfirsichfrucht unterlegt. Straff, feinfruchtig, weißer Apfel, finessenreich strukturiert, mineralisch und floral im Abgang, bietet leichtfüßiges Trinkvergnügen, tolles Preis-Leistungs-Verhältnis.

93 Grüner Veltliner * Ried Joiser Ladisberg 2019
12 Vol.-%, NK, Beton/500-l-Fass, €€€€€
Mittleres Goldgelb, Silberreflexe. Frische Kräuterwürze, zart nussig unterlegter Marillentouch, ein Hauch von Rosmarin, attraktives Bukett. Saftig, feiner Ranciotouch, weißer Apfel, gute Frische, nussiger Nachhall, zartes Nougat im mineralischen Rückgeschmack, ein würziger Speisenbegleiter.

92 Neuburger betont. 2020
11,5 Vol.-%, DIAM, Beton, €€€€ B
Leuchtendes mittleres Gelbgrün, Goldreflexe. Frische gelbe Birne, ein Hauch von Kräuterwürze, mineralisch, einladendes Bukett. Straff, engmaschig, feine nussige Anklänge, frisch strukturiert, weißer Apfel im Nachhall, ein leichtfüßiger, eleganter Speisenbegleiter.

92 Markus Altenburger Weiß Skin and Stones 2020 GV/CH/TR/WR
12,5 Vol.-%, DIAM, Beton/500-l-Fass/großes Holzfass, €€€€ B
Zart wolkiges Goldgelb, Silberreflexe. kandierte Mandarinenzesten, ein Hauch von Litschi, Rosenblätter, weiße Steinobstnuancen. Mittlerer Körper, zart nach frischer Birne, gut integrierter Säurebogen, mineralisch und zugänglich, bereits gut entwickelt.

96 Blaufränkisch * Ried Joiser Jungenberg 2018
12,5 Vol.-%, NK, gr. Holzfass/500-l-Fass, €€€€€€ B
Kräftiges Rubingranat, violette Reflexe, zarte Ockerrandaufhellung. Zart animalisch-würzig unterlegte dunkle Beerenfrucht, ein Hauch von Lakritze, rote Frucht, ein Hauch von Mandarinenzesten. Saftig-seidig am Gaumen, feine rotbeerige Frucht, an Musigny erinnernde Textur, finessenreich und mineralisch, bleibt lange haften, bietet leichtfüßigen Genuss auf höchstem Niveau.

95 Blaufränkisch * Ried Joiser Gritschenberg 2018
13 Vol.-%, NK, gr. Holzfass/500-l-Fass, €€€€€ B
Kräftiges Rubingranat, violette Reflexe, zarte Ockerrandaufhellung. Zart tabakig-gewürzig unterlegtes rotes Waldbeerenkonfit, frische Herzkirschen, kandierte Orangenzes-

WEINGUT MARKUS ALTENBURGER

7093 Jois
Untere Hauptstraße 62
T: +43 (2160) 71089
halloservusgriasdi@markusaltenburger.com
www.markusaltenburger.com

Kellermeister/Kontakt: Markus Altenburger
Anbauweise: Zertifiziert Biologisch
Produktion: 25 % weiß, 75 % rot, 17 Hektar
Vereinszugehörigkeit: Club Batonnage, Leithaberg DAC
Messen: VieVinum

Joiser Jungenberg

ten. Saftig, komplex, finessenreich strukturiert, reife rote Beerenfrucht, mineralisch und straff im Abgang, sehr gute Länge, sicheres Reifepotenzial.

93 Blaufränkisch Markus Altenburger Rot Helden 2018
12,5 Vol.-%, NK, großes Holzfass, €€€€
Dunkles Rubingranat, violette Reflexe, zarte Ockerrandaufhellung. Feine Kräuterwürze, schwarze Waldbeeren, feine balsamische Nuancen, nussiger Touch. Mittlerer Körper, rote Kirschen, feine Tannine, frisch und salzig, zitroniger Nachhall, facettenreicher Begleiter bei Tisch.

92 Blaufränkisch vom Kalk 2019
13 Vol.-%, DIAM, gr. Holzfass/gebrauchte Barriques, €€
Dunkles Rubingranat, violette Reflexe, zarte Randaufhellung. Zart kräuterwürzig unterlegtes schwarzes Waldbeerenkonfit, ein Hauch von Lakritze, frische Orangenzesten. Mittlerer Körper, frisch strukturiert, Brombeertouch, salzig-kalkig im Abgang, finessenreich und leichtfüßig.

★★

KLOSTERKELLER DER BARMHERZIGEN BRÜDER

Die Geschichte des Klosterkellers der Barmherzigen Brüder in Eisenstadt begann vor über 260 Jahren, als Fürst Paul II. Anton Esterházy den Barmherzigen Brüdern ein Hospital, eine Kirche und eine Apotheke stiftete. Dazu gehörten auch landwirtschaftliche Flächen zur Versorgung des Krankenhauses inklusive einiger Flächen, die mit Reben bepflanzt waren. Hier begannen die Brüder, Wein zu keltern – eine Tradition, die bis heute fortgeführt wird. Damit ist der Eisenstädter Konvent der einzige des weltweit vertretenen Ordens, der Weinbau betreibt.
Trotz mehrmaliger Standortüberlegungen blieb der Weinkeller bis heute in seinem ursprünglichen Bereich als echter Klosterkeller erhalten – befindet er sich doch im Klosterkonvent, im sogenannten Spitzerhaus in der Esterházystraße in Eisenstadt.
An den südwestlichen Ausläufern des Leithagebirges und am Föllig in der Gemeinde Großhöflein finden die Reben vorwiegend warme, kalkhaltige Böden vor. Traditionell werden im Klosterkeller der Barmherzigen Brüder Eisen-

KLOSTERKELLER DER BARMHERZIGEN BRÜDER

7000 Eisenstadt
Esterházystraße 26
T: +43 (2682) 6011675
klosterkeller@bbeisen.at
www.klosterkeller.at

Kellermeister/Kontakt:
Ing. Rudolf Krizan
Produktion: 41.300 Flaschen
40 % weiß, 5 % rosé, 55 % rot,
8.54 Hektar
Vereinszugehörigkeit:
Haydnwein

stadt die Sorten Blaufränkisch, Zweigelt, Cabernet Sauvignon, Welschriesling und Sauvignon Blanc abgefüllt. Die Premiumline – die Brüder-Weine – erweitert das Sortiment um Chardonnay, Merlot und Blauburgunder.
Seit mehr als 30 Jahren tragen Weine, die den Eisenstädter Klosterkeller verlassen, die geschmackliche Handschrift von Ing. Rudolf Krizan. Mit viel Handwerk und geringstmöglichem Technikeinsatz holt der erfahrene Kellermeister das Beste aus jeder Traube unter Berücksichtigung der jeweiligen Lage und des jeweiligen Jahrgangs. Eine unschlagbare Kombination aus Erfahrung, besonderen Lagen, Kontinuität der Qualität, ausgewogenem Preis-Leistungs-Verhältnis und dem besonderen Service im Ab-Hof-Verkauf zeichnen den Klosterkeller der Barmherzigen Brüder in Eisenstadt aus.

92 Chardonnay Barrique 2019
14,5 Vol.-%, NK, Barrique, €€€
Leuchtendes mittleres Goldgelb, Silberreflexe. Kräuterwürzig unterlegte gelbe Tropenfrucht, frische Mango, ein Hauch von neuem Holz, zart nach Nougatkaramell. Sehr kraftvoll, saftig, zart nach reifer Banane und gelbem Apfel, ein Hauch von Blütenhonig im Nachhall, ein stoffiger Speisenbegleiter.

90 Sauvignon Blanc 2020
13 Vol.-%, DV, Stahltank, €€
Helles Gelbgrün, Silberreflexe. Zart nach Stachelbeeren, ein Hauch von weißem Pfirsich und Grapefruit, floraler Touch. Straff, weißes Kernobst, frisch strukturiert, mineralisch-zitroniger Nachhall, ein knackiger Sommerwein, zart blättriger Abgang.

89 Gemischter Satz 2020
12,5 Vol.-%, DV, Stahltank, €€

94 Merlot 2019
14,5 Vol.-%, NK, Barrique, €€€€
Dunkles Rubingranat, violette Reflexe, zarte Ockerrandaufhellung. Attraktive schwarze Beerenfrucht, Nuancen von Herzkirschen, feine Zwetschkenfrucht, ein Hauch von Edelholz und Nougat, etwas Vanille. Kraftvoll, saftig, reife Kirschen, feine Extraktsüße, gut eingebundene Tannine, feines Nougat, mineralischer Nachhall, zeigt sehr gute Länge, sollte noch etwas ruhen.

92 Blaufränkisch Ried Langsatz 2018
14,5 Vol.-%, NK, großes Holzfass, €€€
Tiefdunkles Rubingranat, violette Reflexe, zarte Ockerrandaufhellung. Feine Holzwürze, zart mit Nougat unterlegte schwarze Herzkirschen, ein Hauch von Vanille, einladendes Bukett. Saftig, fruchtsüße Textur, feine Tannine, bleibt haften, zart nach Kardamom im Nachhall, ein ausgereifter, stoffiger Speisenbegleiter.

90 Blauer Zweigelt 2019
14 Vol.-%, DV, Stahltank, €€
Tiefdunkles Rubingranat, violette Reflexe, zarte Ockerrandaufhellung. Frische schwarze Kirschen, Brombeeren und ein Hauch von Johannisbeeren, mit Orangenzesten unterlegt. Lebendig, mittlere Komplexität, zart nach Preiselbeeren, frischer, trinkfreudiger Stil.

★★★

WEINGUT BAYER – ERBHOF

»Weintradition am Leithaberg« ist das Motto der Familie Bayer, die den »Erbhof«, eines der ältesten Weingüter in Donnerskirchen, bewirtschaftet. Seine faszinierende Geschichte reicht bis ins Jahr 1741 zurück.

Das Weingut ist einer der ersten Betriebe Österreichs, die als »nachhaltig« zertifiziert wurden, und das kommt nicht von ungefähr, denn die Familie Bayer produziert sehr naturbewusst und geht mit den Ressourcen im Weinbau sehr verantwortungsvoll um. Die Lagen an den südlichen Ausläufern des Leithagebirges waren schon immer Garant für würzige Weiß- und Rotweine. Die Bayers nutzen diesen Standortvorteil und vinifizieren auf insgesamt 22 Hektar eine erstaunliche Weinvielfalt, entsprechend den Unterschieden, die die einzelnen Lagen ermöglichen. Muschelkalk und Schiefer, diese Böden sind der größte Schatz, den die Region Leithaberg ihren Winzern bietet. Die Winzerfamilie, die sehr puristisch an den Ausbau der autochthonen Sorten herangeht, produziert Weine mit Charakter und Wiedererkennungswert.

Welschriesling und Grüner Veltliner, die Burgundersorten Pinot Blanc und Chardonnay sowie die Aromasorten Sauvignon Blanc, Gelber Muskateller und Muskat Ottonel sind feste Bestandteile des Sortiments. Diese aromatischen Weißweine mit ihrer prägnanten Frucht und Textur gehören schon länger zu den besten im Lande und erzielen regelmäßig Höchstbewertungen. Der Erbhof Bayer hat sich aber in den vergangenen Jahren mit dichten und würzigen Rotweinen auch als erstklassiger Rotweinproduzent einen Namen gemacht. »Unser Ziel ist es, ein einzigartiges Trinkerlebnis zu bieten, für das es sich lohnt, das ganze Jahr hart zu arbeiten!«

94 Grüner Veltliner * Ried Himmelreich 2019
14 Vol.-%, NK, Edelstahl/kleines Holzfass/gebrauchte Barriques, €€€€€
Leuchtendes mittleres Grüngelb, Silberreflexe. Zart nach Marille und frischer Banane, ein Hauch von frischen Wiesenkräutern, Nuancen von Blütenhonig. Kräftig, dunkle Mineralik, ein Hauch von Karamell, feiner nussiger Touch im Abgang, zeigt Länge, sicheres Reifepotenzial.

(93) Grüner Veltliner * 2020
13,5 Vol.-%, DV, gebrauchte Barriques/Edelstahl, €€
Mittleres Goldgelb, Silberreflexe. Zarte Wiesenkräuter, weißer Apfel, zart nach Honigmelone, fruchtiges Bukett.

© Josef Siffert

WEINGUT BAYER – ERBHOF
7082 Donnerskirchen
Hauptstraße 50
T: +43 (2683) 8550
weingut@bayer-erbhof.at
www.bayer-erbhof.at

Kellermeister/Kontakt: Josef Bayer
Produktion: 85 % weiß, 13 % rot, 2 % süß, 22 Hektar
Zertifiziert: Nachhaltig Austria
Vereinszugehörigkeit: Leithaberg DAC, Weinquartett Donnerskirchen
Messen: ProWein Düsseldorf, VieVinum, DAC-Präsentationen, Wein Burgenland Präsentationen

Josef, Josef jun. und Michael Bayer

* Leithaberg DAC

Saftig, mittlere Komplexität, zart nach Birne, frischer Säurebogen, mineralisch und lebendig im Abgang, Kernobst im Nachhall, ein facettenreicher Speisenbegleiter.

(92) Chardonnay * 2020
13,5 Vol.-%, DV, gebrauchte Barriques/großes Holzfass/Edelstahl, €€€
Helles Gelbgrün, Silberreflexe. Zart nach kandierten Mandarinenzesten, etwas Mango, ein Hauch von Blütenhonig, mineralisch unterlegt. Mittlere Komplexität, weiße Apfelfrucht, feiner Säurebogen, mineralisch, bleibt haften, sehr harmonisch und vielseitig einsetzbar.

90 Chardonnay Ried Martinsberg 2020
13,5 Vol.-%, DV, Edelstahl/gebrauchte Barriques, €€
Helles Gelbgrün, Silberreflexe. Zarte Nuancen von Mango und Quitten, mit feinem gelbem Apfel unterlegt. Mittlerer Körper, weißes Kernobst, frisch strukturiert, salziger Touch im Abgang, wirkt leichtfüßig, pikanter Speisenbegleiter.

91 Gelber Muskateller Ried Wolfsbach 2020
12,5 Vol.-%, DV, Stahltank, €€
Sehr helles Gelbgrün, Silberreflexe. Traubig unterlegte Nuancen von Holunderblüten, ein Hauch von Muskatnuss, mit weißer Tropenfrucht unterlegt. Saftig, zarte Fruchtsüße, ein Hauch von Litschi und Maracuja, mineralisch, zitroniger Nachhall, feiner Sommerwein.

90 Sauvignon Blanc Ried Kreuzweingarten 2020
13 Vol.-%, DV, Stahltank, €€
Helles Goldgelb, Silberreflexe. Zart nach frischer gelber Paprikaschote, feine Würze von Kräutern und Stachelbeeren, zart nach Grapefruit. Mittlerer Körper, grüner Apfel, frische Säurestruktur, zitroniger Nachhall, lebendiger Sommerwein.

89 Pinot Blanc Ried Kapellenjoch 2020
13,5 Vol.-%, DV, Stahltank, €€

94 Carabus Rot 2017 BF/ME/CS
14 Vol.-%, NK, Barrique, €€€€€
Dunkles Rubingranat, violette Reflexe, dezente Randaufhellung. Zarte Nuancen von Bourbonvanille und Nougat, dunkle Herzkirschen, feiner Zwetschkentouch, einladendes Bukett. Kraftvoll, feine Röstaromen, Brombeerkonfit, gut integrierte, tragende Tannine, feine Süße, ein Hauch von Karamell im Abgang, gutes Reifepotenzial.

(91) Phönix 2019 BF/CS
13,5 Vol.-%, DV, Barrique/gebrauchte Barriques, €€€€
Tiefdunkles Rubingranat, opaker Kern, violette Reflexe, zarte Randaufhellung. Feine Edelholzwürze, tabakig unterlegtes Brombeerkonfit, zart nach Kardamom, kandierte Mandarinenzesten. Mittlerer Körper, rotbeerige Nuancen, frisch strukturiert, rote Kirschen, salziger Touch im Nachhall und im Rückgeschmack.

(91) Blaufränkisch Ried Martinsberg 2019
13,5 Vol.-%, DV, gebrauchte Barriques, €€€
Dunkles Rubingranat, violette Reflexe, zarte Randaufhellung. Intensive Kräuterwürze, schwarze Beerenfrucht, Nuancen von dunklen Kirschen und Heidelbeeren, dunkles Nougat. Saftig, reife Kirschen, feine Tannine, dezente Süße im Abgang, gute Frische, bereits zugänglich, mineralischer Nachhall.

89 Muskat Ottonel Spätlese 2020
10 Vol.-%, DV, Edelstahl, €€

★★★

WEINGUT ESTERHÁZY

Die Geschichte des Weinguts beginnt vor über 300 Jahren, als mit der Errichtung eines Schlosskellers im Eisenstädter Schloss Esterházy ein Neubeginn der Weinproduktion im gesamten Gebiet des heutigen nördlichen Burgenlandes eingeläutet wurde. Monsieur LeBon, ein Kellermeister aus dem Burgund, pflanzte im Jahr 1758 erstmals Pinot Noir im Burgenland und baute zum ersten Mal Weine rebsortenrein aus.
Die Fertigstellung des neuen Kellereigebäudes in Trausdorf im Jahre 2006 stellt den zweiten Meilenstein in der Geschichte des Weingutes dar. Über 50 Hektar wurden nach unzähligen Boden- und Standortanalysen mit den besten Rebsortenklonen und Rebunterlagen bestockt. Dafür wurden aus den ältesten Anlagen die besten Rebstöcke selektioniert.
Im Keller geht man unvoreingenommen neue Wege und experimentiert mit Weinbehältern wie Eiern, Amphoren, Tonnen und Holzfässern aus heimischer Leithaberg-Eiche. Zudem nutzt man neben Holz und Edelstahl auch Materialien wie Granit, Beton, Keramik und

WEINGUT ESTERHÁZY
7061 Trausdorf an der Wulka
Trausdorf 1
T: +43 (2682) 63348
g.rouschal@esterhazy.at
www.esterhazywein.at

Kellermeister: Robert Krammer
Kontakt: Gerald Rouschal
Anbauweise: Umstellung auf bio
Produktion: 40 % weiß, 59 % rot, 1 % süß, 90 Hektar
Vereinszugehörigkeit: Leithaberg DAC
Messen: ProWein Düsseldorf, Bordeaux en primeur

Ton für den Ausbau der Weine, die gebiets- und sortentypisch sind und eine klare Esterházy-Handschrift aufweisen.
Die Weinlinien auf absolutem Topniveau umfassen frisch-fruchtige Klassiker ebenso wie charakterstarke Lagenweine. Das Flaggschiff ist der »Tesoro«, eine Cuvée aus Blaufränkisch und Merlot, die das einzigartige Zusammenspiel aus Klima, Boden, Lage und Rebsorten unvergleichlich zum Ausdruck bringt. Die Weine des Weinguts Esterházy sind zu herausragenden Botschaftern der österreichischen Weinkultur avanciert. Neben dem Heimatmarkt erzielte man nachhaltige Erfolge in Europa, Asien und Nordamerika.
Esterházy zählt zu den größten Biobetrieben Österreichs, sodass feine Brände, Liköre und Feinkostprodukte aus den eigenen Gärten sowie Wildspezialitäten aus der Eigenjagd die Produktpalette in der modernen Genussvinothek auf dem Weingut perfekt ergänzen. Den Gästen werden ganzjährig ein vielfältiges Weinerlebnisprogramm sowie ausgezeichnete Verkostungsmöglichkeiten geboten.

93 Chardonnay * Ried Lamer 2019
14,5 Vol.-%, NK, 500-l-Fass, €€€€€
Mittleres Gelbgrün, Silberreflexe. Zart nach hellem Nougat, reife gelbe Pfirsichfrucht, etwas Ananas und Blütenhonig, Vanille im Hintergrund. Kraftvoll, saftig, feine Extraktsüße, reife Steinobstnuancen, helle Karamellnuancen im Abgang, bleibt haften, ein stoffiger Speisenwein.

92 Chardonnay * St. Margarethen 2019
14 Vol.-%, DV, 500-l-Fass, €€€
Helles Goldgelb, Silberreflexe. Zart floral unterlegte gelbe Tropenfrucht, Nuancen von Ananas, ein Hauch von Vanille. Kraftvoll, saftig, cremige Textur, reife gelbe Birne, dezente Säurestruktur, feiner Karamelltouch im Abgang, bereits gut entwickelt.

92 Blaufränkisch Rosé Großhöflein 2019
14,5 Vol.-%, NK, Holzfass, €€€
Mittleres Lachsrosa, Goldreflexe. Zart nach roten Waldbeeren, eingelegte Kirschfrucht, ein Hauch von Schokolade. Stoffig, zart nach Gewürznelken, kraftvoller Körper, weiße Tropenfrucht, dezente Fruchtsüße im Abgang, gute Länge, ein kräftiger Begleiter bei Tisch.

93 Blaufränkisch * Ried St. Georgner Schildten 2018
14,5 Vol.-%, NK, großes Holzfass, €€€€€
Tiefdunkles Rubingranat, opaker Kern, violette Reflexe, zarte Randaufhellung. Feines Nougat, ein Hauch von Kräutern und Veloursleder, schwarze Waldbeeren, feine, tabakige Edelholzwürze im Hintergrund. Saftig, elegant, frische Herzkirschen, tragende, reife Tannine, sehr frisch strukturiert, mineralisch und gut anhaftend, gutes Zukunftspotenzial.

92 Blaufränkisch * Ried Föllikberg 2018
14,5 Vol.-%, NK, 500-l-Fass, €€€€
Dunkles Rubingranat, violette Reflexe, zarte Randaufhellung. Feinwürzig, frische Herzkirschen, Nuancen von Brombeerkonfit, mineralischer Touch, zart nach Lakritze. Saftig, dunkelbeerig, straff strukturiert, gut integrierte Tannine, salziger Nachhall, wird von weiterer Flaschenreife profitieren.

91 Blaufränkisch Projekt Nr 7 Maceration Carbonique 2020
12,5 Vol.-%, DIAM, Edelstahl, €€€
Kräftiges Rubingranat, violette Reflexe, breitere Ockerrandaufhellung. Zart nach kandierten Orangenzesten, rote Herzkirschen, feines Waldbeerenkonfit. Mittlerer Körper, feine Zwetschkenfrucht, lebendig strukturiert, mineralisch-frisch im Abgang, bereits antrinkbar, ein lebendiger Speisenbegleiter.

94 Tesoro 2017 BF/ME
14 Vol.-%, NK, kleines Holzfass/Teilbarrique, €€€€€€
Dunkles Rubingranat, violette Reflexe, zarte Randaufhellung. Dunkles Waldbeerenkonfit, etwas Nougat, ein Hauch von Brombeeren und Feigen, zarte Räucherwürze, kandierte Orangenzesten. Saftig, straff, feine Struktur, rotbeerige Frucht, mineralisch, leichtfüßig wirkend, gut integrierte Tannine, dunkle Beerenfrucht, vielseitig einsetzbar, gutes Potenzial.

* Leithaberg DAC

92 Merlot St. Georgen 2018
14,5 Vol.-%, NK, Barrique, €€€€
Dunkles Rubingranat, violette Reflexe, zarte Randaufhellung. Frische Herzkirschen, etwas Lakritze, mit einem Hauch von Holzwürze unterlegt, zartes Nougat. Mittlere Komplexität, rote Kirschen, würziger Kern, schokoladiger Touch im Finish, ein kraftvoller Speisenbegleiter.

92 Pinot Noir Großhöflein 2019
15 Vol.-%, NK, 500-l-Fass, €€€€
Dunkles Rubingranat, violette Reflexe, zarte Randaufhellung. Zart mit Edelholz unterlegte eingelegte schwarze Herzkirschen, Brombeerkonfit, zart nach Vanille. Saftig, feine Fruchtsüße, präsente, gut integrierte Tannine, würzig-mineralisch im Abgang, etwas Nougat im Nachhall.

★★

WEINGUT GRENZHOF-FIEDLER

Bernhard Fiedler vom Weingut Grenzhof ist Weinbauer mit Leib und Seele. Wie seine Reben ist er tief in der Region verwurzelt, und seine Weine sind wie er keine oberflächlichen Blender, sondern eigenständige Charakterköpfe mit Tiefgang und Eleganz. Der Weinakademiker, der auch als Vortragender an der Weinakademie tätig ist, versucht, auf die Besonderheiten der Region einzugehen und Tradition und Moderne miteinander zu verbinden. Von zehn Hektar Rebfläche an den nach Osten ausgerichteten Hängen rund um Mörbisch keltert er elegante Weißweine und ausdrucksstarke Rotweine. Edle Süßweine aus besonderen Jahren ergänzen sein Sortiment. Pinot Blanc, Chardonnay und Muskat-Ottonel sind die Schwerpunkte beim Weißwein, Blaufränkisch, Zweigelt und Cabernet Sauvignon beim Rotwein. Bernhard Fiedler pflegt einen eleganten, ausgewogenen Stil, allzu markanter Barrique-Einsatz ist seine Sache nicht. Der Winzer ist Mitglied der Gruppe »Leithaberg DAC« und stellt mit seinen Leithaberg-Weinen aus Blaufränkisch und Weißburgunder das Potenzial der Mörbischer Rieden unter Beweis.
Bernhard Fiedler gilt als einer der aktivsten Blogger unter den österreichischen Winzern. Auf www.bernhard-fiedler.at gibt es laufend Neues und Wissenswertes aus der Welt des Weines im Allgemeinen und vom eigenen Weingut im Speziellen zu lesen.

WEINGUT GRENZHOF-FIEDLER
7072 Mörbisch
Weinzeile 2
T: +43 (2685) 8276
weingut@grenzhof-fiedler.at
www.grenzhof-fiedler.at

Kellermeister/Kontakt:
Bernhard Fiedler
Produktion: 50 % weiß, 47 % rot, 3 % süß, 11 Hektar
Zertifiziert: Nachhaltig Austria
Vereinszugehörigkeit:
Leithaberg DAC
Messen: Wein Burgenland Präsentationen

92 Weißburgunder * Ried Wieser 2019
13,5 Vol.-%, DV, kleines Holzfass, €€
Helles Gelbgrün, Silberreflexe. Mit frischen Wiesenkräutern unterlegte Nuancen von Ananas und Mango, ein Hauch von Mandarinenzesten und Blüten. Komplex, saftige gelbe Tropenfrucht, feiner Säurebogen, Blütenhonig und reife Birne im Nachhall, bereits gut antrinkbar.

92 Chardonnay Reserve 2019
14 Vol.-%, DV, Barrique, €€€
Helles Gelbgrün, Silberreflexe. Feine Apfelfrucht, ein Hauch von gelber Ringlotte, weiße Blüten, ein Hauch von Honig und Orangenzesten. Saftig, feine Süße, zart nach gelbem Pfirsich, feiner Karamelltouch im Abgang, bleibt haften, ein stoffiger Speisenbegleiter.

(90) Chardonnay Duett 2020
13,5 Vol.-%, DV, Teilbarrique, €€
Helles Gelbgrün, Silberreflexe. Frischer weißer Apfel, ein Hauch von Mango, etwas Limettenzesten, einladendes Bukett. Saftig, elegant, feine Fruchtsüße, nach frischer Birne, finessenreich strukturiert, mineralisch-salzig, ein lebendiger Speisenbegleiter.

(93) Blaufränkisch * Ried Mörbischer Goldberg 2019
13,5 Vol.-%, DV, Teilbarrique, €€€€
Dunkles Rubingranat, violette Reflexe, dezente Randaufhellung. Mineralisch unterlegte reife schwarze Kirschen, Nuancen von Waldbeeren, feiner Hauch von Lakritze. Mittlerer Körper, frische Beeren, lebendig strukturiert, zarte Extraktsüße im Abgang, mineralisch-salzig im Finale, gutes Entwicklungspotenzial.

91 Blaufränkisch Reserve 2019
13 Vol.-%, DV, Holzfass, €€
Dunkles Rubingranat, violette Reflexe, dezente Randaufhellung. Zart nach Nougat, mit reifen Herzkirschen unterlegt, Nuancen von Brombeerkonfit im Hintergrund. Saftig, rote Fruchtaspekte, gut integrierte Tannine, mineralisch, salziger Nachhall, ein frischer Speisenbegleiter.

92 Cabernet Sauvignon 2017
13,5 Vol.-%, DV, Barrique, €€€€
Dunkles Rubingranat, violette Reflexe, dezente Randaufhellung. Zarte Holzwürze, ein Hauch von Cassis, feines Nougat und kandierte Orangenzesten. Mittlere Komplexität, dunkle Beerenfrucht, gut integrierte Tannine, frisch und anhaftend, ein vielseitiger Begleiter bei Tisch.

★★★

WEINGUT TONI HARTL

BIO

Das Weingut Toni Hartl bewirtschaftet rund 25 Hektar Rebfläche in zwei Weinbaugebieten: in der Thermenregion und am Leithaberg. Diese Flächen setzen sich aus 50 Prozent Rotwein-, 38 Prozent Weißwein- (davon zehn Prozent Schaumwein-), 10 Prozent Rosé- und zwei Prozent Süßweinanteil zusammen. Das Wissen über die unterschiedlichen Klimaverhältnisse auf beiden Seiten des Leithagebirges und die Vielfalt der Weingartenböden in Reisenberg und Purbach ermöglichen es, jeder Weinsorte den optimalen Platz zum Gedeihen zukommen zu lassen. Den jeweiligen Gebietstypus und die Eigenständigkeit herauszuarbeiten ist ein wesentliches Ziel der Vinifikation.
Neu im Sortiment sind die Natural Wines: Amphore Ena, Dyo, Furmint und Petnat (Perlwein-Flaschengärung). Ein weiterer Schaumwein aus dem Sortiment »Brut Klassik« wird nach klassischer Gärung etwa zwei Jahre auf der Hefe gelagert und anschließend per Hand gerüttelt und degorgiert. Neben den Lagenweinen werden inzwischen im Reservebereich Pinot Noir aus der Einzellage Reysenperg in Reisenberg sowie Chardonnay aus der Lage Thenau in Purbach, die sich beide durch ihren hohen Kalkgehalt auszeichnen, ausgebaut. Die Weine kommen erst nach dreijähriger Lagerung und nur in außergewöhnlich guten Jahren auf den Markt. Zum Reservebereich zählt auch der Blaufränkisch Eisner, der, wie sein Name verrät, von Reben einer eisenhaltigen Top-Lage am Leithaberg stammt.
Die Böden im optimalen Zusammenspiel mit dem jeweiligen Mikroklima bilden die Grundlage, um gebietstypische, physiologisch vollreife, klare und ausdrucksstarke Weine zu keltern. Unter dem Leitspruch »Es ist alles nur geliehen« wird nach neuesten ökologischen Erkenntnissen gearbeitet. Um das biologisch-organische Gleichgewicht zu erhalten,

WEINGUT TONI HARTL
2440 Reisenberg, Florianigasse 7
T: +43 (2234) 80636
wine@toni-hartl.at
www.toni-hartl.at

Kellermeister: Toni Hartl
Kontakt: Toni Hartl, Moni Eder
Anbauweise: Biodynamisch (Demeter)
Produktion: 10 % Schaumwein, 28 % weiß, 10 % rosé, 50 % rot, 2 % süß, 25 Hektar
Vereinszugehörigkeit: Leithaberg DAC
Messen: Millésime Bio, ProWein Düsseldorf, VieVinum, DAC-Präsentationen, Wein Burgenland Präsentationen

* Leithaberg DAC

wird auf schonende Bodenpflege und gezielte Erhaltung der Nützlinge geachtet. Das Weingut ist seit 2010 biozertifiziert und Gründungsmitglied der Vereinigung »Leithaberg DAC«. Seit 2020 ist man in Umstellung auf Demeter.

92 ❸ Petnat Rosé 2019 PN/CH/SY
11 Vol.-%, KR, Flaschengärung, €€€
Helles Lachsrosa mit Kupferreflexen, anhaltendes zartes Mousseux. Feine rote Waldbeerenfrucht, eingelegte Kirschen klingen an, ein Hauch von Pfirsich, Nuancen von Limetten. Straff, grüner Apfel, frischer Säurebogen, ein Hauch von Walnuss, bleibt gut haften, eleganter Stil, taugt als Aperitif wie als Speisenbegleiter.

(93) Chardonnay * 2019
13,5 Vol.-%, NK, großes Holzfass, €€€€ Ⓑ
Mittleres Grüngelb, Silberreflexe. Zarte Röstaromen, feine Kräuterwürze, gelbe Tropenfrucht, nach Maracuja und Mango im Hintergrund. Saftig, elegant, weiße Kernobstnuancen, etwas Melone, insgesamt etwas reduktive Aromatik, mineralisch und anhaftend, ein frischer Speisenbegleiter.

(95) Chardonnay Ried Thenau 2019
14 Vol.-%, NK, 500-l-Fass, €€€€€€ Ⓑ
Leuchtendes mittleres Goldgelb, Silberreflexe. Zarte Nuancen von Feuerstein, gelber Pfirsich, ein Hauch von Mango, zart mit Mandarinenzesten unterlegt, facettenreiches Bukett. Stoffig, weißes Kernobst, feine Säurestruktur, engmaschig und gut anhaftend, zart nussig im Nachhall, noch etwas unterentwickelt, wird von Flaschenreife profitieren.

93 Furmint 2019
14 Vol.-%, NK, Amphore/Holzfass, €€€€€ Ⓘ
Leuchtendes mittleres Goldgelb, Messingreflexe. Mit kandierten Orangenzesten und Blütenhonig unterlegte saftige Birnenfrucht, frische Wiesenkräuter, gelbe Tropenfruchtanklänge. Straff, kraftvoll und dabei mineralisch-frisch, feiner Gerbstoffschleier, salziger Nachhall, nussiger Biskuittouch im Abgang, ein komplexer Rotweinersatz.

(93) Blaufränkisch * Ried Rosenberg 2019
13,5 Vol.-%, NK, großes Holzfass, €€€€€ Ⓑ
Tiefdunkles Rubingranat, opaker Kern, violette Reflexe, zarte Randaufhellung. Intensive Kräuterwürze, mit einem Hauch von Schokolade unterlegte schwarze Beerenfrucht, reife Kirschen. Saftig, kraftvoll, dunkle Frucht, präsente Tannine, würzig-mineralisch im Abgang, zeigt Länge, gutes Reifepotenzial.

(92) Blaufränkisch Ried Edelberg 2019
13,5 Vol.-%, NK, Barrique, €€€€€
Tiefdunkles Rubingranat, opaker Kern, violette Reflexe, zarte Randaufhellung. Mit dunklem Nougat unterlegte reife Zwetschkenfrucht, ein Hauch von Dörrfeigen. Saftig, etwas Nougat und Kokos, schwarze Beerenfrucht, gut integrierte Tannine, schokoladiger Nachhall, ein feinwürziger Speisenbegleiter.

(94) Syrah Ried Thenau 2019
14 Vol.-%, NK, gebrauchte Barriques, €€€€€ Ⓑ
Dunkles Rubingranat, violette Reflexe, zarte Randaufhellung. Reife Herzkirschen, ein Hauch von Feigen und Nougat, feine Holzwürze, mit Mandarinenzesten unterlegt. Saftig, elegant, reife Zwetschken, runde, tragende Tannine, fruchtige Süße im Abgang, ein Hauch von Röstaromen im Nachhall, besitzt Länge und gutes Reifepotenzial.

(94) Inkognito 2019 BF/CS/SY
14 Vol.-%, NK, gebrauchte Barriques, €€€€€ Ⓑ
Dunkles Rubingranat, opaker Kern, violette Reflexe, zarte Randaufhellung. Zarte Edelholznoten, schwarze Waldbeeren, Nuancen von Brombeeren, ein Hauch von Oliven, feines Karamell, einladendes Bukett. Saftig, reife süße Frucht, schwarze Beeren, straffe, gut integrierte Tannine, frischer Säurebogen, mineralisch-salzig im Abgang, zeigt Länge, gutes Zukunftspotenzial.

(93) Pinot Noir Ried Reysenperg 2018
13,5 Vol.-%, NK, 500-l-Fass, €€€€€ Ⓑ
Kräftiges Rubingranat, violette Reflexe, breite Ockerrandaufhellung. Frische rote Waldbeerfrucht, ein Hauch von Herzkirschen, zarte Kräuterwürze, Nuancen von Orangenzesten unterlegt. Saftig, elegant, feine Fruchtsüße, eingelegte rote Kirschen, zarte Tannen, gute Frische, bleibt haften, mineralisch-salzig im Abgang, ein vielseitiger Speisenbegleiter.

(92) Pinot Noir Ried Goldberg 2019
13,5 Vol.-%, NK, gebrauchte Barriques, €€€€€ Ⓑ
Kräftiges Rubingranat, violette Reflexe, dezente Ockerrandaufhellung. Reife dunkle Kirschen, ein Hauch von Dörrobst, kandierte Orangenzesten, Nuancen von Nougat. Mittlere Komplexität, zart nussig auch am Gaumen, gute Frische, runde Tannine, bleibt haften, gute Balance, individueller Sortenausdruck.

★★★

WEINGUT LEO HILLINGER

BIO

Leo Hillinger ist more than wine! Naturnähe heißt die Philosophie. Seit Leo Hillinger den kleinen väterlichen Weinhandel übernahm, entwickelte er den Betrieb durch den intelligenten Zukauf bester Lagen im Nordburgenland rund um die Gemeinden Jois, Oggau und Rust zu einem österreichischen Musterbetrieb. Die hohe Qualität der Weine basiert vor allem auf biologischer Bewirtschaftung, verbunden mit moderner, sehr schonender Kellertechnik. Rebflächen in unterschiedlichen Lagen im Nordburgenland und mit den für das Leithagebirge typischen Bodenformationen – von tonhaltigem Kiesschotter über Leithakalk bis hin zu jener spannenden Mischung aus Kalk und Schiefer in den Spitzenlagen – lassen Weine entstehen, die ihre Herkunft stolz vor sich hertragen. Das konsequentes Qualitätsdenken und die nachhaltigen Innovationen des Weinguts Leo Hillinger finden ihre Anerkennung durch zahlreiche nationale und internationale Auszeichnungen.

(92) Pinot Blanc * 2018
12,5 Vol.-%, NK, großes Holzfass, €€€€
Mittleres Grüngelb, Silberreflexe. Zart floral unterlegte frische Birnenfrucht, ein Hauch von Mandarinenzesten, exotischer Touch. Mittlerer Körper, feine Fruchtsüße, zarter Säurebogen, salzige Nuancen, nussiger Anklang im Abgang, ein ausgewogener Speisenbegleiter.

91 Chardonnay 2020
13 Vol.-%, DV, Stahltank, €€
Helles Goldgelb, Silberreflexe. Ein Hauch von Granny-Smith-Apfel, frische Birne, zart nach Orangenzesten. Saftig, gute Komplexität, feine Fruchtsüße, Nuancen von Pfirsich, bleibt haften, mineralisch im Nachhall, vielseitig einsetzbar.

91 Small Hill white 2020 WR/SB/GM
12 Vol.-%, DV, Stahltank, €€€
Helles Grüngelb, Silberreflexe. Feine gelbe Tropenfrucht, Nuancen von Mango und Ananas, ein Hauch von Wiesenkräutern, einladendes Bukett. Saftig, weißes Kernobst, feine Fruchtsüße, angenehme Säurestruktur, bleibt gut haften, bereits gut entwickelt.

90 Gelber Muskateller 2020
13 Vol.-%, DV, Stahltank, €€ Ⓑ
Sehr helles Gelbgrün, Silberreflexe. Blumiges Bukett, zart nach Holunderblüten und Muskatnuss, mit einem Hauch

WEINGUT LEO HILLINGER
7093 Jois, Hill 1
T: +43 (2160) 8317
office@leo-hillinger.com
www.leo-hillinger.com

Kellermeister/Kontakt: DI Peter Zuschlag
Anbauweise: Zertifiziert Biologisch (Austria Bio Garantie)
Produktion: 1.300.000 Flaschen 40 % weiß, 10 % rosé, 45 % rot, 5 % süß, 90 Hektar
Vereinszugehörigkeit: Leithaberg DAC
Messen: ProWein Düsseldorf, VieVinum, ProWine Asia

Weingut Leo Hillinger

* Leithaberg DAC

von Limetten und Maracuja unterlegt. Mittlerer Körper, traubige Frucht, frischer Säurebogen, mineralisch-zitronig im Nachhall, ein lebendiger Sommerwein.

89 Welschriesling 2020
13 Vol.-%, DV, Stahltank, €€ Ⓑ

88 Grüner Veltliner 2020
12,5 Vol.-%, DV, Stahltank, €€ Ⓑ

88 Sauvignon Blanc 2020
12,5 Vol.-%, DV, Stahltank, €€€ Ⓑ

89 Small Hill rosé 2020 ZW/PN/SL
11,5 Vol.-%, DV, Stahltank, €€€

91 Small Hill red 2019 ME/PN/SL
13 Vol.-%, DV, Stahltank, €€€
Dunkles Rubingranat, opaker Kern, violette Reflexe, dezente Randaufhellung. Feine Holzwürze, schwarze Waldbeeren, zart nach Lakritze, einladendes Bukett. Saftig, schokoladig unterlegte Brombeernuancen, kräftig und anhaftend, feines Nougat im Nachhall, vielseitig einsetzbar.

90 Zweigelt 2019
13 Vol.-%, DV, Stahltank, €€
Dunkles Rubingranat, violette Reflexe, dezente Randaufhellung. Dunkles Waldbeerenkonfit, frische schwarze Herzkirschen, dezente Kräuterwürze, mit Orangenzesten unterlegt. Saftig, feine Fruchtsüße, rund und harmonisch, rotbeeriger Nachhall, ausgewogen und bereits gut antrinkbar.

★★

WINZERSCHLÖSSL KAISER

BIO

Das Winzerschlössl Kaiser liegt in Kleinhöflein bei Eisenstadt. Bereits in vierter Generation werden hier hochwertige Weine vinifiziert. Der historische Gewölbekeller, der 1492 von Fürst Esterházy erbaut und 1994 mit viel Liebe restauriert wurde, spiegelt die lange Tradition der Familie Kaiser wider. Mit qualitätsorientierter Philosophie und viel Fingerspitzengefühl produziert das Weingut Weiß- und Rotweine in der Premiumklasse nach biologischen Richtlinien. Traditionsbewusstsein und gezielter Einsatz moderner Technik ermöglichen elegante, ausdrucksstarke und finessenreiche Weine. Der Großteil der Rebfläche ist mit Rotweinsorten bepflanzt, wobei besonders auf die bodenständigen Sorten Blaufränkisch, Zweigelt, Pinot Noir und Pinot Gris großer Wert gelegt wird. Die Lage des Weinguts direkt am Leithagebirge mit optimalen mineralischen Böden aus Glimmerschiefer und Muschelkalk bieten perfekte Bedingungen für die Weine. Top-Wein ist der »Tenno«, eine Hommage an Rudolf Kaisers Vater, der in Japan Wein produzierte, den der japanische Kaiser (Tenno) sehr geschätzt hat. Tradition, Qualität, Eleganz, Finesse, Leidenschaft: All das findet man vereint in den Weinen des Hauses. Unter dem Motto »Wein & Wild« genießt man die kalten Spezialitäten vom Wild und Ausgewähltes aus der Region gemeinsam mit den hochwertigen Qualitätsweinen. Bei Schönwetter kann man bereits im April gemütlich auf der überdachten und windgeschützten Terrasse sitzen und sich am Panoramablick vom Neusiedler See über die Wulkatalebene bis hin zum Schneeberg erfreuen. Seit Kurzem gibt es auch die neue Ferienwohnung »WeinApart im Winzerschlössl«, wo man einen entspannten Urlaub verbringen kann.

WINZERSCHLÖSSL KAISER
7000 Eisenstadt
Satzriedgasse 1
T: +43 (2682) 67100
wein@winzerschloessl.at
www.winzerschloessl.at

Kellermeister: Kurt und Rudolf Kaiser
Kontakt: Kurt Kaiser
Anbauweise: Zertifiziert Biologisch
Produktion: 20 % weiß, 80 % rot, 26 Hektar
Vereinszugehörigkeit: Leithaberg DAC

90 Grauburgunder Kräutergarten 2020
13,5 Vol.-%, DV, Edelstahl, €€
Helles Goldgelb mit Kupfertouch. Zarte Kräuterwürze, ein Hauch von Birne, tabakig unterlegte Orangenzesten. Saftig, zart nussig unterlegte reife Kernobstnuancen, ein Hauch von Honigmelone, cremige Textur, Blütenhonig im Abgang, ein stoffiger Speisenbegleiter.

89 Sauvignon Blanc 2020
11,5 Vol.-%, DV, Edelstahl, €€€

88 Grüner Veltliner St. Georg 2020
11,5 Vol.-%, DV, Edelstahl, €€

91 Blaufränkisch * 2018
13 Vol.-%, NK, Barrique, €€€€
Dunkles Rubingranat, violette Reflexe, zarte Ockerrandaufhellung. Schwarze Herzkirschen, dunkles Waldbeerenkonfit, mineralisch, mit feiner Kräuterwürze unterlegt. Stoffig, feine Fruchtsüße, lebendig strukturiert, gut eingebundene Tannine, zart blättrige Würze im Abgang, vielseitig einsetzbar.

89 Blaufränkisch 2017
13,5 Vol.-%, DV, großes Holzfass, €€

91 Zweigelt-Syrah Zweisy 2019 ZW/SY
13 Vol.-%, DV, Teilbarrique, €€€
Kräftiges Rubingranat, violette Reflexe, zarte Ockerrandaufhellung. Reife Zwetschken, dunkle Waldbeeren, ein Hauch von Kräuterwürze, etwas Nougat. Saftig, feines süßes Brombeerkonfit, feine Tannine, zart schokoladig im Rückgeschmack, bereits gut antrinkbar.

★★

WEINGUT KIRCHKNOPF

In sorgfältiger Handarbeit bewirtschaftet Familie Kirchknopf kleine Parzellen bester Leithaberg-Lagen rund um ihren Heimatort Kleinhöflein. Geprägt vom einzigartigen Kalk- und Schieferterroir entstehen kostbare Weine als eindrucksvolle Botschafter ihrer Herkunft – unverfälscht, wie es Natur und Boden Jahr für Jahr vorgeben. Die Leidenschaft des jungen Winzers Michael Kirchknopf gilt den Leithaberg-Sorten Chardonnay und Blaufränkisch. Tief verwurzelte, vitale Reben bilden das Rückgrat, Kalk- und Schiefergestein den mineralischen Ausgangspunkt. Das Begleiten der Rebstöcke auf ih-

WEINGUT KIRCHKNOPF
7000 Eisenstadt
Johann-Kodatsch-Straße 15
T: +43 (2682) 62837
office@weingut-kirchknopf.at
www.kirchknopf.at

Kellermeister/Kontakt:
Michael Kirchknopf
Produktion: 50 % weiß, 50 % rot, 14 Hektar
Zertifiziert: Nachhaltig Austria
Vereinszugehörigkeit:
Leithaberg DAC
Messen: ProWein Düsseldorf, VieVinum, MondoVino

Rieden bei Eisenstadt

* Leithaberg DAC

rem Weg durch die Jahreszeiten ist für ihn tägliche Freude und Handwerk zugleich. Das Reifezentrum ist der Keller, die Zurückhaltung dort das oberste Gebot und die Zeit der wesentlichste Faktor. Die Rückbesinnung auf die Stärken der Lagen, den Geschmack der Trauben und das Handwerk des Winzers beschreibt den Zugang der Kichknopfs, um authentische Weine zu vinifizieren. Um diese Eigenständigkeit hervorzubringen, werden nur perfekt ausgereifte, von Hand gelesene Trauben verarbeitet und mit Naturhefen vergoren, danach wird den Weinen die nötige Zeit zur Entfaltung des vollen Geschmacks gegeben.

(93) Chardonnay * Ried Tatschler 2019
14 Vol.-%, NK, 500-l-Fass, €€€€€
Mittleres Goldgelb, Silberreflexe. Zart nach Haselnuss, feine gelbe Tropenfrucht, ein Hauch von Mango, frische Mandarinenzesten. Stoffig, feine weiße Fruchtnuancen, mineralisch-salzige Textur, finessenreich strukturiert, pikant-zitroniger Nachhall, gute Länge, ein facettenreicher Speisenwein mit gutem Reifepotenzial.

91 Chardonnay * Kalk & Schiefer 2019
14 Vol.-%, DV, großes Holzfass, €€€
Mittleres Gelbgrün, Silberreflexe. Zart kräuterwürzig unterlegte Nuancen von Mango und Ananas, zart nach kandierten Mandarinenzesten und etwas Blütenhonig. Kraftvoll, gelber Apfel, feine Mineralik, ein Hauch von Fruchtsüße im Abgang, bereits gut antrinkbar.

91 Neuburger * 2019
12,5 Vol.-%, DV, 500-l-Fass, €€€
Mittleres Goldgelb, Silberreflexe. Zart kräuterwürzig unterlegte gelbe Tropenfrucht, reife Birne, zart nussig unterlegter Honigtouch. Komplex, weißer Apfel, frischer Säurebogen, zitroniger Touch, mineralisch, ein Hauch von Limetten auch im Abgang, animierender Speisenbegleiter.

(94) Blaufränkisch * Ried Reisbühl 2018
14 Vol.-%, NK, 500-l-Fass, €€€€€
Dunkles Rubingranat, violette Reflexe, zarte Randaufhellung. Feine Tabak-Kräuter-Würze, etwas nach Mandarinenzesten, dunkle Mineralik, zart nach Cassis und dunkler Beerenfrucht. Saftig, elegant, komplex und rund, engmaschig, samtiges Tannin, reife Kirschfrucht im Abgang, sicheres Potenzial.

92 Blaufränkisch * Kalk & Schiefer 2018
14 Vol.-%, DV, 500-l-Fass, €€€
Dunkles Rubingranat, violette Reflexe, zarte Randaufhellung. Zarte dunkle Beerenfrucht, Orangenzesten, feine Röstaromatik, ein Hauch von Zwetschke, dunkle Mineralik. Saftig, elegant, feine Kirschfrucht, zarte Tannine, peffrige Würze im Abgang, salziger Nachhall.

92 Mr. Churchbutton 2018 BF/ME/ZW
14 Vol.-%, DIAM, 500-l-Fass, €€€
Dunkles Rubingranat, violette Reflexe, zarte Randaufhellung. Reife Pflaumenfrucht, etwas tabakig, Brombeeren klingen an, mit Karamell unterlegt. Saftig, engmaschig, feine Struktur, leichtfüßig, nach roter Kirschfrucht, mineralisch-salzig, bereits gut antrinkbar.

★★★

WINZERHOF KISS

Der Winzerhof Ronny Kiss hat sich in den vergangenen Jahren zu einer Top-Adresse für Weinliebhaber entwickelt. Ronny Kiss weiß sich das Terroir in Jois zunutze zu machen, denn hier entstehen verführerisch fruchtbetonte, muskulöse Rotweine und herrlich frisch-fruchtige Weißweine.
Im Mittelpunkt des Sortiments stehen die Sorten Blaufränkisch und Cabernet Sauvignon. Mit seinem Cabernet Sauvignon Neuberg konnte sich der engagierte Winzer schon viermal (2014, 2015, 2018 und 2019) den Titel »Falstaff-Sortensieger« holen. Aber auch der Blaufränkisch Jungenberg erzielt jedes Jahr Top-Bewertungen und war ebenfalls schon einmal »Falstaff-Sortensieger«. Mit diesem Wein wurde Ronny Kiss außerdem zum »3. Falstaff-Sieger« gekürt. Mit dem Blaufränkisch Jungenberg konnte man zudem eine ganz besondere Auszeichnung erlangen, nämlich die »Goldene Traube«. Durch die Auszeichnung »Bundessieger« in der Kategorie Chardonnay stellte Ronny Kiss außerdem unter Beweis, dass er nicht nur in der Rotwein-, sondern auch in der Weißweinliga mitspielen kann. Heuer wird auf dem Winzerhof Kiss etwas Besonderes gefeiert:

WINZERHOF KISS

7093 Jois
Joseph-Haydn-Gasse 1
T: +43 (2160) 8256
kiss@winzerhof-kiss.at
www.winzerhof-kiss.at

Kellermeister: Michael Kiss
Kontakt: Ronald Kiss
Produktion: 40 % weiß, 55 % rot, 5 % süß, 14 Hektar
Vereinszugehörigkeit: Leithaberg DAC, Joiser Renommee

Familie Kiss

das 20. Jubiläum des »Stuamandl«, einer Cuvée aus Blaufränkisch, Zweigelt und Pinot Noir, 12 Monate im Holz gereift. Der »Stuamandl« überzeugt durch sein hervorragendes Preis-Leistungs-Verhältnis und ist so Jahr für Jahr im absoluten Spitzenfeld der Best-Buy-Bewertung zu finden.
Schließlich seien hier auch noch die liebevoll eingerichteten Gästezimmer erwähnt, die mit viel Herzlichkeit von Ehefrau Gerda Kiss geführt werden. Gemäß ihrem Leitspruch »Nur das Beste für unsere Gäste« wurden sie renoviert und sehr geschmackvoll neu gestaltet. Durchatmen, entspannen und sich mit herrlichen Weinen verwöhnen lassen: Das bietet der Winzerhof Ronny Kiss.

89 Chardonnay * 2020
13 Vol.-%, DV, Stahltank, €€

88 Sauvignon Blanc 2020
13 Vol.-%, DV, Stahltank, €€

95 Klangsteinwein 2017 BF/CS
14 Vol.-%, NK, Barrique, €€€€€€
Tiefdunkles Rubingranat, violette Reflexe, zarte Randaufhellung. Feine Kräuternoten, reife Weichseln, ein Hauch von Brombeeren, frisch, etwas Nougat, attraktives Bukett. Gute Komplexität, saftig, schokoladig, engmaschig, balancierte Tanninstruktur, mineralisch, fruchtsüß nach Brombeeren im Abgang, Vanille im Nachhall, bleibt gut haften, sicheres Potenzial.

92 Renommee 2019 CS/ZW
14 Vol.-%, NK, Barrique, €€€
Dunkles Rubingranat, violette Reflexe, zarte Randaufhellung. Mit einem feinen Vanilletouch unterlegtes dunkles Waldbeerenkonfit, ein Hauch von Kräutern, zart nach Johannisbeeren. Mittlere Komplexität, saftig, balancierte, präsente Tannine, fruchtsüß nach Brombeeren, Holzwürze im Nachhall, bereits gut antrinkbar.

(94) Cabernet Sauvignon Ried Neuberg 2019
14,5 Vol.-%, NK, Barrique, €€€€€
Dunkles Rubingranat, violette Reflexe, zarter Wasserrand. Feine Tabakwürze, etwas nach Kardamom, Herzkirschfrucht und Pflaumentouch, unterlegt mit Kumquats. Saftig, straff, engmaschig, feine Brombeernuancen, samtiges Tannin, Cassis im Rückgeschmack, stoffiger Speisenbegleiter mit Potenzial.

(92) Blaufränkisch Ried Jungenberg 2019
14,5 Vol.-%, NK, Barrique, €€€€€
Dunkles Rubingranat, violette Reflexe, zarter Wasserrand. Mit feiner Kräuterwürze unterlegte kandierte Veilchen und schwarze Herzkirschfrucht, etwas nach Vanille, ein Hauch von Lakritze. Saftig, straff, gute Komplexität, extraktsüß nach rotem Beerenkompott, leicht salzig, gut integrierte Holzwürze, gut eingebundenes Tannin, guter Speisenbegleiter.

Fasskeller auf dem Weingut Kollwentz

WEINGUT KOLLWENTZ
7051 Großhöflein, Hauptstraße 120
T: +43 (2682) 65158
kollwentz@kollwentz.at
www.kollwentz.at

Kellermeister: Andi Kollwentz
Kontakt: Heidi Kollwentz
Anbauweise: Umstellung auf bio
Produktion: 110.000 Flaschen
54 % weiß, 5 % rosé, 40 % rot, 1 % süß, 25 Hektar
Zertifiziert: Nachhaltig Austria
Vereinszugehörigkeit: Renommierte Weingüter Burgenland
Messen: ProWein Düsseldorf, VieVinum, MondoVino, véritable St. Martin

★★★★★

WEINGUT KOLLWENTZ

Das macht die wirklich Großen unter den Winzern aus: Ob kleiner oder grandioser Jahrgang, auf sie ist immer Verlass. Und mit der Familie Kollwentz ist bereits seit Jahren bei jeder Verkostung zu rechnen – egal, welche Ausbauart oder welche Sorte gerade Thema ist. Bei der jährlich im Sommer vom Falstaff-Magazin durchgeführten Bewertung von weißen Burgundern sind sich die Verkoster bei diesem Weingut immer ganz einig. Nicht nur der klassisch ausgebaute Chardonnay Leithakalk zählt Jahr für Jahr zu den Sortenbesten, auch die beiden Chardonnays aus den Rieden Tatschler und Neusatz waren schon des Öfteren Sieger der Burgunder-Barrique-Trophy. Und der Chardonnay Gloria hat die Reserve-Trophy quasi gepachtet. Besondere Beachtung verdient der Sauvignon Blanc von der Ried Steinmühle, deren Feuersteinboden optimale Voraussetzungen für diese würzige Sorte bietet.
Nicht anders als bei den Weißweinen sind die Bewertungen bei den Rotweinen: Holte mit dem Jahrgang 2009 und 2011 der Cabernet Sauvignon den Sortensieg in seiner Kategorie, so wählten die Juroren die Cuvée Steinzeiler 2008 zum Sieger. Und der Blaufränkisch Point 2015 erhielt großartige 98 Punkte. Anton Kollwentz, der Senior, ist der Pionier des Cabernet Sauvignon in Österreich und hat durch seine Falstaff-Siege 1984 und 1985 einen regelrechten Cabernet-Boom ausgelöst. Junior Andi Kollwentz ist der Zehnkämpfer unter Österreichs Winzern, denn er versteht sich auf die unterschiedlichsten Disziplinen und ist in jeder Kategorie im Spitzenfeld zu finden. Unterstützt wird er von seiner Frau Heidi und den beiden Töchtern Barbara und Christina sowie einem eingespielten Team, deren Mitglieder schon über 25 Jahre auf dem Weingut mitarbeiten.
Neben der peniblen weinbaulichen Arbeit liegen die Erfolge der Familie Kollwentz in deren Weinbergsbesitz (25 Hektar) begründet. Die Lagen am Südhang des Leithagebirges tragen klingende Namen wie Steinzeiler, Point, Setz, Dürr, Steinmühle, Neusatz, Tatschler, Katterstein sowie Gloria und zählen zu den ältesten und besten des Landes. Die Weingärten erstrecken sich von 170 bis 325 Meter Seehöhe. In den wärmsten Lagen dominiert der Blaufränkisch. Die Rieden Point und Setz bilden das Filetstück der Großhöfleiner Rotwein-

gärten, aus ihnen stammen die Blaufränkisch-Trauben für den »Steinzeiler«, den Top-Wein des Weinguts. Über 200 Meter Seehöhe beginnt das Reich des Chardonnays. Die Höhenlage und der Einfluss der Wälder, welche die höchsten Erhebungen des Leithagebirges bedecken, bedingen ein kühles Kleinklima, was sich in der Finesse der Aromen und der Intensität des Geschmacks widerspiegelt. Die Chardonnay-Crus »Gloria«, »Tatschler«, »Katterstein« und »Neusatz« gedeihen hier ebenso auf Kalkböden wie der Pinot Noir in der Riede Dürr.

98 Chardonnay Ried Katterstein 2019
14 Vol.-%, NK, Barrique/gebr. Barriques, €€€€€€
Helles Goldgelb, Silberreflexe. Zart rauchige Kräuterwürze, Nuancen von Grapefruit, weißer Pfirsich, Nuancen von Limetten, mit dunkler Mineralik unterlegt. Straff, engmaschig, feine Apfelfrucht, finessenreich strukturiert, perfekt eingebundenes Holz, mineralisch-salzig im Abgang, große Länge, verfügt über sicheres Entwicklungspotenzial.

96 Chardonnay Gloria 2019
14 Vol.-%, NK, Barrique/gebr. Barriques, €€€€€€
Helles Goldgelb, Silberreflexe. Helles Nougat, zarte Vanille, gelbe Steinobstnuancen, frischer gelber Apfel, zart nach Haselnuss. Stoffig, elegant, weiße Frucht, feiner Säurebogen, komplex, mineralisch-salzig im Abgang, zitronige Pikanz im Finish, große Länge, sicheres Entwicklungspotenzial.

95 Chardonnay Ried Tatschler 2019
14 Vol.-%, NK, Barrique/gebr. Barriques, €€€€€€
Mittleres Gelbgrün, Silberreflexe. Mit einem Hauch von Vanille unterlegte gelbe Steinobstnuancen, Blütenhonig klingt an, einladendes Bukett. Saftig, kraftvoll, mineralisch unterlegte Textur, feiner Säurebogen, stoffiger Speisenbegleiter, gute Länge, sicheres Reifepotenzial.

94 Chardonnay Ried Neusatz 2019
14 Vol.-%, NK, Barrique/gebr. Barriques, €€€€€€
Mittleres Gelbgrün, Silberreflexe. Zart nach Passionsfrucht, kandierte Orangenzesten, ein Hauch von hellem Nougat, mineralischer Touch. Kraftvoll, saftige gelbe Tropenfrucht, ein Hauch von Blütenhonig, bleibt haften, ein stoffiger, nussiger Speisenbegleiter mit gutem Reifepotenzial.

93 Chardonnay Leithakalk 2020
13,5 Vol.-%, NK, großes Holzfass, €€€€
Helles Goldgelb, Silberreflexe. Zart nach Orangenzesten, gelbe Apfelfrucht, ein Hauch von Mango, zitroniger Touch. Saftig, weißer Pfirsich, zart cremige Textur, dezentes Säurespiel, mineralisch im Abgang, elegant und anhaftend, facettenreicher Begleiter bei Tisch.

94 Sauvignon Blanc Ried Eisenstädter Steinmühle 2020
13 Vol.-%, NK, großes Holzfass, €€€€€ B V
Helles Goldgelb, Silberreflexe. Reife Stachelbeerfrucht, ein Hauch von Guaven und Blüten, Noten von Grapefruitzesten, attraktives Bukett. Saftig, weiße Tropenfrucht, zart nach Cassis, frisch strukturiert, mineralisch und gut anhaftend, Limetten im Nachhall, salziger Rückgeschmack.

97 Blaufränkisch Ried Point 2018
14 Vol.-%, NK, Barrique/gebr. Barriques, €€€€€€
Dunkles Rubingranat, violette Reflexe, opaker Kern, zarte Randaufhellung. Zart nach Pflaumen und Schokolade, etwas nach Gewürzen, Kumquats klingen an, Brombeertouch. Gute Komplexität, saftig, straff, extraktsüß nach dunklem Beerenkonfit, Karamelltouch, feine Edelholzwürze, engmaschig, sicheres Entwicklungspotenzial.

96 Blaufränkisch Ried Setz 2018
14 Vol.-%, NK, Barrique/gebr. Barriques, €€€€€€
Dunkles Rubingranat, violette Reflexe, zarte Randaufhellung. Mit feinen Karamellnoten unterlegte dunkle Brombeerfrucht, Holzwürze, etwas nach Kräutern, einladendes Bukett. Saftig, komplex, elegant, gut integrierte Tannine, Waldbeerenfrucht, tragende Säurestruktur, facettenreich, vielschichtiges Finish, sicheres Potenzial.

96 Steinzeiler 2018 BF/ZW/CS
14 Vol.-%, NK, Barrique/gebr. Barriques, €€€€€€
Tiefdunkles Rubingranat, violette Reflexe, schwarzer Kern, zarte Randaufhellung. Mit zarter Holzwürze unterlegte schwarze Kirschfrucht, ein Hauch von Vanille, etwas balsamische Anklänge. Saftig, elegant, feine Tanninstruktur, würzig, zart nach Karamell, Brombeernoten im Abgang, komplexes Finish, vielschichtig, mit gutem Entwicklungspotenzial ausgestattet.

94 Eichkogel 2018 BF/ZW
14 Vol.-%, NK, gebrauchte Barriques/Barrique, €€€€€
Dunkles Rubingranat, violette Reflexe, zarte Randaufhellung. Einladender Duft nach reifer Kirsche, unterlegt mit Gewürznoten, etwas nach Tabak, feine Kardamomnoten. Saftig, elegant, engmaschig, feine Tanninstruktur, extraktsüß nach Feigen, Holzwürze im Finish, bleibt sehr gut haften, vielseitiger Speisenbegleiter.

94 Cabernet Sauvignon 2018
14 Vol.-%, NK, Barrique, €€€€€€
Tiefdunkles Rubingranat, opaker Kern, violette Reflexe, zarte Randaufhellung. Feine Holzwürze, etwas nach Zartbitterschoko, einladender Duft nach dunklem Waldbeerenkonfit, Johannisbeeren klingen an. Saftig, gute Komplexität, feste Tannine, zart nach Cassis, tabakiger Nachhall, bleibt gut haften, vielseitiger Speisenbegleiter.

93 Pinot Noir Ried Großhöfleiner Dürr 2018
13 Vol.-%, NK, gebrauchte Barriques/Barrique, €€€€€
Kräftiges Rubingranat, violette Reflexe, breiter Wasserrand. Feiner Räuchertouch, ein Hauch von roter Beerenfrucht, zart nach Kirschen, ein Hauch von Karamell, mineralischer Touch. Saftig, elegant, leichtfüßig, zarte, reife Tanninstruktur, salzig, rote Waldbeerenfrucht, bleibt gut haften, vielseitiger Speisenbegleiter.

92 Zweigelt Leithakalk 2018
13 Vol.-%, NK, gebr. Barriques/großes Holzfass, €€€
Tiefdunkles Rubingranat, violette Reflexe, opaker Kern, zarte Randaufhellung. Feine schwarze Kirschfrucht, etwas nach Gewürzen, ein Hauch von Johannisbeeren, einladendes Bukett. Saftig, elegant, feine Tabakwürze, etwas nach schwarzer Beerenfrucht, dezente Tannine, bleibt gut haften.

95 Chardonnay Beerenauslese 2020
11 Vol.-%, NK, Barrique, €€€€€
Helles Goldgelb, Silberreflexe. Reife gelbe Tropenfrucht, zart nach Maracuja, feiner Honigtouch, mit gelbem Pfirsich unterlegt. Saftig, ein Hauch von Feigen und Marillen, frischer Säurebogen, süßer, anhaltender Abgang, gutes Reifepotenzial.

★★★

WEINGUT LEBERL

Das Weingut Leberl, ein seit Generationen bestehender Familienbetrieb, bewirtschaftet rund um die Weinbaugemeinde Großhöflein 22 Hektar Weingärten.
Der Senior des Hauses, Josef Leberl, machte bereits in den frühen 1980er-Jahren mit seinen eleganten und langlebigen Blaufränkischen auf sich aufmerksam. Etwas später folgten seine mächtigen Cabernet Sauvignons und 1996 die Cuvée »Peccatum«. Seit 2012 führt Alexander Leberl den Betrieb. Er legt größten Wert auf Herkunftstypizität und kann in diesem Punkt aus dem Vollen schöpfen, denn an den sonnenreichen Hängen des Leithagebirges und des Föllikbergs findet man viele unterschiedliche Böden aus Schwarzerde, Lehm und Ton, leichter Braunerde, Muschelkalk, Glimmerschiefer oder Kalkfels. Aufgrund dieser Vielfalt gibt es auch eine große Auswahl an Sorten: Welschriesling, Sauvignon Blanc, Weißburgunder, Chardonnay und Sämling bei den Weißweinen und Blaufränkisch, Zweigelt, Merlot und

Chardonnay

WEINGUT LEBERL
7051 Großhöflein
Hauptstraße 91
T: +43 (2682) 67800
weingut@leberl.at
www.leberl.at

Kellermeister/Kontakt:
Alexander Leberl
Produktion: 28 % weiß, 70 % rot, 2 % süß, 22 Hektar
Vereinszugehörigkeit:
Renommierte Weingüter Burgenland
Messen: ProWein Düsseldorf, VieVinum

Cabernet Sauvignon bei den Rotweinen. Den Leberl'schen Lagen gemeinsam ist ein hoher Kalkanteil, der den Weinen eine herkunftstypische Würze und eine elegante Struktur verleiht.
Der prominenteste Rotwein aus dem Hause Leberl trägt den Namen »Peccatum« (lat. Sünde). Wirklich große Rotweine erzielt man laut Leberl-Philosophie nur bei rigoroser Ertragsreduktion. »Eine Sünde ist das!«, mahnten noch die Vorfahren, als Josef Leberl im Jahr 1996 seinen ersten »Peccatum« kelterte. Der Erfolg gab ihm aber später recht. Das restliche Rotweinsortiment steht der Qualität des Vorzeigeweines kaum nach: Der Blaufränkisch Glorienstein von der höchsten Riede am Leithagebirge beeindruckt durch seine intensive Terroirnote. Der Cabernet Sauvignon und der Merlot bestechen durch ihre Bordelaiser Aromatik – bei Blindverkostungen mit namhaften Bordeaux-Weinen wird nicht selten gestaunt, wenn sich ein Leberl-Wein unter den Besten befindet. Ein Detail am Rande: Die Leberls garantieren für ihre besten Rotweine 20 Jahre Trinkvergnügen.

92 Chardonnay Ried Reisbühel 2019
14,5 Vol.-%, NK, Barrique, €€€
Leuchtendes Goldgelb, Silberreflexe. Zart nach Bourbonvanille und gelber Tropenfrucht, Nuancen von reifer Mango, ein Hauch von Babybanane, etwas Anis. Kraftvoll, komplex, saftig, etwas feurige Textur, feines Karamell im Abgang, bleibt haften, ein sehr stoffiger Speisenwein.

92 Chardonnay Ried Katterstein 2019
14,5 Vol.-%, NK, Barrique, €€€€€
Helles Goldgelb, Silberreflexe. Zartes Nougat, reife Tropenfrucht, mit einem Hauch von gelber Birne unterlegt, kandierte Orangenzesten und etwas Vanille. Stoffig, kräftiger Körper, gelbe Fruchtnuancen im Abgang, dezente Süße im Nachhall, eine Spur zu alkoholisch, um als elegant zu gelten, wird von Flaschenreife profitieren.

91 Sauvignon Blanc Ried Tatschler 2020
13 Vol.-%, DV, Stahltank, €€€
Helles Gelbgrün, Silberreflexe. Intensive Kräuterwürze, Stachelbeeren und Grapefruitzesten. Saftig, etwas Cassis, frische Guaven, lebendiger Säurebogen, Limettenzesten im Nachhall, ein lebendiger Sommerwein.

89 Chardonnay & Weissburgunder 2020 CH/WB
13 Vol.-%, DV, Stahltank, €€

93 Peccatum 2018 BF/CS/ME
14 Vol.-%, NK, Barrique, €€€€€
Dunkles Rubingranat, violette Reflexe, zarte Ockerrandaufhellung. Feine Edelholzwürze, ein Hauch von Vanille, Nuancen von reifem Cassis und Herzkirschen, attraktives Bukett. Saftig, elegant und ausgewogen, feine Tannine, zarte Gewürznuancen im Abgang, ein Hauch von Nougat und Kirschen, gute Länge, vielseitig einsetzbar.

90 Kleine Sünde 2018 BF/ME/CS
13,5 Vol.-%, DV, gebrauchte Barriques, €€€
Dunkles Rubingranat, violette Reflexe, breitere Ockerrandaufhellung. Zart tabakig unterlegte Zwetschkenfrucht, Nuancen von Brombeeren und Kirschen, dezente Kräuterwürze. Mittlere Komplexität, rote Waldkräuter, zart nach Nougat, mineralisch im Abgang, bietet unkompliziertes Trinkvergnügen.

90 Cabernet Sauvignon Merlot 2017 CS/ME
13,5 Vol.-%, DV, gebrauchte Barriques, €€€
Kräftiges Karmingranat, violette Reflexe, breiterer Ockerrand. Tabakig-gewürzig unterlegte reife Beerenfrucht, ein Hauch von Nougat und kandierten Orangenzesten. Mittlerer Körper, reife Kirschen, feine, gut integrierte Tannine, würziger Nachhall, kraftvolles, zart vegetales Finish.

92 Blaufränkisch Ried Reisbühel 2018
14 Vol.-%, DV, gebrauchte Barriques, €€€
Kräftiges Rubingranat, violette Reflexe, breitere Randaufhellung. Mit zartem Cassis unterlegtes Brombeerkonfit, dezente Kräuterwürze, mineralischer Touch, ein Hauch von Schiefer. Mittlere Komplexität, zart nach dunklen Kirschen und Zwetschken, dezente Tannine, salziger Touch im Abgang, fruchtsüßer Nachhall, bereits zugänglich.

91 Cabernet Sauvignon Le Petit 2018
13,5 Vol.-%, DV, gebrauchte Barriques, €€€
Dunkles Rubingranat, violette Reflexe, breitere Randaufhellung. Kandierte Mandarinenzesten, ein Hauch von Feigen und Dörrzwetschken, mit schwarzer Beerenfrucht unterlegt. Saftig, mittlerer Körper, dunkle Beeren, präsente Tannine, würzig-mineralisch im Abgang, zart adstringierend, wird von Flaschenreife profitieren.

94 Beerenauslese 2018
9 Vol.-%, NK, Barrique, €€€
Leuchtendes Goldgelb, Silberreflexe. Attraktive süße Aromen von weißer Tropenfrucht, Nuancen von Vanille und Kokos, zart nach Mandarinenzesten und Honig. Saftig, elegant, feinfruchtig, finessenreich strukturiert, süße Mango im Abgang, ein eleganter, vielseitiger Süßweintypus.

WEINGUT LENTSCH PINOTS VOM LEITHABERG

Die von Muschelkalk und Glimmerschiefer geprägten Böden am Leithagebirge bestimmen die Hänge um Donnerskirchen und spiegeln die Einzigartigkeit dieser Region wider. Diese von Menschenhand nicht beeinflussbaren geologischen und klimatischen Gegebenheiten stellen den Schatz dieser Region dar, den es zu bewahren und zu pflegen gilt. Im Einklang mit den natürlichen Voraussetzungen und mit einer gewissen Demut gegenüber den Launen der Natur hat es sich die Familie Lentsch zum Ziel gesetzt, die seit jeher am Leithaberg beheimateten Sorten der Burgunderfamilie zu kultivieren. Die einzigartigen Bedingungen ermöglichen es, Pinots mit eleganter Frucht, Finesse und tiefgründiger Mineralik zu keltern. Der Fokus der Lentschs liegt klar auf den Sorten Pinot Noir, Grauburgunder und Pinot Blanc. Neben diesen Leitsorten wird das Angebot im Weißweinbereich durch Grünen Veltliner, Welschriesling und Sauvignon Blanc abgerundet. Im Rotweinbereich werden, neben der Hauptsorte Pinot Noir auch Zweigelt und Blaufränkisch kultiviert. Gerade diese beiden autochthonen Weine können durch den Ausbau im großen Holzfass ihr Potenzial voll zur Geltung bringen und das einzigartige Terroir des Leithabergs widerspiegeln. Komplettiert wird das Sortiment durch Cabernet Sauvignon und Merlot. Unter der Marke »Pinozzante – Die Perle vom Leithaberg« werden Schaum- und Perlweine ausschließlich aus Trauben von Pinot Noir, Pinot Gris und Pinot Blanc gekeltert.

WEINGUT LENTSCH - PINOTS VOM LEITHABERG
7082 Donnerskirchen
Hauptstraße 68b
T: +43 (2683) 8108
info@weingut-lentsch.at
www.weingut-lentsch.at

Kellermeister/Kontakt: Berthold und Dominik Lentsch
Produktion: 10 % Schaumwein, 40 % weiß, 50 % rot, 8.5 Hektar

91 Grauburgunder Classic 2019
13 Vol.-%, DV, großes Holzfass, €€
Helles Goldgelb, zarte Messingreflexe. Zarte Nuancen von gelber Tropenfrucht, etwas Papaya, ein Hauch von Blütenhonig, kandierte Orangenzesten. Mittlere Komplexität, weiße Birnenfrucht, zart nach Kletzen, zitronig-salzig im Abgang, gute Länge, vielseitiger Speisenbegleiter.

90 Neuburger 2019
13 Vol.-%, DV, großes Holzfass, €€
Helles Goldgelb, Silberreflexe. Zartes Biskuit, nussig unterlegte Kräuterwürze, gelbe Birnenfrucht, etwas Mango und Blütenhonig. Saftig, elegant und nach reifem gelbem Apfel, dezenter Säurebogen, fruchtsüßer Abgang, zart nach Ananas im Rückgeschmack.

89 Sauvignon Blanc 2020
13 Vol.-%, Edelstahl, €€

91 Pinot Noir Vogelsang 2019
13,5 Vol.-%, DV, 500-l-Fass, €€
Mittleres Rubingranat, violette Reflexe, breiter Wasserrand. Rotes Beerenkonfit, eingelegte Kirschen, ein Hauch von kandierten Veilchen und Clementinenzesten, Wiesenkräuter klingen an. Mittlerer Körper, feine Struktur, fruchtsüß nach rotem Beerenkonfit, mineralisch, guter Speisenbegleiter.

90 Pinot Noir Leithakalk 2018
13,5 Vol.-%, DV, Barrique, €€€
Mittleres Rubingranat, violette Reflexe, breitere Randaufhellung. Zart tabakig, feiner Feigentouch, etwas nach Kräutern, animalische Nuancen, Räucherwürze klingt an. Mittlerer Körper, saftig, präsentes Tannin, würzig, zarte Kirschnote im Abgang, unkomplizierter Speisenbegleiter.

89 Cabernet Sauvignon 2018
13,5 Vol.-%, DV, Barrique, €€€

WEINGUT LIEGENFELD
7082 Donnerskirchen
Johannesstraße 25
T: +43 (2683) 8307
weingut@liegenfeld.at
www.liegenfeld.at

Kellermeister: Andi Liegenfeld, Manuel Kreiler
Kontakt: Andi Liegenfeld
Produktion: 200.000 Flaschen
85 % weiß, 15 % rot, 35 Hektar
Zertifiziert: Nachhaltig Austria
Vereinszugehörigkeit:
Leithaberg DAC, Weinquartett Donnerskirchen
Messen: ProWein Düsseldorf, VieVinum, Vinobile Feldkirch

Michael und Andreas Liegenfeld

★★★

WEINGUT LIEGENFELD

Die Liegenfelds sind heimatverbunden. Seit Generationen wird ausschließlich in Donnerskirchen Wein angebaut. Gerda und Andi Liegenfeld sind stolze Donnerskirchner und engagieren sich auch im öffentlichen Leben. Egal, ob im Weingarten oder Keller: Ständig sind sie getrieben von ihrer Neugier auf Grenzen, auf Verbesserung und Perfektion.
Die beiden wollen ihren Kindern eine Zukunft bieten und Sohn Michael ist schon fest am Werken. Sie nehmen deshalb auch nicht mehr, als die Natur hergibt. Das ist nachhaltig, und der Betrieb ist einer der ersten, die in Österreich zertifiziert wurden.
Mit 90 Prozent Weißweinanteil ist das Weingut Liegenfeld einer der größten und wichtigsten Weißweinbetriebe des Burgenlands. Tipp: Die Veltliner-Spezialisten keltern am Leithaberg von der Top-Lage Himmelreich Veltliner von internationalem Format.

93 Grüner Veltliner * Ried Himmelreich 2019
13,5 Vol.-%, NK, großes Holzfass/500-l-Fass, €€€€€
Helles Gelbgold, Silberreflexe. Mit frischen Wiesenkräutern unterlegte gelbe Apfelfrucht, ein Hauch von Melisse, feiner Akazienblütenhonig. Saftig, ausgewogen, frische Birnenfrucht, dezenter Säurebogen, etwas Kamille im Nachhall, ausgewogen, ein facettenreicher Speisenbegleiter.

(92) Grüner Veltliner * 2020
13 Vol.-%, DV, großes Holzfass/500-l-Fass/Edelstahl, €€
Helles Grüngelb, Silberreflexe. Angenehme frische Kräuterwürze, zart tabakig, weiße Apfelfrucht mineralischer Touch. Straff, engmaschig, würziger Stil, frische Birne, salzig, dunkle Mineralik im Abgang, bleibt gut haften.

(90) Weißburgunder * 2020
13 Vol.-%, DV, 500-l-Fass/großes Holzfass, €€
Helles Goldgelb, Silberreflexe. Zart nach Pfirsich und frischer Birne, zart nussig, ein Hauch von Wiesenkräutern, mit Mango unterlegt. Mittlerer Körper, dezente Apfelfrucht, mineralisch, saliner Touch im Abgang, würziger Speisenbegleiter.

90 Pinot Blanc Ried Bergweingarten 2020
12,5 Vol.-%, DV, Stahltank, €€
Helles Gelbgrün, Silberreflexe. Feine Wiesenkräuter, Nuancen von frischer Birne, zart nach Honigmelone, mit Zitruszesten unterlegt. Straff, angenehme Apfelfrucht, feiner Säurebogen, salzig im Abgang, ein lebendiger Speisenbegleiter.

* Leithaberg DAC

90 Chardonnay Ried Vogelsang 2020
13,5 Vol.-%, DV, großes Holzfass/Stahltank, €€
Helles Goldgelb, zarte Messingreflexe. Intensive gelbe Kernobstnuancen, ein Hauch von Birne und Mango, zarter Blütenhonig. Mittlere Komplexität, weißer Apfel, dezente Säurestruktur, mineralischer Nachhall, bereits zugänglich, dezente Kräuterwürze im Finale.

89 Sauvignon Blanc Ried Bergweingarten 2020
12,5 Vol.-%, DV, Stahltank, €€

(92) Blaufränkisch * 2019
13 Vol.-%, NK, 500-l-Fass, €€€
Tiefdunkles Rubingranat, violette Reflexe, zarte Randaufhellung. Zart tabakig-kräuterwürzig unterlegte Brombeer-Zwetschken-Frucht, dunkle Waldbeeren, kandierte Orangenzesten klingen an. Mittlerer Körper, frische Kirschen, feine Tannine, mineralisch-salzig im Abgang, wirkt relativ leichtgewichtig, ein finessenreicher Speisenbegleiter.

★★

WEINGUT MAD

Stark verwurzelt – und frei nach dem Namen des Betriebes auch ein wenig verrückt – lebt man seit 235 Jahren auf dem Weingut Mad und betreibt Weinbau in bereits achter Generation. Ein wenig verrückt anmutende Visionen und ihre Umsetzung prägen seit jeher die Arbeit der Großfamilie in Oggau, verwurzelt in einer der schönsten Weinbauregionen der Welt zwischen Leithaberg und Neusiedler See. Man ist zukunftsorientiert, aber ohne auf Tradition und altes Handwerk zu vergessen. Stets steht der Qualitätsgedanke im Fokus.
Sebastian und Tobias Siess haben das Weingut mit rund 50 Hektar im Jahr 2018 übernommen und arbeiten mit großem Engagement und der Unterstützung der gesamten Familie an ihrem Ziel, Weine mit Charakter und Tiefgang zu keltern, Weine, die vom Klima, den Böden und von den Menschen, die sie produzieren, erzählen. Die Brüder sind davon überzeugt, dass ein großer Wein lebendig ist, sich verändert und reifen muss.

(91) Chardonnay * Oggau 2020
13,5 Vol.-%, DV, Stahltank/großes Holzfass, €€ (V)
Helles Grüngelb, Silberreflexe. Ein Hauch von Orangenzesten, zart nach Pfirsich, dezenter Blütenhonig, einladendes Bukett. Saftig, elegant, Anklänge von Ananas, feines Säu-

Tobias und Sebastian Siess

WEINGUT MAD
7063 Oggau
Antonigasse 1
T: +43 (2685) 7207
office@weingut-mad.at
www.weingut-mad.at

Kellermeister: Tobias Siess
Kontakt: Sebastian Siess
Produktion: 1 % Schaumwein, 34 % weiß, 4 % rosé, 60 % rot, 1 % süß, 35 Hektar
Zertifiziert: Nachhaltig Austria
Vereinszugehörigkeit: Leithaberg DAC
Messen: Forum Vini München, ÖGW Zürich, ProWein Düsseldorf, VieVinum, DAC-Präsentationen, Wein Burgenland Präsentationen

rekleid, salzig-zitronig, bleibt haften, facettenreicher Speisenbegleiter.

(90) Pinot Blanc * 2020
13,5 Vol.-%, DV, großes Holzfass, €€ V
Helles Gelbgrün, Silberreflexe. Zarte weiße Tropenfrucht, ein Hauch von frischer Birne und Mango, dezente Wiesenkräuter. Mittlerer Körper, feine Ananasfrucht, dezenter Blütenhonig, ausgewogen und bereits zugänglich, vielseitig einsetzbar.

(90) Grüner Veltliner * 2020
13,5 Vol.-%, DV, Stahltank/500-l-Fass, €€ V
Helles Gelbgrün, Silberreflexe. Mit einem Hauch von Zitruszesten unterlegte Nuancen von frischem Apfel, tabakige Noten. Saftig, kräftig, zart nach Marille, frischer Säurebogen, mineralisch-zitronig im Nachhall, bietet unkompliziertes Trinkvergnügen.

(91) Blaufränkisch * 2019
13,5 Vol.-%, DV, Stahltank/500-l-Fass, €€€ V
Dunkles Rubingranat, opaker Kern, violette Reflexe, zarte Randaufhellung. Zart kräuterwürzig unterlegtes Brombeerkonfit, frische Orangenzesten. Mittlere Komplexität, rote Herzkirschen, gut integrierte Tannine, mineralisch-salzig im Abgang, würziger Nachhall.

(92) Cabernet-Merlot Ried Neugebirge 2019 ME/CS/CF
14 Vol.-%, NK, Barrique/500-l-Fass, €€€ V
Dunkles Rubingranat, violette Reflexe, breitere Ockerrandaufhellung. Nuancen von Cassis und Mandarinenzesten, mit schwarzen Waldbeeren unterlegt, feine Kräuterwürze. Saftig, schwarze Beerenfrucht, runde Tannine, frisch strukturiert, mineralisch, verfügt über Reifepotenzial.

91 Merlot Ried Loisland 2019
14,5 Vol.-%, DV, 500-l-Fass/gebr. Barriques, €€€ V
Dunkles Rubingranat, violette Reflexe, dezente Ockerrandaufhellung. Zart nach Gewürznelken, feines Brombeerkonfit, ein Hauch von Herzkirschen, mit Vanille unterlegt. Mittlerer Körper, kirschig-würzige Textur, mineralisch, gute Frische, bereits gut antrinkbar.

★★

WEINGUT HANS MOSER

Hans Moser vereint in seinen Weinen Sortencharakter und Lagenausdruck. Welschriesling, Gemischter Satz, Sauvignon Blanc und Chardonnay machen insgesamt 60 Prozent seiner Weinproduktion aus. Neben den heimischen Rebsorten Blaufränkisch und Zweigelt werden Cabernet, Syrah und Merlot angebaut.
Die Basis sind »Classic«-Weine. Die »Mittelklasse« wird durch die »Leithakalk-Linie« (Sauvignon Blanc, Chardonnay Blaufränkisch und Cabernet-Merlot) hervorgehoben. Die Top-Lagenweine sind: Leithaberg DAC Scheibenberg Chardonnay, Leithaberg DAC Hummelbühel Blaufränkisch, St. Georgener Blaufränkisch Reserve sowie Merlot Joachimstal. Eine fruchtsüße Spätlese und ein hochwertiger Ausbruch runden das Programm ab. Die beiden Leithaberg-DAC-Lagenweine Scheibenberg Chardonnay und Hummelbühel Blaufränkisch werden seit dem Jahrgang 2015 in großen Fässern (2.000, 1.200 und 600 Liter) aus Leithagebirgseiche von den eigenen Wäldern in St. Georgen ausgebaut.

89 Sauvignon Blanc Leithakalk 2020
13,5 Vol.-%, DV, Stahltank, €€

92 St. Georgener Blaufränkisch Reserve 2017
13,5 Vol.-%, NK, Barrique, €€€€
Kräftiges Rubingranat, violette Reflexe, breitere Ockerrandaufhellung. Dunkle Mineralik, schwarze Waldbeeren, ein Hauch von Lakritze, mit tabakigen Nuancen unterlegt. Mittlerer Körper, rotbeeriger Touch, feine Tannine, frisch strukturiert, ausgewogen, bereits gut antrinkbar.

91 Merlot Joachimstal 2017
14,5 Vol.-%, NK, Eichenfass, €€€€€
Dunkles Rubingranat, violette Reflexe, zarte Randaufhellung. Zart nach dunkler Beerenfrucht, einladender Pflaumenduft, ein Hauch von Tabak, etwas Schokolade. Saftig, frische Struktur, präsente Tannine, rotbeeriger Abgang, zart nach Preiselbeeren, bereits gut antrinkbar.

90 Blaufränkisch Leithakalk 2017
13,5 Vol.-%, DV, Eichenfass, €€
Kräftiges Rubingranat, violette Reflexe, dezente Ockerrandaufhellung. Attraktives dunkles Beerenkonfit, reife Kirschen, zarte Kräuterwürze, florale Aspekte. Mittlerer Körper, rote Kirschen, zart vegetale Würze, zitroniger Nachhall, bereits entwickelt.

* Leithaberg DAC

Kleinhöflein bei Eisenstadt

WEINGUT HANS MOSER
7000 Eisenstadt
St. Georgener Hauptstraße 13
T: +43 (2682) 66607
weingut@hans-moser.at
www.hans-moser.at

Kellermeister: Hans Moser
Kontakt: Sabine und Hans Moser
Produktion: 80.000 Flaschen
60 % weiß, 38 % rot, 2 % süß,
16 Hektar
Vereinszugehörigkeit:
Leithaberg DAC
Messen: ProWein Düsseldorf,
DAC-Präsentationen

92 V.T.S. - Vintage Top Select 2017 CS/CF/SY/ME/BF
14 Vol.-%, NK, Eichenfass, €€€€
Dunkles Rubingranat, violette Reflexe, breitere Randaufhellung. Zarte Holzwürze, etwas nach Cassis, zarte Tabaknuancen, schwarze Kirschen, schwarzes Nougat. Mittlerer Körper, kraftvoll, gut eingebundene, präsente Tannine, frische rote Beerenfrucht im Abgang, würziger Nachhall, guter Speisenbegleiter.

91 Cabernet - Merlot Leithakalk 2017 CS/CF/ME
13,5 Vol.-%, NK, großes Holzfass/Eichenfass, €€€
Kräftiges Rubingranat, violette Reflexe, dezente Ockerrandaufhellung. Reife schwarze Kirschen, feiner Cassistouch, kräuterwürzig unterlegt, ein Hauch von Nougat im Hintergrund. Mittlerer Körper, frische Kirschen, zarte Tannine, ein lebendiger, zugänglicher Speisenbegleiter.

★★★

WEINGUT NEHRER

Auf dem Weingut Nehrer stehen Qualität und Terroir an oberster Stelle. Naturnah, nachhaltig und mit dem Auge auf Biodiversität werden Weine mit viel Eleganz und Charakter vinifiziert. In den von Kalk geprägten Lagen an den Hängen St. Georgens liegt der Fokus vor allem auf Leithaberg-DAC-Weinen aus Blaufränkisch und Chardonnay. Hier sind es vor allem die Weine aus den Lagen Feurer, Poschen und Krainer, die durch ihre einzigartige Stilistik hervorstechen. Auf den wärmsten, tiefgründigeren Rieden wachsen Cabernet Sauvignon und Merlot in außergewöhnlicher Qualität. Mit dem Merlot Reserve 2007 konnte 2009 auch der Sortensieg bei der Falstaff Rotweinprämierung errungen werden. Die besten Zweigeltanteile finden sich in der Cuvée Hummelbühel wieder – assembliert mit Merlot und Pinot Noir.
Seit 2020 führt Johannes, die jüngste Generation der langen Weinbautradition der Nehrers mit viel Liebe und Engagement den Betrieb weiter. Er kennt das große Potential der Lagen um St. Georgen und versucht mit möglichst wenig Intervention das einzigartige Terroir des Leithabergs in seinen Weinen herauszuarbeiten.

94 Chardonnay * Ried Krainer 2019
13,5 Vol.-%, NK, 500-l-Fass/Barrique, €€€€
Helles Goldgelb, Silberreflexe. Zart mit weißem Nougat unterlegte feine Birnenfrucht, ein Hauch von frischer Man-

go, mit etwas Kamille und Verveine unterlegt. Komplex, stoffig, reife gelbe Tropenfrucht, feine Süße, finessenreicher Säurebogen, Kräuter und Kokos im Nachhall, mineralisch-salziger Abgang, gute Länge, sicheres Reifepotenzial.

92 Chardonnay * 2019
13 Vol.-%, DV, 500-l-Fass/Stahltank, €€
Helles Goldgelb, Silberreflexe. Feine Nuancen von gelber Tropenfrucht, ein Hauch von Mango und gelbem Apfel, frische Orangenzesten. Mittlerer Körper, saftig, zart nussiger Abgang, mineralisch-salzig im Nachhall, feine Pfirsichnuancen im Nachhall, bereits gut antrinkbar.

(94) Blaufränkisch * Ried Feurer 2018
13,5 Vol.-%, NK, 500-l-Fass/Barrique, €€€€€
Kräftiges Rubingranat, violette Reflexe, zarte Ockerrandaufhellung. Zarte Holzwürze, kandierte Orangenzesten, mit Brombeerkonfit und schwarzen Kirschen unterlegt. Komplex, saftig, rote Kirschen, feine Tannine, salzige Nuancen, finessenreich, rotbeeriger Nachhall, zeigt sehr gute Länge, sicheres Reifpotenzial.

93 Blaufränkisch * Ried Poschen 2018
13,5 Vol.-%, NK, 500-l-Fass/Barrique, €€€€€
Dunkles Rubingranat, violette Reflexe, breitere Ockerrandaufhellung. Zart tabakig unterlegtes dunkles Waldbeerenkonfit, frische Herzkirschen, feiner Brombeertouch, Orangenzesten. Saftig, rote Fruchtnuancen, elegant, reife, gut integrierte Tannine, frisch strukturiert, mineralisch-zitroniger Touch, salziger Abgang, ein finessenreicher Speisenbegleiter.

92 Blaufränkisch * 2018
13,5 Vol.-%, NK, 500-l-Fass, €€€
Dunkles Rubingranat, violette Reflexe, zarte Ockerrandaufhellung. Etwas zurückhaltend, feine dunkle Beeren, ein Hauch von Kirschen, mineralischer Touch, tabakiger Anklang. Mittlerer Körper, rotbeerig, frische Kirschen, feine Tannine, lebendig und salzig, schwungvolle Stilistik.

WEINGUT NEHRER
7000 Eisenstadt
St. Georgener Hauptstraße 16
T: +43 (2682) 64380
weingut@nehrer.at
www.nehrer.at

Kellermeister/Kontakt: Johannes Nehrer
Anbauweise: Umstellung auf bio
Produktion: 80.000 Flaschen
40 % weiß, 5 % rosé, 55 % rot,
24 Hektar
Zertifiziert: Nachhaltig Austria
Vereinszugehörigkeit: Leithaberg DAC
Messen: ProWein Düsseldorf, VieVinum, DAC-Präsentationen, Wein Burgenland Präsentationen

92 Hummelbühel 2018 ZW/ME/PN
13,5 Vol.-%, NK, gebr. Barriques/500-l-Fass, €€€€
Kräftiges Rubingranat, violette Reflexe, zarte Ockerrandaufhellung. Zarte Kräuterwürze, frische Kirschen, ein Hauch von Preiselbeeren, Nuancen von Orangenzesten. Samtig, rote Kirschen, feines Tannin, mineralisch und gut anhaftend, ein ausgewogener Speisenbegleiter mit Entwicklungspotenzial.

★

WEINGUT PASLER

Im Einklang mit der Natur setzt Familie Pasler auf eine nachhaltige Wirtschaftsweise in ihren Weingärten. Diese sind eingebettet zwischen dem nördlich liegenden Leithagebirge mit seinen Muschelkalk- und Glimmerschiefer-Böden und dem südlich liegenden Neusiedler See mit Einflüssen der Pannonischen Tiefebene. Es ist dem Betrieb ein Anliegen, schonend mit der Natur und ihren Gegebenheiten umzugehen. Was man an Sorgfalt und liebevoller Handarbeit in die Natur investiert, bringt sie mit hochwertigen Weinen wieder. Die Ausbringung von natürlichem Kompost und wechselnde Begrünung garantieren eine optimale Versorgung der Rebstöcke. Gezielte Laubarbeit und wiederholtes Ausdünnen gewährleisten für den letzten Reifeabschnitt beste Bedingungen für die Trauben. Nach der Ernte folgen lange Maischestandzeiten und spontane Vergärung, die Lagerung findet in Eichenfässern auf der Hefe statt. In der Reife überlässt man die Weine sich selbst und gibt ihnen jede Freiheit. Das Resultat sind authentische, finessenreiche Weine, die Spannung bieten.

* Leithaberg DAC

WEINGUT PASLER
7093 Jois
Untere Hauptstraße 29
T: +43 (2160) 7385
office@franzpasler.at
www.paslerwein.com

Kellermeister: Michael & Johannes Pasler
Kontakt: Michael Pasler
Anbauweise: Umstellung auf bio
Produktion: 45 % weiß, 55 % rot
Vereinszugehörigkeit: Leithaberg DAC
Messen: VieVinum, DAC-Präsentationen

93 Traminer Textura 2019
12,5 Vol.-%, NK, gebrauchte Barriques, €€€€€
Zart wolkiges Orangegelb, Silberreflexe. Unverkennbare Traminer-Nuancen von Rosenöl und Hibiskus, mit Marillenkonfitüre unterlegt, ein Hauch von Limetten, einladendes Bukett. Mittlere Komplexität, feiner Gerbstoffschleier, weiße Frucht, gute Frische, mineralisch und anhaftend, vielseitig einsetzbar.

(92) Kalk & Schiefer weiß 2020 WR/GV
12,5 Vol.-%, DIAM, gebrauchte Barriques, €€€
Mittleres Gelbgrün, Silberreflexe. Frische Kräuterwürze, mit gelber Tropenfrucht unterlegt, ein Hauch von reifer Maracuja, Mandarinenzesten, exotisches Bukett. Saftig, elegant, leichtfüßig, frisch strukturiert, mineralisch-salzig im Abgang, nussiger Nachhall.

92 Grauburgunder Satzer Graben 2019
13 Vol.-%, DIAM, großes Holzfass, €€€
Zartes Kupfergelb, Goldreflexe. Rauchig, Nuancen von Ringlotten, feine Kräuterwürze, feuchter Kies, facettenreiches Bukett. Mittlerer Körper, cremige Textur, feine Dörrobstnuancen, reife Birnenfrucht, bleibt haften, ein stoffiger Speisenbegleiter, Süße im Rückgeschmack.

94 Blaufränkisch * Ried Gritschenberg 2017
13 Vol.-%, NK, 500-l-Fass, €€€€€
Kräftiges Rubingranat, violette Reflexe, breitere Randaufhellung. Frische Kirschfrucht, etwas nach Wiesenkräutern, ein Hauch von Walderdbeeren, einladendes Bukett, Lakritze klingt an. Saftig, straff, gute Komplexität, leichtfüßig, samtige Tannine, Kräutertouch im Abgang, extraktsüß im Nachhall, guter Speisenbegleiter, bereits gut antrinkbar.

(92) Blaufränkisch Joiser Dorflagen 2020
12,5 Vol.-%, DIAM, gebrauchte Barriques, €€€
Kräftiges Rubingranat, violette Reflexe, zarte Randaufhellung. Feine Noten von Cassis, rote Kirschen, mineralisch unterlegt, ein Hauch von Mandarinenzesten. Leichtfüßig, rotbeerig und frisch strukturiert, floraler Touch im Abgang, ein lebendiger Speisenbegleiter mit zart nussigem Finale.

91 Kalk & Schiefer rot 2019 BF/SL
12 Vol.-%, DV, gebrauchte Barriques, €€
Kräftiges Rubingranat, violette Reflexe, breitere Ockerrandaufhellung. Zart nach Veilchen, rote Kirschen, Orangenzesten, mineralischer Touch. Mittlerer Körper, frische Zwetschkenfrucht, frisch strukturiert, salzig-zitronig im Nachhall, bietet unkompliziertes Trinkvergnügen.

★★★★

WEINGUT PRIELER

BIO

»Wein ist Poesie in Flaschen.« Treffender könnte man die Weine des kleinen, aber feinen Familienweinguts nicht beschreiben. Der Hauptteil davon liegt in Schützen am Gebirge, wobei sich auch ein beträchtlicher Teil der Rebflächen in der Nachbarortschaft Oggau befindet. In jeder Himmelsrichtung gibt es eine andere Bodenzusammensetzung, und so ist es einfach zu erklären, dass für die einzelnen Sorten die besten Lagen gewählt werden konnten. Um allerdings schon seit vielen Jahren feinste Weiß- und Rotweine zu erzeugen, benötigt man einiges an Fingerspitzengefühl. Georg Prieler, der junge Önologe mit Auslandserfahrung, verfügt über diese Gabe. Er trifft seine Entscheidungen stets intuitiv, und das ist gut so, denn hier werden Weine erzeugt, die im Gedächtnis bleiben.
Boden und Terroir sind für die Prielers jedenfalls kein leeres Gerede: Kalkböden findet man

in den Rieden Seeberg und Sinner, die Richtung Neusiedler See liegen und die Trauben für die großen Weißweine liefern. Ungerbergen steht für sandigen Lehm mit Kieselsteinen und ist ein idealer Standort für spät reifende Sorten wie Cabernet Sauvignon. Goldberg, die unbestritten beste Lage des Hauses, bietet kargen Glimmerschiefer und ist prädestiniert für Blaufränkisch, die traditionsreichste und wichtigste Sorte.
Die Familie Prieler orientiert sich beim Ausbau der Weine immer an der Charakteristik der jeweiligen Lage. Dementsprechend vergärt der Pinot Blanc Seeberg nach ausgiebiger Maischestandzeit ausschließlich im Edelstahltank, damit Feinheit und Frische erhalten bleiben. Der Blaufränkisch Johanneshöhe wird hingegen im großen Holzfass »geschult«. Und der sehr bekannte Blaufränkisch Goldberg erhält seine unglaubliche Geschmeidigkeit während seines bis zu 26 Monate langen Aufenthalts in 500-Liter-Fässern.
Letztgenannter Blaufränkisch Goldberg ist ein Wein der Superlative, der bereits zweimal – 2005 und 2008 – die »Falstaff Reserve Trophy« für sich entscheiden konnte. Aber auch mit den Weißweinen konnten die Prielers bei der »Falstaff Burgunder Trophy« bereits kräftig zugeschlagen: Zwei Trophys wurden mit dem Pinot Blanc Seeberg 2004 und dem außergewöhnlich gereiften Chardonnay Seeberg 2001 geholt. Kein Wunder also, dass die Familie 2009 als »Winzer des Jahres« ausgezeichnet wurde.

95 Pinot Blanc * Ried Haidsatz 2018
13,5 Vol.-%, NK, Eichenfass, €€€€€
Helles Grüngelb, Silberreflexe. Zarte Nuancen von Nashi-Birne, zarte gelbe Tropenfrucht und ein Hauch von Marille und Wiesenkräutern. Stoffig, elegant, feine weiße Apfelnote, frisch strukturiert, angenehm integrierter Säurebogen, frischer Nachhall, ein finessenreicher Speisenbegleiter.

94 Pinot Blanc * 2019
13,5 Vol.-%, NK, Holzfass, €€€€
Mittleres Gelbgrün, Silberreflexe. Mit einem Hauch von feiner Holzwürze unterlegte weiße Frucht, Nuancen von Birne und Pfirsich, zarte Wiesenkräuter, etwas Blütenhonig. Saftig, elegant, feine Tropenfrucht, balanciert, dezente Süße im Abgang, ein Hauch von Walnuss im Finish, ein ausgewogener Speisenbegleiter, zeigt sehr gute Länge, vielseitig einsetzbar.

(91) Pinot Blanc Ried Seeberg 2020
13 Vol.-%, DV, Stahltank, €€€
Leuchtendes Goldgelb, Silberreflexe. Frische gelbe Birnenfrucht, zart nach Ringlotte, feiner Blütenhonig. Mittlerer Körper, saftige gelbe Apfelfrucht, feine Säurestruktur, Honigmelone im Abgang, bereits gut antrinkbar.

WEINGUT PRIELER
7081 Schützen am Gebirge
Hauptstraße 181
T: +43 (2684) 2229
weingut@prieler.at, www.prieler.at

Kellermeister/Kontakt:
Georg Prieler
Anbauweise: Zertifiziert Biologisch (Bio Austria)
Produktion: 90.000 Flaschen
40 % weiß, 60 % rot, 22 Hektar
Vereinszugehörigkeit:
Leithaberg DAC
Messen: Austrian Tasting London, ProWein Düsseldorf, VieVinum, DAC-Präsentationen, MondoVino, véritable St.Martin, Wein Burgenland Präsentationen

96 Blaufränkisch * Ried Marienthal 2017
13,5 Vol.-%, NK, 500-l-Fass, €€€€€€
Kräftiges Rubingranat, violette Reflexe, dezente Randaufhellung. Zart tabakig, schwarze Kirschen, Nuancen von Waldbeeren, Mandarinenzesten, dunkle Mineralik. Saftig, gute Komplexität, feine Extraktsüße, feines Nougat, seidige Tannine, salzig und gut anhaftend sicheres Entwicklungspotenzial, mineralischer Nachhall, wird von weiterer Flaschenreife profitieren.

(95) Blaufränkisch * Ried Goldberg 2018
13,5 Vol.-%, NK, 500-l-Fass, €€€€€€
Dunkles Rubingranat, violette Reflexe, zarte Ockerrandaufhellung. Feinwürzig unterlegtes reifes Waldbeerenkonfit, süße schwarze Herzkirschen, ein Hauch von Lakritze, feine Nuancen von Orangenzesten. Saftig, elegant und extraktsüß, seidige Tannine, mineralisch und ausgewogen, bereits gut entwickelt, kirschige Noten im Abgang, ein hocheleganter Speisenbegleiter.

92 Blaufränkisch Johanneshöhe 2018
13 Vol.-%, DV, Holzfass, €€€
Kräftiges Rubingranat, violette Reflexe, breitere Ockerrandaufhellung. Zart tabakig unterlegte schwarze Herzkirschen, ein Hauch von reifen Zwetschken, würziges Bukett. Saftig, süße Beerenfrucht, feine Tannine, ausgewogen, reife Kirschen im Nachhall, bereits gut antrinkbar.

★★

WEINGUT SATTLER

Die Joiser Winzer verfügen über hervorragende Rieden direkt vor der Haustür, so auch das Weingut Sattler, das stolz darauf ist, in den allerbesten Lagen von Jois seine Weingärten zu besitzen. Jede Lage mit ihrer besonderen Struktur in diesem Gebiet gibt den Weinen einen typischen Geschmack und sorgt für unvergessliche Momente bei Weinliebhabern.
Rund um das Leithagebirge, wo die Böden sehr kalkhaltig und die Nächte durch den Wald sehr kühl sind, gedeihen die Sorten Merlot, Welschriesling und Chardonnay besonders gut. Die Lage am Jungenberg ist geprägt von mineralischem Urgestein. Speziell am Südhang finden die Sorten Blaufränkisch, Cabernet Sauvignon, Syrah und Sauvignon Blanc optimale Bedingungen vor. Die Rieden am Ladisberg und Wurmtristel beeindrucken durch ihre tiefgründige Bodenbeschaffenheit, geprägt von Ton- und Schwarzerde.
Die Weine der Linie »Classic« zeichnen sich durch eine elegante Note aus, sie sind sehr fruchtbetont und wirken animierend auf die Geschmacksnerven. Bei der Linie »Exklusiv« vereinen sich Frucht und Holz in einer harmonischen Komposition. Das Ergebnis sind Weine mit vollem Körper, einer kräftigen Struktur und Zukunftspotenzial. Die Linie »Jungenberg« besticht mit einer feinen Mineralik, die sich am Gaumen vielschichtig ausbreitet und eine außergewöhnlich elegante Note verbreitet.
Doris und Karl Sattler haben 2012 neben dem Weinbau auch die Pension »Zum Seeblick« übernommen.

WEINGUT SATTLER
7093 Jois
Klausenberg 3
T: +43 (2160) 8206
info@sattler-seeblick.at
www.sattler-seeblick.at

Kellermeister/Kontakt:
Sattler Karl
Produktion: 40 % weiß, 60 % rot, 15.5 Hektar
Vereinszugehörigkeit:
Joiser Renommee

(92) Blaufränkisch * 2019
14 Vol.-%, NK, 500-l-Fass, €€€€
Dunkles Rubingranat, violette Reflexe, zarte Randaufhellung. Feine Tabak-Holz-Noten, etwas nach Brombeeren und Herzkirschen, frischer Minztouch. Saftig, mineralisch, extraktsüß nach Zwetschken, feines Tannin, Holzwürze im Nachhall, guter Speisenbegleiter mit Potenzial.

(93) N°1 2019 CS/SY
14,5 Vol.-%, NK, Barrique, €€€€€
Dunkles Rubingranat, violette Reflexe, zarte Randaufhellung. Dezente Holznuancen, feines dunkles Waldbeerenkonfit, ein Hauch von Lakritze, Kräuternoten, Orangenzesten klingen an. Gute Komplexität, saftig, gut integrierte Tannine, feine Tabakwürze, schwarze Beerenfrucht im Abgang, etwas nach Zwetschke im Nachhall, vielseitiger Speisenbegleiter.

(93) KS Limited Edition 2019 CS/SY
14 Vol.-%, NK, Barrique, €€€€
Dunkles Rubingranat, violette Reflexe, zarte Randaufhellung. Dunkles Waldbeerenkonfit, etwas nach Holzwürze, zart nach Brombeeren, Kardamom und Bergamotte klingen an. Saftig, straff, komplex, frisch und rund, balancierte Tannine, schwarze Kirschfrucht, schokoladiger Nachhall, guter Speisenbegleiter mit Potenzial.

92 Renommee 2019 ZW/CS/ME
13,5 Vol.-%, NK, Barrique, €€€
Dunkles Rubingranat, violette Reflexe, zarte Randaufhellung. Reife Kirschfrucht, etwas nach Kräutergarten, ein Hauch von schwarzer Beerenfrucht, Cassis, frisches Bukett. Gute Komplexität, saftig, kraftvoll, gut integriertes Tannin, Cassis auch im Abgang, schokoladiger Nachhall, wird von Flaschenreife profitieren.

90 Waasensteffl 2019 ZW/BF/ME
13,5 Vol.-%, DV, gebrauchte Barriques, €€
Kräftiges Rubingranat, violette Reflexe, breite Randaufhellung. Feiner floraler Touch, rote Kirschfrucht, ein Hauch von Eukalyptus, Orangenzesten klingen an. Mittlerer Körper, feine Struktur, unkomplizierter Trinkfluss, gut integriertes Tannin, weißes Nougat, rotbeeriges Finish.

91 Syrah Ried Jungenberg 2019
13,5 Vol.-%, NK, gebrauchte Barriques, €€€
Dunkles Rubingranat, violette Reflexe, zarte Randaufhellung. Feine Orangenzesten, etwas nach Brombeerkonfit, zart nach Pflaumen, balsamische Nuancen, mit nussigen Aromen unterlegt. Saftig, elegant, fruchtsüß nach Zwetschken, Nougatnuancen, feinwürzig im Abgang, bleibt gut haften, vielseitig einsetzbar.

★★★

WEINGUT FRANZ SCHINDLER

Mit der Kreation seiner »Cuvée d'Or« hat Franz Schindler aus Mörbisch bereits vor über 30 Jahren Pionierarbeit in Sachen österreichischer Rotwein geleistet. Von Beginn an hat sich dieser edle Tropfen in der Weinszene einen Namen gemacht und zählt seit vielen Jahren zu den besten Weinen in Österreich.
1985 wurde die Idee umgesetzt, den heimischen Blaufränkisch nach internationalem Vorbild zu vinifizieren. Der Grundstein für die heutige »Cuvée d'Or« war damit gelegt. In zwei Etappen wurde dieser Wein dann mit zwei Cuvéepartnern ergänzt: im Jahr 1989 mit der Sorte Cabernet Sauvignon, die damals im Burgenland noch sehr selten war, und im Jahr 2000 schließlich zusätzlich noch mit Merlot. Mit dem Jahrgang 1999 wurde dann erstmals eine Luxusausführung dieses Weins als »Grande Cuvée d'Or« vorgestellt, ein Prestigewein, der nur in den besten Rotweinjahrgängen aufgelegt wird.
Für immer mehr Furore sorgt im Hause Schindler aber auch ein reinsortiger Merlot, der sich durch Kraft und Potenzial auszeichnet. Auch Cabernet Sauvignon und naturgemäß Blaufränkisch gibt es von Franz Schindler in reinsortiger und bestechender Form. Die Süßweine glänzen durch Harmonie, Kraft, Fruchttiefe und eine feine Säure.
Die Philosophie des Hauses, den großen Gewächsen mehr Fassreife zu gönnen und sie erst später in Flaschen zu füllen und in den Verkauf

WEINGUT FRANZ SCHINDLER
7072 Mörbisch
Neustiftgasse 6
T: +43 (2685) 8326
office@weingut-schindler.at
www.weingut-schindler.at

Kellermeister/Kontakt:
Franz Schindler
Produktion: 70.000 Flaschen
35 % weiß, 60 % rot, 5 % süß,
15 Hektar
Vereinszugehörigkeit:
Mörbischer Wein
Messen: VieVinum, Wein Burgenland Präsentationen

Weingut Franz Schindler

zu geben, wird durch Spitzenplätze bei Verkostungen immer wieder bestätigt.

91 Sauvignon Blanc 2020
13 Vol.-%, DV, Stahltank, €€
Helles Gelbgrün, Silberreflexe. Frische weiße Tropenfrucht, ein Hauch von Stachelbeeren und Guaven, floraler Touch, einladendes Bukett. Straff, engmaschig, Weiße Johannisbeeren und Cassis, mineralisch-frisch im Abgang, Limettenzesten, ein lebendiger Sortenvertreter.

95 Cuvée d'Or 2018 BF/CS/ME
14 Vol.-%, NK, Barrique, €€€€€
Dunkles Rubingranat, opaker Kern, violette Reflexe, zarte Randaufhellung. Feine Edelholzwürze, zarte Kumquats, ein Hauch von Lakritze, dunkle Kirschen, zart nach Cassis, Liebstöckel klingt an. Gute Komplexität, dunkle Frucht, feine Tannine, extraktsüß und gut anhaftend, salzig, Brombeere im Finish, harmonisch, sicheres Reifepotenzial.

94 Blaufränkisch Ried Lehmgrube 2018
13,5 Vol.-%, NK, Barrique, €€€€€
Dunkles Rubingranat, violette Reflexe, zarte Randaufhellung. Einladender Duft nach Kirschen und Kräuternoten, etwas Nougat, ein Hauch von Röstaromen, kandierte Mandarinenzesten. Saftig, elegant, facettenreiche Struktur, mineralisch, engmaschig, Brombeernoten im Abgang, lange anhaltend, sicheres Potenzial.

93 Cabernet Sauvignon 2018
14 Vol.-%, NK, Barrique, €€€€€
Tiefdunkles Rubingranat, violette Reflexe, opaker Kern, zarte Randaufhellung. Reife schwarze Beerenfrucht, Cassistouch, etwas nach Lakritze, Tabakwürze, ein Hauch von Edelholz. Saftig, elegant, facettenreiche Struktur, mineralisch-salzig, etwas Vanille klingt an, Brombeernoten im Abgang, bleibt gut haften, sicheres Entwicklungspotenzial.

93 Merlot 2018
14 Vol.-%, NK, Barrique, €€€€€
Tiefdunkles Rubingranat, violette Reflexe, zarte Randaufhellung. Dezenter Duft nach reifen Zwetschken und Datteln, ein Hauch von Wiesenkräutern, kandierte Veilchen, vielschichtiges Bukett. Saftig, elegant, feine Kräuternoten auch im Abgang, dunkle Beerenfrucht, gut integrierte Tannine, guter Speisenbegleiter.

93 Bouvier Traube Beerenauslese 2019
14,5 Vol.-%, NK, Stahltank, €€€€
Leuchtendes mittleres Gelbgold, Silberreflexe. Zart nach Honig und Marillenkonfit, florale Nuancen, mit reifem gelbem Pfirsich unterlegt, einladender Duft. Stoffig, gut eingebundene und von einer lebendigen Säure eingerahmte Süße, bleibt haften, bereits gut entwickelt, ein Hauch von Dörrobst im Nachhall.

★★★

THOMAS SCHWARZ

BIO

Thomas Schwarz ist 1972 geboren und in Purbach aufgewachsen. Um das Weinmachen zu lernen, hat er nach der Matura in Eisenstadt noch eineinhalb Jahre in Krems verbracht, am liebsten erkundet er aber immer noch den Leithaberg. Warum an einen anderen Ort fahren, so lange es hier noch so viel gibt, was er nicht kennt? Und während sein Wein sich mehr und mehr selbst macht, kann Thomas Schwarz andere schöne Dinge tun: Zeit mit seiner Tochter verbringen, zum Beispiel. Endurofahren, Downhillen mit dem Mountainbike, Stand-up-Paddeln oder einfach Heavy Metal hören. Wenn er noch besser wird im »Den-Wein-sich-selbst-machen-Lassen«, dann kann er eines Tages vielleicht seinen Traum verwirklichen und eigenes, gutes Bier brauen. Das, fürchtet er nämlich, braut sich selbst wohl viel schwieriger als guter Wein sich selbst macht. Das Ziel von Thomas Schwarz ist es, sich selbst möglichst überflüssig zu machen – im Weingarten und im Keller. Seine Reben und der Boden, auf dem sie wachsen, sollen so gesund sein, dass sie kaum Hilfe von Menschen benötigen, die Weine sollen spontan vergären und sich ohne Intervention entwickeln und reifen, in großen Fässern, die ihren Geschmack möglichst wenig verändern. Am liebsten wäre es ihm, wenn sich sein Wein auch selbst in Flaschen füllen würde. Entsprechend definiert er sich mehr über das, was er nicht hat und macht: kein Barrique, keine Zuchthefen, keine synthetischen Pestizide und Insektizide, kein Kunstdünger. Bei einem Sekt, dem Rosé Brut »ZZ«, verzichtet er sogar auf Dosage und Schwefel. Schon deshalb, weil ein ge-

THOMAS SCHWARZ

7083 Purbach
Waldsiedlung 2b
T: +43 (676) 9608875
weingut@klosteramspitz.at
thomasschwarz.at

Kellermeister/Kontakt:
Thomas Schwarz
Anbauweise: Zertifiziert Biologisch (Austria Bio Garantie)
Produktion: 40 % Schaumwein, 30 % weiß, 30 % rot, 6 Hektar

Weingärten bei Purbach

sunder, lebendiger Weingarten viel selbstständiger ist als ein konventioneller.
Seit 2016 verzichtet Thomas Schwarz auf die Bezeichnung Qualitätswein und verkauft seine Weine als Landwein beziehungsweise Wein – auch und gerade jene aus den besten Lagen. Seiner Meinung nach ist der beste Qualitätsbeweis, wenn er versehentlich am Abend allein eine Flasche austrinkt. Vor allem mit seinem »Rosé Brut« passiert ihm das immer wieder.

93 Ⓣ Rosé brut ZZ
12,5 Vol.-%, NK, Edelstahl, €€€€ Ⓢ
Zartes helles Kirschrot, Silberreflexe, zartes Mousseux. Attraktives rotes Beerenkonfit, Nuancen von Preiselbeeren, ein Hauch von Pfirsich, einladendes Bukett. Straff, feine weiße Apfelfrucht, finessenreich, gut anhaftend, mineralisch-salzig im Abgang, gute Länge, vielseitig einsetzbar, weiteres Reifepotenzial.

93 Ⓣ Rosé brut
12,5 Vol.-%, NK, Edelstahl, €€€€
Helles Lachsrosa, Silberreflexe, zartes Mousseux. Dunkle Kirschfrucht, ein Hauch von Brombeeraromen und Mandarinenzesten, feiner Blütenhonig. Mittlere Körper, weißer Pfirsich, rotbeerige Nuancen, frisch und gut anhaftend, dezente Fruchtsüße im Nachhall..

93 Rosenmuskateller 2019
13 Vol.-%, DV, Edelstahl, €€€€
Helles Lachsrosa mit Kupfertouch. Feine florale Nuancen von Hibiskus und Jasmin, zart nach Rosolio, eingelegte Kirschen klingen an. Saftig, gute Komplexität, frisch strukturiert, wunderbar balancierte Fruchtsüße, mineralisch und anhaftend, ein stoffiger Aperitif, gut gekühlt ein sehr spezieller Hochgenuss.

93 Muschelkalk 2018 CH/WB
13,5 Vol.-%, DV, großes Holzfass, €€€€ Ⓑ
Helles Goldgelb, Silberreflexe. Rauchig-würzig unterlegte frische gelbe Birnenfrucht, tabakiger Kräutertouch, geröstete Haselnuss. Straff, weißer Apfel, feines Biskuit, lebendig strukturiert, salzig-mineralisch, wirkt leichtfüßig, bleibt gut haften, ein facettenreicher Speisenbegleiter.

94 Syrah 2015
13,5 Vol.-%, DV, großes Holzfass, €€€€€
Dunkles Rubingranat, violette Reflexe, dezente Ockerrandaufhellung. Kandierte Orangenzesten, rotes Waldbeerenkonfit, ein Hauch von Oliven, attraktives Bukett. Saftig, gute Komplexität, extraktsüßer Kern, feine Tannine, zartes Nougat, mineralisch und lange anhaftend, feinwürzig, ein facettenreicher Begleiter bei Tisch, bereits gut gereift.

93 Muschelkalk 2015 BF/CS
13,5 Vol.-%, DV, großes Holzfass, €€€€
Dunkles Rubingranat, violette Reflexe, dezente Ockerrandaufhellung. Feine Nuancen von dunklen Kirschen, ein Hauch von Cassis, zarte Kräuterwürze, einladendes Bukett. Saftig, elegant, zarte Fruchtsüße, seidige Textur, feine Tannine, mineralisch unterlegt, ein nahtloser Stil, bereits sehr gut antrinkbar, vielseitig einsetzbar.

Weißburgunder

KLOSTERKELLER SIEGENDORF
7011 Siegendorf
Lenz-Moser-Straße 1
T: +43 (2732) 85541
office@lenzmoser.at
www.lenzmoser.at

Kellermeister:
Ing. Michael Rethaller
Kontakt: Christoph Bierbaum
Produktion: 13 % weiß, 87 % rot, 24 Hektar
Messen: Alles für den Gast Salzburg, Anuga, ProWein Düsseldorf, VieVinum

★

KLOSTERKELLER SIEGENDORF

Der Winzerort Siegendorf, 60 Kilometer südlich von Wien und nur wenige Kilometer von der ungarischen Grenze entfernt, wurde 1254 erstmals urkundlich erwähnt. Seit 1988 wird das Weingut Klosterkeller Siegendorf von Lenz Moser bewirtschaftet. Der Weingarten hat eine bemerkenswerte Einzellage. Er ist bei leichter Hangneigung nach Südsüdwest ausgerichtet und mit mehr als 600 Reihen Rebstöcken in vertikaler Richtung nach dem System der Lenz-Moser-Hochkultur bepflanzt. Seine Größe von 24 Hektar ist für österreichische Verhältnisse einzigartig.
Die Nähe des Neusiedler Sees, die südwestliche Ausrichtung der Weingärten und das pannonische Klima begünstigen hier den Weinbau. Die warmen, sandig-humosen Böden eignen sich ideal für den Anbau von mächtigen Rotweinen und charaktervollen Weißweinen.
Gekeltert wird hier vor allem Rotwein: Bis 1990 wurde der Weingarten mit den Sorten Cabernet Sauvignon, Cabernet Franc und Merlot neu ausgepflanzt. Diese Rebstöcke sind heute im richtigen Alter und geben den Rotweinen ordentlich Kraft. Mit etwa 87 Prozent Rotweinreben zählt das Weingut zu den Vorzeigebetrieben im heimischen Rotweinanbau. Als einzige Weißweinrebsorte ist Weißburgunder gepflanzt. Gelesen wird per Hand.

90 Weißburgunder 2020
13 Vol.-%, DV, Stahltank, €€
Helles Grüngelb, Silberreflexe. Kandierte Orangenzesten, gelbe Tropenfruchtanklänge, zart nach Ananas und Papaya. Mittlerer Körper, weißer Apfel, finessenreiche Säurestruktur, zitroniger Touch im Nachhall, bereits gut antrinkbar.

91 O'Dora 2018 CS/CF
14 Vol.-%, NK, Barrique, €€€
Tiefdunkles Rubingranat, violette Reflexe, zarte Randaufhellung. Zart nussige Nuancen, etwas nach dunklen Waldbeeren, Zwetschken klingen an, mit Nougat unterlegt. Saftig, elegant, feine süße Tannine, zart nach Vanille, Pflaumen im Abgang, guter Speisenbegleiter.

88 Siegendorf Rot 2017 CS/ME
13,5 Vol.-%, DV, großes Holzfass, €€

89 Cabernet Sauvignon 2017
14 Vol.-%, NK, Barrique, €€

★★★

WEINGUT SOMMER

Seit 1698 betreibt die Familie Sommer Weinbau in Donnerskirchen, an den Südosthängen des Leithagebirges. Das kontinental-pannonisch geprägte Klima am Leithaberg mit warmen Sommern und kühlen Nächten bildet die Voraussetzung für ihre Weinkultur. Darauf zu achten, was passt, was stimmt, was angemessen ist und was verändert werden muss, darin besteht die Herausforderung im Winzerhandwerk. Dabei Traditionen zu bewahren, Grenzen auszuloten und Neues zu erschaffen, funktioniert nur im Vertrauen auf das breite Wissen im Umgang mit Lagen, Böden und Reben.
Die Familie Sommer beherrscht diese Kunst, und so gedeihen aus einer Vielzahl von Sorten authentische Weine – Weine, die intensiv-fruchtbetont, würzig-mineralisch, elegant wie kraftvoll und mit vielschichtigen Aromen ausgestattet sind. Mitten im Spannungsfeld zwischen Kalk und Schiefer entstehen herkunftsgeprägte Weine, die ein ausdrucksstarkes Beispiel für Identität und Tradition darstellen.
Der nationale und internationale Erfolg ist die Anerkennung für die kontinuierliche Weiterentwicklung des Betriebs. Sowohl in Österreich als auch über die Grenzen hinweg sind die Weine Garant für Charakter und Eigenständigkeit. Den Leithaberg-DAC-Lagenweinen, die in der zukünftigen Entwicklung immer stärker in den Fokus gerückt werden, kann dabei ein besonderes Potenzial zugesprochen werden. Die »Handwerk«-Linie wird von Leo Sommer senior und Leo junior individueller betreut, im Weingarten wie im Ausbau. So entstehen auf den kargen Böden präzise Weine mit subtilen Aromen und bleibenden Eindrücken.

93 Chardonnay * Ried Riefring Thal 2018
13,5 Vol.-%, NK, großes Holzfass, €€€€€
Kräftiges Goldgelb. Reife Pfirsichnoten, dazu feine Holzwürze, etwas nach Vanille, mit Kräuternoten unterlegt, Lanolin klingt an. Saftig, straff, frische Struktur, weiße Tropenfrucht, mineralisch, Birnen im Abgang, eleganter Speisenbegleiter, vielseitig einsetzbar.

90 Chardonnay Ried Kreuzjoch 2020
13,5 Vol.-%, DV, Stahltank, €€
Helles Gelbgold, Silberreflexe. Mit einem Hauch von Wiesenkräutern und Blütenhonig unterlegte gelbe Apfelfrucht, zart nach Orangenzesten. Saftig, feine Fruchtsüße, nach Mango, feine Säurestruktur, mineralisch-salzig im Abgang, bereits gut antrinkbar.

(93) Grüner Veltliner * Ried Himmelreich 2019
13,5 Vol.-%, NK, großes Holzfass, €€€€€
Leuchtendes mittleres Goldgelb, Silberreflexe. Intensive Kräuterwürze, tabakig unterlegte gelbe Tropenfrucht, dunkle Mineralik, kandierte Orangenzesten. Komplex, saftig, weiße Apfelfrucht, frischer Säurebogen, salzig im Abgang, gut anhaftend, ein würziger Speisenbegleiter mit Entwicklungspotenzial.

93 Grüner Veltliner * Ried Halser 2018
13 Vol.-%, NK, 500-l-Fass, €€€€€
Leuchtendes mittleres Goldgelb, Silberreflexe. Zart nach Kamille und Orangenblüten, reife gelbe Kernobstnuancen, kandierte Orangenzesten. Komplex, feiner Blütenhonig, reife Birnenfrucht, feiner Säurebogen, salziger Touch im Nachhall, zeigt gute Länge, bereits antrinkbar.

91 Grüner Veltliner * 2019
13,5 Vol.-%, DV, großes Holzfass, €€€
Leuchtendes mittleres Goldgelb, Silberreflexe. Reife Nuancen von Ringlotte und Honigmelone, dezente Kräuter-

WEINGUT SOMMER
7082 Donnerskirchen
Johannesstraße 26
T: +43 (2683) 8504
info@weingut-sommer.at
www.weingut-sommer.at

Kellermeister/Kontakt:
Leo Sommer
Produktion: 150.000 Flaschen
80 % weiß, 18 % rot, 2 % süß, 30 Hektar
Zertifiziert: Nachhaltig Austria
Vereinszugehörigkeit:
Weinquartett Donnerskirchen, Leithaberg DAC
Messen: ProWein Düsseldorf, VieVinum, Vinobile Montfort, DAC-Präsentationen, Wein Burgenland Präsentationen, Vinexpo New York

würze, dunkle Mineralik. Wirkt kräftig, gelbe Apfelfrucht, dezente Säurestruktur, ein Hauch von Karamell im Abgang, gute Länge, bereits antrinkbar.

89 Grüner Veltliner Ried Bergweingarten 2020
13 Vol.-%, DV, Stahltank, €€

92 Riesling Handwerk 2019
13 Vol.-%, NK, großes Holzfass, €€€€
Leuchtendes Gelbgold, Silberreflexe. Ein Hauch von Maracuja, zart nach Mandarinen und weißem Pfirsich, mit weißem Nougat unterlegt. Komplex, straff, elegante Textur, feine gelbe Tropenfrucht, Mango im Abgang, gute Frische im Nachhall, salziger Touch, Limetten im Rückgeschmack.

91 Riesling Ried Bergweingarten 2020
13 Vol.-%, DV, Stahltank, €€
Helles Goldgelb, Silberreflexe. Intensive florale Nase, frisches Steinobst, weiße Tropenfrucht. Saftig, weißer Pfirsich, zart nach Maracuja, frisch strukturiert, weiße Apfelfrucht im Abgang, mineralischer Nachhall, ein vielseitiger Begleiter bei Tisch.

91 Sauvignon Blanc Handwerk 2019
13,5 Vol.-%, NK, großes Holzfass/Beton, €€€€
Leuchtendes mittleres Grüngelb, Silberreflexe. Sehr verhaltenes Bukett, zarte gelbe Tropenfrucht, ein Hauch von Passionsfrucht, mineralischer Anklang. Elegant, weiße Nuancen, zart nach Stachelbeeren und Maracuja, bleibt haften, bereits zugänglich, wird von Flaschenreife profitieren.

90 Sauvignon Blanc Ried Wolfsbach 2020
12,5 Vol.-%, DV, Stahltank, €€
Helles Goldgelb, Silberreflexe. Ein Hauch von Stachelbeeren, florale Nuancen, zart nach Grapefruitzesten. Mittlerer Körper, zart nach weißem Apfel, frisch strukturiert, Limetten im Nachhall, ein lebendig-würziger Speisenbegleiter.

91 Welschriesling Handwerk 2019
13 Vol.-%, NK, großes Holzfass, €€€€
Leuchtendes Gelbgold, Silberreflexe. Zarte Nuancen von frischer Ananas, ein Hauch von Marille, dezent nach Wiesenkräutern, mineralischer Touch. Mittlere Komplexität, feine weiße Fruchtnuancen, dezenter Säurebogen, zitroniger Anklang, bleibt haften, wirkt leichtfüßig, ein feinwürziger Speisenwein.

★★

WEINGUT HST – HANNES STEURER

Das Weingut Steurer liegt in Jois und wird als Familienbetrieb engagiert geführt. Während Hannes Steurer von der Rebpflege bis zur Vinifizierung für alle Arbeiten rund um den Wein verantwortlich zeichnet, unterstützt ihn seine Frau Emma in der Verwaltung und beim Verkauf. Auch Sohn Michael ist schon tatkräftig dabei und hat bereits zwei eigene Weine, einen Pet Nat und einen Chardonnay, vinifiziert, aber er sammelt zurzeit auch noch bei anderen Betrieben Erfahrung. Das Weingut besitzt 13 Hektar Weingärten, wovon 75 Prozent mit Rotwein- (Zweigelt, Blaufränkisch, Shiraz und Cabernet Sauvignon) und 25 Prozent mit Weißweinsorten (Welschriesling, Grüner Veltliner, Traminer, Sauvignon Blanc und Pinot Blanc) bepflanzt sind. Zusätzlich werden auch einige Hektar Trauben von Vertragswinzern vinifiziert. In bester Lage zwischen Hügeln des Leithagebirges und dem Neusiedler See belohnen die Reben den Winzer mit optimalem Traubenmaterial für kräftige Rot- und fruchtige Weißweine. Der Grundphilosophie des Betriebs, keine Berührungsängste gegenüber Modernem zu haben, jedoch dabei die Tradition nicht aus den Augen zu verlieren, vertraut Steurer auch bei der Vinifizierung. Die Weißweine vergären in elektronisch gesteuerten Kühltanks und lagern danach im Edelstahl – dadurch kann die Traubenfrucht optimal bis in die Flasche transportiert werden. Aber es gibt auch verschiedene Versuche im Orange-Bereich: Hier werden die Weine ein Jahr auf der Feinhefe ohne Schwefelzugabe gelagert. Bei den Rotweinen vergären die Trauben aus Top-Lagen in Holzgärständern, damit sie noch eleganter erscheinen. Ein Gutteil der Roten reift aber in französischen 225-Liter- und 500-Liter-Fässern heran, wodurch sie feine Röst-, Vanille- und Schokoladearomen aufweisen. Besonders wichtig ist es dem Winzer, dass seine Weine Spaß machen und das Gebiet im Wein erkennbar wird.
Zahlreiche Auszeichnungen untermauern die Qualität der Weine, drei ganz besondere Erfolge bedeuteten der ausgezeichnete »3. Falstaff-Sieger« 2012, der »AWC Trophy-Sieger« 2018 sowie der »3. Falstaff-Sortensieger« 2018 mit dem

WEINGUT HST – HANNES STEURER
7093 Jois
Bahnstraße 28
T: +43 (664) 5511780
hst@hannessteurer.at
www.hannessteurer.at

Kellermeister/Kontakt:
Hannes Steurer
Produktion: 100.000 Flaschen
3 % Schaumwein, 27 % weiß,
2 % rosé, 65 % rot, 3 % süß,
13+5 Hektar
Vereinszugehörigkeit:
Joiser Renommee, Leithaberg DAC

Joiser Kirchberg

»M1«. Zudem wurde der Familienbetrieb bei der Burgenländischen Weinprämierung als Weingut des Jahres 2020 ausgezeichnet.
Neben dem Weingut betreibt die Familie auch einen Heurigen. Wer etwas länger verweilen möchte, kann im neuen »Schlafgut«, ausgestattet mit einem eigenen Pool, direkt bei der Seezufahrt in einem der fünf Gästezimmer nächtigen.

90 Chardonnay Buschenberg 2020
14 Vol.-%, DV, 500-l-Fass, €€
Helles Gelbgrün, Silberreflexe. Frische Orangenzesten, weißer Apfel, ein Hauch von Wiesenkräutern. Saftig, kraftvoll, frischer Mangotouch, dezenter Säurebogen, etwas Banane, zarter Blütenhonig im Abgang, bleibt haften, feine Kräuterwürze im Nachhall.

94 Fam Steurer 2019 BF/CS/ZW/SY
14 Vol.-%, NK, 500-l-Fass, €€€€€
Tiefdunkles Rubingranat, violette Reflexe, zarte Randaufhellung. Feine Holz-Tabak-Würze, etwas nussig, ein Hauch von Brombeerkonfit, kandierte Orangenzesten klingen an. Saftig, komplex, engmaschig, gut integriertes Tannin, Gewürznoten im Abgang, schwarze Kirschen im Rückgeschmack, salziger Nachhall, bleibt sehr gut haften, sicheres Entwicklungspotenzial.

91 Joiser Renommée 2019 ZW/CS/BF
13,5 Vol.-%, NK, Barrique, €€€
Tiefdunkles Rubingranat, violette Reflexe, zarte Randaufhellung. Feine Tabaknuancen, ein Hauch von Röstaromatik, dunkle Beerenfrucht, Heidelbeertouch. Saftig, elegant, frische Struktur, Dörrobstanklänge im Abgang, extraktsüß, Clementinen im Nachhall, guter Speisenbegleiter.

93 Cabernet Sauvignon M1 2019
13,5 Vol.-%, NK, Barrique, €€€€€
Dunkles Rubingranat, violette Reflexe, zarte Randaufhellung. Feine Cassisnoten, unterlegt mit Holzwürze, dezent nach roten Paprikaschoten, zart nach schwarzem Waldbeerenkonfit. Mittlerer Körper, kraftvoll, gut eingebundenes Tannin, feinwürzig, Brombeertouch klingt an, Vanille im Nachhall, bleibt gut haften, vielseitig einsetzbar.

92 Blaufränkisch Ried Bakobel 2019
13,5 Vol.-%, NK, 500-l-Fass, €€€€
Tiefdunkles Rubingranat, violette Reflexe, zarter Wasserrand. Feiner Duft nach Nougat und Röstaromen, ein Hauch von Edelholz, mit Karamell unterlegte reife Kirschfrucht. Mittlere Komplexität, frisch, extraktsüß nach Brombeeren, zart nach Gewürznelken, floraler Nachhall, guter Speisenbegleiter.

90 Zweigelt 2020
13,5 Vol.-%, DV, Stahltank, €€
Kräftiges Rubingranat, violette Reflexe, zarte Randaufhellung. Dezente Wiesenkräuter, etwas nach roter Beerenfrucht, ein Hauch von Brombeeren, frisches Bukett. Mittlerer Körper, frisch und fruchtig, Zitrustouch, rotbeeriges Konfit im Abgang, bereits gut antrinkbar.

★★★

WEINGUT TINHOF

BIO

In Eisenstadt, an den Hängen des Leithagebirges, liegen die Weingärten von Erwin Tinhof, der aus Überzeugung fast ausschließlich österreichische Rebsorten anpflanzt. Bereits seit elf Generationen fühlt man sich dem Weinbau verpflichtet. Die Weingärten liegen alle auf Seehöhen von 150 bis 280 Metern und sind geprägt vom Mikroklima der einzelnen Lagen. Manche Weingärten liegen am Waldrand, manche in ganz offenen Rieden. Diese Kleinstrukturiertheit des Leithagebirges findet sich in der Vielfalt der Weine wieder. Bepflanzt sind diese Weingärten mit bis zu 7.000 Rebstöcken pro Hektar, die durch die biologisch-organische Bewirtschaftung nachhaltig vital sind. Sie sind bis zu 55 Jahre alt und bestehen aus Sorten wie Neuburger und Weißburgunder sowie Blaufränkisch und Sankt Laurent. Handlese und Vergärung nur mit natürlichen Hefen sind Standard.
Das Resultat sind feine, elegante, strukturierte und aussagekräftige Weine mit unverwechselbarem Charakter. Voraussetzung dafür sind widerstandsfähige Reben und gesunde Trauben. Das Weingut Tinhof ist nach jahrelanger Vorarbeit seit 2012 biologisch-organisch zertifiziert. Die Leithaberg-DAC-Weine und die Einzellagenweine werden in Holzfässern ausgebaut, bekommen viel Zeit zur Reifung und sind besonders präzise und facettenreiche Vertreter der Leithaberg-Terroirs.

WEINGUT TINHOF
7061 Trausdorf
Eisenstädter Straße 10
T: +43 (2682) 62648
wein@tinhof.at
www.tinhof.at

Kellermeister/Kontakt:
Erwin Tinhof
Anbauweise: Zertifiziert Biologisch
Produktion: 90.000 Flaschen
45 % weiß, 50 % rot, 5 % süß,
18 Hektar
Vereinszugehörigkeit:
Leithaberg DAC
Messen: Millésime Bio, ProWein Düsseldorf, VieVinum, DAC-Präsentationen

94 Weißburgunder * Ried Golden Erd 2019
14 Vol.-%, NK, 500-l-Fass, €€€€€ Ⓑ
Helles Gelbgold, Silberreflexe. Zart nach Birne und Honigmelone, dezente gelbe Tropenfrucht im Hintergrund, mineralischer Touch. Saftig, elegant, frische weiße Fruchtnuancen, ein Hauch von Zitronenmelisse und Verveine im Nachhall, bleibt haften, ein facettenreicher Speisenwein.

93 Weißburgunder * Ried Tatschler 2019
14 Vol.-%, NK, 500-l-Fass, €€€€€
Helles Goldgelb, Silberreflexe. Etwas verhalten, ein Hauch von frischem gelbem Apfel und Wiesenkräutern. Saftig, feine Kernobstnuancen, finessenreich strukturiert, ein Hauch von Blütenhonig, mineralisch, zartes Karamell im Nachhall, zitronig im Rückgeschmack.

94 Neuburger * Ried Oberberg Eisenstadt 2019
12,5 Vol.-%, NK, 500-l-Fass, €€€€€€
Helles Goldgelb, Silberreflexe. Feine gelbe Fruchtnuancen, nach Mango und Marille, zarte Kräuterwürze, ein Hauch von frischen Orangenzesten, facettenreiches Bukett. Mittlerer Körper, weiße Apfelfrucht, finessenreiche Struktur, salzig-zitronig im Abgang, sehr leichtfüßig, bleibt gut haften, ein vielschichtiger und zugleich zarter Speisenbegleiter.

93 Neuburger * Ried Golden Erd 2019
14 Vol.-%, NK, 500-l-Fass, €€€€€ Ⓑ
Helles Goldgelb, Silberreflexe. Mit einem Hauch von Blütenhonig und Wiesenkräutern unterlegte Nuancen von Birne, kandierte Mandarinenzesten. Saftig, weißes Kernobst, zart nach Ringlotte, mineralisch-kalkig im Abgang, milde Struktur, feine gelbe Tropenfrucht im Nachhall, Limetten im Rückgeschmack.

93 Blaufränkisch * Ried Kirchberg Gloriette 2018
13,5 Vol.-%, NK, gebrauchte Barriques, €€€€€€
Dunkles Rubingranat, violette Reflexe, zarte Ockerrandaufhellung. Zarte Kräuterwürze, tabakig unterlegte schwarze Kirschfrucht, feines Brombeerkonfit, mineralischer Anklang. Saftig, rote Kirschen, feine Tannine, salzige

Mineralik, ein feiner, gut balancierter Speisenbegleiter mit sicherem Reifepotenzial.

93 Neuburger Beerenauslese 2018
10 Vol.-%, NK, gebrauchte Barriques, €€€€€
Mittleres Orangegold, Silberreflexe. Kandierte Orangenzesten, feiner Marillentouch, ein Hauch von reifen Feigen, zartes weißes Nougat, einladendes Bukett. Saftiger gelber Apfel, ein Hauch von Quitten, gut integrierte Süße, dezenter Säurebogen, harmonisch und gut anhaftend, ein eleganter süßer Sortenvertreter.

★★★

WEINGUT WAGENTRISTL

Den Grundstein für das heutige Weingut legten die Urgroßeltern Johann und Julianna Wagentristl im Jahr 1888. Sie übernahmen mit ihrer Hochzeit den damaligen »Hof Nr. 135« in Großhöflein. Dazu gehörten neben landwirtschaftlichen Flächen auch Weingärten. In den folgenden Jahrzehnten widmete sich die Familie verstärkt dem Weinbau. Nach und nach verschwanden Viehwirtschaft und Feldbau, der Weinbau hingegen rückte immer mehr in den Mittelpunkt. So wurde im Laufe der Zeit aus dem »Hof Nr. 135« das heutige Weingut in der Rosengasse mit Weingärten an den sanften Hängen des Leithagebirges und dessen Ausläufern. Die besondere Zusammensetzung der Böden sorgt gemeinsam mit dem speziellen Kleinklima der Region für ein einzigartiges Terroir, das in dieser Beschaffenheit nirgendwo sonst zu finden ist.

»Ich bin ein Freund klarer Linien, und diese verfolge ich auch bei der Kelterung meiner Weine. So entstehen Weine mit unverwechselbarem Charakter – Weine mit Kraft und Finesse. Mit diesen Weinen will ich andere, aber auch mich selbst glücklich machen!«, so Winzer Rudi Wagentristl.

94 Weißburgunder * Ried Kreidestein 2019
14 Vol.-%, NK, 500-l-Fass, €€€€€ V
Helles Goldgelb, Silberreflexe. Zarte Röstaromen, ein Hauch von Haselnuss, reife gelbe Fruchtnuancen, zart nach Orangenzesten, facettenreiches Bukett. Saftig, komplex, weiße Steinobstnuancen, feiner Säurebogen, ein Hauch von Karamell im Abgang, gute Länge, sicheres Reifepotenzial.

WEINGUT WAGENTRISTL
7051 Großhöflein
Rosengasse 2
T: +43 (2682) 61415
weingut@wagentristl.com
www.wagentristl.com

Kellermeister: Rudolf Wagentristl
Kontakt: Familie Wagentristl
Produktion: 60.000 Flaschen
33 % weiß, 65 % rot, 2 % süß,
14 Hektar
Vereinszugehörigkeit:
Leithaberg DAC
Messen: VieVinum

*** Leithaberg DAC**

(92) Weißburgunder * 2020
13,5 Vol.-%, DV, Stahltank, €€ V
Helles Grüngelb, Silberreflexe. Mit Wiesenkräutern unterlegte frische Birnenfrucht, zart rauchige Würze, mineralischer Anklang. Stoffig, elegant, fruchtige Süße, gut anhaftend, feine gelbe Tropenfrucht im Abgang, ein Hauch von Karamell im Nachhall, vielseitig einsetzbar.

(92) Chardonnay * 2020
13,5 Vol.-%, DV, Holzfass, €€ V
Leuchtendes helles Goldgelb, Silberreflexe. Zart nach Orangenzesten und Safran, mit gelbem Apfel und etwas Mango unterlegt. Gute Komplexität, feine Kernobstnuancen, frisch und mit süßer Fruchtnote im Abgang, ein vielseitiger Speisenwein mit ansprechender Länge.

95 Blaufränkisch * Ried Reisbühl 2018
13 Vol.-%, NK, 500-l-Fass, €€€€€ V
Kräftiges Rubingranat, violette Reflexe, breiterer Ockerrand. Süße Waldbeeren, reife schwarze Kirschen, feine Kräuterwürze, ein Hauch von Orangenzesten. Saftig, elegant, frische Herzkirschen, feine, gut integrierte Tannine, mineralischer Touch im Abgang, etwas Nougat, gute Länge, verfügt über Reifepotenzial.

93 Blaufränkisch * Ried Kreidestein 2018
14 Vol.-%, NK, 500-l-Fass, €€€€€ V
Dunkles Rubingranat, violette Reflexe, zarte Ockerrandaufhellung. Feiner Nougattouch, reife Zwetschken, im Hintergrund Anklänge von Lakritze und schwarzen Beeren, zart nach Karamell. Stoffig, elegant, rote Kirschen, feine Tannine, frisch strukturiert, extraktsüßer Nachhall, bereits zugänglich, verfügt über Reifepotenzial.

(92) Blaufränkisch * 2019
13,5 Vol.-%, DV, Holzfass, €€€ V
Dunkles Rubingranat, violette Reflexe, dezente Randaufhellung. Feiner Brombeertouch, dunkle Kirschen, zartes Nougat, einladendes Bukett. Saftig, elegant, ausgewogen, feiner Säurekern, salzig unterlegt im Abgang, ein vielseitiger Speisenbegleiter.

(92) Ried Föllikberg 2019 BF/ZW
13,5 Vol.-%, DV, kleines Holzfass, €€ V
Tiefdunkles Rubingranat, violette Reflexe, dezente Randaufhellung. Feine Kräuterwürze, ein Hauch von Cassis und Brombeeren, zart nach Lakritze, mineralisch unterlegt. Mittlere Komplexität, engmaschig, etwas Nougat und reife Kirschen, bleibt gut haften, verfügt über Reifepotenzial.

92 Heulichin 2018 BF/CS/ZW
13,5 Vol.-%, NK, kleines Holzfass, €€€€ V
Kräftiges Rubingranat, violette Reflexe, breitere Randaufhellung. Mit Vanille unterlegtes rotes Waldbeerenkonfit, ein Hauch von kandierten Veilchen, schokoladiger Touch. Mittlerer Köper, feines Tannin, würzig, Pflaumentouch im Abgang, mineralisch, vielseitiger Speisenbegleiter.

93 Muskat Ottonel Beerenauslese 2018
12,5 Vol.-%, NK, Stahltank, €€ V
Helles Goldgelb, Silberreflexe. Frische gelbe Tropenfrucht, einladender Honigtouch, florale Note von Jasmin und Muskat, facettenreiches Bukett. Saftig, feinwürzig und frisch strukturiert, zart nach Maracuja, zitronig-mineralisch im Abgang, lebendiger Stil.

★★

WEINGUT STEFAN ZEHETBAUER

Das Weingut Zwird von Stefan Zehetbauer in zehnter Generation geführt. Es befindet sich in Schützen am Gebirge, mitten im Gebiet Leithaberg. Die Rieden stehen am und rund um den Schützner Stein und sind von den schiefer- und kalkreichen Böden der Region geprägt.
Stefan Zehetbauers Anliegen ist es, Weine mit Tiefe, einer markanten Mineralik und Entwicklungspotenzial zu keltern. Die Weingärten haben dabei für den Winzer oberste Priorität, denn dort wird der Grundstein für die Qualität gelegt. Die Eingriffe im Keller werden dagegen auf ein notwendiges Minimum reduziert. Auf Reinzuchthefen und Enzyme wird verzichtet, die Vergärung erfolgt spontan, die Weine bleiben lange auf der Hefe. Die weißen Reserven und sämtliche Rotweine kommen zudem ohne Schönung aus. An erster Stelle steht stets der Terroirgedanke.
Die Leithaberg-Sorten Blaufränkisch, Pinot Blanc und Chardonnay machen den Großteil des Sortiments aus. Die Top-Weine kommen aus der Riede Steinberg, die mit ihrem kargen Glimmerschiefer zu den besten Lagen dieser Region zählt. Die Familie hat aber

WEINGUT
STEFAN ZEHETBAUER
7081 Schützen am Gebirge
Hauptstraße 3
T: +43 (2684) 2523
office@zehetbauerwein.at
www.zehetbauerwein.at

Kellermeister/Kontakt:
Stefan Zehetbauer
Produktion: 35 % weiß, 65 % rot, 15 Hektar
Vereinszugehörigkeit:
Leithaberg DAC
Messen: ProWein Düsseldorf, VieVinum, DAC-Präsentationen, Wein Burgenland Präsentationen

Schützen am Gebirge

auch immer über den Tellerrand hinausgeblickt. Mit ihrem einzigartigen Cabernet Franc vom Steinberg – mit dem die Zehetbauers Ende der 1980er-Jahre in Österreich Pionierarbeit leisteten – haben sie sich mittlerweile einen Namen gemacht.

92 Chardonnay * Ried Osliper Steinberg 2018
13,5 Vol.-%, DIAM, Stahltank/gebr. Barriques/500-l-Fass, €€€€
Helles Goldgelb, Silberreflexe. Feine Nuancen von Kokos und Vanille, gelbe Tropenfrucht, ein Hauch von Ananas, Pfirsich klingt an. Saftig, elegant, ein Hauch von Nougat, dezenter Säurebogen, mineralisch, zart nach Karamell im Nachhall, bereits antrinkbar.

91 Gewürztraminer Ried Hölzlstein 2019
13,5 Vol.-%, DV, Stahltank, €€
Helles Gelbgrün, Silberreflexe. Nuancen von Rosenöl, etwas Hibiskus, zart nach Limetten und weißer Tropenfrucht. Lebendig, kraftvolle Textur, etwas Litschi, frisch strukturiert, trockener Abgang, mineralischer Rückgeschmack.

93 Blaufränkisch * Ried Reckenschink 2018
13,5 Vol.-%, DIAM, 500-l-Fass, €€€€€
Dunkles Rubingranat, violette Reflexe, zarte Randaufhellung. Zart floral, Nuancen von Brombeeren, frische Kirschen, ein Hauch von Mandarinenzesten. Komplex, saftig, feine Herzkirschen am Gaumen, reife Tannine, mineralisch und frisch, bleibt haften, gutes Entwicklungspotenzial.

93 Blaufränkisch * Ried Steinberg 2018
13 Vol.-%, DIAM, 500-l-Fass, €€€€€
Dunkles Rubingranat, violette Reflexe, zarte Randaufhellung. Zart tabakig, ein Hauch von Brombeeren, schwarze Kirschen, zarte Edelholzwürze, kandierte Orangenzesten. Saftig, elegant, feine Kirschenfrucht, reife Tannine, ein Hauch von Nougat, bereits gut entwickelt.

92 Blaufränkisch * 2018
13,5 Vol.-%, DIAM, gebr. Barriques/500-l-Fass, €€€
Dunkles Rubingranat, violette Reflexe, zarte Randaufhellung. Zart tabakig unterlegte Zwetschken- und Brombeerfrucht, feine Kräuterwürze, ein Hauch von Nougat, kandierte Orangenzesten, mineralischer Touch. Saftig, rote Kirschen, präsente, tragende Tannine, salzig im Abgang, dezente Süße im Nachhall.

93 Cabernet Franc Ried Steinberg 2018
13,5 Vol.-%, DIAM, Barrique, €€€€
Dunkles Rubingranat, opaker Kern, violette Reflexe, zarte Randaufhellung. Frische Noten von schwarzen Waldbeeren, rote Kirschen klingen an, tabakiger Touch, mineralische Nuancen, feiner Edelholztouch. Saftig, elegant, reife Herzkirschen, feine Tannine, frisch strukturiert, salzig-mineralischer Nachhall, extraktsüßer Rückgeschmack.

*** Leithaberg DAC**

Neckenmarkt ist einer der zentralen Orte im Mittelburgenland für die wichtigste Sorte in der Region, den Blaufränkisch

© WSNA

BURGENLAND

MITTEL-BURGENLAND DAC

Deutschkreutz liegt unmittelbar an der ungarischen Grenze und ist einer der Rotwein-Hotspots Österreichs

BLAUFRÄNKISCH MIT VIEL CHARAKTER

Eine Rotweinsorte spielt auf den rund 2100 Hektar Rebfläche des Weinbaugebiets Mittelburgenland die Hauptrolle: der Blaufränkisch, der in Form von DAC-Weinen seine Herkunft idealtypisch repräsentiert. Vier Gemeinden geben den Ton an: Deutschkreutz, Horitschon, Lutzmannsburg sowie Neckenmarkt. Und zwei moderne Genossenschaften beweisen, dass Größe sehr wohl mit höchster Qualität konform gehen kann.

Die topografischen und klimatischen Voraussetzungen sind günstig: Die Weingärten werden von der Buckligen Welt im Westen, dem Ödenburger Gebirge im Norden und dem Günser Gebirge im Süden geschützt. Aus der Pannonischen Tiefebene im Osten kann der warme, trockene Wind ungehindert einströmen. Die Böden sind ziemlich einheitlich, meist schwere, tiefgründige Lehmböden mit großer Wasserspeicherfähigkeit, was sich vor allem in trockenen Jahren positiv auswirkt. So können Blaufränkisch, aber auch Zweigelt, Cabernet Sauvignon und Merlot Kraft und Struktur gewinnen. An einzelnen Abschnitten findet man auch Gneis, Schiefer und vereinzelt Kalk und sandigen Lehm.

Ob reinsortige Weine oder Cuvées das bessere Ergebnis liefern, darüber lässt sich streiten. Unbestritten ist aber mit Sicherheit, dass der Blaufränkisch auf dem Weg in die Weinzukunft weiterhin eine führende Rolle spielen wird. Qualitätsgarant dafür ist eine aufstrebende Winzerschaft. Aber auch zwei moderne Winzergenossenschaften, eine in Horitschon, die andere in Neckenmarkt, verstärken die Erfolgsstrategie. Sie haben frühzeitig erkannt, dass beim Rot-

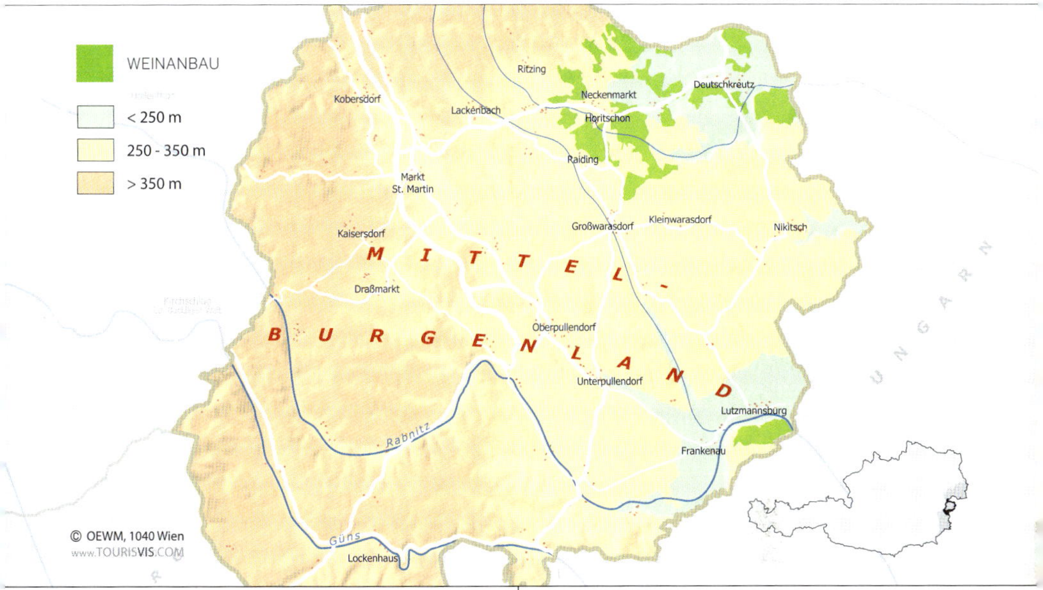

wein zeitgemäße Investitionen unerlässlich für Markterfolg und Exportchancen sind. Touristisch ist das Mittelburgenland ebenfalls zum attraktiven Ziel geworden, nicht zuletzt durch die zahlreichen Thermen, die hier in den letzten Jahren aus dem Boden geschossen sind. Ein buntes Freizeitangebot für alle Altersgruppen, manch uriger Heuriger und auch kulturelle Sehenswürdigkeiten sind weitere Pluspunkte.

AUSGEWÄHLTE WEINGÜTER

★★★★★

Weingut Gesellmann, Deutschkreutz

★★★★

Heribert Bayer Kellerei In Signo Leonis, Neckenmarkt
Weingut Gager, Deutschkreutz
Weingut Silvia Heinrich, Deutschkreutz
Iby Bio Rotweingut, Horitschon
Weingut Hans Igler, Deutschkreutz
Weingut Kerschbaum, Horitschon
Weingut Josef Tesch, Neckenmarkt
Weingut Wellanschitz, Neckenmarkt

★★★

Weinhof Bauer-Pöltl, Horitschon-Unterpetersdorf
Rotweingut Prickler, Lutzmannsburg
Grenzlandhof – Reumann, Deutschkreutz
Weingut Strehn, Deutschkreutz
Weingut Familie Weber, Lutzmannsburg

★★★

Weingut Juliana Wieder, Neckenmarkt

★★

Weingut Ernst, Deutschkreutz
Weingut Josef Igler, Deutschkreutz
Winzerkeller Neckenmarkt, Neckenmarkt

—

Eichenwald Weine, Horitschon

★★★

WEINHOF BAUER-PÖLTL

BIO

Die Weine vom Weinhof Bauer-Pöltl sind typisch und doch einzigartig. In Horitschon im Mittelburgenland gelegen, wird hier Wein von schweren Lehmböden gemacht. Kathi und Daniel setzen seit einigen Jahren schnörkellos ihre Ideen zum Thema Rotweingenuss um. Daniel absolvierte eine klassische Weinbauausbildung mit Auslandspraktika in Italien, den USA und Südafrika. Kathi kommt ursprünglich aus Tirol und ist Mikrobiologin und Genetikerin. Sie bringt mit vielen Ideen Schwung in den Betrieb.

Handwerk, Nachhaltigkeit und biologische Arbeitsweise sind die Grundwerkzeuge zur Erreichung der hohen Qualität der Weine. Leitsorte ist der Blaufränkisch, der 60 Prozent der gesamten Rebfläche von 16 Hektar einnimmt. Die bekanntesten Weine sind »Domus Petri«, Blaufränkisch Hochäcker, Blaufränkisch Vom Lehm, »Christania« und »Altes Weingebirge«.

WEINHOF BAUER-PÖLTL
7312 Horitschon-Unterpetersdorf
Brunnenweg 1
T: +43 (2610) 43226
weinhof@bauerpoeltl.at
www.bauerpoeltl.at

Kellermeister: Daniel Bauer-Lang
Kontakt: Daniel und Kathrin Bauer-Lang
Anbauweise: Zertifiziert Biologisch
Produktion: 10 % weiß, 90 % rot, 16 Hektar
Vereinszugehörigkeit: Verband Blaufränkisch Mittelburgenland
Messen: VieVinum, Vinobile Feldkirch, Weinmesse Innsbruck

93 Blaufränkisch ** Altes Weingebirge 2018
13,5 Vol.-%, NK, 500-l-Fass, €€€€€
Kräftiges Rubingranat, violette Reflexe, breitere Randaufhellung. Einladender Duft nach Hagebutte und Herzkirschen, etwas nach Kräutern, mit Holzwürze unterlegt. Straff, elegant, feine Struktur, würzig, dezente Fruchtnuancen im Abgang, facettenreicher Speisenbegleiter.

89 Blaufränkisch * Classic 2019
12,5 Vol.-%, DV, Holzfass/großes Holzfass, €€

93 Blaufränkisch Natur 2018
13 Vol.-%, NK, 500-l-Fass, €€€€€
Kräftiges Rubingranat, violette Reflexe, breitere Randaufhellung. Feine Tabaknuancen, ein Hauch von Kirschen, Bergamotte, zart nach Brombeeren und Nougat. Saftig, elegant, feine Würze, etwas nach Heidelbeerkonfit, bleibt gut haften, vielseitiger Speisenbegleiter.

90 Blaufränkisch Natur H.äcker 2018
13 Vol.-%, NK, 500-l-Fass, €€€
Dunkles Rubingranat, violette Reflexe, zarte Randaufhellung. Einladender Duft nach Wiesenkräutern, etwas nach kandierten Veilchen, Brombeernoten. Mittlerer Körper, frisch und fruchtig, mit einem Zitrustouch unterlegte frische Ribiseln, bleibt gut haften.

92 Christania 2018 ME/CS
13,5 Vol.-%, NK, Barrique, €€€€€
Dunkles Rubingranat, violette Reflexe, zarte Randaufhellung. Feine Kirschfrucht, ein Hauch von Orangenzesten, Holzwürze. Saftig, elegant, feine Würze, zart nach Brombeeren, fruchtsüß im Abgang, nussiger Nachhall, lange anhaltend, gutes Potenzial.

91 Domus Petri 2018 ZW/ME
13 Vol.-%, DV, 500-l-Fass/gebr. Barriques, €€
Kräftiges Rubingranat, violette Reflexe, zarte Randaufhellung. Feine Wiesenkräuternoten, etwas rote Kirschfrucht, zart nach Weichseln, Mandarinenzesten, einladendes Bukett. Saftig, elegant, feine Säurestruktur, feinwürzig, lebendig, rote Frucht im Abgang, frischer Speisenbegleiter.

HERIBERT BAYER
KELLEREI IN SIGNO LEONIS
7311 Neckenmarkt
Wirtschaftspark 5
T: +43 (2610) 42644
bayer@weinfreund.at
www.weinfreund.at

Kellermeister/Kontakt:
Patrick Bayer
Produktion: 100.000 Flaschen
3 % Schaumwein, 12 % weiß,
85 % rot, 20 Hektar
Vereinszugehörigkeit:
Verband Blaufränkisch
Mittelburgenland
Messen: VieVinum

Donatuskapelle Neckenmarkt

★★★★

HERIBERT BAYER KELLEREI IN SIGNO LEONIS

Patrick Bayer teilt mit seinem Vater Heribert Bayer die gleiche Leidenschaft: das Schaffen hervorragender Weine, die Sorte, Herkunft und Jahrgang, aber auch die persönliche Handschrift kompromisslos verkörpern. Als einer der wenigen Négociants Österreichs geht Patrick Bayer bereits seit über 15 Jahren den eingeschlagenen Weg seines Vaters Heribert weiter und produziert dort seine Weine, wo er die Ausdruckskraft und Typizität der Rebsorten für beispielhaft erachtet.

Neben dem großartigen Lagerpotenzial ihrer Weine ist das Haus vor allem für seine verfügbare Jahrgangstiefe und seine gereiften Rotweine bekannt. Denn Heribert und Patrick Bayer geben ihren Weinen besonders viel Zeit und Fürsorge. Dank dieser Philosophie kann heute bei ihren vielfach prämierten Weinen der In-Signo-Serie aus bis zu zehn verschiedenen Jahrgängen gewählt werden. Die Weine sind dabei nach den Sternzeichen der Familie – Löwe, Schütze, Wassermann und Stier – benannt und präsentieren sich vielschichtig, fruchtkonzentriert und mit samtig eingebundenen Tanninen.

Zu den Aushängeschildern des Hauses zählen unter anderem die Cuvée »In Signo Leonis«, die bereits seit 1997 regelmäßig in den Bestenlisten aufscheint, sowie der reinsortiger Parade-Blaufränkisch »In Signo Sagittarii«, dessen Trauben aus über 70 Jahre alten Rebanlagen der Top-Lage Hochberg in Neckenmarkt stammen. Seit einigen Jahren reiht sich auch die Weißwein-Rarität »Albatros« unter die besten Chardonnays des Landes ein und lässt dabei die Herzen von Burgunder-Fans höherschlagen.

Seit März 2020 lädt das Weingut auch regelmäßig zu Online-Themenverkostungen via Facebook und Instagram. Dabei können Weinfreunde aus aller Welt sich die Weine vorab zusenden lassen und sie dann direkt von zu Hause aus live mitverkosten. Mit dabei sind viele Gäste, darunter Winzerkollegen, Sommeliers und auch Musiker. Auch private und virtuelle Weinverkostungen für Gruppen und Teams werden laufend veranstaltet.

(94) Chardonnay Albatros 2019
14 Vol.-%, NK, Barrique, €€€€€€
Mittleres Grüngelb, Silberreflexe. Gut eingebundene Edelholzwürze, zart nach Vanille und Karamell, mit weißer Tropenfrucht unterlegt, zart nach Pfirsich, attraktives Bukett. Stoffig, feine Extraktsüße, ein Hauch von Honigmelone, Röstaromen, salziger Nachhall, gute Länge, sicheres Reifepotenzial.

92 Chardonnay Ex·qui·sit 2019
13,5 Vol.-%, DV, gebrauchte Barriques, €€€€
Mittleres Goldgelb, Silberreflexe. Feine gelbe Tropenfrucht, ein Hauch von Guaven, Passionsfrucht, floraler Touch. Mittlerer Körper, gelber Pfirsich, zart nach Mango, dezenter Säurebogen, ausgewogen, ein eleganter Speisenbegleiter.

91 Weißburgunder Ex·qui·sit 2019
13,5 Vol.-%, DV, gebrauchte Barriques, €€€€
Helles Goldgelb, Silberreflexe. Zart nussig, feine Mango- und Birnenfrucht, etwas Blütenhonig, ein Hauch von Ananas im Hintergrund. Mittlerer Körper, etwas Biskuit, dezente Säure, mineralisch, balancierter Speisenbegleiter, bereits zugänglich.

98 Herzblut 2015 BF/ZW/CS/ME
14 Vol.-%, NK, Barrique, €€€€€€
Tiefdunkles Rubingranat, opaker Kern, violette Reflexe, zarte Randaufhellung. Einladender Duft nach dunklem Waldbeerenkonfit, Cassis, feine Edelholzwürze, etwas nach Haselnuss, vielschichtiges Bukett. Komplex, engmaschig, saftig, straffe Tannine, extraktsüß nach schwarzer Kirsche, Karamell im Nachhall, gute Länge, sicheres Potenzial.

(95) In Signo Leonis 2018 BF/CS/ZW
14 Vol.-%, NK, Barrique, €€€€€
Tiefdunkles Rubingranat, opaker Kern, violette Reflexe, zarte Randaufhellung. Feine Holzwürze, etwas nach Karamell, ein Hauch von Dörrpflaumen, Wiesenkräuter, Orangenzesten. Saftig, elegant, feine Struktur, Brombeernuancen, etwas Schokolade im Abgang, bleibt gut haften, sicheres Potenzial.

(94) Blaufränkisch In Signo Sagittarii 2018
14 Vol.-%, NK, Barrique, €€€€€
Tiefdunkles Rubingranat, violette Reflexe, zarte Randaufhellung. Etwas nach Brombeeren, zart nach Tabakwürze, ein Hauch von Lakritze, dunkle Waldbeerenfrucht. Saftig, elegant, Vanilletouch, feine Holzwürze, etwas nach schwarzer Frucht im Abgang, nussiger Nachhall, wird von Flaschenreife profitieren.

92 Pinot Noir In Signo Tauri 2017
13 Vol.-%, NK, Barrique, €€€€€
Kräftiges Rubingranat, violette Reflexe, zarte Randaufhellung. Feine Kirschfrucht, etwas nach Wiesenkräutern, zart nach Kumquats, pfeffriger Touch. Saftig, straff, extraktsüß nach Datteln, feine Struktur, gut eingebundenes Tannin, Brombeertouch im Nachhall, kraftvoller Speisenbegleiter.

EICHENWALD WEINE

Weinberge, so weit das Auge reicht! Diese Idylle lässt schon erahnen, dass es sich bei Eichenwald Weine um das größte Weingut im Mittelburgenland handelt. Es liegt unweit vom Ortsrand in der Ried Gfanger in Horitschon im Blaufränkischland. Verarbeitet werden die Trauben von 400 Hektar Rebfläche aus Horitschon, Unterpetersdorf, Lutzmannsburg, Deutschkreutz und Raiding – 100 Hektar davon in Premium- und Reserve-Qualität mit strengem Qualitätskonzept.
90 Prozent des Weinsortiments sind Rotweine, allen voran die Sorte Blaufränkisch – kein Wunder, denn schließlich befinden wir uns hier mitten im Herzen des Blaufränkischlandes. Zweigelt, Cabernet Sauvignon und Merlot ergänzen das Angebot. Vielfältig präsentieren sich auch die Weißweine, die mit Grünem Veltliner, Chardonnay und Gelbem Muskateller zehn Prozent des Sortiments von Eichenwald Weine ausmachen.
Verwinzern und verzaubern möchten mit diesen Weinen Johannes Forauer als Obmann, Johannes Berger als Verkaufs- und Marketingleiter, Gregor Wolf als Kellermeister sowie das gesamte Eichenwald Weine Team. Sie alle gehen mit Engagement und Herzblut ans Werk und sehen die partnerschaftliche Zusammenarbeit mit ihren Traubenlieferanten als Schlüssel des Erfolges an. Den Weingenießern möchten sie mit ihren Weinen die

EICHENWALD WEINE

7312 Horitschon
Kellerei: Günser Straße 54
T: +43 (2610) 42321
office@eichenwald.at
www.eichenwald.at

Kellermeister: Ing. Gregor Wolf
Kontakt: Geschäftsführer DI Johannes Forauer, Leitung Sales & Marketing Johannes Berger
Produktion: 4.000.000 Flaschen
8 % weiß, 20 % rosé, 82 % rot, 400 Hektar
Messen: VieVinum, Weinmesse Innsbruck, Weinmesse Salzburg, DAC-Präsentationen

Eichenwald Weine

»sprichwörtliche Mittelburgenland-DNA« ins Weinglas bringen: fruchtig, lebendig, vielschichtig, spannend – Weine mit Tiefgang und Potenzial.
Ein Meilenstein in der Entwicklung war der Bau des Weinguts am Ortsrand von Horitschon. Gemeinsam mit dem Architekturbüro Holzbauer & Partner wurde der großzügig angelegte Reifekeller geplant und errichtet. Barrique- und Holzfassausbau ermöglichen optimale Reifebedingungen für die Weine und eine perfekte Organisation der Kellerwirtschaft.
Das Weingut bietet in- und outdoor reichlich Platz sowie eine moderne Ausstattung für Veranstaltungen – von kleinen Hochzeiten bis hin zu großen Events.

92 Blaufränkisch ** Ried Dürrau Der Geistesblitz 2017
14 Vol.-%, DIAM, Barrique, €€€€
Kräftiges Rubingranat, violette Reflexe, breitere Randaufhellung. Präsente Edelholzwürze, zart nach Lakritze, schwarze Waldbeeren, etwas Cassis und Tabak im Hintergrund. Saftige Herzkirschen, gut integrierte Tannine, mineralisch und frisch, dezente Kräuterwürze, salziger Nachhall, feines Nougat im Rückgeschmack.

89 Blaufränkisch * Ried Gfanger Der Gugafanga 2019
13,5 Vol.-%, DV, großes Holzfass, €€

93 The Oak 2017 BF/ZW/ME/CS
14,5 Vol.-%, NK, Barrique, €€€€€
Dunkles Rubingranat, violette Reflexe, zarte Ockerrandaufhellung. Feine Edelholznuancen, reife Waldbeeren, frische Herzkirschen, kandierte Orangenzesten und ein Hauch von Cassis. Saftig, elegant, rotbeerige Nuancen, feine, gut integrierte Tannine, lebendig und anhaftend, bereits gut antrinkbar, mit Reifepotenzial ausgestattet.

90 Die Zeitreise 2018 BF/ZW/ME
14 Vol.-%, DV, großes Holzfass/gebr. Barriques, €€
Kräftiges Rubingranat, violette Reflexe, breitere Randaufhellung. Nuancen von Brombeerkonfit und etwas Kardamom, mit reifen Herzkirschen und Orangenzesten unterlegt. Mittlere Komplexität, frische Kirschen, gut integrierte Holzwürze, zarter Nougat im Nachhall, mineralischer Abgang.

90 Zweigelt Reserve Das Federviech 2018
14 Vol.-%, DIAM, Barrique, €€€€
Kräftiges Rubingranat, violette Reflexe, breitere Randaufhellung. Feine Herzkirschen, ein Hauch von Brombeerkonfit, zarte Kräuterwürze. Mittlerer Körper, schwarze Beeren, gut integrierte Tannine, ein Hauch von Feigen und Heidelbeeren im Nachhall.

89 Merlot Das hohe Ross 2019
13,5 Vol.-%, DV, großes Holzfass, €€

* Mittelburgenland DAC ** Mittelburgenland DAC Reserve

Sylvia und Bernhard Ernst

WEINGUT ERNST
7301 Deutschkreutz
Neubaugasse 21
T: +43 (664) 3860220
info@weinguternst.at
www.weinguternst.at

Kellermeister/Kontakt:
Bernhard Ernst
Anbauweise: Umstellung auf bio (Bio Austria)
Zertifiziert: Nachhaltig Austria
Vereinszugehörigkeit:
Verband Blaufränkisch Mittelburgenland, Junge Wilde Winzer
Messen: Weinmesse Innsbruck

★★

WEINGUT ERNST

»Ernsthaft« ist ein Adjektiv, das Bernhard Ernst seit seinem Start 2005 stets begleitet hat. Ernsthafte Weine zu keltern war bereits damals sein Ziel. Das Rundherum allerdings war mehr improvisiert, ein Experiment in der Garage der Eltern – jung und wild eben, wie er war. Am Ziel, ernsthafte Weine zu produzieren, hat sich bis heute nichts geändert. Sehr wohl geändert haben sich allerdings die Rahmenbedingungen: Ein geschmackvolles neues Weingut und eine Frau, die »seinen Traum nun mitträumt«, kamen dazu. Struktur, Ordnung und ein Hauch weiblicher Eleganz hielten Einzug. Mit Sylvia Ernst entschloss sich eine Vorarlbergerin, fortan nicht ganz im Westen, sondern im Osten Österreichs zu leben und ihr ganzes Herzblut dieser neuen Aufgabe zu widmen.

Gemeinsam leben die beiden nun den Winzeralltag mit einem Ziel: ihre Heimat bestmöglich in den Weinen abzubilden. »Herkunft zählt« ist Motto und Botschaft zugleich. In ihren Flaggschiffen, den drei Lagen-Blaufränkischen Fabian, Goldberg und Hochberg, aber auch in den beiden Cuvées »ZION« und »La Mission«, lässt sich eben diese Herkunft des Winzerpaares – Deutschkreutz im Mittelburgenland – und ihre damit verbundene Botschaft ganz deutlich herausschmecken.

93 Blaufränkisch * Ried Goldberg 2018
14,5 Vol.-%, NK, 500-l-Fass, €€€€
Dunkles Rubingranat, violette Reflexe, zarte Ockerrandaufhellung. Feine Edelholzwürze, reife Herzkirschfrucht, mit dunklen Beeren und Lakritze unterlegt, zart nach Nougat, mineralischer Anklang. Saftig, komplex, elegante Textur, feine Tannine, frisch strukturiert, schokoladig im Nachhall, bleibt gut haften, Kirschen im Nachhall, mineralischer Touch, ein facettenreicher Speisenbegleiter.

92 Blaufränkisch Ried Fabian 2018
14 Vol.-%, NK, 500-l-Fass, €€€€
Dunkles Rubingranat, violette Reflexe, zarte Randaufhellung. Zurückhaltend, feine tabakige Nuancen, ein Hauch von Lakritze, schwarze Beerenfrucht. Saftig, feines Brombeerkonfit, feine Tannine, mineralisch-salzig im Abgang, rotbeeriger Touch, gutes Entwicklungspotenzial, bereits zugänglich.

92 Blaufränkisch Ried Hochberg 2018
14 Vol.-%, NK, 500-l-Fass, €€€€
Kräftiges Rubingranat, violette Reflexe, breitere Randaufhellung. Zart kräuterwürzig unterlegtes Erdbeerkonfit, reife Zwetschken, ein Hauch von Orangenzesten und Fei-

gen. Mittlerer Körper, feine Brombeernote, gut integrierte Tannine, mineralisch-salzig im Abgang, zart nach Vanille, vielseitig einsetzbar.

91 Blaufränkisch Deutschkreutz 2019
14 Vol.-%, DV, großes Holzfass, €€
Kräftiges Rubingranat, violette Reflexe, breitere Randaufhellung. Zart rauchig-kräuterwürzig unterlegte Brombeerfrucht, schwarze Kirschen, ein Hauch von Nougat. Mittlere Komplexität, saftig, fruchtsüße Textur, runde Tannine, zartes Röstkaramell im Abgang, salzig, ein vielseitiger Speisenbegleiter.

93 La Mission 2018 ME/CS
14 Vol.-%, NK, Barrique, €€€€€
Dunkles Rubingranat, violette Reflexe, zarte Randaufhellung. Zarte Tabak-Kräuter-Würze, etwas nach Cassis, Brombeeren, ein Hauch von kandierten Orangenzesten, dunkles Waldbeerenkonfit. Saftig, elegant, feine Säurestruktur, zartes Tannin, dunkle Kirschen im Abgang, Röstaromen im Nachhall, vielseitig einsetzbar, dezente Süße, guter Speisenbegleiter.

91 Zion 2018 BF/ZW/ME/CS
13,5 Vol.-%, NK, Barrique, €€€€
Dunkles Rubingranat, violette Reflexe, zarte Randaufhellung. Frische rote Beerenfrucht, ein Hauch von Karamell, feine kandierte Veilchen, Orangenzesten klingen an. Saftig, elegant, gut integrierte Tannine, Waldbeerenkonfit, bleibt gut haften, vielseitig einsetzbar.

★★★★

WEINGUT GAGER

Die Quadratur des Weines ist das Ziel des Weinguts Gager im burgenländischen Deutschkreutz. Genau dieses Quadrat in unterschiedlichen Farbzusammensetzungen ziert auch die Etiketten der Gager-Weine, die schon seit Beginn verwendet werden. Hier setzt man alles daran, ganz genau diese Quadratur zu erreichen: Perfektion im Wein. Was in den 1980er-Jahren für seine Eltern als Hobby begann, führt Horst Gager in zweiter Generation fort, und auch die Zukunft scheint gesichert, denn Sohn Jonas packt als Schüler der Weinbauschule Klosterneuburg im Familienbetrieb bereits kräftig mit an. Mit der Kelterung von ausschließlich Rotwein hat sich das Weingut Gager bereits weit über die Landesgrenzen hinaus als Spezialist für ebensolchen positioniert. Wenn es um den Bezug von Rohstoffen geht, muss der Weg aber kein weiter sein, denn diese finden sich in Form perfekter Trauben direkt vor der Tür. Und weil das Unternehmen viel Wert auf Regionalität und einen ressourcenschonenden Umgang mit der Natur legt, wurde es bereits als »nachhaltig« zertifiziert. Aktuell werden 38 Hektar Weingärten bewirtschaftet. Insgesamt umfasst das Sortiment acht Rebsorten, darunter auch die regionale Hauptrebsorte und zugleich das Steckenpferd der Gagers: den Blaufränkisch. Aushängeschilder sind neben der Leitsorte der Region auch Zweigelt, Cabernet Sauvignon und Merlot. Charakteristisch für die Gager-Weine sind neben der tiefdunklen Farbe vor allem der kompakte Körper und das enorme Lagerpotenzial – Qualitäten, die gemeinsam schon für eine lange Liste an Erfolgen gesorgt haben.

(94) ** Ried Mitterberg 2019
14 Vol.-%, NK, Barrique, €€€€€
Dunkles Rubingranat, violette Reflexe, opaker Kern, zarte Randaufhellung. Feine Edelholzwürze, etwas Cassis, zart

WEINGUT GAGER
7301 Deutschkreutz, Karrnergasse 2, 8
T: +43 (2613) 80385
info@weingut-gager.at
www.weingut-gager.at

Kellermeister: Josef Gager, Horst Gager, Manuel Wieder
Kontakt: Josef und Paula Gager, Ing. Horst Gager, Daniela Dostal
Produktion: 100 % rot, 38 Hektar
Zertifiziert: Nachhaltig Austria
Vereinszugehörigkeit: Verband Blaufränkisch Mittelburgenland
Messen: ÖGW Zürich, ProWein Düsseldorf, VieVinum, Vinobile Feldkirch, WEINmesse Berlin, Weinmesse Innsbruck/München/Salzburg, Weintage im Museumsquartier, Wein Burgenland Präsentationen

* Mittelburgenland DAC ** Mittelburgenland DAC Reserve

nach Brombeeren, schwarze Fruchtnuancen. Gute Komplexität, saftig, gut eingebundene Säurestruktur, gut eingebundene Tannine, extraktsüß, etwas Vanille, Zwetschkentouch im Nachhall, gutes Potenzial.

(92) Blaufränkisch Ried Fabian 2019
13,5 Vol.-%, DV, gebrauchte Barriques, €€€
Dunkles Rubingranat, violette Reflexe, zarter Wasserrand. Feine Edelholzwürze, etwas nach dunkler Schokolade und Brombeeren, zartes Waldbeerenkonfit, balsamische Nuancen. Saftig, elegant, extraktsüß nach roter Beerenfrucht, etwas Karamell, bereits gut antrinkbar, vielseitig einsetzbar.

(94) Cablot 2019 CS/ME/CF
14,5 Vol.-%, NK, Barrique, €€€€€
Tiefdunkles Rubingranat, schwarzer Kern, violette Reflexe, zarte Randaufhellung. Feine Holzwürze, etwas nach Lakritze und Cassis, ein Hauch von Schokolade. Saftig, elegant, samtige Tannine, feinwürzig, tabakig, Brombeernoten im Abgang, schwarzes Beerenkonfit, Röstaromen im Nachhall, gutes Entwicklungspotenzial.

(93) Quattro 2019 CS/BF/ME/ZW
14 Vol.-%, NK/DV, Barrique, €€€€
Tiefdunkles Rubingranat, violette Reflexe, zarte Randaufhellung. Feine Holzwürze, etwas nach Schokolade, Tabaknuancen, dunkles Waldbeerenkonfit. Saftig, Vanilletouch, Brombeernoten, würzig, extraktsüße Tanninstruktur, guter Speisenbegleiter mit Potenzial.

(92) Q2 2019 BF/CS/SY
14 Vol.-%, DV, gebrauchte Barriques, €€€
Dunkles Rubingranat, violette Reflexe, zarter Wasserrand. Feine Gewürznuancen, etwas nach roter Beerenfrucht, zart nach Herzkirschen, Holznuancen klingen an. Saftig, elegant, straff, samtiges Tannin, Brombeernoten im Abgang, Mandarinentouch im Nachhall, bleibt gut haften, guter Speisenbegleiter.

★★★★★

WEINGUT GESELLMANN

BIO

»Im Einklang mit der Natur wollen wir jedes Jahr charakterreiche, gebietstypische Weine kreieren.« Dieser Leitsatz begleitet Albert Gesellmann seit Jahren. Mit dem Jahrgang 2015 war die Umstellung abgeschlossen und die ersten Bio-zertifizierten Weine kamen in den Verkauf. 45 Hektar sind eine exklusive Größe, die gezielt darauf ausgerichtet ist, nicht den Weltmarkt, sondern Weinfreunde in aller Welt limitiert zu beliefern.
Auf dem Weingut Gesellmann stehen vor allem die heimischen Rotweinsorten im Vordergrund. Der »Opus Eximium«, der die autochthonen Sorten Blaufränkisch, Zweigelt und St. Laurent zu einem idealen Speisenbegleiter vereint, ist die Benchmark des Weinguts. Eine weitere tragende Rolle spielt die Cuvée »G«: Aus den Sorten Blaufränkisch und St. Laurent gekeltert, begeistert sie mit präziser Klarheit, die durch neunzigjährige Rebstöcke eine tiefgründige Veredelung erfährt. Seit 2005 wird der »hochberc« vinifiziert, ein reinsortiger Blaufränkisch, der mit großer Finesse Winzer, Sorte und Gebiet in sich verdichtet. Eine weitere Spitzencuvée ist der »Bela Rex«, eine Zusammensetzung aus Merlot und Cabernet Sauvignon, bei welcher der Winzer sein Können mit den internationalen Rebsorten unter Beweis stellt.
Auch für die Genese der weißen Kostbarkeiten bieten die Lagen der Gesellmanns beste Voraussetzungen: Der Chardonnay Steinriegel besticht durch eine spannende Aromenvielfalt mit feinen mineralischen Tönen, und auch der klassisch ausgebaute Chardonnay lässt die Leidenschaft des Winzers am Gaumen aufblitzen.

94 Chardonnay Ried Steinriegel 2019
13,5 Vol.-%, DV, kleines Holzfass, €€€€€
Leuchtendes Goldgelb, Silberreflexe. Mit zarter Vanille und Blütenhonig unterlegte gelbe Tropenfrucht, nach Pfirsich und Ananas, ein Hauch von Mandarinenzesten, attraktives Bukett. Saftig, elegant, weiße Frucht, cremige Textur, finessenreiche Struktur, mineralisch-salzig im Abgang, bereits sehr gut antrinkbar.

91 Chardonnay 2020
13 Vol.-%, DV, Stahltank, €€€
Helles Goldgelb, Silberreflexe. Zart rauchig unterlegte Nuancen von Golden-Delicious-Apfel, ein Hauch von Mango und Orangenzesten. Mittlerer Körper, weiße Pfir-

WEINGUT GESELLMANN

7301 Deutschkreutz, Langegasse 65
T: +43 (2613) 80360
weingut@gesellmann.at
www.gesellmann.at

Kellermeister: Albert Gesellmann
Kontakt: Albert und Silvia Gesellmann
Anbauweise: Zertifiziert Biologisch (Bio Austria)
Produktion: 9 % weiß, 90 % rot, 1 % süß, 45 Hektar
Vereinszugehörigkeit: Renommierte Weingüter Burgenland
Messen: ProWein Düsseldorf, VieVinum, DAC-Präsentationen, MondoVino, véritable St.Martin, Wein Burgenland Präsentationen

sichnuancen, frischer Säurebogen, zitroniger Touch im Abgang.

91 Sauvignon Blanc 2020
13,5 Vol.-%, DV, Stahltank, €€€ (B)
Helles Goldgelb, Silberreflexe. Frische weiße Tropenfrucht, zart nach Birne, ein Hauch von Blüten und Passionsfrucht. Mittlerer Körper, weißer Apfel, frische Säurestruktur, zitronig-mineralisch im Nachhall, ein pikanter Speisenbegleiter.

(94) Blaufränkisch ** Creitzer 2019
13,5 Vol.-%, DV, gebrauchte Barriques, €€€€
Tiefdunkles Rubingranat, opaker Kern, violette Reflexe, zarte Randaufhellung. Feine Brombeernuancen, reife schwarze Kirschen, dezente Holzwürze, tabakiger Touch. Saftig, reife Herzkirschen, finessenreich strukturiert, gut integrierte, reife Tannine, mineralisch-salzig im Abgang, sehr gute Länge, tolles Preis-Leistungs-Verhältnis.

(98) Blaufränkisch hochberc Stockkultur 2017
14,5 Vol.-%, NK, kleines Holzfass, €€€€€ (B)
Tiefdunkles Rubingranat, opaker Kern, violette Reflexe, zarte Randaufhellung. Zart tabakig-balsamische Würze, schwarze Beeren, feiner nussiger Touch, dunkle Mineralik, ein Hauch von Reduktion, schiefriger Touch. Komplex, stoffig, engmaschige Textur, feine Extraktsüße, reife Tannine, mineralisch und sehr lange anhaftend, noch sehr jugendlich, verfügt über enormes Zukunftspotenzial.

(97) Blaufränkisch hochberc 2018
14,5 Vol.-%, NK, 500-l-Fass, €€€€€ (B)
Tiefdunkles Rubingranat, violette Reflexe, zarte Randaufhellung. Zart mit Vanille und Nougat unterlegtes schwarzes Beerenkonfit, Noten von Lakritze und Brombeeren, feiner Edelholztouch, einladendes Bukett. Saftig, feine Fruchtsüße, elegant und finessenreich strukturiert, mineralisch-salzig im Abgang, gute Länge, bereits zugänglich, mit großem Potenzial ausgestattet.

92 Blaufränkisch vom Lehm 2019
14 Vol.-%, DV, großes Holzfass, €€€
Dunkles Rubingranat, violette Reflexe, zarte Randaufhellung. Feine Kräuterwürze, schwarze Kirschen, ein Hauch von Brombeerkonfit, zart nach Orangenzesten. Saftig, elegant, reife Zwetschken, frischer Säurebogen, fruchtiger Nachhall, mineralisch im Abgang, vielseitig einsetzbar.

(98) G 2017 BF/SL
14,5 Vol.-%, NK, kleines Holzfass, €€€€€€ (B)
Tiefdunkles Rubingranat, opaker Kern, violette Reflexe, zarte Randaufhellung. Zart floral unterlegtes attraktives dunkles Waldbeerenkonfit, feine Nuancen von Lakritze und schwarzen Kirschen, dezente Noten von Edelholz im Hintergrund. Stoffig, süße schwarze Herzkirschen, ein Hauch von Cassis, finessenreicher Säurebogen, nahtlos integrierte Tannine, sehr lebendig und leichtfüßig wirkend, mineralisch-salzig im Nachhall, enorme Länge, trotz seiner Jugend bereits »close to perfection«.

(97) Bela Rex 2018 ME/CS
14,5 Vol.-%, NK, kleines Holzfass, €€€€€
Tiefdunkles Rubingranat, opaker Kern, violette Reflexe, dezente Ockerrandaufhellung. Zart nach Nougat und reifen dunklen Beeren, ein Hauch von Feigen und kandierten Orangenzesten, mit Edelholzwürze unterlegt. Saftig, reife Herzkirschen, feine Säurestruktur, runde Tannine, bleibt lange haften, bereits gut entwickelt, feiner Schokotouch im Abgang, sicheres Entwicklungspotenzial.

(94) Opus Eximium No 32 2019 BF/ZW/SL
14 Vol.-%, NK, kleines Holzfass, €€€€€ (B)
Tiefdunkles Rubingranat, opaker Kern, violette Reflexe, zarte Randaufhellung. Frisches schwarzes Waldbeerenkonfit, zart nach Edelholz, mit feiner Kräuterwürze unterlegt, attraktives Bukett. Saftig, frische Zwetschken, feine Säure, elegant, mit reifen Tanninen ausgestattet, bleibt gut haften, ein würziger Speisenbegleiter mit Reifepotenzial.

WEINGUT SILVIA HEINRICH
7301 Deutschkreutz, Karrnergasse 59
T: +43 (2613) 89615
office@weingut-heinrich.at
www.weingut-heinrich.at

Kellermeister/Kontakt:
Silvia Heinrich
Produktion: 100 % rot, 37 Hektar
Vereinszugehörigkeit:
Verband Blaufränkisch Mittelburgenland, Vitikult, 11 Frauen und ihre Weine
Messen: ProWein Düsseldorf, VieVinum, Hong Kong International Wine & Spirits Fair, Interwine China Guangzhou

★★★★

WEINGUT SILVIA HEINRICH

Weingärten sind für mich wie Kinder. Und wie Kinder möchte ich sie begleiten, unterstützen und mein Bestmögliches für sie tun. Nur so können sie sich entfalten, ihre Persönlichkeit entwickeln und ihr ganzes Potenzial zeigen«, so sieht Silvia Heinrich ihre Arbeit. Der Weinbau wurde ihr schon in die Wiege gelegt und bedeutet für die leidenschaftliche Winzerin keinen Achtstundentag, sondern ihr Leben. Fast 80 Prozent der Rebflächen sind mit Blaufränkisch bepflanzt, einer Sorte, die für die Region steht, mit Eigenständigkeit besticht und vom renommierten »Wine and Spirits Magazine« als »Österreichs noble Rotweinsorte« bezeichnet wurde. Familie Heinrich vinifiziert den typischen Mittelburgenländer in sieben Ausbaustufen und aus verschiedenen Lagen. Die Spielarten reichen von elegant und mineralisch bis hin zu intensiv und kräftig. Das Herzstück der insgesamt 37 Hektar Rebfläche bildet der Goldberg mit acht Hektar Blaufränkisch, drei davon stehen seit 1947, dem Hochzeitsjahr der Großeltern, im Ertrag. Die unverwechselbar authentischen und sortentypischen Blaufränkischweine dieser Top-Lage zählen regelmäßig zu den besten des Landes. Silvia Heinrichs Motto lautet: »Weniger ist mehr.« Wenige ausgewählte Rebsorten, naturnaher Anbau, händische Lese, spontane Vergärung: Das sind die Zutaten, aus denen kompromisslose Qualität in der Flasche entsteht – Qualität, die anerkannt wird, denn mit »terra o.«, »elegy« oder »Cupido« hat das Weingut schon mehrfach nationale und internationale Auszeichnungen erhalten. Die außerordentliche Qualität der Weine belegen auch immer neue Erfolge im In- und Ausland: Neben den gewohnt guten Falstaff-Bewertungen erklärte das »Wine and Spirits Magazine« den Mittelburgenland DAC 2009 in einer Verkostung von mehr als 200 österreichischen Weinen im April 2013 mit 94 Punkten zum Sieger. Beim »Wine Enthusiast« schaffte es der Blaufränkisch vom Weingebirge als einziger Blaufränkisch Österreichs unter die »100 Best Buys«! Und seit der chinesische Staatspräsident bei seinem Österreichbesuch den »Goldberg Reserve« für sich entdeckte, florieren die Exporte ins Reich der Mitte.

Mit der neuen Fotovoltaikanlage setzt man neben einer Solaranlage und Hackschnitzelheizung einen weiteren Schritt in Richtung erneuerbare Energie und leistet einen Beitrag zum Klimaschutz. In den Weingärten geht das Weingut Heinrich einen weiteren Schritt in Richtung nachhaltiger Landwirtschaft, verzichtet auf Insektizide und Herbizide und setzt Pheromone ein. Der sensible Umgang mit den Ressourcen der Natur und die Stärkung der rebstockeigenen Abwehrkräfte stehen an oberster Stelle.

(91) Blaufränkisch * Ried Goldberg 2019
13,5 Vol.-%, DV, gebrauchte Barriques, €€€€
Dunkles Rubingranat, violette Reflexe, zarte Randaufhellung. Feine Holzwürze, etwas nach Brombeeren, rauchige Nuancen, dunkle Beerenfrucht. Saftig, elegant, engmaschig, extraktsüß nach Zwetschken, zart nach Nougat, guter Speisenbegleiter mit Potenzial.

(96) Blaufränkisch Alte Reben - Silvia Heinrich Edition 2017
14,5 Vol.-%, NK, großes Holzfass, €€€€€€
Kräftiges Rubingranat, violette Reflexe, zarte Randaufhellung. Zart nach Kräutern, etwas Kardamom und Orangenzesten, zart nach Nelken, kandierte Veilchen, schwarze Beerenfrucht klingt an. Saftig, elegant, facettenreiche Struktur, gut eingebundenes süßes Tannin, Vanilletouch, Kirschfrucht klingt an, bleibt sehr gut haften, sicheres Entwicklungspotenzial.

(95) Blaufränkisch Cupido 2017
15 Vol.-%, NK, Barrique, €€€€€€
Dunkles Rubingranat, violette Reflexe, dezente Randaufhellung. Feine Kräuterwürze, ein Hauch von Zedernholz, mit schwarzer Beerenfrucht und dunklen Kirschen unterlegt, Orangenzesten klingen an, zart nach Schokolade. Saftig, komplex, reife rote Kirschen, gut integriertes, samtiges Tannin, frische Struktur, mineralisch und anhaftend, nussig im Abgang, salziges Finale.

(92) Blaufränkisch Vitikult 2020
13,5 Vol.-%, DV, gebrauchte Barriques, €€€
Dunkles Rubingranat, violette Reflexe, zarte Randaufhellung. Rotbeeriges Konfit, etwas nach Haselnuss, ein Hauch von Bergamotte und Brombeeren. Mittlere Komplexität, kraftvoll, Vanilletouch, extraktsüß nach Brombeeren im Finish, bleibt gut haften.

91 Blaufränkisch 2020
11,5 Vol.-%, DV, Stahltank, €€
Dunkles Rubingranat, violette Reflexe, zarte Randaufhellung. Zart nach Nougat und Brombeeren, ein Hauch von Wiesenkräutern, schokoladiger Touch, einladendes Bukett. Saftig, straff, facettenreiche Säurestruktur, Brombeernoten, einladende dunkle Beerenfrucht, engmaschig, guter Speisenbegleiter.

(91) Maestro 2019 BF/CS/ME
13,5 Vol.-%, DV, gebrauchte Barriques, €€€€€
Dunkles Rubingranat, violette Reflexe, zarte Randaufhellung. Feine Kräuternoten, etwas nach Herzkirschen, dunkle Beerenfrucht, vegetale Nuancen, einladendes Bukett. Mittlerer Körper, kraftvoll, präsentes Tannin, Vanilletouch, guter Speisenbegleiter.

90 Ried Siglos 2019 ZW/BF
12,5 Vol.-%, DV, gebrauchte Barriques, €€€
Tiefdunkles Rubingranat, violette Reflexe, opaker Kern, zarte Randaufhellung. Reife schwarze Beerenfrucht, etwas Holzwürze, ein Hauch von Mandarinenzesten, tabakig. Saftig, straff, frische Struktur, präsente Tannine, Zitrustouch, rotbeeriges Finish, bereits gut antrinkbar.

★★★★

IBY BIO ROTWEINGUT

BIO

Die Familie Iby aus Horitschon betreibt seit 1884 Weinbau, vor mehr als zehn Jahren wurde auf biologische Bewirtschaftung umgestellt. Wichtigstes Ziel ist für die Ibys immer höchste Qualität: »Diese können wir nur mit biologischer Bewirtschaftung erreichen. Für mich schließt Qualität das Thema Nachhaltigkeit ein«, so Anton M. Iby. »Wir sind eine ganz normale Familie, mit lebhaften Kindern, sich sorgenden Müttern und Großmüttern und selbstbewussten Vätern und Großvätern, die natürlich das tun, was ihre Frauen sagen.« Zwei Dinge gibt es allerdings im Hause Iby, die hier – im Vergleich zu anderen Familien – eine herausragende Rolle spielen: der Blaufränkisch und der Name Anton. Vor über 100 Jahren begründete Anton Iby I. die Weindynastie in Horitschon. Und es war immer ein Anton, der die Liebe zum Wein, das Handwerk sowie die Erfahrung in Weingarten und Keller von einer Generation in die nächste trug. Anton Iby IV. war es, der dem Blaufränkisch zum Durchbruch verhalf. Mittlerweile ist Anton M. Iby V. am Werk. »Das Schöne daran – wenn ich mir den Rebstock anschaue – ist ja, wenn man mit all seinen Sin-

Ried Rager mit Blick auf Horitschon

IBY BIO ROTWEINGUT
7312 Horitschon
Am Blaufränkischweg 3
T: +43 (2610) 42292
weingut@iby.at
www.iby.at

Kellermeister: Ing. Anton M. Iby
Kontakt: Ing. Eva M. Iby
Anbauweise: Zertifiziert Biologisch
Produktion: 180.000 Flaschen
100 % rot, 40 Hektar
Messen: ProWein Düsseldorf, VieVinum, Wein Burgenland Präsentationen

nen und Möglichkeiten versucht, das zu erfassen, was stattfindet. Jedes Jahr, jeden Moment«, meint er.
Stolz sind die Ibys auf ihre Lagen Dürrau, Hochäcker, Gfanger und Rager, die in ihrer Beschaffenheit unterschiedlicher nicht sein könnten. Und so, wie eine Mutter ein jedes ihrer Kinder gleich lieb hat, so schätzen sie jede ihrer Lagen. Sie haben eine sehr klare Vorstellung davon, was sie dem Rebstock abverlangen und was nicht. Da kommt ihnen zugute, dass sie ihre Böden sehr gut kennen und daher wissen, welche Betreuung die Reben im Weingarten und später ein jeder ihrer Weine brauchen. »Wir gehen dem Blaufränkisch auf den Grund, im wahrsten Sinne des Wortes, denn wir leben Blaufränkisch!«, so Eva M. Iby. Das Resultat sind fruchtige, geschmeidig-elegante und äußerst finessenreiche Rotweine, die von Beginn an begeistern.

88 Blaufränkisch Rosé 2020
13 Vol.-%, DV, Stahltank, €€ B V

(93) ** Chevalier 2019
13,5 Vol.-%, VL, Barrique, €€€€ B V
Tiefdunkles Rubingranat, violette Reflexe, opaker Kern, zarte Randaufhellung. Dezente Kräuterwürze, etwas nach dunkler Beerenfrucht, zart nach Cassis, ein Hauch von Holznoten. Saftig, elegant, kraftvoll, gut integriertes Tannin, zart nach Tabak, feine Süße, schokoladiger Nachhall, gutes Potenzial.

92 Blaufränkisch * Ried Hochäcker 2018
13,5 Vol.-%, VL, Barrique, €€€ B
Dunkles Rubingranat, violette Reflexe, zarter Wasserrand. Feine Tabakwürze, etwas nach Zwetschken und Weichseln, ein Hauch von Kräutern, Orangenzesten klingen an. Mittlere Komplexität, leichtfüßig, gut integriertes Tannin, balanciert und rund, guter Speisenbegleiter.

(92) Blaufränkisch ** Ried Hochäcker 2019
13,5 Vol.-%, VL, gebrauchte Barriques, €€€ B V
Tiefdunkles Rubingranat, violette Reflexe, schwarzer Kern, zarte Randaufhellung. Dunkles Waldbeerenkonfit, etwas nach Zwetschke, ein Hauch von Schokolade und Lakritze. Mittlere Komplexität, saftig, Kirschfrucht im Abgang, würziger Nachhall, feine Struktur, gut eingebundene Tannine, kraftvoll, bleibt gut haften, vielseitiger Speisenbegleiter.

92 Merlot Reserve 2019
14,5 Vol.-%, VL, Barrique/ gebr. Barriques, €€€€ B V
Tiefdunkles Rubingranat, opaker Kern, violette Reflexe. Feine Zwetschkenfrucht, zart nach Karamell, ein Hauch von Cassis, dunkle Frucht, tabakig. Saftig, fruchtsüß nach Beerenkonfit, zarte Tanninstruktur, gut eingebundene Säure, lang anhaltend, guter Speisenbegleiter.

91 Zweigelt Reserve 2019
13 Vol.-%, VL, Barrique, €€€ B V
Dunkles Rubingranat, opaker Kern, violette Reflexe, zarte Randaufhellung. Feine Kräuter-Tabak-Würze, etwas nach schwarzer Kirschfrucht, zart nach Gewürzen. Saftig, elegant, feine Struktur, Holzwürze, präsentes Tannin, Brombeeren im Abgang, guter Speisenbegleiter.

★★★★

WEINGUT HANS IGLER

Das Weingut Hans Igler ist seit über 50 Jahren ein österreichischer Familienbetrieb. Als Schnittstelle zwischen Tradition und Moderne wird es seit diesem Jahr bereits in dritter Generation von Sohn Clemens Reisner und seiner Frau Anna Reisner-Iorillo geführt. Gemeinsam bewirtschaften sie rund 36 Hektar Rebfläche in einem der sonnigsten Teile Österreichs: dem Weinbaugebiet Mittelburgenland. Das Zusammenspiel von Boden, klimatischen Bedingungen und naturnahem Anbau der Weingärten ist die Grundlage für die erstklassige Qualität der Weine. Es gilt, neue Geschmackswelten zu erschaffen – mit generationenübergreifendem Wissen und steter Pionierarbeit. Eine zentrale Rolle im Sortiment des Weinguts Hans Igler spielt der Blaufränkisch. Das pannonische Subkontinentalklima kombiniert mit sandigen Lehm- und Schotterböden unterstützt die charakteristischen Eigenschaften der Sorte und das Gedeihen der Weinreben. In der Dependance des Weinguts, im Schaflerhof, werden alle Weine zur Verkostung angeboten. Der ehemalige Gutshof des Schlosses Deutschkreutz wurde restauriert und beherbergt nun rund 600 Barriquefässer und die »Vulcano-Vinothek«. Als beliebtes Ausflugsziel bietet er eine traumhafte Location für Hochzeiten und Veranstaltungen. Seit diesem Jahr treten die Weinflaschen in einem neuen Look in Erscheinung. Die Neugestaltung der Etiketten schafft eine Verbindung zwischen Vergangenheit, Gegenwart und Zukunft des Weinguts, wobei der Bezug zu den ikonischen Kunstwerken Anton Lehmdens erhalten geblieben ist. Weiterhin sind die Liebe zum Detail und die Qualität des Weins mit jeder Flasche greifbar.

91 Chardonnay Ried Goldberg 2018
13,5 Vol.-%, NK, Barrique, €€€
Mittleres Grüngelb, Silberreflexe. Mit einem Hauch von Minze unterlegte feine gelbe Tropenfrucht, zart nach Maracuja, floraler Touch. Saftig, zart nach Karamell, reife gelbe Birnenfrucht, bleibt gut haften, ein stoffiger Speisenbegleiter, bereits gut antrinkbar.

(91) Blaufränkisch ** Ried Hochberg 2019
13,5 Vol.-%, DV, gebrauchte Barriques, €€€
Tiefdunkles Rubingranat, violette Reflexe, zarte Randaufhellung. Feine Feigennoten, etwas nach Brombeeren, frische Wiesenkräuter, dunkles Waldbeerenkonfit und Nougattouch. Saftig, elegant, feine Struktur, gut eingebundener Säurebogen, etwas Tannin, Brombeernoten im Abgang, guter Speisenbegleiter.

93 Blaufränkisch C12 2015
14 Vol.-%, NK, Barrique, €€€€€
Dunkles Rubingranat, violette Reflexe, opaker Kern, zarte Randaufhellung. Feine Edelholzwürze, etwas Kirschfrucht, ein Hauch von Mandarinenzesten, einladendes Bukett. Straff, elegant, feine Struktur, präsente Tannine, engmaschig, Beerenkonfit im Abgang, sicheres Potenzial.

91 Blaufränkisch classic 2019
13 Vol.-%, DV, großes Holzfass, €€
Kräftiges Rubingranat, violette Reflexe, breite Randaufhellung. Feinwürzig, etwas nach Cassis, ein Hauch von Feigen, Kardamom klingt an. Mittlerer Körper, saftig, elegant, feine Struktur, salzig, gut integrierte Tannine, frisches rotbeeriges Finish, guter Speisenbegleiter.

90 Zweigelt Classic 2018
13 Vol.-%, DV, großes Holzfass, €€
Dunkles Rubingranat, violette Reflexe, zarte Randaufhellung. Dunkles Waldbeerenkonfit, ein Hauch von Minze, zart

WEINGUT HANS IGLER
7301 Deutschkreutz
Schaflerhof 1
T: +43 (2613) 80365
info@hans-igler.com
www.hans-igler.com

Kellermeister/Kontakt:
Clemens Reisner
Produktion: 200.000 Flaschen
2 % weiß, 98 % rot, 36 Hektar
Vereinszugehörigkeit:
Verband Blaufränkisch Mittelburgenland, Renommierte Weingüter Burgenland
Messen: ProWein Düsseldorf, VieVinum

* Mittelburgenland DAC ** Mittelburgenland DAC Reserve

nach Orangenzesten, Tabakwürze klingt an. Saftig, elegant, feine Struktur, engmaschig, extraktsüß nach Kirschen im Abgang, bereits gut antrinkbar.

90 St. Laurent Classic 2018
13 Vol.-%, DV, gebrauchte Barriques, €€
Kräftiges Rubingranat, violette Reflexe, zarte Randaufhellung. Feine Tabakwürze, etwas nach Cassis und Brombeeren, feine Kräuternoten, etwas nach Brennnessel. Saftig, feine Struktur, würzig, gut eingebundene Tannine, schwarze Kirschfrucht im Abgang, würziger Speisenbegleiter.

★★

WEINGUT JOSEF IGLER

Joe Iglers bedingungsloses Ziel ist es seit jeher, saubere, musterhafte Weine zu keltern. Erstklassige Weine, speziell aus der Rebsorte Blaufränkisch, hält Josef Igler im Mittelburgenland für eine Selbstverständlichkeit. Das Gesamtsortiment ist druckvoll und sortentypisch, die Weine weisen eine klare Textur sowie Eleganz auf. Die Sorte Blaufränkisch dominiert das Sortiment dabei bis heute.
Die Trauben für die Igler-Weine kommen aus den Deutschkreutzer Top-Lagen. Der »Classic«, seit Kurzem eine traditionelle Cuvée aus Blaufränkisch, Zweigelt und Sankt Laurent, wird im großen Holzfass ausgebaut. An der Spitze der Qualitätspyramide stehen die vielschichtige internationale Cuvée »Maximus« und ein Blaufränkisch Reserve, beide in Barriquefässern ausgebaut. Als Flaggschiff des Hauses fungiert der Wein »Joe N°1 – Grande Reserve«, ein Blaufränkisch aus den ältesten Rebstöcken des Betriebes, die nur in den Spitzenlagen stehen, ein pointierter, eigenständiger Blaufränkisch mit tollem Lagerpotenzial. Abgerundet wird das Sortiment mit einem fruchtigen, eleganten Sauvignon Blanc und – ganz neu – einem Rosé Secco.
Das Weinsortiment von Joe Igler wird hauptsächlich in der gehobenen Gastronomie und in Vinotheken vermarktet.

WEINGUT JOSEF IGLER
7301 Deutschkreutz
Hauptstraße 59–61
T: +43 (2613) 80213
info@igler-weingut.at
www.igler-weingut.at

Kellermeister: Josef Igler
Kontakt: Josef und Melitta Igler
Produktion: 15 % weiß, 85 % rot

92 Blaufränkisch Rosé Secco
12,5 Vol.-%, NK, Stahltank, €€
Helles Altrosa, Pinkreflexe, zarte Perlage. Ein Hauch von Ribiseln und roten Kirschen, mit Limetten und einem Hauch von Himbeeren unterlegt. Feine rote Beerenfrucht, zart nach Kirschen, lebendig strukturiert, fruchtige Süße nach Erdbeeren im Abgang, ein flotter Aperitif.

89 Sauvignon Blanc 2020
12 Vol.-%, DV, Stahltank, €€

92 Maximus 2018 BF/CS/ME
14 Vol.-%, NK, Barrique, €€€€
Dunkles Rubingranat, violette Reflexe, zarte Randaufhellung. Etwas Zwetschken und Holzwürze, feine Nougatnuancen, einladendes Bukett. Mittlere Komplexität, Vanillenoten, etwas nach Cassis, tabakige Noten, bereits gut antrinkbar.

88 Classic 2018 BF/ZW/SL
14 Vol.-%, DV, großes Holzfass, €€

92 Blaufränkisch Joe N°1 2017
14,5 Vol.-%, NK, Barrique, €€€€€
Tiefdunkles Rubingranat, violette Reflexe, zarte Randaufhellung. Feine Tabakwürze, etwas nach Kirschfrucht, zart

nach Orangenzesten. Saftig, mittlere Komplexität, feine Holzwürze, dunkle Beerenfrucht, guter Speisenbegleiter.

91 Blaufränkisch Reserve 2018
14 Vol.-%, NK, gebrauchte Barriques, €€€
Dunkles Rubingranat, violette Reflexe, zarte Randaufhellung. Einladende Kirschnoten, feine Brombeernuancen, Vanillenoten. Saftig, feine Struktur, würzig, zarte Tanninstruktur, tabakig, dunkle Fruchtnoten im Abgang, bereits gut antrinkbar.

★★★★

WEINGUT KERSCHBAUM

Das Weingut Kerschbaum erzeugt Weine mit Perfektion und Verantwortung. Als Pioniere in Sachen Blaufränkisch in Österreich und als Botschafter für das Mittelburgenland produziert Familie Kerschbaum terroirtypische Top-Weine. Kompromissloses Qualitätsstreben und die Leidenschaft für den Blaufränkisch zeichnen das Weingut aus. Das milde Klima, viel Sonne und der besondere Boden in Horitschon beeinflussen den Geschmack der Weine, die zu den besten Rotweinen Österreichs gehören. Mit größtem Respekt und im Einklang mit der Natur werden die Weingärten bearbeitet. In den Top-Lagen im Mittelburgenland fühlen sich Rebsorten wie Blaufränkisch und Zweigelt besonders wohl. Perfektion in allen Bereichen sorgt für Weine mit Reife und Charakter. Im November 2018 holte sich das Weingut Kerschbaum den Sieg bei der Falstaff-Rotweinprämierung in der Kategorie »Reserve Trophy«.

(92) Chardonnay Reserve 2020
13,5 Vol.-%, NK, Barrique/500-l-Fass, €€€€
Mittleres Grüngelb, Silberreflexe. Zart nach gelber Tropenfrucht, ein Hauch von Ananas und Birne, Noten von Blütenhonig. Saftig, elegant, gelber Pfirsich, ein Hauch von Süße, mineralisch und gut anhaftend, salziger Touch im Rückgeschmack, ein eleganter Speisenbegleiter.

(92) Grüner Veltliner Reserve 2020
13,5 Vol.-%, NK, 500-l-Fass, €€€€
Mittleres Goldgelb, Silberreflexe. Ein Hauch von Röstzwiebeln, gelbe Paprikaschoten, dezente Kräuter, dunkle Mineralik. Mittlere Komplexität, weiße Frucht, feine Säurestruktur, dezente Salzigkeit im Abgang, zitroniger Touch im Nachhall.

(96) Cuvée Impresario 2019 BF/ZW/ME/CS
14 Vol.-%, NK, Barrique, €€€€€
Tiefdunkles Rubingranat, opaker Kern, violette Reflexe, zarte Randaufhellung. Feine Brombeernuancen, etwas nach Kräutern, ein Hauch von kandierten Orangenzesten, etwas Cassis, Tabaknuancen, Röstaromatik. Saftig, straff, elegant, feine Säurestruktur, gut eingebundene Tannine, schwarze Fruchtnoten, Holzwürze im Nachhall, bleibt sehr gut haften, vielschichtiger Speisenbegleiter mit Potenzial.

(94) Blaufränkisch Ried Dürrau 2019
13,5 Vol.-%, NK, Barrique, €€€€€
Dunkles Rubingranat, violette Reflexe, zarte Randaufhellung. Feine Brombeernuancen, etwas nach Gewürzen und Kardamom, ein Hauch von Zwetschken, Orangenzesten klingen an. Saftig, elegant, facettenreiche Säurestruktur, extraktsüß nach Kirschfrucht, bleibt gut haften, zarte Tannine, engmaschiger Speisenbegleiter mit Potenzial.

92 Blaufränkisch Ried Hochäcker 2019
13,5 Vol.-%, DV, gebrauchte Barriques/500-l-Fass, €€€
Dunkles Rubingranat, violette Reflexe, zarter Wasserrand.

WEINGUT KERSCHBAUM
7312 Horitschon
Hauptstraße 111
T: +43 (2610) 42392
weingut@kerschbaum.at
www.kerschbaum.at

Kellermeister/Kontakt:
Paul und Michael Kerschbaum
Produktion: 5 % weiß, 95 % rot, 35 Hektar
Vereinszugehörigkeit:
Verband Blaufränkisch Mittelburgenland, Renommierte Weingüter Burgenland
Messen: ÖGW Zürich, ProWein Düsseldorf, VieVinum

Feinwürzig, etwas nach schwarzen Kirschen, ein Hauch von Cassis, Zitrusnuancen, Kräutertouch. Elegant, gute Komplexität, straff, reife Kirschfrucht, Extraktsüße nach Brombeeren, Holzwürze im Nachhall, guter Speisenbegleiter mit Entwicklungspotenzial.

91 Blaufränkisch 2019
13,5 Vol.-%, DV, großes Holzfass, €€
Tiefdunkles Rubingranat, opaker Kern, violette Reflexe, zarter Wasserrand. Reife Kirschfrucht, etwas nach Kräutern, ein Hauch von Pflaumen, zart nach Orangenzesten. Saftig, elegant, feine Tanninstruktur, Brombeertouch, etwas salzig, bleibt gut haften, vielseitig einsetzbar.

90 Zweigelt 2019
13,5 Vol.-%, DV, großes Holzfass, €€
Dunkles Rubingranat, violette Reflexe, zarter Wasserrand. Feine Kräuternoten, etwas nach roten Kirschen, ein Hauch von kandierten Veilchen und Orangenzesten. Saftig, elegant, feine Säurestruktur, gut eingebundene Tannine, Toffee im Abgang, rotes Beerenkonfit im Nachhall, bereits gut antrinkbar.

★★

NECKENMARKT DIE WINZER

Die Winzer Neckenmarkt produzieren Weine von höchster Qualität im Mittelburgenland. Als eines der modernsten Weingüter des Landes bewirtschaftet die Genossenschaft mit rund 100 Mitgliedern insgesamt 280 Hektar Weingärten. Die ausgezeichneten Spitzenweine »Potio Magica« und »Via Romana« zählen zu den bekanntesten Weinen des Unternehmens.
Die Winzer Neckenmarkt machen aus vielen das Beste! Durch gewissenhafte Handarbeit werden Trauben von höchster Qualität produziert. Diese bilden die Grundlage für hervorragende, gebietstypische Rotweine aus dem Mittelburgenland. Ein strenges und ehrgeiziges Qualitätsprogramm garantiert, dass naturnaher Weinbau, modernste Produktion und alte Traditionen im alltäglichen Tun ihren Platz finden. Ganz bewusst mit der Natur und nicht alleine von ihr zu leben, ist eines der Erfolgsrezepte der Winzer Neckenmarkt. Der sorgfältige Umgang mit den Ressourcen, die schonende Bearbeitung der Weingärten und höchste Qualitätsansprüche sichern die Zukunft und den Erfolg des Unternehmens. Handlese und modernste Produktionsverfahren sorgen für die hohe Qualität, Innovation und Zusam-

Gerald Wieder

NECKENMARKT DIE WINZER
7311 Neckenmarkt
Harkauerweg 2
T: +43 (2610) 42388
diewinzer@neckenmarkt.at
www.neckenmarkt.at

Kellermeister: Gerald Wieder
Kontakt: Margit Wieder
Produktion: 500.000 Flaschen
100 % rot, 280 Hektar
Vereinszugehörigkeit:
Verband Blaufränkisch Mittelburgenland
Messen: ProWein Düsseldorf, VieVinum

menhalt für die nachhaltige Entwicklung des Weinguts. Wein aus gutem Grund und Boden – das ist es, wofür die Winzer Neckenmarkt stehen.

92 Blaufränkisch ** Herosus 2018
14 Vol.-%, NK, Barrique, €€€ H
Tiefdunkles Rubingranat, violette Reflexe, opaker Kern, zarte Randaufhellung. Hagebuttenkonfit, unterlegt mit Nougat, ein Hauch von Orangenzesten, reife Datteln. Saftig, elegant, feine Tanninstruktur, würzig, Pflaumentouch im Abgang, Holznuancen im Nachhall, guter Speisenbegleiter.

91 Blaufränkisch * Ried Hochberg Sonnenfürst 2019
13,5 Vol.-%, DV, großes Holzfass, €€ H
Dunkles Rubingranat, violette Reflexe, zarte Randaufhellung. Reife Zwetschkenfrucht, etwas nach Brombeeren, Nougattouch, kandierte Orangenzesten, einladendes Bukett. Mittlerer Körper, extraktsüß, zart nach Vanille, rotbeeriges Finish, bereits gut antrinkbar.

89 Blaufränkisch Classic 2019
13 Vol.-%, DV, Stahltank, €€ H

92 Via Romana 2018 BF/ZW/ME
13,5 Vol.-%, NK, Barrique, €€€ H
Dunkles Rubingranat, violette Reflexe, zarte Randaufhellung. Dezente dunkle Beerenfrucht, Nougattouch und Röstaromatik, ein Hauch von kandierten Klementinenzesten. Saftig, elegant, facettenreiche Säurestruktur, eingebundene Tannine, nussiger Touch, reife Kirschenfrucht im Abgang, vielseitiger Speisenbegleiter.

90 Bonam Terra 2018 BF/ZW/SY
13,5 Vol.-%, DV, gebrauchte Barriques, €€ H
Dunkles Rubingranat, opaker Kern, violette Reflexe, zarte Randaufhellung. Edelbitterschokolade, schwarze Kirschen, dunkles Brombeerkonfit, Kräutertouch, einladendes Bukett. Mittlere Komplexität, reifes Waldbeerenkonfit, gut integrierte Tannine, dezente Süße, zart nussig, bereits antrinkbar.

88 Zweigelt Vinis Unitis 2019
13 Vol.-%, DV, Stahltank, €€ H

★★★

ROTWEINGUT PRICKLER

Das Rotweingut Prickler liegt in Lutzmannsburg, der ältesten urkundlich erwähnten Weinbaugemeinde des Burgenlandes, und sieht sich als Hüter des Lutzmannsburger Terroirs. Der Wein ist die große Leidenschaft der Familie Prickler. Jeder Rebstock wird liebevoll umsorgt, die Qualität im Weingarten und bei der Kellerarbeit wird großgeschrieben und die Aufmerksamkeit jedem Detail gewidmet. Mildes pannonisches Klima mit den meisten Sonnenstunden des Burgenlandes verwöhnen die Weingärten auf dem Lutzmannsburger Hochplateau, wo ein besonderes Mikroklima, abseits von Durchzugsstraßen, herrscht. 50 Meter Höhenunterschied zur Ebene bzw. zum Ort selbst weist dieses beeindruckende Bodenmassiv aus Lehm, Tonmergel, Tegel und Quarzsanden auf. Die schweren Böden bieten optimale Bodenverhältnisse für hochqualitative Trauben mit viel Frucht und Tannin. Ein idealer Standort für große Weine mit eigenständiger Stilistik und Eleganz. Praktisch aus dem Nichts haben Elfi und Herbert Prickler begonnen, Wein zu produzieren. Heute gilt ihr Weingut als Leuchtfeuer der Blaufränkisch-Hochburg Lutzmannsburg. Unübersehbar sind hier einige Weingärten besonders schön gepflegt. Sie sind das Werk von Elfi Prickler, die sich ganz der Pflege der Reben verschrieben hat. »Ein Rebstock muss sich wohlfühlen, ein gesundes Umfeld haben«, lautet ihr Rezept für die hohe Qualität der Trauben. Die akribische Arbeit in den Weingärten kommt Sohn Christian zugute, der seit einigen Jahren die Vinifikation verantwortet. Gemeinsam mit Herbert Pricklers langjähriger Erfahrung prägt er die Handschrift der Prickler-Weine. Bei Verkostungen und im Büro versorgt Schwiegertochter Christina liebevoll ihre Gäste und Kunden. Die oftmaligen Prämierungen der Weine bezeugen die qualitätsorientierte Arbeit der Familie. Gesundes Traubengut, limitierter Ertrag, schonende und moderne Verarbeitung ergeben fruchtige und gehaltvolle Rotweine von hoher Qualität und einem außergewöhnlichen Trinkvergnügen!

(92) Blaufränkisch * Ried Sonnberg 2020
13,5 Vol.-%, NK, Barrique, €€€ V
Dunkles Rubingranat, violette Reflexe, zarte Randaufhel-

Familie Prickler auf der Aussichtsplattform Lutzmannsburg

ROTWEINGUT PRICKLER
7361 Lutzmannsburg, Bachgasse 4
T: +43 (2615) 87742
rotweingut@prickler.at
www.prickler.at
Kellermeister: Christian Prickler
Kontakt: Herbert Prickler, Christian Prickler, Christina Prickler
Produktion: 3 % weiß, 1 % rosé, 96 % rot, 25 Hektar
Zertifiziert: Nachhaltig Austria
Vereinszugehörigkeit: Verband Blaufränkisch Mittelburgenland, Vitikult
Messen: ProWein Düsseldorf, VieVinum, Weinmesse Innsbruck, DAC-Präsentationen, Wein Burgenland Präsentationen

lung. Feiner Johannisbeertouch, etwas nach Kräutern, dunkles Nougat, Holznuancen klingen an. Saftig, elegant, gute Säurestruktur, balancierte Tannine, rote Kirschfrucht im Abgang, guter Speisenbegleiter mit Potenzial.

(90) Blaufränkisch * Classic 2020
13 Vol.-%, DV, Edelstahl, €€ V
Kräftiges Rubingranat, violette Reflexe, zarte Randaufhellung. Feine Tabakwürze, ein Hauch von Kirschfrucht, zarter nussiger Touch, dunkle Beerenfrucht. Saftig, balancierte Tannine, ein Hauch von Brombeeren, leichtfüßig, bereits gut antrinkbar.

(92) Blaufränkisch Vitikult 2020
13,5 Vol.-%, NK, gebrauchte Barriques, €€€ V
Dunkles Rubingranat, opaker Kern, violette Reflexe, zarte Randaufhellung. Etwas nach Zwetschken, ein Hauch von Orangenzesten, Wiesenkräuter, balsamische Noten, Johannisbeere. Gute Komplexität, saftig, einladendes Bukett, Nougattouch, Brombeernoten im Abgang, bereits gut antrinkbar, vielseitiger Speisenbegleiter.

(91) Blaufränkisch 2020
13 Vol.-%, NK, Teilbarrique, €€ V
Dunkles Rubingranat, violette Reflexe, zarte Randaufhellung. Feine Kräuternoten, etwas nach Brombeeren, ein Hauch von dunkler Beerenfrucht, mit Holzwürze unterlegt. Saftig, straff, feine Struktur, mineralisch, Herzkirschen im Abgang, leicht fruchtsüßer Nachhall, guter Speisenbegleiter.

(90) Blaufränkisch Ried Alt Satz 2020
13 Vol.-%, DV, Edelstahl, €€ V
Kräftiges Rubingranat, violette Reflexe, breite Randaufhellung. Brombeerfrucht, kandierte Orangenzesten, feine Kräuternoten, floraler Touch. Saftig, elegant, extraktsüß, rotes Waldbeerenkonfit im Abgang, Tabakwürze im Nachhall, Heidelbeeren im Rückgeschmack, guter Speisenbegleiter.

(91) Cuvée 2020 BF/ZW/ME/CS
13 Vol.-%, NK, Teilbarrique, €€€ V
Dunkles Rubingranat, violette Reflexe, zarte Randaufhellung. Feine Kräuternoten, etwas nach Kirsche, ein Hauch von kandierten Orangenzesten und Holzwürze. Saftig, elegant, feine Brombeernoten im Abgang, kraftvoll, zarter Vanilletouch im Nachhall, guter Speisenbegleiter.

(90) Cuvée Prickler 2020 BF/ME/ZW
13,5 Vol.-%, DV, gebrauchte Barriques, €€ V
Dunkles Rubingranat, violette Reflexe, zarte Randaufhellung. Mit feiner Zartbitterschoko unterlegte Weichseln, ein Hauch von Mandarinenzesten, Datteln klingen an. Mittlerer Körper, feine Extraktsüße, Kirschfrucht im Abgang, bereits gut antrinkbar.

90 Pinot Noir 2019
14,5 Vol.-%, NK, Barrique, €€€ V
Kräftiges Rubingranat, violette Reflexe, breite Randaufhellung. Feine Kräuternoten, etwas nach roter Beerenfrucht, zart nach Nougat, animalische Nuancen. Mittlerer Körper, frische Struktur, feinwürzig, rotbeerige Nuancen, unkomplizierter Speisenbegleiter.

88 Zweigelt Classic / Kirchner 2020
13 Vol.-%, DV, Edelstahl, €€ V

★★★

GRENZLANDHOF – REUMANN

Im mittelburgenländischen Blaufränkischland bewirtschaften Birgit und Christian Reumann mit ihrem Sohn Mario in Deutschkreutz 25 Hektar Weingärten. Das Flaggschiff auf dem Weingut ist der Blaufränkisch, außerdem reifen Zweigelt, Cabernet Sauvignon, Merlot, Pinot Noir und St. Laurent hervorragend auf den kräftigen Böden des Mittelburgenlandes. Immer wieder kommen neue Ideen und somit Abwechslung in das Sortiment.
Mario mit seinem jugendlichen Elan entwickelte eine neue Weinlinie namens Urkraft, natürlich mit eigenem Design!
Die Besucher des Weingutes informieren sich sehr gerne über die Vinifizierung im theoretischen und natürlich auch im praktischen Bereich, daher gibt es gegen Voranmeldung Weinverkostungen sowie Führungen durch Keller und Weingärten.

94 Merlot 2018
14,5 Vol.-%, DV, Barrique, €€€
Tiefdunkles Rubingranat, violette Reflexe, zarte Randaufhellung. Feine Cassisnoten, etwas nach Kräutern, ein Hauch von reifen Feigen, weißes Nougat. Saftig, gute Komplexität, engmaschig, feine Tabaknuancen, Brombeernoten im Abgang, bleibt gut haften, vielschichtiger Speisenbegleiter mit Potenzial.

93 Saphir 2018 BF/CS/ME/ZW
14,5 Vol.-%, DV, Barrique, €€€€
Kräftiges Rubingranat, violette Reflexe, zarte Randaufhellung. Dezente Kräuternoten, etwas Holzwürze, ein Hauch von Herzkirschen und Johannisbeeren. Saftig, elegant, gut integrierter Säurebogen, Brombeertouch, Lakritze im Rückgeschmack, balancierte Tannine, bleibt gut haften, sicheres Entwicklungspotenzial.

92 Creation 2019 BF/ZW
13,5 Vol.-%, DV, Teilbarrique, €€€
Dunkles Rubingranat, violette Reflexe, zarte Randaufhellung. Dezente Kräuternoten, zart nach Lakritze, ein Hauch von Orangenzesten, reife Kirschfrucht. Saftig, samtig, engmaschig, feines Tannin, Brombeernoten im Abgang, würziger Nachhall, guter Speisenbegleiter.

92 Mariela 2018 BF/CS/ME/ZW
14,5 Vol.-%, DV, Barrique, €€€ V
Dunkles Rubingranat, violette Reflexe, zarte Randaufhellung. Feine Kirschnoten, etwas Kräuter, ein Hauch von Lakritze, lebendiges Bukett. Saftig, gute Komplexität, extrakt-

GRENZLANDHOF – REUMANN
7301 Deutschkreutz
Friedlbrunngasse 1
T: +43 (2613) 89847
mail@grenzlandhof-reumann.at
www.grenzlandhof-reumann.at

Kellermeister: Christian Reumann
Kontakt: Christian, Birgit und Mario Reumann
Produktion: 15 % weiß, 5 % rosé, 80 % rot, 25 Hektar
Vereinszugehörigkeit: Verband Blaufränkisch Mittelburgenland
Messen: Wein Burgenland Präsentationen

Mario und Christian Reumann

süß, zartes Tannin, reife Waldbeeren im Abgang, bleibt gut haften, vielseitig einsetzbar.

92 Cabernet Sauvignon Ried Steinriegel 2019
14 Vol.-%, DV, Barrique, €€€
Dunkles Rubingranat, violette Reflexe, zarte Randaufhellung. Feine Tabakwürze, etwas nach Brombeeren und dunklem Waldbeerenkonfit, ein Hauch von Cassis. Saftig, straff, feine Tanninstruktur, mineralisch, dunkle Beerenfrucht, Holzwürze im Nachhall, gut anhaftend, vielseitiger Speisenbegleiter.

91 Blaufränkisch Hochbaum 2018
14 Vol.-%, DV, gebrauchte Barriques, €€€
Dunkles Rubingranat, violette Reflexe, zarte Randaufhellung. Mit zarter Kräuterwürze unterlegte dunkle Beerenfrucht, Orangenzesten. Saftig, elegant, feiner Säurebogen, zart nach Gewürzen und reifer Zwetschke, balancierte Tanninstruktur, schokoladig, unkomplizierter Speisenbegleiter.

90 Zweigelt Hölzl 2019
14 Vol.-%, DV, Teilbarrique, €€
Dunkles Rubingranat, violette Reflexe, zarte Randaufhellung. Feine Nussaromatik, etwas nach Kirschen, floraler Touch, Zwetschken klingen an. Mittlerer Körper, extraktsüß nach Hagebutte, weitmaschig, leichtfüßig, Beerenkonfit im Abgang, bereits gut antrinkbar.

★★★

WEINGUT STREHN

Im traditionellen Rotweingut Strehn weht seit einigen Jahren ein neuer Wind – ein rosaroter. Und er weht immer stärker. 60 Prozent der Ernte von 2020 wurden mittlerweile zu Rosé verarbeitet.
Am Beginn stand der Versuch, einen Gegenentwurf zu Rosé-Weinen mit mäßigen Popularitätswerten zu schaffen. Vorbild waren dabei französische Rosé-Ikonen, die schon lange den Weinhimmel erklommen hatten. 2017 war es dann so weit: Der mittlerweile berühmte »Elefant im Porzellanladen« stellte als Senkrechtstarter die österreichische Rosé-Welt auf den Kopf. Mittlerweile umfasst die Strehn'sche Rosé-Palette sechs Weine: vom leichten Sprudel bis zum Statement-Rosé, der im Fass vergoren wird.
Basis dafür sind aber immer die biologisch und nachhaltig bewirtschafteten Rotweine aus Deutschkreutz. Und da steht natürlich der Blaufränkisch im Mittelpunkt, der als Lagenwein oder auch in der Spitzencuvée »Pandur« angeboten wird.

WEINGUT STREHN
7301 Deutschkreutz
Weinbergweg 1
T: +43 (664) 1636570
office@strehn.at
www.strehn.at

Kellermeister: Patrick & Andy Pfneisl-Strehn
Kontakt: Pia Strehn
Anbauweise: Umstellung auf bio
Produktion: 15 % weiß, 85 % rot
Vereinszugehörigkeit: Verband Blaufränkisch Mittelburgenland
Messen: ProWein Düsseldorf

(92) Chardonnay 2020
13 Vol.-%, DV, Teilbarrique, €€€
Helles Goldgelb, Silberreflexe. Mit feiner Kräuterwürze unterlegte Vanillenuancen, frische Mango, etwas Pfirsich und Mandarinenzesten. Mittlere Komplexität, saftige gelbe Tropenfrucht, feine Süße im Abgang, bleibt haften, ausgewogener Speisenbegleiter mit Entwicklungspotenzial.

(93) Blaufränkisch Der Elefant im Porzellanladen 2020
13 Vol.-%, NK, 500-l-Fass, €€€€
Kräftiges Lachsrosa mit Kupfergoldreflexen. Zart nach Gewürzen und Vanille, mit rotbeerigem Konfit unterlegt, eingelegte Kirschen, etwas Nougat, vielschichtige Aromatik. Stoffig, weißer Pfirsich, frischer Säurebogen, lebendig und sehr gut anhaftend, verfügt über Länge und Entwicklungspotenzial.

90 Blaufränkisch Rosé 2020
13 Vol.-%, DV, Stahl, €€
Helles Lachsrosa, Silberreflexe. Ein Hauch von Kernobst, frischer Apfel, mit roten Waldbeeren unterlegt. Leichtfüßig, weiße Apfelfrucht, feine rotbeerige Nuancen, frisch und harmonisch, zart nach Ribiseln im Abgang, ein balancierter Stil mit einiger Länge.

92 Pia und die starken Männer 2020 ME/CS/SY/BF
13 Vol.-%, NK, Teilbarrique, €€€
Helles Kirschrot, Kupferreflexe. Noch etwas verhalten, eingelegte rote Kirschen, ein Hauch von Pfirsich, zart nach Limetten. Saftig, gute Komplexität, Nuancen von Erdbeeren, harmonisch, dezente Fruchtsüße im Abgang, zeigt gute Länge, vielseitig einsetzbar.

(92) Sushi Rosé 2020 BF/CS
13 Vol.-%, NK, Beton, €€€€
Kräftiges Lachsrosa mit Pinkreflexen. Frische rote Beeren, Nuancen von Erdbeeren, unterlegt mit feinen Tropenfrüchten, zart florale Einsprengsel. Saftig, rotes Waldbeerenkonfit, dezenter Säurebogen, mineralisch unterlegt, etwas Ingwer im Abgang, vielseitig einsetzbar.

(93) Blaufränkisch Roter Schotter 2019
13,5 Vol.-%, NK, 500-l-Fass, €€€€€
Dunkles Rubingranat, violette Reflexe, zarte Ockerrandaufhellung. Zarte Edelholzwürze, ein Hauch von Nougat, mit Brombeeren und kandierten Orangenzesten unterlegt. Saftig, nach Herzkirschen, feine Tannine, elegant und mit guter Länge ausgestattet, ein frischer Speisenbegleiter mit Entwicklungspotenzial.

(92) Cuvée Pandur 2019 BF/CS/ME
13,5 Vol.-%, NK, 500-l-Fass, €€€€€
Dunkles Rubingranat, violette Reflexe, zarte Randaufhellung. Frische Herzkirschen, dunkle Waldbeeren, ein Hauch von Orangenzesten, einladendes Bukett. Saftig, feine Fruchtsüße, rote Beeren, gut integrierte Tannine, salzig und anhaftend, bereits gut entwickelt, ein vielseitiger Speisenbegleiter.

★★★★

WEINGUT JOSEF TESCH

Die Familie Tesch hat es sich zum Beruf und zur Berufung gemacht, exzellente Weine zu vinifizieren. In der Gemeinde Neckenmarkt im Mittelburgenland mit ihren tiefgründigen, lehmhaltigen Böden findet sie dafür die besten natürlichen Voraussetzungen. Und dennoch bestimmen nicht nur Terroir und Klima die Qualität eines Weines. Es braucht darüber hinaus ein harmonisches Zusammenspiel von handwerklichem Wissen, Erfahrung und intensiver Arbeit, um Weine höchster Güte zu erzeugen. Diese »Winzerkunst« ist für Familie Tesch mehr als »nur« Arbeit. Für sie ist es Ausdruck von Lebensfreude und Lebenskultur, und das schmeckt man auch – in exzellenten Weinen, in denen der Charakter von Region und Traube »verflüssigt« wurde.
Die Weingärten der Familie Tesch umfassen insgesamt rund 26 Hektar an den Ausläufern des Ödenburger Gebirges. Bis zu 70 Jahre alte Rebstöcke mit regionaltypischen Sorten gedeihen in den Weingärten am Hochberg, am Weissen Weg und in weiteren Top-Lagen. Die Bodenbeschaffenheit ist vielschichtig, und jeder Weingarten hat sein eigenes Mikroklima und seine Besonderheiten. Durch sortentypischen und klaren Ausbau werden gerade diese Unterschiede und Typizitäten in den Weinen von Tesch hervorgebracht. Mit rund 60 Prozent spielt die Sorte Blaufränkisch anteilsmäßig die Hauptrolle in den Weingärten der Teschs. Die naturnahe Pflege, die Ertragslimitierung für qualitativ beste Trauben und die behutsame Handlese bilden die Basis für die erstklassigen Weine. Seit einigen Jahren sind der Name Tesch und insbesondere die Weine des Hauses in aller Munde. Beim Ausbau der Weine sieht man sich dem Mittelburgenland verpflichtet und setzt auf Authentizität. So entstehen Weine, in denen man die enge Verbundenheit mit der Region schmecken kann.

89 Chardonnay 2020
13 Vol.-%, DV, Stahltank, €€ Ⓥ

(91) Blaufränkisch * Ried Hochberg 2019
13,5 Vol.-%, DV, 500-l-Fass, €€€ Ⓥ
Dunkles Rubingranat, opaker Kern, violette Reflexe, zarte

Josef Christian Tesch

WEINGUT JOSEF TESCH
7311 Neckenmarkt, Herrengasse 26
T: +43 (2610) 43610
titan@tesch-wein.at
www.tesch-wein.at

Kellermeister: Josef Christian Tesch
Kontakt: Josef, Carmen und Helene Tesch
Produktion: 3 % weiß, 97 % rot, 26 Hektar
Zertifiziert: Nachhaltig Austria
Vereinszugehörigkeit: Verband Blaufränkisch Mittelburgenland, WBV Neckenmarkt
Messen: ProWein Düsseldorf, VieVinum, DAC-Präsentationen, Wein Burgenland Präsentationen

Randaufhellung. Zarte Nuancen von Kakao und dunklen Kirschen, reife Zwetschken, ein Hauch von Orangenzesten. Mittlere Komplexität, Anklänge von Brombeeren und Herzkirschen, mineralisch-salzig im Abgang, bereits zugänglich, ein Hauch von Dörrobst im Nachhall.

(96) Blaufränkisch Patriot 2017
14,5 Vol.-%, NK, Barrique, €€€€€€ V
Tiefdunkles Rubingranat, opaker Kern, violette Reflexe, zarte Randaufhellung. Attraktive Edelholznuancen, ein Hauch von Lakritze und Cassis, zart nach Vanille und Schokolade, mit Mandarinenzesten unterlegt. Komplex, schwarze Beeren, dunkle Kirschen, mineralisch, feine Tannine, salziges Finish, zarte Fruchtsüße im Nachhall, ein Hauch von Brombeeren im Rückgeschmack.

(93) Blaufränkisch Selection 2019
14 Vol.-%, NK, 500-l-Fass, €€€€€ V
Tiefdunkles Rubingranat, opaker Kern, violette Reflexe, zarte Randaufhellung. Feines Kirschkonfit, reife Zwetschkenfrucht, kandierte Orangenzesten, tabakige Nuancen, schokoladiger Touch. Saftig, elegant, rotbeeriger Touch, frische Struktur, mineralisch-salzig im Abgang, gutes Potenzial.

(95) Merlot Reserve Enya Valea 2019
14 Vol.-%, NK, Barrique, €€€€€ V
Tiefdunkles Rubingranat, opaker Kern, violette Reflexe, zarte Randaufhellung. Reife Herzkirschen, frische Zwetschken, ein Hauch von Vanille, einladendes Bukett. Kräftiger Körper, dunkle Beerenfrucht, Kirschen, mineralischer Touch, feine Tannine, salziger Anklang, zitroniger Nachhall, gutes Reifepotenzial.

(95) Titan 2019 BF/CS/ME
14 Vol.-%, NK, 500-l-Fass/, €€€€€ V
Tiefdunkles Rubingranat, opaker Kern, violette Reflexe, zarte Ockerrandaufhellung. Schokoladig unterlegte Nuancen von reifen Zwetschken und Feigen, mit schwarzen Kirschen und kandierten Orangenzesten unterlegt. Komplex, saftig, feines Brombeerkonfit, tragende, gut integrierte Tannine, gute Länge, mineralischer Nachhall, sicheres Reifepotenzial.

(90) Carpo-Cuvée 2019 BF/ZW/ME
13,5 Vol.-%, DV, gebrauchte Barriques, €€ V
Dunkles Rubingranat, violette Reflexe, zarte Randaufhellung. Reife Kirschfrucht, zart nach Nougat und Zwetschken, ein Hauch von frischen Orangenzesten. Mittlerer Körper, zart nach Herzkirschen, frisch strukturiert, mineralischer Touch, feinwürziger Speisenbegleiter.

88 BZ Cuvée 2019 BF/ZW
13 Vol.-%, DV, Stahltank, €€ V

(91) Zweigelt Ried Hochberg 2019
13,5 Vol.-%, NK, 500-l-Fass, €€€ V
Tiefdunkles Rubingranat, opaker Kern, violette Reflexe, zarte Randaufhellung. Zart kräuterwürzig, feine Brombeerfrucht, zart tabakig unterlegt. Mittlere Komplexität, süße Kirschfrucht, feine Tannine, bleibt haften, ein eleganter, facettenreicher Speisenbegleiter.

89 Zweigelt Classic 2019
13 Vol.-%, DV, Stahltank, €€ V

★★★

WEINGUT FAMILIE WEBER

Die Qualität beginnt im Weingarten«, sagte sich einst Rudolf Weber, der Senior des Hauses. Die mächtigen, dichten Weine, die heute von der nächsten Generation, Helmut und Günther Weber, produziert werden, beweisen, dass Begriffe wie konsequente Ertragsbeschränkung und Rebschnitt hier keine Lippenbekenntnisse sind. Während man im Weingarten ein besonderes Augenmerk auf intensive Rebpflege legt, wird im Keller möglichst wenig in die Entwicklung der Weine eingegriffen.

Drei Viertel des Rotweinbetriebs sind mit der Leitsorte Blaufränkisch bestockt, der Rest verteilt sich auf Zweigelt, Cabernet Sauvignon, Merlot, Pinot Noir und Shiraz. Die Weine werden entweder in großen Holzfässern oder in Barriques (30 Monate) ausgebaut.

Dass man auf dem Weingut Weber ein echtes Erfolgskonzept gefunden hat, beweisen zahlreiche Auszeichnungen, darunter zwei Bundessiege und die einzigen beiden Goldmedaillen Österreichs für die Rotweinjahrgäng 1997 und 1998 in Paris sowie jede Menge Falstaff-Auszeichnungen. Bei der Rotweinprämierung im Herbst 2007 verwies man mit dem Mittelburgenland DAC Reserve 2005 in der Gruppe Blaufränkisch die Konkurrenz auf die Plätze und erreichte damit bei der Gesamtwertung auch den dritten Platz.

(92) Blaufränkisch ** 2019
13,5 Vol.-%, NK, Barrique, €€€
Tiefdunkles Rubingranat, violette Reflexe, zarte Randaufhellung. Zart nach Cassis, etwas Kräuternoten, Brombeeren, ein Hauch von Orangenschalen, mit Holzwürze unterlegt. Saftig, elegant, komplex, feinwürzig, kraftvoll, schwarze Kirschfrucht im Abgang, bleibt gut haften.

(92) Merlot 2019
14 Vol.-%, NK, Barrique, €€€€
Dunkles Rubingranat, violette Reflexe, zarte Randaufhellung. Intensiver Duft nach Brombeeren, Holzwürze, kandierte Orangenzesten, Pflaumenfrucht klingt an. Saftig, straff, feine Tabakwürze, Herzkirschen im Abgang, gutes Entwicklungspotenzial.

(91) Villa Nomine Lusman 2019 BF/ME/ZW/CS
14 Vol.-%, NK, Barrique, €€€
Dunkles Rubinrot, violette Reflexe, zarte Randaufhellung. Feine Tabakwürze, etwas Brombeeren, ein Hauch

WEINGUT FAMILIE WEBER
7361 Lutzmannsburg
Neustiftgasse 15
T: +43 (664) 5032378
info@weingut-fam-weber.at
www.weingut-fam-weber.at

Kellermeister: Helmut und Günther Weber
Kontakt: Günther Weber
Produktion: 100 % rot, 12 Hektar
Vereinszugehörigkeit: Verband Blaufränkisch Mittelburgenland
Messen: Weinmesse Innsbruck, DAC-Präsentationen

Weinberge bei Lutzmannsburg

* Mittelburgenland DAC ** Mittelburgenland DAC Reserve

von Vanille und dunklen Waldbeeren. Saftig, elegant, feine Struktur, würzig, leichtfüßig, gut eingebundene Tannine, Kräuternoten, Holznoten im Nachhall, vielseitiger Speisenbegleiter.

(90) Pinot Noir 2019
13,5 Vol.-%, DV, Barrique, €€
Mittleres Rubinrot, violette Reflexe, breiter Wasserrand. Zarter Kirschduft, etwas nach Weichseln, ein Hauch von Nougat, floraler Touch, mit Orangenzesten unterlegt. Saftig, elegant, feine Struktur, leichtfüßig wirkend, rotbeeriges Finish, bereits gut antrinkbar.

(90) Cabernet Sauvignon 2019
13,5 Vol.-%, NK, Barrique, €€€
Dunkles Rubingranat, violette Reflexe, zarte Randaufhellung. Feine Holzwürze, schwarzes Waldbeerenkonfit, ein Hauch von Brombeeren, Gewürznuancen. Saftig, elegant, gut eingebundene Säurestruktur, gut integrierte, präsente Tannine, Kirschfrucht im Abgang, bleibt gut haften.

★★★★

WEINGUT WELLANSCHITZ

BIO

Wenn man in Neckenmarkt am höchsten Abschnitt der Weingärten geradeaus über das Mittelburgenland blickt, kann man alle Weingärten der Familie Wellanschitz erkennen: in Unterpetersdorf das Alte Weingebirge, in Horitschon den Gfanger, und an klaren Tagen sieht man bis nach Raiding, wo sich die Lage Raga befindet. Ganz im Osten liegt das flache ungarische Steppenland, und sogar der südlichste Zipfel des Neusiedler Sees ist zu erkennen.
Es ist das Neckenmarkter Weingebirge mit seinen steilen Südhängen, das diesen Ausblick ermöglicht. In diesen Weingärten drängen sich die Wurzeln der Blaufränkisch-Reben schon seit vielen Jahrzehnten durch Glimmerschiefer und Granitgneis mit sandigem Lehm. Ortsüblich spricht man von der Großlage Hochberg als einem Drei-Lagen-Komplex, wobei die Einzellage Hochberg zu unterscheiden ist. Der erste Hügel ist der Spiegelberg, der als steile, flächenmäßig kleine Lage den Fuß der Großlage bildet. Ihm folgt der Bodigraben, der als Mitte angesehen werden kann und an die Einzellage Hochberg grenzt. Diese bildet schließlich auf knapp 480 Metern das Dach dieses Dreierkomplexes. Etwas östlicher, aber trotzdem nach Süden gerichtet thront der Sonnensteig, ein lang gezogener Hang, der mit einem kleinen Hochplateau endet. Zwischen der Großlage Hochberg und dem Sonnensteig liegt die nach Südwesten exponierte Lage Burgstall, eine etwas schattigere und kühlere Lage, jedoch mit demselben geologischen Ausgangsmaterial. Auf solchen Böden entstehen filigrane, elegante Weine, oft ungestüm in jungen Jahren, aber mit enormem Reifepotenzial ausgestattet.
Auf der westlichen Seite von Neckenmarkt sieht die Geologie komplett anders aus: Die Lagen Neuberg und Rüsselsgrund formen einen zarten Hang, an dessen Ausläufern die Lage Hussi als Hochplateau liegt. Der dort vorhandene Muschelkalk auf fast ausschließlich sandigen Lehmböden erinnert an den Norden des Burgenlands.
Das Zusammenwirken eines kühlenden Fichtenwaldes mit den Wärme speichernden Kalksteinen erzeugt ein Lokalklima, das burgundisch anmutende Charaktere schafft. Mit ihrem umfangreichen Blaufränkisch-Sortiment, das bei Familie Wellanschitz eine zentrale Rolle spielt, zeigt man die Unterschiede der einzelnen Lagen des Mittelburgenlands auf und leistet damit einen wertvollen Beitrag zur Erhaltung der Blaufränkisch-Tradition in der Region.

(95) Blaufränkisch Well Alte Reben 2019
13,5 Vol.-%, NK, 500-l-Fass/gr. Holzfass, €€€€€ Ⓥ
Tiefdunkles Rubingranat, violette Reflexe, zarte Randaufhellung. Zart nach Kräutern, ein Hauch von Kirschen, kandierte Orangenzesten klingen an. Saftig, elegant, Pflaumenfrucht, zart salzig im Abgang, frische Struktur, gut integrierte Tannine, vielschichtiger Speisenbegleiter mit Potenzial.

(94) Blaufränkisch Private Fass Selektion 2019
13,5 Vol.-%, NK, 500-l-Fass/gr. Holzfass, €€€€ Ⓥ
Tiefdunkles Rubingranat, opaker Kern, violette Reflexe,

WEINGUT WELLANSCHITZ
7311 Neckenmarkt
Lange Zeile 28
T: +43 (2610) 42302
info@wellanschitz.at
www.wellanschitz.at

Kellermeister: Stefan Wellanschitz, Georg Wellanschitz
Kontakt: Familie Wellanschitz
Anbauweise: Zertifiziert Biologisch (Bio Austria)
Produktion: 1 % Schaumwein, 7 % weiß, 92 % rot, 38 Hektar
Messen: ProWein Düsseldorf, VieVinum

Stefan Paul, Christine, Stefan David und Georg Wellanschitz

zarte Randaufhellung. Feine Edelholzwürze, floral unterlegte zarte Note von Herzkirsche, ein Hauch von Mandarinenzesten. Saftig, gute Komplexität, feine Fruchtsüße, reife Tannine, komplex und anhaftend, gute Balance, bereits zugänglich, sicheres Reifepotenzial.

(94) Blaufränkisch Neckenmarkter Ried Hussi 2019
13 Vol.-%, NK, 500-l-Fass/gr. Holzfass, €€€€€ V
Dunkles Rubingranat, opaker Kern, violette Reflexe, zarte Randaufhellung. Zarte Kräuterwürze, schwarze Kirschen, mit Nuancen von Zwetschken und kandierten Orangenzesten unterlegt, ein Hauch von Nougat im Hintergrund. Saftig, elegant, rote Kirschen, gut integrierte Tannine, mineralisch-salzig im Abgang, ein ausgewogener Speisenbegleiter mit Entwicklungspotenzial.

92 Blaufränkisch Neckenmarkter Fahnenschwinger 2019
13,5 Vol.-%, NK, gr. Holzfass/500-l-Fass, €€€€ V
Dunkles Rubingranat, violette Reflexe, zarte Randaufhellung. Frische Kirschen, ein Hauch von Zwetschken und Cassis, dazu etwas Nougat, einladendes Bukett. Saftig, feine Brombeerfrucht, etwas Vanille, runde Tannine, bleibt haften, bereits gut antrinkbar, zarter Schokotouch im Abgang.

91 Blaufränkisch Central 2019
13 Vol.-%, DV, großes Holzfass, €€€ V
Kräftiges Rubingranat, violette Reflexe, dezente Ockerrandaufhellung. Frische Zwetschken, mit feinen Brombeernuancen unterlegt, ein Hauch von Orangenzesten im Hintergrund. Saftig, mittlere Komplexität, feine Fruchtsüße, lebendig und gut anhaftend, ein vielseitiger Speisenbegleiter.

(93) Fraternitas 2019 BF/CS/ZW
14 Vol.-%, NK, 500-l-Fass, €€€€€ V
Tiefdunkles Rubingranat, opaker Kern, violette Reflexe, zarte Ockerrandaufhellung. Reife schwarze Kirschen, feine Edelholznuancen, einladendes Bukett. Mittlere Komplexität, rote Kirschen, straffe, gut integrierte Tannine, mineralisch-salzig, wirkt noch etwas unterentwickelt, wird von Flaschenreife profitieren.

(90) Rote Cuvée vom Hotter 2019 ME/ZW/CS/SY
13,5 Vol.-%, DV, 500-l-Fass/Barrique, €€ V
Dunkles Rubingranat, opaker Kern, violette Reflexe, dezente Ockerrandaufhellung. Feine Zwetschkenfrucht, ein Hauch von Orangenzesten, tabakige Nuancen. Mittlerer Körper, rote Kirschen, zarte Tannine, etwas Vanille im Abgang, bietet unkompliziertes Trinkvergnügen.

(93) Cabernet Sauvignon Ried Rüsselsgrund 2019
14 Vol.-%, NK, 500-l-Fass, €€€€€ V
Tiefdunkles Rubingranat, opaker Kern, violette Reflexe, zarte Randaufhellung. Tabakig-kräuterwürzig unterlegte schwarze Kirschen, ein Hauch von Cassis und Brombeeren, zartes Nougat. Saftig, elegant, frische Kirschen, finessenreich strukturiert, rotbeerig und salzig im Nachhall, gutes Potenzial.

★★★

WEINGUT JULIANA WIEDER

Die Wieders sind Weinbauern im wahrsten Sinn des Wortes. Viele Generationen waren sie Landwirte, seit den 1980er-Jahren wird auf Wein gesetzt. So wurden Äcker gegen Weingärten, Rinderhalle gegen Abfüllraum, Schweinestall gegen Barriquekeller und Heulager gegen Buschenschank getauscht. Inzwischen haben sich die Weine an der österreichischen Rotweinspitze etabliert. Georg Wieder stellt seit seiner Jugend mit großer Leidenschaft die gebietstypischen Weine her, unterstützt wird er dabei von seiner Schwester Burgi. Zusammen mit Betriebsgründerin und Mutter Juliana Wieder erkannten sie früh das Potenzial der einzelnen Rieden. In dem Bewusstsein, dass charakteristischer Wein nicht erst im Keller gemacht wird, sondern im Weingarten entsteht, sicherten sie sich die besten Lagen der Region: Spiegelberg, Bodigraben, Sonnensteig, Hochberg, Pollesgraben, Kronberg, Hussy, Kohlenberg, Hochäcker und Gfanger. Mittlerweile werden rund 42 Hektar Weingärten bearbeitet, die überwiegend 50 Jahre und älter sind. Der Blaufränkisch steht im Betrieb natürlich im Mittelpunkt und wird je nach Lage und Alter der Rebstöcke in verschiedenen Varianten ausgebaut. Aber auch andere Reben werden kultiviert: Welschriesling und Chardonnay sowie Zweigelt, St. Laurent, Merlot, Syrah, Pinot Noir und Cabernet Sauvignon stellen eine spannende Herausforderung dar. Die internationalen Rotweinsorten werden nur in ausgezeichneten Jahrgängen sortenrein abgefüllt, ansonsten runden sie die Cuvées »Georg«, »Morandus« und »Sempre« ab. Die Wieders legen nicht nur viel Wert auf Qualität, sondern stecken auch viel Herz in die Produktion. Die Bewahrung von Tradition und Natur schließen die Offenheit für Neues nicht aus. So schafft es Georg immer wieder, das Beste aus den Trauben herauszuholen.

Blaufränkisch

91 Chardonnay Ried Bodigraben 2018
13,5 Vol.-%, DV, Holzfass, €€€
Leuchtendes Goldgelb, Silberreflexe. Zart nach Biskuit, reife gelbe Birnenfrucht, ein Hauch von Mango, rauchige Schiefernuancen. Mittlerer Körper, zartes Karamell, dezente Fruchtsüße, nussiger Touch im Abgang, geröstete Ananas im Nachhall.

94 Blaufränkisch * Ried Bodigraben 2018
14 Vol.-%, NK, 500-l-Fass/Barrique, €€€€
Dunkles Rubingranat, violette Reflexe, zarte Randaufhellung. Feine Edelholzwürze, Brombeernoten, Kräuternoten, dunkles Beerenkonfit, floraler Touch, Nougat klingt an. Gute Komplexität, saftig, fruchtsüß nach Herzkirschen, frische Struktur, mineralisch-salzig, schokoladiger Nachhall, zeigt Länge und sicheres Potenzial.

94 Blaufränkisch ** 2017
14,5 Vol.-%, NK, 500-l-Fass/kleines Holzfass, €€€€€
Tiefdunkles Rubingranat, opaker Kern, violette Reflexe, zarte Randaufhellung. Reife Brombeerfrucht, Nuancen von Zwetschken, ein Hauch von Dörrobst, kandierte Mandarinenzesten. Saftig, rote Kirschen, straffe Textur, feine Säurestruktur, mineralisch, salziger Touch im Abgang, etwas Nougat im Nachhall.

92 Blaufränkisch ** Ried Kohlenberg 2018
14 Vol.-%, NK, kleines Holzfass/500-l-Fass, €€€
Tiefdunkles Rubingranat, opaker Kern, violette Reflexe, zarte Randaufhellung. Feine schwarze Kirschfrucht, etwas Kräuterwürze, ein Hauch von Zwetschken, kandierte Orangenzesten. Saftig, elegant, samtiges Tannin, rotbeerige

WEINGUT JULIANA WIEDER

7311 Neckenmarkt, Lange Zeile 76
T: +43 (2610) 42438
info@weingut-juliana-wieder.at
www.weingut-juliana-wieder.at

Kellermeister/Kontakt: Georg Wieder
Produktion: 1 % Schaumwein, 4 % weiß, 1 % rosé, 94 % rot, 42 Hektar
Zertifiziert: Nachhaltig Austria
Vereinszugehörigkeit: Verband Blaufränkisch Mittelburgenland, WBV Neckenmarkt
Messen: ProWein Düsseldorf, VieVinum, DAC-Präsentationen, Wein Burgenland Präsentationen

Ried Pollesgraben in Neckenmarkt

Nuancen im Abgang, Noten von Herzkirschen, fruchtsüß, lebendiger Nachhall, vielseitig einsetzbar.

92 Blaufränkisch ** Glimmerschiefer 2018
14 Vol.-%, DV, 500-l-Fass, €€€€
Dunkles Rubingranat, violette Reflexe, zarte Randaufhellung. Feine schwarze Beerenfrucht, ein Hauch von Lakritze, floraler Touch, mineralischer Anklang. Stoffig, zart nach Cassis, feine Fruchtsüße, gut integrierte Tannine, etwas Nougat im Nachhall, saftig und gut anhaftend, ein eleganter Speisenbegleiter mit Reifepotenzial.

91 Blaufränkisch Fahnenschwinger 2018
13,5 Vol.-%, DV, gebr. Barriques/großes Holzfass, €€
Kräftiges Rubingranat, violette Reflexe, breitere Randaufhellung. Frische Beerenfrucht, ein Hauch von Lakritze, Nuancen von Brombeeren, frische Orangenzesten. Mittlerer Körper, rotbeeriger Touch, Kirschen, dezente Fruchtsüße, mineralisch im Abgang, frischer Speisenbegleiter.

93 Morandus 2017 BF/CS/ME/ZW
14 Vol.-%, NK, Barrique/500-l-Fass, €€€€
Dunkles Rubingranat, violette Reflexe, zarte Randaufhellung. Mit zarten Kräuternuancen unterlegte Cassisnote, feine schwarze Beerenfrucht, Tabakwürze klingt an. Saftig, elegant, facettenreiche Struktur, mineralisch, Holzwürze, Kirschfrucht, Schoko und Feigen im Abgang, bleibt gut haften, vielseitiger Speisenbegleiter, gutes Potenzial.

90 Georg 2018 BF/SY
14 Vol.-%, DV, Barrique, €€
Dunkles Rubingranat, opaker Kern, violette Reflexe, zarte Randaufhellung. Zart blättrig-würzig unterlegtes schwarzes Waldbeerenkonfit, ein Hauch von Lakritze, frische Orangenzesten. Mittlere Komplexität, dezente Fruchtsüße, rotbeeriger Touch, stramme Tannine, mineralisch, etwas Nougat im Nachhall, würziger Rückgeschmack.

90 da´Wida 2019 BF/ZW
13,5 Vol.-%, DV, großes Holzfass, €€€
Dunkles Rubingranat, violette Reflexe, zarte Randaufhellung. Frische schwarze Kirschen, zartes Brombeerkonfit, Orangenzesten klingen an, feine tabakige Würze. Saftig, rotbeerig, lebendige Struktur, rote Kirschen, dezente Fruchtsüße im Abgang, vielseitig einsetzbar.

92 Zweigelt Reserve 2017
14 Vol.-%, NK, 500-l-Fass/kleines Holzfass, €€€
Tiefdunkles Rubingranat, opaker Kern, violette Reflexe, zarte Randaufhellung. Dunkle Kirschfrucht, etwas Brombeeren, Kräuternuancen, Kardamom und Nougat klingen an. Straff, saftig, tragende Tanninstruktur, etwas Zwetschke, feinwürzig, wird von Flaschenreife profitieren, würziger Speisenbegleiter, brauch noch Zeit.

Nördlich und östlich des Neusiedler Sees befindet sich die Region, die dem zweitgrößten Steppensee Europas ihren Namen verdankt und vor allem für Rot- und Süßweine prädestiniert ist

BURGENLAND
NEUSIEDLERSEE DAC

Bei Illmitz gibt es zahlreiche kleinere und größere salzhaltige Lacken, die ein einzigartiges Klima erzeugen

VIELFALT DES ZWEIGELTS UND GROSSE SÜSSWEINE

Auf 6675 Hektar Rebfläche reift an den Ufern des flachen Steppensees eine Sortenvielfalt in Weiß, Rot und Süß heran – von frischen Weinen über Gehaltvolles und Aromatisches bis zu den weltberühmten Süßweinen, die ab dem Jahrgang 2020 die Bezeichnung Neusiedlersee DAC tragen dürfen. Dabei ist in den letzten Jahren insbesondere die Vielfalt des Zweigelts immer mehr in den Vordergrund getreten, der schon seit 2012 als Neusiedlersee DAC bezeichnet werden darf.

Mit 1812 Hektar stellt der Zweigelt hier die Hauptsorte dar. Für den klassischen Neusiedlersee DAC kommt er wenige Monate nach der Ernte auf den Markt, bei der Reserve-Kategorie erfolgt der Ausbau im Holz, und der Wein wird zumindest ein Jahr später gefüllt. Sonne pur können die Reben in den weitläufigen geschlossenen Weingärten speichern. Das voll wirksame pannonische Klima mit seinen heißen, trockenen Sommern und kalten Wintern sorgt gemeinsam mit dem Neusiedler See als Temperaturregler für eine lange Vegetationsperiode. Hohe Luftfeuchtigkeit und herbstliche Nebeleinfälle begünstigen die hier regelmäßig auftretende Edelfäule (Botrytis cinerea) als Basis für höchste Prädikatsweine wie Beerenauslesen und Trockenbeerenauslesen. Diese Spezialitäten haben wesentlich dazu beigetragen, dass der im Vergleich zu traditionsreicheren österreichischen Weinbaugebieten noch relativ junge Seewinkel in der ganzen Welt bekannt wurde. Ab dem Jahrgang 2020 wird diesem Ruf mit der Einführung in die DAC-Pyramide Rechnung getragen. Die sehr differenzierte Bodenstruktur – von Löss und Schwarzerde bis zu Schotter und Sand – lässt eine ebenso vielfältige Rebsortenpalette gedeihen. Sind es beim Weißwein neben der Leitsorte Welschriesling vor

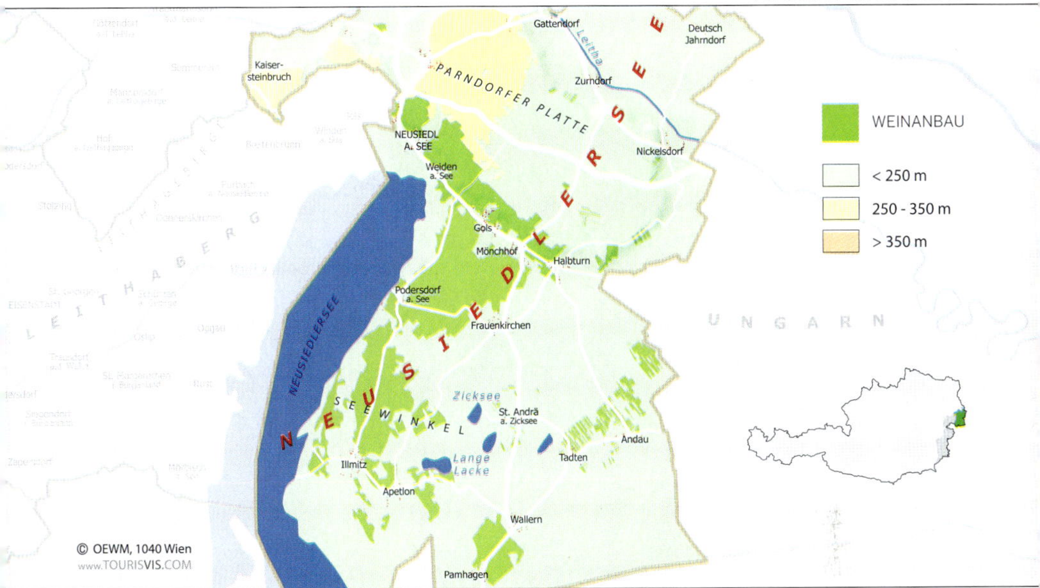

allem Weißburgunder und Chardonnay sowie aromatische Sorten, so steht im roten Segment der Blaue Zweigelt an der Spitze, begleitet von Blaufränkisch, St. Laurent und Blauburgunder sowie internationalen Zuwanderern. Ob fruchtcharmant ausgebaut, im Holzfass oder Barrique gereift, ob reinsortig oder als Cuvée: Die Rotweine vom Neusiedler See sind eindeutig auf Erfolgskurs. Einen wahren Genussfeldzug hat auch die regionale Gastronomie gestartet, die mit einer spannenden Kombination aus kreativer, moderner Küche und bodenständigen Produkten punktet. Gemüsespezialitäten, Fisch oder alte Rinderrassen bereichern die Speisekarten, kongenial begleitet von passenden Weinen für jeden Geschmack.

Als Ausgleich zum weinkulinarischen Verwöhnprogramm bieten sich Radtouren, Reiten oder Wassersport an, auch die Auswahl an Gästezimmern in jeder Kategorie lässt keine Wünsche offen – von Neusiedl am See, Gols und Mönchhof am Nordufer über Podersdorf, Illmitz, Apetlon und Pamhagen im Süden bis nach Wallern, Tadten, St. Andrä, Andau oder Frauenkirchen im Osten des Gebiets.

AUSGEWÄHLTE WEINGÜTER

>

★★★★★

Weingut Paul Achs, Gols
Weingut Gernot und Heike Heinrich, Gols
Weinlaubenhof Kracher, Illmitz
Weingut Anita und Hans Nittnaus, Gols
Weingut Pöckl, Mönchhof

★★★★

Weingut Juris, Gols
Weingut Pittnauer, Gols
Weingut Scheiblhofer, Andau
Schwarz Wein, Andau
Hans Tschida – Angerhof, Illmitz

★★★

Weingut Werner Achs, Gols
Allacher Vinum Pannonia, Gols
Weingut Zur Dankbarkeit, Podersdorf am See
Weingut Robert Goldenits, Tadten
Weingut Andreas Gsellmann, Gols
Weingut Haider, Illmitz
Weingut Horvath, Gols
Weingut Markus Iro, Gols
Weingut Leitner, Gols
Weingut Münzenrieder, Apetlon
Weingut PMC Münzenrieder, Apetlon
Weingut Gebrüder Nittnaus, Gols

< AUSGEWÄHLTE WEINGÜTER

★★★
Weingut Helmut Preisinger, Gols
Weingut Hannes Reeh, Andau
Weingut Salzl – Seewinkelhof, Illmitz
Weingut Horst und Georg Schmelzer, Gols
Zantho, Andau

★★
A-Nobis, Zurndorf
Weingut Amsee, Gols
Weingut Thomas Hareter, Weiden am See
Weingut Keringer, Mönchhof
Weingut Jacqueline Klein, Andau
Weingut Erich Sattler, Tadten
Weingut Gernot Schuhmann, Gols
Weingut Wurzinger Josef & Pia, Tadten
Weingut Ziniel, St. Andrä am Zicksee

★
Bio-Weingut Bernthaler + Bernthaler, Gols
Weingut Alexander Egermann, Illmitz
Weingut Kracher und Sohm, Illmitz
Schaller vom See, Podersdorf am See
Weingut Fabian Sloboda, Podersdorf am See
Weingut Unger, Halbturn

—
Domaine Andau, Andau

★★

A-NOBIS SEKTKELLEREI NORBERT SZIGETI

A-NOBIS – dahinter stehen Norbert und Birgit Szigeti mit ihrem hochmotivierten Team aus Mitarbeitern und Partnern. Die mehr als drei Jahrzehnte lange Erfahrung von Norbert Szigeti rund um höchstwertige Versektung bildet das Fundament – die tragenden Säulen sind die hoch geschätzten Mitarbeiter, Partner und Gastronomen. Sekte mit originärem Geschmacksprofil und klarer Herkunft sind die mit großer Freude gelebte Berufung. Das Unternehmerehepaar eröffnete im September 2020 im burgenländischen Zurndorf eine der modernsten und innovativsten Sektkellereien Österreichs.

93 Cuvée 1217 Blanc de Blanc extra brut 2018 CH/WR
12,5 Vol.-%, NK, großes Holzfass, €€€€€ Ⓗ
Helles Grüngelb, Silberreflexe, feines, lebendiges Mousseux. Feine Pfirsichnoten, Orangenzesten, ein Hauch von Birnen, zart nach Toast, floraler Touch, mit Limetten unterlegt. Saftig, elegant, lebendige Säurestruktur, weißes Kernobst, Zitrusnuancen auch im Finish, ein vielseitiger Speisenbegleiter, der mit Lebendigkeit glänzt.

93 Cuvée 1217 extra brut 2018 CH/PN/SL/BF
13 Vol.-%, NK, großes Holzfass, €€€€€ Ⓗ
Helles Goldgelb, Silberreflexe, feines, vitales Mousseux. Zart nach Biskuit, weißes Kernobst, mineralischer Touch, ein Hauch von Holz im Hintergrund. Komplex, saftig, angenehme Fruchtsüße, cremiger Stil, elegant und anhaftend, ein stoffiger Speisenbegleiter mit fruchtig-süßem Nachhall.

92 Chardonnay brut 2018
13,5 Vol.-%, NK, Stahltank, €€€€ Ⓗ
Mittleres Gelbgrün, lebendiges, zartes Mousseux. Gelbe Tropenfrucht, etwas Ananas, zart nach Kräutern, Clementinenzesten. Straff, feine Struktur, Fruchtsüße nach Birnen, lebendige Säurestruktur, Maracuja im Abgang, salzig im Nachhall, trinkanimierender Stil.

92 Muskat Ottonel brut 2019
12,7 Vol.-%, NK, Stahltank, €€€€ Ⓗ
Helles Gelbgrün, Silberreflexe, zartes Mousseux. Feine weiße Tropenfrucht, ein Hauch von Maracuja, Limetten und Muskatnuss. Saftige Tropenfrucht, frisch strukturiert, angenehmes Säurespiel, zitroniger Touch, Limetten und Ingwer im Nachhall, feiner Sommerwein.

A-NOBIS SEKTKELLEREI NORBERT SZIGETI

2424 Zurndorf
Am Eichenwald 3
T: +43 (2173) 20899
sekt@a-nobis.at
www.a-nobis.at

Kellermeister: Norbert Szigeti
Kontakt: Dipl. Ing. Birgit Szigeti
Messen: Wein Burgenland Präsentationen

Birgit und Norbert Szigeti mit Peppo

92 Ⓢ **Cuvée 1217 Blanc de Noir extra brut 2018**
12,5 Vol.-%, NK, großes Holzfass, €€€€€ Ⓗ
Zartes Altrosa, Silberreflexe, feines, anhaltendes Mousseux. Dezentes Bukett, ein Hauch von Kirschen, weiße Frucht, feines Himbeerkonfit im Hintergrund, zitroniger Touch. Mittlere Komplexität, zarter Stil, frisch, rotbeerig, mineralischer Nachhall, vielseitig einsetzbar.

92 Ⓢ **Cuvée 1217 Rosé extra brut 2018 PN/SL/BF/ZW**
12,8 Vol.-%, NK, großes Holzfass, €€€€€ Ⓗ
Helles Lachsrosa, Orangereflexe, feines Mousseux. Feine Zitruszesten, etwas Wiesenkräuter, rote Beerenfrucht, Quitte klingt an. Mittlere Komplexität, kraftvoll, lebendige Säurestruktur, etwas tabakig, Himbeertouch im Abgang, mineralisch im Nachhall, guter Speisenbegleiter.

★★★★★

WEINGUT PAUL ACHS

BIO

Der Golser »Pannobile«-Winzer Paul Achs ist mit der Ernte 1991 voll in den elterlichen Betrieb eingestiegen: Schon vier Jahre später wurde er als »Falstaff Winzer des Jahres« ausgezeichnet. Seither ist aus dem einst dem Weißwein verschriebenen Betrieb, der seit jeher Tradition mit moderner Kellertechnologie verbindet, ein Produzent ausgezeichneter Rotweine geworden. Mittlerweile hat der Rotweinanteil bereits 90 Prozent erreicht.

Paul Achs produziert keine Show-Weine, er setzt auf Eleganz und Finessenreichtum. Der größte Teil der Weine wird in Barriques ausgebaut. Das gilt sowohl für Chardonnay und Sauvignon Blanc als auch für die Rotweinspezialitäten – von Pinot Noir über Blaufränkisch »Ungerberg« bis hin zur Cuvée »Pannobile«.

Als Voraussetzung für höchste Qualität wird eine extreme Erntebeschränkung auf maximal 3000 Kilogramm Trauben pro Hektar angesehen – Bemühungen, die sich längst ausgezahlt haben, denn heute zählen die Weine von Paul Achs zu den besten in der österreichischen Rotweinszene, was auch die jährlichen Falstaff-Rotweinprämierungen belegen: Die Weine von Paul Achs sind immer im absoluten Spitzenfeld zu finden.

93 Chardonnay Alte Reben 2019
14 Vol.-%, NK, 500-l-Fass/gebr. Barriques, €€€€€ B V
Helles Grüngelb, Silberreflexe. Mit feiner Walnussnote unterlegte feine gelbe Tropenfrucht, zart reduktive Würze, einladendes Bukett. Saftig, gute Komplexität, ein Hauch von Nougat und Feuerstein, Pfirsich im Abgang, feiner Karamelltouch im Rückgeschmack, zeigt gut Länge und Balance.

91 Chardonnay 2020
13 Vol.-%, DV, Stahltank/großes Holzfass, €€ B V
Helles Gelb mit zarten Kupferreflexen. Zarte Wiesenkräuter, ein Hauch von Gewürzen, nussig unterlegte Apfelfrucht. Mittlerer Körper, weiße Apfelfrucht, frisch strukturiert, feine gelbe Fruchtnuancen im Nachhall, wirkt leichtfüßig, bleibt haften, bereits gut antrinkbar.

90 Rosé 2020 BF/SL
11,5 Vol.-%, DV, Edelstahl, €€ B V
Helles Lachsrosa, Silberreflexe. Feines rotes Waldbeerenkonfit, zart nach Erdbeeren und etwas Pfirsich, mit floralen Noten unterlegt. Leichtfüßig, feinfruchtig, rote Kirschen, zartes Säurespiel, ein lebendiger Sommerwein.

95 Blaufränkisch Ried Altenberg 2018
14,5 Vol.-%, NK, Barrique/gebr. Barriques, €€€€€ B V
Dunkles Rubingranat, violette Reflexe, zarte Ockerrandaufhellung. Florale Nuancen, ein Hauch von Cassis, schwarze Waldbeeren, zarter Holzkuss, facettenreiches Bukett. Saftig, elegant, feine Fruchtsüße, gut integrierte, reife Tannine, zarter Nougattouch, gute Länge, ein Hauch von Feigen im Nachhall, ein vielseitiger, bereits gut antrinkbarer Speisenbegleiter.

WEINGUT PAUL ACHS
7122 Gols, Neubaugasse 13
T: +43 (2173) 2367
office@paul-achs.at
www.paul-achs.at

Kellermeister/Kontakt:
Paul Achs
Anbauweise: Biodynamisch (respekt)
Produktion: 100.000 Flaschen
20 % weiß, 80 % rot, 27 Hektar
Vereinszugehörigkeit:
Pannobile, Renommierte Weingüter Burgenland, Tu Felix Austria
Messen: ProWein Düsseldorf, VieVinum

95 Blaufränkisch Ried Ungerberg 2019
13,5 Vol.-%, NK, gebrauchte Barriques, €€€€€ B
Dunkles Rubingranat, opaker Kern, violette Reflexe, zarte Randaufhellung. Zarte Edelholzwürze, schwarze Kirschen, feines Waldbeerenkonfit, kandierte Orangenzesten, etwas Nougat. Saftig, gute Frische, finessenreich strukturiert, Kirschen im Abgang, salzige Mineralik, gute Länge, sicheres Reifepotenzial.

94 Blaufränkisch Ried Spiegel 2019
13,5 Vol.-%, NK, gebrauchte Barriques, €€€€€ B V
Dunkles Rubingranat, opaker Kern, violette Reflexe, zarte Randaufhellung. Attraktive schwarze Fruchtnuancen, feines Cassis, schwarze Kirschen, feine Edelholzwürze. Reife Kirschen, zart süße Textur, reife Tannine, Brombeerkonfit im Abgang, mineralischer Nachhall, balancierter, gut anhaftender Stil.

(93) Blaufränkisch Edelgrund 2020
13 Vol.-%, DV, gr. Holzfass/gebr. Barriques, €€€ B V
Kräftiges Rubingranat, violette Reflexe, zarte Randaufhellung. Nuancen nach Goudron, kräuterwürziger Touch, feuchte Steine, reife Kirschen, mit einem Hauch von Zwetschken und Orangenzesten unterlegt. Straff, engmaschig, feine Herzkirschfrucht, gut integrierte Tannine, angenehme Würze im Abgang, frischer Nachhall, gutes Reifepotenzial.

94 Syrah 2019
14 Vol.-%, NK, gebrauchte Barriques, €€€€€ V
Tiefdunkles Rubingranat, opaker Kern, violette Reflexe, zarte Randaufhellung. Zarte Kräuterwürze, tabakige Nuancen, ein Hauch von Lakritze und Cassis, facettenreiches Bukett. Saftig, extraktsüß, reife Kirschen, etwas Kardamom, pfeffriger Touch im Abgang, stoffig und mit Länge ausgestattet.

94 Pinot Noir Reserve Selektion P 2019
13 Vol.-%, NK, gebrauchte Barriques, €€€€€ B V
Kräftiges Karmingranat, Ockerreflexe, breitere Randaufhellung. Feines floral unterlegtes rotes Waldbeerenkonfit, attraktives Bukett, Nuancen von Himbeeren und Hibiskus. Saftig, frisches rotes Beerenkonfit, gut integrierte Tannine, zart nach Nougat im Abgang, gute Länge, sicheres Reifepotenzial.

93 Pannobile 2019 BF/ZW
13,5 Vol.-%, NK, gebrauchte Barriques, €€€€€ B V
Dunkles Rubingranat, opaker Kern, violette Reflexe, zarte Randaufhellung. Zarte Nuancen von Herzkirschen, feiner Brombeertouch, etwas zurückhaltendes Bukett, ein Hauch von Tabak. Saftig, elegant, feine Fruchtsüße, reife Tannine, schokoladiger Touch, zart nussig, bereits gut antrinkbar.

89 Lust & Leben 2019 BF/ZW/SL
12,5 Vol.-%, DV, großes Holzfass, €€€ V

(92) Zweigelt Alte Reben 2020
12,5 Vol.-%, DV, Stahltank/gebr. Barriques, €€€ B V
Dunkles Rubingranat, violette Reflexe, zarte Randaufhellung. Rauchig, reduktive Würze, dunkle Mineralik, schwarze Beerenfrucht, pfeffriger Touch. Saftig, Noten von Cassis und Brombeeren, feine, gut integrierte Tannine, salziger Touch, bleibt gut haften, pikanter Stil.

(90) Zweigelt 2020
13 Vol.-%, DV, großes Holzfass, €€ B V
Dunkles Rubingranat, violette Reflexe, zarte Randaufhellung. Kräuterwürzig unterlegtes Brombeerkonfit, schwarze Herzkirschen, tabakige Nuancen. Mittlerer Körper, zart nach Cassis, rotbeerige Noten, frisch strukturiert, salzig-mineralisch im Abgang.

91 St. Laurent 2019
12,5 Vol.-%, DV, großes Holzfass, €€€ B V
Dunkles Rubingranat, violette Reflexe, zarte Randaufhellung. Zart nach Amarenakischen und Bergamotte, mit dunklen Waldbeeren unterlegt, zarte Kräuterwürze. Mittlerer Körper, rote Kirschen, feine Tannine, frisch strukturiert, mineralischer Abgang, bietet leichtfüßiges Trinkvergnügen.

★★★

WEINGUT WERNER ACHS

Den Weg zum Wein fand Werner Achs über Alois Kracher, den er während seiner Schulzeit zu internationalen Messeveranstaltungen begleitete. Die dort entstandenen Kontakte nützte er, um einige Zeit in Frankreich und Italien zu verbringen. Ab diesem Zeitpunkt war eines für ihn klar: Er wollte Wein machen – und an diesem Ziel sollte er festhalten.
Das Weingut wurde im Jahr 2000 mit 1,27 Hektar gegründet, seit 2011 stehen Weinparzellen mit etwas mehr als 14 Hektar im Ertrag. Werner Achs' Weinsortiment ist sehr gestrafft und setzt sich aus dem klassischen Zweigelt vom Goldberg und der Cuvée »XUR«, die nur aus autochthonen Sorten besteht, zusammen.
Die Beschränkung auf nur zwei Weine – bzw. in besonders guten Weinjahren auf drei, denn in solchen kommt die Top-Cuvée »Werner Achs Reserve« hinzu – drückt jene Klarheit aus,

WEINGUT WERNER ACHS
7122 Gols
Goldberg 5
T: +43 (2173) 23900
kontakt@wernerachs.at
www.wernerachs.at

Kellermeister/Kontakt:
Werner Achs
Produktion: 100 % rot, 14.5 Hektar

Golser Ungerberg

die fasziniert: Weniger ist mehr. Am besten zum Ausdruck kommt das mit 100 Falstaff-Punkten, die Werner Achs im letzten Herbst für seinen Reservewein erzielt hat. Die Reduktion auf wenige Weine ermöglicht ihm ganz klar eine Fokussierung auf das Wesentliche.

(96) Werner Achs Reserve 2018 BF/ME
14 Vol.-%, NK, Barrique, €€€€€€
Dunkles Rubingranat, opaker Kern, violette Reflexe, dezenter Wasserrand. Feine Holzwürze, Nuancen von Cassis und Vanille, Brombeeren und ein Hauch von Lakritze, etwas Nougat. Saftig, elegant, reife dunkle Beerenfrucht, feinwürzige Tannine, schokoladiger Abgang, gute Länge, sicheres Reifepotenzial.

(94) Xur 2019 BF/ZW/SL
14 Vol.-%, NK, Barrique, €€€€€
Tiefdunkles Rubingranat, opaker Kern, zarter Wasserrand. Feine Edelholzwürze, frische Brombeerfrucht, Cassis, schwarze Kirschen, ein Hauch von Vanille, etwas Nougat. Komplex, straff, dunkle Kirschen, feine Röstaromen, mineralisch, Nuancen von Karamell im Abgang, gute Länge, wird von Flaschenreife profitieren.

(92) Blauer Zweigelt Goldberg 2020
13,5 Vol.-%, DV, Teilbarrique, €€
Tiefdunkles Rubingranat, opaker Kern, violette Reflexe, zarte Randaufhellung. Reife Zwetschken, ein Hauch von Feigen, schokoladig, angenehme Holzwürze. Komplex, reife Kirschen, zart nach Nougat und Vanille im Abgang, bereits zugänglich, ein facettenreicher Speisenbegleiter.

★★★

ALLACHER VINUM PANNONIA

Der Rebstock steht am Anfang – die Liebe davor. Seit jeher arbeitet die Familie Allacher im Einklang mit der Natur und versucht, die Elemente nicht zu bändigen, sondern mit ihnen zu leben und sie zu ihrem Vorteil zu nutzen. Um Wein erzeugen zu können, muss man die Natur und ihre Launen lieben. Die Jahreszeiten kennzeichnen den Fortlauf des Lebens und erinnern an die Vergänglichkeit des Seins.

Die Freude am Wein, etwas mit den eigenen Händen zu schaffen, das so wunderbar und einzigartig ist, motiviert die Allachers jeden Tag dazu, in die Rieden zu gehen und die Rebstöcke zu pflegen. Die Weinlese verstehen sie als den Dank der Natur an den Menschen: Er erntet, was er ein Jahr lang gezogen und gepflegt hat. Es ist die Traube, die zu neuen, speziellen Kreationen anregt und immer wieder neue Lust fördert. Mannigfaltige Prämierungen bestärken das Weingut in seiner Arbeit und seinem Wirken.

Die Allachers erzeugen eine breite Palette an Weinen – von trockenen Weißweinen über Rotweine bis hin zu edelsüßen Dessertweinen. Speziell mit den Rotweinen hat sich der Golser Betrieb einen sehr guten Ruf erworben, der Zweigelt aus der Spitzenlage Salzberg ist etwa immer unter den besten Sortenvertretern zu finden.

92 Chardonnay Reserve Ried Altenberg 2019
13,5 Vol.-%, VL, Barrique, €€€
Helles Goldgelb, Silberreflexe. Feine Holzwürze, mit gelber Tropenfrucht unterlegt, ein Hauch von Blütenhonig, einladendes Bukett. Zart nussig unterlegte Mangofrucht, saftig und cremig, gelber Pfirsich, helles Nougat, bleibt haften, gutes Entwicklungspotenzial.

90 Chardonnay 2020
13 Vol.-%, DV, Stahltank, €€
Helles Gelbgrün, Silberreflexe. Zart nach weißem Apfel, ein Hauch von Birnen, dezenter Blütenhonig, mit Limetten unterlegt. Saftig, elegant, zart nach gelbem Pfirsich, frisch strukturiert, mineralisch-zitronig im Nachhall.

91 Sauvignon Blanc 2020
12,5 Vol.-%, DV, Stahltank, €€
Helles Gelbgrün, Silberreflexe. Frische Stachelbeeren, ein Hauch von weißen Blüten, zart nach Paprikaschoten, Limettentouch. Saftig, elegant, feine Fruchtsüße nach Passionsfrucht, frisch strukturiert, mineralisch und anhaftend, ein vielseitiger Speisenbegleiter.

ALLACHER
VINUM PANNONIA

7122 Gols, Salzbergweg 4
T: +43 (2173) 3380
wein@allacher.com
www.allacher.com
Kellermeister/Kontakt:
Michael Allacher
Produktion: 40 % weiß, 60 % rot,
32 Hektar
Vereinszugehörigkeit:
Neusiedlersee DAC
Messen: Dornbirner Frühjahrs- und Herbstmesse, fafga Innsbruck, ProWein Düsseldorf, Vinalia, Vinobile Feldkirch, Weinmesse Innsbruck, DAC-Präsentationen, Wein Burgenland Präsentationen

Weingut Allacher

92 Zweigelt ** Ried Salzberg 2018
14,5 Vol.-%, VL, Barrique, €€€€€
Tiefdunkles Rubingranat, opaker Kern, violette Reflexe. Kräuterwürze, etwas Tabakwürze unterlegt schwarzes Waldbeerenkonfit, zart nach Lakritze, schokoladiger Touch. Kraftvoll, elegant, komplex, fruchtsüß, reife Tannine, Nuss-Nougat-Noten, anhaftend im Abgang, Brombeernoten im Nachhall, vielseitig einsetzbar.

93 Imperium 2018 ME/CS
14,5 Vol.-%, VL, Barrique, €€€€€
Tiefdunkles Rubingranat, violette Reflexe, schwarzer Kern, zarte Randaufhellung. Reife Kirschfrucht, Vanilletouch, etwas nach Brombeeren, floraler Touch. Saftig, gute Komplexität, feine Extraktsüße, Nougattouch im Abgang, reife Waldbeerenfrucht, tabakiger Nachhall, guter Speisenbegleiter.

92 Altenberg 2018 CS/SL/ME
14,5 Vol.-%, VL, Barrique, €€€€€
Dunkles Rubingranat, violette Reflexe, zarte Randaufhellung. Mit etwas Hibiskus unterlegte dunkle Beerenfrucht, etwas nach Kirschen, Cassis klingt an. Mittlere Komplexität, kraftvoll, würzig, kraftvoll im Abgang, präsentes Tannin, Beerenfrucht im Nachhall, wird von Flaschenreife profitieren.

91 All Red 2020 ZW/ME
14 Vol.-%, VL, gebrauchte Barriques, €€€
Dunkles Rubingranat, violette Reflexe, zarte Randaufhellung. Feine Holz-Kräuter-Würze, etwas nach Pflaumen, ein Hauch von Kirschfrucht. Saftig, elegant, feine dunkle Beerenfrucht, samtig, feine Struktur, bleibt gut haften, unkomplizierter Speisenbegleiter.

90 Cuvée Gérard 2018 ZW/BF
14,5 Vol.-%, VL, Barrique, €€€
Dunkles Rubingranat, violette Reflexe, zarte Randaufhellung. Mit Zartbitterschokolade unterlegtes dunkles Beerenkonfit, Kräuternuancen, etwas nach Vanille, zarte Kardamomnoten. Saftig, kraftvoll, feine Holzwürze, etwas Brombeere, Vanille auch im Abgang, guter Speisenbegleiter.

92 Merlot 2018
15 Vol.-%, VL, Barrique, €€€
Dunkles Rubingranat, violette Reflexe, zarte Randaufhellung. Nuancen von Lakritze, dunkles Waldbeerenkonfit, ein Hauch von frischen Herzkirschen, etwas Vanille. Komplex, saftig, elegant, feine Edelholzwürze, dunkle Beerenfrucht, mineralischer Nachhall, Nougat im Rückgeschmack, bereits gut antrinkbar.

91 St. Laurent Ried Apfelgrund 2019
14 Vol.-%, VL, Barrique, €€€
Tiefdunkles Rubingranat, opaker Kern, violette Reflexe, zarter Wasserrand. Zarte schwarze Beerenfrucht, Herzkirschen, unterlegt mit Kräutern, ein Hauch von kandierten Orangenschalen. Saftig, elegant, feiner Nougattouch, zarte Tanninstruktur, würzige Nuancen, dunkle Beerenfrucht im Abgang, bleibt gut haften.

★★

WEINGUT AMSEE

Franz Pirker, Neowinzer und ehemaliger Manager im Bereich der Elektromobilität, ist ein langjähriger Freund von Winzer Helmut Preisinger aus Gols. Schon lange schlummerte in ihm der Traum vom eigenen Wein, den er 2012 gemeinsam mit Helmut Preisinger verwirklichte. Mittlerweile hat das Weingut mit vielen Auszeichnungen auf sich aufmerksam gemacht und ist ein Geheimtipp für Weinliebhaber.
Nach dem Motto »Freude am Wein und Genuss« werden nur sortenreine Weine von höchster Qualität mit charakteristischer Frucht erzeugt. Dafür wurden nur ausgesuchte Lagen mit den passenden Rebsorten gewählt, denn Lage und Rebe müssen harmonieren, damit die gewünschte Charakteristik erreicht werden kann. Alle Trauben werden selektioniert, von Hand gelesen und schonend verarbeitet. Aufwendige Produktionsmethoden tragen wesentlich zum unverkennbaren fruchtigen Geschmack der Weine bei: Kirsche, Brombeere, Banane, Vanille, Schokolade und vieles mehr lassen sich in den Weinen finden.

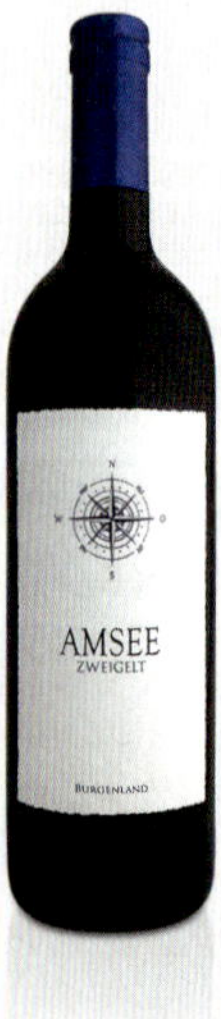

WEINGUT AMSEE
7122 Gols
Neubaugasse 19
T: +43 (664) 75038676
office@wein-amsee.at
www.wein-amsee.at

Kellermeister: Helmut Preisinger
Kontakt: Franz Pirker und Helmut Preisinger
Produktion: 5 % weiß, 95 % rot

(93) Blaufränkisch V36 2018
14,5 Vol.-%, VL, Barrique, €€€€€
Dunkles Rubingranat, violette Reflexe, zarte Randaufhellung. Feine schwarze Kirschfrucht, zart nach Lakritze, frische Mandarinenzesten, einladendes Bukett. Saftig, mit feiner Holzwürze unterlegte schwarze Kirschfrucht, gute Frische, salziger Touch im Abgang, etwas Nougat im Nachhall, sicheres Reifepotenzial.

(93) Cabernet Sauvignon Alter Satz 2018
14,5 Vol.-%, VL, Barrique, €€€€€
Dunkles Rubingranat, opaker Kern, violette Reflexe, zarte Randaufhellung. Mit einem Hauch von Schokolade unterlegte schwarze Waldbeerenfrucht, ein Hauch von Zedernholz, kandierte Mandarinenzesten. Saftig, gute Komplexität und Frische, süße Kirschfrucht, feines Nougat im Abgang, bleibt haften, feinwürziger Nachhall.

(91) Cabernet Franc 2019
14,5 Vol.-%, VL, gebrauchte Barriques, €€€€
Dunkles Rubingranat, violette Reflexe, zarte Randaufhellung. Zarte Kräuterwürze, ein Hauch von Feigen und reifen Zwetschken, zart nach Nougat und Heidelbeeren. Saftig, elegante Textur, reife Frucht, feine Säure, mineralischer Nachhall, bereits gut antrinkbar.

(90) Blauer Zweigelt 2020
13,5 Vol.-%, VL, gebrauchte Barriques, €€€
Dunkles Rubingranat, violette Reflexe, zarte Randaufhellung. Frische Zwetschken, ein Hauch von Kräuterwürze, mit feiner Brombeerfrucht unterlegt. Mittlerer Körper, reife Kirschen, frisch strukturiert, rotbeerig im Abgang, bereits gut antrinkbar, salziger Nachhall.

DOMAINE ANDAU
7163 Andau
Dammweg 1
T: +43 (2176) 2181
office@domaine-andau.at
www.domaine-andau.at

Kellermeister:
Christopher Eisinger
Kontakt: Johannes Petzer
Produktion: 40 % weiß, 3 % rosé, 55 % rot, 2 % süß, 630 Hektar
Zertifiziert: Nachhaltig Austria
Messen: ProWein Düsseldorf, VieVinum, ProWine China, ProWine Asia

Domaine Andau

DOMAINE ANDAU

Die Domaine Andau ist mit ihrer Gründung im Jahr 1959 der älteste Betrieb von Andau und mit knapp 630 Hektar Rebfläche der größte Betrieb des Burgenlandes. Knapp 80 Familien bewirtschaften die Weingärten, die sich vornehmlich in und um Andau befinden und eine große Vielfalt an verschiedenen Bodenformationen bieten. Die Weine der Domaine werden exklusiv in Andauer Rieden selektioniert. Dorfweine der heimischen Sorten Zweigelt, Blaufränkisch, Sankt Laurent sowie Grüner Veltliner und Sauvignon Blanc bilden die Basis des Sortiments. Die Weine werden schonend im Stahltank und in gebrauchten Holzfässern ausgebaut und sind charaktervolle Sortenvertreter in Rot, Weiß, Rosé und Süß. Die Spitze des Sortiments bilden ab 2021 Lagenweine von Zweigelt und Sankt Laurent, die in neuen und gebrauchten Holzfässern geschult wurden und für hochwertige und charaktervolle Vertreter ihrer Art mit Lagerpotenzial stehen. Streng begrenzte Hektarerträge, nachhaltige Bewirtschaftung und rigorose Selektion des Traubenguts garantieren eine hohe Qualität der Weine. Bei der Vinifikation wird auf schonendste Verarbeitung Wert gelegt. Das Ziel ist die Produktion von eleganten, sortentypischen Weinen, die ihre Herkunft zeigen und ausgezeichnete Speisenbegleiter sind. Die Domaine Andau ist seit vielen Jahren IFS-zertifiziert und gerade in Umstellung auf »Nachhaltig Austria«.

90 Grüner Veltliner 2020
12 Vol.-%, DV, Stahltank, €€ Ⓕ Ⓗ
Helles Grüngelb, Silberreflexe. Zart kräuterwürzig unterlegte weiße Apfelfrucht, ein Hauch von Mango und Orangenschalen. Mittlerer Körper, saftige Birnenfrucht, frisch strukturiert, bleibt haften, zitroniger Nachhall, unkomplizierter Stil.

(89) Sauvignon Blanc 2020
12 Vol.-%, DV, Stahltank, €€ Ⓕ

(89) Zweigelt Rosé 2020
12 Vol.-%, DV, Stahltank, €€ Ⓕ

91 Zweigelt 2019
13,5 Vol.-%, DV, Stahltank/Holzfass, €€ Ⓕ Ⓢ Ⓥ
Dunkles Rubingranat, violette Reflexe, zarte Ockerrandaufhellung. Schwarze Beerenfrucht, ein Hauch von Lakritze, kräuterwürziger Mandarinenzestentouch. Mittlerer Körper, feine Kirschfrucht, dezente Extraktsüße, elegant und ausgewogen, etwas Nougat, bereits antrinkbar.

89 Blaufränkisch 2018
13 Vol.-%, DV, Stahltank, €€ Ⓕ Ⓥ

★

BIO-WEINGUT BERNTHALER + BERNTHALER

BIO

Das Bioweingut Bernthaler + Bernthaler der Brüder Helmut und Herbert Bernthaler erntet regelmäßig neben Prämierungen in Österreich auch internationale Auszeichnungen, etwa in Deutschland. Der Umstieg auf zertifizierte organisch-biologische Arbeitsweise erfolgte bereits 2007 und soll die Herkunft der Weine weiter unterstreichen. Dabei setzen die Brüder Bernthaler das spezielle Potenzial alter Weingärten ein, um elegante Weine nach dem Vorbild des Burgunds zu erzielen, die sich hervorragend als Speisenbegleiter eignen.

Der Anteil an Altanlagen (über 44 Jahre) ist für die Region ungewöhnlich hoch, dazu gehören die Golser Top-Lagen Unger- und Altenberg. Der älteste Weißweingarten wurde in den 1930er-Jahren als Gemischter Satz ausgepflanzt, und bei den Rotweinen kann man auf Rebbestände aus der Zeit von 1963 bis 1976 zurückgreifen. Diese Rotweinlagen bilden die Basis für die Weine: St. Laurent »Alte Reben«, Zweigelt »Alte Reben Bonum« und »Rother« sind eine Hommage an die klassische Weinbereitung: »von der Beere zum Wein ohne Konzentration«. Die puristische Weinbereitung führte auch zu einem Chardonnay namens »Chastanie«, der in kleinen Fässern aus Kastanienholz für ein Jahr nur auf der Hefe ausgebaut wird. Für »histamingeplagte« Weinfreunde gibt es ein großes Angebot an Weinen mit einem Histamingehalt von unter 0,1 mg pro Liter (Weiß- und Rotweine). Der stete Innovationsgeist auf dem Weingut beschert dem Weinliebhaber die fünfte Weinfarbe »Gülden«. Der »Gülden« ist ein goldfarbener Wein aus Weißweintrauben, der sich geschmacklich wie ein Rotwein präsentiert und sich hervorragend als Einstieg in die Welt der »Orange Wines« eignet.

Das Weingut leistet auch einen Beitrag zum Klimaschutz: keine Bewässerung der Weingärten, Gärkühlung mit Brunnenwasser, Weinsteinstabilisierung durch natürliche Kälte sowie Mehrwegflaschen mit wasserlöslichem Etikett. Die dritte Weinfarbe »Rosé« wird verstärkt mit »Rosé von alten Reben« und einem Frizzante, der in Normal- und Kleinflaschen ausgebaut wird.

Helmut und Herbert Bernthaler

BIO-WEINGUT BERNTHALER + BERNTHALER
7122 Gols, Untere Hauptstraße 116
T: +43 (664) 9208660
bernthaler@gmx.at
www.bio-wein-bernthaler.at

Kellermeister/Kontakt: Mag. Helmut Bernthaler
Anbauweise: Zertifiziert Biologisch (Bio Austria)
Produktion: 50.000 Flaschen
5 % Schaumwein, 45 % weiß,
5 % rosé, 40 % rot, 5 % süß,
10 Hektar
Vereinszugehörigkeit: Austria Bio Garantie
Messen: Wein Burgenland Präsentationen

(91) Gülden Alte Reben 2019 GV/CH/WB/SB
13,5 Vol.-%, DV, kleines Holzfass, €€€ B I
Leuchtendes Goldgelb, Silberreflexe. Kräuterwürzig unterlegte reife gelbe Tropenfrucht, ein Hauch von Honig und kandierten Mandarinenzesten. Saftig, reife Quitten, gelber Apfel, dezente Säure, mineralisch-salzig im Nachhall, trockenes Finish, ein balancierter Speisenbegleiter.

(90) Gemischter Satz Ried Ungerberg Alte Reben 2020
13 Vol.-%, DV, kleines Holzfass, €€€ B V
Helles Grüngelb, Silberreflexe. Florale Nuancen, gelbe Tropenfrucht, zart nach Ananas und Mango, ein Hauch von Blütenhonig. Mittlerer Körper, gelbe Birne, dezenter Säurebogen, kalkig-mineralisch, ein bereits gut antrinkbarer Speisenwein.

88 Weißburgunder Heideboden 2020
13,5 Vol.-%, DV, Edelstahl, €€ B H

(90) Zweigelt Alte Reben 2019
13 Vol.-%, DV, gebrauchte Barriques, €€€ B V
Dunkles Rubingranat, violette Reflexe, breitere Ockerrandaufhellung. Nuancen von Brombeeren und Zwetschken, ein Hauch von Orangenzesten, mit dezenter Kräuterwürze unterlegt. Saftig, rote Kirschen, feine Tannine, mineralisch-zitronig im Abgang, ein ausgewogener, feiner Speisenbegleiter.

89 Blaufränkisch Heideboden 2020
12,5 Vol.-%, DV, Edelstahl, €€ B H

(88) Pinot Noir Heideboden 2020
13 Vol.-%, DV, Edelstahl, €€ B H

★★★

WEINGUT ZUR DANKBARKEIT

Das »Gasthaus zur Dankbarkeit« und das dazugehörige Weingut sowie der Heurige »Podersdorfer Weinstuben« blicken auf eine lange Familientradition zurück. Vom Urgroßvater aufgebaut, wurde der Betrieb über Generationen weitergegeben. Das traditionelle Handwerk wurde nicht aus den Augen verloren, und es wird weiterhin auf das Wissen von Generationen erfahrener Winzer zurückgegriffen. Josef Lentsch III übergab 2019 das Weingut in die Hände von Tochter Christine Glück. Gemeinsam mit ihrem Mann Andreas bringt sie frischen Wind in das klassische Dankbarkeits-Repertoire und führt den Betrieb nun in vierter Generation weiter. Die beiden überzeugen mit ihrer fachlichen Qualifikation, die sich ganz besonders im Ausbau und der Pflege der Weine zeigt. Das Weingut bewirtschaftet eine Rebfläche von zehn Hektar. Interessant sind vor allem der Pinot Gris und der Pinot Noir, die in guten Jahren beide auch als Prädikatsweine ausgebaut werden. Die Ried Karmarzik, unter Einheimischen »Schrammel« genannt, ist ihre Lieblingsriede. Sie liegt direkt am See Richtung »Hölle« (der tiefste Punkt Österreichs) und ist reiner heller Schwemmsand, der die klare Frucht zum Ausdruck bringt. Trotz moderater Säure sind die Weine sehr gut haltbar und harmonisch. Die Lage befindet sich mitten im Nationalpark, besonders gut gedeihen hier auch Welschriesling und Weißburgunder. 1989 wurden diese Weingärten ausgepflanzt, und seit 1998 werden aus dem dort gewachsenen Traubenmaterial jedes Jahr Prädikatsweine erzeugt. Das »Gasthaus zur Dankbarkeit«, das Christines Bruder Markus Lentsch führt, ist seit Jahrzehnten eine Institution. Seit 2016 gibt es auch Gästezimmer im so-

WEINGUT ZUR DANKBARKEIT
7141 Podersdorf am See
P. A. Winklergasse 30
T: +43 (2177) 2829
weingut@dankbarkeit.at
www.weingutzurdankbarkeit.at

Kellermeister/Kontakt:
Christine & Andreas Glück
Produktion: 40 % weiß, 30 % rot, 30 % süß, 10+2 Hektar
Messen: MondoVino, Wein Burgenland Präsentationen

genannten »Nachtquartier«, das von Christines Schwester geführt wird.

93 Pinot Gris 2019
15 Vol.-%, DV, 500-l-Fass, €€€€
Helles Goldgelb, Silberreflexe. Feine gelbe Tropenfrucht, Noten von reifer Birne, ein Hauch von Nougat und Karamell, zart mit Mango unterlegt. Komplex, saftig, feine süße Fruchtnuancen, etwas Honig im Nachhall, bleibt haften, zarte Holzwürze im Rückgeschmack, kann seine Muskulatur recht gut unter der Extraktsüße verstecken, wird von Flaschenreife profitieren.

92 Chardonnay Barrique 2019
14 Vol.-%, DV, Barrique, €€€€
Leuchtendes mittleres Goldgelb, Silberreflexe. Zart mit Vanille unterlegte feine gelbe Tropenfrucht, ein Hauch von Guaven und Ananas, feiner Blütenhonig. Saftig, elegant, feiner Touch von Melone und Mango, ausgewogen, bleibt haften, ein facettenreicher Speisenwein mit Entwicklungspotenzial.

90 Grüner Veltliner 2020
12 Vol.-%, DV, Edelstahl, €€
Helles Gelbgrün, Silberreflexe. Feine Nuancen von gelbem Apfel, zart nach Wiesenkräutern und Orangenzesten, einladendes Bukett. Leichtfüßig, feinfruchtig, lebendig strukturiert, ein Hauch von Honigmelone im Nachhall.

90 Cuvée Dankbarkeit Weiß 2019 PG/CH/PB
12 Vol.-%, DV, 500-l-Fass, €€
Mittleres Gelbgold, Silberreflexe. Feine gelbe Apfelfrucht, ein Hauch von Mango, kandierte Orangenzesten. Mittlerer Körper, feine Fruchtsüße nach reifer Ananas, ausgewogen, bleibt haften, zarte Mineralik, bietet unkompliziertes Trinkvergnügen.

89 Welschriesling 2020
11 Vol.-%, DV, Stahltank, €€

92 Pinot Noir 2017
13,5 Vol.-%, DV, 500-l-Fass, €€€€
Kräftiges Karmingranat, breitere Ockerrandaufhellung. Zart floral unterlegte dunkle Kirschfrucht, kandierte Veilchen, einladendes, gereiftes Bukett. Saftig, rotbeerig, feine Tannine, frisch und mineralisch, Rote Johannisbeeren, salziger Nachhall, ein ausgewogener Speisenbegleiter.

94 Welschriesling Trockenbeerenauslese 2019
12 Vol.-%, DV, Barrique, €€€
Mittleres Goldgelb, Silberreflexe. Kandierte Orangenzesten, gelbe Tropenfrucht, zarter Honig, dezente Kräuterwürze. Opulent, süß, reife Fruchtnuancen, zart nach Ananas und Mango, gut integrierter Säurebogen, mineralisch-salzig im Abgang, gutes Reifepotenzial.

93 Welschriesling Beerenauslese 2019
12,5 Vol.-%, DV, Holzfass, €€
Mittleres Gelbgold, Silberreflexe. Frische Birne, zarter Honig, ein Hauch von reifer Mango und kandierten Mandarinenzesten. Mittlerer Körper, weiße Tropenfrucht, gut integrierte Süße, frisch strukturiert, Pfirsich im Abgang, vielseitig einsetzbar.

★

WEINGUT ALEXANDER EGERMANN

Jungwinzer Alexander Egermann zählt zu den vielversprechenden Nachwuchstalenten im Weinbaugebiet Neusiedlersee. Die Region und auch sich selbst möglichst originell in die Flasche zu bringen, ist das erklärte Ziel für jeden Wein. Kompromisslose Arbeit im Weingarten ist eines der Leitelemente seiner Weine. Saubere Laubarbeit, entsprechende Traubenreduktion, warme Böden mit geringem Wasserspeicher sowie das pannonische Klima, geprägt durch den Neusiedler See, lassen Trauben von höchster Güte heranreifen. Diese mit Feingefühl weiterzuverarbeiten und ihnen anschließend Zeit zum Reifen zu geben macht dem jungen Winzer einfach großen Spaß.

91 Chardonnay reserve 2019
14 Vol.-%, NK, 500-l-Fass/Stahltank, €€€
Helles Goldgelb, Silberreflexe. Feine gelbe Apfelfrucht, ein Hauch von Ananas, einladendes Bukett. Saftig, reife Birnenfrucht, zarte Holzwürze, weiße Frucht im Nachhall, mineralisch und anhaftend, dezente Süße im Rückgeschmack.

92 Zweigelt ** Ried Römerstein 2018
13,5 Vol.-%, NK, Barrique, €€€€€
Dunkles Rubingranat, violette Reflexe, zarte Randaufhellung. Feine Edelholznuancen, ein Hauch von Zedern, schwarze Waldbeeren, etwas Cassis und Lakritze. Saftig, elegant, schwarze Beeren, feine Tannine, frisch strukturiert, salziges Finish, gute Länge, ein würziger Speisenbegleiter.

WEINGUT ALEXANDER EGERMANN
7142 Illmitz
Apetloner Straße 28
T: +43 (2175) 3293
wein@alexander-egermann.at
www.alexander-egermann.at

Kellermeister/Kontakt: Alexander Egermann
Produktion: 20 Hektar
Vereinszugehörigkeit: Neusiedlersee DAC
Messen: VieVinum, DAC-Präsentationen, Wein Burgenland Präsentationen

Alexander Egermann

90 Zweigelt * 2019
13,5 Vol.-%, DV, Stahltank/gebrauchte Barriques, €€
Kräftiges Rubingranat, violette Reflexe, zarte Randaufhellung. Zart kräuterwürzig unterlegte schwarze Kirschen, ein Hauch von Zwetschken, Nuancen von Kardamom. Mittlerer Körper, rotes Waldbeerenkonfit, gut integrierte Tannine, mineralisch, salziger Nachhall, bereits gut antrinkbar.

90 Merlot reserve 2019
14 Vol.-%, NK, Barrique, €€€
Dunkles Rubingranat, violette Reflexe, zarte Ockerrandaufhellung. Schwarze Herzkirschen, Nuancen von Brombeeren und Edelholz, tabakige Noten. Mittlere Komplexität, schwarzbeerig und würzig, pfeffrige Tannine, die noch fordernd sind, zart vegetal im Abgang.

90 Cabernet Sauvignon reserve 2019
13,5 Vol.-%, NK, Barrique, €€€
Dunkles Rubingranat, violette Reflexe, zarte Ockerrandaufhellung. Zarte Edelholzwürze, ein Hauch von Nougat und dunklen Beeren, mit kandierten Orangenzesten unterlegt. Saftig, mittlere Komplexität, frische Zwetschken, würzige Tannine, mineralischer Nachhall, bereits antrinkbar.

95 Mosaik Trockenbeerenauslese 2019 SÄ/WR
6,5 Vol.-%, DV, Stahltank, €€€
Mittleres Gelbgold, Messingreflexe. Intensive reife Tropenfrucht, ein Hauch von Mango und Maracuja, mit frischer Marillenkonfitüre unterlegt, feiner Honigtouch. Saftig, süß und elegant, gut integrierte Säurestruktur, vollreifer Pfirsich, seidig und bereits sehr zugänglich, sicheres Entwicklungspotenzial, grandioses Preis-Leistungs-Verhältnis.

★★★

WEINGUT ROBERT GOLDENITS

Tadten im Seewinkel ist eine kleine Weinbaugemeinde. Dort erzielt die Familie Robert Goldenits mit gekonntem Einsatz sehr gute Resultate. Das pannonische Klima erlaubt es, hochreife Trauben zu keltern, und vor allem die Rotweine werden von Weichheit und Harmonie getragen. Die Familie Goldenits produziert sowohl trockene Weißweine als auch Rotweine mit Potenzial. Die Serie »Tetuna«, nach dem alten Namen für Tadten benannt, gibt es in Weiß, Rosé und Rot. Diese Cuvées zeigen vor allem das Reifespektrum in verschiedenster Weise, wobei die Herkunft immer spürbar bleibt. Unter der geschützten Bezeichnung »Mephisto®« gibt es eine Cuvée aus Syrah, Merlot und Caber-

Zweigelt

WEINGUT ROBERT GOLDENITS
7162 Tadten
Untere Hauptstraße 8
T: +43 (2176) 2294
robert@goldenits.at
www.goldenits.at

Kellermeister: Robert Goldenits
Kontakt: Robert und Birgit Goldenits
Produktion: 26 % weiß, 13 % rosé, 60 % rot, 1 % süß, 37 Hektar
Vereinszugehörigkeit: Neusiedlersee DAC
Messen: ProWein Düsseldorf, VieVinum

net Sauvignon, die sich mit einem ungewöhnlichen Etikett präsentiert und nur in guten Jahrgängen auf die Flasche gefüllt wird, ebenso wie die DAC-Zweigelt-Reserve »65«. Nur dann, wenn die allerletzten Trauben noch in den Weingärten an den Reben hängen, die Tannine hochreif und vor allem noch gesund sind, werden diese beiden Reserven produziert.

90 Sauvignon Blanc 2020
13 Vol.-%, DV, Stahltank, €€
Helles Gelbgrün, Silberreflexe. Feine weiße Tropenfrucht, ein Hauch von Guaven und frischen Stachelbeeren, zart nach Grapefruitzesten. Saftig, elegant, frische Mango- und Pfirsichnuancen, feiner Säurebogen, angenehme Fruchtsüße im Abgang, eleganter Stil.

89 Tetuna Rosé 2020 ZW/BF/CS/ME/SY
12,5 Vol.-%, DV, Stahltank, €€

93 Zweigelt ** 65 2018
13 Vol.-%, NK, Barrique, €€€€€
Dunkles Rubingranat, opaker Kern, violette Reflexe, zarte Randaufhellung. Feine Edelholzwürze, schwarze Beeren, zartes Cassis, ein Hauch von Nougat und Gewürzen, einladendes Bukett. Saftig, elegant, feine Fruchtsüße, seidige Tannine, zart nach Schokolade im Abgang, bleibt haften, sicheres Reifepotenzial.

(93) Cabernet Sauvignon & Merlot 2018 ME/CS
13,5 Vol.-%, NK, gebrauchte Barriques, €€€€
Tiefdunkles Rubingranat, opaker Kern, violette Reflexe, breitere Ockerrandaufhellung. Nuancen von Cassis und Brombeerkonfitüre, schwarze Kirschen, mit feinem Nougat unterlegt. Saftig, zarte Extraktsüße, dunkle Frucht, seidige Tannine, feiner schokoladiger Nachhall, bleibt haften, verfügt über Entwicklungspotenzial.

(92) Tetuna Reserve 2019 BF/ZW/CS
13,5 Vol.-%, NK, Barrique, €€€€
Tiefdunkles Rubingranat, opaker Kern, violette Reflexe, zarte Randaufhellung. Mit feiner Holzwürze unterlegte Nuancen von dunklen Waldbeeren, Noten von Herzkirschen und Brombeeren, Vanille, einladendes Bukett. Komplex, saftig, angenehme Extraktsüße, runde Tannine, frisch strukturiert, mineralischer Nachhall, straffer Speisenbegleiter.

(92) Merlot 2019
13,5 Vol.-%, NK, Barrique, €€€
Tiefdunkles Rubingranat, opaker Kern, violette Reflexe, zarte Ockerrandaufhellung. Einladende Nuancen von dunklen Herzkirschen, ein Hauch von Zwetschken, mit feiner Kräuterwürze unterlegt, zart nach Orangenzesten. Stoffige Textur, ein Hauch von Fruchtsüße, reife Kirschen, ausgewogen, reife Tannine, gewürzig im Nachhall, bereits gut antrinkbar.

★★★

WEINGUT ANDREAS GSELLMANN

BIO

Andreas Gsellmanns Weine entstehen in Handarbeit und tiefer Verbundenheit zu deren Herkunft. Seine Etiketten zeigen die Hände des Winzers, deren Gesten auf die wesentlichen Elemente seiner Arbeit verweisen: zum einen die geöffnete Hand, die behutsam den Schriftzug »Gols« trägt, den sie gleichsam aus dem Boden zu schöpfen scheint, zum anderen die hinweisende Hand, die auf diese Herkunft deutet. So unterstreicht der Winzer seine zentralen Anliegen: Bewusstsein um die Herkunft sowie Fokus auf limitierte, im Handschlag mit der Natur entstandene Vinifikation.

(94) Traminer 2019
13 Vol.-%, NK, großes Holzfass, €€€€
Wolkiges Orangegelb. Attraktives Bukett, nach Orangenblüten und Grapefruitzesten, weiße Tropenfrucht wie Maracuja, ein Hauch von Rosolio, verführerische Nase. Straff, engmaschig, mineralische Textur, perfekt dosierter Gerbstoff, salzig und lange anhaftend, gelungene Sorteninterpretation.

(93) Weißburgunder Ried Goldberg Pannobile 2019
12,5 Vol.-%, NK, 500-l-Fass, €€€€
Mittleres Grüngelb, Silberreflexe. Zarte weiße Fruchtnuancen, ein Hauch von frischer Birne, etwas Papaya, einladendes Bukett. Saftig, zarte Tropenfrucht, Zitrone und Mango, cremige Textur, gute Frische, salzige Mineralik, frische Quitten im Nachhall, zitroniger Rückgeschmack.

(94) Pannobile 2019 BF/ZW
13 Vol.-%, 500-l-Fass, €€€€€
Tiefdunkles Rubingranat, violette Reflexe, zarte Ockerrandaufhellung. Feine dunkle Beerenfrucht, Nuancen von frischen Zwetschken und schwarzen Herzkirschen, kandierte Orangenzesten, tabakiger Touch. Saftig, elegant, feine Fruchtsüße, ein Hauch von Kirschen und Cassis, feine Tannine, seidig und lange anhaftend, bereits gut entwickelt, ein facettenreicher Speisenbegleiter.

94 Ried Gabarinza 2017 ZW/ME/BF
13 Vol.-%, NK, 500-l-Fass, €€€€€
Kräftiges Rubingranat, violette Reflexe, breitere Ockerrandaufhellung. Reife Zwetschken, feines Brombeerkonfit, zart nach Nougat und Tabak, ein Hauch von Kräuterwürze. Saftig, elegant und frisch strukturiert, reife Herzkirschen, feine Tannine, finessenreich strukturiert, mineralisch und anhaftend, ein facettenreicher Speisenwein.

WEINGUT ANDREAS GSELLMANN
7122 Gols
Obere Hauptstraße 38
T: +43 (2173) 2214
wein@gsellmann.at
www.gsellmann.at

Kellermeister/Kontakt: Andreas Gsellmann
Anbauweise: Biodynamisch (respekt)
Produktion: 30 % weiß, 70 % rot, 18.5 Hektar
Vereinszugehörigkeit: Pannobile
Messen: ProWein Düsseldorf, VieVinum

Andreas Gsellmann

93 Zweigelt Exempel Ried Gabarinza 2019
13 Vol.-%, DIAM, 500-l-Fass, €€€€€
Dunkles Rubingranat, violette Reflexe, breitere Ockerrandaufhellung. Feines dunkles Waldbeerenkonfit, ein Hauch von Zwetschken, Brombeeren und Lakritze, tabakige Nuancen. Saftig, elegant, feine Kirschfrucht, zarte Tannine, bleibt gut haften, dezente Fruchtsüße im Nachhall, ein ausgewogener Speisenbegleiter mit Entwicklungspotenzial.

(91) Blauer Zweigelt vom Heideboden 2020
12,5 Vol.-%, DV, 500-l-Fass, €€ B
Dunkles Rubingranat, violette Reflexe, zarte Ockerrandaufhellung. Feinwürzig unterlegtes süßes rotes Beerenkonfit, eingelegte Kirschen, dezente Kräuterwürze. Saftig, zart nach roten Kirschen, feine Tannine, mineralisch-salzig unterlegt, ein leichtfüßiger Speisenbegleiter.

91 St. Laurent 2020
12,5 Vol.-%, DV, Teilbarrique, €€€
Kräftiges Rubingranat, violette Reflexe, zarte Ockerrandaufhellung. Feine Kräuterwürze, reife Zwetschken, schwarze Kirschen, dunkle Mineralik, einladendes Bukett. Saftig, feines rotes Konfit, seidige Tannine, salzig im Abgang, schwungvoller Stil, bereits gut antrinkbar.

★★★

WEINGUT HAIDER

Für uns ist Weinmachen Lebenskunst, die sich auf den Freund und Genießer unserer Weine übertragen soll. Unsere Weine sollen dabei vor allem eines sein: ehrlich und unverfälscht. Die Zielsetzung sind puristische, geradlinige Weine, die ihre Herkunft sowie unsere Energie und Lebensfreude widerspiegeln«, so Gerhard Haider und Ehefrau Theresa, die den Familienbetrieb in vierter Generation führen. Von der Spätlese über Eiswein bis hin zur Trockenbeerenauslese: Das Weingut Haider ist national wie auch international ein Begriff für Spitzenprädikatsweine vom Seewinkel. Dreizehn verschiedene Rebsorten sind auf Sand-, Schotter- und Schwarzerdeböden ausgepflanzt. Die Böden und auch das einzigartige Klima sind das große Kapital für die Produktion ebensolcher Weine. Die gesamte Linie des Weinguts Haider glänzt durch besondere Feinheit, Eleganz, Frucht und Sortentypizität. Botrytis- und Honignoten akzentuieren die Einmaligkeit des Weinbaugebiets. Was einige aber vielleicht noch nicht wussten: Auch Rotweine und Weißweine von höchster Qualität werden

Weinbau bei Illmitz

WEINGUT HAIDER
7142 Illmitz
Seegasse 16
T: +43 (664) 5007906
office@weinguthaider.at
www.weinguthaider.at

Kellermeister: Gerhard Haider
Kontakt: Theresa Haider
Anbauweise: Umstellung auf bio
Produktion: 10 % weiß, 35 % rot, 55 % süß
Vereinszugehörigkeit: Wine Growing Characters
Messen: ProWein Düsseldorf, VieVinum

auf dem Weingut Haider bereits seit jeher vinifiziert.

92 Zweigelt ** Selection 2017
13,5 Vol.-%, NK, Barrique, €€€€
Dunkles Rubingranat, violette Reflexe, breitere Ockerrandaufhellung. Feine Herzkirschen, zarte Kräuterwürze, ein Hauch von Brombeeren, floraler Touch, einladendes Bukett. Mittlere Komplexität, zart nach Erdbeeren und Nougat, dazu ein Hauch von Feigen, bereits gut entwickelt.

(96) Welschriesling TBA 2018
10,5 Vol.-%, NK, Stahltank, €€€€€
Leuchtendes mittleres Goldgelb, Silberreflexe. Frische Botrytiswürze, zart nussig unterlegter Touch von Dörrfrüchten, ein Hauch von frischen Datteln und weißem Nougat. Saftig, komplex, reife gelbe Tropenfrucht, präsente Honigsüße, sehr gute Länge, mineralisch unterlegt, bereits antrinkbar, wird von Flaschenreife profitieren.

93 Welschriesling Beerenauslese 2019
10,5 Vol.-%, NK, Stahltank, €€€
Mittleres Goldgelb, Silberreflexe. Feine gelbe Tropenfrucht, frischer Honig, Nuancen von Maracuja und Mango, zart mit Limettenzesten unterlegt. Saftiger, eleganter Süßweintypus, frisch strukturiert, weiße Tropenfrucht im Abgang, bereits gut antrinkbar, zarte Dörrobstnuancen im Nachhall.

96 Traminer TBA 2018
10 Vol.-%, NK, Stahltank, €€€€€
Kräftiges Orangegold, zarte Kupferreflexe. Intensiver Honigtouch, mit Marillenkonfitüre unterlegt, Nuancen von Dörrfeigen, ein Hauch von Nougat. Stoffig, cremige Textur, feiner nussiger Schokoanklang, opulent und anhaftend, zeigt sehr gute Länge, sicheres Reifepotenzial für Jahrzehnte.

95 Muskat Ottonel TBA 2018
10,5 Vol.-%, NK, Stahltank, €€€€€
Mittleres Goldgelb, Silberreflexe. Mit einem Hauch von Muskatnuss gehöhte reife gelbe Tropenfruchtaromen, Honig und kandierte Mandarinenzesten. Komplex, saftig, zart nach Pfirsich, feinwürzig unterlegte Süße im Abgang, mineralisch-salziger Touch, bleibt lange haften, Orangentouch im Rückgeschmack.

92 Riesling Spätlese 2019
10,5 Vol.-%, DV, Stahltank, €€
Mittleres Goldgelb, Silberreflexe. Reife gelbe Pfirsichfrucht, zart nach Honig und Feigen, angenehme Botrytiswürze. Saftig, weiße Frucht, zart nach Maracuja und weißem Nougat, Dörrfeigen im Abgang, bleibt haften, bereits gut entwickelt, feiner Touch von Türkischem Honig im Nachhall.

★★

WEINGUT HARETER THOMAS

BIO

An Bio- und Naturweinen führte kein Weg vorbei. Beim Streben nach reinster Qualität kamen Thomas und Claudia Hareter immer wieder zurück zur Basis: zu absolut rückstandsfreien Trauben. Und das war und ist nur möglich, wenn sie in einem unverfälschten und wirklich gesunden Umfeld wachsen: keine Herbizide, keine Pestizide, keine Mineraldünger, keine nackten Böden, sondern ein Zusammenspiel von Kraut und Beikraut, ein frühzeitiges Erkennen und Abwenden von Krankheiten, ein gezieltes Einsetzen organischer Masse zur Stärkung der Reben und zur Erhaltung der Lebensvielfalt im Weingarten. »Wenn man die Wirkkraft der Natur und die Zusammenhänge da draußen erkannt hat, sind Nachhaltigkeit, Umweltbewusstsein und dadurch die biologische Wirtschaftsweise die einzige Konsequenz unserer Denkprozesse«, so Thomas Hareter.
Das Motto des Weinguts stammt von Charles Darwin und lautet: »Alles, was gegen die Natur ist, hat auf Dauer keinen Bestand.« Die Hareter-Weine sind vor allem eines: ehrlich und unverfälscht. Ein jeder ist nach seinen Eigenarten ausgebaut, nicht uniform, einem jeden wird seine Frucht gelassen. Nicht marmeladig, nicht holzig, jedem Wein sein ihm eigener Gehalt, keine überzuckerten Alkoholwerte – kurz gesagt: die Traube im Glas.

92 Heytshala weiß 2019 PB/WR
10,5 Vol.-%, DIAM, großes Holzfass, €€€ H B V
Trübes helles Gelbgrün, Silberreflexe. Feine Tabakwürze, ein Hauch von Maracuja und Wiesenkräutern, nussige Aro-

WEINGUT HARETER THOMAS

7121 Weiden am See
Untere Hauptstraße 73
T: +43 (2167) 7612
weingut@hareter.at
www.hareter.at

Kellermeister: Thomas Hareter
Kontakt: Thomas Hareter, Claudia Hareter-Kroiss
Anbauweise: Zertifiziert Biologisch (Austria Bio Garantie, Bio Austria)
Messen: VieVinum, Karakterre

men, Golden-Delicious-Apfel. Saftig, elegant, frische Struktur, salzig, weißes Kernobst im Abgang, bleibt gut haften, vielseitig einsetzbar.

92 Chardonnay ohne 2019
12 Vol.-%, DIAM, großes Holzfass, €€€€ B H I V
Trübes Goldgelb, Grünreflexe. Etwas Pfirsich, unterlegt mit Kräuterwürze, etwas oxidative Noten, weiße Mandelnuancen, Mandarinenzesten. Mittlerer Körper, feine Tabakwürze, frische Säurestruktur, mineralisch, zart nach Apfelfrucht, bereits gut antrinkbar.

89 Pinot Blanc 2020
12 Vol.-%, DIAM, Holzfass, €€ H I V

92 Pinot Noir ohne 2019
11,5 Vol.-%, DIAM, großes Holzfass, €€€€ B H I V
Mittleres Karmingranat, violette Reflexe, breiter Ockerrand. Nuancen von Himbeerkonfit, zart nach Lakritze, kandierte Mandarinenzesten, einladendes Bukett. Mittlerer Körper, rote Beerenfrucht, zart nach Erdbeeren, frisch, schlank und zart salzig, ein animierender, leichtfüßiger Sommerwein.

90 Heytshala rot 2019 SL/BF/ZW
12 Vol.-%, DIAM, großes Holzfass, €€€ B H I V
Tiefdunkles Rubingranat, opaker Kern, zarte Randaufhellung. Brotige Würze, schwarze Beeren, ein Hauch von dunklem Malz, mit Hagebuttenkonfitüre unterlegt. Saftig, leichtfüßig und frisch strukturiert, rotbeerige Textur, mineralisch, zitronig im Nachhall, lebendiger Speisenbegleiter.

90 Blaufränkisch 2019
12 Vol.-%, DV, großes Holzfass, €€ B H I V
Dunkles Rubingranat, violette Reflexe, dezente Randaufhellung. Floral, zart nussig-kräuterwürzig unterlegtes Brombeerkonfit. Mittlerer Körper, rote Kirschen, frisch strukturiert, lebendig und leichtfüßig, bietet unkomplizierten Trinkspaß.

★★★★★

WEINGUT GERNOT UND HEIKE HEINRICH

BIO

Einfühlsame Naturbeobachtung, biodynamische Bewirtschaftung, ungezügelte Biodiversität über und unter der Erde: Gernot und Heike Heinrichs Idee terroirgeprägter Weine baut auf einem tiefen Verständnis der vielfältigen Lebenswelten innerhalb ihrer Weingärten. Ziel ist es, ein natürliches Gleichgewicht zu schaffen, in dem Reben, Menschen und Tiere in Symbiose miteinander agieren und die entscheidenden Elemente ein großes Ganzes bilden. Die natürlichen Voraussetzungen dafür sind kühle Kalksteilhänge am Leithaberg, eine modulierte Topografie mit wärmerem Klima rund um das Weingut in Gols und eine Handvoll autochthoner Rebsorten mit dem Blaufränkisch als Speerspitze.
Undogmatische handwerkliche Vinifikationen geben den Weinen die Freiheit, unverfälscht und klar von ihrer Herkunft zu erzählen. Sie legen die Basis für eine fortwährende Evolution. Der Austausch mit den Freunden von Pannobile, Demeter und respekt eröffnet zusätzliche Perspektiven. Das Resultat sind

WEINGUT GERNOT UND HEIKE HEINRICH

7122 Gols, Baumgarten 60
T: +43 (2173) 3176
weingut@heinrich.at
www.heinrich.at

Kellermeister: Gernot Heinrich und Harald Lehner
Kontakt: Heike Heinrich
Anbauweise: Biodynamisch (Demeter, respekt)
Produktion: 15 % weiß, 85 % rot, 100 Hektar
Vereinszugehörigkeit: Leithaberg DAC, Pannobile
Messen: ProWein Düsseldorf, VieVinum

pulsierende und vitale Weine, die puristisch und charakterstark die Essenz ihres Entstehungsortes offenlegen.

92 Weißburgunder Ried Salzberg 2019

13 Vol.-%, VL, Eichenfass, €€€€€
Helles Goldgelb, Silberreflexe. Rauchig-kräuterwürzig unterlegte gelbe Fruchtnuancen nach Quitten, ein Hauch von Datteln, kandierte Orangen. Saftig, elegant, feine Fruchtsüße, dezente Säurestruktur, zart nussiger Touch im Abgang, mineralisch-salziger Nachhall, bietet leichtfüßiges Trinkvergnügen.

92 Roter Traminer Freyheit 2019

12,5 Vol.-%, NK, Amphore, €€€€€ B
Goldgelb, zart getrübt, Kupferreflexe. Floral unterlegter Touch von frischen Mandarinen, Limetten und Jasmin. Straff, weiße Tropenfrucht, frische Säurestruktur, mineralische Textur, zitronige Nuancen, leichtfüßiger, trockener Stil, zitroniger Nachhall.

96 Blaufränkisch Leithaberg DAC Ried Alter Berg 2017

13 Vol.-%, VL, 500-l-Fass, €€€€€€ B
Kräftiges Rubingranat, violette Reflexe, breitere Randaufhellung, dezenter Wasserrand. Feines florales Bukett, ein Hauch von roten Waldbeeren, öffnet sich nur langsam, zarter Gewürztouch. Saftiger, eleganter Körper, zart rotbeerig am Gaumen, feine Tannine, salzig-zitronig, leichtfüßiger Stil, zeigt sehr gute Länge, mineralisches Spiel im Abgang, ein subtiler, präziser Speisenbegleiter.

95 Blaufränkisch Leithaberg DAC Ried Edelgraben 2017

13 Vol.-%, VL, 500-l-Fass, €€€€€€ B
Kräftiges Rubingranat, violette Reflexe, dezenter Wasserrand. Zart blättrig unterlegte feine Beerenfrucht, Nuancen von Lakritze, ein Hauch von Kirschen und Kräutern, braucht Luft. Saftig, mittlerer Körper, feine Extraktsüße, reife, gut integrierte Tannine, süße Kirschen, finessenreich strukturiert, salziger Abgang, bereits gut antrinkbar.

98 Ried Salzberg 2017 BF/ME

13,5 Vol.-%, NK, 500-l-Fass, €€€€€€ B
Dunkles Rubingranat, violette Reflexe, zarte Randaufhellung. Feine Kräuterwürze, reife schwarze Herzkirschen, Brombeerkonfit, frische Zwetschken, etwas Nougat, Eukalyptus, Orangenzesten. Saftig, seidige Textur, extraktsüß, feine, tragende Tannine, balanciert, saftige Kirschen, mineralisch, lebendig strukturiert, salzig, mit Cassis im Finale, sehr gute Länge, sicheres Reifepotenzial, legt immer mehr zu.

94 Pannobile 2018 ZW/BF

13 Vol.-%, VL, 500-l-Fass, €€€€€
Dunkles Rubingranat, violette Reflexe, zarte Randaufhellung. Zart kräuterwürzig unterlegte schwarze Beerenfrucht, Nuancen von Lakritze, Brombeeren, etwas Nougat, einladendes Bukett. Saftig, reife Herzkirschen, runde Tannine, frisch strukturiert, balanciert, extraktsüßer Nachhall, bereits gut antrinkbar, facettenreicher Speisenbegleiter.

★★★

WEINGUT HORVATH

Das Weingut Horvath ist seit Generationen in Gols beheimatet. Auf unterschiedlichsten Grundlagen wie Löss-, Schwarzerde- und Sandböden in unmittelbarer Nähe zum Neusiedler See und dessen Nationalpark entstehen hier besonders vielschichtige Weine. Günter Horvath übernahm 1992 den elterlichen Betrieb und führte die Ausrichtung komplett in die Qualitätsweinerzeugung über. Respekt vor der Natur, schonender Umgang mit dem Traubenmaterial, Genauigkeit und Wissen sowie Erfahrung über Generationen sind die Garanten für die gleichbleibend hohe Qualität der charaktervollen, vom Terroir geprägten und mit persönlicher Note gekelterten Weine. Auch optisch zeigt man an der Produktausstattung die Verbundenheit mit der Region: eine vereinfachte, modernisierte Turmdarstellung des Wappensymbols von Gols – Tradition und Moderne sozusagen.

Die Hauptsorte des Weinguts ist der Zweigelt, gefolgt von Blaufränkisch und Chardonnay. Das Traubenmaterial für den klassischen Zweigelt und den Blaufränkisch Heideboden, der teilweise im Barrique ausgebaut wird, stammt von jenen Weingärten, deren Rebstöcke unter 15 Jahre alt sind. Die Trauben der älteren Rebstöcke und Top-Lagen stellen das Grundmaterial für den Blaufränkisch vom Gabarinza, den Zweigelt vom Goldberg, für »Gols« sowie den Merlot vom Altenberg. Beim Weißwein konzentriert sich das Weingut auf den Chardonnay, der klassisch vergoren die Bezeichnung Chardonnay Heideboden trägt und in der Premiumvariante Chardonnay Gabarinza heißt. Relativ neu im Weißweinsortiment ist der Weißburgunder vom Apfelgrund.

WEINGUT HORVATH
7122 Gols
Untere Hauptstraße 165
T: +43 (676) 923 66 52
info@weingut-horvath.at
www.weingut-horvath.at

Kellermeister/Kontakt: Günter Horvath
Produktion: 14.5 Hektar
Vereinszugehörigkeit: Select Gols
Messen: VieVinum

90 Weißburgunder Ried Apfelgrund 2020
12,5 Vol.-%, DV, Stahltank, €€
Helles Gelbgrün, Silberreflexe. Zarte weiße Apfelfrucht, ein Hauch von Birnen, floraler Touch, ein Hauch von Mandarinenzesten. Leichtfüßig, zart nach Granny Smith, frisch strukturiert, ein lebendiger, balancierter Speisenbegleiter.

89 Chardonnay Heideboden 2020
13,5 Vol.-%, DV, Stahltank, €€

92 * Ried Goldberg 2019 BF/ZW
14,5 Vol.-%, VL, Barriques, €€
Dunkles Rubingranat, violette Reflexe, zarte Randaufhellung. Dunkle Herzkirschen, reife Zwetschken, zarte Geüwrznuancen nach Nelken und Kardamom, einladendes Bukett. Saftig, rund und harmonisch, schwarze Beerenfrucht, reife Tannen, zarter Nougat, bereits gut antrinkbar, verfügt über Reifepotenzial.

(90) Zweigelt * 2020
13 Vol.-%, DV, gebrauchte Barriques, €€
Tiefdunkles Rubingranat, violette Reflexe, zarte Randaufhellung. Schwarze Waldbeeren, ein Hauch von Brombeeren und Zwetschken, mit feiner Kräuterwürze unterlegt. Mittlere Komplexität, rote Kirschen, feine Tannine, würzig-pfeffriger Nachhall, vielseitig einsetzbar.

(93) Blaufränkisch Reserve Ried Gabarinza 2020
13,5 Vol.-%, VL, Barrique, €€€€
Tiefdunkles Rubingranat, violette Reflexe, zarte Randaufhellung. Feine Edelholznuancen, feines Waldbeerenkonfit, ein Hauch von Herzkirschen, zart nach Bourbonvanille. Saftig, elegant, rote Fruchtnuancen, gut integrierte Tannine, gute Frische, kirschig im Nachhall, mineralischer Rückgeschmack.

(93) Merlot Ried Altenberg Reserve 2019
15,5 Vol.-%, VL, Barrique, €€€€€
Tiefdunkles Rubingranat, violette Reflexe, zarte Randaufhellung. Reife Zwetschken, schwarze Kirschen, kraftvolles Bukett, kandierte Orangenzesten und dunkle Beerenfrucht im Hintergrund. Stoffig, schokoladig, kräftige Textur, feine Tannine, Nougat auch im Nachhall, salziger Abgang, wird von Flaschenreife profitieren.

★★★

WEINGUT MARKUS IRO

In Österreich hat Markus Iro aus Gols bereits einen Fixplatz unter den besten Winzern der Region. Im Neusiedlersee-DAC-Gebiet baut der dynamische Winzer, der 2011 das elterliche Weingut in Eigenregie übernommen hat, auf rund 20 Hektar nationale und internationale Traubensorten an. Aufhorchen lässt er mit seinem präzisen Gespür für die einzelnen Rebsorten. Nicht nur Konsumenten, auch die Fachpresse weiß seine Intuition und sein Gefühl für den Wein zu schätzen und bezeugt ihm regelmäßig die Qualität seines täglichen Schaffens: Unter anderem ist Markus Iro bereits Sieger des Falstaff Rotwein Grand Prix in der Kategorie Cuvée, Sortensieger in der Kategorie St. Laurent und mehrfach in den Top drei der Falstaff-Rotweinprämierung.
Markus Iro versteht es mit einer verspielten Herangehensweise, den jeweils typischen Charakter der Traubensorten herauszuarbeiten und reintönige und unverwechselbare Weine zu keltern. Dass er seine Leidenschaft und Neugierde für das Arbeiten mit dem Wein zum Beruf machen würde, war ihm schon immer klar. Nach dem erfolgreichen Besuch der Weinbauschule sammelte er Praxiserfahrung in Deutschland und Neuseeland, um schließlich 2006 seine erste eigene Weinkollektion vorzustellen und nur fünf Jahre später das Familienweingut eigenhändig zu führen.

(91) Zweigelt * 2020
13,5 Vol.-%, DV, Holzfass, €€ V
Kräftiges Rubingranat, violette Reflexe, zarte Randaufhellung. Feine rote Waldbeerenfrucht, etwas nach Gewürzen, Heidelbeernoten, frisches Bukett. Saftig, elegant, feine Struktur, zart nach Brombeeren, extraktsüßes Finish, bereits gut antrinkbar.

© Matthias Heisler

WEINGUT MARKUS IRO
7122 Gols
Neubaugasse 55
T: +43 (2173) 2139
wein@markusiro.at
www.markusiro.at

Kellermeister/Kontakt:
Markus Iro
Produktion: 30 % weiß, 70 % rot, 22 Hektar
Messen: Weintage im Museumsquartier

Markus Iro

92 Zweigelt Ried Ungerberg 2019
14 Vol.-%, NK, Barrique, €€€€ Ⓥ
Tiefdunkles Rubingranat, violette Reflexe, zarte Randaufhellung. Zart nach Vanille und Karamell, mit schwarzem Beerenkonfit unterlegt, etwas nach Cassis, Röstaromatik klingt an. Saftig, elegant, gute Komplexität, zarte, gut eingebundene Tannine, Zwetschkentouch im Abgang, gutes Potenzial.

(90) Zweigelt Selection 2020
13,5 Vol.-%, DV, Holzfass, €€ Ⓥ
Dunkles Rubingranat, violette Reflexe, zarte Randaufhellung. Feine Kräuternoten, etwas nach Cassis, frische Orangenzesten, rote Kirschfrucht. Saftig, elegant, feine Struktur, extraktsüß, gut eingebundene Säurestruktur, Zwetschkentouch, etwas Karamell im Abgang, bereits gut antrinkbar.

95 Meisterwerk 2019 CF/ZW/ME
14 Vol.-%, NK, Barrique, €€€€€ Ⓥ
Dunkles Rubingranat, violette Reflexe, zarter Wasserrand. Etwas nach Cassis, ein Hauch von Tabakwürze und frischen Orangenzesten, Röstaromatik klingt an. Saftig, straff, zarte Tanninstruktur, Gewürznoten und Brombeeren im Abgang, bleibt gut haften, vielseitiger Speisenbegleiter mit Potenzial.

(91) Special Blend 2020 ME/SL/PN
13,5 Vol.-%, DV, gebrauchte Barriques, €€ Ⓥ
Kräftiges Rubingranat, violette Reflexe, breite Randaufhellung. Etwas nach Kräutern, zart nach dunklem Waldbeerenkonfit, mit etwas Holzwürze unterlegt. Saftig, zarte Tanninstruktur, leichtfüßig, schwarze Beerenfrucht, frisch und lebendig, bereits gut antrinkbar.

94 Sankt Laurent Ried Herrschaftswald 2019
14 Vol.-%, NK, Barrique, €€€€ Ⓥ
Dunkles Rubingranat, violette Reflexe, zarte Randaufhellung. Einladendes Bukett nach Edelholzwürze und reifen Zwetschken, ein Hauch von Herzkirschen, Kräuternoten klingen an. Gute Komplexität, saftig, elegant, feine Struktur, mineralisch, zarte Tannine, dunkles Waldbeerenkonfit, bleibt gut haften, vielschichtiger Speisenbegleiter mit Potenzial.

92 Pinot Noir Ried Hochreit 2019
13,5 Vol.-%, NK, Barrique, €€€€ Ⓥ
Kräftiges Rubingranat, violette Reflexe, breite Randaufhellung. Etwas nach Karamell, ein Hauch von Brombeeren, frische Wiesenkräuter, rotbeerige Nuancen. Saftig, elegant, engmaschige Tanninstruktur, fruchtsüß nach roten Kirschen, bleibt sehr gut haften, vielseitiger Speisenbegleiter.

(90) Cabernet Franc Heideboden 2020
14 Vol.-%, DV, gebrauchte Barriques, €€ Ⓥ
Tiefdunkles Rubingranat, violette Reflexe, opaker Kern, zarte Randaufhellung. Feine Holzwürze, etwas nach Cassis, dunkle Waldbeerenfrucht, etwas tabakig, Orangenzesten. Feine Säurestruktur, mineralisch, leichtfüßig, etwas nach Herzkirschen, gut eingebundene Tanninstruktur, würziger Speisenbegleiter.

(90) Merlot Ried Gabarinza 2020
14 Vol.-%, DV, gebrauchte Barriques, €€€ Ⓥ
Dunkles Rubingranat, violette Reflexe, zarte Randaufhellung. Etwas nach Kräutern, zart nach Brombeeren, ein Hauch von Blutorangenzesten, feine Würze. Saftig, elegant, feine Struktur, extraktsüß nach schwarzen Herzkirschen, stoffiger Speisenbegleiter.

★★★★

WEINGUT JURIS

Jedes Weingut hat seine Geschichte, die von Juris reicht ganz besonders weit zurück: bis ins Jahr 1571. Seit vielen Generationen bereitet Familie Stiegelmar im burgenländischen Gols hochwertige Weine und war auch maßgeblich am österreichischen Rotweinwunder beteiligt. Seit 1995 knüpfen Axel und Herta Stiegelmar an die Tradition des Weinmachens an und stehen heute vor allem für herausragend vielfältige Weine. Dass auch die Moderne fester Bestandteil des bekannten Golser Weinguts ist, wird besonders an der zeitgemäßen Kellerarchitektur augenscheinlich. Die moderne Ausstattung ermöglicht unter Einbeziehung der Schwerkraft einen schonenden Umgang mit dem Lesegut, und dank optimaler Isolierung erreicht man die passende Lagertemperatur ohne jegliche Fremdenergie.
»Es ist unser reichhaltiges Sortiment, das Juris auszeichnet«, sagt Axel Stiegelmar. Bei genauer Betrachtung entdeckt man, dass er und seine Frau neben den heimischen Rebsorten eine Vorliebe für Burgunder haben, so etwa für Pinot Noir und St. Laurent, die sie aus den besten Rebstöcken selektioniert haben;

WEINGUT JURIS

7122 Gols, Marktgasse 12–18
T: +43 (2173) 2748
office@juris.at, www.juris.at

Kellermeister: Axel Stiegelmar
Kontakt: Axel und Herta Stiegelmar
Produktion: 120.000 Flaschen
15 % weiß, 80 % rot, 5 % süß, 20 Hektar
Vereinszugehörigkeit:
Renommierte Weingüter Burgenland
Messen: Austrian Tasting London, Merano WineFestival, ÖGW Zürich, ProWein Düsseldorf, VieVinum, Vinexpo Bordeaux, Vinexpo Hongkong, Hong Kong International Wine & Spirits Fair, Wein Burgenland Präsentationen

St. Laurent

dabei kommen kleinbeerige Qualitätsklone zum Einsatz. Von den Top-Rotweinen überzeugen die Cuvées »St. Georg«, »Ina'mera« und »Tricata« – komplexe Charakterweine, die im warmen pannonischen Klima wunderbar gedeihen. Bei der Weißweinbereitung stehen neben dem griffigen Chardonnay Alte Reben auch der duftige Sauvignon Blanc sowie die aromatischen Muskat-Ottonel und Gewürztraminer auf der Beliebtheitsskala ganz oben. Typisch für das Burgenland ist auch der rote Strohwein. Seine verführerische Restsüße wird von der Fruchtigkeit der Blaufränkisch-Traube wunderbar ergänzt.

92 Chardonnay Ried Altenberg 2018
14,5 Vol.-%, NK, Barrique, €€€€€
Mittleres Gelbgrün, Silberreflexe. Zart nach Vanille, feine Kräuterwürze, mit reifer gelber Tropenfrucht unterlegt, Nuancen von Mandarinen und Blütenhonig. Komplex, weißer Pfirsich, dezente Fruchtsüße, ein Hauch von Nougat und zitronig unterlegte Mineralik im Abgang.

89 Golser Sauvignon Blanc 2020
13 Vol.-%, DV, Stahltank, €€€

88 St.Laurent Rosé 2020
12 Vol.-%, DV, Stahltank, €€

95 St. Laurent Ried Goldberg 2017
13,5 Vol.-%, NK, 500-l-Fass, €€€€€
Dunkles Rubingranat, violette Reflexe, zarte Randaufhellung. Feine Tabakwürze, Wiesenkräuter, etwas Herzkirschen, ein Hauch von Cassis, zart nach Gewürznelken und Kardamom. Saftig, elegant, gut eingebundene Säurestruktur, tragendes Tannin, feine Holznoten, extraktsüß, schwarze Fruchtnuancen im Abgang, vielseitig einsetzbar.

94 Blaufränkisch Ried Ungerberg 2017
13,5 Vol.-%, NK, Barrique, €€€€€
Tiefdunkles Rubingranat, violette Reflexe, zarte Randaufhellung. Intensive Edelholzwürze unterlegt reife Cassisnoten, dunkle Waldbeerenfrucht, Nougat klingt an, zart nach Anis. Saftig, straff, komplex, engmaschig, feine Tannine, tabakig, frische Kirschenfrucht im Abgang, mineralischer Nachhall, gutes Potenzial.

94 Pinot Noir Ried Hochreit 2017
14 Vol.-%, NK, 500-l-Fass, €€€€€
Mittleres Rubingranat, dezente Ockerreflexe, bereiter Wasserrand. Feine Kirschfrucht, etwas floral, ein Hauch von Mandarinenzesten, zart nach Nougat und Kräutern. Saftig, gute Komplexität, facettenreiche Säurestruktur, samtiges Tannin, lange anhaftend, Weichseltouch im Abgang, eleganter Speisenbegleiter.

* Neusiedlersee DAC ** Neusiedlersee DAC Reserve

★★

WEINGUT KERINGER

Außergewöhnliche Kreationen mit klingenden Namen wie »Aviator«, »Commander«, »100 Days« und »Massiv« sind einige der zahlreichen Erfolgsweine von Robert und Marietta Keringer, einem jungen und aufstrebenden Winzerpaar aus Mönchhof. Nach seiner Tätigkeit bei einem renommierten Spirituosenhersteller kam Robert über Umwege und seine einige Jahre andauernde Tätigkeit als Weinbauberater schließlich zurück zum elterlichen Betrieb. Innerhalb kurzer Zeit schaffte er es, diesen zunächst im Nebenerwerb zu einem mehrfach ausgezeichneten Weinbaubetrieb auszubauen.
Mit dem Jahrgang 2011 rief Robert Keringer eine neue, innovative Weinserie ins Leben: die »100 Days«-Weine. Diese entstehen durch eine spezielle Vinifikationsart: Die besten Trauben der jeweiligen Sorten verbleiben dabei für etwa 100 Tage zusammen mit den Kernen und Schalen im Gärtank. Das ist einzigartig. Die so gewonnenen Weine sind besonders vielschichtig. Doch nicht nur bei den Rotweinen überzeugt der dynamische Winzer mit konstanter Qualität.

92 Zweigelt ** 100 Days 2018
14 Vol.-%, NK, Barrique, €€€€ H V
Kräftiges Rubingranat, violette Reflexe, breitere Randaufhellung. Feine Edelholzwürze, zart nach Mandarinenzesten, dunkles Waldbeerenkonfit, floraler Touch, etwas Zimt. Saftig, elegant, feines Nougat, gut integrierte Tannine, mineralisch, bereits harmonisch und gut entwickelt.

90 Zweigelt * every days 2019
13,5 Vol.-%, DV, Edelstahl, €€ H V
Kräftiges Rubingranat, violette Reflexe, breitere Randaufhellung. Frische reife Zwetschkenfrucht, Kardamom, zarte florale Nuancen, zitroniger Touch. Saftig, rotes Beerenkonfit, gut integrierte Tannine, etwas Nougat im Nachhall, bietet unkomplizierten Trinkspaß.

94 Massiv 2017 BF/ZW/ME/RA
14,5 Vol.-%, NK, Barrique, €€€€€ H V
Tiefdunkles Rubingranat, opaker Kern, violette Reflexe, zarte Randaufhellung. Zart nach Bourbonvanille, feine Edelholzwürze, schwarze Waldbeerenfrucht, dunkle Kirschen und Cassis, tabakige Nuancen. Saftig, elegant, feiner Touch von Johannisbeeren, reife, gut integrierte Tannine, gute Frische und Länge, sicheres Reifepotenzial.

Robert und Marietta Keringer

WEINGUT KERINGER
7123 Mönchhof, Wiener Straße 22a
T: +43 (2173) 80380
weingut@keringer.at
www.keringer.at

Kellermeister/Kontakt:
Ing. Robert Keringer
Produktion: 5 % Schaumwein, 10 % weiß, 5 % rosé, 75 % rot, 5 % süß, 100+70 Hektar
Zertifiziert: Nachhaltig Austria
Messen: Alles für den Gast Salzburg, Igeho Basel, ProWein Düsseldorf, VieVinum, Vinobile Feldkirch, WEINmesse Berlin, Weinmesse Innsbruck, Weintage im Museumsquartier, DAC-Präsentationen, Wein Burgenland Präsentationen

93 Shiraz 100 Days 2018
14 Vol.-%, NK, Barrique, €€€€ Ⓗ Ⓥ
Tiefdunkles Rubingranat, opaker Kern, violette Reflexe, zarte Randaufhellung. Ein Hauch von Gewürznelken und Vanille, Brombeerkonfit, Nuancen von schwarzen Oliven, schokoladiger Touch. Saftig, elegant, dezente Extraktsüße, feine Tannine, zart nach Dörrobst, bleibt gut haften, ein stoffiger Begleiter bei Tisch.

92 Merlot 100 Days 2018
14,5 Vol.-%, NK, Barrique, €€€€ Ⓗ Ⓥ
Tiefdunkles Rubingranat, opaker Kern, violette Reflexe, zarte Randaufhellung. Mit einem Hauch von Mandarinenzesten unterlegte reife Herzkirschen, feine Gewürzanklänge. Saftig, komplex, seidige Textur, reife Tannine, Nougat im Abgang, ein eleganter Speisenbegleiter, bereits gut antrinkbar.

92 Cabernet Sauvignon 100 Days 2018
14,5 Vol.-%, NK, Barrique, €€€€ Ⓗ Ⓥ
Dunkles Rubingranat, opaker Kern, violette Reflexe, zarte Randaufhellung. Attraktives schwarzes Beerenkonfit, reife Herzkirschen, ein Hauch von Nougat und Orangenzesten. Saftig, schokoladig, ein Hauch von Feigen, dunkles Nougat im Abgang, ein stoffiger Speisenbegleiter.

★★

WEINGUT JACQUELINE KLEIN

„Klein macht Wein" – und das mit Herz und Leidenschaft. Dieser Slogan des Weinguts beschreibt in drei Worten, was Jacqueline Klein am liebsten macht: Wein. In Andau im sonnigen Nordburgenland hat sie 2010 ihr eigenes Weingut gegründet und es mit Können und harter Arbeit zu einer der führenden Rotwein-Adressen Österreichs ausgebaut.
Der Zweigelt ist ihre ganz große Leidenschaft. Rund 80 Prozent der Rebfläche entfallen auf die Rotweinsorten Zweigelt, Merlot, Syrah und Cabernet Sauvignon. »Der Zweigelt ist die Leitsorte unseres Betriebs«, so Jacqueline Klein, »und wird sowohl reinsortig wie auch als spannender Cuvéepartner angeboten. Die Vielfalt seiner Geschmacksnuancen bei gleichzeitiger klarer Charakteristik begeistern mich immer wieder aufs Neue.« Die Flächen im östlichen Seewinkel gelten seit März 2012 als Neusiedlersee-DAC-Gebiet, das weit über die Grenzen Österreichs für seine eleganten Zweigelt-Weine bekannt ist. Doch bleibt es nicht ausschließlich bei aufregenden Rotweinen – auch das Weißweinsortiment der Winzerin ist beeindruckend.
Es herrschen ideale klimatische Bedingungen am Neusiedler See. Das Gebiet rund um den größten Steppensee Mitteleuropas wurde daher bereits zur Zeit der Römer für den Weinanbau genutzt. Das einzigartige Mikroklima mit seinen heißen, trockenen Sommertagen, den kühlen Nächten sowie verhältnismäßig milden Wintern bietet in Verbindung mit den mineralisch-warmen Rotschotter- und Braunerdeböden ideale Voraussetzungen für den Weinbau. »Die Bodenverhältnisse unserer rund um Andau liegenden Weingärten sind sehr unterschiedlich. Beim Anbau habe ich genau abgestimmt, welche Sorte zu welchem unserer Weingärten passt«, gibt Jacqueline Klein Einblick in ihre Arbeitsweise. »Mein Ziel ist es, die Kraft der Traube in die Flasche zu bekommen. Dafür arbeite ich jeden Tag mit meinem Team.«

91 Chardonnay 2020
14 Vol.-%, DV, Stahltank, €€
Helles Grüngelb, Silberreflexe. Feine gelbe Tropenfrucht, florale Nuancen, ein Hauch von Honigmelonen, frische Orangenzesten. Mittlerer Körper, feine weiße Apfelfrucht, frisch strukturiert, mineralisch unterlegt, wirkt relativ leichtfüßig, bereits gut antrinkbar.

90 Zweigelt * 2019
13,5 Vol.-%, DV, gebrauchte Barriques, €€
Tiefdunkles Rubingranat, violette Reflexe, opaker Kern, zarte Randaufhellung. Feine Tabakwürze, ein Hauch von Brombeeren, etwas Orangenzesten, zart nach Karamell, schwarze Kirschfrucht. Saftig, frisch, salzig, präsente Tannine, rote Fruchtnuancen, bereits gut antrinkbar.

92 Zweigelt Exklusiv 2019
13,5 Vol.-%, NK, Barrique, €€€
Tiefdunkles Rubingranat, violette Reflexe, opaker Kern, zarte Randaufhellung. Feine Gewürznoten, Johannisbeeren, ein Hauch von Orangenzesten, Cassis klingt an. Straff, saftig, feine Tanninstruktur, mineralisch, Pflaumentouch, bereits gut antrinkbar.

Jacqueline Klein in ihrem Fasskeller

WEINGUT JACQUELINE KLEIN
7163 Andau
Baumhöhäcker 10
T: +43 (664) 75124505
info@klein-wein.at
www.klein-wein.at

Kellermeister/Kontakt: Jacqueline Klein
Produktion: 20 % weiß, 80 % rot, 40 Hektar
Zertifiziert: Nachhaltig Austria
Vereinszugehörigkeit: Neusiedlersee DAC
Messen: ProWein Düsseldorf, VieVinum, Vinobile Feldkirch, DAC-Präsentationen

93 Cabernet Franc 2018
14,5 Vol.-%, NK, Barrique, €€€€€
Tiefdunkles Rubingranat, schwarzer Kern, violette Reflexe, zarte Randaufhellung. Mit feinen Orangenzesten und Kräuternoten unterlegte frische Zwetschken und Amarenakirschen, Edelschokolade. Gute Komplexität, saftig, kraftvoll, feine Brombeernoten, würziger Abgang, salziger Nachhall, gutes Entwicklungspotenzial.

92 Merlot 2019
15 Vol.-%, DV, gebrauchte Barriques, €€
Tiefdunkles Rubingranat, violette Reflexe, schwarzer Kern, zarte Randaufhellung. Dunkles Waldbeerenkonfit, ein Hauch von Gewürzen, zart nach Ribiseln, kandierte Orangenzesten. Saftig, mittlere Komplexität, Brombeeren im Abgang, engmaschig, Holzwürze im Nachhall, guter Speisenbegleiter.

92 Tribus 2019 ZW/ME/CS
14 Vol.-%, NK, Barrique, €€€
Tiefdunkles Rubingranat, violette Reflexe, opaker Kern, zarter Wasserrand. Feine Tabakwürze, etwas nach dunkler Waldbeerenfrucht, Herzkirschen, zart nach Kardamom. Saftig, präsente Tannine, feinwürzig, rote Fruchtnoten im Abgang, nussiger Nachhall, guter Speisenbegleiter.

★★★★★

WEINLAUBENHOF KRACHER

Im Jahr 1981, als Alois Kracher gerade die Vinifizierung von seinem Vater übernommen hatte, wurde mit Gerhard Kracher bereits die nächste vielversprechende Generation der burgenländischen Winzerfamilie geboren. Nach einer betriebswirtschaftlichen Ausbildung begann Gerhard aktiv im Weingut mitzuarbeiten, Kontakte zu knüpfen und seine Ideen und Vorstellungen einzubringen und umzusetzen. Gemeinsam mit seinem Vater hat er den Umbau des Weinguts geplant und durchgeführt, Schritt für Schritt übernahm er die Verantwortung in einzelnen Märkten, repräsentierte das Weingut bei diversen Veranstaltungen weltweit und sammelte wichtige Erfahrungen beim Distributionspartner in den USA. Die guten Kontakte seines Vaters Alois haben wesentlich dazu beigetragen, dass Gerhard Kracher in der Weinszene rasch die richtigen Ansprechpartner fand. So konnte er sich sehr schnell ein fundiertes Weinwissen aneignen und fand Gelegenheit, seinen Gaumen zu

schulen und unterschiedlichste Weine und Weinstile zu degustieren und unterscheiden zu lernen. Heute leitet er das Weingut mit Unterstützung seiner Frau Yvonne.
Der Name Kracher steht nicht mehr nur für Süßwein allein. Zusammen mit befreundeten Herstellern hat Alois Kracher eine ganze Reihe von Produkten des gehobenen Genusses geschaffen. Gerhard Kracher führt diese erfolgreichen Kooperationen fort. Es ist ein spannendes Erbe, das der 40-Jährige weiterträgt. Dazu zählen nicht nur ein weltberühmtes Weingut, gesuchte Weine mit Top-Ratings und die Verantwortung, dies weiterzuführen, sondern auch Charaktereigenschaften wie der Spirit, die Stärke und der unbeugsame Wille, die Gerhard von seinem berühmten Vater übernommen hat.

WEINLAUBENHOF KRACHER
7142 Illmitz
Apetloner Straße 37
T: +43 (2175) 3377
office@kracher.at
www.kracher.at

Kellermeister/Kontakt:
Gerhard Kracher
Produktion: 15 % weiß, 15 % rot, 70 % süß, 33 Hektar
Messen: ProWein Düsseldorf, Vinexpo

93 TBA No. 1 Zweigelt Nouvelle Vague 2018
10,5 Vol.-%, NK, Barrique, €€€€€
Helles Lachsrosa, Ockerreflexe, zarter Silberrand. Feine Nuancen von Bourbonvanille und Dörrfeigen, ein Hauch von Nougat, zart würziges Bukett. Saftig, gute Komplexität, reife Kirschen, frischer Säurebogen, eleganter Stil, mineralisch-zitronig im Abgang, dezenter Honig im Nachhall, rotbeeriger Rückgeschmack.

93 TBA No. 2 Welschriesling Zwischen den Seen 2018
10 Vol.-%, NK, Stahltank, €€€€€
Helles Gelbgold, Silberreflexe. Zart nussig unterlegte gelbe Tropenfrucht, kandierte Orangenzesten, dezente Kräuterwürze. Saftig, mittlere Komplexität, gelber Pfirsich, angenehme Säure, salziger Touch, gut entwickelt, bereits antrinkbar, fast trocken im Abgang, der vielseitige burgenländische Klassiker.

94 TBA No. 3 Scheurebe Zwischen den Seen 2018
10 Vol.-%, NK, Stahltank, €€€€€
Helles Goldgelb, Silberreflexe. Reife weiße Tropenfrucht, frische Litschis, zart nach Mango und Blütenhonig, kandierte Mandarinenzesten. Straff, elegant, reife frische Tropenfrucht, weißer Pfirsich, finessenreiche Säurestruktur, lebendiger Stil, bereits gut antrinkbar, reife Ananasfrucht im Nachhall.

94 TBA No. 4 Rosenmuskateller Nouvelle Vague 2018
11 Vol.-%, NK, Barrique, €€€€€
Helles Lachsrosa, Goldreflexe, breitere Randaufhellung. Faszinierende florale Nuancen von Jasmin, Rosen und Hibiskus, zarte Muskatnote, dezente Holzwürze im Hintergrund. Saftig, süße Weingartenpfirsichfrucht, finessenreicher Säurebogen, mineralisch und gut balanciert, ein Hauch von Marille im Abgang, gute Länge, ein rares Trinkerlebnis.

96 TBA No. 5 Grande Cuvée Nouvelle Vague 2018 WR/CH
9 Vol.-%, NK, Barrique, €€€€€€
Kräftiges Gelbgold, Silberreflexe. Rauchige Holzwürze, Vanille und frische Dörrpflaumen, kandierte Orangenzesten und angenehmer Honiganklang. Saftig, reife Marille, gelber Apfel, rassiger Säurebogen im Hintergrund, der dem Wein große Lebendigkeit verleiht, ein österreichischer Süßwein in internationalem Stil und Format, bleibt gut haften, leichtfüßig und sehr trinkfreudig, tolles Reifepotenzial.

94 TBA No. 6 Traminer Nouvelle Vague 2018
8 Vol.-%, NK, Barrique, €€€€€€
Mittleres Gelbgold, Silberreflexe. Zart rauchige Edelholznuancen, ein Hauch von Blutorangen, zart nach Karamell, geröstete Ananas, dezenter Blütenhonig, im Bukett noch verhalten. Saftig, elegant, ein Hauch von Rosen, reifer gelber Pfirsich, gut integrierte Fruchtsüße, mineralisch-salzig im Abgang, insgesamt noch unterentwickelt, im Abgang noch etwas vom Holz dominiert, ab 2025 antrinkbar.

95 TBA No. 7 Scheurebe Zwischen den Seen 2018
8 Vol.-%, NK, Stahltank, €€€€€€
Helles Goldgelb, Silberreflexe. Zart rauchig-kräuter-

würzig unterlegte Orangenzesten, feine gelbe Tropenfruchtanklänge, verschlossenes Bukett. Saftig, elegant, gelbe Frucht nach Mango und Papaya, zarter Gewürztouch im Kern, ausgewogen, feine Fruchtsüße, mineralisch, zeigt eine gute Länge, hier ist Geduld gefragt, ab 2025 antrinken.

96 TBA No. 8 Welschriesling Zwischen den Seen 2018

7 Vol.-%, NK, Stahltank, €€€€€€

Mittleres Goldgelb, Silberreflexe. Frische Orangenzesten, feine gelbe Tropenfrucht nach Ananas und reifer Mango, kräuterwürzige Elemente, zarte Honigsüße im Hintergrund. Stoffig, weiße Fruchtnuancen, die Restsüße wird von einer rasanten Säurestruktur gut gekontert, lebendiger, fast schlank wirkender Stil, zitronig-salziger Touch im Abgang, Pfirsich im Nachhall, aufgrund der Frische bereits gut antrinkbar, wird aber von Flaschenreife noch profitieren.

98 Welschriesling TBA No. 9 2018

7 Vol.-%, NK, Stahltank, €€€€€€

Kräftiges Goldgelb, Silberreflexe. Ein Hauch von Marillenkonfitüre, gelbe Tropenfrucht, zart kräuterwürzig unterlegte frische Orangenzesten klingen an, dazu zart nach Limetten. Ungemein komplex, cremige Textur, fruchtig, die rassige Säure bringt Leben in die 375 Gramm Restzucker, seidig und lange anhaftend, besitzt nahezu unbegrenzte Lagerfähigkeit, ein Süßweinerlebnis der besonderen Art. Sollte man probiert haben.

93 Cuvée Beerenauslese 2018 WR/CH

10,5 Vol.-%, NK, Teilbarrique, €€€€

Mittleres Goldgelb, Silberreflexe. Kandierte Mandarinenzesten, gelber Pfirsich und Ananas, ein Hauch von reifer Maracuja, angenehmer Blütenhonig. Saftig, feine Dörrobstnuancen, vollreife Ringlotten, feines Säurespiel, süßer Nachhall, bleibt haften, verfügt über Reifepotenzial.

92 Rosenmuskateller Red Roses 2018

11 Vol.-%, NK, Holzfass, €€€€€

Helles Kirschrot, Orangereflexe, zarter Silberrand. Attraktiver Muskattouch, aber auch vollreife Marillen klingen an, ein Hauch von Rosoglio im Hintergrund. Saftig, wieder reifes Steinobst, zart nach Maracuja und Ananas, angenehme Säurebalance, bleibt haften, ein delikater, fruchtiger Stil, ein kleines Dessert für sich.

92 Traminer Auslese 2018

11,5 Vol.-%, DV, Stahltank, €€

Mittleres Goldgelb, Silberreflexe. Ein Hauch von Rosoliolikör, reife gelbe Tropenfrucht, zart nach Maracuja, weiße Blüten, typisches Bukett. Mittlere Komplexität, reife Papaya und Passionsfruchtnuancen, gut integrierte Säurestruktur, süße Marillen im Abgang, bereits gut antrinkbar.

92 Zweigelt Spätlese Rot 2020

12,5 Vol.-%, DV, Stahltank, €€

Kräftiges Rubingranat, violette Reflexe, dezente Ockerrandaufhellung. Tabakig-gewürzig unterlegte schwarze Beerenfrucht, reife Zwetschken, etwas Nougat. Mittlere Komplexität, präsente Tannine, etwas Dörrobst im Abgang, schokoladiger Rückgeschmack, spezieller Stil.

91 Zweigelt Auslese 2020

11,5 Vol.-%, NK, Holzfass, €€

Mittleres Kupferrot, Ockerreflexe. Verhalten, zart blättrige Würze, ein Hauch von Erdbeerkonfitüre und eingelegten Kirschen. Straff, würzig, dunkle Frucht am Gaumen, süßer Abgang, ein Hauch von Lakritze im Nachhall, bereits gut entwickelt.

91 Zweigelt Beerenauslese 2018

10,5 Vol.-%, NK, Holzfass, €€€€

Helles Kirschrot, Ockerreflexe, zarter Messingrand. Einladender Duft von frischen Dörrpflaumen, reife Feigen, kandierte Orangenzesten, feiner Honig. Saftig, rote Beerenfrucht, lebendig strukturiert, eingelegte Kirschen, zart nach Grapefruit, animierende, leichtfüßige Stilistik.

92 Merlot Spätlese Rosé 2020

9 Vol.-%, VL, Stahltank, €€

Mittleres Altrosa, Silberreflexe. Frische rote Waldbeeren, ein Hauch von Kirschen, mit weißem Apfel unterlegt. Schlank, rotes Konfit, feine Säurestruktur, rote Frucht im Nachhall, bleibt haften, ein vergnüglicher Sommerwein mit fruchtiger Süße und gutem finalem Druck.

92 Muskat Ottonel Auslese 2019

10 Vol.-%, DV, Stahltank, €€

Helles Goldgelb, Silberreflexe. Floral unterlegte Muskatnuss, ein Hauch von frischer Banane und reifem Pfirsich, dezenter Blütenhonig. Saftig, frische gelbe Tropenfrucht nach Ananas, angenehmer Säurebogen, mineralisch, süßfruchtiger Abgang.

★

WEINGUT KRACHER UND SOHM

Aldo Sohm und Gerhard Kracher verbindet seit mittlerweile über einem Jahrzehnt eine intensive Freundschaft. Kennengelernt hat man sich in New York im Jahr 2004. Aldo Sohm ist damals von Tirol nach NYC gezogen, um internationale Erfahrung als Sommelier zu sammeln. Heute ist er Headsommelier im Restaurant »Le Bernardin«, dem höchst gelobten und wohl einem der bekanntesten Restaurants der US-Ostküste. Zahlreiche Auszeichnungen, wie »Best Sommelier« in den USA und die höchste Auszeichnung, Weltmeister-Sommelier, hat er sich in den letzten Jahren erarbeitet. Gerhard Kracher, damals die rechte Hand von seinem Vater Alois Kracher, war in dieser Zeit im wichtigen US-Markt auf Repräsentation unterwegs. Die beiden verstanden sich auf Anhieb blendend. Die Liebe zu den großen Weinen der Welt und zu hervorragendem Essen verbindet eben schnell! Heute führt Gerhard den weltberühmten Weinlaubenhof in dritter Generation. Die Weine sind auf den Weinkarten in den besten Restaurants in 45 Ländern vertreten. Das Weingut wurde in den letzten Jahrzehnten mit Auszeichnungen und hohen Bewertungen übersät. Seit 2009 werden auch gemeinsam Weine unter dem Namen Kracher & Sohm produziert. Die Idee entstand, wie so oft, beim Essen und Trinken! Beide lieben autochthone Rebsorten und haben den Grünen Veltliner besonders ins Herz geschlossen. Man hat sich für das Weinviertel entschieden, da dort viele alte Weingärten auf besonderen Bodenformationen stehen und Lagen zu pachten waren. Der erste Wein, ein Grüner Veltliner, wurde ein voller Erfolg. Top-Bewertungen in Magazinen wie »Wine & Spirits« folgten sofort. Die Folgejahrgänge haben sich gut etabliert und finden nun reißenden Absatz.

92 Grüner Veltliner Alte Reben 2019
12,5 Vol.-%, NK, Teilbarrique, €€€
Mittleres Gelbgrün, Silberreflexe. Feine Kräuterwürze, ein Hauch von kandierten Mandarinenzesten, etwas Kamille und Margerite. Mittlerer Körper, gelbe Birnenfrucht, zart nach Ringlotten, dezente Säurestruktur, ein Hauch von Karamell, salziger Nachhall.

92 Grüner Veltliner St. Georg 2017
13,5 Vol.-%, NK, Holzfass, €€€€
Leuchtendes mittleres Goldgelb, Silberreflexe. Zarte Vanille, gelbe Tropenfruchtanklänge, zart nach Papaya, feine nussige Würze. Saftig, elegant, feine gelbe Apfelfrucht, finessenreich strukturiert, etwas Nougat im Nachhall, gut gereift, eleganter Speisenbegleiter.

92 Grüner Veltliner Single Vineyard 2016
13,5 Vol.-%, NK, Holzfass, €€€€€
Kräftiges Goldgelb, Silberreflexe. Gereiftes Bukett, zart nach Dörrobst, reife Marille, kandierte Orangenzesten und etwas Honig, mit einem Hauch von Backwerk unterlegt. Elegant, feine gelbe Tropenfrucht, finessenreicher Säurebogen, wirkt leichtfüßig, individueller Sortenausdruck, verfügt über weiteres Entwicklungspotenzial.

91 Grüner Veltliner Lion 2020
12 Vol.-%, DV, Stahltank, €€
Helles Gelbgrün, Silberreflexe. Zarte weiße Apfelfrucht, feine Kräuterwürze, mit Zitruszesten unterlegt. Mittlerer Körper, frisch strukturiert, mineralisch, zarte Fruchtsüße im Abgang, ein Hauch von Mango, ein lebendiger Speisenbegleiter.

WEINGUT
KRACHER UND SOHM
7142 Illmitz
Apetloner Straße 37
T: +43 (2175) 3377
office@kracherfinewine.at
www.kracherundsohm.at

Kellermeister/Kontakt:
Gerhard Kracher
Produktion: 100 % weiß

★★★

WEINGUT LEITNER

BIO

Das Weingut Leitner ist seit Generationen im Familienbesitz. 1975 übernahmen Melitta und Matthias Leitner den Betrieb, der bis 1990 noch im Nebenerwerb geführt wurde. Die entscheidende Neuorientierung begann bereits Anfang der Achtzigerjahre. Erste nationale und internationale Bestätigungen ab dem Jahr 1985 zeigten, dass die eingeschlagene Qualitätsstrategie erfolgreich war. Die nächste große Wende fand 1991 statt, als Matthias Leitner seinen Beruf als Handelsreisender aufgab, um sich ausschließlich dem Weinbau zu widmen. In diesen Jahren wuchs auch die bewirtschaftete Fläche des Weinguts an. Seit 1. Jänner 2003 arbeitet Gernot Leitner hauptberuflich im elterlichen Betrieb, im Jahr 2010 hat er die alleinige Verantwortung im Weingut übernommen.
Der Kern der Betriebsphilosophie ist das Streben, charaktervolle, vom Terroir geprägte Weine höchster Qualität zu vinifizieren. Um dies zu erreichen, werden die Weingärten naturnah bewirtschaftet. Was die Natur dem Winzer schenkt, wird im Keller mit akribischer Genauigkeit und bei schonendstem Umgang mit Traube und Wein bis in die Flasche gebracht. Die Rieden Altenberg, Ungerberg, Salzberg sowie Schafleiten zählen zu den besten Lagen in Gols, und genau dort befinden sich auch die Weingärten der Familie. Das Weingut Leitner ist Gründungsmitglied der »Pannobile«-Gruppe.

(91) Pinot Blanc Ried Salzberg 2020
13 Vol.-%, DV, Stahltank, €€
Helles Gelbgrün, Silberreflexe. Zarte Nuancen von Golden-Delicious-Apfel, zart nach Birne, floraler Touch, ein Hauch von Limettenzesten. Mittlerer Körper, weißer Apfel, feine salzige Textur, gute Frische, ausgewogen und bereits gut antrinkbar, gutes Reifepotenzial.

91 Gemischter Satz Shake Me! 2020
12,5 Vol.-%, NK, Amphore/500-l-Fass, €€€
Leuchtendes zart wolkiges mittleres Gelbgold. Zart nach Blütenhonig, Kräutern und Orangen, mit feiner gelber Tropenfrucht unterlegt, reife Birnen klingen an. Saftig, feine Hefenuancen, gut integrierte Gerbstoffwürze, weiße Kernobstnoten im Abgang, mittlere Länge, bereits zugänglich.

90 Gemischter Satz Ried Obere Breite 2020
12,5 Vol.-%, Stahltank, €€
Helles Gelbgrün, Silberreflexe, floral unterlegte weiße Birnenfrucht, einladendes Bukett. Mittlerer Körper, frisch strukturiert, zarte Kernobstnuancen, ausgewogen, bietet leichtfüßigen Trinkspaß.

93 Blaufränkisch Ried Ungerberg 2019
13,5 Vol.-%, NK, Barrique, €€€€€
Tiefdunkles Rubingranat, violette Reflexe, dezente Randaufhellung. Frische Brombeerfrucht, ein Hauch von Cassis, blumige Nuancen, Mandarinenzesten im Hintergrund, einladendes Bukett. Saftig, elegant, schwarze Kirschen, feine Tannine, frische Struktur, rotbeerige Aspekte, mineralischer Nachhall.

93 Zweigelt Ried Altenberg 2019
13,5 Vol.-%, NK, Barrique, €€€€€
Dunkles Rubingranat, violette Reflexe, dezente Randaufhellung. Dunkle Waldbeerenfrucht, feine Edelholzwürze, Nuancen von Mandarinenzesten und Lakritze. Mittlere Komplexität, dunkle Beerenfrucht, feine, reife Tannine, mineralisch-salziger Nachhall, gute Länge, ein facettenreicher Speisenbegleiter.

WEINGUT LEITNER
7122 Gols, Quellengasse 33
T: +43 (2173) 2593
weingut@leitner-gols.at
www.leitner-gols.at

Kellermeister/Kontakt:
Gernot Leitner
Anbauweise: Zertifiziert Biologisch (Bioveritas)
Produktion: 5 % Schaumwein, 20 % weiß, 5 % rosé, 65 % rot, 5 % süß, 11 Hektar
Vereinszugehörigkeit:
Pannobile
Messen: Austrian Tasting London, ÖGW Zürich, ProWein Düsseldorf, VieVinum

90 Zweigelt Heideboden 2020
12,5 Vol.-%, DV, €€
Dunkles Rubingranat, violette Reflexe, dezente Randaufhellung. Reife Zwetschken, eingelegte Kirschen, rotbeerige Nuancen, feine Kräuterwürze. Mittlerer Körper, feines Erdbeerkonfit, frisch strukturiert, leichtfüßiger, frischer Stil.

92 Syrah no filter 2019
12,5 Vol.-%, NK, großes Holzfass, €€€ Ⓢ
Tiefdunkles Rubingranat, opaker Kern, violette Reflexe, zarte Randaufhellung. Einladende dunkle Waldbeeren, ein Hauch von Lakritze, dunkle Mineralik, floraler Touch. Am Gaumen mittlere Komplexität, zart nach kandierten Veilchen, zart nach Weichseln, frisch und salzig, ein feinwürziger Speisenbegleiter.

92 Syrah Ried Schafleiten 2019
13,5 Vol.-%, NK, Barrique, €€€€€
Dunkles Rubingranat, violette Reflexe, dezente Ockerrandaufhellung. Feine Edelholzwürze, feines Nougat und schwarze Kirschen, zart nach Vanille und kandierten Orangenzesten. Mittlere Komplexität, zart nach Oliven und süßer Beerenfrucht, feine Tannine, lebendig, wirkt leichtfüßig, ein facettenreicher Speisenbegleiter.

★★★

WEINGUT MÜNZENRIEDER

Das Weingut Münzenrieder liegt in Apetlon, in unmittelbarer Nähe zahlreicher Salzlacken, die für diese Gegend äußerst typisch sind. Heute ist dieser Betrieb alles andere als unbekannt – vor allem, was seine Prädikatsweine anbelangt, deren Ausgewogenheit eines der wichtigsten Anliegen des Winzers ist. Der typische Terroircharakter spiegelt sich in den Weinen der engagierten Weinbaufamilie wider.
Johannes Münzenrieder, der den Betrieb im Jahr 2005 übernahm, konnte mit seiner Rotweincuvée »Mavie« ebenso neue Impulse setzen wie mit dem Umbau des Kellers und dem neuen Verkaufsraum. Die Rebsorten Sämling, Welschriesling und Grüner Veltliner sind aufgrund ihrer Fruchtigkeit und Konzentration am besten dafür geeignet, gebietstypische Beerenauslesen, Trockenbeerenauslesen und Eisweine hervorzubringen, die vor allem eine harmonische Verbindung von Süße und Säure mit den Fruchtkomponenten des Weines zum Ausdruck bringen. Genauso überzeugen kann das Weingut inzwischen mit Zweigelt, Blaufränkisch und den Cuvées aus Zweigelt, Cabernet Franc und Merlot. Immer mehr widmet sich die Familie Münzenrieder aber auch den trockenen Weißweinen, die sowohl in Stahltanks als auch in kleinen Holzfässern ausgebaut werden. Internationale Auszeichnungen und die oftmalige Aufnahme in den »Salon Österreich Wein« bezeugen die Qualität ebenso wie die Exporterfolge in Übersee.

(91) Chardonnay Reserve C13 2019
14 Vol.-%, NK, 500-l-Fass, €€€
Leuchtendes mittleres Goldgelb, Silberreflexe. Reife Tropenfrucht, Nuancen von Marille, ein Hauch von Nougat, einladendes Bukett. Stoffig, seidige Textur, zarte Süße, feiner Karamelltouch, elegant und bereits gut ausgewogen.

90 Chardonnay Heideboden 2020
13,5 Vol.-%, DV, Teilbarrique, €€
Helles Goldgelb, Silberreflexe. Zart nach weißer Birne, ein Hauch von Mandarinenzesten, floraler Touch. Saftig, ele-

WEINGUT MÜNZENRIEDER
7143 Apetlon
Wallerner Straße 27
T: +43 (2175) 2259
info@muenzenrieder.at
www.muenzenrieder.at

Kellermeister/Kontakt:
Johannes Münzenrieder
Produktion: 25 % weiß, 5 % rosé, 60 % rot, 10 % süß, 33+15 Hektar
Messen: VieVinum

gant, feine Nuancen von Ananas und Mango, feine Säurestruktur, mineralischer Touch im Nachhall.

90 Sauerstoff 2020 GV/SB/GM
12,5 Vol.-%, DV, Stahltank, €€
Helles Goldgelb, Silberreflexe. Ein Hauch von Nougat, feine Birnenfrucht, frischer Apfel, floraler Touch. Mittlerer Körper, leichtfüßig, dezente Süße, zitroniger Touch, bietet unkomplizierten Trinkspaß.

(90) Sauvignon Blanc Reserve 2019
13,5 Vol.-%, NK, 500-l-Fass, €€€
Helles Goldgelb, zarte Messingreflexe. Zart nach Karamell, weiße Tropenfrucht, Nuancen von Birnen, feine Orangenzesten. Saftig, reife Tropenfrucht, zart nach Passionsfrucht, dezente Säurestruktur, feiner Blütenhonig im Nachhall.

(91) Zweigelt ** Ried Römerstein 2019
13,5 Vol.-%, NK, Barrique, €€€
Dunkles Rubingranat, violette Reflexe, zarte Randaufhellung. Feiner Vanilletouch, ein Hauch von Orangenzesten, etwas rote Beerenfrucht, floraler Touch. Saftig, elegant, feine Struktur, zarte Tannine, Johannisbeeren im Abgang, einladendes Finish, bereits gut antrinkbar.

(93) Zweiglas 2019 ME/CF/ZW
14 Vol.-%, NK, Barrique, €€€€€
Dunkles Rubingranat, violette Reflexe, zarter Wasserrand. Feine Tabakwürze, etwas nach Orangenzesten, ein Hauch von Kirschen, rotes Waldbeerenkonfit. Gute Komplexität, saftig, elegant, feine Säurestruktur, gut eingebundene Tannine, extraktsüß nach Pflaumen, Nougat im Nachhall, bleibt gut haften, vielschichtiger Speisenbegleiter.

(92) Mavie 2019 ME/CF
14 Vol.-%, NK, Barrique, €€€€
Tiefdunkles Rubingranat, violette Reflexe, opaker Kern, zarte Randaufhellung. Etwas nach Brombeeren, zart nach Edelholzwürze, feine Kräuternoten, Bergamotte klingt an. Gute Komplexität, saftig, schwarze Kirschfrucht im Abgang, salzig, etwas nach Pflaumen, bleibt gut haften, sicheres Entwicklungspotenzial.

(92) Sämling TBA 2018
10 Vol.-%, NK, Stahltank, €€€
Mittleres Gelbgold, Silberreflexe. Kandierte Orangenzesten, feine Botrytiswürze, Honig und reife Tropenfrucht nach Maracuja, zarter Muskattouch. Mittlere Komplexität, zart nach Nougat und Marille, süßer Nachhall, mineralischer Rückgeschmack, braucht noch seine Zeit.

★★★

WEINGUT PMC MÜNZENRIEDER

Unmittelbar neben der Langen Lacke in Apetlon, dem Herzstück des Nationalparks Neusiedler See – Seewinkel, findet man das Weingut der Brüder Peter und Christoph Münzenrieder. Steht man davor, lässt sich eine architektonische Interpretation des einprägsamen Etiketts nicht leugnen. Die Verkostungsräume bieten einen Einblick in den imponierenden Barriquekeller, in dem die Lagenweine bei optimaler Temperatur heranreifen können.
Mit ihrer Lagenphilosophie und ihrem Terroirfeeling liegen die Brüder richtig. Von den Einzellagen sind vier Weine besonders zu erwähnen: Pinot Noir, Chardonnay, Sauvignon Blanc und Zweigelt vom Neubruch, einer der besten Burgunderlagen in Apetlon. Die Hauptsorte ist der Zweigelt. In der Region Neusiedler See fühlt er sich besonders wohl und dankt es mit hervorragenden Qualitäten. Nach sortenreiner und lagenseparater Ernte und Vinifikation werden die Top-Cuvées des Weinguts – »Diabolus«, der rote Teufel, und »Auratum TBA«, das flüssige Gold – erst nach ausreichender Reifezeit in französischen Barriques verschnitten und in die Flasche gefüllt. Einige der besten Süßweinproduzenten der Welt stammen aus dem Seewinkel. Mit ihren unzähligen internationalen Goldmedaillen und anderen hohen Auszeichnungen für ihre weißen und roten Prädikatsweine gehören die beiden Brüder dazu. PMC-Weine findet man auf zahlreichen Weinkarten der Spitzengastronomie rund um den Globus.

(92) Chardonnay Ried Neubruch 2019
13,5 Vol.-%, DIAM, 500-l-Fass, €€€€€
Mittleres Gründgelb, Silberreflexe. Zart nach Grapefruitzesten, feine Holzwürze, ein Hauch von weißem Steinobst und Mandarinen. Saftig, elegant, feine Fruchtsüße, Pfirsich im Abgang, bleibt haften, ein eleganter Speisenbegleiter.

WEINGUT PMC MÜNZENRIEDER

7143 Apetlon
Triftgasse 31
T: +43 (2175) 26700
office@weingut-pmc.at
www.weingut-pmc.at

Kellermeister: Christoph Münzenrieder
Kontakt: Peter Münzenrieder
Produktion: 30 % weiß, 50 % rot, 20 % süß, 20 Hektar
Messen: Prodexpo Moskau, ProWein Düsseldorf, VieVinum

(92) Sauvignon Blanc Ried Neubruch 2019
13,5 Vol.-%, DIAM, 500-l-Fass, €€€€€
Mittleres Goldgelb, Silberreflexe. Feine Holzwürze, Nuancen von Passionsfrucht, reife gelbe Stachelbeeren, ein Hauch von Nougat. Komplex, weiße Tropenfrucht, feiner Säurebogen, Pfirsich im Abgang, ein ausgewogener Speisenbegleiter.

(93) Merlot 2019
14,5 Vol.-%, DIAM, 500-l-Fass, €€€€€
Dunkles Rubingranat, violette Reflexe, zarte Ockerrandaufhellung. Zart tabakig-kräuterwürzig, feine schwarze Kirschfrucht, Brombeeren, kandierte Orangenzesten. Komplex, saftig, feinwürzig, reife Tannine, schokoladig, dezente Röstaromen im Nachhall, gutes Reifepotenzial.

(92) Zweigelt Ried Neubruch 2019
13,5 Vol.-%, DIAM, 500-l-Fass, €€€€€
Tiefdunkles Rubingranat, opaker Kern, violette Reflexe, zarte Randaufhellung. Feines Brombeerkonfit, dunkle Kirschen, zart nach Bourbonvanille, etwas Nougat. Saftig, elegant, frische Waldbeeren, gut integrierte Tannine, mineralisch-zitronige Nuancen, dezente Nougatnuancen im Abgang, gutes Reifepotenzial.

(92) Pinot Noir Ried Neubruch 2019
14 Vol.-%, DIAM, 500-l-Fass, €€€€€
Kräftiges Rubingranat, violette Reflexe, breitere Ockerrandaufhellung. Feines rotes Waldbeerenkonfit, zart nach Mandarinenzesten, mit Kirschen unterlegt. Mittlerer Körper, feine Beerenfrucht, dezente Süße, reife Tannine, dezente Schokonuancen im Abgang, bereits gut antrinkbar.

(90) Diabolus 2019 ZW/ME/BF
14 Vol.-%, DIAM, Teilbarrique, €€€
Tiefdunkles Rubingranat, opaker Kern, violette Reflexe, zarte Randaufhellung. Intensive Edelholznoten, tabakige Nuancen, schwarze Kirschen und Lakritze. Mittlere Komplexität, rote Kirschen, präsente Tannine, etwas Nougat im Nachhall, würziger Speisenbegleiter.

(94) Scheurebe TBA 2018
9,5 Vol.-%, DIAM, Edelstahl, €€€€
Mittleres Goldgelb, Silberreflexe. Floral unterlegte Honignote, Dörrobstnuancen, ein Hauch von Nougat, frische Marille, einladendes Bukett. Saftig, elegant, feine nussige Aromen, fein strukturiert, zeigt sehr gute Länge und Balance, bereits zugänglich, schokoladiger Nachhall, Feigen im Rückgeschmack.

(94) Welschriesling TBA 2018
9,5 Vol.-%, DIAM, Edelstahl, €€€€
Mittleres Goldgelb, Silberreflexe. Feine Kräuterwürze, Mandarinenzesten und Blütenhonig, gelbe Frucht im Nachhall, mineralischer Touch. Mittlerer Körper, zart nussig, reife Marille und Orangen, feine Süße im Abgang, ein Hauch von Dörrobst im Finale.

★★★★★

WEINGUT ANITA UND HANS NITTNAUS

BIO

Das Weingut Nittnaus liegt in Gols an der Ostseite des Neusiedler Sees zwischen der höher gelegenen Platte im Norden und dem flachen Heideboden im Süden und ist seit jeher dem Weinbau eng verbunden. Das 1927 errichtete Anwesen wurde von Anita und Hans »John« Nittnaus im Jahr 1985 übernommen und modernisiert. Die 36 Hektar umfassende Rebfläche teilt sich auf den Nordrand des Sees von Mönchhof bis Purbach auf, mit Schwerpunkt Gols und Jois. 90 Prozent der Fläche sind mit Rotwein- (Blaufränkisch, Zweigelt, Merlot, St. Laurent) und knapp 10 Prozent mit Weißweinsorten (Weißburgunder, Chardonnay, Grüner Veltliner, Furmint) bepflanzt. Ein wichtiger Grundsatz im Betrieb lautet: »Wir ›machen‹ den Wein nicht, sondern wir versuchen, ihn in seiner Entwicklung zu unterstützen.« Aus diesem Grund wurde 2006 auch auf biodynamische Wirtschaftsweise umgestellt. An der Spitze des Sortiments stehen zwei Cuvées: der mächtige »Comondor« (Merlot/Blaufränkisch) und der elegante »Pannobile« (Zweigelt/Blaufränkisch).

Seit einigen Jahren sind auch die Top-Blaufränkisch vom Leithaberg – der »Jungenberg« (ehemals »Tannenberg«) und der »Gritschenberg« – wichtige Flaggschiffe. Große Erfolge und erste Plätze wurden anlässlich der Falstaff-Rotweinprämierung mit »Comondor« 2006, »Pannobile« 2010 sowie Leithaberg DAC Ried Joiser Gritschenberg 2015, 2016 und 2017 und Leithaberg DAC Ried Joiser Jungenberg 2017 eingefahren. Das immer bedeutender werdende Blaufränkisch-Sortiment wird durch einen etwas leichteren Blaufränkisch »Kalk & Schiefer« ergänzt. Besonders wichtig im Portfolio ist auch die mittelpreisige weiche und fruchtige Rotweincuvée »Heideboden«, von der es auch ein weißes Pendant gibt (Weißburgunder). Das Weißweinangebot wird durch Chardonnay von den Joiser Leithaberg-Lagen Freudshofer und Bergschmallister komplettiert.

WEINGUT
ANITA UND HANS NITTNAUS
7122 Gols, Untere Hauptstraße 49
T: +43 (2173) 2248
office@nittnaus.at, www.nittnaus.at
Kellermeister: Hans Nittnaus
Kontakt: Anita und Hans Nittnaus
Anbauweise: Biodynamisch (respekt)
Produktion: 200.000 Flaschen
8 % weiß, 1 % rosé, 90 % rot, 1 % süß, 36 Hektar
Vereinszugehörigkeit:
Pannobile, Leithaberg DAC
Messen: Austrian Tasting London, Gast Klagenfurt, Millésime Bio, ProWein Düsseldorf, London Wine Fair, VieVinum, DAC-Präsentationen, MondoVino, Summa Margreid, Wein Burgenland Präsentationen, Karakterre, 501 Bio-Dyn

94 Chardonnay Leithaberg DAC Ried Joiser Bergschmallister 2019
13 Vol.-%, NK, großes Holzfass, €€€€€
Mittleres Goldgelb, Silberreflexe. Ein Hauch von Nougatkaramell, reife gelbe Tropfenfrucht, etwas Minze, gelbe Tropenfruchtaromen, mit kandierten Mandarinenzesten unterlegt. Komplex, saftig, etwas Pfirsich, mineralisch-salzige Textur, zitroniger Touch, pikant und anhaftend, ein Hauch von Nougat auch im Finale, sicheres Reifepotenzial.

93 Chardonnay Leithaberg DAC Ried Joiser Freudshofer 2019
13 Vol.-%, NK, großes Holzfass, €€€€€
Leuchtendes Goldgelb, Silberreflexe. Zart nussig unterlegte gelbe Birnenfrucht, ein Hauch von Mango, zart nach Vanille und Karamell. Stoffig, feines Nougat, mit weißer Apfelfrucht unterlegt, gute Komplexität, bleibt haften, fruchtige Süße im Nachhall.

96 Blaufränkisch Leithaberg DAC Ried Joiser Jungenberg 2018
13,5 Vol.-%, NK, 500-l-Fass, €€€€€€
Dunkles Rubingranat, violette Reflexe, zarte Randaufhellung. Feine Edelholzwürze, zart floral unterlegtes schwarzes Waldbeerenkonfit, ein Hauch von Lakritze, Cassis, ein-

ladendes Bukett. Saftig, elegant, reife Kirschen, runde, gut integrierte Tannine, gute Frische, bleibt haften, salzig-zitronig im Nachhall, gutes Reifepotenzial.

95 Blaufränkisch Leithaberg DAC Ried Joiser Gritschenberg 2018
13,5 Vol.-%, NK, 500-l-Fass, €€€€€€ B
Dunkles Rubingranat, opaker Kern, violette Reflexe, zarte Randaufhellung. Rauchig-kräuterwürzig, zart reduktives Bukett, dunkle Beerenfrucht, ein Hauch von Kardamom und reifen Kirschen. Schwarze Beerenfrucht, aber auch rote Nuancen, frisch strukturiert, seidige Tannine, mineralisch und gut anhaftend, zeigt Länge und sicheres Entwicklungspotenzial.

(94) Blaufränkisch Leithaberg DAC Ried Neusiedler Lange Ohn 2019
13,5 Vol.-%, NK, 500-l-Fass, €€€€€ B
Tiefdunkles Rubingranat, opaker Kern, violette Reflexe, zarte Randaufhellung. Zart tabakig unterlegte reife Zwetschken, schwarze Kirschen, etwas Nougat und kandierte Orangenzesten. Saftig, komplex, feine Extraktsüße, reife Tannine bleibt gut haften, mineralisch-salzig im Nachhall, gutes Reifepotenzial.

(93) Blaufränkisch Leithaberg DAC Ried Joiser Altenberg 2019
13,5 Vol.-%, NK, 500-l-Fass, €€€€€ B
Dunkles Rubingranat, violette Reflexe, zarte Randaufhellung. Feine Fruchtnuancen von reifen Herzkirschen und Brombeerkonfit, mit feiner Kräuterwürze und Orangenzesten unterlegt. Saftig, angenehme Fruchtsüße, reife Tannine, ausgewogen und bereits zugänglich, ein vielseitiger Speisenbegleiter.

(95) Comondor 2018 ME/BF/CS
14 Vol.-%, NK, 500-l-Fass, €€€€€€
Tiefdunkles Rubingranat, opaker Kern, violette Reflexe, zarte Randaufhellung. Feine Edelholzwürze, schwarze Beeren, ein Hauch von Cassis und Lakritze, attraktives junges Bukett. Stoffig, elegant, extraktsüße Textur, feines Nougat, reife Tannine, dunkle Beerenfrucht, nussiger Touch im Finish, sehr gute Länge, sicheres Reifepotenzial.

(93) Pannobile 2019 ZW/BF
13,5 Vol.-%, NK, 500-l-Fass, €€€€€ B
Dunkles Rubingranat, opaker Kern, violette Reflexe, zarte Randaufhellung. Schwarze Waldbeeren, reife Herzkirschen, zart nach Lakritze, ein Hauch von Kakao. Saftig, elegant, reife Herzkirschfrucht, gut integrierte Tannine, mineralisch und frisch, wirkt leichtfüßig, zart salziger Nachhall, verfügt über gute Länge.

91 Heideboden rot 2019 ZW/ME/BF/RÖ
13 Vol.-%, DV, 500-l-Fass, €€€ B
Dunkles Rubingranat, violette Reflexe, zarte Randaufhellung. Nuancen von reifen Zwetschken, zarte Kräuterwürze, Brombeerkonfit und Orangenzesten klingen an. Mittlere Komplexität, feiner nussiger Touch, reife Kirschen, ein Hauch von Nougat im Abgang, ein vielseitiger Speisenbegleiter.

★★★

WEINGUT GEBRÜDER NITTNAUS

Das Weingut Gebrüder Nittnaus aus Gols am Neusiedler See steht für exzellente Weinqualitäten, nachhaltiges Engagement und Handschlagqualität. Das Familienweingut fokussiert sich seit Jahrzehnten auf das Potenzial und die Vielfalt der Rieden der Region Neusiedlersee. Diese kalkreichen, fruchtbaren Lagen mit ihrem besonderen Klima lassen Weine entstehen, welche die berühmte Fruchtigkeit burgenländischer Weine besonders eindrucksvoll repräsentieren. Somit stehen die Gebrüder Nittnaus für ausgezeichnete burgenländische Weinpersönlichkeiten in Rot, Weiß und Süß.

91 Grüner Veltliner Reserve 2019
13,5 Vol.-%, DIAM, Edelstahl, €€€
Mittleres Gelbgrün, Silberreflexe. Zart nach Birne, etwas Mango, einladendes Bukett, fruchtiger Stil. Komplex, saftig, feine Fruchtsüße, nach Marille, dezenter Säurebogen, mineralisch und anhaftend, Blütenhonig im Nachhall ein stoffiger Speisenbegleiter mit Reifepotenzial.

90 Chardonnay Selection 2020
13 Vol.-%, DV, Edelstahl, €€
Helles Goldgelb, Silberreflexe. Feine gelbe Apfelfrucht, ein Hauch von Mango, florale Nuancen, mit feinen Mandarinenzesten und Blütenhonig unterlegt. Mittlerer Körper, süße Frucht, zart nach Ananas, seidige Textur, bleibt haften, gut entwickelt.

89 Sauvignon Blanc 2020
12 Vol.-%, DV, Edelstahl, €€

88 Gelber Muskateller Exquisit 2020
12 Vol.-%, DV, Edelstahl, €€

Pandorfer Platte bie Gols

WEINGUT GEBRÜDER NITTNAUS
7122 Gols
Untere Hauptstraße 105
T: +43 (2173) 2186
weingut@nittnaus.net
www.nittnaus.net

Kellermeister: Hans Michael Nittnaus
Kontakt: Andreas und Hans Michael Nittnaus
Produktion: 30 % weiß, 60 % rot, 10 % süß, 50 Hektar
Zertifiziert: Nachhaltig Austria
Messen: ProWein Düsseldorf, VieVinum

93 Zweigelt ** Ried Luckenwald 2019
13,5 Vol.-%, NK, Barrique, €€€€
Tiefdunkles Rubingranat, violette Reflexe, zarte Randaufhellung. Mit einem Hauch von Nougat unterlegte schwarze Herzkirschen, Brombeernuancen, feine tabakige Würze. Saftig, gute Komplexität, schwarze Beeren, feine Tannine, mineralisch und anhaftend, bereits gut entwickelt, ein facettenreicher Speisenbegleiter mit Reifepotenzial.

92 Zweigelt ** Ried Goldberg 2019
14 Vol.-%, NK, Barrique, €€€€
Tiefdunkles Rubingranat, violette Reflexe, zarte Randaufhellung. Etwas verhalten, kandierte Orangen, dunkle Waldbeeren, reife Zwetschken, ein Hauch von Schokolade, mit Kirschen unterlegt. Saftig, ausgewogen, elegant, präsente Tannine, die noch etwas fordernd sind, frisch strukturiert, ein feinwürziger Speisenbegleiter.

(90) Zweigelt * 2020
13 Vol.-%, DV, Stahltank, €€
Dunkles Rubingranat, violette Reflexe, zarte Randaufhellung. Nuancen von frischen Brombeeren, ein Hauch von Kirschen, zart nach Gewürznelken, einladendes Bukett. Mittlerer Körper, rote Kirschen, dezente Tannine, mineralischer Nachhall, feinwürziger Rückgeschmack.

(90) Zweigelt Exquisit 2020
13 Vol.-%, DV, Stahltank, €€
Dunkles Rubingranat, opaker Kern, violette Reflexe, zarte Randaufhellung. Zartes Nougat, schwarze Kirschen, zarte Kräuterwürze und Vanille. Mittlere Komplexität, rotbeerige Frucht, zarte Tannine, dezente Kirschfrucht im Nachhall, mineralischer Rückgeschmack.

(91) Heideboden Premium 2019 ZW/CS/ME/BF
13,5 Vol.-%, DV, Barrique, €€
Tiefdunkles Rubingranat, violette Reflexe, zarte Randaufhellung. Reife Herzkirschen, Brombeeren, mit schwarzen Waldbeeren unterlegt, dezente Edelholznuancen. Komplex, stoffig, reife Zwetschken, präsente Tannine, mineralisch, noch etwas fordern, wird von Flaschenreife profitieren.

91 Heideboden Premium 2018 ZW/CS/ME/BF
13,5 Vol.-%, DV, Barrique, €€
Dunkles Rubingranat, violette Reflexe, zarte Randaufhellung. Zart nach kandierten Orangenzesten, ein Hauch von Feigen, mit Brombeerkonfit unterlegt, ein Hauch von Vanille und Nougat. Saftig, reife Kirschfrucht, zart schokoladig, gut integrierte Tannine, bleibt haften, ein würziger, gut entwickelter Speisenbegleiter.

(89) Heideboden Selection 2020 ZW/BF
13,5 Vol.-%, DV, Teilbarrique, €€

(88) Blaufränkisch Exquisit 2020
13 Vol.-%, DV, Stahltank, €€

(91) Beerenauslese Exquisit 2020 WB/CH/GV/SÄ
11 Vol.-%, DV, Stahltank, €€
Helles Goldgelb, Silberreflexe. Zarte Botrytiswürze, ein frischer Hauch von Pfirsich und Maracuja, feiner Honiganklang. Saftig, elegant, reifes Steinobst, zarte Säurestruktur, mineralisch-zitronig unterlegter süßer Nachhall, bereits zugänglich.

(89) Spätlese Exquisit 2020 CH/RR/MO
10 Vol.-%, DV, Stahltank, €€

★★★★

WEINGUT PITTNAUER

BIO

Brigitte und Gerhard Pittnauer sind bei ihren Wurzeln angekommen. Nach äußerst produktiven Jahren, in denen sie der einst mäßig populären Rebsorte St. Laurent zu Applaus und Anerkennung verholfen und erst bei »Pannobile« und später auch bei »respekt-BIODYN«, zwei nach wie vor prägenden Winzertruppen, mitgewirkt haben, lassen sie nun jenen Ideen freien Lauf, die schon lange in ihren Köpfen herumgeisterten.
»Unsere Weine bekommen alle Freiheiten, die sie brauchen, um sämtliche Details ihres Charakters offenzulegen«, meint Gerhard Pittnauer. »Sie sind nicht nur vom Boden und der Rebsorte geprägt, sondern auch von unserer eigenen Erinnerung und Selbstwahrnehmung als Winzer. Wir möchten die Energie und Leidenschaft, mit denen wir bei der Sache sind, in unseren Weinen spürbar machen.«
Dabei greifen sie auf ihre eigenen langjährigen Erfahrungen zurück, sind gleichzeitig aber auch den avantgardistischen Konzepten einer neuen und innovativen Weinszene verpflichtet, die neugierig und mutig Grenzen auslotet. Um kompromisslose Weine keltern zu können, sind gesunde und ausdrucksstarke Trauben essenziell. Dabei hilft die Tatsache, dass die Pittnauers ihre Weingärten seit mehr als einem Jahrzehnt nach biodynamischen Prinzipien kultivieren. Im Keller begleiten sie ihre Weine behutsam und greifen nur dann ein, wenn es unbedingt notwendig ist. Alle Weine sind spontan vergoren, die meisten unfiltriert und manche ungeschwefelt – wobei der Übergang zwischen den experimentellen Weinen ihrer Naturwein-Serie und den großen Klassikern aus St. Laurent und Blaufränkisch mittlerweile fließend ist.

91 Pitt Nat Rosé 2020 CS/BF
12 Vol.-%, KR, Flaschengärung, €€€€
Helles Altrosa mit Pinkreflexen, zarte Kohlensäure. Frische rote Früchte, ein Hauch von Ribiseln, dezent mit Blütenhonig unterlegt. Leichtfüßig, ein Hauch von Kirschen, weißer Apfel, mineralisch, Limettentouch im Abgang, ein finessenreicher Terrassenwein.

90 Pitt Nat Blanc 2020 GV/RR/MO/MT/WR/SB
11,5 Vol.-%, KR, Flaschengärung, €€€€
Wolkiges Grüngelb, Silberreflexe, lebendige Perlage. Frische Kräuterwürze, zart nach Biskuit, weiße Tropenfrucht,

WEINGUT PITTNAUER
7122 Gols
Neubaugasse 90
T: +43 (2173) 3407
weingut@pittnauer.com
www.pittnauer.com

Kellermeister: Gerhard Pittnauer
Kontakt: Brigitte Pittnauer
Anbauweise: Biodynamisch (respekt)
Produktion: 200.000 Flaschen
15 % weiß, 15 % rosé, 70 % rot,
18+18 Hektar
Vereinszugehörigkeit: Pannobile
Messen: ProWein Düsseldorf, VieVinum

Gerhard und Brigitte Pittnauer

mineralisch-zitronige Nuancen. Schlank, feine weiße Birnenfrucht, angenehme Kohlensäure, zart vegetaler Nachhall, mineralischer Rückgeschmack.

91 Perfect Day 2020 MO/GV/SB/GM
12 Vol.-%, NK, Stahltank/Amphore, €€€ B S I
Wolkiges Goldgelb. Zart nach Rosen und Marshmallows, mit gelbem Pfirsich und einem Hauch von Litschis unterlegt, attraktives Bukett. Straff, frisch, ein Hauch von Maracuja, feiner Gerbstoff, weißer Apfel, Limetten im Nachhall, bleibt haften, feinwürziger Stil.

92 Rosé by nature 2020
12 Vol.-%, NK, Stahltank, €€€ I
Helles Lachsrosa, Silberreflexe, feine Perlage. Frische rote Waldbeeren, ein Hauch von Kirschen und Preiselbeeren, mit weißem Pfirsich unterlegt. Mittlere Komplexität, rotbeerig und balanciert, feines Säurespiel, zart nach Erdbeeren im Abgang, ein facettenreicher Aperitif oder einfach nur so zu genießen.

(95) Merlot Altenberg Reserve 2017
13,5 Vol.-%, NK, 500-l-Fass, €€€€€
Tiefdunkles Rubingranat, opaker Kern, violette Reflexe, zarte Randaufhellung. Einladende Kirschfrucht, zart floral, ein Hauch von Lakritze, kandierte Mandarinenzesten, feines Bukett. Saftig, elegant, frische Herzkirschen, feine reife Tannine, finessenreich strukturiert, bereits gut entwickelt, ein facettenreicher Speisenbegleiter mit gutem Potenzial.

(94) St. Laurent Rosenberg 2019
12,5 Vol.-%, NK, 500-l-Fass, €€€€€
Dunkles Rubingranat, violette Reflexe, breitere Ockerrandaufhellung. Zart blumig unterlegtes Waldbeerenkonfit, ein Hauch von Lakritze, kandierte Veilchen klingen an, einladendes Bukett. Saftig, mineralisch, feine rote Beerenfrucht, frische Kirschen, reife Tannine, salziger Nachhall, bleibt haften, sicheres Reifepotenzial.

92 St. Laurent vom dorf 2019
12 Vol.-%, NK, gebrauchte Barriques, €€€ V
Kräftiges Rubingranat, violette Reflexe, dezente Randaufhellung. Kräuterwürzig unterlegte schwarze Beerenfrucht, tabakige Nuancen, ein Hauch von Nougat. Mittlere Komplexität, rotbeerig, zart nach Preiselbeeren, frisch strukturiert, salziger Nachhall, animierender, zarter Speisenbegleiter.

(94) Blaufränkisch Ried Ungerberg 2019
12,5 Vol.-%, VL, 500-l-Fass/gebr. Barriques, €€€€€ B
Dunkles Rubingranat, violette Reflexe, breitere Randaufhellung. Zart tabakig unterlegte schwarze Kirschfrucht, ein Hauch von Brombeeren, angenehme Kräuterwürze, zartes Nougat. Saftig, elegant, ein Hauch von roten Beeren, feine Tannine, gute Frische, salzig-mineralischer Nachhall, gutes Entwicklungspotenzial.

(93) Pannobile 2019 BF/ZW
12,5 Vol.-%, VL, kleines Holzfass, €€€€€ B
Tiefdunkles Rubingranat, violette Reflexe, zarte Randaufhellung. Zart floral unterlegte frische Herzkirschen, Nuancen von Johannisbeeren, ein Hauch von Limetten. Saftig, frische Kirschen, feine Tannine, frisch strukturiert, mineralisch-salzig im Abgang, zitronige Nuancen im Finish, ein facettenreicher Speisenbegleiter.

92 Red Pitt 2019 BF/ZW/CS/ME
12,5 Vol.-%, DV, gebrauchte Barriques, €€€ B
Dunkles Rubingranat, violette Reflexe, breitere Randaufhellung. Feine Kräuterwürze, dunkle Waldbeeren, zart nach Brombeeren, etwas Cassis, einladendes Bukett. Saftig, leichtfüßig, rote reife Kirschen, frischer Säurebogen, zitronig-salzig im Abgang, mineralischer Nachhall, vielseitig einsetzbar.

★★★★★

WEINGUT PÖCKL

Rotwein ist die Leidenschaft von René und Eva Pöckl. Ihr Ziel ist es, die Qualität immer weiter zu steigern und den bestmöglichen Pöckl-Wein zu produzieren. Im Weingarten wird sehr naturnah gearbeitet, die Böden sind dauerbegrünt, und das Doppelstocksystem generiert kleinbeerige, konzentrierte Trauben. Diese bilden die perfekte Grundlage für die einzigartigen, langlebigen Pöckl-Weine.

Die Geschichte des Weinguts Pöckl beginnt bereits 1910, als Albert Pöckl aus den USA nach Österreich zurückkehrte und den Grundstein für den landwirtschaftlichen Betrieb legte. Über die Jahre spezialisierte sich die Familie Pöckl zuerst auf Weinbau im Allgemeinen und dann insbesondere auf Rotwein. Und der Erfolg gibt ihnen recht, denn die Gegend in und um Mönchhof bietet den idealen Nährboden für Zweigelt und St. Laurent, aber auch

WEINGUT PÖCKL

7123 Mönchhof
Zwergäcker 1
T: +43 (2173) 80258
info@poeckl.com
www.poeckl.com

Kellermeister: René Pöckl
Kontakt: Eva Pöckl
Produktion: 1 % weiß, 99 % rot, 42 Hektar
Messen: Austrian Tasting London, ÖGW Zürich, ProWein Düsseldorf, VieVinum, DAC-Präsentationen, MondoVino, Wein Burgenland Präsentationen

Weinlese am Weingut Pöckl

für internationale Sorten wie zum Beispiel Merlot, Cabernet Sauvignon und Syrah.
Zwei Zitate des viel zu früh verstorbenen Josef und seines Sohns René Pöckl bringen die Philosophie des Weinguts auf den Punkt: »Ein Winzer, der seinen Boden, seine Reben und seine Klimaverhältnisse nicht ganz genau kennt, kann nie einen großen Wein machen.« Und: »Was man versäumt, im Weingarten zu erarbeiten, kann man im Keller nicht mehr nachholen.« Das schmecken auch die Konsumenten, denn Pöckl-Weine lassen die regionale Typizität, das Klima, die Lage sowie die Sorgfalt der Weingartenarbeit und der Vinifizierung schön erkennen.
René Pöckl konnte sich schon als junger Mann mit seinem »Rêve de Jeunesse« in Szene setzen und mehrmals bei der Falstaff-Rotweinprämierung erfolgreich auftreten. Neben dem vielfach ausgezeichneten »Admiral« stellt er einen der Top-Weine des Weinguts dar. Ein weiterer qualitativ hochwertiger Teil des Sortiments ist der Pinot Noir, der bei den Falstaff-Prämierungen immer wieder einen Podestplatz erreicht. Er wird in geringen Mengen vinifiziert und zählt wegen seiner vitikulturellen Herausforderungen zu den Lieblkindern der Pöckls. Außerdem überrascht das Weingut immer wieder mit neuen Weinkonzepten, die oft die gute Kooperation mit seinen Partnern unter Beweis stellen. Der bekannteste Nischenwein ist der »Mystique«, er kann es durchaus mit den ganz Großen der Weinwelt aufnehmen. Der »Mystique« ist eigentlich ein Forschungswein, mit dem das Weingut die Möglichkeiten im Weingarten und bei der Vinifizierung auslotet. Die daraus gewonnenen Erkenntnisse fließen dann in die Produktion des gesamten Sortiments ein. Das ist mit ein Grund, warum das Potenzial der großen Weine aus dem Hause Pöckl kaum zu übertreffen ist und sie mit einiger Flaschenreife für höchsten Trinkgenuss stehen.
Für das tägliche Trinkvergnügen wird im Hause Pöckl ebenfalls gesorgt, und zwar mit dem »Solo Rosso«, dem Zweigelt Classique oder – für gehobenere Ansprüche – mit der Cuvée »Rosso e Nero«. In geeigneten Jahren werden auch hervorragende Prädikatsweine erzeugt. Aufgrund der kontinuierlich herausragenden Leistungen über viele Jahre und des rastlosen Tüftelns an noch elaborierteren Weinen ist das Weingut stolzer Träger von fünf Sternen und somit Teil der obersten Winzerelite.

(95) Zweigelt ** 2019
14,5 Vol.-%, NK, Barrique, €€€€€
Tiefdunkles Rubingranat, opaker Kern, violette Reflexe, zarte Randaufhellung. Intensive dunkle Beerenfrucht, feine Edelholzwürze, ein Hauch von Feigen und dunkler Schokolade, mit kandierten Mandarinen unterlegt. Kraftvoll, komplex, dunkle Frucht, reife Zwetschken und Kirschen, reife, gut integrierte Tannine, mineralisch-salziger Nachhall, bleibt haften, sicheres Reifepotenzial.

92 Zweigelt Classique 2018
12,5 Vol.-%, NK, gebrauchte Barriques, €€€
Dunkles Rubingranat, opaker Kern, violette Reflexe, zarte Ockerrandaufhellung. Schwarze Kirschen, dunkle Beerenfrucht, dezente Kräuterwürze, tabakige Nuancen. saftig, rote Beeren, zart nach Lakritze, frisch strukturiert, mineralisch-salziger Touch im Nachhall, ein lebendiger Speisenbegleiter.

(97) Rêve de Jeunesse 40 2019 CS/SY/ME/ZW
14,5 Vol.-%, NK, Barrique, €€€€€€
Tiefdunkles Rubingranat, opaker Kern, violette Reflexe, zarte Randaufhellung. Feine Kräuterwürze, dunkle Waldbeeren, Brombeeren und Lakritze, schwarze Kirschen, kandierte Orangenzesten, mineralisch, mit zarter Edelholzwürze unterlegt. Saftig, komplex, reife Kirschen und Zwetschken, präsente, gut eingebundene Tannine, schokoladiger Nachhall, mineralisch-salzig im Abgang, große Länge, sehr vielversprechend.

(96) Admiral 2019 ZW/CS/ME/CF
14 Vol.-%, NK, Barrique, €€€€€
Tiefdunkles Rubingranat, opaker Kern, violette Reflexe, zarte Ockerrandaufhellung. Nuancen von Edelholz, kandierte Orangenzesten, Anklänge von Brombeerkonfit, ein Hauch von Lakritze, etwas Nougat. Saftig, elegant, reife Herzkirschen, feine Tannine, die gut eingebunden sind, mineralisch und gut anhaftend, zeigt gute Frische und Länge, extraktsüßer Nachhall, sicheres Entwicklungspotenzial.

(93) Rosso e Nero 2019 ZW/CS/ME
13,5 Vol.-%, NK, Teilbarrique, €€€€€
Tiefdunkles Rubingranat, opaker Kern, violette Reflexe, zarte Ockerrandaufhellung. Würzig unterlegtes schwarzes Beerenkonfit, ein Hauch von dunklem Nougat, kandierte Orangenzesten, feiner Edelholztouch. Saftig, elegant, reife Kirschen, präsentes, gut integriertes Tannin, mineralisch-nussig im Nachhall, sicheres Reifepotenzial.

(94) Pinot Noir Reserve 2019
14 Vol.-%, NK, Barrique, €€€€€
Kräftiges Rubingranat, violette Reflexe, dezente Ockerrandaufhellung. Zart floral unterlegtes rotes Beerenkonfit, frische Kirschen, ein Hauch von Mandarinenzesten, mineralischer Touch. Straff, zarte Röstaromen, frische Kirschen, gut integrierte, tragende Tannine, ein Hauch von Gewürznelken, gute Länge, sicheres Reifepotenzial.

★★★

WEINGUT HELMUT PREISINGER

Helmut Preisinger besitzt kreatives Potenzial. Er agiert bodenständig und gleichzeitig international, er ist innovativ und ständig in Bewegung und von neuen Ideen beseelt. Vielleicht sind es gerade die Unwägbarkeiten der Natur, das stetige Arbeiten in den Weingärten und letztlich die Freude über das edle Resultat, die die Leidenschaft in ihm wecken. Eigentlich ist es für Familie Preisinger nie nur Arbeit, sondern viel Spaß und Freude und gleichzeitig Lebensinhalt, Liebhaberei, Passion und Ausgleich.
Wenn der Boden zu sprechen beginnt, erzählt der Wein die Geschichte zu Ende: Die Kapitel einer natürlichen Geschichte berichten von behutsamer Bodenpflege, Schonung der Nützlinge und Erhaltung der Artenvielfalt. Lehmige Schluff- und Schotterböden geben den Reben die nötige Kraft und Ausdauer, um beste Trauben für großartige Weine reifen zu lassen.
Neben ausdrucksstarken Rotweinen produziert Helmut Preisinger auch sortentypische Weißweine wie Welschriesling, Muskat Ottonel, Sauvignon Blanc und »S.EX« (steht für sehr extrem), also eine Palette von spritzig-frischen bis hin zu kräftigen und fruchtbetonten Weinen mit langem Lagerpotenzial. Ob rot oder weiß: Hier werden Weine von hoher Qualität erzeugt, die auch jedes Essen bestens begleiten.

93 Pinot Gris S.EX Golden League 2018
15,5 Vol.-%, VL, Barrique, €€€€€
Helles Goldgelb, Messingtouch. Zarte Holzwürze, Nuancen von reifer Birne, zart nach Papaya und Karamell, dezenter Honigtouch, reife Tropenfrucht. Komplex, gelbe Fruchtnuancen, seidige Textur, ein Hauch von Banane und weißem Nougat im Abgang, gute Länge, ein facettenreicher Speisenbegleiter.

90 Grauburgunder 2019
13,5 Vol.-%, DV, Stahltank, €€€
Helles Gelbgrün, Silberreflexe. Ein Hauch von frischer Birne, Nuancen von Mango, dezenter Blütenhonig, ein zarter

Hauch von Karamell. Mittlerer Körper, feine Fruchtsüße, Nuancen von Gute-Luise-Birne, ausgewogen, feiner Säurebogen, mineralischer Nachhall, bereits gut entwickelt.

(92) Zweigelt ** Ried Goldberg Gols 2019
13 Vol.-%, VL, Barrique, €€€€
Tiefdunkles Rubingranat, opaker Kern, violette Reflexe, zarte Randaufhellung. Reife schwarze Waldbeeren, ein Hauch von Lakritze, zart nach Limetten, mit dezenter Edelholzwürze unterlegt. Saftig, reife Herzkirschen, feine Holzwürze, frisch strukturiert, mineralisch-salzig im Abgang, ein vielseitiger Speisenbegleiter.

90 Zweigelt * 2020
13 Vol.-%, DV, Holzfass, €€
Dunkles Rubingranat, violette Reflexe, zarte Randaufhellung. Feinwürzig unterlegte rote Kirschfrucht, ein Hauch von Vanille, zarter Kräutertouch. Mittlerer Körper, zart nach Brombeeren, frisch strukturiert, Nuancen von Mandarinen, ein Hauch von Zwetschken im Nachhall.

(93) Merlot Ried Altenberg 2019
14,5 Vol.-%, VL, Barrique, €€€€€
Dunkles Rubingranat, violette Reflexe, zarte Randaufhellung. Feine Noten von reifen Herzkirschen, zarte Edelholznuancen, tabakiger Touch. Elegant, feine Extraktsüße, reife Zwetschken, gut integrierte Tannine, mineralisch, salziger Touch, noch etwas fordernd, wird von Flaschenreife profitieren.

WEINGUT HELMUT PREISINGER
7122 Gols
Neubaugasse 19
T: +43 (2173) 2362
office@weingut-preisinger.at
www.weingut-preisinger.at

Kellermeister: Helmut Preisinger
Kontakt: Helmut und Gabriele Preisinger
Produktion: 30 % weiß, 70 % rot
Vereinszugehörigkeit: Select Gols

(93) Mithras 2019 CS/ME
15 Vol.-%, VL, Barrique, €€€€€
Tiefdunkles Rubingranat, opaker Kern, violette Reflexe, zarte Randaufhellung. Zart nach Nougat und Vanille, ein Hauch von Cassis und Brombeeren, einladendes Bukett. Saftig, reife Kirschen, Nuancen von Brombeeren, mineralisch im Abgang, gute Länge, sicheres Reifepotenzial.

★★★

WEINGUT HANNES REEH

Es muss eine Leidenschaft sein, keine Wissenschaft«, sagt Hannes Reeh immer gerne, wenn er übers Weintrinken spricht. Der Winzer kombiniert langjährige Familientradition und die Authentizität eines echten Burgenländers mit der Weinerfahrung aus der Neuen Welt. Das Resultat seines Schaffens: zugängliche Weine, die sowohl Laien als auch eingefleischte Kenner überzeugen.
Unter der Sonne Andaus lässt es sich gut leben – als Mensch und als Rebe. Mit rund 2400 Sonnenstunden pro Jahr ist Andau der sonnenreichste Ort Österreichs – weniger als 500 Millimeter jährlicher Niederschlag machen ihn gleichzeitig zu einem der regenärmsten Plätze des Landes. Das pannonische Klima ist wie gemacht für guten Wein, denn unter diesen Umständen wachsen außerordentlich reife Trauben heran, die Weine von eleganter Kraft und Fülle hervorbringen. Wie man es sich bei der pannonischen Steppe erwarten würde, sind die Böden unter Hannes Reehs Weingärten zum Großteil karg und schottrig.
Einige Dinge treffen auf alle Hannes-Reeh-Weine zu: Sie weisen keinen unnötigen Ballast auf, sind stark im Charakter und bringen den Geschmack des Heidebodens in die Flasche. Und trotzdem hat jede Sorte ihre Besonderheiten. Die Weine des Andauer Winzers sind in vier Gruppen eingeteilt: Die »Haus und Hof«-Weine sind reinsortig und bieten völlig unkomplizierten Trinkgenuss, sie sind einfach die Klassiker des Weinguts. Die Weine unter dem Titel »Heideboden« vereinen Aromatik und dichten

Hannes Reeh

WEINGUT HANNES REEH

7163 Andau, Augasse 11a
T: +43 (2176) 27011
wein@hannesreeh.at
www.hannesreeh.at

Kellermeister: Hannes Reeh, Herbert Götzinger, Daniel Tschida
Kontakt: Marina Würz
Produktion: 18 % weiß, 2 % rosé, 80 % rot, 80+40 Hektar
Zertifiziert: Nachhaltig Austria
Vereinszugehörigkeit: Neusiedlersee DAC
Messen: ProWein Düsseldorf, VieVinum, Weinmesse Innsbruck, Weinmesse München, Weinmesse Salzburg

Körper mit feiner Frische. Die »Unplugged«-Weine kommen hingegen ohne jeglichen Schnickschnack aus, also ohne Schönung und Kosmetik. Und die neue Linie »In Bloom« kommt intensiv und komplex daher – eben »in voller Blüte«, wie der Nirvana-Song.

(92) Chardonnay Unplugged 2019

14 Vol.-%, DV, Barrique, €€€€

Helles Goldgelb, Silberreflexe. Feine Kräuterwürze, zart nach Vanille, gelbe Tropenfrucht, frische Orangenzesten. Mittlere Komplexität, feine gelbe Frucht, cremige Textur, dezenter Säurebogen, süße Birne im Nachhall, bereits gut antrinkbar.

90 Heideboden Cuvée weiss 2020 SB/WB

13 Vol.-%, DV, Edelstahl, €€

Helles Gelbgrün, Silberreflexe. Zarte gelbe Birnenfrucht, ein Hauch von Melone, zarter Blütenhonig. Mittlerer Körper, feine Fruchtsüße, ein Hauch von Banane, frisch strukturiert, mineralischer Nachhall, Apfel im Rückgeschmack.

90 In Bloom Rosé 2020 BF/CS

12,5 Vol.-%, DV, Edelstahl, €€

Helles Lachsrosa, Silberreflexe. Zart nach roten Waldbeeren, ein Hauch von frischen Herzkirschen, zart mit Orangenzesten unterlegt. Saftig, straffe Textur, zart nach Pfirsich, ein Hauch von Erdbeerkonfit im Abgang, leichtfüßig, mit dezenter fruchtiger Süße im Abgang, eleganter, frischer Stil.

(90) Zweigelt * 2020

13,5 Vol.-%, DV, Edelstahl, €€

Dunkles Rubingranat, violette Reflexe, zarter Wasserrand. Feine Kräuterwürze, etwas nach roter Beerenfrucht, ein Hauch von Orangenzesten, etwas Herzkirsche. Saftig, elegant, feine Kräuterwürze, etwas Zwetschken im Abgang, salzig, gut eingebundene Säurestruktur, bereits gut antrinkbar.

92 Zweigelt Unplugged 2019

14 Vol.-%, NK, Barrique, €€€€

Dunkles Rubingranat, opaker Kern, violette Reflexe, zarte Randaufhellung. Einladende dunkle Beerenfrucht, schwarze Kirschen, ein Hauch von Cassis, angenehme Kräuterwürze, zartes Nougat. Saftig, gute Komplexität, reife Zwetschken, gut integrierte Tannine, lange anhaftend, ein stoffiger Speisenbegleiter.

93 Cabernet Franc Unplugged 2018

15 Vol.-%, NK, Barrique, €€€€€

Dunkles Rubingranat, violette Reflexe, zarter Wasserrand. Feine Holzwürze, etwas nach Kräutern, schwarze Beerenfrucht, etwas Cassis, mit einem Nougattouch unterlegt. Saftig, elegant, feine Struktur, würzig, etwas nach Gewürzen, zarte Tanninstruktur, mineralisch, frisches Finish, guter Speisenbegleiter.

(91) Heideboden Cuvée rot 2018 ZW/CS/SL/ME

14 Vol.-%, DV, gebrauchte Barriques, €€€

Dunkles Rubingranat, violette Reflexe, zarte Randaufhellung. Feine Holzwürze, etwas nach roter Beerenfrucht, zart nach Gewürzen, Weichseln klingen an. Saftig, elegant, feine Säurestruktur, zart nach Schokolade, mineralisch, leichtfüßig, Vanilletouch, Herzkirschen im Abgang, bereits gut antrinkbar.

★★★

WEINGUT SALZL – SEEWINKELHOF

Genuss, das ist für Familie Salzl ein gutes Glas Wein, das die Wärme, die Lebensfreude und die Einzigartigkeit des Seewinkels widerspiegelt. Das burgenländische Illmitz ist nicht nur Heimat der Salzls, auch ihre Reben wachsen hier am Nationalpark Neusiedler See, in einer Welterbe-Region. Für Christoph Salzl ist dies Verpflichtung, Auftrag und Ehre zugleich, denn Heimat bedeutet für die Salzls nicht nur, hier zu leben, sondern dieses Privileg aus vollem Herzen zu schätzen und zu schützen.

Drei Generationen arbeiten mit viel Erfahrung und noch mehr Herzblut daran, guten Wein voll Leidenschaft zu keltern. Aushängeschild ist der Regionalmatador Zweigelt, weitere nationale und internationale Sorten in Weiß, Rot und Süß ergänzen das Portfolio.

Ein Besuch vor Ort offenbart erstklassige Weine, eine beindruckende Architektur und herzliche Menschen, denn Genuss heißt für die Salzls auch, Gastgeber zu sein und Erlebnisse für Gaumen und Seele zu schaffen. Die angeschlossene 4-Sterne-Pension ermöglicht dabei Urlaube der besonderen Art.

93 Sacris Zweigelt ** Ried Lüss 2018
14 Vol.-%, NK, Barrique, €€€€€ Ⓗ
Tiefdunkles Rubingranat, opaker Kern, violette Reflexe, zarte Randaufhellung. Reife Kirschfrucht, zart nach Feigen und Heidelbeeren, ein Hauch von Karamell, Kardamom klingt an. Komplex, saftig, gute Frische, dunkles Beerenkonfit, präsente, gut eingebundene Tannine, schokoladiger Nachhall, gute Länge, ein kraftvoller Speisenwein.

91 Zweigelt Reserve 2018
13,5 Vol.-%, DV, Barrique, €€ Ⓗ
Dunkles Rubingranat, violette Reflexe, zarter Wasserrand. Feine Holzwürze, etwas nach Zwetschken, ein Hauch von Kardamom, mit Brombeernoten unterlegt. Saftig, straff, elegant, feine Tanninstruktur, Extraktsüße nach roten Beeren, Karamelltouch im Finish, guter Speisenbegleiter.

94 Cabernet Franc Premium 2018
14 Vol.-%, NK, Barrique, €€€€€ Ⓗ
Tiefdunkles Rubingranat, opaker Kern, violette Reflexe, zarte Randaufhellung. Feine vegetale Nuancen, zart nach Cassis, frische Feigen, Kräuternuancen, mit feiner Edelholzwürze unterlegt. Saftig, engmaschig, komplex, angenehme Heidelbeerfrucht, präsente Tannine, schokoladiger Touch im Abgang, nussiges Finish, wird von Flaschenreife profitieren.

WEINGUT SALZL – SEEWINKELHOF
7142 Illmitz, Zwischen den Reben 1
T: +43 (2175) 24342
weingut@salzl.at
www.salzl.at

Kellermeister/Kontakt: Josef und Christoph Salzl
Produktion: 1 % Schaumwein, 25 % weiß, 2 % rosé, 70 % rot, 2 % süß, 30+70 Hektar
Zertifiziert: Nachhaltig Austria
Messen: Austrian Tasting London, ProWein Düsseldorf, VieVinum, DAC-Präsentationen, ProWine China, Wein Burgenland Präsentationen

Weingut Salzl – Seewinkelhof

* Neusiedlersee DAC ** Neusiedlersee DAC Reserve

93 3-5-8 Premium 2018 CS/ME
14 Vol.-%, NK, Barrique, €€€€€ H
Tiefdunkles Rubingranat, violette Reflexe, opaker Kern, zarte Randaufhellung. Intensiver Duft nach reifen Kirschen, mit Edelbitterschokolade unterlegtes dunkles Waldbeerenkonfit, Holzwürze klingt an. Straff, komplex, gut eingebundene Tannine, dunkle Frucht im Abgang, wirkt leichtfüßig, Gewürznoten und Johannisbeeren im Nachhall, sicheres Entwicklungspotenzial.

92 Pannoterra 2018 ZW/ME/CS
14 Vol.-%, NK, Barrique, €€€€ H
Tiefdunkles Rubingranat, opaker Kern, violette Reflexe, zarte Randaufhellung. Reife Kirschfrucht, zart nach Kräutern, ein Hauch von Cassis, Tabakwürze, etwas Lakritze. Saftig, elegant, feine Struktur, kraftvoll, samtige Tannine, Brombeernoten im Abgang, nussig im Nachhall, guter Speisenbegleiter.

91 Grande Cuvée 2018 ZW/ME/CS
13,5 Vol.-%, NK, Barrique, €€€ H
Tiefdunkles Rubingranat, violette Reflexe, zarte Randaufhellung. Zart nach Brombeeren, etwas Feigen, kandierte Orangenzesten, feine Edelholzwürze. Saftig, straff, leichtfüßig, rote Waldbeerenfrucht im Abgang, balancierte Tannine, tabakig im Finish, vielseitiger Speisenbegleiter.

★★

WEINGUT ERICH SATTLER

BIO

Der Familienbetrieb wird seit dem Jahr 2000 von Erich Sattler geleitet und bewirtschaftet. Er hat an der Universität für Bodenkultur in Wien studiert und Erfahrung in Kalifornien gesammelt. Auf einer Fläche von zwölf Hektar rund um Tadten produziert das Weingut vorwiegend St. Laurent und Zweigelt. Die vielschichtigen Böden bestehen vor allem aus Schotter und einer dünnen Auflage Braunerde, dazwischen gibt es auch Sand- und Lehmeinschlüsse. Die Weingärten gehören zu den sonnenreichsten in Österreich. Strenge Ertragsbeschränkung, Laubarbeit und eine gewissenhafte Auslese sind die Grundlage für die hohe Qualität der Weine. Beim Großteil der Reben wird die Anzahl der Trauben auf fünf bis sieben Stück pro Stock reduziert, und die Ernte erfolgt ausschließlich händisch sowie möglichst schonend.
Der Betrieb widmet sich der Produktion von regionalen Rotweinen auf höchstem internationalem Niveau. St. Laurent und Zweigelt werden als klassische Weine in großen Fässern und Stahltanks ausgebaut oder bleiben als Reserve für 12 bis 18 Monate in kleinen Eichenfässern. Die Weine zeichnen sich durch hohe Dichte, elegante Frucht, samtige Tannine, Sortentypizität und sehr gutes Lagerpotenzial aus. Der Großteil der Produktion geht in den Export, der Rest wird in Österreich vertrieben.
Die Weine werden in Restaurants wie dem »Wallsé« (New York), dem »Four Seasons« (Amsterdam) oder dem »La Maison Blanche« (Paris) angeboten und erhielten schon sowohl lokale als auch internationale Auszeichnungen. Im Herbst 2020 belegte Erich Sattler mit seinem St. Laurent Reserve den 3. Platz in der Kategorie der St. Laurents bei der Falstaff-Rotweinprämierung.

WEINGUT ERICH SATTLER
7162 Tadten, Obere Hauptstraße 10
T: +43 (699) 11658571
erich@erichsattler.at
www.erichsattler.at

Kellermeister/Kontakt:
Erich Sattler
Anbauweise: Zertifiziert Biologisch (Austria Bio Garantie)
Produktion: 15 % weiß, 85 % rot, 12 Hektar
Vereinszugehörigkeit:
Neusiedlersee DAC, Austria Bio Garantie
Messen: ProWein Düsseldorf, VieVinum

88 Zweigelt Rosé 2020
12 Vol.-%, DV, Edelstahl, €€

91 St. Laurent 2019
13 Vol.-%, DV, Edelstahl, €€
Kräftiges Rubingranat, violette Reflexe, breitere Ockerrandaufhellung. Mit kandierten Orangenzesten und etwas Nougat unterlegtes Beerenkonfit, eingelegte Kirschen, einladender Duft. Saftig, seidige Textur, rote Herzkirschen, feine Tannine, ausgewogen und bereits gut antrinkbar.

91 Heideboden 2018 SL/ZW/CS/SY
13,5 Vol.-%, DV, gebrauchte Barriques, €€
Tiefdunkles Rubingranat, violette Reflexe, zarte Randaufhellung. Feine Tabakwürze, schwarze Oliven, ein Hauch von Zwetschken, mit Holznoten unterlegt. Mittlerer Körper, fruchtsüß, Kardamom, präsentes Tannin, Dörrobst klingt an, bereits gut antrinkbar.

90 Zweigelt 2019
13 Vol.-%, DV, Edelstahl, €€
Kräftiges Rubingranat, violette Reflexe, dezente Ockerrandaufhellung. Feine Kräuterwürze, Brombeerkonfit, zarte Noten von Dörrzwetschken, ein Hauch von Karamell im Hintergrund. Mittlerer Körper, rotes Waldbeerenkonfit, feine Tannine, fruchtige Süße, bietet unkomplizierten Trinkspaß.

★

SCHALLER VOM SEE

Inmitten der perfekten Urlaubsidylle in Podersdorf am Ostufer des Neusiedler Sees machen Gerhard und Brigitte Schaller Weine, die Leichtigkeit und scheinbare Uferlosigkeit für sich gepachtet haben. Das pannonische Klima sorgt mit seinen heißen, trockenen Sommern und kalten Wintern gemeinsam mit dem Neusiedler See als Temperaturregler für lange Vegetationsperioden. Auf zehn Hektar Weingartenfläche mit sandigen, leichten Böden gedeihen frisch-fruchtige Weine, aber auch komplexe und kräftigere Vertreter.

Vor allem die Cuvées »Swingin' White« und »Swingin' Rosé« sowie »Red Fred« sind leicht im Alkoholgehalt, aber dennoch voll im Geschmack. Diese Weine bringen frischen Wind unter die oftmals recht mächtigen Vertreter vom Neusiedler See. Mit entsprechendem Gespür, Erfahrung und Wissen bei der Vinifizierung gelingt es, fröhliche Unbeschwertheit in diesen Weinen einzufangen.
Damit die Liebhaber von klassisch burgenländischen Weinen nicht zu kurz kommen, hat das Weingut aber auch kräftigere Weine im

© Steve Haider

SCHALLER VOM SEE
7141 Podersdorf am See
Frauenkirchner Straße 20
T: +43 (650) 2177225
wein@schallervomsee.at
www.schallervomsee.at

Kellermeister/Kontakt: Gerhard Schaller
Produktion: 40 % weiß, 60 % rot, 10 Hektar
Vereinszugehörigkeit: Neusiedlersee DAC
Messen: ProWein Düsseldorf, Vinobile Feldkirch, DAC-Präsentationen

Brigitte und Gerhard Schaller

Angebot. Die Premiumlinie mit der »Uferlos«-Serie Grüner Veltliner, Chardonnay, Zweigelt, Cabernet Sauvignon und Sankt Laurent sind ausgezeichnete Beispiele dafür, dass das Winzerpaar mehr als »nur« leichte Weine draufhat. Unbedingt probieren sollte man bei Verkostungen zudem den Zweigelt Heideboden mit saftigen Weichsel- und feinen Röstaromen sowie die Cuvée »Patfalu« aus Zweigelt und Cabernet Sauvignon, die ihre Bezeichnung dem altungarischen Namen des Ortes Podersdorf verdankt. Die »Schaller vom See«-Weine sind perfekte Speisebegleiter, aber auch ganz einfach für den Genuss mit Freunden an einem entspannten Abend gemacht.

91 Chardonnay Uferlos 2020
13,5 Vol.-%, DV, Teilbarrique, €€
Helles Grüngelb, Silberreflexe. Zarte gelbe Tropenfrucht, ein Hauch von frischem Apfel, dezente Kräuterwürze, mit Orangenzesten unterlegt. Saftig, reife Birnenfrucht, feiner Säurebogen, Blütenhonig im Abgang, fruchtbetonter Stil, bereits gut antrinkbar, bleibt haften.

91 Grüner Veltliner Uferlos 2020
13,5 Vol.-%, DV, Teilbarrique, €€
Helles Grüngelb, Silberreflexe. Feine Nuancen von Mango und Banane, einladende Frucht, zart nach Wiesenkräutern, mit Mandarinenzesten unterlegt. Saftig, weißer Apfel, finessenreich strukturiert, mineralisch-zitronig im Nachhall, bereits gut antrinkbar, verfügt über Reifepotenzial.

91 Zweigelt ** Uferlos 2019
13,5 Vol.-%, DV, Barrique, €€€€
Dunkles Rubingranat, violette Reflexe, zarte Randaufhellung. Zart nach Vanille, frischen Herzkirschen und Brombeerkonfitüre, einladendes Bukett. Saftig, gute Komplexität, würzig, seidige Tannine, reife Zwetschken im Abgang, feines Nougat im Nachhall, gutes Reifepotenzial.

92 Sankt Laurent Uferlos 2019
13,5 Vol.-%, DV, Barrique, €€€€
Dunkles Rubingranat, violette Reflexe, breitere Randaufhellung. Ein Hauch von Vanille und Nougat, reife Kirschfrucht, Anklänge von Feigen, dezente Kräuterwürze. Saftig, elegant, extraktsüße Textur, reife Tannine, schokoladiger Touch im Abgang, bleibt gut haften, ein seidiger, frischer Speisenbegleiter.

90 Cabernet Sauvignon Uferlos 2019
14 Vol.-%, DV, Barrique, €€€€
Dunkles Rubingranat, violette Reflexe, dezente Randaufhellung. Deutlich von neuem Holz geprägt, schwarze Beeren, mit etwas Cassis und Lakritze unterlegt. Süße Frucht, mittlerer Körper, zart vegetal, dezenter Honiganklang im Abgang, noch etwas unharmonisch.

91 Chardonnay Uferlos Süss Beerenauslese 2017
11,5 Vol.-%, DV, Stahltank, €€
Mittleres Goldgelb, Silberreflexe. Feiner Honigtouch, gelbe Tropenfrucht, ein Hauch von Maracuja, Nuancen von Ananas, einladendes Bukett. Mittlere Komplexität, weißer Pfirsich, frisch strukturiert, süßer Nachhall, bereits gut entwickelt.

★★★★

WEINGUT SCHEIBLHOFER

Das Weingut Scheiblhofer befindet sich in Andau im Bezirk Neusiedl am See und zählt mit seinen 85 Hektar Eigenfläche zu den größten Weingütern im Burgenland. Der für den edlen Rotwein »Big John« bekannte Betrieb wurde von Johann Scheiblhofer aufgebaut und im Jahr 2000 von Sohn Erich übernommen.

Neben der Produktion von hochwertigen Weinen zeichnet sich der Familienbetrieb durch Modernität, Innovation, Nachhaltigkeit und soziale Kompetenz aus – als erstem Winzer in Österreich wurde Scheiblhofer im Jahr 2017 daher das »Leitbetriebe Austria«-Zertifikat verliehen. Doch damit nicht genug: Im Mai 2017 wurde das Weingut von der Tageszeitung »Die Presse« gemeinsam mit dem Bankhaus Spängler, der BDO Austria und der Österreichischen Notariatskammer zum besten Familienunternehmen des Burgenlandes sowie im Rahmen der Weinprämierung 2019 »Best of Burgenland« der Landwirtschaftskammer Burgenland zum »Weingut des Jahres« gekürt.

Scheiblhofer zählt zu den Pionieren im Bereich Nachhaltigkeit und zeichnet sich bereits seit Jahren durch seine energieautarke Weinproduktion aus. Möglich macht dies die eigene Fotovoltaikanlage, die größte privat betriebene

WEINGUT SCHEIBLHOFER
7163 Andau, Halbturner Straße 1a
T: +43 (2176) 2610
office@scheiblhofer.at
www.scheiblhofer.at

Kellermeister/Kontakt: Erich Scheiblhofer
Produktion: 25 % weiß, 75 % rot, 85 Hektar
Zertifiziert: Nachhaltig Austria
Vereinszugehörigkeit: Club Batonnage
Messen: ProWein Düsseldorf, VieVinum, DAC-Präsentationen, ProWine China, Wein Burgenland Präsentationen

Weingut Scheiblhofer

des Burgenlandes. Im Frühjahr 2020 erfolgte ein weiterer Ausbau auf insgesamt 668 kWp. Auch die mobile Fortbewegung der MitarbeiterInnen soll künftig energieeffizient erfolgen. Aus diesem Grund wurden bereits Elektrofahrzeuge angeschafft, und es wurde eine entsprechende Ladestation errichtet.
Gelegen an einem der idealsten Weinstandorte Österreichs und im Besitz der meisten Barriquefässer des Landes, gilt Scheiblhofer als wichtiger Arbeitgeber der Region sowie als Unterstützer und Förderer von sozialen Projekten. Das Weingut ist als Wohlfühlort weit über die heimischen Grenzen hinweg bekannt. Dieser Erfolg ist nur durch den unermüdlichen Einsatz aller MitarbeiterInnen und durch den enormen Zusammenhalt der Familienmitglieder möglich.

(92) The Chardonnay 2020
13 Vol.-%, DIAM, Barrique, €€€ H
Helles Gelbgrün, Silberreflexe. Zart nach Wiesenkräutern, gelber Apfel, frische Birnen, mit einem Hauch von Orangenzesten unterlegt. Saftig, feiner Holzwürzetouch, weißes Kernobst, frisch strukturiert, etwas Vanille und Karamell im Abgang, vielseitig einsetzbar.

90 Big John White 2020 CH/SB
13 Vol.-%, DV, Barrique, €€ H
Helles Gelbgrün, Silberreflexe. Zarte Nuancen von Pfirsich und frischer Mango, ein Hauch von Mandarinenzesten. Saftig, gelber Apfel, feine Säurestruktur, ein Hauch von Blütenhonig im Nachhall, vielseitig einsetzbar.

92 Zweigelt * 2020
13 Vol.-%, DV, gebrauchte Barriques, €€ H
Dunkles Rubingranat, violette Reflexe, zarte Randaufhellung. Dunkle Beerenfrucht, Nuancen von reifen Zwetschken und Nougat, kandierte Orangenzesten, einladendes Bukett. Saftig, feine Fruchtsüße, Brombeerkonfit, feinwürzige Tannine, bleibt haften, verfügt über gute Länge, vielseitiges Einsatzspektrum, bereits zugänglich.

93 The Zweigelt Ried Prädium 2019
14 Vol.-%, DIAM, Barrique, €€€€ H
Tiefdunkles Rubingranat, opaker Kern, violette Reflexe, zarte Randaufhellung. Zart tabakig-gewürzig unterlegte reife Zwetschkenfrucht, ein Hauch von Brombeeren, feines Nougatkaramell. Stoffig, süßer Kern, reife Kirschen, feine Tannine, schokoladig im Abgang, gute Länge, antrinkbar und mit Reifepotenzial ausgestattet.

91 Zweigelt Heideboden Selection 2020
13,5 Vol.-%, DV, gebrauchte Barriques, €€ H
Dunkles Rubingranat, violette Reflexe, zarte Randaufhellung. Einladende Nuancen von reifen Kirschen und Zwetschken, zarte florale Nuancen, ein Hauch von Erdbeeren und frischen Orangenzesten. Saftig, rund und elegant, feine Fruchtsüße, seidige Tannine, zarter Schokotouch im Abgang, bereits gut antrinkbar.

(94) The Great Bustard 2019 ME/CS/ZW
14,5 Vol.-%, DIAM, Barrique, €€€€€ H
Tiefdunkles Rubingranat, opaker Kern, violette Reflexe, zarte Randaufhellung. Feine Edelholzwürze, zart nach Kardamom und Nelken, schwarze Beerenfrucht, Nuancen von

Nougat, einladendes Bukett. Saftig, elegant, schwarze Kirschen, Nougat, präsente, aber gut integrierte Tannine, würzig-mineralisch im Abgang, ein kraftvoller Speisenwein mit Länge und Potenzial.

93 The Peak of Glory 2019 ZW/ME/CS
14 Vol.-%, DIAM, Barrique, €€€€ H
Tiefdunkles Rubingranat, opaker Kern, violette Reflexe, zarte Randaufhellung. Reife Zwetschken, ein Hauch von Feigen, schokoladiger Touch, etwas Vanille. Saftig, feines Cassis, extraktsüß und elegant, frisch strukturiert, mineralischer Nachhall, ein balancierter Speisenbegleiter, ausgestattet mit Entwicklungspotenzial.

92 Big John 2019 ZW/CS/PN
14 Vol.-%, DIAM, Barrique, €€€ H
Tiefdunkles Rubingranat, opaker Kern, violette Reflexe, zarte Randaufhellung. Zartes Brombeerkonfit, schwarze Kirschen, kandierte Orangenzesten, tabakige Nuancen. Saftig, feines Cassis, Nuancen von Karamell, feine Süße im Abgang, bleibt haften, ein stoffiger Speisenbegleiter.

92 The Legends 2019 CS/ME
14 Vol.-%, DIAM, Barrique, €€€ H V
Tiefdunkles Rubingranat, opaker Kern, violette Reflexe, zarte Randaufhellung. Gewürznelken und Cassis klingen an, mit schwarzen Waldbeeren unterlegt, etwas Vanille und frische Orangenzesten. Saftig, frische Kirschen, lebendig strukturiert, mineralischer Nachhall, bietet harmonisches Trinkvergnügen.

92 Mordor 2019 BF/CS/ME/SY
14 Vol.-%, DIAM, Barrique, €€€€ H
Tiefdunkles Rubingranat, opaker Kern, violette Reflexe, zarte Randaufhellung. Schokoladig unterlegtes schwarzes Waldbeerenkonfit, etwas Nougat, kandierte Orangenzesten im Hintergrund. Mittlere Komplexität, reife Herzkirschen, schokoladiger Touch, gut integrierte Tannine, süße Gewürze im Nachhall, bereits gut zugänglich und entwickelt.

91 Premium Cuvée 2020 ZW/CS/ME
13,5 Vol.-%, DV, gebrauchte Barriques, €€ H
Dunkles Rubingranat, violette Reflexe, zarte Randaufhellung. Tabakig, kräuterwürzig, schwarze Kirschen, zart nach Zwetschken, kandierte Orangenzesten. Mittlerer Körper, feine Brombeerfrucht, feine Tannine, etwas Kirschen und Nougat, zart kräuterwürzig im Abgang.

(93) The Merlot 2019
14,5 Vol.-%, DIAM, Barrique, €€€€€ H
Tiefdunkles Rubingranat, opaker Kern, violette Reflexe, zarte Randaufhellung. Mit süßen Gewürzen wie Nelken und Zimt unterlegte schwarze Frucht, ein Hauch von Schokolade, ein Hauch von Advent. Kraftvoll, stoffig, Lakritze und schwarze Kirschen, gut integrierte, präsente Tannine, mineralisch-süßer Abgang, ein stoffiger Speisenbegleiter.

(93) The Cabernet Franc 2019
14,5 Vol.-%, DIAM, Barrique, €€€€€ H
Tiefdunkles, tintiges Rubingranat, opaker Kern, violette Reflexe, zarte Randaufhellung. Zart nach schwarzen Oliven, dunkles Beerenkonfit, ein Hauch von Süßholz, intensives Bukett. Saftig, reifes Cassis, kraftvolle Tannine, schokoladige Textur, mineralischer Nachhall, braucht noch etwas Zeit, ein würziger Speisenbegleiter.

(93) The Shiraz 2019
14,5 Vol.-%, DIAM, Barrique, €€€€€ H
Tiefdunkles, fast schwarzes Rubingranat, opaker Kern, violette Reflexe, zarte Randaufhellung. Frische schwarze Frucht, Nuancen von Cassis und Lakritze, Brombeerkonfit, ein Hauch von Oliven und Feigen. Komplex, kräftig, reife Zwetschken, tragende Tannine, schokoladiger Nachhall, antrinkbar, wird von Flaschenreife profitieren.

92 Cabernet Sauvignon Selection 2020
13,5 Vol.-%, DV, gebrauchte Barriques, €€ H
Dunkles Rubingranat, violette Reflexe, zarte Ockerrandaufhellung. Tabakig, reife Cassisnuancen, mit Brombeerkonfit unterlegt, kandierte Orangenzesten, feines Nougat im Hintergrund. Saftig, reife Zwetschken, runde Tannine, schokoladiger Touch im Abgang, gutes Entwicklungspotenzial.

(92) The Cabernet Sauvignon 2019
14,5 Vol.-%, DIAM, Barrique, €€€€€ H
Tiefdunkles, tintiges Rubingranat, opaker Kern, violette Reflexe, zarte Randaufhellung. Intensiv nach Cassis und Vanille, Nuancen von Lakritze und kandierten Mandarinenzesten, mit Nougat unterlegt. Komplex, schwarze Beerenfrucht, präsentes, noch forderndes Tannin, schokoladig im Abgang, im mächtigen Stil des Hauses, wird von Reife profitieren.

(91) Blaufränkisch Jois 2019
14,5 Vol.-%, DIAM, Barrique, €€€€€ H
Tiefdunkles Rubingranat, opaker Kern, violette Reflexe, zarte Randaufhellung. Zart nach Nougat und Cassis, mit Lakritze unterlegt, rauchige Kräuterwürze. Saftig und süß, dunkles Nougat, präsente Tannine, Vanille und Schokolade im Abgang, etwas vom Holz verdeckter Sortencharakter.

90 Blaufränkisch Classic 2020
13,5 Vol.-%, DV, gebrauchte Barriques, €€ H
Dunkles Rubingranat, violette Reflexe, zarte Randaufhellung. Mit einem Hauch von frischen Feigen und Nougat unterlegte schwarze Kirschfrucht, feiner tabakiger Anklang. Saftig, schwungvoll, zeigt gute Frucht und Frische, präsente Tannine, mineralischer Abgang, wird von Flaschenreife profitieren.

★★★

WEINGUT HORST UND GEORG SCHMELZER

Das Weingut Schmelzer bewirtschaftet 15 Hektar in den besten Lagen rund um Gols, wovon ein großer Teil mit der Sorte Zweigelt bepflanzt ist. Für diese Sorte sind die Brüder Horst und Georg Schmelzer seit vielen Jahren auch als absolute Spezialisten bekannt. Das wird durch die Falstaff-Rotweinprämierungen der letzen 20 Jahre bestätigt, im Rahmen deren kontinuierlich Top-Platzierungen erzielt wurden. Mit dem Sieg 2005 gelang es den beiden nach 1999 bereits zum zweiten Mal, die Zweigelt-Konkurrenz zu übertrumpfen. Auch in der Cuvée »Gols« spielt der Zweigelt die Hauptrolle. Hier werden die traditionellen Sorten aus Gols – also Zweigelt, Blaufränkisch und St. Laurent – verwendet, um Gebietstypizität in Form eines hochwertigen, im kleinen Eichenfass gereiften Rotweins zu transportieren. Die Top-Cuvée aus den Sorten Zweigelt, Blaufränkisch und Cabernet Sauvignon trägt den Namen »Barcaso«.
Die Brüder Schmelzer erzeugen aber auch sehr bemerkenswerte Süßweine und fruchtbetonte Weißweine: Mit dem Welschriesling wurden sie im Jahr 2005 sogar Landes- und Bundessieger und mit dem Blaufränkisch 2019 und dem Grüner Veltliner 2016 Landessieger. Seit Jahren finden die engagierten Schmelzers auch bei der internationalen Presse immer mehr Beachtung.

90 Chardonnay 2020
12,5 Vol.-%, DV, Edelstahl, €€
Helles Gelbgrün, Silberreflexe. Zart nach Ananas, feines Blütenaroma, ein Hauch von Limetten. Mittlerer Körper, weißer Apfel, feine Fruchtsüße, mineralischer Touch, ein ausgewogener Speisenbegleiter.

(91) Zweigelt ** 2020
13,5 Vol.-%, NK/DV, Barrique, €€€€
Tiefdunkles Rubingranat, opaker Kern, violette Reflexe, zarte Randaufhellung. Feine Edelholzwürze, Nuancen von Nelken und Vanille, schwarze Waldbeerennote, rauchige Nuancen. Saftig, rote Kirschen, frisch strukturiert, gut integrierte Tannine, zarte Nougatnuancen im Abgang, bereits zugänglich.

(92) Gols 2020 ZW/BF/SL
13,5 Vol.-%, NK/DV, Barrique, €€€€
Tiefdunkles Rubingranat, opaker Kern, violette Reflexe, zarte

WEINGUT HORST UND GEORG SCHMELZER
7122 Gols, Neubaugasse 29
T: +43 (2173) 3490
info@wein-schmelzer.at
www.wein-schmelzer.at

Kellermeister: Horst und Georg Schmelzer
Kontakt: Georg Schmelzer
Produktion: 30 % weiß, 60 % rot, 10 % süß, 15 Hektar
Vereinszugehörigkeit: Select Gols, Neusiedlersee DAC
Messen: ProWein Düsseldorf, VieVinum

Blauer Zweigelt

* Neusiedlersee DAC ** Neusiedlersee DAC Reserve

Randaufhellung. Röstige Nuancen, etwas Nougat, schwarze Kirschen, Brombeerkonfit, frische Orangenzesten. Saftig, frische Herzkirschen, feine Tannine, lebendig strukturiert, dezente Süße im Nachhall, verfügt über Reifepotenzial.

(92) Barcaso 2020 BF/ZW/CS/RÖ
13,5 Vol.-%, NK/DV, Barrique, €€€€
Tiefdunkles Rubingranat, opaker Kern, violette Reflexe, zarte Randaufhellung. Zarte Edelholznuancen, dezente Kräuterwürze, zart nach Lakritze und Cassis, mineralischer Touch. Saftig, elegant, feine rote Kirschfrucht, frisch strukturiert, salziger Touch im Abgang, ein vielseitiger Speisenbegleiter.

(90) Blaufränkisch Heideboden 2020
13,5 Vol.-%, DV, großes Holzfass, €€
Dunkles Rubingranat, opaker Kern, violette Reflexe, zarte Randaufhellung. Feines Brombeerkonfit, schwarze Kirschen, ein Hauch von Orangenzesten. Saftig, rotbeerige Nuancen, frisch strukturiert, mineralischer Nachhall, zitroniger Rückgeschmack.

(92) Weißburgunder * TBA 2020
12,5 Vol.-%, NK/DV, Edelstahl, €€€€
Mittleres Goldgelb, Silberreflexe. Frische Mandarinenzesten, weiße Tropenfrucht, dezenter Honigtouch. Saftig, reife Birnen, zart nach Kletzen, frischer Säurebogen, Dörrobst und Honig im Nachhall, mittlere Länge.

★★

WEINGUT GERNOT SCHUHMANN

Das seit 1974 als Familienbetrieb geführte Weingut liegt im Herzen der größten Weinbaugemeinde Österreichs: in Gols im Nordburgenland. Das einzigartige Mikroklima um den Neusiedler See und die vielfältigen fruchtbaren Böden schaffen perfekte Voraussetzungen für die Produktion hervorragender Rot- und Weißweine. Nach seiner Ausbildung zum Weinbau- und Kellermeister übernahm Gernot Schuhmann 1997 die Verantwortung für die Kellerwirtschaft und die Vermarktung der Weine und setzte damit einen Prozess der Umstrukturierung und Qualitätssteigerung in Gang. Die Rebfläche wurde kontinuierlich aufgestockt und umfasst heute etwa 15 Hektar, wobei die Anteile von Weiß- und Rotwein in etwa ausgeglichen sind.
Das Weingut setzt auf jahrzehntelange Erfahrung in der Kellerwirtschaft, kombiniert mit modernsten Technologien und naturnaher Bewirtschaftung. Es wird penibel darauf geachtet, dass nur heimische Rebsorten ausgepflanzt werden. Kontrolliert integrierter Pflanzenschutz, intensive Laubarbeit und Traubenausdünnung sind weitere wichtige Maßnahmen. Weißweine werden temperaturgesteuert vergoren und in Edelstahltanks ausgebaut. Rotweine werden offen auf der Maische vergoren und reifen nach erfolgtem biologischem Säureabbau klassisch im Edelstahltank oder im kleinen Eichenfass (rund 14 Monate). Engagement und Perfektionsdrang des Winzers Gernot Schuhmann haben eines zum Ziel: eine große Palette an hochwertigen Weinen mit unterschiedlichen Charakteren und Ausbaustilen zu vinifizieren.

WEINGUT GERNOT SCHUHMANN
7122 Gols
Marktgasse 2–6
T: +43 (2173) 2612
info@weingut-schuhmann.at
www.weingut-schuhmann.at

Kellermeister/Kontakt:
Gernot Schuhmann
Produktion: 40 % weiß, 40 % rot, 20 % süß, 15 Hektar
Messen: Dornbirner Frühjahrs- und Herbstmesse

(91) Pinot Blanc 2019
13 Vol.-%, DV, Barrique, €€
Mittleres Goldgelb, Silberreflexe. Zart nach Lanolin und Kokos, gelbe Tropenfrucht und ein Hauch von Mandeln. Elegant, weiße Fruchtnuancen, zart nach Vanille und Limetten, mineralisch-salzig unterlegt, zitroniger Touch im Abgang, ein vielseitiger Begleiter bei Tisch.

93 Syrah Altenberg 2019
15 Vol.-%, DV, Barrique, €€€
Dunkles Rubingranat, opaker Kern, violette Reflexe, dezente Ockerrandaufhellung. Tabakig-kräuterwürzig, schwarze Beerenfrucht, zart nach Oliven, einladendes Bukett. Kraftvoll, saftig, schokoladige Textur, reife Tannine, würziger Nachhall, Nougat und reife Zwetschken im Rückgeschmack, ein kraftvoller Speisenbegleiter.

(93) Sankt Laurent Herrschaftswald 2019
13,5 Vol.-%, DV, Barrique, €€€
Kräftiges Rubingranat, violette Reflexe, dezente Ockerrandaufhellung. Feine Gewürznuancen, dunkles Waldbeerenkonfit, reife schwarze Kirschen, floraler Touch. Saftig, Brombeerkonfit, zart nach Vanille, elegante Textur, fruchtige Süße, etwas Nougat im Abgang, bereits gut antrinkbar, verfügt über gute Länge.

(92) Zweigelt Goldberg 2019
13,5 Vol.-%, DV, Barrique, €€€€
Dunkles Rubingranat, violette Reflexe, dezente Ockerrandaufhellung. Feine Kräuterwürze, reife Herzkirschen, zarte Edelholzwürze, ein Hauch von Karamell, einladendes Bukett. Saftig, elegant, reife Kirschen, würzige, präsente Tannine, schokoladig im Nachhall.

(91) Cos No 19 2019 BF/ZW
13,5 Vol.-%, DV, gebrauchte Barriques, €€
Kräftiges Rubingranat, violette Reflexe, dezente Ockerrandaufhellung. Zarte Edelholzwürze, ein Hauch von Vanille, rote Kirschen, Kokostouch. Mittlerer Körper, rotbeerige Textur, frisch strukturiert, gut integrierte Tannine, mineralisch, ein Hauch von Nougatkaramell im Abgang.

92 Weissburgunder Auslese 2019
13 Vol.-%, DV, Stahltank, €€€
Helles Goldgelb, Silberreflexe. Zarte Nuancen von Türkischem Honig, ein Hauch von reifer Feige und Mango, einladendes Bukett. Mittlere Komplexität, zart nach Kletzen, feine Fruchtsüße, Dörrobstnuancen auch im Nachhall, Rosinen im Rückgeschmack.

★★★★

SCHWARZ WEIN

Vor rund zwanzig Jahren wagte der gelernte Fleischhauer Hans Schwarz aus Andau etwas Ungewöhnliches: Er machte die Fleischerei zum Hobby und das bisherige Hobby, den Weinbau, zum Beruf. Doch das war die richtige Entscheidung. Andau bietet als wärmster Ort Österreichs die besten Voraussetzungen, um große Weine zu keltern. Nicht zuletzt wegen Hans' oft unorthodoxer Methoden wurden die Schwarz-Weine schnell Kult. Hans Schwarz setzte auf den autochthonen Zweigelt, der bis heute als »Schwarz-Rot« von Weinliebhabern, Weinjournalisten, Weinkennern und Weingastronomen gerühmt wird. Die Linie »The Butcher« ist eine Hommage an die Anfänge. Doch darf dabei keinesfalls die Zukunft vergessen werden, und so erweitert Michael Schwarz, der seit 2018 das Tagesgeschäft führt, den »Butcher« nun um internationale Rebsorten. Michael kehrte nach vielen Praktika im Ausland zurück, um das Werk seines Vaters fortzuführen. Für das kommende Jahr plant er zwei neue Linien im Premium- und Basisbereich. Das Weingut selbst wird um einen gemütlichen Verkostungsraum erweitert, wo man nicht nur die Kultweine selbst probieren kann, sondern auch burgenländische Schmankerl wie Hans' berühmte Chili-Käsekrainer. Denn Essen und Trinken gehören bei Schwarz seit eh und je zusammen. Michael versucht so zu erreichen, was man von allen jungen Winzern verlangt: alles genauso wie der Vater zu machen – und dabei ganz anders.

92 Schwarz Weiß 2019 CH/GV
15 Vol.-%, DIAM, Barrique, €€€€€
Helles Goldgelb, Silberreflexe. Zart tabakig unterlegte weiße Tropenfrucht, ein Hauch von Wiesenkräutern, frische Litschi, dezent nussige Aromen. Mittlere Komplexität, weiße Birnenfrucht, dezente Struktur, etwas Nougat im Abgang, bereits entwickelt, kann seine Muskeln gut verstecken.

(90) The Butcher Cuvée Weiss 2020 GV/WR/SB
12,5 Vol.-%, DV, Stahltank, €€ Ⓥ
Helles Goldgelb, Silberreflexe. Nuancen von Papaya und Mango, mit Orangenzesten und Wiesenkräutern unterlegt. Mittlere Komplexität, frischer Golden-Delicious-Apfel, feine Säurestruktur, ausgewogen und bereits gut antrinkbar.

90 Chardonnay The Butcher 2020
13,5 Vol.-%, DV, Teilbarrique, €€ Ⓥ
Helles Gelbgrün, Silberreflexe. Ein Hauch von Holzwürze, reife gelbe Tropenfrucht, zart nach Mango und Birne, mit Mandarinenzes-

SCHWARZ WEIN

7163 Andau
Hauptgasse 21
T: +43 (2176) 3231
office@schwarz-weine.at
www.schwarz-weine.at

Kellermeister/Kontakt:
Michael Schwarz
Produktion: 29 Hektar
Messen: ProWein Düsseldorf, VieVinum

ten unterlegt. Saftig, zart nussig unterlegte Apfelfrucht, feiner Säurebogen, mineralisch und anhaftend, vielseitig einsetzbar.

90 Zweigelt * 2019
12,5 Vol.-%, DV, Teilbarrique, €€
Kräftiges Rubingranat, violette Reflexe. Frische Kirschfrucht, zart nach Zitruszesten, Ribiselnuancen klingen an, einladendes Bukett. Saftig, elegant, feine Säurestruktur, engmaschig, fruchtsüß nach Feigen, bleibt gut haften, vielseitiger Speisenbegleiter.

94 Zweigelt Schwarz Rot 2019
13,5 Vol.-%, DIAM, Barrique, €€€€€€
Dunkles Rubingranat, violette Reflexe, zarte Randaufhellung. Feine Kräuternoten, etwas nach Blutorangenzesten, rote Waldbeerenfrucht, ein Hauch von Gewürzen, Zwetschkentouch. Saftig, straff, elegant, facettenreiche Säurestruktur, gut integrierte Tannine, etwas nach Tabak, reife Kirschfrucht im Abgang, lebendiges Finish, leichtfüßig, bleibt gut haften, gutes Entwicklungspotenzial.

91 Zweigelt The Butcher 2018
13,5 Vol.-%, DIAM, gebrauchte Barriques, €€ Ⓥ
Dunkles Rubingranat, violette Reflexe, zarte Randaufhellung. Dunkles Beerenkonfit, etwas nach Brombeeren, reife Pflaumen, zarte Tabakwürze, Nougatnuancen. Saftig, feine Textur, zartes Tannin, dunkle Beerenfrucht, frisch strukturiert, schokoladiger Nachhall, guter Speisenbegleiter, bleibt haften.

92 Cuvée The Butcher 2019 ZW/BF/ME
13,5 Vol.-%, DIAM, Barrique, €€€€ Ⓥ
Dunkles Rubingranat, violette Reflexe, zarter Wasserrand. Zart nach Karamell und Kräutern, etwas nach reifer Kirschfrucht, rotbeerig, Hibiskusnuancen klingen an, frisches Bukett. Saftig, komplex, elegant, feine Säurestruktur, gut integrierte Tannine, reife rote Beerenfrucht, bleibt gut haften, vielseitig einsetzbar.

92 Cuvée Tiefschwarz 2019 ZW/BF
13,5 Vol.-%, DIAM, gebrauchte Barriques, €€€€
Dunkles Rubingranat, violette Reflexe, zarter Wasserrand. Feine Tabakwürze, etwas nach schwarzer Beerenfrucht, ein Hauch von Lakritze, frische Minznoten, attraktives Bukett. Saftig, straff, extraktsüß nach Brombeeren, etwas nach Vanille, bleibt sehr gut haften, vielschichtiger Speisenbegleiter.

91 Kumarod Rot 2018 ZW/CS/ME
13,5 Vol.-%, DV, gebrauchte Barriques, €€
Kräftiges Rubingranat, violette Reflexe. Zart nach rotem Waldbeerenkonfit, ein Hauch von Amarenakirschen, Kräuterwürze, kandierte Orangenzesten, Hibiskusnuancen klingen an. Saftig, feine Struktur, mineralisch-salzig, leichtfüßig, rote Beerenfrucht, bleibt gut haften, frischer Speisenbegleiter.

91 Pinot Noir The Butcher 2019
13 Vol.-%, DIAM, großes Holzfass, €€ Ⓥ
Mittleres Rubingranat, violette Reflexe, breiter Wasserrand. Feine Tabak-Kräuter-Würze, etwas nach Herzkirschen, Weichseltouch, florale Nuancen, einladendes Bukett. Saftig, elegant, zart nach roter Beerenfrucht, salzig, Orangenzesten klingen an, leichtfüßiger Speisenbegleiter.

90 Blaufränkisch The Butcher 2019
13,5 Vol.-%, DIAM, großes Holzfass, €€ Ⓥ
Kräftiges Rubingranat, violette Reflexe, breitere Randaufhellung. Reife Kirschfrucht, ein Hauch von Brombeerkonfit, zarter Gewürztouch, mit Nelken und Zimt unterlegt. Saftig, elegant, feine Herzkirschen, frischer Säurebogen, mineralischer Nachhall, ein lebendiger Speisenbegleiter.

96 Muskat Ottonel Schwarz Gold 2019
10 Vol.-%, DIAM, Stahltank, €€€€€€
Mittleres Goldgelb, Silberreflexe. Intensive florale Nuancen nach Jasmin und Muskat, ein Hauch von Litschi, feiner Limettentouch, attraktives Bukett. Saftig, blumige Aromatik, weiße Tropenfrucht, finessenreich strukturiert, zitronig, kompakte Süße im Nachhall, sicheres Reifepotenzial, individueller Stil.

95 Zweigelt Schwarz Schwarz 2019
12 Vol.-%, DIAM, Barrique, €€€€€€
Tiefdunkles Rubingranat, opaker Kern, violette Reflexe, zarter Wasserrand. Intensive rote Beerenfrucht, ein Hauch von Cassis und Lakritze, dezente Holzwürze, etwas Zimt. Würzig, straff, Gewürznelken, feine, gut integrierte Süße, Nougat im Nachhall, schokoladiger Rückgeschmack.

★

WEINGUT FABIAN SLOBODA

Wer Sloboda sagt, der muss auch Podersdorf sagen: ein traumhafter Ort mit wunderbaren Menschen. Direkt neben dem Weingut kann man hier burgenländische Heurigen- und Weinkultur in bester Lage genießen. »Unsere Weine sind sortentypisch, experimentelle Weine wie der Wellentänzer (in einer eigens konstruierten Boje im See gelagert) widmen sich der großen Geschichte des Weines und den Möglichkeiten, diese neu zu erzählen. Wir bringen das in die Flasche, was Freunde und Bewohner des Burgenlandes rund um das Weltkulturerbe Neusiedler See so schätzen: die Seele dieses unvergleichlichen Landstriches, die heißen Sommertage, die kühlen Herbstnächte, die fruchtbaren Böden und all die Kostbarkeiten, die für einen starken Charakter – für das Terroir der weltweit begehrten burgenländischen Weine – sorgen.«
Einen Heurigen kann man nicht digital oder als Lesestoff genießen, deshalb wird hier nur Appetit gemacht auf das, was es dann im analogen Leben gibt: Speis und Trank, größtenteils aus der Region, von Lieferanten, die Fabian Sloboda persönlich kennt und schätzt und auf deren Qualität er vertraut. Die vinophile Empfehlung vom Winzer kommt dort persönlich mit großem Unterhaltungswert: Fabians Kostquartette, jeweils vier Weine (rot, weiß oder süß) als Kostproben, und dazu passende Schmankerl. Der Gastgarten bietet am Abend den Blick aus der ersten Reihe auf eine eindrucksvolle Kulisse, wenn die Sonne im See versinkt. In der direkt an den Heurigen angeschlossenen Vinothek kann zu attraktiven Ab-Hof-Preisen eingekauft werden. Für alle kulinarischen Abenteurer bietet der Winzer zudem eine Reise zum Mittelpunkt der Weine an: »Fabians fabelhafte Weintour.« Mit dem umweltfreundlichen Golfcaddy werden die besten Lagen rund um Podersdorf besucht. Nach etwa 90 Minuten und viel Wissenswertem über Region und Weinbau kehrt man zurück zum Ausgangspunkt, wo bei Interesse schon ein Tisch im Heurigen bereitsteht und für den perfekten Ausklang sorgt.

93 Grauburgunder Wellentänzer 2019
14,5 Vol.-%, DIAM, Stahltank, €€€€€
Leuchtendes Goldgelb mit Messingreflexen. Zarte Nuancen von reifer Birne, ein Hauch von weißer Tropenfrucht, tabakige Noten, mit Luft zart nach Nougat. Komplex, stoffig, wirkt sehr balanciert, feine Extraktsüße, gut integrierte Säurestruktur, kraftvoll und lange anhaftend, ein feinwürziger und präziser Speisenbegleiter, mineralisch und lange anhaftend.

(92) Traminer 2020
15 Vol.-%, DIAM, Barrique, €€€€€
Mittleres Goldgelb, Silberreflexe. Feine Nuancen von Eibischteig und Hibiskus, ein Hauch von Rosolio, zart mit Ananas und gelbem Pfirsich unterlegt. Kraftvoller trockener Stil, ein Hauch von Banane, salzige Nuancen, bleibt hängen, verfügt über Reifepotenzial.

91 Grüner Veltliner Ried Georgskirchen 2020
13,5 Vol.-%, DV, Stahltank, €€
Helles Goldgelb, Silberreflexe. Nuancen von Golden-Delicious-Apfel, frische Wiesenkräuter, ein Hauch von Limettenzesten im Hintergrund. Mittlere Komplexität, frische Birnen, lebendiger Säurebogen, salzig-mineralisch im Abgang, zeigt Länge, ein stoffiger Speisenbegleiter.

WEINGUT FABIAN SLOBODA
7141 Podersdorf am See
Alte Satz 1
T: +43 69911950313
weingut@sloboda.at
www.sloboda.at

Kellermeister/Kontakt:
Fabian Sloboda
Produktion: 50 % weiß, 40 % rot, 10 % süß, 12 Hektar

90 Weißburgunder 2020
13,5 Vol.-%, DV, Stahltank, €€
Sehr helles Gelbgrün, Silberreflexe. Zarte Nuancen von Birne, zart nach weißen Blüten, ein Hauch von Orangenzesten. Saftig, reife Apfelfrucht, feiner Säurebogen, bleibt haften, süßer Nachhall, vielseitig einsetzbar.

89 Blauer Zweigelt Rosé 2020
12,5 Vol.-%, DV, Stahltank, €€

92 Pinot Noir Sweet Sixteen 2015
16 Vol.-%, DIAM, Barrique, €€€€€€
Mittleres Orangegold, Silberreflexe. Zarte Dörrobstnuancen, ein Hauch von eingelegten Kirschen, kräuterwürzig unterlegter Honig, kandierte Orangenzesten. Sehr kraftvoll, nussig unterlegtes Marillenkonfit, eher dezente Süße im Abgang, etwas Nougat im Nachhall, sehr individuell und mit mittlerer Länge ausgestattet.

★★★★

HANS TSCHIDA – ANGERHOF

Einige der weltbesten Süßweinwinzer stammen aus dem Burgenland und einer davon ist Hans Tschida aus Illmitz. Sein Qualitätsstreben bei der Traubenproduktion und sein feinsinniges Gespür im Keller bestimmen seine vielfach ausgezeichneten Weine. 70 Prozent seiner Weinproduktion sind im Prädikatsweinbereich angesiedelt. Das Klima am Neusiedler See hilft ihm dabei, denn es könnte für die Erzeugung von Botrytisweinen kaum besser sein. Wenn im Herbst die Trauben schon eine ausreichend hohe Zuckergradation haben und die Frühnebel einsetzen, werden die Beeren fast über Nacht von dem gewünschten Edelschimmel befallen – ein Albtraum für die Rotweinwinzer im nördlichen Burgenland, ein Geschenk der Natur an die Süßweinproduzenten.
Stilistisch bestechen die Weine vom Angerhof durch ihre Sortentypizität und Eleganz. Sie sind eher reduktiv angelegt, und bei den Zuckergraden bevorzugt Hans Tschida meist den unteren Bereich – dickflüssige, sirupartige Essenzen sind nicht seine Sache. Enorm wichtig ist ihm der Trinkfluss seiner Produkte. Seine Weine sind niemals klebrig, und er ist ein Fan der Lage Lüss, weil die Weine von dort meist einen um ein Promille höheren Säuregehalt aufweisen. Der Sämling ist die Sorte, mit der sich das Weingut einen exzellenten Ruf erarbeitet hat. Angetan haben es ihm aber auch ganz speziell seine Spät- und Auslesen. Sie sind die Einstiegsweine, wenn man sich dem Thema Süßwein nähern will. Und wer dies einmal probiert, der kann ohnehin die Finger nicht mehr davon lassen.

90 Grand Select 2017 CS/ZW
13,5 Vol.-%, DV, Barrique, €€ V
Dunkles Rubingranat, violette Reflexe, zarter Wasserrand. Dunkle Beerenfrucht, etwas nach Holzwürze, ein Hauch von Heidelbeeren, Zwetschken klingen an. Mittlere Komplexität, saftig, extraktsüß nach Kirschen, dezente Tanninstruktur, Vanilletouch im Nachhall, bereits gut antrinkbar.

97 Sämling 88 Trockenbeerenauslese Ried Lüss 2019
8,5 Vol.-%, VL, Stahltank, €€€€€
Mittleres Goldgelb, Silberreflexe. Feine florale Nuancen, ein Hauch von Litschi und Maracuja, feiner Muskatton, weiße Blüten und Limetten klingen an. Saftig, elegant und ausgewogen, feine gelbe Tropenfrucht, gut integrierter Säurebogen, mineralisch und präzise, bleibt gut haften, ein finessenreicher Süßwein ohne Opulenz, dafür mit Länge und Potenzial.

91 Sämling Illmitzer Spätlese 2020
8 Vol.-%, DV, Stahltank, €€
Helles Goldgelb, Silberreflexe. Zart nach kandierten Orangenzesten, feiner Blütenhonig, mit reifer gelber Tropenfrucht unterlegt, einladendes Bukett. Saftig, süße gelbe Frucht, feiner Säurebogen, mineralisch-zitronig im Abgang, bietet balancierte Trinkfreude.

96 Muskat Ottonel Schilfwein 2019
7,5 Vol.-%, VL, Stahltank, €€€€€
Kräftiges Goldgelb, Messingtouch. Kandierte Mandarinenzesten, feiner Honig, ein Hauch von Muskatnuss, florale Noten, gelbe Tropenfrucht, nach Maracuja und Papaya. Stoffig, gute Komplexität, feinwürzig unterlegter Honigtouch, bereits entwickelt und gut anhaftend, sehr gutes Reifepotenzial.

HANS TSCHIDA - ANGERHOF

7142 Illmitz
Angergasse 5
T: +43 (2175) 3150
weingut@angerhof-tschida.at
www.angerhof-tschida.at

Kellermeister: Hans Tschida
Kontakt: Hans und Lisa Tschida
Produktion: 20 % rot, 80 % süß, 35 Hektar
Messen: ProWein Düsseldorf, VieVinum

Hans Tschida

93 Muskat Ottonel Auslese 2019
9 Vol.-%, DV, Stahltank, €€
Helles Grüngelb, Silberreflexe. Blumiges Bukett, zart nach Muskat und Jasmin, feiner Honigtouch, mit einem Hauch von Mandarinenzesten unterlegt. Saftig, traubiger Touch, reife Ananas, feiner Säurebogen, delikat und balanciert, zeigt gute Länge und präzisen Stil, ein Preis-Leistungs-Hit.

96 Gelber Muskateller Eiswein 2019
8 Vol.-%, VL, Stahltank, €€€€€
Helles Goldgelb, Silberreflexe. Attraktive Muskatnote, reife gelbe Pfirsichfrucht, ein Hauch von Holunderblütenkonzentrat, sehr verführerische Aromatik. Stoffig, feinwürzig und traubig am Gaumen, lebendig strukturiert, süßer Nachhall, ein vielseitiges Trinkdessert.

95 Welschriesling Beerenauslese 2017
8 Vol.-%, VL, Stahltank, €€€
Leuchtendes mittleres Goldgelb, Silberreflexe. Feinwürzig unterlegte reife gelbe Fruchtnoten, kandierte Orangenzesten und Nougat, noch etwas verhalten, reife Marillen im Hintergrund. Komplex, saftig, seidige Textur, ein Hauch von Dörrobst, mineralisch-salzig im süßen Abgang, Honignachhall, sicheres Reifepotenzial, bereits zugänglich.

92 Welschriesling Auslese 2019
9 Vol.-%, DV, Stahltank, €€
Leuchtendes Goldgelb, Silberreflexe. Zart nach Mandarinenzesten und Honig, reife Tropenfrucht klingt an, mit einem Hauch von Maracuja unterlegt. Mittlere Komplexität, feine Fruchtsüße, weißer Pfirsich, lebendig strukturiert, zitronig-salzig, feiner Honignachhall, gutes Entwicklungspotenzial.

95 Sauvignon Blanc Beerenauslese 2017
8 Vol.-%, VL, Stahltank, €€€
Mittleres Goldgelb, Silberreflexe. Intensive gelbe Tropenfruchtanklänge, feiner Honigtouch, mit einem Hauch von Guaven und Maracuja unterlegt, attraktives Bukett. Saftig, elegant, reife Ananas, süße Textur, feiner Säurebogen, Honig im Nachhall gute Länge, sicheres Reifepotenzial.

93 Grüner Veltliner Beerenauslese 2017
8 Vol.-%, VL, Stahltank, €€€
Mittleres Goldgelb, Silberreflexe. Zart brotwürzig unterlegte reife gelbe Tropenfrucht, kandierte Orangenzesten und Honig. Saftig, reife Marillen, feine Säurestruktur, zart nussig, süße gelbe Frucht im Abgang, Nougathauch im Nachhall.

90 Spätlese 2020 WR/CH/SÄ/TR
9 Vol.-%, DV, Stahltank, €€
Helles Grüngelb, Silberreflexe. Floral unterlegter Blütenhonig, ein Hauch von weißer Tropenfrucht und frischen Marillen. Mittlere Komplexität, Nuancen von Ananas, feiner Säurebogen, dezente Süße im Nachhall.

WEINGUT UNGER
7131 Halbturn
Quergasse 25
T: +43 (2172) 8080
info@weingut-unger.at
www.weingut-unger.at

Kellermeister: Andreas und Josef Unger
Kontakt: Andreas Unger
Produktion: 30 % weiß, 70 % rot, 10 Hektar
Messen: ProWein Düsseldorf, VieVinum, Vinobile Feldkirch

★

WEINGUT UNGER

Das Weingut Unger liegt im Herzen von Halbturn, einer kleinen Gemeinde, die sich am Übergang der Parndorfer Platte in den Seewinkel erstreckt. Seit einigen Jahren ist auch Andreas Unger als Önologe im elterlichen Betrieb tätig. Sein enges Sortiment ermöglicht den Fokus auf das Wesentliche. Ungers Weißweine: Saftig sollen sie sein, aber dennoch Frische und Eleganz versprühen und bei jedem Schluck aufs Neue begeistern. Ungers Rotweine: komplex, mit vielen Facetten ausgestattet, dicht und dennoch nicht üppig, eigenständig, würzig und fruchtig, vom pannonischen Kima geprägt. Mit der Natur gemeinsam zu arbeiten, das bedeutet jedes Jahr aufs Neue, die Herausforderung anzunehmen, nicht uniform zu agieren, sondern mit den Höhen und Tiefen des jeweiligen Jahrgangs zurechtzukommen: So entstehen Unger-Weine pur.

92 Sauvignon Blanc 2020
12,5 Vol.-%, DV, Stahltank, €€
Helles Gelbgrün, Silberreflexe. Feine Nuancen von Stachelbeeren und Guaven, zart mit Passionsfrucht unterlegt, neuseeländischer Aromentypus. Saftig, straff, weiße Tropenfrucht, zart nach Limetten und Litschis, bleibt haften, frischer, trinkfreudiger Stil, tolles Preis-Leistungs-Verhältnis.

90 Chardonnay 2020
13,5 Vol.-%, DV, Stahltank/Teilbarrique, €€
Helles Goldgelb, Silberreflexe. Zart nach Ananas und Mango, mit weißer Apfelfrucht unterlegt, ein Hauch von Mandarinenzesten, frisches Bukett. Mittlere Komplexität dezente Birnenfrucht, frischer Säurebogen, zitronig-salziger Nachhall, lebendiger Begleiter bei Tisch.

90 * Donauschotter 2019
13 Vol.-%, DV, großes Holzfass, €€
Dunkles Rubingranat, violette Reflexe, zarte Randaufhellung. Feine Holznuancen, dunkles Waldbeerenkonfit, ein Hauch von Brombeeren und schwarzen Herzkirschen, einladendes Bukett. Saftig, rotbeerige Nuancen, feine Fruchtsüße, gut integrierte Tannine, zart nach Johannisbeeren, bietet unkompliziertes Trinkvergnügen.

92 Zweigelt Distelwiese 2017
13,5 Vol.-%, NK, Barrique, €€€€
Dunkles Rubingranat, violette Reflexe, zarte Ockerrandaufhellung. Süße Waldbeeren, Noten von reifem Cassis, zart nach Lakritze, attraktives Bukett. Saftig, rote Kirschen, elegante Textur, feine Extraktsüße, frisch und mineralisch, zitronig im Abgang, bereits gut antrinkbar.

★★

WEINGUT WURZINGER JOSEF & PIA

BIO

Josef Wurzinger ist als der Weißweinwinzer im Burgenland bekannt. Fruchtigkeit, Finesse und Frische seiner Weißweine überraschen viele Weinfreunde, die solche Kreszenzen eher der Steiermark zuordnen würden. Aber auch seine Rotweine stehen ganz hoch im Kurs, allen voran der Zweigelt Heideboden, mit dem Josef Wurzinger schon einmal den zweiten Platz beim »Falstaff Zweigelt Grand Prix« belegte, und die Cuvée vom Kreuzjoch, die besonders durch eine saftige Frucht, reife und weiche Tannine sowie eine besondere Trinkanimation besticht. Bei den reinsortig ausgebauten Rotweinen zeigt der engagierte Winzer ebenfalls ein gutes Gefühl für die Vinifikation und den richtigen Holzeinsatz. Josef Wurzinger legt besonders viel Wert auf den richtigen Lesezeitpunkt und die Sortierung des gesunden Traubenmaterials, das die Basis für gute Weine darstellt. Besonders viel Zeit und Leidenschaft investiert er in die Vinifikation und den Ausbau seiner Weine. Das kommt auch den Freunden der Wurzinger-Weine zugute, die sich über beständige Qualität und jede Menge Trinkspaß freuen können.

91 Sauvignon Blanc Rosen 2020
12,5 Vol.-%, DV, Stahltank, €€
Helles Gelbgrün, Silberreflexe. Einladende gelbe Pfirsichfrucht, Nuancen von reifen Stachelbeeren, zart nach Blütenhonig und Passionsfrucht. Mittlere Komplexität, gelbe Birnenfrucht, lebendig strukturiert, zitronig-salzig im Abgang, vielseitig einsetzbar.

90 Gelber Muskateller 2020
11 Vol.-%, DV, Stahltank, €€
Helles Gelbgrün, Silberreflexe. Feinduftige Nuancen von Rosen und Holunderblüten, mit zarter gelber Tropenfrucht und einem Muskatton unterlegt. Saftig, feinwürzig, weißer Pfirsich, zitronig im Nachhall, mineralischer Rückgeschmack.

92 Blaufränkisch M+ 2019
13,5 Vol.-%, DIAM, Barrique, €€€
Tiefdunkles Rubingranat, opaker Kern, violette Reflexe, zarte Randaufhellung. Feine Brombeernoten, etwas nach Kirschen, Orangenzesten, Gewürznelken, Röstaromatik klingt an. Saftig, kraftvoll, mineralisch, dunkle Beerenfrucht, etwas Johannisbeeren, gut integrierte Tannine, gutes Potenzial.

91 Ried Kreuzjoch Reserve 2018 BF/ME/ZW/CS
13,5 Vol.-%, KK, Barrique, €€€
Dunkles Rubingranat, violette Reflexe, zarte Randaufhellung. Feine balsamische Noten, unterlegt mit Holzwürze, ein Hauch von dunkler Beerenfrucht, frisch, Gewürznuancen klingen an. Saftig, elegant, feine Säurestruktur, Kirschfrucht, extraktsüß, Zitrustouch im Nachhall, feines Tannin, unkomplizierter Speisenbegleiter.

90 King Lui Reserve 2019 BF/ZW/ME
13,5 Vol.-%, DIAM, Barrique, €€€€
Tiefdunkles Rubingranat, violette Reflexe, zarte Randaufhellung. Feine Tabakwürze, etwas nach dunklem Waldbeerenkonfit, ein Hauch von Herzkirschen, zart nach Nelken. Saftig, feine Struktur, zarte Holzwürze, präsentes Tannin, dunkle Frucht im Abgang, bereits gut antrinkbar.

92 Merlot M+ 2019 Reserve
13,5 Vol.-%, NK, Barrique, €€€€
Dunkles Rubingranat, violette Reflexe, zarte Randaufhellung. Zarte Kräuternoten, etwas nach Lakritze, schwarze Beerenfrucht, Brombeeren. Saftig, straff, feine Säurestruktur, präsente Tannine, Holzwürze im Abgang, Cassis im Nachhall, wird von Flaschenreife profitieren.

WEINGUT WURZINGER JOSEF & PIA
7162 Tadten
Obere Hauptstraße 11
T: +43 (676) 4868757
office@weingut-wurzinger.at
www.weingut-wurzinger.at

Kellermeister: Josef Wurzinger
Kontakt: Pia Lisa Wurzinger
Anbauweise: Zertifiziert Biologisch (Bio Austria)
Produktion: 240.000 Flaschen
45 % weiß, 3 % rosé, 52 % rot,
25 Hektar
Messen: VieVinum

★★★

ZANTHO

Mit »Zantho« beschreiten Spitzenwinzer Josef Umathum und Wolfgang Peck neue Wege im burgenländischen Qualitätsweinbau. Der Betrieb kann auch als perfekte Symbiose von langjähriger Erfahrung, bester technischer Ausstattung und optimalen natürlichen Bedingungen bezeichnet werden. Produziert wird in der Domaine Andau, einem der modernsten Weinkellereien Österreichs. Das Traubengut liefert eine kleine Gruppe ausgewählter Mitglieder, die – von Josef Umathum speziell geschult und kontrolliert – die Weingärten bearbeiten.
»Zantho«, der Name des kleinen burgenländischen Ortes Andau in dessen erster urkundlicher Erwähnung, ist zugleich Bezeichnung der Weinlinie, die pannonische Waldeidechse dient als einprägsames Symbol.
Erzeugt werden vornehmlich Rotweine aus den heimischen Sorten Zweigelt, Sankt Laurent und Blaufränkisch. Daneben runden Muskat, Sauvignon Blanc, Welschriesling und Grüner Veltliner in Weiß, Zweigelt in Pink sowie Brut Rosé, ein hochwertiger Schaumwein nach traditioneller Methode, das Sortiment ab. Die Spitze bilden die Reserve-Weine aus Zweigelt, Sankt Laurent, Pinot Noir, Cabernet und Merlot, die nur in herausragenden Jahren aus den besten Trauben selektioniert und schonend im kleinen Holzfass ausgebaut werden. Neu im Portfolio ist die Cuvée »1487«, deren Name eine Referenz an die erste urkundliche Erwähnung von Andau im Jahre 1487 darstellt. Diese hochwertige Cuvée aus Cabernet Sauvignon, Zweigelt und Merlot vereint burgenländische Tradition mit internationalem Flair auf höchstem Niveau.
Alle Weine von Zantho sind mit dem exklusiven Vino-Lok-Glasverschluss ausgestattet, um höchste Qualität zu garantieren. Die »Eidechsen-Weine« werden in über 40 Länder exportiert und sind im gut sortierten Fachhandel sowie ab Hof und im Onlineshop erhältlich.

90 Grüner Veltliner 2020
12 Vol.-%, VL, Stahltank, €€ F S
Mittleres Grüngelb, Silberreflexe. Orangenzesten, gelbe Tropenfrucht, einladender Duft. Saftige Mango-Birnen-Frucht, frisch strukturiert, feine weiße Apfelnote im Abgang, mineralisch-zitronig im Nachhall, bereits gut antrinkbar.

Fasskeller auf dem Weingut Zantho

ZANTHO
7163 Andau, Dammweg 1a
T: +43 (2176) 27077
office@zantho.com, www.zantho.com

Kellermeister: Wolfgang Peck und Christopher Eisinger
Kontakt: Thomas Gratzer
Produktion: 600.000 Flaschen
30 % weiß, 65 % rot, 5 % süß, 80 Hektar
Zertifiziert: Nachhaltig Austria
Messen: Austrian Tasting London, FHA Singapore, Foodex Japan, Hofex Hongkong, ProWein Düsseldorf, VieVinum, Vinexpo, Vinexpo Bordeaux, Vinexpo Shanghai, DAC-Präsentationen, ProWine China, ProWine Asia, Hong Kong International Wine & Spirits Fair, Wein Burgenland Präsentationen, Vinexpo Explorer

90 Sauvignon Blanc 2020
12 Vol.-%, VL, Stahltank, €€ H S
Helles Gelbgrün, Silberreflexe. Feine gelbe Tropenfrucht, ein Hauch von Stachelbeeren, zarte Kräuterwürze, Nuancen von Grapefruitzesten. Mittlerer Körper, weißer Apfel, zart nach Litschi, frisch strukturiert, zitroniger Nachhall, ein lebendiger Speisenbegleiter.

89 Welschriesling 2020
12 Vol.-%, VL, Stahltank, €€ H S

89 Muskat Ottonel 2020
12 Vol.-%, VL, Stahltank, €€ H S

89 Blauer Zweigelt Pink 2020
12 Vol.-%, VL, Stahltank, €€ H S V

92 Zweigelt Reserve 2019
13,5 Vol.-%, VL, Barrique/gebrauchtes Barriques, €€€ S V
Dunkles Rubingranat, violette Reflexe, dezente Randaufhellung. Dunkle Nuancen von Herzkirschen und Waldbeeren, ein Hauch von Nougat, dezente Kräuterwürze, kandierte Orangenzesten. Saftig, elegant, reife Kirschfrucht, angenehme Frische, mineralisch und anhaftend, verfügt über Reifepotenzial.

90 Zweigelt 2019
13 Vol.-%, VL, Stahltank/gebr. Barriques, €€ S V
Dunkles Rubingranat, violette Reflexe, zarte Randaufhellung. Mit zarter Kräuterwürze unterlegtes schwarzes Waldbeerenkonfit, Herzkirschen, floraler Touch, einladendes Bukett. Saftig, elegant, rotbeerige Nuancen, mineralisch und anhaftend, salziger Touch im Abgang.

92 Merlot Reserve 2019
14 Vol.-%, VL, Barrique, €€€€ F S V
Dunkles Rubingranat, violette Reflexe, dezente Randaufhellung. Mit feiner Holzwürze unterlegte reife Kirschfrucht, dunkle Waldbeeren, mineralischer Touch. Saftig, gute Komplexität und Frische, eingelegte Kirschen, ein Hauch von Nougat, ein würziger Speisenbegleiter.

89 Blaufränkisch 2019
13,5 Vol.-%, VL, Stahltank/kleines Holzfass, €€ S V

92 Beerenauslese Sämling 2019
9,5 Vol.-%, VL, Stahltank, €€€ S
Mittleres Goldgelb, zarte Messingreflexe. Reifer Pfirsich, süße Tropenfruchtanklänge, Nuancen von Honig, Marille und Ananas. Saftig, komplex, süße Fruchtnuancen, finessenreiche Struktur, zitronig-mineralisch unterlegt, Marillenfrucht auch im Nachhall.

★★

WEINGUT ZINIEL

Im tiefsten Seewinkel wird von Familie Ziniel eine kühne und zugleich kühle Linie gezogen, die sich spannungsreich von weißer Klassik über Rotweine rund um die Leitsorte St. Laurent bis hin zum herausragenden Schilfwein spannt – komplex und spannend wie feinster »Cool Jazz«, nicht zeitgeistig, sondern konsequent mit handgelesenem Traubenmaterial traditioneller Sorten aus eigenen Weingärten.
In Anbetracht der Tatsache, dass die Ziniels eher zu den Newcomern als zum Urgestein zählen, ist es legitim zu fragen, woher diese selbstsichere Leichtigkeit kommt – wohl auch von der Erfahrung, die der junge Winzer Andreas im In- und Ausland gesammelt hat. Sicher spielt es aber eine Rolle, dass sich die Ziniels nicht nach dem Markt richten müssen. Bis auf Kellermeister Andreas stehen alle fest in anderen Berufen, die es ihnen erlauben, beim Wein kompromisslos zu sein: Patron Alfred ist Landwirt und für die Böden und Weingärten zuständig. Bruder Wolfgang ist Wissenschaftler und unterstützt Andreas bei der Vinifikation und Stilistik. Mutter Elisabeth kümmert sich um Kommunikation und Vertrieb sowie um den familiären Zusammenhalt.
Die Ziniels setzen übrigens auf Nachhaltigkeit. So pflegt man langjährige Partnerschaften und verzichtet schon einmal auf einen schnellen Abschluss. Diese persönliche Aufmerksamkeit schätzen auch die Ab-Hof-Stammkunden, die den Ziniels besonders wichtig sind. Unmittelbares Feedback von Kunden fließt dann in die Arbeit der Familie durchaus ein.
Apropos: Das winzige St. Andrä am Zicksee befindet sich geografisch exakt dort, wo das Z im Alphabet steht: ganz am Ende. Oder

Oberer Stinkersee zwischen Podersdorf und Illmitz

WEINGUT ZINIEL
7161 St. Andrä am Zicksee
Hauptstraße 47
T: +43 (676) 9333604
office@ziniel.at
www.ziniel.at

Kellermeister: Andreas Ziniel
Kontakt: Elisabeth, Andreas und Wolfgang Ziniel
Anbauweise: Umstellung auf bio
Produktion: 50 % weiß, 45 % rot, 5 % süß, 16 Hektar
Messen: ProWein Düsseldorf, VieVinum

ganz am Anfang – es kommt bloß auf den Standpunkt an.

93 Chardonnay Ried Heulage 2019
12,5 Vol.-%, NK, gebr. Barriques/Holzfass, €€€€€
Zart wolkiges mittleres Goldgelb, Silberreflexe. Feine gelbe Tropenfrucht, ein Hauch von Biskuit, feine Kräuterwürze und Mandarinenzesten. Straff, saftige Nuancen von Mango und Apfel, feine Säurestruktur, mineralischer Touch, zarter Blütenhonig, ein Hauch von Pfirsich im Rückgeschmack, bietet leichtfüßiges Trinkvergnügen.

92 Zicksee Cuvée Reserve 2019 ME/CS/ZW
13 Vol.-%, NK, 500-l-Fass, €€€€€
Kräftiges Rubingranat, violette Reflexe, dezente Ockerrandaufhellung. Frische rote Waldbeeren, ein Hauch von Mandarinenzesten, etwas Vanille, zarte Holzwürze. Saftig, rote Herzkirschen, präsente, gut integrierte Tannine, mineralischer Touch, zart salzig, bereits gut antrinkbar, mit Potenzial ausgestattet.

92 Sankt Laurent Ried Johannishöhe 2019
12 Vol.-%, NK, 500-l-Fass, €€€€€
Kräftiges Rubingranat, violette Reflexe, breitere Ockerrandaufhellung. Zarte Kräuterwürze, feines rotes Waldbeerenkonfit, eingelegte Kirschen, dezente florale Nuancen. Mittlerer Körper, rotbeerig und frisch strukturiert, zarte Tannine, zitronig-salzig im Finale, bereits gut antrinkbar, insgesamt etwas schlankerer Stil.

91 St. Andräer Zweigelt 2019
12 Vol.-%, DIAM, gebrauchte Barriques, €€€
Leuchtendes kräftiges Rubingranat, violette Reflexe, dezente Ockerrandaufhellung. Zarte Röstaromen, schwarze Beerenfrucht, ein Hauch von Karamell, reife Herzkirschen. Mittlerer Körper, rotbeerig, frische Kirschen, fein strukturiert, zitronig-mineralischer Nachhall.

94 St. Andräer Beerenauslese 2019
12 Vol.-%, NK, Edelstahl, €€€ V
Leuchtendes mittleres Goldgelb, Silberreflexe. Feine Botrytiswürze, ein Hauch von Honig und Marillenkonfitüre, mit weißem Nougat unterlegt. Saftig, elegant und ausgewogen, sehr präzise, feiner Säurebogen, reifer gelber Pfirsich im Nachhall, bereits gut antrinkbar.

PLATZ FÜR IHRE
WEINNOTIZEN

Pöttelsdorf ist wohl einer der bekanntesten Orte der kleinen Region Rosalia DAC, die vom kühlen Klima der nahen Voralpen geprägt ist

BURGENLAND

ROSALIA DAC

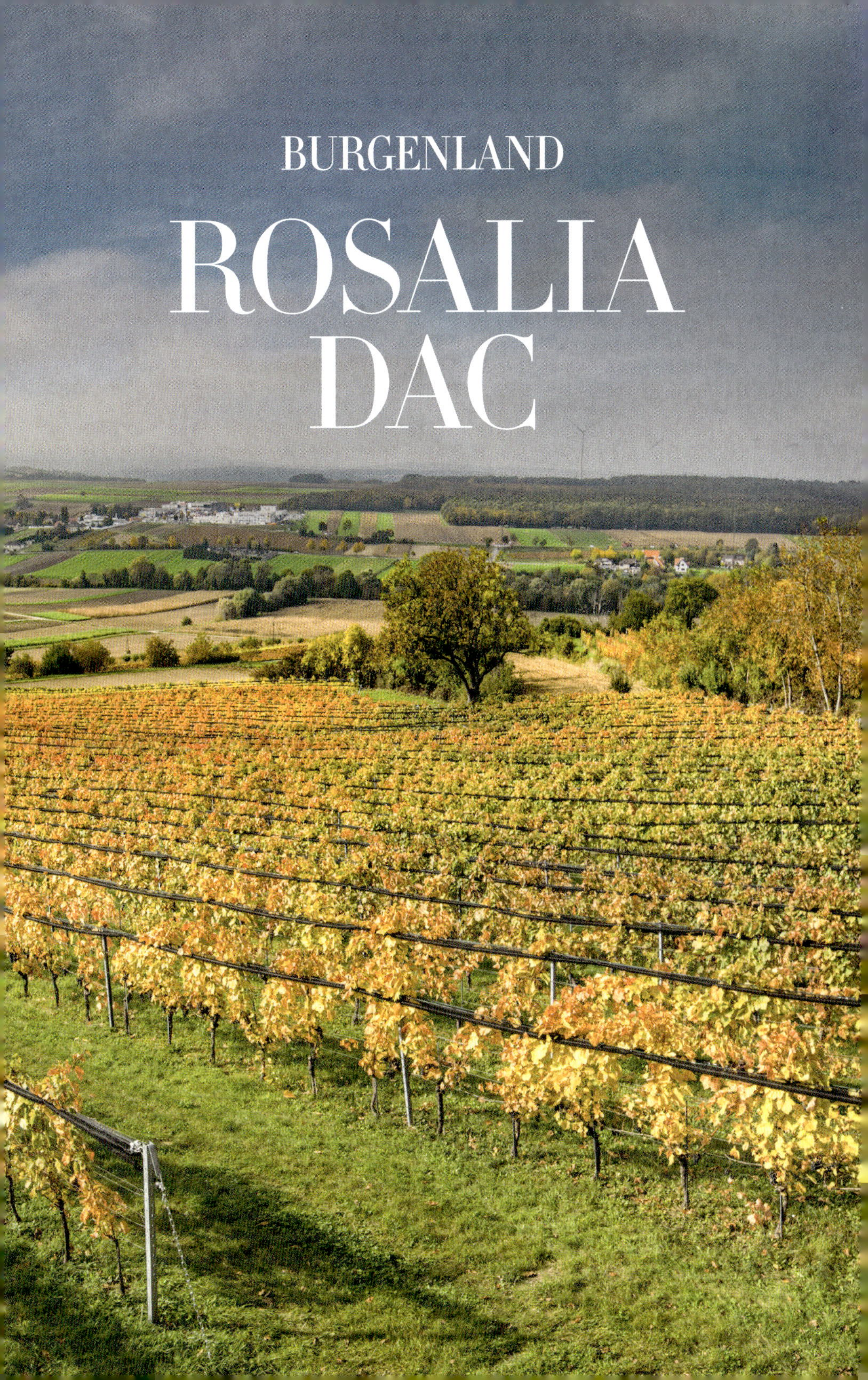

Es sind eher sanfte Hügel, wie hier der Kogelberg, die das Gebiet landschaftlich prägen

SANFTE HÜGELLANDSCHAFT, EXTRAKTREICHE WEINE

Südlich an das Gebiet Leithaberg schließt das neue DAC-Gebiet Rosalia mit dem Hauptort Pöttelsdorf an, dessen schwerere Böden einen kräftigen Blaufränkisch-Typ ähnlich dem des Mittelburgenlands hervorbringen.

Eine sanfte Hügellandschaft der Region Rosalia eignet sich vorzüglich für den Weinbau. Die Gründe dafür sind das pannonische Klima und die fruchtbaren Braunerdeböden mit Lössuntergrund. Das Rosaliengebirge ist ein Ausläufer der Alpen an der niederösterreichisch-burgenländischen Landesgrenze. Im Norden grenzt die Region an das Weinbaugebiet Leithaberg DAC und im Süden an das Weinbaugebiet Mittelburgenland DAC. Zwischen den sanften Hügeln fließt die Wulka in den Neusiedler See. Das DAC-Gebiet Rosalia liegt am Osthang des Rosaliengebirges, umfasst den politischen Bezirk Mattersburg und ist bekannt für die Burg Forchtenstein, die Festivals in Wiesen oder den Kurort Bad Sauerbrunn. Auch die Nähe zu Eisenstadt und zum Neusiedler See macht die Gegend zu einem beliebten Ausflugsziel. Durch große landwirtschaftlich genutzte Flächen hat sie sich viel von ihrer Beschaulichkeit und Natürlichkeit bewahrt, weite Teile sind daher auch als Naturpark ausgewiesen.

Die Erdbeere, der Wein, die Edelkastanie und verschiedene andere köstliche Produkte haben diesem Landstrich den Beinamen »süße Region« eingebracht. Schon die Kelten erkannten vor mehr als 2500 Jahren, dass sich dieses Terroir vorzüglich für den Weinbau eignet. Heute stehen in der Region Rosalia 450 Hektar Weinberge im Ertrag, die Hauptsorte ist mit 60 Prozent der Blaufränkisch, gefolgt vom Zweigelt. Merlot, Cabernet Sauvignon, Pinot Noir und weitere Sorten ergänzen die Liste der angebauten Rotweine. An Weißweinen findet man vor allem Grünen Veltliner und Weißburgunder. Bereits zur Mitte des 19. Jahrhunderts hatten die Rotweine der Region einen grenzüberschreitenden Ruf. Die ehemalige Großlage »Rosalia« südlich des Leithagebirges wurde 2018 zu Österreichs nächstem DAC-Wein-

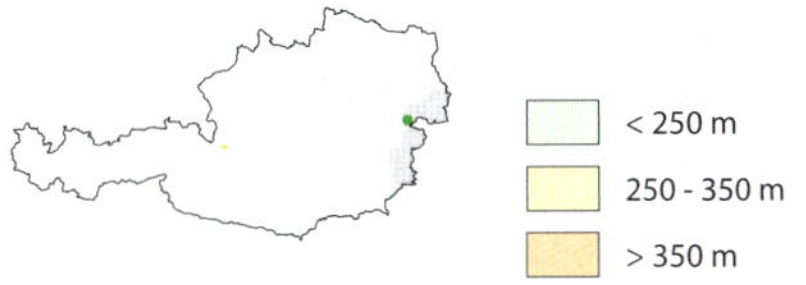

AUSGEWÄHLTE WEINGÜTER

★★★

Weingut Migsich, Antau

★★

Weingut Piribauer, Neudörfl

Domaine Pöttelsdorf Familymade, Pöttelsdorf

★

Weingut Alfred Fischer, Stöttera

Weingut Lassl, Sigleß

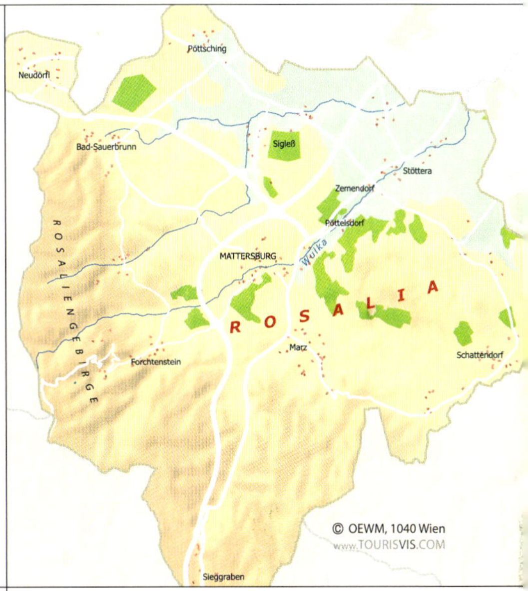

baugebiet. Die gebietstypischen Rebsorten Blaufränkisch und Zweigelt dürfen auf Basis der nun unterzeichneten DAC-Verordnung rückwirkend ab dem Jahrgang 2017 reinsortig zu Rosalia DAC vinifiziert werden, sofern die Weine einen Alkoholgehalt von mindestens 12 Vol.-% sowie einen Restzuckergehalt von höchstens 4 g/l aufweisen. Der Ausbau muss im Stahltank oder Holzfass erfolgen, die Weine sollen ein vielschichtiges und regionaltypisches Bukett sowie einen finessenreichen, fruchtigen und würzigen Geschmack aufweisen.

★

WEINGUT ALFRED FISCHER

Das Weingut Alfred Fischer wird seit 1931 als Familienbetrieb geführt. Bewirtschaftet werden zwölf Hektar in den besten Lagen in Pöttelsdorf, einem seit jeher bekannten Weinort im Herzen der Großlage Rosalia. Im Ertrag stehen die roten Sorten Blaufränkisch, Blauer Zweigelt, Merlot und Cabernet Sauvignon. Für die Weißweine werden die Trauben von ausgesuchten Produzenten vom Leithaberg zugekauft, der Fokus liegt hierbei auf den Sorten Grüner Veltliner, Welschriesling und Pinot Blanc. Qualität ist oberstes Gebot. Dass diese Betriebsphilosophie eingehalten wird, zeigen die vielen Auszeichnungen, die das Weingut im In- und Ausland erhält. Seit 2002 engagiert sich die Familie Fischer auch in Ungarn: Am Plattensee wurde ein neues Weingut gebaut, circa 80 Hektar wurden dort neu bepflanzt. Auch hier bestätigen die zahlreichen internationalen Auszeichnungen die konsequente Qualitätsphilosophie der Familie Fischer.

90 Grüner Veltliner limited 2020

12 Vol.-%, DV, Stahltank, €€

Helles Grüngelb, Silberreflexe. Zart nach gelbem Apfel, ein Hauch von Wiesenkräutern, Nuancen von frischer Birne, einladendes Bukett. Mittlerer Körper, elegant und ausgewogen, feines weißes Kernobst, ein harmonischer Speisenbegleiter für viele Anlässe.

(90) Pinot Blanc limited 2019

13 Vol.-%, DV, Stahltank, €€

Helles Goldgelb, Silberreflexe. Zart nach Ananas, ein Hauch von Mango, mit frischen Mandarinenzesten unterlegt, einla-

Weinberge bei Pöttelsdorf mit Blick auf Stöttera

WEINGUT ALFRED FISCHER
7023 Stöttera
Rosenthalgasse 2–6
T: +43 (2626) 5238
alex@alfredfischer.at
www.alfredfischer.com

Kellermeister: Thomas Fischer
Kontakt: Mag. Alex Fischer
Produktion: 40 % weiß, 55 % rot, 5 % süß, 12 Hektar
Vereinszugehörigkeit: Rosalia DAC
Messen: ProWein Düsseldorf, VieVinum

dendes Bukett. Mittlerer Körper, lebendig strukturiert, ein Hauch von Honigmelone im Abgang, mineralischer Nachhall.

(90) Rosalia DAC Rosé 2020 BF/ZW
12,5 Vol.-%, DV, Stahltank, €€
Helles Lachsrosa, Silberreflexe. Dezente rote Fruchtnuancen, frische Orangenzesten klingen an, floraler Touch, etwas Ananas. Saftig, elegant, ein Hauch von frischen Erdbeeren, fruchtig im Abgang, bietet unkomplizierten Trinkspaß.

(92) Blaufränkisch ** 2019
14,3 Vol.-%, DIAM, Barrique, €€€€
Dunkles Rubingranat, opaker Kern, violette Reflexe, dezente Randaufhellung. Frische schwarze Waldbeerenfrucht, ein Hauch von Brombeeren, etwas Feigen, ein Hauch von Nougat und Edelholz. Kraftvoll, saftig, schokoladiger Touch, präsente, tragende Tannine, mineralischer Touch im Abgang, feiner Vanille-Schokotouch im Rückgeschmack.

(90) Blaufränkisch limited 2018
13,5 Vol.-%, DV, Stahltank, €€
Kräftiges Rubingranat, violette Reflexe, dezente Randaufhellung. Zart mit Vanille und Gewürzen unterlegte Waldbeerenfrucht, eingelegte Kirschen, zart tabakig, ein Hauch von Orangenzesten. Mittlerer Körper, rote Kirschen, feine Tannine, frisch und zugänglich, bereits gut antrinkbar.

(90) Zweigelt limited 2018
13,6 Vol.-%, DV, Stahltank, €€
Kräftiges Rubingranat, Ockerreflexe, dezente Randaufhellung. Reife Zwetschkenfrucht, ein Hauch von Brombeeren, etwas Nougat, einladendes Bukett. Mittlerer Körper, seidige Textur, feine Kirschfrucht, gut integrierte Tannine, bleibt gut haften, ein vielseitiger Speisenbegleiter.

★

WEINGUT LASSL

Auf dem Weingut Lassl fügen sich nicht nur die verschiedenen Charaktere einer Winzerfamilie stimmig zusammen, sondern auch die jeweilige Typizität zweier Weinbaugebiete: Rosalia DAC und Leithaberg DAC. Der Betrieb und der Großteil der Weingärten liegen in Sigleß im Weinbaugebiet Rosalia DAC, aber man bewirtschaftet auch einige Rieden in Klingenbach im Leithaberg-DAC-Gebiet. Die schweren Böden des Rosalia-DAC-Gebiets begünstigen kräftige Rotweine sowie klassisch-frische Weiß- und Roséweine, während mit der Leithaberg-DAC-Linie puristische, strukturierte und mineralische Weine gekeltert werden.

Das bewusste Bekenntnis zu Qualität, die Freude in und mit der Natur zu arbeiten, Genuss und Regionalität zu leben sowie Tradition mit Moderne zu verbinden, begeistern die Familie nun schon seit Generationen. Ganz neu ist der Genussheurige namens »Weinwirtschaft« im ehemaligen Dorfgasthaus Krenn, das von der Familie Lassl mit viel Herzblut behutsam aus seinem Dornröschenschlaf geholt wurde. Dort bietet man eine zeitgemäße Version des klassischen Heurigen mit kalten Speisen – selbst gemacht bzw. von ausgesuchten regionalen Produzenten, liebevoll angerichtet, saisonal wechselnd und von den eigenen Weinen und guten Gesprächen begleitet.

89 Gelber Muskateller 2020
11,5 Vol.-%, DV, Edelstahl, €€

90 Rosalia DAC Rosé 2020 BB
12,5 Vol.-%, DV, Edelstahl, €€
Helles Lachsrosa, Silberreflexe. Zart nach roten Waldbeeren und Kirschen, ein Hauch von gelbem Pfirsich im Hintergrund. Mittlerer Körper, feine Fruchtsüße, angenehme Struktur, fruchtiger Nachhall, vielseitig einsetzbar.

93 Blaufränkisch Leithaberg DAC Klingenbach 2018
14 Vol.-%, DIAM, 500-l-Fass, €€€
Dunkles Rubingranat, opaker Kern, violette Reflexe, dezente Randaufhellung. Feine Edelholzwürze, Brombeeren und Kirschen, unterlegt mit Lakritze, kandierte Orangenzesten, einladendes Bukett. Saftig, komplex, Heidelbeeren, seidige Tannine, gute Frische, bleibt haften, mineralisch-salziger Nachhall.

(91) Blaufränkisch ** Sigless 2018
14,5 Vol.-%, DIAM, 500-l-Fass, €€€
Kräftiges Rubingranat, violette Reflexe, zarte Randaufhellung. Dezente Kräuterwürze, schwarze Beeren, ein Hauch von Zwetschken und Tabak. Saftig, reife Pflaumen, pfeffrig-würzige Tannine, saliner Nachhall, schokoladige Nuancen im Rückgeschmack, verfügt über Reifepotenzial.

90 Blaufränkisch * 2018
13 Vol.-%, DV, großes Holzfass, €€
Kräftiges Rubingranat, violette Reflexe, breitere Randaufhellung. Ein Hauch von Vanille, dezenter Holztouch, Nuancen von frischen Kirschen, tabakig unterlegt. Frische Kirschen, gut integrierte Tannine, etwas Nougat, salziger Touch im Abgang, vielseitig einsetzbar.

90 Zweigelt * 2019
13 Vol.-%, DV, großes Holzfass, €€
Tiefdunkles Rubingranat, violette Reflexe, zarte Randaufhellung. Kräuterwürzig unterlegte reife Zwetschkenfrucht, etwas Dörrfeigen, mit Orangenzesten unterlegt. Mittlerer Körper, schwarze Kirschen, gut integrierte, runde Tannine, dunkelbeeriger Nachhall.

WEINGUT LASSL
7032 Sigleß, Wr. Neustädter Straße 60
T: +43 (2626) 71381
office@weingut-lassl.at
www.weingut-lassl.at
Kellermeister: Herbert und Stefan Lassl
Kontakt: Herbert Lassl
Produktion: 5 % Schaumwein, 40 % weiß, 15 % rosé, 40 % rot, 9 Hektar
Vereinszugehörigkeit: Rosalia DAC, Leithaberg DAC
Messen: Dornbirner Frühjahrs- und Herbstmesse, Vinobile Feldkirch, Weinmesse Innsbruck, Weintage im Museumsquartier, DAC-Präsentationen, Wein Burgenland Präsentationen

Familie Lassl

Blaufränkisch

WEINGUT MIGSICH
7042 Antau, Kleine Zeile 66
T: +43 (2687) 62253
office@migsich.at
www.migsich.at

Kellermeister: Erich Migsich
Kontakt: Mag. Mario Migsich
Produktion: 40 % weiß, 5 % rosé, 50 % rot, 5 % süß, 28 Hektar
Zertifiziert: Nachhaltig Austria
Vereinszugehörigkeit: Rosalia DAC
Messen: Alles für den Gast Salzburg, Dornbirner Frühjahrs- und Herbstmesse, fafga Innsbruck, ProWein Düsseldorf, Wein Burgenland Präsentationen

★★★

WEINGUT MIGSICH

Größer, breiter, länger: Besser kann man die neue Feinweinlinie der Familie Migsich unter dem Motto »Slow Winemaking« nicht beschreiben. Erich und Mario Migsich zählen zu den aufstrebenden Winzern im Burgenland, die mit ihren Weinen Persönlichkeiten geschaffen haben, von denen man noch in vielen Jahren sprechen wird. Auf 28 Hektar Rebfläche schafft es das Brüderpaar, unter enormer Ertragsreduktion Unikate mit bleibendem Eindruck zu kreieren. Ohne technischen Schnickschnack konzentriert man sich auf das Wesen des Sortentypus in Kombination mit dem Terroir – ganz im Trend der Zeit. Mit dem Flaggschiff »Fat Boy« landete man bereits mit dem ersten Jahrgang im In- und Ausland unter den höchstbewerteten Weinen in der Kategorie Blaufränkisch. Das liegt vor allem daran, dass eine Kombination aus schweren Lehmböden, bis zu 50-jährigen Reben, kleinbeerigen Trauben und der selbst auferlegten Beschränkung, »ihn« nur in den besten Jahrgängen zu vinifizieren, extrem »wenig hergibt«. Dafür ist dieses bisschen, das die Migsich-Brüder in Mikrovinifikation – nahezu ohne Technik, Zusätze, Filtration oder anderen Firlefanz – entstehen lassen, die Quintessenz dessen, was einen ganz besonderen Wein ausmacht.

92 Chardonnay Primadonna 2019
14 Vol.-%, DIAM, kleines Holzfass, €€€€€
Leuchtendes mittleres Gelbgrün, Silberreflexe. Zart nach Kokos und weißem Nougat, mit gelber Tropenfrucht unterlegt, Nuancen von Ananas und Mango, zart nach Mandarinenzesten. Saftig, etwas Vanille und gelber Apfel, gute Frische, ein Hauch von Karamell im Abgang, bereits gut antrinkbar, individueller Stil.

94 Blaufränkisch Fat Boy 2018
14,5 Vol.-%, DIAM, kleines Holzfass, €€€€€€
Tiefdunkles Rubingranat, opaker Kern, violette Reflexe, dezente Randaufhellung. Tabakig unterlegte Holzwürze, schwarze Beeren, reife Zwetschken, ein Hauch von Nougat, kandierte Orangenzesten. Saftig, reife schwarze Kirschen, feiner Säurebogen, runde Tannine, elegant und ausgewogen, bereits gut antrinkbar, ein facettenreicher Speisenbegleiter mit Entwicklungspotenzial.

93 Blaufränkisch Grande Réserve 2017
14,5 Vol.-%, NK, kleines Holzfass, €€€€
Dunkles Rubingranat, violette Reflexe, dezente Randaufhellung. Feines Waldbeerenkonfit, mit eingelegten Kirschen unterlegt, zart nach Orangenzesten, Brombeeren klingen an. Saftig, angenehme Extraktsüße, runde Tannine, kraftvoll, frisch strukturiert, feines Nougat im Nachhall.

94 Strangers Privat 2019 CS/ME
14,5 Vol.-%, DIAM, kleines Holzfass, €€€€€€
Dunkles Rubingranat, violette Reflexe, dezente Ockerrandaufhellung. Ein Hauch von Dörrfeigen und kandierten Orangenzesten, Nuancen von Nougat, dezente Kräuterwürze. Kraftvoll, opulent, mit roten Beeren unterlegt, dazu ein Hauch von Dörrzwetschken, reife Tannine, schokoladiger Nachhall, Orangen im Rückgeschmack, bereits gut entwickelt.

94 Strangers 2019 BF/ME
14,5 Vol.-%, DIAM, kleines Holzfass, €€€€€€
Dunkles Rubingranat, violette Reflexe, dezente Ockerrandaufhellung. Feine Edelholznuancen, Anklänge von Dörrobst, dunkle Beeren, angenehme Kräuterwürze, zart mit Vanille unterlegt. Komplex, engmaschig, süßer Körper, reife Tannine, mineralisch, konzentrierter Stil, bereits zugänglich, ein stoffiger Speisenbegleiter.

92 Ried Herrschaftsfelder Grande Réserve Rot 2017 ZW/ME/BF/CS
14 Vol.-%, NK, kleines Holzfass, €€€
Tiefdunkles Rubingranat, violette Reflexe, zarte Randaufhellung. Dunkles Beerenkonfit, zart nach kandierten Veilchen, etwas Pflaumen, Kräuternoten, feines Nougat klingt an. Saftig, elegant, zarte Tanninstruktur, etwas Brombeere, fruchtsüßer Nachhall mit etwas Zitrus, vielseitig einsetzbar.

★★

WEINGUT PIRIBAUER

Bereits Mitte des 19. Jahrhunderts kamen die Vorfahren der Familie Piribauer als Freibauern nach Neudörfl. Mit Liebe und Leidenschaft haben sie sich hier ein Leben geschaffen, das den Grundstein für die Wirtschaft und das Weingut legte. 1930 eröffnete die Familie den Heurigen. Weingut und Heuriger sind mit der Familie gewachsen, weil alle zusammenhelfen, den Traum weiterleben zu lassen. Die Hingabe, mit der die Piribauers diese Visionen verfolgen, hat aus ihrer Familieneine Erfolgsgeschichte gemacht, deren Erbe gesichert ist – denn es wächst bereits die vierte Generation heran, die diese Historie weiterschreiben wird.
Topografisch, klimatisch und geologisch ist im Anbaugebiet Rosalia für Abwechslung gesorgt. Finesse zeigen bei den Weißweinen Chardonnay, Sauvignon Blanc sowie die Traditionssorte Grüner Veltliner, bei den Rotweinen Blaufränkisch, Zweigelt, St. Laurent, Cabernet Sauvignon und Merlot. Noch handelt es sich hierbei um wohl-

WEINGUT PIRIBAUER
7201 Neudörfl
Hauptstraße 71
T: +43 (2622) 77291
office@piribauer.net
www.piribauer.net

Kellermeister: Anton Piribauer jun.
Kontakt: Anton Piribauer jun. und Klemens Piribauer
Produktion: 80.000 Flaschen
50 % weiß, 5 % rosé, 45 % rot, 18 Hektar
Vereinszugehörigkeit: Rosalia DAC
Messen: DAC-Präsentationen

Rieden bei Bad Sauerbrunn

behütete Geheimtipps, die man am besten genussvoll beim Heurigen der Familie lüftet.

92 Weißburgunder Ried Rosenberg Privat 2016
15 Vol.-%, DIAM, Barrique, €€€€
Helles Goldgelb, Silberreflexe. Zarte Röstaromen, feine gelbe Tropenfrucht, mit Mandarinenzesten unterlegt, ein Hauch von weißem Nougat. Saftig, elegant, die Kraft ist hinter einer süßen Frucht gut verpackt, mineralisch und anhaftend, ein muskulöser Speisenbegleiter, gutes weiteres Entwicklungspotenzial.

91 Sauvignon Blanc 2020
13 Vol.-%, DV, Stahltank, €€
Helles Gelbgrün, Silberreflexe. Feine weiße Tropenfrucht, zart nach Passionsfrucht, mit gelben Stachelbeeren unterlegt, feine Kräuterwürze, ein Hauch von Holunderblüten. Mittlerer Körper, weißer Apfel, frischer Säurebogen, salzig, zitroniger Nachhall, bereits gut antrinkbar.

91 Chardonnay Ried Hohen Gieser 2019
14,5 Vol.-%, DIAM, Barrique, €€€
Mittleres Goldgelb, Silberreflexe. Zart mit Vanille unterlegte frische Ananasfrucht, ein Hauch von gelbem Pfirsich, Nuancen von Gewürznelken, mit kandierten Orangenzesten unterlegt. Kraftvoll, cremige Textur, zarte gelbe Frucht, rund und harmonisch, eine Spur weitmaschig, dezente Extraktsüße im Abgang.

91 Zweigelt ** Ried Langer Berg 2018
14 Vol.-%, DIAM, Barrique, €€
Tiefdunkles Rubingranat, opaker Kern, violette Reflexe, zarte Randaufhellung. Feinwürzig unterlegtes dunkles Waldbeerenkonfit, etwas Feigen und Nougat, blättriger Touch, etwas Kardamom. Mittlerer Körper, frische Herzkirschen, gut integrierte Tannine, frisch strukturiert, bleibt gut haften, schokoladig im Nachhall.

92 Ried Hohen Gießer 2018 ZW/BF
14 Vol.-%, DIAM, Barrique, €€€
Tiefdunkles Rubingranat, opaker Kern, violette Reflexe, zarte Randaufhellung. Nuancen von frischen Feigen, Nougat und Dörrzwetschken, mit dezenten Gewürznuancen unterlegt, kandierte Orangenzesten. Saftig, reife Brombeeren und schwarze Kirschen, präsente Tannine, würzig-mineralischer Nachhall, braucht noch seine Zeit.

(91) Wurthberg 2018 CS/BF/ME
14 Vol.-%, DIAM, Barrique, €€€
Dunkles Rubingranat, violette Reflexe, zarte Randaufhellung. Nuancen von Dörrzwetschken, dezente Kräuterwürze, schokoladige Nuancen, ein Hauch von Edelholz, reifes Bukett. Stoffig, schwarze Kirschen, etwas fordernde Tannine, zart blättrig im Abgang, feine Adstringenz im Nachhall.

★★

DOMAINE PÖTTELSDORF FAMILYMADE

Das Familienweingut »Domaine Pöttelsdorf Familymade« ist auf Rot- und Roséweine spezialisiert, die Trinkfreude vermitteln und Spaß machen. Verantwortlich für die Vinifizierung der »Familymade«-Weine ist Markus Kurz, ein Verfechter fruchtiger, sortentypischer Weine mit Herkunftscharakter.
An den Hängen des Rosaliengebirges, am Rande des Einflussbereichs des pannonischen Kontinentalklimas, fühlen sich Zweigelt und vor allem die Leitsorte Blaufränkisch auf den Braunerdeböden mit Lössuntergrund und hohem Kalkanteil besonders wohl. Das Wissen rund um diese autochthonen Rebsorten wurde von Generation zu Generation weitergegeben und wird noch heute mit jeder Flasche perfektioniert. Das Ergebnis sind unverwechselbare, charaktervolle Rotweine, die auf der ganzen Welt geschätzt werden. »Familymade« beinhaltet nicht nur einen verantwortungsbewussten und nachhaltigen Umgang mit der Natur, sondern auch die Garantie, dass in jeder Flasche genau das drinnen ist, was außen draufsteht: Wein mit Freude gemacht.

90 Rosalia DAC Rosé 2020 BF
13 Vol.-%, DV, Stahltank, €€
Helles Lachsrosa, Silberreflexe. Mit einem Hauch von Zitruszesten unterlegte Noten von eingelegten Kirschen, weiße Tropenfrucht, floraler Touch. Saftig, feine Apfelfrucht, ein Hauch von Zwetschken, angenehme mineralische Nuancen im Finish, auch als Speisenbegleiter einsetzbar.

89 Blaufränkisch Love Bird Rosé 2020
12 Vol.-%, DV, Stahltank, €€

DOMAINE PÖTTELSDORF FAMILYMADE

7023 Pöttelsdorf, Kellerweg 15
T: +43 (2626) 5200
office@familymade.at
www.domaine-pöttelsdorf.at
Kellermeister: Markus Kurz
Kontakt: Sabine Schandl
Produktion: 1 % weiß, 2 % rosé, 97 % rot, 85 Hektar
Vereinszugehörigkeit: Rosalia DAC
Messen: Alles für den Gast Salzburg, ProWein Düsseldorf, VieVinum, Weintage im Museumsquartier, DAC-Präsentationen, Wein Burgenland Präsentationen

Evangelische Kirche Pöttelsdorf

90 Blaufränkisch * Landfisch 2019
13 Vol.-%, DV, großes Holzfass, €€
Dunkles Rubingranat, violette Reflexe, dezente Randaufhellung. Zarte Kräuterwürze, schwarzes Beerenkonfit, etwas Lakritze und Cassis, ein Hauch von Rosenblättern. Mittlere Komplexität, schwarze Kirschen, mineralisch, feine Holzwürze im Nachhall, blättriger Touch im Finale.

90 Zweigelt * Landfisch 2019
12,5 Vol.-%, DV, großes Holzfass, €€
Dunkles Rubingranat, violette Reflexe, dezente Randaufhellung. Frische Zwetschken, reife Herzkirschen, ein Hauch von Nougat, einladendes Bukett. Mittlerer Körper, ausgewogen, etwas Schokolade am Gaumen, dunkle Beeren im Nachhall, bereits gut antrinkbar.

92 Attacke Cuvée 2017 BF/ME/CS
14,5 Vol.-%, NK, Barrique, €€€€€
Tiefdunkles Rubingranat, violette Reflexe, zarte Randaufhellung. Intensive Kräuterwürze, etwas nach Cassis, Brombeernoten, feine Minznuancen, floraler Touch. Saftig, mittlere Komplexität, kraftvoll, feine Röstaromen, reife Kirschfrucht, vielseitiger Speisenbegleiter.

89 Cabernet Sauvignon Amore 2018
13 Vol.-%, NK, gebrauchte Barriques, €€€

PLATZ FÜR IHRE WEINNOTIZEN

© WSNA

BURGENLAND

RUST

Aus den Trauben, die rund um Rust reifen, entstehen Weiß-, Rot- und mit dem Ruster Ausbruch DAC Süßweine, die in der ganzen Welt geschätzt werden

Die Weinstadt Rust liegt direkt am Neusiedler See und hat auch touristisch einiges zu bieten

ERSTKLASSIGE SÜSSWEINE

Die wunderschöne Freistadt Rust am Westufer des Neusiedler Sees ist eine viel besuchte Touristenattraktion. In den Kellern der Winzer reift eine spezielle Rarität, der »Ruster Ausbruch«. Dieser edle Süßwein hat die Stadt reich und weit über ihre Grenzen hinaus bekannt gemacht.

Die sanften Hänge des Ruster Hügellandes umschließen die Stadt wie ein natürliches Amphitheater und verfügen über ein für den Weinbau optimales Kleinklima. Es wachsen hier sowohl erstklassige Weiß- als auch Rotweine, und das traditionell in einer enormen Sortenvielfalt. Diese Weine unterliegen ab sofort auch den Leithaberg-DAC-Richtlinien. Der bekannteste Wein wird allerdings aus Trauben erzeugt, die im Herbst vom Edelschimmel Botrytis cinerea befallen werden und dadurch einschrumpfen, was zu einer natürlichen Konzentration von Säure, Extrakt, Aromen und Zucker führt. Dieser Wein wurde schon im Mittelalter als »Ruster Ausbruch« bezeichnet und wird nun als Ruster Ausbruch DAC vermarktet. Er geht auf das Vorbild der edelsüßen Weine aus Tokaj zurück, in jener Zeit wahrscheinlich die teuersten Weine der Welt. Auch die Ruster Winzerfamilien machte der Ausbruch reich, und so konnten sie sich zahlreiche Privilegien erkaufen, um ihre gesuchte Spezialität auch über die ungarischen Landesgrenzen hinaus verkaufen zu können. 1524 erteilte Königin Maria von Ungarn die Erlaubnis, die Ruster Ausfuhrfässer mit einem eingebrannten »R« zu kennzeichnen. Ein wichtiger Schritt für die Stadt, denn seit jeher ist Ruster Wein ein Garant für höchste Qualität. Auch heute noch findet man das »R« auf den Korken und Etiketten der Ruster Winzer. Die Stadt erkaufte sich im Jahr 1681 bei Kaiser Leopold I. das Stadtrecht, das sie mit »60.000 Gulden sowie 500 Eimern Ruster Ausbruch«, also mit umgerechnet 30.000 Litern des hochwertigen Weins bezahlte. Seit 1991 steht in Rust die Weinakademie Österreich als Tochtergesellschaft der Österreich Wein Marketing mit eigenen Seminar- und Fortbildungsprogrammen Interessierten aus aller Welt offen.

AUSGEWÄHLTE WEINGÜTER

★★★★

Weingut Feiler-Artinger, Rust
Weingut Ernst Triebaumer
Günter + Regina Triebaumer, Rust

★★★

Weingut Ceel, Rust
Weingut Giefing, Rust

★★

Hammer Wein Rust, Rust
Kraft aus Rust, Rust
Weingut Georg Seiler, Rust
Weinbau Tremmel, Rust

★★★

WEINGUT CEEL

Ceel (ungar. Szil) – so hieß der Ort Rust in der ersten urkundlichen Erwähnung im Jahr 1317. Ceel ist auch der Name eines der aufstrebendsten Weingüter der letzten Jahre. Ausgangspunkt ist ein traditionsreiches Gebäude im Stadtkern von Rust, gepaart mit einer Vision und Innovationsgeist von Markus Fischl, Franz Raith und Martin Kern.
Perfekte geologische und klimatische Rahmenbedingungen in Kombination mit echtem Handwerk bei der Vinifikation lassen hier Weine auf Weltniveau entstehen. Herz und Kern des Weinguts sind Blaufränkisch auf Lehm, Syrah auf Schiefer-Verwitterungsböden und Chardonnay auf Kalk. Aus diesen handgeernteten Trauben werden durch puristische Vinifikation Weine mit einem Anspruch an höchste Qualität - dabei aber immer finessenreich, elegant und mit Trinkfreude ausgestattet. Diese Handschrift und Herkunft spiegelt sich in jeder Flasche von Ceel wider.
Durch den Verzicht auf alle Kompromisse kann das Weingut bereits auf viele nationale und internationale Erfolge, wie den Sortensieg bei der Falstaff Rotweinprämierung mit ihrem Syrah Alte Reben 2015, zurückblicken und man findet die Weine auf den Karten der besten Restaurants in Österreich und der Welt. Tradition gepaart mit Innovation – das Weingut Ceel ist ein großes Zukunftsversprechen.

93 Chardonnay Alte Reben 2019
13,5 Vol.-%, NK, Teilbarrique, €€€€€
Mittleres Grüngelb, Silberreflexe. Feine weiße Apfelfrucht, ein Hauch von Honigmelone, zart nach Limetten, Orangenzesten, mineralischer Touch. Komplex, saftig, weißer Pfirsich, finessenreiche Struktur, salziger Nachhall, bleibt haften, ein facettenreicher Speisenbegleiter, gutes Entwicklungspotenzial.

91 Chardonnay Reserve 2019
13,5 Vol.-%, DV, 500-l-Fass, €€€
Mittleres Gelbgrün, Silberreflexe. Zarte Kräuterwürze, gelbe Birnenfrucht, ein Hauch von Zitronenmelisse, kandierte Orangenzesten, feiner Blütenhonig. Mittlere Komplexität, feines weißes Kernobst, mineralisch-salzige Nuancen, ein ausgewogener Speisenbegleiter.

94 Blaufränkisch Alte Reben 2019
14 Vol.-%, DV, Teilbarrique, €€€€€
Dunkles Rubingranat, violette Reflexe, zarte Randaufhel-

WEINGUT CEEL
7071 Rust
Hauptstraße 2
T: +43 (699) 10069331
office@ceelwines.at
www.weingut-ceel.at

Kellermeister/Kontakt:
Markus Fischl
Produktion: 80.000 Flaschen
30 % weiß, 70 % rot
Messen: ProWein Düsseldorf

lung. Reife dunkle Beerenfrucht, etwas nach Holzwürze, intensiver Duft nach Kirschen und Gewürzen, einladendes Bukett. Saftig, gute Komplexität, straff, Zitrustouch, mineralisch, Feigentouch im Abgang, salziger Nachhall, bleibt gut haften, samtiges Tannin, sicheres Potenzial.

92 Blaufränkisch Reserve 2019
13,5 Vol.-%, DV, 500-l-Fass, €€€
Tiefdunkles Rubingranat, violette Reflexe, opaker Kern, zarte Randaufhellung. Dezente Tabakwürze, etwas nach roter Kirschfrucht, ein Hauch von Clementinenzesten, dunkle Beerenfrucht. Saftig, elegant, feine Struktur, Brombeernoten im Abgang, schokoladiger Touch, trinkanimierender Stil, Lakritze im Nachhall, bleibt gut haften, vielseitig einsetzbar.

93 Syrah Alte Reben 2019
14 Vol.-%, NK, Teilbarrique, €€€€€
Tiefdunkles Rubingranat, opaker Kern, violette Reflexe, zarte Randaufhellung. Einladendes Bukett nach Zartbitterschoko, etwas nach Brombeerkonfit, ein Hauch von Zwetschken, etwas Hibiskus klingt an. Saftig, kraftvoll, Vanille-Nougat-Touch, zart nach Röstaromen, schwarzes Beerenmus, balancierte Tanninstruktur, lang anhaltend.

92 Syrah Reserve 2019
13,5 Vol.-%, DV, 500-l-Fass, €€€
Dunkles Rubingranat, violette Reflexe, zarte Randaufhellung. Zarte Tabakwürze, dunkles Nougat, ein Hauch von Brombeeren, schwarze Fruchtnuancen, einladendes Bukett. Komplex, elegant, kraftvoll, gut integrierte, präsente Tannine, etwas balsamische Noten, reifes dunkles Steinobst, vielseitiger Speisenbegleiter.

★★★★

WEINGUT FEILER-ARTINGER

BIO

Das Weingut Feiler-Artinger ist ein tief in der Region und der Freistadt Rust verwurzelter Familienbetrieb. 1936 legten Gustav und Karoline Feiler den Grundstein mit dem Kauf des barocken Bürgerhauses in der Hauptstraße 3. Mit viel Fleiß und Geschick wurde aus fast nichts ein wachsender und florierender Betrieb, der in den 1980er-Jahren schon 18 Hektar Rebfläche umfasste. In zweiter Generation führte Hans Feiler den Betrieb mit seiner Gattin Inge und seiner Schwester Gertrude Artinger, daher auch ab 1985 der Doppelname. Seit 1994 arbeitet auch Sohn Kurt Feiler im Betrieb mit. Gemeinsam mit seiner Frau Katrin ist er seit 2013 für das Weingut hauptverantwortlich.
Die Liebe zur Natur und deren Bewahrung und Erhaltung prägen seit jeher Denken und Handeln der Feilers. Eine naturnahe Bewirtschaftung der Weingärten ohne Herbizide und Pestizide war immer Standard. 2008 wurde dann mit der Umstellung auf biodynamische Bewirtschaftung (respekt-BIODYN) ein weiterer Schritt hin zu noch mehr Nachhaltigkeit und Naturverbundenheit gesetzt. Einzigartig ist auch die Mutterkuhhaltung im Weingarten. Die Kühe beweiden im Winter die Weingärten. Sie düngen und liefern auch Mist für eigenen Kompost sowie das biodynamische Präparat »Horn-Mist«.
Weltberühmt ist das Weingut Feiler-Artinger mit seinen herrlichen edelsüßen Kreszenzen, allen voran dem Ruster Ausbruch, geworden. Aber in Rust fühlt man sich der ganzen Weintrilogie Weiß-, Rot- und Süßwein verpflichtet, denn die klimatischen Voraussetzungen erlau-

WEINGUT FEILER-ARTINGER

7071 Rust, Hauptstraße 3
T: +43 (2685) 237
office@feiler-artinger.at
www.feiler-artinger.at
Kellermeister: Kurt Feiler
Kontakt: Katrin und Inge Feiler, Brigitte Conrad
Anbauweise: Biodynamisch (respekt)
Produktion: 120.000 Flaschen
7 % Schaumwein, 25 % weiß, 3 % rosé, 50 % rot, 15 % süß, 26 Hektar
Vereinszugehörigkeit: Cercle Ruster Ausbruch, Renommierte Weingüter Burgenland
Messen: Austrian Tasting London, Millésime Bio, ProWein Düsseldorf, VieVinum, DAC-Präsentationen, Wein Burgenland, 501 Bio-Dyn

Katrin und Kurt Feiler

ben beste Ergebnisse auch bei trockenen Weiß- und Rotweinen. Die Spitze im Sortiment stellt der Ruster Ausbruch DAC dar. In einem großen Botrytis-Jahr wird es stets eine Trilogie der Süße geben: Vom exzellenten fruchtbetonten Ruster Ausbruch spannt sich der Bogen über den finessenreichen, eleganten Ruster Ausbruch »Pinot Cuvée« bis hin zum Ruster Ausbruch »Essenz«.

93 Welschriesling O.S. OLÉ 2019

12,5 Vol.-%, NK, gebrauchte Barriques, €€€ B O
Leuchtendes wolkiges Orangegold. Feinwürzig unterlegte Orangenzesten, dezente Tropenfrucht, etwas Grapefruit. Seidig, feine Mineralik, gelbe Frucht im Abgang, salziger Touch, feinwürzig im Nachhall, ein schlanker Orange Wine, präzise und animierend.

92 Chardonnay 2020

13 Vol.-%, DV, Stahltank, €€ B
Leuchtendes mittleres Gelbgrün, Silberreflexe. Reife Nuancen von Mango und Ananas, zart nach Mandarinenzesten, einladendes Bukett. Mittlerer Körper, weiße Fruchtnoten, feine Säurestruktur, gelber Apfel, bleibt gut haften, ein stoffiger Speisenbegleiter.

91 Neuburger 2020

13,5 Vol.-%, DV, gebrauchte Barriques, €€€ B
Mittleres Goldgelb, Silberreflexe. Zart nach gelbem Steinobst, ein Hauch von Mango und Blütenhonig, etwas Wiesenkräuter im Hintergrund. Saftig, mittlere Komplexität, zart nach Nussöl im Abgang, ein Hauch von Biskuit im Rückgeschmack.

95 Solitaire 2018 BF/ME

13,5 Vol.-%, NK/DV, Barrique, €€€€€ B
Dunkles Rubingranat, violette Reflexe, zarte Randaufhellung. Zarte Edelholznuancen, feine schwarze Waldbeerenfrucht, ein Hauch von Zedern und Lakritze, einladendes Bukett. Komplex, reife Herzkirschen, feine Süße, seidige Tannine, finessenreich strukturiert, mineralisch und anhaftend, ein eleganter Speisenbegleiter mit sehr gutem Zukunftspotenzial.

96 Gelber Muskateller * 2018

7 Vol.-%, DV, Stahltank, €€€€€
Mittleres Goldgelb, Silberreflexe. Mit einem Hauch von Muskatnuss unterlegte Marillenfrucht, feine Botrytiswürze, reife Mango und Ananas, sehr einladendes Bukett. Saftig, komplex, seidige Textur, stoffige Süße, feine Mineralik, Honig im Abgang, noch sehr jugendlich und verhalten, großes Zukunftspotenzial.

95 Pinot Cuvée * 2018 WB/CH/PG

10 Vol.-%, DV, Barrique, €€€€€
Mittleres Goldgelb, Messingtouch, Silberreflexe. Zart nach Marzipan und frischen Feigen, zart brotige Botrytisnuancen, mit kandierten Mandarinenzesten und Honig unterlegt. Komplex, saftig, gut integrierte Süße, Anklänge von gelber Tropenfrucht, feine Struktur, sehr gute Länge, Honignachhall, sicheres Reifepotenzial.

* Ruster Ausbruch DAC

★★★

WEINGUT GIEFING

Erich und Claudia Giefing bewohnen ein prächtiges »Weinbürgerhaus« im Zentrum von Rust. Das überaus dynamische Weingut wurde in den letzten Jahren aufgrund seiner Top-Qualität schnell an die Rotweinspitze Österreichs herangeführt. Besonders lagerfähige und ausdrucksstarke Reserveweine unterstreichen die Qualität des Angebots. Mit seinen Weinen von bis zu 60 Jahre alten Rebstöcken hat das Weingut bereits etliche nationale und internationale Preise gewonnen.
Die Weinberge verfügen über exzellente, besonders lockere Böden, die großteils mit Kalksandstein und dem Ruster Schotter unterzogen sind. Die Trauben sind kleiner, die Schalen dicker, der Extrakt an Farbe und Geschmack ist dadurch höher. Die Top-Linie wird nur in besonders guten Jahren produziert. Hier werden keine Billigweine erzeugt, hier entsteht eine individuelle, charaktervolle Stilistik abseits jeglichen Mainstreams. Die Giefings bieten eine Idee, eine Vorstellung und den Geschmack ihrer Region.

93 Chardonnay »Contessa« 2018
14,5 Vol.-%, DV, Barrique, €€€€€
Mittleres Goldgelb, Silberreflexe. Mit feiner Holzwürze unterlegte gelbe Tropenfrucht, weißes Nougat, kandierte Mandarinenzesten, Vanilletouch. Saftig, elegant, feine Extraktsüße, cremige Textur, zart nussig in Abgang, mineralisch und gut anhaftend, bereits entwickelt, ein kraftvoller Speisenbegleiter.

90 Chardonnay vom Muschelkalk 2020
13,5 Vol.-%, DV, Edelstahl, €€€ Ⓗ Ⓥ
Helles Gelbgrün, Silberreflexe. Etwas verhalten, zart nach gelber Tropenfrucht, ein Hauch von Pfirsich und Ananas, etwas Blütenhonig klingt an. Mittlerer Körper, mineralische Textur, weißer Apfel, zart karamellige Nuancen, ein dezenter Speisenbegleiter.

92 Gewürztraminer 2020
13 Vol.-%, DV, Edelstahl, €€€
Helles Gelbgrün, Silberreflexe. Feiner Honigtouch, gelbe Tropenfrüchte, zart nach Rosenöl und etwas Eibischteig. Am Gaumen süße Frucht, nach frischen Feigen, feines Säurekleid, zart würzig im Abgang, noch etwas verhalten, wird von Flaschenreife profitieren.

90 Furmint Ried Rieglband 2020
12,5 Vol.-%, DV, Edelstahl, €€€ Ⓗ Ⓥ
Helles Gelbgrün, Silberreflexe. Mit feinen Wiesenkräutern unterlegte gelbe Birnenfrucht, ein Hauch von Mango, mit kandierten Orangenzesten unterlegt. Mittlerer Körper, zarte Kernobstnuancen, dezentes Säurespiel, salziger Touch, wird mit Flaschenreife noch zulegen.

95 Blaufränkisch Reserve Ried Oberer Wald 2017
13,5 Vol.-%, NK, Barrique, €€€€€
Dunkles Rubingranat, violette Reflexe, zarter Wasserrand. Attraktives Bukett, nach Herzkirschen und Johannisbeere, ein Hauch von Kräutern, schokoladiger Touch. Gute Komplexität, saftig, straff, facettenreich, gut integriertes Tannin, Brombeertouch im Abgang, Holzwürze im Nachhall, sicheres Potenzial.

92 Blaufränkisch Guter Roter 2017
13,5 Vol.-%, NK, Barrique, €€€€
Tiefdunkles Rubingranat, violette Reflexe, zarte Randaufhellung. Dezente schwarze Beerenfruchtnote, etwas nach kandierten Veilchen, ein Hauch von Kräutern, Kardamom klingt an. Saftig, kraftvoll, präsentes Tannin, zart nach Karamell, schwarze Kirschfrucht im Abgang, ein vielseitiger Speisenbegleiter.

WEINGUT GIEFING
7071 Rust
Hauptstraße 13
T: +43 (2685) 379
giefing@wein-rust.at
www.wein-rust.at

Kellermeister: Claudia Giefing
Kontakt: Erich und Claudia Giefing
Produktion: 10 % weiß, 85 % rot, 5 % süß, 16 Hektar
Vereinszugehörigkeit: Renommierte Weingüter Burgenland, Cercle Ruster Ausbruch
Messen: ProWein Düsseldorf, VieVinum

91 Blaufränkisch Ried Umriss 2017
13,5 Vol.-%, DV, gebrauchte Barriques, €€€
Dunkles Rubingranat, violette Reflexe, zarte Randaufhellung. Mit feinen Kräuternoten unterlegte Orangenzesten, etwas nach Brombeeren, ein Hauch von schwarzer Kirschfrucht. Saftig, mittlere Komplexität, extraktsüß nach dunkler Beerenfrucht, samtiges Tannin, bereits gut antrinkbar.

94 Cardinal 2017 BF/ZW/CS
13,5 Vol.-%, NK, Barrique, €€€€€
Dunkles Rubingranat, violette Reflexe, zarte Randaufhellung. Mit feiner Holzwürze unterlegtes dunkles Beerenkonfit, zart nach Brombeeren, ein Hauch von Orangenzesten, etwas Lakritze. Saftig, elegant, feine Struktur, würzig, samtiges Tannin, komplexes Fruchtspiel im Abgang, engmaschig, gutes Entwicklungspotenzial.

93 Marco Polo 2017 SY/ME/CS
13,5 Vol.-%, NK, Barrique, €€€€€
Dunkles Rubingranat, violette Reflexe, zarte Randaufhellung. Mit etwas Tabak-Kräuter-Würze unterlegtes dunkles Beerenkonfit, zart nach Cassis, ein Hauch von Mandarinenzesten, balsamische Noten. Saftig, mittlere Komplexität, extraktsüß nach Brombeeren, kraftvolles Finish, würziger Nachhall, vielseitig einsetzbar.

92 Syrah Reserve 2017
13,5 Vol.-%, DV, Barrique, €€€€
Kräftiges Rubingranat, violette Reflexe, zarte Randaufhellung. Einladender Duft nach roter Kirschfrucht, etwas nach Brombeere, mit Orangenzesten unterlegte Lakritznoten. Saftig, elegant, mineralisch, gut eingebundene Tannine, dunkle Waldbeerenfrucht im Abgang, Eukalyptus im Finish, klassischer Sortenvertreter, guter Speisenbegleiter.

92 Pinot Noir Cavallo 2017
13,5 Vol.-%, NK, Barrique, €€€€€
Mittleres Rubingranat, Ockerreflexe, breite Randaufhellung. Etwas nach Kirschen und Wiesenkräutern, nussiger Touch, kandierte Orangenzesten. Saftig, elegant, gut integrierte Tanninstruktur, zart würzig, rote Beerenfrucht im Abgang, Vanilletouch im Nachhall, guter Speisenbegleiter.

90 Pinot Noir Ried Umriss 2016
12,5 Vol.-%, DV, gebrauchte Barriques, €€€
Mittleres Rubingranat, violette Reflexe, breiter Wasserrand. Feine Kräuternoten, dezent nach rotem Waldbeerenkonfit, etwas Holzwürze, mit weißem Nougat unterlegt. Saftig, straff, kraftvoll, gut eingebundenes Tannin, extraktsüß nach Himbeeren, bleibt gut haften.

91 St. Laurent Ried Umriss 2017
13 Vol.-%, DV, gebrauchte Barriques, €€
Kräftiges Rubingranat, violette Reflexe, zarte Randaufhellung. Dezente dunkle Waldbeerenfrucht, etwas nach Kirschen, ein Hauch von Wiesenkräutern, tabakiger Touch. Saftig, elegant, feine Struktur, extraktsüß nach reifen Herzkirschen, leicht salzig, lange anhaltend, bereits gut antrinkbar.

90 Zweigelt Ried Umriss 2017
13 Vol.-%, DV, gebrauchte Barriques, €€
Dunkles Rubingranat, violette Reflexe, zarte Randaufhellung. Feine Kirschfrucht, ein Hauch von reifer Zwetschke, dezente Gewürznuancen, einladendes Bukett. Mittlere Komplexität, rotbeeriger Touch, fruchtsüß, balancierte Tanninstruktur, schokoladiger Nachhall, vielseitig einsetzbar.

★★

HAMMER WEIN RUST

BIO

Ursprung der Hammer Weine sind fünf Hektar Rebfläche rund um Rust, wo die eigene Handarbeit im Weingarten der Weg der Familie Hammer ist, den Weinen einen präzisen terroirspezifischen Ausdruck zu verleihen. Biologisch zertifiziert seit 2014, hat sich die Familie auf einprägsame, balancierte Weißweine mit hohem Entwicklungspotenzial spezialisiert. Welschriesling und Muskateller bilden die Basis des Sortiments, die Lagen Vogelsang, Ludmaisch und Umriss die solide Mitte, und an der Spitze rangieren Geyer und Chardonnay Selection sowie eine Cuvée aus 40-jährigen Reben von Weiß- und Grauburgunder.
Insgesamt drei verschiedene Sauvignon Blancs (vier mit dem Ausbruch) vinifiziert Markus Hammer, jeder mit einer präzisen Stilistik. Der oberste Gedanke ist die Reduktion aufs Wesentliche, optimale Weingartenarbeit, der richtige Erntezeitpunkt und alte Techniken wie Gäransätze, um den Ausdruck

* Ruster Ausbruch DAC

Ried Umriss vor Rust

HAMMER WEIN RUST

7071 Rust
Hauptstraße 9
T: +43 (2685) 231
info@hammerwein.at
www.hammerwein.at

Kellermeister/Kontakt:
Mag. Markus Hammer
Anbauweise: Zertifiziert Biologisch
Produktion: 18.000 Flaschen
70 % weiß, 20 % rot, 10 % süß,
5 Hektar

der Weingärten herauszuarbeiten. Bei den Rotweinen spiegeln drei alte Blaufränkisch-Lagen, vereint als Rusterberg, die Eleganz der kühlen Waldlagen des Ruster Hügellandes wider. Aus der Lage Kleiner Wald wird mit hoher Sorgfalt ein einzigartiger Merlot gewonnen. Hier wird Wein mit herausragender individueller Herkunft auf höchst beachtlichem Niveau gemacht.

94 Chardonnay Ried Bandkräften 2018

14,5 Vol.-%, NK, Barrique, €€€€€

Helles Goldgelb, Silberreflexe. Zarte Nuancen von Milchkaramell, Noten von gelbem Pfirsich und Ananas, weißes Nougat im Hintergrund. Komplex, saftig, seidige Textur, feine Extraktsüße im Kern, mineralisch und gut anhaftend, ein eleganter und kraftvoller Speisenwein mit sicherem Reifepotenzial.

93 Sauvignon Blanc Ried Geyer 2018

14,5 Vol.-%, NK, 500-l-Fass, €€€€€ B

Mittleres Goldgelb, Silberreflexe. Nuancen von Ingwer, Blütenhonig, reife gelbe Tropenfrucht, saftige Guaven und Mango. Kraftvoll, stoffig, mit feinen Holznuancen unterlegt, feiner Strukturbogen, gelbe Frucht und feine Süße, etwas Blütenhonig im Abgang, zeigt gute Länge.

91 Sauvignon Blanc Ried Ludmaisch 2019

13 Vol.-%, DV, Stahltank, €€€ B

Helles Goldgelb, Silberreflexe. Frische weiße Tropenfrucht, ein Hauch von Mango, Ananas und Guaven, Mandarinenzesten klingen an. Mittlerer Körper, feine Mineralik, gute Frische, weißer Apfel im Abgang, bereits gut antrinkbar.

91 Welschriesling Ried Vogelsang 2019

12,5 Vol.-%, DV, Stahltank, €€€ B

Helles Gelbgrün, Silberreflexe. Feine Nuancen von Kernobst, ein Hauch von Melone und Orangenzesten. Straff, Anklänge von weißem Apfel und Birne, frische Säurestruktur, salziger Abgang, pikantes Finale.

93 Blaufränkisch Rusterberg 2017

13,5 Vol.-%, DV, gebrauchte Barriques, €€€

Kräftiges Rubingranat, violette Reflexe, breitere Ockerrandaufhellung. Feine Holzwürze, ein Hauch von Kardamom und Zimt, rote Kirschen, floraler Touch. Saftig, frisch, Nuancen von Waldbeeren, feine Tannine, lebendig strukturiert, mineralisch im Abgang, zeigt gute Länge, salziges Finale, ein straffer Speisenbegleiter mit gutem Reifepotenzial.

92 Merlot 2016

14,5 Vol.-%, NK, Barrique, €€€€€€

Kräftiges Rubingranat, violette Reflexe, breitere Ockerrandaufhellung. Noten von Bourbonvanille und frischen Herzkirschen, mit Zwetschken und etwas Tabak unterlegt. Mittlerer Körper, rote Waldbeeren, frische Struktur, reife Tannine, ein Hauch von Cassis im Abgang, ein finessenreicher Wein mit guter Länge.

★★

KRAFT AUS RUST

»Jedem Jahrgang seine Eigenheiten – jeder Sorte ihre Besonderheiten.« Unter diesem Motto produzieren die Mitglieder der Familie Kraft seit 1749 in ihrem Familienweingut im Herzen von Rust Weine, die sie als Produkt der Natur, nicht als Design des Kellermeisters sehen. Sie lassen der Natur freie Hand, verzichten auf künstliche Bewässerung, Herbizide und Kunstdünger, stattdessen setzen sie auf intensive Handarbeit – vom Rebschnitt über das Traubenteilen bis zur Handlese.

In den Keller selbst kommen ihnen ausschließlich eigene Trauben aus eigenen Weingärten, sie arbeiten puristisch und halten sich zurück – es gibt keinen Vakuumverdampfer und keine Umkehrosmose. Die Weine reifen bis zu drei Jahre lang ausschließlich im Edelstahltank oder in Fässern aus zentraleuropäischer Eiche.

Ihre Liebe zur Abwechslung lässt sie jährlich ein breites Repertoire abfüllen. In einigen der besten Lagen mit Seeblick am Hügelland, wie Geyer, Mariental, Bandkräften und Vogelsang, reifen traditionsreiche Sorten wie Furmint, Blaufränkisch, Chardonnay und Grauburgunder, aber auch Exoten, denen eine Vorreiterrolle zukommt, etwa Malbec und Rosenmuskateller, zu außergewöhnlichen Trauben mit ehrlichem Charakter heran.

Am besten lassen sich die Weine bei einem Ausflug nach Rust im neuen Shop am Conradplatz probieren. Man kann aber auch das Weingut besuchen und in aller Ruhe ein informatives Gespräch mit den Familienmitgliedern führen, während man die Störche bei ihrem Flug über die Dächer von Rust bewundern kann.

(92) Ruster Furmint Weisse Erde 2020
12,5 Vol.-%, DV, kleines Holzfass, €€€€ Ⓥ
Sehr helles Goldgelb, Silberreflexe. Frische Wiesenkräuter, weiße Apfelfrucht, mit floralen Nuancen unterlegt, ein Hauch von Grapefruitzesten im Hintergrund. Saftig, elegant, feine Kernobstnuancen, dezenter Säurebogen, nussiger Touch, mineralisch im Abgang, ein zartwürziger Speisenbegleiter.

90 Furmint »Hechtenstutzer« 2020
12 Vol.-%, DV, Stahltank, €€ Ⓥ
Sehr helles Goldgelb, Silberreflexe. Zarte Birnenfrucht, ein Hauch von Mango, mineralischer Touch, zarte Limettennote. Mittlere Komplexität, weißer Apfel, frischer Säurebogen, salziger Touch, ein leichtfüßiger, animierender Speisenbegleiter.

KRAFT AUS RUST
7071 Rust, Conradplatz 11
T: +43 (664) 120 66 30
info@kraftausrust.at
www.kraftausrust.at

Kellermeister: Christoph Kraft
Kontakt: Christoph Kraft, Christine Kraft, Harald Kraft
Produktion: 45 % weiß, 45 % rot, 10 % süß, 10 Hektar
Messen: VieVinum

Blaufränkisch

* Ruster Ausbruch DAC

91 Ruster Sauvignon Blanc Ried Geyer 2020
13 Vol.-%, DV, Stahltank, €€
Helles Gelbgold, Silberreflexe. Florale Nuancen, weiße Blüten, zart nach Limetten, Holunderblüten klingen an. Komplex, weißer Apfel, straffe Textur, zitronig-salzig, ein Hauch von Stachelbeeren im Abgang, bleibt haften, Limetten auch im Nachhall.

(91) Grauburgunder Memmbemm 2020
13 Vol.-%, DV, kleines Holzfass, €€€€
Helles Kirschrot, Silberreflexe. Zart nach Dörrobst und Kräuterwürze, individuelle Frucht, nach Waldbeeren, kandierte Orangenzesten. Straff, feiner Gerbstoff, gut integrierte, aber dennoch präsente Tannine, weißer Apfel im Abgang, bleibt haften, nicht nur durch die überraschend rote Farbe sehr individuell.

(93) Ruster Ried Gertberg 2018
14 Vol.-%, DV, 500-l-Fass, €€€€€
Dunkles Rubingranat, opaker Kern, violette Reflexe, dezente Randaufhellung. Zart animalische Würze, ein Hauch von Velours und Lakritze, mit dunklen Waldbeeren unterlegt, mineralischer Touch. Kraftvoll, würzig, dunkles Nougat, reife Kirschen, runde Tannine, feiner Rancio im Abgang, mineralisch und lange anhaftend.

(92) Ruster Ausbruch DAC 2020 PG/SÄ
11 Vol.-%, DV, Barrique, €€€€€
Mittleres Goldgelb, Silberreflexe. Feine Botrytiswürze, zart brotige Nuancen, geröstete Ananas, zart nach Honig, einladendes Bukett. Reife Pfirsich- und Marillenfrucht, zart nach Feigen, feiner Säurebogen, gut integrierte Süße im Abgang, mineralisch und gut anhaftend.

★★

WEINGUT GEORG SEILER

BIO

Die Familie Seiler ist seit über 400 Jahren in Rust ansässig und war mit dem Weinbau immer eng verbunden. Es steht eine breite Palette von Sorten im Anbau. Bei den Weißweinen sind insbesondere die für Rust seit jeher typischen Sorten Furmint und Gelber Muskateller hervorzuheben, denen sich die Familie Seiler besonders verpflichtet fühlt. Aber auch mit dem Chardonnay Rieglband konnte man schon tolle Erfolge verbuchen. Im Rotweinbereich liegt der Schwerpunkt auf den typisch österreichischen Sorten Zweigelt und Blaufränkisch. St. Laurent, Pinot Noir, Cabernet Sauvignon und Cabernet Franc sowie neuerdings auch ein reinsortiger Merlot gehören ebenfalls zum Programm. Natürlich gibt es auch edelsüße Weine, allen voran den Ruster Ausbruch. Im Weingarten wird möglichst schonend gearbeitet, um optimales Lesegut für die Weinbereitung zu ernten.
Da das Weingut in der Setzgasse schon aus allen Nähten platzte, wurde 2004 ein nun vollständig im Familienbesitz befindliches Bürgerhaus in der Altstadt von Rust mustergültig restauriert und für weinbauliche Zwecke adaptiert. Neben der neu errichteten Buschenschank beheimatet es jetzt die Räumlichkeiten für die Traubenverarbeitung und den Weinausbau.
Die lange Liste der nationalen und internationalen Erfolge des Weinguts Georg Seiler würde hier den Rahmen sprengen.

WEINGUT GEORG SEILER
7071 Rust
Conradplatz 10
T: +43 (699) 12293228
office@weingut-seiler.at
www.weingut-seiler.at

Kellermeister/Kontakt: Georg Seiler
Anbauweise: Zertifiziert Biologisch (Austria Bio Garantie)
Produktion: 40 % weiß, 5 % rosé, 45 % rot, 10 % süß, 10.5 Hektar
Vereinszugehörigkeit: Cercle Ruster Ausbruch
Messen: VieVinum

92 Furmint 2020
13,5 Vol.-%, DV, großes Holzfass, €€
Helles Goldgelb, Silberreflexe. Feine Kräuterwürze, mit weißer Birnenfrucht unterlegt, zart nach Ringlotten, ta-

bakige Nuancen. Saftig, elegant, dezente Fruchtsüße, zart nach reifer Mango im Abgang, salziger Nachhall, ein facettenreicher Speisenbegleiter.

(91) Weißburgunder 2020
13 Vol.-%, DV, großes Holzfass, €€
Mittleres Gelbgrün, Silberreflexe. Feine Nuancen von frischen Kletzen, Wiesenkräuter, nussig, weißer Apfel, zart nach frischer Orange. Mit einem Hauch von Blütenhonig unterlegte gelbe Frucht, etwas Walnuss im Abgang, individueller Stil, Marillen im Nachhall.

90 Blaufränkisch Rosé 2020
12,5 Vol.-%, DV, Stahltank, €
Leuchtendes Lachsrosa, Silberreflexe. Feine rote Waldbeerenfrucht, zartes weißes Nougat, etwas Pfirsich, einladendes Bukett. Straff, frische Kirschen, lebendig, salzige Mineralik, bleibt haften, vielseitig einsetzbar.

92 Rusterberg 2018 BF/CF
13 Vol.-%, DV, großes Holzfass/gebr. Barriques, €€€
Dunkles Rubingranat, violette Reflexe, zarte Randaufhellung. Zarte Edelholzwürze, Nuancen von Gewürznelken und Zimt, mit reifen Herzkirschen unterlegt, attraktives Bukett. Saftig, rotbeerig, feine Fruchtsüße, seidige Tannine, frisch und anhaftend, ein vielseitiger, bereits gut antrinkbarer Speisenbegleiter.

92 Cabernet Franc 2019
12,5 Vol.-%, DV, gebrauchte Barriques, €€€
Dunkles Rubingranat, violette Reflexe, zarte Randaufhellung. Tabakig, feine Kräuterwürze, etwas Pfeffer und Kardamom, mit schwarzer Beerenfrucht unterlegt. Saftig, elegant, reife Herzkirschen, feine Tannine, schokoladiger Nachhall, karamelliger Rückgeschmack, ein facettenreicher Speisenbegleiter.

91 Pinot Noir 2019
13,5 Vol.-%, DV, gebrauchte Barriques, €€€ B
Dunkles Rubingranat, violette Reflexe, zarte Randaufhellung. Dunkle Beerenfrucht, ein Hauch von reifen Kirschen, zarte Kräuterwürze, Nuancen von Orangenzesten. Saftig, mittlerer Körper, rotbeeriger Touch, runde Tannine, etwas Nougat im Nachhall, bereits gut antrinkbar.

★★

WEINBAU TREMMEL

Wer nach Rust kommt, merkt: Dieser Ort ist etwas Besonderes. Vorgängergenerationen haben hier ein kleines Juwel geschaffen. Von der Familie Tremmel werden hier zurzeit zehn Hektar Rebfläche in den verschiedensten Ruster Rieden bewirtschaftet. Das Mosaik an unterschiedlichen Böden ist Grundlage der Vielfalt. Seit jeher wird auf den Einsatz von Herbiziden verzichtet. Durch die Anwendung der Verwirrungsmethode bei der Bekämpfung des Traubenwicklers kann auch auf die Verwendung von Insektiziden verzichtet werden (»no sex for butterflies«). Einige Sorten sind die besonderen Lieblinge des Betriebs und typisch für Rust: Furmint, Muskateller, Grauburgunder, Pinot Noir, Blaufränkisch (speziell aus den Rieden Bandkreftn und Mitterkreftn) sowie die edlen Ruster-Ausbruch-Weine. Eine Laune der Natur begünstigt die Entwicklung der Edelfäule in den Ruster Weingärten in einer einzigartigen Weise. Der geschichtsträchtige Süßwein hat den Bürgern schon viel Ansehen, Freiheit und Reichtum gebracht und ist dazu prädestiniert, den Ruster Weinen auch weiterhin Weltgeltung zu verleihen.

* Ruster Ausbruch DAC

WEINBAU TREMMEL

7071 Rust, Weinberggasse 19
T: +43 (2685) 368
tremmel@weinbau-tremmel.at
www.weinbau-tremmel.at

Kellermeister/Kontakt:
Harald Tremmel
Produktion: 40.000 Flaschen
45 % weiß, 45 % rot, 10 % süß, 10 Hektar
Zertifiziert: Nachhaltig Austria
Vereinszugehörigkeit:
Cercle Ruster Ausbruch
Messen: Dornbirner Frühjahrs- und Herbstmesse, Forum Vini München, VieVinum, Vinobile Montfort, Weinmesse München, DAC-Präsentationen, Vinessio Weinmesse Starnberg, Wein Burgenland Präsentationen

Durch die ausgezeichnete Lagerfähigkeit baut er Brücken zwischen der Vergangenheit und der Zukunft. Die Familie Tremmel zeigt aber auch immer wieder ihr Können bei der Bereitung ihrer trockenen Weiß- und Rotweine.

(93) Grauburgunder 2019
13,5 Vol.-%, DV, Teilbarrique, €€
Helles Goldgelb, Silberreflexe. Zart tabakig, mit Wiesenkräutern unterlegte reife Birnenfrucht, ein Hauch von Blütenhonig, Nuancen von Orangenzesten, attraktives Bukett. Saftig, komplex, reife gelbe Tropenfrucht, weißes Nougat im Nachhall, zeigt Länge, fruchtige Süße im Abgang, gutes Reifepotenzial.

92 Sauvignon Blanc 2020
13,5 Vol.-%, DV, Stahltank, €€
Mittleres Goldgelb, Silberreflexe. Zart nach eingelegten gelben Paprikaschoten, feine Anklänge von gelber Tropenfrucht, reife Stachelbeeren, kandierte Mandarinenzesten. Am Gaumen Passionsfrucht, angenehmer Säurebogen, elegant und mit Länge ausgestattet, Nuancen von Holunderblüten im Nachhall, gutes Reifepotenzial.

91 Furmint 2020
12 Vol.-%, DV, Stahltank, €€
Helles Goldgelb, Silberreflexe. Frische Wiesenkräuter, ein Hauch von Grapefruitzesten, rauchige Würze, zart mit weißem Apfel unterlegt. Mittlerer Körper, feine Fruchtsüße, frische Birnen, feine Struktur, mineralisch im Abgang, saliner Nachhall.

91 Muskateller 2020
12 Vol.-%, DV, Stahltank, €€
Helles Grüngelb, Silberreflexe. Traubige Noten, weiße Pfirsichnuancen, ein Hauch von Muskatnuss, mineralischer Touch. Mittlerer Körper, saftig, dezente Süße, etwas Mango, frischer Säurebogen, harmonisch und balanciert, saftiger Aperitif.

92 Blaufränkisch Ruster Ried Bandkräftn 2018
13,5 Vol.-%, DV, Barrique/kleines Holzfass, €€€
Dunkles Rubingranat, violette Reflexe, zarte Randaufhellung. Zart nach Gewürzen, Edelholztouch, reife Kirschen, ein Hauch von Brombeerkonfit, tabakige Nuancen. Saftig, frische Kirschen, lebendig strukturiert, feine Tannine, rotbeeriger Touch, ein animierender Speisenbegleiter.

90 Blaufränkisch 2018
13,5 Vol.-%, DV, Holzfass, €€
Dunkles Rubingranat, violette Reflexe, zarte Randaufhellung. Feine Kräuterwürze, zart nach Brombeeren und Kirschen, ein Hauch von Orangenzesten. Mittlerer Körper, rotbeerig, Herzkirschen, feine Tannine, bereits antrinkbar, bietet unkompliziertes Trinkvergnügen.

★★★★

WEINGUT ERNST TRIEBAUMER

Die Familie Triebaumer hat mit dem Blaufränkisch Mariental aus dem Jahr 1986 vor über 30 Jahren eine neue Ära des österreichischen Rotweins eingeläutet. Heute steht ihnen das Wissen zur Verfügung, die Landwirtschaft als einen tragenden Teil einer enkeltauglichen Wirtschaftsweise zu entwickeln. Großzügige Steigerung der Artenvielfalt und die dadurch angekurbelte Biomasseproduktion auf der Fläche beruhigen das monokulturelle »Bauchweh« auf allen Ebenen. Durch ihr Zulassen kommt der natürliche Kreislauf von sich aus wieder in Schwung. Der ganzjährige Arbeitseinsatz ihrer Schafherde hebt den Energiepegel in den Anlagen auf ein ganz neues Niveau.

Vielfalt bedingt eine Stabilität, von der die Reben und die darauf reifenden Trauben voll erfasst werden. Diese Wachstumsbedingungen für die Trauben, das Herausfinden des perfekten Erntezeitpunkts, selektive Handlese mit höchstem Anspruch und Naturhefen sind die Grundlage für eine Vinifikation, die auf Handwerk, Zeit und Urvertrauen beruht und vor Lebensfreude und Eigenständigkeit strotzende Weine für Jahrzehnte hervorbringt. Um die innere Schönheit der Jungweine ohne jegliches Eingreifen zu entwickeln und zu erhalten, nutzt Familie Triebaumer in ihren traditionellen Kellern größtenteils Holzfässer. Diese haben ein Fassungsvolumen von 300 bis 5.000 Litern und ermöglichen es den Weinen, aus eigenem Antrieb ihre Entwicklungsprozesse zu durchschreiten, um zu ihrer Mitte zu finden. Nach der jeweiligen Ausbauzeit werden sie schonend zusammengezogen. Alle Rotweine und die »Urwerk«-Linie können unfiltriert gefüllt werden, da sie ausreichend Zeit zur Sedimentation hatten. Mit der Gesamtheit ihrer Arbeit legen die Triebaumers das Fundament für Weine, mit denen das volle Spektrum der Ruster Böden und ihrer Rebsorten – allen voran des Blaufränkisch – ungeschönt mit der vollen inneren Spannung, Struktur und Tiefgründigkeit Schluck für Schluck erlebbar wird.

93 Chardonnay Ried Bandkräftn 2018
13 Vol.-%, NK/VL, 500-l-Fass, €€€€€
Helles Goldgelb, Silberreflexe. Nuancen von Orangenblüten, mit feiner gelber Apfelfrucht unterlegt, zart nach Mango, ein Hauch von weißem Nougat. Saftig, elegant, reife gelbe Kernobstnuancen, fruchtige Süße, feiner Säurebogen, mineralisch im Nachhall, bereits gut entwickelt, zart salzig, ein stoffiger Speisenbegleiter.

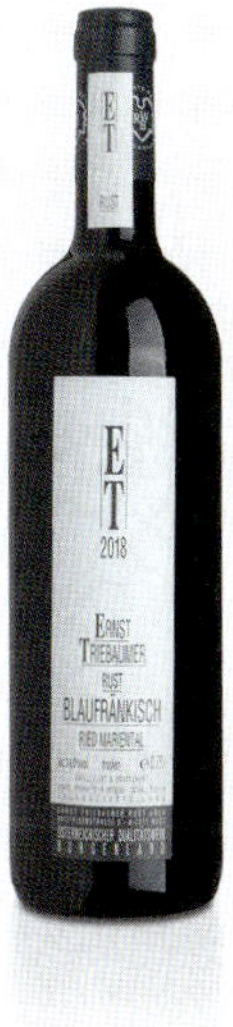

WEINGUT ERNST TRIEBAUMER
7071 Rust, Raiffeisenstraße 9
T: +43 (2685) 528
office@ernst.triebaumer.com
www.triebaumer.com

Kellermeister: Herbert und Gerhard Triebaumer
Kontakt: Claudia und Stephanie Triebaumer
Produktion: 20 % weiß, 75 % rot, 5 % süß, 18 Hektar
Vereinszugehörigkeit: Cercle Ruster Ausbruch, Renommierte Weingüter Burgenland
Messen: ProWein Düsseldorf, VieVinum

Chardonnay

* Ruster Ausbruch DAC

97 Blaufränkisch Ried Mariental 2018
14 Vol.-%, NK/VL, 500-l-Fass, €€€€€€
Dunkles Rubingranat, opaker Kern, violette Reflexe, zarte Randaufhellung. Schwarze Frucht, feine Gewürznuancen, etwas Nougat und kandierte Mandarinenzesten, reife Herzkirschen klingen an. Stoffig, dunkle Frucht, süße Textur, verfügt über eine überzeugende Frische, reife, tragende Tannine, die gut eingebunden sind, feiner Schokoanklang im Abgang, sehr in sich ruhend, zeigt bereits große Länge, gutes Zukunftspotenzial für viele Jahre.

95 Blaufränkisch Ried Oberer Wald 2018
13,5 Vol.-%, NK/VL, 1500-l-Fass, €€€€€
Dunkles Rubingranat, opaker Kern, violette Reflexe, zarte Randaufhellung. Zart nach Orangenzesten, ein Hauch von frischen Feigen, zart nach Nougat und Brombeerkonfit, facettenreiches Bukett. Komplex, saftig, reife Herzkirschen, lebendige Struktur, bleibt gut haften, bereits harmonisch, feine Fruchtsüße im Nachhall, mineralisch unterlegt, wirkt leichtfüßig, sicheres Reifepotenzial für die Zukunft, bereits jetzt gut antrinkbar.

94 Maulwurf 2018 BF/ME/CS
14 Vol.-%, NK/VL, 500-l-Fass, €€€€
Dunkles Rubingranat, opaker Kern, violette Reflexe, zarte Randaufhellung. Zarte Kräuterwürze, etwas Cassis und Lakritze, ein Hauch von Sanddorn, mineralischer Touch. Saftig, reife süße Herzkirschen, finessenreich strukturiert, im Abgang salzig und elegant sowie mit angenehmer Extraktsüße, verfügt über gutes Reifepotenzial.

93 Tridendron 2018 ME/BF/CS
14 Vol.-%, VL, 500-l-Fass, €€€
Dunkles Rubingranat, violette Reflexe, zarte Randaufhellung. Feine dunkle Beerenfrucht, ein Hauch von schwarzen Kirschen und Weichseln, zart mit Kräutern und Mandarinenzesten unterlegt. Saftige Kirschfrucht, elegant, gute Frische, mineralisch, ein Hauch von Cassis, salziger Nachhall, ein facettenreicher Speisenbegleiter.

95 Ruster Ausbruch DAC 2017 WR/SB/CH
13 Vol.-%, NK, Stahltank, €€€€€
Helles Gelbgold, Silberreflexe. Mit einem Hauch von Nougat unterlegte Marillenkonfitüre, zart nach Kokosflocken, kandierte Mandarinenzesten und Honig, einladendes Bukett. Saftig, reife Ananas und Papaya, kraftvoller Stil, würzig, weiße Tropenfrucht, nussiger Touch im Abgang, zarte Grapefruitnote, Honig im Nachhall, sehr gute Länge, sicheres Reifepotenzial.

★★★★

GÜNTER + REGINA TRIEBAUMER

Low tech – high effort«, so lautet die Devise von Günter und Regina Triebaumer. Aufbauend auf der Ruster Kernkompetenz – Blaufränkisch, Furmint und Gelber Muskateller sowie Ruster Ausbruch – wird hier in der altehrwürdigen Freistadt Rust Weinbau mit Vernunft, Herzblut und Bodenhaftung betrieben. Die Triebaumers produzieren Weine, die dem Burgenland stets eindeutig zuordenbar sind und auch bleiben. Dabei setzen sie Erfahrungen aus vielen Jahren im internationalen Wein- und Gastronomie-Fachhandel, in Import und Export, in der Weinakademie Österreich sowie von ausgedehnten Weinreisen um.
Die »burgundischen« Strukturen – 24 Hektar auf 45 Parzellen – sind historisch bedingt. Der Blaufränkisch ist mit acht Hektar der souveräne »Chef«: sowohl klassisch, fein-kirschfruchtig als auch vielschichtig-gewürzig in Form der Blaufränkisch-Reserve. Mit dem ersten Ertrag der kalkigen Spitzenriede Oberer Wald stand gleich einmal der Gewinn der »Falstaff Reserve Trophy« für den Jahrgang 2009 ins Haus. Und mit der kalkfreien Silikatlage Plachen haben die Triebaumers auch noch einen zweiten großen Blaufränkisch im Sortiment.
Ohne Zweifel ist der Ruster Ausbruch die älteste, ohne Unterbrechung gepflegte Herkunftsbezeichnung für Wein in Österreich. Im Hause Triebaumer wird dieser konzentrierte Charaktersüßwein stets aus dem verlässlichen Welschriesling angestrebt. Aber auch der »Muscato« – ein leichter, beschwingter Perlwein aus Gelbem Muskateller nach der Asti-Methode – verdient gewiss besondere Erwähnung.

92 Furmint Ried Geyerumriss 2019
13,5 Vol.-%, DV, Edelstahl, €€€€€
Helles Gelbgrün, Silberreflexe. Zunächst noch verhalten, zarte weiße Apfelfrucht, ein Hauch von Birne und Limettenzesten, mineralischer Touch. Mittlere Komplexität, straff, feine Fruchtsüße, angenehmer Säurebogen, salzi-

ger Nachhall, weiße Tropenfrucht im Rückgeschmack, ein vielseitiger Begleiter bei Tisch.

96 Blaufränkisch Ried Oberer Wald 2017
14 Vol.-%, DV, Barrique, €€€€€
Tiefdunkles Rubingranat, opaker Kern, violette Reflexe, zarte Randaufhellung. Mit feiner Kräuterwürze unterlegte schwarze Waldbeeren, ein Hauch von Herzkirschen, mineralischer Touch, kandierte Orangenzesten. Komplex, stoffig, reife Brombeeren, feine Extraktsüße, reife Tannine, mineralisch und anhaftend, sicheres Entwicklungspotenzial, bereits gut antrinkbar.

95 Blaufränkisch Ried Plachen 2018
14,5 Vol.-%, DV, Barrique, €€€€€€
Tiefdunkles Rubingranat, opaker Kern, violette Reflexe, zarte Randaufhellung. Frische Orangenzesten, Kräuterwürze, schwarze Beeren, aber auch rotbeerige Nuancen, tabakiger Touch. Reife Kirschen, süße Zwetschken, kraftvoll, mit reifen Tanninen ausgekleidet, kirschige Nuancen auch im Abgang, mineralisch und anhaftend, wird von Flaschenreife profitieren.

93 Blaufränkisch Reserve 2018
14,5 Vol.-%, DV, Barrique, €€€€€
Dunkles Rubingranat, violette Reflexe, zarte Randaufhellung. Feine Edelholzwürze, schwarze Waldbeeren, zart nach Lakritze und dunklen Herzkirschen. Saftig, schokoladig, süße Beerenfrucht, gut eingebundene Tannine, frisch, ein Hauch von Feigen und Nougat im Abgang, etwas Schwarzwälder Kirschen im Nachhall.

93 Weite Welt 2018 CF/CS/SY
14 Vol.-%, DV, Barrique, €€€€€
Tiefdunkles Rubingranat, violette Reflexe, schwarzer Kern, zarte Randaufhellung. Feine Kräuternuancen, etwas nach Nougat, Heidelbeeren, Nelken klingen an, kandierte Veilchen. Komplex, saftig, straff, würzige Noten, balancierte Tannine, leichtfüßig, nach Kirschen, bleibt gut haften, guter Speisenbegleiter.

91 Cabernet Franc Ried Gillesberg 2018
14 Vol.-%, DV, Barrique, €€€€€
Tiefdunkles Rubingranat, opaker Kern, violette Reflexe, zarte Randaufhellung. Rotbeerige Nuancen, zart blättrige Würze, frische Orangenzesten. Mittlere Komplexität, zart animalische Würze, präsente Tannine, Nougat im Abgang, dezenter Gerbstoff im Nachhall, wird von Flaschenreife profitieren.

97 Gelber Muskateller * 2018
10,5 Vol.-%, DV, Edelstahl, €€€€€
Leuchtendes mittleres Goldgelb, Silberreflexe. Attraktive gelbe Tropenfrucht, feinster Honig, ein Hauch von Maracuja und Litschi, zart mit Muskatnuss unterlegt, florale Aspekte, sehr vielschichtig. Saftig, elegant und verspielt, fruchtige Süße und tolle Frische, weißer Pfirsich im Abgang, gute Länge, sicheres Reifepotenzial für Jahrzehnte.

GÜNTER + REGINA TRIEBAUMER

7071 Rust
Neuegasse 18
T: +43 (676) 4728288
weingut@triebaumer.at
www.triebaumer.at

Kellermeister: Günter Triebaumer
Kontakt: Günter und Regina Triebaumer
Produktion: 130.000 Flaschen
30 % weiß, 60 % rot, 10 % süß,
24 Hektar
Zertifiziert: Nachhaltig Austria
Messen: ProWein Düsseldorf, VieVinum

94 Ruster Ausbruch DAC 2020 GM/BO
11,5 Vol.-%, DV, Edelstahl, €€€€€
Helles Goldgelb, Silberreflexe. Zarter Blütenhonig, mit gelber Tropenfrucht unterlegt, zart nach Ananas und Maracuja, einladendes Bukett. Saftige Süße, feiner Botrytis-Anklang, reifer Pfirsich, feines Säuregerüst, mineralisch, reife gelbe Tropenfrüchte wie Mango im Nachhall, gute Länge, sicheres Potenzial.

94 Welschriesling Beerenauslese 2019
11 Vol.-%, DV, Edelstahl, €€€€
Leuchtendes Gelbgold, Silberreflexe. Feine Kräuterwürze, ein Hauch von Honig und Birne, typische Akzente von Welschriesling, kandierte Orangenzesten, attraktives Bukett. Straff, süße Ananas und Papaya, lebendig strukturiert, ein finessenreicher, bereits zugänglicher Süßwein, vielseitig einsetzbar und mit Reifepotenzial ausgestattet.

92 Traminer Spätlese 2020
11 Vol.-%, DV, Edelstahl, €€€
Helles Goldgelb, Silberreflexe. Zart nach Rosenblättern, ein Hauch von Eibischteig, mit einer zarten Note von Ananas unterlegt, eher dezentes Bukett. Saftig, fruchtige Süße, zarter Honigtouch, feines Säurespiel, bleibt haften, Mango im Nachhall, bereits gut entwickelt.

* Ruster Ausbruch DAC

Die bezaubernde Landschaft in der Südsteiermark, hier bei Kitzeck, lockt Weinfreunde mit feinen Weinen, tollen Restaurants und immer mehr Boutiquequartieren

STEIERMARK

STEILE HÜGEL UND KÜHLES KLIMA

Straden ist einer der Hotspots im Vulkanland Steiermark

DAS MEKKA DER FRISCHEN WEISSEN

Es gibt sicherlich Weinbaugebiete, in denen wuchtigere und vor allem alkoholischere Weine reifen. Aber es gibt auf der ganzen Welt keine frischeren, brillanteren und daher auf elegante Weise herkunftstypischeren Gewächse als im Süden der Steiermark. Damit sind übrigens alle drei steirischen Weinbaugebiete mit ihren unvergleichlichen Spezialitäten auf 4633 Hektar gemeint, die mehr oder weniger im Süden des Bundeslands liegen.

Im Westen dieses auch landschaftlich einzigartigen Hügellands dominiert der Schilcher, jener pikante Rosé, der mit seiner typischen Schiefernote einer der ausgeprägten Terroirweine des Landes ist. Im Sausal und an der Südsteirischen Weinstraße geben Sauvignon Blanc und Muskateller den Ton an, während im südöstlichen Vulkanland neben den Burgundern und dem Sauvignon Blanc der Traminer als echtes Juwel für den Kenner funkelt. Der am weitesten verbreitete steirische Wein, der Welschriesling, hat mit seinem an grüne Äpfel erinnernden Bukett viel mehr Anhänger, als sich so mancher Weinkritiker träumen lässt. Wer etwas mehr Körper will, ist mit der Pinotfamilie gut beraten. Hier überzeugt der Weißburgunder von kalkreichen Böden mit raffinierter Mineralik. Der Chardonnay, in der Steiermark auch Morillon genannt, kann bei aller Frische mitunter schon kräftig ausfallen und wie die besten Grauburgunder (Ruländer, Pinot Gris) auch durch längere Lagerung zulegen.

Beginnend mit dem Weinjahrgang 2018 verfügt die Steiermark nun über ein neues Herkunftssystem. Dieses gliedert sich nun entsprechend den drei steirischen Weinbaugebieten in Südsteiermark DAC, Vulkanland Steiermark DAC und Weststeiermark DAC.

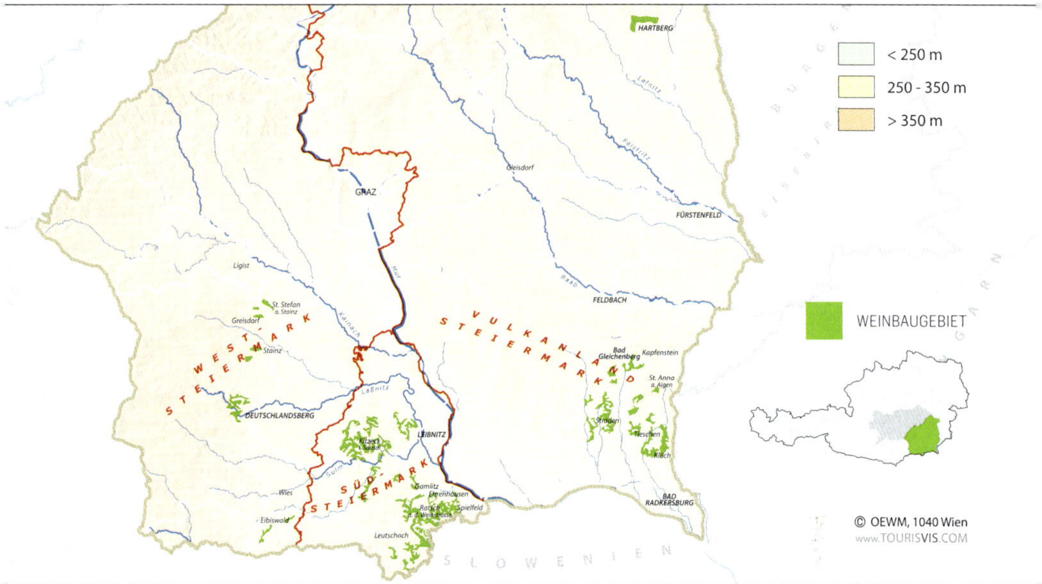

Innerhalb der jeweiligen DAC-Gebiete sind die Weine in einer Pyramide – gebildet von Gebietsweinen, Ortsweinen und Riedenweinen – gegliedert, denen wiederum sowohl entsprechende Rebsorten und Erstausgabetermine zugeordnet sind. Für alle DAC-Weine ist Handlese verpflichtend!
Von Haubenrestaurants bis hin zu urigen Buschenschanken in bezaubernder Landschaft hat die Steiermark auch einiges zu bieten, und in den letzten Jahren kommen auch immer mehr Hotels und Gästezimmer dazu, die auf sehr hohem Niveau einen wunderbaren Urlaub garantieren. Die bezaubernde Landschaft lädt zu schönen Wanderungen und Radtouren ein, aber auch kulturell gibt es einige Attraktionen, die man sich nicht entgehen lassen sollte. Auf www.gutfinden.at entdeckt man viele Adressen, die die Steiermark zu einem sehr attraktiven Ziel für Genussfreunde macht.

WEINBAUGEBIET STEIERMARK

Österreich gesamt:	**46.752 ha**	
Weinbaugebiet Steiermark:	**4633 ha**	**(9%)**
SPEZIFISCHE WEINBAUGEBIETE:		
Südsteiermark DAC	2563 ha	
Vulkanland Steiermark DAC	1524 ha	
Weststeiermark DAC	546 ha	

Weißweinfläche insgesamt:	**3594 ha**	**(78 %)**
Welschriesling:	752 ha	(16 %)
Weißburgunder:	576 ha	(12 %)
Sauvignon Blanc:	683 ha	(15 %)
Chardonnay:	328 ha	(7 %)
Müller-Thurgau:	245 ha	(5 %)
Rotweinfläche insgesamt:	**1040 ha**	**(22 %)**
Blauer Wildbacher:	457 ha	(10 %)
Zweigelt:	351 ha	(8 %)
Blauburger:	18 ha	(0,4 %)
Blaufränkisch:	14 ha	(0,3 %)
Pinot Noir:	18 ha	(0,4 %)

STEIERMARK

SÜD-STEIERMARK DAC

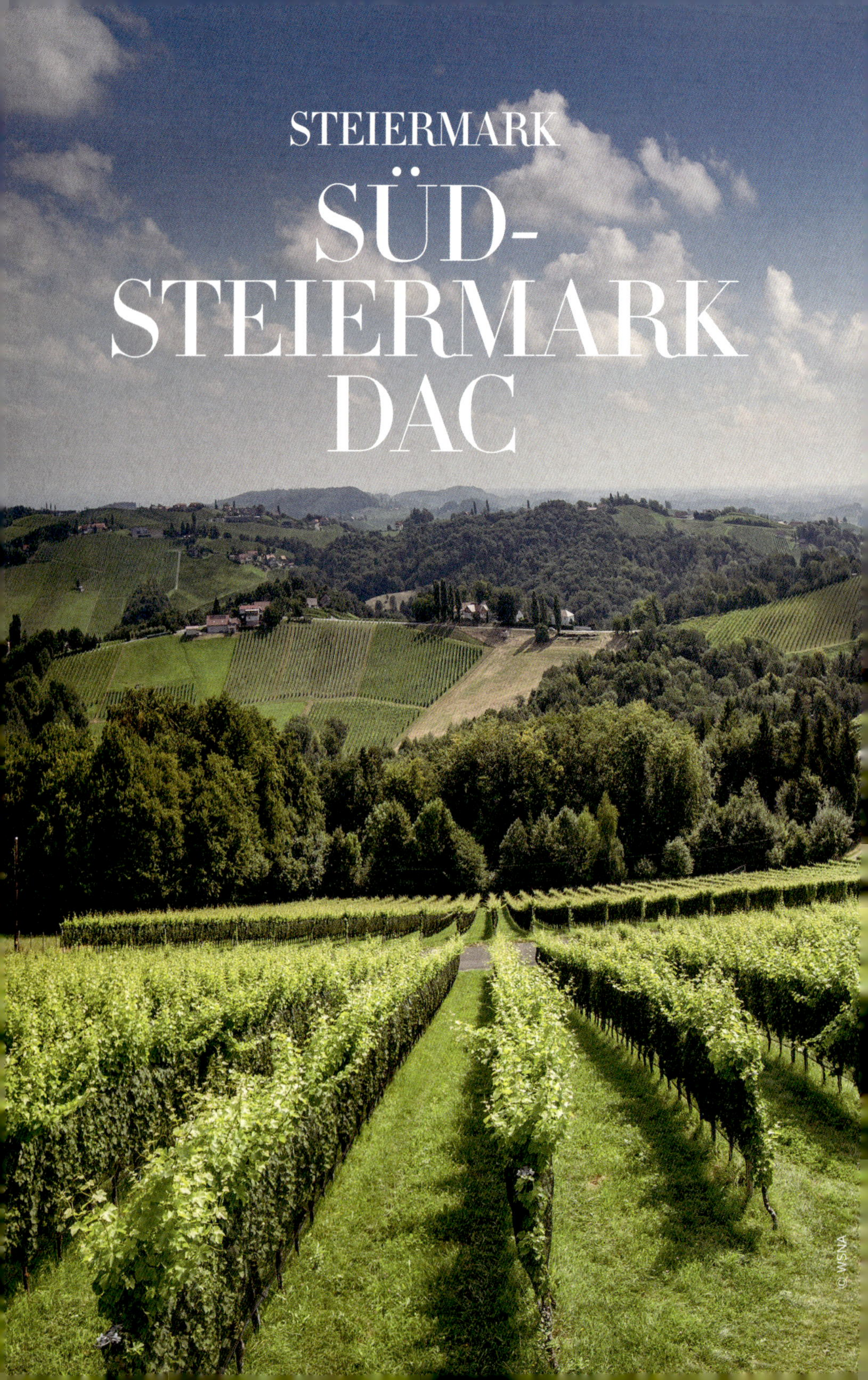

Die Südsteiermark trägt zu Recht den Namen »steirische Toskana« und malerische Plätze wie hier am Lubekogel sind überall zu finden

Der Kittenberg befindet sich im nördlichen Teil der Südsteiermark und zählt zum Sausal

SAUVIGNON BLANC & CO AUS DEM SÜDLICHEN HÜGELLAND

Die Südsteiermark steht für duftige, frische Weine, vor allem aus der Leitsorte Sauvignon Blanc. Doch auf den 2563 Hektar Rebfläche ist genügend Platz für ein breites Sortenspektrum vom Welschriesling über Morillon und Muskateller bis zum Traminer. Hier ist Weinbau allerdings Schwerarbeit, sind doch die meisten Weingärten extreme Steilhänge. So vielschichtig wie die Rebsorten sind auch die Böden, die im Weinbaugebiet Südsteiermark zur Verfügung stehen, von Sand und Schiefer bis zu Mergel und Muschelkalk.

Feuchtwarmes mediterranes Klima bestimmt den langen Vegetationsverlauf, kühle Nächte fördern die Entwicklung einer reichhaltigen Aromatik, die den Weißweinsorten zu Nuancenreichtum und Noblesse verhilft. Vom schlanken, fruchtbetonten Jungwein – als »Junker« einer der Vorboten des neuen Jahrgangs – über die elegante Klassiklinie bis zu hochreifen, extraktreichen Lagenweinen spielen die Winzer ihre Stärken aus. Speziell die Rebsorte Sauvignon Blanc konnte sich im Zuge der kontinuierlichen Weiterentwicklung an die Spitze emporarbeiten, und heute gehören Sortenvertreter aus der Südsteiermark zur Weltklasse. Dass dies auch in Zukunft so bleibt, garantiert eine äußerst aufgeschlossene Winzerschaft, die auf Reisen und bei Praxisaufenthalten in der Weinwelt Erfahrungen gesammelt hat. Doch auch die Weinbauschule in Silberberg trägt in Theorie und Praxis dazu bei, Nachwuchswinzer mit besten Qualifikationen auszustatten.

Das Gebiet ist nun ebenfalls in den erlauchten Kreis der DAC-Herkünfte aufgenommen worden und verfügt mit Sauvignon Blanc, Morillon, Weißburgunder, Grauburgunder, Welschriesling, Gelbem Muskateller, Riesling

und Traminer über eine tolle Sortenvielfalt. Als Ortsweine dürfen solche aus Ehrenhausen, Gamlitz, Leutschach, Eichberg oder Kitzeck-Sausal vermarktet werden. Klingende Namen von Lagen wie Czamillonberg, Pössnitzberg, Kranachberg, Hochgrassnitzberg, Steinriegel, Kittenberg, Nussberg, Obegg oder Zieregg wecken Assoziationen zu den entsprechenden Top-Weinen. Diese haben mittlerweile längst auf den Weinkarten der regionalen Gastronomie Einzug gehalten und sorgen auch international für Aufsehen. Erzherzog Johann, ein Enkel der Kaiserin Maria Theresia und Weinbaupionier mit für seine Zeit »europäischem« Weitblick in Sachen Weinkultur und dessen Spuren bis heute im Gebiet nachvollziehbar sind, wäre stolz auf seine südsteirischen Winzer.

AUSGEWÄHLTE WEINGÜTER

>

★★★★★

Weingut Sattlerhof, Gamlitz
Weingut Tement, Berghausen

★★★★

Weingut Gross, Ratsch a. d. Weinstraße
Weingut Daniel Jaunegg, Leutschach a. d. Weinstraße
Weingut Lackner-Tinnacher, Gamlitz
Weingut MUSTER.gamlitz, Gamlitz
Weingut Erich und Walter Polz, Strass in der Steiermark
Weingut Erwin Sabathi, Leutschach a. d. Weinstraße
Weingut Hannes Sabathi, Gamlitz
Weingut Skoff Original, Gamlitz
Weingut Wohlmuth, Kitzeck im Sausal

★★★

Dreisiebner Stammhaus, Sulztal a. d. Weinstraße
Weingut Elsnegg, Gamlitz
Weingut R & R Gerngross, Sausal
Weingut Harkamp, Leibnitz
Domaines Kilger, Gamlitz
Weingut Kodolitsch, Leibnitz
Weingut Wolfgang Maitz, Ehrenhausen
Weingut Masser, Leutschach
Domäne Müller, Groß St. Florian
Weingut oberGuess, Leutschach
Weingut Pongratz, Gamlitz - Kranachberg
Weingut Primus, Grassnitzberg-Spielfeld
Weingut Regele, Ehrenhausen a. d. Weinstraße
Weingut Peter Skoff – Domäne Kranachberg, Gamlitz

< AUSGEWÄHLTE WEINGÜTER

★★★

Weingut Tschermonegg, Glanz a. d. Weinstraße
Ewald Zweytick Wein, Ratsch a. d. Weinstraße

★★

Weingut Branigg, Kitzeck im Sausal
Weingut Brolli-Arkadenhof, Gamlitz
Weingut Felberjörgl, Kitzeck
Weingut Georgiberg, Ehrenhausen
Hirschmugl – Domaene am Seggauberg, Leibnitz
Kollerhof am Eichberg, Leutschach a. d. Weinstraße
Weingut Noemi, Fresing
Weingut Repolusk, Leutschach
Weingut Schauer, Kitzeck im Sausal
Landesweingut Silberberg, Leibnitz

★★

Weingut Bernd Stelzl, Leutschach
Weingut Strauss Gamlitz, Gamlitz
Domaine Wolf, Gamlitz

★

Fuchs – Family of Wine, Glanz a. d. Weinstraße
Weingut Kögl, Ratsch a. d. Weinstraße

—

Weingut Adam - Lieleg, Leutschach
Weingut Firmenich, Ehrenhausen
Weingut Michi Lorenz, Kitzeck
Weingut Johann Schneeberger, Heimschuh
Weingut Sternat-Lenz, Leutschach a. d. Weinstraße

WEINGUT ADAM - LIELEG

NEU

Den Familienbetrieb Weingut & Wohlfühlzimmer Adam-Lieleg gibt es schon seit 1893, und er liegt im Herzen der Südsteiermark am Eichberg in Leutschach an der Weinstraße. Drei Generationen arbeiten hier Hand in Hand, und gemeinsam strebt man nach Perfektion. Es ist jedes einzelne Mitglied der Familie, das Kraft, Motivation, aber auch Denkanstöße liefert. Eine große Leidenschaft für Wein und die Offenheit gegenüber neuen Ideen sind Garant für die Spitzenqualität der vielfach prämierten Weine. Fundiertes Wissen, viel Gespür und ein harmonisches, nachhaltiges Arbeiten im Einklang mit der Natur sind die Grundpfeiler, um erlesene Weine mit höchstem Trinkgenuss herzustellen. Es gibt hier keine allgemeinen Regeln oder Rezepturen, um außergewöhnliche Weine herzustellen. Vielmehr sind das Verständnis und die Beobachtung der jährlich unterschiedlichen natürlichen Gegebenheiten gefordert, um gezielt Schritte in Richtung Spitzenqualität zu setzen. Die Trauben werden sorgfältig von Hand gelesen und direkt am Stock selektioniert. Die Familie verarbeitet und keltert nur gesunde und reife Trauben, auch wenn dafür mehrere Lesedurchgänge notwendig sind.

(93) Sauvignon Blanc * Ried Kranachberg 2020
13,5 Vol.-%, DV, großes Holzfass/Amphore, €€€ Ⓥ
Helles Gelbgrün, Silberreflexe. Rauchig, frische Kräuterwürze, gelbe Tropenfrucht, paprikaschotige Nuancen, zart nach Brennnessel. Saftig, elegant, weiße Pfirsichfrucht, rassiger Säurekern, zart nach Ananas, mineralischer Nachhall, gute Länge, sicheres Reifepotenzial.

93 Sauvignon Blanc * Ried Gottscheber 2019
13,5 Vol.-%, NK, 500-l-Fass, €€€€ Ⓥ
Helles Gelbgrün, Silberreflexe. Feine weiße Tropenfrucht, frisches Cassis, ein Hauch von Blütenhonig, dezent nach Mango. Saftig, elegante cremige Textur, feine Fruchtsüße, reife Nuancen von Passionsfrucht, feiner Honigtouch im Abgang, zart nach Grapefruit im Nachhall.

92 Sauvignon Blanc * Eichberg Die Sieme 2020
13 Vol.-%, DV, Edelstahl/ großes Holzfass, €€€ Ⓥ
Helles Gelbgrün, Silberreflexe. Frische Stachelbeeren, ein Hauch von Cassis, mit Nuancen von Paprikaschoten unterlegt. Saftig, elegant, weiße Tropenfrucht, frischer Säurebogen, mineralisch-zitroniger Nachhall, zart nach Grapefruit im Rückgeschmack.

WEINGUT ADAM – LIELEG
8463 Leutschach, Kranach 78
T: +43 (3454) 6115
weingut@adam-lieleg.com
www.adam-lieleg.at

Kellermeister: Florian Lieleg
Kontakt: Liane & Manfred Lieleg
Produktion: 100.000 Flaschen
5 % Schaumwein, 80 % weiß,
2 % rosé, 13 % rot, 15 Hektar
Vereinszugehörigkeit:
Sieme
Messen: VieVinum, Weintage im Museumsquartier, DAC-Präsentationen

Florian, Manfred, Liana und Mathias Lieleg

93 Chardonnay * Ried Gottscheber 2019
13 Vol.-%, NK, Barrique, €€€€ V
Mittleres Goldgelb, Silberreflexe. Feine Edelholzwürze, zart nach Nougat, reife gelbe Kernobstnuancen, etwas Mango und Mandarinenzesten, einladendes Bukett. Saftig, elegant, zart nach Marzipan und Kokos, feine gelbe Tropenfrucht, bleibt haften, bereits gut antrinkbar.

92 Welschriesling * Ried Gottscheber 2019
13 Vol.-%, NK, gebrauchte Barriques, €€€ V
Mittleres Goldgelb, Silberreflexe. Zart tabakig unterlegte Nuancen von gelber Birne, ein Hauch von Mandarinenzesten, etwas Blütenhonig. Saftig, elegant, gelber Apfel, frisch strukturiert, mineralischer Nachhall, ein feinwürziger Speisenbegleiter mit Entwicklungspotenzial.

(90) Gelber Muskateller * Ried Kranachberg 2020
13 Vol.-%, DV, Edelstahl, €€€ V
Helles Gelbgrün, Silberreflexe. Floraler Touch, ein Hauch von Jasmin, Anklänge von Muskatnuss, traubiger Touch. Intensive Aromatik, zarte Fruchtsüße, dezente Säurestruktur, bereits gut entwickelt, salziger Nachhall.

★★

WEINGUT BRANIGG

Das Weingut Branigg wurde im Stiftsregister der Herrschaft Grottenhofen von 1674 erstmals erwähnt und ist somit einer der ältesten Weinbaubetriebe des Sausals. Es wechselte in seiner Geschichte sechsmal den Besitzer und war bereits zwischen den Jahren 1874 und 1920 im Besitz der Familie Wohlmuth. Durch Erbschaften kam es leider abhanden und konnte erst Ende des 20. Jahrhunderts durch Gerhard Wohlmuth wieder erworben werden. Aufgrund des besonderen Mikroklimas und der langen Geschichte des Weinbaubetriebs Branigg hat sich Gerhard Wohlmuth dazu entschlossen, die Marke Branigg auf den Markt zu bringen.
Gerhard Wohlmuth ist sowohl im Weinbau als auch in der Vinifikation ein Perfektionist. Eine möglichst naturnahe Pflege der Reben und selektive Lese sind für ihn die Basis großer Weinerlebnisse. Die händisch durchgeführte Lese, die oft in mehreren Durchgängen vollzogen wird, garantiert physiologisch reife Trauben. Im Keller versucht der Winzer, möglichst wenig einzugreifen, und legt großes Augenmerk auf eine langsame und schonende Gärung. Durch das Fingerspitzengefühl von Gerhard

WEINGUT BRANIGG
8441 Kitzeck im Sausal
Fresing 24
T: +43 (3456) 2303
office@branigg.com
www.branigg.com

Kellermeister/Kontakt:
Gerhard Wohlmuth
Produktion: 80 % weiß, 20 % rot, 25 Hektar
Messen: ProWein Düsseldorf, VieVinum

Wohlmuth entstehen fruchtintensive, finessenreiche und komplexe Weine. Eines ist ihm besonders wichtig: »Das Terroir muss sich auch in den Branigg-Weinen widerspiegeln.«

91 Weißburgunder Steiermark 2020
12,5 Vol.-%, DV, Stahltank, €€
Helles Gelbgrün, Silberreflexe. Zart nussig, ein Hauch von Wiesenkräutern, weißes Kernobst, zart nach Orangenzesten. Saftig, feine Apfelfrucht, frische Säurestruktur, feine Noten von Orangenzesten, weißes Kernobst im Abgang.

91 Chardonnay Steiermark 2020
12,5 Vol.-%, DV, Stahltank, €€
Helles Gelbgrün, Silberreflexe. Zarte Apfelfrucht, ein Hauch von Mandarinenzesten und Wiesenkräutern. Mittlerer Körper, weißes Kernobst, frischer Säurebogen, zitroniger Touch, lebendiger Speisenbegleiter.

91 Sauvignon Blanc Steiermark 2020
12,5 Vol.-%, DV, Stahltank, €€€
Helles Gelbgrün, Silberreflexe. Zart nach weißer Frucht, ein Hauch von Cassis und Stachelbeeren, Nuancen von Grapefruitzesten. Saftig, gelbe Frucht, feine Süße, gut integrierter Säurebogen, Limetten im Nachhall, trinkfreudiger Stil.

90 Welschriesling Steiermark 2020
11,5 Vol.-%, DV, Stahltank, €€
Helles Gelbgrün, Silberreflexe. Floraler Touch, feine weiße Apfelfrucht, ein Hauch von Birnen, einladendes Bukett. Straff, feine Kernobstnuancen, frischer Säurebogen, ausgewogen, ein feinfruchtiger Speisenbegleiter.

90 Gelber Muskateller Steiermark 2020
12 Vol.-%, DV, Stahltank, €€
Helles Gelbgrün, Silberreflexe. Etwas verhalten, feine gelbe Fruchtnuancen, ein Hauch von Blüten, zarter Muskattouch. Straff, feine Pfirsich-Ananas-Frucht, lebendige Struktur, mineralisch-salzig im Abgang, Limetten im Rückgeschmack.

★★

WEINGUT BROLLI-ARKADENHOF

Mehr als 125 Jahre Tradition, Leidenschaft, Liebe zum Wein und ein bisschen mehr beschreiben das renommierte Weingut Brolli-Arkadenhof sehr gut. Es liegt inmitten von Weingärten in der Region Gamlitz, dem südlichsten Weinbaugebiet Österreichs. Das Familienwappen mit den zwei goldenen Löwen zeugt von langer Tradition und höchster Winzerkunst. Heute führen die Geschwister Reinhard Brolli, Weinbau- und Kellermeister, sowie Ing. Bettina-Maria Brolli, Diplom-Touristikkauffrau, gemeinsam das Weingut und vinifizieren fruchtige DAC-Weine und mehrfach prämierte Riedenweine.

Die beiden haben mit dem modernen Neubau der sehenswerten Weinkellerei architektonische Akzente in der Südsteiermark gesetzt. Mit den berühmten Rieden Oberer Kapaun und Pössnitzberg bewirtschaftet die Familie Brolli große zusammenhängende Weingärten in den besten Lagen der Südsteiermark. Die Weingärten befinden sich im Naturpark Südsteirisches Weinland auf sonnenverwöhnten steilen Hanglagen zwischen 400 und 500 Metern Seehöhe. Liebe zur Tradition und leidenschaftliche Begeisterung setzt die 100-prozentige Handarbeit voraus.
Der Sortenspiegel reicht von Welschriesling, Weißburgunder und Morillon über fruchti-

WEINGUT BROLLI-ARKADENHOF

8462 Gamlitz
Eckberg 43
T: +43 (3453) 2341
weingut@brolli.at
www.brolli.at

Kellermeister: Reinhard Brolli
Kontakt: Reinhard Brolli und Ing. Bettina-Maria Brolli
Produktion: 93 % weiß, 5 % rot, 2 % süß, 17 Hektar
Vereinszugehörigkeit: Wein Steiermark, GutFinden – Südsteiermark, Steirischer Junker

Bettina-Maria und Reinhard Brolli

gen Gelben Muskateller, Sauvignon Blanc und Traminer bis hin zum Blauen Zweigelt. Die Weine tragen die persönliche Handschrift von Weinbau- und Kellermeister Reinhard Brolli. Sie sind fein strukturiert, von tiefer Frucht geprägt und mit Finesse und zugleich südsteirischer Typizität ausgestattet. Die großen Lagenweine zeigen mineralische Eleganz und Einzigartigkeit. Mehrfach ausgezeichnete Weine mit internationaler Beachtung machen das Weingut Brolli-Arkadenhof zu einer der besten Adressen der Südsteiermark. Hier genießt man eine einzigartige Atmosphäre im Herzen der Weinberge und pure Lebensfreude an einem der eindrucksvollsten Plätze des Südens – einen Ausblick wie diesen findet man selten.

92 Traminer * Ried Oberer Kapaun 2019
13,5 Vol.-%, DV, 500-l-Fass, €€€€€
Leuchtendes Gelbgrün, Silberreflexe. Etwas weißes Steinobst, zart nach Tropenfrucht, mit Honig unterlegte Orangenzesten. Mittlerer Körper, saftig, feine Struktur, Apfelfrucht im Abgang, salzig im Nachhall, stoffiger Speisenbegleiter.

92 Sauvignon Blanc * Ried Pössnitzberg 2019
13 Vol.-%, DV, großes Holzfass, €€€€€
Helles Gelbgrün, Silberreflexe. Feine Kräuternoten, etwas nach Hibiskus, zart nach weißem Kernobst, Cassis klingt an. Saftig, elegant, balancierte Säurestruktur, extraktsüß nach Pfirsich, bereits gut antrinkbar, feinwürziges Finish.

92 Morillon * Meisterstück 2018
12,5 Vol.-%, DV, 500-l-Fass, €€€€€
Leuchtendes Gelbgrün, Silberreflexe. Einladendes Bukett, nach reifer Apfelfrucht, zart nach Röstaromen, ein Hauch von Blütenhonig klingt an. Saftig, straff, feine Struktur, gut eingebundene Holzwürze, extraktsüß nach Tropenfrucht, feinmaschige Säurestruktur, zarter gelber Apfel im Nachhall, bleibt haften, bereits gut antrinkbar.

91 Gelber Muskateller * Ried Pössnitzberg 2019
12,5 Vol.-%, DV, Stahltank, €€€€€
Helles Gelbgrün, Silberreflexe. Feiner Blütenhonig, etwas nach Muskat, zarte Holunderblüten, floraler Touch, Wiesenkräuter. Saftig, straff, dunkle Mineralik, etwas weitmaschig, feine Tropenfrucht, bleibt gut haften, bereits gut antrinkbar.

90 Grauburgunder * Ried Oberer Kapaun 2019
13 Vol.-%, DV, Stahltank/500-l-Fass, €€€€€
Mittleres Gelbgrün, Silberreflexe. Etwas nach Mandarinenzesten und Steinobst, zarte Williamsbirnenfrucht. Saftig, engmaschig, feine Säurestruktur, mineralisch, fruchtsüß nach Birnen, unkomplizierter Speisenbegleiter.

88 Weißburgunder * 2020
12,5 Vol.-%, DV, Stahltank, €€

* Südsteiermark DAC

★★★

DREISIEBNER STAMMHAUS

Nur wenige Weingüter in der Südsteiermark bieten eine so große Vielfalt wie das Dreisiebner Stammhaus. Seit dem Jahr 2000 baut Kellermeister Hannes Dreisiebner drei Weinlinien aus, die sich jetzt im aktuellen Herkunftssystem widerspiegeln. Die Gebietsweine brillieren durch ihre glockenklare, sortengerechte Ausbauweise. Speziell der Gelbe Muskateller ist über die Jahre durch seine elegante Frucht das Highlight der leichten Linie geworden.

Die Orts- und Riedenweine, die auch in kühleren Jahren eine hervorragende Reife erreichen, profitieren durch die konsequente Arbeit von Weinbaumeister Rudolf Dreisiebner. Das Flaggschiff der Lage Hochsulz ist der Sauvignon Blanc: Kalkhaltige Mergelböden sorgen für viel Würze und Charakter. Die größte Auszeichnung gab es im Jahr 2019 für die Ried Hochsulz mit »Best Sauvignon of the World« bei der größten internationalen Verkostung »Concours Mondial du Sauvignon«. Neu ist die Bezeichnung der Spitzengewächse aus der Ried Hochsulz. Aus dem Begriff »Reserve«, der bis zum Jahrgang 2017 verwendet wurde, wird ab sofort »Alte Reben« bei den Sorten Sauvignon Blanc und Chardonnay. Das Gut, mitten im Zentrum der Südsteirischen Weinstraße gelegen, wurde im letzten Winter komplett ausgebaut. Die Familie sieht eine große Zukunft als Tourismusweingut. »Klein, aber fein«, so lautet dafür das Motto. 30 Gästebetten mit fantastischer Aussicht und großzügigen Weinlandterrassen laden zum mehrtägigen Aufenthalt ein. Die beste Möglichkeit zum Verkosten und Genießen gibt es in der ausgezeichneten Buschenschank vor Ort. Gastgeberin Michaela Dreisiebner bietet in diesem traditionsreichen Lokal südsteirische Kulinarik pur.

DREISIEBNER STAMMHAUS
8461 Sulztal an der Weinstraße
Sulztal 35
T: +43 (3453) 2590
stammhaus@dreisiebner.com
www.dreisiebner.com

Kellermeister/Kontakt:
Hannes Dreisiebner
Produktion: 100.000 Flaschen
90 % weiß, 8 % rot, 2 % süß,
17 Hektar
Vereinszugehörigkeit:
Marktgemeinschaft Steirischer Wein, Wein Steiermark
Messen: VieVinum, Vinobile Feldkirch, Weintage im Museumsquartier, DAC-Präsentationen

94 Sauvignon Blanc * Ried Hochsulz Alte Reben 2018
13,5 Vol.-%, DV, kleines Holzfass, €€€€€
Helles Grüngelb, Silberreflexe. Rosa Grapefruit, frische Nuancen von Litschi und Guaven, zart nach gelber Paprikaschote, würziges Bukett. Komplex, saftig, weiße Frucht, frische Struktur, saliner Abgang, sehr gute Länge, gutes Reifepotenzial.

93 Sauvignon Blanc * Ried Hochsulz 2019
13,5 Vol.-%, DV, Stahltank, €€€€
Helles Gelbgrün, Silberreflexe. Zarte Kräuterwürze, ein Hauch von gelben Stachelbeeren, Ananas, dunkle Mineralik. Saftig, elegant, weißer Pfirsich, frisch strukturiert und mit guter Länge ausgestattet, mineralisch-salzig unterlegt, zitroniger Touch, sicheres Reifepotenzial.

91 Sauvignon Blanc * Classic 2020
12,5 Vol.-%, DV, Stahltank, €€ F
Helles Gelbgrün, Silberreflexe. Zart floral unterlegte weiße Tropenfrucht, ein Hauch von Pfirsich und Grapefruit. Mittlerer Körper, grüner Apfel, rassige Säurestruktur, mineralisch-salzig, Limette im Nachhall.

93 Chardonnay * Ried Hochsulz Alte Reben 2018
13,5 Vol.-%, DV, kleines Holzfass, €€€€€
Helles Grüngelb, Silberreflexe. Mit zarter Holzwürze unterlegte gelbe Tropenfruchtanklänge, zart nach Ananas und etwas Nougat. Straff, engmaschig, weißer Apfel, frisch strukturiert, präziser mineralischer Stil, bleibt haften, sicherer Entwicklungsbogen.

93 Traminer * Seven Sense 2017
15 Vol.-%, DV, 500-l-Fass, €€€€€
Helles Goldgelb, Silberreflexe. Feine Nuancen nach Rosenöl, gelber Pfirsich, ein Hauch von Eibischteig, einladendes Bukett. Sehr kraftvoll, dennoch elegant, feine gelbe Frucht, zart nach Blütenhonig, mineralischer Nachhall, stoffiger Begleiter bei Tisch.

91 Gelber Muskateller * Ried Hochsulz 2019
12,5 Vol.-%, DV, Stahltank, €€€
Helles Gelbgrün, Silberreflexe. Feine Limettenzesten, weiße Apfelfrucht, traubige Fruchtaromen, etwas Muskatnuss. Straff, engmaschig, rassig strukturiert, kalkig-salzig im Abgang, zitroniger Nachhall.

★★★

WEINGUT ELSNEGG

Weine, die ihre Herkunft widerspiegeln und unvergesslich bleiben, sind unser Ziel.« Schon bei diesem Leitspruch wird eines sofort klar: Der Ehrgeiz der Familie ist groß. Die Elsneggs sind überzeugte Traditionalisten, jedoch sind sie ebenso davon überzeugt, dass das alleine nicht reicht: Es braucht ein ständiges Hinterfragen der einzelnen Arbeitsabläufe, der Betrieb muss stets behutsam weiterentwickelt werden, und man sollte offen für Neues sein, ohne mit dem, was sich bewährt hat, zu brechen.

Am Eckberg, wo sich die Kulisse der Südsteirischen Weinstraße mit den Weinbergen verbindet, erwartet den Weinliebhaber ein Familienbetrieb mit charakterstarken Tropfen. Außergewöhnliche Rieden mit unterschiedlichen Mikroklimata sowie der Wechsel verschiedener Bodenformationen auf engstem Raum bilden die Grundlage für eigenständige Weine mit Tiefgründigkeit und Finesse – ob frisch-fruchtig wie die »Arte Styria«-Linie oder strukturiert wie die Lagengewächse.

Die eindrucksvolle und sonnenverwöhnte Kessellage Urlkogel thront majestätisch am Eckberg auf 524 Metern Seehöhe und bildet eine der tragenden Säulen dieser Kulturlandschaft. Seit rund 40 Jahren kultiviert die Familie Elsnegg an den steilen Hängen dieser Riede sehr erfolgreich Weine, die in Kleinmengen produziert die Spitze des Sortiments bilden, wie etwa der Sauvignon Blanc Urlkogel. Auf einem der malerischen Hügel gelegen, eröffnet sich vom Weingut aus ein traumhafter Ausblick über die angrenzenden Weinberge, wobei der Genuss eines steirischen Weins, glasweise in der Buschenschank getrunken, das Leben schöner macht. Feinste Köstlichkeiten besonderer Art werden mit Begeisterung serviert, wobei besonders das Auge mitisst.

92 Grauburgunder * Ried Eckberg Reserve 2019
13 Vol.-%, NK, Stahltank/großes Holzfass/Barrique, €€€€€
Helles Kupfergold, Silberreflexe. Verhalten, ein Hauch von Karamell, zart nach gelbem Pfirsich und etwas Ananas. Mittlerer Körper, feine Fruchtsüße, zart karamelliger Touch, gut integrierte Säurestruktur, ein Hauch von Nougat im Nachhall, zeigt Länge und Entwicklungspotenzial.

92 Sauvignon Blanc * Ried Urlkogel 2020
13 Vol.-%, DV, Stahltank/großes Holzfass, €€€€
Helles Gelbgrün, Silberreflexe. Nuancen von reifen gelben Stachelbeeren, zart nach Cassis, ein Hauch von Grapefruit, mineralischer Touch. Mittlerer Körper, frische Kernobstnuancen, frisch strukturiert, mineralisch-salzig, ein Hauch von Limetten im Abgang, bereits gut antrinkbar.

WEINGUT ELSNEGG
8462 Gamlitz
Eckberg 26
T: +43 (3453) 4812
weingut@elsnegg.at
www.elsnegg.at

Kellermeister/Kontakt:
Regina Elsnegg
Produktion: 100 % weiß
Vereinszugehörigkeit:
Steirischer Junker, Wein Steiermark

* Südsteiermark DAC

91 Sauvignon Blanc * Gamlitz 2020
12,5 Vol.-%, DV, Stahltank, €€€
Helles Gelbgrün, Silberreflexe. Zart nach Stachelbeeren und weißer Tropenfrucht, Nuancen von Grapefruit, Limettentouch. Schlank, weißer Apfel, frisch strukturiert, mineralischer Nachhall, bleibt gut haften, ein feinwürziger Speisenbegleiter.

91 Gelber Traminer * Ried Eckberg 2020
12,5 Vol.-%, DV, Stahltank, €€€
Mittleres Grüngelb, Silberreflexe. Zart nach Rosen, mit feiner gelber Tropenfrucht unterlegt, Nuancen von Marshmallows im Hintergrund. Saftig, elegant, feine Fruchtsüße, gut integrierte Säure, zart floral unterlegter Blütenhonig im Abgang, verfügt über Entwicklungspotenzial.

90 Morillon * Arte Styria® 2020
12,5 Vol.-%, DV, Stahltank, €€
Helles Gelbgrün, Silberreflexe. Zarte Apfelfrucht, ein Hauch von Birne und Wiesenkräutern, mineralischer Touch. Mittlerer Körper, frisches Kernobst, frisch strukturiert, salziger Nachhall, bereits gut antrinkbar.

90 Gelber Muskateller * Gamlitz 2020
12 Vol.-%, DV, Stahltank, €€€
Helles Gelbgrün, Silberreflexe. Zarter Holunderduft, ein Hauch von Muskat und weißem Pfirsich, Limettenzesten. Leichtfüßig, weißer Apfel, frisch strukturiert, zitroniger Nachhall, bietet unkompliziertes Trinkvergnügen.

89 Weißburgunder * Ried Edelbach 2020
13 Vol.-%, DV, Stahltank/großes Holzfass, €€€

★★

WEINGUT FELBERJÖRGL

Das Weingut Felberjörgl befindet sich mitten in der Großlage Sausal in Höch am Demmerkogl. Zurzeit werden rund dreizehn Hektar Rebfläche auf Seehöhen von 550 bis 650 Metern bewirtschaftet. Die Weine unterscheiden sich deutlich von jenen aus anderen Weinbaugebieten und sind stark vom phyllitischen Schiefer geprägt. Diese einzigartige Mineralik verleiht den Weinen eine vielschichtige Aromatik, eine gewisse Kühle und elegante Straffheit, verbunden mit einer salzig-nervigen Säurestruktur.
Alle für die Region wichtigen Rebsorten werden hier angebaut, dabei liegt das größte Augenmerk auf der Ausprägung der einzelnen Sorten und Lagen: Vom klassisch-leichten Bereich über die kräftigen Lagenweine bis hin zum Prädikatsweinbereich werden die Stärken der einzelnen Sorten hervorgehoben. Die wichtigsten Lagen des Weinguts sind Höchleit'n und Kreuzegg. Erstere zählt mit bis zu 650 Metern Seehöhe zu den höchsten Lagen Österreichs und bietet Morillon, Riesling sowie Welschriesling sehr gute Bedingungen. Kreuzegg befindet sich auf Höhe des Weinguts – Sauvignon Blanc und Weißburgunder sind hier die herausragenden Sorten. Der Boden hat mehr Humusauflage als die Höchleit'n, wodurch die Weine etwas dichter und komplexer werden. Weitere Lagen sind Zwickl, Mosergut und Schrotter. Ein sehr wichtiger Bereich des Weinguts ist die Vinifikation von Süßwein, wobei das meiste Traubengut dafür ebenso von der Lage Höchleit'n stammt. Von der leichten Auslese über Eiswein und Trockenbeerenauslese bis zu den sehr konzentrierten Strohweinen gibt es eine reiche Auswahl. Verkosten und genießen kann man die Weine in der familienbetriebenen Buschenschank, wo neben den Weinen auch hausgemachte steirische Köstlichkeiten angeboten werden.

90 ❸ Weißburgunder Sekt Brut
Deg. 11/2020, 13 Vol.-%, NK, Flaschengärung, €€€€
Helles Gelbgrün, Silberreflexe, feines Mousseux. Feine Birnenfrucht, etwas nach Blütenhonig, zart floral, Kräuternoten. Saftig, elegant, feine Säurestruktur, würzig, gelbes Kernobst, frisches Finish, bereits gut antrinkbar.

93 Riesling * Ried Höchleit`n Reserve 2018
14 Vol.-%, NK, Stahltank, €€€€€
Mittleres Gelbgrün, Silberreflexe. Zart nach Mango, etwas nach Blütenhonig, Wiesenkräuter, feiner Melonentouch. Saftig, elegant, feine Extraktsüße nach Marille, salzig, kraftvoller Nachhall, dunkles Finish, guter Speisenbegleiter.

(91) Riesling * Ried Höchleit`n 2020
13 Vol.-%, DV, Stahltank, €€€
Helles Gelbgrün, Silberreflexe. Reife Tropenfrucht, zart nach Limettenzesten, feine Pfirsichnoten, einladendes Bukett. Saftig, feine Säurestruktur, mineralisch, leichtfüßig, Zitrus im Abgang, bereits gut antrinkbar.

WEINGUT FELBERJÖRGL
8442 Kitzeck
Höch 47
T: +43 (3456) 3189
info@felberjoergl.at
www.felberjoergl.at

Kellermeister/Kontakt:
Hans-Peter Temmel
Produktion: 5 % Schaumwein, 90 % weiß, 3 % rot, 2 % süß, 13 Hektar
Vereinszugehörigkeit:
WBV Sausal

Rieden bei Kitzeck

93 Sauvignon Blanc * Ried Mosergut Reserve 2018
14 Vol.-%, DV, 500-l-Fass, €€€€
Leuchtendes Goldgelb, Silberreflexe. Einladendes Bukett nach weißem Nougat und reifen Stachelbeeren, etwas nach Papaya, nussige Nuancen. Saftig, straff, feine Struktur, würzig, gelbe Tropenfrucht im Abgang, cremiger Touch, salziger Nachhall, vielseitig einsetzbar.

(92) Sauvignon Blanc * Kitzeck-Sausal 2020
13 Vol.-%, DV, Stahltank, €€€
Helles Gelbgrün, Silberreflexe. Feine gelbe Stachelbeernuancen, mit weißer Frucht unterlegt, angenehm rauchige Würze, ein Hauch von Schiefer. Komplex, saftig, zart nach Guaven, frischer Säurebogen, mineralisch-salzig im Nachhall, ein eleganter Speisenbegleiter mit Entwicklungspotenzial.

92 Zwickl Reserve Ried Zwickl 2017 WB/PG/CH
13,5 Vol.-%, DV, 500-l-Fass, €€€€
Leuchtendes Goldgelb, Silberreflexe. Feine Eibischnoten, unterlegt mit Zitrusnuancen, ein Hauch von Wiesenkräutern, reifer Litschitouch. Straff, leichtfüßig, feine Mineralik, salzig, weißes Kernobst im Abgang, bleibt gut haften, vielseitig einsetzbar.

WEINGUT FIRMENICH

Das familiengeführte Weingut Firmenich mit Buschenschank, auch Steinberghof genannt und direkt an der Südsteirischen Weinstraße gelegen, besticht durch seine ruhige Lage am Steinberg. Die Zufahrt ist durch einen eindrucksvollen Buchenwald gesäumt. Vom Weingut aus genießt man einen Panoramablick auf die umliegenden Weingärten und die hügelige Landschaft der Oststeiermark bis hin zum Wechselgebiet.
Nachhaltige Bewirtschaftung, Handarbeit, niedrige Erträge und ein kompromissloser Qualitätsanspruch sind der Grundstein für elegante, herkunftsgeprägte Weine. Die Trauben stammen ausschließlich aus den gutseigenen Weingärten und werden behutsam gepflegt. Die Weingärten befinden sich auf einer Seehöhe von 400 bis 500 Metern und sind von Korallenkalk und Opok geprägt, woraus lebendige und mineralische Weine hervorgehen. Zu den wichtigsten Rebsorten des Betriebes gehören neben dem anbaustärksten Sauvignon Blanc auch der Gelbe Muskateller, Welschriesling und Morillon. Auf die Weiß-

* Südsteiermark DAC

Familie Firmenich

WEINGUT FIRMENICH
8461 Ehrenhausen
Wielitsch 57
T: +43 (3453) 2435
weingut@firmenich.at
www.firmenich.at

Kellermeister/Kontakt:
Johannes Firmenich
Produktion: 10 % Schaumwein, 80 % weiß, 5 % rosé, 5 % rot, 5.5 Hektar

weinsorten entfallen über 90 Prozent der Anbaufläche.
Die südsteirischen Gebietsweine bilden die Basis des Sortiments und sind Ausdruck des südsteirischen Lebensgefühls: frisch und fruchtig, leichtfüßig, aber dennoch mit einem Hauch Mineralik. Beim Ortswein liegt der Fokus auf dem Boden und dessen Beschaffenheit. Die Riedenweine werden nur aus Trauben höchster Reife der Rieden Steinberg und Grassnitzberg gewonnen. Diese charakterstarken und kräftigen Weine haben ein hohes Lagerpotenzial. Sie sind der Inbegriff von Herkunft, Handwerk und Selektion.
In der liebevoll eingerichteten Buschenschank wird am Steinberghof in gemütlicher Atmosphäre eine feine Buschenschank-Küche serviert. Neben typisch steirischen Schmankerln werden auch zahlreiche außergewöhnliche Gerichte sowie vegetarische und vegane Köstlichkeiten angeboten. Ein perfekter Ort um sich kulinarisch verwöhnen zu lassen. Insider-Tipp: Der Steinberghof ist auch die Heimat des »STIN – Styrian Gin«.

88 Monte Placino Frizzante vom Gelben Muskateller 2019
11 Vol.-%, KR, Stahltank, €€

92 Sauvignon Blanc * Ried Grassnitzberg 2018
13,5 Vol.-%, VL, Holzfass, €€€€€
Helles Gelbgold, Silberreflexe. Feine Kräuterwürze, gelbe Steinobstnuancen, ein Hauch von Mango und Stachelbeeren, mineralisch unterlegt. Stoffig, elegant, reife gelbe Tropenfrucht, finessenreicher Säurebogen, reifer Apfel, zitroniger Touch im Abgang, ein vielschichtiger Speisenwein.

91 Sauvignon Blanc * Ried Steinberg 2017
13 Vol.-%, DV, Barrique, €€€€
Leuchtendes Gelbgrün, Silberreflexe. Weiße Tropenfrucht, ein Hauch von Kräuterwürze, gelbe Stachelbeeren, dunkle Mineralik. Elegant, saftige Textur, zart nach Karamell, Limetten im Nachhall, bereits entwickelt, feine Süße im Nachhall.

89 Sauvignon Blanc * 2020
12 Vol.-%, DV, Stahltank, €€

91 Chardonnay * Ried Steinberg 2019
13,5 Vol.-%, VL, Barrique, €€€€
Helles Gelbgrün, Silberreflexe. Frischer gelber Apfel, ein Hauch von Pfirsich, Nuancen von Limetten, mineralisch unterlegt. Mittlerer Körper, feine Holzwürze, weißer Apfel und Vanille, zarter Karamelltouch im Abgang, bereits gut entwickelt und antrinkbar.

89 Gelber Muskateller * 2020
11 Vol.-%, DV, Stahltank, €€

★

FUCHS – FAMILY OF WINE

In der südsteirischen Hügellandschaft liegt das Weingut Fuchs, das sich seit 1920 in Familienbesitz befindet. Die Familie Fuchs betreibt bereits in dritter Generation Weinbau und folgt somit einer Tradition, die vor über 200 Jahren in Deutschland begann. Heute leiten die Brüder Adolf und Heinrich Fuchs das Familienunternehmen. Adolf ist für die Weingärten zuständig, Heinrich für den Vertrieb der Weine. Die Verantwortung im Weinkeller teilen sich die Brüder.
Die Basis der erfolgreichen Unternehmensphilosophie liegt in dem Bestreben, frische, fruchtige und trinkfreudige Weine herzustellen. Die Weißweine werden in Edelstahltanks ausgebaut. Die Rotweine lagern entweder in Edelstahltanks oder in kleinen Eichenfässern.

91 Weißburgunder 2020
12,5 Vol.-%, DV, Stahltank, €€
Helles Gelbgrün, Silberreflexe. Zart nach Birnen, etwas nach Kräutern, frisch nach Grapefruit, Guave klingt an. Saftig, elegant, feine Säurestruktur, Maracujatouch im Abgang, bereits gut antrinkbar.

90 Gelber Muskateller 2020
12 Vol.-%, DV, Stahltank, €€
Helles Gelbgrün, Silberreflexe. Zart mit Muskatnuss unterlegter Holunderblütenduft, ein Hauch von Weingartenpfirsich, traubige Noten. Knackige Textur, Limetten, rassig, feinfruchtig im Abgang, ein lebendiger Terrassenwein.

90 Sauvignon Blanc 2020
13 Vol.-%, DV, Stahltank, €€
Helles Gelbgrün, Silberreflexe. Feine Wiesenkräuter, etwas nach Cassis, grüner Paprika, frisches Bukett. Mittlerer Körper, saftig, feine Struktur, zitronig, weiße Frucht im Abgang, individuell einsetzbar.

(89) Chardonnay 2020
12,5 Vol.-%, DV, Stahltank, €€

88 Welschriesling 2020
11,5 Vol.-%, DV, Stahltank, €€

89 Schilcher 2020
11,5 Vol.-%, DV, Stahltank, €€

FUCHS – FAMILY OF WINE
8463 Leutschach an der Weinstraße
Glanz 6
T: +43 (3454) 387
office@fuchs-weine.at
www.fuchs-weine.at

Kellermeister/Kontakt: Heinrich Fuchs
Produktion: 70 % weiß, 30 % rot, 15 Hektar
Messen: ProWein Düsseldorf, VieVinum

Weißburgunder

★★

WEINGUT GEORGIBERG

Das Weingut Georgiberg des passionierten Weinkenners und erfolgreichen Unternehmers Christian Trierenberg ist seit Jahren bekannt für kontinuierlich ausgezeichnete und charaktervolle Weine. Seine Weingärten in Wielitsch bei Ehrenhausen zählen seit Jahrhunderten zu den besten Lagen im südsteirischen Weinland, darunter Hochgrassnitzberg, Obegg und Wielitsch. Der Boden und das warme illyrische Klima bilden hier die besten Voraussetzungen für herausragende Weine. Nun soll das modern ausgestattete Anwesen an der südsteirischen Weinstraße mit einer langfristigen Neuausrichtung auf die nächste Ebene gehoben werden.

Besonders vielversprechend ist dabei die Partnerschaft mit der Weingut Georgiberg GmbH, die 2019 von den bekannten Winzern Stefan Krispel und Alois Gollenz sowie dem Vertriebsexperten Werner Stoisser gegründet wurde und den Weinkeller und die Weingärten gepachtet hat. Im modernen Keller des Weinguts lässt sich bereits eine neue Handschrift erkennen. In enger Abstimmung mit Krispel bringt Gollenz durch seine langjährige Erfahrung höchste Qualität in die Flasche. Zusammen mit dem Vertriebsexperten Stoisser bildet sich so ein erfahrenes Dreier-Team, das auch Weine und Schaumweine der Marken »Schönbrunn Vienna« und »Kaiserin Elisabeth Sisi« zu Ehren von Schönbrunn am Georgiberg abfüllt und vermarktet.

Neben der steirischen Klassik, die der Stilistik der Region entspricht, wird auch weiterhin auf Spezialprodukte wie den mehrfach prämierten B.M. Rosé Sekt gesetzt – eine Rarität, die nach traditioneller Methode aus Blauer-Muskateller-Trauben hergestellt wird.

Die außergewöhnliche Atmosphäre auf dem Weingut, das sanft eingebettet in den südsteirischen Weinbergen liegt, lässt sich besonders gut im Georgiberg Restaurant erleben. Hier genießen die Gäste saisonale Köstlichkeiten und edle Tröpfchen in atemberaubendem Ambiente.

(94) Sauvignon Blanc Ried Hochgrassnitzberg 2019
13,5 Vol.-%, DV, großes Holzfass, €€€€
Mittleres Grüngelb, Silberreflexe. Gelbe Paprikaschoten, reife Stachelbeernuancen, zarter Touch von Maracuja und ein Hauch von Blütenhonig, einladendes Bukett. Saftig, gute Komplexität, weiße Tropenfruchtnoten, finessenrei-

Weingut Georgiberg

WEINGUT GEORGIBERG
8461 Ehrenhausen
Wielitsch 54
T: +43 (3453) 20243
office@weingut-georgiberg.com
www.weingut-georgiberg.at

Kellermeister: Alois Gollenz
Kontakt: Stefan Krispel
Produktion: 70 % weiß, 25 % rot, 5 % süß, 25 Hektar
Vereinszugehörigkeit: Wein Steiermark
Messen: ProWein Düsseldorf, VieVinum

cher Säurebogen, salzig-zitronig im Nachhall, bleibt haften, verfügt über Länge und Reifepotenzial.

89 Sauvignon Blanc Steiermark 2020
12,5 Vol.-%, DV, Stahltank, €€

(92) Weißburgunder Ried Wielitsch 2019
13 Vol.-%, DV, großes Holzfass, €€€€
Helles Grüngelb, Silberreflexe. Mit einem Hauch von Biskuit und Röstanklängen unterlegte feine gelbe Tropenfrucht, zart nach Ananas und Birne. Saftig, elegant, weißes Kernobst, frisch strukturiert, lebendiger Säurebogen, mineralisch-zitronig im Nachhall, ein lebendiger Speisenbegleiter.

89 Weißburgunder Steiermark 2020
12,5 Vol.-%, DV, Stahltank, €€

90 Welschriesling Steiermark 2020
11 Vol.-%, DV, Stahltank, €€
Helles Gelbgrün, Silberreflexe. Reifes Kernobst, unterlegt mit Wiesenkräutern, zart nach Blütenhonig, Mandarinenzesten klingen an. Saftig, elegant, balancierte Struktur, feinwürzig, zitroniger Touch, bereits gut antrinkbar.

90 Gelber Muskateller Steiermark 2020
11,5 Vol.-%, DV, Stahltank, €€
Helles Gelbgrün, Silberreflexe. Einladendes Bukett nach Pfirsich und Holunderblüten, ein Hauch von Traubengelee, Orangenschalen klingen an. Saftig, engmaschig, zarter Limettentouch im Abgang, würziger Nachhall, bereits gut antrinkbar.

★★★

WEINGUT R & R GERNGROSS

BIO

Hoch oben im Sausal, umringt von den steilsten Weingärten, befindet sich das Traditionsweingut Gerngross. Die Seehöhe von 600 Metern, karge Schieferböden und ein einzigartiges Kleinklima prägen diesen wunderbaren Landstrich. Die Familie Gerngross versteht es seit Generationen, die einmalige Beschaffenheit dieser Region für den Ausbau herkunftstypischer Qualitätsweine zu nutzen. Die Mineralik steht bei ihren Weinen im Vordergrund. Die von rotem und blauem Schiefer geprägten Weingärten sind die Grundlage einer straffen und salzig-mineralischen Typizität.
Ein respektvoller Umgang mit der Natur ist seit jeher Sinnbild für das Handwerk des Winzers. Um die Ursprünglichkeit der Böden zu bewahren, hat sich die Familie Gerngross dazu entschlossen die Weingärten biologisch zu bewirtschaften. Damit sollen vor allem die Fruchtbarkeit und die biologische Vielfalt erhalten werden. Die Rebstöcke bedanken sich für den behutsamen Umgang mit einer besonderen Komplexität und Eigenständigkeit der Weine.

(93) Sauvignon Blanc * Ried Hochbrudersegg 2020
12,5 Vol.-%, NK, Stahltank, €€€€ B
Helles Grüngelb, Silberreflexe. Zart nach Grapefruitzesten, gelbe Tropenfrucht, ein Hauch von Cassis und Stachelbeeren, attraktives Bukett. Straff, elegant und leichtfüßig, finessenreicher Säurebogen, feinziselierter Stil, saliner Nachhall, sehr gute Länge, tänzelt förmlich am Gaumen, bietet großes Trinkanimo.

(92) Sauvignon Blanc * Kitzeck-Sausal 2020
12,5 Vol.-%, DV, Stahltank, €€€ B
Helles Goldgelb, Silberreflexe. Frische Kräuterwürze, wei-

WEINGUT R & R GERNGROSS
8441 Sausal
Rettenberg 11
T: +43 (3456) 2922
info@weingut-gerngross.at
www.weingut-gerngross.at

Kellermeister: Michael Gerngross
Kontakt: Michael und Reinhold Gerngross
Anbauweise: Zertifiziert Biologisch
Produktion: 90 % weiß, 8 % rot, 2 % süß, 8 Hektar

* Südsteiermark DAC

ße Tropenfrucht, Nuancen von Limetten, mit einem Hauch von Passionsfrucht unterlegt. Straff, weißer Apfel, finessenreicher Säurebogen, salzige Schiefermineralik, bleibt haften, ein lebendiger Speisenbegleiter.

91 Sauvignon Blanc * 2020
12,5 Vol.-%, DV, Stahltank, €€€
Helles Goldgelb, Silberreflexe. Zart floral unterlegte Nuancen von frischen Stachelbeeren und Cassis, ein Hauch von Grapefruitzesten. Mittlerer Körper, grüner Apfel, frisch strukturiert, mineralisch-zitronig im Abgang, ein lebendiger, anregender Sommerwein.

94 Sauvignon Blanc Kapellenstück 2018
13 Vol.-%, NK, großes Holzfass, €€€€€
Mittleres Grüngelb, Silberreflexe. Zarte Kräuternuancen, ein Hauch von Vanille und gelber Tropenfrucht, etwas Guaven und Feigen klingen an, mit weißem Nougat unterlegt. Saftig, gute Komplexität, feine Extraktsüße, seidige Textur, ein Hauch von Kokos im Abgang, zeigt sehr gute Länge, sicheres Reifepotenzial.

92 Welschriesling Solutus III 2018
13 Vol.-%, NK, Amphore, €€€€€
Zart wolkiges helles Orangegold. Frische Mandarinen, zarte Kräuterwürze, mineralischer Touch, mit einem Hauch von Marillen unterlegt, attraktives Bukett. Mittlerer Körper, zart nach Steinobst und Ringlotten, gut dosierter Gerbstoff, ausgewogen und gut anhaftend, Pfirsich im Nachhall, bereits gut entwickelt.

92 Welschriesling Spätlese Johanneswein 2020
10 Vol.-%, DV, Stahltank, €€€€
Helles Goldgelb, Silberreflexe. Einladender Duft von Honig und Maracuja, mit floralen Nuancen unterlegt. Süße weiße Tropenfrucht, zart nach Litschi, weißer Pfirsich, dezenter Säurebogen, präziser Stil, reife Marillen im Nachhall, bietet fruchtig-süßes Trinkvergnügen.

★★★★

WEINGUT GROSS

Das Weingut Gross liegt in der reizvollen Hügellandschaft der Südsteiermark. Am Hang der Ried Nussberg haben Martina und Johannes Gross ihren Arbeits- und Lebensmittelpunkt und streben gemeinsam mit Hingabe nach Authentizität – in ihrem Tun und in ihren Weinen. Soeben haben die beiden einen mutigen Schritt gesetzt, sie befreien ihre Riedenweine vom Zwang eines Erscheinungstermins. Inspiriert von der handwerklichen Tradition ihrer Region verzichten sie gänzlich auf beschleunigende Kellertechniken und lassen ihre Riedenweine im eigenen Tempo »groß« werden. Die Riedenweine bekommen so mindestens vier Jahre statt der üblichen eineinhalb Jahre Zeit für Ausbau und Reife auf dem Weingut – Geduld, die man schmeckt. Der konsequente Schritt ist lange vorbereitet. So erscheinen heuer an Stelle der 2019er-Riedenweine bislang zurückbehaltene Fassreserven des Jahrgangs 2015. Sie bezeugen, wie sehr die lange, nicht forcierte Ausbauzeit die Weine beflügelt. Mit Bedacht pflegt das Winzerpaar auf etwa 37 Hektar eine Vielfalt an Weißweinrebsorten. In ihren steilen Weingärten steht die individuelle Pflege der Reben von Hand im Vordergrund. Die Rebstöcke wurzeln auf 300 bis 500 Meter Seehöhe in unterschiedlichsten Böden: von Opok (Kalkmergel) über Kalkstein bis hin zu Sand und Kristallin. Zudem erzeugt das unberechenbare »Cool Climate« der Südsteiermark eine Spannung, die den Weinen zu weiterem Finessenreichtum verhilft.
Die Trauben für alle Weine stammen aus familieneigenen Weingärten, bei deren Bewirtschaftung auf eigens erzeugtem Humus, natürliche Präparate und viel Handarbeit gesetzt wird.
Johannes legt – bei aller Neugier – großen Wert auf die regionale Weinbautradition und handwerkliches Arbeiten. Martina ist die Experimentierfreudige unter den beiden, stets auf der Suche nach alternativen Zugängen in Bezug auf Weingarten-Bewirtschaftung. Beiden ist es wichtig, auf dem Hof eine Atmosphäre zu schaffen, in der sich jeder willkommen fühlt. Die Tore des Weinguts stehen deshalb weit offen. Weine verkosten und in-

WEINGUT GROSS

8461 Ehrenhausen
Ratsch an der Weinstraße 26
T: +43 (3453) 2527
weingut@gross.at, www.gross.at

Kellermeister: Johannes Gross
Kontakt: Martina und Johannes Gross
Produktion: 200.000 Flaschen
99 % weiß, 1 % süß, 37 Hektar
Zertifiziert: Nachhaltig Austria
Vereinszugehörigkeit:
Tu Felix Austria, GutFinden – Südsteiermark, Steirische Terroir- und Klassikweingüter
Messen: ProWein Düsseldorf, VieVinum

Martina und Johannes Gross

dividuelle Führungen durch Weingärten und Keller sind möglich.

(96) Sauvignon Blanc * Ried Sulz 1STK 2019
13,5 Vol.-%, NK, großes Holzfass/Edelstahl, €€€€€
Leuchtendes Gelbgrün, Silberreflexe. Feine Stachelbeeren, etwas nach kandierten Grapefruitzesten, Papaya, Tabakwürze, einladendes, vielschichtiges Bukett. Saftig, straff, gute Komplexität, gut eingebundene Säurestruktur, mineralisch-salzig, guter Speisenbegleiter, sicheres Potenzial.

(95) Sauvignon Blanc * Ried Nussberg GSTK 2019
13,5 Vol.-%, NK, großes Holzfass/Edelstahl, €€€€€€
Mittleres Gelbgrün, Silberreflexe. Mit zarter Melisse unterlegte Stachelbeere, Mangonuancen, tabakig, Orangenschalen klingen an. Gute Komplexität, saftig, engmaschig, zart nach Birnenfrucht, mineralisches Finish, gutes Potenzial.

94 Sauvignon Blanc * Ried Obere Ranz 2019
13 Vol.-%, NK, großes Holzfass/Edelstahl, €€€€€
Mittleres Gelbgrün, Silberreflexe. Einladendes Bukett, ein Hauch von Mango, zart nach reifer Stachelbeere, kandierte Orangenzesten, feine Würze. Komplex, saftig, feine Struktur, mineralisch-salzig, leichtfüßig, weißes Kernobst im Abgang, vielschichtiger Speisenbegleiter.

93 Sauvignon Blanc * Gamlitz 2019
13 Vol.-%, NK, großes Holzfass/Edelstahl, €€€€
Helles Gelbgrün, Silberreflexe. Mit dunkler Mineralik unterlegtes weißes Kernobst, etwas nach Stachelbeere, Wiesenkräuter, frisches Bukett. Saftig, elegant, feine Säurestruktur, leichtfüßig, zarte Kräuternoten, Birnentouch im Abgang, guter Speisenbegleiter.

93 Sauvignon Blanc * Ehrenhausen 2019
13 Vol.-%, NK, großes Holzfass/Edelstahl, €€€€
Helles Grüngelb. Weiße Tropenfrucht, etwas nach Pfirsich, ein Hauch von Wiesenkräutern, mit Cassis unterlegt. Saftig, feine Säurestruktur, mineralisch-salzig, engmaschig, lang anhaltend, Stachelbeernoten im Abgang, guter Speisenbegleiter.

92 Sauvignon Blanc * 2020
13 Vol.-%, DV, Stahltank, €€€
Helles Gelbgrün, Silberreflexe. Feine Paprikanoten, unterlegt mit Kräutern, ein Hauch von Melisse, feine kandierte Grapefruitnoten. Saftig, elegant, gut eingebundene Säurestruktur, weißer Apfel im Abgang, salziger Nachhall.

99 Sauvignon Blanc Nussberg GSTK 2015
13,5 Vol.-%, NK, großes Holzfass/Edelstahl, €€€€€€
Mittleres Gelbgrün, Silberreflexe. Vielschichtiges Bukett, zart nach Gewürzen, etwas tabakig, gelbe Tropenfrucht, reifes Cassis, Kräuternoten. Saftig, elegant, facettenreiche Säurestruktur, nussige Aromatik, mineralisch, kraftvoll, guter Speisenbegleiter mit viel Potenzial.

96 Sauvignon Blanc Sulz 1STK 2015
13,5 Vol.-%, NK, großes Holzfass/Edelstahl, €€€€€
Mittleres Gelbgrün, Silberreflexe. Feine Wiesenkräuter, zart nach Cassis, ein Hauch von Ananas, floraler Touch, kandierte Orangenzesten. Saftig, straff, facettenreiche Säurestruktur, gute Komplexität, engmaschig, salzig,

weißes Steinobst im Abgang, einladender Speisenbegleiter mit Entwicklungspotenzial.

(95) Weißburgunder * Ried Nussberg GSTK »Stauder« 2019
13 Vol.-%, NK, großes Holzfass/Edelstahl, €€€€€
Mittleres Gelbgrün. Zarte Wiesenkräuter, ein Hauch von Mandarinenzesten, weiße Pfirsichfrucht, Melissetouch, einladendes Bukett. Gute Komplexität, saftig, straff, Blütenhonig, mineralisch, Birnentouch im Abgang, gutes Entwicklungspotenzial.

(94) Weißburgunder * Ried Kittenberg 1STK 2019
12,5 Vol.-%, NK, großes Holzfass/Edelstahl, €€€€€
Mittleres Gelbgrün, Silberreflexe. Zarte Mangonoten, etwas eingelegter Pfirsich, ein Hauch von Blütenhonig, mit Karamell unterlegt. Gute Komplexität, saftig, feine Struktur, mineralisch, gelbe Tropenfrucht, vielseitiger Speisenbegleiter, gutes Potenzial.

93 Weißburgunder * Ehrenhausen 2019
12,5 Vol.-%, NK, großes Holzfass/ Edelstahl, €€€€
Mittleres Gelbgrün, Silberreflexe. Zarte Tabakwürze, etwas nach Papaya, Birnenfrucht, kandierte Mandarinenzesten, floraler Touch. Saftig, elegant, gut integrierte Säurestruktur, mineralisch, Ananastouch im Abgang, salziger Nachhall, bereits gut antrinkbar.

95 Weißburgunder Ried Kittenberg 1STK 2015
12,5 Vol.-%, NK, großes Holzfass/Edelstahl, €€€€€
Mittleres Gelbgrün, Silberreflexe. Einladendes Bukett nach Ananas und Papaya, dunkle Mineralik, Tabakwürze, nussige Nuancen, reife Williamsbirne. Gute Komplexität, facettenreich, salzige Noten, Karamell, feine Säurestruktur, engmaschiges Finish, sicheres Potenzial.

(94) Morillon * Ried Nussberg GSTK »Pretschnigg« 2019
13 Vol.-%, NK, großes Holzfass/Edelstahl, €€€€€
Leuchtendes Goldgelb, Silberreflexe. Feiner reifer Golden-Delicious-Apfel, zarte Birnenfrucht, Blütenhonig, unterlegt mit Blutorangen, einladendes Bukett. Saftig, gute Komplexität, straff, gut eingebundene Säurestruktur, Kernobsttouch im Abgang, salziger Nachhall, guter Speisenbegleiter.

93 Morillon * Ehrenhausen Startin 2018
12,5 Vol.-%, NK, großes Holzfass/ Edelstahl, €€€€
Helles Gelbgrün, Silberreflexe. Feine Gewürznoten, ein Hauch von weißem Pfirsich, gelbe Tropenfruchtnoten, Kräuternuancen. Saftig, straff, feine Säurestruktur, mineralisch-salzig, weiße Apfelfrucht im Abgang, bleibt gut haften, bereits gut antrinkbar.

94 Morillon Nussberg »Pretschnigg« GSTK 2015
13,5 Vol.-%, NK, großes Holzfass/Edelstahl, €€€€€
Mittleres Gelbgrün, Silberreflexe. Feine Mangonoten, ein Hauch von Papaya, feiner Blütenhonig, etwas Orangenschalen. Saftig, gute Komplexität, gut eingebundene Säurestruktur, engmaschig, Zitruszesten, salzig, weißes Steinobst im Abgang, sicheres Potenzial.

94 Gelber Muskateller * Ried Perz 1STK 2019
11 Vol.-%, NK, großes Holzfass/Edelstahl, €€€€€
Helles Gelbgrün, Silberreflexe. Dezente Wiesenkräuter, etwas nach Gewürzen, weißer Pfirsichtouch, weiße Rosen, etwas nach Zitruszesten, einladendes Bukett. Saftig, elegant, etwas nach Birnen, bleibt gut haften, leichtfüßig, frische Struktur, guter Speisenbegleiter.

92 Gelber Muskateller * Gamlitz 2019
11 Vol.-%, NK, Edelstahl, €€€€
Helles Gelbgrün, Silberreflexe. Feine Kräuternoten, etwas nach Melisse, ein Hauch von Birne, floraler Touch. Mittlerer Körper, saftig, feine Struktur, engmaschig, mineralisch, zart nach Zitrus und Holunder.

91 Gelber Muskateller * 2020
11,5 Vol.-%, DV, Stahltank, €€€
Helles Gelbgrün, Silberreflexe. Etwas Muakat, mit dezenter Kräuternote unterlegt, ein Hauch von schwarzer Holunderbeere, Limettenzesten klingen an. Frischer, leichtfüßiger Trinkfluss, feine Apfelfrucht, lebendige Säurestruktur, bereits gut antrinkbar.

91 * Bergwein 2019 SB/WR
11,5 Vol.-%, DIAM, großes Holzfass/Edelstahl, €€€
Helles Gelbgrün, Silberreflexe. Zarte Cassisnoten, ein Hauch von Limetten, etwas weißer Pfirsich, grasige Nuancen, Kräuter klingen an. Mittlerer Körper, saftig, elegant, mineralisch-salzig, Grapefruitnoten im Abgang, unkomplizierter Speisenbegleiter.

96 Sauvignon Blanc Beerenauslese 2017
12,5 Vol.-%, NK, gebr. Barriques/ Edelstahl, €€€€
Leuchtendes Goldgelb, Silberreflexe. Feine Dörrobstnuancen und Botrytiswürze, reife gelbe Tropenfrucht, dunkle Mineralik, zarter Blütenhonig. Komplex, saftig, engmaschig, süße gelbe Frucht nach Ananas und Mango, Honig im Abgang, opulenter, gut anhaftender Stil mit sicherem Reifepotenzial.

WEINGUT HARKAMP
8430 Leibnitz, Hollerbrandweg 6
T: +43 (3452) 76420
weingut@harkamp.at
www.harkamp.at

Kellermeister: Hannes Harkamp
Kontakt: Petra und Hannes Harkamp
Anbauweise: Biodynamisch (Demeter)
Produktion: 90 % weiß, 10 % rot, 20 Hektar
Vereinszugehörigkeit: WBV Sausal, Naturparkspezialitäten Südsteiermark, GutFinden – Südsteiermark, Meisterstraße Steiermark, Wein Steiermark
Messen: Bio Österreich

Petra und Hannes Harkamp

★★★

WEINGUT HARKAMP

BIO

Respektvoll, schlicht – ergreifend«, so lautet das Motto von Hannes und Petra Harkamp. Auf vielschichtigen Schiefer- und Kalksandsteinböden bewirtschaften die beiden 20 Hektar Weingärten nach biodynamischen Richtlinien. Ab dem Jahrgang 2019 ist das gesamte Sortiment an Sekten und Stillweinen Demeter-zertifiziert. Aufmerksam wurden die Weingärten natürlich schon davor bearbeitet. Biodynamische Bewirtschaftung ist im Sausal aufgrund von oft mehr als 1000 Millimetern Niederschlag pro Jahr und extremen Steillagen eine echte Herausforderung. Petra und Hannes Harkamp stellen sich der Challenge, nachdem sie sich alle dafür nötigen Prozesse während der vergangenen Jahre intensiv angeschaut haben. Seit einigen Jahren tummeln sich Schaf Petzi und Hühner in den Weingärten. Dass sowohl die Reben als auch die Menschen und Tiere zufrieden und tief mit dem Sausal verwurzelt sind, schmeckt man in den Weinen immer klarer. Durch die Kreisläufe einer natürlichen, biodynamisch geführten Landwirtschaft entwickeln sich die Weine und Sekte in eine noch kompromisslosere und präzisere Richtung und drücken so das gesamte Potenzial ihrer Herkunft aus.
Aus den ausdrucksstarken Sausaler Top-Rieden Oberburgstall und Kogelberg entstehen straffe, mineralische Weine aus den steirischen Leitsorten Sauvignon Blanc, Morillon, Grauburgunder und Weißburgunder. Besonderes Talent besitzt Hannes Harkamp auch für das Produzieren eleganter Schaumweine. Das bezeugen zahlreiche konstant hohe Bewertungen und Prämierungen seiner Sekte nach der traditionellen Flaschengärmethode. Im Herbst darf man sich auf die neue Große Reserve 2015 freuen. Alle Weine und Sekte stehen in der Villa Hollerbrand in Leibnitz zum Verkosten und Mitnehmen bereit. Wer mag, kann aber auch bei Bruder Heinz Harkamp im zauberhaft gelegenen Weingartenhotel samt Restaurant am Flamberg einkehren.

95 ❸ **Harkamp Solera ZW/WB**
Deg. 10/2020, 12 Vol.-%, NK, Flaschengärung, €€€€€ Ⓥ
Mittleres Gelbgrün, Silberreflexe, feines Mousseux. Delikate Fruchtnuancen nach Ananas, etwas Blütenhonig, kandierte Orangenzesten, nussige Aromatik. Straff, elegant, facetten-

reiche Säurestruktur, Biskuitnoten, Honigmelone im Abgang, würziger Nachhall, engmaschiger Speisenbegleiter.

93 ❺ Harkamp Brut Reserve CH/PN/WB
Deg. 12/2020, 12 Vol.-%, NK, Flaschengärung, €€€€€ Ⓥ
Mittleres Gelbgrün, Silberreflexe, delikates Mousseux. Etwas nach Maracuja, ein Hauch von Orangenzesten, zart nach Toffee, zarte Briochenote, einladendes Bukett. Gute Komplexität, saftig, lebendiger Säurebogen, salzig, zart nach Apfelfrucht, feinwürzig, lange anhaltend, gutes Potenzial.

93 ❺ Harkamp Zero Dosage PN/WB/CH
Deg. 09/2020, 12 Vol.-%, NK, Flaschengärung, €€€€ Ⓥ Ⓢ
Helles Gelbgrün, Silberreflexe, feines Mousseux. Zarte Kräuterwürze, etwas nach Mandarinenzesten, reife Steinobstfrucht, Tabaknoten, facettenreiches Bukett. Saftig, straff, engmaschig, salzig-elegant, feine Papayanoten, zitroniger Touch im Nachhall, gutes Potenzial.

93 ❺ Harkamp Sauvignon Blanc Extra Brut
Deg. 02/202, 12 Vol.-%, NK, Flaschengärung, €€€€€ Ⓥ Ⓢ
Helles Gelbgrün, feines Mousseux. Mit zartem Zitrus unterlegte weiße Fruchtnuancen, ein Hauch von Kräutern, etwas nach Schalotten. Saftig, elegant, gut integrierte Säurestruktur, mineralisch, frische Stachelbeernoten, lebendig und feinmaschig, bleibt gut haften.

91 ❺ Harkamp Muskateller Brut
Deg. 01/2021, 12 Vol.-%, NK, Flaschengärung, €€€€ Ⓥ Ⓢ
Helles Gelbgrün, Silberreflexe, feine Perlage. Zart nach Blütenhonig, etwas nach Kräutern, ein Hauch von Muskat, einladendes fruchtiges Bukett. Saftig, fruchtsüß, elegant, gut eingebundene Säurestruktur, Maracujanoten, salzig, feine Marillennoten, bereits gut antrinkbar.

90 ❺ Harkamp Steiermark Klassik SB/WB/WR
Deg. 02/2021, 12 Vol.-%, NK, Flaschengärung, €€€€ Ⓥ
Helles Gelbgrün, Silberreflexe, fein moussierend. Gewürznuancen, ein Hauch von gelbem Paprika, zart nach Wiesenkräutern. Saftig, elegant, feine Säurestruktur, zart nach Maracuja, balanciert, extraktsüß nach weißem Kernobst, bereits gut antrinkbar.

92 ❺ Harkamp Brut Rosé
Deg. 11/2020, 12 Vol.-%, NK, Flaschengärung, €€€€ Ⓥ Ⓢ
Helles Lachsrosa, Kupferreflexe, feine Perlage. Zarte Tabakwürze, etwas nach Cassis, ein Hauch von Selcharomatik, Walderdbeeren klingen an. Saftig, fruchtsüß, etwas nach Himbeeren, Gewürznoten im Abgang, bleibt gut haften, unkomplizierter Speisenbegleiter.

93 Grauburgunder * Ried Oberburgstall 2019
13 Vol.-%, NK, 500-l-Fass, €€€€€ Ⓥ
Leuchtendes helles Goldgelb, Silberreflexe. Reife Birnenfrucht, ein Hauch von frischen Orangenzesten, mit einem nussigen Touch unterlegt. Komplex, saftig, feine weiße Tropenfrucht, feine Fruchtsüße im Abgang, mineralisch im Nachhall, bereits gut entwickelt, vielseitig einsetzbar und mit weiterem Reifepotenzial ausgestattet.

94 Weißburgunder Khalchluckhen 2019
13,5 Vol.-%, NK, 500-l-Fass, €€€€€€ Ⓑ Ⓥ
Helles Goldgelb, Silberreflexe. Mit frischer Walnuss unterlegte feine weiße Apfelfrucht, ein Hauch von Kamille und Limette. Saftig, weiße Tropenfrucht, straff, präzise, finessenreich strukturiert, wirkt leichtfüßig, salzig im Abgang, ein facettenreicher Speisenbegleiter.

93 Morillon Kogelwenzel 2019
13 Vol.-%, NK, 500-l-Fass, €€€€€€ Ⓑ Ⓥ
Helles Goldgelb, Silberreflexe. Zart reduktiv-nussig unterlegte Kernobstnuancen, zart nach Limettenzesten, mineralischer Touch, facettenreiches Bukett. Gute Komplexität, feine Birnenfrucht, frisch strukturiert, etwas Biskuit im Abgang, saliner Nachhall, feiner Begleiter bei Tisch.

92 Riesling Alte Reben 2020
12,5 Vol.-%, NK, 500-l-Fass, €€€€€ Ⓑ Ⓥ
Helles Gelbgold, Silberreflexe. Zarte Nuancen von Pfirsich, ein Hauch von Akazienhonig, weiße Blüten, einladendes Bukett. Saftig, weißer Apfel, frische Quitten, ein Hauch von Kamille, feiner Säuretouch, schiefrige Mineralik im Abgang, ein harmonischer Speisenbegleiter.

91 Sauvignon Blanc Natural 2020
12 Vol.-%, DV, Stahltank, €€€€ Ⓑ ❶ Ⓥ
Helles Goldgelb, Silberreflexe. Reife gelbe Stachelbeeren, ein Hauch von Blütenhonig, zart nach Mandarinenzesten. Mittlerer Körper, weißer Apfel, frisch strukturiert, salzig-zitronig im Abgang, bietet leichtfüßiges Trinkvergnügen.

★★

HIRSCHMUGL DOMAENE AM SEGGAUBERG

BIO

Ein malerisches Haus mit außergewöhnlicher Architektur und viel Liebe zum Detail, harmonisch umringt von wild wachsenden Blumen und Kräutern, dichten Wäldern, saftigen Obstanlagen und kraftvollen Weinreben: Mit herrlichem Ausblick, dem Summen der Bienen und herzhaftem Vogelgezwitscher lädt die Domaene am Seggauberg zum Ausatmen, Verweilen und Genießen ein. Vor mehr als 15 Jahren auf einem traditionellen Obstbauernhof aufgebaut, wird hier mit Selbstverständlichkeit und Konsequenz von Beginn an biologisch bewirtschaftet und mit viel Leidenschaft, Wertschätzung und Respekt vor der Natur vor allem Wein erschaffen, aber auch hochwertiger Honig, Gin, verschiedene Essige und vieles mehr.
Die 18 Hektar Weingärten verteilen sich über verschiedene Teile der Südsteiermark, wie den Seggauberg, das Sausalgebiet, die Lage Obegg in Spielfeld, den Kreuzberg in Eichberg-Trautenburg, und versprechen so charaktervolle Weine, geprägt von verschiedenen Böden und dem jeweiligen Mikroklima. Astrid und Toni Hirschmugl gelten zudem als Pioniere in der Steiermark, was PiWi-Rebsorten wie Muscaris, Cabernet Blanc oder Cabertin betrifft. Weiters runden Welschriesling, Weißburgunder, Sauvignon Blanc, Chardonnay, Traminer, Zweigelt und St. Laurent das Sortiment ab.
Die Mineralik des Bodens, das Wechselspiel der Temperaturen, das Mikroklima der Hirschmugl-Lagen, die Kreativität des talentierten Kellermeisters Alexander Scherübl und die Charakteristiken der Sorten ergeben die Finesse dieser außergewöhnlichen Weine. Sie sind Botschafter ihres ganz besonderen Terroirs und mit Eleganz, Spannung und filigraner Mineralik keinesfalls beliebig austauschbar. Trinkfluss und Lagerfähigkeit stehen bei allen Entscheidungen im Vordergrund, die Verarbeitung gesunder Trauben hat hier oberste Priorität.
Auf der Domaene am Seggauberg und in den Weingärten finden sich verschiedene Arten von Nattern. Diese ungiftigen Schlangen gel-

HIRSCHMUGL
DOMAENE AM SEGGAUBERG
8430 Leibnitz, Am Plöckelberg 6
T: +43 (3452) 86300
info@hirschmugl-domaene.at
www.hirschmugl-domaene.at

Kellermeister: Alexander Scherübl
Kontakt: Victoria Sturm
Anbauweise: Zertifiziert Biologisch (Bio Austria)
Produktion: 53.333 Flaschen
10 % Schaumwein, 85 % weiß,
5 % rot, 18 Hektar
Vereinszugehörigkeit:
Wein Steiermark, WBV Sausal, Südherz
Messen: VieVinum, DAC-Präsentationen

Weingut Hirschmugl

ten als Anzeiger einer intakten Umwelt, die nur bei einer naturnahen Arbeitsweise gewährleistet ist. Um dieses Naturverständnis zu dokumentieren, wird die Natter auch auf dem Etikett verwendet.

92 Ⓔ Decto Rosso 2018 ZW/SL
12,5 Vol.-%, NK, Flaschengärung, €€€€ Ⓥ
Mittleres Lachsrosa, zarte Kupferreflexe, feines, gut anhaltendes Mousseux. Einladendes rotes Waldbeerenkonfit, ein Hauch von Himbeeren, floraler Touch, zart nach Mandarinenzesten. Frisch, zarte weiße Apfelfrucht, ein Hauch von Kirschen, saline Textur, zitronig im Nachhall, ein animierender Aperitif, aber auch sommerlicher Speisenbegleiter.

92 Traminer * Ried Rettenberg Nobilis 2018
13 Vol.-%, DV, gebrauchte Barriques, €€€€€ Ⓥ
Mittleres Goldgelb, Silberreflexe. Feine Nuancen von Rosolio-Likör und Marshmallows, mit gelber Tropenfrucht und Blütenhonig unterlegt. Straff, elegant, zart nach weißem Pfirsich, etwas Litschi, frisch strukturiert, mineralisch-zitronig im Nachhall, delikater, trockener Stil.

91 Sauvignon Blanc * Ried Wiesberg 2019
13 Vol.-%, VL, großes Holzfass, €€€€€ Ⓥ
Helles Gelbgrün, Silberreflexe. Zarte Kräuterwürze, ein Hauch von weißem Pfirsich und Grapefruitzesten. Mittlere Komplexität, weiße Apfelfrucht, präsente Säurestruktur, feine gelbe Fruchtnoten im Abgang, bereits gut antrinkbar.

90 Sauvignon Blanc * 2020
13 Vol.-%, DV, Stahltank, €€€ Ⓥ
Helles Gelbgrün, Silberreflexe. Feine gelbe Tropenfruchtnuancen, zart nach Stachelbeeren, mit einem Hauch von weißen Blüten und Limetten unterlegt. Straff, knackige Textur, grüner Apfel, rassige Struktur, salzig-zitroniger Nachhall.

91 Chardonnay * Ried Rettenberg Nobilis 2018
12,5 Vol.-%, DV, gebrauchte Barriques, €€€€€ Ⓥ
Helles Goldgelb, Silberreflexe. Mineralisch, zarte gelbe Tropenfrucht, Nuancen von frischem Apfel, mit dezenter Kräuterwürze unterlegt. Mittlerer Körper, feine Kernobstnuancen, wirkt leichtfüßig, balanciert, zarte Mineralik im Abgang, ein vielseitiger Speisenbegleiter.

91 Cabernet Blanc SMC 2018
12 Vol.-%, VL, Barrique, €€€€€ Ⓥ
Mittleres Goldgelb, Silberreflexe. Feiner Hauch von Vanille und Ananas, zart rauchig-röstig unterlegte Holzwürze. Mittlerer Körper, weiße Birnenfrucht, feiner Säurebogen, mineralisch-salzig im Abgang, zitroniger Touch im Rückgeschmack.

★★★★

WEINGUT DANIEL JAUNEGG

Das Weingut Daniel Jaunegg befindet sich in wunderschöner Lage auf rund 550 Metern Seehöhe, wo sich dem Besucher eine herrliche Aussicht bietet. Durch den Einfluss der in der Ferne sichtbaren Koralpe liegt ein kühles Kleinklima vor, das auch in den Weinen spürbar wird. Diese haben eine feine, kühle Aromatik, sind facettenreich und komplex. Die vorliegenden Bodenbeschaffenheiten – leichte Schotter- und Sandböden aus Flussablagerungen bzw. Sandstein – verleihen den Weinen Würze und Finesse.

Die Weine der »Eichberg«-Serie sind die »Botschafter« des Weinguts und lassen durch ihren Charakter ihre Herkunft wunderbar nachvollziehen. Die Weine der Ried Knily, einer steilen Einzellage, zeigen sich meist schlank, mit engmaschiger Struktur und feiner Mineralik, die vom schottrigen Untergrund geprägt ist. Weine der Ried Muri, einer reinen Südlage, stehen für die höchste Traubenqualität bei Sauvignon Blanc und Chardonnay. Erreicht wird diese meist durch mehrere Lesedurchgänge mit dem Ziel, das Herzstück herauszuarbeiten. Nach der Spontangärung – was bei allen Weinen des Sortiments der Fall ist – lagern die Weine der Ried Muri bis kurz vor der Abfüllung zwei volle Jahre auf der Feinhefe, teils in gebrauchten Holzfässern, teils im Stahltank. Das verleiht ihnen Komplexität und Strahlkraft mit viel Potenzial und Zukunft. Einmal hingefunden, kann man sich persönlich von der Qualität der Weine überzeugen, die mittlerweile seit Jahren einen hohen Standard erfüllen und das Weingut Daniel Jaunegg zu einer der Top-Adressen in der Steiermark machen.

WEINGUT DANIEL JAUNEGG
8463 Leutschach an der Weinstraße
Eichberg-Trautenburg 160
T: +43 (3455) 6754
weingut@jaunegg.at
www.jaunegg.at

Kellermeister/Kontakt:
Daniel Jaunegg
Anbauweise: Umstellung auf bio
Produktion: 100 % weiß, 8 Hektar
Vereinszugehörigkeit:
Wein Steiermark
Messen: VieVinum

Jasmin Edelsbrunner und Daniel Jaunegg

96 Sauvignon Blanc * Ried Muri »Spiesz« 2017
13 Vol.-%, NK, großes Holzfass, €€€€€
Mittleres Gelbgrün, Silberreflexe. Feine Tabakwürze, etwas dunkle Mineralik, zart nach weißem Kernobst, Cassis klingt an. Gute Komplexität, zitronig, engmaschig, gut eingebundene Säurestruktur, salzig, würziger Nachhall, bleibt sehr gut haften, vielschichtiger Speisenbegleiter mit Potenzial.

95 Sauvignon Blanc * Ried Muri 2018
13 Vol.-%, NK, Stahltank, €€€€€
Helles Gelbgrün, Silberreflexe. Einladende reife Stachelbeernote, zart nach Orangenzesten, etwas nach Mango, ein Hauch von Maracuja, Vanilletouch klingt an. Saftig, engmaschig, straff, dezente Säurestruktur, weißes Steinobst im Abgang, mineralischer Nachhall, bleibt sehr gut haften, facettenreicher Speisenbegleiter.

92 Sauvignon Blanc * Eichberg 2019
12 Vol.-%, DV, Stahltank, €€€€
Helles Gelbgrün, Silberreflexe. Feine Maracujanoten, etwas nach Blütenhonig, zart nach gelbem Paprika, Orangenzesten klingen an. Saftig, gut eingebundene Säurestruktur, mineralisch-salzig, zart nach weißer Frucht im Abgang, bereits gut antrinkbar.

94 Chardonnay * Ried Muri 2018
12 Vol.-%, NK, 500-l-Fass, €€€€€
Helles Gelbgrün, Silberreflexe. Dezente Holzwürze, etwas nach Karamell, reife Apfelfrucht, fein nach Papaya und Melisse. Saftig, leichtfüßig, salzig, lebendige Säurestruktur, weißer Pfirsich im Abgang, bleibt gut haften, straffer Speisenbegleiter mit dunkler Mineralik und Reifepotenzial.

92 Chardonnay * Eichberg 2019
12 Vol.-%, DV, großes Holzfass, €€€€
Mittleres Gelbgrün, Silberreflexe. Etwas Wiesenkräuter und Blütenhonig, ein Hauch von Mango, reife Tropenfrucht, dunkle Mineralik. Straff, engmaschig, weiße Fruchtnoten, zart nach Apfel, würziger Abgang, gut integrierter Säurebogen, gutes Potenzial.

92 Grauburgunder * Eichberg 2019
12,5 Vol.-%, DV, 500-l-Fass, €€€€
Leuchtendes Gelbgrün, Silberreflexe. Feine Tabakwürze, etwas rote Apfelfrucht, ein Hauch von Birnen, mit Blütenhonig unterlegt. Saftig, elegant, samtige Textur, Quitten und gelbe Tropenfrucht im Abgang, würziger Nachhall, bereits gut antrinkbar.

92 Welschriesling 2019
11,5 Vol.-%, DIAM, kleines Holzfass, €€€€
Mittleres Gelbgrün, Silberreflexe. Facettenreiches Bukett nach reifem Apfel, zart nach Mandarinenzesten, feinwürzig, Papayatouch. Saftig, elegant, feine Struktur, etwas würzig, leichtfüßig, bereits gut antrinkbar, balancierter Speisenbegleiter.

96 Chardonnay-Welschriesling TBA Ried Muri 2017 CH/WR
9 Vol.-%, DV, kleines Holzfass, €€€€€
Mittleres Goldgelb, Silberreflexe. Mit zartem Honig unterlegte gelbe Tropenfrucht, Anklänge von Maracuja und Ananas, floraler Touch, sehr attraktives Bukett. Saftig, gut integrierte Süße, finessenreicher Säurebogen, Nuancen von Marillen im Abgang, sehr gute Länge, bleibt haften, sicheres weiteres Entwicklungspotenzial.

* Südsteiermark DAC

Hans Kilger

DOMAINES KILGER
8462 Gamlitz
Eckberger Weinstraße 32
T: +43 (3465) 5050050
kontakt@domaines-kilger.com
www.domaines-kilger.com

Kellermeister: Walter Polz, Reinhard Rinnhofer
Kontakt: Herbert Schrei
Messen: ProWein Düsseldorf, VieVinum, Weinmesse Innsbruck

★★★

DOMAINES KILGER

Die Domaines Kilger vinifizieren Weinspezialitäten aus gleich drei österreichischen Weinbaugebieten: Aus der Weststeiermark stammen die Blauer-Wildbacher-Trauben für die charakterstarken Rosé- und Schaumweine der Domaines. Am südsteirischen Kranachberg bringen die rund 25 Jahre alten Reben faszinierend elegante Sauvignon Blancs hervor, und am Eisenberg im Südburgenland wachsen die Blaufränkisch- und Merlot-Trauben für grandiose Rotweine. Allen Weinen gemeinsam ist, dass sie unverwechselbar ihre Herkunft ausspielen und dabei von höchster Eleganz geprägt sind.
Hinter dem Projekt steht der Münchner Connaisseur Hans Kilger mit seinem erfahrenen Team: Uwe Schiefer, der Experte für finessenreiche Rotweine, vinifiziert am Eisenberg im Südburgenland die Roten der Domaines Kilger. Christian Reiterer aus der Weststeiermark, seines Zeichens einfühlsamer Dompteur der wilden Blauer-Wildbacher-Rebe, ist für die Rosé- und Schaumweine von den steilen Hängen der Weststeiermark und Walter Polz für die elegant-mineralischen Weißweine aus der Südsteiermark verantwortlich.

94 Sauvignon Blanc Ried Kranachberg Reserve 2018
13 Vol.-%, NK, gr. Holzfass/kl. Holzfass, €€€€€€
Mittleres Grüngelb, Silberreflexe. Feine gelbe Tropenfrucht, ein Hauch von Passionsfrucht und Guaven, zarter Blütenhonig, einladendes Bukett. Saftig, elegant, feine gelbe Frucht am Gaumen, frisch strukturiert, gute Balance, salzig-mineralisch im Abgang, bereits gut entwickelt, ein Hauch von Nougatkaramell im Nachhall.

93 Sauvignon Blanc Ried Kranachberg 2017
13,5 Vol.-%, großes Holzfass, €€€€€
Helles Gelbgrün, Silberreflexe. Zarter floraler Touch, reife Stachelbeerfrucht, etwas nach Kapstachelbeere, mineralisch, Grapefruitzesten, weißer Pfirsich. Saftig, feine Fruchtsüße, balancierte Säurestruktur, weiße Tropenfrucht, Wiesenkräuter im Nachhall, lange anhaltend, eleganter Speisenbegleiter.

91 Sauvignon Blanc Ried Sonneck 2018
12,5 Vol.-%, NK, großes Holzfass, €€€€
Helles Gelbgrün, Silberreflexe. Zarte Kräuterwürze, frische Stachelbeeren, ein Hauch von Paprikaschoten, zart nach Limettenzesten. Mittlerer Körper, weißer Apfel, feine vegetale Würze, mineralisch im Abgang, bereits zugänglich.

93 Chardonnay Reserve Ried Kranachberg 2018
13,5 Vol.-%, NK, kleines Holzfass, €€€€€
Mittleres Gelbgrün, Silberreflexe. Feine Holznuancen, ein Hauch von Vanille, zarte gelbe Tropenfrucht, mit Noten von Mango unterlegt. Komplex, weißer Apfel, feine Gewürznuancen, nussiger Touch, zarte Süße im Abgang, ein eleganter Speisenbegleiter, Nougat im Nachhall, verfügt über Reifepotenzial.

91 Muskateller Ried Sonneck 2019
12,5 Vol.-%, NK, Stahltank, €€€€
Leuchtendes Goldgelb, Silberreflexe. Traubige Frucht, feiner Touch von Muskatnuss, mit frischer Mango unterlegt, zart nach Holunderblüten. Saftig, weißer Apfel, frisch strukturiert, mineralisch, würziger Touch von Nelken im Nachhall.

93 Blauer Wildbacher Rosé Reserve 2015
13 Vol.-%, NK, großes Holzfass, €€€€
Mittleres Orangerosa, Silberreflexe. Feine dunkle Mineralik, feines Erdbeerkonfit, zartes Karamell, ein Hauch von Holz, etwas Nougat. Saftig, elegant, cremig, zart nach Orangen, mineralischer Touch, ein ausdrucksvoller Wildbacher-Rosé-Wein jenseits aller Klischees, ausgewogen und gut entwickelt, ein facettenreicher Speisenbegleiter.

★★★

WEINGUT KODOLITSCH

Das Weingut Kodolitsch umfasst etwa 14 Hektar Weingartenfläche in »kontrolliert-integriertem Weinbau« – eine naturnahe Methode für die Hervorbringung qualitativ hochwertiger Trauben. »Ein schonender Umgang mit unserer Produktionsgrundlage, der Natur, und bewusst zurückhaltende Einflussnahmen auf die Umwelt sind uns ein ebenso wichtiges Anliegen wie das Qualitätsbewusstsein in der Weinerzeugung.« Um die Qualität von Reben und Trauben so hoch wie möglich zu halten, werden die Traubenmengen reduziert. In den Weingärten am Rosengarten und am Kogelberg gedeihen die Sorten Welschriesling, Weißburgunder, Chardonnay, Sauvignon Blanc, Gelber Muskateller und Riesling.

96 Sauvignon Blanc * Ried Rosengarten T.M.S. 2018
13,5 Vol.-%, NK, Holzfass, €€€€€€
Helles Grüngelb, Silberreflexe. Mit einem Hauch von Bourbonvanille unterlegte reife gelbe Tropenfrucht, zart nach

WEINGUT KODOLITSCH
8430 Leibnitz
Kodolitschweg 9
T: +43 (664) 4225919
weingut@kodolitsch.at
www.kodolitsch.at

Kellermeister/Kontakt: Mario Weber
Produktion: 100 % weiß, 14+1.5 Hektar
Zertifiziert: Nachhaltig Austria
Vereinszugehörigkeit: Wein Steiermark, WBV Sausal
Messen: VieVinum, DAC-Präsentationen

* Südsteiermark DAC

Guaven und Passionsfrucht, eingelegte gelbe Paprikaschoten, ein Hauch von hellem Nougat. Saftig, frische Pfirsichfrucht, finessenreiche Struktur, hochelegant und anhaftend, zarter Blütenhonig im Nachhall, sicheres Reifepotenzial.

94 Sauvignon Blanc * Ried Rosengarten 2020
13,5 Vol.-%, NK, großes Holzfass, €€€€€
Helles Grüngelb, Silberreflexe. Einladende Noten von reifer gelber Stachelbeere und Passionsfrucht, ein Hauch von Maracuja, Orangenblüten, facettenreiches Bukett. Straff, weißer Pfirsich, feine Fruchtsüße, lebendiger Säurebogen, salziger Touch im Abgang, bleibt gut haften, verfügt über Reifepotenzial.

92 Sauvignon Blanc * 2020
12,5 Vol.-%, DV, Stahltank, €€€
Helles Gelbgrün, Silberreflexe. Würzig-grasig unterlegte frische Stachelbeeren, Nuancen von Paprikaschoten und Holunderblüten, zart nach Grapefruitzesten. Saftig, weiße Frucht nach Litschi, knackige Stilistik, salzig-mineralisch, mit Limetten im Abgang, toller Sommerwein.

94 Chardonnay * Ried Rosengarten Alte Reben 2018
14 Vol.-%, NK, kleines Holzfass, €€€€€€
Mittleres Grüngelb, Silberreflexe. Zart rauchig-würzig unterlegte gelbe Tropenfrucht, feine Vanillenote, ein Hauch von hellem Karamell, attraktives Bukett. Komplex, weiße Apfelfrucht, gut integrierte Holzwürze, angenehme Frische, mineralisch und anhaftend, salziger Nachhall, gutes Entwicklungspotenzial.

93 Chardonnay * Ried Kogelberg Alte Reben 2018
14 Vol.-%, NK, kleines Holzfass, €€€€€€
Helles Grüngelb, Silberreflexe. Zart reduktive Holzwürze, ein Hauch von Schiefer und Feuerstein, gelbe Tropenfrucht, zart nach Grapefruit und Limette. Weißer Apfel, feine mineralisch-salzige Textur, gut integrierte Säurestruktur, wirkt am Gaumen noch sehr jugendlich, wird mit Reife auch an Länge gewinnen. sehr gutes Zukunftspotenzial.

92 Weißburgunder * Ried Rosengarten 2019
13,5 Vol.-%, NK, Tonneaux Fass, €€€€
Helles Grüngelb, Silberreflexe. Mit einem Hauch von Walnuss unterlegte frische weiße Fruchtnuancen, zart nach Birne, etwas nach Mandeln. Mittlere Komplexität, ein Hauch von Kernobst und Melone, feiner Säurebogen, gute Frische im Nachhall.

★

WEINGUT KÖGL

BIO

Tamara und Robert Kögl-Rettenbacher stehen für Weine mit Charakter und Persönlichkeit, die ihre Herkunft aus der Südsteiermark unzweifelhaft im Herzen tragen. Mit ihrem biodynamischen Ansatz leben die beiden Weinbauern ihre Vision eines konsequent nachhaltigen Weinanbaus, der von Respekt und Verständnis gegenüber der Natur und der Suche nach Balance geprägt ist. »Die Rebe gibt uns alles, was wir für unseren Wein brauchen. Wir verschaffen ihr ein gutes Umfeld und schützen sie. So trägt die Traube die Energie für unseren Wein in den Keller. Unter Argusaugen beobachtet, mit viel Zeit und mit so wenig Lenkungen wie möglich entwickelt sich so der Wein zur dynamischen Persönlichkeit«, ist das sympathische Paar überzeugt.

91 Ⓢ Pinot Noir R.E.S.P.E.C.T. 2019
10 Vol.-%, NK, Flaschengärung, €€€€ Ⓑ Ⓥ Ⓘ
Helles Altrosa, Orangereflexe, zart getrübt, feine Perlage. Frische weiße Birnenfrucht, florale Nuancen, mit zarten Wiesenkräutern unterlegt, ein Hauch von Banane. Stoffig, frische Apfelnuancen, lebendig strukturiert, mineralisch-animierend, zitroniger Touch im Nachhall, bietet leichtfüßiges Trinkvergnügen.

93 Grauburgunder * Ried Stermetzberg 2018
13 Vol.-%, NK, 500-l-Fass, €€€€€ Ⓑ Ⓥ
Leuchtendes Goldgelb, Silberreflexe. Zarte Nuancen von Kokos und Akazienhonig, gelbe Tropenfrucht, ein Hauch von hellem Nougat. Stoffig, komplex, reife Pfirsich- und Marillennote, feiner Säurebogen, etwas Honig im Nachhall, gute Länge, ein vielseitiger Speisenbegleiter.

91 Morillon * Ehrenhausen 2018
12,5 Vol.-%, DV, Stahltank, €€€ Ⓑ Ⓥ
Helles Grüngelb, Silberreflexe. Zart reduktiv-nussig unterlegte feine gelbe Tropenfrucht, angenehme Kräuterwürze. Elegant, leichtfüßig und frisch strukturiert, zitronig-salzig im Abgang, ein facettenreicher Speisenbegleiter.

WEINGUT KÖGL
8461 Ratsch an der Weinstraße
Ratsch an der Weinstraße 59
T: +43 (3453) 4314
info@weingut-koegl.com
www.weingut-koegl.com

Kellermeister/Kontakt: Tamara und Robert Kögl-Rettenbacher
Anbauweise: Biodynamisch (Demeter)
Produktion: 30.000 Flaschen 5 % Schaumwein, 90 % weiß, 5 % rot, 10 Hektar
Messen: VieVinum, Vinobile Feldkirch, DAC-Präsentationen, Bio Österreich

Tamara und Robert Kögl-Rettenbacher

91 Welschriesling * Ried Stermetzberg 2019
12 Vol.-%, NK, Stahltank, €€€€ B V
Helles Goldgelb, Silberreflexe. Zart nach Mandarinenzesten, frische Kräuterwürze, zart nach Birne, dunkle Mineralik, etwas Walnuss. Mittlerer Körper, weißer Apfel, finessenreiche, runde Säurestruktur, zitronig-salzig im Abgang, elegant und leichtfüßig, feiner Sommerwein.

93 Sauvignon Blanc * Ried Eckberg 2018
12,5 Vol.-%, NK, 500-l-Fass, €€€€€ B V
Mittleres Gelbgrün, Silberreflexe. Zarte Grapefruitwürze, Weiße Johannisbeeren, Nuancen von Cassis, etwas Lemongrass, sehr attraktives Bukett. Saftig, weiße Tropenfrucht, frisch strukturiert, gut anhaftend, leichtfüßig, etwas Zitronenmelisse, Passionsfrucht im Abgang, ein finessenreicher Speisenbegleiter.

90 Sauvignon Blanc * Gamlitz 2019
12 Vol.-%, DV, großes Holzfass/Stahl, €€€ B V
Mittleres Goldgelb, Silberreflexe. Zarte gelbe Apfelfrucht, ein Hauch von Mango und reifen Stachelbeeren, zarte Kräuterwürze. Mittlerer Körper, feine weiße Fruchtnuancen, feiner Säurebogen, zart nach Birne im Nachhall, salziger Touch im Finale.

★★

KOLLERHOF AM EICHBERG

Es ist der schönste Beruf der Welt! Birgit und Harald Lieleg haben nicht nur sich selbst gefunden, sondern auf dem Kollerhof auch ihre Erfüllung. Die Geschichte des Familienweinguts am Eichberg bei Leutschach geht bis ins 16. Jahrhundert zurück. Gut dreißig unterschiedliche Wege führen hinauf in diesen eigenwilligen Weinhimmel. Das etwas abseits der stark frequentierten Touristenrouten gelegene Gebiet ist ein kleines Paradies. In allen vier Himmelsrichtungen fallen die oft tiefen Schluchten des Eichbergs aus über 600 Metern Seehöhe steil in die umliegenden Täler hinab. In dieser urwüchsigen Landschaft mit ihren weitläufigen alten Mischwäldern werden auf dem Kollerhof nur die allerbesten Lagen für den Weinbau genützt.
Die Kessellagen und extremen Steilhangflächen im oberen Teil dieser canyonartigen Schluchten sind ideal für den Weinbau: Die Eichberger Konglomeratböden speichern die Energie der Sonne ab dem ersten Sonnenstrahl. Dann kommt der frische Koralmwind, hält diese Wärme ganz knapp über dem Boden und lässt dabei die Trauben gut gekühlt reifen. Diese idealtypischen Vorausset-

* Südsteiermark DAC

Harald Lieleg in seinen Rieden

KOLLERHOF AM EICHBERG
8463 Leutschach an der Weinstraße
Eichberg-Trautenburg 39
T: +43 (3454) 439
weinbau@kollerhof.com
www.kollerhof.com

Kellermeister: Harald Lieleg
Kontakt: Birgit & Harald Lieleg
Produktion: 80.000 Flaschen
90 % weiß, 9 % rot, 1 % süß,
11+2 Hektar
Zertifiziert: Nachhaltig Austria
Vereinszugehörigkeit:
Naturparkspezialitäten
Südsteiermark, Wein Steiermark
Messen: VieVinum, DAC-Präsentationen

zungen für aromatische, fein strukturierte Sauvignons, Muskateller und Co. machen die Weine vom Kollerhof so unvergleichlich. Hier hat man auch noch Zeit für die Gäste – auf dem Weingut, im Buschenschank, im Weinmuseum oder im historischen Weinkeller. Viel Zeit nimmt sich Harald Lieleg auch für seine Weine, von den archetypischen Ortsweinen bis hin zur »Steinkogl«-Linie, aber auch für spannende und extravagante Weine aus der Amphore mit Schalengärung oder mit anderen Kellergeheimnissen. Darüber hinaus bieten kilometerlange Wanderwege wie auch der hauseigene kinderwagentaugliche Weinkulturweg viele Möglichkeiten, diese einzigartige Weinlandschaft zu genießen. Nehmen Sie sich also Zeit für die Weine vom Kollerhof!

94 Sauvignon Blanc * Ried Steinkogl 2019
13,5 Vol.-%, DV, Teilbarrique, €€€
Mittleres Gelbgold, Silberreflexe. Mit feinem Karamellkokos unterlegte gelbe Tropenfrucht, zart nach Passionsfrucht und Guaven, zarter Blütenhonig, attraktives Bukett. Saftig, kraftvoll, elegante Textur, feine Fruchtsüße, mineralisch im Abgang, feine zitronige Nuancen im Nachhall, gutes Reifepotenzial.

92 Sauvignon Blanc * Eichberg 2020
13 Vol.-%, DV, Amphore/Edelstahl, €€€
Helles Goldgelb, Silberreflexe. Kräuterwürzig unterlegte Nuancen von Stachelbeeren, mineralischer Touch, zart nach Grapefruit, attraktives Bukett. Saftig, elegant, gelbe Tropenfrucht, zart nach Mango, bleibt gut haften, ein saftiger Speisenbegleiter.

93 Gelber Muskateller * Ried Steinkogl 2019
13 Vol.-%, DV, großes Holzfass, €€€
Helles Goldgelb, Silberreflexe. Floraler Touch, zarter Holunderduft, ein Hauch von Jasmin, Muskatnuss, gelbe Tropenfrucht, ein Hauch von Ananas. Mittlerer Körper, weiße Frucht, frischer Säurebogen, mineralisch-zitronig, bleibt gut haften, ein stoffiger Sommerwein mit Reifepotenzial.

93 Gelber Muskateller * Ried Steinkogl Reserve 2018
13 Vol.-%, NK, gebrauchte Barriques, €€€€
Mittleres Goldgelb, Silberreflexe. Reife gelbe Tropenfrucht, zarter floraler Touch, ein Hauch von Blütenhonig, traubige Nuancen, einladendes Bukett. Saftig, elegant, Noten von Pfirsich und Mango, reife Säurestruktur, ein Hauch von Ananas im Abgang, feine Süße im Nachhall.

92 Gelber Muskateller * Eichberg 2020
12 Vol.-%, DV, Stahltank, €€€ F H
Helles Gelbgrün, Silberreflexe. Intensives Blütenaroma, Nuancen von Hibiskus und Jasmin, zarte Muskatnuss, etwas Litschi im Hintergrund. Saftig, elegant, feine gelbe Tropenfrucht, angenehmer Säurebogen, mineralisch, Blütenhonig im Nachhall.

96 Welschriesling TBA 2019
11,5 Vol.-%, DV, gebrauchte Barriques, €€€€
Leuchtendes Orangegold. Feine Botrytiswürze, kandierte Orangenzesten, angenehmer Honigtouch, frisches Marillenkonfit, reife Feigen. Saftig, gute Komplexität, gut integrierte Süße, feines Säuregerüst, ein Hauch von Nougat, gute Länge, sicheres Reifepotenzial für Jahrzehnte.

★★★★

WEINGUT LACKNER-TINNACHER

BIO

Das Weingut Lackner-Tinnacher liegt inmitten von Weingärten auf einer Hügelkette in Steinbach bei Gamlitz. Seit Jahrhunderten wird auf dem Anwesen Weinbau betrieben, bereits 1787 wurden im Josephinischen Kataster ausführlich vier Weingartenstücke beschrieben. Heute wird das Weingut von Katharina Tinnacher bewirtschaftet. Rund 28 Hektar Weingärten befinden sich auf klimatisch idealen Seehöhen von 400 bis 500 Metern in besten Steillagen in den Weinbauorten Gamlitz und Kitzeck-Sausal. Die Weingärten stehen im Mittelpunkt von Katharina Tinnachers Aufmerksamkeit. Sie werden sorgsam biologisch gepflegt. Drei- bis viermal wird der Rebstock ausgedünnt, und die Triebe werden behutsam händisch formiert, um eine hohe Reife der Trauben zu erreichen. Die Ernte erfolgt zumeist spät, auf präzise Handlese zum besten Reifezeitpunkt wird besonders geachtet. Ebenso ist es Standard, dass die Trauben rasch und unversehrt zur Presse gelangen und schonend gekeltert werden. Die traditionelle und behutsame Vinifikation bestimmt seit vielen Jahren die zeitlose elegante Linie des Weinguts. Die Weine sind stets fein strukturiert, durchzogen von tiefer Frucht und geprägt von Boden, Klima und Jahrgang. Konsequent stammen alle Weine des Guts aus den eigenen Weingärten. Die einzelnen Lagen und Rieden verfügen über unterschiedliche Bodengegebenheiten, und Katharina Tinnacher ist es ein besonderes Anliegen, diese feinen strukturellen Unterschiede im Wein aufzuzeigen. Die Hauptsorte ist der Sauvignon Blanc, wobei die Trauben für den Ortswein Gamlitz Sauvignon Blanc auf überwiegend sandig-schottrigen Böden wachsen. Der Sauvignon Blanc Ried Welles hat ein steiniges, mineralhaltiges Schotterkonglomerat als Untergrund, und der Oberboden besteht aus roten und grauen Sanden. Ebenso im Fokus sind auf dem Weingut die Burgundersorten: Weißburgunder Ried Eckberg und Morillon Ried Eckberg stehen auf Kalkmergelböden, Weißburgunder Ried Steinbach und Grauburgunder Ried Steinbach gedeihen auf sandigen und schottrigen Böden. Weiters werden Welschriesling, Gamlitz Gelber Muskateller und Gelber Muskateller Ried Gamitz

WEINGUT LACKNER-TINNACHER
8462 Gamlitz, Steinbach 12
T: +43 (3453) 2142
weingut@tinnacher.at
www.tinnacher.at

Kellermeister/Kontakt: Katharina Tinnacher
Anbauweise: Zertifiziert Biologisch
Produktion: 97 % weiß, 1 % rot, 2 % süß, 27.5 Hektar
Zertifiziert: Nachhaltig Austria
Vereinszugehörigkeit: GutFinden – Südsteiermark, Steirische Terroir- und Klassikweingüter
Messen: Millésime Bio, ProWein Düsseldorf, VieVinum

Katharina Tinnacher

aus über fünfzig Jahre alten Rebstöcken gekeltert.
Mit Anfang 2008 wurde das Weingut um Weingärten in der Ried Flamberg in der Gemeinde St. Nikolai im Sausal erweitert. Die fünf Hektar umfassenden kesselförmigen Süd- bis Südwesthänge bieten ein, vom Korallenkalkboden geprägtes Terroir und sind ein Kontrast zu den Lagen in Steinbach. So verwundert es nicht, dass nun vor allem Flamberg besonders im Fokus von Katharina Tinnacher steht, die sich bereits während ihres Studiums an der Universität für Bodenkultur mit der Interaktion von Rebe, Boden und Klima beschäftigte. Neben der Erhaltung der wertvollen alten Rebstöcke setzt sie bei Flamberg auf die Kultivierung von Sauvignon Blanc und Burgundersorten. Ab dem Jahrgang 2016 sind alle Weine biozertifiziert.

96 Sauvignon Blanc * Ried Welles GSTK 2019
13 Vol.-%, VL, großes Holzfass, €€€€€ B V
Leuchtendes Goldgelb, Silberreflexe. Etwas Blütenhonig, unterlegt mit Tabakwürze, ein Hauch von Karamell, etwas nach reifer Stachelbeere, einladendes Bukett. Saftig, elegant, gute Komplexität, etwas nach Litschi, reife Fruchtexotik, etwas Zitrusnuancen, bleibt sehr gut haften, vielschichtiger Speisenbegleiter mit Potenzial.

94 Sauvignon Blanc * Ried Steinbach 1STK 2019
13 Vol.-%, VL, großes Holzfass, €€€€€ B V
Mittleres Gelbgrün, Silberreflexe. Mit dunkler Mineralik unterlegtes gelbes Kernobst, ein Hauch von Paprikaschoten, etwas Stachelbeeren. Komplex, leichtfüßig, elegant, facettenreicher Säurebogen, mineralisch, feinwürzig, Apfeltouch im Abgang, gutes Entwicklungspotenzial.

92 Sauvignon Blanc * Gamlitz 2020
12,5 Vol.-%, VL, großes Holzfass/Stahltank, €€€ B V
Helles Gelbgrün, Silberreflexe. Feine Wiesenkräuter, etwas nach Cassis, ein Hauch von Apfel, Zitrusnuancen klingen an. Saftig, mittlerer Körper, einladendes Bukett, gut integrierte Säurestruktur, mineralisch, weiße Fruchtnoten im Abgang, guter Speisenbegleiter.

95 Morillon * Ried Flamberg GSTK 2019
13 Vol.-%, VL, großes Holzfass, €€€€€ B V
Leuchtendes Gelbgrün, Silberreflexe. Zart nach reifem Apfel, etwas nach Melone, zart nach Blütenhonig, ein Hauch von Gewürznuancen, kandierte Haselnuss klingt an. Saftig, gute Komplexität, straff, fruchtsüß nach Maracuja, elegant, engmaschig, gut integrierte Säurestruktur, gutes Entwicklungspotenzial.

94 Morillon * Ried Steinbach 1STK 2019
13 Vol.-%, VL, großes Holzfass, €€€€€ V
Mittleres Gelbgrün, Silberreflexe. Feine Pfirsichfrucht, etwas nach Quitte, ein Hauch von Blütenhonig, Ananas klingt an, frisches Bukett. Saftig, elegant, feine Struktur, würzig, extraktsüß nach Mango, leichtfüßig, Zitrus im Nachhall, bereits gut antrinkbar.

93 Morillon * Ried Eckberg 2019
12,5 Vol.-%, VL, großes Holzfass, €€€€ B V
Mittleres Gelbgrün, Silberreflexe. Feine reife Tropenfrucht, mit zarten Kräuternoten unterlegte nussige Aromatik, ein Hauch von Maracuja, einladendes Bukett. Saftig, elegant, facettenreiche Säurestruktur, Orangen und Papaya im Abgang, bleibt gut haften, vielseitiger Speisenbegleiter.

94 Grauburgunder * Ried Steinbach 1STK 2019
13 Vol.-%, VL, großes Holzfass, €€€€€ B V
Helles Gelbgrün, Silberreflexe. Feine Räucherwürze, etwas dunkle Mineralik, ein Hauch von weißer Tropenfrucht, Blütenhonig klingt an. Saftig, elegant, feine Säurestruktur, extraktsüß nach eingelegtem Pfirsich, salzig im Abgang, Karamell im Nachhall, vielseitiger Speisenbegleiter.

93 Weißburgunder * Ried Steinbach 1STK 2019
13 Vol.-%, VL, großes Holzfass, €€€€€ B V
Helles Gelbgrün, Silberreflexe. Etwas Kräuterwürze, zart nach Williamsbirne, ein Hauch von Papaya, Orangenzesten, floraler Touch. Komplex, cremig, saftig, weißes Steinobst, frische Struktur, feine Würze im Nachhall, guter Speisenbegleiter.

91 Gelber Muskateller * Gamlitz 2020
11,5 Vol.-%, VL, Stahltank, €€€ B V
Helles Gelbgrün, Silberreflexe. Zarte Kräuternoten, etwas Muskat, ein Hauch von Tabak, weißes Kernobst klingt an. Saftig, straff, frische Struktur, elegant, Passionsfrucht, dunkle Mineralik, bleibt gut haften, vielseitig einsetzbar.

94 Morillon Beerenauslese 2017
11,5 Vol.-%, VL, Stahltank, €€€€€ B V
Mittleres Goldgelb, Silberreflexe. Feines reifes Steinobst, Marille und Pfirsich, zart nussige Botrytiswürze, zarter Honig, einladendes Bukett. Komplex, saftig, reife Ananasfrucht, wirkt kraftvoll und energisch, feine, gut eingebundene Fruchtsüße im Nachhall, sicheres Reifepotenzial.

WEINGUT MICHI LORENZ
8442 Kitzeck
Einöd 8
T: +43 (3456) 2311
wein@michilorenz.at
www.michilorenz.at

Kellermeister/Kontakt: Michi Lorenz
Anbauweise: Biodynamisch (Demeter)
Produktion: 3 % Schaumwein, 75 % weiß, 5 % rosé, 15 % rot, 2 % süß, 16 Hektar
Vereinszugehörigkeit: Junge Wilde Winzer, WBV Sausal
Messen: ProWein Düsseldorf, VieVinum

Michi Lorenz

WEINGUT MICHI LORENZ

BIO

Weine mit Charakter gibt es viele, Weine mit Persönlichkeit nur in Kitzeck – genauer gesagt im Weingut Michi Lorenz. Denn dieser steirische Ausnahmewinzer macht Weine, die man nicht in eine Schublade stecken kann: Oft steht die Rebsorte als Stargast auf der Bühne, dann wieder spielt sie ob des Gesamtorchesters eine untergeordnete Rolle. Lorenz macht zurückhaltende Understatement-Weine, die anfangs leise sind, aber nach einer Zeit ordentlich aufhorchen lassen. Auf insgesamt 16 Hektar spiegeln seine Weine deutlich das Terroir rund um die Mineralik des Sausaler Schiefers wider. Der Komplexität des Winzers Michi Lorenz und seiner Weine wurde auch optisch Ausdruck verliehen: Sehenswert ist das Flaschendesign mit Herz-Logo bei seinen Klassik-, Orts- und Riedenweinen, beeindruckend sind die direkt weiß bedruckten Flaschen seiner vier Premium-Weine »Frauenversteher«, »Querdenker«, »Revoluzza« und »Seelenverwandter“. Nicht umsonst lautet das Motto »From Kitzeck in Love!« Das gilt übrigens auch für die Buschenschank und die Gästezimmer des Weinguts.

92 Weißburgunder Naturel 2019
12,5 Vol.-%, DV, großes Holzfass, €€€€
Zart wolkiges leuchtendes Gelbgrün, Silberreflexe. Nuancen von Biskuit, nussig unterlegte Birnenfrucht, zarte Kräuterwürze, frische Orangenzesten. Saftig, feine gelbe Tropenfrucht, frisch, reife Mango, bleibt haften, ein animierender Speisenbegleiter.

(92) Gelber Muskateller Seelenverwandter 2019
12,5 Vol.-%, DV, Stahltank, €€€€€
Leuchtendes mittleres Goldgelb, Silberreflexe. Feinwürzig unterlegte reife gelbe Tropenfrucht, zart nach Litschi und Muskatnuss, floraler Anklang. Saftig, engmaschig und gut anhaftend, feine gelbe Frucht im Abgang, salzig-mineralisch im Rückgeschmack, vielseitig einsetzbar.

91 Sauvignon Blanc Querdenker 2016-2019
12,5 Vol.-%, DV, Stahltank/Holzfass, €€€€
Helles Goldgelb, Silberreflexe. Rauchig, markanter Schiefertouch, Nuancen von Cassis, mit Grapefruitzesten unterlegt. Mittlerer Körper, weißer Apfel, frisch strukturiert, salzige Nuancen, zitroniger Touch im Finale, ein vielseitiger Begleiter bei Tisch.

91 Riesling Naturel 2017
12 Vol.-%, DV, Stahltank, €€€€ Ⓑ
Leuchtendes helles Goldgelb, Silberreflexe. Zart mit einem Hauch von Safran unterlegte gelbe Pfirsichfrucht, kandierte Mandarinenzesten, floraler Touch, attraktives Bukett. Straff, weißer Pfirsich, rassiger Säurebogen, salzige Schiefermineralik, Limetten im Nachhall, ein knackiger, leichtfüßiger Speisenbegleiter.

90 Grauburgunder Naturel 2018
12,5 Vol.-%, DV, großes Holzfass, €€€€€ Ⓑ
Leuchtendes Orangegold, zart getrübt, Silberreflexe. Nuancen von Walnuss, tabakige Würze, reife Birnenfrucht, mit einem Hauch von Kletzen unterlegt, mineralischer Touch. Mittlerer Körper, weißer Apfel, zarter oxidativer Touch im Kern, gute Mineralik, ein würziger Speisenwein.

89 Chardonnay Naturel 2019
12,5 Vol.-%, DV, großes Holzfass, €€€€ Ⓑ

★★★

WEINGUT WOLFGANG MAITZ

Herkunft ist bodenständig«, so lautet das Motto des Winzeres Wolfgang Maitz. Auf seinem Weingut mit zehn Hektar Rebfläche vinifiziert er ausschließlich Weine mit einem klaren Herkunftscharakter. Hier gilt: 100 Prozent Südsteiermark und 100 Prozent Handlese. Es entstehen Weine mit der Herkunft Weinbaugebiet Südsteiermark DAC, die Ortsweine »Ehrenhausen« und Lagenweine der Einzelrieden Sulz, Krois 1STK, Schusterberg 1STK und der Topriede des Weinguts Hochstermetzberg GSTK.
Behutsame Arbeit mit der Natur und Gelassenheit im Keller sind Garanten für ausdrucksstarke Herkunftsweine mit handwerklicher Prägung. Das Weingut ist Mitglied im Verein der Steirischen Terroir- und Klassikweingüter. Dem Weingut angeschlossen ist ein Wirtshaus mit Weinhotel als ideale Plattform für weinreisende Genießer.

94 Gewürztraminer * Ried Krois 1STK 2019
13 Vol.-%, DV, Holzfass, €€€€€
Leuchtendes mittleres Gelbgrün. Einladender Duft nach Rosen und Holunder, etwas nach Limettenzesten, ein Hauch von Minze, Pfirsichnoten klingen an. Gute Komplexität, saftig, straff, engmaschige Säurestruktur, feinwürzig im Nachhall, facettenreicher Speisenbegleiter.

94 Morillon * Ried Schusterberg 1STK 2020
12,5 Vol.-%, DV, kleines Holzfass, €€€€€
Mittleres Grüngelb, Silberreflexe. Etwas Blütenhonig, Marille, Wiesenkräuter, reife Papaya klingt an, mit Tropenfrucht unterlegt. Saftig, kraftvoll, lebendige Säurestruktur, mineralisch-salzig, frische Apfelfrucht im Abgang, bleibt gut haften, vielseitig einsetzbar.

92 Morillon * Ehrenhausen 2019
12,5 Vol.-%, DV, großes Holzfass, €€€€
Mittleres Gelbgrün, Silberreflexe. Feiner Blütenhonig, etwas nach Melone, ein Hauch von Maracuja, einladendes Bukett. Mittlere Komplexität, saftig, gut integrierter Säurebogen, feine weiße Tropenfrucht im Abgang, Orangenzesten im Nachhall, guter Speisenbegleiter.

94 Sauvignon Blanc * Ried Schusterberg 1STK 2019
12,5 Vol.-%, DV, großes Holzfass, €€€€€
Mittleres Gelbgrün, Silberreflexe. Etwas Papaya, zart nach Clementinen, ein Hauch von reifer Stachelbeere, mit Blütenhonig unterlegt. Saftig, straff, lebendige Säurestruktur, weiße Tropenfrucht, etwas nach Ananas, bleibt gut haften, vielseitiger Speisenbegleiter.

94 Sauvignon Blanc * Ried Hochstermetzberg GSTK 2019
13 Vol.-%, DV, kleines Holzfass, €€€€€
Mittleres Gelbgrün, Silberreflexe. Mit feinem Blütenhonig unterlegte reife Stachelbeere, etwas nach reifer Mango, ein Hauch von Karamell, kraftvolles Bukett. Komplex, saftig, elegant, feine Säurestruktur, mineralisch, würzig, extraktsüß im Abgang, gutes Entwicklungspotenzial.

91 Sauvignon Blanc * 2020
11 Vol.-%, DV, Stahltank, €€€
Helles Gelbgrün, Silberreflexe. Mit zart grasigen Nuancen unterlegte gelbe Tropenfrucht, etwas nach gelben Paprikaschoten. Mittlerer Körper, feine Struktur, elegant, etwas extraktsüß nach Stachelbeere, unkomplizierter Speisenbegleiter.

91 Sauvignon Blanc * Ehrenhausen 2019
12 Vol.-%, DV, großes Holzfass, €€€€
Helles Gelbgrün, Silberreflexe. Feine gelbe Tropenfrucht,

etwas nach Quitte, zart nach Melisse, kandierte Grapefruit, einladendes Bukett. Elegant, saftig, zart cremig, gut integrierter Säurebogen, Cassis im Abgang, nussiger Nachhall, bereits gut antrinkbar.

93 Weißburgunder * Ehrenhausen 2019
12,5 Vol.-%, DV, großes Holzfass, €€€€
Helles Gelbgrün, Silberreflexe. Zart nach Birnen und kandierten Mandarinenzesten, etwas nach Melisse, Wiesenkräuter klingen an. Feine Säurestruktur, mineralisch, fruchtsüß nach Steinobst, würziger Nachhall, guter Speisenbegleiter.

92 Welschriesling * Ried Sulz 2019
11 Vol.-%, DV, großes Holzfass, €€€€€
Helles Gelbgrün, Silberreflexe. Einladendes Bukett nach Wiesenkräutern und etwas Räucherwürze, ein Hauch von Apfel, zart nach Kardamom. Mittlerer Körper, saftig, elegant, balancierte Säurestruktur, mineralisch, bleibt gut haften, vielseitig einsetzbar.

91 Riesling * Ried Hochstermetzberg GSTK 2019
13 Vol.-%, DV, Holzfass, €€€€€
Mittleres Gelbgrün, Silberreflexe. Etwas Tropenfrucht, zart nach Blütenhonig, Guave und Pfirsich klingen an, attraktives Bukett. Saftig, elegant, gut eingebundener Säurebogen, etwas nach Marille, guter Speisenbegleiter.

92 Gelber Muskateller * Ried Krois 1STK 2019
11 Vol.-%, DV, Holzfass, €€€€€
Helles Grüngelb. Zarter Lindenblütenhonig, unterlegt mit weißen Rosenblättern, ein Hauch von Guave, floraler Touch. Feine Säurestruktur, mineralisch, frisch, Zitrusnoten im Abgang, weißes Steinobst im Nachhall, gutes Entwicklungspotenzial.

90 Gelber Muskateller * 2020
11 Vol.-%, DV, Stahltank, €€€
Helles Gelbgrün, Silberreflexe. Feine Kräuternoten, etwas nach Gewürzen, ein Hauch von Zitrus, mit Muskat unterlegt. Mittlerer Körper, extraktsüß, etwas nach Holunder, bereits gut antrinkbar.

WEINGUT WOLFGANG MAITZ
8461 Ehrenhausen an der Weinstraße, Ratsch 45
T: +43 (3453) 2153
weingut@maitz.co.at
www.maitz.co.at

Kellermeister/Kontakt: Wolfgang Maitz jun.
Produktion: 2 % Schaumwein, 96 % weiß, 1 % rot, 1 % süß, 10+1 Hektar
Zertifiziert: Nachhaltig Austria
Vereinszugehörigkeit: Wein Steiermark, GutFinden – Südsteiermark, Steirische Terroir- und Klassikweingüter
Messen: VieVinum

★★★

WEINGUT MASSER

Das Weingut von Peter Masser liegt in Fötschach unweit von Leutschach und ist bei Gourmets nicht nur für seine Weine, sondern auch für das zweite Standbein, die Zucht von schottischen Hochlandrindern, bekannt. Nahe der Südsteirischen Weinstraße finden die Massers ideale Bedingungen für die Erzeugung von Qualitätswein vor. In den Lagen Sernauberg, Oberglanz und der Monopollage Schlingelberg, wo die Hangneigung bis zu 50 Grad erreicht, sind die Bedingungen für die Reben ideal.
Die Palette deckt die typisch südsteirischen Rebsorten ab: knackiger Welschriesling, Morillon, diverse Burgunder, aber auch Sauvignon Blanc sowie Muskateller, und in geeigneten Jahren entstehen auch Süßweine (Eiswein, Ausbruch, Trockenbeerenauslese). »Stock« steht für einen frischen, fruchtig-leichten Wein mit animierendem Trinkfluss und prägnanter Sortentypizität des Rebstocks. »Bod'n« ist das klassische Spiegelbild von Herkunft und Typizität der Weinberge, die sich mit viel Charakter und eleganter Fülle in diesen Weinen wiederfinden. Und »Zeit+Ruh« bezeichnet ganz besondere Weine: Sie reifen sehr langsam zu ihrer wahren Größe heran und entwickeln ihr volles Poten-

* Südsteiermark DAC

zial in kleinen Holzfässern. Seit 2016 arbeiten Florian und Peter Masser als Vorreiter im Bereich der PIWI-Rebsorten und bewirtschaften die größte biologische PIWI-Rebfläche in Österreich. Die Experimentierfreude des Vater-Sohn-Duos hört dort jedoch noch lange nicht auf: Auch vier Steinfässer sind im Besitz der Massers und stehen für spannende Weine mit großem Potenzial.

92 ❸ Sauvignon blanc Sekt g.U. Reserve 2018
12,5 Vol.-%, NK, Flaschengärung, €€€€
Mittleres Gelbgrün, Silberreflexe, feines Mousseux. Feine Tabakwürze, etwas nach Apfelfrucht, zart nach Pfirsich, floraler Touch. Mittlerer Körper, feine Struktur, mineralisch, zart nach Tropenfrucht, extraktsüß im Abgang, Brioche im Nachhall, bereits gut antrinkbar.

90 ❸ Gelber Muskateller Sekt g.U. Klassik
Deg. 03/2021, 12,5 Vol.-%, NK, Stahltank/ Flaschengärung, €€€€
Helles Gelbgrün, Silberreflexe, feines Mousseux. Zarte Kräuterwürze, etwas nach Holunderblüten, feiner Melissetouch, florale Nuancen. Saftig, elegant, feine Säurestruktur, extraktsüß, Birnentouch im Abgang, unkompliziert antrinkbar.

90 ❸ PetNat Brut nature 2019
12 Vol.-%, NK, Flaschengärung, €€€€€€
Mittleres Gelbgrün, Silberreflexe, zartes Mousseux. Etwas Kräuterwürze, zart nach Mandarinenzesten, weißes Kernobst. Saftig, feine Struktur, mineralisch-salzig, etwas nach Zitrus, Apfelfrucht im Abgang.

94 Weißburgunder * Ried Sernauberg Privat 2019
13 Vol.-%, NK, gebrauchte Barriques, €€€€€
Mittleres Gelbgrün, Silberreflexe. Zart nach Karamell, ein Hauch von Papaya, floraler Touch, Williamsbirne und Limettenzesten klingen an. Gute Komplexität, zarte Apfelfrucht, salzig, gut eingebundene Säurestruktur, etwas mineralisch, bleibt gut haften, vielschichtiger Speisenbegleiter.

89 Weißburgunder * Stock 2020
12 Vol.-%, DV, Stahltank, €€

95 Sauvignon Blanc * Ried Schlingelberg Dachstein 2018
13 Vol.-%, NK, gebrauchte Barriques, €€€€€€
Mittleres Gelbgrün, Silberreflexe. Feine Orangenzesten, dunkle Mineralik, zart nach reifem Apfel und Papaya, nussige Nuancen, attraktives Bukett. Saftig, gute Komplexität, elegant, balancierte Säurestruktur, Mangotouch, frisch und balanciert, bleibt sehr gut haften, vielschichtiger Speisenbegleiter mit Potenzial.

94 Sauvignon Blanc * Ried Schlingelberg IC® Zeit&Ruh 2019
13 Vol.-%, NK, gebrauchte Barriques, €€€€€
Mittleres Gelbgrün, Silberreflexe. Feine Kräuterwürze, zart nach Karamell, ein Hauch von Ananas, etwas nach Birne. Saftig, gute Komplexität, mineralisch, feine Tabaknoten, Blütenhonig, balancierte Säurestruktur, reife Stachelbeeren im Abgang, würziger Nachhall.

(94) Sauvignon Blanc * Ried Schlingelberg Fuhreg 2019
13,5 Vol.-%, NK, gebrauchte Barriques, €€€€€€
Mittleres Gelbgrün, Silberreflexe. Etwas nach Tropenfrucht, zart nach kandierten Mandarinenzesten, ein Hauch von gelbem Paprika, Wiesenkräuter. Saftig, fruchtsüß, feiner Säurebogen, kraftvoll, Mangotouch, salzig im Nachhall, bleibt gut haften, vielseitig einsetzbar.

92 Sauvignon Blanc * Ried Sernauberg Steinfass 2019
12,5 Vol.-%, NK, Granitfass, €€€€€
Mittleres Gelbgrün, Silberreflexe. Florale Nuancen, reife weiße Beerenfrucht, ein Hauch von frischen Tropenfrüchten, einladendes Bukett. Elegant, seidig, ein Hauch von Steinobst, feine Karamellnuancen im Abgang, bereits gut entwickelt, ein facettenreicher, leichtfüßiger Speisenbegleiter.

91 Sauvignon Blanc * Gamlitz 2019
12,5 Vol.-%, DV, Stahltank, €€€
Mittleres Gelbgrün, Silberreflexe. Feine Stachelbeernoten, etwas nach Mandarinenzesten, ein Hauch von Melisse, Gewürznoten klingen an. Elegant, saftig, feine Säurestruktur, Maracujanoten, frisches Bukett, Zitrus im Nachhall, bleibt gut haften.

89 Sauvignon Blanc * Stock 2020
12,5 Vol.-%, DV, Stahltank, €€

93 Grauburgunder * Ried Schlingelberg Alte Reben 2018
13,5 Vol.-%, NK, gebrauchte Barriques, €€€€€
Helles Goldgelb, Silberreflexe. Ein Hauch von gelber Birne, etwas Ananas, feine Kräuterwürze, mit einem nussigen Touch unterlegt. Saftig, elegant, feine weiße Fruchtnuancen, ein Hauch von Mandeln, kreidige Mineralik, frisch und zitronig, salziger Nachhall, ein feiner Speisenbegleiter mit Reifepotenzial.

91 Grauburgunder * Leutschach 2019
13 Vol.-%, DV, Stahltank/500-l-Fass, €€€
Helles Goldgelb, Silberreflexe. Etwas zurückhaltend, ein Hauch von Mango und Birne, etwas Kräuterwürze, mit Orangenzesten unterlegt. Straff, engmaschig, zarte gelbe Kernobstnuancen, feine Säure, seidig-kalkige Textur, zitroniger Touch im Nachhall.

WEINGUT MASSER

8463 Leutschach
Fötschach 41
T: +43 (3454) 467
weingut@masser.cc
www.masser.cc

Kellermeister: Peter & Florian Masser
Kontakt: Peter Masser
Anbauweise: Umstellung auf bio (Bio Austria)
Produktion: 83 % weiß, 15 % rot, 2 % süß, 30 Hektar
Vereinszugehörigkeit: Wein Steiermark
Messen: VieVinum

Weingut Masser, Ried Schlingelberg

(93) Chardonnay * Ried Czamillonberg 2019
13 Vol.-%, NK, gebrauchte Barriques, €€€€€
Mittleres Gelbgrün, Silberreflexe. Zarte Apfelfrucht, etwas Gewürznuancen, dunkle Mineralik, feine Passionsfrucht, frisches und lebendiges Bukett. Saftig, gute Komplexität, gut integrierter Säurebogen, zart nach Mango, etwas Holzwürze, zart nach Karamell, guter Speisenbegleiter mit Potenzial.

(92) Chardonnay * Ried Schlingelberg Steinfass 2019
13 Vol.-%, NK, Granitfass, €€€€€
Mittleres Gelbgrün, Silberreflexe. Etwas Papayanoten, floraler Touch, Blütenhonig, ein Hauch von Tropenfrucht. Saftig, extraktsüß, gute Komplexität, gut eingebundener Säurebogen, salzig-mineralisch, gelber Apfel im Abgang, guter Speisenbegleiter mit Potenzial.

91 Chardonnay * Leutschach 2019
13 Vol.-%, DV, Stahltank/500-l-Fass, €€€
Helles Gelbgrün, Silberreflexe. Etwas Maracuja, ein Hauch von kandierten Orangenzesten, Melisse, mit Birnennoten unterlegt. Feine Struktur, mineralisch-salzig, zart nach Papaya, balancierter Säurebogen, frischer Speisenbegleiter.

90 Chardonnay * Stock 2020
12,5 Vol.-%, DV, Stahltank, €€
Mittleres Gelbgrün, Silberreflexe. Feine Tropenfrucht, zart nach Golden-Delicious-Apfel, Orangenschalen, Kräutertouch klingt an. Saftig, mittlere Komplexität, zart nach Ananas, balancierte Säurestruktur, salzig im Abgang, bleibt gut haften, guter Speisenbegleiter.

93 Gelber Muskateller * Ried Oberglanz 2019
13 Vol.-%, NK, gebrauchte Barriques, €€€€€
Helles Gelbgrün, Silberreflexe. Etwas nach Eibisch und Gewürznoten, ein Hauch von Pfirsich, mit Blütenhonig unterlegt, floraler Touch. Feine Struktur, mineralisch, engmaschig, weiße Tropenfrucht im Abgang, salziger Nachhall, kraftvolles Finish, guter Speisenbegleiter.

90 Gelber Muskateller * Stock 2020
12 Vol.-%, DV, Stahltank, €€
Helles Gelbgrün, Silberreflexe. Zart nach Kräutern und Muskatnuss, etwas nach Grapefruit, frisches Bukett. Mittlerer Körper, gut eingebundene Säurestruktur, feinwürzig, weißes Kernobst, bereits gut antrinkbar.

90 Gelber Muskateller * Leutschach 2019
12,5 Vol.-%, DV, Stahltank, €€€
Helles Gelbgrün, Silberreflexe. Zart nach Kräuterwürze, etwas nach Blütenhonig, ein Hauch von Kumquats, Physalis klingt an. Saftig, frische Struktur, etwas nach Maracuja, Kräutertouch im Abgang, bereits gut antrinkbar.

(93) Welschriesling * Ried Sernauberg Wetterschütz® IC® Zeit & Ruh 2019
13 Vol.-%, NK, Barrique, €€€€€
Helles Gelbgrün, Silberreflexe. Feine Kräuterwürze, zart nach Zitruszesten, frische Granny-Smith-Apfelfrucht, attraktives Bukett. Saftig, straff, dunkle Mineralik, gute Säurestruktur, balanciert, lange anhaltend, Kernobst im Abgang, vielseitiger Speisenbegleiter mit Potenzial.

88 Welschriesling * Stock 2020
11,5 Vol.-%, DV, Stahltank, €€

* Südsteiermark DAC

92 50:50 BMxTR 2019 BLM/TR
12 Vol.-%, NK, Amphore, €€€€€€
Leuchtendes, zart wolkiges Goldgelb. Kräuterwürzig unterlegte weiße Tropenfrucht, zart nach Rosenblättern und Kreuzkümmel, etwas Muskatnuss im Hintergrund. Straff, engmaschig, weißer Apfel, feiner Gerbstoff, mineralisch-salzig, zarte Limettennote im Nachhall, individueller, leichtfüßiger Stil.

(90) Zweigelt Wetterschütz Steinfass 2018
13 Vol.-%, NK, Granitfass, €€€€€
Tiefdunkles Rubingranat, violette Reflexe, zarter Wasserrand. Frische Nuancen von Amarenakirschen, ein Hauch von Schwarzwälder Kirschtorte, attraktives Bukett. Mittlere Komplexität, schwarze Beerenfrucht, frischer Säurebogen, nussiger Ranciotouch im Abgang, salzig-adstringierend im Nachhall, individueller Sortenausdruck.

★★★

WEINGUT DOMÄNE MÜLLER

Die Weine der Domäne Müller werden aus der »Dreisamkeit« der Lebensphilosophie ihrer engagierten Erzeuger geformt: Harmonie der Familie, Gemeinsamkeit der Menschen und sorgsame Pflege der Natur. Unter diese Devise stellt Yves-Michel Müller nach dem viel zu frühen Tod seines Vaters Günter vor einigen Jahren und heuer auch nach dem unerwarteten Ableben seiner überall beliebten Mutter Eva sein Streben nach Perfektion und wahrt das Lebenswerk seiner Eltern durch ständiges Weiterentwickeln des Erreichten in vierter Generation. In seinen Händen vereinen sich zwei Weingüter: das »Gut am Ottenberg« in der Südsteiermark mit Lagen wie Grassnitzberg, Ottenberg, Wielitsch und Zieregg sowie das »Ehem. Prinz Liechtenstein'sche Weingut« in Deutschlandsberg in der Weststeiermark. Beide Weingüter firmieren ab sofort nur noch unter dem Namen Domäne Müller. Aus der großen Weinpalette, welche die Domäne Müller Gutsverwaltung in ihren beiden Weingütern in der Süd- und der Weststeiermark erzeugt, ragen jene aus französischen Edelsorten ganz besonders hervor. Die Weine stammen ausschließlich von den eigenen rund 26 Hektar umfassenden Rebbergen in prädestinierten Einzellagen. Eine »allgemeine Klassiklinie« ohne Herkunft wird nicht angeboten. Die Domäne hat beim Rebsatz dem jeweiligen Terroir entsprechend reagiert und Chardonnay aus kalifornischer Provenienz, Sauvignon Blanc aus

Yves-Michel Müller

WEINGUT DOMÄNE MÜLLER
8522 Groß St. Florian
Grazer Straße 71
T: +43 (3464) 2155
office@mueller-wein.at
www.domaene-mueller.com

Kellermeister/Kontakt:
DI Yves-Michel Müller, MLBT
Produktion: 138.000 Flaschen
51 % weiß, 48 % rot, 1 % süß,
26.5 Hektar
Vereinszugehörigkeit:
Marktgemeinschaft Steirischer Wein
Messen: Foodex Japan, ÖGW Zürich, ProWein Düsseldorf, VieVinum, Weinmesse München

dem Loiretal, Weißburgunder und Welschriesling sowie die Rotweinsorten Cabernet Sauvignon, Cabernet Franc, Merlot und Zweigelt ausgepflanzt. Der Rotweinanteil ist für ein steirisches Weingut mit fast 45 Prozent der Fläche sehr groß, wird aber durch die erzeugten Weine mehr als gerechtfertigt.
»DER Sauvignon Blanc« ist für die Domäne Müller etwas Besonderes und zu einem Markenzeichen des Betriebs geworden; er wird seit 2015 durch die »Privat Edition« von Yves-Michel Müller getoppt. Längst sind die Sauvignon Blancs wie auch die Cabernets erklärte Lieblinge österreichischer Spitzengastronomen, aber auch gefragte Exportartikel. (Der angeführte Artikel vor der Rebsorte weist im Hause Müller immer auf den besten Wein einer Sorte im Haus hin, also gibt es auch einen »DER Cabernet Sauvignon« oder einen »DER Morillon«, immer vorausgesetzt, der Jahrgang hat gepasst.) Die letzte Akquisition in der südsteirischen Domäne Ottenberg ist eine kleine Rebfläche in der bekannten Top-Lage Zieregg, die Yves-Michel Müller nach Rodung und Brache seinen Vorstellungen gemäß mit einem speziellen Sauvignon-Blanc-Klon im Jahr 2010 bepflanzte. Eine weitere Neuanlage am Ottenberg wurde im Jahr 2012 so gestaltet, dass ein besonderes Mikroklima entstehen konnte, unüblich für die Südsteiermark, aber ein kleines Paradies für Reben.
Seit 2007 arbeitet Yves-Michel Müller in den Weingärten und in der Vinifizierung, nähert sich wieder der alten Stilistik der Weinbereitung an, setzt Akzente durch Mikrovinifizierung und bringt seine önologischen Erfahrungen mit Stephane Derenoncourt ein, mit dem er in Bordeaux zusammenarbeitet.

93 Sauvignon Blanc * Ried Grassnitzberg 2020
13 Vol.-%, NK, großes Holzfass, €€€€
Helles Gelbgrün, Silberreflexe. Zart nach Grapefruitzesten, ein Hauch von Mango und Stachelbeeren, florale Nuancen. Saftig, elegant, feine weiße Tropenfrucht, frischer Säurebogen, zitronig-salzig im Abgang, Limetten im Rückgeschmack, gute Länge, finessenreicher Stil.

93 Sauvignon Blanc * Ried Sulztal 2020
12,9 Vol.-%, NK, Stahltank, €€€€€
Helles Gelbgrün, Silberreflexe. Zart floral unterlegte weiße Tropenfrucht, ein Hauch von Litschi, Limetten, mineralischer Touch. Mittlerer Körper, feiner weißer Apfeltouch, frisch strukturiert, salzig-zitronig, bleibt haften, vielseitig einsetzbar.

93 Sauvignon Blanc * Ried Zieregg Privat 2019
13,5 Vol.-%, NK, €€€€€€
Helles Goldgelb, Silberreflexe. Feine Holznuancen, ein Hauch von Vanille, mit feinem gelbem Pfirsich und etwas Mango unterlegt, ein Hauch von Grapefruitzesten im Hintergrund. Komplex, saftig, dezente Karamellsüße, frisch strukturiert, ein Hauch von Blütenhonig im Nachhall, zeigt mittlere Länge, etwas Nougat im Finish.

92 Sauvignon Blanc * Ehrenhausen 2020
13,1 Vol.-%, DV, Stahltank, €€€€
Helles Goldgelb, Silberreflexe. Frische gelbe Stachelbeeren, feine gelbe Tropenfrucht, ein Hauch von Grapefruitzesten und Blütenhonig. Saftig, elegant, weißer Apfel, frischer Säurebogen, mineralisch-salzig im Nachhall, ein facettenreicher Speisenbegleiter.

91 Sauvignon Blanc * Ried Wielitsch Privat 2019
13,5 Vol.-%, NK, 500-l-Fass, €€€€€
Mittleres Goldgelb, Silberreflexe. Reifer gelber Apfel, ein Hauch von Holzwürze, mit Kräutern unterlegt. Saftig, zart nach Vanille und Mango, frisch strukturiert, dezenter Holztouch auch im Abgang, wirkt leicht oxidativ und nussig im Finish, etwas weitmaschiger Stil.

90 Sauvignon Blanc * 2020
13 Vol.-%, DV, Stahltank, €€€
Helles Gelbgrün, Silberreflexe. Zarte weiße Fruchtnuancen nach Apfel, feine florale Nuancen, ein Hauch von Limetten, mineralischer Touch. Schlank, zart nach Stachelbeeren, lebendiger Säurebogen, mineralisch-zitronig im Nachhall, bietet unkompliziertes Trinkvergnügen.

93 Chardonnay * Ried Wielitsch Privat 2019
13,5 Vol.-%, NK, €€€€€
Mittleres Goldgelb, Silberreflexe. Feine Holzwürze, reife gelbe Tropenfruchtnuancen, zart nach Vanille, mit Limettenzesten unterlegt. Saftig, weiße Fruchtnuancen, frischer Säurebogen, zitroniger Touch, dezente Extraktsüße im Abgang, nussiger Nachhall, wirkt leichtfüßig und bereits gut antrinkbar.

92 Chardonnay * Ried Grassnitzberg 2020
13,2 Vol.-%, NK, großes Holzfass, €€€€
Helles Grüngelb, Silberreflexe. Frische Wiesenkräuter, ein Hauch von Golden-Delicious-Apfel, zart nussiger Touch. Mittlerer Körper, frische weiße Birnennote, lebendige Struktur, zitroniger Nachhall, dezent salzig im Rückgeschmack, gut antrinkbar.

91 Chardonnay * 2020
13 Vol.-%, DV, großes Holzfass, €€€
Helles Grüngelb, Silberreflexe. Feine Wiesenkräuter, frischer gelber Apfel, ein Hauch von Orangenzesten. Mittlerer Körper, feine Kernobstnuancen, straffe Struktur, minera-

* Südsteiermark DAC

lisch, zarte Fruchtsüße im Abgang, bereits antrinkbar, ein leichtfüßig wirkender Speisenbegleiter.

90 Welschriesling * 2020
12 Vol.-%, DV, Stahltank, €€
Helles Gelbgrün, Silberreflexe. Animierendes Bukett nach frischem Apfel und Ringlotte, florale Nuancen, ein feiner Hauch von Orangenzesten. Leichtfüßig, ein Hauch von Birne, dezente Säurestruktur, mineralisch-zitronig, staubtrockener Sommerwein.

90 Weißburgunder * 2020
13 Vol.-%, DV, Stahltank, €€€
Helles Gelbgrün, Silberreflexe. Einladende weiße Tropenfrucht, mit feiner Kräuterwürze unterlegt, floraler Touch, ein Hauch von weißer Birne. Mittlerer Körper, grüner Apfel, frischer Säurebogen, zitroniger Touch, ein lebendiger Stil.

90 Gelber Muskateller * 2020
11,5 Vol.-%, DV, Stahltank, €€€
Helles Gelbgrün, Silberreflexe. Zart traubige Fruchtnuancen, ein Hauch von Tropenfrucht und Mandarinenzesten, mit etwas Ananas unterlegt. Mittlerer Körper, weißer Apfel, Limetten und zarter Blütenhonig im Abgang, mineralischer Nachhall.

92 Cabernet Sauvignon Ried Ottenberg Privat 2019
13,6 Vol.-%, NK, €€€€€€
Dunkles Rubingranat, violette Reflexe, dezente Ockerrandaufhellung. Zart nussig unterlegte Cassisanklänge, schwarze Beeren, reife Herzkirschen, kandierte Orangenzesten, Nougat. Saftig, Brombeeren und Heidelbeeren, präsente Holzwürze, frischer Säurebogen, noch etwa rau im Abgang, wird von Flaschenreife profitieren.

91 Climax 2019 CS/ME/CF
13,2 Vol.-%, NK, €€€€
Dunkles Rubingranat, violette Reflexe, zarte Randaufhellung. Zart rauchig-würzig unterlegte dunkle Beerenfrucht, ein Hauch von Nougat und Dörrobst. Saftig, schokoladig, präsente Tannine, dezenter Gerbstoffschleier, süßer Nachhall, ein würziger Speisenbegleiter.

★★★★

WEINGUT MUSTER.GAMLITZ

Bis 1973 wurde das Gut als gemischter landwirtschaftlicher Betrieb geführt. 1974 legten die beiden Familien Muster und Dreisiebner gemeinsam den Grundstein für die heutige Betriebsform und begannen mit Wein- und Obstbau. Diese einzigartige Partnerschaft dauerte 26 Jahre lang. In dieser Zeit wurden die grundlegenden Bausubstanzen geschaffen, acht Hektar Eigenflächen für den Weinbau vorbereitet, mit Reben bepflanzt sowie ein Ab-Hof-Verkauf und eine Buschenschank als Vermarktungsweg aufgebaut. Im Jahr 2000 endete aus gesundheitlichen Gründen diese Betriebsgemeinschaft. Seither führt die Familie Muster dieses Weingut als »Einfamilienbetrieb« und verfolgt weitere Ziele hinsichtlich Vermarktung und Betriebsgröße sowie auch eine umfassendere Philosophie beim Ausbau der Weine. Im Jahr 2002 wurde mit MUSTER.gamlitz eine neue Marke gegründet. Terroir und Mineralik widerzuspiegeln ist der Familie sehr wichtig. Man arbeitet viel mit großen und kleinen Holzfässern – teilweise im Rückverschnitt, aber auch »pur«. Mit MUSTER.gamlitz wollte man extravagante Weine und eine ernst zu nehmende Weinmarke entstehen lassen, welche die zentraleuropäische Weinlandschaft mitgestaltet und formt. Eingeteilt werden die Weine in eine jugendliche, frische »Klassik«-Linie, eine »Reverenz«-Linie mit kräftigem und gehaltvollem Charakter sowie in Weine der Lage »Grubthal«. Letztere gilt als eine besonders wertvolle und außergewöhnliche Weinlage. Sehr spezielle Bodenbeschaffenheiten und Kleinklimabedingungen prägen diese Weine. In Ausnahmejahrgängen werden hier die besten Beeren pro Traube selektioniert, sorgfältig zu Wein verarbeitet und bis zum Beginn der Trinkreife in den Fässern belassen – mit großem Erfolg, wie die jüngst auf den Markt gekommenen Weine zeigen.

95 Sauvignon Blanc * Ried Grubthal 2018
13,5 Vol.-%, VL, Barrique, €€€€€€
Helles Grüngelb, Silberreflexe. Weiße Johannisbeeren, ein Hauch von Maracuja, floraler Touch, facettenreiches Bukett. Komplex, saftig, weiße Fruchtnuancen, ein Hauch von Blütenhonig, mineralisch und straff im Abgang, zeigt gute Länge, etwas Vanille und Grapefruit im Nachhall, sicheres Reifepotenzial, ein vielseitiger Begleiter bei Tisch.

WEINGUT MUSTER.GAMLITZ

8462 Gamlitz
Grubtal 14
T: +43 (3453) 2300
reinhard@muster-gamlitz.at
www.muster-gamlitz.at

Kellermeister: Reinhard Muster
Kontakt: Familie Muster
Produktion: 100 % weiß, 50 Hektar
Messen: ÖGW Zürich, ProWein Düsseldorf, VieVinum

Reinhard Muster

94 Sauvignon Blanc * Ried Grubthal Privatarchiv 2017
13,5 Vol.-%, VL, Barrique, €€€€€€
Mittleres Grüngelb, Silberreflexe. Feine Kräuterwürze, Nuancen von Cassis, reife Stachelbeeren, kandierte Grapefruitzesten, etwas zurückhaltendes Bukett. Saftig, mineralisch, reife weiße Kernobstnuancen, zart karamellig im Abgang, gut entwickelt und antrinkbar, ein feinfruchtiger Speisenbegleiter.

93 Sauvignon Blanc * Gamlitz Reverenz 2019
13 Vol.-%, VL, gebrauchte Barriques, €€€€
Helles Grüngelb, Silberreflexe. Feine reife Stachelbeernuancen, gelbe Paprikaschoten, zarter Blütenhonig, im Hintergrund etwas Litschi. Saftig, elegant, gelbe Tropenfrucht, feiner Säurebogen, mineralisch, ein Hauch von Pfirsich im Nachhall, bleibt haften, ein eleganter Speisenbegleiter.

91 Sauvignon Blanc * Klassik 2020
12 Vol.-%, DV, Edelstahl, €€€
Helles Gelbgrün, Silberreflexe. Intensive weiße Tropenfrucht, Nuancen von Stachelbeeren, etwas Litschi und Limette, einladendes Bukett. Saftig, Nuancen von Guaven und Passionsfrucht, frischer Säurebogen, Cassis im Abgang, zart salziger Nachhall.

94 Chardonnay * Ried Grubthal 2018
13,5 Vol.-%, VL, Barrique, €€€€€
Helles Goldgelb, Silberreflexe. Feine Holzwürze, zart nach Vanille, reife gelbe Tropenfruchtanklänge nach Mango, ein Hauch von Karamell. Saftig, elegant, feine Extraktsüße, zartes Nougat, Anklänge von Pfirsich und Ananas im Abgang, saftig, ein facettenreicher Speisenbegleiter.

92 Grauburgunder * Reverenz 2019
12,5 Vol.-%, VL, großes Holzfass, €€€€
Helles Messinggelb, Kupferreflexe. Mit einem zarten Karamelltouch unterlegte reife Birnenfrucht, ein Hauch von Ananas, mit kandierten Orangenzesten unterlegt. Mittlere Komplexität, elegant, zart cremig, rundes Säuregerüst, süße Frucht im Nachhall, bereits gut entwickelt und vielseitig einsetzbar.

91 Weißburgunder * Reverenz 2019
13 Vol.-%, VL, großes Holzfass, €€€
Helles Grüngelb, Silberreflexe. Etwas zurückhaltend, feine Nuancen von Birne und Quitte, ein Hauch von Nuss, mit Mandarinenzesten unterlegt. Mittlerer Körper, gelbe Fruchtnoten, zart nach Karamell, ein Hauch von Nougat im Nachhall, vielseitiger Speisenbegleiter.

90 Welschriesling * Retro 2020
11,5 Vol.-%, DV, Edelstahl, €€
Sehr helles Gelbgrün, Silberreflexe. Frische weiße Apfelfrucht, zart nach Wiesenkräutern, feinwürziges, einladendes Bukett. Mittlerer Körper, reife Kernobstnuancen, gelbe Birne, ausgewogen, macht Lust auf ein zweites Glas.

90 Gelber Muskateller Reverenz Steiermark 2020
11 Vol.-%, VL, großes Holzfass, €€€€
Helles Gelbgrün, Silberreflexe. Zart floral unterlegte Nuancen von Pfirsich und Ananas, ein Hauch von Holunderblüten. Süße Frucht, reife Banane, frischer Säurebogen, Blütenhonig im Nachhall, hohe Fruchtintensität dank des Zuckerrests.

* Südsteiermark DAC

★★

WEINGUT NOEMI

Der Hofname Noemi bedeutet »die Liebliche« und bezieht sich auf die sanften Rebhügel dieser einzigartigen Region. Der Betrieb wird seit Generationen als Weinbaubetrieb geführt und verfügt über eine typisch steirische Sortenpalette. Durch das besondere Mikroklima und die kalkhaltigen Mergelböden entstehen komplexe, würzige Weine, welche die Rebsorte und ihre Herkunft widerspiegeln.
Im Einflussbereich der mediterranen Klimazone entstehen hier durch das Zusammenspiel der milden südlichen Witterung mit den kühlen Lüften aus den Alpen nach Sonnenuntergang sehr große Temperaturunterschiede zwischen Tag und Nacht, die für eine intensive Aromenausprägung sorgen. Die Familie Wohlmuth versucht seit der Übernahme im Jahr 2012, die Typizität der einzelnen Lagen herauszuarbeiten. In atemberaubenden Steillagen gedeihen auf den sonnenverwöhnten und vom kalkhaltigen Mergelboden geprägten Lagen fruchtintensive, finessenreiche und komplexe Weine.

WEINGUT NOEMI
8441 Kitzeck im Sausal
Fresing 24
T: +43 (3456) 2303
wein@wohlmuth.at
www.noemi.st

Kellermeister/Kontakt:
Gerhard Wohlmuth
Produktion: 100 % weiß, 12 Hektar
Messen: ProWein Düsseldorf

92 Sauvignon Blanc Klassik Steiermark 2020
12,5 Vol.-%, DV, Stahltank, €€€
Helles Gelbgrün, Silberreflexe. Feine gelbe Tropenfrucht, ein Hauch von gelben Stachelbeeren, kandierte Orangenzesten, zart nach Blütenhonig. Stoffig, elegant, ein Hauch von Cassis, frisch strukturiert, zitronig-mineralischer Nachhall.

91 Weißburgunder Klassik Steiermark 2020
12,5 Vol.-%, DV, Stahltank, €€
Helles Gelbgrün, Silberreflexe. Mit einem feinen Zitrustouch unterlegte frische Birnenfrucht, kandierte Orangen, dezente Wiesenkräuter. Saftig, elegant, etwas Pfirsich, frisch strukturiert, mineralischer Nachhall, saftiger Speisenbegleiter.

91 Morillon Klassik Steiermark 2020
12,5 Vol.-%, DV, Stahltank, €€
Helles Gelbgrün, Silberreflexe. Zart kräuterwürzig unterlegte weiße Apfelfrucht, ein Hauch von Honigmelone, zart nach Mandarinenzesten. Straff, weißes Kernobst, frisch strukturiert, lebendig, macht Lust auf ein zweites Glas.

90 Welschriesling Klassik Steiermark 2020
11,5 Vol.-%, DV, Stahltank, €€
Helles Gelbgrün, Silberreflexe. Frischer gelber Apfel, ein Hauch von Blütenhonig, zarter floraler Touch. Stoffig, weißer Apfel, frische Säurestruktur, zitroniger Anklang im Nachhall.

90 Gelber Muskateller Klassik Steiermark 2020
12 Vol.-%, DV, Stahltank, €€
Helles Gelbgrün, Silberreflexe. Zart nach Holunderblüten, Grapefruitzesten, gelbe Pfirsichnuancen, Limettentouch. Saftig, feine Fruchtsüße, frisch strukturiert, salziger Nachhall, zitroniger Rückgeschmack.

★★★

WEINGUT OBERGUESS

BIO

Der »obere Khues am Walts« wurde 1495 erstmals schriflich erwähnt. Mit Stolz und großer Verantwortung führt Christian Krampl gemeinsam mit seiner Freundin Birgit und seinen Eltern Walburga und Friedrich diesen einzigartigen Hof weiter. Biologische Bewirtschaftung, kleine Erträge in Verbindung mit später Ernte sowie Spontangärung und lange Reifung in Eichenholzfässern ermöglichen einzigartige, unverwechselbare Herkunfts- und Geschmacksimpressionen des auf Sauvignon Blanc, Gelben Muskateller und Chardonnay spezialisierten Weinguts.
Der wunderschön und abgeschieden gelegene Hof zwischen Posruck und Remschnigg, gerade einen Steinwurf von der slowenischen Grenze entfernt, und die revitalisierte, feine Buschenschank laden zum Verweilen ein. Beim Mix aus alt und modern ist hier viel Feingefühl für kreative Gestaltung sichtbar. Feingefühl findet sich auch in den Lagenweinen wieder, die die Bezeichnung der Ried Am Walts und der Ried Schlossberg tragen.

95 Sauvignon Blanc * Ried Am Walts Reserve 2018
12,5 Vol.-%, NK, großes Holzfass, €€€€€
Mittleres Gelbgrün, Silberreflexe. Einladender Duft nach Maracuja, ein Hauch von Pfirsich, Cassis, unterlegt mit Orangenzesten und Gewürzen. Gute Komplexität, saftig, engmaschig, balancierte Säurestruktur, weißes Steinobst im Abgang, Grapefruittouch im Nachhall, vielschichtiger Speisenbegleiter mit Entwicklungspotenzial.

93 Sauvignon Blanc * Ried Schlossberg 2019
12,5 Vol.-%, DV, großes Holzfass, €€€
Mittleres Gelbgrün, Silberreflexe. Feine Tabakwürze, etwas nach Mandarinenzesten und reifen Stachelbeeren, Noten von Pfirsich, Holztouch klingt an. Saftig, elegant, balancierter Säurebogen, weißes Steinobst im Abgang, bleibt sehr gut haften, sicheres Potenzial.

93 Sauvignon Blanc * Ried Am Walts 2019
12,5 Vol.-%, DV, großes Holzfass, €€€€
Leuchtendes Gelbgrün, Silberreflexe. Feiner Blütenhonig, etwas nach Karamell, Mangotouch, gelber Paprika, floraler Touch. Saftig, straff, Holzwürze, extraktsüß nach Stachelbeeren, salzig, würziger Nachhall, guter Speisenbegleiter mit Entwicklungspotenzial.

95 Chardonnay * Ried Am Walts 2019
12,5 Vol.-%, NK, 500-l-Fass, €€€€€
Helles Gelbgrün, Silberreflexe. Feine Tabakwürze, zart nach Maracuja, etwas nach Apfelfrucht, dunkle Mineralik, Kumquats klingen an. Saftig, elegant, frisch und lebendig, engmaschig, feinwürzig, etwas nach Limetten, Kernobst im Finish, facettenreicher Speisenbegleiter mit Entwicklungspotenzial.

91 Gelber Muskateller * Ried Schlossberg 2019
11 Vol.-%, DV, großes Holzfass, €€€ B
Helles Gelbgrün, Silberreflexe. Feine Kräuterwürze, etwas nach weißem Pfirsich, Limettenzesten, Maracujatouch, einladendes Bukett. Saftig, lebendige Säurestruktur, engmaschig, Zitrustouch im Abgang, salziger Nachhall, bereits gut antrinkbar.

WEINGUT OBERGUESS
8463 Leutschach
Schlossberg 9
T: +43 (664) 4380838
office@oberguess.com
www.oberguess.com

Kellermeister: Christian Krampl
Kontakt: Christian Krampl, Mag. M. Sc. Birgit Koch
Anbauweise: Zertifiziert Biologisch (Austria Bio Garantie)
Produktion: 6.5 Hektar

★★★★

WEINGUT POLZ

Das Weingut Polz definiert sich gerade wieder neu und kehrt zurück zu den Ursprüngen im Jahr 1912. Bereits in vierter Generation arbeitet die Familie heute wie damals tagtäglich daran, ihre Idee von Exzellenz ins Glas zu bringen.
Erich Polz jun. führt seit 2020 den Betrieb mit der Vision, das fabelhafte Potenzial und wertvolle Know-how, das in der langen Weinbautradition seiner Familie steckt, in eine fruchtbare, gesunde Zukunft zu geleiten. Erichs Bruder Christoph zeichnet für Keller und Vinifikation verantwortlich – mit großem Vertrauen in jede Traube. Denn die Leidenschaft der Brüder heißt Handarbeit. Und ihr Können wächst direkt aus der Herkunft Südsteiermark, einem einzigartigen Terroir. Dabei wird Nachhaltigkeit gelebt – sei es nun durch sanften Rebschnitt, Verzicht auf Insektizide und Glyphosate oder die sich bereits in Umsetzung befindliche Umstellung der Weingärten auf »Bio«.
In den Worten von Erich Polz jun. klingt das so: »Wir lernen seit 109 Jahren täglich dazu. Wir arbeiten mit vitalen Reben auf gesunden Böden. Wir streben nach Balance und Exzellenz in unseren Weinen. Und wir gehen nun vermehrt Wege, die unbeschritten sind. Schließlich ist nichts riskanter, als nichts zu riskieren.«

(95) Chardonnay * Ried Obegg GSTK 2019
13,5 Vol.-%, NK, 500-l-Fass, €€€€€€
Mittleres Gelbgrün, Silberreflexe. Feine Mangonoten, etwas nach Marille, gelbe Fruchtnoten, unterlegt mit Blütenhonig, zart nach kandierten Orangenzesten. Gute Komplexität, saftig, feine Säurestruktur, mineralisch, kraftvoll, Apfeltouch im Abgang, guter Speisenbegleiter mit Potenzial.

93 Chardonnay * Ried Theresienhöhe 1STK 2019
13 Vol.-%, DV, 500-l-Fass, €€€€
Helles Gelbgrün, Silberreflexe. Mit zarten Wiesenkräutern unterlegter Pfirsichtouch, etwas nach Maracuja, Lemonenzesten, einladendes Bukett. Saftig, straff, gut eingebundene Säurestruktur, salzig, feine Würze, frisches Kernobst, Zitrus im Nachhall, wird von Flaschenreife profitieren.

93 Chardonnay * Ried Grassnitzberg 2019
13 Vol.-%, DV, 500-l-Fass, €€€€
Mittleres Gelbgrün, Silberreflexe. Zarter Duft nach Honigmelone, etwas nach kandierten Früchten, Mandarinenzesten klingen an. Engmaschiger Körper, saftig, elegant, gut eingebundene Säurestruktur, bleibt gut haften, weiße Tropenfrucht im Abgang, bereits gut antrinkbar.

(94) Sauvignon Blanc * Ried Czamillonberg 2019
13,5 Vol.-%, DV, großes Holzfass, €€€€
Leuchtendes Gelbgrün, Silberreflexe. Feine Papayanoten, etwas nach Maracuja, ein Hauch von kandierten Grapefruitzesten, Blütenhonig. Saftig, elegant, feine Struktur, extraktsüß nach reifer Stachelbeere, reife Tropenfrucht im Nachhall, guter Speisenbegleiter.

(94) Sauvignon Blanc * Ried Hochgrassnitzberg GSTK 2019
14 Vol.-%, NK, großes Holzfass, €€€€€
Mittleres Gelbgrün, Silberreflexe. Zarte Paprikanuancen, etwas nach Cassis, gelbes Kernobst, dunkle Mineralik, feine Kräuternuancen. Saftig, elegant, feine Säurestruktur, gute Komplexität, Zitrusnoten im Abgang, Johannisbeere im Nachhall, salzig, guter Speisenbegleiter mit Potenzial.

93 Sauvignon Blanc * Ehrenhausen 2019
13 Vol.-%, DV, großes Holzfass, €€€€
Helles Gelbgrün, Silberreflexe. Reife Litschinoten, etwas nach Melisse, Pfirsich, Mandarinenzesten. Mittlerer Körper, saftig, elegant, feine Säurestruktur, mineralisch, Stachelbeeren im Abgang, bereits gut antrinkbar.

(93) Sauvignon Blanc * Ried Witscheiner Herrenberg 2019
13,5 Vol.-%, DV, großes Holzfass, €€€€
Leuchtendes Gelbgrün, Silberreflexe. Feine Tabakwürze, etwas nach Orangenzesten, Papayanoten, etwas Cassis, Kardamom klingt an. Mittlerer Körper, saftig, elegant, feine Säurestruktur, leichtfüßig, Tropenfrucht im Abgang, mineralischer Nachhall, wird von Flaschenreife profitieren.

(93) Sauvignon Blanc * Ried Pössnitzberg 2019
13 Vol.-%, DV, großes Holzfass, €€€€
Mittleres Gelbgrün, Silberreflexe. Etwas Mango, unterlegt mit Orangenzesten, zart nach Ananas, ein Hauch von Wiesenkräutern. Mittlerer Körper, feiner Säurebogen, etwas

WEINGUT POLZ
8472 Strass in der Steiermark
Am Grassnitzberg 39
T: +43 (3453) 2301
weingut@polz.co.at
www.polz.co.at

Kellermeister: Christoph Polz
Kontakt: Erich Polz jun.
Produktion: 93 % weiß, 7 % rot, 85 Hektar
Zertifiziert: Nachhaltig Austria
Vereinszugehörigkeit: GutFinden – Südsteiermark, Steirische Terroir- und Klassikweingüter, Wein Steiermark
Messen: ProWein Düsseldorf, VieVinum

nach Pfirsich, zarte Extraktsüße, bleibt gut haften, vielseitiger Speisenbegleiter.

93 Sauvignon Blanc * Ried Theresienhöhe 1STK Therese 2019
13 Vol.-%, DV, Stahltank, €€€€€
Helles Gelbgrün, Silberreflexe. Frische gelbe Stachelbeerfrucht, ein Hauch von Paprikaschoten, Nuancen von Cassis und Grapefruitzesten. Mittlerer Körper, weißer Apfel, frische Säurestruktur, mineralisch-zitroniger Touch im Nachhall, ein pikanter Speisenbegleiter.

92 Sauvignon Blanc * 2020
12,5 Vol.-%, DV, Stahltank, €€€
Helles Gelbgrün, Silberreflexe. Feine Kräuternoten, etwas nach Cassis, feine Limettenzesten, Kiwi klingt an. Saftig, feine Säurestruktur, extraktsüß nach weißer Tropenfrucht, lange anhaltend, guter Speisenbegleiter.

(92) Sauvignon Blanc * Kitzeck Sausal 2020
12,5 Vol.-%, DV, Stahltank, €€€€
Mittleres Gelbgrün, Silberreflexe. Zart grasig, etwas nach Maracuja, ein Hauch von Grapefruitzesten, weißes Steinobst klingt an. Saftig, elegant, feine Säurestruktur, mineralisch-salzig, feine Paprikanoten, frisch und lebendig, bereits gut antrinkbar.

92 Grauburgunder * 2019
13 Vol.-%, DV, großes Holzfass, €€€€
Mittleres Gelbgrün, Silberreflexe. Feine Eibischnoten, etwas nach reifer Mango, kandierte Ananas, mit Zitrusnoten unterlegter Blütenhonig. Saftig, elegant, feine Säurestruktur, salzig, Apfelfrucht im Abgang, frisches Finish, bereits gut antrinkbar.

91 Morillon * 2020
12,5 Vol.-%, DV, Stahltank, €€€
Helles Gelbgrün, Silberreflexe. Einladender Duft nach gelber Tropenfrucht, zart nach Wiesenkräutern, ein Hauch von reifer Marille. Saftig, elegant, frische Struktur, leichtfüßig, extraktsüß, mineralisch-salzig, bleibt gut haften, vielseitig einsetzbar.

(90) Weißburgunder * 2020
12 Vol.-%, DV, Stahltank, €€
Helles Gelbgrün. Zarter Duft nach Birnen, etwas nach Mango, ein Hauch von Wiesenkräutern, floraler Touch. Mittlerer Körper, lebendige Säurestruktur, mineralisch, leichtfüßig, Grapefruit im Abgang, weißes Kernobst im Nachhall, bereits gut antrinkbar.

90 Gelber Muskateller * 2020
11,5 Vol.-%, DV, Stahltank, €€€
Helles Gelbgrün, Silberreflexe. Feine Gewürznuancen, etwas nach Pfirsich, etwas nach Muskat, Zitruszesten klingen an. Saftig, feine Säurestruktur, mineralisch-salzig, etwas nach weißem Steinobst, bereits gut antrinkbar.

89 Welschriesling * 2020
11,5 Vol.-%, DV, Stahltank, €€

★★★

WEINGUT PONGRATZ

Markus Pongratz überzeugt die Weinkenner und -kritiker im In- und Ausland mit seiner beständigen fruchtigen Linie schon seit einigen Jahren. Die Erfolge sind kein Zufall, sondern auf das gute Zusammenspiel vieler Faktoren zurückzuführen: Auf der einen Seite liefern die Top-Lagen am Kranachberg und am Hochberg mit den sandigen Böden den Grundstein für die gute Qualität der Weine aus dem Hause Pongratz. Ein weiterer wichtiger Punkt ist die hohe Reife der Trauben, die durch mehrmaliges händisches Lesen vorselektiert werden. Ebenso ein Kriterium dafür, dass jedes Jahr aufs Neue so hervorragende Weine entstehen, ist der neueste Stand der Kellertechnik, kombiniert mit dem Wissen von Kellermeister Markus Pongratz.

2008 haben Markus und Sabine Pongratz das Weingut von den Eltern übernommen. In der gemütlichen Buschenschank werden Hochzeiten gefeiert und Events aller Art veranstaltet. Im Mittelpunkt der Familie Pongratz steht die Rauchschwalbe. Jedes Jahr, wenn die Schwalben nach dem Winter zurückkehren, gibt es ein traditionelles Schwalbenfest mit der Jahrgangsverkostung auf dem Weingut. Ein sehr anerkannter Maler der Südsteiermark, nämlich Gerald Brettschuh, hat für das Weingut einige Schwalbenmotive entworfen und zwei Exemplare davon vorgestellt, die auf den Etiketten Verwendung finden. Das Beste aus dem Hause Pongratz heißt übrigens »Schwalbenhimmel«.

95 Sauvignon Blanc * Ried Hochberg Schwalbenhimmel 2018
13,5 Vol.-%, NK, Barrique, €€€€€€
Mittleres Goldgelb, Silberreflexe. Mit Grapefruitzesten unterlegte gelbe Tropenfruchtanklänge, weißer Pfirsich, feine Kräuterwürze, facettenreiches Bukett. Komplex, saftig, reife Mangofrucht, frisch strukturiert, weiße Nuancen im Abgang, mineralisch und gut balanciert, zarte Süße im Nachhall, sehr gute Länge, sicheres Entwicklungspotenzial.

94 Sauvignon Blanc * Ried Hochberg 2019
13 Vol.-%, DV, großes Holzfass, €€€€
Leuchtendes Gelbgrün, Silberreflexe. Zarte Nuancen von Guaven und Passionsfrucht, ein Hauch von Stachelbeeren und Limetten, mineralischer Touch. Saftig, elegant, feine Fruchtsüße, reife Tropenfrucht, lebendig strukturiert,

Weingut Pongratz am Kranachberg bei Gamlitz

WEINGUT PONGRATZ
8462 Gamlitz - Kranachberg
Sonnleitenweg 73
T: +43 (3453) 4477
info@weingut-pongratz.at
www.weingut-pongratz.at

Kellermeister: Markus Pongratz
Kontakt: Familie Pongratz
Produktion: 90 % weiß, 7 % rot, 3 % süß, 10 Hektar
Zertifiziert: Nachhaltig Austria
Messen: Weintage im Museumsquartier

kompakt und gut anhaftend, feinwürziger Nachhall, gute Länge, ein stoffiger Speisenbegleiter.

(92) Sauvignon Blanc * Ried Kranachberg 2020
13 Vol.-%, DV, großes Holzfass, €€€ Ⓥ
Helles Gelbgrün, Silberreflexe. Frische Stachelbeeren, zart nach Cassis und Grapefruit, feine Kräuterwürze. Saftig, elegant, weißer Pfirsich, angenehme Säurestruktur, zitronig-salzig im Abgang, ein ausgewogener Speisenbegleiter.

90 Sauvignon Blanc * Classic 2020
12,5 Vol.-%, DV, Stahltank, €€
Helles Gelbgrün, Silberreflexe. Mit einem Hauch von Paprikaschoten unterlegte Stachelbeernuancen, zart nach Grapefruit. Mittlerer Körper, weißer Pfirsich, kräuterwürziger Touch, frisch und lebendig, mineralisch-zitronig im Abgang.

95 Chardonnay * Ried Hochberg Schwalbenhimmel 2018
13,5 Vol.-%, NK, Barrique, €€€€€€
Mittleres Gelbgold, Silberreflexe. Feine Nuancen von weißem Pfirsich und Babybanane, ein Hauch von hellem Nougat, zart nach Bourbonvanille, einladendes Bukett. Saftig, elegant, feine weiße Steinobstnuancen, finessenreich strukturiert, mineralisch und gut anhaftend, verfügt über sicheres Entwicklungspotenzial.

(91) Chardonnay * Ried Kranachberg 2020
13 Vol.-%, DV, großes Holzfass, €€€ Ⓥ
Helles Goldgelb, Silberreflexe. Frischer gelber Pfirsich, ein Hauch von Orangenzesten, Nuancen von Blütenhonig. Saftig, reife Mangofrucht, etwas Marille, dezenter Säurebogen, mineralisch-salzig im Abgang, ein ausgewogener, bereits zugänglicher Speisenwein.

(92) Grauburgunder * Ried Hochberg 2020
13,5 Vol.-%, DV, gebr. Barriques/gr. Holzfass, €€€ Ⓥ
Helles Goldgelb, Silberreflexe. Zart nach frischen Quitten, ein Hauch von Rhabarber, mit Nuancen von Birne und Mandarinenzesten unterlegt. Saftig, eleganter Stil, feine Fruchtsüße, gut integrierte Säurestruktur, mineralischer Abgang, ausgewogen, bereits gut antrinkbar.

91 Gelber Muskateller * Classic 2020
12,5 Vol.-%, DV, Stahltank, €€ Ⓥ
Helles Gelbgrün, Silberreflexe. Feine Nuancen von Holunderblüten, zart traubig unterlegte Limettenzesten. Leichtfüßig, ein Hauch von Rosen und Muskatnuss, frischer Säurebogen, zitroniger Nachhall, feiner Sommerwein.

(91) Gelber Muskateller * Ried Kranachberg 2020
12,5 Vol.-%, DV, Stahltank/großes Holzfass, €€€
Helles Gelbgrün, Silberreflexe. Floral unterlegte Nuancen von Litschi und Limetten, feine Holunderblüten, mineralischer Touch. Saftig, feine fruchtige Süße, nach reifem weißem Pfirsich, angenehme Säurestruktur, gelbe Tropenfrucht im Nachhall.

90 Weißburgunder * 2020
12,5 Vol.-%, DV, großes Holzfass, €€
Mittleres Gelbgrün, Silberreflexe. Frische gelbe Birnenfrucht, zart nach Mango, mit Mandarinenzesten unterlegt. Mittlerer Körper, saftige gelbe Kernobstnuancen, frisch strukturiert, zitroniger Touch, ein vielseitiger Speisenbegleiter.

★★★

WEINGUT PRIMUS

Das Weingut Primus am Grassnitzberg gehört zu den Top-Adressen in der Südsteiermark. Seit Jahren arbeiten die Brüder kompromisslos an der Qualität ihrer Weine, sodass auch in vegetativ schwierigen Jahrgängen lagerfähige Kreszenzen mit enormem Potenzial gekeltert werden. So hat man in den vergangenen Jahren immer wieder mit Bewertungen im Spitzenfeld überzeugen können.
Der Betrieb verfügt über einige der besten Lagen in der Südsteiermark in den Rieden Grassnitzberg und Zieregg. Mit diesem Fundament bauen die beiden Brüder ein ausgewogenes Sortiment an, das mit dem Terroir bestens harmoniert und hier höchste Qualität entwickelt. Damit das so bleibt und noch besser wird, arbeiten sie mit größtem Engagement. Wie alle Jahre legt man auch heuer wieder Wert auf eine sortentypische, klare Weinlinie. Die Weine kann man vor Ort verkosten oder im Onlineshop bestellen.
Da die heimischen Flächen rar wurden, haben sich die Brüder entschlossen, auch im benachbarten Slowenien einen Weinberg zu kultivieren. Aus den Reben der slowenischen

* Südsteiermark DAC

WEINGUT PRIMUS

8472 Grassnitzberg-Spielfeld
Am Grassnitzberg 15
T: +43 (3453) 3911
weingut@primus.cc
www.primus.cc

Kellermeister/Kontakt:
Christian und Thomas Polz
Produktion: 98 % weiß, 1 % rot, 1 % süß, 17 Hektar
Vereinszugehörigkeit:
Wein Steiermark
Messen: VieVinum

Weinanbaufläche gibt es einen frischen Sommer- oder Terrassenwein namens »Apollo« und einen sehr ausdrucksstarken, mineralischen Sauvignon Blanc Muschelkalk mit Lagenweincharakter.
Das Weingut verfügt über einige komfortable Gästezimmer mit herrlicher Aussicht in die südsteirische Hügellandschaft – eine Idylle für Genießer.

93 Sauvignon Blanc * Ried Grassnitzberg 2019
13,5 Vol.-%, NK/DV, Stahltank, €€€€
Helles Gelbgrün, Silberreflexe. Reife Stachelbeeren, Grapefruit, Blütenhonig, ein Hauch von Pfirsich. Gute Komplexität, straff, gut eingebundener Säurebogen, etwas nach Maracuja im Abgang, bleibt gut haften, vielseitig einsetzbar.

92 Sauvignon Blanc * Ried Zieregg 2018
13,5 Vol.-%, NK/DV, großes Holzfass, €€€€€
Helles Gelbgrün, Silberreflexe. Dezente Tabakwürze, etwas nach Johannisbeeren, ein Hauch von Gewürzen, zart nach Pfirsich. Mittlerer Körper, feine Struktur, mineralisch, kraftvoll, weißes Kernobst im Abgang, stoffiger Speisenbegleiter.

91 Sauvignon Blanc von den Terrassen 2020
13,5 Vol.-%, DV, Stahltank, €€€
Helles Gelbgrün, Silberreflexe. Feine Kräuternuancen, weißes Kernobst, ein Hauch von Stachelbeeren, Limettenzesten klingen an. Saftig, elegant, feine Struktur, salzig, balanciert, grüne Apfelfrucht im Nachhall, vielseitig einsetzbar.

90 Sauvignon Blanc Muschelkalk 2020
12,5 Vol.-%, DV, Stahltank, €€
Helles Gelbgrün, Silberreflexe. Feine Cassisnoten, etwas nach Tabakwürze, gelber Paprika klingt an, Orangenzesten. Zart nach Pfirsich, etwas Extraktsüße, gut integrierter Säurebogen, floraler Touch, bleibt gut haften.

93 Chardonnay * Ried Zieregg 2018
13,5 Vol.-%, DV, Teilbarrique/gebrauchte Barriques, €€€€€
Leuchtendes Gelbgrün, Silberreflexe. Feiner Blütenhonig, etwas nach Papaya, zart nach Orangenschalen, floraler Touch, einladendes Bukett. Elegant, kraftvoll, Holzwürze, gute Komplexität, dunkle Mineralik, Tropenfrucht im Nachhall, gutes Potenzial.

91 Chardonnay * Ried Grassnitzberg 2019
13,5 Vol.-%, DV, großes Holzfass, €€€
Mittleres Gelbgrün, Silberreflexe. Feiner Blütenhonig, etwas nach Papaya, floraler Touch, einladendes Bukett, kandierte Orangenzesten. Saftig, elegant, balancierter Säurebogen, mineralisch, extraktsüß im Abgang, bereits gut antrinkbar, stoffiger Speisenbegleiter.

★★★

WEINGUT REGELE

Die Familie Regele führt eines der traditionsreichsten Weingüter in der Südsteiermark. 1830 gegründet, verantworten heute Georg und Ingrid Regele mit Sohn Franz den renommierten Weinbaubetrieb. Georg Regele vergleicht die eindrucksvolle Erfolgsgeschichte gerne mit seinen Reben, denn nur starke Wurzeln sind Garanten für eine gesunde Entwicklung und stetige Qualitätssteigerung. Kultiviert werden rund 25 Hektar Rebflächen, die ausnahmslos händisch gelesen werden. Herausragende Rieden sind Oberglanzberg, Sulz und die große Ried Zoppelberg, die bereits im 13. Jahrhundert urkundlich erwähnt wurde. Die daraus entstehenden DAC-Riedenweine genießen höchste Anerkennung und begeistern durch ihre terroirgeprägte Mineralik und trinkanimierende Balance. Mit der Produktion von finessenreichen Schaumweinen ist man dem Mythos der prickelnden Perlen auf der Spur. Klassifiziert in der anspruchsvollen österreichischen Sekt-Pyramide mit geschützter Ursprungsbezeichnung gibt es bei nationalen und internationalen Bewerben kontinuierlich Höchstbewertungen.Der Weinbau ist nicht nur ein traditionsreiches, sondern auch ein extrem innovatives Fachgebiet. Es hat sich in seiner Vielfalt, Breite, Zuständigkeit, Orientierung und Bedeutung in den vergangenen Jahren dramatisch verändert. Junior Franz Regele bringt hier die nötige Qualifikation mit. Dem Absolventen der HBLA und BA Klosterneuburg gelingen sowohl ein verantwortungsvoller Umgang mit Neuerungen als auch das Festigen von Bewährtem. »Je prägnanter heute der technische Fortschritt ist, desto mehr spielt das Umfeld, in dem dies alles passiert, eine Rolle«, so Franz Regele. Spannende Innovationsfelder sind für ihn auch der Ausbau seiner Weine in Amphoren oder im Beton-Ei sowie die Kultivierung von (pilzwiderstandsfähigen) PIWI-Rebsorten wie dem Souvignier Gris. Voraussetzung für innovatives Arbeiten im Weinbau ist und bleibt aber die konsequente nachhaltige Kultivierung der Rebflächen – und das immer im Einklang mit der Natur. »Im Reigen der Jahreszeiten ist das für mich nicht nur eine Herausforderung, sondern eine ständige Motivation.«

92 Brut Rose Reserve Sekt g.U.
Deg. 11/2020, 12,5 Vol.-%, NK, Flaschengärung, €€€€
Helles Altrosa, Silberreflexe, feines Mousseux. Zart rotbeerig unterlegtes Bukett, Nuancen von eingelegten Kir-

WEINGUT REGELE
8461 Ehrenhausen a.d.Weinstrasse
Ewitsch 34
T: +43 (3453) 2426
office@regele.com
www.regele.com

Kellermeister/Kontakt:
Ing. Georg Regele
Produktion: 89 % weiß, 10 % rot, 1 % süß, 25 Hektar
Vereinszugehörigkeit:
Sieme, Wein Steiermark
Messen: VieVinum

Ingrid, Franz und Georg Regele

schen, ein Hauch von Honig, Limettenzesten im Hintergrund. Mittlerer Körper, feinfruchtige Süße, lebendig strukturiert, etwas Erdbeerkonfit im Abgang, mineralisch-salziger Nachhall, bereits gut antrinkbar.

91 ❸ Sauvignon Blanc Sekt g.U. Klassik 2019
12,5 Vol.-%, NK, Stahltank, €€€
Helles Gelbgrün, Silberreflexe, feines Mousseux. Nuancen von weißen Tropenfrüchten, zart nach Guaven, feine Kräuterwürze, zart nussig unterlegt. Komplex, saftig, feine Fruchtsüße, zart nach Ananas, frisch und mineralisch, bleibt gut haften, ein Hauch von Litschi im Nachhall.

90 ❸ Muskateller Sekt g.U. Klassik
11,5 Vol.-%, NK, Edelstahl, €€€
Helles Gelbgrün, Silberreflexe, feines Mousseux. Zart floral, Nuancen von Holunderblüten und Limetten, weißer Pfirsich, eher verhaltenes Bukett. Mittlere Komplexität, zart nach Mango, frisch strukturiert, traubiger Abgang, Blütenhonig im Rückgeschmack.

(92) Sauvignon Blanc * Ried Sulztaler Zoppelberg 2020
12,5 Vol.-%, DV, Stahltank, €€€
Helles Gelbgrün, Silberreflexe. Zarte Nuancen von Paprikaschoten, gelbe Tropenfrucht, mit reifen Stachelbeeren unterlegt, mineralischer Touch. Straff, engmaschig, weiße Apfelfrucht, frisch strukturiert, mineralisch-salziger Nachhall, zitroniger Rückgeschmack.

(91) Sauvignon Blanc * Ehrenhausen Sieme 2020
13 Vol.-%, DV, Stahltank, €€€
Helles Gelbgrün, Silberreflexe. Zarte Kräuterwürze, mit einem Hauch von Grapefruitzesten unterlegte weiße Tropenfrucht, rauchige Mineralik. Mittlerer Körper, weißer Apfel, rassige Struktur, salzig-zitroniger Nachhall, ein straffer Speisenbegleiter.

(91) Sauvignon Blanc * Ried Sulztaler Sulz 2020
12,5 Vol.-%, DV, Stahltank, €€€
Helles Gelbgrün, Silberreflexe. Zarte weiße Fruchtnuancen, ein Hauch von Stachelbeeren, Nuancen von Grapefruit und Limettenzesten. Straff, engmaschig, Noten von Cassis, frisch strukturiert, Limettenzesten auch am Gaumen, lebendig und salzig, ein lebendiger Speisenbegleiter.

(90) Weißburgunder * Ehrenhausen 2020
13 Vol.-%, DV, gebrauchte Barriques, €€
Helles Grüngelb, Silberreflexe. Zart nussig unterlegte weiße Birnenfrucht, ein Hauch von Mandarinenzesten, Nuancen von Blüten. Mittlerer Körper, weißes Kernobst, straffe Struktur, salziger Nachhall, ein vielseitiger Speisenbegleiter.

(89) Gelber Muskateller * Ried Oberglanzberg 2020
12 Vol.-%, DV, Stahltank, €€

(89) Riesling 2020
10,5 Vol.-%, DV, Stahltank, €€

90 Pinot Noir 2015
13 Vol.-%, NK, gebrauchte Barriques, €€€
Kräftiges Karmingranat, Ockerreflexe, breite Randaufhellung. Zart floral unterlegtes rotes Waldbeerenkonfit, Nuancen von Erdbeeren und Himbeeren, ein Hauch von Mandarinenzesten. Mittlerer Körper, frisch und lebendig, zarte Würze, mineralisch-salziger Nachhall, zitroniger Rückgeschmack.

★★

WEINGUT REPOLUSK

Roland und Karl-Philipp Repolusk haben beide das Winzerhandwerk von der Pike auf gelernt. Bei der Entstehung ihrer Weine ist das kleinste Detail von Bedeutung. Jeder ist von Anfang an eine Idee, die durch die schöpferische Auseinandersetzung mit den Rebstöcken entsteht. Sowohl Roland als auch Karl-Philipp arbeiten Tag für Tag mit viel Leidenschaft in ihren Weingärten. Handarbeit am Rebstock ist für sie ein wichtiger Faktor für die Qualität der Trauben, und so ist es selbstverständlich, dass die Trauben von Hand gelesen werden. Als Weinbauern wollen die Repolusks natürlich Jahr für Jahr Volltreffer landen – die Weine sollen so authentisch wie möglich sein. Aromasorten wie Gelber Muskateller, die Hauptsorte des Weinguts, Sauvignon Blanc und Roter Traminer liegen den beiden besonders am Herzen und werden riedenrein ausgebaut. Auf dem wunderbaren Kalksandsteinboden der Riede Oberglanz entstehen diese tieffruchtigen, eleganten und zugleich sehr komplexen Weine. Die Riede Kaltenegg mit lehmigem Sandboden

WEINGUT REPOLUSK

8463 Leutschach an der Weinstraße
Glanz 41
T: +43 (3454) 313
weingut@repolusk.at
www.repolusk.at

Kellermeister/Kontakt:
Roland und Karl-Philipp Repolusk
Produktion: 86 % weiß, 12 % rot, 2 % süß, 11 Hektar
Vereinszugehörigkeit:
Wein Steiermark

Philipp und Roland Repolusk

lässt sehr feinfruchtige, lebendige und vielschichtige Weine heranreifen.
Mit viel Leidenschaft betreibt die Familie auch eine ausgezeichnete Buschenschank. »Was gibt es Schöneres, als unsere Gäste mit hausgemachten Köstlichkeiten und einem guten Glas Wein zu erfreuen?«, so Gudrun Hernach und Ramona Repolusk, die die Buschenschank mit viel Herzblut und Engagement führen. Jeder, der durch die Südsteiermark tourt, sollte unbedingt beim Weingut und der Buschenschank der Familie Repolusk vorbeischauen.

93 Chardonnay * Ried Kaltenegg Lignum Große Reserve 2018

13,5 Vol.-%, NK, kleines Holzfass, €€€€
Mittleres Goldgelb, Silberreflexe. Feine Tabakwürze, etwas nach Pfirsich, Honigmelone klingt an, zarter Kamillentouch. Saftig, gute Komplexität, kraftvoll, feine Säurestruktur, Apfeltouch, zart nussig im Nachhall, bleibt gut haften, stoffiger Speisenbegleiter.

92 Sauvignon Blanc * Ried Oberglanz 2019

13,5 Vol.-%, DV, großes Holzfass, €€€
Helles Gelbgrün, Silberreflexe. Feiner floraler Touch, etwas nach Wiesenkräutern, Ananas klingt an, feinwürzig, gelber Paprika. Saftig, lebendig, mineralisch, gut integrierter Säurebogen, salzig, Apfeltouch im Abgang, guter Speisenbegleiter.

90 Sauvignon Blanc * 2020

12,5 Vol.-%, DV, Stahltank, €€
Helles Gelbgrün, Silberreflexe. Zart nach Gewürzen und Cassis, ein Hauch von Ringlotten, lebendiges Bukett. Mittlerer Körper, frische Struktur, weiße Fruchtnoten, etwas Minze, bereits gut antrinkbar.

92 Gelber Muskateller * Ried Oberglanz Archivfüllung 2018

12,5 Vol.-%, NK, großes Holzfass, €€€€
Mittleres Gelbgrün, Silberreflexe. Zarter Blütenhonig, unterlegt mit Wiesenkräutern, ein Hauch von Limettenzesten, zart nach Muskat, Holunderblüten klingen an. Saftig, engmaschig, leicht salzig, weiße Fruchtnuancen, bleibt gut haften, würziger Speisenbegleiter.

91 Gelber Muskateller * Ried Oberglanz 2019

12,5 Vol.-%, DV, großes Holzfass, €€€
Helles Gelbgrün, Silberreflexe. Einladender Duft nach Ananas und eingelegtem Pfirsich, feine Kräuternoten, mit Rosenblüten unterlegte Gewürze. Mittlerer Körper, saftig, kraftvoll, weiße Tropenfrucht, dunkle Mineralik, vielseitiger Speisenbegleiter.

90 Grauburgunder * Leutschach 2020

13,5 Vol.-%, DV, großes Holzfass, €€
Helles Goldgelb, Kupferreflexe. Zarte Grapefruitnoten, unterlegt mit Blütenhonig, etwas nach Pfirsich, Kräuternoten, intensives Bukett. Saftig, feine Struktur, leichtfüßig, Wiesenkräuter, weißes Kernobst im Abgang, bleibt gut haften.

* Südsteiermark DAC

★★★★

WEINGUT ERWIN SABATHI

BIO

Seit 1650 gibt es in der Familie Sabathi eine Tradition für Weinbau. Der große Aufschwung begann 1992 mit dem Einstieg von Erwin Sabathi jr. in den elterlichen Betrieb. Heute liegt das Familienweingut in den Händen von Erwin und seiner Frau Patrizia. Wesentliche Schlüsselpositionen dieses Traditionsbetriebes werden mit seinen beiden jüngeren Brüdern abgedeckt. Das Weingut ist ein biologisch zertifizierter Betrieb. Patrizia und Erwin Sabathi setzen in ihrer Philosophie auf die Herkunft des Weines und auf das Wirken der Natur: Alle Trauben werden handverlesen – allein aufgrund der Gegebenheit der Rebflächen (extrem steile Rieden) ist nur eine traditionelle manuelle Lese möglich. Ein weiteres und viel wichtigeres Argument ist für das Winzerpaar jedoch die Qualität: Man setzt hier ganz bewusst auf die Lese per Hand. Die wichtigsten Rebsorten bei Erwin Sabathi sind Sauvignon Blanc und Chardonnay, diese genießen international den höchsten Stellenwert. Seine Sauvignon Blancs und Chardonnays der Ried Pössnitzberg (Große STK Ried) stehen gemeinsam mit den ganz großen Weißweinen der Welt auf einer Stufe – und damit ganz oben. Dabei gelten der Sauvignon Blanc Ried Pössnitzberg Alte Reben und der Chardonnay Ried Pössnitzberg Alte Reben als absolute Rarität: Die hierfür penibel selektierten Trauben stammen von den ältesten Rebstöcken am Pössnitzberg. Als äußerst präzise Weltklasseweine gelten der Chardonnay Ried Pössnitzberger Kapelle und der Sauvignon Blanc Ried Pössnitzberger Kapelle. Im Jahr 2016 wählte Falstaff Erwin Sabathi zum »Winzer des Jahres«. Einer der Gründe dafür war sein Händchen für die Rebsorte Chardonnay. Der Chardonnay Ried Pössnitzberg Alte Reben GSTK wird Jahr für Jahr mit hohen Punkten ausgezeichnet. Wer zu diesem Wein noch eine potenzielle Steigerung sucht, hält nach dem grandiosen Chardonnay Ried Pössnitzberger Kapelle, dem rarsten Wein in Sabathis Angebot, Ausschau. Die Suche lohnt sich: Noch »mehr« Chardonnay hat die Alpenrepublik aktuell kaum zu bieten.

97 Sauvignon Blanc * Ried Pössnitzberger Kapelle GSTK 2018
13 Vol.-%, NK, großes Holzfass, €€€€€€ B
Leuchtendes Gelbgrün, Silberreflexe. Dezente Stachelbeer-

Erwin und Patrizia Sabathi

WEINGUT ERWIN SABATHI
8463 Leutschach an der Weinstraße
Pössnitz 48, T: +43 (3454) 265
weingut@sabathi.com
www.sabathi.com

Kellermeister: Erwin Sabathi
Kontakt: Familie Erwin Sabathi
Anbauweise: Zertifiziert Biologisch (Austria Bio Garantie)
Produktion: 99 % weiß, 1 % süß, 51 Hektar
Zertifiziert: Nachhaltig Austria
Vereinszugehörigkeit: GutFinden – Südsteiermark, Steirische Terroir- und Klassikweingüter
Messen: ProWein Düsseldorf, VieVinum, MondoVino

© Regina Hügli

note, unterlegt mit Wiesenkräutern, ein Hauch von getrockneten Sommerblüten, kandierte Orangenzesten. Saftig, straff, komplexe Säurestruktur, dunkle Mineralik, vielschichtiges Finish nach weißem Steinobst, sicheres Potenzial.

96 Sauvignon Blanc * Ried Pössnitzberg GSTK 2019
13 Vol.-%, NK, großes Holzfass, €€€€€ B
Mittleres Gelbgrün, Silberreflexe. Einladendes Bukett nach reifen Stachelbeeren, etwas kandierte Grapefruit, ein Hauch von Passionsfrucht, vielschichtige Aromatik. Komplex, saftig, facettenreiche Säurestruktur, mineralisch-salzig, extraktsüßes Finish, sicheres Entwicklungspotenzial.

96 Sauvignon Blanc * Ried Pössnitzberg GSTK Alte Reben 2019
13 Vol.-%, NK, großes Holzfass, €€€€€€ B
Leuchtendes Gelbgrün, Silberreflexe. Mit feiner Kräuteraromatik unterlegte reife Ananas und Cassis, ein Hauch von Kumquats. Gute Komplexität, saftig, engmaschig, finessenreich, zart würzig, weiße Fruchtnoten im Abgang, gutes Entwicklungspotenzial.

(94) Sauvignon Blanc * Ried Poharnig 1STK 2020
12,5 Vol.-%, DV, großes Holzfass, €€€€€ B
Leuchtendes Goldgelb, Grünreflexe. Zarte Kräuternoten, weißes Kernobst, ein Hauch von Cassis, kandierte Mandarinenzesten. Mittlerer Körper, saftig, feiner Säurebogen, gelbe Tropenfrucht, etwas zurückhaltend, vielseitiger Speisenbegleiter.

(93) Sauvignon Blanc * Leutschach 2020
12,5 Vol.-%, DV, großes Holzfass, €€€€ B
Leuchtendes Gelbgrün, Silberreflexe. Einladendes Bukett nach reifer Birne, ein Hauch von Melisse, Kräuterwürze und reife Stachelbeere klingen an. Komplex, balancierter Säurebogen, mineralisch, Ananas im Abgang, zitroniger Nachhall, vielschichtiger Speisenbegleiter mit Potenzial.

92 Sauvignon Blanc * 2020
12 Vol.-%, DV, Stahltank, €€€
Helles Gelbgrün, Silberreflexe. Mit zarten Gewürznoten unterlegte Stachelbeeren, ein Hauch von Grapefruit, frisch gemähtes Gras. Frisch und leichtfüßig, elegant, balancierte Säurestruktur, mineralisch, weißes Kernobst im Abgang, Zitrus im Nachhall, bereits gut antrinkbar.

97 Chardonnay * Ried Pössnitzberg GSTK Alte Reben 2019
13 Vol.-%, NK, 500-l-Fass, €€€€€€ B
Leuchtendes Gelbgrün, Silberreflexe. Einladendes Bukett nach Marille und gelber Tropenfrucht, ein Hauch von Nougat, Blütenhonig klingt an. Komplex, filigran, engmaschig, feine Säurestruktur, etwas Melisse und Steinobst im Abgang, nussiges Finish, gutes Potenzial.

97 Chardonnay * Ried Pössnitzberger Kapelle GSTK 2018
13 Vol.-%, NK, 500-l-Fass, €€€€€€ B
Mittleres Gelbgrün, Silberreflexe. Zarte Passionsfruchtnoten, unterlegt mit Wiesenkräutern, ein Hauch von Edelholzwürze, Karamell klingt an, Marille im Hintergrund. Gute Komplexität, saftig, straff, vielschichtige Säurestruktur, dunkle Mineralik, leichtfüßiger Abgang, lange anhaltend, sicheres Entwicklungspotenzial.

95 Chardonnay * Ried Pössnitzberg GSTK 2019
13 Vol.-%, NK, 500-l-Fass, €€€€€ B
Mittleres Gelbgrün, Silberreflexe. Etwas nach Karamell und weißer Tropenfrucht, Maracuja, frisches Bukett, mit Kräuternoten unterlegte Orangenzesten. Saftig, komplex, engmaschig, feine Säurestruktur, mineralisch, zart tabakig, Golden-Delicious-Apfel im Abgang, salziger Nachhall, sicheres Potenzial.

94 Chardonnay * Ried Saffran 2019
13 Vol.-%, NK, kleines Holzfass, €€€€€ B
Leuchtendes Gelbgrün, Silberreflexe. Mit feiner Edelholzwürze unterlegtes weißes Steinobst, zart nach Papaya, Blütenhonig, dunkle Mineralik, attraktives Bukett. Saftig, elegant, feine Säurestruktur, mineralisch-salzig, Maracuja im Abgang, bleibt gut haften, vielseitiger Speisenbegleiter.

(93) Chardonnay * Leutschach 2020
12,5 Vol.-%, DV, großes Holzfass, €€€ B
Leuchtendes Gelbgrün, Silberreflexe. Reife Tropenfrucht, etwas nach Mango, zart nach Blütenhonig, dunkle Mineralik klingt an. Saftig, elegant, feine Struktur, würzig, gelber Apfel im Abgang, bleibt gut haften.

(94) Gelber Muskateller * Ried Krepskogel 1STK 2020
12,5 Vol.-%, DV, großes Holzfass, €€€€ B
Mittleres Gelbgrün, Silberreflexe. Einladendes Bukett nach Kräuterwürze und reifer gelber Apfelfrucht, etwas nach Heu, Grapefruit. Gute Komplexität, saftig, gut eingebundene Säurestruktur, zart nach Karamell, mineralisch, gutes Potenzial.

91 Gelber Muskateller * 2020
11,5 Vol.-%, DV, Stahltank, €€€
Helles Gelbgrün. Mit Limetten unterlegtes weißes Steinobst, ein Hauch von Rosenwasser, Gewürznoten klingen an. Mittlerer Körper, frische Struktur, mineralisch, Muskat im Abgang, Apfelfrucht im Nachhall, bereits gut antrinkbar.

92 Weißburgunder * 2020
12 Vol.-%, DV, Stahltank, €€€
Mittleres Gelbgrün, Silberreflexe. Etwas Maracuja und Mandarinenzesten, ein Hauch von Birne, reife Ananas klingt an. Saftig, straff, feine Struktur, mineralisch-salzig, extraktsüß nach Pfirsich im Abgang, guter Speisenbegleiter.

90 Welschriesling * 2020
11 Vol.-%, DV, Stahltank, €€
Helles Gelbgrün, Silberreflexe. Feine Kräuternoten, etwas nach grünem Apfel, ein Hauch von Kumquats, frisches Bukett. Saftig, feine Struktur, mineralisch-salzig, gut eingebundener Säurebogen, weiße Fruchtnoten im Abgang.

90 * Sabathini 2020 WR/SB
11,5 Vol.-%, DV, Stahltank, €€
Helles Gelbgrün, Silberreflexe. Gelbes Kernobst, etwas nach Maracuja, ein Hauch von Limette, lebendiges Bukett. Mittlerer Körper, feine Struktur, extraktsüß nach Birnen, leichtfüßig im Abgang, unkompliziert einsetzbar.

90 Sabathini Rosé 2020 CS/ZW/ME
11 Vol.-%, DV, Stahltank, €€
Helles Lachsrosa, Kupferreflexe. Kräuterwürze, feiner Pfirsichtouch, etwas nach Himbeeren, ein Hauch von Orangenzesten und Litschis. Mittlerer Körper, saftig, frische Struktur, mineralisch, rotbeerige Nuancen im Abgang, bereits gut antrinkbar.

★★★★

WEINGUT HANNES SABATHI

Hannes Sabathi brennt für den Boden, denn von ihm bekommt der Wein seinen unverwechselbaren Charakter. »Das fasziniert mich, und hier liegt für mich auch die Wahrheit im Wein«, so der Winzer. Oder in anderen Worten: »Geiler Boden, geiler Wein«, wie es Sabathi auch gerne auf den Punkt bringt. Seine Weine zeigen stets Klarheit und Tiefe, eine präzise Bodencharakteristik sowie die Individualität des Jahrgangs. Man merkt, dass hier ein Winzer am Werk ist, der nicht nur bravourös sein Handwerk versteht, sondern sich auch zurücknehmen kann. Mit viel Gespür für das von Jahr zu Jahr unterschiedliche Zusammenspiel von Boden, Rebsorte und Wetter lässt Sabathi seine Weine entstehen: »Ich sehe mich nicht als Weinmacher, denn ich mache keine Weine. Der Boden und der Jahrgang machen den Wein«, erklärt er seinen Zugang als Winzer.
Wer wie Hannes Sabathi nach dem Prinzip »Weniger ist mehr« agiert, braucht viel Erfahrung und Vertrauen in die Natur – und vor allem Geduld. Schon immer war es sein Traum, Weine von unterschiedlichen Böden zu vinifizieren, denn jede Lage hat eine sehr spezifische geologische und mineralische Geschichte, die es zu verstehen gilt. Diesen individuellen Charakter will Sabathi in den Weinen weiterleben lassen. Dazu greift er möglichst wenig ein und lässt der Natur ihren Lauf. Ob es nun Weine mit der salzigen Eleganz vom Kranachberg, der dichten Mineralik vom Jägerberg, der tiefen Substanz der Ried Loren oder der kühlen Würze des Kehlbergs sind: Allen gemeinsam ist ihnen Jahr für Jahr ihre deutliche Lagencharakteristik. Das kann nur ein Bodenversteher wie Hannes Sabathi.

96 Sauvignon Blanc * Ried Kranachberg GSTK Reserve 2017
14 Vol.-%, VL, 500-l-Fass, €€€€€€
Mittleres Gelbgrün, Silberreflexe. Mit feinen Holznuancen unterlegte reife Tropenfrucht, etwas nussig, ein Hauch von Mango und reifer Stachelbeere, kandierte Blutorangenzesten. Komplex, saftig, straff, feine Säurestruktur, elegant, Birnentouch, zart cremig im Abgang, bleibt gut haften, guter Speisenbegleiter.

95 Sauvignon Blanc * Ried Loren 2019
14 Vol.-%, VL, großes Holzfass, €€€€€
Helles Gelbgrün, Silberreflexe. Feine Räucherwürze, etwas nach Cassis, weißes Kernobst, Limettenzesten klingen an. Saftig, elegant, feine Würze, nussig, lebendige Säurestruktur, mineralisch, frische Stachelbeere, bereits gut antrinkbar, klassischer Sortenvertreter.

95 Sauvignon Blanc * Ried Kranachberg GSTK 2019
13,5 Vol.-%, VL, großes Holzfass, €€€€€
Mittleres Gelbgrün, Silberreflexe. Feine Holzwürze, etwas nach Melisse, feine Cassisnoten, dunkle Aromatik, einladendes Bukett. Saftig, elegant, feine Säurestruktur, mineralisch-salzig, feine Maracujanoten, extraktsüßes Finish, vielseitiger Speisenbegleiter mit Entwicklungspotenzial.

WEINGUT HANNES SABATHI

8462 Gamlitz, Kranachberg 51
T: +43 (3453) 2900
office@hannessabathi.at
www.hannessabathi.at

Kellermeister/Kontakt:
Hannes Sabathi
Produktion: 2 % Schaumwein, 96 % weiß, 1 % rosé, 1 % süß, 35 Hektar
Zertifiziert: Nachhaltig Austria
Vereinszugehörigkeit:
Steirische Terroir- und Klassikweingüter, Marktgemeinschaft Steirischer Wein, GutFinden – Südsteiermark
Messen: Austrian Tasting London, ÖGW Zürich, ProWein Düsseldorf, VieVinum, DAC-Präsentationen, Hong Kong International Wine & Spirits Fair

Rieden bei Gamlitz

94 Sauvignon Blanc Weststeiermark DAC Ried Kehlberg Falter Ego 2019
14,5 Vol.-%, VL, großes Holzfass, €€€€
Helles Gelbgrün, Silberreflexe. Feine Tabaknoten, etwas nach Wiesenkräutern, mit Paprikaschoten unterlegte weiße Tropenfrucht, zart nach Ananas. Saftig, elegant, facettenreiche Säurestruktur, mineralisch, extraktsüß nach Mango, Erdbeertouch, vielschichtiger Speisenbegleiter mit Potenzial.

92 Sauvignon Blanc Weststeiermark DAC Graz Falter Ego 2020
13 Vol.-%, VL, Stahltank, €€€€
Helles Gelbgrün, Silberreflexe. Feine Wiesenkräuter, etwas nach Paprikaschoten, ein Hauch von Cassis. Mittlerer Körper, saftig, extraktsüß nach Birnen, frische Zitrusnuancen im Abgang, gut integrierter Säurebogen, bereits gut antrinkbar.

92 Sauvignon Blanc * Gamlitz 2020
13,5 Vol.-%, VL, großes Holzfass, €€€€
Helles Gelbgrün, Silberreflexe. Feine Kräuternoten, etwas nach Stachelbeere, ein Hauch von Pfirsich, zart nach Orangenzesten. Saftig, kraftvoll, feine Säurestruktur, mineralisch-salzig, etwas nach Papaya, dunkle Mineralik, guter Speisenbegleiter.

91 Sauvignon Blanc * 2020
12,5 Vol.-%, DV, Stahltank, €€€
Helles Gelbgrün, Silberreflexe. Zart nach Kräutern, etwas weißes Kernobst, grasig, etwas nach kandierten Limetten. Saftig, straff, gut eingebundene Säurestruktur, mineralisch-salzig, Apfeltouch nach Granny Smith, bereits gut antrinkbar.

94 Chardonnay * Ried Jägerberg 1STK 2019
13,5 Vol.-%, VL, großes Holzfass, €€€€
Helles Gelbgrün, Silberreflexe. Dunkle Mineralik, etwas nach Räucherwürze, mit feinem weißem Nougattouch unterlegte reife Tropenfrucht, kandierte Orangenzesten klingen an. Saftig, elegant, gut integrierter Säurebogen, mineralisch, gute Komplexität, engmaschig, guter Speisenbegleiter mit Potenzial.

94 Chardonnay * Ried Loren 2019
13,5 Vol.-%, VL, großes Holzfass, €€€€€
Mittleres Gelbgrün, Silberreflexe. Mit zartem Blütenhonig unterlegte gelbe Tropenfrucht, ein Hauch von Karamell, etwas nach Ananas, Orangenzesten klingen an. Gute Komplexität, saftig, engmaschig, balancierte Säurestruktur, feiner Zitrustouch, frische Apfelfrucht, bleibt gut haften, vielseitiger Speisenbegleiter.

92 Chardonnay * Gamlitz 2018
13 Vol.-%, VL, großes Holzfass, €€€
Helles Gelbgrün, Silberreflexe. Feine Kräuternoten, mit etwas Blütenhonig unterlegte gelbe Tropenfrucht, ein Hauch von Ananas und Mango. Komplex, saftig, balancierte Säurestruktur, Pfirsichnoten, etwas Melisse, guter Speisenbegleiter.

93 Grauburgunder * Ried Jägerberg 1STK 2019
13,5 Vol.-%, VL, gebrauchte Barriques, €€€€
Helles Gelbgrün, Silberreflexe. Feine Holznuancen, etwas nach Wiesenkräutern, zart nach Melisse und roter Apfelfrucht. Kraftvoll, saftig, gut eingebundene Säurestruktur, extraktsüß nach Marillen und konfierten Früchten, etwas nach Bratapfel, guter Speisenbegleiter.

* Südsteiermark DAC

92 Grauburgunder Weststeiermark DAC Ried Kehlberg Falter Ego 2019
13,5 Vol.-%, VL, großes Holzfass, €€€€
Mittleres Gelbgrün, Silberreflexe. Etwas Holzwürze, Quitte, ein Hauch von Papaya, kandierte Orangenzesten, floraler Touch, einladendes Bukett. Saftig, elegant, frische Struktur, Lemonennoten, feiner Säurebogen, weißes Kernobst, bereits gut antrinkbar.

93 Welschriesling * Ried Kranachberg GSTK 2019
14 Vol.-%, VL, €€€€
Helles Gelbgrün, Silberreflexe. Zarte Tabakwürze, weißes Kernobst, zart nach Melisse, etwas Kumquats, mit Röstaromatik unterlegte Orangenschalen. Saftig, feine Struktur, salzig, komplexe Säurestruktur, etwas nach Papaya, bleibt gut haften, vielseitiger Speisenbegleiter.

92 Weißburgunder * Gamlitz 2019
13 Vol.-%, VL, großes Holzfass, €€€
Mittleres Gelbgrün, Silberreflexe. Feine Tabakwürze, etwas nach Passionsfrucht, ein Hauch von Kräutern, gelbe Fruchtnoten klingen an. Saftig, elegant, feine Struktur, weiße Tropenfrucht, rauchige Nuancen, bleibt gut haften, vielseitig einsetzbar.

91 Weißburgunder * 2020
12,5 Vol.-%, DV, Stahltank, €€
Helles Gelbgrün, Silberreflexe. Feine Kräuternoten, etwas nach Birnen, ein Hauch von Tropenfrucht, einladendes Bukett. Mittlerer Körper, feine Struktur, gut eingebundener Säurebogen, leichtfüßig, Limettenzesten und Granny Smith im Abgang, bereits gut antrinkbar.

91 Gelber Muskateller Weststeiermark DAC Graz Falter Ego 2020
13 Vol.-%, VL, Stahltank, €€€
Helles Gelbgrün, Silberreflexe. Feine Kräuternoten, etwas nach weißem Kernobst, zart nach Muskat, Holunder klingt an. Mittlerer Körper, Zitrusnuancen, etwas nach Gewürzen, ein Hauch von Apfelfrucht, bereits gut antrinkbar.

90 Gelber Muskateller * 2020
11,5 Vol.-%, DV, Stahltank, €€
Helles Gelbgrün, Silberreflexe. Feine Wiesenkräuter, etwas Würze, ein Hauch von Melisse und weißem Steinobst, weiße Rosen klingen an. Saftig, elegant, feine, gut eingebundene Säurestruktur, mineralisch-salzig, würziges Finish, bereits gut antrinkbar.

90 MeinSatz 2020 SB/SÄ/WB/WR/
11,5 Vol.-%, DV, Stahltank, €€
Helles Gelbgrün, Silberreflexe. Feine Kräuternoten, etwas weißes Kernobst, floraler Touch. Mittlerer Körper, saftig, feine Kräuternoten, etwas nach Maracuja, unkomplizierter Speisenbegleiter.

90 Stadtblick 2020 SB//PG
12,5 Vol.-%, DV, Stahltank, €€€
Helles Gelbgrün, Silberreflexe. Zarte Kräuterwürze, etwas nach Maracuja, ein Hauch von Guave, Clementinentouch. Saftig, frische Struktur, engmaschig, extraktsüß nach Tropenfrucht, feinwürzig, nussiger Nachhall, bereits gut antrinkbar.

89 Scheurebe 2020
11,5 Vol.-%, DV, Stahltank, €€

★★★★★

FAMILIENWEINGUT SATTLERHOF

BIO

Feingefühl, Nachhaltigkeit und die alten Weingärten sind für Willi und Maria Sattler die Grundbausteine, um charakterstarke Weine mit hoher Eigenständigkeit zu entwickeln. Beständigkeit in der Qualität und die unermüdliche Suche nach Verbesserungsmöglichkeiten prägen das Handwerk der Winzerfamilie. Für einen jugendlichen Esprit sorgen mittlerweile die beiden Söhne Alexander und Andreas.
Steile Toprieden mit bis zu 55-jährigen Rebstöcken, biodynamische Wirtschaftsweise, sanfter Rebschnitt, intensive Traubenselektion sowie viel Geduld und Zeit ergeben langlebige Weine, die bereits mit zahllosen nationalen und internationalen Auszeichnungen bedacht wurden. Besonders die Sauvignon Blancs und die Burgundersorten aus den Toprieden gelten als erstrangige Weinbotschafter Österreichs.
Alle Weine des Sattlerhofs unterliegen den Richtlinien des Südsteiermark DAC und garantieren die regionale Herkunft Südsteiermark: Die Gebietsweine stammen aus den Weingärten der Südsteiermark, die Ortsweine aus den Gamlitzer und Eichberger Weingärten

FAMILIENWEINGUT SATTLERHOF
8462 Gamlitz, Sernau 2
T: +43 (3453) 2556
weingut@sattlerhof.at
www.sattlerhof.at

Kellermeister: Willi, Alex und Andreas Sattler
Kontakt: Alex und Andreas Sattler
Anbauweise: Biodynamisch
Produktion: 95 % weiß, 3 % rot, 2 % süß, 35 Hektar
Zertifiziert: Nachhaltig Austria
Vereinszugehörigkeit: Steirische Terroir- und Klassikweingüter
Messen: ProWein Düsseldorf, VieVinum

Alexander, Willi, Maria und Andreas Sattler

und die Riedenweine aus den Toprieden Sernauberg, Kapellenweingarten, Kranachberg und Pfarrweingarten.

97 Sauvignon Blanc * Ried Kranachberg GSTK 2019
13,5 Vol.-%, VL, Stahltank, €€€€€€ V
Helles Gelbgrün, Silberreflexe. Mit zart nussigen Nuancen unterlegte gelbe Tropenfrucht, etwas nach reifer Stachelbeere, Orangenzesten. Komplex, saftig, engmaschig, vielschichtig, Apfelfrucht im Abgang, salzig im Nachhall, sicheres Potenzial.

96 Sauvignon Blanc * Ried Kranachberg GSTK 2018
13 Vol.-%, VL, Stahltank, €€€€€€
Helles Grüngelb, Silberreflexe. Feinwürzig unterlegte Nuancen von reifen Stachelbeeren, eingelegte gelbe Paprikaschoten, zart nach Blütenhonig, mineralischer Touch. Saftig, weißer Pfirsich, frische Säurestruktur, kalkig-salzig im Abgang, ein Hauch von Limetten, leichtfüßige, kühle Stilistik, verfügt über gute Länge, sicheres Reifepotenzial.

96 Sauvignon Blanc * Ried Grassnitzburg 2018
13,5 Vol.-%, VL, Stahltank, €€€€€€
Helles Gelbgrün, Silberreflexe. Mit zartem Blütenhonig unterlegte reife Stachelbeeren, etwas nach Orangenzesten, Ananas und Wiesenkräuter klingen an. Straff, elegant, gut eingebundene Säurestruktur, mineralisch, gelbe Apfelfrucht, etwas extraktsüß im Abgang, vielschichtig und lange anhaltend, sicheres Potenzial.

96 Sauvignon Blanc * Ried Pfarrweingarten GSTK 2019
13 Vol.-%, VL, Stahltank, €€€€€€ B V
Helles Gelbgrün, Silberreflexe. Mit zarten Brennnesselnuancen unterlegte Johannisbeeren, ein Hauch von Kräutern, Melisse klingt an. Saftig, gute Komplexität, leichtfüßig, lebendige Säurestruktur, mineralisch, weißer Pfirsich im Abgang, sicheres Potenzial.

94 Sauvignon Blanc * Gamlitz Spätfüllung 2018
12,5 Vol.-%, VL, Stahltank, €€€€ V
Helles Gelbgrün, Silberreflexe. Mit etwas weißem Nougat unterlegte gelbe Tropenfrucht, kandierte Grapefruitzesten, Wiesenkräuter klingen an. Saftig, engmaschig, elegant, feine Säurestruktur, salzig, mineralisch, leichtfüßiges Finish, guter Speisenbegleiter.

(94) Sauvignon Blanc * Ried Kapellenweingarten 2020
12,5 Vol.-%, VL, großes Holzfass, €€€€€ B V
Helles Gelbgrün, Silberreflexe. Feine reduktive Noten, dunkle Mineralik, weißes Kernobst, mit Gewürznoten unterlegtes Cassis, einladendes Bukett. Komplex, saftig, Zitrus, gut eingebundene Säurestruktur, mineralisch, vielschichtiger Speisenbegleiter mit Potenzial.

(94) Sauvignon Blanc * Ried Sernauberg 1STK 2020
12,5 Vol.-%, VL, Stahltank, €€€€€ B V
Mittleres Gelbgrün, Silberreflexe. Einladendes Bukett nach weißer Tropenfrucht, zart nach Weingartenpfirsich, etwas

nach Kräutern und kandierten Zitruszesten. Saftig, straff, elegante Säurestruktur, mineralisch, Stachelbeernoten im Abgang, bleibt sehr gut haften, vielseitiger Speisenbegleiter mit Potenzial.

(93) Sauvignon Blanc * Gamlitz 2020
12,5 Vol.-%, VL, Stahltank, €€€€ B V
Helles Gelbgrün, Silberreflexe. Zart nach Cassis, ein Hauch von Kräutern, zart nach Limettenzesten, frisches Bukett. Saftig, straff, facettenreiche Säurestruktur, mineralisch, extraktsüß nach weißem Apfel, bleibt gut haften.

93 Sauvignon Blanc * Ried Marein 2019
13 Vol.-%, VL, Stahltank, €€€€€ B V
Helles Gelbgrün, Silberreflexe. Zarte Wiesenkräuter, Zitrusnuancen, unterlegt mit Blütenhonig, etwas nach Cassis, dunkle Mineralik, frisches Bukett. Saftig, engmaschig, gut eingebundene Säurestruktur, mineralisch, weißes Kernobst im Abgang, würzig im Nachhall, bleibt gut haften.

92 Sauvignon Blanc * 2020
12 Vol.-%, DV, Stahltank, €€€
Helles Gelbgrün, Silberreflexe. Etwas Kräuterwürze, zart nach Zitrus, intensiver Duft nach Stachelbeeren, klassisches Bukett. Mittlerer Körper, saftig, straff, feine Säurestruktur, mineralisch-salzig, einladendes Bukett, grasiges Finish, bereits gut antrinkbar.

(96) Morillon * Ried Pfarrweingarten GSTK 2019
13,5 Vol.-%, VL, gebrauchte Barriques, €€€€€€ B V
Mittleres Gelbgrün, Silberreflexe. Zarte Maracujanoten, etwas nach Pfirsich, ein Hauch von Röstaromen, etwas Blütenhonig. Komplex, saftig, straff, gut eingebundene Säurestruktur, zart würzig, Golden-Delicious-Apfel im Abgang, dunkle Mineralik im Nachhall, gutes Entwicklungspotenzial.

95 Morillon * Ried Kapellenweingarten 2019
12,5 Vol.-%, VL, großes Holzfass, €€€€€ B V
Mittleres Gelbgrün, Silberreflexe. Reife Apfelfrucht, etwas nach Orangenzesten, ein Hauch von Wiesenkräutern, zart nach Ananas. Saftig, elegant, gut eingebundener Säurebogen, Mangonuancen, mineralisch im Abgang, lang anhaltend, sicheres Potenzial.

94 Weißburgunder * Ried Pfarrweingarten GSTK 2019
13,5 Vol.-%, VL, gebrauchte Barriques, €€€€€€ B V
Helles Gelbgrün, Silberreflexe. Einladendes Bukett nach Williamsbirne, zart nach Karamell, mit Kumquats und Blütenhonig unterlegt. Komplex, kraftvoll, elegant, zart cremig nach weißem Nougat, reife Mango, bleibt sehr gut haften, vielseitig einsetzbar.

(93) Gelber Muskateller * Eichberg 2020
11,5 Vol.-%, VL, Stahltank, €€€ B V
Helles Gelbgrün, Silberreflexe. Zarte Holundernoten, unterlegt mit Wiesenkräutern, ein Hauch von Zitrus, Muskat klingt an. Salzig, elegant, feine Säurestruktur, mineralisch, engmaschig, frisches Finish, guter Speisenbegleiter.

★★

WEINGUT SCHAUER

Schieferböden, Steillagen und Handarbeit: In Kitzeck, einem Ort auf 564 Metern Seehöhe im südsteirischen Sausal, liegt das Weingut Schauer, ein traditionsreicher Familienbetrieb – seine Wurzeln reichen bis ins Jahr 1757 zurück – mit herausragenden Rieden, nachhaltiger Philosophie und Weinen voller Eleganz und Finesse. Die Zügel in der Hand haben heute die Brüder Stefan und Bernhard Schauer. Beide sind Weinbauern aus Leidenschaft und führen den Betrieb Seite an Seite.
Im Besitz des Weinguts befinden sich traditionsreiche und besonders begünstigte Rebflächen, die aufgrund ihrer beeindruckenden Hangneigung nur sehr arbeitsintensiv zu bewirtschaften sind. Handarbeit ist das Um und Auf, garantiert aber eine penible Selektion und allerbeste Qualität der geernteten Trauben.
Das Sausal unterscheidet sich vor allem geologisch vom großen Rest der Südsteiermark. Hier gibt der Schiefer den Ton an. Die Steillagen mit teils schwindelerregendem Gefälle sind vor 300 Millionen Jahren im Paläozoikum entstanden, ihre Böden bestehen aus phyllitischem Schiefer. Die das Sausal umgebende Südsteiermark lag zu jener Zeit unter einem Urmeer, aus dem das Sausal wie eine Insel herausragte. Deshalb gibt es hier keine

WEINGUT SCHAUER

8442 Kitzeck im Sausal
Greith 21
T: +43 (3456) 3521
office@weingut-schauer.at
www.weingut-schauer.at

Kellermeister: Stefan Schauer
Kontakt: Bernhard Schauer
Produktion: 98 % weiß, 2 % rot
Zertifiziert: Nachhaltig Austria
Vereinszugehörigkeit: GutFinden – Südsteiermark, Wine Growing Characters, WBV Sausal, Wein Steiermark
Messen: ProWein Düsseldorf, VieVinum

Blick über die Weinberge nach Kitzeck

kalkhaltigen Meeresablagerungen, sondern Tonschiefer, Serizitquarzite, Grünschiefer, roten und blauschwarzen Schiefer sowie Einsprengsel von Kalifeldspat. Nur vereinzelt finden sich Kalkablagerungen in tieferen Lagen. Den Schiefer schmeckt man in den Weinen der Schauers: Es sind die rauchigen, mineralischen und würzigen Noten, die auf diese Art von Böden hinweisen.

94 Sauvignon Blanc * Ried Gaisriegl Alte Reben 2019

13 Vol.-%, VL, 500-l-Fass, €€€€€
Leuchtendes Gelbgrün, Silberreflexe. Mit Nuancen von Grapefruit unterlegte gelbe Tropenfrucht, etwas Mango und Blütenhonig, Mandarinenzesten, mineralischer Touch. Straff, engmaschig und salzig, weiße Frucht, rassig strukturiert, Limetten im Abgang, bleibt gut hängen, sicheres Reifepotenzial.

(93) Sauvignon Blanc * Ried Steinriegl 2020

13 Vol.-%, VL, großes Holzfass, €€€€€
Helles Gelbgrün, Silberreflexe. Zart nach Ananas und Mango, mit einem Hauch von Litschi unterlegt, dezente Grapefruitzesten, mineralischer Anklang. Mittlere Komplexität, weiße Frucht, lebendiger Säurebogen, salzig-mineralisch im Abgang, kühler Stil, zeigt Länge, gutes Entwicklungspotenzial.

91 Sauvignon Blanc * Ried Theresienhöhe 2020

12,5 Vol.-%, VL, großes Holzfass, €€€€
Helles Gelbgrün, Silberreflexe. Zart rauchig unterlegte Cassisnote, feine Wiesenkräuter, schiefriger Touch. Leichtfüßig, elegant, weißer Apfel, frischer Säurebogen, salzig im Abgang, bereits gut antrinkbar.

93 Riesling * Ried Gaisriegl 2019

13 Vol.-%, VL, großes Holzfass, €€€€€
Mittleres Gelbgrün, Silberreflexe. Frische Orangenzesten, etwas weißer Pfirsich, ein Hauch von Safran, feiner Schiefertouch, mit Nuancen von Limetten unterlegt. Mittlerer Körper, straff, engmaschig, weißer Apfel, lebendiger Säurebogen, saliner Nachhall, wirkt leichtfüßig, braucht noch etwas Zeit.

92 Grauburgunder * Kitzeck-Sausal 2020

13 Vol.-%, VL, großes Holzfass, €€€
Helles Goldgelb, zarte Messingreflexe. Zart nach Karamell und Kletzen, mit einem Hauch von frischen Feigen unterlegt, gelbe Tropenfrucht klingt an. Mittlerer Körper, weißer Apfel, feine Säurestruktur, mineralisch-zitronig im Nachhall, bereits gut antrinkbar.

92 Weißburgunder * Ried Höchtemmel 2019

13,5 Vol.-%, VL, 500-l-Fass, €€€€
Helles Gelbgrün, Silberreflexe. Zarte Kräuterwürze, ein Hauch von frischem Biskuit, mit weißer Frucht unterlegt, zart nach Mandarinenzesten. Mittlerer Körper, engmaschig und frisch, weißer Apfel, mineralisch-zitronig, zart nussig im Finale, bleibt haften, ein vielseitiger Speisenbegleiter.

WEINGUT JOHANN SCHNEEBERGER

NEU

Die Steiermark ist für Familie Schneeberger der ideale Ort, um einzigartige Wein entstehen zu lassen. Seit 1870 bauen die Schneebergers in der Südsteiermark Wein an. Das Wissen über Böden, Trauben, Wind und Wetter wurde von Generation zu Generation weitergegeben. Jeder in der Familie hat seine Funktion. Die gemeinsame Arbeit ist durch Respekt und Vertrauen geprägt. Die Familie hat durch viel Fleiß in den vergangenen Jahrzehnten neue Dimensionen im steirischen Weinbau erreicht.
In den vergangenen zehn bis zwanzig Jahren wurde der internationale Stellenwert gefestigt und die Qualität weiter gesteigert. Ein besonderes Kennzeichen eines erfolgreichen Weinguts ist die Zusammenarbeit von mehreren Generationen. Das garantiert die Weitergabe von Erfahrung ebenso wie die stetige Suche nach Verbesserungsmöglichkeiten.
Familie Schneeberger hat für sich den richtigen Weg gefunden: Entspanntes und doch konzentriertes Arbeiten, Wertschätzung für die Natur und die Liebe zum Genuss. Denn nur wer die Stärken der Südsteiermark zu schätzen weiß, ist auch ein guter Weinbauer und beliebter Gastgeber.
Im Sausal, dem ältesten urkundlich erwähnten Weinbaugebiet der Steiermark, wird von den Schneebergers unter anderem ein wunderbarer Sauvignon, ein Lagen-Cuvée aus den Weingärten in Kitzeck-Sausal, ausgebaut. Die Böden sind meist karg und steil, der Wein braucht mehr Zeit als anderswo. Die Rieden Hochbrudersegg und Flamberg sind durch sehr unterschiedliche Bodenbeschaffenheiten, Höhenlagen und Wetterverhältnisse charakterisiert – von dominierendem Schieferboden bis zu Sand und Muschelkalk reicht die Palette. Ein starker Faktor im Sausal sind die Temperaturunterschiede im Spätsommer und Herbst, die sich günstig auf die Aromenbildung auswirken.
Alle Weine tragen die Handschrift von Johann Schneeberger junior. Mit viel Liebe, Einsatz und Leidenschaft vinifiziert er typische, klare steirische Weine. »Mir geht es darum, in meinen Weinen die Herkunft zu schmecken: den Boden, das Klima und auch meine eigenen Wurzeln!«
Für Genießer und Weinkenner hat die Schneeberger-Buschenschank in Heimschuh fast das gesamte Jahr über geöffnet. Der eine greift zur hausgebeizten Lachsforelle mit Oberskren, der andere ist vernarrt in den Wacholderrohschinken, und am Nebentisch bestellt jemand feinste Mehlspeisen: Nach einem Besuch bei den Schneebergers fährt bestimmt niemand hungrig heim.

WEINGUT
JOHANN SCHNEEBERGER
8451 Heimschuh, Pernitschstraße 31
T: +43 (3452) 83934
office@weingut-schneeberger.at
www.weingut-schneeberger.at
Kellermeister:
Johann Schneeberger jun.
Kontakt: Sarina Schneeberger
Produktion: 5 % Schaumwein, 75 % weiß, 10 % rosé, 10 % rot, 120 Hektar
Zertifiziert: Nachhaltig Austria
Messen: Alles für den Gast Salzburg, ProWein Düsseldorf, Tag des Steirischen Weines im Museumsquartier, VieVinum, Vinobile Montfort

93 Sauvignon Blanc * Ried Hochbrudersegg 2019
13 Vol.-%, DV, Barrique, €€€€
Helles Gelbgrün, Silberreflexe. Nuancen von Stachelbeeren und Kiwis, Weiße Johannisbeeren, feine Kräuterwürze, einladendes Bukett. Saftig, elegant, gute Komplexität, zarte Mangonote, finessenreich strukturiert, salziger Touch im Abgang, bleibt gut haften, sicheres Entwicklungspotenzial.

92 Sauvignon Blanc * Ried Kittenberg 2019
13 Vol.-%, DV, Barrique, €€€
Helles Gelbgrün, Silberreflexe. Zarte gelbe Tropenfrucht, Nuancen von Passionsfrucht und Mango, ein Hauch von Blüten und Grapefruitzesten, noch etwas scheues Bukett. Saftig, feiner weißer Pfirsich, etwas Stachelbeere, feiner Säurebogen, mineralischer Nachhall, ein eleganter Speisenbegleiter.

90 Sauvignon Blanc * Kitzeck-Sausal 2020
13 Vol.-%, DV, Stahltank, €€
Helles Gelbgrün, Silberreflexe. Zarte Wiesenkräuter, ein Hauch von Stachelbeeren und Grapefruitzesten, mineralischer Touch. Saftig, ausgewogen, feine Fruchtsüße, weißer Pfirsich, ein Hauch von Limette im Abgang, vielseitig einsetzbar.

89 Sauvignon Blanc * 2020
13 Vol.-%, DV, Stahltank, €€

92 Gelber Muskateller * Ried Kittenberg 2019
12,5 Vol.-%, DV, Stahl, €€
Helles Grüngelb, Silberreflexe. Zart nach Muskatnuss, ein Hauch von Rosolio, Anklänge von Ananas und Litschi. Saftig, traubige Frucht, zart nach Limette, frisch und energisch, ein finessenreicher, leichtfüßiger Sortenvertreter, ideal für Sommer und Terrasse.

92 Chardonnay * Ried Flamberg 2019
13,5 Vol.-%, DV, Barrique, €€€
Mittleres Grüngelb, Silberreflexe. Mit einem Hauch von Vanille unterlegte feine gelbe Tropenfruchtnuancen, zart nach Karamell und kandierten Mandarinenzesten. Kräftig, weiße Frucht am Gaumen, gute Frische, gut integrierter Holztouch, mineralischer Nachhall, ein eleganter Speisenbegleiter.

★★

LANDESWEINGUT SILBERBERG

Seit 120 Jahren am Puls der Zeit, innovativ und mit Begeisterung für den steirischen Winzernachwuchs aktiv: Dafür ist die Weinbaukaderschmiede Silberberg bekannt. Hier verbindet man Ausbildung im Bildungszentrum für Obst- und Weinbau mit solidem Handwerk im angeschlossenen Landesweingut. Seit 2014 trägt mit Klaus Fischer ein junger, dynamischer und weltoffener junger Kellermeister die Verantwortung für die Weine. Die Rebfläche, verteilt auf mehrere Standorte in der Südsteiermark, managt seit 2019 Weinbaumeister Gernot Lorenz. Seit dem Jahr 2020 hat der ehemalige Oenologe Ing. Reinhold Holler die Position des Direktors übernommen und Karl Menhart sorgt als sein Nachfolger für frischen Wind. Gemeinsam arbeitet man unermüdlich an neuen Impulsen und lässt keine kreative Idee unversucht.
In den Weingärten hat man sich von den Herbiziden verabschiedet, der Standort Schlossberg/Leutschach ist zur Gänze organisch-biologisch zertifiziert, und mehr als drei Viertel der Flächen werden durch Hagelnetze geschützt. Im Weinkeller wurde die Traubenverarbeitung mit moderner Technik ausgestattet, zunehmend setzt man auf Spontanvergärung.
Bereits vor der Einführung des Gütesiegels Südsteiermark DAC waren die Silberberger Weine in ihrer Herkunftsbezeichnung klar strukturiert. Eine perfekte Serie an Gebietsweinen wird um Ortsweine aus Leutschach und Kitzeck erweitert. Von den Schieferböden des Sausals stammen die Weine der Rieden Trebien, Steinbruch und Annaberg. Mit Liebe pflegt man das Kleinod Ries-

LANDESWEINGUT SILBERBERG
8430 Leibnitz, Silberberg 1
T: +43 (3452) 82339 45
weinkeller.lfssilberberg@stmk.gv.at
www.silberberg.at
Kellermeister: Klaus Fischer
Kontakt: Klaus Fischer und Menhart Karl
Produktion: 120.000 Flaschen
1 % Schaumwein, 92 % weiß, 6 % rot, 1 % süß, 25 Hektar
Vereinszugehörigkeit: Sausal- Terroirweine Südsteiermark, Steirischer Junker, Austria Bio Garantie, Wein Steiermark
Messen: VieVinum, DAC-Präsentationen

ling in Kitzeck. Im Gegensatz dazu stehen die Weine von den Opokböden in der Gemeinde Leutschach an der Weinstraße: Sämtliche Weingärten sind dort biozertifiziert. Im Keller werden diese Weine bewusst spontan vergoren und möglichst in Holzfässern ausgebaut. Dadurch unterscheiden sich diese Weine noch deutlicher von den Sausaler Weinen.

93 Sauvignon Blanc * Ried Trebien B.O.S. 2018
14 Vol.-%, NK, kleines Holzfass, €€€€€
Leuchtendes Gelbgrün, Silberreflexe. Frischer Zitrustouch, zart nach weißem Pfirsich, ein Hauch von Melisse, mit Cassis unterlegt. Saftig, feine Säurestruktur, salzig, engmaschig, fruchtsüß nach Papaya, bleibt gut haften, vielseitig einsetzbar.

92 Sauvignon Blanc * Ried Meletin 2019
13 Vol.-%, NK, Holzfass, €€€€ Ⓑ
Mittleres Gelbgrün, Silberreflexe. Zarte Kräuternoten, etwas Blütenhonig, Cassis, unterlegt mit Limettenzesten. Saftig, elegant, feine Säurestruktur, mineralisch, zart nussig, weißes Kernobst im Abgang, guter Speisenbegleiter.

92 Sauvignon Blanc * Ried Steinbruch 2019
13,5 Vol.-%, VL, großes Holzfass, €€€€
Mittleres Gelbgrün, Silberreflexe. Feine Kräuternoten, etwas nach gelber Apfelfrucht, zart nach Melisse, Stachelbeeren klingen an. Saftig, feine Säurestruktur, extraktsüß, Ananastouch im Abgang, bereits gut antrinkbar.

92 Chardonnay * Ried Trebien 2017
13 Vol.-%, NK, kleines Holzfass, €€€€
Mittleres Gelbgrün, Silberreflexe. Feine Kräuterwürze, reife Tropenfrucht, Tabaknuancen, etwas nach Kardamom, ein Hauch von Melisse. Saftig, elegant, facettenreiche Säurestruktur, etwas nach Maracuja, Holzwürze, bleibt gut haften, vielseitiger Speisenbegleiter.

91 Weißburgunder * Ried Annaberg 2019
13 Vol.-%, DV, großes Holzfass, €€€
Helles Gelbgrün, Silberreflexe. Einladendes Bukett nach Papaya und reifen Birnen, etwas Wiesenkräuter, Blütenhonig klingt an. Mittlerer Körper, saftig, feine Säurestruktur, cremige Textur, guter Speisenbegleiter.

90 Riesling * Kitzeck-Sausal 2019
12 Vol.-%, DV, Stahltank, €€€
Mittleres Gelbgrün, Silberreflexe. Feine Zitrusnoten, etwas Maracuja, ein Hauch von gelbem Steinobst. Mittlerer Körper, feine Säurestruktur, gelbe Apfelfrucht, extraktsüß, bereits gut antrinkbar.

★★★★

WEINGUT SKOFF ORIGINAL WALTER SKOFF

Walter Skoff, der in Fachkreisen auch »Mr. Sauvignon« genannt wird, ist mit seiner über 35-jährigen Erfahrung einer der Top-Winzer in der Südsteiermark. Seine Meisterstücke werden alljährlich mit nationalen und internationalen Auszeichnungen gewürdigt: In den vergangenen 30 Jahren durfte er sich über 800 Auszeichnungen freuen, davon mehr als 300 Goldmedaillen. Und seit 2017 gehört Walter Skoff sogar ganz offiziell zu den Top-Sauvignon-Blanc-Produzenten der Welt, denn in diesem Jahr wurde sein Sauvignon Blanc Kranachberg 2015 beim »Concours Mondial du Sauvignon« zum Weltmeisterwein gekürt. Für Walter Skoff ist dies sein bisher größter Erfolg, der seine bisherige Laufbahn krönt. Das Weingut von Walter Skoff verfügt über 13 Top-Lagen mit unterschiedlichem Terroir. Hier werden ganz besondere Weine mit individueller Fruchtigkeit und starkem Charakter erzeugt. Durch die Vielzahl der verschiedenen Rieden, die sorgfältige Ernte der besonders aufmerksamen Mitarbeiter und Mitarbeiterinnen sowie auf Basis mehrmaliger Erntedurchgänge, bei denen jeweils nur die physiologisch reifsten Trauben selektioniert werden, entstehen im Weingut Skoff Original Weine mit eigenständiger Persönlichkeit.

95 Sauvignon Blanc * Royal 2018
14 Vol.-%, DV, Barrique, €€€€€
Helles Grüngelb, Silberreflexe. Feine Röstaromen, mit einem Hauch von Karamell unterlegte reife Steinobstnuan-

WEINGUT SKOFF ORIGINAL
WALTER SKOFF

8462 Gamlitz
Eckberg 16
T: +43 (3453) 4243
office@skofforiginal.com
www.skofforiginal.com

Kellermeister/Kontakt:
Walter Skoff
Produktion: 88 % weiß, 10 % rot, 2 % süß
Messen: ProWein Düsseldorf, VieVinum

Eva Skoff-Liebau und Walter Skoff

cen, zart nach Banane und Nuss. Komplex, stoffig, feine gelbe Frucht nach Mango, sehr gut integrierte Holzwürze, gute Frische, zeigt Länge und verfügt über Reifepotenzial, mineralischer Nachhall, bereits antrinkbar.

94 Sauvignon Blanc * Ried Obegg 2018
13,5 Vol.-%, DV, Teilbarrique, €€€€€
Helles Grüngelb, Silberreflexe. Nuancen von Grapefruitzesten, feine gelbe Tropenfrucht nach Mango und reifen Stachelbeeren, angenehme Kräuterwürze, mineralischer Touch. Saftig, elegant, feine Fruchtsüße, gut integrierte Säure, feiner Blütenhonig im Abgang, reife Ananas im Nachhall, zeigt Länge, ein stoffiger Speisenwein mit Reifepotenzial.

93 Sauvignon Blanc * Ried Hochsulz 2019
13 Vol.-%, DV, großes Holzfass, €€€€
Helles Gelbgrün, Silberreflexe. Feine Kräuterwürze, Nuancen von Cassis, reife Stachelbeeren, mineralisch, zitroniger Touch. Saftig, gelbe Tropenfrucht, zart nach Ananas und Mango, finessenreich strukturiert, mineralisch im Abgang, weißer Pfirsich, bleibt gut haften, ein facettenreicher Speisenbegleiter.

93 Sauvignon Blanc * Ried Kranachberg 2019
13 Vol.-%, DV, Stahltank, €€€€€
Helles Gelbgrün, Silberreflexe. Zart kräuterwürzig unterlegte gelbe Tropenfruchtanklänge, zart rauchige Note, Grapefruitzesten, Nuancen von Muskat und Pfirsich. Saftig, elegant, gut integrierter Säurebogen, weiße Fruchtnuancen im Abgang, balanciert, bleibt haften, salzig-zitroniger Touch im Nachhall.

92 Sauvignon Blanc * 2020
12,5 Vol.-%, DV, Stahltank, €€€ B
Helles Gelbgrün, Silberreflexe. Etwas zurückhaltend, feine Kräuterwürze, floraler Touch, mit zarter gelber Tropenfrucht unterlegt. Mittlere Komplexität, feine Fruchtsüße, frischer Säurebogen, mineralisch im Abgang, zitronig, leichtfüßiger Stil.

92 Sauvignon Blanc * Gamlitz 2020
12,5 Vol.-%, DV, Stahltank, €€€
Helles Gelbgrün, Silberreflexe. Nuancen von grünem Paprika, ein Hauch von Grapefruitzesten, weiße Beerenfrucht, Nuancen von Apfel. Straff, weiße Frucht, rassiger Säurebogen, salziger Touch, ein feinwürziger Speisenbegleiter mit Entwicklungspotenzial.

92 Sauvignon Blanc * Ried Grassnitzberg 2019
13 Vol.-%, DV, Stahltank, €€€€
Helles Gelbgrün, Silberreflexe. Einladende florale Nuancen, weiße Tropenfrucht nach Litschi, Stachelbeeren und etwas Steinobst, ein Hauch von Blütenhonig. Mittlere Komplexität, zarter Pfirsich, dezente Säurestruktur, mineralisch, feine Fruchtsüße im Abgang, harmonisch und zugänglich.

92 Sauvignon Blanc * Privat Selektion 2019
13 Vol.-%, DV, großes Holzfass, €€€€
Helles Gelbgrün, Silberreflexe. Zart blumig unterlegte Nuancen von reifen Stachelbeeren, etwas Babybanane, ein Hauch von Mango, facettenreiches Bukett. Mittlere Komplexität, feine Fruchtsüße, gut integrierte Säure, weißer Pfirsich, Limetten im Nachhall, saliner Touch im Rückgeschmack.

*** Südsteiermark DAC**

91 Sauvignon Blanc * 2020
12 Vol.-%, DV, Stahltank, €€€
Helles Gelbgrün, Silberreflexe. Zart rauchig-kräuterwürzig, Nuancen von Grapefruitzesten und Stachelbeeren, ein Hauch von Paprikazesten. Mittlerer Körper, weißer Apfel, frische Säurestruktur, Limetten im Abgang, salziger Nachhall, ein Hauch von Cassis im Finish.

90 Gelber Muskateller * 2020
12 Vol.-%, DV, Stahltank, €€€
Helles Gelbgrün, Silberreflexe. Feine Nuancen von Holunderblüten, zart nach Muskatnuss, ein Hauch von Limette, mit traubiger Frucht unterlegt. Leichtfüßig, etwas weißer Pfirsich, frisch strukturiert, schlanker Stil mit salzigem Nachhall.

92 Gelber Muskateller Ried Hohenegg 2018
12,5 Vol.-%, DV, Stahltank, €€€
Helles Gelbgrün, Silberreflexe. Intensive florale Nuancen, Anklänge von Holunder, Jasmin und Ingwer, mit weißer Tropenfrucht unterlegt. Mittlerer Körper, weißer Pfirsich, gut integrierte Säure. Mineralisch-salzig im Abgang, verfügt über einige Länge, würziger Nachhall.

91 Weißburgunder * 2020
12,5 Vol.-%, DV, Stahltank, €€
Helles Gelbgrün, Silberreflexe. Frische Noten von gelbem Apfel, zart nach Wiesenkräutern und Orangenzesten. Saftig, etwas Mango, feine Fruchtsüße, lebendiger Säurebogen, fruchtiger, bereits gut zugänglicher Stil.

91 Morillon * 2020
12,5 Vol.-%, DV, Stahltank, €€
Helles Gelbgrün, Silberreflexe. Feine Birnenfrucht, zart nach Blütenhonig, ein Hauch von Orangenzesten, Nuancen von Kräutern und Nuss. Saftig, gelbe Tropenfrucht, etwas Mango und Papaya, dezente Süße im Abgang, Anklänge von Ananas im Nachhall, vielseitiger Speisenbegleiter.

(91) Gewürztraminer * Ried Kranach 2020
12,5 Vol.-%, DV, Stahltank, €€€
Helles Gelbgrün, Silberreflexe. Zarte Nuancen von Eibischteig, floral unterlegt, ein Hauch von Rosen im Hintergrund. Mittlerer Körper, weiße Frucht nach Birne und Banane, feiner Säureanklang, mineralisch, zarte Fruchtsüße im Abgang.

91 Grauburgunder * 2020
13,5 Vol.-%, DV, Stahltank, €€€
Helles Goldgelb, Silberreflexe. Frische Birnenfrucht, zart nach Blütenhonig, kräuterwürzig unterlegt, zart nach Orangenzesten. Mittlerer Körper, dezente Süße, gut integrierte Säurestruktur, tropenfruchtiger Abgang, gut entwickelt und zugänglich.

90 Walter White 2020 SB/SÄ
12 Vol.-%, DV, Stahltank, €€
Helles Gelbgrün, Silberreflexe. Zart floral, Nuancen von frischer Birne und Honigmelone, ein Hauch von Blütenhonig, einladendes Bukett. Leichtfüßig, weißer Apfel, frisch strukturiert, mineralisch-zitronig, animierender Sommerwein.

91 Zweigelt Barrique 2019
14 Vol.-%, DV, Barrique, €€€
Tiefdunkles Rubingranat, opaker Kern, violette Reflexe, zarte Randaufhellung. Mit einem Hauch von Vanille unterlegte schwarze Kirschen, Nuancen von Zwetschken, schokoladiger Touch. Saftig, feine Fruchtsüße, reife Tannine, elegant und gut entwickelt, zartes Nougat, bereits antrinkbar.

★★★

WEINGUT PETER SKOFF DOMÄNE KRANACHBERG

Das Weingut der Familie Peter Skoff gehört zu den Top-Adressen in der südsteirischen Winzerszene. Beim Sauvignon Blanc, dem Steckenpferd des Betriebs, stehen gleich einige aktuelle Verkostungssiege zu Buche, unter anderem »Austria's Best Sauvignon 2021« (Concours Mondial). Zufriedene Weinkunden und zahlreiche weitere Auszeichnungen bestätigen das kompromisslose Qualitätsstreben. Das Weingut liegt inmitten der sehr hoch gelegenen Weingärten am Kranachberg mit wunderbarem Panoramablick über den Naturpark Südsteiermark.
Peter Skoff und seine beiden Söhne Markus und Peter junior bewirtschaften etwa 30 Hektar Rebfläche in einer der besten Weinlagen des Landes. Die mineralisch geprägten Weine punkten vor allem mit harmonischem Trinkvergnügen und als perfekte Speisenbegleiter. Genießer lassen sich den Wein in der beliebten

WEINGUT PETER SKOFF
DOMÄNE KRANACHBERG
8462 Gamlitz
Kranachberg - Sauvignonweg 50
T: +43 (3454) 6104
weingut@peter-skoff.at
www.peter-skoff.at

Kellermeister/Kontakt: Peter und Markus Skoff
Produktion: 97 % weiß, 2 % rot, 1 % süß, 30 Hektar
Vereinszugehörigkeit: GutFinden – Südsteiermark, Wein Steiermark
Messen: Gast Klagenfurt, ÖGW Zürich, VieVinum, Weintage im Museumsquartier

Peter und Markus Skoff

Buschenschank schmecken und können es sich dann in einem der fünf gemütlichen Gästezimmer gemütlich machen. Seit dem Jahrgang 2014 werden auch zertifizierte Bioweine unter »Peter Skoff – Gut Kaspar« angeboten.

94 Sauvignon Blanc * Ried Kranachberg 2019
13,5 Vol.-%, DV, großes Holzfass, €€€€
Helles Grüngelb, Silberreflexe. Eingelegte gelbe Paprikaschoten, feine Tropenfrucht, ein Hauch von Quitten, Stachelbeeren und Blütenhonig. Saftig, elegant, feine Fruchtsüße, reife Pfirsichfrucht, lebendig strukturiert, bleibt haften, etwas Mango im Nachhall, verfügt über gutes Reifepotenzial.

94 Sauvignon Blanc * Ried Kranachkogl Finum 2019
14 Vol.-%, DV, Stahltank, €€€€
Mittleres Gelbgrün, Silberreflexe. Reife weiße Tropenfrucht, ein Hauch von Litschi, zarte Süße im Bukett, Stachelbeeren, feine Nuancen von Grapefruitzesten. Kraftvoll, komplex, mit reifem Pfirsich und etwas Ananas unterlegt, feine Säurestruktur, dezente Blütenhoniganklänge im Nachhall, gutes Entwicklungspotenzial.

93 Sauvignon Blanc * Ried Jägerberg 2019
13 Vol.-%, DV, Stahltank, €€€
Helles Grüngelb, Silberreflexe. Feine gelbe Tropenfrucht, zart nach Mango, reife gelbe Stachelbeerfrucht, zarter Blütenhonig, einladendes Bukett. Saftig, elegant, feine Fruchtsüße, gut integrierte Säurestruktur, feine Mineralik, salziger Nachhall, ein balancierter Speisenbegleiter.

(92) Sauvignon Blanc * Ried Jungfernhang 2020
12,5 Vol.-%, DV, Stahltank, €€€
Helles Gelbgrün, Silberreflexe. Zarte Nuancen von Stachelbeeren und Paprikaschoten, frische Kräuterwürze, mit Grapefruitzesten unterlegt. Saftig, weiße Steinobstnuancen, frischer Säurebogen, salzig, ein Hauch von Melone im Abgang, mineralischer Nachhall.

92 Sauvignon Blanc * Ried Kranachberg »Gut Kaspar« 2018
12,5 Vol.-%, DV, großes Holzfass, €€€€ B
Helles Gelbgrün, Silberreflexe. Feine Nuancen von Ananas und Mango, zarte Gewürznoten, einladendes Bukett, zart nach kandierten Mandarinenzesten. Mittlerer Körper, feine weiße Tropenfrucht, feiner Säurebogen, zarte Süße im Abgang, Limetten im Nachhall, zugänglicher Stil.

(91) Sauvignon Blanc * Gamlitz »Gut Kaspar« 2020
12 Vol.-%, DV, Stahl, €€€ B
Helles Gelbgrün, Silberreflexe. Zart kräuterwürzig, weißer Apfel, ein Hauch von Grapefruitzesten, zarter Blütenhonig. Leichtfüßig, weiße Frucht, feiner Säurebogen, mineralisch-salzig, schlanke Stilistik, zitroniger Nachhall.

(91) Sauvignon Blanc * Gamlitz 2020
13 Vol.-%, DV, Stahltank, €€€
Helles Grüngelb, Silberreflexe. Mit einem Hauch von gelben Paprikaschoten unterlegte weiße Pfirsichfrucht, zart nach Anis, würziges Bukett. Mittlere Komplexität, weißer Apfel, feiner Säurebogen, zart salzig unterlegt, Limetten im Nachhall, bereits gut zugänglich.

*** Südsteiermark DAC**

91 Sauvignon Blanc * Ried Kranachberg »Gut Kaspar« Natural 2019
13,5 Vol.-%, NK, Stahl, €€€€ Ⓑ
Leuchtendes mittleres Gelbgrün, Silberreflexe. Reife gelbe Tropenfruchtaromen, ein Hauch von Mango und Papaya, zarter Honigtouch, zart mit Karamell unterlegt. Saftig, dezentes Nougat, weiche, süße Textur, zart karamellig im Abgang, individueller Stil, bereits entwickelt.

90 Sauvignon Blanc * Klassik 2020
12 Vol.-%, DV, Stahltank, €€
Helles Gelbgrün, Silberreflexe. Nuancen von gelber Tropenfrucht, ein Hauch von Ananas, florale Nuancen, mineralischer Touch. Mittlerer Körper, feiner Pfirsichtouch, frisch strukturiert, zitroniger Nachhall, bereits gut antrinkbar.

93 Morillon * Reserve Ried Kranachberg 2017
14 Vol.-%, DV, kleines Holzfass, €€€€€
Mittleres Gelbgrün, Silberreflexe. Frische Marille, gelbe Tropenfrucht, zart nach Blütenhonig, ein Hauch von Vanille und Karamell. Saftig, elegant, seidige Textur, gelbe Frucht, feiner Holzkuss, zartes Nougat im Nachhall, dezente Süße im Finale, ein eleganter Speisenbegleiter, bereits gut antrinkbar.

(91) Morillon * Gamlitz 2020
12,5 Vol.-%, DV, großes Holzfass, €€€
Helles Grüngelb, Silberreflexe. Zart nach Golden-Delicious-Apfel und Honigmelone, ein Hauch von Mandarinenzesten, mineralischer Touch. Straff, engmaschig, feine Kernobstnuancen, rassiger Säurebogen, zitroniger Touch, bereits gut antrinkbar.

(91) Morillon * Ried Kranachberg »Gut Kaspar« 2018
12,5 Vol.-%, DV, großes Holzfass, €€€€ Ⓑ
Helles Gelbgrün, Silberreflexe. Rauchig-würzig unterlegte Birnenfrucht, deutlicher Kräutertouch, dunkle Mineralik. Mittlerer Körper, weißer Apfel, frischer Säurebogen, zitronig-salzig, lebendig und mineralisch geprägt, Limetten im Rückgeschmack.

90 Weißburgunder * Klassik 2020
12 Vol.-%, DV, Stahltank, €€
Helles Gelbgrün, Silberreflexe. Feine gelbe Tropfenfrucht, zart nach Wiesenkräutern und Orangenzesten. Leichtfüßig, weißer Apfel, feine nussige Aromen, salzig-zitronig im Abgang, ein zarter Speisenwein.

89 Welschriesling * Klassik 2020
11,5 Vol.-%, DV, Stahltank, €€

(90) Souvignier Gris 2020
12,5 Vol.-%, DV, großes Holzfass, €€
Helles Gelbgrün, Silberreflexe. Zart nach Mandarinenzesten, feine gelbe Tropenfrucht, etwas Pfirsich, dezenter Blütenhonig. Mittlerer Körper, dezente weiße Apfelfrucht, gut integrierte Säurestruktur, mineralisch-zitroniger Abgang.

★★

WEINGUT BERND STELZL

Das Weingut von Bernd Stelzl befindet sich in Leutschach an der Südsteirischen Weinstraße am Hirritschberg, dem südlichsten Teil der Südsteiermark. Hier wohnt, lebt und arbeitet er gemeinsam mit seiner Familie. Stolz auf die wunderschöne Natur, in der er lebt, stolz auf den Boden seiner Heimat und voller Leidenschaft für seine Weine: Diese Charaktereigenschaften beschreiben den jungen Winzer, Kellermeister und modernen Traditionalisten Bernd Stelzl am besten.
Die kargen, steinigen und steilen Hänge seiner Rieden Schloßberg, Hirritschberg und Hirritsch Hube auf Lagen von 400 bis 550 Metern Seehöhe sind hauptsächlich mit den Sorten Sauvignon Blanc, Chardonnay und Weißburgunder bepflanzt, die südöstlichen und südwestlichen Ausläufer mit den für die Region typischen Rebsorten Welschriesling, Sämling, Gelber Muskateller und auch mit einem kleinen Anteil Zweigelt. Bernd Stelzl konzentriert sich sowohl auf herkunftsbetonte, individuelle Riedenweine als auch auf gebietstypische Qualitätsweine im klassischen Ausbaustil. Ziel ist es, die geschichtsträchtigen Rieden Schloßberg, Hirritschberg und Hirritsch Hube weiterhin auszubauen, ihre Herkunftsmerkmale herauszuarbeiten und diese zu etablieren. Seine eigenständigen Weine genießt und verkostet man am besten in der hauseigenen Buschenschank mit Salettl und Terrasse bei einer hervorragenden Jause mit Delikatessen aus Eigenproduktion.

93 Chardonnay * Ried Hirritsch Hube 2019
13,5 Vol.-%, DIAM, 500-l-Fass, €€€€€ Ⓗ
Leuchtendes Gelbgrün, Silberreflexe. Intensive Holzwürze, etwas nach Vanille, ein Hauch von Mango, reife Tropenfrucht, einladendes Bukett. Gute Komplexität, saftig, balancierte Säurestruktur, salzig, Pfirsichtouch, mineralischer Nachhall, guter Speisenbegleiter mit Entwicklungspotenzial.

92 Sauvignon Blanc * Ried Hirritschberg 2019
13,5 Vol.-%, DIAM, 500-l-Fass, €€€€€ Ⓗ
Mittleres Gelbgrün. Einladendes Bukett, nach Blütenhonig, Cassis und etwas Orangenzesten, feine Kräuternoten, Karamelltouch. Saftig, elegant, balancierter Säurebogen, etwas cremig, reife Tropenfrucht, mineralisch-salzig, engmaschiger Speisenbegleiter mit Potenzial.

91 Sauvignon Blanc * Ried Schloßberg 2020
13 Vol.-%, DV, Edelstahl, €€€ Ⓗ
Helles Gelbgrün, Silberreflexe. Feine Wiesenkräuter, Stachelbeernoten, ein Hauch von weißer Birnenfrucht, frisches Bukett. Saftig, elegant, balancierter Säurebogen, salzig, etwas nach Mandarinenzesten, weiße Tropenfrucht im Finish, gut antrinkbar.

90 Sauvignon Blanc * 2020
12,5 Vol.-%, DV, Edelstahl, €€ Ⓗ
Helles Gelbgrün, Silberreflexe. Feine Kräuternuancen, etwas Maracujanoten, ein Hauch von Stachelbeeren, zarte Tabakwürze. Saftig, elegant, gut integrierte Säurestruktur, Cassis, zart nach Zitronen, salzig, bleibt gut haften, unkomplizierter Speisenbegleiter.

WEINGUT BERND STELZL
8463 Leutschach an der Weinstraße
Schlossberg 119
T: +43 (3454) 340
weingut@berndstelzl.at
www.berndstelzl.at

Kellermeister/Kontakt:
Bernd Stelzl
Produktion: 5 % Schaumwein, 87 % weiß, 3 % rosé, 5 % rot, 8 Hektar
Vereinszugehörigkeit:
Wein Steiermark, GutFinden – Südsteiermark, Marktgemeinschaft Steirischer Wein

91 Weisser Burgunder * 2020
13 Vol.-%, DV, Edelstahl, €€
Helles Gelbgrün, Silberreflexe. Zart nach Wiesenkräutern und Birnenfrucht, ein Hauch von Orangenzesten, etwas nach Maracuja. Saftig, elegant, feiner Säurebogen, Maracujatouch, bereits gut antrinkbar.

89 Gelber Muskateller * 2020
11,5 Vol.-%, DV, Edelstahl, €€ Ⓗ

WEINGUT STERNAT-LENZ

NEU BIO

Der kleine, aber feine Familienbetrieb Sternat Lenz umfasst die Bereiche Weinbau, Buschenschank sowie Gästezimmervermietung. Für die Familie sind Qualität und Naturverbundenheit seit jeher von höchster Bedeutung. Seit 2019 ist der Weinbaubetrieb deshalb auch offiziell BIO-zertifiziert, darüber hinaus befindet er sich zurzeit in Umstellung auf biodynamische Bewirtschaftungsweise. Dem Winzer Herbert Sternat geht es nicht darum, irgendwelchen Trends zu folgen, sondern eigenständige Weine zu kreieren, die gleichzeitig faszinieren und fordern, aber immer auch Spaß machen.

92 Ⓑ Chardonnay Brut Reserve 2016
13,5 Vol.-%, NK, 500-l-Fass, €€€€€
Helles Gelbgrün, Silberreflexe, feines Mousseux. Feine Kräuternuancen, etwas nach Brioche, ein Hauch von Passionsfrucht, zart nach Karamell, einladendes Bukett. Saftig, elegant, balancierte Struktur, reifer Apfel im Abgang, salzig im Nachhall, nussiges Finish, vielseitig einsetzbar.

91 Chardonnay * Ried Remschnigg 2018
13 Vol.-%, NK, 500-l-Fass, €€€€€
Mittleres Gelbgrün, Silberreflexe. Feine Holznuancen, etwas nach Tropenfrucht, kandierte Orangenzesten, mit Röstaromatik unterlegter Vanilletouch. Saftig, gut integ-

Muskateller

WEINGUT STERNAT-LENZ
8463 Leutschach a.d.Weinstraße
Remschnigg 17
T: +43 (3455) 7693
weingut@sternat-lenz.com
www.sternat-lenz.com

Kellermeister: Herbert Sternat
Kontakt: Carina und Herbert Sternat
Anbauweise: Biodynamisch (Demeter)
Produktion: 20.000 Flaschen 5 % Schaumwein, 90 % weiß, 5 % rosé, 4.8 Hektar
Messen: VieVinum

rierter Säurebogen, etwas Apfelfrucht, straff, feiner Gerbstoff, wird von Flaschenreife profitieren.

(90) Weißburgunder * Leutschach 2020
12 Vol.-%, NK, 500-l-Fass, €€€
Helles Gelbgrün, Silberreflexe. Zarte Tropenfruchtnoten, etwas Blütenhonig, reifes Birnenkompott, zart nach Nelken, lebendiges Bukett. Mittlerer Körper, feiner Säurebogen, Apfeltouch im Abgang, bereits gut antrinkbar.

90 Welschriesling * Ried Hohenegg 2019
11,5 Vol.-%, NK, 500-l-Fass, €€€€€
Helles Gelbgrün, Silberreflexe. Mit mineralischen Noten unterlegte Wiesenkräuter, zart nach Tabak, weißes Steinobst klingt an. Feine Struktur, mittlerer Körper, zart nach Kernobst, frisches Bukett, unkomplizierter Speisenbegleiter.

89 Sauvignon Blanc * Ried Hohenegg 2019
12,2 Vol.-%, NK, großes Holzfass, €€€€

★★

WEINGUT STRAUSS GAMLITZ

In den Weinen der Brüder Karl und Gustav Strauss aus Gamlitz spiegelt sich eindrucksvoll die Südsteiermark: einmal elegant und harmonisch, ein anderes Mal ein bisschen wild, intensiv und voller Gegensätze. Eines haben alle Gewächse gemeinsam: Sie vereinen Kraft mit Frucht, Frische mit viel Eleganz, und sie alle glänzen mit großem Trinkfluss.
Jede Weinbauregion der Welt hat ihren eigenen Reiz – die Südsteiermark einen ganz besonderen. Hier keltert das Brüderpaar eine breite Sortenpalette an Qualitätsweinen: von den fruchtig-frischen Gebietsweine Südsteiermark DAC (Welschriesling, Weißburgunder, Morillon, Sauvignon Blanc und Gelber Muskateller) über die fruchtig-fülligen Ortsweine »Gamlitz« (vor allem aus den Sorten Sauvignon Blanc und Muskateller) bis hin zu den Riedenweine der Lagen Gamlitzberg und Hundsberg, die in großen neutralen Eichenfässern und im »Betonei« ausgebaut werden. In besonders guten Jahren keltert man die »Strauss Reserve Linie« von der Ried Gamlitzberg; diese Trauben reifen bis zu 24 Monate in Barriquefässern ihrer Vollendung entgegen. Mit großem Potenzial kommen vor allem Sauvignon Blanc, Gelber Muskateller, Grauburgunder und Chardonnay in die Flasche. Das Weingut ist bereits seit 1810 im Fa-

milienbesitz und bietet Besuchern Kellerführungen und Verkostungen mit einem tollen Ausblick auf den Gamlitzberg. Neben dem Stammhaus wurde 2019 auch ein zweites Standbein eröffnet: »schlafen | essen | trinken« in der »Genuss Schmiede« Tscherne-Strauss. Familie Strauss freut sich über jeden Besuch.

(92) Grauburgunder * Ried Gamlitzberg 2020

12 Vol.-%, DV, Eichenfass, €€€

Helles Grüngelb, Silberreflexe. Feine Nuancen von frischer Birne, unterlegt mit Anklängen von Mango und Banane, zart nach Orangenzesten. Mittlere Komplexität, feine Fruchtsüße, lebendig strukturiert, ausgewogen, gelbe Frucht im Nachhall, vielseitiger Begleiter bei Tisch.

(92) Sauvignon Blanc * Ried Gamlitzberg 2020

13 Vol.-%, DV, Eichenfass, €€€

Helles Gelbgrün, Silberreflexe. Zart blumig unterlegte weiße Tropenfrucht, Noten von Limetten, frischer Apfel, attraktives florales Bukett. Saftig, feiner Mangotouch, angenehmer Säurebogen, mineralisch-zitronig im Abgang, bleibt haften wirkt leichtfüßig, ein vielseitiger Speisenbegleiter.

91 Sauvignon Blanc * 2020

12,5 Vol.-%, DV, Stahltank, €€

Helles Gelbgrün, Silberreflexe. Zart rauchig-würzig unterlegte frische Stachelbeernote, Weiße Johannisbeeren, ein Hauch von Grapefruitzesten. Straff, weiße Tropenfrucht, etwas Litschi, frisch strukturiert, mineralisch-zitronig im Abgang, ein Hauch von Lemongrass im Nachhall, ein würziger Speisenbegleiter.

94 Sauvignon Blanc Ried Gamlitzberg Reserve 2017

14 Vol.-%, DV, Barrique, €€€€€

Mittleres Gelbgrün, Silberreflexe. Zarte Holzwürze, ein Hauch von Vanille, feine gelbe Tropenfrucht, Nuancen von Blütenhonig, rauchiger Touch, feines Karamell. Saftig, gute Komplexität, elegante Textur, feiner Säurebogen, salzig-zitronig im Nachhall, gelbe Stachelbeeren, verfügt über Länge und gutes Reifepotenzial.

90 Gelber Muskateller * 2020

12 Vol.-%, DV, Stahltank, €€

Helles Gelbgrün, Silberreflexe. Florales Bukett, Nuancen von Holunder, Limettenzesten, traubige Note, mineralischer Touch. Schlank, weiße Tropenfrucht, frisch strukturiert, zitroniger Anklang, schwungvoller Sommerwein.

93 Chardonnay Reserve Ried Gamlitzberg 2017

13 Vol.-%, DV, Barrique, €€€€

Helles Gelbgrün, Silberreflexe. Mit Zitruszesten unterlegte zarte weiße Tropenfrucht, mit Nuancen von Quitten und Blütenhonig unterlegt, dezent nach Wiesenkräutern. Elegant, saftig und ausgewogen, zarte Extraktsüße, frisch strukturiert, weiße Frucht im Nachhall, zart röstig im Rückgeschmack, bereits gut antrinkbar.

WEINGUT STRAUSS GAMLITZ

8462 Gamlitz
Steinbach 16
T: +43 (664) 4424128
office@weingut-strauss.at
www.weingut-strauss.at

Kellermeister: Gustav Strauss
Kontakt: Karl und Gustav Strauss
Produktion: 5 % Schaumwein, 80 % weiß, 5 % rosé, 9 % rot, 1 % süß, 30 Hektar
Zertifiziert: Nachhaltig Austria
Vereinszugehörigkeit: Wein Steiermark
Messen: ProWein Düsseldorf, Tag des Steirischen Weines im Museumsquartier, VieVinum

Karl und Sabine, Gustav und Bettina Strauss

★★★★★

WEINGUT TEMENT

BIO

Das Familienweingut Tement liegt auf einem kleinen Bergplateau über der imposanten Riede Zieregg. Von hier aus können Gäste und Besucher den herrlichen Rundblick genießen, der sich bis ins Nachbarland Slowenien und die südliche Oststeiermark erstreckt. Die Brüder Armin und Stefan arbeiten in dritter Generation Hand in Hand mit Vater Manfred zusammen und sind mehr als bestrebt, den Familienbetrieb mit dem gewohnten Qualitätsbewusstsein und Sinn für Tradition weiterzuführen. Biologisch bewirtschaftete Weingärten, niedrigste Erträge und selektive Handarbeit sind heute wie morgen die Eckpfeiler ihres Schaffens und die Voraussetzung für herkunftsbetonte, elegante Weine. Mit dem EU-Beitritt Sloweniens konnte die Top-Lage Zieregg auch im benachbarten Slowenien mit neuen Rebstöcken bepflanzt werden. Die kleinklimatischen Bedingungen der Lage Ciringa (slowenisch für Zieregg) sind ideal für langlebige, elegant-mineralische Sauvignon Blancs. Als unverwechselbares Zeichen der Herkunft trägt das slowenische Weingut den Namen »Domaine Ciringa«. Der Wein selbst wird seit 2009 unter dem Namen »Fosilni Breg« (»Fossilienberg«) vinifiziert. Beide Betriebe, das Weingut Tement und die Domaine Ciringa, sind biologisch-organisch zertifiziert.

98 Sauvignon Blanc * Ried Zieregg GSTK Karmeliten Terrassen 2018

13 Vol.-%, VL, großes Holzfass, €€€€€€

Mittleres Gelbgrün, Silberreflexe. Feine Kräuterwürze, ein Hauch von frischen Stachelbeeren, etwas Ananas klingt an, florale Nuancen, Grapefruitzesten, ein Hauch von Blütenhonig. Komplex, saftig, fein nussig unterlegte weiße Pfirsichfrucht, mineralisch, feine Apfelfrucht, straff, engmaschig, bleibt sehr gut haften, zart nach Nougat im Nachhall, ein facettenreicher Speisenbegleiter.

97 Sauvignon Blanc * Ried Zieregg GSTK 2019

13 Vol.-%, VL, großes Holzfass, €€€€€€ Ⓑ

Mittleres Gelbgrün, Silberreflexe. Attraktives Bukett, frische Tropenfrucht, zart nach Guaven und Mango, reife Stachelbeeren, ein Hauch von Orangenzesten, Nuancen von Wiesenkräutern. Saftig, elegant, weißer Pfirsich, finessenreiche Säurestruktur, kristallklar, mineralisch-salzig im Abgang, sehr animierender, präziser Stil, ein facettenreicher Speisenbegleiter.

97 Sauvignon Blanc * Ried Zieregg GSTK Vinothek Reserve 2018

13,5 Vol.-%, VL, 500-l-Fass, €€€€€€

Mittleres Gelbgrün, Silberreflexe. Zart floral unterlegte feine Tropenfruchtanklänge, zart nach Mango, feine Kräuterwürze, ein Hauch von Holz, mit Orangenzesten unterlegt, subtile Blütennoten vom Himmelschlüssel. Saftig, elegant, feine weiße Tropenfrucht, finessenreich und sehr balanciert, gute Frische, zarte Süße im Abgang, lebendige Stilistik, großes Reifepotenzial. Dieses Mal stammen die Trauben aus der Zieregg-Parzelle »Weisse Wand«, die davor verwendete Parzelle »Die sieben Reihen« wurde dafür separat ausgebaut.

95 Sauvignon Blanc * Ried Sernau König GSTK 2019

13 Vol.-%, VL, großes Holzfass, €€€€€ Ⓑ

Helles Gelbgrün, zart getrübt, Silberreflexe. Ein Touch von Grapefruitzesten, dezente Kräuterwürze, ein Hauch von Cassis, mit weißem Pfirsich unterlegt, mineralische Nuancen. Saftig, weiße Apfelfrucht, frischer Säurebogen, zitronig-lebendig im Abgang, ein rassiger Speisenbegleiter, vibrierende Textur im Nachhall.

95 Sauvignon Blanc * Ried Zieregg GSTK Die Sieben Reihen 2018

13 Vol.-%, VL, großes Holzfass, €€€€€€

Mittleres Gelbgrün, Silberreflexe. Feine Noten von Ananas und Mango, frische Wiesenkräuter, Nuancen von Stachelbeeren und Cassis, würziges Bukett. Mittlere Komplexität, weißer Apfel, gut integrierte Säurestruktur, salzig-mineralisch im Abgang, zitroniger Nachhall, gelbfruchtiger Rückgeschmack.

95 Sauvignon Blanc * Ried Zieregg GSTK Kiesner Berg 2018

13 Vol.-%, VL, großes Holzfass, €€€€€€

Mittleres Gelbgrün, Silberreflexe. Etwas verhalten, rauchig-würzig unterlegte gelbe Pfirsichnuancen, gelbe Paprikaschoten, reduktives Bukett. Komplex, saftig, gelbe Tropenfrucht, ein Hauch von Karamell, elegant und anhaftend, bereits gut entwickelt, mineralischer Nachhall, ein stoffiger Speisenbegleiter.

WEINGUT TEMENT

8461 Ehrenhausen, Zieregg 13
T: +43 (3453) 4101
weingut@tement.at
www.tement.at

Kellermeister: Manfred, Armin und Stefan Tement
Kontakt: Monika Tement, MA
Anbauweise: Zertifiziert Biologisch (Bio Austria)
Produktion: 97 % weiß, 2 % rot, 1 % süß, 80 Hektar
Zertifiziert: Nachhaltig Austria
Vereinszugehörigkeit: Steirische Terroir- und Klassikweingüter
Messen: ProWein Düsseldorf, VieVinum

Ried Grassnitzberg

94 Sauvignon Blanc * Kitzeck Sausal Schiefergestein 2019
12,5 Vol.-%, VL, großes Holzfass/Stahltank, €€€€
Helles Gelbgrün, Silberreflexe. Mit dezenter Schieferwürze unterlegte frische Stachelbeeren, ein Hauch von Mango, dezent reduktive Nuancen. Saftig, straff und engmaschig, weißer Pfirsich, finessenreicher Säurebogen, feine Süße im Abgang, salzig-zitronig unterlegter Nachhall, zeigt gute Länge, bereits antrinkbar.

94 Sauvignon Blanc * Gamlitz Sandstein 2019
12,5 Vol.-%, VL, Stahltank/großes Holzfass, €€€€
Helles Gelbgrün, Silberreflexe. Einladende gelbe Tropenfrucht nach Guaven, reife Stachelbeerfrucht, eingelegte gelbe Paprikaschoten, fruchtbetontes Bukett. Stoffig, weißer Pfirsich, elegant und gut anhaftend, finessenreicher Säurebogen, Mango im Nachhall, bereits gut antrinkbar.

94 Sauvignon Blanc * Ried Grassnitzberg 1STK 2019
12,5 Vol.-%, VL, großes Holzfass, €€€€€
Helles Gelbgrün, Silberreflexe. Zarte Kräuterwürze, ein Hauch von Ananas und Stachelbeeren, frische Orangenzesten, dunkle Mineralik. Saftig, weißer Pfirsich, lebendig strukturiert, mineralisch-zitronig im Abgang, feine salzige Nuancen, kalkiger Touch, sehr lebendiger, trinkanimierender Stil.

93 Sauvignon Blanc * Ehrenhausen Korallenkalk 2019
12,5 Vol.-%, VL, großes Holzfass/Stahltank, €€€€
Mittleres Gelbgrün, Silberreflexe. Zart nach gelber Tropenfrucht, ein Hauch von Blütenhonig, Limettenzesten, ein Hauch von Grapefruit, dunkle Mineralik. Mittlere Komplexität, weiße Pfirsichfrucht, frischer Säurebogen, wirkt leichtfüßig, zitroniger Nachhall, eher schlanke Stilistik.

92 Sauvignon Blanc * Kalk & Kreide 2020
12,5 Vol.-%, VL, Stahltank, €€€
Helles Gelbgrün, Silberreflexe. Zarte Wiesenkräuter, weiße Frucht nach Birne, ein Hauch von Stachelbeeren, feines Cassis, mineralischer Anklang. Feiner Touch von gelbem Apfel, frischer Säurebogen, mineralisch-zitronig im Abgang, bietet leichtfüßiges Trinkvergnügen.

95 Sauvignon Blanc Pruh Domaine Ciringa 2015
13 Vol.-%, VL, großes Holzfass, €€€€€
Mittleres Gelbgrün, Silberreflexe. Feine Cassisnuancen, Grapefruitzesten, etwas Ananas und Stachelbeeren, würziges Bukett. Saftig, gelbe Tropenfrucht, mineralisch, frisch strukturiert, zarte Fruchtsüße und etwas Blütenhonig im Nachhall, bleibt haften, ein gut entwickelter Speisenbegleiter.

95 Sauvignon Blanc Ried Grassnitzberg 1STK Parzelle Riff Reserve 2017
13,5 Vol.-%, VL, großes Holzfass, €€€€€
Helles Gelbgrün, Silberreflexe. Einladende gelbe Stachelbeerfrucht, ein Hauch von Ananas und Blütenhonig, zarte Kräuterwürze, rauchige Würze. Saftig, kühle weiße Tropenfrucht, zart nach Karamell, gut integrierte Säurestruktur, gute Komplexität, frischer Apfeltouch im Abgang, mineralisch und anhaftend, gutes weiteres Reifepotenzial.

* Südsteiermark DAC

Welschriesling

93 Sauvignon Blanc Fosilni Breg Domaine Ciringa 2019
12,5 Vol.-%, DV, großes Holzfass/Edelstahl, €€€ B
Helles Gelbgrün, Silberreflexe. Rauchig-kräuterwürzig unterlegte Stachelbeernuancen, etwas Cassis, Nuancen von Grapefruitzesten, dunkle Noten. Mittlerer Körper, weiße Pfirsichfrucht, feine, gut integrierte Säurestruktur, zarte Fruchtsüße im Abgang, ein eleganter Speisenbegleiter.

93 Sauvignon Blanc Zeitspiel 4. 2017
12,5 Vol.-%, VL, Edelstahl/großes Holzfass, €€€€
Helles Grüngelb, Silberreflexe. Zart nussig-feinwürzig unterlegte Noten von Cassis, ein Hauch von Stachelbeeren, dunkle Mineralik. Stoffig, weißer Pfirsich, Ananas, frischer Säurebogen, mineralisch und frisch, salzig-zitronig im Abgang, ein facettenreicher Speisenbegleiter.

97 Morillon * Ried Zieregg GSTK 2019
13 Vol.-%, VL, kleines Holzfass, €€€€€€ B
Helles Gelbgrün, Silberreflexe. Dezente Holzwürze, weiße Tropenfrucht, nussig-kräuterig unterlegte Pfirsichnuancen, rauchiger Anklang, sehr einladendes Bukett. Stoffig, feine Extraktsüße, ein Hauch von Gewürzen, finessenreich strukturiert, gelbe Frucht im Abgang, ausgewogen, zeigt große Länge, ein ausgesprochen eleganter Wein bei Tisch, sicheres Zukunftspotenzial.

95 Morillon * Ried Sulz 1STK Kriewetz 2018
13 Vol.-%, VL, Eichenfass, €€€€€€ B
Mittleres Gelbgrün, Silberreflexe. Zart reduktive Feuersteinnuancen, feine Kräuterwürze, mit gelber Tropenfrucht unterlegt, zart rauchig-nussig. Saftig, elegant, zarte Fruchtsüße, gut integrierter Säurebogen, ein Hauch von Birne und Blütenhonig im Abgang, gut anhaftend, verfügt über Länge, bereits gut antrinkbar.

94 Morillon * Ried Sulz 1STK 2019
13 Vol.-%, VL, kleines Holzfass, €€€€€ B
Helles Gelbgrün, Silberreflexe. Feinwürzig unterlegte weiße Tropenfruchtnuancen, ein Hauch von Gewürzen wie Kreuzkümmel und Anis, mit Mandarinenzesten unterlegt. Saftig, seidige Textur, weißer Pfirsich, finessenreiche Säurestruktur, salzig im Abgang, sehr harmonisch, mit guter Länge ausgestattet, ein eleganter Speisenwein mit sicherem Reifepotenzial.

93 Morillon * Muschelkalk 2019
12,5 Vol.-%, VL, großes Holzfass/Stahltank, €€€ B
Helles Gelbgrün, Silberreflexe. Frische Orangenzesten, ein Hauch von gelbem Pfirsich, Nuancen von Ananas, attraktives Fruchtbukett. Stoffig, gute Komplexität, ein Hauch von weißer Birne, feines Säurekleid, mineralisch und gut anhaftend, salzig-zitroniger Nachhall, perfekt balanciert und zugänglich.

93 Morillon * Ried Rossberg 2019
12,5 Vol.-%, VL, kleines Holzfass, €€€€€ B
Helles Gelbgrün, Silberreflexe. Feine gelbe Tropenfrucht, zart nach Pfirsich und Ananas, frische Orangenzesten, zart nussiger Anklang. Stoffig, feine Steinobstnuancen, frisch strukturiert, ein Hauch von Blütenhonig, seidige Textur, ausgewogener Begleiter bei Tisch.

93 Gewürztraminer * Ried Wielitschberg 1STK 2019
12,5 Vol.-%, VL, großes Holzfass/Stahltank, €€€€€ B
Helles Gelbgrün, Silberreflexe. Zarte Nuancen von Dörrobst und Rosolio, gelbe Fruchtexotik, ein Hauch von kandierten Grapefruitzesten, sehr nuancenreiches Bukett. Stoffig, elegant, mit zartem Karamell unterlegt, salzige Mineralik klingt an, geschliffener, leichtfüßiger Stil, etwas Marille im Nachhall, bereits gut entwickelt.

96 Weissburgunder * Ried Zieregg GSTK 2018
13 Vol.-%, VL, 500-l-Fass, €€€€€€
Helles Gelbgrün, Silberreflexe. Zarte Kräuterwürze, nussiger Touch, ein Hauch von Quitten und kandierten Orangenzesten, feiner Blütenhonig, gut entwickeltes Bukett. Seidig, dabei komplex, feine gelbe Apfelfrucht, gut integrierter Säurebogen, ein Hauch von Ananas und Karamell im Abgang, hocheleganter Speisenbegleiter mit sicherem Reifepotenzial.

93 Weissburgunder * Ried Sulz 1STK 2019
13 Vol.-%, VL, Eichenfass, €€€€€ B
Helles Gelbgrün, Silberreflexe. Feine Birnenfrucht, zarte Wiesenkräuter, dunkle Mineralik, mit einem Hauch von Grapefruitzesten unterlegt. Mittlerer Körper, engmaschig, weiße Apfelfrucht, frisch strukturiert, minera-

lisch-zitronig im Abgang, bereits zugänglich, ein lebendiger Speisenbegleiter.

92 Weissburgunder * Ton & Mergel 2020
12 Vol.-%, VL, Stahltank, €€€ Ⓑ
Helles Gelbgrün, Silberreflexe. Zarte Birnenfrucht, etwas zurückhaltendes Bukett, mit Nuancen von Golden-Delicious-Apfel unterlegt. Mittlerer Körper, feine Kernobstnuancen, finessenreicher Säurebogen, zitronig, gut anhaltend, ein eleganter, zarter Speisenbegleiter.

93 Gelber Muskateller * Ried Hochkittenberg 1STK 2019
11,5 Vol.-%, VL, Stahltank, €€€€ Ⓑ
Helles Gelbgrün, Silberreflexe. Feine gelbe Tropenfrucht, leichte Tramineranmutung durch Marshmallows-Nuancen, mit einem Hauch von Muskatnuss unterlegt. Saftig, reife Mango und Papaya, weißer Pfeffer, frisch strukturiert, ein Hauch von Ingwer, salziger Nachhall, zeigt sehr gute Länge.

92 Gelber Muskateller * Sand & Schiefer 2020
11,5 Vol.-%, VL, Stahltank, €€€ Ⓑ
Helles Gelbgrün, Silberreflexe. Feine traubige Würze, ein Hauch von Muskatnuss, mit weißem Pfirsich unterlegt. Leichtfüßig, grüner Apfel, finessenreiche Struktur, Limette im Abgang, frisch und feingliedrig, ideal für die Terrasse, leichter, präziser Stil.

94 Gelber Muskateller Ried Steinbach Fürst 1STK 2019
12 Vol.-%, VL, Stahltank, €€€€€ Ⓑ
Helles Gelbgrün, Silberreflexe. Zarte gelbe Tropenfrucht, ein Hauch von Mango und Maracuja, Nuancen von Limettenzesten, floraler Touch von Holunderblüten. Saftig, leichtfüßig, ein Hauch von Blütenhonig, gut integrierter Säurebogen, mineralisch und anhaftend, angenehme salzige Nuancen im Nachhall, weißer Pfirsich im Finale, ungemein facettenreich, ein Bilderbuch-Muskateller.

93 Welschriesling * Ried Zieregg Weinstock Alte Reben 2019
12 Vol.-%, VL, Eichenfass, €€€€€ Ⓑ
Helles Gelbgrün, Silberreflexe. Mit frischen Wiesenkräutern unterlegte exotische Fruchtnuancen von Ananas und Mango, rauchige Mineralik, Orangenzesten und Blütenhonig im Hintergrund. Mittlere Komplexität, weiße Apfelfrucht, finessenreich strukturiert, ein Hauch von Birne, nussiger Touch im Nachhall, zeigt Länge und klaren Sortencharakter.

92 Welschriesling * Ried Ottenberg Veitlhansl 2019
12 Vol.-%, VL, kleines Holzfass, €€€€ Ⓑ
Helles Gelbgrün, Silberreflexe. Nuancen von Nashi-Birnen und Quitten, feiner gelber Fruchttouch, mit frischen Orangenzesten unterlegt. Mittlerer Körper, feiner Hauch von Anis und Ingwer, finessenreiche Säurestruktur, mineralisch-zitronig unterlegter Abgang, bietet leichtfüßiges Trinkvergnügen.

91 Welschriesling * 2020
11,5 Vol.-%, VL, Stahltank, €€€ Ⓑ
Helles Gelbgrün, Silberreflexe. Mit Limettenzesten unterlegte weiße Apfelfrucht, frische Wiesenkräuter, mineralischer Touch. Leichtfüßig, frisches Kernobst, rassig strukturiert, salzig im Abgang, finessenreicher Sommerwein.

92 * Tement Blanc 2020 SB/WB/WR
12 Vol.-%, VL, Stahltank, €€€ Ⓑ
Helles Gelbgrün, Silberreflexe. Nuancen von frischen Stachelbeeren, ein Hauch von Cassis, gelber Apfel, etwas Grapefruit. Saftig, elegant, feine Kräuterwürze, Nuancen von Birne, dezenter Säurebogen, ein Hauch von Mango im Nachhall.

★★★

WEINGUT TSCHERMONEGG

Das höchstgelegene Weingut an der Südsteirischen Weinstraße besticht nicht nur durch ein traumhaftes Panorama, sondern vor allem durch seine aromatischen, ausdruckstarken sowie sauber vinifizierten Weine. Seit fünf Generationen schlägt das Herz der Familie Tschermonegg für den Wein. Seit 2018 ist auch Franz-Josef, der ältere der beiden Söhne im Team und maßgeblich für den zukünftigen Erfolg des Weinguts mitverantwortlich. Gearbeitet wird an den steilen und sonnenverwöhnten Rebhängen wie auch im Keller ressourcensparend und mit vielen Verzichten, damit der ökologische Fußabdruck so klein wie möglich gehalten wird. Tschermonegg ist auch eines der ersten Weingüter in der Steiermark, die das Nachhaltigkeits-Zertifikat erlangt haben.
Die Böden und klimatischen Bedingungen sind sehr vielseitig. Unterschieden werden nach der Herkunftspyramide Regions-, Gebiets-, Orts- und Riedenweine, die auch stets

WEINGUT TSCHERMONEGG

8463 Glanz an der Weinstraße
Glanz 50
T: +43 (3454) 326
weingut@tschermonegg.at
www.tschermonegg.at

Kellermeister: Erwin und Franz-Josef Tschermonegg
Kontakt: Sonja und Erwin Tschermonegg
Produktion: 180.000 Flaschen
95 % weiß, 3 % rot, 2 % süß, 32 Hektar
Zertifiziert: Nachhaltig Austria
Vereinszugehörigkeit:
GutFinden – Südsteiermark, Sieme, Wein Steiermark, Steirischer Junker
Messen: VieVinum, DAC-Präsentationen

von diversen nationalen und internationalen Challenges und Weinjournalisten hoch bewertet und hervorgehoben werden. Eine modern ausgestatte Presshaus- und Kelleranlage ermöglicht es, traditionelles Gedankengut und langjährige Erfahrung mit technischem Knowhow optimal zu verbinden. Im Weingut selbst kann man die erlesenen Weine auch unter dem Begriff »Wohnen beim Wein« in Verbindung mit ausgezeichneten regionalen Schmankerln im angeschlossenen Buschenschank und den Genießerzimmern mit Panoramapool mitten in den Weinbergen genießen.

92 Gelber Muskateller Sekt
Deg. 12/2020, 12 Vol.-%, NK, Stahltank, €€€€
Helles Gelbgrün, Silberreflexe, feines Mousseux. Nuancen von Holunderblüten, zart nach Pfirsich und Limettenzesten, einladendes Bukett. Straff, traubige Nuancen, feine gelbe Frucht, etwas Blütenhonig, mineralisch-zitronig im Nachhall, feine Süße im Rückgeschmack.

93 Sauvignon Blanc * Gamlitz Sieme 2020
13 Vol.-%, DV, Stahltank/großes Holzfass, €€€
Helles Gelbgrün, Silberreflexe. Feine Tabakwürze, etwas nach Kräutern, Cassis, zart grasige Nuancen, weißes Steinobst. Saftig, elegant, Limettenzesten, bleibt gut haften, vielseitiger, sortentypischer Speisenbegleiter.

93 Sauvignon Blanc * Ried Oberglanzberg 2018
13,5 Vol.-%, DV, großes Holzfass, €€€€€
Helles Gelbgrün, Silberreflexe. Zart nach Cassis, Grapefruitzesten, reife gelbe Apfelnuancen, Passionsfrucht, floraler Touch. Engmaschig, elegant, feine Säurestruktur, mineralisch-salzig, Zitrusnuancen, einladendes Bukett, guter Speisenbegleiter.

92 Sauvignon Blanc * Ried Lubekogel 2019
13,5 Vol.-%, DV, großes Holzfass, €€€€
Helles Gelbgrün, Silberreflexe. Feiner Blütenhonig, ein Hauch von Maracuja, zarter Melissetouch, Cassis klingt an. Saftig, elegant, feine Säurestruktur, feine Tropenfrucht, Orangenzesten, gute Speisenbegleiter.

91 Sauvignon Blanc * 2020
12,5 Vol.-%, DV, Stahltank, €€€
Helles Gelbgrün, Silberreflexe. Zart grasige Nuancen, ein Hauch von Zitrus, etwas Cassis, frisches Bukett. Feine Säurestruktur, würzig, leichter Apfeltouch im Abgang, bereits gut antrinkbar.

92 Grauburgunder * Leutschach 2020
13 Vol.-%, DV, großes Holzfass/Stahltank, €€€
Helles Gelbgold, Silberreflexe. Zarte Mangonoten, ein Hauch von Blütenhonig, Papaya klingt an, floraler Touch, einladendes Bukett. Mittlerer Körper, saftig, feine Struktur, mineralisch-salzig, gut eingebundene Säurestruktur, fruchtsüßes Finish, bereits gut antrinkbar.

(91) Traminer * Leutschach Trio 2020
13,5 Vol.-%, DV, Stahltank, €€€
Leuchtendes Gelbgrün, Silberreflexe. Feine Pfirsichnuancen, etwas nach Eibisch, Mandarinenzesten, Birne klingt

an. Saftig, elegant, facettenreich, extraktsüß nach Papaya, gut eingebundene Säurestruktur, attraktives Finish.

90 Morillon * Leutschach 2020
13 Vol.-%, DV, großes Holzfass/Stahltank, €€€
Helles Gelbgrün, Silberreflexe. Feiner Pfirsichtouch, florale Nuancen, etwas Blütenhonig, Mandarinennoten. Saftig, elegant, feine Extraktsüße, Maracujanoten, bereits gut antrinkbar.

89 Gelber Muskateller * Gamlitz 2020
12,5 Vol.-%, DV, Stahltank, €€€

91 Roter Muskateller 2020
12,5 Vol.-%, DV, Stahltank, €€€
Helles Gelbgrün, Silberreflexe. Feine Orangenzesten, etwas weiße Tropenfrucht, Gewürznoten, zart nach Papaya. Saftig, elegant, feine Säurestruktur, mineralisch, Mangonoten, salzig, bleibt gut haften.

★★★★

WEINGUT WOHLMUTH

Seit 1803 keltert die Familie Wohlmuth im südsteirischen Kitzeck im Sausal, dem höchstgelegenen Weinbauort Österreichs, ihre Weine. Sehr viel hat sich seither an ihrer Arbeit im Weingarten nicht geändert: Nach wie vor müssen die massiven Schiefersteine der Bodenoberfläche mit Hämmern klein geschlagen werden, und jeder einzelne Rebstock muss mühselig in den kargen Boden gearbeitet werden. Aufwendigste Handarbeit – vom Rebschnitt über die gesamte Laubarbeit bis hin zur selektiven Handlese – ist die Basis der Qualität der Weine. Der Umgang mit natürlichen Ressourcen ist von Respekt geprägt, was einen Verzicht auf Herbizide und Insektizide selbstverständlich macht. Bewässerung gibt es hier keine, und die steilsten Einzellagen werden nach wie vor mit der Sense gemäht.
Die Weingärten liegen auf einer Seehöhe von 400 bis 600 Metern und zählen mit einer Steigung von bis zu 90 Prozent zu den steilsten Rebbergen Europas. Bis zu 1.200 Arbeitsstunden fließen jährlich in jeden Hektar dieser extremen Lagen, bis der fertige Wein in den Fässern liegt. Die prägnante Schiefermineralik findet sich in allen Weinen des Weinguts wieder und zeigt, wie fest der Rebstock mit dem vorherrschenden Boden in der Ortsappellation Kitzeck-Sausal verwurzelt ist.
Seit Generationen befinden sich einige der am frühesten erwähnten Einzellagen Österreichs im Besitz der Familie Wohlmuth, wie etwa die bereits 1322 urkundlich erwähnte Ried Edelschuh. Mit hohem Aufwand werden diese historisch bedeutsamen Einzellagen gepflegt und erhalten sowie teilweise mühselig rekultiviert. Diese Rieden sind letztendlich der Grundstock einer einzigartigen Qualität. Sie lassen Herkunftsweine entstehen, die durch das Spannungsverhältnis aus Wärme (illyrisches Klima, reife Trauben) und Kühle (alpiner Einfluss, karger Schieferboden, Höhenlage) geprägt sind.

97 Riesling * Ried Edelschuh GSTK 2019
13 Vol.-%, NK, großes Holzfass, €€€€€€
Helles Goldgelb, Silberreflexe. Reife gelbe Tropenfrucht, feiner Pfirsichtouch, ein Hauch von Safran und Blütenhonig, unverkennbare schiefrige Nuancen. Stoffig, elegant, weißes Steinobst, finessenreiche Struktur, mineralisch-zitronig, sehr überzeugende Länge, feine Extraktsüße im Nachhall, sicheres Reifepotenzial. Die Renaissance der legendären Sausal-Rieslinge.

(95) Riesling * Ried Dr. Wunsch 2020
12,5 Vol.-%, NK, großes Holzfass, €€€€
Helles Gelbgrün, Silberreflexe. Mit einem Hauch von Orangenzesten unterlegte feine weiße Pfirsichnote, mit einem tropischen Touch unterlegt, helle Mineralik, floraler Touch. Straff, weißes Steinobst, ein Hauch von Safran und Ingwer, finessenreiche, sehr gut eingebundene Säurestruktur, stoffig und anhaftend, zeigt große Präzision und Länge, sicheres Reifepotenzial.

94 Riesling * Ried Steinriegl Strohbart 2019
12,5 Vol.-%, NK, großes Holzfass, €€€€
Helles Goldgelb, Silberreflexe. Reife gelbe Tropenfruchtnuancen, gelber Pfirsich, feiner Touch von Orangenzesten, zarter Schiefertouch, attraktives Bukett. Stoffig, elegant, feine Fruchtsüße, reife Mango, finessenreich unterlegt, ein Hauch von Feigen im Nachhall, salziger Touch im Rückgeschmack, sehr gute Länge, bereits zugänglich.

* Südsteiermark DAC

93 Riesling * Kitzeck-Sausal 2020
12,5 Vol.-%, DV, Edelstahl, €€€
Helles Gelbgrün, Silberreflexe. Mit einem Hauch von Zitrus unterlegte feine Steinobstnuancen, ein Hauch von Blütenhonig und Schieferwürze. Saftig, elegant, feine gelbe Pfirsichfrucht, eleganter Säurebogen, mineralisch im Abgang, besitzt eine gute Harmonie und Länge, gutes Reifepotenzial.

97 Sauvignon Blanc * Ried Edelschuh GSTK 2019
13 Vol.-%, NK, 500-l-Fass, €€€€€€
Helles Goldgelb, Silberreflexe. Zarte Gewürznuancen, feine gelbe Tropenfrucht, ein Hauch von Guaven, gelbe Stachelbeeren, zart nach Marille, Noten von Orangenzesten, facettenreiches Bukett. Stoffig, hochelegant, feine Extraktsüße, zart nach Pfirsich, finessenreich strukturiert, sehr balanciert und lange anhaftend, mineralischer Nachhall, feine Schieferwürze, sicheres Reifepotenzial.

96 Sauvignon Blanc * Ried Hochsteinriegl GSTK 2019
13,5 Vol.-%, NK, 500-l-Fass, €€€€€
Helles Gelbgrün, Silberreflexe. Kandierte Mandarinenzesten, feine gelbe Tropenfruchtnuancen, eingelegte Paprikaschoten, zarter Blütenhonig, sehr attraktives Bukett. Komplex, stoffig, weiße Fruchtnuancen, finessenreiche Struktur, zitronig-mineralisch im Abgang, wirkt relativ leichtfüßig, extraktsüßer Touch im Nachhall, saftig und mit großer Länge ausgestattet.

(95) Sauvignon Blanc Ried Sausaler Schlössl 2020
13 Vol.-%, NK, großes Holzfass, €€€€€
Helles Gelbgrün, Silberreflexe. Feine Schieferwürze, zarte gelbe Traubenfrucht, etwas Mango und Ananas, ein Hauch von frischen Orangenzesten, mineralisch und einladend. Komplex, saftig, feine gelbe Pfirsichfrucht, finessenreich strukturiert, salzig, druckvoller Nachhall, sehr gute Länge, sicheres Reifepotenzial.

(94) Sauvignon Blanc * Ried Steinriegl 1STK 2020
13 Vol.-%, NK, großes Holzfass, €€€€
Helles Gelbgrün, Silberreflexe. Ein feiner Hauch von Grapefruitzesten, reife Stachelbeeren, Nuancen von Cassis, gelbe Tropenfrucht, ein Hauch von Blütenhonig. Mittlerer Körper, feine weiße Frucht, dezente Extraktsüße, präziser Schiefertouch, elegant und anhaftend, finessenreicher Säurebogen, mineralisch-zitronig im Nachhall, sehr gute Länge, gutes Reifepotenzial.

(93) Sauvignon Blanc * Kitzeck-Sausal 2020
12,5 Vol.-%, DV, großes Holzfass, €€€
Helles Gelbgrün, Silberreflexe. Zart mit Nuancen von Limetten und Holunderblüten unterlegte Stachelbeerfrucht, etwas Cassis, feine Wiesenkräuter, schiefriger Touch. Saftig, gelbe Frucht, feine Würze, finessenreicher Stil, mineralisch-salzig im Abgang, sehr gute Länge, sicheres Reifepotenzial.

93 Sauvignon Blanc * Schiefer 2020
12,5 Vol.-%, DV, Stahltank, €€€
Helles Gelbgrün, Silberreflexe. Zarter Schiefertouch, blumiger Touch, weißer Pfirsich, ein Hauch von Mandarinenzesten, zart nach Cassis, attraktives Bukett. Mittlere Komplexität, kühle Textur, frische weiße Tropenfruchtnuancen, finessenreich im Abgang, vielseitig einsetzbar, zitroniger Nachhall.

93 Sauvignon Blanc * Ried Urlkogl Meinhardt Hube 2020
13 Vol.-%, NK, großes Holzfass, €€€€
Helles Gelbgrün, Silberreflexe. Feine weiße Tropenfrucht, gelbe Paprikaschoten, zarte Mandarinenzesten, feiner Blütenhonig, attraktives Bukett. Saftig, elegant, feine weiße Steinobstnuancen, finessenreiche Struktur, mineralisch-salzig im Abgang, bereits gut entwickelt.

92 Sauvignon Blanc * 2020
12,5 Vol.-%, DV, Stahltank, €€€
Helles Gelbgrün, Silberreflexe. Floral unterlegte frische Stachelbeeren, etwas weißer Pfirsich, einladender Duft, ein Hauch von Schiefer. Saftig, feine Fruchtsüße, gelber Apfel, frischer Säurebogen, bleibt haften, trinkanimierend, macht Lust auf ein zweites Glas.

92 Sauvignon Blanc * Gamlitz Meinhardt Hube 2020
12,5 Vol.-%, DV, großes Holzfass, €€€
Helles Gelbgrün, Silberreflexe. Floraler Touch, ein Hauch von Holunder, feine weiße Tropenfrucht, Nuancen von Grapefruitzesten. Saftig, elegant, weißer Apfel, lebendiger Säurebogen, mineralisch-salzig im Abgang, Limetten im Nachhall.

91 Sauvignon Blanc * Meinhardt Hube 2020
12,5 Vol.-%, DV, Stahltank, €€€
Helles Gelbgrün, Silberreflexe. Mit zarten Orangenzesten unterlegte weiße Tropenfrucht, ein Hauch von Blütenhonig, gelber Stachelbeertouch. Mittlerer Körper, weiße Frucht, frischer Säurebogen, elegant und gut anhaftend, ein vielseitiger Speisenbegleiter.

(95) Morillon * Ried Sausaler Schlössl 2019
13 Vol.-%, NK, 500-l-Fass, €€€€€
Helles Goldgelb, Silberreflexe. Feine Holzwürze, zart nach Bourbonvanille, gelbe Pfirsichfrucht, mit zarten weißen Tropenfruchtnuancen unterlegt. Komplex, weiße Pfirsichfrucht, engmaschig und straff, ein Hauch von Kokos und

WEINGUT WOHLMUTH

8441 Kitzeck im Sausal
Fresing 24
T: +43 (3456) 2303
wein@wohlmuth.at
www.wohlmuth.at

Kellermeister/Kontakt: Gerhard Wohlmuth
Produktion: 90 % weiß, 10 % rot, 65 Hektar
Zertifiziert: Nachhaltig Austria
Vereinszugehörigkeit: Steirische Terroir- und Klassikweingüter, WBV Sausal
Messen: ProWein Düsseldorf, VieVinum, Vinexpo

Familie Wohlmuth

Nougat im Abgang, sehr lebendiger Stil, frisch und anhaftend, großes Reifepotenzial.

92 Morillon * 2020
12,5 Vol.-%, DV, Stahltank, €€
Helles Gelbgrün, Silberreflexe. Frische gelbe Apfelfrucht, zart nach Mango, ein Hauch von Orangenzesten, einladendes Bukett. Saftig, elegant und frisch, weiße Frucht im Abgang, trinkfreudiger Stil, bereits zugänglich.

95 * Ried Edelschuh 2018 CH/SB/RR
13,5 Vol.-%, NK, 500-l-Fass, €€€€€€
Helles Gelbgold, Silberreflexe. Feine Holzwürze, zarte Vanille, Nuancen von Sternanis, gelbe Birnen- und Apfelfrucht, kandierte Mandarinenzesten. Komplex, saftig, reife Kernobstnuancen, straff und engmaschig, ein Hauch von Nougat im Abgang, mineralisch im Nachhall, tolle Länge, salziger Rückgeschmack.

94 * Ried Gola 2017 PG/CH/WB/RR
13 Vol.-%, NK, 500-l-Fass, €€€€€
Helles Goldgelb, Silberreflexe. Feine Kräuterwürze, zart nach Vanille, feine gelbe Tropenfrucht, ein Hauch von Nougat, mit Blutorangenzesten unterlegt. Saftig, reifer Pfirsich, weiße Tropenfrucht klingt an, frisch strukturiert, mineralisch-zitroniger Nachhall, ein facettenreicher Speisenbegleiter.

91 * Steirischer Panther 2020 SB/CH/GM/PG/RR
12 Vol.-%, DV, Stahltank, €€
Helles Gelbgrün, Silberreflexe. Weiße Blüten, feiner Pfirsichtouch, mineralisch und facettenreich, erstmals nur aus Sauvignon und Riesling. Straff, feine weiße Tropenfrucht, rassig und anhaftend, zitronig, animierend, macht Lust auf ein zweites Glas.

94 Grauburgunder * Ried Gola 1STK 2019
13 Vol.-%, DV, großes Holzfass, €€€€
Mittleres Goldgelb, Silberreflexe. Zart tabakig unterlegte reife Birnenfrucht, feine Kräuterwürze, Orangenzesten, dunkler mineralischer Touch. Kraftvoll, saftige weiße Kernobstnote, feiner Säurebogen, saliner Touch im Abgang, zarte Extraktsüße im Nachhall, gutes Reifepotenzial.

(92) Grauburgunder * Kitzeck-Sausal 2020
13 Vol.-%, DV, großes Holzfass, €€€
Helles Gelbgrün, Silberreflexe. Feine weiße Birnenfrucht, etwas Ananas, zart floral unterlegt, frische Orangenzesten, dezente Schieferwürze. Straff, engmaschig, weißer Apfel, feiner Säurebogen, salziger Touch im Nachhall.

(94) Gelber Muskateller * Ried Steinriegl 1STK 2020
12,5 Vol.-%, DV, großes Holzfass, €€€€
Helles Gelbgrün, Silberreflexe. Feine gelbe Tropenfrucht, ein Hauch von Ananas und Limetten, floral und mineralisch, Nuancen von Holunder. Saftig, elegant, feine Fruchtsüße, finessenreicher Säurebogen, mineralisch und anhaftend, delikat, zart nach Mango im Abgang, gutes Reifepotenzial.

92 Gelber Muskateller * Kitzeck-Sausal 2020
12 Vol.-%, DV, Stahltank, €€€
Helles Gelbgrün, Silberreflexe. Feine gelbe Tropenfrucht,

ein Hauch von Ananas und Mango, florale Nuancen, mineralisch unterlegt. Saftig, weiße Apfelfrucht, frisch und salzig unterlegt, zitroniger Touch, bleibt gut haften, ein finessenreicher Sortenvertreter.

92 Gelber Muskateller * Schiefer 2020
12 Vol.-%, DV, Stahltank, €€€
Helles Gelbgrün, Silberreflexe. Zart nach Muskatnuss, weiße Tropenfrucht, Anklänge von Litschi und Pfirsich, mineralischer Touch. Straff, dabei saftig, elegant, feine Fruchtsüße, finessenreich strukturiert, frischer Nachhall, bereits sehr gut antrinkbar.

91 Gelber Muskateller * 2020
12 Vol.-%, DV, Stahltank, €€€
Helles Gelbgrün, Silberreflexe. Feiner Touch von Mandarinen und zarten Holunderblüten, feine traubige Würze. Mittlerer Körper, weiße Pfirsichfrucht, frisch strukturiert, feine zitronige Nuancen, lebendiger Sommerwein.

93 Chardonnay * Schiefer 2020
12,5 Vol.-%, DV, Stahltank, €€€
Helles Gelbgrün, Silberreflexe. Zart rauchige Nuancen, zarte weiße Apfelfrucht, ein Hauch von Tropenfrüchten, mit Mandarinenschalen unterlegt. Saftig, gute Komplexität, weiße Kernobstnuancen, finessenreich strukturiert, lebendig, Limetten im Nachhall.

91 Welschriesling * 2020
11,5 Vol.-%, DV, Stahltank, €€ V
Helles Gelbgrün, Silberreflexe. Feine Wiesenkräuter, frischer weißer Apfel, zart nach Orangenzesten, einladender Duft. Straff, elegant, feine Kernobstnuancen, lebendige Säurestruktur, Limetten im Nachhall, finessenreicher Sommerwein.

91 Weißburgunder * 2020
12,5 Vol.-%, DV, Stahltank, €€
Helles Gelbgrün, Silberreflexe. Zart floral unterlegte weiße Birnenfrucht, ein Hauch von Mandeln, zart nach Wiesenkräutern. Mittlerer Körper, frische Birne, lebendig, frisch strukturiert, zitroniger Nachhall, vielseitiger Speisenbegleiter.

92 Rotburger Phyllit 2018
13 Vol.-%, NK, Holzfass, €€€€
Kräftiges Rubingranat, violette Reflexe, breitere Randaufhellung. Feinwürzig, dunkle Schieferwürze, Nuancen von Brombeeren, etwas Cassis. Saftig, frische Kirschen, feine Tannine, salzig-mineralisch, zitronig im Nachhall, gutes Entwicklungspotenzial.

(90) Zweigelt Steiermark 2019
13 Vol.-%, DV, gebrauchte Barriques, €€
Kräftiges Rubingranat, Ockerreflexe, dezente Randaufhellung. Rotbeerig, frische Kirschen, zarte Kräuterwürze, mit Orangenzesten unterlegt. Mittlerer Körper, kirschig, lebendig strukturiert, vielseitig einsetzbar.

90 Blaufränkisch Red Nek 2019
13 Vol.-%, DV, Barrique, €€
Tiefdunkles Rubingranat, violette Reflexe, dezenter Wasserrand. Reife Zwetschken, dunkle Kirschen, etwas Nougat, zart nach Vanille. Mittlerer Körper, zart nach Feigen, schokoladiger Touch, mineralischer Nachhall, ein saftiger Speisenbegleiter.

★★

DOMAINE WOLF

Das Weingut Wolf befindet sich auf einem historischen Weinberg in Steinbach bei Gamlitz, dessen erste geschichtliche Erwähnung in Bezug auf Weinbau aus dem Jahr 1196 datiert – das war vor 824 Jahren. Nach Jahrhunderten der Verwüstung war der Weinberg kaum mehr als solcher zu erkennen. Erst 1950 wurde wieder auf kleinen Teilflächen mit Weinbau begonnen.
Seit 2015 ist das Weingut im Besitz der Familie Wolf, die es sich zur Aufgabe macht, diesen Weinberg ingesamt »wach zu küssen«. Nach umfangreichen Drainage- und Verschubarbeiten entstand einer der wohl beeindruckendsten Weinberge im illyrischen Klima, der inzwischen 27 Hektar umfasst und eine optimale Exposition in geschlossener Formation aufweist.
Zusätzlich verfügt das Weingut über rund zehn Hektar Rebfläche in Deutschkreutz im Mittelburgenland, wo hochwertigste Rotweine aus Blaufränkisch, Merlot und Cabernet Sauvignon entstehen. Begleitet wird die Familie Andrea und Siegfried Wolf in der Südsteiermark vom Winzer Reinhard Muster und im Mittelburgenland von Albert Gesellmann, womit höchster Qualitätsstandard garantiert ist.

DOMAINE WOLF

8462 Gamlitz
Steinbach
T: +43 (3453) 2300
admin@domainewolf.com
www.domainewolf.com

Kellermeister/Kontakt:
Reinhard Muster
Produktion: 27 Hektar

Domaine Wolf, Ried Steinbach

93 Sauvignon Blanc * Ried Steinbach 2019

13,5 Vol.-%, VL, gebrauchte Barriques, €€€€€

Helles Grüngelb, Silberreflexe. Mit Grapefruitzesten unterlegte Pfirsichnoten, ein Hauch von Guaven, reife Stachelbeeren, einladendes Bukett. Saftig, elegant, weiße Steinobstnuancen, frisch strukturiert, mineralisch, gute Komplexität, feine salzige Nuancen im Nachhall, facettenreicher Speisenwein.

93 Chardonnay * Ried Steinbach Reserve 2018

13,5 Vol.-%, VL, Barrique, €€€€€€

Mittleres Goldgelb, Silberreflexe. Feine Holzwürze, ein Hauch von Vanille und Karamell, frischer gelber Apfel, Nuancen von Mango, zart nach hellem Nougat. Saftig, elegant, weiße Steinobstnuancen, fein strukturiert, ein Hauch von Pfirsich und Ananas im Abgang, frisch und leichtfüßig im Abgang, Limetten im Nachhall.

91 Grauburgunder * Ried Steinbach 2019

12,5 Vol.-%, VL, großes Holzfass, €€€€€

Mittleres Goldgelb Messingreflexe. Verhalten, zarter Blütenhonig, Nuancen von Birne, etwas Banane und Trockenkräuter, ein Hauch von kandierten Orangenzesten. Mittlere Komplexität, feiner Karamelltouch, zitronige Nuancen im Abgang, Anklänge von Nougat im Nachhall.

95 Blaufränkisch Mittelburgenland DAC Reserve Ried Hochberg 2017

14,5 Vol.-%, NK, Barrique, €€€€€€

Dunkles Rubingranat, violette Reflexe, dezente Randaufhellung. Feiner Edelholztouch, etwas Tabak, feine Nuancen von schwarzen Kirschen und Lakritze, schiefrige Mineralik, attraktives Bukett. Komplex, stoffig, reife Zwetschken, Brombeerkonfit, reife Tannine, frisch strukturiert, etwas Nougat im Abgang, mineralisch und lange anhaftend, sicheres Reifepotenzial.

93 Blaufränkisch 2017

13,5 Vol.-%, NK, Barrique, €€€€€

Kräftiges Karmingrant, Ockerreflexe, dezente Randaufhellung. Zart tabakig unterlegte Waldbeerenfrucht, etwas Hibiskus, dunkle Mineralik, Orangenzesten, dezente Edelholzwürze. Mittlerer Körper, rotbeerig, frische Kirschen, feine Tannine, balanciert und lebendig, feiner salziger Touch im Abgang, bereits gut antrinkbar.

91 Pannonica 2017 BF/ZW/ME

13,5 Vol.-%, DV, gebrauchte Barriques, €€€

Kräftiges Rubingranat, violette Reflexe, breitere Randaufhellung. Zart kräuterwürzig unterlegte frische Kirschfrucht, rote Beeren klingen an, floraler Touch. Mittlere Komplexität, kirschig auch am Gaumen, feine Tannine, gute Frische, ein gut balancierter Begleiter bei Tisch.

* Südsteiermark DAC

★★★

EWALD ZWEYTICK WEIN

Ewald Zweytick ist Winzer aus Ratsch in der Südsteiermark und bewirtschaftet insgesamt elf Hektar Weingärten, die sich auf die Lagen Ried Stermetzberg, Sulz, Ried Höllriegl am Alten Pfarrweingarten in Gamlitz und den Witscheiner Herrenberg aufteilen. Seine Hauptsorten sind Sauvignon Blanc, Gelber Muskateller und Weißburgunder. Weiters baut er Welschriesling, Chardonnay und Grauburgunder an. Seit 2021 führt er auch einen Zweigelt Rosé im Repertoire. Mit großer Passion widmet er sich seinen Lagenweinen »Don't Cry« (Sauvignon Blanc), »November Rain« (Chardonnay) und »Tosca« (Grauburgunder). Seit 2008 beschäftigt er sich auch mit intrazellulärer Vergärung – Resultat ist sein »Heaven's Door«. Genauso geradlinig wie der Mensch Ewald Zweytick ist auch seine Arbeit, vor allem, wenn es um seinen Lieblingswein geht: »Dass mein Herz generell für den Sauvignon Blanc schlägt, weiß jeder, der mich kennt. Obwohl diese Weine generell jung getrunken werden, ist es mir ein Anliegen, langlebige, volle Weine zu produzieren.«

95 Sauvignon Blanc * Heaven's Door interzellulär 2018
14 Vol.-%, NK, Barrique, €€€€€€
Mittleres Goldgelb, Silberreflexe. Frischer Zitrustouch, etwas nach gelbem Paprika, ein Hauch von Apfelfrucht, zart nach Schießpulver, floraler Touch. Saftig, fruchtsüß, etwas nach Mango, kraftvoll, gut eingebundene Säurestruktur, mineralisch-salzig, guter Speisenbegleiter, wird von Flaschenreife profitieren.

94 Sauvignon Blanc * Don't Cry 2018
14 Vol.-%, NK, Barrique, €€€€€€
Mittleres Gelbgrün, Silberreflexe. Dezente Apfelfrucht, etwas Räucherwürze, ein Hauch von Blütenhonig, mit reifer Ananas unterlegt. Gute Komplexität, saftig, engmaschig, feiner Säurebogen, etwas Cassis im Abgang, mineralischer Nachhall, gutes Entwicklungspotenzial.

93 Sauvignon Blanc * Ried Höllriegl am Alten Pfarrweingarten Gamlitz 2019
12,5 Vol.-%, DV, Holzfass, €€€€€
Helles Gelbgrün, Silberreflexe. Wiesenkräuter, zart nach Grapefruit, etwas nach Ananas, feiner grasiger Touch. Mittlerer Körper, saftig, elegant, salzig, leichtfüßig, etwas Cassis im Abgang, Zitrus im Nachhall, bereits gut antrinkbar.

92 Sauvignon Blanc * Ehrenhausen 2019
12,5 Vol.-%, DV, Stahltank/gebr. Barriques, €€€€€
Mittleres Gelbgrün, Silberreflexe. Reife Stachelbeere, etwas nach Karamell, zarte Kräuterwürze, unterlegt mit Blütenhonig. Mittlerer Körper, feine Säurestruktur, mineralisch, Tropenfrucht im Abgang, salziger Nachhall, bereits gut antrinkbar.

94 Sauvignon Blanc Ried Witscheiner Herrenberg 2016
13,5 Vol.-%, NK, 500-l-Fass, €€€€€€
Leuchtendes Goldgelb, Orangereflexe. Feine Mandarinenzesten, etwas nussig, ein Hauch von Marille, zarter Apfeltouch. Saftig, straff, engmaschig, feine Struktur, mineralisch, extraktsüß nach Tropenfrucht, würziges Finish, facettenreicher Speisenbegleiter mit Potenzial.

95 Chardonnay * November Rain 2018
13 Vol.-%, NK, Barrique, €€€€€€
Mittleres Gelbgrün, Silberreflexe. Einladendes Bukett nach Maracuja, unterlegt mit Mandarinenzesten, etwas Wiesenkräuter, Golden-Delicious-Apfel klingt an. Saftig, komplex, feinwürzig, etwas nussig, Tropenfrucht im Abgang, lange anhaltend, vielschichtiger Speisenbegleiter mit Potenzial.

92 Chardonnay * Ehrenhausen 2019
13 Vol.-%, DV, Stahltank/gebrauchte Barriques, €€€€
Helles Gelbgrün, Silberreflexe. Feine Tropenfrucht, etwas nach Mango, Orangenzesten, floraler Touch, einladendes Bukett. Saftig, elegant, feiner Säurebogen, fruchtsüß nach Marille, lange anhaltend, vielschichtiger Speisenbegleiter.

93 Grauburgunder * Tosca 2018
13,5 Vol.-%, NK, Barrique, €€€€€€
Helles Goldgelb, Bronzereflexe. Zart nach reifen Birnen und Drachenfrucht, etwas nach Blütenhonig, mit Karamell unterlegt. Saftig, straff, extraktsüß nach Marillen, feiner Säurebogen, Melisse im Nachhall, vielseitiger Speisenbegleiter.

93 Gelber Muskateller * Ried Witscheiner Herrenberg 2018
13 Vol.-%, NK, großes Holzfass, €€€€€
Helles Grüngelb. Feine Wiesenkräuter, etwas nach Holunder, ein Hauch von Melisse, feinwürzig, Apfelfrucht klingt an, frisches Bukett. Saftig, straff, gute Komplexität, zart

EWALD ZWEYTICK WEIN

8461 Ratsch an der Weinstraße
Ratsch an der Weinstraße 102
T: +43 (664) 2109189
office@ewaldzweytick.at
www.ewaldzweytick.at

Kellermeister/Kontakt:
Ewald Zweytick
Produktion: 95 % weiß, 5 % rosé, 11 Hektar
Messen: VieVinum

cremig, engmaschig, weiße Tropenfrucht im Abgang, guter Speisenbegleiter.

92 Gelber Muskateller * Ried Höllriegl am Alten Pfarrweingarten Gamlitz 2019
11,5 Vol.-%, DV, Holzfass, €€€€€
Mittleres Gelbgrün, Silberreflexe. Feine Kräuternoten, etwas nach Rosenwasser, ein Hauch von Minze, Limetten klingen an. Mittlerer Körper, feine Säurestruktur, zart würzig, etwas nach Muskat, vielseitiger Sortenvertreter.

89 Gelber Muskateller * Gutswein 2020
11 Vol.-%, DV, Stahltank, €€

92 Weißburgunder * Ried Sulz, Witscheiner Herrenberg, Stermetzberg 2019
13 Vol.-%, DV, gebrauchte Barriques, €€€€€
Mittleres Gelbgrün, Silberreflexe. Feine Tabakwürze, Blütenhonig, etwas nach Williamsbirne, ein Hauch von Melisse. Saftig, feine Säurestruktur, zart nach Papaya, mineralisch, leichtfüßiges Finish, gutes Potenzial.

90 Welschriesling * Gutswein 2020
10,5 Vol.-%, DV, Stahltank, €€
Helles Gelbgrün, Silberreflexe. Feine Kräuternoten, zart nach weißem Apfel, Brennnesseltouch, ein Hauch von Limetten. Saftig, feine Struktur, mineralisch, Zitrustouch im Abgang, bereits gut antrinkbar.

91 Zweigelt Rosé in Spanish Harlem 2020
11,5 Vol.-%, DV, gebrauchte Barriques, €€€€
Helles Lachsrosa, Silberreflexe. Zarter Duft nach Melisse und Erdbeeren, ein Hauch von rotem Apfel, würziges Bukett. Saftig, elegant, feine Struktur, mineralisch, Papaya im Abgang, bereits gut antrinkbar.

95 Gelber Muskateller Beerenauslese 2019
8 Vol.-%, DV, Stahltank, €€€€€
Kräftiges Goldgelb, Messingreflexe. Nuancen von Minze und Zitronenmelisse, unterlegt mit Limettenzesten, weißer Pfirsich und Litschi im Hintergrund, intensives Bukett. Saftige weiße Fruchtexotik, erfrischender Säurekern, salzig im Abgang, bleibt lange haften, ein besonderes Trinkvergnügen.

94 Sauvignon Blanc Beerenauslese 2019
9 Vol.-%, DV, Stahltank, €€€€€
Kräftiges Goldgelb, Silberreflexe. Zart nussig-brotig unterlegte reife gelbe Tropenfruchtanklänge, reife Stachelbeeren, feiner Honigtouch. Saftig, lebendig am Gaumen, weiße Pfirsichfrucht, markante Säurestruktur, salzig-zitronig unterlegte Süße im Abgang, gutes Entwicklungspotenzial.

* Südsteiermark DAC

In St. Anna am Aigen kann man sich in der Gebietsvinothek einen guten Überblick über die Weine der gesamten Steiermark verschaffen

© WSNA

STEIERMARK

VULKANLAND STEIERMARK DAC

Die Riegersburg ist ein guter Ausgangspunkt, um das nördliche und südliche Vulkanland zu entdecken

VULKANISCHE KLIPPEN, UNVERWECHSELBARE WEINE

Viele kleine Weininseln prägen das Weinbaugebiet Vulkanland Steiermark, vor allem an den Hängen erloschener Vulkane, die dem Landschaftsbild seine Eigenart verleihen. Es werden 1524 Hektar Rebfläche bewirtschaftet, in konzentrierter Form rund um die Orte Klöch, St. Anna am Aigen und Straden.

Eine Rebsorte hat im Vulkanland Steiermark DAC besonderes Flair: der hocharomatische Traminer, in allen Spielarten. Bevorzugte Vermarktungsform ist dabei die Buschenschank. Die Region war über Jahrhunderte hinweg immer wieder heiß umstrittenes Grenzland, davon zeugen befestigte Burgen und Schlösser auf hoch aufragenden Basaltklippen. Heute sind die Grenzen offen, die Riegersburg, Schloss Kapfenstein und andere herrschaftliche Ansitze werden zu Schauplätzen friedlicher kultureller oder vielfach auch weinkulinarischer Ereignisse. Für solche bietet das Weinbaugebiet auch genügend Auswahl, denn eine Sortenvielfalt wie hier ist nur in wenigen anderen Weinbaugebieten anzutreffen: Welschriesling, Chardonnay beziehungsweise Morillon, Weiß- und Grauburgunder, Gelber Muskateller, Traminer, Sauvignon Blanc und sogar Riesling auf der weißen Seite, ergänzt von interessanten Rotweinen, vorzugsweise aus Blauem Zweigelt, aber auch anderen Rebsorten wie St. Laurent, Merlot oder Blauburgunder. Verbindendes Element ist eine feine, mineralische Würze, die auf die besonderen geologischen Bedingungen zurückzuführen ist.

Vier Weinstraßen führen durch die reizvolle Hügellandschaft, einen guten Überblick über die Produktion bietet die Gesamtsteirische Vinothek in St. Anna am Aigen, belieb-

te touristische Ziele sind die Thermenorte entlang der vulkanischen Bruchlinie. Die Zahl engagierter junger Winzer wächst, der Großteil des Weins wird in den Hunderten Buschenschanken verkauft. Die Ortsweine im neuen DAC-System kommen aus Oststeiermark, Riegersburg, Kapfenstein, St. Anna, Straden, Tieschen, Klöch und St. Peter. Eine Besonderheit innerhalb des neuen DAC-Regulativs ist wiederum der Traminer, der im Gegensatz zu den anderen Sorten auch etwas mehr Restzucker haben darf und als Ortswein in Klöch auch halbtrocken oder als Prädikatswein als DAC-Wein gefüllt werden darf. Klimatisch macht sich in der Region der Übergang vom heißen, trockenen pannonischen zum feuchtwarmen Mittelmeerklima stark bemerkbar. Die Reben wachsen vielfach auf warmen Böden aus Vulkanerde, Basalt, Sand, Lehm und Verwitterungsgestein.

AUSGEWÄHLTE WEINGÜTER

★★★★★

Weingut Neumeister, Straden

★★★★

Weingut Frauwallner, Straden
Weingut Krispel, Hof bei Straden

★★★

Weingut Frühwirth, Klöch
Josef Scharl – Charakterweine, St. Anna am Aigen
Weingut Winkler-Hermaden, Kapfenstein

★★

Weingut Engel, Tieschen
Weinhof Gollenz, Tieschen
Müller Klöch, Klöch
Weingut Pfeifer, Sankt Anna am Aigen
Weinhof Platzer, Tieschen
Weingut Trummer, St. Veit in der Südsteiermark

★

Weinerlebnis Martin Wippel, Riegersburg

Familie Engel

WEINGUT ENGEL
8355 Tieschen
Pichla 20
T: +43 (3475) 2533
engel@engelweine.at
www.weingut-engel.at

Kellermeister/Kontakt:
Simon Engel
Anbauweise: Umstellung auf bio
Produktion: 100 % weiß
Vereinzugehörikeit: TAU-Winzer, Winzer Vulkanland Steiermark

★★

WEINGUT ENGEL

Mit des Vaters kleinem Selbstversorgerweingarten und Pachtflächen auf dem Südhang des Königsbergs, dem Klöchberg, legte Quereinsteiger Simon Engel den Grundstein für sein Weingut in Tieschen. »Es war ein Sprung ins kalte Wasser damals. Als junger Querdenker mit freigeistiger Familie war das aber dann alles machbar«, resümiert Simon Engel heute. Mittlerweile wurden die Flächen rund um den Königsberg ausgeweitet.

Besonderen Wert legt Engel auf die Herkunft seiner Weine. Sämtliche Weinreben des Guts gedeihen auf vulkanischen Verwitterungsböden rund um den Königsberg. Diese verleihen den Weinen eine eigene Note, geprägt von Frucht und Eleganz. Als Spezialität gilt nicht nur sein mehrfach prämierter Klöcher Traminer: Der Winzer richtet seinen Fokus auch auf vulkanische Burgunder und den Riesling vom Klöchberg, ein Liebkind der Familie. Auf den Westlagen des Vulkans in Tieschen baut Engel als einer der zwölf »TAU«-Winzer die »TAU«-Burgundercuvée aus. Durch konsequentes Qualitätsmanagement werden Jahr für Jahr Trauben von höchster Güte in den Keller eingebracht.

91 Riesling * 2020
12,5 Vol.-%, DV, Stahltank, €€
Helles Gelbgrün, Silberreflexe. Feiner Pfirsichtouch, etwas nach Tabakwürze, Blütenhonig, Quitte klingt an, mit kandierten Orangenzesten unterlegt. Saftig, elegant, feine Struktur, mineralisch, fruchtsüß nach Steinobst, vielschichtig und spannend.

90 Riesling * Ried Klöchberg 2019
13 Vol.-%, DV, Stahltank, €€€
Helles Gelbgrün, Silberreflexe. Feine Kräuternoten, ein Hauch von Mineralik, mit Hibiskus und weißem Steinobst unterlegt. Mittlerer Körper, feine Struktur, würzig, engmaschig, Zitrustouch, unkomplizierter Speisenbegleiter.

91 Weißburgunder * Ried Klöchberg 2019
13 Vol.-%, DIAM, Holzfass, €€€€
Helles Gelbgrün, Silberreflexe. Feine Mangonuancen, Blütenhonig, Orangenzesten, Karamellnoten, Gewürzanklänge. Saftig, mineralisch, gut eingebundene Säurestruktur, Birnentouch, salziger Nachhall, kraftvoll, guter Speisenbegleiter.

90 Sauvignon Blanc * 2020
12,5 Vol.-%, DV, Stahltank, €€
Helles Gelbgrün, Silberreflexe. Feine Tabakwürze, et-

was Quitte, ein Hauch von Cassis, feine Noten von Kumquats. Saftig, straff, frische Struktur, gut eingebundener Säurebogen, zitroniger Touch, Maracujanoten, bereits gut antrinkbar.

89 Chardonnay * Klöch 2019
13,1 Vol.-%, DV, Stahltank/Holzfass, €€

89 Grauburgunder * Ried Klöchberg 2019
13,5 Vol.-%, DIAM, Holzfass, €€€€

★★★★

WEINGUT FRAUWALLNER

Auf dem Weingut Frauwallner sprechen Winzer und Wein eine klare Sprache: Die Trauben stammen zu 100 Prozent aus dem Vulkanland Steiermark, die Weingartenpflege erfolgt mit viel Handarbeit, und jede einzelne Rebsorte wird auf ihre ganz individuelle Art vinifiziert. Ausschließlich Herkunftsweine werden hier produziert, und die Erfahrung sowie die Konsequenz von Walter Frauwallner führen zu einem Potpourri eigenständiger Charaktere, die gleichzeitig durch eine deutliche Handschrift und einen hohen regionalen Wiedererkennungswert gekennzeichnet sind. »Viel Wein im Glas, das Terroir klar erkennbar und immer mit Freude zu trinken«, so bringt der zweifache Familienvater seine Philosophie auf den Punkt und setzt diese auf beeindruckende Weise in drei Linien um. Unter »Vulkanland Steiermark DAC« firmieren die klassisch im Stahltank vinifizierten Weine – einfach zu konsumieren, aber gleichzeitig elegant und facettenreich. Neu im Sortiment sind die »Stradener Ortsweine« – ausdrucksstarke Weine zwischen Gebietswein und Riedenwein. Und dann gibt es da noch die Weine der kalkigen 1STK Ried Stradener Rosenberg und der Ried Steintal sowie der basaltgeprägten Ried Altes Steinkreuz und dem Herzstück des Weinguts: die GSTK Ried Buch. Diese Tropfen zeigen sich tiefgründig und groß. Wer das Vulkanland Steiermark vinophil erleben will, kommt an diesen regionalen Botschaftern nicht vorbei.
Insbesondere Weiß- und Grauburgunder, Morillon, Sauvignon Blanc und Traminer haben das nationale und internationale Standing des familiengeführten Weinguts gefestigt. Seit 2018 ist das Weingut Mitglied der »Steirischen Ter-

WEINGUT FRAUWALLNER
8345 Straden
Karbach 7
T: +43 (3473) 7137
weingut@frauwallner.com
www.frauwallner.com

Kellermeister/Kontakt: Walter Frauwallner
Produktion: 90 % weiß, 8 % rot, 2 % süß, 30 Hektar
Vereinzugehörikeit: Steirische Terroir- und Klassikweingüter, Winzer Vulkanland Steiermark
Messen: ProWein Düsseldorf, VieVinum

Petra und Walter Frauwallner

* Vulkanland Steiermark DAC

roir und Klassikweingüter – STK«. Händisches Arbeiten, sensible Laubarbeit, Mengenreduzierung und selektive Traubenlese sind obligat. Den Ausbau bestimmen Geduld und Zeit. So entstehen in einem praktisch orientierten Keller fixe Weingrößen, deren unterschiedliche Zugänge eine spannende Gesamtpalette formen. Der Karbacher Hofladen des Weinguts steht für Verkostungen bereit. Weltklasse ist heuer die Trockenbeerenauslese Gelber Muskateller Ried Stradener Rosenberg 2017, ausgezeichnet mit der Falstaff-Höchstnote. Besser geht es nicht.

95 Sauvignon Blanc * Ried Buch GSTK 2019
13,5 Vol.-%, NK/DV, Barrique/500-l-Fass, €€€€€ B
Mittleres Gelbgrün, Silberreflexe. Etwas nach Maracuja, ein Hauch von kandierten Limettenzesten, zart nach Blütenhonig. Saftig, elegant, komplex, balancierter Säurebogen, extraktsüß nach Karamell und reifer Stachelbeere, bleibt gut haften, vielschichtiger Speisenbegleiter mit Potenzial.

93 Sauvignon Blanc * Ried Stradener Rosenberg 1STK 2019
13,5 Vol.-%, DV, Barrique/Stahltank, €€€€
Helles Gelbgrün, Silberreflexe. Weißes Kernobst, etwas nach Limettenzesten, ein Hauch von Kräuterwürze, Weingartenpfirsich klingt an. Mittlerer Körper, saftig, gut integrierte Säurestruktur, mineralisch, leichtfüßig, guter Speisenbegleiter.

(92) Sauvignon Blanc * Straden 2020
12,5 Vol.-%, DV, 500-l-Fass/Stahltank, €€€€
Helles Gelbgrün, Silberreflexe. Feine Nuancen nach Blütenhonig und frischen gelben Stachelbeeren, ein Hauch von Grapefruitzesten. Straff, elegant, feine weiße Tropenfrucht, frische Säurestruktur, zitroniger Touch im Nachhall, macht Lust auf ein zweites Glas.

91 Sauvignon Blanc * 2020
12,5 Vol.-%, DV, Stahltank, €€
Helles Gelbgrün, Silberreflexe. Feine Kräuternoten, etwas nach weißem Kernobst, zart nach Cassis, würziges Bukett. Dezente Fruchtnuancen, leichtfüßig, gut eingebundene Säurestruktur, mineralisch, bereits gut antrinkbar.

94 Morillon * Ried Buch GSTK 2019
13,5 Vol.-%, NK/DV, Barrique/500-l-Fass, €€€€€
Mittleres Goldgelb, Silberreflexe. Feine Holzwürze, zart nach Vanille, mit angenehmer gelber Tropenfrucht unterlegt, ein Hauch von Mango und Ananas. Elegant, weiße Frucht, zart nach Pfirsich, gut integrierte Säurestruktur, feine Holznuancen im Abgang, zeigt gute Länge, ein ausgewogener Speisenbegleiter mit sehr gutem Reifepotenzial.

92 Morillon * Straden 2020
13 Vol.-%, DV, Stahltank/500-l-Fass, €€€€
Helles Gelbgrün. Zarte Wiesenkräuter, etwas nach Kumquats und Quitte, ein Hauch von Blütenhonig, einladendes Bukett. Saftig, elegant, feine Säurestruktur, Maracuja, extraktsüß, engmaschig, guter Speisenbegleiter.

91 Morillon * 2020
12,5 Vol.-%, DV, Stahltank, €€
Helles Gelbgrün, Silberreflexe. Zart nach Apfelfrucht, ein Hauch von Maracuja, Gewürznoten, Guave klingt an. Saftig, feine Mineralität, leichtfüßig, integrierter Säurebogen, weißes Steinobst im Abgang, bereits gut antrinkbar.

(94) Traminer * Ried Stradener Rosenberg 2020
13,5 Vol.-%, DV, Stahltank/Barrique, €€€€
Leuchtendes Gelbgrün, Silberreflexe. Frische Lemonenzesten, etwas nach Eibisch, ein Hauch von weißem Apfel, zart nach Ringelblumen. Saftig, extraktsüß, straff, gut integrierte Säurestruktur, Papaya im Abgang, mineralischer Nachhall, guter Speisenbegleiter mit Potenzial.

(94) Grauburgunder * Ried Stradener Rosenberg 1STK 2019
13,5 Vol.-%, DV, 500-l-Fass/Barrique, €€€€€
Leuchtendes Goldgelb, Bernsteinreflexe. Feine reife Pfirsichnote, ein Hauch von Ananas, zart nach Blütenhonig, etwas Kardamom, Kumquats klingen an. Saftig, gut eingebundener Säurebogen, gute Komplexität, engmaschig, facettenreicher Abgang, nach weißer Tropenfrucht, bleibt gut haften, sicheres Potenzial.

(92) Grauburgunder * Straden 2020
13 Vol.-%, DV, großes Holzfass, €€€€
Leuchtendes Goldgelb, Orangereflexe. Dezente Wiesenkräuter, etwas nach Pfirsich, ein Hauch von kandierter Grapefruit, etwas nach Honig. Saftig, elegant, gut integrierte Säurestruktur, Maracuja, kräuteriger Abgang, bereits gut antrinkbar.

93 Weißburgunder * Ried Buch GSTK 2019
13,5 Vol.-%, NK/DV, 500-l-Fass/Barrique, €€€€€
Mittleres Gelbgrün, Silberreflexe. Etwas Ananas, zart nach Blütenhonig, feine kandierte Orangenzesten, reifes Birnenkonfit. Gute Komplexität, saftig, feine Struktur, salzig, extraktsüß nach Tropenfrucht, etwas weißes Nougat im Nachhall, bleibt sehr gut haften.

90 Weißburgunder * 2020
12,5 Vol.-%, DV, Stahltank, €€
Helles Gelbgrün, Silberreflexe. Frische Apfelfrucht, ein Hauch von gelber Birne, zart nach Wiesenkräutern. Mittlerer Körper, feine Kernobstnuancen, frisch strukturiert, bereits gut antrinkbar.

92 Gelber Muskateller * 2020
11,5 Vol.-%, DV, Stahltank, €€
Helles Gelbgrün, Silberreflexe. Einladender Duft nach Holunder, etwas nach Marille, zart nach Wiesenkräutern, floraler Touch. Saftig, elegant, facettenreiche Säurestruktur, mineralisch-salzig, weißes Steinobst, zart nach Litschi, vielseitig einsetzbar.

89 Welschriesling * 2020
11,5 Vol.-%, DV, Stahltank, €€

100 Gelber Muskateller Essenz 2017
6,5 Vol.-%, DV, Stahltank, €€€€€
Leuchtendes Kupfergold, Messingreflexe. Feine Muskatblume, angenehmer Honigtouch, mit feiner Tropenfrucht unterlegt, zarte Botrytiswürze, facettenreiches Bukett. Saftige Marillenfrucht, finessenreiche Säurestruktur, wirkt leichtfüßig und balanciert, der Restzucker ist perfekt verpackt, ungemein frisch und lang, das kann man kaum besser machen.

★★★

WEINGUT FRÜHWIRTH

Die Familie Frühwirth in Klöch sieht sich als Betrieb zwischen Tradition und Moderne, zwischen profundem Handwerk und zeitgemäßer Technologie. Authentische, unverwechselbare Weine, die ihre Herkunft zeigen, sind das wichtigste Anliegen der Winzerfamilie Frühwirth. Am besten kann man sich diesen in der gemütlichen Buschenschank annähern.
Die Bezeichnung »Koasasteffl«, der Vulgoname der Familie, tragen Premiumweine mit kräftiger und fülliger Statur, deren Trauben einer strengen Auslese unterzogen werden und teilweise auch in Barriques vergären und reifen. Der Top-Rotwein wird als »Roter Koasasteffl« bezeichnet und in einem speziellen Sandsteinkeller ausgebaut. Neben den bestehenden Paradesorten von Klöch, dem Traminer bzw. Gewürztraminer, wird die schon in Vergessenheit geratene Spielart des Traminers, der Gelbe Traminer, wieder vermehrt ausgepflanzt.
Die Böden am Hochwarth sind vulkanisch. Diese kräftige rote Erde und der dunkle Basalt sorgen dafür, dass die vielen Sonnentage auch in der Nacht wirken, indem sie die gespeicherte Tageswärme an die Stöcke abgeben. Dieses perfekte Terroir liebt der Traminer.
Besonders in Szene gesetzt werden die Weine im neuen »Weintheater« der Frühwirths. Als Büh-

WEINGUT FRÜHWIRTH
8493 Klöch
Deutsch Haseldorf 46
T: +43 (3475) 2338
weingut@fruehwirth.at
www.fruehwirth.at

Kellermeister: Fritz Frühwirth jun.
Kontakt: Familie Frühwirth
Produktion: 80 % weiß, 3 % rosé, 15 % rot, 2 % süß, 13 Hektar
Vereinzugehörigkeit: Wein Steiermark, Eruption, Klöcher Traminer, Winzer Vulkanland Steiermark
Messen: Tag des Steirischen Weines im Museumsquartier, VieVinum, DAC-Präsentationen

Lisa und Fritz Frühwirth

* Vulkanland Steiermark DAC

ne für den Wein fungiert der Weinberg selbst, wo nicht nur verkostet werden kann, sondern wo zudem der vulkanische Boden sichtbar und greifbar ist. Bewunderung finden auch die alte Baumpresse und der Gewölbekeller mit seinen gläsernen Weinregalen im neu renovierten Kellerstöckl. Seit 2021 ist das Weingut Mitglied bei den »Eruption«-Winzern, die nicht nur großartige »Eruption«-Weine hervorbringen, sondern ihre besten Lagen auch entsprechend klassifizieren und kontrolliert vermarkten.

94 Sauvignon Blanc * Ried Kratzer Vinothekfüllung 2018
13,5 Vol.-%, DV, gebrauchte Barriques, €€€€
Mittleres Gelbgrün, Silberreflexe. Einladendes Bukett nach Ananas und Blütenhonig, etwas nach Karamell, zarte Wiesenkräuter, Nuancen von Ribiseln klingen an, würziger Touch. Gute Komplexität, engmaschig, reife Stachelbeeren, feine Mineralik, gut integrierter Säurebogen, gutes Entwicklungspotenzial.

92 Sauvignon Blanc * Ried Kratzer 2020
13,5 Vol.-%, DV, Stahltank, €€
Helles Gelbgrün, Silberreflexe. Feiner Cassistouch, ein Hauch von Gewürzen, zart nach gelbem Paprika, Orangenzesten klingen an. Saftig, straff, frischer Säurebogen, engmaschig, salzig, Birnentouch im Nachhall, vielschichtiger Speisenbegleiter.

90 Sauvignon Blanc * 2020
12,5 Vol.-%, DV, Stahltank, €€
Helles Gelbgrün, Silberreflexe. Einladendes Bukett nach weißer Tropenfrucht, Stachelbeeren und Wiesenkräutern, mit Paprikaschoten unterlegt. Saftig, elegant, feine Säurestruktur, mineralisch, leichtfüßig, Apfeltouch im Abgang, bereits gut antrinkbar.

(94) Gelber Traminer * Ried Hochwarth 2019
13,5 Vol.-%, DV, gebrauchte Barriques, €€€€€
Leuchtendes Gelbgrün, Silberreflexe. Feine Honignoten, etwas nach Eibisch, Honigmelone und Noten von eingelegtem Pfirsich, fruchtiges Bukett. Gute Komplexität, saftig, feine Struktur, wirkt leichtfüßig, straff, würziger Abgang, weiße Frucht im Nachhall, vielseitiger Speisenbegleiter.

93 Gelber Traminer * 2020
13,5 Vol.-%, DV, Stahltank, €€€
Leuchtendes Gelb, Grünreflexe. Feiner Ananasduft, etwas nach Melisse, Honigtouch, zart nach reifer Tropenfrucht. Saftig, fruchtsüß, kraftvoll, Marillentouch im Abgang, bleibt gut haften, Karamell im Nachhall, gutes Potenzial.

92 Traminer * Hoch 3 2020
13,5 Vol.-%, DV, Stahltank, €€€
Leuchtendes Gelbgrün, Silberreflexe. Feine Kräuternoten, etwas nach Pfirsich und getrockneten Rosenblüten, Grapefruitzesten klingen an. Saftig, elegant, feine Struktur, Marillentouch im Abgang, mineralischer Nachhall, würziger Sortenvertreter.

93 Gewürztraminer * Extrem 2020
12,5 Vol.-%, DV, Stahltank, €€€
Leuchtendes Goldgelb, Silberreflexe. Mit zarte Würze unterlegte Wiesenkräuter und Eibisch, etwas nach Litschi, Karamelltouch klingt an. Saftig, restsüß nach Marille, etwas nach Blütenhonig, feinwürzig, lebendige Säurestruktur, süßer Speisenbegleiter.

92 Weißburgunder * Ried Hochwarth 2018
13,5 Vol.-%, DV, großes Holzfass, €€€
Mittleres Gelbgrün, Silberreflexe. Feine Tropenfrucht, etwas Wiesenkräuter, zart nach Blütenhonig, Guave und Melone klingen an. Saftig, straff, fruchtsüß nach Marille, Kräutertouch im Nachhall, vielseitiger Speisenbegleiter.

91 Weißburgunder * 2020
12,5 Vol.-%, DV, Stahltank, €€
Mittleres Gelbgrün. Mit zarter Würze unterlegte Orangenzesten und gelbes Kernobst, zart nach Williamsbirne, Quitten klingen an. Saftig, elegant, feine Struktur, mineralisch, feinwürzig, reife Apfelfrucht im Abgang, bereits gut antrinkbar.

(93) Morillon * Ried Rosenberg Koasasteffl 2019
13,5 Vol.-%, DV, Teilbarrique, €€€€
Leuchtendes Goldgelb. Feiner Blütenhonig, etwas nach gekochtem Rhabarber, Melonentouch, florale Noten, Gewürznuancen. Saftig, stoffig, feine Holzwürze, reife Tropenfrucht im Abgang, mineralisch-salzig, bleibt gut haften, vielschichtiger Speisenbegleiter.

91 Morillon * RB 2020
13 Vol.-%, DV, Stahltank, €€
Mittleres Gelbgrün, Silberreflexe. Dezente Fruchtnuancen nach Ananas, etwas nach kandierten Orangenzesten, ein Hauch von Toffee, einladendes Bukett. Kraftvoll, saftig, frische Zitrusnoten, lebendiger Säurebogen, weißes Steinobst im Nachhall, guter Speisenbegleiter.

89 Welschriesling * 2020
11,5 Vol.-%, DV, Stahltank, €€

WEINGUT GOLLENZ
8355 Tieschen
Laasen 2
T: +43 (3475) 2519
info@dergollenz.at
www.dergollenz.at

Kellermeister/Kontakt:
Alois Gollenz jun.
Produktion: 95 % weiß, 5 % rot, 10 Hektar
Vereinzugehörikeit: TAU-Winzer, Eruption
Messen: VieVinum, Weinmesse Innsbruck

Alois Gollenz jun.

★★

WEINGUT GOLLENZ

Viele Weingüter definieren sich über eine lange Tradition und reiche Geschichte, auf dem Weingut Gollenz allerdings gibt man sich mit nichts Kürzerem als der Unendlichkeit zufrieden. Generationen von Winzern sind nur ein Augenblick im Vergleich zur Geschichte des steirischen Vulkanlands, die bis ins Unermessliche zurückreicht. So fließen die Erdzeitalter, die in jedem Quadratmeter der Region stecken, in die Trauben ein, die dort wachsen, wo früher heiße Lava die Hänge bedeckte. Die Unendlichkeit wird damit zur zentralen Eigenschaft von Land und Wein.
Mit dem Ziel, dieser Unendlichkeit ein Gesicht zu geben, startete Alois Gollenz in die komplette Neugestaltung des Familienbetriebs. Auch wenn die Namensgeber des steirischen Vulkanlands schon lange erloschen sind, befeuern die mineralischen Böden bis heute den einzigartigen Geschmack der hier reifenden Trauben. Die Bodenschichten, die hier vor Millionen Jahren durch Erschütterungen, flüssigen Stein und Feuer entstanden sind, prägen die Weine, lange bevor die Trauben gepresst sind. Zeitalter um Zeitalter fließen in jede Flasche mit ein und machen aus jedem Schluck ein Stück Unendlichkeit.

93 Chardonnay * Ried Königsberg 2018
13 Vol.-%, DIAM, Barrique/Stahltank, €€€€
Mittleres Gelbgrün, Silberreflexe. Feine Mangonoten, etwas nach Blütenhonig, dazu etwas Holzwürze, Marillentouch klingt an. Saftig, gute Komplexität, straff, feiner Säurebogen, etwas Papaya, Vanilletouch im Nachhall, sicheres Entwicklungspotenzial.

93 Grauburgunder * Ried Klöchberg 2018
13,5 Vol.-%, DIAM, Barrique/Stahltank, €€€€
Leuchtendes Goldgelb, Messingreflexe. Zart nach Honig und eingelegtem Pfirsich, etwas nach Quittengelee, ein Hauch von Wiesenkräutern, attraktives Bukett. Saftig, gute Komplexität, engmaschig, feinwürzig, extraktsüß nach Birnen im Abgang, bleibt sehr gut haften, vielschichtiger Speisenbegleiter mit Potenzial.

91 Grauburgunder * 2019
13,5 Vol.-%, DV, Stahltank/großes Holzfass, €€
Helles Messinggelb, zarte Kupferreflexe. Zart nach Wacholder und frischen Birnen, ein Hauch von Mango, mit Wiesenkräutern unterlegt, frische Würze. Saftig, elegant, feine Struktur, Papaya und etwas Feige, Karamell im Nachhall, bereits gut antrinkbar, kraftvoller Speisenbegleiter.

* Vulkanland Steiermark DAC

93 Traminer * Ried Klöchberg 2018
13 Vol.-%, DIAM, Barrique/Stahltank, €€€€€
Leuchtendes Goldgelb, Silberreflexe. Feiner Duft nach Marillen und Blütenhonig, etwas nach Karamell, Melonentouch, florale Nuancen, vielschichtiges Bukett. Gute Komplexität, saftig, straff, feine Struktur, mineralisch-salzig, engmaschig, zart nach Papaya, frisches Finish, sicheres Potenzial.

92 Sauvignon Blanc * Ried Preguckenberg 2018
13 Vol.-%, DIAM, Stahltank/Barrique, €€€€€
Leuchtendes Gelbgrün, Silberreflexe. Feine Papayanoten, kandierte Orangenzesten, etwas nach Cassis, zart nach Wiesenkräutern. Saftig, gute Komplexität, frisch, lebendige Säurestruktur, weißer Apfel, mineralisch, leichtfüßiger Speisenbegleiter.

90 Sauvignon Blanc * Tieschen 2019
13 Vol.-%, DV, Stahltank, €€
Helles Gelbgrün, silberfarbene Reflexe. Feine Tropenfrucht, zart nach Orangenzesten, ein Hauch von Ananas, etwas Zitronengras. Saftig, frisch, gut eingebundene Säurestruktur, zart nach Melone, etwas Stachelbeere im Nachhall, guter Speisenbegleiter.

★★★★

WEINGUT KRISPEL

Verlässt man die Südautobahn in Richtung Vulkanland, verwandelt sich die Landschaft. Die Straßen werden enger, und die Natur bekommt spürbar mehr Raum. Südlich von Bad Gleichenberg öffnet sich dann ein Paradies: das Weingut Krispel in Neusetz bei Straden. Die Verlockungen sind vielfältig: von großartigen Wollschweinprodukten bis hin zu Süßem aus der hauseigenen Patisserie. Absolut verführerisch ist vor allem aber der Krispel-Wein in allen Ausprägungen, typisch für das Vulkanland.
Das neue DAC-System für die Steiermark stärkt die Charakteristik der einzelnen Regionen. Die Gebietsweine von Stefan Krispel mit der Herkunft Vulkanland sind klassische, fruchtbetonte Weine voll Leichtigkeit und ausgeprägter Sortentypizität. Die zweite Stufe der Herkunftspyramide sind die Ortsweinen. Der Ausdruck der Charakteristik der Ortschaft ist der ganze Stolz von Stefan Krispel, der hier die Quintessenz der Gemeinde auszudrücken vermag. Die Weine werden im großen Holzfass bis zu zwölf Monate lang ausgebaut, sind spürbar strukturierter und durch ihre feine Würze lebendiger. Die dritte Stufe ist die Königsklasse: die Riedenweine. Sie sind Ausdruck des Bodens und des Mesoklimas eines Weingartens. Allen Lagen der Krispels gemeinsam ist das Vorherrschen von Basalt im oberen und von Basaltverwitterungsböden im unteren Bereich. Der Rosenberg hat den höchsten Kalkanteil in der Hangmitte, der Neusetzberg die höchste Rotlehmauflage auf kalkigem Untergrund, am Hochstrandl ist die Rotlehmauflage geringer und der Tonanteil höher.
Die unterschiedlichen Hangneigungen, Ausrichtungen und Böden eignen sich für unterschiedliche Rebsorten: Der Muskateller Rosenberg vibriert vor Mineralik, der Sauvignon Blanc vom Neusetzberg ist der Elegante, der Grauburgunder vom Hochstrandl der Mineralische mit Tiefgang. Der Weißburgunder vom Neusetzberg fühlt sich im Mund so wohlig weich an, dass man an einen Sonnenuntergang denkt. Und wo kann man all das genießen? Auf dem Genussgut, in vielen Restaurants oder per Webshop im trauten Heim.

95 Grauburgunder * Ried Neusetzberg 2019
13,5 Vol.-%, DIAM, Barrique/großes Holzfass, €€€€€
Mittleres Goldgelb, Messingreflexe. Zart nach Orangenzesten, gelbe Kernobstanklänge, zart nussig, gelbe Tropenfrucht, ein Hauch von Nougat. Komplex, saftig, feine Fruchtsüße, gut integrierter Säurebogen, etwas Biskuit, ein Hauch von Blütenhonig im Abgang, ein kräftiger, facettenreicher Speisenbegleiter mit gutem Reifepotenzial.

94 Grauburgunder * Ried Hochstrandl 2018
13,5 Vol.-%, DIAM, gebrauchte Barriques/großes Holzfass, €€€€€
Helles Kupfergold, Silberreflexe. Zart tabakig-kräuterwürzig unterlegte Birnenfrucht, ein Hauch von Quitte und Vanille, einladendes Bukett, mineralischer Touch. Komplex, saftig, feines Nougat, gut integrierte Säurestruktur, stoffig, feiner Blütenhonig im Nachhall, salzige Nuancen, zeigt sehr gute Länge, sicheres Reifepotenzial.

WEINGUT KRISPEL
8345 Hof bei Straden
Neusetz 29
T: +43 (3473) 7862
office@krispel.at, www.krispel.at
Kellermeister: Stefan Krispel
Kontakt: Familie Krispel
Anbauweise: Umstellung auf bio (Bio Austria)
Produktion: 2 % Schaumwein, 96 % weiß, 2 % rot, 34 Hektar
Zertifiziert: Nachhaltig Austria
Vereinzugehörikeit: Steirischer Junker, Eruption, Wein Steiermark, Winzer Vulkanland Steiermark
Messen: Alles für den Gast Salzburg, ProWein Düsseldorf, DAC-Präsentationen, ProWine China

Stefan Krispel

93 Grauburgunder * Straden 2019
13,5 Vol.-%, DV, großes Holzfass, €€€
Helles Goldgelb mit Messingtouch. Mit Orangenzesten unterlegte reife Birnen- und Apfelfrucht, feine nussig-tabakige Komponente, Anklänge von Kräutern. Kraftvoll, saftig, feine Fruchtsüße, gut integrierte Säurestruktur, elegant und anhaftend, ein stoffiger Speisenbegleiter, bereits gut entwickelt.

92 Grauburgunder * 2020
13 Vol.-%, DV, großes Holzfass, €€€
Helles Goldgelb mit Kupfertouch. Zart tabakig-kräuterwürzig unterlegte Birnenfrucht, ein Hauch von Quitten und Orangenzesten. Saftig, cremige Textur, reife gelbe Apfelfrucht, feiner Säurebogen, salzig-mineralisch im Abgang, zarte Fruchtsüße im Nachhall.

94 Chardonnay * Ried Kaargebirge 2019
13,5 Vol.-%, DIAM, Barrique/großes Holzfass, €€€€€
Helles Goldgelb, Silberreflexe. Feine Holznuancen, ein Hauch von Gewürznelken, zart nach gelbem Apfel und Pfirsich, mit kandierten Mandarinenzesten unterlegt. Saftig, elegant, weiße Birnenfrucht, feiner Säurebogen, straff und mineralisch, salziger Nachhall, zeigt Länge, gutes Entwicklungspotenzial.

92 Chardonnay * Straden 2019
13 Vol.-%, DV, großes Holzfass, €€€
Helles Grüngelb, Silberreflexe. Feine Holzwürze, mit zarter gelber Tropenfrucht unterlegt, ein Hauch von Mango und Papaya, frische Orangenzesten. Komplex, saftig, frische Struktur, mineralisch, ein Hauch von Nougat und gelbem Pfirsich im Abgang, bleibt haften, verfügt über Entwicklungspotenzial.

94 Sauvignon Blanc * Ried Neusetzberg 2019
13,5 Vol.-%, DIAM, großes Holzfass, €€€€€
Gelles Gelbgrün, Silberreflexe. Frische Grapefruitzesten, ein Hauch von Cassis, mit gelben Stachelbeeren unterlegt, florale Nuancen. Saftig, feine weiße Pfirsichfrucht, etwas Litschi, finessenreiche Säurestruktur, rosa Grapefruit auch im Nachhall, engmaschig und gut anhaftend, lebendiger Speisenbegleiter.

94 Sauvignon Blanc * Ried Hochstrandl Alte Reben 2019
13,5 Vol.-%, DIAM, großes Holzfass, €€€€€
Helles Goldgelb, Silberreflexe. Mit frischer Kräuterwürze unterlegte Grapefruitzesten, feine weiße Tropenfrucht, Johannisbeeren, ein Hauch von Litschi. Straff, engmaschig, weißer Apfel, frischer Säurebogen, dunkle Mineralik, salziger Touch im Abgang, zitronig im Nachhall, wird von weiterer Flaschenreife profitieren.

92 Sauvignon Blanc * Straden 2019
13 Vol.-%, DV, Stahltank/großes Holzfass, €€€
Sehr helles Gelbgrün, Silberreflexe. Frische Mandarinenzesten, feine gelbe Tropenfruchtnuancen, ein Hauch von Stachelbeeren, mit angenehmer Kräuterwürze unterlegt. Saftig, gelbe Frucht auch am Gaumen, feiner Säurebogen, mineralisch und anhaftend, ein facettenreicher Speisenbegleiter.

* Vulkanland Steiermark DAC

91 Sauvignon Blanc * 2020
12,5 Vol.-%, DV, Stahltank, €€€
Sehr helles Gelbgrün, Silberreflexe. Zarte Kräuterwürze, Nuancen von Cassis, mineralischer Touch, ein Hauch von Grapefruitzesten. Saftig, elegant, weißer Apfel, frisch strukturiert, dezente Fruchtsüße im Nachhall, zitroniger Rückgeschmack.

94 Weißburgunder * Ried Neusetzberg 2019
13,5 Vol.-%, DIAM, Barrique/großes Holzfass, €€€€€
Helles Gelbgrün, Silberreflexe. Zart floral unterlegte weiße Birnenfrucht, Nuancen von Mandarinenzesten, auch Limetten, mineralischer Touch. Saftig, elegant, weißer Apfel, frisch strukturiert, mineralisch-salzig im Nachhall, zeigt sehr gute Länge, feiner Nougattouch im Rückgeschmack, sicheres Reifepotenzial.

94 Weißburgunder * Ried Kaargebirge 2019
13,5 Vol.-%, DIAM, Barrique/großes Holzfass, €€€€€
Helles Gelbgrün, Silberreflexe. Zart blumig unterlegte frische weiße Birnenfrucht, ein Hauch von Quitte und Litschi, Nuancen von Mandarinenzesten. Saftig, weiße Apfelfrucht, ein Hauch von Walnuss, finessenreicher Säurebogen, mineralisch-salzig im Abgang, ein straffer Speisenbegleiter, sicheres Reifepotenzial.

93 Weißburgunder * Straden 2019
13,2 Vol.-%, DV, großes Holzfass, €€€
Helles Gelbgrün, Silberreflexe. Zarter Blütenhonig, kandierte Orangenzesten, gelbe Birnenfrucht klingt an. Saftig, kraftvoll, gute Komplexität, feiner Karamelltouch, Nougat im Abgang, ein stoffiger Speisenbegleiter.

91 Weißburgunder * 2020
12,5 Vol.-%, DV, Stahltank, €€
Helles Gelbgrün, Silberreflexe. Zart floral unterlegte Nuancen von Honigmelone und Apfel. Saftig, reife Birne, zarte Fruchtsüße, angenehmes Säurespiel, ausgewogen und gut anhaftend, ein vielseitiger Speisenbegleiter.

92 Welschriesling * Ried Stradener Rosenberg 2018
12,5 Vol.-%, DIAM, gebrauchte Barriques, €€€€
Helles Gelbgrün, Silberreflexe. Frische Wiesenkräuter, feine nussige Nuancen, ein Hauch von grünem Apfel, mineralischer Touch. Mittlerer Körper, engmaschig, feine Birnenfrucht, lebendige Säurestruktur, Limetten im Nachhall, ein rassiger Begleiter bei Tisch.

92 Gelber Muskateller * Ried Stradener Rosenberg 2020
12,5 Vol.-%, DIAM, Stahltank, €€€€
Helles Goldgelb, Silberreflexe. Zart nach Muskatnuss und frischen Mandarinenzesten, weiße Tropenfrucht, traubiger Touch, feine Würze. Straff, engmaschig, Limettenzesten, frischer Säurebogen, salziger Touch im Abgang, bleibt haften, zitroniger Nachhall.

90 Gelber Muskateller * 2020
11,5 Vol.-%, DV, Edelstahl, €€€
Helles Gelbgrün, Silberreflexe. Traubige Fruchtnuancen, Litschi, ein Hauch von Grapefruitzesten, mineralischer Touch. Straff, engmaschig, ein Hauch von Maracuja, lebendig strukturiert, ein frischer Sommerwein.

★★

MÜLLER KLÖCH

Seit 1973 fühlt sich die Winzerfamilie Müller in Klöch dem Weinbau verpflichtet. Auf den steilen Hängen erloschener Vulkane wurzeln die Reben in reichhaltigen Böden aus roter Erde und Basaltgestein. Hochwertige Trauben aus den besten Rieden, sorgfältiges Handwerk und respektvoller Umgang mit dem Kulturgut bilden die Grundlage für authentische Weine. Sie zeigen Charakter und Herkunft, tragen eine klare Handschrift und vermitteln Weingenuss mit Stil. Aus den Klöcher Top-Rieden Hochwarth und Seindl werden elegante Weißweine, tiefgründige Traminer und Gewürztraminer sowie würzig-delikate Rotweine gekeltert.

Am 1. Juni 2019 wurde auf dem Weingut die neue Vinothek eröffnet. Den Weinliebhaber erwartet dort eine wunderbare Mischung aus stilvoller Architektur und Bodenständigkeit. Das Bauwerk in seinen warmen, erdigen Rottönen fügt sich harmonisch in die umliegende Landschaft ein. Ein großzügiger Verkostungs- und Verkaufsraum, wo alle Weine ausgestellt sind, lädt zum Degustieren und Verweilen ein. Der Innenhof mit südländischer Atmosphäre ist ein besonderer Platz zum Genießen. Auf dem Aussichtsturm mit Loungebereich genießt man bei einem guten Glas Wein den herrlichen Blick über die Weinberge. Ein Besuch des Weinguts ist somit nicht nur für den Gaumen, sondern auch für das Auge ein Erlebnis.

Unweit vom Weingut betreibt die Familie Müller-Koschar das idyllisch-schön auf einem Hügel gelegene Hotel Garni »Schöne Aussichten«. Zwölf stilvoll eingerichtete Zimmer mit Viersternekomfort, eine großzügige Gartenanlage und ein hauseigener Pool stehen den Gästen zur Verfügung. Wie schon der Name verrät, lädt die Aussicht zum Träumen und die Atmosphäre zum Verweilen ein. Umgeben von Weinbergen kann man die Ruhe und Natur genießen und das Vulkanland von seiner schönsten Seite kennenlernen.

93 Riesling * Ried Seindl 2019
13 Vol.-%, DV, Stahltank, €€€
Helles Gelbgrün, Silberreflexe. Einladender Duft nach reifer Aprikose, etwas nach Wiesenkräutern, Blütenhonig, feine Mineralik, Orangenzesten klingen an. Saftig, gute Komplexität, straff, extraktsüß nach Marille im Abgang, zitroniger Nachhall, vielschichtiger Speisenbegleiter mit Potenzial.

MÜLLER KLÖCH
8493 Klöch
Klöch 51
T: +43 (3475) 7160
mail@weingut-mueller.at
www.weingut-mueller.at
Kellermeister: Stefan Müller
Kontakt: Familie Müller
Produktion: 80.000 Flaschen
85 % weiß, 10 % rot, 5 % süß,
13.5 Hektar
Zertifiziert: Nachhaltig Austria
Vereinzugehörikeit: Eruption, Winzer Vulkanland Steiermark, Klöcher Traminer
Messen: Dornbirner Frühjahrs- und Herbstmesse, VieVinum, Weinmesse Innsbruck, DAC-Präsentationen

Vinothek am Weingut Müller

* Vulkanland Steiermark DAC

93 Gewürztraminer * Ried Hochwarth G Eruption 2019
14 Vol.-%, DV, 500-l-Fass, €€€€€
Mittleres Gelbgrün, Silberreflexe. Feines Bukett nach Birnen und Orangenzesten, etwas nach Papaya, floraler Touch, dezente Würze. Gute Komplexität, saftig, balancierte Säurestruktur, Passionsfrucht und gelbe Apfelfrucht im Abgang, vielschichtiger Speisenwein mit Reifepotenzial.

92 Weißburgunder * Ried Seindl 2019
13,5 Vol.-%, DV, 500-l-Fass, €€€
Helles Gelbgrün, Silberreflexe. Feine Tabaknoten, ein Hauch von Kräuterwürze, zart nach Papaya, dunkle Mineralik. Mittlere Komplexität, saftig, engmaschig, dezenter Säurebogen, Birnentouch im Nachhall, bereits gut antrinkbar.

92 Sauvignon Blanc * Ried Seindl 1 Eruption 2019
13,5 Vol.-%, DV, 500-l-Fass, €€€€
Helles Gelbgrün. Einladender Duft nach Kräutern und Cassis, ein Hauch von Guave, dunkle Mineralik. Saftig, straff, gut integrierte Säurestruktur, extraktsüß, Stachelbeernoten im Abgang, bleibt gut haften, vielseitiger Speisenbegleiter.

(92) Traminer * Ried Seindl 2020
13,5 Vol.-%, DV, 500-l-Fass, €€€€
Helles Gelbgrün, Silberreflexe. Zarte Eibischnoten, ein Hauch von Gewürzen und Tabaknoten, Pfirsichtouch. Saftig, elegant, lebendiger Säurebogen, leichtfüßig, zitroniger Abgang, lange anhaltend, gutes Entwicklungspotenzial.

91 Chardonnay * Ried Seindl 1 Eruption 2019
13,5 Vol.-%, DV, 500-l-Fass, €€€€
Mittleres Gelbgrün, Silberreflexe. Mit dezentem Blütenhonig unterlegte reife Tropenfrucht, zart nach Quitten, etwas Passionsfrucht, Orangenzesten klingen an. Saftig, mittlere Komplexität, mineralisch, weiße Fruchtnuancen, kraftvolles Finish, vielseitig einsetzbar.

★★★★★

WEINGUT NEUMEISTER

BIO

Christoph Neumeister führt in Straden das Weingut Neumeister in dritter Generation. Sein Zugang zum Weinbau und zur Weinbereitung sowie der Anspruch an die Weinqualität sind sehr nuanciert. In einer Zeit, wo sich sehr oft das Lauteste, Größte oder Schrillste in den Vordergrund drängt, verfolgt er bewusst eine langfristige, gesamtheitliche und aufwendige Arbeitsweise, um elegante, von innerer Ruhe und Komplexität geprägte und trotzdem animierende und befriedigend tiefgründige Weine zu keltern.
Straden liegt im Vulkanland Steiermark im Südosten von Österreich und ist geprägt von einem illyrisch-pannonischen Mischklima. Dieses bringt warme Tage und kühle Nächte sowie ausreichend Niederschläge von durchschnittlich 900 Millimetern pro Jahr, was wiederum eine lange Vegetationsperiode und späte Lese erlaubt. In dieser herausfordernden klimatischen Umgebung werden 31 Hektar bewirtschaftet, verteilt auf unzähligen kleinen Weingärten in Steillagen. Die Geologie dieser Weingärten ist geprägt von kalkreichen Sedimentböden aus zwei unterschiedlichen Herkünften: Sandstein und Muschelkalk, entstanden aus einem Wattmeer, sowie Sarmatschotter, der im Tertiär aus den Alpen kommend hier abgelagert wurde.
Viele dieser Weingärten haben ein Alter von 40 Jahren und mehr erreicht und sind zum Teil noch Stockkulturen, was aufwendige Handarbeit bedeutet. Darüber hinaus werden alle Weingärten seit 2013 organisch-biologisch bewirtschaftet. Das Resultat von sorgsamer Handlese, ausgedehnten Maischestandzeiten, einem schonenden und langsamen Ausbau im Keller, spontaner Vergärung, langen Hefekontaktzeiten und einer späten Flaschenfüllung sind gut strukturierte und elegante Weine mit einem hohen Maß an Komplexität und klarer Herkunft.
Die Premium-Rieden des Weinguts sind Saziani und Moarfeitl (GSTK) sowie Klausen und Steintal (1STK). Die Familie betreibt in unmittelbarer Nähe zum Weingut das Restaurant »Saziani Stub'n« und das Boutiquehotel »Schlafgut Saziani«. Christoph Neumeister wurde im Juni 2019 in der Wiener Hofburg der Titel »Falstaff-Winzer des Jahres« verliehen.

(98) Sauvignon Blanc * Alte Reben 2018
13,5 Vol.-%, NK, 500-l-Fass, €€€€€€ Ⓥ
Mittleres Gelbgrün, Silberreflexe. Frische Kräuterwürze,

WEINGUT NEUMEISTER
8345 Straden
Straden 42
T: +43 (3473) 8308
weingut@neumeister.cc
www.neumeister.cc

Kellermeister/Kontakt: Christoph Neumeister
Anbauweise: Zertifiziert Biologisch
Produktion: 92 % weiß, 7 % rot, 1 % süß, 31 + 4 Hektar
Vereinzugehörigkeit: Steirische Terroir- und Klassikweingüter, Winzer Vulkanland Steiermark
Messen: ProWein Düsseldorf, VieVinum, MondoVino

Ried Saziani, Straden

feine rauchige Noten, zarte gelbe Fruchtnuancen, Anklänge von Mango, Papaya und Guaven, frische Orangenzesten, mineralischer Touch. Engmaschig, frischer gelber Pfirsich, zart nach Ananas, finessenreiche Säurestruktur, flüssiges Gestein im Abgang, salzig-kalkig und sehr lange anhaftend, zitronige Nuancen im Abgang, Potenzial für viele Jahre, nichts weniger als ein Weltklasse-Sauvignon.

(97) Sauvignon Blanc * Ried Moarfeitl GSTK 2019
13,5 Vol.-%, NK, großes Holzfass, €€€€€ B V
Mittleres Gelbgrün, Silberreflexe. Einladendes Bukett nach Cassis und Pfirsich, ein Hauch von Kräuterwürze, kandierte Orangenzesten. Komplex, saftig, straff, facettenreiche Säurestruktur, dunkle Mineralik, reife Stachelbeere im Abgang, extraktsüß im Nachhall, bleibt lange haften, sicheres Potenzial.

(94) Sauvignon Blanc * Straden 2020
12,5 Vol.-%, DV, Stahltank/großes Holzfass, €€€ B V
Leuchtendes Gelbgrün, Silberreflexe. Mit dezenten Kräuternoten unterlegte reife Stachelbeere, ein Hauch von Ananas, Blütenhonig klingt an. Komplex, engmaschig, saftig, facettenreiche Säurestruktur, mineralisch, weißes Steinobst im Abgang, vielseitiger Speisenbegleiter.

94 Sauvignon Blanc * Ried Klausen 1STK 2019
13,5 Vol.-%, großes Holzfass, €€€€€ B
Helles Gelbgrün, Silberreflexe. Attraktive Kräuterwürze, feine Cassisnote, Stachelbeeren, ein Hauch von Guaven, gewürzige Nuancen, mineralisch unterlegt. Saftig, straff, engmaschig, sehr gut integrierte Säurestruktur, sehr gute Länge, salziger Nachhall, sicheres Reifepotenzial.

(96) Morillon * Ried Moarfeitl GSTK 2019
13,5 Vol.-%, NK, gr. Holzfass/kl. Holzfass, €€€€€ B V
Leuchtendes Gelbgrün, Silberreflexe. Reife Tropenfrucht, zart nach Papaya, Blütenhonig, Wiesenkräuter, mit eingelegter Mango unterlegt. Gute Komplexität, engmaschig, feine Würze, gut integrierter Säurebogen, zurückhaltende Extraktsüße im Abgang, gutes Entwicklungspotenzial.

(93) Morillon * Straden 2020
12,5 Vol.-%, DV, Stahltank/großes Holzfass, €€€ B V
Mittleres Gelbgrün, Silberreflexe. Zarte Tropenfrucht, etwas nach Wiesenkräutern, feine Blutorangenzesten, dunkle Mineralik. Saftig, straff, feiner Säurebogen, gelbe Ananas, zart nussig im Nachhall, guter Speisenbegleiter.

(95) Grauburgunder * Ried Saziani GSTK 2019
13,5 Vol.-%, NK, großes Holzfass, €€€€€ B V
Leuchtendes Gelbgrün, Silberreflexe. Intensiver Duft nach Mango, ein Hauch von Ananas und Blütenhonig, kandierte Mandarinenzesten, florales Bukett. Elegant, engmaschig, feine Struktur, mineralisch, reife gelbe Birnenfrucht im Abgang, guter Speisenbegleiter.

(93) Grauburgunder * Straden 2020
12,5 Vol.-%, DV, Stahltank/großes Holzfass, €€€ B V
Mittleres Gelbgrün, Silberreflexe. Feine Birnenfrucht, etwas nach Gewürznelken, ein Hauch von Orangenzesten. Saftig, straff, extraktsüß nach Passionsfrucht, gut eingebundene Säurestruktur, mineralisch, bleibt gut haften.

* Vulkanland Steiermark DAC

94 Roter Traminer * Ried Steintal 1STK 2019
13 Vol.-%, großes Holzfass, €€€€€ B
Mittleres Gelbgrün, Silberreflexe. Zartes Rosenöl, feiner gelber Pfirsich, ein Hauch von Eibischteig, kandierte Grapefruitzesten, etwas Honig. Saftig, feine gelbe Tropenfrucht, angenehme Säurestruktur, zarter Gerbstoffschleier, gute Länge, sicheres Reifepotenzial.

93 Weißburgunder * Ried Klausen 1STK 2019
13,5 Vol.-%, großes Holzfass, €€€€€ B
Helles Gelbgrün, Silberreflexe. Feine gelbe Tropenfruchtaromen, angenehmer Apfeltouch, zarter nussiger Touch. Komplex, saftig, feine weiße Kernobstnuancen, dezente Limettennuancen, salziger Touch, gute Länge, ein straffer Speisenbegleiter.

92 Weißburgunder * 2020
12 Vol.-%, DV, Stahltank/großes Holzfass, €€€ B V
Mittleres Gelbgrün, Silberreflexe. Gelbes Kernobst, etwas nach Blütenhonig, ein Hauch von kandierten Limettenzesten, einladendes Bukett. Mittlerer Körper, saftig, elegant, zart cremig, Papaya im Abgang, salziger, leichtfüßiger Nachhall, bereits gut antrinkbar.

92 Gelber Muskateller * 2020
11 Vol.-%, DV, Stahltank, €€€ B V
Helles Gelbgrün, Silberreflexe. Feine Gewürznoten, etwas nach Muskat, dunkle Mineralik, florale Nuancen, mit Litschi unterlegt. Frische Struktur, mineralisch, leichtfüßig, zart nach Holunder, Zitrus im Nachhall, guter Speisenbegleiter.

91 Welschriesling * 2020
11 Vol.-%, DV, Stahltank, €€ B V
Helles Gelbgrün, Silberreflexe. Feine Wiesenkräuter, zart nach Grapefruitzesten, ein Hauch von weißer Tropenfrucht, Birnentouch. Saftig, straff, feine Struktur, mineralisch, leichtfüßig, Kernobstfrucht im Abgang, Kräuternoten im Nachhall, vielseitig einsetzbar.

91 Gemischter Satz 2020
12 Vol.-%, DV, Stahltank/großes Holzfass, €€ B V
Helles Gelbgrün, Silberreflexe. Feine Kräuternoten, etwas nach Melisse, frisches Bukett, weißes Kernobst, Zitrusnuancen. Mittlerer Körper, saftig, feine Säurestruktur, Granny-Smith-Apfelfrucht, lebendiges Finish, guter Speisenbegleiter.

(92) Cuvée de Merin 2019 ZW/ME
13,5 Vol.-%, NK, gebrauchte Barriques, €€€€€ B V
Dunkles Rubingranat, violette Reflexe, zarte Randaufhellung. Dezente Holzwürze, Nuancen von Lakritze und Cassis, mit feinem Brombeerkonfit unterlegt, tabakige Noten. Saftig, schwarze Kirschen, lebendig, gut integrierte Tannine, feines Nougat, mineralischer Nachhall, feinwürziger Speisenbegleiter.

(90) Pinot Noir 2019
13,5 Vol.-%, NK, gebrauchte Barriques/500-l-Fass, €€€€€ B V
Mittleres Rubingranat, zarte Ockerreflexe, breitere Randaufhellung. Rotes Beerenkonfit, eingelegte Herzkirschen, zart nach Zwetschken und Kräuter. Mittlere Komplexität, rotbeerig auch am Gaumen, frisch strukturiert, mineralisch und leichtfüßig, wird von Flaschenreife profitieren.

★★

WEINGUT PFEIFER

Mitten im Herzen des steirischen Vulkanlandes liegt das Weingut Pfeifer im malerischen St. Anna am Aigen. Hier – direkt am Weinweg der Sinne – kann man als Urlauber im Gästehaus der Familie Pfeifer dem alltäglichen Trubel entfliehen und beim herrlichen Ausblick über das Vulkanland die schönen Momente des Lebens bei einem Glas Wein genießen.
Daniel Pfeifer hat die Führung des Familienbetriebes von seinen Eltern übernommen. Tief verwurzelt im Vulkanland sind Leidenschaft und Inspiration seine alltäglichen Begleiter bei der Arbeit im Weingarten oder im Keller. Sein Motto: »Richtige Entfaltung gelingt, wenn man Dinge auch mal sein lässt. Deshalb produziere ich unsere Weine so naturnah wie möglich: ohne Herbizide, handverlesen und mit besonderem Fokus auf das Terroir und auf Nachhaltigkeit.«
Die geologischen und klimatischen Bedingungen in St. Anna sind einzigartig für das Vulkanland. Wie eine Kalksteininsel aus dem Vulkanmeer erhebt sich die Ried Schemming, die Top-Lage des Weinguts. Die Böden sind geprägt von Lehm, Muschelkalk und dem vul-

WEINGUT PFEIFER

8354 Sankt Anna am Aigen
Plesch 43a
T: +43 (3158) 29018
office@pfeifer-weingut.at
www.pfeifer-weingut.at

Kellermeister/Kontakt:
Daniel Pfeifer
Produktion: 53.000 Flaschen
85 % weiß, 15 % rot, 8 + 1 Hektar
Zertifiziert: Nachhaltig Austria
Vereinzugehörikeit: Winzer Vulkanland Steiermark, Wein Steiermark, Steirischer Junker, Eruption
Messen: VieVinum, Weinmesse München, DAC-Präsentationen

Daniel und Alois Pfeifer

kanischen Basalt. Die Trauben genießen im pannonisch-illyrischen Klima viele Sonnenstunden, abends jedoch kühlt es an den Hängen des Stradner Kogels früher ab. Dadurch entsteht das so typische ausgeprägte Frucht-Säure-Spiel, das diesen engmaschigen, mineralischen Gewächsen ihren ganz besonderen Charakter verleiht.
Vom verspielten Gebietswein über lokale und charaktervolle Ortsweine bis hin zu den tiefgründigen, mineralischen Weinen der Ried Schemming tragen alle die einzigartige Handschrift von Daniel Pfeifer und spiegeln das Terroir von St. Anna wider.

(94) Sauvignon Blanc * Ried Schemming Reserve 2019
13,5 Vol.-%, DIAM, 500-l-Fass, €€€€€
Helles Gelbgrün, Silberreflexe. Feine Holzwürze, frisches Bukett, etwas nach Birnen und Wiesenkräutern, Kardamom klingt an. Straff, elegant, dunkle Mineralik, Apfeltouch im Abgang, salzig im Nachhall, zitroniger Rückgeschmack, sicheres Entwicklungspotenzial.

(93) Sauvignon Blanc * Ried Schemming 2019
13,5 Vol.-%, DIAM, 500-l-Fass, €€€€
Helles Gelbgrün, Silberreflexe. Feine Tabakwürze, etwas nach Cassis, ein Hauch von Kumquats, Quitten klingen an. Saftig, elegant, gut integrierter Säurebogen, weißes Kernobst, salziger Nachhall, zitroniges Finish, mineralischer Speisenbegleiter.

(91) Sauvignon Blanc * St. Anna 2020
13 Vol.-%, DV, Stahltank, €€€
Helles Gelbgrün, Silberreflexe. Zarte Zitrusnuancen, etwas nach Cassis, Wiesenkräuter, zart nach Guaven, etwas Physalis. Saftig, frisch, elegant und lebendig, balancierte Säurestruktur, frische Fruchtnuancen, bleibt gut haften, Stachelbeeren im Abgang, vielseitiger Speisenbegleiter.

92 Grauburgunder * Reserve Alte Reben 2017
13,5 Vol.-%, DIAM, kleines Holzfass, €€€€€
Leuchtendes Kupfer, Goldreflexe. Etwas Blütenhonig, reife Pflaumen, ein Hauch von Honig, zart nach Edelholzwürze und Tropenfrucht. Mittlerer Körper, engmaschig, feiner Gerbstoff, zart nach Melisse und Pfirsich, guter Speisenbegleiter.

(92) Chardonnay * Ried Schemming Reserve 2018
13,5 Vol.-%, DIAM, Barrique, €€€€€
Helles Gelbgrün, Silberreflexe. Etwas Blütenhonig, zarte florale Nuancen, etwas nach weißer Birnenfrucht, ein Hauch von Holzwürze. Saftig, elegant, feine Säurestruktur, mineralisch-salzig, lange anhaltend, sicheres Potenzial.

(91) Chardonnay * Ried Schemming 2019
13,5 Vol.-%, DIAM, großes Holzfass, €€€€
Helles Gelbgrün, Silberreflexe. Etwas nach Pfirsich und Blütenhonig, zart nach Marille, feiner Touch von Tropenfrucht, Wiesenkräuter. Mittlerer Körper, frische Säurestruktur, salzig, weiße Frucht, Holzwürze im Nachhall, bereits gut antrinkbar.

* Vulkanland Steiermark DAC

Weinhof Platzer

WEINHOF PLATZER
8355 Tieschen
Pichla 25
T: +43 (3475) 2331
platzer@weinhof-platzer.at
www.weinhof-platzer.at

Kellermeister: Robert Platzer
Kontakt: Familie Platzer
Produktion: 75 % weiß, 25 % rot, 35 Hektar
Vereinzugehörikeit: TAU-Winzer, Winzer Vulkanland Steiermark, Steirischer Junker

★★

WEINHOF PLATZER

Idyllisch eingebettet zwischen den Hügeln des südoststeirischen Vulkanlandes befindet sich der Weinhof der Familie Platzer. Schon seit mehreren Generationen wird hier Weinbau betrieben. Die Weingärten liegen allesamt in der näheren Umgebung des Weinhofs.
Die wichtigsten Rieden sind Aunberg, Königsberg, Klöchberg und Stadner Rosenberg. In diesen Top-Rieden bildet sich die hohe Qualität der Trauben, die behutsam bis in die Flasche transportiert wird. Die Rebstöcke werden während der Vegetationsperiode fortlaufend begleitet, um ein Maximum an Qualität und regionaler Stilistik zu erreichen. Von der Ernte bis zur Füllreife ist es den Platzers ein Anliegen, sehr schonend zu arbeiten, um das Bukett der Trauben bis ins Weinglas zu bringen. Selektive Handlese ist dabei eine Selbstverständlichkeit. Damit sich der Wein unbelastet bis zur Füllreife entwickeln kann, ist der Weinkeller sehr durchdacht angelegt.
Diese ganze Hingabe an den Wein wurde vielfach prämiert: Zahlreiche Auszeichnungen in den vergangenen Jahren wie Siege bei der »Steirischen Landesweinbewertung«, im »SALON Österreich Wein« und bei der »Austrian Wine Challenge« belegen die hohe Qualität der Platzer-Weine.

92 Grauburgunder * Ried Aunberg Privat 2019
14 Vol.-%, DV, kleines Holzfass, €€€€
Leuchtendes Goldgelb, Silberreflexe. Reife Tropenfrucht, zart nach reifen Birnen, Passionsfrucht, Honig klingt an, floraler Touch. Saftig, balanciert und kraftvoll, zarte Würze, reife Feigen im Abgang, mineralischer Nachhall, gutes Potenzial.

93 Chardonnay * Ried Aunberg Privat 2019
13,5 Vol.-%, DV, kleines Holzfass, €€€€
Mittleres Gelbgrün. Noten von Mango und Blütenhonig, Holzwürze, etwas Papaya, pfeffriger Touch, einladendes Bukett. Saftig, elegant, feine Säurestruktur, Karamell, würzig im Abgang, Tropenfrucht im Nachhall, stoffiger Speisenbegleiter mit Potenzial.

91 Chardonnay * Tieschen Tau 2020
13,5 Vol.-%, DV, Stahltank/großes Holzfass, €€
Helles Gelbgrün, Silberreflexe. Feine Tabakwürze, etwas nach Mandarinenzesten, ein Hauch von Mango, Apfelfrucht, Kräutertouch. Saftig, elegant, balancierte Säure-

struktur, mineralisch, Guave im Abgang, extraktsüßes Finish, vielseitiger Speisenbegleiter.

91 Sauvignon Blanc * Ried Aunberg 2020
13,5 Vol.-%, DV, Stahltank/großes Holzfass, €€€
Helles Gelbgrün, Silberreflexe. Zarte Wiesenkräuter, Stachelbeeren klingen an, etwas nach Minze, zart nach Gewürzen. Saftig, etwas nach Maracuja, zitroniger Touch, mineralisch, leichtfüßig, balancierte Säurestruktur, bereits gut antrinkbar.

90 Gewürztraminer * 2020
13,5 Vol.-%, DV, Stahltank, €€
Mittleres Gelbgrün, Silberreflexe. Etwas nach Wiesenkräutern, einladendes Bukett nach Birnen und weißer Tropenfrucht, etwas nach Guave, frische Orangenzesten. Saftig, mittlere Komplexität, gut integrierte Struktur, etwas nach Litschi, feinwürziger Nachhall, vielseitig einsetzbar.

89 Weissburgunder Klassik 2020
12,5 Vol.-%, DV, Stahltank, €€

★★★

JOSEF SCHARL CHARAKTERWEINE

Sankt Anna am Aigen in der hügeligen Südoststeiermark ist die Heimat des Weinhofs Scharl und eines der leidenschaftlichsten Winzer der Region. Josef Scharl ist mit seinen rund 20 Hektar Rebfläche aufgewachsen und – quasi seit er denken kann – mit diesem »Stückchen Glück« in seinen Fässern und Flaschen engstens verbunden. Und so wie der Wein seine einzigartige Präsenz und seinen Charakter aus dem Boden zieht, so dürfte auch Josef Scharl seine Leidenschaft und Kraft aus seiner Heimat inhaliert haben. Zusätzliche Motivation geben ihm die vielen Auszeichnungen, die weitere Energie in die Weine fließen und so das Weingut zu neuen Geschmackserlebnissen aufbrechen lassen.
Naturverbunden und stolz, mit tiefem Respekt vor Land und Leuten werden hier Jahr für Jahr die schönsten Weine erarbeitet. Die Kombination von Mut zu kreativen Ideen und einer großen Liebe zur Arbeit macht die Produkte aus dem Hause Scharl zu nachhaltig beeindruckenden Erlebnissen. Das betrifft

© Kump.Photography

JOSEF SCHARL CHARAKTERWEINE
8354 St. Anna am Aigen
Plesch 1
T: +43 (3158) 2314
josef@weinhof-scharl.at
www.weinhof-scharl.at

Kellermeister/Kontakt: Josef Scharl jun.
Produktion: 80 % weiß, 19 % rot, 1 % süß, 20 + 5 Hektar
Zertifiziert: Nachhaltig Austria
Vereinzugehörikeit: Wein Steiermark, Eruption
Messen: VieVinum

Josef Scharl und Sohn

Keller und Küche genauso wie die Gastlichkeit im eigenen, mietbaren Winzerhäuschen. Ausgezeichnete Weine gibt es in der regionalen Winzergemeinschaft »Eruption« – der natürlich auch Josef Scharl junior angehört – schon einige, und hier schließt sich dann auch der Kreis der gegenseitigen Befruchtung von Mensch und Land. Stimmig und intensiv wie die hauseigenen Weine präsentiert sich der Weinhof Scharl seinen Besuchern: ein Stück vom Glück im Steirischen Vulkanland.

92 ❺ Souvignier Gris Sekt g.U. brut Reserve 2018
13 Vol.-%, DIAM, großes Holzfass, €€€€€ Ⓥ
Mittleres Gelbgrün, Silberreflexe, feines, anhaltendes Mousseux. Floral, feine Tropenfruchtnuancen nach Mango und Papaya, zarter Blütenhonig, mineralischer Touch. Saftig, kraftvoller Körper, gelbe Birnenfrucht, frisch strukturiert, dezente Süße im Abgang, dunkle Mineralik im Nachhall.

94 Chardonnay * Ried Schemming Große Lage Eruption 2018
13 Vol.-%, DIAM, großes Holzfass, €€€€€
Mittleres Gelbgrün, Silberreflexe. Dunkle Mineralik, zart nach Feuerstein, ein Hauch von gelbem Kernobst, Maracuja klingt an. Saftig, straff, feine Struktur, mineralisch-salzig, Papaya, komplex, bleibt gut haften, vielschichtiger Speisenbegleiter, gutes Potenzial.

93 Chardonnay * Ried Annaberg Alte Reben 1 Lage Eruption 2018
13 Vol.-%, DIAM, großes Holzfass, €€€€ Ⓥ
Helles Gelbgrün, Silberreflexe. Feine Tropenfrucht, etwas Blütenhonig, zart nach Gewürzen, vielschichtiges Bukett. Saftig, elegant, feine Säurestruktur, etwas Melisse, feiner Ananastouch, dunkle Mineralik, bleibt gut haften.

93 Gelber Muskateller * Ried Annaberg 2019
12 Vol.-%, DV, Stahltank, €€€
Helles Gelbgrün, Silberreflexe. Feine Kräuterwürze, ein Hauch von Maracuja, zart nach kandierten Limettenzesten, frisches Bukett. Saftig, frische Struktur, salzig, feine Wiesenkräuter, mineralisch, vielschichtiger Speisenbegleiter.

93 Sauvignon Blanc * Ried Annaberg Mond Reserve 2017
13 Vol.-%, DIAM, großes Holzfass, €€€€€€
Mittleres Gelbgrün, Silberreflexe. Feine Wiesenkräuter, etwas Cassis, zart nach kandierten Orangenzesten, Birnentouch. Komplex, saftig, straff, engmaschig, feine Struktur, Apfelfrucht im Abgang, Stachelbeere im Nachhall, gutes Potenzial.

92 Sauvignon Blanc * St. Anna am Aigen 2019
12,5 Vol.-%, DV, großes Holzfass, €€€
Helles Gelbgrün, Silberreflexe. Zarte Paprikanoten, unterlegt mit Wiesenkräutern, ein Hauch von Zitrus, Bergamotte klingt an. Mittlerer Körper, saftig, feine Säurestruktur, engmaschig, bereits gut antrinkbar.

91 Weißburgunder * 2020
12 Vol.-%, DV, Stahltank, €€
Helles Gelbgrün, Silberreflexe. Frische Zitrusnuancen, einladendes Bukett, saftig, feine Kräuternoten, weißes Kernobst. Saftig, elegant, frische Struktur, mineralisch, salzig, guter Säurebogen, Cassis klingt an, bleibt gut haften.

93 Gewürztraminer 2019
12,5 Vol.-%, DIAM, großes Holzfass, €€€€€ Ⓥ
Helles Gelbgrün, Silberreflexe. Zarte Eibischnoten, ein Hauch von Birne, Maracujatouch, etwas Orangenzesten. Saftig, elegant, mineralisch, gut eingebundene Säurestruktur, zart nach reifer Apfelfrucht, salzig, guter Speisenbegleiter.

90 Muscaris Mond 2017
13 Vol.-%, DIAM, Amphore, €€€€€ Ⓞ
Leuchtendes Goldgelb, Silberreflexe. Feine Holundernoten, ein Hauch von Litschi, zart nach Karamell, facettenreiches Bukett. Mittlerer Körper, feine Wiesenkräuter, zart nach Pfirsich, Blutorangenzesten, bereits gut antrinkbar.

90 Cabernet Blanc Mond 2016
13 Vol.-%, NK, großes Holzfass, €€€€€ Ⓞ
Feines Goldgelb, Kupferreflexe. Feine Cassisnoten, ein Hauch von Maracuja, Melisse, Apfelfrucht, intensive Kräuterwürze. Mittlerer Körper, extraktsüß, weißes Kernobst, etwas Gerbstoff, bereits gut antrinkbar.

92 Eruption Rot 2017 ZW/BW
13 Vol.-%, DIAM, Barrique, €€€€
Dunkles Rubingranat, violette Reflexe, zarte Ockerrandaufhellung. Mit zarter Kräuterwürze unterlegte Nuancen von Kirschen, Weichseln und Zwetschken, dezenter Nougattouch, mineralische Note. Saftig, elegant, reife Herzkirschen, feiner Säurebogen, runde Tannine, schokoladige Noten, salziger Nachhall, gutes Reifepotenzial.

89 Zweigelt Travertin 2018
13 Vol.-%, DIAM, großes Holzfass, €€€

WEINGUT TRUMMER
8422 St. Veit in der Südsteiermark
Pessaberg 26
T: +43 (664) 3967338
willkommen@weingut-trummer.at
www.weingut-trummer.at

Kellermeister/Kontakt:
Matthias Trummer
Produktion: 10 % Schaumwein, 90 % weiß, 7 Hektar
Vereinzugehörikeit: Winzer Vulkanland Steiermark

★★

WEINGUT TRUMMER

Seit dem Jahrgang 2018 macht Matthias Trummer das, was er schon bisher gemacht hat – jedoch ganz anders, nämlich noch deutlicher, noch konsequenter, noch vielfältiger und noch lustvoller. Der Winzer hat seine Liebe zu den Sorten ganz offiziell zu seinem Motto gemacht. Das lautet nun: »Sorten. Typisch.« Und er lädt Jahrgang für Jahrgang auf eine Reise in die Faszination der Sorten ein, in die einzelnen, ganz präzise ausgedrückten Typizitäten mit ihren Merkmalen und Charakteren. Matthias Trummer ist davon überzeugt, dass Wein seinen wahren Charakter in der Sorte zeigt, aus der Entfaltung des typischen Geschmacks und der typischen Aromen. Sein Credo: »Der beste Wein ist seiner Sorte verpflichtet, nicht seiner Lage.« Die Lage ist ein wichtiges Hilfsmittel, aber eben für ihn nicht mehr! Das allerbeste Traubenmaterial baut er gemäß seiner Philosophie zur Top-Linie »Reine Seele« aus: Das bedeutet absolute Reife, absolute Konzentration, absolute Verdichtung, noch später gelesen, noch stärker im Ertrag reduziert, die besten Trauben des Jahrgangs als Essenz der Sorte.

Am stimmungsvollsten verkosten lassen sich die Weine in der prachtvoll gelegenen Buschenschank. An schönen Sommer- oder Herbsttagen genießt man hier unter Weinreben sitzend einen traumhaften Panorama-Fernblick über die Südsteiermark bis zur Koralpe sowie Trummers außergewöhnliche Weine und Herzhaftes von den hauseigenen Turopolje- und Schwäbisch-Hällischen Schweinen aus Freilandhaltung.

92 Gelber Traminer Reine Seele 2020
12,5 Vol.-%, DV, Edelstahl, €€€
Helles Gelbgrün, Silberreflexe. Reife Tropenfrucht, zart nach Litschi, etwas nach Mango, ein Hauch von Karamell, Holzwürze klingt an. Mittlerer Körper, engmaschig, feine Extraktsüße, gut integrierte Säurestruktur, dunkle Mineralik, Apfeltouch im Nachhall, gutes Entwicklungspotenzial.

91 Weißburgunder Reine Seele 2020
12,5 Vol.-%, DV, Edelstahl, €€€
Helles Gelbgrün, Silberreflexe. Etwas Birnenfrucht, kandierte Orangenzesten, etwas nach Minze, mit Steinobstnuancen unterlegt. Saftig, feine Struktur, mineralisch, Gewürznuancen, Apfelfrucht im Abgang, bereits gut antrinkbar.

* Vulkanland Steiermark DAC

91 Sauvignon Blanc Reine Seele 2020
12 Vol.-%, DV, Edelstahl, €€€
Helles Gelbgrün, Silberreflexe. Zarte Kräuternoten, etwas nach Cassis, tabakig, zitroniger Touch, Melisse klingt an. Saftig, elegant, etwas nach Grapefruit, weißes Kernobst im Nachhall, unkomplizierter Speisenbegleiter mit Potenzial.

90 Sauvignon Blanc 2020
12 Vol.-%, DV, Edelstahl, €€
Helles Gelbgrün, Silberreflexe. Feine Gewürznuancen, etwas nach Cassis, ein Hauch von Stachelbeeren, dezenter Blütenhonig klingt an. Saftig, elegant, feine Säurestruktur, mineralisch, gelber Paprika im Abgang, bleibt gut haften, leichtfüßiger Speisenbegleiter.

90 Morillon Reine Seele 2020
12,5 Vol.-%, DV, Edelstahl, €€€
Helles Gelbgrün, Silberreflexe. Gelbe Tropenfrucht, etwas nach Mandarinenzesten, zart nach Papaya, mineralisches Bukett. Saftig, elegant, feine Struktur, weiße Apfelfrucht im Abgang, Quitte im Nachhall, würziges Finish, bleibt gut haften.

90 Gelber Muskateller Reine Seele 2020
12 Vol.-%, DV, Edelstahl, €€€
Helles Gelbgrün, Silberreflexe. Feiner blumiger Touch, unterlegt mit Wiesenkräutern, ein Hauch von Holunderblüten, etwas eingelegter Pfirsich. Saftig, elegant, mineralisch, frische Struktur, weißes Steinobst im Nachhall.

★★★

WEINGUT WINKLER-HERMADEN

BIO

Das Weingut Winkler-Hermaden liegt im Südosten der Steiermark, mitten im Vulkanland Steiermark, nur wenige Kilometer von der slowenischen und ungarischen Grenze entfernt. Seit 1918 wird die Landwirtschaft als Familienbetrieb geführt. Dabei stehen auf dem Weingut, im Hotel und im Restaurant Regionalität, Nachhaltigkeit und Gastfreundschaft im Mittelpunkt.
Von den 37 Hektar biologisch-organisch bewirtschafteter Weingärten (Ried Kirchleiten, Ried Schlosskogel, Ried Rosenleiten, Ried Winzerkogel) befinden sich rund 25 Hektar rund um den Kapfensteiner Kogel und zwölf Hektar im 15 Kilometer südlich gelegenen Klöch (Ried Ölberg, Ried Hochwarth, Ried Grafenstückl). Im Fokus des Weinmachens stehen terroirbetonte, vielschichtige und salzige Weine mit langer Reifezeit. Selektive Handlese, schonende Traubenverarbeitung und möglichst wenig Eingriffe beim darauffolgenden Ausbau der Weine – das ist die Devise. Ziel ist es, den typischen Charakter der Böden und der jeweiligen Sorten in den Weinen spürbar zu machen.
Das Gut wird seit 2009 biologisch-organisch bewirtschaftet, 2012 konnte die erste zertifizierte biologische Ernte eingefahren werden. Gesunde Böden und eine intakte Umwelt sind der Familie ein besonderes Anliegen. Um das zu erreichen, sind die Weingärten dauerbegrünt, man verzichtet auf den Einsatz von Herbiziden, fördert die natürlichen Gegenspieler der Schädlinge und düngt mit selbst hergestelltem Kompost. Das Holz, aus dem die kleinen Eichenfässer gemacht werden, stammt aus dem eigenen Wald der Familie auf dem Kapfensteiner Kogel. Das Schloss selbst und auch die alten Weinkeller haben eine lange Geschichte, die bis ins 11. Jahrhundert zurückreicht. In den Jahren 1996 bis 1998 wurde ein weiterer Keller, der »Lange Keller«, renoviert. In dem 60 Meter langen und 350 Jahre alten Kreuzgewölbe lagert nun Rotwein in kleinen Eichenfässern.

91 Pinot Brut Sekt g.U. Reserve 2015 SL/PN
13 Vol.-%, NK, Flaschengärung, €€€€ V
Helles Lachsrosa, zarte Kupferreflexe, feines Mousseux. Rote Waldbeeren, eingelegte Kirschen, floraler Touch, mit einem Hauch von Limettenzesten unterlegt. Mittlerer Körper, reife Zwetschken, zart nussiger Touch, feiner, gut integrierter Säurebogen, salziger Nachhall, individueller Stil.

90 Muscaris Pet Nat 2020
12,5 Vol.-%, KR, Flaschengärung, €€€ V
Helles Goldgelb, Silberreflexe, lebendige Perlage. Frische weiße Birnenfrucht, ein Hauch von Wiesenkräutern, Nuancen von Orangenzesten. Weiße Apfelfrucht, ein Hauch von Muskat und Gewürznelken, frisch strukturiert, mineralisch-zitronig im Abgang, bietet zartherbes Trinkvergnügen.

94 Grauburgunder * Ried Kapfensteiner Schlosskogel 1STK 2019
13 Vol.-%, VL, Barrique, €€€€€ B V
Helles Goldgelb, silberfarbene Reflexe. Feine Holzwürze, dunkle Mineralik, weißes Steinobst, ein Hauch von Quitte, mit Kräuternoten unterlegte Orangenzesten. Saftig, elegant, feine Struktur, mineralisch-salzig, feine Apfelfrucht, mit etwas Gerbstoff unterlegte feine Extraktsüße, guter Speisenbegleiter mit Potenzial.

93 Traminer * Ried Kirchleiten GSTK Kapfenstein 2018
12,5 Vol.-%, VL, gebrauchte Barriques, €€€€€ V
Mittleres Goldgelb, silberfarbene Reflexe. Feines Rosolio, attraktive rauchige Aromatik, etwas Birne und Kräuter, facettenreiches Bukett. Saftig, harmonisch, feine Birnenfrucht, wirkt leichtfüßig, trockene Stilistik, feine Kräuterwürze, salziger Nachhall, zitroniger Touch, bereits entwickelt, vielseitiger Speisenbegleiter.

90 Gewürztraminer * Klöch 2019
12,5 Vol.-%, VL, Stahltank, €€€ V
Helles Goldgelb, Silberreflexe. Nuancen von Marshmallows, zarter Blütenhonig, etwas Eibischteig, florale Nuancen. Mittlerer Körper, feiner Karamelltouch, dezenter Säurebogen, mineralisch, gelbe Tropenfrucht im Abgang, bietet unkompliziertes Trinkvergnügen.

93 Sauvignon Blanc * Ried Klöcher Hochwarth 2018
13,5 Vol.-%, VL, Stahltank, €€€€ B V
Helles Goldgelb, Silberreflexe. Zart rauchig, etwas Mango, Kräuterwürze, Cassisnuancen, feuchte Steine, tabakige Noten. Auch am Gaumen nach Brombeerblättern, mineralisch, weißer Apfel, finessenreiche Struktur, salziger Touch, Nuancen von Stachelbeeren, mit guter Länge ausgestattet, verfügt über Reifepotenzial.

93 Sauvignon Blanc * Ried Kapfensteiner Kirchleiten GSTK 2018
13 Vol.-%, VL, Stahltank, €€€€€ B V
Mittleres Gelbgrün, Silberreflexe. Zarte Kräuterwürze, ein Hauch von gelber Tropenfrucht, Nuancen von reifer Ananas, dezenter Stachelbeertouch, Anklänge von Kräutern und Nougat. Saftig, gelbe Tropenfrucht, straffe Textur, frisch strukturiert, bleibt gut haften, blättrige Würze im Nachhall, etwas Birne, verfügt über Reifepotenzial.

92 Sauvignon Blanc * Kapfenstein 2019
13 Vol.-%, VL, Stahltank, €€€ B V
Mittleres Gelbgrün, silberfarbene Reflexe. Dezente gelbe Tropenfrucht, zart nach Mango, ein Hauch von Ribiseln, kandierte Orangenzesten, einladendes Bukett. Saftig, elegant, feine Struktur, mineralisch, gut eingebundener Säurebogen, lebendig, feines weißes Steinobst im Abgang, bleibt gut haften, vielseitiger Speisenbegleiter mit Potenzial.

WEINGUT WINKLER-HERMADEN

8353 Kapfenstein, 106
T: +43 (3157) 2322
weingut@winkler-hermaden.at
www.winkler-hermaden.at
Kellermeister: Thomas Winkler-Hermaden
Kontakt: Georg und Christof Winkler-Hermaden
Anbauweise: Bio Austria
Produktion: 200.000 Flaschen
49 % weiß, 50 % rot, 1 % süß, 37 Hektar
Zertifiziert: Nachhaltig Austria
Vereinzugehörikeit: Steirische Terroir- und Klassikweingüter
Messen: ProWein Düsseldorf, VieVinum

(91) Morillon * Kapfenstein 2020
12,4 Vol.-%, VL, Stahltank, €€€ B V
Helles Gelbgrün, Silberreflexe. Frische Wiesenkräuter, weiße Apfelfrucht, zart nach Birnen, noch etwas scheues Bukett. Mittlerer Körper, engmaschig, zitronige Nuancen, gut integrierte Säurestruktur, zitronig-salziger Nachhall, wird von Flaschenreife profitieren.

89 Muscaris 2020
12,5 Vol.-%, VL, Stahltank, €€ V

93 Hermada 2017 CS/ME/PN
13,5 Vol.-%, VL, Barrique, €€€€ V
Dunkles Rubingranat, violette Reflexe, zarte Randaufhellung. Reife Herzkirschen, ein Hauch von Cassis, leicht pfeffrig, Holzwürze, Gewürznelken im Hintergrund, Orangenzesten klingen an. Saftig, straff, mineralisch, Weichseln im Abgang, balancierte Tannine, tabakiges Finish.

92 Blauer Zweigelt Olivin 2018
13,5 Vol.-%, VL, Barrique, €€€€ V
Tiefdunkles Rubingranat, violette Reflexe, zarte Randaufhellung. Feine Holzwürze, Nuancen von Brombeeren und Amarenakirschen, tabakig unterlegte dunkle Mineralik. Saftig, dunkle Waldbeeren, frische Zwetschken, lebendig strukturiert, ein Hauch von dunklem Nougat im Nachhall.

★

WEINERLEBNIS MARTIN WIPPEL

Im Familienbetrieb Wippel in der Südoststeiermark, eingebettet in eine wunderbare Landschaft, geben sich Kulinarik und Weingenuss die Hand. Höchste Qualität aus vulkanischer Erde, ein Schuss Ehrgeiz, schonende Weinbereitung und Individualität: So lassen sich die Weine von Martin Wippel am einfachsten beschreiben. Die Sortenpalette im »Weinerlebnis« reicht von fruchtigen und mit angenehmer Säure unterlegten leichten bis zu kräftigen, voluminösen Weinen mit hohem Reifepotenzial und feiner Frucht. Auszeichnungen und Prämierungen bei nationalen und internationalen Verkostungen sind ein sichtbarer Beweis für die qualitätsorientierte Arbeit im Keller.
Bruder Stefan Wippel führt die »Hofbergstubn«, wo Weinfreunde bei herrlichem Blick auf die Riegersburg zu kulinarischen Genüssen die Weine probieren können. Neben der bodenständigen steirischen kalten Jause serviert man auch warme Speisen. Diese werden dank hochwertiger Produkte aus der Region zu einem ganz besonderen Geschmackserlebnis. Bei Bestellung im neuen Onlineshop werden alle Produkte gerne auch nach Hause geliefert.

WEINERLEBNIS MARTIN WIPPEL
8333 Riegersburg
Hofberg 67
T: +43 (3153) 7360
office@weinerlebnis-wippel.at
www.weinerlebnis-wippel.at
Kellermeister/Kontakt:
Martin Wippel
Produktion: 60.000 Flaschen
78 % weiß, 20 % rot, 2 % süß,
10 Hektar
Vereinzugehörikeit: Winzer Vulkanland Steiermark, Wein Steiermark, Steirisches Thermenland, Marktgemeinschaft Steirischer Wein
Messen:
Alles für den Gast Salzburg

91 Morillon * 2019
13 Vol.-%, DV, Stahltank, €€
Helles Grüngelb, Silberreflexe. Zart mit Biskuit unterlegte frische gelbe Tropenfrucht, ein Hauch von Blütenhonig, zart nach gelben Paprikaschoten. Saftig, rund und elegant, cremige Textur, feine Süße im Nachhall, ein facettenreicher Speisenbegleiter.

91 Sauvignon Blanc * Klassik 2020
12 Vol.-%, DV, Stahltank, €€
Helles Grüngelb, Silberreflexe. Feine Kräuterwürze, ein Hauch von Cassis und Stachelbeeren, mit Nuancen von Grapefruitzesten unterlegt, floraler Touch. Mittlerer Körper, weiße Frucht, frischer Säurebogen, mineralisch-zitroniger Nachhall, vielseitig einsetzbar.

90 Weißburgunder * Klassik 2020
12,5 Vol.-%, DV, Stahltank, €€
Helles Grüngelb, Silberreflexe. Zart nussig unterlegte weiße Apfelfrucht, ein Hauch von Limettenzesten, mineralischer Anklang. Leichtfüßig, balanciert, zarte Kernobstnuancen, finessenreich, salzig-zitroniger Touch, angenehmer Sommerwein.

90 Sämling 2020
11,5 Vol.-%, DV, Stahltank, €€
Helles Gelbgrün, Silberreflexe. Zarte weiße Tropenfrucht, ein Hauch von Maracuja und Limette, einladendes Bukett. Saftig, feinfruchtige Süße nach reifer Ananas, lebendig strukturiert, ein sommerlicher Aperitif und Begleiter leichter Gerichte.

89 Welschriesling * Klassik 2020
11,5 Vol.-%, DV, Stahltank, €€

89 Mystica 2019 BB/RÖ
13,5 Vol.-%, DV, Teilbarrique, €€€

© Robert Herbst

STEIERMARK

WEST-STEIERMARK DAC

Sanft eingebettet im weststeirischen Schilcherland liegt der reizvolle Bergrücken Hochgrail

Die Burg Deutschlandsberg liegt direkt über den Weingärten der Stadt und beheimatet ein Museum

HEIMAT DES SCHILCHERS

Nur rund 550 Hektar sind in der Weststeiermark mit Reben bepflanzt, doch daraus schaffen die Winzerfamilien eine verblüffende Vielfalt an Produkten: rassige, säurebetonte Schilcher, kraftvolle, tanninbetonte Rotweine sowie elegante, charmante Schaumweine. Das alles kommt jedoch aus einer einzigen Rebsorte: dem Blauen Wildbacher. Beginnend mit dem Jahrgang 2018 gehört auch die Weststeiermark zur großen österreichischen DAC-Herkunftsweinfamilie.

Das kleinste Weinbaugebiet der Steiermark ist ein uraltes Weinland, in dem schon Illyrer, Kelten und später Römer Weinreben kultivierten. Die Weingärten ziehen sich in einem schmalen langen Band auf bis zu 600 Meter Seehöhe an den Ausläufern der Koralpe und des Reinischkogels nach Süden bis zur slowenischen Grenze hin. Die Lage bedingt tagsüber starke Erwärmung und schützt vor rauen Winden.

Steile Hänge mit malerischen kleinen Kellerstöckeln sind zu überwinden, tiefe Täler zu durchqueren auf dem Weg von Ligist im Norden über St. Stefan ob Stainz bis nach Deutschlandsberg und Eibiswald. Abstecher in Weinorte wie Greisdorf, Gundersdorf, Wildbach oder Wies bringen überraschende Perspektiven – beim Panorama ebenso wie beim Wein.

Ungewöhnlich sind auch die Bodenbeschaffenheit des Gebiets mit vorwiegend Gneis- und Schiefer-Urgestein sowie das sogenannte illyrische Klima mit südeuropäisch-mediterranen Einflüssen und relativ hohen Niederschlägen. Das natürliche Zusammenspiel all dieser Eigenheiten erklärt auch ein wenig die Einzigartigkeit des Weintyps, der einem hier auf Schritt und Tritt begegnet.

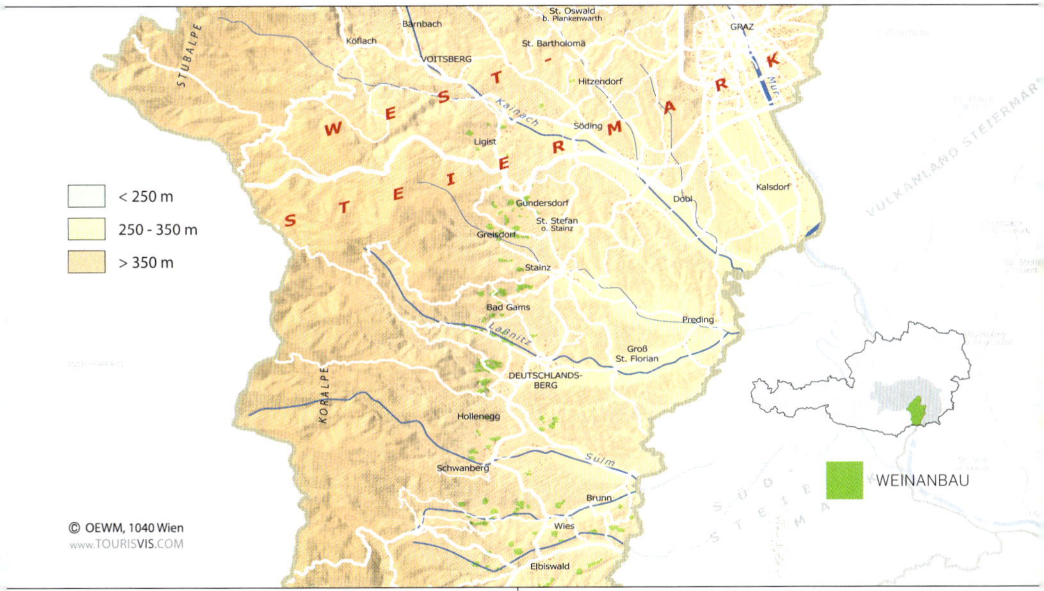

Die Weststeiermark ist das klassische Schilcherland, denn auf dem Großteil der Rebfläche wächst Blauer Wildbacher, eine uralte Rebsorte, die als Grundlage für den rosa- bis zwiebelfarbenen Wein dient, der eine beinahe unglaubliche Erfolgsgeschichte erlebt hat. Ursprünglich ein rustikaler Bauernwein mit aggressiver Säure, verwandelte er sich durch kontinuierliche Qualitätsverbesserungen unter den Händen ambitionierter Winzer zu einem begehrten Getränk: vom frisch-fruchtigen Aperitif bis hin zu raffinierten Süßweinen. Auch Schaumweine werden aus dieser autochthonen Sorte erzeugt. Nicht zu unterschätzen sind die roten Varianten, die mit ihrer individuellen Stilistik eine Bereicherung auf dem Sektor Terroirwein aus Österreich darstellen.

Für den Weintourismus ist der Schilcher ein wesentlicher Erfolgsfaktor; er darf nur in der Weststeiermark den Zusatz DAC tragen. Beim Gebietswein ist bereits der 1. Dezember nach der Ernte als Premierentag erlaubt, Ortsweine dürfen aus Ligist, Eibiswald, Stainz oder Deutschlandsberg kommen. Neben dem Schilcher werden in der Weststeiermark aber auch fast alle anderen steirischen Rebsorten kultiviert, und es gilt, sie zu entdecken.

AUSGEWÄHLTE WEINGÜTER

★★★

Domäne Müller, Groß St. Florian

★★

Schilcherweingut Friedrich, Sankt Stefan ob Stainz
Schilcherei Weingut H. und L. Jöbstl, Wernersdorf bei Wies
Weingut Thomas Strohmaier, Brunn

★★

Weingut Langmann, Sankt Stefan ob Stainz
Weingut Reiterer, Wies

★★

SCHILCHERWEINGUT FRIEDRICH

Das Weingut Friedrich beschäftigt sich ausschließlich mit der Blauer-Wildbacher-Traube, aus der man verschiedene Ausbauvariationen keltert: von gleich gepresst über Schilcher »Klassik«, den Stainzer Schilcher als Ortswein, verschiedene Riedenschilcher und den Blauen Wildbacher als Rotwein ausgebaut bis hin zu Süßweinen (Spätlesen), Schilcherfrizzante sowie Schilchersekten. Weiters im Programm: »PIUS«, ein Schilcher, der mit seiner sehr trockenen und säurebetonten Ausbaustilistik an die Anfangszeiten des Schilchers erinnert.

Gebietsweine, Ortsweine und Riedenweine werden als Herkunftsweine mit »Weststeiermark DAC« bezeichnet. Heuer auch im Programm sind die Jahrgänge 2018 und 2019 des Schilchers Ried Pirkhofberg Barrique Reserve: hochreifes Traubenmaterial, Vergärung und 12-monatige Lagerung in neuen französischen Eichenfässern, biologischer Säureabbau, Rosé-Stilistik mit finessenreichem Abgang, ein Schilcher für Experimentierfreudige. Weiters bietet man hier die Möglichkeit an, bei einer informativen Betriebsführung hinter die Kulissen der Schilcherproduktion zu blicken und die Geheimnisse der verschiedenen Ausbauvariationen näher kennenzulernen.

Das Schilcherweingut Friedrich liegt auf einer Seehöhe von 570 Metern und bietet einen atemberaubenden Ausblick über das steirische Weinland. Im liebevoll eingerichteten Verkaufs- und Degustationsraum können alle näheren Informationen über die weststeirische Spezialität eingeholt werden. Durch die Spezialisierung auf diese einzige Rebsorte können hier Lagenspezifikationen, Lesetermine und Produktionsabläufe optimiert und auf den Punkt gebracht werden.

Zahlreiche Erfolge wie sechs Schilcherlandessiege, nicht weniger als zwölf verschiedene Schilcher im »SALON Österreich Wein« in den letzten sechs Jahren und zahlreiche Erfolge bei diversen Fachverkostungen zeugen von der Schilcherkompetenz dieses Betriebs. Auch der Jahrgang 2020 zeichnet sich durch feinfruchtige Aromatik und enorme Komplexität aus und wird viel Freude bereiten.

91 **Schilchersekt 2018**
12 Vol.-%, NK, Stahltank, €€€
Mittleres Zwiebelrosa, Silberreflexe, lebendiges Mousseux. Ein Hauch von Dörrobst und Nougat, mit eingelegten roten

Christian Friedrich

SCHILCHERWEINGUT FRIEDRICH
8511 Sankt Stefan ob Stainz
Langegg 18
T: +43 (3463) 81252
info@friedrich-schilcher.at
www.friedrich-schilcher.at

Kellermeister: Christian Friedrich
Kontakt: Christian und Isabella Friedrich
Produktion: 8 + 2 Hektar
Vereinszugehörigkeit: Wein Steiermark

Kirschen unterlegt, zart nach Pfirsich. Saftig, elegant, frisch unterlegte Fruchtsüße, gute Balance, mineralisch-zitronig im Nachhall, vielseitig einsetzbar.

90 ❸ Schilcherfrizzante 2020
12 Vol.-%, DV, Stahltank, €€
Mittleres Zwiebelrosa, Orangereflexe. Frische Orangenzesten, rote Waldbeeren, mit Pfirsich und Grapefruit unterlegt. Stoffig, Schwarze Johannisbeeren, grüner Apfel, feinfruchtige Süße im Nachhall, bietet ausgewogenes Trinkvergnügen.

(92) Schilcher * Ried Pirkhofberg Barrique Reserve 2019
13,5 Vol.-%, NK, Barrique, €€€€
Leuchtendes mittleres Zwiebelrosa, Silberreflexe. Mit feiner Holzwürze unterlegtes rotes Beerenkonfit, ein Hauch von Pfirsich und Vanille. Mittlerer Körper, feiner weißer Apfel, straffe Textur, feine Würze, eingelegte Kirschen im Abgang, mineralischer Nachhall, ein facettenreicher Speisenbegleiter.

91 Schilcher * Ried Pirkhofberg 2020
12,5 Vol.-%, DV, Edelstahl, €€
Mittleres Zwiebelrosa, Orangereflexe. Mit einem Hauch von Erdbeerkonfitüre unterlegte rote Kirschfrucht, ein Hauch von Kräutern und Limettenzesten. Saftig, rotbeerig, frische Kernobstnuancen, lebendig strukturiert, zitroniger Nachhall, vielseitig einsetzbar.

90 Schilcher * Ried Kirchberg 2020
12,5 Vol.-%, DV, Edelstahl, €€
Mittleres Zwiebelrosa, Ockerreflexe. Frische rote Kirschen, zart nach Johannisbeeren, dezente Kräuterwürze, mit Grapefruitzesten unterlegt. Mittlerer Körper, grüner Apfel, rote Beeren, frischer Säurebogen, mineralisch-zitronig im Abgang, bereits gut antrinkbar.

Jagdschloss Stainz

90 Schilcher * Ried Langegg 2020
12,5 Vol.-%, DV, Edelstahl, €€
Mittleres Zwiebelrosa, Orangereflexe. Zart nach roten Beeren und Mango, ein Hauch von frischen Kirschen, Mandarinenzesten. Mittlerer Körper, gelber Apfel, feiner Säurebogen, mineralisch-salzig, dezente Frische, vielseitig einsetzbar, ein Einstiegs-Schilcher mit moderater Rasse.

★★

SCHILCHEREI WEINGUT H. UND L. JÖBSTL

Durch selektive Handernte in kleinen Behältnissen und behutsame Kellerwirtschaft kreiert Johannes Jöbstl, der »Master of Schilcher«, bemerkenswerte Kreszenzen und garantiert persönlich für allerhöchste Qualität, Trinkvergnügen und perfekte Sortentypizität. Siebenmal steirischer Landessieger und achtzehnmal im »SALON Österreich Wein«: Dies zeugt von hoher Qualität. Die Liebe der Jöbstls gehört der Sorte Blauer Wildbacher, aus welcher der Schilcherwein gewonnen wird. Wie kein anderer Wein transportiert dieser den Charme seiner Herkunft. Nur hier, im südweststeirischen Hügel- und Bergland, ist die Heimat des echten Schilchers. In der geschmackvoll eingerichteten »Schilcherei« kann man sich in gemütlicher Atmosphäre davon überzeugen. Der Stil des Weinguts Jöbstl und die Identität des Jahrgangs, vereint zu immer neuen Facetten, spiegeln sich in einer beeindruckenden Vielfalt wider. Nicht nur die unterschiedlichsten

* Weststeiermark DAC

Weinberg bei Wies

SCHILCHEREI
WEINGUT H. UND L. JÖBSTL

8551 Wernersdorf bei Wies, Am Schilcherweg 1
T: +43 (3466) 43210
info@joebstl.eu, www.joebstl.eu
Kellermeister: ÖkR Ing. Johannes Jöbstl
Kontakt: Johannes und Luise Jöbstl
Produktion: 53.000 Flaschen
15 % weiß, 70 % rosé, 10 % rot, 5 % süß, 7.8 Hektar
Vereinszugehörigkeit:
Genuss Region Österreich, Klassischer Weststeirischer Schilcher, Gutes vom Bauernhof, Steirischer Junker, Schilcherland Spezialitäten, Wein Steiermark, Marktgemeinschaft Steirischer Wein, EmmausWinzer, Masters of Schilcher
Messen: Weinmesse Innsbruck

Schilchervarianten entstehen hier: Das Sortiment reicht vom duftig-feinstrahligen Muskateller über den eleganten Sauvignon Blanc, den fruchtigen Zweigelt und den dichten, samtigen Blauen Wildbacher bis hin zum einzigartigen, rubinrot glänzenden süßen Schnürlwein. Beim aktuellen Weinjahrgang wurde konsequent auf tierische Bestandteile in den Schönungsmitteln, Etikettenklebern etc. verzichtet. Auch das Thema »vegan« wird bei Hannes und Luise großgeschrieben, und so kann man ebenso vegane Weine und auch Natursäfte bei ihnen genießen. Jahrgangssekt und ein wie Portwein ausgebauter Schilcher runden das Angebot ab.
Das Verkostungsangebot vor Ort wurde ausgebaut: zehn einzigartige Schilcher (weiß, rosé, rot, prickelnd oder still und trocken bis süß) können in Begleitung von zehn Affineur-Käsen probiert werden. Tauchen Sie ein in die einzigartige Welt der Schilchertraube!

89 Sauvignon Blanc * Ried Schilcherberg 2020
12,5 Vol.-%, DV, Stahltank, €€ V

91 Schilcher * Ried Schilcherberg 2020
12 Vol.-%, DV, Stahltank, €€ V
Leuchtendes mittleres Zwiebelrot, Silberreflexe. Ein Hauch von Grapefruit, Rote Johannisbeeren, Brombeerblätter, frische Kirschen, einladendes Bukett. Saftig, elegant, rotbeerig, frisch strukturiert, balancierter Stil, ein frischer Sommerwein mit guter Würze.

91 Blauer Wildbacher »No 5« 2020
11 Vol.-%, DV, Stahltank, €€ V
Mittleres Zwiebelrosa, Ockerreflexe. Feine rote Waldbeeren, kandierte Orangenzesten, ein Hauch von Tropenfrüchten im Hintergrund. Saftig, süße Kirschen, gut integrierte Säurestruktur, ein Hauch von Erdbeerkonfitüre im Nachhall, individueller halbtrockener Stil.

94 Schilcher Alter Freund (Verschnitt aus den Jhg. 2012 und 2013)
15 Vol.-%, NK, gebrauchte Barriques, €€€€€ V
Zart wolkiges Kupfergold, Orangereflexe. Sherrynussig unterlegte Dörrzwetschken, dunkle Schokolade, angenehm oxidatives Bukett. Sehr kraftvoll straff, reife Kirschen, lebendige Struktur, Dörrfeigen und Nougat im Nachhall, gute Länge, guter Ersatz für den klassischen Oloroso.

91 Sir Wilderlot 2015 BW/ME
13 Vol.-%, DV, gebrauchte Barriques, €€€€
Kräftiges Rubingranat, violette Reflexe, zarte Ockerrandaufhellung. Tabakig, reife Herzkirschen, frische Zwetschken, ein Hauch von Orangenzesten. Straff, rote Waldbeeren, präsente Tannine, dunkles Nougat, frisch strukturiert, mineralisch, ein würziger Speisenbegleiter.

93 Schnürlwein | Strohwein vom Schilcher 2017
9 Vol.-%, DV, Edelstahl, €€€€€ V
Kräftiges Kupfergold, rote Reflexe. Nuancen von Dörrfeigen und Datteln, Marillenkonfitüre und Honig. Saftig, würzig, von einer rassigen Säure gekonterte Süße, wirkt im Abgang fast trocken, zart nussig im Nachhall, zitronig, bleibt haften, sehr individueller Wein.

★★

WEINGUT LANGMANN

Eine malerische hügelige Weinlandschaft inmitten der Weststeiermark, so weit das Auge reicht – das ist der Arbeitsplatz von Stefan und Daniela Langmann. Dort, wo andere Urlaub machen, bewirtschaften sie Weingärten, in denen der Rohstoff für Weine voll Frische und Finesse entsteht. Hauptdarsteller ist die Rebsorte Blauer Wildbacher. Aber auch Sauvignon Blanc, Gelber Muskateller und viele weitere Sorten finden hier perfekte Bedingungen vor. Sorgfältig achtet das Winzerpaar darauf, den unverkennbaren Geschmack ihrer Herkunft, das Terroir, zum Ausdruck zu bringen – mit Erfolg, denn die Weine sind weltweit gefragt. Dazu tragen auch die die Bedachtsamkeit, mit denen sie ihre Weingärten pflegen, bei. Diese sind ein regelrechtes Biotop mit einer Vielfalt an Flora und Fauna, Wildkräuter und selten gewordene Vogelarten fühlen sich hier wohl. Wofür das Weingut ebenfalls geschätzt wird, sind seine Schaumweine. Ob erfrischender Schilchersekt, trendiger Pet Nat, eleganter Blanc de Blancs oder Brut Rosé: Die Kollektion von Stefan und Daniela Langmann lässt das Herz von Liebhabern prickelnder Genüsse definitiv höherschlagen. Wer die Möglichkeit hat, das Weingut zu besuchen, sollte dies unbedingt mit einem Besuch der angeschlossenen Buschenschank verbinden. Hier verkostet man gemütlich die Weine, wird mit hausgemachten Schmankerln verwöhnt und genießt dabei den Blick über die mit Reben gesäumte Landschaft.

90 ❶ Schilcher Brut Rosé Reserve
12,5 Vol.-%, NK, Flaschengärung, €€€€ Ⓥ
Kräftiges Zwiebelrosa, Orangereflexe, lebendige Perlage. Mit einem Hauch von frischem Biskuit unterlegtes rotes Waldbeerenkonfit, Nuancen von frischem Pfirsich. Saftig, feines Nougat, rotbeerig, rassige Struktur, fruchtsüßer Abgang, zarter Honigtouch im Nachhall.

(93) Sauvignon Blanc * Ried Greisdorf 2019
13 Vol.-%, NK, Barrique, €€€€€ Ⓥ
Mittleres Grüngelb, Silberreflexe. Ein Hauch von Kräutern und Karamell, gelbe Tropenfrucht, ein Hauch von Guaven und Passionsfrucht, einladendes Bukett. Saftig, elegant, feine Fruchtsüße, frischer Säurebogen, bleibt haften, salzig-zitroniger Rückgeschmack, gutes Reifepotenzial.

(91) Sauvignon Blanc * Ried Greisdorf 2020
13 Vol.-%, NK, großes Holzfass, €€€ Ⓥ
Helles Gelbgrün, Silberreflexe. Frische Würze, ein Hauch von Brennnesseln, weiße Frucht, zart nach Cassis und Sta-

WEINGUT LANGMANN
8511 Sankt Stefan ob Stainz
Langegg 23
T: +43 (3463) 6100
weingut@l-l.at
www.weingut-langmann.at

Kellermeister/Kontakt:
Stefan Langmann
Produktion: 35 Hektar
Zertifiziert: Nachhaltig Austria
Vereinszugehörigkeit:
Wein Steiermark
Messen: Austrian Tasting London, ProWein Düsseldorf, Tag des Steirischen Weines im Museumsquartier, VieVinum, DAC-Präsentationen

Weingut Langmann

chelbeeren, mit Grapefruitzesten unterlegt. Saftig, feine Fruchtsüße, frisch strukturiert, weißer Apfel im Abgang, mineralischer Rückgeschmack.

(91) Weißburgunder * Ried Greisdorf 2020
13 Vol.-%, NK, 500-l-Fass, €€€€ V
Helles Gelbgrün, Silberreflexe. Zarte Wiesenkräuter, weißer Apfel, zart mineralischer Limettentouch. Mittlerer Körper, feine Birnenfrucht, frisch strukturiert, salziger Nachhall, ein vielseitiger Speisenbegleiter mit Potenzial.

(93) Schilcher * Ried Hochgrail Reserve 2019
13 Vol.-%, NK, Barrique, €€€€ V
Kräftiges Zwiebelrot, Orangereflexe. Zart tabakig unterlegte eingelegte Kirschfrucht, ein Hauch von Dörrfeigen, Kletzen, dunkle Mineralik. Komplex, weißer Apfel, straffe Säure, mineralisch-salzig im Abgang, feinwürziger Nachhall, ein klassischer Lagenschilcher.

92 Schilcher * Reserve Ried Hochgrail 2020
13 Vol.-%, DV, Stahltank, €€ V
Kräftiges Zwiebelrot, Ockerreflexe. Mit einem Hauch von Nougat unterlegte Nuancen von Johannis- und Brombeeren, etwas Karamell. Saftig, dunkelbeerig, zart nach Zwetschken, frischer Säurebogen, elegant und anhaftend, gutes Entwicklungspotenzial.

★ ★ ★

WEINGUT DOMÄNE MÜLLER

In der Weststeiermark erstrecken sich an den Südhängen unter der mächtigen Burg Landsberg die vierzehn Hektar des »Prinz Liechtenstein'schen Weinguts«, das ab heuer nur noch Weingut Domäne Müller heißt. Auf den Urgesteinsböden der Ried Burgegg und ihrem Herzstück, dem »Fürstenstück«, zieht die Domäne Müller heute unter anderem eine ganz besondere Spezialität der Weststeiermark: den Schilcher. Aus dieser urwüchsigen Sorte wird ein rassiger Roséwein gewonnen, der im Sommer ein erfrischender Durstlöscher und im Winter ein eleganter Speisenbegleiter ist. Aus dem Blauen Wildbacher wird aber auch ein klassischer Rotwein erzeugt, der den Namen »Out of Red« trägt und nicht nur in Österreich immer wieder ausgezeichnet wird. Darüber stehen reinsortige Weine aus beiden Gütern der Familie Müller und deren jeweiligen Lagen: Weine im klassischen und solche im Barriqueausbau. Letztere erweisen sich als

Yves-Michel Müller

WEINGUT DOMÄNE MÜLLER
8522 Groß St. Florian
Grazer Straße 71
T: +43 (3464) 2155
office@mueller-wein.at
www.domaene-mueller.com

Kellermeister/Kontakt:
DI Yves-Michel Müller, MLBT
Produktion: 81.000 Flaschen
55 % weiß, 44 % rot, 1 % süß,
14 Hektar
Vereinszugehörigkeit:
Marktgemeinschaft Steirischer Wein
Messen: Alles für den Gast Salzburg, Foodex Japan, ÖGW Zürich, ProWein Düsseldorf, VieVinum, Weinmesse München

echte »Vins de Garde«, als lagerfähige Spitzenweine, die mit den Jahren an aromatischen Facetten noch weiter zulegen und sich ihrer Perfektion nähern. Friedrich Zweigelt pflanzte in den 1930er-Jahren eigenhändig die gleichnamigen Reben in die Ried Burgegg, die damit zu den ältesten Zweigelt-Anlagen Österreichs gehört. Yves-Michel Müller führt nun nach dem viel zu frühen Tod seines Vaters Günter und heuer auch seiner Mutter Eva diese alte Tradition weiter und vinifiziert aus diesen Reben dunkelschwarzrote Weine mit Tiefe und Eleganz – kleine Mengen, diese aber mit außergewöhnlicher Qualität. Erstmals wurde im Frühjahr 2016 der Zweigelt aus dem hervorragenden Jahrgang 2013 mit der Bezeichnung »Origo 34 Burgegg« präsentiert, um auf das ursprüngliche Pflanzdatum hinzuweisen. Im Jahr 2018 wurden drei Hektar Weingartenfläche in der Ried Michlgleinz im Bezirk Deutschlandsberg erworben, die mit Blauer-Wildbacher-Reben bestockt sind.

92 ❶ DER Schilchersekt 2019
13 Vol.-%, NK, €€€
Kräftiges Zwiebelrot, Goldreflexe, feines Mousseux. Zart rauchig unterlegtes dunkles Beerenkonfit, rote Kirschen, feine Kräuterwürze. Straff, mineralisch, feine Kirschfrucht, lebendiges Säuregerüst, feine Fruchtsüße als Balance im Abgang, harmonisch und gut anhaftend.

94 Pinot Gris * Ried Burgegg Privat 2019
13,5 Vol.-%, NK, kleines Holzfass, €€€€€
Mittleres Goldgelb, Silberreflexe. Frische gelbe Tropenfrucht, ein Hauch von Birne, zart floraler Touch, ein Hauch von Holz im Hintergrund. Straff, engmaschig, extraktsüße Textur, feiner Säurebogen, salziger Nachhall, gute Balance, sicheres Reifepotenzial.

91 Grauburgunder * 2020
13,5 Vol.-%, DV, großes Holzfass, €€€
Helles Gold mit Kupferreflexen. Verhalten, zarte Kräuterwürze, Nuancen von frischer Birne, Limettenzesten. Mittlere Komplexität, feine Fruchtsüße, ein Hauch von frischen Feigen, lebendiger Stil, salziger Nachhall, bereits gut ausgewogen.

91 Schilcher * Ried Burgegg 2020
12,5 Vol.-%, DV, €€€
Mittleres Zwiebelrosa, Silberreflexe. Mineralisch-rauchig unterlegtes rotes Waldbeerenkonfit, ein Hauch von Kirschen und Erdbeeren, frische Orangenzesten. Mittlere Komplexität, rote Beerenfrucht, frische, aber nicht übertriebene Säurestruktur, salzig-zitronig im Finale.

91 Schilcher * Deutschlandsberg 2020
12 Vol.-%, DV, Stahltank, €€
Mittleres Zwiebelrosa, Silberreflexe. Zart nach roten Kirschen, Mandarinenzesten, floraler Touch, attraktives fruchtiges Bukett. Mittlerer Körper, weißes Kernobst, frischer Säurebogen, saliner Nachhall, zitroniger Rückgeschmack.

90 Schilcher * Klassik 2020
11,5 Vol.-%, DV, Stahltank, €€
Mittleres Zwiebelrosa, Orangereflexe. Feine rote Fruchtnoten, ein Hauch von Erdbeeren, dunkle Ringlotten, ein Hauch von Feige. Straff, grüner Apfel, rassige Struktur, zitronig-salzig, Rote Johannisbeeren im Nachhall.

91 Zweigelt Origo '34 2019
13 Vol.-%, NK, €€€
Kräftiges Rubingranat, violette Reflexe, dezente Ockerrandaufhellung. Zart tabakig-kräuterwürzig unterlegte Zwetschkenfrucht, Brombeerkonfit klingt an. Mittlerer Körper, rotbeerige Frucht, frischer Säurebogen, zart nussig im Nachhall, salzig-granitiger Rückgeschmack.

★★

WEINGUT REITERER

Genuss – Eleganz – Lebensfreude: Das sind die Grundpfeiler der prickelnden Welt von Christian Reiterer. Er hat schon früh erkannt, dass sich die Blauer-Wildbacher-Traube mit ihrer intensiven Frucht und ihrer erfrischenden Säure perfekt für die Produktion von Schaumweinen eignet, und kelterte bereits vor drei Jahrzehnten als Erster Schilcher-Frizzante und Schilcher-Sekt. »Ich war immer schon von der Blauer-Wildbacher-Traube und ihren Möglichkeiten fasziniert«, erzählt der begeisterte Reiter Christian Reiterer, der in dieser Tradition auch die Zukunft für die Region sieht: »Wir haben hier ein einzigartiges Potenzial, das sich aus dem Zusammenspiel einer ausschließlich regional vertretenen Sorte mit unseren Böden und unserem speziellen, von der nahen Koralpe beeinflussten Klima ergibt! «Steile Lagen sorgen für

Christian Reiterer

WEINGUT REITERER

8551 Wies
Lamberg 11
T: +43 (3465) 3950
info@weingut-reiterer.com
www.weingut-reiterer.com

Kellermeister/Kontakt:
Christian Reiterer
Produktion: 10 % weiß, 90 % rosé, 60 Hektar
Messen: ProWein Düsseldorf, VieVinum

die perfekte Sonneneinstrahlung und die kühlen Winde von der Koralpe für eine besonders intensive Aromenausprägung in den Trauben. Das kommt dem Schilcher, der hier klassisch und als Lagenwein von den Monopollagen Lamberg und Engelweingarten gekeltert wird, ebenso zugute, wie den duftig-trinkfreudigen Weißweinen vom Welschriesling, Morillon und Sauvignon Blanc. Die durch längere Regenphasen im September verzögerte Ernte des exzellenten Jahrgangs 2020 wurde in einem milden und sonnigen Oktober finalisiert. Die Trauben erreichten eine perfekte Ausreifung und erhielten somit eine sortentypische frische Frucht. Auch in diesem Jahr wird es wieder als Pendant zum Schilcher Rosé Frizzante den neuen Frizzante vom Muskateller geben – wunderbar duftig, mit einem Aroma von frischen Holunderblüten und animierender Trinkfreudigkeit.

93 Schilcher Sekt g.U. Rerserve Engelweingarten »Alte Reben«
11,5 Vol.-%, NK, Flaschengärung, €€€€€
Kräftiges Zwiebelrosa, Goldreflexe, sehr feines Mousseux. Feines Biskuit, weißes Nougat, Anklänge von reifer Tropenfrucht, einladendes Bukett. Straff, lebendig, rotbeerig und feinwürzig, frischer Säurebogen, salziger Nachhall, trockene, mineralische Stilistik, auch als Speisenbegleiter einsetzbar.

92 Rosé Schilcher Sekt
11,5 Vol.-%, NK, Stahl, €€€
Mittleres Zwiebelrosa, Silberreflexe. Feines, lebendiges Mousseux. Zart nach Brombeerblättern, etwas Johannisbeeren, Nuancen von Limetten. Mittlerer Körper, weißes Kernobst, frisch strukturiert, feine Fruchtsüße im Abgang, zitronig-mineralisch im Nachhall, bietet animierenden Trinkspaß.

89 Rosé Schilcherfrizzante
11,5 Vol.-%, DV, Stahl, €€

92 Sauvignon Blanc * Ried Lamberg 2018
13 Vol.-%, NK, Stahltank/großes Holzfass, €€€€
Helles Grüngelb, Silberreflexe. Zart kräuterwürzig-röstig unterlegte gelbe Stachelbeernuancen, ein Hauch von Cassis und Passionsfrucht, feiner Blütenhonig. Saftig, kräftig, reife gelbe Tropenfrucht, feine Säurestruktur, mineralisch-salzig im Abgang, bereits gut antrinkbar.

91 Schilcher * Ried Engelweingarten Alte Reben 2020
12,5 Vol.-%, DV, Stahl, €€€
Mittleres Altrosa, Silberreflexe. Frische rote Waldbeeren, eingelegte rote Kirschen, florale Nuancen, einladendes Bukett. Frischer weißer Apfel, rassige Struktur, Limetten im Abgang, ein lebendiger Speisenbegleiter mit salzigem Ausklang.

90 Schilcher * Ried Lamberg 2020
12,5 Vol.-%, DV, Stahl, €€
Mittleres Altrosa, Silberreflexe. Zart nach Roten Johannisbeeren und Preiselbeeren, mit rote Kirschen unterlegt, ein Hauch von Limettenzesten. Leichtfüßig, schlank, weißer Apfel, rassige Struktur, zitronig-salzig im Nachhall, unkomplizierter Stil.

★★

WEINGUT THOMAS STROHMAIER

Die Symbiose zwischen Natur und Terroir sowie die Beobachtung der Mondphasen sind für Thomas Strohmaier die wichtigsten Faktoren, um interessante und eigenständige Weine zu kreieren. Die »Aromasorten« des Weinguts wie Sauvignon Blanc, Schilcher oder Gelber Muskateller wachsen auf Schiefer-Gneis-Urgesteinsböden und reifen zu facettenreichen und eleganten Weinen heran.
Im Wesentlichen wachsen die Trauben des Weinguts Strohmaier auf fünf Einzellagen, beginnend beim Schloss Limberg südlich von Schwanberg und entlang der Schilcherweinstraße in Richtung Süden bis Aibl bei Eibiswald. Alle Lagen weisen in Richtung Südwesten. Die unterschiedlichen Hangneigungen und geologischen Eigenschaften sind ausschlaggebend für die Sorten und letztlich auch für die Weine der einzelnen Rieden. »Wenn man im Weingarten alles richtig macht und die Traube top ist, ist auch der Weg zu einem Top-Wein geebnet«, so der sympathische Winzer Thomas Strohmaier.

91 Sauvignon Blanc * Ried Schlossweingarten 2019
13 Vol.-%, DV, großes Holzfass, €€€€
Mittleres Goldgelb, Silberreflexe. Feine gelbe Tropenfrucht, Nuancen von Guaven und Passionsfrucht, mit rauchiger Würze unterlegt. Feiner Holztouch, gelbe Frucht, mineralisch, wirkt noch nicht ganz in sich ruhend, wird von Flaschenreife profitieren.

90 Sauvignon Blanc * Klassik 2020
12 Vol.-%, DV, Stahltank, €€
Helles Goldgelb, Silberreflexe. Zart kräuterwürzig unterlegte gelbe Stachelbeeren, zarter Pfirsichtouch, Nuancen von Mandarinenzesten. Mittlerer Körper, gelbe Frucht, ein Hauch von Ananas, ausgewogen, fruchtiger Nachhall, bereits gut antrinkbar.

90 Chardonnay Luna 2020
13 Vol.-%, DV, Stahltank, €€€
Helles Grüngelb, Silberreflexe. Zart rauchig unterlegter Vanilletouch, Noten von gelbem Apfel und Mango, dezenter Blütenhonig. Saftig, reife Birne, cremige Textur, süßer Fruchtnachhall, bereits gut zugänglich.

89 Riesling Urkraft 2020
12,5 Vol.-%, DV, Stahltank, €€€

92 Schilcher * Ried Aibl 2020
12 Vol.-%, DV, Stahltank, €€
Leuchtendes mittleres Zwiebelrosa, Silberreflexe. Zart nach Brombeerblättern und Roten Johannisbeeren, feine Nuancen von Grapefruit, mineralischer Touch. Saftig, rote Kirschen, herzhaftes Säurekleid, salzig-mineralisch im Abgang, zitroniger Nachhall.

91 Schilcher Rosé Luna 2020
12 Vol.-%, DV, Stahltank, €€€
Mittleres Altrosa, Silberreflexe. Zarte Kernobstnuancen, ein Hauch von roten Waldbeeren, Limettenzesten, eher verhaltenes Bukett. Saftig, kirschige Nuancen, feine Fruchtsüße, lebendige Struktur, zitroniger Touch im Abgang, vielseitig einsetzbar.

WEINGUT THOMAS STROHMAIER
8544 Pölfing-Brunn
Brunn 41
T: +43 (3465) 2322
weingut.strohmaier@aon.at
www.strohmaier.schilcher.com

Kellermeister/Kontakt: Thomas Strohmaier
Produktion: 50 % weiß, 50 % rot, 9 Hektar
Vereinszugehörigkeit: Masters of Schilcher, Wein Steiermark
Messen: VieVinum, DAC-Präsentationen

* Weststeiermark DAC

Auch in Kärnten findet man dort und da einen Klapotetz,
der die Weingärten im Herbst vor den gefräßigen Vögeln schützt

BERGLAND

RENAISSANCE DES WEINBAUS

Die Gegend rund um den Längsee ist nur eine der Kärntner Weinbauzonen

DER SÜDEN IM AUFSCHWUNG

Das Bundesland Kärnten im Süden Österreichs verfügte im Mittelalter über einen respektablen Weinbau. Im Jahr 1972 begann ein erster Winzer, im Lavanttal wieder an die alte Tradition anzuknüpfen.

Die Qualität des Weinbaus im südlichsten Bundesland hat sich in den vergangenen Jahren erstaunlich gesteigert. Kärnten blickt auf eine tausendjährige Weinbaugeschichte zurück. Die unter Kaiser Joseph II. durchgeführte Säkularisierung von kirchlichen Einrichtungen leitete den Abschwung im Weinbau ein, außerdem fügte Ende des 19. Jahrhunderts das katastrophale Auftreten des Mehltaus den Kärntner Rieden enormen Schaden zu. In der Zwischenkriegszeit kam der Weinbau völlig zum Erliegen.

Es dauerte bis zum Jahr 1972, dass man sich im Lavanttal wieder an die Geschichte des Weinbaus erinnerte. Damals beschloss der Klosterneuburg-Absolvent Herbert Gartner, in der Riede Oberer Weinzedl am St. Andräer Burgstall wieder Reben zu setzen. Der Weinbauverband Kärnten wurde im Jahr 2001 gegründet und baute mit dem Arbeitskreis »Wein aus Kärnten« eine offizielle Marketingplattform auf, die dazu dient, die Marke professionell zu bewerben und das Image des Kärntner Weins durch entsprechende Öffentlichkeitsarbeit und Qualitätssteigerung zu fördern. Kärnten wurde aus der österreichischen regionalen Reserve ein Pflanzkontingent von 100 Hektar zugesprochen, 2013 wurde um weitere 100 Hektar aufgestockt. Jeder, der hier anpflanzen will, muss beim Land Kärnten um die Bewilligung der Neuanlage von Weingärten ansuchen.

Kärnten ist heute ein gesetzlich anerkanntes Qualitätsweinbaugebiet und zählt zusammen mit Oberösterreich, Salzburg, Tirol und Vorarlberg zur Weinbauregion Bergland. Im Jahr 2011 wurden erstmals wieder mehr als 100.000 Flaschen Wein erzeugt. Die Zentren des Weinbaus sind die Regionen Feldkirchen-Ossiacher See, Klagenfurt-Wörther See, Lavanttal, St. Veit an der Glan, Sittersdorf und das Trixnertal.

★

WEINGUT BURG TAGGENBRUNN

Taggenbrunn, das größte Weingut Kärntens, eingebettet in der malerischen Alpe-Adria-Landschaft, ist ein Refugium für alle Sinne. Die günstigen Schieferböden mit besonderer Mineralik und die sonnigen Südlagen der sanft hügeligen Weingärten bieten optimale Bedingungen für Weinbau in allerhöchster Qualität. Die hervorragenden Weine sind auf die besonderen natürlichen Gegebenheiten in Kombination mit der langjährigen Erfahrung und Leidenschaft des Winzermeisters Hubert Vittori zurückzuführen. Auf dem Burghang sind Sortenquartiere angelegt, die durch gut geplante, großzügige Wegesysteme miteinander verbunden sind, um Weinpflege und die ausschließlich händische Weinlese bestmöglich zu gestalten. Ausgepflanzt sind die Sorten Sauvignon Blanc, Pinot Blanc, Pinot Gris, Riesling, Chardonnay, Grüner Veltliner, Traminer, Muskateller, Zweigelt und Pinot Noir. Die Eigentümer Andrea und Alfred Riedl vertrauen auf Nachhaltigkeit, Pflanzenvielfalt und kurze Transportwege, setzen aber zugleich auf modernste Weinproduktionstechnik.
Taggenbrunn ist ein beliebtes Ausflugsziel und für Veranstaltungen wie romantische Hochzeiten hervorragend geeignet. Das imposante Anwesen umfasst die Burg, das Weingut sowie das Heurigen-Restaurant mit alten Steingewölben, von dessen Panorama-Terrasse die Aussicht über die Berglandschaft bis hin zu den Karawanken reicht. In die perfekte Kulisse fügt sich ein edles Boutique-Hotel (31 Zimmer, Suiten und Appartements) mit exklusiver Einrichtung.
Taggenbrunn vereint charmant Wein, Genuss, Kultur und Geschichte: André Heller zeigt bereits bei der Anfahrt zum Weingut Burg Taggenbrunn seine kreative Handschrift mit der Zeitgöttin, die über dem gesamten Anwesen zu wachen scheint. Zudem prägt die von ihm kuratierte Ausstellung »Zeiträume« mit dem weltgrößten Kaleidoskop sowie Exponaten zu den Themen Umwelt, Bewegung, Licht, Klang und Zeit die aufwendig sanierte Burg Taggenbrunn. In deren beeindruckendem Konzertsaal finden jährlich die Taggenbrunner Festspiele statt.

93 Sauvignon Blanc Ried Taggenbrunn Reserve 2018
14,5 Vol.-%, DV, Stahltank, €€€€
Mittleres Gelbgrün, Silberreflexe. Feine Kräuternoten, etwas pfeffrig, ein Hauch von Cassis, feinwürzig, Tropen-

WEINGUT BURG TAGGENBRUNN
9300 St. Veit an der Glan
Taggenbrunn 9
T: +43 (4212) 30200
info@taggenbrunn.at
www.taggenbrunn.at

Kellermeister/Kontakt: Hubert Vittori
Produktion: 120.000 Flaschen
45 Hektar
Messen: VieVinum

© Franz Gerdl

Weingut Burg Taggenbrunn

fruchttouch. Saftig, komplex, kraftvoll, feine Mangonoten, etwas nach Tabak, vielschichtiger Speisenbegleiter.

91 Sauvignon Blanc Ried Taggenbrunn 2019
12,5 Vol.-%, DV, Stahltank, €€€
Helles Gelbgrün, Silberreflexe. Zarte Tabakwürze, etwas nach Kardamom, Cassis und Limettenzesten, mit Kräuternoten unterlegt. Saftig, straff, feine Säurestruktur, mineralisch-salzig, weißes Steinobst im Abgang, bleibt gut haften, vielseitig einsetzbar.

93 Chardonnay Reserve Ried Taggenbrunn 2015
12,5 Vol.-%, DV, Stahltank, €€€€
Mittleres Gelbgrün, Silberreflexe. Feine Holzwürze, etwas nach gelber Tropenfrucht, Honigmelone und Ananas, Karamelltouch, einladendes Bukett. Komplex, straff, elegant, mineralisch, feiner Marillentouch, etwas nach Babybanane, facettenreicher Speisenbegleiter mit Potenzial.

92 Symphonie XIX 2019
13 Vol.-%, DV, Stahltank, €€€
Helles Gelbgrün, Silberreflexe. Zarte Tropenfruchtnoten, etwas Blütenhonig, feine Wiesenkräuter, ein Hauch von Weingartenpfirsich. Saftig, elegant, facettenreiche Säurestruktur, extraktsüß nach Steinobst, bleibt gut haften, vielseitig einsetzbar.

91 Pinot Gris Ried Taggenbrunn 2019
13 Vol.-%, DV, Stahltank, €€€
Mittleres Gelbgrün, Silberreflexe. Zarte Wiesenkräuter, Apfel und Papaya, etwas nach Clementinenzesten, floraler Touch. Saftig, elegant, feine Struktur, zart cremig, Pfirsichtouch im Abgang, bleibt gut haften, straffer Speisenbegleiter.

92 Cuvée Ried Taggenbrunn 2017 ZW/SY/CS
13 Vol.-%, DV, Barrique, €€€€
Tiefdunkles Rubingranat, violette Reflexe, zarte Randaufhellung. Zarte Brombeernoten, etwas nach Holzwürze, ein Hauch von dunklem Waldbeerenkonfit, einladendes Bukett. Straff, elegant, gute Komplexität, mit feinen Vanillenoten unterlegte dunkle Beeren, zartes, tragendes Tannin, guter Speisenbegleiter.

★

WEINGUT TRIPPELGUT

Der Gutsbetrieb von Familie Trippel am Maltschacher See – fünf Minuten vom Golfplatz Moosburg in Pörtschach – ist eine der neuen Locations unweit vom Wörthersee zum Entschleunigen und Genießen. Von Wein und bester Kulinarik verwöhnt, stellt das »TrippelGUT« eine Ruheoase dar. Durch die erhöhte Lage inmitten der eigenen Weinberge (630 Meter Seehöhe) des zweitgrößten Weinguts Kärntens entspannt man auf den Aussichtsterrassen bis weit in die Nacht. Kulinarisch wird hier modern-kreativ ein klarer Fokus auf die Kombination aus besten Zutaten aus dem Alpe-Adria-Raum und den hauseigenen Weinen gelegt. Dadurch ergeben sich klassische Gerichte der Kärntner Küche, aber auch Degustationsmenüs, die sensorische Höhepunkte versprechen.
Die hauseigenen Kärntner Weine, die laufend bei internationalen Wettbewerben ausgezeichnet werden, stellen in Kombination mit den eigens produzierten Kräutern einen weiteren Anziehungspunkt dar. Vor allem als Schlechtwetteralternative sind die Führungen und Verkostungen mit anschließendem Essen in Kärntens größtem Schauweinkeller sehr beliebt. Zusätzlich hat man die Möglichkeit, die Wei-

WEINGUT TRIPPELGUT
9560 Feldkirchen
Hubertusweg 4
T: +43 (676) 841083101
info@trippelgut.at
www.trippelgut.at

Kellermeister/Kontakt:
Nikolaus Trippel
Produktion: 60.000 Flaschen
15 % Schaumwein, 60 % weiß,
4 % rosé, 20 % rot, 1 % süß,
9.8 Hektar
Messen: Alles für den Gast
Salzburg, Gast Klagenfurt,
VieVinum

Weingut TrippelGUT

ne auch zu einer regionalen Winzerjause zu kombinieren oder einfach nur auf der Aussichtsterrasse, von der man über das gesamte Klagenfurter Becken bis zum Pyramidenkogel schaut, zu verweilen.
Ein absoluter Geheimtipp ist das »SchlafGUT«. Es besteht aus 14 Winzersuiten, die durch ihre großzügige Dimensionierung, moderne Einrichtung und insbesondere die Ausrichtung nach Süden bestechen und einen atemberaubenden Blick über die Weingärten bieten. Nicht vergessen darf man, dass auf dem »TrippelGUT« auch geheiratet werden kann – standesamtlich in den Weingärten oder kirchlich in der Briefelsdorfer Kirche, die nur drei Minuten zu Fuß entfernt liegt.
Die Weine unterteilen sich hier in drei Linien: »Alpenwein« (leicht und trinkfreudig, belebend und fruchtbetont), »Privat« (Lagenweine) und »AndaS«, die Orangeweinlinie – einfach probieren!

92 Privat - Ask Me 2015 WB/PG
14,5 Vol.-%, NK, gebrauchte Barriques/Stahltank/Barrique, €€€€€€
Leuchtendes Goldgelb, Silberreflexe. Frische Kräuterwürze, mit einem Hauch von Tropenfrucht und Blütenhonig unterlegt, kandierte Mandarinenzesten, ein Hauch von Orangenmarmelade. Saftig, seidige Textur, feine Fruchtsüße, zart nach Marille im Abgang, ein ausgewogener, gut gereifter Speisenbegleiter.

90 Weißburgunder Ried Kreuzfeld Alpenwein Sand Schotter 2019
13 Vol.-%, DV, Stahltank, €€€
Helles Gelbgrün, Silberreflexe. Mit einem Hauch von frischen Limetten unterlegtäe weiße Apfelfrucht, floraler Touch, mineralisch. Mittlerer Körper, lebendig strukturiert, wirkt leichtfüßig, dezente Birnenfrucht, ein vielseitiger Speisenbegleiter.

(89) Weißburgunder Ried Kreuzfeld Alpenwein Sand Schotter 2020
12,5 Vol.-%, DV, Stahltank, €€€

89 Gelber Muskateller Ried Kreuzfeld Alpenwein 2020
12,5 Vol.-%, DV, Edelstahl, €€€

88 Alpenwein Oachkatzl Ried Kreuzfeld 2020 GM/PG/RR/SB
12 Vol.-%, DV, Edelstahl, €€

91 Pinot Noir Ried Eckstein Privat 2018
13 Vol.-%, NK, Barrique, €€€€€
Kräftiges Karmingranat, Ockerreflexe, breite Randaufhellung. Feine Holzwürze, reifes rotes Waldbeerenkonfit, Nuancen von Kardamom und Vanille, kandierte Orangenzesten. Mittlere Komplexität, rote Kirschen, feine Tannine, dezente Extraktsüße im Finale, bereits gut entwickelt.

Im Eferdinger Becken, bei Hilkering, gedeiht neben Obst auch Wein bestens

DIE RÜCKKEHR DES WEINES OB DER ENNS

Bis zur Mitte des letzten Jahrtausends gab es in Oberösterreich mehr weinbauliche Flächen als im Osten des Landes. Eine Vielzahl an Orts-, Haus- und Flurnamen zeugen noch heute davon.

Nach dem fast endgültigen Niedergang im 19. Jahrhundert kommt es in Oberösterreich nun wieder zu einer kleinen Renaissance. Heute bewirtschaften rund 38 Winzer auf sonnigen Standorten in fast jeder Ecke insgesamt etwas mehr als 68 Hektar. Innerhalb der Weinbauregion Bergland wurden den oberösterreichischen Weinaktivisten aktuell die Pflanzrechte von insgesamt 100 Hektar zugestanden.

Die Produktionsmengen der meisten Erzeuger sind noch sehr klein, die Weine werden in der Region konsumiert und sind naturgemäß schnell ausverkauft.

Als Präsident des Weinbauverbands fungiert der Spargelbauer Karl Velechovsky vom Nußböckgut in Leonding, er hat sich auf die Direktträgersorte Concordia spezialisiert. Schon 1967 hat die Familie Bauer in Hofkirchen im Traunkreis begonnen, ihre »Hudler« und Sekte gibt es in ihrem Gasthaus mit dem treffenden Namen »Weinbauer«. Auf Mühlviertler Urgestein setzte Johann Kraus aus Hochbuchedt 2002 im Haselgraben unterhalb der Ruine Wildberg seine Reben. Zu den größeren Erzeugern gehört Guido Steiner aus Leoding, der auch einen Heurigen betreibt. Seit 1997 ist die Familie Aichinger in Sachen Weinbau im Eferdinger Becken mit dem Heurigen »Zum Weinblick« und einem Hofladen in Hilkering erfolgreich. Der bekannteste Winzer ist Leo Gmeiner aus Perg, der es mit seinen vorzüglichen Rotweinen schon mehrmals in den Falstaff-Rotweinguide geschafft hat. In Weilbach auf den Hügeln über dem Inn erntet seit 2006 Wolfgang Költringer seine Trauben. Seine Weine bereichern das vielfältige Angebot des Falstaff-Weinguides und wirken ansteckend für immer neue Projekte.

★

INNVIADLA WEINBAU WOLFGANG KÖLTRINGER

Eine uralte Tradition hat der oberösterreichische Winzer Wolfgang Költringer in Weilbach wieder aufgenommen. Bereits im Mittelalter wurde im Innviertel großflächig Wein produziert. Im Jahr 2003 wurden nun wieder die ersten Reben gepflanzt, und 2006 wurde der erste Weißwein gekeltert. Frische, fruchtige Weiß-, Rosé- und Rotweine werden in Weilbach im Innviertel auf sandigem Lehm mit Lössanteil kultiviert. Blattarbeit und starke Reduktion lassen sehr gute Qualitäten entstehen. Und die Weinnamen wie »weddlina«, »schadonee« oder »neidoafoans«, die vom Innviertler Künstler Hans Kumpfmüller stammen, runden das Gesamtbild ab. Das Sortenspektrum bietet Rivaner, Grünen Veltliner, Chardonnay, Muskateller, Rosé vom Zweigelt und Rotwein vom Blauburger und Zweigelt. Mit viel Liebe und Sorgfalt werden auch Edelbrände und Säfte produziert. Gerne werden am Hof Verkostungen und Weingartenführungen angeboten. Bis 60 Personen finden dabei im 190 Jahre alten böhmischen Gewölbe Platz. Dabei werden regionale Spezialitäten wie Innviertler Surspeck und andere passende Speisen wie regionale Forelle gereicht. Die Weine sind ab Hof und in ausgewählten Vinotheken, Restaurants sowie Spezialitätenläden erhältlich.

91 Chardonnay Ried Hausberg I u. II 2019
12,4 Vol.-%, NK, Edelstahl, €€€
Mittleres Grüngelb, Silberreflexe. Gelber Apfel, weißes Nougat, ein Hauch von Vanille. Saftig, cremige Textur, gelbe Tropenfrucht, frisch strukturiert, mineralischer Touch, ein Hauch von Karamell im Abgang, bleibt haften, verfügt über Reifepotenzial.

90 Gemischter Satz Ried Hausberg II u. III fruchtig und kräftig 2020
13,2 Vol.-%, DV, Edelstahl, €€
Helles Gelbgrün, Silberreflexe. Zart tabakig unterlegte Nuancen von gelber Apfelfrucht, ein Hauch von Birne und Mango, dezente Wiesenkräuter im Hintergrund. Mittlerer Körper, weißes Kernobst, frischer Säurebogen, mineralisch-salzig im Abgang, zitroniger Nachhall, ein würziger Speisenbegleiter.

88 Gemischter Satz Ried Hausberg II fruchtig und leicht 2020
12 Vol.-%, DV, Edelstahl, €€

90 Grüner Veltliner Ried Hausberg II u. III mächtig und kräftig 2020
13 Vol.-%, DV, Edelstahl, €€€
Helles Goldgelb, Silberreflexe. Feine Nuancen von reifer Birne, zarter Touch von Orangenzesten, weiße Apfelfrucht, mineralischer Touch. Komplex, engmaschig, frisches Kernobst, lebendiger Säurebogen, Limetten im Abgang, ein frischer Stil.

90 Grüner Veltliner Ried Hausberg II 2018
13 Vol.-%, DV, Edelstahl, €€€ Ⓕ
Helles Gelbgold, Silberreflexe. Tabakig, weißer Apfel, zart nach Blütenhonig. Kräuterwürzig unterlegter Gaumen, zart nach Marille und Mango, feines Säuregerüst, salziger Touch, bleibt haften, gut entwickelter Speisenbegleiter.

88 Grüner Veltliner Ried Hausberg I u. II 2019
12,5 Vol.-%, DV, Edelstahl, €€

INNVIADLA WEINBAU WOLFGANG KÖLTRINGER
4984 Weilbach
Neudorf 1
T: +43 (664) 8460847
office@koeltringer.net
www.koeltringer.net

Kellermeister/Kontakt:
Ing. Wolfgang Költringer
Produktion: 5 % Schaumwein, 80 % weiß, 5 % rosé, 10 % rot

Tramin an der Weinstraße

SÜDTIROL

HOHE LAGEN, FACETTENREICHE WEINE

Schloss Lebenberg in Marling, Umgebung Meran

EIN RIESE UNTER DEN KLEINEN

In jeder zweiten Gemeinde Südtirols wird Weinbau betrieben. Zentren sind die Hänge um die Landeshauptstadt Bozen (St. Magdalena, Leitach, Gries, Siebeneich), das als Überetsch bezeichnete Gebiet von Eppan bis zum Kalterer See mit fast geschlossener Rebfläche und schließlich die Hänge um Tramin, Kurtatsch, Margreid und Salurn. Südtirols Rebgarten ist ein Mosaik von 5000 Einzelbetrieben. Die Mehrheit der Weinbauern bewirtschaftet weniger als ein Hektar.

Mit rund 5500 Hektar Weinbergen gehört Südtirol zu den flächenmäßigen Schlusslichtern im italienischen Weinbau (entspricht knapp 0,7 Prozent der gesamtitalienischen Anbaufläche). Das große Potenzial des Südtiroler Weinbaus liegt in den unterschiedlichen Höhenlagen. Die Weinberge liegen zwischen 200 und 1000 Metern Seehöhe. Aus dem traditionellen Rotweinland Südtirol ist ein Weißweinland geworden. Von ehemals 20 Prozent hat sich der Anteil der Weißweine auf knap 65 Prozent gesteigert. Hauptsorten bei Weißwein sind Pinot Grigio, Chardonnay, Weißburgunder und Gewürztraminer, die jeweils etwas über elf Prozent ausmachen. Die größten Flächenzunahmen verzeichneten Sauvignon, Gewürztraminer und Ruländer. Mit einem Anteil von knapp 8% besteht beim Bioweinbau in Südtirol noch viel Luft nach oben. Bei den Rotweinen hat die traditionelle Leitsorte Vernatsch (Kalterersee, St. Magdalener, Meraner) in den vergangenen Jahren stark abgenommen. Mit rund 600 Hektar und einem Anteil von 11% ist sie zwar immer noch die meistangebaute Rotweinsorte Südtirol, Pinot Grigio und Gewürztraminer aber haben sie im Flächenanteil schon überflügelt. Dabei spricht der Trend eigentlich für den Vernatsch. Nachdem Weintrinker in den vergangenen Jahren vor allem auf körperreiche und dicht strukturierte Weine orientiert waren, zeichnet sich eine Renaissance des leichten und fruchtbetonten, mit mildem Tannin ausgestatteten Vernatsch ab. Seit Beginn der 1990er-Jahre sorgen auch Südtiroler Rotweine national und international für Aufsehen. Zunächst waren das Bordeaux-Cuvées, dann vor allem Blauburgunder und Weine aus der autochthonen Sorte Lagrein. Das Weinbauland Südtirol ist in 7 Gebieten unterteil: Überetsch um die Orte Eppan und Kaltern, das Unterland südlich von Bozen, die Landeshauptstadt selbst, das Etschtal um Terlan, Nals und Andrian, Meran und Umgebund, im Westen anschließend das Vinschgau

AUSGEWÄHLTE WEINGÜTER

★★★★★

Weingut Alois Lageder, Margreid
Manincor, Kaltern
Kellerei St. Michael-Eppan, Eppan
Kellerei Terlan, Terlan
Weingut Tiefenbrunner, Entiklar/Kurtatsch

★★★★

Weingut Abraham, Eppan
Kellerei Bozen, Bozen
Kellerei Girlan, Girlan
Gump Hof, Völs am Schlern
Weingut Franz Haas, Montan
Nals Margreid, Nals
Schreckbichl Colterenzio, Girlan
Kellerei Tramin, Tramin
Elena Walch, Tramin
Ansitz Waldgries, Bozen

★★★

Kellerei Andrian, Terlan
Arunda, Mölten
Castel Sallegg, Kaltern
Weingut Castelfeder, Kurtinig
Baron Di Pauli, Kaltern
Kellerei Eisacktal, Klausen
Weingut Falkenstein – Franz Pratzner, Naturns
Glögglhof – Franz Gojer, Bozen
Kellerei Kaltern, Kaltern
Köfererhof, Neustift/Vahrn
Tenuta Kornell, Terlan/Siebeneich
Kränzelhof, Tscherms
Weingut Kuenhof, Brixen
Kellerei Kurtatsch, Kurtatsch
Weingut Loacker, Bozen
Weingut Muri-Gries/Klosterkellerei, Bozen
Kloster Neustift, Vahrn
Weingut Ignaz Niedrist, Eppan/Girlan
Weingut Pacher Hof, Neustift
Pfannenstielhof, Bozen
Schloss Englar – Graf Khuen-Belasi, St. Michael-Eppan
Kellerei St. Pauls, Eppan/St. Pauls
Weingut Pfitscher, Montan
Weingut Plonerhof, Marling
Ritterhof Weingut-Tenuta, Kaltern
Weingut Untermoserhof - Georg Ramoser, Bozen

★★

Bergmannhof, Eppan
Weingut Donà, Eppan
Weingut Ebner, Atzwang-Ritten
Weingut Eichenstein, Meran
Weinmanufaktur – Roberto Ferrari, Tramin/Salurn
Weingut Griesbauerhof, Bozen
Weingut Josmoar, Kastelbell
Kettmeir, Kaltern
Weingut Klosterhof, Kaltern
Landesweingut Laimburg, Pfatten
Weingut H. Lentsch, Branzoll
Weingut Klaus Lentsch, Eppan
Lieselehof, Kaltern
Baron Longo, Neumarkt
Malojer Gummerhof, Bozen
Kellerei K. Martini & Sohn, Girlan
Kellerei Meran, Marling
Weingut T. Pichler, Kaltern
Weingut Hans Rottensteiner, Bozen
Schloss Plars, Algund
Weingut Peter Sölva, Kaltern
Strasserhof, Varn
Weingut Stroblhof, Eppan
Wassererhof, Völs am Schlern
Sektmanufaktur Winkler, Girlan/Eppan

★

Gaudenz Gutshof Isser, Partschins
Weingut Haidenhof, Tscherms
Kellerei Heiner, Bozen
Weingut Innerleiterhof, Schenna
Schlosskellerei Korb, Eppan
Ansitz Mairhof, Parcines
Mauslocher Hof, Tscherms
Weingut Oberstein, Tscherms
Weingut Pföstl, Schenna
Weinhof Prackfol, Völs am Schlern
Bio-Weingut St. Quirinus, Kaltern
Taschlerhof, Brixen
Wilhelm Walch, Tramin

und schließlich das Eisacktal, das einen großen Aufschwung erlebt. Die wichtigsten Absatzmärkte für den Südtiroler Wein sind Südtirol selbst und das restliche italienische Staatsgebiet, gefolgt von Deutschland, den USA und der Schweiz. Neben den erfolgreichen privaten Weinkellereien geben die vielen kleinen Winzerbetriebe dem Weinland die Würze und Vielfalt. Geprägt aber wird Südtirol von den Winzergenossenschaften. Mit klaren Zielen werden sie geführt wie ein Privatbetrieb und sind überaus erfolgreich. Von den maßgeblichen italienischen Weinführern wurden wiederholt Südtiroler Winzergenossenschaften als beste Betriebe Italiens gekürt. Auch einige der besten Weine im Falstaff Weinguide stammen von Südtiroler Winzergenossenschaften. Südtirol – klein in der Menge, groß in der Qualität!

D.O.C. ANBAUGEBIETE
AREE DI COLTIVAZIONE D.O.C.
D.O.C. AREAS

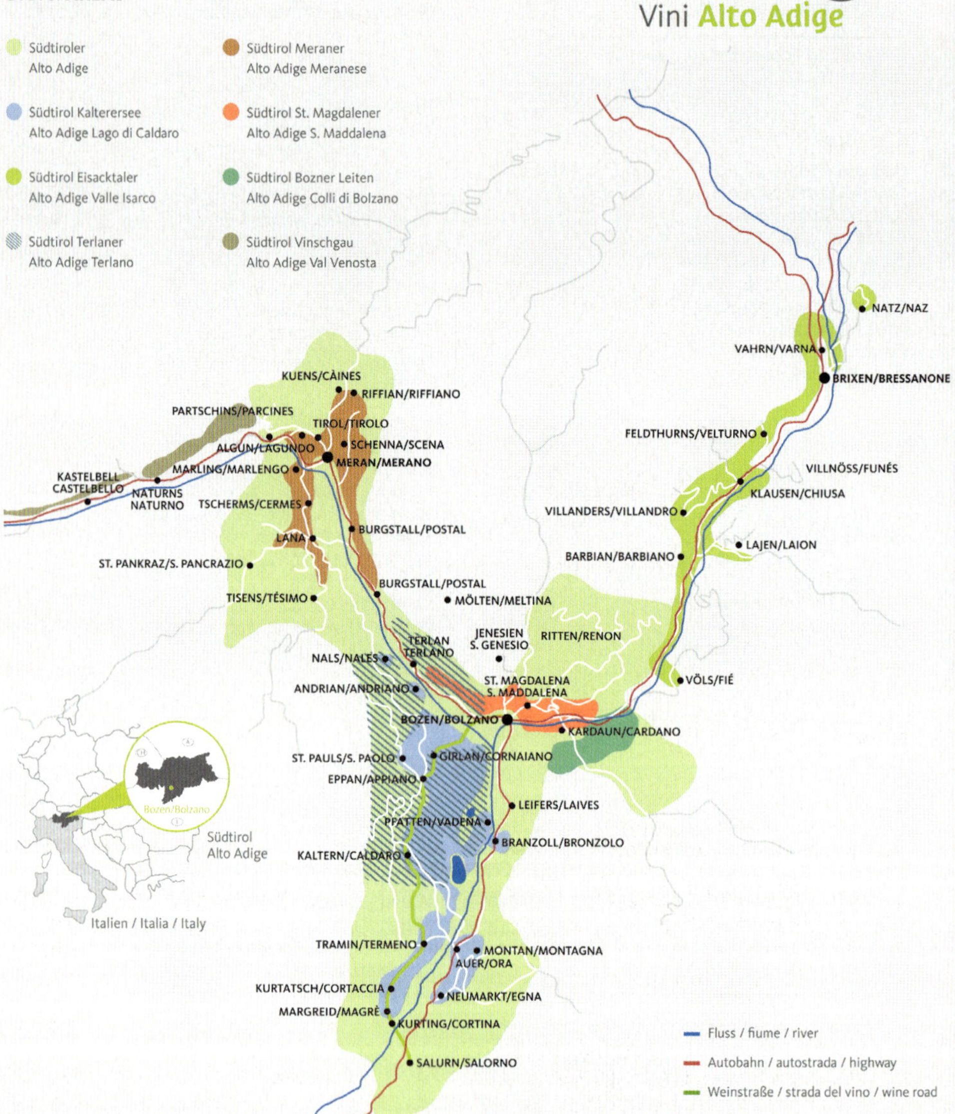

www.suedtirolwein.com
www.vinialtoadige.com
www.altoadigewines.com

DIE BESTEN WEINE SÜDTIROLS

Schaumwein

93	**Perpetuum Extra Brut Südtirol DOC**, Arunda	Seite 802
93	**Lamm N°12 Extra Brut VSQ**, Sektmanufaktur Winkler	Seite 897
92	**Pas Dosé Südtirol DOC 2016**, Kettmeir	Seite 831
91	**Cato Metodo Classico Brut VSQ 2019**, Mauslocher Hof	Seite 855
91	**Praeclarus Blanc de Blancs Pas Dosé Südtirol DOC 2014**, Kellerei St. Pauls	Seite 880
91	**600 Blanc de Blancs Riserva Pas Dosé Südtirol DOC 2015**, Kellerei Kurtatsch	Seite 838
91	**Lieselehof Brut VSQ 2017**, Lieselehof	Seite 846
90	**36 Riserva Brut Südtirol DOC 2016**, Kellerei Meran	Seite 856
88	**Valpitan Metodo Classico Brut VSQ**, Weingut Pföstl	Seite 868

Weißwein

99	**Rarity Terlaner Südtirol DOC 2008**, Kellerei Terlan	Seite 886
98	**Appius Weiss Südtirol DOC 2016**, Kellerei St. Michael-Eppan	Seite 878
96	**Vigna Au Chardonnay Riserva Südtirol DOC 2018**, Weingut Tiefenbrunner	Seite 888
96	**Troy Chardonnay Riserva Südtirol DOC 2017**, Kellerei Tramin	Seite 890
96	**Nama Weiss Südtirol DOC 2016**, Nals Margreid	Seite 859
95	**Exclusiv Sauvignon Südtirol DOC 2019**, Weingut Plonerhof	Seite 870
95	**LR Weiss Riserva Südtirol DOC 2017**, Schreckbichl - Colterenzio	Seite 877
94	**Myra Sauvignon Südtirol DOC 2019**, Ansitz Waldgries	Seite 895
94	**Praesulis Weissburgunder Südtirol DOC 2019**, Gump Hof - Markus Prackwieser	Seite 822
94	**Tannenberg Sauvignon Blanc Südtirol DOC 2019**, Manincor	Seite 852
94	**Aichberg Weiss Südtirol DOC 2019**, Weingut Kornell	Seite 834
94	**Vigna Kastelaz Gewürztraminer Südtirol DOC 2019**, Elena Walch	Seite 892
94	**Doran Chardonnay Riserva Südtirol DOC 2018**, Kellerei Andrian	Seite 801
(93)	**Grüner Veltliner Südtirol DOC 2020**, Weingut Ebner	Seite 811
93	**Pinot Grigio Südtirol DOC 2019**, Köfererhof	Seite 840
93	**Weissburgunder Südtirol DOC 2019**, Weingut Falkenstein	Seite 815
93	**Sylvaner Südtirol DOC 2019**, Weingut Kuenhof	Seite 837
93	**Praepositus Sauvignon Südtirol DOC 2019**, Kloster Neustift	Seite 860
(93)	**Aristos Kerner Südtirol DOC 2020**, Kellerei Eisacktal	Seite 814
(93)	**Vom Muschelkalk Weissburgunder Weinberg Dolomiten IGT 2019**, Weingut Abraham	Seite 800
93	**Sauvignon Blanc Südtirol DOC 2019**, Weingut Franz Haas	Seite 824
93	**Pinot Blanc Riserva Südtirol DOC 2018**, Schloss Englar, Graf Khuen-Belasi	Seite 875
93	**Stein Sauvignon Blanc Südtirol DOC 2019**, Weingut Eichenstein	Seite 812
(93)	**Trias Weiss Mitterberg IGT 2019**, Weingut Ignaz Niedrist	Seite 862
(93)	**Quintessenz Sauvignon Südtirol DOC 2019**, Kellerei Kaltern	Seite 829
93	**Burgum Novum Chardonnay Riserva Südtirol DOC 2018**, Castelfeder	Seite 807
93	**Mathias Sauvignon Blanc Riserva Südtirol DOC 2019**, Weingut Pfitscher	Seite 867
93	**Liebenstein Weiss Weinberg Dolomiten IGT 2019**, Baron Longo	Seite 848
93	**Private Cuvée Andreas Huber Weiss Weinberg Dolomiten IGT 2018**, Weingut Pacher Hof	Seite 864
93	**Löwengang Chardonnay Weinberg Dolomiten IGT 2018**, Weingut Alois Lageder	Seite 841
93	**V Years Weissburgunder Riserva Südtirol DOC 2014**, Kellerei Meran	Seite 856
92	**Kinesis Sauvignon Südtirol DOC 2019**, Baron di Pauli	Seite 809
92	**Karneid Weissburgunder Südtirol DOC 2020**, Glögglhof – Franz Gojer	Seite 820
(92)	**Kerner Südtirol DOC 2020**, Strasserhof	Seite 882

Pro erwähntem Betrieb ist nur der höchstbewertete Wein jedes Jahrgangs eingetragen.

92 **Maturum Chardonnay Südtirol DOC 2018**, Kellerei K. Martini & Sohn Seite 853
92 **Pfaffenegg Weissburgunder Weinberg Dolomiten IGT 2019**, Weingut Josmoar Seite 828
92 **Penon Pinot Grigio Südtirol DOC 2019**, Kellerei Kurtatsch Seite 838
92 **Furioso Chardonnay Südtirol DOC 2019**, Weingut T. Pichler Seite 869
92 **Lina Chardonnay Riserva Südtirol DOC 2018**, Bergmannhof Seite 803
92 **Abtei Muri Weissburgunder Riserva Südtirol DOC 2018**, Muri-Gries Weingut/Klosterkellerei Seite 857
92 **Flora Chardonnay Südtirol DOC 2019**, Kellerei Girlan Seite 818
92 **Schliff Sauvignon Südtirol DOC 2019**, Kellerei St. Pauls Seite 880
(92) **Auratus Gewürztraminer Südtirol DOC 2020**, Ritterhof Weingut-Tenuta Seite 872
92 **Valpitan Sauvignon Südtirol DOC 2018**, Weingut Pföstl Seite 868
92 **Salis Weiss Weinberg Dolomiten IGT 2017**, Weingut Oberstein Seite 863
92 **Atagis Gewürztraminer Weinberg Dolomiten IGT 2020**, Weingut Loacker Seite 847
92 **Acapella Weissburgunder Riserva Südtirol DOC 2018**, Weingut Klosterhof Seite 832
92 **Stegher Chardonnay Riserva Südtirol DOC 2019**, Kellerei Bozen Seite 805
92 **Alte Reben Sauvignon Südtirol DOC 2018**, Kellerei K. Martini & Sohn Seite 853
(92) **Julian Orange Vino Bianco 2019**, Lieselehof Seite 846

Roséwein

91 **20/26 Rosé Weinberg Dolomiten IGT 2020**, Elena Walch Seite 892
91 **Virgo Blauburgunder Rosé Weinberg Dolomiten IGT 2020**, Kränzelhof Seite 836
90 **Rosé Weinberg Dolomiten IGT 2019**, Gaudenz Gutshof Isser Seite 817
90 **Mathilde Blauburgunder Rosé Südtirol DOC 2020**, Weingut Innerleiterhof Seite 827
90 **Rosé Südtirol DOC 2020**, Weingut H. Lentsch Seite 843
90 **Pinot Rosé Südtirol DOC 2019**, Weingut Stroblhof Seite 883
(89) **Lagrein Kretzer Südtirol DOC 2020**, Ansitz Mairhof Seite 849
89 **Lagrein Kretzer Südtirol DOC 2020**, Muri-Gries Weingut/Klosterkellerei Seite 857
89 **Rosé Carina Vernatsch Mitterberg IGT 2020**, Weingut Eichenstein Seite 812
89 **Lagrein Rosé Südtirol DOC 2020**, Pfannenstielhof Seite 865
88 **Lagrein Rosé Südtirol DOC 2020**, Weingut Hans Rottensteiner Seite 873

Rotwein

97 **Pònkler Pinot Nero Südtirol DOC 2015**, Weingut Franz Haas Seite 824
96 **Vigna Ganger Pinot Noir Riserva Südtirol DOC 2017**, Kellerei Girlan Seite 818
95 **Gant Merlot Riserva Südtirol DOC 2018**, Kellerei Andrian Seite 801
95 **Weingarten Klosteranger Lagrein Riserva Südtirol DOC 2016**, Muri-Gries Weingut/Klosterkellerei Seite 857
95 **kunst.stück Merlot Riserva Südtirol DOC 2018**, Kellerei Kaltern Seite 829
94 **Lagrein Riserva Südtirol DOC 2018**, Weingut Untermoserhof - Georg Ramoser Seite 891
94 **Exclusiv Blauburgunder Riserva Südtirol DOC 2018**, Weingut Plonerhof Seite 870
94 **Schwarze Madonna Pinot Noir Riserva Südtirol DOC 2018**, Weingut Klosterhof Seite 832
94 **Taber Lagrein Riserva Südtirol DOC 2018**, Kellerei Bozen Seite 805
94 **Abraham Art Pinot Noir Weinberg Dolomiten IGT 2017**, Weingut Abraham Seite 800
94 **Mason di Mason Pinot Nero Südtirol DOC 2018**, Manincor Seite 852
94 **Lafóa Cabernet Sauvignon Südtirol DOC 2018**, Schreckbichl - Colterenzio Seite 877
94 **Vigna Kressfeld Merlot Riserva Südtirol DOC 2017**, Weingut Kornell Seite 834
93 **Isarcus St. Magdalener Classico Südtirol DOC 2019**, Weingut Griesbauerhof Seite 821
93 **Antheos St. Magdalener Classico Südtirol DOC 2019**, Ansitz Waldgries Seite 895
93 **Arena Rot Weinberg Dolomiten IGT 2016**, Weingut Oberstein Seite 863
93 **Select Vigna Premstallerhof St. Magdalener Classico Südtirol DOC 2020**, Weingut Hans Rottensteiner Seite 873
93 **Lagrein Riserva Südtirol DOC 2018**, Glögglhof – Franz Gojer Seite 820
93 **Praesulis Pinot Noir Südtirol DOC 2018**, Gump Hof - Markus Prackwieser Seite 822
93 **Monticol Pinot Noir Riserva Südtirol DOC 2018**, Kellerei Terlan Seite 886
93 **Blauburgunder Südtirol DOC 2018**, Weingut Falkenstein Seite 815
93 **Linticlarus Lagrein Riserva Südtirol DOC 2018**, Weingut Tiefenbrunner Seite 888

Pro erwähntem Betrieb ist nur der höchstbewertete Wein jedes Jahrgangs eingetragen.

93 **Mühlweg Merlot Südtirol DOC 2018**, Weingut Ignaz Niedrist Seite 862
93 **Gran Lareyn Lagrein Riserva Südtirol DOC 2018**, Weingut Loacker Seite 847
93 **Cabernet Riserva Südtirol DOC 2018**, Wassererhof Seite 896
93 **Loam Rot Südtirol DOC 2018**, Kellerei Tramin Seite 890
93 **Sagittarius Kunstwerk der Natur Vino Rosso 2017**, Kränzelhof Seite 836
93 **Der Pfannenstiel St. Magdalener Classico Südtirol DOC 2015**, Pfannenstielhof Seite 865
93 **Anticus Merlot Cabernet Riserva Südtirol DOC 2018**, Nals Margreid Seite 859
93 **Nussleiten Merlot Südtirol DOC 2017**, Castel Sallegg Seite 806
93 **Freienfeld Cabernet Sauvignon Riserva Südtirol DOC 2017**, Kellerei Kurtatsch Seite 838
92 **Vernatsch Südtirol DOC 2020**, Weingut Donà Seite 810
(92) **Hoamet Rot Mitterberg IGT 2019**, Bergmannhof Seite 803
92 **Blauburgunder Südtirol DOC 2019**, Weingut Josmoar Seite 828
92 **Palestina Cabernet Merlot Südtirol DOC 2018**, Weingut H. Lentsch Seite 843
92 **Baccara Merlot Cabernet Franc Riserva Südtirol DOC 2018**, Weingut Eichenstein Seite 812
92 **Burgum Novum Lagrein Riserva Südtirol DOC 2018**, Castelfeder Seite 807
92 **Cortazo Merlot Riserva Südtirol DOC 2018**, Weingut Pfitscher Seite 867
92 **Sanct Valentin Pinot Noir Riserva Südtirol DOC 2018**, Kellerei St. Michael-Eppan Seite 878
92 **Blauburgunder Riserva Südtirol DOC 2017**, Weingut Stroblhof Seite 883
92 **Burgum Novum Pinot Nero Riserva Südtirol DOC 2018**, Castelfeder Seite 807
92 **Pinot Noir Riserva Südtirol DOC 2017**, Schloss Englar, Graf Khuen-Belasi Seite 875
92 **Casòn Rosso Weinberg Dolomiten IGT 2016**, Weingut Alois Lageder Seite 841
92 **Col de Rèy Rot Weinberg Dolomiten IGT 2017**, Landesweingut Laimburg Seite 842
92 **Vigna Kastelaz Merlot Riserva Südtirol DOC 2018**, Elena Walch Seite 892
91 **Meraner Südtirol DOC 2020**, Weingut Innerleiterhof Seite 827
91 **Vigna Maso Reiner Pinot Nero Südtirol DOC 2018**, Kettmeir Seite 831
91 **Quirinus Merlot Südtirol DOC 2018**, Bio-Weingut St. Quirinus Seite 881
(91) **St. Anna Lagrein Südtirol DOC 2018**, Mauslocher Hof Seite 855
91 **Lagrein Riserva Südtirol DOC 2018**, Malojer Gummerhof Seite 850
91 **Gratus Cabernet Sauvignon Südtirol DOC 2017**, Ritterhof Weingut-Tenuta Seite 872
91 **Patrick Planer's Blauburgunder Südtirol DOC 2018**, Weinhof Prackfol Seite 871
91 **Maturum Lagrein Riserva Südtirol DOC 2018**, Kellerei K. Martini & Sohn Seite 853
91 **Sond Lagrein Riserva Südtirol DOC 2018**, Weingut T. Pichler Seite 869
91 **Valpitan Lagrein Riserva Südtirol DOC 2018**, Weingut Pföstl Seite 868
91 **Hemberg Blauburgunder Riserva Südtirol DOC 2017**, Klaus Lentsch Seite 845
91 **Arzio Cabernet Merlot Riserva Südtirol DOC 2018**, Baron di Pauli Seite 809
91 **Lassier Merlot-Lagrein Südtirol DOC 2018**, Schloss Plars Seite 876

Süß- und Dessertwein

96 **Terminum Gewürztraminer vendemmia tardiva Südtirol DOC 2018**, Kellerei Tramin Seite 890
94 **Rosenmuskateller Südtirol DOC 2019**, Ansitz Waldgries Seite 895
94 **Moscato Rosa vendemmia tardiva Südtirol DOC 2017**, Castel Sallegg Seite 806
93 **Anima vit est Sauvignon Passito Mitterberg IGT 2017**, Weingut T. Pichler Seite 869
93 **Pasithea Oro Gewürztraminer vendemmia tardiva Südtirol DOC 2018**, Kellerei Girlan Seite 818
93 **Quintessenz Moscato Giallo Passito Südtirol DOC 2017**, Kellerei Kaltern Seite 829
92 **Cresta Gewürztraminer Passito Südtirol DOC 2019**, Weingut Hans Rottensteiner Seite 873
92 **Pipa XVIII Vino Liquoroso 2018**, Glögglhof – Franz Gojer Seite 820
92 **Juvelo Gewürztraminer Passito Südtirol DOC 2019**, Kellerei Andrian Seite 801
92 **Dorado Weissburguunder Kunstwerk der Natur Trockenbeerenauslese 2016**, Kränzelhof Seite 836
92 **Aruna Weiss Mitterberg IGT 2018**, Kellerei Kurtatsch Seite 838
91 **Riesling Spätlese Südtirol DOC 2018**, Taschlerhof Seite 885
91 **Baronesse Moscato Giallo Passito Südtirol DOC 2018**, Nals Margreid Seite 859
91 **Sweet Claire Weinberg Dolomiten IGT 2019**, Lieselehof Seite 846
88 **Valpitan Mauersegler Likörwein**, Weingut Pföstl Seite 868

Pro erwähntem Betrieb ist nur der höchstbewertete Wein jedes Jahrgangs eingetragen.

Weinberge bei Eppan

WEINGUT ABRAHAM
39057 Eppan an der Weinstraße (BZ)
Maderneid 29
T: +39 (349) 4650714
info@weingutabraham.it
www.weingutabraham.it

Kellermeister: Martin Abraham
Kontakt: Martin u. Marlies Abraham
Produktion: 30.000 Flaschen
70 % weiß, 30 % rot, 5 Hektar
Vereinszugehörigkeit:
Freie Weinbauern Südtirol, Federazione Italiana Vignaioli Indipendenti
Messen: Vinitaly, Vinea Tirolensis

★★★★

WEINGUT ABRAHAM

Im Jahr 2011 beschlossen Martin und Marlies Abraham, die Trauben ihres Weingutes nicht mehr an die Kellerei zu liefern, sondern selbst einzukeltern und zu vermarkten. Die Abrahams setzen auf verantwortungsvolle Bewirtschaftung der Weinberge und verstehen das Wissen der Vorfahren als Fundament ihres Handelns. Die große Herausforderung liegt für sie darin, den ureigenen Charakter der Eppaner Weinbergslagen zu erkennen und zu bewahren. Ziel sind natürliche, eigenständige und ausdrucksstarke Weine, die am Gaumen die Einzigartigkeit und Vielfalt der Lagen entfalten. »Unsere Weine sind Ausdruck unseres Lebensgefühls«, meint Martin Abraham. Er lässt seinen Weinen ein langes Hefelager angedeihen, wodurch sie cremiger und tiefgründiger werden. Auf mustergültige Weise kommt das im »Abraham Art Pinot Noir« zum Ausdruck, den es leider nur in Kleinstauflage gibt. Spannend ist der Vergleich der Weißburgunder »Muschelkalk« und »In der Lamm«, die auf verschiedenen Böden wachsen. Überaus gelungen ist auch der »Upupa Gewürztraminer«, eine überzeugende Orange-Interpretation dieser Rebsorte. Alles in allem eine herausragende Leistung!

(93) Vom Muschelkalk Weissburgunder Weinberg Dolomiten IGT 2019
13 Vol.-%, VL, 500-l-Fass, €€€€
Leuchtendes, strahlendes Grüngelb. In der Nase expressiv und vielschichtig, nach frisch ausgepresster Zitrone, Grapefruit, hat auch was von der Limette, leichte Minze, dann zart nach Birnenkompott, weißfruchtig, kompakt, mit leichtem Holz. Am Gaumen tänzelnd und elegant, spannt sich mit viel Finesse auf, wohlig integrierte Säure, leichte Kräuterwürze, mit vielen Schichten, lange und elegant.

92 In der Låmm Weissburgunder Weinberg Dolomiten IGT 2019
13,5 Vol.-%, VL, 500-l-Fass, €€€€
Strahlendes Strohgelb. Eröffnet mit leichtem Fumé, Milchschokolade und zarter Brotkruste, dann satte gelbe Frucht. Am Gaumen mit warmherziger, klarer gelber Frucht und elegantem Schmelz, breitet sich entschlossen über die Zunge aus, sehr gut integriertes Säurespiel, mit Finesse und Länge.

93 Upupa Orange Mitterberg IGT 2018 TR/WB/SB
14 Vol.-%, VL, 500-l-Fass, €€€€
Funkelndes sattes Rotgold. Vielschichtige Nase mit Noten nach getrockneten Mandarinenschalen, Ingwer und Tamarinde, dazu etwas gemahlener Koriander. Zeigt gute Span-

nung am Gaumen, griffig, zart angedeutetes Tannin, betont trocken gehalten, fester Druck.

94 Abraham Art Pinot Noir Weinberg Dolomiten IGT 2017
14 Vol.-%, VL, 500-l-Fass, €€€€€€
Leuchtendes, aufhellendes Granatrot mit Rubinschimmer. Sehr ansprechende und intensive Nase, satt nach reifen Waldhimbeeren und Brombeeren, unterlegt von Noten nach getrockneten Küchenkräutern. Am Gaumen salzig und saftig im Verlauf, herzhaftes, zupackendes Tannin, im Finale fester Druck, kann noch gut weiter lagern.

91 Blauburgunder Weinberg Dolomiten IGT 2018
14 Vol.-%, VL, 500-l-Fass, €€€€€
Leuchtendes Rubinrot mit zart aufhellendem Rand. Zeigt sich in der Nase mit leicht mineralischen Tönen, zarte Geranie und Waldhimbeere. Am Gaumen mit präsentem Fruchtkern, geschliffen und mit salzigem Unterton, feine Länge.

91 Upupa Rot Weinberg Dolomiten IGT 2018
12,5 Vol.-%, VL, 500-l-Fass, €€€
Funkelndes, aufhellendes Granatrot. Zart gezeichnete Nase mit Noten nach Granatapfel, Preiselbeeren und frischen Zwetschken. Herzhaft in Ansatz und Verlauf, erstaunlich kerniges Tannin, salzig, kann ruhig noch etwas lagern.

★★★

KELLEREI ANDRIAN

Die Andrianer Weinbauern wagten 1893 den zukunftsweisenden Schritt und bündelten ihre Kräfte in einer Kellereigenossenschaft. Die Kellerei Andrian ist damit die älteste Winzergenossenschaft Südtirols, dabei aber alles andere als in Tradition erstarrt. »Tradition in Bewegung« ist vielmehr das Motto – Bewegung im Sinne einer beständigen Kraft, die immer neue Wege sucht. Um historisch gewachsene Traditionen in die Gegenwart zu tragen und für die Zukunft lebendig zu halten, hat sich die Kellerei Andrian im Jahre 2008 der Führung der Kellerei Terlan angeschlossen.
Die Kellerei Andrian steht seither für kraftvoll-elegante, vielschichtige Weine mit erkennbarer Herkunft. Kalkhaltige Lehmböden, die Ausrichtung der Weinberge nach Osten und Südosten und kühle Fallwinde des knapp 2000 Meter hohen Gantkofels sorgen für eine ideale Verbindung von Fruchtigkeit, Frische und Komplexität. Der Fokus liegt bei den Weißweinen dabei auf den Rebsorten Sauvignon Blanc und Chardonnay, bei den Rotweinen auf Blauburgunder, Lagrein und Merlot, die bei der Kellerei Andrian schon eine lange Tradition haben. So war der Lagrein »Tor di Lupo« einer der ersten Südtirols, der in kleinen Eichenholzfässern ausgebaut wurde und damit einen neuen Weintyp mitprägte. Mit den aktuellen Jahrgängen sind der samtig-füllige Merlot »Gant« und der spannungsgeladene Chardonnay »Doran« definitiv in die Riege der Südtiroler Spitzenweine aufgestiegen.

94 Doran Chardonnay Riserva Südtirol DOC 2018
14 Vol.-%, NK, Tonneaux Fass, €€€€€
Sattes, leuchtendes Strohgelb. Intensive und einladende Nase, reife tropische Frucht, fast schon klassische Noten von reifer Banane, etwas Ananas, dazu auch geröstete Haselnüsse. Am Gaumen spannend und mit viel Rasse, Frucht und Holz zeigen sich sehr verbunden, rauchig-salzig im Finale.

KELLEREI ANDRIAN
39018 Terlan (BZ)
Silberleitenweg 7
T: +39 (0471) 257135
office@kellerei-andrian.com
www.kellerei-andrian.com

Kellermeister: Rudi Kofler
Kontakt: Klaus Gasser
Produktion: 500.000 Flaschen
40 % weiß, 59 % rot, 1 % süß,
80 Hektar
Messen: Weinmesse München

93 Andrius Sauvignon Blanc Südtirol DOC 2019
14 Vol.-%, NK, Edelstahl/großes Holzfass, €€€€€
Leuchtendes, strahlendes Strohgelb. In der Nase nach Feuerstein und frischer Zitrone, im zweiten Nachhall mit leicht exotischen Nuancen, ein Hauch weißer Pfeffer. Am Gaumen mit feinem süßem Schmelz, breitet sich elegant und wohlig über die Zunge aus, frisch, sehr klar, im Finale sehr präzise.

95 Gant Merlot Riserva Südtirol DOC 2018
14,5 Vol.-%, NK, Barrique, €€€€€
Leuchtendes Rubinviolett. Sehr ansprechende und tiefgründige Nase mit Noten nach Brombeeren und Cassis, dazu dunkle Schokolade und etwas Lorbeerblatt. Zeigt im Ansatz viel saftige dunkelbeerige Frucht, öffnet sich mit dichtem, griffigem Tannin, mit viel Gewicht im hinteren Verlauf, im Finale nach Tabak.

92 Tor di Lupo Lagrein Riserva Südtirol DOC 2018
14 Vol.-%, NK, Barrique, €€€€€
Sattes und kräftiges Purpurgranat mit schwarzen Akzenten und tiefdunklem Kern. Fein gezeichnete Nase, nach Himbeerkonfit, eingelegten Brombeeren und Holunderbeeren, gepaart mit Gewürznelken und Wacholder, feinstes Nougat im Nachhall. Zieht sich angenehm füllig auf, füllt den Gaumen schön aus, etwas jugendlich, zeigt Cremigkeit und Fruchtschmelz, ausgewogen im Trunk, bleibt lange haften.

92 Anrar Blauburgunder Riserva Südtirol DOC 2018
14 Vol.-%, NK, Barrique, €€€€€
Leuchtend klares Rubingranat mit schimmerndem Kern. Zunächst verhalten, öffnet sich dann mit Aromen nach reifen Blaubeeren und schwarzen Kirschen, dazu Teeblätter und feine Röstnoten. Füllig im Antrunk, füllt den ganzen Gaumen aus, wirkt kompakt in seiner Struktur, zeigt fein verwobenen Gerbstoff, zieht sich mit Druck ins Finale.

92 Juvelo Gewürztraminer Passito Südtirol DOC 2019
11,5 Vol.-%, NK, Barrique, €€€€€
Leuchtendes, brillantes Goldgelb. In der Nase nach Dörrobst, Datteln, Marillen, nach sattem gelbem Pfirsich, im Nachhall nach Schwarztee. Zeigt sich mit feiner, satter Creme am Gaumen, mit salzigem Unterton und elegantem Verlauf, strahlendes Finish.

★★★

ARUNDA

Sepp Reiterer wird in Südtirol kurz und prägnant »Mister Sekt« genannt. Schon seit vielen Jahren ist er als Berater für zahlreiche Sekt- und Spumantehäuser in ganz Italien tätig. In seiner Haupttätigkeit führt Sepp Reiterer gemeinsam mit seiner Frau Marianne und Sohn Michael auch einen eigenen Sektbetrieb namens »Arunda«. Dieser befindet sich in Reiterers Heimatort Mölten auf 1150 Metern Seehöhe und ist damit die höchstgelegene Sektkellerei Europas. Weintrauben wachsen auf dieser Höhe keine mehr, die Grundweine für ihre Cuvées kaufen die Reiterers von den besten Betrieben des Landes zu. Mit »Riserva« und der Cuvée »Marianna« haben die Reiterers Spitzencuvées geschaffen. Sie zeigen auf, wie feingliederig und finessenreich Südtiroler Sekt sein kann.
Das Spitzenprodukt aus dem Hause »Arunda« ist die »Riserva«, von der heuer der Jahrgang 2015 ausgeliefert wird und der besonders gut gelungen ist. Dezente Reife verleiht ihm Komplexität. Der Grundwein für die Cuvée »Marianna« wird im Holzfass ausgebaut. Spannend ist auch der »Zero Brut Nature«, ein Sekt, der nicht nur ohne Dosage auskommt, sondern auch ohne Schwefelzugabe. Ein klarer, rassiger Sekt aus den Alpen! In diesem Jahr präsentiert Arunda den »Perpetuum«, eine Cuvée aus Chardonnay, Weißburgunder und Blauburgunder, deren Grundweine aus den Spitzenlagen Südtirols – Terlan, Eppan-Berg und Buchholz-Salurn – kommen. Fünf Jahrgänge als Reserveweine (ca. 60–70 Prozent) und der Jahrgang 2016 ergeben diese Besonderheit.

93 ❸ Perpetuum Extra Brut Südtirol DOC CH/PN
12,5 Vol.-%, NK, Flaschengärung, €€€€€
Strahlendes helles Gold, filigrane, anhaltende Perlage. Feine gereifte Noten nach frischer Brioche, dazu etwas Bratapfel, nach frischer Marille und Bienenwachs. Am Gaumen verwoben, sehr cremig und rund, strömt ruhig dahin, feine Perlage, hallt lange nach.

ARUNDA

39010 Mölten (BZ)
Prof.-Josef-Schwarz-Straße 18
T: +39 (0471) 668033
info@arundavivaldi.it
www.arundavivaldi.it

Kellermeister/Kontakt:
Josef Reiterer
Produktion: 93.000 Flaschen
100 % Schaumwein
Messen: Merano WineFestival, ProWein Düsseldorf, Vinitaly, Bozner Weinkost

Marianne und Josef Reiterer

92 Riserva Extra Brut Südtirol DOC 2015 CH/PN
12,5 Vol.-%, NK, Flaschengärung, €€€€€
Leuchtendes Strohgelb mit anhaltender Perlage. In der Nase nach gerösteten Haselnüssen, hellem Honig, Bienenwaben und Wachs, leicht sahnig, im Nachhall etwas Toast. Zeigt sich mit warmherziger Frucht am Gaumen, mit kompakter, wohlig integrierter Perlage, zarter Schmelz, saftiges Finish.

90 Extra Brut Südtirol DOC CH/PN
12,5 Vol.-%, NK, Flaschengärung, €€€€€
Hell leuchtendes Strohgelb mit goldgelben Reflexen. Ausgeprägter Duft nach angerösteten Mandeln. Lebendiger Gaumeneintritt, viel explosive Perlage, saftig-zitronige Säure, verläuft geradlinig mit viel Frische, klares Mundgefühl, leichtfüßiger Abgang.

92 Zero Brut Nature Südtirol DOC
13 Vol.-%, NK, Flaschengärung, €€€€€
Brillant leuchtendes Goldgelb. In der Nase feiner Duft nach frischem Buttercoissant, Mandelblättchen und reifer Ananas, dazu kandierte Zitrone. Kleine feingliedrige Perlen treffen auf den Gaumen, spannt sich vibrierend, harmonisch, mit viel Zug und Spannung, hoher Trinkfluss.

★★

BERGMANNHOF

Der Bergmannhof, im 17. Jahrhundert erstmals urkundlich erwähnt, liegt in der Gemeinde Eppan unterhalb des Mendelgebirges und über der Talsohle des Etschflusses. Das Herzstück der Weinbauflächen liegt direkt am Hof auf einer Meereshöhe von 270 Metern in der historisch wertvollen und warmen Lage »Huberfeld«. Auf sandig-lehmigen Kalkschotterböden werden dort die Sorten Chardonnay, Sauvignon Blanc, Vernatsch, Lagrein, Merlot und Cabernet Franc angebaut.

Im Jahr 1979 trafen Karl Pichler und sein Sohn Josef die mutige Entscheidung, die Trauben des knapp drei Hektar großen Weinberges selbst zu verarbeiten. Heute ist zusätzlich mit Johannes als Kellermeister und Benjamin als Verkaufskraft bereits die nächste Generation am Start. Das Sortiment zeigt, dass Traditionsbewusstsein und Innovationsgeist bestens harmonieren. Neben den animierenden klassischen Weinen und den gut strukturierten Riserva-Weinen gibt es spannendes Neues wie den zum Teil mit Stielen spontan vergorenen

BERGMANNHOF
39057 St. Pauls/Eppan (BZ)
Unterrain 46
T: +39 (338) 3381425445
info@bergmannhof.it
www.bergmannhof.it

Kellermeister: Josef und Johannes Pichler
Kontakt: Benjamin Pichler
Anbauweise: Umstellung auf bio
Produktion: 20.000 Flaschen
35 % weiß, 65 % rot, 3.5 Hektar
Messen: Vinitaly, Vinea Tirolensis

und nach eineinhalbjähriger Reife im Tonneau-Fass unfiltriert abgefüllten Vernatsch »Hoamet« oder die mit 30% Stielen spontanvergorene und dann im Eichentonneau ausgebaute Rotweincuvée »Kålch« aus Merlot und Cabernet Franc. Die Bewirtschaftung erfolgt möglichst naturnahe. Neben dem biologischen Anbau ist das Weingut Bergmannhof seit einem Jahr als klimaneutraler Betrieb zertifiziert.

92 Lina Chardonnay Riserva Südtirol DOC 2018
14 Vol.-%, NK, 500-l-Fass, €€€€
Strahlendes Strohgelb mit hellgoldenen Reflexen. In der Nase nach Bienenwachs, hellem Harz, Haselnüssen und Zitronensaft, im Nachhall nach weißen Blüten und Marillen. Zeigt sich am Gaumen sehr elegant und mit kompaktem, zartem Fruchtschmelz, saftig und salzig, etwas wahrnehmbarer Holzeinsatz, strömt fein über die Zunge bis ins Finale.

(91) Chardonnay Südtirol DOC 2020
13 Vol.-%, NK, Stahltank/Teilbarrique, €€€
Leuchtendes Strohgelb. In der Nase frisch und duftig, mit Nuancen von gelben Blüten und frisch ausgepressten Zitronen, dazu ein Hauch Kräuterwürze, im Nachhall eine Prise weiße Frucht. Saftig und mit feinem Fruchtschmelz am Gaumen, breitet sich toll aus, mit Zug und Rasse, leicht salziges Finish.

92 Merlot Südtirol DOC 2019
13,5 Vol.-%, NK, großes Holzfass, €€€
Zart strahlendes Kirschrot mit rubinfarbenem Touch und schimmerndem Kern. In der Nase feine Röstaromen, Malzkaffee und etwas strahlende Frucht, dazu Gewürznelken, dunkle Beerenfrucht, im Nachhall nach roter Bete. Zeigt sich am Gaumen überraschend leichtfüßig, bringt Eleganz, fein verwobenes Tannin, saftig und klar, nach Veilchen, eine tolle Offenbarung!

(92) Hoamet Rot Mitterberg IGT 2019
13 Vol.-%, NK, 500-l-Fass, €€€€
Elegantes strahlendes Rubinrot. Offenherzige, kirschfruchtige Nase mit Anklängen von Flieder und Veilchen, im Nachhall nach Himbeeren, duftig und leicht würzig. Am Gaumen strahlend und klar, mit saftig-salzigem Tannin, breitet sich elegant aus, rotbeeriger Kern, mit Salz.

92 Karl Lagrein Riserva Südtirol DOC 2018
13,5 Vol.-%, NK, 500-l-Fass, €€€€€
Brillant leuchtendes Rubin mit kirschrotem Touch und dunklem Kern. Feinwürzige Aromen zieren die Nase, frischer Wacholder, reife Holunderbeeren, Waldbeeren, dahinter feines Zedernholz und Brotkruste. Überzeugt mit viel feinem Fruchtschmelz am Gaumen, wohliger Körper, gut integrierter Gerbstoff, griffig-zupackend im Trunk, lange.

91 Kålch Rot Mitterberg IGT 2016 CF/ME
14 Vol.-%, NK, 500-l-Fass, €€€€€
Strahlend klares Rubin mit schimmerndem Kern. Feinwürziger Auftakt in der Nase mit Noten nach schwarzem Pfeffer, Nelken, im Anklang Koriander, dazu dunkle Beerenfrucht. Saftiger Antrunk mit animierender Frische, elegante Struktur, zeigt Finesse, zieht mit Spannung durch, lockeres Finale.

★★★★

KELLEREI BOZEN

Seit Gründung der Kellerei Bozen im Jahre 2001 engagiert sich die Mannschaft um Kellermeister Stephan Filippi als traditionsverbundene Südtiroler Kellerei für Weine mit regionalem Charakter. Zugleich will man auch offen sein für Neues und Visionen nachgehen. Der Betrieb bietet ein breites Spektrum an erstklassigen und preisgekrönten Weinen. Mit viel Leidenschaft und Hingabe schafft die Kellerei nuancenreiche, einzigartige und moderne Tropfen, die ihre Herkunft im Geschmack nie verleugnen.
Lagrein und St. Magdalener gehören seit jeher zu den Stärken der Kellerei Bozen. Mit dem Lagrein »Taber« und dem Lagrein »Prestige« hat die Kellerei Bozen einen Maßstab für geschliffene, feine Weine aus dieser Ur-Südtiroler Sorte geschaffen. Besonders am Herzen liegen Filippi der St. Magdalener und die Selektion »Huck am Bach«. Weißburgunder »Dellago« und »Sauvignon Riserva Greel« zeigen, dass die Mannschaft um Stephan Filippi auch mit anderen Sorten hervorragend umgehen kann.
Seit September 2018 gibt sich die Kellerei Bozen ganz neu: Nach jahrelangen Bemühungen konnte der Kellerneubau im Ortsteil Moritzing fertiggestellt werden. Der Jahrgang 2018 wurde bereits in der neuen Kellerei Bozen gekeltert. Besonderer Wert wurde bei der Planung des neuen Gebäudes auf das Thema Nachhaltigkeit gelegt: So entspricht das neue Gebäude dem »KlimaHaus Wine«-Standard. Unter der Erde liegende Keller- und Lagerräume ermöglichen eine natürliche Kühlung und eine vertikale, auf der Schwerkraft beruhende Verarbeitung des Traubengutes. Das mit Reben bepflanzte Dach lässt den imposanten Neubau harmonisch mit dem Gelände verschmelzen, so wird die Kellerei Bozen bereits jetzt als »die Kellerei im Weinberg« bezeichnet. Ein Besuch in der »neuen« Kellerei Bozen ist ein Erlebnis!

92 Stegher Chardonnay Riserva Südtirol DOC 2019
14 Vol.-%, DIAM, großes Holzfass, €€€€€
Zart strahlendes Strohgelb mit grünem Touch. Eleganter Duft nach weißem Pfirsich, Williamsbirne, leicht floral, im Nachhall zart nach gerösteten Mandeln. Satte Cremigkeit am Gaumen, kraftvoller Körper, mit schmeichelnder Säure, rund, lange und anhaltend im Abgang.

90 Dellago Weissburgunder Südtirol DOC 2020
13,5 Vol.-%, DIAM,großes Holzfass, €€€
Strahlend klares Zitronengelb mit grünen Reflexen. Wohlige Aromatik, leicht exotisch nach Honigmelone, Zitronenzesten und ein Hauch Vanille. Im Mund besonders cremige Textur mit feinem Schmelz, saftige Säure, mit Kraft, stimmiges Finish.

90 Greel Sauvignon Riserva Südtirol DOC 2019
14,5 Vol.-%, DIAM, großes Holzfass, €€€€€
Brillantes Zitronengelb mit zarten grünen Reflexen. Feinfruchtiger Duft nach weißem Pfirsich, Holunderblüten und kandierten Orangen. Durchdringendes Säurespiel mit gutem Druck, viel Frische, angenehme Saftigkeit.

94 Taber Lagrein Riserva Südtirol DOC 2018
14 Vol.-%, NK, Barrique, €€€€€€
Sattes, undurchdringliches Rubinviolett. Intensive Nase mit Noten nach Holunderbeeren und Heidelbeeren, würziger Hintergrund, dazu etwas dunkle Schokolade. Herzhaft und griffig am Gaumen, zeigt viel kerniges Tannin mit geschmeidigem Kern, viel frische, saftige Frucht, Holunderbeeren und schwarze Kirschen, hallt lange nach.

KELLEREI BOZEN
39100 Bozen (BZ)
Moritzinger Weg 36
T: +39 (0471) 270909
info@kellereibozen.com
www.kellereibozen.com

Kellermeister: Stephan Filippi
Kontakt: Klaus Sparer
Produktion: 3.000.000 Flaschen
47 % weiß, 1 % rosé, 52 % rot,
340 Hektar
Messen: Merano WineFestival, ProWein Düsseldorf, Vinitaly

93 Mumelter Cabernet Riserva Südtirol DOC 2018
14 Vol.-%, NK, Barrique, €€€€€
Sattes tiefdunkles Rubin mit Granatreflexen. In der Nase ausgeprägt nach reifen Brombeeren, Waldbeerenkompott, etwas Schokolade, dazu eine leichte Pfefferwürze. Imposanter Auftakt mit viel Kraft, trotzdem saftig, wirkt mundfüllend und zeigt viel verwobenen Gerbstoff, drückt im Finale noch mal auf den Gaumen.

92 Mauritius Lagrein Merlot Südtirol DOC 2018 LG/ME
14 Vol.-%, NK, Barrique, €€€€€
Dunkles Granatrot mit sattem Kern und brillanten Rubinakzenten. Dunkelbeerige Fruchtnuancen in der Nase, nach Waldbeeren, Holunderbeeren und Feigen, dazu Feuerstein und Mokka im Hintergrund. Spannt sich drahtig über die Zunge mit jungem Tannin, dichte Struktur am vorderen Gaumen, mit kompaktem, anhaltendem Ausklang.

91 Moar St. Magdalener Südtirol DOC 2019 VN/LG
13,5 Vol.-%, DIAM, großes Holzfass, €€€€
Leuchtendes mitteldichtes Rubinrot mit schimmerndem Kern. Öffnet sich fruchtbetont an der Nase mit Herzkirschen und frischen Himbeeren, leicht floral, etwas Würze, im Anklang Wacholder. Im Auftakt saftig, spannt einen feinen Bogen, feiner Schmelz, ausgewogen im Körper, wirkt stimmig und zeigt gute Länge.

★★★

CASTEL SALLEGG

Schloss Sallegg ist ein prachtvoller Ansitz inmitten der Weinberge von Kaltern, der einst von Erzherzog Rainer von Österreich erworben wurde und über Erbfolge in den Besitz der Grafen Kuenburg gelangte. Heute leitet Georg Graf Kuenburg das stattliche Gut mit den drei historischen Weinhöfen. Die Trauben für die Weine von Sallegg wachsen in den besten Lagen rund um den Kalterer See und auf den sanft ansteigenden Hügeln rings um die Ortschaft Kaltern. Das besondere Zusammenspiel von Landschaft und Bodenbeschaffenheit sowie von mediterranem und alpinem Klima verleiht den Weinen einen unverwechselbaren Charakter. Georg Graf Kuenburg ist darauf bedacht, seine Weine trinkreif in den Verkauf zu bringen. Er baut daher seine Rotweine stets etwas länger aus. »Nur so«, sagt er, »bieten die Weine höchsten Genuss als edle Begleiter bei Tisch.«
Einen Besuch wert ist auch die Vinothek im malerischen Schlosshof von Sallegg. Hier können die Sallegg'schen Weine direkt verkostet und gekauft werden. Eine besondere Spezialität von Castel Sallegg ist der rare Rosenmuskateller, der einst von einem der Vorfahren aus Sizilien, dem Fürsten von Campofranco, eingeführt wurde. Hervorragend sind der Merlot aus der Lage Nussleiten und die authentische Kalterer See Auslese aus der Lage Bischofsleiten.
Wer die drei Stockwerke und elf Meter hinab in den 1000 Jahre alten historischen Weinkeller steigt, begibt sich auf eine Reise in die Vergangenheit. In der feierlich-stillen Atmosphäre reifen bei ganzjährig konstanter Temperatur die Weine. Graf Georg Kuenburg gibt seinen Weinen alle Zeit der Welt. In Ruhe und achtsam von Kellermeister Matthias Hauser begleitet, entfalten sie ihr Potenzial und kommen so zu vollkommener Trinkreife. Tradition und Geschichte sind das Fundament des Weinguts, Neugier

CASTEL SALLEGG
39052 Kaltern (BZ)
Unterwinkel 15
T: +39 (0471) 963132
info@castelsallegg.it
www.castelsallegg.it

Kellermeister: Matthias Hauser
Kontakt: Georg Graf Kuenburg
Produktion: 53 % weiß, 3 % rosé, 44 % rot, 30 Hektar
Messen: Vinitaly

und Innovationsfreude beflügeln die Arbeit im Keller. Während tief unter der Erde der Wein seiner Vollendung entgegenreift, ist bei der Produktion modernste Kellertechnik im Einsatz.
Mit 30 Hektar Rebfläche, verteilt auf drei Weinhöfe, ist Castel Sallegg eines der größten Weingüter Kalterns. Die Lagen arrangieren sich rund um den Kalterer See und ziehen sich hinauf Richtung Dorf und Berg. Es sind Lagen von großer Vielfalt, unterschiedlicher Geologie und Exposition – jede speziell geeignet für eine bestimmte Traubensorte.

93 Nussleiten Merlot Südtirol DOC 2017
14,5 Vol.-%, NK, Barrique, €€€€€€
Dunkles Rubinrot. Eröffnet in der Nase mit ledrigen, leicht speckigen Tönen, zartes Fumé, dennoch mit viel konzentrierter dunkler Beerenfrucht. Am Gaumen mit tollem Grip, anhaftend, öffnet sich mit griffigem Tannin, mit sattem Nachdruck und spannender Länge. Weglegen und in ein paar Jahren voll genießen!

92 Merlot Riserva Südtirol DOC 2017
14,5 Vol.-%, DIAM, Barrique, €€€€€
Dunkles Granat. Zeigt sich in der Nase mit satten Brombeernoten und Cassis, dazu ein Hauch Holunderbeeren, im Nachhall edler Holzeinsatz und schwarzes Leder, komplex und einladend. Zeigt sich mit saftiger, schmelziger Frucht am Gaumen, sehr kompakt, satt, sehr zugänglich, gut gelungen.

92 Bischofsleiten Kalterersee Auslese Classico Superiore Südtirol DOC 2020
13,5 Vol.-%, DIAM, Edelstahl, €€€
Leuchtendes helles Rubinrot. Duftet in der Nase sehr blumig, nach frischen Kirschen, etwas Walderdbeeren und Veilchen, sehr einladend. Am Gaumen knackig, kompakt und sehr fein gezeichnet, fruchtbetont und finessenreich, trinkt sich sehr fein.

90 Pinot Nero Südtirol DOC 2019
13,5 Vol.-%, DIAM, Barrique, €€€
Intensiv leuchtendes Kirschrot mit rubinfarbenem Touch. Ausgeprägt duftend, reife Pflaumen, Datteln, Karamell und eine zarte Holzwürze. Spannt sich straff über die Zunge, lebendig in der Säure und kompakt am Gaumen, mit präziser Struktur, spürbarem Holzeinsatz und leicht zehrendem Finish.

90 Lagrein Riserva Südtirol DOC 2018
13,5 Vol.-%, DIAM, Tonneaux Fass, €€€€€
Tiefgründiges klares Pupur mit rubinfarbenem Touch und undurchsichtigem Kern. Ausgeprägte Aromen nach schwarzen Johannisbeeren, frischen Pflaumen und Pfefferkörnern, eine Prise Sanddorn. Stoffiger Gaumeneintritt, trockener Gerbstoff, straffe Struktur und würzig, leicht bitterer Abgang, darf noch reifen.

94 Moscato Rosa vendemmia tardiva Südtirol DOC 2017
11,5 Vol.-%, DIAM, Edelstahl, €€€€€
Aufhellendes Granatrot. Eröffnet mit Noten nach getrockneten Orangenschalen, Rosenblättern und Gewürznelken, etwas getrockneter Ingwer. Am Gaumen sehr ausgewogen, kandierte Rosenblätter und feine Würze, süßer Schmelz, gut ausbalanciert mit feinem, griffigem Tannin, sehr langer Nachhall, faszinierender Süßwein.

★★★

CASTELFEDER

Weinbau und Wein stehen seit drei Generationen im Mittelpunkt der Familie Giovanett. Das Weingut Castelfeder wurde im Jahre 1969 von Alfons Giovanett gegründet, im Jahre 1989 übernahm Sohn Günther die Leitung des Weinguts. Der langjährige Einsatz wird heute durch die Begeisterung und Bestimmtheit der Kinder Ines und Ivan ergänzt, die beide beschlossen haben, aus ihrer Leidenschaft für den Wein auch ihren Beruf zu machen. Seit 2011 bewirtschaftet die Familie auch die Riesling-Steillage Sorentberg an der Mosel. Das Familiengut liegt in den Gemeinden Neumarkt und Kurtinig im Südtiroler Unterland und umfasst rund 65 Hektar. Hergestellt werden vorwiegend Weißweine sowie autochthone Rotweine.
Große Weine haben ihren Ursprung in exzellenten Trauben und einem reichhaltigen Boden. Die Begeisterung der Familie Giovanett beginnt bereits im Weinberg mit umweltschonenden Anbaumethoden sowie rigoroser Handarbeit und setzt sich über die Ernte und die behutsame Weinbereitung bis hin zu Ausbau und welt-

Winzerfamilie Giovanett

CASTELFEDER
39040 Kurtinig (BZ)
F.-Harpf-Straße 15
T: +39 (0471) 820420
info@castelfeder.it
www.castelfeder.it

Kellermeister: Ivan Giovanett
Kontakt: Ines Giovanett
Produktion: 500.000 Flaschen
70 % weiß, 30 % rot, 70 Hektar
Messen: ProWein Düsseldorf, Vinitaly

weiter Vermarktung fort. Dank seiner geografischen Lage ist Südtirol eines der facettenreichsten Anbaugebiete Italiens. Die verschiedenen Lagen und die unterschiedlichen Böden ermöglichen es, ein breit gefächertes Rebsortenspektrum anzubauen. Zahlreiche Klimazonen und Bodenarten, wechselnde Ausrichtungen und verschiedene Höhenlagen sorgen für ganz unterschiedliche Weinberge.
Aktuell werden auf dem Weingut Castelfeder rund 60 Prozent Weißwein und 40 Prozent Rotwein angebaut. Die Weinberge des Guts erstrecken sich über 30 Kilometer vom südlichen Salurn bis in die Landeshauptstadt Bozen. Die Weine aus Castelfeders »Burgum Novum«-Linie – Chardonnay, Sauvignon Blanc, Lagrein und Pinot Noir – sind immer eine sichere Bank.

93 Burgum Novum Chardonnay Riserva Südtirol DOC 2018
14 Vol.-%, NK, Barrique, €€€€€
Strahlendes Strohgelb. Öffnet sich in der Nase mit eleganten Edelholznoten, getoastet, nach gerösteten Mandeln, Grapefruit, kalte Butter, nasser Stein, leicht tropikal im Nachhall. Am Gaumen geschliffen und rund, mit saftig-salzigem Kern, breitet sich sehr schön über die Zunge aus, aktuell noch mit wahrnehmbarem Holz, mit Nachdruck und toller Länge.

92 Pinot Grigio 15 Südtirol DOC 2020
13 Vol.-%, DIAM, Stahltank, €€€
Leuchtendes Graugelb. In der Nase nach weißen Blüten, junger Banane und weißer Birne, im Nachklang minimale Würze, einladend. Am Gaumen mit feinem Schliff und kompaktem Fruchtkern, toller Aromenfächer, ausgewogen, im Finale mit zartem Druck.

92 Tecum Pinot Bianco Riserva Südtirol DOC 2018
14 Vol.-%, NK, Barrique, €€€€€€
Leuchtend strahlendes Strohgelb. Reife gelbfruchtige Nase, nach satten reifen Zitrusfrüchten und Wiesenkräutern, ein Hauch Orangenblüten. Am Gaumen mit geschliffenem Körper und toller Spannung, klarer mineralischer Unterton, hat sanften Nachdruck im Finale, ausgewogen und klar.

91 Raif Sauvignon Weinberg Dolomiten IGT 2020
13 Vol.-%, NK, Stahltank, €€€
Hell funkelndes Strohgelb mit Silbertouch. Ausgeprägter animierender Duft nach Stachelbeere, Cassis und frischer Minze, dazu Limettenzesten. Im Antrunk klar, zeigt schönes Spiel, wirkt geradlinig mit spritziger Art, fruchtig-vegetal im Ausklang.

92 Burgum Novum Lagrein Riserva Südtirol DOC 2018
13,5 Vol.-%, NK, Barrique, €€€€€
Kräftig funkelndes Rubin mit Granat und schimmerndem Kern. Öffnet sich in der Nase mit Nuancen von Thymian, schwarzem Pfeffer, frischen Heidelbeeren, satten Brombeeren, etwas schwarzem Tee und zartem Leder. Trifft saftig auf den Gaumen, zieht sich mit Spannung auf, dichtmaschiges Tannin, salzig auf der Zunge, viel Trinkfluss, lang im Abgang.

92 Burgum Novum Pinot Nero Riserva Südtirol DOC 2018
14 Vol.-%, NK, Barrique, €€€€€
Strahlendes, glänzendes Rubinrot. Duftige Nase, nach edlem Holzeinsatz, Himbeeren, Preiselbeeren und getrocknetem Rosenblatt. Am Gaumen klar und strahlend, mit salzigem Nerv, breitet sich schön über die Zunge aus, im Nachhall aktuell noch mit deutlichem Holzüberhang, sollte noch ruhen.

91 Glen Pinot Nero Südtirol DOC 2019
13,5 Vol.-%, NK, Barrique, €€€€
Leuchtendes, strahlendes Rubinrot. In der Nase leicht fleischig, öffnet sich mit pfefferwürzigen Tönen, grünwürzig, nach frisch geschnittenem Gras, zarte Himbeeren im Nachhall. Am Gaumen klar, mit viel Salz und kristalliner Frucht, knackig, im Finale saftig und mit leichter Weitmaschigkeit.

91 Mazon Pinot Nero Südtirol DOC 2019
14 Vol.-%, NK, Barrique, €€€€€
Dunkel leuchtendes Rubinrot. In der Nase nach satter Kirschfrucht, duftig, leicht floral, im Nachhall präsente Würzetöne, nach Erdbeeren. Am Gaumen mit saftiger Kirschfrucht, knackig, kompakt, zeigt Stoffigkeit und sanften Druck, toll herausgearbeitet.

90 Buchholz Pinot Nero Südtirol DOC 2019
13 Vol.-%, NK, Barrique, €€€€
Leuchtendes Rubinrot mit schimmerndem Kern. In der Nase von mittlerem Ausdruck, ein Hauch Würze, helles Leder, Veilchen, Bittermandeln. Zeigt sich am Gaumen mit viel Saftigkeit und klarem Verlauf, spannt sich frisch über die Zunge.

★★★

BARON DI PAULI

Der Anspruch von Baron Di Pauli ist es, außergewöhnliche Weine zu vinifizieren, von denen jeder einzelne die Geschichte dieses einzigartigen Terroirs und des jeweiligen Jahrgangs erzählt. Die Geschichte der Familie Baron Di Pauli in Kaltern reicht zurück bis ins 18. Jahrhundert, als sie – von Carano im Fleimstal über Aldein kommend – hier ihre Heimat fand. Im 19. Jahrhundert war das Weingut Baron Di Pauli k. u. k. Hoflieferant und verkaufte seine Weine bis an den Hof des Zaren in St. Petersburg.
Das Weingut besteht aus zwei Höfen: Der 9 Hektar große Arzenhof liegt direkt über dem Kalterer See auf einer natürlichen Terrasse inmitten einer einzigartigen Rotweinzone. Diese hervorragenden Bedingungen werden zum Anbau von Cabernet Sauvignon und Merlot sowie der autochthonen Sorten Lagrein und Kalterersee (Vernatsch) genutzt. Das »Höfl unterm Stein« befindet sich in Söll bei Tramin. Dort werden auf einem nach Südosten ausgerichteten Hang auf etwa 500 Metern Seehöhe Gewürztraminer, Riesling und Sauvignon angebaut.
Zum etwas untypischen Klassiker ist der »Enosi Weiss« geworden: Die Cuvée aus Riesling und Sauvignon ist in Südtirol einzigartig und besticht mit Frische und Fruchtigkeit. Bei Gewürztraminer spielt der »Exil« mittlerweile im Konzert der Großen mit und zeigt sich als typisches aromatisches Beispiel dieser Sorte.
Die Merlot-Cabernet-Cuvée »Arzio« zählt häufig zu den besten Rotweinen des Landes. Der Lagrein Riserva »Carano« gehört mittlerweile zu den Großen seiner Sorte. Hervorragend ist auch der »Kalkofen Kalterersee

BARON DI PAULI
39052 Kaltern (BZ)
Kellereistraße 12
T: +39 (0471) 963696
sales@barondipauli.com
www.barondipauli.com

Kellermeister: Andrea Moser
Kontakt: Martin Klammer
Produktion: 40.000 Flaschen
40 % weiß, 60 % rot, 15 Hektar
Messen: Merano WineFestival, ProWein Düsseldorf, Vinitaly, Bozner Weinkost

Classico Superiore«, einer der außergewöhnlichsten Vernatsch-Weinen Südtirols.

92 Kinesis Sauvignon Südtirol DOC 2019
14 Vol.-%, NK, Stahltank, €€€
Helles, strahlendes Zitronengelb mit grünen Reflexen. Anfangs leicht reduktiv, rauchig, herbwürzige Aromatik nach frischen Kräutern, Pfefferkörnern und Limettenzeste, welche sich auch sehr präsent am Gaumen zeigt. Sehr engmaschig und dicht, lebendige Säure, gepaart mit steiniger Mineralik und viel Druck, gutes Potenzial.

91 Enosi Weiss Weinberg Dolomiten IGT 2019 RR/SB
13,5 Vol.-%, NK, großes Holzfass/Stahltank, €€€
Satt leuchtendes Zitronengelb mit grünen Reflexen. Anfangs verschlossen, dann leicht floral, dazu Würzaromen, Mandarinenschalen und etwas Grapefruit. Anregende Säure zieht sich messerscharf über den Gaumen, sehr erfrischende Textur, tolle Länge, wirkt allerdings noch etwas jugendlich.

90 Exil Gewürztraminer Südtirol DOC 2019
15 Vol.-%, NK, Stahltank, €€€
Strahlend helles Goldgelb mit Silbertouch. Ausgeprägter feinwürziger Duft nach Thymian, Bergamotte und viel reifer gelber Südfrucht. Spannender Gaumeneintritt, sehr saftig und gut strukturiert, kompakter Körper, würzig, aromatischer Nachhall, gute Länge.

91 Arzio Cabernet Merlot Riserva Südtirol DOC 2018 CS/ME
14,5 Vol.-%, NK, Barrique/gebrauchte Barriques, €€€€€
Leuchtendes Granat mit ziegelrotem Rand. Öffnet sich mit wohligen Noten nach weißer Schokolade und Kaffee, dazu zarte Röstaromen und eingelegte Waldbeeren. Spannt sich animierend auf, füllt den Gaumen schön aus, zeigt feingriffigen Gerbstoff und spürbaren Holzeinsatz, lang bleibender Abgang.

90 Kalkofen Kalterersee Classico Superiore Südtirol DOC 2019
13,5 Vol.-%, NK, großes Holzfass, €€€
Leuchtendes Granatrot mit hell funkelndem Kern. Dezente Aromen nach zarten Pflaumen, etwas Cranberry, leicht würzig und ein Touch Kandis. Trifft angenehm auf den Gaumen und wirkt lebhaft, kompakte, jugendliche Tanninstruktur mit viel Saft, zieht sich knackig durch, bleibt leicht salzig im Nachhall.

90 Carano Lagrein Riserva Südtirol DOC 2018
14,5 Vol.-%, NK, Barrique/gebrauchte Barriques, €€€€€
Sattes, tiefdunkles Rubinrot mit schwarzem Kern. Feinwürzige Aromen nach weißem Pfeffer, Kardamom, etwas Blutorange und leichte Holzwürze. Trifft mit Spannung auf den Gaumen, wirkt animierend in der Säure und verläuft durchwegs dicht, mit guter Struktur, jugendlich, gutes Potenzial, darf noch reifen.

★★

WEINGUT DONÀ

Wein – ein Stück Lebenskultur. Nach diesem Grundsatz und mit langjähriger Erfahrung pflegt die Familie Donà in Unterrain bei Eppan ihr Weingut. Mit viel Engagement in Kombination mit fachlicher Kenntnis entstehen ortstypische Qualitätsweine, die einen unverkennbaren Charakter zeigen. Maximalismus im Weinberg, Minimalismus im Keller – das ist die Devise von Familienoberhaupt Hansjörg Donà. Nach über 30 Jahren Tätigkeit als verantwortlicher Kellermeister in einer bedeutenden Winzergenossenschaft gründete er 2011 sein eigenes Weingut. Die Produktion ist überschaubar: 33.000 Flaschen, die sich auf fünf Weine verteilen.

Das Weingut Donà ist ein richtiges Familienweingut. Unterstützt wird Hansjörg Donà von seiner Frau Martina, von Sohn Josef, dem zukünftigen Weinmacher, und Tochter Franziska, die den Vater in der Kommunikation und im Verkauf unterstützt. Bei der Lese und der Abfüllung sind auch die Enkelkinder Magdalena und Martin mit dabei: ein großes Familienfest.

91 Chardonnay Südtirol DOC 2020
13,5 Vol.-%, NK, 500-l-Fass, €€€ F
Leuchtend klares Zitronengelb mit Silber. In der Nase ausgeprägt nach Weinbergmarillen und Pfirsichblüten, dazu Butterflocken. Zieht sich anmutend auf, am Gaumen viel Schmelz und schön eingebettete, saftige Säure, stoffig, harmonisch im Finish.

91 Sauvignon Südtirol DOC 2020
13 Vol.-%, NK, 500-l-Fass, €€€€
Blass leuchtendes Strohgelb mit zarten grünen Reflexen. Angereifte Zitrusfrüchte, Orangenblüten, dazu Holunder und Cassis. Zügiges Fruchtspiel, vibrierende Säure, engmaschige Struktur mit viel Zug im Finale.

90 Weissburgunder Südtirol DOC 2020
13 Vol.-%, NK, 500-l-Fass, €€€ F
Leuchtendes Zitronengelb mit goldgelben Reflexen. Zarte feinfruchtige Aromatik nach reifen Weinbergmarillen, dazu Quittenduft und Apfelkompott. Saftige, engmaschige Struktur mit gutem Druck. Die Frucht zieht sich anmutig über den Gaumen und hält sich satt im Nachhall.

92 Vernatsch Südtirol DOC 2020 VN/PN
12,5 Vol.-%, NKEdelstahl, €€ F
Leuchtendes Rubin mit ziegelroten Reflexen. In der Nase ein Wechselspiel zwischen reifen Kirschen und floralen Noten von Hagebutte, Weichseln im Hintergrund. Spannt sich schön auf, mit angenehm saftigem Tanningerüst und kompakter Säure, animierend fri,sch, mit guter Spannung und feinwürzigem Ausklang.

90 Merlot Lagrein Weinberg Dolomiten IGT 2018 ME/LG/CS
14 Vol.-%, NK, 500-l-Fass, €€€€€
Intensiv strahlendes Purpurgranat mit ziegelrotem Rand. Satte Aromen nach reifen Pflaumen, Erdbeermarmelade, dazu ein Hint Lakritze, im Anklang Unterholz. Fruchtig-warmer Auftakt, spannt sich samtig auf, harmonische Frische, etwas grün im hinteren Bereich, sehr ausfüllend, langer, feinwürziger Nachhall.

WEINGUT DONÀ
39057 Eppan (BZ)
Unterrain 73
T: +39 (0473) 221 866
info@weingut-dona.com
www.weingut-dona.com

Kellermeister/Kontakt:
Hansjörg Donà

★★

WEINGUT EBNER

Alpine Bergwelt und mediterraner Einfluss lassen eigenständige Qualitätsweine von angenehmer Fülle und auffallender Eleganz heranreifen. Das Weingut Ebner liegt am Rittner Sonnenplateau im südlichsten Eisacktal in Südtirol, mit wunderbarer Ausrichtung auf das Schlernmassiv. Überliefertes Brauchtum und Mut zu Neuem beflügeln die Arbeit von Florian und Brigitte Unterthiner, die den Hof in dritter Generation führen. Nachhaltigkeit, Qualität und Echtheit leben sie und reichen diese freudig weiter. Mit Passion und Fachkenntnis keltert Florian Unterthiner charaktervolle Weine: Er vertraut bei der Weinbereitung auf seine Erfahrung, sein Gespür für tiefgründige, körperreiche, gut strukturierte Weine. Der Grüne Veltliner und der Weißburgunder 2020 sind dafür beste Beispiele. Brigitte und Florian Unterthiner führen auf dem Hof auch eine Buschenschank, in der man zu den Weinen auch herzhafte Südtiroler Kost genießen kann. Ein Besuch lohnt sich!

(93) Grüner Veltliner Südtirol DOC 2020
13 Vol.-%, NK, Edelstahl/Teilbarrique, €€€
Blass leuchtendes Goldgelb mit grünen Reflexen. In der Nase nach goldenen Äpfeln, Birnenschale und Feuerstein. Charaktervoller würziger Auftakt mit gut integrierter Säure und gutem Zug. Straffe Mineralik und feinsalzig, kompakt und ausdrucksstark im Finale.

(92) Weissburgunder Südtirol DOC 2020
13 Vol.-%, NK, Edelstahl/Teilbarrique, €€€
Helles Goldgelb mit zarten grünen Reflexen. In der Nase nach gelben Äpfeln, dazu Limettenzesten, Wiesenkräuter und angeröstete Pinienkerne. Am Gaumen feine Fruchtno-

WEINGUT EBNER

39054 Ritten-Atzwang (BZ)
Weinbergweg 8
T: +39 (338) 4521694
info@weingutebner.it
www.weingutebner.it

Kellermeister: Florian Unterthiner
Kontakt: Brigitte und Florian Unterthiner
Produktion: 53.000 Flaschen
70 % weiß, 30 % rot, 6 Hektar
Messen: Vinitaly, Bozner Weinkost, Vinea Tirolensis

ten, viel lebendige Säure, Druck und belebende Textur, saftiger langer Abgang, getragen von beachtlicher Mineralik.

(91) Sauvignon Südtirol DOC 2020
13 Vol.-%, NK, Edelstahl/Teilbarrique, €€€
Satt leuchtendes Zitronengelb mit grünlichen Reflexen. Leicht exotischer Duft nach Mango und Papaya, daneben Brennnessel und saftige Zitrone. Am Gaumen etwas grüner Paprika, dann angenehm saftige Säure mit anhaltender Mineralik, viel Zug, erfrischender Abgang.

(91) Gewürztraminer Südtirol DOC 2020
14 Vol.-%, NK, Edelstahl, €€€
Intensiv leuchtendes Goldgelb. Zart duftende Nase nach kandierten Früchten, etwas Salbei und weiße Rosen. Am Gaumen mit kompakter Säure, lebhaft, mit klarer Struktur und mit Spannung, ohne Opulent zu wirken.

(89) Blauburgunder Südtirol DOC 2018
13 Vol.-%, NK, Edelstahl/Tonneaux Fass, €€€€

★★

WEINGUT EICHENSTEIN

Eichenstein liegt hoch über Meran und ist ein kleines Stück Paradies in traumhafter Lage auf 550 Metern Seehöhe. Geschützt nach Norden durch die hoch aufragenden Berge der Texelgruppe, offen nach Süden durch das Etschtal, findet hier die Rebe ideale Voraussetzungen. Besonders ist der Boden: Porphyrquarzit und Granit, die hier von einem vorzeitlichen Vulkan an die Oberfläche gebracht wurden, mit vielen eingelagerten Mineralien. Ausgehend von Klima, Lage und Boden lag es nahe, auf Eichenstein in erster Linie auf Weißwein zu setzen. Zwischen 2007 und 2015 wurden Weißburgunder, Chardonnay, Sauvignon Blanc, Riesling, Blauburgunder und Merlot ausgepflanzt. Zum Weingut Eichenstein gehören auch drei Weingärten in Marling auf der gegenüberliegenden Talseite. In Marling liegt auch der Ursprung des Eichenstein'schen Weinbaus: Sepp Waldner egann dort ab 2004, den eigenen Wein auszubauen und abzufüllen. 2014 konnte der Kellerneubau auf Eichenstein fertiggestellt werden. Es entstand ein Ensemble, das neben viel Platz und Ruhe für den Wein auch einen Verkostungsraum (Vinarium) mit atemberaubendem Blick auf den Meraner Talkessel und die dahinter liegenden Berge sowie ein exklusives Chalet umfasst, das über das Hotel Oberwirt gebucht werden kann. In der

Angebotspalette von Eichenstein findet man die rote Cuvée »Baccara« und die weiße Cuvée »Gloria Dei« sowie die Sortenweine Sauvignon, Chardonnay, Riesling, Blauburgunder und Vernatsch Rosé. Die Essenz des Betriebes kommt im »Seppelaia« (Chardonnay Riserva) und im »Stein« (Sauvignon Blanc) zum Tragen.

93 Stein Sauvignon Blanc Südtirol DOC 2019
14 Vol.-%, NK, Tonneaux Fass, €€€€€
Leuchtendes Grüngelb. Duftende, einladende Nase, nach Holunderblütensirup und Zitronensaft, ein Hauch von weißem Pfirsich. Zeigt sich am Gaumen sehr ausgewogen mit klarem, minimal süßlichem Fruchtschmelz, rassig, geradlinig, spannt sich schön über die Zunge, knackig, mit toller Länge.

91 Knott Sauvignon Blanc Südtirol DOC 2020
13 Vol.-%, DIAM, Edelstahl, €€€
Leuchtendes Silbergrün mit strohgelben Reflexen. Hält sich in der Nase etwas zurück, zarter Zitrusduft, gepaart mit einem Hauch Würze. Am Gaumen mit saftigem Kern und klarer, feiner Frucht, von mittlerem Gewicht, zieht sich geradlinig über die Zunge, angenehmer Trinkspaß.

93 Seppelaia Chardonnay Riserva Südtirol DOC 2018
14,5 Vol.-%, NK,Tonneaux Fass/Edelstahl, €€€€€
Leuchtendes helles Strohgelb. In der Nase duftig-parfümiert, nach weißen Rosenblüten, Sahne, tropikal, ein Hauch von Bourbonvanille, dann weißes Steinobst, gestützt von tollen Edelholz-Aromen. Am Gaumen ausgewogen und mit eleganter Struktur, spannt sich mit kühler, toller Frucht über die Zunge, kristallin und mit feinem, geschliffenem Verlauf, langer Nachhall.

91 Marie Sophie Chardonnay Südtirol DOC 2020
13,5 Vol.-%, KK, Edelstahl/kleines Holzfass, €€€
Helles Grüngelb. In der Nase sehr expressiv und duftig, nach Ananas, Zitronen und zartem weißem Pfirsich, im Nachhall nach Holunderblüten und Limetten. Öffnet sich sehr präzise und sehr klar am Gaumen, mit mittlerem Gewicht, knackig, filigraner Schmelz, im Finale präsente Säure.

92 Athos Riesling Südtirol DOC 2019
13 Vol.-%, NK, Tonneaux Fass, €€€
Strahlendes helles Strohgelb. Edler Holzeinsatz in der Nase, begleitet von weißem Pfeffer und gelber Steinfrucht, ein Hauch von gelbem Paprika und weißer Blüte, Zitrus. Am Gaumen saftig und geradlinig, mit feinem Schmelz und filigraner Cremigkeit, minimaler Holzeinsatz spürbar, gutes Potenzial.

WEINGUT EICHENSTEIN
39012 Meran (BZ)
Katzensteinstraße 34
T: +39 (0473) 427779
info@eichenstein.it
www.eichenstein.it

Kellermeister: Martin Pollinger
Kontakt: Josef Waldner und Martin Pollinger
Produktion: 29.000 Flaschen
70 % weiß, 5 % rosé, 25 % rot,
5.5 Hektar
Messen: Vinea Tirolensis

90 Gloria Dei Weiss Mitterberg IGT 2020 WB/SB/RR
13 Vol.-%, DIAM,Stahltank, €€€
Leuchtendes Strohgelb mit funkelndem Kern. In der Nase von zarter Reduktion geprägt, öffnet sich zaghaft mit Nuancen von Zitronen, weißen Rosenblüten und einem Hauch weißem Pfeffer. Am Gaumen geradlinig und klar, saftiger, mittelgewichtiger Körper, endet präzise und sauber.

89 Rosé Carina Vernatsch Mitterberg IGT 2020
12 Vol.-%, DIAM, Edelstahl, €€€

92 Baccara Merlot Cabernet Franc Riserva Südtirol DOC 2018 ME/CF
14 Vol.-%, NK, Barrique/Edelstahl, €€€€€
Brillant leuchtendes Granat mit kirschroten Akzenten. Feinwürziger Duft nach Rosmarin und Wacholder, gelbe Paprika, reife Brombeeren, Cassis, dazu feine Röstaromen. Am Gaumen betont kräftig, mundfüllende Textur, leicht wärmend, komplexes Spiel mit kernigem Gerbstoff, guter Druck im Finale.

91 Amantus Blauburgunder Südtirol DOC 2019
13,5 Vol.-%, NK, gebrauchte Barriques, €€€€
Leuchtendes, aufhellendes Rubinrot. In der Nase mit satter Kirschfrucht und zart nach Himbeersirup, helle Würze, reife Zwetschke. Am Gaumen mit kompaktem Fruchtkern und geschliffenem Tannin, unterlegt von leichter Würze, mit Druck, saftiges Finale.

★★★

KELLEREI EISACKTAL

Die Eisacktaler Kellerei wurde 1961 von 24 Bauern aus Klausen und den umliegenden Ortschaften gegründet. Sie ist damit die jüngste Winzergenossenschaft Südtirols. Heute gehören rund 135 Weinbauern aus den Gemeinden des Eisacktals der Genossenschaft an. An den steilen Hängen des Tals wird Weinbau bis auf 970 Meter Seehöhe betrieben. Die Eisacktaler Kellerei war wesentlich dafür verantwortlich, dass man in den 1970er-Jahren im Tal begann, sich auf die Weißweinproduktion zu konzentrieren. Die Leitsorten sind Sylvaner, Müller-Thurgau und Kerner, aber es wird vermehrt auch Riesling und Veltliner angebaut, die sich bei den Konsumenten in Italien großen Zuspruchs erfreuen.

Die Sortenweine der Eisacktaler Kellerei sind elegante, fruchtbetonte Weine mit frischer Säure. Für die »Aristos«-Linie haben Kellermeister Hannes Munter und seine Mitarbeiter eine Reihe besonders exponierter Lagen selektioniert. An der Spitze der Qualitätspyramide stehen zwei Weine: »Sabiona Sylvaner« und »Sabiona Kerner«, die lange auf der Feinhefe reifen.

(93) Aristos Kerner Südtirol DOC 2020
14 Vol.-%, NK, Stahltank, €€€€
Leuchtendes Silbergrau. In der Nase leicht nach grüner Banane und Muskat, ein Hauch von weißem Pfirsich und Zuckermelone, blumiger Nachhall. Am Gaumen saftig und mit viel Zug, spannt sich klar und geradlinig über die Zunge, zeigt viel Säurespiel, leichtes Salz, hallt lange nach, ein toller Kerner.

91 Sabiona Kerner Südtirol DOC 2019
14,5 Vol.-%, NK, Tonneaux Fass, €€€€€
Strahlendes Grüngelb. Öffnet sich in der Nase auf Eisbonbon, satter Kerner-Aromatik, grüner Banane, frisch geschnittenem Gras und ausgepresster Limette, dazu etwas Salbei. Am Gaumen mit viel satter Frucht und reichhaltigem Schmelz, üppig, mit Wumms, einlullend.

(92) Aristos Sauvignon Südtirol DOC 2020
13,5 Vol.-%, NK, Stahltank, €€€€
Leuchtendes Silbergrün. In der Nase zunächst weißfruchtige Nuancen nach weißem Pfirsich, ein Hauch Litschi, dann weiße Blüten, im Nachhall nach Limettenabrieb mit einem Hauch Minze. Am Gaumen straff und mit Zug, breitet sich mit kühlem, kraftvollem Fruchtkern über die Zunge aus, spannt einen feinen Bogen, leicht zartbitter im Finale mit anhaltendem Nachdruck.

Weinberg inmitten der Dolomiten

KELLEREI EISACKTAL
39043 Klausen (BZ)
Leitach 50
T: +39 (0472) 847553
info@kellerei-eisacktal.it
www.kellerei-eisacktal.it

Kellermeister: Hannes Munter
Kontakt: Armin Gratl
Produktion: 950.000 Flaschen
97 % weiß, 3 % rot, 150 Hektar
Messen: Merano WineFestival, ProWein Düsseldorf, Vinitaly

(92) Aristos Grüner Veltliner Südtirol DOC 2020
13,5 Vol.-%, NK, großes Holzfass, €€€€
Zart strahlendes Zitronengelb mit grünem Schimmer. Aromen nach satten grünen Äpfeln und frischen Quitten, dann Limettenzesten und frisches Zitronengras. Zeigt zunächst sanften Charakter am Gaumen, harmonische Säure, mittel im Gewicht, viel frische Frucht, lebhaft im Ausklang mit feinem Nachdruck, hallt lange nach.

(92) Aristos Sylvaner Südtirol DOC 2020
14 Vol.-%, NK, großes Holzfass, €€€€
Leuchtendes helles Strohgelb. Öffnet sich in der Nase mit präzisen Nuancen nach weißer Melone und gelber Paprika, dazu ein Hauch weißer Pfirsich, feingliedriger Blütenduft. Am Gaumen mit knackiger Säure und rassigem Zug, spannt sich schön auf, tänzelnd, im Finale knochentrocken.

91 Sabiona Sylvaner Südtirol DOC 2019
14 Vol.-%, NK, Fass, €€€€€
Leuchtendes Strohgelb mit leicht grünlichen Reflexen. In der Nase nach kandierter Grapefruit, zart grasige Nuancen, erinnert im Nachhall an Kokosflocken und Minze. Am Gaumen mit straffer Frucht und knackiger Säure, zeigt feinen Schmelz, sehr satt, aber nicht behäbig, bleibt lange haften.

(91) Aristos Riesling Südtirol DOC 2020
13 Vol.-%, NK, Stahl, €€€€
Leuchtendes, strahlendes Grüngelb. In der Nase duftig und offenherzig, nach Marillen, weißem Pfirsich, Dosenananas, Bergkräutern und Salbei. Am Gaumen warmherzig und satt mit viel Schmelz und gut integrierter Säure, füllig, mit Zug, leichtes Eisbonbon, druckvoller Nachhall.

★★★

WEINGUT FALKENSTEIN

Felsenfeste Passion, Tradition und Handarbeit, dazu Liebe zum Detail: Das ist das Motto von Franz Pratzner. Das Weingut Falkenstein befindet sich am Vinschgauer Sonnenberg oberhalb von Naturns, zwölf Kilometer von der Kurstadt Meran entfernt. Das Klima ist trocken und windig, lehmige Sandböden mit hohem Anteil an Gneis- und Glimmergestein durchziehen die Weinberge. Der Vinschgau ist eines der niederschlagsärmsten Gebiete des gesamten Alpenraums. Tagsüber glühen hier im Sommer die Steine in den Weinbergen, nachts sorgen Fallwinde aus den steil aufragenden Bergen für Abkühlung. Eine dramatische Landschaft!
Gemeinsam mit seiner Frau Bernadette führt Franz Pratzner den Familienbetrieb, unterstützt von seinen beiden Töchter Magdalena und Michaela. Der trockene Urgesteinsboden bietet ausgezeichnete Voraussetzungen für das Gedeihen der Weinreben in steiler Südlage zwischen 550 und 900 Metern Seehöhe. Auf zwölf Hektar werden hochwertige, charaktervolle Weißweine und feine Rotweine angebaut. Die hohen Temperaturschwankungen zwischen Tag und Nacht verleihen den Weinen ihren unverwechselbaren Charakter. Die Produktpalette besteht aus Weißburgunder, Riesling, Sauvignon, Gewürztraminer und Blauburgunder. Neben dem Riesling, der traditionell das Aushängeschild von Falkenstein ist, bekommt auch der rassige Weißburgunder ein immer besseres Profil. Ein Geheimtipp ist der würzig-geschliffene Blauburgunder.

92 Sauvignon Südtirol DOC 2019
13,5 Vol.-%, DV, großes Holzfass, €€€€
Klares leuchtendes Zitronengelb. Dezentes Wechselspiel

WEINGUT FALKENSTEIN
39025 Naturns (BZ)
Schlossweg 19
T: +39 (0473) 666054
info@falkenstein.bz
www.falkenstein.bz

Kellermeister/Kontakt:
Franz Pratzner
Produktion: 90.000 Flaschen
90 % weiß, 10 % rot, 12 Hektar
Messen: ProWein Düsseldorf, Vinitaly

aus frischer Kräuterwürze und einem Hauch reifer Exotik in der Nase. Erfrischende Säure wirkt jugendlich und ist gut integriert, viel Mineralik bringt Länge und Ausgewogenheit, finessenreich und lang im Abgang.

93 Alte Rebe Riesling Südtirol DOC 2018
13 Vol.-%, DV, großes Holzfass, €€€€€
Strahlendes intensives Strohgelb. Eröffnet mit leicht gereiften mineralischen Noten, dann saftiger Pfirsich, etwas Orange. Zeigt am Gaumen schönes Spiel, breitet sich mit viel saftiger Frucht aus, feiner Säurenerv, langer Nachhall.

92 Riesling Südtirol DOC 2019
13 Vol.-%, DV, großes Holzfass, €€€€
Strahlendes, leuchtendes Strohgelb. In der Nase elegant, mit tollen Zitrus-Tönen, nach nassem Stein, erinnert an kalten Rauch, im Nachhall nach Marillen und weißen Blüten. Am Gaumen straff und mit elegantem Säurespiel, breitet sich mit feinem Fruchtkern über die Zunge aus, vertikal, mit Zug, langes Finale.

93 Weissburgunder Südtirol DOC 2019
13 Vol.-%, DV, großes Holzfass, €€€€
Zartes leuchtendes Goldgelb. Dezente Aromen nach Birnenkompott, Lindenblüten, angerösteten Mandeln und frischer Grapefruit. Straffe Struktur, feinmaschig, mit packender Mineralik im Wechselspiel mit saftig anmutender Säure, lädt zum nächsten Schluck ein.

92 Phileo Weissburgunder Südtirol DOC 2017
13 Vol.-%, NK, Barrique, €€€€€
Leuchtendes, elegantes Hellgold. In der Nase mit feinem Duft nach hellem Honig, Orangenschalen und reifer Birne, dezent nach Sahne, im Nachhall nach kandierten Zitronenzesten, leichte Kräuterwürze. Am Gaumen satt, warmherzig und mit viel Schmelz, breitet sich toll über die Zunge aus, mit gut eingebundener Säure, straff und dennoch elegant, bleibt lange im Abgang präsent.

93 Blauburgunder Südtirol DOC 2018
14 Vol.-%, NK, Barrique, €€€€€
Leuchtendes elegantes Rubinrot. In der Nase würzig, nach rotem Paprika, satter Kirsche und frisch gemahlenem Pfeffer, im Nachhall nach Waldbeeren und Rosenblättern. Am Gaumen geschliffen und mit klarem Kern, salzig, zeigt eleganten Verlauf mit toller Würze, im Nachhall präzise und mit toller Länger, eigener, alpiner Stil.

★★

WEINMANUFAKTUR ROBERTO FERRARI

NEU

Roberto Ferrari war jahrelang Kellermeister einer namhaften Kellerei. 2007 hing der diesen Job an den Nagel und folgte seiner großen Leidenschaft: eigene Weine mit großem persönlichem Ausdruck zu machen. Seit damals betreibt er seine Weinmanufaktur, zuerst in Tramin, nun im Nachbarort Salurn. Mit vier Hektar Weinbergen machte er sich selbstständig. Darauf baut er Chardonnay, Lagrein, Weiß- und Blauburgunder sowie Merlot an.
Ferrari bietet seine Weine in drei Linien an: »Profil«, »Pulsar« und – als Auswahl der besten Jahrgänge – »RF Selection«. Im Keller leitet Ferrari das Ziel, außergewöhnliche Weine zu schaffen, Weine, die – wie er selbst sagt – von Leidenschaft, Können und Kreativität gezeichnet seien. »Ich versuche stets, meinen Weinen den Extrahauch Persönlichkeit beizumischen, und so entstehen diese Weine mit meinem Namen, mit meiner Handschrift«, erklärt der Kopf der Weinmanufaktur. Heute verlassen rund 18.000 Flaschen die Weinmanufaktur Profil in Salurn: aromatische und mineralische, überraschende und echte, vor allem aber natürliche Weine. Das war auch der Grund, warum Roberto Ferrari sich selbstständig machen wollte: Er wollte eigene Weine schaffen – charakterstark, individuell, aber nicht aufdringlich.

93 RF Selection Gewürztraminer 2018
14 Vol.-%, NK, gebrauchte Barriques, €€€€€
Leuchtendes Hellgold. In der Nase mit enormer Duftnote, sehr expressiv, nach frischen Marillen, weißen Rosen, zartem Muskat, Orangensirup und Honig. Am Gaumen sehr präsent, mit zart wahrnehmbarem Tannin und leicht harzigem Ton, alles sehr gut integriert und eingebunden, zartbitterer Unterton gibt Frische, strukturreich, lange, sehr eigenständig, tolle Interpretation.

92 Pulsar Blanc - Rtc Vino Bianco 2017 CH/RR/TR
11,5 Vol.-%, NK, €€€€€€
Helles Orange mit leichtem Schleier. Eröffnet mit betont würzigen Noten, nach Bergamotte, Blutorange und Feuerstein, viel Jasminblüten. Tänzelt leicht und verspielt über die Zunge, hat trotzdem guten Druck und Komplexität, im Finale lange nach getrockneten Orangenschalen und Ingwer, pulsierend.

90 Profil Pinot Bianco 2020
12 Vol.-%, NK, Stahltank, €€€ F
Leuchtendes Strohgelb mit leicht silbernem Reflex. Zeigt sich in der Nase feinduftig, nach weißem Pfirsich und rosaroten Blüten, im Nachhall reife Zitrusfrucht. Am Gaumen kompakt und mit präsenter Säure, zeigt kühlen Fruchtkern, tänzelt mit feinem fruchtigem Abgang dahin.

90 RF Selection Chardonnay 2018
13 Vol.-%, NK, gebrauchte Barriques, €€€€€ F
Strohgelb mit zartem Kupferstich. In der Nase harzig, nach Siegellack, Walnuss, gedörrten Marillen und Bittermandeln. Am Gaumen mit zartem Tannin und salziger Struktur, zieht sich dominant und belegend über die Zunge, nicht uninteressant, definitiv etwas für Liebhaber.

WEINMANUFAKTUR ROBERTO FERRARI
39040 Salurn (BZ)
Via Stazione 17
T: +39 (366) 4939471
www.rf-profil.com

Kellermeister/Kontakt:
Roberto Ferrari
Anbauweise: Umstellung auf bio
Produktion: 29.000 Flaschen
60 % weiß, 40 % rot, 4.1 + 2,8 Hektar

89 Profil Merlot 2018
13 Vol.-%, NK, gebrauchte Barriques, €€€€ F

88 RF Selection Pinot Nero 2018
13 Vol.-%, NK, Tonneaux Fass, €€€€€

GAUDENZ GUTSHOF ISSER

NEU

Der Gaudenz-Hof liegt in Partschins, hoch über dem Meraner Talkessel. Die eindrucksvollen Mauern haben eine geschichtsträchtige Vergangenheit, die im Jahr 1348 mit ihrem Erbauer, Gaudenz von Partschins, ihren Anfang nahm. Auf den Rittersmann mit dem verheißungsvollen Namen (Gaudenz geht auf das lateinische »gaudere« zurück, was so viel bedeutet wie »genießen«, »sich erfreuen«) folgten im Laufe der Jahrhunderte mehrere Besitzer. 1792 schließlich erwarb der Meraner Stadtschreiber Anton Simon von Isser den Gaudententurm. Dessen Nachkommen bewohnen und bewirtschaften den Ansitz bis heute und haben den alten Gemäuern mit ihrer Leidenschaft für edle Tropfen sprichwörtlich neuen Geist eingehaucht. Christine Schönweger hat sich vor Jahren dem Hochgeistigen verpflichtet und Gaudenz zu einer der führenden Hofbrennereien des Landes gemacht. Nach einer Ausbildung zum Winzer und Erfahrungen im Ausland widmet Sohn Felix sich nun dem Weinbau am Gaudenz-Hof. Von Sonne und alpin-mediterranem Klima verwöhnt, gedeihen in den Weingärten des Gutshofs Reben, die mit großer Sorgfalt angebaut und im Keller des Familienansitzes in edle Tropfen verwandelt werden. Gesunde, vollreife Trauben und die Freude am Winzerhandwerk bringen besondere, in begrenzter Menge erhältliche Weinunikate hervor, die mit Kraft und Persönlichkeit überzeugen.

89 Müller Thurgau Weinberg Dolomiten IGT 2019
12,5 Vol.-%, DIAM, Stahltank, €€

GAUDENZ GUTSHOF ISSER
39020 Partschins (BZ)
Gaudententurmstr. 7
T: +39 (349) 5837483
www.hofbrennerei.com

Kellermeister/Kontakt:
Felix von Sölder
Produktion: 6.000 Flaschen
35 % weiß, 10 % rosé, 55 % rot,
1 Hektar

89 Goldmuskateller Weinberg Dolomiten IGT 2019
13 Vol.-%, DIAM, Stahltank, €€€

90 Rosé Weinberg Dolomiten IGT 2019
13 Vol.-%, DIAM, €€
Strahlendes Lachsrosa. In der Nase nach Orangensirup und reifen Himbeeren, dazu zart blumige Nuancen. Öffnet sich am Gaumen kernig und mit feinem Fruchtschmelz, strahlend und saftig, trinkt sich gut.

90 Zweigelt Weinberg Dolomiten IGT 2019
12,5 Vol.-%, DIAM, Barrique, €€€
Dunkel leuchtendes Rubin mit einem Tropfen Violett. In der Nase sehr fruchtbetont, nach Waldbeeren und satten Amarenakirschen, zarte grüne Würze rundet das Bouquet ab. Am Gaumen ausgewogen und mit klarer Frucht, spannt sich saftig über die Zunge, leichte Würze im Nachhall.

89 Meraner Hügel Südtirol DOC 2019
13 Vol.-%, DIAM, Stahltank, €€

★★★★

KELLEREI GIRLAN

Die Kellereigenossenschaft Girlan wurde 1923 gegründet. Damals legten 23 Weinbauern den Grundstein für den heutigen Betrieb. Hinter den traditionsreichen Mauern verbergen sich moderne Kellertechnologie und optimale Lagerbedingungen für die Weine. Einst in erster Linie für sehr hohe Vernatsch-Qualitäten bekannt, steht die Girlaner Kellerei heute auch für höchste Qualität bei Weißburgunder, Sauvignon, Chardonnay, Gewürztraminer und Pinot Noir.
Heute sind es rund 200 Winzerfamilien, die um die 230 Hektar Weinbaufläche in den besten Lagen des Überetsch und Unterlandes mit viel Engagement und Motivation bewirtschaften. Kellermeister Gerhard Kofler pflegt einen engen und persönlichen Kontakt zu den Weinbauern und berät sie während der gesamten Vegetationsperiode. Dieser Erfahrungsaustausch ist eine wichtige Grundlage für das Streben nach höchster Qualität. Eine neue Traubenannahmestation, ein funktioneller Pressraum und ein neuer Gärkeller wurden kurz vor der Ernte des Jahrgangs 2010 fertiggestellt. Ausschließlich handverlesene Trauben werden nach genauem Leseplan angenommen

und nach Qualitätsstufe, Traubensorte und Herkunft schonend verarbeitet.
Die Weine der Kellerei Girlan werden in drei unterschiedlichen Qualitätslinien vermarktet: klassische Weine, Weingüter und Selektionen. In den vergangenen Jahren hat sich die Kellerei Girlan immer mehr zu einem Pinot-Noir-Spezialisten entwickelt. Der »Trattmann« ist bei Pinot-Liebhabern schon seit mehreren Jahren bekannt und beliebt. Mit dem Einzellagenwein »Vigna Ganger« erzeugt Kellermeister Gerhard Kofler einen großartigen Pinot Noir, der keinen Vergleich zu scheuen braucht.

92 Flora Chardonnay Südtirol DOC 2019
14 Vol.-%, NK, kleines Holzfass, €€€€€
Leuchtendes, strahlendes Strohgelb. In der Nase präzise, mit zartem Fumé in minimal speckigem Unterton, satte Gelbfrucht, kandierte Zitrone. Am Gaumen mit schönem Schmelz, breitet sich kompakt und mit sonniger Frucht über die Zunge aus, toller Holzeinsatz, wird sich mit der Zeit noch besser zusammenfügen, im Finale betont salzig.

92 Flora Sauvignon Südtirol DOC 2019
14,5 Vol.-%, NK, großes Holzfass, €€€€€
Brillantes Strohgelb mit zarten grünen Reflexen. Belebend frischer Duft nach Zitrusfrüchten, Limettenzeste, gelbem Paprika und Holunderblüten. Am Gaumen zeigen sich geröstete Mandeln, cremige Textur verleiht Schmelz und Ausdruck, harmonische Säurespiel.

96 Vigna Ganger Pinot Noir Riserva Südtirol DOC 2017
14,5 Vol.-%, NK, Barrique, €€€€€€
Glänzendes mitteldichtes Rubin mit Granat. Eröffnet in der Nase mit einem Teppich orientalischer Gewürze, gemahlene Koriandersamen, dahinter saftige frische Himbeeren, etwas Granatapfel. Sehr viel ansprechende saftige Frucht am Gaumen, nach Himbeeren und Preiselbeeren, öffnet sich mit feinmaschigem Tannin, sehr gute Spannung, im Finale lange nach Preiselbeeren.

(95) Curlan Pinot Noir Riserva Südtirol DOC 2018
15 Vol.-%, NK, Barrique, €€€€€€
Tiefdunkles Rubinrot. In der Nase mit Nuancen von getrockneten Veilchen, Edelholz, Brombeeren, Cassis, hellem Leder und leichtem Fumé. Öffnet sich präsent und satt, mit toller Spannung und Finesse, großer Bogen, würzig-fruchtiger Kern, mit Länge und Eleganz, strömt ruhig dahin.

92 Trattmann Pinot Noir Riserva Südtirol DOC 2018
14,5 Vol.-%, NK, Teilbarrique, €€€€€
Dunkel leuchtendes Rubinrot. Zeigt sich in der Nase tiefgründig, mit dunkler Würze, Edelholz, satten Waldbeeren und Lakritze, ein Hauch Grafit im Nachklang. Am Gaumen mit saftigem Verlauf, klarem Fruchtkern, schöner Spannung und würzigem Unterton, zeigt sich mit griffigem Tannin, gute Länge.

KELLEREI GIRLAN
39057 Girlan (BZ)
St.-Martin-Straße 24
T: +39 (0471) 662403
info@girlan.it
www.girlan.it

Kellermeister: Gerhard Kofler
Kontakt: Oscar Lorandi
Produktion: 1.500.000 Flaschen
55 % weiß, 45 % rot, 230 Hektar
Messen: Merano WineFestival, ProWein Düsseldorf, Vinitaly, Bozner Weinkost

Kellerei Girlan

93 Gschleier Alte Reben Vernatsch Südtirol DOC 2019
13 Vol.-%, NK, großes Holzfass, €€€€
Funkelndes Rubin mit hellem Rand. Klare und ansprechende Nase, nach Preiselbeeren, frischen Kirschen und Veilchen. Am Gaumen feinmaschiges Tannin in vielen Schichten, griffig und herzhaft, süßer Fruchtschmelz, langer Nachhall.

93 Pasithea Oro Gewürztraminer vendemmia tardiva Südtirol DOC 2018
10,5 Vol.-%, NK, Barrique, €€€€€
Intensives Orangegold. Sehr expressiv in der Nase, nach hellem Honig, weißer Schokolade, Haselnüssen, Bergamotten und gedörrten Marillen. Am Gaumen strahlend, mit sattem Schmelz und süßer Gelbfrucht, hat einen tänzelnden Säurenerv, füllig und satt, ohne dabei behäbig zu wirken, langes Finale.

★★★

GLÖGGLHOF – FRANZ GOJER

Das Weingut Glögglhof ist ein kleiner Familienbetrieb im Herzen des traditionellen St. Magdalener Weinbaugebiets. Hier produziert die Familie Gojer charaktervolle Weine der autochthonen Rebsorten Vernatsch und Lagrein sowie Weißburgunder, Sauvignon und Kerner. Franz Gojer zählte schon in den 1990er-Jahren zu den Qualitätspionieren im Südtiroler Weinbau. Sein »Rondell« setzte damals neue Maßstäbe für St. Magdalener. Heute steht ihm Sohn Florian zur Seite, der zunehmend auch nach außen als Vertreter des traditionsreichen Familienweingutes auftritt. Vor einigen Jahren konnten die Gojers einen zweiten Weinhof auf der gegenüber liegenden Talseite bei Karneid erwerben. Die kühle Hanglage dort ist ideal für Weißweine. Franz und Florian Gojer legen Wert auf Individualität, Identität und einen starken Lagencharakter ihrer Weine, die ihre Herkunft klar an den Tag legen. Neben den traditionellen Bozner Sorten gibt es auf dem Glögglhof auch eine besondere Spezialität: Franz Gojer ist Liebhaber von Portwein. Das brachte ihn auf die Idee, Ähnliches mit dem Lagrein zu versuchen. Das Ergebnis ist »PIPA«, ein Lagrein, dessen Gärung mit hochwertigem Weinbrand gestoppt wird. Ein erstaunlicher Portwein aus den Alpen!

GLÖGGLHOF – FRANZ GOJER
39100 Bozen (BZ)
Rivelaunweg 1
T: +39 (0471) 97 87 75
info@gojer.it
www.gojer.it

Kellermeister/Kontakt:
Florian Gojer
Produktion: 60.000 Flaschen
25 % weiß, 73 % rot, 2 % süß,
8.5 Hektar
Messen: ProWein Düsseldorf, Vinitaly, Bozner Weinkost, Vinea Tirolensis

92 Karneid Sauvignon Südtirol DOC 2020
13,5 Vol.-%, DIAM, Tonneaux Fass, €€€ F H S V
Funkelndes Grüngelb. In der Nase pfeffrig-kernig, kommt sofort aus dem Glas, sehr würzig, nach Feuerstein, grünem Paprika und Grapefruit, wirkt schiefrig. Am Gaumen präsent mit tollem Eintritt, spannt sich schön über die Zunge, knackig, mit toller Länge und Druck.

92 Karneid Weissburgunder Südtirol DOC 2020
13,5 Vol.-%, DIAM, Tonneaux Fass, €€€ F H S V
Leuchtend strahlendes Strohgelb. In der Nase mineralisch, mit sattem Ton nach kandierter Zitrone, eleganter Ton von Edelholz und ein minimaler Anklang von hellem Nougat. Am Gaumen saftig, präzise, mit dezentem Fruchtschmelz, breitet sich sehr fein über die Zunge aus, anhaltend und klar, aktuell noch etwas bitter, wird sich gut zusammenfügen.

93 Lagrein Riserva Südtirol DOC 2018
14,5 Vol.-%, NK, Barrique/Stahl, €€€€€ F S V
Satt strahlendes Purpurgranat mit violettem Schimmer.

Feinherber Auftakt in der Nase mit Aromen von Holunderbeeren, reife Waldfrüchte, Wacholderbeeren, etwas Kardamom, ein Hint Lakritze. Spannt sich samtig auf, rund, ausgewogener Körper, geschliffenes Tannin, zieht sich mit Spannung durch, drückt im Finale noch mal auf den Gaumen.

92 Vigna Rondell St. Magdalener Classico Südtirol DOC 2019 VN/LG

13,5 Vol.-%, NK, großes Holzfass, €€€ F H S V

Elegant leuchtendes Rubinrot. In der Nase nach getrockneten Rosenblättern, dazu dunkle Würze und rote Beerenfrucht. Am Gaumen mit toller Stoffigkeit, klarem Fruchtkern und zart griffigem Tannin, komplex, zeigt viel Zukunftspotenzial.

91 St. Magdalener Classico Südtirol DOC 2020 VN/LG

13 Vol.-%, DIAM,Stahl, €€ F S V

Leuchtendes, funkelndes Rubinrot. In der Nase nach Himbeeren und Veilchen, von mittlerem Ausdruck, im Nachhall nach Roten Rüben. Am Gaumen strahlend und mit feingriffigem Tannin, edler Bittermandel-Ton, leichtes Salz.

92 Pipa XVIII Vino Liquoroso 2018

19 Vol.-%, NK, gebrauchte Barriques/Stahl, €€€€€ V

Intensives Granatrot mit undurchdringlichem Kern. Ausgeprägt duftig, nach frischem Pfeffer, Nelken, dunkler Waldfrucht und reifen Johannisbeere, dazu Rumtopf. Kraftvoller Auftakt mit komplexem Fruchtspiel am Gaumen, feingriffiges Tannin, leicht wärmend, trotzdem gut eingebundener Alkohol, minimale Nachtrocknung.

★★

WEINGUT GRIESBAUERHOF

Der Griesbauerhof ist ein historischer Weinhof, der sich im Herzen des St. Magdalener Anbaugebietes an den Südhängen des Rittnerberges in Bozen befindet. Er wird seit mehreren Generationen von der Familie Mumelter bewirtschaftet. Die Trauben für die Weinproduktion stammen aus den betriebseigenen vier Hektar Rebflächen. Sie liegen zum Großteil in unmittelbarer Nähe zum Hof. Dort wachsen Vernatsch, Lagrein und Cabernet Sauvignon. Hinzu kommt ein Weinberg südlich von Bozen, der mit den Rebsorten Merlot und Lagrein bepflanzt ist. Ein weiterer Weinberg befindet sich in der Gemeinde Eppan. Dort werden die Trauben für die Weißweine aus den Sorten Weißburgunder und Ruländer

© Armin Huber

WEINGUT GRIESBAUERHOF
39100 Bozen (BZ)
Rentscherstraße 66
T: +39 (0471) 973090
info@griesbauerhof.it
www.griesbauerhof.it

Kellermeister: Lukas Mumelter
Kontakt: Georg Mumelter
Produktion: 35.000 Flaschen
10 % weiß, 5 % rosé, 85 % rot,
4 Hektar
Messen: ProWein Düsseldorf, Vinitaly

Georg und Lukas Mumelter

produziert. Das Hauptaugenmerk des Betriebs liegt auf der Produktion von autochthonen Rotweinen, dem Vernatsch und dem Lagrein.

93 Isarcus St. Magdalener Classico Südtirol DOC 2019
15 Vol.-%, NK, Stahltank, €€
Dunkel leuchtendes, funkelndes Rubinrot. In der Nase nach Zwetschken und Kirschsirup, dazu ein Hauch Rumtopf, gezuckerte Veilchen und Zimt. Am Gaumen geschliffen, mit süßem Fruchtkern und beachtlicher Struktur, spannt sich weit auf, schmeichelnd, aber nicht banal, lange und mit Druck.

90 St. Magdalener Classico Südtirol DOC 2019
15 Vol.-%, NK, Eichenfass, €€€
Brillant strahlendes Hellrot mit rubinrotem Kern. Ausgeprägt duftiges Bukett, nach frischen Kräutern, einem Hint Pfeffer und viel roter Frucht. Öffnet sich mit Saftigkeit und gutem Zug, frisches Säurespiel mit feinem, trockenem Gerbstoff, lebendiger, sich öffnender Nachhall, feingliedriger Trinkfluss.

92 Cabernet Sauvignon Riserva Südtirol DOC 2018
13,5 Vol.-%, NK, Barrique, €€€€€
Kräftig leuchtendes Rubin mit violettem Schimmer. Zunächst etwas verhalten, öffnet sich dann mit würzig-vegetabilen Noten, roter Paprika, Kurkuma, etwas rauchig, dazu Wacholder und reife Johannisbeeren. Spannt sich saftig über die Zunge, sehr geradlinig in Ansatz und Verlauf, feinmaschig, animierend, mit gutem Zug und sattem Nachdruck.

92 Lagrein Riserva Südtirol DOC 2018
13,5 Vol.-%, NK, Barrique, €€€€€
Kräftig funkelndes Purpur mit undurchdringlichem Kern. Satter Duft nach reifen Walderdbeeren und Schwarzen Johannisbeeren, ein Hint Eukalyptus und schwarzer Pfeffer. Zeigt sich stoffig am Gaumen, kompakter dunkelbeeriger Kern, viel Grip, engmaschiger Gerbstoff, zupackend im Trunk, langes, saftiges Finish.

90 Lagrein Südtirol DOC 2019
13 Vol.-%, NK, Eichenfass, €€€
Intensives leuchtendes Rubinrot mit tiefdunklem Kern. In der Nase etwas verhalten nach frischen kleinen Waldbeeren, Brombeeren, etwas Würze, Melisse, dazu kalkige Nuancen. Erfrischender Auftakt mit kompakter Tanninstruktur im Vordergrund, elegante Züge, lebendig im Trunk, wirkt noch sehr jugendlich, mit Potenzial.

89 Merlot Riserva Südtirol DOC 2018
14 Vol.-%, NK, Barrique, €€€€

★★★★

GUMP HOF MARKUS PRACKWIESER

Der Gump Hof im südlichen Eisacktal am Fuße des Schlernmassivs ist seit über 200 Jahren im Besitz der Familie Prackwieser und wurde bereits 1546 als Weinhof Gump urkundlich erwähnt. Die Lagen sind vom einzigartigen Mikroklima beeinflusst, was besonders vielschichtige Weine mit knackiger Frische ergibt. Die südwestlich ausgerichteten 50 bis 70 Prozent steilen Rebanlagen des Gump Hofes sind ausgezeichnet besonnt und auf rund 400 bis 850 Metern Seehöhe von Fluss-Schottersteinen geprägt. Diese kalkhaltigen Moränenböden liegen auf festem Bozner-Quarzporphyr und bieten beste Voraussetzungen für die dort angebauten Sorten. Markus Prackwieser hat seine Palette in drei Linien unterteilt: »Mediaevum«, »Praesulis« und »Renaissance«. In der »Mediaevum«-Linie gibt es einen klaren, geradlinigen Weißburgunder und einen saftigen Vernatsch. In der »Praesulis«-Linie, so benannt nach dem Ortsteil Prösels, in dem sich der Hof befindet, gibt es alle auf dem Gump Hof angebauten Sortenweine. In der »Renaissance«-Linie schließlich erscheinen in den besten Jahrgängen die drei Leitsorten Weißburgunder, Sauvignon Blanc und Pinot Noir. Hierbei handelt es sich um lange auf der Grob- bzw. Feinhefe im Fass und danach noch für mindestens 12 Monate auf der Flasche gereifte Weine.
Im Jahr 2019 wurde auf dem Burghügel des nur wenige Kilometer entfernten Schlosses Prösels eine 1,7 Hektar große Neuanlage angepflanzt. Dort sind 70 Prozent mit Blauburgunder sowie 30 Prozent mit Weißburgunder

GUMP HOF
MARKUS PRACKWIESER

39050 Völs am Schlern (BZ)
Völser Straße 11
T: +39 (0471) 60119
info@gumphof.it
www.gumphof.it

Kellermeister/Kontakt:
Markus Prackwieser
Produktion: 60.000 Flaschen
65 % weiß, 35 % rot, 7 Hektar
Vereinszugehörigkeit:
Federazione Italiana Vignaioli Indipendenti, Freie Weinbauern Südtirol
Messen: Vinitaly, Vinea Tirolensis

bestockt worden, um zum einen die bereits im Mittelalter praktizierte und vom Minnesänger Oswald von Wolkenstein besungene Weinbautradition auf dem Burghügel wiederzubeleben und zum anderen auf den Klimawandel zu reagieren und mit den Burgundersorten an Höhe zu gewinnen. Im Herbst 2021 soll dort die Jungfernlese stattfinden.

94 Renaissance Sauvignon Blanc Riserva Südtirol DOC 2017

14 Vol.-%, NK, Tonneaux Fass/Edelstahl, €€€€€
Funkelndes helles Goldgelb mit grünen Noten. Sehr intensive und einladende Nase, satt nach Salbei und Stachelbeeren, etwas weißer Spargel. Am Gaumen salzig und mit guter Spannung, stoffig und verwoben, viel Stachelbeere, beschreibt einen weiten Bogen.

92 Praesulis Sauvignon Blanc Südtirol DOC 2019

14 Vol.-%, NK/DIAM, Tonneaux Fass/Edelstahl, €€€€
Zart strahlendes Strohgelb mit silbernen Reflexen. Dezent in der Nase nach frischer Südfrucht, Kiwi, Litschi, Stachelbeere, dazu Holunder und im Anklang Zitronengras. Spannt sich mit Zug über die Zunge, mit lebendigem Säurespiel, zartem Schmelz und ausgewogenem Körper, erfrischend salzig, feingliedriger Trinkfluss mit langem Nachhall.

94 Praesulis Weissburgunder Südtirol DOC 2019

14 Vol.-%, NK/DIAM, 500-l-Fass/Edelstahl, €€€€
Leuchtendes, helles Strohgelb. Präzise und klare Nase, nach weißem Steinobst, dezent nach edlem Holzeinsatz, erinnert mit etwas Luft auch an Ananas und Banane, nur zart, rundet das Bouquet schön ab. Am Gaumen straff, mit Zug und abgerundetem Schmelz, breitet sich elegant und zugleich rassig über die Zunge aus, hallt lange nach, großes Weißburgunder-Kino!

92 Mediaevum Weissburgunder Südtirol DOC 2020

13 Vol.-%, NK/DIAM, Edelstahl, €€€
Brillant strahlendes Zitronengelb. Mild duftend nach goldenen Äpfeln, reifer Quitte und weißem Pfirsich, im Anklang weiße Blüten. Zieht sich feinfruchtig über den Gaumen, mit verspielter Säure und ausgewogenem Körper, wirkt stimmig und zeigt sich animierend salzig im Ausklang.

93 Praesulis Pinot Noir Südtirol DOC 2018

13,5 Vol.-%, NK, Barrique, €€€€€
Leuchtendes, strahlendes Rubinrot. Elegant duftende Nase, nach reifen Himbeeren, satten Kirschen, Zwetschken und Rosenblättern, edle Gewürze im Nachhall. Am Gaumen mit zartem Fruchtschmelz, kompakt, mit Rasse und Zug, klare, feine Würze, mit Saft und Salz.

91 Mediaevum Vernatsch Südtirol DOC 2020

12,5 Vol.-%, NK/DIAM, Edelstahl/großes Holzfass, €€
Leuchtendes, strahlendes Rubinrot. In der Nase nach gezuckerten Kirschen, Veilchen und Bittermandeln. Am Gaumen klar und strahlend mit knackigem Fruchtkern, sehr saftig, trinkt sich hervorragend.

★★★★

WEINGUT FRANZ HAAS

Seit 1880 wird bei Franz Haas Wein erzeugt, und seit jeher gehen die Geschicke des Betriebes an den Erstgeborenen über, der stets Franz heißt. Der heutige Macher, Franziskus Haas, ist der siebte in dieser Ahnenreihe, ein akribischer Tüftler, der oft selbst sein strengster Kritiker ist. Das Weingut verarbeitet heute Trauben von 55 Hektar Rebfläche. Die Weinberge, die nachhaltig und naturnah bewirtschaftet werden, befinden sich in Montan sowie in den umliegenden Gemeinden Neumarkt, Aldein und Truden in Höhen von 220 bis 1150 Metern.

Für den Weinbau in Höhenlagen ist Franz Haas inzwischen über die Landesgrenzen hinaus bekannt, denn bereits im Jahr 2000 wurden aufgrund des fortschreitenden Klimawandels mehrere Hektar Boden in Höhenlagen gepachtet. Nach zwanzig Jahren bestätigt sich diese Entscheidung als zukunftsweisend. Beim Weinberg auf 1150 Metern in der Gemeinde Aldein handelt es sich um eine der höchsten Lagen Südtirols. Blauburgunder ist die große Herausforderung eines jeden Winzers. Für diesen Wein schlägt auch das Herz von Franz Haas, aber mit ebensolcher Aufmerksamkeit pflegt er die Vielfalt der Südtiroler Rebsorten. Ein weiteres Detail, das Franz Haas auszeichnet, ist die Verbindung zum Künstler Riccardo Schweizer, der die Etiketten kreiert hat und dessen künstlerischer Werdegang mit Künstlern wie Picasso, Chagall, Cocteau, Paul Éluard und Le Corbusier in Verbindung steht. Maria Luisa Haas schenkte diese Etiketten einst Franziskus als Glücksbringer für seine Weine. Das erste von ihm ausgewählte Etikett war jenes für den »Pinot Nero Schweizer«, Jahrgang 1987, der 1990, also vor 30 Jahren, auf den Markt kam. Von Riccardos letztem Werk, dem Brunnen am Ende des Barrique-Kellers, geschmückt mit fünf von seinen in Glas nachgebildeten Etiketten, stammt die Zeichnung für das Jubiläumsetikett für den Jahrgang 2017. Und was das Wichtigste ist: Auch die inneren Werte dieses Weines beeindrucken!

WEINGUT FRANZ HAAS
39040 Montan (BZ)
Villnerstraße 6
T: +39 (0471) 812280
info@franz-haas.it
www.franz-haas.it

Kellermeister: Franziskus Haas
Kontakt: Maria Luisa Manna und Andi Punter
Produktion: 350.000 Flaschen
55 Hektar
Messen: ProWein Düsseldorf, Vinitaly

93 Sauvignon Blanc Südtirol DOC 2019
13 Vol.-%, DV, Teilbarrique, €€€€
Leuchtendes, intensives Strohgelb. In der Nase deutlich nach Feuerstein und saftiger Grapefruit, öffnet sich mit gelbfruchtigen Nuancen, einladend und vielschichtig. Am Gaumen komplex und rund, breitet sich mit schönem Grip über die Zunge aus, druckvoll, rundet sich schön ab im langen, salzigen Finale.

93 Petit Manseng Weinberg Dolomiten IGT 2019
14,5 Vol.-%, DV, gebrauchte Barriques, €€€€
Leuchtendes Gold. In der Nase nach kaltem Rauch, hellem Honig, kandierten Zitronenschalen und baumreifen Pfirsichen, leicht nach Bourbonvanille, vielschichtig. Am Gaumen mit rassigem Zug, tolle goldene Gelbfrucht, spannt sich mit gut integriertem Holz fein über die Zunge, satt, mit stützender Säure, sehr gut gelungen dieses Jahr.

92 Manna Weinberg Dolomiten IGT 2019 RR/CH/TR/KR/SB
13 Vol.-%, DV, Teilbarrique, €€€€
Intensives leuchtendes Strohgelb mit hellgoldenen Reflexen. In der Nase zart nach Muskat und Litschi, ein Hauch von Marille, auch nach frisch gemähter Wiese, ein Potpourri aus gelbfruchtigen Aromen. Am Gaumen mit fruchtig-süßem Kern, kompakt, mit rassiger Säure und sanftem Druck, schöner Stimmungsbogen, aktuell noch sehr jung, wird in ein paar Monaten richtig strahlen.

91 Pinot Grigio Weinberg Dolomiten IGT 2020
13 Vol.-%, DV, Teilbarrique, €€€
Strahlendes helles Strohgelb mit Silber. Zeigt in der Nase feine duftige Nuancen, nach Birne und weißem Pfirsich, ein Hauch von weißen Blüten. Am Gaumen klar mit schönem Spiel, mittlerer Körper, animierender Nachhall, zieht sich geradlinig durch.

97 Pònkler Pinot Nero Südtirol DOC 2015
14 Vol.-%, NK, Barrique, €€€€€€
Funkelndes Rubingranat. Sehr ansprechende Nase mit zarten Noten nach gereiften Himbeeren und Brombeeren, wirkt trotz Reife zugleich auch frisch, dahinter feine Gewürznoten. Saftig und überaus ansprechend am Gaumen, feinmaschiges, samtiges Tannin, breitet sich lange aus, viel Waldhimbeere, lange und geschmeidig, sehr gute Spannung.

91 Lagrein Südtirol DOC 2019
13 Vol.-%, DV, 500-l-Fass, €€€
Sattes, klares Purpur mit rubinroten Akzenten. In der Nase würzig nach Kardamom, frischen Nelken, Cayennepfeffer und Heidelbeeren, im Hintergrund Tabak und Feuerstein. Spannt sich feinmaschig auf, legt sich frisch über die Zunge, mit Eleganz und feinmaschigem Tannin, anhaltender Abgang.

90 Sofi Rot Weinberg Dolomiten IGT 2018 LG/ME
13 Vol.-%, DV, Stahltank, €€€
Sattes Rubinrot mit violetten Reflexen. Öffnet sich mit viel frischer Frucht in der Nase, rote Ribisel, Herzkirsche, Hagebutte und Blutorange, dazu zarte Würznoten. Zieht saftig auf, zeigt jugendlich-lebendiges Spiel, mittelgewichtig, mit feinem, etwas rustikalem Gerbstoff, guter Trinkfluss.

★

WEINGUT HAIDENHOF

NEU

Wenn eine ganze Familie zusammenhält und das ganze Jahr über hart im Weinberg arbeitet, dann schmeckt das Ergebnis in der Flasche umso besser. So ist das auch auf dem Haidenhof, wo derzeit drei Generationen der Familie Erb zusammenarbeiten. Die Trauben wachsen auf rund 450 Metern Seehöhe in nach Südosten ausgerichteten Steillagen, die alle per Hand bearbeitet werden. Der schichtartig aufgebaute Sand-Lehm-Boden und das mediterrane Klima verleihen den Weinen vom Haidenhof ihre unverkennbaren Noten. Jeder Wein ist geprägt von der Rebsorte, dem besonderen Boden, der Jahreswitterung und der Handarbeit im Weingarten und im Keller. Weinbauer und Kellermeister Hansi Erb lebt seinen Beruf mit Herz und Seele: »Die Arbeit im Weinberg ist für mich ein Ergebnis aus Präzision, Ehrgeiz und jeder Menge Leidenschaft«, gesteht er unumwunden ein. Während in den 1980er-Jahren die Sortenpalette des Hofes zu 80 Prozent aus Vernatsch bestand, werden heute zu fast 60 Prozent Weißweintrauben verarbeitet, darunter Weißburgunder, Sauvignon, Kerner und Gewürztraminer. Vernatsch, Blauburgunder und Merlot werden als Rotweine ausgebaut. Die Weinvielfalt des Winzers steht für Charakter, Raffinesse und Balance. Ein Teil des Weinsortiments wird im hauseigenen Gasthof genossen, der neben feinen Weinen und herzhaften Speisen einen grandiosen Ausblick auf den Meraner Talkessel bietet.

90 Vigna Ofenweingarten Sauvignon Südtirol DOC 2018
14,5 Vol.-%, NK, Barrique, €€€€€
Zart schimmerndes Zitronengelb mit grünen Reflexen. Öffnet

WEINGUT HAIDENHOF
39010 Tscherms (BZ)
Lebenbergstraße 17
T: +39 (0473) 564451
www.haidenhof.it

Kellermeister/Kontakt:
Hansi (Johann) Erb
Produktion: 21.000 Flaschen
58 % weiß, 9 % rosé, 33 % rot,
4 Hektar
Messen: Vinitaly

sich in der Nase mit reifen Noten nach Ananas und Papaya, gebutterte Brioche und Nougat im Anklang. Trifft vollmundig auf den Gaumen, wirkt kraftvoll und geschmeidig, maskuline Struktur, gut eingebettete Säure, leichte Grapefruit im Abgang.

89 Kerner Südtirol DOC 2019
14,5 Vol.-%, NK, Edelstahl, €€€

90 Merlot Riserva Südtirol DOC 2017
14 Vol.-%, NK, Edelstahl, €€€
Dunkel leuchtendes Granat mit Purpur. Öffnet sich mit satter Frucht, nach reifen Brombeeren, Pflaumenkompott, etwas Sanddorn, ein Hint Zimt und geröstete Kaffeebohnen in Nachhall. Am Gaumen kompakt mit gutem Schmelz, spannt einen fülligen Bogen, viel samtiges Tannin, schönes Säurespiel, stoffig und komplex im Finale, zeigt sich anhaltend.

89 Blauburgunder Südtirol DOC 2018
14 Vol.-%, NK, Barrique, €€€€

★

KELLEREI HEINER

NEU

Das Weingut von Heiner Oberrauch befindet sich nur wenige Gehminuten von der Bozner Altstadt entfernt in prachtvoller Lage am Heinrichshof in Bozen-Dorf. Der Jungwinzer bezeichnet sich selbst als naturverbundener Quereinsteiger und versucht, neue Wege zu gehen. Der Hof ist in Umstellung auf Biologisch-Biodynamisch und wird fast ausschließlich in Handarbeit bewirtschaftet. Angebaut werden die beiden autochthonen Rebsorten Vernatsch und Lagrein sowie Cabernet Sauvignon und Goldmuskateller.

KELLEREI HEINER
39100 Bozen (BZ)
Selig-Heinrich-Straße 30
T: +39 (348) 7496878
info@heiner.wine
www.heiner.wine

Kellermeister/Kontakt:
Heiner Oberrauch
Anbauweise: Umstellung auf bio
Produktion: 27.000 Flaschen
25 % weiß, 75 % rot, 2.2 + 1 Hektar

Im Keller wird so wenig wie möglich eingegriffen, vielmehr werden mit natürlichen Methoden (zum Teil Spontangärung und Maischekontaktzeit) Weine mit besonderem Charakter hergestellt. »Mein oberstes Ziel ist es, natürliche und ehrliche Weine zu produzieren. Die Weine sollen die Rebsorte und vor allem den Jahrgang widerspiegeln«, bringt Heiner Oberrauch seine Philosophie auf den Punkt.

89 Principessa Weiss Mitterberg IGT 2019
13 Vol.-%, DIAM, Edelstahl, €€€

87 A Manetta Pinot Bianco Mitterberg IGT 2019
13 Vol.-%, DIAM, Edelstahl/Teilbarrique, €€€

90 Icona Lagrein Mitterberg IGT 2019
12 Vol.-%, DIAM, Edelstahl, €€€€
Intensiv leuchtendes Rubinrot mit violetten Reflexen. Öffnet sich in der Nase mit reifen Pflaumen und eingelegten Heidelbeeren, leicht würzig nach Kardamom, etwas Nougat und Röstaromen im Nachhall. Spannt sich sanft auf, mit feingriffigem Tannin und geradliniger Struktur, wirkt animierend, leicht trocken im Ausklang.

89 Illusione Rot Mitterberg IGT 2019
13 Vol.-%, DIAM, gebrauchte Barriques, €€€€

88 L'Origine Vernatsch Mitterberg IGT 2019
12,5 Vol.-%, DIAM, Edelstahl, €€€

88 Cabernet Sauvignon Mitterberg IGT 2018
13 Vol.-%, DIAM, großes Holzfass, €€€

★

WEINGUT INNERLEITERHOF

Jahrelange Erfahrung und Passion, vereint in edlen Rebgenüssen: Das zeichnet das Weingut Innerleiterhof in Schenna aus. Seit Beginn der 1980er-Jahre haben sich Karl Pichler und sein Schwiegervater Franz Egger mit Leidenschaft dem Weinbau verschrieben. In sonniger Hanglage in Schenna oberhalb des Meraner Talkessels werden die Reben im Guyot-System und auf der Pergel erzogen. Die hochwertige Produktion fußt auf Handarbeit und Sorgfalt bei jedem Arbeitsschritt. Sechs typische Südtiroler Weine stehen am Ende der Produktionskette: Weißburgunder »Erzherzog Johann«, Sauvignon, Blauburgunder Rosé »Mathilde«, Meraner Hügel, Blauburgunder »Erzherzog Johann« und »Roaner«, eine Cuvée aus Lagrein und Merlot. Der Innerleiterhof ist nicht nur Weingut, sondern auch ein idyllisches Hotel in herrlicher Panoramalage. Umrahmt von einem Meer aus Reben, verwachsen mit der Natur und dem Wein steht das kleine, aber feine Gästehaus am Sonnenhang von Schenna mit hauseigener Weinlounge. Ankommen und genießen ist hier das Motto!

90 Erzherzog Johann Weissburgunder Südtirol DOC 2020
13,5 Vol.-%, DV, Stahltank, €€€
Strahlend helles Zitronengelb. In der Nase frische Birnen, dazu kandierte Zitronen und florale Noten nach Akazienblüten. Erfrischend klar und mundfüllend am Gaumen, lange, mit feinem Schmelz und Rückgrat.

90 Sauvignon Südtirol DOC 2020
13,5 Vol.-%, DV, Stahltank, €€€
Strahlendes helles Zitronengelb mit goldgelben Reflexen. Einladender Duft nach Kräutern, Thymian, dazu Litschi und Stachelbeere. Saftiges Säurespiel mit animierender Salzigkeit, feiner Nachhall.

90 Mathilde Blauburgunder Rosé Südtirol DOC 2020
13 Vol.-%, DV, Stahltank, €€€
Strahlend helles Lachsrosa mit Kupferreflexen. Zart rotbeerig in der Nase, frische Orangenschalen, dazu getrocknete Erdbeeren. Erfrischend saftiger Einstieg mit mittlerem Ausdruck, kompakter Körper und gute Balance, zeigt sich lebhaft mit animierendem Finish.

91 Meraner Südtirol DOC 2020
12,5 Vol.-%, DV, Stahltank, €€
Leuchtendes klares Rubinrot mit leichter Randaufhellung. Ausgeprägt duftig nach frischen Weichseln und Preiselbeeren, dazu ein Hauch weißer Pfeffer. Zeigt sich mit feinem Tannin am Gaumen und zieht elegant über die Zunge, gut eingebettete Säure und viel rote Frucht im Nachhall.

91 Roaner Rot Weinberg Dolomiten IGT 2019 ME/PN/LG
13,5 Vol.-%, DV, gebrauchte Barriques, €€€
Strahlendes klares Rubingranat mit dunklem Kern. Im Duft ausgeprägt nach frischen Waldhimbeeren, etwas Weichsel und Bergamotte, zarter Tabak im Hintergrund. Spannt sich dichtmaschig auf, gut eingebettete Säure, stoffige Struktur mit Eleganz, feinwürziger Ausklang, etwas jugendlich, gute Länge.

90 Erzherzog Johann Blauburgunder Südtirol DOC 2018
13,5 Vol.-%, DV, gebrauchte Barriques, €€€
Hell strahlendes Rubinrot mit granatfarbenen Reflexen. Zartwürzige Aromen nach Rosmarin, Zedernholz und schwarzen Kirschen. Feinmaschiger Gaumeneintritt mit animierendem Gerbstoff, lebendigem Säurespiel und ausgewogenem Körper, gibt sich offenherzig und klar, guter Trinkfluss.

WEINGUT INNERLEITERHOF
39017 Schenna (BZ)
Leiterweg 8
T: +39 (0473) 946000
info@innerleiterhof.it
www.innerleiterhof.it

Kellermeister: Karl Pichler
Kontakt: Familie Egger-Pichler
Produktion: 14.500 Flaschen
60 % weiß, 20 % rosé, 20 % rot,
1.8 Hektar

★★

WEINGUT JOSMOAR

NEU

Der »Josmoarhof« liegt in Galsaun, einer Fraktion der Ortschaft Kastelbell im Vinschgau. Angebaut werden die Trauben für den Wein im sogenannten »Pfaffenegg« auf 600 Metern Seehöhe. Sowohl der umgangssprachliche Name dieses sichtbar hervorstechenden Ecks des Vinschger Sonnenbergs als auch sein weithin bekannter Ruf als perfekte, besonders sonnenexponierte und vor den Unwettern des Talbodens geschützte Lage für Spitzenwein lassen sich bis ins 13. Jahrhundert zurückverfolgen. Schon die Mönche des Klosters im Karthaus im Schnalstal bezogen hier damals ihre guten Tropfen. In den 700 Jahren seither ist einiges passiert, die Liebe zum Weinbau aus Leidenschaft – mit einzigartigem Terroir aus Kalkglimmerschiefer-, Marmor- und Paragneisböden sowie heißen Tagen und kalten Nächten – ist aber unverändert geblieben. Schon während der Führung als Buschenschank in den 1950er-Jahren wurde Wein im kleinen Stil und – revolutionär im damaligen Vinschgau – auch teils in 0,75-Liter-Flaschen produziert. Letztendlich waren es vor einigen Jahren ein neues Design und der Umstieg auf reine Flaschenabfüllung, die dem »Josmoar-Wein« zu der Anerkennung verhalfen, die er verdient.

Bei aller Innovation wird dabei nicht auf die Handwerkskunst des Weinbaus vergessen: Die Lese der in steiler Hanglage liebevoll gepflegten, teilweise bis zu 25 Jahre alten Reben (Weiß- und Blauburgunder, Sauvignon, Chardonnay) erfolgt ausschließlich von Hand, Vinifizierung und Ausbau mit traditionellen Methoden ohne große moderne Einflüsse. Ein Teil der Lagerung erfolgt im Barrique aus französischer Eiche. Daraus entsteht ein fruchtiger, köstlicher Wein, der die Vinschger Lebensart anschaulich widerspiegelt: Kräftig und doch elegant, bodenständig und doch facettenreich ist er, der Wein vom »Josmoarhof« – und verspricht sowohl als harmonischer Essensbegleiter als auch alleine genossen viel Gaumenfreude.

WEINGUT JOSMOAR
39020 Kastelbell (BZ)
Römerstraße 18
T: +39 (335) 7128391
michael.lochmann@rolmail.net

Kellermeister: Sebastian Tonner
Kontakt: Michael Lochmann

92 Pfaffenegg Weissburgunder Weinberg Dolomiten IGT 2019
13,5 Vol.-%, NK, Stahl/Barrique, €€€
Strahlendes Grüngelb. In der Nase nach kandierten Zitronenzesten und frischem Golden Delicious, dazu ein Hauch Salbei, mineralischer Nachklang. Am Gaumen mit elegantem Schmelz, kompakt, mineralisch und zügig, salzig.

91 Freier Berg Cuvée Blanc Weinberg Dolomiten IGT 2019 MB/WB
13,5 Vol.-%, NK, Stahl/Holzfass, €€€
Strahlendes sattes Strohgelb. In der Nase elegant, mit zarten Anklängen von Blüten, weißem Pfirsich und Südfrüchten, im Nachhall elegante feinwürzige Töne. Am Gaumen präsent, mit geschliffenem Kern, im hinteren Bereich satt und strahlend mit klarer Frucht, zudem salzig im Finish.

91 Pfaffenegg Sauvignon Weinberg Dolomiten IGT 2019
13 Vol.-%, NK, Barrique/Stahl, €€€€
Leuchtendes Strohgelb mit zart silbernen Reflexen. In der Nase mit eleganten grünwürzigen Tönen, nach Feuerstein und Grapefruit, sortentypisch, nach Stachelbeeren, gelbfruchtig, mineralisch. Am Gaumen mit klarem Kern und kühler Frucht, breitet sich elegant aus, kristallin in Ansatz und Verlauf.

92 Blauburgunder Südtirol DOC 2019
13,5 Vol.-%, NK, Edelstahl/Barrique, €€€€
Leuchtendes Rubinrot mit minimalster Trübung. Duftige, offenherzige Nase, nach Herzkirschen, frischen Himbeeren und Minze, Majoran im Anklang. Eleganter Gaumeneintritt, fruchtgetragener Körper, zieht sich schön durch, mit verwobener Säure, sehr klar, zeigt Spannung, frischer, kerniger Ausklang.

★★★

KELLEREI KALTERN

Die Cantina Kaltern hat sich insbesondere dem autochthonen Vernatsch verschrieben, der in Kaltern nach wie vor die am meisten angebaute Rebsorte ist und unter der Bezeichnung »Kalterersee Classico Superiore« produziert wird. Insgesamt umfasst das Sortiment aber über 35 Weine. Die angebotene Sortenvielfalt ist den unterschiedlichen Mikroklimata der Weinberge zu verdanken, die auf 220 bis knapp 850 Metern Seehöhe liegen – wahrlich beeindruckend. Das warme Seeklima und die kühlen Fallwinde des über 1000 Meter hoch aufragenden Mendelgebirges machen es möglich, dass sowohl kraftvolle und strukturierte Rotweine als auch spritzige und frische Weißweine erzeugt werden können.
An der Spitze der Qualitätspyramide steht die Premiumlinie »Quintessenz«. Die Weine »Quintessenz Weißburgunder« und »Quintessenz Sauvignon« sind Paradebeispiele für teils in Holz ausgebaute und leicht gereifte Weißweine. Die Trauben des »Quintessenz Kalterersee Classico Superiore« stammen aus den besten Lagen Kalterns und wachsen an teils über 100 Jahre alten Rebstöcken. Der »Quintessenz Cabernet Sauvignon Riserva« ist der Beweis dafür, welch großes Potenzial diese große Rebsorte in Kaltern hat.
Die Weine der Mittellinie »Selektion« stammen aus ausgewählten Weinbergen und sind sehr Terroir-bezogen. Sehr gute Beispiele sind der »Vial Weißburgunder«, der »Stern Sauvignon« oder der »Campaner Cabernet Sauvignon Riserva«.
Mit dem Jahrgang 2014 begann die Kellerei Kaltern eine neue Tradition. Der Wein aus der Traubenpartie, die den Kellermeister aufgrund ihrer Qualität besonders begeistert und mit der die Natur gewissermaßen ein Kunststück

© Alex Filz

KELLEREI KALTERN
39052 Kaltern (BZ)
Kellereistraße 12
T: +39 (0471) 963149
info@kellereikaltern.com
www.kellereikaltern.com

Kellermeister: Andrea Moser
Kontakt: Martin Klammer
Produktion: 3.500.000 Flaschen
1 % Schaumwein, 49 % weiß,
2 % rosé, 47 % rot, 450 Hektar
Messen: Merano WineFestival, ProWein Düsseldorf, Vinitaly, Bozner Weinkost

Kellerei Kaltern

vollbracht hat, wird in einer limitierten Auflage auf den Markt gebracht. Das »kunst.stück« des Jahres 2018 ist ein formidabler Merlot Riserva.

(93) Quintessenz Sauvignon Südtirol DOC 2019
14 Vol.-%, DIAM, großes Holzfass, €€€€€
Strahlendes, leuchtendes Strohgelb. In der Nase duftig und expressiv, nach reifer Grapefruit, Zitronenzesten, nassem Stein und Flint, ein Hauch von Holunderblüten und -beeren. Am Gaumen vertikal und geradlinig, breitet sich mit rassigem Zug über die Zunge aus, leicht salzig, lange und mit frisch-fruchtigem Aromabogen und toller dunkler Mineralik, mit Nachdruck.

90 Stern Sauvignon Südtirol DOC 2019
13,5 Vol.-%, DIAM, Stahltank/Holzfass, €€€
Leuchtendes Strohgelb mit leicht silbernen Reflexen. Ausgeprägter Duft nach frischen Kräutern und Gras, frische Paprikaschoten, daneben Limettenzesten. Vertikal zieht die Säure über die Zunge, sehr erfrischend, mit angemessener Spannung am Gaumen und gutem Nachhall.

92 Quintessenz Weissburgunder Südtirol DOC 2019
14 Vol.-%, DIAM, großes Holzfass, €€€€€
Leuchtendes helles Strohgelb. Fein duftende Nase, nach weißem Pfirsich und mit leicht blumigem Anklang, ein Hauch Mandeln. Am Gaumen mit feinem Schmelz und klarem Fruchtkern, wird von filigranem zartbitteren Unterton begleitet, der den Trinkfluss animiert, im Finale lange, präzise und klar.

90 Vial Weissburgunder Südtirol DOC 2019
13,5 Vol.-%, DIAM, Stahltank/großes Holzfass, €€€
Satt strahlendes Strohgelb. Dezente Aromen nach weißen Blüten, Teeblättern und frischer Williamsbirne. Erfrischend leichtfüßige Art mit spritziger Säure und geradliniger Struktur, zieht sich präzise über den Gaumen, schnörkellos, saftig.

95 kunst.stück Merlot Riserva Südtirol DOC 2018
14 Vol.-%, NK, Barrique, €€€€€€
Glänzendes intensives Rubin mit Violettschimmer. Sehr präsente und intensive Nase, satt nach dunklen Brombeeren, dazu Cassis und feine Würze nach Kardamom und Pfeffer. Am Gaumen viel dunkelbeerige Frucht, entfaltet sich mit geschmeidigem, dichtem Tannin, ummantelt von süßem Schmelz, zieht satt durch.

90 Lasón Merlot Riserva Südtirol DOC 2018
14 Vol.-%, DIAM, Barrique, €€€
Intensiv leuchtendes Rubinrot mit Granatakzenten. Satter Duft nach reifen Heidelbeeren, Rumtopf, etwas Melisse und Nussnougat. Opulenter Gaumeneintritt, griffiger, jugendlich wirkender Gerbstoff, fülliger Charakter.

94 Quintessenz Cabernet Sauvignon Riserva Südtirol DOC 2018
14,5 Vol.-%, NK,DIAM,Barrique, €€€€€
Brillant leuchtendes Rubin mit granatrotem Touch. Ausgeprägt feinwürzige Nase, nach Nelken und gelbem Paprika, dazu ein Hint Zimt, Tabak und Heidelbeerkonfit. Spannt sich elegant auf, zeigt saftigen Schmelz am Gaumen, feingliedriges Tannin, wirkt sehr geradlinig, ausdrucksstarkes Finale, animierender Trinkfluss, elegant.

90 Campaner Cabernet Sauvignon Riserva Südtirol DOC 2018
13,5 Vol.-%, DIAM, gebrauchte Barriques, €€€
Brillant leuchtendes Kirschrot mit zarter Randaufhellung. Im Duft nach frischem Pfeffer, Gewürznelken und kleinen reifen Waldbeeren, im Hintergrund Tabak. Zieht sich engmaschig über den Gaumen und wirkt sehr dicht, griffiges, jugendlich anmutendes Tannin, guter Druck und Spannung im Finish, sollte noch reifen dürfen.

92 Quintessenz Kalterersee Classico Superiore Südtirol DOC 2019
13,5 Vol.-%, NK,DIAM,großes Holzfass/Beton, €€€
Elegant leuchtendes Rubinrot. In der Nase mit eleganter Würze und roter Beerenfrucht. Zeigt sich am Gaumen mit saftigem, leichtfüßigem Tannin, mit salzigem Verlauf und klarem, gut hervorgehobenem Fruchtkern, sanfter Druck.

93 Quintessenz Moscato Giallo Passito Südtirol DOC 2017
11,5 Vol.-%, NK, Barrique, €€€€€
Satt leuchtendes Goldgelb mit Bernstein-Touch. Öffnet sich mit Aromen nach getrockneten Aprikosen, dann kandierte Zitronen, Limettensirup, ein Hauch Bergamotte. Im Antrunk knackig, mit frischer Säure, zeigt Leichtfüßigkeit im Körper und zieht sich schön durch, animierend im Trunk, leicht salzig auf der Zunge, feinfruchtig im Abgang.

KETTMEIR
39052 Kaltern (BZ)
Kellereistraße 4
T: +39 (0471) 963135
info@kettmeir.com
www.kettmeir.com

Kellermeister: Josef Romen
Produktion: 500.000 Flaschen
70 % weiß, 21 % rot, 2 % süß,
55 Hektar
Messen: ProWein Düsseldorf,
Vinitaly

Kalterer See

★★

KETTMEIR

Kettmeir ist eine historische Südtiroler Kellerei, die 1919 gegründet wurde und inmitten der Weinberge von Kaltern liegt. Sie legte schon immer Zeugnis von der in Südtirol verankerten Weinbaukultur und den vorteilhaften Klimabedingungen dieses Gebietes ab. Zugleich ist Kettmeir eine moderne Kellerei, die es versteht, die einheimischen Rebsorten sowohl im Tal als auch in der Höhe aufzuwerten und duftige, elegante und regionaltypische Weine zu erzeugen.

Das Hauptaugenmerk in der Kettmeir'schen Produktion liegt auf feinen Schaumweinen. Die Höhenlagen – großzügiges Geschenk des Südtiroler Gebietes –, die kalten Nordwinde und die warmen Strömungen vom Mittelmeer sowie die deutlichen Temperaturschwankungen schaffen das ideale Umfeld für die Südtiroler Sekte von Kettmeir. Mit natürlicher Eleganz und Finesse vermitteln diese traditionell auf der Flasche vergorenen Schaumweine bereits beim ersten Schluck eine intensive Aromafülle und eine köstliche Frische.

92 ❺ Pas Dosé Südtirol DOC 2016 WB/CH/PN
12,5 Vol.-%, NK, €€€€
Intensives brillantes Zitronengelb mit anhaltender Perlage. Einladende Nase, nach satter gelber Frucht mit einem Hauch Meersalz, gedörrte Zitruszesten, leichtes Fumé, im Nachhall nach grünem Apfel. Am Gaumen ausgewogen mit sehr gut eingebundener Perlage, breitet sich stilvoll und elegant über die Zunge aus, stimmig, knackig-trockenes Finish.

91 ❺ 1919 Riserva Extra Brut Südtirol DOC2015 CH/PN
13 Vol.-%, NK, €€€€€
Intensiv strahlendes Goldgelb mit zarten kupferfarbenen Reflexen. Frischer Duft nach Wiesenkräutern, etwas Zitronenmelisse, Bittermandel und leicht rauchig im Anklang. Sehr saftiger Auftakt mit feiner Perlage, straffe Mineralik und sehr lebendige Struktur, mit viel Frische, geradliniger Abgang mit langem Nachhall und gutem Trunk.

90 ❺ Athesis Rosé Brut Südtirol DOC 2018
12,5 Vol.-%, NK, €€€€
Strahlend klares Hellrosa mit lachsfarbenen Reflexen. In der Nase nach frischen Preiselbeeren, Grapefruit und leicht rauchig, erinnert an Feuerstein. Angenehmer Gaumeneintritt, elegant wirkende Perlage, leichtfüßiges Säurespiel mit mittlerem Verlauf.

90 Vigna Maso Reiner Chardonnay Südtirol DOC 2019
14,5 Vol.-%, NK, Barrique/Holzfass, €€€
Strahlendes Zitronengelb mit goldgelben Reflexen. Dezenter Duft nach reifem Pfirsich, etwas Banane, dazu Orangenblüten und etwas Nougat. Komplexes Aromenspiel zieht sich über die Zunge. Viel Körper, leicht wärmendes Mundgefühl, dazu gut eingebundene Säure, langer, fruchtbetonter Ausklang.

88 Chardonnay Südtirol DOC 2020
13,5 Vol.-%, DIAM, Edelstahl, €€

90 Athesis Pinot Bianco Südtirol DOC 2019
14,5 Vol.-%, NK, Barrique/ Holzfass, €€€
Lebendig leuchtendes Zitronengelb mit silbernen Reflexen. Ausgeprägte exotische Nuancen nach Mango und Litschi, dazu Buttercroissant und geröstete Mandeln, deutlich holzwürzig. Auf der Zunge fesselnde, straffe Säure, sehr mundfüllend und trotzdem auf Zug, etwas üppig dann im Finale.

88 Pinot Bianco Südtirol DOC 2020
13 Vol.-%, DIAM, Edelstahl, €€

91 Vigna Maso Reiner Pinot Nero Südtirol DOC 2018
13,5 Vol.-%, NK, großes Holzfass/Barrique, €€€€
Brillant schimmerndes Kirschrot mit Granatreflexen. Ausgeprägter Duft nach frischer Hagebutte, reifen Kirschen und etwas Zartbitterschokolade im Nachhall. Trifft mit einladender Struktur und kompaktem Tannin auf den Gaumen, wirkt erfrischend und persistent, zeigt guten Zug, harmonisch im Ausklang.

★★

WEINGUT KLOSTERHOF

NEU

Das Weingut Klosterhof ist ein geschlossener Hof und liegt in 450 Metern Seehöhe, knapp außerhalb des Weindorfes Kaltern. Auf fünf Hektar Anbaufläche in 350 bis 530 Metern Seehöhe werden hauptsächlich die Rebsorten Blauburgunder, Weißburgunder und Vernatsch angebaut. Mit viel Handarbeit, Respekt vor der Natur und Liebe zum Detail wird auf den zum Teil schon seit Generationen in Familienbesitz befindlichen Lagen Weinbau betrieben. Die Lagen, lokal »Rigel« genannt, mit den Namen »Barleit«, »Panigl«, »Plantaditsch«, »Trifall« und »Vial«, sind vor allem vom erodierten Kalkschotter des Mendelgebirges geprägt. Durch Verzicht auf chemische Dünger und Pflanzenschutzmittel sowie auf Bewässerung vergrößern sich die Lagenunterschiede, was der Vielschichtigkeit der Weine zugutekommt. Der richtige Erntezeitpunkt, Handlese in kleinen Gebinden und eine weitere Selektion auf dem Sortiertisch bilden die Grundlage für die zum Teil spontan vergorenen Weine von Oskar und Hannes Andergassen.
Zum Klosterhof gehört auch eine eigene Hofbrennerei sowei ein behagliches Vinum-Hotel, das mitten in den Weinbergen liegt.

92 Acapella Weissburgunder Riserva Südtirol DOC 2018
14 Vol.-%, DIAM, 500-l-Fass, €€€€€
Sehr hell leuchtendes Strohgelb. In der Nase nach Orangenblüten, Waldbeeren und gerösteten Haselnüssen, leicht harziger Unterton. Am Gaumen sehr saftig mit geschliffenem Körper, breitet sich schön über die Zunge aus, toller Spannungsbogen, bleibt lange haften.

90 Acapella Weissburgunder Südtirol DOC 2019
13,5 Vol.-%, DIAM, 500-l-Fass, €€€
Strahlendes helles Strohgelb. In der Nase dezenter Anklang von hellem Honig und Bienenwachs, Heu, gelbes Steinobst, im Nachhall auch leicht nach nassem Stein. Öffnet sich am Gaumen geschmeidig und sanftmütig, baut sich langsam, aber entschieden stoffig auf, dicht gewoben, mit Nachdruck und zarter Bitterkeit im Abgang.

94 Schwarze Madonna Pinot Noir Riserva Südtirol DOC 2018
14,5 Vol.-%, DIAM, Barrique, €€€€€
Leuchtendes, aufhellendes Granatrot. Fein gezeichnete Nase mit satten Noten nach reifen Waldhimbeeren, dazu Brombeere und im Hintergrund Kardamom, spannend. Zeigt am Gaumen guten Druck, reife Beerenfrucht, öffnet sich mit dichtem Tannin, tiefgründig, kann noch gut einige Jahre reifen.

93 Schwarze Madonna Pinot Noir Südtirol DOC 2018
14 Vol.-%, DIAM, Barrique, €€€€€
Funkelndes, aufhellendes Granatrot. Klare und ansprechende Nase, satte Noten nach Brombeeren und reifen Zwetschken, etwas Rosenduft im Hintergrund. Saftig und klar am Gaumen, satte Kirschfrucht, griffiges, herzhaftes Tannin, hallt lange nach.

93 Plantaditsch R. Kalterersee Classico Superiore Südtirol DOC 2018
14 Vol.-%, DIAM, Barrique, €€€€€
Funkelndes Rubinrot. In der Nase nach Walderdbeeren, Himbeeren, Staubzucker und gedörrten Rosen, dazu ein Hauch von Edelholz. Am Gaumen geschliffen und fein, spannt sich mit tollem, edlem Kern über die Zunge, finessenreich, mit tollem Potenzial, zarter, edler Schmelz begleitet den Verlauf.

91 Plantaditsch Kalterersee Classico Superiore Südtirol DOC 2019
13,5 Vol.-%, DIAM, großes Holzfass, €€€
Strahlendes, funkelndes Rubinrot. In der Nase mit feiner Würze, klarer Kirschfrucht und einem Hauch frisch gemahlenem Pfeffer. Am Gaumen herzhaft und saftig, mit leichtem Tannin, spannt einen feinen Bogen.

WEINGUT KLOSTERHOF
39052 Kaltern (BZ)
Klavenz 40
T: +39 (471) 961046
info@weingut-klosterhof.com
www.weingut-klosterhof.com

Kellermeister/Kontakt:
Andergassen Hannes
Produktion: 36.000 Flaschen
25 % weiß, 10 % rosé, 65 % rot,
5 Hektar
Vereinszugehörigkeit:
Freie Weinbauern Südtirol,
wein.kaltern
Messen: Vinitaly, Bozner Weinkost,
Vinea Tirolensis

SCHLOSSKELLEREI KORB

Schloss Korb ist ein edles Vinum-Hotel, das die Hügel von Missian bei Eppan dominiert. Zum Hotel gehört auch ein Familienweingut, dessen Lagen rund ums Schloss liegen. Winzer und Hotelier Fritz Dellago kultiviert seine kostbaren Tropfen mit viel Leidenschaft und Herzblut – ein hoher Anspruch, der mit beeindruckenden Ergebnissen überzeugt. Trotz der relativ kleinen Rebfläche herrscht eine breite Vielfalt mit insgesamt 14 Sorten: Weißburgunder, Chardonnay, Sauvignon, Gewürztraminer, Ruländer, Riesling, Incrocio Manzoni, Vernatsch, Zweigelt, Blauburgunder, Lagrein, Merlot, Cabernet Sauvignon und Petit Manseng. Verarbeitet werden die Trauben in einem ehemaligen Bunker aus dem Zweiten Weltkrieg an der Auffahrt zum Schloss. Hinter den meterdicken Betonmauern hat der Wein Ruhe und Zeit zum Reifen. So findet das martialische Gebäude von einst heute eine friedliche, genussvolle Verwendung. Winzer Fritz Dellago liebt die Vielfalt, hat dabei aber keine favorisierte Sorte. Ihn fasziniert jeder gelungene Wein. Das Wichtigste ist ihm der sortentypische Charakter. Man soll nichts verfälschen, ist seine Überzeugung – und genau so sind seine Weine: ehrlich und unverfälscht.

91 Pinot Grigio Südtirol DOC 2019
14 Vol.-%, NK, Teilbarrique, €€€
Blasses klares Strohgelb mit silbernen Reflexen. Zart duftend nach gelbem Apfel und Pfirsichblüten. Feingliedrige Säure zieht sich elegant über den Gaumen, mit feinfruchtigem Charakter und leichtfüßigem Körper, zarter Schmelz, saftig.

(91) Chardonnay Südtirol DOC 2020
13 Vol.-%, NK, Tonneaux Fass, €€€€
Brillant leuchtendes Zitronengelb mit grünem Touch. Duftig floral nach Lindenblüten, Wiesenkräutern und Williamsbirne. Im Hintergrund etwas Zitronenthymian. Baut sich am Gaumen schön auf, zeigt gute Cremigkeit und feingliedrige Saftigkeit, mundfüllende Textur, einladend, salziger Ausklang.

SCHLOSSKELLEREI KORB
39057 Eppan (BZ)
Hocheppaner Weg 5
schlosskellereikorb@hotmail.com
www.schloss-hotel-korb.com

Kellermeister/Kontakt:
Stefan Doná
Produktion: 8.000 Flaschen
65 % weiß, 20 % rot, 5 % süß,
4 Hektar

89 Gewürztraminer Südtirol DOC 2018
15,5 Vol.-%, NK, Edelstahl, €€€€

(88) Weissburgunder Südtirol DOC 2020
13,5 Vol.-%, NK, Edelstahl, €€€

88 Boymont Weiss Weinberg Dolomiten IGT 2019 MB/RR/CH
13,5 Vol.-%, NK, Edelstahl, €€€

(90) Blauburgunder Südtirol DOC 2018
14,5 Vol.-%, NK, Barrique, €€€€
Hell leuchtendes Granat mit schimmerndem Kern. Intensiver Duft nach frischen Waldhimbeeren, roten Ribiseln, im Anklang Kastaniencreme. Trifft leichtfüßig auf den Gaumen, mit feinem Gerbstoff, weiche Struktur, getragen von saftiger Säure, zart rotfruchtiger Nachhall, guter Trinkfluss.

★★★

WEINGUT KORNELL

Der Ansitz Kornell befindet sich in der Ortschaft Siebeneich, etwas nördlich von Bozen. Umgeben von Weinbergen liegt er am Fuße des Greifensteinhügels, auf dessen Spitze die Ruine Greifenstein thront. Weinbau ist hier seit über 2000 Jahren dokumentiert. Weingut und Schloss sind seit Generationen im Besitz der Familie Brigl. Viele Jahre wurden die Trauben an andere Südtiroler Erzeuger verkauft. Florian Brigl beschloss jedoch ab dem Jahrgang 2001, die Weine selbst zu vinifizieren und zu verkaufen.
Von jeher gelten die Lagen um die Tenuta Kornell als prädestiniert für dichte und strukturreiche Rotweine. Die Ausrichtung der Weinberge nach Süden, das mild-warme, trockene Klima, die Wärme spendende Bergflanke und die Porphyr-Verwitterungsböden lassen Merlot, Cabernet Sauvignon und Lagrein in einem fruchtbaren Umfeld gedeihen. Die Lagen für die Weißweine befinden sich in der Gemeinde Eppan auf einer Höhe von 550 Metern. Florian Brigl vermarktet seine Rotweine unter dem Markennamen »Staffes«, der auf eine alte Flurbezeichnung des Ansitzes aus dem 12. Jahrhundert zurückgeht. Davon gibt es einen kernigen Lagrein, einen stoffigen Cabernet und einen samtigen Merlot. Diese »Staffes«-Weine bildeten lange Zeit

die Spitze von Kornell. Dann legte Florian Brigl noch eines drauf: Der Sauvignon Oberberg spielt in der obersten Liga der Südtiroler Sauvignon Blancs mit. Der Merlot Riserva Kressfeld stammt aus der gleichnamigen Kleinlage. Er ist dicht und fließt zugleich auch sehr samtig über die Zunge. Ein besonderer Wein ist auch der »Aichberg«, der als Gemischter Satz im Weinberg steht und dessen Trauben alle zum gleichen Zeitpunkt gelesen werden. »So kann der Wein am besten den jeweiligen Jahrgangsverlauf wiedergeben«, ist Florian Brigl überzeugt.

94 Aichberg Weiss Südtirol DOC 2019 WB/CH/SB

12,5 Vol.-%, NK, Barrique, €€€€€

Funkelndes helles Strohgelb mit grünen Nuancen. Duftige, intensive Nase mit Noten nach frischen Holunderblüten, reife weiße Melone, dazu leicht nach Melisse. Am Gaumen rassig und saftig, knackige Frucht, zeigt schönes Spiel am Gaumen, im Finale dezente Noten nach Feuerstein und Mango.

93 Oberberg Sauvignon Blanc Südtirol DOC 2019

13 Vol.-%, NK, Edelstahl, €€€€€

Leuchtendes Gelbgrün. Sehr intensive und ausgeprägte Nase mit Noten nach Tomatengrün, Melisse und frischen Holunderblüten. Am Gaumen saftig, viel klare Frucht mit würzigem Touch, kühle Noten, salzig und präzise.

94 Vigna Kressfeld Merlot Riserva Südtirol DOC 2017

13,5 Vol.-%, NK, Barrique, €€€€€€

Funkelndes, intensives Rubin-Granat. Satte und einladende Nase, zeigt feines Duftspiel nach Brombeere, Waldhimbeere, dann auch Tabak und dunkle Schokolade. Herzhaft und zupackend am Gaumen, tritt mächtig ein, öffnet sich mit herzhaftem, zupackendem Tannin, reife Beerenfrucht und viel Würze, wirkt im Finale allerdings noch ein wenig ruppig.

93 Staffes Merlot Riserva Südtirol DOC 2018

14 Vol.-%, NK, Barrique, €€€€€

Kräftig leuchtendes Rubinrot mit pupurfarbenem Touch. In der Nase nach eigekochten Früchten, Datteln und etwas Mohnsamen, dezente Röstaromen und dunkle Schokolade. Saftig, fleischiger Gaumeneintritt, Power in Ansatz und Verlauf, lebendiges Säurespiel, feiner Schmelz, wirkt stimmig, animierender Trinkfluss.

WEINGUT KORNELL

39018 Siebeneich/Terlan (BZ)
Kosmas-und-Damianweg 6
T: +39 (0471) 917507
info@kornell.it
www.kornell.it

Kellermeister: Marco Chistè
Kontakt: Florian Brigl
Produktion: 187.000 Flaschen
40 % weiß, 2 % rosé, 58 % rot,
23 + 5 Hektar
Messen: ProWein Düsseldorf, Vinitaly, Bozner Weinkost

93 Staffes Lagrein Riserva Südtirol DOC 2018

12,5 Vol.-%, NK, Barrique, €€€€€

Intensives, undurchdringliches Purpur mit kirschfarbenem Rand. Im Duft nach satten schwarzen Kirschen und Datteln, ein Hint Zimt und leicht kalkige Nuancen. Wohliger Gaumeneintritt, breite, mundfüllende Struktur, zieht sich anmutig über den Gaumen mit sattem Druck bis ins Finale, feingliedriger Trinkfluss.

93 Staffes Cabernet Riserva Südtirol DOC 2018

13,5 Vol.-%, NK, Barrique, €€€€€

Intensiv leuchtendes Purpur mit Granatreflexen und fast undurchdringlichem Kern. Öffnet sich mit feinen Nuancen von reifen Waldbeeren, Cassis und Wacholder, Bitterschokolade und etwas Unterholz im Nachhall. Zieht sich mit Spannung über die Zunge, mit drahtigem Körper, sehr straff, fein verwobenes Tannin, endet mit Röstaromen, satter Druck im Abgang.

★★★

KRÄNZELHOF

Der Kränzelhof in Tscherms bei Meran ist ein stattlicher mittelalterlicher Ansitz und Weinhof. Franz Graf Pfeil hat die alte Weinbautradition wieder belebt und baut seit den 1980er-Jahren seine eigenen Weine an und aus. Die insgesamt sieben Hektar Weinberge liegen in Höhenlagen zwischen 300 und 600 Metern an den Südosthängen des Meraner Beckens, das für sein mildes mediterranes Klima bekannt ist. Die Sortenpalette reicht von Weißburgunder, Chardonnay, Sauvignon Blanc und Gewürztraminer über Vernatsch, Blauburgunder und Lagrein bis zu Merlot und Cabernet Sauvignon. Schon seit vielen Jahren sind Dünger und Herbizide aus den Weinbergen verbannt, die Erträge liegen weit unter den zulässigen Höchstgrenzen.
Franz Pfeil ist ein individueller Charakterkopf, und eigenständig und charaktervoll sind auch seine Weine. Die besten laufen unter dem Titel »Kunstwerk der Natur«. Besonders gut gefallen hat uns der »Sagittarius«, eine Cuvée aus Cabernet Sauvignon und Merlot, und der Weißburgunder »Helios«, ein Klassiker, der seit vielen Jahren in der Spitzenliga der Südtiroler Weißburgunder mitspielt.

Franz Pfeil fühlt sich nicht nur der Natur sehr verbunden, er ist aus sehr kunstsinnig. Das lässt sich am besten in den sieben Gärten ersehen, die gleich neben dem Weingut liegen – eine gelungene Mischung aus gestalteter Natur und Kunstobjekten. Das angeschlossene einladende und feine Restaurant »Miil« macht aus dem Kränzelhof ein kulinarisch-sinnliches Gesamtkunstwerk.

93 Helios Weissburgunder Kunstwerk der Natur Weinberg Dolomiten IGT 2015
14 Vol.-%, DV, Barrique, €€€€€
Leuchtendes Hellgold. In der Nase nach kandierter Ananas und gelbem Pfirsich, zart getoastet, einladend. Am Gaumen präsent mit goldenem Kern und zart mineralischem Unterton, salzig, eleganter Fächer mit langem Nachhall.

92 Weissburgunder Südtirol DOC 2020
12 Vol.-%, DV, €€€
Leuchtendes helles Strohgelb mit funkelndem Reflex. Duftige, expressive Nase, nach weißer Birne und knackigem Apfel, leichter Marillenduft, im Nachhall florale Töne. Öffnet sich samtig mit leichtem Schmelz und klarer Frucht, in seiner Jugend bereits hervorragend antrinkbar, finessenreich und mit tollem Finish.

KRÄNZELHOF
39010 Tscherms (BZ)
Gampenstraße 1
T: +39 (0473) 564549
info@kraenzelhof.it
www.kraenzelhof.it

Kellermeister: Slavomir Dobak
Kontakt: Franz von Pfeil
Produktion: 35.000 Flaschen
7 Hektar

91 Virgo Blauburgunder Rosé Weinberg Dolomiten IGT 2020
13 Vol.-%, DV, Teilbarrique, €€€€
Zart strahlende Zwiebelschalenfarbe. Im Duft erfrischend nach kandierten Orangenschalen, Marillen und Zitronenmelisse. Spannt sich saftig über die Zunge, lebendiges Säurespiel, viel Frucht am Gaumen mit erfrischender Textur, leichte Cremigkeit gibt Schliff und Länge, florales Finish.

93 Sagittarius Kunstwerk der Natur Vino Rosso 2017 ME/CS/CF
14,5 Vol.-%, DV, Barrique, €€€€€
Funkelndes Rubin mit Violettschimmer. Spannende und einladende Nase, nach reifen Waldhimbeeren, dunklen Johannisbeeren und Koriandersamen. Saftig und mit viel ansprechender Frucht, griffiges, gut eingebundenes Tannin, im Finale würziger Nachhall.

91 Libra Blauburgunder Kunstwerk der Natur Weinberg Dolomiten IGT 2016
13 Vol.-%, DV, Barrique, €€€€€
Intensives, satt glänzendes Rubinrot. In der Nase nach reifen Walderdbeeren und gezuckerten Himbeeren, dezent grünwürziger Ton. Am Gaumen mit fruchtsüßem Schmelz, knackig-griffigem Tannin und leichtem Salz, im Finale leichte Zehrung.

92 Dorado Weissburguunder Kunstwerk der Natur Trockenbeerenauslese 2016
9,5 Vol.-%, DV, Teilbarrique, €€€€€
Kräftig strahlendes Goldgelb mit deutlichen Bernsteinreflexen. Klingender Duft nach getrockneten Aprikosen, Datteln, gebrannten Mandeln, Kandis und etwas Kardamom. Öffnet sich füllig rund am Gaumen, breitet sich schön aus, gut integrierte saftige Säure, anhaltend cremig im Abgang.

★★★

WEINGUT KUENHOF

NEU

Der Kuenhof wurde bereits im 12. Jahrhundert zum ersten Mal erwähnt. Damals war er im Besitz des Bischofs von Brixen. Er liegt südlich von Brixen, eingebettet in Weinberge und nahe der Brennerachse. Vor über 200 Jahren erwarb der Urgroßvater Peter Pliger den Weinhof, seitdem ist er im Besitz der Familie Pliger.
1991 begann eine behutsame Restaurierung des Gebäudes und des alten Weinkellers. Schritt für Schritt folgte die Erneuerung zahlreicher historischer Weinbergterrassen, die zum Teil über Jahrzehnte brach gelegen waren. In mühsamer Arbeit wurden die zerfallenen Trockenmauern wieder aufgebaut. So wuchs das Weingut von ursprünglich 2,5 auf mittlerweile 6,5 Hektar Rebflächen. Heute werden auf dem Kuenhof mit knapp 7000 bis 8000 Reben pro Hektar rund 5000 Liter Wein erzeugt, die im Durchschnitt 38.000 Flaschen ergeben.
Ziel von Barbara, Peter und Sohn Simon Pliger ist eine ausgewogene Symbiose zwischen Mensch, Kulturpflanze und Natur. Bereits in den ersten Jahren ihrer Winzertätigkeit begann die Auseinandersetzung mit nachhaltigem Anbau. Zunächst wurde auf jegliche Unkrautvernichtungsmittel verzichtet. Dadurch konnte sich eine natürliche Bodenvegetation entwickeln. Schritt für Schritt wurden in der Folge synthetische Mittel aus dem Betrieb verbannt.
Die Trauben des Kuenhofs wachsen auf einer Höhe von 550 bis 890 Metern an den Talhängen des Eisacktales. Sie gedeihen auf terras-

WEINGUT KUENHOF
39042 Brixen (BZ)
Mahr 110
T: +39 (0472) 850546
info@kuenhof.com
www.kuenhof.com

Kellermeister: Peter & Simon Pliger
Kontakt: Peter, Brigitte & Simon Pliger
Produktion: 38.000 Flaschen
100 % weiß, 6.5 Hektar
Messen: Vinitaly, Vinea Tirolensis

sierten Weinbergen in teilweise extremen Steillagen. Die Arbeiten im Weinberg werden alle von Hand verrichtet. Präzision und Achtsamkeit zieht sich von den Weinbergen bis in den Keller. Die Trauben werden schonend gepresst, die Gärung erfolgt mit natürlichen Hefen. Historische und denkmalgeschützte Kellerräume bieten die ideale Umgebung für den Reifeprozess der vier reinsortigen Weißweine. Alle Sorten werden sowohl in großen Akazienfässern als auch in Edelstahltanks ausgebaut. Nach fünf bis sieben Monaten auf der Feinhefe werden die Weine im Frühjahr des Folgejahres abgefüllt.

93 Sylvaner Südtirol DOC 2019
13,5 Vol.-%, DV, Edelstahl/großes Holzfass, €€€€ Ⓥ
Glänzendes helles Strohgelb. Fein gezeichnete Nase mit Noten nach Wiesenkräutern, etwas Zitrone und Birne, einladend. Am Gaumen saftige gelbe Frucht, zeigt mineralische Noten, breitet sich mit guter Fülle aus, rund und geschmeidig im langen Finale.

93 Kaiton Riesling Südtirol DOC 2019
12 Vol.-%, DV, Edelstahl/großes Holzfass, €€€€ Ⓥ
Strahlendes sattes Strohgelb. Eröffnet mit betont mineralischen Noten, nach Feuerstein, dann nach Melisse und Nektarinen. Breitet sich am Gaumen mit viel saftiger Frucht aus, viel weißer Pfirsich, straffe Säure, die Spannung verleiht, langer Nachhall.

91 Veltliner Südtirol DOC 2019
13,5 Vol.-%, DV, Edelstahl/großes Holzfass, €€€ Ⓥ
Strahlendes Grüngelb. In der Nase leichte Kräuterwürze, sanfte Limette, ein Hauch von weißer Steinfrucht. Am Gaumen klar und frisch, mit sanftem Fruchtschmelz und zartbitterem Nachhall, noch sehr jung, salziges Finish.

★★★

KELLEREI KURTATSCH

Die Kellerei Kurtatsch befindet sich direkt an der Südtiroler Weinstraße im gleichnamigen Dorf. Sie ist eine der ältesten und kleinsten Kellereigenossenschaften Südtirols und zählt heute zu den besten Weinproduzenten der Region. Einmalig in Südtirol sind ihre Lagen, die mit unterschiedlichen Bodentypen von 220 bis 900 Meter Seehöhe reichen. Diese geben auch die Philosophie der südlichsten Genossenschaft des Landes vor: unverwechselbare Weine zu produzieren, die ihren Standort, ihr Gebiet, optimal widerspiegeln.

Die besten Wein der Kellerei sind in der »Terroir«-Linie vereint: Sie sind ausdrucksstark und vom Boden geprägt – allen voran die auf Lehmboden gedeihenden stoffigen Riservas von Gewürztraminer und Merlot der Lage Brenntal. Die Weißweine der sehr hohen Kurtatscher Lagen gedeihen auf Kalkgestein und leben von ihrer Eleganz – allen voran die vielschichtige Weißweincuvée »Amos« aus den höchsten Lagen und der spannende Pinot Grigio »Penon«. Den Namen »Freienfeld« tragen die beiden hochwertigsten Weine, die nur in ausgezeichneten Jahren in die Flasche kommen: ein Cabernet Sauvignon und ein Chardonnay. In Anlehnung an den gleichnamigen Gründungsort der Kellerei, den Ansitz Freienfeld, stehen die beiden Weine für die Spitze des Qualitätsweinbaus in Kurtatsch.

91 Ⓢ 600 Blanc de Blancs Riserva Pas Dosé Südtirol DOC 2015
12,5 Vol.-%, NK, Flaschengärung, €€€€€
Leuchtendes helles Goldgelb. Ausgeprägt duftende Aromatik nach reifer Südfrucht, Nussbutter und gerösteten Pinien, dazu kandierte Zitrusfrüchte. Trifft mit engmaschiger Perlage auf den Gaumen und spannt sich schön über die Zunge. Mineralisch-salziges Mundgefühl mit viel Spannung und guter Komplexität. Animierende Säure und viel Länge, lebendiger Charakter.

92 Penon Pinot Grigio Südtirol DOC 2019
13,5 Vol.-%, NK, großes Holzfass, €€€€
Strahlendes sattes Grüngelb. Angehend entwickelte gelbe Fruchtnoten von Pfirsich und Nektarine, dazu Mandelbutter und weiße Blüten. Saftig, erfrischend und mit harmonischer Cremigkeit am Gaumen. Komplexer Charakter mit viel Persistenz und Länge, leicht salziger Abgang.

KELLEREI KURTATSCH

39040 Kurtatsch (BZ)
Weinstraße 23
T: +39 (0471) 880115
info@kellerei-kurtatsch.it
www.kellerei-kurtatsch.it

Kellermeister: Othmar Donà
Kontakt: Harald Cronst
Produktion: 1.500.000 Flaschen
64 % weiß, 35 % rot, 1 % süß,
190 Hektar
Messen: Merano WineFestival, ProWein Düsseldorf, Vinitaly

Kellerei Kurtatsch – Führungsteam

91 Amos Weiss Südtirol DOC 2019 WB/CH/KR/SB

14 Vol.-%, NK, großes Holzfass, €€€€€
Strahlendes Zitronengelb mit goldgelben Reflexen. Schmeichelnder Duft von frischen Aprikosen, Orangenblüten und etwas Akazienhonig. Im Mund lebendig, frische Struktur und guter Zug. Geradliniger Ansatz und animierend im Nachhall.

91 Freienfeld Chardonnay Riserva Südtirol DOC 2018

14 Vol.-%, NK, Barrique/großes Holzfass, €€€€€
Strahlendes, funkelndes Hellgold. In der Nase edel, mit Nuancen von kandierten Zitrusfrüchten, kandierten Bananenstücken und Papaya, im Nachhall deutlich nach Dosenananas mit einem Hauch Würze. Fein schmelzig am Gaumen, breitet sich mit Wucht und Fülle aus, im hinteren Bereich mit sattem Holzeinsatz, wirkt im Finale etwas gesetzt.

89 Hofstatt Weissburgunder Südtirol DOC 2019

14 Vol.-%, NK, großes Holzfass, €€€

93 Brenntal Merlot Riserva Südtirol DOC 2018

14,5 Vol.-%, NK, Barrique/großes Holzfass, €€€€€
Brillant leuchtendes Rubinrot mit schimmerndem Granatrand. Intensiv duftend nach reifen Brombeeren und Blaubeeren, dazu eine leichte Würze, getragen von Cayennepfeffer, zarte Kaffeenoten im Anklang. Zieht sich elegant auf, mit frischer Säure, geradlinig, präzise Struktur, dichtmaschiges Tannin, zarter Druck begleitet den Abgang.

93 Freienfeld Cabernet Sauvignon Riserva Südtirol DOC 2017

14 Vol.-%, NK, Barrique/großes Holzfass, €€€€€€
Funkelndes Rubin mit leichtem Granatrand. Sehr offene und intensive Nase, zeigt Noten nach reifer Waldhimbeere, Cassis, etwas getrocknete Zwetschken. Würzig und stoffig am Gaumen, reife dunkle Beerenfrucht, gepaart mit Noten nach weißem Pfeffer, satter Druck im Finale, insgesamt noch ein wenig ruppig.

92 Soma Merlot Cabernet Südtirol DOC 2018 ME/CF/CS

14 Vol.-%, NK, Barrique/großes Holzfass, €€€€€
Intensiv leuchtendes Rubinrot mit leichter Randaufhellung und sattem Kern. Fruchtbetonter Duft nach reifen Johannisbeeren und Blaubeeren, etwas Tabak und Kaffeearoma im Nachhall. Trifft wohlig auf den Gaumen, wirkt von Beginn an stimmig und zieht sich mit saftiger Säure vom Ansatz an durch, geschmeidige Textur, lebhaftes Finale, schöne Balance.

92 Aruna Weiss Mitterberg IGT 2018 TR/GM6

12 Vol.-%, NK, gebrauchte Barriques, €€€€€
Brillant leuchtendes Goldgelb mit orangen Akzenten. In der Nase nach reifen Marillen, kandierten Orangenschalen, zarten Rosenblüten, reifer Mango und etwas Ananaskonfit. Spannt sich wohlig auf, zeigt komplexes Spiel, verwobene Säure, guter Druck auf der Zunge, vielschichtiger Abgang.

Gaby und Günther Kerschbaumer

KÖFERERHOF
39040 Neustift/Vahrn (BZ)
Pustertalerstraße 3
T: +39 (347) 4778009
info@koefererhof.it
www.koefererhof.it

Kellermeister/Kontakt:
Günther Kerschbaumer
Produktion: 87.000 Flaschen
100 % weiß, 6 + 5 Hektar
Messen: Vinitaly

★★★

KÖFERERHOF

Der Köfererhof wurde erstmals im Jahr 976 erwähnt und ist damit eines der ältesten Weingüter Südtirols. Heute werden hier große weiße Gewächse von unverwechselbarer Eleganz und Mineralik produziert, typisch und kennzeichnend für die Weinbauregion Eisacktal. Mit insgesamt 6 Hektar Weinbergen ist der Köfererhof ein kleines, aber feines Weingut, das sich auf den Ausbau ausgezeichneter Weißweine spezialisiert hat.
Die terrassierten Weinhänge auf 650 bis 700 Metern Seehöhe und das raue Bergklima mit extremen Temperaturunterschieden zwischen Tag und Nacht, langen Wintern und dementsprechend späterer Reife sind herausfordernd. Winzer Günther Kerschbaumer versteht es aber hervorragend, damit umzugehen. »Bei gewissenhafter Arbeit sind rauere Bedingungen nicht negativ, sie tragen sogar das Ihre dazu bei, dass intensive, mineralische, saftige und komplexe Weißweine entstehen«, ist er überzeugt.
Günther und Gaby Kerschbaumer führen den Köfererhof in dritter Generation. Wein ist ihre große Leidenschaft, und groß sind ihre Ansprüche an die erlesenen Tropfen. Denen widmen sie sich mit Leidenschaft, aber auch mit profunder Handwerkskunst. So entstehen am Köfererhof Gewächse, die begeistern: alpine Spitzen-Weißweine aus dem Eisacktal.

93 Pinot Grigio Südtirol DOC 2019
13,5 Vol.-%, DIAM, Stahltank/großes Holzfass, €€€
Leuchtendes, strahlendes Strohgelb. In der Nase klar und knackig, nach grüner Banane und saftiger Birne, ein Hauch von Heu, im Nachhall nach Minze. Am Gaumen saftig, klar und filigran, spannt sich mit rassiger Säure über die Zunge, zarter Schmelz, mit Nachdruck, präzise.

93 R Sylvaner Südtirol DOC 2019
13,5 Vol.-%, NK, großes Holzfass, €€€€
Strahlendes Silbergrün. Kompakte, gelbfruchtige Nase, nach nassem Stein, Grapefruit und reifer Zitrone, komplex, jedoch von mittlerer Intensität. Am Gaumen eng gewoben und kompakt, straff, mit tollem Spannungsbogen, öffnet sich sehr klar und mit viel Druck, langer Nachhall.

92 Riesling Südtirol DOC 2019
12,5 Vol.-%, NK, Edelstahl, €€€€
Strahlendes intensives Strohgelb. Zeigt schön gereifte Frucht in der Nase, nach knackigem Pfirsich, etwas Zitro-

nenmelisse, Weißdornblüten im Hintergrund. Rassig und salzig am Gaumen, zeigt viel saftige Pfirsichfrucht, viel Druck im Finale.

91 Kerner Südtirol DOC 2019
13,5 Vol.-%, DIAM, Stahltank, €€€
Strahlendes Silbergrün. In der Nase florale Töne, nach rosaroten Blüten und frisch ausgepresster Zitrone, dazu ein Hauch von junger Ananas. Am Gaumen sehr präzise und mit rassigem Zug, zielgerade, mit feinem Druck und präsenter Säure im Finish.

★★★★★

WEINGUT ALOIS LAGEDER

BIO

Das Familienweingut Alois Lageder steht für erstklassige Weine aus Südtirol. Mit einem ganzheitlichen Naturverständnis, und Experimentierfreude erzeugt Alois Lageder Weine, die die Vielfalt Südtirols widerspiegeln. Im Sinne einer biologisch-dynamischen Landwirtschaft entwickelt das Weingut sein Wissen stetig weiter, tauscht es mit seinen Winzerpartnern aus und trägt es in neue Bereiche.
1823 gegründet, wird das Unternehmen heute in sechster Generation von Alois Clemens Lageder geführt. Es ist eines der führenden Weingüter Südtirols und spielt eine prägende Rolle auch weit über die Landesgrenzen hinaus. Der Klassiker des Weingutes Lageder, der »Löwengang Chardonnay«, bestätigt sich auch in diesem Jahr als einer der hervorragenden Weißweine Südtirols.

93 Löwengang Chardonnay Weinberg Dolomiten IGT 2018
13,5 Vol.-%, NK, Barrique, €€€€€ B
Funkelndes Strohgelb mit einem Tupfen Hellgold. Duftet in der Nase nach Kokosflocken, reifem Steinobst, Mango, Banane und kandierter Ananas. Zeigt sich am Gaumen mit geschliffener Frucht, warmherziger Ansatz und Verlauf, saftig, salzig, anhaltendes Finale.

89 Gaun Chardonnay Südtirol DOC 2019
12 Vol.-%, NK, Holzfass, €€€€ B

WEINGUT ALOIS LAGEDER
39040 Margreid (BZ)
Grafengasse 9
T: +39 (0471) 809500
info@aloislageder.eu
www.aloislageder.eu

Kellermeister: Jo Pfisterer und Paola Tenaglia
Kontakt: Alois Clemens Lageder
Anbauweise: Biodynamisch (Demeter)
Produktion: 1.200.000 Flaschen
80 % weiß, 20 % rot, 55 + 100 Hektar
Messen: Merano WineFestival, ProWein Düsseldorf, Vinitaly

Winzerfamilie Lageder

92 Casòn Bianco Weinberg Dolomiten IGT 2018 VI/PMS/RS/MR/SE
13 Vol.-%, NK, Holzfass, €€€€€
Blass leuchtendes Goldgelb mit silbernen Akzenten. Zarte Aromen nach reifen Südfrüchten, Papaya, etwas Ananas, dazu Sahnecreme, Nussbutter und Mandeln. Fülliger Gaumeneintritt, satte Aromenvielfalt im Mund, zeigt viel Schmelz mit gut eingebundener Säure, sehr harmonisches Finish, feiner Trinkfluss.

91 Porer Pinot Grigio Südtirol DOC 2019
11,5 Vol.-%, NK, Holzfass, €€€€
Helles Gold mit einem Tropfen Rost. In der Nase nach Kirschen und zart getoasteten Haselnüssen, auch nach Marille, im Nachhall minimal harziger Unterton, dann wiederum Marzipan. Am Gaumen frisch und mit klarer kühler Frucht, spannt sich mit rassigem Zug und filigranem Tannin über die Zunge, im Nachhall leichtfüßig und mit mittlerer Länge.

92 Casòn Rosso Weinberg Dolomiten IGT 2016 TA/PV/CS/SY/ME
12,5 Vol.-%, NK, Holzfass, €€€€€
Klar strahlendes Rubinrot mit Kirschakzenten. Öffnet sich in der Nase mit zartwürzigen Noten von getrockneten Rosenblättern und Nelken, leicht nach Zedern und eine Prise Pfeffer, darunter reife Brombeeren. Zieht saftig auf, mit fein verwobenem Gerbstoff, wirkt elegant und geradlinig, feiner Druck, zeigt Finesse im Finale.

92 Krafuss Pinot Noir Weinberg Dolomiten IGT 2018
12,5 Vol.-%, NK, Holzfass, €€€€€
Leuchtendes helles Rubin. In der Nase dezent würzig, nach frischen Kirschen, dazu leicht grünwürzige Töne, leicht pfeffrig, im Nachhall nach reifen Himbeeren. Zeigt sich am Gaumen mit leichtem Körper, vegetaler Touch, zart rotbeerig-fruchtig, mit salzigem Tannin, ein elegantes Leichtgewicht, wird sich über die Jahre gut einpendeln.

★★

LANDESWEINGUT LAIMBURG

Seit 1975 ist das Landesweingut Laimburg Teil des gleichnamigen land- und forstwirtschaftlichen Versuchszentrums. Der Betrieb bearbeitet in sämtlichen Weinbauzonen Südtirols mit großer Sorgfalt insgesamt 45 Hektar unterschiedlicher Böden und Lagen in 200 bis 750 Metern Seehöhe. Vorrangige Aufgabe ist es, in weinbaulichen und kellerwirtschaftlichen Belangen wegbereitend zu wirken und den besonderen Charakter der Südtiroler Rebsorten und ihrer Lage ins Glas zu bringen. Dabei stützt sich das Gut auf die hohe Sensibilität, das umfangreiche Wissen und die langjährige Erfahrung seiner Mitarbeiter und Mitarbeiterinnen. Die Weine werden in drei Linien mit unterschiedlicher Stilistik eingeteilt und ausgebaut. Die »Gutsweine« sind traditionelle, im Edelstahlfass, teilweise auch in großen Eichenholzfässern ausgebaute sortentypische Jahrgangsweine. Die »Burgselektion« steht für die besonders individuellen, vorwiegend im kleinen Eichenholzfass ausgebauten oder selektionierten Weine des Landesweinguts. Alle Weine der »Burgselektion« besitzen einen Namen, um Eigenständigkeit und Persönlichkeit zu vermitteln. Die »Besonderen Weine« bereichern das Portfolio mit Weinen aus pilzwiderstandsfähigen Rebsorten. Jahr für Jahr begeistern vor allem die Rotweine, die das Landesweingut hervorbringt. Doch Insider-Informationen zu folge steht demnächst die Präsentation eines Top-Gewürztraminers an. Man darf also gespannt bleiben!

LANDESWEINGUT LAIMBURG
39040 Auer/Pfatten (BZ)
Laimburg 6
T: +39 (0471) 969500
landesweingut-cantina@laimburg.it
www.laimburg.bz.it

Kellermeister/Kontakt: Urban Piccolruaz
Produktion: 120.000 Flaschen
54 % weiß, 45 % rot, 1 % süß,
20 Hektar
Messen: Merano WineFestival, ProWein Düsseldorf, Vinitaly, Bozner Weinkost

90 Riesling Südtirol DOC 2019
13 Vol.-%, NK, großes Holzfass, €€€
Strahlendes, leuchtendes Strohgelb. Sehr gelbfruchtige, exotische Nase, nach reifer Ananas, Marillen, Bienenwachs und nassem Stein, dazu Honigduft, rosarote Blüten, edles Holz. Am Gaumen sehr füllig und warmherzig, mit satter Gelbfrucht, sehr schmelzig, wirkt etwas gesetzt.

89 Auròna Weiss Weinberg Dolomiten IGT 2015
14,5 Vol.-%, NK, Tonneaux Fass, €€€€€

92 Col de Rèy Rot Weinberg Dolomiten IGT 2017 LG/TA/PV
15 Vol.-%, NK, Barrique, €€€€€
Intensives Rubinrot mit undurchdringlichem Kern. In der Nase reife Pflaumen, Wacholderbeeren, im Anklang Sanddorn, Tabak und Kaffee im Hintergrund. Zieht geradlinig über die Zunge, mit feinmaschigem Tannin und saftiger Säure, stoffige Struktur, präzise in Ansatz und Verlauf, langer, klingender Abgang.

91 Merlot Riserva Südtirol DOC 2018
15 Vol.-%, NK, gebrauchte Barriques, €€€
Intensiv strahlendes Rubin mit Pupur, undurchdringlicher Kern. Ausgeprägt duftig nach reifen Waldbeeren, eingelegten Heidelbeeren und schwarzem Pfeffer, im Anklang Walnuss und Kaffee. Spannt sich satt über die Zunge, saftig, gut eingebundene Säure, opulenter Körper, zeigt fülligen Schmelz, dicht im Finale mit präsentem Nachhall.

91 Sass Roà Cabernet Sauvignon Riserva Südtirol DOC 2018
15 Vol.-%, NK, Barrique, €€€€€
Satt leuchtendes Rubin mit Granatreflexen. Ausgeprägt würzige Nase nach Kardamom, Gewürznelken, schwarzen Kirschen und reifen Johannisbeeren. Satt im Antrunk, dichtmaschiges, griffiges Tannin, straffer, kerniger Körper, wirkt noch jugendlich, gutes Potenzial.

90 Barbagòl Lagrein Riserva Südtirol DOC 2018
14 Vol.-%, NK, Barrique, €€€€€
Kräftig leuchtendes Purpur mit Granatreflexen und dunklem Kern. Zunächst etwas verhalten, dann würzig nach Nelken, Rosmarin, schwarzen Holunderbeeren, viel Tabak und etwas Harz. Im Antrunk satt aufziehend mit viel griffigem Tannin, Power im Körper, zeigt Spannung, am Ende leicht wärmend.

★★

WEINGUT H. LENTSCH

Vielleicht hat die Natur sich etwas dabei gedacht, als sie vor Tausenden von Jahren den roten Branzoller Quarzporphyr erschuf, auf dem sich die Weinberge des Weinguts H. Lentsch befinden und den schon die Römer zur Herstellung edler Tropfen nutzten. Ganz sicher aber bietet sie mit dem porösen Gestein, gelegen am Fuße eines großen Schwemmkegels, ideale Bedingungen für den Anbau und das gesunde Wachstum der Rebstöcke, von denen hier im sonnenverwöhnten Süden Südtirols die ältesten bereits seit rund 50 Jahren auf 230 bis 260 Höhenmetern gedeihen. Warme Tage, kühle Nächte und natürliche Lüftung durch Eislöcher schaffen ein perfektes natürliches Mikroklima.
Ein schonender Umgang mit den natürlichen Ressourcen und eine nachhaltige Bewirtschaftung der Weingüter ohne Kunstdünger und Herbizide liegen den beiden Winzern Peter und Ulrich Lentsch sehr am Herzen, denn nur eine intakte Natur bringt erstklassige Produkte hervor. Frei nach dem Motto »Klasse statt Masse« werden die Rebstöcke mit größter Sorgfalt in aufwendiger Handarbeit gehegt und gepflegt, wobei jede Rebsorte ihren perfekten Standort findet: Cabernet Franc, Cabernet Sauvignon, Merlot, Syrah und der autochthone Lagrein entfalten hier ihre kraftvolle, fruchtige Dichte.
Lange Reifezeit und schonende Verarbeitung von der Traube bis ins Glas verleihen den Weinen ihren exquisiten, eleganten Charakter, der Genießerherzen höherschlagen lässt. Reif, vollmundig und dabei doch jugendlich frisch präsentieren sich die Weine und erfreuen durch ihre außergewöhnliche Langlebigkeit. Ohne Zusatzstoffe gekeltert, entwickeln sie ihren authentischen und jahrgangstypischen Charakter, der das Terroir deutlich erkennen lässt. Neben den hervorragenden Rotweinen, die die langjährige Tradition des

WEINGUT H. LENTSCH
39051 Branzoll (BZ)
Reichsstraße 71
T: +39 (0471) 967321
info@h-lentsch.com
www.h-lentsch.com

Kellermeister: Stefan Doná
Kontakt: Stefan Desaler
Produktion: 45.000 Flaschen
19 % weiß, 80 % rot, 9 Hektar

Hauses auszeichnen, sind auf dem Weingut H. Lentsch auch noch ein eleganter Schaumwein, ein feiner Rosé sowie frische Weißweine zu Hause.

90 Weissburgunder Südtirol DOC 2020
13,5 Vol.-%, NK, Edelstahl, €€€
Leuchtendes helles Zitronengelb. In der Nase ein erfrischender Duft nach Zitronengras, Granny Smith, Wildkräutern und Kamillenblüten. Am Gaumen saftige und gut eingebundene Säure mit tollem Spiel, zeigt sich rassig und frisch, mit weißen Fruchtnuancen, zart salzig, mittelgewichtig.

90 Chardonnay Südtirol DOC 2019
13 Vol.-%, NK, Edelstahl, €€€
Helles, klares Strohgelb mit silbernen Reflexen. Zart duftend nach Bergamotte, Melisse und Golden Delicious, frische Grapefruit im Nachhall. Zieht straff auf und verläuft mit filigranem Druck, leicht tänzelnde Säure, mineralisch, feiner Trinkfluss mit frischem Ausklang im Finale.

89 Muskatell Südtirol DOC 2019
12,5 Vol.-%, NK, Edelstahl, €€€

90 Rosé Südtirol DOC 2020 ME/CF/LG
12,5 Vol.-%, NK, Edelstahl, €€€
Intensiv leuchtendes Pink mit orangeroten Reflexen. Ausgeprägt rotbeerig nach frischen Walderdbeeren, etwas Kirsche und Walnuss. Betont fruchtig am Gaumen, baut sich gut auf, klare, präzise Säure mit lebendigem Charakter, wirkt jugendlich mit feinem Druck im Abgang, sehr guter Trinkfluss.

92 Merlot Riserva Südtirol DOC 2018
14,5 Vol.-%, NK, Barrique, €€€
Strahlend klares Kirschrot mit rubinfarbenen Akzenten. Reife Frucht ziert die Nase, Erdbeerkompott, eingelegte Brombeeren, dazu Gewürznelken und schwarze Oliven, im Hintergrund Lederwürze. Wohliger Gaumeneintritt mit lebendig wirkender Säure, dichtem Körper und samtigem Gerbstoff, angenehm mundfüllend mit ausgeprägtem, langem Nachhall.

92 Palestina Cabernet Merlot Südtirol DOC 2018 ME/CS
14,5 Vol.-%, NK, Barrique, €€€€€
Dunkel leuchtendes Granat. Zeigt sich in der Nase mit eleganter Würze, edlen Tönen nach Brombeeren und Cassis, auch nach Kirschen, dazu ein Hauch Leder, gepaart mit leichtem Pfefferton im Nachhall. Öffnet sich am Gaumen geschliffen und klar, nach dunklen Beeren, dicht und konzentriert, ohne dass es dabei an Eleganz mangelt. Dieses Jahr endlich wieder gelungen!

91 Brazol Rot Weinberg Dolomiten IGT 2019 CF/CS/ME/LG/SY
13 Vol.-%, NK, Holzfass, €€€
Dunkel leuchtendes Rubinrot. Zeigt sich in der Nase mit einladenden Nuancen von reifen Waldbeeren und Kirschen, mit dezentem Pfefferduft im Nachhall. Am Gaumen saftig mit leichtem, animierendem Tannin, hat kompakte, klare Frucht im Kern, saftiges Finale.

91 Cabernet Riserva Südtirol DOC 2017
13,5 Vol.-%, NK, Barrique, €€€
Funkelndes klares Kirschrot mit rubinfarbenen Akzenten.

Zarte Noten von schwarzen Kirschen, Holunderbeeren, etwas Curry und Bitterschokolade im Anklang. Im Antrunk kompakt und mit präziser Struktur, animierend, engmaschiges Tannin, guter Zug, wirkt leicht austrocknend mit einem Hauch Bitterkeit im Ausklang.

91 Lagrein Riserva Südtirol DOC 2018
13 Vol.-%, NK, Barrique, €€€€
Dichtes, leuchtendes Purpur mit undurchdringlichem Kern. Leichte Zurückhaltung in der Nase, öffnet sich dann mit reifen Pflaumen, Cassis und Thymian, dazu frische Würze und etwas Leder. Spannt sich wohlig über den Gaumen, zeigt stoffiges, engmaschiges Tannin und kraftvollen Körper, im Finale lange anhaltend.

91 Morus Lagrein Südtirol DOC 2018
13 Vol.-%, NK, Barrique, €€€€€
Dunkles Granat mit Purpur. In der Nase Nuancen von kaltem Rauch, satten Amarenakirschen, Pfeffer und edler Holzwürze. Zeigt sich am Gaumen sehr stoffig, mit kühlem, kompaktem dunkelbeerigem Kern, viel griffiges Tannin stützt den Verlauf, endet satt und mit leichter Zehrung.

★★

KLAUS LENTSCH

Klaus Lentsch entstammt einer traditionsreichen Weinbaufamilie in Branzoll im Südtiroler Unterland. Schon längere Zeit wollte er sich aus dem Familienverband lösen und selbstständig machen. 2008 erfüllte er sich mit dem Ankauf des Hembergerhofs in Atzwang am Beginn des Eisacktales den Traum vom eigenen Weingut. In prachtvoller Südlage erstrecken sich die Weinberge über 200 Meter steil den Hang hinauf. Hier gedeihen Blauburgunder, Grüner Veltliner und Gewürztraminer. Spitzenwein ist der Blauburgunder Riserva Bachgart. Wenige Jahre später, 2013, konnte Klaus Lentsch den Weinhof Amperg in St. Pauls im Überetsch erwerben. Dort stehen nun das Wohnhaus und ein großzügiger, funktionaler Keller, in dem alle Trauben verarbeitet werden.
Auf den umliegenden Lagen wachsen Weißburgunder, Sauvignon Blanc, Gewürztraminer und Goldmuskateller. Aus den angestammten Lagen in Branzoll schließlich kommen Lagrein und Pinot Grigio. Das Weingut Klaus Lentsch deckt damit eine breite Palette der typischen Südtiroler Weine ab. In der Vinothek Amperg lädt Tradition und Moderne zum gemütlichen Verweilen in zauberhaftem Ambiente ein. Zudem finden regelmäßig bunte Events statt, vom Theater bis zum Rock-Konzert. Vorbeischauen lohnt sich!

91 Amperg Weissburgunder Südtirol DOC 2020
13 Vol.-%, KK, Edelstahl/Tonneaux Fass, €€€
Brillant leuchtendes Strohgelb. Dezent ausgeprägte kühle Aromatik mit frischen Zitrusfrüchten in Richtung Limette, dazu Akazien- und Lindenblüten, im Hintergrund Honigmelone. Am Gaumen klar und präzise mit spürbarer Salzigkeit, stoffige Textur bettet frische Säure angenehm ein und gibt Länge.

90 Amperg Sauvignon Südtirol DOC 2019
13 Vol.-%, KK, Edelstahl, €€€
Blasses klares Zitronengelb. Kühle Aromatik nach frisch geschnittenem Gras, saftigen grünen Äpfeln, Holunderblüten und Grapefruit. Am Gaumen begleitet feine Cremigkeit die Säure, gut ausbalanciert und auf Zug, langer, erfrischender Nachhall.

KLAUS LENTSCH
39057 St. Pauls/Eppan
Reinspergweg 18/a
T: +39 (0471) 967263
info@klauslentsch.eu
www.klauslentsch.eu

Kellermeister/Kontakt: Klaus Lentsch
Produktion: 80.000 Flaschen
70 % weiß, 30 % rot, 12.5 + 2 Hektar
Vereinszugehörigkeit: Freie Weinbauern Südtirol, Idyllic Places, Eppan Wein
Messen: Merano WineFestival, ProWein Düsseldorf, London Wine Fair, Vinitaly, Bozner Weinkost, Vinea Tirolensis

90 Eichberg Grüner Veltliner Südtirol DOC 2018
13 Vol.-%, KK, Edelstahl/Tonneaux Fass, €€€€
Helles brillantes Goldgelb. Anfänglich leicht reduktiv, öffnet sich mit frischer Würze und weißem Pfeffer, Golden Delicious und Pampelmuse. Animierender Auftakt, gut eingebundene Säure, straffe würzige Komponenten, engmaschig am Gaumen, kommt noch mal mit Druck im Finish, gutes Potenzial.

91 Bachgart Blauburgunder Südtirol DOC 2018
13 Vol.-%, KK, €€€€
Brillantes klares Granatrot mit rubinfarbig leuchtendem Kern. Schmeichelnde Aromen nach reifen Feigen und Dörrpflaumen, Röstaromen und ein Hint Kandis. Trifft lebendig auf den Gaumen, hat Saft und zeigt griffige Gerbstoffe, leichte Zartbitterkeit begleitet den Trunk, spürbare Spannung im Abgang.

91 Hemberg Blauburgunder Riserva Südtirol DOC 2017
13,5 Vol.-%, DIAM, €€€€€
Leuchtendes Granat mit rubinrotem Touch. In der Nase ausgeprägt duftend nach eingelegten roten Walderdbeeren und reifen Feigen, dazu etwas Lakritze und ein Hint schwarzer Pfeffer. Spannt sich elegant auf, mit frischem Säurespiel, griffigem Gerbstoff, toller Saftigkeit im Trunk und feinwürzigem Ausklang.

90 Amperg Lagrein Riserva Südtirol DOC 2018
13,5 Vol.-%, KK, €€€€
Satt leuchtendes Rubinrot mit schimmerndem Kern. Ausgeprägtes Aroma nach Holunderbeeren und frischem Thymian, leicht rauchig und Mokka im Anklang. Auf der Zunge lebendiges Wechselspiel zwischen Säure und Frucht. Gut eingebundener, griffiger Gerbstoff, engmaschig strukturiert, mit Druck, aktuell noch etwas jung, schließt hinten abrupt.

★★

LIESELEHOF

BIO

Werner Morandell zählt zu den Bio-Pionieren in Südtirol. Schon seit Jahrzehnten praktiziert er auf seinem Lieselehof in Kaltern Weinbau nach biologischen Kriterien. Seit Beginn des Jahrtausends befasst sich Werner Morandell auch mit pilzresistenten Sorten und kann dabei mit Bronner, Solaris und Souvignier Gris großartige Erfolge vorweisen. Seit einigen Jahren wird Werner Morandell im Weingut tatkräftig von seinen beiden Söhnen unterstützt. Das familiengeführte Weingut liegt am Fuße des Mendelgebirges.

Aus den sechs Hektar werden jährlich rund 35.000 Flaschen Wein erzeugt. Die Lagen des Lieselehofs erstrecken sich von 220 Metern Seehöhe bis hinauf auf 1250 Meter knapp unterhalb des Mendelpasses. Dort entsteht aus der Sorte Solaris einer der außergewöhnlichsten Weine Italiens, der »Vino del Passo«. Für den »Julian Orange« werden die Trauben der Sorte Bronner auf Maische vergoren und anschließend im Holzfass ausgebaut. Für den »Sweet Claire« verwendet Werner Morandell getrocknete Bronner-Beeren, die zu einem köstlichen Süßwein verarbeitet werden.

LIESELEHOF
39052 Kaltern (BZ)
Kardatschwerweg 6
info@lieselehof.com
www.lieselehof.com

Kellermeister: Werner Morandell
Kontakt: Julian Morandell
Anbauweise: Zertifiziert Biologisch
Produktion: 35.000 Flaschen
15 % Schaumwein, 70 % weiß, 10 % rot, 5 % süß, 4 + 2 Hektar
Messen: Vinitaly

91 Lieselehof Brut VSQ 2017
12,5 Vol.-%, NK, Stahltank, €€€€€€ B
Strahlendes, leuchtendes Hellgold mit anhaltender Perlage. Sehr reife Fruchtnuancen in der Nase, nach Marillen, gelbem Pfirsich, Banane und Ananas, im Nachhall speckige

Töne. Zeigt sich am Gaumen fruchtbetont und mit leicht rauchigem Unterton, zartes Salz, spannt sich gut auf, im Finale trocken und mit sanftem Nachdruck.

(92) Julian Orange Vino Bianco 2019
13 Vol.-%, NK, Barrique, €€€€€€ B
Zart getrübtes Bernstein mit goldenen Reflexen. Ansprechendes Bukett nach Orangenblüten, reifen Quitten, Wiesenkräutern und Nüssen. Kraftvoller Auftakt mit feingliedrigen Tanninstruktur, lebendige Säure und Mineralik ziehen über die Zunge, würzig, herber Verlauf mit Stoff und Charakter.

(91) Vino del Passo Vino Bianco 2020
13,5 Vol.-%, NK, €€€€€€
Trübes Silbergrau. In der Nase verhalten, leicht nach Meersalz, dazu hefige Nuancen. Spannt sich zügig und mit leichter Grünwürze über die Zunge, knackig und frisch, mit feinem Saft im Nachhall und klarem Finish, wird sich gut entwickeln.

(89) Julian Vino Bianco 2020 BR/JO
13,5 Vol.-%, DV, Stahltank, €€€€€ B

90 Feldherr Vino Rosso 2015 CS/CF/CA
13,5 Vol.-%, NK, Barrique, €€€€€ B
Kräftiges Granat mit ziegelroten Reflexen und dunklem Kern. Ausgeprägter Duft nach kleinen dunklen Beeren, dazu Anis, Kardamom und Nelken, Zartbitterschokolade im Anklang. Spannt sich fein auf, gestützt von einem lebendigen Säurespiel und gut integriertem stoffigem Tannin, vertikaler Charakter, etwas karg im Finale.

91 Sweet Claire Weinberg Dolomiten IGT 2019
13,5 Vol.-%, NK, Stahltank, €€€€€€ B
Strahlend helles Goldgelb mit schimmerndem Kern. In der Nase zunächst verhalten, öffnet sich dann mit frischen Aprikosen, Marillen, reifer Quitte und etwas Zitronengras. Zieht sich saftig über die Zunge, mit feinem Fruchtschmelz, zeigt sich füllig im Gewicht, trotzdem finessenreich, mit guter Spannung und lange anhaltendem Ausklang.

★★★

WEINGUT LOACKER

BIO

Alles begann auf einem kleinen Hügel oberhalb von Bozen, genau in der Mitte Südtirols. Rainer Loacker wagte 1979 auf seinem Weingut den ersten biologischen Weinbau und wurde prompt für verrückt erklärt. Das machte ihm aber nichts aus – im Gegenteil: Es beflügelte den quirligen Querdenker und ließ ihn nach Höherem streben. Das Weingut Loacker gilt vierzig Jahre später als Pionier, gewissermaßen als »Oldie beim Biowein«. Seit 1998 bestimmt Sohn Hayo die Geschicke der Weingüter als Kellermeister önologisch. Heute wirken alle drei Söhne, Hayo, Franz Josef und Hannes, bei den Loacker Wine Estates mit und erzeugen ihre Weine kompromisslos nach biodynamischen Richtlinien – mit Pioniergeist, Einsatz und rebellischem Herz wie einst Vater Rainer.

92 Atagis Gewürztraminer Weinberg Dolomiten IGT 2020
13 Vol.-%, VL, Stahl, €€€€€ B V
Klares mittleres Strohgelb. Charakteristisches Blütenbukett nach Rosenblättern, Jasmin und frischen Orangenzesten. Klarer fruchtbetonter Auftakt am Gaumen mit kompaktem Körper und spürbarer Frische, einladend, saftig, wirkt nicht überladen, geschmeidiges, harmonisches Finale.

WEINGUT LOACKER
39100 Bozen (BZ)
St. Justina 3
T: +39 (0471) 365125
marketing.lo@cker.it
www.loacker.bio

Kellermeister: Hayo Loacker
Kontakt: Franz Josef Loacker
Anbauweise: Zertifiziert Biologisch
Produktion: 60.000 Flaschen
33 % weiß, 67 % rot, 7 Hektar
Messen: ProWein Düsseldorf, Vinexpo, Vinitaly

91 Tasnim Sauvignon Blanc Weinberg Dolomiten IGT 2020
13,5 Vol.-%, VL, Eichenfass/Stahl, €€€€ B V
Sattes, strahlendes Zitronengelb. Ausgeprägt duftig nach frischem Weinbergpfirsich und Holunderblüten, Anklänge von Wiesenkräutern. Verspielte Frucht zieht sich zart über die Zunge, sehr animierend, mit salziger Frische, feine, ausgewogene Struktur mit gutem Potenzial.

91 Ateyon Chardonnay Weinberg Dolomiten IGT 2019
14,5 Vol.-%, VL, Eichenfass/Barrique, €€€€€ B V
Intensiv strahlendes Zitronengelb. Explosiver Duft nach reifen Südfrüchten, Banane und reifer Ananas, dazu etwas Nussbutter und Salzzitrone. Am Gaumen kraftvoll mit guter Komplexität und Druck, satte Struktur, füllig.

93 Gran Lareyn Lagrein Riserva Südtirol DOC 2018
14,5 Vol.-%, VL, €€€€€ B V
Kräftiges Rubingranat mit zartem violettem Schimmer und dunklem Kern. Ausgeprägter Duft nach feinen Röstaromen, frischem Toast, kandierten Früchten und Pflaumenröster. Trifft mit viel Fruchtschmelz auf den Gaumen, spannt einen wohligen Bogen, zeigt Saftigkeit und Kraft im Körper, warme, mundfüllende Textur, komplexes Spiel im Nachhall.

91 Gran Lareyn Lagrein Mitterberg IGT 2019
13,5 Vol.-%, VL, Eichenfass/Barrique, €€€€€ B V
Dunkel leuchtendes Granatrot. Sehr duftige und einladende Nase, nach satter Kirschfrucht, reifen Waldbeeren und getrocknetem Rosenblatt, leicht fleischiger Unterton, würzig. Am Gaumen präsent und mit saftigem Tannin, breitet sich mit floralen Nuancen über die Zunge, dunkelbeerig, endet im Finale kernig und mit sanftem Druck.

92 Morit St. Magdalener Südtirol DOC 2019
12,5 Vol.-%, VL, großes Holzfass, €€€ B V
Brillantes klares Granatrot mit orangen Reflexen. Präsentiert sich intensiv duftig, nach Gewürznelken, Zedernholz und gebrannten Mandeln, überreife Pflaumen im Anklang. Komplexität zeigt sich auch am Gaumen, getragen von feinmaschigem Tannin, mit guter Struktur und anhaltender Intensität im Ausklang, sehr spannend.

92 Ywain Merlot Weinberg Dolomiten IGT 2019
13,5 Vol.-%, VL, Barrique/Eichenfass, €€€€€ B V
Leuchtendes sattes Kirschrot mit Rubinreflexen. Öffnet sich in der Nase mit komplexem würzigem Charakter, nach Nelken, Thymian und etwas Tabak, dunkle Waldbeeren im Anklang. Am Gaumen sehr vertikal, feinmaschiges Tannin, gut integrierter Holzeinsatz, hinten eng zulaufend, straff, viel Länge, spannungsgeladen.

90 Kastelt Cabernet Lagrein Mitterberg IGT 2018 LG/CS
14 Vol.-%, VL, €€€€€ B V
Dunkel leuchtendes sattes Granatrot. In der Nase getragen von feiner Würze, leichtes Fumé, satte Kirsche, Waldbeeren, Leder. Am Gaumen mit griffig-straffem Tannin, spannt sich druckvoll auf, im Finale aktuell mit deutlichem Holzüberhang.

★★

BARON LONGO

BIO

Die historischen Weinberge von Baron Longo liegen im Süden Südtirols, rund um das malerische Villner Schlössl in Neumarkt. Insgesamt 20 Hektar biologisch und biodynamisch nach Demeter bewirtschafteter Weingüter ziehen sich von 240 Metern Seehöhe bis hinauf nach Montan, wo im Naturpark Trudener Horn auf 1040 Metern Seehöhe Chardonnay und Spätburgunder gedeihen. Zu den Hauptsorten des Familienweingutes zählen Chardonnay, Weißburgunder, Cabernet und Merlot. Anton Baron Longo setzt als Kellermeister auf Weine, die sich durch Feinheit, Noblesse und Eleganz auszeichnen.

93 Liebenstein Weiss Weinberg Dolomiten IGT 2019 CH/WB
13 Vol.-%, KK, Barrique, €€€€€ B V
Zart schimmerndes Strohgelb mit goldgelben Reflexen. Dezente Aromen nach weißem Pfirsich, Aprikosen, Lindenblüten, gerösteten Mandeln und goldbraunem Toast. Trifft kraftvoll auf den Gaumen, zeigt feine Cremigkeit, breitet sich wohlig aus, viel Zug, gestützt von saftiger Säure, stimmiger Ausklang.

89 Felix Anton Weiss Weinberg Dolomiten IGT 2020 WB/CH/PG
12,5 Vol.-%, DV, 500-l-Fass, €€€ B

BARON LONGO
39044 Neumarkt (BZ)
Fleimstaler Straße 30
T: +39 (471) 820007
info@baronlongo.com
baronlongo.com

Kellermeister/Kontakt:
Anton Baron Longo
Anbauweise: Zertifiziert Biologisch
Produktion: 67.000 Flaschen
80 % weiß, 20 % rot, 20 Hektar
Messen: ProWein Düsseldorf, VieVinum, Vinitaly

Weingut Baron Longo

90 Urgestein Sauvignon Blanc Weinberg Dolomiten IGT 2020
13 Vol.-%, DV, Stahltank, €€€€ B V
Sattes, leuchtendes Strohgelb. Die leicht reduktive Nase, verfliegt schnell, dann ein Duft von frischen Limetten, Zitronenverbene und Cassis im Hintergrund. Von Mineralik geprägtes Mundgefühl mit Feuersteincharakter, hat Zug, gute Persistenz in Ansatz und Verlauf.

90 Hohenstein Gewürztraminer Weinberg Dolomiten IGT 2019
14,5 Vol.-%, KK, Tonneaux Fass, €€€€€ B V
Blass leuchtendes Goldgelb. Intensiv duftend nach weißen Rosenblüten, reifer Ananas und Banane, im Anklang Nussbutter. Saftiger Einstieg mit feinfruchtigem Spiel, gestützt von tänzelnder Säure, voller Körper, feine Cremigkeit, sanfter Druck mit zart bitterem Ausklang.

★

ANSITZ MAIRHOF

NEU

Der prachtvolle Ansitz Mairhof ist eine richtige »Garage Winery«: Er umfasst zurzeit rund 4000 Quadratmeter Rebfläche, genügend Platz für den Anbau der Rebsorten Vernatsch, Riesling, Blauburgunder und Grüner Veltliner, wobei Blauburgunder und Grüner Veltliner erst vor Kurzem ausgepflanzt wurden. »Wie man an der Betriebsfläche sieht, sind wir ein sehr kleiner Betrieb, in den nächsten Jahren möchten wir uns aber noch etwas erweitern«, gesteht Matthias Bernhart ein. Vor vier Jahren wurde der Weinkeller neu errichtet, und der älteste Teil des 800 Jahre alten Hauses zu einem sehr ansprechenden Verkostungsraum umgebaut.Die Sortenwahl ist mit Vernatsch und Blauburgunder traditionell, setzt demgegenüber jedoch auch auf Modernität und Abwechslung, denn speziell Grüner Veltliner ist in der Gegend eher nicht vorzufinden. »Unsere Weinbaulagen haben eine gute Sonnenexposition und sind sehr luftig, dadurch könne viele Pflanzenschutzbehandlungen eingespart werden, und das wiederum kommt den Weinen sehr zugute! Die Weine an sich sind fruchtig und durch ihre Mineralik geprägt, auch das Zucker-Säure-Verhältnis liegt in einem, meines Erachtens, guten Verhältnis.«

ANSITZ MAIRHOF
39020 Partschins (BZ)
Via Max Von Isser 1
T: +39 (347) 9121903
www.ansitz-mairhof.com

Kontakt: Familie Bernhart

(90) Riesling Südtirol DOC 2020
12 Vol.-%, NK, Edelstahl, €€
Leuchtendes, strahlendes Strohgelb. Sehr offene, einladende Nase, nach weißen Blüten, Wiesenkräutern und sattem gelbem Steinobst, Marillen und ein Hauch Dosenananas. Am Gaumen saftig, mit cremigem Kern und klarer Frucht, spannt sich fein über die Zunge mit warmherzigem Verlauf.

90 Riesling Südtirol DOC 2019
13 Vol.-%, DV, Edelstahl, €€
Leuchtendes Strohgelb. In der Nase nach Staubzucker und kandierten Zitronenzesten, dazu ein Hauch Feuerstein. Am Gaumen saftig, mit straffer Säure und kompaktem Kern, spannt sich gut auf, zeigt viel Nachdruck.

(89) Lagrein Kretzer Südtirol DOC 2020
12,5 Vol.-%, NK, Edelstahl, €€

89 Vernatsch Mitterberg IGT 2019
12 Vol.-%, DV, Edelstahl, €€

(89) Vernatsch Mitterberg IGT 2020
11 Vol.-%, NK, Edelstahl, €€

★★

MALOJER GUMMERHOF

Der Gummerhof liegt im Norden der Stadt Bozen und wurde 1480 erstmals urkundlich erwähnt. Seit 1880 wird in dieser Gegend gewerblich Wein angebaut. Urban Malojer, der seit einigen Jahren im Keller verantwortlich ist, stellte konsequent von Fassweinerzeugung auf Flaschenfüllung und Qualitätsselektionen um. Der Gummerhof hat dazu alle Voraussetzungen, verfügt er doch über Weinberge und Traubenlieferanten in den besten Lagen rund um Bozen.

Die Produktpalette des Gummerhofs unterteilt sich in zwei Linien: »Classic« und »Riserva«. Die besten Partien von Lagrein und Cabernet werden zur Cuvée »Bautzanum« vermählt. Neben den Stillweinen erzeugt Malojer auch einen Sekt in klassischer Flaschengärung, den »Pianoforte«. Der Schwerpunkt in Weinberg und Keller liegt bei den Malojers aber auf jeden Fall beim Lagrein. Das zeigt nicht nur der Lagrein Riserva, der sich in diesem Jahr zum wiederholten Mal als das beste Pferd im Stall präsentiert, sondern

das beweist auch der »einfache« Lagrein, ein saftiger und kerniger Wein, der viel Genuss zu einem sehr ansprechenden Preis bietet. Besuchern der Stadt Bozen sei ein Abstecher zum Gummerhof, der nicht weit vom Zentrum liegt, wärmstens empfohlen.
Die »Vinoteque im Hof«, die die Malojers dort betreiben, ist eine Adresse von besonderem Flair. Es können dort sämtliche Weine des Gummerhofs verkostet werden, dazu werden kleine Gerichte mit Südtiroler Spezialitäten gereicht. Nach einem ausgiebigen Einkaufsbummel kann man sich so bei einem kräftigen Lagrein oder einem saftigen St. Magdalener bestens erholen.

90 Gur zu Sand Sauvignon Blanc Südtirol DOC 2020
13,5 Vol.-%, KK, Stahltank, €€
Intensiv leuchtendes Grüngelb mit goldenen Reflexen. Offenherziger Duft nach frischem gelbem Paprika, Zitronengras und leicht floral nach Flieder, im Nachhall gelbe Südfrucht. Am Gaumen Wechselspiel zwischen Frucht und Säure, klar, guter Zug, wirkt animierend salzig, mit gutem Trunk.

90 Bautzanum Cuvée Weiss Südtirol DOC 2020 CH/WB/SB
13,5 Vol.-%, NK, Stahltank, €€€
Blass strahlendes Zitronengelb mit Silber. Zarter Duft nach frischen Aprikosen, gelben Äpfeln, Akazienblüten und etwas Grapefruit. Zieht mit Spannung über die Zunge, knackig in der Säure, klar, offenherzig, leicht im Körper, noch jugendlich, lebhaftes Finish.

91 Lagrein Riserva Südtirol DOC 2018
13,5 Vol.-%, NK, Barrique, €€€€
Intensives, strahlendes Rubin mit violetten Reflexen. Zeigt sich mit reifer Frucht in der Nase, eingelegte Johannisbeeren, Rumtopf, Paprika und ein Hauch Karamell. Trifft saftig auf den Gaumen, mit präsenter Säure, Schmelz und sattem Körper, gut integriertes Tannin, viel Grip, zarte, animierende Bitterkeit begleitet das Finale.

90 Blauburgunder Riserva Südtirol DOC 2018
13 Vol.-%, NK, Barrique, €€€€
Leuchtendes Rubinrot. In der Nase duftig, nach Rosenblättern und Himbeeren, dazu ein Hauch von heller Würze. Am Gaumen geschliffen, mit salzig-saftiger Frucht, zart wahrnehmbarem Tannin, klar in Ansatz und Verlauf.

89 Cabernet Riserva Südtirol DOC 2018
13,5 Vol.-%, NK, Barrique, €€€€

88 Bautzanum Cuvée Rot Riserva Südtirol DOC 2018 CS/LG
13,5 Vol.-%, NK, Barrique, €€€€

MALOJER GUMMERHOF
39100 Bozen (BZ)
Weggensteinstraße 36
T: +39 (0471) 972885
info@malojer.it
www.malojer.it

Kellermeister: Urban Malojer
Kontakt: Elisabeth, Alfred und Urban Malojer
Produktion: 100.000 Flaschen
40 % weiß, 60 % rot, 6 + 12 Hektar
Messen: Vinitaly, Bozner Weinkost

Blick auf Bozen

★★★★★

MANINCOR

BIO

Auf einer sanften Anhöhe über dem Kalterer See liegt der Ansitz Manincor der Grafen Enzenberg. Michael Graf Goëss-Enzenberg hat 1996 das 400 Jahre alte Weingut übernommen und seither konsequent an der Umsetzung seiner Visionen gearbeitet. Nachhaltiges und ökologisches Wirtschaften in Kombination mit ausdrucksstarken Terroirweinen ist sein Credo. Der unter den Weinbergen verborgene Weinkeller ist nicht nur ein architektonisches Schmuckstück, sondern als unterirdischer Bau auch energiearm. Die Traubenverarbeitung erfolgt ganz ohne Pumpen mithilfe der Schwerkraft, gekühlt wird mit Geothermie, geheizt mit Hackschnitzeln aus dem eigenen Wald.

Der gesamte landwirtschaftliche Betriebe von Michael Goëss-Enzenberg wird nach biodynamischen Kriterien bewirtschaftet. Das Zusammenspiel von Obst- und Weinbau bildet dabei eine Einheit im Sinne synergetischer Biodiversität; im Winter und Frühjahr grasen Schafe in den Weinbergen, und die Hühner laufen das ganze Jahr über durch die Rebzeilen auf der Suche nach Würmern. Seit dem Jahrgang 2009 ist Manincor nach den EU-Biorichtlinien sowie nach »Demeter« biodynamisch zertifiziert. Önologe und Weingutsdirektor Helmuth Zozin setzt die nachhaltige Arbeit im Weinberg feinfühlig auch im Keller fort. Spontanvergärung und Ausbau im Holz sind die logische Konsequenz auf der Suche nach natürlicher Ausdruckskraft in den Weinen. Michael Graf Goëss-Enzenberg unterteilt seine Weine in drei Linien: »Hand«, »Herz« und »Krone«. Die Krone bei den Roten bilden der »Castel Campan«, eine opulente Cabernet-Merlot-Cuvée, und der seidige Pinot Noir »Mason di Mason«, bei den Weißen der »Lieben Aich«, ein kraftvoller und salziger Sauvignon Blanc und der »Le Petit«, ein formidabler Süßwein aus der südfranzösischen Sorte Petit Manseng.

MANINCOR
39052 Kaltern (BZ)
St. Josef am See 4
T: +39 (0471) 960230
info@manincor.com
www.manincor.com

Kellermeister/Kontakt: Helmuth Zozin
Anbauweise: Biodynamisch (respekt)
Produktion: 330.000 Flaschen
40 % weiß, 60 % rot, 50 Hektar
Messen: ProWein Düsseldorf, Vinitaly

94 Tannenberg Sauvignon Blanc Südtirol DOC 2019

14 Vol.-%, DIAM, großes Holzfass, €€€€€ B

Intensives, leuchtendes Grünsilber. In der Nase nach Nussbutter und Sahne, reife weiße Frucht, ein Potpourri aus Pfirsich, Banane und Litschi, elegant und einladend. Am Gaumen rassig und ausdrucksstark, breitet sich mit extraktsüßem Kern über die Zunge aus, geschliffen und präsent, hallt lange nach.

93 Lieben Aich Sauvignon Südtirol DOC 2019

14 Vol.-%, DIAM, großes Holzfass, €€€€€€ B

Brillant strahlendes Zitronengelb mit grünem Touch. Intensiv duftend nach reifer Ananas, Papaya, schwarzen Holunderbeeren und Verbene, im Anklang Nussbutter. Saftiger Auftakt mit lebendigem Säurespiel, zieht sich präzise und mit Zug durch, drückt im Finale noch mal auf den Gaumen, langer, fruchtbetonter Abgang, schöner Ausdruck.

93 Eichhorn Pinot Bianco Südtirol DOC 2019

13,5 Vol.-%, DIAM, großes Holzfass, €€€€€ B

Leuchtendes, intensives Strohgelb. Komplexe und vielschichtige Nase, nach reifen, kandierten Zitrusfrüchten, begleitet von dezentem Fumé, helles Steinobst, im Nachhall minimal nach Siegellack. Am Gaumen klar und lebendig, strahlt im mittleren Bereich viel Energie aus, präzise, saftig, lange und fein.

93 Sophie Chardonnay Südtirol DOC 2019
13,5 Vol.-%, DIAM, großes Holzfass, €€€€€ B
Funkelndes Strohgelb. Öffnet sich in der Nase mit duftig-blumigen Nuancen, zart nach Harz, elegante gelbe Frucht mit Anklängen von Zitrus. Dann am Gaumen sehr präzise und klar, mit viel Saft und tollem Fruchtkern, breitet sich schön aus, spannungsvoll.

94 Mason di Mason Pinot Nero Südtirol DOC 2018
14 Vol.-%, DIAM, Barrique, €€€€€€ B
Glänzendes Rubin mit hellem Rand. Eröffnet mit betont würzigen Noten, nach Thymian, dann frische Himbeere und Preiselbeere, im Hintergrund nach Granatapfel. Zeigt am Gaumen viel saftige Frucht, griffiges, noch sehr junges Tannin, gute Spannung und Frische, fester Druck im Finale.

90 Mason Pinot Nero Südtirol DOC 2019
13,5 Vol.-%, DIAM, Barrique, €€€€€ B
Leuchtendes elegantes Rubinrot. Öffnet sich mit zarten duftig-floralen Nuancen, mittlerer Ausdruck, zarte Kirschfrucht. Zeigt sich am Gaumen sehr saftig, mit knackiger, gut eingebundener Säure, endet im Finale mit roter Bete.

93 Rubatsch Lagrein Südtirol DOC 2019
13 Vol.-%, DIAM, Barrique, €€€€€ B
Leuchtend klares Purpur mit granatroten Akzenten. Öffnet sich mit wohligen Noten von zartem Nougat, Süßholz, Minze und eingelegten Waldhimbeeren, dazu weißer Pfeffer und Kardamom. Spannt einen feinen Bogen, saftiger Schmelz, gut integriertes feinstoffiges Tannin, ausgewogen im Körper, zarte Cremigkeit, zeigt komplexes Spiel, hallt lange nach.

93 Cassiano Rot Weinberg Dolomiten IGT 2019 ME/CF/TE/CS/PV/SY
14 Vol.-%, DIAM, Barrique, €€€€€ B
Dunkel funkelndes Rubin mit leicht violettem Touch. Wohlige Röstnoten nach gebrannten Mandeln und getoasteter Brotkruste, dazu dunkle Waldfrüchte und ein Hint Kardamom. Spannt sich fein über die Zunge, fülliger Körper, samtig eingebetteter Gerbstoff mit zartem Fruchtschmelz, baut sich in Schichten auf, drückt im Finale noch mal auf den Gaumen, sehr harmonisch.

92 Réserve del Conte Rot Weinberg Dolomiten IGT 2019 ME/LG/CF
13,5 Vol.-%, DIAM, Teilbarrique, €€€€ B
Satt funkelndes Rubin mit schimmerndem Rand. Erst etwas verhalten, öffnet sich dann mit Noten nach reifen Himbeeren, Brombeerkonfit, feines Zedernholz, Brotkruste, Mandeln und Bergamotte im Nachhall. Zieht saftig über die Zunge, geradlinig in Ansatz und Verlauf, gut integriertes griffiges Tannin, mit sattem Fruchtschmelz unterlegt, betont langer Ausklang, feingliedriger Trinkfluss.

91 Der Keil Kalterersee Classico Superiore Südtirol DOC 2020
12,5 Vol.-%, DIAM, großes Holzfass, €€€ B
Brillantes, funkelndes klares Rubinrot. In der Nase fein gezeichnet, nach Himbeeren und satten Kirschen, unterlegt von sanft blumigen Nuancen. Am Gaumen sehr fruchtbetont mit klarem Fruchtkern und salzigem Nerv, spannt sich schön auf, leichtfüßig und elegant, im Nachhall knackig und grünwürzig.

★★

KELLEREI K. MARTINI & SOHN

Die Kellerei Martini wurde 1979 von Karl Martini und seinem Sohn Gabriel gegründet. Das Weingut mit Sitz im historischen Weindorf Girlan ist ein klassischer Familienbetrieb. Vater Gabriel ist der Betriebsleiter, und auch Sohn Lukas ist mittlerweile im Betrieb tätig. »Unsere Struktur war von Anfang an klein und so gab es für uns keinen anderen Weg, als unsere Weine für sich selbst sprechen zu lassen.«
Wie bei den meisten Südtiroler Betrieben gliedert sich auch bei den Martinis das Angebot in mehrere Linien: eine klassische Linie, eine Selektionslinie »Palladium« sowie die Spitzenlinie »Maturum«. Gekrönt wird das Sortiment von einer limitierten Auflage – ALTE REBEN –, je nach Jahrgang werden besondere Lagen sortenrein und mit Sorgfalt ausgebaut. Momentan reihen sich Weißburgunder 2016 und 2017 sowie ein Sauvignon 2018 in diese Liga der Raritäten von Martini & Sohn.

92 Maturum Chardonnay Südtirol DOC 2018
13,5 Vol.-%, NK, gebrauchte Barriques, €€€
Strahlendes Strohgelb. Zeigt sich mit toller, offenherziger Frucht in der Nase, nach gelbem Pfirsich, Ananas und Banane, unterlegt von dezentem Würzeton. Am Gaumen mit sattem,

Winzerfamilie Martini: Lukas, Gabriel und Maren

KELLEREI K. MARTINI & SOHN
39057 Girlan (BZ)
Lammweg 28
T: +39 (0471) 663156
info@martini-sohn.it
www.martini-sohn.it

Kellermeister: Lukas Martini
Kontakt: Gabriel Martini
Produktion: 297.000 Flaschen
55 % weiß, 45 % rot, 30 + 28 Hektar
Messen: ProWein Düsseldorf, Vinitaly

klarem Fruchtkern und viel Schmelz, offenherzig, breitet sich sahnig über die Zunge aus, rund und warm bis ins Finale.

92 Alte Reben Sauvignon Südtirol DOC 2018
14 Vol.-%, NK, Tonneaux Fass, €€€€€
Leuchtendes sattes Hellgold. In der Nase tolle, sehr einladende Gelbfrucht, ein Hauch von reifer Birne, Banane, dann kandierte Zitrusfrüchte, eine Prise Fumé und Feuerstein. Am Gaumen kompakt und elegant, zeigt sich mit griffiger Struktur, goldenem Kern und sanftem Druck, gut integrierte, wahrnehmbare Säure, spannt sich toll auf, lange.

90 Palladium Sauvignon Südtirol DOC 2020
14 Vol.-%, DIAM, Teilbarrique, €€€
Leuchtendes helles Zitronengelb mit klaren grünen Reflexen. In der Nase nach Zitronenschalen, Salbei und gelber Südfrucht, Quitte im Nachhall. Erfrischender Auftakt mit saftigem Spiel und Zug. Zupackend, lebhafte Textur, wirkt jugendlich, charismatischer Ausklang.

89 Palladium Kerner Südtirol DOC 2020
13 Vol.-%, DIAM, Stahl, €€€

91 Maturum Lagrein Riserva Südtirol DOC 2018
13,5 Vol.-%, DIAM, großes Holzfass, €€€€
Intensiv leuchtendes Rubin mit kirschroten Reflexen am Rand. In der Nase feinwürzig nach frischen Nelken, getrockneten Rosenblättern und etwas Pfeffer, dazu Bitterschokolade und Tabak. Satter Gaumeneintritt, stoffig verwobener Gerbstoff, dichtmaschige Struktur, zieht sich breit durch, bleibt auf Spannung im Abgang.

90 Pure Origin Vernatsch Südtirol DOC 2019
13 Vol.-%, DIAM, großes Holzfass, €€
Brillant strahlendes Rubinrot. Rotfruchtiger Auftakt in der Nase, Herzkirschen, florale Noten, Veilchen, dazu frische Kräuterwürze. Öffnet sich saftig mit gutem Zug, verspielte Säure, betont frisch mit mittlerem Ausdruck, animierendes Finish mit zartem Nachdruck.

90 Palladium Blauburgunder Südtirol DOC 2019
13,5 Vol.-%, DIAM, großes Holzfass, €€€
Hell funkelndes Granatrot mit feinem Schimmer. Zartwürzig in der Nase, nach frischen Roten Johannisbeeren, Nelke und etwas nassem Kalk. Spannt sich am Gaumen schön auf, mit tänzelnder Säure und elegant wirkenden Tanninen, leichtfüßiger Körper und erfrischender, leicht salziger Ausklang.

90 Palladium Coldirus Rot Weinberg Dolomiten IGT 2018 LG/CS/ME
13,5 Vol.-%, NK, Barrique, €€€
Tiefdunkles, undurchdringliches Rubin mit kirschroten Reflexen. Zunächst etwas verhalten, dann zarte Noten von dunklen Waldfrüchten, Brombeeren, dazu Teeblätter und im Anklang feine Lederwürze. Trifft kraftvoll auf den Gaumen, zeigt sich sehr vordergründig und besticht mit saftigem, stoffigem Tannin, leichte Zartbitterkeit begleitet den Trunk.

★

MAUSLOCHER HOF

Wenn man die dynamische Frau beobachtet, die da die Reben in steiler Hanglage bearbeitet, würde man nicht vermuten, dass sie ursprünglich im doch recht trockenen Berufszweig des Controllings erfolgreich war. Und doch: Gerda Kiem ist eine absolute Quereinsteigerin. 2006 kam sie über eine Erbschaft in den Besitz des Mauslocherhofes. Neben einem kleinen Haus gehörten auch Reben zum Besitz, ein bescheidener Viertelhektar. Was tun damit? Für Gerda Kiem wurde rasch klar, dass sie die Reben selbst bearbeiten wollte. Sie fragte benachbarte Winzer um Rat, hörte sich um, wie man am besten einen Weinberg bearbeitet. Die akribische und gründliche Arbeitsweise, die sie vom Controlling her kannte, kam ihr hier zugute. Bald ergab sich die Gelegenheit, die Weinfläche zu erweitern. Heute beträgt die Fläche 2,5 Hektar – immer noch winzig, für Gerda Kiem aber genug, um ihren eigenen Wein zu erzeugen. Der gesamte Zyklus – von der Pflege der Reben bis zum Abfüllen des jungen Weines – liegt in ihrer Hand. Tochter Katrin will sich in den nächsten Jahren in Geisenheim das önologische Rüstzeug holen und dann in den Betrieb einsteigen. Vor zwei Jahren konnte der neue Kellerbau bezogen werden. Hier ist alles klein, aber sehr funktional. Am besten aus der kleinen Kollektion gefiel uns wieder der »Cato«, ein flaschenvergorener Sekt aus Goldmuskateller: frisch, spritzig und heiter. Überaus gelungen!

91 Cato Metodo Classico Brut VSQ 2019
12 Vol.-%, DIAM, Flaschengärung, €€€€
Strahlendes Strohgelb mit leichter Trübung und anhaltender Perlage. In der Nase duftig und expressiv, nach Bananenmousse und Marillen, dazu gelbe Rosen und eine Prise Ananas, im Nachhall nach frisch geschnittenem Gras. Am Gaumen sehr fruchtsüß und aromatisch, stoffig, hat viel Körper, im Finale mundfüllend.

(90) Sauvignon Blanc Südtirol DOC 2020
15 Vol.-%, NK, Stahltank, €€€
Funkelndes klares Strohgelb mit grünlichen Reflexen. Ausgeprägte Aromen nach Wiesenkräutern und wildem Thymian, im Hintergrund Zitronenschalen und Holunderblüten. Erfrischend leichtfüßiger Verlauf mit feinsalziger Mineralik. Zitronige Aromatik mit tänzelnder Säure und frischem Nachhall.

90 Gewürztraminer Südtirol DOC 2019
15 Vol.-%, NK, Stahltank, €€€€
Zartes leuchtendes Strohgelb mit Silbertouch. Etwas ver-

MAUSLOCHER HOF
39010 Tscherms (BZ)
Marlingerweg 4
T: +39 (339) 23181918
wein@mauslocher.it
www.mauslocher.it

Kellermeister/Kontakt:
Gerda Kiem
Produktion: 60 % weiß, 40 % rot, 2 Hektar

Schloss Lebenberg, Tscherms

halten in der Nase, feine Wiesenkräuter, weiße Blüten und etwas Gewürznelken. Saftiger Auftakt mit frischwürzigen Nuancen. Zieht sich straff über die Zunge und zeigt guten Zug, frische Säure belebt den leicht bitteren Abgang.

88 Weißburgunder Südtirol DOC 2019
14 Vol.-%, NK, Stahltank, €€€

(91) St. Anna Lagrein Südtirol DOC 2018 LG/ME/CS
14 Vol.-%, NK, Barrique, €€€€
Funkelndes intensives Rubin mit leichtem Violett. Viel dunkle Kirsche, etwas Holunderbeeren, gepaart mit feiner Holzwürze. Dichtes Tannin, sehr ansprechend, zeigt Noten nach Holunderbeeren und Gewürznelken, etwas Zimt, spannend, griffig und zugleich saftig.

90 Merlot Südtirol DOC 2018
13 Vol.-%, NK, Eichenfass, €€€
Satt leuchtendes Rubinrot mit Kirschtouch und dunklem Kern. Feinwürzig in der Nase, nach Lorbeer, etwas Cayennepfeffer, Amarenakirschen, dazu zarte Räucheraromen und Malz. Trifft mit schmeichelndem Extrakt auf den Gaumen und zieht sich wohlig über die Zunge, angenehm mundfüllend, satte Textur und guter Trunk.

★★

KELLEREI MERAN

Die Kellerei Meran ist mit ihren 245 Hektar nicht nur die bedeutendste Kellerei im Nordwesten Südtirols, sondern auch eine sehr erfolgreiche, wie man die letzten Jahre anhand vieler Auszeichnungen spürbar erkennen und beobachten konnte. Die Weine der »Graf«-Linie und der noch hochwertigeren »Weinberg & Raritäten«-Linie konnten die Verkoster und Juroren durch Qualität und Ausdrucksstärke überzeugen – eine große Anerkennung für Kellermeister Stefan Kapfinger, der für den Ausbau des breiten Weinsortiments verantwortlich ist.Maxime der Kellerei Meran ist es, Weine zu erzeugen, die den besonderen Charakter des jeweiligen Anbaugebietes unterstreichen: die »Festival«-Linie mit authentischen, sortentypischen Weinen und einem sehr guten Preis-Leistungs-Verhältnis, die »Graf«-Linie mit qualitätssteigernder Ertragsreduzierung für charakterstarke und elegante Weine, die »Vinschgau«-Linie mit mineralischen Bergweinen aus dem Vinschgau sowie die »Weinberg & Raritä-

Stefan Kapfinger – Kellermeister

KELLEREI MERAN
39020 Marling (BZ)
Kellereistraße 9
T: +39 (0473) 447137
info@kellereimeran.it
www.kellereimeran.it

Kellermeister/Kontakt:
Stefan Kapfinger
Produktion: 1.300.000 Flaschen
1 % Schaumwein, 39 % weiß,
59 % rot, 1 % süß, 245 Hektar
Messen: Merano WineFestival,
ProWein Düsseldorf

ten«-Linie mit edlen Tropfen aus speziell ausgewählten, besonderen Einzellagen. Das aktuelle Meisterstück, der Weißburgunder Riserva DOC »V Years«, kann schon mit seinem speziellen Namen punkten und lässt den Ausbau erahnen: fünf Jahre auf der Feinhefe, Ganztraubenpressung und Gärung sowie Ausbau teils im Stahl- und Holzfass. So spannend wie sich die Herstellung des »V Years« anhört, so aufregend ist auch das Geschmackserlebnis dieses Weines. Das gesamte Sortiment der Kellerei Meran kann ganzjährig in der modernen Panorama-Önothek verkostet werden, wo man gleichzeitig den schönen Blick auf den Meraner Talkessel genießen kann. Damit Gäste auch hinter die Kulissen der 2013 umgebauten Kellerei schauen können, werden von Frühjahr bis Herbst Kellerführungen angeboten (Voranmeldung erforderlich).

90 ʘ 36 Riserva Brut Südtirol DOC 2016 CH/WB
12,5 Vol.-%, DIAM, Flaschengärung, €€€€€
Strahlendes Zitronengelb mit Goldtouch. In der Nase feinhefige Noten nach Weißbrotkruste, dazu geröstete Haselnuss und reife Banane. Lebendiger Auftakt mit reifen Fruchtnuancen, gute Komplexität, spannt sich satt und mundfüllend auf, im Nachhall mit guter Länge.

93 V Years Weissburgunder Riserva Südtirol DOC 2014
14,5 Vol.-%, DIAM, großes Holzfass/Stahltank, €€€€€€
Kraftvolles leuchtendes Strohgelb mit leichten Grünnoten. Eröffnet mit ansprechenden Noten nach gereiften Früchten, etwas Marille, helles Karamell und Walnüsse, im Hintergrund nach Brioche. Salzig in Ansatz und Verlauf, hat feine gereifte Noten und gute Spannung.

91 Tyrol Weissburgunder Südtirol DOC 2018
14,5 Vol.-%, DIAM, Stahltank/Holzfass/Barrique, €€€€€
Sattes Zitronengelb mit goldfarbenen Reflexen. Eine Variation von Wiesenkräutern und Heu trifft auf die Nase, dazu Lindenblüten und ein goldgelber Apfel. Anständige Power und fruchtig-mandeligen Nuancen am Gaumen erzeugen Spannung, stoffiges Finish.

89 Goldegg Chardonnay Riserva Südtirol DOC 2018
14 Vol.-%, DIAM, Stahltank/Eichenfass, €€€€€

(90) Segen Lagrein Riserva Südtirol DOC 2017
14,5 Vol.-%, NK, Barrique/Eichenfass, €€€€€
Kraftvolles, undurchdringliches Purpur mit schwarzem Kern. In der Nase reife Beerenfrüchte, Dörrpflaumen, schwarze Holunderbeeren, Malz und schwarze Oliven. Kraftvoll im Antrunk, spannt sich anmutig auf, zeigt guten Druck und Power, griffiger Gerbstoff, hält sich trocken im Nachhall.

89 Zeno Blauburgunder Riserva Südtirol DOC 2018
13,5 Vol.-%, NK, gebrauchte Barriques/Tonneaux Fass, €€€€€

★★★

MURI-GRIES WEINGUT/KLOSTERKELLEREI

Muri-Gries ist ein eindrucksvolles Benediktinerkloster im Bozner Stadtteil Gries. Hinter den massiven Mauern scheint die Stadt weit entfernt zu sein, die Hektik bleibt draußen. Neben den Patres gibt es innerhalb der Klostermauern auch einige Laien. Zu ihnen zählt auch Kellermeister Christian Werth. Die Sorte Lagrein hat es ihm besonders angetan. Dazu muss man wissen, dass der Lagrein ursprünglich aus den Grieser Lagen stammt. Die Weingärten um das Kloster gelten als Grand Cru des Lagreins.

Mit seinem »Riserva Abtei Muri« ist Christian Werth einer der Pioniere für den Barriqueausbau dieser Sorte. Dadurch gewinnt er Geschmeidigkeit und Dichte. Der Jahrgang 2018 dieses Weines ist wieder prachtvoll ausgefallen. Seit 2014 erzeugt Muri-Gries neben dem »Riserva Abtei Muri« einen besonderen Lagrein aus alten Stöcken gleich hinterm Kloster, den »Vigna Klosteranger«. Mit dem Jahrgang 2016 trumpft dieser groß auf und zeigt, was man sich von einem Spitzenlagrein erwarten darf: satte Frucht, kerniges Tannin und dabei

MURI-GRIES WEINGUT/ KLOSTERKELLEREI
39100 Bozen (BZ)
Grieser Platz 21
T: +39 (0471) 282287
info@muri-gries.com
www.muri-gries.com

Kellermeister/Kontakt:
Christian Werth
Produktion: 867.000 Flaschen
20 % weiß, 80 % rot, 60 Hektar
Messen: ProWein Düsseldorf, VieVinum, Vinitaly

doch eine gewisse Geschliffenheit – großartig! Mit dem Weißburgunder »Riserva Abtei Muri«, der auf einer kühlen Lage in Eppan wächst, belegt Christian Werth, dass er auch bei Weißweinen eine gute Hand hat.

92 Abtei Muri Weissburgunder Riserva Südtirol DOC 2018
14 Vol.-%, NK, Teilbarrique, €€€€
Strahlendes klares Zitronengelb mit goldgelben Reflexen. Einladende Noten nach Golden Delicious, Pfirsichblüten und Bergamotte, dezentes Spiel von Nussbutter und Pinienkernen. Ummantelt den Gaumen mit wohliger Cremigkeit, zeigt gute Fülle und Komplexität, mit satter Textur, harmonischer Ausklang.

89 Lagrein Kretzer Südtirol DOC 2020
13,5 Vol.-%, NK, Edelstahl, €€

95 Weingarten Klosteranger Lagrein Riserva Südtirol DOC 2016
14 Vol.-%, NK, Barrique, €€€€€€
Sattes, undurchdringliches Rubinviolett mit schwarzem Kern. Sehr dichte Nase mit Noten nach Maulbeeren und Holunderbeeren, dazu etwas harzig-würzige Komponenten, etwas Tannennadeln und weißer Pfeffer. Füllt den Gaumen satt aus, viel saftige, erstaunlich frische Frucht, nach Maulbeeren und schwarzen Kirschen, kerniges, vielschichtiges Tannin, im Finale nach Tabak.

93 Abtei Muri Lagrein Riserva Südtirol DOC 2018
14 Vol.-%, NK, Barrique, €€€€€
Glänzendes sattes Rubinviolett. Eröffnet mit betont würzigen Noten, etwas schwarzer Pfeffer und Galgant, dann viel Holunderbeere. Griffiges Tannin am Gaumen, zupackend und herzhaft, im hinteren Verlauf betont erdige Noten, endet auf dunkler Schokolade.

91 Abtei Muri Rosenmuskateller vendemmia tardiva Südtirol DOC 2018
14 Vol.-%, NK, Barrique, €€€€
Brillant leuchtendes Ziegelrot mit orangen Reflexen. Im Duft nach reifen Feigen, Datteln, Rumrosinen und getrockneten Rosenblüten, dazu eine Prise weißer Pfeffer. Spannt am Gaumen ein großes Kleid auf, zeigt Finesse, wirkt animierend in der Säure, mit fein verwobenem Tannin, feine Würze im Ausklang.

91 Abtei Muri Blauburgunder Riserva Südtirol DOC 2018
14 Vol.-%, NK, Barrique, €€€€
Leuchtendes edles Rubinrot mit leuchtendem Kern. In der Nase duftig, offenherzig und einladend, nach roten Beeren und Kirschen, zeigt im Nachhall tolle Pflaumenfrucht. Am Gaumen geschliffen und mit kompaktem Fruchtkern, klar und strahlend, breitet sich schön über den Gaumen aus, mit elegantem Holzeinsatz, sehr gut gelungen dieses Jahr.

★★★★

NALS MARGREID

Nals Margreid – viele Jahrhunderte Weinkultur sind mit diesem Namen verbunden. Bereits 1764 wurde am Standort der heutigen Kellerei der Weinhof Von Campi erbaut. 1932 wurde die Kellerei Nals gegründet und 1985 mit Margreid zur Kellerei Nals Margreid zusammengeschlossen. Die Alpen und die Dolomiten prägen das Landschaftsbild, Weinbau gehört seit Jahrtausenden selbstverständlich zur Kultur. Heute bewirtschaften 138 Weinbauern rund 160 Hektar Rebland auf 14 Gebieten, zwischen Nals im Etschtal und Margreid im Süden Südtirols verteilt. In dieser Weinregion mit ihrer komplexen geologischen Entstehungsgeschichte reifen die Trauben in 200 bis 900 Metern Seehöhe auf vielschichtigen Terroirs mit jeweils eigener Bodenbeschaffenheit, Mikroklima und Sonneneinstrahlung. Diese geografischen Eigenheiten sind wertvolle Ressource und eine stete Quelle der Inspiration bei der Vinifikation der Weine von Nals Margreid. Im Zusammenspiel mit einem respektvollen Umgang mit der Natur werden die Besonderheiten der Trauben und Lagen mit der Handschrift von Nals Margreid klar stilisiert, herausgearbeitet und ausdrucksstark in die Flasche gebracht: alpin-frisch, terroirbezogen.

96 Nama Weiss Südtirol DOC 2016 CH/WB/SB
14 Vol.-%, NK, kleines Holzfass/ Stahltank, €€€€€€
Leuchtendes elegantes Strohgelb mit einer Tendenz zum Hellgold. Tolle, einladende Nase, vielschichtig und kompakt, kommt exotisch aus dem Glas, nach kandierten Zitronenzesten, dazu ein Hauch von reifer Birne, Dörrananas, ein Touch von Fumé im Nachhall. Öffnet sich im Mund salzig, zügig, ohne dass es dabei an Komplexität mangelt, satter Druck mit goldenem Kern, toller, präziser Spannungsbogen, sehr langes Finale.

94 Baron Salvadori Chardonnay Riserva Südtirol DOC 2018
14 Vol.-%, NK, Eichenfass, €€€€€
Funkelndes helles Goldgelb. Eröffnet mit Noten nach kandierter Ananas, etwas Banane, unterlegt von Noten nach Buttergebäck. Am Gaumen gute Dichte, öffnet sich mit festem Druck, cremig und sehr lange anhalten, das Holz zeigt sich hervorragend integriert.

90 Magred Chardonnay Südtirol DOC 2020
14 Vol.-%, NK, großes Holzfass, €€€
Leuchtendes intensives Strohgelb. In der Nase etwas reduktiv, nach Käserinde, Zitronensaft, Limetten, hellem Honig und weißen Blüten. Am Gaumen rund und geschmeidig mit minimal rauchigem Touch, spannt

NALS MARGREID
39010 Nals (BZ)
Heiligenbergerweg 2
T: +39 (0471) 678626
info@kellerei.it
www.kellerei.it

Kellermeister: Harald Schraffl
Kontakt: Gottfried Pollinger
Produktion: 1.000.000 Flaschen
70 % weiß, 30 % rot, 160 Hektar
Messen: ProWein Düsseldorf, VieVinum, Vinexpo, Vinitaly

Kellerei Nals Margreid

sich wohlig über die Zunge, feines Säurespiel im Nachhall.

91 Penon Pinot Bianco Südtirol DOC 2020
14 Vol.-%, NK, großes Holzfass, €€€
Intensives klares Zitronengelb mit goldgelben Reflexen. Zarte Kräuternoten nach Thymian, umrahmt von Zitronengras und Kamillenblüten. Am Gaumen viel Schmelz und animierendes Säurespiel, kraftvoller Körper, einladende Salzigkeit, anhaltender Nachhall.

91 Lyra Gewürztraminer Südtirol DOC 2020
15 Vol.-%, NK, Edelstahl, €€€€
Sattes, strahlendes Goldgelb. Erfrischender Duft nach reifer Ananas, Zitronenschale und Blutorange. Saftiger Auftakt mit fruchtsüßem Touch, kraftvoll mit mundfüllender Textur, nicht üppig, animierende Frische und Salzigkeit im Nachhall.

93 Anticus Merlot Cabernet Riserva Südtirol DOC 2018 ME/CS
13 Vol.-%, NK, Barrique, €€€€€
Strahlend klares Rubin mit Granatreflexen. Ausgeprägt duftig nach reifen Brombeeren, Cassis, dazu feine Minze, etwas Sanddorn und Nelken, leichte Holzwürze im Hintergrund. Saftig, fülliger Gaumeneintritt, viel Körper, hüllt den ganzen Mund ein, feinstoffiges Tannin, zeigt Grip und feine Würze im Ausklang.

91 Gries Lagrein Riserva Südtirol DOC 2018
13,5 Vol.-%, NK, Barrique, €€€€€
Sattes, leuchtendes Purpurrubin mit undurchdringlichem Kern. In der Nase intensiv duftend nach reifen Heidelbeeren, Wacholder, etwas Lakritze, unterlegt von leichten Röstaromen. Saftiger Auftakt mit samtigem, gut eingebundenem Tannin, wohliger Körper, legt sich am ganzen Gaumen ab, wirkt stimmig, schöner Ausdruck.

90 Galea Vernatsch Südtirol DOC 2020
13 Vol.-%, NK, Holzfass, €€€
Intensiv leuchtendes Hellrot mit Granatreflexen. In der Nase nach frischen Kirschen, schwarzem Pfeffer und Estragon, im Hintergrund zarte Rosenblätter. Saftiger Auftakt mit klarem Zug, feine Mineralik am hinteren Gaumen, wirkt harmonisch, mit floral-salzigem Nachhall, guter Trinkfluss.

88 Jura Pinot Noir Riserva Südtirol DOC 2018
14 Vol.-%, NK, Barrique, €€€€€

91 Baronesse Moscato Giallo Passito Südtirol DOC 2018
12,5 Vol.-%, NK, kleines Holzfass, €€€€€
Intensiv leuchtendes Goldgelb mit grünem Touch. Feinwürziger Auftakt in der Nase nach Wacholder, Tannenspitzen, Aprikosen und etwas Grapefruit. Trifft saftig auf den Gaumen, animierende Säure, viel Frische, sehr klar, zieht sich geradlinig durch, mit Finesse im Abgang, sehr guter Trinkfluss.

★★★

KLOSTER NEUSTIFT

Das Augustiner Chorherrenstift Neustift wurde 1142 gegründet, und bereits damals begann man im Stift, Wein zu produzieren. Somit zählt die Stiftskellerei Neustift zu den ältesten Kellereien der Welt. Der Brixner Talkessel bietet die idealen Bedingungen für den Anbau von Weißweinen, doch die nördliche Lage und Seehöhen von 600 bis 850 Metern zeigt vielen Rebsorten ihre Grenzen auf. Man findet hier mit Sylvaner, Kerner, Müller-Thurgau, Riesling und Veltliner vor allem Rebsorten, die man aus nördlicheren Breitengraden kennt. Angebaut werden zudem noch Gewürztraminer, Pinot Grigio und Sauvignon Blanc. Die Rotweine der Stiftskellerei kommen aus Lagen in Bozen und Überetsch. Blauburgunder, Rosenmuskateller und Vernatsch gedeihen am stiftseigenen Marklhof in Girlan, während Lagrein und St. Magdalener in den klassischen Bozner Lagen zu finden sind. Auf insgesamt 86 Hektar produziert die Stiftskellerei rund 750.000 Flaschen Wein, 80 Prozent davon sind Weißweine. Die Trauben aus den besten Lagen werden für die Produktion der »Praepositus«-Weine verwendet.

93 Praepositus Sauvignon Südtirol DOC 2019
13,5 Vol.-%, NK, Edelstahl/ großes Holzfass, €€€€
Strahlendes klares Zitronengelb. Feinfruchtige Aromatik nach reifer Quitte, etwas Litschi und einem Hauch Maracuja. Am Gaumen betont frisch, mit leichten Zitrustönen, kompakter Säure, ausgeprägte Mineralik sorgt für Straffheit und Finesse, animierender langer Abgang, eine Überraschung.

KLOSTER NEUSTIFT

39040 Vahrn (BZ)
Stiftstraße 1
T: +39 (0472) 836189
info@kloster-neustift.it
www.kloster-neustift.it

Kellermeister: Celestino Lucin
Kontakt: Werner Waldboth
Produktion: 750.000 Flaschen
79 % weiß, 20 % rot, 1 % süß,
26 + 60 Hektar
Messen: ProWein Düsseldorf, Vinitaly, Bozner Weinkost

Kloster Neustift

93 Praepositus Riesling Südtirol DOC 2019

13,5 Vol.-%, NK, Edelstahl, €€€€€
Kraftvolles leuchtendes Strohgelb. Ansprechende, fein gezeichnete Nase mit Noten nach Mirabellen, Marillen und gelbem Pfirsich, schönes Spiel. Auch am Gaumen satte Steinfruchtnoten, saftig und mit frischer Säure ausgestattet, im Finish süßer Schmelz.

92 Praepositus Müller Thurgau Südtirol DOC 2019

13 Vol.-%, NK, Edelstahl, €€€€
Zart strahlendes Strohgelb. Explosiv in der Nase, zarte goldene Äpfel, Jasmin und Bergamotte. Dazu geriebene Zitronenschale. Stoffig und mineralisch am Gaumen mit erfrischender Würze und viel Druck, elegant, anhaftend und lange anhaltend.

92 Praepositus Grüner Veltliner Südtirol DOC 2019

14 Vol.-%, NK, Edelstahl/großes Holzfass, €€€€
Leuchtendes Strohgelb. In der Nase nach satter Zitrone, dazu ein Hauch Pink Grapefruit, auch traubige Nuancen, Muskat, Quitte, kalter Rauch. Am Gaumen rassig und mit kerniger Frucht, zieht sich schön über die Zunge, mit feinem Druck, leichter Schmelz, präzises Finish.

92 Praepositus Pinot Grigio Südtirol DOC 2019

13 Vol.-%, NK, großes Holzfass/Barrique, €€€€
Sattes, brillantes Zitronengelb mit goldenen Reflexen. Zart fruchtige Noten nach goldenem Apfel, Williamsbirne, auch Marille und weiße Blüten. Saftig, anregende Frische, viel Frucht auch am Gaumen, angenehm harmonisch, salziges Finish.

92 Praepositus Gewürztraminer Südtirol DOC 2019

14,5 Vol.-%, NK, Edelstahl, €€€€
Funkelndes Goldgelb mit grünen Reflexen. Ausgeprägt florale Noten nach Rosenblättern, etwas Litschi und Blütenhonig. Spannt sich erfrischend auf, hat Zug und lebendige Säure im Wechselspiel, geradlinig am Gaumen, gute Mineralik, spannendes Finish.

91 Praepositus Kerner Südtirol DOC 2019

14 Vol.-%, NK, Edelstahl, €€€€
Strahlend klares Strohgelb mit goldenem Touch. Ausgeprägt im Duft mit reifer Exotik, etwas Litschi dazu Mandarinenschale und Blütenhonig. Viel fruchtsüßer Extrakt am Gaumen, gepaart mit erfrischender Säure und viel Stoff, spannt sich rasant auf, bleibt präsent im Nachhall.

90 Praepositus Sylvaner Südtirol DOC 2019

13,5 Vol.-%, NK, Edelstahl/ großes Holzfass/ gebrauchte Barriques, €€€€
Intensiv leuchtendes Strohgelb. Der Duft erinnert an Pfirsichblüten, Kamille und goldgelbe Äpfel. Im Auftakt erfrischend kühl mit straffer Säure und anhaltender Mineralik, zieht mit Spannung durch, wirkt lebendig im Nachhall, guter Trinkfluss.

★★★

WEINGUT IGNAZ NIEDRIST

Das Familienweingut Ignaz Niedrist befindet sich im Herzen des Überetscher Weinbaugebietes, im Girlaner Ortsteil Rungg auf 470 Metern Seehöhe. Eine aufmerksame, sensible Wirtschaftsweise ist für Ignaz, Elisabeth und Tochter Maria Niedrist gleichermaßen Voraussetzung wie Verpflichtung für lebendige Böden und Weine mit starkem Charakter.
Handwerklich abgestimmte Rebarbeit und Bodenbearbeitung, niedrige Erträge und erstklassige Lagen sind die Eckpfeiler in ihrem Qualitätsstreben. Wichtig ist ihnen auch die Abstimmung von Sorte und Lage. Die Niedrists besitzen Weinberge in drei verschiedenen historischen anerkannten Zonen: in Girlan, Eppan Berg im Überetsch und in Gries bei Bozen. Unterschiedlich sind Kleinklimata und Bodenaufbau. Auf der windoffenen Hügelkuppe in Girlan mit eiszeitlichem Moränenschotter mit hohem Steinanteil (Porphyr, Granit, Gneis) steht ein Teil von Sauvignon Blanc und Blauburgunder, auf den warmen Westhängen Merlot und etwas Syrah. In Eppan Berg auf lehmigen Kalkschotterböden am Fuße des Mendelgebirges wachsen Weißburgunder, Sauvignon Blanc, Riesling, Chardonnay, etwas Ruländer und Blauburgunder. In Gries, auf Schwemmböden, die der Talferfluss über Jahrtausende dort zurückgelassen hat, findet der autochthone Lagrein ideale Bedingungen. Dort gedeiht Niedrists »Berger Gei«.

(93) Trias Weiss Mitterberg IGT 2019 CH/MB/PMS
14 Vol.-%, DIAM, Barrique/Tonneaux Fass, €€€€€
Strahlendes helles Strohgelb. In der Nase zart laktische Töne, die nach etwas Belüftung verschwinden, dann elegantes Holz, feine sahnige Aromatik, gelbe Frucht mit heller Würze gepaart, einladend. Am Gaumen klar und geschliffen, mit schönem Aromenbogen, zeigt kühlen Fruchtkern, mit Spannung und Salz, präzises, klares Finale.

92 Porphyr & Kalk Sauvignon Südtirol DOC 2019
14,5 Vol.-%, DIAM, Stahltank, €€€€
Helles Silbergrün mit funkelnden Reflexen. In der Nase leicht reduktiver Anklang, dann nach Feuerstein, grünem Paprika und frisch geschnittenem Gras, erinnert nach etwas Luft an Limetten und Thymian. Am Gaumen mit schönem Spannungsbogen, öffnet sich kompakt und salzig, alpiner Stil, kühle Frucht, tolle, präzise Länge.

92 Limes Weissburgunder Südtirol DOC 2018
14,5 Vol.-%, DIAM, großes Holzfass, €€€€€
Sehr helles, strahlendes Grüngelb. In der Nase klar und zurückhaltend, leicht grünwürzig, floral, nach etwas Luft dezenter Duft von Safranblüten. Am Gaumen enorm straff mit viel Rasse und Zug, hat viel Druck, präzise und sauber mit leicht salzigem Unterton, braucht viel Zeit im Glas, um sich zu öffnen.

91 Berg Weissburgunder Südtirol DOC 2019
14,5 Vol.-%, KK, Stahltank, €€€
Sehr helles Strohgelb mit Tendenz zu Silber. Vorwiegend Zitrusduft, floral, minimale Reduktion. Am Gaumen sehr klar, mit spannungsvollem Verlauf, leicht bitterer Unterton, bleibt im Abgang frisch und klar, noch sehr jung, wird sich toll entfalten.

93 Mühlweg Merlot Südtirol DOC 2018
15 Vol.-%, NK, €€€€€
Intensiv leuchtendes Rubin mit rot schimmerndem Rand. Ausdrucksstarke Nase nach frischen Waldbeeren, Heidelbeeren und etwas Mandeln, dazu zartes Fumé. Spannt sich

WEINGUT IGNAZ NIEDRIST
39057 Eppan/Girlan (BZ)
Runggweg 5
T: +39 (0471) 664494
info@ignazniedrist.com
www.ignazniedrist.com

Kellermeister: Ignaz Niedrist
Kontakt: Ignaz und Maria Niedrist
Produktion: 45.000 Flaschen
55 % weiß, 45 % rot, 10 Hektar
Messen: Vinitaly

saftig auf mit feingriffigem Tannin, viel Ausdruck und gutem Zug, wirkt mundfüllend mit viel süßem Holz im Finale.

92 Berger Gei Lagrein Riserva Südtirol DOC 2018
14,5 Vol.-%, NK, Barrique/großes Holzfass, €€€€€
Satt leuchtendes Purpur mit Rubinakzent und undurchdringlichem Kern. Öffnet sich satt mit Nuancen nach Holunderbeeren, reifen Pflaumen, Kandis und Wacholderbeeren, dazu ein Hint schwarzer Pfeffer. Kräftig am Gaumen mit viel verwobenem Tannin, nimmt den Mund voll ein, zeigt sich mächtig, viel stoffige Struktur, zieht sich lang im Abgang.

★

WEINGUT OBERSTEIN

Wein ist etwas Großartiges, Wunderbares. Er regt an, schärft die Sinne und kann eine Welt voller Aromen und Genüsse offenbaren. Wein kann Geschichten erzählen – über ein Gebiet, eine Lage, sogar über den Winzer, der ihn keltert. Davon ist Joachim Wolf, Eigentümer und Kellermeister am Weingut Oberstein, tief überzeugt. Oberstein befindet sich in wunderbarer Lage in der Ortschaft Tscherms unterhalb vom Schloss Lebenberg. Einer Arena gleich ragen die steilen Südost-Hänge empor. Der leichte, durchlässige, lehmige Sandboden ist durchzogen von porösem, schiefrigem Gesteinsmaterial, das sich an einigen Stellen in Form von hervorspringenden Felsen zeigt. Die Mineralien, allen voran stark verwitterte Quarzite, Feldspäte und Glimmer, die das poröse und schiefrige Granitgestein an den Boden abgibt, geben den Weinen von Oberstein einen besonderen Kick. Boden und Lage, verbunden mit den starken Temperaturschwankungen zwischen Tag und Nacht, ergeben Weine mit hohem Wiedererkennungswert. Im Rotweinbereich konzentriert sich Joachim Wolf ganz auf den traditionellen Vernatsch, von dem er zwei Varianten erzeugt: den »Versal« und den »Arena«, für den er zum Teil die ganzen Trauben verarbeitet. Hinzu kommen zwei Weißweine: ein saftiger Weißburgunder und ein wunderbar vielschichtiger Sauvignon. Ein vielversprechendes junges Weingut!

92 Salis Weiss Weinberg Dolomiten IGT 2017
13,5 Vol.-%, VL, Tonneaux Fass, €€€€€
Brillant leuchtendes Goldgelb mit schimmerndem Kern. Ausgeprägte Nase mit Aromen nach reifer Ananas, Passionsfrucht, Gewürznelken, Propolis, dazu etwas Heu. Öffnet sich auf frischen, saftigen Nuancen, knackige Säure, vertikal, zieht präzise über die Zunge, wirkt animierend und zeigt guten Trinkfluss.

91 Salis Weiss Weinberg Dolomiten IGT 2018
13,5 Vol.-%, VL, Tonneaux Fass, €€€€€
Leuchtendes Strohgelb mit grünem Akzent. Klare, intensive Nase nach weißem Pfirsich, frischen Pfefferkörnern und Bergamotte, im Hintergrund zerlassene Butter. Knackiger Auftakt mit präsentem Säurespiel. Zeigt sich lebendig, mineralisch mit mittlerem Ausdruck und gutem Nachdruck, angenehm salzig, kerniges Finale.

91 Lapis Weiss Weinberg Dolomiten IGT 2018
13,5 Vol.-%, VL, Tonneaux Fass, €€€€
Satt leuchtendes Strohgelb mit einem Tropfen Hellgold. In der Nase nach frischer Butter und zarten weißen Blüten, dann minimale Gelbfrucht, im Nachhall nach Mandelflocken. Breitet sich am Gaumen klar und mit kühlem Kern aus, zeigt schöne Komplexität und Reife, dezent wahrnehmbarer Holzeinsatz, leicht zartbitterer Nachhall, lange.

WEINGUT OBERSTEIN
39010 Tscherms (BZ)
Leitenweg 6
T: +39 (338) 6169514
info@oberstein.it
www.oberstein.it

Kellermeister/Kontakt:
Joachim Wolf
Produktion: 5.000 Flaschen
70 % weiß, 30 % rot, 2.5 Hektar
Messen: Vinitaly

90 Lapis Weiss Weinberg Dolomiten IGT 2017
13,5 Vol.-%, VL, Tonneaux Fass, €€€€
Zart schimmerndes Strohgelb mit grünen Reflexen. Ausgeprägte Aromen nach reifer Williambirne, dazu kandierte Orangenschalen, Kräuterverbene und etwas Wachs im Hintergrund. Zeigt sich anfangs mit guter Frische und knackiger Säure, wirkt etwas rustikal im Körper und verläuft mit gutem Druck, spiegelt die Nase im Nachhall wider.

93 Arena Rot Weinberg Dolomiten IGT 2016
13 Vol.-%, VL, Tonneaux Fass, €€€€
Funkelndes intensives Rubin mit hellem Rand. Intensive und sehr ansprechende Nase, nach dunklen Kirschen, etwas Brombeeren, im Hintergrund dunkle Brotkruste. Feine gereifte Zwetschkennote, feinkörniges Tannin, zeigt gute Spannung, langer Nachhall, salzig.

91 Versal Rot Weinberg Dolomiten IGT 2016
12,5 Vol.-%, VL, Tonneaux Fass, €€€
Elegantes leuchtendes Rubinrot. Kirschfruchtige und würzige Nuancen in der Nase, nach frisch gemahlenem Pfeffer. Am Gaumen ebenso mit zart pfeffrigem Unterton, dazu saftiges Tannin, breitet sich kernig über die Zunge aus, mit Nachdruck.

★★★

WEINGUT PACHER HOF

Persönlichkeiten prägen Weine. Weine lassen so Rückschlüsse auf Charakter und Wissen des Winzers zu. Das ist auf dem Pacher Hof seit jeher bekannt. Im 19. Jahrhundert führte der Eisacktaler Weinpionier Johann Huber, Völklbauer in Elvas, die Sorten Sylvaner, Veltliner und Gewürztraminer aus Deutschland ein und vermittelte über eine eigene Rebschule vielen Bauern Schnittreben von damals im Eisacktal noch unbekannten Weißweinsorten.

Nachfolgende Generationen der Huber-Linie begründeten eine eigene Tradition reinsortiger Weißweine. Heute führt Andreas Huber das Erbe der Familie fort. Er macht dies – wie einst seine Vorfahren – mit Neugier und Drang nach Wissen. Mit viel Gespür, Fachwissen und einer feinen Nase gelingt es ihm, charaktervolle, frische, saftige und harmonische Weißweine zu produzieren. Sie bestechen durch eine reife Frucht in der Nase und im Geschmack sowie durch eine angenehme Säure und schöne Mineralik.

Die Geschwister Huber: Katharina und Andreas

WEINGUT PACHER HOF
39040 Neustift (BZ)
Michael Pacher Straße 1
T: +39 (335) 7543227
wein@pacherhof.com
www.pacherhof.com

Kellermeister/Kontakt:
Andreas Huber
Produktion: 120.000 Flaschen
100 % weiß, 10 + 5 Hektar
Messen: Vinitaly

93 Private Cuvée Andreas Huber Weiss Weinberg Dolomiten IGT 2018 RR/GV/SB
13,5 Vol.-%, DIAM, großes Holzfass, €€€€€
Funkelndes helles Strohgelb. In der Nase schönes Spiel zwischen duftendem Pfirsich und würzigen Kräutern, etwas Salbei und Melisse. Am Gaumen stoffig und ansprechend, öffnet sich in vielen Schichten, im Finale fester Druck.

(92) Müller Thurgau Südtirol DOC 2020
12,5 Vol.-%, DIAM, Stahltank, €€€€
Leuchtendes helles Strohgelb mit Silber. In der Nase duftig, nach weißen Blüten und frischem Gras, ein Hauch Zuckermelone, filigraner Anklang von Muskatwürze. Am Gaumen sehr straff und sehr saftig, spannt sich rassig über die Zunge, mit Druck und knackiger grünwürzige Säure, langer Nachhall.

92 Grüner Veltliner Südtirol DOC 2019
13,5 Vol.-%, DIAM, kleines Holzfass, €€€€
Strahlendes Grüngelb. In der Nase leicht reduktiv, dann nach Feuerstein, Zitrusfrüchten und weißen Blüten, von toller Würze unterlegt. Am Gaumen straff und mit Zug, zeigt viel Salz, spannt einen feinen Bogen.

(92) Sylvaner Südtirol DOC 2020
13 Vol.-%, DIAM, großes Holzfass, €€€€
Glänzendes helles Strohgelb. Duftige, einladende Nase mit Noten nach Birne, etwas weiße Melone, auch nach weißem Pfirsich. Sehr gute Spannung am Gaumen, zeigt sich salzig-mineralisch, im Finale nach weißem Spargel.

92 Kerner Südtirol DOC 2020
13,5 Vol.-%, DIAM, großes Holzfass, €€€€
Strahlendes Silbergrün. In der Nase leicht reduktiv, dann nach Zitrusfrüchten, Limetten und Minze, zeigt einen Hauch Feuerstein, erinnert im Nachhall an weiße Schokolade. Am Gaumen mit rassiger Grünwürze und straffer Säure, präsenter Fruchtkern mit leichtem Schmelz, klare Frucht, tolle Länge, anhaltend.

91 Riesling Südtirol DOC 2019
13 Vol.-%, DIAM, großes Holzfass, €€€€€
Strahlendes helles Grüngelb. Duftig im Ansatz, nach grünem Pfirsich, etwas Marille. Saftig am Gaumen, zeigt auch da klare, frische Frucht, rassige Säure im Finale.

★★★

PFANNENSTIELHOF

Der Pfannenstielhof ist ein Ort der Begegnung, des Austausches – ein Ort, an dem Weinkenner, Genießer und Naturliebhaber zusammenkommen. Das Weingut in der östlichen Talsohle von Bozen ist Teil einer 200-jährigen Familiengeschichte. Hier reift der »rote Faden« des Johannes Pfeifer: die autochthonen Rebsorten Vernatsch und Lagrein – typische Südtiroler Rotweinsorten, die in diesem Gebiet ideale klimatische Bedingungen und geeignete Böden vorfinden. Die Lage legt den Grundstein für echte Qualität: die warmen Sommertage in der Bozner Talebene, die kühlen Nächte, ein ständiger Wind, der die Trauben gesund hält. Die Natur sorgt gut vor. Der Rest sind Handwerk, Erfahrung und Fingerspitzengefühl.
Wein zu machen bedeutet für Johannes Pfeifer, im Einklang mit der Natur zu arbeiten und Verantwortung zu übernehmen. Deshalb setzt er auf einen naturnahen, integrierten Weinbau, die traditionelle Erziehungsform der Pergel und viel Handarbeit. Vor allem bei der Arbeit im Weinkeller kommt es auf Erfahrung und Ge-

Johannes Pfeifer – Pfannenstielhof

PFANNENSTIELHOF
39100 Bozen (BZ)
Pfannenstielweg 9
T: +39 (0471) 970884
info@pfannenstielhof.it
www.pfannenstielhof.it

Kellermeister/Kontakt:
Johannes Pfeifer
Produktion: 5 % rosé, 95 % rot
Messen: Merano WineFestival, Bozner Weinkost, Vinea Tirolensis

spür an – darauf, im richtigen Moment das Richtige zu tun. Die beiden Töchter Anna und Veronika mischen bereits kräftig im Betrieb mit und werden einmal den Hof übernehmen. Mit dem ANNVER hat Johannes Pfeifer seinen Töchtern bereits vor einigen Jahren einen besonderen St. Magdalener gewidmet. Nun legen die Pfeifers mit dem schlicht genannten »Der Pfannenstiel« noch eins nach: einen St. Magdalener der Extraklasse, der nach sechs Jahren Reife auf den Markt kommt. Ein Must-have!

89 Lagrein Rosé Südtirol DOC 2020
14,5 Vol.-%, NK, Stahltank, €€€

93 Der Pfannenstiel St. Magdalener Classico Südtirol DOC 2015 VN/LG
14 Vol.-%, NK, Stahltank, €€€€€
Edles funkelndes Rubinrot. In der Nase nach frischen Erdbeeren und Wassermelone, heller Würze, im Nachhall nach Waldbeeren. Am Gaumen sehr elegant und mit samtigem, edlem Tannin, geschliffen und finessenreich, salzig auf der Zunge, bleibt lange haften, mit Nachdruck.

92 St. Magdalener Classico Südtirol DOC 2020 VN/LG
13,5 Vol.-%, NK, Stahltank, €€€
Satt funkelndes Rubinrot mit schimmerndem Kern. Ausgeprägt klarer Duft nach frischen Kirschen, dazu Hagebutte und frische Nelken. Spannt sich schön auf, zeigt Finesse, mit sehr gut integriertem Tannin, lebendigem Säurespiel und würzig-fruchtigem Nachhall, schöner Ausdruck.

92 Annver St. Magdalener Classico Südtirol DOC 2018 VN/LG
14 Vol.-%, NK, Stahltank, €€€€
Leuchtendes, strahlendes Rubinrot. Duftende Nase, nach reifen Kirschen, dazu ein Hauch von Zimt und getrockneten Blüten. Am Gaumen geschliffen und fein, mit toller Cremigkeit auf der Zunge, zeigt Struktur und Zug, edelbitterer Nachhall.

92 Lagrein Riserva Südtirol DOC 2018
14 Vol.-%, NK, Teilbarrique, €€€€€
Leuchtendes, undurchdringliches Purpur mit tiefdunklem Kern. Kommt in der Nase mit würzig-vegetabilen Noten nach Thymian, Wacholder und dunklen Waldbeeren, im Hintergrund Mokka. Spannt sich am Gaumen fein auf, mit schönem Fruchtschmelz und ausgewogenem Körper, zeigt gute Spannung mit frischem Säurespiel, welches sich bis ins Finish fortsetzt, guter Trinkfluss.

91 Vom Boden Lagrein Südtirol DOC 2019
13,5 Vol.-%, NK, Holzfass, €€€
Klar leuchtendes Kirschrot mit Rubinreflexen und hellrotem Rand. Fruchtbetont, offenherzig nach Heidelbeeren, Pflaumen und Brombeerkonfitüre, daneben leicht würzig nach Teeblättern. Spannt sich am Gaumen animierend auf mit samtigem Tannin und sanftem Druck, mittleres Gewicht, saftige Säure und stimmiger Ausklang.

★★★

WEINGUT PFITSCHER

Die Pfitschers sind Weinnarren seit eineinhalb Jahrhunderten und noch kein bisschen müde. 2011 beschloss man, sich aus dem Montaner Dorfzentrum zurückzuziehen und etwas abseits ein neues Weingut zu errichten. Dabei war ihnen besonders eines wichtig: die Einbettung des Baus in die Natur unter Beibehaltung höchster Funktionalität. Der Verkostungsraum bietet mit einer riesigen Fensterfront einen atemberaubenden Ausblick auf das Südtiroler Unterland und auf die Berge ringsherum. Wie aus dem Weingut Pfitscher die erste »KlimaHaus Wine«-Kellerei Italiens wurde? Ganz einfach: Die Pfitschers wollten im Einklang mit der Natur leben und arbeiten – für ein möglichst natürliches und ehrliches Produkt. Um das Zertifikat »KlimaHaus Wine« zu erhalten, mussten und müssen zahlreiche Maßnahmen getroffen werden, die Nachhaltigkeit und Klimafreundlichkeit garantieren, und zwar in allen Bereichen: vom Anbau über die Verarbeitung bis hin zur Verpackung.
Montan ist ein idyllischer Ort am Osthang des Unterlands oberhalb von Castelfeder, bekannt als eine der besten Lagen Italiens für den Blauburgunder und geprägt von steilen Hängen und kostbaren Terrassenlagen. Die Aushängeschilder des aufstrebenden Weinguts Pfitscher sind der Pinot Nero Riserva »Matan«, der Sauvignon Blanc »Mathias« und der neue Merlot Riserva »Cortazo«. Die Pfitschers bewirtschaften auch Weinberge in Kurtatsch, Auer, Neumarkt und Völs am Schlern, die sich auf 300 bis 900 Metern Seehöhe befinden. Der Großteil der Trauben wächst aber oberhalb von 500 Metern Seehöhe. Die Pfitschers stehen somit für klare, geradlinige Weine aus hohen Lagen. Durch das kühle Klima erhalten sie Ausdruck, Finesse und eine eigene Identität.

93 Mathias Sauvignon Blanc Riserva Südtirol DOC 2019
13,5 Vol.-%, NK, Barrique/Edelstahl, €€€€€
Leuchtendes, strahlendes Strohgelb. Ausdrucksstarke gelbfruchtige Nase, nach Ananas, Stachelbeeren und Zitronenzesten, dazu eine Prise weiße Blüte, feiner Holzduft, sehr einladend. Am Gaumen geschliffen, fruchtsüß und mit gut integriertem Holzeinsatz, spannt sich weit über die Zunge, mit tollem Kern und schöner Spannung, salzig und lange.

92 Rutter Gewürztraminer Riserva Südtirol DOC 2019
14 Vol.-%, NK, Edelstahl, €€€€€
Zart leuchtendes Strohgelb mit Silber. Ausgeprägt duftig nach reifer Südfrucht, Litschi und Rosenblüten. Wohliger Gaumeneintritt, elegantes, gut integriertes Säurespiel, klar, präzise, mit leichtfüßiger Struktur. Feinfruchtige Nuancen, umrahmt von dezenter Salzigkeit, spannender Nachhall.

92 Matan Pinot Nero Riserva Südtirol DOC 2018
13,5 Vol.-%, NK, Barrique, €€€€€
Zart strahlendes Kirschrot mit Rubinreflexen. Intensiv duftend nach frischen Himbeeren, Preiselbeeren und getrockneten Rosenblättern, ein Hint Melisse, dazu Fumé und Mokka. Spannt sich elegant auf, saftig frisches Säurespiel, samtig verwobenes Tannin, zeigt Finesse im Trunk, animierend langer Abgang.

WEINGUT PFITSCHER
39040 Montan (BZ)
Dolomitenstraße 17
T: +39 (0471) 1681317
info@pfitscher.it
www.pfitscher.it

Kellermeister: Hannes Pfitscher
Kontakt: Daniel Pfitscher
Produktion: 140.000 Flaschen
55 % weiß, 45 % rot, 20 Hektar
Messen: ProWein Düsseldorf, Vinitaly

92 Cortazo Merlot Riserva Südtirol DOC 2018 ME/CS
14 Vol.-%, NK, Barrique, €€€€€
Tiefdunkles Rubinrot mit Purpurakzenten. Ausgeprägte Nase nach Heidelbeeren, etwas Paprika, Thymian und Datteln, unterlegt von feinen Röststoffen. Satt im Körper, mundfüllende Textur, mit guter Komplexität und Struktur, zieht sich mit saftiger Säure durch und bleibt mit viel Länge und Druck bis zum Finale haften.

91 Griesfeld Lagrein Riserva Südtirol DOC 2018
13,5 Vol.-%, NK, Barrique, €€€€€
Klar leuchtendes Purpur mit rubinfarbenem Rand. Ausgeprägter Duft nach geeisten Brombeeren und Holunderbeeren, etwas würzig, Koriander, dazu ein floraler Hint nach getrockneten Rosenblättern. Saftiger Auftakt mit sehr geradliniger, lebendiger Säure, hinten spitz zulaufend, straffes Tannin, animierender Abgang.

90 Fuxleiten Pinot Nero Südtirol DOC 2019
13 Vol.-%, DIAM, großes Holzfass, €€€€
Leuchtendes Rubinrot mit aufhellenden Reflexen. In der Nase rotfruchtig nach Himbeeren, daneben getrocknete Rosenblätter, ein Hint Rosmarin und etwas Pfefferwürze. Saftiger Auftakt mit feingliedrigem Tannin, zeigt schönes Spiel, guter Zug mit minimaler Nachtrocknung.

★

WEINGUT PFÖSTL

Das Weingut Pföstl ist ein in Erfüllung gegangener Traum von Stefan Pföstl und Georg Weger. Die beiden Freunde sind nur einen Steinwurf voneinander entfernt aufgewachsen und kennen sich seit ihrer frühesten Kindheit. Stefan Pföstl ist zwar mit Leib und Seele Gastwirt, seine große Leidenschaft ist aber der Wein. Er kümmert sich um den Verkauf und hilft, wenn es die Zeit zulässt, im Weinberg und im Keller. Georg Weger bearbeitet die Weinberge und veredelt die Trauben im Keller, der 2016 neu errichtet wurde. Er befindet sich an der Alten Schenner Straße, auf dem Grundstück, das früher Valpitan hieß. Diesen Namen tragen nun die Weine der Selektionslinie. Die Weinberge befinden sich großteils um und in Meran. In den verschiedenen Kleinlagen auf unterschiedlichen Seehöhen fühlen sich mehrere Sorten sehr wohl. Den größten Platz im Sortenspiegel nimmt der Vernatsch ein, gefolgt von Chardonnay, Merlot, Cabernet, Blauburgunder, Gewürztraminer, Sauvignon und Weißburgunder.

WEINGUT PFÖSTL
39017 Schenna (BZ)
Alte Straße 14
T: +39 (0473) 230760
info@weingut-pfoestl.com
www.weingut-pfoestl.com

Kellermeister: Georg Weger
Kontakt: Stefan Pföstl
Produktion: 10 % Schaumwein, 38 % rosé, 50 % rot, 2 % süß, 4 Hektar

88 Valpitan Metodo Classico Brut VSQ
12,5 Vol.-%, DIAM, Flaschengärung, €€€€

92 Valpitan Sauvignon Südtirol DOC 2018
14 Vol.-%, DIAM, Barrique, €€€€€
Dezentes strahlendes Zitronengelb mit Grün. Leicht verhalten in der Nase, dann Honigmelone, Aprikosen und Holunderblüten, Nussnougat im Nachhall. Fülliger Gaumenauftakt, lebendige, straffe Säure, feiner Schmelz, gut integrierter Holzeinsatz, klingt lange nach, feingliedriger Trinkfluss.

89 Valpitan Weißburgunder Südtirol DOC 2019
DIAM, Stahltank, €€€€€

91 Valpitan Lagrein Riserva Südtirol DOC 2018
14,5 Vol.-%, NK, Barrique, €€€€€
Strahlendes klares Rubin mit purpurfarbenen Akzenten. Dezenter Duft nach reifen Blaubeeren, Cassis und Holunderbeeren, im Anklang Paprika und schwarzer Tee. Zieht am

Gaumen saftig auf, mit viel Kraft im Körper und rustikalem Tannin, schönes Spiel in der Säure, lebendiger Nachhall.

90 Valpitan Vernatsch Südtirol DOC 2018
13 Vol.-%, DIAM, großes Holzfass, €€€
Intensiv leuchtendes Hellrot mit Rubinroten Akzenten. Dezente Noten von angereifter Brombeere, dazu Preiselbeeren und ein Touch weißer Pfeffer. Im Auftakt animierend mit jugendlichem, kompaktem Tannin, wirkt mundfüllend, feinwürzig und trocken im Ausklang, zeigt gute Länge.

88 Valpitan Mauersegler Likörwein
19 Vol.-%, NK, Barrique, €€€€€

★★

WEINGUT T. PICHLER

NEU

Seinem Vater Anton Pichler und der ganzen Familie hat es Winzer Thomas Pichler zu verdanken, dass er 2003 sein eigenes kleines Weingut gründen konnte. Ein konsequentes Qualitätsstreben ist Thomas Pichlers Grundgedanke bei der Bewirtschaftung der Weinberge und der Produktion im Weinkeller. Mithilfe der notwendigsten Eingriffe ist er bemüht, die Natur zu respektieren und aus den Besonderheiten eines Jahrganges immer wieder aufs Neue zu lernen. Beim Weinausbau setzt Thomas Pichler auf das Holzfass – 90 Prozent der Weine kommen ins kleine Eichenholzfass.

Ein gutes Glas Wein soll Freude bereiten, bei dessen Genuss Persönlichkeit zum Ausdruck gebracht wird, geprägt vom Charakter des Winzers und dem Weinbaugebiet, so die Überzeugung von Thomas Pichler. »Beim Weinausbau halte ich nicht sehr viel von Theorien, sondern verlasse mich bei sämtlichen Entscheidungen auf das Gefühl, die Nase und den Mund. Es besteht nicht die Absicht, mit allerlei Hilfsmitteln irgendwelche Modeweine abzufüllen. Dies bekräftigen wir durch unsere Sortenwahl, indem wir in Zukunft noch mehr Augenmerk auf die einheimischen, gebietstypischen Traubensorten legen.« Die Umsetzung dieser Vorhaben wird im neuen, zeitgenössischen Keller durch die Anwendung modernster Technik vervollständigt.

Als Belohnung für die ganzjährige mühevolle Handarbeit im Weinberg und die strenge Ertragsreduzierung reifen im Keller elegante, facettenreiche, qualitativ hochwertige Weine heran, die den respektvollen Umgang des Winzers mit der Natur widerspiegeln.

92 Furioso Chardonnay Südtirol DOC 2019
14 Vol.-%, NK, kleines Holzfass, €€€€ H V
Leuchtendes Strohgelb. In der Nase nach Zitronenbonbon, zart nach Holz und Heu, öffnet sich schön im Glas. Am Gaumen ausgewogen und satt, mit zarter Creme und zartbitterem Unterton, angenehme Fülle mit schönem, elegantem Spannungsbogen.

91 Puiten Sauvignon Südtirol DOC 2019
13,5 Vol.-%, NK, kleines Holzfass, €€€ H V
Leuchtendes Strohgelb. Edler Holzeinsatz in der Nase, gelbe Frucht, dann nach frisch gepresster Zitrone, auch leicht nach Wachs, ein Hauch Fumé, lädt ein. Tritt mit saftig-sattem Körper in den Gaumen ein, spürbarer Holzeinsatz mit minzigem Unterton, spannt einen weiten Bogen, aktuell noch etwas jung, wird sich sehr gut zusammenfügen und entwickeln.

WEINGUT T. PICHLER
39052 Kaltern (BZ)
Weinbergweg 4
T: +39 (0471) 963094
info@thomas-pichler.it
www.thomas-pichler.it

Kellermeister/Kontakt: Thomas Pichler
Produktion: 20.000 Flaschen
40 % weiß, 9 % rosé, 50 % rot, 1 % süß, 2.5 + 1 Hektar
Vereinszugehörigkeit: SüdtirolWein, Freie Weinbauern Südtirol, wein.kaltern, Südtiroler Weinstraße
Messen: Bozner Weinkost, Vinea Tirolensis

89 Mitanond Weissburgunder Südtirol DOC 2020
13,5 Vol.-%, NK, kleines Holzfass, €€€

91 Sond Lagrein Riserva Südtirol DOC 2018
13,5 Vol.-%, NK, Barrique, €€€€€
Kräftig strahlendes Rubin mit Granatreflexen. Ausgeprägter Duft nach reifen Waldbeeren, Weichselkompott und eingelegten Erdbeeren, dazu Wacholder und Sanddorn, im Hintergrund Schokolade. Zieht sich saftig über den Gaumen, präsentes Säurespiel, fein eingebettetes Tannin, geht mit Fruchtschmelz ins Finale, feiner Trinkfluss.

89 Bsunders Rot Mitterberg IGT 2019
13,5 Vol.-%, NK, gebrauchte Barriques, €€€€

93 Anima vit est Sauvignon Passito Mitterberg IGT 2017
14,5 Vol.-%, NK, kleines Holzfass, €€€€€
Strahlendes, funkelndes Hellgold. In der Nase nach gedörrten Marillen, getrockneten Birnen und Datteln, dazu ein Hauch Pfefferwürze und geröstete Haselnuss. Am Gaumen mit tollem süßem Fruchtkern, unterlegt von toller Saftigkeit, leicht salzig, zeigt sich strahlend und klar mit sehr langem Finish.

★★★

WEINGUT PLONERHOF

Herta und Erhard Tutzer sind erfahrene Rebschuler und waren über mehrere Jahrzehnte weit über die Grenzen des Landes hinaus aktiv. Vor zwei Jahrzehnten erwarben sie den Plonerhof in Marling über Meran: Der ehemalige Obsthof mit Apfelanbau wurde in einen Weinhof mit bis zu 40 Prozent steilen Rebenreihen verwandelt. Umweltschonende und naturnahe Bearbeitung der Weinberge, großer Einsatz von Pflegemaßnahmen sowie gezielte Traubenreduzierung am Rebstock bringen jährlich beeindruckende, elegante Weine in gehobener Qualität. Bei der Wahl der am Plonerhof anzupflanzenden Rebsorten wurden in erster Linie die Lage, das Kleinklima und der Boden mit einbezogen. Alpines Weinklima, das heißt geschützt vom kalten Nordwind durch die Bergketten um Meran und erwärmt durch sanfte südliche Wärmeströme, ergibt hervorragende Voraussetzungen für fruchtige und einzigartige Weine mit faszinierender Eleganz. Der Schwerpunkt fiel auf die Sorten Blauburgunder, Sauvignon Blanc, Riesling und Weißburgunder. Die in Falllinie (vom Berg zum Tal) angepflanzten Reb-

Marlinger Waalweg

WEINGUT PLONERHOF
39020 Marling (BZ)
Nörderstraße 29
T: +39 (0473) 490525
info@weingut-plonerhof.it
www.weingut-plonerhof.it

Kellermeister/Kontakt: Erhart Tutzer
Produktion: 30.000 Flaschen
2 % Schaumwein, 34 % weiß, 2 % rosé, 60 % rot, 2 % süß, 5 Hektar
Messen: Merano WineFestival, Vinitaly, Bozner Weinkost, Vinea Tirolensis, Expovina Primavera Zürich

zeilen ermöglichen ein Aufsteigen der warmen Luft am Tag und einen Abfluss der kühlen Abend- und Nachtwinde. Diese Thermik steigert die Bildung von Bukett- und Aromanoten in den Trauben und bietet somit optimale Voraussetzungen für ein faszinierendes Geschmacksbild der Weine – der feinduftige und zugleich schmelzige Blauburgunder Riserva ist dafür das beste Beispiel.

95 Exclusiv Sauvignon Südtirol DOC 2019
14 Vol.-%, NK, großes Holzfass, €€€€€
Strahlendes sattes Strohgelb mit grünen Nuancen. Sehr intensive und präsente Nase, eröffnet mit intensiven Noten nach Stachelbeeren, etwas grüner Pfirsich, dazu dunkle Johannisbeeren. Saftige, gut herausgearbeitete Frucht, feine frische Säure verleiht Spannung, sehr langer Nachhall, verwoben.

90 Nörder Cuvée Blanc Weinberg Dolomiten IGT 2020 SB/RR/WB
13,5 Vol.-%, NK, großes Holzfass/Stahltank, €€€€
Satt strahlendes Zitronengelb. Floraler Duft nach weißen Rosen, Holunderblüten und kandierten Orangenschalen. Lebhafter Gaumeneintritt mit mittlerem Ausdruck und vergnügter Säure, geradlinig im Verlauf, erfrischend salzig und extraktreich im Finish.

90 Solaris Weinberg Dolomiten IGT 2020
15 Vol.-%, NK, Stahltank, €€€€
Brillant klares Zitronengelb mit leicht grünem Touch. Ausgeprägte Zitrusaromatik nach frischen Limetten, Bergamotte und Wiesenkräuter. Baut sich animierend auf am Gaumen, zeigt saftiges Säurespiel, geradliniger Charakter, viel Frische im Abgang.

94 Exclusiv Blauburgunder Riserva Südtirol DOC 2018
14,5 Vol.-%, NK, Barrique, €€€€€
Glänzendes Rubingranat. Fein gezeichnete Nase mit Noten nach reifen Waldhimbeeren, dazu Granatapfelkerne, im Hintergrund nach Koriandersamen. Zeigt am Gaumen schönes Spiel, präzise Frucht, öffnet sich mit dichtem Tannin, im Finale viel Druck, wirkt noch sehr jung und kann ruhig noch etwas lagern.

93 Limited Edition Pinot Noir Riserva Südtirol DOC 2016
14,5 Vol.-%, NK, Barrique, €€€€€€
Glänzendes, aufhellendes Granatrot. Ansprechende, sehr fein gezeichnete Nase mit Noten nach Himbeersirup, reifen Brombeeren und Zwetschken, im Hintergrund nach Waldboden. Viel gereifte Frucht am Gaumen, griffiges Tannin, zeigt sich schon recht gereift, im Finale noch merklicher Holzüberhang.

★

WEINHOF PRACKFOL

NEU

Der Weinhof Prackfol, geführt von der Familie Planer, wurde erstmals im Jahre 1429 urkundlich erwähnt. Der Prackfoler Hof befindet sich in Völser Aicha, einem kleinen Weiler am Fuße des Schlern-Rosengarten-Massivs. Zugehörig der Gemeinde Völs am Schlern liegt der Hof auf ca. 600 Höhenmetern sehr ruhig und idyllisch an einem sonnenverwöhnten Hang. Die Weinlagen erstrecken sich von 550 bis auf 950 Höhenmeter. Angebaut werden die Rebsorten Sauvignon Blanc, Weißburgunder, Vernatsch und Blauburgunder. Tagsüber werden an den exponierten Hängen hohe Temperaturen erreicht, während es nachts durch die Fallwinde der Dolomiten merklich abkühlt. Diese teils markanten Temperaturunterschiede in Verbindung mit der mineralischen Bodenbeschaffenheit (Moränen, Bozner Quarzporphyrsockel) bieten beste Voraussetzungen für einen hochwertigen Weinbau. Schon die Herren von Schloss Prösels hatten das Potenzial der Lagen erkannt; bereits im 17. Jahrhundert wurde für diese am Prackfolerhof Wein angebaut und gekeltert. Dies wird wohl kein Zufall sein.

90 Patrick Planer's Weissburgunder Südtirol DOC 2019
14 Vol.-%, NK/KK, Stahl, €€€€
Leuchtend strahlendes Strohgelb. In der Nase mit zart grüner Würze, knackiger grüner Apfel, etwas Minze, weiße Blüte. Am Gaumen mit feinem, zartem Schmelz, breitet sich fein aus, mit kompakten, leicht bitterem, aber animierendem Fruchtkern, im Finale mit Nachdruck, rassig.

WEINHOF PRACKFOL
39050 Völs am Schlern (BZ)
Spiegelweg 9
T: +39 (349) 7899909
www.prackfolerhof.it

Kellermeister: Planer Patrick
Kontakt: Petra und Patrick Planer
Produktion: 41.000 Flaschen
60 % weiß, 40 % rot, 6 + 0,2 Hektar
Messen: Vinitaly

89 Patrick Planer's Sauvignon Südtirol DOC 2019
14,5 Vol.-%, NK, Stahl, €€€€

91 Patrick Planer's Blauburgunder Südtirol DOC 2018
13,5 Vol.-%, NK, Barrique, €€€€
Leuchtendes mitteldichtes Rubin. Fein gezeichnete Nase mit Noten nach saftigen roten Kirschen, etwas Gewürznelken im Hintergrund. Am Gaumen frische, knackige Kirschfrucht, griffiges Tannin, im Finale noch etwas ruppig.

89 Patrick Planer's Vernatsch Südtirol DOC 2019
12,5 Vol.-%, NK/KK, Stahl, €€

★★★

RITTERHOF WEINGUT – TENUTA

Das Weingut Ritterhof wurde 1968 gegründet. Seit Beginn des Jahrtausends befindet es sich im Besitz der bekannten Brenner-Familie Roner aus Tramin. Die betriebseigenen Weinberge liegen in den besten Lagen in unmittelbarer Nähe des Weinguts. Darüber hinaus werden Trauben von langjährigen Vertragswinzern zugekauft. Schonende Verarbeitung des Traubenmaterials mithilfe modernster Kellertechnik garantiert für Qualität. Es gibt drei Linien: »Terra«, »Collis« und »Rarus«. Ausgesuchte Lagen mit geringen Erträgen, selektionierte Trauben und schonende Verarbeitung sind die Grundvoraussetzung für die Erzeugung dieser Weine. Die Weine aus allen drei Linien erwiesen sich als gekonnt vinifizierte Tropfen mit einem hervorragenden Preis-Leistungs-Verhältnis. Kennzeichnend für die Rotweine der »Collis«-Linie ist die lange Lagerung. Der Süßwein »Sonus« hat gleich von Beginn an einen bemerkenswerten Start hingelegt. Im Obergeschoß des Weingutes kann man im Restaurant »Ritterhof« Köstlichkeiten aus einer hervorragenden Küche genießen.

(92) Auratus Gewürztraminer Südtirol DOC 2020
14 Vol.-%, DIAM, Stahltank, €€€€€
Leuchtendes intensives Strohgelb mit einem Tropfen Hellgold. In der Nase sehr expressiv, nach Mandeln, weißer Schokolade, Rosenblättern und Litschi. Am Gaumen schmelzig, warmherzig und cremig-weich, breitet sich extraktsüß und konzentriert über die Zunge aus, satt, mit leichter Bitterkeit im Nachhall.

91 Opes Pinot Grigio Südtirol DOC 2019
14 Vol.-%, DIAM, gebrauchte Barriques, €€€€
Funkelndes Silbergrün mit strohgelben Reflexen. Zeigt sich in der Nase mit Nuancen von Nussbutter, satter gelber Frucht, dezentem Rauch und weißer Schokolade. Am Gaumen satt und mit goldenem Fruchtkern, zeigt tollen, stützenden Holzeinsatz, sehr schmelzig, fließt wie ein Strom dahin.

91 Paratus Sauvignon Südtirol DOC 2019
14 Vol.-%, DIAM, Stahltank, €€€€
Leuchtendes klares Zitronengelb mit leicht grünem Touch. Ausgeprägt floral nach Holunderblüten und Flieder, dazu reife Litschi, Honigmelone und ein Hint Zitronengras. Trifft mit viel Saftigkeit und leichtem Extrakt auf den Gaumen, lebendig im Trunk und in der Säure, guter Zug mit feinfruchtigem, leicht salzigem Finish.

91 Gratus Cabernet Sauvignon Südtirol DOC 2017
14 Vol.-%, DIAM, Barrique, €€€€
Strahlendes Rubinrot mit Granatreflexen. In der Nase Kardamom, leicht rauchig, Traubengelee und etwas Lebkuchen im Anklang. Spannt sich vertikal über die Zunge, mit gutem Zug und Spannung, kerniges Tannin, zeigt sich saftig in Ansatz und Verlauf, kompaktes Finish, lange nachhallend.

(90) Novis Kalterersee Südtirol DOC 2020
13 Vol.-%, DIAM, großes Holzfass, €€€
Strahlendes helles Rubin mit granatfarbenen Reflexen. Dezente Zurückhaltung in der Nase, viel Granatapfel, etwas Kirsche und floral nach Veilchen. Im Auftakt lebendig, frisch in der Säure, jugendlich wirkende Gerbstoffstruktur, würzig-herber Ausklang, mit Potenzial ausgestattet.

RITTERHOF WEINGUT-TENUTA
39052 Kaltern (BZ)
Weinstraße 1
T: +39 (0471) 963298
info@ritterhof.it
www.ritterhof.it

Kellermeister: Hannes Bernard
Kontakt: Eva Kaneppele
Produktion: 320.000 Flaschen
50 % weiß, 1 % rosé, 48 % rot,
1 % süß, 40 Hektar
Messen: ProWein Düsseldorf, Vinitaly

(90) Dignus Blauburgunder Südtirol DOC 2017
14 Vol.-%, DIAM, Barrique, €€€€€
Leuchtendes klares Rubinrot mit ziegelfarbenen Akzenten. Öffnet sich in der Nase mit reifer Beerenfrucht, etwas kaltem Tee und Tabak im Nachhall. Am Gaumen einladend mit mundfüllender Struktur, verwobenen Gerbstoffen und lebendiger Frische, schönes Aromenspiel, gute Länge, leicht trocknend im Abgang.

★★

WEINGUT HANS ROTTENSTEINER

Die Familie Rottensteiner ist seit jeher eng mit der Geschichte des Weinbaus in der Stadt Bozen verbunden: Die Kellerei wurde von Hans Rottensteiner im Jahr 1956 gegründet und wird mittlerweile von Enkel Hannes geführt. Von Anfang an hat sich das Weingut auf die Typizität der Weine konzentriert, vor allem der für die Gegend typischen Sorten Lagrein und St. Magdalener. Die Weinberge wachsen auf Porphyr, dem typischen Südtiroler Gestein: Dieser rote Stein hat nicht nur der Familie ihren Namen gegeben, sondern charakterisiert auch die Mineralik der Weine.

Das Motto von Toni und Hannes lautet: »Wein muss man genießen.« Dazu kommt die Typizität des Weines, der klar und erkennbare Ausdruck der Sorte und des Terroirs. Dies ist der Grund, warum die meisten Weine reinsortig sind und das Hauptaugenmerk auf den für die Gegend typischen Gewächsen liegt. Die Qualität des Weines hängt maßgeblich von der Arbeit im Weinberg ab, wird aber auch unterstützt durch moderne Technik, überlieferte Traditionen und das besondere Gespür eines Kellermeisters. Rund hundert Personen arbeiten das ganze Jahr aufmerksam daran, die Qualität der Traube so unverfälscht wie mög-

Winzerfamilie Rottensteiner

WEINGUT HANS ROTTENSTEINER
39100 Bozen (BZ)
Sarntaler Straße 1/A
T: +39 (0471) 282015
info@rottensteiner.wine
www.rottensteiner.wine

Kellermeister: Hannes Rottensteiner
Kontakt: Judith Rottensteiner
Produktion: 450.000 Flaschen
34 % weiß, 1 % rosé, 65 % rot, 1 % süß, 10 + 85 Hektar
Messen: Merano WineFestival, ProWein Düsseldorf, Vinitaly, The Real Wine Fair London, Bozner Weinkost

lich in die Flasche zu bringen, und jede einzelne davon ist wichtig. Der Grundsatz der Rottensteiners lautet: »Kein Wein wird abgefüllt, wenn nicht die ganze Familie dahintersteht.« Mit dem Select aus Rottensteiners Traditionslage Premstallerhof legt Hannes Rottensteiner in diesem Jahr eine überzeugende Weiterentwicklung des St. Magdaleners vor.

90 Carnol Weissburgunder Südtirol DOC 2020
13,5 Vol.-%, NK, Stahltank, €€€
Strahlendes Strohgelb. In der Nase Anklänge von grünem Apfel, Zitrus, Limette, Salbei, leichte Würze. Am Gaumen mit lebendiger Säure, zart salzigem Ton, mittelkräftige, etwas karge Struktur, präzises Finish.

89 Kitz Weiss Weinberg Dolomiten IGT 2020 SB/WB/PG/CH
12,5 Vol.-%, DIAM, Stahltank, €€

89 Sauvignon Südtirol DOC 2020
14 Vol.-%, DIAM, Stahltank, €€€

88 Lagrein Rosé Südtirol DOC 2020
13,5 Vol.-%, DIAM, Stahltank, €€

92 Select Gries Lagrein Riserva Südtirol DOC 2018
13,5 Vol.-%, NK, gebrauchte Barriques, €€€€€
Satt leuchtendes granatdurchzogenes Rubin mit tiefdunklem Kern. Animierende Aromen nach Pflaumen, Himbeergelee und Nelken, dazu zarte Röstaromen, im Nachhall nach dunkler Schokolade. Präsentiert sich am Gaumen vordergründig mit Zug, stoffig, animierendes Säurespiel, strammes, jugendliches Tannin, wirkt lebendig, steht sehr gut da.

93 Select Vigna Premstallerhof St. Magdalener Classico Südtirol DOC 2020 VN/LG
13 Vol.-%, NK, großes Holzfass, €€€€€
Funkelndes mitteldichtes Rubin mit leichtem Violettschimmer. Fein gezeichnete Nase nach Kirschen und Brombeeren, elegante, feine Würze. Am Gaumen schönes Spiel, pralle Frucht, saftig, hat Fruchtsüße und Power, feines, leicht griffiges Tannin.

91 Vigna Premstallerhof St. Magdalener Classico Südtirol DOC 2020 VN/LG
13 Vol.-%, NK, großes Holzfass, €€€
Funkelndes mitteldichtes Rubin. Präsentiert sich mit klarer duftiger Nase, viel saftige Kirsche, etwas Mohnsamen. Auch am Gaumen saftig und klar, zartes Tannin, im Finale süßer Schmelz.

92 Cresta Gewürztraminer Passito Südtirol DOC 2019
10 Vol.-%, NK, Edelstahl, €€€€€
Leuchtendes helles Orangegold. In der Nase nach weißen Blüten, Bergamotten, dezent nach hellem Honig, eine Prise gedörrte Ananas und Mango, leichter Siegellack, braucht viel Zeit im Glas. Am Gaumen mit dominanter Fruchtsüße, gestützt von kompakter Säure, mit Druck und leichtem Tannin, lange.

★★★

SCHLOSS ENGLAR, GRAF KHUEN-BELASI

Im Herzen eines Gutsbetriebes in herausragender landschaftlicher Position liegt in sanfter Hügellage das gotische Schloss Englar. Die hochwertigen Böden und die günstige Position auf zirka 500 Metern Seehöhe ergeben ideale Bedingungen für einen qualitativ hochwertigen Weinbau und dazu einen wunderbaren Ort für einen Gutshof, der seit 1640 im Besitz der Familie Graf Khuen-Belasi ist. Direkt um das historische Gebäude erstreckt sich eine Fläche von 13 Hektar, davon sind acht Hektar dem Weinbau gewidmet. Heute wird der Betrieb von Johannes und Maria Khuen-Belasi geführt. Seit jeher wird hier Weinbau betrieben, bis 1930 mit eigener Kellerei, anschließend als Lieferant einer bedeutenden lokalen Genossenschaft. 2012 fällte die Familie Khuen-Belasi die Entscheidung, wieder mit der Einkelterung der eigenen Weine zu beginnen. 2014 wurde der erste Jahrgang vom Weingut Englar in Flaschen abgefüllt. Alle Trauben kommen von den eigenen, biologisch bearbeiteten Flächen und werden direkt auf dem Gutshof verarbeitet. In Ergänzung zu den alten Kellern wurde in respektvollem Abstand zu den historischen Gebäuden im Jahr 2018 ein moderner unterirdischer Weinkeller mit Verarbeitungsräumen, Barriquekeller und Lager errichtet. Die Weine werden großteils spontan vergoren und überwiegend im Holz ausgebaut – die Weißweine komplett oder partiell, die Rotweine ausschließlich im Holz. Das unterstützt die erwünschte Stilistik und führt zu eleganten und langlebigen Weinen. Zwischen den Weinbergen werden grüne Inseln mit Wildbewuchs erhalten, mit Trockensteinmauern und lebendigen Bachläufen. Dies begünstigt eine reiche Artenvielfalt an nützlichen Insekten. Hier fühlen sich auch die Tiere des Bauernhofes wohl, und schenken dazu wertvollen Dünger.

93 Pinot Blanc Riserva Südtirol DOC 2018
14 Vol.-%, NK, 500-l-Fass, €€€€€
Leuchtendes Strohgelb. Eröffnet in der Nase mit präziser, klarer Gelbfrucht, leichten Noten von Fumé und frischer Butter, im Nachhall sogar ein Funke Blutorange. Am Gaumen mit präsenter Frucht und dezenter Holzwürze, spannt sich elegant und klar über die Zunge, hat feinen Schmelz, bleibt lange haften, im Finale nochmals feine Holzaromatik, unbedingt aus einem Burgunderglas genießen!

90 Berg Pinot Blanc Südtirol DOC 2019
14 Vol.-%, NK, 500-l-Fass, €€€
Brillant strahlendes Zitronengelb mit silbernem Schimmer. Zurückhaltende Nase nach weißen Blüten, Akazie, dazu frische Birne und ein Hauch Zitronenschalen. Zieht mit Spannung auf, wirkt lebendig im Verlauf, guter Zug, klar, wird von viel Frische getragen und klingt animierend, leicht salzig nach.

92 Orange Gewürztraminer Mitterberg IGT 2018
15 Vol.-%, NK, 500-l-Fass, €€€€
Leuchtend klares Bernstein mit Goldtouch. Intensiv floraler Duft nach Jasmin, Flieder und kandierten Orangenschalen, dazu etwas Waldhonig. Am Gaumen explosiv, mundfüllend und mit viel Schwung. Harmonisches Wechselspiel zwischen Säure und Tannin, kompakter Körper und viel Länge.

91 Sauvignon Blanc Südtirol DOC 2018
14 Vol.-%, NK, 500-l-Fass, €€€€
Strahlendes klares Strohgelb mit silbernen Reflexen. Intensiv duftend nach frisch geschnittenem Gras und reifer Melone, im

SCHLOSS ENGLAR, GRAF KHUEN-BELASI
39057 St. Michael-Eppan (BZ)
Pigeno 42
T: +39 (333) 4953606
info@weingut-englar.com
www.weingut-englar.com

Kellermeister: Johannes Pichler
Kontakt: Johannes Graf Khuen-Belasi
Anbauweise: Umstellung auf bio
Produktion: 50.000 Flaschen
65 % weiß, 34 % rot, 1 % süß,
8 Hektar
Messen: VieVinum, Vinitaly, Vinea Tirolensis

Anklang Cassis und schwarze Holunderbeeren. Am Gaumen klar, mit tändelnder Säure und guter Spannung, straffe Textur, frische Salzzitrone im Ausklang. Guter Speisenbegleiter.

91 Chardonnay Riserva Südtirol DOC 2018
13,5 Vol.-%, NK, 500-l-Fass, €€€€€
Leuchtendes, strahlendes Strohgelb. Elegante, kühl anmutende Nase, mit mittlerem Ausdruck, ein Hauch von Holz und edle Gelbfrucht. Am Gaumen dann klar und offenherzig, aktuell mit einer Spur wahrnehmbarem Tannin, hat tolle Struktur und im hinteren Bereich animierende Frische.

89 Blanc de Castel Weinberg Dolomiten IGT 2019 RR/TR/SB/WB
13 Vol.-%, NK, Stahltank, €€€

92 Pinot Noir Riserva Südtirol DOC 2017
13,5 Vol.-%, NK, 500-l-Fass, €€€€€
Leuchtendes, funkelndes Rubinrot. In der Nase duftig, mit leicht speckigem Unterton, nach Walderdbeeren und Himbeeren, edle Würze. Am Gaumen sehr saftig, mit leichtem Salz und Finesse, spannt sich schön auf, noch junges Tannin gibt Druck, wird schön reifen.

91 Pinot Noir Südtirol DOC 2018
13 Vol.-%, NK, 500-l-Fass, €€€€
Strahlendes intensives Rubinrot. In der Nase von mittlerem Ausdruck, leicht würzig und mit zarter Beerenfrucht. Am Gaumen mit herzhaftem kirschfruchtigem Kern, zeigt schöne Fülle, mit sanftem Druck und Salz.

★★

SCHLOSS PLARS

NEU

Seit nunmehr drei Generationen wird auf dem Weingut Schloss Plars Weinbaukultur gepflegt und bewährtes önologisches Wissen sorgsam weitergegeben. Die charakterstarken Südtiroler Weißweine und Rotweine des Gutshofs wachsen auf den sonnenverwöhnten Rebhängen oberhalb von Algund und dem Meraner Land. Beseelte Handarbeit und eine naturnahe Bewirtschaftung – vom Rebschnitt bis zur Ernte – bilden im Zusammenspiel mit innovativ eingesetzter Kellertechnik die Grundlage für niveauvolle Qualitätsweine. Schonende Traubenverarbeitung und der behutsame Umgang mit dem Wein zeigen dabei den hohen Anspruch von Winzer Andreas Theiner. So gelingt es, dass Eigenheit und Wesen des Weinbergs und der lehmigen Böden in den Weinen von Schloss Plars bestens widergespiegelt werden.

SCHLOSS PLARS
39022 Algund (BZ)
Mitterplars 25
T: +39 (473) 448472
info@schlossplars.com
www.schlossplars.com

Kellermeister/Kontakt:
Andreas Theiner
Produktion: 13.000 Flaschen
68 % weiß, 32 % rot, 2 Hektar
Vereinszugehörigkeit:
Freie Weinbauern Südtirol

91 Pataun Weissburgunder Südtirol DOC 2020
13,5 Vol.-%, NK, Stahltank/gebrauchte Barriques, €€€
Leuchtendes helles Strohgelb. In der Nase fein und duftig, mit floralen Anklängen, Steinobst und feinem Golden Delicious. Am Gaumen geradlinig und mit cremigem Schmelz, warmherzig, breitet sich mit zartbitterer Frucht über die Zunge aus, mit Zug und Rasse, aber auch mit Nachdruck.

89 Marzan Sauvignon Südtirol DOC 2019
13,5 Vol.-%, NK, Stahltank/großes Holzfass, €€€

91 Lassier Merlot-Lagrein Südtirol DOC 2018 ME/LG
14,5 Vol.-%, NK, Eichenfass, €€€€€€
Sattes Rubin mit granatroten Akzenten und undurchsichtigem Kern. Intensiv parfümiert, nach Dörrpflaumen, etwas Rumtopf, Zedernholz und Malzkaffee. Trifft mit Power auf

den Gaumen, füllig im Körper, zieht sich mit zupackendem Gerbstoff durch, endet satt und leicht bitter im Finale.

90 Wonger Rot Mitterberg IGT 2020 VN/
13 Vol.-%, NK, Stahltank, €€€
Brillant leuchtendes Kirschrot mit schimmerndem Kern. Intensiv duftend nach roten Früchten, Weichseln und Granatapfel, dazu Schlehen und etwas Pfefferwürze, Hagebutte im Anklang. Animierender, leicht perlender Gaumeneintritt, viel saftige Säure, feiner Gerbstoff, mittleres Gewicht mit gutem Trinkfluss und fruchtigem Nachklang.

90 Yhrn Merlot-Lagrein Südtirol DOC 2018 ME/LG
13,5 Vol.-%, NK, Barrique, €€€
Kräftig schimmerndes Kirschrot mit violetten Reflexen. In der Nase ausgeprägt nach schwarzen Kirschen, Brombeerkompott und Zedernholz, dazu ein Touch Malzkaffee. Spannt sich kraftvoll auf, am Gaumen süße Holzwürze, kernig im Körper, grobgriffiges Tannin mit sattem Nachhall.

★★★★

SCHRECKBICHL – COLTERENZIO

Gegründet wurde die Kellerei Schreckbichl, die auf Italienisch Colterenzio heißt, im Jahr 1960. Die Schreckbichler waren Rebellen und Pioniere zugleich, von Beginn an stellten sie konsequent die Weichen in Richtung Qualität. 1979 kam Luis Raifer, langjähriger Obmann, als Geschäftsführer in die Kellerei. Als Pionier und Begründer der Qualitätsoffensive prägte er maßgeblich die Qualitätsoffensive in Südtirols Weinwirtschaft. Er stellte auch die Weichen für »Lafóa«, die höchste Qualitätslinie der Kellerei. Heute gehört Schreckbichl zu den renommiertesten Kellereien in Südtirol. In der »Lafóa«-Linie finden wir jetzt fünf hochklassige Weine: einen Sauvignon Blanc, einen Chardonnay, einen Gewürztraminer, einen Cabernet Sauvignon und einen Blauburgunder, der in diesem Jahr neu dazugestoßen ist. An der Qualitätsspitze steht ein Wein mit dem Namen »LR«, eine exklusive Weißwein-Cuvée aus Chardonnay, Sauvignon Blanc und Weißburgunder, die sich nahtlos in die Riege der neuen Super-Südtiroler einreiht.

95 LR Weiss Riserva Südtirol DOC 2017 CH/WB/SB
14,5 Vol.-%, NK, Barrique/gebr. Barriques, €€€€€€
Funkelndes, kraftvolles Goldgelb. Eröffnet mit einem Pot-

SCHRECKBICHL – COLTERENZIO
39057 Girlan/Eppan (BZ)
Weinstraße 8
T: +39 (0471) 664246
info@colterenzio.it
www.colterenzio.it

Kellermeister: Martin Lemayr
Kontakt: Alex Ferrigato
Produktion: 1.900.000 Flaschen
65 % weiß, 35 % rot, 300 Hektar
Messen: Merano WineFestival, ProWein Düsseldorf, VieVinum, Vinitaly

Chardonnay

pourri von tropischen Früchten, Papaya, Babyananas, dann gebrannte Haselnüsse. Gleitet ausgewogen und rund über die Zunge, kraftvoller Druck, langer Nachhall, im Finale nach Safran.

94 Lafóa Sauvignon Südtirol DOC 2019
14 Vol.-%, NK, Stahltank/gebrauchte Barriques/ großes Holzfass, €€€€€
Glänzendes, lebhaftes Strohgelb mit grünen Nuancen. Dicht verwobene Nase mit Noten nach Stachelbeeren, Melisse und Grapefruit. Funkelt am Gaumen, viel saftige, frische Frucht, eingebunden in feinem Schmelz, im Finale satt nach dunklen Johannisbeeren.

93 Lafóa Chardonnay Südtirol DOC 2019
14 Vol.-%, NK, Barrique/ gebr. Barriques, €€€€€
Glänzendes frisches Strohgelb. Eröffnet mit ansprechender tropischer Frucht, nach reifer Ananas und reifer Marille, dahinter feine Haselnüsse. Baut am Gaumen satten Druck auf, dicht und cremig, salzig und rassig, zieht satt durch.

92 Berg Weissburgunder Südtirol DOC 2019
14 Vol.-%, NK, kleines Holzfass/gr. Holzfass, €€€€
Brillantes klares Strohgelb. Frische feinwürzige Nase, dazu goldener Apfel, reife Quitte und Zitronenverbene. Zieht sich straff über den Gaumen, lässt viel Eleganz spielen, feinmaschige Textur wirkt extrem geradlinig und animierend, langer, angenehmer Nachhall.

94 Lafóa Cabernet Sauvignon Südtirol DOC 2018
13,5 Vol.-%, NK, Barrique/gebr. Barriques, €€€€€€
Kraftvoll leuchtendes Rubin mit kirschrotem Rand. Dezente Aromen nach reifen Blaubeeren und Cassis, dazu Wacholder und Kardamom, im Anklang leicht rauchig mit einem Hint von weißem Pfeffer. Trifft mit feinem Fruchtschmelz auf den Gaumen, wirkt sehr saftig, mit samtig verwobenem Tannin und angenehmer Cremigkeit, stoffig, betont langer Abgang, tolle Harmonie.

92 Lafóa Blauburgunder Südtirol DOC 2018
13,5 Vol.-%, NK, Barrique/gebr. Barriques, €€€€€
Leuchtendes, strahlendes Rubinrot. In der Nase rotbeerig, nach Himbeeren und reifen Erdbeeren, helle, edle Holzwürze. Am Gaumen geschliffen, elegant, mit saftigem, strahlendem Kern, noch jung, zeigt im Nachhall feine Salzigkeit.

★★★★★

KELLEREI ST. MICHAEL-EPPAN

Die Kellerei St. Michael-Eppan zählt zu den bekannten Weinproduzenten Italiens. Der Sauvignon »Sanct Valentin« genießt Kultstatus, aber auch die übrigen Weißweine aus dieser Linie sind auf den Weinkarten aller Sternerestaurants Italiens zu finden. Vater dieses Erfolgs ist neben den zahlreichen Weinbauern, die mit ihren Trauben die qualitativen Grundlagen schaffen, Hans Terzer, Kellermeister und Direktor des Betriebs. Er hat seine Leute kompromisslos auf Qualität getrimmt. Der Erfolg brachte der Kellerei St. Michael-Eppan auch viel Zuspruch unter den vielen kleinen Weinbauern des Gebiets. Viele wurden mit ihren Flächen Mitglied, und mit 385 Hektar ist die Kellerei nun eine der größten des Landes. Die »Sanct Valentin«-Linie umfasst neun verschiedene Weine. Insgesamt sind das knapp 400.000 Flaschen, für Südtiroler Verhältnisse eine wirklich außergewöhnlich große Menge an absoluten Spitzenweinen. Jeder einzelne Wein dieser Linie hat das Zeug zum absoluten Top-Wein, und Jahr für Jahr zieht Hans Terzer mit schon beinahe unglaublicher Präzision einen weiteren Trumpf aus dem Ärmel. Seine Weine sind bereits in ihrer Jugend so gut und zugänglich, dass mitunter der Verdacht aufkommt, sie könnten nicht lange haltbar sein. Doch weit gefehlt! Nach 10 bis 15 Jahren gewinnen die Weine an Nuancen und Komplexität. Mit »Appius« und »The Wine Collection« sind die Eppaner noch einen Qualitäts-Schritt weiter gegangen. »Appius« ist der Super-Südtiroler der Kellerei. Hans Terzer füllt unter dieser Bezeichnung in besonderen Jahren das Beste, was er im Keller hat. Unter der Bezeichnung »The Wine Collection« kommen jedes Jahr kleine Partien von gereiften Weinen auf den Markt, die sich während des Ausbaus besonders gut entwickelten.

98 Appius Weiss Südtirol DOC 2016 CH/WB/SB
14 Vol.-%, NK, Barrique/Stahltank, €€€€€€
Leuchtendes elegantes Strohgelb mit leicht grünlichen

KELLEREI ST. MICHAEL-EPPAN

39057 Eppan (BZ)
Umfahrungsstraße 17/19
T: +39 (0471) 664466
office@stmichael.it
www.stmichael.it

Kellermeister: Hans Terzer
Kontakt: Hans Terzer und Günther Neumair
Produktion: 2.500.000 Flaschen
70 % weiß, 30 % rot, 385 Hektar
Messen: Merano WineFestival, ProWein Düsseldorf, Vinitaly

Hans Terzer – Winemaker

Reflexen. Zeigt sich komplex und vielschichtig in der Nase, mit Nuancen von Feuerstein, Minze, einem Hauch von weißer Schokolade, satter gelber Frucht und heller Würze. Am Gaumen druckvoll und sehr elegant, geradlinig und lange, sehr komplex, Königsklasse.

(96) The Wine Collection Sauvignon Südtirol DOC 2018

14 Vol.-%, NK, Barrique/Stahl, €€€€€€
Glänzendes helles Strohgelb mit feinem grünem Schimmer. Intensive und sehr fein gezeichnete Nase, satt nach dem Saft reifer dunkler Johannisbeeren, etwas weißer Spargel, dazu Grapefruit. Entfaltet sich am Gaumen mit sattem Körper, dicht und verwoben, feine Melisse im Nachhall.

94 Sanct Valentin Weissburgunder Südtirol DOC 2019

14 Vol.-%, NK, großes Holzfass/Stahl, €€€€€
Leuchtendes, strahlendes Strohgelb mit Hellgold. Eröffnet fein duftig in der Nase, nach knackigem gelbem Apfel, dazu Heu, Williamsbirne, im Nachhall ein Hauch Würze, sehr einladend. Am Gaumen sehr elegant und mit tollem Schmelz, tänzelt auf der Zunge, in sich sehr stimmig und harmonisch.

94 Sanct Valentin Chardonnay Südtirol DOC 2019

14 Vol.-%, NK, Barrique/Edelstahl, €€€€€
Elegantes leuchtendes Strohgelb. Zeigt sich in der Nase mit Nuancen von reifem Apfel, Banane und einem Hauch Bourbonvanille, leicht nach Sahne, einladend. Am Gaumen mit viel Klarheit, hat Zug und kristalline Frucht, spannt einen weiten Bogen, mit Nachdruck.

94 Sanct Valentin Pinot Grigio Südtirol DOC 2019

14 Vol.-%, NK, Barrique/Stahl, €€€€€
Leuchtendes Strohgelb mit leichtem Silber. In der Nase leichtes Fumé, getoastet, dann elegante Noten nach weißem Pfirsich und Birne, dazu ein Hauch von kandierter Banane. Schönes Spiel am Gaumen mit tollem Schmelz und kraftvollem Körper, zügig, mit Struktur und Finesse, im Finale lange anhaltend, toller Spannungsbogen.

92 Sanct Valentin Sauvignon Südtirol DOC 2020

14 Vol.-%, NK, Stahl/großes Holzfass, €€€€€
Leuchtendes Gelbgrün. Kommt satt aus dem Glas, deutlich nach Pfeffer, Feuerstein und grüner Paprika, unterlegt von leichter Kräuterwürze. Zeigt sich am Gaumen mit viel Zug, rassige, kompakte Säure, zieht sich straff über den Gaumen, lange anhaltendes Finale.

92 Sanct Valentin Pinot Noir Riserva Südtirol DOC 2018

14 Vol.-%, NK, Barrique/großes Holzfass, €€€€€
Leuchtendes dunkles Rubinrot. Zeigt sich leicht rauchig in der Nase, dann nach reifen Himbeeren und Kirschen, helle Pfefferwürze, edles Holz. Am Gaumen griffig und noch sehr jung, mit kräuterwürzigen Nuancen, auch viel Frucht, wird sich gut entwickeln.

★★★

KELLEREI ST. PAULS

In einem der schönsten Weinbaudörfer Südtirols gelegen, zeichnet sich die 1907 gegründete Kellerei St. Pauls durch eine natürliche Vielfalt an Lagen aus. Auf Hängen und Hügeln aus der letzten Eiszeit (auf 300 bis 700 Metern Seehöhe) mit unterschiedlichen Bodentypen findet hier jede Rebsorte ihren idealen Standort. Verwöhnt von 1800 Sonnenstunden im Jahr, gut belüftet durch die Fallwinde des Mendelgebirges und klimabedingt durch warme Tage und kühle Nächte liefern die Weinberge um St. Pauls hochwertiges Lesegut, das nach alter Tradition von Hand geerntet wird.
In den letzten beiden Jahren wurde das Sortiment komplett überarbeitet, Profil und Stilistik der Weine weiter geschärft. Das Ergebnis sind neu interpretierte Weine mit klarer Aussage und griffigem Charakter. Dazu gehören die vier Weine der Spitzenlinie »Alte Reben« aus jahrzehntealten Anlagen sowie der seit Anfang des Jahres auch als Pas Dosé erhältliche Sekt »Praeclarus« mit rund 60 Monaten Flaschenreife. Im frisch umgebauten Panorama-Verkostungsraum lässt es sich besonders gut degustieren und verweilen.

KELLEREI ST. PAULS
39057 St. Pauls/Eppan (BZ)
Schloss-Warth-Weg 21
T: +39 (0471) 1807700
info@stpauls.wine
www.stpauls.wine

Kellermeister: Wolfgang Tratter
Kontakt: Dieter Haas
Produktion: 1.500..000 Flaschen
65 % weiß, 35 % rot, 185 Hektar
Messen: Merano WineFestival, ProWein Düsseldorf, Vinitaly

91 ❺ Praeclarus Blanc de Blancs Pas Dosé Südtirol DOC 2014
12,5 Vol.-%, NK, Flaschengärung, €€€€€
Zart strahlendes Zitronengelb mit grünen Reflexen. Ausgeprägt duftig nach reifer Quitte, etwas Litschi, Melone und gebutterte Brioche. Zieht mit feinen Perlen auf, wirkt einladend, ausdrucksstark mit lebendigem Säurespiel, guter Zug, leicht salziges Finish.

92 Kalkberg Weissburgunder Südtirol DOC 2019
14 Vol.-%, NK, Tonneaux Fass, €€€€€
Leuchtendes, strahlendes Strohgelb. Eröffnet in der Nase mit vorwiegend duftigen, floralen Nuancen, mit feiner gelber Frucht, ein Hauch heller Honig, im Nachhall mit Tendenz zu tropischen Düften. Am Gaumen klar und saftig, spannt sich mit tänzelndem Kern auf, zart bitterer Unterton, feine Länge mit wohligem Schmelz.

91 Plötzner Weissburgunder Südtirol DOC 2020
13 Vol.-%, DIAM, €€
Strahlendes Strohgelb. Eine Komposition aus reifen gelben Früchten, nach Quitte und Aprikosen, gepaart mit leicht floralen Noten. Ein cremiges Mundgefühl, leichter Druck am Gaumen, saftige Säure, in sich stimmig.

92 Schliff Sauvignon Südtirol DOC 2019
13 Vol.-%, NK, Edelstahl, €€€€€
Leuchtendes Grüngelb. In der Nase expressiv, nach Holunderblüten, Minze und grüner Paprika, ein Hauch von weißem Pfeffer, Zitrusfrucht. Am Gaumen zügig-rassig mit saftigem, leicht salzigem Kern, klarer Verlauf mit feinem Nachdruck, minimale Nachtrocknung.

89 Gfill Sauvignon Südtirol DOC 2020
13 Vol.-%, DIAM, Edelstahl, €€€

90 Huberfeld Merlot Südtirol DOC 2018
14 Vol.-%, DIAM, großes Holzfass, €€€
Sattes Rubinrot mit dunklem Kern und Ziegelreflexen. In der Nase Aromen nach satten Brombeeren, reifer Pflaume, Rosinen und gebrannten Mandeln. Spannt sich kraftvoll über den Gaumen, mit gut eingebettetem Tannin, etwas wärmend, nimmt den Mund voll ein, anhaltend.

90 Turmfeld Cabernet Riserva Südtirol DOC 2018
14 Vol.-%, DIAM, Holzfass, €€€
Intensives, klares Rubinrot mit Granatrand und dunklem Kern. In der Nase nach geräuchertem Speck, Kaffee, Cassis und reifer Waldfrucht. Zupackender Gaumeneintritt, saftiges Mundgefühl mit lebendiger Säure und rustikaler Tanninstruktur, bringt guten Druck und etwas Wärme, lebhafter Nachhall.

90 Lagröll Lagrein Riserva Südtirol DOC 2018
14 Vol.-%, NK, Tonneaux Fass/ Barrique, €€€€€
Tiefdunkel leuchtendes Purpur mit Rubinakzenten. Ausgeprägt würzige Aromen nach Nelken und weißem Pfeffer, dazu reife Schwarzbeeren, leichter Leder-Touch. Saftiger Gaumenauftakt mit lebendiger Säure, satter Schmelz, wirkt im Körper kraftvoll, zieht sich schön durch, bricht im Finale etwas ein.

90 Lehmont Pinot Noir Riserva Südtirol DOC 2018
13,5 Vol.-%, NK, Tonneaux Fass/Barrique, €€€€€
Brillant leuchtendes Kirschrot mit rubinfarbenem Touch. Öffnet sich an der Nase mit reifen Brombeeren, Himbeerkonfit und Kräutern, dazu Lebkuchen und ein Hauch Zimt. Saftiger Gaumenauftakt, fülliger Körper, verwobenes Tannin, zeigt sich stoffig, im Finale leicht zehrend, noch sehr jung.

★

BIO-WEINGUT ST. QUIRINUS

NEU BIO

Inmitten von Weinbergen, auf einem stolzen Hügel mit Blick auf den Kalterer See: Hier lässt es sich leben, hier lässt es sich vortrefflich Wein anbauen. Das erkannten Robert Sinn und sein Sohn Michael trefflich und produzieren seit 2013 biologische Weine. In den Weingütern wie auch im Keller wird so naturnah und so schonend wie möglich gearbeitet. Wo es geht, wird auf den Einsatz von Maschinen verzichtet und per Hand gearbeitet, um auch einen direkten Kontakt mit den Reben zu haben.
Im Keller wird nach dem »Von-oben-nach-unten-Prinzip« gearbeitet, um teilweise auf den Einsatz von Pumpen zu verzichten. Traditionelle alte Methoden treffen auf innovative und moderne Technik. Die Weine werden in Holz- und Stahlfässern sowie in Amphoren aus Ton ausgebaut und teilweise mit, teilweise ohne Schalen vergoren. Robert und Michael Sinn experimentieren auch viel mit pilzresistenten Rebsorten und generell mit alternativen Verfahren und Ausbauvarianten. In den ausschließlich mit regionalen Naturmaterialien gestalteten Wohnungen am Ferienhof lässt es sich vorzüglich unbeschwert residieren.

90 Quirinus Sauvignon Blanc Südtirol DOC 2020
14 Vol.-%, NK, Edelstahl, €€€ (B)
Brillant strahlendes Zitronengelb mit satten grünen Reflexen. In der Nase nach feinen Wiesenkräutern, dazu Lindenblüten, Zitronenschalen und etwas Grapefruit. Lebendiger Auftakt mit klarer Säure, gutem Zug und zarter Mineralik, feinmaschiger Ansatz und Verlauf.

90 Planties Weiss Mitterberg IGT 2019 BR/AO/JO
13 Vol.-%, NK, Edelstahl, €€€ (B)
Strahlendes klares Zitronengelb mit grünem Touch. Ausgeprägt in der Nase nach frischem Pfirsich, Quitte, Salbei und frischer Melisse. Zieht saftig auf, wirkt sehr geradlinig mit lebendigem Trunk, feiner Zug bis zum Ende, lebendiger Abgang.

BIO-WEINGUT ST. QUIRINUS
39052 Kaltern (BZ)
Oberplanitzing 4B
T: +39 (329) 8085003
www.st-quirinus.it

Kontakt: Robert Sinn
Anbauweise: Zertifiziert Biologisch

91 Quirinus Merlot Südtirol DOC 2018
14,5 Vol.-%, NK, Barrique, €€€€
Leuchtendes sattes Rubin mit kirschroten Akzenten. Öffnet sich mit satter Frucht, reife schwarze Kirsche, Brombeerkonfitüre, etwas Würze, Kardamom und helles Malz. Am Gaumen kompakte Fülle mit viel Saft, kräftig im Körper mit samtigem Tannin, zeigt Länge, gut gemacht.

90 Badl Lagrein Südtirol DOC 2019
13 Vol.-%, NK, 500-l-Fass, €€€€
Kraftvoll leuchtendes Rubinrot mit violettem Schimmer. Ausgeprägter Duft nach Heidelbeerkonfit, Feigen, etwas Kardamom, Lakritze und Lebkuchen. Im Antrunk fruchtsüß mit saftigem Säurespiel und samtigem Gerbstoff, mittelkräftiges Gewicht, gute Länge.

89 Quirinus Kalterersee Classico Superiore Südtirol DOC 2019
13 Vol.-%, NK, Edelstahl, €€€

89 Planties Rot Mitterberg IGT 2017
15 Vol.-%, NK, Barrique, €€€€€€

★★

STRASSERHOF

NEU

Der Strasserhof gehört zu den ältesten Weinhöfen im Eisacktal. Das Weingut befindet sich in Neustift, einem der nördlichsten Weinbaugebiete Südtirols, auf einer Meereshöhe von 680 bis 750 Metern. Seit 2003 werden die Trauben im Familienbetrieb von Hannes Baumgartner gekonnt verarbeitet und vermarktet. Auf 5,5 Hektar Rebfläche werden hauptsächlich traditionelle Weißweinsorten wie Müller-Thurgau, Riesling, Sylvaner, Kerner, Grüner Veltliner, Sauvignon Blanc und Gewürztraminer angebaut. Aus dem ehemaligen Geheimtipp ist in den vergangenen Jahren eine zuverlässige Adresse für hervorragende, geschliffene Weißweine geworden.

STRASSERHOF
39040 Vahrn (BZ)
Unterrain 8
T: +39 (0472) 830804
www.strasserhof.info

Kellermeister: Hannes Baumgartner
Produktion: 5.5 Hektar

(92) Kerner Südtirol DOC 2020
13,5 Vol.-%, NK, Stahltank, €€€
Leuchtendes Silbergrün. In der Nase expressiv, nach frischer Banane und Zuckermelone, ein Hauch weiße Birne, zarter Muskat. Am Gaumen saftig und mit Spannung, zeigt Salz und knackige Säure, präzise und anhaltend, toller Kerner.

(92) Riesling Südtirol DOC 2020
12,5 Vol.-%, NK, Stahltank, €€€
Strahlendes, funkelndes Grüngelb. Duftende, ausdrucksstarke Nase, nach frischem Gras, Limetten und Zitronensaft, dunkle Mineralik, ein Hauch Meersalz. Straffer Gaumeneintritt mit sehr knackiger Säure, feine Würze, spannt sich toll auf, sehr salzig im Finish, hervorragendes Potenzial.

(91) Müller Thurgau Südtirol DOC 2020
12 Vol.-%, NK, Stahltank, €€€
Leuchtendes helles Silbergrün. In der Nase leicht hefig, nach Zitronensaft und Brennnesseln, ein Hauch von Muskat, leicht blumige Nuancen. Öffnet sich tänzelnd am Gaumen mit frischem, knackigem Spannungsbogen, zeigt feine Aromatik, kühler Kern, schöne, präzise Länge.

(91) Sauvignon Südtirol DOC 2020
13,5 Vol.-%, NK, Stahltank, €€€
Zart schimmerndes Strohgelb mit silbernem Touch. Ausgeprägt duftig in der Nase nach Maracuja, Litschi und Melonen, etwas Brennnessel und Holunderblüten. Spannt sich saftig über die Zunge, offenherzig, finessenreich mit sanftem Druck, wirkt jugendlich, feiner salziger Nachhall.

(90) Grüner Veltliner Südtirol DOC 2020
13 Vol.-%, NK, Stahltank, €€€
Strahlendes Strohgelb mit zartem Silber. In der Nase duftig-expressiv, sehr blumig und mit deutlichen Zitrusnuancen, weißer Pfeffer im Hintergrund. Am Gaumen saftig, mit Rasse und Zug, wird sich gut finden.

(90) Sylvaner Südtirol DOC 2020
13 Vol.-%, DIAM, Stahltank, €€€
Leuchtendes Silber mit strohgelben Reflexen. Einladende, fruchtbetonte Nase, nach Birnenmousse, grünem Apfel, Limetten und einem Hauch Minze. Zeigt sich am Gaumen sehr knackig und frisch, mit rassigem Zug und tollem Spannungsbogen, säurebedingt leicht auszehrendes Finale.

★★

WEINGUT STROBLHOF

Der Stroblhof wurde als traditioneller Wein-Hof schon vor 1600 urkundlich erwähnt. Mehrere Generationen prägten hier die Erfolgsgeschichte Südtiroler Weinkultur mit. In besten Hanglagen im Weindorf St. Michael-Eppan reifen hochwertige Weiß- und Rotweinsorten. Das Ergebnis aus Tradition und Mut zur Innovation sind ausdrucksvolle Weine mit guter Lagerfähigkeit. Niedrige Erträge garantieren höchste Qualität.
Nur maximal 45.000 Flaschen bringen die sechs Hektar Anbaufläche jährlich hervor, zur Hälfte Weiß- und zur anderen Hälfte Rotweine. Der Stroblhof zählt heute zu den renommierten Weingütern Südtirols und ist Gründungsmitglied in der Vereinigung der »Freien Weinbauern Südtirols«.

Vor Ort betreibt die Familie Hanni-Nicolussi auch ein 4-Sterne-Hotel, das so wie das dazugehörige Restaurant von Weinbergen umgeben ist. Dieses zweite »Standbein« blickt ebenfalls auf eine mehr als hundertjährige Geschichte zurück. Vorzüglicher Wein und gehobene Gastlichkeit sind hier vorbildlich vereint.

90 Strahler Weissburgunder Südtirol DOC 2019
14 Vol.-%, NK, Eichenfass, €€€
Brillant strahlendes Strohgelb mit Silbertouch. Dezent duftend nach frischen Kernobstnoten, frischer Birne und Apfel, dazu Kamille und Lindenblüten. Spannt sich fein auf, mit lebendigem Säurespiel, guter Zug, saftig, wirkt animierend, etwas verhalten im Ausklang.

© John McDermott

WEINGUT STROBLHOF
39057 Eppan (BZ)
Pigenoerweg 25
T: +39 (0471) 662250
weingut@stroblhof.it
www.stroblhof.it

Kellermeister: Andreas Nicolussi-Leck
Kontakt: Thomas Nicolussi-Leck
Produktion: 45.000 Flaschen
40 % weiß, 5 % rosé, 55 % rot,
5.5 + 0,5 Hektar
Messen: Vinitaly

Rosi und Andreas, Inhaber des Stroblhofs

90 Nico Sauvignon Südtirol DOC 2019
14 Vol.-%, NK, Eichenfass, €€€€
Klar funkelndes Strohgelb mit leuchtendem Kern. Präzise feinwürzige Aromen nach frischen Limettenschalen, Bergamotte, Birne und Kamillenblüten. Im Antrunk lebendig mit frischem Säurespiel, wirkt geradlinig, klar, guter Zug bis ins Finale, mittlerer Ausdruck mit salzig-zitronigem Nachhall.

89 Schwarzhaus Chardonnay Südtirol DOC 2019
14 Vol.-%, NK, Eichenfass, €€€

90 Pinot Rosé Südtirol DOC 2019
13,5 Vol.-%, NK, Stahltank, €€€€
Leuchtendes Lachsrosa. Leichter Blütenduft mit einem Hauch Zitrus in der Nase, etwas Kerzenwachs. Zeigt sich dann am Gaumen mit dezentem Fruchtschmelz und klarem, kühlem Verlauf, rassig und sommerlich, wie es sich für einen Rosé gehört, saftiges Finish.

92 Blauburgunder Riserva Südtirol DOC 2017
13,5 Vol.-%, NK, Barrique, €€€€€
Funkelndes Rubingranat. Eröffnet mit ansprechenden Noten nach reifen Brombeeren, etwas Granatapfel, dazu Gewürznelken. Rund und mit feiner reifer Frucht am Gaumen, breitet sich gut aus, griffiges, herzhaftes Tannin, saftig im Finale.

91 Pigeno Blauburgunder Südtirol DOC 2018
14 Vol.-%, NK, Barrique, €€€€€
Hell strahlendes Rubin mit ziegelroten Reflexen. Öffnet sich duftig in der Nase mit feinwürzigen Noten nach Salbei, dazu frische Waldfrucht, Himbeeren und Melisse. Spannt sich fein über die Zunge, feine Holzwürze, zeigt viel Saftigkeit, feingliedriges Tannin, drahtig im Körper, langer Nachhall.

★★

WEINGUT PETER SÖLVA

Das Weingut Peter Sölva zählt zu den ältesten Weinbaubetrieben im Weindorf Kaltern. Bis 1731 zurück weisen Dokumente nach, dass die Familie Sölva in Kaltern ununterbrochen – seit zehn Generationen – Weinbau betrieben, Wein gekeltert und verkauft hat. Die Weingärten liegen im Überetsch, rund um den Kalterer See, im Südtiroler Unterland und um Bozen. Seit Stephan P. Sölva 1990 aktiv in den Betrieb eingestiegen ist, wurden viele neue Projekte in Angriff genommen.

Neben den Weinbergprojekten und Verbesserungsarbeiten wurden die Weine in zwei Linien unterteilt, deren Namen Ausdruck der Familiengeschichte sind: »DeSilva« steht in Ableitung des ursprünglichen Familiennamens für die Gutsweine mit Grauburgunder, Weißburgunder, Sauvignon, Gewürztraminer, Kalterer-See-Vernatsch, Perrosé und Lagrein aus alten Reben. »Amistar« erinnert an Susanna Amistar, eine aus Spanien zugewanderte Vorfahrin der heutigen Besitzer. Die weiße Cuvée »Amistar« vereint Chardonnay im Holzausbau und 20 Prozent Sauvignon Blanc. Die rote Cuvée »Amistar« besteht aus Cabernet Sauvignon, Cabernet Franc, Merlot und Lagrein aus dem Barrique.

Dem Weingut angeschlossen ist auch eine eigene Vinothek mit Garten in der malerischen Goldgasse im Herzen von Kaltern – ein Treffpunkt für Genießer, wo die hauseigenen Weine ausgeschenkt und dazu köstliche Häppchen serviert werden. Grappas und der

WEINGUT PETER SÖLVA
39052 Kaltern (BZ)
Goldgasse 33
T: +39 (0471) 964650
info@soelva.com
www.soelva.com

Kellermeister: Christian Bellutti und Stephan P. Sölva
Kontakt: Stephan P. Sölva
Produktion: 90.000 Flaschen
42 % weiß, 3 % rosé, 54 % rot, 1 % süß, 12 + 4 Hektar
Messen: Merano WineFestival, ProWein Düsseldorf, VieVinum, Vinitaly, Bozner Weinkost

»Amistar«-Brandy aus der eigenen Brennerei runden das Angebot ab.

91 De Silva Pinot Bianco Südtirol DOC 2019
13,5 Vol.-%, DIAM, großes Holzfass, €€€
Zart leuchtendes Zitronengelb mit goldgelben Reflexen. Etwas verhalten in der Nase, nach und nach kommen kühle, elegante Noten von frischer Quitte und Pfirsichblüten auf, mit leichter Würze unterlegt, floraler Nachklang. Zieht sich knackig und mit viel Saft über die Zunge, klare Frucht, mit saftiger Säure und viel Zug, präzises Finish.

91 Amistar Vino Bianco 2019 CH/SB
14 Vol.-%, NK, Teilbarrique, €€€€€
Brillant strahlendes Zitronengelb. Animierende Aromen nach reifer Williamsbirne und Holunderblüten, ein Hauch von Vanille, warmer Toast. Wohliger Gaumeneintritt mit viel Fülle und feiner Cremigkeit, mundfüllend in Ansatz und Verlauf, mit sahniger Textur, langer Nachhall mit leichter Bitterkeit.

90 De Silva Sauvignon Südtirol DOC 2019
13,5 Vol.-%, DIAM, großes Holzfass, €€€€
Strahlendes Zitronengelb mit zarten grünen Reflexen. Etwas verhaltene, kühle Nase, nach reifem Paprika, Teeblätter und Zitronengras. Am Gaumen mit frischer Säure, vertikal und kräuterwürzig, feine Struktur mit kühler Mineralik, angenehmes, erfrischendes Finish.

93 Amistar Cabernet Franc Südtirol DOC 2018
14 Vol.-%, NK, Barrique, €€€€€€
Kräftig funkelndes Granat mit ziegelfarbenen Reflexen und dunklem Kern. In der Nase würzig-vegetabile Aromen nach roten Paprikaschoten, Gewürznelken und etwas Kümmel, dazu reife Heidelbeeren. Spannt sich saftig über die Zunge, baut sich in Schichten auf, mit feingriffigem Gerbstoff und viel Zug, ausgewogener Charakter mit komplexem Aromenspiel im Finish.

93 Amistar Edizione Vino Rosso 2017 CS/ME/LG
14 Vol.-%, NK, Barrique, €€€€€€
Satt leuchtendes Rubin mit violetten Reflexen und undurchdringlichem Kern. Intensiver Auftakt in der Nase, nach reifen Brombeeren und Cassis, gepaart mit leichter Pfefferwürze, dazu Eukalyptus im Nachhall. Spannt sich wohlig über die Zunge, ausdrucksstarker Körper, feinsamtiges Tannin, sehr geschliffen, mit zarter Cremigkeit und saftigem Trunk, sehr harmonisch.

91 Amistar Vino Rosso 2018 ME/CS/LG
14 Vol.-%, NK, Barrique, €€€€€
Zart schimmerndes Rubin mit kirschroten Akzenten. Feinwürziger Auftakt in der Nase, nach Nelken, Hagebutten, Lorbeer im Anklang, dann reifes Cassis und Waldbeeren, ein Hint Tabak. Satt im Antrunk, viel reife Frucht kommt an den Gaumen, zieht sich saftig durch, zupackendes Tannin, feiner Druck hält sich im Finale.

★

TASCHLERHOF

NEU

Ausgezeichneter Wein braucht vor allem eines: Charakter. Peter Wachtler, Südtiroler Winzer und Freier Weinbauer, erzeugt mit naturnahen Anbaumethoden, seiner bewährten Ausbauart und leidenschaftlichem Ehrgeiz Weine von unverwechselbarer Qualität – elegante, finessenreiche Weißweine, die seine Persönlichkeit und die Eigenarten des Eisacktales unterstreichen.
Im Jahre 2000 entschied sich Peter Wachtler, selbständiger Winzer zu werden – mit allem, was dazugehört: Anbau, Kelterung, Vermarktung. Aus 0,8 Hektar wurden langsam 5,5 Hektar. Heute erzeugt Peter Wachtler auf dem Taschlerhof bei Brixen rund 45.000 Flaschen von erstklassiger Qualität, die auch nach vielen Jahre Reife hervorragenden Genuss garantieren. Riesling und Sylvaner geben hier in mehreren Qualitätsstufen den Ton an.

90 Lahner Riesling Südtirol DOC 2019
12,5 Vol.-%, NK, großes Holzfass, €€€€€
Leuchtendes Strohgelb mit grünen Akzenten. Zarter Duft nach Weinbergpfirsich und Aprikosen, dazu Akazienblüten und ein Hint Zitrone. Im Antrunk geziert saftig, mit tänzelnder Säure, zeigt Spannung und Geradlinigkeit, animierend im Trunk, anhaltend fruchtiger Nachhall.

89 Lahner Sylvaner Südtirol DOC 2018
14 Vol.-%, NK, Edelstahl/ großes Holzfass, €€€€

Steillagen des Weinguts Taschlerhof

TASCHLERHOF
39042 Brixen (BZ)
Mahr 107
T: +39 (472) 851091
www.taschlerhof.com

Kellermeister/Kontakt:
Wachtler Peter
Produktion: 47.000 Flaschen
100 % weiß, 4 % süß, 5.5 Hektar
Messen: Vinitaly

91 Riesling Spätlese Südtirol DOC 2018
10 Vol.-%, DIAM, Edelstahl, €€€€€
Helles Silber mit strohgelbem Schimmer. In der Nase zunächst mit mineralischem Unterton, nach Feuerstein, dezenter Hefeton, dann Safran und gedörrte Zitrusfrucht, erinnert im Nachhall an geröstete Haselnüsse. Am Gaumen mit präsentem Safran-Ton und mit Zitrus, spannt sich mit rassiger Säure auf, jugendliche Süße, tänzelt, im Finale minimale Nachzehrung.

★★★★★

KELLEREI TERLAN

Die Kellerei Terlan hat von jeher einen hervorragenden Ruf für ihre langlebigen Weißweine. Die Gewächse aus Terlan starten langsam, brauchen Zeit, sich zu entwickeln, sind dann aber komplex und eigenständig. In der Schatzkammer der Kellerei lagern Tausende Flaschen Weißwein, die Jahrgänge gehen zurück bis in die 1950er-Jahre. Verkostungen von Weinen aus dieser Schatzkammer belegen eindrucksvoll ihr enormes Alterungspotenzial. Gereifte Weißweine aus Terlan sind mittlerweile weltweit geschätzt. Die für das Terlaner Weinbaugebiet typischen Böden aus Porphyrgestein sind für die Eigenständigkeit der Weine wesentlich mitverantwortlich. Kellermeister Rudi Kofler führt die Arbeit des legendären Sebastian Stocker konsequent fort. Er setzt auf den eigenwilligen Charakter der Terlaner Weine. Mit ihren Selektionsweinen kommen die Terlaner immer etwas später in den Handel. Der Sauvignon »Quarz«, der Gewürztraminer »Lunare« und der Weißburgunder »Vorberg« zeigen, dass es richtig war, diese Weine nicht früher auf den Markt zu bringen. Eine Spezialität der Terlaner Kellerei sind Sonderabfüllungen gereifter Jahrgänge, die für zehn Jahre und mehr in eigenen Stahltanks lagern. Diese Weine – wie heuer der 2008er Terlaner – sind Sterne am internationalen Weißweinhimmel. Herausragend präsentiert sich auch der neue Jahrgang der Terlaner I Grande Cuvée. Aber selbst der »normale« Terlaner ist ein großartiger Wein. Terlan markiert eine Spitzenstellung im Südtiroler Wein.

99 Rarity Terlaner Südtirol DOC 2008 WB/CH/SB
13,5 Vol.-%, NK, Holzfass/Edelstahl, €€€€€€
Funkelndes sattes Strohgelb mit grünen Nuancen. Zeigt sich in der Nase überaus vielschichtig, satt nach tropischen Früchten, viel Babyananas, auch etwas rauchig. Erstaun-

lich frisch am Gaumen, schwingt ruhig dahin, cremig, im hinteren Verlauf dann satte Breite, aber auch viel Frische. Ein durch und durch beeindruckender Wein!

98 Primo Grande Cuvée Terlaner Südtirol DOC 2018 WB/CH/SB

13,5 Vol.-%, NK, Holzfass, €€€€€€

Leuchtendes feines Strohgelb. Intensive Nase mit Noten nach Safran und Senfkörnern, dazu viel Mirabellen. Am Gaumen viel Spannung, feine frische Ananasfrucht, etwas weiße Blüten, vibrierend, viel Fruchtschmelz, gepaart mit mineralischen Komponenten, die Tiefgang geben, schwingt sehr lange nach.

95 Cuvée Nova Domus Terlaner Riserva Südtirol DOC 2018 WB/CH/SB

14 Vol.-%, NK, Holzfass/Flaschengärung, €€€€€

Funkelndes sattes Strohgelb. Offen, schön gereifte Nase, nussige Komponenten, dahinter intensive tropische Fruchtnoten. Holt am Gaumen weit aus, viel süßer Fruchtschmelz, frisch, auch salzige Tiefe, hat noch eine lange Entwicklungsperspektive.

91 Cuvée Terlaner Südtirol DOC 2020 WB/CH/SB

13,5 Vol.-%, NK, Edelstahl/Holzfass, €€€

Funkelndes Gelbgrün. Duftet in der Nase zart nach Bienenwachs, dann frische Noten nach gelben Früchten. Zieht schön durch, salzige Noten, hat hinten guten Druck, im Finale frische Sauvignon-Noten, feiner Schmelz.

96 Quarz Sauvignon Blanc Südtirol DOC 2019

14 Vol.-%, NK, großes Holzfass/Edelstahl, €€€€€

Funkelndes helles Strohgelb mit leichten grünen Nuancen. Zeigt sich zu Beginn etwas zurückhaltend, öffnet sich dann mit Noten von Melisse und Salbei, im Hintergrund nach Holunderblüten. Am Gaumen sehr gute Fülle, cremig, im hinteren Verlauf tropische Fruchtnoten, sehr langer Nachhall.

94 Lunare Gewürztraminer Südtirol DOC 2019

15 Vol.-%, NK, Holzfass/Edelstahl, €€€€€

Strahlendes helles Goldgelb mit grünen Nuancen. Fein gezeichnete, intensive Nase mit Noten nach gelben Rosen, dahinter Gewürznelken, kandierter Ingwer und Litschi. Am Gaumen intensive tropische Frucht, gepaart mit ansprechenden Gewürzen, salzig.

93 Vorberg Weissburgunder Riserva Südtirol DOC 2018

14 Vol.-%, NK, großes Holzfass, €€€€€

Funkelndes Gelbgrün. Eröffnet mit rauchig-mineralischen Noten, dann viel saftige Frucht, Melone, Apfel und etwas Nüsse. Am Gaumen satt und dicht, geschmeidig, viel reife Frucht, funkelt mineralisch, sehr langer Nachhall.

92 Kreuth Chardonnay Südtirol DOC 2019

14 Vol.-%, NK, Holzfass/Edelstahl, €€€€

Leuchtendes, strahlendes Strohgelb. In der Nase präzise, mit elegantem Holzeinsatz, nach kaltem Rauch und kühler gelber Frucht, zart nach nassem Stein und Wachs. Am Gaumen mit satter gelber Frucht, spannt sich elegant auf, mineralischer Unterton, finessenreich und mit guter Länge.

KELLEREI TERLAN
39018 Terlan (BZ)
Silberleitenweg 7
T: +39 (0471) 257135
office@kellerei-terlan.com
www.kellerei-terlan.com

Kellermeister: Rudi Kofler
Kontakt: Klaus Gasser
Produktion: 1.500.000 Flaschen
70 % weiß, 30 % rot, 190 Hektar
Messen: ProWein Düsseldorf, Vinitaly

Blick auf Terlan

93 Monticol Pinot Noir Riserva Südtirol DOC 2018
14 Vol.-%, NK, Barrique, €€€€€
Leuchtendes, strahlendes Rubinrot. Zeigt sich duftig und einladend in der Nase, nach satten Himbeeren und Waldfrüchten, leicht fleischiger Nachhall, edles Holz. Am Gaumen saftig und mit klarer Frucht, breitet sich geschliffen über die Zunge aus, mit Salz und elegantem Nachdruck.

92 Porphyr Lagrein Riserva Südtirol DOC 2018
14 Vol.-%, NK, Barrique, €€€€€
Sattes Rubinviolett mit schwarzem Kern. Intensive und dichte Nase, viel reife Holunderbeeren und Brombeeren, dunkle Schokolade. Griffiges, kerniges Tannin am Gaumen, im hinteren Verlauf krautig-würzige Noten.

90 Gries Lagrein Riserva Südtirol DOC 2018
13,5 Vol.-%, NK, Barrique, €€€€
Satt strahlendes Purpur mit schwarzem Kern. Öffnet sich mit reifen dunkelbeerigen Nuancen, nach Brombeeren, Cassis und Holunderbeeren, dazu feiner Malzkaffee und Wacholder. Wohliger Auftakt mit breitschultrigem Körper, viel feingriffiges, harmonisches Tannin, stoffige Struktur, wirkt etwas wärmend, lange anhaltender Abgang.

★★★★★

WEINGUT TIEFENBRUNNER

Seit über 150 Jahren widmet sich die Familie Tiefenbrunner auf Castel Turmhof dem Weinbau. Christof Tiefenbrunner trat bereits im jungen Alter in den elterlichen Betrieb ein und nahm in den folgenden Jahren eine tief gehende Umstrukturierung vor. Von nahezu ausschließlich Vernatsch wurde auf Weißwein umgestellt, von der Pergel- auf Drahtrahmenerziehung, und im Keller tauchten die ersten Barriques auf. Tiefenbrunners Spitzenlinie heißt »Linticlarus«, nach der römischen Bezeichnung für Entiklar, die gehobene Linie nennt sich »Turmhof«. Die Weine Tiefenbrunners sind nie laut und wuchtig, sondern faszinieren durch Eleganz und Finesse. Eine nicht nur bei Liebhabern sehr geschätzte Spezialität ist der »Feldmarschall«, ein rassiger und zugleich zarter Müller-Thurgau, dessen Trauben aus Südtirols höchstgelegenem Weinberg auf über 1000 Metern Seehöhe kommen. Um seine zarte Frucht besser zu bewahren, kommt der »Feldmarschall« mit Drehverschluss in den Handel. In den vergangenen Jahren zeigte sich immer wieder, dass

Christof und Sabine Tiefenbrunner

WEINGUT TIEFENBRUNNER
39040 Kurtatsch (BZ)
Schlossweg 4
T: +39 (0471) 880122
info@tiefenbrunner.com
www.tiefenbrunner.com

Kellermeister: Stephan Rohregger
Kontakt: Christof Tiefenbrunner
Produktion: 650.000 Flaschen
80 % weiß, 20 % rot, 27 + 50 Hektar
Messen: ProWein Düsseldorf, Vinitaly

dieser Wein eigentlich erst im zweiten Winter nach der Ernte so richtig gut wird. Das nahm sich Christof Tiefenbrunner zu Herzen und kommt damit nun später auf den Markt. Auch den Weinen aus der »Turmhof«-Linie wird in Zukunft ein Jahr mehr Reifezeit gegeben. Die Lagen-Weine »Vigna Rachtl« (Sauvignon Blanc), »Vigna Au« (Chardonnay) und »Vigna Toren« (Cabernet Sauvignon) sind prachtvolle Weine, in denen die spezifischen Lagen bestens zum Ausdruck kommen.
Still und leise, aber doch mit Nachdruck und Konsequenz – ganz so, wie es seine Art ist – hat Christof Tiefenbrunner das traditionsreiche Weingut in den letzten Jahren an die absolute Spitze geführt.

96 Vigna Au Chardonnay Riserva Südtirol DOC 2018
13,5 Vol.-%, NK, Barrique/Stahltank, €€€€€€
Glänzendes intensives Strohgelb mit grünen Nuancen. Kompakte und tiefgründige Nase mit Noten nach feuchtem Waldboden, dann feine Banane und andere tropische Fruchtnoten. Zeigt sich am Gaumen sehr vielschichtig, sehr gute Spannung mit viel saftiger Säure, frische, sehr klare Frucht, strahlt lange nach.

94 Vigna Rachtl Sauvignon Blanc Riserva Südtirol DOC 2018
14 Vol.-%, NK, Holzfass/ Tonneaux Fass/Stahltank, €€€€€€
Funkelndes sattes Strohgelb mit grünem Leuchten. Eröffnet mit intensiven Noten nach Feuerstein, dazu viel rote und rchwarze Johannisbeere, dazu etwas Tomatengrün. Salzig und saftig am Gaumen, zeigt gute Spannung, fein gezeichnete Frucht, umwoben von feinem Fruchtschmelz.

93 Feldmarschall Von Fenner Müller Thurgau Südtirol DOC 2019
13,5 Vol.-%, DV, großes Holzfass/Beton, €€€€€
Leuchtend strahlendes Strohgelb. In der Nase feinduftig, nach hellem Honig, gelbem Pfirsich, kandierter Ananas und reifer Zitrone, im Nachhall nach Wiesenkräutern und Heu, sehr einladend. Am Gaumen mit geschliffenem Körper, saftig und elegant zugleich, breitet sich schön über die Zunge aus, kühle Frucht mit rassiger Säure, spannt einen weiten Bogen, ausgezeichneter Ausdruck.

93 Linticlarus Lagrein Riserva Südtirol DOC 2018
14 Vol.-%, NK, Barrique/großes Holzfass, €€€€€
Kraftvoll leuchtendes Purpurgranat mit schwarzem Kern. Intensiv duftend nach reifen Brombeeren, Hagebutten, etwas Unterholz und Wacholder im Anklang. Animierender

Kurtatsch an der Weinstraße

Gaumeneintritt, komplex im Geschmack, baut sich in Schichten auf und zieht mit stoffigem Tannin durch, schönes Spiel in der Säure, wirkt nicht wuchtig, toller Nachhall.

93 Linticlarus Cuvée Riserva Südtirol DOC 2018 CS/ME
14 Vol.-%, NK, Barrique/großes Holzfass, €€€€€
Intensiv leuchtendes Granat mit dunklem Kern und violetten Akzenten. Öffnet sich charmant in der Nase mit Noten von Amarena, Pflaumenkompott und Kandis, dazu Röstaromen und ein Hint Kardamom. Spannt sich mit Fruchtschmelz über den Gaumen, kräftig im Körper, gut integriertes, verwobenes Tannin, stoffige Textur, mit viel Druck und Länge im Finish.

91 Linticlarus Pinot Noir Riserva Südtirol DOC 2018
13,5 Vol.-%, NK, Barrique/großes Holzfass, €€€€€
Satt funkelndes Rubinrot mit schwarzroten Akzenten. Ausgeprägter Duft nach Herzkirsche und reifen Waldbeeren, ein Hauch weißer Pfeffer und Mokka im Anklang. Spannt sich saftig auf, gut eingebundenes Tannin, ausgewogener Holzeinsatz, reife Nuancen, stimmig, lebendiger Abgang.

★★★★

KELLEREI TRAMIN

Die Kellerei Tramin und ihre Gewürztraminer (»Nussbaumer«, »Terminum«, »Roen« und neuerdings »Epokale« und »Selida«) bestätigten eindrucksvoll ihre Stellung im Spitzenfeld der Südtiroler Erzeuger. Es ist das Verdienst von Willi Stürz, der seit 1995 für die Weine verantwortlich zeichnet. Seit damals setzen die Traminer vermehrt auf Weißwein, insbesondere Gewürztraminer, und die Angebotspalette wurde besser strukturiert. Heute unterteilt sich das Sortiment von Tramin in die Linien »Selektion« und »Klassisch«.

In der Selektionslinie gibt es einen eleganten Pinot Grigio (»Unterebner«), einen fülligen Lagrein (»Urban«), einen überragenden Gewürztraminer (»Nussbaumer«), einen feinen Blauburgunder (»Maglen«), einen saftigen Vernatsch (»Freisinger«) und eine dichte Gewürztraminer-Spätlese aus botrytisierten Trauben (»Terminum«). Daneben bestehen noch drei Cuvées: »Loam« (Lehm), »Stoan« (Stein) und »Roen« (der Hausberg Tramins, an dessen Hängen die Reben für diesen Wein wachsen). Die beiden ersten sind eine weiße bzw. rote Cuvée, der »Roen« ist ein Strohwein aus Gewürztraminer, der im Unterschied zum »Terminum« ohne Edelfäule erzeugt wird. Wie der neue Blauburgunder »Marjun« bestens unterstreicht, sind auch die Weine der klassischen Linie sehr zu empfehlen, denn sie bieten viel Trinkgenuss zu einem angemessenen Preis. 2010 wurde der Keller um einen sehr sehenswerten und architektonisch markanten Zubau erweitert. So bietet ein Besuch bei Tramin ein Erlebnis für alle Sinne. Neben den Gewürztraminern »Nussbaumer« und »Terminum« ist in diesem Jahr auch der Chardonnay Riserva »Troy« herausragend.

96 Troy Chardonnay Riserva Südtirol DOC 2017
14 Vol.-%, NK, Barrique/Edelstahl, €€€€€€
Glänzendes helles Goldgelb. Kraftvolle und ansprechende Nase, nach hellem Karamell, Banane und Babyananas. Zeigt am Gaumen schönes Spiel, salzig und dicht, im mittleren Verlauf ansprechende satte Fruchtnoten, im Finale dann lange und tiefgründig.

95 Nussbaumer Gewürztraminer Südtirol DOC 2019
14,5 Vol.-%, NK, Edelstahl, €€€€€
Funkelndes sattes Strohgelb mit grünem Schimmer. Eröffnet mit betont würzigen Noten, nach gemahlenen Koriandersamen, dazu gelbe Rosen, Litschi und Mango, schönes Duft-

Tramin an der Weinstraße

KELLEREI TRAMIN
39040 Tramin (BZ)
Weinstraße 144
T: +39 (0471) 096633
info@CantinaTramin.it
www.CantinaTramin.it

Kellermeister: Willi Stürz
Kontakt: Wolfgang Klotz
Produktion: 1.800.000 Flaschen
60 % weiß, 39 % rot, 1 % süß,
270 Hektar
Messen: Merano WineFestival, ProWein Düsseldorf, Vinitaly

spiel. Satt und dicht in Ansatz und Verlauf, viel reife tropische Frucht, gleitet auf einem satten Teppich von orientalischen Gewürzen dahin, satter Druck im Finale, langer Nachhall.

93 StoanWeiss Südtirol DOC 2019 CH/SB/WB/TR
13,5 Vol.-%, NK, großes Holzfass, €€€€€
Funkelndes, leuchtendes Strohgelb. In der Nase nach Pampelmuse, Feuerstein, dezentes, elegantes Holz, von elegantem Ausdruck. Am Gaumen mit sattem, kernigem Schmelz, breitet sich schön kompakt über die Zunge aus, mit rassigem Zug, endet im Finale betont salzig, sehr straff und klar.

93 Unterebner Pinot Grigio Südtirol DOC 2019
14 Vol.-%, NK, kleines Holzfass, €€€€€
Leuchtendes, strahlendes Strohgelb. In der Nase nach weißem Steinobst, Bananen, einem Hauch weißer Schokolade, elegante Holzwürze. Öffnet sich am Gaumen mit weißfruchtigen Nuancen, eleganter Holzeinsatz mit viel Schmelz und kompaktem Fruchtkörper, spannt sich ausgewogen und harmonisch über die Zunge, mit Nachdruck.

93 Loam Rot Südtirol DOC 2018 ME/CS/CF
14 Vol.-%, NK, Barrique/großes Holzfass, €€€€€
Dunkel leuchtendes Granat mit kirschrotem Rand. Feine Frucht nach reifen Pflaumen, Brombeergelee, etwas Minze und Kandis, im Hintergrund eine leichte Holzwürze. Zeigt sich in sattem Gewand mit griffigem, gut eingebundenem Tannin, viel Stoff und kerniger Struktur, drückt im Finale noch mal auf den Gaumen und zeigt Charakter, gutes Potenzial.

92 Urban Lagrein Riserva Südtirol DOC 2018
13,5 Vol.-%, NK, Barrique/Beton, €€€€€
Kräftig leuchtendes Purpur mit rubinroten Akzenten. Schön gezeichnete Nase mit Aromen von eingekochten Waldfrüchten, Pflaumenkonfitüre, Karamell und frisch geröstetem Kaffee. Zeigt sich im Mund mit viel Power, präsentes, feingriffiges Tannin, füllt den ganzen Gaumen aus und hallt lange nach.

92 Maglen Pinot Noir Riserva Südtirol DOC 2018
14 Vol.-%, NK, Barrique/großes Holzfass, €€€€€
Dunkel leuchtendes Rubinrot. In der Nase parfümiert und duftig mit floralen Anklängen, reifer Kirsche und reifen Himbeeren, im Nachhall nach Edelholz. Am Gaumen geschliffener Kern mit toller Dichte, spannt sich satt auf, konzentriert und präzise, im Nachhall mit spürbarem Holzeinsatz.

96 Terminum Gewürztraminer vendemmia tardiva Südtirol DOC 2018
10 Vol.-%, NK, Barrique, €€€€€€
Glänzendes, brillantes Hellgold. Äußerst elegante und feinduftige Nase, nach saftigem gelbem Pfirsich, Dörrananas, Marillen, ein Hauch Safran und Banane, weiße Schokolade, Edelholz. Am Gaumen strahlend, funkelnd, mit tollem, perfekt ausbalanciertem Süße-Säure-Spiel, mit viel Finesse und Eleganz, endloser Nachhall nach weißer Schokolade.

★★★

WEINGUT UNTERMOSERHOF GEORG RAMOSER

Das Weingut Untermoserhof liegt inmitten der Weinberge in St. Magdalena bei Bozen. Der Weinhof wurde im Jahre 1630 erstmals schriftlich erwähnt und wird derzeit in vierter Generation von Georg Ramoser, seiner Frau Margareth und deren Sohn Florian bewirtschaftet. Hauptaugenmerk wird bei der Bewirtschaftung der knapp vier Hektar Weinberge auf eine naturnahe Arbeitsweise gelegt, um sortentypische, elegante und authentische Qualitätsweine zu erzeugen.
Als traditioneller Weinhof in St. Magdalena ist der Untermoserhof in erster Linie auf Vernatsch und Lagrein fokussiert. Der St. Magdalena Hub ist eine spezielle Selektion aus alten Reben: ein sehr kraftvoller und fülliger St. Magdalena. Neben den Weinen aus den beiden angestammten Sorten kann der Untermoserhof auch mit Merlot und Chardonnay überzeugen.

90 Moraine Chardonnay Südtirol DOC 2018
14 Vol.-%, NK, Barrique, €€€€€
Leuchtendes, intensives Strohgelb. In der Nase nach Feuerstein, kaltem Rauch, weißer Birne und Pfirsich, im Nachhall delikat nach Wachs und Sahne. Am Gaumen mit süßlich anmutendem Fruchtkern, deutlich spürbarer Holzeinsatz, mit Fülle und sattem Druck.

94 Lagrein Riserva Südtirol DOC 2018
14 Vol.-%, NK, 500-l-Fass, €€€€€
Dunkel leuchtendes Rubingranat mit Purpurakzenten.

Weinstraße bei Bozen

WEINGUT UNTERMOSERHOF – GEORG RAMOSER
39100 Bozen (BZ)
Untermagdalena 36
T: +39 (0471) 975481
untermoserhof@rolmail.net
www.untermoserhof.com

Kellermeister: Florian und Georg Ramoser
Kontakt: Florian Ramoser
Produktion: 35.000 Flaschen
10 % weiß, 90 % rot, 4.5 Hektar
Vereinszugehörigkeit:
Freie Weinbauern Südtirol
Messen: Vinitaly

Öffnet sich mit ausgeprägten satten Fruchtnuancen, nach reifen Pflaumen und Holunderbeeren, dazu Gewürznelken, etwas Zimt und zarter Rauch. Am Gaumen saftiges Spiel mit viel Frische, wirkt geradlinig und feingliedrig in Struktur und Verlauf, stoffiges Tannin, persistent und anhaltend im Finale.

93 Hub St. Magdalener Classico Südtirol DOC 2019
13,5 Vol.-%, NK, großes Holzfass, €€€€
Leuchtendes, funkelndes Rubin. Tolle Kirsche in der Nase, unterlegt von sanfter Dörrpflaume, herzhafte Rotfrucht, Rosenblatt. Am Gaumen finessenreich und elegant, spannt sich toll über die Zunge, komplex und mit viel Salz, lange anhaltend.

90 Merlot Riserva Südtirol DOC 2018
14 Vol.-%, NK, 500-l-Fass, €€€€€
Leuchtend klares Rubin mit Granatreflexen. In der Nase ausgeprägt nach eingekochten reifen Blaubeeren, dazu Zedernholz und Anklänge von Gewürznelken. Spannt sich saftig auf mit tänzelnder Säure und stoffigem, etwas kargem Gerbstoff, feiner Fruchtschmelz, gewichtiger Körper, leicht austrocknend im Ausklang.

★★★★

ELENA WALCH

Die Vigna (Lage) Castel Ringberg über dem Kalterer See und die Vigna Kastelaz, eine Steillage in der Gemeinde Tramin, sind zwei renommierte Weinberge in herausragender Position: Sie befinden sich seit Generationen im Besitz der Familie Walch und werden heute von der engagierten »Donna del Vino« Elena Walch und ihren Töchtern Julia und Karoline geleitet. Mit Eloquenz und Charme sind die drei Frauen die besten Botschafterinnen ihrer Weine. Direkt am Weingut im Zentrum von Tramin gibt es das sehens- und erlebenswerte Bistro »Le verre capricieux«, das einen Hauch Frankreich nach Südtirol holt. Das romantische Schlösschen Castel Ringberg oberhalb des Kalterer Sees wurde im Mai 2016 mit neuem Konzept eröffnet. Es beherbergt eine Gutsschenke, einen Weinverkauf sowie einen Barriquekeller und bietet Führungen durch die Weinberge der Vigna Castel Ringberg. Bereits seit dem ersten Jahrgang 2000 zählt »Beyond the Clouds« zu den besten Weißweincuvées Südtirols. Jahr für Jahr ändert sich die Zusammensetzung der Trauben ein wenig, weil stets die besten Partien des Weinguts dafür Verwendung finden. »Beyond the Clouds« ist dieses Jahr hervorragend ausgefallen, und großartig ist auch wieder der Gewürztraminer aus der Lage »Kastelaz«.

94 Vigna Kastelaz Gewürztraminer Südtirol DOC 2019
14 Vol.-%, NK, Stahltank, €€€€€
Intensiv leuchtendes helles Goldgelb mit grünen Noten. Ausgeprägte Nase mit Noten nach Gewürznelken und gelben Rosen, dazu etwas kandierter Ingwer, intensiv, ohne Üppigkeit. Rund und verwoben am Gaumen, satt nach Litschi und Mango, im Finale süßlich-cremige Noten.

93 Beyond the Clouds Weiss Südtirol DOC 2019
80 % Chardonnay, 20 % Selektion aus besten Rebsorten, 14 Vol.-%, NK, Barrique, €€€€€€
Glänzendes helles Strohgelb mit grünen Nuancen. Duftige und vielschichtige Nase, nach gelbem Pfirsich, Melone, dann etwas frische Ananas, verspielt, im Hintergrund Zitronenmelisse. Saftig in Ansatz und Verlauf, feine Zitrusnoten, salzig, lange anhaltend im Finale.

91 Kristallberg Pinot Bianco Südtirol DOC 2019
13,5 Vol.-%, NK, Holzfass, €€€€
Leuchtendes klares Zitronengelb mit grünem Touch. Dezente Aromen nach weißem Pfirsich, dazu Kamille, Bergamotte und einem Hauch Mandelbutter. Lebendiger Auftakt, zieht sich mit feinem Schmelz über die Zunge, fülliger Körper, füllt den Gaumen komplett aus und klingt mit zart kräuterwürzigen Tönen nach.

91 Vigna Castel Ringberg Chardonnay Riserva Südtirol DOC 2018
13,5 Vol.-%, NK, Barrique/Stahltank, €€€€€
Leuchtendes Strohgelb mit Silbertouch. Fein aromatisch nach reifer Ananas und Quitte, etwas Butterscotch und Walnuss. Zieht sich straff auf und verläuft mit Zug über den Gaumen. animierend frisch, etwas zu markanter Holzeinsatz im Finale.

91 Rosé 20/26 Weinberg Dolomiten IGT 2020 ME/LG
13 Vol.-%, DIAM, €€€
Helles Lachsrosa. Sehr expressive und duftige Nase nach frischen Waldbeeren und Orangenblüten. Am Gaumen sehr saftig mit rassiger, präsenter Säure und straffem Zug, spannt sich mit fruchtigem Kern schön auf, trinkt sich sehr gut.

92 Vigna Castel Ringberg Lagrein Riserva Südtirol DOC 2018
13,5 Vol.-%, NK, Barrique, €€€€€
Intensives, undurchdringliches Purpur mit granatfarbenen Reflexen. Ausgeprägt warme Noten nach Süßholz, geröstetem Kaffee und Nussbutter, dazu reife, satte Frucht, Pflaumengelee. Trifft kraftvoll auf den Gaumen und zieht sich strukturiert auf. Spürbarer Holzeinsatz mit maskulinen Zügen, viel Stoff bis zum Ende, langer Abgang.

92 Vigna Kastelaz Merlot Riserva Südtirol DOC 2018
13,5 Vol.-%, NK, Barrique, €€€€€
Kräftiges Rubinrot mit ziegelfarbenen Akzenten. Ausgeprägte Nase nach frisch geröstetem Kaffee, feine Holzwürze, etwas Lakritze und reife Brombeeren im Hintergrund. Wohliger Gaumeneintritt mit satten Nuancen, ausgeprägter Holzeinsatz, runder Körper, stimmig im Verlauf mit viel Ausdruck.

91 Ludwig Pinot Nero Südtirol DOC 2018
13,5 Vol.-%, NK, Barrique, €€€€€
Funkelndes, mitteldichtes Rubingranat. Eröffnet mit betont grünwürzigen Noten, nach Zitronenmelisse, dann viel Himbeeren und Weichseln. Viel saftige Frucht, griffiges, zupackendes Tannin, im Finale klar und herzhaft.

ELENA WALCH
39040 Tramin (BZ)
Andreas-Hofer-Straße 1
T: +39 (0471) 860172
info@elenawalch.it
www.elenawalch.com

Kellermeister: Stefano Bolognani
Kontakt: Julia Walch
Produktion: 550.000 Flaschen
50 % weiß, 50 % rot, 65 Hektar
Messen: ProWein Düsseldorf, Vinitaly

St. Jakob in Kastelaz bei Tramin

WILHELM WALCH
39040 Tramin (BZ)
Andreas-Hofer-Straße 1
T: +39 (0471) 860172
info@walch.it
www.walch.it

Kellermeister: Stefano Bolognani
Kontakt: Werner Walch
Produktion: 600.000 Flaschen
50 % weiß, 50 % rot, 8 + 65 Hektar
Messen: ProWein Düsseldorf, Vinitaly

★

WILHELM WALCH

Im Jahr 1869 gründete Wilhelm Walch eine Kellerei, die bis heute zu den bestimmenden Betrieben in der Südtiroler Weinwirtschaft zählt. In einem alten Jesuitenkloster im Zentrum von Tramin wurde die Kellerei einst eingerichtet. Der Standort ist immer noch der gleiche, die Keller wurden inzwischen aber erheblich erweitert. Bei Wilhelm Walch hat man das früher sehr umfangreiche Sortiment wohltuend gestrafft. Die »Classic«-Linie wurde eingestellt, die »Premium«-Linie dafür etwas erweitert. Für den Ausbau wird bei Rotwein in der Regel das große Eichenfass verwendet, wo es sinnvoll ist, wird auch mit Barriques gearbeitet. Weißwein hingegen wird ausschließlich im Stahltank vergoren und ausgebaut. Walch-Weine zeichnet ein einheitliches Outfit aus, die Etiketten schmückt ein stilisiertes »W«. Die Weine sind klare Vertreter der jeweiligen Rebsorte und zeichnen sich durch ein sehr gutes Preis-Genuss-Verhältnis aus.

89 Gewürztraminer Südtirol DOC 2020
14 Vol.-%, DIAM, Stahltank, €€€

88 Pinot Bianco Südtirol DOC 2020
13 Vol.-%, DIAM, Stahltank, €€

88 Pilat Chardonnay Südtirol DOC 2020
13,5 Vol.-%, DIAM, Stahltank, €€

88 Krain Sauvignon Südtirol DOC 2020
13 Vol.-%, DIAM, Stahltank, €€€

90 Lagrein Südtirol DOC 2020
13,5 Vol.-%, DIAM, großes Holzfass, €€
Tiefdunkles Rubinrot mit Granat. Ausgeprägt würzige Aromen nach frischem Pfeffer, etwas Minze, Zedern und reifen Brombeeren. Saftiger Auftakt mit stoffigem Tannin, frische Säure, verläuft präzise über den Gaumen, mit guter Spannung, angenehmer Nachhall.

89 Plattensteig Edelvernatsch Südtirol DOC 2020
13 Vol.-%, DIAM, großes Holzfass, €€

★★★★

ANSITZ WALDGRIES

Im klassischen St. Magdalener Gebiet, nur wenig außerhalb des Stadtkerns von Bozen, liegt das Weingut Ansitz Waldgries. An einem sonnigen Hang zwischen Reben eingebettet, steht das Anwesen der Familie Plattner. Der prächtige Ansitz stammt aus dem 12. Jahrhundert. Ursprünglich war es im Besitz eines Klosters, weshalb hier bereits vor Jahrhunderten Wein gekeltert wurde. Steigt man über die historischen Treppen hinab bis in sieben Meter Tiefe, gelangt man in das Herzstück des Ansitzes. Der imposante Weinkeller lädt zum Verweilen ein. Der künstlerisch gestaltete Weinweg »Zeit in Waldgries« lässt Besucher Interessantes über die Geschichte und die tägliche Arbeit in Waldgries erfahren.
Bekannt ist Christian Plattner für seinen St. Magdalener. Aus der Vernatsch-Traube gekeltert, mit bis zu 10 Prozent Lagrein, ist er der Südtiroler Wein für jeden Anlass – klassisch der eine, fülliger und würzig der andere (»Antheos«). Stark ist Christian Plattner auch bei Lagrein, von denen es gleich vier Varianten gibt – vom saftigen Jahrgangs-Lagrein über Riserva und »Mirell« bis zum tiefgründigen »Roblinus de Waldgries«. Die beiden komplexen und gereiften Weißweine, Sauvignon »Myra« und Weißburgunder Riserva »Isos« stammen von Lagen rund um Eppan und zeigen, dass Plattner auch dafür eine hervorragende Hand hat.

94 Myra Sauvignon Südtirol DOC 2019
13,5 Vol.-%, NK, Teilbarrique, €€€
Funkelndes, leuchtendes Strohgelb. Duftet intensiv nach frischem weißem Spargel und Stachelbeeren, etwas Melisse. Am Gaumen salzig, hat gute Spannung, hinten viel süßer Schmelz, langer Nachhall.

93 Isos Weissburgunder Riserva Südtirol DOC 2018
14,5 Vol.-%, NK, Tonneaux Fass, €€€€
Sattes, funkelndes Strohgelb. Eröffnet in der Nase mit Noten nach baumreifem Apfel, dazu etwas Williamsbirne und Nüsse. Am Gaumen rund, mit sehr guter Spannung, süßer Schmelz, strömt ruhig dahin, im Finale cremig, nach Birne und hellem Karamell.

93 Antheos St. Magdalener Classico Südtirol DOC 2019 VN/LG
13,5 Vol.-%, NK, großes Holzfass, €€€€
Funkelndes mitteldichtes Rubin. Eröffnet in der Nase mit feinen gereiften Noten, nach reifen, prallen Kirschen, dazu Veilchen. Am Gaumen viel rote Frucht, feiner Schmelz, gibt sich erstaunlich kraftvoll, griffiges, gut integriertes Tannin.

92 St. Magdalener Classico Südtirol DOC 2020 VN/LG
13 Vol.-%, NK, Stahltank, €€€
Satt leuchtendes Rubinrot mit leichter Randaufhellung. Dezente Aromen nach roten Johannisbeeren, frischen Kirschen und weißem Pfeffer, im Nachhall nach Lorbeer. Zieht sich mit Spannung über die Zunge, wirkt mundfüllend und satt, engmaschiges, fein verwobenes Tannin mit anhaltendem Abgang.

92 Mirell Lagrein Südtirol DOC 2018
13,5 Vol.-%, NK, Barrique, €€€€€
Sattes Rubin mit schwarzem Kern. Eröffnet in der Nase mit betont würzigen Komponenten, nach hellem Pfeffer, dahinter viel Schwarzkirsche. Am Gaumen viel griffiges Tannin, gepaart mit süßem Schmelz, im Finale satte Gewürznoten.

ANSITZ WALDGRIES
39100 Bozen (BZ)
St. Justina 2
T: +39 (0471) 323603
info@waldgries.it
www.waldgries.it

Kellermeister/Kontakt:
Christian Plattner
Produktion: 70.000 Flaschen
20 % weiß, 80 % rot, 4 % süß,
7.2 +1 Hektar
Messen: ProWein Düsseldorf, Vinitaly, Bozner Weinkost

91 Lagrein Riserva Südtirol DOC 2018
13,5 Vol.-%, NK, Teilbarrique, €€€€
Sattes, tiefdunkles Rubinviolett. Öffnet sich in der Nase nur zaghaft, fein gezeichnet mit Noten nach Brombeere, roter Bete und Tabak. Am Gaumen schmalzig-rauchig, zeigt griffiges Holztannin, trocknet leicht nach, im Nachhall nach gebratenen Kastanien, wirkt insgesamt etwas ruppig.

94 Rosenmuskateller Südtirol DOC 2019
14 Vol.-%, NK, Stahltank, €€€€€
Sattes, funkelndes Rubin. Beeindruckende Aromenfülle in der Nase, begeistert mit Noten von Rosenblättern, einem Teppich orientalischer Gewürze und eingelegten Kirschen. Am Gaumen sehr konzentriert, feines Spiel zwischen Süße und Tannin, sehr gut ausbalanciert, ein Wein wie Weihnachten!

★★

WASSERERHOF

Der Wassererhof liegt im unteren Eisacktal zwischen Bozen und Klausen im Gemeindegebiet von Völs am Schlern. Die Weinhänge des Weinguts sind nach Westen ausgerichtet und mit Sauvignon Blanc und den weißen Burgundersorten bepflanzt. Am Wassererhof werden auch die Trauben des familieneigenen Mumelterhofes in Leitach bei Bozen vinifiziert. Die steilen Weinhänge des Stammhofes der Familie Mock sind nach Süden ausgerichtet, und es gedeihen dort Vernatsch, Lagrein und Cabernet. Am Wassererhof befindet sich neben dem Weinkeller auch eine ausgezeichnete Buschenschank. Das Weingut ist ein Familienbetrieb, bei dem jeder der drei Mock-Brüder seine feste Rolle einnimmt, aber auch jedem hilft. Hannes, der Musiker, führt den Mumelterhof, Andreas, der Koch, ist hauptsächlich für den Gastbetrieb verantwortlich, und Christoph, der Winzer, bearbeitet den Wassererhof. Mit seiner sorgfältig modernen Einrichtung im alten Gemäuer, seiner ausgezeichneten Küche und den hervorragenden Weinen bietet der Wassererhof ein kulinarisches Gesamterlebnis.

WASSERERHOF
39050 Völs am Schlern (BZ)
Völserried 21
T: +39 (331) 6645870
info@wassererhof.com
www.wassererhof.com

Kellermeister: Christoph Mock
Kontakt: Christoph und Andreas Mock
Produktion: 40.000 Flaschen
5 Hektar

91 Grauburgunder Südtirol DOC 2019
13,5 Vol.-%, NK, Tonneaux Fass/ Stahltank, €€€€
Strahlend helles Strohgelb mit kupferfarbenen Reflexen. Orangenblüten, Apfelkompott und warmer Toast, im Nachhall leicht rauchig. Kompakter Auftakt mit präsentem Körper und gut eingebundener Säure, angenehme Cremigkeit in Ansatz und Verlauf, mundfüllende Textur, zeigt sich saftig und lang im Ausklang.

90 Sauvignon Südtirol DOC 2019
13,5 Vol.-%, NK, Stahltank/Tonneaux Fass, €€€
Brillantes helles Goldgelb mit silbernem Touch. Zarte Nase nach frischen Wiesenkräutern, zartwürzig, Zitronenzesten und Holunderblüten. Spannt sich knackig über die Zunge, zeigt kecke Säure, geht präzise und klar über den Gaumen.

89 Weissburgunder Südtirol DOC 2019
13,5 Vol.-%, NK, Tonneaux Fass/Stahltank, €€€

93 Cabernet Riserva Südtirol DOC 2018 CS/CF
14,5 Vol.-%, NK, Barrique, €€€€€
Sattes dunkles Rubinviolett. Sehr klare und intensive Nase mit Noten nach dunkler Johannisbeere, etwas Tabak, im Hintergrund etwas Lorbeer. Rund und stoffig am Gaumen, öffnet mit zupackendem, dichtem Tannin, im Finale fester Druck.

90 St. Magdalener Classico Südtirol DOC 2019 VN/LG
13 Vol.-%, NK, Stahltank, €€€
Leuchtend helles Rubinrot mit pinken Akzenten. Dezent in der Nase nach Rosenblüten, reifen Brombeeren, Himbeerkompott und Waldboden. Am Gaumen etwas mehr Würze, zeigt saftiges Spiel, vordergründig verwobenes Tannin, zieht sich mit sanftem Druck durch, ausgeprägter Nachhall.

90 Mumbolt Rot Weinberg Dolomiten IGT 2019 CS/CF/LG/SY
14 Vol.-%, NK, gebrauchte Barriques, €€€€
Intensives Rubin mit kirschroten Reflexen und dunklem Kern. In der Nase feinwürzig nach Rosmarin und Hagebutte, reife Brombeeren, dazu ein Hauch Tabak. Animierender Auftakt mit samtigem Extrakt und guter Fülle, griffiges Tannin, zeigt Spannung, wirkt noch etwas jugendlich mit gutem Potenzial.

★★

SEKTMANUFAKTUR WINKLER

NEU

Es prickelt in Girlan! Gegründet wurde die Sektkellerei Winkler 1977 von Helmuth Winkler, der sie bis ins Jahr 2001 führte. Leider erkrankte er im selben Jahr sehr schwer und konnte den Betrieb nicht mehr weiterführen. Danach wurde es still um die Sektkellerei, ganze 16 Jahre lang schlummerte die Produktion im Dornröschenschlaf und wartete auf ihre Neugründung.
Anstatt den Betrieb sanft wachzuküssen, rüttelte Sohn Michael Winkler mit seiner Frau Verena und den gemeinsamen Kindern Maximilian und Anna-Katharina 2017 tatkräftig am Fundament und gründete die Sektmanufaktur Winkler. Erklärtes Ziel: Südtirol und die Welt wieder mit hochwertigen, handgerüttelten Sekten zu versorgen. In akribischer Kleinarbeit machte er sich gemeinsam mit dem Önologen und Freund Stefan Donà auf die Suche nach den richtigen Sorten in den richtigen Lagen, die er verteilt über Südtirol auf Lagen in über 580 Metern Seehöhe fand. Das Rebsortenspektrum besteht aktuell aus 70 Prozent Chardonnay, 20 Prozent Blauburgunder und 10 Prozent Weißburgunder. Im Portfolio findet man zurzeit nur ein Produkt, den Sekt »Lamm N° 12«. Von diesem Sekt reifen 30 Prozent des Grundweins für neun Monate in Barriques, das verleiht ihm schöne Cremigkeit und Spannung. Lamm N°12 ist auch die Adresse der sehenswerten hauseigenen Sekt-Lounge im Weinort Girlan, in der die Familie Winkler ihre edlen Perlen kredenzt.

93 ❸ Lamm N°12 Extra Brut VSQ CH/PN/WB
12,5 Vol.-%, NK, gebr.Barriques/Tonneaux Fass/Stahltank/Flaschengärung, €€€€€
Leuchtendes, strahlendes Strohgelb, anhaltende Perlage. In der Nase duftig, nach weißem Pfirsich und Apfel, ein Hauch Birne, Akazienblüten, Meersalz. Am Gaumen mit präsenter, gut eingebundener Perlage, mit leichtem Fruchtschmelz, zieht sich elegant und fein über die Zunge, ausgewogenes, blitzsauberes Finale.

SEKTMANUFAKTUR WINKLER
39057 Girlan/Eppan (BZ)
Lammweg 12
T: +39 (338) 2501187
www.sektmanufaktur.it

Kellermeister: Stefan Donà
Kontakt: Michael Winkler
Produktion: 13.000 Flaschen
100 % Schaumwein, 2.5 Hektar

MIT BESTER EMPFEHLUNG

Sie sind auf der Suche nach tollen Weinen und köstlichen Delikatessen? Dann sind Sie hier genau richtig! Bei diesen ausgewählten Weingasthöfen, Weinhändlern und Feinkostläden finden Sie kompetente Beratung und beste Erzeugnisse.

WEINGASTHÖFE

NIEDERÖSTERREICH

Marchfelderhof
Bockfließer Straße 31, 2232 Deutsch-Wagram
Weinviertel
T: +43 2247 2243, www.marchfelderhof.at
Mo bis Fr ab 12 Uhr, Sa und So ab 11 Uhr
82 Punkte im Falstaff Restaurantguide 2021
€€

Weiler
Staatsbahnstraße 60, 2136 Laa an der Thaya
Weinviertel
T: +43 2522 2379, www.weilerlaa.at
Mi bis Sa 10–15 Uhr und 17.30–22 Uhr, So 10–16 Uhr
84 Punkte im Falstaff Restaurantguide 2021
P €€

Tsatsiki
Bezirksstraße 1, 2500 Sooß
Thermenregion
T: +43 2252 22870, www.tsatsiki.at
täglich 11.30–23.30 Uhr
79 Punkte im Falstaff Restaurantguide 2021
P €

Foto: Wien Tourismus/Peter Rigaud

Figl

Hauptplatz 4, 3100 St. Pölten-Ratzersdorf
Wagram
T: +43 2742 257402, www.gaststaettefigl.at
Di bis Sa 11.30–14.30 und 18–22 Uhr
86 Punkte im Falstaff Restaurantguide 2021

P €€

Zum goldenen Kreuz

Weinstraße 11, 3483 Feuersbrunn
Wagram
T: +43 2738 2342
www.gasthausbauer.at
Di bis Do und Sa 8.30–22 Uhr, Fr 8.30–14 Uhr, So 8.30–17 Uhr

P

Eisenbock's Strasserhof

Marktplatz 30, 3491 Strass
Kamptal
T: +43 2735 2427
www.strasserhof.at
Di bis So 10–22 Uhr

P

Bärenwirt

Ybbser Straße 3, 3252 Petzenkirchen
Wachau
T: +43 7416 52153, www.bärenwirt.at
Mo bis Sa 9–23 Uhr, So 9–15 Uhr
85 Punkte im Falstaff Restaurantguide 2021

P €€

Jell

Hoher Markt 8-9, 3500 Krems
Kremstal
T: +43 2732 82345, www.amon-jell.at
Di bis Sa 11–14 Uhr und 18–22.30 Uhr
87 Punkte im Falstaff Restaurantguide 2021

P €€

Floh

Tullner Straße 1, 3425 Langenlebarn
Wagram
T: +43 2272 62809, www.derfloh.at
Do 17–22 Uhr, Fr bis Mo 11.30–14 Uhr und 18–21 Uhr
94 Punkte im Falstaff Restaurantguide 2021

P €€

Gasthof-Restaurant Klinglhuber

Wiener Straße 2, 3500 Krems
Kremstal
T: +43 2732 82143, www.klinglhuber.com
Mo bis Fr 11–14 Uhr und 17.30–21 Uhr
81 Punkte im Falstaff Restaurantguide 2021

P €

Gut Oberstockstall

Ringstraße 1, 3470 Oberstockstall
Wagram
T: +43 2279 2335, www.gutoberstockstall.at
Fr 16–21 Uhr, Sa 11.30–21 Uhr, So 11.30–19 Uhr
93 Punkte im Falstaff Restaurantguide 2021

P €€

LANDHAUS BACHER

Landhaus Bacher

Südtiroler Platz 2, 3512 Mautern an der Donau
Wachau
T: +43 2732 82937, www.landhaus-bacher.at
Mi bis Sa 12–15 Uhr und ab 18.30 Uhr, So 11.30–23 Uhr
99 Punkte im Falstaff Restaurantguide 2021

P €€€

Foto: Gaststätte Figl/ David Schreiber

Hettegger
Niedergrünbach 60, 3532 Rastenfeld
Kremstal
T: +43 2826 88102, www.restaurant-hettegger.at
täglich 9–23 Uhr
87 Punkte im Falstaff Restaurantguide 2021
€€

Bründlmayer Heurigenhof
Walterstraße 14, 3550 Langenlois
Kremstal
T: +43 2734 2883, www.heurigenhof.at
Mi bis Fr 15–22 Uhr, Sa und So 12–22 Uhr
90 Punkte im Falstaff Restaurantguide 2021
€€€

Gutmann
Heiligensteinstraße 32, 3561 Zöbing, Kamptal
T: +43 2734 2334, www.gasthaus-gutmann.com
Mi und Do 11.30–14.30 Uhr, Fr 11.30–14.30 und 18–20.30 Uhr, Sa 11.30–20.30 Uhr, So und Ftg. 9–18 Uhr
84 Punkte im Falstaff Restaurantguide 2021
€€

Weinbeisserei Hager
Altweg 5, 3562 Mollands
Kamptal
T: +43 2733 78080, www.weinbeisserei-hager.com
Öffnungszeiten variabel
95 Punkte im Falstaff Heurigen- & Buschenschankguide 2020

Heinzle
Wachaustraße 280, 3610 Weißenkirchen in der Wachau
Wachau
T: +43 2715 2231, www.heinzle.at
Mi bis Sa 11–23 Uhr, So 11.30–18 Uhr
85 Punkte im Falstaff Restaurantguide 2021
€€

Prandtauerhof
Prandtauerplatz 36, 3610 Joching
Wachau
T: +43 2715 2310, www.holzapfel.at
Öffnungszeiten auf Anfrage
89 Punkte im Falstaff Restaurantguide 2021
€€

Schachner
Maria Taferl 24, 3672 Maria Taferl
Wachau
T: +43 7413 6355, www.hotel-schachner.at
Mo bis Fr 18–20 Uhr
90 Punkte im Falstaff Restaurantguide 2021
€€

BURGENLAND

Altes Landgut Werdenich
Untere Hauptstraße 2, 2423 Deutsch Jahrndorf
Neusiedlersee
T: +43 2144 21630, www.landgut-werdenich.at
Do bis So 10.30–24 Uhr
80 Punkte im Falstaff Restaurantguide 2021
€€

Henrici
Esterházyplatz 5, 7000 Eisenstadt
Leithaberg
T: +43 2682 62819, www.henrici.at
Di bis Fr 11–22 Uhr, Sa 9–22 Uhr, So 9–17 Uhr
85 Punkte im Falstaff Restaurantguide 2021
€€

Weingasthof Wilhelm Grafl
Hauptstraße 37, 7022 Schattendorf
Leithaberg
T: +43 2686 2126
www.weingasthof-grafl.at
Fr bis Mi 9–24 Uhr
€

Pauli's Stuben – Braunstein

Fellnergasse 1a, 7083 Purbach
Leithaberg
T: +43 2683 55130, www.braunstein.at
täglich 8.30–22 Uhr
82 Punkte im Falstaff Restaurantguide 2021

P €€

Podersdorfer Weinstube

Winklergasse 30, 7141 Podersdorf am See
Neusiedlersee
T: +43 2177 2829, www.weingutzurdankbarkeit.at
Ostern bis Ende Okt. Do bis So ab 17 Uhr
94 Punkte im Falstaff Heurigen- & Buschenschankguide 2020

P

Das Fritz

Seebad 1, 7121 Weiden am See
Neusiedlersee
T: +43 2167 40222, www.dasfritz.at
täglich 9–22 Uhr
85 Punkte im Falstaff Restaurantguide 2021

€€

Gasthaus Zur Dankbarkeit

Hauptstraße 39, 7141 Podersdorf, Neusiedlersee
T: +43 2177 2223, gasthaus@dankbarkeit.at, www.dankbarkeit.at
Do und Fr 11.30–14 Uhr und 18–21 Uhr,
Sa, So und Ftg. 11.30–21 Uhr, Dezember und Jänner geschlossen
90 Punkte im Falstaff Restaurantguide 2021

P €€

Presshaus

Apetloner Straße 13, 7142 Illmitz
Neusiedlersee
T: +43 2175 2730, www.presshaus.com
Mi bis So 10–24 Uhr
85 Punkte im Falstaff Restaurantguide 2021

Zum fröhlichen Arbeiter

Quergasse 98, 7143 Apetlon
Neusiedlersee
T: +43 2175 2218, www.froehlicherarbeiter.at
Fr bis Di 9–23 Uhr
85 Punkte im Falstaff Restaurantguide 2021

Ratschens Restaurant

Am Ratschen 5, 7474 Deutsch Schützen
Eisenberg
T: +43 3365 20082, www.ratschen.at
Mi bis Fr 17–24 Uhr, Sa 11–24 Uhr, So 11–16 Uhr
91 Punkte im Falstaff Restaurantguide 2021

Krutzler

Heiligenbrunn 16, 7522 Heiligenbrunn
Eisenberg
T: +43 3324 7241
www.hotel-krutzler.at
Mi bis So 11–14 Uhr und 17–24 Uhr

Schwabenhof

Hagensdorf 22, 7522 Hagensdorf
Eisenberg
T: +43 3324 7333, www.schwabenhof.at
Öffnungszeiten laut Homepage
81 Punkte im Falstaff Restaurantguide 2021

STEIERMARK

Schlossberg

Schlossberg 7, 8010 Graz
T: +43 316 840000
www.schlossberggraz.at
Mi und Do 17–24 Uhr, Fr und Sa 11–24 Uhr, So 11–18 Uhr
87 Punkte im Falstaff Restaurantguide 2021

Berggasthof König
STEIRISCHER WEINGASTHOF

König

Oberneuberg 5, 8225 Pöllauberg
T: +43 3335 2311
www.berggasthof-koenig.at
Mi bis Sa 11–20.30 Uhr, So 11–18 Uhr
86 Punkte im Falstaff Restaurantguide 2021

krispel
WEIN & MEHR

Weingut Krispel

Neusetz 29, 8345 Straden, Vulkanland Steiermark
T: +43 3473 7863, www.krispel.at
19. Mai bis 06. Nov Di bis Sa 17.30–23 Uhr,
25. Nov. bis 18. Dez. Do bis Sa 17.30–23 Uhr
95 Punkte im Falstaff Heurigen- & Buschenschankguide 2020

Schloss Kapfenstein

Kapfenstein 1, 8353 Kapfenstein
Vulkanland Steiermark
T: +43 3157 300300, www.schloss-kapfenstein.at
Do 17–20.30 Uhr, Fr und Sa 12–20.30 Uhr, So 12–15 Uhr
86 Punkte im Falstaff Restaurantguide 2021

€€

Ratscher Landhaus

Ottenberg 35, 8461 Ehrenhausen
Südsteiermark
T: +43 3453 23130, www.ratscher-landhaus.at
täglich geöffnet
87 Punkte im Falstaff Restaurantguide 2021

€€

Theresas

Kirchengasse 4, 8530 Deutschlandsberg
Weststeiermark
T: +43 3462 39182, www.theresas.at
Mo bis Fr 11–23 Uhr, Sa 17–23 Uhr
85 Punkte im Falstaff Restaurantguide 2021

€

Genießerhotel/Restaurant/Wirtshaus Sattlerhof

Sernau 2a, 8462 Gamlitz, T: +43 3453 4454-0
www.sattlerhof.at, restaurant@sattlerhof.at
Genießerrestaurant Di, Do bis Sa ab 18 Uhr, Bitte um Reservierung! Wirtshaus Di bis So ab 12 Uhr
89 Punkte im Falstaff Restaurantguide 2021

€€

OBERÖSTERREICH

Weststeirischer Hof

Müllegg 40, 8524 Bad Gams
Weststeiermark
T: +43 3463 2134, www.weststeirischerhof.at
Di bis Sa 10–22 Uhr, So 10–16 Uhr
82 Punkte im Falstaff Restaurantguide 2021

€€

Grüner Baum

Marktplatz 104, 4830 Hallstatt
Bergland
T: +43 6134 8263, www.gruenerbaum.cc
täglich 12–21 Uhr
81 Punkte im Falstaff Restaurantguide 2021

€€

VINOTHEKEN

WIEN

1080 Wien
VINOE – Die Niederösterreichisch Vinothek
Piaristengasse 35, T: +43 1 4020961
vinoe@aon.at, www.vinoe.at
Mo bis Fr 16–19.30 Uhr, Sa 10–13 Uhr

1010 Wien
Vinothek St. Stephan
Stephansplatz 6, T: +43 1 5126858
info@vinothek1.at, www.vinothek1.at
Mo bis Fr 09.30–18.30, Sa 09.30–17 Uhr

1160 Wien
INTERSPAR weinwelt.at
Sandleitengasse 41, T: +43 1 4813929
kundenservice@interspar.at , www.weinwelt.at
Mo bis Fr 7.40–20 Uhr, Sa 7.40–18 Uhr

1080 Wien
Vini per Tutti - der Weinshop
Lerchenfelderstraße 44, T: +43 664 226426
office@vinipertutti.at, www.vinipertutti.at
Mo bis Fr 13–22 Uhr, Sa 10–22 Uhr

1180 Wien
Vinophilia & Cetera
Währinger Straße 145, T: +43 1 47001110
office@vinophilia.at, www.aumanplatz.at
Mo bis Fr 9.30–19 Uhr, Sa 9–13 Uhr

1130 Wien
1130 Wein Vinothek
Lainzerstraße 1/Eingang gegenüber Altgasse 27,
T: +43 699 18000002
vinothek@1130wein.at, www.1130wein.at
Mo bis Fr 10–19 Uhr, Sa 10–15 Uhr

1190 Wien
INTERSPAR weinwelt.at
Grinzinger Straße 112, T: +43 1 3185496
kundenservice@interspar.at , www.weinwelt.at
Mo bis Fr 8–20 Uhr, Sa 8–18 Uhr

NIEDERÖSTERREICH

MORANDELL
FÜHRENDER WEINSPEZIALIST SEIT 1926

2020 Hollabrunn
RegionenShop - Kunst, Wein & Kulinarik
Sparkassegasse 1, T: +43 2952 3335 380
regionenshop@hollabrunn.gv.at
www.facebook.com/regionenshop
Mo und Di 10–15 Uhr, Mi und Do 10–18 Uhr, Fr 15–21 Uhr

2320 Schwechat
Morandell Depot Wien, Niederösterreich & Burgenland
Zwölfaxinger Straße 7, T: +43 50 220405
depot.wien@morandell.com
www.morandell.com

KRAUSE GETRÄNKEHAUS & WEINBLATT VINOTHEK

2201 Gerasdorf bei Wien
Getränkehaus Krause & Vinothek Weinblatt
Wagramer Straße 259, T: +43 1 7346969
service@weinblatt.at
www.weinblatt.at
Mo bis Fr 8–18 Uhr, Sa 8–12 Uhr

weinwelt INTERSPAR

2334 Vösendorf
INTERSPAR weinwelt.at in der SCS
SCS Eingang 7, T: +43 1 6991521
kundenservice@interspar.at, www.weinwelt.at
Mo bis Mi 8.30–20 Uhr, Do 8.30–21 Uhr,
Fr 8.30–20 Uhr, Sa 8–18 Uhr

2070 Retz
Gebietsvinothek Retzer Land im Althof
Althofgasse 14, T: +43 2942 3711
vinarium@althof.at
www.althof.at
Mo bis So 10.30–18 Uhr

2500 Baden
Badener Hauervinothek
Brusattiplatz 2, T: +43 2252 45640
badener.hauervinothek@aon.at
www.badenerwein.at
täglich 10–12.30 Uhr und 15.30–18.30 Uhr

3100 St. Pölten - Viehofen
INTERSPAR weinwelt.at
Daniel-Gran-Straße 13, T: +43 2742 367623
kundenservice@interspar.at
www.weinwelt.at
Mo bis Fr 7.40–20 Uhr, Sa 7.40–18 Uhr

3124 Oberwölbling
Vinothek Dunkelsteinerwald
Hausheim 15, T: +43 676 4922446
office@vinothek-dunkelsteinerwald.at
www.vinothek-dunkelsteinerwald.at
Öffnungszeiten nach telefonischer Vereinbarung

3133 Traismauer
WeinArtZone – Gebietsvinothek Traisental
Schloss Traismauer, Hauptplatz 1, T: +43 2783 8555
vinothek@weinartzone.at, www.weinartzone.at
Apr. bis Okt. So bis Fr 15–19 Uhr, Sa 10–19 Uhr
oder nach Terminvereinbarung

3134 Theyern Traisental
Weinkultur Preiß KG
Ringgasse 4, T: +43 2783 6731
juice@kulturpreiss.at
www.kulturpreiss.at
nach telefonischer Vereinbarung

3150 Wilhelmsburg
Der Weinkeller
Anzengruberstraße 28, T: +43 676 5104556
office@weinkeller-online.at
www.weinkeller-online.at
nach telefonischer Vereinbarung

3390 Melk
Vinothek »Wein & Wachau«
Kirchplatz 5, T: +43 2752 54987
office@weinundwachau.at
www.weinundwachau.at
Mo bis Fr 8.30–12 Uhr und 14–18 Uhr, Sa 9–12 Uhr

3400 Klosterneuburg
Peter Kaindl
Inkustraße 1-7, Objekt 4, T: +43 676 3935135
kaindl@weinhandelwien.at
www.weinhandelwien.at
Do und Fr 9–18 Uhr, Sa 9–16 Uhr

3470 Kirchberg am Wagram
Vinothek Weritas
Marktplatz 44, Reservierung unter T: +43 2279 20179-10
oder T: +43 676 4513020
info@weritas.at, www.weritas.at
Mi, Do und Fr 14–22 Uhr, Sa 9–21 Uhr, So 9–15 Uhr

3511 Palt
Wein.Depot Noitz
Römerstraße 169, T: +43 2732 85656
wein.depot@aon.at
www.wein-handlung.at
nach telefonischer Vereinbarung

BURGENLAND

7000 Eisenstadt
Selektion Vinothek Burgenland
Esterházyplatz 4, T: +43 2682 63345
wein@selektion-burgenland.at, www.selektion-burgenland.at
Mo bis Mi 16–22 Uhr, Do bis Sa 10–24 Uhr, So 16–22 Uhr

7301 Deutschkreutz
Burgenland Vinothek Glöckl GmbH
Hauptstraße 42, T: +43 670 552 79 99
office@burgenland-vinothek.at, www.burgenland-vinothek.at
1. April bis 31. Okt.: Mo bis Mi und Fr bis Sa 10–18 Uhr,
2. Nov. bis 30. März: Mo bis Mi und Fr bis Sa 10–17 Uhr

7132 Frauenkirchen
Sailer's Vinothek Burgenland
Kirchenplatz 27, T: +43 664 4109697
vinothek@sailers.at, www.sailers.at
Mi bis Fr 10–12.30 Uhr und 15–18 Uhr,
Sa 10–17 Uhr, So 11–17 Uhr

STEIERMARK

8010 Graz
Weinhandel Kohlbacher
Leonhardstraße 3, T: +43 316 319431
office@weinhandel-kohlbacher.at
www.weinhandel-kohlbacher.at
Mo bis Do 11–19 Uhr, Fr 10–19 Uhr, Sa 10–13 Uhr

8020 Graz
INTERSPAR weinwelt.at Citypark
Lazarettgürtel 55, T: +43 316 710436
kundenservice@interspar.at
www.weinwelt.at
Mo bis Fr 8–20 Uhr, Sa 8–18 Uhr

8041 Graz-Liebenau
INTERSPAR weinwelt.at Murpark
Ostbahnstraße 3, T: +43 316 472515
kundenservice@interspar.at
www.weinwelt.at
Mo bis Fr 7.40–20 Uhr, Sa 7.40–18 Uhr

8055 Graz
Morandell Depot Steiermark & Südliches Burgenland
Mälzerweg 11, +43 50 220406
depot.graz@morandell.com
www.morandell.com

8074 Raaba
Weinhof Auer Gesellschaft m.b.H.
Josef Krainer Straße 11, T: +43 0316 401100
office@weinhof-auer.at
www.weinhof-auer.at
Mo bis Fr 8.30–18 Uhr und Sa 8–12 Uhr

8077 Gössendorf
Simplywine A. I. Deutsch HandelsgmbH
Gewerbering 4, T: +43 3135 46060
office@simplywine.at
www.simplywine.at
Mo bis Do 8.30–12.30 Uhr, Mo bis Do 14–17 Uhr, Fr 8.30–13 Uhr

8274 Buch bei Hartberg
Interex GroßhandelsgmbH
Totterfeld 24, T: +43 3332 62111
weinschmecker@interex.at
www.interex.at, weinschmecker.shop
Mo bis Fr 7.30–18 Uhr, Sa 7.30–12 Uhr

8354 Aigen
Gesamtsteirische Vinothek
Marktstraße 6, T: +43 3158 2801
wein@gesamtsteirische-vinothek.at
www.gesamtsteirische-vinothek.at
15. Mai bis 15. Nov. Di bis So 11–18.30 Uhr

8530 Deutschlandsberg
Vinothek Ehmann
Grazerstraße 7, T: +43 3462 20390
info@weinshop24.at
www.weinshop24.at
Mo bis Do 7–17 Uhr, Fr 7–18 Uhr, Sa 7–12.30 Uhr

KÄRNTEN

9020 Klagenfurt
INTERSPAR weinwelt.at
Rosentalerstraße 136, T: +43 463 261435
kundenservice@interspar.at
www.weinwelt.at
Mo bis Fr 7.40–20 Uhr, Sa 7.40–18 Uhr

9020 Klagenfurt
INTERSPAR weinwelt.at
Durchlaßstraße 4, T: +43 463 45260
kundenservice@interspar.at
www.weinwelt.at
Mo bis Fr 8–20 Uhr, Sa 8–18 Uhr

9500 Villach
INTERSPAR weinwelt.at
ATRIO, Kärntner Straße 34, T: +43 4242 37511
kundenservice@interspar.at
www.weinwelt.at
Mo bis Fr 8–20 Uhr, Sa 8–18 Uhr

9800 Spittal an der Drau
Weinpartner
Ebnerwiese 52, T: +43 664 4628510
office@weinpartner.com
www.dieweinpartner.at
Verkauf nach telefonischer Vereinbarung

9811 Lendorf
Morandell Depot Kärnten & Osttirol
Fressnitz 10,
T: +43 50 220408
depot.lendorf@morandell.com
www.morandell.com

9853 Gmünd
Weinhandel Peter Gigler
Kirchgasse 53, T: +43 676 6094223
p.gigler@weinheit.at
www.weinheit.at
Do 17–21 Uhr

OBERÖSTERREICH

4020 Linz
Alte Metzgerei - Vinothek
Herrenstraße 5, T: +43 732 774434
office@walchsdorfer.com
www.altemetzgerei.at
Mo bis Mi 11–22 Uhr, Do und Fr 11–24 Uhr

4020 Linz
Schenki's Vinothek
Landstraße 12, T: +43 732 795444
weinhof@schenkenfelder.at
www.schenkenfelder.at
Mo bis Fr 09.30–19 Uhr, Sa 09–17 Uhr

4020 Linz
INTERSPAR weinwelt.at
Industriezeile 76, T: +43 732 654124
kundenservice@interspar.at
www.weinwelt.at
Mo bis Fr 8–20 Uhr, Sa 8–18 Uhr

4020 Linz
Weinhof Schenkenfelder
Pollheimerstraße 20, T: +43 732 670711
weinhof@schenkenfelder.at
www.schenkenfelder.at
Mo bis Fr 8–12.30 und 13.30–17.30 Uhr

4040 Linz
Vino Vino Spitzenwinzer Österreich, Fankreich, Italien
Reindlstraße 19, T: +43 664 2308551
office@vinovino.at, www.vinovino.at
Weinabholung nach Vereinbarung

4061 Pasching
INTERSPAR weinwelt.at Plus City
Plus City, Plus-Kauf-Straße 7, T: +43 7229 61063
kundenservice@interspar.at
www.weinwelt.at
Mo bis Mi 8–20 Uhr, Do und Fr 8–21 Uhr, Sa 8–18 Uhr

4100 Ottensheim
Wolfs Weindepot
Blittersdorffstraße 10a, T: +43 650 9829302
office@wolfsweindepot.at
www.wolfsweindepot.at
Öffnungszeiten nach Vereinbarung

4600 Thalheim
Mayer Spirituosen
Josef Auzinger Straße 3, T: +43 7242 43310
office@mayer-spirituosen.at
www.mayerspirituosen.at
Mo bis Fr 8–12 Uhr und 13–17 Uhr

4664 Laakirchen
Getränke Wagner
Weinstraße 31, T: +43 7613 440440
vinothek@wagnerweb.at
www.wagners-weinshop.com
Mo bis Fr 9.30–18.30 Uhr, Sa 9.30–12.30 Uhr

4840 Vöcklabruck
Vinothek Vinorill
Prinz-Eugen-Straße 44, T: +43 664 2040355
vinorill@aon.at
www.vinorill.at
Öffnungszeiten nach Vereinbarung

SALZBURG

5020 Salzburg
SPORER Likör- & Punschmanufaktur
Getreidegasse 39, T: +43 662 845431
office@sporer.at
www.sporer.at
Mo bis Fr 10–19 Uhr

5020 Salzburg
INTERSPAR weinwelt.at
Europark, Europastraße 1, T: +43 662 435506
kundenservice@interspar.at
www.weinwelt.at
Mo bis Do 8–20 Uhr, Fr 8–21 Uhr, Sa 8–18 Uhr

5301 Eugendorf
Morandell Depot Salzburg & Oberösterreich
Strass 20,
T: +43 50 220402
depot.eugendorf@morandell.com
www.morandell.com

5431 Kuchl
Döllerers Weinhandelshaus GmbH
Am Brennerhoflehen - Kellau 160, T: +43 6244 20567
weinhandel@doellerer.at, www.weinhandelshaus.at
Mo bis Mi 9.30–18.30 Uhr, Do und Fr 9.30–23 Uhr,
Sa 9.30–12.30 Uhr

TIROL

6370 Kitzbühel
Dewalds Weinladen
Im Gries 15, T: +43 699 17291150
shop@dewalds.at, dewalds.at
Mo 12–18.30 Uhr, Di, Do und Fr 10–18.30 Uhr,
Mi 10–18 Uhr, Sa ab 9.30–15 Uhr

6020 Innsbruck
INTERSPAR weinwelt.at
Sillpark, Museumstraße 38, T: +43 512 567414
kundenservice@interspar.at
www.weinwelt.at
Mo bis Fr 7.30–20 Uhr, Sa 8.30–18 Uhr

6300 Wörgl
Morandell International GmbH (Zentrale)
Wörgler Boden 13-15,
T: +43 50 220
wein@morandell.com
www.morandell.com

6130 Schwaz
INTERSPAR weinwelt.at
Hermine-Berghofer-Straße 12, T: +43 5242 64373
kundenservice@interspar.at
www.weinwelt.at
Mo bis Fr 7.40–20 Uhr, Sa 7.40–18 Uhr

6300 Wörgl
Vinorama Weinversand
Wörgler Boden 13-15, T: +43 50 220500
info@vinorama.at
www.vinorama.at
Mo bis Do 7.30–12 Uhr und 13–17 Uhr, Fr 7.30–12 Uhr

6150 Steinach/Brenner
Vinothek Nagele
Bahnhofstraße 162b,
T: +43 5272 6257
m.wessiack@vinothek-nagele.at
Mo bis Fr 9–19 Uhr, Sa 9–12 Uhr

6460 Imst
Morandell Depot Vorarlberg & Tirol (Oberland)
Industriezone 50, T: +43 50 220401
depot.imst@morandell.com
www.morandell.com

6300 Wörgl
Eurogast Riedhart GmbH
Innsbrucker Straße 96, T: +43 5332 72106
office@riedhart.at
www.markthalle.at
Mo bis Fr 7.30–18 Uhr Sa 7.30–13 Uhr

9900 Lienz
INTERSPAR weinwelt.at
Großglocknerstraße 1, +43 4852 63133
kundenservice@interspar.at
www.weinwelt.at
Mo bis Fr 7.40–20 Uhr, Sa 7.40–18 Uhr

6511 Zams
Der Grissemann
Hauptstraße 150, T: +43 5442 6999
vinothek@grissemann.at
www.dergrissemann.at
Mo bis Fr 8–19 Uhr, Sa 8–18 Uhr

VORARLBERG

Bevanda
Wein & Destillate
Färbergasse 15, Dornbirn
www.bevanda.cc

6850 Dornbirn
Weinhandel Bevanda
Färbergasse 15, T: +43 5572 386631
office@bevanda.cc
www.bevanda.cc
Mo bis Fr 9–18 Uhr, Sa 9–17 Uhr

weinwelt INTERSPAR

6706 Bludenz/Bürs
INTERSPAR weinwelt.at
Zimbapark/Almteilweg 1, T: +43 5552 63645
kundenservice@interspar.at
www.weinwelt.at
Mo bis Do 8.30–20 Uhr, Fr 8.30–21 Uhr, Sa 8–18 Uhr

weinwelt INTERSPAR

6854 Dornbirn
INTERSPAR weinwelt.at
Messepark, Messestraße 2, +43 5572 24671
kundenservice@interspar.at
www.weinwelt.at
Mo bis Do 8.30–20 Uhr, Fr 8.30–21 Uhr, Sa 8–18 Uhr

6780 Schruns
Vinothek Jenny
Dorfstraße 12, T: +43 5556 72881
office@vinothek-jenny.at, www.vinothek-jenny.at
Mo bis Mi und Fr 8.30–12 und 14.30–18 Uhr,
Do und Sa 8.30–12 Uhr

DEUTSCHLAND

Johannes Thurnher
Weine seit 1840

6850 Dornbirn
Johannes Thurnher
Bockackerstraße 13, T: +43 5572 261510
jth@thurnher-wein.com
www.thurnher-wein.com
Mo bis Fr 8–12 Uhr und 14–18 Uhr, Sa 9–12 Uhr

WEIN SCHMECKER®
INGOLSTADT

85049 Ingolstadt **Bayern**
Weinschmecker GmbH
Friedrichshofener Straße 1, T: +49 841 99397901
info@weinschmecker-ingolstadt.de
www.weinschmecker-ingolstadt.de
Mo bis Do 10–20 Uhr, Fr 10–22 Uhr, Sa 10–20 Uhr

6850 Dornbirn
Bruvino
Bahnhofstraße 8, T: +43 699 10072993
vinothek@bruvino.at, www.bruvino.at
Mo, Di, Do und Fr 15–19 Uhr, Mi 10.30–12.30 Uhr und
15–19Uhr, Sa 8.–13 Uhr

94086 Bad Griesbach im Rottal **Bayern**
Apropos Wein
Seilerberg 6C, T: +49 8532 7508
info@aproposwein.com, www.aproposwein.com
Mo, Mi, Fr und Sa 10–12 Uhr, Di und Do 16–18 Uhr
sowie nach telefonischer Vereinbarung

94086 Bad Griesbach-Karpfham **Bayern**
Weingarten Eden
Rottalstraße 18, T: +49 8532 920050
info@weingarten-eden.de
www.weingarten-eden.de
Mo bis Do 9–17 Uhr, Fr 9–15 Uhr

28195 Bremen **Bremen**
Lobenbergs GUTE WEINE
Tiefer 10, T: +49 421 696797
gute-weine@gute-weine.de
www.gute-weine.de
Mo bis Fr 8–18 Uhr

28359 Bremen **Bremen**
Bremer Weinkolleg
Anne-Conway-Straße 4,
T: +49 421 33062
info@bremer-weinkolleg.de
www.bremer-weinkolleg.de

SCHWEIZ

9500 Wil **Kanton St. Gallen**
Avinum GmbH
Höhenstrasse 12
T: +41 71 9113387
shop@avinum.ch
www.avinum.ch

8203 Schaffhausen **Kanton Schaffenhausen**
Tanner FeinWeinSein
Seewadelstrasse 5, T: +41 79 7490647
info@feinweinsein.ch
www.feinweinsein.ch
Do und Fr 10–18 Uhr, Sa 10–16 Uhr

3123 Belp-Bern — **Kanton Bern**
Wyhus Belp
Sägetstrasse 33, T: +41 31 8104141
info@wyhusbelp.ch
www.wyhusbelp.ch
Mo bis Fr 9–12 Uhr und 13.30–18.30 Uhr, Sa 9–16 Uhr

GROTTORIA
WEINE

8280 Kreuzlingen — **Kanton Thurgau**
Grottoria Weine AG
Hauptstrasse 70, T: +41 71 6722422
info@grottoria.ch
www.grottoria.ch
Mi bis Fr 13.30–18.30 Uhr, Sa 09–16 Uhr

8008 Zürich — **Kanton Zürich**
Vinothek Brancaia/Vintra SA
Seefeldstrasse 299, T: +41 44 4224522
office@vinothek-brancaia.ch
www.vinothek-brancaia.ch
Mo bis Fr 9–18.30 Uhr, Sa 9–16 Uhr

8181 Höri — **Kanton Zürich**
Österreich Weinhandel
Hofstrasse 12, T: +41 44 8620956
info@oesterreich-weinhandel.ch
www.oesterreich-weinhandel.ch
Mo bis Fr 8.15–12 Uhr & 13.15–18 Uhr, Sa nach tel. Vereinbarung

8934 CHAM — **Kanton Zürich**
UVA-EVA SCHIESS Weinhandel
Bachweg 2, T: +41 44 7670333
weinhandel@uvaeva.ch
www.uvaeva.ch
Di bis Do 14–18.30 Uhr, Fr 14–21 Uhr, Sa 10–14 Uhr

FEINKOST

WIEN

1180 Wien
Feinkost zum Aumann
Währinger Straße 141
T: +43 1 3366860
office@aumanns-genuss-platzerl.at
www.alles-schinken.at

NIEDERÖSTERREICH

2130 Mistelbach an der Zaya
BIO-Laden Kromer - s'gsunde Körberl
Bahnstraße 29, T: +43 2572 4604
office@bioladen-kromer.at
www.bioladen-kromer.at
Mo bis Fr 8–18 Uhr, Sa 8–12 Uhr

OBERÖSTERREICH

4273 Unterweißenbach
Sonnberg Biofleisch GmbH
Sonnbergstraße 1, T: +43 7956 7970
schaubetrieb@biofleisch.biz
www.biofleisch.biz
Mo bis Do 8–17 Uhr, Fr 8–18 Uhr, Sa 8–12 Uhr

SALZBURG

5300 Hallwang
Feinkost Fleischerei Auernig
Wiener Bundesstraße 16, T: +43 662 661339
metzgerei@auernig.at
www.auernig.at
Mo bis Fr 7–18 Uhr, Sa 7–12 Uhr

5421 Adnet bei Hallein
Dorfkäserei Pötzelsberger
Waidach 27, T: +43 6245 83228
info@biokas.at, www.biokas.at
Di 8–12 Uhr, Mi 8–12 Uhr und 15–18 Uhr, Do 8–12 Uhr, Fr 8–18 Uhr, Sa 7–11 Uhr

5760 Saalfelden
Siegfried HERZOG Destillate
Breitenbergham 5, T: +43 6582 75707
office@herzogdestillate.at
www.herzogdestillate.at
Mo bis Fr 8–12 Uhr und 13–17 Uhr, Sa 8–12 Uhr

KÄRNTEN

9620 Hermagor
Lachs & Gourmet GmbH
Obervellach 33, T: +43 4282 2069
info@bachmann-lachs.at
www.biolachs.at
Mo bis Fr 9–12 Uhr

9773 Irschen
Kräuterhaus Pfarrstadel
Irschen 19a
T: +43 664 5753912
www.kraeuterdorf.at
Mai bis Okt. Mo bis Sa 10–12 Uhr und 15–18 Uhr

STEIERMARK

8350 Fehring
Kürbishof Koller
Weinberg 78, T: +43 3155 3414
info@kuerbishof-koller.at
www.kuerbishof-koller.at
Mi bis Fr 9–14 Uhr, Sa 10–13 Uhr

TIROL

6235 Reith im Alpbachtal
Alpbachtaler Heumilchkäserei
Kirchfeld 3, T: +43 5337 62137
kaese-von@kaeserei-reith.at
www.kaeserei-reith.at
Mo bis Fr 7.30–12 und 15–18 Uhr, Sa 7.30–12 Uhr

Tiroler Speckklause Original Schnaps & Likör

6108 Scharnitz
Tiroler Speckklause
Hauptstraße 67/68,
T: +43 5213 5767
info@tiroler-speckklause.at
www.tiroler-speckklause.at

6240 Rattenberg
Konditorei Hacker
Südtiroler Straße 46, T: +43 5337 623220
cafehacker@rattenberg.at
www.cafehacker.at
täglich 8–19 Uhr

6401 Inzing
Brennerei Draxl
Weidach 1, T: +43 5238 88716
info@draxl-schnaps.at
www.draxl-schnaps.at
Mo bis Fr 13–18 Uhr, Sa 8–12 Uhr und nach tel. Vereinbarung

VORARLBERG

Käsestrasse Bregenzerwald

6951 Lingenau
Genusswelt der KäseStrasse Bregenzerwald
Zeihenbühl 423, T: +43 5513 42870-41
info@kaesestrasse.at, www.kaesestrasse.at
1. April bis 31. Oktober Mo bis Fr 10–18 Uhr, Sa 9–17 Uhr
1. November bis 31. März Di bis Fr 10–17 Uhr, Sa 10–16 Uhr

WEINGÜTER A–Z

ÖSTERREICH

A

A-Nobis
Zurndorf 576

Achs Paul Weingut
Gols 577

Achs Werner Weingut
Gols 579

Adam Lieleg Weingut
Leutschach 670

Aichinger Weingärtnerei
Schönberg am Kamp 126

Aigner Weingut
Krems 192

Allacher Vinum Pannonia / Vinum Pannonia Allacher
Gols 580

Allram Weingut
Straß im Straßertale 127

Alphart Weingut
Traiskirchen 244

Alphart Weingut am Mühlbach
Traiskirchen 245

Altenberg Gut – NÖ Landesweingut Retz
Retz 402

Altenburger Markus Weingut
Jois 504

Alzinger Weingut
Dürnstein 292

Am Berg - Ludwig und Michael Gruber Weingut
Langenlois 129

Amsee Weingut
Gols 582

Andau Domaine
Andau 583

Angerer Kurt Weingut
Lengenfeld 131

Arndorfer Martin & Anna Weingut
Straß im Straßertale 132

Artner Weingut
Höflein 96

Atzberg Weingut
Spitz an der Donau 294

Auer Familie Weingut
Tattendorf 247

Auer Michael Weingut
Höflein 98

Aumann Leo
Tribuswinkel 248

B

Bannert Weingut
Obermarkersdorf 403

Barmherzige Brüder Klosterkeller
Eisenstadt 505

Batthyány Weingut
Rechnitz 485

Bauer Anton Weingut
Feuersbrunn 348

Bauer Christoph Weingut
Jetzelsdorf 404

Bauer Familie Bioweingut
Großriedenthal 350

Bauer Josef Weingut
Feuersbrunn 351

Bauer Norbert Weingut
Jetzelsdorf 405

Bauer Stefan Weingut
Königsbrunn am Wagram 352

Bauer-Pöltl Weinhof
Horitschon-Unterpetersdorf 546

Bayer Heribert Kellerei In Signo Leonis
Neckenmarkt 547

Bayer – Erbhof Weingut
Donnerskirchen 507

Benedikt Weingut
Kirchberg am Wagram 354

Berger Weingut
Gedersdorf 193

Bernthaler + Bernthaler Bio-Weingut
Gols 584

Biegler Weingut
Gumpoldskirchen 250

Blauensteiner Leopold Weingut
Gösing am Wagram 355

Bockfliess Schlossweingut
Stetten 407

Böheim Gut
Arbesthal 99

Branigg Weingut
Kitzeck im Sausal 671

Brindlmayer Karl Weingut
Wagram ob der Traisen 268

Brolli-Arkadenhof Weingut
Gamlitz 672

Bründlmayer Josef & Philipp Weingut
Grunddorf 195

Bründlmayer Weingut
Langenlois 133

Buchegger Weingut
Droß 196

Burg Taggenbrunn Weingut
St. Veit an der Glan 787

C

Ceel Weingut
Rust 649

Christ Weingut
Wien 66

Cobenzl Wien Weingut
Wien 68

D

Dankbarkeit Weingut Zur
Podersdorf am See 585

Daschütz Christoph Weingut
Kirchberg am Wagram 356

Deim Alfred Markus
Schönberg 136

Deim Gerhard Weingut
Schönberg am Kamp 138

Diem Gerald und Andrea Weingut
Obermarkersdorf 408

Direder Robert Weingut
Kirchberg am Wagram 357

Diwald Karl Weingut
Großriedenthal 358

Dockner Familie Winzerhof
Höbenbach 198

Dockner Tom Weingut
Theyern 269

Dolle Peter Weingut
Straß im Straßertale 139

Domäne Wachau
Dürnstein 295

Donabaum Johann Weingut
Spitz an der Donau 299

Dreisiebner Stammhaus
Sulztal an der Weinstraße 674

Dürnberg Weingut
Falkenstein 409

E

Ebner-Ebenauer Weingut
Poysdorf 411

Ecker Weingut
Grafenberg 413

Ecker – Eckhof Weingut
Kirchberg am Wagram 359

Edelbauer Christoph
Langenlois 140

Eder Weingut
Gedersdorf 200

Edlinger Hannes Weinhof
Röschitz 414

Edlinger Josef Weingut
Furth/Palt 201

Edlmoser Weingut
Wien 70

Egermann Alexander Weingut
Illmitz 586

Ehmoser Josef Weingut
Tiefenthal 361

Ehn Ludwig Weingut
Langenlois 142

Ehn Weinhof
Engelmannsbrunn 363

Eichberger Weingut
Eibesbrunn 415

Eichenwald Weine
Horitschon 548

Eichinger Birgit Weingut
Straß im Straßertale 143

Elsnegg Weingut
Gamlitz 675

Eminger Ing. Wilhelm Weinbau
Niedersulz 417

Engel Weingut
Tieschen 750

Ernst Bernhard Weingut
Deutschkreutz 550

Ernst Weingut
Großwiesendorf 364

Esterházy Weingut
Trausdorf an der Wulka 508

Etz Weingut
Walkersdorf am Kamp 145

F

Feiler-Artinger Weingut
Rust 650

Felberjörgl Weingut
Kitzeck 676

Felsner Weingut
Grunddorf 202

Fichtenbauer-Mold Weingut
Langenlois 146

Fidesser Rudolf Weingut
Platt 418

Fiedler Grenzhof Weingut
Mörbisch 510

Figl Leopold Weingut
Wagram ob der Traisen 271

Figlmüller Fiona
Wien 71

Fink Weinhof
Krustetten 203

Firmenich Weingut
Ehrenhausen 677

Fischer Alfred Weingut
Stöttera 639

Fischer Christian Weingut
Sooß 251

Fischer Josef Weingut
Rossatz 300

Forstreiter Meinhard Weingut
Krems-Hollenburg 205

Frank Weingut
Herrnbaumgarten 419

Frauwallner Weingut
Straden 751

Friedrich Schilcherweingut
Sankt Stefan ob Stainz 776

Frischengruber Weingärtnerei
Rossatz 302

Fritsch Karl Weinbau
Oberstockstall 365

Fritz Josef Weingut
Zaußenberg 367

Frühwirth Weingut
Klöch 753

Fuchs - Family of Wine
Leutschach an der Weinstraße 679

Fuhrgassl-Huber Weingut
Wien 72

Fürst von Liechtenstein – Hofkellerei
siehe Liechtenstein, Fürst von – Hofkellerei

G

Gager Weingut
Deutschkreutz 551

Gebeshuber Johannes Weingut
Gumpoldskirchen 253

Gebetsberger Stefan Weingut
Spitz an der Donau 303

Georgiberg Weingut
Ehrenhausen 680

Gerngross R & R Weingut
Sausal 681

Gesellmann Weingut
Deutschkreutz 552

Giefing Weingut
Rust 652

Gilg Ludwig und Maria Weingut
Hagenbrunn 420

Glatzer Walter Weingut
Göttlesbrunn 100

Gmeiner Winzerhof
Seebarn 369

Gobelsburg Schloss Weingut
Gobelsburg 147

Goldeck Wein- und Sektkellerei
Bad Vöslau 254

Goldenits Robert Weingut
Tadten 587

Gollenz Weingut
Tieschen 755

Göttweig Stift Weingut
siehe Stift Göttweig Weingut

Graf Hardegg
siehe Hardegg Graf

Grassl Philipp Weingut
Göttlesbrunn 101

Greil Norbert Weingut
Unterstockstall 370

Grenzhof Fiedler Weingut
siehe Fiedler Grenzhof Weingut

Grill Weinhof
Fels am Wagram 371

Gritsch FJ – Mauritiushof
Spitz an der Donau 304

Gritsch Roman Weingut
Spitz an der Donau 306

Gritsch Thomas Weingut
Spitz an der Donau 307

Groiss Ingrid Weingut
Breitenwaida 421

Groll Wolfgang und Sylvia Weingut
Reith/Langenlois 150

Gross Weingut
Ehrenhausen 682

Groszer Wein
Burg 487

Gruber Ludwig und Michael Weingut - Am Berg
siehe Am Berg - Ludwig und Michael Gruber Weingut

Gruber Röschitz Weingut
Röschitz 422

Gschweicher Weingut
Röschitz 424

Gsellmann Andreas Weingut
Gols 589

H

Hagen Anton Weingut
Krems-Rehberg 206

Hagn Weingut
Mailberg 425

Hahn Weingut
Hohenruppersdorf 426

Haider Weingut
Illmitz 590

Hajszan Neumann Weingut
Wien 74

Hammer Wein Rust
Rust 653

Hardegg Graf
Seefeld-Kadolz 427

Hareter Thomas Weingut
Weiden am See 591

Harkamp Hannes Weingut
Leibnitz 685

Hartl Heinrich III Weingut
Oberwaltersdorf 255

Hartl Toni Weingut
Reisenberg 511

Hauleitner Herwald Weingut
Wagram ob der Traisen 272

Heiderer-Mayer Weingut
Großweikersdorf 372

Heinrich Gernot und Heike Weingut
Gols 592

Heinrich Silvia Weingut
Deutschkreutz 554

Herbst Robert Weingut
Langenlois 151

Herndler Weingut
Schiltern 152

Herzogenburg Stiftsweingut
Herzogenburg 274

Hiedler Weingut
Langenlois 153

Hillinger Leo Weingut
Jois 513

Hirsch Weingut
Kammern 155

Hirschmugl – Domaene am Seggauberg
Leibnitz 687

Hirtl Weingut
Poysdorf 429

Hirtzberger Franz Weingut
Spitz an der Donau 309

Hirtzberger Mathias Weinhofmeisterei
Wösendorf in der Wachau 310

Högl Weingut
Spitz an der Donau 312

Hofbauer-Schmidt Weingut
Hohenwarth 430

Hofer Weingut
Wien 76

Hofmann Rudolf Weingut
Traismauer 275

Hofstätter Weingut
Spitz an der Donau 313

Holzapfel Weingut
Weißenkirchen 315

Holzer Andreas Weingut
Nussdorf 276

Holzer Johannes Weingut
Engabrunn 156

Horvath Weingut
Gols 594

Huber Armin Weingut
Straß im Straßertale 157

Huber Markus Weingut
Reichersdorf 277

Christina Hugl | Sekt & Pet-Nat
Langenlois 158

I

Iby Bio Rotweingut
Horitschon 555

Igler Hans Weingut
Deutschkreutz 557

Igler Josef Weingut
Deutschkreutz 558

Innviadla Weinbau Költringer Wolfgang
siehe Költringer Wolfgang Innviadla Weinbau

Iro Markus Weingut
Gols 595

J

Jäger Weingut
Weißenkirchen 316

Jalits Weingut
Badersdorf 488

Jamek Weingut
Joching 317

Jassek Christian Winzer
Ragelsdorf 431

Jaunegg Daniel Weingut
Leutschach an der Weinstraße 688

Jöbstl Johannes & Luise Schilcherei
Wernersdorf bei Wies 777

Johanneshof Reinisch Weingut
Tattendorf 256

Jordan Weingut
Pulkau 432

Juris Weingut
Gols 596

Jurtschitsch Weingut
Langenlois 159

K

Kaiser Winzerschlössl
Eisenstadt 514

Kartäuserhof - Karl Stierschneider
siehe Stierschneider Karl - Kartäuserhof

Kemetner Bio-Weingut
Etsdorf am Kamp 161

Keringer Weingut
Mönchhof 598

Kerschbaum Weingut
Horitschon 559

Kilger Domaines Steiermark
Gamlitz 690

Kirchknopf Weingut
Eisenstadt 515

Kiss Winzerhof
Jois 516

Klein Jacqueline Weingut
Andau 599

Kloster am Spitz – Thomas Schwarz
siehe Schwarz Thomas – Kloster am Spitz

Klosterkeller Barmherzige Brüder
siehe Barmherzige Brüder Klosterkeller

Klosterkeller Siegendorf
siehe Siegendorf Klosterkeller

Klosterneuburg Stift Weingut
Klosterneuburg 373

Knoll Weingut
Dürnstein 319

Kodolitsch Weingut
Leibnitz 691

Kögl Weingut
Ratsch an der Weinstraße 692

Kölbl Respiz-Hof
Röschitz 433

Kolkmann Weingut
Fels am Wagram 376

Kollerhof am Eichberg
Leutschach an der Weinstraße 693

Kollwentz Weingut
Großhöflein 518

Költringer Wolfgang Innviadla Weinbau
Weilbach 791

Kopfensteiner Weingut
Deutsch Schützen 489

Kracher und Sohm Weingut
Illmitz 603

Kracher Weinlaubenhof
Illmitz 600

Kraft aus Rust
Rust 655

Krispel Weingut
Hof bei Straden 756

Krutzler Weingut
Deutsch Schützen 491

L

Lackner-Tinnacher Weingut
Gamlitz 695

Lager Weinbau
Göttlesbrunn 103

Lagler Karl Weingut
Spitz 321

Landhaus Mayer
siehe Mayer Landhaus

Langmann Weingut
Sankt Stefan ob Stainz 779

Lassl Weingut
Sigleß 640

Laurenz V.
Wien/Zöbing 163

Leberl Weingut
Großhöflein 520

Lehensteiner Andreas Winzerhof
Weißenkirchen 323

Leindl Weingut
Zöbing 164

Leitner Weingut
Gols 604

Lentsch Weingut – Pinots vom Leithaberg
Donnerskirchen 522

Lenz Moser Weinkellerei
siehe Moser Lenz Weinkellerei

Leth Weingut
Fels am Wagram 378

Liechtenstein, Fürst von – Hofkellerei
Wilfersdorf 434

Liegenfeld Weingut
Donnerskirchen 523

Lobner Gerhard J. Weinbau
Mannersdorf an der March 436

Loimer Fred Weingut
Langenlois 165

Lorenz Michi Weingut
Kitzeck 697

M

Mad Weingut
Oggau 524

Maglock-Nagel Weingut
Straß im Straßertale 167

Maitz Wolfgang Weingut
Ehrenhausen an der Weinstraße 698

Malat Weingut
Furth bei Göttweig 207

Malteser Ritterorden Schlossweingut
Mailberg 437

Mantlerhof Weingut
Brunn im Felde/ Gedersdorf 209

Markowitsch Gerhard Weingut
Göttlesbrunn 104

Markowitsch Lukas Weingut
Göttlesbrunn 106

Markowitsch Meinrad Weingut
Göttlesbrunn 107

Martinshof Weingut
Neusiedl an der Zaya 438

Masser Weingut
Leutschach 699

Maurer Weingut
Röschitz 439

Mauritiushof - FJ Gritsch
siehe Gritsch FJ – Mauritiushof

Mayer am Pfarrplatz Weingut
Wien 77

Mayer der Wein
Kirchberg am Wagram 380

Mayer Landhaus
Wien 79

Mayer M. Weingut
Königsbrunn 381

Mayr - Vorspannhof Weingut
Dross 210

Mazza Christine Weingut
Weißenkirchen 324

Migsich Weingut
Antau 642

Minkowitsch Roland Weingut
Mannersdorf/March 440

Moser Hans Weingut
Eisenstadt 525

Moser Hermann Weingut
Rohrendorf 212

Moser Lenz Weinkellerei
Rohrendorf 213

Muhr Andreas Weingut
Stixneusiedl 108

Muhr Dorli Weingut
Prellenkirchen 109

Müller Domäne Weingut
Groß St. Florian 780

Müller Domäne Weingut
Groß St. Florian 702

Müller Klöch
Klöch 759

Müller Leo u. Stefan Weingut
Krustetten 214

Müller – Tassilo Weingut
Krustetten 325

Müller-Grossmann Weingut
Furth-Palt 216

Münzenrieder Johannes Weingut
Apetlon 605

Münzenrieder PMC Weingut
Apetlon 606

MUSTER.gamlitz Weingut
Gamlitz 704

N

Nastl Weingut
Langenlois 168

Neckenmarkt Winzerkeller
Neckenmarkt 560

Nehrer Weingut
Eisenstadt 526

Netzl Franz und Christine Weingut
Göttlesbrunn 110

Neumayer Ludwig Weingut
Inzersdorf ob der Traisen 280

Neumeister Weingut
Straden 760

Nigl Weingut
Senftenberg 217

Nimmervoll Gregor Weingut
Engelmannsbrunn 382

Nittnaus Anita und Hans Weingut
Gols 608

Nittnaus Gebrüder Weingut
Gols 609

NÖ Landesweingut Retz – Gut Altenberg
siehe Altenberg Gut – NÖ Landesweingut Retz

Noemi Weingut
Kitzeck im Sausal 706

Nolz Wein
Hilpersdorf 282

Nothnagl Anton Weingut
Spitz an der Donau 326

O

Obenaus Winzerhof
Großriedenthal 383

Oberguess Weingut
Leutschach 707

Öhlzelt Barbara Weingut
Zöbing 169

Oppelmayer Weingut
Göttlesbrunn 112

Ott Andreas Weingut
Hagenbrunn 441

Ott Bernhard Weingut
Feuersbrunn 384

Ott Thomas Weingut
Reichersdorf 283

P

Parzer Christian Weinhof
Oberfucha-Furth 219

Paschinger Familie Urbanihof
siehe Urbanihof Familie Paschinger

Pasler Weingut
Jois 527

Pass Weingut
Etzmannsdorf 442

Payr Robert Weingut
Höflein 113

Pesau Weingut
Falkenstein 443

Pfaffl R. & A. Weingut
Stetten 444

Pfeifer Weingut
Sankt Anna am Aigen 762

Pichler F. X. Weingut
Dürnstein 327

Pichler Rudi Weingut
Wösendorf 329

Pichler-Krutzler Weingut
Dürnstein 331

Pimpel Gerhard Weingut
Göttlesbrunn 115

Piribauer Weingut
Neudörfl 643

Piriwe Weingut
Traiskirchen 259

Pitnauer Familie Weingut
Göttlesbrunn 117

Pittnauer Weingut
Gols 611

Platzer Weinhof
Tieschen 764

Pleil Weingut
Wolkersdorf 448

Pöckl Weingut
Mönchhof 612

Polsterer Weingut
Feuersbrunn 386

Polz Weingut
Strass in der Steiermark 708

Pongratz Weingut
Gamlitz - Kranachberg 710

Pöttelsdorf Familymade Domaine
Pöttelsdorf 644

Prager Weingut
Weißenkirchen/Wachau 333

Prechtl Weingut
Zellerndorf 449

Preisinger Helmut Weingut
Gols 614

Preiß Weinkultur
Theyern 284

Prickler Rotweingut
Lutzmannsburg 561

Prieler Weingut
Schützen am Gebirge 528

Primus Weingut
Grassnitzberg-Spielfeld 711

Pröglhöf Weingut
Retz-Obernalb 450

Proidl Familie Weingut
Senftenberg 220

PUR Wein-Genuss
Stixneusiedl 118

R

Rabl Rudolf Weingut
Langenlois 170

Reeh Hannes Weingut
Andau 615

Regele Weingut
Ehrenhausen a.d.Weinstrasse 713

Reinberger Familie Weingut
Grafenwörth 387

Reinisch Johanneshof Weingut
siehe Johanneshof Reinisch Weingut

Reiterer Weingut
Wies 781

Repolusk Weingut
Leutschach an der Weinstraße 714

Respiz-Hof Kölbl
siehe Kölbl Respiz-Hof

Retzl Paul Weingut
Zöbing 172

Reumann Grenzlandhof
Deutschkreutz 563

Rixinger Weingut
Spitz an der Donau 335

Rosner Weingut
Langenlois 173

Rotes Haus Weingut
Wien 80

S

Sabathi Erwin Weingut
Leutschach an der Weinstraße 716

Sabathi Hannes Weingut
Gamlitz 718

Salomon Undhof Weingut
Stein an der Donau 221

Salzl – Seewinkelhof Weingut
Illmitz 617

Sattler Erich Weingut
Tadten 618

Sattler Weingut
Jois 530

Sattlerhof Familienweingut
Gamlitz 720

Sauerstingl Franz Weinbau
Fels am Wagram 388

Sax Rudolf und Michael Winzerhof
Langenlois 174

Schabl Herbert
Königsbrunn am Wagram 389

Schaller vom See
Podersdorf am See 619

Scharl Josef - Charakterweine
St. Anna am Aigen 765

Schauer Weingut
Kitzeck im Sausal 722

Scheiblhofer Erich Weingut
Andau 620

Schiefer & Domaines Kilger
Welgersdorf 492

schiefer.pur weingut
Welgersdorf 493

Schindler Franz Weingut
Mörbisch 531

Schloss Gobelsburg Weingut
siehe Gobelsburg Schloss Weingut

Schlossweingut Malteser Ritterorden
siehe Malteser Ritterorden Schlossweingut

Schlumberger Wein- und Sektkellerei
Wien 81

Schmelz Familie Weingut
Joching 336

Schmelzer Horst und Georg Weingut
Gols 623

Schmid Josef Weingut
Stratzing 223

Schneeberger Johann Weingut
Heimschuh 724

Schneider Weingut
Tattendorf 260

Schneider Weingut
Röschitz 451

Schödl Family
Loidesthal 452

Schöller Hans Winzerhaus
Traismauer 286

Schreibeis Weingut – Keller am Gaisberg
Straß im Straßertale 176

Schuckert Weingut
Poysdorf 453

Schuhmann Gernot Weingut
Gols 624

Schuster Familie Weingut
Großriedenthal 390

Schützenhof Weingut
Deutsch Schützen 495

Schwarz Thomas – Kloster am Spitz
Purbach 532

Schwarz Wein
Andau 625

Schwarz Weingut
Schrattenberg 454

Schwarzböck Weingut
Hagenbrunn 455

Schweiger Peter Weingut
Zöbing 177

Seher Wolfgang Weingut
Platt 456

Seiler Georg Weingut
Rust 656

Setzer Weingut
Hohenwarth 457

Siedler Alex. Wein-Genuss-Gut
Reichersdorf 287

Siegendorf Klosterkeller
Siegendorf 534

Sigl Heinz und Adrienne Weingut
Rossatz 338

Silberberg Landesweingut
Leibnitz 725

Skoff Original Weingut – Walter Skoff
Gamlitz 726

Skoff Peter Weingut – Domäne Kranachberg
Gamlitz 728

Sloboda Fabian Weingut
Podersdorf am See 627

Sohm und Kracher Weingut
siehe Kracher und Sohm Weingut

Sommer Weingut
Donnerskirchen 535

Sonnhof Weingut
Langenlois 178

Stadlmann Weingut
Traiskirchen 261

Stadt Krems Weingut
Krems 225

Stagård Lesehof
Krems-Stein 226

Steininger Weingut
Langenlois 179

Stelzl Bernd Weingut
Leutschach an der Weinstraße 730

StephanO Das-Wein-Gut
Deutsch Schützen 496

Sternat-Lenz Weingut
Leutschach a.d.W. 731

Steurer Hannes HST Weingut
Jois 536

Stierschneider Karl - Kartäuserhof
Weißenkirchen 339

Stift Göttweig Weingut
Furth bei Göttweig 228

Stift Klosterneuburg Weingut
siehe Klosterneuburg Stift Weingut

Stift Winzerhof
Röschitz 459

Stiftsweingut Herzogenburg
siehe Herzogenburg Stiftsweingut

Stopfer Thomas Weinhof
Ruppersthal 392

Strauss Gamlitz Weingut
Gamlitz 732

Strawanzer Donabaum Weingut
Spitz an der Donau 340

Strehn Weingut
Deutschkreutz 564

Strohmaier Thomas Weingut
Pölfing-Brunn 783

Studeny Weingut
Obermarkersdorf 460

Sutter Weingut
Hohenwarth 461

T

Taferner Weingut
Göttlesbrunn 120

Taggenbrunn Burg Weingut
siehe Burg Taggenbrunn Weingut

Tanzer Weingut
Krems an der Donau 229

Taubenschuss Weingut
Poysdorf 463

Tegernseerhof Weingut
Dürnstein 342

Tement Weingut
Ehrenhausen 734

Tesch Josef Weingut
Neckenmarkt 565

Thiery-Weber Weingut
Rohrendorf 230

Tinhof Weingut
Trausdorf 538

Toifl Georg Weingut
Kleinhöflein 464

Topf Johann Weingut
Straß im Straßertale 181

Topf Reinhard
Strass im Strassertale 183

Tremmel Weinbau
Rust 657

Triebaumer Ernst Weingut
Rust 659

Triebaumer Günter + Regina
Rust 660

Trippel GUT Weingut
Feldkirchen 788

Trummer Weingut
St. Veit in der Südsteiermark 767

Tschermonegg Weingut
Glanz an der Weinstraße 737

Tschida Hans – Angerhof
Illmitz 628

Türk Weingut
Stratzing 231

U

Unger Petra Weingut
Furth-Palt 232

Unger Weingut
Halbturn 630

Urban Weingut
Wullersdorf 465

Urbanihof Familie Paschinger
Fels am Wagram 393

W

Wachau Domäne
siehe Domäne Wachau

Wachter Thom
Eisenberg a.d.Pinka 498

Wagentristl Weingut
Großhöflein 539

Waldschütz Anton und Elfriede Weinhof
Sachsendorf 394

Waldschütz Reinhard Weingut
Straß im Straßertale 184

Walter Wien Weingut
Wien 82

Waltner Gerald Weingut
Engelmannsbrunn 395

Wandraschek Weinmanufaktur
Krems 234

Wannemacher Weingut
Hagenbrunn 466

Weber Bioweingut
Roseldorf 468

Weber Familie Weingut
Lutzmannsburg 567

Weixelbaum Weingut
Straß im Straßertale 185

Wellanschitz Weingut
Neckenmarkt 568

Wess Rainer Weingut
Krems 235

Wieder Juliana Weingut
Neckenmarkt 570

Wieninger Weingut
Wien 83

Windisch Niki Weingut
Groß-Engersdorf 469

Winkler-Hermaden Weingut
Kapfenstein 768

Wippel Martin Weinerlebnis
Riegersburg 770

Wohlmuth Weingut
Kitzeck im Sausal 739

Wolf Domaine
Gamlitz 742

Wunderer Leo und Dagmar Weingut
Oberfellabrunn 470

Wurzinger Josef & Pia Weingut
Tadten 631

Z

Zantho
Andau 632

Zehetbauer Stefan Weingut
Schützen am Gebirge 540

Zeitlberger Josef & Zeitlberger Josef Weingut
Großweikersdorf 397

Zens Weingut
Mailberg 472

Zierer Harald Weingut
Gumpoldskirchen 262

Zillinger Herbert Weingut
Ebenthal 473

Zimmermann Alois Weingut
Theiß 236

Ziniel Weingut
St. Andrä am Zicksee 633

Zöhrer Anton Weingut
Krems 237

Zull Weingut
Schrattenthal 474

Zuschmann-Schöfmann Weingut
Martinsdorf 476

Zweytick Ewald Wein
Ratsch an der Weinstraße 744

SÜDTIROL

A

Abraham Weingut
Eppan an der Weinstraße (BZ) 800

Andrian Kellerei
Terlan (BZ) 801

Arunda
Mölten (BZ) 802

B

Bergmannhof
St. Pauls/Eppan (BZ) 803

Bozen Kellerei
Bozen (BZ) 805

C

Castel Sallegg
Kaltern (BZ) 806

Castelfeder
Kurtinig (BZ) 807

D

Di Pauli Baron
Kaltern (BZ) 809

Donà Weingut
Eppan (BZ) 810

E

Ebner Weingut
Ritten-Atzwang (BZ) 811

Eichenstein Weingut
Meran (BZ) 812

Eisacktal Kellerei
Klausen (BZ) 814

F

Falkenstein Weingut Pratzner Franz
Naturns (BZ) 815

Ferrari Roberto Weinmanufaktur
Salurn (BZ) 816

G

Gaudenz Gutshof Isser
Partschins (BZ) 817

Girlan Kellerei
Girlan (BZ) 818

Glögglhof Franz Gojer
Bozen (BZ) 820

Griesbauerhof
Bozen (BZ) 821

Gump Hof
Völs am Schlern (BZ) 822

H

Haas Franz Weingut
Montan (BZ) 824

Haidenhof Weingut
Tscherms (BZ) 825

Heiner Kellerei
Bozen (BZ) 826

I

Innerleiterhof Weingut
Schenna (BZ) 827

J

Josmoar Weingut
Kastelbell (BZ) 828

K

Kaltern Kellerei
Kaltern (BZ) 829

Kettmeir
Kaltern (BZ) 831

Klosterhof Weingut
Kaltern (BZ) 832

Köfererhof
Neustift/Vahrn (BZ) 840

Korb Schlosskellerei
Eppan (BZ) 833

Kornell Tenuta
Siebeneich/Terlan (BZ) 834

Kränzelhof
Tscherms (BZ) 836

Kuenhof Weingut
Brixen (BZ) 837

Kurtatsch Kellerei
Kurtatsch (BZ) 838

L

Lageder Alois
Margreid (BZ) 841

Laimburg Landesweingut
Auer/Pfatten (BZ) 842

Lentsch H. Weingut
Branzoll (BZ) 843

Lentsch Klaus
Eppan/St. Pauls (BZ) 845

Lieselhof
Kaltern (BZ) 846

Loacker Weingut
Bozen (BZ) 847

Longo Baron
Neumarkt (BZ) 848

M

Mairhof Ansitz
Partschins (BZ) 849

Malojer Gummerhof
Bozen (BZ) 850

Manincor
Kaltern (BZ) 852

Martini & Sohn
Girlan (BZ) 853

Mauslocherhof
Tscherms (BZ) 855

Meran Kellerei
Marling (BZ) 856

Muri-Gries Weingut/Klosterkellerei
Bozen (BZ) 857

N

Nals-Margreid
Nals (BZ) 859

Neustift Kloster
Vahrn (BZ) 860

Niedrist Ignaz Weingut
Eppan/Girlan (BZ) 862

O

Oberstein Weingut
Tscherms (BZ) 863

P

Pacherhof Weingut
Neustift (BZ) 864

Pfannenstielhof
Bozen (BZ) 865

Pfitscher Weingut
Montan (BZ) 867

Pföstl Weingut
Schenna (BZ) 868

Pichler Thomas Weingut
Kaltern (BZ) 869

Plonerhof - Tutzer
Marling (BZ) 870

Prackfol Weinhof
Völs am Schlern (BZ) 871

R

Ritterhof Weingut Tenuta
Kaltern (BZ) 872

Rottensteiner Hans Weingut
Bozen (BZ) 873

S

St. Michael-Eppan Kellerei
Eppan (BZ) 878

St. Pauls Kellerei
St. Pauls/Eppan (BZ) 880

St. Quirinus Bio-Weingut
Kaltern 881

Schloss Englar Graf Khuen-Belasi
St. Michael-Eppan (BZ) 875

Schloss Plars
Algund (BZ) 876

Schreckbichl – Colterenzio
Girlan/Eppan (BZ) 877

Sölva Peter Weingut
Kaltern (BZ) 884

Strasserhof
Varn (BZ) 882

Stroblhof
Eppan (BZ) 883

T

Taschlerhof
Brixen (BZ) 885

Terlan Kellerei
Terlan (BZ) 886

Tiefenbrunner Weingut
Kurtatsch (BZ) 888

Tramin Kellerei
Tramin (BZ) 890

U

Untermoserhof, Ramoser Georg
Bozen (BZ) 891

W

Walch Elena
Tramin (BZ) 892

Walch Wilhelm
Tramin (BZ) 894

Waldgries Ansitz
Bozen (BZ) 895

Wassererhof
Völs am Schlern (BZ) 896

Winkler Sektmanufaktur
Girlan/Eppan (BZ) 897

FALSTAFF WEINGUIDE ÖSTERREICH/SÜDTIROL 2021/22

MEDIENINHABER
Falstaff-Verlags-GesmbH
Führichgasse 8/2, 1010 Wien, Österreich
Tel: +43 1 9042141, Fax: +43 1 9042141 450
www.falstaff.com
E-Mail: wein@falstaff.com

REDAKTION UND DEGUSTATION
Peter Moser, Dr. Othmar Kiem (Südtirol)

FLASCHENFOTOS
Claudia Schindlmaißer, Dr. Othmar Kiem, Matthias Zimmermann

VERKOSTUNGSLEITUNG UND SCHLUSSREDAKTION
Claudia Schindlmaißer

VERKOSTUNGSASSISTENZ
Konstantin Schindlmaißer B.Sc., Dr. Simon Staffler, Rosa Besler

LEKTORAT
Florian Praxmarer

REDAKTION VERLAG
Michael Breitner, Benedikt Brunmayr, Mag. Georg Morawitz-Holeschofsky, Noa Oestreicher, Vincent Moser, Mag. Lisa Steiner

PEFC zertifiziert
Dieses Produkt stammt aus nachhaltig bewirtschafteten Wäldern und kontrollierten Quellen
PEFC
PEFC/04-31-1308
www.pefc.org

GESCHÄFTSFÜHRUNG
Mag. Elisabeth Kamper, Ronald Tomandl, Msc.

HERAUSGEBER
Wolfgang M. Rosam und Angelika Rosam

ANZEIGEN
Lisa Tschernig, M.A. (Stv. Leitung Sales)
Christiane Ceccarelli (Anzeigenkoordination)
Timotheus Lamberg (Leitung Direct Sales)

PRODUKTION UND GESTALTUNG
Mag. Petra Kirchmayer (CvD)
Mag.art. Marcus Wiesner (Grafik, Fotografie)
Matthias Zimmermann (Produktion)
Ing. Michael Lenhart (Produktion)
Thomas Kepplinger, M.A. (Art Dir. Marketing & Sales)
Robert Pleniger (IT)

HERSTELLER/DRUCK
Parzeller
print & media GmbH & Co. KG
vertreten durch die Parzeller GmbH
Frankfurter Straße 8
36043 Fulda
www.parzeller.de

IDEE UND KONZEPT VON
PETER MOSER